LEXIKON

DER NAMEN UND HEILIGEN

OTTO WIMMER – HARTMANN MELZER

LEXIKON DER NAMEN UND HEILIGEN

Bearbeitet und ergänzt
von Josef Gelmi

TYROLIA-VERLAG · INNSBRUCK – WIEN

Mitglied der Verlagsgruppe „engagement“

CIP-Titelaufnahme der Deutschen Bibliothek

Wimmer, Otto:

Lexikon der Namen und Heiligen / Otto Wimmer; Hartmann Melzer.
Bearb. u. erg. von Josef Gelmi. – 6., verb. u. erg. Aufl. –
Innsbruck ; Wien : Tyrolia-Verlag, 1988
ISBN 3-7022-1657-X

NE: Melzer, Hartmann : Gelmi, Josef [Bearb.] ; HST

Umschlagbild: Fresken in der Lambacher Stiftskirche. Foto Löbl-Schreyer

Satz, Druck und Buchbinderarbeit
in der Verlagsanstalt Tyrolia Gesellschaft m.b.H.,
Innsbruck, Exlgasse 20

Inhaltsverzeichnis

Vorwort

Seit der 3. Auflage des Werkes von Otto Wimmer, Handbuch der Namen und Heiligen (Innsbruck 1955[1], 1966[3]), ist inzwischen eine lange Zeit verstrichen. Die große Nachfrage noch über den Tod des Autors hinaus beweist, daß er hier ein echtes Bedürfnis breiter Leserkreise befriedigt hat. Die große Stärke des Buches ist seine umfassende Information über die Heiligen nach biographischer, ikonographischer, sprachgeschichtlicher, volkskundlicher, liturgischer und bibliographischer Rücksicht. Sehr wertvoll ist die Verbindung der Heiligengestalt mit dem liturgischen und bürgerlichen Kalender. In seinem umfassenden hagiographischen Wissen scheidet er genau zwischen echter Historie und Legende. Der Registerteil bringt die aufgenommenen Namen geordnet nach Ländern, Patronaten und ikonographischen Attributen. So beabsichtigte der Verlag eine Neuauflage bzw. Neubearbeitung des Buches. In der vorliegenden Neubearbeitung soll diese breit aufgebaute Zielsetzung gewahrt und den neuen liturgischen Gegebenheiten und den inzwischen vermehrten Erkenntnissen nach Möglichkeit angeglichen werden. Es zeigte sich aber sehr bald, daß dies mit einigen Korrekturen nicht möglich war. Wir haben die Neuordnung der Liturgie erlebt, in hagiographischer und anderer Hinsicht wurden sehr viele neue Erkenntnisse gewonnen. Andererseits bedingt die weite Verbreitung modernen Wissens in alle Schichten des Volkes ein neues Bedürfnis nach vermehrter Information. Es blieb deshalb kein anderer Ausweg, als ein vollständig neues Manuskript zu erstellen, wobei aber die Gesamtanlage und Zielsetzung des alten Buches beibehalten und womöglich noch ausgebaut werden sollte.
Zunächst wurde die Anzahl der Namen stark vermehrt. Waren es in der 3. Auflage noch ca. 1500, so zählt das vorliegende Buch im alphabetischen Teil insgesamt 3714 Stichwörter. Davon entfallen 2591 auf Biographien. Die restlichen 1123 sind zu etwa 2/3 Erklärungen von weiteren Namen, zu denen kein Heiliger gefunden werden konnte, neuere Namensformen sowie Kurz- und Kosenamen, ca. 1/3 sind reine Verweise. Die Auswahl aus der riesigen Fülle von Heiligen und sonstigen Namen war nicht leicht. Sie geschah nach folgenden Richtlinien:
a) Es sollten alle Heiligen des Römischen Generalkalenders, des Regionalkalenders für das deutsche Sprachgebiet und alle Heiligen und Seligen aufgenommen werden, die in einer deutschsprachigen Diözese liturgisch gefeiert werden.
b) Es wurde eine stärkere Erfassung des germanischen bzw. altfränkischen Raumes angestrebt. Im Zeitalter des modernen Massentourismus tritt die kulturelle Einheit des deutschen Sprachraumes heute vielleicht stärker ins Bewußtsein als früher. Ein besseres Kennenlernen der Eigenart des Gastlandes, in dem man sich aufhält, erscheint auch von dieser Seite her wünschenswert. Darüber hinaus sollten möglichst alle anderen Völker, die Nordgermanen, Romanen, Slawen, der byzantinische Osten usw. vertreten sein. Leider gibt es etwa von Amerika oder Afrika nur relativ wenige Heilige, von Australien überhaupt keinen. Die Zusammengehörigkeit der Christenheit über alle Räume und Zeiten hinweg soll damit stärker ins Bewußtsein gerückt werden.
c) Es wurden – wohl erstmals in der Literatur – alle 1017 Personen namentlich aufgenommen, die von 1900 bis 1981 (Stichtag 30. 6. 1981) kirchlich heilig- oder seliggesprochen wurden. Der Christ von heute hat ein Recht darauf, über sie etwas in Erfahrung zu bringen. Die chronologische Zusammenstellung aller Selig- und Heiligsprechungen seit 1900 wird in einem eigenen Abschnitt mitgeteilt. Dazu wurden alle einschlägigen Bände der ASS (bis 1908) bzw. AAS (ab 1909) durchgearbeitet. Für die Jahre 1979 und 1981 diente der Osservatore Romano als zusätzliche Quelle.
d) Wohl erstmals in der deutschen Literatur werden alle Märtyrergruppen der Neuzeit (seit 1500) in einem eigenen Kapitel vollzählig mit Namen erfaßt, und zwar diejenigen, die kirchlich selig- oder heiliggesprochen wurden. Es sind immerhin zum alphabetischen Namensverzeichnis zusätzlich 1163 Namen einzeln genannt. Die Einteilung geschieht zunächst

alphabetisch nach Ländern, sodann chronologisch nach dem Datum der Selig- oder Heiligsprechung und hierin wieder chronologisch nach dem Todestag der einzelnen Märtyrer. Für einzelne chinesische Märtyrer konnte der genaue Todestag nicht ermittelt werden. Ein kurzer historischer Abriß bietet den zum Verständnis nötigen Hintergrund.
e) Es wurde angestrebt, zu möglichst vielen gebräuchlichen Namen einen kirchlich anerkannten Heiligen als Patron zu finden. Daneben wurden auch moderne Namen und Namensformen aufgenommen, für die zwar kein kirchlich anerkannter Heiliger zu finden war, die aber dennoch heute in Übung gekommen sind. Freilich mußte hier wegen des ohnehin großen Umfanges dieses Buches eine gewisse Beschränkung in Kauf genommen werden. Es ist schlechthin unmöglich, hier alle Wünsche zu befriedigen. Zum Auffinden derartiger neuer Namen und Namensformen wurden die Taufregister mehrerer Pfarreien und die Jahresberichte einer Anzahl von Schulen aus dem gesamt-österreichischen Raum mit insgesamt etwa 11200 Personen durchgesehen. Hinweise von privater Seite wurden ebenfalls berücksichtigt. Es zeigte sich, daß es im nord- bzw. süddeutschen Raum neben einem breiten gemeinsamen Grundstock deutliche Akzentverschiebungen in der Namenswahl gibt. Andererseits scheint das Eindringen von Namen und Namensformen aus anderssprachigen Nationen wie Frankreich, Italien, Skandinavien, Ungarn, Polen, den Niederlanden, Rußland usw. eine gesamtdeutsche Erscheinung zu sein. Auch solche Namen wurden im Rahmen des Vertretbaren mit aufgenommen. Es gibt heute viele, die zu ihrem Namen keinen Heiligen als Patron haben. Es tragen aber auch sehr viele Heilige aus alter Zeit einen Namen, der aus einem nicht-christlichen Milieu stammt, ja sogar mit einer heidnischen Gottheit in Verbindung steht (Venerius, Januarius, Martinus usw.). Altdeutsche Heiligennamen wiederum strotzen nur so von Kampfeslust und Siegestaumel unserer germanischen Vorfahren. Das Reich Gottes durchdringt als Sauerteig alle Bereiche des menschlichen Lebens. Dies mag ein Trost sein für diejenigen, die keinen Heiligen zum Namenspatron haben. Diese haben vielleicht einen Heiligennamen als zweiten Taufnamen. Für den privaten Namenstag kann man auch sinnvollerweise als Patron einen Heiligen wählen, der auf den eigenen Tauf- oder Firmtag fällt, also den Tag der ersten bzw. endgültigen Eingliederung in die Kirche.
Großes Gewicht wurde auf eine eingehende etymologische Namenserklärung gelegt. Diese wurde aus Gründen besserer Übersichtlichkeit gegenüber der 3. Auflage aus dem biographischen Kontext herausgenommen und als selbständiger kurzer Abschnitt unter dem jeweils erstvorkommenden Träger dieses Namens eingefügt. In manchen Fällen wurde die Schreibweise im Sinn der historischen und sprachgeschichtlichen Treue berichtigt, z. B. Joseph von Calasanza statt Josef Kalasanz oder Josef Kalasankt, Hrabanus Maurus statt Rabanus Maurus, Petrus Canisius statt Petrus Kanisius u. a. Bei Namen lateinischer Herkunft wurde die volle lateinische Ausschreibung bevorzugt. Auf diese Weise sollte eine bessere Beziehung zur Muttersprache dieser Heiligen und damit zu ihrer geistigen Umwelt hergestellt werden. Freilich konnte dieses Prinzip nicht immer eingehalten werden. Manche lateinischen Namen stammen aus Sprachen späterer Zeit und wurden erst nachträglich latinisiert wie Franz (aus dem italienischen Kosenamen Francesco), Didacus (das spanische Diego = Jakob) u. a. Der genannte Grundsatz konnte auch kaum bei Namen griechischer Herkunft Anwendung finden. Ein Basileios (Basilius) oder Eirenaios (Irenäus) usw. klingen für unser Ohr zu ungewohnt. Hier wurde mit nur wenigen Ausnahmen die gebräuchliche lateinische Umschreibung vorgezogen, in Klammern wird aber die Aussprache in der betreffenden Landessprache mit angegeben, z.B. Peter (Pierre), Johannes (Giovanni) usw. Nach den Attributen »Hl.« bzw. »Sel.« werden in Klammern noch weitere historische Lesarten desselben Namens mit aufgeführt. Bei altdeutschen Namen wurde öfters die durch Gewohnheit verwurzelte latinisierende Endung beibehalten, z.B. Walpurga statt Walpurg, Notburga statt Notburg, Hermelindis statt Hermelind usw. Manche Namen sind lateinischen Ursprungs, der betreffende Heilige war aber Nicht-Lateiner, was in der Schreibweise ebenfalls berücksichtigt wurde, z.B. Marcus – Markus (Markos). Daneben gibt es eingebürgerte Latinisierungen von ursprünglichen nicht-lateinischen Namen, z.B. Jakob – Jacobus. Bei nur latinisiert überlieferten Namen nicht-lateinischer Herkunft sollte durch Weglassen der lateini-

schen – us-Endung die nicht-lateinische Herkunft des betreffenden Heiligen dokumentiert werden, z. B. Severinus – Severin, Columbanus – Kolumban. Sonst wurde durchgehend die lateinische Namensform voll ausgeschrieben. Die Zusammenstellung »Pontianus und Hippolyt« (vgl. Meßbuch für die Bistümer des deutschen Sprachgebietes, II. Teil, 13. August) wirkt inkonsequent. Im Kalendarium und im Registerteil hingegen konnte mehr Rücksicht auf deutsche Sprachgewohnheiten genommen werden.

Ein Problem für sich war die Schreibweise biblischer Namen hebräischen Ursprungs. Bekanntlich erarbeitete eine katholisch-evangelische Kommission im Auftrag der Deutschen Bischofskonferenz und des Rates der Evangelischen Kirche Deutschland die sog. Loccumer Richtlinien (so benannt nach einer Arbeitssitzung der Kommission im evangelischen Kloster Loccum bei Minden), die endgültig 1970 angenommen wurden. Die Österreichische Bischofskonferenz und die Bischöfe der deutschsprachigen Schweiz schlossen sich diesen Richtlinien an. Das Ziel war die Erstellung einer einheitlichen Schreibweise der biblischen Namen bei besserer Angleichung an das hebräische Original unter weitgehender Berücksichtigung der Tradition und des deutschen Sprachgefühls. Auf katholischer Seite bestand hier kein Problem, da diese Namen durch die Septuaginta-Vulgata-Tradition festgelegt waren. Im evangelischen Raum hingegen hatte sich seit Luther eine sich zunehmend verbreiternde Variation entwickelt, sodaß eine einheitliche ökumenische Regelung notwendig erschien. Diese Loccumer Richtlinien haben inzwischen ihren Niederschlag in der Einheitsübersetzung der Bibel und in den kirchenamtlichen liturgischen Büchern und von hier aus weitgehend in der Literatur für Predigt und Katechese gefunden, nicht aber – soweit ersichtlich – in den hagiographischen und liturgiewissenschaftlichen Werken. Diese Tatsache weist auf ein weitreichendes Problem. Bereits J. Torsy* bemerkt, daß eine solche sprachlich-orthographische Regelung in einem für die breite Öffentlichkeit bestimmten Namensbuch kaum brauchbar ist. Nach ihm ergab eine Stichprobe, daß neben 25 Thomas nur 1 Tomas, neben 17 Elisabeth keine Elisabet und neben 5 Matthias und 2 Mathias kein Mattias zu finden war. Nach Torsy wird auch in evangelischen Kreisen weithin die hergebrachte Form benutzt. Die Auswertung der oben genannten 11200 Namen (1979) ergab ein ganz ähnliches Bild: neben 345 Thomas kein Tomas, neben 20 Matthias und 6 Mathias kein Mattias, neben 137 Elisabeth keine Elisabet, neben 12 Judith keine Judit, neben 12 Ruth keine Rut, neben 2 Martha keine Marta, neben 2 Esther keine Ester, neben 2 Hannah keine Hanna, neben 1 Elias keinen Elija. Die Öffentlichkeit hat somit von der neuen Schreibweise keine Notiz genommen. Bei deren konsequenter Durchführung käme man zudem in Konflikt mit der gesamten riesigen Bibliographie. Es gibt nun einmal eine Elisabeth I. von England, einen Matthias Grünewald, einen Moses de León, Dichter wie Jeremias Gotthelf, Thomas Mann oder Ruth Schaumann; ein jüdischer Popularphilosoph der Aufklärung hieß Moses Mendelssohn, dessen Neffe Felix Mendelssohn-Bartholdy u. a. ein Oratorium ›Elias‹ komponierte. Die christlichen Kirchen werden von sich aus über den Rahmen ihrer Zuständigkeit hinaus (Bibel, Liturgie) schwerlich eine derart tiefgreifende Sprachregelung in der Öffentlichkeit treffen dürfen. Deshalb wurde auch in diesem Buch durchgehend die bisherige, im allgemeinen Bewußtsein verwurzelte traditionelle Schreibweise beibehalten. Doch wurde stets auch mit der möglichst lautgetreuen Wiedergabe in der jeweiligen Originalsprache, der Schreibweise nach der Septuaginta (nach der Ausgabe von Valentinus Loch, Regensburg 1886), der Vulgata (nach der Ausgabe v. Augustin Arndt SJ, 3 Bde., lat.-dt., Pustet Regensburg 1914) und bei Luther (Gesamtausg. bei Georg Raben, Sigmund Feyerabend und Weygand Hanen Erben, Frankfurt/M. 1565), auch die Schreibweise nach den Loccumer Richtlinien beigefügt.

Bezüglich des Gedächtnistages mehrerer Heiliger haben sich einige Verschiebungen ergeben. Nicht nur, daß noch heute in so manchen volkstümlichen Kalendern viele Namenstage überhaupt falsch angegeben sind – nach dem Willen des 2. Vatikanischen Konzils soll ein

* Jakob Torsy, Der große Namenstagskalender, Herder Freiburg/B. 1979[7], S. 17

Heiliger grundsätzlich an seinem Todestag gefeiert werden, eine sehr begrüßenswerte Rückbesinnung auf das in der alten Kirche gehandhabte Prinzip des »Dies natalis«, des Tages seiner Geburt zum ewigen Leben. Ist der Todestag unbekannt, tritt an dessen Stelle der Tag der Erhebung oder Überführung seiner Reliquien (die alte Form der Heiligsprechung), die Weihe seiner Kirche u. dgl. In diesem Buch wird deshalb gemäß dem Stand heutiger Kenntnis als Gedächtnistag stets der Todestag eines Heiligen angegeben, sofern nicht in Einzelfällen von der Kirche ausdrücklich festgelegte, von den liturgischen Gesetzen geforderte Ausnahmen vorliegen. Bei eigen-diözesanen Verschiebungen von Heiligengedächtnissen wird daher gemäß dem Willen der Kirche stets auch auf den überlieferten Dies natalis dieser Heiligen verwiesen. Ordens-interne Verschiebungen von Heiligen-Gedächtnissen konnten hier allerdings nicht berücksichtigt werden. Zur Zeit wird das offizielle Römische Martyrologium auch unter dieser Rücksicht neubearbeitet. Bis zu dessen Fertigstellung werden aber voraussichtlich noch Jahre vergehen. Die in diesem Buch angegebenen Gedächtnistage (ausgenommen die in den liturgischen Kalendern enthaltenen) haben deshalb nur vorläufigen Charakter. Bei den Gedächtnistagen wird unterschieden zwischen »Liturgie« und »Gedächtnis«, je nachdem, ob ein Heiliger in einem liturgischen Kalendarium aufscheint oder nicht.
Ein besonderes Anliegen Otto Wimmers ist eine Einführung in den bürgerlichen Kalender. Was wir heute als »bürgerlichen Kalender« ansprechen, war ursprünglich, jedenfalls bis in die Neuzeit herein, zusammen mit dem kirchlichen Kalender eine untrennbare Einheit. Dieses Kapitel wurde neu gegliedert und mit verschiedenen Details bereichert, wobei besonders das geschichtliche Werden unseres Kalenders deutlicher hervortreten sollte. Neu aufgenommen wurden die Tabellen zur Berechnung des Wochentages über einen Zeitraum von ca. 7500 Jahren sowie die Gaußsche Formel zur Berechnung des Osterdatums für eine Zeitspanne von ca. 2000 Jahren, was wohl nicht nur für Historiker von Interesse sein dürfte. Diese von jedermann leicht zu handhabenden Tabellen und Formeln, die bisher nur einem kleinen Kreis Eingeweihter zugänglich waren, sollen hiemit einem breiten Leserkreis mitgeteilt werden. Auf tiefergreifende Detailfragen mußte hier aber gänzlich verzichtet werden. Der liturgische Kalender wurde gemäß der Liturgiereform von 1969 neu gestaltet. Die »Geschichte des Kirchenjahres« bei Otto Wimmer wird hier aufgeteilt in eine allgemeine Einführung des neu geordneten liturgischen Jahres sowie in die Herren- und Marienfeste (bisher im alphabetischen Namensteil enthalten). Die Tabelle »Die 35 möglichen Kirchenjahre« wurde ebenfalls neu gefaßt und vervollständigt. Es wurden auch die Jahre angegeben (für 1900 bis 2100), für die jeweils ein derartiges liturgisches Jahr zutrifft.
Über die einzelnen Heiligen besitzen wir sehr unterschiedlich viele Kenntnisse. Damit ergibt sich automatisch eine gewisse Wertung, die sich in der Länge eines biographischen Artikels kundtut, sei es, daß ein solcher Heiliger eine wichtige historische Funktion in der Kirche ausübte, sei es, daß er bei sonst geringen oder nicht vorhandenen historischen Kenntnissen im Bewußtsein des Volkes einen bedeutenden Rang einnimmt, was sich im Brauchtum, in der Legendenbildung usw. äußert. Breiten Raum nehmen biblische, historische, kulturgeschichtliche, sprachgeschichtliche, volkskundliche und ikonographische Bezüge ein. Erst so wird das Leben eines Heiligen und sein Fortleben in der Frömmigkeit des Volkes zu einem wirklich farbigen Bild. Seit alter Zeit prägen die Heiligen das Leben der Menschen, wie es sich in den vielen Patronaten, im jährlich wiederkehrenden Brauchtum, in der Legendenbildung oder in der darstellenden Kunst äußert. Bezüglich der Heiligenlegenden gab es eine Zeit, da man sie als historisch wertlos beiseiteschob und damit eine von Legenden umrankte Heiligengestalt als »unhistorisch« klassifizierte. Heute denkt man hier anders. Ein mehr oder weniger dichter Legendenkranz um einen Heiligen ist nicht ein Argument gegen, als vielmehr für dessen historische Existenz, wenngleich der wahre historische Sachverhalt nur zu oft im dunkeln bleibt. Überraschende Funde in alten Schriften oder bei Ausgrabungen haben schon öfters die Echtheit eines bis dahin angezweifelten historischen Kerns einer Legende erwiesen. Man erkennt heute auch zunehmend den inneren Wert der Legenden, zwar nicht im »historisch-brauchbaren«, wohl aber im menschlich-archetypischen Sinn.

Eine Erarbeitung der Legenden nach dieser Richtung steht noch aus. Freilich mußte in diesem Buch das Hauptaugenmerk auf die historischen Fakten gelegt werden. Legenden wurden nur insoweit herangezogen, als sie volkskundlich, etwa im Brauchtum, Patronatswesen oder in der Kunst, von Interesse sind.
Es schienen noch gewisse weitere Änderungen angebracht zu sein. Die Literaturangaben wurden vermehrt und nach Möglichkeit auf den neuesten Stand gebracht. Vor allem wurden auch Biographien in Nachschlagewerken und Fachzeitschriften mit einbezogen. Zur Zeit der Erstauflage war es noch üblich, in einem alphabetischen Verzeichnis Heilige gleichen Namens chronologisch nach dem Kalendertag einzuordnen. Hier wurde die streng alphabetische Anordnung durchgehend beibehalten. Nicht-Heiligennamen (in der 3. Auflage in einem Anhang beigefügt) wurden in das alphabetische Verzeichnis hereingenommen und vor allem stark vermehrt, einige heute nicht mehr gebräuchliche Namensformen weggelassen. Gewisse Kapitel schienen entbehrlich zu sein, wodurch Platz für anderes eingespart werden konnte: Die Evangelien der Sonntage haben sich im neuen liturgischen Kalender verdreifacht und können besser im »Sonntags-Schott« nachgelesen werden. Die lateinischen Bezeichnungen der Sonntage sind heute wohl wenig gefragt. Das alphabetische Kurzverzeichnis der Heiligen und Seligen ist eine Wiederholung des Hauptverzeichnisses und konnte ebenfalls gestrichen werden. Der Verzicht auf die Krankheitspatronate (bis auf wenige, kulturhistorisch interessante) dürfte einem tieferen Verständnis christlicher Heiligenverehrung ebenfalls angemessen sein. Die Berufspatronate und die ikonographischen Attribute hingegen wurden auf vielfachen Wunsch beibehalten.
Es bleibt noch die angenehme Pflicht des Herausgebers, allen zu danken, die an der Entstehung dieses Buches mitgewirkt haben.

Hartmann Melzer SJ
† 13. Juni 1981

Vorwort zur sechsten Auflage

Da in den meisten Besprechungen die gründlich überarbeitete und stark erweiterte 4. Auflage des „Lexikons der Namen der Heiligen“ als unentbehrliches Nachschlagewerk und als wahre Fundgrube bezeichnet wurde, verwundert es niemanden, daß sie bald vergriffen war. So sah sich der Verlag gezwungen, zu einer 5. Auflage zu schreiten. Diese wurde ebenfalls mit großem Wohlwollen aufgenommen und bekam äußerst positive Zensuren, so daß sie auch bald vergriffen war.
Soweit es der vorgegebene Raum erlaubte, wurden in dieser 6. Auflage Beanstandungen und Ungenauigkeiten, die man in einem solchen Werk nie ganz vermeiden kann, verbessert. Die Listen der neuen Seligen und Heiligen wurden weitergeführt sowie im Anhang die fehlenden Lebensbilder der neuen Seligen des deutschen Sprachraumes und aller Heiligen hinzugefügt. Auch die Literatur wurde ergänzt. Als neuer Bearbeiter des Werkes bin ich für Vorschläge, die weitere Korrekturen und Verbesserungen dieses beliebten Kompendiums betreffen, äußerst dankbar.

Josef Gelmi — Brixen, am 16. Jänner 1988

I. Teil. Die Verehrung der Heiligen

A) Vom Sinn christlicher Heiligenverehrung

Sosehr die Kirche aus schwachen und sündigen Menschen besteht, so gehört es ebenso zu ihrem Wesen, die »heilige Kirche« zu sein, wie es bereits das Glaubensbekenntnis des Konzils von Konstantinopel (381) formuliert. Hinter ihr als organisierter menschlicher Gemeinschaft steht Jesus Christus selbst, der in ihr fortlebt bis ans Ende der Zeit. Er ist ihr Herz und ihre Mitte, jedes einzelne Glied ist mit ihm in der Gnade verbunden, wodurch auch alle untereinander eins sind. »Gnade« heißt, daß Gott selbst sich dem Menschen in einzigartiger, die geschaffene Natur übersteigender Weise mitteilt. Bei Johannes heißt das »Wiedergeburt von oben«, »Leben«, »Licht«, »Fülle«. Jesus vergleicht sich mit dem Weinstock und seine Jünger mit den Rebzweigen, die mit dem Stamm zu einem lebenden Ganzen verbunden sind und nur aus dieser Verbindung heraus »Frucht bringen können« (Joh 3, 1–21). Nach Paulus sind wir durch die Taufe in den Tod und die Auferstehung Jesu hineingetaucht (vgl. Röm 6,4). Er vergleicht die Kirche mit einem lebenden Leib, der sich aus verschiedenen Gliedern zusammensetzt, die aber alle unter dem einen Haupt Christus zu einem einzigen Lebenden zusammengefaßt sind (vgl. 1 Kg 12 u. ö.). Deshalb nennt er die Getauften »die Heiligen« schlechthin. Diese Gnade ist die endzeitliche Erfüllung des Menschen, die ihm aber schon jetzt gegeben ist, damit er sie nach einem erfüllten Leben als reife Frucht in die Hände Gottes legen kann.

Die Gnade ist uns, solange wir auf Erden pilgern, in sich unerfahrbar. Trotzdem wird sie immer wieder in ihren mannigfachen Wirkungen sichtbar in Erscheinung treten. Dieses Sichtbar-Werden der Gnade in den Charismen (Gnadengaben) gehört ebenfalls zum Wesen der Kirche. Darunter hat man nicht nur die außergewöhnlichen Gaben zu verstehen wie etwa die wunderbaren Zeichen, die Gott durch die Hand einiger besonders Begnadeter wirkt, auch nicht nur das von Gott geschenkte Schauen übernatürlicher Geheimnisse der Mystiker. Zu den Charismen gehört auch das heiligmäßige Streben nach der Vollkommenheit im Geist, den Jesus uns gesandt hat, und zwar über das »normale« Mittelmaß hinaus. Viele Heilige sind von Natur aus aktive Menschen: die unermüdlichen Glaubensboten wie Paulus oder Franz Xaver, die ihre letzte Kraft einsetzen zur Ausbreitung des Reiches Christi; die großen Prediger und Ausleger der Worte Jesu wie Johannes Chrysostomus, Ambrosius, Augustinus oder Thomas von Aquin; die charismatischen Führergestalten wie Leo d. G. oder Johannes Bosco; die unerbittlichen Kämpfer für die Reinheit des Glaubens wie Athanasius; die Heiligen der Nächstenliebe wie Elisabeth von Thüringen; die großen Volksprediger wie Philipp Neri oder die oft unbequemen Mahner und Reformer der Kirche wie Katharina von Siena oder Theresia von Ávila. Solche Menschen leiden an den menschlichen Unzulänglichkeiten der Kirche, sie kehren ihr aber nicht den Rücken, sondern lieben sie trotz ihrer Makel als ihre Mutter und suchen sie im Geist Jesu zu verbessern.

Daneben gibt es die Stillen im Land, von denen kaum jemand spricht, die Dulder, die ein ihnen auferlegtes Leid im Verein mit dem Kreuz Jesu tragen und so ihren Beitrag leisten an der Erlösung der Welt. Ein erschütterndes Kinderschicksal ist das des Nunzio Sulprizio, der bei allen Quälereien seines rohen Onkels sein heiteres Lächeln bewahrt aus dem Glauben, den er von seiner früh verstorbenen Mutter bewahrt hat. Sein Los gemahnt an den armen Lazarus der Parabel, der es »im Leben auch zu nichts gebracht hat«, nun aber mit dem Frieden bei Gott belohnt wird. Ein ähnliches und doch wieder anderes Schicksal ist das des Martin von Porres, der zeitlebens darunter leidet, als uneheliches Mulattenkind an den Rand der Gesellschaft gestoßen zu sein – die Psychologen würden so etwas ein Trauma nennen –, der aber gerade aus seinem inneren Leiden heraus die Kraft zu fast übermenschlicher Liebestätigkeit schöpft. Maria Goretti, diese Märtyrin der Keuschheit, hat auch der jungen Generation von heute etwas zu sagen, die, von einer geschäftstüchtigen Illustriertenbranche von klein auf irregeleitet, sich unter dem Vorwand der »Natürlichkeit« nur zu gerne gehen läßt. Das Bild eines Aloisius von Gonzaga wurde von seiner Nachwelt bis ins Widerlich-Kitschige verzeichnet: die glatten Augenlider fromm zu Boden gesenkt, mit Totenkopf und Lilie. Psychologen munkelten sogar, er habe unter einer Sexualneurose gelitten. Wenn man aber weiß, daß in dem Milieu, aus dem er stammte, Ehebruch und Unzucht aller Art nicht mehr Kavaliersdelikte, sondern das täglich geübte »Normale« waren, dann ahnt man etwas von seiner nach außen nicht sichtbaren inneren Stärke, sich von dieser seiner Umwelt loszureißen. Läßt man vollends das graphologische Schriftbild seiner Briefe auf sich wirken, dann fühlt man die Schwere seines inneren Kampfes, in dem er sich zu einem Heiligen emporarbeitete. Andere Heilige entfliehen dem habsüchtigen und eitlen Getriebe der Welt und suchen die Einsamkeit des Gebetes und sind so Gott und den Menschen näher. Wieder andere üben strenge Aszese und freiwillige Buße, um so in diesem Leben die radikale Reinigung des Herzens vorwegzunehmen, die wir das Fegefeuer nennen. Vor allem sind da die vielen Märtyrer zu nennen, die aus der Kraft ihres Glaubens an die Auferstehung Folterqualen und Todesangst überwinden und so ihre Liebe zum Herrn mit ihrem Blut besiegeln. Wir finden auch Massenhinrichtungen wie die des 90jährigen Bischofs Pothinus von Lyon, der unter Kaiser Mark Aurel mit 56 Gefährten und einer großen Zahl weiterer Ungenannter nach grausamen Mißhandlungen den Tod fand. Vom römischen Märtyrer Secundus mit seinen 150 Gefährten und weiteren 76 Ungenannten kennt man nur 151 Namen. Doch hinter diesen Namen ahnt man eine im großen Stil geplante Massentragödie namenlosen Jammers. Sie erinnert deutlich etwa an die Septembermorde in Paris (2.–6.9.1792), die der Revolutionsführer Georges-Jacques Danton inszeniert hatte, oder an die »Reichskristallnacht« (9./10.11.1938) eines Joseph Goebbels, die den Auftakt zur grauenvollsten Judenverfolgung der Weltgeschichte bildete, oder auch an die Verfolgung der Christen im Ostblock seit 1917, die die eines Decius oder eines Diokletian bei weitem in den Schatten stellt.

Sehr oft findet man unter den Heiligen echte Bekehrungen wie bei Ignatius von Loyola. Es muß durchaus nicht eine Bekehrung aus schwerer Sünde oder aus dem Unglauben sein. Es gibt auch die Bekehrung aus der Mittelmäßigkeit und religiösen Sorglosigkeit. Oft ist es ein leidvolles Schicksal, etwa der frühe Verlust des Ehegatten, der einen Menschen aus dem gewohnten Geleise wirft wie Galla von Rom oder Gisela von Ungarn. Während andere mit Gott und ihrem Schicksal hadern, suchen diese Menschen in der entstehenden Leere eine neue Sinnerfüllung ihres Lebens und reifen so zu Heiligen heran. Margareta von Cortona mußte erst durch den Tod ihres Liebhabers aus dem jahrelangen sündhaften Verhältnis gerissen werden, um in christlicher Nächstenliebe ihr Leben noch einmal von vorn neu anzufangen. Hippolytus von Rom, der erste Gegenpapst der Kirchengeschichte, legte erst in der Sklavenarbeit der Bergwerke Sardiniens ein Bekenntnis zur Einheit der Kirche ab und wurde so zum Märtyrer.

Unter den Heiligen finden wir auch die »Narren um Christi willen« wie den Säulensteher Simeon, dessen unnachahmliche Lebensweise nichts anderes ist als ein einziger Protest gegen die Verweichlichung und schrankenlose Sinnlichkeit der Spätantike. So unmodern, ja lächerlich diese Art von »Predigt« heute wirken mag, seine Botschaft ist in der gegenwärtigen Wohlstands- und Konsumgesellschaft mit ihrem lautlosen Atheismus nicht weniger aktuell. Ein Franz von Assisi, der seinem reichen Vater das Gewand vor die Füße wirft und nackt davonläuft, mit Gleichgesinnten ein Leben äußerster Armut führt und schließlich nackt auf bloßer Erde stirbt, entspricht wohl auch nicht unseren Vorstellungen von wohlerzogener Sittsamkeit und gesellschaftlichem Schliff. Doch hat gerade er der Kirche am Vorabend der Renaissance gezeigt, daß die wahren christlichen Werte nicht im Streben nach Besitz, Ansehen und Macht liegen, sondern dort, »wo sie nicht Motte und Rost verzehren« (Mt 6,19). Ein äußerst eigenwilliger Himmerod, der sein Leben lang Seife und Kamm verschmäht und damit nicht nur beim Kaiserpaar Heinrich II. und Kunigunde ein entsetztes Stirnrunzeln erregt, würde heute schwerlich heiliggesprochen. Doch zeigt er auf seine Weise, daß der Wert der menschlichen Person nicht nach äußeren, sichtbaren Maßstäben zu bewerten ist.

Man könnte diese Reihe »komischer Heiliger« noch lange fortsetzen – doch wer von uns ist denn nun wirklich »normal«? Das äußere Bild des Heiligen ist sicher zeitbedingt und damit wandelbar. Doch die innere Absicht, der eigentliche Kern, der dahinter steht, ist zu allen Zeiten gültig. Auch Heilige sind Menschen und haben ihre Einseitigkeiten. Gott verlangt aber – glücklicherweise! – nicht den chemisch reinen Idealmenschen (den es nicht gibt), sondern sein Streben nach der Vollkommenheit, wie es seine Zeitumstände, seine Kräfte und seine ehrlich gemeinte Einsicht zulassen.

Das Bild des Heiligen ist so bunt und vielgestaltig, als es das Menschenleben überhaupt ist. Unter den Heiligen finden wir jedes Temperament und jedes Naturell, denn jeder Mensch ist, so wie er nun einmal ist, zur Heiligkeit berufen. Immer aber ist es, durch alle menschlichen Engheiten und Lächerlichkeiten hindurch, die Gnade Gottes selbst, die aus einem fehlbaren Menschen einen Heiligen macht. Die Verehrung der Heiligen ist deshalb ein Lobpreis der Gnade Gottes, die in schwachen und sündigen Menschen Wunder vollbringen kann. Mag eine frühere Zeit die Heiligen so hoch in den Himmel hinaufgehoben haben, daß man sie selbst gar nicht mehr erreichen konnte, mag man sie mit dem unwirklichen Glanz des Wunderbaren und Makellosen umgeben, ihr Haupt mit einem »Heiligenschein« geschmückt haben, so sehen wir heute dieselben Heiligen vor allem als Menschen aus Fleisch und Blut. Wir sehen, daß auch sie Fehler gemacht, Irrtümer begangen, Schuld auf sich geladen haben. Wir schmücken sie nicht mehr mit einem Heiligenschein, dafür sind sie uns aber menschlich näher gerückt. Vor allem erkennen wir vielleicht besser als vergangene Zeiten, daß bei all ihrer menschlichen Begrenztheit ihr Leben ein aus dem Glauben und der Liebe zum Herrn bewältigtes Leben ist, das auch uns etwas zu sagen hat. In jedem einzelnen von ihnen erkennen wir ein kleines Abbild des Einen, der wahrhaft heilig ist und der im Gott-Menschen Jesus Christus zu uns gekommen ist.

Es sollen freilich nicht gewisse Fehlformen der Heiligenverehrung verschwiegen werden. Neben vereinzelten Vertretern der Antike (Eunomios der Kappadokier, Vigilantius von Gallien) abgesehen ist es erstmals der späte Luther, der die Heiligenverehrung energisch bekämpfte und nur die Nachahmung der Heiligen gelten lassen wollte. Er tadelte zu Recht jenen vulgären Mißwuchs der Heiligenverehrung, in der Gott oft nur als *eine* Wirklichkeit neben anderen erscheint, womit – zumindest dem äußeren Anschein nach – die Gefahr eines unchristlichen Polytheismus gegeben ist. Besonders im Barock mit seinem Hang zu überschwenglicher Vielfalt und gelegentlich auch heute noch findet man in Wallfahrtskirchen, Feldkapellen u. ä. eine Fülle an Heiligenbildern und anderen Andachtsgegenständen, die – gewiß in frommer Absicht dort angebracht – den unkritischen Menschen leicht vergessen läßt, daß Ausgang, Weg und Ziel allen sittlichen Strebens die Heiligkeit Jesu Christi ist. Mit dieser einen Fehlform hängt die zweite zusammen, nämlich die einseitige Konzentrierung des Gebetes zu den Heiligen um Hilfe in allen menschlichen Nöten, Krankheiten, Schmerzen aller Art, Dürre, Hungersnot, Feuersbrunst, Überschwemmung, Kriegsgefahr u. a., also eine Art magisch wirken-sollender Verzweckung der Heiligenverehrung. Die Kirche hat stets betont, daß die Heiligen wegen ihrer Nähe zu Gott auch als Fürsprecher angerufen werden dürfen. Gewiß hat Jesus viele Kranke geheilt, doch trat er nicht einfach als der große Wunderdoktor und Brotvermehrer auf. In diesem Zusammenhang sollte man die Versuchungen Jesu (Mt 4,1–11 par.) sehr ernst nehmen. Der eigentliche Sinn seiner Wunderzeichen ist es, den Glauben und die Liebe zu ihm zu wecken und zu stärken. Das ist letztlich auch der Sinn jeder Heiligenverehrung, mögen die Heiligen nun Gebete erhören oder nicht. Bezüglich der Anrufung der Heiligen gilt, was Jesus zum Bittgebet ganz allgemein sagte: »Suchet zuerst das Reich Gottes und seine Gerechtigkeit, alles andere wird euch hinzugegeben werden« (Mt 6,33). Das 2. Vatikanische Konzil nennt als Sinn und Ziel der Heiligenverehrung: Beispiel und Antrieb für uns, in allen Wechselfällen des Lebens »die künftige Stadt zu suchen«, die Einheit der ganzen Kirche zu erfahren und einzuüben (zu der ja gerade auch die triumphierende Kirche gehört!) und so zu Christus als der Krone aller Heiligen zu gelangen (vgl. Konstitution über die Kirche 50).

B) Der öffentliche Kult der Heiligen, Heilig- und Seligsprechungen

Die Verehrung der Heiligen ging ursprünglich spontan vom Volk aus und begann mit dem Kult der Märtyrer, im Orient bereits im 2. Jh., im Abendland im 3. Jh. Die Christen verehrten die Reliquien, im Osten besonders auch ihre Bilder, und feierten an ihren Gräbern die Eucharistie, wobei sie »in Jubel und Freude das Lob der Blutzeugen verkündeten«. Über ihren Gräbern entstanden Kirchen und Altäre, ihnen zu Ehren wurden Gaben gespendet. Von der großen Zahl der Märtyrer der ersten Jahrhunderte wurden nur verhältnismäßig wenige durch die jährliche Gedächtnisfeier ihres Todes (Dies natalis) öffentlich geehrt. Im konstantinischen Frieden, als es lange Zeit hindurch keine Märtyrer gab, begannen die Christen, in der Tugend besonders hervorragende Männer und Frauen als »Bekenner«, »Jungfrauen« usw. zu verehren. Sie nannten diese ebenfalls »Märtyrer« (Zeugen), die dann allerdings keine Blutzeugen waren. Von den Nachfolgern des hl. Petrus etwa starben durchaus nicht alle eines gewaltsamen Todes. Doch wurden sie später alle, von Linus bis Miltiades († 314) zu Märtyrern erklärt. Auch Irenäus von Lyon wurde ab dem 6. Jh. als Märtyrer bezeichnet. Grundvoraussetzung war im allgemeinen ein jungfräuliches Leben (Bischöfe, Priester, Ordensleute). Freilich mußten die Bischöfe bei dieser spontanen Heiligenverehrung des Volkes sehr oft korrigierend eingreifen. So berichtet Sulpicius Severus († um 420), man habe in der Nähe des Klosters von Tours einen Altar zu Ehren eines »Märtyrers« errichtet, doch habe sich dieser bei näherem Nachforschen als ein hingerichteter Verbrecher herausgestellt. Hadrian I. mußte 774 Karl d. G. hierin eine Mahnung erteilen, auch das Konzil von Frankfurt (794) befaßte sich mit dieser Frage. Andererseits waren die Bischöfe bestrebt, die Verehrung echter Heiliger zu fördern. Lange Zeit hindurch, bes. vom 6. bis 10. Jh., geschah dies durch die bischöfliche Bestätigung eines bereits bestehenden Kultes im nachhinein, und zwar durch die feierliche Erhebung (elevatio) oder Überführung (translatio) der Gebeine eines so Verehrten in eine Kirche. Die Translation geschah durch den Bischof oder, mit dessen Einverständnis, durch den Abt und wurde fortan als jährlicher Gedächtnistag begangen. Sie ist die alte Form der Heiligsprechung.
Im Lauf der Zeit kamen so manche in den Heiligenkalender, deren Lebensführung erhebliche Schatten aufwies, auch in der Bewertung der damaligen Zeit. Deshalb suchte sich ab dem 8. Jh. die kirchliche Autorität in immer stärkerem Maß einzuschalten. Vor allem verlangte sie für die Bestätigung eines Heiligenkultes die Vorlage einer Lebensbeschreibung. Freilich wurden dabei, dem frommen Empfinden der Zeit entsprechend, die guten Taten des Verehrten herausgestellt und typisiert, die historische Kritik kam erst an zweiter Stelle. So wurde allmählich der Wunsch laut, eine Heiligsprechung nicht erst nachträglich zu vollziehen, sondern sie vorher der kirchlichen Obrigkeit zur kritischen Überprüfung zu unterbreiten. Die erste derartige Heiligsprechung durch einen Papst war die des Bischofs Ulrich von Augsburg († 973) durch Johannes XV. am 11. 6. 993. Dies war zwar noch nicht eine Heiligsprechung im heutigen Sinn, sondern geschah in Form eines Privilegs für die Diözesen Deutschlands und Galliens, würde also eher einer Seligsprechung im heutigen Sinn entsprechen. Doch wurde hier bereits ein – wenn auch kurzer – Prozeß geführt, dessen Grundlinien im Prinzip noch heute gelten. Auch in der Folgezeit wurden Heiligsprechungen noch von Bischöfen vollzogen. Es bürgerte sich aber immer mehr ein, dabei die Rechtfertigung bzw. die vorherige Erlaubnis des Papstes einzuholen. Alexander III. (1159–81) verlangte 1181 (?) für die öffentliche Verehrung eines Dieners Gottes die ausdrückliche Bestätigung des Papstes, die von Gregor IX. in seinem Dekret Audivimus (1234) noch einmal sanktioniert wurde. Da die Bischöfe jedoch weiterhin für Diener Gottes den öffentlichen Kult gestatteten, bildete sich allmählich der Unterschied zwischen »beatus« (selig) und »sanctus« (heilig) heraus, d. h. zwischen den bischöflichen Selig- und den päpstlichen Heiligsprechungen. Die Attribute »selig« und »heilig« tauchten zwar bereits im 5. Jh. auf, hatten jedoch keine kultische Bedeutung und besagten vor allem keinen rechtlich-liturgischen Unterschied, sondern sie brachten nur die Überzeugung zum Ausdruck, daß der betreffende Verstorbene in der Seligkeit bei Gott ist. Rechtliche Bedeutung erlangte dieser Unterschied erst durch

Urban VIII. in seinem Breve ›Coelestis Hierusalem‹ vom 5. 7. 1634, wonach es alleiniges Recht des Papstes ist, einer verstorbenen Person den Titel »Heiliger« oder »Seliger« zuzuteilen. Die in diesem Breve enthaltenen Bestimmungen sind im wesentlichen noch im kirchlichen Gesetzbuch von 1917 enthalten:
a) Heiligmäßige Personen, die vor 1181 (Alexander III.) öffentlichen Kult genossen, dürfen auch weiterhin liturgisch (öffentlich) verehrt werden.
b) Der öffentliche Kult eines von 1181 bis 1534 (also rückwirkend 100 Jahre vor 1634) Verstorbenen kann ebenfalls aufrechterhalten werden, es kann aber zusätzlich die päpstliche Bestätigung dafür erbeten werden (Approbation des Kultes nach einem sog. außerordentlichen Prozeß).
c) Wer nach 1534 verstorben ist, darf ohne ausdrückliche päpstliche Bestätigung (Selig- oder Heiligsprechung) nicht öffentlich verehrt werden.
d) Dieser Selig- bzw. Heiligsprechung hat ein Prozeß vorauszugehen, für den seit Sixtus V. (1587) die Ritenkongregation zuständig ist. Urban VIII. bestätigte diese Zuständigkeit. Paul VI. teilte die Ritenkongregation 1968 in die Kongregation für die Liturgie (Sacra Congregatio pro Cultu Divino) und die Kongregation für die Heiligsprechungen (Sacra Congregatio pro Causis Sanctorum).

Der *Seligsprechungsprozeß* über einen Diener Gottes (der sog. ordentliche Prozeß) beginnt nach dem Kirchenrecht von 1917 mit dem bischöflichen Informativprozeß. Über Antrag des Postulators ernennt der Bischof einen Gerichtshof, bestehend aus 3 Richtern, dem Promotor fidei (Kirchenanwalt, scherzhaft auch »Advocatus diaboli«), einem kirchlichen Notar und anderen Beisitzern. Hier werden alle Schriften des Dieners Gottes (Briefe, Handschriften, Veröffentlichungen) gesammelt und geprüft, sein tatsächliches Martyrium (bzw. sein heroischer Tugendgrad) festgestellt und die Wunder, die auf seine Fürbitte geschehen sind, kritisch untersucht. Der Informativprozeß ist die Grundlage für den Apostolischen Prozeß bei der Ritenkongregation (seit 1968 der Kongregation für die Heiligsprechungen). Konsultoren prüfen den Informativprozeß nach Form und Inhalt. Bei günstigem Entscheid unterzeichnet der Papst das Decretum Introductionis causae (Eröffnung des eigentlichen Prozesses). Nun wird von einem eigens ernannten Gerichtshof (5 Richter) alles noch einmal genau geprüft. Das Urteil über das Martyrium bzw. den heroischen Tugendgrad wird in 3 Instanzen, die letzte unter Vorsitz des Papstes, gefällt. Bei positivem Urteil darf der Diener Gottes nunmehr »ehrwürdig« (venerabilis) genannt werden. Zur Seligsprechung werden Wunder verlangt: zwei, wenn im Informativ- und im Apostolischen Prozeß die Heiligkeit des Dieners Gottes durch Augenzeugen bestätigt wurde; drei, wenn beim Informativprozeß Augenzeugen, beim Apostolischen Prozeß nur Traditionszeugen die Heiligkeit bestätigen; vier, wenn die Heiligkeit nur durch Dokumente und Traditionszeugen nachgewiesen werden kann. Nach genauer Prüfung der Wunder unter Beiziehung von Experten (Ärzten u. a.) kann der Papst den Prozeß durch das Dekret »Tuto« (»Mit Sicherheit«) beenden. Die Seligsprechung selbst wird vom Papst im feierlichen Gottesdienst zusammen mit einem Abriß über das Leben, das Martyrium (Tugenden) und die Wunder verkündet, der als Apostolischer Brief (Litterae Apostolicae) in den Acta Apostolicae Sedis (AAS) veröffentlicht wird. Eine seliggesprochene Person kann innerhalb einer Teilkirche (Diözese, Nation, Region, Ordensgemeinschaft) öffentlich (liturgisch) verehrt werden. Häufig folgt der Seligsprechung eine Heiligsprechung, bzw. ist sie die unerläßliche Voraussetzung dafür.
Der Seligsprechung gleichwertig ist die von der zuständigen römischen Kongregation in einem Dekret veröffentlichte »Approbation des Kultes seit unvordenklichen Zeiten« (Beatificatio aequipollens). Ihr geht ein sog. außerordentlicher Apostolischer Prozeß voraus, der ebenfalls durch einen bischöflichen Informativprozeß eingeleitet wird.

Ein *Heiligsprechungsprozeß* verläuft ähnlich. Er setzt die formelle Seligsprechung oder Approbation des Kultes voraus, wobei alle Akten des Seligsprechungsprozesses als Unterlage dienen und noch einmal durchgearbeitet werden. Der Antragssteller (Promotor) richtet an den Papst das Ansuchen um »Wiederaufnahme« (Reassumptio) des Verfahrens. Nach erfolgter Genehmigung untersucht eine Kommission die behaupteten Wunder, die wiederum von der zuständigen Kongregation in einem dreifachen Instanzenweg kritisch geprüft werden. In der letzten Generalversammlung führt der Papst den Vorsitz. Für die Heiligsprechung sind 2 Wunder nach der formellen, 3 Wunder nach der »gleichwertigen« Seligsprechung erfordert. Nach Veröffentlichung des Dekretes über die Echtheit der Wunder holt der Papst das Urteil der Kardinäle ein und erklärt schließlich »tuto procedi posse ad sollemnem canonizationem« (... daß man mit Sicherheit die feierliche Heiligsprechung vollziehen könne). Dem Akt der Heiligsprechung selbst geht ein dreifaches Konsistorium voraus, ein »geheimes« (nur Kardinäle), ein »öffentliches« (Kardinäle, Prälaten, Diplomaten, öffentliche Würdenträger) und ein »halböffentliches« (Kardinäle, in Rom anwesende Bischöfe), in der jeweils der Papst die Anwesenden um ihre Meinung zur beabsichtigten Heiligsprechung befragt. Ein Abriß über das Leben, Martyrium (bzw. heroischen Tugendgrad), die Wunder, den Prozeßgang u.ä. wird im Heiligsprechungsdekret (Litterae Decretales) niedergelegt, vom Papst in feierlicher Weise verkündet und in den AAS veröffentlicht. Ein Heiliggesprochener darf uneingeschränkt in der ganzen Kirche öffentlich (liturgisch) verehrt werden (Messe, Brevier, Reliquien, Weihe von Kirchen und Altären usw.).

Der Heiligsprechung gleichwertig ist die formelle Anerkennung (Approbation) eines rechtmäßig bestehenden Kultes ohne förmlichen Prozeß, die von der zuständigen Kongregation in einem Dekret veröffentlicht wird. Personen, die in der Überlieferung bald »heilig«, bald »selig« genannt werden, können nach einer Interpretation der Ritenkongregation vom 15. 1. 1960 als Heilige bezeichnet werden.

Die Heiligsprechung selbst geschieht nach der festen Formel: »Im Namen der Heiligen und Ungeteilten Dreifaltigkeit, zur Mehrung des katholischen Glaubens und zur Förderung des christlichen Lebens, in der Autorität unseres Herrn Jesus Christus, der Apostel Petrus und Paulus und Unserer eigenen, nach vorhergehender gehöriger Abwägung und Überlegung und oftmaliger Anrufung des göttlichen Beistandes, wie auch unter Beiziehung des Rates vieler Unserer Brüder, erklären und definieren Wir (decernimus et definimus), daß N. N. ein Heiliger ist. Wir schreiben ihn in das Verzeichnis der Heiligen ein und bestimmen, daß er in der ganzen Kirche unter den Heiligen mit geziemender Andacht verehrt werden soll. Im Namen des Vaters und des Sohnes und des Heiligen Geistes. Amen.« Diese Formel trägt den Charakter einer Lehrentscheidung, die der Papst in seiner vollen, ihm zukommenden höchsten Autorität für die ganze Kirche verpflichtend ausspricht, weshalb in ihr viele Theologen einen Ausdruck der päpstlichen Unfehlbarkeit sehen. Dem Wortlaut nach besteht diese Lehraussage lediglich in der Feststellung, »daß N.N. ein Heiliger ist«, daß der Heiliggesprochene also sein endgültiges Ziel in der Seligkeit bei Gott erreicht hat, also genau das, was die Christen der alten Zeit unter einem »Heiligen« oder »Seligen« verstanden. Dem Sinn und der Absicht nach wird dieser Heiliggesprochene der ganzen Christenheit als Vorbild und Beispiel christlichen Lebens vorgestellt und soll nicht nur in privater, sondern auch öffentlicher (liturgischer) Weise verehrt werden.

Die Selig- und Heiligsprechungsprozesse sind heute ungemein langwierig und damit auch sehr kostspielig (Franz von Assisi wurde 2 Jahre nach seinem Tod heiliggesprochen) und verlangen große Ausdauer von seiten der antreibenden Kräfte. Innerhalb der Orden hält die kontinuierliche Initiative meist länger an als in anderen kirchlichen Gemeinschaften (Diözesen, private Initiativ-Vereinigungen). Das ist auch der Grund, weshalb besonders in den letzten Jahrzehnten überwiegend Ordensleute, vor allem Ordensgründer, zur Ehre der Altäre gelangten. Möglicherweise spielt hier auch ein gewisses Prestigedenken eine Rolle. Deshalb mehren sich heute die Stimmen zugunsten einer Reform. Kard. Suenens regte auf dem 2. Vatikanischen Konzil an, die Selig- und Heiligsprechungsprozesse abzukürzen. Die Heiligsprechungsprozesse sollten wie bisher dem Apostolischen Stuhl vorbehalten bleiben, doch sollten nur solche Personen heiliggesprochen werden, die von tatsächlich internationaler Bedeutung seien. Dabei sollten alle sozialen Schichten und alle Nationen möglichst gleichmäßig berücksichtigt werden. Die Seligsprechungen hingegen sollten von den Bischofskonferenzen durchgeführt werden und die Namen der Seligen nur in den liturgischen

Kalendarien der jeweiligen Teilkirche (Diözese, Region, Orden) aufscheinen. Auf diese Weise würde die Seligsprechung wieder in gebührender Weise »aufgewertet« werden.

Am 26. Februar 1983 wurden im Vatikan drei Dokumente veröffentlicht, die die Prozeßordnung der Heiligsprechungen neu regeln. Es handelt sich dabei um die Apostolische Konstitution Johannes Paul II. »Divinus perfectionis magister« sowie um die beiden Dokumente »Normae« und »Decretum generale«. Mit diesen Richtlinien wurde den Diözesanbischöfen eine stärkere Beteiligung zugesprochen. Vor allem wurde ihnen bei diesen Verfahren die gesamte Verantwortung für die Sammlung der Beweise im Hinblick auf das Leben und Sterben der zu kanonisierenden Männer oder Frauen sowie die Beweise über den Ruf der Heiligkeit, des Martyriums, der hervorragenden Tugenden und der eventuell erfolgten Wunder übertragen.

C) Die Seligsprechungen von 1900 bis 1987

Die Namen solcher Personen, die zu einem späteren Zeitpunkt heiliggesprochen wurden, sind im Druck hervorgehoben. Das Jahr der Heiligsprechung ist in Klammern beigefügt.

6. 2.1900	Maria Juliana v. hl. Sakrament (K. appr.)
18. 4.1900	Maria Magdalena Martinengo da Barco
27. 5.1900	Franz Clet, Johannes Lantrua v. Triora, Johannes Gabriel Taurin Dufresse + 10 Gef., Märt. in China; Petrus Dumoulin-Borie + 26 Gef., Märt. in Tonking; Franz Isidor Gagelin + 10 Gef., Märt. in Cochin-China; Ignatius Delgado, Dominicus Henares + 24 Gef., Märt. in Tonking
10. 6.1900	Dionysius a Nativitate u. Redemptus a Cruce, Märt. in Indien
7.10.1900	Maria Kreszentia Höß
13. 5.1901	Antonius Bonfadini (K. appr.)
19. 8.1902	Andreas Abellon (K. appr.)
7. 9.1903	Johannes v. Vercelli u. Johannes Bapt. Righi v. Fabriano (K. appr.)
29. 8.1904	*Kaspar von Bufalo* (1954)
8. 9.1904	*Johann Bapt. Vianney* (1925)
23.10.1904	Agathangelus v. Vendôme u. Cassianus v. Nantes, Märt. in Äthiopien
1.11.1904	Markus Crisinus, Stephan Pongracz u. Melchior Grodecz, Märt. in Kaschau; Stephan Bellesini
14.12.1904	Karl v. Blois (K. appr.)
22.11.1905	Ignatius Falzon (K. appr.)
2. 3.1906	Markus v. Marconi (K. appr.)
19. 3.1906	*Julia Billiart* (1969)
15. 4.1906	Franz Gil de Federich + 7 Gef., Märt. in Tonking
13. 5.1906	Theresia v. hl. Augustinus + 15 Gef., Märt. zu Compiègne
21. 5.1906	Bonaventura v. Barcelona
29. 5.1907	Benedictus Ricasoli (K. appr.)
10.12.1907	Magdalena Albrici (K. appr.)
11. 1.1908	*Magdalena Sophia Barat* (1925)
22. 1.1908	*Maria Magdalena Postel* (1925)
3. 5.1908	*Gabriel v. der Schmerzhaften Gottesmutter* (1920)
12. 8.1908	Christina die Kölnische (K. appr.)

9.12.1908	Johannes Ruysbroeck (K. appr.)
18. 3.1909	Bartholomäus Fanti (K. appr.)
11. 4.1909	Franz de Capillas, 1. Märt. in China; Stephan Theodor Cuenot + 32 Gef., Märt. in Tonking; *Johanna von Arc* (1920); *Johannes Eudes* (1925)
4. 5.1909	Friedrich v. Regensburg (K. appr.)
25. 8.1909	Utto v. Metten u. Gamelbert (K. appr.)
23. 2.1910	Adelheid Cini
14. 6.1911	Jacobus Capoccio (K. appr.)
6. 9.1911	Bonaventura Tornielli (K. appr.)
8. 4.1917	Joseph Benedictus Cottolengo
10. 4.1917	Anna a S. Bartholomaeo
12. 3.1919	Hugolinus v. Gualdo Cattaneo (K. appr.)
9. 5.1920	*Ludovica de Marillac* (1934)
23. 5.1920	*Oliver Plunket* (1975)
30. 5.1920	Anna Maria Taigi
6. 6.1920	*Karl Lwanga + 21 Gef.*, Märt. in Uganda (1964)
13. 6.1920	15 Märtyrinnen von Valenciennes
12. 1.1921	Dominikus Spadafora (K. appr.)
20. 3.1921	Margareta v. Lothringen (K. appr.)
27. 7.1921	Angelus v. Scarpetti (K. appr.)
23.11.1921	Andreas Franchi (K. appr.)
28. 2.1923	Laurentius v. Villamagna (K. appr.)
29. 3.1923	*Theresia v. Kinde Jesu* (1925)
10. 5.1923	*Michael Garicoïts* (1947)
13. 5.1923	*Robert Bellarmin* (1930)
19. 4.1925	*Antonius Maria Gianelli* (1951)
26. 4.1925	*Vinzenz Maria Strambi* (1950)
3. 5.1925	*Joseph Cafasso* (1947)
10. 5.1925	Iphigenie v. hl. Matthäus + 31 Gef., Märt. zu Orange
7. 6.1925	*Maria Michaela v. Hlst. Sakrament* (1934)
14. 6.1925	*Maria Bernarda* (Bernadette Soubirous) (1933)
21. 6.1925	*Johannes de Brébeuf + 7 Gef.*, Märt. in Kanada (1930)
5. 7.1925	*Andreas Kim* (1987)
12. 7.1925	*Petrus Julianus Eymard* (1962)
16. 5.1926	*Andreas Hubert Fournet* (1933)
23. 5.1926	*Johanna Antida Thouret* (1934)
30. 5.1926	*Bartholomäa Maria v. Capitanio* (1950)
6. 6.1926	Jakob Sales u. Wilhelm Saultmouche
13. 6.1926	*Lucia Filippini* (1930)
28. 7.1926	*Beatrix da Silva Meneses* (K. appr.) (1976)
3.10.1926	Ghebre Michael
10.10.1926	Emmanuel Ruiz + 10 Gef., Märt. in Damaskus
17.10.1926	Johannes Maria du Lau, Franciscus Joseph de la Rochefoucauld u. Petrus Ludwig de la Rochefoucauld + 188 Gef., Märt. in Paris
31.10.1926	Natalis Pissot
12. 1.1927	Stilla von Abenberg (K. appr.)
18. 5.1927	Lukas Belludi (K. appr.)
18. 7.1927	Hugo Fossensi (K. appr.)
16. 5.1928	Simeon, Falco, Marinus, Benincasa, Petrus II., Balsam, Leonhard, Leo II., Äbte von La Cava (K. appr.)
19.12.1928	Irmengard v. Buchau u. Frauenchiemsee (K. appr.)
2. 6.1929	*Johannes Bosco* (1934)
9. 6.1929	*Theresia Margareta Redi* (1934)

16. 6.1929	Claudius de la Colombière
23. 6.1929	Gomidas Keumurgian
30. 6.1929	*Franz Maria von Camporosso* (1962)
15.12.1929	Thomas Hemerford + 135 Gef., Märt. in England
22.12.1929	*Johannes Ogilvie* (1976)
8. 1.1930	Balthasar v. Clavario (K. appr.)
8. 6.1930	*Paola Frasinetti* (1984)
15. 6.1930	*Konrad von Parzham* (1934)
30. 4.1933	*Maria a. S. Euphrasia Pelletier* (1940)
7. 5.1933	Vincentia Gerosa
14. 5.1933	*Gemma Galgani* (1940)
21. 5.1933	*Joseph Maria Pignatelli* (1954)
28. 5.1933	*Katharina Labouré* (1947)
28. 1.1934	Rochus Gonzalez, Alfons Rodriguez u. Johannes del Castillo, Märt. in Uruguay
25. 2.1934	*Anton Maria Clarét y Clará* (1950)
10. 5.1934	Petrus Renatus Rogue
13. 5.1934	*Johanna Elisabeth Bichier des Ages* (1947)
6.11.1938	*Maria Josepha Rossello* (1949)
13.11.1938	*Francisca Xaveria Cabrini* (1946)
20.11.1938	*Maria Dominica Mazzarello* (1951)
18. 6.1939	*Emilia de Vialar* (1951)
25. 6.1939	*Justinus de Jacobis* (1975)
12. 5.1940	Philippine Duchesne
19. 5.1940	*Joachima de Vedruna* (1959)
26. 5.1940	*Maria Crucifixa di Rosa* (1954)
9. 6.1940	Maria Wilhelma Emilia de Rodat
16. 6.1940	*Ignatius v. Láconi* (1952)
7.12.1941	Magdalena v. Canossa
20.10.1946	Maria Theresia de Soubiran
27.10.1946	Theresia Eustochium Verzeri
24.11.1946	Gregor Grassi, Franz Fogolla, Anton Fantosati + 26 Gef., Märt. in China
13. 4.1947	Contardo Ferrini
27. 4.1947	*Maria Goretti* (1950)
4. 5.1947	Maria Theresia v. Jesus (Alexia Le Clerc)
9.11.1947	*Johanna Delanoue* (Johanna v. Kreuz) (1982)
4. 4.1948	*Frater Benildus* (Petrus Romançon) (1967)
22. 1.1950	*Vinzenz Pallotti* (1963)
5. 2.1950	*Maria Desolata* (Emmanuela Torres Acosta) (1970)
19. 2.1950	*Vincentia Maria López y Vicuña* (1975)
5. 3.1950	*Dominikus Savio* (1954)
6. 5.1950	Placida Viel
1.10.1950	Maria de Matthias
15.10.1950	Anna Maria Javouhey
12.11.1950	Margareta Bourgeoys
18. 2.1951	Alberico Crescitelli
15. 4.1951	*Franciscus Antonius Fasani* (1986)
29. 4.1951	Joseph Maria Diaz Sanjurjo, Melchior Garcia Sampedro + 23 Gef., Märt. in Tonking
20. 5.1951	Julianus Maunoir
3. 6.1951	*Pius X.*, Papst (1954)
4.11.1951	*Maria Victoria Theresia Couderc* (1970)
4. 5.1952	Rosa Venerini

18. 5.1952	*Raphaela Maria v. Hlst. Herzen Jesu* (1977)
8. 6.1952	*Maria Bertilla Boscardin* (1961)
22. 6.1952	*Antonius Maria Pucci* (1962)
19. 6.1954	Johannes B. Turpin du Cormier + 15 Gef., Maria Lhuilier + 3 Gef., Märt. in Laval
7.11.1954	Maria Assunta Pallotta
21.11.1954	Johannes Martin Moyë
5.12.1954	Placidus Riccardi
19. 3.1955	Paula Elisabeth (Constantia Cerioli)
17. 4.1955	Leo Ignatius Mangin + 55 Gef., Märt. in China
29. 5.1955	Marcellinus Joseph Benedictus Champagnat
7.10.1956	Innozenz XI., Papst
26. 5.1957	Maria v. der Vorsehung (Eugenia Smet)
27. 4.1958	*Theresia v. Jesus Jornet y Ibars* (1974)
26. 4.1959	Helena Guerra
3. 5.1959	Maria Margareta Dufrost de Lajemmerais
12.11.1961	Innozenz von Bertio
17. 3.1963	*Elisabeth Anna Bayley* (1975)
19. 3.1963	Aloisius Maria Palazzolo
13.10.1963	*Johannes Nep. Neumann* (1977)
27.10.1963	Dominicus a Matre Dei
3.11.1963	*Leonardo Murialdo* (1970)
17.11.1963	Vinzenz Romano
1.12.1963	Nunzio Sulprizio
25.10.1964	Aloisius Guanella
17.10.1965	Jacobus Berthieu
5.12.1965	*Scharbel Makhlouf* (1977)
17. 4.1966	Ignatius a S. Agatha
8.10.1967	Maria Fortunata Viti
6.10.1968	Simeon Berneux + 23 Gef., Märt. in Korea
13.10.1968	Maria v. den Aposteln (Maria Theresia v. Wüllenweber)
27.10.1968	Cloelia Barbieri
17.10.1971	*Maximilian Kolbe* (1982)
29.10.1972	Michael Rua
12.11.1972	Livia Pietrantoni
22. 2.1974	Hedwig v. Polen (K. appr. durch Erzb. Karol Wojtyla, nachmals Papst Johannes Paul II.)
24. 3.1974	Liborius Wagner
28. 4.1974	Francisca Schervier
9. 2.1975	Eugenia Maria v. Jesus (Anna Eugenia Milleret de Brou)
27. 4.1975	César de Bus
6. 7.1975	Johannes Heinrich Karl Steeb
19.10.1975	Arnold Janssen, Joseph Freinademetz, Karl Joseph Eugen de Mazenod, Maria Theresia Ledóchowska
1.11.1975	Ezechiel Morena y Díaz, Gasparo Bertoni, Johanna Francisca v. der Heimsuchung (Anna Michelotti), Maria v. Göttl. Herzen Jesu (Maria v. Droste zu Vischering), Vinzenz Grossi
16.11.1975	Joseph Moscati
2. 5.1976	*Leopold Mandić* (1983)
14.11.1976	Maria v. Jesus López de Rivas
8. 5.1977	Maria Rosa Molas y Vallvé
30.10.1977	Mutien Maria Wiaux, *Michael Febres Cordero* (1984)
16. 4.1978	Maria Katharina Kasper

7. 5.1978	Maria Henrica Dominici
24. 2.1979	Margareta Ebner (K. appr.)
29. 4.1979	Franz Coll, Jakob Laval
14.10.1979	Enrico de Osso y Cerello
22. 6.1980	Maria Guyart, Franz de Montmorency-Laval, Joseph de Anchieta, Katharina Tekakwitha, Petrus de Betancur
26.10.1980	Bartolo Longo, Luigi Orione, Maria Anna Sala
18. 2.1981	*Laurentius Ruiz* (1987), Domingo Ibáñez de Erquicia, Jacob Kyushei Tomonaga + 13 Gefährten
4.10.1981	Alanus de Solminihac; Aloisius Scrosoppi; Richard Pampuri; Claudina Thévenet; Maria Repetto
23. 5.1982	Petrus Donders; Andreas Bessette; Maria Anna Rivier; Maria Rosa Durocher; Angela Maria Astorch
3.10.1982	Johanna Jugan; Salvator Lilli v. Kappadokien + 7 Gefährten
5.11.1982	Angela a Cruce Guerrero Gonzalez
25. 1.1983	Maria Gabriela Sagheddu
15. 5.1983	Aloisius Versigli u. Callistus Caravario
20. 6.1983	Ursula Julia Ledochowska
22. 6. 1983	Albert (Adam) Chmielowski; Rafael (Josef) Kalinowski
30.10.1983	Jeremias v. der Walachei; Jakob Cusmano; Domenico Iturrate Zubero (Dominicus a SS. Sacramento)
13.11.1983	Maria Baouardy
19. 2. 1984	Wilhelm Repin und Gefährten
19. 2. 1984	Johann Baptist Mazzucconi
11. 9. 1984	Maria Leonia Paradis
30. 9. 1984	Friedrich Albert
30. 9. 1984	Clemens Marchisio
30. 9. 1984	Isidor De Loor
30. 9. 1984	Raphaela Ybarra
25. 11. 1984	Josef Manyanet y Vives
25. 11. 1984	Daniel Brottier
25. 11. 1984	Elisabeth della Trinità
1. 2. 1985	Mercedes a Iesu Molina
1. 2. 1985	Anna ab Angelis Monteagudo
14. 4. 1985	Pauline von Mallinckrodt
14. 4. 1985	Katharina Troiani
23. 6. 1985	Benedikt Menni
23. 6. 1985	Peter Friedhofen
14. 8. 1985	Maria Clementina Anuarite Nengapeta
22. 9. 1985	Virginia Centurioni Bracelli
6. 10. 1985	Diego Luis de San Vitores
6. 10. 1985	Josef Maria Rubio y Peralta
6. 10. 1985	Franz Garete
3. 11. 1985	Titus Brandsma
17. 11. 1985	Alois Campidelli
17. 11. 1985	Maria Theresia von Jesus (Karolina Gerhardinger)
17. 11. 1985	Rebekka Ar-Rayes de Himlaya
8. 2. 1986	Ciriacus Elias Chavara
8. 2. 1986	Alphonsa ab Immaculata Conceptione Muttathupandatu
4. 10. 1986	Anton Chevrier
19. 10. 1986	Theresia Maria a Cruce (Manetti)
29. 3. 1987	Maria Pilar de S. Fran. de Borja, Teresa del Nino Jesus und Maria Angeles
29. 3. 1987	Marcelo Spinola y Maestre

29. 3. 1987	Manuel Domingo y Sol
4. 4. 1987	Theresia de Los Andes
1. 5. 1987	Theresia Benedicta a Cruce (Edith Stein)
3. 5. 1987	Rupert Mayer
10. 5. 1987	Andreas Karl Ferrari
10. 5. 1987	Alois Zephyrin Moreau
10. 5. 1987	Peter Franz Jamet
10. 5. 1987	Benedikta Cambagio Frassinello
10. 5. 1987	Carolina Kozka
14. 6. 1987	Michael Kozal
28. 6. 1987	Georg Matulewicz
30. 9. 1987	Clemens Marchisio
30. 9. 1987	Friedrich Albert
30. 9. 1987	Rafaela Ybarra de Villalonga
30. 9. 1987	Isidor de Loor
4. 10. 1987	Marcel Callo
4. 10. 1987	Antonia Mesina
4. 10. 1987	Pierina Morosini
1. 11. 1987	Arnold Rèche
1. 11. 1987	Ulrika Nisch
1. 11. 1987	Blandine Merten
22. 11. 1987	85 Märtyrer aus England, Schottland und Wales

D) Die Heiligsprechungen von 1900 bis 1987

24. 5.1900	Johannes B. de la Salle, Rita v. Cascia
23. 7.1900	Obitius (K. appr.: »Sel. oder Hl.«)
1. 5.1902	Eurosia (K. appr.), Eva v. Lüttich (K. appr.)
7. 9.1903	Justus, Mönch u. Märt. (K. appr.)
9.12.1903	Theobald v. Vienne; Clarus v. Vienne; Fergeolus v. Grenoble; Bernhard v. Vienne; Amedeus v. Lausanne; Eldrad v. Novalese; Hugo v. Bonneval; Johannes v. Valencia, Arigius v. Gap; Ceratus v. Grenoble; Justus v. Condat; Stephan v. Die; Ismid v. Die; Leonianus v. Vienne; Hesychius v. Vienne; Namatius v. Vienne; Aper v. Grenoble (K. appr.)
13. 7.1904	Arialdo (Harald) v. Mailand (K. appr.: »Hl. oder Sel.«)
11.12.1904	Alexander Sauli, Bisch. v. Aleria; Gerhard Maiella
12. 4.1905	Christophorus v. Romandiola (K. appr.: »Sel. u. Hl.«)
6.12.1905	Placidus u. Sigisbert
2. 3.1906	Johannes, Bisch. v. Monte Marano (K. appr.)
24. 7.1907	Romedius v. Thaur (K. appr.)
12. 8.1908	Potentinus u. Gef. (K. appr.)
20. 5.1909	Clemens Maria Hofbauer; Joseph Oriol
23. 2.1910	Julianus Cesarello del Valle (K. appr.)
19. 4.1910	Bartholomäus Buonpedoni (K. appr.: »Sel. u. Hl.«)
15. 1.1917	Nonius Alvarez Pereira (K. appr.: »Sel. u. Hl.«)
12.11.1918	Johannes Pelingotto (K. appr.: »Hl. u. Sel.«)
12. 3.1919	Isnard v. Chiampo (K. appr.: »Hl. od. Sel.«)
13. 5.1920	Gabriel v. d. Schmerzhaften Gottesmutter; Margareta Maria Alacocque
16. 5.1920	Johanna von Arc
17. 5.1925	Theresia v. Kinde Jesu

21. 5.1925	Petrus Canisius
24. 5.1925	Magdalena Sophia Barat; Maria Magdalena Postel
27. 5.1925	Bogumil v. Gnesen (K. appr.: »Sel. od. Hl.«)
31. 5.1925	Johannes Eudes; Johannes B. Vianney
21.12.1927	Hosanna v. Cattaro (K. appr.: »Sel. od. Hl.«)
22. 6.1930	Catharina Thomás; Lucia Filippini
29. 6.1930	Johannes de Brébeuf + 7 Gef., Märt. in Kanada; Robert Bellarmin; Theophilus v. Corte
4. 6.1933	Andreas Hubert Fournet
8.12.1933	Maria Bernarda (Bernadette Soubirous)
14. 1.1934	Johanna Antida Thouret
4. 3.1934	Maria Michaela v. Hlst. Sakrament
11. 3.1934	Ludovica de Marillac
19. 3.1934	Joseph Benedictus Cottolengo; Pompilius Maria Pirotti v. hl. Nikolaus; Theresia Margareta Redi v. Hl. Herzen Jesu
1. 4.1934	Johannes Bosco
20. 5.1934	Konrad v. Parzham
19. 5.1935	Johannes (John) Fischer; Thomas More
4. 1.1938	Hemma v. Gurk (K. appr.)
17. 4.1938	Andreas Bobola; Johannes Leonardi; Salvator v. Horta
2. 5.1940	Gemma Galgani; Maria a S. Euphrasia Pelletier
19.11.1943	Margareta v. Ungarn
7. 7.1946	Francisca Xaveria Cabrini
15. 5.1947	Nikolaus v. d. Flüe
22. 6.1947	Bernhardin Realino; Johannes de Britto; Joseph Cafasso
6. 7.1947	Elisabeth Bichier des Ages; Michael Garicoïts
20. 7.1947	Ludwig Maria Grignon de Montfort
27. 7.1947	Catharina Labouré
15. 5.1949	Johanna de Lestonnac
12. 6.1949	Maria Josepha Rossello
23. 4.1950	Maria Wilhelma Emilia de Rodat
7. 5.1950	Antonius Maria Clarét y Clará
18. 5.1950	Bartholomäa Maria v. Capitanio; Catharina Vincentia Gerosa
28. 5.1950	Johanna v. Valois
11. 6.1950	Vinzenz Maria Strambi
24. 6.1950	Maria Goretti
9. 7.1950	Maria Anna a Jesu de Paredes y Flores
24. 6.1951	Emilia de Vialar; Maria Dominica Mazzarello
21.10.1951	Antonius Maria Gianelli
21.10.1952	Ignatius v. Láconi
21.10.1953	Franz X. Maria Bianchi
29. 5.1954	Pius X., Papst
12. 6.1954	Dominikus Savio; Maria Crucifixa di Rosa; Gasparus del Bufalo, Joseph Maria Pignatelli; Petrus Aloisius Chanel
11. 8.1958	Hermann Josef (K. appr.: »Sel. od. Hl.«)
12. 4.1959	Joachima de Vedruna; Karl v. Sezze
26. 5.1960	Gregorius Barbarigo
12. 6.1960	Johannes de Ribera
11. 5.1961	Maria Bertilla Boscardin
6. 5.1962	Martinus de Porres
9.12.1962	Antonius Maria Pucci; Franciscus Maria v. Camporosso; Petrus Julianus Eymard
20. 1.1963	Vinzenz Pallotti

18.10.1964	Karl Lwanga + 21 Gef., Märt. in Uganda
27. 1.1966	Adelheid v. Vilich (K. appr.)
29.10.1967	Frater Benildus (Petrus Romançon)
22. 6.1969	Julia Billiart
8. 1.1970	Berthold v. Garsten (K. appr.)
25. 1.1970	Maria Desolata (Emmanuela Torres Acòsta)
3. 5.1970	Leonardo Murialdo
10. 5.1970	Maria Victoria Theresia Couderc
31. 5.1970	Johannes v. Ávila
21. 6.1970	Nikolaus Tavelić + 3 Gef., Märt. zu Jerusalem
25.10.1970	Cuthbert Mayne + 39 Gef., Märt. in England
27. 1.1974	Theresia v. Jesus Jornet y Ibars
25. 5.1975	Johannes v. d. Empfängnis; Vincentia Maria López y Vicuña
14. 9.1975	Elisabeth Anna Bayley
28. 9.1975	Johannes Macías
12.10.1975	Oliver Plunket
26.10.1975	Justinus de Jacobis
9. 1.1976	Dorothea v. Montau (K. appr.: »Sel. od. Hl.«)
3.10.1976	Beatrix da Silva Meneses
17.10.1976	Johannes Ogilvie
23. 1.1977	Raphaela Maria v. Hlst. Herzen Jesu
19. 6.1977	Johannes Nep. Neumann
9.10.1977	Scharbel Makhlouf
20. 6.1982	Crispin v. Viterbo
10.10.1982	Maximilian Kolbe
31.10.1982	Margarita Bourgeoys; Johanna Delanoue (Johanna v. Kreuz)
16.10.1983	Leopold Mandić
31. 10. 1982	Margareta Bourgeoys; Johanna Delanoue (Johanna v. Kreuz)
16. 10. 1983	Leopold Mandić
11. 3. 1984	Paola Frasinetti
6. 5. 1984	Koreanische Märtyrer (Andreas Kim, etc.)
21. 10. 1984	Michael Febres Cordero
13. 4. 1986	Franz Anton Fasani
12. 10. 1986	Joseph Maria Tomasi
18. 10. 1987	Laurentius Ruiz und 15 weitere Priester und Laien, die im 17. Jahrhundert in Japan das Martyrium erlitten haben
25. 10. 1987	Josef Moscati

II. Teil. Der bürgerliche Kalender

Das gesamte religiöse Leben ist in den Lauf des Jahres eingebettet. Man denke an die Feste und Festzeiten, die dem Ablauf der »bürgerlichen« Tage oder dem Mondlauf (Ostern!) angepaßt sind, oder an die vielen Namenstage. Schon in alter Zeit wurde das Jahr mit seinen Unterteilungen in Monate, Wochen und Tage nicht als etwas »Profanes« erlebt, sondern immer mit religiösen Vorstellungen verbunden. Hier sind es u. a. die altheidnischen Planetengötter, die in geheimnisvoll-überirdischem Lauf die irdischen Zeiten bestimmten. Sie gaben den Wochentagen (bis heute!) ihre Namen und beherrschten als »Jahresregenten« in siebenjährigem Zyklus die Welt des Menschen, was noch heute in manchen volkstümlichen Kalendern fortlebt, erstaunlicherweise gerade in christlich orientierten. Den Juden galt die Woche als etwas Gott-Gegebenes, der »Siebente Tag« war der dem Jahwe-Gott geweihte Tag. Ähnlich ist im Christentum der »Erste Wochentag« der Tag des Herrn. Das gesamte jahreszeitlich bedingte Brauchtum, das zu einem guten Teil noch heute geübt wird, ist seinem Ursprung nach religiöser Natur, sei es, daß es in seiner heutigen Gestalt aus vorchristlicher Zeit stammt, sei es, daß es später mit neuem christlichem Sinn erfüllt wurde. Im Mittelalter waren die Heiligenfeste untrennbar mit den Kalendertagen verknüpft. Bürgerliche Termine, z. B. Dienstverträge, waren an Heiligenfeste gebunden. Die bäuerlichen Wetterregeln (Lostage usw.) erinnern noch heute an diese Tatsache. Es ist bezeichnend, daß ein Unterschied zwischen einem »profanen« und einem »kirchlichen« Jahr erst gegen Ende des 16. Jh.s ins Bewußtsein trat, nämlich erstmals in der »Sonn- und Festtags-Evangelien-Postill« des evangelischen Pfarrers Johann Pomarius (Baumgart) (Wittenberg 1589). Umgekehrt wäre unser »bürgerlicher« Kalender in seiner heutigen Gestalt ohne eine religiös-kirchliche Absicht, nämlich die Reform der Osterfestrechnung unter Gregor XIII. (1582) nicht verständlich.
Das Wort »Kalender« ist dem lat. Kalendae (Calendae) entlehnt und bedeutet »erster Monatstag« (von griech. kaleín = ausrufen). Die Monate wurden in alter Zeit nach dem Mondumlauf gezählt. Der »Neumond«, das erste Erscheinen der schmalen Mondsichel am Abendhimmel, wurde beobachtet und als Monatserster öffentlich bekanntgemacht.
Das bürgerliche (tropische) Jahr hat nach heutiger Kenntnis 365,242199 Tage = 365 T. $5^h\ 48^m\ 46^s$. Es ist festgelegt durch 2 aufeinanderfolgende Durchgänge der Sonne durch den Frühlingspunkt. Alle Kulturvölker bemühten sich schon in frühester Zeit, das Jahr in leichter überschaubare kleinere Zeiteinheiten zu unterteilen, wofür sich in grober Annäherung der Lauf des Mondes anbietet. Ein synodischer Mondumlauf (Neumond – Neumond) dauert im Mittel 29,530588 Tage = 29 T. $12^h\ 44^m\ 3^s$. 12 Mondumläufe ergeben etwa 354,36 Tage, also knapp 11 Tage weniger als ein Jahr. Da weder das Jahr noch ein (mittlerer) Mondumlauf in einer ganzen Anzahl von Tagen auszudrücken ist, wurden bei allen Kulturvölkern verschiedene Systeme von Schalttagen und Schaltmonaten entwickelt, von denen hier einige kurz erläutert werden sollen.

A) Der Kalender der Juden

Die Juden übernahmen ihren Kalender weithin von den Babyloniern. Das jüdische Jahr ist danach ein Mondjahr mit 12 Mond-Monaten zu je 29 oder 30 Tagen. Als Agrarvolk war ihr Lebensrhythmus an die Jahreszeiten, also an das Sonnenjahr gebunden. Deshalb glichen sie die Differenz von ca. 11 Tagen alle 2 oder 3 Jahre durch einen zusätzlichen Schaltmonat aus. Das jüdische Jahr kennt 6 verschiedene Jahreslängen, die in einem komplizierten Schaltsystem aufeinander folgen:

abgekürztes Gemeinjahr mit 353 Tagen,
ordentliches Gemeinjahr mit 354 Tagen,
überzähliges Gemeinjahr mit 355 Tagen,

abgekürztes Schaltjahr mit 383 Tagen,
ordentliches Schaltjahr mit 384 Tagen,
überzähliges Schaltjahr mit 385 Tagen.

Der Beginn eines Monats war ursprünglich der Tag, an dem die junge Mondsichel nach dem astronomischen Neumond erstmals am Abendhimmel erschien. Vielleicht schon im 2. Jh. v. Chr. begann man, sich von der Beobachtung unabhängig zu machen und ein System von monatlichen und jährlichen Schaltzyklen auszuarbeiten. Der jüdische Kalender in seiner noch heute gültigen Form wurde im 4. Jh. n. Chr. festgelegt. Seither ist der Monatsanfang durch einen mittleren Neumond festgelegt, d. h. mit einem gedachten, gleichförmig bewegten Mond – entgegen dem wahren astronomischen Sachverhalt. Ähnlich wird dies noch heute in der Berechnung des christlichen Osterfestes gehandhabt.
Die Monate des jüdischen Jahres lauten der Reihe nach: 1. Tischri – 2. Marcheschwan – 3. Kislew – 4. Tebeth – 5. Schebet – 6. Adar – (Weadar; Schaltmonat) – 7. Nisan – 8. Ijjar – 9. Siwan – 10. Tammuz – 11. Ab – 12. Elul. Der Jahresanfang war in alter Zeit der 1. Tischri (September/Oktober), wurde aber gegen Ende der Königszeit, also noch vor dem Exil, nach babylonischem Vorbild auf den 1. Nisan (März/April) verlegt. Mindestens seit dem 4. Jh. n. Chr. ist es bis heute wieder der 1. Tischri. Der Tag beginnt um 18^h und wird in 24 Stunden eingeteilt. Ausgangspunkt der Jahreszählung ist das Jahr 3761 v. Chr., das im 10. Jh. n. Chr. aus den biblischen Geschlechterregistern als das Jahr der Erschaffung der Welt berechnet wurde. Der jüdische Neujahrstag des Jahres 5741 fällt auf den 11. 9. 1980 (astron. Neumond: 9. 9. 1980, 11^h 0^m MEZ). Seit ältesten Zeiten werden je 7 Tage zu einer Woche zusammengefaßt, die durchnumeriert werden. Einzig der 7. Tag hat einen eigenen Namen (schabbat, Sabbat).
Das älteste und zugleich höchste Fest des jüdischen Jahres ist das Passah, das in der Vollmondnacht des Monats Nisan gefeiert wird. Ursprünglich wurde es am 15. Nisan, also in der zeitlichen Mitte zwischen den benachbarten sichtbaren »Neumonden«, gefeiert (Ex 12,6), später jedoch am 14. Nisan (Lev 23,5). Der Grund für diese Vorverlegung ist offenkundig: Es mußte den Juden schon früh aufgefallen sein, daß am 15. eines jeden Monats der tatsächliche Vollmond bereits vorüber war. Die junge Mondsichel (Monats-Erster) wird nämlich das Jahr über erst am 2. Tag, im Frühjahr (Nisan), wenn sich die scheinbare Mondbahn am abendlichen Westhimmel steil über den Horizont erhebt, am 1. oder 2. Tag nach dem astronomischen Neumond erstmals beobachtet. Der wahre Frühlingsvollmond findet somit stets um den 14. Nisan statt. Wann jedoch diese Vorverlegung stattfand, ist heute noch weitgehend ungeklärt. Der 14. Nisan ist auch der christlichen Osterfestrechnung zugrundegelegt (s. S. 39f).

B) Der Kalender der Mohammedaner

Da in Arabien, dem Ursprungsland des Islam, die Jahreszeiten keine dominierende Rolle spielten, ist das mohammedanische Jahr ein reines Mondjahr zu 12 Mond-Monaten mit abwechselnd 29 und 30 Tagen. Die Monate lauten der Reihe nach: 1. Moharrem – 2. Safar – 3. Rebī-el-awwel – 4. Rebī-el-acher – 5. Dschemādi-el-awwel – 6. Dschemādi-el-acher – 7. Redscheb – 8. Schaban – 9. Ramadan – 10. Schewwal – 11. Dsu'l-kade – 12. Dsu'l-hedsche. In jeweils 30 Jahre werden neben die Gemeinjahre zu 354 Tagen 11 Schaltjahre zu 355 Tagen eingefügt. Weil das Jahr der Mohammedaner um etwa 11 Tage kürzer ist als das Sonnenjahr, läuft der 1. eines bestimmten Monats im Lauf von 33 Jahren rückwärts durch alle Jahreszeiten. Der Beginn der mohammedanischen Ära ist die Reise Mohammeds nach Medina (Hedschra) und wird mit Freitag den 16. 7. 622 n. Chr. datiert. In diesen südlichen Breiten war die junge Mondsichel bereits am Vorabend zu sehen (astronom. Neumond: 14. 7. 622, 5^h 30^m Weltzeit, bzw. 8^h 10^m Ortszeit Medina). Dieses erste Erscheinen markiert noch heute den Beginn eines jeden Monats bzw. Jahres. Das mohammedanische Jahr 1400 begann am 21.11.1979 (astronom. Neumond: 19.11.1979, 19^h 4^m MEZ). Einige islamische Länder verwenden neben diesem mohammedanischen auch den Gregorianischen Kalender.

C) Der Kalender der Römer

Das Jahr der alten Römer war ursprünglich ebenfalls ein Mondjahr mit 354 Tagen, das aber durch recht willkürlich eingefügte Schaltmonate immer wieder einigermaßen den Jahreszeiten angeglichen wurde. Da gerade Zahlen verpönt waren, hatten die Monate 29 oder 31 Tage. Das Jahr begann mit dem Neumond im März. Daran erinnern noch heute die Monatsnamen September (septem = 7), Oktober (octo = 8), November (novem = 9) und Dezember (decem = 10).
Eine bedeutende Verbesserung führte Gaius Julius Cäsar im Jahr 46 v. Chr. auf den Rat des Astronomen und Mathematikers Sosigenes aus Alexandria ein. Zunächst korrigierte er die zeitliche Fixierung des Jahres, indem er das Jahr 45 v. Chr. mit 15 Monaten zu insgesamt 445 Tagen ansetzte. Dadurch kam der Anfang des Kalenderjahres, der inzwischen in den Herbst zurückgeglitten war, wieder in die Nähe der Wintersonnenwende zu liegen. Sodann verwandelte er das Jahr in ein reines Sonnenjahr zu genau 365,25 Tagen, wobei auf je 3 Gemeinjahre mit 365 Tagen 1 Schaltjahr mit 366 Tagen zu folgen hatte. Als Jahresanfang bestimmte er den Tag des mittleren Neumondes nach der Wintersonnenwende des Jahres 46 v. Chr. und nannte ihn »1. Jänner des Jahres 709 nach der Gründung Roms« (= 45 v. Chr.). Ausgangspunkt der Jahreszählung war die sagenhafte Gründung der Stadt Rom im Jahr 753 v. Chr.
Diese sog. Julianische Kalenderreform trat allerdings erst Jahrzehnte später in Kraft. Die römischen Beamten erklärten nämlich irrtümlich vom Jahr 42 v. Chr. an bis einschließlich 9 v. Chr. jeweils jedes *dritte* Jahr als Schaltjahr, wodurch sich schließlich eine Verschiebung bis zu 3 Tagen ergab. Kaiser Augustus bestimmte daher, daß von 8 v. Chr. bis 7 n. Chr. alle Schalttage auszufallen hätten. Das Jahr 8 n. Chr. war erstmals wieder ein Schaltjahr. Allerdings treten nun bis heute die Schaltjahre jeweils 1 Jahr später ein, als es Cäsar ursprünglich beabsichtigt hatte.
Auf Cäsar gehen auch die noch heute gültigen Monatslängen zurück, ausgenommen den Februar, den er mit 29 (bzw. 30), und den August, den er mit 30 Tagen ansetzte. Den Eintritt der Jahreszeiten fixierte Cäsar wie folgt (zur römischen Kalenderzählung: s. u.):

Frühlingsbeginn	VIII. Calendas Aprilis	= 25. März
Sommersonnenwende	VIII. Calendas Julii	= 24. Juni
Herbstbeginn	VIII. Calendas Octobris	= 24. September
Wintersonnenwende	VIII. Calendas Januarii	= 25. Dezember

Hiernach haben die Quartale des Gemeinjahres Frühling, Sommer, Herbst und Winter jeweils 91, 91, 92 und 91 Tage. Dies entspricht einer zyklischen, d.h. einer gedachten, auf einer Kreisbahn gleichförmig umlaufenden Sonne. Tatsächlich bewegt sich die Erde auf ihrer Ellipsenbahn um die Sonne im Winter schneller (Perihel 4./5. Jänner), im Sommer langsamer (Aphel 4./5. Juli). Frühlingsbeginn und Wintersonnenwende waren zur Zeit Cäsars richtig gewählt, die beiden anderen Zeitpunkte wichen vom wahren Wert um einige Tage ab. Der Schalttag wurde aus Respekt vor der Tradition in den Februar, den bis Cäsar letzten Monat des Jahres, gelegt, und zwar – wohl aus Gründen der Symmetrie – auf den Tag nach dem 23. Februar (= VIII. Calendas Martii). Der Monat Quintilis (quintus = der fünfte) erhielt später ihm zu Ehren den Namen »Mensis Julius« (Juli), da er am 12.7.100 v. Chr. geboren wurde. Der Monat Sextilis (sextus = der sechste) wurde nach seinem Adoptivsohn und Nachfolger Gaius Octavianus Augustus »Mensis Augustus« (August) benannt, weil er am 19.8.14

n. Chr. starb. Gleichzeitig erhielt dieser Monat einen Tag mehr (jetzt 31 Tage), der dem Februar genommen wurde (jetzt 28 bzw. 29 Tage). Dieser Julianische Kalender war bis zur Kalenderreform Gregors XIII. im Jahr 1582 in Geltung.
Die altrömischen Monatsnamen haben sich bis heute erhalten:

Januar (Mensis Januarius; nach Janus, dem Gott der Eingangstüren, des Morgens und des Neubeginns)
Februar (Mensis Februarius; nach den februa, den Tagen des Reinigungsopfers am Jahresende)
März (Mensis Martius; nach dem Kriegsgott Mars)
April (Mensis Aprilis; wohl von apricus = sonnig, oder von aperire = öffnen: Blütenmonat)
Mai (Mensis Majus; nach Majus, dem Gott des Wachstums)
Juni (Mensis Junius; nach der Himmelsgöttin Juno, der Gattin Jupiters)
Juli (Mensis Julius; nach Gaius Julius Cäsar)
August (Mensis Augustus; nach Octavianus Augustus)
September (Mensis Septembris; septem = 7)
Oktober (Mensis Octobris; octo = 8)
November (Mensis Novembris; novem = 9)
Dezember (Mensis Decembris; decem = 10).

Auf altrömische Zeit geht auch die recht umständliche Zählung der Monatstage zurück. Die Römer kannten keine fortlaufende Numerierung der Tage wie wir, sondern zählten sie von gewissen Fixdaten des Monats aus rückwärts. Diese Fixdaten waren die Kalenden (Kalendae, der Monatserste), die Iden (idus, der 13. eines Monats; im März, Mai, Juli und Oktober der 15.) und die Nonen (nonae, der 5. Monatstag; im März, Mai, Juli und Oktober der 7.). So hieß der 23. April: nono die ante Kalendas Maii, oder kürzer: nono Kalendas Maii (9. Tag vor den Kalenden des Mai) usw. Anfangs- und Endtag wurden stets mitgezählt. Vermutlich geht diese Zählweise auf das Memorieren wichtiger Termine (Rückzahlungsverpflichtungen u. ä.) zurück.

D) Der Gregorianische Kalender

Unser heutiger Kalender beruht auf dem durch Gregor XIII. im Jahr 1582 reformierten Julianischen Kalender. Dieser neue bürgerliche Kalender war aber gar nicht das eigentliche Ziel der Reform Gregors XIII., sondern nur die Voraussetzung für die Verbesserung des kirchlich-liturgischen Kalenders, genauer der Berechnung des Osterdatums gemäß den Festsetzungen des Konzils von Nicäa (325). Beide, die Reform des bürgerlichen wie des liturgischen Kalenders bilden zusammen eine Einheit, doch sollen sie hier aus Gründen der besseren Übersichtlichkeit getrennt betrachtet werden.
Die Reform des bürgerlichen Kalenders durch Gregor XIII. umfaßt folgende Punkte:

a) Die zeitliche Fixierung des Kalenderjahres in bezug auf die astronomischen Jahreszeiten: Zur Zeit Cäsars fiel der astronomische Frühlingsbeginn auf den 25. März. Weil aber das Julianische Jahr mit 365,25 Tagen gegenüber dem wahren Wert um $11^m\ 10^s$ zu lang angenommen wurde, war der Frühlingsbeginn bis zum Konzil von Nicäa 325 n. Chr. auf den 21. März, bis zum 16. Jh. auf den 11. März vorgerückt (für 1582: 11. März, $2^h 40^m 45^s$ MEZ). Es gab lange Debatten darüber, ob man als Frühlingsbeginn den 25. oder den 21. März ansetzen solle. Der Mehrheit der Stimmen folgend entschloß sich Gregor XIII., als Frühlingsbeginn den kalendarischen Zeitpunkt 21. März 0^h zu definieren. Das ist eigentlich ein fiktiver Zeitpunkt, weil innerhalb der vierjährigen Schaltperiode der wahre Frühlingsbeginn in einer Art zeitlichem Zickzack zwischen dem 20. und 21. März hin- und herpendelt. Die zeitliche

Verschiebung des Kalenders gegenüber dem Sonnenlauf um 10 Tage seit dem Konzil von Nicäa wurde durch die Bestimmung wettgemacht, daß das Jahr 1582 um 10 Tage verkürzt wurde, indem auf Donnerstag den 4. 10. 1582 unmittelbar Freitag der 15. 10. 1582 zu folgen habe. Das (Gregorianische) Jahr 1582 ist somit ein Gemeinjahr mit ausnahmsweise 355 Tagen.

b) Die verbesserte Jahreslänge:
Für die Länge des Jahres wurde der bessere Wert von 365,2425 Tagen angenommen. Dieses Gregorianische Jahr ist gegenüber dem wahren Wert zwar immer noch um 26^s zu lang, doch wird sich dieser Fehler erst um das Jahr 4900 n. Chr. auf einen vollen Tag aufsummiert haben. Die Julianische Schaltperiode von 4 Jahren wurde beibehalten, d. h. daß alle Jahre, die durch 4 teilbar sind, einen Schalttag erhalten sollten. Darüber hinaus wurde ein Schaltzyklus von 400 Jahren eingeführt, indem jeweils in 400 Jahren 3 Schalttage auszufallen haben. Für die Praxis wurde bestimmt, daß alle ganzen Jahrhunderte, die nicht durch 400 teilbar sind (1700, 1800, 1900, 2100 . . .), keine Schaltjahre sein sollten, hingegen alle, die durch 400 teilbar sind (1600, 2000 . . .) Schaltjahr bleiben sollten.
Die katholischen Staaten übernahmen diesen neuen Kalender sofort. Es folgten Polen (1586) und Ungarn (1587), die anderen Staaten führten ihn nur zögernd ein: das protestantische Deutschland, Dänemark und die Schweiz (1700; Graubünden erst 1811), die Niederlande (1710), England (1752), Schweden (1753), Bulgarien (1916), Rußland (1918), die Länder der Ostkirchen (1923; diese allerdings ohne die neue Osterfestrechnung) und die Türkei (1927).

E) Die Diskussion um eine weitere Kalenderreform

Der Gregorianische Kalender ist dem tatsächlichen jährlichen Sonnenlauf erstaunlich gut angepaßt. Trotzdem gab und gibt es noch heute Stimmen, die am gegenwärtigen Kalender verschiedene Unregelmäßigkeiten bemängeln: den noch immer vorhandenen Fehler der Jahreslänge von 26 Sekunden, die verschiedenen Monatslängen, daß jedes Jahr und jeder Monat jeweils mit einem anderen Wochentag beginnen sowie der lange Spielraum von 5 Wochen, innerhalb derer das Osterfest fällt (zur Frage einer möglichen Fixierung des Osterdatums s. S.43).

Ältere Reformversuche
Der erste derartige Versuch war die Einführung des Französischen Revolutionskalenders. Neben der Festsetzung des Meters und des Kilogramms suchte die Französische Nationalversammlung am 26. 3. 1791 auch die gesamte Zeitrechnung auf dezimaler Grundlage neu zu ordnen. Danach wurde das Jahr in 12 Monate zu je 30 Tagen eingeteilt. Jeder Monat zerfiel in 3 Dekaden zu je 10 Tagen. Dazu kamen 5, in Schaltjahren 6 überzählige Tage ohne Wochen- und Monatszählung, die als Feiertage galten. Als 1. Tag der neuen Ära wurde der 22. 9. 1792 (Ausrufung der Republik) gewählt. Der Tag wurde in 10 Stunden, die Stunde wieder in 10 Teile geteilt usw., die Bevölkerung leistete jedoch gegen diese neue Zeiteinteilung passiven Widerstand. Vor allem sah sie keine Notwendigkeit einer Änderung, da ja ohnehin alle Welt den 24-Stunden-Tag mit je 60 Minuten und 60 Sekunden einheitlich benutzte – sehr im Gegensatz zur verwirrenden Vielfalt in den damaligen Längen- und Gewichtsmaßen. Die Einführung der neuen Zeiteinteilung geschah zudem so hastig, daß die Uhrmacher nicht termingerecht Uhren nach der neuen dezimalen Tagesteilung herzustellen vermochten, was wiederum rückwirkend den Unmut der Bevölkerung verstärkte. Bereits 1802 wurde die alte Wocheneinteilung wieder eingeführt und der Revolutionskalender damit praktisch außer Kraft gesetzt. Napoleon führte mit 1. 1. 1806 den bisherigen Gregorianischen Kalender wieder ein.
1849 machte der französische Philosoph und Soziologe Auguste Compte den Vorschlag, das Jahr in 13 Monate zu je 4 Wochen (28 Tage) einzuteilen, wobei der 1. Tag eines jeden Monats

auf einen Montag fallen sollte. Der 365., in Schaltjahren auch der 366. Tag sollten weder einer Woche noch einem Monat zugezählt werden. Dieser Vorschlag wurde 1913 von der Internationalen Positivistenvereinigung befürwortet und fand besonders in den USA Anhänger. 1937 befaßte sich auch der Völkerbund damit. Doch sprachen sich die befragten Staaten und vor allem die großen Religionsgemeinschaften dagegen aus. Es wurde zu Recht kritisiert, daß die natürliche Teilung des Jahres in 4 Jahreszeiten damit sehr erschwert werde. Die Religionsgemeinschaften wiesen vor allem den Gedanken eines wochen- und monatsfreien Tages (Nulltages) zurück.
Ein anderer Reformversuch wurde 1917 in der Russischen Oktoberrevolution eingeleitet, indem man eine 5-Tage-Woche einführte. Bis dahin hatte der von Zar Peter d. G. im Jahr 1700 eingeführte Julianische Kalender Geltung. Doch schon 1918 führte man in Rußland den Gregorianischen Kalender ein, indem man den 1.2.1918 alten (Julianischen) Stil für identisch erklärte mit dem 14.2.1918 neuen (Gregorianischen) Stil.

Neuere Reformvorschläge
An der Gestaltung des Kalenders sind die verschiedensten Gruppen interessiert: Verwaltung, Statistik, Wirtschaft, die statistische Meteorologie und Geophysik, Astronomie, und nicht zuletzt die verschiedenen Religionsgemeinschaften. Viele Gesellschaften und wissenschaftlichen Gremien bereiten eine Kalenderreform theoretisch vor, obwohl kaum Aussicht besteht, sie in näherer Zukunft verwirklichen zu können. 1923 gründete der Völkerbund eine Kalenderkommission, deren Nachfolgerin seit 1946 die Kalenderkommission der UNO ist. Auf privater Ebene formierte sich 1930 in New York die World Calendar Association. Dem Völkerbund allein wurden von 1923 bis 1937 etwa 200 Vorschläge unterbreitet. Unter den überhaupt ernstzunehmenden Reformvorschlägen kristallisieren sich im wesentlichen drei Schwerpunkte heraus:
a) Die eine Gruppe sucht den bestehenden Gregorianischen Kalender zu konservieren bzw. noch weiter zu verbessern. Von wissenschaftlicher Seite her sucht man durch Einfügen weiterer langer Schaltperioden den Gregorianischen Kalender noch besser den wahren astronomischen Gegebenheiten anzupassen, um ihn so auf weit mehr als 3000 Jahre zu fixieren. Auch die ungleichförmige Rotation der Erde soll hier berücksichtigt werden. Der Einsatz der modernen Quarz- und Atomuhren hat nämlich gezeigt, daß die Länge der einzelnen Tage um sehr geringe Beträge schwankt. Man macht dafür Massenverlagerungen im Innern des Erdkörpers und an der Erdoberfläche verantwortlich (Zu- und Abnehmen der Gletscher). Dazu kommt eine sehr geringe, aber beständig wirkende Verlangsamung der Erdrotation, die im Verlauf von Jahrtausenden den Kalender gegenüber einer angenommenen Idealzeit bereits merklich verschiebt. Die Ursache dafür sieht man in der täglichen Gezeitenreibung, indem sich die Flutwelle an den Kontinenten aufstaut und die Erde so abbremst. Andere Vorschläge gehen mehr von der Praxis aus. So sollen etwa die Monate Jänner, Februar und März je 30 Tage besitzen, der Schalttag soll als 31. Juni gezählt werden. Auf diese Weise wäre auch die Berechnung des Osterfestes (s. S.44) einfacher. Derartige Vorschläge haben sicher die größte Aussicht auf Verwirklichung.
b) Eine andere Gruppe von Vorschlägen richtet sich gegen die Struktur des heutigen Kalenders überhaupt. Es wird als störend empfunden, daß die Jahre und Monate stets mit einem anderen Wochentag beginnen, man kritisiert die verschiedenen Monatslängen, was Nachteile und Schwierigkeiten in der Verwaltung, Wirtschaft, Statistik usw. mit sich bringe. Die Lösung sieht man in der Einführung sog. »Nulltage« (»weiße Tage«), d.h. das Jahr soll aus genau 52 Wochen mit 364 Tagen bestehen, der 365. (in Schaltjahren auch der 366.) Tag soll ohne Wochen- und Monatszählung als Weltfeiertag begangen werden. Dieser Plan geht in seinem Kern auf den italienischen Priester Marco Mastrofini (1834) zurück und wurde seither in verschiedenen Varianten als »Immerwährender Kalender« vorgelegt. Er fand Zustimmung von seiten der Wirtschaft, Statistik und Verwaltung, stieß aber auf den heftigen Widerstand der Juden, Mohammedaner und vieler christlichen Kirchengemeinschaften, besonders der Orthodoxen, und wurde deshalb 1956 auf unbestimmte Zeit zurückgestellt.

Das 2. Vatikanische Konzil nahm dazu zurückhaltend, aber doch unmißverständlich Stellung: »Von den verschiedenen Systemen, die zur Festlegung eines immerwährenden Kalenders und dessen Einführung im bürgerlichen Leben ausgedacht werden, steht die Kirche nur jenen nicht ablehnend gegenüber, welche die Siebentagewoche mit dem Sonntag bewahren und schützen, ohne einen wochenfreien Tag einzuschieben, so daß die Folge der Wochen unangetastet bleibt, es sei denn, es tauchten ganz schwerwiegende Gründe auf, über die dann der Apostolische Stuhl zu urteilen hat« (Anhang zur Liturgiekonstitution).
Neben diesen ablehnenden Stimmen von seiten der religiösen Gemeinschaften gibt es auch andere Gegenstimmen, die gerade das immer Neue im bürgerlichen wie liturgischen Leben als reizvoll und abwechslungsreich begrüßen. Sie sehen in derartigen kalendarischen Glättungsversuchen eine Kapitulation vor einem robotermäßigen Einerlei und vor der Geistigkeit einer allzu intellektualistischen, nur auf das rein »Zweckmäßige« ausgerichteten Lebensform.
Kritisch darf man zur Lösung der Nulltage wohl auch anmerken, daß man mit der Glättung des Jahres- und Monatsbeginns gleichzeitig eine jährlich wiederkehrende Unstetigkeit am Jahresende eintauscht, die womöglich noch störender wirkt. Der Plan mit den Nulltagen bedeutet tatsächlich einen radikalen Bruch mit der religiösen und kulturellen Tradition eines großen Teiles der Menschheit. Die ununterbrochene Aufeinanderfolge der Wochen bildet eine Brücke zu den Juden und Mohammedanern, ja sogar zu den Kulturen der Antike bis ins 2. Jahrtausend v. Chr., die man einer rein kosmetischen Operation zuliebe nicht so ohne weiteres abbrechen sollte. Eine derartige Lösung bedeutete deshalb nichts weniger als die Zerstörung eines fast 4000 Jahre alten Kulturwertes.
c) Im Jahr 1930 entdeckte J. Barnickel, Pfarrer in Pommersfelden bei Bamberg, daß 400 gregorianische Kalenderjahre ein ganzzahliges Vielfaches der Siebentagewoche darstellen. Darauf basierend machten er und in verschiedenen Varianten andere Autoren den Vorschlag, die Wochenfolge unangetastet zu lassen, statt der Schalttage aber Schaltwochen einzuschieben. Danach gäbe es im Verlauf von 400 Jahren genau 329 Gemeinjahre mit 52 Wochen oder 364 Tagen und 71 Großjahre mit 53 Wochen oder 371 Tagen. Auf diese Weise könnte jedes Jahr und jedes Quartal mit dem gleichen Wochentag beginnen und Ostern auf einen festen Tag gelegt werden. Im Lauf der Zeit wurden verschiedene, für die Praxis bequeme Schaltregeln für diesen Vorschlag ausgearbeitet. Dieser Gedanke ist sehr bestechend, bietet er doch einen Kompromiß zwischen den beiden oben genannten kontradizierenden Gruppen an. Er bringt aber auch wieder neue Schwierigkeiten mit sich, vor allem in der Statistik und Verwaltung. Auch die Astronomen und Meteorologen hätten vermutlich Einwände dagegen anzubringen. Ein solcher Kalender hätte zudem den Schönheitsfehler, daß er den natürlichen Jahreszeiten schlecht angepaßt wäre. Von festen Sonnenwenden und Äquinoktien könnte man dann nicht mehr sprechen.

F) Die Woche

Die Siebentagewoche wurde bei den Babyloniern um 1600 v. Chr. bekannt und verdrängte die bis dahin übliche fünftägige. Nach verbreiteter Ansicht liegt der Siebenzahl die Teilung eines Mondumlaufes in die 4 Phasen zu ungefähr 7 Tagen zugrunde. Dagegen spricht allerdings die Tatsache, daß der Wochenzyklus, soweit er sich zurückverfolgen läßt, unabhängig von den Mondphasen ununterbrochen durchgezählt wurde. Eher ist wohl an die 7 Planeten (im Sinn der Antike) zu denken, die als Äußerungen göttlicher Wesen die Gesamtordnung des Kosmos verkörperten. Von der Siebenzahl der Woche her wurde diese zur heiligen Zahl schlechthin und spielte bei allen Kulturvölkern eine dominierende Rolle: bei den Ägyptern, Griechen, Römern, bei den Israeliten und im AT, von hier aus im NT und im gesamten christlichen Raum bis in die Neuzeit herein. Die Zahl 7 gab Anlaß zu mannigfachen philosophisch-mythologischen Spekulationen.

Die Israeliten übernahmen die Siebentagewoche von den Babyloniern wohl vor Moses, vielleicht schon durch Abraham. Später verbreiteten sie die Juden im ganzen Römerreich und weit darüber hinaus. Lange Zeit hatten die einzelnen Wochentage keine eigene Bezeichnung, sondern wurden einfach durchgezählt. Die Benennung nach den Planeten läßt sich erst im 1. Jh. v. Chr. in Babylonien nachweisen, und zwar in der Ordnung ihrer Abstände von der Erde (von außen nach innen): Saturn – Jupiter – Mars – Sonne – Venus – Merkur – Mond. Jeder Tag der Woche sollte einem der Planetengötter geweiht und unter seinen Schutz gestellt werden. Die Griechen und nach ihnen die Römer übernahmen diese Planetengötter, jedoch in willkürlicher Reihenfolge. Die Germanen gelangten noch in vorchristlicher Zeit durch griechische und römische Kaufleute in die Kenntnis der Siebentagewoche und der Planetengötter, ersetzten diese aber durch ihre eigenen Gottheiten. Konstantin d. G. machte die Woche 321 zum staatlichen Gesetz, den 1. Tag (Sonntag) erklärte er in Analogie zum jüdischen Sabbat zum öffentlichen Ruhe- und Feiertag. Die Christen vermieden die heidnischen Götternamen und zählten die Wochentage einfach durch, was sich im kirchlich-liturgischen Gebrauch bis heute erhalten hat.

Die Namen der Wochentage

Sonntag: Bei den Römern war er der Dies Solis (Tag der Sonne). Die Germanen übernahmen dies in Lehnübersetzung: ahd. sunnun tac (engl. Sunday). Im christlichen Raum setzte sich im 4. Jh. bei den Romanen die christliche Bezeichnung Dies Dominica (Herrentag) durch (ital. domenica, span. domingo, franz. dimanche).

Montag: Die Römer nannten ihn Dies Lunae (Tag des Mondes) (ital. lunedì, franz. lundi). Die Germanen entlehnten auch diesen Namen: ahd. manatac (engl. Monday). In der Liturgie: feria secunda (2. Wochentag).

Dienstag: Bei den Römern hieß er Dies Martis (Tag des Mars) (ital. martedì, franz. mardi). Die Germanen ersetzten den Mars durch ihren eigenen Kriegsgott, der auf lateinischen Inschriften im Niederrheinischen Mars Thingsus (etwa: Kriegsgott des Things) heißt (engl. Tuesday). Mit dem ahd. ziu wird ziestac, was sich im Schwäbischen als Zistag, am Oberrhein als Zinstag erhalten hat. Im bayrisch-österreichischen Raum war bis ins 17. Jh. Ertag oder Irtag gebräuchlich (vom griech. Kriegsgott Ares). In der Liturgie: feria tertia (3. Wochentag).

Mittwoch: Er war der römische Dies Mercurii (Tag des Merkur) (ital. mercoledì, franz. mercredi). Weil den römischen Händlern ihr Gott Merkur besonders heilig war, wählten die Germanen ihren eigenen höchsten Gott Wotan für diesen Tag: ahd. wodanstac (engl. Wednesday). Im Deutschen konnte sich seit dem 10. Jh. durch Bemühen der Kirche das mhd. mittewoche durchsetzen. In der Liturgie: feria quarta (4. Wochentag).

Donnerstag: Die Römer nannten ihn Dies Jovis (Tag des Jupiter) (ital. giovedì, franz. jeudi). Die Germanen wählten dafür ihren Wettergott Donar, nord. Thor: ahd. donares tac (engl. Thursday). Nur im Altbayrischen setzte sich bis heute die vom Christentum inspirierte Bezeichnung Pfinztag durch (aus griech. pempté = der fünfte). In der Liturgie: feria quinta (5. Wochentag).

Freitag: Die Römer hießen ihn Dies Veneris (Tag der Venus) (ital. venerdì, franz. vendredi). Die Germanen wählten dafür ihre Göttin Freja (Frija), die Gattin Wotans und Beschützerin der Fruchtbarkeit und des häuslichen Lebens: ahd. friatac, frijetac (engl. Friday). Im Anklang an »freien« wurde dieser Tag im Norddeutschen zu einem beliebten Hochzeitstag, wegen der Ähnlichkeit zu »frei« zu einem Glückstag. Die Deutung des Freitags als Unglückstag im Süddeutschen leitet sich von der christlichen Karfreitagstrauer her. In der Liturgie: feria sexta (6. Wochentag).

Samstag: Er war der römische Dies Saturnius (Tag des Saturn) (engl. Saturday). Im Süden und Südwesten Europas setzte sich bald das aus dem Hebräischen latinisierte sabatum durch (ital. sabato, span. sábado). Mit der arianischen Mission kam vom Balkan her das vulgärgriechische sambaton (Sabbat) nach Mitteleuropa. Noch in der Merowingerzeit wanderte das Wort donauaufwärts und rheinabwärts: ahd. sambaztac (franz. samedi). Im Norden und

Osten Deutschlands erhielt sich seit der angelsächsischen Mission das ahd. sunnun abent (Sonnabend); die Bezeichnung für den ›Feierabend‹ wurde auf den ganzen Tag ausgedehnt. In der Liturgie: sabbatum.
In christlicher Zeit suchte man seit jeher die heidnischen Götternamen durch christliche Heilige zu ersetzen, jedoch ohne dauernden Erfolg. Im Lauf des Mittelalters gab es seit Alkuin eine mehrfach schwankende Zuteilung der Wochentage an besondere Heilige, was sich in den Votivmessen bis heute erhalten hat. Seit dem Missale Pius' V. (1570) sind sie wie folgt festgelegt: Dreifaltigkeit (Montag) – Engel (Dienstag) – Petrus und Paulus, Apostel, Joseph (seit dem 17. Jh.) (Mittwoch) – Hl. Geist, Eucharistie, Jesus Christus Ewiger Hoherpriester (seit 1925) (Donnerstag) – Hl. Kreuz, Leiden des Herrn (Freitag) – Maria (Samstag).

Die Berechnung des Wochentages für jedes Datum der Weltgeschichte
Der französische Altphilologe, Historiker und Astronom Joseph Justus Scaliger (* 1540 in Caen, † 1609 in Leiden) führte 1581 eine Periode von 7980 Jahren ein. Diese Zahl ist das Produkt aus 28 (Woche-Schaltjahr-Zyklus), 19 (Metonscher Sonne-Mond-Zyklus) und 15 (Römerzinszahl, deren Bedeutung noch nicht geklärt ist) (zur Bedeutung dieser Zyklen s. S.40). Den Anfang dieser Periode setzte er mit Montag den 1.1.4713 v. Chr. fest, weil an diesem Tag die Anfangstermine aller 3 Zyklen das letzte Mal zusammenfielen. Zugleich liegt dieses Datum ungefähr in der Mitte zwischen den hypothetischen Jahren, die aus den Geschlechterregistern des AT für die Erschaffung der Welt errechnet wurden, nämlich 3761 v. Chr. (Juden) und 5199 v. Chr. (Röm. Martyrologium). Er nannte diese Periode seinem Vater zu Ehren, dem humanistischen Dichter und Philologen Julius Cäsar Scaliger (1484–1558), die ›Julianische Periode‹. Sie hat also nichts mit dem Julianischen Kalender des Gaius Julius Cäsar zu tun.
Diese Julianische Periode erlangte nie irgendwelche praktische Bedeutung, wohl aber die fortlaufende Tageszählung, die mit ihr verknüpft ist und die noch heute in der Astronomie und Weltraumfahrt ein unentbehrliches Hilfsmittel zur Überbrückung beliebig langer Zeitspannen darstellt, da sie frei ist von allen ungleichen Jahres- und Monatslängen. Der 1. Tag dieser fortlaufenden Tageszählung ist Montag der 1.1.4713 v. Chr. mit der Tageszahl 0. Die Anzahl der Tage, die für ein bestimmtes Datum seit diesem Tag verflossen sind, nennt man das Julianische Datum (J.D.). Man muß also auseinanderhalten: Einerseits den *Julianischen Kalender* (bis 1582; diesem folgte der Gregorianische Kalender) und das *Julianische Jahr* mit 365,25 Tagen, andererseits das *Julianische Datum* (fortlaufende Tageszählung). Neben der wissenschaftlichen Bedeutung bietet das Julianische Datum ein bequemes Mittel, den Wochentag für jedes beliebige Datum der Weltgeschichte zu bestimmen, falls es im alten Julianischen Kalender (bis 1582) oder im Gregorianischen Kalender (seit 1582) darstellbar ist. Die Jahre vor Christi Geburt können im Julianischen Kalender beliebig weit in die Vergangenheit zurückgezählt werden. Um nun den Wochentag zu berechnen, hat man den hier beigefügten Tabellen a–d gewisse Zahlen zu entnehmen, zu addieren und die Summe durch 7 zu dividieren. Der verbleibende Rest ergibt unmittelbar den Wochentag. Die Tabellen überdecken lückenlos einen Zeitraum von 7500 Jahren, sodaß auch der Beginn der Julianischen Tageszählung erreicht werden kann. Für die Zeit v. Chr. folgen sie einem idealisierten Julianischen Kalender, d. h. einem solchen, der von der christlichen Ära gleichmäßig in die Vergangenheit zurückverlängert ist. Die Unregelmäßigkeit des tatsächlichen Julianischen Kalenders zur Zeit des Kaisers Augustus (s. S. 28) ist hier also nicht berücksichtigt.
Bei Benützung der Tabellen sind folgende Punkte zu beachten:
a) Die Jahre beginnen in diesen Tabellen jeweils mit dem 1. März. Auf diese Weise werden die ungleichen Jahreslängen (Schaltjahre!) umgangen. Für ein Datum vom 1. Jänner bis 29. Februar muß hier deshalb das jeweils vorhergehende Kalenderjahr eingesetzt werden.
b) Der bürgerliche Kalender kennt nur Jahre vor oder nach Christi Geburt. Für die Zeit vor Christi Geburt muß die sog. astronomische Jahreszählung genommen werden wie folgt:

bürgerlich								
	...	3 v. Chr.	2 v. Chr.	1 v. Chr.	1 n. Chr.	2 n. Chr.	3 n. Chr.	...
	...	– 2	– 1	0	+ 1	+ 2	+ 3	...
astronomisch								

c) Die Tabellen geben den Gregorianischen Kalender erst ab dem 1. März 1600 wieder. Für ein (Gregorianisches) Datum vom 15. 10. 1582 bis 28. 2. 1599 muß das erhaltene Julianische Datum (Tageszahl) um 10 vermindert werden. Erst dann ist die Division durch 7 durchzuführen.

d) Bei historischen Untersuchungen ist darauf zu achten, ob ein fragliches Datum in einem bestimmten Land bereits im neuen Gregorianischen Kalender oder noch im alten Julianischen Kalender gegeben ist (vgl. S. 28f). Gegebenenfalls ist daher vom 5. 10. 1582 (Julianischer Kalender!) bis 28. 2. 1600 die erhaltene Julianische Tageszahl nicht um 10 zu vermindern, bzw. ab 1. 3. 1600 um 10 zu vermehren, bzw. ab 1. 3. 1700 um 11 zu vermehren, bzw. ab 1. 3. 1800 um 12 zu vermehren, bzw. ab 1. 3. 1900 um 13 zu vermehren.

Einige Beispiele sollen das einfache Verfahren erläutern:

1. Beispiel: Welcher Wochentag war der 27. Mai 1979?
Antwort: 1979 = 1900 + 60 + 19;

	1900	2415080		2444021 : 7 = 349145
Tab. a	+ 60	21915		34
Tab. b	+ 19	6939		64
Tab. c		2443934	= 1.3.1979	10
	27.5.	+ 87		32
Tab. d		2444021	= 27.5.1979	41
				6 Rest

Der 27. Mai 1979 war ein Sonntag

2. Beispiel: Welcher Wochentag war der 5. Februar 1237?
Antwort: Es ist ein Datum im Februar, daher das vorhergehende Jahr 1236 nehmen!
1236 = 1200 + 20 + 16;

	1200	2159418		2172908 : 7 = 310415
Tab. a	+ 20	7305		07
Tab. b	+ 16	5844		029
Tab. c		2172567	= 1.3.1236	10
	5.2.	+ 341		38
Tab. d		2172908	= 5.2.1237	*3 Rest*

Der 5. Februar 1237 war ein Donnerstag

3. Beispiel: Cäsar wurde am 15. März 44 v. Chr. ermordet. Welcher Wochentag war dies?
Antwort: Das bürgerliche Jahr 44 v. Chr. = das astronomische Jahr – 43;
– 43 = 0 – 40 – 3; *Cäsar wurde an einem Mittwoch ermordet*

	Jahr 0	1721118		1705426 : 7 = 243632
Tab. a	– 40	– 14610		30
Tab. b	– 3	– 1096		25
Tab. c		1705412	=1.3.–43 (44 v. Chr.)	44
	15.3.	+ 14		22
Tab. d		1705426	= 15.3.–43 (44 v. Chr.)	16
				2 Rest

Anm.: Die fehlerhafte Anwendung der Schaltregel Cäsars durch die römischen Beamten und die daraus resultierende Verschiebung bis zu 3 Tagen war zur Zeit Cäsars noch nicht wirksam (vgl. S. 28).

Tab. a
J.D. für den 1. März
der hier angegebenen
Jahre

Jahr	J.D.
– 4000	260118
– 3000	625368
– 2000	990618
– 1000	1355868
0	1721118
+ 100	1757643
200	1794168
300	1830693
400	1867218
500	1903743
600	1940268
700	1976793
800	2013318
900	2049843
1000	2086368
1100	2122893
1200	2159418
1300	2195943
1400	2232468
1500	2268993
1600	2305508
1700	2342032
1800	2378556
1900	2415080
2000	2451605
2100	2488129
2200	2524653
2300	2561177
2400	2597702

Tab. b
Differenzen

⇄ Jahre	⇄ Tage
± 20	± 7305
40	14610
60	21915
80	29220

Tab. b'
Differenzen
(für die Zeit
vor Christi Geburt)

← Jahre	← Tage
– 100	– 36525
– 200	– 73050
– 300	– 109575
– 400	– 146100
– 500	– 182625
– 600	– 219150
– 700	– 255675
– 800	– 292200
– 900	– 328725

Tab. c
Differenzen

⇆ Jahre	→ Tage	← Tage
± 1	+ 365	– 366
2	730	– 731
3	1095	– 1096
4	1461	– 1461
5	1826	– 1827
6	2191	– 2192
7	2556	– 2557
8	2922	– 2922
9	3287	– 3288
10	3652	– 3653
11	4017	– 4018
12	4383	– 4383
13	4748	– 4749
14	5113	– 5114
15	5478	– 5479
16	5844	– 5844
17	6209	– 6210
18	6574	– 6575
19	6939	– 6940

Rest = 0 Montag
1 Dienstag
2 Mittwoch
3 Donnerstag
4 Freitag
5 Samstag
6 Sonntag

Tab. d

Monatstag	März	April	Mai	Juni	Juli	Aug.	Sept.	Okt.	Nov.	Dez.	Jan.	Febr.
1	0	31	61	92	122	153	184	214	245	275	306	337
2	1	32	62	93	123	154	185	215	246	276	307	338
3	2	33	63	94	124	155	186	216	247	277	308	339
4	3	34	64	95	125	156	187	217	248	278	309	340
5	4	35	65	96	126	157	188	218	249	279	310	341
6	5	36	66	97	127	158	189	219	250	280	311	342
7	6	37	67	98	128	159	190	220	251	281	312	343
8	7	38	68	99	129	160	191	221	252	282	313	344
9	8	39	69	100	130	161	192	222	253	283	314	345
10	9	40	70	101	131	162	193	223	254	284	315	346
11	10	41	71	102	132	163	194	224	255	285	316	347
12	11	42	72	103	133	164	195	225	256	286	317	348
13	12	43	73	104	134	165	196	226	257	287	318	349
14	13	44	74	105	135	166	197	227	258	288	319	350
15	14	45	75	106	136	167	198	228	259	289	320	351
16	15	46	76	107	137	168	199	229	260	290	321	352
17	16	47	77	108	138	169	200	230	261	291	322	353
18	17	48	78	109	139	170	201	231	262	292	323	354
19	18	49	79	110	140	171	202	232	263	293	324	355
20	19	50	80	111	141	172	203	233	264	294	325	356
21	20	51	81	112	142	173	204	234	265	295	326	357
22	21	52	82	113	143	174	205	235	266	296	327	358
23	22	53	83	114	144	175	206	236	267	297	328	359
24	23	54	84	115	145	176	207	237	268	298	329	360
25	24	55	85	116	146	177	208	238	269	299	330	361
26	25	56	86	117	147	178	209	239	270	300	331	362
27	26	57	87	118	148	179	210	240	271	301	332	363
28	27	58	88	119	149	180	211	241	272	302	333	364
29	28	59	89	120	150	181	212	242	273	303	334	365
30	29	60	90	121	151	182	213	243	274	304	335	
31	30		91		152	183		244		305	336	

Abgekürztes Verfahren:
Hat man für ein bestimmtes Jahr, z. B. für 1983, viele Wochentage zu bestimmen, so kann man das Verfahren vereinfachen wie folgt: Das J. D. für den 1. 3. 1983 = 2445395 (aus den Tab. a – c). Anstelle dieser langen Zahl kann man gleich deren Siebener-Rest einsetzen (in diesem Fall: Rest = 1; Dienstag) und zur Tageszahl des gewünschten Datums (Tab. d) addieren. Diese Summe wird durch 7 dividiert, der verbleibende Rest ergibt den Wochentag. Im übrigen sind dieselben Regeln a – d (s. S. 34f) zu beachten. Die Tab. e bringt diese Siebener-Reste für jeweils den 1. März unseres Jahrzehntes:

Tab. e:

Jahr	Rest	Jahr	Rest
1981	6	1986	5
1982	0	1987	6
1983	1	1988	1
1984	3	1989	2
1985	4	1990	3

Beispiel: Welcher Wochentag ist der 1. Mai 1983?

Antwort:	1983	(Tab. e)	1	62 : 7 = 8, *Rest 6*
	1. Mai	(Tab. d)	61	
			62	

Der 1. Mai 1983 ist ein Sonntag

III. Teil. Der kirchliche Kalender

A) Das Osterdatum

Der Osterfeststreit

Die Juden feierten zur Zeit Jesu das Passah am 14. Nisan oder, nach heutiger Sprechweise, am Tag des 1. Frühlingsvollmondes. Die Kreuzigung Jesu geschah an einem 13. Nisan, der zudem auf einen Freitag fiel. Die Auferstehung Jesu ereignete sich 2 Tage danach, also an einem »ersten Wochentag« (Sonntag). Für die Christen der Frühzeit ergab sich das Problem, zu welchem Termin Ostern gefeiert werden sollte, was wiederholt zu Auseinandersetzungen führte (Osterfeststreit). Die eigentliche Ursache des Streites lag in der unterschiedlichen Auffassung vom Inhalt des Festes in juden- bzw. heidenchristlichen Gemeinden. Im Mittelpunkt der Kontroverse standen die sog. Quartodezimaner (hauptsächlich in Kleinasien und Syrien), die in Anlehnung an das jüdische Passah den 14. Nisan (lat. die quartodecima) als Tag des christlichen Passah begingen ohne Rücksicht darauf, auf welchen Wochentag er fiel. In Rom, dem Zentrum der Heidenmission, wo die Lösung vom Judentum viel stärker war, betonte man die Auferstehung Jesu am Sonntag *nach* dem 14. Nisan. Die meisten Kirchen schlossen sich dem römischen Brauch an, sodaß die Praxis in Kleinasien bald als Abweichung empfunden wurde und zu Streitigkeiten führte. Den ersten Annäherungsversuch machte Papst Aniketos in seiner Verhandlung mit Bischof Polykarp von Smyrna. Es kam zu keiner Einigung, da Polykarp sich auf die Praxis der Urgemeinde in Jerusalem, näherhin auf den Apostel Johannes und die Apostelschüler berufen konnte, mit denen er persönlich Umgang pflegte. Aniketos wiederum erklärte, er als Papst müsse sich an den Brauch seiner Vorgänger halten. Inzwischen hatte sich sogar in Rom eine quartodezimanische Partei gebildet, was Papst Victor I. zu energischen Maßnahmen veranlaßte. Er rief mehrere Synoden im ganzen Reich zusammen, die sich alle für die römische Praxis entschieden. Die Quartodezimaner mit Polykrates von Ephesus an der Spitze hielten aber auch jetzt noch an ihrem quartodezimanischen Brauch fest, sodaß sie Victor I. in einem öffentlichen Schreiben mit der Exkommunikation bedrohte. Dieses harte Vorgehen veranlaßte viele Bischöfe zu Protesten. Besonders Irenäus von Lyon machte den Papst darauf aufmerksam, daß es sich hier nicht um einen dogmatischen, sondern einen liturgischen Unterschied handle. Eine Einigung wurde erst auf dem Konzil von Nicäa (325) erreicht, das die römische Praxis zur allgemeinen Anerkennung brachte.

Doch nun erwuchsen neue Schwierigkeiten, nämlich nach welcher Methode das Osterdatum zu berechnen sei. Man behalf sich mit der Aufstellung von sog. Osterkanons (Ostertafeln), d. h. von Jahreszyklen in Tabellenform, in denen der 1. Frühlingsvollmond jeweils am gleichen Monats- und Wochentag wiederkehrt. Hippolytus von Rom machte 222 den Versuch, der Berechnung einen 16jährigen Zyklus zugrunde zu legen (zu diesen Zyklen: s. S. 40). Dieser Zyklus war aber mangelhaft, weshalb er von einem unbekannten Autor in seinem Werk (»De pascha computus«) verbessert wurde. Zur Zeit des Konzils von Nicäa rechnete man in Rom mit einem Zyklus von 84 Jahren, der bereits wesentlich besser war. In Alexandria benutzte man einen Zyklus von 19 Jahren, den sog. Metonschen Zyklus (nach dem griech. Mathematiker Meton aus Athen, der ihn 433 v. Chr. entdeckte). Dadurch kam es immer wieder zu Unterschieden in der faktischen Ansetzung des Osterfestes. Ambrosius erwähnt, daß im Jahr 387 Ostern in Rom am 21. März, in Alexandria am 25. April und in anderen Kirchen am 18. April gefeiert wurde. Zu einem Ausgleich kam es erst durch die Bemühungen des Mönches Dionysius Exiguus, der 525 auf Veranlassung Johannes' I. die wesentlich bessere alexandrinische Berechnungsweise auch in Rom durchsetzte. Die Berechnung des Osterdatums für jedes Jahr wurde der Kirche von Alexandria übertragen, deren Patriarch alljährlich das errechnete Datum in den sog. Osterfestbriefen allgemein

bekannt machte. Diese alexandrinische Berechnungsweise hatte bis zur Kalenderreform Gregors XIII. im Jahr 1582 Geltung.
Der Osterfeststreit war damit beigelegt, doch gab es ein Nachspiel in Irland. Patrick führte dort 432 den alten 84jährigen Zyklus ein. Diese Berechnungsweise gelangte über das Kloster Kolumbans auf der Insel Hy (Iona) auch nach Schottland und Gallien. Die angelsächsischen Missionare in England hingegen übernahmen den von Rom sanktionierten 19jährigen römisch-alexandrinischen Zyklus. Der daraus entstandene irische Osterfeststreit wurde erst 729 mit der Annahme der römischen Praxis bereinigt.

Die Festsetzungen des Konzils von Nicäa
Unter Cäsar (46 v. Chr.) war der Frühlingsbeginn am 25. März, zur Zeit des Konzils von Nicäa (325 n. Chr.) war er wegen des zu lang angenommenen Julianischen Jahres auf den 21. März vorgerückt. Ob es den Konzilsvätern bewußt war, daß hier etwas nicht stimmen konnte, ist schwer zu sagen. Jedenfalls wurde der Julianische Kalender unverändert übernommen, als 1. Frühlingstag jedoch der 21. März festgesetzt. Ostern sollte nun künftig auf den Sonntag fallen, der dem 14. Nisan (1. Frühlingsvollmond) folgte. Dabei wurde ein zyklischer, d. h. ein gedachter, auf einer Kreisbahn gleichförmig umlaufender Mond angenommen. Mit dieser Regelung setzte sich das Konzil endgültig von der jüdischen Praxis ab, nach der das Passahfest auf jeden Wochentag fallen konnte. Gleichzeitig wollte es aber doch mit der Wurzel, eben dem jüdischen Passahfest, verbunden bleiben.
Damit ergibt sich die Frage nach dem frühest- bzw. spätestmöglichen Ostertermin. Fällt der 1. Frühlingsvollmond auf einen Samstag den 21. März, so ist Sonntag der 22. März der frühestmögliche Ostertermin. Eine Unsicherheit bestand bezüglich des spätestmöglichen Osterdatums: Fällt nämlich der letzte Wintervollmond auf den 20. März, dann findet nach $29^1/_2$ Tagen der 1. Frühlingsvollmond entweder am 18. oder am 19. April statt. Der Ostersonntag könnte damit spätestens entweder auf den 25. oder 26. April fallen. Das Konzil entschied sich hier für die Ausnahmeregel, daß immer dann, wenn der 1. Frühlingsvollmond auf einen Sonntag den 19. April fällt, Ostern nicht der darauffolgende Sonntag 26. April, sondern der 19. April selbst sein sollte, ein Fall, der ohnehin selten vorkommt. Auf diese Weise erreichte man die ästhetisch ansprechende Lösung, indem es genau 5 x 7 = 35 mögliche Ostertermine gibt. Ostern fällt somit spätestens auf den 25. April.
Von den verschiedenen Berechnungsmethoden der damaligen Zeit war die der Kirche von Alexandria die weitaus beste und konnte sich deshalb durchsetzen, weshalb sie hier in ihren Grundzügen kurz erläutert werden soll. Sie benutzt 2 Zyklen, den Woche-Schaltjahr-Zyklus von 7 x 4 = 28 Jahren und den schon erwähnten Metonschen Sonne-Mond-Zyklus von 19 Jahren. Der 28jährige Zyklus besagt, daß nach Ablauf von 28 Jahren ein bestimmter Monatstag wieder auf den gleichen Wochentag fällt und daß sich innerhalb von 28 Jahren die Wochentage, die etwa auf den 1. Jänner fallen, sich immer in der gleichen Reihenfolge wiederholen. Die Alexandriner stellten eine Tabelle auf, die angab, auf den wievielten Jänner eines Jahres in diesem Zyklus der 1. Sonntag des Jahres fällt. Der 19jährige Metonsche Zyklus besagt, daß 235 Mondumläufe (Neumond-Neumond) nahezu genau 19 Jahre ausmachen. In Julianischen Jahren zu 365,25 Tagen ausgedrückt sind das 19 Jahre $1^h\ 28^m\ 20^s$. Ist also an einem 1. Jänner Neumond, wird nach Ablauf von 19 Jahren am 1. Jänner wieder Neumond sein. Die Alexandriner stellten nun eine weitere Tabelle auf, die das Mondalter für den 1. Jänner eines jeden Jahres innerhalb des 19jährigen Zyklus angab. Danach erhielt jedes Jahr in diesem Zyklus eine Ordnungszahl (numerus aureus, Goldene Zahl). Aus der Kombination beider Tabellen konnte der 1. Frühlingsvollmond und der darauf folgende Sonntag berechnet werden.

Die Reform der Osterfestrechnung durch Gregor XIII.
Seit Cäsar (46 v. Chr.) hatte sich der Frühlingsbeginn bis zum Konzil von Nicäa (325 n. Chr.) vom 25. auf den 21. März vorverschoben, im 16. Jh. fand er gar schon am 11. März statt. Der Grund dafür ist, daß das Julianische Jahr mit 365,25 Tagen um $11^m\ 14^s$ zu lang angenommen

wurde. Dies hatte zur Folge, daß die nach der alexandrinischen Methode berechneten Ostern sich immer weniger den wahren astronomischen Verhältnissen anpaßten, sodaß schließlich im 16. Jh. etwa jedes zweite Ostern den kirchlichen Bestimmungen widersprach. Solche Mißstimmigkeiten fielen bereits Gregor von Tours († 595), Beda Venerabilis († 735) und Alkuin († 804) auf. Hermann der Lahme berichtet 1060, daß selbst den Bauern die Mängel der kirchlichen Berechnung der Mondwechsel auffiel.

Die weitere Vorgeschichte der Gregorianischen Kalenderreform war eine einzige, im Lauf der Zeit sich verdichtende Kette der Kritik, aber auch von Verbesserungsvorschlägen maßgeblicher Männer in Kirche, Politik und Wissenschaft. Es seien hier nur wenige Namen genannt: Meister Konrad (1200), Roger Bacon OFM († 1294), Campanus (um 1262), König Alphons X. von Kastilien mit seinen Planetentafeln (Tablas Alfonsinas, 1252), die später bei der Gregorianischen Reform eine wichtige Rolle spielten, ferner Peter von Ailly († 1425), Nikolaus Cusanus († 1446), Johannes von Gmunden († 1442 in Wien) und sein Schüler Georg von Peurbach († 1461), der wiederum Lehrer des Regiomontanus († 1476) war, ferner Kopernikus (1543) und auf ihm basierend Erasmus Reinhold mit seinen Prutenischen (Preußischen) Planetentafeln (1551), die die Hauptgrundlage für die Gregorianische Kalenderreform werden sollten. Mit der Frage des Kalenders und der Osterfestrechnung beschäftigten sich eine Reihe von Päpsten sowie die Konzilien von Konstanz (1414–18), Basel (1431–37), das 5. Laterankonzil (1512–17) und das Konzil von Trient (1545–63).

Der eigentliche Urheber der Gregorianischen Kalenderreform war Aloisius Lilius (Aloigi Giglio) aus Cirò in Kalabrien. Man weiß über ihn nur, daß er seit 1552 Professor der Medizin in Perugia war und wegen seines Ansehens als Gelehrter von Kard. Marcello Cervini (später Papst Marcellus II.) gefördert wurde. Er fand eine für seine Zeit geniale mathematische Lösung des Kalenderproblems und verfaßte darüber ein Manuskript. Sein Werk bestand in der Einführung der sog. Epaktenrechnung. Die Epakte (griech. = das Hinzugekommene) ist die Variation des alten, in sich unveränderlichen 19jährigen Sonne-Mond-Zyklus durch Hinzunahme zweier weiterer Zyklen, eines 400jährigen Sonnen- und eines 300jährigen Mondzyklus (Solar- und Lunargleichung). Seine Erfindung wurde später wegen ihrer mathematischen Eleganz das »Kunstwerk des Lilius« genannt. Lilius starb noch vor 1572, erlebte also die Reform nicht mehr. Sein Bruder Antonio überbrachte dieses Manuskript 1576 der Römischen Kurie, worauf Gregor XIII. (1572–85) eine Kommission einsetzte, die aus mehreren bereits eingegangenen Verbesserungsvorschlägen, u. a. auch dem des Lilius, den besten auszuwählen hatte. Die Ansichten innerhalb der Kommission waren geteilt, doch wurde der Vorschlag des Lilius schließlich mehrheitlich als der beste angenommen. Ein besonders heftiger Opponent gegen Lilius war sogar der anfängliche Vorsitzende der Kommission Tommaso Giglio, Bischof von Sora (möglicherweise ein Verwandter des Lilius). Dieser suchte mit Hilfe zweier Professoren von der päpstlichen Sapienza-Universität Korrekturen am Manuskript anzubringen, die aber von der Kommission als sachlich falsch abgelehnt wurden. Tommaso Giglio wurde 1577 durch einen anderen Vorsitzenden abgelöst. Für eine neue Diskussion sorgte Theophilus Martius OSB, ebenfalls ein Kommissionsmitglied, der die Kommission unstatthafter Neuerungssucht und Respektlosigkeit vor dem Konzil von Nicäa bezichtigte. Inkonsequenterweise wollte gerade er den Frühlingsbeginn auf den 25. März (wie unter Cäsar) verlegt wissen. Er wies die Prutenischen wie die Alphonsinischen Tafeln als fehlerhaft zurück und wollte eine ganz andere Schaltregel einführen. Nach langen Diskussionen über die Liliusschen Epaktenzirkel gab es noch einige kleine Abänderungen, bis schließlich das Ergebnis im »Compendium« zusammengefaßt und dem Papst vorgelegt werden konnte, der es 1577 an alle christlichen Könige und Fürsten, Bischöfe und namhaften Universitäten zur Begutachtung versandte.

Die Reaktionen waren unterschiedlich: Die katholischen Fürsten waren vollzählig für die Reform im Sinn des »Compendium«, die protestantischen dagegen. Von den Bischöfen waren die meisten dafür, einigen erschien die Reform als zu revolutionierend. Einige Universitäten meldeten wissenschaftliche Bedenken dagegen an (die geniale Leistung des Lilius scheint überhaupt erstmals Carl Friedrich Gauß erkannt zu haben; s. S. 44). In dieser Vielfalt der Meinungen sah sich der Papst genötigt, selbst die Entscheidung zu treffen, und beauftragte den aus Bamberg stammenden Christoph Clavius (Clau) SJ, Professor für Mathematik und Astronomie am Römischen Kolleg und Mitglied der Kommission, mit der eigentlichen Durchführung der Kalenderreform im Sinn des »Compendiums«. Im Auftrag des Papstes hatte sich Clavius im Turm der Winde im Vatikan bereits ein Observatorium eingerichtet und beobachtete durch eine volle Schaltperiode, nämlich von 1576–80, den Lauf der Sonne und den tatsächlichen Eintritt des Frühlingsbeginns. Aufgrund seiner Beobachtungen und Messungen wurde das Jahr 1582 um 10 Tage verkürzt und damit der kalendarische Frühlingsbeginn mit 21. März 0^h definiert. Dieser Zeitpunkt ist das ziemlich genaue Mittel, um den der wahre Frühlingsbeginn (20./21. März) innerhalb des 4jährigen Schaltzyklus hin- und herpendelt. Für die Länge des Sonnenjahres nahm Clavius 365,2425 Tage an; ein besserer Wert für die Dauer eines Mondumlaufes wurde den Alphonsinischen und Prutenischen Tafeln entnommen, womit die Osterrechnung auf weitere 3000 Jahre gesichert war. Nun konnte der Papst in seiner Bulle »Inter gravissimas« vom 24. 2. 1581 die Reform des Kalenders und damit der Osterfestrechnung einführen.

Paradoxe Ostern

Gelegentlich kommt es vor, daß ein nach den kirchlichen Vorschriften berechnetes Osterdatum den tatsächlichen Verhältnissen zu widersprechen scheint, was bei der Bevölkerung regelmäßig Verwunderung hervorruft. Solche Ostern nennt man »paradox«. Es ist hier nicht der Ort, auf die zahlreichen und schwierigen Probleme näher einzugehen, die mit dieser Frage verbunden sind. Es gibt zwei Ursachen für paradoxe Ostern, die entweder jede für sich allein oder auch beide zusammen eintreten können:

a) Die kirchliche Osterregel benützt einen sog. zyklischen, d. h. einen gedachten Mond, der auf einer Kreisbahn mit gleichförmiger Geschwindigkeit um die Erde rotiert. Der wahre Mond beschreibt aber in erster Annäherung eine Ellipsenbahn mit ungleichförmiger Geschwindigkeit. In Erdnähe (Perigäum) bewegt er sich am schnellsten, in Erdferne (Apogäum) am langsamsten. Dieser wahre Mond geht dem mittleren (zyklischen) regelmäßig bis zu etwa 0,5 Tage voraus bzw. bleibt ebensoviel hinter ihm zurück. Dazu kommen noch zahlreiche andere kleinere Unregelmäßigkeiten des Mondlaufes, die sich im allgemeinen gegenseitig mehr oder weniger aufheben, im Extremfall aber die zeitliche Verschiebung des wahren gegenüber dem mittleren Mond bis zu $\pm$ 0,7 Tagen anwachsen lassen. So war z. B. 1974 der kirchlich angenommene Tag des Vollmondes am Sonntag den 7. April (es werden nur ganze Tage gezählt), weshalb Ostern am darauffolgenden Sonntag den 14. April gefeiert wurde. Der wahre Vollmond fand aber am Samstag den 6. April $22^h\ 7^m$ MEZ statt, Ostern hätte also auf den 7. April fallen sollen. Die folgende Tabelle gibt die Osterparadoxien dieser ersten Art für unser Jahrhundert:

Jahr	ist	soll
1900	15.4.	22.4.
1903	12.4.	19.4.
1923	1.4.	8.4.
1924	20.4.	23.3.
1927	17.4.	24.4.
1943	25.4.	28.3.
1954	18.4.	25.4.
1962	22.4.	25.3.
1967	26.3.	2.4.
1974	14.4.	7.4.

b) In der kirchlichen Osterrechnung ist als Frühlingsbeginn stets der 21. März 0^h festgesetzt. Der wahre Frühlingsbeginn pendelt aber innerhalb der 4jährigen und der 400jährigen Schaltperiode des Gregorianischen Kalenders zwischen dem 20. und 21. März hin und her.

In der Gegenwart fällt er spätestens auf den 21. März 1903, 21^h MEZ, am frühesten am 19. März 2096, 9^h MEZ, im Mittel des jetzigen 400jährigen Gregorianischen Schaltzyklus auf den 20. März 15^h MEZ. Die Osterparadoxien dieser zweiten Art in unserem Jahrhundert gibt die folgende Tabelle:

Jahr	ist	soll
1903	12.4.	19.4.
1923	1.4.	8.4.
2000	23.4.	26.3.

Es wurden Vorschläge ausgearbeitet, um den Schönheitsfehler der paradoxen Ostern zu vermeiden. Sie laufen darauf hinaus, *entweder* den mittleren Mond mit einem (erst noch festzusetzenden) mittleren Frühlingsbeginn *oder* den wahren (ungleichförmig bewegten) Mond mit dem wahren Frühlingsbeginn zu verbinden. Für die erste Lösung ließe sich eine verhältnismäßig einfach zu handhabende Formel aufstellen, die zweite Lösung erforderte die Mitarbeit der Astronomen und den Einsatz der modernen elektronischen Großrechenanlagen. Doch wären auch in diesem Fall Vorausberechnungen auf Jahrtausende möglich.

Zur Diskussion um die Fixierung des Osterdatums

Zur Zeit mehren sich die Stimmen zugunsten einer terminmäßigen Einengung bzw. vollständigen Festlegung des Osterfestes auf einen bestimmten Tag des Jahres. Als Vorteil sieht man eine Vereinfachung des liturgischen wie des bürgerlichen Kalenders. Gewisse bewegliche Feste fallen ja stets auf einen Werktag, nämlich Ostermontag, Christi Himmelfahrt, Pfingstmontag (der übrigens liturgisch nicht mehr gefeiert wird!) und Fronleichnam. Als wahrscheinlichstes Todesdatum Jesu wird heute Freitag der 7.4.30 angesehen, die Auferstehung Jesu hätte sich demnach am Sonntag den 9.4.30 ereignet. Dieses Datum würde sich auch deshalb empfehlen, weil es fast genau in der Mitte aller möglichen Ostertermine (genau: 8. April) liegt. In einem Kalender mit Nulltagen, bei dem das Jahr z. B. stets mit einem Sonntag beginnt, würde der Ostersonntag in Gemeinjahren auf den 9. April, in Schaltjahren auf den 8. April fallen. In einem Kalender mit ununterbrochener Wochenfolge (also ohne Nulltage) könnte Ostern entweder auf den 2. Sonntag im April (also vom 8. bis 14. April) oder auf den Sonntag nach dem 2. Samstag im April (also vom 9. bis 15. April) fallen.
Das 2. Vatikanische Konzil stimmte einem derartigen Vorschlag im Prinzip zu, »wenn alle, die es angeht, besonders die von der Gemeinschaft mit dem Apostolischen Stuhl getrennten Brüder, zustimmen« (Anhang zur Liturgiekonstitution). Von seiten der reformierten Kirchengemeinschaften dürften hier kaum Einwände kommen. Doch stieß dieser Gedanke bei den Ostkirchen auf heftigen Protest, so auf dem Panorthodoxen Kongreß in Istanbul 1923 und wieder auf der 5. Vollversammlung des Ökumenischen Rates der Kirchen in Nairobi 1975. Kann man die von der katholischen Kirche unter Gregor XIII. einseitig verfügte Kalenderreform (im Sinn des Konzils von Nicäa!) aus der damaligen geschichtlichen Situation heraus noch verstehen, so ist heute eine derart grundlegende Abkehr von der Intention dieses Konzils ohne die ausdrückliche Zustimmung der Ostkirchen undenkbar. Dieses Zugeständnis werden die westlichen Befürworter einer neuen Osterregelung gerade im Hinblick auf das eben erst begonnene theologisch-ökumenische Gespräch mit den Orthodoxen machen müssen. Darüber hinaus sollte man nicht vergessen, daß das christliche Osterfest als Gedächtnis des Todes und der Auferstehung Jesu untrennbar mit dem jüdischen Passah verbunden ist, »da unser Osterlamm geschlachtet ist, Christus« (1 Kor 5,7). Sosehr das Konzil von Nicäa das christliche Ostern vom jüdischen abheben wollte (Sonntag *nach* dem 14. Nisan), sosehr wollte es sich gleichzeitig doch nicht vom geistigen Mutterboden, den das Judentum für das Christentum darstellt, gänzlich lösen. In diesem Zusammenhang ist auch zu fragen, ob mit einer derartigen Abkehr von der jüdischen Osterfeier das christlich-jüdische Gespräch nicht eine unnötige emotionale Belastung erführe.

Die Gaußsche Osterformel

Das Römische Martyrologium enthält die Regeln und mathematischen Formeln, nach denen das Osterfest zu berechnen ist. Der Astronom und Mathematiker Carl Friedrich Gauß (1777–1855), Direktor der Königlichen Sternwarte in Göttingen, stellte genau nach den kirchlichen Vorschriften eine für die Praxis besonders bequeme Formel auf, nach der jedermann leicht das Osterdatum selbst berechnen kann. Diese Formel gilt ab dem Jahr 532, als die Ostertafeln des Dionysius Exiguus in Kraft traten. Man kann sie sogar noch weitere 95 Jahre weiter zurück anwenden, also bis 437, jedoch mit der Einschränkung, daß es zwischen 437 und 532 einige tatsächlich gewählte Osterdaten gab, die von dieser Regel abwichen. Vor 437 rechnete man in Rom und Alexandria nach wesentlich verschiedenen Methoden. In Kleinasien ging man damals überhaupt eigene Wege. Außerdem gilt die Formel nur bedingt für die Zeit des irischen Osterfeststreites seit Patrick (432) bis zur Annahme der römisch-alexandrinischen Praxis (729) (s. S. 40).

Aus der Jahreszahl J sind gewisse Hilfszahlen zu berechnen:

$$a = \left(\frac{J}{19}\right)_{\text{Rest}} \qquad b = \left(\frac{J}{4}\right)_{\text{Rest}} \qquad c = \left(\frac{J}{7}\right)_{\text{Rest}}$$

$$d = \left(\frac{19a + M}{30}\right)_{\text{Rest}} \qquad e = \left(\frac{2b + 4c + 6d + N}{7}\right)_{\text{Rest}}$$

Dann fällt Ostern auf den (d + e + 22)ten März oder (d + e – 9)ten April.

Für M und N sind folgende Zahlen einzusetzen (aus der Epaktenrechnung nach Lilius und Clavius):

	M	N		M	N
bis 1582	15	6 (gleichbleibend)	2000–2099	24	5
1583–1699	22	2	2100–2199	24	6
1600–1699	22	2	2200–2299	25	0
1700–1799	23	3	2300–2399	26	1
1800–1899	23	4	2400–2499	25	1
1900–1999	24	5			

Es sind noch folgende Regeln zu beachten:

a) Kommt laut Rechnung der 26. April heraus, so ist dafür *immer* der 19. April einzusetzen (einschränkende Bestimmung des Konzils von Nicäa) (z. B. 1981, 2076).

b) (Gilt *nur* für den Gregorianischen Kalender ab 1583!): Anstelle des 25. April ist immer dann der 18. April zu nehmen, wenn a größer als 10 *und* d = 28 (z. B. 1954, 2049).

Beispiel: Auf welchen Tag fiel Ostern im Jahr 1835?

1835 : 19 = 96
125
11 Rest a = 11

1835 : 4 = 458
23
35
3 Rest b = 3

1835 : 7 = 262
43
15
1 Rest c = 1

$$\frac{19 \times 11 + 23}{30} = 232 : 30 = 7$$
22 Rest d = 22

$$\frac{2 \times 3 + 4 \times 1 + 6 \times 22 + 4}{7} = 146 : 7 = 20$$
06
6 Rest e = 6

Antwort: 1835 fiel Ostern auf den (22 + 6 – 9)ten April = *19. April.*

Das Osterfestdatum von 1900 bis 2100

1900	15.4.	**1910**	27.3.	**1920**	4.4.	**1930**	20.4.	**1940**	24.3.
01	7.4.	11	16.4.	21	27.3.	31	5.4.	41	13.4.
02	30.3.	12	7.4.	22	16.4.	32	27.3.	42	5.4.
03	12.4.	13	23.3.	23	1.4.	33	16.4.	43	25.4.
04	3.4.	14	12.4.	24	20.4.	34	1.4.	44	9.4.
05	23.4.	15	4.4.	25	12.4.	35	21.4.	45	1.4.
06	15.4.	16	23.4.	26	4.4.	36	12.4.	46	21.4.
07	31.3.	17	8.4.	27	17.4.	37	28.3.	47	6.4.
08	19.4.	18	31.3.	28	8.4.	38	17.4.	48	28.3.
09	11.4.	19	20.4.	29	31.3.	39	9.4.	49	17.4.

1950	9.4.	**1960**	17.4.	**1970**	29.3.	**1980**	6.4.	**1990**	15.4.
51	25.3.	61	2.4.	71	11.4.	81	19.4.	91	31.3.
52	13.4.	62	22.4.	72	2.4.	82	11.4.	92	19.4.
53	5.4.	63	14.4.	73	22.4.	83	3.4.	93	11.4.
54	18.4.	64	29.3.	74	14.4.	84	22.4.	94	3.4.
55	10.4.	65	18.4.	75	30.3.	85	7.4.	95	16.4.
56	1.4.	66	10.4.	76	18.4.	86	30.3.	96	7.4.
57	21.4.	67	26.3.	77	10.4.	87	19.4.	97	30.3.
58	6.4.	68	14.4.	78	26.3.	88	3.4.	98	12.4.
59	29.3.	69	6.4.	79	15.4.	89	26.3.	99	4.4.

2000	23.4.	**2010**	4.4.	**2020**	12.4.	**2030**	21.4.	**2040**	1.4.
01	15.4.	11	24.4.	21	4.4.	31	13.4.	41	21.4.
02	31.3.	12	8.4.	22	17.4.	32	28.3.	42	6.4.
03	20.4.	13	31.3.	23	9.4.	33	17.4.	43	29.3.
04	11.4.	14	20.4.	24	31.3.	34	9.4.	44	17.4.
05	27.3.	15	5.4.	25	20.4.	35	25.3.	45	9.4.
06	16.4.	16	27.3.	26	5.4.	36	13.4.	46	25.3.
07	8.4.	17	16.4.	27	28.3.	37	5.4.	47	14.4.
08	23.3.	18	1.4.	28	16.4.	38	25.4.	48	5.4.
09	12.4.	19	21.4.	29	1.4.	39	10.4.	49	18.4.

2050	10.4.	**2060**	18.4.	**2070**	30.3.	**2080**	7.4.	**2090**	16.4.
51	2.4.	61	10.4.	71	19.4.	81	30.3.	91	8.4.
52	21.4.	62	26.3.	72	10.4.	82	19.4.	92	30.3.
53	6.4.	63	15.4.	73	26.3.	83	4.4.	93	12.4.
54	29.3.	64	6.4.	74	15.4.	84	26.3.	94	4.4.
55	18.4.	65	29.3.	75	7.4.	85	15.4.	95	24.4.
56	2.4.	66	11.4.	76	19.4.	86	31.3.	96	15.4.
57	22.4.	67	3.4.	77	11.4.	87	20.4.	97	31.3.
58	14.4.	68	22.4.	78	3.4.	88	11.4.	98	20.4.
59	30.3.	69	14.4.	79	23.4.	89	3.4.	99	12.4.
								2100	28.3.

Die 35 möglichen Kirchenjahre
(in Klammern die Daten für die Schaltjahre)

Ordnungs-Nr.	Sonntage nach W.*	Wochen im J.kr.	Ascher-mittw.	**Oster-sonntag**	Christi Himmelf.	Pfingst-sonntag	Fron-leichnam
1	2 (2)	1–4 (4)	4.(5.)2.	**22.3.**	30.4.	10.5.	21.5.
2	2 (1)	1–4 (4)	5.(6.)2.	**23.3.**	1.5.	11.5.	22.5.
3	1 (1)	1–4 (5)	6.(7.)2.	**24.3.**	2.5.	12.5.	23.5.
4	1 (–)	1–5 (5)	7.(8.)2.	**25.3.**	3.5.	13.5.	24.5.
5	– (2)	1–5 (5)	8.(9.)2.	**26.3.**	4.5.	14.5.	25.5.
6	2 (2)	1–5 (5)	9.(10.)2.	**27.3.**	5.5.	15.5.	26.5.
7	2 (2)	1–5 (5)	10.(11.)2.	**28.3.**	6.5.	16.5.	27.5.
8	2 (2)	1–5 (5)	11.(12.)2.	**29. 3.**	7.5.	17.5.	28.5.
9	2 (1)	1–5 (5)	12.(13.)2.	**30.3.**	8.5.	18.5.	29. 5.
10	1 (1)	1–5 (6)	13.(14.)2.	**31.3.**	9.5.	19. 5.	30.5.
11	1 (–)	1–6 (6)	14.(15.)2.	**1.4.**	10.5.	20.5.	31.5.
12	– (2)	1–6 (6)	15.(16.)2.	**2.4.**	11.5.	21.5.	1.6.
13	2 (2)	1–6 (6)	16.(17.)2.	**3.4.**	12.5.	22.5.	2.6.
14	2 (2)	1–6 (6)	17.(18.)2.	**4.4.**	13.5.	23.5.	3.6.
15	2 (2)	1–6 (6)	18.(19.)2.	**5.4.**	14.5.	24.5.	4.6.
16	2 (1)	1–6 (6)	19.(20.)2.	**6.4.**	15.5.	25.5.	5.6.
17	1 (1)	1–6 (7)	20.(21.)2.	**7.4.**	16.5.	26.5.	6.6.
18	1 (–)	1–7 (7)	21.(22.)2.	**8.4.**	17.5.	27.5.	7.6.
19	– (2)	1–7 (7)	22.(23.)2.	**9.4.**	18.5.	28.5.	8.6.
20	2 (2)	1–7 (7)	23.(24.)2.	**10.4.**	19.5.	29.5.	9.6.
21	2 (2)	1–7 (7)	24.(25.)2.	**11.4.**	20.5.	30.5.	10.6.
22	2 (2)	1–7 (7)	25.(26.)2.	**12.4.**	21.5.	31.5.	11.6.
23	2 (1)	1–7 (7)	26.(27.)2.	**13.4.**	22.5.	1.6.	12.6.
24	1 (1)	1–7 (8)	27.(28.)2.	**14.4.**	23.5.	2.6.	13.6.
25	1 (–)	1–8 (8)	28.(29.)2.	**15.4.**	24.5.	3.6.	14.6.
26	– (2)	1–8 (8)	1.3.	**16.4.**	25.5.	4.6.	15.6.
27	2 (2)	1–8 (8)	2.3.	**17.4.**	26.5.	5.6.	16.6.
28	2 (2)	1–8 (8)	3.3.	**18.4.**	27.5.	6.6.	17.6.
29	2 (2)	1–8 (8)	4.3.	**19.4.**	28.5.	7.6.	18.6.
30	2 (1)	1–8 (8)	5.3.	**20.4.**	29.5.	8.6.	19.6.
31	1 (1)	1–8 (9)	6.3.	**21.4.**	30.5.	9.6.	20.6.
32	1 (–)	1–9 (9)	7.3.	**22.4.**	31.5.	10.6.	21.6.
33	– (2)	1–9 (9)	8.3.	**23.4.**	1.6.	11.6.	22.6.
34	2 (2)	1–9 (9)	9.3.	**24.4.**	2.6.	12.6.	23.6.
35	2 (2)	1–9 (9)	10.3.	**25.4.**	3.6.	13.6.	24.6.

* Jeweils ein Sonntag nach Weihnachten fällt in das vorhergehende, bzw. nachfolgende Kalenderjahr. In den Jahren, in denen kein Sonntag nach Weihnachten gefeiert wird, fällt das Fest der Hl. Familie auf Freitag, 30. Dezember.

Wochen im J. kr.	1. Advent-sonntag	Sonntage nach W.*	trifft ein in den Jahren (1900–2100)
6–34	29.11.	2	
6–34	30.11.	2	1913 *2008*
6–34	1.12.	2	1940
6–34	2.12.	1	1951 *2035* *2046*
6–34	3.12.	1	1967 1978 1989 *2062* *2073* *2084*
7–34	27.11.	–	1910 1921 1932 *2005* *2016*
7–34	28.11.	2	1937 1948 *2027* *2032* *2100*
7–34	29.11.	2	1959 1964 1970 *2043* *2054* *2065*
7–34	30.11.	2	1902 1975 1986 1997 *2095* *2070* *2081* *2092*
7–34	1.12.	2	1907 1918 1929 1991 *2002* *2013* *2024* *2086* *2097*
7–34	2.12.	1	1923 1934 1945 1956 *2018*
7–34	3.12.	1	1961 1972 *2051* *2056*
8–34	27.11.	–	1904 1983 1988 1994 *2067* *2078* *2089*
8–34	28.11.	2	1915 1920 1926 1999 *2010* *2021* *2083* *2094*
8–34	29.11.	2	1931 1942 1953 *2015* *2026* *2037* *2048*
8–34	30.11.	2	1947 1958 1969 1980 *2042* *2053* *2064*
8–34	1.12.	2	1901 1912 1985 1996 *2075* *2080*
8–34	2.12.	1	1917 1928 *2007* *2012* *2091*
8–34	3.12.	1	1939 1944 1950 *2023* *2034* *2045*
9–34	27.11.	–	1955 1966 1977 *2039* *2050* *2061* *2072*
9–34	28.11.	2	1909 1971 1982 1993 *2004* *2066* *2077* *2088*
9–34	29.11.	2	1903 1914 1925 1936 1998 *2009* *2020* *2093* *2099*
9–34	30.11.	2	1941 1952 *2031* *2036*
9–34	1.12.	2	1963 1968 1974 *2047* *2058* *2069*
9–34	2.12.	1	1900 1906 1979 1990 *2001* *2063* *2074* *2085* *2096*
9–34	3.12.	1	1911 1922 1933 1995 *2006* *2017* *2028* *2090*
10–34	27.11.	–	1927 1938 1949 1960 *2022* *2033* *2044*
10–34	28.11.	2	1954 1965 1976 *2049* *2055* *2060*
10–34	29.11.	2	1908 1981 1987 1992 *2071* *2076* *2082*
10–34	30.11.	2	1919 1924 1930 *2003* *2014* *2025* *2087* *2098*
10–34	1.12.	2	1935 1946 1957 *2019* *2030* *2041* *2052*
10–34	2.12.	1	1962 1973 1984 *2057* *2068*
10–34	3.12.	1	1905 1916 *2000* *2079*
11–34	27.11.	–	*2011* *2095*
11–34	28.11.	2	1943 *2038*

B) Das liturgische Jahr

Die Christen der ersten Jahrhunderte waren noch ganz eingebunden in das bürgerliche Jahr, genauer in die von Gajus Julius Cäsar reformierte Jahreseinteilung, die im ganzen Reich Geltung hatte. Sie begannen aber schon sehr früh, heidnische Feste mit christlichem Sinn zu erfüllen oder solche Feste durch christliche sogar bewußt zu verdrängen. Je mehr der christliche Gedanke das öffentliche Leben durchdrang, umsomehr trat auch der Jahresablauf als liturgisches Geschehen in das allgemeine Bewußtsein.

Das Kirchenjahr entstand als Ausweitung der Osterfeier über das Jahr hinweg. Der Sonntag als »Tag des Herrn« wurde schon zur Zeit der Apostel als kleines Osterfest verstanden. Bald traten neben den Sonntag als Urfeiertag auch andere Feste, die heilsgeschichtlich bedeutsame Ereignisse aus dem Leben Jesu zum Inhalt hatten. Der ursprüngliche Sinn des Kirchenjahres war aber nicht einfach ein Gedenken des Lebens Jesu in seinen verschiedenen Stationen – eine spätere Umdeutung, die noch bis ins 20. Jh. herein nachwirkte –, vielmehr waren alle Festfeiern, auch die der Heiligen, auf das zentrale Ostergeheimnis vom Leiden, vom Tod und von der Auferstehung des Herrn als deren eigentliche Sinnmitte hingeordnet. Im Lauf der Zeit wurden die liturgischen Festfeiern immer zahlreicher und differenzierter. Im gleichen Maß wuchs die Gefahr, daß die Grundstruktur und der Grundgedanke des Kirchenjahres immer mehr verdunkelt, wesentliche Dinge durch periphere überlagert wurden. Dem suchten die Päpste besonders seit Pius V. durch mancherlei Bestimmungen zu begegnen, was aber in den letzten Jahrhunderten zu einer recht komplizierten Festordnung führte. Neuere Versuche zu einer Vereinfachung gab es seit Benedikt XV., dann 1955 und 1960. Erst die vom 2. Vatikanischen Konzil in Auftrag gegebene Neuordnung der gesamten Liturgie und des Kirchenjahres führte 1969 zu einer durchgreifenden Reform, die die wesentlichen Grundgedanken des liturgischen Jahres wieder klarer erkennen läßt. Diese Neuordnung wurde von Papst Paul VI. in seinem Motu Proprio »Mysterii Paschalis« vom 14. 2. 1969 approbiert und von der Ritenkongregation in der »Grundordnung des Kirchenjahres und des Kalenders« mit Dekret vom 21. 3. 1969 veröffentlicht. Sie trat am 1. 1. 1970 in Kraft.

Diese Neuordnung der Liturgie sieht eine weitgehende Entflechtung des Kalenders vor in bezug auf Festfeiern, die für die Gesamtkirche Bedeutung haben, und solche, die nur in gewissen Regionen oder Diözesen beheimatet sind. Demnach gibt es den Allgemeinen Kalender (Römischer Generalkalender, GK) und den Eigenkalender für eine Teilkirche (Bischofskonferenz, Diözese, Land, Region, Sprachgebiet, Ordensgemeinschaft). Indem diese Eigenkalender mit ihren eigenen Festfeiern organisch und sinngemäß in den Römischen Generalkalender eingefügt werden, entsteht der eigentliche liturgische Kalender für die betreffende Teilkirche. Für den gesamten deutschen Sprachraum wurde der »Regionalkalender für das deutsche Sprachgebiet« (RK) von den Bischofskonferenzen Deutschlands, Österreichs und der Schweiz, dem Bischof von Luxemburg und dem Bischof von Bozen-Brixen erarbeitet und im Frühjahr 1971 fertiggestellt. Dessen Approbation durch den Hl. Stuhl erfolgte am 21. 9. 1972.

Das hervorstechendste Merkmal der Liturgiereform von 1969 ist, das *Ostergeheimnis* als die zentrale Quelle des Heils deutlicher als bisher zur Mitte des gesamten liturgischen Lebens zu machen. Die allwöchentliche Wiederholung des Ostergeheimnisses wird am »Ersten Tag der Woche«, dem »Herrentag«, begangen. Die Feier des Sonntags kann künftig nur noch durch ein Hochfest oder ein Herrenfest verdrängt werden. Die Sonntage in der österlichen Bußzeit, im Advent und in der 50tägigen Osterzeit (Ostersonntag bis Pfingstsonntag) haben sogar absoluten Vorrang vor allen Hochfesten. Hochfeste (z. B. Diözesanpatrone), die etwa auf einen dieser Sonntage zu liegen kommen, werden auf den Samstag vorverlegt. Obwohl der liturgische Tag sonst immer von Mitternacht bis Mitternacht gerechnet wird, behält die Kirche beim Sonntag den alten Brauch bei, diesen Tag bereits mit dem Vorabend beginnen zu lassen. Diese Gewohnheit geht auf die jüdische Kalenderordnung zurück, nach der der jeweils neue Tag mit Einbruch der Dämmerung begann. Dies wird deutlich in den Vigilfeiern

von Weihnachten (Hl. Abend) und Ostern (Osternachtfeier), am Gründonnerstagabend (Abendmahlsmesse) und in der 1. Vesper des kirchlichen Stundengebetes. Aus diesem Grund erhielten die Bischofskonferenzen vom Apostolischen Stuhl den Antrag bewilligt, daß die Gläubigen, den Bedürfnissen der Zeit entsprechend, die Sonntagsmesse auch am Vorabend feiern dürfen.
Eine durchgreifende Vereinfachung wurde auch bezüglich der Rangordnung der einzelnen *Festfeiern* vorgenommen. Im Lauf der letzten Jahrhunderte entstanden immer neue Frömmigkeitsrichtungen und Andachtsformen, die das geistliche Leben eines Landes oder einer Ordensgemeinschaft stark befruchteten. Diese drängten meist zu einer öffentlichen Festfeier, die dann schließlich auf die ganze Kirche ausgedehnt wurde. Die Folge war ein Überhandnehmen von Einzelfesten, die in sich zwar wertvoll waren, in ihrer Fülle aber den zentralen Gedanken des Kirchenjahres, nämlich das Geheimnis der Erlösung durch Jesus Christus, immer mehr überdeckten. Die Päpste suchten hier wiederholt korrigierend einzugreifen, was eine immer kompliziertere Rangordnung der einzelnen Festfeiern nach sich zog. Der neue Generalkalender von 1969 kennt nur noch Hochfeste (H), Feste (F) und Gedenktage. Die Gedenktage gliedern sich in gebotene (G) und nicht gebotene (g). Nur die beiden Hochfeste Weihnachten und Ostern haben eine Oktav.

1. Die österliche Zeit (Osterfestkreis)

a) Der Ursprung des Osterfestes

Das jüdische Passahfest ist zu unterscheiden vom Fest der Ungesäuerten Brote (Mazzoth), das im Monat Nisan (März/April) zu Beginn der Gerstenernte eine Woche lang gefeiert wurde. In der Kultreform des Königs Josias (636–606 v. Chr.) wurde es mit dem Passah, bei dem ebenfalls Ungesäuertes gegessen wurde, zusammengelegt und im Anschluß an dieses begangen.
Das Passahfest dürfte schon in vor-israelitischer Zeit ein Frühlingsfest der Nomaden gewesen sein, bei dem die Erstlinge der Herden geopfert wurden. Jedenfalls scheint dies die Forderung des Moses vor dem Pharao nahezulegen, daß er das Volk für 3 Tage in die Wüste ziehen lasse, weil sie dort ein Opfer darbringen wollten (Ex 8,23). Auch der Charakter des Passah-Festes als Opfermahl im Familienkreis, das Bestreichen der Türpfosten mit dem Opferblut, das Verbot, die Knochen des Tieres zu brechen u. a. dürfte bei den nomadisierenden Semiten heimisch gewesen sein. Dieses Frühlingsfest fiel zeitlich mit dem Auszug Israels aus Ägypten zusammen, wodurch es sich im israelitischen Glaubensbewußtsein ein für allemal mit der Befreiung aus der ägyptischen Herrschaft verband. Das Bestreichen der Türpfosten – ursprünglich ein Ritus zur Abwehr der Dämonen – bedeutete nunmehr das (schonende) Vorübergehen des Engels an den Häusern der Israeliten. Die Bitterkräuter, die bei den Nomaden das Salz ersetzten, erinnerten an die Bitterkeit der ägyptischen Fronarbeit, die ungesäuerten Brote, das Wanderkleid und der Stab in der Hand – für Wanderhirten, die für eine Nacht am Heiligtum zusammenkamen, eine Selbstverständlichkeit – erklären sich fortan aus der Eile, mit der der Auszug vonstatten gehen sollte. Der Frühlingsmonat Nisan, bei dessen Vollmond das Opfer stattfinden sollte, galt schon nach nomadischem Brauch als Jahresanfang. Das jüdische Passahfest war eine Familienfeier, bei der der Hausvater die Stelle des Priesters einnahm.
Das Ritual der Feier erfuhr im Lauf der Zeit in manchen Einzelheiten verschiedene Änderungen. In der Zeit nach dem babylonischen Exil schlachteten die Gläubigen ihr Opfertier noch vor Sonnenuntergang selbst im Vorhof des Tempels unter dem Gesang des Hallel, die Priester gossen das Blut an den Fuß des Altares und verbrannten das Fett auf dem Brandopferaltar. Das Opfertier wurde zuhause gebraten und gemeinsam verzehrt. Auswärtige Pilger (zur Zeit Jesu waren es wohl gegen 200.000) schlossen sich dabei zu kleinen Gemeinschaften zu etwa je 10 zusammen, wie dies auch bei Jesus und seinen Jüngern der Fall war. Der Brauch der Eile, des Wanderstabes u. a. wurde in späterer Zeit nicht mehr eingehalten,

sondern man legte sich wie zu einem Festbankett in aller Ruhe um den niedrigen Tisch. Das letzte Abendmahl war nach den Synoptikern ein solches Passahmahl. Daß es Jesus einen Tag früher als vorgeschrieben einnahm, erklärt sich aus der riesigen Zahl der Festpilger, derentwegen man schon lange Kompromisse gestatten mußte. Diejenigen, die innerhalb der Stadtmauern von Jerusalem ein Haus besaßen, stellten dieses auswärtigen Festpilgern zur Verfügung. Natürlich war es nicht möglich, daß alle das Passah an einem einzigen Tag feiern konnten. Jesus feierte das Passah mit seinen Jüngern am Donnerstag den 12. Nisan; am Nachmittag des 13. Nisan, also zur Zeit der Schlachtung der Passah-Lämmer im Tempel, wurde er gekreuzigt (»es war Rüsttag«, Joh 19,42).

b) Das christliche Osterfest und die österliche Zeit

Der Osterfestkreis gliedert sich in die österliche Vorbereitungszeit (Fastenzeit), das hl. Triduum vom Leiden, vom Tod und von der Auferstehung des Herrn und die 50tägige Osterfeier, beginnend mit dem Ostersonntag und endigend mit dem Pfingstsonntag.

Die *österliche Vorbereitungszeit* hat eine doppelte Aufgabe, nämlich die Gläubigen auf die Taufe (bzw. das Taufgelöbnis) in der Osternacht vorzubereiten und ihnen Gelegenheit zu bieten, sich durch Buße, Einkehr und Werke der Nächstenliebe auf die Feier des Ostergeheimnisses vorzubereiten. Der Zeitraum der 40 Tage leitet sich von der biblischen Typologie dieser Zahl her: 40 Jahre wanderte das Volk Israel in der Wüste und machte dabei eine innere Wandlung durch, 40 Tage weilte Moses auf dem Sinai in der Nähe Gottes, Elias ging 40 Tage in der Kraft der Engelsspeise zum Berg Horeb, Jonas predigte 40 Tage lang in Ninive Buße und Umkehr, Jesus fastete 40 Tage in der Wüste. Die österliche Vorbereitungszeit beginnt mit dem Aschermittwoch. An diesem Tag begannen in der frühen Kirche die Riten über die öffentlichen Büßer (Aschenauflegung) und die Taufbewerber (Katechumenen). Seit dem 11. Jh. empfangen alle Gläubigen das Aschenkreuz. Um diese Zeit in sich geschlossener und leichter durchschaubar zu gestalten, wurden in der Liturgiereform 1969 die Vorfastenzeit (Septuagesima, Sexagesima, Quinquagesima) und die Passionszeit (Woche vor dem Palmsonntag) abgeschafft. Die Sonntage werden vom 1. bis 6. Sonntag in der Fastenzeit durchgezählt, ebenso die ihnen folgenden Wochen. Der 6. Fastensonntag heißt Palmsonntag vom Leiden des Herrn. Kreuze und Bilder werden nicht mehr verhüllt, sofern nicht eine Bischofskonferenz aus seelsorglichen Gründen diesen Brauch beibehalten will. Am Vormittag des Gründonnerstags werden in der Bischofsmesse (Chrisam-Messe) die heiligen Öle geweiht, das Chrisam, das Katechumenöl und das Krankenöl. Das Chrisam, ein mit Balsam gewürztes Olivenöl, wird bei der Bischofs- und Priesterweihe, der Firmung, Taufe (nach dem Taufakt) und bei der Weihe von Kirchen, Altären, Kelchen und Glocken verwendet. Mit dem Katechumenöl wird der Täufling vor dem Taufakt gesalbt. Das Krankenöl ist die sakramentale Materie bei der Krankensalbung. Noch am selben Tag wird von den geweihten Ölen an alle Dekanate und von hier an alle Pfarreien der Diözese ausgeteilt. Die österliche Vorbereitungszeit endigt vor der Abendmahlsmesse am Gründonnerstag.

Die *drei österlichen Festtage* sind ein »heiliger Drei-Tag des Gekreuzigten, Begrabenen und Auferstandenen« (Augustinus). Der *Gründonnerstag-Abend* ist dem Gedächtnis der Einsetzung der Eucharistie und des Priestertums geweiht (»tut dies zu meinem Gedächtnis!«). An diesem Tag begann das Leiden Jesu mit seiner Todesangst, seiner Gefangennahme und dem Verhör vor dem Hohenpriester. Deshalb schweigen mit dem Gloria der Abendmahlsmesse die Glocken, die Orgel und alle Instrumente und erklingen erstmals wieder beim Halleluja in der Osternacht vor dem Evangelium. Am Schluß wird das Allerheiligste in feierlicher Prozession an einen besonders geschmückten Seitenaltar übertragen.

Am *Karfreitag* findet nach altem Brauch keine Eucharistiefeier statt. Die Gedächtnisfeier vom Leiden und Tod Christi beginnt am Nachmittag etwa um 15 Uhr (nach Johannes »um die neunte Stunde«). Deren 1. Teil ist der Wortgottesdienst mit den drei Schriftlesungen über

den leidenden Gottesknecht (Isaias), über Jesus Christus, der als der Hohepriester das eine und einzig gültige Opfer für die Menschheit seinem Vater dargebracht hat (aus dem Hebräerbrief), sowie die Leidensgeschichte nach Johannes. – In den 10 Großen Fürbitten legt die Kirche Gott alle menschlichen Anliegen vor. – Es folgt die Erhebung und Verehrung des Kreuzes. Die Improperien, die dabei gesungen werden, sind wie eine trauernde Anklage Gottes an sein Volk, das seine Wohltaten mit Undank vergilt. – In der anschließenden Kommunionfeier denken die Gläubigen an das Wort bei Paulus: »Sooft ihr dieses Brot eßt und aus diesem Kelch trinkt, verkündet ihr den Tod des Herrn, bis er wiederkommt« (1 Kor 11,26). Das strenge Fasten an diesem Tag soll die Gläubigen daran erinnern, daß alle mitschuldig geworden sind am bitteren Leiden des Herrn.
Der *Karsamstag* ist der stillste Tag des Kirchenjahres. Auch an diesem Tag findet keine Eucharistiefeier statt. Es ist ein Tag der Trauer über den Tod Jesu, der inneren Besinnung und der freudigen Erwartung seiner Auferstehung. Durch seinen Tod hat er unserem Tod alle Bitterkeit genommen und uns die Zuversicht auf unsere eigene Auferstehung gegeben.
Der *Ostersonntag* beginnt liturgisch mit der Osternachtsfeier am Karsamstag nach Einbruch der Dunkelheit. Sie setzt sich zusammen aus der Lichtfeier, dem Wortgottesdienst, der Weihe des Taufwassers mit dem Taufgelöbnis und der Feier der Eucharistie. – Alles ist hier auf die Auferstehung des Herrn und damit auch auf unsere Auferstehung durch die Neuschöpfung in der Gnade hingeordnet. Das Licht ist von allen geschaffenen Dingen dem Menschen wohl das einprägsamste und zeichenträchtigste. Die Osterkerze ist das Sinnbild des Herrn, der den Tod überwunden hat und nicht mehr sterben wird. Die Lichtfeier findet ihren Höhepunkt im feierlichen Osterlob des Exultet. – Die 8 Lesungen gemahnen uns, daß die Auferstehung Jesu auch uns etwas bedeutet: von der Erschaffung der Welt (unsere Neuschöpfung in der Taufgnade), das Opfer Isaaks (Vorbild des gehorsamen Opfertodes Christi), der Durchzug der Israeliten durch das Rote Meer (unser Mit-Begrabenwerden mit Christus, vgl. Paulus), Worte des Trostes und der Mahnung der Propheten (die immerwährende Sorge Gottes um den Menschen und die Verpflichtung des Menschen Gott gegenüber; 4. bis 7. Lesung) und wiederum unsere Neuschaffung in der Gnade, die unsere Auferstehung mit Christus ist (Paulus im Römerbrief). – Das Evangelium verkündet die frohe Botschaft von der Auferstehung des Herrn. Diese Botschaft aus dem Mund des Engels findet bei den Jüngern zuerst nur ungläubiges Erschrecken. Uns ergeht es im Grund ähnlich. Jedes Ostern und jede Sonntagsfeier will uns ein kleines Stück mehr ahnen lassen, was Christus mit seiner Auferstehung auch uns geschenkt hat. – Die anschließende Tauffeier bezieht die Gläubigen aktiv in diese Geheimnisse mit ein. Da die Taufe den Menschen in die Kirche, den Fortlebenden Christus auf Erden, eingliedert, werden zuerst alle Verklärten in der Allerheiligenlitanei angerufen. Sind Täuflinge anwesend, so wird ihnen sinnvollerweise jetzt die Taufe gespendet. Mündige Täuflinge erhalten, sofern ein Bischof oder beauftragter Priester anwesend ist, gleich anschließend auch die Firmung. Dann erneuern alle angesichts der Osterkerze mit brennenden Lichtern in der Hand ihr eigenes Taufgelöbnis. – Den heilswirksamen Höhepunkt der Osternachtsfeier bildet die Feier der Eucharistie. Sie ist die sakramentale Gegenwart des Todes und der Auferstehung des Herrn schlechthin, an der auch der Christ Anteil hat.

Die *österliche Zeit der 50 Tage* beginnt mit der Osternacht und endet mit dem Pfingstsonntag. Damit wurde der Brauch der frühen Kirche wiederhergestellt, die diese 7 Wochen wie einen einzigen großen Festtag beging. So war es schon unter Leo d. G. (461) üblich. Erst als man begann, das Pfingstfest ausschließlich als Tag der Herabkunft des Hl. Geistes zu betrachten und die wesenhafte Verbindung von Pfingsten mit Ostern vergaß, gab man dem Pfingstfest selbst eine Vigil und eine Oktav. Diese wurden nunmehr abgeschafft. Auch der Pfingstmontag wird liturgisch nicht mehr begangen. Die Sonntage dieser österlichen Festzeit heißen nun nicht mehr »Sonntage nach Ostern« sondern »Ostersonntage«, weil sie wie ein einziger großer Festtag oder »ein großer Sonntag« (Athanasius) erscheinen. Der Weiße Sonntag ist somit der 2. Ostersonntag usw.

c) Wortgeschichte

Karwoche, Karfreitag usw.: von ahd. kara (Kummer, Sorge), die Trauer über das Leiden Jesu. Vgl. dazu ›karg‹ (ursprüngl. notleidend, beklagenswert) und ›härenes Gewand‹ (Büßergewand).
Gründonnerstag: zu ahd. grinan (das Gesicht verziehen, nämlich zum Lachen oder Weinen; vgl. auch ›grinsen‹), davon mhd. grinnen (stöhnen, klagen; Todesangst Jesu). In Oberbayern und Südwestdeutschland heißt der Gründonnerstag noch heute Antlaßtag, weil in alter Zeit an diesem Tag die öffentlichen Sünder aus der Kirchenbuße entlassen wurden. Erstmals um 1220 erscheint in Erfurt »der grüene donnerstac«, in irriger Volksdeutung dem lat. dies viridium (Tag der Grünen) nachgebildet, wohl in Anlehnung an das Wort Jesu an die weinenden Frauen: »Wenn das am grünen Holz geschieht ...« (Lk 23,31). Von daher erhielt sich bis heute der Brauch, an diesem Tag grünes Gemüse zu essen.
Passah: Das hebr. pesach ist in seiner Wurzel bereits im Syrischen und Ugaritischen belegt und scheint die Grundbedeutung »hinken« zu haben, dann »(im Kult) hüpfen, tanzen«, wovon sich in theologischer Deutung des AT »überspringen«, »vorübergehen« herleitet: Der Würgengel ging an den Häusern der Israeliten, deren Türpfosten mit dem Blut des Opferlammes bestrichen waren, vorüber, während er die Erstgeburt der Ägypter sterben ließ (Ex 12,13 u. ö.). Passah kann im AT sowohl das Opfertier (Passah-Lamm) als auch den Ritus des Schlachtens und Essens bedeuten. Dem hebr. pesach entspricht die aramäische Form pas-cha', die durchwegs in das griechische und lateinische NT Eingang fand (Pascha, gesprochen Pas-cha wie in ›Häuschen‹; die Aussprache -sch- wie in ›Schule‹ ist unkorrekt). Von hier gelangte es in die romanischen Sprachen (ital. Pasqua, franz Pâque, span. Pascua). Wohl von Luther stammt die Eindeutschung ›Passah‹.
Das Wort *»Ostern«* kommt nur im Deutschen und Englischen (Easter) vor und beruht auf einer Fehldeutung im 6. Jh. Das Fest läßt sich nicht als vorchristliche Feier zu Ehren einer angeblichen germanischen Frühlingsgöttin Ostara erweisen (diese hypothetische Göttin wurde nachträglich aus dem Namen erschlossen). Im fränkischen Kirchenlatein findet sich als Bezeichnung für die Osterwoche ›Albae paschales‹, die auf den Brauch der römischen Kirche zurückgeht, daß die Neugetauften bei den Frühgottesdiensten in ihren weißen Kleidern (Albae) erschienen, das letztemal am Sonntag nach Ostern (»Weißer Sonntag«, Dominica in Albis). Die frühchristlichen Franken verstanden Albae als »die Morgenröten« (vgl. franz aube; ital. alba) und übersetzten es mit dem germanischen Wort austro (Mehrz. ahd. ostarun, mhd. osteren). Die fränkischen Dolmetscher, die mit Augustinus, dem späteren Erzbischof von Canterbury, 597 nach England zogen, brachten das Wort dorthin. Beda Venerabilis († 735) schreibt dafür Eostrae. Dem Wort liegt das indogerm. ›ausos‹ (Morgenröte, ursprüngl. ›Licht‹) zugrunde: dt. Osten, griech. éos (Morgenröte), lat. aurora (Morgenröte) u. australis (südlich), litauisch aušrà (Morgenröte). altind. usách (Morgenröte).

d) Ostern im Leben des Volkes

Seit dem frühen Mittelalter kamen zur Fastenzeit verschiedene religiöse Bräuche auf. In Dom- und Stiftskirchen, später auch in den Pfarrkirchen, wurden sog. *Fastentücher* (Hungertuch, Fastenvelum; in Norddeutschland »Schmachtlappen« genannt) aufgehängt: ein Bildervorhang mit Szenen aus der Passion Christi, Vertreibung der Stammeltern aus dem Paradies u. a. Man stellte *Fastenkrippen* auf, man veranstaltete *Grabandachten, Oratorien* und *Volksmissionen.* Die Gläubigen pilgerten zu sog. *Kalvarienbergen* und beteten dabei den Schmerzhaften Rosenkranz. Den Pilgerweg entlang standen Feldkapellen mit Bildern zu den 14 Kreuzwegstationen. Mancherorts lebt noch heute der Brauch der *Palmeselumzüge* (Thaur bei Innsbruck, Dominikanerinnen in Lienz), bei denen eine geschnitzte Christusfigur, auf einem Esel reitend, in Prozession durch die Felder getragen oder gefahren wird. Das verbreitetste Fastengebäck war die *Brezel,* eigentlich ein Gebildbrot, das die zum Gebet gefalteten Hände darstellte. Vielerorts, besonders in den Alpenländern, werden am Palmsonntag die sog. *Palmbuschen* zur Segnung in die Kirche getragen. Es ist grünes Laubwerk auf hohen Stangen, das mit bunten Bändern u. dgl. geschmückt und mit Brezeln behangen ist.

Das Osterfest wurde ebenfalls schon in alter Zeit mit vielen Bräuchen umgeben. Seit dem Hochmittelalter nehmen die Gläubigen von dem in der Osternacht geweihten *Feuer* und Wasser mit nach Hause. Das sog. *Osterwasser* galt als besonders segenskräftig, man bekreuzte sich damit, trank es und goß davon in das Tränkwasser der Tiere usw. Das in der Osternacht geweihte Feuer trugen die Gläubigen in Laternen nach Hause und entzündeten damit das Herdfeuer und die Lichter zur Familienfeier. Im Anschluß an die kirchliche Lichtfeier kam schon früh der Brauch des *Osterfeuers* in der Osternacht oder in der Nacht des Ostersonntags auf. Man errichtete dazu auf einer Anhöhe Holzstöße, die zur gegebenen Stunde abgebrannt wurden. Bereits 751 nimmt Papst Zacharias in einem Brief an Bonifatius darauf Bezug. Feste Tradition scheint es aber erst im 15. Jh. geworden zu sein, wobei nicht immer klar ist, ob es sich dabei um eine kirchliche oder verchristlichte Veranstaltung aus früherer Zeit handelte. Im oberdeutschen Gebiet lebte der Brauch bis ins 16. Jh., wich aber dann dem Johannisfeuer (24. Juni). Im mittel- und niederdeutschen Raum hielt er sich viel länger. Noch heute werden in Lügde (Westfalen) Feuerräder aus Stroh und Werg einen Abhang hinabgerollt. In neuerer Zeit verbreitet sich, von Ost-Österreich herkommend, die Sitte, in der Osternacht auf dem Friedhof Grablichter zu entzünden. Der christliche Glaube an die Auferstehung und das ewige Leben kommt hier sinnenfällig zum Ausdruck.

Der *Hase* (Osterhase) ist wegen seiner sprichwörtlichen Fruchtbarkeit ein altes Lebenssymbol und fand so Eingang auch in die volkstümliche Ostersymbolik. Die ältesten Nachweise finden sich 1638 und 1682 im Saar- und Neckargebiet. Es sind Privilegien zur österlichen Hasenjagd bezeugt, ferner Geschenke von Hasen zu Ostern und der Hasenbraten neben dem Osterlamm als Festtagsessen.

Speisen, besonders Eier und Brot, galten ebenfalls als Symbol des natürlichen wie des übernatürlichen Lebens und werden noch heute am Ostersonntag vor dem Gottesdienst gesegnet. Dabei spielte auch der Gedanke mit, daß kräftigere Speisen nach dem langen Fasten nicht schaden mögen. Im Rahmen der österlichen Speisenweihe sind die *Ostereier* erstmals im 12. Jh. bezeugt, doch fand man gefärbte Eier in Gräbern aus dem deutsch-polnischen Kontaktraum bereits aus dem 10./11. Jh. Literarische Zeugnisse finden sich besonders im 13. Jh. im Byzantinischen Reich und in Schwaben. Seit dem 17. Jh. wurden die Ostereier in kunstvollen Techniken verziert. Zugleich entwickelten sich verschiedene Eierspiele (Eierwerfen, Eierrollen, Eierpecken), man versteckte Ostereier im Garten und ließ sie durch die Kinder suchen, wobei man ihnen erzählte, der »Osterhase« habe sie gelegt. – Das geweihte *Osterbrot* war häufig ein Gebildbrot, das der Gutsherr seinem Gesinde, der Pate seinem Patenkind usw. überreichte. Für die Knaben war dabei die Gestalt des Hasen, für die Mädchen die der Henne beliebt. Oft wurde ein Ei mit eingebacken, was in der Folge zum Kinderglauben vom eierlegenden Osterhasen führte. Das *Osterlamm,* aus Butter oder Zuckerwerk geformt oder als Kuchen gebacken, ist bis heute weit verbreitet.

Sehr beliebt war auch der sog. *Emmausgang* am Ostermontag, ein Spaziergang ins Grüne, zu Angehörigen oder in das Wirtshaus, weil an diesem Tag bis 1969 stets das Evangelium von den Emmausjüngern (Lk 24,13-35) verlesen wurde. Barockes Erbe im katholischen Alpenraum sind noch vereinzelt die *Osterritte* auf die Felder mit dem Pfarrer an der Spitze, der die keimende Saat segnet. – Noch heute begrüßen in Rußland und Griechenland die Gläubigen einander mit dem *Ostergruß* »Christus ist auferstanden!«

Im 10. Jh. kamen in Frankreich die *Osterspiele* auf, die bald auch in Deutschland Eingang fanden. Es waren szenische Darstellungen des Ostergeschehens (die 3 Frauen und der Engel, der Wettlauf der beiden Apostel zum Grab, Magdalena und der Auferstandene usw.), die zunächst in der Kirche im Anschluß an den Gottesdienst, aber bereits im 11. Jh. von der Liturgie gelöst und im Freien abgehalten wurden. Naturgemäß fügten sich auch die Passionsspiele mit ein. Diese Osterspiele erfreuten sich besonders in Süddeutschland und Tirol großer Beliebtheit. Im 15. Jh. umfaßten sie mehrere tausend Verse, benötigten Hunderte von Darstellern und dauerten oft mehrere Tage.

Seit dem 14. Jh. war besonders in Bayern das sog. *Ostergelächter* (risus paschalis) verbreitet: Der Prediger auf der Kanzel reizte die Gläubigen durch Schwänke, lustige Gedichte mit moralischer Nutzanwendung u. dgl. (Ostermärlein) absichtlich zum Lachen. Er wollte damit die fröhliche Festesstimmung erhöhen und trug damit auch zur seelischen Entspannung nach der Zeit der strengen Buße und des Fastens bei. Da der Brauch ausartete, wurde er im 18. und 19. Jh. wiederholt verboten, lebte aber vereinzelt bis in den Anfang des 20. Jh.s weiter.

2. Die Feier der offenbarenden Erscheinung des Herrn (Weihnachtsfestkreis)

Neben dem Osterfest ist Weihnachten als festliches Gedenken der Menschwerdung Gottes der 2. große Pfeiler des Kirchenjahres. Der Weihnachtsfestkreis beginnt mit dem 1. Adventsonntag (der zugleich der Beginn des neuen Kirchenjahres ist) und endet mit dem Fest der Taufe des Herrn. Die Hochfeste und Feste dieser Zeit sind:

8. Dezember: Hochfest der Unbefleckt Empfangenen Gottesmutter Maria (fällt immer in den Advent),
25. Dezember: Hochfest von der Geburt des Herrn,
Sonntag in der Weihnachtsoktav: Fest der Hl. Familie,
1. Jänner: Hochfest der Gottesmutter Maria (nach altrömischem Brauch 1969 wieder eingeführt; das Fest des Namens Jesu wird nicht mehr begangen, weil die Namengebung Jesu in der Messe des 1. Jänner erwähnt wird),
6. Jänner: Hochfest der Erscheinung des Herrn,
Sonntag nach Erscheinung: Fest der Taufe Jesu.

Zwar nicht zeitlich-kalendarisch, wohl aber dem Inhalt nach gehören zum Weihnachtsfestkreis außerdem:

2. Februar: Darstellung des Herrn (»Mariä Lichtmeß«),
25. März: Verkündigung des Herrn (»Mariä Verkündigung«),
2. Juli (RK): Mariä Heimsuchung (im GK am 31. Mai),
24. Juni: Geburt Johannes' des Täufers (»Sommerweihnacht«),
8. September: Mariä Geburt.

In die Weihnachtsoktav fallen noch folgende Feste:

26. Dezember: Erzmärtyrer Stephanus,
27. Dezember: Johannes, Apostel und Evangelist,
28. Dezember: Unschuldige Kinder.

In alter Zeit umgab man das Weihnachtsfest mit den Festen der Apostel und berühmter Märtyrer, von denen heute nur noch diese drei verblieben sind.

a) Die weihnachtliche Vorbereitungszeit

Ähnlich wie das Osterfest wird auch Weihnachten mit dem Advent (lat. adventus = Ankunft) als Zeit der inneren Vorbereitung eingeleitet. Erste Spuren einer Adventliturgie finden sich um 450 im Kirchengebiet von Antiochia und in dem vom Orient beeinflußten Ravenna. In Gallien war um diese Zeit eine Adventliturgie noch unbekannt. Wohl aber mahnten Prediger wie Maximus von Trier oder Cäsarius von Arles, sich in den letzten Wochen vor Weihnachten durch Enthaltsamkeit, Gebet und gute Werke auf das Fest vorzubereiten. Perpetuus von Tours († 490) ordnete an, daß vom Martinstag an (11. November) dreimal wöchentlich gefastet werden solle. Im 6. Jh. gab es auch in Gallien erste Anzeichen einer Adventliturgie. Auf der Synode von Mâcon (583) wurde das Adventfasten der Diözese Tours allgemein übernommen und man begann, diese 6 Wochen auch liturgisch zu gestalten. In Rom begann eine eigene Adventliturgie mit 5 Sonntagen um 550. Gregor d. G.

(† 604) gab ihr eine feste Gestalt und setzte die Zahl der Adventsonntage auf 4 fest. Mailand behielt aber die 6 Wochen bis zur Gegenwart bei. Andere Kirchen blieben ebenfalls bei ihren 5 Wochen, oder sie übernahmen zwar die 4 Wochen nach Gregor d. G., setzten dafür aber eine 5. Woche nach Pfingsten an. Erst ab dem 11. Jh. konnte sich die römische Praxis der 4 Adventsonntage durchsetzen, besonders unter dem Einfluß der Reformmönche von Cluny. Allgemein vorgeschrieben wurde diese Ordnung 1570 durch Pius V.
Die 4 Wochen erinnern an die 4000 Jahre des Wartens auf den Messias, wie sie aus den Zahlenangaben des AT errechnet wurden. Zugleich richtet die Kirche den Blick auf den großen Welt-Advent, in dem sich die Menschheit noch heute befindet, indem sie der Wiederkunft Christi und der Vollendung der Welt am Ende der Zeit entgegengeht. Die liturgischen Texte sprechen daher nicht nur von der Menschwerdung Gottes, sondern auch von der Parusie. Diesen Charakter der endzeitlichen Vorfreude drückt besonders die Liturgie des 3. Adventsonntags aus, dessen Eingangsvers mit den Worten beginnt: »Gaudete in Domino semper!« (Freut euch im Herrn zu jeder Zeit«, Phil 4,4). Daher trägt der Priester an diesem Tag statt des ernsten Violett rosafarbene Paramente. Das Gloria wird aber auch an diesem Sonntag nicht gesungen, damit es als Lobgesang der Engel bei der Geburt des Erlösers umso freudiger erklinge. Vom 17. Dezember an rückt die Menschwerdung Gottes in den Vordergrund (Weihnachtsnovene). Im kirchlichen Stundengebet erklingen jetzt die 7 sog. O-Antiphonen zum Magnificat. Sie sind dem AT, besonders Isaias, entnommen und stellen ein bedeutendes Beispiel altchristlicher Dichtkunst dar. Ihre Anfänge lauten: O Weisheit, die du aus dem Mund des Allerhöchsten hervorgehst – O Adonai und Führer des Hauses Israel – O Wurzel Jesse, der du als Zeichen für die Völker stehst – O Schlüssel Davids und Zepter des Hauses Israel – O Aufgang der Sonne, Glanz des ewigen Lichtes – O König der Völker, von ihnen ersehnt – O Emmanuel, unser König und Herrscher, Hoffnung und Heiland der Völker.

b) Geschichte des Weihnachtsfestes

Die Geburt Jesu fand in den Jahren 6 bis 8 vor unserer Zeitrechnung statt, am wahrscheinlichsten im Jahr 7. Unsere christliche Zeitrechnung geht auf den Mönch Dionysius Exiguus zurück, der 525 das Geburtsjahr Jesu bestimmte, dabei aber einen Fehler von mehreren Jahren beging. Das genaue Datum der Geburt Jesu ist unbekannt. Die ältesten christlichen Kalendarien erwähnen seinen Tod am 14. Nisan (Tag vor dem Frühlingsvollmond) und ebenso seine Geburt, was aber offenbar theologischer Spekulation entsprang. In Ägypten werden zu Anfang des 3. Jh.s verschiedene Tage im Frühjahr genannt, z. B. der 20. Mai. Ähnlich war es wohl auch im alten Palästina. Wann und aus welchem Grund der 25. Dezember gewählt wurde, darüber gehen die Meinungen auseinander. Hippolytus von Rom kannte dieses Datum in seinem Osterkanon (222) noch nicht, doch war die Weihnachtsfeier am 25. Dezember im Jahr 336 in Rom bereits in Übung. Die eine Ansicht geht davon aus, daß sich bereits im 3. Jh. christliche Gelehrte bemühten, den Tag der Geburt Jesu aus spekulativen Erwägungen heraus zu berechnen. Damals war im allgemeinen Bewußtsein die Christus-Sonne-Symbolik stark verankert, besonders auch im Hinblick auf den jährlichen Sonnenlauf (Tagundnachtgleichen, Sonnenwenden). So seien nun diese Gelehrten zur Ansicht gelangt, Johannes d. T. sei zur Herbst-Tagundnachtgleiche (24. September; vgl. S. 448) empfangen und zur Sommer-Sonnenwende (24. Juni) geboren worden. Der 6 Monate jüngere Jesus sei deshalb zur Frühjahrs-Tagundnachtgleiche (25. März) empfangen und zur Winter-Sonnenwende geboren worden. Die andere Ansicht gibt zu bedenken, daß Kaiser Aurelian 274 für das ganze Reich den Natalis Solis Invicti (Geburtstag der Unbesiegbaren Sonne) zu Ehren des Sonnengottes von Emesa (Syrien) einführte und auf die Wintersonnenwende verlegte. Aus Protest gegen den heidnischen Götzendienst hätten die Christen am selben Tag das Geburtsfest Jesu Christi, der wahren Sonne, gefeiert. Wenngleich diese zweite Ansicht viel wahrscheinlicher ist, muß die erste nicht ganz unrichtig sein. Der schnell einsetzende Siegeszug des neuen christlichen Festes konnte nur einsetzen, wenn der geistige Boden durch die erwähnte Christus-Sonne-Symbolik vorbereitet war. Vermutlich wurden die genannten

spekulativen Berechnungen erst nachträglich angestellt, um das gewählte Festdatum (ein heidnisches Fest!) theologisch zu rechtfertigen.
Von Rom aus verbreitete sich das Weihnachtsfest am 25. Dezember sehr schnell nach Gallien, Spanien, Afrika und sogar in den Osten. Umgekehrt drang von dort noch im 4. Jh. das Fest Epiphanie auch nach Rom und in den übrigen Westen. Zur schnellen Ausbreitung trug sicher auch die Auseinandersetzung mit dem Arianismus bei, der trotz seiner erstmaligen Verurteilung auf dem Konzil von Nicäa (325) die Reinheit des Glaubens und die Einheit der Christenheit im höchsten Maß gefährdete. Im neuen Fest sah man einen angemessenen liturgischen Ausdruck für den Glauben an die Gott-Menschlichkeit Jesu Christi.
Bis heute haben sich die 3 Weihnachtsmessen erhalten. Diese sind schon für die Zeit vor Gregor d. G. (590–604) bezeugt. Deren älteste ist die *dritte Messe* als der eigentliche Festgottesdienst in St. Peter. Anfangs des 12. Jh.s wurde sie nach S. Maria Maggiore verlegt, wo bereits die 1. Messe in der Nacht gefeiert wurde. Diese *erste Messe* war um 530 ebenfalls längst gebräuchlich und zwar wohl unter dem Einfluß des Ostens. Dort feierte man im 4./5. Jh. in der Nacht zum 6. Jänner in Bethlehem den Gottesdienst und zog dann in Prozession zu einem zweiten am Vormittag in der Basilika Konstantins in Jerusalem. Die Einführung der 1. Messe steht vermutlich auch im Zusammenhang mit dem Umbau der Liberius-Basilika unter Sixtus III. (432–440) zur heutigen Basilika S. Maria Maggiore. Diese wurde nach dem Glaubensentscheid des Konzils von Ephesus (431) zu einem Denkmal der Gottesmutterschaft Mariens. Wegen der dort aufbewahrten Nachbildung der Geburtsgrotte von Bethlehem heißt sie auch »S. Maria ad praesepe« (Maria v. d. Krippe). Die *zweite Messe* wurde am frühen Morgen in der Anastasia-Kirche gefeiert. Der Kult der hl. Anastasia von Sirmium gelangte vom Osten nach Rom und bestand hier bereits um 450. Ihr Dies natalis (Todestag, eig. ›Geburtstag‹ für den Himmel) am 25. Dezember wurde in Beziehung zur Nativitas (Geburt) Christi gesetzt. Wann der Papst erstmals diese Messe feierte, ist unsicher, jedenfalls aber schon vor 530. Wahrscheinlich tat er es den byzantinischen Beamten auf dem Palatin zuliebe, die diese Heilige besonders verehrten. Ein volles Formular der hl. Anastasia gab es in Rom aber nie. Man beschränkte sich auf das bloße Gedächtnis in den Orationen, wie dies bis 1969 liturgischer Brauch war. Die Kirche zur hl. Anastasia wurde wahrscheinlich von einer Stiefschwester Konstantins d. G. namens Anastasia gestiftet und war seit der byzantinischen Vorherrschaft in Rom (476) Hofkirche des byzantinischen Statthalters. Von Rom aus drang der Brauch der 3 Messen auch in die übrige abendländische Kirche.
Ebenfalls mindestens seit 530 gab es in Rom 2 verschiedene Nachtoffizien, die als Vigil (Hl. Abend) und Laudes matutinae (daher Christ-›Mette‹) gesungen wurden, die erste in Gegenwart des Papstes in S. Maria Maggiore, die zweite etwas später in St. Peter vom dortigen Klerus. Um 615 erhielt das Weihnachtsfest eine Oktav.

c) Wesen und Sinn des Weihnachtsgeheimnisses

Der innere Gehalt des Weihnachtsgeheimnisses kann nach 4 Richtungen hin betrachtet werden, die jedoch eng miteinander verbunden sind: Weihnachten ist, zusammen mit dem Fest der Verkündigung des Herrn, das Gedächtnis der Menschwerdung Gottes als eines *heilsgeschichtlichen Ereignisses.* In jahrhundertelangem Ringen mit dem Arianismus hat sich die Christenheit die Glaubensüberzeugung bewahrt und gedanklich vertieft, daß Gott in Jesus Christus nicht etwa nur einen besonders begnadeten Propheten gesandt hat, sondern daß in ihm Gott selbst sich in einem menschlichen Antlitz zeigt: »Wer mich sieht, sieht auch den Vater« (Joh 14,9).
Indem Gott persönlich an der menschlichen Natur teilnimmt, hat er sich damit auch den gesamten, *von ihm erschaffenen materiellen Kosmos zu eigen gemacht.* Das ganze Weltall und seine Entwicklung, die Menschheit und ihre Geschichte, haben so nicht nur ihren Ursprung, sondern auch ihren Zielpunkt im menschgewordenen Wort Gottes. Er ist das »Alpha«, also Grund und Ursprung der Welt, er ist auch ihr »Omega«, nämlich Ziel und Krone der Schöpfung (vgl. Offb 22,13). »Alles ist durch ihn und auf ihn hin erschaffen«

(Kol 1,16). Damit ist einer platonischen oder auch melancholischen Weltflucht einerseits wie auch einem rein innerweltlich orientierten utopischen Fortschrittsglauben andererseits der Boden entzogen. Weihnachten hängt so innerlich mit Christi Himmelfahrt und dem Fest Christus König der Welt zusammen. Das Bild von Christus als dem ewigen Kyrios (Herr) und Pantokrator (Allherrscher) ist besonders der östlichen Frömmigkeit vertraut.
In der Weihnachtsliturgie ist vom *»wunderbaren Tausch«* die Rede: Gott wird Mensch, damit wir Menschen an seiner göttlichen Natur Anteil erhalten (vgl. das Gabengebet der 1. Weihnachtsmesse). Derselbe Gedanke wiederholt sich bei jeder Messe zur Gabenbereitung: »Wie dieses Wasser sich mit dem Wein verbindet, so lasse uns der Kelch des Herrn teilhaben an der Gottheit Christi, der unsere Menschennatur angenommen hat«. Die Tauffeier der Osternacht hebt dieses Geheimnis besonders hervor, und im Taufgelöbnis bekennen wir uns zu diesem Geschenk der Gnade. Damit ist Weihnachten auf Ostern hingeordnet: In der Auferstehung Jesu ist auch unsere Neuschöpfung und unsere Auferstehung begründet.
Die Menschwerdung bedeutet die tiefste *Selbsterniedrigung Gottes,* die überhaupt möglich ist. »Er entäußerte sich selbst, nahm Knechtsgestalt an und wurde den Menschen gleich und in seinem Äußern wie ein Mensch befunden« (Phil 2,7). Die mitteleuropäische Christenheit betrachtet besonders seit der Deutschen Mystik (13.–15. Jh.) und wieder in der Deutschen Romantik gerade die Armut, Heimatlosigkeit, äußere Bedrohung und Hilfsbedürftigkeit, aber auch die menschliche Nähe des Gotteskindes, wie es in einer großen Zahl von Weihnachtsliedern und -spielen zum Ausdruck kommt. Die Liebe Gottes geht bis an die äußerste Grenze, um uns heimzuholen. Der Brauch des Weihnachtsgeschenkes will nichts anderes besagen, als daß wir diese Liebe Gottes zu uns einander weiterschenken. Es ist sehr zu bedauern, daß der tiefe Sinn des Weihnachtsgeheimnisses durch die heutige Kommerzialisierung und den damit verbundenen sozialen Druck weitgehend verschüttet ist.

d) Brauchtum in der weihnachtlichen Zeit

Im christlichen Volksleben haben sich manche wertvollen Adventbräuche eingebürgert. Vielerorts ist die tägliche *Rorate-Messe* in Übung (in den Alpenländern auch als Engelamt bekannt). Sie ist eine Votivmesse zu Ehren der Gottesmutter im Advent, deren Eingangsvers beginnt: »Rorate caeli desuper« (Tauet ihr Himmel von oben; vgl. Is 45,8). Im Mittelalter verkündete dabei ein Knabe die Ankunft des Herrn. Besonders in den Alpenländern erhellten früher die Gläubigen selbst die dunkel belassene Kirche durch mitgebrachte Lichter (Wachsstöcke). – In Nordwestdeutschland und in den Niederlanden lebt seit dem Mittelalter noch heute der Hirtenbrauch des *Adventblasens* (»Den Hl. Christ herabblasen«). – In Mitteldeutschland entwickelten sich *Adventspiele,* die die Einkehr Jesu zum Thema hatten. In Bayern, Salzburg und Tirol zogen kleine Darstellergruppen von Haus zu Haus und stellten so die Herbergsuche des hl. Paares dar. Seit 1800 wurde daraus das *Frautragen:* Ein Marienbild wird an jedem Abend von einer Wohnung in die nächste getragen, wobei sich die beteiligten Familien zur gemeinsamen Hausandacht versammeln. Seit dem 18. Jh. wird auch der *Christkindl-Einzug* mit vielen Hirten, Engeln usw. abgehalten. Nach dem 1. Weltkrieg bürgerte sich vom protestantischen Skandinavien her der *Adventkranz* aus grünen Tannenzweigen ein, zunächst in Norddeutschland, seit 1930 im gesamten deutschen Sprachraum. Die 4 Kerzen, von denen jede Woche eine mehr entzündet wird, sind Sinnbild des wachsenden Lichtes und des Kommens Christi.
Die *Weihnachtskrippe* ist aus dem Weihnachtserleben heute nicht mehr wegzudenken. Die Krippe, in der das Jesuskind lag (Lk 2,7), war wohl ein Steintrog, dessen rauhe Flächen später zunächst mit Lehm geglättet, dann mit Silber, später mit Marmor überkleidet wurden. Die in S. Maria Maggiore in Rom gezeigten Krippenreliquien (5 schmale Brettchen) sind unecht. Doch gaben sie wohl im Spätmittelalter den Anstoß zu den heutigen Weihnachtskrippen in aller Welt. Anregungen dazu boten die Weihnachtsspiele und die Weihnachtsfeier des Franz von Assisi im Wald von Greccio (1223). In Deutschland stellten Jesuiten die erste Kirchenkrippe auf, 1562 in Prag, 1601 in Altötting. Die Franziskaner, Kapuziner und Augu-

stiner-Chorherren übernahmen diese Gewohnheit. Hauptsächlich unter dem Einfluß der Franziskaner kam um 1600 die Weihnachtskrippe von der Kirche auch in die Wohnhäuser. Begnügte man sich anfangs mit dem Holztrog für das Jesuskind, so kamen bald Maria und Joseph, Engel, Hirten und Tiere in vielerlei Szenen in felsiger Winterlandschaft dazu. In den Alpenländern und im Erzgebirge wurde das Bauen großer Krippenberge zur hochentwickelten Volkskunst. In der Zeit der Aufklärung wurde der Krippenbau von kirchlichen und staatlichen Stellen bekämpft, erlebte aber in der Romantik einen neuen Aufschwung. Im 18. Jh. kamen, von der Weihnachtskrippe inspiriert, die sog. Jahreskrippen mit wechselnden Szenen entsprechend dem jeweiligen Sonntagsevangelium auf. Eine Sonderform ist die sog. Fastenkrippe mit Szenen aus dem Leiden Jesu (bes. der Todesangst), die sich im 19. Jh. in Tirol einbürgerte. In den Krippendörfern um Innsbruck (Thaur, Rum, Axams, Inzing, Zirl) ist noch heute das »Krippenschauen« Brauch: Die Familien besuchen einander in ihren Wohnungen und besichtigen die dort aufgestellten Weihnachtskrippen. Die ganz großen und kunstvollen Krippen mit vielen Hunderten von Figuren und vielen Szenen sind heute allerdings fast nur noch in Museen zu besichtigen.

Der Christbaum (Weihnachtsbaum) stammt aus dem ausgehenden Mittelalter. Den ersten mit Lichtern und Sternen geschmückten Tannenbaum zeigt ein Kupferstich von Lukas Cranach d. Ä. (1509). Man nannte ihn damals Paradies- oder Lebensbäumlein (Süddeutschland) oder Weihnachtsmayen (Elsaß 1605; vgl. das Weihnachtslied »Es blühen die Maien«). Später geriet er in Vergessenheit, bürgerte sich aber um 1800 von Skandinavien her zunächst in gehobenen Familien wieder ein und ist heute in praktisch allen Familien und Kirchen anzutreffen, auch bei nichtkirchlichen Wohltätigkeitsveranstaltungen, auf Stadtplätzen usw. Der Christbaum in der Familie zog vom Nikolaustag auch den Brauch des *Weihnachtsgeschenkes* an sich. Angesichts des Christbaumes und der Weihnachtskrippe halten viele religiöse Familien am Hl. Abend vor der Beschenkung eine häusliche Weihnachtsfeier. Von Weihnachtsliedern umrahmt trägt der Vater oder ein größeres Kind einige Lesungen vor, z. B. das Protoevangelium »Feindschaft will ich setzen zwischen dir und der Frau« (Gen 3,14), Messiasprophezeiungen nach Isaias »Auf, werde licht, Jerusalem!« (Is 60,1 ff.) oder Michäas »Du aber, Bethlehem im Land Ephrata, unter den Gauen Judas bist du zwar klein« (Mich 5,1) oder der 4. Segensspruch Bileams »Ich sehe ihn doch nicht jetzt« (Num 24,15 ff.), ferner die Ankündigung der Geburt Christi im Röm. Martyrologium zum 25. Dezember, und vor allem die Geburtsgeschichte Jesu nach Lukas (Lk 2,1-20). Die Ergriffenheit vom Weihnachtsgeschehen zeigt sich auch in der sehr großen Zahl an *Weihnachtsliedern* seit dem 14. Jh. Die älteren sind noch stark von der Deutschen Mystik beeinflußt, z. B. das älteste »Gelobet seist du, Jesu Christ« (Medingen bei Lüneburg um 1380) oder »Ich steh an deiner Krippen hier« (Paul Gerhardt 1653). Aus der frühen Romantik stammt das »Stille Nacht, heilige Nacht«, das 1818 in Salzburg entstand, durch Zillertaler Volkssänger in alle Welt getragen und seither in 97 Sprachen übersetzt wurde.

Neben Tanne und Lichtern sind auch *Gebäcksgebilde* wichtig, die ursprünglich wahrscheinlich Arme Seelen versöhnen sollten (A. Dörrer). Heute sind vor allem das Tiroler Früchtebrot (Weihnachtszelten) als Geschenk und der Johanniswein (Minnetrinken) bekannt. Ähnlich wie in der Osternacht breitet sich, von Ost-Österreich ausgehend, etwa seit 1950 der Brauch aus, in der Hl. Nacht *Lichter auf den Gräbern* zu entzünden. Das Volk verbindet hier – ähnlich wie um 500 in Rom bezüglich der 2. Weihnachtsmesse zu Ehren der hl. Anastasia (s. S. 56) – den Dies natalis (Geburt für den Himmel) mit der Nativitas Christi. – Weiteres Brauchtum zur Advent- und Weihnachtszeit ↗ Barbara, ↗ Nikolaus v. Myra, ↗ Lucia v. Syrakus, ↗ Thomas Apostel, ↗ Drei Könige.

3. Die Zeit im Jahreskreis

Neben dem Weihnachts- und Osterfestkreis verbleiben – je nach dem Datum des Osterfestes – noch 33 oder 34 Wochen im Jahr, die ebenfalls einen fortlaufenden Zyklus bilden, die »Zeit im Jahreskreis«. Der 1. Sonntag im Jahreskreis fällt mit dem Fest der Taufe des Herrn zusammen und wird noch zur Weihnachtszeit gerechnet. Mit dem darauffolgenden Montag beginnt die 1. Woche im Jahreskreis. Die Woche, in die der Aschermittwoch fällt, hat nur 3 liturgisch begangene Tage: den Sonntag, Montag und Dienstag. Die restlichen 4 Tage werden noch nicht als 1. Fastenwoche gezählt. Mit dem Montag nach Pfingsten (früher »Pfingstmontag«) wird die Reihe der Wochen im Jahreskreis fortgesetzt, und zwar so, daß der 34. (und letzte) Sonntag im Jahreskreis (Christkönigsfest) stets unmittelbar vor den 1. Adventsonntag zu liegen kommt.

C) Der Kalender der Feste und Heiligen

Der liturgische Kalender ist naturgemäß veränderlich, indem im Lauf der Zeit stets neue Heilige aufgenommen wurden. Doch wuchs die Zahl der Heiligenfeste in den letzten Jahrhunderten ungebührlich an. Kannte der reformierte liturgische Kalender Pius' V. (1570) noch 65 Heiligenfeste, so waren sie durch die große Zahl von Heiligsprechungen bis 1960 auf 232 Feste verschiedenen Ranges und 106 Kommemorationen angewachsen. Die liturgische Heiligenverehrung überdeckte so das eigentliche Anliegen des Kirchenjahres, das Geheimnis der Menschwerdung Gottes und der Erlösung. Mehrere Päpste der letzten Zeit (Benedikt XIV., Pius X., Pius XII., Johannes XXIII.) befaßten sich mit diesem Problem. Das 2. Vatikanische Konzil ordnete eine durchgreifende Reform an, indem die Zahl der Heiligenfeste vermindert werden und viele von ihnen den einzelnen Teilkirchen (Diözesen, Bischofskonferenzen, Nationen, Ordensgemeinschaften) überlassen bleiben sollten. Bei der Durchführung dieses Grundsatzes waren folgende Gesichtspunkte maßgebend:
a) Verminderung der sog. Ideenfeste, b) eine kritische Überprüfung der Angaben über die bisher enthaltenen Heiligen, c) Auswahl von Heiligen von größerer Bedeutung, d) Neuordnung der Gedächtnistage der Heiligen, e) Universalität des allgemeinen liturgischen Kalenders, d. h. daß in ihm Heilige von möglichst allen Ländern und Zeiten enthalten sind.
Ideenfeste nennt man solche, die kein heilsgeschichtliches Ereignis zum Gegenstand haben, sondern einen Glaubenssatz, einen theologischen Gedanken oder einen Titel, unter dem Jesus Christus, Maria oder Heilige angerufen werden. Diese Ideenfeste entstanden seit dem Mittelalter aus Privatfrömmigkeit, waren in einem Gebiet sehr populär und gelangten in der Folge in den allgemeinen kirchlichen Kalender. Pius V. behielt bei der Kalenderreform 1570 nur 2 Ideenfeste bei, nämlich Fronleichnam (seit 1264) und das Dreifaltigkeitsfest (seit 1334). In den letzten 3 Jahrhunderten kamen 16 weitere hinzu. Im neuen Generalkalender wurden nur wenige von ihnen beibehalten oder unter die Votivmessen aufgenommen, die übrigen den teilkirchlichen Eigenkalendern überlassen.
Die Angaben (historische Daten, Tag u. a.) der Heiligen wurden einer kritischen Überprüfung unterzogen. Dazu konnten die großen Fortschritte der Hagiologie seit dem 19. Jh. herangezogen werden. Eine größere Anzahl von ihnen ist historisch schwer oder überhaupt nicht zu fassen. Das bedeutet nicht, daß solche Heilige etwa nicht existiert hätten, sondern nur, daß man über sie wenig oder nichts weiß. Solche Heilige wurden deshalb im neuen Römischen Generalkalender meist nicht mehr aufgenommen. Dies verursachte seinerzeit in der Bevölkerung eine große Unruhe und Verwirrung. Die Ursache dafür liegt einerseits in einem Mißverständnis: Der Liturgiker versteht unter »Kalender« ein Verzeichnis jener Feste und Heiligen, die in der Liturgie (Messe, Stundengebet) gefeiert werden. Im öffentlichen Sprachgebrauch dagegen hat der »Kalender« (Wandkalender, Taschenkalender) längst die Stelle eines (allerdings höchst unvollständigen und nicht selten auch falschen) Martyrologiums eingenommen. Die Streichung eines Heiligen aus dem liturgischen Kalender wurde deshalb von der Öffentlichkeit irrtümlich so verstanden, als wären diese Heiligen nun »abgeschafft«. Man sollte, um neue Mißverständnisse zu vermeiden, immer nur vom »Liturgischen Kalender« oder vom »Kalendarium« sprechen. Die zweite Ursache der Unruhe lag in einer mangelhaften Information der Öffentlichkeit von seiten der liturgischen Fachleute in

Rom. Es wurde vor allem verabsäumt, das Volk in genügender Weise auf die längst fällige Neuordnung des Kalendariums vorzubereiten. Immerhin zeigt diese weltweite Unruhe, wie sehr die Heiligenverehrung im Volk verwurzelt ist.
Die Gedächtnisse der Heiligen wurden einer Neuordnung unterzogen. Ursprünglich wurde ein Heiliger an seinem Sterbetag gefeiert. Der bisherige römische Kalender wies demgegenüber nicht wenige Abweichungen auf. Viele Heilige wurden an einem Tag gefeiert, der zu ihrem Leben in keiner Beziehung stand. Deren Festfeiern wurden wegen der ohnehin großen Fülle anderer Feste auf einen nächstliegenden, manchmal auch entfernten Tag gelegt. Manche Heilige gleichen Namens wurden miteinander verwechselt, z.B. der hl. Polykarp von Smyrna († 23.2. um 156), der am 26. Jänner begangen wurde. An diesem Tag starb aber der hl. Polykarp von Nicäa (bei den Syrern gefeiert). Im neuen Generalkalender wurden die Heiligen grundsätzlich wieder auf ihren Sterbetag verlegt. Ausnahmen wurden nur dann gemacht, wenn 2 solcher Heiliger auf denselben Tag fielen, wenn dieser Tag durch ein Hochfest, Fest oder Gedächtnis bereits belegt ist oder wenn der Sterbetag immer in die österliche Bußzeit (z.B. Thomas von Aquin) fällt oder der Sterbetag überhaupt unbekannt ist. In solchen Fällen wählte man den Jahrestag der Übertragung seiner Reliquien, die Weihe seiner Kirche u.ä. Bei allen übrigen Heiligen, die nicht in einem der liturgischen Kalendarien stehen, soll es in gleicher Weise gehandhabt werden (Namenstage!).

1. Die Herrenfeste im Kirchenjahr

a) Die Herrenfeste des Allgemeinen Kalenders (außer Weihnachten und Ostern)

Sonntag in der Weihnachtsoktav: *Fest der Hl. Familie Jesus, Maria und Joseph* (GK F)

Die Verehrung der Hl. Familie entstand im 17. Jh., hauptsächlich in Frankreich und Belgien. Der Gehorsam des menschgewordenen Logos Gottes gegenüber seinen irdischen Eltern (Lk 2,51), die ihrerseits den jüdischen Frömmigkeitspflichten treu ergeben waren, begründete ein Familienleben von einzigartiger Heiligkeit, das zum Vorbild der christlichen Familie überhaupt wurde. François de Laval de Montmorency, der 1. Bischof von Quebec († 1708), verpflanzte die Verehrung der Hl. Familie nach Kanada, von wo sie sich auch im übrigen Nordamerika ausbreitete. Diese Verehrung drückt sich u.a. in einer großen Zahl von Orden (6 männlichen und 32 weiblichen) und Bruderschaften aus in ganz Europa, USA, Kanada, Indien und China (bis 1949). Sie erlebte einen starken Aufschwung, als sich unter dem Marxismus des 19. Jh.s familienfeindliche Tendenzen zugunsten kollektivistischer Gesellschaftsvorstellungen ausbreiteten. Unter diesem Eindruck förderte Leo XIII. die Verehrung der Hl. Familie. Nach einer Anregung durch Pius X. führte Benedikt XV. das Fest der Hl. Familie 1921 ein und verlegte es auf den Sonntag nach Epiphanie. Seit 1969 wird es am Sonntag in der Weihnachtsoktav begangen.
Die Wurzeln der künstlerischen Darstellung der Hl. Familie liegen bereits im byzantinischen und frühmittelalterlichen Bildtypus der Geburt Christi bzw. Marias mit dem Kind. Seit Ende des 14. Jh.s tritt die Hl. Familie als selbständiges Motiv hervor, wahrscheinlich entstanden aus dem Bildtypus »Ruhe auf der Flucht«. Kennzeichnend ist jetzt das fortgeschrittene Alter des Jesuskindes gegenüber den Geburtsdarstellungen. Einen künstlerischen Höhepunkt bietet die Renaissance (Lukas Cranach d. Ä.) und der Frühbarock (A. da Correggio). Im Hochbarock kommen Putten hinzu, die mit dem Jesuskind spielen, die Szene wird in eine idyllische Landschaft oder in die Werkstatt Josephs verlegt. Joseph steht meist sinnend daneben oder ist mit Handarbeit beschäftigt (A. Dürer). Gelegentlich werden auch Elisabeth und der kleine Johannes beigesellt (Raffael). Der Barock sieht in der Hl. Familie gern den Antityp zur Dreifaltigkeit, wobei die beiden Dreiheiten axial oder (meist) diagonal einander zugeordnet werden. Auch im volkstümlichen Bereich sind Darstellungen der Hl. Familie beliebt und werden u.a. als Haussegen über den Eingangstüren angebracht.

6. Jänner: *Erscheinung des Herrn* (GK H)

Es ist das älteste Weihnachtsfest und wurde zuerst im Orient gefeiert. Das griech. epiphanía bedeutet »das Erscheinen«, nämlich das Erscheinen Gottes in Menschengestalt. Dementsprechend war der eigentliche Inhalt des Festgeheimnisses die leibliche Geburt Jesu, seine Taufe im Jordan (die feierliche Bestätigung als Sohn Gottes) und das Wunder zu Kana (»Diesen Anfang der Zeichen machte Jesus und offenbarte seine Herrlichkeit«, Joh 2,11). Stellenweise wird auch der Besuch der Magier als Festmotiv mitgenannt (Offenbarung Jesu an die Heiden). Durch dieses christliche Fest sollte offenbar die heidnische Geburtagsfeier des Gottes Aion, der Verkörperung von Zeit und Ewigkeit, die in der Nacht auf den 6. Jänner alljährlich begangen wurde, verdrängt werden: Das Ewige Wort des Vaters ist in Jesus Christus in unsere Zeit hereingetreten. Das auf den 6. Jänner verlegte Dionysos-Wunder, bei dem Wasser in Wein verwandelt worden sein soll, wurde christlich auf das Taufwasser umgedeutet. Deshalb wurde an diesem Tag in der alten östlichen Kirche die Wasserweihe vorgenommen, besonders des Jordans und des Nils. Der Brauch der Wasserweihe (Dreikönigswasser) kam im 4. Jh. auch in den lateinischen Westen, das zugehörige Ritual wurde 1890 durch ein neues Formular ersetzt.
Während gegen Ende des 4. Jh.s die östliche Kirche von der lateinischen das Geburtsfest Jesu (25. Dezember) übernahm, drang das Fest Epiphanie zur gleichen Zeit in die westliche Kirche. Das Motiv des Magierbesuches blieb im Osten im wesentlichen stets Teil des eigentlichen Weihnachtsgeheimnisses, während es im Westen zunehmend als Thema des Epiphaniefestes aufgefaßt wurde. Einen besonderen Anstoß hiezu dürfte die Übertragung der angeblichen Gebeine der Magier von Mailand nach Köln (1164) gegeben haben, woraus sich um das jetzt so genannte »Dreikönigsfest« ein reiches Brauchtum entwickelte.
↗ Drei Könige

Sonntag nach Erscheinung des Herrn: *Taufe des Herrn* (GK F)

Über diese Szene berichten die Synoptiker (Mk 1,9 ff. par.): Zu Johannes, der am Jordan die Bußtaufe predigt, kommt auch Jesus, um sich von ihm taufen zu lassen. Johannes will es abwehren, doch Jesus fordert ihn unter Hinweis auf den Willen seines Vaters dazu auf. Die Absicht Jesu dabei spricht Johannes an anderer Stelle selbst aus: »Seht das Lamm Gottes, das die Sünde der Welt hinwegnimmt!« (Joh 1,29). Anschließend wird Jesus vom Himmel her feierlich als der Sohn Gottes bestätigt. Dieses Fest wurde ursprünglich in der orientalischen Kirche als fester Bestandteil des Epiphaniefestes begangen (Offenbarung Gottes in Menschengestalt) und bildete zugleich als Oktavtag den Abschluß von Epiphanie.

2. Februar: *Darstellung des Herrn* (früher »Mariä Lichtmeß«)

Joseph und Maria entrichten das für eine Mutter vorgeschriebene Reinigungsopfer nach der Geburt (Lev 12) und vollziehen zugleich den Loskauf der männlichen Erstgeburt, die Gottes Eigentum ist (Ex 13,2; Lk 2,22-40). Gleichzeitig kommt auf Antrieb des Hl. Geistes der greise Simeon, nimmt das Kind auf seine Arme und spricht sein Lobgebet, das als Nunc dimittis noch heute als Hymnus der Complet gesungen wird. Er macht Maria die düstere Prophezeiung, daß dieses Kind einmal zum Zeichen des Widerspruchs werde und ihre eigene Seele ein Schwert durchbohren werde.
Nach dem Bericht der Pilgerin Aetheria (um 400) wurde in Jerusalem das Fest »mit gleicher Freude begangen wie Ostern«, und zwar am 14. Februar, dem 40. Tag nach Epiphanie (im Orient das Geburtsfest Jesu). Kaiser Justinian I. ordnete es nach dem Erlöschen einer verheerenden Pest 542 für Konstantinopel und das ganze Byzantinische Reich an und nannte es Hypapantē tu Kyríu (Begegnung des Herrn): Der Messias kommt in seinen Tempel und begegnet dort dem Gottesvolk, vertreten durch Simeon und Hannah. Um 650 drang das Fest auch nach Rom und in den übrigen Westen. Die Lichterprozession im Anschluß an das Wort

in Simeons Lobgebet »Ein Licht zur Erleuchtung der Heiden« dürfte im Orient schon im 5. Jh. geübt worden sein. Vom 10. Jh. an verstand man in Rom das Fest als Marienfest (Purificatio Mariae, Mariä Reinigung). Aus dieser Zeit stammt auch die Kerzenweihe vor der Lichterprozession. Seit der Liturgiereform 1960 wird das Fest wieder als Herrenfest begangen.

25. März: *Verkündigung des Herrn* (GK H)

Lukas berichtet vom Besuch des Engels bei Maria, die auf ihr Jawort hin durch »den Hl. Geist ... und die Kraft des Allerhöchsten« Mutter des menschgewordenen Gottessohnes wird (Lk 1,26-38). Gott will die Welt durch seine Ankunft heimsuchen, wartet aber auf die Zustimmung und innere Bereitschaft des Menschen, die stellvertretend für alle durch Maria ausgesprochen wird.
Das Fest stammt aus dem Orient und wurde in Konstantinopel bereits um 430 als einfacher Gedächtnistag während des Advents begangen. Als eigenes Herrenfest am 25. März (9 Monate vor dem Geburtsfest Jesu) ist es erstmals durch eine Predigt des Bischofs Abraham von Ephesus (um 550) und durch eine Dichtung von Romanus d. Meloden († um 560) bezeugt. Im 7. Jh. gelangte es in die abendländische Kirche, wo es zunächst noch, wie im Orient, als Herrenfest, später als Marienfest aufgefaßt wurde. Seit der Liturgiereform 1960 wird es wieder als Herrenfest verstanden.

Donnerstag nach dem 6. Ostersonntag: *Christi Himmelfahrt* (GK H)

Die Bibel berichtet, wie Jesus vor seinen Jüngern von der Erde emporgehoben wurde und in den Himmel einging (Mk 16,19, Lk 24,50-52 und bes. Apg 1,1-12). Die Lehre der Hl. Schrift, bes. der Apostelbriefe, wie auch die ersten Glaubenssymbola (»Aufgefahren in den Himmel, sitzt zur Rechten des Vaters«) wollen aber nicht sosehr ein einmaliges historisches Ereignis ausdrücken, das *damals* geschehen ist, sondern allgemein die »Erhöhung« Jesu Christi: Er nimmt durch sein Leiden und seinen Tod hindurch nunmehr auch in seiner geschaffenen menschlichen Natur teil an der ewigen Herrlichkeit Gottes. Deshalb ist seine »Himmelfahrt« bereits in seiner Auferstehung geschehen, wurde den Menschen aber erst 40 Tage danach sinnenfällig verkündet. Durch sein Aufsteigen vor den Seinen über die Wolken will er ihnen sagen, daß er ihnen nun nicht mehr leibhaftig erscheinen will.
Durch sein Hinübergehen aus unserer raum-zeitlichen Welt nimmt er eine Dimension an, die alle Räume und Zeiten umspannt. Er ist nicht der Welt entrückt, sondern in ihr noch totaler gegenwärtig. Nur indem er »fortgeht«, kann er den Seinen den Hl. Geist senden (vgl. Joh 16,7) und so aus ihrer menschlichen Glaubensgemeinschaft die Kirche machen, d. h. seinen eigenen »Fortlebenden Leib« (vgl. das Gleichnis vom Weinstock, Joh 15,1-8, und das Gleichnis vom Leib, 1 Kor 12). Er wirkt in den Sakramenten der Kirche, in seinem Wort, das er durch die Kirche der Welt verkündet, und im Zeugnis der Heiligen. Mit seiner Auferstehung und Erhöhung hat auch seine Parusie, d. h. sein Wiederkommen am Ende der Zeit als König und Richter, begonnen. Durch seine Himmelfahrt ist auch die Umwandlung und Verklärung des ganzen Kosmos, also auch des Menschen, grundgelegt.

50. Tag nach Ostern: *Pfingsten* (GK H)

Lukas berichtet von der Herabkunft des Hl. Geistes am jüdischen Pfingstfest in Jerusalem (Apg 2,1-41). Das jüdische Pfingstfest als Dankfest am Ende der Getreideernte wurde am 50. Tag (7 Wochen) nach dem Beginn des Festes der Ungesäuerten Brote (bzw. nach dem Passah-Fest) begangen (griech. pentekostē = der 50.). Es hieß bei den Juden auch das »Wochenfest«. Es war wie das jüdische Osterfest ein Wallfahrtsfest, bei dem jeder Israelit im Tempel zu Jerusalem erscheinen sollte. In Übereinstimmung mit dem Bericht des Lukas waren deshalb, ähnlich wie beim Passah der Kreuzigung Jesu, sehr viele Menschen aus nah und fern anwesend. In spätjüdischer Zeit, jedenfalls bereits im 2. Jh. v. Chr., trat der Gedanke des Erntedankes zurück, Hauptthema des Festes wurde nunmehr die Offenbarung Gottes auf dem Sinai, der Bundesschluß Gottes mit seinem Volk und die Gesetzgebung. Damit hängt zusammen, daß seit dieser Zeit etwa in Samaria 3 Tage vor Pfingsten ein eigenes Fest der Ankunft des Volkes am Sinai begangen wurde (vgl. Ex 19,1). Auch die älteste christliche Gemeinde in Syrien verwendete als Festlesung zu Pfingsten, genau wie die jüdische Synagoge, die Erscheinung Gottes auf dem heiligen Berg (Ex 19-20).

Die Herabkunft des Hl. Geistes spielt sich damit vor dem Hintergrund dieser spätjüdischen Vorstellungen ab: Der Hl. Geist, der vom Sohn gesandt wird, offenbart sich vor allem Volk in Sturm und Feuer, ähnlich wie einst Jahwe auf dem Sinai, und bezeugt die junge Gemeinde Christi als das wahre neue Israel. Mit dem Geschehen am Sinai fand der Auszug aus Ägypten seinen Höhepunkt und einen gewissen Abschluß. Israel ist nun Gottes Eigentum, sein heiliges Volk. Ähnlich erlebte die erste Jüngergemeinde Jesu ein neues Pfingsten: Moses stieg nur auf den Berg in die Wolken, die Gott verhüllten. Jesus Christus ist mehr als Moses. Er steigt zum Himmel empor, von dem er kommt, und sendet aus seiner Gottesherrlichkeit den verheißenen Geist vom Vater, der die Wahrheit, die Liebe und das Gesetz des neuen Bundes ist.

Im 4. Jh. begann sich die Feier der Himmelfahrt Jesu aus dem Zusammenhang mit Pfingsten zu lösen. Gleichzeitig erkannte man nicht mehr richtig die innere Einheit der ganzen Zeit der 50 Tage. So wurde Pfingsten vielfach nicht mehr als Herrenfest, sondern als eigenständiges Fest des Hl. Geistes gesehen. Die Liturgiereform von 1969 stellte den ursprünglichen Gedanken der 50tägigen Osterfeier mit Pfingsten als Abschluß wieder her. Deshalb wurde auch die Pfingstoktav einschließlich des Pfingstmontag wieder abgeschafft.

Der menschliche Geist kann sich nicht anders denn in *Symbolen* ausdrücken: in Wort und Schrift, im Kunstwerk, im menschlichen Leib einschließlich der Gebärdensprache u. a. In ungleich höherem Maß gilt dies für den Hl. Geist. Die *Taube* (Taufe Jesu) galt den Juden als Sinnbild der Reinheit und des Friedens, von allen Vögeln durfte nur die Taube als Opfer dargebracht werden. In ihrem Flug kennzeichnet sie die souveräne Freiheit des Geistes. Der *Wind* charakterisiert das unsichtbare, geheimnisvolle Etwas, das sichtbare Wirkungen hervorbringt: »Der Wind weht, wo er will. Du hörst sein Brausen, du weißt aber nicht, woher er kommt und wohin er weht. So ist es mit jedem, der aus dem Geist geboren ist« (Joh 3,8). In allen Sprachen heißt »Geist« ursprünglich »Atem«, »Hauch«. Schon im AT »haucht« Gott dem Menschen die Seele ein (Gen 2,7). Der Sturm entwurzelt Bäume und reißt Hindernisse hinweg, im Sturm kommt der Hl. Geist auf die Jünger herab, wandelt sie zu feurigen Zeugen Jesu um und begründet die junge Kirche. Das *Feuer* ist eine elementare Macht, die alles verzehrt. In seiner Glut drückt es die Unnahbarkeit und Heiligkeit Gottes aus, als Licht und wärmendes Feuer die fürsorgende Liebe Gottes, die die Menschen verbindet und beglückt. Das *Sprachenwunder* steht in auffallender Parallele zur Sprachenverwirrung beim Turmbau zu Babel (Gen 11,1-9): Menschlicher Titanenstolz und blinder Fortschrittsglaube führen zur Niederlage, Isolation und Sinnentleerung menschlicher Existenz. Der Hl. Geist eint die Menschen und Völker und führt sie zu Gott als ihrem eigentlichen Ziel.

So wenig wir den Hl. Geist in seinem Wesen erfassen können, seine *Wirkungen* lassen sich mit menschlichen Worten viel besser ausdrücken: Er ist das »Leben«, in das hinein der Mensch in der Taufe neu geschaffen wird und von dem Jesus zu Nikodemus spricht (Joh 3,1 ff.). Er begleitet den Getauften, daß sich dieses neue Leben im Geist Christi entfalte und der Vollendung entgegenreife. Paulus zählt die »Früchte des Geistes« auf: Liebe, Freude, Friede, Geduld, Freundlichkeit, Güte, Treue, Milde, Enthaltsamkeit, Keuschheit, die im Gegensatz zu den »Werken des Fleisches« stehen (Gal 5,19-23). Wie im einzelnen Getauften, so ist der Hl. Geist auch in der Kirche als ganzer gegenwärtig und bildet ihr inneres Lebensprinzip. So ist die Kirche nicht mehr nur eine menschliche Vereinigung mit einer menschlichen Struktur und Organisation, sondern der Geheimnisvolle Leib Christi auf Erden (Corpus Christi Mysticum). Die Gleichnisse vom Weinstock (Joh 15,1-8) und vom Leib (1 Kor 12) müssen in diesem Sinn verstanden werden. Der Hl. Geist führte die menschlichen Verfasser der Hl. Schrift und spricht so durch das geschriebene Wort den gläubig-offenen Menschen an. Er bewahrt das Wort Jesu in der Kirche rein und unverfälscht. Er erweckt auch zu allen Zeiten Charismen verschiedener Art, die die Kirche immer wieder von unten her erneuern und ihr neue Lebensimpulse geben. Solche Charismen können von keinem Papst oder Bischof vorhergesehen und eingeplant werden, und doch gehören sie zum Wesen der Kirche, eben weil sie vom Hl. Geist erfüllt ist. Gerade in den dunkelsten Jahrhunderten der Kirchengeschichte läßt der Hl. Geist große Heiligengestalten erstehen, den Lauen zur Mahnung und den Nicht-Gläubigen zum Zeugnis. Gemäß der Verheißung Jesu (Mk 13,11) gibt er den Märtyrern das rechte Wort vor ihren Richtern und Kraft zum Opfer ihres Lebens. Er ist in den Sakramenten Christi gegenwärtig und vollbringt die Heiligung des Menschen. Sosehr also der Hl. Geist von den 3 Personen Gottes im Werk der Heiligung, das uns Jesus Christus gebracht hat, am nächsten steht, so zeigt er sich uns am wenigsten mit einem menschlichen »Antlitz«. Das bringt freilich die Gefahr, in ihm nicht eine Person, sondern nur ein »Wirken«, eine »Kraft« Gottes in der Welt zu sehen. Andererseits will er uns gerade durch sein Nicht-Antlitz zeigen, wie anders und für uns unbegreiflich das Person-Sein Gottes ist. Bei aller liebenden Nähe Gottes besteht immer auch der unübersteigbare Unterschied zwischen Schöpfer und Geschöpf.

Sonntag nach Pfingsten: *Fest der Hl. Dreifaltigkeit* (GK H)

Dieses Fest ist zwar nicht ein Herrenfest im eigentlichen Sinn, doch führt uns die Person Jesu Christi unmittelbar in das Geheimnis des Drei-Einen Gottes selbst ein. Die Frühgeschichte dieses Festes ist noch nicht genügend bekannt. Ende des 8. Jh.s war die Votivmesse zur Hl. Dreifaltigkeit sehr verbreitet, ob es aber damals ein eigenes Fest gab, ist nicht sicher. Angeblich führte Bischof Stephan von Lüttich († um 920) als erster dieses Fest für seine Diözese ein, wahrscheinlich wurde es aber durch die Benediktiner (in Aniane, Baume, Cluny) gepflegt. Die Päpste suchten seine Verbreitung anfangs einzudämmen, weil es einen Glaubenssatz zum Gegenstand hatte und nicht – römischer Tradition entsprechend – ein heilsgeschichtliches Ereignis. Erst seit Alexander III. (1159–81) wurde seine Verbreitung kirchlicherseits gefördert.
Die Dreifaltigkeit (Trinität) ist das tiefste *Geheimnis unseres Glaubens,* das kein menschlicher Verstand ergründen kann, daß nämlich der eine und einzige Gott in drei Personen existiert, die voneinander verschieden sind und doch zusammen das eine göttliche Wesen ausmachen, die also gleich ewig, gleich allmächtig und gleich heilig sind. Unsere Vorfahren wählten dafür das Bild eines Tuches, das in »drei Falten« ausgelegt ist. Seit dem 4. Jh. mußte die Kirche hauptsächlich zwei Irrlehren bekämpfen, den Arianismus und den Modalismus, mit ihren verschiedenen Spielarten. Arius († 336) wollte die Einzigkeit Gottes dadurch bewahren, daß er lehrte, Jesus Christus (bzw. der Sohn) sei nicht selbst Gott, sondern Gottes erstes und vornehmstes Geschöpf. Der Modalismus (lat. modus = Art u. Weise) lehrte, die 3 Personen seien nur »für uns« verschieden je nachdem, in welcher Gestalt sich der eine Gott uns zeige: als »Vater« im AT, als »Sohn« in der Menschwerdung, als »Hl. Geist« nach der Himmelfahrt Jesu.
Die *Lehre der Kirche,* die bereits in den Glaubenssymbola der ersten Konzilien ausgesprochen ist, besagt: Die 3 Personen sind real voneinander verschieden, sie existieren aber nur, weil und insofern sie auf einander hingeordnet sind. Der Vater ist das ursprungslose ewige und unendliche Sein schlechthin, das deshalb ist, weil es notwendig sein muß (Gott kann nicht nicht-sein). Der Sohn geht aus dem Vater seit Ewigkeit durch »Zeugung« hervor (»aus dem Vater geboren vor aller Zeit, Gott von Gott, Licht vom Licht, wahrer Gott vom wahren Gott, gezeugt, nicht geschaffen, eines Wesens mit dem Vater«). Der Hl. Geist geht seit Ewigkeit vom Vater und vom Sohn zugleich als einem einzigen Ursprung hervor durch »Hauchung« (spiratio, Spiritus Sanctus). Das Hervorgehen des Hl. Geistes aus dem Vater und dem Sohn ist von anderer Art als das des Sohnes vom Vater. Jede der 3 Personen ist der eine und ewige Gott, allen dreien ist alles gemeinsam, soweit nicht der Unterschied ihrer gegenseitigen Beziehungen besteht. Jede göttliche Person existiert ganz in jeder anderen.

Nach »außen hin« (gegenüber der geschaffenen Welt) sind sie deshalb wie ein einziger Urgrund des Wirkens (Erschaffung, Erlösung, Heiligung). Trotzdem wirkt jede göttliche Person »nach außen« (Welt, Mensch) in jeweils ihr eigener Weise, sodaß man sagen kann: Der Vater hat die Welt erschaffen, der Sohn ist uns Mittler und Erlöser, der Hl. Geist wohnt in uns als Heiligmacher. Indem uns Gott sein drei-eines Wesen mitgeteilt hat, eröffnet er vor uns sein innerstes Herz und zeigt uns dadurch seine Liebe.

Von der schwierigen Trinitäts-Spekulation, die bereits im 4. Jh. einsetzte, sei hier nur die *»psychologische« Veranschaulichung* erwähnt, die Augustinus aus der Hl. Schrift entwickelte und Thomas von Aquin weiter ausbaute: Der *Vater* erkennt sich in seinem unendlichen Wesen und spricht sich in einem ewigen *»Wort«* aus, ähnlich einem Künstler, der sich in seinem Werk »aussagt«. Dieses »Wort« des Vaters (die Ewige Weisheit, bei Johannes der »Logos« Gottes) ist nicht wie bei uns Menschen ein flüchtiger Schall, sondern das personhafte Gegenüber des Vaters, denn alles in Gott ist Person. »Im Anfang war das Wort (der Logos), und das Wort war bei Gott, und das Wort war Gott« (Joh 1,1). Entsprechend ist die person-gewordene Ewige Weisheit Gottes bei der Erschaffung der Welt wesentlich mitbeteiligt: »Durch ihn (den Logos) ist alles geworden, und ohne ihn wurde nichts, was geworden ist« (Joh 1,3). Das »Wort«, in dem der Vater sich erkennt und ausspricht, ist so auch das Wort Gottes an uns in der Person Jesu Christi, in dem er sich uns selbst mitteilt. Der *Hl. Geist* ist die Liebe zwischen Vater und Sohn. Deshalb wird dem Hl. Geist das Einwohnen Gottes im Menschen (Gnade) wie auch die innere Beseelung der Kirche und ihre Führung hin zur Vollendung in besonderer Weise zugeordnet. Auch bei uns Menschen ist nie nur der Verstand, sondern immer auch das Herz mitbeteiligt. Der letzte und tiefste Sinn der menschlichen Existenz erschöpft sich darin, daß der Mensch Ebenbild des Drei-Einen Gottes ist und es aus eigenem Bemühen mit der Gnade Gottes immer mehr werde. Ebenbild Gottes wird er dadurch, daß er Werte aller Art schafft: Kulturwerte in Wissenschaft, Kunst und Technik, besonders aber die Sorge um den Mitmenschen, der ja auch Ebenbild und Liebling Gottes ist. Alles, was gut ist, hat seinen Ursprung in Gott und strebt zu Gott hin. So darf der Mensch mitwirken an der Vollendung seiner selbst und der ganzen Welt. Im Geheimnis des Drei-persönlichen Gottes erkennen wir, daß sein innerstes Wesen Gemeinschaft ist und damit das Urbild jeder menschlichen Gemeinschaft in gegenseitigem Verstehen und Lieben. Insbesondere ist Gott Urbild der menschlichen Ehegemeinschaft, wie ja auch das Kind aus dem Zusammensein von Vater und Mutter hervorgeht und beide Ehegatten als Frucht ihrer gegenseitigen Liebe verbindet (die Hl. Schrift nennt das eheliche Beisammensein bezeichnenderweise = »erkennen«!).

Das Dogma stellt die künstlerische *Darstellung der Dreifaltigkeit* immer wieder vor fast unüberwindliche Schwierigkeiten. Meist wird über der Dreiheit der Personen ihre wesenhafte Einheit aufgelöst. Schon sehr früh stellte man die Dreifaltigkeit im Zusammenhang mit der Taufe Jesu dar: Das Antlitz des sprechenden Vaters am Himmel, der Sohn in der Person Jesu im Wasser stehend, der Hl. Geist über ihm als Taube schwebend. Seit dem 11. Jh. wird diese Darstellungsweise auch auf die Geburt und die Kreuzigung Jesu übertragen, ebenso auf die Madonna mit dem Kind, seit dem 12. Jh. auf die Krönung Marias. Im 13. Jh. wird die Beziehung zur Liturgie vorherrschend, namentlich zum Geschehen in der Wandlung der Messe: Gott Vater (seit dem Barock mit der päpstlichen Tiara gekrönt) hält in seinen Händen Christus am Kreuz, davor oder darüber schwebt der Hl. Geist als Taube. Dieses Motiv findet sich häufig auch an den barocken Dreifaltigkeitssäulen auf den Marktplätzen vieler Orte. Im Mittelalter und im Barock stellte man die Dreifaltigkeit gerne auch als dreigesichtige Gestalt (Triképhalos) dar, was aber Antoninus von Florenz und Robert Bellarmin als monströs und Gottes unwürdig ablehnten. Dieses Motiv findet sich im 18. Jh. auf bäuerlichen Möbeln, hölzernen Schmucktellern, als Hinterglasmalerei oder Stickerei. Eine andere Form ist die Darstellung der Dreifaltigkeit als drei gleichgestaltige Männer, wovor aber Benedikt XIV. 1745 als mit dem Dogma unverträglich warnte.

Seit frühchristlicher Zeit werden auch Symbole, namentlich das Dreieck, herangezogen, was aber bereits Augustinus nicht billigte. Im Barock kam das Auge Gottes (Allwissenheit) als

Detail hinzu. Diese Darstellung findet sich häufig in Kirchen über dem Hochaltar, in Feldkapellen und Bildstöcken. Im Mittelalter und im Barock kannte man auch die Darstellung mittels dreier einander durchdringender oder berührender Kreise, z. B. im gotischen Dreipaß an Kathedralen (3 Kreise in Kleeblatt-Anordnung, von einem größeren Kreis umschlossen). Im 17. Jh. wird dem Grundriß von Dreifaltigkeitskirchen gern das gleichseitige Dreieck zugrundegelegt. Zum Typus der symbolhaften Abbildung zählen auch die 3 Männer, die zu Abraham auf Besuch kommen (Gen 18). Dieser Typus fand in der byzantinischen und russischen Kirche Eingang.
Eine theologisch wie ästhetisch gleich befriedigende Lösung fand die Bildhauerin Edith Peres-Letmate in der neuerrichteten Jesuitenkirche in Koblenz (1959): Die 3 Personen (der Hl. Geist als Taube) halten einander an den Händen und bilden so einen Kreis (Symbol der Ewigkeit Gottes). Der Sohn, zugleich als Gekreuzigter, tritt als der Gottmensch aus diesem Kreis heraus in unsere Welt. Die Dreiheit in der Einheit, die Menschwerdung und Erlösung kommen dadurch sehr gut zur Darstellung.

Donnerstag nach dem Dreifaltigkeitsfest: *Fronleichnam* (GK H)

Bezeichnung: a) ahd. fro (Herr; vgl. frouwa = Herrin, Frau), davon mhd. vrone: in weltl. Bedeutung = »öffentlich«, z. B. vronreht (öffentl. Recht), vrondinest (öffentl. Dienst); in christl. Bedeutung; »göttlich«, »heilig«, z. B. vronspise (Abendmahl, Eucharistie), vronalter (Hochaltar) u. a. – b) ahd. lihhinamo, lihhamo (ursprüngl. lihhin-hamo), mhd. licham(e), lichnam (Körper, Leib) aus germ. lig- (Gestalt) + kem- (bedecken, verhüllen) (vgl. dt. Hemd; griech. himátion = Kleid). Das Wort lichname erhielt erst in späterer Zeit die Bedeutung »toter Leib«.
Eucharistie ist das sakramental gegenwärtige *Opfer Christi.* »Die Frucht der Erde und der menschlichen Arbeit« ist Sinnbild unserer Mühe und Sorge um das tägliche Brot. Der Wein war im alten Orient, wie noch heute in manchen Ländern, fester Bestandteil der täglichen Nahrung. Darüber hinaus dient er der Geselligkeit und dem fröhlichen Zusammensein und ist damit Sinnbild unseres Spielens, Lachens und unserer Freude. Von diesen Gaben legen wir auf den Altar als sichtbaren Ausdruck unseres ganzen Lebens, so wie wir sind: in ernster Arbeit und Sorge wie im Scherzen und Fröhlich-sein. In der Wandlung macht der Herr aus unseren Gaben sein Kreuzesopfer und seine Auferstehung und nimmt damit unser Leben in sein Erlösungswerk hinein. In der Kommunion erhalten wir unsere Gaben zurück, aber verwandelt: Es ist nicht mehr unser gewöhnliches Leben, es ist jetzt Christus der Herr, der unsere menschliche Existenz zu einem Stück seiner gott-menschlichen Person gemacht hat. So tragen wir ihn vom Sonntag in den Werktag hinein und heiligen unsere ganze Woche. Inniger kann man sich die Verbindung eines fremden Stoffes mit unserem lebenden Leib nicht mehr vorstellen als durch Essen und Trinken. So innig ist die Verbindung, die wir mit Christus in der Eucharistie eingehen. Indem jeder Einzelne sich mit ihm verbindet, werden wir auch alle in ihm untereinander eins. Das gemeinsame Mahl als heilige Tischgemeinschaft ist sichtbarer Ausdruck dafür.
Eucharistie besagt auch *bleibende Gegenwart* des Herrn als wahrer Gott und Mensch. Indem er in seiner Auferstehung alle Räume und Zeiten umspannt, ist er auch unter uns da, so wie er nach seiner Auferstehung seinen Jüngern durch seine Erscheinungen gezeigt hat, daß er nun immer unter ihnen ist. Andererseits kann er uns in seiner überräumlichen und überzeitlichen Existenz seine Anwesenheit sinnenfällig nur im Zeichen kundtun. Wie etwa ein Gedanke ein Symbol braucht (Schrift, Wort u. a.), um »greifbar« zu sein, so auch Jesus Christus in der Eucharistie. Es ist gleichgültig, wie viele ein gesprochenes Wort hören, wie oft und wann es gesprochen wird: immer ist es ein und derselbe Gedanke, der damit »gegenwärtig« wird. Jesus wählte Speise und Trank als wirksames Zeichen seiner Gegenwart. In jeder einzelnen Hostie, in jedem kleinen Teil und in allen zusammengenommen ist er selber ganz und ungeteilt da. Die Fronleichnamsprozession wurde vom Volk immer als Ausdruck des Dankes und der Freude über diese Gegenwart Christi aufgefaßt, wie dies in den volks-

tümlichen Ausdrücken für dieses Fest wie »Prangtag«, »Kränzeltag« ausgesprochen wird. Die Verehrung der Eucharistie *außerhalb der Messe* erhielt im Mittelalter einen mächtigen Aufschwung. Die Ursache dafür liegt einerseits in der wachsenden Scheu vor dem häufigen Empfang der hl. Kommunion, andererseits in der Reaktion der breiten Öffentlichkeit auf den Abendmahlstreit, den Berengar von Tours († 1088) ausgelöst hatte. Berengar leugnete die Wesensverwandlung der eucharistischen Gestalten und die reale Gegenwart Christi in der Eucharistie und gelangte so zu einer rein symbolisch-spiritualistischen Auffassung, womit er den heftigen Widerspruch der zeitgenössischen Theologen und der kirchlichen Obrigkeit hervorrief. Den eigentlichen Anstoß zur Einführung des Fronleichnamsfestes gab Juliana von Lüttich, die 1209 in ihren Visionen die Vollmondscheibe (= Kirche) mit einem dunklen Fleck sah, was ihr als das Fehlen eines eigenen Festes zu Ehren des Altarsakramentes gedeutet wurde. Auf ihre Anregung hin führte Bischof Robert von Lüttich 1246 ein solches Fest für seine Diözese ein. Nach dem Tod Julianas 1258 führte ihre Freundin Eva von Lüttich ihr Werk der Verbreitung fort. Auf ihre Bitte hin schrieb Urban IV. 1264 das Fest für die ganze abendländische Kirche vor, sein baldiger Tod verhinderte aber die Durchführung. Das Fest wurde erst 1317 nach der Veröffentlichung der Bulle Urbans IV. durch Johannes XXII. allgemein angenommen. Bis dahin hatten sich besonders die Dominikaner um dessen Verbreitung sehr verdient gemacht. Thomas von Aquin verfaßte das ursprüngliche Festoffizium.
Im Jahr 1277 wurde in Köln die erste *Fronleichnamsprozession* abgehalten. Diese Prozessionen erfuhren namentlich nördlich der Alpen einen großen Reichtum an äußeren Formen. Das Allerheiligste wurde sichtbar in der Monstranz einhergetragen, von Priestern im Meßkleid begleitet, die Kerzen, Reliquien oder Kelche trugen. Es traten Sänger, Musikanten und Engelknaben auf, die Zünfte stellten in lebenden Bildern Szenen aus dem AT (Sünde Adams, Opfer Isaaks u. a.) und aus der Leidensgeschichte Jesu dar. Die eucharistische Monstranz, aus dem mittelalterlichen Reliquiar heraus entwickelt, stammt aus dem 13. Jh. und wurde besonders seit dem 14. Jh. in reichen und kunstvollen Formen gefertigt. Seit dem 15. Jh. wurde es üblich, an 4 Stellen des Prozessionsweges haltzumachen, die 4 Evangelienanfänge zu singen und den Segen zu spenden.

Freitag nach dem 2. Sonntag nach Pfingsten: *Fest des Hl. Herzens Jesu* (GK H)

Kaum ein Wort kommt in der gesamten Hl. Schrift so oft vor wie das Wort »Herz«. Im Verständnis der Bibel ist damit das Innerste der menschlichen Person gemeint, das Zentrum und der Sitz seines gesamten geistigen Lebens in Erkennen und Wollen und in seinem Gemütsleben. Im Herzen Jesu verehren wir seine Person im Hinblick auf sein »Herz«, also auf die innerste Mitte seiner gott-menschlichen Person, die die Liebe zu uns Menschen ist. Das leibliche Herz Jesu steht dabei für seine Menschlichkeit, die teilhat an der Göttlichkeit der Zweiten Person Gottes.
Die Verehrung des Herzens Jesu beginnt schon in der Zeit der Kirchenväter, besonders unter dem Bild der durchbohrten Seite des Herrn (Joh 19,34 ff). Die Theologen Kleinasiens sahen im Wasser und Blut aus der Seite Jesu die Geburt der Kirche vorgezeichnet, speziell in der Vermittlung der Gnade Christi in den Sakramenten. Im Wasser sahen sie ein Bild der Taufe, im Blut ein Bild der Eucharistie. Die Theologen in Alexandria, besonders Origenes, sahen in der geöffneten Seite Jesu die Quelle der inneren Beschauung des Christus-Geheimnisses. Besonders diese zweite Tradition wirkte über Augustinus und Ambrosius stark auf die mittelalterliche Herz-Jesu-Mystik des Abendlandes ein. Ebenfalls von Alexandria herkommend wurde im Abendland der Apostel Johannes, der beim Abendmahl »an der Seite Jesu lag«, als Patron der Herz-Jesu-Verehrung gewählt. Bis um 1250 wurde die Verehrung des Herzens Jesu hauptsächlich noch von den Theologen getragen, besonders den Benediktinern, die sie immer mehr in religiöse Meditation umsetzten und dazu einen großen Schatz an klassischen Liedern und Gebeten verfaßten. Die fruchtbarste Periode der Herz-Jesu-Verehrung war die Deutsche Mystik (etwa 1250–1350). Hier waren es die Fran-

ziskaner und Dominikaner, die die Herz-Jesu-Verehrung endgültig in die Sprache ihrer Zeit umsetzten und sie so einem weiten Kreis erschlossen. Nach einem zeitweiligen Rückgang erlebte sie einen neuen Aufschwung im 15. Jh., diesmal gefördert durch die Kartäuser (vor allem in Köln), die »Devotio moderna« (Gerhard Groote u.a.) und im 16. Jh. durch die Jesuiten. Sie wurde nun zur weitverbreiteten Volksandacht, es entstand eine Fülle von Gebeten, Liedern, Mysterienspielen und bildlichen Darstellungen des Herz-Jesu-Geheimnisses. Ebenso finden sich im 16. Jh. bereits erste Ansätze zu einer liturgischen Verehrung. Als neues Motiv, besonders in Verbindung mit der Eucharistie, tritt nun das Moment der Sühne hinzu.

Als eigentlicher Begründer der liturgischen Verehrung des Herzens Jesu gilt Johannes Eudes. Doch blieb sein Bemühen zunächst nur auf Frankreich beschränkt. Einen weiteren wichtigen Anstoß gab Margareta Maria Alacoque, die auf Grund ihrer Visionen sich für die allgemeine Verehrung in Form der Monatsfreitage (Herz-Jesu-Freitage), der hl. Stunde und vor allem für die Einführung eines eigenen kirchlichen Festes einsetzte. Sie wurde darin von den Jesuiten Claude de la Colombière, Jean Croiset und Joseph de Gallifet unterstützt. Zu Beginn des 18. Jh.s setzte die Gründung zahlreicher Bruderschaften vom Herzen Jesu ein, doch blieb die offizielle Kirche in der liturgischen Frage noch zurückhaltend, da ihr die »neue Andacht« theologisch noch zu wenig abgeklärt erschien. Erst 1765 gestattete Clemens XIII. Messe und Offizium eines Herz-Jesu-Festes für die polnischen Diözesen. Pius IX. dehnte dieses Fest 1856 auf die ganze Kirche aus, Leo XIII. erhöhte seinen liturgischen Rang und vollzog in seiner Enzyklika Annum Sacrum (1900) die Weihe der Welt an das Herz Jesu. Pius XI. gab 1928 seine Enzyklika Miserentissimus Redemptor heraus und schuf in der von ihm erneuerten Liturgie des Herz-Jesu-Festes eine klassische Zusammenstellung des Erbgutes aus den Kirchenvätern und der mittelalterlichen Herz-Jesu-Mystik. Pius XII. erließ 1956 zur Hundertjahrfeier des Festes die Enzyklika Haurietis aquas.

Formen der Herz-Jesu-Verehrung sind neben dem liturgischen Fest und der feierlichen Votivmesse der 1. Monatsfreitag (Herz-Jesu-Freitag) mit dem Empfang der Eucharistie (Sühnekommunion), die Weihe an das Herz Jesu Einzelner oder ganzer Gemeinschaften (Familie, Länder, Orden usw.). Die Herz-Jesu-Litanei mit ihrem betont biblischen Charakter gehört zu den wertvollsten Herz-Jesu-Gebeten. Äußere Formen sind das Gebetsapostolat, dessen Organ der Herz-Jesu-Sendbote ist (seit 1871), ferner zahlreiche Bruderschaften vom Herzen Jesu, deren Vorläufer bis in das ausgehende Mittelalter zurückreichen.

6. August: *Verklärung des Herrn* (GK F)

Die synoptischen Evangelien berichten, wie Petrus, Jakobus und Johannes Zeugen der überirdischen Herrlichkeit Jesu sind und wie ihn eine Stimme vom Himmel als Sohn Gottes und Messias bestätigt: »Dieser ist mein geliebter Sohn, ihn sollt ihr hören!« (Mk 9,2–9 par.). Jahrzehnte später erinnert sich Petrus dieses Ereignisses und beruft sich darauf im Anspruch auf sein Apostelamt (2 Petr 1,16 ff). Die Stimme vom Himmel ist die Bestätigung des Petrus-Bekenntnisses (Mk 8,29 par.); die Zeitangabe »nach sechs Tagen« (Mk 9,2) bezieht sich unmittelbar darauf. Diese Vision ist auch im Zusammenhang mit der Leidensankündigung Jesu zu sehen (Mk 8,3–4 par.). Als Messias geht er nicht den von allem Volk erwarteten Königsweg großartiger Machtentfaltung, sondern steigt in die tiefste Erniedrigung eines schmachvollen Todes hinab. Trotzdem sollen seine Jünger wissen, daß er Gottes Sohn, der verheißene endzeitliche Prophet und Lehrer und der zu himmlischer Herrlichkeit bestimmte Menschensohn ist. Daß nur 3 Jünger Jesus in seiner Verklärung schauen durften, hängt wohl mit dem Schweigegebot Jesu über dieses Ereignis und seine Bestätigung als Messias zusammen: Er durfte den Titel »Messias« nicht öffentlich in Anspruch nehmen, weil das Volk damals national-politische und damit falsche Messiashoffnungen hegte.

Die Bibel spricht nur von »einem hohen Berg«, nennt aber nicht dessen Namen. Petrus nennt ihn den »heiligen Berg« (2 Petr 1,18). Nach altchristlicher Tradition, erstmals angeblich bei Origenes († um 254) war es der Tabor in Galiläa. Dieser galt schon immer als »heili-

ger Berg«. Mit seiner Höhe von 588 m wirkt er durch seine isolierte Lage majestätisch. Schon lange vor der israelitischen Einwanderung standen auf seinem Plateau kanaanitische Heiligtümer. In den ersten Jahrhunderten der israelitischen Besiedlung scheint er auch den anwohnenden Stämmen Issachar und Zabulon als Kultstätte gedient zu haben (vgl. Dtn 33,18–19). Im 4. Jh. bestanden Zweifel darüber, welcher nun dieser »heilige Berg« der Verklärung Jesu war. Eusebius († 340) schwankt noch zwischen Tabor und Hermon. Doch seit sich Kyrillos von Jerusalem 348 für den Tabor aussprach, ist die weitere Tradition einstimmig für diesen Berg. Im 6. Jh. standen dort die »drei Basiliken«, d. h. eine Christus-Basilika mit je einem seitlichen Oratorium zu Ehren von Moses und Elias. 518 wird ein »Bischof des hl. Berges Tabor« genannt, wahrscheinlich ein Bischof von Exaloth, heute Iksal, am südwestlichen Fuß des Berges. 808 ist ein Bischof auf dem Tabor selbst bezeugt. Unter den Kreuzfahrern war das Plateau in 2 Hälften geteilt, die nördliche gehörte den Griechen, die südliche den Lateinern. Ähnlich ist es noch heute. Die griechische Eliaskirche aus der Kreuzfahrerzeit stand auf den Grundmauern einer älteren aus dem 4./5. Jh. und lehnte sich an eine Grotte an, »wo Melchisedech den Abraham segnete« (vgl. Gen 14,17 ff). 1100 bauten die Benediktiner die inzwischen verfallene lateinische Verklärungskirche wieder auf, wurden aber 1187 verjagt. An ihre Stelle traten 1255 die Johanniter. Aber schon 1263 zerstörte Sultan Baibars den lateinischen und griechischen Besitz. Die Griechen begannen 1867 mit dem Neubau ihrer Eliaskirche. 1873 kamen Franziskaner auf den Tabor und errichteten dort 1921–24 eine Basilika. Westlich davon steht eine Kapelle an der Stelle, wo nach der Überlieferung Jesus gebot, über das Geschaute zu schweigen. Am Westfuß des Tabor steht die Ruine einer Kirche angeblich an der Stelle, wo Jesus die übrigen 9 Apostel zurückließ und wo er nach dem Abstieg den besessenen Knaben heilte (Mk 9,25 par.).
Das Fest der Verklärung Jesu wurde im Orient seit dem 4./5. Jh. am 6. August gefeiert und war in Spanien im 9. Jh. bekannt. Calixtus III. dehnte es 1457 zum Dank für die Befreiung Belgrads aus der Türkengefahr auf die ganze Kirche aus.

14. September: *Kreuzerhöhung* (GK F)

Nach dem Chronikon paschale (Osterchronik, 7. Jh.) wurde das Kreuz Christi am 14. 9. 320 in Jerusalem aufgefunden. Am überlieferten Ort der Kreuzigung und Auferstehung ließ Kaiser Konstantin d. G. die Kreuzes- und Auferstehungskirche bauen und sie durch einen Hof miteinander verbinden. Wahrscheinlich ließ er sich dazu durch seine Mutter Helena bewegen, die 324 ins Hl. Land pilgerte und deshalb von der Legende mit der Kreuzauffindung in Zusammenhang gebracht wurde. Die feierliche Einweihung beider Kirchen fand am 13. 9. 335 statt. Am folgenden Tag wurde das Kreuz Christi feierlich ausgestellt (exaltatio crucis, Kreuzerhöhung). Die Erinnerung an dieses Ereignis wurde alljährlich auch in Konstantinopel gefeiert. In Rom wurde dieses Fest wohl unter Gregor d. G. (590–604) eingeführt. Über das historische Ereignis der ersten feierlichen Ausstellung hinaus ist es ein besonderes Gedächtnis des Leidens Christi.
Gleich nach der Entdeckung wurden größere und kleinere Partikel des Kreuzes als Reliquien an Kirchen und hochstehende Persönlichkeiten verschenkt. Ein großes Stück kam nach Konstantinopel, wo es zuerst in der Hagia Sophia, dann im kaiserlichen Staatsschatz aufbewahrt wurde. Kleinere Teile kamen u. a. unter Papst Silvester I. (314–335) nach Rom, der dafür die profane Basilica Sessoriana in die Kirche S. Croce in Gerusalemme umwandelte. Diese Kreuzpartikel werden dort noch heute zusammen mit der Kreuzesinschrift (Titulus crucis, ursprünglich in der Kreuzeskirche in Jerusalem) verehrt. Beide Reliquien werden heute als echt angesehen. Sehr viele andere Teilchen des Kreuzesholzes wurden in alle Welt versandt. U. a. erhielt die fränkische Königin Radegundis 569 vom byzantinischen Kaiser Justinos II. für ihr Kloster in Poitiers eine Kreuzreliquie, aus welchem Anlaß Venantius Fortunatus die Hymnen Vexilla Regis prodeunt und Pange lingua gloriosi proelium certaminis dichtete. Von hier aus gingen weitere Partikel in das Fränkische Reich. Bedeutende Kreuzreliquien gibt es außerdem in St. Peter in Rom, S. Marco in Venedig, Conza, Neapel,

Velletri, Notre-Dame in Paris, Ste-Gudule in Brüssel, Donauwörth, Wiblingen, Scheyern, Maria Laach, St. Matthias in Trier, Limburg (früher in Stuben a. d. Mosel), Köln, Stift Hl. Kreuz (Niederösterreich). Die vielen Hl.-Kreuz-Kirchen in ganz Europa gehen durchwegs auf derartige Reliquienschenkungen zurück. Zur Zeit der Kreuzzüge kamen aber derart viele angebliche Kreuzreliquien nach Europa, daß man an deren Echtheit Zweifel hegte. In neuerer Zeit wurde u. a. der Einwand gemacht, es gebe bereits zu viele derartige angebliche Reliquien, sodaß man sie mehrfach zu einem Kreuz zusammensetzen könne. Dieses Argument ist inzwischen entkräftet: Alle bekannten Teilchen zusammengenommen (auch die inzwischen verschollenen) ergäben nur etwa $1/5$ des ursprünglichen Kreuzes.
Der in Jerusalem aufbewahrte größere Teil des Kreuzes Jesu wurde 614 von König Chosrau Abharwez von Persien geraubt und nach Ktesiphon am Tigris verschleppt. Der byzantinische Kaiser Heraklios konnte ihn aber am 3.5.628 entdecken und nach Jerusalem zurückbringen. Dieses Ereignis wurde in der Folge als Fest der Kreuzauffindung am 3. Mai gefeiert (1960 in der lateinischen Kirche aufgehoben). Die Jerusalemer Reliquie ging 1187 in der Schlacht bei Hattin (Galiläa) endgültig verloren.
Um das Kreuz Christi rankten sich schon früh zahlreiche Legenden. Als erster berichtet Ambrosius, die Kaiserin Helena habe es aufgefunden. Später kam das Motiv einer göttlichen Offenbarung hinzu, durch die man die 3 Kreuze entdeckte. Das Kreuz Jesu unter ihnen habe man durch ein Heilungswunder erkannt. Eine andere Legende läßt Adam in seiner letzten Krankheit seinen Sohn Seth zum Paradies senden, damit dieser vom Baum des Lebens ein Heilmittel für ihn hole. Der Erzengel Michael gab ihm aber nur eine messianische Weissagung mit auf den Weg sowie einen Samen, aus dem ein mächtiger Baum wuchs. Dieser Baum wurde für den salomonischen Tempelbau als unbrauchbar befunden und weggeworfen, dann zu einem Steg über den Kidronbach und schließlich zum Kreuz für den Herrn verwendet.

9. November: *Weihefest der Lateranbasilika* (GK F)

Neben dem Todestag eines Märtyrers feierten die Christen der alten Zeit auch den Jahrestag einer Kirchweihe. Dafür gibt es ein Vorbild aus dem AT: Als Antiochos IV. Epiphanes 169 v. Chr. den Tempel zu Jerusalem geplündert und verwüstet hatte (1 Makk 1,21–24), ließ Judas Makkabäus 164 v. Chr. den Tempel wieder reinigen und heiligen (1 Makk 4,36 ff). Den Jahrestag dieser neuerlichen Weihe begingen die Juden im Tempelweihfest (Chanukka-Fest). Das älteste christliche Zeugnis eines Kirchweihfestes bringt die Pilgerin Aetheria, die um 400 das Weihefest der Auferstehungskirche in Jerusalem schilderte.
Das Gebiet des heutigen Lateran auf dem Monte Celio in Rom war ursprünglich im Besitz der Adelsfamilie der Laterani. Wegen angeblicher Verschwörung wurden sie durch Kaiser Nero ausgerottet, und der ganze Besitz mit den reichen Thermenanlagen, Wohnbauten und anderen Gebäuden kam in kaiserlichen Besitz. Der dortige Palast diente noch der Kaiserin Fausta, der Gemahlin Konstantins d. G., als Residenz. Konstantin schenkte dieses Gebiet um 324 der Kirche. Dazu ließ er eine Basilika errichten, die er ebenfalls dem Papst zur Verfügung stellte. Die altrömische Basilika war nach dem Vorbild der Stoá basilikē in Athen (Königshalle) erbaut und diente ganz allgemein als Versammlungsraum für Handel, politische Kundgebungen, Gerichtssitzungen u. a. Sie hatte ein hohes, durch Säulen getragenes Langhaus, das über die seitlichen Portiken emporragte. Durch den langen Fenstergaden über den Portiken erhielt das Innere eine zentrale Ausleuchtung. Die Lateranbasilika ist die 1. christliche Kirche überhaupt und war in der Folge die Bischofskirche der Päpste. Der durch Konstantin ebenfalls prunkvoll ausgestattete Lateranpalast war bis 1308 Residenz der Päpste und Sitz von 5 Konzilien und 8 römischen Synoden. Die an der Lateranbasilika angebrachte Inschrift »Mater et caput omnium ecclesiarum« (Haupt und Mutter aller Kirchen) erinnert an die Würde dieser Basilika. Ähnlich wie in Konstantinopel die spätere Hagia Sophia (»Hl. Weisheit«, die 2. Person Gottes) war auch die Lateranbasilika ursprünglich eine Christuskirche. Sie stürzte 896 durch ein Erdbeben ein, wurde unter Papst Sergius III. (904–911) neu

erbaut und erhielt bei dieser Gelegenheit Johannes den Apostel und Johannes den Täufer zu Patronen. Durch die Brände von 1308 und 1361 wurde sie stark beschädigt, sodaß die Päpste nach ihrer Rückkehr aus Avignon 1376 in den Vatikan zogen. Im Barock wurde die Lateranbasilika wiederholt umgebaut, vergrößert und mit neuer Inneneinrichtung versehen, sodaß die ursprüngliche Form nicht mehr zu erkennen ist. Das achteckige Baptisterium stammt noch aus konstantinischer Zeit.
Die Lateranbasilika war zusammen mit S. Maria Maggiore, St. Peter, St. Paul und St. Laurentius eine der sog. Patriarchalbasiliken, die direkt dem Papst unterstanden (seit dem 18. Jh. auch Basilicae Majores genannt). Diesen Titel erhielten 1756 die Kirche S. Francesco in Assisi durch Benedikt XIV. und die Kirche Maria degli Angeli in Assisi 1909 durch Pius X. Den Titel einer Basilica Minor erhalten besonders seit dem 18. Jh. wichtige Wallfahrtskirchen, hervorragende Klosterkirchen u. ä. bewilligt.
Das Kirchweihfest gilt letztlich nicht dem Gebäude, sondern der in ihr versammelten Gemeinde, in deren Mitte das eucharistische Opfer gefeiert wird. Diese Kirche, »aus lebendigen Steinen erbaut« (Präfation zum Fest) ist der Fortlebende Christus auf Erden und »in Christus gleichsam das Sakrament, das heißt Zeichen und Werkzeug für die innigste Vereinigung mit Gott wie für die Einheit der ganzen Menschheit« (2. Vat. Konzil, Kirche u. Welt 42).

Letzter Sonntag im Jahreskreis: *Christus König der Welt* (GK H)

Pius XI. setzte dieses Fest durch seine Enzyklika Quas primas vom 11. 12. 1925 ein und verlegte es auf den letzten Sonntag im Oktober. Den äußeren Anlaß zur Einführung dieses Festes gab die 1600-Jahr-Feier des 1. Allgemeinen Konzils von Nicäa (325), auf dem Jesus Christus als wesensgleicher Sohn des Ewigen Vaters verkündet wurde. Der Festtermin wurde gewählt im Hinblick auf das darauffolgende Fest Allerheiligen, damit »der Ruhm dessen, der in allen Heiligen und Erwählten triumphiert, laut verkündet werde«. An diesem Tag sollte auch die Weihe an das Herz Jesu stattfinden. In der Neuordnung der Liturgie 1969 wurde das Fest auf den letzten Sonntag im Jahreskreis verlegt. Der darauffolgende Advent richtet unseren Blick auf die künftige Vollendung der Weltgeschichte und des Menschen durch die Wiederkunft Christi. So wird zum Ausdruck gebracht, daß Christus Anfang und Ziel der gesamten Weltgeschichte ist: »Alles ist durch ihn und auf ihn hin erschaffen. Er ist vor allem, und alles hat in ihm seinen Bestand« (Kol 1,16–17). Er selbst nennt sich »das Alpha und das Omega, der Erste und der Letzte, der Anfang und das Ende« (Offb 22,13). Das große alttestamentliche Vorbild ist König David, von dem Jesus Christus als der eigentliche König Israels leiblicherseits abstammt. Ein König in Israel wurde durch einen Propheten zu seinem Amt gesalbt. Das bedeutet, daß er als König nicht vom Volk, sondern von Gott her eingesetzt ist. In erhöhtem Maß gilt dies von Jesus Christus als dem Messias (hebr. meschiach = der Gesalbte; davon gräzisiert Messias, in griech. Übersetzung Christós). In einer Zeit, da die weltlichen Monarchen weithin abdankten und an ihre Stelle vom Volk gewählte Präsidenten traten, soll der Festgedanke dartun, daß sich das Königtum Christi nicht von einer demokratischen Willensäußerung der Menschen ableitet, sondern in der Tatsache begründet ist, daß er als der ewige Gott in menschlicher Gestalt in diese Welt getreten ist, sie erlöst und geheiligt hat und jeden Menschen zu Entscheidung und Stellungnahme fordert.

b) Herrenfeste, die in einzelnen Diözesen gefeiert werden

Montag nach dem 5. Fastensonntag: *Fest des dornengekrönten Hauptes Jesu Christi* (Gurk-Klagenfurt F)

In der 1. Hälfte des 18. Jh.s lebte in Klagenfurt ein Maler in großer Armut und war außerdem von einer schweren und schmerzhaften Krankheit befallen. Er suchte Trost im Blick auf das bittere Leiden des Herrn und fühlte plötzlich den inneren Antrieb, das dornengekrönte

Haupt Christi zu malen. Dieses Bild erwarb die in Klagenfurt lebende Kaufmannsfrau Maria Ruprecht um 30 Silbergroschen. Sie hatte nämlich bei der schweren Erkrankung ihres Mannes das Gelübde gemacht, der Stadtpfarrkirche St. Egid ein Bild des Erlösers zu stiften. Nach der Genesung ihres Gatten erstand sie das Bild und schenkte es der Stadtpfarrkirche. Der damalige Stadtpfarrer Lorenz Klein hatte anfangs Bedenken es anzunehmen, da auf ihm auch die Lippen von einem Dorn durchbohrt waren, wofür sich in der Hl. Schrift keine Begründung finde. Er ließ es aber dann doch in der Kirche ausstellen. Von Tag zu Tag wuchs die Zahl der Gläubigen, die vor diesem Bild den Herrn in seinem Leiden verehrten und ihm ihre Anliegen empfahlen. Zum Dank für viele Gebetserhörungen brachten sie dort zahlreiche Weihegeschenke an. 1742 erhielt das Gnadenbild einen silbernen Rahmen und eine Krone. Im Pestjahr 1749 wandten sich die Stadtväter an den Pfarrer mit der Bitte, er solle eine besondere Andacht vor dem Gnadenbild anordnen. Nach der Novene erlosch die Seuche. Daraufhin ersuchten die Stadtvorsteher 1750 den neuen Stadtpfarrer Sigmund Edlen von Rambichl, daß diese neuntägige Andacht alljährlich gehalten werden möge. Von hier aus breitete sich die Novene über die ganze Diözese aus und ist heute als »Heilig-Haupt-Andacht«, verbunden mit Fastenpredigten, bekannt.

Freitag nach dem 2. Ostersonntag: *Hl. Lanze und Nägel* (Bamberg g, Dom U.L.F. zu Nürnberg G)

Zur Legende der Kreuzauffindung durch die Kaiserin Helena kam bald auch die der Auffindung der Nägel am Kreuz Jesu und der Lanze, mit der der Soldat die Seite Jesu öffnete. Die Zahl der Nägel wurde in älterer Zeit mit 4 (Gregor von Tours), seit 1204 immer mit 3 angenommen (offenbar vom Grabtuch Jesu abgeschaut, das die Kreuzfahrer des 4. Kreuzzuges von Konstantinopel nach Frankreich nahmen und das heute in Turin aufbewahrt wird). Es heißt, Helena habe Abfeilungen von den Nägeln in einen Pferdezaum und einen Helm für den Kaiser oder in ein Diadem an der Krone der Kaiserstatue einarbeiten lassen (Eiserne Krone von Monza). Nach Gregor von Tours sei ein weiterer Nagel zur Besänftigung der Stürme ins Meer versenkt worden. Man zeigt heute insgesamt etwa 30 solcher »hl. Nägel«, u. a. in S. Croce in Gerusalemme in Rom und in Trier.
Die »hl. Lanze« habe Helena ebenfalls mit dem Kreuz aufgefunden. Tatsächlich befand sich im 6. Jh. ein solches Stück in der Sions- bzw. Grabeskirche in Jerusalem. Beim Persereinfall 614 kam deren Spitze nach Konstantinopel, zur Zeit des lateinischen Kaisertum in Byzanz (1204–61) wurde sie an die Venezianer verpfändet, die sie 1241 an König Ludwig IX. von Frankreich weiterverschenkten. Sie war bis 1796 in Paris und ging in der Französischen Revolution unter. Wohl nach 700 kam der Hauptteil der Lanze in Jerusalem ebenfalls nach Konstantinopel, wo sie 1453 in türkischen Besitz überging. Sultan Bajasid II. schenkte sie nach dem Fall von Granada 1492 Papst Innozenz VIII., der sie in St. Peter in Rom aufbewahren ließ.
Es gibt (oder gab) noch andere derartige »hl. Lanzen«: 1098 glaubten Kreuzfahrer auf Grund einer angeblichen Vision in der Petruskirche zu Antiochia eine »hl. Lanze« gefunden zu haben. Diese wurde aber schon im Mittelalter als unecht bezeichnet. In Etschmiadsin (Armenien) wird ebenfalls eine »hl. Lanze« gezeigt. Diese kann aber nur eine römische Fahnenspitze gewesen sein.
Zu den Kroninsignien des Hl. Römischen Reiches gehörte auch eine derartige »hl. Lanze«, die ursprünglich in Nürnberg aufbewahrt wurde. Sie trägt in einer Ausnehmung in der Mittelachse einen goldtauschierten Ziernagel (angeblich von einem Nagel des Kreuzes Jesu). Im 11. Jh. zerbrochen, wurde sie mit Metallbändern repariert. Sie ist wohl eine fränkische oder langobardische Flügellanze aus dem 8. Jh. Im Mittelalter galt sie zuerst als Lanze Konstantins d. G., später als die des hl. Mauritius, schließlich als die Lanze, mit der der Soldat in die Seite Jesu stieß. Angeblich habe sie der Burgunderkönig Rudolf II. um 922 Kaiser Konrad geschenkt. Sie spielte in der Folge bei der Kaiserkrönung und als schützendes Heiligtum in Schlachten (z. B. in der Ungarnschlacht auf dem Lechfeld 955) eine Rolle. Kaiser Karl IV.

brachte sie 1350 von Nürnberg nach Prag. Aus diesem Anlaß wurde 1353 mit Bewilligung Innozenz' VI. für Deutschland und Böhmen das Fest De armis Christi (Leidenswerkzeuge) am Freitag in der Osteroktav eingeführt (Speerfreitag). In den Hussitenkriegen kam sie 1424 wieder nach Nürnberg zurück, wobei Papst Martin V. das Fest erneut bestätigte. Seit 1800 befindet sie sich in der Geistlichen Schatzkammer in Wien. Die Echtheit auch dieser Reliquie wurde schon lange angezweifelt. Die Ritenkongregation billigte 1736 das Festoffizium erneut, ohne sich über die Echtheit der Reliquie selbst zu äußern. Ein derartiger Kult richtet sich letztlich nicht auf die Leidenswerkzeuge, sondern auf den Herrn, der durch sie gelitten hat.

Freitag nach dem 2. Ostersonntag: *Gedenktag des hl. Rockes* (Trier g)

Der sog. hl. Rock von Trier taucht urkundlich erstmals um 1060 in der Vita des Bischofs Agricius († um 335) auf. Hier wird noch darüber gezweifelt, ob es sich bei einem in Trier aufbewahrten Tuch um die Tunika (Obergewand), den Purpurmantel oder die Beinkleider Jesu handle. Ein Einschub in die Gesta Treverorum (1101/07) will bereits wissen, Bischof Agricius habe den hl. Rock von der Kaiserin Helena zum Geschenk erhalten und im Dom aufbewahrt. Der Mönch Altmann von Hautvillers hingegen nennt in seiner Vita Helenae (um 880) unter den von Helena an Trier gesandten Reliquien den hl. Rock noch nicht. Seit 1107 aber ist die Bezeugung dieses Tuches sicher. Erzbischof Johann übertrug es 1196 vom Nikolausaltar des Westchores in den neuen Hochaltar des Ostchores. Die erste Ausstellung erfolgte 1512 anläßlich des Reichstages unter Kaiser Maximilian und wurde zunächst jährlich wiederholt, seit 1517 alle 7 Jahre und ab 1585 immer seltener. 1657 kam der hl. Rock wegen Kriegsgefahr auf die Feste Ehrenbreitstein bei Koblenz und an andere Orte, 1794 nach Augsburg und 1810 endgültig nach Trier zurück. In diesem Jahr sowie 1844, 1891, 1933 und 1959 fanden weitere Ausstellungen statt, die bis zu 2 Mill. Pilger anzogen.
Bischof Michael Felix Korum ließ 1890 wegen der heftigen Kritik an der Echtheit den hl. Rock durch eine Kommission unter Beiziehung von Sachverständigen mehrere Tage lang einem genauen Augenschein unterziehen. Danach besteht die Reliquie aus ungemusterten, bräunlich gefärbten, nur lückenhaft zusammenhängenden Stoffteilen von offenbar sehr hohem Alter. Eine Naht oder Musterung war nicht zu erkennen. Kleinere Stücke waren schon früher abgerissen, weshalb man im 5./9. Jh. die Vorderseite mit Purpurseide bedeckte, die noch ein schwaches Vogelmuster zeigte, aber bereits stark zerfallen war. Die Rückseite war mit durchsichtigem Byssus bedeckt. Dazwischen lag ein aus mehreren Stücken zusammengesetztes Gewand von starker ungemusterter Körperseide, das die Reliquie tragen und stützen sollte. Zum weiteren Schutz ließ Bischof Korum die Reliquie mit einem maschenartigen braunen Gewebe umgeben. Die Kommission fand nichts, was der alten Trierer Tradition widersprach, konnte aber über die Echtheit auch nichts aussagen. Die Verehrung einer solchen Reliquie richtet sich aber nicht auf den materiellen Gegenstand, sondern auf die Person Jesu Christi, wie dies analog für die Reliquienverehrung allgemein gilt.

2. Die Marienfeste des Kirchenjahres

a) Die Marienfeste des Allgemeinen Kalenders

1. Jänner: *Hochfest der Gottesmutter Maria* (GK H)

In Rom feierte man am 1. Jänner ursprünglich den Heimgang Marias, später auch die Weihnachtsoktav. Ab dem 6. Jh. gedachte man in Gallien und Spanien an diesem Tag der Beschneidung des Herrn (vgl. Lk 2,1). Im 11. Jh. wurde diese Auffassung des Festgeheimnisses auch in Rom vorherrschend, im 13. Jh. hieß das Fest »Beschneidung des Herrn und

Oktavtag von Weihnachten«. Die Neuordnung der Liturgie 1969 kehrte zur ursprünglichen römischen Auffassung zurück: »Am 1. Jänner ist das Hochfest der Gottesmutter Maria, an dem auch der Namengebung Jesu gedacht wird.« Ein solches Marienfest wird auch im christlichen Osten am 26. Dezember gefeiert, bei den Kopten am 16. Jänner. Auf das Fest des Namens Jesu (bisher am Sonntag nach Beschneidung des Herrn) wurde verzichtet.
Das Konzil von Nicäa (325) formulierte gegen Arius die Glaubensaussage über Jesus Christus: »... Gott von Gott, Licht vom Licht, wahrer Gott vom wahren Gott, eines Wesens mit dem Vater... der herabgestiegen ist, Fleisch und Mensch geworden ist...« Maria wird hier zwar nicht namentlich genannt, doch ergibt sich daraus folgerichtig ihre Gottesmutterschaft. Das 1. Konzil von Konstantinopel (381) erwähnt erstmals auch Maria: »Er hat Fleisch angenommen durch den Hl. Geist aus der Jungfrau Maria und ist Mensch geworden.« Das Konzil von Ephesus (431) formulierte im 1. seiner 12 Lehrsätze: »Wer nicht bekennt, daß der Emmanuel in Wahrheit Gott ist und die heilige Jungfrau deshalb Gottesgebärerin (griech. Theotókos, lat. Dei Genetrix) ist – sie hat nämlich das Wort, das aus Gott ist und Fleisch geworden ist, dem Fleisch nach geboren –, der sei ausgeschlossen.« Den Ausdruck »Christus-Gebärerin«, den Nestorius einführen wollte, lehnte das Konzil ab, einmal wegen dessen häretischer Christologie und dann deshalb, weil die Bezeichnung »Christus« Anlaß zu Mehrdeutigkeiten geben konnte. Das Konzil von Chalkedon (451) wiederholte in feierlicher Form, was die vorhergehenden Konzilien ausgesprochen hatten: »Jesus Christus... geboren der Gottheit nach aus dem Vater vor aller Zeit, in den letzten Tagen aber für uns und unser Heil aus Maria, der Jungfrau und Gottesgebärerin, der Menschheit nach.« Maria ist somit wirkliche Mutter des Menschen Jesus und zugleich auch der 2. Person Gottes. Sie ist gleichzeitig auch Jungfrau, d.h. sie hat ihr Kind ohne Zutun eines Mannes auf wunderbare Weise durch unmittelbares Eingreifen des Hl. Geistes empfangen. Ihre immerwährende Jungfräulichkeit, d.h., ihre leibliche Unversehrtheit vor, während und nach der Geburt, findet sich bei den Kirchenvätern seit Klemens von Alexandria und wird besonders von Johannes Chrysostomus, Ephräm d. Syrer, Ambrosius und Augustinus verteidigt. Augustinus nimmt erstmals auch ein Gelübde der Jungfräulichkeit bei Maria an. Eine lehramtliche Entscheidung über ihre immerwährende Jungfräulichkeit erfolgte auf der Lateransynode (649).
Der Titel »Gottesgebärerin« besagt zunächst ein – wenn auch wunderbares – so doch rein physiologisches Geschehen. Es bürgerte sich sehr bald die viel umfassendere Bezeichnung »Gottesmutter« ein, welche auch die innere, personhafte Beziehung zu ihrem Sohn deutlicher zum Ausdruck bringt und damit auch ihre geistliche Mutterschaft über alle Menschen. Seit den ältesten Zeiten wird Maria deshalb in der gesamten Christenheit als Jungfrau und Gottesmutter verehrt und geliebt.

11. Februar: *Gedenktag Unserer Lieben Frau zu Lourdes* (GK g)

In der Grotte am Felsen Massabielle bei Lourdes (heute im Stadtgebiet) erschien am 11.2.1858 der 14jährigen Bernadette Soubirous, Tochter eines arbeitslosen Müllers, eine »Dame«. Die Erscheinungen ereigneten sich insgesamt 18mal, zuletzt am 16.7.1858. Am 25.2. befahl die »Dame« dem Mädchen, von einer Quelle in der Grotte, die unmittelbar darauf entsprang, zu trinken und sich mit dem Wasser zu waschen. Die Quelle floß anfangs spärlich, dann reicher, heute gibt sie täglich 122000 l Wasser. Die »Dame« verlangte außerdem den Bau einer Kapelle, zu der man in Prozessionen kommen solle, und forderte die Menschen zu Gebet und Buße auf. Die zuständigen kirchlichen Stellen, besonders der Pfarrer Peyramale und Bischof Laurence von Tarbes, dem Lourdes unterstand, verhielten sich lange sehr zurückhaltend, ja feindselig gegenüber Bernadette. Erst als das Mädchen auf Geheiß des Pfarrers die »Dame« nach ihrem Namen fragte, antwortete diese: »Ich bin die Unbefleckte Empfängnis.« Der Pfarrer war über die Antwort des völlig unerfahrenen, ja »dummen« Mädchens derart erschüttert, daß er von nun an an die Erscheinung glaubte. Sie erschien ihm wie eine unerwartete Bestätigung des Himmels über die Definition des Glau-

benssatzes über die Unbefleckte Empfängnis Mariä durch Pius IX. am 8.12.1854 aus dem Mund eines völlig unwissenden Mädchens, das den Katechismus kaum erlernen konnte. Der Bischof setzte am 28.7.1858 eine Kommission ein, nach deren Urteil er am 18.1.1862 erklärte, die Erscheinungen trügen alle Merkmale der Wahrheit an sich, und die Gläubigen seien berechtigt, an die Wahrheit der Erscheinungen zu glauben. Nach Bernadettes Angaben schuf der Bildhauer J. Fabisch eine Marienstatue, die 1864 in der Grotte aufgestellt wurde. 1876 wurde über der Grotte eine Kirche eingeweiht, 1901 die darunterliegende Rosenkranzkirche. Kard. G. Roncalli (der spätere Johannes XXIII.) weihte 1958 im Auftrag Pius' XII. die unterirdische Basilika zum hl. Pius X. ein.
Die Päpste nahmen lange Zeit nicht offiziell zum Phänomen Lourdes Stellung, sondern nur in inoffiziellen Äußerungen bzw. Gesten: Pius IX. sandte 1876 Weihegeschenke für die neue Kirche, erhob sie zur Basilica Minor und ließ die Statue durch einen Nuntius krönen. Leo XIII. bestätigte das inzwischen in Gebrauch gekommene kirchliche Festoffizium und genehmigte das Fest am 11. Februar für die Kirchenprovinz Auch, zu der Tarbes gehört. Pius X. dehnte das Fest 1907 auf die ganze Kirche aus. Pius XI. anerkannte 1923 die Erscheinungen in Lourdes und sprach Bernadette 1925 selig, 1933 heilig. 1926 erhob er auch die Rosenkranzkirche zur Basilica Minor. Pius XII. richtete anläßlich des Jubiläums 1958 die Enzyklika Le pèlerinage de Lourdes an die Kirche Frankreichs.
Die Wallfahrten setzten noch zur Zeit der Erscheinungen spontan ein, heute zählt man jährlich etwa 2 Mill. Pilger (im Jubiläumsjahr 1958 etwa 6 Mill.). Die 1. wunderbare Heilung ereignete sich am 26.2.1858 an der neuentsprungenen Quelle. Heute zählt man etwa 6000 medizinisch nicht erklärbare Heilungen, von denen insgesamt 65 als Wunder kirchlich anerkannt sind. Über ca. 1200 Heilungen ist der kirchliche Prozeß noch nicht abgeschlossen, ca. 3000 sind noch in Vorbereitung. Die ungemein strenge Prüfung derartiger Heilungen erfolgt in 3 Instanzen: 1. durch das Bureau Médical (1959 von 1598 Ärzten besucht), 2. durch das Comité Médical International (es umfaßte 1959 36 Mitglieder aus 10 Nationen) und 3. durch eine kirchliche Kommission, die der Bischof, dem der Geheilte untersteht, einberuft. Viele Heilungen werden aus persönlicher Scheu verschwiegen.

Samstag nach dem 2. Sonntag nach Pfingsten (Samstag nach dem Herz-Jesu-Fest): *Herz Mariä* (GK g)

Unter dem Symbol des Herzens Mariä verehrt die Kirche die Liebe der Gottesmutter zu Gott und ihrem Sohn, ihre mütterliche Gesinnung zu den Menschen und ihre einzigartige Stellung innerhalb der Kirche, die durch ihre Gottesmutterschaft begründet ist. Die Andacht zum Herzen Mariens hat somit ihre Entsprechung zur Herz-Jesu-Verehrung. Doch besteht der wesentliche Unterschied, daß Jesus Christus in seiner ganzen Person, also auch in seinem menschlichen Herzen, angebetet wird, was bei Maria natürlich nicht zutrifft.
Zwar nicht dem Ausdruck, so doch der Sache nach kannten bereits die Kirchenväter die Verehrung zum Herzen Mariä und untermauerten sie u. a. mit ihrer Gesinnung, wie sie im Magnificat (Lk 1,46 ff) zum Ausdruck kommt, sowie aus dem Wort Jesu am Kreuz: »Frau, siehe da deinen Sohn – Sohn, siehe da deine Mutter!« (Joh 19,26–27) Die Bezeichnung »Herz Mariä« führte erstmals Eadmer von Canterbury OSB († um 1124) in die Theologie ein. Von hier aus erhielt diese Andacht bei den Theologen und Mystikern des Mittelalters starke Impulse. Im 17. Jh. machte sich Johannes Eudes SJ, der sich für die Verbreitung der Herz-Jesu-Andacht einsetzte, auch um die öffentliche Verehrung des Herzens Mariä sehr verdient, worin ihn die französischen Bischöfe, die Franziskaner und Benediktiner unterstützten, 1799 wurde das Fest Herz Mariä für Palermo, 1805 für die ganze Kirche erlaubt. Der Festtermin war nicht einheitlich: 8. Februar (Johannes Eudes); 1805: 3. Sonntag nach Pfingsten; später nach der Oktav von Mariä Himmelfahrt. Pius XII. setzte es auf den Oktavtag von Mariä Himmelfahrt fest (22. August), seit 1969 wird es am Samstag nach dem Herz-Jesu-Fest gefeiert. Die Bezeichnung »Unbeflecktes Herz Mariä« stammt von Joseph de Galliffet SJ, einem Schüler von Claudius de la Colombière SJ.

Eine private Weihe an das Herz Mariä wurde seit dem 12. Jh. geübt, damals noch stark unter dem Gedanken des Minnedienstes. Vom 17. Jh. an nahmen Pfarreien, Bistümer usw. diese Weihe vor. Im 19. Jh. erlebte diese Weihebewegung neuen Aufschwung und wurde unter dem Eindruck von Fatima (1917) noch verstärkt. Pius XII. vollzog die Weihe der Welt an das Herz Mariä am 8.12.1942. Wesentliche Merkmale dieser Weihe sind die Anerkennung der Stellung Mariens im gesamten Heilswerk Christi und der Ausdruck unserer Zuflucht zu ihr wegen ihrer mütterlichen Liebe und die Sühnebereitschaft. Eine Form der Herz-Mariä-Verehrung ist u.a. die Sühnekommunion am 1. Samstag eines Monats. Eine große Zahl bes. weiblicher Orden und Kongregationen trägt den Namen Herz Mariä.

2. Juli: *Mariä Heimsuchung* (RK; im GK F am 31. Mai)

Gegenstand dieses Festes ist der Besuch Marias bei ihrer Verwandten Elisabeth (Lk 1,39–56). Bei dieser Gelegenheit sprach Maria ihren Lobgesang des Magnificat, das noch heute in der Liturgie der Kirche als Vesperhymnus gesungen wird. Nach allgemeiner Auffassung wurde Johannes d.T. bei dieser Begegnung schon im Mutterschoß in der Gnade Christi geheiligt. Darauf deutet das Wort des Engels an Zacharias: »Er wird mit dem Hl. Geist erfüllt werden schon vom Schoß seiner Mutter an« (Lk 1,15). In diesem Sinn wurde auch der Gruß Elisabeths sehr oft gedeutet: »Denn siehe, als der Klang deines Grußes an mein Ohr drang, da hüpfte das Kind vor Freude auf in meinem Schoß« (Lk 1,44). Das Fest stammt aus dem Orient. Im Abendland wurde es durch die Franziskaner verbreitet, Bonaventura führte es als Ordensgeneral 1263 für seinen Orden ein. Urban VI. (1378–89) approbierte es, Bonifatius IX. gestattete es 1389 für die ganze Kirche, Pius V. nahm es 1570 in den neuen Allgemeinen Festkalender auf und machte es so verbindlich. Im neuen Römischen Generalkalender wurde es auf den 31. Mai verlegt, da es sich so zwischen den Festen Verkündigung des Herrn (25. März) und Geburt Johannes' d.T. (24. Juni) zeitlich besser einordnet. Weil es aber nördlich der Alpen sehr stark im Volksbewußtsein verankert ist (Wallfahrten, Kirchenpatrozinien), wurde den deutschsprachigen Diözesen gestattet, dieses Fest weiterhin am 2. Juli zu begehen.

16. Juli: *Gedenktag Unserer Lieben Frau auf dem Berge Karmel* (GK g)

Es war ursprünglich ein Eigenfest des Karmeliterordens. Auf dem Karmel hatte einst der Prophet Elias die kanaanitischen Baalsheiligtümer vernichtet und den zerstörten Altar Jahwes wieder errichtet (1 Kön 18,16–40). Am Fuß des Berges, gegen das Meer hin, liegt die Höhle el-Chadr, in der Elias mit seinen Prophetenschülern eine Mönchsgemeinde aufgebaut hatte. In frühchristlicher Zeit lebten hier Einsiedler nach dem Vorbild dieser Mönchsgemeinde des Elias. Wohl aus dieser Einsiedlergemeinschaft erwuchs der spätere Karmeliterorden. Die dortigen Mönche erbaten und erhielten 1209 vom Patriarchen Albert von Jerusalem eine verpflichtende Regel, die von Honorius III. bestätigt wurde. Viele Kreuzfahrer schlossen sich ebenfalls dieser Mönchsgemeinde an, kehrten aber 1238 wegen der Sarazenengefahr wieder in ihre europäische Heimat zurück, wo sie besonders in Frankreich und England Karmeliterklöster gründeten. Nach der Ordenstradition erschien am 16.7.1251 dem Ordensgeneral Simon Stock die Gottesmutter und überreichte ihm ein Skapulier (langes Schulterkleid), wie es im Orden als Teil des Ordenskleides bereits üblich war, zum Unterpfand des Heiles für alle, die damit bekleidet sterben. Dieser Tag wurde innerhalb des Ordens zu einem Marienfest (Skapulierfest), das durch Benedikt XIII. auf die ganze Kirche ausgedehnt wurde.

5. August: *Weihe der Basilika S. Maria Maggiore* (GK g)

Papst Liberius (352–366) ließ auf dem Esquilin in Rom die Basilika Liberiana erbauen. An deren Stelle errichtete Sixtus III. (432–440) eine neue Basilika, die er unter dem Eindruck des Konzils von Ephesus (431), das die Gottesmutterschaft Marias lehramtlich verkündete, an einem 5. August der Gottesmutter weihte und die heute unter dem Namen S. Maria Maggiore (S. Maria Major) bekannt ist. Im Mittelalter entstand die Legende, der Platz der zu errichtenden Kirche sei des Nachts durch einen wunderbaren Schneefall gekennzeichnet worden, weshalb dieses Kirchweihfest lange Zeit unter der Bezeichnung »Maria Schnee« (Dedicatio Sanctae Mariae ad Nives) bekannt war. Pius V. nahm es 1568 in das römische Brevier und damit in den römischen Festkalender auf.

15. August: *Mariä Aufnahme in den Himmel* (Mariä Himmelfahrt; GK H)

Über die Auferstehung und Himmelfahrt Marias gibt es keine Augenzeugen. Die Erzählung, die Apostel hätten ihr Grab leer gefunden oder sie hätten Maria zum Himmel auffahren gesehen, ist legendär. Dieses Festgeheimnis hat also keine historische, wohl aber eine dogmatische Tradition, d. h. es gibt eine kirchliche Überlieferung, die das Bild Marias im Licht der Offenbarung und ihre Stellung im gesamten Heilswerk Christi auslegt. Wie allgemein jeder Glaubenssatz in seinem ausdrücklichen Erkannt-Sein und damit in seiner exakten Formulierung einem Entwicklungsprozeß unterworfen ist, so auch der von der endgültigen Vollendung Marias nach Leib und Seele. Der Keim zu dieser Entwicklung liegt in der schon sehr früh anzutreffenden Bezeichnung Marias als der 2. Eva, die dem 2. Adam (Christus) zugehört. Da sie mit ihrem gottmenschlichen Sohn in einer Weise verbunden ist, wie es sonst keinem anderen Menschen vergönnt ist, so sollte sie auch an der Auferstehung und Himmelfahrt ihres Sohnes Anteil haben. In ihr als dem total erlösten Menschen und damit dem Urbild der Kirche ist schon jetzt erfüllt, worauf die übrigen geheiligten Menschen bis zum Ende der Zeit noch warten.
Um 450 ist in der östlichen Kirche das Gedächtnis des Heimganges Marias bezeugt (griech. Koímesis tes Theotóku, lat. Dormitio Beatae Mariae Virginis), das bald zu einem richtigen Fest umgestaltet wurde. Kaiser Maurikios (582–602) setzte dieses Fest allgemein auf den 15. August fest. Die Wahl dieses Tages geht wohl auf ein Fest der Ölbergkirche in Jerusalem zurück, in der das Grab Marias verehrt wurde (eine andere, weniger gut bezeugte Tradition weist allerdings auf Ephesus als den Sterbeort Marias). Im 7. Jh. war die Überzeugung allgemein, daß Maria verklärten Leibes in die ewige Herrlichkeit aufgenommen worden ist. Auf dem 1. Vatikanischen Konzil (1869–70) äußerten 195 Konzilsväter den Wunsch nach der Dogmatisierung dessen, woran die gesamte Christenheit ohnehin fest glaube. Pius XII. erließ 1946 eine Rundfrage an alle Bischöfe und Ordensobern des Erdkreises, ob sie mit ihren Gemeinden die leibliche Aufnahme Marias im Glauben festhielten und die Dogmatisierung wünschten. Die Antwort war ein fast einstimmiges Ja, sodaß der Papst in der Apostolischen Konstitution Munificentissimus Deus vom 1.11.1950 als eine »von Gott geoffenbarte Wahrheit« verkündete, daß »Maria nach Vollendung ihres irdischen Lebenslaufes mit Leib und Seele zur himmlischen Herrlichkeit aufgenommen worden ist«. Das Fest Allerheiligen, an dem das neue Dogma verkündet wurde, war mit der Absicht gewählt worden, um die Bedeutung ihrer Vollendung auch für unsere endzeitliche Zukunft hervorzuheben.
Seit dem 10. Jh. ist fast im gesamten katholischen deutschen Sprachraum an diesem Tag die Kräuterweihe üblich (»Unserer Frauen Würzweih«). Dazu werden Heil- und Nutzkräuter wie auch Blumen verwendet, die zum »Weihbüschel«, »Würzbüschel«, »Würzwisch« (Rheinland) oder »Sangen« (Niederrhein) gebunden werden. Der Brauch geht ursprünglich auf das Bedürfnis zurück, vorchristlichen Aberglauben beim Kräutersammeln zurückzudrängen. Vermutlich steht er in Zusammenhang mit der alten Legende, die Apostel hätten im Grab Marias statt des Leichnams der Gottesmutter Rosen gefunden.

22. August: *Maria Königin* (GK G)

Seit dem Mittelalter wurde Maria als Königin über alle Engel und Heiligen verehrt, wie zahlreiche Hymnen, Gebete und Abbildungen zeigen. Spezielle Festfeiern unter diesem Gesichtspunkt bildeten sich aber erst im Lauf des 19. Jh.s heraus. 1870 erhielten Spanien und die meisten Diözesen Lateinamerikas die Erlaubnis, am 31. Mai das Fest »Maria Königin aller Heiligen« zu feiern. Pius XII. dehnte es am 1.11.1954, dem Abschluß des Marianischen Jahres (100. Wiederkehr der Dogmatisierung der Unbefleckten Empfängnis Mariä), auf die ganze Kirche aus. Der neue Römische Generalkalender verlegte es als Gedächtnistag auf den Oktavtag von Mariä Himmelfahrt, um so die innere Verbindung ihres Königtums mit ihrer leiblichen Aufnahme in den Himmel hervortreten zu lassen.

8. September: *Mariä Geburt* (GK F)

Wie viele andere stammt auch dieses Fest aus dem Osten. Wahrscheinlich geht es auf ein Weihefest der Annakirche in Jerusalem zurück, die im 5. Jh. am angeblichen Ort des Geburtshauses der Gottesmutter errichtet worden war. Jedenfalls ist dieses Fest für Konstantinopel im 6. Jh. sicher bezeugt, wie zahlreiche Hymnen des Diakons Romanos des Meloden († um 560 in Konstantinopel) zeigen. Der von syrischen Eltern abstammende Papst Sergius I. (687–701) führte neben anderen Marienfesten auch dieses in Rom ein und veranstaltete zu dieser Festfeier eine Prozession. Vom 13. Jh. bis 1955 wurde es mit eigener Oktav begangen.

12. September: *Mariä Namen* (RK g; Diözesen Österreichs F)

Im 16. Jh. wurde in Spanien ein Namensfest der Gottesmutter gefeiert ähnlich dem Fest des Namen Jesu, das bis 1969 am Sonntag nach Beschneidung des Herrn (1. Jänner) begangen wurde. Papst Innozenz XI. dehnte dieses Fest zum Andenken an die Befreiung Wiens von der Türkengefahr (12.9.1683) auf die ganze Kirche aus. Der neue Generalkalender ließ dieses Fest wegen der Wiederholung seiner Thematik zu Mariä Geburt fallen, der Regionalkalender für das deutsche Sprachgebiet führt es als Gedenktag, in den österreichischen Diözesen wird es als Fest gefeiert.

15. September: *Gedächtnis der Schmerzen Mariä* (GK G)

Im Zusammenhang mit der Vorliebe des Mittelalters für die Betrachtung des Leidens Jesu entfaltete sich auch die Andacht zur Schmerzhaften Gottesmutter (U.L.F. v. d. Schmerzen, Königin der Märtyrer, Mater dolorosa). Die ersten Vorstufen liegen im 12. Jh., die eigentlichen Anfänge im 13. Jh. Wohl der erste Altar zur Schmerzhaften Gottesmutter wurde 1221 im Kloster Schönau errichtet. Die Gründung des Servitenordens um 1240 hatte als spezielles Ziel die Verehrung gerade dieses Geheimnisses. Im 12./13. Jh. entstand vermutlich in franziskanischen Kreisen (Bonaventura?) der Hymnus Stabat Mater dolorosa, der mit der Einführung dieses Festes in dessen Liturgie Eingang fand. Das Fest wurde 1423 auf einer Provinzialsynode in Köln auf den Freitag nach dem 3. Ostersonntag festgesetzt. Seit 1727 wurde es in der ganzen Kirche am Freitag nach dem Passionssonntag gefeiert (Schmerzensfreitag). Die Serviten führten für ihren Orden ein zweites Fest am 15. September ein, das Pius VII. 1814 aus Dank für seine glückliche Befreiung aus der Gefangenschaft unter Napoleon (25.5.1814) auf die ganze Kirche ausdehnte. Der neue Generalkalender reduzierte beide Feste zu dem einen am 15. September.

Besondere Verbreitung erreichte die Andacht zu den Schmerzen Mariä in den Niederlanden und den angrenzenden Gebieten durch die Errichtung einer Bruderschaft in Flandern durch Pfarrer Johann von Coudenberghe. Die Verehrung der Schmerzhaften Gottesmutter spiegelt sich in einer großen Zahl von Bruderschaften und sonstigen Vereinen, in Litaneien (bes. im 17. und 18. Jh.), der Monat September wurde der Gottesmutter geweiht, in Spanien kam der Mädchenname Dolores auf. Die Serviten verbreiteten die sog. Korone (lat. corona = Kranz), ein dem Rosenkranz ähnliches Gebet, bestehend aus 7 Gesetzen mit je 1 Pater und 7 Ave und zum Schluß in Erinnerung an die Tränen der Gottesmutter mit 3 Ave. Im

Birgittenorden wurde es üblich, im Rosenkranz als 5. Gesetz die Schmerzen Marias einzureihen. Es entstanden auch andere Gebete, Novenen (z.B. die Schmerzensnovene als eine der 11 Marien-Novenen) und die Gebetsstunde zur Schmerzhaften Gottesmutter am Karfreitag. In Anlehnung an das sog. Erbärmdebild (Schmerzensmann, Ecce Homo) entstand als neuer Typus des Marienbildes das Vesperbild (Pietà; der tote Jesus auf dem Schoß seiner Mutter) oder auch Maria mit einem oder 7 Schwertern in der Brust (nach der Weissagung Simeons, Lk 2,35) bzw. von ihnen wie von einem Nimbus umgeben.
Die Anzahl und Art der Schmerzen Marias variierte zuerst. Hauptsächlich im 14. Jh. wurden in Anlehnung an die 5 Wunden Christi 5 Schmerzen Marias genannt, aber auch (seltener) 6, 7, 8, 9, ja sogar (Alanus de Rupe, in Angleichung an den Psalter) 150. Von der Bruderschaft in Flandern ausgehend drang allmählich die Siebenzahl durch. Als solche werden genannt: Die Weissagung Simeons (a sene prophetatur) – Die Flucht nach Ägypten (in Ägyptum fugatur) – Der Verlust des Zwölfjährigen im Tempel (amissus quaeritatur) – Das Stehen unter dem Kreuz (sub cruce oneratur) – Der Tod ihres Sohnes (Mater defiliatur) – Der tote Sohn auf ihrem Schoß (in sinum collocatur) – Die Grablegung Jesu (sepulcro commendatur). Anstelle einzelner dieser 7 Schmerzen werden auch genannt: Der Kindermord in Bethlehem, der Abschied Jesu von seiner Mutter in Nazareth, die Begegnung mit Jesus auf seinem Kreuzweg, die Kreuzigung Jesu, die Abnahme des Leichnams vom Kreuz. (Zu den 7 Freuden Marias s. Gedenktag U.L.F. vom Rosenkranz, 7. Oktober)

7. Oktober: *Gedenktag Unserer Lieben Frau vom Rosenkranz* (GK G)

Pius V. rief angesichts der Türkengefahr 1569 die ganze Christenheit zum Rosenkranzgebet auf. Nach dem Seesieg der vereinigten spanischen, venezianischen und päpstlichen Flotte unter Don Juan d'Austria bei Lepanto (Náfpaktos am Golf von Korinth) am 7.10.1571 führte er zum Dank das Fest »Maria vom Sieg« am 7. Oktober ein. Sein Nachfolger Gregor XIII. gestattete 1573 den Kirchen mit einem Rosenkranzaltar ein »Fest des hl. Rosenkranzes« am 1. Sonntag im Oktober. Clemens XI. dehnte dieses 2. Fest nach dem Sieg Prinz Eugens über die Türken bei Peterwardein (Petrovaradin, nordwestl. von Belgrad) am 5.8.1716 auf die ganze Kirche aus. Pius X. vereinigte dieses Fest mit dem am 7. Oktober unter dem Namen »Rosenkranzfest«.
Der Einführung dieses Festes geht eine lange und reiche Tradition voraus. Seit dem Hochmittelalter wurde Maria mit Vorliebe unter dem Symbol der Rose gesehen. Diese Blume galt als Abbild der Jungfräulichkeit und Heiligkeit Marias, die Dornen waren Sinnbild für die Sünde und das Leid in der Welt, die Fünfzahl der Heckenrose war Zeichen des Geheimnisvollen in der Person Marias. Daher gibt es seit dem 13. Jh. Mariendarstellungen wie »Maria im Rosenhag«, »Madonna mit dem Rosenstrauch« (14. Jh., München) oder »Maria in den Dornen« (Essen 1444). In Dürers »Rosenkranzfest« (1506) teilt Maria Rosengebinde an Papst Julius III., Kaiser Maximilian und deren Gefolge aus. Man nannte Maria die »Geheimnisvolle Rose« (so in der Lauretanischen Litanei) und die »Rose ohne Dornen« (im Lied ›Meerstern ich dich grüße‹). Das Adventlied »Maria durch ein Dornwald ging« schildert in allegorischer Erzählung, wie Maria das göttliche Kind in die sündige und leidvolle Welt hineinträgt und so Freude und Erlösung bringt (»da haben die Dornen Rosen getragen«). Das Weihnachtslied »Es ist ein Reis entsprungen« ist Is 11,1 entnommen unter Verwendung des lateinischen Wortspiels Virga – Virgo (Reis – Jungfrau). Maria ist hier das Reis aus dem Wurzelstock Jesse (Isai, der Vater Davids), das die Blume (Rose) Jesus Christus hervorbringt. Im Leben Marias zählte man ihre 7 Freuden auf (weiße Rosen): Verkündigung, Heimsuchung, Geburt des Jesuskindes, seine Darstellung im Tempel, Wiederfinden des Zwölfjährigen, Auferstehung und Himmelfahrt Jesu (oder Pfingsten). Analog dazu waren ihre 7 Schmerzen (rote Rosen): Simeons Weissagung (oder der Kindermord), Flucht nach Ägypten, der verlorene Zwölfjährige im Tempel, die Begegnung mit Jesus auf dem Kreuzweg, die Kreuzigung, die Kreuzabnahme (der tote Jesus auf ihrem Schoß) und die Grablegung (vgl. dazu: Gedächtnis der Schmerzen Mariä, 15. September). Die 5 glorreichen Ge-

heimnisse ihres Lebens (goldene Rosen) sind: (wiederholend) Auferstehung Jesu, Himmelfahrt Jesu, Pfingsten, Marias Tod und Himmelfahrt und ihre Krönung (als Beisitzerin und Fürsprecherin beim Jüngsten Gericht, in Verbindung mit der Schutzmantelmadonna). Das heutige Rosenkranzgebet entwickelte sich aus Anrufungen, die man täglich in gewisser Anzahl wiederholte (z.B. der Grußpsalter von Pontigny, 12. Jh.). Dabei wurde 50 oder 150mal (in Anlehnung an die 150 Psalmen) das Ave Maria (oder auch nur der Gruß Elisabeths; Lk 1,42) gesprochen. Zum Abzählen benützte man Gebetsschnüre mit Knoten oder Perlen (Paternoster-Schnur, Korone). Ein solcher Grußpsalter war im 13. Jh. Pflichtübung der Beginen (gottgeweihte Jungfrauen) und marianischen Bruderschaften. Ein Zisterziensermönch des 13. Jh.s nannte diese Gebetsübung einen Kranz geistlicher Rosen zu Ehren der Gottesmutter, wovon sich unser »Rosenkranz« herleitet. Die Kartäuser Dominikus von Preußen († 1427) und Adolf von Essen († 1439) vereinigten 50 Ave mit je 50 Betrachtungen (Klauseln) aus dem Leben Jesu und Marias zu einem derartigen »Rosenkranz«. Alanus de Rupe OP († 1475) verbreitete das Psalterium Mariae mit 15 Vaterunser und 150 Ave mit 150 Klauseln (Großer Psalter Mariens). Jakob Sprenger OP († 1495 in Köln) griff auf den Rosenkranz zu 50 Ave zurück (Kleiner Psalter Mariens). Dieser kürzere Marienpsalter setzte sich bald allgemein durch. Seit 1483 ist das Rosenkranzgebet im wesentlichen dasselbe wie heute. Die Hauptverbreiter dieser Gebetsform waren die Dominikaner, weshalb man lange Zeit Dominikus irrtümlich als deren Urheber betrachtete. Andere Orden folgten ihrem Beispiel, z.B. die Jesuiten (Petrus Canisius u.a.).
Der Rosenkranz ist eine beim katholischen Volk seit Jahrhunderten beliebte außerliturgische Gebetsart zu Ehren Marias. Gut verrichtet ist er eine vorzügliche Schule der Verinnerlichung, indem er den Beter in das Geheimnis der Menschwerdung (freudenreicher Rosenkranz), Erlösung (Schmerzhafter Rosenkranz) und Erhöhung Christi (glorreicher Rosenkranz) hineinführt. »Dieses Gebet bedeutet Verweilen in der Lebenssphäre Mariens, deren Inhalt Christus ist« (R. Guardini). Die mündliche Wiederholung der Gebete entspricht insofern der menschlichen Natur, als sie die Innigkeit des Gedankens und Gefühls und des meditativen Sich-Versenkens zum Ausdruck bringt und zugleich unterstützt. Deshalb billigten und förderten die Päpste wiederholt diese Gebetsart (Pius V., Pius IX., Leo XIII., Pius XI., Pius XII., Johannes XXIII.). Neuen Aufschwung erhielt diese Gebetsart durch die Erscheinungen der Gottesmutter in Lourdes (1858) und Fatima (1917). Es gibt heute u.a. den Rosenkranz-Kreuzzug der Dominikaner (seit 1939), den Familien-Rosenkranz des Patrick Peyton (seit 1942) und den Sühne-Rosenkranz in Wien (seit 1947).

21. November: *Gedenktag Unserer Lieben Frau in Jerusalem* (GK G)

Das Thema dieses Gedenktages ist die Weihe der Kirche S. Maria Nova in Jerusalem in der Nähe des Tempels am 21.11.543. Im Römischen Generalkalender von 1969 ist die alte Bezeichnung »In praesentatione Beatae Mariae Virginis« (Mariä Darstellung im Tempel, Mariä Opferung) aus Respekt vor der Tradition beibehalten. Diese »Darstellung Mariä« geht auf das apokryphe Jakobus-Evangelium (um 150) zurück, der Hauptquelle für spätere Marienlegenden. Danach sei Maria im Alter von 3 Jahren von ihren Eltern Joachim und Anna (hier erstmals als solche namentlich genannt) in den Tempel gebracht worden, um dort mit den anderen (legendären) Tempeljungfrauen erzogen zu werden und Dienste zu verrichten. Für Konstantinopel ist dieses Fest im 8. Jh. bezeugt, unter Kaiser Komnenos wird es 1166 als öffentlicher Feiertag genannt. Im Abendland taucht es im 11. Jh. auf (in England im 12. Jh.), 1372 wurde es in der päpstlichen Kapelle zu Avignon feierlich begangen. Sixtus IV. führte es 1472 in Rom ein und erlaubte seine Feier für die ganze Kirche. Pius V. strich es jedoch in seinem revidierten Festkalender von 1570 wegen seines legendären Hintergrundes. Sixtus V. nahm es aber 1585 wieder auf. Der Regionalkalender für das deutsche Sprachgebiet von 1969 betont mit der Interpretation des Titels »U.L.F. in Jerusalem« die seit dem 4./5. Jh. belegte Tradition, daß Maria in Jerusalem gelebt habe und dort gestorben sei. Eine andere, in den alten Quellen weniger gut begründete Überlieferung nennt Ephesus als Ort des Heimganges Marias. Diese Tradition hängt wohl mit der dortigen Marienkirche zusammen, die vor 350 durch Umbau aus einem Musentempel geschaffen wurde und in der 431 das 3. Ökumenische Konzil tagte, welches die Gottesmutterschaft Marias feierlich verkündete.

8. Dezember: *Hochfest der Unbefleckt Empfangenen Gottesmutter Maria* (GK H)

Pius IX. verkündete am 8. 12. 1854 in seiner Bulle »Ineffabilis Deus« das Dogma von der Unbefleckten Empfängnis Marias: »Die Lehre, daß die seligste Jungfrau Maria im ersten Augenblick ihrer Empfängnis durch einzigartiges Gnadengeschenk und Vorrecht des allmächtigen Gottes, im Hinblick auf die Verdienste Christi Jesu, des Erlösers des Menschengeschlechtes, von jedem Fehl der Erbschuld rein bewahrt blieb, ist von Gott geoffenbart und deshalb von allen Gläubigen fest und standhaft zu glauben.«
Die Unbefleckte Empfängnis Marias bedeutet also, daß sie vom ersten Augenblick ihres Daseins an mit der heiligmachenden Gnade ausgezeichnet war und diese nicht, wie alle anderen Menschen, erst im Lauf des Lebens von Gott geschenkt erhalten mußte. Es besagt auch, daß Maria durch ein einmaliges Gnadenprivileg Gottes vor jeder persönlichen Sünde bewahrt blieb. Dieser Gedanke war bis zum Konzil von Ephesus (431) in der Christenheit nur latent vorhanden, so etwa, wenn Maria die neue Eva genannt wurde, oder wenn man ihre innere Jungfräulichkeit und ihre überragende, der Gottesmutter geziemende Heiligkeit betrachtete. Doch schon vom 2. Jh. an mehrten sich die Stimmen bezüglich einer außergewöhnlichen gottgewirkten Empfängnis Marias, ihrer vollkommenen Heiligkeit und Begnadung. Nach dem Konzil von Ephesus gewann diese Idee zunehmend an Klarheit und Boden, und bald war sie die allgemeine Überzeugung der Kirche. Ende des 7. Jh.s entstand im Osten das Fest der Empfängnis der hl. Anna (d. h. Marias im Schoß ihrer Mutter Anna). Dieses Fest fand im 9. Jh. im byzantinisch beeinflußten Süditalien Eingang, Anfang des 12. Jh.s in England, etwas später in Frankreich. Der erste Gegner dieser Glaubensüberzeugung von der Unbefleckten Empfängnis Marias war Bernhard von Clairvaux. Er machte dagegen den theologischen Einwand, daß sich die Erlösung auf alle Menschen aller Zeiten erstrecke, also auch auf Maria. Dieser Einwand wurde jedoch bald entkräftet durch das Argument, daß Maria ja vor-erlöst sei, wie dies in analoger Weise für alle Menschen vor Jesus Christus zutreffe, nur daß Maria eine bewahrende Vorerlösung zuteil wurde, wodurch sie schon zu Beginn ihres Lebens geheiligt wurde. Diese These wurde vielleicht schon um 1250, sicher aber um 1300 diskutiert. Deren Hauptverteidiger war Duns Scotus. Der Glaube an die Unbefleckte Empfängnis Marias wurde später durch Sixtus IV., Pius V., Alexander VII. und das Konzil von Trient geteilt.
Das Dogma von der Unbefleckten Empfängnis Marias ist zwar nicht ausdrücklich in der Hl. Schrift enthalten. Hier wie auch in anderen Glaubenssätzen stützt sich die Überzeugung der Kirche nicht allein auf ein mehr oder weniger ausdrückliches Bibelzitat, sondern auf die im Glauben gelebte und vom Hl. Geist geführte Auslegung des Gesamtsinnes der Offenbarung überhaupt. Auch die Hl. Schrift selbst ist der Niederschlag einer viel umfassenderen gelebten Glaubensüberzeugung, die zwar in ausdrücklich erkannten und damit formulierbaren Glaubens-»Sätzen« entfaltet werden kann, mit sich selbst aber unter dem Beistand des Hl. Geistes, der der Kirche innewohnt, immer identisch bleibt. Der Garant für die Richtigkeit solcher Glaubenssätze ist das der Kirche von Jesus Christus eingestiftete Lehramt.

b) Marienfeste, die in einzelnen Diözesen des deutschen Sprachraumes gefeiert werden

Samstag nach dem 4. Ostersonntag: *Maria, Trösterin der Betrübten:* Hauptpatronin der Stadt und des Landes Luxemburg (H)

1. Mai: *Maria Schutzfrau Bayerns* (in den bayrischen Diözesen H)

8. Mai: *Jungfrau Maria, Mittlerin aller Gnaden* (Sitten G, Lausanne-Genève-Fribourg g)

Dieses Meßformular war im Römischen Meßbuch bis 1969 im Proprium Sanctorum pro aliquibus locis (an bestimmten Orten gestattete Heiligenfeiern) am 31. Mai. Die Kongregation für den Gottesdienst gestattete nach der Liturgiereform einigen Diözesen eine Festfeier zu Ehren Marias unter diesem Titel, wo dies feste Tradition ist.
Seit der Zeit der Kirchenväter wurde immer wieder geäußert, daß Maria als der Mutter aller Gläubigen eine besondere Mittlerrolle zwischen Christus und der ganzen Kirche bzw. den einzelnen Menschen zukomme. Diese Ansicht ist nicht definierte Glaubenslehre, wurde aber von fast allen Päpsten seit Pius IX. gebilligt und unterstützt. Das 2. Vatikanische Konzil schloß sich dieser Meinung ebenfalls an, ohne allerdings den Begriff »Mittlerschaft Marias« näher zu umreißen. Diese Mittlerschaft kann in dreifacher Weise verstanden werden:
a) Durch ihr freies Jawort hat sie der Welt den Erlöser geschenkt. Gott wollte die Menschwerdung und Erlösung von ihrer persönlichen Einwilligung abhängig machen. Diese Mittlerschaft Marias ist mit ihrer Rolle als Gottesmutter gegeben.
b) Sie ist Austeilerin aller Gnaden, die uns Jesus Christus durch seinen Opfertod verdient hat. Dies hängt zusammen mit dem gemeinsamen Priestertum aller Getauften (allgemeines Priestertum), von dem besonders die letzten Päpste und das 2. Vatikanische Konzil sprechen. Es handelt sich um die Vermittlung von Gnaden und letztlich des ewigen Heils durch jeden einzelnen Getauften, insofern er Glied der Kirche Christi ist (durch fürbittendes Gebet, heiligmäßiges Leben, Sakramentenempfang, Leiden um Christi willen). Maria als dem Urbild der Kirche kommt hier eine bevorzugte Stellung zu. Unter den Theologen wird aber noch diskutiert, ob und wieweit darüber hinaus Maria auf Grund ihrer geistigen Mutterschaft über alle Gläubigen eine spezifisch neue Rolle zukommt.
c) Unter dem Kreuz stehend wirkte sie mit Jesus, aber in Unterordnung unter ihn, aktiv am Erlösungswerk Christi mit. Seit dem 15. Jh. wird deshalb Maria die Miterlöserin (Corredemptrix) genannt. Pius XII. verhielt sich aber gegenüber dieser Ausdrucksweise sehr zurückhaltend. Er nennt sie nicht Miterlöserin (der alleinige Erlöser ist Jesus Christus), sondern Gehilfin unseres Erlösers (unter dem Kreuz). Der Titel »Priesterin« wurde vom Hl. Offizium ausdrücklich zurückgewiesen. Das 2. Vatikanische Konzil vermied es, auf diese Frage näher einzugehen.

31. Mai: *Mariä Heimsuchung:* Fest des Domes zu Augsburg (F)
Dieses Fest wird im Römischen Generalkalender am 31. Mai, im Regionalkalender seit 1969 des deutschen Sprachgebietes sonst wie bisher am 2. Juli gefeiert.

16. Juli: *Unsere Liebe Frau von Einsiedeln:* Hauptpatronin des Ortes (H)

8. September: *Mariä Geburt:* Hauptpatronin der Diözese Lausanne-Genève-Fribourg, Patronin der Stadt Lausanne (H), Patronin des Kantons Vaud (F)

14. September: *Weihe der Gnadenkapelle v. Einsiedeln* (Einsiedeln H)
(↗ Meinrad v. Reichenau)

11. Oktober: *Maria, Mutter vom guten Rat:* Patronin der Diözese Essen (H)

D. Kalendarium der Feste und Heiligen

Es enthält alle Festfeiern und Heiligengedächtnisse des GK und RK und aller Diözesen Deutschlands, Österreichs und der Schweiz und der Diözesen Bozen-Brixen und Luxemburg mit ihrem jeweiligen liturgischen Rang (H, F, G oder g). Darüberhinaus bringt es alle übrigen Heiligen und Seligen, die im alphabetischen Namensverzeichnis dieses Buches auf-

scheinen. Bei eigendiözesanen Heiligengedächtnissen (in Klammern gesetzt), die gegenüber dem GK oder RK oder auch dem überlieferten Todestag nach Absprache der Bischöfe untereinander und mit dem Hl. Stuhl verschoben sind, wird auch auf deren Dies natalis verwiesen. Ähnliches gilt für sonstige eigendiözesan-verschobene Festfeiern. Eigendiözesane Rangerniedrigungen gegenüber dem GK oder RK (g statt G), die wegen eines Zusammentreffens mit einem dort stärker beheimateten Heiligen vorgenommen wurden, sind hier nicht eigens erwähnt.
Zu den Abkürzungen (GK, RK, H, F, G, g) s. S. 48f.
Die Hochfeste (H) des GK bzw. RK sind in Großbuchstaben, die Feste (F) des GK bzw. RK in Fettdruck, die Gedächtnistage (G, g) des GK bzw. RK sowie alle Festfeiern (H, F, G, g) einzelner Diözesen sind in Schrägdruck gesetzt.

Jänner

Sonntag nach dem 6. Jänner: **Taufe des Herrn** (GK F)

1. Neujahr, Oktavtag von Weihnachten, Namengebung des Herrn, HOCHFEST DER GOTTESMUTTER MARIA (GK H)
   Clarus, Euphrosyne v. Alexandria, Frodobert, Fulgentius, Gregor v. Nazianz d. Ä., Heinrich v. Marcy, Hugolinus, Telemachus, Vinzenz Maria Strambi, Wilhelm v. St.-Bénigne
2. *Basilius d. G. u. Gregor v. Nazianz, Bischöfe, Kirchenlehrer* (GK G)
   Adalhard, Makarios d. J. v. Alexandria, Odino, Ortolana, Sebastianus u. Alverius, Stephana Quinzani
3. *(Irmina v. Oeren:* Trier, Luxemburg g; 24.12.); *(Odilo v. Cluny:* Lausanne-Genève-Fribourg G; 31.12.)
   Genovefa, Gordius, Hymnemodus v. St-Maurice, Theogenes v. Kyzikos u. Gef.
4. *(Marius v. Lausanne:* Lausanne-Genève-Fribourg G; 31.12.)
   Angela v. Foligno, Christiana v. Lucca, Dafrosa, Elisabeth Anna Bayley, Farhild, Pharaïldis, Rigobert, Roger v. Élan
5. Ämiliana, Eduard v. England, Gerlach, Johannes Nep. Neumann, Roger v. Todi, Tatiana v. Griechenland, Telesphorus Papst
6. ERSCHEINUNG DES HERRN (GK H)
   Andreas Corsini, Drei Könige, Erminold, Gertrud van Oosten, Johannes de Ribera, Karl v. Sezze, Makarius d. Schotte, Petrus Thomas v. Kreta, Raphaela Maria v. Hl. Herzen Jesu, Wiltrud v. Bergen
7. *Raimund v. Peñafort* (GK g); *Valentin, Bisch. in Rätien* (RK g; Passau: Patron d. Diöz. H; St. Pölten G)
   Aldrich, Baltwin, Gaubald v. Regensburg, Knud Lavard, Reinhold v. Köln
8. *Severin v. Norikum* (RK g; Passau, St. Pölten, Wien G; Linz: 2. Diöz. Patr. F); *Erhard, Bisch. v. Regensburg* (Regensburg: Nebenpatr. der Diöz. F)
   Gudula, Johannes der Schweiger, Laurentius Giustiniani, Maximus v. Salzburg u. Gef.
9. Brithwald, Hadrian v. Canterbury, Julianus v. Antinoe, Maria Theresia v. Jesus, Petrus v. Sebaste, Waning
10. *Gregor X. Papst* (Lausanne-Genève-Fribourg g)
    Agatho, Benincasa, Nikanor, Petrus Orseolo, Wilhelm v. Bourges
11. Hyginus Papst, Palämon, Philotheus, Paulinus v. Aquileja, Tasso, Theodosius der Koinobiarch, Thomas v. Cori
12. Antonius Pucci, Ernst röm. Märt., Margareta Bourgeoys, Tatiana v. Rom, Valentinian v. Chur, Volkhold

13. *Hilarius Bisch. v. Poitiers, Kirchenlehrer* (GK g); *Gottfried v. Kappenberg* (Mainz, Münster g)
Berno, Bertwald, Hildemar, Ivetta, Remigius v. Reims, Veronica v. Binasco
14. *Petite commémoraison des défunts* (Lausanne-Genève-Fribourg)
Engelmar, Heilika v. Köln, Felix v. Nola, Felix in Pincis, Makrina d. Ä. Malachias, Paulus u. Gef. Märt. in Afrika, Oderich v. Pordenone, Odo der Kartäuser, Sabas v. Serbien, Seraphim v. Sarow, Stephanus d. Ä. v. Konstantinopel, Theodulus v. Sinai u. Gef.
15. *Romedius v. Thaur* (Innsbruck, Bozen-Brixen g)
Arnold Janssen, Emebert, Franz Fernández de Capillas, Habakuk, Isidor v. Alexandria, Ita, Konrad v. Mondsee, Makarios d. Ä. v. Ägypten, Maurus v. Subiaco, Paulus v. Theben
16. Fergeolus, Fursa, Honoratus v. Arles, Marcellinus Papst, Marcellus I. Papst, Otho u. 4 Gef. Märt. in Marokko, Tillo v. Solignac, Tozzo v. Augsburg
17. *Antonius, Mönchsvater in Ägypten* (GK G)
Benedict Biscop Baducing, Gamelbert, Josef v. Freising, Julianus Sabas, Mildwida, Roselina, Rigomar, Sulpicius v. Bourges
18. Deicola, Faustina u. Liberata, Margareta v. Ungarn, Paulus u. Gef. Märt. in Ägypten, Prisca, Sulpicius v. Tongern, Susanna v. Salerno u. Gef., Wolfred
19. *Agritius, Bisch. v. Trier* (Trier g)
Heinrich v. Uppsala, Laudomar, Macra, Marius u. Martha, Pia v. Karthago u. Gef., Remigius v. Rouen
20. *Fabianus Papst u. Sebastianus, Märt. zu Rom* (GK g)
Benedikt Ricasoli, Hadwin, Ursula Haider v. Villingen
21. *Agnes, Jungfrau u. Märt. in Rom* (GK G); *Meinrad v. Reichenau* (RK g; Einsiedeln: Hauptpatron d. Bezirkes H, Translation g am 6.10.)
Agnes v. Aislingen, Ermenburg, Epiphanius, Eugenius v. Trapezus, Josefa Maria v. d. hl. Agnes, Patroclus v. Troyes
22. *Vinzenz v. Saragossa* (GK g, Görlitz G)
Anastasius der Perser, Gaudentius v. Graubünden, Theodelinde, Vinzenz Pallotti, Voyslawa, Walter v. Birbech
23. *Heinrich Seuse* (RK g)
Arno v. Salzburg, Barnard, Emerentiana, Euthymius, Ildefons, Johannes v. Alexandria, Lüfthildis, Parmenas, Urban v. Langres, Walter v. Brügge
24. *Franz von Sales, Bisch. v. Genf, Kirchenlehrer* (GK G; Patron d. Stadt u. d. Kantons Genf, 2. Patr. d. Diöz.: Lausanne-Genève-Fribourg H/F); *Eberhard v. Nellenburg* (Basel g)
Felicianus v. Foligno
25. **Bekehrung des Apostels Paulus** (GK F)
Poppo v. Stablo
26. *Timotheus u. Titus, Bischöfe, Apostelschüler* (GK G)
Alberich v. Cîteaux, Haziga v. Sichem, Notburga v. Klettgau, Paula v. Rom, Theogenes v. Hippo
27. *Angela Merici* (GK g), *Julianus v. Le Mans* (Paderborn g)
Alruna, Devota, Gilduin, Heinrich de Ossó y Cervelló, Irene v. Rom, Johannes v. Thérouanne, Theodorich v. Orléans, Vitalianus Papst
28. *Thomas v. Aquin, Ordenspriester, Kirchenlehrer* (GK G)
Amadeus v. Lausanne, Irmund, Jakob d. Einsiedler, Joseph Freinademetz, Julianus v. Cuenca, Julianus Maunoir, Karl d. G., Leonides v. Antinoe u. Gef., Manfred, Thyrsus v. Nikodemien u. Gef.
29. *Aquilinus* (Würzburg g), *Valerius, Bisch. v. Trier* (Trier g, Limburg g am 11.9.)
Balthild, Gildas d. Weise, Julianus Hospitator, Karl v. Sayn, Scharbel u. Babai v. Edessa, Sulpicius v. Bourges

30. *Adelgundis* (Trier g), (*Eusebius v. Viktorsberg:* St. Gallen G; 31.1.)
Thiathildis, Mucius Wiaux, Martina, Hyazintha Mariscotti
31. *Johannes Bosco* (GK G), *Eusebius v. Viktorsberg,* (St. Gallen G, Feldkirch g)
Franz Bianchi, Geminianus, Hemma Dt. Königin, Julius u. Julianus, Kyros u. Johannes, Ludovica degli Albertoni, Marcella, Wulfia

Februar

Wegen des liturgisch leeren Schalttages am 24. Februar verschoben sich im alten Missale die Duplex-Feste vom hl. Matthias (24. Februar) u. vom hl. Gabriel v. d. Schmerzh. Gottesmutter (27. Februar) auf den jeweils folgenden Tag. Stillschweigend gilt in der neuen Liturgie der 24. Februar zwar immer noch als Schalttag, nach offizieller röm. Praxis-Anweisung 1970 sollen jedoch liturgische Feiern künftig unter dem üblichen Datum gehalten werden. Gleiches darf man für die liturgisch nicht gefeierten Heiligen-Gedächtnisse (Namenstage) interpretieren.

1. Brigitta v. Kildare, Johanna Francisca v. d. Heimsuchung Mariä, Katharina de' Ricci, Petrus Galata, Reginald, Severus v. Ravenna, Sigibert, Wolfhold v. Hohenwart
2. **Darstellung des Herrn** (GK F)
Adalbald von Ostrevant, Burkhard v. Würzburg, Cornelius v. Cäsarea, Ebsdorfer Märt., Folkwart, Hadeloga v. Kitzingen, Johanna v. Lestonnac, Laurentius v. Canterbury, Maria Katharina Kasper, Stephan Bellesini, Theodorich v. Minden
3. *Blasius Bisch. v. Sebaste Märt.* (GK g); *Ansgar, Bisch. v. Hamburg-Bremen* (RK g, Osnabrück F)
Berlinde, Hadelin, Helinand, Nithard, Werburga
4. *Hrabanus Maurus, Bisch. v. Mainz* (RK g, Fulda F)
Gilbert v. Sempringham, Isidor v. Pelusion, Johanna v. Valois, Johannes Hector de Britto, Joseph v. Leonessa, Nikolaus Studites, Phileas
5. *Agatha, Jungfrau, Märt. in Catania* (GK G; Köln); *Ingenuin u. Albuin, Bisch. v. Säben-Brixen* (Feldkirch, Innsbruck, Bozen-Brixen g; Albuin: Gurk-Klagenfurt g); *Adelheid v. Vilich* (Köln g)
Domitian v. Kärnten, Ida v. Rheinfelden, Maria v. Kärnten, Theodula, Polyeuktos v. Konstantinopel
6. *Paul Miki u. Gef., Märt. in Nagasaki* (GK G); *Dorothea v. Kappadozien* (Görlitz g)
Alderich, Amandus der Belgier, Brynolf Algotsson, Gottfried v. Hirsau, Hildegund von Meer, Julianus v. Emesa, Justinus v. Straßburg, Vedastus
7. *Richard v. England* (Eichstätt G)
Jakob Salès u. Wilhelm Saultemouche, Lukas Thaumaturgos, Maria v. d. Vorsehung (Eugenie Smet), Moses Bisch. b. d. Sarazenen, Nivard v. Clairvaux, Wunna
8. *Hieronymus Ämiliani* (GK g)
Gutmann v. Stenning, Paulus v. Verdun, Thiatgrim v. Halberstadt
9. *Alto* (München-Freising g)
Ansbert, Apollonia, Lambert v. Neuwerk, Michael Febres Cordero, Rainald v. Nocera
10. *Scholastica, Jungfrau* (GK G)
Austreberta, Hugo v. Fosses, Sigo, Soteris v. Rom, Soteris Zuwarda, Wilhelm v. Brabant, Wilhelm v. Malavalle, Zenon v. Antiochia
11. *Gedenktag Unserer Lieben Frau in Lourdes* (GK g)
Benedikt v. Aniane, Gregor II. Papst, Heinrich v. Vitsköl, Jonas v. Ägypten, Nikolaus Palea, Paschalis I. Papst, Saturninus v. Karthago u. Gef., Severin v. St-Maurice
12. (*Benedikt v. Aniane:* Aachen g; 11.2.), (*Gregor II. Papst:* Fulda g; 11.2.)
Eulalia v. Barcelona, Humbelina, Ludanus
13. *Castor v. Karden* (Trier g); *Wiho, Gosbert u. Adolf, Bisch. v. Osnabrück* (Osnabrück g)

Christina v. Spoleto, Ermenhild, Eustochia v. Padua, Gilbert v. Meaux, Gosbert v. Osnabrück, Irmhilde, Jordan v. Sachsen, Licinius, Polyeuktos v. Melitene

14. *Cyrillus u. Methodius, Glaubensboten bei den Slawen* (GK G); *Valentin, Bisch. v. Terni* (Fulda, Limburg, Mainz: g)
Johannes Bapt. v. d. Empfängnis, Maron
15. Claudius de la Colombière, Druthmar, Faustinus u. Jovita, Georgia v. Clermont, Siegfried v. Schweden, Waldefried v. Palazzuolo
16. Isaias v. Cäsarea u. Gef., Juliana v. Nikodemien, Onesimus, Philippa Mareri, Simeon v. Metz
17. *Sieben Gründer des Servitenordens* (GK g), *Bonosus Bisch. v. Trier* (Trier g)
Benignus, Evermod, Lukas Belludi, Mangold, Silvinus, Victorinus v. Karthago u. Gef.
18. Angilbert, Flavianus v. Konstantinopel, Isaias Boner, Koloman v. Lindisfarne, Simon Bruder des Herrn
19. *Bonifatius, Bisch. v. Lausanne* (Lausanne-Genève-Fribourg g)
Barbatus, Konrad v. Ascoli Piceno, Leontius v. Trier, Rabulas
20. Eleutherius, Eucherius v. Orléans, Leon Thaumaturgos, Sadoth u. Gef.
21. *Petrus Damiani, Bisch., Kirchenlehrer* (GK g); *Germanus u. Randoald* (Basel g)
Georg v. Amastris, Gumbert v. Senones, Gunthild v. Biblisheim, Irene v. Rom, Leodegar v. Lechsgemünd, Maria Enrica Dominici, Maximianus, Natalis Pinot, Zacharias Patr. v. Jerusalem
22. **Kathedra Petri** (GK F)
Elisabeth v. Frankreich, Margareta v. Cortona, Marhold, Papias v. Hierapolis
23. *Polykarp, Bisch. v. Smyrna, Märt.* (GK G); *Willigis, Erzb. v. Mainz* (Mainz, Trier g)
Egfried, Lazarus v. Konstantinopel, Milburga, Montanus, Nikolaus v. Preußen, Otto v. Cappenberg, Romana
24. **Matthias Apostel** (RK F, Trier: Patron d. Bistums H; GK F am 14. Mai)
Ethelbert, Flavianus v. Karthago, Marcus de Marconibus, Modestus v. Trier, Sergius v. Cäsarea
25. *Walpurga v. Heidenheim* (RK g, Eichstätt: Patronin der Diöz. H)
Adelhelm, Adeltrud, Cäsarius v. Nazianz, Sebastianus ab Apparitio
26. Dionysius v. Augsburg, Edigna, Gerlinde, Hilarius v. Mainz, Mechthild v. Sponheim, Ottokar, Porphyrius v. Gaza, Rodewald
27. Baldomer, Eucharius v. Maastricht, Gabriel v. d. Schmerzh. Gottesmutter, Markward v. Prüm
28. *Romanus, Abt v. Condat, u. Lupicinus* (Lausanne-Genève-Fribourg G)
Antonia v. Florenz, Hilarus Papst, Oswald v. York

März

Montag nach d. 5. Fastensonntag: *Fest des Dornengekrönten Hauptes Jesu Christi* (Gurk-Klagenfurt F)

1. Albinus, Eudokia, Felix II. Papst, Leontia u. Gef., Roger le Fort, Theresia Eustochium Verzeri, Venerius v. Rom u. Gef.
2. Agnes v. Böhmen, Fulko, Grimo v. Ursberg, Karl I. v. Flandern
3. *(Kunigunde Dt. Kaiserin:* Bamberg Patr. d. Diöz. H; 13.7.)
Friedrich v. Mariengaarde, Gerwin v. St-Riquier, Innozenz v. Berzo, Petrus Renatus Rogue
4. *Kasimir v. Polen* (GK g)
Basinus, Petrus I. v. la Cava, Placida Viel
5. Eusebius v. Cremona, Konrad Scheuber, Lucius I. Papst, Theophilus v. Cäsarea, Thietmar v. Minden

6. *Fridolin v. Säckingen* (RK g), *Coletta Boillet* (Lausanne-Genève-Fribourg G), *Quiriacus v. Trier* (Trier g)
Chrodegang v. Metz, Rosa v. Viterbo
7. *Perpetua u. Felicitas Märt. in Karthago* (GK G)
Johannes v. Gorze, Kunigunde v. Andechs, Paulus Simplex, Reinhard v. Reinhausen, Theophylaktos, Theresia Margareta v. Hl. Herzen Jesu, Volker, Willaik
8. *Johannes v. Gott, Ordensgründer* (GK g)
Felix v. Dunwich, Gerhard v. Clairvaux, Hunfried, Julianus v. Toledo, Philemon v. Antinoë, Veremundus, Vinzenz Kadlubek
9. *Franziska v. Rom* (GK g); *Bruno v. Querfurt, Bisch. v. Magdeburg* (RK g)
Eugenia Maria v. Jesus, Dominikus Savio, Gregor v. Nyssa, Katharina v. Bologna, 40 Märt. zu Sebaste
10. Ämilianus v. Lagny, Gustav, Himelin, Johannes de Cellis, Johannes Ogilvie, Makarios v. Jerusalem, Simplicius Papst, Wirnto
11. Gorgonius v. Nikomedien, Johannes Bapt. Righi, Sophronius v. Jerusalem
12. Engelhard, Fina, Innozenz I. Papst, Justina Francucci Bezzoli, Maximilian v. Theveste, Paulus Aurelianus, Petrus Diaconus, Simeon d. Neue Theologe, Theophanes Confessor
13. *(Paulina v. Thüringen:* Fulda g; 14.3.)
Arigius, Eldrad, Euphrasia, Gerald v. Mayo, Leander v. Sevilla, Petrus II. v. La Cava, Roderich u. Salomon
14. *Mathilde, Dt. Königin* (RK g)
Paulina v. Thüringen, Jakob Capoccio, Leobin
15. *Clemens Maria Hofbauer* (GK g; Wien: Patron d. Stadt F; Linz G)
Dido v. Andelsbuch, Monaldus v. Ancona, Louise de Marillac, Lucretia, Placidus Riccardi, Zacharias Papst, Zebedäus
16. Abraham v. Kiduna, Eusebia, Heribert v. Bois-Villers, Heribert v. Köln, Hilarius v. Aquileia, Julianus Anazarbos, Maria d. Büßerin
17. *Patrick, Bisch., Glaubensbote in Irland* (GK g); *Gertrud, Äbtissin v. Nivelles* (RK g); *Johannes Sarkander* (Görlitz g)
Josef v. Arimathäa, Konrad v. Bayern, Paulus v. Zypern, Withburga
18. *Cyrillus, Bisch. v. Jerusalem, Kirchenlehrer* (GK g)
Eduard v. England, Felix v. Gerona, Frigidian, Narcissus v. Gerona, Salvator v. Horta
19. JOSEPH, BRÄUTIGAM DER GOTTESMUTTER MARIA (GK H; Köln: 2. Patr. d. Bist.; Osnabrück: Hauptpatr. des Bist.; Graz-Seckau: Landespatr. d. Steiermark; Gurk-Klagenfurt: Landespatr. v. Kärnten; Innsbruck: Landespatr. v. Tirol)
Alkmund, Isnard v. Chiampo, Landoald, Marcus v. Montegallo, Sibyllina Biscossi
20. Baptista Mantuanus, Claudia, Gisbert, Heribert v. Cumberland, Irmgard Kaiserin, Johannes Bapt. v. Mantua, Kuthbert v. Lindisfarne, Martinus v. Braga, Wulfram
21. Elias v. Sitten, Johannes v. Valence, Serapion v. Thmuis
22. Eelko Liaukaman, Joseph Oriol, Lea v. Rom, Lukardis, Relindis v. Alden-Eyk
23. *Turibius Alfons Mongrovejo, Bisch. v. Lima* (GK g)
Merbot v. Bregenz, Otto v. Ariano
24. Aldemar, Hildelide, Katharina v. Schweden, Simon v. Trient
25. VERKÜNDIGUNG DES HERRN (GK H)
Dismas d. Schächer, Hermeland, Humbert v. Maroilles, Isaak, Lucia Filippini, Prokop, Walter v. Pontoise
26. *Liudger, Bisch. v. Münster* (RK g; Münster: Patr. d. Bist. H; Essen: 2. Patr. d. Diöz. F), *Castulus* (München-Freising g)
Emmanuel v. Kleinasien, Felix v. Trier
27. Adalpret, Ernst v. Hohenstein, Frowin, Haimo v. Halberstadt, Isaak v. Konstantinopel, Johannes v. Lykopolis, Vedulf
28. Adelheid Cini, Einhildis, Gundelindis, Guntram, Johanna Maria de Maillé, Priscus u. Gef., Wilhelm Eiselin

29. Berthold v. Kalabrien, Helmstan, Jonas u. Barachisus, Ludolf v. Ratzeburg, Viktor Überkomm, Wilhelm v. Neuenburg
30. Amadeus IX. v. Savoyen, Diemut v. Wessobrunn, Dodo, Johannes Klimakos, Quirinus v. Rom, Zosimus v. Syrakus
31. Balbina, Bonaventura Tornielli, Cornelia u. Gef., Guido v. Pomposa, Secundus v. Trient, Stephanus Sabaïtes

April

22. März – 25. April: HOCHFEST VON DER AUFERSTEHUNG DES HERRN, Ostersonntag (GK H)
Das hl. Triduum vom Leiden, vom Tod u. von der Auferstehung des Herrn (Karfreitag, Karsamstag, Ostersonntag) (GK)
Freitag n. d. 2. Ostersonntag: *Gedenktag des hl. Rockes* (Trier g)
Freitag n. d. 2. Ostersonntag: *Hl. Lanze und Nägel* (Bamberg g; Dom zu Nürnberg G)
Samstag n. d. 2. Ostersonntag: *Cassianus, Märt. in Imola, u. Vigilius, Bisch. v. Trient* (Bozen-Brixen H; 13.8., 26.6.)

1. Hugo v. Bonnevaux, Hugo v. Grenoble, Irene v. Thessalonike, Nuno Álvares Pereira, Walarich
2. *Franz v. Paola* (GK g)
   Ebba d. J. v. Coldingham, Eustasius, Franz Coll, Heinrich v. Baumburg, Leopold v. Gaiche, Maria v. Ägypten, Theodosia v. Cäsarea
3. Gandolf, Joseph d. Hymnograph, Liutbirg, Richard v. Chichester, Thiento v. Wessobrunn
4. *Isidor, Bisch. v. Sevilla, Kirchenlehrer* (GK g)
   Platon v. Symbolai u. Sakkudion
5. *Vinzenz Ferrer* (GK g), *Crescentia Höß* (Augsburg G)
   Eva v. Lüttich, Gerhard v. Sauve-Majeure, Juliana v. Lüttich, Nikephoros v. Konstantinopel, Katharina Thomás
6. Cölestin I. Papst, Irenäus v. Sirmium, Michael Rua, Notker d. Stammler, Petrus Martyr, Sixtus I. Papst, Wilhelm v. Aebelholt
7. *Johannes Bapt. de la Salle* (GK G)
   Maria Assunta Pallotta, Ursulina Venerii
8. Dionysius v. Korinth, Maria Rosa Julia Billiart, Perpetuus v. Tours
9. Casilda, Hugo v. Rouen, Jakob v. Padua, Konrad I. v. Salzburg, Maria Cleophae, Prochorus, Thomas v. Tolentino u. Gef., Waldetrudis
10. Engelbert v. Admont, Ezechiel Prophet, Fulbert, Gerold v. Großwalsertal, Magdalena v. Canossa, Marcus Fantuzzi, Michael de Sanctis, Notker v. Lüttich
11. *Stanislaus, Bisch. v. Krakau* (GK g)
    Gemma Galgani, Godeberta, Helena Guerra, Isaak v. Monte Luco, Rainer v. Osnabrück
12. *Zeno, Bisch. v. Verona* (München-Freising g)
    Elias v. Köln, Heinrich v. Grünenwörth, Joseph Moscati, Julius I. Papst, Sabas der Gote
13. *Martinus I., Papst, Märt.* (GK g)
    Hardward v. Minden, Hermenegild, Ida v. Boulogne, Ida v. Löwen, Paternus v. Abdinghof
14. *Weihe des Liebfrauen-Domes zu München* (1488; München-Freising H/F)
    Eberhard v. Salem, Hadwig v. Mehre, Johannes v. Litauen u. Gef., Lambert v. Lyon, Lidwina, Petrus González, Tiburtius v. Rom u. Gef., Valerianus v. Rom
15. Cäsar de Bus, Hunna, Nidgar v. Augsburg, Waltmann

16. *Benedikt Josef Labre* (Einsiedeln g)
Drogo v. Seburg, Joachim v. Piccolomini, Leonides v. Korinth u. Gef., Magnus v. Schottland, Maria Bernarda (Bernadette Soubirous), Paternus v. Avranches, Turibius
17. Anicetus Papst, Eberhard v. Wolfegg, Gerwin v. Aldenburg, Hermann d. Deutsche, Katharina Tekakwitha, Landrich, Rudolf v. Bern
18. Alexander v. Alexandria, Apollonius, Aya v. Hennegau, Herluka v. Bernried, Idesbald, Maria v. d. Menschwerdung, Ursmar, Wigbert v. Augsburg
19. *Leo IX., Papst* (RK g, Basel G); *Gerold v. Groß-Walsertal* (Einsiedeln G, Feldkirch g)
Hemma v. Paderborn, Johannes Paläolaurites, Konrad Miliani v. Ascoli Piceno, Kuno v. Einsiedeln, Timon, Werner v. Oberwesel
20. Hildegund v. Schönau, Hugo v. Poitiers, Oda v. Rivreulle, Theotimus, Wiho, Wilhelm der Pilger
21. *Anselm, Bisch. v. Canterbury, Kirchenlehrer* (GK g); *Konrad v. Parzham* (RK g, Passau F, Regensburg G)
Anastasius d. Ä. v. Antiochia, Honorius v. Brescia, Simon bar Sabba'e, Wolbodo v. Lüttich
22. Adalbert v. Ostrevant, Caius Papst, Franz v. Fabriano, Leonides v. Alexandria u. Gef., Opportuna, Soter Papst, Wolfhelm
23. *Georg, Märt. in Kappadozien* (GK g; Limburg: Patr. d. Diöz. u. d. Domes H; Bamberg: 2. Patr. d. Domes F/G); *Adalbert, Bisch. v. Prag, Märt.* (RK g, Berlin, Görlitz: G); *Gerhard, Bisch. v. Toul* (Köln g); *Weihe des Domes St. Stephan in Wien* (um 1339–1433; H/F)
Felix, Achilleus u. Fortunatus, Helena Valentinis, Johannes Ögmundsson, Pusinna
24. *Fidelis v. Sigmaringen, Märt.* (RK g; Feldkirch: Nebenpatr. d. Diöz. F; Freiburg/B.: Landespatr. v. Hohenzollern F)
Egbert v. Irland, Gregor v. Elvira, Ivo v. England, Maria v. d. hl. Euphrasia (Pelletier), Marianus v. Regensburg, Mellitus v. Canterbury, Wilfrith
25. **Markus Evangelist** (GK F)
Bernhard v. Tiron, Ermin, Floribert v. Lüttich, Franca, Heribald, Hermann v. Baden, Philo u. Agathopodes
26. *Trudpert v. Breisgau* (Freiburg/B. g); *Weihe des Domes zu Feldkirch* (1478; H/F)
Anakletus I. Papst, Paschasius Radbertus, Petrus de Betancur, Richarius
27. *Petrus Canisius, Kirchenlehrer* (RK g; Innsbruck: Diöz. Patr. H; Berlin, Görlitz, Köln, Lausanne-Genève-Fribourg, Mainz, Dresden-Meißen: F; Aachen, Augsburg, Eichstätt, Fulda, Regensburg, Feldkirch, Sitten, Wien: G)
Anastasius I. Papst, Osanna v. Cattaro, Petrus Armengol, Pollio, Tutilo, Zita v. Monsagrati
28. *Petrus Ludwig Maria Chanel, erster Märt. in Ozeanien* (GK g)
Adalbero v. Augsburg, Gerfried v. St-Maur, Hugo v. Cluny, Ludwig Maria Grignion de Montfort, Theodora v. Alexandria, Theodulf v. Trier
29. *Katharina v. Siena, Kirchenlehrerin* (GK G); *Weihe des Domes zu Linz* (1925; H/F)
Antonia v. Numidien, Robert v. Brügge, Robert v. Molesme, Roswitha
30. *Pius V. Papst* (GK g), *Quirinus v. Rom* (Translation: Köln g)
Erkonwald, Haimo v. Landecop, Hildegard Kaiserin, Hulda, Josef Benedikt Cottolengo, Maria Guyart, Maxentia, Rudolf d. Schweiger, Silvius v. Martinach, Suitbert v. Verden

Mai

50. Tag nach Ostern: PFINGSTEN, Herabkunft des Hl. Geistes (GK H)
Samstag nach dem 4. Ostersonntag: *Vierzehn Nothelfer* (Bamberg: Basilika Vierzehnheiligen H, Erzdiözese G)

Samstag nach dem 4. Ostersonntag: *Maria Trösterin der Betrübten* (Luxemburg Hauptpatr. der Stadt u. d. Landes H)
Samstag vor dem 6. Ostersonntag: *Weihe der Kathedrale zu Freiburg/B.* (13. Jh.; H/F)

1. *Joseph der Arbeiter* (GK g), *Maria Schutzfrau Bayerns* (Diöz. Bayern H); *Sigismund, König v. Burgund* (Einsiedeln G); *Weihe des Domes zu Trier* (seit d. 4. Jh.; H/F)
   Theodard v. Narbonne, Markulf, Peregrinus Laziosi, Romanus v. Galatien, Jeremias Prophet, Grata, Evermar, Blandinus, Bertha v. Avenay, Arnold v. Hiltensweiler, Aldebrand
2. *Athanasius, Bisch. v. Alexandria, Kirchenlehrer* (GK G); *Wiborada* (St. Gallen G); *(Sigismund, König v. Burgund:* München-Freising, Sitten g; 1.5.)
   Antonius v. Florenz, Konrad v. Seldenbüren, Liudhard v. Paderborn, Nikolaus Hermanni, Waldebert, Zoe v. Attaleia u. Gef.
3. **Philippus u. Jakobus** (GK F; Einsiedeln 4.5.); *Weihe der Klosterkirche Einsiedeln* (H)
   Alexander I. Papst, Ansfrid, Bela IV. v. Ungarn, Emilia Bicchieri, Eventius, Heinrich v. Starnberger See, Hildebert v. Mainz, Philipp v. Zell, Theodulus v. Rom u. Gef., Ursus v. Vicenza, Viola
4. *Florian u. Gef., Märt. v. Lorch* (RK g; Linz: 2. Landespatr. v. Oberösterreich H; St. Pölten G); *Guido, Abt v. Pomposa* (Speyer g); *(Philippus u. Jakobus:* Einsiedeln F; 3.5.)
   Aribo v. Freising, Johannes Martin Moyë, Judas Cyriacus, Ladislaus v. Gielnów, Silvanus u. Gef., Willerich v. Bremen
5. *Godehard, Bisch. v. Hildesheim* (RK g, Hildesheim F, Passau G)
   Angelus der Karmelit, Irene v. Konstantinopel, Jutta v. Sangerhausen, Hilarius v. Arles, Maximus v. Jerusalem, Nunzio Sulprizio, Tarbo v. Persien u. Gef., Waldrada
6. *Britto v. Trier* (Trier g); *Weihe des Domes zu Bamberg* (1237; H/F)
   Evodius, François de Montmorency-Laval, Markward v. Wilten, Petronax v. Montecassino
7. *(Notker der Stammler:* St. Gallen G; 6.4.)
   Boris, Domitian v. Maastricht, Gisela, Johannes v. Beverley, Rosa Venerini, Valerianus v. Auxerre
8. *Jungfrau Maria Mittlerin aller Gnaden* (Sitten G, Lausanne-Genève-Fribourg g)
   Bonifatius IV. Papst, Friedrich v. Hirsau, Iduberga, Victor v. Mailand, Wiro, Wulfhilda v. Wessobrunn
9. *Beatus, Glaubensbote in der Schweiz* (Basel g); *Translation d. hl. Nikolaus v. Myra* (Kathedrale zu Fribourg g)
   Adalgar v. Bremen, Johannes Benincasa, Volkmar v. Niederaltaich
10. Comgall, Gordianus u. Epimachus, Job, Johannes v. Ávila
11. *Gangolf* (Bamberg g)
    Franz de Hieronymo, Ignatius von Láconi, Jacobus Bruder des Herrn, Lucina Anicia, Lucina d. J., Majolus, Mamertus, Marianus v. Rom, Theopista v. Camerino u. Gef.
12. *Pankratius, Märt. zu Rom* (GK g); *Nereus u. Achilleus, Märt.* (GK g); *Modoald, Bisch. v. Trier* (Trier g)
    Dominicus de la Calzada, Domitilla d. J., Imelda Lambertini, Johanna v. Portugal, Richtrudis
13. *Servatius, Bisch. v. Tongern* (Aachen g)
    Andreas Fournet, Ellinger v. Tegernsee, Gerhard v. Villamagna, Magdalena Albrici, Natalis v. Mailand, Rolendis
14. *Weihe des Domes zu Hildesheim* (um 860; 1061; H/F)
    Bonifatius v. Tarsus, Corona, Erembert, Maria Dominica Mazzarello, Michael Garicoïts, Pachomius d. Ä.
15. *Rupert v. Bingen* (Limburg, Mainz, Trier: g)
    Bertha v. Bingen, Dympna v. Brabant, Gerbert, Gertrud v. Brabant, Halvard Vebjörns-

son, Heinrich v. Riedenburg, Isidor v. Madrid, Isidor v. Chios, Sophia v. Rom
16. *Johannes v. Nepomuk, Märt.* (RK g; Görlitz, Dresden-Meißen, Regensburg; Salzburg 2. Diöz. Patr.: G)
Andreas Bobola, Honoratus v. Amiens, Possidus, Regnobert, Simon Stock, Ubald
17. Dietmar v. Neumünster, Framehild, Paschalis Baylon, Walter v. Mondsee
18. *Johannes I. Papst, Märt.* (GK g); *Burkard, Pfarrer in Beinwil* (Basel g)
Dioskuros, Elgiva v. Ostanglien, Felix v. Cantalice, Roland v. Hasnon, Tekusa u. Gef., Theodotus v. Ankyra, Venantius v. Camerino
19. Cölestin V. Papst, Dunstan v. Canterbury, Ivo Hélory, Pudens, Pudentiana, Theophilus v. Corte
20. *Bernhardin v. Siena* (GK g)
Elfriede v. England, Saturnina v. Rom u. Gef., Ulrich v. Einsiedeln
21. *Hermann Josef* (RK g; Aachen, Köln G)
Erenfrid, Hemming v. Åbo, Karl de Mazenod, Konstantin d. G. Kaiser, Richeza v. Polen, Secundus v. Alexandria, Theobald v. Vienne
22. Ämilius u. Castus, Atto, Humilitas, Julia v. Korsika, Renata v. Bayern, Rita v. Cascia
23. Desiderius v. Vienne, Johannes Bapt. de Rossi, Wibert
24. *Magdalena Sophie Barat* (Lausanne-Genève-Fribourg g)
Esther, Johannes v. Montfort, Johannes v. Prado, Servulus v. Lystra u. Gef., Simeon Stylites d. J., Vinzenz v. Lérins
25. *Beda der Ehrwürdige* (Beda Venerabilis), *Kirchenlehrer* (GK g); *Gregor VII. Papst* (GK g); *Maria Magdalena de' Pazzi* (GK g)
Aldhelm, Dionysius v. Mailand, Gilbert v. Lothringen, Urban I. Papst
26. *Philipp Neri* (GK G)
Andreas Franchi, Eleutherus Papst, Emerita, Godo, Maria Anna v. Jesus, Quadratus v. Armenien
27. *Augustinus, Bisch. v. Canterbury* (GK g); *Bruno, Bisch. v. Würzburg* (Würzburg G)
Friedrich v. Lüttich, Julius v. Durosturum, Margareta Pole
28. Germanus v. Paris, Herculanus, Lanfranc v. Canterbury, Ruthard, Viktor v. Tomils, Wilhelm v. Aquitanien
29. *(Maximinus, Bisch. v. Trier:* Trier g; 12.9.)
Bona, Erbin, Joachim v. Fiore, Konon, Markward Weißmaler, Sisinnius Martyrius u. Alexander, Theodosia v. Konstantinopel, Wilhelm Arnaud u. Gef.
30. Basilius d. Ä., Emmelia, Ferdinand III. v. Kastilien, Hugbert, Johanna v. Orléans, Leonhard Murialdo, Reinhild v. Westerkappeln, Zdislawa
31. *(Mariä Heimsuchung* GK; F, RK: 2. Juli) *Fest des Domes zu Augsburg* (Augsburg F)
Felix v. Nicosia, Helmtrudis, Jacobus Salomonius, Mechthild v. Dießen, Petronilla, Pilegrinus v. Passau

Juni

1. Sonntag nach Pfingsten: HL. DREIFALTIGKEIT (GK H)
Donnerstag nach Dreifaltigkeit: FRONLEICHNAM (GK H)
Freitag nach dem 2. Sonntag nach Pfingsten: HERZ JESU (GK H)
Samstag nach dem 2. Sonntag nach Pfingsten: *Herz Mariä* (GK g)

1. *Justinus, Philosoph, Märt.* (GK G); *Simeon v. Trier* (Trier g)
Enneco, Konrad I. v. Trier, Proculus, Theobald Roggeri
2. *Marcellinus u. Petrus, Märt. in Rom* (GK g); *Weihe der Kathedrale zu Chur* (H/F)
Blandina, Erasmus, Eugenius I. Papst, Johannes Pelingotto, Johannes v. Urtica, Odo v. Canterbury, Pothinus v. Lyon u. Gef., Sadok u. Gef., Secundus v. Rom u. Gef., Stephan v. Hälsingland

3. *Karl Lwanga u. Gefährten, Märt. in Uganda* (GK G)
Chlothilde, Hildeburg, Johannes Grande, Lifard, Morandus
4. *(Chlothilde, Königin:* Lausanne-Genève-Fribourg G/g; 3.6.)
Franz Carácciolo, Optatus, Pacificus v. Ceredano, Quirinus v. Siscia, Saturnina v. Arras
5. *Bonifatius, Bisch. u. Glaubensbote in Deutschland, Märt.* (RK G; Fulda: Patr. d. Diöz. H, Bischofsweihe in Rom g am 1. Dezember; Berlin, Eichstätt, Görlitz, Mainz, Dresden-Meißen, München-Freising, Osnabrück: F)
Adelar, Eoban, Ferdinand d. Standhafte, Meinwerk v. Paderborn
6. *Norbert v. Xanten, Bisch. v. Magdeburg* (RK g)
Bertrand de Garriga, Bertrand v. Aquileia, Bogumil, Ceratus, Falco, Gilbert v. Neuffontaines, Laurentius de Maschi, Marcellinus Joseph Benedikt Champagnat, Philippus v. Jerusalem
7. *(Adelar, Gef. d. Bonifatius:* Fulda g; 5.6.); *(Eoban, Bisch. v. Utrecht:* Fulda g; 5.6.)
Anna v. hl. Bartholomäus, Antonius Gianelli, Deochar, Eppo v. Lentzen, Eugenia v. Le Mans, Herumbert v. Minden, Justus v. Condat, Maria Theresia de Soubiran, Paulus I. v. Konstantinopel, Robert v. Newminster
8. *Medardus, Bisch. v. Noyon* (Trier g)
Chlodulf, Ilga v. Schwarzenberg, Jakob Berthieu, Maria v. Göttlichen Herzen (Droste zu Vischering), Wilhelm v. York
9. *Ephräm d. Syrer, Diakon, Kirchenlehrer* (GK g)
Anna Maria Taigi, Heinrich Michael Buche, Joseph de Anchieta, Kolumban von Hy, Liborius v. Le Mans, Pelagia v. Antiochia, Primus u. Felician, Tagino v. Magdeburg
10. *Bardo, Abt v. Herfeld, Bisch. v. Mainz* (Fulda, Mainz g); *Heinrich v. Bozen* (Bozen-Brixen g)
Diana v. Andaló, Ithamar, Johannes Dominici, Maurinus v. Köln, Oliva
11. *Barnabas, Apostel* (GK G)
Adelheid v. Scharbeke, Johannes González v. San Facundo, Jolenta, Paula Frassinetti, Rimbert v. Bremen-Hamburg, Rosa Maria Francisca Molas y Vallvé
12. *Leo III., Papst* (Paderborn g)
Eskil v. Södermanland, Guido Vagnotelli, Kaspar Bertoni, Kunera, Odulf, Onuphrius
13. *Anton v. Padua, Kirchenlehrer* (GK G)
Gerhard v. Clairvaux, Ragnebert, Victorinus v. Assisi
14. Elisäus Prophet, Gottschalk, Hartwig v. Salzburg, Methodius v. Konstantinopel, Richard v. St-Vanne, Rufinus u. Valerius
15. *Vitus u. Gef., Märt. in Sizilien* (RK g); *Bernhard, Erzb. von Aosta* (Sitten G); *Weihe des Domes zu St. Pölten* (1228; H/F)
Aloisius Maria Palazzolo, Eigil v. Fulda, Gebhard v. Salzburg, Germana Cousin, Isfried v. Ratzeburg, Landelin, Libya u. Gef., Lothar v. Seez
16. *Benno, Bisch. v. Meißen* (RK g; Dresden-Meißen: Patr. d. Bist. H; München-Freising G, Stadtpatron v. München H; Berlin, Görlitz G); *Quirinus von Tegernsee* (München-Freising: im Bereich d. Klosters Tegernsee g)
Chrischona u. Gef., Guido Vagnotelli, Julietta u. Kyriakos, Justina v. Mainz, Kunigunde v. Rapperswil, Luitgard v. Tongern, Quirikus, Tychon
17. Adolf v. Utrecht, Batho v. Andechs, Botulf, Hypatius, Rainer v. Pisa, Ramwold
18. Elisabeth v. Schönau, Euphemia v. Altomünster, Gregor Barbarigo, Marcus u. Marcellianus, Maria Dolorosa v. Brabant, Osanna v. Mantua, Potentius u. Gef.
19. *Romuald, Abt v. Camaldoli* (GK g); *(Elisabeth v. Schönau:* Limburg g; 18.6.)
Deodatus v. Nevers, Gervasius u. Protasius, Hildegrim, Judas Bruder Jesu, Juliana v. Falconieri, Michelina Metelli, Odo v. Cambrai, Protasius v. Lausanne, Rasso v. Andechs, Zosimus v. Pisidien
20. Adalbert v. Magdeburg, Florentia, Mafalda Sancha u. Theresia v. Portugal, Margareta Ebner, Menrich v. Lübeck

21. *Aloisius v. Gonzaga* (GK G), *Alban v. Mainz* (Mainz g)
Demetria, Eberhard I. v. Salzburg, Engelmund, Eusebius v. Samosata, Leutfred, Radulf, Thomas Corsini, Thomas v. Alexandria u. Gef.
22. *Johannes (John) Fisher, Bisch. v. Rochester, u. Thomas More, Märt. in England* (GK g); *Paulinus, Bisch. v. Nola* (GK g)
Achatius, Christina v. Hamm, Innozenz V. Papst, Rotrudis, Sighilde, Titus Flavius Clemens
23. Etheldreda, Hidulf, Josef Cafasso, Lietbert, Maria v. Oignies, Petrus v. Jully, Walher
24. GEBURT JOHANNES' DES TÄUFERS (GK H; Görlitz: Patr. d. Kathedrale; Gurk-Klagenfurt: Patr. d. Diöz.)
Iwan v. Böhmen, Reingard, Theodulf v. Lobbes, Wilhelm v. Vercelli
25. Dionysius v. Athos, Dorothea v. Montau, Eleonora v. England, Eurosia, Febronia, Gunthard, Heinrich Zdik v. Olmütz, Johannes v. Spanien, Prosper Tiro
26. *Anthelm v. Chignin* (Lausanne-Genève-Fribourg g)
Vigilius, Bisch. v. Trient, Johannes u. Paulus v. Rom, Pelagius v. Cordoba
27. *Cyrillus, Bisch. v. Alexandria, Kirchenlehrer* (GK g); *Hemma v. Gurk* (RK g; Gurk-Klagenfurt H); *(Heimerad v. Hasungen:* Freiburg/B., Fulda g; 28.6.); *Crescens, Aureus, Theonestes u. Maximus, Bisch. v. Mainz* (Mainz g)
Arialdus, Crescens Apostelschüler, Deodatus v. Nola, Gerhoh v. Reichersberg, Sampson, Wilhelm v. d. Sann
28. *Irenäus, Bisch. v. Lyon, Märt.* (GK G)
Egil, Gero v. Köln, Heimerad, Paul I. Papst, Serenus u. Serenus v. Alexandria, Theodechild, Vincentia Gerosa
29. PETRUS U. PAULUS, APOSTEL (GK H; *Petrus:* Patr. d. Bist. Berlin; Patr. d. Kathedrale zu Genf, 2. Patr. d. Stadt u. d. Kantons Genf)
Beata, Judith v. Niederaltaich, Maria Markus, Notker Labeo, Salome v. Niederaltaich
30. *Die ersten Märt. von Rom* (GK g), *Otto, Bisch. v. Bamberg* (RK g; Bamberg Fam 30.6.; Berlin Mitpatr. d. Bist. F, Görlitz G), *Erentrudis v. Salzburg* (Salzburg G, Graz-Seckau g); *Weihe des Domes zu Regensburg* (H/F)
Adolf v. Osnabrück, Bertram, Ernst v. Prag, Martialis v. Limoges, Otto v. Riedenburg, Theobald v. Provins

Juli

Prudentia (in Bekkum/Westf. Gedächtnisfeier 3. – 4. Sonntag im Juli)

1. Ignatius Falzon, Petrus Patricius v. Konstantinopel, Regina v. Denain, Rumold, Simeon v. Emesa, Theodorich v. St-Thierry
2. **Mariä Heimsuchung** (RK F; GK am 31. Mai)
Bernhardin v. Realino, Laetus v. Provins, Monegundis, Petrus v. Luxemburg, Processus u. Martinianus, Ruzo v. Kempten, Swithun
3. **Thomas, Apostel** (GK F)
Anatolius v. Konstantinopel, Anatolius v. Laodicea, Heliodorus, Leo II. Papst, Lucina d. Ä., Raimundus Lullus, Theodotus v. Cäsarea u. Gef.
4. *Elisabeth, Königin v. Portugal* (GK g); *Ulrich, Bisch. v. Augsburg* (RK g; Augsburg Patr. d. Diöz. H; Regensburg, Einsiedeln, St. Gallen: G); *Weihe des Domes zu Mainz* (1009/1036; H/F)
Bertha v. Blangy, Hatto, Werner v. Wiblingen
5. *Antonius Maria Zaccaria* (GK g)
Philomena v. d. Toskana, Wilhelm v. Hirsau
6. *Maria Goretti, Jungfrau, Märt.* (GK g); *Goar* (Limburg, Trier g)

Godeleva, Isaias Prophet, Maria Theresia v. Ledóchowska, Palladius v. Irland, Petrus v. Kreuz, Romulus, Sexburga

7. *Willibald, Bisch. v. Eichstätt* (RK g; Eichstätt: Patr. d. Diöz. H; Fulda: Willibald u. Wunibald g)
Ethelburga v. Faremoutier, Odo v. Urgel, Pantainos
8. *Kilian, Bisch. v. Würzburg u. Gef., Märt.* (RK g; Würzburg: Patr. d. Diöz. H); *Disibod, Einsiedler a. d. Nahe* (Speyer, Trier g); *Weihe der Kathedrale zu Essen* (um 860; H/F)
Aquila u. Prisca, Edgar König d. Angelsachsen, Eugenius III. Papst, Grimbald, Hadrian III. Papst, Landrada, Paulus Märt. in Konstantinopel, Prokopios, Sunniva, Totnan v. Würzburg
9. *Agilolf, Bisch. v. Köln* (Köln g)
Veronica Giuliani
10. *Knud, König v. Dänemark, Märt., Erich, König v. Schweden, Märt., Olaf, König v. Norwegen* (RK g); *Engelbert Kolland, Märt.* (Salzburg G; Graz-Seckau, Innsbruck g)
Amalberga, Amalia, Etto, Landfried, Pacificius v. d. Mark, Rufina u. Secunda, Witgar
11. *Benedikt v. Nursia, Vater des abendländischen Mönchtums* (GK G); *Placidus, Märt. zu Disentis, u. Sigisbert, Abt zu Disentis* (Chur G)
Bertrand v. Grandselve, Hildulf v. Trier, Olga, Oliver Plunket, Pius I. Papst, Rachel
12. *Hermagoras u. Fortunatus, Märt.* (Gurk-Klagenfurt G)
Andreas v. Rinn, Ansbald, Jason, Johannes Gualbertus, Jovinus v. Trient, Leo I. v. La Cava, Nabor u. Felix, Theodor u. Johannes v. Rußland, Uguzo
13. *Heinrich II. u. Kunigunde, Kaiserpaar* (RK g; Bamberg: Patr. d. Bist. H; Luxemburg, Regensburg G; Heinrich II.: 2. Patr. d. Bist. Basel G)
Arno v. Würzburg, Cloelia Barbieri, Eugenius v. Karthago, Mildreda, Serapion v. Alexandria, Silas
14. *Camillus v. Lellis* (GK g), *Ulrich v. Zell* (Freiburg/B. g); *Ulrich v. Z. u. Wandregisel* (22.7.) (Lausanne-Genève-Fribourg g)
Angelina, Dentelin, Felix v. Como, Franz v. Solano, Herakles v. Alexandria, Hroznata, Jacobus a Voragine, Marcellinus v. Deventer, Vinzenz Madelgar
15. *Bonaventura, Bisch., Kirchenlehrer* (GK G); *Bernhard v. Baden;* (Freiburg/B.: in Baden Landespatr. F, in Hohenzollern g; Speyer g); *Ceslaus v. Breslau* (Görlitz G); *Gumbert, Glaubensbote in Franken* (Bamberg g)
Anna Maria Javouhey, David v. Västmanland, Donald, Egino v. Augsburg, Jacobus v. Nisibis, Joseph v. Thessalonike, Plechelm, Pompilius v. hl. Nikolaus, Regiswindis, Roland v. Chézery, Rosalia, Wladimir d. G.
16. *Gedenktag Unserer Lieben Frau auf dem Berge Karmel* (GK g); *U. L. F. von Einsiedeln* (Einsiedeln H, Chur G); *Irmgard v. Buchau u. Frauenchiemsee* (München-Freising G, Rottenburg, Salzburg g)
Elvira v. Öhren, Eustathius, Fulrad, Gondulph v. Maastricht, Gondulph v. Zauchte, Grimoald, Maria Magdalena Postel, Milo v. Selincourt, Monulf v. Maastricht, Reineldis, Stephan Harding, Valentin v. Trier
17. *Weihe des Domes zu Aachen* (um 800; H/F)
Alexius, Clemens der Bulgare, Fredegand, Hedwig v. Polen, Leo IV. Papst, Marina, Scilitanische Märtyrer, Zoërardus u. Benedikt
18. *Answer v. Ratzeburg* (Osnabrück g)
Arnold v. Arnoldweiler, Arnulf v. Metz, Bruno v. Segni, Friedrich v. Utrecht, Maternus v. Mailand, Simon v. Lipnica, Symphorosa v. Rom u. 7 Söhne
19. Arsenius d. G., Bernulf v. Utrecht, Justa u. Rufina, Makrina d. J., Symmachus Papst, Theodorus v. Edessa
20. *Margareta, Jungfrau, Märt. in Antiochia* (RK g)
Bernhard v. Hildesheim, Elias v. Jerusalem, Elias Prophet, Lucanus v. Säben, Margareta v. Ypern, Paulus v. Cordoba, Severa v. Trier, Wulmar

21. *Laurentius v. Brindisi, Kirchenlehrer* (RK g); *Stilla v. Abenberg* (Eichstätt g); *Arbogast, Bisch. v. Straßburg* (Freiburg/B. g)
Daniel Prophet, Julia v. Troyes, Praxedis, Vastrada, Victor v. Marseille
22. *Maria Magdalena* (GK G); *Weihe des Domes zu Paderborn* (um 850; H/F); *Kirchweihfest in den Kantonen Schaffhausen u. Thurgau* (H)
Einhard, Joseph v. Skythopolis, Maria v. Bethanien, Platon v. Ankyra, Syntyche, Walter v. Lodi, Wandregisel
23. *Birgitta v. Schweden* (GK g); *Apollinaris, Bisch. v. Ravenna* (Köln g); *Liborius, Bisch. v. Le Mans* (Essen g; Paderborn: Patr. d. Erzbist. H, Rückführung der Reliquien F/g am 25. Oktober)
Johannes Cassianus
24. *Christophorus, Märt. in Kleinasien* (GK g); *Louise v. Savoyen* (Lausanne-Genève-Fribourg g, Kanton Vaud G); *Ursicinus v. St. Ursitz* (Basel g)
Christina v. Belgien, Christina v. Bolsena, Gerburg v. Gandersheim, Kinga v. Polen, Louise v. Savoyen, Siglinde
25. **Jakobus d. Ä. Apostel** (GK F)
Ebrulf v. St-Fuscien-en-Bois, Johannes Soreth, Simeon Stylites d. Ä., Theodemir, Thomas v. Kempen, Willebold
26. *Joachim u. Anna, Eltern d. Gottesmutter Maria* (GK G)
Bartholomäa Capitanio, Christiana v. Flandern
27. *Berthold, Abt v. Garsten* (Linz G, Salzburg, St. Pölten g); *Magnerich, Bisch. v. Trier* (Trier g)
Christian v. l'Aumône, Constantinus v. Montecassino, Glodesind, Konrad v. Ottobeuren, Luitprand, Maria Magdalena Martinengo di Barco, Natalia v. Cordoba, Pantaleon, Siebenschläfer
28. *Beatus u. Banthus, Priester in Trier* (Trier g)
Ada, Benno v. Osnabrück, Bodwid, Nazarius u. Celsus, Raimund Palmario, Viktor I. Papst
29. *Martha v. Bethanien* (GK G); *Simplicius, Faustinus u. Beatrix* (Fulda g)
Ladislaus v. Ungarn, Lucilla u. Gef., Lupus, Urban II. Papst
30. *Petrus Chrysologus, Bisch. v. Ravenna, Kirchenlehrer* (GK g); *Batho, Priester in Freising* (München-Freising g)
Abdon u. Sennen, Ingeborg, Julitta v. Cäsarea, Leopold v. Castelnuovo, Rufinus v. Assisi, Terentius v. Imola, Wiltrud v. Hohenwart
31. *Ignatius v. Loyola* (GK G)
Germanus v. Auxerre, Helena v. Skövde, Johannes Colombini, Justinus de Jacobis

August

1. *Alfons Maria v. Liguori, Bisch., Kirchenlehrer* (GK G); *Petrus Faber* (Mainz, Speyer g)
Ethelwold, Fides Spes u. Charitas, Haziga v. Scheyern, Jonatus, Makkabäische Brüder, Petrus Julianus Eymard, Richbert v. Säben-Brixen, Spinulus
2. *Eusebius, Bisch. v. Vercelli* (GK g)
Gundekar v. Eichstätt, Stephan I. Papst, Theodota v. Nicäa u. 3 Söhne
3. *Alle Mönche des Klosters Einsiedeln* (Einsiedeln G; *Weihe des Domes zu Passau* (H/F)
Augustinus Kažotić, Lydia, Nikodemus, Petrus v. Anagni
4. *Johannes Maria Vianney, Pfarrer v. Ars* (GK G)
Rainer v. Spalato, Sigrada
5. *Weihe der Basilika S. Maria Maggiore in Rom* (GK g); *Oswald, König v. Northumbrien* (Graz-Seckau g; Basel: Patr. d. Kant. Zug g)
Abel Erzb. v. Reims, Nonna
6. **Verklärung des Herrn** (GK F)

Gezelin v. Altenberg, Hermann v. Cappenberg, Hormisdas Papst, Justus u. Pastor, Octavianus

7. *Sixtus II., Papst, Felicissimus u. Agapitus, Diakone, Märt.* (GK g); *Kajetan v. Tiene* (GK g); *Afra, Jungfrau, Märt.* (Augsburg: Patronin d. Diöz. H; München-Freising g)
Agathangelus u. Cassian, Albert v. Trapani, Donatus v. Arezzo, Jordanus Forzaté, Konrad v. Wolfratshausen, Ulrich v. Passau, Victorinus v. Rouen

8. *Dominikus, Priester, Ordensgründer* (GK G)
Altmann Cyriacus, Famianus, Hugolina, Largus, Rathard v. Andechs, Reginlinde

9. *(Altmann, Bisch. v. Passau:* Passau, Linz, St. Pölten G; Wien g; 8.8.)
Auctor v. Metz (in Metz), Firmus u. Ructicus, Hathumar v. Paderborn, Romanus v. Rom

10. **Laurentius, Diakon, Märt. in Rom** (GK F)
Erich Plovpenning v. Dänemark, Plektrudis

11. *Klara v. Assisi, Jungfrau, Ordensgründerin* (GK G); *Schetzel v. Luxemburg* (Luxemburg g); *Weihe des Domes zu Limburg* (um 910/1235; H/F)
Gaugerich, Susanna v. Rom, Taurinus, Tiburtius v. Rom

12. *(Radegund v. Thüringen, Königin in Westfranken:* Fulda g; 13.8.)
Andreas Abellon, Eberhard v. Breisach, Eunomia v. Augsburg, Euprepia v. Augsburg, Eusebius v. Mailand, Hilaria v. Augsburg, Innozenz XI. Papst, Kassian, Quiriacus v. Augsburg

13. *Pontianus, Papst, u. Hippolytus Priester, Märt.* (GK g); St. Pölten: Hippolytus Patr. d. Diöz. u. der Stadt St. Pölten H); *Gertrud, Meisterin in Altenberg* (Limburg, Trier g); *Wigbert, Abt v. Fritzlar u. Ohrdruf* (Fulda g)
Benildus, Concordia u. Gef., Johannes Berchmans, Kassian, Märt. in Imola, Ludolf v. Corvey, Landulf, Maximus Confessor, Radegund v. Thüringen, Radegund v. Wellenburg

14. *Maximilian Kolbe, Märt.* (RK g); *Weihe des Domes zu Fulda* (Klostergründg. 744; H/F)
Eberhard v. Einsiedeln, Eusebius v. Rom, Meinhard v. Livland, Werenfrid

15. MARIÄ AUFNAHME IN DEN HIMMEL (GK H; Patr. der Diözesen Freiburg/B., Hildesheim, Speyer, Trier, der Kirche v. Einsiedeln; d. Bist. u. Domes v. Aachen; von Stadt u. Kanton Neuchâtel)
Altfrid, Arnulf v. Soissons, Hyazinthus v. Polen, Mechthild v. Magdeburg, Napoleon, Rupert v. Ottobeuren, Tarsicius

16. *Stephan, König v. Ungarn* (GK g); *(Altfrid, Bisch. v. Hildesheim:* Essen F/G, Hildesheim g; 15.8.); *Rochus v. Montpellier* (Fulda, Görlitz, Mainz: g); *Theodor, Bisch. v. Octodurum-Martinach* (Sitten: Patr. d. Bist. H; Basel, Chur, Lausanne-Genève-Fribourg, St. Gallen: g)
Beatrix da Silva Meneses, Diomedes, Frambald, Laurentius Loricatus, Serena, Simplicianus

17. *(Hyazinthus v. Polen:* Görlitz G; Berlin, Gurk-Klagenfurt g; 15.8.); *(Maximilian Kolbe:* Fulda g; 14.8.); *Weihe der Kathedrale zu St. Gallen* (H/F)
Amor, Clara v. Montefalco, Elias v. Kalabrien, Eusebius Papst, Hieron, Johannes v. Monte Marano, Johanna v. Kreuz, Liberatus u. Gef., Mammas, Relindis v. Lüttich

18. *Helena, röm. Kaiserin* (Limburg, Trier g)
Agapitus, Florus Laurus u. Gef., Leonhard v. La Cava, Massa Candida, Paula v. Montaldo, Rainald v. Ravenna

19. *Johannes Eudes, Priester, Ordensgründer* (GK g); *Sebald v. Nürnberg* (Bamberg: Nürnberg F, Erzdiöz. G; Eichstätt g)
Bertulf, Ezechiel Moreno y Díaz, Jordanus v. Pisa, Ludwig v. Toulouse, Leo II. v. La Cava, Sixtus III. Papst

20. *Bernhard v. Clairvaux, Abt, Kirchenlehrer* (RK G)
Auctor v. Metz (in Trier), Burkhard v. Worms, Gobert, Heribert v. Gonza, Maria de Matthias, Oswin, Philibert, Samuel Prophet

21. *Pius X. Papst* (GK G)
Balduin, Bernhard Tolomei, Maximilian v. Antiochia, Quadratus v. Utica
22. *Maria Königin* (GK G)
Philippus Benitius, Siegfried v. Wearmouth, Symphorianus, Timotheus v. Rom
23. *Rosa v. Lima, Jungfrau* (GK g)
Justinian d. Eremit, Richildis, Sidonius Apollinaris, Theonas v. Alexandria, Zachäus
24. **Bartholomäus, Apostel** (GK F)
Émilie de Vialar, Johanna Antida Thouret, Maria Michaela Desmaisières
25. *Josef v. Calasanza, Priester, Ordensgründer* (GK g); *Ludwig IX., König v. Frankreich* (GK g); *Translation d. hl. Hedwig* (Görlitz g; 16.10.)
Elvira v. Périgord, Ebba d. Ä. v. Coldingham, Gaudentius v. Gnesen, Hunegundis, Patricia, Theoderich v. St. Hubert
26. *Gregor v. Pfalzel* (Trier g); *Weihe der Kathedrale zu Fribourg* (Lausanne-Genève-Fribourg H/F)
Herluin, Johanna Elisabeth Bichier des Ages, Margareta v. Faenza, Rufinus v. Capua, Theresia v. Jesus, Zephyrinus Papst
27. *Monica, Mutter des Augustinus* (GK G); *Gebhard II. Bisch. v. Konstanz* (Feldkirch: Hauptpatr. d. Diöz. H; Freiburg/B. g)
Amadeus v. Lausanne, Cäsarius v. Arles, Dominicus a Matre Dei, Ebbo, Margareta v. Bayern, Poimen
28. *Augustinus, Bisch. v. Hippo, Kirchenlehrer* (GK G)
Adelinde, Aelfrik, Elmar v. Lüttich, Ghebre Michael, Hermes, Joachima Vedruna, Julianus v. Brioude, Meingold v. Hy, Moses d. Äthiopier, Vivianus v. Saintes
29. *Enthauptung Johannes' d. Täufers* (GK G); *Weihe der Kathedrale zu Luxemburg* (H/F)
Adelphus, Bronislawa, Candida v. Rom, Sabina v. Rom, Theodora v. Thessalonike, Verona
30. *Amadeus, Bisch. v. Lausanne:* Lausanne-Genève-Fribourg G; 27.8.); *(Heribert, Erzb. v. Köln:* Köln G; 16.3.); *Guarinus, Bisch. v. Sitten* (Sitten G)
Egerich v. St-Ghislain, Fiacrius, Felix u. Adauctus, Pammachius, Rebekka
31. *Paulinus, Bisch. v. Trier, Märt.* (RK g)
Aidan, Enswida, Johannes Juvenal Ancina, Raimundus Nonnatus, Wala

September

3. Sonntag im September: Fête fédérale d'action de grâces (Lausanne-Genève-Fribourg)

1. *Pelagius, Märt. zu Aemona* (Freiburg/B. g); *Ägidius, Einsiedler i. d. Provence* (Graz-Seckau: ehemaliger Landespatr. d. Steiermark, Patr. d. Stadt Graz g); *Verena, Jungfrau in Zurzach* (Freiburg/B, Basel g); *(Bronislawa, Jungfrau:* Görlitz g; 29.8.)
Firminius d. J. v. Amiens, Harald v. Brescia, Heraklius, Josue, Nivard v. Reims, Ruth, Zwölf Brüder
2. *Apollinaris Morel, Märt.* (Kt. Fribourg G; Basel, Chur, Lausanne-Genève-Fribourg, St. Gallen: g); *Nonnososus v. Soracte* (München-Freising g)
Ingrid, Margareta v. Löwen, Wilhelm v. Roskilde, Wolfsindis
3. *Gregor I. d. G., Papst, Kirchenlehrer* (GK G)
Aigulf, Basilissa, Chrodegang v. Séez, Hereswitha, Hermann v. Niederaltaich, Hildebold v. Köln, Hildebert v. Köln, Mansuetus, Otto v. Niederaltaich, Phöbe, Remaclus
4. *Ida v. Herzfeld* (Münster, Paderborn g); *Swidbert, Bisch., Glaubensbote am Niederrhein* (Essen, Köln g); *(Johanna Antida Thouret:* Kt. Neuchâtel G; 23.8.)
Bonifatius I. Papst, Irmgard v. Köln, Hadwig v. Herford, Marinus v. Rimini, Moses Prophet, Wilhelm v. Gouda

5. *(Maria Theresia v. Wüllenweber:* Aachen g; 25.12.)
Ferreolus v. Besançon, Peroz v. Persien, Theodor v. Konstantinopel, Ursicinus v. Ravenna
6. *Magnus, Mönch, Glaubensbote i. Allgäu* (Augsburg G; München-Freising, Rottenburg, Feldkirch, Innsbruck, St. Gallen: g); *Kirchweihfest in der Diöz. Mainz* (H)
Eskil v. Lund, Gondulph v. Metz, Onesiphorus, Stephan v. Die
7. *(Otto, Bisch. v. Freising:* München-Freising, Wien g; 22.9.); *Märt. d. Grazer Jesuitenkollegs* (Graz-Seckau g)
Chlodwald, Gratus v. Aosta, Johannes v. Lodi, Judith, Madelberta, Markus Stephan Crisinus, Regina v. Alise-Ste-Reine, Theodorich v. Metz
8. **Mariä Geburt** (GK F; Lausanne-Genève-Fribourg: Hauptpatr. d. Diöz., Patr. der Stadt Lausanne u. d. Kantons Vaud, d. Kathedrale zu Lausanne: H/F)
Hadrian v. Nikomedien u. Gef., Korbinian, Maria Toribia, Petrus Claver, Seraphina, Sergius I. Papst, Thomas v. Villanova, Wilhelm v. St-Thierry
9. *(Korbinian, Bisch. v. Freising:* Bozen-Brixen g; 8. 9.); *Weihe des Domes zu Innsbruck* (um 1720; H/F)
Engelram, Gorgonius v. Rom, Wulfilda v. Barking
10. *Theodard, Bisch. v. Tongern u. Maastricht* (Speyer g); *Weihe des Domes zu Brixen* (1758; Bozen-Brixen H/F)
Edgar v. Friesland, Nikolaus v. Tolentino, Pulcheria Aelia
11. *Felix u. Regula, Märt. in Zürich* (Chur, Einsiedeln g); *Johannes Chrysostomus:* Innsbruck G; 13.9.); *(Maternus, Bisch. v. Köln:* Köln F; Aachen, Essen, Trier g; 14.9.); *(Eucharius, Valerius u. Maternus:* Limburg g; 9.12., 29.1., 14.9.)
Bernhard v. Offida, Bonaventura v. Barcelona, Elias Spelaoites, Hilda v. Schwarzenberg, Ludwig IV. v. Thüringen, Marbod v. Rennes, Paphnutius Bisch. i. d. Thebais, Protus u. Hyacinthus, Vinciana
12. *Mariä Namen* (RK g, Diözesen Österreichs F)
Albert v. Pontida, Degenhard, Gerfrid v. Münster, Guido v. Anderlecht, Maximinus v. Trier
13. *Johannes Chrysostomus, Bisch. v. Konstantinopel, Kirchenlehrer* (GK G, Innsbruck: 11.9.); *(Notburga, Dienstmagd in Eben:* Innsbruck, Salzburg G; München-Freising, Passau, Feldkirch, Graz-Seckau, Linz, Bozen-Brixen g; 14.9.)
Amatus v. Sitten, Maria v. Jesus (Lopez de Rivas), Maurilius, Tobias
14. **Kreuzerhöhung** (GK F; Einsiedeln: 16.9.); *Weihe der Gnadenkapelle zu Einsiedeln* (Einsiedeln H)
Eberhard v. Berne, Maternus, Notburga v. Eben
15. *Gedächtnis der Schmerzen Mariens* (GK G)
Aper v. Toul, Ekkehard v. Clairvaux, Katharina v. Genua, Ludmilla, Melitta, Niketas, Nikomedes, Notburga v. Hochhausen, Oranna, Porphyrius v. Cäsarea, Roland v. Medici
16. *Cornelius, Papst, u. Cyprian, Bisch. v. Karthago, Märt.* (GK G); *Kreuzerhöhung* (Einsiedeln F; 14.9.)
Edith v. Wilton, Eugenia v. Hohenburg, Euphemia v. Chalkedon, Johannes Massias, Lucia u. Geminianus, Servus Dei, Viktor III. Papst, Vitalis v. Savigny
17. *Robert Bellarmin, Ordenspriester, Bisch. v. Capua, Kirchenlehrer* (GK g); *Hildegard v. Bingen, Äbtissin* (RK g; Berlin, Limburg G)
Baduard v. Paderborn, Columba u. Pomposa, Franz v. Camporosso, Heraklides u. Myron, Reginfried, Roding, Unni v. Bremen-Hamburg
18. *Lambert, Bisch. v. Maastricht, Märt.* (RK g); *Lantbert, Bisch. v. Freising* (München-Freising G)
Balthasar Ravaschieri, Ferreolus v. Vienne, Josef v. Copertino, Richardis Kaiserin
19. *Januarius, Bisch. v. Neapel, Märt.* (GK g); *Weihe des Domes zu Gurk* (1043; M Gurk-Klagenfurt H/F)

Arnulf v. Gap, Igor v. Kiew, Lucia v. Berg, Maria Wilhelma Ämilia de Rodat, Theodor v. Canterbury

20. Candida v. Karthago u. Gef., Eustachius, Fausta, Theopista v. Rom u. Gef., Warin v. Korvey

21. **Matthäus, Apostel u. Evangelist** (GK F)
Gerulf, Johannes Prandota, Jonas v. Mar Saba, Jonas Prophet, Marcus v. Modena, Maura

22. *Mauritius u. Gef., Märt. d. Thebäischen Legion* (RK g; Einsiedeln: Titel d. Kirche H; Sitten: Patr. d. Wallis H; Chur, Lausanne-Genève-Fribourg G); *Emmeram, Bisch. v. Regensburg* (Regensburg: Nebenpatr. d. Diöz. F; Eichstätt, München-Freising g); *Landelin, Einsiedler in der Ortenau* (Freiburg/B. g)
Gunthildis v. Suffersheim, Ignatius v. Santhià, Jonas v. Castres, Liutrud, Otto v. Freising, Phokas, Salaberga, Septimius

23. *(Basinus u. Liutwin, Bischöfe v. Trier:* Trier g; 4.3., 29.9.)
Helena Duglioli, Linus Papst, Rutrud, Thekla v. Ikonium

24. *Rupert, Bisch. v. Salzburg* (RK g; Graz-Seckau, Salzburg: Diöz. Patr. H; Gurk-Klagenfurt: 2. Patr. d. Diöz. G); *Virgilius, Bisch. v. Salzburg* (RK g; Graz-Seckau, Salzburg: Diöz.-Patr. H; Gurk-Klagenfurt G); *Modestus, Bisch. in Karantien* (Gurk-Klagenfurt G)
Gerhard 1. Bischof v. Csanád, Hermann d. Lahme, Pacificus v. San Severino, Paphnutius u. Gef., Märt. in Ägypten

25. *Niklaus v. der Flüe, Einsiedler, Friedensstifter* (RK g; Landespatron der Schweiz H); *Weihe des Domes zu Salzburg* (1628; H/F)
Ermenfrid, Firminus d. Ä. v. Amiens, Kleophas, Sergius v. Radonesch

26. *Kosmas u. Damianus, Ärzte, Märt. in Kleinasien* (GK g; Patrone d. Stadt Essen H); *Weihe der Kathedrale zu Solothurn* (Basel H/F); *Kirchweihfest in der Diöz. Osnabrück* (H)
Cyprian v. Antiochia, Justina v. Nikomedien, Maria Victoria Theresia Couderc, Meingold v. Würzburg, Meinhard v. Hersfeld

27. *Vinzenz v. Paul, Priester, Ordensgründer* (GK G); *Weihe des Domes zu Köln* (1248–1880; H/F)
Elzear v. Sabran, Hiltrud, Marcus Criado, Nektarios v. Konstantinopel, Siegebert

28. *Wenzeslaus, Herzog v. Böhmen* (GK g); *Lioba, Äbtissin v. Tauber-Bischofsheim* (RK g; Fulda, F; Würzburg G); *Adelrich* (Einsiedeln G); *(Thekla v. Kitzingen u. Lioba:* Würzburg G; 15.10.); *Chuniald u. Gislar* (Salzburg g); *Salonius, Bisch. v. Genf* (Lausanne-Genève-Fribourg G/g); *Weihe des Domes zu Augsburg* (H/F)
Bernhardin v. Feltre, Eberhard v. Tüntenhausen, Julia Eustochium, Markus v. Antiochia, Thiemo v. Salzburg

29. **Michael, Gabriel u. Raphael, Erzengel** (GK F)
Johannes v. Dukla, Karl v. Blois, Konrad v. Zähringen, Theodota v. Thrakien

30. *Hieronymus, Priester u. Kirchenlehrer* (GK G; Basel: 1.10.; Bamberg: 3.10.); *Ursus u. Victor, Märt. in Solothurn* (Basel: Patr. d. Bist. H; Chur, Lausanne-Genève-Fribourg, St. Gallen, Sitten g); *(Otto v. Bamberg:* Bamberg F; 30.6.); *Weihe des Domes zu Münster* (1090; H/F)
Hadwig v. Kappenberg, Honorius v. Canterbury, Ismid, Simon v. Crépy, Sophia v. Rom u. 3 Töchter

Oktober

2. Sonntag im Oktober: *Kirchweihfest in den Kantonen Luzern u. Zug* (H)
Samstag vor dem 3. Sonntag im Oktober: *Kirchweihfest in den Diözesen Bayerns u. Österreichs, in der Diöz. Bozen-Brixen* (H)

3. Sonntag im Oktober: *Kirchweihfest in der Diöz. Freiburg/B.* (H)

1. *Theresia v. Kinde Jesu, Ordensfrau* (GK G); *Remigius, Bisch. v. Reims* (Translation, Trier g; 13.1.); *(Hieronymus:* Basel G; 30.9.)
Angelus de Scarpettis, Bavo, Emmanuel v. Cremona, Franz de Borgia, Germana v. Bar-sur-Aube, Giselbert, Romanus der Melode, Werner v. Wilten
2. *Schutzengel* (GK G); *Leodegar, Bisch. v. Autun* (Basel: Patr. d. Kantons Luzern g)
Gottfried v. Villers, Thomas v. Hereford, Warin v. Poitou
3. *Nicetius, Bisch. v. Trier* (Trier g); *Ewald u. Ewald, Glaubensboten an Niederrhein in Westfalen* (Essen, Köln, Münster, Paderborn g); *(Hieronymus:* Bamberg G; 30.9.)
Adalgott v. Chur, Gerhard v. Brogne, Odilo v. Stablo, Utto v. Metten
4. *Franz v. Assisi, Ordensgründer* (GK G)
Ammon, Jovianus v. Trier, Marsus, Petrus v. Damaskus, Quintinus v. Villeparisis
5. *Meinolf v. Paderborn* (Paderborn g); *Gedenktag der Trierer Märt.* (Trier g); *Weihe des Domes zu Osnabrück* (H/F); *Weihe des Domes zu Speyer* (1061; H/F)
Attila, Aymard, Galla v. Rom, Flavia, Gerwich, Petrus v. Imola, Raimund v. Capua, Placidus v. Subiaco
6. *Bruno der Karthäuser, Ordensgründer* (RK g); *Adalbero, Bisch. v. Würzburg* (Linz, Würzburg G); *Übertragung d. hl. Meinrad* (Einsiedeln g)
Jakob Patriarch, Konrad v. Hildesheim, Maria Franziska v. d. 5 Wunden, Renatus, Tutto v. Regensburg
7. *Gedenktag Unserer Lieben Frau v. Rosenkranz* (GK G)
Ernst v. Neresheim, Georg v. Pfronten-Kreuzegg, Gerold v. Köln, Justina v. Padua, Marcellus u. Apuleius, Marcus Papst, Sergius u. Bacchus
8. Benedicta, Hugo der Malteser, Regenfredis, Simeon v. Jerusalem, Thais
9. *Dionysius, Bisch. v. Paris, u. Gef., Märt.* (GK g); *Johannes Leonardi, Ordensgründer* (GK g); *Gunther v. Niederaltaich, Einsiedler, Glaubensbote* (Passau G; Berlin, Fulda g)
Abraham Patriarch, Gislenus, Goswin, Johannes Lobedau, Ludwig Beltrán, Publia, Sara
10. *Gereon u. Gef., Märt. in Köln, Cassius u. Florentius, Märt. in Bonn* (Köln G); *Viktor u. Gef., Märt. in Xanten* (Essen, Münster g)
Daniel v. Belvedere, Johannes v. Bridlington, Paulinus v. York, Venantius v. Artois
11. *Bruno I., Erzb. v. Köln* (Köln G); *Jakob Griesinger v. Ulm, Ordensbruder in Bologna* (Rottenburg g); *Maria Mutter v. Guten Rat* (Essen: Patr. d. Diöz. H)
Alexander Sauli, Ethelburga v. Barking, Germanus v. Besançon, Gummar v. Nivesdonck, Maria Soledad, Placida, Quirinus v. Malmédy, Theophanes Graptus
12. *Maximilian, Bisch. im Pongau* (Passau: 2. Patr. d. Diöz. F; Linz G; Graz-Seckau, München-Freising, Salzburg: g); *Kirchweihfest in der Diöz. Lausanne-Genève-Fribourg* (H)
Edwin, Herlinde, Pantalus v. Basel, Serafin v. Montegranaro
13. *Simpert, Bisch. v. Augsburg* (Augsburg G); *Koloman, Pilger, Märt. in Stockerau* (St. Pölten, Wien G; Eisenstadt g); *Lubentius, Priester in Kobern* (Limburg, Trier g); *Weihe der Kathedrale zu Sitten* (H/F); *Kirchweihfest in der Diöz. Münster* (H)
Gerald v. Aurillac, Reginbald, Theophilus v. Antiochia
14. *Calixtus I., Papst, Märt.* (GK g); *(Burkhard, Bisch. v. Würzburg:* Würzburg F, Bamberg g; 2.2.); *Kirchweihfest in der Diöz. Rottenburg* (H)
Fortunata u. Gef., Hildegund v. Münchaurach, Justus v. Lyon, Menehildis, Rusticus v. Trier
15. *Theresia v. Ávila, Kirchenlehrerin* (GK G); *Kirchweihfest im Kanton Aargau* (H)
Aurelia, Herifrid, Thekla v. Kitzingen
16. *Margareta Maria Alacoque, Ordensfrau* (GK g); *Hedwig v. Andechs, Herzogin v. Schlesien* (RK g; Görlitz: Landespatronin H; Berlin, Dresden-Meißen F; München-Freising G); *Gallus, Mönch, Einsiedler, Glaubensbote am Bodensee* (RK g; St. Gallen:

Hauptpatr. d. Bist. H; Chur, Feldkirch, Sitten: G, Lausanne-Genève-Fribourg g); *Lullus, Bisch. v. Mainz* (Fulda, Mainz g)
Balderich, Florentinus v. Trier, Gauderich, Gerhard Majella, Heriburg, Liutgard v. Wittichen
17. *Ignatius, Bisch. v. Antiochia, Märt.* (GK G)
Anstrudis, Rudolf v. Gubbio, Contardo Ferrini
18. **Lukas, Evangelist** (GK F)
Heinrich v. Bonn, Honesta u. Gef., Justus v. Beauvais, Monon, Petrus v. Alcántara
19. *Paul v. Kreuz, Priester, Ordensgründer* (GK g); *Jean de Brébeuf u. Gef., Märt. in Kanada* (GK g); *Weihe des Domes zu Rottenburg* (H/F)
Frideswida, Laura, Ptolemäus u. Gef., Theofred
20. *Wendelin, Einsiedler im Saarland* (RK g); *Vitalis, Bisch. v. Salzburg* (Salzburg g)
Humbald, Irene v. Portugal, Maria Bertilla Boscardin
21. *Ursula u. Gefährtinnen, Jungfrauen u. Märt. in Köln* (RK g, Köln G); *Weihe des Domes zu Eichstätt* (H/F)
Euphrosyne v. Basel, Gebizo v. Köln, Hilarion, Irmtrud, Jacobus Strepa, Malchos, Matthäus v. Agrigento, Wulflaik
22. *(Contardo Ferrini:* Berlin g; 17.10.); *Kirchweihfest in der Diöz. St. Gallen* (H)
Bertharius, Cordula, Ingebert, Salome v. Galiläa, Ulbert, Wigand
23. *Johannes v. Capestrano* (RK g); *Severin, Bisch. v. Köln* (Köln G); *Feierliche Jahrzeit f. Äbte, Mönche u. Wohltäter* (Einsiedeln)
Heinrich v. Köln, Ignatius v. Konstantinopel, Johannes Bonus, Oda v. Amay, Pompejus v. Lüttich, Romanus v. Rouen, Theodoretos
24. *Antonius Maria Claret y Clará, Bisch. v. Santiago in Kuba* (GK g); *Evergisil, Bisch. v. Köln* (Köln g); *Weihe des Domes zu Würzburg* (1045; H/F)
Aloisius Guanella, Proklos v. Konstantinopel, Thaddäus McCarthy
25. *Crispin u. Chrispian, Märt.* (Osnabrück: 2. Patrone d. Bist. G); *Rückführung der Reliquien des hl. Bisch. Liborius* (Paderborn F/g)
Chrysanthus u. Daria, Ludwig III. v. Arnstein, Minias, Markianos u. Martyrios, Margareta v. Roskilde
26. *Amandus, Bisch. v. Worms* (Mainz g); *Witta, Bisch. v. Buraburg* (Fulda g)
Adalgott v. Disentis, Amandus v. Straßburg, Demetrius, Evaristus Papst, Sigibald
27. *Wolfhard v. Augsburg* (Augsburg g)
Frumentius
28. **Simon u. Judas, Apostel** (GK F)
Alfred, Faro
29. *Ferrutius, Märt. in Mainz* (Limburg, Mainz g)
Berengar, Hermelindis, Ida v. Leeuw, Margareta v. Sponheim, Narcissus v. Jerusalem
30. Foillan, Theonestus v. Philippi u. Gef., Thöger v. Thüringen
31. *Wolfgang, Bisch. v. Regensburg* (RK g; Regensburg: Hauptpatr. d. Diöz. H; Einsiedeln F; Linz G)
Alfons Rodriguez, Christophorus v. Romandiola, Elisabeth v. Ungarn, Notburga v. Köln, Thomas Bellaci, Quintinus v. Amiens

November

Letzter Sonntag im Jahreskreis: CHRISTUS KÖNIG DER WELT (GK H)

1. ALLERHEILIGEN (GK H)
Achahildis, Arthur O'Nelly, Dieburg, Floribert v. Gent, Gudmund, Hartmann v. Hausen, Konradin v. Brescia, Luitpold, Nikolaus v. Aarhus, Rainer v. S. Sepolcro, Sidonius v. Mainz, Wolfhold v. Admont

2. **Allerseelen** (GK)
Ambrosius v. St. Moritz, Margareta v. Lothringen, Rathold v. Aibling, Tobias v. Sebaste u. Gef., Wichmann
3. *Martin v. Porres* (GK g); *Hubert, Bisch. v. Maastricht-Tongern-Lüttich* (RK g); *Pirmin, Abtbisch., Glaubensbote am Oberrhein* (RK g); *Viktorinus, Bisch. v. Pettau* (Graz-Seckau g); *Ida v. Toggenburg, Reklusin* (Basel, St. Gallen g)
Berthold v. Engelberg, Egerich v. Belmont, Malachias v. Armagh, Marianus v. Bardewik, Odrada, Simon Ballachi, Silvia, Wilhelm v. Belmont, Winfrida
4. *Karl Borromäus, Bisch. v. Mailand* (GK G; Patr. d. Diöz. Lugano G)
Egilbert v. Freising, Francisca d'Amboise, Gregor v. Cerchiara, Heinrich v. Zwiefalten, Julianus Cesarelli, Modesta, Perpetuus v. Maastricht, Vitalis u. Agricola
5. *Alle Heiligen der Diöz. Lausanne-Genève-Fribourg u. Sitten* (G); *Alle Märt. des Bistums Berlin* (G); *Emmerich, Herzog, Sohn König Stephans v. Ungarn* (Eisenstadt g); *Weihe der Kathedrale zu Meißen* (Dresden-Meißen H/F); *Kirchweihfest in den Diöz. Fulda u. Trier* (H)
Berthild, Gomidas Keumurgian, Zacharias und Elisabeth
6. *Leonhard, Einsiedler v. Limoges* (RK g); *(Modesta, Äbtissin in Trier:* Trier g; 4.11.); *(Protasius, Bisch. v. Lausanne:* Lausanne-Genève-Fribourg g; 19.6.); *Weihe der Hedwigskathedrale zu Berlin* (1773; H/F)
Christina Bruzo die Kölnische, Iltut
7. *Willibrord, Bisch. v. Utrecht* (RK g; Luxemburg: Landesapostel F); *Engelbert, Bisch. v. Köln* (Essen, Köln g)
Antonius Baldinucci, Ernst v. Zwiefalten, Florentius v. Straßburg, Lazarus der Stylit, Rufus v. Metz, Vinzenz Grotti
8. *Willehad, Bisch. v. Bremen, Glaubensbote der Sachsen* (Hildesheim, Münster, Osnabrück: g)
Claudius v. Rom, Gottfried v. Amiens, Gregor v. Einsiedeln, Vier Gekrönte
9. **Weihe der Lateranbasilika in Rom** (GK F)
Aurelius, Ragnulf, Theodorus v. Euchaïta
10. *Leo I. d. G., Papst, Kirchenlehrer* (GK G)
Andreas Avellino, Johannes v. Mecklenburg, Johannes Scotus v. Ratzeburg, Justus v. Canterbury, Nympha, Paulus I. v. St. Moritz, Tryphon v. Phrygien u. Gef.
11. *Martin, Bisch. v. Tours* (GK G; Patron der Diözesen Eisenstadt, Mainz, Rottenburg: H; Einsiedeln: Hauptpatr. d. Kantons Schwyz H; Hildesheim: Hauptpatr. d. Eichsfeldes H/G; Salzburg: 2. Patr. d. Stadt Salzburg G)
Deusdedit, Hademunda, Heinrich v. Heisterbach, Menas v. Ägypten, Theodorus Studites, Veranus
12. *Josaphat Kunzewitsch, Bisch. v. Polozk* (GK G); *Kunibert, Bisch. v. Köln* (Köln G, Trier g); *Arsacius, Bisch. v. Mailand* (München-Freising: im Einflußbereich v. Ilmmünster g); *Weihe des Domes zu Eisenstadt* (H/F); *Kirchweihfest in den Diöz. Paderborn u. Würzburg, in den Kantonen Basel, Bern u. Solothurn* (H)
Ämilianus Cucullatus, Benedikt v. Polen u. Gef., Didacus v. Alcalá, Hesychius, Lebuin
13. *Himerius, Einsiedler bei St-Imier* (Basel g); *Stanislaus Kostka* (Wien G, Augsburg g); *Kirchweihfest in der Diöz. Essen* (H)
Augustina Pietrantoni, Brictius, Eugenius v. Toledo, Gutmann v. Cremona, Leonianus, Nikolaus I. Papst, Siard, Volkwin
14. Alberich v. Utrecht, Laurentius v. Dublin, Nikolaus Tavelić u. Gef., Serapion v. Algier, Veneranda
15. *Albert d. G., Bisch. v. Regensburg, Kirchenlehrer* (RK g; Köln F, Regensburg G; in Österreich: 16.11.); *Leopold III., Markgraf v. Österreich* (RK g; Landespatron von Oberösterreich u. Wien H, St. Pölten F, Gurk-Klagenfurt G); *Marinus, Bisch., u. Anianus, Glaubensboten in Bayern* (München-Freising G)
Desiderius v. Cahors, Eugenius v. Paris, Findan v. Rheinau, Helena v. Ungarn, Joseph

Pignatelli, Maclovius

16. *Margareta, Königin v. Schottland* (GK g); *Otmar, Abt v. St. Gallen* (St. Gallen F, Chur, Einsiedeln G, Basel, Freiburg/B. g); *(Albert d. G.:* in den Diöz. Österreichs g; 15.11.)
Edmund v. Abington, Eucherius v. Lyon, Hugo v. Lincoln, Walter v. Sachsen
17. *Gertrud v. Helfta, Ordensfrau* (RK g); *Florinus vom Vintschgau, Pfarrer in Remüs* (Chur G; Bozen-Brixen: Patr. d. Unterengadin u. d. Vintschgaues g)
Dionysius v. Alexandria, Gregor v. Tours, Gregor der Wundertäter, Hilda v. Streaneshalch, Namatius, Romanus v. Cäsarea, Salomea
18. *Weihe der Basiliken der hll. Petrus u. Paulus zu Rom* (GK g); *Kirchweihfest in der Diöz. Speyer* (H)
Odo v. Cluny, Philippine Duchesne
19. *Elisabeth, Landgräfin v. Thüringen* (RK G; Berlin, Fulda, Görlitz, Dresden-Meißen F)
Barlaam v. Antiochia, David v. Augsburg, Mechthild v. Hackeborn, Patroclus d. Einsiedler, Totto v. Ottobeuren
20. *Bernward, Bisch. v. Hildesheim* (Hildesheim F); *(Korbinian, Bisch. v. Freising:* München-Freising: Hauptpatr. d. Erzdiöz. H; Bozen-Brixen g am 9. Sept.; 8.9.)
Edmund König d. Ostangeln, Felix v. Valois, Humbert v. England, Maria Fortunata Viti
21. *Gedenktag Unserer Lieben Frau in Jerusalem* (GK G)
Gelasius I. Papst, Nikolaus Giustiniani, Rufus v. Rom
22. *Cäcilia, Jungfrau, Märt. in Rom* (GK G)
Philemon
23. *Clemens I., Papst, Märt.* (GK g); *Kolumban, Abt v. Luxeuil u. Bobbio* (RK g; Feldkirch, St. Gallen G; Chur: 27.11.)
Felicitas u. 7 Söhne, Margareta v. Savoyen, Rachildis, Trudo v. Haspengau, Wolftrud
24. *(Modestus, Bisch. in Kärnten, u. Virgilius, Bisch. v. Salzburg:* Gurk-Klagenfurt G; 3.12., 14.11.)
Albert v. Lüttich, Balsam, Chrysogonus
25. *Katharina v. Alexandria, Märt.* (RK g; Lausanne-Genève-Fribourg, Sitten: 2. Patr. d. Kantone Fribourg u. Wallis G); *Elisabeth v. Reute* (Rottenburg g)
Bernold, Egbert v. Münsterschwarzach, Imma, Konrad v. Heisterbach, Livarius
26. *Konrad u. Gebhard, Bischöfe v. Konstanz* (RK g; Einsiedeln G, Freiburg: 2. Patr. d. Diöz. G); *Weihe des Domes zu Seckau* (1140; Graz-Seckau H/F)
Adalbert v. Oberaltaich, Delphina, Humilis, Leonhard v. Porto Maurizio, Nikon, Petrus I. v. Alexandria, Sebald v. Trier, Simeon v. La Cava, Silvester Guzzolini
27. *Bilhildis v. Altenmünster* (Mainz g); *(Kolumban v. Luxeuil:* Chur G; 23.11.)
Jakob d. Zerschnittene, Josaphat v. Indien, Oda v. Sint-Odenrode
28. Gregor III. Papst, Hathumoda, Jacobus de Marchia, Stephan d. J. v. Konstantinopel
29. *Friedrich v. Regensburg* (Regensburg g)
Dionysius a Nativitate u. Redemptus a Cruce, Franz Anton Fasani, Jutta v. Fuchsstadt, Paphnutius Abt i. d. Thebais, Radbot, Saturninus v. Rom, Walderich
30. **Andreas Apostel** (GK F)
Attroban, Benjamin v. Sachsen, Emming, Folkard, Grisold, Gerwald, Johannes Garbella

Dezember

1. Antonius Bonfadini, Blanca, Edmund Campion, Eligius, Marinus v. Regensburg, Natalia v. Nikomedien
2. *Lucius, Bisch. v. Chur, Märt.* (RK g; Chur: Hauptpatr. d. Bist. H)
Bibiana, Johannes van Ruysbroek, Silverius Papst
3. *Franz Xaver, Ordenspriester, Glaubensbote in Indien u. Ostasien* (GK G)

Attala, Claudius v. Rom u. Gef., Jason v. Rom, Maurus v. Rom, Modestus v. Kärnten, Sola, Waldefrid u. Radfrid

4. *Johannes v. Damaskus, Priester, Kirchenlehrer* (GK g); *Barbara, Märt. in Nikomedien* (RK g)
Adelmann, Aper v. Genf, Christianus v. Preußen, Maurus v. Fünfkirchen, Osmund

5. *Anno, Erzb. v. Köln* (RK g; Köln G); *(Sola, Glaubensbote in Franken:* Eichstätt g; 3.12.)
Bartholomäus Fanti, Gerald v. Braga, Reinhard v. Lüttich, Sabas v. Mar Saba

6. *Nikolaus, Bisch. v. Myra* (GK g; Patr. d. Stadt u. d. Kt. Fribourg, Patr. d. Kathedrale zu Fribourg H, 2. Patr. d. Diöz. Lausanne-Genève-Fribourg F)
Asella, Majoricus, Obitius, Simon v. Aulne

7. *Ambrosius, Bisch. v. Mailand, Kirchenlehrer* (GK G)
Fara, Maria Josefa Rossello

8. HOCHFEST DER OHNE ERBSÜNDE EMPFANGENEN JUNGFRAU UND GOTTESMUTTER MARIA (GK H; Köln, Trier: Patr. d. Erzbist.)
Constantinus v. Orval, Edith v. Caestre, Elfriede v. Caestre, Gunthildis v. Ohrdruf, Kunihild v. Ohrdruf, Romarich, Valens

9. *Eucharius, Bisch. v. Trier* (Trier F; Limburg: Eucharius, Valerius u. Maternus g am 11. September)
Abel, Gorgonia, Jakob Laval, Liborius Wagner, Petrus Fourier, Theodorich v. Kremsmünster, Valeria

10. *(Petrus Fourier:* Trier g; 9. 12.)
Eulalia v. Mérida, Hermogenes, Miltiades Papst

11. *Damasus I., Papst* (GK g)
Arthur Bell, Daniel Stylites, David v. Himmerod, Joseph v. Ägypten, Lukas Stylites, Sabinus v. Piacenza, Tassilo III. v. Bayern, Wilbirg

12. *Johanna Franziska Frémyot de Chantal, Ordensgründerin* (GK g); *(Hartmann, Bisch. v. Brixen:* Passau, Graz-Seckau, Wien, Bozen-Brixen: g; 23.12.); *Vizelin, Bisch. v. Oldenburg* (Osnabrück g)
Bartholomäus Bompedoni, Ida v. Nivelles, Konrad v. Offida

13. *Lucia, Jungfrau, Märt. in Syrakus* (GK G, RK g); *Odilia, Äbtissin, Gründerin v. Odilienberg u. Niedermünster* (RK g)
Autbert, Edburga, Herulf, Jodok

14. *Johannes v. Kreuz, Ordenspriester, Kirchenlehrer* (GK G)
Berthold v. Regensburg, Folkwin, Franziska Schervier, Heron u. Gef., Nicasius, Spyridon, Venantius Fortunatus

15. *(Wunibald v. Heidenheim:* Eichstätt F; 18.12.)
Christiana v. Georgien, Johannes Heinrich Karl Steeb, Johannes Discalceatus, Marinus v. La Cava, Maria Crucifixa di Rosa

16. *Adelheid, Kaiserin* (Einsiedeln G; Augsburg, Lausanne-Genève-Fribourg g); *(Sturmius v. Fulda:* Fulda F, München-Freising g; 17. 12.)
Ado, Rainald v. Bar-sur-Seine, Sebastianus Maggi

17. Johannes v. Matha, Jolanda v. Marienthal, Lazarus v. Bethanien, Modestus v. Jerusalem, Olympias, Sturmius, Vivina

18. Gratianus, Wunibald

19. Benjamin, Honulph, Juda Sohn Jakobs, Megingoz, Susanna, Thea, Urban V. Papst

20. Dominikus v. Silos, Eugenius u. Makarius v. Antiochia, Hoger v. Hamburg-Bremen, Vinzenz Romano, Vitus v. Litauen

21. Dominicus Spadafora, Johannes Vincentius

22. Flavianus v. Rom, Francisca Xaveria Cabrini, Hungerus Frisus, Jutta v. Disibodenberg, Marianus v. Mainz

23. *Johannes v. Krakau, Priester* (GK g)
Dagobert, Egbert v. Dalberg, Hartmann v. Brixen, Ivo v. Chartres, Maria Margareta

Dufrost de Lajemmerais, Servulus v. Rom, Theodulus v. Kreta u. Gef., Thorlak Thorhallsson, Viktoria

24. Adam u. Eva, Adula, Delphinus, Erkenbert, Irmina v. Oeren, Paula Elisabeth Cerioli, Scharbel Makhluf, Sisinnius v. Konstantinopel, Tarsilla
25. WEIHNACHTEN, HOCHFEST DER GEBURT DES HERRN (GK H)
Sonntag nach Weihnachten: **Fest der Hl. Familie** (GK F)
Anastasia, Eugenia v. Rom, Maria Theresia v. Wüllenweber, Petrus Nolascus, Petrus Venerabilis
26. **Stephanus, erster Märtyrer** (GK F; Wien: Patr. d. Erzdiöz. u. d. Domes H)
Richlindis, Vincentia López y Vicuña, Zosimus Papst
27. **Johannes Apostel u. Evangelist** (GK F)
Christina Ebner, Esso v. Beinwil, Fabiola, Theodorus Graptus, Walto v. Wessobrunn
18. **Unschuldige Kinder** (GK F)
Julius v. Rom, Kaspar del Bufalo, Thaddäus Studites, Theodorus v. Tabennisi
29. *Thomas Becket, Bisch. v. Canterbury, Märt.* (GK g)
David, Ebrulf v. St-Évroult, Isai, Reginbert, Winthir
30. Didacus v. Azevedo, Dionysius I. Papst, Egwin v. Worcester, Felix I. Papst, Germar, Margareta Colonna, Sabinus v. Spoleto
31. *Silvester I., Papst* (GK g)
Columba v. Sens, Johannes Franz Régis, Katharina Labouré, Leobard, Luitfrid, Marius v. Avenches-Lausanne, Melania d. J. u. Pinianus, Odilo v. Cluny, Paulina v. Rom, Walembert, Zotikus v. Konstantinopel

IV. Teil. Alphabetisches Verzeichnis der Namen und Heiligen

A

Abachum, röm. Märt., Hl. (Abacuc, Habakuk), ↗ Marius
Name: akkad. hambakuku (Duftpflanze). Die LXX schreibt Hambakum

Abba Ghebre Michael ↗ Ghebre Michael

Abdon u. Sennen, röm. Märt., Hll.
Sie starben wahrscheinlich in der Verfolgung des Diokletian um 304. Nach der legendären Märtyrerakte treten sie als vornehme Perser auf, die Kaiser Decius (249-251) von Gladiatoren in Rom töten ließ. Wahrscheinlich sind sie orientalische Sklaven oder Freigelassene. Ihre Gebeine ruhten im Cömeterium des Pontianus u. sind seit 826 in S. Marco zu Rom.
Gedächtnis: 30. Juli
Darstellung: in orientalischer Tracht mit phrygischer Mütze
Patrone: der Böttcher
Lit.: Tolra de Bordas (Paris 1880)

Abel, Sohn Adams
Name: Unklar, ob in der hebr. Form hebel (Nichtigkeit, Hauch) ein Hinweis auf die Kürze seines Lebens liegt oder ob der Name etwa mit sumer. ibila, akkad. aplu (Sohn) zusammenhängt. Vgl. auch arab. habila (des Sohnes beraubt sein)
Abel war nach Gen 4,1 ff nach Kain der 2. Sohn der Stammeltern ↗ Adam u. ↗ Eva u. brachte als erster Hirte ein Gott wohlgefälliges Tieropfer dar. Das Erstlingsopfer von Tieren u. Feldfrüchten weist auf ein altes Frühlingsfest der Nomaden hin, das als heilig galt u. aus dem sich das jüdische Passah entwickelt zu haben scheint. In der Erzählung von Kain u. Abel wird nicht direkt gesagt, warum Gott auf das Opfer Abels gnädig herabsah, auf das des Kain aber nicht. Indirekt liegt die Erklärung in der darauffolgenden Antwort Gottes: „Warum bist du zornig u. warum ist dein Angesicht finster? Ist es nicht so: Wenn du gut bist, so kannst du es frei erheben. Bist du aber nicht gut, so lauert die Sünde vor der Tür.“ Kain wollte also in unlauterer Gesinnung vor Gott hintreten. An einer typologischen Gestalt schildert der bibl. Erzähler in sehr konkreter Art das innere Wachsen der typischen Kains-Sünde: Bevorzugung Kains (Erstgeburt) u. deren innere Gefahr – Abwendung von Gott (Nicht-Annahme des Opfers) – Brudermord – innere Verhärtung („Bin ich denn der Hüter meines Bruders?“) – Klage über die Strafe (Heimatlosigkeit) – gnädiger Schutz Gottes („Jeder, der Kain erschlägt, an dem wird es siebenfach gerächt“). Bei dem Kains-Zeichen hat man nicht an eine Tätowierung zu denken, eher wohl an ein unausgesprochenes Tabugesetz (Ächtung). Noch heute darf bei einigen transjordanischen Araberstämmen ein Brudermörder nicht getötet werden. Er wird aber aus der Sippe ausgestoßen; auch ein fremder Stamm darf ihn nicht aufnehmen.
Die Erzählung ist im Zusammenhang des Bogens zwischen Adam u. ↗ Abraham zu sehen: Erschaffung der Welt u. des Menschen, Segen Gottes über die Menschen – Adam (Ungehorsam) – Kain (Brudermord) – Sintflut (allg. Lasterhaftigkeit) – Turmbau (Selbstvergötzung des Menschen) – Abraham (Neubeginn des Dialogs Gottes mit den Menschen). An 3 Musterbeispielen schildert die Bibel, wie sich seit Adam das Böse im Menschen immer weiter ausbreitet, wie aber Gott dennoch ein dauerndes liebendes Interesse am Menschen hat.
Die Erzählung spielt sich vor dem Hintergrund der sozialen Spannung zw. den nomadisierenden Beduinen u. den seßhaften Stadtbewohnern in Babylonien ab. Abel als Kleinviehhirte vertritt den Nomaden, Kain als Ackerbauer den seßhaften Städter. Aus der Sicht der frühen, also noch halbnomadischen Israeliten galten Städte als Sitz von Kultur, Wissenschaft u. Technik, aber auch aller Gottlosigkeit u. Lasterhaftigkeit. Sprichwörtlich waren sündige Städte wie Babylon, Ninive, Sodom u. Gomorrha. Noch in der Geheimen Offenbarung wird

Babylon die große Hure genannt (Offb 17). Der Nomade sieht sich selber mit der Natur verbunden u. damit näher bei Gott. Die Natur ist Gottes Werk, die Stadt ist Menschenwerk. Von Kain wird ausdrücklich gesagt, daß er von Gottes Angesicht hinwegging u. für sich u. seine Nachkommen eine Stadt gründete, für den bibl. Erzähler ein Beleg für die fortschreitende Entartung der Urmenschheit durch Überhandnehmen gewalttätiger Gesinnung. Diese trotzige, überhebliche Gesinnung gipfelt in Lamek, einem der Nachkommen Kains, der als erster 2 Frauen nimmt u. sich in seinem mordlustigen Siegeslied über jede Achtung vor der Heiligkeit des Menschenlebens hinwegsetzt (Gen 4,23f).
So ist Kain der Typus eines Menschen, der gegen Gott sündigt, indem er seine persönliche Ich-Du-Beziehung zum Mitmenschen gestört hat (Neid, Eifersucht, Mord) u. damit „sein Gesicht" verliert („sein Angesicht verfinsterte sich", wörtlich „fiel herab"). Abel ist der Typus des unschuldig ermordeten Kleinen u. Schwachen. In diesem Sinn wird er auch im NT genannt: „Das Blut des gerechten Abel schreit zum Himmel" (Mt 23,35), er ist Zeuge u. Vorbild des Glaubens (Hebr 11,4), sein Blut wird dem Blut Jesu Christi gegenübergestellt (Hebr 12,24).
Gedächtnis: 9. Dezember
Darstellung: Schon seit dem 5. Jh. Szene des Brudermordes: Abel als Erschlagener neben dem Opferaltar; seit dem Mittelalter auch in typologischer Darstellung auf den Kreuzestod Jesu bezogen (bes. auf Altargeräten, im Altarraum); ab dem 15. Jh. nur noch in erzählender Darstellung
Lit.: Kommentare zum AT – Künstle I 280f

Abel, Erzb. **von Reims,** Hl.
Er war Benediktinermönch u. Klosterbisch. in Lobbes bei Thuin (im belgischen Hennegau) u. wurde durch Pippin u. ↗ Bonifatius 744 auf den Bischofsstuhl von Reims erhoben, konnte sich aber gegen den Usurpator Milo nicht behaupten. Er starb als Mit-Abt 750/60 in Lobbes, wo er sehr verehrt wurde. Seine Gebeine ruhen seit 1400 in Binghen.
Gedächtnis: 5. August
Lit.: Th. Schiffer, Winfrid-Bonifatius (Freiburg/B. 1954)

Abigail
Name: die Bedeutung des hebr. abigajil (abigal, abugal) ist ungeklärt. Der Name kommt heute vereinzelt als weibl. Vorname vor.
Abigail hieß die Frau des reichen Nabal zu Karmel (Süd-Juda), sie „war klug u. sehr schön". Als David mit ihrem geizigen Mann in Streit geriet, wußte sie, die künftige Größe Davids ahnend, zw. beiden zu vermitteln. David nahm sie später unter seine Nebenfrauen auf (1 Sam 25,2-42). – Eine andere Abigail war die Tochter des ↗ Isai u. damit die Schwester ↗ Davids (1 Chr 2,16 f).

Abraham, bibl. Stammvater
Es gibt bis heute kein außerbibl. Zeugnis für die Existenz Abrahams. Der Name findet sich aber in Mesopotamien zu Anfang des 2. Jt. v. Chr. in den babylonischen Formen A-ba-am-ra-am, A-ba-ra-ma u. A-ba-am-ra-ma. Mithilfe des Akkad. übersetzt könnte es heißen: liebe den Vater. Der Name könnte auch nordsemitischen Ursprungs sein. Sein ursprünglicher Name Abram gemäß der Bibel bedeutet etwa: er ist groß, oder: erhabener Vater. Der neue Name Abraham (Gen 17,5) wird hier gedeutet: Vater der Menge. Verschiedene bibl. Personen aus der Familie Abrahams glaubt man in babylonischen oder assyrischen Städtenamen wiederzuerkennen: Arphakschad, Peleg, Sarug, Nachor, Terak (vgl. Gen 11,10-26). Bei der Unsicherheit der Namensidentifizierung ist es aber erstaunlich, daß die Ausgrabungen in Ur, Mari, Ugarit u. Nuzu ein kulturelles, politisches u. rel. Milieu zeigen, das dem der bibl. Patriarchengeschichte weitgehend entspricht. Abraham könnte vor oder während der Regierungszeit des babylonischen Königs Hammurapi (1728-1686 oder 1795-1750 v. Chr.) gelebt haben. Es wird neuerdings aber bezweifelt, ob der König Amraphel (Gen 14,1) mit Hammurapi identisch ist.
Die Familie Abrahams gehörte zu den semitischen Nomadenstämmen, die zw. den Städten Mesopotamiens umherwanderten. Abraham wird ein „Hebräer" genannt (Gen 14,13), d. h. nach seinem Stammvater Eber (Gen. 11,16). In den außerbibl. Tex-

ten von Mesopotamien u. Ägypten findet sich dafür die Bezeichnung hapiru (oder chaperu, chabiru). Diese sind hier überall aber nicht als bestimmtes Volk gemeint, sondern als soziologische Gruppe von Menschen verschiedener Nationalität: als Söldner des Königs Hammurapi oder auch als dessen Gegner, als Bedienstete, Räuberbanden, als Fremde, die sich freiwillig als Sklaven vermieten, als Steinbruchs- u. Bergwerksarbeiter, Lastträger, Keltertreter, Kriegsgefangene, Deportierte u. a. Es sind hier somit die heimatlosen Wanderer, die sich von Gelegenheitsarbeiten, manchmal wohl auch vom Stehlen ernähren. Die Nomadenvölker dieser Gebiete standen also bei den seßhaften Stadtbewohnern nicht im besten Ruf. Auch die Frau des Potiphar nennt den ägyptischen Joseph verächtlich einen „hebräischen Sklaven" (Gen 39,17). Später, als die verächtliche Bedeutung des Wortes nicht mehr verstanden wurde, konnten sich die Israeliten nationalbewußt „Hebräer" nennen.

Umgekehrt blickten auch die Nomaden mit Geringschätzung auf die Städter mit ihrer Gottlosigkeit. In bibl. Geschichtsdeutung findet man etwa den „Städtebauer" Kain, der seinen Bruder ↗ Abel erschlagen hat (Gen 4,17), das Strafgericht über die Bewohner von Babel, die sich „eine Stadt und einen Turm" bauten (Gen 11,1-9) sowie die Ruchlosigkeit der Städte Sodom u. Gomorrha (Gen 19,1–25). Das Verhältnis zw. den Stadtbewohnern u. den verschiedenen Nomadenstämmen muß also gespannt gewesen sein, wohl der Grund für die große Wanderbewegung der semitischen Völker nach dem Westen von 2000 bis 1700 v. Chr. Terak, der Vater Abrahams, schloß sich dieser Wanderung an u. zog von Ur in Chaldäa, der alten sumerischen Stadt in Südbabylonien, mit seiner Familie nach Charan im Reich Mari (Gen 11,28), von wo aus Abram auf Geheiß Gottes weiter nach Kanaan zog (Gen 12,1-7).

Die zentrale Aussage der Geschichte über Abraham ist seine Berufung u. Führung durch Jahwe (Gen 12,1-4). Fünfmal ist hier vom „Segen" die Rede, den er erhalten solle u. der er selbst für alle Geschlechter der Erde sein werde, eine Anspielung auf die Messiasverheißung, die später immer deutlicher ausgesprochen wird. Für ihn selbst besteht dieser Segen konkret in der Zusage von Land u. Nachkommenschaft. Sein neuer Name Abraham, den Gott ihm gibt (Gen 17,5) steht dabei in deutlichem Gegensatz zu dem „Namen", den sich die Erbauer des Turmes von Babel selber machen wollen (Gen 11,4). Die Namensänderung ist zus. mit der Beschneidung das Zeichen des immerwährenden Bundes, den Gott mit ihm u. seinen Nachkommen schließt (Gen 17). Damit beginnt der Dialog zw. Gott u. Mensch, der nie mehr endet.

Abraham wird in seiner ganzen Menschlichkeit u. Angefochtenheit geschildert, wird aber gerade dadurch zum tröstlichen u. anspornenden Beispiel. Er möchte der Vorsehung Gottes vorgreifen, muß aber erkennen, daß er hierbei versagt: Wegen einer Hungersnot verläßt er eigenmächtig das ihm von Gott zugewiesene Land Kanaan u. zieht nach Ägypten. Dort wird er seiner Frau Sara wegen beschämend behandelt u. muß wieder nach Hause ziehen (Gen 12,10-20). Die Kinderlosigkeit Saras sucht er dadurch zu umgehen, daß er nach altorientalischem Rechtsbrauch Ismael, den Sohn seiner Sklavin Hagar, adoptiert. Gott will aber den verheißenen Sohn Isaak als seinen Rechtsnachfolger (Gen 17,15-22).

Gott nimmt den Abraham in eine harte Glaubensschule. Zuerst wird er entwurzelt u. muß Heimat u. Familie verlassen, dann bleibt seine Frau lange Zeit kinderlos, für einen Orientalen ein großes Unglück, u. schließlich muß er sich bereitfinden, seinen endlich erhaltenen Sohn zu opfern (Gen 22,1-19). Menschenopfer dieser Form waren durchaus nichts Ungewöhnliches. Die Menschen wollten das Liebste hergeben, um die Götter günstig zu stimmen. Hier aber will Jahwe zeigen, daß er nicht das Menschenleben will, sondern die innere Opfergesinnung. Abraham wird dadurch vor eine schreckliche Situation gestellt, nicht nur, daß er seinen Sohn wieder verlieren soll, sondern vor allem, daß er glaubt, an der Vorsehung Gottes u. seiner Verheißung verzweifeln zu müssen. Der Glaube Abrahams bewährt sich gerade darin, daß er die Lösung des Konfliktes Gott anheimstellt. Damit wird er zum großen Vorbild des Glaubens auch für den Christen, der

sich nicht auf die leibliche Abstammung von Abraham berufen darf, sondern dessen Werke tun soll, um die Rechtfertigung zu erlangen (Röm 4).
Gedächtnis: 9. Oktober
Darstellung: im wallenden Patriarchengewand, oft mit Nimbus. Vor dem Zelt sitzend, die 3 Männer empfangend. Beim Opfer mit Melchisedek. Beim Opfer Isaaks, Engel gebietet ihm Einhalt
Lit.: H. Schrade, Der verborgene Gott. Gottesbild u. Gottesvorstellung in Israel u. im Alten Orient (Stuttgart 1949) – L. Wooly, Ur in Chaldäa. Zwölf Jahre Ausgrabungen in Abrahams Heimat (Wiesbaden 1956) – H. Haag, Homer, Ugarit u. das Alte Testament (Köln 1963) – A. Läpple, Bibl. Verkündigung in der Zeitenwende. Werkbuch zur Bibelkatechese (München 1964²) 2 11-56 – H. Werner, Abraham (Göttingen 1965) – H. A. Mertens, Handbuch der Bibelkunde (Düsseldorf 1966) – G. v. Rad, ATD 4 (Göttingen 1977) – A. Negev, Archäologisches Lexikon zur Bibel (dt. v. J. Rehork, München 1972) – G. v. Rad, ADT 3 (Göttingen 1972) – M. Avi-Yonah, Geschichte des Hl. Landes (Wiesbaden 1975) – A. Läpple, Von der Exegese zur Katechese Bd. I (München 1975) – Werkstatt Bibelauslegung. Bilder-Interpretationen-Texte (Stuttgart 1976)

Abraham von Kiduna, Hl.
Er war der Onkel der hl. ↗ Maria der Büßerin u. lebte als Einsiedler zu Kiduna (Chiduna, Kidun) bei Edessa in Syrien (heute Urfa, südöstl. Türkei), wo er in einer Hütte nahe bei der Stadt 50 Jahre in strenger Askese lebte, sich zum Priester weihen ließ u. die heidnischen Bewohner der Stadt bekehrte. Er brachte auch seine Nichte, die einem lasterhaften Leben verfallen war, wieder auf den rechten Weg. † im 4. Jh. im Alter von 70 Jahren.
Gedächtnis: 16. März (mit Maria der Büßerin), Ostkirche: 29. Oktober

Acarie ↗ Maria von der Menschwerdung

Achahildis, Hl. (Atzin, Atza)
Name: 1. Bestandteil unklar, vielleicht zu ahd. ecka (Ecke, Schwertschneide); 2. Bestandteil: ahd. hilta, hiltja (Kampf): „die Schwertkämpferin"
Sie soll eine Schwester der Kaiserin ↗ Kunigunde gewesen sein; u. war die Stifterin der Kirche in Wendelstein bei Nürnberg. Später legte sie mit ihrem Mann das Gelübde der Jungfräulichkeit ab. † 1. 11. (?) 970.
Gedächtnis: 1. November
Darstellung: mit dem Fuß einer Wildgans, mit einem Kornelkirschbaum

Achard ↗ Ekkehard

Achatius, Märt., Hl. (Acacius, Achaz)
Name: hebr., Jahwe hält; vielleicht auch griech. akakios, der Unschuldige
Als Soldat wird er „primicerius" (Oberst, Hauptmann) genannt. Nach einer späten Legende ohne historischen Kern soll er unter Kaiser Hadrian (117–138) auf dem Berg Ararat mit 10.000 Soldaten mit Dornästen zerfleischt u. dann gekreuzigt worden sein. Er ist einer der 14 ↗ Nothelfer. Er wurde öfters mit dem hl. Märtyrer Akakios von Konstantinopel bzw. dem hl. Akakios Agathangelos, dem Bisch. von Melitene in Kleinarmenien, verwechselt.
Gedächtnis: 22. Juni
Darstellung: als Soldat oder Bisch., mit Dornstrauch in der Hand, oder mit Dornenkranz, oder großem Kreuz und Schwert
Lit.: Melchers 376–377

Achilleus, röm. Märt., Hl. ↗ Nereus
Name: wohl vorgriech. Ursprungs unklarer Bedeutung (vgl. den Achilleus der griech. Sage bei Homer)

Achim, Kf. von ↗ Joachim

Ada OSB, Hl.
Name: Kf. von ↗ Adelheid
Sie war Benediktinernonne, dann Äbtissin von St-Julien bei Le Mans (W-Frankreich). † Ende 7. Jh.
Gedächtnis: 28. Juli

Adalar, Märt., Hl. (Adelar, Adolar, Aethelheri).
Name: ahd. adal (edel, vornehmer Abstammung) + heri (Heer): der Edle im Heer
Er war Priester u. Leidensgenosse des hl. ↗ Bonifatius. † am 5. 6. 754 zu Dokkum (nördlichste niederländische Stadt). Ein späteres Erfurter Kalendar weist ihn als 1. Bisch. des 741 gegründeten Bistums Erfurt aus. Seine Gebeine ruhen im Dom zu Erfurt.
Liturgie: Fulda g am 7. Juni, sonst 5. Juni
Darstellung: seiner Legende in St. Ulrich am Pillersee (Bez. Kitzbühel)
Lit.: L. Oppermann (Paderborn 1897) – A. Bigelmair, Fuldaer Bonifatius-Gedenkgabe (Fulda 1954) 279

Adalbald, Hl.
Name: ahd. adal (edel) + bald (kühn): kühner Edelmann (Kf. Albold)
Er war fränkischer Adeliger am Hof Dagoberts I. u. Gemahl der hl. ↗ Richtrudis. Hucbald von St-Amand verfaßte die Vita Rictrudis, die auch die 4 Kinder des Paares nennt, welche aber fast nur aus mündlichen Traditionen schöpft. † um 645.
Gedächtnis: 2. Februar
Lit.: E. de Moreau, Historie de l'église en Belgique dès origines aux débuts du 12e siècle (Brüssel 1940) I² 131 134 177 ff

Adalbero OSB, Bisch. **von Augsburg,** Sel. (Adel-, -pero, Adhal-, Athal-)
Name: ahd. adal (edel) + bero (Bär)
Er stammte aus dem Grafengeschlecht von Dillingen, war Onkel des hl. Bisch. ↗ Ulrich von Augsburg, wurde Benediktinermönch u. Abt von Ellwangen an der Jagst (östl. Württemberg) u. 887 Bisch. von Augsburg. Er reformierte das Kloster Lorsch in Hessen, stand in enger Verbindung (Gebetsverbrüderung) mit St. Gallen u. war Ratgeber Kaiser Arnulfs (896–899) u. Kaiser Ludwigs III. (901–924). Er starb am 28. 4. 909 u. ist in St. Afra zu Augsburg beigesetzt.
Gedächtnis: 28. April
Lit.: F. Zoepfl, Das Bistum Augsburg u. seine Bischöfe im Mittelalter (München 1955) – W. Volkert u. F. Zoepfl, Die Regesten der Bischöfe u. des Domkapitels von Augsburg I (Augsburg 1955) 44–59

Adalbero, Bisch. **von Würzburg,** Hl.
* um 1010 als letzter Graf von Lambach-Wels (Oberösterreich). Er war Studienfreund der Hll. ↗ Altmann von Passau u. ↗ Gebhard von Salzburg. 1045 wurde er Bisch. von Würzburg. Anfangs war er mit Heinrich IV. (dessen Taufpate?) freundschaftlich verbunden, stellte sich aber im Investiturstreit als einziger neben Hermann von Metz auf die Seite ↗ Gregors VII. u. konnte sich deshalb fast nur noch im südl. Teil seiner Diöz. aufhalten. Er erbaute den Dom von Würzburg sowie die Neumünsterkirche u. restaurierte die Marienkirche auf dem Frauenberg in Würzburg. In den Auseinandersetzungen zw. Würzburg u. Fulda (1049) bzw. Bamberg (1052) legte er einen strengen Rechtssinn an den Tag. Er war der Hauptvertreter der rel. Erneuerung von Gorze in Lothringen (diese Benediktiner-Abtei war im Gefolge von ↗ Cluny im Elsaß eines der Zentren der großen rel. Reform im Hochmittelalter), u. als solcher reformierte er das Kloster Münsterschwarzach am Main (1047), gründete das Stift Neumünster in Würzburg u. machte aus seiner Burg Lambach 1056 von Münsterschwarzach aus ein Benediktinerkloster nach der Gorzer Reform. Er verlegte das Andreaskloster an seinen jetzigen Ort in Würzburg u. benannte es nach seinem Gründer St. Burkhard. Er hatte wichtigen Einfluß auf die Klöster Amorbach im Odenwald, Banz (Diöz. Würzburg), Neustadt am Main, Theres (heute Obertheres, Diöz. Würzburg) u. a. † am 6. 10. 1090 in Lambach. Kult anerkannt 1883
Liturgie: Würzburg, Linz: G am 6. Oktober
Lit.: P. J. Jörg, Würzburg u. Fulda: Quell.-Forsch. Würzburg 4 (1951) – Ders.: Würzburger Diözesangesch. Blätter (1951 u. 1952) – Ders.: Der Bisch. u. der Kaiser: Heilige Franken 1 (Würzburg 1952) – Vita sancti Adalberonis (Würzburg 1954) – S. Leidinger, 900 Jahre Lambach (Lambach 1956) – D. Assmann, Hl. Florian bitte für uns (Innsbruck 1977) 100 f

Adalbert OSB, Erzb. **von Magdeburg,** Hl. (Adelbert, Albrecht, Adalbrecht, Adelbrecht, franz. Bertin, ungar. Béla, Kf. Albert)
Name: ahd. adal (edel, edle Abstammung) + beraht (glänzend): von glänzender Abstammung
Er stammte aus Lothringen u. war um 950 erzbischöflicher Urkundenschreiber in Köln, 953–58 Kanzleinotar Ottos I., 959–961 Benediktinermönch des Reformklosters St. Maximin zu Trier. 961 wurde er als Missionsbisch. nach Rußland gesandt, kehrte aber 962 erfolglos zurück, war dann Kanzleinotar Ottos II. u. wurde 966 Abt von Weißenburg (im nördl. Elsaß), wo er sich als Chronist betätigte. Im Oktober 968 wurde er zum 1. Erzb. von Magdeburg ernannt u. widmete sich bes. der Organisation seiner Diöz. u. der Mission, bes. bei den Sorben (slawische Volksstämme zw. Berlin u. Dresden). † am 20. 6. 981 zu Zscherben bei Merseburg. Seine Gebeine sind im Dom zu Magdeburg beigesetzt.
Gedächtnis: 20. Juni
Lit.: Wattenbach-Holtzmann I 166–170-NDB 43f

Adalbert von Oberaltaich OSB, Sel. (Albert)
* 1239 aus einem ritterlichen Geschlecht, das im Dienstmannenverhältnis zu den Grafen von Haigerloch (südwestl. von Tübingen) stand. 1261 wurde er Benediktinermönch in Oberaltaich (Niederbayern), wo er Leiter der Klosterschule u. Prior wurde. Neben seiner bedeutenden wissenschaftlichen Tätigkeit wirkte er auch in der Pfarrseelsorge u. nahm sich bes. der Armen u. Aussätzigen an. † 26. 11. 1311.
Gedächtnis: 26. November
Darstellung: als Priester im Meßkleid, mit einem Buch
Lit.: A. Sturm: 4. Jahresbericht d. Bayer. Benediktiner-Akademie (München 1926) 5 10*–28* – Zimmermann III 367 – F. Schach: Oberrhein. Pastoralblatt 50 (1949) 285–292 – Bauerreiß IV 177f

Adalbert von Ostrevant, Sel. (Adelbert)
Er war Graf von Ostrevant (Belgien) u. Gemahl der hl. ↗ Regina. Man erzählt sich, daß er mit seinen 10 Töchtern eine Wallfahrt ins Hl. Land machte, von denen 5 in Jerusalem u. 4 in Rom starben. Nur mit seiner Tochter ↗ Ragenfredis sei er in die Heimat zurückgekehrt u. habe um 800 für sie auf seinem Familiengut das Kanonissenstift Denain bei Cambrai (franz. Hennegau) gestiftet. Adalbert starb Anfang des 9. Jh.s zu Donain bei Valenciennes, wo er begraben wurde.
Gedächtnis: 22. April

Adalbert OSB, Bisch. **von Prag,** Märt., Hl.
* 956 zu Libice (südl. von Pardubitz) aus dem böhmischen Fürstengeschlecht der Slávnik. Sein Taufname Vojtěch wurde bei seiner Firmung in Adalbert geändert. 972–981 erhielt er in der Domschule zu Magdeburg seine Erziehung u. wurde 983 2. Bisch. von Prag. Hier erwuchsen ihm Schwierigkeiten aus den heidnischen Gebräuchen der Bevölkerung u. dem Gegensatz zw. den Slavikiden u. Přemysliden. Er legte sein Bischofsamt nieder u. trat 989 in das Benediktinerkloster St. Bonifatius u. Alexius zu Rom ein. 992 nahm er seine bischöfliche Wirksamkeit in Prag wieder auf u. gründete 993 das Kloster Břevnov in Prag. 994 mußte er infolge heftiger Konflikte seine Diöz. wieder verlassen, missionierte für kurze Zeit in Ungarn, pilgerte 996 nach Rom u. wirkte 996/97 an der Weichselmündung (Danziger Bucht) bei den Preußen, wo er zu Tenkitten (westl. von Königsberg, an der Bernsteinküste) am 23. 4. 997 das Martyrium erlitt. Seine Gebeine wurden nach Gnesen übertragen u. ruhen seit 1039 im Veitsdom zu Prag in einer silbernen Reliquienbüste. Heiliggesprochen 999 durch Silvester II.
Liturgie: Berlin, Görlitz G, Eisenstadt g am 23. April
Darstellung: im Bischofsornat mit Adler, seinen Leichnam verteidigend, Keule oder Lanze tragend, Regen erflehend; mit 7 Spießen; mit Ruder; sein abgeschlagenes Haupt in Händen
Lit.: Zimmermann II 95–100 – Wattenbach-Holtzmann I 46–51 – M. Uhlirz, Jahrbuch des Dt. Reiches unter Otto II. u. Otto III., Bd. II (Berlin 1954)

Adalgar OSB, Erzb. **von Bremen-Hamburg,** Hl. (Adalger)
Name: ahd. adal (edel) + ger (Speer): edler Kämpfer
Er war Benediktinermönch in Korvey bei Höxter an der Weser, wurde 865 Gehilfe, dann Koadjutor u. im Juni 888 Nachfolger des hl. ↗ Rimbert auf dem Bischofsstuhl. Der Normannensturm verhinderte die Missionstätigkeit im Norden. † am 9. 5. 909 in Bremen.
Gedächtnis: 9. Mai
Lit.: O. H. May, Regesten der Erzb. von Bremen (Hannover 1928–37) I 19 ff

Adalgott OCist, Bisch. **von Chur,** Hl. (Adalgot, Algotus, Adelgoz)
Name: ahd. adal (edel, edle Abstammung) + gode (Gott): von Gott stammend, aus Gott geboren, edel (durch) Gott
Er war Zisterziensermönch u. Bisch. von Chur (1151–60). Als solcher reformierte oder unterstützte er verschiedene Klöster wie St. Lucius in Chur, Schänis, Cazis und Müstair. Das Frauenkloster Misteil hob er auf. Der Neubau der Kathedrale von Chur ist vermutlich von ihm veranlaßt. Er war Mitbegründer der Benediktinerabtei Marienberg bei Mals (Vinschgau). † am 3. 10. 1160. Er wurde manchmal mit ↗ Adalgott, Abt von Disentis (um 1000) verwechselt.
Gedächtnis: 3. Oktober
Lit.: Bündner Urkundebuch I 322 ff (u. ö.) – Festgabe Nabholz 18, 12–14 32–35 – Kunstdenkmäler des Kt. Graubünden 1 (1937) 41–42, (1948) 36–37

Adalgott OSB, Abt **von Disentis,** Sel. (Adelgötz)
Er war Mönch im Kloster Einsiedeln u. wurde um 1000 Abt des Klosters Disentis (Kt. Graubünden, Schweiz), wo er nach der Einsiedler-Reform im Sinn des Gorze-Trierer Reformkreises wichtige Neuerungen einführte. Insbes. machte er sich um die Vermehrung liturgischer Feste verdient. † 26. 10. 1031. Die feierliche Translation seiner Gebeine fand am 11. 7. 1672 statt, wobei man ihn mit Bisch. ↗ Adalgott von Chur gleichsetzte.
Gedächtnis: 26. Oktober
Lit.: SM (1932) 194–200, (1953–54) 274–283 298–301 – I. Müller, Disentiser Klostergeschichte I (Einsiedeln 1942) 75 81 236 268 – Bündner Monatsbl. (1943) 208–215

Adalhard OSB, Abt **von Corbie,** Hl. (Adelhard, Edelhard, Kf. Alhard)
Name: ahd. adal (edel) + harti (stark): von edler Stärke
* um 751. Er war Vetter Karls d. G., wurde Mönch in Corbie (östl. von Amiens, Nordfrankreich), reiste vor 780 nach Montecassino u. war 780–826 Abt von Alt-Korvey. Er war Ratgeber u. politischer Mitarbeiter Karls d. G., wurde jedoch 814–821 von Ludwig dem Frommen auf die Insel Herium (Loire-Mündung) verbannt. Nach der Aussöhnung gründete er mit seinem Bruder ↗ Wala Neu-Korvey bei Höxter an der Weser u. das Frauenstift Herford in Westfalen. † am 2. 1. 826. Reliquien sind in St-Achieul bei Amiens.
Gedächtnis: 2. Jänner
Darstellung: als Abt, im Garten grabend. Engel krönt ihn mit Dornen
Lit.: Wattenbach-Levison II 210 219 235f

Adelpret, Bisch. **von Trient,** Märt., Hl.
Er wurde 1156 Bischof von Trient und erhielt von Kaiser Friedrich Barbarossa große Schenkungen für sein Bistum. Bei der Verteidigung seiner bischöflichen Rechte wurde er von seinen Widersachern bei Arco (südl. von Trient) 1172 meuchlings ermordet. Er wird in Trient als Märtyrer verehrt.
Gedächtnis: 27. März
Lit.: A. Costa, I vescovi di Trento, Trient 1977, 71–74.

Adalrich OSB, Hl. (Alarich, Alrich) ↗ Adelrich

Adam, bibl. Stammvater des Menschengeschlechtes
Name: Das Buch Genesis verwendet als Eigennamen des 1. Menschen die Ganzheitsbezeichnung ha'adam (der Mensch, die Menschheit). Die Herkunft dieses Wortes ist nicht geklärt: sumerisch ada-mu, mein Vater; assyrisch admu, mein Kind; alt-südarabisch 'dm, Knecht. Die Bibel verbindet 'ādām mit 'ādāmāh: der (rotbraune, weil gepflügte) Ackerboden: Der Mensch muß den Ackerboden bebauen, um von ihm zu leben, u. er kehrt im Tod wieder zu ihm zurück.
Mit dem Namen wird zugleich auch das Wesen des Menschen ausgesagt: Der Mensch ist seinem Leibe nach vom Ackerboden genommen. Gott Jahwe wird hier unter dem Bild des Töpfers gesehen, womit seine Souveränität über alle Geschöpfe zum Ausdruck kommt (vgl. Is 29,16 u. a.). Der Mensch trägt so den Keim seiner Schwäche und Auflösung in sich (vgl. Gen 3,19).
Er hat aber auch den „Lebensodem": Sein Atem ist Gottes Hauch in seiner Nase (Gen 2,7; vgl. Job 27,3 u. a.). Dadurch ist er Gott ähnlich u. sein „Bild u. Gleichnis" (Gen 1,26f), im Gegensatz zu den Tieren, die Gott nicht durch Anhauchen belebt hat. Die Erschaffung des Menschen wird ungemein feierlich dargestellt: Da ist die Selbstaufforderung Gottes („Lasset uns den Menschen machen nach unserem Bild und Gleichnis") u. das dreimalige „schuf": „Und Gott der Herr schuf den Menschen nach seinem Bild, nach Gottes Abbild schuf er ihn, als Mann u. Frau erschuf er sie". Das hebräische bara' wird in der Bibel oft, aber immer nur dann gebraucht, wenn Gott etwas Neues entstehen läßt, das alles natürliche Geschehen übersteigt. So erscheint der Mensch am 6. Schöpfungstag als die Krone der Schöpfung, ihm wird die ganze Erde übergeben, er selbst aber ist Eigentum Gottes.
Wenn die Frau aus der Seite des Mannes genommen ist (Gen 2,21 f), so wird damit ausgedrückt, daß die Frau dem Mann gleichwertig ist („das ist nun einmal Bein von meinem Bein u. Fleisch von meinem

Fleisch") und daß sie ihm zugeordnet, aber auch untergeordnet ist. „Der Mensch" kann zwar alle Tiere „benennen", weil er den Geist Gottes in sich hat u. damit über den Tieren steht, aber „es fand sich keine Gehilfin darunter, ihm ähnlich". Diese findet er erst in Eva, seinem ebenbürtigen Gegenstück.
Unter dem Bild des Paradieses wird ausgedrückt, daß der Mensch etwas erhält, was ihm von Natur aus nicht zukommt, nämlich sein von Gott geschenktes Verhältnis zur Welt u. zu Gott (Urstandsgnade), und das er durch eigene Schuld verliert (Sündenfall). Die Liebe Gottes geht aber dem Menschen trotz seiner Schuld immer nach: Er verheißt den Erlöser, den „Samen der Frau", die der Schlange den Kopf zertritt (Protoevangelium) (Gen 3,15). Paulus spricht von diesem Erlöser in der Person Jesu Christi als des „neuen Adam" (vgl. 1 Kor 15,45–49 u. a.). Jesus Christus ist durch seinen Erlösungstod u. seine Auferstehung der Stammvater eines „neuen Menschengeschlechtes".
Nach all dem, was die Bibel über Adam aussagt, ist es müßig zu fragen, wer dieser Adam wohl war, wo das Paradies zu suchen sei u. ä. Die Hl. Schrift beantwortet nicht unsere naturwissenschaftlichen Fragen, sondern bringt uns die Offenbarung Gottes über uns selbst u. unser Verhältnis zu Gott.
Darstellung: nackt im Paradies, mit Lendenschurz bei der Vertreibung
Gedächtnis: 24. Dezember (im Hinblick auf die Geburt Jesu Christi als des „zweiten Adam")
Patron: der Gärtner u. Schneider

Adauctus, Hl., röm. Märt. ↗ Felix u. Adauctus

Adela (Adele) ↗ Adula

Adelar ↗ Adalar

Adelbert ↗ Adalbert

Adelgundis OSB, Äbtissin **von Maubeuge,** Hl. (Adelgunde, Edelgund)
Name: ahd. adal (edel, edle Abstammung) + gund (Kampf)
* um 630 im Hennegau. Sie entfloh vor den zur Heirat drängenden Eltern nach Haumont, wurde Nonne u. gründete das Doppelkloster Maubeuge an der Sambre (Nord-Frankreich) u. wurde dessen Äbtissin. Ihre Schwester ist die hl. ↗ Waltraud, ihre Nichte u. Nachfolgerin die hl. ↗ Adeltrud. † am 30. 1. 684 (oder 695 oder 700). Reliquien in Maubeuge. Ihre Verehrung ist sehr alt u. weit verbreitet.
Liturgie: Trier: g am 30. Jänner
Darstellung: Flieht auf dem Wasser gehend vor der Verlobung. Taube hält ihren Nonnenschleier. Als Äbtissin. Mit Erscheinung eines Engels, der ihr zuhört oder nachschreibt. Mit brennender Kerze oder Wachsstock
Lit.: H. Drissen (Steyl 1929) – Zimmermann I 144–146

Adelhard ↗ Adalhard

Adelheid Cini, Sel.
Name: ahd. adal (edel) + heit (Art, Wesen, Rang, Stand): von edler Art
* 25. 10. 1838 zu La Valetta (Malta) als jüngstes von 13 Kindern. Als Mädchen gab sie in der Kirche den Kindern Katechismusunterricht u. trat mit 18 Jahren in das Augustinerinnenkloster zur hl. Katharina in Hamrun (Malta) ein. Sie nahm sich der gefährdeten u. gefallenen Mädchen u. Frauen an u. gründete für sie in Hamrun das „Hospiz vom Herzen Jesu". † 28. 3. 1885 in Hamrun. Seliggesprochen am 23. 2. 1910.
Gedächtnis: 28. März
Lit.: AAS 2 (1910) 162 ff

Adelheid, dt. **Kaiserin,** Hl.
* 931 als Tochter König Rudolfs von Burgund u. Berthas, der Tochter Herzog Burchards von Schwaben. Mit 6 Jahren mit König Lothar von Italien verlobt, 950 verwitwet, heiratete sie 951 Otto I. u. wurde mit ihm 962 von Johannes XII. zur Kaiserin gekrönt. Sie lebte in Spannung mit ihrem Sohn, Otto II., u. seiner Gemahlin Theophanu u. führte nach dessen Tod 983 die Regentschaft für ihren Enkel Otto III. (bis 994). Sie war eine gebildete, kluge u. umsichtige Frau, gründete viele Klöster, förderte die cluniazensische Reform u. zog sich schließlich in ihre Klosterstiftung Selz (Nordost-Elsaß) zurück, wo sie am 16./17. 12. 999 starb. Heiliggesprochen 1097 durch Urban II.

Liturgie: Einsiedeln G, Augsburg g am 16. Dezember
Darstellung: mit kaiserlicher Krone, Almosen austeilend. Kleines Schiff in der Hand, auf dem sie einer Gefangenschaft entfloh
Lit.: G. Bäumer, Otto I. u. Adelheid (Tübingen 1951) – A. Wienbruch, Adelheid, Königin u. Kaiserin (Lahr 1978)

Adelheid von Scharbeke OCist, Hl. (Aleydis, Alice, Alix).
* zu Scharbeek (Schaerbeek) bei Brüssel. Sie wurde mit 7 Jahren Zisterzienserin in Maria Kammeren bei Brüssel u. wurde durch lange, schwere Krankheit zur begnadeten Christus-Mystikerin. † am 11. 6. 1249.
Gedächtnis: 11. Juni
Lit.: I. Beaufais, S. Alice (Gembloux 1942) – De Meyer, Leven van de H. Alice (Mecheln 1942)

Adelheid von Vilich, Äbtissin, Hl.
Sie war die 1. Äbtissin des Kanonissenstiftes Vilich bei Bonn, das ihre Eltern, Graf Megingoz u. Gerberg um 983 gegründet hatten. Nach dem Tod ihrer Schwester Bertrada (Bertha) wurde sie Äbtissin von St. Maria im Kapitol zu Köln u. Beraterin ↗ Heriberts von Köln. † am 5. 2. 1008/21 in Köln. Ihre Gebeine ruhen in Vilich u. im benachbarten Pützchen, wo sie noch heute verehrt wird (Wallfahrten) u. wo man das „Adelheids-Brünnchen" zeigt. An ihrem Tag wird auch das „Dohlenbrot" (= Adelenbrot) gebacken. Kult anerkannt am 27. 1. 1966.
Liturgie: Köln g am 5. Februar
Darstellung: als Äbtissin mit Buch, Stab u. Kirchenmodell
Lit.: A. Groeteken, Adelheid von Vilich (Kevelaer 1956²)

Adelhelm OSB, Abt **von Engelberg,** Sel. (Adalhelm, Aldhelm, Adhelm)
Name: ahd. adal (edel) + helm (Helm): edler Beschützer
Er war Benediktinermönch in St. Blasien (Schwarzwald), dann 1. Abt von Engelberg im Kanton Obwalden (Schweiz) (1122 von Konrad von Seldenbüren gestiftet). 1124 erlangte er für sein Kloster die volle Exemtion u. Immunität. † am 25. 2. 1131. Seine Verehrung ist seit 1147 bezeugt. Seine Gebeine ruhen in Engelberg, 1744 erfolgte die letzte Übertragung u. Errichtung eines Altares.
Gedächtnis: 25. Februar
Lit.: H. Mayer, Geschichte des Klosters Engelberg (Einsiedeln 1891) – Zimmermann I 252–254

Adelinde, Äbtissin **in Buchau,** Sel.
Name: ahd. adal (edel, vornehme Abstammung) + linta (Schild aus Lindenholz): vornehme Schützerin
Sie entstammte einem gräflichen Geschlecht u. war eine große Wohltäterin (Stifterin?) des weltlichen Frauenstiftes Buchau am Federsee (Württemberg). Nach dem Tod ihres Gatten zog sie sich in dieses Stift zurück u. wurde dort Äbtissin. † um 926. Ihr Grab wurde 1936 wieder aufgefunden.
Gedächtnis: 28. August
Darstellung: An Arme Brot austeilend (man sagt, sie habe eine Stiftung gemacht, am Fest des hl. Augustinus Arme zu speisen)

Adelmann OSB, Bisch. **von Beauvais,** Hl. (Hildemann)
Name: ahd. adal (edel, vornehme Abstammung) + man (Mann)
Er wurde Mönch im Benediktinerkloster Corbie bei Amiens (Nordfrankreich), wo er den berühmten Abt ↗ Adalhard zu seinem Lehrer u. geistlichen Vater hatte. Auf dessen Vorschlag wurde er 821 Bisch. von Beauvais (nördl. von Paris). † 846.
Gedächtnis: 4. Dezember

Adelmar ↗ Aldemar

Adelphus (Adolfus), Bisch. **von Metz,** Hl.
Name: ↗ Adolf
Er gilt als der Nachfolger des Bisch. Rufus von Metz (um 400). Seine Gebeine wurden 836 in die Benediktinerabtei Neuweiler (Elsaß) übertragen, im 11. Jh. in die dafür gebaute Adelphi-Stiftskirche (Hochgrab) u. in der Reformationszeit wieder zurück in die Abteikirche gebracht.
Gedächtnis: 29. August
Lit.: J. Clauß, Die Heiligen des Elsaß (Düsseldorf 1935)

Adelrich, Sel. (Adalrich, Alderich, Alarich)
Name: ahd. adal (edel) + rihhi (Herrschaft, Reich; begütert, mächtig): edler Herrscher
Er lebte als Mönch in Einsiedeln zu Beginn des 10. Jh.s. Er zog sich als Einsiedler auf die Insel Ufnau im Zürcher See zurück u. führ-

te ein Leben der Einsamkeit u. Abtötung. Seine Gebeine wurden um 1141 erhoben.
Liturgie: Einsiedeln G am 28. September
Darstellung: im Benediktinerhabit oder Einsiedlerkleid

Adeltrud (Aldetrude), Äbtissin, Hl.
Name: ahd. adal (edel) + trud (Kraft, Stärke). (Edeltrud, Edeltraud)
Sie war Tochter des hl. ↗ Vinzenz Madelgar u. der hl. ↗ Waldetrud. Als Mädchen kam sie zu ihrer Tante, der hl. ↗ Adelgunde, in die von ihr gegründete Abtei Maubeuge (Nordfrankreich) u. wurde dort Äbtissin (684–696 ?). † am 25. 2. um 696.
Gedächtnis: 25. Februar

Ado, Erzb. **von Vienne,** Hl. (Addo)
Name: Kf. zu ↗ Adolf
* wohl nach 800 in der Grafschaft Sens (südöstl. von Paris). Er war Benediktinermönch in Ferrières (südl. von Fontainebleau), lehrte einige Jahre in Prüm in der Eifel (vielleicht auch in Rom oder Ravenna) u. war schließlich Seelsorger in Lyon. 860 wurde er Erzb. von Lyon u. arbeitete als solcher eifrig an der Hebung der Frömmigkeit u. den Sitten seiner Diözesanen. Er verteidigte bes. mit Nikolaus I. die Heiligkeit der Ehe gegen König Lothar II., der seine rechtmäßige Gattin Theutberga verstoßen u. seine Buhlerin Waldrada geheiratet hatte. Ado verfaßte die „Legenden von Merowingerheiligen", eine Weltchronik u. vor allem ein Martyrologium, welches das heutige röm. Martyrologium stark beeinflußte. † am 16. 12. 875.
Gedächtnis: 16. Dezember
Lit.: W. Kremers, Ado von Vienne (Diss. Steyl 1911)

Adolar ↗ Adalar

Adolf OCist, Bisch. **von Osnabrück,** Hl. (Adolph)
Name: aus ahd. Adalwolf (eder Wolf). Der Wolf galt bei den Germanen als heiliges, Sieg u. Glück verheißendes Tier
* um 1185 als Sohn des Grafen Simon von Tecklenburg. Er wurde schon jung Kanoniker in Köln, dann Zisterzienser in Camp (Altenkamp) bei Rheinberg (Niederrhein), der 1. Zisterzienserabtei in Deutschland, u. wurde 1216 Bisch. von Osnabrück. Er führte bedeutende kirchliche Reformen durch. † am 30. 6. 1224. Kult approbiert 1625.
Liturgie: Osnabrück g am 13. Februar, sonst 30. Juni
Darstellung: in bischöflichem Gewand
Lit.: B. Beckschäfer, Der hl. Adolf (Paderborn 1924)

Adolf, Bisch. **von Utrecht** (?), Hl.
Er stammte aus England und war Bisch. vermutlich von Utrecht oder Maastricht. Er soll ein Bruder des hl. ↗ Botulf (Badulf) gewesen sein und wird mit diesem zusammen gefeiert. Sonst ist über ihn nichts bekannt. † um 780.
Gedächtnis: 17. Juni

Adolfine, weibl. Form zu ↗ Adolf

Adrian ↗ Hadrian

Adriane, weibl. F. zu ital. Adriano (↗ Hadrian)

Adrien (franz.) ↗ Hadrian

Adrienne (franz.), weibl. F. zu ↗ Adrien (↗ Hadrian)

Adula von Pfalzel, Äbtissin, Hl. (Adela, Adele, Adolana)
Name: Aus dem franz. Adèle, das seinerseits aus dem ahd. Adela (die Edle) entlehnt ist
Sie war vermutlich die Tochter der hl. ↗ Irmina von Trier. Sie gründete das Frauenkloster Pfalzel bei Trier u. war dessen 1. Äbtissin. † am 24. 12. um 734. Ihre Reliquien ruhen in der Pfarrkirche von Pfalzel.
Lit.: E. Ewig, Trierer Zeitschrift 21 (1952) 136

Afra, Hl., Jungfrau, Märt.
Name: vermutlich lat. Ursprungs: die Afrikanerin (Punierin).
Sie starb in der Verfolgung des Diokletian um 304 den Feuertod auf einer Lechinsel bei Augsburg. In späterer Zeit berichtete Einzelheiten, etwa daß sie eine bekehrte Dirne gewesen sei u. a., sind legendär. Ihre Gebeine ruhen unter dem Afra-Altar im Ulrichsmünster zu Augsburg u. weisen Brandspuren auf.
Liturgie: Augsburg H am 7. August (Patronin der Diöz.), München-Freising g

Darstellung: An eine Säule oder einen Baum (Fichtenzapfen) gebunden. Auf einem Scheiterhaufen, von Flammen umgeben, die ihren Leib verzehren. Mit brennendem Holzscheit u. Strick
Patronin: der Büßerinnen
Lit.: A. Bielmair, Die hl. Afra, in: Lebensbilder aus dem Bayr. Schwaben I (München 1952) 1–29 – F. Zoepfl, Bavaria Sancta (Regensburg 1970) 51–59

Agapitus, Märt. **zu Praeneste,** Hl.
Name: griech. (agapetós) der Geliebte
Er erlitt nach einer legendären Passio aus dem 6./8. Jh. im Alter von 15 Jahren unter Aurelian (270–275) in Praeneste (Palestrina bei Rom) den Martertod u. wurde an der heutigen Stelle Le Quadrelle begraben. Über dem Grab errichtete man im 4. Jh. eine kleine Basilika, die von Leo III. (795–816) restauriert u. 1864 wiederentdeckt u. freigelegt wurde. Reliquien befinden sich auch in Kremsmünster (Oberösterreich).
Gedächtnis: 18. August
Darstellung: als Knabe über Flammen verkehrt hängend. Mit einem Löwen

Agapitus, Märt. **zu Rom,** Hl. ↗ Felicissimus u. Agapitus

Agatha, Hl., Märt.
Name: griech. (agathē) die Gute
Sie starb als Märtyrin wohl unter Decius (249–251) zu Catania auf Sizilien. Die Legende erzählt, daß sie der Statthalter von Catania vom Glauben abspenstig machen wollte, sie deshalb in ein öffentliches Haus schickte u. hernach grausam martern ließ. Einzelszenen daraus werden bes. in barokken Darstellungen gerne als Motiv verwendet. Ihre Gebeine ruhen im Dom zu Catania. ↗ Kanon-Heilige.
Liturgie: GK: G am 5. Februar; Bozen-Brixen, Feldkirch, Gurk-Klagenfurt, Innsbruck, Köln g
Darstellung: Im Kerker, ihrer Brüste beraubt, diese abgeschnitten in der Hand oder auf einer Schüssel tragend. Horn eines Einhorns als Symbol der Jungfräulichkeit haltend. Mit Fackeln, oder auf einem Scheiterhaufen liegend. Mit Schere oder Zange zum Abschneiden oder Abreißen der Brust
Patronin: von Catania. Der Glockengießer, Weber, Hirtinnen. Gegen Feuersgefahr (Agathakerze u. -brot), Erdbeben, Gewitter, Hungersnot, Unglück u. Unwetter. (Letztere Patronate haben darin ihre Begründung, daß sie, ein Jahr nach ihrer Bestattung, bei einem Ausbruch des Ätna Retterin der Stadt war)

Agathangelus OFMCap u. **Cassian** OFMCap, Märt. in Äthiopien, Sll.
Name: griech. agathós (gut) + ángelos (Engel)
Agathangelus (bürgerl. François Noury) wurde am 31. 7. 1598 in Vendôme (Dep. Loir-et-Cher, Nordfrankreich) geboren u. trat 1619 dem Kapuzinerorden bei. Er ging 1629 als Missionar nach Aleppo (Syrien), 1630 in den Libanon, 1631 nach Kairo. – Cassian (bürgerl. Gonzalez Vaz Lopes Neto) wurde am 15. 1. 1607 in Nantes (Westfrankreich) von portugiesischen Eltern geboren u. trat 1623 in den Kapuzinerorden ein. Ende 1634 ging er nach Kairo, wo er mit Agathangelus zusammentraf. Ende Dezember 1637 wurden die beiden nach Äthiopien gesandt. Ein halbes Jahr darauf wurden sie in Gondar (Nordäthiopien) von den Mohammedanern ergriffen u. mußten einen Monat lang im Kerker schmachten. Dann trieb man sie 25 Tage lang bei glühender Sommerhitze u. unter ständigen Mißhandlungen in die Hauptstadt Addis Abeba und führte sie dem König vor. Dieser suchte sie vergebens zum Abfall vom Glauben zu bewegen u. verurteilte sie deshalb zum Tod am Galgen. Sie wurden am 7. 8. 1638 mit ihren eigenen Gürteln erdrosselt. Seliggesprochen am 23. 10. 1904.
Gedächtnis: 7. August
Lit.: AAS 38 (1905/06) 197ff – N. Stock (Innsbruck 1905) – J. A. Keßler (Altötting 1905)

Agatho, Hl., Papst
Name: von griech. (agathós) der Gute
Er stammte aus Sizilien u. war 678–681 Papst. Zu Ostern 680 hielt er eine stark besuchte Lateransynode gegen die Irrlehre der Monotheleten (diese erkennen in Christus nur einen einzigen Willen an) (↗ Maximus Confessor), deren Irrlehre auf dem 3. Konzil v. Konstantinopel (680–681) verurteilt wurde.
Gedächtnis: 10. Jänner

Ägidius, Hl.
Name: von griech. aigís (Ziegenfell, dann Schild, bes. der Göttin Athene); aigídios: Schildhalter. (Nf. Egid, Gilg, Gid, Gill, Ilg; franz. Gilles)
Er lebte als Einsiedler in der Provence u. gründete um 680, möglicherweise mit Unterstützung des Westgotenkönigs Wamba, vor der Rhonemündung das nach ihm benannte Kloster St-Gilles, dem er als Abt vorstand. † 1. 9. 721. Sein Grab in der Stadt St-Gilles liegt an der Pilgerstraße nach Santiago de Compostela (↗ Jakobus d. Ä.) u. war im Mittelalter ein berühmter Wallfahrtsort. In den Hugenottenkriegen wurde das Kloster zerstört, die Mönche ermordet (1900 fand man im Klosterbrunnen 15 Skelette), das Grab demoliert. Der größte Teil der Reliquien ist heute in St-Sernin in Toulouse.
Seine Verehrung war im Mittelalter auch im dt. Sprachgebiet ungemein verbreitet, wofür zahlreiche Ortsnamen zeugen: Gilden b. Marienwerder, Gildweiler (Elsaß), Gilgenberg (Oberösterreich), Gillenberg b. Aachen, Gillenbeuren b. Koblenz, Gillenfeld b. Trier, Gillersdorf b. Feldbach (Steiermark), Gillersdorf b. Gehren (Thüringen), Gillersheim b. Hildesheim, Ilgenberg b. Gröbming (Steiermark), Illgen b. Glogau (Schlesien), Ilgesheim b. Trier, St. Ägyd a. Neuwald (Niederösterreich; Wallfahrt), St. Gilgen a. Wolfgangsee (Salzburg), St. Ilgen b. Bruck/Mur, St. Ilgen b. Heidelberg, St.-Ägidi-Kirchlein b. Gallneukirchen (Oberösterreich) (14. Jh., auf kelt. Opferfelsen). Vielerorts gibt es noch heute Volkswallfahrten zu Ägidius-Kirchen, bes. der Bauern u. Jäger. Am Ägidiustag wird mancherorts dem Vieh geweihter Fenchel ins Futter gegeben.
Ägidius ist einer der ↗ Vierzehn Nothelfer. ↗ Pestpatrone.
Liturgie: Graz-Seckau g am 1. September (ehemaliger Landespatron der Steiermark, Stadtpatron von Graz)
Darstellung: als Einsiedler in einer Höhle mit einer Hirschkuh (manchmal als Reh aufgefaßt) mit einem Pfeil in der Brust. Eine Hirschkuh springt den Heiligen an u. wird von ihm beschützt. Der Pfeil manchmal auch in der Brust des Heiligen (der Westgotenkönig Wamba habe den Heiligen mit der Hirschkuh in der Höhle entdeckt und angeschossen)
Patron: der Jäger, des Viehs, der Hirten, stillenden Mütter, Bettler, Aussätzigen; angerufen bei Dürre, Feuer, Sturm, Unglück, Menschenfurcht, in seelischer Not u. Verlassenheit
Lit.: F. Boulart (Rambouillet 1933) – Künstle II 32–34 – Braun 41–44 – Zimmermann III 1 f

Agilolf OSB, Bisch. **von Köln,** Hl. (Agilulf).
Name: agil- zu ahd. ecka (Ecke, Spitze, Schwertschneide) + wolf (Wolf): scharfer Wolf
Er war Mönch in Stablo-Malmédy (Ostbelgien), wurde dort Abt u. 745 nach dem Tod des Reginfrid Bisch. von Köln (statt des vorgesehenen ↗ Bonifatius). Er arbeitete im Sinn der Reformideen des hl. Bonifatius u. nahm an der Reichssynode von 747 teil. † um 751. Im 11. Jh. wurde er mit dem Märt. Agilolf verwechselt, der 716 (?) bei Malmédy durch Meuchelmörder getötet wurde u. dessen Gebeine vermutlich 1068 nach Köln übertragen wurden.
Liturgie: Köln g am 9. Juli (Übertragung des anderen Agilolf)
Darstellung: Falke in seiner Hand, der auf seinen Befehl sang. (Oder irrtümlich als Märt.-Bisch. mit Palmzweig, Buch u. Schwert)
Lit.: W. Levison: AHVNrh 115 (1929) 76–97 – Th. Schieffer: AAMz n 20 S 28 – Ders. Winfrid-Bonifatius (Freiburg/ B 1954) 233

Agnes von Aislingen, Hl.
Name: zu lat. agnus, Lamm
Sie stammte aus Aislingen (Schwaben) u. lebte als Reklusin beim Augustiner-Chorherrenstift Rebdorf bei Eichstätt, wo sie nach einem Leben des Gebetes u. der Askese im Ruf großer Heiligkeit 1504 starb.
Gedächtnis: 21. Jänner

Agnes von Böhmen OSCl, Sel.
* 1205 zu Prag als Tochter König Ottokars I. von Böhmen. Sie widersetzte sich den Heiratsplänen ihres Vaters u. widmete sich den Werken der Frömmigkeit u. der Armenfürsorge. Um 1233 stiftete sie in Prag ein Spital, an dem der Orden der Kreuzherren mit dem roten Stern entstand, sowie ein Klarissenkloster, das sie mit Schwestern aus

Trient besiedelte u. in das sie 1234 selbst als Nonne eintrat. Sie bemühte sich, das Kloster im Geist strenger Armut zu bewahren. Die hl. ↗ Clara von Assisi schrieb ihr 4 herzlich gehaltene Briefe. † 2. 3. 1282 in Prag. Kult 1874 approbiert.
Gedächtnis: 2. März
Lit.: J. Albert: GuL 29 (1956) 178-182

Agnes, Märt. **zu Rom,** Hl.
Sie ist eine jugendliche röm. Märt., die schon im 4. Jh. in Rom verehrt wurde. Ihr Kult verbreitete sich rasch in der ganzen abendländischen Kirche. Schon 354 wird sie unter dem 21. 1. erwähnt. Die Zeit ihres Martyriums ist unsicher, vielleicht starb sie unter Diokletian (304) oder bereits unter Valerian (258–259). Ebenso ungewiß ist die Art ihres Martyriums (Enthauptung, Feuertod oder Dolchstoß in den Hals). Über ihrem Grab an der Via Nomentana wurde bald eine Basilika erbaut, die unter Honorius I. (625–638) zur heute noch bestehenden Form umgebaut wurde (S. Agnese fuori le mura). Am Agnesfest werden in dieser Basilika jährlich 2 Lämmer gesegnet, aus deren Wolle die Pallien für die Erzb. gefertigt werden. Ihr Name wurde schon früh in den röm. Meßkanon aufgenommen (↗ Kanon-Heilige).
Liturgie: GK g am 21. Jänner
Darstellung: Als Braut Christi, des Gotteslammes, ein Lamm tragend oder neben ihr (Lamm als Sinnbild der fleckenlosen Reinheit). Mit langem Haar, das sie ganz einhüllt (als sie ihrer Kleider beraubt wurde, umhüllten sie ihre Haare). Mit Dolch oder Schwert u. Palme (Siegeszeichen). Auf einem Scheiterhaufen liegend zw. Flammen, die sich nicht verzehren (daher zuletzt enthauptet). Ring von Blut um den Hals (Enthauptung)
Patronin: der Keuschheit, der Jungfrauen u. Gärtner
Lit.: F. W. Deichmann, Frühchristl. Kirchen in Rom (Basel 1948) – L. Schreyer, Agnes u. die Söhne der Wölfin (Freiburg/ B. 1956) – J. Scheuber, Tarcisius u. Agnes (Luzern 1978) - DACL I 905-918 918-965 (Katakombe) – Künstle II 39-42

Agricola, Hl., Märt. der Frühzeit zu Bologna ↗ Vitalis
Name: lat. der Bauer

Agritius, Bisch.von **Trier,** Hl. (Agricius, Agroecius)
Name: lat. der Ländliche, Dörfler
Er wurde angeblich von Kaiserin ↗ Helena für Trier als Bisch. vorgeschlagen. Nach alter Überlieferung brachte er den hl. Rock Christi (s. Herrenfeste S. 60ff) u. die Gebeine des Apostels ↗ Matthias nach Trier u. baute den Palast der hl. Helena zum Dom um. 314 nahm er an der Synode zu Arles teil. † um 330.
Liturgie: Trier g am 19. Jänner
Darstellung: mit Buch, Kreuz
Lit.: E. Ewig, Trierer Zeitschrift 21 (Trier 1952) 30-33.– F. Gehrke, Trierer Zeitschrift 18 (1949) Beiheft (über den vermutlichen A.-Sarkophag)

Aidan, Bisch. **von Lindisfarne,** Hl.
Er war Mönch in Kloster Iona (Insel Hy, südwestl. von Schottland) u. wurde von König ↗ Oswald nach Northumbrien zur Missionierung der Angelsachsen berufen. Dort wurde er 635 Bisch. Als solcher besaß er großen Seeleneifer, gewinnende Liebe u.führte ein heiligmäßiges Leben. Das von ihm gegründete Kloster Lindisfarne (Holy Island, Insel an der Ostküste Nordenglands) wurde Ausgangspunkt für zahlreiche Zellen. Er hielt in der Liturgie u. in der Praxis der Osterfeier an der irischen Gewohnheit fest (vgl. S. 40). † 31. 8. 651.
Gedächtnis: 31. August
Lit.: Zimmermann II 644 f – W. Delius, Gesch. d. irischen Kirche (München-Basel 1954)

Aigulf OSB, Abt **von Lérins,** Märt., Hl. (Egolf)
Name: ahd. ekka (Ecke, Schwertspitze) + wolf (Wolf): scharfer Wolf
Es war Benediktiner im Kloster Fleury bei Narbonne (Südfrankreich) u. wurde um 670 zum Abt des Inselklosters Lérins bei Nizza berufen, wo er verschiedene Reformen einführte. Nach anfänglichen Erfolgen wurde er von einer Gruppe unzufriedener Mönche in die Verbannung geschickt u. dort um 676 erschlagen. Seine Reliquien sind in Provins (südöstl. von Paris).
Gedächtnis: 3. September
Lit.: ActaSS Sept. I (1746) 728–763 – DACL V 1708–1750

Aimé (franz.) ↗ Amatus

Aimée, weibl. F. zu ↗ Aimé

Alacoque ↗ Margareta Maria Alacoque

Alarich ↗ Adelrich

Albanus, Märt. **in Mainz,** Hl.
Name: lat. der aus Alba (Oberitalien) Stammende. Möglicherweise auch der „Albaner" (vielleicht auch abgeleitet von lat. albus, weiß: der Neugetaufte, somit der Weißgekleidete)
Nach dem Martyrologium des ↗ Hrabanus Maurus war er Priester u. kam nach 400 von einer Insel im östl. Mittelmeer über Oberitalien u. Ostgallien nach Mainz. Bei der Brandschatzung der Stadt durch die Vandalen (Hunnen) wurde er um 406 erschlagen.
Liturgie: Mainz g am 21. Juni
Darstellung: mit Schwert u. abgehauenem Kopf in der Hand
Patron: der Bauern
Lit.: R. Kriss, Volkskundl. aus altbayr. Gnadenstätten (Wien 1930) 25 179 338 – H. Büttner, Zeitschr. f. schweiz. Gesch. 29 (Zürich 1949) 1-16

Alberich OCist, Abt **von Cîteaux,** Hl. (Elberich)
Name: ahd. alb, alp (Naturgeist, Elf, gespenstisches Wesen) + germ. rik-, ahd. rihhi (Herrschaft, Reich, mächtig, begütert): Herrscher über die Elfen
Er war Prior von Molesme (südöstl. von Troyes) unter dem hl. ↗ Robert von Molesme, mit dem er 1098 Cîteaux (südl. von Dijon), das Stammkloster des Zisterzienserordens, gründete. Er wurde 1099 als Nachfolger Roberts zum 2. Abt von Cîteaux gewählt u. legte die ersten Vorschriften über Kleidung, Nahrung u. klösterliche Gewohnheiten der nachmaligen Zisterzienser fest. † am 26. 1. 1109
Gedächtnis: 26. Jänner

Alberich OSB, Bisch. **von Utrecht,** Hl.
Er stammt aus königlich-fränkischem Geblüt, war zuerst Benediktinermönch, dann Prior des Martinsklosters zu Köln u. wurde von dort auf den Bischofsstuhl von Utrecht berufen. Er war mit Alkuin befreundet, hochgebildet u. überwand die letzten Reste des Heidentums in Friesland. † am 21. 8. oder 14. 11. 784. Die Reliquien befinden sich in Susteren (nördl. von Maastricht).
Gedächtnis: 14. November

Albert, Bisch. **von Lüttich,** Hl. (Albert von Löwen)
Name: Kf. zu ↗ Adalbert
* um 1166 aus dem Haus Brabant (Belgien). Er wurde Archidiakon in Lüttich u. hier am 8. 9. 1191 in zwiespältiger Wahl gegen Albert von Rethel zum Bisch. gewählt. Er u. sein Gegenkandidat wandten sich an Heinrich VI., der die Diöz. Lothar von Hochstaden übertrug. Darauf ging Albert nach Rom u. erhielt von Cölestin III. die Bestätigung seiner Wahl. Da Lüttich ihn aber nicht aufnahm, empfing er 1192 die Priester-, u. Bischofsweihe in Reims, wurde aber am 24. 11. 1192 von Lütticher Ministerialen ermordet.
Gedächtnis: 24. November
Darstellung: als Bisch. mit Palmzweig, einem oder 3 Schwertern, mit Wappen von Brabant
Lit.: AnBoll 26 (1907) 399-422, 40 (1922) 155-170 (Reliquien) – S. Braun: QLP 28 (1947) 72ff

Albert von Pontida, OSB, Hl.
Als Edler aus der Familie der Predazzi stiftete er im Einvernehmen mit dem hl. Abt. ↗ Hugo von Cluny das Benediktinerkloster Pontida bei Bergamo (Norditalien), dem er als Prior vorstand. † am 12. 9. 1095. Sein Leib war seit 1373 in Bergamo, ist seit 1911 wieder in der Abteikirche.
Gedächtnis: 12. September
Lit.: L. Secomandi (Bergamo 1895) – Festschrift (Pontida 1911)

Albert d. G. OP. Bisch. **von Regensburg,** Kirchenlehrer, Hl. (Albertus Magnus)
* 1193 (?) als Sohn eines Ritters von Bollstadt bei Lauingen/Donau (östl. von Ulm). Er wurde 1223 in Padua Dominikaner, kam bald nach Köln u. lehrte nach 1228 an den Ordensschulen zu Hildesheim, Freiburg/B., Regensburg u. Straßburg. Etwa 1243/44 wurde er nach Paris geschickt, wo er spätestens 1247 Magister der Theologie wurde. 1248-54 lehrte er in Köln, wo sein berühmtester Schüler ↗ Thomas von Aquin war. 1254–57 war er Provinzial der dt. Ordensprovinz, lehrte 1257–60 in Köln u. wurde 1260 Bisch. von Regensburg. Er resignierte

aber 1262, war 1263/64 päpstlicher Kreuzzugsprediger in Deutschland u. Böhmen, lebte 1264–66 in Würzburg, dann in Straßburg u. ab 1270 wieder in Köln bis zu seinem Tod. Auf dem 2. Konzil von Lyon (1274) war er der führende Theologe u. trat auch für die Wahl Rudolfs von Habsburg (1273) ein. Als Reformator der Wissenschaft seiner Zeit besaß er ein staunenerregendes Wissen auf allen Gebieten der Theologie, Philosophie, Naturwissenschaften, der Botanik, Zoologie u. genoß schon zu Lebzeiten bei seinen Zeitgenossen höchstes Ansehen. Er integrierte in das abendländische Denken das seit dem 12. Jh. neuerschlossene aristotelische, arabische u. jüdische Gedankengut. Mit dieser umfassenden Kenntnis verband er ein klares kritisches Urteil u. eigene systematische Beobachtung, was ihn weit über einen bloßen Enzyklopädisten hinaushebt („Doctor universalis"). Er übte auch einen starken Einfluß aus auf die spekulative Mystik etwa eines Meister Ekkehard oder eines Nikolaus von Kues. Als Theologe tritt er allerdings hinter seinem Schüler Thomas von Aquin, dem offiziellen Lehrer des Ordens, in den Hintergrund. † am 15. 11. 1280 zu Köln. Seine Gebeine ruhen zu Köln in der Andreaskirche, die Hirnschale ist in der Stadtpfarrkirche zu Lauingen, Autographe seiner Schriften finden sich in Köln, Wien, Uppsala.
Liturgie: RK g am 15. November (in Österreich wegen des hl. ↗ Leopold am 16. November), Köln F, Regensburg G
Darstellung: als Dominikaner oder Bisch., mit Schreibfeder oder Buch in der Hand
Patron: der Naturwissenschaftler
Lit.: A. Winterswyl (Potsdam 1936) – H. Liertz (Münster 1948) – R. Baumgardt, Der Magier. Das Leben des Albertus Magnus (München 1949) – H. Scheeben (Köln 1955) – B. Geyer, Albertus Magnus: Die großen Deutschen I (Berlin 1956) 201–216 – G v. Hertling (Hg.), Albertus Magnus – Beiträge zu seiner Würdigung (Frankfurt/M. 1980) – P. Dörfler, Albertus Magnus (München 1980) – G. Meyer/A. Zimmermann (Hg.), Albert d. G. – Doctor universalis (Mainz 1980) – H. v. Bergh, Albertus Magnus (Stuttgart 1980)

Albert von Trapani, OCarm, Hl.
* 1212 in Trapani (Sizilien). Er wurde Karmelit u. bekehrte in Sizilien viele Menschen durch seine Predigten u. Wunder. † am 7. 8. 1307 im Kloster zu Messina. Der früh einsetzende Kult wurde 1476 durch Sixtus IV. anerkannt. Das Grab ist in Messina, das Haupt in Trapani. Reliquien sind überall verbreitet (bei der Segnung des Albertus-Wassers verwendet).
Gedächtnis: 7. August
Darstellung: Mit Lilie (Unschuld), Buch (Gelehrsamkeit), Lampe (Andacht), mit Kruxifix u. angekettetem Teufel

Albertine, weibl. F. zu ↗ Albert, (Alberta, Kf. Dina, Tina)

Albine (Alwine), weibl. F. zu ↗ Albinus

Albinus, Bisch. **von Angers,** Hl. (franz. Aubin)
Name: von lat. albus, weiß, glänzend, Kf. Albin)
* um 496. Er war Mönch, später Abt im Kloster von Tincillacense, wurde um 529 Bisch. von Angers (Westfrankreich) u. nahm an den Synoden von Orléans 538, 541 und 549 teil. † 554.
Gedächtnis: 1. März
Darstellung: als Bisch. Blinde heilend
Lit.: F. Mazelin (Bar-le-Duc 1871) – Baudot-Chaussin III 11–14

Albrecht ↗ Adalbert ↗ Albert

Albuin, Bisch. **von Buraburg** ↗ Witta

Albuin, Bisch. **von Säben-Brixen,** Hl.
Name: latinisiert Albuinus aus ahd. Alwin, Alfwin: alb, alp (Elf, Naturgeist) + wini (Freund): Freund der Naturgeister
Er stammte aus dem Adelsgeschlecht der Aribonen in Kärnten, wurde um 975 Bisch. von Säben (Südtirol) u. verlegte um 990 den Bischofssitz nach Brixen. † am 5. 2. 1006. Seine Gebeine ruhen im Dom zu Brixen. – Die als Sel. verehrte (Agatha) Hildegardis ist seine Mutter.
Liturgie: Bozen-Brixen, Innsbruck, Feldkirch, Gurk-Klagenfurt: g am 5. Februar
Darstellung: zus. mit ↗ Ingenuin in Pontifikalkleidung mit Stab u. Buch
Lit.: A. Sparber, Das Bistum Sabiona in seiner geschichtl. Entwicklung (Brixen 1942) 110ff – D. Assmann, Hl. Florian bitte für uns (Innsbruck 1977) 54ff

Aldebrand, Bisch. **von Fossombrone,** Hl.
Name: von Adalbrand: ahd. adal (edel) + brant (Schwert, da es „brennenden" Schmerz verursacht)

Er war Propst von Rimini, geißelte als Prediger schonungslos die Laster seiner Zeit u. mußte deshalb fliehen. Um 1170 (?) wurde er Bisch. von Fossombrone (bei Urbino in Umbrien). Er erbaute die dortige Kathedrale. † am 1. 5. 1219 (?)
Gedächtnis: 1. Mai
Darstellung: mit Rebhuhn

Aldemar OSB, Abt **in Capua,** Hl.
Name: ahd. adal (edel) + mar (berühmt). (Adelmar; Kf. Almar, Elmar)
Er war Benediktinermönch in Montecassino, wurde um 1070 Abt in S. Lorenzo zu Capua, später Priester u. lebte zuletzt in Bocchanico bei Chieti. Das Sterbejahr ist unbekannt. Sein Leib ruht in S. Urbano zu Bocchanico.
Gedächtnis: 24. März
Lit.: ActaSS Mart. III (1865) 487–490

Alderich von Füssenich, Hl.
Name: ↗ Adalrich
Er war Diener u. Hirte im Prämonstratenserinnenkloster Füssenich bei Zülpich (zw. Aachen u. Bonn) u. starb um 1200 im Alter von 20 Jahren. Seine Gebeine wurden 1642 nach Zülpich übertragen. Allerdings konnte seine Verehrung vor dem 16. Jh. nicht nachgewiesen werden.
Gedächtnis: 6. Februar
Lit.: ActaSS Febr. I 922–925 – Backmund I 165, 509

Aldhelm OSB, Bisch. **von Sherborne,** Hl.
Name: ahd. adal (edel, vornehm) + helm (Helm): edler Schützer (angelsächs.: Ealdhelm; Adelhelm, Adalhelm, Aldhelm)
* um 639 in Wessex aus königlichem Geblüte. Er wurde 661 Benediktinermönch u. wirkte als Lehrer u. wurde 675 1. Abt von Malmesbury (östl. von Bristol, England), das unter ihm 3 neue Kirchen erhielt u. rasch aufblühte. Er gründete 2 Klöster in Somerset u. Wiltshire. Im Interesse der christlichen Einheit drängte er auf Einführung des röm. Osterdatums in Devon u. Cornwall. Er wurde 705 Bisch. von Sherborne (Salisbury, England), war ein eifriger Prediger u. führte ein streng asketisches Leben. Er war sehr populär durch seine (heute verlorenen) angelsächs. Lieder. † am 25. 5. 709 in Doulting.
Gedächtnis: 25. Mai
Lit.: J. Fowler, Aldhelm (Sherborne 1947)

Aldrich, Bisch. **von Le Mans,** Sel.
Name: ↗ Adalrich
Er war zuerst Domscholaster in Metz u. Kaplan Ludwigs des Deutschen u. wurde 832 Bisch. von Le Mans. Er war einer der treuesten Anhänger Ludwigs des Frommen u. Karls des Kahlen. Er suchte seine bischöfl. Autorität u. das Kirchengut, das unter der Säkularisation der frühkarolingischen Zeit schwer gelitten hatte, wieder herzustellen. Auch die Klöster seiner Diöz. suchte er wieder in seine Hand zu bekommen. Diesem Zweck dienten seine Actus pontificum (eine Art Bistumsgeschichte) u. die Gesta domni Aldrici. † 857
Gedächtnis: 7. Jänner

Alessandra (ital.), weibl. F. zu ↗ Alexander (Alexandra)

Alessandro (ital.) ↗ Alexander

Alex, Kf. von ↗ Alexander

Alexander (Alexandros), Patr. **von Alexandria,** Hl.
Name: griech. aléxein (abwehren) + anēr (Mann): der Männer-Abwehrende (Kf. Sander, Xander, Sandro)
Er war seit 313 Patriarch von Alexandria u. begann 318 oder 323 den dogmatischen Kampf gegen den Irrlehrer Arius, der die Gottheit Christi leugnete, schloß ihn aus u. erwiderte seine Propaganda mit zahlreichen Briefen. Mit seinem Sekretär u. Diakon ↗ Athanasius (seinem Nachfolger im Patriarchat) war er die führende Persönlichkeit auf dem 1. Allg. Konzil zu Nizäa (325). † am 18. 4. 328
Gedächtnis: 18. April (Kopten: 22. April)
Lit.: W. Schneemelcher, Festschr. G. Dehm (Neukirchen 1957) 119–143

Alexander I., Papst, Hl.
Als der 5. Nachfolger des hl. ↗ Petrus regierte er 107–116 (?). Über sein Leben u. Wirken ist nichts Sicheres bekannt. Die Annahme seines Martyriums (im 6. Jh.) beruht wohl auf einer Verwechslung mit einem anderen Alexander, der mit den hll. ↗ Eventius, ↗ Theodulus, ↗ Quirinus von Neuß u. Hermas unter Hadrian um 130 (?) in Rom das Martyrium erlitten haben soll.

Papst Alexander wird im röm. Meßkanon genannt.
Gedächtnis: zus. mit Eventius u. Theodulus am 3. Mai
Darstellung: mit der päpstlichen Tiara u. dem Papstkreuz (3 Querbalken) u. Schwert
Lit.: E. Caspar, Die älteste röm. Bischofsliste (Berlin 1926)

Alexander, Märt. **zu Rom** ↗ Felicitas u. 7 Söhne

Alexander (Alessandro) **Sauli** CRSP, Bisch. von Aléria u. Pavia, Hl.
* 15. 2. 1534 in Mailand aus adeliger genuesischer Familie. Er trat in Mailand in den Orden der Barnabiten (Paulaner) ein, wurde 1556 Priester u. wirkte ab 1563 in Pavia als Professor der Philosophie u. Theologie. Hier u. später in Mailand wirkte er auch als gesuchter Prediger u. Beichtvater u. war Seelenführer des hl. ↗ Karl Borromäus. 1567 wurde er zum Ordensgeneral, 1569 zum Bisch. von Aléria (Korsika) ernannt. Als solcher bemühte er sich nach Kräften um die innere u. äußere Reform seiner Diöz., weshalb man ihn den „Apostel Korsikas" nannte. 1591 übernahm er im Auftrag Gregors XIV. die Diöz. Pavia. Er starb auf einer Visitationsreise am 11. 10. 1593 zu Calosso d'Asti, sein Grab ist in der Kathedrale zu Pavia. 1741 selig-, am 11. 12. 1904 heiliggesprochen.
Gedächtnis: 11. Oktober
Lit.: F. T. Moltedo (Neapel 1904) – Baudot-Chaussin X 372–379

Alexandra (Alexandrine), weibliche Form zu ↗ Alexander

Alexius (Alexios) **von Edessa,** Hl.
Name: griech., der Verteidiger, Beistand, Helfer
Er war ein zu Anfang des 5. Jh.s (?) vom Volk sehr verehrter Aszet in Edessa (Mesopotamien), der einfachhin als „Gottesmann" bezeichnet wurde u. durch eine spätere griech. Legende den Namen Alexius erhielt. Seine übrigen Lebensschicksale sind nur durch Legenden belegt. Der Kult kam im 10. Jh. vom Orient nach Rom. Stefano Landi († 1655) komponierte die Oper „Il Sant' Alessio" zum Text von Giuglio Rospigliosi, dem späteren Papst Clemens IX. (1667–69), die nach fast 400 Jahren in den Salzburger Festspielen 1977 erstmals wiederaufgeführt wurde.
Gedächtnis: Röm. Martyrologium: 17. Juli, Griechen 17. März, Monophysiten in Syrien 12. März
Darstellung: als Bettler, mit Pilgerstab, unter einer Treppe liegend (weil er nach der Legende am Hochzeitstag seiner Braut nach dem Gelübde der Jungfräulichkeit nach Edessa entfloh, dort 17 Jahre lebte u. dann unerkannt ins Elternhaus zurückkehrte, wo er arm u. verlassen starb)
Patron: der Bettler u. Pilger
Lit.: K. Berus (Hg.), Das Leben des hl. Alexius (München 1968) – G. Rohlfs (Hg.), St. Alexius (Tübingen 1968)

Alf, Kf. von ↗ Adolf u. ↗ Alfred

Alfons Maria **di Liguori** CSSR, Bisch. von Sant' Agata de' Goti, Kirchenlehrer, Hl.
Name: ahd. al (alles, ganz) oder adal (edel, vornehme Abstammung) + funs (eifrig, bereit, willig). Der Name gelangte zunächst ins Span., u. von dort über das Franz. wieder zurück ins Dt., wurde aber hier erst im 19. Jh. durch die Verehrung des hl. Alfons Maria di Liguori verbreitet (ital. Alfonso, span. Alonso, franz. Alphonse)
* am 27. 9. 1696 zu Marianella (Vorort von Neapel) als Erstgeborener eines Edelmannes. 1713 wurde er in Neapel Doktor beider Rechte u. war ein gefeierter Rechtsanwalt, verlor aber 1723 einen bedeutenden Prozeß u. wandte sich dem geistlichen Stand zu, wurde 1726 Priester u. schloß sich einer Weltpriestervereinigung an. Bald war er führend auf Volksmissionen, nahm sich des armen Volkes an u. schulte im „Werk der Kapellen" Laienapostel. 1731 gründete er in Scala (im Golf von Salern) den beschaulichen Orden der Redemptoristinnen u. 1732 die „Kongregation des allerheiligsten Erlösers" (Redemptoristen), eines Missionsordens für das einfache Volk. 1762-1775 war er Bisch. von Sant' Agata de' Goti (nördl. von Neapel). Er war ein Vater der Armen u. wirkte rel. erneuernd bei Klerus u. Volk. Er zog sich in sein Kloster Pagani bei Neapel zurück u. starb, nach erlittener Verfolgung u. Lebensprüfung, am 1. 8. 1787. Sein Leib ist in der Ordenskirche zu Pagani beigesetzt.

Er war in erster Linie Seelsorger, vor allem für die Verlassensten. Der Wahlspruch seiner Kongregation lautet: „Überreich ist bei ihm die Erlösung". Auch als Theologe leistete er Bedeutendes: Dem damals weitverbreiteten jansenistischen Rigorismus u. Pessimismus gegenüber predigte er die göttliche Barmherzigkeit. In der Gnadenlehre stützt er sich ganz auf die Hl. Schrift, die Überlieferung der Kirche u. die Praxis der Heiligen. Sein Büchlein „Das große Gnadenmittel des Gebetes" hält er für sein wichtigstes Werk. Seine Mariologie ist eine einzige Antwort auf die jansenistische Vorherbestimmungslehre. In Maria als der Mutter zeigt sich Gottes Barmherzigkeit, in der Unbefleckt-Empfangenen u. in den Himmel Aufgenommenen verkündet Gott das Geheimnis seiner „überreichen Erlösung". Die moraltheol. Leistung des hl. Alfons steht ganz im Dienst der Seelsorge, bes. im Bußsakrament. Er suchte vor allem Beichtväter heranzubilden, „reich an Liebe, unerschöpflich in wohltuender Geduld u. festgegründet in der Klugheit". Seine „Theologia moralis" brachte er selbst, jedesmal verbessert, achtmal heraus, nach seinem Tod wurde sie über 70mal aufgelegt. Die für die Beichtväter gestrafftere Schrift „Homo Apostolicus" erreichte 118 Auflagen. Seine insgesamt 111 Schriften erlangten bis 1933 in 61 Sprachen 17125 Ausgaben. Heiliggesprochen 1839.

Liturgie: GK G am 1. August

Darstellung: mit einem Federkiel, vor einem Kruzifix u. Marienbild, schreibend. Im schwarzen Redemptoristenhabit, Missionskreuz oder Rosenkranz in der Hand. Mit Engel, der ihm Bischofsstab u. Infel hält

Patron: der Beichtväter u. Moralprofessoren (Pius XII. 1950)

Lit.: K. Dilgskron (Regensburg 1887, 2 Bde.) – A. Pichler (Regensburg 1922) – K. Kaiser (Einsiedeln 1928) – B. Ziermann (Bonn 1937) – K. Büche (Meitingen 1939) – A. Reimann (Bonn 1939) – Kirk u. A. Rodewyk, Helden des Christentums II (Paderborn 1956[6]) 440–460

Alfons (Alonso) **Rodriguez** SJ, Hl.

* am 25. 7. 1531 in Segovia (nordwestl. von Madrid). Er studierte ein Jahr im Jesuitenkolleg in Alcalá, wurde Kaufmann u. trat nach dem Tod von Frau u. Kindern in Valencia 1571 dem Jesuitenorden bei. Er wurde nach 6 Monaten Noviziat in das neugegründete Kolleg Monte Sion (Montesión) in Palma (Mallorca) geschickt, wo er bis zu seinem Tod als Laienbruder in verschiedenen Hausämtern, bes. als Pförtner wirkte. † am 31. 10. 1617. Er war mystisch begnadet u. wirkte u. a. entscheidend auf den jungen Scholastiker, den nachmaligen Negerapostel ↗ Petrus Claver ein u. verfaßte aszetische Werke.

Gedächtnis: 31. Oktober

Darstellung: Herz Jesu u. Mariä auf der Brust, durch Lichtstrahlen mit Jesus u. Maria verbunden

Lit.: M. Dietz: GuL 30 (1957) 418–425

Alfonsa, weibl. F. zu ↗ Alfons

Alfred (Aelfred) **d. G.,** König in England, Hl.

Name: altengl. aelf (Elf, Naturgeist) + raed (Rat): der durch die Elfen Rat gibt. Der Name ist in Deutschland bes. seit dem 19. Jh. verbreitet.

* 848/849 zu Wantage (Berkshire) als Sohn des Königs Ethelwulf von Wessex u. seiner 1. Gemahlin Osburg. Schon mit 5 Jahren kam er nach Rom, wo er von Papst Leo IV. zum König gesalbt wurde, u. erhielt nach dem Tod seines Bruders Ethelred 871 den Thron. Während seiner Regierungszeit lag er in ständigen Abwehrkämpfen gegen die heidnischen Dänen (Normannen), die er lediglich aus Mercia u. Wessex fernhalten konnte. 878 gelang es ihm, auch London zurückzugewinnen, während die Dänen den Norden u. Osten des Landes besetzt hielten. Alfred reorganisierte das Heer, baute die 1. englische Flotte u. errichtete zahlreiche Befestigungen. Er gründete Klöster u. Schulen u. berief nach dem Vorbild ↗ Karls d. G. zu seinen einheimischen auch fränkische u. sächsische Gelehrte an seinen Hof. Er ließ die Gesetze der Angelsachsen sammeln u. herausgeben u. bedeutende theol. u. geschichtliche Werke aus dem Lat. übersetzen, so die Dialoge u. die Pastoralregeln ↗ Leos d. G. (wovon jeder Bisch. eine Kopie erhielt), die Soliloquien des ↗ Augustinus, die Geschichtswerke von ↗ Beda Venerabilis u. a. Er starb am 28. 10. 900/901 u. wurde im Dom St. Swithun zu Winchester beigesetzt. Seine Gebeine wurden später in das OSB-Kloster

New Minster (später Hyde Abbey) übertragen u. 1110 mit der Übersiedlung dieses Klosters nach Hyde Mead dorthin gebracht.
Gedächtnis: 28. Oktober
Lit.: Manitius II 646-656 – R. Pauli, Alfred u. seine Stelle in der Gesch. Englands (Berlin 1851) – Ch. Plummer (Oxford 1902) – F. M. Stenton, Anglosaxon England (Oxford 1947^2)

Aelfrik OSB, Erzb. **von Canterbury,** Hl.
Name: altengl. aelf (Elf, Naturgeist)+ germ. rik (Herrscher, Fürst): Herrscher der Naturgeister
* aus vornehmer Familie in Kent (Südost-England). Er wurde Benediktinermönch in Abingdon bei Oxford, Abt in St. Alban's (seit 974 auch in Malmesbury?), 990 Bisch. von Wilton (in Ramesbury) u. 995 Erzb. von Canterbury. Er war berühmt durch seine Gelehrsamkeit. Er wird oft verwechselt mit Aelfrik (Alfrid) Grammaticus, der ebenfalls um 971 in Abington (?) als Mönch eintrat u. 1005 Abt in Eynsham wurde. Erzb. Aelfrik starb am 28. 8. 1005 in Abington.
Gedächtnis: 28. August

Alice (engl), Kf. von ↗ Adelheid, ↗ Alexandra, ↗ Elisabeth

Alina, aus dem Arab. entlehnt: die Erhabene

Alinde, Kf. von ↗ Adelinde

Alix, Kf. von ↗ Alexandra

Alkmund, Märt. Hl. (Alchmund)
Name: ahd. alah (Tempel, Heiligtum) + munt (Hand, Schutz; vgl. „Vormund"): Schützer des Heiligtums
Er war angeblich Sohn des Königs Alred von Northumbrien (Nordengland) und erlitt am 19. 3. 800 das Martyrium (Todesart unsicher).
Gedächtnis: 19. März

Allerheiligen
Das Hochfest von allen Seligen im Himmel, die nach ihrem Tod zur ewigen Anschauung Gottes gelangt sind. Das Festgeheimnis richtet so unseren Blick auf das eigentliche Ziel des Menschen u. der Welt, auf das „Neue Jerusalem" (Offb 21), die Vollendung der Schöpfung im auferstandenen Christus am Ende der Zeit.
Das Fest hat seinen Ursprung im Orient. Schon ↗ Johannes Chrysostomus († 407) kannte den „Herrentag aller Heiligen Märt.". Später wurde es zum Fest aller Heiligen insgesamt u. wird bei den Griechen bis heute am 1. Sonntag nach Pfingsten gefeiert.
Dieser Brauch war im 6. Jh. auch in der lat. Kirche heimisch. Im Würzburger röm. Lektionar aus dem 6. Jh. heißt dieser Sonntag „Dominica in natali Sanctorum". Dann wurde das Fest auf den 13. 5. verlegt, offensichtlich weil Papst Bonifatius IV. am 13. 5. 610 das von Agrippa im Jahr 27 v. Chr. erbaute Pantheon in Rom zu einer Kirche umbaute u. der Jungfrau Maria u. allen Märt. weihte (S. Maria ad martyres). Seit Gregor III. (731–741) erstreckte sich das Festgeheimnis über die Märt. hinaus auf alle Heiligen. Dieser Gedanke gewann seit dem 7. Jh. bes. von England her immer mehr Raum. Gregor IV. (827–844) sanktionierte dies u. führte das Fest „Allerheiligen" ein, verlegte es aber auf den 1. 11. Diese Verlegung geschah ebenfalls unter englischem Einfluß. Das in ganz Westeuropa bekannte „Keltische Jahr", das mit dem 1. 11. begann, mag auf diese Datierung nicht ohne Einfluß gewesen sein. Initiator und bes. Förderer dieser Verlegung war Alkuin von York (†844), u. zwar zunächst im Salzburger Gebiet durch seinen Freund ↗ Arno, dem 1. Erzb. von Salzburg (798–821), der der „solemnitas omnium Sanctorum" ein Triduum mit Fasten, Gebet, Messesingen u. Almosengeben vorausschickte. Ende des 9. Jh. ist das Fest Allerheiligen bereits allg. verbreitet, u. zwar mit einer Vigil. Die Oktav führte Sixtus IV. (1471–1784) ein. Vigil u. Oktav wurden 1956 aufgehoben.
Liturgie: GK H am 1. November
Lit.: L. Eisenhofer, Handb. d. kath. Liturgik I (Freiburg/ B. 1941^2) 606f

Allerseelen
Gedächtnis aller Verstorbenen, die sich noch im Zustand der Läuterung befinden. Von einem solchen Zwischenzustand der Reinigung spricht die Bibel nur selten: Ju-

das der Makkabäer läßt für die Gefallenen Sühnegebete u. ein großes Sündopfer darbringen (2 Makk 12,38-45). Ähnlich sagt Jesus Sirach: „Selbst dem Toten sollst du die Liebe nicht versagen" (Sir 7,33). Das Wort Jesu über die Lästerung gegen den Hl. Geist, „die weder in dieser Welt vergeben wird noch in der zukünftigen" (Mt 12,32) kann nur im Sinn einer noch möglichen bzw. nicht mehr möglichen Reinigung von den Sünden nach dem Tod verstanden werden. Paulus spricht vom (Lebens-)Werk des Menschen, das „im Feuer erprobt" wird: „Wessen Werk aber niederbrennt, der wird Schaden erleiden, er selbst aber wird gerettet werden, doch so wie durch Feuer hindurch" (1Kor 3,12-15). Daß es einen solchen Reinigungszustand gibt u. daß die Gläubigen durch Gebet, Meßopfer u. gute Werke den Verstorbenen helfen können, ist kirchlich definierte Lehre. Der dt. Ausdruck „Fegefeuer" ist als Bild für die Größe dieses Leidens aufzufassen (vgl. das Paulus-Zitat oben!). Das Leiden besteht in der Reue über sich selbst u. in der Sehnsucht nach der seligmachenden Anschauung Gottes. Schwerlich läßt sich etwas über die „Dauer" u. noch weniger über den „Ort" des Fegefeuers aussagen, sofern man Begriffe wie „Ort" u. „Dauer" auf den Zustand nach dem Tod überhaupt anwenden darf. Auf jeden Fall wird man an ein leidvolles Läuterungsgeschehen denken müssen, ähnlich wie es wohl bei jedem Menschen irgendwann in seinem Leben vorkommt. Kein Mensch kann sich in einem einzigen Augenblick „ganz" für das Gute (für Gott) entscheiden u. damit ganz „er selbst" werden, sondern dies ist ein Prozeß, der immer tiefere Schichten seines Wesens erfassen muß (der eigentliche Kern allen christlichen Vollkommenheitsstrebens!) u. der auch (in aller Regel) im Sterben noch nicht abgeschlossenen ist. Diese letzte u. radikale Grundentscheidung für Gott ist durch falsche Bindungen an die Welt, durch geschickte, weil als „gut" maskierte Selbstvergötzung u. durch innerste, nicht erkannte Fehlhaltungen aller Art getrübt u. muß nach diesem Leben leidvoll errungen werden.

Erste Ansätze zu einem allg. Gedächtnis der Verstorbenen finden sich schon im frühen Mittelalter, z. B. bei ↗ Isidor von Sevilla († 633). In den Benediktinerklöstern kam schon Ende des 10. Jh. der Brauch auf, alljährlich einen Gedenktag für die verstorbenen Wohltäter u. Freunde des Klosters zu feiern. Der hl. Abt ↗ Odilo von Cluny (994–1048) ordnete dieses Totengedächtnis für alle seine Klöster an. Unter dem Einfluß der Reform von Cluny verbreitete sich dieser Brauch sehr schnell. In Rom ist der Allerseelentag (anniversarium omnium animarum) zwar erst 1311 erwähnt, muß aber schon lange vorher geübt worden sein. Gegen Ende des 15. Jh. bürgerte sich im Dominikanerkonvent zu Valencia (Spanien) die dreimalige Meßfeier der Priester zu Allerseelen ein u. verbreitete sich bald nach Spanien, Portugal u. Polen. Angesichts der vielen Gefallenen im 1. Weltkrieg dehnte Papst Benedikt XV. dieses Privileg 1915 auf die ganze Kirche aus.

Liturgie: GK am 2. November (wenn dieser ein Sonntag ist, am 3. November). Der Tag hat zwar keine eigenene liturgische Rangbezeichnung, ist aber wie ein gebotener Gedächtnistag (G) zu feiern.

Religiöse Gebräuche: Friedhofsbesuch, Schmücken der Gräber mit Blumen u. Lichtern, Friedhofsumgang, Gräbersegnung, Allerseelengebäck u. a. Stiftung von Messen auch das Jahr über. Vom Raum um Wien her breitete sich seit dem 2. Weltkrieg der sinnreiche Brauch aus, auch in der Hl. Nacht (Weihnachten) u. in der Osternacht Lichter auf die Gräber zu stecken.

Lit.: K. Rahner, Schriften zur Theologie (Einsiedeln 1954ff) IV 429ff – VII 273ff – VIII 555-612 (Eschatologie) – IX 323ff – X 181ff – XII 387-468 (christl. Anthropologie) – L. Boros, Mysterium Mortis. Der Mensch in der letzten Entscheidung (Olten 1966[5])

Volksbräuche: M. Höfler, Allerseelengebäcke: Zschr. f. österr. Volkskunde 13 (Wien 1907) – A. Dörrer, Wie einst im Mai. Erinnerungen an Gilm (Innsbruck 1939) 5ff – H. Koren, Die Spende (Graz 1954) (Totengedenkgaben); dazu: Jahrbuch für Volkskunde 2 (Berlin 1956) 448

Alma

Name: a) ↗ Amalia (Amalberga). b) Aus dem Lat. über das Span. übernommener weiblicher Vorname (alma): die Nährende, Fruchtbare, Segen Spendende. In der röm. Mythologie Beiname für Sol (Sonnengott), Venus (Fruchtbarkeitsgöttin), Ceres (Göttin des Ackerbaues), die Musen u. a. Im Mittelalter auch für Universitäten (Alma

Mater = die nährende Mutter). In manchen Hymnen auch vom Schöpfergott, z. B. „Telluris alme Conditor" („Du segenbringender Gründer der Erde", Vesper zum Dienstag), oder von Maria, z. B.: „Ave, maris stella, Dei Mater alma, . . ." („Gruß dir, Stern des Meeres, Segen bringende Mutter Gottes", 1. Vesper der Muttergottes-Feste).

Aloisia, weibl. F. zu ↗ Aloisius (franz. Eloïse)

Aloisius von Gonzaga, Hl. (Aloysius)
Name: Die häufig gebotene Deutung aus ahd. (Alwisi) „der alles Wissende" ist unrichtig. Der Taufname des Heiligen ist Ludovico (vom hl. ↗ Ludwig von Toulouse), ein Name, der in fast jeder Generation der Gonzagas einmal vorkommt. Der Kosename Aluigi (Alliugi, Luigi) wurde von ihm selbst u. seinen Zeitgenossen zu Aloysius latinisiert. Auch diese Namensumformung ist nicht Außergewöhnliches. So gibt es einen sel. Aloysius Rabatá, der 1490 (?) als Karmeliterprior zu Randazzo (am Fuß des Ätna, Sizilien) starb. (Kf. Alois, Lois, franz. Eloi.)
* am 9. 3. 1568 auf dem markgräfischen Schloß Castiglione delle Stiviere (Mantua) als ältester Sohn des Marchese Ferrante (Ferdinand). Als Page am Hof von Florenz legte er 1578 das Gelübde der Jungfräulichkeit ab. Mit 12 Jahren erhielt er aus der Hand des hl. ↗ Karl Borromäus die 1. hl. Kommunion. 1581–83 lebte er mit 2 seiner Brüder am Hof König Philipps II. von Spanien. Nach langem Widerstreben des Vaters gelang es ihm, auf die Markgrafschaft zu verzichten u. in die Gesellschaft Jesu einzutreten. Am 25. 11. 1585 begann er in Rom sein Noviziat. Nach 4 Jahren seines Theologiestudiums steckte er sich bei der Pflege von Pestkranken selber an u. erlag der Seuche am 21. 6. 1591 in Rom als Märt. der Nächstenliebe.
Schon in seiner Jugend zeichnete er sich durch hohe Geistesgaben u. durch einen außergewöhnlichen sittlichen Ernst aus. Seine Gestalt wurde später sehr verzeichnet, sie erweist sich aber, bes. seit der Herausgabe seiner Briefe, als überraschend lebensnah u. vorbildhaft auch für die Jugend der Gegenwart. Sein Leib ruht in S. Ignazio zu Rom, das Haupt in der Aloisius-Basilika zu Castiglione. Heiliggesprochen 1726.
Liturgie: GK G am 21. Juni
Patron: der Jugend, bes. der Studierenden (1729, bestätigt 1926), bei Berufswahl
Darstellung: als Jesuitenkleriker im Gebet vor Kreuz u. Totenkopf, mit Rosenkranz u. Lilie (Sinnbild keuscher Jugend)
Lit.: E. Rosa (dt. v. J. Leufkens), Briefe u. Schriften des hl. Aloysius Gonzaga (München 1928) – E. Immler (München 1936) – J. Stierli (Freiburg/B, 1937) – W. Hünermann (Luzern 1965)

Aloisius (Luigi) **Guanella,** Sel.
* 9.12.1842 zu Fraciscio (Como). Er wurde 1866 Priester, wurde aber lange Zeit von der freimaurerischen Regierung verfolgt u. von seinen Vorgesetzten nicht verstanden. Nur bei Don (↗ Johannes) Bosco fand er Unterstützung. 1886 konnte er endlich in Como u. dann an vielen anderen Orten „Häuser der göttlichen Vorsehung" für körperlich u. geistig Behinderte gründen. Zu deren Betreuung stiftete er die beiden Kongregationen „Töchter Mariens von der Vorsehung" u. „Diener der Liebe". † 24. 10. 1915 in Como. Seliggesprochen am 25. 10. 1964.
Gedächtnis: 24. Oktober
Lit.: A. Tamburini (Como 1943) – AAS 56 (1964) 967ff

Aloisius Maria **Palazzolo,** Sel.
* 10.12. 1827 in Bergamo als jüngstes von 12 Kindern. Er erhielt 1850 die Priesterweihe u. widmete sich bes. der Jugendseelsorge. Er veranstaltete mit den Jugendlichen Musik- u. Theaterabende u. eröffnete eine Abendschule für werktätige Jugendliche. Wegen Geldmangels mußte er sein Werk bald wieder schließen, konnte es aber nach einigen Jahren wieder neu gründen. Dies war der Anfang der kath. Aktion in Bergamo. Aus dem Werk für die Mädchen entwickelte sich die Gemeinschaft „Schwestern der Armen" (Suore delle Poverelle). 1872 gründete er die Kongregation „Brüder von der hl. Familie" zur Betreuung von Waisenknaben. Er selbst lebte in tiefster Armut u. Demut trotz aller Verleumdungen u. Widerstände. † 15. 6. 1886 in Bergamo. Seliggesprochen am 19. 3. 1963.
Gedächtnis: 15. Juni
Lit.: AAS 55(1963) 311ff

Alrike, weibl. F. zu Alarich (↗ Adelrich)

Alrun (Alruna) **von Cham,** Sel.
Name: Kf. von Adalrun, Adelrune: ahd. adal (edel, vornehme Abstammung) + runa (Geheimnis, geheime Beratung; vgl. Rune, raunen): die vornehme Weise
Sie war die Gattin des Markgrafen Mazelin von Cham (Bayr. Wald). Nach dessen Tod führte sie beim OSB-Kloster Niederaltaich (Niederbayern) als Reklusin ein Leben der Zurückgezogenheit u. des Gebetes u. half vielen durch Rat u. Zuspruch. In ihrem Herzen fühlte sie sich als Benediktinerin. † 27. 1. 1045 (nach anderen 27. 12.). Ihr Leib ruht in der Kirche von Niederaltaich.
Gedächtnis: 27. Jänner
Darstellung: als Benediktinerin, mit abgelegter Markgrafenkrone

Altfrid, Bisch. **von Hildesheim,** Hl. (Altfried, Altfred)
Name: ahd. adal (edel, vornehm) + fridu (Schutz vor Waffengewalt, Friede): Edler Schützer
* vor 800. Seine Ausbildung erhielt er in Fulda, St-Riquier u. St-Quentin. Er wurde 829 Leiter der Klosterschule Corvey, der Benediktiner-Abtei bei Höxter an der Weser, und 851 zum 4. Bisch. von Hildesheim bestellt. Er legte 852 den Grundstein zum Mariendom u. zum Kanonissenstift in Essen u. (gemeinsam mit Herzog Liudolf von Sachsen u. dessen Gemahlin Oda) zum Stift Gandersheim (Reichsstift für adelige Kanonissen, Diöz. Hildesheim). In diesen Jahren wirkte er auch an der Gründung von Lamspringe (Kanonissenstift, Diöz. Hildesheim) mit. † am 15. 8. 874.
Liturgie: Essen F/G, Hildesheim g am 16. August, sonst 15. August
Lit.: K. Algermissen: Zschr. d. Ver. f. Heimatkunde im Bistum Hildesheim 21 (Hildesheim 1952) 1–32 53–76. Ders.: ebd 22 (1953) 1–28

Altmann, Bisch. **von Passau,** Hl.
Name: ahd. adal (edel, vornehme Abstammung) + man (Mann)
* um 1015 aus adeliger Familie in Westfalen. Er war Kanoniker u. Lehrer an der Domschule zu Paderborn, seit ca. 1051 Propst des Kollegiatsstiftes am Münster zu Aachen u. Hofkaplan Kaiser Heinrichs III. Er wurde 1065 Bisch. von Passau u. suchte als solcher den „hölzernen"Klerus im Sinn der Reformbestrebungen Gregors VII. zu heben. Dazu gründete er die Augustiner-Chorherren-Stifte St. Nikola bei Passau (um 1070) u. Göttweig (Niederösterreich, 1083), reformierte die Stifte St. Florian (Oberösterreich), Melk u. St. Pölten u. unterstützte die Gründung von Reichersberg (Oberösterreich). Als einer der wenigen dt. Bischöfe kämpfte er für die Reform Gregors VII. gegen Laieninvestitur u. Priesterehe u. betrieb die Absetzung Heinrichs IV. (1077), mußte aber 1078 vor ihm fliehen. Auch als päpstlicher Legat für Deutschland durfte er 1080 seine Bischofsstadt nicht mehr betreten, konnte aber im österr. Teil seiner Diöz. unter dem Schutz des Markgrafen Leopold II. wirken. † am 8. 8. 1091 in der Verbannung zu Zeiselmauer bei Wien. Sein Leib ruht im Stift Göttweig. Er ist einer der bedeutendsten Bischöfe Passaus u. seiner Zeit überhaupt.
Liturgie: Linz, Passau, St. Pölten: G, Wien g am 9. August, sonst 8. August
Lit.: A. Fuchs (Wien 1929) – J. Mois, Das Stift Rottenbuch in der Kirchenreform des 11.–12. Jh. (München 1953) – Abtei Göttweig (1965) – D. Assmann, Hl. Florian bitte für uns (Innsbruck 1977) 99 ff

Alto OSB, Abt **von Altomünster,** Hl.
Name: Kf. zu ↗Altmann
Wegen seines nicht-kelt. Namens ist er eher den angelsächs. u. nicht den irischen Frühmissionaren Südbayerns zuzuordnen. Er wirkte jedenfalls unter dem Einfluß der Iroschotten in Oberbayern u. ließ sich um 750 im heutigen Landkreis Dachau als Einsiedler nieder. Er gründete das Kloster Altomünster (östl. von Augsburg) u. wurde dessen 1. Abt. † um 760. Sein Leib ruht in Altomünster. Dort zeigt man seine Hirnschale u. sein Messer.
Liturgie: München-Freising g am 9. Februar
Darstellung: als Abt mit Messer oder Kelch, das Jesuskind haltend
Lit.: M. Huber, Korbinian-Festschrift (München 1924) 209-244 – M. Weitlauff, Der hl. Alto (München 1973)

Alwin
Name: Kf. von Adalwin (Adelwin): ahd. adal (edel, vornehme Abstammung) + wini (Freund) ↗ Albuin von Säben-Brixen

Alwine, weibl. F. zu ↗ Alwin

Amadeus OCist, Bisch. **von Lausanne**, Hl.
Name: lat. ama (liebe!) + deus (Gott): Gottlieb (entspricht dem griech. Theophilus) (franz. Amédé, ital. Amadeo) ↗ Deochar, ↗ Gottlieb
* um 1110 auf dem Schloß Chatte (Dauphiné, westl. von Grenoble). Sein Vater wurde 1119 Zisterziensermönch in Bonnevaux. Amadeus wurde zuerst dort, seit 1121 in Cluny, dann am Hof Heinrichs V. ausgebildet. 1125 wurde er Zisterziensermönch in Clairvaux (östl. von Paris), 1139 Abt von Hautecombe u. 1144 Bisch. von Lausanne (Genfer See). † am 27. 8. 1159 zu Lausanne. 1911 wurden seine Gebeine in Lausanne aufgefunden. Sein Kult wurde 1710 und wieder am 9. 12. 1903 approbiert.
Liturgie: Lausanne-Genève-Fribourg G am 30. August; sonst: 27. August
Darstellung: mit fürstlichen Insignien, die allerseligste Jungfrau Maria reicht ihm den Handschuh
Lit.: ASS 36 (1903) 423f – A. Dimier, Amedee de Lausanne (St-Wandrille 1949)

Amadeus IX., der Glückliche **von Savoyen,** Sel.
* am 1. 2. 1435 zu Thonon-les-Bains (am Südufer des Genfer Sees in Frankreich). 1464, nach dem Tod seines Vaters Ludwig, wurde er Herzog. Seine Wohltätigkeit machte Savoyen zum „Paradies der Armen". Seine schwere, lebenslange Epilepsie trug er als „Gnade Gottes". 1469 verschlimmerte sich sein Zustand, er übergab die Regentschaft u. zog sich nach Vercelli (Oberitalien) zurück. † am 30. 3. 1472. Sein Leib ruht in der Eusebiuskirche zu Vercelli. Kult 1677 anerkannt.
Gedächtnis: 30. März
Darstellung: als Herzog mit Beutel in der linken Hand, Almosen austeilend, mit Spruchband „Diligite pauperes" („liebet die Armen")
Patron: des piemontesischen Königshauses
Lit.: C. Testore, Beati e venerabili di Casa Savoia (Turin 1928)

Amalberga, Hl. (Amalia)
Name: altdt. amal- (aus dem ostgotischen Königsgeschlecht der Amaler, Amelungen); ahd. -berga (Bergung, Burg, Schutz): Schützerin der Amaler
Sie wurde durch ihre Tante ↗ Landrada im Kloster Münster-Bilsen (belg. Limburg) erzogen u. wohnte später als Jungfrau auf ihrem Erbbesitz, in der nahen „Villa Temsica" (Tamise), wo sie nach einem heiligmäßigen Leben im 8. Jh. starb. Ihre Reliquien wurden von Münster-Bilsen nach Wintershoven, 870 auf den Blandinienberg in Gent übertragen. Ihr Kult ist alt u. weit verbreitet.
Gedächtnis: 10. Juli
Darstellung: holt mit einem Sieb Wasser aus einem Brunnen; mit Buch u. Palmzweig; mit Fischen (nach der Legende schwamm der Sarg der Heiligen auf einem Schiff ohne Ruder von Fischen umgeben dahin), Wildgänsen (auf ihr Gebet hin sei das Land von einer Wildgänseplage befreit worden)
Lit.: Künstle II 51 – Bächtold-Stäubli I 358 – Zimmermann II 431, IV 68

Amalia Hl.
Name: Kf. von ↗ Amalberga
† um 690. Eine Legende aus dem 11. Jh. macht sie zur Mutter der hll. ↗ Emebert, ↗ Gudula u. ↗ Reineldis. Möglicherweise war sie Nonne in Maubeuge (Frankreich, an der belgischen Grenze), sie ist begraben in Lobbes (im belgischen Hennegau, südl. von Brüssel), Reliquien befinden sich in Binghen.
Gedächtnis: 10. Juli

Amandus, Bisch., Glaubensbote **der Belgier,** Hl.
Name: lat., der Liebenswerte
Er entstammte der edlen Familie der Gascogne, trat ins Kloster Oye bei La Rochelle ein u. lebte 15 Jahre als Inkluse zu Bourges. Vor 638 zum Bisch. geweiht, wirkte er als 1. Missionsbisch. Galliens im Grenzgebiet Friesland-Franken (im heutigen Belgien), später in Tirol u. Kärnten u. war möglicherweise 647–649 Bisch. von Maastricht (Niederlande). Er gründete mehrere Kirchen u. Klöster, darunter 639 Elno, das berühmteste (St-Amand, südöstl. von Lille, Nord-Frankreich). Er war Vertrauensmann des hl. Papstes ↗ Martin I. † 6. 2. 679 (bzw. 684). Sein Grab ist in Elno.
Gedächtnis: 6. Februar

Darstellung: Mit Hirtenstab u. Schlange (Drache als Symbol des Satans), mit Ketten zur Fesselung Satans (Überwindung des Heidentums) u. Kirchenmodell. Mit himmlischer Vision
Patron: der Schankwirte
Lit.: E. de Moreau. Saint Amand (Löwen 1927) – Ders., Hist. de l'église en Belgique I (Brüssel 1940)

Amandus, Bisch. **von Straßburg,** Hl.
Sein Name steht in den Akten des Konzils von Sardica (um 343) u. des Pseudokonzils von Köln (346). Seine Reliquien sollen zuerst im Inselkloster Honau, dann in Rheinau aufbewahrt worden sein u. sich heute in der St. Peterskirche zu Straßburg befinden. Er wird oft mit dem belgischen Amandus verwechselt.
Gedächtnis: 26. Oktober
Lit.: G. Fritz: Archiv f. elsäss. Kircheng. 17 (Straßburg 1946) 1–19

Amandus, Bisch. **von Worms,** Hl.
Er war vermutlich ein Romane (im Gegensatz zu seinem Vorgänger Bertulf). Er wurde vom fränkischen König Dagobert I. († 639), der vor Worms eine Pfalz besaß, gefördert. Um 1400 wurde er mit dem belgischen Amandus vermengt.
Liturgie: Mainz g am 26. Oktober
Lit.: E. Zöllner, Mitt. d. Inst. f. österr. Geschichtsforschg. (Innsbruck) 57 (1949) 14f

Amatus OSB, Bisch. **von Sitten,** Hl.
Name: lat. der Geliebte
Er war Benediktinermönch, dann Bisch. von Sitten (Wallis, Schweiz), wurde unter dem fränkischen König Theuderich III. (673–691) nach Peronne (bei St-Quentin, Nordfrankreich) verbannt u. lebte zuletzt in Bruel-Merville (westl. von Lille). Sein Grab ist in Douai (südl. von Lille). † am 13. 9. um 690.
Gedächtnis: 13. September
Darstellung: als Bisch., Geld in einen Fluß werfend (um nicht habsüchtig zu werden), oder mit einem Raben, der seinen Wasserkrug umwirft
Lit.: AnBoll 73 (Brüssel 1955) 124f, 138

Ambrosius, Bisch. **von Mailand,** Kirchenlehrer, Hl.
Name: griech. ambrósios: göttlich, unsterblich, heilig, erhaben
* wahrscheinlich 339 zu Trier als Sohn des höchsten Staatsbeamten (Präfekten) von Gallien. Er war zuerst Staatsmann u. Konsul in Mailand. Am 7. 12. 374 wurde er zum Bisch. von Mailand gewählt, obwohl er noch Katechumene war. † am 4. 4. 397 (Ostervigil). Seine Gebeine sind in der Krypta seiner Basilika Sant'Ambrogio in Mailand.
Er ist einer der 4 großen lat. ↗ Kirchenlehrer u. neben Kaiser Theodosius d. G. (379–395) die glänzendste Erscheinung seiner Zeit, Berater dreier Kaiser, unbeugsamer Vorkämpfer der Kirche gegenüber dem Heidentum u. den Häresien (bes. den Arianismus) u. für ihre Freiheit u. Selbständigkeit gegenüber der Staatsgewalt („Der Kaiser steht innerhalb der Kirche, nicht über der Kirche") (Sermo contra Auxentium 36). Er ist Mitschöpfer der mittelalterlich-christlichen Kultur, ein blendender Kanzelredner; seine Predigten führten den hl. Augustinus zur Kirche. Er ist der „Vater des Kirchengesanges", Hymnendichter, Komponist, theol. Schriftsteller u. Förderer des jungfräulichen Lebens. Ambrosius gebraucht zum erstenmal das Wort „Messe" (missa) als Bezeichnung für die Eucharistiefeier. Das „Tedeum" („Ambrosianischer Lobgesang") wird seit dem 8. Jh. dem hl. Ambrosius bzw. Ambrosius u. Augustinus zugeschrieben. Wahrscheinlich jedoch stammt der Text ursprüngl. von Bisch. Niketas von Remisiana (ca. 340–414) u. hat erst allmählich seine heutige Gestalt erhalten.
Liturgie: GK G am 7. Dezember (Tag der Bischofsweihe) (seit dem 11. Jh.)
Darstellung: Als Bisch. mit Bienenkorb (Bild emsiger Gelehrsamkeit). Mit Buch, darauf eine Geißel (weil er den Kaiser Theodosius I. d. Gr. für dessen unbarmherzige Rache im Blutbad zu Thessalonich 390 mit öffentlicher Kirchenbuße züchtigte bzw. weil er die Arianer aus Mailand vertrieb). Mit menschlichen Gebeinen in der Hand (weil er die Reliquien der hll. Märtyrer ↗ Gervasius u. Protasius zu Mailand fand)
Patron: der Bienenzüchter, Wachszieher, Bienen, Haustiere

Lit.: Bardenhewer III 498–549 – H. Rahner, Abendländische Kirchenfreiheit (Einsiedeln 1943) 91–111 134–165 – J. Huhn, Ambrosius von Mailand, ein sozialer Bisch. (Fulda 1946) – Altaner 329–341 – E. Dassmann, Die Frömmigkeit des Kirchenvaters Ambrosius v. Mailand (Münster 1965) – G. Gottlieb, Ambrosius v. Mailand und Kaiser Gratian (Tübingen 1973)

Ambrosius, Abt **von St-Maurice,** Hl.
Er wurde nach 516 Nachfolger des hl. ↗ Hymnemodus als Abt des Klosters St. Moritz (St-Maurice, Kt. Wallis, Schweiz), der unter König Sigismund von Burgund die Niederlassung von Mönchen am Grab der Märt. der Thebäischen Legion (↗ Mauritius) restauriert u. in eine Abtei mit eigener Regel umgewandelt hatte. † um 560.
Gedächtnis: 2. November

Ämilia ↗ Emilia Bicchieri

Ämiliana, Hl.
Name: weibl. F. von ↗ Ämilianus
Sie war die Tante des hl. Papstes ↗ Gregor I. d. G. u. zog sich in eines der Klöster auf Sizilien zurück, die dieser dort gegründet hatte. Gregor d. G. schildert ihr heiligmäßiges Leben in einer Homilie. Ämiliana starb zw. Weihnachten u. Epiphanie um 550.
Gedächtnis: 5. Jänner

Aemilianus Cucullatus, Einsiedler, Hl. (S. Millán de la Cogolla)
Name: lat. aemulus, der Nacheiferer. Damit zusammenhängend: Aemilius als Bezeichnung eines altröm. Patriziergeschlechtes mit vielen Familien Aemilii, tribus Aemilia. In Italien gibt es neben vielen Bauwerken dieses Namens die vom Konsul Marcus Aemilius Lepidus 187 v. Chr. angelegte Militärstraße Via Aemilia von Rimini über Bologna nach Piacenza, nach der diese Landschaft „Emilia" genannt wurde (dt. F. Emil).

Er stammte aus Verdejo (Nordspanien), war zuerst Hirte, dann durch etwa 40 Jahre Einsiedler in der Höhle von Distercio (im Gebirgszug der Cogolla), dann Priester u. Pfarrer in Verdejo, zuletzt an einer benachbarten Kirche Lehrer u. Wundertäter für die ganze Umgebung. † am 12. 11. 574 im Alter von 100 Jahren. 1030 wurde ein Teil seiner Reliquien in die nach ihm benannte Abtei S. Millán gebracht, die ihren Ursprung angeblich auf ihn zurückführt.
Gedächtnis: 12. November
Darstellung: als Abt (der er tatsächlich nicht war) auf einem Pferd mit Stab u. Schwert
Lit.: L. Serrano (Madrid 1930) – Zimmermann II 296f

Aemilianus, Abt **von Lagny,** Hl.
Er stammte aus Irland u. kam als Schüler seines Landsmannes, des hl. ↗ Fursas, um 640 in das Frankenreich, lebte als Mönch in dessen Gründung Lagny (an der Marne, östl. von Paris) u. wurde nach dessen Tod 653 sein Nachfolger als Abt. † 660/675.
Gedächtnis: 10. März

Aemilius u. **Castus,** Märt., Hll.
Nach Cyprian († 250) fielen sie aus Furcht vor der Folter vom Glauben ab, bekannten ihn aber bei einem 2. Verhör u. erlitten, vermutlich unter Decius (249–251), den Martertod durch Feuer.
Gedächtnis: 22. Mai

Ammon (Ammun), Einsiedler u. Mönchsvater, Hl.
Name: hebr., der Wahrhaftige
Er entstammte einer reichen Familie aus Alexandria (Unterägypten), lebte mit seiner Gattin in Josefsehe (vermutlich 18 Jahre), hierauf (etwa ab 320/330) als Einsiedler im Natrongebirge südl. vom See Mareotis in strengster Aszese u. wurde dadurch Hauptbegründer der Mönchskolonien (Anachoreten) in der Nitrischen Wüste in Ägypten, vom hl. ↗ Antonius dem Einsiedler hoch geschätzt. † vor 356.
Gedächtnis: 4. Oktober
Lit.: K. Heussi, Der Ursprung des Mönchtums (Tübingen 1936)

Amor OSB, Glaubensbote **im Odenwald,** Hl.
Name: lat., die Liebe (als männl. Entsprechung zu ↗ Caritas)
Er soll aus Schottland, nach anderen Quellen aus Aquitanien (Südfrankreich) stammen. Er schloß sich dem hl. ↗ Pirmin an, der damals in der Gegend des Odenwaldes missionierte, ebenso Bisch. ↗ Burkhard von Würzburg. Er gründete um 734 das nach ihm benannte Kloster Amorbach (Odenwald). † 767/777.
Gedächtnis: 17. August
Darstellung: Pilgerstab u. Kirchenmodell in der Hand

Anakletus I., Papst (Anenkletus, Kletus), Hl.
Name: griech. Anákletos, der Herausgerufene, der Berufene
Er ist der Nachfolger des hl. ↗ Linus u. der 2. Nachfolger des hl. ↗ Petrus. Er regierte 79 (?) bis (90) (?) u. wurde wahrscheinlich unter Kaiser Domitian gemartert. ↗ Kanon-Heiliger. Sein Grab ist im Vatikan.
Gedächtnis: 26. April

Anastasia, Märt., Hl.
Name: ↗ Anastasius
Sie starb sehr wahrscheinlich 304 unter Diokletian in Sirmium, der Hauptstadt von Illyrien (Ruinen bei Mitrovica, westl. von Belgrad). Ihre Gebeine wurden unter Kaiser Leon I. (457–474) nach Konstantinopel übertragen u. in der dortigen St.-Anastasia-Kirche beigesetzt. Von dort fand ihr Fest auch im röm. Kirchenjahr Eingang u. wurde seit dem 4. Jh. am 25. 12. gefeiert. Ihr zu Ehren schob man im 5. Jh. (in der Anastasia-Titelkirche zu Rom) zw. der feierlichen Weihnachts-Vigilmesse u. der Tagesmesse eine weitere Messe ein, die sich zur 2. Weihnachtsmesse (Hirtenmesse) entwickelte. Die Heilige wurde dann in der 2. Oration der 2. Weihnachtsmesse nur mehr kommemoriert (im früheren röm. Meßbuch bis 1970). Ihr Name wurde in den röm. Meßkanon (↗ Kanonheilige) u. in die Allerheiligenlitanei aufgenommen. Die große Verehrung dieser Heiligen erklärt sich daraus, daß Sirmium als Hauptstadt von Illyricum oftmalige Residenz des kaiserlichen Hofes war. Reliquien befinden sich in St. Anastasia zu Rom, der Stationskirche der 2. Weihnachtsmesse.
Gedächtnis: 25. Dezember
Darstellung: mit Vase (Gefäß), in der sie die Salbe für die Einbalsamierung der Leichname der Märt. trägt. Auf Scheiterhaufen, an Pfähle gebunden. Mit Schere
Patronin: der Pressezensur (darum mit Schere dargestellt)
Lit.: F. J. Peters: Bonner Zeitschr. f. Theologie u. Seelsorge (Düsseldorf (1928) 83ff

Anastasius (Anastasios) **I.** (der Ältere), Patr. **von Antiochia,** Hl.
Name: zu griech. anástasis, Auferstehung: der Österliche (vielleicht, weil er zu Ostern geboren wurde)
Er war 559–599 Patriarch von Antiochia in Syrien, bekämpfte die Lehre der Aphthartodoketen, einer Spielart der Irrlehre der Monophysiten über die Person Jesu Christi, u. wurde deshalb von Kaiser Justinos II. von 570–593 in die Verbannung geschickt. † 599.
Gedächtnis: 21. April

Anastasius I., Papst, Hl.
Er war gebürtiger Römer u. wurde am 27. 11. (?) 399 zum Papst gewählt. Er nahm wiederholt gegen die Irrtümer der Origenisten Stellung u. ermahnte die Bischöfe Afrikas zum weiteren Kampf gegen die Donatisten. Er war mit ↗ Hieronymus u. ↗ Paulinus von Nola befreundet, die mit großer Hochachtung von ihm sprechen. † 402.
Gedächtnis: 27. April
Lit.: Seppelt I[2] 133–135 – Caspar I 285ff

Anastasius der Perser, (Magundat), Hl., Märt.
Er war Sohn eines Magiers u. Ritter im Heer des Perserkönigs Chosrau II. (s. Kreuzerhöhung S. 69f). 620 in Jerusalem getauft, wurde er Mönch im Kloster der hl. Anastasia bei Jerusalem. In Betsaloe (Persien) wurde er eingekerkert u. mit ca. 70 Gefährten am 22. 1. 628 zu Tode gemartert. Papst Honorius I. (625–638) brachte seinen Leichnam zus. mit Reliquien des hl. ↗ Vinzenz v. Saragossa in die Kirche Aquae Salviae (nach der Überlieferung Ort der Hinrichtung des Apostels ↗ Paulus). Daher hieß die Kirche später SS. Vincenzo ed Anastasio (Trappisten-Abtei Tre Fontane südl. von Rom). Anastasius wurde bes. im Mittelalter sehr verehrt.
Gedächtnis: 22. Jänner
Darstellung: als Mönch, mit Axt erschlagen
Patron: der Goldschmiede

Anatolius (Anatolios), Bisch. **von Laodicea,** Hl.
Name: griech. anatolē, Aufgang, Osten: der aus Anatolien (Morgenland, Kleinasien) Stammende
Geb. zu Alexandria (Ägypten). Er war dort Senator u. einer der größten Gelehrten seiner Zeit u. eröffnete in Alexandria eine Schule für aristotelische Philosophie. Er führte den 19jährigen Osterzyklus ein u.

verfaßte ein arithmetisches Lehrwerk in 10 Büchern. 268 wurde er Bisch. von Laodicea (jetzt Latakie) in Syrien. † um 282.
Gedächtnis: 3. Juli
Darstellung: mit Globus u. arithmetischen Büchern
Patron: der Mathematiker
Lit.: ActaSS Iul. I (1719) 642–644 – Hefele-Leclercq II 658ff – Jaffé I 62–74

Andrea, weibl. F. zu ↗ Andreas

Andreas Abellon OP, Sel.
Name: zu griech. andreíos, mannhaft, mutig. (Kf. Andrä, Ander)
* um 1375. Er war Dominikanerpriester in Südfrankreich u. trat als gelehrter u. bedeutender Prediger hervor. Er suchte auch als Maler den Gäubigen die ewigen Wahrheiten nahezubringen. Im Auftrag des Ordensgenerals Bartholomäus Texier führte er in den Konventen zu Arles, Marseille u. anderswo die Observanz ein. In einer Pestepidemie widmete er sich mit Hingabe der Krankenpflege. † 15. 5. 1450 in Aix. Kult approbiert am 12. 8. 1902.
Gedächtnis: 12. August
Lit.: H. Cormier (Rom 1903^2) – Mortier IV 145 193-210 648

Andreas, Apostel, Hl.
* in Bethsaida (Galiläa). Er wohnte später mit seinem Bruder Simon (↗ Petrus) in Kapharnaum (am See Genesareth), wo die beiden ein Haus besaßen (Mk 1,29) u. Fischerei betrieben. Es war zuerst Jünger des Täufers Johannes am Jordan, wurde von diesem zu Jesus als den Messias gewiesen u. führte seinen Bruder Simon ebenfalls Jesus zu (Joh 1,35–44). Andreas missionierte in den Gegenden südl. des Schwarzen Meeres, vielleicht auch Skythien (Südrußland), in den unteren Donauländern mit Thrakien (Bulgarien), Griechenland mit Epirus u. Achaia. Nach einem Rundschreiben der Priester von Achaia (4. Jh.) erlitt er hier zu Patras unter dem Statthalter Aegeates am 30. 11. 60 den Tod am schrägen Kreuz (Andreaskreuz). Deshalb ist er Patron von Achaia. Seine Gebeine kamen 356 nach Byzanz (Apostelkirche), 1208 nach Amalfi (südl. von Neapel), das Haupt kam 1462 nach Rom, 1964 zurück nach Patras.
Liturgie: GK F am 30. November
Darstellung: mit schrägem Kreuz (Andreaskreuz, zugleich als Abkürzung des Namens Christi (griech.: X)
Patron: von Rußland, Achaia (Griechenland), Schottland; der Fischer, Fischhändler, Bergwerksleute, Metzger, Seiler
Brauchtum: Der Andreastag als Beginn eines neuen Kirchenjahres war Zahl- u. Liefertermin u. Lostag für das Wetter. Die Andreasnacht, mit der die „Klöpfelnächte" beginnen, galt als Zauber- u. Orakelnacht für Handel, Heirat u. ä. In den „Klöpfelnächten" (oder „Glöckelnächten"), d. h. in den 3 letzten Donnerstag-Nächten im Advent, ziehen Kinder u. Burschen, oft maskiert, von Haus zu Haus, klopfen gegen Türen u. Fenster, werfen Erbsen oder Bohnen, singen lustige Verse u. erhalten dafür Gaben. Das Klöpfeln war ursprünglich ein auf den Jahreswechsel bezogener Orakel-, Abwehr- u. Förderungsbrauch.
Lit.: F. Haase, Apostel u. Evangelisten in den orientalischen Überlieferungen: Ntl. Abhandlungen (hrsg. v. M. Meinertz, Münster 1909ff) IX (1922) 1ff – W. Hay, Volkstümliche Heiligentage (Trier 1932) 300ff – O. Hophan, die Apostel (Luzern 1952) 85-94 – G. Gugitz, Fest- u. Brauchtumskalender (Wien 1955). – J. E. Emminghaus, Andreas. Heilige im Bild und Legende (Recklinghausen 1969)

Andreas Avellino OTheat, Hl. (Taufname: Lancelot)
* 1521 in Castronuovo (südöstl. von Palermo, Sizilien). Er wurde 1545 Priester, studierte in Neapel Rechte u. war als Anwalt in geistlichen Angelegenheiten tätig, wandte sich aber bald der Seelsorge zu. Er trat 1556 dem Theatinerorden bei u. wirkte im Gebiet von Neapel u. in der Lombardei segensreich als Seelenführer, Prediger, geistlicher Schriftsteller u. Oberer. † am 10. 11. 1608 zu Neapel (zu Beginn der Hl. Messe wurde er vom Schlag getroffen). Sein Grab ist in der Kirche S. Paolo Maggiore zu Neapel. Heiliggesprochen 1712.
Gedächtnis: 10. November
Lit.: ActaSS Nov. IV. (1925 609–623 – DSAM I 551–554

Andreas Bobola SJ, Märt., Hl.
* 1592 im Palatinat Sandomir (Polen) aus hochadliger Familie, die das Jesuitennoviziat in Wilna gestiftet hatte u. in das er 1611 eintrat. Als Ordensmann führte er eine strenge Lebensweise u. wirkte unter vielen Opfern aber segensreich als Prediger u.

Kongregationsleiter an St. Kasimir zu Wilna, dann als Volksmissionar in der Gegend von Pinsk. Ganze Ortschaften wurden durch seine Predigten wieder kath. Dies rief den Widerstand der Orthodoxen in Polen hervor, die die Union von Brest (1596) zunichte machen wollten. Sie nannten ihn erbittert „Duszochwat" (Seelenräuber) u. marterten ihn am 16. 5. 1657 in Janow zu Tode. Heiliggesprochen am 17. 4. 1938. Pius XI. rief ihn als Fürbitter für die Einheit der Ost- u. Westkirche an.
Gedächtnis: 16. Mai
Lit.: G. Moreschini (Isola de Liri 1938) – L. Rocci (Rom 1938) – H. Beylard (Paris 1938) – L. J. Gallagher u. P. V. Donovan (Boston, Mass. 1939)

Andreas (Andrea) **Corsini** OCarm, Bisch. von Fiesole, Hl.
* 1301 (?) in Florenz aus der Adelsfamilie der Corsini. Er wurde 1318 (?) Karmelit, 1328 (?) Priester, war 1348–49 Provinzial der Toskana u. wurde 1349 zum Bisch. von Fiesole (bei Florenz) bestellt. Er machte sich verdient um die Disziplin im Klerus, als Freund der Armen u. Friedensstifter. † am 6. 1. 1374 in Fiesole. Heiliggesprochen 1629. Sein Leib ist bis heute unverwest. Er ruht in der Kirche S. Maria del Carmine zu Florenz.
Gedächtnis: 6. Jänner
Darstellung: als Karmelitermönch oder als Bisch. mit Wolf u. Schaf zu seinen Füßen (Traumgesicht seiner Mutter: sie gebiert einen Wolf, der sich an der Pforte des Karmeliterklosters in ein Lamm verwandelt)
Lit.: P. Caioli, S. Andrea Corsini (Florenz 1929)

Andreas (Andrea) **Franchi** OP, Bisch. von Pistoia, Sel.
* 1335 zu Pistoia (Toskana) aus dem Adelsgeschlecht der Franchi-Boccagni. Er trat in seiner Heimat in den Orden ein u. wurde später ein hervorragender Lehrer u. Prediger. In Pistoia, Lucca u. Orvieto bekleidete er das Amt des Priors u. wurde 1377 zum Bisch. von Pistoia ernannt. Als solcher war er bes. wegen seiner Mildtätigkeit u. Frömmigkeit geschätzt. 1400 resignierte er u. zog sich in sein Kloster zurück, erfreute sich aber noch immer beim Volk großer Hochachtung. † 26. 5. 1401 in Pistoia. Kult approbiert am 23. 5. 1921
Gedächtnis: 26. Mai
Lit.: AAS 14 (1922) 16–19 – I. Taurisano (Rom 1922)

Andreas (Anderle) Oxner von Rinn
Am 12. Juli 1462 soll es in Rinn bei Innsbruck zu einem Ritualmord gekommen sein. Der Haller Stiftsarzt Hippolyt Guarinoni († 1654) hat darüber eine Schrift verfaßt, in der er, wie erwiesen worden ist, alle Details erfunden hat. Nach der Erzählung Guarinonis haben jüdische Kaufleute aus Deutschland auf der Durchreise den zweieinhalbjährigen Andreas Oxner getötet. Der Leichnam wurde mit großer Feierlichkeit auf dem Friedhof von Rinn beigesetzt. Im Jahre 1475 erfuhren die Einwohner, daß sich auch in Trient ein ähnlicher Fall ereignet habe. Daher ließen sie die Überreste des Anderl in die Kirche bringen und dort beisetzen. Im Jahre 1671 wurde dank der Spenden des Stiftsarztes am sogenannten Judenstein, wo das Martyrium sich zugetragen haben soll, eine Kirche errichtet, die der Brixner Fürstbischof Paulinus Mayr 1678 eingeweiht hat. Dorthin wurden dann auch die Überreste des Anderl gebracht und sogar auf dem Hochaltar aufgestellt. Im Jahre 1744 wurde in Brixen und Rom eine Untersuchung über die Verehrung des ermordeten Kindes durchgeführt. Schließlich erlaubte Papst Benedikt XIV. (1740–1758) auf Betreiben des Wiltener Abtes Norbert Bußjäger die Feier eines eigenen Festes mit Messe und Brevier. Zu einer förmlichen Seligsprechung ist es aber nie gekommen. Obschon der Heilige Stuhl die Kulterlaubnis 1961 entzogen hatte, wurde die Verehrung von seiten der Bevölkerung weiterhin aufrechterhalten, bis der Innsbrukker Bischof Reinhold Stecher sie im Juli 1985 endgültig verboten hat und die Gebeine vom Hochaltar in eine Seitenwand der Kirche bringen ließ. Die Kirche am Judenstein feiert nunmehr das Fest Mariä Heimsuchung.
Lit.: A. Dörrer, in: Schlern-Schriften 126, 1954, 158–166; D. Assmann, Hl. Florian, bitte für uns, Innsbruck 1977, 119–121; G. R. Schroubeck, in: das Fenster 38, 1985, 3766–3774.

Andreas Hubert (André-Hubert) **Fournet,** Hl.
* am 6. 12. 1752 in Maille (Diöz. Poitiers). Er war Pfarrer von Maille. Nach Ausbruch der Franz. Revolution u. nach Verweigerung des Eides auf die Zivilverfassung flüchtete er auf Geheiß seines Bisch. nach

Spanien, übernahm aber 1797 noch unter der Terrorherrschaft wieder seine Pfarrei, wo er mit aller Kraft die dortigen sittlichen Schäden zu beheben suchte. Zus. mit ↗ Johanna Elisabeth Bichier des Ages gründete er die Kongregation der „Kreuztöchter vom hl. Andreas", verfaßte ihre Satzungen u. war 1820–32 im Mutterhaus in La Puye ihr geistlicher Leiter. † am 13. 5. 1834 in Poitiers. Sein Leib ruht in Poitiers. Seliggesprochen am 16. 5. 1926, heiliggesprochen am 4. 6. 1933.
Gedächtnis: 13. Mai
Lit.: J. Saubat (Poitiers 1925) – AAS 18 (1926) 216ff, 25 (1933) 417ff

Angela von Foligno, Mystikerin, Sel.
Name: weibl. F. von griech.-lat. ángelos, Bote, Engel
* um 1249 zu Foligno (Umbrien, Mittelitalien). Früh vermählt, führte sie bis zu ihrem 40. Lebensjahr ein weltliches Leben. Nach ihrer Bekehrung wurde sie 1291 Terziarin des hl. Franz von Assisi u. führte ein strenges Leben als Büßerin u. Mystikerin u. gründete in Foligno eine Genossenschaft von Schwestern des 3. Ordens. † am 4. 1. 1309, begraben in der Franziskanerkirche zu Foligno. Seliggesprochen 1693.
Gedächtnis: 4. Jänner
Darstellung: mit Satan an der Kette
Lit.: A. v. Pechmann (1929) – A. Guilet (Hg), Angela von Foligno, Gesichte u. Tröstungen nach Aufzeichnungen des Br. Arnaldus OFM, dt. v. Jan van den Arend (Stein/Rh. 1975)

Angela Merici OSU, Hl. (Angela von Brescia)
* am 1. 3. 1474 zu Desenzano (am südl. Gardasee). Als Heranwachsende erkannte sie die Gefahr für Frauen u. Mädchen ihrer Zeit u. unterrichtete nach himmlischer Weisung (Vision von Brudazzo) Kinder in der christlichen Lehre. Später wurde sie in Brescia als „Madre" Ratgeberin aller Stände (daher „Angela von Brescia" genannt). Aus ihrer Tätigkeit enstand der Orden der Ursulinen, der 1535 definitiv bestätigt wurde u. dessen 1. Oberin sie 1537 wurde. Der Ursulinenorden ist der größte u. berühmteste Frauenorden in Erziehung u. Unterricht. † am 27. 1. 1540 in Brescia. Ihr Grab ist in der dortigen St.-Afra-Kirche. Heiliggesprochen 1807.
Liturgie: GK g am 27. Jänner
Darstellung: als Oberin mit Kreuz, Rosenkranz u. offenem Buch. Mit Himmelsleiter
Lit.: J. Schuler, Geschichte der Angela Merici (Innsbruck 1893) – A. Cistellini, Figure della Riforma pretridentina (Brescia 1948) 47-55 198-212 – M. Desaing, Angela Merici, Persönlichkeit u. Auftrag (Stein/Rh. 1976)

Angelika, (Angelica) (die Engelgleiche) ↗ Angela (franz. Angélique)

Angelina von Marsciano, Sel.
* 1377 bei Orvieto (nördl. von Rom), wurde als Witwe Terziarin u. gründete zahlreiche Klöster, deren Generaloberin sie ab 1430 war. † 14. 7. 1435 zu Foligno.
Gedächtnis: 14. Juli

Angelus der Karmelit, Märt., Hl.
Name: griech.-lat., der Bote, Engel
* zu Jerusalem, war er einer der ersten Karmeliten, die wegen widriger Verhältnisse in Palästina nach Sizilien gingen. Vermutlich hatte er den Auftrag, vom Papst die Bestätigung der Ordensregel zu erhalten. Er missionierte in Unteritalien u. Sizilien u. starb als Märt. zu Licata (Sizilien) am 5. 5. 1220. Seine Reliquien sind in Licata.
Gedächtnis: 5. Mai
Darstellung: als Karmelit an einem Baum hängend, Engel bringen ihm 3 Kronen (Symbole seiner Keuschheit, Beredsamkeit u. seines Martyriums), Rosen u. Lilien fallen aus seinem Mund. Mit Schwert durchstoßen
Lit: ActaSS Maii 56–95, 798–842 – AnalOCarm 11, 168–183

Angelus de Scarpettis OESA, Sel.
Er stammte aus Borgo Sansepolcro (Umbrien) u.wurde 1254 Augustiner-Eremit. Er machte sich verdient durch seine rege apostolische Tätigkeit u. die Gründung neuer Niederlassungen seines Ordens in England. † 1. 10. 1306 in Borgo Sansepolcro. Kult approbiert am 27. 6. 1921.
Gedächtnis: 1. Oktober
Lit.: AAS 13 (1921) 443–446

Angilbert OSB, Hl.
Name: 1. Wortteil: Name des germ. Stammes der Angeln, die im 5./6. Jh. von Schleswig aus zus. mit den Sachsen u. Jüten Britannien besiedelten. 2. Wortteil: ahd. beraht (glänzend, berühmt). Nach der Chri-

stianisierung Britanniens im 6./7. Jh. wurde der Name wahrscheinlich als Bildung mit dem Lehnwort engil (Engel) aufgefaßt u. als „glänzend wie ein Engel" gedeutet. (Engelbert, Engelbrecht).
* um 750 aus edlem Geschlecht. Er war ein Schüler Alkuins u. wurde wegen seines Dichtertalentes „Homer" genannt. Er lebte seit 787 am Hof Kaiser Karls d. G. als (Leiter der Hofkapelle u. Erzieher Pippins, des Sohnes Karls d. G., u. hatte eine einflußreiche Stellung. Mit Karls Tochter Bertha hatte er ein illegales Verhältnis, dem die 2 Söhne Mithard u. Harnid entstammten. 790 erhielt er als Laienabt die reiche Abtei St-Riquier (bei Abbeville, Nordfrankreich) zugewiesen u. war 800 bei der Kaiserkrönung in Rom anwesend. Seit 802 lebte er in seiner Abtei u. führte jetzt ein strenges Büßerleben. 811 war er Mitunterzeichner des Testamentes Karls d. G., überlebte ihn aber nur um 20 Tage. † am 18. 2. 814. Seine Gebeine sind in der Pfarrkirche zu St-Riquier.
Gedächtnis: 18. November
Lit.: Zimmermann I 227f – Wattenbach-Levison 236–240

Anianus, Diakon, Märt., Hl.
Name: vermutlich von „Anio" (Nebenfluß des Tiber): der aus dem Gebiet des Anio Stammende
Er war irischer oder westfränkischer Herkunft, der im 7./8. Jh. zus. mit ↗ Marinus vor den Alpenslawen in die Einöden von Wilparting u. Alb (Oberbayern) flüchtete u. dort den Martertod erlitt. Die Gebeine sind in Wilparting.
Liturgie: München-Freising G am 15. November
Darstellung: als Diakon mit Buch u. Wanderstab oder Palme
Lit.: ↗ Marinus

Anicetus (Aniketos), Papst, Hl.
Name: griech., der Unbesiegte, Unbesiegbare
Er stammte aus Emesa (jetzt Homs) in Syrien u. regierte 154/155–166. Der hl. ↗ Polykarp von Smyrna (Kleinasien) verhandelte mit ihm in Rom in der Frage des Ostertermins, allerdings ergebnislos. Sein Martyrium ist sehr zweifelhaft.
Gedächtnis: 17. April
Lit.: G. Bardy: RSR 17 (1927) 481–511 – Caspar I 8f 21

Anita (span.), Kf. von ↗ Anna, Juanita (↗ Johanna)

Anja (russ.) ↗ Anna

Anka (poln.), Kf. von ↗ Anna

Anke (niederdt.), Kf. von ↗ Anna

Ann (Anne), engl. Kf. von ↗ Anna

Anna, Mutter Mariä, Hl.
Name: hebr. channāh (Erbarmung, Gnade). So hieß auch die greise Prophetin, die über das Jesuskind weissagte (Lk 2,36–38) (span. Anita, franz. Annette, russ. Anja, poln. Anka, fries. Anke, engl. Ann, Anne, griech. Hánna)
Ihr Name u. ihr legendäres Leben sind schon durch das Protoevangelium des Jakobus (um 150) verbreitet. Ihr Fest ist im Orient seit dem 6. Jh. am 25. 7. nachweisbar (im Zusammenhang mit den Gedenktagen der Menschwerdung Gottes: 25. 3., 24. 6., 25. 12.), im Abendland seit dem 8. Jh. am 26. 7. (weil der Vortag durch das Apostelfest des hl. Jakobus belegt ist). Ihr Fest wurde 1584 durch Gregor XIII. für die ganze Kirche vorgeschrieben.
Die Verehrung der hl. Anna erreichte im ausgehenden Mittelalter ihren Höhepunkt als Ausdruck der Mütterlichkeit, bes. unter dem Bild der „Anna selbdritt" (die greise Mutter Anna, Maria mit Jesuskind), gefördert wurde sie durch die Anna-Bruderschaften. Der Dienstag ist der hl. Anna geweiht. Es gibt in Europa zahllose Kapellen, Kirchen, Wallfahrtsorte, Berge u. Brunnen, die ihren Namen tragen. Das Anna-Wasser wurde in Deutschland für alle möglichen Nöte geweiht. Durch die Reformation erfuhr die Verehrung der hl. Anna eine Zeitlang einen Rückgang, blühte aber im 17. Jh. bes. in Italien u. Spanien wieder auf.
Liturgie: GK G am 26. Juli (zus. mit ↗ Joachim, Vater der Gottesmutter Maria)
Darstellung: Anna erklärt ihrer jungen Tochter die Hl. Schrift. Das Bild der „hl. Anna selbdritt" zeigt Anna mit dem Jesuskind auf dem Arm oder Schoß, daneben Maria, stehend oder sitzend
Patronin: der Bretagne (Westfrankreich), für glückliche Heirat, der Ehe, der Mütter,

Witwen, Armen, Arbeiterinnen, der Bergleute, Dienstboten, Drechsler, Goldschmiede, Hausfrauen, Haushälterinnen, Schneider, Krämer, Kunsttischler, Müller, Schiffer, Seiler, Strumpfwirker, Weber. Um Kindersegen, glückliche Geburt, der Bergwerke

Lit.: B. Kleinschmidt, Die hl. Anna (Düsseldorf 1930) – W. Stüwer, Die Patrozinien im Kölner Großarchidiakonat Xanten (Bonn 1938) – Nettesheim, An der Schwelle des Neuen Bundes, Joachim u. Anna (Warendorf, Westf. 1946) – A. Bäumer (München 1953) – Künstle I 322–332

Anna v. hl. Bartholomäus OCarm, Sel.
* 1549 zu Almendral (Spanien). Sie trat 1571 zu Ávila in den Orden der Unbeschuhten Karmelitinnen ein, wo die hl. ↗ Theresia Oberin war, u. wurde deren Sekretärin u. Begleiterin auf ihren vielen Reisen. 1604 ging sie nach Frankreich u. wurde Priorin der neuen Klostergründungen in Pontoise, Paris u. Tours. 1611 gründete sie den Karmel zu Antwerpen. Sie war die einflußreichste Karmelitin in der Fortsetzung der Ordensreform, die die hl. Theresia eingeleitet hatte. † 1626 zu Antwerpen. Seliggesprochen am 10. 4. 1917.
Gedächtnis: 7. Juni
Lit.: AAS 9 (1917) 257ff – DHGE III 348f – Florencio del Niño Jesús (Madrid 1948[2])

Anna Maria Taigi, Sel.
* am 29. 5. 1769 zu Siena (südl. von Florenz) als Tochter des Apothekers Giannetti. Sie war Mutter von 7 Kindern u. wurde 1790 weltliche Terziarin des Trinitarierordens in Rom. Sie ist ein vollendetes Vorbild der christlichen Gattin u. Mutter. Sie führte ein strenges Buß- u. Sühneleben u. war reich begnadet an mystischen Gaben u. Prüfungen. Von vielen Großen der Welt u. der Kirche wurde sie um Rat gefragt. † am 9. 6. 1837 in Rom. Ihr Leib ruht in der Kirche S. Crisogono in Trastevere. Seliggesprochen am 30. 5. 1920.
Gedächtnis: 9. Juni
Lit.: W. Kirchgessner (1928) – J. Lohmüller (1931) – A. Bessières, La bienheureuse Anne-Marie Taigi, mère de famille (Paris 1936; dt. Wiesbaden 1962) – J. Luthold-Minder, Eine hl. Frau u. Mutter: Anna M. Taigi (Konstanz 1976)

Anna Michelotti ↗ Johanna Franziska von der Heimsuchung

Anna Maria (Anne-Marie) **Javouhey,** Sel.
* am 10. 11. 1779 in Jallanges (an der Côte-d'Or, bei Dijon, Ostfrankreich). Sie gründete 1807 die „Josefsschwestern von Cluny" u. sandte sie seit 1817 in die Missionen. Sie selbst wirkte lange u. erfolgreich in Senegal u. Franz.-Guayana für die Befreiung der Sklaven. Sie ertrug jahrelang das Interdikt über ihre Kapelle durch gallikanische Bisch. † am 15. 7. 1851 in Paris. Seliggesprochen am 15. 10. 1950.
Gedächtnis: 15. Juli
Lit.: AAS 42 (1950) 801ff – Streit XVII 383–386 – C. C. Martindale (London 1953, dt. Wien 1955)

Anneliese ↗ Anna + ↗ Elisabeth

Annelore ↗ Anna + ↗ Eleonore

Annemarie ↗ Anna + ↗ Maria (Kf. Annemie)

Annemieke ↗ Anna + niederdt. Marieke (Mariechen ↗ Maria)

Annerose ↗ Anna + ↗ Rosa

Annette (franz.), Verkl. F. von ↗ Anna

Annika (schwed.), Ännchen (↗ Anna)

Annina (ital.), Weiterb. von ↗ Anna (Kf. ↗ Nina)

Anno, Erzb. **von Köln,** Hl.
Name: Kf. von ↗ Arnold
* um 1010 aus schwäbischem Geschlecht. Er erhielt die Ausbildung in Bamberg, wurde 1054 Propst zu Goslar (südöstl. von Hannover) u. 1056 als Anno II. Erzb. von Köln. Er war 1062/63 Reichsverweser für den minderjährigen Kaiser Heinrich IV., gründete mehrere Stifte u. Abteien u. war ein zielbewußter u. tatkräftiger Kirchenfürst. Unter ihm wuchs das Kölner Territorium bedeutend an Ausdehnung u. Macht. † am 4. 12. 1075 in der von ihm gegründeten Benediktinerabtei St. Michael zu Siegburg (bei Köln). Der kostbare Annoschrein befindet sich in der Pfarrkirche zu Siegburg. Heiliggesprochen 1183.
Liturgie: RK g, Köln G am 5. Dezember

Darstellung: mit Kirchenmodell, Buch u. Schwert
Lit.: G. Bauernfeind, Anno II., Erzb. von Köln (München 1929)

Annunziata (ital.), „die Angekündigte". Gebildet aus lat. Annunciatio B.M.V. (Mariä Verkündigung), Gedächtnis 25. März

Ansbald OSB, Abt **von Prüm,** Hl.
Name: germ. ans (Gott) + ahd. bald (kühn): kühn wie die Asen (Götter)
Er stammte angeblich aus einem luxemburgischen Grafengeschlecht, wurde Benediktinermönch und 860 der 5. Abt von Prüm (Eifel, Westdeutschland). Er baute die von den Normannen 882 zerstörte Abtei wieder auf u. erlangte von den Herrschern die Anerkennung ihrer Privilegien. † am 12. 7. 886.
Gedächtnis: 12. Juli
Lit.: C. Schorn, Eiflia sacra II (1888) 343–347

Ansbert OSB, Erzb. **von Rouen,** Hl.
Name: germ. ans (Gott) + ahd. beraht (glänzend berühmt,): der wie die Asen Berühmte (franz. Ouen, Nf. Osbert)
* zu Chaussy-sur-Epte (bei Gisors, nordwestl. von Paris) aus vornehmer Familie. Er war 659–673 Referendar des Frankenkönigs Chlotar III., wurde Mönch im OSB-Kloster Fontenelle (bei Caudebec-en-Caux an der Seine, westl. von Rouen), u. 679 der 3. Abt dieses Klosters u. 684 Erzb. von Rouen. Von Pippin dem Mittleren wurde er um 690 in das Kloster Hautmont bei Maubeuge (an der franz.-belgischen Grenze) verbannt u. starb daselbst am 9. 2. 693. Seine Reliquien in Fontenelle sind vernichtet.
Gedächtnis: 9. Februar
Darstellung: mit Kelch u. Geißel
Lit.: E. Vacandard (Paris 1902)

Anselm, Erzb. **von Canterbury,** Kirchenlehrer, Hl.
Name: von Anshelm: germ. ans (Gott) + ahd. helm (Helm, Schützer): der von Gott (den Asen, Göttern) Beschützte
* 1033/34 zu Aosta (Piemont) aus einem lombardischen Adelsgeschlecht. Er wurde Benediktinermönch in Bec (bei Rouen, Nordfrankreich), 1063 Prior u. 1078 Abt dortselbst. Über sein Kloster hinaus machte er sich um die geistliche Hebung des Mönchtums verdient. 1093 wurde er Erzb. von Canterbury u. war als solcher Vorkämpfer für die kirchliche Freiheit im Sinn der Reformideen Gregors VII., weshalb er vom skrupellosen König Wilhelm II. Rufus 1097 in die Verbannung geschickt wurde. Nach dessen Tod (1100) wurde er von Heinrich I. zurückgerufen, sah sich aber neuen Schwierigkeiten gegenübergestellt, da auch Heinrich I. nicht von der Laieninvestitur u. dem Lehenseid ablassen wollte. So wurde er 1103–1106 ein zweitesmal verbannt. 1106 kam endlich der Kompromiß von Bec zustande, der auch zum Modell für das Wormser Konkordat 1122 wurde. Anselm trat unerschrocken für die Rechte der Kirche in Kult u. Liturgie gegenüber dem Staat ein.
Anselm leistete auch als Theologe für seine Zeit Bedeutendes. Er stellt die ganze Theologie auf eine neue Grundlage, indem er den ungläubigen Gegner von der Vernünftigkeit des Glaubens überzeugen will, gemäß seinem Grundsatz „Fides quaerens intellectum" („der Glaube will einsehen") u. gemäß seiner Wertskala: Glaube – Glaubenseinsicht – Schau. Andererseits ist er doch kein theol. Rationalist, denn er fordert vom Theologen neben gründlicher philos. Bildung u. sittlicher Reinheit den Glauben selbst als subjektive Voraussetzung. Er sieht die Grenzen menschlicher Einsichtsmöglichkeit im Bereich des Glaubens u. unterwirft im Konfliktsfall seine menschliche Vernunft einer höheren Autorität. So wurde Anselm zum Vater der Scholastik. Infolge seiner pädagogischen Weisheit gehört er zu den ganz großen Menschheitserziehern.
† am 21. 4. 1109, sein Grab ist in der Kathedrale von Canterbury.
Liturgie: GK g am 21. April
Darstellung: als Bisch., dem Christus u. Maria erscheinen, mit Buch. Kleines Schiff in der Hand
Lit.: W. Steinen (Breslau 1926) – A. Stolz (München 1937) – G. Ceriano (Brescia 1946) – F. R. Hasse, Anselm v. C. (Frankfurt/M. 1965) – W. Steinen, Vom hl. Geist d. Mittelalters (Darmstadt 1968)

Anselma, weibl. F. von ↗ Anselm

Ansfrid OSB, Bisch. **von Utrecht,** Sel.
Name: germ. ans (Gott) + ahd. fridu (Frie-

de, Schutz vor Waffengewalt): der unter dem Schutz der Asen (Götter) Stehende (Osfrid, Aufrid, franz. Anfroi)
Er war Graf von Brabant u. stiftete 992 für Frau u. Töchter das Kloster Thorn bei Roerthond (südl. Niederlande). Er wurde selbst Benediktinermönch, Priester u. 995 Bisch. von Utrecht. Bald erblindet, zog er sich in die Zelle Hohorst (Marienberg, östl. von Zwolle) zurück, die er 1006 durch Mönche aus Gladbach bei Düsseldorf zum Kloster umgestaltete. (Das Kloster wurde 1050 nach St. Paul in Utrecht verlegt.) † dortselbst am 3. 5. 1010.
Gedächtnis: 3. Mai
Lit.: Zimmermann II 140–142

Ansfrieda weibl. F. zu ↗ Ansfrid

Ansgar OSB, Bisch. **von Hamburg,** Hl.
Name: germ. ans (Gott) + ahd. ger (Speer): Gottes-Speer (Nf. Oskar, engl. Oscar)
* am 8./9. 9. um 801 wahrscheinlich bei Corbie an der Somme (Diöz. Amiens, Nordwestfrankreich). Er war Schüler, dann Mönch in Corbie, seit 823 Lehrer an der Klosterschule zu Korvey (bei Höxter an der Weser). Er missionierte 827 in Dänemark, 830 in Schweden u. wurde 832 1. Bisch. von Hamburg. Papst Gregor IV. bestellte ihn zum Erzb. u. päpstlichen Legaten für Skandinavien u. Dänemark.
845 wurde er auch Bisch. von Bremen. Er wirkte abermals in Dänemark u. Schweden u. wurde 864 1. Erzb. der vereinigten Diöz. Hamburg-Bremen. In seinen letzten Lebensjahren leitete er von Bremen aus das Missionswesen der Nordländer, vollendete die Steinkirche in Bremen, gründete 3 Klöster u. zog sich schließlich zu Werken der Frömmigkeit u. Nächstenliebe zurück. † am 3. 2. 865 zu Bremen.
Liturgie: RK g, Osnabrück F am 3. Februar
Darstellung: mit Pelz am Bischofsgewand (weil er Apostel des Nordens ist), von bekehrten Heiden umgeben. Mit Kirchenmodell in der Hand
Lit.: Ph. Oppenheim, Ansgar u. die Anfänge des Christentums (München 1931) – G. Schäfer (Kevelaer 1937) – Rimbertus, Der Speer Gottes (dt., Recklinghausen 1960) – G. Melmert, Ansgar, Apostel des Nordens (Kiel 1964) – H. Dörries/G. Kretschmar, Ansgar, seine Bedeutung für die Mission (Hamburg 1965) – Vita Anskarii auctore Rimberto: Monumenta Germanica. Bd. 55 (Hannover 1977) – H. Gamillscheg, Ich habe keine Angst (Mödling 1979)

Anstrudis, Hl.
Name: germ. ans (Gott) + trud (Kraft, Stärke): die von den Göttern Gestärkte
Sie war die Tochter der hl. ↗ Salaberga u. trat in das von ihrer Mutter gegründete Marien-Kloster bei Langres (Nordostfrankreich) ein, wo sie später deren Nachfolgerin als Äbtissin wurde. Sie war vielfach in die politischen Wirren des späten 7. Jh.s verstrickt u. wurde nach der Ermordung ihres Bruders Balduin vom berüchtigten Hausmeister Ebroin angefeindet. † 17. 10. vor 709.
Gedächtnis: 17. Oktober

Answer OSB, Abt, Glaubensbote, Märt., Hl. (Ansuerus)
Name: germ. ans (Gott) + wer (Mann, wehrhafter Mann): Gottes Wehrmann
Er stammte aus Schlesien, wurde Mönch, dann Abt des Georgiklosters in Ratzeburg (südl. von Lübeck) u. war ein eifriger Apostel in der Slawenmission. Dort wurde er mit mehreren Mönchen u. Laien von den heidnischen Obotriten 1066 gesteinigt. Seine Gebeine in Ratzeburg wurden in der Reformationszeit vernichtet, man findet dort nur noch ein gotisches Tafelbild u. das Answer-Kreuz bei Ratzeburg.
Liturgie: Osnabrück g am 18. Juli
Lit.: Zimmermann II 456ff

Antal (ungar.) ↗ Anatolius

Anthelmus von Chignin OCart, Bisch. von Belley, Hl.
Name: wahrsch. germ. ant (das Entgegenblickende, Gesicht) + ahd. helm (Schutz, Beschützer): Schützer des Gesichtes
* 1107 zu Chignin in Savoyen aus edler Familie. Er war zunächst Propst der Kathedrale von Genf, trat 1136 der Kartause von Portes bei, wurde 1139 Prior der Grande-Chartreuse bei Grenoble u. 1142 der eigentliche 1. Generalobere des Ordens. Er legte 1151 sein Amt nieder u. war 1152–54 Prior von Portes. 1162 wurde er Bisch. von Belley (östl. von Lyon). † am 26. 6. 1178 in Chartreuse.

Liturgie: Lausanne-Genève-Fribourg g am 26. Juni
Darstellung: mit Lampe
Lit.: A. Marchal, Vie de S. Anthelme (Paris 1878) – Dictionnaire d'histoire et de géographie ecclésiastiques (Paris 1912ff) III 523ff

Antje (niederdt.), Verkl. F. von ↗ Anna

Antoine (franz.) ↗ Antonius

Antoinette (franz.) ↗ Antonia

Antonia von Florenz OSCl, Sel.
Name: ↗ Antonius
* 1401 zu Florenz. Nach dem frühen Tod des Gatten trat sie in das von ↗ Angelina von Corbara gegründete Terziarinnenkloster in Florenz ein u. wurde bald nach Foligno (Umbrien), 3 Jahre später nach L'Aquila (Abruzzen, Mittelitalien) versetzt, wo sie 13 Jahre Oberin war. 1447 gründete sie aus Verlangen nach größerer Strenge das Klarissenkloster Corpus Domini in L'Aquila, das sie 7 Jahre leitete. Sie ist Vorbild in bittersten körperlichen (15 Jahre krank), seelischen u. beruflichen Leiden. † am 29. 2. 1472 zu L'Aquila u. dort begraben. Ihr Kult wurde 1847 anerkannt.
Gedächtnis: 28. (29.) Februar
Lit.: D. Lupinetti (Lanciano 1953)

Antoninus (Antonino) Pierozzi OP, Erzb. **von Florenz,** Hl.
Name: Urspr. Adoptionsform des altröm. Geschlechternamens Antonius, Beiname für einen, der in die gens Antonia aufgenommen wurde; später als selbständiger Personenname gebraucht
* Ende März 1389 zu Florenz als Sohn des Notars Niccolò Pierozzi. Er trat, durch Predigten des ↗ Johannes Dominici gewonnen, 1405 in Cortona dem Dominikanerorden bei u. erhielt 1413 die Priesterweihe. Er wurde Prior in den Reformkonventen in Fiesole (1418), Neapel (1424) u. Rom (1430) u. war 1435–44 Generalvikar der ital. Observanten. 1436 führte er dem Orden den Konvent S. Marco in Florenz zu. Eugen IV. ernannte ihn 1446 zum Generalauditor der Rota Romana u. zum Erzb. von Florenz. Inmitten der Hochblüte der florentinischen Renaissance trat er zwar kulturell nicht auf, wirkte aber als eifriger Seelsorger u. kirchlicher Reformer auch unter den Humanisten. Er hob die Bildung des Klerus u. die allg. Moral, er verbesserte die Fürsorgeeinrichtungen, die Krankenbetreuung u. die Bruderschaften. Eugen IV. zog ihn als Berater bei den Verhandlungen zu den Fürstenkonkordaten heran, der Stadtsenat betraute ihn mit Botschaften an Calixtus III. u. Pius II. In bürgerlichen u. kirchenrechtlichen Fragen nahm er mit großer Klugheit Stellung gegen die herrschende Fürstenfamilie der Medici. Wegen seiner großen Kenntnisse in Rechtsfragen wurde er von vielen zu Rate gezogen u. bewies dabei ein sicheres u. ausgewogenes Urteil. Er verfaßte eine Weltgeschichte (Summa Chronica, die größte Chronik des Mittelalters), eine große moralische Summe (Summa moralis) u. verschiedene theol.-praktische Abhandlungen. † am 2. 5. 1459 zu Montughi bei Florenz. Sein Grab ist in S. Marco zu Florenz. Heiliggesprochen 1523.
Gedächtnis: 2. Mai
Darstellung: als Dominikaner mit erzbischöfl. Pallium; als Erzb. mit Infel, in der Hand eine Waage; Obst in der einen, Papierstreifen („Deo gratias") in der anderen Schale (man erzählt, er habe einem Bauern für erhaltenes Obst nur „Vergelt's Gott" gesagt. Da schrieb er diese Worte auf einen Zettel, der dann schwerer wog als das Obst)
Lit.: R. Morçay, S. Ant. Fondateur du convent de St-Marc, archevêque de Florence (Paris 1913) – DHGE III 856–860 – ECatt I 1529ff – GKW nn. 2068–2203

Antonius, Abt, Einsiedler, Hl. (Antonius der Große)
Name: altröm. Geschlechtername unklaren Ursprungs (franz. Antoine, ital. Antonio, engl. Anthony. Kf. Toni)
* 251/252 in Kome (heute Keman) bei Heraclea in Mittelägypten von wohlhabenden Eltern. Nach deren Tod (er war etwa 20 Jahre alt) verschenkte er sein elterliches Erbe u. begann ein aszetisches Leben, zuerst in der Nähe seines Heimatdorfes, dann in einer Felsengrabkammer in der Thebais (am Rand der Lybischen Wüste, Oberägypten), wo er viele Kämpfe mit dem Dämonen zu bestehen hatte (beliebtes Thema in der Kunst!) u. schließlich jenseits des Nils an einem einsamen Berg. Er wurde berühmt, u. eine große Zahl von Jüngern sammelte sich um ihn. In der Verfolgung des Maximi-

nus Daja (305-313), einem der grausamsten u. verschlagensten Christenverfolger (308 Verfolgung in Ägypten), ging er nach Alexandria u. stärkte dort die gefangenen u. verurteilten Christen. Dann ging er wieder in die Wüste zurück u. empfing viele Besuche: Asketen, Einsiedler, Kranke, die von ihm Heilung erhofften, Priester u. Bischöfe, die ihn um Rat fragten. Er korrespondierte mit Kaiser Konstantin u. seinen Söhnen. Gegen Ende seines Lebens verließ er auf Bitten seines Freundes ↗ Athanasius seine Einöde u. trat in Alexandria öffentlich gegen die Arianer auf. Bald nach seiner Rückkehr sagte er seinen Brüdern seinen nahen Tod voraus u. starb 356 im Alter von 105 Jahren. Seine Gebeine wurden 561 nach Alexandria, 635 (nach der Eroberung Ägyptens durch die Sarazenen) nach Konstantinopel gebracht. Um 1000 kam der größere Teil der Reliquien in die Prioratskirche St-Didier-de-la-Mothe (Diöz. Vienne) u. schließlich 1491 in die Pfarrkirche St-Julien in Arles, wo sie noch heute sind.

Antonius hatte auf seine Zeit u. die nachfolgenden Generationen einen sehr großen Einfluß. Tausende zogen unter seinem Einfluß als Einsiedler in die Wüste. Auch im Abendland bildeten sich bald Einsiedlergemeinden nach seinem Vorbild (Rom, Mailand, Trier). Antonius ist aber nicht als Ordensstifter zu bezeichnen, er ersetzte vielmehr das Einsiedlerleben durch die Einsiedlergemeinde, aus der dann unter ↗ Pachomius die eigentliche Mönchsgemeinde wurde. Er verfaßte auch keine Regel, wohl aber stellte man seine praktischen Anweisungen aus der Vita, die der hl. Athanasius um 370 schrieb, zusammen.

Die Verehrung des hl. Antonius kam schon im 5. Jh. von Konstantinopel ins Abendland u. wuchs hier durch die Übertragung der Reliquien nach Frankreich (um 1000) rasch an und erreichte vom 14. bis 18. Jh. ihre Blütezeit. Zuerst wurde sie vom Antoniusorden verbreitet, dann von den Rittern, die in ihm ihren Standesgenossen (er hatte adelige Eltern) u. ihr Standesvorbild (Kampf mit den dämonischen Mächten) sahen. Zahlreiche Burgen, Kirchen, Kapellen, Altäre wurden ihm geweiht, viele Bruderschaften stellten sich unter seinen Schutz (zur Armen- u. Krankenpflege, Schützenbruderschaften). Wegen seines Kampfes mit den dämonischen Tiergestalten ist er in Tirol als „Fackentoni", im Münsterland als „Swinetünnes" bekannt. Die Brüder des Antoniusordens (Antoniter) durften für ihre Armenpflege ihre Schweine frei weiden lassen, oft wurde auch das „Antonius-Schwein" mit öffentlichen Mitteln gehalten, hatte neben der Kirche seinen Stall, lief frei herum u. trug als Kennzeichen ein Glöckchen um den Hals. Am 23. 12. („Jul-Eber") oder am 17. 1. (Antonius-Tag) wurde es geschlachtet, in der Kirche gesegnet u. an die Armen der Gemeinde verschenkt. Vielerorts gehört Antonius zu den 14 Nothelfern und ist einer der ↗ Vier Marschälle.

Liturgie: GK G am 17. Jänner

Darstellung: Als Einsiedler mit Bettlerglocke in der Hand (oder an einem Stab, oder um den Hals eines Schweines) u. Kreuzstab in T-Form (Antoniuskreuz, ägyptisches Kreuz). Das Schwein zu seinen Füßen ist als unreines Tier Typus der Sinnlichkeit (der überwundene Teufel, der den Heiligen versuchte). Als Abt von 2 Teufeln u. 2 knienden Männern umgeben. Vor einer Höhle, vom Teufel versucht, der ihn prügelt. Der Teufel ist auch dargestellt als Schwein oder phantastisches Ungeheuer, oder als Männer mit feurigen Fingern, oder als verführerische Weiber (oft mit Hörnern), oder auch als ganze Massen, die vom Heiligen abgewiesen werden.

Patron: der Haustiere (bes. der Schweine), der Bürstenmacher, Handschuhmacher, Korbmacher, Metzger, Pächter, Schweinehirten, Totengräber, Weber, Zuckerbäcker. Gegen Feuersnot, Pest u. andere ansteckende Krankheiten, Viehseuche („Antonius-Krankheit": eine Seuche, bes. bei Schweinen, mit feuriger Rötung an den Gliedmaßen, gegen Entzündungen u. Hautkrankheiten (die meisten dieser Patronate stehen in Zusammenhang mit der Überlieferung von seinen dämonischen Anfechtungen)

Lit.: L. v. Hertling, Antonius, der Einsiedler (Innsbruck 1929) – G. Korte, Antonius der Einsiedler in Kult, Kunst u. Brauchtum Westfalens (hrsg. v. A. Klaus, Werl 1952) H. Queffélec (Wien 1953) – G. Gugitz, Fest- u. Brauchtumskalender (Wien 1955) 6f – G.Schreiber, Alpine Bergwerkskultur (Innsbruck 1956) 46 - G. Korte, Antonius der Einsiedler (Werl o. J)

Antonius (Antonio) **Baldinucci** SJ, Sel.
* am 19. 6. 1665 in Florenz. Er trat 1681 in

die Gesellschaft Jesu ein. Seine 3 Gesuche um Sendung in die Mission nach Übersee lehnten die Oberen aus Gesundheitsrücksichten ab. Er lehrte zuerst in Terni u. Rom u. wirkte seit 1695 als Volksmissionar in Mittelitalien, trotz Gedächtnisschwierigkeiten mit größtem Erfolg. † am 7. 11. 1717 in Pofi (Prov. Froninone). Sein Leib ruht in S. Giovannino zu Florenz. Seliggesprochen 1893.
Gedächtnis: 7. November (im Orden 1. Juli)

Antonius (Antonio) **Bonfadini** OFM, Sel. Er stammte aus Ferrara u. trat hier 1439 in den Franziskanerorden ein. Er war ein Mann von großer Heiligkeit u. wirkte als eifriger Prediger u. Missionar im Orient. † am 1. 12. 1482 in Cotignola. Kult approbiert am 13. 5. 1901.
Gedächtnis: 1. Dezember
Lit.: ASS 33 (1900/01) 686 – G. Abbate: MF 36 (1936) 471 (Hymnus) – AureolaSeraf VI (1950^2) 257-263

Antonius (Antonio) Maria **Claret y Clará**, Erzb. von Santiago de Cuba, Hl.
* am 23. 12. 1807 in Sallent (Pyrenäen, Nordost-Spanien). Er wurde 1835 Priester u. wirkte als Volksmissionar. 1849 gründete er die Missionsgenossenschaft „Söhne des Unbefleckten Herzens Mariä" (Claretiner) u. 1855 das „Apostolische Bildungsinstitut von der Unbefleckten Empfängnis" (Claretinerinnen) zur Erziehung der weiblichen Jugend. Er war 1850–57 Erzb. von Santiago de Cuba (Insel Kuba), ab 1857 Beichtvater der Königin Isabella II. von Spanien u. ab 1859–68 Präsident des Escorial (spanisches Königsschloß nördl. von Madrid). † am 24. 10. 1870 im Zisterzienserkloster Fontfroide (bei Carcassonne, Südfrankreich) auf der Reise zum 1. Vat. Konzil. Seine Reliquien sind in Vich (nördl. von Barcelona). Er war ein Mann von außergewöhnlicher Tatkraft. Er predigte mehr als zehntausendmal, verfaßte über 200 Schriften zur Volkserziehung u. Priesterbildung u. gründete u. a. auch die Vereinigung christlicher Künstler u. Schriftsteller. Seliggesprochen am 25. 2. 1934, heiliggesprochen am 7. 5. 1950.
Liturgie: GK g am 24. Oktober
Lit.: G. Blanc (Barcelona 1908, dt. v. A. Back, 1926) – J. M. Berengueras, Compendio de la vida de S. Antonio M. Claret (Barcelona 1950)

Antonius (Antonio) Maria **Gianelli,** Bisch. von Bobbio, Hl.
* am 12. 4. 1789 in Cerreto (Ligurien, Italien). Er wurde 1812 Priester u. wirkte segensreich als Prediger, Beichtvater u. Volksmissionar. Im Priesterseminar zu Genua lehrte er Rhetorik. 1826 wurde er Generalvikar von Chiavari. Hier gründete er 1829 die Kongregation der „Suore di Nostra Signora dell'Orto" zur Erziehung der weibl. Jugend u. der Krankenpflege sowie die Oblaten des hl. ↗ Alfons di Liguori. 1838 wurde er Bisch. von Bobbio. † am 7. 6. 1846 in Piacenza. Heiliggesprochen am 21. 10. 1951.
Gedächtnis: 7. Juni
Lit.: L. Sanguinetti (Turin 1925)

Antonius von Padua OFM, Kirchenlehrer, Hl. (Taufname: Fernandez)
* am (15. 8. ?) 1195 in Lissabon (Portugal). Er trat mit 15 Jahren bei den Regulierten Chorherren des hl. Vinzenz bei Lissabon ein, kam 2 Jahre später nach Coimbra (Portugal) in das große Studienzentrum der Augustiner-Chorherren u. wurde dort Priester. 1220 trat er unter dem Eindruck der Übertragung der franziskanischen Erstlingsmärt. in Marokko (↗ Otho u. Gef.) in das Franziskanerkloster St. Antonius in Coimbra ein u. nahm den Namen dieses Kirchenpatrons an. Er reiste als Missionar nach Marokko, konnte dort aber wegen Erkrankung nicht wirken. Auf der Rückreise wurde er nach Sizilien verschlagen u. 1221 in die Röm. Provinz aufgenommen. Er lebte zunächst zurückgezogen in Monte Paolo bei Forlì, wo er als Prediger Aufsehen erregte. 1222–24 predigte er bes. in Rimini u. Mailand gegen die Katharer, 1224–26 in Südfrankreich gegen die Albigenser, 1227–30 wieder in Oberitalien, zuletzt in Padua. Er war Guardian in Le Puy, Kustos in Limoges und Provinzial der Romagna. Der hl. ↗ Franz von Assisi ernannte ihn zum 1. Lektor der Theologie für die Minderbrüder in Bologna. In seiner Theologie lehnt er sich bes. an Augustinus an, für die asketisch-mystische Theologie ist er bedeutend. † am 13. 6. 1231 zu Arcella bei Padua. Bereits am 30. 5. 1232 wurde er (nach dem kürzesten Heiligsprechungsprozeß der Geschichte) heiliggesprochen. 1263

wurde sein Leib im Beisein des hl. ↗ Bonaventura mit unversehrter Zunge erhoben u. in die neue Basilika von Padua übertragen. Pius XII. ernannte ihn am 16. 1. 1946 als „Doctor evangelicus" zum Kirchenlehrer.
Liturgie: GK G am 13. Juni
Darstellung: als Franziskaner, das Jesuskind tragend oder davor kniend, mit Lilie (Symbol der Jungfräulichkeit oder des reinen Herzens) u. Buch (Gelehrsamkeit). Den Fischen predigend (als er zu Rimini den Ketzern predigen wollte, aber niemand erschien, wandte er sich an die Fische, die daraufhin die Köpfe aus dem Wasser streckten. Viele Ketzer wurden daraufhin bekehrt. Der Fisch ist ein Symbol für Christus oder für die Christen, gemäß Mt 4,19). Der Esel eines Häretikers kniet nieder vor der Hostie, die ihm Antonius vorhält, um jenen zu beschämen. Tote erweckend
Patron: der Franziskaner; der Bäcker, Bergleute, Eheleute, Liebenden, Reisenden, der Sozialarbeit; des Viehs, zum Wiederauffinden verlorener Sachen
An das soziale Wirken dieses großen Volkspredigers erinnert das „Antoniusbrot" (begonnen nach 1890 zu Toulon bei Marseille, Südfrankreich), das ist ein Almosen für die Armen zu Ehren des Heiligen zur Erlangung seiner Fürsprache.
Lit.: B. Kleinschmidt, Antonius von Padua in Leben u. Kunst, Kult u. Volkstum (Düsseldorf 1931) – H. Felder, Die Antoniuswunder (Paderborn 1933) – G. Herzog-Hauser (Luzern 1947) – W. Hünermann, Der Gottesrufer von Padua (Rottenburg 1953) – M. Farnum (Aschaffenburg 1954) – S. Clasen, Lehrer des Evangeliums, ausgew. Predigten (Werl 1954) (mit ausführl. Einleitung) – G. Gugitz, Fest- u. Brauchtumskalender (Wien 1955) 63f – W. Nigg/H. Loose (Freiburg/Br. 1981)

Antonius (Antonio) Maria **Pucci** OSM, Hl.
* am 16. 4. 1819 zu Poggiole (im Apennin, nördl. von Florenz) als Sohn des schlichten Landarbeiters u. Mesners Pucci. Er trat 1837 in das Serviten-Mutterkloster S. Annunziata in Florenz ein, wurde 1843 Priester u. Dr. theol., Kaplan an S. Andrea in Viareggio u. war seit 1846 dortselbst Pfarrer bis zu seinem Tod. Gleichzeitig war er durch 24 Jahre Prior u. 1883–90 Provinzial der toskanischen Ordensprovinz. In allem war er ein vorbildlicher Seelsorger, Beichtvater u. Erzieher u. ein großer Wohltäter der Armen u. Kranken. Er war durch bes. Gebetsgnaden ausgezeichnet. † am 12. 1. 1892 in Viareggio. Seliggesprochen am 22. 6. 1952, heiliggesprochen am 9. 12. 1962. Anläßlich der Seligsprechung 1952 stellte ihn Pius XII. allen Pfarrern u. Priestern als Vorbild hin. Er nannte ihn „Vorläufer der Kath. Aktion", weil er, seiner Zeit weit vorauseilend, die einzelnen Naturstände organisierte u. als treuer Wächter des Glaubens im Volk am gesamten öffentlichen Leben regen Anteil nahm.
Gedächtnis: 12. Jänner
Darstellung: als Servit, auf die Schmerzensmutter verweisend
Patron: der Manager
Lit.: F. Baumann, Pius XII. erhob sie auf die Altäre (Würzburg 1960) 326–329 – G. Papasogli, Il beato curatino di Viareggio . . . (Rom 1962)

Antonius von Sachsen OFM u. Gef., Märt., Hll.
Zu Vidin (Bulgarien) wirkten 5 Franziskaner unter den dortigen orthodoxen Christen: 3 Priester: **Antonius von Sachsen, Gregor von Traù** (Dalmatien) u. **Nikolaus von Ungarn;** sowie 2 Laienbrüder: **Thomas von Foligno** u. **Ladislaus von Ungarn.** Sie wurden am 12. 2. 1369 beim gemeinsamen Gebet von aufgebrachten orthodoxen Priestern überfallen u. gebunden, wobei einer von ihnen sogleich in Stücke gehauen wurde. Die anderen wurden an die Donau geführt u. dort enthauptet.
Gedächtnis: 12. Februar

Antonius (Antonio) Maria **Zaccaria** CRSP, Hl.
* 1502 in Cremona am Po (Oberitalien). Er war Arzt u. wurde 1528 Priester. Er gründete 1530 die „Kongregation der Regularkleriker vom hl. Paulus" zur Volksmission (Paulanerorden; nach dem St. Barnabas-Kloster in Mailand, das die Gründer 1538 bezogen, werden sie auch Barnabiten genannt) sowie die „Angeliken" (Englische Schwestern vom hl. Paulus, die „Schutzengel" für gefährdete Mädchen sein wollten) u. eine Laienvereinigung zur christlichen Familienreform. Er ist einer der ersten Vorkämpfer der Kath. Reform in der Lombardei u. in Venetien (Die Kath. Reform ist die innere Erneuerungsbewegung nach dem rel. Niedergang im Spätmittelalter u. in der

Renaissancezeit. Unter dem Druck der Reformation in Deutschland ergriff sie seit Paul III. auch das Papsttum u. fand im Konzil von Trient ihren Ausdruck u. ihre Verwirklichung). Das Freitagsläuten u. das 40stündige Gebet (wohl im Gedenken der 40stündigen Grabesruhe des Herrn) gehen auf ihn zurück. Er war ein großer Verehrer des Altarsakramentes. † am 5. 7. 1539 zu Cremona. Seine Gebeine ruhen in der Kirche des hl. Barnabas zu Mailand. Heiliggesprochen 1897.
Liturgie: GK g am 6. Juli
Lit.: A. M. Teppa (dt.: Fulda 1900) – G. Chastel, S. A. M. Zaccaria (Paris 1930)

Anuschka (poln., russ.), Verkl. F. von ↗ Anna

Aper von Genf, Hl.
Name: lat., der Eber
Er wirkte als Priester in Genf u. wird seit unvordenklichen Zeiten verehrt. Näheres über ihn ist nicht bekannt. Kult approbiert am 9. 12. 1903.
Gedächtnis: 4. Dezember
Lit.: ASS 36 (1903) 423

Aper, Erzb. **von Toul,** Hl. (Evre)
Er lebte zu Anfang des 6. Jh. u. erbaute eine Kirche zum hl. ↗Mauritius, die aber bereits 626/627 seinen Namen führte u. später als Abtei St-Aper große Bedeutung gewann. Seine Gebeine wurden 978 erhoben.
Gedächtnis: 15. September
Lit.: ActaSS Sept. V (1755) 55-79 – MGSS IV 515-520

Apollinaris Morel OFMCap, Märt., Sel. (Apollinaris von Posat)
Name: griech.-lat., der dem (Lichtgott) Apoll Geweihte
* am 12. 6. 1739 zu Prez-vers-Noréaz (Kt. Fribourg). Er wurde 1762 Kapuziner, 1769 Priester u. wirkte als Seelsorger u. Lehrer, dann als Lektor, Professor u. Präfekt in Stans (Kt. Nidwalden). Ab 1788 war er am Kolleg St-Sulpice in Paris Kaplan für Deutsche u. Gefangene. Er verfaßte verschiedene theol. u. apologetische Schriften gegen die franz. Zivilkonstitution. Wegen Verweigerung des Eides auf die Zivilverfassung wurde er verhaftet u. am 2. 9. 1792 in Paris hingerichtet. Seliggesprochen am 17. 10. 1926.
Liturgie: Kanton Fribourg G, Basel, Chur, Lausanne-Genève-Fribourg, St. Gallen g am 2. September
Lit.: C. Clerc, Le B.x Apollinaris Morel (Fribourg 1945)

Apollinaris, Bisch. **von Ravenna,** Märt., Hl.
Er ist der 1. Bisch. von Ravenna u. Märt. u. lebte wohl um 200. Daß er mit dem Apostel Petrus von Antiochia nach Rom gekommen u. von ihm nach Ravenna gesandt worden sei, ist Legende. Seine Reliquien wurden schon früh in Ravenna verehrt. Über dem Grab in der Nähe des Hafens wurde eine prächtige Basilika errichtet (Sant' Apollinare in Classe) u. 549 durch Bisch. Maximian eingeweiht. Auch die arianische Hofkirche Theoderichs in Ravenna wurde später durch die Katholiken dem hl. Apollinaris geweiht (Sant' Apollinare Nuovo). 1164 sollen Reliquien in das Kloster Apollinarisberg bei Remagen (bei Bonn) übertragen worden sein (1. Erwähnung 1405).
Liturgie: Köln g am 23. Juli
Darstellung: als Bisch. in weißem Gewand mit schwarzem Kreuz, mit Ähren (weil er eine Hungersnot abgewendet hatte). Mit Keule (Martyrium). Auf einer Wolke stehend
Lit.: E. Will, St. Apollinare de Ravenna (Straßburg 1936) – C. O. Nordström, Ravennastudien (Stockholm 1953) – M. Mazzotti, La basilica di S. Apollinare in Classe (Rom 1954)

Apollonia, Hl. Jungfrau, Märt.
Name: weibl. F. von ↗Apollonius
Nach Bisch. Dionysios wurde sie in Alexandria unter dem sonst christenfreundlichen Philippus Arabs (244–249) vom heidnischen Pöbel zus. mit anderen schwer mißhandelt, wobei man ihr alle Zähne einschlug (nach einer späteren Legende wurden sie mit einer Zange ausgerissen). Man drohte ihr, sie lebendigen Leibes zu verbrennen, wenn sie an ihrem Christenglauben festhalte. Da sprang sie selbst in den brennenden Scheiterhaufen (vgl. Augustinus, Gottesstaat I 26).
Gedächtnis: 9. Februar
Darstellung: einen Zahn in der Zange haltend. Mit Meißel, Schlegel oder Zange. Mit Martyrerpalme u. brennendem Scheiterhaufen
Lit.: W. Bruck. Das Martyrium der hl. Apollonia (Berlin 1915)

Apollonius, Hl. Märt.
Name: griech. Apollónios, der dem Gott Apoll Geweihte
Er wurde zu Rom unter Kaiser Commodus (180–192) enthauptet. Dieser hochgebildete Römer verteidigte eingehend den Christenglauben vor dem röm. Senat u. wurde deswegen zum Tod verurteilt.
Gedächtnis: 18. April
Lit.: R. Knopf u. G. Krüger, Ausgewählte Märtyrerakten (Tübingen 1929[3]) 30-35

Apostel
Das griech. Wort apóstolos bedeutet „Gesandter". Bei Mk 3,13-19 werden die Namen der 12 Apostel aufgezählt: **Simon** mit dem Beinamen Petrus, **Jakobus,** der Sohn des Zebedäus, **Johannes,** dessen Bruder, **Andreas, Philippus, Bartholomäus, Matthäus,** der Zöllner, **Thomas, Jakobus,** der Sohn des Alphäus, **Thaddäus, Simon** der Kananäer u. **Judas** der Iskariothe (↗ die einzelnen Apostelnamen). Die Reihenfolge ist hier gegenüber Mt 10,2-4 u. Lk 6,13-16 etwas verschieden. Thaddäus wird bei Lukas „Judas, der Bruder des Jakobus" (des Sohnes des Alphäus) genannt. Im Volk ist er deshalb unter dem Doppelname „Judas-Thaddäus" bekannt. Es gibt insgesamt 3 Brüderpaare: Simon Petrus + Andreas (bei Mt u. Lk), Jakobus u. Johannes, die „Zebedäussöhne (bei Mt u. Mk) u. Jakobus (Sohn des Alphäus) + Judas Thaddäus. Von diesen „Altaposteln" (denen, die von Jesus selbst eingesetzt wurden) unterscheidet man die „Neuapostel", die von der Kirche der Apostel eingesetzt wurden: **Matthias,** der anstelle des Judas Iskarioth gewählt wurde (Apg. 1,15-26), **Paulus,** der nach seiner Bekehrung nach Jerusalem ging, „um den Kephas kennenzulernen" (Gal 1,18) u. Barnabas, der von der Gemeinde in Antiochia durch Handauflegung zum Bisch. geweiht u. ausgesandt wurde (Apg 13,1-3). Er ist Apostel („Abgesandter") im weiteren Sinn.
Die Zahl 12 hat hier einen zeichenhaften Aussagewert: So wie die 12 Söhne Israels die Stammväter des Auserwählten Volkes sind, so sollen die 12 Apostel die Stammväter des neuen Gottesvolkes der Kirche sein. Das Symbolum (Glaubensbekenntnis) des 1. Konzils von Konstantinopel (381) bekennt: „Ich glaube an die Eine, Heilige, Kath. (Allumfassende) u. Apostolische Kirche." Zum Wesen der Kirche gehören also die Apostel als ihr Fundament, zunächst in ihrer Gesamtheit (Mt 18,18 Eph 2,20) u. in bes. Weise mit Petrus als ihrem Haupt (Mt 16,18 Joh 21, 15-17). Sosehr es in der Kirche das „Charisma", das Geist-gewirkte „Lebendige" geben muß, so gibt es nach dem Willen Christi auch das „Amt" als innere Stütze u. als Garant ihrer Identität mit der Kirche der Apostel. Dieses Amt wird in ununterbrochener Aufeinanderfolge weitergegeben (apostolische Sukzession) u. findet seinen sakramental wirksamen Ausdruck in der Weitergabe der Handauflegung im Weihesakrament. Der legitime Nachfolger des Apostelkollegiums ist somit die Gesamtheit der Bischöfe (Bischofskollegium) mit dem Papst als Haupt. Dies kommt deutlich in den Ökumenischen (Allg.) Konzilien zum Ausdruck, die die ganze, vom Hl. Geist geführte Kirche repräsentieren.
Für die Apostel als unmittelbare Augenzeugen der Worte u. Taten Jesu Christi, insbes. seiner Auferstehung, gibt es natürlich keine „Nachfolger". Die Offenbarung Gottes ist somit ganz u. ausschließlich durch die Apostel auf uns gekommen u. ist mit dem Tod des letzten Apostels abgeschlossen. Deshalb gibt es in der Kirche der nachapostolischen Zeit nur noch eine Dogmen-Entwicklung, also eine „Ent-Wicklung" der einen unteilbaren Offenbarung je nach den Bedürfnissen u. Fragestellungen der Zeit, die der Kontrolle der hierfür eingesetzten Amtsträger unterworfen ist (Lehramt). Zu den Vollmachten, die die Apostel auf ihre Nachfolger übertragen konnten u. sollten, gehört auch das Zuwenden der Erlösung Christi in den Sakramenten (Priesteramt) u. die Leitung der Kirche in der ihnen von Christus verliehenen Autorität (Hirtenamt). Es gilt in gleicher Weise auch für die kirchlichen Amtsträger, was Christus seinen Aposteln gesagt hat: „Wer euch hört, der hört mich, u. wer euch verachtet, der verachtet mich" (Lk 10,16).

Aquila u. Prisca (Priscilla), Mitarbeiter des Apostels Paulus, Hll.
Namen: lat. aquila, Adler; Prisca: Weiterb.

aus lat. Prima (die Erstgeborene)
Die beiden waren ein begütertes christliches Ehepaar, die wohl schon in Rom Christen geworden waren. Aquila war ein Jude aus Pontus (Landsch. in Kleinasien, am Schwarzen Meer). Wegen des Ausweisungsediktes gegen die Juden aus Rom unter Kaiser Claudius 49/50 siedelten sie sich zunächst in Korinth an, wo sie mit ↗ Paulus zusammentrafen (Apg 18,3). Mit ihm gingen sie nach Ephesus, wo sie Paulus wohl unter Einsatz des eigenen Lebens aus schwerster Gefahr retteten (Röm 16,4 Apg 19,23ff). Dann waren sie wieder in Rom (Röm 16,3) u. in Ephesus (2 Tim 4,19), wo sie an beiden Orten eine christliche Gemeinde beherbergten (1 Kor 16,19 Röm 16,4). Im NT wird Prisca (Priscilla) meist vor ihrem Mann genannt; offenbar stand sie Paulus näher als Aquila.
Gedächtnis: 8. Juli
Lit.: Pölzl 371-381 - R. Schumacher: ThGl 12 (1920) 86-99

Aquilinus, Märt. in Mailand, Hl.
Name: lat., der Adlergleiche
* um 970 zu Würzburg. Er war Domkanoniker in Köln (vermutlich mit dem Propst Wezelin identisch) u. wurde 1015 von Neumanichäern in Mailand ermordet. Sein Leib ruht in der Kirche S. Lorenzo Maggiore in Mailand. Reliquien wurden 1705 u. 1854 nach Würzburg gebracht.
Liturgie: Würzburg g am 29. Jänner
Darstellung: in priesterlichen Gewändern mit Buch (Sinnbild der Lehre) u. Schwert im Hals (weil er während der Messe erstochen wurde)
Patron: der Gepäcksträger
Lit.: R. Bagnoli, S. Aquilino martire (Mailand 1939)

Arabella (ital.), die kleine Araberin. Der Name ist bekannt aus der gleichnamigen Oper von Richard Strauß (Text: Hugo v. Hofmannsthal, Uraufführung 1933). Ein früherer Gebrauch des Namens ist nicht bekannt.

Arbogast, Bisch. **von Straßburg,** Hl. (Aribo)
Name: ahd. arbi, erbi (Erbe, Erbschaft) + gast (Gast, Fremdling): der als Fremder ein Erbe antritt
Er stammte wohl aus fränkischem Adel u. wurde um 550 von den Merowingerkönigen als Bisch. in das Elsaß gesandt, um unter den dortigen Alemannen das Christentum wieder neu aufzurichten u. sie an das fränkische Reich zu binden. Auf dem Gelände des alten röm. Kastells erbaute er die 1. Kathedrale (an der Stelle der heutigen), gründete das Kloster Surburg am Rand des „hl. Forstes“ (daher die Legende, er habe im Elsaß als Einsiedler gelebt) u. ein 2. Kloster, aus dem sich das spätere St. Arbogast-Stift entwickelte. Seine Gebeine ruhten zuerst auf dem gallo-röm. Friedhof in Straßburg, waren später auf beide Klöster verteilt u. sind heute verschollen. Arbogast ist Hauptpatron der Diöz. Straßburg.
Gedächtnis: 21. Juli
Lit.: M. Barth, Der hl. Arbogast: AElsKG 14 (1939–40) – ebda 23 (1956) 125f (Reliquienaltar)

Arbeo ↗ Aribo

Archan, Einsiedler zu Etting, ↗ Elende Heilige a)

Arialdus (Arialdo), Diakon, Märt., Hl.
Name: ↗ Harald
Er stammte aus niederem Adel bei Como (Oberitalien), war gebildet u. weit gereist. Von 1057 an predigte er gegen kirchliche Mißstände unter Erzb. Wido von Mailand u. forderte die Einstellung der Simonie (Käuflichkeit kirchlicher Ämter), die Einhaltung des Priesterzölibates, Keuschheit u. urchristliche Armut der Priester. Im Zug dieser Reformideen wurde er zum Anführer der sog. Pataria in Mailand. Die Pataria, benannt nach dem Platz des Trödelmarktes in Mailand, war eine Volksbewegung, die sich wohl vor dem Hintergrund sozialer Spannungen entwickelte, primär aber rel. Ziele verfolgte. Arialdus stellte sich mit dem Subdiakon Landulf u. später mit dessen Bruder, dem Laien Erlembald, an die Spitze dieser Bewegung u. organisierte sie als Schwurgemeinschaft, die die kirchlichen Reformideen ins Volk trug. Von 1066 an griff man dabei auch immer mehr zu den Waffen. Die Päpste seit Stephan IX. förderten die Reformideen, griffen aber auch mäßigend ein u. entsandten mehrmals Legaten, u. a. den Mönch Hildebrand (den späteren ↗ Gregor VII.) u. ↗ Petrus Da-

miani. Auf dem Höhepunkt der Auseinandersetzung floh Arialdus, wurde aber verraten u. am 27. 6. 1066 am Lago Maggiore von Anhängern Widos ermordet. Wido verzichtete 1070 auf sein Amt u. starb ein Jahr darauf. Die nachfolgenden Streitigkeiten um seine Nachfolge bildeten den Auftakt zum Investiturstreit zw. Heinrich IV. u. Gregor VII. u. deren Nachfolgern. Kult (sanctus vel beatus) approbiert am 13. 7. 1904.

Gedächtnis: 27. Juni

Lit.: ASS 37 (1903) 189ff – C. Violante, La Pataria milanese e la riforma ecclesiastica I (Rom 1955) – H. Kretzschmar (Hg.), Vom MA zur Neuzeit (Festschr. H. Sproemberg) (Berlin 1956) 404–419 (Pataria)

Armin, der Name geht zurück auf den Cheruskerfürsten Armin (bei Tacitus Arminius), der 9. n. Chr. im Teutoburger Wald 3 röm. Legionen vernichtend schlug. Abzuleiten von Irmin, dem mythologischen Ahnherrn u. Stammesgott der westgerm. (swebischen) Gruppe der Hermionen (= der Erhabene, Mächtige). Der Name wurde im 18./19. Jh. fälschlich mit Hermann gleichgesetzt.

Aribo OSB, Abt, Bisch. **von Freising,** Sel. (Arbeo, Aripo)

Name: Kf. von ↗ Arbogast, ↗ Heribert

Er erhielt seine Ausbildung teilweise wohl in Oberitalien (Langobardenreich) u. war Schüler des hl. ↗ Korbinian. 763 wurde er 1. Abt in dem von den Brüdern Reginbert u. Irminfrid gestifteten Benediktinerkloster Scharnitz (Klais, bei Garmisch) u. 764/765 zum Bisch. von Freising ernannt. Als solcher bemühte er sich sehr um die Seelsorge in seiner Diöz. u. begründete das geistige Leben auf dem Freisinger Domberg durch Ausbau der Schreibstuben u. der Bibliothek. Unter ihm wurde 764 bis 769 das sog. Abrogans (Glossae ex novo et vetere testamento), eine Synonymensammlung (gleichbleibende Wörter) aus der Hl. Schrift (wohl in Bobbio um 700 zusammengestellt) ins Althochdeutsche übersetzt (1. lat.-dt. Wörterbuch). Er baute zahlreiche neue Kirchen u. bischöfl. Eigenklöster (Innichen, Schliersee, Schlehdorf durch Verlegung von Scharnitz). 765/768 ließ er den Leib des hl. ↗ Korbinian von Mais (Südtirol) nach Freising übertragen u. verfaßte über ihn wie auch über den hl. ↗ Emmeram eine Biographie. † 4. 5. 783. Beigesetzt im Dom zu Freising.

Gedächtnis: 4. Mai

Lit.: J. Fischer: Frigisinga 39 (Freising 1956) nn. 10 u. 12 – J. Sturm: ZBLG 19 (1956) 568–572

Arigius, Bisch. **von Gap,** Hl.

Er war Bisch. von Gap (Dep. Hautes-Alpes, Südfrankreich) u. starb 604. Sein Kult wurde am 9. 12. 1903 approbiert.

Gedächtnis: 13. März (oder 1. Mai)

Arndt, Kf. von ↗ Arnold

Arne, aus dem Schwedischen oder Dänischen übernommener männl. Vorname (in Skandinavien auch weibl. Vorname). Kf. von Namen, die mit Arn- gebildet sind wie Arnbjörn. Vgl. auch ↗ Arnold.

Arno OSB, Erzb. **von Salzburg,** Hl. (Arn, Aquila)

Name: Kf. von Namen, die mit Arn- gebildet sind wie ↗ Arnold, ↗ Arnulf

* nach 740 im Isengau (östl. von München) aus bayrischem Hochadel. Er erhielt seine Ausbildung in der Domschule zu Freising unter Bisch. ↗ Aribo u. wurde 776/777 Priester. Er trat um 778 in Elno (St-Amand, franz. Flandern) dem Benediktinerorden bei und wurde 782 dortselbst Abt. Auf Betreiben Karls d. G. wurde er 785 zum Bisch. von Salzburg ernannt u. erhielt 798 das erzbischöfl. Pallium als bayrischer Metropolit. 787 vermittelte er in Rom im Konflikt zw. Karl d. G. u. Herzog Tassilo III. von Bayern, geleitete im königlichen Auftrag 799 Leo III. nach Rom zurück u. war 800 bei der Kaiserkrönung Karls d. G. im Rom anwesend. 811 unterzeichnete er das Testament Karls d. G. u. stand auch mit Ludwig dem Frommen in guter Beziehung. Er hielt mehrere Synoden ab, um den kirchlichen Ausbau u. die vom Königshof erstrebte Erneuerung im Rechtswesen u. im Kultus innerhalb der fränkischen Reichskirche zu regeln. Er errichtete eine Bibliothek, sammelte die Briefe Alkuins, des Leiters der Hofschule Karls d. G. in Tours, holte dessen Schüler Wizo nach Salzburg u. veranlaßte den Beginn der Salzburger Chronik. Zur Sicherung der Diözesangüter

legte er ein Besitzverzeichnis der Salzburger Kirche an. Nach dem Sieg Pippins, des Sohnes Karls d. G., über die Awaren in Ungarn (796) fiel ihm die Sorge für die Südostmission zu, er bestellte dorthin den Regionarbisch. Theoderich, weihte Priester u. errichtete Kirchen. † am 24. 1. 821.
Gedächtnis: 24. Jänner
Lit.: Hauck II 430–435 458–465 u. ö. – H. Löwe, Die karoling. Reichsgründung u. der Südosten (Stuttgart 1937) – Wattenbach-Levison 190ff u. ö.

Arno, Bisch. **von Würzburg,** Hl. (Arn)
Er war Schüler seines Vorgängers Gozbald u. wurde 855 dessen Nachfolger. Er nahm an mehreren Synoden u. Reichstagen wie auch an Kriegszügen des Reiches teil. Er errichtete in seiner Diöz. mehrere Kirchen u. baute den 855 abgebrannten Kiliansdom wieder auf. Auf einem Feldzug gegen die Sorben (Slawen in den dt. Ostgebieten) wurde er, angeblich während der Meßfeier, im Jahr 892 getötet, weshalb er bis ins 18. Jh. in Franken als Märt. verehrt wurde.
Gedächtnis: 13. Juli
Lit.: NDB I 356 (Lit.) – C. Klotzsch, Der Tod des Bisch. Arn von Würzburg: Neues Archiv für Sächs. Geschichte 29 (Dresden 1908) 273–281

Arnold von Arnoldsweiler, Hl.
Name: ahd. arn (Adler) + walt zu waltan (walten, herrschen): der wie ein Adler herrscht. (Arnwald, Kf. Arno, Arn, Arnd, schwed. Arne)
Nach der Legende (14. Jh., Paderborn) kam er aus Griechenland (aus dem Byzantinischen Reich) als Zitherspieler an den Hof Karls d. G. u. erhielt von ihm den Bürgelwald bei Jülich (westl. von Köln) mit etwa 20 Dörfern, darunter Genetsweiler (jetzt Arnoldsweiler) zum Geschenk. Seine Gebeine ruhen in der Arnoldskapelle in Düren (südwestl. von Köln, 1945 stark beschädigt, 1955 renoviert).
Gedächtnis: 18. Juli
Darstellung: als Sänger mit Harfe
Patron: der Zithermacher, Musiker, Organisten
Lit.: A. Steffens (Aachen 1887)

Arnold von Hiltensweiler, Sel.
Er stammte aus dem Geschlecht der Freien von Hiltensweiler im Argengau (Bodensee) u. gründete um 1122 in Hiltensweiler ein Kloster, das er mit Mönchen aus der Abtei Allerheiligen in Schaffhausen besiedelte. † nach 1127. Sein Grab ist in der Arnoldskapelle neben der Pfarrkirche u. wird zus. mit dem nahegelegenen Arnoldsbrunnen noch heute von Wallfahrern besucht. Das Kloster wurde 1179/1242 nach Langau verlegt.
Gedächtnis: 1. Mai
Darstellung: als Ritter mit Fahne u. Kirchenmodell

Arnold Janssen SVD, Sel.
* am 5. 11. 1837 in Goch (westl. von Xanten, Rheinland). Er wurde 1861 Priester u. wirkte als Lehrer am Realgymnasium in Bocholt (Ostbelgien), war seit 1866 Direktor des Gebetsapostolates der Diöz. Münster, entsagte 1873 dem Lehrberuf u. gründete die Zeitschrift „Kleiner Herz-Jesu-Sendbote". Er eröffnete 1875 in Steyl (Prov. Limburg, Niederlande) das Missionshaus St. Michael, welches zur Keimzelle u. zum Mutterhaus des von ihm neugegründeten Ordens „Gesellschaft des Göttlichen Wortes" (Steyler Missionare) wurde. Er wählte diesen Ort wegen des Kulturkampfes in Deutschland. Von dort gründete er 1889 das Missionshaus St. Gabriel in Wien-Mödling u. die Missionsgymnasien Heiligkreuz bei Neiße (Schlesien, 1892), Wendel (Saar, 1898), St. Rupert bei Bischofshofen (Salzburg, 1904) u. Techny (Illinois, USA, 1909). Er schickte seine Missionare nach Süd-Shantung (China), Togo (Afrika), Neuguinea, Niigata (Insel Hondo, Japan), Abra (Philippinen), Nord- u. Südamerika. Durch die Gründung der Missionsdruckerei in Steyl gab er seinem Werk die wirtschaftliche Grundlage u. förderte zugleich die kath. Volksliteratur. Er war bahnbrechend für die Neubelebung der Exerzitien für alle Stände in Deutschland u. förderte die Verehrung der Hl. Dreifaltigkeit u. des Hl. Geistes. Neben den Steyler Missionaren gründete er auch die „Gesellschaft der Dienerinnen des Hl. Geistes" (Steyler Missionsschwestern) u. die „Dienerinnen des Hl. Geistes von der ewigen Anbetung" (Steyler Klausurschwestern). † am 15. 1. 1909 in Steyl. Seliggesprochen am 19. 10. 1975.
Gedächtnis: 15. Jänner
Lit.: H. Fischer, Vater Arnolds Getreuen (Steyl 1925), – Ders., Sämann Gottes (Steyl 1931) – Ders., Tempel Got-

tes seid ihr (Steyl 1932) – Hümmeler (Steyl 1957) – S. Kasbauer, Ein Mensch unter Gottes Meißel (Steyl 1959[2]) – F. Baumann (Steyl 1969)

Arnold von Soissons ↗ Arnulf von Soissons

Arnulf OSB, Bisch. **von Gap,** Hl.
Name: ahd. arn (Adler) + wolf (Wolf). (Kf. Ulf)
Er war Benediktinermönch in Vendôme (nördl. von Tours, Westfrankreich), kam durch Kardinal Hildebrand (dem späteren Papst ↗ Gregor VII.) nach St. Prisca in Rom u. wurde 1066 Bisch. von Gap (nördl. von Marseille, Frankreich), wo er im Sinn der Gregorianischen Reform die Kirchenzucht wiederherstellte. † am 19. 9. 1070/79. Seine Gebeine ruhen im Dom zu Gap.
Gedächtnis: 19. September
Lit.: Chapuis (Grenoble 1900) – Zimmermann III 77–79

Arnulf, Bisch. **von Metz,** Hl.
Er entstammte ostfränkischem (austrasischem) Adel u. erhielt seine Erziehung am Königshof in Metz. Später wurde er Minister des fränkischen Königs Chlothar II. Seine Söhne waren ↗ Chlodulf u. Ansegisel, den er mit Begga, der Tochter Pippins d. Ä. vermählte u. damit Mitbegründer des Karolingerhauses u. seiner Macht wurde. Als seine Gemahlin in ein Trierer Frauenkloster ging, wurde er Priester u. 614 Bisch. von Metz. Er resignierte 629 u. zog sich mit dem ehemaligen Hofbeamten Romarich als Einsiedler nach Remiremont in den Vogesen (Elsaß) zurück, wo er bis zu seinem Tod am 18. 7. 640 (?) die Aussätzigen pflegte. Bisch. Abbo I. von Metz, sein Nachfolger, übertrug seine Gebeine 641 nach St. Arnulf zu Metz.
Gedächtnis: 18. Juli
Darstellung: Armen die Füße waschend. Fisch mit einem Ring im Maul (als Arnulf noch ein Laie war, warf er seinen Ring ins Wasser u. sagte: „Ich halte meine Sünden vor Gott für nicht vergeben, wenn er mich diesen Ring nicht wiedererlangen läßt." Darauf fand man diesen in den Eingeweiden eines Fisches.)
Patron: zum Wiederauffinden verlorener Dinge; der Bierbrauer, Müller
Lit.: J. B. Pelt, Textes extraits principalement des registres (Metz 1930) 366

Arnulf, OSB, Bisch. **von Soissons,** Hl. (Arnold)
* um 1040 aus der vornehmen Familie Pamèle in Flandern. Er war Ritter u. treuer Vasall des dt. Reiches, wurde nach 1060 Benediktinermönch u. Rekluse bei St-Médard in Soissons (nordöstl. von Paris), 1076–78 Abt u. 1081 Bisch. von Soissons. Er war ein unbeugsamer Vertreter der Reform ↗ Gregors VII., Apostel des Friedens für Flandern u. Begründer der 1. nationalen Einigung der Flamen. Symbolhaft dafür gründete er die Abtei Aldenburg (Oudenbourg) bei Brügge. † am 15. 8. 1087. Heiliggesprochen 1121.
Gedächtnis: 15. August
Darstellung: als Bisch. im Harnisch unter dem Pluviale, mit Harpune in der Hand. Auch mit langer Gabel. Als Einsiedler mit Wolf (durch den er entdeckt wurde, als er sich der Wahl zum Abt entziehen wollte). Brot vermehrend
Patron: der Bierbrauer u. Müller
Lit.: Zimmermann II 576ff

Arsacius, Bisch. von Mailand, Märt., Hl.
† 3./4. Jh. in Mailand. Seine Gebeine wurden nach Rom, von dort 766 nach Ilmmünster (nordwesl. von Freising), 1495 in die Frauenkirche zu München u. 1846 wieder nach Ilmmünster gebracht.
Liturgie: München-Freising: im Einflußbereich von Ilmmünster g am 12. November
Darstellung: im bischöfl. Ornat
Lit.: G. Ratzinger, Der hl. Arsatius von Ilmmünster, in: Theol. Prakt. Monatsschr. 2 (1892) 493ff (Forts.)

Arsenius der Große, Einsiedler, Hl.
Name: griech., der Mannhafte
* 354, aus einem röm. Senatorengeschlecht. Von Papst ↗ Damasus wurde er zum Diakon geweiht. Kaiser Theodosius soll ihn 383 als Erzieher seiner Söhne nach Konstantinopel berufen haben. Er verließ um 395 das gefährliche Hofleben in Konstantinopel u. führte in verschiedenen Wüsten Ägyptens ein strenges Einsiedlerleben, zuerst in der Libyschen Wüste, nach einem Barbareneinfall in der Skiathis, später etwa 10 Jahre in Troe bei Memphis, dann 3 Jahre in der Einsamkeit von Kanopos, zuletzt wieder in Troe. † 455 im Ruf der Heiligkeit.

Gedächtnis: 19. Juli
Patron: der Lehrer
Lit.: ActaSS Iul. IV. (1725) 617–631 – Bardenhewer IV 94f

Arthur Bell OFM, Märt. Sel.
Name: kelt., Bär; oder: der Erhabene, Edle. Der Name ist aus dem Englischen übernommen u. geht wahrscheinlich auf den sagenhaften walisischen König Artur (Arthur) zurück. Um ihn u. die Ritter seiner Tafelrunde spinnt sich der große, ursprünglich kelt. Sagenkreis des Mittelalters, sodaß der historische Artus (König der britischen Kelten, Heerführer im Kampf gegen die Sachsen, um 500) nur schwer zu fassen ist. Durch die romantische Dichtung des 19. Jh. u. durch Sir Arthur Wellington, der zus. mit Blücher 1815 bei Waterloo Napoleon besiegte, wurde dieser Name im dt. Sprachraum heimisch.
* am 13. 1. 1590 in Worcestershire. Er wurde im Kolleg in Saint-Omer u. in Valladolid ausgebildet, 1618 Priester u. Franziskaner in Segovia. 1632 sollte er die schottische Franziskanerprovinz neu errichten. Seit 1634 wirkte er als Guardian in London. Er wurde am 6. 11. 1643 verhaftet u. am 11. 12 1643 in Tyburn (bei London) als „Spion" enthauptet u. gevierteilt. (s. Märt. in England.)
Gedächtnis: 11. Dezember

Arthur O'Nelly OST, Märt. Hl.
* in Irland. Er trat dem Trinitarierorden bei, wurde Priester u. wirkte als Missionar bei den Sarazenen in Ägypten, wo er am 1. 11. 1282 den Feuertod erlitt.
Gedächtnis: 1. November

Ärzte, Hll.
Bes. in der Ostkirche werden Paare von hll. Ärzten als sog. Anárgyroi (ohne Silber) verehrt, da sie angeblich unentgeltlich die Kranken pflegten. Als solche werden genannt: ↗ Kosmas u. Damianos, ↗ Kyros u. Johannes, ↗ Sampson u. ↗ Diomedes, ↗ Pantaleon u. ↗ Hermolaos.

Asella, Jungfrau, Hl.
Name: lat., die kleine Eselin
Sie ist die vom hl. ↗ Hieronymus gerühmte gottgeweihte Jungfrau zu Rom, die ihr ganzes Leben in Gebet, Buße u. Nächstenliebe verbrachte. † am 6. 12. nach 400.
Gedächtnis: 6. Dezember

Assunta (ital.), „(Beata Vergine Maria) Assunta" (die in den Himmel aufgenommene selige Jungfrau Maria) (Mariä Himmelfahrt, 15. August)

Assunta, ↗ Maria Assunta Pallotta

Asta, Kf. von ↗ Anastasia, ↗ Astrid

Astrid
Name: schwed. as (Gott) + frith (schön)

Athanasius (Athanasios) d. G., Patriarch **von Alexandria,** Kirchenlehrer, Hl.
Name: griech., der Unsterbliche
* um 295 zu Alexandria (Ägypten) von christlichen Eltern. Er sprach u. schrieb zwar auch koptisch, aber seine Ausbildung war griech. Er war Freund u. Schüler des Abtes ↗ Antonius. Als Diakon begleitete er seinen Bisch. ↗ Alexander, den Patriarchen von Alexandria, auf das 1. Ökumenische (Allg.) Konzil von Nicäa (325), wo er mit scharfen Worten gegen die „Gottlosigkeit der Arianer" auftrat. Nach dem Tod Alexanders wurde er selbst Patriarch von Alexandria (328). Auf Betreiben der Arianer mußte er 5mal in Verbannung leben, insgesamt 17 Jahre (335–337 in Trier, 340–346 in Rom, 356–362 in der ägyptischen Wüste 362–363 in der Thebais u. 365–366 in der Einöde bei Alexandria). So verbreitete er überallhin die Lehre von Jesus Christus als dem Ewigen Logos des Vaters. Erst ab 366 konnte er ungestört sein Bischofsamt bis zu seinem Tod ausüben. ↗ Gregor von Nazianz nennt ihn „Säule der Kirche", die Nachwelt „Vater der Orthodoxie" u. „den Großen". Er war ein Mann scharfen Geistes u. unbeugsamer Härte in der geistigen Auseinandersetzung, zugleich aber auch des Friedens u. der Versöhnung. Sein ganzes Leben widmete er der Bekämpfung des Arianismus u. der Verteidigung der kirchlichen Lehre. Er ist eine der größten Gestalten des christlichen Altertums. † am 2. 5. 373 zu Alexandria.
Liturgie: GK G am 2. Mai

Darstellung: als griech. Bisch. mit kahlem Haupt u. langem Bart zw. 2 Säulen, ein Buch in der Hand
Lit.: J. A. Möhler (Mainz 1844²) – F. Lauchert (Köln 1911) - W. Schneemelcher, Athanasius als Theologe u. Kirchenpolitiker: Zeitschr. f. ntl. Wissensch. u. die Kunde der älteren Kirche (Gießen 1900ff, Berlin 1934ff) 43 (1950) 242-256 – A. Grillmeier u. H. Bacht (Hg), Das Konzil von Chalkedon. Geschichte u. Gegenwart (I-III Würzburg 1951-54) I 77-102 – R. Graber, Athanasius u. die Kirche unserer Zeit (Abensberg 1973)

Attala, Hl., Äbtissin
Name: von got. atta (Vater): die Vaterstelle vertretend
Als Tochter des elsässischen Herzogs Adalbert wurde sie von ihrer Tante, der hl. ↗Odilia in Hohenburg (heute Odilienberg bei Straßburg), erzogen u. war die 1. Äbtissin des Frauenklosters St. Stephan zu Straßburg, welches ihr Vater um 720 in röm. Ruinen gegründet hatte. † 741 zu St. Stephan u. dort begraben. Eine Handreliquie, in Bergkristall gefaßt, ist in der St. Magdalenenkirche zu Straßburg, ein Attala-Teppich (15. Jh.) zu St. Stephan in Straßburg.
Gedächtnis: 3. Dezember
Darstellung: mit Krone u. hermelinbesetztem Mantel, Schlüssel, bzw. Kirche in der Hand
Lit.: M. Barth: AElsKG 2 (1927) 89-198 – J. M. B. Clauß, Die Heiligen des Elsaß (Düsseldorf 1933) 37ff 193

Attila OSB, Bisch. **von Zamora,** Hl. (Attilanus)
Name: Geht auf den Hunnenkönig Attila zurück, von got. atta (Vater): Väterchen
* in Tarragona (Ostspanien). Er war Benediktinermönch zu Moreruela u. 909–915 Bisch. von Zamora (westl. von Valladolid, Nordwestspanien) u. hatte nach den Zerstörungen durch die Mauren schwere Aufbauarbeit zu leisten. Sein Leib ruht in St. Ildefonso zu Zamora. Heiliggesprochen 1095.
Gedächtnis: 5. Oktober
Lit.: Zimmermann III 139 141f

Atto OSB, Bisch. **von Pistoia,** Hl. (Azzo)
Name: ahd., Vater
* 1070. Er wurde Benediktiner, war 1223–33 Generalabt von Vallombrosa (östl. von Florenz) u. wurde 1133 Bisch. von Pistoia (nordwestl. von Florenz). Er brachte 1144/45 Reliquien des hl. ↗ Jakobus von Compostela nach Pistoia. † am 22. 5. 1155 (oder 21. 6. 1155). Der Leib ist unverwest.
Gedächtnis: 22. Mai
Lit.: G. Breschi (Pistoia 1855) – Zimmermann II 2134ff

Attroban, Märt., Hl.
Er war Mitarbeiter des hl. ↗ Willehad u. wurde 782 beim Sachsenaufstand unter Widukind an der Unterweser zus. mit 5 anderen Gefährten getötet.
Gedächtnis: 30. November

Auctor, Bisch. **von Metz** (und Trier), Hl.
Name: lat., der Mehrer, Förderer
Er ist identisch mit Bisch. Auctor von Trier, dem Stadtpatron von Braunschweig u. lebte wahrscheinlich zu der Zeit, als die Hunnen unter Attila 451 Metz zerstörten. Um 828 kamen seine Gebeine in das OSB-Kloster Maursmünster (Marmoutier) bei Zabern im Elsaß, wo sie mit denen seines Vorgängers Celestis in einem Hochgrab ruhen. Im 12. Jh. sollen Reliquien auch nach Braunschweig gekommen sein.
Gedächtnis: 9. August (Metz), 20. August (Trier)

Audifax, Hl., röm. Märt. ↗ Marius

August ↗ Augustinus

August Chapdelaine, s. Märt. in China c)

Augusta (Auguste), weibl. F. von ↗ August (Kf. Guste)

Augustina (Agostina) **Pietrantoni,** Sel. („Schwester Augustina"; bürgerl. Livia)
* am 27. 3. 1864 in Pozzaglia bei Perugia. Nach vorbildlich verbrachter Jugend trat sie in Rom den Barmherzigen Schwestern (Suore della Carità, ↗ Magdalena v. Canossa) bei u. pflegte hier die Tuberkulosekranken mit größter Geduld u. Hingebung, trotz Undanks u. sogar tätlicher Beleidigungen von seiten der Kranken. Sie wurde von einem Rekonvaleszenten, den man wegen seines unsittlichen Benehmens entlassen hatte, am 13. 11. 1894 erdolcht. Seliggesprochen am 12. 11. 1972
Gedächtnis: 13. November
Lit.: M. Vanti, Suor Agostina . . . (Rom 1943²) – AAS 65 (1973) 229ff

Augustinus, Bisch. **von Canterbury,** Glaubensbote, Hl.
Name: Weiterbildung von lat. Augustus: der Erhabene, Erlauchte; als Titel für den Kaiser: Majestät
Er war Prior des Andreasklosters auf dem Clivus Scauri in Rom (gegründet von Gregor d. G.). 596 wurde er von Gregor d. G. mit ca. 40 Mönchen zur Missionierung der Angelsachsen nach England gesandt. Schon bei der Hinreise ergaben sich Schwierigkeiten, u. er kehrte nach Rom zurück. Der Papst ernannte ihn zum Abt u. sandte ihn erneut nach England. Er wurde im Frankenreich 596 zum Bisch. geweiht u. landete mit seinen Gefährten 597 auf der Insel Thanet (gebildet durch die Mündungen des Stour, nordöstl. Spitze von Kent, England), von wo er von König Ethelbert in seine künftige Residenzstadt Canterbury geleitet wurde. Die Missionsarbeit erzielte rasch große Erfolge, später ließ sich auch der König taufen. Die heidnischen Tempel wurden in kluger Weise nicht zerstört, sondern in Kirchen umgewandelt. 601 wurde er zum 1. Erzb. von Canterbury ernannt. Schwierigkeiten erwuchsen ihm von seiten der kelt. Kirche in liturgischen Fragen (Taufritus, einheitlicher Ostertermin, Tonsur). Er erbaute in Canterbury die berühmte Christuskirche (Christ Church). † am 26. 5. wahrscheinlich 604 u. liegt in der Kirche St. Peter u. Paul in Canterbury begraben.
Liturgie: GK g am 27. Mai
Lit.: A. Brou, S. Augustin de Canterbury (Paris 1900[5]) – H. H. Howorth, The Birth of the English Church (London 1913) – Zimmermann I 230 ff

Augustinus (Aurelius Augustinus), Bisch. **von Hippo,** Kirchenvater, Hl.
* am 13. 11. 354 zu Tagaste in Numidien (westl. von Karthago, das nördl. des heutigen Tunis lag) als Sohn des Heiden Patricius u. der frommen Christin Monnica (↗ Monika). Seine Ausbildung erhielt er in Madaura u. Karthago. Nach dreijähriger jugendlicher Ausschweifung suchte er die Wahrheit im Manichäismus, dann im Skeptizismus (angeregt durch Ciceros „Hortensius") u. blieb, enttäuscht von den Weisheitslehrern, im Konkubinat stecken. Er war Lehrer der freien Künste in Tagaste, Karthago u. Rom u. wurde 384 Professor der Rhetorik in Mailand. Hier lernte er Bisch. ↗ Ambrosius kennen u. erfuhr durch dessen Predigten u. durch die Stelle Röm 13,13 f die entscheidende Wende in seinem Leben. Am Karsamstag, den 24. 4. 387 ließ er sich von Ambrosius taufen. Seine Mutter Monica war ihm bis Mailand gefolgt. Er legte alle seine Ämter nieder u. kehrte über Rom u. Ostia, wo seine Mutter starb, in seine Heimat zurück. Er wurde 391 Priester, 394 bischöfl. Koadjutor des greisen Bisch. Valerius u. 395 dessen Nachfolger als Bisch. von Hippo Regius (Ruinen 2 km südl. des heutigen Bône, Algerien). Als Bisch. war er ein wahrer Hirte seiner Gläubigen u. ein eifriger Prediger. An seinem Bischofssitz lebte er mit Priestern in einer Klostergemeinschaft zusammen. Er wurde weit über die Grenzen seines Bistums hinaus zum geistigen Führer Nordafrikas, ja der abendländischen Kirche überhaupt, bes. in seinem Kampf gegen den Manichäismus, Donatismus, Pelagianismus, Semipelagianismus u. Arianismus. Er war stets von schwächlicher Gesundheit, erreichte aber doch ein hohes Alter. Er starb während der Belagerung von Hippo durch die Vandalen unter Geiserich am 28. 8. 430. Sein Leben ist uns durch seinen Schüler u. Freund Possidius von Calamba bekannt, vor allem aber durch seine „Bekenntnisse" (Confessiones), die in Form eines einzigen großen Gebetes die Wirkung der Gnade Gottes in seinem Leben schildern. Seine Gebeine ruhen seit dem 8. Jh. im Hochaltar der Augustinerkirche S. Pietro in Ciel d'Oro zu Pavia (südl. von Mailand).
Augustinus ist ein genialer Denker, scharfer Dialektiker, begabter Menschenkenner u. Psychologe, ein Mann von seltener rel. Glut u. zugleich von ausnehmender Liebenswürdigkeit. Seine Bedeutung für die Kirche der folgenden Jh.e kann kaum richtig eingeschätzt werden. Stärker als jeder andere Denker des christlichen Altertums hat er die Philosophie u. Theologie der nachfolgenden Jh.e beeinflußt u. beherrscht.
Die christliche Mystik hat sich immer wieder an ihm befruchtet. Durch seine scharfe Dialektik wurde er in manchen Punkten zum Begründer der scholastischen Theologie, durch seine großartige

Sprache ist er der Wiedererwecker des Latein im Kirchenlatein. In seiner Regel (Augustinerregel) ist er noch heute vielen Ordensgemeinschaften der geistliche Vater. Seine ganze Theologie, überhaupt sein ganzes Denken ist nichts als ein einziges betendes Besinnen auf Gott u. seine wirksame Gnade im Menschen zum ewigen Heil. Theologie ist für ihn Gnade Gottes, Mystik des Herzens u. angestrengtes Denken des Menschen zugleich. Sie wächst bei ihm immer aus dem Verlangen des Menschen nach seinem Ziel in Gott (der „Unruhe" des Herzens). In seinem theol. Denken wirkte er sogar bis in die Kirche derReformation hinein, sodaß sich auch die Reformatoren, allerdings nicht immer zu Recht, auf ihn berufen konnten. In seinem „existentiellen" theol. Denken ist er gerade heute wieder „modern" u. aktuell geworden (so in der Theologie der Kirche, der Sakramente, der Gnade, des Menschen, in der Mystik u. a.).
Liturgie: GK G am 28. August
Darstellung: als Bisch. mit brennendem, auch wohl mit einem oder 2 Pfeilen (kreuzweise) durchbohrten Herzen, Buch oder Kreuz in der Hand. Ein Engel oder kleiner Knabe (Jesuskind) neben ihm, mit Schale u. Licht (Glaube) bzw. mit einem Löffel das Meer ausschöpfend (jener erschien dem Augustinus, um ihm die Unergründlichkeit des Dreifaltigen Gottes nahezubringen)
Patron: der Theologen, Bierbrauer, Buchdrucker
Lit.: G. v. Hertling (1902) – Scheiwiler (Freiburg/Schweiz 1930) – E. Przywara (Leipzig 1934) – E. R. v. Kienitz (Wuppertal 1947) – F. van der Meer, Augstinus der Seelsorger (Köln 1953^2) – P. Simon (Paderborn 1954) – (s. auch das reiche Literaturverzeichnis:LThK I 1101)
Augustins Werke: Von seinen 93 Schriften in 232 Büchern sind die wichtigsten: Confessiones (dt. von G. v. Hertling 1931^{26}) – De Civitate Dei u. De Trinitate Dei: Ausgabe seiner Werke von den Maurinern, 11 Bde. Paris 1679–1700, abgedr. in: PL Bd. 32–46

Augustinus Kažotić (Gazotti) OP, Bisch. von Agram, Sel.
* um 1260 in Traù (Dalmatien). Er trat 1277/78 in seiner Vaterstadt dem Dominikanerorden bei u. wurde 1303 Bisch. von Agram (Zagreb). Als solcher mühte er sich eifrig um die Seelsorge u. die Hebung der Kirchenzucht. Als er 1322 von einem Besuch bei Johannes XXII. in Avignon in seine Residenz zurückkehren wollte, wurde er daran gehindert u. nach Lucera bei Foggia (Apulien) verschleppt, wo er am 3. 8. 1323 starb. Kult 1702 approbiert.
Gedächtnis: 3. August
Lit.: ActaSS Aug. I (1733) 282–290 – A. Ciampi (Rom 1956)

Aurelia, Jungfrau, Sel.
Name: weibl. F. zu ↗ Aurelius
Sie wurde im Mittelalter in Straßburg, Regensburg u. am Bodensee verehrt. Die verschiedenen Traditionen erlauben keine eindeutige Identifikation: Nach der Straßburger Überlieferung war sie eine Gefährtin der hl. ↗ Ursula (Kapelle bereits im 9. Jh., Grab in der Mauritiuskirche in Straßburg). Nach der Regensburger Überlieferung ist sie die Tochter von Hugo Capet, des Königs von Frankreich (seit 987; so benannt wegen der Kapuze, die er als Laienabt trug) u. lebte unter dem hl. ↗Wolfgang als Reklusin zu St. Emmeram in Regensburg (Hochgrab aus dem 14. Jh.). In Bregenz fand der hl. ↗ Kolumban eine ihr geweihte Kapelle vor, die damals jedoch wieder heidnische Opferstätte war.
Gedächtnis: 15. Oktober
Darstellung: ins Kloster eintretend. Mit Buch
Lit.: DHGE V 714–715 – Braun 110 f – J. A. Endres, Hist. Blätter f. das kath. Deutschland (hrsg. v. F. Binder u. G. Jochen, München) 156 (1915) 527–537

Aurelius, Bisch. **in Armenien** (Riditio) Hl.
Name: von lat. aureus, golden, herrlich, reizvoll. Alter röm. Geschlechtername
Er soll die Gebeine des in der Verbannung gestorbenen Bisch. Dionysius nach Mailand zurückgebracht haben. † 745. Seinen (vermeintlichen?) Leib brachte 830 der aus Alamannien stammende Bisch. Noting von Vercelli in die Aureliuszelle Hirsau (im Schwarzwald, westl. von Stuttgart) u. gründete damit die (ehemalige) Benediktinerabtei Hirsau.
Gedächtnis: 9. November
Lit.: F. Lutz, Württembergische Vierteljahresschrift, Neue Folge 33 (Stuttgart 1939) 29–72

Auräus, Bisch. **von Mainz,** Märt., Hl. (Auräus)
Die ältere Überlieferung erzählt, wie er mit seinem Diakon von den in Mainz einge-

drungenen Hunnen eingekerkert wird, später nach Thüringen entflieht, wieder eingekerkert und um 450 gemartert und enthauptet wird. Die Auffindung seiner Gebeine durch Dagobert I. oder Dagobert II. soll im 7. Jh. zur Gründung von Heiligenstadt (Thüringen) geführt haben.
Liturgie: Mainz g am 27. Juni (mit Crescens, Theonestus u. Maximus)
Lit: ActaSS Iun. II (1701) 43–93

Austreberta OSB, Äbtissin, Hl.
Name: „Austrien" (Austrasien), Ostland: der östl. Teil des fränkischen Reiches unter den Merowingern mit der Hauptstadt Metz (das spätere Lothringen) + ahd. beraht (glänzend)
Sie war Tochter der hl. ↗ Framehild. Aus Treue zu ihrem Ideal der Jungfräulichkeit entfloh sie dem Hofe König Dagoberts I., nahm unter dem hl. Audomar den Schleier u. wurde Benediktinernonne. Nach der Aussöhnung stifteten ihre Eltern für sie um 655 das Kloster Port an der Somme (bei Amiens, Nordfrankreich). Um 662 wurde sie Äbtissin des vom hl. ↗ Philibert u. dem hl. Audoin gegründeten Klosters Pavilly bei Rouen an der Seine (Nordfrankreich). † am 10. 2. 704. Ihr Leib kam Ende des 9. Jh. nach Montreuil, wo er in der Franz. Revolution 1793 öffentlich verbrannt wurde.
Gedächtnis: 10. Februar
Darstellung: einen Wolf streichelnd, der zu ihr hinaufspringt (er hatte ihren Esel gefressen u. mußte nun auf ihren Befehl dessen Dienste tun)
Lit.: Zimmermann I 194-197

Autbertus, Bisch. **von Cambrai,** Hl. (Autbert, Aubert, Otbert)
Name: ahd. auda (Besitz) + beraht (berühmt): der durch Besitz Berühmte
Er war verwandt mit König Dagobert I. (623 König im fränkischen Austrasien, 632–639 im gesamten Frankenreich) u. war auch dessen Hofbeamter. Er förderte die Heidenmission in Flandern u. die Klöster (er soll selbst Mönch im Kloster Luxeuil gewesen sein) u. wurde 633 Bisch. von Cambrai (Nordfrankreich). † am 13. 12. 669. Sein Leib ruht seit 1015 in St-Gery-et-Aubert zu Cambrai. Um 950 kamen Reliquien auch nach Magdeburg
Gedächtnis: 13. Dezember
Darstellung: mit Broten bzw. Backschaufel
Patron: der Bäcker
Lit.: Zimmermann III 430

Axel, im 19. Jh. aus dem Schwed. übernommener männl. Vorname; Kf. von Absalom (hebr., Vater des Friedens)

Aya vom Hennegau OSB, Hl. (Agia)
Sie war die Gemahlin des fränkischen Edlen Hildulf. Nach dem Tod ihres Mannes zog sie sich in ihrem Alter als Benediktinerin in das Kloster Mons (Bergen, belg. Hennegau) zurück, wo sie nach einem heiligmäßigen Leben 708/709 starb. Einige Reliquien kamen 1669 in die Kapelle der Tuchscherer-zunft in Antwerpen, andere 1673 in die Pfarrkirche U. L. F. zu Brüssel.
Gedächtnis: 18. April

Aymard OSB, Abt **von Cluny,** Sel. (Aimar, Ademar)
Name: germ. atha (inneres Wesen, gute Abstammung), vielleicht auch zu ahd. adal (edel, vornehme Abstammung) gehörig; ahd. mar (berühmt)
Er wurde 942/948 als Nachfolger des hl. ↗ Odo der 3. Abt des Klosters Cluny (Burgund). Als solcher erwies er sich als vortrefflicher Verwalter u. mehrte den Besitz des Klosters, wodurch er den Grund zu dessen wirtschaftlicher Machtstellung legte. Er führte 3 Klöster der Reform von ↗ Cluny zu. Als er 953/954 erkrankte u. erblindete, stellte er sich ↗ Majolus als Abt-Koadjutor zur Seite, der dann sein Nachfolger wurde. † 5.10. 963?
Gedächtnis: 5. Oktober
Lit.: Sackur I 205-209 – Zimmermann III 136f – Schmitz GB I 131f

B

Babette (franz.) ↗ Barbara, ↗ Elisabeth

Bacchus ↗ Sergius u. Bacchus
Name: der griech.-röm. Gott des Weines, der schwärmerischen Verzückung u. des Freudentaumels

Bado ↗ Batho

Badurad (Baduard), Bisch. **von Paderborn,** Hl.
Name: germ. badhwo (Kampf) + altsächs. rad (Rat, Ratgeber): Ratgeber im Kampf
Er war gebürtiger Sachse u. wurde 815 Bisch. von Paderborn. Als solcher erbaute er den Dom u. das Domstift u. gründete die Domschule. 836 veranlaßte er die Überführung der Reliquien des hl. ↗ Liborius von Le Mans nach Paderborn. Er war Mitbegründer der Klöster Korvey, Herford u. Böddeken, er baute Kirchen u. gab so dem Bistum die 1. Pfarrorganisation. Im Streit Ludwigs des Frommen mit seinen Söhnen trat er als Vermittler auf. † 17. 9. 862. Bisch. Biso erhob 889 seine Gebeine.
Gedächtnis: 17. September
Lit.: F. Teckhoff, Die Paderborner Bischöfe von Hathumar bis Rethar (Paderborn 1900) 6–19

Balbina, Hl.
Name: von lat. balba: die Stammlerin
Die Berichte über ihr Leben sind legendär. Ein noch nicht entdeckter Friedhof zw. der Via Appia u. der Via Ardeatina, auf dem auch Papst Markus 336 beigesetzt wurde, trägt ihren Namen. Wahrscheinlich ist sie die Stifterin dieses Grundstücks. Ebenso stand auf dem kleinen Aventin in Rom eine Balbina-Kirche.
Gedächtnis: 31. März
Darstellung: mit Kette in der Hand (weil sie nach der Legende durch Berührung der Fesseln des hl. Papstes Alexander I. von einem Halsleiden geheilt worden sein soll). Mit Engel, der zum Himmel weist. Mit Lilienzepter
Lit.: Kirsch 94ff – R. Krautheimer, Corpus basilicarum christianarum Romae I Fasc. 2 (Rom 1939) 84–93

Balderich OSB, Abt **von Montfaucon,** Hl.
Name: ahd. bald (kühn; die Bedeutung entwickelte sich zu „gleich", d. i. rasch) + rihhi (begütert, mächtig, Herrschaft): kühner Herrscher
* 560/566 aus einem vornehmen Geschlecht, angeblich als naher Verwandter König Dagoberts I. In der Vorstadt von Reims stiftete er ein Frauenkloster, in das seine Schwester Bava als Nonne eintrat. Er selbst sammelte einige Gefährten um sich u. gründete auf einem Berg in der Champagne das Kloster Montfaucon u. wurde dessen 1. Abt. Den Platz zum Bau des Klosters soll ihm ein Falke gewiesen haben (daher Mons falconis). † um 640.
Gedächtnis: 16. Oktober

Baldomer, Hl. (Baldomar, Baldemar)
Name: ahd. bald (kühn) + mar (berühmt): der durch Kühnheit Berühmte (franz. Galmer, Garmier, Germier)
Er war ein heiligmäßiger Schmied in der Nähe von Lyon (Ostfrankreich) u. sagte immer: „In nomine Domini, Deo gratias semper!" („Im Namen des Herrn, Gott sei immer gedankt!"). Er wurde später vom Kloster Sancti Justi zu Lyon aufgenommen u. trotz seines Widerstrebens zum Subdiakon geweiht. † um 660.
Gedächtnis: 27. Februar
Darstellung: mit Zange als Schlossergerät
Patron: der Schlosser

Balduin OCist, Abt **zu Rieti,** Sel. (Baldwin)
Name: ahd. bald (kühn) + wini (Freund): kühner Freund (franz. Baudouin)
Er war Schüler des hl. ↗ Bernhard von Clairvaux u. wurde Zisterziensermönch u. Abt des Klosters S. Matteo sul Lago bei Rieti (nordöstl. von Rom). Dieses Kloster wurde um 1250 nach S. Pastore bei Rieti verlegt. Er wurde öfters mit dem am 6. 10. 1145 gestorbenen Kardinalerzbischof Balduin von Pisa verwechselt. † 1140. Seine Reliquien sind im Dom zu Rieti.
Gedächtnis: 21. August

Balduin ↗ Baltwin

Baldur, der altnordische Göttername Baldr. Nach der germ. Mythologie war Baldr der Sohn Odins u. der Gott des Lichtes u. der Fruchtbarkeit.

Balsam OSB, Abt **von La Cava,** Sel. (Balsamus)
Name: hebr. bōsem, davon griech. bálsamon (Balsamstaude). Den wohlriechenden Saft der Pflanze gebrauchte man schon im Altertum zu medizinischen Zwecken (schmerzlindernd, reinigend, heilend) wie auch als Kosmetikum. Die Ägypter verwendeten ihn zum Konservieren der Toten. Im christlichen Gebrauch wird er mit Olivenöl zum Chrisam gemischt, der vom Bisch. am Gründonnerstag geweiht wird.
Er war der 10. Abt des Klosters La Cava bei Neapel u. brachte es zu hoher Blüte. † 1232. Kult approbiert am 16. 5. 1928.
Gedächtnis: 24. November
Lit.: AAS 20 (1928) 304 ff

Baltes ↗ Balthasar, ↗ Sebald

Balthasar ↗ Drei Könige
Name: der ursprünglich akkad. Name lautet bel-schar(ra)-usur („Bel erhalte den König"). So hieß der letzte König der Chaldäer (Babylonier), vor dem beim großen Gastmahl die geheimnisvolle Hand die Worte an die Wand schrieb: Mene-tekel-upharsin (Dan 5). Hebr. belschassar, LXX Baltásar, Vulg. Baltassar, Luther Belsazer, Locc. Belschazzer

Balthasar Ravaschieri OFM, Sel. (Balthasar a Clavario)
Er war Franziskanerpriester, der im Gebiet von Mailand wirkte. † 18. 9. 1492. Kult approbiert am 8. 1. 1930.
Gedächtnis: 18. September
Lit.: AAS 22 (1930) 171 ff

Balthild, fränkische Königin, Hl. (Balthildis, Bathildis)
Name: ahd. bald (kühn) + hilta, hiltja (Kampf): kühne Kämpferin
Sie stammte aus England u. kam als Sklavin zu einem fränkischen Adeligen. Sie wurde Gemahlin König Chlodwigs II. u. führte nach dessen Tod 657 in Neustrien u. Burgund die Regentschaft für ihren minderjährigen Sohn Chlotar III. Ihr jüngerer Sohn Childerich II. wurde 662 König von Austrasien. Sie gründete die Klöster Corbie (an der Somme) für Mönche (657/61) u. Chelles (bei Paris) für Nonnen (vor 680) u. führte auch in mehreren anderen Abteien zur Hebung der klösterlichen Disziplin die Regel von Luxeuil (bei Besançon) ein. Um 664/665 überwarf sie sich mit ihrem Hausmeier Ebroin u. zog sich in das Kloster Chelles zurück, wo sie Arme u. Notleidende tatkräftig unterstützte. † am 30. 1. um 680 zu Chelles. Sie wurde in der Klosterkirche begraben. Ihre Gebeine wurden 833 erhoben.
Gedächtnis: 30. Jänner
Darstellung: mit Krone u. Kirchenmodell. Mit Himmelsleiter, auf der Engel herabsteigen u. ihr ein Kind reichen. Almosen spendend
Lit.: E. Ewig, Die fränkischen Teilreiche im 7. Jh.: Trierer Zeitschr. 22 (1954)

Baltwin von Laon, Märt., Hl. (Baldewin)
Name: ↗ Balduin
Er ist Sohn des hl. ↗ Blandinus u. der hl. ↗ Salaberga u. Bruder der hl. ↗ Anstrudis. Er war Archidiakon des Bisch. Serulph von Laon. Er wurde vom Kreis um den berüchtigten Hausmeier Ebroin (↗ Balthild) im Jahr 680 ermordet.
Gedächtnis: 8. Jänner

Balz ↗ Balthasar

Bantel ↗ Panthaleon

Bantus von Trier, Hl. (Banthus)
Nach der Überlieferung war er der Bruder des hl. ↗ Beatus u. lebte als Priester u. Einsiedler in Trier. Er wird 634 im Testament des Adalgisel-Grimo bedacht. Seine Gebeine ruhen in der Bantus-Kapelle beim Dom zu Trier. Um 1592 wurde dort das Priesterseminar St. Bantus errichtet.
Liturgie: Trier g am 28. Juli
Lit.: E. Ewig: Trierer Zeitschrift 21 (1952) 110

Baptist ↗ Johannes der Täufer

Baptista Mantuanus (Spagnoli) OCarm, Sel.
* am 17. 4. 1448 zu Mantua (Oberitalien). Er wurde 1464 Karmelit u. studierte in Padua. 1483–1513 war er sechsmal Generalvi-

kar der reformierten Kongregation von Mantua. 1513 wurde er Ordensgeneral. † am 20. 3. 1516 zu Mantua. Er war mit Erasmus von Rotterdam und Pico della Mirandola befreundet u. ist der Begründer der geläuterten christlichen Literatur des romanischen Humanismus (10 Eclogae im Stil Vergils) u. wurde von seinen Zeitgenossen als neuer Vergil gefeiert (der 70 v. Chr. zu Andes bei Mantua geboren wurde). Seliggesprochen 1885 durch Leo XIII.
Gedächtnis: 20. März
Lit.: V. Turri u. U. Renda, Dizionario storico-critico della letteratura italiana (Turin 1914) 1014

Barbara, Märt., Hl.
Name: griech. die Ausländerin (Kf. Bärbel, Betty, Waberl, franz. Babette)
Der Legende zufolge ist sie die Tochter des Heiden Dioskuros von Nikomedien (heute Izmit, östl. von Istanbul). Als Christin wurde sie vom eigenen Vater in einen Turm gesperrt u. starb dann unter Maximinus Daja 306 einen qualvollen Martertod, indes der Vater auf dem Richtplatz von einem Blitz erschlagen wurde. Sie zählt zu den 14 ↗ Nothelfern.
Liturgie: RK g am 4. Dezember
Darstellung: Als vornehmes Mädchen mit Kelch u. Hostie (ein Engel brachte ihr die Eucharistie in den Kerker; sie ist Patronin für einen seligen Tod durch Empfang der Sakramente). Mit Schwert (womit sie enthauptet wurde). Mit dreifenstrigem Turm (durch die die Gnade des Dreifaltigen Gottes zu ihr Eingang fand u. sie wunderbar errettete). Öfters mit anderen Heiligen, bes. mit ↗ Katharina u. ↗ Margareta dargestellt als die „drei hl. Madeln":

Margareta mit dem Wurm,
Barbara mit dem Turm,
Katharina mit dem Radl,
das sind die drei heiligen Madl.

Patronin: der Architekten, Bauarbeiter, Bergleute, Dachdecker, Gefangenen, Gießer, Glöckner, Hutmacher, Köche, Maurer, Mädchen, Metzger, Schmiede, Steinhauer, Totengräber, Zimmerleute; der Artillerie, Türme u. Festungen, der Feuerwehr, des Wehrstandes, für eine gute Sterbestunde. – „Die drei heiligen Madeln" sind die Schützerinnen des Nährstandes (Margareta), des Lehrstandes (Katharina) u. des Wehrstandes (Barbara).
Brauchtum: Am Barbaratag erhielten die Knappen (z. B. in Salzburg) das Barbarabrot. In der Barbaranacht stellten sie Essen u. Trinken für die „Bergmandl" bereit. Vor dem Tod im Bergwerk sicherten sie sich durch Anzünden eines Barbaralichtes. Noch heute werden am Barbaratag Kirschzweige (auch vom Apfel- oder Birnbaum) geschnitten u. in der Stube ins Wasser gestellt, damit sie zu Weihnachten blühen (in diesem Sinn erst seit dem 15. Jh., bis dahin zum Winteranfangsfest). Mancherorts (z. B. in Niederösterreich) werden Zettel mit Namen angehängt. Wessen Zweig zuerst blüht, ist des Glücks im kommenden Jahr sicher. Im Rheinland ist die hl. Barbara Begleiterin des hl. ↗ Nikolaus, mancherorts beschenkt sie auch selbst die Kinder.
Lit.: G. Gugitz, Fest- u. Brauchtumskalender (Wien 1955) 80 138 145f – G. Schreiber, Dt. Bauernfrömmigkeit in volkskundlicher Sicht (1937) passim – G. Schreiber, Alpine Bergwerkskultur I (1956) 68

Barbatus, Hl.
Name: lat. der Bärtige
* um 612 u. wurde 663 Bisch. von Benevent (nordöstl. von Neapel). Als solcher nahm er an der röm. Synode von 680 teil. Er übte einen nachhaltigen Einfluß auf Herzog Romuald u. die langobardische Bevölkerung in Italien aus, die seit Papst ↗ Gregor I. d. G. vom arianischen Glauben zum kath. bekehrt worden waren. † am 19. 2. 682 u. im Dom von Benevent bestattet. Seine Gebeine wurden 1124 in einen neuen Altar der Kathedrale von Benevent übertragen.
Gedächtnis: 19. Februar
Darstellung: er läßt einen Baum fällen
Patron: von Benevent
Lit.: G. Cangiano, Origini della Chiesa Beneventana (Benevent 1925^2) 40-51 - Ders., Sulla leggenda della „Vipera Longobarda" e delle „streghe" in Benevento: Atti della Soc. Storica del Sannio V-VII (1927–29) (im Anh. 1929) 84–96

Bärbel ↗ Barbara

Barberi ↗ Dominikus (Domenico) Barberi

Bardo OSB, Erzb. **von Mainz,** Hl.
Name: Kf. zu Bardolf (Bardulf): ahd. barta (Streitaxt) + wolf (Wolf): Wolf mit der Streitaxt
* um 980 zu Oppershofen (Wetterau, Oberhessen) aus vornehmer Familie. Er

war Verwandter der Kaiserin Gisela, der Gemahlin Kaiser Konrads II. Er wurde Benediktinermönch in Fulda u. bald darauf Dekan u. Leiter der Klosterschule, 1029 Abt von Werden a. d. Ruhr u. 1031 zugleich auch von Hersfeld a. d. Fulda u. wurde am 29. 6. 1031 zum Erzb. von Mainz geweiht. Er vollendete u. weihte 1036 den Mainzer Dom in Gegenwart von Kaiser Konrad. Man rühmte seine große Frömmigkeit u. Mildtätigkeit. † am 10. (11.) 6. 1051 zu Dormloh bei Paderborn, als er sich auf Reisen befand. Er ist im Dom zu Mainz beigesetzt.
Liturgie: Fulda, Mainz g am 10. Juni
Lit.: F. Schneider, Der hl. Bardo (Mainz 1871) – M. Stimming, Mainzer Urkundenbuch I (Darmstadt 1932) 174 ff

Barlaam, Märt. **zu Antiochia,** Hl.
Nach schweren Folterungen legte man ihm Weihrauch u. glühende Kohlen auf die Hand über einem Feuerbecken, um ihn dadurch zum Götteropfer zu zwingen. Die Zeit seines Martyriums ist unbekannt, doch könnte die grausame Marter auf den allg. Opferbefehl Diokletians im Jahre 304 hinweisen. Johannes Chrysostomus u. Basilius hielten Lobreden auf ihn.
Gedächtnis: 19. November
Lit: H. Delehaye: AnBoll 22 (1903) 129–145 139–145

Barlaam von Indien ↗ Josaphat, Königssohn in Indien

Barnabas, Apostel, Hl. (↗ Apostel)
Name: hebr. (bar nᵉbū'āh) Sohn der Prophetie (Prophet?) (oder: Sohn des Nebo?) Es ist der Beiname, der von den Aposteln dem Joseph, einem Leviten aus Cypern, beigelegt wurde u. dort als „Sohn des Trostes" interpretiert wird (Apg 4, 36) (griech. Barnábas).
Barnabas war in der christlichen Urgemeinde wegen seiner Freigebigkeit u. Mildtätigkeit bekannt, indem er seinen Acker verkaufte u. den Erlös den Aposteln zu Füßen legte (Apg 4, 36). Er führte den neubekehrten Saulus zu den Aposteln (9, 27). Er predigte mit Paulus in Antiochia u. überbrachte die Liebesgaben der Gemeinde von Antiochia an die zu Jerusalem (11, 22–26 + 30). In Antiochia war er einer der Propheten u. Lehrer (13, 1). Mit Paulus wurde er zur Heidenmission berufen u. begleitete ihn auf dessen 1. Missionsreise (13–14). Auch auf dem Apostelkonzil zu Jerusalem war er anwesend (15, 2–35). Er trennte sich aber von Paulus u. ging mit seinem Vetter Johannes ↗ Markus nach Cypern (Apg 15, 36–39; Kol 4, 10). Nach 1 Kor 9,6 scheint er mit Paulus aber auch in Korinth zusammengearbeitet zu haben. Seine weiteren Lebensschicksale sind unbekannt. Nach Tertullian (ca. 160–220) hätte Barnabas den Hebräerbrief verfaßt. Nach der Tradition wurde er von Juden in Salamina (Salamis) bei Famagusta (Ost-Zypern) gesteinigt u. dort begraben.
Liturgie: GK G am 11. Juni
Darstellung: gesteinigt. Mit Evangelienbuch, womit er Kranke u. Besessene heilt
Patron: der Faßbinder, Weber
Lit.: O. Braunsberger, Der Apostel Barnabas (Mainz 1876) – H. Bruns, Barnabas, ein Jünger Jesu (Berlin 1937) – Künstle II 115f

Barnard OSB, Erzb. **von Vienne,** Hl. (Bernart)
Name: ↗ Bernhard
Er war Kriegsmann Karls d. G. Nach dem Tod seines Vaters trennte er sich von Frau u. Kindern u. wurde Benediktiner in dem von ihm gestifteten Kloster Ambronay (franz. Dep. Ain, östl. des Genfer Sees), 805 Abt u. 810 Erzb.von Vienne (südl. von Lyon, Ostfrankreich). Er mußte vor den Söhnen Ludwigs des Frommen, die sich an der Verschwörung gegen ihren Vater (von 830 an) beteiligten, nach Italien fliehen. Nach seiner Rückkehr hielt er sich meist in dem von ihm ebenfalls gestifteten Kloster Romans auf (Dep. Ain). † dortselbst am 23. 1. 849. Seine Gebeine sind in St-Barnard-de-Romans. Kult neu bestätigt am 9. 12. 1903.
Gedächtnis: 23. Jänner
Lit.: A. Zimmermann I 118 ff

Bartel ↗ Bartholomäus

Bartholomäa (Bartolomea) Maria **Capitanio,** Hl.
Name: ↗ Bartholomäus
* am 13. 2. 1807 zu Lovere (am Iseosee, östl. von Bergamo). Mit 15 Jahren war sie Lehrerin u. leitete dann ein Krankenhaus. Am 21. 11. 1832 gründete sie mit der hl. ↗

Vincentia Gerosa in Lovere die Kongregation der „Schwestern der Liebe vom Kinde Maria" (Suore della Carità di santa Bambina Maria) für Krankenhilfe, Armenunterricht u. Schutz von Kindern u. Mädchen. Diese willensstarke Frau starb frühvollendet am 26. 7. 1833 in Lovere. Seliggesprochen am 30. 5. 1926, heiliggesprochen am 18. 5. 1950.
Gedächtnis: 26. Juli
Lit.: A. Stocchetti, Le sante Bartolomea Capitanio e Vincenza Gerosa (Vicenza 1950²)

Bartholomäus, Apostel, Hl.
Name: hebr. (bar tolmai) Sohn des Tolmai (d. i. des Furchenziehers), (griech. Bartholomaios, Vulg. Bartholomaeus, Luther Bartholomeus, Locc. Bartolomäus)
Dieser Name kommt nur in den Apostellisten vor (Mt 10,3 Mk 3,18 Lk 6,14 Apg 1,13.) Sehr wahrscheinlich ist er identisch mit dem Nathanael aus Kana in Galiläa (Joh 1,45–50; 21,2), Bar Tolmai ist somit als Beiname anzusehen, ähnlich wie auch Simon (Petrus) „Bar Jona" genannt wird (Joh 1,42; 21,15–17), u. Nathanael wäre sein eigentlicher Name. Jedenfalls wird Nathanael im Orient schon seit dem 2. Jh. „Apostel" genannt.
Nach der Tradition predigte er in Indien, Mesopotamien, Parthien (südl. des Kaspischen Meeres), Lykaonien (Mittel-Kleinasien) u. Armenien. Dagegen verlegen koptisch, arabisch u. äthiopisch geschriebene Akten seine Wirksamkeit in die „Oasen" Ägyptens. Er bekehrte den König Polymios von Armenien u. wurde auf Befehl dessen Bruders Astyages zu Albanopolis oder Urbanopolis (vermutlich das heutige Eruantashat) in Armenien gemartert. Es ist unsicher, ob er geschunden u. dann enthauptet, oder ob er gekreuzigt wurde. Die Enthäutung war eine persische Todesstrafe; im ehemals persisch beherrschten Teil Syriens besteht eine eigene Tradition über das Grab des Bartholomäus.
Seine Gebeine kamen später nach Nephergerd (Mijafarkin), um 507 nach Daras in Mesopotamien, um 580 (vielleicht nur zum Teil) auf die Insel Lipari vor Sizilien, 838 anläßlich eines Sarazeneneinfalls nach Benevent (nordöstl. von Neapel) u. 983 durch Kaiser Otto III. nach Rom (Bartholomäuskirche auf der Tiberinsel). Die Hirnschale kam 1238 nach Frankfurt a. M. (Bartholomäus-Kirche).
Liturgie: GK F am 24. August (Gedenktag einer der vielen Translationen)
Darstellung: mit kurzem Haupt- u. Barthaar, in der Rechten ein Messer, mit dem er geschunden worden sein soll, in der Linken ein Buch. Seine abgezogene Haut tragend. Seinen Kopf mit abgezogener Haut im Arm
Patron: der Bergleute, Buchbinder, Gerber, Handschuhmacher, Hirten, Landleute, Lederarbeiter, Metzger, Schneider, Schuhmacher, Weingärtner
Lit.: G. Moesinger, Vita et martyrium Bartholomaei (Salzburg 1877) (Übertragung aus dem Armenischen) – R. A. Lipsius, Die apokryphen Apostelgeschichten u. Apostellegenden II/2 (Braunschweig 1884) 54ff. – F. Haase, Apostel u. Evangelisten in den orientalischen Überlieferungen (Münster 1922) – O. Hophan, Die Apostel (Luzern 1952) 159–170

Bartholomäus (Bartolo) **Bompedoni** (Buonpedoni), Hl.
* 1228 zu Mucchio bei San Geminiano (Toskana). Er trat zunächst in das Benediktinerkloster S. Vito in Pisa ein, wurde dann Franziskaner-Terziar u. mit 30 Jahren Weltpriester in Volaterra. Als solcher wirkte er 10 Jahre als Kaplan in Peccioli, dann als Pfarrer in Picchena. Als Priester zeichnete er sich durch große caritative Tätigkeit aus. Mit 52 Jahren wurde er vom Aussatz befallen u. lebte bis zu seinem Tod im Leprosenheim Cellole. † am 12. 12. 1300. Kult approbiert 1480 u. wieder am 19. 4. 1910.
Gedächtnis: 12. Dezember
Lit.: AAS 2 (1910 411ff. – E. Castaldi, Bartolo B., il „Giobbe della Toscana" (Florenz 1928)

Bartholomäus (Bartolomeo) **Fanti** OCarm, Sel.
* nach 1400. Er trat um 1433 zu Mantua dem Karmeliterorden bei u. wurde wegen seines heiligmäßigen Lebens u. seiner spirituellen Weisheit eine der bedeutendsten Gestalten der Karmeliterreform von Mantua. Er wirkte auch als geistiger Vater u. Leiter der Bruderschaft U. L. F. vom Berge Karmel an der Ordenskirche in Mantua. † am 5. 12. 1495 zu Mantua. Kult approbiert am 18. 3. 1909.
Gedächtnis: 5. Dezember
Lit.: AAS 1 (1909) 306ff – L. Saggi, La congregazione mantovana dei Carmelitani (Rom 1954) 157–162 – Graziano di S. Teresia, Scritti del B. Bart. F.: ECarm 8 (1957) 93–186 407–438

Basilissa, Märt. zu Nikomedien. Hl.
Name: griech., die Königin
Als 9jähriges Mädchen aus Nikomedien (heute Izmit, östl. von Istanbul) erlitt sie die grausamsten Martern mit solcher Standhaftigkeit, daß der heidnische Statthalter sich bekehrte.
Gedächtnis: 3. September

Basilius (Basileíos) **d. Ä.,** Hl.
Name: griech., der Königliche
* um 270 in Kappadokien (östl. Kleinasien). Er war der Sohn der hl. ↗ Makrina d. Ä., der Name seines Vaters ist nicht überliefert. Seine Gattin ↗ Emmelia schenkte ihm 10 Kinder: ↗ Makrina d. J., ↗ Basilius d. G., ↗ Gregor von Nyssa, Naukratios u. ↗ Petrus von Sebaste. Ein Kind starb schon früh, die Namen der übrigen Töchter sind unbekannt. Basilius d. Ä. starb 330.
Gedächtnis: 30. Mai

Basilius (Basileíos) **d. G.,** Erzb. **von Cäsarea,** Kirchenlehrer, Hl.
Er ist der größte unter den Kappadokiern Basilius, seinem Bruder ↗ Gregor von Nyssa u. ↗ Gregor von Nazianz. Nach dem Tod des ↗ Athanasius war er die Säule des Glaubens von Nicäa u. des Widerstandes gegen den staatskirchlichen Arianismus.
* 329/331 zu Cäsarea in Kappadokien (heute Ruinenstätte Eskischehr südwestl. von Kayseri) aus vornehmer christlicher Familie. Er studierte in Cäsarea, Konstantinopel u. Athen. In Athen schloß er Freundschaft mit Gregor von Nazianz. 356 empfing er in Cäsarea die Taufe. Nach dem Studium des Mönchslebens in Syrien, Palästina, Ägypten u. Mesopotamien (357–358) verschenkte er sein ganzes Vermögen u. zog sich in den Pontus (Landschaft am Südufer des Schwarzen Meeres) in eine Einöde bei Neocäsarea (heute Niksar) zurück, wo er mit Gregor von Nazianz 360 die Regeln ausarbeitete, die für das östl. Mönchsleben bis heute bestimmend wurden (Basilius-Orden). 364 kehrte er aus der Einsamkeit zurück, wurde Priester u. entfaltete in Cäsarea eine intensive seelsorgliche, soziale u. kirchenpolitische Tätigkeit. 370 wurde er Erzb. von Cäsarea u. damit Metropolit von Kappadokien. Er hatte gegen den ausgehenden Arianismus zu kämpfen, der sich nur zu oft mit politischen Machenschaften u. brutaler Gewalt zu behaupten suchte (Valens, östl. Mitkaiser, 364–378). Er bekämpfte die Simonie des Priestertums, entspannte die Beziehungen zu Papst ↗ Damasus I. wegen des ↗ Meletios von Antiochia, setzte sich für die Gestaltung der Liturgie ein (Basilius-Liturgie) u. baute ein Pilgerhospiz, ein Krankenhaus für Arme u. eine medizinische Versuchsstation.
Seine unvergängliche Bedeutung liegt auf theol. und aszetischem Gebiet: Bei strengster Wahrung des Glaubens von Nicäa (↗ Athanasius) bemühte er sich um logisch-spekulativ scharf durchdachte Begriffe über die 3 Personen im einen Gott u. ihr Verhältnis zueinander. Er brachte auch den spekulativen Erweis der Gottheit des Hl. Geistes u. seines Ausganges aus dem Vater durch den Sohn. Auf aszetischem Gebiet überwand er den griech. Spititualismus (Ablehnung der Ehe, des Eigentums, der Fasten u. öffentlichen Gottesdienste u. a.). Durch sein Asketikon (die beiden Mönchsregeln) wurde er zum Vater des ostkirchlichen Mönchslebens. Er starb am 1. 1. 397 zu Cäsarea u. ist dort begraben.
Liturgie: GK G am 2. Jänner
Darstellung: im Bischofsornat der griech. Kirche mit Taube (Sinnbild des Hl. Geistes) auf dem Arm. Feuer neben ihm
Lit.: A. Stegmann: Bibl. der Kirchenväter, hrsg. v. O. Bardenhewer, Th. Schermann u. C. Weymann, XLVI (1925) IX–XXX – R. Janin (Paris 1929) – M. F. Fox, The Life and Times of S. Basil the Great (Washington 1939) – J.-M. Ronnat, Basile le Grand (Paris 1955)

Basinus OSB, Abt u. Bisch. **von Trier,** Hl.
Er stammte aus einem fränkischen Adelsgeschlecht von der oberen Saar, wurde Mönch, dann Abt von St. Maximin in Trier u. später Bisch. von Trier. † am 4. 3. um 705.
Liturgie: Trier g am 23. September, sonst 4. März

Bastel ↗ Sebastian

Bastian ↗ Sebastian

Bathildis ↗ Balthild

Batho von Andechs, Sel.
Name: germ. (badwo), Kampf

Er entstammte dem Geschlecht der Grafen von Andechs u. war Statthalter von Österreich. Er trug viele Siege über die noch heidnischen Magyaren davon, die seit der Besetzung des Karpathenbeckens (896) bis zur Schlacht am Lechfeld (955) viele Beutezüge in die umliegenden Gebiete machten.
Gedächtnis: 17. Juni

Batho von Freising OSB, Hl. (Bado)

Er war Mönch des Klosters Innichen im Pustertal (Südtirol) (das Kloster Innichen unterstand von seiner Gründung an der Kirche von Freising). Batho soll als Missionar unter den dortigen Slawen sehr segensreich gewirkt haben. Später wurde er Kaplan des Bisch. Ellenhard von Freising (1052–78) u. Kanoniker am dortigen Andreas-Stift. Sein Todesjahr ist unbekannt. Sein Grab war in der Andreaskirche in Freising. Bei deren Abbruch in der Säkularisation wurden die Gebeine nach Nandlstadt bei Freising übertragen.
Liturgie: München-Freising g am 30. Juli

Baudouin (franz.) ↗ Balduin

Bavo, Hl.

Name: Herkunft unklar. Er hieß eigentlich Allowin (vgl. Alwin, Adalwin)

Er stammte aus adeliger Familie des Haspengaues (bei Lüttich). Der Tod seiner Gemahlin Agletrude veranlaßte ihn, sein bisheriges zügelloses Leben aufzugeben. Er schloß sich dem hl. ↗ Amandus, dem Apostel der Belgier, an u. wurde Mönch des Klosters St. Peter in Gent (später St. Bavo genannt) u. begleitete Amandus auf seinen Missionsfahrten in Flandern. Später lebte er als Rekluse in Gent unter Abt ↗ Floribert. † am 1. 10. wahrscheinlich vor 659 (653?) u. in St. Bavo bestattet (1540 zerstört). Die Reliquien kamen nach St-Jean (1559 Dom der neuen Diöz. Gent).
Gedächtnis: 1. Oktober
Darstellung: mit hohlem Baum (Buche), worin er als Einsiedler lebte. Stein auf dem Arm, der ihm als Kopfkissen diente. Falke auf seiner Hand, in herzoglichem Gewand (Zeichen seiner vornehmen Herkunft). Wägelchen neben ihm
Patron: der Diöz. Gent und Haarlem (Niederlande)
Lit.: R. Podevijn (Brügge 1945)

Baylon ↗ Paschalis Baylon

Bea ↗ Beata, ↗ Beatrix

Beata (Benedicta), Hl.
Name: lat. (beata) die Selige, (benedicta) die Gesegnete
Sie war eine Jungfrau u. Märtyrin, wohl aus Spanien, † am 29. 6. 277 zu Sens (bei Paris) u. dort nördl. der Stadt bestattet. Über ihrem Grab wurde später eine Kirche errichtet. Ihre Gebeine kamen 877 in die Stadt.
Gedächtnis: 29. Juni

Beatrix, Märt. **zu Rom,** Hl. ↗ Simplicius, Faustinus u. Beatrix
Name: in den alten Quellen „Viatrix" genannt: lat. die Reisende, Pilgerin (ital. Beatrice, Kf. Trix)
Darstellung: mit Strick

Beatrix da Silva Meneses, Hl.
* 1424 in Ceuta (Spanisch Marokko) als Kind adeliger Eltern aus Portugal. Sie ist die Schwester des sel. ↗ Amadeus IX. von Savoyen. Mit 21 Jahren wurde sie Hofdame der Königin Isabella von Kastilien. Sie war gebildet, vermögend u. von stattlicher Schönheit. Doch lernte sie durch mancherlei Intrigen u. Neidereien von seiten der anderen Hofleute die Nichtigkeit menschlichen Ruhmes u. irdischen Besitzes kennen u. zog sich, von der Königin entlassen, nach Toledo (Spanien) in das Zisterzienserinnen-Kloster Santo Domingo el Real zurück, wo sie über 30 Jahre lang wie eine Nonne lebte u. von ihrem Vermögen reichlich an die Armen austeilte. 1484 gründete sie in Toledo den Orden der Konzeptionistinnen (Orden von der Unbefleckten Empfängnis) zum beschaulichen Leben, der heute in Spanien, Portugal, Amerika, Italien, Frankreich, Belgien, auf den Kanarischen Inseln u. den Azoren verbreitet ist. † am 16. 8. 1490. Kult approbiert (sel. oder hl.) am 28. 7. 1926, heiliggesprochen am 3. 10. 1976.
Gedächtnis: 16. August
Lit.: AAS 69 (1977) 129ff. – J. P. Kirsch, Der stadtrömische christliche Festkalender im Altertum (Münster 1924) 73 f

Beatus, Glaubensbote **in der Schweiz,** Hl.
Name: lat., der Selige. (alemannisch „Batt")

Er soll der 1. Glaubensbote der Schweiz gewesen sein. Nach der unbeglaubigten Legende stammte er aus Gallien u. ließ sich am Thuner See (südöstl. von Bern) nieder. † im 7. Jh. Noch heute zeigt man Höhle u. Dorf Beatenberg.
Liturgie: Basel g am 9. Mai
Darstellung: Als Einsiedler in Höhle mit Stock u. Rosenkranz. Mit einem Drachen, den er in dessen Höhle getötet habe
Patron: der Innerschweiz
Lit.: J. Stammler, Der hl. Beatus, seine Höhle u. Geschichte (Bern 1904) – F. E. Welti, Die Pilgerfahrt des Hans v. Waltheym i. J. 1474 (Bern 1925) – H. Günter, Psychologie der Legende (Freiburg/B. 1949) 73

Beatus von Trier, Hl.
Er lebte als Einsiedler im 7. Jh. als Gefährte u. angeblicher Bruder des hl. ↗ Banthus. Über seinem Grab entstand die Benediktiner-Abtei St. Marien in Trier. Seine Gebeine wurden später in die Kartause bei Koblenz überführt.
Liturgie: Trier g am 28. Juli (mit Banthus)
Lit.: E. Ewig, Trierer Zeitschrift 21 (1952) 110f

Bechtel ↗ Berthold

Bechthold ↗ Berthold

Becket ↗ Thomas Becket

Beda Venerabilis OSB, Kirchenlehrer, (Baeda)
Name: angelsächs., Kämpfer (vgl. engl. battle = Kampf); lat. (venerabilis), der Ehrwürdige
* 672/73 in England. Als 7jähriger Knabe wurde er Oblate des Klosters Wearmouth (bei Sunderland, Nord-England). Später wurde er Benediktinermönch in Jarrow (10 km nordwestl. von Sunderland) u. Priester. Beide Klöster hingen zusammen u. wurden 674, bzw. 682 von ↗ Benedict Biscop gegründet.
† am 26. 5. 735 zu Jarrow. Sein Grab ist in der Kathedrale zu Durham (südl. von Jarrow). 1899 durch Leo XIII. zum Kirchenlehrer ernannt.
Beda ist der erste wissenschaftliche Theologe des Mittelalters, dessen Werke fast das gesamte Gebiet des damaligen Wissens umfassen: Grammatik, Metrik, Rhetorik, Mathematik, Physik, Meteorologie, Astronomie, Musik, Poesie, Hagiographie. Er ist der „Vater der englischen Geschichtsschreibung" u. der Verfasser der 1. Klostergeschichte des Abendlandes (über das Kloster Wearmouth). Sein Martyrologium, das erste „historische", wurde Vorbild für alle folgende Martyrologien. Seine Schriften beeinflußten lange die theol. u. historische Wissenschaft des Abendlandes, weshalb er als Vorläufer der Scholastik gilt. Von ihm sind zahlreiche Briefe u. Homilien erhalten.
Liturgie: GK g am 25. Mai
Darstellung: mit Federkiel u. Lineal, ein Buch studierend
Lit.: K. Werner, Beda der Ehrw. u. seine Zeit (Wien 1881²) – C. F. Browne, The Vener. Beda, History, Life und Writings (London 1928²) – A. H. Thompson, Beda, His Life, Time und Writings (Oxford 1935) – G. Schreiber, Iroschottische u. angelsächs. Wanderkulte in Westfalen: Westfalia Sacra II (Münster 1950) 89f

Béla IV., König **von Ungarn,** Hl.
Name: ungar., zu ↗ Adalbert
* 1206 zu Preßburg. Er wurde mit 8 Jahren gekrönt u. trat nach dem Tod seines Bruders Andreas II. 1235 die Herrschaft an. Durch Zurückdrängen der ständischen Entwicklung suchte er die Einheit des Reiches zu stärken, u. die nicht mit Verpflichtungen verbundenen erblichen Zuwendungen an den Adel u. die Kirche zog er gegen den Protest des Papstes ein. Beim Einfall der Tataren richtete er vergebliche Hilferufe an den Papst u. den Kaiser u. erlitt daher eine Niederlage bei Mohi am 11. 4. 1241. Nach dem Abzug der feindlichen Heere übertrug er 1247 dem Johanniterorden den Schutz Südost-Ungarns. † am 3. 5. 1270 in Budapest.
Gedächtnis: 3. Mai
Lit.: B. Hómann, Geschichte des ungar. Mittelalters II (Berlin 1943) 89–186

Bella (span., ital.), Kf. von ↗ Isabella (↗ Elisabeth), offenbar in Angleichung an ital. bella (die Schöne)

Bellarmin ↗ Robert Bellarmin

Bendix ↗ Benedikt

Benedicta, Jungfrau, Märt. zu Soissons, Hl.
Name: lat., die Gesegnete
Über sie ist nichts Genaues bekannt. Der Legende nach erlitt sie mit anderen Jung-

frauen 362 unter Julian Apostata im Gebiet von Soissons (nordöstl. von Paris) den Martertod. Ihre Reliquien sind in St-Quentin (Nordfrankreich).
Gedächtnis: 8. Oktober

Benedikt von Aniane OSB, Abt, Hl. (eig.: Witiza)
Name: lat. (benedictus), der Gesegnete. Witiza ist wohl eine Weiterbildung des altdt. Namens Wido (romanisiert: Guido) von ahd. witu (Wald): Kind, Sohn des Waldes; (ital. Benedetto, Benito, franz. Bénoît, engl. Benedict, Bennet, schwed. Bengt, dän. Bent)
* um 750 als Sohn des westgotischen Grafen Aigulf von Maguelone in Aquitanien (Südfrankreich). Er war zuerst im Kriegsdienst bei Pippin u. Karl d. G., 773/774 wurde er Benediktinermönch zu St-Seine bei Dijon (Ostfrankreich) u. gründete 779/780 auf väterlichem Erbgut das Kloster Aniane (bei Montpellier, Südfrankreich), das zum Mittelpunkt der Reform aller fränkischen Klöster auf der Grundlage der Benediktinerregel wurde. 814–815 war er Abt von Maursmünster (Marmoutier, bei Zabern im Elsaß). 815 gründete Ludwig der Fromme das Kloster Inden (am Flüßchen Inde bei Aachen, genannt Monasterium S. Cornelii ad Indam, Kornelimünster) als Musterkloster des Frankenreiches u. setzte hier Benedikt als Abt ein. Er bestimmte ihn auch zu seinem persönlichen Berater u. zum Generalabt für alle Klöster des Reiches. Auf den Aachener Synoden 816 u. 817 legte er mit kaiserlicher Unterstützung eine für das ganze Frankenreich einheitliche benediktinische Observanz fest, die durch Abgesandte durchgesetzt bzw. überwacht wurde. Auf dieser Reform des fränkischen Mönchtums konnte später die Reform des Klosters Cluny aufbauen. † am 11. 2. 821 zu Kornelimünster. Sein Grab wurde bis heute nicht aufgefunden.
Liturgie: Aachen g am 12. Februar, sonst 11. Februar
Darstellung: als Einsiedler oder Benediktinerabt. Feuer neben ihm, weil er auf wunderbare Weise Brände gelöscht haben soll
Lit.: B. Albers, Untersuchungen zu den ältesten Mönchsgewohnheiten (München 1905) – Hauck II 588–614 – J. Narberhaus (Münster 1930) – Schmitz I 97–104

Benedikt (Benedict) **Biscop Baducing** OSB, Hl. (bürgerl.: Biscop Baducing)
* 628 aus adeliger Familie in Northumbrien (angelsächs. Königreich). Er wurde 666 Mönch in Lérins (Inselgruppe vor Cannes, Südost-Frankreich), kam 669 nach Canterbury u. gründete die Klöster Wearmouth (674) u. Jarrow (682/685) (↗ Beda Venerabilis). Er führte die angelsächs. Kirche zur Blüte. Auf seinen 6 Romreisen erwarb er zahlreiche Reliquien, Bücher u. Kunstschätze u. förderte die röm. Liturgie. † am 12. 1. 689/690.
Gedächtnis: 12. Jänner
Patron: der Benediktiner Englands, der Maler u. Musiker
Lit.: Schmitz I II passim. – Zimmermann I 71–75

Benedikt Josef (Benoît-Joseph) **Labre,** Hl.
* am 26. 3. 1748 zu Amettes (Dep. Pas-de-Calais, Nordfrankreich). Nach mehreren vergeblichen Versuchen, bei den Kartäusern, Zisterziensern u. Trappisten einzutreten, führte er seit 1770 das Leben eines heimatlosen, unbekannten Pilgers. Er besuchte die Wallfahrtsorte in Frankreich, Spanien, Italien, Deutschland u. in der Schweiz in absoluter Armut u. heroischer Selbstverleugnung, unbeirrt von Spott u. Anfeindungen. Er pflegte das immerwährende Gebet des Schweigens u. hatte die Gabe mystischer Beschauung u. der Prophetie. † am 16. 4. 1783 zu Rom. Sein Leib ruht in der Kirche Madonna dei Monti zu Rom. Heiliggesprochen 1881.
Liturgie: Einsiedeln g am 16. April
Darstellung: mit Pilgerstab u. Rosenkranz
Lit.: W. Nigg, Des Pilgers Wiederkehr (Zürich–Stuttgart 1954) 85-125 – Agnes de la Gorce, Der Heilige der Heimatlosen (Kolmar 1955)

Benedikt von Nursia, Hl.
Er ist der Vater des abendländischen Mönchtums. * um 480 zu Nursia (heute Norcia in Umbrien, nordöstl. von Rom) aus adeliger Familie. Er wurde zum Studium nach Rom geschickt, entfloh aber vorzeitig der sittenlosen Umgebung seiner Studiengenossen. In Affile bei Rom schloß er sich für einige Zeit einer Asketengemeinschaft an. Dann lebte er 3 Jahre hindurch in einer Höhle des Anio-Tales bei Subiaco im Sabinergebirge (östl. von Rom) als Einsied-

ler. Er wurde hierauf zum Vorsteher des nahen Klosters Vicovaro erwählt, kehrte aber nach einem vereitelten Vergiftungsversuch der Mönche nach Subiaco zurück u. gründete in der Umgebung 12 kleine Klöster, die seiner Leitung unterstanden. Um 529 übersiedelte er mit diesen Mönchen nach Monte Cassino (zw. Rom u. Neapel), wo er jenes berühmte Kloster gründete, das die Hochburg des abendländischen Mönchtums u. die Wiege des Benediktinerordens wurde. Sein Wahlspruch lautete: Ora et labora (bete u. arbeite). Die von ihm verfaßte Regel, die Gebet (Liturgie), Arbeit u. Studium als wichtigste Aufgabe verlangt, wurde zur Schule der Heiligkeit u. zur Mitschöpferin der geistigen u. materiellen Kultur des Mittelalters. Damit ist Benedikt der Retter der antiken Kultur u. der Baumeister des christlichen Abendlandes. Pius XII. nannte ihn „Pater Europae", Paul VI. proklamierte ihn 1964 zum Schutzpatron des Abendlandes. Nach allg. Dafürhalten war er nicht Priester, sondern höchstens Diakon. † am 21. 3. 547, einem Gründonnerstag. Seine Gebeine wurden 673 von Montecassino nach Fleury in die Abteikirche übertragen (seither St-Benoît-sur-Loire genannt, östl. von Orléans), ein Teil der Reliquien aber auf Bitten des Papstes Zacharias (741–752) wieder nach Monte Cassino zurückgebracht. Bei den Aufbauarbeiten nach der Zerstörung im 2. Weltkrieg wurde sein mutmaßliches Grab dort entdeckt.

Liturgie: GK G am 11. Juli (Übertragung) (früher am 21. März)

Darstellung: mit Dornen (in die er sich geworfen hat, um den Verführungen zu widerstehen). Als Benediktiner im schwarzen Habit, neben ihm Becher mit Schlange, oder ein zersprungener (oder unverletzter) Becher auf dem Regelbuch (das Glas, worin ihm seine eigenen Mönche Gift vorgesetzt hatten, zersprang, als er das Kreuz darüber machte). Mit einem Raben, Brot im Schnabel, der das dem Heiligen zugedachte vergiftete Brot wegträgt. Mit feuriger Kugel, worin er die Seele des hl. Germanus, Bisch. von Capua († 540/541), zum Himmel steigen sieht (die Stadt Cassino hieß früher S. Germano). Mit Kruzifix in der Hand. Häufig mit anderen Heiligen zusammen, bes. mit seiner Schwester ↗ Scholastica

Patron: Europas (Paul VI., 1964), der Höhlenforscher (1957), Kupferschmiede, Lehrer, Schulkinder, Sterbenden

Lit.: S. Brechter (Hg.), Benedikt, der Vater des Abendlandes (München 1947) – R. Molitor, Vir Dei Benedictus (Münster 1947) – E. v. Severus (Düsseldorf 1948) – I. Herwegen (Düsseldorf 1951[4]) – E. Dubler, Das Bild des hl. Benedikt (St. Ottilien 1953) – W. Nigg, Vom Geheimnis der Mönche (Zürich 1953) – L. v. Matt u. S. Hilpisch (Wien 1960) – W. Nigg / H. Loose, Benedikt v. Nursia (Freiburg/B. 1979) – D. Cremer, B. v. N. (Würzburg 1980) – Benedictus. Eine Kulturgeschichte des Abendlandes (Genf 1980)

Benedikt OSBCam u. Gef., Märt. **in Polen,** Hll.

Er stammte aus Benevent u. schloß sich in Montecassino dem hl. ↗ Romuald an, dem er später nach Pereum bei Ravenna folgte. Dort wies er die ihm angebotene Abtwürde zurück u. zog, von Otto III. u. ↗ Bruno von Querfurt angeregt, zus. mit **Johannes** im Jahr 1001 nach Polen, wo er in der Nähe von Meseritz ein Kloster baute u. in das auch die Polen **Isaak** u. **Matthäus** sowie als dienender Bruder **Christian** eintraten. Sie wurden alle in der Nacht zum 12. 11. 1003 von einer Räuberbande erschlagen. Sie wurden im Dom von Gnesen bestattet, ihre Reliquien kamen 1039 nach Prag.

Gedächtnis: 12. November

Lit.: Zimmermann II 291–294 – B. Ignesti (Hg.) S. Bruno dei Querfurt, Vita dei cinque fratelli (Camaldoli 1951) – J. Sydow: Wichmann Jahrb. (Berlin 1953) 10–15

Benedikt (Benedetto) **Ricasoli** OSB, Sel.

Er stammte aus dem vornehmen Geschlecht der Ricasoli u. trat in das Kloster zum hl. Laurentius ein, welches seine Eltern in Coltobuono gestiftet hatten. Dieses Kloster war eine Tochtergründung des Klosters von Vallombrosa bei Florenz, eines von ↗ Johannes Gualbertus gegründeten Reformzweiges des Benediktinerordens (Vallombrosaner). Benedikt erhielt unter Abt Azzo eine ausgezeichnete geistliche Schulung, u. mit dessen Erlaubnis zog er sich auf einen benachbarten Berg zu einem beschaulichen Leben zurück, wo er mit Fasten, Nachtwachen u. Gebet Gott diente. An den Sonn- u. Feiertagen kam er in das Kloster, um am gemeinsamen Gottesdienst teilzunehmen u. die klösterliche Gemeinschaft zu pflegen. Er starb in seiner Klause am 20. 1. 1107. Am 20. 5. 1430 fand man seinen Leichnam unverwest; er wurde in

der Klosterkirche zu Coltobuono neben dem Hochaltar beigesetzt. Kult approbiert am 29. 5. 1907.
Gedächtnis: 20. Jänner
Lit.: ASS 41 (1907) 395

Benignus, Märt., Hl.
Name: lat., der Gütige
Er war wohl Glaubensbote in Burgund. Unhistorisch ist die Legende aus dem 6. Jh., er sei Kleinasiate u. Schüler des hl. ↗ Polykarp gewesen. † 270/275. Über seinem Grab in Dijon entstanden die Basilika und das Kloster St-Bénigne.
Gedächtnis: am 17. Februar
Patron: der Stadt Dijon

Benildus FSC (Frère Bénilde), Sel. (bürgerl.: Pierre Romançon)
Name: der altdt. Vorname Bernhild: ahd. bero (Bär) + hilt(j)a (Kampf) (das inlautende r entfällt häufig in Kurz- u. Koseformen wie: Benno aus Bernhard, Imma aus Irmgard)
* am 14. 6. 1805 in Thuret (nordöstl. von Clermont-Ferrand, Zentralfrankreich) als Sohn frommer Bauersleute. Er wurde 1820 Mitglied der Kongregation der Schulbrüder vom hl. ↗ Johannes de la Salle. Er war ein vorbildlicher Lehrer, der den ganzheitlichen u. wesentlichen Erziehertyp verkörperte, ein „Held des geheiligten Alltags" von genauer Pflichterfüllung u. Regeltreue. Er gründete die Schule zu Saugues-sur-Loire (westl. von Le Puy, Zentralfrankreich) u. war seit 1841 ihr Direktor. † am 13. 8. 1862 zu Saugues. Seliggesprochen am 4. 4. 1948, heiliggesprochen am 29. 10. 1967.
Gedächtnis: 20. Februar
Darstellung: als Religionslehrer, mit Katechismus in der Hand, mit Schülern
Patron: der Lehrer
Lit.: AAS 60 (1968) 503 ff – G. Rigault, Un instituteur sur le s. autel. Le B. Benilde (Paris 1948)

Benincasa OSB, Abt **von la Cava,** Sel.
Er wurde 1170 der 8. Abt des Klosters zur Hl. Dreifaltigkeit in La Cava bei Neapel. † am 10. 1. 1194. Kult approbiert am 16. 5. 1928.
Gedächtnis: 10. Jänner
Lit.: AAS 20 (1928) 304 ff

Benita (span.) ↗ Benedicta

Benito (ital.) ↗ Benedictus

Benjamin, Sohn Jakobs
Name: hebr. (ben-jamin), Sohn des Glücks (vgl. Gen 35,18)
Er war der jüngste Sohn ↗ Jakobs u. der 2. von Rachel u. damit Vollbruder des ägyptischen ↗ Joseph. Seine Mutter starb über seiner Geburt u. nannte ihn daher Benoni (Sohn des Unglücks), sein Vater dagegen nannte ihn Benjamin (Sohn des Glücks), da er der ersehnte Ersatz für den nach Ägypten verkauften Lieblingssohn Joseph war. Joseph, inzw. zum Großwesir Ägyptens aufgestiegen, lernte ihn als kleinen Knaben kennen, als ihn seine Brüder auf seinen Befehl mit nach Ägypten nahmen.
Gedächtnis (bei den Griechen): 19. Dezember

Benjamin, Märt. **in Sachsen,** Hl.
Er war ein Mitarbeiter des Bisch. ↗ Willehad u. wurde mit mehreren anderen Gefährten beim Sachsenaufstand im Gebiet der Unterweser am 30. 11. 782 ermordet.
Gedächtnis: 30. November

Benno, Bisch. **von Meißen,** Hl.
Name: Kf. von ↗ Bernhard
Er entstammte einem sächs. Grafengeschlecht u. wurde Kanoniker zu Goslar (Ober-Harz) u. 1066 Bisch. von Meißen (bei Dresden). Wegen Nichtbeteiligung am Sachsenkrieg wurde er von Heinrich IV. 1075–76 gefangen gehalten. Er war 1077 an der Wahl Rudolfs von Schwaben beteiligt, wurde 1085 von Heinrich IV. abgesetzt, konnte aber sein Bistum 1088 wieder in Besitz nehmen. Die spätere Geschichtsschreibung bezeichnet ihn als „Apostel der Wenden" (verschiedene Slawenstämme an der Elbe u. der Ostsee). Benno lebt noch heute als Förderer der Bodenkultur in Spruch u. Sage des Landes fort. † 1106. Heiliggesprochen 1523.
Die feierliche Erhebung seiner Gebeine am 16. 6. 1524 veranlaßte Luther zu seiner Schrift „Wider den neuen Abgott u. alten Teufel, der zu Meißen soll erhoben werden". Wegen der Gefahr der Verunehrung übergab Bisch. Johann von Haugwitz 1576 die Reliquien an Herzog Albrecht V. von Bayern. Sie sind seit 1580 in der Frauenkirche zu München.

Liturgie: RK g am 16. Juni. Dresden-Meißen H (Bistumspatron), Stadt München H (Stadtpatron), Berlin, Görlitz, München-Freising: G
Darstellung: als Bisch. mit einem Fisch, der einen Bund Schlüssel im Maul trägt (Legende von der Wiederauffindung der Domschlüssel). Mit Engel
Patron: Münchens, Altbayerns u. des Bistums Dresden-Meißen. Der Fischer u. Tuchmacher. Um Regen, gegen Unwetter
Lit.: E. Klein (München 1904) – W. Schlesinger, Kirchengesch. Sachsens im Mittelalter I (1952) (Meißen, im Ev.-Luth. Landeskirchenamt Dresden) – NDB II 52 f – M. J. Hufnagel, Bavaria Sancta III (Regensburg 1973) 204–212

Benno II., Bisch. **von Osnabrück**, Sel.
* um 1020 zu Böhningen (Schwaben). Einer seiner Lehrer war der sel. ↗ Hermann der Lahme auf Reichenau. Heinrich III. berief ihn an das Stift in Goslar. Er war einige Zeit Vorsteher der Domschule zu Hildesheim u. nahm 1051 an einer kaiserlichen Heerfahrt in Ungarn teil. 1068 wurde er von Heinrich IV. zum Bisch. von Osnabrück ernannt. Im sächs. Aufstand mußte er zeitweise sein Bistum verlassen. Im Investiturstreit konnte er mehrmals zw. Heinrich IV. u. Gregor VII. vermitteln, weil er das Vertrauen beider besaß. Er besaß gute Kenntnisse im Bauwesen u. gründete die Klöster Iburg u. Gertrudenberg zu Osnabrück. † am 28. 7. 1088 zu Iburg.
Gedächtnis: 28. Juli
Lit.: J. Hindenburg, Benno als Architekt (Straßburg 1921) – O. Köhler, Das Bild des geistlichen Fürsten (Berlin 1935) 89–92 u. ö. – Wattenbach-Holtzmann I 578–581 839 – NDB II 53f – Vita Bennonis II., Monumenta Germaniae Historica Bd. 56 (Hannover 1977)

Benoît (franz.) ↗ Benedictus

Berchmans ↗Johannes Berchmans

Berchthold ↗ Berthold

Berengar OSB, Abt **von Formbach**, Sel. (Bernger, Berngar)
Name: ahd. bero (Bär) + ger (Speer): bärenstarker Speer
Er war Benediktinermönch zu Münsterschwarzach bei Würzburg u. wurde 1094 der 1. Abt des Benediktinerklosters Formbach bei Passau. Er hatte großen Reformeifer u. Liebe zu den Armen. † am 29. 10. 1108.
Gedächtnis: 29. Oktober

Berlinde von Meerbeke OSB, Hl.
Name: ahd. bero (Bär)+ linta (Schild aus Lindenholz): bärenstarke Schützerin
Der Überlieferung zufolge wurde sie von ihrem aussätzigen Vater enterbt, wurde darauf Benediktinerin zu Mosselle u. lebte dann als Reklusin an der von ihr erbauten Peterskirche zu Meerbeke in Brabant (Zentralbelgien), in der sie ihren Vater begraben hatte. † zu Meerbeke 930/935.
Gedächtnis: 3. Februar
Darstellung: als flämische Nonne mit Kuh u. Gartenmesser oder Zweig

Bern ↗ Bernhard, ↗ Berno

Berna ↗ Bernadette, ↗ Bernharda

Bernadette Soubirous ↗ Maria Bernarda

Bernd ↗ Bernhard

Bernhard von Aosta, Hl.
Name: ahd. bero (Bär) + harti, herti (hart, kräftig, ausdauernd): der Bärenharte
Er entstammte einer vornehmen Familie des Aostatales des 11. Jh.s. Die ältesten Quellen kennen ihn nur als Bernhard von Montjou. Eine legendäre Vita aus dem 15. Jh. nennt ihn zu Unrecht Bernhard von Menthon (bei Annecy, südl. von Genf, Savoyen). Er wurde Archidiakon zu Aosta (nördl. von Turin), Priester war er wohl nicht. Er gründete auf der Paßhöhe des Großen St. Bernhard (Wallis/Aosta) das berühmte Hospiz für Bergwanderer, wohin er Mönche wahrscheinlich aus Aosta brachte. Die Gründung des Hospizes auf dem Kleinen St. Bernhard (südl. des Montblanc) durch ihn ist umstritten. † wahrscheinlich am 13. 6. 1081 zu Novara (westlich von Mailand). Heiliggesprochen durch Bisch. Richard von Novara (1115–21).
Liturgie: Sitten G am 15. Juni
Darstellung: **im** Gewand eines Augustiner-Chorherren, den Teufel (Heidentum) zu Füßen, mit einer Stola gefesselt. Mit Korn, Wein u. Blitz

Patron: der Alpenbewohner u. Bergsteiger
Lit.: A. Donnet, Saint Bernard et les origines de l'hospice du Mont-Joux (St-Maurice 1942) – L. Quaglia, La Maison du Grand-St. Bernard des origines aux temps actuels (Aosta 1955). – T. Ballsiepe (Würzburg 1937)

Bernhard Markgraf **von Baden,** Sel.
* um 1428 auf Schloß Hohenbaden (bei Baden-Baden). Er wurde schon früh in familiäre u. politische Auseinandersetzungen verwickelt u. strebte immer Ausgleich u. Frieden an. Ein Jahr lang regierte er seinen Landes-Anteil Baden-Durlach u. trat dann als Söldnerführer u. Gesandter in den Dienst Kaiser Friedrichs III. (1440–1493). Er starb auf einer Gesandtschaftsreise, die er im Interesse eines Kreuzzuges gegen die Türken unternommen hatte, am 15. 7. 1458 zu Moncalieri (südl. von Turin). Sein Grab ist in S. Maria della Scala, Moncalieri. Seliggesprochen 1769.
Liturgie: Freiburg/B.: in Baden F (Landespatron), in Hohenzollern g; Speyer g am 15. Juli
Darstellung: als Ritter mit der Kreuzfahne u. dem badischen Wappen
Patron: der Erzdiöz. Freiburg/B. (mit dem hl. Konrad), von Baden. Der Jugend u. der Männer
Lit.: O. B. Roegele, Bernhard von Baden u. die Abtei Lichtental (Heidelberg 1948) – Ders., Der Ritter von Hohenbaden (Freiburg/B. 1951) – W. Hünermann, Der Reiter gegen Tod u. Teufel (Heidelberg 1957)

Bernhard OCist, Abt **von Clairvaux,** Kirchenlehrer, Hl.
* um 1090 auf dem Schloß Fontaines-lès-Dijon aus burgundischem Hochadel. Er besuchte die Schule der Stiftsherren von St-Vorles zu Châtillon-sur-Seine u. trat 1112 mit noch 30 anderen jungen Leuten, die er geworben hatte, in das junge Reformkloster Cîteaux (südl. von Dijon) ein (↗ Robert von Molesme, ↗ Alberich von Cîteaux). Schon 1115 wurde er als Abt mit 12 Mönchen zur Klostergründung nach Clairvaux an der Aube (zw. Troyes u. Chaumont) ausgesandt. 1118 entstand von hier aus die erste Tochtergründung zu Trois-Fontaines, der zu seinen Lebzeiten noch weitere 68 Neugründungen folgten.
Bernhard gilt als der 2. Stifter des Zisterzienserordens, eines Zweigordens der Benediktiner. Er unterhielt Beziehungen zu Cluny (↗ Petrus Venerabilis), Prémontrés (↗ Norbert), St. Victor (Hugo), den Gilbertinern u. franz. Eremiten u. war Berater der Päpste, Fürsten u. aller Großen seiner Zeit. Auf seinen Reisen kam er nach Deutschland u. dreimal nach Rom. Im Auftrag des Papstes ↗ Eugen III., seines Schülers, predigte er in Frankreich, Flandern u. am Rhein den 2. Kreuzzug (1147–49). Trotz dieser Tätigkeiten blieb er stets zutiefst Mönch u. wies Ehrenstellen, wie Bischofssitze in Mailand oder Genua, zurück u. lebte im Bewußtsein seiner Grenzen in seinem Wirken für Kirche u. Welt. Er nannte sich einmal die „Chimäre seines Jahrhunderts" (nicht ganz Mönch u. nicht ganz Ritter). Er trug schwer an seinem Magenleiden u. seiner Enttäuschung über den fehlgeschlagenen 2. Kreuzzug. † am 20. 8. 1153 zu Clairvaux u. wurde in Cluny beigesetzt.
Er war der geistige Führer seiner Zeit, der „ungekrönte Papst u. Kaiser seines Jahrhunderts" (man spricht von einem „Bernhardinischen Zeitalter"). Sein ganzes theol. Denken ist „monastisch", er lebt ganz aus der Betrachtung der Schrift u. der Väter. Intuitiv sah er die Gefahren der neu aufkommenden dialektisch-rationalen Schulen (so eines Abaelard) u. rief auch das kirchliche Lehramt zur Korrektur auf den Plan. Trotz innerkirchlicher Kämpfe (Papstschisma Innozenz' II. gegen Anaklet II.), trotz Vordringens von Häresien (Katharer, Waldenser u. Albigenser) u. strittiger Bischofsernennungen (Investiturstreit) prägte er seiner Zeit nach dem Wormser Konkordat (1122) den Stempel der inneren Reifung u. der literarisch-schöpferischen Kultur auf. Er entwickelte das Verhältnis der Seele zu Christus u. wurde so zum Vater der Christus- u. Brautmystik des Mittelalters. Er wirkte nachhaltig auf die Theologen, Prediger, Asketen u. aller rel. Geister der folgenden Jahrhunderte ein: Thomas von Aquin, Meister Ekkehart, Dante, Luther u. die Reformatoren, Ignatius, Theresia von Ávila, Thomas von Kempen, Franz von Sales u. v. a. Von insgesamt fast 900 Handschriften sind 497 echte Briefe bekannt, 246 Predigten u. eine große Zahl von Abhandlungen. Viele andere Briefe u. lat. Hymnen (z. B. Jesu dulcis memoria) wurden in seinem Geist verfaßt u. ihm zugeschrieben.

Seine Verehrung setzte bald nach seinem Tod ein. Bereits am 18. 1. 1174 wurde er durch Alexander III. heiliggesprochen. Am 13. 10. 1174 wurden seine Gebeine in Cluny erhoben. Sie kamen 1790 in die benachbarte Kirche von Ville-sous-la-Ferté, sein Haupt ist seit 1813 im Domschatz zu Troyes. 1175 wurde sein Fest im Orden eingeführt. Wegen seiner mitreißenden Predigergabe wurde ihm der Titel „Doctor mellifluus" („honigfließender Lehrer") gegeben. 1830 ernannte ihn Pius VIII. zum Kirchenlehrer. Viele Klöster, bes. in Spanien, u. seit 1630 verschiedene Zisterzienser-Kongregationen wurden nach ihm benannt. Ebenso entstanden Bruderschaften zu Ehren des hl. Bernhard.
Liturgie: RG G am 20. August
Darstellung: als Zisterzienserabt (oder als weißer Mönch) mit dem Kreuz oder den Leidenswerkzeugen in der Hand (Zeichen seiner Leiden bzw. seiner beständigen äußeren Abtötung). Betend vor einem Kruzifix u. die Umarmung des Gekreuzigten empfangend. Mit einem Hund (vor seiner Geburt träumte seine Mutter, sie trüge einen bellenden weißen Hund mit rotem Rücken) oder einem gefesselten Teufel (Teufelsaustreibung). Mit einem Bienenkorb (wegen seines Beinamens „Doctor mellifluus"). Mit Buch. Auch mit Maria, die ihm das Jesukind reicht (wegen seiner Marienminne)
Patron: der Zisterzienser, von Burgund, Gibraltar u. Ligurien. Der Bienen, Bienenzüchter, Wachszieher
Lit.: A. J. Luddy (Dublin 1927, 1950^3) – P. Rohbeck (Warendorf/Westf. 1949) – W. Williams (Manchester 1953^3) – J. Calmette u. H. David (Paris 1953) – J. Schenk (Regensburg 1953) – K. A. Vogt (Luzern 1953) – P. Sinz (Düsseldorf 1962) – H. Daniel-Rops (Heidelberg 1963) – W. v. d. Steinen, Vom Hl. Geist des Mittelalters (Darmstadt 1968) – R. M. Saur, Glühen ist mehr als Wissen (Stein/Rhein 1977)

Bernhard, Bisch. **von Hildesheim,** Sel.
Er war Sachse von Geburt u. wurde Domscholaster u. Dompropst zu Hildesheim, 1130 zum Bisch. von Hildesheim bestellt. 1131 erwirkte er die Heiligsprechung des hl. ↗ Godehard u. 1150 die liturgische Verehrung des hl. ↗ Bernwart. Er sicherte das Bistum durch den Bau von Burgen (Winzenburg, Hoburg), erwarb die Abtei Ringelheim (im heutigen Salzgitter), gründete das Kloster Holle-Derneburg u. förderte die Abtei Amelungsborn. † am 20. 7. 1153/54. Sein Grab ist in der von ihm 1133 erbauten Godehardi-Kirche zu Hildesheim.
Gedächtnis: 20. Juli
Lit.: H. A. Lüntzel, Geschichte der Diöz. u. Stadt Hildesheim I (Hildesheim 1858) 440-445 – Bertram I 146–168 – NDB II 110f

Bernhard von Offida OFMCap, Sel.
Er war Kapuziner-Laienbruder zu Offida (Prov. Ascoli Piceno, Mittelitalien). Er hatte immer nur niedrige Ämter, betreute sie aber mit derartigem Eifer u. war dabei so sanftmütig u. versöhnlich, daß er schon zu Lebzeiten im Ruf der Heiligkeit stand.
† am 11. 9. 1694.
Gedächtnis: 11. September

Bernhard von Tiron OSB, Hl.
* um 1046 zu Abbeville (nordwestl. von Amiens, Nordfrankreich). Er wurde Mönch in St-Cyprien zu Poitiers, vor 1080 Prior in St-Savin (östl. von Poitiers) u. 1100 Abt von St-Cyprien. Der Papst, zu dem er zweimal reiste, wollte ihn zum Kardinal ernennen, er aber ging in die Einöde in der Provinz Maine, dann wirkte er als Wanderprediger auf der Insel Chaussey (im Golf von St-Malo, Nordfrankreich). 1114 gründete er im Wald von Tiron (Diöz. Chartres, Nordfrankreich) ein Kloster, dessen Lebensweise durch Einsamkeit, harte Askese u. Handarbeit gekennzeichnet war. Daraus entwickelte sich die Benediktiner-Kongregation von Tiron. † am 25. 4. 1117.
Gedächtnis: 25. April
Darstellung: mit Wolf, der ihm ein Schaf oder Kalb, das sich verirrt hat, zurückbringt
Patron: der Drechsler, der Gefangenen
Lit.: Zimmermann II 54–57

Bernhard (Bernardo) **Tolomei** (Ptolemaeus) OSB, Sel.
* 1272 zu Siena (Italien) aus dem Geschlecht der Tolomei. Er studierte Rechte u. war Podestà (kaiserlicher Stadtvogt) von Siena. 1313 zog er sich mit 2 Gefährten in die Einsamkeit von Ancona zurück. 1319 erhielten sie vom Bisch. von Arezzo die Benediktinerregel als Lebensform, u. Bernhard gründete in Ancona das Kloster U. L. F. vom Ölberg (Montoliveto), aus dem sich

die Benediktiner-Kongregation der Olivetaner entwickelte. Bernhard war deren Oberer von 1322 bis zu seinem Tod. Er starb bei der Pflege von Pestkranken im August 1348.
Gedächtnis: 21. August (in Siena am 4. September)
Darstellung: mit einer Leiter (im Traum sah er eine Leiter, auf der Mönche in weißen Kleidern zum Himmel emporstiegen)
Lit.: Zimmermann II 605-608

Bernhard von Vienne ↗ Barnard

Bernhardin (Bernardino) **von Feltre** OFM, Sel. (Familienname: Tomitano)
Name: ital. (Bernardino), Verkl. F. von Bernardo (Bernhard)
* 1439 zu Feltre (östl. von Trient). Er wurde 1456 Franziskaner u. 1463 Priester. Er wirkte zuerst als Lehrer an den Ordensschulen, dann als gefeierter Volksmissionar. Als „Apostolischer Prediger" bemühte er sich um den Frieden in den Parteikämpfen seines Landes u. um die Linderung der Volksnot. Er ist berühmt durch seine „Montes Pietatis" (eine Art Leihanstalten u. Darlehenskassen), deren er in seinem letzten Jahrzehnt über 30 gründete. † am 28. 9. 1494 zu Pavia.
Gedächtnis: 28. September
Patron: der Verleiher
Lit.: H. Holzapfel, Die Anfänge der Montes Pietatis (München 1903) – F. Casolini, Bernardino da Feltre (Mailand 1939)

Bernhardin (Bernardino) **Realino** SJ, Hl.
* am 1. 12. 1530 zu Carpi (südl. von Mantua, Oberitalien). Er studierte Medizin u. Rechtswissenschaften zu Bologna u. Modena, wurde Bürgermeister in Felizzano (bei Alessandria, Oberitalien), Staatsanwalt in Alessandria, Gesandtschaftssekretär in Neapel u. war juristischer Berater in mehreren ital. Städten. Die Begegnung zweier junger Jesuiten in Neapel u. eine Marienerscheinung bewogen ihn 1564 zum Eintritt in den Jesuitenorden. 1567 erhielt er die Priesterweihe u. wirkte zuerst in Neapel, seit 1574 in Lecce (bei Brindisi) als charismatisch begnadeter, hochgeschätzter Prediger, Beichtvater u. Seelenführer. Er war dort das, was der hl. ↗ Philipp Neri für Rom war. † am 2. 7. 1616 zu Lecce. Heiliggesprochen am 22. 6. 1947.
Gedächtnis: 2. Juli
Lit.: AAS 41 (1949) 45ff – G. Germier (Florenz 1943) – F. Sweeny (New York 1951)

Bernhardin von Siena (Bernardino degli Albizechi) OFM, Hl.
* am 8. 9. 1380 zu Massa-Carrara (am Meer westl. von Florenz). Er wurde 1402 Franziskaner und 1404 Priester u. schloß sich in Colombaio bald der Observanz an (Reformkreis aus dem 14. Jh.). Seit 1417 wirkte er als berühmter Volksprediger u. strebte als solcher vornehmlich die Hebung der Sitten, die Schlichtung von Parteistreitigkeiten u. die Förderung der Andacht zu Maria, Josef u. zum Namen Jesu an. Als Generalvikar der Observanten (1438–42) sorgte er mit seinem Schüler ↗ Johannes von Capestrano für deren Ausbreitung in ganz Italien. Mit den ital. Humanisten befreundet, förderte er die Studien. 1433 begleitete er König Sigismund nach Rom zur Kaiserkrönung u. machte sich 1439 auf dem Konzil zu Florenz um die Union der Kirche mit den Griechen verdient. † am 20. 5. 1444 zu L'Aquila (nordöstl. von Rom) u. ebendort in S. Bernardino beigesetzt (Hochgrab im rechten Seitenschiff). Heiliggesprochen 1450.
Liturgie: GK g am 20. Mai
Darstellung: als hagerer barfüßiger Franziskaner, einen Stab in der Hand, an dessen Ende eine Strahlensonne mit JHS (dieses Missionarszeichen hielt er während der Predigt den Zuhörern vor, um ihre Andacht zu erwecken). In der Hand eine Tafel mit der Inschrift JHS. Auch mit dreispitzigem Berg mit Kreuz (der Berg bedeutet Christus). Mit 3 Tafeln u. 3 Bischofsstäben (weil er 3 angebotene Bischofssitze ausschlug)
Patron: der Wollweber
Lit.: O. Mund (Münster 1948) – L. Schläpfer (Düsseldorf 1965)

Berno OSB, Abt **von Cluny,** Sel.
Name: Kf. von ↗ Bernhard
* 850 aus vornehmer burgundischer Familie. Er lebte als Mönch von St-Martin in Autun (Ostfrankreich) im Geist des hl. ↗ Benedikt von Aniane. 886 wurde er zur Reform nach Baume-les-Messieurs (Dep. Ju-

ra, Ostfrankreich) gesandt. Er gründete 890 das Kloster Gigny (Dep. Jura, nördl. von Lyon) u. 909 das Kloster Cluny u. leitete daneben noch mehrere andere Klöster. 924 ließ er den hl. ↗ Odo zu seinem Nachfolger in Cluny wählen. † am 13. 1. 927.
Gedächtnis: 13. Jänner
Lit.: Zimmermann I 79

Bernold von Ottobeuren OSB, Sel.
Name: zu Bernwalt: ahd. bero (Bär) + waltan (herrschen, walten): der wie ein Bär herrscht (Bernhold, Bernald)
Er lebte wahrscheinlich im 11. Jh. als Benediktinermönch in Ottobeuren (östl. von Memmingen, Oberschwaben). Er wird gewöhnlich der „Presbyter" genannt u. war von außergewöhnlichem Bußgeist beseelt. Nach seinem Tod geschahen zahlreiche Wunder. Die 1. Erhebung seiner Gebeine geschah am 25. 11. 1189. Seit 1772 ruht er in der Johannes-Nepomuk-Kapelle der Basilika Ottobeuren.
Gedächtnis: 25. November
Lit.: F. L. Baumann, Geschichte des Allgäus I (Kempten 1883) 409 – Zimmermann III 354, 356

Bernulf, Bisch. **von Utrecht,** Hl. (Bernold, Benno)
Name: ahd. bero (Bär) + wolf (Wolf, als Sinnbild des Krieges): der wie ein Bär Kämpfende – oder: zu ↗ Bernold
Er war zuerst Pfarrer in Oosterbeek (bei Arnheim, östl. Niederlande) u. wurde 1027 Bisch. von Utrecht. Er setzte sich auf mehreren Synoden für die Reformideen von ↗ Cluny ein. † am 19. 7. 1054 u. in der von ihm erbauten Peterskirche zu Utrecht beigesetzt.
Gedächtnis: 19. Juli
Patron: der niederländischen „Bernulfgilde für christliche Kunst"
Lit.: G. J. Lieftinck, De herkomst van Bernulf van Utrecht: Jaarboekje van „Oud-Utrecht" 1949 (Utrecht 1949) 23–40 – DHGE VIII 856f – NDB II 143

Bernward, Bisch. **von Hildesheim,** Hl.
Name: ahd. bero (Bär) + wart (Hüter, Schützer): bärengleicher Schützer
* um 960 aus sächs. Hochadel. Er kam um 975 an die Domschule zu Hildesheim u. studierte dort Wissenschaften u. technische Künste. Als Erzieher Kaiser Ottos III. wurde er seit 987 in die Staatsverwaltung eingeweiht u. auf Reisen in die Kunst tiefer eingeführt. Er erhielt in Mainz die höheren Weihen u. wurde 993 Bisch. von Hildesheim. Er widmete sich ganz der Seelsorge u. Disziplin des Klerus, begründete die Hildesheimer Archidiakonate, förderte Klöster u. Klostergründungen (Ringelheim, Steterburg, Ölsburg, Hildwartshausen, Heiningen), stiftete das 1. Männerkloster seiner Diöz. (St. Michael) u. leistete caritative Arbeit. Gegen die plündernden Normannen u. Slawen baute er Stadtmauern u. Burgen (Mundburg u. Wyrinholt) u. umgab die Domburg mit einer festen Mauer. Als Reichsbisch. unternahm er mehrere Reisen (1000/01 nach Rom u. 1007 nach Flandern u. Frankreich). 1015 weihte er die Krypta der St.-Michaels-Kirche ein. Er schuf auch die Hildesheimer Kunstschule (frühromanische Baukunst, Malerei, Erzgießerei, Goldschmiede- u. Buchkunst). † am 20. 11. 1022 u. in der Krypta der Michaelskirche bestattet. Heiliggesprochen 1192.
Liturgie: Hildesheim F am 20. November
Darstellung: als Bisch. u. Künstler, mit Schmiedehammer einen Kelch bearbeitend. Mit Kelch (Bernwardskelch). Mit kurzem, von ihm selbst angefertigtem Kreuz in der Hand (Bernwardskreuz)
Patron: der Goldschmiede
Lit.: K. Henkel u. K. Algermissen u. a., Die bernward. Kunst (Hildesheim 1937) – J. M. Kratz u. H. Seeland, Unsere Diöz. (Hildesheim 1951) 58ff – H. Beseler u. H. Roggenkamp, Die Michaeliskirche in Hildesheim (Berlin 1954) – R. Wesenberg, Bernwardinische Plastik (Berlin 1955) – W. v. d. Steinen, Bernward von Hildesheim über sich selbst: DA 12 (1956) 331–362

Bertha, Äbtissin **von Avenay,** Hl. (Berta)
Name: ahd. beraht (glänzend, berühmt). Wahrscheinlich ist der Name eine Kf.von weibl. Vornamen, die mit Bert- oder -berta gebildet sind, z. B. Berthilde oder Amalberta
Im Einverständnis mit ihrem Gatten, dem hl. ↗ Gumbert von Senones, entsagte sie der ehelichen Gemeinschaft u. gründete das Kloster Avenay an der Marne (südl. von Reims, Nordfrankreich), wo sie als Äbtissin Ende des 7. Jh.s starb. Sie soll von ihren Stiefsöhnen ermordet worden sein u. wurde deshalb als Märt. verehrt.
Gedächtnis: 1. Mai
Lit.: Zimmermann II 399, 401 – DHGE VIII 943f

Bertha von Bingen, Sel. (Berta)
Sie war die Gattin des heidnischen Gaugrafen Robold von Bingen u. Mutter des hl. ↗ Rupert von Bingen. Nachdem ihr Gatte im Kampf gegen die Christen den Tod gefunden hatte, zog sie sich mit ihrem 3jährigen Söhnchen an die Nahe zurück u. baute dort ein Kirchlein. Trotz vieler Heiratsanträge blieb sie Witwe. Etwa 15 Jahre später ging sie mit ihrem Sohn in die Einsamkeit des Rupertsberges bei Bingen, wo sie um 860 starb.
Gedächtnis: 15. Mai

Bertha OSB, Äbtissin **von Blangy,** Hl. (Berta)
Nach dem Tod ihres Gatten, des Grafen Rigobert, gründete sie um 686 das Benediktinerinnenkloster Blangy bei Arras (nördlichstes Frankreich) u. trat mit ihren beiden Töchtern dortselbst ein, wo sie um 725 als Äbtissin starb. Ihre Gebeine wurden um 895 nach Erstein (Elsaß) gebracht, kamen aber im 11. Jh. fast vollständig nach Blangy zurück, wo sie noch heute verehrt werden.
Gedächtnis: 4. Juli
Darstellung: mit ihrer Tochter vor dem Altar kniend
Lit.: Zimmermann II 399 401 – DHGE VIII 944f

Bertharius OSB, Abt **von Montecassino,** Märt., Hl.
Name: latinisierte Form von Berther: ahd. beraht (glänzend, berühmt) + heri (Heer)
Er entstammte einem langobardischen Geschlecht, wurde Mönch in Montecassino u. 856 (oder 848) Abt. Er war eine bedeutende Persönlichkeit des karolingischen Italien: Er erwirkte 877 die Exemption für Montecassino, war ein Dichter u. vielseitiger Schriftsteller (er verfaßte auch medizinische Werke) u. förderte eine reiche künstlerische Tätigkeit. Er legte die Stadt Germano (das heutige Cassino) an u. befestigte sie gegen die Einfälle der Sarazenen, wurde jedoch bei einem solchen Einfall am 22. 10. 884 am Altar ermordet. Seine Gebeine ruhen in Montecassino.
Gedächtnis: 22. Oktober
Lit.: Manitius I (1911) 608f – ActaSS Oct. IX (1858) 663–682 – BHL 1107ff

Berthieu ↗ Jakob (Jacques) Berthieu

Berthild OSB, Äbtissin **von Chelles,** Hl. (Bertila)
Name: ahd. beraht (glänzend, berühmt) + hilt(j)a (Kampf): berühmte Kämpferin
Sie war Benediktinernonne in Jouarre (östl. von Meaux bei Paris) u. wurde um 659 die 1. Äbtissin von Chelles bei Paris, welches von der hl. ↗ Balthild gestiftet worden war. † am 5. 11. um 705. Ihre Gebeine sind in St-André zu Chelles, das Haupt wurde 1185 nach Jouarre gebracht.
Gedächtnis: 5. November
Lit.: Zimmermann III 262ff – ActaSS Nov. III (1910) 90–94

Berthold OSB, Abt **von Engelberg,** Hl.
Er wurde 1178 nach ↗ Frowin der 3. Abt des Benediktinerklosters Engelberg (Kt. Obwalden, Schweiz). Als solcher zeichnete er sich aus durch Frömmigkeit, Genügsamkeit u. kluge Umsicht. Er verteidigte die Rechte des Klosters u. konnte verschiedene Privilegien für dasselbe erhalten. Unter ihm und seinem Nachfolger Abt Heinrich (1197–1223) brachte der sog. Engelberger Meister Schrift u. Miniatur der Engelberger Schreibstube zu höchster Vollendung u. verfaßte Annalen. Er selbst schrieb eine Streitschrift über den Aufenthalt der Gerechten des AT in der Hölle. † am 3. 11. 1197.
Gedächtnis: 3. November

Berthold OSB, Abt **von Garsten,** Hl.
Name: ahd. beraht (berühmt, glänzend) + walt zu waltan (herrschen, walten): berühmter Herrscher
Er entstammte wahrscheinlich dem Geschlecht der Grafen von Windberg-Bogen u. war verwandt zu den Babenbergern. Er wurde Benediktinermönch zu St. Blasien im Schwarzwald (südöstl. von Freiburg), Prior in Göttweig (bei Krems, Niederösterreich) u. 1110/11 1. Abt von Garsten (bei Steyr, Oberösterreich), das er zu einem Reformzentrum machte. Er zeichnete sich aus durch Bildung u. Seeleneifer (bes. im Beichtstuhl), Genügsamkeit u. Wohltätigkeit. † am 27. 7. 1142 u. in der ehemaligen Stiftskirche Garsten begraben. Kult approbiert am 8. 1. 1970.
Liturgie: Linz G, Salzburg, St. Pölten g am 27. Juli

Darstellung: als Abt, Fische u. Brot tragend (Wohltätigkeit)
Lit.: Vita B. Bertholdi, dt. von K. Schiffmann (Linz 1946) – J. Lenzenweger, Berthold von Garsten (Graz 1958) – D. Assmann, Hl. Florian, bitte für uns (Innsbruck 1977) 107–109

Berthold von Kalabrien, Hl.
Er stammte aus Salignac (südl. von Limoges, Südwestfrankreich) u. ließ sich um 1155 als Einsiedler auf dem Berge Karmel nieder. 1185 war er Oberer einer dort lebenden Eremitengruppe, aus der nach 1200 der Karmelitenorden entstand. † um 1195. Seine Gebeine ruhen in den Ruinen des Kreuzfahrerklosters im Wadi es-Siâh.
Gedächtnis: 29. März
Lit.: BiblCarm I 286 – Carmel I (Tilburg 1948) 1–35

Berthold von Regensburg OMin, Sel.
* um 1210 zu Regensburg. Er trat um 1226 den Franziskaner-Minoriten bei u. entfaltete sich in der Folge zum größten Volksprediger des dt. Mittelalters. Etwa von 1240 an predigte er in Süddeutschland, in der Schweiz, in Schlesien, Österreich, Böhmen u. Mähren, 1262–63 auch in Ungarn, wo er energisch gegen das Flagellanten-Unwesen u. die Judenverfolgungen kämpfte. Urban IV. teilte ihn 1263 seinem Freund ↗ Albert d. G. zu als Gehilfe in der Predigt gegen die Ketzer. Als solcher durchzog er wieder Deutschland u. die Schweiz u. kam bis Paris, wo er mit ↗ Ludwig IX. zusammentraf. Seine Predigten, die ungemein lebhaft u. anschaulich waren u. konkrete Zeitfragen aufgriffen, erfreuten sich eines ungeheuren Zulaufes (angeblich manchmal bis zu 40.000 Hörer). † am 14. (13.?) 12. 1272 in Regensburg.
Gedächtnis: 14. Dezember
Lit.: K. Rieder (Freiburg/B. 1901) – L. Gaugusch: ThQ 93 (1911) 551–568 (Leben u. Werk) – Stammler-Langosch I 213–223, V 91 (Lit.)

Bertilla ↗ Berthild

Bertilla ↗ **Maria Bertilla Boscardin**

Bertin (franz.) ↗ Adalbert, ↗ Albert

Bertoni ↗ Kaspar Bertoni

Bertram, Bisch. **von Le Mans,** Hl.
Name: ahd. beraht (glänzend, berühmt) + hraban (Rabe): glänzender Rabe (der Rabe war der heilige Vogel Wotans)
* zu Autun (südwestl. von Dijon, Ostfrankreich), vom hl. Bisch. ↗ Germanus in Paris zum Priester herangebildet. Er wurde Archidiakon u. 586 Bisch. von Le Mans (südwestl. von Paris). Er baute in Le Mans mehrere Kirchen, Hospize u. Klöster u. war 614 auf der Synode zu Paris. Sein Testament vom 27. 3. 616 ist noch erhalten. † am 30. 6. 626/627.
Gedächtnis: 30. Juni
Lit.: AnBoll 26 (1907) 467ff – R. Sprandel, Der merowing. Adel u. die Gebiete östl. des Rheins: Forsch. z. oberrheinischen Landesgesch. 5 (Freiburg/B. 1957) 29 ff

Bertrand, Patriarch **von Aquileja,** Hl.
Name: ahd. beraht (glänzend, berühmt) + rant (Schild): glänzender Schild
* um 1260 wahrscheinlich auf dem Schloß St-Geniès bei Cahors (nordöstl. von Toulouse, Südfrankreich). Er studierte in Toulouse Rechtswissenschaften, erwarb den Doktorgrad beider Rechte u. wirkte als Professor in Toulouse. Als Auditor der Rota (päpstliche Gerichtsbarkeit) unter Johannes XXII. war er wiederholt auf Gesandtschaftsreisen. 1319 wurde er Dekan in Angoulême. 1334 wurde er zum Patriarchen von Aquileja (am Golf von Triest) ernannt. Er verwaltete seine Diöz. mit großem Eifer. Nach der Zerstörung Aquilejas durch ein Erdbeben 1348 verlegte er seinen Bischofssitz nach Udine. Er verteidigte dessen Rechte gegen die Ansprüche der Grafen von Görz u. wurde auf deren Anstiften hin am 6. 6. 1350 bei Spilimbergo (westl. von Udine) ermordet.
Gedächtnis: 6. Juni
Lit.: BHL 1301ff – C. Tournier, Le b. Bertrand de St-Geniès (Toulouse-Paris 1929)

Bertrand de Garriga OP, Sel.
Er stammte aus Garrigue bei Alais (westl. von Avignon, Südfrankreich). Er war einer der ersten Gefährten des hl. Dominikus u. zählte zu dessen geschätztesten Schülern. Mit ihm zus. arbeitete er an der Bekehrung der Albigenser. Er wurde Prior des 1. Dominikanerklosters in Toulouse, später Provinzial der Provence. † um 1233. Die Gebeine ruhen in Orange (bei Avignon). Kult anerkannt 1881.

Gedächtnis: 6. Juni
Lit.: B. Altaner, Der hl. Dominikus (Breslau 1922) – H. Ch. Scheeben, Der hl. Dominikus (Freiburg/B. 1927)

Bertrand OCist, Abt **von Grandselve,** Sel. Er wurde 1128 der 2. Abt des Klosters Grandselve (nordwestl. von Toulouse, Südfrankreich) u. brachte seine Abtei zu hoher innerer u. äußerer Blüte. 1147 führte er das Kloster dem Zisterzienserorden zu u. ließ es Clairvaux unterstellen. Zur Heiligkeit seines Lebenswandels kamen noch die Gabe der Beschauung (zahlreiche Visionen) u. ein glänzendes Predigertalent. Das Kloster wurde in der Franz. Revolution 1792 zerstört. † am 11. 7. 1149.
Gedächtnis: 11. Juli
Lit.: Zimmermann III 211f – Lenssen I 186ff

Bertulf OSB, Abt **von Bobbio,** Hl.
Name: ahd. beraht (glänzend, berühmt) + wolf (Wolf): berühmter Wolf
Er stammte aus einem vornehmen fränkisch-heidnischen Geschlecht u. war mit ↗ Arnulf, dem Bisch. von Metz, verwandt. Unter Abt ↗ Eustasius wurde er Mönch in Luxeuil (nordöstl. von Besançon, Ostfrankreich). Er ging mit dem hl. Abt ↗ Athala nach Bobbio (nordöstl. von Genua) u. wurde dort 627 dessen Nachfolger als Abt. † am 19. 8. 640. Seine Gebeine ruhen in der dortigen Krypta.
Gedächtnis: 19. August
Lit.: BHL 1311–1315 - Zimmermann II 591ff

Bertwald, Erzb. **von Canterbury,** Hl. (Berhtwald, Berctuald, Brihtwald, Brithwald)
Name: ahd. beraht (glänzend, berühmt) + walt (Herrscher) zu waltan (walten, herrschen): berühmter Herrscher (vgl. ↗ Berthold)
* um 650. Er wurde um 670 Abt des neugegründeten Klosters Raculf (Reculver). Am 1. 7. 692 wurde er zum Erzb. von Canterbury (Südost-England) gewählt und am 29. 6. 693 zu Lyon konsekriert. Wie sein Vorgänger ↗ Theodor von Canterbury hatte auch er Auseinandersetzungen mit dem allzu reformfreudigen ↗ Wilfrid von York, söhnte sich aber 703 nach dessen Rehabilitierung durch Papst Johannes VI. mit ihm vollständig aus. † am 13. 1. 731.
Gedächtnis: 13. Jänner
Lit.: Zimmermann I 63 ff, III 170 f 504

Bettina (ital.) Kf. von ↗ Benedicta, ↗ Elisabeth

Betty (engl.), Kf. von ↗ Barbara, ↗ Elisabeth

Bianchi ↗ Franz Xaver Maria Bianchi

Bibiana, Jungfrau, Märt. zu Rom, Hl. (Viviana)
Name: griech. F. des lat. Viviana, Weiterb. von viva (die Lebendige, Lebensvolle)
In der legendären Passio aus dem 6./7. Jh. wird sie als Tochter des ↗ Flavian u. der ↗ Dafrosa u. als Schwester der ↗ Demetria bezeichnet, die unter Julian dem Abtrünnigen um 363 zu Rom gemartert wurden. Ihr Grab ist in der Bibiana-Basilika auf dem Esquilin in Rom.
Gedächtnis: 2. Dezember
Darstellung: an einer Säule, Dolch in der Brust, Martyrerpalme in der Hand
Lit.: BHL 1322f – R. Krautheimer, Corpus Basilicarum christ. Romae I/2 (Rom 1939) 94

Bichier ↗ Johanna Elisabeth Bichier des Ages

Bilhildis OSB, Äbtissin **von Altenmünster,** Hl.
Name: ahd. bihal (Beil) + hilt(j)a (Kampf): die mit dem Beil Kämpfende
Über sie ist nichts Näheres bekannt. Sie ist die Stifterin des 771 erstmals genannten Klosters Altenmünster in Mainz (= Hagenmünster). † um 734. Ihre Reliquien sind in der Pfarrkirche St. Emmeram zu Mainz beigesetzt.
Liturgie: Mainz g am 27. November
Darstellung: mit Kirchenmodell u. Äbtissinnenstab
Lit.: H. Büttner: AMrhKG 3 (1951) 50 – Ders.: Würzburger Diözesangeschichtsbl. 14–15 (Würzburg 1952) 88 f – Zimmermann III 362ff

Bill (engl.) ↗ Wilhelm

Billiart ↗ Julia Billiart

Birger, in neuerer Zeit aus dem Nordischen (Schweden, Norwegen) übernommener männl. Vorname. Wahrscheinl. Kf. von Namen wie altschwed. Biaergh-ulf (Bergwolf)

Birgit ↗ Birgitta

Birgitta von Schweden, Hl. (Brigitta)
Name: ältere Form Brighitta. Der Name ist kelt. Ursprungs (altirisch Brigit, latinisiert Brigida): die Erhabene, die Hohe
* 1302/03 zu Finstad bei Uppsala (Südschweden). Sie wurde fromm erzogen u. hatte schon früh Visionen. 1316 wurde sie mit dem 18jährigen Edlen Ulf Gudmarsson vermählt. Der glücklichen Ehe entsprossen 8 Kinder, darunter die hl. ↗ Katharina von Schweden. Wegen ihrer Frömmigkeit u. Wohltätigkeit genoß sie hohes Ansehen. 1335 wurde sie Hofmeisterin beim König. 1341–43 unternahm sie mit ihrem Gatten eine Wallfahrt nach Santiago de Compostela in Spanien. Ihr Mann zog sich nach der Rückkehr in das Zisterzienserkloster Alvastra (ehem. Diöz. Linköping, Südschweden) zurück. Sein Tod am 12. 2. 1344 wurde ein Wendepunkt in Birgittas Leben. Sie ließ sich in Alvastra nieder, wo sie in einer Vision Gottes Ruf vernahm, seine Braut u. Mittlerin zu sein. Hier hatte sie im Gebet zahlreiche Visionen, die sie in schwedischer Sprache niederschrieb (diese wurden durch ihre Beichtväter, den Subprior Petrus Olavi von Alvastra u. den Magister Matthias von Linköping ins Lateinische übersetzt). Zugleich bereitete sie die Gründung eines Ordens vor, u. im Jahr 1346 erhielt sie von König Magnus Eriksson u. a. das Königsgut Vadstena am Vättersee (Südschweden), wo das erste Kloster des Birgittenordens erbaut wurde. Um besser für ihren Orden wirken zu können, ging sie 1349 nach Rom u. machte 1372/73 eine Wallfahrt ins Heilige Land. Die letzten 24 Jahre ihres Lebens verbrachte sie in Italien. Sie wirkte stark auf die geistlich u. weltlich Großen ein zur sittlichen Erneuerung ihrer Zeit. † am 23. 7. 1373 zu Rom. Ihr Leib wurde 1374 (mit Ausnahme eines Armes) nach Vadstena überführt. Heiliggesprochen 1391.
Liturgie: GK g am 23. Juli
Darstellung: mit Pilgerhut, Stab u. Kürbisflasche. Schreibend mit Feder u. Tintenfaß. Als Nonne, rotes Jerusalemkreuz in der Hand. Kreuz auf einem in der Hand gehaltenen Herzen. Vor einem Kreuz kniend (ihre Visionen des Gekreuzigten)
Patronin: der Pilger, für eine gute Todesstunde
Lit. E. Fogelklou, Die hl. Birgitta (dt. München 1929) – K. Adalsten, Licht aus dem Norden, die hl. Birgitta (Freiburg/B. 1951) – S. Stolpe, Die Offenbarungen der hl. Brigitta (Frankfurt/M. 1961)

Birk (alemann.), Kf. von ↗ Burkhard

Björn, in neuerer Zeit aus dem Nordischen (Schweden, Norwegen) übernommener männl. Vorname: Bär

Blaise (franz.) ↗ Blasius

Blanca, Königin **von Frankreich,** Hl.
Name: der aus dem Span. kommende Name ist ursprünglich germ.: ahd. blanch, mhd. blanc (blank, weißglänzend, schön; vgl. ital. bianco, franz. blanc, blanche)
* 1188 als Tochter des Königs Alfons IX. von Kastilien (Zentralspanien). Sie wurde 1200 die Gemahlin König Ludwigs VIII. von Frankreich u. Mutter König ↗ Ludwigs IX. des Heiligen. Nach dem frühen Tod ihres Gatten übernahm sie 1226 die Regentschaft für ihren minderjährigen Sohn bis 1235, u. wieder während seiner Abwesenheit am 6. u. 7. Kreuzzug (ab 1248). Sie starb am 1. 12. in dem von ihr gestifteten Zisterzienserkloster Maubuisson.
Gedächtnis: 1. Dezember
Lit.: P. E. Schramm, Der König von Frankreich, 2 Bde. (Weimar 1939) – L. Buisson, König Ludwig IX., der Heilige u. das Recht (Freiburg/B. 1954)

Blanche (franz.) ↗ Blanca

Blandina, Märt. zu Lyon, Hl.
Name: Weiterb. von lat. blanda: die Schmeichelnde, die Reizende
Sie war eine Jungfrau aus dem Sklavenstand. Mit dem hl. Märtyrerbisch. ↗ Pothinus u. einer größeren Zahl anderer Christen litt sie unter Marc Aurel zu Lyon 177. Ihr langes Martyrium ist im Brief der Kirche von Lyon u. Vienne beschrieben. Von schwacher Körperkonstitution bewies sie unter entsetzlichsten Folterungen einen heldenhaften Bekennermut.
Gedächtnis: 2. Juni
Darstellung: mit einem Stier, Netz in der Hand (weil sie im Netz einem Stier vorge-

worfen wurde). Oder Rost in der Hand
Patronin: der Dienstmägde, Jungfrauen
Lit.: MartHieron 292–298 – Catholicisme II 77f

Blandinus, Hl.
Name: ↗ Blandina
Er stammte aus armer Familie u. lebte im 7. Jh. Den größten Teil seines Lebens verbrachte er als Schweinehirt u. Bauernknecht in einer Einsiedelei bei Chelles (östl. von Paris) in dem nach ihm benannten Dorf St-Blin.
Gedächtnis: 1. Mai

Blasius ↗ Theophilus von Corte

Blasius (Blasios), Bisch. **von Sebaste**, Märt., Hl.
Name: aus dem Griech. übernommener Name armenischer (?) Herkunft, dessen Bedeutung unklar ist
Er war Bisch. von Sebaste in Armenien (jetzt Siwas im östl. Kleinasien) u. starb um 316 als Märt. Über sein Leben berichten nur Legenden. Er gehört zu den ↗ 14 Nothelfern. Reliquien von ihm kamen nach Tarent (Süditalien), St. Blasien (Schwarzwald), Mainz, Trier, Lübeck, Paris u. Ragusa (Sizilien). Sein Fest wurde bis zum 11. Jh. am 15. 2. gefeiert (im Orient am 11. 2.), seither am Tag nach Mariä Lichtmeß (s. Herrenfeste: Darstellung d. Herrn, S. 61f) (offenbar wegen der Kerzenweihe bzw. der Segnung mit den geweihten Kerzen).
Liturgie: GK g am 3. Februar
Darstellung: Die reich ausgestaltete legendäre Passio gibt die Motive für die verschiedenartigen Darstellungen: als Bisch. mit brennender Kerze bzw. mit 2 gekreuzten Kerzen in der Hand (eine Frau brachte ihm Speise u. Licht in den Kerker). Mit eiserner Hechel (er wurde mit eisernen Kämmen zerfleischt). Tiere des Waldes umgeben ihn in der Einsamkeit, Vögel bringen ihm Speise (die Legende berichtet derartiges über seine Verfolgung und Vertreibung von seinem Bischofssitz). Mit einem Schweinskopf in der Hand (er soll bewirkt haben, daß eine arme Frau ihr Schwein, das ein Wolf geraubt hatte, zurückerhielt).
Patron: Im Orient ist Bisch. Blasius seit dem 6. Jh. Patron gegen Halsleiden, im Abendland spätestens seit dem 9. Jh. (nach der Legende heilte er im Kerker einen Knaben, der durch Verschlucken einer Fischgräte dem Erstickungstod nahe war). Noch heute wird der Blasiussegen mit 2 geweihten, in Form des Andreaskreuzes vor dem Hals gehaltenen Kerzen erteilt.
Er ist Patron der Ärzte, Bauarbeiter, Gerber, Gipser, Haustiere, Hutmacher, Maurer, Schneider, Schuhmacher, Seifensieder, Steinhauer, Strumpfwirker, Weber
Lit.: Pastor bonus 16 (Trier 1904) 227 f – Franz 202–206 – Künstle II 137 ff 469–474 – Braun 141–145 – BHL 1370–1380 – AnBoll 73 (1955) 18–54 141–145

Bob (engl.) ↗ Robert

Bobola ↗ Andreas Bobola

Bodo, Märt. zu Ebsdorf, Hl.
Name: Kf. von Namen, die mit altsächs. bodo-, ahd. boto- (Bote, Abgesandter) gebildet sind wie ↗ Bodomar, ↗ Bodowin
Er war ein königlicher Gefolgsmann u. fand mit zahlreichen anderen Edlen, Vasallen u. Kriegern in der Schlacht bei Hamburg gegen die heidnischen Normannen am 2. 2. 880 den Tod. ↗ Ebsdorfer Märt.
Gedächtnis: 2. Februar

Bodomar
Name: ahd. boto (Bote, Abgesandter) + mar (berühmt)

Bodowin (Bodwin)
Name: ahd. boto (Abgesandter, Bote) + wini (Freund)

Bogdan
Name: slaw., Geschenk Gottes (vgl. russ. bog = Gott, dan = Geschenk). Dem Namen entspricht das griech. ↗ Theodor

Bogumil, Erzb. **von Gnesen,** Hl.
Name: slaw., Gottlieb (vgl. russ. bog = Gott, milyi = lieb, angenehm). Dem Namen entspricht das griech. ↗ Theophilus
Die Überlieferung über ihn wurde erst Ende des 16. Jh.s aufgezeichnet. Danach stammte er aus der Familie der Grafen von Libycz u. studierte mit seinem Bruder Boguphal in Paris Theologie. In die Heimat zurückgekehrt, baute er zu Dobrew eine Kirche u. gründete so eine Pfarrei. Sein Oheim, Erzb. Johann von Gnesen, erwählte ihn nachher zu seinem Kanzler u. weihte

ihn zum Priester. Er wirkte anschließend mit großem Eifer in der von ihm gegründeten Pfarre. Nach dem Tod Erzb. Johannes' wurde er 1075 dessen Nachfolger. Bedrückt von den gravierenden Mißständen unter seinen Priestern resignierte er nach 5 Jahren u. zog sich als Einsiedler auf eine Wartheinsel zurück, wo er 1092 starb. Er wurde in der von ihm erbauten Kirche zu Dobrew beigesetzt. Kult approbiert am 27. 5. 1925.
Gedächtnis: 6. Juni
Lit.: AAS 17 (1925) 384ff – DHGE IX 417f

Bona, Jungfrau, Hl.
Name: lat., die Gute
* 1156 zu Pisa (Mittelitalien). Sie hatte die Gabe der Prophetie u. der Wunder. Den größten Teil ihres Lebens brachte sie mit Wallfahrten zum Grab des Apostels ↗ Jakobus d. Ä. in Santiago de Compostela (Nordwest-Spanien) zu. † 1207 zu Pisa.
Gedächtnis: 29.Mai
Darstellung: mit Pilgerstab oder Kreuz
Patronin: der Stewardessen (seit 1962)

Bonaventura OFM, Bisch., Kirchenlehrer, Hl. (bürgerlich: Johannes Fidanza)
Name: lat., gute Zukunft. Zur Entstehung dieses Namens erzählt man sich folgende Geschichte: Die Mutter Maria Ritelli brachte das neugeborene kranke Knäblein Giovanni zum hl. ↗ Franz von Assisi u. bat ihn, er möge es segnen. Einige Jahre später, als der Heilige im Sterben lag, brachte die Mutter das Knäblein noch einmal zu ihm, um ihm für die Heilung zu danken. Da rief der Poverello aus: „O buona ventura!" Von da an nannte man den Knaben „Bonaventura".
* 1221 zu Bagnoreggio bei Viterbo (nördl. von Rom). 1236–42 studierte er die Artes in Paris, trat 1243 dortselbst dem Franziskanerorden bei u. wurde Priester. Mit etwa 35 Jahren wurde er Doctor Theologiae u. am 12. 8. 1257 zus. mit ↗ Thomas von Aquin in das Professorenkollegium aufgenommen. Inzw. war er am 2. 2. 1257 zum 7. General des Ordens gewählt worden, den er bis 20. 5. 1274, meist von Paris aus, leitete. Am 28. 5. 1273 rief ihn Gregor X. mit Ernennung zum Kardinalbisch. nach Rom, damit er an den Vorbereitungen zum 2. Konzil von Lyon (7. 5. – 17. 7. 1774), bes. bei den Unionsverhandlungen mit den Griechen, mitarbeitete. 14 Tage nach der Union mit den Griechen, bei deren Vollzug er predigte, starb er am 15. 7. 1274 zu Lyon (die Einigung der Griechen mit der Röm. Kirche war allerdings nur von kurzer Dauer, weil sie aus einer politischen Notlage des griech. Kaisers Michael VIII. Paläologus zustandegekommen war). Bonaventura wurde von Sixtus IV. 1482 heiliggesprochen. Sixtus V. ernannte ihn 1588 unter dem Ehrentitel „Doctor Seraphicus" zum Kirchenlehrer.
Neben Thomas von Aquin war Bonaventura die führende Gestalt der Hochscholastik. Während Thomas im christl. phil.-theol. Denken der Philosophie des Aristoteles zum Durchbruch verhalf, baute Bonaventura auf den Neuplatonikern u. auf ↗ Augustinus auf u. brachte damit die ältere Franziskanerschule zur höchsten Blüte. Seine Spekulation erwuchs aus der Tiefe mystischer Frömmigkeit (daher sein Ehrentitel „Doctor Seraphicus"). Die ganze Welt ist ihm Bild u. Gleichnis Gottes (Exemplarismus). Auf verschiedenen Stufen kann sich der menschliche Geist zu Gott erheben, wenn er sich in glaubender Bereitschaft fähig gemacht hat, hinter den äußeren Schein der Dinge zu blicken: Es sind die „Schatten" (umbrae), die „Spuren" (vestigia) u. die „Bilder" Gottes (imagines): in allem, was gut, edel, wertvoll, wahr, liebenswert usw. ist, kann der glaubende Mensch Gottes Bild erkennen u. damit Gott selbst in seinen Spuren erfahren u. lieben.
Seine zahlreichen Werke wurden öfters gedruckt: sein Kommentar zu den Sentenzen des Lombarden (Sentenzenkommentar), sein Breviloquium, seine Kommentare zur Hl. Schrift u. seine Predigten, seine aszetischen u. mystischen Schriften.
Als Ordensgeneral vollendete er die Verfassung u. Organisation seines Ordens, begrenzte die Provinzen, redigierte erstmals die Ordensstatuten, hob die Studien an, beseitigte Mißstände u. vermittelte sehr klug zw. einer rigorosen u. einer liberalen Richtung innerhalb des Ordens. Mit Recht wird er der 2. Stifter des Ordens genannt.
Liturgie: GK G am 15. Juli
Darstellung: als Franziskaner oder Bisch.,

neben ihm ein Kardinalshut. Mit Engel, der ihm die Hl. Hostie reicht (als er sie aus Demut nicht nehmen wollte). Mit Kruzifix oder Kreuzesbaum

Patron: der Franziskaner, Theologen; der Arbeiter, Kinder, Lastträger, Seidenfabrikanten

Lit.: É. Gilson u. Ph. Böhner, Der hl. Bonaventura (Hellerau 1929) – F. Imle u. J. Kaup, Die Theologie des hl. Bonaventura (Werl 1931) – A. Grünewald, Franziskanische Mystik (München 1932) – G. Söhngen, Bonaventura als Klassiker der analogia fidei: Wissenschaft u. Weisheit (Düsseldorf) 2 (1935) 97–111 – K. Ruh, Bonaventura (dt.: Bern 1956)

Bonaventura von Barcelona OFM, Sel.
* am 24. 11. 1620 zu Riudoms bei Barcelona. Er wurde 1640 Franziskanerlaienbruder u. erhielt 1659 von Alexander VII. die Erlaubnis, sog. Retiri zu gründen, d. h. Häuser der Einsamkeit u. des beschaulichen Lebens für die Franziskaner. So gründete er den Konvent Maria della Grazia zu Ponticelli in den Sabinerbergen. † am 11. 9. 1684 in Rom. Seliggesprochen am 21. 5. 1906.

Gedächtnis: 11. September

Lit.: ASS 40 (1906) 325 – AFrH 38 (1945) 40–81 – AureolaSeraf V (1950) 157–192

Bonaventura Tornielli OSM, Sel. (Bonaventura von Forlì; Familienname unsicher)
* 1410 in Forlì (Oberitalien). Er trat dem Servitenorden bei, wurde Magister der Theologie u. wirkte als bekannter Prediger in allen größeren Städten Italiens. Da er von kleiner Gestalt, mit hagerem Gesicht u. spärlichem Bart war, nannte man ihn auch Barbetta. † am 31. 3. 1491 in Udine. Er wurde sofort nach seinem Tod als Heiliger verehrt. Seine Reliquien sind in Venedig. Kult approbiert am 6. 9. 1911.

Gedächtnis: 31. März

Lit.: AAS 3 (1911) 659ff – A. Serra, Ricerche sul B. Bonaventura da Forlì (Vicenza 1964)

Bonifatius OSB, Bisch., Apostel Deutschlands, Hl. (Winfried)

Name: lat., der gutes Geschick Verheißende. Später umgedeutet in Bonifacius, der Wohltäter

* 672/675 aus angelsächs. Adelsfamilie im südl. Wessex. Er wurde in den Benediktinerklöstern Exeter u. Nursling erzogen. Er wurde selbst Benediktinermönch u. Vorsteher der Klosterschule zu Nhutscelle (heute Nursling, zwischen Winchester u. Southampton, Südengland). Hier verfaßte er eine Grammatik und eine Metrik sowie mehrere Dichtungen. Etwa 40jährig zog er in die Mission, zunächst 716 zu den Friesen, wo er aber mangels politischen Rückhalts keinen Erfolg hatte. Trotz seiner Wahl zum Abt von Nhutscelle zog er erneut in die Mission, bemühte sich aber zunächst um die Sendung durch Papst Gregor II., der ihm am 15. 5. 719 den Namen Bonifatius (vgl. ↗ Bonifatius, Märt. in Tarsus, 14. Mai) gab u. ihm den Missionsauftrag erteilte. Nach kurzer Wirksamkeit in Thüringen ging er noch 719 als Mitarbeiter des hl. ↗ Willibrord einmal nach Friesland. Seit 721 wirkte er selbständig u. erfolgreich unter den Hessen u. gründete im Nordosten des Lahngaues (Kreis Marburg) die Mönchszelle Amöneburg (Amanaburch). Am 30. 11. 722 vom Papst zum Bisch. geweiht, setzte er seine Mission in Hessen, unterstützt von angelsächs. Mönchen u. Nonnen fort (Fällung der Donareiche zu Geismar bei Fritzlar), doch spitzte sich der Konflikt mit dem fränkischen Klerus immer mehr zu. Mit der Tätigkeit in Thüringen (seit 725) trat er von der eigentlichen Missionsarbeit zurück u. widmete sich der organisatorischen Festigung u. rel. Vertiefung eines oberflächlichen bzw. darniederliegenden Christentums. 732 wurde er durch Gregor III. zum Erzb. u. päpstlichen Vikar des dt. Missionsgebietes ernannt. Durch weitere Gehilfen aus seiner Heimat konnte er die Klöster Fritzlar (↗ Wigbert), Tauberbischofsheim (↗ Lioba), Kitzingen u. Ochsenfurt (↗ Thekla) gründen. Auf der 3. Romreise 737/738 gewann er weitere Mitarbeiter, u. a. ↗ Wunibald u. ↗ Lullus, u. gab der Kirche in Bayern, Alamannien, Hessen u. Thüringen eine kanonische Ordnung. In Bayern legte er die Grenzen der Bistümer Passau, Salzburg, Freising u. Regensburg fest, später auch von Würzburg, Buraburg, Erfurt (741) u. Eichstätt (745?). Er erneuerte die fränkische Kirche durch Reformsynoden. 744 gründete er sein Lieblingskloster Fulda, 748 erhielt er das Bistum Mainz als persönlicher Missions-Erzb., blieb aber weiterhin päpstlicher Legat für das gesamte Frankenreich. 753/754 missionierte er wiederum in Friesland, wo er am 5. 6. 754 mit 52 Gefährten am Fluß Borne bei Dokkum (nörd-

lichste Niederlande) den Martertod fand. Seine Leiche wurde in feierlichem Zug über Mainz nach Fulda überführt, wo er noch heute in der Domkrypta ruht.

„Die Glaubensverkündigung des Bonifatius, soweit wir sie aus den spärlichen Quellen erschließen können, war rudimentär u. notwendig dem Bildungsstand seiner Zuhörer angepaßt. Sie neigte zum Moralismus u. kam dem germ. Verdienstglauben entgegen. Der schon im 16. Jh. vorkommende Titel ‚Apostel Deutschlands' ist zu eng, um die Bedeutung des Heiligen hinreichend zu kennzeichnen. Das Geheimnis seiner historischen Größe liegt nicht in geistiger Genialität, sondern in der Kraft selbstlosen Dienens. In der Hingabe an den Ruf der Stunde wurde er vor Karl d. G. u. als sein Wegbereiter Grundleger des Abendlandes" (Iserloh).

Liturgie: RK G am 5. Juni. Fulda: Diözesanpatron H, Bischofsweihe g am 1. 12.; Berlin, Eichstätt, Görlitz, Mainz, Dresden-Meißen, München-Freising, Osnabrück F

Darstellung: als Bisch., mit Beil, zu seinen Füßen die gefällte Eiche. Mit Buch, von einem Schwert durchstoßen (das Meßbuch, das er benützte, als er bei Dokkum von den Friesen getötet wurde). Quelle unter dem Stab, Fuchs u. Rabe neben ihm

Patron: der Diöz. Fulda. Der Bierbrauer, Schneider

Lit.: H. Büttner: AMrhKG 3 (1951) 9–55 – Th. Schieffer, Angelsachsen u. Franken: 20 (1950) – St.-Bonifatius-Gedenkgabe zum 1200. Todestag (Fulda 1954) – H. Büttner, Bonifatius u. die Karolinger: Hessische Jahrbücher für Landesgesch. (Marburg) 4 (1954) 21–36 – Ders., Bonifatius u. das Kloster Fulda: Fuldaer Geschichtsblätter 30 (1954) 66–78 – E. Iserloh (Glaubensverkündigung): TThZ 63 (1954) 193–205 – E. Wiemann, Bonifatius u. das Bistum Erfurt: Herbergen der Christenheit (Leipzig 1957) 9–33 – J. Lortz, Bonifatius u. die Grundlegung des Abendlandes (Wiesbaden 1954) – Th. Schieffer, Winfrid-Bonifatius u. die christl. Grundlegung Europas (Freiburg/B. 1954) – Vita sancti Bonifatii archiepiscopi, Monumenta Germaniae Historica Bd. 57 (Hannover 1977)

Bonifatius, Bisch. **von Lausanne,** Hl.

* um 1180 in Brüssel. Er studierte in Paris, wurde Dekan an der Kirche St. Gudula in Brüssel, war 1222–29 Magister in Paris, dann Domscholaster in Köln u. wurde 1231 Bisch. von Lausanne. Als 1245 Kaiser Friedrich II. auf dem Konzil von Lyon abgesetzt wurde u. er dies der Diöz. bekanntgab, mußte er fliehen. Er lebte von da an bei den Zisterzienserinnen zu Mariä Kammern (Ter Cameren, La Cambre) bei Brüssel, wo er als Weihbisch. amtierte. Er starb dortselbst am 19. 2. 1265. Seine Gebeine ruhen heute in einem Schrein aus dem 19. Jh.

Liturgie: Lausanne-Genève-Fribourg g am 19. Februar

Darstellung: im Bischofsornat oder im Zisterzienserhabit (obwohl er kein Zisterzienser war)

Lit.: StdZ 50 (1896) 10–23 139–157; Cartulaire du chapitre de N.-D. de Lausanne I, hrsg. v. Ch. Rothe (Lausanne 1948)

Bonifatius I., Papst, Hl.

Nach dem Tod des Zosimus wählte die Diakonenpartei am 27. 12. 418 den vom Kaiser anfangs begünstigten Archidiakon Eulalius, die Mehrheit der Presbyter jedoch am 28. 12. 418 den Presbyter Bonifatius. Beide wurden am 29. 12. konsekriert. Kaiser Honorius berief in Ravenna eine schiedsrichterliche Synode ein, die aber keine klare Entscheidung brachte. Da Eulalius rebellierte, wurde er vom Kaiser März/April 419 aus Rom verbannt u. Bonifatius als rechtmäßiger Papst anerkannt. 420 veranlaßte er ein Reskript des Kaisers: bei strittigen Wahlen solle keiner der Gewählten als Papst anerkannt werden, sondern eine Neuwahl stattfinden. Diese 1. Papstwahlordnung blieb jedoch für die Zukunft ohne praktische Bedeutung. Obwohl Bonifatius hochbetagt u. kränklich war, bemühte er sich mit Erfolg um den kirchlichen Frieden in Gallien u. Afrika. † am 4. 9. 422.

Gedächtnis: 4. September

Lit.: Caspar I – Haller I^2 – Seppelt I^2 153–158, 304

Bonifatius IV., Papst, Hl.

Er wurde am 15. 9. 608 zum Papst gewählt. Kaiser Phokas überließ ihm das Pantheon in Rom, Bonifatius weihte es 609 zur christlichen Kirche u. stattete diese mit vielen Reliquien aus (S. Maria ad martyres, S. Maria Rotonda). Wegen seiner versöhnlichen Haltung gegenüber den Monophysiten im Dreikapitelstreit wurde er vom schlecht informierten Abt ↗ Kolumban von Bobbio scharf gerügt. † am 8. 5. 615.

Gedächtnis: 8. Mai

Lit.: Caspar II 517–522 778 – Seppelt II^2 44ff 428f – Studia patristica II (Berlin 1957) 3–16

Bonifatius, Märt. **in Tarsus,** Hl.
Nach der griech. Passio soll er in Tarsus in Kilikien (Südost-Kleinasien) gemartert, sein Leichnam nach Rom gebracht u. an der Via Latina beigesetzt worden sein. Er gehört zu den ↗ Eisheiligen. Die griech. Passio ist eine Erbauungsschrift ohne historischen Wert, vor allem fehlen Ort u. Zeit seines Martyriums. In der lat. Übersetzung wurden Orts- u. Zeitangaben hinzugefügt.
Gedächtnis: 14. Mai
Lit.: Bächtold-Stäubli I 1475, II 741f – ActaSS Maii III (1788) 279–283

Bonosus, Bisch. **von Trier,** Hl.
Name: Weiterb. von lat. bonus, der Gute
Er wurde 358 Bisch. von Trier als Nachfolger des ↗ Paulinus. Im Kampf gegen die arianische Irrlehre setzte er sich mit allen Kräften für den wahren Glauben ein. † 374. Sein Leib war in St. Symphorian beigesetzt, heute ruht er in St. Paulin zu Trier.
Liturgie: Trier g am 17. Februar
Darstellung: in Einsiedlertracht

Boris, Fürst der Bulgaren, Hl.
Name: russ., bulg. bor, Kampf
Er regierte 853–889 u. erhielt von byzantinischen Glaubensboten 864/65 die Taufe. Sein Taufpate, Kaiser Michael III., gab ihm den Taufnamen Michael. Er arbeitete für die Christianisierung Bulgariens, aber unter Wahrung der politischen Selbständigkeit durch Errichtung eines bulgarischen Patriarchates, das er von Rom, Konstantinopel u. den Franken zu erreichen suchte. Papst ↗ Nikolaus I. ordnete zwar viele praktische Fragen, gestattete aber nicht sofort ein Patriarchat. Daher wandte sich Boris 870 endgültig Byzanz zu. Nach 885 führten die aus Großmähren vertriebenen Schüler der hll. ↗ Cyrillus u. Methodius, Klemens, Naum u. a. unter seinem Schutz in Bulgarien die slaw. Liturgie u. Kultur ein. 889 entsagte er den Regierungsgeschäften u. wurde Mönch. † am 7. 5. 907.
Gedächtnis: 7. Mai (von den Bulgaren als Nationalheiliger verehrt)
Darstellung: als jugendlicher Zar
Lit.: Ostrogorsky 185f, 189 – F. Dvornik, Les Slaves, Byzance et Rome au IXe siècle (Paris 1926) 185–322

Börries (niederdt.), Kf. von ↗ Liborius

Borromäus ↗ Karl Borromäus

Boscardin ↗ Maria Bertilla Boscardin

Bosco ↗ Johannes Bosco

Botulf OSB, Abt **von Ikanhoe,** Hl.
Name: angelsächs. boto (Bote) + ahd. wulf (Wolf)
Wahrscheinlich ist er der Gründer des Benediktinerklosters Ikanhoe (654), des heutigen Boston (an der Ostküste Englands, nördl. von London). Der Name Boston ist eine Verstümmelung aus Botulf-Stone oder Botulfs-Town. Botulf wird seit alters mit seinem Bruder Adulf (↗ Adolf), der Bisch. von Utrecht gewesen sein soll, verehrt.
Gedächtnis: 17. Juni
Lit.: ActaSS Iun. IV (1867) 324–330 – Zimmermann III 322ff

Botwid, Märt. in Schweden, Hl. (Bodwinus, Botuidus)
Er war Schwede u. wirkte als Missionar in seiner Heimat. Er wurde von einem Sklaven, den er losgekauft u. im Glauben unterrichtet hatte und den er in sein Vaterland zurückbegleitete, am 28. 7. 1120 meuchlings erschlagen.
Gedächtnis: 28. Juli

Bourgeoys ↗ Margarete Bourgeoys

Brébeuf ↗ Johannes (Jean) de Brébeuf u. Gef., s. Märt. in Kanada

Brictius, Bisch. von **Tours,** Hl. (Briccius, Brictio)
Name: aus dem Kelt.: der Kräftige, Starke, Hohe
Er war Schüler u. Nachfolger des hl. ↗ Martin (um 397–444) u. erbaute in Tours die 1. Martinskirche. Die Legende erzählt von seinem sündhaften Leben vor u. während seiner Bischofszeit, von einem Gottesurteil, das seine Bekehrung anzeigte u. seiner Bußwallfahrt nach Rom. Daraus erklärt sich die weite Verbreitung seines Kultes in Frankreich, Südwest-Deutschland u. in der Diöz. Oxford. Tatsächlich war er schweren Anschuldigungen seiner Gegner ausgesetzt, die auf einer Synode (417?) als Verleumdungen erkannt wurden. Anlaß der Verleumdungen war wohl, daß er weniger as-

ketisch lebte als andere Schüler des hl. Martin. † um 444. ↗ Gregor von Tours ließ 580 seine Gebeine nach Clermont (Auvergne) überführen. Heute ruhen sie in S. Michele zu Pavia.
Gedächtnis: 13. November
Darstellung: als Bisch., glühende Kohlen im Gewand tragend (Zeugnis seiner Unschuld). Wickelkind auf dem Arm. Mit 3 Ähren
Patron: der Richter
Lit.: BHL 1451–1454 II 262–DHGE X 670f

Brigitta von Kildare, Hl. (irisch Brigid, lat. Brigida)
Name: kelt., die Hohe; altirisch, die Kräftige, Tugendstarke
* um 453 zu Fochart (heute Faugher, Nordirland). Sie wurde 467 Nonne u. gründete u. a. das Nonnenkloster Kildare („Eichenkirche") (westl. von Dublin), wo sie Vorsteherin wurde. Ihr Leben ist durch Wohltätigkeit u. Wunder ausgezeichnet. † am 1. 2. 523. – Im Mittelalter wurde sie in fast ganz Westeuropa verehrt. Reliquien von ihr sind noch heute in Belém bei Lissabon u. in Brügge (Belgien). Die literarische Überlieferung über die „Maria der Gälen" ist sehr reich: es gibt viele Lebensbilder von ihr in Prosa u. Gedichtform in irischer, lat., mittelenglischer, mittelhochdeutscher u. ital. Sprache.
Gedächtnis: 1. Februar
Darstellung: als Äbtissin im Gebet, mit Feuerflammen über dem Haupt. Scheuer neben ihr (auf ihr Gebet füllte sich diese mit Frucht), mit Enten oder Gänsen. Mit einer Kerze, von der sie geschmolzenes Wachs auf ihren Arm träufeln läßt. Teufel austreibend
Patronin: von Irland, der Kinder, Wöchnerinnen
Lit.: BHL 1455–1462 – G. Schreiber, Irland u. Deutschland im abendländischen Sakralraum (Köln-Opladen 1956) 26–37

Brigitta von Schweden ↗ Birgitta von Schweden

Brithwald, Erzb. **von Canterbury,** Hl. (Brihtwald, Berctuald, Berhtwald, Beorhtweald)
Name: zu ahd. beraht (glänzend, berühmt) + waltan (walten, herrschen)
* um 650. Er wurde um 670 Abt des neugegründeten Benediktinerklosters Raculf (Reculver), am 1. 7. 692 zum Erzb. von Canterbury gewählt u. am 29. 6. 693 in Lyon konsekriert. Wie sein Vorgänger ↗ Theodor war er längere Zeit Gegner des hl. ↗ Wilfrith von York. Er hielt mehrere Synoden ab.
Gedächtnis: 9. Jänner
Lit.: Zimmermann I 63ff, III 170 f, 504 – Baudot-Chaussin I 178ff

Britto ↗ Johannes Hector de Britto

Britto, Bisch. **von Trier,** Hl.
Er wurde 374 als Nachfolger des hl. ↗ Bonosus Bisch. von Trier u. vertrat die Kirche Galliens auf einer Synode zu Rom 382. Er war mit ↗ Ambrosius von Mailand u. ↗ Martin von Tours befreundet, die ihn in Trier besuchten. † 385/386. Er wurde vermutlich bei St. Maximin zu Trier bestattet, später wurden seine Gebeine nach St. Paulin zu Trier überführt.
Liturgie: Trier g am 6. Mai

Bronislawa OPraem., Sel.
* um 1200 in Kamień (Oberschlesien). Mit 16 Jahren trat sie in das Prämonstratenserinnenkloster Zwierzyniec bei Krakau ein. In einer Vision sah sie den Tod des hl. ↗ Hyzinthus von Polen (1257). † am 29. 8. 1259. Ihr Kult wurde für die Diöz. Krakau u. den Prämonstratenserorden 1839 bestätigt. Seit 1851 wird sie auch im Bistum Breslau gefeiert.
Liturgie: Görlitz g am 1. September, sonst 29. August.
Lit.: J. Chrzaszcz, Drei schlesische Landesheilige (Breslau 1897) 77–86 95f

Brors ↗ Willibrord

Bros ↗ Ambrosius

Brüder ↗ Sieben Brüder, Märt. zu Rom

Brüder Jesu
Von ihnen ist in den Evangelien mehrmals die Rede; bei Mt 13,55 u. Mk 6,3 werden sie namentlich genannt: ↗ Jakobus, Joses (Joseph), ↗ Judas u. ↗ Simon. Jakobus u. Joses waren Söhne „der anderen Maria",

die mit unter dem Kreuz Jesu stand (Mt 27,61), nach Hegesippos (2. Hälfte des 2. Jh.s) waren Simon u. Judas Söhne des ↗ Klopas, dessen Frau ebenfalls der Kreuzigung Jesu beiwohnte (Joh 19,25; ob diese ebenfalls Maria hieß, ist ungewiß, da hier 3 oder auch 4 Frauen aufgezählt sein können).
Bei vielen Kirchenvätern u. auch heute noch bei den orthodoxen Griechen gelten sie als Kinder ↗ Josephs aus einer ersten Ehe. Diese Ansicht stammt aus dem geschichtlich wertlosen apokryphen Protoevangelium Jacobi u. steht mit dem NT (bes. Mt 1–2, Lk 1–2) im Widerspruch. Manche nichtkath. Erklärer denken auch an nachgeborene Kinder Josephs u. Marias, was aber mit den Evangelien ebenfalls nicht zu vereinen ist. Nach semitischem Sprachgebrauch bzw. in semitisch beeinflußten griech. Schriften wie das NT sind unter „Brüder" u. „Schwestern" ganz allg. nahe Verwandte zu verstehen. Die Bezeichnung „Brüder Jesu" erklärt sich wohl zwanglos so: Joseph muß früh gestorben sein, da er nach der Szene mit dem verlorenen Zwölfjährigen im Tempel in den Evangelien nirgends mehr erwähnt wird. So dürfte sich nun Maria mit ihrem Sohn dem Haushalt ihrer nächsten Verwandten angeschlossen haben. Die mit Jesus aus diesen Familien aufwachsenden Kinder wurden dann von der Bevölkerung als seine „Brüder" u. „Schwestern" bezeichnet. Damit im Einklang steht auch eine gewisse bevormundende Haltung, die diese „Brüder" Jesus gegenüber offensichtlich gewohnheitsmäßig an den Tag legen (Mk 3,21; 3,31–35, Joh 7,2–5), was im Orient von seiten jüngerer Brüder dem Erstgeborenen (Lk 2,7) undenkbar wäre.

Brunhilde (Brunhild)
Name: ahd. brunna (Brünne, Brustpanzer) + hilta (hiltja) (Kampf): Kämpferin in der Brünne. Der Name ist bekannt durch Brunhild in der Nibelungensage, die Frau König Gunthers u. Rivalin Kriemhilds, u. wurde bes. durch Richard Wagners Opernzyklus „Ring der Nibelungen" weiter verbreitet.

Bruno, der Kartäuser, Hl.
Name: ahd. brun, der Braune, Bär
* 1030/35 in Köln aus der Familie der Hartefaust. Er studierte in Reims, wurde in Köln zum Priester geweiht, erhielt ein Kanonikat an St. Kunibert in Köln, wurde 1057 Leiter der Domschule in Reims (sein berühmtester Schüler war Odo von Châtillon, der spätere Papst Urban II.) u. 1075 erzbischöflicher Kanzler in Reims. Er kam jedoch bald in Gegensatz zu Erzb. Manasse I. von Reims, der sich mit Papst ↗ Gregor VII. überwarf, u. mußte aus Reims fliehen. Erst als Manasse 1080 von Gregor VII. abgesetzt worden war, kehrte er nach Reims zurück, wo er 1081 zum Erzb. erwählt wurde, aber vor dem königlichen Kandidaten, Helinand von Laon, zurücktreten mußte. 1083 wurde er von Abt ↗ Robert von Molesme als Benediktinermönch aufgenommen. Dieser erlaubte ihm die Errichtung einer Eremitensiedlung in Sèche-Fontaine (Diöz. Langres). Wenig später ging er mit 6 Gefährten zu Bisch. ↗ Hugo von Grenoble, der ihm eine Gebirgswildnis bei Grenoble, „la Chartreuse" genannt, überließ. Dort entstand die erste Kartause (La Grande Chartreuse), ein Oratorium, von Einzelzellen umgeben. Sein ehemaliger Schüler Papst Urban II. berief ihn 1090 nach Rom als seinen geistlichen Berater. Schon 1091 gründete er in Apulien (Süditalien) eine weitere Kartause (La Torre), wo er am 6. 10. 1101 starb u. begraben wurde. Sein Leib ruht in der dortigen Kirche S. Stefano di Bosco.
Liturgie: RK g am 6. Oktober
Darstellung: Als Kartäuser-Stifter mit weißer Kartäuserkutte, Stern auf der Brust, Glorie mit Sternen um das Haupt. Vor einem Kreuz mit Totenkopf kniend. Auf eine Erdkugel tretend (Symbol der Weltverachtung). In der Hand 2 Palmbäumchen in Form eines Kreuzes, darauf der Gekreuzigte
Lit.: H. Löbbel, Der Stifter des Kartäuserordens. Der hl. Bruno aus Köln: (Kirchengeschichtl. Studien, hrsg. v. Knöpfler, Schrörs, Sdralek, V/1) (Münster 1899) – DHGE X 951–954 – DSAM II 705–710 – A. Landgraf, Probleme des Schrifttums Brunos: CollFr 8 (Rom 1940) 542–590

Bruno I., Erzb. **von Köln,** Hl.
* im Frühjahr 925 als jüngster Sohn König Heinrichs I. u. dessen Gemahlin ↗ Mathilde. Mit 4 Jahren kam er zu Bisch. Balderich

von Utrecht zur Ausbildung. Um 939 wurde er von seinem Bruder Otto I. an den Hof berufen u. erneuerte zus. mit dem irischen Bisch. Israel das dortige Studienwesen. Um 940 wurde er Kanzler, 951 Erzkanzler u. bildete als solcher die Hofgeistlichkeit aus. Er erhielt mehrere Abteien, u. a. Lorsch in Hessen, u. erneuerte sie im Geist von Gorze (↗ Cluny, Reform von –). Seit 953 war er Erzb. von Köln u. Herzog von Lothringen. In dieser Doppelfunktion war er eine der wichtigsten Stützen der Reichs- u. Kirchenpolitik seines Bruders Kaiser Ottos I. d. G. u. verstand es, Zwistigkeiten innerhalb der Familie Ottos beizulegen. Während des 2. Römerzuges Ottos führte er mit Erzb. Wilhelm von Mainz die Reichsverwaltung. Als Bisch. bemühte er sich um eine rel. Erneuerung von Klerus u. Volk, bes. durch Gründung u. Reform von Klöstern u. Stiften. In Köln gründete er die Abtei St. Pantaleon u. die Stifte Groß St. Martin u. St. Andreas, in Soest das Patriklistift. 965 reiste er nach Frankreich, wo er innere Streitigkeiten schlichten wollte, starb aber auf der Rückreise am 11. 10. 965 in Reims. Sein Leib ruht in der Benediktinerabtei St. Pantaleon zu Köln. Gleich nach seinem Tod wurde Bruno als Heiliger verehrt.
Liturgie: Köln G am 11. Oktober
Darstellung: mit Wimpel-Lanze u. Kirchenmodell (von St. Pantaleon)
Lit.: Vita von Ruotger (965/969): dt. von H. Schrörs: AHVNrh 88 (1910), u.: I. Schmale-Ott: GdV 30 (1954^3) – O. Köhler, Das Bild des geistlichen Fürsten (Berlin 1935) – F. M. Fischer, Politiker um Otto d. G. (Berlin 1938) – R. Holtzmann, Geschichte der sächs. Kaiserzeit (München 1941) 152 ff – W. Reese, Die Niederlande u. das dt. Reich I (Berlin 1941) 44 f – H. Sprömberg, Die lothringische Politik Ottos d. Gr.: Rhein. Vierteljahresblätter 11 (Bonn 1941) – Ruotgers Lebensbeschreibung des Erzb. Bruno v. Köln, Monumenta Germaniae Historica Bd. 10 (Köln 1971)

Bruno von Querfurt, Bisch. u. Märt., Hl. (Brun) (Beiname: Bonifatius)
* wahrscheinlich 974 aus dem sächs. Haus der Edlen von Querfurt (westl. von Halle), das mit dem Kaiserhaus verwandt war. Er war in Magdeburg Domschüler u. dann Kanoniker. Als Hofkaplan begleitete er Kaiser Otto III. 996–997 nach Rom, zog sich aber 998 als Mönch in das Alexiuskloster auf dem Aventin in Rom u. 1001 als Schüler ↗ Romualds in die Einsiedelei in Pereum bei Ravenna zurück. Im Einvernehmen mit Kaiser ↗ Heinrich II. u. Herzog Boleslaw von Polen rüstete er zur Ostmission, die aber durch den inzw. ausgebrochenen Krieg Heinrichs mit Boleslaw verhindert wurde. 1003 predigte er bei den Szeklern („Schwarze Ungarn") in Siebenbürgen, wurde 1004 in Merseburg von Erzb. Tageno von Magdeburg zum Missions-Erzb. geweiht, ging 1005 nochmals zu den Ungarn. U. 1007 zu den Petschenegen (ein türkisches Nomadenvolk, das damals zw. Wolga u. Ural nördl. des Kaspischen Meeres wohnte). Seit 1008 war er in verschiedenen polnischen Klöstern literarisch u. missionarisch tätig u. nahm die Missionspredigt bei den Preußen auf. Er erlitt in der ostpreußischen Landschaft Sudauen bei Braunsberg („Berg des Brun", östl. von Danzig) zus. mit 18 Gef. am 9. 3. (14. 2.?) 1009 den Martertod. Bruno ist eine der markantesten Gestalten der mittelalterlichen Missionsgeschichte. Als „2. Apostel der Preußen" trat er in die Fußstapfen des hl. ↗ Adalbert von Prag.
Liturgie: RK g am 9. März
Lit.: H. G. Voigt, Bruno von Querfurt (Stuttgart 1907) – A. Zimmermann III 183ff – Wattenbach-Holzmann 48–52 – R. Wenskus, Bruno u. die Stiftung des Erzbistums Gnesen: Zeitschr. für Ostforschung 5 (Marburg 1956) 524–537

Bruno von Sachsen, Märt., ↗ Ebsdorfer Märt.

Bruno OSB, Bisch. **von Segni,** Hl.
* 1045/49 in Solero (Piemont). Er war zuerst Domherr in Siena. Auf der Fastensynode zu Rom (1079) verteidigte er die kath. Lehre über das Abendmahl derart gründlich gegen Berengar von Tours, daß ↗ Gregor VII. ihn 1079 zum Bisch. von Segni (südöstl. von Rom) bestimmte. Er war Freund u. Berater der Päpste Gregor VII., Victor III., Urban II. u. Paschalis II. 1102 trat er als Mönch in Montecassino ein, ohne indes auf sein Bischofsamt zu verzichten. 1106 predigte er in Frankreich die Kreuzzugsidee. Wegen seiner Stellungnahme gegen Paschalis II. u. sein Investiturprivileg mußte er Montecassino verlassen u. kehrte in seine Diöz. zurück. † am 18. 7. 1123. Er gilt als einer der besten Exegeten des Mittelalters. Kanonisiert 1181.
Gedächtnis: 18. Juli
Lit.: Zimmermann II 468ff – Manitius III 49f – Stegmüller II nn 1842–1861

Bruno, Bisch. **von Würzburg,** Hl. (Brun), (Bruno von Kärnten)
Er war Sohn Herzog Konrads von Kärnten u. der Mathilde von Schwaben u. ein naher Verwandter Kaiser Konrads II. Er war Mitglied der königlichen Kapelle u. 1027–34 Vorsteher der ital. Kanzlei Konrads II. u. wurde 1034 Bisch. von Würzburg. Er war ein hervorragender Repräsentant der ottonischen Reichskirche, hochgebildet, geschäftsgewandt, dem Kaiser treu ergeben u. von ernster, kirchlicher Auffassung des geistlichen Amtes. Er begann den Bau des Würzburger Domes u. verfaßte einen Psalmenkommentar. † am 27. 5. 1045 zu Persenbeug a. d. Donau (Niederösterreich) auf einem Zug Kaiser Heinrichs III. nach Ungarn. Sein Grab ist in der Krypta des Domes zu Würzburg.
Liturgie: Würzburg G am 27. Mai
Darstellung: Im Bausch des Pluviales Trümmer des eingebrochenen Fußbodens tragend
Lit.: J. Baier, Bruno von Würzburg als Katechet (Würzburg 1893) – H. Schreibmüller, Die Ahnen Kaiser Konrads II.: Würzburger Diözesangeschichtl. Blätter 14–15 (Würzburg 1952) 173–235 – Stegmüller II nn. 1833–1837

Brynolf Algotsson, Bisch. von Skara, Hl. (Brunolf)
Name: altschwed. brynja (Brünne, Brustpanzer) + altnord. ulfr (Wolf): im Panzer (kämpfender) Wolf
Er entstammte dem vornehmen schwed. Geschlecht der Folkunger. Nach seinen theol. Studien in Paris wurde er Kanoniker in Skara (südl. des Väner-Sees), dann Dekan des Domkapitels in Linköping u. 1278 Bisch. von Skara. Er widmete sich der kirchlichen Gesetzgebung u. der Pflege der Gottesdienste. Er verfaßte Hymnen zu Ehren der hl. ↗ Helena von Skövde u. des hl. ↗ Eskil, der Dornenkrone Christi u. der Heimsuchung Mariä u. ist so der 1. lat. Dichter Schwedens. † am 6. 2. 1317. Bald nach seinem Tod wurde er als Heiliger verehrt. Die 1416 auf dem Konzil von Konstanz geforderte Kanonisation wurde nie bestätigt, doch wurde 1492 die Translation mit päpstlicher Erlaubnis gefeiert.
Gedächtnis: 6. Februar
Lit.: ActaSS Febr. I (1863) 933ff – C. Blume u. G. M. Dreves, Ein Jahrtausend lat. Hymnendichtung I (Leipzig 1909) 393–396

Burga (Burgel), Kf. von ↗ Notburga, ↗ Walpurg

Burkard von Beinwil, Hl.
Name: ahd. burg (Burg) + harti (herti) (hart): harte (feste) Burg (Burchard, Burghard, Burkhart, Burkart)
* 1. Drittel des 12. Jh. wohl auf dem Hof Langenmatt bei Muri (südwestl. von Zürich). Er war ein heiligmäßiger Pfarrer von Beinwil am See (südwestl. von Muri). † am 18. 5. 1192 (?). Sein Grab ist in der Krypta der Pfarrkirche zu Beinwil.
Liturgie: Basel g am 18. Mai
Darstellung: als Priester mit Hostie oder Vogel (Kranich oder Dohle)
Lit.: A. Käppeli (Immensee 1949[5]) – F. A. Herzog (Luzern 1953)

Burkhard OSB, Bisch. **von Worms,** Hl. (Burchard, Buggo)
* 965. Er war zuerst Benediktiner in Lobbes bei Thuin (belg. Hennegau) u. wurde im Jahr 1000 durch Otto III. zum Bisch. ernannt. Als solcher stellte er die äußere u. innere Ordnung des durch die Ungarn schwer heimgesuchten Bistums wieder her. Dazu stellte er 1007–14 eine Sammlung der geltenden kirchenrechtlichen Vorschriften (sog. Decretum Collectarium oder Brocardus) in 20 Büchern zusammen. Das 19. Buch ist ein ausführliches Bußbuch u. gewährt einen wertvollen Einblick in den damaligen Glauben u. Aberglauben des Volkes. Das 20. Buch erklärt theol. Begriffe. Außerdem veröffentlichte er die „Leges et statuta familiae S. Petri Wormatiensis", das 1. gesetzgeberische Beispiel eines Hofrechtes für eine bischöfliche Hausgemeinschaft. † am 20. 8. 1025.
Gedächtnis: 20. August
Lit.: A. M. Koeniger, Burchard von Worms u. seine Zeit (München 1905) – Ders., Katholik 37/I (1908) 286–300 – Ders., ZSavRGkan 1 (1911) 348–356 – NDB III 28f

Burkhard OSB, Bisch. **von Würzburg,** Hl.
Er war Angelsachse u. wurde Benediktinermönch. 735 schloß er sich dem hl. ↗ Bonifatius auf dem Festland an, von dem er 741 zum 1. Bisch. von Würzburg geweiht wurde. 743 nahm er am Concilium Germanicum teil (dem 1. Reformkonzil des hl. Bonifatius; der Tagungsort ist heute unbekannt) u. 747 an der gesamtfränkischen

Synode, deren Treueerklärung dem Papst gegenüber er 748 nach Rom überbrachte. 750–751 war er zus. mit ↗ Fulrad von St-Denis wieder in Rom, um die Zustimmung des Papstes zur Königserhebung Pippins d. J. zu erlangen. Er gründete das St.-Andreas-Kloster bei Würzburg als Sitz des Domklerus (heute St. Burkhard), am 8. 7. 752 erhob er die Gebeine des hl. ↗ Kilian. Daß er abgedankt habe, ist eine Legende aus dem 12. Jh. † am 2. 2. 754 in der Zelle Hohenburg im Odenwald. Seine Gebeine wurden am 14. 10. 984/90 nach St. Andreas zu Würzburg übertragen.
Liturgie: Würzburg F, Bamberg g am 14. Oktober, sonst 2. Februar
Darstellung: als Bisch. mit Hostie, Kirchenmodell oder Buch
Lit.: Th. Schieffer, Angelsachsen u. Franken: (1950) bes. 1463–1471 – Ders., Winfried-Bonifatius (Freiburg/B. 1954) – B. Bischoff u. J. Hofmann, Libri S. Kyliani (Würzburg 1952) bes. 159ff

Burrhus
Name: In neuerer Zeit aus dem Nordischen übernommener männl. Vorname: altnord. burr (kleine Erhöhung) + hus (Haus): Haus auf dem Hügel (ursprünglich offenbar ein Hofname). In der Zeit des Humanismus (17. Jh.) kommt er auch als Familienname vor (Burrhaus, Burrus, Burraus, in Frankreich auch Burry, Bury u. a.), u. zwar in volksetymologischer Angleichung an griech. Pýrrhos (lat. Burrus), der Feuerrote, Rothaarige. Ein hl. Soldat u. Märt. in Syrien (oder Rom?), von dem sonst nichts bekannt ist, steht im röm. Martyrologium am 12. Oktober.

de Bus ↗ César de Bus

C

Cabrini ↗ Franziska Xaveria Cabrini

Cäcilia, Märt. zu Rom, Hl.
Name: weibl. F. zu dem altröm. Geschlechternamen Caecilius. Der Ahnherr dieses Geschlechtes scheint blind („caecus") gewesen zu sein. (Cäcilie, Zäzilie, Kf. Cilli, Cilly, Zilli; franz. Cécile, engl. Cecily)
Die Legende ihres Martyriums ist im Abendland weit verbreitet. Danach soll die Heilige aus dem röm. Adelsgeschlecht der Cäcilier stammen u. mit ihrem Verlobten ↗ Valerianus u. dessen Bruder ↗ Tiburtius, die von Papst Urban II. (222–230) getauft wurden, enthauptet worden sein. Die Passio entstand nach 486 u. ist eine erbauliche Schrift zum Lob der Jungfräulichkeit. Bis dahin wird sie nirgends erwähnt. 545 wird ihr Gedächtnis in der Kirche in Trastevere am 22. 11. gefeiert. Es ist unklar, ob dies ihr Todestag ist oder der Tag der Konsekration dieser Kirche. Der ursprüngliche Titel der Kirche steht nicht fest, seit etwa der Mitte des 5. Jh. heißt er stets „Caeciliae" oder „Sanctae Caeciliae". Wahrscheinlich ist die Heilige nicht eine Märt., sondern die Stifterin dieser Kirche u. wurde vom Schreiber der Passio mit einer anderen, in S. Callisto ruhenden Caecilia gleichgesetzt. Die Gebeine dieser anderen Caecilia ließ Papst Paschalis (817–824) von dort nach Trastevere übertragen, wo sie noch heute ruhen.
Liturgie: GK G am 22. November
Darstellung: mit Orgel, Geige oder anderen Musikinstrumenten (erst seit dem 15./16. Jh.). Mit Buch u. Palme, tiefe Wunden hinten am Hals (auf dem Antlitz liegend, Arme u. Hände ausgestreckt)
Patronin: der Kichenmusik, der Chorsänger, Dichter, Musiker, Sänger, Instrumentenmacher, Orgelbauer
Dieses Patronat erhielt die Heilige durch ein Mißverständnis am Ende des Mittelalters: Aus der Schilderung der Hochzeit ging das „cantantibus organis" (während die Instrumente ertönten) bereits im 8. Jh. in die Festantiphon ein u. ließ Cäcilia im 15./16. Jh. zur Patronin der Kirchenmusik werden.
Lit.: J. P. Kirsch, Die hl. Cäcilia in der röm. Kirche des

Altertums (Paderborn 1910) – P. Styger, Die röm. Katakomben (Berlin 1933) 51–57 – R. Krautheimer, Corpus Basilicarum Christianarum Romae (Rom 1937) 95–112 – K. Künstle II 146–150 – Braun 159–162

Cafasso ↗ Joseph Cafasso

Caius, Papst, Hl. (Gaius)
Name: altröm. Vorname unklarer Herkunft: griech. gaios (?): zum Land gehörig, bäuerlich; oder zu griech. gaio (?): ich freue mich, ich bin stolz; oder etrusk. (?) (Bedeutung dunkel) (Cajus, Kajus)
Er regierte von 282 (283?) bis 295 (296?) u. war nach legendären Angaben Dalmatiner. Unter ihm lebte die Kirche in der langen Zeit der Ruhe zw. der valerianischen u. diokletianischen Verfolgung. Caius starb nicht als Märt. Sein Grab ist in der Calixtus-Katakombe.
Gedächtnis: 22. April
Darstellung: als Papst mit Papstkreuz u. Tiara
Lit.: J. Wilpert, Die Papstgräber u. die Cäciliengruft in der Katakombe des hl. Kallistus (Freiburg/B. 1909) 23f – Kirsch 70–74 152ff – Caspar I 43f 50f 84 97

Calasanza ↗ Joseph von Calasanza

Calixtus I., Papst, Hl. (Callistus)
Name: griech. (kállistos), der Schönste
Er regierte 217–222 u. war einst Sklave des Christen Carpophorus. Als 1. Diakon des Papstes ↗ Zephyrinus erhielt er die Verwaltung des Gemeindefriedhofes (Kalixtuskatakombe an der Via Appia). Als Papst u. Nachfolger des Zephyrinus kämpfte er gegen die Häretiker, bes. gegen die die Dreifaltigkeit leugnenden Monarchianer (Sabellius). Vom 1. Gegenpapst Hippolytus wurde er in gehässiger Weise eines unlauteren Vorlebens u. des Laxismus bezichtigt, weil er Unzuchtssünder wieder in die Kirche aufnahm u. die Ehen zw. adeligen Frauen u. Sklaven anerkannte. Er führte die Kirchenmalerei sowie 3 Sabbate als Fastentage ein. Der Bericht über sein Martyrium ist legendär, an der Tatsache des Martyriums ist aber nicht zu zweifeln. † 222, beigesetzt in Trastevere.
Liturgie: GK g am 14. Oktober (Tag der Beisetzung)
Darstellung: als Papst, Stein um den Hals gebunden, damit in den Brunnen gestürzt (Legende)
Lit.: Caspar I 22–28 37–40 – Bihlmeyer-Tüchle I 128ff 164 – B. Poschmann: HDG IV/3 20ff – Seppelt I 34–42

Camilla (Kamilla), weibl. F. zu ↗ Camillus

Camillus (Camillo) **von Lellis,** Hl.
Name: lat. a) ein aus unbescholtener Ehe entsprossener, freigeborener, ehrbarer Knabe oder Jüngling (vgl. griech. gamelios, hochzeitlich); – b) ein vornehmer, beim Opferdienst des Jupiterpriesters (flamen Dialis) u. dann überhaupt bei rel. Handlungen gebrauchter Jüngling, ein Opferknabe, Altarknabe, weil nur solche zum Opferdienst zulässig waren; – c) Camillus war Beiname mehrerer Personen der gens Furia. Das Wort selbst ist etruskischen Ursprungs.
* 25. 5. 1550 zu Bucchianico bei Chieti (Abruzzen) als Sohn eines Offiziers im Dienste Kaiser Karls V. Früh verwaist, beteiligte er sich 1569–74 an den Türkenkriegen Venedigs, verspielte in der Heimat Hab u. Gut u. erlebte 1575 als Handlanger beim Bau des Kapuzinerklosters in Manfredonia (an der Adria, Höhe von Rom) seine Bekehrung. Hier trat er 1575 in den Kapuzinerorden ein, wurde aber bald wegen eines bösartigen Fußleidens entlassen. Er fand im Jakobusspital zu Rom Heilung u. wurde dortselbst Krankenwärter u. dann Hospitalmeister. Unter der Führung des hl. ↗ Philipp Neri reifte er zur Heiligkeit u. gründete 1582 eine rel. Gemeinschaft für Krankenpfleger, aus der 1591 der Orden der Kamillianer („Regularkleriker vom Krankendienst", „Väter vom guten Tod", „Agonizanten") erwuchs. 1584 erhielt er die Priesterweihe. 1607 legte er die Ordensleitung nieder, um sich ganz den Kranken widmen zu können. Seiner Zeit weit vorauseilend, reformierte er Krankenseelsorge u. Krankenhausbetrieb. Auch in der Armen- u. Gefangenenfürsorge leistete er Großes. Nach schwerer Krankheit in den letzten Jahren starb er am 14. 7. 1614 zu Rom. Sein Grab ist in der Kirche S. Maddalena zu Rom. 1746 heiliggesprochen.
Liturgie: GK g am 14. Juli
Darstellung: als Ordensmann, Kranke pflegend, Kreuz auf der Brust. Engel stehen ihm bei; Christus am Kreuz neigt sich zu ihm

Patron: der Kranken u. der Spitäler (1886), der Krankenpfleger (1930), der nach ihm benannten Ordensgemeinschaften, der Sterbenden
Lit.: M. Fischer, Der hl. Kamillus (Freiburg/Schw. 1941, Rom 1944²) – R. Svoboda, Held u. Heiliger (Linz 1946⁵)

Campion ↗ Edmund Campion

Candida, Märt. **zu Karthago,** Hl.
Name: lat., die hell Glänzende
Sie erlitt unter Herculius Maximianus (293–305), dem Mitkaiser Diokletians für Italien, Spanien u. Nordafrika, der im Jahr 303 eine große Christenverfolgung einleitete, das Martyrium.
Gedächtnis: 20. September

Candida u. Gef., Märt. **zu Rom,** Hll.
Mit ihr zus. starben **Felix, Foricia, Adausia, Gemellina** u. andere ungenannte Christen. Die Zeit ihres Todes ist unbekannt. Papst ↗ Paschalis I. (817–824) übertrug die Gebeine der hl. Candida an einem 29. 8. in die Kirche der hl. Praxedis.
Gedächtnis: 29. August

Canisius ↗ Petrus Canisius

Canossa ↗ Magdalena von Canossa

Capestrano ↗ Johannes von Capestrano

Capillas ↗ Francisco Fernández de Capillas

Capitanio ↗ Bartholomäa Maria Capitanio

Caracciolo ↗ Franz (Francesco) Caracciolo

Caritas ↗ Sophia

Carlo (ital.) ↗ Karl

Carlos (span.) ↗ Karl

Carmen (span.)
Name: Kf. von Virgen del Carmen (Jungfrau [Maria] vom Berge Karmel) s. Marienfeste 16. Juli (S. 76). Der Name wurde durch die gleichnamige Oper von Georges Bizet (1875) bekannt.

Carol (engl.)
Name: a) als männl. Vorname Kf. von lat. Carolus, oder poln. Karol bzw. tschech. Karel (↗ Karl); b) als weibl. Vorname Kf. von ↗ Caroline (zu ↗Karl)

Carola (Karola), weibl. F. von ↗ Karl

Carsten (norddt.), Kf. von ↗ Christian

Carvalho ↗ Jakob (Diego) Carvalho ↗ Michael (Miguel) Carvalho

Cäsar (César) **de Bus,** Sel.
Name: altröm. Familienname. Nach volkstümlicher Deutung soll der Name Caesar zum Zeitwort caedere, caesum (herausschneiden) gehören, weil der 1. Träger dieses Namens bei der Geburt aus dem Mutterleib herausgeschnitten worden sein soll. Gemäß der k-Aussprache der Antike kam der Name als „Kaisar" ins Griech. u. von dort ins Gotische u. Germanische, wobei aus dem Personennamen eine Bezeichnung für „Herrscher" wurde („Kaiser"). Die spätlat. z-Aussprache hat sich im russischen „Zar" erhalten. In der Zeit des Humanismus (15. u. 16. Jh.) wurde der Name in Deutschland u. Frankreich als Personenname gebräuchlich.
* am 3. 2. 1544 in Cavaillon bei Avignon (Frankreich) aus einer vermögenden u. frommen Familie ital. Herkunft. Er erlebte in jungen Mannesjahren eine rel. Krise, rang sich aber zu einem höherstehenden Leben durch. Er suchte die Einsamkeit u. führte ein Leben der Meditation u. Buße u. widmete sich der Sorge um Kranke u. Bedürftige. Mit 38 Jahren wurde er zum Priester geweiht. Unter dem Eindruck der Reformation gründete er 1592 eine Vereinigung von Weltpriestern, die „Kongregation von der christlichen Lehre" (Doktrinarier), die von Clemens VIII. am 27. 6. 1598 bestätigt wurde. Nach vielen seelischen u. körperlichen Leiden u. Verlust des Augenlichtes starb er am Ostersonntag, den 15. 4. 1607. Seliggesprochen am 27. 4. 1975.
Gedächtnis: 15. April
Lit.: M. Heimbucher, Die Orden u. Kongregationen der kath. Kirche (Paderborn 1932³) II 572ff – AAS 67 (1975) 324ff

Cäsarius, Erzb. **von Arles,** Hl.
Name: von ↗ Cäsar: der Kaiserliche
* 470/471 im Gebiet von Chalon-sur-Saône (Ostfrankreich). Er wurde mit 18 Jahren Kleriker, mit 20 Jahren Mönch zu Lérin (bei Nizza). Hier begeisterte er sich für die Schriften des hl. ↗ Augustinus. Wegen seiner durch Fasten geschwächten Gesundheit ging er nach Arles, vollendete dort seine Studien u. wurde zum Priester geweiht. Bisch. Aeonius von Arles übertrug ihm bald die Leitung einer Abtei auf einer Rhone-Insel, für die Cäsarius eine Regel verfaßte. 503 wurde er Erzb. von Arles (bei Marseille). Er berief mehrere Reformsynoden ein, darunter die berühmteste die (2.) zu Orange (529), die den Semipelagianismus verurteilte (leugnet die allg. Notwendigkeit der Gnade zum Heil des Menschen u. ihren Vorrang vor dem freien Willen). Er widmete sich bes. der Landseelsorge u. der Wiederherstellung der kirchlichen Disziplin. Er predigte fast täglich u. schrieb für den Gebrauch der Priester Homiliensammlungen. Viele seiner Predigten sind unter dem Namen des Augustinus überliefert, 238 von ihnen konnten jedoch einwandfrei Cäsarius zugeschrieben werden. Im hohen Alter zog er sich zurück u. wandte seine Sorge dem Kloster in Marseille zu, das er gestiftet hatte u. dem seine Schwester Cäsaria d. Ä. als Äbtissin vorstand. † am 27. 8. 542.
Gedächtnis: 27. August
Darstellung: durch sein Gebet eine Feuersbrunst löschend. Mit brennenden Kerzen
Lit.: ActaSS Aug. VI (1743) 50–83 – Bardenhewer V 345–356 – C. F. Arnold (Leipzig 1894) – A. Malnory (Paris 1934[2]) – M. Viller u. K. Rahner, Aszese u. Mystik in der Väterzeit (Freiburg/B. 1939) 194ff – Altaner[5] 439f

Cäsarius (Kaisarios) **von Nazianz,** Hl.
Er war Sohn des Bisch. ↗ Gregor von Nazianz d. Ä. u. jüngerer Bruder des hl. ↗ Gregor von Nazianz d. J. u. war Arzt am Kaiserhof zu Konstantinopel unter Constantius II. (337–361) u. Julian dem Abtrünnigen (361–363). Da dieser den Cäsarius für seine heidnischen Ideen gewinnen wollte, verließ Cäsarius den Hof, wurde aber von Jovian (363–364) wieder zurückgerufen u. von Valens (364–378) zum Statthalter von Bithynien (Nordwest-Kleinasien) ernannt. Nach Errettung aus einem Erdbeben zog er sich auf den Rat seines Bruders u. des hl. ↗ Basilius zurück u. starb 368, kurz nach seiner Taufe.
Gedächtnis: am 25. Februar (bei den Griechen am 9. März)
Patron: der Ärzte
Lit.: Pauly-Wissowa III 1298ff – Bardenhewer III 174 – H.-G. Beck, Kirche u. theol. Lit. im byzant. Reich (München 1959) 389 (Lit.)

Casilda die Sarazenin, Hl.
Sie war nach der Tradition Tochter des Emirs Abu Mohammed Ismail von Toledo (Spanien). In den Bädern von S. Vincente bei Briviesca (nordöstl. von Burgos) erlangte sie Heilung vom Blutfluß, was für sie der Anlaß war, Christin zu werden. Nach der Taufe lebte sie als Einsiedlerin u. tat den gefangenen Christen viel Gutes. † im 11. Jh.
Gedächtnis: 9. April
Darstellung: trägt Rosen im Schoß oder in der Schürze, weil sich die Speisen, die sie zu den Gefangenen trug, in Rosen verwandelten, als sie ihrem Vater begegnete (vgl. ↗ Elisabeth von Thüringen)

Cassianus, Märt. **zu Imola,** Hl.
Name: zu Cassius, altröm. Geschlechtername; wohl zu lat. cassis (eiserner Helm) (Kassian)
Er wurde wahrscheinlich unter Diokletian um 305 zu Imola (südöstl. von Bologna, Oberitalien) gemartert. Der altchristliche Dichter Aurelius Clemens Prudentius († nach 405 in Spanien) berichtet, er habe seine Grabstätte in Imola besucht. Er sei Lehrer gewesen, u. auf einem Gemälde dort sei er von seinen heidnischen Schülern mit ihren Griffeln zu Tode gepeinigt worden. Nach einer mittelalterlichen Legende war Cassianus 1. Bisch. von Säben (Südtirol), aber auch von Benevent u. Todi. Er wurde Patron des Domes u. der Diöz. Brixen.
Liturgie: Bozen-Brixen H am Samstag nach dem 2. Ostersonntag (mit Vigilius), sonst 13. August
Darstellung: als Bisch. (Legende), mit Griffeln u. Schulgeräten
Patron: der Diöz. Brixen, der Stenographen (1952)
Lit.: BHL 1625–1629 – A. Sparber, Das Bistum Sabiona (Säben) in seiner gesch. Entwicklung (Brixen 1942)

Cassius u. Florentius, Märt. in Bonn, Hll.
Sie gehörten möglicherweise jener röm. Kohorte an, die von ↗ Gereon befehligt wurde. Das Proprium von Osnabrück hingegen rechnet sie nicht als zu dieser Kohorte gehörig, andere alte Martyrologien zählen sie zur ↗ Thebäischen Legion. Der gemeinsame Grund für diese einander widersprechenden Überlieferungen dürfte der sein, daß Maximian, der Mitkaiser Diokletians für den Westen, im Jahre 303 hier die Christenverfolgung mit einer groß angelegten Heeressäuberung begann, der sehr viele christliche Soldaten zum Opfer fielen.
Liturgie: Köln g am 10. Oktober (mit Gereon u. Gef.)

Castor von Karden, Hl.
Name: spätgriech., der Biber. In der griech.-lat. Mythologie war Castor der Sohn des Tyndareos (oder des Zeus) u. der Leda u. Bruder des Polydeukes (lat.: Pollux). Nach den beiden Brüdern wurden schon im Altertum die beiden hellsten Sterne im Sternbild Zwillinge benannt.
Er stammte wohl aus Aquitanien (Südwest-Frankreich), war Schüler des Bisch. ↗ Maximinus von Trier († um 347) u. lebte als Einsiedler unter teilweise christlicher Bevölkerung zu Karden an der Mosel. Der hl. ↗ Potentinus u. seine Söhne Felicius u. Simplicius kamen auf ihrer Wallfahrt zu den hl. Stätten auch nach Trier, wo sie Bisch. Maximinus zum hl. Castor wies u. dem sie sich als Einsiedler anschlossen. Castor starb hochbetagt in der 2. Hälfte des 4. Jh.s Seine Gebeine wurden unter Bisch. Wiomad (753–791) aufgefunden u. in die Paulinuskirche zu Karden überführt. Erzb. Hetti übertrug sie 836 in die von ihm erbaute Kirche in Koblenz, einige Reliquien blieben in Karden.
Liturgie: Trier g am 13. Februar
Darstellung: als Priester, wie er ein sinkendes Schiff rettet; mit Schiff
Patron: der Stiftskirche in Koblenz u. der Kirche in Karden
Lit.: ActaSS Febr. II (1658) 662–666 – F. Pauly, Siedlung u. Pfarrorganisation im alten Erzbistum Trier. Das Landkapitel Kaimt-Zell (Bonn 1957)

Castulus, Märt. zu Rom, Hl.
Name: Verkleinerungsform zu lat. castus (der Keusche): der unschuldige Kleine
Nach dem Martyrologium Romanum war er kaiserlicher Hoflieferant, nach anderen Quellen Aufseher über die kaiserlichen Zimmer oder kaiserlicher Speisemeister. Er erlitt unter Diokletian (um 304) den Martertod u. wurde in einer Katakombe an der Via Labicana bestattet. Seine Gebeine wurden nach Pavia, im 8. Jh. durch Abt Reginpert in die Abtei Moosburg bei Freising u. schließlich 1604 nach Landshut übertragen, wo sie heute in der Martinskirche ruhen.
Liturgie: München-Freising g am 26. März
Darstellung: in Tunika u. Mantelpallium, mit Märtyrerpalme. Spätere Bildwerke: in Rüstung mit Mantel u. Fürstenhut oder Barett, mit Schwert, Banner oder Wimpel-Lanze. Mit einem Spaten (er wurde in eine Grube gestürzt u. lebendig begraben)
Lit: Stadler I 577f – D. Kerler, Die Patronate der Heiligen (Ulm 1905) – Das röm. Martyrologium (Regensburg 1916) – R. Buchwald, Calendarium Germaniae. Die Sonderfeste der dt. Diöz. nach der letzten liturgischen Reform (Breslau 1920)

Caterina (ital.) ↗ Katharina

Celsus, Märt. zu Mailand, Hl. ↗ Nazarius und Celsus

Ceratus, Bisch. **von Grenoble,** Hl.
Er ist 441 auf einer Synode zu Orange bezeugt u. führte einen harten Kampf gegen den Arianismus. Er wurde von den Arianern von seinem Bischofssitz verschleppt u. starb in Simorre bei Auch (Südfrankreich) am 6. 6. um 452. Kult approbiert am 9. 12. 1903.
Gedächtnis: 6. Juni
Lit.: ASS 36 (1903) 423ff

Cerioli ↗ Paula Elisabeth Cerioli

Ceslaus OP, Apostel Schlesiens, Sel.
Er entstammte dem poln. Grafengeschlecht der Odrowaz. Er war zuerst Domherr zu Krakau u. Kustos zu Sandomir. Zus. mit dem hl. ↗ Hyazinth von Polen trat er 1218 in Rom in den Dominikanerorden ein u. wurde Provinzial der poln. Ordensprovinz. 1224 gründete er das Dominikanerkloster in Breslau, dessen Prior er wurde. Er predigte in Prag, dann in Schlesien u. Polen. In Breslau war er der Seelenführer der hl. ↗ Hedwig. Er wird als Retter der Dominsel im Ansturm der Mongolen gefeiert. Ceslaus ist sicher nicht mit dem Provinzial

Theslaus (1233–36) gleichzusetzen, wie es die Ordensliteratur seit 1594 vermeldet. † am 15. 7. 1242 zu Breslau. Die alte Verehrung wurde 1713 durch Clemens XI. approbiert. Seine Gebeine ruhen im Sarkophag von 1723 in der Ceslauskapelle an der Kirche St. Adalbert zu Breslau.
Liturgie: Görlitz G am 15. Juli
Darstellung: mit Kruzifix, brennender Kugel, Lilie, Buch
Lit.: C. Blasel (Breslau 1909) – L. Schulte, Histor. Lektionen: Schles. Pastoralblatt 40 (Breslau 1919) – B. Altaner, Dominikanermissionen (Habelschwerdt 1924) 212f – R. Loenertz, Provinziale: AFP 21 (1951) 17ff, 27 (1957) 27ff

Champagnat ↗ Marcellinus Joseph Benedictus Champagnat

Chanel ↗ Petrus Aloisius Chanel

Chantal ↗ Johanna Franziska von Chantal

Charles (engl., franz.) ↗ Karl

Charlotte (franz.), weibl. F. zu ↗ Karl

Chlodulf, Bisch. **von Metz,** Hl. (franz. Cloud)
Name: ahd. hlut (laut, hier: berühmt) + wolf (Wolf): berühmter Wolf
Er war Sohn des hl. Bisch. ↗ Arnulf von Metz. Er selbst war Bisch. von Metz um 656. † am 8. 6. 660 oder 696. Seine Gebeine ruhen in der ehemaligen Benediktinerkirche Lay bei Nancy u. in der Arnulfskirche zu Metz (Lothringen).
Gedächtnis: 8. Juni
Lit.: ActaSS Iun. II (1698) 127–132 – J. Depoin, Revue Mabillon 12 (Ligugé 1922) 21ff

Chlodwald von Orléans, Hl. (Chlodoald, Chlodovaldus, franz. Cloud)
Name: ahd. hlut (laut, berühmt) + walt zu waltan (walten, herrschen): berühmter Herrscher
Er ist der 3. Sohn des Königs Chlodomer von Orléans. Nach dessen Ermordung 524 wurde er von seiner Großmutter, der hl. ↗ Chlothilde in Paris erzogen. Den Mordplänen seiner königlichen Onkel entronnen, wurde er Einsiedler u. Priester zu Nogent bei Paris. Dort gründete er um 555 ein Kloster (später Kollegiatstift), das 811 nach ihm St-Cloud benannt wurde. In der dortigen Pfarrkirche sind einige Reliquien. † am 7. 9. um 560.
Gedächtnis: 7. September
Patron: der Nagelschmiede
Lit.: ActaSS Sept. III (1750) 91–103 – BHL 1732ff – G. Kurth, Clovis II (Brüssel 1923[3]) 228–232 – P. Perdrizet, Le calendrier parisien . . . (Paris 1933) 220 277

Chlodwig ↗ Ludwig

Chlothilde, Frankenkönigin, Hl. (Chlothildis)
Name: ahd. hlut (laut, berühmt) + hilt(j)a (Kampf): berühmte Kämpferin
* um 474 zu Lyon als Tochter des burgundischen Teilkönigs Chilperich. Nach dem Tod ihres Vaters (um 490) kam sie anscheinend an den Hof ihres Oheims Godegisel von Genf, der mit Chlodwig I. ein Bündnis schloß u. ihm Chlothilde zur Gemahlin gab. Chlothilde hatte wesentlichen Anteil an der Bekehrung Chlodwigs, sodaß dieser sich zu Weihnachten 498/499 zu Reims taufen ließ. Sie gründete mehrere Kirchen u. zog sich nach dem Tod ihres Gatten (511) nach Tours zurück. † am 3. 6. 544.
Liturgie: Lausanne-Genève-Fribourg G/F am 4. Juni, sonst 3. Juni
Darstellung: als Königin mit Krone, Zepter und Schleier, Almosen austeilend. Kirchenmodell tragend. Eine Quelle zu ihren Füßen entspringend. Engel neben ihr mit Wappenschild, darauf 3 Lilien (Wappen des franz. Königshauses der Bourbonen)
Patronin: der Bekehrung eines Gatten, der Frauen, Lahmen, der Notare
Lit.: ActaSS Iun. I (1695) 292–298 – BHL 1785f – L. Schmidt, Geschichte der dt. Stämme bis zum Ausgang der Völkerwanderung (München 1941[2]) – Baudot-Chaussin VI 49–55

Chrischona u. Gef., Hll. (Christiana, Christina)
Mit ihren Gefährtinnen ↗ **Kunigunde, Mechtundis** u. ↗ **Wibrandis** befand sie sich auf einer Pilgerfahrt nach Rom. Chrischona starb auf dem Rückweg u. wurde auf dem Dinkelsberg bei Basel beigesetzt. Ihre Gebeine wurden vom päpstlichen Legaten Kard. Raimondo Peraudi am 17. 6. 1504 feierlich erhoben. Eine Kapelle dortselbst wird 1360/70 genannt u. war bis zur Reformation ein beliebter Wallfahrtsort. Sie ist seit 1840 Sitz der protestantischen Pilgermission St. Chrischona.

Gedächtnis: 16. Juni
Lit.: Basler Zeitschr. für Geschichte u. Altertumskunde II (1903) 244–248 – Stückelberg 22 – E. A. Stückelberg, Basler Kirchen I (Basel 1917) 50–59

Christa, Kf. von ↗ Christina

Christel, Kf. von ↗ Christianus, ↗ Christiana, ↗ Christine

Christiana von Flandern, Hl. (Christina), Jungfrau
Name: ↗ Christianus
Sie soll die einzige Tochter eines engl. Königs gewesen sein u. lebte im 8. (?) Jh. zu Dickelvenne (bei Gent, Ostflandern). Ende des 9. Jh. wurden ihre Gebeine nach Dendermonde (zw. Gent u. Mecheln) übertragen.
Gedächtnis: 26. Juli
Lit.: ActaSS Iul VI (1729) 311–316 – Zimmermann III 26

Christiana von Georgien, Hl. (Nina, Nino, Nunia, Nonna, Theognosta).
Sie lebte als Kriegsgefangene zur Zeit Kaiser Konstantins d. G. (306–337) in Georgien (Landschaft zw. Großem u. Kleinem Kaukasus) u. bekehrte dort das Königshaus u. das Volk durch ihre Tugenden, Lehrtätigkeit u. Wunder.
Gedächtnis: 15. Dezember (Armenier: 29. Oktober, Griechen: 27. Oktober, Georgier: 14. Jänner)
Patronin: der Schwesternkongregation der Hl. Christiana („Schwestern der hl. Kindheit Jesu u. Mariä"), 1807 von der Witwe Victoire de Méjanés zu Argancy gegründet (Mutterhaus seit 1808 in Metz) zur Erziehung der weibl. Jugend in verschiedenen Schultypen.
Lit.: N. Hamant, St. Chrétienne (Metz 1923) – M. Tarchnisvili, Die Legende der hl. Nino: Byzantion (Brüssel 1924 ff.) 40 (1940) 48–75

Christiana von Lucca (Christiana di S. Croce), Sel.
* 1240 zu S. Croce am Arno. Sie hieß eigentlich Oringa Menabuoi. Sie floh, zur Heirat gedrängt, nach Lucca (nordöstl. von Pisa). Sie pilgerte zum Monte Gargano u. nach Rom, wo sie vom Volk Christiana genannt wurde (auf dem Monte Gargano, nordöstl. von Neapel an der Adria, war seit der Erscheinung des Erzengels Michael im 5. Jh. ein berühmter Wallfahrtsort). 1279 gründete sie in S. Croce das dortige Kloster nach der Augustinerregel, nahm aber nie ein Amt an. Sie hatte die Gabe der Prophezeiung u. der Wunder. † am 4. 1. 1310. Ihr Leib war bis 1515 unverwest. Ihr Kult wurde 1776 bestätigt.
Gedächtnis: 4. Jänner
Lit.: D. Morosi (Florenz 1904) – M. Baciocchi de Peón (Florenz 1926) – P. V. Checchi (Florenz 1927) – P. Pacchiani (S. Miniato 1939)

Christianus von L'Aumône OCist, Sel.
Name: griech.-lat., der Christ. Das hebr. maschiach (der Gesalbte) wird im NT gräzisiert zu „Messias" (z. B. Joh 4,25) oder in griech. Übersetzung zu „ho Christós" (der Christus, z. B. Mt 16, 16). Der Titel wurde später als Eigenname aufgefaßt. Die Bezeichnung Christianoí (Christen) kam schon in den Zeiten der Apostel erstmals in Antiochia auf (Apg 11, 26).
Er lebte zuerst bei den Einsiedlern in Gastines an der dortigen Augustiner-Abtei (bei Le Mans, Nordwest-Frankreich) u. wurde dann Zisterziensermönch in L'Aumône (Diöz. Chartres). Von dort wurde er in die Tochterabtei Landais geschickt. Er hatte die Gabe der Mystik. † nach 1145 zu L'Aumône.
Gedächtnis: 27. Juli
Lit.: B. Griesser, Christian von L'Aumône: Cist 57 (1950) 12–32 – J. Ledercq: AnBoll 71 (1953) 21–52

Christianus OCist, Bisch. **in Preußen,** Sel.
Er zog aus einem dt. Kloster zus. mit Gottfried OCist, Abt in Lekno (nordöstl. von Posen) zu den heidnischen Preußen im heutigen Polen, wo er zunächst einige Erfolge hatte. Er wurde von Innozenz III. zum Missionsbisch. ernannt u. 1215 in Rom geweiht. Er wurde aber bald verjagt u. versuchte nun, einen einheimischen Klerus heranzuziehen. 1228 gründete er den Orden der „Ritterbrüder Christi von Dobrin" (ehemalige Ritterburg, heute Dobrzyn, östl. von Thorn), doch blieben die Erfolge fast ganz aus. Erst durch den ins Land gerufenen Dt. Orden (Dt. Ritterorden) konnten die Heiden ab 1231 bezwungen werden. 1233–38 war Christian in preußischer Gefangenschaft. 1243 erreichte der Dt. Orden die kirchliche Neuordnung des Landes, doch wurde Christian dabei von der Kurie übergangen. Er scheint sich in das Kloster Sulejów (südöstl. von Lódz) zurückgezo-

gen zu haben, wo er am 4. 12. 1245 starb. Angeblich ruhen seine Reliquien in der Elisabethkirche zu Marburg.
Gedächtnis: 4. Dezember
Lit.: H. Schmauch, Besetzung des altpreuß. Bist. im Mittelalter: Zeitschr. für Gesch. u. Altertumskunde Ermlands 20 (1919) 647 f – F. Blanke, Altpreuß. Forschungen IV/2 (1927) 20 ff – B. Altaner: ZMR 18 (1928) 203 ff

Christina von Belgien, Hl. (Christina Mirabilis)
Name: Nf. zu ↗ Christiana
* um 1150 in Brustem (Prov. Limburg, Belgien). Mit 15 Jahren war sie verwaist. Um 1182, nach einer kataleptischen Krise (Starrsucht) führte sie ein strenges Büßerleben u. hatte mystische Erlebnisse pathologischer Art. 9 Jahre lebte sie auf dem Schloß von Loon, dann in St-Trond. † um 1224 im Kloster St. Katharina zu St-Trond. Ihre Gebeine wurden 1231 nach Nonnemielen außerhalb der Stadt überführt, 1249 erhoben u. ruhen heute in der Redemptoristenkirche zu St-Trond.
Gedächtnis: 24. Juli
Lit.: AnBoll 14 (1900) 58 365–367, 72 (1954) 122 307 399–402 – A. de Meyer I (Löwen-Brüssel 1946) 546–557 – Met de heiligen het jaar rond III (Bussum 1949) 109–112

Christina, Märt. in **Bolsena,** Hl.
Sie wurde wahrscheinlich unter Diokletian um 304 in Bolsena (nordwestl. von Rom) gemartert. Die legendäre griech. Passio mit ihren lat. Übersetzungen, die liturgischen Bücher in Byzanz, das Martyrologium Hieronymianum (5. Jh., Oberitalien) u. die mozarabischen liturgischen Bücher (7. Jh., Spanien) erwähnen zum gleichen Tag eine hl. Christina aus Tyros (jetzt es-Sur in Syrien). Verschiedene lat. Martyrologien erwähnen die hl. Christina von Bolsena, was 1880 durch Ausgrabungen bestätigt wurde. Wahrscheinlich sind es 2 verschiedene Personen.
Gedächtnis: 24. Juli
Darstellung: mit Messer, Zange, Armbrust, Mühlstein oder zwei Pfeilen (Marterwerkzeuge). Mit Schiff, von dem aus sie ins Meer geworfen wurde. Schlangen in der Hand u. um ihr
Patronin: der Bogenschützen, Müller, Seeleute
Lit.: P. Paschini: RivAC 2 (1925) 167–194 – Lanzoni I 536–543 – ECatt IV 913ff

Christina Ebner OP, Sel.
* am 26. 3. 1277 in Nürnberg. Sie trat mit 12 Jahren in das Dominikanerinnenkloster Engeltal bei Nürnberg ein u. wurde dort 1345 Priorin. Sie ist vor allem durch ihre mystischen Visionen bekannt. Auf Geheiß des Konrad von Füssen OP schrieb sie ihre Gesichte, die sie seit 1314 hatte, nieder. Das Büchlein „Von der genaden uberlast" (über Engeltaler Nonnen) (vor 1346) wird meist ihr zugeschrieben. † am 27. 12. 1356.
Gedächtnis: 27. Dezember
Lit.: K. Schröder (Hg.), Der Nonne von Engeltal Büchlein von der Gnaden Überlast (Tübingen 1871), neu übertragen v. W. Oehl (Paderborn 1924) – M. Grabmann, Dt. Mystik im Kloster Engeltal, Sammelbl. des Histor. Vereins Eichstätt 25–26 (Eichstätt 1910–11) – H. Wilms, Geschichte der dt. Dominikanerinnen (Dülmen 1920) 116–119

Christina von Hamm, Sel. (Stine)
W. Rolevinck berichtet 1482 von der „virgo Stine in Hamm (Westfalen), noviter conversa 1464" (Jungfrau Stine in Hamm, die 1464 sich eben erst bekehrt hatte), daß sie an der Seite an Händen u. Füßen die Wundmale getragen u. sie 12 Zeugen gezeigt habe.
Gedächtnis: 22. Juni
Lit.: A. Schütte, Handbuch der dt. Heiligen (Köln 1941) 88

Christina die Kölnische (Chr. von Stommeln), Sel.
* 1242 in Stommeln bei Köln. Sie war Begine in Köln, dann in Stommeln. Mit 11 Jahren hatten sie die 1. Vision des Heilandes, dessen Leiden sie innig verehrte. Ihre Wundmale an Haupt, Händen u. Füßen von 1268 an sind gut beglaubigt. † am 6. 11. 1312 zu Stommeln. 1342 wurden ihre Gebeine nach Nideggen (Eifel) übertragen, 1583 nach Jülich (westl. von Köln). Ihr Kult wurde am 12. 8. 1908 approbiert.
Gedächtnis: 6. November
Lit.: A. Steffens, Die selige Christina (Fulda 1912) – J. M. Höcht, Träger der Wundmale Christi I (Wiesbaden 1951) 56–68

Christina von Spoleto, Sel. (bürgerl.: Augustina Camozzi)
* um 1435 zu Porlezza am Luganersee (Südschweiz) als Tochter eines Arztes. Sie war jung verheiratet u. verwitwet. Sie führte zuerst ein flottes Weltleben, lebte dann aber als Terziarin vom 3. Orden des hl. Augustinus unter dem Namen Christina als

Büßerin u. übte Werke demütiger Nächstenliebe. Sie war auffallend begnadet u. flüchtete vor den Besuchern, die sie als Heilige verehrten. † am 13. 2. 1456 zu Spoleto (nördl. von Rom) u. in der dortigen Kirche S. Nicolò beigesetzt. Heute ruhen ihre Gebeine in der Kirche S. Gregorio Maggiore. Ihr Kult wurde 1834 bestätigt.
Gedächtnis: 13. Februar
Lit.: AAug 5 (1913) 457–465

Christina ↗ Chrischona

Christoph ↗ Christophorus

Christophorus (Christóphoros), Märt., Hl.
Name: griech., Christus-Träger (Christoph, engl. Christopher)
Seine Person u. sein Martyrium sind historisch, Zeit, Ort u. nähere Umstände aber unbekannt bzw. legendarisch. Möglicherweise stammt er aus Lykien (Südwest-Kleinasien), vielleicht litt er um 250 unter Decius. Laut Inschrift wurde ihm am 22. 9. 452 in Chalkedon (gegenüber Istanbul, heute Kadiköy) eine Kirche geweiht. Er wird im Morgen- u. Abendland hochverehrt u. ist einer der ↗ 14 Nothelfer.
Um den Heiligen rankt sich eine reiche Legende: In der Urform erzählt sie von dem hundsköpfigen Menschenfresser Reprobus (der Verworfene), der in der Taufe den Namen Christophorus u. die menschliche Sprache erhält. Die Geschichte bringt die Neuschaffung des gefallenen Menschen in der Taufgnade zum Ausdruck. Nach vielen Martern erleidet er den Tod. In der abendländischen Fassung wird aus dem Hundsköpfigen der Riese aus Kanaan. Im 10. Jh. wurde die Legende durch Walther von Speyer umgedichtet. Den Abschluß der Legendenbildung bringt die Legenda Aurea („Goldene Legende" des ↗ Jacobus a Voragine, 13. Jh.). Hier heißt er „Riese Offerus" (lat. der sich bereitwillig Aufopfernde), der immer nur dem Mächtigsten dienen will. Erst nimmt er Dienst bei einem König, dann beim Teufel, dann bei Christus. Ein Eremit heißt ihn, Pilger über einen Fluß zu tragen. Unter ihnen war auch das Jesuskind, das auf seinen Schultern immer schwerer wird. Schließlich, als er zusammenzubrechen droht, wird er von ihm im Fluß getauft u. erhält den Namen Christophorus.
Liturgie: GK g am 24. Juli
Darstellung: mit großem Baum in der Hand (nach der Legende steckte er seinen Stab in die Erde. Da grünte dieser u. erwuchs zu einem Baum.) Als Riese, das Jesuskind auf der Schulter durch einen Fluß tragend
Patron: gegen jähen u. unbußfertigen Tod. Die Betrachtung seines Bildes am Morgen galt als Schutz des Lebens bis zum Abend. Darum wurde sein Bild möglichst groß beim Kircheneingang u. an den belebtesten Punkten in Stadt u. Land gemalt. – Das Christophorus-Gebet verrichtete man zur Erlangung von Wohlstand, u. a. bei Schatzgräberei (Christoffeln = Schatz-beschwören, zaubern). Christophorus wurde bei allen gefahrvollen Unternehmungen angerufen. Daher ist er der Patron der Schiffer und Flößer (Brückenheiliger), der Pilger u. Reisenden, der Lastträger, Fuhrwerker, Kraftfahrer u. des Verkehrs allg., der Bergwerksleute. In Frankreich wird er als Patron der Festungen verehrt, in England gegen Hagel u. Gewitter.
Der Christophorus-Segen wurde bei Wassergefahr, Unwetter, Hagelschlag, Hungersnot, gegen Dämonen u. Widerwärtigkeiten aller Art gesprochen. Da sein Pilgerstab auf wunderbare Weise Blüten u. Früchte trieb, als er ihn in die Erde steckte, ist er Patron der Gärtner, Obsthändler u. der Äpfel. Christophorus ist ferner der Patron der Kinder, schwangeren Frauen, Buchbinder, Färber, Hutmacher, Zimmerleute, gegen Pest, Wunden u. Zahnweh. Auf der ganzen Erde sind ihm Kirchen u. Kapellen geweiht: In Chalkedon seit dem 5. Jh., in Frankreich seit dem 6. Jh. (Laon u. Reims). Bedeutende Wallfahrtsorte sind St-Christophe de Rocquigny in den Ardennen u. St-Christophe le Jajolet in der Normandie. Christophorus-Reliquien werden u. a. verehrt in St. Peter zu Rom u. in der Benediktinerabtei St-Denis bei Paris. Beim Kloster S. Trinitá della Cava bei Sorrent zeigte man seine Fußspur. Armer Wanderer nahmen sich Christophorus-Bruderschaften (sie bestehen noch heute) an, z. B. im Hospiz St. Christoph am Arlberg (1386 durch

Heinrich von Kempten gegründet, 1957 abgebrannt; heute Hotel mit Christophoruskapelle). Im 16. u. 17. Jh. wurden Dukaten u. Taler mit dem Christophorusbild geprägt.

Lit.: M. Andree-Eysn, Volkskundliches aus dem bayrisch-österr. Alpengebiet (Braunschweig 1910) 30–33 – H. Fink, Die Kirchenpatrozinien Tirols (Passau 1928) 178–181 – Bächtold-Stäubli II 65–75 – G. Schreiber, Nationale u. internationale Volkskunde (Düsseldorf 1930) 114 – Ders. Dt. Bauernfrömmigkeit (Düsseldorf 1937) 13, 37 – Braun 165–173 – H. Günter, Psychologie der Legende (Freiburg/B. 1949) 342 – J. Gritsch, Christophorus-Bilder aus Tirol: Schlern-Schriften 77 (Innsbruck 1951) – G. Gugitz, Fest- u. Brauchtumskalender (Wien 1955) 87 f – Ders., Österr. Gnadenstätten in Kult u. Brauch (Wien 1956 ff)

Chrodegang, Bisch. **von Metz,** Hl.
Name: ahd. hruot (Ruhm, Siegespreis) + gang (Gang, im Sinn von Waffengang, Streit): berühmter Streiter
* um 700 aus dem Hochadel Austrasiens (östl. Teil des Frankenreiches mit der Hauptstadt Metz). Er wurde 741 Referendar Karl Martells u. 742 (747?) Bisch. von Metz (Lothringen). Je mehr ↗ Bonifatius aus der Führung gedrängt wurde, trat er umso mehr als Haupt einer einheimisch-fränkischen Gruppe hervor. Von Pippin gefördert, führte er die kirchliche Erneuerung im kanonisch-röm. Geist fort. Nach dem Tod des Bonifatius 754 wurde er dessen Nachfolger als Erzb. u. austrasischer Metropolit. 748 gründete er das Kloster Gorze bei Metz u. St. Peter a. d. Mosel, er reformierte die Klöster Gengenbach (Baden), Lorsch (Hessen), St. Avold bei Metz u. a. Er brachte Märtyrerreliquien aus Rom u. wirkte für die Übernahme der röm. Liturgie, bes. im Gesang. Seine berühmteste Tat ist die Einführung einer von ihm verfaßten Regel für das gemeinsame Leben seiner Kanoniker. Diese Regel lehnte sich an die Benediktinerregel, an röm. Gewohnheiten u. frühere Synodalbeschlüsse an u. beeinflußte nachhaltig das kirchliche Leben. † 6. 3. 766 zu Metz, er ist in Gorze beigesetzt.
Gedächtnis: 6. März
Lit.: Th. Schieffer, Angelsachsen u. Franken: AAMz (1950) n. 20, 30–36, 79–81 – NDB III 250 – Hauck II 54–58 64–69

Chrodegang, Bisch. **von Séez,** Hl. (Godegrand)
* im 8. Jh. aus vornehmer fränkischer Familie. Sein Verwandter u. Stellvertreter auf dem Bischofsstuhl von Séez (Nordfrankreich) ließ ihn bei seiner Rückkehr von einer langjährigen Pilgerfahrt nach Rom u. an andere Stätten ermorden. Seine Schwester Opportuna begrub ihn in ihrem Kloster Almenèches (Dep. Orne, Nordfrankreich).
Gedächtnis: am 3. September
Lit.: BHL 1782–1784 6339–6343 (Vita Opportunae) – DHGE XII 781–784 (Lit.)

Chrysanthus u. **Daria,** Märt. in Rom, Hll.
Name: griech. chrysós (Gold) + anthos (Blume); griech. Dareia: weibl. F. zu Dareios (altpersisch Darajawahusch: der das Gute bewahrt), Name dreier persischer Großkönige
Sie starben im 3./4. Jh. u. wurden auf dem Friedhof des Thraso an der Via Salaria Nuova bestattet. Ihr Grab wurde durch die Goten (537/538) zerstört, aber sofort wiederhergestellt, ebenso durch Hadrian I. (772–795). Im 7. Jh. wird eine Kirche erwähnt, die zu ihrer Ehre errichtet wurde. ↗ Gregor von Tours († 594) berichtet von zahlreichen Pilgern am Grab. Überhaupt war die Verehrung der beiden Märt. weit verbreitet. Ihre Gebeine kamen 844 in die Benediktinerabtei Prüm (Eifel) u. von dort nach Münstereifel (südwestl. von Bonn)
Gedächtnis: 25. Oktober
Darstellung: mit Axt, Fackeln u. Grube mit Schlamm (weil sie der Legende zufolge nach verschiedenen Martern in einer Sandgrube an der Via Salaria zu Rom lebendig begraben wurden). Als Ritter mit bewimpelter Lanze u. Palme
Patrone: der Richter
Lit.: BHL 1787–1794, dazu: AnBoll 65 (1947) 174 – BHG[3] 313ff – Valentini-Zucchetti II 38 76 116 144

Chrysogonus, Märt. in Aquileja, Hl.
Name: griech. chrysós (Gold) + gonos (Abkunft)
Nach der legendären Passio war er der Erzieher der hl. ↗ Anastasia u. wurde auf Befehl Diokletians von Rom nach Aquileia (an der Adria, südl. von Udine) geführt u. dort enthauptet. Er gilt aber als röm. Heiliger, weil sich sein Kult in einer Kirche in Trastevere in Rom eingebürgert hat. Er ist ↗Kanon-Heiliger.
Gedächtnis: 24. November (Weihe der Titelkirche in Rom)
Darstellung: als junger Ritter mit Schild,

darauf IHS. Sein Leichnam von Fischen getragen
Lit.: BHL 1795ff – Kirsch 108–113 – R. Krautheimer, Corpus Basilicarum Christ. Romae I/3 (Città del Vaticano 1940) 144–164

Chrysologus ↗ Petrus Chrysologus

Chrysostomus ↗ Johannes Chrysostomus

Chuniald u. Gislar, Hll.
Namen: ahd. kunni (Geschlecht, Sippe) + walt, zu waltan (walten, herrschen); ahd. gisel (Geisel, Edler; nach altgerman. Brauch wurden zur Bekräftigung von Verträgen die Kinder der Fürsten als Geiseln ausgetauscht) + heri (Heer): Edler im Heer.
Sie waren Priester u. Gefährten des hl. ↗ Rupert in Salzburg (8. Jh.), ihre Herkunft ist unbekannt. Ihre Missionstätigkeit bei den Awaren in der Gegend des heutigen Wien ist legendär. Ihre Gebeine wurden mit denen des hl. Rupert am 24. 9. 774 vom hl. ↗ Virgil, Bisch. von Salzburg, in den neuerbauten Rupertusdom übertragen.
Liturgie: Salzburg g am 28. September
Darstellung: als Diakone mit Buch
Lit.: ActaSS Sept. VI (1757) 708–713

Cilli ↗ Cäcilia

Cissi ↗ Franziska

Claas (Klaas, Klas) (niederdt.) ↗ Nikolaus

Claire (franz.) ↗ Clara

Clara von Assisi, Hl.
Name: lat., die Leuchtende, Berühmte (Klara, franz. Claire)
* 1194 zu Assisi aus dem mächtigen u. reichen Adelsgeschlecht der Offreducci Favarone. Sie wurde durch den hl. ↗ Franz von Assisi für das Armutsideal gewonnen, floh mit 18 Jahren aus dem Elternhaus u. erhielt im Portiunkulakirchlein vom hl. Franz das Ordensgewand. Mit ihrer Schwester Agnes ließ sie sich an der Kirche S. Damiano bei Assisi endgültig nieder u. wurde so zur Begründerin des Klarissenordens. Später schlossen sich ihr auch ihre Mutter Hortulana (Ortolana) u. ihre andere Schwester Beatrix an. 1215/16 erhielt sie von Innozenz III. das Armutsprivileg, d. h., daß sie von niemandem gezwungen werden dürfe, irgendwelche Besitztümer anzunehmen. Etwa vom 30. Lebensjahr an war sie krank u. dauernd an das Bett gefesselt. 1240 u. 1241 blieben ihr Kloster u. ihre Heimatstadt durch ihr Gebet vor dem Allerheiligsten vor den Sarazenen verschont. Sie hatte auch sonst die Gabe der Wunder u. heilte viele Kranke. Noch zu ihren Lebzeiten breitete sich ihr Orden in zahlreichen Neugründungen aus. Zwei Tage vor ihrem Tod erhielt sie von Innozenz IV. die Bestätigung ihrer Ordensregel. † am 11. 8. 1253 in S. Damiano. Ihr Leib wurde zuerst in S. Giorgio beigesetzt u. 1260 in die neue Kirche S. Chiara übertragen, wo er noch heute unverwest u. dem Besucher sichtbar ruht. Heiliggesprochen am 15. 8. 1255.
Liturgie: GK G am 11. August
Darstellung: als Nonne im schwarzen Ordenskleid mit Regelbuch, Lilie, Kreuz, Ziborium oder Monstranz
Patronin: der Sticker, Vergolder, Wäscherinnen
Lit.: P. Bargellini (Florenz 1953, dt. Werl 1953) – E. Schneider (Paris 1959) – CollFr 27–28 (1957–58) 819–838 – P. Manns, Reformer der Kirche (Mainz 1970) 663–666

Clara von Montefalco (Clara vom Kreuz) OESA, Hl.
* um 1275 zu Montefalco (südl. von Assisi). Von ihrem 6. Lebensjahr an lebte sie als Reklusin mit ihrer Schwester, der sel. Johanna von Montefalco († 22. 11. 1291). Die Reklusengemeinschaft wurde in ein Augustinerinnenkloster umgewandelt (Beschuhte Augustinerinnen-Eremiten), wo sie Äbtissin wurde (als Nachfolgerin ihrer Schwester). Sie war von außergewöhnlichem Gebets- u. Bußgeist beseelt u. hatte 11 Jahre schwere Leiden zu ertragen. Ihre Geduld wurde mit der Gabe mystischer Beschauung u. der Wunder belohnt. † am 17. 8. 1308. Ihr Leib ist noch heute unverwest erhalten. Heiliggesprochen 1881.
Gedächtnis: 17. August
Lit.: A. N. Merlin, Une grande Mystique ignorée (Paris 1930) – E. A. Foran (London 1935) – O. Bot (Hilversum 1936) – L. Oliger, De secta Spiritus libertatis (Rom 1943) 9–27, 91–126 u. ö.

Claret ↗ Antonius Maria Claret y Clara

Clarus OSB, Abt **in Vienne,** Hl.
Name: männl. F. zu ↗ Clara
Er wurde um 620 Abt des Benediktinerklosters St-Marcel zu Vienne (südl. von Lyon) u. starb am 1. 1. 660. Sein Grab in St -Pierre zu Vienne wurde 1562/67 durch die Hugenotten verwüstet, die Reliquien verstreut. Kult approbiert am 9. 12. 1903. Clarus wird in Frankreich sehr verehrt, viele Kirchen sind ihm geweiht.
Gedächtnis: 1. Jänner
Patron: der Schneider
Lit.: Zimmermann I 36 ff – M. Blanc, Vie et culte de s. Cl., 2 Bde. (Toulon 1898)

Claude (franz.) ↗ Claudius

Claudia, Märt. **zu Amisium,** Hl.
Name: ↗ Claudius
Sie wurde mit Alexandra u. anderen Gefährtinnen zu Amisium in Paphlagonien (Nord-Kleinasien) unter Maximianus, dem Mitregenten Diokletians (286–305) aufgehängt, mit Ruten geschlagen, zerfleischt u. schließlich in einen glühenden Ofen geworfen.
Gedächtnis: 20. März
Lit.: P. Reinelt, Hl. Frauen u. Jungfrauen (Steyl 1910) – J Baudot, Dictionnaire d'hagiographie (Paris 1925)

Claudius (Claude) **de la Colombière,** Sel.
Name: altröm. Geschlechtername. Der Ahnherr dieses Geschlechtes scheint lahm oder hinkend (claudus) gewesen zu sein
* am 2. 2. 1641 zu St-Symphorien-d'Ozon bei Lyon. Er war Jesuit u. Prediger in Lyon, 1674 wurde er Superior an der Jesuitenresidenz zu Paray-le-Monial (an der Loire, nordwestl. von Lyon). Er war dort der Seelenführer der hl. ↗ Margareta Maria Alacoque u. unterstützte nach Kräften die Verbreitung der Herz-Jesu-Andacht. 1676–79 war er Beichtvater u. Hauskaplan der Herzogin von York (England). Als Opfer der Verschwörung des Titus Oates (1678) wurde er eingekerkert u. dann verbannt. 1679 kehrte er krank nach Frankreich zurück. † am 15. 2. 1682 zu Paray-le-Monial. Seliggesprochen am 16. 6. 1929.
Gedächtnis: 15. Februar
Lit.: P. Baumann: ZAM 4 (1929) 263–272 – C. Guitton, Le Bienheureux Claude de la Colombière (Löwen 1947)

Claudius u. Gef., Märt. **zu Rom,** Hl.
† um 305 unter Diokletian mit **Nicostratus** u. anderen Gefährten. Er ist einer der ↗ Vier Gekrönten.
Gedächtnis: am 8. November
Darstellung: mit Pfahl u. Säule (weil er Bildhauer war). In einem eisernen Käfig ins Meer geworfen. An einer Säule oder in einem Kessel mit siedender Flüssigkeit gemartert
Patron: der Bildhauer, Marmorarbeiter, Steinhauer; des Viehes
Lit.: J. Baudot, Dictionnaire d'hagiographie (Paris 1925) – P. Schubring, Hilfsbuch zur Kunstgeschichte (Berlin 1913)

Claudius u. Gef., Märt. **zu Rom,** Hll.
Er war Tribun im röm. Heer u. wurde zus. mit seiner Frau **Hilaria,** seinen Söhnen **Jason** u. **Maurus** u. 70 Soldaten auf Befehl des Kaisers Numerian (283–284) hingerichtet. Claudius wurde mit einem Stein am Hals in den Tiber geworfen, seine Söhne u. die Soldaten enthauptet, Hilaria wurde, während sie am Grab ihrer Söhne betete, ergriffen u. getötet.
Gedächtnis: 3. Dezember

Clemens der Bulgare, Bisch., Hl.
Name: lat., der Sanftmütige (Klemens)
Er stammte wahrscheinlich aus dem slaw. Mazedonien u. war Schüler der hll. ↗ Cyrillus u. Methodius, die er auf ihrer Missionsreise nach Großmähren begleitete. Nach dem Tod des Methodius (885) wurde er mit anderen Schülern von dort vertrieben u. kam nach Bulgarien. Fürst ↗ Boris sandte ihn nach Mazedonien, wo er als Missionar u. Volkserzieher wirkte u. später in Devol (Kutmičevica) eine Schule gründete, die für die slaw. Kultur große Bedeutung erlangte. Zar Simeon von Bulgarien ernannte ihn 893/894 zum 1. slaw. Bisch. von Velitza bei Ochrida. Dort baute er mehrere Kirchen sowie das Kloster zum hl. Panteleimon. Er übersetzte das Pentekostarion (liturgisches Buch für die Osterzeit) u. verfaßte Predigten u. Heiligenleben, darunter wahrscheinlich auch „Das Leben des hl. Kyrillos". † 916.
Gedächtnis: 17. Juli
Lit.: DThC III 134–137 – Catholicisme II 1200 f – DHGE XII 1086 f – BHG^3 355 f

Clemens Maria Hofbauer CSSR, Hl.
(Taufname: Johannes)
* am 26. 12. 1751 in Taßwitz bei Znaim

(Südmähren). Sein Vater war Tscheche – er hatte seinen Namen Dvořak in Hofbauer eingedeutscht –, seine Mutter war eine Deutsche. Mit 6 Jahren verlor er den Vater. Er war 1767–79 Bäckerlehrling u. Geselle, zuerst in Znaim, dann im Prämonstratenserstift Klosterbruck bei Znaim (tschechisch: Louka). Aus der Not nach dem Siebenjährigen Krieg heraus wurde er Einsiedler in Tivoli (östl. von Rom) u. arbeitete dann in Wien als Bäcker. Unter finanzieller Mithilfe dreier adeliger Damen besuchte er 1772–77 die Lateinschule in Klosterbruck. Als zum Universitätsstudium die Mittel fehlten, wurde er wieder Einsiedler in Tivoli, wo er den Namen Clemens Maria erhielt. Nach kurzem Aufenthalt in der Heimat fand er während eines katechetischen Kurses in Wien Wohltäter, so daß er 1780–84 in Wien Theologie studieren konnte. Hier litt er sehr unter dem Geist des Josephinismus u. der Aufklärung, der auch vor den theol. Lehrstühlen nicht Halt gemacht hatte. Deshalb vollendete er sein Theologiestudium in Rom. Dort traten er u. sein Freund Thaddäus Hübl als erste Deutsche in den Redemptoristenorden ein u. wurden am 29. 3. 1785 zu Priestern geweiht.

1787–1808 wirkte er an der Kirche St. Benno in Warschau. Er gründete dort eine Armenschule, ein Waisenhaus u. eine Lateinschule u. leitete die Ausbildung der Ordenstheologen. Vor allem führte er eine „immerwährende Mission" ein: jeden Sonn- u. Feiertag wurden in der Kirche von 5 Uhr früh an ununterbrochen Gottesdienste u. Predigten gehalten, an den übrigen Tagen fand täglich eine Andacht mit Predigt statt. Von Warschau aus versuchte er zunächst vergeblich, seinen Orden in Süddeutschland u. in der Schweiz zu verbreiten, so in Wollerau am Zürcher See, Jestetten, Triberg, Babanhausen u. Chur. Er scheiterte aber am Widerstand Bayerns u. des Generalvikars von Konstanz, Ignaz Heinrich von Wessenberg.

1808 wurde der Konvent an St. Benno von Napoleon aufgehoben u. die Patres – es waren nunmehr über 40 – des Landes verwiesen. Clemens ging nach Wien u. wirkte zunächst an der Minoritenkirche, seit 1813 als Beichtvater der Ursulinen u. als Kirchenrektor von St. Ursula. Er betrieb eine intensive Krankenseelsorge u. führte die Hausbesuche als neue Form der Seelsorge ein. Vom Beichtstuhl u. von der Kanzel aus wurde er der eigentliche Überwinder der Aufklärung, des Jansenismus u. des Josephinismus in Österreich. Er wurde von der Polizei scharf beobachtet u. belästigt, fand aber Schutz u. Rückhalt beim Fürsterzb. von Wien, Sigmund Anton Graf von Hohenwart SJ.

Entscheidende Bedeutung erlangte er durch seinen Einfluß auf die Wiener Romantiker wie Friedrich Schlegel, Adam Heinrich Müller, Clemens Brentano, Joseph von Eichendorff u. die Reformbischöfe Roman Sebastian Zängerle OSB (Seckau), Gregor Thomas Ziegler OSB (Linz) u. Joseph Othmar Rauscher (Seckau, später Fürsterzb. von Wien u. Kardinal). Auf seine Anregung hin kam die Zeitschrift „Ölzweig" heraus. Als Berater der Nuntien u. des Kronprinzen Ludwig von Bayern übte er indirekt Einfluß auf die Verhandlungen beim Wiener Kongreß (1814/15) u. war maßgeblich beteiligt an der Verhinderung einer dt. Nationalkirche.

Er starb am 15. 3. 1820 in Wien u. wurde in Maria Enzersdorf bei Wien begraben (Romantikerfriedhof) u. ist seit 1862 in der Kirche Maria am Gestade zu Wien. Heiliggesprochen am 20. 6. 1909.

Liturgie: RK g am 15. März (Wien: Stadtpatron F, Linz G)

Darstellung: als Redemptorist im schwarzen Talar, mit weißem Halskragen u. schwarzem Stoffgürtel u. Rosenkranz mit 15 Gesetzen

Patron: von Wien, 2. Patron der Gesellenvereine (seit 1913)

Lit.: M. Spahn: Hochland 6, 2 (1909) 299–313 – J. Eckardt: Hochland 8,1 (1910) 17–27, 182–192, 341–350 – A. Innerkofler (Regensburg 1913^{2}) – J. Hofer (Freiburg/B. 1923^{3}) – A. Pichler (Steyl 1926) – M. B. Schweitzer: 48 (1928) 389–460 – M. Bauchinger (Wien 1930^{7}) – R. Till (Wien 1951) – C. Schedl, Ein Heiliger steht auf (Wien 1951) – E. Hosp (Wien 1951) – W. Hünermann, Der Bäckerjunge von Znaim (Innsbruck 1962^{7})

Clemens I., Papst (Clemens Romanus), Hl.

Er regierte 92–101 als 3. Nachfolger des Apostels ↗ Petrus (nach ↗ Linus u. ↗ Anakletus).

Nach Tertullian wurde er noch von Petrus

selbst ordiniert. Er ist der Verfasser des berühmten Briefes an die Korinther, ein kostbares Zeugnis des altchristlichen Glaubens u. Lebens sowie ein faktischer Beweis für den Primat des röm. Bisch. Sein Martyrium ist nicht sicher. Der Bericht, daß er beim Tauriskischen Chersones (heute Sewastopol auf der Krim) mit einem Anker um den Hals ins Schwarze Meer versenkt worden ist, ist legendär. Im 4. Jh. entstand an dem Grundstück eines Christen namens Clemens eine dreischiffige Basilika (die heutige Unterkirche von S. Clemente in Rom). Wegen der Namensgleichheit entstand so für Papst Clemens ein Gedächtnisbau. Die Gebeine soll erst der Slawenapostel ↗ Cyrillus 868 aus dem Chersones nach Rom gebracht haben, wo sie in dieser Basilika beigesetzt wurden. ↗ Kanon-Heilige.
Liturgie: GK g am 23. November
Darstellung: mit Papstkreuz, Tiara, Lamm u. Anker. Mit Quelle, die auf sein Gebet wunderbar entsprungen sein soll
Patron: der Hutmacher, Marmorarbeiter, Steinmetzen (weil er in seiner Verbannung den verdurstenden Steinmetzen in den Marmorbergwerken auf der Krim eine frische Quelle habe entspringen lassen), der Seeleute
Lit.: Kommentar zum Clemensbrief: R. Knopf, Die Apostolischen Väter I: HNT Erg. Bd. (1920) 41–150 – Bardenhewer I 116–131 – Altaner[5] 79–85 – F. Snopek, Kl. v. Rom u. seine Reliquien (Kremsier 1918)

Clemens ↗ Titus Flavius Clemens

Clementia von Trier OSB, Sel.
Name: zu ↗ Clemens
Sie war die Tochter des Grafen Adolf von Hohenburg u. wurde als junges Mädchen mit dem Grafen Craffo von Spanheim verlobt. Mit dessen Einwilligung ging sie aber in das Kloster der hl. Irmina in Ören (Ad horreum) bei Trier, wo sie am 21. 3. 1176 im Ruf der Heiligkeit starb.
Gedächtnis: 21. März

Clementine (Klementine), weibl. F. zu ↗ Clemens

Le Clerc ↗ Maria Theresia von Jesus

Cletus, Papst ↗ Anakletus

Cloelia (Clelia) **Barberini,** Sel.
Name: von griech. Chloe, die Grünende. So hieß die Frau, deren Angehörige Paulus von den Parteiungen in der Gemeinde von Korinth unterrichteten (1 Kor 1, 11)
* am 13. 2. 1847 in S. Giovanni in Persiceto (vulgo de Budrie, östl. von Modena, Oberitalien). Sie hatte fromme Eltern. Schon in ihrer Jugend unterwies sie Kinder im Katechismus u. hielt sie zu rel. Leben an. 1868 gründete sie mit 3 Gefährtinnen in Bologna eine Gemeinschaft, aus der sich „die Geringsten Schwestern von der Schmerzhaften Mutter" entwickelte u. verfaßte unter der Anleitung von Jesuitenpatres deren Regeln. † am 13. 7. 1870. Seliggesprochen am 27. 10. 1968.
Gedächtnis: 13. Juli
Lit.: AAS 60 (1968) 680ff

Cluny, Cluniazensische Reform
Die Kirche des 9. Jh.s machte eine Periode starker Verweltlichung u. eines großen Niederganges durch. Eine der Hauptursachen dafür war die Abhängigkeit der Kirchen u. Klöster von den weltlichen Herrschern (Ottonische Reichskirche). Grundbesitz u. Einkünfte der Klöster dienten nur zu oft der Versorgung nachgeborener Adelssöhne. Der Feudalismus mit all seinen schlimmen Folgen hielt Einzug in die Kirche. Um diesem Übelstand abzuhelfen u. um ein exemplarisches Beispiel zu setzen, gründete Herzog ↗ **Wilhelm von Aquitanien** um 908 das Kloster *Cluny* (50 km südwestl. von Dijon, Burgund), das von aller äußeren Gewalt unabhängig (exempt) war. Hier regierten viele heiligmäßige, tatkräftige Äbte: ↗ **Berno** (909–924), ↗ **Odo** (924–942), ↗ **Aymard** (942–963), ↗ **Majolus** (965–994), ↗ **Odilo** (994–1048), ↗ **Hugo** (1049–1109), ↗ **Petrus Venerabilis** (1122–1156). Die Grundlage der rel. Lebenshaltung in Cluny bildete die Auslegung der Regel des hl. ↗ Benedikt durch ↗ Benedikt von Aniane, die durch Odo noch verschärft wurde (strengstes Stillschweigen, Verständigung nur durch Zeichensprache u. a.). Während das östliche Mönchstum im wesentlichen die zurückgezogene Heiligung des einzelnen im Auge hatte, war Cluny weltoffen u. von Tätigkeitsdrang erfüllt (siehe auch ↗ Hildebrand, bzw. ↗ **Gregor VII.**).

Die Ausstrahlungskraft von Cluny war erstaunlich: Etwa 3000 Benediktinerklöster schlossen sich der Reformbewegung an (Kongregation von Cluny) u. ließen sich von dessen Abt leiten, so *Gorze* (Lothringen) (↗ **Chrodegang** von Metz) u. in dessen Gefolge *Lorsch* (Hessen) (↗ **Adalbero** von Metz), *St. Maximin* (Trier), *Tegernsee, Regensburg, Lüttich, Magdeburg, Stablo-Malmedy* (Belgien), *Prüm* (Eifel), *St. Emmeram* (Regensburg), *Niederaltaich* (Niederbayern), *Fulda, Reichenau* (Bodensee), *St. Gallen* (Schweiz). Nach dem Vorbild Clunys bildeten sich ähnliche Reformkongregationen um die Klöster *Hirsau* bei Calw (Schwarzwald), *Einsiedeln* (Schweiz) u. *Melk* (Niederösterreich). Sie griffen zwar nicht direkt die Probleme der Reichskirche auf (Laieninvestitur, Verweltlichung, Besitzstreben, Adelsherrschaft), sie schufen aber die Atmosphäre, daß man sie angehen mußte.
Durch die stark zentralistische Verfassung wurde Cluny eines der mächtigsten Klöster des Abendlandes. Dies fand u. a. seinen baulichen Ausdruck in seiner romanischen Kirche, eine der gewaltigsten u. in seinem Typ reinsten Schöpfungen der Burgundischen Bauschule. Seine Vormachtstellung konnte es aber nur wenig mehr als 200 Jahre behaupten. Wirtschaftliche Schwierigkeiten, Nachlassen der Disziplin, übersteigerte Spiritualität u. zunehmender Feudalismus brachten langsam aber sicher den Niedergang. 1258 wurde es eine Kommende (Pfründe) der franz. Könige. Der gewaltige Klosterverband zerfiel. Im 100jährigen Krieg Frankreichs mit England (1339–1453) wurde es wiederholt schwer heimgesucht, die franz. Religionskriege des 17. Jh.s brachten eine Spaltung innerhalb der Cluniazensischen Kongregation, die mehr als ein Jh. dauerte. Richelieu konnte 1634 das Kommenden-Unwesen nicht beseitigen. In der Franz. Revolution wurde das Kloster säkularisiert (1790), die Bibliothek u. die Kunstschätze verschleudert, die Mönche vertrieben u. die Kirche niedergerissen. Heute sind nur noch einige Mauern des einstigen Querschiffes erhalten.

Cölestin I., Papst (Coelestinus, Caelestinus)
Name: zu lat. caelestis, spätlat. coelestis: der Himmlische
Er regierte 422–432. Vor seiner Wahl war er röm. Diakon. Als Papst war er bemüht, die Kirche von Irrlehren zu reinigen. So bekämpfte er den Pelagianismus in England u. sandte zu diesem Zweck 429 ↗ Germanus von Auxerre dorthin. Er wandte sich gegen den Semipelagianismus in Gallien, wo er die Person u. die Lehre des hl. ↗ Augustinus verteidigte. 431 schickte er ↗ Palladius nach Irland, um dem Eindringen pelagianischer Irrlehren vorzubeugen. Gegen Nestorius berief er 430 ein röm. Konzil ein. Auf dem Konzil zu Ephesus (431) ließ er sich durch 3 Legaten vertreten (dieses Konzil verurteilte die Lehre des Nestorius, indem es die Menschwerdung Gottes in Jesus Christus neu bekräftigte u. Maria den Titel „Gottesmutter" zuerkannte). † 432.
Gedächtnis: 6. April
Darstellung: mit einer Schriftrolle in der Hand, auf der die Worte stehen: Ad Corinthios (An die Korinther)
Lit.: Kaufmann E. 379f – A. M. Bernardini, S. Celestino (Rom 1938) – Caspar I 368–373, 381–416 – Jungmann I 46 – P. Grosjean: AnBoll 70 (1952) 315–326 – Seppelt I^2 158–171

Cölestin V., Papst (Petrus Coelestinus)
Er regierte vom 5.7. bis 13. 12. 1294. * 1215 zu Isernia in den Abruzzen (nördl. von Neapel). Er war 1276–79 Benediktinerabt in Faifoli (Benevent) u. Einsiedler auf dem Monte Murrone u. auf der Maiella bei Sulmona (östl. von Rom) u. wird deshalb auch Pietro del Murrone genannt. In seiner Umgebung entstand der Einsiedlerorden vom hl. ↗ Damian, der spätere Cölestinerorden. Nach zweijähriger Sedisvakanz wurde er in der Auseinandersetzung der Colonna u. der Orsini, zweier einflußreicher röm. Adelsfamilien, unter dem Einfluß des Königs Karl II. von Anjou als unverfängliche Person zum Papst gewählt. Cölestin fühlte sich des schweren Amtes für unfähig u. plante eine Kardinalsregierung. Er stellte die strenge Regel des Konklaves wieder her u. erließ am 10. 12. eine Konstitution über die Abdankung von Päpsten. Er selbst dankte am 13. 12. freiwillig ab. Sein Nachfolger, Bonifatius VIII., ein herrschsüchtiger u. eigenwilliger Mann, ließ ihn aus Furcht vor einem Schisma bis zu seinem Tod am 19. 5. 1296 auf dem Schloß Fumone bei Anagni (75 km östl. von Rom) in Haft halten.

Gedächtnis: 19. Mai
Darstellung: als Papst, Teufel wollen ihn stören, die päpstlichen Schlüssel, die Tiara u. das dreifache Kreuz beiseite gelegt, dafür mit Büßerkette umgürtet im Gefängnis. Als Ordensstifter in weißer Kutte u. mit weißem Gürtel, schwarzem Skapulier u. schwarzer Kapuze. Taube am Ohr (Symbol des Hl. Geistes anläßlich der Ordensgründung)
Patron: der Buchbinder
Lit.: F. Baethgen, Beiträge zur Geschichte Cölestins V. (Halle 1934) – Ders., Der Engelpapst (Leipzig 1943) – Haller V² 91–97 – Seppelt III 582–587

Coletta (Nicolette) **Boillet,** Hl. (Coleta)
Name: weibl. F. zu ↗ Nikolaus (Koletta)
* am 13. 1. 1381 zu Corbie (östl. von Amiens, Nordfrankreich). Sie war zuerst Begine, trat dann dem 3. Orden des hl. ↗ Franziskus bei u. wurde 1406 Klarissin. Als Reformatorin des 2. Ordens des hl. Franz führte sie viele Klöster zur ursprünglichen Strenge der Regel zurück u. gründete 18 neue Klöster, deren Mitglieder seither Colettinen (Colettinerinnen) heißen. Um 1412 folgten sogar Männerklöster ihrer Reform (Colettaner). † am 6. 3. 1447 zu Gent (Belgien). Heiliggesprochen 1807.
Liturgie: Lausanne–Genève–Fribourg G am 6. März
Darstellung: im braunen Ordenskleid mit Buch u. Kruzifix, Lamm u. Lerche (von denen sie stets begleitet war)
Patronin: der Klarissinnen; der Zimmerleute (weil ihr Vater Zimmermann war), der Dienstmägde (weil sie sich „eine niedrige Magd des Herrn" nannte)
Lit.: F. Imle (München 1916) – C. Yver (Paris 1945)

Colin (engl.) Kf. von Nicolas (↗ Nikolaus)

Colombière ↗ Claudius de la Colombière

Columba u. Pomposa OSB, Märt., Hll.
Namen: lat. columba, die Taube; lat. pomposa, die Prunkvolle, Stattliche
Sie stammten aus Córdoba (Spanien). Columba lebte als Benediktinerin im Kloster Tabana bei Córdoba, das ihre Schwester Elisabeth gegründet hatte. Ihre Jugendfreundin Pomposa war Benediktinerin im Kloster S. Salvador bei Córdoba. Unter Kalif Mahommed I. wurden beide Klöster überfallen u. zerstört. Columba floh mit ihren Mitschwestern nach Córdoba. Dort bekannte sie öffentlich ihren Glauben, worauf sie am 17. 9. 853 enthauptet wurde. Als Pomposa dies hörte, stellte sie sich freiwillig dem Gericht in Córdoba u. versuchte sogar, den Sultan zu bekehren. Dieser ließ sie aber am 20. 9. 853 enthaupten u. ihre Leiche in den Guadalquivir werfen. Die Leichname der beiden wurden geborgen u. in der Basilika St. Eulalia zu Córdoba beigesetzt.
Gedächtnis: 17. September
Lit.: Acta SS Sept. V (1866) 618–625, VI (1757) 93f – Zimmermann III 70 – Baudot-Chaussin IX 364f, 405f

Columba, Märt. **in Sens,** Hl.
Sie lebte vielleicht im 3. Jh. in Sens (westl. von Troyes, Nordfrankreich). Nach der frühen, aber unzuverlässigen Passio wurde sie unter Kaiser Aurelian (270–275) hingerichtet. Ihr Kult ist bes. in Frankreich sehr verbreitet, zahlreiche Kirchen sind ihr geweiht, vor allem die OSB-Abtei Ste-Colombe in Sens, die in der Franz. Revolution 1792 zerstört wurde.
Gedächtnis: 31. Dezember
Lit.: G. Chastel, Ste. Colombe de Sens (Paris 1939) (mit neuem Text der Passio) – Catholicisme II 1321ff – Baudot-Chaussin XII 823–829

Comgall, Abt, Hl. (Comgell, Comgill)
* um 516 zu Dalaradia (Ulster, Nordirland). Er war zuerst Soldat, dann Student in Clonard. Später lebte er in Ulster als Einsiedler. 555 oder 559 gründete er das Kloster Bangor in Ulster, das unter seiner Leitung zu einem der einflußreichsten Klöster seiner Zeit wurde. Seine bedeutendsten Schüler waren ↗ Kolumban u. ↗ Gallus. † um 601.
Gedächtnis: 10. Mai
Lit.: Acta SS Maii II (1680) 579–588 – DNB² IV 894ff – W. Delius, Gesch. der irischen Kirche (München 1955) 60 f u. ö.

Conchita (span.), weibl. Vorname aus ital. Concezione (lat. Conceptio B.M.V., Mariä Unbefleckte Empfängnis, 8. Dezember)

Concordia u. Gef., Märt., Hll.
Name: lat., die Eintracht
Sie war die Amme des Soldaten **Hippolytus** u. wurde 258 zu Rom unter Kaiser Valerian mit Bleiruten zu Tode gegeißelt. Hippolytus wurde an ein Pferd gebunden u. ge-

schleift. Mit ihnen starb ein Christ namens **Eusebius.**
Gedächtnis: 13. August
Darstellung: Concordia mit Ruten u. Geißeln in der Hand; Hippolytus als Soldat, an Pferde gebunden
Patronin: der Ammen u. Kindermädchen

Conny (engl.) ↗ Konrad, ↗ Cornelia

Constantia, Hl.
Name: zu lat. constans, die Beständige
Sie war eine nahe Verwandte Kaiser ↗ Konstantins. Nach der Legende wurde sie durch die hl. ↗ Agnes von Rom von einer unheilbaren Krankheit wunderbar geheilt. Sie starb in der 1. Hälfte des 4. Jh.s
Gedächtnis: 18. Februar
Darstellung: als vornehme Römerin mit kaiserlichen Insignien, mit Taube

Constantinus OSB, Abt **in Montecassino,** Hl.
Er war Schüler des hl. ↗ Benedikt u. wurde nach dessen Tod 542 zu seinem Nachfolger als Abt gewählt. † 560.
Gedächtnis: 27. Juli

Constantinus OCist, Abt **in Orval,** Sel.
Er war Schüler des hl. ↗ Bernhard von Clairvaux, wurde Prior im Kloster Troisfontaines (Dreibrunnen, Lothringen) u. 1132 1. Abt im neugegründeten Kloster Orval (Belgien). Er starb im Ruf der Heiligkeit am 8. 12. 1145.
Gedächtnis: 8. Dezember

Contardo Ferrini, Sel.
Name: zu Gunthard: ahd. gund (Kampf) + harti, herti (hart): harter Kämpfer
* am 4. 4. 1859 in Mailand. Er studierte Jura in Pavia, wurde 1880 zum Dr. jur. promoviert. Durch 2 Jahre vervollständigte er seine Ausbildung in Berlin bei Theodor Mommsen u. Zachariä von Lingenthal u. war anschließend Professor für röm. Recht an den Universitäten in Pavia, Messina u. Modena. Er lebte ehelos u. gab sich ganz der Wissenschaft u. der Heiligung seiner selbst hin. Er gilt als der größte Fachgelehrte der Rechtswissenschaft u. der Rechtsgeschichte seiner Zeit. Bes. mit seinen Forschungen über das röm.-byzantinische Recht erwarb er sich größtes Ansehen u. hinterließ über 250 wissenschaftliche Arbeiten. Er betätigte sich als Laienhelfer im Jugend- u. Caritas-Apostolat. † am 17. 10. 1902 in Suna bei Pallanza (Prov. Novara, Norditalien). Seliggesprochen am 13. 4. 1947.
Liturgie: Berlin g am 22. Oktober, sonst 17. Oktober
Lit: C. Pellegrini, La vita del prof. Contardo Ferrini (Turin 1928², dt.: Freiburg/B. 1914) – R. Römer: Gul 21 (1948) 84 – AAS 39 (1947) 343ff

Cordula, Märt., Hl.
Name: zu lat. cor (Herz): Herzchen (Kordula, Kordel)
Sie ist eine Gefährtin der hl. ↗ Ursula. Nach der Legende verbarg sie sich zunächst auf einem Schiff u. entrann so dem Martyrium, bot sich aber am folgenden Tag freiwillig dem Martertod dar. Name u. Legende sind nach der Vision der hl. ↗ Helmtrudis von Neuenheerse gestaltet u. sind erst um 970 nachweisbar. Der sel. ↗ Hermann Josef unterscheidet in seinen Visionen 3 Jungfrauen namens Cordula. Ihre Gebeine wurden 1278 durch ↗ Albertus Magnus in der Johanniterkirche zu Köln erhoben u. kamen nach der Säkularisation (1803) nach Königswinter am Rhein (südl. von Köln). Mehrere Kirchen rühmen sich, ihre Gebeine oder ihr Haupt zu besitzen.
Gedächtnis: 22. Oktober
Darstellung: mit kleinem Schiffchen in Händen (worauf sie sich verbarg), oder mit Lanze u. Palme. Krone auf dem Haupt
Lit: ActaSS Oct. IX (1869) 580–586 – BHL 1950–1953 – H. Günter, Die christl. Legende des Abendlandes (Heidelberg 1910) 193 – K. Künstle II 169 – Braun 436 f – A. Schütte, Handb. der dt. Heiligen (Köln 1941) 334

Corinna ↗ Korinna

Cornelia u. Gef., Märt. in Tunis, Hll.
Name: ↗ Cornelius
Sie erlitt in Tunis (Nordafrika) zus. mit **Anesius, Felix, Theodulus, Portus, Abdas** u. **Valeria** den Martertod. Das Todesjahr ist unbekannt. Einige Reliquien sollen in St-Malo (Bretagne) sein.
Gedächtnis: 31. März

Cornelius, Papst, Hl.
Name: altröm. Geschlechtername, ursprünglich zu lat. cornu (Horn): der Horn-Feste, Beständige

Er regierte 251 – Juni (?) 253. Er war vorher Presbyter in Rom u. wurde nach langer Sedisvakanz, als die Verfolgung des Decius (249–251) vorüber war, von der Mehrheit gewählt. Unter ihm wurde die Frage bezüglich der Bußpraxis der in der Verfolgung Abgefallenen akut: In der Sedisvakanz von 15 Monaten seit dem Martyrium des Papstes ↗ Fabian war eine rigorose Minderheit unter Novatian stark geworden, die die Wiederaufnahme der Abgefallenen (der sog. Lapsi) nicht dulden wollte, ja daß die Kirche nicht einmal das Recht u. die Vollmacht habe, von dieser schweren Sünde loszusprechen. Cornelius vertrat mit der Mehrheit die mildere Bußpraxis: Die Abgefallenen sollten nach entsprechender Buße u. Lossprechung wieder in die Kirche aufgenommen werden. Novatian wurde von seinen Anhängern zum röm. Gegenbisch. ernannt (Schisma des Novatian), aber auf einer röm. Synode im Herbst 251 verurteilt u. ausgeschlossen. Cornelius konnte sich auch in der Gesamtkirche durchsetzen. Er schrieb über diese Frage Briefe nach Alexandria, Antiochia u. Karthago, von denen aber nur 2 an ↗ Cyprian von Karthago erhalten sind, sowie ein Brieffragment an Fabius von Antiochia, worin die Gliederung des röm. Klerus in 7 Weihegrade dargelegt wird. Cornelius wurde von Kaiser Gallus (251–253) nach Centumdellae (Civitavecchia, westl. von Rom) verbannt, wo er am 14. 9. 253 starb (wohl nicht als Märt., obwohl er als solcher bezeichnet wird). Seine Gebeine wurden in die Lucina-Gruft der Calixtus-Katakombe übertragen. Reliquien des Heiligen sind in St. Severin zu Köln, sein Haupt im Kornelimünster bei Aachen. Cornelius ist ↗ Kanon-Heiliger.
Liturgie: GK G am 16. September (zus. mit ↗ Cyprian von Karthago)
Darstellung: mit Papstkreuz u. Tiara, mit Schwert. Buch lesend. Jagd- oder Trinkhorn in der Hand (wegen seines Namens)
Patron: des Hornviehs (wegen seines Namens). Er ist einer der ↗ 4 hll. Marschälle

Lit: P. Styger, Die röm. Martyrergrüfte (Berlin 1935) – Haller I 34–39, 491 ff – Seppelt I 44, 47–50 – Caspar I 66–70

Cornelius, Hauptmann, Bisch. **von Cäsarea,** Hl.
Er war Hauptmann in der ital. Kohorte in Cäsarea in Palästina, den Petrus auf Grund seiner Vision von den unreinen Tieren mit seinen Hausgenossen taufte (Apg 10). Er war der 1. Unbeschnittene, der die Taufe erhielt, was in der Folge zu großen Spannungen innerhalb der apostolischen Kirche u. zum Apostelkonzil in Jerusalem führte (Apg 15). Cornelius wurde später 2. Bisch. von Cäsarea.
Gedächtnis: 2. Februar

Corona, Märt., Hl.
Name: lat., Kranz, Krone (Korona)
Über sie gibt es eine reiche Legende. Danach soll sie, 16 Jahre alt u. verheiratet, bei der Hinrichtung eines hl. Victor unter Kaiser Antoninus (138–161) selbst verurteilt worden sein. Als Ort wird bald Ägypten, bald Syrien genannt. Man habe 2 Palmen zusammengebunden u. sie an deren Spitzen gehängt. Bei deren Zurückschnellen sei sie zerrissen worden. Der Name Corona ist vermutlich die Latinisierung der griech. Passio, die von Victor u. Stephana (griech. Stephanos = Kranz) spricht. Angebliche Reliquien wurden von Otricoli (Prov. Perugia) durch Kaiser Otto III. 997 ins Aachener Münster gebracht. Kaiser Karl IV. (1346–78) brachte andere Reliquien von Feltre (Prov. Venetien) in den Dom zu Prag (hier wird sie als Jungfrau verehrt).
Gedächtnis: 14. Mai
Darstellung: an 2 zu Boden gebundene Palmen gebunden u. im Zurückschnellen der Bäume zerrissen. Mit Geldstück u. Palme
Patronin: der Schatzgräber; in Geldangelegenheiten (wegen des alt-österr. Geldstücks ‚Krone'). Der Fleischer (vermutlich wegen der Wortähnlichkeit: caro = Fleisch)
In Österreich u. bes. in Bayern gibt es zahlreiche ihr geweihte Wallfahrtsstätten: In *Oberbayern:* Unterzahrham, Gaißach, Argeth; in *Niederbayern:* Handlab, St. Corona bei Passau, Koppenwal, Bubach, Staudach, Altenkirchen bei Frontenhausen, Loidersdorf, Niederaich, Sammerei; in *Niederösterreich:* St. Corona am Wechsel, St. Corona am Schöpfl; in *Wien* gibt es Wallfahrtsvereine, Altäre u. Hauszeichen ihres Namens.

Lit: B. Spirkner, Volk u. Volkstum III (München 1938) 300 ff – L. Schmidt: Bayr. Jahrbuch für Volkskunde 1951 (Regensburg 1951) 69–79 – A. Bauer: ebda. 1956 (1956) 64–69

Corvin (Korwin) ↗ Korbinian

Cosima (Kosima), aus dem Ital. übernommener weibl. Vorname; von griech. kósmios, wohl geordnet, ordentlich, anständig

Cottolengo ↗ Joseph Benedikt Cottolengo

Couderc ↗ Maria Victoria Therese Couderc

Crescens, Apostelschüler, Hl.
Name: lat., der Wachsende, Macht Gewinnende (Zenz)
Nach 2 Tim 4, 10 reiste er nach Galatien. Darunter ist aber nach griech. Lesart Gallien zu verstehen. Die Legende nennt ihn den 1. Bisch. von Chalkedon, Vienne, Mainz u. a. oder verwechselt ihn mit diesen.
Gedächtnis: 27. Juni (Griechen: 30. Juli)
Lit.: Th. Zahn, Einleitung in das NT I (Leipzig 1906[3]) 148 f – Pölzl 350–356

Crescens, Bisch. **von Mainz,** Märt., Hl.
Er erlitt beim Germaneneinfall um 406 den Martertod in Mainz. Die Legende setzt ihn mit dem Apostelschüler Crescens (2 Tim 4, 10) gleich.
Liturgie: Mainz g am 27. Juni (zus. mit ↗ Aureus, ↗ Theonest u. ↗ Maximus)

Crescentia Höß von Kaufbeuren, Sel.
Name: weibl. F. zu ↗ Crescens (Zenzi)
* am 20. 10. 1682 zu Kaufbeuren (nordöstl. von Kempten, Südbayern) als Tochter armer Webersleute. Trotz großer Frömmigkeit wurde sie nur unter Schwierigkeiten in das Kloster Mayerhoff der Franziskaner-Tertiarinnen ihres Heimatortes aufgenommen. Von ihren Mitschwestern hatte sie in ihren ersten Ordensjahren nicht weniger zu leiden als durch die dämonischen Anfechtungen. Später war sie etwa 25 Jahre hindurch Novizenmeisterin u. seit 1741 Oberin. Das Geheimnis ihres mystischen Gebetslebens lag in der franziskanischen Liebe, bes. zum leidenden Heiland u. zur Eucharistie. Von hoch u. niedrig wurde sie um Rat gefragt, darunter auch von Kaiser Karl VII. u. Kaiserin Maria Theresia. Durch ihre sehr ausgedehnte Korrespondenz hatte sie einen bedeutenden Einfluß auf ihre Zeit. † am 5. 4. 1744 zu Kaufbeuren, beigesetzt im Glasschrein unter dem Hochaltar der Klosterkirche. Seliggesprochen am 7. 10. 1900.
Liturgie: Augsburg G am 5. April
Darstellung: als Nonne mit Gebetbuch, Kruzifix, der Hl. Geist neben ihr (weil sie ihn innig verehrte). Wasser in einem Sieb tragend. Der böse Feind bietet ihr weltliche Kleider u. die Klosterschlüssel zum Entfliehen an
Lit.: J. Jeiler (Dülmen 1929[9]) – C. Höß, Briefwechsel eines Kurfürsten mit Crescentia von Kaufbeuren, hrsg. v. J. Gatz (Kaufbeuren 1952) – J. Gatz, (Landshut 1953[2]) – E. Schlund: ZAM 2 (1927) 295–319

Crescentia, Märt. **in Lukanien,** Hl.
Sie war die Amme des hl. ↗ Vitus u. entfloh mit dem siebenjährigen Kind u. seinem Erzieher ↗ Modestus vor dem heidnischen Vater Hylas nach Lukanien (heute Basilicata, Unteritalien). Während Vitus u. Modestus gemartert wurden, soll sie von den Martern wunderbar befreit worden u. im Frieden entschlafen sein.
Gedächtnis: 15. Juni
Darstellung: ↗ Vitus
Lit.: ↗ Vitus

Crispinus u. **Crispinianus,** Märt., zu Rom, Hll.
Name: von lat. crispus, Lockenkopf
Es sind wahrscheinlich röm. Märt., deren Gebeine nach Soissons (nordöstl. von Paris) übertragen wurden. Nach der rein legendären Passio waren sie Brüder aus einer edlen röm. Familie u. litten unter Diokletian um 304. Als Richter wird der für die gallischen Märtyrerlegenden typische Rictiovarus genannt. Nach einer anderen Version flohen sie unter der diokletianischen Verfolgung nach Soissons, erlernten dort das Schuhmacherhandwerk, machten den Armen unentgeltlich Schuhe u. wirkten so für die Ausbreitung des Christentums. Nach grausamen Martern wurden sie enthauptet. Reliquien von ihnen wurden im 9. Jh. nach Osnabrück übertragen.
Liturgie: Osnabrück G am 25. Oktober (2. Patrone des Bistums)
Darstellung: mit Schuhmachergeräten. Mit Haut (weil ihnen lebendigen Leibes Striemen aus ihrer Haut geschnitten wurden). Mit Mühlstein u. Schwert (Martyrium)
Patrone: 2. Patrone des Bistums Osnabrück, Stadtpatrone von Soissons u. Osna-

brück. Der Gerber, Sattler, Schneider, Schuhmacher, Weber. Der Spruch: „Crispinus machte den Armen die Schuh' u. stahl das Leder auch dazu" beruht auf einer Mißdeutung des mittelalterlichen Ausdrucks „stalt" für „stellte": „. . . und stellte das Leder auch dazu".
Lit.: H. Bächtold-Stäubli II 110 f – K. Künstle II 171 f

Cyprianus von Antiochia u. **Justina,** Märt. in Nikomedien, Hll.
Name: Cyprianus, lat. Weiterbildung von griech. Kypros (Zypern): Mann aus Zypern. Die Mittelmeerländer bezogen von Zypern jenes Metall, das die Römer cuprum (Kupfer) nannten (nachweisbar seit 25 v. Chr.). Justina: lat. Weiterbildung von iusta: die Gerechte
Schon früh hat die Legende die beiden in ihren Bann gezogen. Danach suchte der heidnische Zauberer Cyprian die christliche Jungfrau Justina zu verführen, bekehrte sich aber auf die Erfolglosigkeit seiner Bemühungen hin zum Christentum. Nach einem strengen Bußleben wurde er Bisch. von Antiochia in Syrien u. wurde mit Justina 304 zu Nikomedien in Bithynien (heute Izmit, östl. von Istanbul) enthauptet. Die Cyprianlegende, vor 379 entstanden, ist die Quelle für Calderons „El magico prodigioso" („Der wunderbare Zauberer") u. für die mittelalterliche Faustsage. Er wird mehrfach mit ↗ Cyprian von Karthago verwechselt.
Gedächtnis: 26. September
Darstellung: als Bisch., Zauberbücher unter seinen Füßen. Mit Schwert u. Bratrost oder mit Kessel mit siedendem Pech, worin die beiden gleichzeitig gemartert worden sein sollen
Lit.: M. Riesenhuber, Attribute des christlichen Kunstlexikons (München 1906) – R. Pfleiderer, Die Attribute der Heiligen (Ulm 1920)

Cyprianus, Bisch. **von Karthago,** Märt., Hl. (eig. Caecilius Cyprianus Thascius)
* 200/210 zu Karthago (nördl. von Tunis, Nordafrika) als Sohn reicher heidnischer Eltern. Er war zunächst ein berühmter Rhetor. Bald nach seiner Bekehrung wurde er Priester u. 248/249 Bisch. von Karthago. Während der Verfolgung des Decius (250) leitete er seine Kirche aus dem Verborgenen durch zahlreiche Briefe. Nach seiner Rückkehr mußte er sich mit der Frage der Lapsi (der in der Verfolgung Abgefallenen) u. mit dem Schisma des Novatian (↗ Cornelius, Papst) auseinandersetzen. Der rigorose Novatian sprach der Kirche das Recht u. die Vollmacht ab, die Lapsi von dieser Schuld loszusprechen u. sie wieder aufzunehmen. Wie Papst Cornelius übte er die mildere Praxis gegenüber Novatian. Die Synode von Karthago (251) regelte die praktischen Maßnahmen für deren Wiederaufnahme.

Von 255 an geriet aber Cyprian in Konflikt mit Papst ↗ Stephan I. in der Frage der Ketzertaufe. Das Problem war: sind die Taufen, die von Häretikern gespendet wurden, gültig? Cyprian machte sich zum Wortführer einer großen Gruppe, die die Gültigkeit der Ketzertaufen verneinten u. die Taufe bei Konvertiten wiederholten. Cyprian argumentierte: Niemand kann selber geben, was er nicht selber hat. Ein Häretiker steht außerhalb der auf das Fundament der ↗ Apostel gegründeten Kirche Christi, also kann er die Gnade Christi u. die Gliedschaft der Kirche nicht vermitteln. In diesem Zusammenhang sprach Cyprian das bekannte Wort „extra ecclesiam nulla salus" („außerhalb der Kirche ist kein Heil"). Papst Stephan konnte zwar keine schlagenden Gegenargumente bringen, doch berief er sich auf die alte röm. Praxis, die Taufen der Häretiker anzuerkennen. ↗ Dionysius von Alexandria konnte durch seine Vermittlertätigkeit eine Trennung verhindern. Diese Frage wurde auch im Mittelalter laut: Das 4. Laterankonzil (1215) verteidigte die Gültigkeit der trinitarischen Formel unabhängig vom Spender des Sakramentes. Das Konzil von Trient (1545–1563) spricht sich ebenfalls für die Gültigkeit der Ketzertaufe aus, wenn nur die richtige trinitarische Formel gesprochen wird u. der Spender das tun will, was die Kirche tut. Letztlich steht dahinter, daß nicht der *Mensch* das Sakrament spendet – wer ist schon würdig genug, ein Sakrament zu spenden? –, sondern *Christus,* u. daß der Mensch nur Werkzeug Christi ist.

Cyprian war auch ein bedeutender Kirchenschriftsteller. Die zahlreichen Briefe sind wichtige Dokumente für die Geschichte der Verfolgung, der Lapsi u. des Ketzertaufstreites. In verschiedenen Abhandlungen spricht er u. a. über seine Bekehrung (die ersten „Confessiones"; ↗ Augustinus), über den Jungfrauenstand, über die Einheit der Kirche (er ist ein Vertreter des Episkopalismus), über das Gebet des Herrn (eine Erklärung des Vaterunser) u. über das Sterben (anläßlich der Pest 252–254). In seinen Gedanken lehnt er sich stark an Tertullian an.

Cyprian wurde unter Valerian am 30. 8. 257 verbannt, dann nach Karthago überstellt und dort am 14. 9. 258 enthauptet. Reliquien kamen nach Compiègne (nordöstl. von Paris), das Haupt ist in Kornelimünster bei Aachen. Er ist ↗Kanon-Heiliger.

Liturgie: GK G am 16. September (mit Cornelius)

Darstellung: als Bisch. mit Schwert u. Palme, Buch in der Hand

Lit.: Bardenhewer II (1914^2) 442–517 – RAC III 463–466 – $Altaner^5$ 152–161 – J. Ludwig, Der hl. Märtyrerbisch. Cyprianus (München 1951) – Einzeluntersuchungen: s. LThK 3 117 (Lit.)

Cyriacus, Märt. zu Rom, Hl. (Kyriakos)

Name: griech. Kyriakós, der dem Kyrios (d. Herrn) Geweihte

† wohl unter Diokletian (um 305). Die Depositio Martyrum des sog. Chronographen (einer röm. kalendarischen Zusammenstellung bis zum Berichtsjahr 354) erwähnt ihn mit einer Gruppe von 5 Gefährten, die alten liturgischen Bücher aus dem 8. Jh. erwähnen nur Cyriacus allein, spätere Missalien aus dem 13. Jh. nennen 2 Gefährten ↗ Largus u. ↗ Smaragdus. Das Grab des Heiligen war an der Via Ostiensis am 7. Kasernenstützpunkt („ballistaria"). 1915 entdeckte man dort einen kleinen Landfriedhof. Hier stand eine kleine Kirche, wahrscheinlich die, die Honorius I. (625–638) errichten ließ. Die Gebeine des Heiligen kamen im 9. u. 10. Jh. nach Rom. Reliquien kamen nach Altdorf (im unteren Elsaß), andere 874 nach Neuhausen bei Worms, eine Armreliquie wurde unter Kaiser Otto d. G. (936–973) nach Bamberg gebracht. Cyriacus ist einer der ↗ 14 Nothelfer.

Gedächtnis: 8. August

Darstellung: als Diakon mit gefesseltem Drachen (Dämon), Teufel austreibend. Mit Geld in der Hand (als Almosenspender)

Lit: BHL 2056–2066 – H. Fink, Die Kirchenpatrozinien Tirols (Passau 1928) 91 – G. Hoffmann, Kirchenheilige in Württemberg (Stuttgart 1932) – W. Stüwer, Die Patrozinien im Kölner Großarchidiakonat Xanten (Bonn 1938) 235 – G. Schreiber, Kultwanderung u. Frömmigkeitswellen im Mittelalter: AKG 31 (1942) 1–40 (bes. 18 f) – A. Sieffert, Altdorf (Straßburg 1950) 6–72 – K. Lutz, Cyriakuskult im Speyrer Dom: Festschr. f. G. Biundo: Veröff. d. Vereines für Pfälzische Kirchengesch. 4 (Speyer 1952)

Cyrillus (Kyrillos), Patr. **von Alexandria,** Kirchenlehrer, Hl.

Name: ähnlich wie ↗ Cyriacus: griech., dem Herrn gehörig

* um 380 in Alexandria. Er hatte eine sehr gute Bildung. Wahrscheinlich lebte er einige Jahre bei den Einsiedlern in der Wüste. Sein Onkel Theophilus, Patriarch von Alexandria, nahm ihn in den Klerus auf, u. durch ihn wurde er auch in dessen Intrigen gegen ↗ Johannes Chrysostomus auf der Eichensynode 403 (im Kloster ‚Bei der Eiche' in der Nähe von Chalkedon) hineingezogen. Nach dem Tod seines Onkels wurde er 412 selbst Bisch. Seine ersten Bischofsjahre kennzeichnen ein ungestümes Vorgehen: seine anfängliche Gegnerschaft gegen den schon verstorbenen Johannes Chrysostomus, die Schließung der novatianischen Kirchen (↗ Cornelius, Papst) u. die gewaltsame Enteignung u. Vertreibung der Juden aus Alexandria (freilich nach blutigen Überfällen der Juden auf die Christen). Während der ersten Jahre seiner Amtszeit gab es blutige Ausschreitungen auf christlicher wie nichtchristlicher Seite.

In den nun folgenden ruhigeren Jahren kämpfte er gegen den Arianismus u. bes. gegen Nestorius. Nestorius leugnete die wesenhafte Vereinigung der göttlichen u. menschlichen Natur in Jesus Christus u. wollte deshalb auch Maria nicht ‚Gottesgebärerin', sondern nur ‚Christusgebärerin' genannt wissen. Auf dem Konzil zu Ephesus (431) war es Cyrillus, der die kath. Lehre von der Gottheit u. Menschheit Jesu Christi u. von der Gottesmutterschaft Mariens verteidigte u. durchsetzte.

Cyrillus war ein berühmter Kirchenschriftsteller, der das christologische Denken des Abendlandes durch Jahrhunderte hindurch beeinflußte. Er verfaßte Abhandlungen u. a. über verschiedene Bücher der Hl. Schrift, über die Hl. Dreifaltigkeit, über die Menschwerdung Gottes in Christus, über Maria die Gottesmutter sowie ver-

schiedene Streitschriften gegen Nestorius. Gegen die 3 Bücher Julians des Abtrünnigen (361–363) „Gegen die Galiläer" verfaßte er eine umfangreiche Apologie. Es sind 29 Osterfestbriefe (414–442) u. 90 meist dogmatisch wichtige Briefe erhalten.
† am 27. 6. 444. Leo XIII. ernannte ihn 1882 zum Kirchenlehrer.
Liturgie: GK g am 27. Juni (Griechen: 9. Juni)
Darstellung: als Bisch. ohne Mitra, Buch in der Hand, Taube auf der Schulter (Sinnbild des Hl. Geistes). Die Gottesmutter erscheint ihm
Lit: Bardenhewer IV 23–78 – RAC III 499–516 – Altaner[6] 235–257; zu theol. Einzelfragen: s. LThK 6 (1961) 706 ff (Lit.)

Cyrillus (Kyrillos), Bisch. **von Jerusalem,** Kirchenlehrer, Hl.
* um 313. 348/350 wurde er Nachfolger des Bisch. ↗ Maximus von Jerusalem, offenbar durch die Gunst des semiarianischen Bisch. Acacius (Akakios) von Cäsarea in Palästina, mit dem er aber bald in Konflikt geriet. Cyrills Haltung zum semiarianischen homoiusios („der Sohn ist dem Vater wesensähnlich") konnte zumindest anfangs schwankend erscheinen, weil er in seinen Schriften u. Ansprachen stets die Glaubensformel homousios des Konzils von Nicäa (325) vermied („der Sohn ist dem Vater wesensgleich"). Er war streng rechtgläubig, sah aber in dieser Formel die Gefahr des Modalismus (d. h. der Irrlehre, daß die 3 Personen nur Erscheinungsweisen eines ein-persönlichen Gottes seien, nicht wirklich voneinander verschiedene Personen des einen Gottes). Wegen seiner Rechtgläubigkeit mußte er fünfmal in die Verbannung gehen, sodaß er insgesamt 19 Jahre auf seinem Bischofssitz u. 16 Jahre im Exil zubrachte.
Berühmt sind seine 24 Katechesen, die er 348/49 in der Grabeskirche zu Jerusalem hielt. Diese zeichnen sich durch große Anschaulichkeit aus u. sind für die Katechetik, Liturgik u. die Symbolforschung wertvollste Dokumente. Vor allem aber gehören sie zu den klassischen Zeugnissen des frühchristlichen Glaubens über die Taufe, die Firmung, die Realgegenwart Christi in der Eucharistie (er gebraucht erstmals den Ausdruck „Wandlung"), den Opfer- und Mysteriencharakter der Eucharistie u. die Arkandisziplin (Geheimhaltung vor den Ungläubigen).
† 387. Leo XIII. ernannte ihn 1882 zum Kirchenlehrer.
Liturgie: GK g am 18. März
Darstellung: mit Geldbeutel (wegen seines Wohltätigkeitssinnes)
Lit: Bardenhewer III 273–281 – W. Telfer, Cyril of Jerusalem and Nemesius of Emesa (London 1955) 1–63 (64–192 Textauswahl) – M. Vericel (Paris 1958, Stuttgart 1963) – Altaner[6] 278 ff

Cyrillus u. Methodius (Kyrillos u. Methodios), Mönche, Glaubensboten bei den Slawen, Hll.
* 826/827 in Thessalonike (Griechenland). Cyrillus hieß ursprünglich Konstantinos u. war leiblicher Bruder des Methodius. Wie dieser beherrschte er das in Mazedonien verbreitete slaw. Idiom. Er studierte in Byzanz, wurde nach seiner Priesterweihe Chartophylax (Generalvikar) u. lehrte Philosophie. 860 reiste er mit Methodius im Auftrag des Kaisers als Missionar zu den Chasaren am unteren Don u. der unteren Wolga. In Cherson am Schwarzen Meer (Südrußland) fanden die beiden Reliquien von Papst ↗ Clemens I., die sie später (868) nach Rom brachten. 863 gingen sie nach Mähren, wo Fürst Rastislaw um slaw. sprechende Priester gebeten hatte, nicht zuletzt, um sein Land vom salzburgischen, also dt. Einfluß zu befreien. Sie führten in Predigt u. Liturgie die slaw. Sprache ein u. erzielten damit große missionarische Erfolge. Konstantinos schuf dazu ein eigenes slaw. Alphabet (Glagoliza), welches den slaw. Lauten besser angepaßt war als die lat. Schrift. Dadurch wurde er zum Begründer der slaw. Literatur. Aber schon damals kam es hierüber zw. ihnen u. den lat. Missionaren zu Meinungsverschiedenheiten.
866 missionierten die beiden in Pannonien (Ost-Österreich u. West-Ungarn) unter dem Fürsten Kozel. Die bayrischen Bischöfe betrachteten sie argwöhnisch als neuerungssüchtige Eindringlinge, gerade wegen des Slaw. als Kirchensprache (Glagolismus). Nach der vorherrschenden Meinung kämen dafür nur das Hebräische, Griechische u. Lateinische in Frage. Sie erlangten aber 867 die Billigung des Glagolitischen durch Hadrian II. Sie wohnten dort in einem griech. Kloster. Konstantinos, der be-

reits schwer krank war, trat dort ein u. erhielt den Namen Kyrillos. Er starb dort am 14. 2. 869. Er ruht in der Kirche St. Clemens in Rom. ↗ Methodius
Liturgie: GK G am 14. Februar (in den Ostkirchen 11. Mai)
Darstellung: Cyrillus als Bisch. mit bekehrten Heiden. Engel reicht ihm während der Messe aus den Wolken 2 Tafeln mit dem Befehl, sie auf Pergament abschreiben zu lassen
Patrone: Europas (1980), von Böhmen, Mähren, Bulgarien u. anderen slaw. Ländern u. deren Diöz.
Lit.: L. K. Götz, Gesch. der Slawenapostel Konstantinus u. Methodius (Gotha 1897) – F. Dvornik, The Slavs, their History and Civilisation (Boston 1956) – Kleine Slaw. Biographie (Wiesbaden 1958) 365 – Zw. Rom u. Byzanz. Leben u. Wirken der Slawenapostel Kyrillos u. Methodios . . . (übers., eingel. u. erklärt v. J. Bujnoch, Graz 1958) – F. Grivec, Konstantin u. Methodius, Lehrer der Slawen (Wiesbaden 1960)

Cyrinus ↗ Quirinus von Siscia

Cyrus ↗ Kyros u. Johannes

D

Dafrosa, Märt. zu Rom, Hl.
Sie war die Gemahlin des Stadtpräfekten ↗ Flavianus u. Mutter der hl. ↗ Bibiana u. der hl. ↗ Demetria. Nach dem Martertod ihres Mannes wurde sie in die Verbannung geschickt u. unter Julian dem Abtrünnigen 362 enthauptet.
Gedächtnis: 4. Jänner
Lit.: F. G. Holweck, A Biographical Dictionary of the Saints (St. Louis 1924) – BHL 1322f – E. Donckel: RQ 43 (1935) 23–33

Dagmar, weibl. Nf. von ↗ Dagomar. Der Name kam um 1900 aus dem Dänischen nach Deutschland

Dagobert II., König **von Austrasien,** Märt., Hl.
Name: kelt. (?) dago- (gut) oder germ. dag (Tag) + ahd. beraht (glänzend, berühmt)
* um 652 als Sohn des austrasischen Königs ↗ Sigibert III. Nach dem Tod Sigiberts 656 übernahm der Hausmeier Grimoald die Regentschaft für den unmündigen Dagobert u. verbannte ihn in ein Kloster in Irland, um seinem eigenen Sohn Childebert den Thron zu sichern. Dagobert konnte 676 durch Bisch. ↗ Wilfrid von York zurückkehren u. wurde zum König erhoben, wurde aber von dem neustrischen Hausmeier Ebroin angefeindet u. kurz vor Weihnachten 679 auf der Jagd im Wald Woevre nahe bei Verdun (Nordostfrankreich) ermordet. Er wurde in Stenay (bei Verdun) beigesetzt, das Volk verehrte ihn als Märt.
Gedächtnis: 23. Dezember
Darstellung: Nagel in der Hand haltend (Art seines Martyriums), mit Krone u. Zepter
Lit.: L. Levillain: RH 112 (1913) 62–72 – Ders.: BÉCh 106 (1946) 296–306 – L. Dupraz: a.a.O. 138–145 156–173 281–284 329–332 385–392 u. ö.

Dagomar
Name: ahd. tac (Tag, Licht) + mar (berühmt): der Glänzende u. Berühmte

Damascenus ↗ Johannes von Damaskus

Damasus I., Papst, Hl.
Name: griech. Dámasos, Bändiger, Bezwinger
* um 305 wahrscheinlich in Rom (wohl nicht in Spanien). Er war Diakon des Papstes Liberius u. begleitete diesen in den arianischen Streitigkeiten in die Verbannung. Nach seiner Rückkehr stellte er sich auf die Seite des inzw. aufgestellten Gegenpapstes Felix II., versöhnte sich später aber wieder mit Liberius. Nach dem Tod des Liberius wurde er von der Mehrheit zum neuen Papst gewählt, während eine Minderheit Ursinus wählte. Er regierte 366–384. Es kam zu blutigen Auseinandersetzungen u. einem jahrelangen Schisma. Als Papst wurde er des Mordes falsch angeklagt, aber durch kaiserlichen Entscheid u. durch eine röm. Synode 378 freigesprochen. Er bekämpfte die Irrlehren der Donatisten, Arianer, Apollinaristen u. Pneumatomachen

(Macedonianer) u. entsandte Legaten zum 2. Allg. Konzil nach Konstantinopel (381). Zu seinen bedeutendsten Taten zählt die Beauftragung des hl. ↗ Hieronymus zur Revision der alten lat. Bibelübersetzung (Itala). Die von Hieronymus überarbeitete Übersetzung (Vulgata) war bis ins 20. Jh. der offizielle lat. Wortlaut der Hl. Schrift. Damasus, der schon als junger Mann im päpstlichen Archiv gearbeitet hatte, studierte auch als Papst die Märtyrerakten u. ließ eine große Zahl von Grabstätten der Märt. in den Katakomben restaurieren. Er verfaßte Gedichte (Epigramme) u. ließ sie durch seinen Kalligraphen Furius Dionysius Philocalus auf Marmorplatten kunstvoll einmeißeln und an den Gräbern anbringen (Damasianische Lettern). Dieser Kalligraph ist wahrscheinlich identisch mit dem Chronographen vom Jahr 354, dem Verfasser unseres ältesten Festkalenders. Damasus errichtete in Rom die Titelkirche San Lorenzo in Damaso u. ließ daneben Räume für das kirchliche Archiv einrichten. An der Via Ardeatina erbaute er bei der Katakombe der hll. ↗ Marcus u. Marcellinus eine Cömeterialkirche, wo er neben seiner Mutter u. seiner Schwester ↗ Irene beigesetzt wurde. † 11. 12. 384. Seine Gebeine wurden später von der Via Ardeatina nach San Lorenzo in Damaso übertragen.
Liturgie: GK g am 11. Dezember
Darstellung: mit päpstlichem Doppelkreuz, Buch (Aufschrift „Vulgata" oder „Gloria Patri") u. Kirchenmodell
Lit.: Bardenhewer III (1923²) 563–567 588–591 – Caspar I 196–256 – Seppelt I² 109–126 – A. Ferrua, Epigrammata Damasiana (Rom 1942)

Damian ↗ Kosmas u. Damian

Damiani ↗ Petrus Damiani

Daniel, Prophet des Alten Bundes
Name: hebr., danijj'el = El (Gott) ist Richter, El hat Recht gesprochen. Der Name danilu kommt auch in assyrischen u. babylonischen Texten vor.
Er ist die Hauptperson des gleichnamigen bibl. Buches. In Mt 24,15 wird er „Prophet" genannt. Im Jahr 605 wurde er mit anderen vornehmen Israeliten durch den babylonischen König Nebukadnezar nach Babylonien verschleppt (das eigentliche babylonische Exil begann mit der Zerstörung Jerusalems 597 u. dauerte bis zum Freilassungsedikt des Cyrus 538 v. Chr.). Dort wurde ihm mit anderen vornehmen jüdischen Knaben am königlichen Hof eine dreijährige Ausbildung zuteil u. er erhielt den Namen Beltsassar. Durch seine überragende Weisheit kam er bei den Königen zu Gunst u. einflußreichen Stellen, so bei den babylonischen Königen Nebukadnezar u. Belsassar u. den Mederkönigen Darius u. Cyrus (Dan 1). Er verstand es, die Träume des Königs zu erraten u. zu deuten (Dan 2 u. 4). Wegen seiner Frömmigkeit wurde er mit den beiden anderen Jünglingen aus dem Feuerofen wunderbar befreit u. stimmte mit ihnen mitten in den Flammen den Lobgesang an (Dan 3). Dem König Belsassar deutete er die geheimnisvolle Schrift an der Wand: mene tekel upharsin (gezählt, gewogen, geteilt) (Dan 5). Unter König Darius wurde er wegen seiner Treue zu Gott wunderbar aus der Löwengrube errettet u. durch das Eingreifen eines Engels wunderbar gespeist (Dan 6 + 14, 23–42). Er stellte die betrügerischen Bels-Priester bloß (Dan 14, 1–22) u. errettete die unschuldige Susanna vom Tod (Dan 13). In den Visionen von den 4 Tieren u. von den 70 Jahrwochen (= 490 Jahre) erschließt er in gewaltigen Weissagungen von apokalyptischen Ausmaßen die nächste, die messianische u. die endzeitliche Zukunft. Er schildert die Vision vom Kampf u. Sieg des griech. Ziegenbockes (Alexander d. G.) über den persischen Widder, er schaut die 4 Weltreiche (die meist als das neubabylonische, medopersische, griech.-syrische und röm. Reich gedeutet werden) u. sieht das Ende der Heimsuchung für sein Volk nach 70 Jahrwochen im Erscheinen Christi des Erlösers kommen. Er schaut aber auch schon das endzeitliche Kommen des „Menschensohnes" (Dan 7, 13), der den Antichrist richtet u. bestraft u. die Weltherrschaft übernimmt (Dan 7–12).

Auffallenderweise werden über die Person Daniels sonst keine Einzelheiten erwähnt, während über andere berühmte Persönlichkeiten Genealogien gebracht werden, wie über Judith (Jdt 8,1) oder Esther (Est 2,5 ff). In nur lose aneinandergefügten Erzählungen werden die genannten Ereignisse geschildert. Zahlreiche persische Wörter weisen darauf hin, daß das Buch Daniel geraume Zeit nach der Babylonischen Gefangenschaft geschrieben worden sein muß. Verschiedene griech. Ausdrücke weisen auf die hellenistische Zeit (nach Alexander d. G., 336–323 v. Chr.), ganz bes. der wiederholte u. ausführliche Hinweis auf die grausame Tätigkeit des Seleukidenkönigs Antiochus IV. (175–163 v. Chr.), von dem eine Reihe historisch sehr präziser Einzelheiten berichtet werden (Dan 11). Andererseits wird beim Propheten Ezechiel, der zur Zeit des babylonischen Exils lebte, Daniel mehrmals in einem Atemzug mit Noe u. Job rühmend erwähnt (Ez 14,14 u. 20; 28,3), die beide einer fernen Vergangenheit angehören und nicht einmal Israeliten waren. Man glaubt heute, daß das Buch Daniel in seiner jetzigen Fassung sehr spät, zur Zeit Antiochus' IV., abgefaßt worden sein muß, daß darin aber sehr alte Erzählstücke verarbeitet sind. Daniel selbst muß als weiser u. gottesfürchtiger Mann einer längst vergangenen Zeit große Berühmtheit erlangt u. in der Erinnerung des Volkes noch lange weitergelebt haben.

Gedächtnis: 21. Juli

Darstellung: schon seit Beginn der christlichen Kunst wird er häufig abgebildet, bes. als „Daniel in der Löwengrube" (Errettung vom Tod): nackt oder in phrygischer Tracht zw. den Löwen sitzend oder stehend mit erhobenen Händen betend. Mit Habakuk, der dem Daniel Brot bringt. Mit den beiden anderen Jünglingen im Feuerofen. Für die keusche Susanna eintretend. Alle diese frühchristlichen Gestaltungen sind typologisch aufzufassen: Errettung aus Löwengrube und Feuerofen: Christi Triumph u. Auferstehung; Habakuk mit Broten: Eucharistie; Susanna: Taufe (Hippolyt). – Im Mittelalter werden diese Themen reich ausgestaltet. – Renaissance und Barock bevorzugen Susanna im Bad und den Traum Belsazars (Rembrandt). – Als einzelne Prophetenfigur seit dem 12. Jh. (Augsburg, Ferrara, Santiago) bis in den Barock (der sitzende jugendliche Prophet Daniel an der Decke der Sixtina von Michelangelo)

Patron: der Bergleute; Löwen-„Grube" volksetymologisch als „Zeche" aufgefaßt, so vor allem in den Alpenländern (Kärnten, Südtirol, Schwaz, Engadin), im Harz u. im Erzgebirge (dargestellt mit Schlegel, Eisen, Erzstufe)

Lit.: a) bibl.: H. Schneider (Freiburg/B. 1954) – M. Noth, Das Geschichtsverständnis der atl. Apokalyptik (Köln 1954) = Ges. Studien zum AT (München 1957) 248–273 – F. Nötscher (Würzburg 1958²)
b) ikonographisch: W. Neuß, Die katalanische Bibelillustration (Bonn 1922) 89–93 – H. Kühn: Jahrb. für prähist. u. ethnograph. Kunst 15–16 (Berlin 1941–42) 140–169, Tafel 59–76 – H. Feldbusch: Reallexikon zur Dt. Kunstgesch. (Stuttgart 1937 ff) III 1033ff – G. Schreiber: Der Anschnitt 5 (Essen 1953) 12ff
c) Volkskunde: G. Schreiber, Das Bergwerk in Recht, Liturgie, Sakralkultur: Zeitschr. d. Savigny-Stiftg. f. Rechtsgesch., Kanonist. Abt (Weimar 1911 ff) 39 (1953) 362–418 – G. Heilfurt, St. Daniel im Bergbau: Leobner Grüne Hefte (Wien 1955) – G. Schreiber, Alpine Bergwerkskultur. Bergleute zw. Graubünden u. Tirol in den letzten 4 Jh.en (Innsbruck 1956) 34ff – E. Schneider, Bergmannsfrömmigkeit im Spiegel der Bergbaunamengebung: Rhein. Jahrb. f. Volksk. 8 (Bonn 1957) 102ff

Daniel von Belvedere OFM u. Gef., Märt. in Marokko, Hll.

Er war Franziskaner u. Provinzial von Kalabrien (Unteritalien). Er ging 1227 mit seinen 6 Mitbrüdern **Agnellus, Samuel, Donnulus, Leo, Nikolaus u. Hugolin** als Missionar nach Ceuta (Marokko). Beim Betreten der Stadt wurden sie eingekerkert u. nach gegenseitiger Beichte am 10. 10. 1227 enthauptet. Kult 1516 durch Leo X. gestattet.

Gedächtnis: 10. Oktober

Lit.: F. Russo: Miscellanea francescana (Rom 1886 ff) 34 (1934) 113–117, 350–356; 43 (1943) 315–320

Daniel Stylites, Hl. (der Säulensteher)

* um 409 bei Samosata in Syrien (heute Samsat am oberen Euphrat). Er trat mit 12 Jahren in ein Kloster ein, verließ es bald wieder u. pilgerte nach Jerusalem u. Kal'at Sim'ān (30 km nordwestl. von Aleppo, Nordwest-Syrien), wo er Schüler des 1. großen Säulenstehers ↗ Symeon wurde. Um 460 errichtete er sich in Anaplus (nördl. von Konstantinopel) in der Nähe einer Michaelskirche selbst eine Säule, von der aus er 33 Jahre lang zum Volk predigte. Er hatte großen Zulauf u. griff wegen der Nähe der Hauptstadt mehr in die politischen u. theol. Streitigkeiten seiner Zeit ein als die anderen Styliten. Kaiser Leon I. von Byzanz (457–474) holte sich bei ihm Rat. † 493 in Anaplus.

Gedächtnis: 11. Dezember (bei den Griechen)
Lit.: AnBoll 32 (1913) 121–216 – B. Kötting, Das Wirken der ersten Styliten in der Öffentlichkeit: ZMR (Münster) 37 (1953) 187–197

Daniela, weibl. F. zu ↗ Daniel

Dankmar (Thankmar): ahd. danc (Dank; zu denken) + mar (berühmt)

Dankrad (Thankrad): ahd. danc (Dank, Gedenken, Gedanke) + rat (Rat, Ratgeber)

Dankward (Thankward): ahd. danc (Dank, Gedenken, Gedanke) + wart (Hüter, Schützer)

Daphne
Name: griech., Lorbeer (-baum, -zweig). In der griech. Mythologie war Daphne eine Nymphe, die von Apoll begehrt u. verfolgt wurde u. auf ihr Flehen von ihrer Mutter, der Erde, in einen Lorbeerbaum verwandelt wurde. In neuerer Zeit wurde der Name bekannter u. a. durch die gleichnamige Oper von Richard Strauss (1938).

Daria ↗ Chrysanthus u. Daria

David, König in Israel
Name: hebr., Liebling (die heute meist gegebene Deutung)
Er regierte 1004–965 v. Chr. Er war der jüngste Sohn des Ephratiters Isai aus Betlehem im Land Juda u. wurde schon im jugendlichen Alter vor den Augen seiner Brüder anstelle des schwermütigen u. unberechenbaren Saul von Samuel zum neuen König Israels gesalbt. Er kam an den Hof Sauls als Waffenträger u. erheiterte den König mit seinem Zitherspiel. Am Hof konnte er die Errichtung der noch jungen Monarchie aus nächster Nähe beobachten u. Erfahrungen für seine eigene spätere Regierung sammeln. Durch seinen Kampf mit dem Riesen Goliath wurde er der umjubelte Liebling des Volkes, zog sich zugleich aber die Eifersucht u. den tödlichen Haß Sauls zu, sodaß er fliehen mußte. So führte er in der judäischen Wüste u. sogar bei den Philistern im Süden das Leben eines Bandenführers und Freibeuters. Nach dem Tod Sauls wurde ihm das Königtum zunächst über den Stamm Juda übertragen, doch mußte er sich noch mit den Anhängern Sauls auseinandersetzen. Erst nach der Ermordung des Gegenkönigs u. seines Feldherrn Abner durch Joab konnte er sich auch bei den übrigen Stämmen Israels die Anerkennung als König sichern.

Als Staatsmann u. Feldherr zeigte er erstaunliche Fähigkeiten. Zunächst bannte er die Philistergefahr für immer u. eroberte 1004 Jerusalem, die letzte Hochburg der Jebusiter. Er unterwarf die Ammoniter u. Moabiter im Osten. Durch die Eroberung Edoms im Süden kam er in den Besitz der Eisen- u. Kupferminen des Sinaigebirges u. erlangte gleichzeitig Zugang zum Roten Meer, eine Voraussetzung für den Seehandel seines Sohnes u. Nachfolgers Salomo. Durch die Unterwerfung der Aramäer im Norden gewann er die Kontrolle der großen Handelsstraße von Ägypten in die Länder des Ostens. So führte er Israel zur größten Machtstellung u. Ausdehnung seiner Geschichte. Indem er Jerusalem zur Hauptstadt seines Reiches wählte, konnte sich keiner der 12 Stämme Israels benachteiligt fühlen. Diese Stadt war ja durch seine Eroberung sein persönlicher Besitz („die Stadt Davids") u. damit neutral. Nach ägyptischem Vorbild schuf er die Ämter des Staatskanzlers u. Staatsschreibers u. einen berufsmäßigen Beamtenstand, wodurch er dem Staat eine innere Festigung durch eine solide Verwaltung sicherte.
In seinem Privatleben allerdings war David recht glücklos. Die Tragik seines familiären Lebens begann zweifellos damit, daß er 9 Frauen hatte, die ihm nacheinander eine Reihe von Söhnen schenkten. Es scheint nicht, daß er deswegen bei seinem Volk an Achtung einbüßte – ein Harem gehörte nach damaliger Auffassung zu den unumgänglichen Repräsentationspflichten eines orientalischen Königs. Wohl aber mußte dies zu unerträglichen Spannungen innerhalb seiner Familie führen, zumal er sich als Staatsmann kaum viel mit seinen Frauen u. Kindern abgeben konnte: die Vergewaltigung der Tamar, Tochter der Maaka (einer Frau Davids) durch Amnon, den Sohn der Achinoam (einer anderen Frau Davids), die Empörung Absaloms gegen seinen Vater, dessen Tod u. die trüben Machenschaften um die Nachfolge auf dem Königsthron

noch zu Lebzeiten Davids. Alles aber wird überschattet durch das Verbrechen am Hethiter Uria, den er im Kampf gegen die Ammoniter absichtlich umkommen ließ, um seine Frau Bath-Seba heiraten zu können. Erst durch die Strafrede des Propheten Nathan ging er in sich, aber sein Kind von der Bath-Seba mußte sterben, u. er selbst durfte den geplanten Tempel Jahwes in Jerusalem nicht bauen. Bis an sein Lebensende bereute er seine Tat.
Bei all seiner menschlichen Schwäche war David eine zutiefst rel. Persönlichkeit. Er brachte die Bundeslade nach Jerusalem u. machte damit die Hauptstadt des Reiches für alle kommenden Zeiten auch zum rel. Mittelpunkt. Den Tempel durfte er zwar nicht selber bauen (das tat nach ihm sein Sohn Salomo), aber er lieferte die Pläne zum Tempelbau u. stellte Geld u. Material bereit. Auch ordnete er bereits die Dienste der Priester u. Leviten. David war auch der große Initiator der israelischen Psalmendichtung – immerhin tragen von den 150 Psalmen 73 seinen Namen (wenngleich es im einzelnen schwer ist zu sagen, welche von David selber stammen oder ihm erst später zugeschrieben wurden). Seine eigentliche Bedeutung hat David aber durch die Verheißung Gottes durch Nathan: „. . . Dein Haus u. dein Königtum sollen für immer bestehen, dein Thron soll für ewige Zeiten feststehen! . . .“ (2 Sam 7, 12–16). Dies ist ein Glied in der Reihe der zahlreichen Messiasweissagungen in den Schriften des Alten Bundes. Der Messias (aram. meschīchā, hebr. hammāschīach, griech. übersetzt Christós, „der Gesalbte“) ist jener Nachkomme Davids, der einstige König u. Hohepriester Israels, auf den das gesamte Alte Testament hingeordnet ist. Bes. in den Psalmen kommt sehr häufig seine einzigartige Stellung als König u. zugleich seine bes. Beziehung zu Gott zum Ausdruck. Der volle Gehalt dieser Weissagungen allerdings kann erst vom Neuen Testament her als in Jesus Christus erfüllt gesehen werden.
David starb im Alter von ungefähr 70 Jahren. Sein Grab war zur Zeit der Apostel noch allg. bekannt (vgl. Apg 2, 29). Herodes ließ für die Gräber Davids u. Salomos Säulen errichten.

Gedächtnis: 29. Dezember
Darstellung: im Kampf mit dem Riesen Goliath (in den Katakomben: symbolisch für die Überwindung Satans durch Christus). Als Prophet im Königsmantel (bes. in byzantinischen Kirchen). Mit Salomo auf der Höllenfahrt Christi (auf ostchristl. Bildern). Als königlicher Sänger mit Harfe, Tanz vor der Bundeslade. Gegenüberstellung der Geschichte Davids mit der Christi (mittelalterliche Breviarien u. Armenbibeln). Als Büßer (auf barocken Beichtstühlen)
Patron: der Sänger, Musiker u. Dichter. Der Bergleute (in den Alpenländern; wohl wegen der Kupferminen am Sinai)

Lit.: E. Sellin, Gesch. d. israelitisch-jüdischen Volkes I (Leipzig 1935[2]) 159–185 – H. Wießner, Gesch. des Kärntner Bergbaues I (1950) 212 – E. Schneider, Bergmannsfrömmigkeit im Spiegel der Bergbaunamengebung: Rhein. Jahrb. für Volkskunde 8 (Bonn 1957) 109 – G. E. Wright, Bibl. Archäologie (Göttingen 1958) 120–126 – Lawton, Vom Hirtenjungen zum Königsthron (Bad Salzuflen 1946) – L. de Wohl (Olten 1961)

David von Himmerod OCist, Sel.
* um 1100 in Florenz. Er wurde 1131 Zisterziensermönch in Clairvaux (nordwestl. vom Genfer See, Ostfrankreich). Der hl. ↗ Bernhard schickte ihn 1134 in die Gründerkolonie von Himmerod (Kreis Wittlich, Eifel). Er hatte mystische Begnadung u. die Gabe der Wunder. † 11. 12. 1179. Er wurde bald nach seinem Tod verehrt. Seine Gebeine kamen nach der Säkularisation (1802) nach Trier, später nach Jupille (Belgien), 1930 wieder nach Himmerod. Sein Kult wurde 1699 vom Generalkapitel bestätigt.
Gedächtnis: 11. Dezember
Patron: der Mütter

Lit.: A. Schneider: Analecta Sacri Ord. Cist (Rom 1945 ff) 11 (1955) 27–44

David von Augsburg OFM, Sel.
* 1200/10 zu Augsburg. Er schloß sich als einer der ersten Deutschen dem Franziskanerorden an, wo er ↗ Berthold von Regensburg zum Lehrer hatte u. den er später auf dessen Visitationsreisen begleitete. Er war päpstlicher Inquisitor u. 1235–50 Novizenmeister in Regensburg u. wirkte als bedeutender Volksprediger u. Seelenführer mit gesunder aszetischer Einstellung. Vor allem zählt er zu den ersten u. hervorragendsten aszetischen u. mystischen

Schriftstellen im dt. Sprachraum. † am 19. 11. 1272 zu Augsburg.
Gedächtnis: 19. November
Lit.: D. Stöckerl, David von Augsburg (München 1914) – K. Ruh, David von Augsburg und die Entstehung eines franzisk. Schrifttums in deutscher Spr.: Augusta (München 1955) 71–82 – Ders., Bonaventura dt. (Bern 1956) 49ff u. ö.

Debora
Name: hebr., die Biene (die Fleißige). Vulgata Debbora, Locc. Debora
Name mehrerer Frauen im AT: a) So hieß die Amme der ↗ Rebekka, die mit Rebekka nach Kanaan zog (Gen 24,59), in Bethel starb u. von ↗ Jakob dortselbst unter der Klageeiche begraben wurde (Gen 35,8); – b) die Frau des Lappidot, eine prophetisch begabte Richterin in Israel (Ri 4), die das Land vor dem Kanaaniterkönig Jabin u. seinem Feldherrn Sisera zus. mit Barak rettete. Sie stimmte mit ihm das sog. Debora-Lied als Siegeshymnus an, eine der ältesten u. schönsten Hymnen hebr. Poesie (Ri 5); – c) die Großmutter väterlicherseits des ↗ Tobias (Tob 1,8).

David von Västmanland (David von Västerås) OSB, Hl.
Er war englischer Mönch in ↗ Cluny u. ging als Glaubensbote nach Schweden. Auf Anraten des hl. ↗ Siegfried von Schweden ließ er sich in Västmanland (Landschaft westl. von Uppsala) nieder u. gründete zu Munkatorp ein Kloster. Die mittelalterlichen Kalendarien nennen ihn „Abbas de Munkatorp". † 1082. In der Reformationszeit wurde der Reliquienschrein in der Klosterkirche aufgebrochen.
Gedächtnis: 15. Juli
Lit.: T. Lundén, St. David av Munktorp: Credo 25 (Stockholm 1944)

Davy (engl.) ↗ David

Degenhard OSB, Sel.
Name: ahd. degan (junger Mann, junger Held) + hart, herti (hart, kühn): tapferer junger Mann
Er war Laienbruder im Benediktinerkloster Niederaltaich (Niederbayern). Unter der Leitung des sel. ↗ Otto zog er sich mit ihm u. dessen Bruder ↗ Hermann in die Frauenau (Bayr. Wald) zurück, wo die 3 als Einsiedler lebten. Nach dem Tod Ottos zog sich Degenhard noch weiter in die Einöde von Breitenau bei Bischofmais zurück u. erbaute sich dort ein Kirchlein zu Ehren des hl. Bartholomäus. † 1374. Sein Grab ist ein vielbesuchter Wallfahrtsort.
Gedächtnis: 12. September
Darstellung: als Einsiedler in ärmlicher Kutte

Deicola, Hl. (Dichull, Dichuil, Desle, Diey)
Name: lat. Dei (Gottes) + cola, cultor (Verehrer)
Er war Gefährte des hl. ↗ Kolumban von Luxeuil. Nach dessen Vertreibung aus Luxeuil (610) gründete er die Abtei Lüders (Lure), welche von König Chlothar II. reich ausgestattet wurde. Die Abtwürde übertrug er seinem Schüler Kolumbin. † 18. 1. 625 (?). Seine Gebeine ruhen in der Pfarrkirche zu Lure.
Gedächtnis: 18. Jänner
Darstellung: mit Schweinen (Viehpatron)
Lit.: J. Clauß, Die Heiligen des Elsaß (Düsseldorf 1935) 151f, 238 – G. Schreiber, Iroschottische u. angelsächs. Wanderkulte: Westfalia Sacra II (Münster 1950) 27f

Delanoue ↗ Johanna vom Kreuz

Delphina von Signe, Sel.
Name: zu griech. delphí (Delphin)
* 1283 zu Puy-Michel (Provence, Südostfrankreich) aus dem edlen Geschlecht de Signe. 1299 wurde sie Gemahlin des hl. ↗ Elzear von Sabran, mit dem sie in jungfräulicher Ehe zusammenlebte. Sie war Tertiarin des hl. ↗ Franz von Assisi. Nach dem Tod ihres Mannes 1323 verließ sie Neapel, veräußerte ihre weiten Besitztümer u. lebte in Apt (nördl. von Marseille) den Werken der Nächstenliebe. † am 26. 11. 1360 in Apt. Ihr Kult wurde 1694 von Innozenz XII. anerkannt.
Gedächtnis: 26. November
Lit.: AnBoll 65 (1947) 179f

Delphinus, Bisch. **von Bordeaux,** Hl.
Er wurde 380 Bisch. von Bordeaux (Südwestfrankreich) u. kämpfte in Wort u. Schrift gegen die Priscillianisten: Priscillian, ein vornehmer u. gebildeter span. Laie, vertrat überspitzte u. glaubensfremde, weil gnostisch-manichäische aszetische Praktiken. Er wurde 385 gegen den Einspruch des

hl. ↗ Martin von Tours mit 6 Gefährten vom Kaiserlichen Gericht zu Trier verurteilt u. hingerichtet. Bisch. Delphinus übte großen Einfluß auf die Bekehrung des hl. ↗ Paulinus von Nola aus u. stand mit ↗ Ambrosius von Mailand in Briefwechsel. † 401/403.
Gedächtnis: 24. Dezember
Lit.: P. Fabre, S. Paulin de Nola et l'amitié chrétienne (Paris 1949) 252–276, 391 u. ö. – DHGE XIV 185ff

Demetria, Märt. zu Rom, Hl.
Name: zu Deméter (griech. Göttin des Akkerbaues und der Fruchtbarkeit): die Lebensvolle
Sie ist die Schwester der hl. ↗ Bibiana u. Tochter des ↗ Flavian u. der ↗ Dafrosa, die zus. unter Julian dem Abtrünnigen 363 zu Rom gemartert wurden.
Gedächtnis: 21. Juni
Lit.: ↗ Bibiana

Demetrius, Märt. zu Sirmium, Hl. (Demetrios)
Er wurde wahrscheinlich unter Maximian (286–305, Mitregent Diokletians) in Sirmium, der Hauptstadt Illyricums (beim heutigen Mitrovicza an der Save, Jugoslawien) um 304 hingerichtet. Von hier gelangte sein Kult bes. nach Thessalonike, wo ihm im 5. Jh. eine Basilika errichtet wurde. Von dort verbreitete sich seine Verehrung nach dem Orient u. dem Westen. Sein angebliches Grab in der Demetrios-Basilika war im Mittelalter Ziel großer Wallfahrten. An seinem Tag wurden feierliche Prozessionen abgehalten, an die sich ein vielbesuchter Markttag des balkanischen Hinterlandes anschloß. Noch heute gibt es in Griechenland über 200 Kirchen, die ihm geweiht sind.
Gedächtnis: 26. Oktober
Darstellung: als röm. Soldat mit Schild, Lanze u. Pfeilen. Mit Kreuzschild, darauf 5 Rosen. Teufel erscheint ihm im Gefängnis als Skorpion
Patron: von Konstantinopel, Saloniki u. Venedig; der Soldaten (Die Kreuzfahrer verehrten ihn als Schlachtenhelfer u. brachten Reliquien auch ins Abendland mit.)
Lit.: P. Lemerle, ByZ 46 (1953) 349–361 – B. Kötting, Peregrinatio religiosa (Münster 1950) 222–227

Denis (franz.) ↗ Dionysius

Denise (franz.), weibl. F. zu ↗ Dionysius

Dentelin, Hl.
Er war der Sohn des hl. ↗ Madelgar u. der hl. ↗ Waldetrudis u. lebte im 7. Jh. im Hennegau. Er starb als Knabe von 7 Jahren u. wurde zu Soignes beigesetzt. Er wird im ganzen Hennegau sehr verehrt u. ist Stadtpatron von Rees.
Gedächtnis: 14. Juli

Denys (engl.) ↗ Dionysius

Deochar OSB, Hl. (Deocar, Theutgar, Theotger, Theotker, Dietker, Dietger)
Name: ahd. diot (Volk) + ger (Speer). Später unzutreffend auch als Rückübersetzung aus dem Lat. gedeutet: Deo (Gott, Dativ) + carus (lieb, teuer): Gottlieb
Er war von adeliger Abkunft. Möglicherweise war er mit den Agilolfingern, dem ältesten bayrischen Herzogsgeschlecht, verwandt. Er war zuerst Mönch in Fulda, dann am Hof Karls d. G. als Schüler Alkuins und wurde um 795 1. Abt des Klosters Hasareode (Herrieden bei Ansbach, westl. von Nürnberg). Um 800–804 war er königlicher Gesandter in Regensburg u. Inzing. Im November 819 war er bei der Erhebung der Gebeine des hl. ↗ Bonifatius in Fulda mit Erzb. Heistolf, Abt Eigil, ↗ Hrabanus Maurus u. a. Träger des Reliquienschreines. Deochar starb vor 829 (?). Ein großer Teil seiner Reliquien kam 1316 nach St. Lorenz in Nürnberg u. 1845 nach Eichstätt.
Gedächtnis: 7. Juni
Lit.: F. Heidingsfelder, Regesten der Bischöfe von Eichstätt I (Erlangen 1938) 17, 495 – M. Adamski, Herrieden, Kloster, Stift u. Stadt im Mittelalter (Kallmünz 1954)

Deodatus, Bisch. **von Nevers,** Hl. (Dié)
Name: lat. Deo (Gott, Dativ) + datus (geschenkt)
Er wurde um 655 Bisch. von Nevers (Zentralfrankreich) u. nahm 657 am Konzil von Sens teil. Er soll die Abteien Ebersmünster (Unterelsaß) u. Jointures (später nach ihm St -Dié benannt, Vogesen, südwestl. von Straßburg) gegründet haben.
Gedächtnis: 19. Juni
Lit.: Zimmermann II 332 – A. Pierrot, Iconographie de s. Dié (Mülhausen 1936)

Deodatus, Bisch. **von Nola**
Er war 443–473 Bisch. von Nola (östl. von Neapel) als 2. Nachfolger des hl. ↗ Paulinus. Als Archipresbyter wurde er bei Kaiser Valentinian verklagt u. soll dessen Tochter geheilt haben. Seine Gebeine wurden um 840 nach Benevent übertragen.
Gedächtnis: 27. Juni
Lit.: BHL 2135f

Deogratias (Bruder Deogratias) ↗ Felix von Cantalice

Deogratias, Bisch. **von Karthago,** Hl.
Name: lat., Gott sei Dank!
Er wurde 454 im hohen Alter Bisch. u. nahm sich bes. der christlichen Gefangenen an, die durch den Vandalenkönig Geiserich nach der Eroberung Roms nach Karthago gebracht wurden. † 457 zu Karthago.
Gedächtnis: 22. März

Derk (Derek) (niederdt.), Kf. von ↗ Dietrich

Desiderius, Bisch. **von Cahors,** Hl. (Géry)
Name: zu lat. desiderare (wünschen, ersehnen): der Erwünschte (franz. Désiré)
* um 590 wahrscheinlich zu Obroge bei Narbonne (am Golf du Lion, Südfrankreich). Er wurde mit seinen Brüdern am Hof König Chlothars II. erzogen u. wurde 618 königlicher Schatzmeister. König Dagobert I. ernannte ihn 630 als Nachfolger seines ermordeten Bruders Rusticus zum Bisch. von Cahors (Südfrankreich). Als solcher förderte er das geistliche Leben, baute Kirchen u. Klöster, gründete Pfarreien u. versah die Stadt mit einer Stadtmauer u. einer Wasserleitung. Er stand in Briefwechsel mit den Bischöfen ↗ Arnulf von Metz, ↗ Aldowin von Rouen, ↗ Eligius von Noyon, ↗ Modoald von Trier u. a. † 15. 11. 655 (?) in Wistrelingus. Sein Grab war in dem von ihm gegründeten Kloster St-Amand (St. Didier), die Gebeine wurden aber 1571 von den Hugenotten zerstreut.
Gedächtnis: 15. November
Lit.: R. Barroux, Dagobert (Paris 1938) 170–175

Desiderius, Erzb. **von Vienne,** Märt., Hl.
* in Autun (Ostfrankreich). Er ist 596 als Erzb. von Vienne (südl. von Lyon) durch einen Brief Papst ↗ Gregors I. bezeugt. Auf Betreiben des Bisch. Aridius von Lyon u. der Brunhilde, Königin von Austrasien, wurde er auf dem Konzil von Chalon-sur-Saône abgesetzt, später wieder für kurze Zeit eingesetzt. Wegen seines Tadels an Brunhilde u. Theuderich II. wurde er um 611 ermordet. Seine Gebeine wurden um 613 nach St. Peter in Vienne übertragen.
Gedächtnis: 23. Mai
Patron: von Vienne
Lit.: Wattenbach-Levision 87 126 – MGSS rer. Mer. III 620–648

Desiré (franz.) ↗ Desiderius

Detlev (Detlef)
Name: niederdt. F. (Schleswig, Jütland) des heute nicht mehr gebräuchlichen Dietleib: zu ahd. diot (Volk) + leiba (Nachkomme, Sohn, Erbe): Sohn des Vaters

Deusdedit OSB, Abt **von Montecassino,** Hl.
Name: lat., Gott hat (ihn) geschenkt
Er wurde 828 der 15. Abt von Monte Cassino. Gegen den habgierigen Herzog Richard von Benevent verteidigte er die Besitztümer des Klosters u. widerstand dessen Drohungen. Er wurde lange Zeit im Burgverlies von Rocca Secca bei Neapel gefangen gehalten u. starb am 11. 11. 834 an den erlittenen Mißhandlungen. Er wurde schon früh als Märt. verehrt.
Gedächtnis: 11. November
Lit.: Zimmermann III 155 157 – DHGE XIV 357f

Devota, Märt. auf Korsika, Hl.
Name: lat., die Gott Geweihte (Deivota)
Sie wurde auf Veranlassung des Präfekten Barbarus unter Diokletian um 304 auf Korsika um des Glaubens willen hingerichtet. Von dort wurde ihr Leichnam nach Monaco überführt, wo sie noch heute verehrt wird.
Gedächtnis: 27. Jänner
Lit.: Lanzoni 686f

Diana d'Andalò OP, Sel.
Name: Diana war die röm. Göttin der Jagd u. des Mondes. Sie wird mit der Artemis von Ephesus in Kleinasien gleichgesetzt (urspr. Diviana, Diva Iana: die göttliche Iana)

Sie entstammte dem Geschlecht der Andalò. Sie trat in das neugegründete Dominikanerinnenkloster Ronzano in Bologna ein, aber ihre Eltern u. Verwandten zerrten sie mit Gewalt aus dem Kloster, wobei ihr eine Rippe gebrochen wurde. Nach ihrer Genesung begab sie sich wieder ins Kloster zurück, das nun nach Valle di San Pietro verlegt u. der hl. ↗ Agnes geweiht wurde. Mit dem Ordensgeneral der Dominikaner, ↗ Jordan von Sachsen, pflegte sie einen regen geistlichen Briefwechsel. † 10. 6. 1236 zu Bologna. Seliggesprochen 1892.
Gedächtnis: 10. Juni
Darstellung: als Dominikanerin mit Lilie (Jungfräulichkeit)
Lit.: F. G. Holweck, A Biographical Dictionary of the Saints (St. Louis 1924)

Didacus (Diégo) **von Alcalá** OFM, Hl.
Name: latinisiert aus span. Diégo (↗ Jakob)
* in S. Nicolás del Puerto (nördl. von Sevilla, Südwest-Spanien). Er lebte zuerst einige Jahre als Eremit u. trat nach einigen Jahren als Laienbruder in den Franziskanerorden ein. Er lebte streng aszetisch u. beschaulich u. hatte die Gabe der eingegossenen Wissenschaft u. der Krankenheilung. 1441 ging er als Missionar auf die Kanarischen Inseln u. wurde dort 1445 Guardian von Fuerteguera. 1450 pilgerte er nach Rom u. pflegte im Kloster Aracoeli die Kranken. † 12. 11. 1463 zu Alcalá de Henares (bei Madrid). Heiliggesprochen 1588.
Gedächtnis: 12. November
Darstellung: als Franziskaner-Laienbruder, mit erhobenen Armen betend. Kranke bedienend oder heilend. Kreuz in der Hand oder auf der Schulter. Krug (Kochgeschirr) in der Hand, woraus er die Kranken speist.
Lit.: B. Berguin u. E. Chapuis (Grenoble 1901) – M. Buchberger, Kirchl. Handlexikon (Freiburg/B. 1907) – F. G. Holweck, A Biographical Dictionary of the Saints (St. Louis 1924)

Didacus (Diégo, Jakob) **von Azevedo** OCist, Bisch. v. Osma, Sel. (de Acebes)
Er war Zisterziensermönch u. Propst von Osma in Spanien. Als solcher erhielt er ein Kanonikat für die Kirche St. Dominikus in Osma. Als Bisch. von Osma (als solcher erstmals 1201 bezeugt) wandelte er das Domkapitel in ein reguliertes Stift um. Unter den Stiftsherren war auch der noch junge hl. Dominikus, der 1201 dessen Subprior wurde. Didacus war maßgeblich beteiligt an der Idee u. der Gründung des Dominikanerordens. Alphons VIII. von Kastilien schickte ihn mit wichtigen Aufträgen nach Dänemark, Rom u. Frankreich. Didacus unternahm mit seinem Subprior Dominikus Missionsversuche bei den Katharern (Servian, Béziers, Carcassonne, Verfeuil u. bes. Montréal) u. Waldensern. † 30. 12. 1207.
Gedächtnis: 30. Dezember
Lit.: B. Altaner, Der hl. Dominikus (Breslau 1922) – H. Ch. Scheeben, Der hl. Dominikus (Freiburg/B. 1927) 11ff, 33ff, 45ff, 68ff – AFP 2 (1932) 285ff, 8 (1938) 290–294, 9 (1939) 237–297, 23 (1953) 340f, 343ff

Didier (franz.) ↗ Desiderius

Dido von Andelsbuch, Sel. (Diedo)
Name: Kf. von Namen, die mit Diet- gebildet sind, bes. ↗ Dietrich
Nach der Überlieferung war er der Bruder des sel. ↗ Merbot u. der sel. ↗ Ilga, mit denen er in Andelsbuch (Bregenzer Wald) als Einsiedler lebte. Später soll er Mönch u. Prior im neugegründeten Kloster zu Andelsbuch gewesen sein. † 1120. Sein Grab in der Pfarrkirche von Andelsbuch war früher beliebtes Wallfahrtsziel.
Gedächtnis: 15. März

Diégo (span.) ↗ Jakob

Diemut von Wessobrunn OSB, Sel. (Diemodis, Diemundis, Diemudis)
Name: ahd. dio (Knecht) + muot (Sinn, Gemüt): die Diensteifrige (vgl. Demut)
Sie war Benediktinerin im Kloster Wessobrunn (Oberbayern) u. lebte mit Erlaubnis ihrer Obern 1080–1130 als Reklusin in einer kleinen Zelle neben der Kirche. Hier widmete sie sich dem Gebet, aber auch dem Abschreiben patristischer u. liturgischer Bücher. Nach einem Katalog aus dem 12. Jh. standen in der Bibliothek des Klosters gegen 50 prachtvoll geschriebene Handschriften von ihr, von denen noch etwa 15 erhalten sind. Sie stand auch mit ↗ Herluka von Bernried in freundschaftlichem Briefwechsel. † am 30. 3. 1130 (?). Ihre Gebeine wurden 1709 aus dem Grab in der Marienkirche in die Abteikirche übertragen.

Gedächtnis: 30. März
Lit.: P. Ruf, Mittelalterl. Bibl.-Kataloge Deutschlands u. der Schweiz III/1 (Bist. Augsburg) (München 1932) 178–183 – Bauerreiß III 45 – NDB III 648

Dietbald ↗ Theobald

Dietburg, Sel. (Dietbirg, Dietberga)
Name: ahd. diot (Volk) + berga (Schutz, Zuflucht, Burg): Schützerin des Volkes
Sie war die Mutter des hl. ↗ Ulrich von Augsburg u. starb nach einem heiligmäßigen Leben im Jahr 924. Ihre Gebeine wurden 1683 und 1752 erhoben.
Gedächtnis: 1. November

Dietbert: ahd. diot (Volk) + beraht (glänzend, berühmt): der Berühmte im Volk

Dieter
Name: a) Kf. von Dietrich (↗ Theoderich); b) ahd. diot (Volk) + heri (Heer) oder eher ahd. hēr (vornehm, erhaben, hehr): der Vornehme im Volk. Die beiden Namensformen fließen oft ineinander über.

Dietfried ↗ Theofred (Theofrid)

Dietger ↗ Deochar, ↗ Theodgar

Dietgrim ↗ Thiatgrim

Diethard ↗ Theodard

Diethilde ↗ Theodechild

Dietlinde ↗ Theudelinde

Dietmar von Neumünster CanAug, Sel. (Thetmar, Theodemar)
Name: ahd. diot (Volk) + mar (berühmt; von maren = erzählen, rühmen): der im Volk Berühmte
Er war ein Gefährte des hl. ↗ Wizelin bei der Glaubensverkündigung unter den wagrischen Wenden in Holstein u. wurde Augustiner-Chorherr im Stift Neumünster in Holstein, welches Wizelin 1124 gegründet hatte. Bei allem Volk war er geschätzt u. verehrt wegen seiner Mildtätigkeit gegen Arme u. Notleidende. † 1152.
Gedächtnis: 17. Mai
Lit.: F. G. Holweck, A Biographical Dictionary of the Saints (St. Louis 1924) – J. Stadler, Vollständiges Heiligenlexikon (Augsburg 1857)

Dietmar ↗ Druthmar von Korvey, ↗ Thietmar von Minden, ↗ Thiemo von Salzburg

Dietolf ↗ Theodulf

Dietrich ↗ Theodorich

Dietwolf ↗ Theodulf

Dina, Kf. zu ↗ Albertine, ↗ Bernhardine, ↗ Leopoldine

Diomedes, Märt., Hl.
Er stammte aus Tarsus in Kilikien von vornehmen christlichen Eltern. Er war Arzt u. wurde in der Verfolgung des Diokletian um 305 in Nicäa enthauptet. Die Griechen zählen ihn den sog. Anárgyroi (ohne Silber) bei, d. h. jenen hll. ↗ Ärzten, die die Kranken angeblich unentgeltlich behandelten.
Gedächtnis: 16. August

Dionysius (Dionysios) **d. Gr.,** Bisch. **von Alexandria,** Hl.
Name: zu Diónysos, griech. Gott des Weinbaues u. des ekstatischen Rausches (entspricht dem röm. Bacchus); Dionysios: der dem Gott Dionysos Geweihte
Er war Schüler des Origenes in der Katechumenenschule von Alexandria (Alexandrinische Schule). Als ↗ Heraklas, der Nachfolger des Origenes, Bisch. von Alexandria wurde, erhielt er 231/232 selbst die Leitung dieser Schule. Nach dem Tod des Heraklas 247/248 folgte er ihm im Amt des Bisch. von Alexandria. In der Verfolgung des Decius (249–351) mußte er fliehen, unter Valerian (253–260) wurde er verbannt, zuerst nach Libyen, dann in die Mareotis (heute Marjūt, Gegend im Nildelta). Als er zurückkehrte, bedrückten sein Bistum innere Wirren, Pest u. Hungersnot.
In den Lehrstreitigkeiten der Zeit spielte Dionysius eine aktive Rolle. Wie ↗ Cyprian von Karthago hielt er in der Frage der in der Verfolgung Abgefallenen (Lapsi) eine milde Praxis u. nahm sie nach entsprechender Buße wieder in die Kirche auf. Den rigoristischen Novatian mahnte er zur Eintracht. Mit Papst ↗ Stephan I. erkannte er im Ketzertaufstreit die Taufen der Häretiker als gültig an, hielt aber Frieden mit den

anderen Kirchen, die anderer Ansicht waren. Er bekämpfte den Millenarismus (eine schwärmerische Geistesströmung über das tausendjährige Reich Christi u. seine Wiederkunft). In der Lehre über die Dreifaltigkeit bekämpfte er den Sabellianismus (die 3 Personen seien nicht wirklich voneinander unterschieden, sondern reine Erscheinungswesen). Er selber wurde des Tritheismus (Dreigötterglaubens) angeklagt, konnte sich aber vor Papst ↗ Dionysius glänzend rechtfertigen. Von seinen zahlreichen theol. Schriften u. Briefen sind meist nur noch Fragmente erhalten. Soweit bekannt, versandte er als 1. alexandrinischer Bisch. alljährlich einen Festbrief zur Angabe des Osterdatums u. zur Behandlung verschiedener seelsorglicher Angelegenheiten (diese Osterfestbriefe entsprechen also etwa unseren Fastenhirtenbriefen). † 264/265 in hohem Alter.
Gedächtnis: 17. November
Lit.: Altaner 186 f – Bardenhewer II 203–227

Dionysius (Dionysios), Klostergründer auf dem **Athos,** Hl.
* 1318 in der Nähe von Kastoria (Mazedonien). Sein älterer Bruder Theodosios, der spätere Metropolit von Trapezus (heute Trapezunt am Schwarzen Meer), wurde Hegumenos (Archimandrit, Klostervorsteher) des Klosters von Philotheu auf dem Athos (die östlichste der 3 Halbinseln von Chalkidike, östl. von Saloniki, Griechenland). Dieser ließ Dionysios ausbilden u. zum Priester weihen. Um 1370 lebte Dionysios 3 Jahre lang als Einsiedler in einer Grotte u. erbaute dann das Kloster Prodromu (oder Nea Petra), wobei ihm Bisch. Alexios III. Komnenos von Trapezus Hilfe leistete u. für sein Kloster im September 1374 eine Goldbulle gewährte. Dionysios starb auf einer Bittreise um Almosen am 25. 6. 1390 in Trapezus. Sein Kloster wurde ihm zu Ehren Dionysiu genannt.
Gedächtnis: 25. Juni
Lit.: J. Dräseke: ByZ 2 (1893) 84–92 – B. Laourdas: Archeion Pontu 21 (Athen 1956) 45–68 (neugriech.)

Dionysius, Bisch. **von Augsburg,** Hl. (Zosimus?)
Er gilt als der 1. Bisch. von Augsburg, obwohl die Nachrichten über ihn auf der legendarischen Conversio sanctae Afrae („Bekehrung der hl. Afra") aus dem 8. Jh. fußen. Danach sei er mütterlicherseits der Onkel der hl. ↗ Afra gewesen. Der hl. ↗ Narcissus von Gerona habe ihn getauft u. als Bisch. eingesetzt. Die spätere Legende berichtet von seinem Martyrium (Enthauptung, auch Feuertod). Die ältesten Bischofskataloge nennen als 1. Bisch. einen gewissen Zosimus. Durch die Legende beeinflußt, wurde Dionysius als Märt. vorangestellt, möglicherweise sogar eine Namensänderung von Zosimus in Dionysius vorgenommen, wohl unter dem Eindruck des damals hoch verehrten hl. ↗ Dionysius von Paris. Anfang des 12. Jh.s fand man in der Ulrichskirche zu Augsburg Reliquien, die ihm zugeschrieben wurden. Papst Alexander IV. ließ sie am 26. 2. 1258 feierlich erheben. Bisch. Heinrich IV. von Augsburg führte seinen Kult u. sein Fest 1508 ein.
Gedächtnis: 26. Februar (Erhebung der Gebeine)
Lit.: A. Bigelmair, Die Afralegende: Arch. f. d. Gesch. des Hochstifts Augsburg I (Dillingen 1911) 139–221 – Ders., Die Afralegende: Lebensbilder aus dem bayr. Schwaben I (München 1952) 1–29 – F. Zoepfl, Das Bistum Augsburg (München-Augsburg 1955) 219 546

Dionysius (Dionysios), Bisch. **von Korinth,** Hl.
Er lebte um 170 u. wirkte weit über seinen Sprengel hinaus durch seine (verlorengegangene) umfangreiche Korrespondenz. Von ihm sind die „7 kath. Briefe" erhalten, die an verschiedene Gemeinden in Kleinasien, Griechenland, Kreta, Pontus, Knossos u. Rom gerichtet sind. Sie behandeln dogmatische, ethische, exegetische u. disziplinäre Themen u. stellen wertvolle Dokumente für die kirchengeschichtliche Forschung dar (z. B. das Zeugnis für das gleichzeitige Martyrium des Petrus u. Paulus, der Korintherbrief des ↗ Clemens von Rom u. a.).
Gedächtnis: 8. April
Lit.: Altaner 117 – Bardenhewer I 439–442

Dionysius, Bisch. **von Mailand,** Hl.
Er wurde um 351 Bisch. von Mailand. Als Kaiser Constantius II. auf dem Konzil von Mailand 355 mit Hilfe der abendländischen Bischöfe seine arianerfreundliche Politik u. die Verurteilung des hl. ↗ Athanasius betreiben wollte, zeigte Dionysius eine feste

Haltung. Es kam zu heftigen Auseinandersetzungen zw. ihm u. ↗ Eusebius von Vercelli einerseits u. dem Hofbisch. Valens von Mursia andererseits. Dionysius wurde verbannt. ↗ Ambrosius vergleicht ihn in einem Schreiben mit den Märt., gibt aber weder Ort noch Zeit seines Todes an. Seine Gebeine wurden nach Mailand übertragen, wo sie sehr verehrt wurden.
Gedächtnis: 25. Mai
Lit.: BHL 2168ff – A. Cavallin, Die Legendenbildung um den Mailänder Bisch. Dionysius: Eranos 43 (1945) 136–149

Dionysius a Nativitate Domini OCarm, Märt., Sel. (bürgerl. Pierre Berthelot)
* 12. 12. 1600 zu Honfleur (gegenüber Le Havre, Nordfrankreich). Schon seit seiner Jugend fuhr er zur See u. wurde Kosmograph u. 1. Lotse im Dienst der Könige von Frankreich u. Portugal. Auf einer Indienreise trat er 1635 in den Orden der Unbeschuhten Karmeliten ein u. wurde 1638 Priester. Noch im selben Jahr nahm er an einer portugiesischen Gesandtschaft zum neuen König von Achén (Atschin) auf Sumatra teil, als Priester wie auch als seemännischer Sachverständiger. Gleich nach der Ankunft wurde die ganze Gesandtschaft von türkischen Seeleuten gefangengenommen. Deren Wut richtete sich gegen Dionysius u. seinen Gefährten, den Laienbruder Redemptus a Cruce. Dionysius wurde das Haupt gespalten u. sein Leib mit einem Schwert durchbohrt, Redemptus wurde mit Pfeilen angeschossen u. mit einer Lanze durchbohrt. So starben die beiden im November 1638 als die ersten Märt. des Karmeliterordens. Die von Dionysius kunstvoll gezeichneten Tabulae Maritimae (Meereskarten) sind im Britischen Museum in London. Seliggesprochen am 10. 6. 1900.
Gedächtnis: 29. November
Lit.: Henry de la s. Fam., Recherches . . . sur le b. Denis de la Nativité: Etudes Carmélitaines 3 (Paris 1913) 215–227 387 397

Dionysius, Papst, Hl.
Er regierte von 260 (259?) bis 267 (268?). Unter Papst ↗ Sixtus II. war er ein angesehener röm. Presbyter. Als solcher korrespondierte er mit Bisch. ↗ Dionysios von Alexandria. Als er Papst wurde, kam Kaiser Gallienus als Alleinherrscher an die Macht. Dieser gab in verschiedenen Reskripten – lange vor Konstantin d. Gr., aber auch vor Diokletian – der Kirche ihre Rechte u. Liegenschaften zurück, sodaß Dionysius in Ruhe die röm. Gemeinde reorganisieren konnte. In einem rücksichtsvoll gehaltenen Brief gab er Bisch. Dionysios von Alexandria Gelegenheit, sich vom Vorwurf des Tritheismus (Dreigötterlehre) zu rechtfertigen. An die Kirche von Cäsarea in Kappadozien, die durch Barbareneinfälle in schwere Not geriet, sandte er ein Trostschreiben mit einer großen Geldspende. Er gilt als einer der bedeutendsten Päpste des 3. Jh.s. Sein Leib ruht im Cömeterium des Calixtus.
Gedächtnis: 30. Dezember
Lit.: AnBoll 66 (1948) 118–133 – Haller I 497f – Sepelt I 59–64

Dionysius, Bischof. **von Paris,** u. Gef., **Märt., Hll.**
Die früheste Nachricht über ihn bringt die Vita Genovefae (um 520). Danach wurde er vom Papst nach Gallien gesandt, wo er Kirchen u. a. in Paris, Chartres u. Senlis errichtete. Mit seinen Gefährten ↗ Rusticus u. ↗ Eleutherius erlitt er 6 km vor Paris nach 250 den Martertod. ↗ Gregor von Tours berichtet von einer Kirche über seinem Grab u. von Wundern. Er ist einer der ↗ 14 Nothelfer. Seine Gebeine ruhen in St-Denis in Paris.
Liturgie: GK g am 9. Oktober
Darstellung: mit seinem abgeschlagenen Haupt in Händen (nach der Legende sei er mit seinem Haupt in Händen bis zu der Stelle gegangen, wo später die Abtei St-Denis erbaut wurde)
Patron: der Schützen; in Kämpfen (die Kirchenfahne der Abtei St-Denis wurde unter dem Namen „Oriflamme“ eine berühmte Kriegsfahne der franz. Könige)
Lit.: R. J. Loenertz, La Légende Parisienne de S. Denis l'Aréopagite: AnBoll 69 (1951) 217–237 – M. Buchner, Die Areopagitica des Abtes Hilduin von St-Denis u. ihr kirchenpolit. Hintergrund: 59 (1939) 69–117

Dioskuros, Märt. in Ägypten, Hl.
Name: griech. Diòs kũros, Sohn des Zeus
Nach der griech. Mythologie waren die Dioskuren Kastor u. Polydeukes (lat. Castor u. Pollux) die Söhne des Zeus, nach denen man schon seit der Antike die beiden hellsten Sterne im Sternbild Zwillinge nennt.

Er war der Sohn eines Lektors der Kirche von Kynopolis Alta (Ägypten). Er wurde gefangen genommen u. nach Alexandria gebracht u. dort nach einem langen, von vielen Foltern unterbrochenen Verhör enthauptet. † 305 (301?)
Gedächtnis: 18. Mai
Lit.: H. Delehaye: AnBoll 40 (1922) 73 324–327 352f

Diotima, weibl. F. zu ↗ Theotimus

Dirk (norddt.), Kf. von ↗ Dietrich

Disibod, Einsiedler, Hl.
Name: ahd. diot (Volk) + boto (Bote): Abgesandter des Volkes
Er war vermutlich ein Mönch (Presbyter) aus Schottland, vielleicht auch ein Bisch. aus Irland. Er lebte im 7. Jh. als Einsiedler auf dem heutigen Disibodenberg (Diesenberg) an der Mündung des Glan in die Nahe (Rheinland-Pfalz). Bei seiner Zelle entstand bald eine klösterliche Gemeinschaft, deren Vorsteher er wurde. Erzb. ↗ Willigis von Mainz gründete dort 975 ein Chorherrenstift für 12 Kanoniker als geistlichen Mittelpunkt im Nahetal. 1098 wurde es den Benediktinern, 1259 den Zisterziensern übergeben, 1559 im Zug der Reformation aufgehoben. ↗ Hildegard von Bingen, die Verfasserin der Vita d. hl. Disibod, hatte bis 1148 im dortigen Jungfrauenkonvent gelebt u. zog von dort zum Rupertsberg. Das Kloster ist heute Ruine.
Liturgie: Speyer, Trier g am 8. Juli
Lit.: H. Büttner, Studien zur Gesch. von Disibodenberg: SM 52 (1934) 1–46

Dismas, Hl.
Es ist der legendäre Name des reuigen Schächers, der zur Rechten Jesu gekreuzigt wurde (Lk 23, 39–43). In den griech. apokryphen Pilatusakten (Nikodemus-Evangelium; wohl 1. Jh.) heißt er Dysmās oder Demās, in Übersetzungen Dismas, Dimas, Dymas. Der andere Schächer wird Gestas, Gistas, Stegas, Gesmas genannt. Andere Namen für das Paar sind: Zoatham u. Camma, Zoathan u. Chammata, Joathas u. Maggatras, Titus u. Dumachus. Die Legende erzählt in verschiedenen Formen, Dismas sei schon in seiner Jugend Mitglied einer Räuberbande gewesen u. habe der Hl. Familie auf ihrer Flucht nach Ägypten hilfreich zur Seite gestanden. Seine Bekehrung am Kreuz sei der Lohn für seine gute Tat. Im Mittelalter hielten die lat. Pilger das Dorf Latrūn bei Emmaus für die Heimat des guten Schächers (in irriger Deutung von lat. latro, Räuber). Sein Kreuz soll nach Zypern, Kreuzpartikel u. andere Reliquien nach Bologna gekommen sein. Dismas gilt als Vorbild bei der Erweckung der vollkommenen Reue u. als Patron der zum Tod Verurteilten.
Gedächtnis: 25. März (im röm. Martyrologium ohne Namen)
Lit.: DB IV 94ff – DACL VIII 1402ff – A. Bessières, Le bon larron, St. Dismas (Paris 1937)

Ditha, Kf. von ↗ Edith

Dizier (franz.) ↗ Desiderius

Dodo von Haska OPraem, Sel.
Name: ostfries. Kf. von ↗Ludolf
Er war Prämonstratenser im Kloster Mariengaarde bei Hallum in Friesland (Diöz. Utrecht). Mit Erlaubnis seines Abtes u. Lehrers ↗ Siard führte er in der Curia zu Bakkeveen, dann in Haska als Eremit ein strenges Büßerleben. Seine Stigmatisierung wird bezweifelt. † 30. 3. 1231.
Gedächtnis: 30. März
Lit.: ActaSS Mart. III (1736) 850ff – Baudot-Chaussin III 634

Dolores
Name: In Spanien üblicher weibl. Vorname, verkürzt aus Nuestra Señora de los Dolores (lat. Mater Dolorosa, die Schmerzhafte Mutter, s. S. 78f)
(Kf. Lola)

Dominici ↗ Maria Enrica Dominici

Dominikus (Dominicus), Ordensgründer, Hl.
Name: zu lat. dominus: der dem Herrn Gehörige
* um 1170 zu Caleruega in Kastilien (Bezirk Aranda de Duero, Nordspanien) aus dem altspan. Geschlecht der Guzmán. Er absolvierte seine philos. u. theol. Studien an der Domschule zu Palencia (nördl. von Valladolid). Mit 25 Jahren wurde er Domkapitular am regulierten Domstift zu Burgo de Osma (östl. von Valladolid) u. wurde

1201 dessen Subprior. Er war mit Bisch. ↗ Didacus von Azevedo befreundet u. lernte auf einer Romreise mit ihm 1206 die Gefahr der Waldenser u. Albigenser in Südfrankreich kennen, aber auch die Mißerfolge in der Häretikermission. Didacus führte als neue Missionsmethode die Nachfolge der Apostel in Armut u. Wanderpredigt ein u. wurde hierin von Dominikus tatkräftig unterstützt. 1206 gründete Didacus nach dem Beispiel der Albigenser in Prouille bei Toulouse eine Missionsstation u. eine Vereinigung frommer Frauen für Unterricht u. Erziehung von Mädchen (diese wurde 1217 von Dominikus in ein reguliertes Augustinerinnenkloster umgewandelt). Dominikus ließ sich in dem Haus mit seinen Gefährten nieder u. übernahm nach dem Tod des Didacus 1207 selbst die Leitung. 1215 gründete er in Toulouse eine Gemeinschaft von Predigern. Er plante einen auf Armut u. Studium beruhenden Seelsorgeorden nach der Regel des hl. ↗ Augustinus, der auf jedes feste Einkommen verzichtet u. nur von Almosen lebt (Bettelorden). Er sollte an keine Kirche gebunden, sondern unmittelbar dem Diözesanbisch. unterstellt sein u. sich der rel. Unterweisung des Volkes u. der Bekehrung der Häretiker widmen. Als erster Ordensstifter schrieb er das grundsätzliche u. systematische Studium als Vorbereitung auf die Predigt vor. Mit unbeugsamem, vor keiner Schwierigkeit zurückschreckendem Willen, unerhörtem Organisationstalent u. tiefer Menschenkenntnis breitete er seinen Predigerorden in Frankreich, Spanien, Italien, Ungarn, Deutschland u. England aus, das beschauliche Leben mit dem aktiven in einzigartiger Weise verbindend. Papst Honorius bestätigte am 22. 12. 1216 den neuen Orden u. gab ihm 1217 unter der Bezeichnung „Predigerbrüder" bes. Privilegien. Dominikus starb am 6. 8. 1221 in Bologna u. ist in der dortigen Ordenskirche begraben. Er wurde durch Gregor IX. am 3. 7. 1234 heiliggesprochen.

Liturgie: GK G am 8. August

Darstellung: als Dominikaner mit weißem Habit, Skapulier u. Kapuze u. schwarzem, offenem Mantel; mit Buch. Ein weiß u. schwarz gefleckter Hund mit einer brennenden Fackel im Maul erleuchtet die Erdkugel (Traum seiner Mutter vor der Geburt; es wurde auch „Dominicani" volksetymologisch gedeutet als „Domini canes", „Wachhunde des Herrn"). Oder die Kugel in der einen Hand haltend, die Fakkel in der anderen, manchmal die Kugel über der Flamme, der Hund zu seinen Füßen. Stern über dem Haupt oder an der Stirn oder der Brust (Gesicht seiner Amme bei der Taufe). Mit Lilie (Sinnbild der Keuschheit). Mit Sperling (Armut) oder Taube (Hl. Geist). Der Teufel muß ihm eine brennende Kerze halten. Als Verbreiter des Rosenkranzgebetes.

Patron: der Dominikaner; von Cordoba, Palermo; der Näherinnen u. Schneider

Lit.: B. Altaner, Der hl. Dominikus (Breslau 1922) – H. Ch. Scheeben, Der hl. Dominikus (Freiburg/B. 1927/ Essen 1961) – H. Wilms, Der hl. Dominikus (Kevelaer 1949) – L. v. Matt u. M. H. Vicaire (2 Bde., Freiburg/B. 1962)

Dominikus (Domingo) **de la Calzada,** Hl.
Er war zuerst Hirte u. versuchte vergeblich, in den Benediktinerorden aufgenommen zu werden. So führte er ein Einsiedlerleben am Fluß Oja (bei Logroño, nahe der Pilgerstraße nach Santiago de Compostela, Nordspanien). Dort erbaute er für die Pilger eine Brücke u. eine Herberge. Daher kommt sein Beiname (Calzada = Straße). König Alfons VI. von Kastilien unterstützte ihn in seinem Vorhaben. † 1109. An der Stätte seines Wirkens entstand eine Kirche, die 1196 neben Calahorra Bischofssitz des Bistums Calahorra-Santo Domingo de la Calzada wurde.

Gedächtnis: 12. Mai

Lit.: ActaSS Maii III (1680) 167ff – G. Schreiber, Deutschland u. Spanien (Düsseldorf 1936) 90 111 123 418

Dominikus a Matre Dei (Domenico Barberi) CP, Sel.
* 22. 6. 1792 in Palanzana bei Viterbo (nördl. von Rom). Er trat 1814 in den Passionistenorden ein u. war zunächst Laienbruder, ließ sich aber nach theol. Studien 1818 zum Priester weihen u. wirkte in verschiedenen Häusern seines Ordens als Lektor für Philosophie u. Theologie. Später wurde er Provinzial. Er gab verschiedene Schriften über Philosophie, Moral, Azese u. Kontroverstheologie heraus u. unterhielt engen Kontakt zu den englischen Katholiken in Rom, bes. zu Ignace Spencer. Er

gründete 1840 das 1. belgische Passionistenkloster in Ere bei Tournai u. 1842 das 1. englische in Aston Hall (Staffordshire). Er unterhielt den Dialog mit der Oxfordbewegung in England (theol.-liturgische Erneuerungsbewegung innerhalb der anglikanischen Kirche seit 1833) u. führte u. a. auch John Henry Newman, den späteren Kardinal, zur katholischen Kirche zurück. Er gilt als Apostel Englands im 19. Jh. † 27. 8. 1849 in Reading (westl. von London). Seliggesprochen am 27. 10. 1963.
Gedächtnis: 27. August
Lit.: U. Young, Life and Letters of the Venerable Dominic Barberi (London 1926) – Ders., Life of Father Ignatius Spencer (London 1933) – Ders., Father Barberi in England (London 1935) – D. Gwynn, Father Domenico Barberi (London 1947) – F. dell'Addolorata, Apostolo mistico scrittore. Il. ven. Domenico della Madre di Dio (Treviso 1948)

Dominikus (Domenico) **Savio,** Hl.
* 2. 4. 1842 in Riva di Chieri bei Turin als Sohn tiefrel. Landleute. Schon als Kind zeigte er eine ausgesprochene rel. Reife. Mit 5 Jahren wurde er Ministrant, mit 7 Jahren empfing er die Erstkommunion. 1854 kam er in das Oratorium des hl. ↗ Johannes Bosco in Turin u. wurde bald dessen Lieblingsschüler. Sein Lehrer Prof. Bonzanino erklärte, er habe nie einen aufmerksameren, aufgeschlosseneren u. respektvolleren Schüler gehabt, in allem sei er vorbildlich gewesen. Er war ein großer Verehrer der Eucharistie u. der Gottesmutter. Er war hochbegabt u. sensibel u. dabei von einem leidenschaftlichen Drang nach christlicher Vollkommenheit, heroischem Bußgeist u. unermüdlichem Seeleneifer erfüllt. † 9. 3. 1857 in Mondonio d'Asti. Sein Leib ruht in der Mariahilf-Basilika in Turin. Seliggesprochen am 5. 3. 1950, heiliggesprochen am 12. 6. 1954.
Gedächtnis: 9. März
Patron: der Bubenjungschar Österreichs, der Kath. Jugend in Zentralamerika, der Sängerknaben (seit 1956 durch Pius XII.)
Lit.: Giovanni Bosco, Il servo di Dio Domenico Savio (Turin 1859 u. ö., dt. München 1952) – E. Fritz, Gnade mehr als Leben (München 1950) – H. Kremer, Don Boscos bester Junge (Trier 1951^2) – W. Menke (Berlin 1953) – A. Volpert (München 1954)

Dominikus (Domingo) OSB, Abt **in Silos,** Hl.
In seiner Jugend hütete er die Herden seines Vaters, wandte sich dann dem Studium zu, wurde Priester u. trat in das Benediktinerkloster S. Millán de la Cogalla in Logroño (Nordspanien) ein. Sein Abt schickte ihn in das verfallene Haus von S. Maria zu Cañas in Navarra, das er wieder zur Blüte brachte. Zurückgekehrt wurde er Prior im Kloster S. Millán. Von dort wurde er durch König Garcia I. von Navarra vertrieben, weil er den Geldansprüchen des Königs trotzte. Sein Abt sandte ihn in ein ganz kleines Haus, u. als auch hier der König mit seinen Forderungen an ihn herantrat, entwich er nach Kastilien, wo er durch Vermittlung König Ferdinands I. von Kastilien Aufnahme im Kloster S. Sebastián de Silos (60 km südöstl. von Burgos) fand u. wo er 1041 Abt wurde. Dieses Kloster bestand schon in westgotischer Zeit (angeblich 593 durch König Rekkared gegründet, urkundlich erwähnt 933), wurde aber durch ihn zu einem bedeutsamen kulturellen u. rel. Zentrum, indem er in unermüdlicher Arbeit das monastische Leben förderte u. wissenschaftliche Studien u. künstlerische Arbeiten anregte. Er begann noch mit dem Bau des berühmten romanischen Kreuzganges. † 1073. Sofort nach seinem Tod wurde er als Heiliger verehrt. Das Kloster wurde später nach ihm S. Domingo de Silos umbenannt. Es pflegte die mozarabische Liturgie. 1835 wurde es säkularisiert, 1880 von der Abtei Solesmes (bei Le Mans, Nordfrankreich) neu besiedelt.
Gedächtnis: 20. Dezember
Darstellung: mit Fesseln (weil er viele Christen aus der maurischen Gefangenschaft befreite)
Patron: der Hirten
Lit.: L. Serrano, El Real Monasterio de Santo Domingo de Silos (Burgos 1926)

Dominikus (Domenico) **Spadafora** OP, Sel.
* 1450 zu Randazzo (Sizilien). Er trat schon als Jugendlicher in Palermo dem Dominikanerorden bei, wurde um 1479 Priester u. wirkte zunächst 8 Jahre als Volksprediger auf Sizilien. 1487 wurde er Magister der Theologie u. Socius des Ordensgenerals Joachim Torriani u. 1491 Prior im Kloster zu Monte Cerignone (Herzogtum Urbino, Mittelitalien). Er zeichnete sich aus durch Frömmigkeit u. aszetische Strenge, aber

auch durch Klugheit u. Seeleneifer.† am 21. 12. 1521 in Monte Cerignone. Kult approbiert am 12. 1. 1921.
Gedächtnis: 21. Dezember
Lit.: AAS 13 (1921) 104ff – R. Diaccini (Foligno 1921)

Domitian von Kärnten, Sel. (Tuitianus)
Name: Tuit zu ahd. diot (Volk). Der Name wurde zu Domitianus latinisiert (zu lat. domare, zähmen, bändigen)
Er lebte im 8. Jh. u. dürfte identisch sein mit Ceincias, der von Bisch. ↗ Modestus von Kärnten getauft wurde. Er soll der 1. christliche Herzog von Kärnten gewesen sein. Die Legende aus dem 12. Jh. berichtet, er habe das (ehemalige) Benediktinerkloster in Millstatt (Kärnten) gegründet; er habe 1000 Götzenbilder (mille statuas) angetroffen u. zertrümmert, wovon Millstatt seinen Namen habe. Tatsächlich wurden in der Gegend von Millstatt Funde aus vorgeschichtlicher, frühchristlicher u. karolingischer Zeit gemacht. Das Kloster selbst wurde um 1070 durch den bayrischen Pfalzgrafen Aribo u. seinen Bruder Poto gegründet. Die Legende verfolgte wahrscheinlich das Ziel, die Vogtei der Grafen von Görz abzuschütteln. 1405 wird in Millstatt eine Domitian-Bruderschaft erwähnt, 1441 wurden die Gebeine Domitians, seiner Gemahlin ↗ Maria u. seines nicht genannten Sohnes in die Sakristei übertragen; sie sind heute in der Domitian-Kapelle der Kirche zu Millstatt.
Gedächtnis: 5. Februar
Lit.: R. Eisler, Die Legende v. hl. Karantanenherzog Domitian: MIÖG 28 (1907) 52–116 – E. Weinzierl-Fischer, Die Geschichte des Benediktinerklosters Millstatt: Arch. f. vaterl. Gesch. u. Topographie 33 (Klagenfurt 1951)

Domitian, Bisch. **von Maastricht,** Hl.
* um 500 in Gallien. Er predigte in Aquitanien (Südwestfrankreich). Nach dem Tod des hl. Bisch. ↗ Eucharius von Maastricht u. Tongern wurde er der 20. Bisch. von Maastricht. Er verlegte, da Tongern (bei Lüttich, Belgien) fast gänzlich zerstört war, den Bischofssitz nach Maastricht (Niederlande) u. gründete Kirchen u. Spitäler u. wohnte den Synoden von Clermont (535) und Orléans (549) bei. † um 560. Sein Leichnam wurde nach Huy (südwestl. von Lüttich) übertragen, in Maastricht wird eine Fingerreliquie aufbewahrt.
Gedächtnis: 7. Mai
Darstellung: mit einem Drachen (er soll die Stadt Huy von einem giftspeienden Drachen befreit haben)
Lit.: ActaSS Maii II (1738) 146–152 – BHL 2251–2256 – E. de Moreau, Saint Amand (Löwen 1927)

Domitilla d. J., röm. Märt., Hl. (eig. Flavia Domitilla)
Name: von lat. domare (zähmen, bändigen): die Bändigerin
Sie war Eigentümerin jenes Grundstückes an der Via Ardeatina, wo sich die Domitilla-Katakombe, eine der größten frühchristlichen Begräbnisstätten Roms, befindet. Wahrscheinlich ist sie identisch mit der Flavia Domitilla, einer Enkelin des Kaisers Vespasian (69–79) u. Gattin des Konsuls ↗ Titus Flavius Clemens. Ihre Mutter Flavia Domitilla (d. Ä.) war eine jüngere Schwester der Kaiser Titus (79–81) u. Domitian (81–96), ihr Gatte war ein Vetter Kaiser Domitians. Nach dem Martertod ihres Mannes wurde sie im Jahr 95 von ihrem kaiserlichen Oheim Domitian wegen „Gottlosigkeit" auf die Insel Pandataria (heute Ventotene, westl. vor Neapel) verbannt. Eusebius allerdings spricht in Anlehnung an den röm. Geschichtsschreiber Bruzzius von einer anderen Flavia Domitilla, einer Nichte des Konsuls Titus Flavius Clemens, die wegen ihres christlichen Glaubens auf die Insel Pontia (heute Ponza, westl. vor Neapel) verbannt worden sei. Der hl. ↗ Hieronymus bestätigt, die hl. ↗ Paula habe auf der Insel Pontia die Zellen gesehen, in denen Flavia Domitilla ein langes Martyrium erlitten habe. Sehr wahrscheinlich handelt es sich bei beiden Frauen um ein u. dieselbe Person. Papst Clemens VIII. (1592–1605) verlegte ihr Fest auf den 12. Mai wegen der Translation ihrer Gebeine mit denen der hll. ↗ Nereus u. Achilleus.
Gedächtnis: 12. Mai
Lit.: BHL 6058–6066 – L. Hertling u. E. Kirschbaum, Die röm. Katakomben (Wien 1950) 41–44

Donald, Hl. (Donoald, Donowald, Donewald)
Name: kelt., Weltbeherrscher. Der Name ist im engl. Sprachraum geläufig.

Er entstammte einer vornehmen Familie in Schottland u. hielt sich mit seinen 9 Töchtern in der Einöde von Ogiluy in Forfarshire (Schottland) als Einsiedler auf. Nach seinem Tod um 716 traten die Töchter als Nonnen in das Kloster Abernathi ein.
Gedächtnis: 15. Juli

Donatella (ital.), Verkl. F. von Donata (↗ Donatus)

Donatus, Bisch. **von Arezzo,** Hl.
Name: lat. der Geschenkte
Die älteste Bischofsliste von Arezzo (Toskana) zählt ihn als 2. Bisch. dieser Stadt. Er lebte im 4. Jh. Sein Kult ist weit verbreitet. Papst Gregor d. G. zählt ihn zu den großen „Vätern" der Kirche.
Gedächtnis: 7. August
Darstellung: als Bisch. hinter ihm ein vom Blitz getroffener Baum (weil sein Leichnam unter heftigem Gewitter u. Hagel nach Münstereifel übertragen wurde; möglicherweise ist dies aber ein anderer Donatus). Mit Schwert oder Beil (obwohl er kein Märt. war). Ein mit 5 Lichtern bestecktes Rad oder Blitze in der Hand haltend
Patron: der Bäcker, der Jugend
Lit.: Lanzoni I 596f – AnBoll 74 (1956) 36f

Dora (Dore), Kf. von ↗ Dorothea, ↗ Theodora

Doris, seit der Schäferpoesie um 1700 aufgekommene Kf. von ↗ Dorothea, ↗ Theodora

Dorit (Doritt), Kf. von ↗ Dorothea

Dorothea, Jungfrau u. Märt. **in Kappadozien,** Hl.
Name: griech. doron (Geschenk) + Theós (Gott): die Gott-Geschenkte
Sie erlitt um 305 unter Diokletian in Cäsarea in Kappadozien (Ost-Kleinasien) den Martertod. Mit ihr zus. werden noch Chrysta u. Kallista erwähnt.
Liturgie: Görlitz g am 6. Februar
Darstellung: Blumen u. Früchte neben ihr auf dem Boden oder in einem Körbchen. Einen Blumenkranz (Rosen) um die Stirn gewunden. Ein Knabe (oder Engel) trägt einen Korb mit 3 Äpfeln u. 3 Rosen (nach der Legende spottete Theophilus, der Schreiber des Richters, während sie zum Richtplatz geführt wurde, sie solle ihm doch jetzt im Winter einige Rosen u. Früchte aus dem Paradies senden, wenn sie dorthin komme. Da erschien jener Knabe, bzw. Engel, worauf Theophilus sich bekehrte.)
Patronin: der Blumengärtner, Bräute, Wöchnerinnen, der Neuvermählten, der Bierbrauer, Bergleute
Lit.: BHL 2321–2325 – AnBoll 31 (1912) 194–209 – K. Künstle II 187–190

Dorothea von Montau, Sel.
* 6. 2. 1347 zu Groß-Montau an der Weichsel (nördl. von Graudenz, Preußen). Seit 1363 lebte sie in Danzig in vorbildlicher Ehe als Mutter von 9 Kindern. Nach dem Tod ihres Mannes übersiedelte sie 1391 nach Marienwerder (südl. von Danzig). Seit 1393 lebte sie als Reklusin in einer Zelle im Dom von Marienwerder. Hier war sie Beraterin u. Helferin für hoch u. niedrig. In außergewöhnlicher Bußstrenge u. Askese u. in heroisch ertragenen beständigen Krankheiten u. Verfolgungen gelangte sie zu höchster mystischer Vereinigung mit Gott. Ihr Beichtvater Johannes Marienwerder schrieb nach ihrem Tod ihre geistliche Lehre u. ihr Leben auf. † 25. 6. 1394 zu Marienwerder. Kult approbiert (beata vel sancta) am 9. 1. 1976.
Gedächtnis: 25. Juni
Darstellung: mit ihren 9 Kindern. Mit dem Buch ihrer Offenbarungen, Laterne, Rosenkranz u. 5 Pfeilen (die ihre 5 Wundmale symbolisieren)
Patronin: (Alt-)Preußens, des Deutschordens
Lit.: R. Stachnik, Zum Schrifttum über die sel. Dorothea von Montau: Zschr. für Gesch. u. Altertumskunde Ermlands 27 (Braunschweig 1939) 231– 259 – F. Hipler, Johannes Marienwerder, der Beichtvater der sel. Dorothea von Montau: ebd. 29/1 (Osnabrück 1956) 1–92 – H. Westphal, Die Geistesbildung der sel. Dorothea von Montau: ebd. 29/2 (1957) 172–197

Drei Könige
Historisches: Wohl kaum eine Erzählung der Bibel wurde von der modernen Bibelkritik derart als „Mythos", als orientalisches Märchen hingestellt wie die vom Besuch der Weisen aus dem Morgenland (Mt 2,1–12). Anlaß dazu boten u. a. die oft phantastischen „Erklärungen" frühchristli-

cher Schriftsteller. Freilich nahm der Hagiograph diese Erzählung nicht um ihrer selbst willen in sein Evangelium auf, sondern er wollte sie in den theol. Gesamtplan seines Evangeliums einbauen: Zu Beginn kommen die gutwilligen Heiden zum neugeborenen Christus, am Ende wird der Messias vom eigenen Volk verstoßen. Gleichwohl muß der Magiererzählung ein reales historisches Ereignis zugrunde liegen. Nicht nur, weil ohne sie die folgenden Ereignisse (Flucht nach Ägypten; Rückkehr u. Ansiedlung in Nazaret; Unkenntnis der Öffentlichkeit über die Umstände der Empfängnis u. Geburt Jesu, wodurch Maria vom Vorwurf des Ehebruches verschont blieb) unerklärlich blieben, sondern auch, weil Matthäus eine Anzahl von Fachausdrücken u. sonstigen historischen Details bringt, die sich sämtlich in den zeitgeschichtlichen Hintergrund genau einfügen.
Als *Heimat der Weisen* kommt nur Babylonien (Mesopotamien) in Betracht. Hier entstand im 3. Jahrtausend v. Chr. eine rege mathematische Tätigkeit, in die später auch die Astronomie einbezogen wurde u. die um 300 v. Chr. eine Blüte erreichte, die noch heute Staunen erregt. Sonnen- u. Mondesfinsternisse sowie die Stellungen der Planeten wurden auf viele Jahrzehnte im voraus mit verblüffender Genauigkeit berechnet. Die ausübenden Gelehrten waren die Magier (griech. mágoi), eine Art bevorzugter Kaste von Priestergelehrten, die im ganzen Land eine Reihe von Observatorien mit angeschlossenen Mathematik- u. Astronomenschulen unterhielten. Eine riesige Zahl von Keilschrifttafeln gibt über ihre beobachtende, rechnende u. lehrende Tätigkeit ein beredtes Zeugnis. Die älteste u. größte dieser wissenschaftlichen Anstalten bestand in der Hauptstadt Babylon, wo der Kult des alten Stadt- u. Reichsgottes Marduk gepflegt wurde. Seit etwa 80 v. Chr. begann jedoch ein allmähliches Aussterben der Priesterfamilien. Zur Zeit Jesu waren es wohl nur noch ganz wenige, die die wissenschaftliche Tradition aufrechterhielten. Die letzte bekannte Keilschrifttafel stammt aus dem Jahr 75 n. Chr. Die bibl. Magier müssen somit die letzten Nachfahren einer großen Gelehrtentradition in Babylonien gewesen sein.
Die Diskussion um den Stern der Weisen als astronomisches Ereignis eröffnete Johannes Kepler (1571–1630) anläßlich der Supernova im Sternbild Schlangenträger am 10. 10. 1604. Er meinte, diese sei durch die sehr seltene dreifache Begegnung (Konjunktion) von Jupiter u. Saturn 1603/04 verursacht. Ebenso habe die dreifache („große") Konjunktion dieser Planeten im Jahr 7 v. Chr., dem tatsächlichen Geburtsjahr Jesu, einen „neuen Stern", eben den bibl. Stern der Weisen, erscheinen lassen. Eine Supernova gab es aber damals nicht, außerdem bewirken die Planeten keine Supernovae. Was aber Kepler als Nebensache ansah, war in Wirklichkeit die Hauptsache: die große Konjunktion des Jahres 7 v. Chr. Im bibl. Bericht sind mehrere Fachausdrücke enthalten, die auch den babylonischen Astronomen wohlbekannt waren: der „Aufgang" des Sternes, nämlich sein erstes „Erscheinen" am Morgenhimmel aus den Strahlen der Sonne (Frühaufgang, heliaktischer Aufgang); daß der Stern „vor ihnen (am Himmel) einherging" u. daß er „still stand" (der scheinbare Stillstand des Planeten in den beiden Umkehrpunkten seiner jährlichen Bahnschleife). Als „Stern" kommt nur Jupiter in Frage. Er hieß auf akkad. kakkabu pisu (weißglänzender Stern) oder einfach kakkabu (Stern). Die altsyrische Übersetzung des Matthäusevangeliums verwendet hier bezeichnenderweise das gleichbedeutende kaukeba. Er war der Stern Marduks, des höchsten Gottes der Babylonier, ihm galten ihre meisten u. sorgfältigsten Beobachtungen u. Berechnungen, in der Rangordnung der Planeten wurde er immer zuerst genannt. – Der akkad. Name für Saturn war kaimanu (hebr. kewan) u. war in babylonischer Deutung der Planet Israels. So tadelt Amos seine Zeitgenossen: „Und habt ihr nicht den Sakkut einhergetragen, euren König, u. den Stern eures Gottes Kewan, eure Götzenbilder . . .?" (Am 5,26). – Das ganze Ereignis fand im Sternbild Fische statt, welches in babylonischer Deutung amurru, dem Westland (Palästina), zugeordnet war.
1925 wurde eine *Keilschrifttafel* von der Sternwarte in Sippar entziffert, die alle Ereignisse des Jahres 7 v. Chr. in Vorausberechnung enthält. In neuerer Zeit fand man

noch 3 weitere Tafeln, die darüber hinaus einige Ergänzungen bringen. Deren Hauptthema war die wissenschaftliche Sensation des Jh.s, die große Konjunktion beider Planeten im Sternbild Fische. Sie enthalten u. a. folgende Daten für Jupiter bzw. Saturn:
Frühaufgang: 15. März bzw. 4. April
1. Konjunktion: 29. Mai
1. (östl.) Stillstand: 20. Juli bzw. 27. Juli
2. Konjunktion: 3. Oktober
2. (westl.) Stillstand: 12. November bzw. 13. November
3. Konjunktion: 5. Dezember.
Ein halbes Jahr lang zogen beide Planeten über den Himmel hinweg, ohne sich mehr als 3° voneinander zu entfernen. In babylonischer Deutung hieß dies: Marduk suchte mit seinem „Stern" (Jupiter) Kewan (Saturn), den Gott Israels, heim. Sein „Aufgang" kündigte die Geburt des großen Königs in amurru, dem Westland, an. Von diesem König Israels mußten die Magier von den zahlreichen Juden gehört haben, die seit dem babylonischen Exil (605–538 v. Chr.) im Land lebten. Die Magier, die ja zugleich auch Priester waren, interessierten sich für alle rel. Dinge, also auch für den Messias der Juden. Das zeigen die von H. C. Rawlinson 1881 veröffentlichten Keilschrifttafeln, auf denen wiederholt Sätze vorkommen wie: „Wenn . . ., dann wird ein großer König im Westland aufstehen, dann wird Gerechtigkeit, Friede u. Freude in allen Landen herrschen u. alle Völker beglücken."
Es bleibt die Frage zu klären: In der Bibel wie auch in der gesamten christlichen Verkündigung wird Sterndeuterei stets als sündhafter Aberglaube u. Götzendienst gebrandmarkt. Wie konnte die Menschwerdung Gottes an den Gestirnen abgelesen werden? Auch unabhängig von der Offenbarung wissen wir heute längst, daß es keinen wie immer gearteten Zusammenhang zw. dem Lauf der Planeten u. dem irdischen Geschehen gibt. Man muß aber bedenken, daß Gott zu den Menschen immer in menschlicher Sprache redet, d. h. in Zeichen, die der Mensch unmittelbar „versteht", ihm „selbstverständlich" sind. Wenn für die Israeliten Berge, Wolken, Blitz u. Donner Gleichnisse Gottes sind, dann erscheint ihnen Gott eben auf dem Berg Sinai, u. zwar in Wolken, Blitz u. Donner. Auch alle Wunder u. sonstigen Handlungen Jesu haben letztlich diesen Sinn. So ist die erwähnte Planetenkonstellation für die Magier (u. *nur* für sie!) ein Zeichen Gottes, das sie unmittelbar „verstehen", u. damit eine echte Offenbarung an sie. – Noch ein Punkt ist beachtenswert: Gott offenbart sich durch Zeichen nur solchen Menschen, die sich ihm im Glauben geöffnet haben. In seiner Vaterstadt „konnte Jesus keine Wunder wirken wegen ihres Unglaubens" (Mk 6,5). Die Magier hingegen zeigen sich bei aller Befangenheit im heidnischen Götzendienst als demütige Menschen, die offenen Herzens ihr Leben lang die Wahrheit suchen.

Verehrung, Volkskundliches: Die frühchristliche Legende erzählt von vielen Wundern im Leben der Magier vor Erscheinen des Sternes u. schmückt die ganze Episode oft phantasievoll aus. Sie sollen vom Apostel Thomas getauft u. zu Bischöfen geweiht worden sein. Unmittelbar nach einem gemeinsam gefeierten Weihnachtsfest seien sie im Jahr 54 gestorben. Ihre (angeblichen) Gebeine sollen von der Kaiserin Helena erhoben, nach Konstantinopel gebracht u. später Bisch. Eustorgius von Mailand (343–355) auf dessen Bitte hin geschenkt worden sein. Sein Nachfolger Protasius brachte diese Gebeine nach Mailand, wo sie in einem riesigen Sarkophag ruhten, der noch heute in S. Eustorgio steht. Nach der Einnahme (1158) u. Zerstörung (1162) Mailands durch Barbarossa wurden sie durch Rainald von Dassel, Kanzler Barbarossas u. Erzb. von Köln, auf dem Weg über Chur am 23. 7. 1164 nach Köln gebracht, wo sie noch heute in der Schatzkammer des Domes aufbewahrt werden. Auf Bitten Mailands wurde ein Teil der Reliquien durch Kardinal Anton Fischer, Erzb. von Köln, im Jahr 1904 nach Mailand übertragen, wo sie heute in S. Eustorgio ruhen.
Entlang des Translationsweges Mailand –Chur–Köln entstanden verschiedene Patrozinien, bes. für Reisende, ebenso entlang der alten Brennerstraße (Darstellungen in Bozen-Gries von Michael Pacher u. Albrecht Dürer). An solche Patrozinien erin-

nern auch alte Namen von Gasthäusern wie „Mohr", „Stern", „Krone". Die Verehrung der Drei Könige erlebte in Mailand im 9. Jh. eine Hochblüte, später wurde sie, hauptsächlich von Köln ausgehend, nördlich der Alpen weit verbreitet. Bes. stark ausgeprägt war sie im dt. Humanismus des 15. Jh.s, angeregt vor allem durch Nikolaus von Kues, u. wirkte im Volksglauben, in Spielen u. Umzügen lange nach. Die Anzahl der Magier nennt die Bibel nicht. Später nannte man verschiedene Zahlen: 2, 3 oder 4, im Orient auch 12. Origenes († um 254) schloß aus der Zahl der Geschenke, daß es 3 gewesen seien. Zu „Königen" wurden sie etwa ab dem 6. Jh. umgedeutet, wohl in allzu wörtlicher Auslegung von Ps 71 (72),10 u. Is 60,1–6. Um dieselbe Zeit werden auch ihre Namen genannt: Auf einem der berühmten Mosaiken in S. Apollinare Nuovo in Ravenna (Anfang des 6. Jh.s) lauten diese: Balthasar, Melchior, Caspar. Die Reihenfolge Caspar–Melchior–Balthasar ist im Malbuch auf dem Berg Athos festgelegt u. hat sich allg. durchgesetzt.

Vom 12. Jh. an symbolisieren die Magier die 3 Lebensalter: Kaspar als Jüngling, Melchior als Mann u. Balthasar als Greis. Unter dem Eindruck der span. u. orientalischen Kreuzzüge tritt der Jüngste um 1300 als Mohr („Maure") auf. Er wurde zu einer beliebten Volksfigur u. unterhält noch heute – als „Kasperl" ins Komische verselbständigt – im Puppentheater die Kinder. Die Drei Magier werden auch als Vertreter der 3 damals bekannten Erdteile Asien, Afrika u. Europa mit den Semiten, Hamiten u. Japhetiten (den Nachkommen der Söhne Noahs) in Beziehung gesetzt, gemäß der vereinfachenden ethnologischen Einteilung von damals.

Die *Geschenke* der Magier erhielten eine außerordentlich reiche Ausdeutung. Die bekannteste ist: Gold als Geschenk an den König, Weihrauch als Ausdruck anbetender Verehrung, Myrrhe als Symbol der reinerhaltenden Kraft der Selbstbeherrschung (wohl auch als Gabe für den zu salbenden Leichnam des Erlösers). Diese Deutung findet sich erstmals in den Gesta Romanorum, einer Sammlung von Märchen u. Erzählungen aus der röm. Geschichte mit moralischen Nutzanwendungen (entstanden um 1300 in England).

Von den verschiedenartigen szenischen Darstellungen der Magier-Erzählung hat sich das „*Sternsingen*" bis heute erhalten. Dieser Brauch reicht ins Hochmittelalter zurück u. wurde zuerst von den Gymnasiasten in Bischofsstädten u. Stiften geübt (z. B. Köln, Einsiedeln). Die Kostümierung wechselte stark: Im burgenreichen Südtirol z. B. trat Balthasar vom ausgehenden Mittelalter bis um 1750 in Ritterrüstung auf, seit den Türkenkriegen wurde sarazenische Kleidung bevorzugt, zur Zeit des Fürstenabsolutismus Königskrone u. Zepter. Seit etwa 1950 wird das Sternsingen mit neuem Geist erfüllt, indem vom Erlös karitative u. soziale Werke in den Missions- u. Entwicklungsländern finanziert werden.

In kath. Gebieten des dt. Sprachraumes wird zum Dreikönigsfest auch die *Hausweihe* vorgenommen: Die ganze Familie zieht betend durch Haus u. Hof, die Mutter segnet mit der brennenden Weihrauchpfanne alle Räume, der Vater schreibt mit geweihter Kreide die Anfangsbuchstaben der 3 Namen zus. mit der Jahreszahl auf die oberen Türpfosten: 19+C+M+B+81. Neuerdings werden diese Buchstaben in volkstümlicher Katechese bisweilen auch umgedeutet in „**C**hristus **M**ansionem **Be**nedicat" (Christus segne dieses Heim). Auch ein Priester wird eingeladen, diese Hausweihe vorzunehmen. Der Brauch geht auf einen alten Abwehrsegen zurück. Das Beschriften weist in vorchristliche Zeit als auf einen Ritus der Bannung böser Geister, die Verwendung von Weihrauch leitet sich ab aus einer volks-etymologischen Verbindung zu den sog. Rauchnächten, die in Österreich u. Bayern von Weihnachten bis zum Dreikönigsfest gehalten wurden (mancherorts auch vom Thomastag, dem 21. Dezember, an). „Rauch" ist die mundartliche Form zu „rauh". Die „Rauhen" waren einst wild maskierte Burschen, die unter Mummenschanz lärmend u. Schabernack treibend die Häuser aufsuchten u. die Kinder schreckten. Nach germ. Volksglauben ging in diesen Nächten des Mittwinters allerlei Spuk u. Zauber um u. die „Wilde Jagd" (die Perchten) zog durch die Wälder. Es galt ursprünglich, mit furchteinflößen-

den Masken u. lärmendem Getue die Waldgeister in die Flucht zu jagen. In dieser Form leben die Rauchnächte (eig. „Rauhnächte") nur noch im Lärmen u. Raketenschießen in der Neujahrsnacht fort.
Darstellung: In der Katakombenmalerei schreiten die Magier in zunächst noch wechselnder Anzahl (2–4) mit ihren Gaben auf Maria mit dem Kind zu. Stets tragen sie orientalische Tracht (phrygische Mützen), über ihnen steht der Stern. Ab dem 4. Jh. sind es immer 3, u. es kommen erzählende Einzelheiten hinzu: wie sie miteinander sprechen u. auf den Stern deuten, Kamele sind in ihrem Geleit. Später umgeben Engel das Jesuskind, Herodes tritt auf. Im Frühmittelalter (im Abendland wie in Byzanz) wird die Magier-Perikope in ganzen Zyklen dargestellt, die aber mit Ende des Mittelalters wieder seltener werden: Ihr Ritt nach Jerusalem, das Gespräch mit Herodes, die Anbetung, ihre Traumwarnung u. Rückreise zu Schiff.
Im 11. Jh. kommt ein neues Element hinzu (im Orient schon früher): ein einzelner dünner Strahl geht vom Stern aus u. fällt auf das Jesuskind (symbolische Beziehung des Sternes zum Kind). Bald werden daraus 3 oder mehr Strahlen, schließlich ein ganzer Lichtschein. Zu Beginn der Neuzeit wurde die ursprüngliche Bedeutung des Lichtscheins nicht mehr erkannt, er verkürzte sich u. wies aus bildgestalterischen Gründen bisweilen sogar in eine andere Richtung, der Stern wurde zum „Kometen". (s. Herrenfeste, Erscheinung des Herrn, S. 61. ↗ Unschuldige Kinder)
Patrone: der Stadt Köln, von Sachsen; der Reisenden u. Pilger, der Gasthäuser u. Pilgerheime, der Spielkartenfabrikanten (wohl wegen des Kartenspielens in den Wirtshäusern), der Kürschner (wohl wegen der warmen Pelzbekleidung der Reisenden im Winter) (bes. Balthasar), der Reiter; gegen Zauberei (wohl wegen des Wortes „Magier"), für einen guten Tod („die letzte Reise")

Lit.: H. Kehrer, Die hl. Drei Könige in Literatur u. Kunst, 2 Bde. (Leipzig 1908–09) – Künstle I 354–365 – Bächtold-Stäubli II 448–462 – K. Meisen, Die hl. Drei Könige u. ihr Festtag im volkstümlichen Glauben u. Brauch (Köln 1949) – A. Dörrer, Tiroler Fasnacht innerhalb der alpenländ. Winter- u. Vorfrühlingsbräuche (Wien 1949) 137–218 268ff – G. Gugitz, Das Jahr u. seine Feste (Wien 1949) I 8–14 – A. Dörrer, Tiroler Volksgut auf dem Heideboden (Eisenstadt 1951) – F. Schmidtke, Der Aufbau der babylon. Chronologie (Münster 1952) – E. Zinner, Sternglaube u. Sternforschung (München 1953) – G. Gugitz, Brauchtumskalender (Wien 1955) 3ff – L. Wooley, Ur in Chaldäa. 12 Jahre Ausgrabungen in Abrahams Heimat (Wiesbaden 1956) – A. Dörrer, Tiroler Umgangsspiele (Innsbruck 1958) (öfters) – K. Ferrari d'Occhieppo, Der Stern der Weisen. Geschichte oder Legende? (Wien 1977²) – G. Kroll, Auf den Spuren Jesu (Innsbruck 1978) 83–90

Drei hll. Jungfrauen

Es sind 3 legendäre Jungfrauen, deren Namen stark variieren: **Aubet, Cubet u. Quere** (Einbeth, Earbeth u. Wilbeth u. a.). Eine schriftliche Niederlegung ihres Lebens ist erst 1647 in Köln nachweisbar, wo die 3 der Gesellschaft der hl. ↗ Ursula zugerechnet werden. Danach seien sie von Rom nach Straßburg gekommen, hätten dort eine zu Tod erkrankte Gefährtin, die hl. ↗ Aurelia, gepflegt u. seien auch nach deren Tod in Straßburg geblieben. Ihr Kult breitete sich von Straßburg nach Süddeutschland u. bis nach Südtirol aus. In Schlehdorf (Oberbayern) wird ihr Gedächtnis am 16. Sept. begangen, im Proprium der Diöz. Straßburg wurde es 1865 eingeführt, 1914 jedoch wieder abgeschafft. Eine lokale Verehrung besteht in Meransen (Südtirol); in Schildthurn (Niederbayern) werden ihnen zu Ehren noch Wallfahrten veranstaltet. Sonst findet sich keine liturgische Verehrung.

Lit.: J. Dorn, Die Sage von den schenkenden Fräulein: Heimatarbeit u. Heimatforschung (München 1927) 53–58 – F. Zöpfl, Drei Jungfrauen: RDK IV 457–465 (mit erschöpfd. u. ausführl. Lit.) – Arunda 6 (Schlanders, Südtirol 1978)

Drogo von Seburg, Hl. (Druon, Dreux)
Name: zu germ. dreugan (aushalten, wirken, leisten; got. driugan, Kriegsdienst leisten)

Droste zu Vischering ↗ Maria vom Göttlichen Herzen

Druthmar OSB, Abt **von Korvey,** Hl. (auch: Druthmar von Lorsch; Drutmar, Druchmar, Druormar; Theotmar, Dietmar)
Name: ahd. trud (Kraft) + mar (groß, berühmt), von ‚maren' (erzählen, rühmen). Die Form Theot- (Diet-) von ahd. diot (Volk): der durch Kraft Berühmte bzw. der im Volk Berühmte
Er war zuerst Benediktinermönch in

Lorsch (nördl. von Mannheim am Rhein) u. wurde durch Bisch. ↗ Meinwerk von Paderborn mit Billigung Kaiser ↗ Heinrichs II. 1014 zum Abt von Korvey (bei Höxter in Westfalen) bestellt. Unter seinem Vorgänger Walo (Walh, Welf) hatte das Kloster in geistlicher u. materieller Hinsicht Schaden gelitten. Druthmar führte es zu neuer Blüte, was aber mehrere Mönche zum Austritt veranlaßte u. ihm die Mißgunst mancher unzufriedener Mönche einbrachte. † am 15. 2. 1046. Seine Gebeine erhob später Abt Markwart zus. mit denen des Abtes ↗ Ludolf.
Gedächtnis: 15. Februar

Duchesne ↗ Philippine Duchesne

Dunstan OSB, Erzb. **von Canterbury,** Hl.
* um 909 aus edler Familie zu Glastonbury (südwestl. von Bristol, England). Er war mit dem sächs. Königshaus verwandt. Er wurde von den schottischen (irischen) Mönchen seiner Vaterstadt erzogen u. verfertigte sogar Glocken, Orgeln u. Kruzifixe. Durch die Intrigen von Neidern verlor er die anfängliche Gunst des Königs, seines Oheims Athelm. Dies u. eine Krankheit bewogen ihn, Mönch u. Priester zu Glastonbury zu werden. Dort lebte er einige Jahre in einer engen Zelle. Unter König Edmund wurde er 945 Abt u. war ihm u. seinem Nachfolger König Elred ein geschätzter Ratgeber. Weil er aber dem darauffolgenden König Edwin dessen sittenloses, ausschweifendes Leben vorhielt, mußte er 2 Jahre in Gent (Flandern) in der Verbannung leben. 957 wurde er unter König Edgar Bisch. von Worchester u. 561 Erzb. von Canterbury als Nachfolger des hl. ↗ Odo. Papst Johannes XII. ernannte ihn zum Legaten des Hl. Stuhles. Dunstan mühte sich mit Erfolg um Hebung der Sitten in Klerus u. Volk, reformierte die Klöster u. erwirkte die Synodalverordnung, daß die Mönche an den Kathedralkirchen das Recht der Bischofswahl haben sollten. Die Geistlichen sollten auch ein Handwerk oder eine Kunstfertigkeit erlernen, um das Volk auch in dieser Hinsicht unterweisen zu können. Dunstan hatte großen Einfluß auf König Edwin u. hielt ihm einmal ein Vergehen vor, worauf der König in sich ging u. tätige Reue zeigte: er trug 7 Jahre lang nicht seine Krone u. stiftete das Nonnenkloster Shaftesbury. Dunstan starb am 19. 5. 988 u. wurde in seiner Bischofskirche begraben. 1012 wurde ein Teil seiner Reliquien nach Glastonbury übertragen.
Gedächtnis: 19. Mai
Darstellung: Als Bisch. von Engeln umgeben (er soll eine Vision von Engeln gehabt u. dabei himmlischen Gesang gehört haben, eine Anspielung auf seine Förderung des Kirchengesanges u. darauf, daß er selbst Harfe spielte), mit einer Zange (wegen seiner Kunstfertigkeit bes. in Metallarbeiten; auch soll er einmal den Teufel mit einer Zange an der Nase gezwickt haben)
Patron: der Goldschmiede
Lit.: Stadler I 814–816

Dympna, Jungfrau u. Märt., Hl. (Dymphna)
Sie lebte wahrscheinlich im 7. Jh. u. war die Tochter eines heidnischen Königs in England (wohl nicht: Irland). Nach der Legende aus dem 13. Jh. ließ sie sich heimlich taufen u. floh vor dem unzüchtigen Verlangen ihres Vaters zus. mit dem Priester ↗ Gerbert, der ihrem Vater ins Gewissen geredet hatte, nach Gheel bei Antwerpen. Dort wurde sie einige Jahre später von ihrem Vater entdeckt u. mit Gerbert ermordet. Die beiden Leichname wurden an einem 15. Mai durch den Bisch. von Cambrai erhoben. Bei ihrem Grab entstand im Mittelalter eine Anstalt für Gemütskranke, die schon damals moderne Methoden der Heimpflege u. der Arbeitstherapie vorwegnahm.
Gedächtnis: 15. Mai
Darstellung: mit einem gefesselten Teufel mit einem Schwert
Lit.: Stadler I 817f

E

Ebba d. Ä. OSB, Äbtissin **von Coldingham,** Hl.
Name: weibl. Kf. zu ahd. ebur (Eber)
Sie stammt vermutlich aus königlichem Geschlecht in Northumberland (Nordengland) als Tochter des Königs Ethelfrid. Mit ihrem Bruder, dem hl. Oswald, gründete sie das nach ihr benannte Kloster Ebchester (Ebbecastre) zu Dervent u. dann das Doppelkloster Coldingham (östl. von Edinburgh, Schottland), wo sie Äbtissin wurde. Bisch. ↗Wilfrid von York stand sie in seinem Kampf um rel. Reform hilfreich zur Seite. † am 25. 8. 681. Ihre Gebeine ruhen in Durham (südl. von Newcastle, Nordengland).
Gedächtnis: 25. August
Lit.: Zimmermann I 618ff – R. Stanton, Menology of England and Wales (London 1892) 638 – Baudot-Chaussin VIII 478f

Ebba d. J. OSB, Äbtissin **von Coldingham,** Märt., Hl.
Sie war Äbtissin im Doppelkloster Coldingham (östl. von Edinburgh, Schottland) u. starb mit ihren Mitschwestern 870 eines gewaltsamen Todes, als die Dänen das Kloster stürmten u. niederbrannten. Die spätere Legende, daß sie sich, um ihre Jungfräulichkeit zu bewahren, Nase u. Oberlippe abschnitt u. auch die anderen Nonnen bewog, es ihr gleich zu tun, findet sich erst bei Roger von Wendover (13. Jh.).
Gedächtnis: 2. April
Lit.: Zimmermann II 5ff – R. Stanton, Menology of England and Wales (London 1892) 410ff – Baudot-Chaussin II 45f

Ebbo OSB, Erzb. **von Sens,** Hl.
Name: Kf. zu ahd. ebur (Eber)
Er war zuerst Benediktinermönch u. Abt zu St-Pierre-le-Vif bei Sens (südöstl. von Paris) u. wurde um 709 Erzb. von Sens. 725 (?) wurde er zum Retter der Stadt bei der Belagerung durch die Araber. Später zog er sich nach Arces (südöstl. von Sens) in die Einsamkeit zurück. † 27. 8. um 740. Seine Reliquien waren bis zur Franz. Revolution in St-Pierre-le-Vif u. sind jetzt hauptsächlich in der Kathedralkirche zu Sens.
Gedächtnis: 27. August
Lit.: Ph. Oppenheim, Ansgar u. die Anfänge des Christentums in den nördl. Ländern (München 1931) 45f 117f

Ebbo ↗ Eppo

Eberhard OPraem, Abt **von Berne,** Sel.
Name: ahd. ebur (Eber) + harti, herti (hart, kühn, stark). Der Eber galt als Vorbild des tapferen Kriegers. Eberhard wurde 1134 1. Abt der Prämonstratenserabtei Berne bei Heuseen, Diöz. Utrecht (heute s'Hertogenbosch, Niederlande). Er zeichnete sich durch große Demut u. Liebe zur Armut aus.
Gedächtnis: 14. September

Eberhard OSB, Abt **von Breisach,** Hl.
Er stand dem Benediktinerkloster Breisach (heute Alt-Breisach am Kaiserstuhl, Baden) vor. Er zeichnete sich durch lauteren Lebenswandel u. durch Eifer in Betrachtung und Gebet aus. † um 1158.
Gedächtnis: 12. August

Eberhard OSB, Gründerabt **von Einsiedeln,** Sel.
Er entstammte einem vornehmen Geschlecht u. wurde später den Nellenburgern zugezählt. Zuerst war er Dompropst zu Straßburg. 934 zog er in die Schweiz zur Meinradszelle (heute Einsiedeln südlich vom Zürcher See), wo schon seit 906 eine fromme Genossenschaft bestand, u. führte dort den ersten Klosterbau auf, für den er seinen ganzen Besitz verwendete. Der Grund wurde ihm vom schwäbischen Herzog Hermann I. u. seiner Gemahlin Reginlinde geschenkt. Kaiser Otto I. bestätigte den Besitz, gewährte freie Abtwahl u. Reichsunmittelbarkeit u. änderte 961 den Namen des Klosters in Eberhardszelle. Unter den berühmtesten Schülern Eberhards waren Thietland, der Bruder des alemannischen Herzogs Burkard, u. Gregorius, die später seine Nachfolger als Äbte wurden. Zu seinen vertrautesten Freunden zählte Bisch. ↗ Ulrich von Augsburg. † 14. oder 22. 8. 958.
Gedächtnis: 14. August

Lit.: O. Ringholz, Geschichte des fürstl. OSB-Stiftes Einsiedeln (Einsiedeln 1902–04) 33–43 – R. Henggeler, Profeßbuch der fürstl. OSB-Abtei Einsiedeln (Einsiedeln 1933) 61f

Eberhard von Nellenburg, Sel.
Er entstammte dem Grafengeschlecht von Nellenburg (Stammschloß bei Stockach, südöstl. Baden) u. war verwandt mit Papst Leo IX., Kaiser Konrad II. u. Kaiser Heinrich III. Er gründete 1049 das Benediktinerstift Allerheiligen zu Schaffhausen u. erwirkte in Rom persönlich dessen Bestätigung. Nach einer Wallfahrt nach Santiago de Compostela (Nordspanien) trat er in das dortige Kloster ein. Seine Gemahlin Ita (Ida), geb. Gräfin von Kirchberg, gründete das Frauenkloster St. Agnes zu Schaffhausen u. trat dort selbst als Nonne ein. † 25./26. 3. 1078/79. 1921 entdeckte man sein Tischgrab, 1955 den Kenotaph Eberhards u. seiner Familie. Beides ist heute im Museum zu Allerheiligen.
Liturgie: Basel g am 24. Jänner, sonst 25. März
Darstellung: mit Kirchenmodell
Lit.: J. F. Mone (Hrsg.): Quellensammlg. der badischen Landesgesch. I (Karlsruhe 1848) 80–98, Neuausg. v. K. Schib: Beilage zum Jahresber. der Kantonsschule Schaffhausen (1933–34) – Bibliographie v. R. Frauenfelder: Schaffhauser Beiträge (1949) 288–305

Eberhard OCist, Abt **von Salem,** Sel. (Eberhard von Rohrdorf)
* um 1160 in Rohrdorf (bei Meßkirch, nördl. von Konstanz/Bodensee). Er wurde 1191 5. Abt des Zisterzienserklosters Salem (östl. von Überlingen/Bodensee) u. brachte sein Kloster zu höchster Blüte. Im dt. Thronstreit war er zus. mit Erzb. Eberhard II. von Salzburg Vertrauensmann der Päpste u. Könige. † 1160, bestattet in der Klosterkirche Salem.
Gedächtnis: 14. April
Lit.: M. Gloning (1904) – H. D. Siebert, Gründung u. Anfänge der Reichsabtei Salem: Freiburger Diözesanarchiv 62 (1934) 31–56

Eberhard I. OSB, Erzb. **von Salzburg,** Hl. (Ebert)
* um 1085 in Nürnberg aus dem bayrischen Freiherrengeschlecht von Biburg u. Hilpoltstein. Seine Ausbildung erhielt er bei den Benediktinern in Bamberg. Er wurde Kanoniker in Bamberg, 1125 Benediktiner in Prüfening bei Regensburg. 1133 wurde er 1. Abt des von seinen Geschwistern gegründeten Klosters Biburg (Bistum Regensburg) u. 1147 Erzb. von Salzburg. Dieses Amt begann er mit der Schlichtung eines Streites zw. dem Domkapitel u. den Klöstern Högelwerd u. St. Peter. Zu Salzburg u. Regensburg hielt er je eine Synode ab. Als Kaiser Friedrich Barbarossa dem rechtmäßigen Papst Alexander III. Viktor IV. als Gegenpapst gegenüberstellte, stand er unentwegt auf der Seite des Papstes Alexander, obwohl fast alle anderen Bischöfe Deutschlands zum Kaiser hielten. Er suchte aber zw. den streitenden Parteien zu vermitteln. Er unterstützte die Reformbestrebungen seiner Freunde Gottfried, Abt von Admont (Steiermark) und Gerhoh, Abt von Reichersberg am Inn (Oberösterreich). Im hohen Greisenalter ging er zum Markgrafen Ottokar V. von der Steiermark, um einen Streit zw. ihm u. dem Schloßvogt von Leibnitz beizulegen. † 21. 6. 1164 im Zisterzienserkloster Rein bei Graz. Sein Leib ruht im Dom zu Salzburg.
Gedächtnis: 21. Juni
Darstellung: Arme bei Tisch bedienend
Lit.: P. Karner, Die Heiligen u. Seligen Salzburgs (Wien 1913) 145–186 – W. Hauthaler-F. Martin, Salzburger Urkundenbuch II (Salzburg 1916) 359–525

Eberhard von Tüntenhausen, Hl. (Erhard)
Er war ein frommer Hirte in Tüntenhausen bei Freising (nördl. von München) u. starb um 1370. Sein Kult wurde 1734 als unvordenklich festgestellt. Im 18. Jh. opferte man ihm Kälber u. entnahm seinem Grab Erde gegen Viehkrankheiten.
Gedächtnis: 28. September
Patron: der Hirten, Haustiere
Lit.: L. Heilmaier, Die Verehrung des hl. Eberhard in Tüntenhausen (Freising 1926) – R. Kriß, Die Volkskunde der altbayrischen Gnadenstätten I (München 1953[2]) 23f – J. Staber, Volksfrömmigkeit u. Wallfahrtswesen des Spätmittelalters im Bistum Freising (Höhenkirchen 1955) 45f

Eberhard von Wolfegg OPraem, Sel.
Er entstammte dem Geschlecht der Edlen von Wolfegg (Kreis Biberach, Schwaben). Er war zuerst Archidiakon u. trat in das Prämonstratenserkloster Rot (Kreis Biberach) ein. 1175 wurde er mit 12 anderen Ordensbrüdern in das Kloster Marchtal (heute Obermarchtal, Württemberg) versetzt u.

war dort der 1. Propst. Dieses Kloster, um das Jahr 1000 begründet u. inzw. schon halb verfallen, wurde durch den Grafen Hugo von Tübingen u. dessen Gemahlin Elisabeth, Gräfin von Bregenz, neu aufgebaut u. dem Prämonstratenserorden übergeben. Eberhard starb 1183. 1204 u. 1660 fanden Erhebungen seiner Gebeine statt.
Gedächtnis: 17. April
Lit.: F. Walter, Kurze Geschichte von dem OPraem-Stifte Obermarchtal (Ehingen 1835) 5ff – J. Vochezer, Geschichte des fürstlichen Hauses Waldburg, I (Kempten 1888) 5f

Ebermut ↗ Evermod

Ebert, Kf. zu ↗ Eberhard

Ebrulf OSB, Gründer-Abt **von St -Évroult,** Hl. (Evroux)
Name: ahd. ebur (Eber) + wolf (Wolf). (Eber u. Wolf waren den Germanen heilige Tiere)
* 517 zu Bayeux (Normandie, Nordfrankreich) aus reicher u. angesehener Familie. Schon in seiner Jugend kam er an den Hof des Königs Childebert I. Er war zuerst verheiratet, trat aber mit Einwilligung seiner Gattin in das Kloster Des-deux-Jumeaux („Zwillingskloster") in der Diöz. Bayeux ein. Seine Gattin nahm ebenfalls den Schleier. Weil seine Ordensbrüder ihn schon zu Lebzeiten wie einen Heiligen verehrten, zog er mit 3 Mitbrüdern in den unwirtlichen Forst von Ouche bei Hyesmois (Diöz. Lisieux) u. gründete dort eine Niederlassung, die spätere Abtei St-Évroult. Das Kloster hatte großen Zulauf, sodaß er von hier aus noch 15 weitere Niederlassungen gründen konnte. Die Überlieferung berichtet von Wunderheilungen, sogar von 2 Totenerweckungen durch ihn. † am 29. 12. 596.
Gedächtnis: 29. Dezember
Patron: der Hirten
Lit.: H. Chenu (Grand-Trappe 1896) – BM 9 (1927) 108–118

Ebrulf OSB, Abt **von St-Fuscien-en-Bois,** Hl. (Évrault)
Er stammte aus Beauvais (nördl. von Paris) u. war zuerst Schüler bei einem Mönch oder Einsiedler. Nach einigen Jahren gründete sich selbst eine Zelle am Ort des heutigen Oroer. Der Bisch. von Beauvais weihte ihn zum Diakon. Auf Wunsch der Königin Fredegunda wurde er zum Abt des Klosters St-Fuscien-en-Bois („Sankt Fuscian im Walde") bestellt. † 25. 7. um 600. Sein Leichnam wurde nach Oroer gebracht, 850 in der Kathedrale von Beauvais beigesetzt (1793 zerstört).
Gedächtnis: 25. Juli
Lit.: Zimmermann II 505

Ebstorfer Märtyrer, Hll.
Die heidnischen Normannen an der Schelde fielen im Winter 879/880 in Sachsen (heute Niedersachsen) ein u. mißhandelten die dortigen Christen. Herzog Bruno von Sachsen sammelte schnell ein Heer, zu dem auch die Streitkräfte der Bischöfe von Minden u. Hildesheim stießen. In der Lüneburger Heide kam es am 2. 2. 880 zum Kampf, in dem das Heer der Christen vernichtend geschlagen wurde. Sie kamen z. T. in den dortigen Sümpfen um, z. T. wurden sie erschlagen. Neben einer großen Zahl ungenannter Gefolgsleute starben 2 Bischöfe, 12 Adelige und 14 königliche Beamte: **Theoderich** (Dietrich), 3. Bisch. von Minden, Gründer des Klosters Wunsdorf bei Hannover; **Markward** OSB, Bisch. von Hildesheim; **Bruno,** Herzog von Sachsen; die 11 Grafen **Wigmann,** 3 namens **Bardo,** 2 namens **Thiotrich** (Thioterich), **Gerrich, Liutolf, Folkward, Awan, Liuthar;** sowie die 14 königlichen Beamten **Aderam, Alfuin, Addasta,** 2 namens **Aida, Dudo, Bodo, Wal, Halilf** (Halif), **Humildium, Adalwin, Werinhard, Thiotrich, Hilward.**
Die alten Quellen rechnen irrtümlich – wohl infolge einer Namensverwechslung – noch 6 Bischöfe hinzu: Erlulf, Bisch. von Verden († vor 880); Drogo (Gosbert, Gobert?) Bisch. von Osnabrück; † vor 880, gemartert in Dänemark?), Rembert (Albert?) († um 888 eines natürlichen Todes); Dudo, Bisch. von Paderborn († 955); Dodo, Bisch. von Münster († 993); Aufried, Bisch. von Utrecht († 1008).
Die Gefallenen wurden, wie es heißt, an 3 Stellen des Kampfplatzes beerdigt u. weil sie für den Glauben gestorben waren, vom Volk alsbald als Märt. verehrt. Der Leib des Bisch. Theoderich soll in das von ihm gegründete Kloster Wunsdorf, der des Bisch.

Markward in den Dom von Hildesheim übertragen worden sein. Die Gräber gerieten aber allmählich in Vergessenheit, bis sie, wie die Legende erzählt, durch wunderbare Zeichen wieder entdeckt wurden: Frauen, die zufällig über eines der Gräber gingen, konnten plötzlich keinen Schritt mehr machen; ein Bürger aus Standorp sah in einer Winternacht einen hellen Lichtschein; ein Haus, das man an der Stelle des 3. Grabes bauen wollte, wurde immer wieder durch Blitzschlag eingeäschert. An der durch die Überlieferung bezeichneten Stellen errichtete Graf Volrad von Dannenberg um 1150 das Chorherrenstift Ebstorf (Ebbekestorpe, südl. von Lüneburg), wohin man die Gebeine der Gefallenen übertrug. Nach einer Feuersbrunst Ende des 12. Jh.s wurde das Stift für Chorfrauen neu errichtet, später ist es als Benediktinerkloster bezeugt, in der Reformation wurde es ein evangelisches Damenstift.
Gedächtnis: 2. Februar
Lit.: Stadler V 460–463 – F. Heitemeyer, Die Heiligen Deutschlands (Paderborn 1889) – J. Baudot, Dictionnaire d'hagiographie (Paris 1925)

Eckart (Eckert), Kf. zu ↗ Ekkehard

Eckbert ↗ Egbert

Eckhard ↗ Ekkehard

Edburga OSB, Äbtissin **von Minster,** Hl. (Eadburga, Eadburgis, Otburg, Bugga)
Name: altengl. ead (Besitz), vielleicht auch ethel zu ahd. adal (edel) + ahd. burg (Burg, Schutz): Schützerin des Besitzes bzw. edle Beschützerin
Vermutlich war sie die Tochter des westsächsischen Königs Kentwine von Kent. Sie war Schülerin der hl. ↗ Mildreda u. deren Nachfolgerin als 2. Äbtissin des Klosters Minster zu St. Peter u. Paul auf der Insel Thanet (Kent, östl. von London). Sie war hoch gebildet, brachte ihre Abtei zu hoher Blüte u. nahm am Missionswerk des hl. ↗ Bonifatius lebhaften Anteil, indem sie mit ihm korrespondierte u. ihn materiell unterstützte. † 13. 12. 751.
Gedächtnis: 13. Dezember
Lit.: Zimmermann III 424 ff – Th. Schieffer, Winfrid-Bonifatius (Freiburg/B. 1954) 236f u. ö.

Edda, Kf. zu ↗ Edburga

Edelgund ↗ Adelgundis

Edelhard ↗ Adalhard

Edeltrud ↗ Etheldreda

Edgar „der Friedfertige", König **der Angelsachsen,** Hl. (Eadgar)
Name: angelsächs. F. zu ahd. ōt (Besitz) + ahd. ger (Speer): der sein Eigentum mit dem Speer beschützt. Mit den Dramen von Shakespeare (King Lear) kam der Name nach Deutschland. (Otgar, Otger, Otker)
* um 944 als Sohn des Königs Edmund u. dessen Gattin Elfgiva. Nach dem Tod seines Vaters übernahm sein Bruder Edwin die Regierung. Weil aber das Volk mit ihm unzufrieden war, wurde Edgar 957 zum König ausgerufen. Seine erste Tat war, Erzb. ↗ Dunstan aus der Verbannung zurückzurufen. Nach dem Tod seines Bruders Edwin 959 vereinigte er das ganze Reich u. sicherte die westlichen Grenzen gegen die Kelten. Seine Regierungszeit war der Höhepunkt der englischen Königsmacht vor der Normannenzeit u. des Friedens im größten Teil Englands. Unter dem Einfluß Dunstans u. in Verbindung mit den Bischöfen ↗ Oswald u. ↗ Ethelwold leistete er Bedeutendes für die kirchliche Erneuerung des Landes. Es wird erzählt, daß er einmal auch tief gefallen sei, indem er eine Ordensjungfrau mißbrauchte, die sich ihm lange Zeit widersetzt hatte. Dunstan hielt ihm seine Vergehen vor, als auferlegte Buße trug er 7 Jahre lang nicht seine Krone, fastete zweimal in der Woche u. stiftete das Frauenkloster in Shaftesbury (Grafsch. Dorset). † 8. 7. 975, beigesetzt in Glastonbury.
Gedächtnis: 8. Juli
Lit.: R. Stanton, Menology of England and Wales (London 1892) 326ff – F. M. Stenton, Anglo-Saxon England (Oxford 1955²)

Edgar, Glaubensbote bei den **Friesen u. am Niederrhein,** Hl.
Er war vermutlich Diakon und missionierte von Roermond aus (südl. Niederlande) unter der Leitung des Missionsbisch. ↗ Wiro. † nach 700. Seine Reliquien sind auf dem Odilienberg bei Roermond.
Gedächtnis: 10. September
Lit.: A. Wolters (Roermond 1862)

Edigna, Sel.
Sie soll eine Tochter des franz. Königs Heinrich I. oder Philipp I. gewesen sein. Sie lebte als Einsiedlerin zu Puch bei Fürstenfeldbruck (Oberbayern). † 26. 2. 1109. Ihre Reliquien ruhen in der Kirche zu Puch, wo sie noch heute zur Wiederauffindung verlorener oder gestohlener Sachen oder gegen Viehseuchen angerufen wird. Nach der Legende entfloh sie einer ihr aufgezwungenen Heirat nach Puch, wo ihr Ochsengefährt stehen blieb. Sie habe in einer hohlen Linde gelebt, aus der nach ihrem Tod ein heilsames Öl floß, das aber sofort versiegte, als damit Handel getrieben wurde. Wahrscheinlich gehörte sie zum Gefolge der Kreuzfahrer u. blieb, wie andere, in Bayern.
Gedächtnis: 26. Februar
Darstellung: mit einem hohlen Baum oder mit Fuhrwerk mit weißen Ochsen, darauf eine Glocke u. ein Hahn
Lit.: R. Kriss, Volkskundliches aus altbayrischen Gnadenstätten (Augsburg 1931) 69–76 – Bauerreiß III 46f

Edith, Märt. **zu Caestre,** Hl.
Name: altengl. Eadgud: ead (Besitz, Reichtum, Glück) + gud (Kampf): die um Besitz (Glück) Kämpfende. Der Name kam im 19. Jh. von England nach Deutschland
Sie soll 819 mit der hl. ↗ Elfriede u. der hl. ↗ Sabina zu Caestre (südl. von Dünkirchen, Nordfrankreich) ermordet worden sein u. wird dort verehrt.
Gedächtnis: 8. Dezember

Edith von Wilton OSB, Hl.
Sie war die Tochter des Königs ↗ Edgar von England. Unter der Leitung ihrer unehelichen Mutter Wulftrud wurde sie im Kloster zu Wilton bei Salisbury erzogen, trat selbst in das Kloster ein u. führte ein vorbildliches Tugendleben. Sie starb im Ruf der Heiligkeit am 16. 9. 984. Der hl. ↗ Dunstan förderte ihre Verehrung.
Gedächtnis: 16. September
Lit.: BHL 2388–2391 – R. Stanton, Menology (London 1892) 449ff – Zimmermann III 59ff

Edmund von Abington, Erzb. v. Canterbury, Hl. (fälschlich Rich genannt)
Name: altengl. ead (Besitz) + mund (Schutz, Gewalt über etwas; vgl. Vormund, Mündel): der durch Besitz Mächtige. Der Name kam im 19. Jh. von England nach Deutschland. (ahd. Otmund)
* 20. 11. um 1180 zu Abington bei Oxford, (westl. von London). Er studierte in Paris, wurde 1214 Theologieprofessor in Oxford, war 1222–1233 Kanoniker u. Schatzmeister der Kathedrale von Salisbury u. trat 1227 als päpstlicher Kreuzzugsprediger für England auf. 1233 wurde er Erzb. von Canterbury. Im Kampf um die Rechte der Kirche hatte er von König Heinrich II. viel zu leiden u. überwarf sich mit den Mönchen von Canterbury wegen kanonischer Rechte. Deshalb begab er sich 1240 in das Zisterzienserkloster Pontigny bei Auxerre (südöstl. von Paris) u. starb auf dem Weg nach Rom im Chorherrenstift Soissy am 16. 11. 1240. Er ist auf dem Hochaltar zu Pontigny beigesetzt. Kanonisiert 1246.
Gedächtnis: 16. November
Darstellung: als Bisch., dem die Gottesmutter mit dem Jesukind erscheint
Patron: der Diöz. Portsmouth (südenglische Hafenstadt)
Lit.: C. H. Lawrence (Oxford 1959) – A. B. Emden, Biographical Register of Oxford, I (Oxford 1958)

Edmund Campion SJ, Märt., Hl.
* 25. 1. 1540 in London als Sohn eines Buchhändlers. Schon als 13jähriger Gymnasiast durfte er bei der Thronbesteigung der Königin Maria der Kath. eine lat. Begrüßungsrede halten. Er studierte in Oxford u. wurde ein angesehener Dozent u. Redner. Obwohl er kath. gesinnt war, legte er bei der Erlangung der Doktorwürde den Suprematseid ab u. wurde anglikanischer Diakon. Von innerer Unruhe gequält zog er sich auf einige Jahre nach Irland zurück u. ging dann verkleidet u. unter falschem Namen – er wurde wegen seiner kath. Gesinnung bereits verfolgt – nach London u. von dort nach Flandern. Im Seminar zu Douai studierte er Theologie u. wurde 1573 in Rom in die Gesellschaft Jesu aufgenommen. Anschließend wirkte er in Brünn u. Prag als Lehrer u. erhielt 1578 die Priesterweihe. 1580 gelang es ihm, zus. mit Robert Persons u. Theodor Cottam als irischer Kaufmann verkleidet nach England einzureisen. Im gleichen Jahr schrieb er das Büchlein „Decem Rationes" (Zehn Gründe) zur Verteidigung seiner Stellungnahme

gegen die anglikanische Kirche. Das Büchlein erregte ungeheures Aufsehen. Durch einen Verrat wurde er am 12. 7. 1581 verhaftet u. im Tower in London eingekerkert. Anfänglich machte man ihm glänzende Angebote, falls er seine kath. Gesinnung aufgeben wolle, dann wurde er grausam gefoltert u. schließlich nach einem Scheinprozeß mit gedungenen falschen Zeugen in Tyburn (London) am 1. 12. 1581 öffentlich gehängt. Mit ihm starben Alexander Briant SJ u. der Weltpriester Rudolf Sherwin. Ihre Ansprachen an das Volk u. ihr Sterben waren so ergreifend, daß viele Zeugen später zur kath. Kirche zurückkehrten. Edmund Campion wurde am 25. 10. 1970 heiliggesprochen. (s. Märt. in England, S. 891)
Gedächtnis: 1. Dezember
Lit.: Sommervogel II 586–597 – E. Waugh, Edmund Campion (London 1935, dt. München 1954²)

Edmund, König **von Ostanglien,** Märt., Hl.
* um 840. Er wurde 855 König in Ostanglien (Landschaft nördlich von London) u. war ein tatkräftiger u. tugendsamer Herrscher. Beim Däneneinfall 870 wurde er in der Schlacht bei Thetford (nordöstl. von Cambridge) gefangengenommen u., weil er sein Leben nicht durch Glaubensabfall erkaufen wollte, nackt an einen Baum gebunden, gegeißelt, mit Pfeilen durchbohrt u. schließlich enthauptet. Er ist beigesetzt im ehemaligen Benediktinerkloster Bury St. Edmund's in Kingston (östl. von Portsmouth).
Gedächtnis: 20. November
Darstellung: mit königlichen Abzeichen, Bär oder Wolf neben ihm. An einen Baum gebunden u. mit einem Pfeil durchschossen
Lit.: BHL 2392–2403 – F. Hervey, The History of King Edmund (Oxford 1929)

Eduard der Bekenner, König **von England,** Hl.
Name: engl. Edward von altengl. Eadweard: ead (Besitz, das ahd. ot) + weard (Hüter, das ahd. wart): Hüter des Besitzes. Der Name kam im 18. Jh. über Frankreich (Édouard) nach Deutschland
* um 1003 als Sohn des Königs Ethelred II. u. seiner Gemahlin Emma von der Normandie. Wegen der Dänengefahr wurde er in der Normandie erzogen. Bes. durch den Einfluß des Earl Godwin wurde er 1042 zum König ausgerufen u. heiratete 1045 dessen Tochter Edith. Er förderte das monastische u. kirchliche Leben u. erbaute die Benediktiner-Abtei St. Peter (jetzt Westminster Abbey). Wohlmeinend, aber von nachgiebiger Milde war er den Parteikämpfen zw. Angelsachsen u. Normannen nicht gewachsen. Er war der letzte angelsächs. König. † 5. 1. 1066. 1161 heiliggesprochen. Thomas Becket übertrug am 13. 10. 1163 seine Gebeine nach Westminster Abbey. Sein Grab wurde zum Nationalheiligtum Englands.
Gedächtnis: 5. Jänner
Darstellung: mit königlichen Abzeichen, auf dem Zepter eine Taube. Einen Kranken tragend (er heilte ihn dadurch, daß er ihn selbst in die Kirche trug). Einem Pilger einen Ring schenkend
Patron: von England, der Könige Englands
Lit.: G. Schreiber, Iroschottische u. angelsächs. Wanderkulte: Westfalia Sacra II (Münster 1950) 84 ff 97 – F. M. Stenton, Anglo-Saxon England (Oxford 1955²)

Eduard, Märt., König **von England,** Hl.
* 963 als ältester Sohn des Königs ↗ Edgar des Friedfertigen. Durch die Bemühung des hl. ↗ Dunstan wurde er 975 Nachfolger seines Vaters. Doch die Gegenpartei, an deren Spitze seine Stiefmutter Elfrida stand, hetzte gegen ihn u. wollte für Ethelred, den Sohn Elfridas, die Herrschaft erlangen. So wurde er auf Betreiben Elfridas auf der Jagd am 18. 3. 978 bei Corfe Castle (westl. von Portsmouth, Südengland) meuchlings ermordet. Er wurde zunächst in Wareham begraben, 980 nach Shaftesbury überführt u. schon 1001 „der Heilige" genannt. Sein Kult wurde bes. dadurch gefördert, daß er ein jugendlicher Märt. war. „Märt." ist er aber nur in einem sehr entfernten Sinn.
Gedächtnis: 18. März
Darstellung: mit königlichen Abzeichen, Becher u. Dolch (Schwert) in der Hand, oder Becher u. Schlange (er wurde rücklings erdolcht, als er den Becher ansetzen wollte)
Lit.: F. M. Stenton, Anglo-Saxon England (Oxford 1955²) – G. Schreiber, Iroschottische u. angelsächs. Wanderkulte: Westfalia Sacra II (Münster 1950) 84f

Edwin, König **von Northumbrien,** Hl.
Name: altengl. ead (ahd. ot, Besitz, Glück)

+ wine (ahd. wini, Freund): der Besitz Liebende. (ahd. Otwin)
Er regierte ca. 617–633 in Northumbrien (Nordengland) u. dehnte sein Reich über alle Angelsachsen (außer Kent) aus. Durch seine Gattin ↗ Ethelburga, Tochter des Königs ↗ Ethelbert, fand er den Weg zum kath. Glauben u. ließ sich nach längerem Zögern zu Ostern 627 mit seiner ganze Familie u. mehreren Großen seines Reiches durch Bisch. ↗ Paulinus von York taufen. Von nun an förderte er nach Kräften die Christianisierung seines Landes, wurde aber durch den heidnischen König Penda von Mercia (Mittelengland, zwischen Humber u. Themse) in der Schlacht bei Hatfield (nördl. von London) am 12. 10. 633 besiegt u. getötet. Damit war das aufblühende Missionswerk zunichte gemacht. Paulinus flüchtete mit Ethelburga zurück nach Kent. Im Mittelalter wurde Edwin als Märt. verehrt.
Gedächtnis: 12. Oktober
Darstellung: mit königlichen Insignien u. einer Lanze
Lit.: Zimmermann III 160ff – Baudot-Chaussin X 396–400

Eelko Liaukaman OPraem, Abt **von Lidlom,** Sel.
Er war der 12. Abt des Prämonstratenserklosters Lidlom (Friesland) u. starb an einer Kopfwunde, die er von den Mönchen zu Boxum meuchlings erhalten hatte, weil er sie zu einem eifrigeren Bußleben angehalten hatte. † 1332.
Gedächtnis: 22. März

Egbert von Dalberg, Hl. (Eckenbert)
Name: ahd. ecka, ekka (Ecke, Kante, Schwertschneide) + beraht (glänzend, berühmt): berühmter Schwertkämpfer
Er stammte aus dem Geschlecht der Kämmerer von Dalberg (Adelsgeschlecht im Nahegau, genannt auch „die Kämmerer des Bistums Worms“). Er stiftete das Frauenkloster Frankenthal (südl. von Worms), in das seine Frau Richildis eintrat. Er wurde Priester u. stiftete noch die Klöster Höningen u. Lobenfeld. Eine höhere Würde lehnte er ab. † 1132.
Gedächtnis: 23. Dezember

Egbert OSB, Bisch. **in Irland,** Hl. (Ecgberht)
* 639 in Northumbrien (Nordengland). Er ging in das Kloster Rathmelsigi (vielleicht Mellifont nördl. von Dublin, Irland), um dort zu studieren u. wurde dort Mönch u. Bisch. (nach anderen Priester). Da es ihm nicht vergönnt war, als Missionar nach Deutschland zu gehen, sandte er ↗ Willibrord, ↗ Suitbert u. noch 10 weitere Gefährten nach Friesland u. begründete so die Friesenmission. 716 bewog er Abt Dunchadh von Iona u. seine Mönche, die Osterpraxis u. Liturgie Roms anzunehmen. † 24. 4. 729.
Gedächtnis: 24. April
Lit.: Baudot-Chaussin IV 623f – DNB 564f

Egbert OSB, Abt **von Münsterschwarzach,** Sel. (Ekkebert)
Er war Benediktinerabt von Münsterschwarzach am Main (östl. von Würzburg). 1047 wurde er von Bisch. ↗ Adalbero von Würzburg aus dem Kloster Gorze (Elsaß) nach Schwarzach berufen, um hier die Reform von Gorze (↗ Cluny) durchzuführen. Er erneuerte das Kloster in geistlicher wie in baulicher Hinsicht. Er reformierte auch Klöster im Maingebiet, in Sachsen u. Österreich. Mit Bisch. Adalbero errichtete er die Klöster Lambach (Oberösterreich), Michelsberg in Bamberg, Neustadt am Main u. St. Burkard in Würzburg. Vorübergehend leitete er auch das Kollegiatsstift St. Jakob in Bamberg. Er erwirkte für Bisch. Hermann von Bamberg, der im Investiturstreit für Heinrich V. eingetreten und deshalb exkommuniziert worden war, die Lösung vom Bann. † 25. 11. 1076/77.
Gedächtnis: 25. November
Lit.: Hallinger 1001 – A. Kaspar, Quellen zur Gesch. d. Abtei Münsterschwarzach (München 1930)

Egerich OSB, Abt **von Belmont,** Hl. (Achericus)
Name: ahd. ecka, ekka (Ecke, Spitze, Schwertschneide) + rihhi (reich, mächtig): der mit dem Schwert Mächtige
Er entstammte einer adeligen Familie, verließ aber die Welt u. lebte mit dem Einsiedler Blidulf in Belmont (Vogesen). Nach dessen Tod wurde sein Schüler ↗ Wilhelm Vorsteher der Genossenschaft, diesem folg-

te Egerich in der Leitung. Unter ihm wuchs die Zahl der Ordensbrüder so stark, daß man das Kloster vergrößern mußte. † im 9. Jh.
Gedächtnis: 3. November

Egerich OSB, Abt **von Saint-Ghislain,** Hl.
Er war Abt des Benediktinerklosters St-Ghislain im Hennegau (Belgien) u. ein Freund des hl. ↗ Bernhard von Clairvaux. † 1161.
Gedächtnis: 30. August

Egfried, Hl. (Egfrid)
Name: ahd. ecka, ekka (Ecke, Spitze, Schwertschneide) + fridu (Schutz vor Waffengewalt, Friede): der mit dem Schwert den Schutz Erkämpfende
Er war ein Priester in der 2. Hälfte des 7. Jh.s u. wird in der Vita der hl. ↗ Milburga erwähnt. Er kam aus Northumberland (Nordengland) zu König Merwald von Mercien (Gebiet um Birmingham) u. bekehrte ihn zum christlichen Glauben.
Gedächtnis: 23. Februar

Egid ↗ Ägidius

Egil OSB, Abt **von Flavigny,** Sel.
Name: zu ahd. ecka, ekka (Ecke, Spitze, Schwertschneide)
Er war Benediktinermönch im Kloster Prüm (Eifel) u. wurde 860 durch Karl den Kahlen berufen, die Abtei Flavigny (Diöz. Dijon, Frankreich) wiederherzustellen. Er gründete auch die Abtei Corbigny (an der Yonne, westl. von Dijon). † 871.
Gedächtnis: 28. Juni (29. Mai)

Egilbert, Bisch. **von Freising,** Sel. (Agilbert)
Name: Eg- zu ahd. ecka, ekka (Ecke, Spitze, Schwertschneide) + beraht (berühmt): der im Schwertkampf Berühmte
Er entstammte dem Geschlecht der Grafen von Moosburg. Er war 1002–1005 Vorstand der kaiserlichen Kanzlei u. ständiger Begleiter ↗ Heinrichs II. u. wurde 1006 Bisch. von Freising bei München. Bei Konrad II., dessen Sohn Heinrich II. er erzog, fiel er 1035 zeitweise in Ungnade. 1021 gründete er das Benediktinerkloster Weihenstephan in Freising u. erwarb für das Hochstift Freising Besitzungen in Niederösterreich u. Kärnten. † 4. 11. 1039.
Gedächtnis: 4. November
Lit.: H. Strzewitzek, Die Sippenbeziehungen der Freisinger Bisch. im Mittelalter (München 1938) 165 f – Bauerreiß II 32 230

Egino OSB, Abt **von St. Ulrich u. Afra,** Sel.
Name: Weiterbildung zu ahd. ecka, ekka (Ecke, Spitze, Schwertschneide): Schwertkämpfer. Zugleich Kf. zu Eginald (Eginwald), Eginhard, Eginolf (Eginwolf)
Er wurde schon als Kind im Benediktinerkloster St. Ulrich u. Afra zu Augsburg erzogen u. trat selbst um 1080 dortselbst als Mönch ein.
Seit 1096 regierte in Augsburg Bisch. Herimann, der sich unter simonistischen Umtrieben u. unter Billigung Kaiser Heinrichs IV. dieses Amt erschlichen hatte, von Papst Paschalis II. jedoch exkommuniziert worden war. Im Zuge der Parteiungen darüber innerhalb des Klosters wurde Egino wegen seiner Stellungnahme für den Papst 1098 aus dem Kloster vertrieben u. er trat in das Kloster St. Blasien (Schwarzwald) über, wo er sich mit dem von Kaiser Heinrich IV. abgesetzten Bisch. Gebhard III. von Konstanz befreundete u. der ihn auch als Vertrauensmann zu Papst Paschalis II. nach Rom sandte. 1106 wurde Bisch. Herimann vom Bann gelöst u. Egino konnte wieder nach Augsburg zurückkehren. 1109 legte Abt Günther freiwillig sein Amt nieder u. die Mönche wählten Egino zum neuen Abt, der nach vielem Zureden, bes. von seiten Bisch. Gebhards, diese Würde schließlich annahm. Er stellte die Ordnung im Kloster wieder her, aber es gab immer noch Spannungen mit Bisch. Herimann. Egino floh 1120 nach Rom zu Calixtus II., um sich mit ihm auszusprechen. Auf der Rückreise starb er zu Pisa im Kloster der Kamaldulenser am 15. 7. 1120.
Gedächtnis: 15. Juli

Egmont
Name: norddt. und niederl. Form zu Egmund (ahd. Ekkemund, Agimund): ahd. ecka (Ecke, Spitze, Schwertschneide) + munt (Schutz, bes. Rechtsschutz; vgl.

„Vormund“, „Mündel“): der mit dem Schwert Schützende
Der Name wurde bekannt durch Graf Lamoral Egmont (Egmond), den niederl. Freiheitshelden gegen die span. Regierung, der am 5. 6. 1568 unter Fernando Alvarez de Toledo, Herzog von Alba, in Brüssel hingerichtet wurde u. dem J. W. von Goethe im gleichnamigen Trauerspiel ein literarisches Denkmal setzte.

Egolf ↗ Aigulf

Egon, Kf. zu ↗ Egino

Egwin OSB, Bisch. **von Worcester,** Hl.
Name: zu ahd. ecka (Ecke, Schwertschneide) + wini (Freund): Schwertfreund
Er stammte aus königlichem Geschlecht u. lebte unter den Königen Ethelred u. Kenred. Schon in seiner Jugend weihte er sich dem kirchlichen Dienst u. dem beschaulichen Leben. Er wurde Benediktinermönch u. Abt von Cronuchome, 693 Bisch. von Worcester (südwestl. von Birmingham). Auf einer Pilgerfahrt nach Rom erhielt er vom Papst die Erlaubnis zu resignieren u. gründete 701 das Kloster Evesham (Worcestershire), wo er Abt wurde. Er besaß die Wundergabe u. starb im Ruf der Heiligkeit am 29./30. 12. 717 in Evesham.
Gedächtnis: 30. Dezember
Darstellung: mit Fisch u. Schlüssel
Lit.: St. Egwin and his Abbey of Evesham (Stanbrook 1904) – Zimmermann III 502ff – Baudot-Chaussin I 215f

Ehrenreich
Name: wohl im 17./18. Jh. neugebildet aus dem altdt. Namen Ernrich (Erenricus); ahd. era (Gnade, Gabe, Ehre) + rihhi (mächtig, reich, Herrschaft, Reich): der Ehren-Reiche oder ehrenvoller Herrscher. Möglicherweise aber wurde der Name erst später direkt aus dem nord. Erik (↗ Erich) eingedeutscht.

Ehrentraud ↗ Erentrudis

Eigil OSB, Abt **von Fulda,** Sel. (Aegil, Egil)
Name: ahd. ecka (Ecke, Spitze, Schwert) + willio (Wille): zielbewußter Schwertkämpfer
Er stammte aus vornehmer Familie Bayerns u. war Neffe des hl. ↗ Sturmius. Er wurde im Kloster Fulda erzogen u. wirkte nach seinem Eintritt in den Orden selbst als Lehrer. Als Abt Ratger, durch sein Temperament u. seine Bauleidenschaft mit den Mönchen in Konflikt geraten, abgesetzt u. vom Kloster verbannt wurde, trat Eigil 818 als 4. Abt an seine Stelle. Eigil ließ Ratger wieder zurückkehren u. stellte den Klosterfrieden wieder her. Er förderte die Wissenschaft u. bestimmte ↗ Hrabanus Maurus zum Leiter der Klosterschule. Er setzte die Bautätigkeit seines Vorgängers fort (Salvatorkirche, St.-Michaels-Rotunde, das neue Kloster) u. verfaßte die Vita S. Sturmii. † 15. 6. oder 6. 8. 822.
Gedächtnis: 15. Juni
Lit.: Zimmermann II 541f

Eike (nordd.), Kf. zu ↗ Einhard, Ekkehard

Einbeth (+ Warbeth u. Wilbeth) ↗ Drei hll. Jungfrauen

Einhard OSB, Abt **zu Fontenelle,** Hl. (Eginhard)
Name: ahd. ecka (Ecke, Spitze, Schwertschneide) + harti, herti (hart, mutig): kühner Schwertkämpfer
Er war der 18. Abt des Klosters Fontenelle (St-Wandrille) bei Caudebec-en-Caux (Diöz. Rouen). Kaiser Ludwig der Fromme machte ihn zu seinem Berater u. übertrug ihm die Verwaltung Aachens. Einhard zog sich aber bald wieder in sein Kloster zurück, wo er am 22. 7. 829 starb.
Gedächtnis: 22. Juli

Einhildis, Äbtissin **von Niedermünster,** Hl. (Eimhildis, Enhildis)
Name: Eginhildis: ahd. ecka (Ecke, Spitze, Schwertschneide) + hilta, hiltja (Kampf): die mit dem Schwert Kämpfende
Sie war Äbtissin des adeligen Damenstiftes Niedermünster (Bistum Straßburg), wo sie bis zur Franz. Revolution öffentlich verehrt wurde. Sie war die Nachfolgerin der hl. ↗ Gundelindis, beide waren Schwestern der hl. ↗ Eugenia von Hohenburg. † 8. Jh.
Gedächtnis: 28. März

Eisheilige
So werden im Volksmund die Kälterückfäl-

le im Mai genannt, in Norddeutschland: 11. bis 13. Mai (↗ Mamertus, ↗Pankratius, ↗ Servatius), in Mitteldeutschland: 12. bis 14. Mai (Pankratius, Servatius, Bonifatius), in Süddeutschland, Österreich u. der Schweiz: 12. bis 15. Mai (Pankratius, Servatius, Bonifatius u. die „kalte ↗ Sophie"). Die (als langjähriges statistisches Mittel aufzufassende) Zeitdifferenz erklärt sich aus der Bewegung der Luftmassen vom Atlantik hin zu den Alpen. In neuerer Zeit scheint sich der Kälterückfall auf die Tage um den 9. u. 20. Mai zu verschieben.

Ekkebert ↗ Egbert von Münsterschwarzach

Ekkehard von Clairvaux OCist, Sel. (franz. ↗ Achard, ↗ Aichard)
Name: ahd. ecka, ekka (Ecke, Spitze, Schwertschneide) + harti, herti (hart, mutig, kühn): der Schwert-Kühne. (Nf.: Eckehard, Eckhard, Eckart, Eghard)
Er lebte um 1124 als Zisterziensermönch in Clairvaux (heute Ville-sous-la-Ferté, südöstl. von Troyes, Nordfrankreich) u. wurde vom hl. ↗ Bernhard als Baumeister in verschiedene neue Klöster gesandt. Später wurde er Novizenmeister in Clairvaux. Es sind von ihm 2 Contiones ad Novitios (Ansprachen an die Novizen) handschriftlich erhalten. Er hatte schwere Versuchungen u. innere Anfechtungen zu bestehen.
Gedächtnis: 15. September
Lit.: A. Schneider, Die Cist.-Abtei Himmerod (Mainz 1954) 131f – Zimmermann IV 88

Eldrad OSB, Abt **von Novalese,** Hl. (Heldrad, Heltrod, Aldrad, ital. Elrado)
Name: ahd. hilta, hiltja (Kampf) + rat (Rat, Ratgeber): Ratgeber zum Kampf
Er stammte wahrscheinlich aus Lambesc bei Aix-en-Provence (Südfrankreich) aus vornehmer Familie. Nach verschiedenen Pilgerfahrten wurde er Benediktinermönch im Kloster Novalese bei Susa (Piemont), wo er um 826 Abt wurde. † 13. 3. um 840. An seinem Grab geschahen zahlreiche Wunder. Sein Kult wurde wiederholt bestätigt: 1702, 1821, zuletzt 9. 12. 1903.
Gedächtnis: 13. März
Lit.: ActaSS Mart. II (1868) 331–338 – Zimmermann I 323ff

Elende Heilige
Die Bezeichnung leitet sich her vom ahd. elilanti (ausländisch, fremd) u. machte erst später einen Bedeutungswandel zu „arm", „notleidend" durch. Als Elende („ausländische") Heilige werden in Altbayern 2 Gruppen von je 3 Heiligen verehrt:
a) in *Etting* bei Ingolstadt: **Archan, Haindrit, Gardan** (latinisiert: Archus, Herennius oder Irenaeus, Quardanus). Archan lebte mit seinen beiden Söhnen Haindrit u. Gardan als Einsiedler in 3 Höhlen hinter dem Pfarrhof von Etting, die noch heute gezeigt werden. Sie sind wohl nicht der irischen Frühmission (7. bis 9. Jh.) zuzuschreiben, wie früher angenommen wurde, sondern der iroschottischen Einwanderung des 11. u. 12. Jh.s, die in Südbayern sehr stark war. Sie gehörten zum schottischen Benediktinerkloster Heiligkreuz in Eichstätt, das in Etting einen Hof oder ein Hospiz unterhielt. Ihr Todesjahr ist unbekannt, ihr Kult ist erstmals 1469 zu Dreiheiligen (Kreis Lindau) bezeugt.
Gedächtnis: 3. September
b) in *Griesstetten* bei Dietfurt (Oberpfalz, zw. Nürnberg u. Augsburg): **Marinus, Zimius, Vimius.** Sie kamen vom Benediktinerkloster der Iroschotten St. Jakob zu Regensburg u. lebten hier als Einsiedler. Der Ort heißt heute noch „Ansiedl". Abt Christian (1150–1172) erbaute ihnen neben ihrer Klause eine Kirche. Man erhob 1689 ihre Gebeine u. errichtete eine größere Kirche. 1783 u. 1862 wurden ihre Reliquien nach Griesstetten übertragen. Das Deckengemälde der Kirche zeigt eine Landkarte mit den abendländischen Niederlassungen der Iroschotten.
Gedächtnis: 12. Juni
Lit.: A. M. Koeniger, Drei Elende Heilige (München 1911) – *Zu Etting:* Zimmermann III 13 – Bauerreiß III 54 – F. Buchner, Bistum Eichstätt I (Eichstätt 1937) 313 – *Zu Griesstetten:* Zimmermann II 301 – Bauerreiß III 54 – Die Kunstdenkmale des Königr. Bayern, Oberpfalz, Bezirksamt Beilngries (München 1908) 64

Eleonora OSB, Königin **von England,** Hl.
Name: Der arabische Name Ellinor („Gott ist mein Licht") kam mit den Mauren nach Spanien, von dort nach Frankreich (altfranz. Aliénor) u. England (Eleonore). Durch Shakespeares „King John" u. a.

wurde der Name im 18. Jh. auch in Deutschland bekannt u. durch Lit. u. Oper weiter verbreitet (so in Goethes „Tasso“, Beethovens Leonoren-Ouvertüre in „Fidelio“ u. a.). Engl. Ellinor, Eleanor, Kf. Leonore, Lore
Sie war die Tochter des Grafen Raimund IV. von der Provence u. Gemahlin König Heinrichs III. von England (1216–1272). Nach dem Tod ihres Gatten trat sie als Nonne in die Benediktinerinnenabtei Amresbury ein, wo sie 1291 starb.
Gedächtnis: 25. Juni

Eleutherius, Märt. **in Paris** ↗ Dionysius von Paris

Eleutherius, Bisch. **von Tournai,** Hl.
Name: griech. eleútheros, frei, unabhängig
* 456 (?) zu Tournai (Belgien) aus gallo-romanischer Familie, die schon längere Zeit vorher durch den hl. Piatus zum christlichen Glauben gekommen war. Er soll mit seinen Eltern vor dem noch heidnischen König Chlodwig I. nach Blandain geflohen sein u. wurde nach 484 1. Bisch. von Tournai. 520 hielt er eine Diözesansynode zur Bekämpfung des Arianismus ab. † wahrscheinlich 531.
Gedächtnis: 20. Februar
Darstellung: mit der Monstranz das Volk segnend; mit Kirchenmodell und Geißel
Lit.: Baudot-Chaussin II 426 ff – A. Lumpe: RhMus. 100 (1957) 199f

Eleutherus, Papst, Hl.
Name: griech. eleútheros, der Freie
Er war Grieche aus Nikopolis in Epirus (bei Préveza, Nordwest-Griechenland). Unter Papst ↗ Aniketos war er Diakon der Kirche in Rom u. wurde nach dem Tod des Papstes ↗ Soter um 174 Papst. Unter ihm hatte die Kirche in Rom im allgem. Ruhe u. Sicherheit, nur die häretischen Lehren der Markionisten, Valentinianer u. Montanisten drangen in Rom ein. Während der Christenverfolgung in Lyon 177 brachte der hl. ↗ Irenäus, damals noch Priester, ein Schreiben an ihn. † 189.
Gedächtnis: 26. Mai
Lit.: Seppelt I 18 22 26 33f – Bardenhewer I 436ff

Elfi, Kf. zu ↗ Elfriede

Elfriede, Königin **in England,** Hl. (Aelfryth, Elfrith, Etheldreda)
Name: altengl. ethel zu ahd. adal (edel) + ahd. fridu (Schutz vor Waffengewalt, Friede): edle Schützerin
Sie war die Tochter des Königs Offa von Mercien (Landsch. um Birmingham, England). Vermutlich war sie die Gemahlin König ↗ Ethelberts von Ostanglien. Nach dessen Ermordung 793 zog sie sich als Einsiedlerin in die Gegend von Croyland zurück. † um 795.
Gedächtnis: 20. Mai
Darstellung: als Königin vor dem Altar betend
Lit.: R. Stenton, Menology of England and Wales (London 1892) 221

Elfriede, Märt. **zu Caestre,** Hl.
Sie wurde zus. mit ihren Gefährtinnen ↗ Edith u. ↗ Sabina zu Caestre bei Arras (Nordfrankreich) 819 ermordet.
Gedächtnis: 8. Dezember

Elgar, Nf. zu ↗ Adalgar

Elgiva, Königin **von Ostanglien,** Hl. (Aelgyfa)
Sie war die Gemahlin König ↗ Edmunds von Ostanglien, dem sie 2 Söhne, Edwin u. ↗ Edgar, schenkte. † 921 oder 948 zu Shaftesbury (Grafschaft Dorset).
Gedächtnis: 18. Mai

Elias, Prophet im AT
Name: hebr. elijjahu, mein Gott ist Jahwe. LXX Eliū, griech. NT Elias, Vulg. Elias, Luther Elia, Locc. Elija
Elias ist ein typischer Wanderprophet. Über ihn berichtet die Bibel in 1 Kön 17–19; 21 und 2 Kön 1; 2,1–11. Er lebte zur Zeit der Könige Achab (875–854 v. Chr.) u. Achazja (854–853 v. Chr.) u. stammte aus Thisbe im ostjordanischen Gilead. Er galt als der größte Prophet im Nordreich Israel. Sein Name ist zugleich sein Programm: die ausschließliche Verehrung des einen u. wahren Gottes Jahwe. Er führte einen energischen Kampf gegen die heidnischen Götterkulte, die sich, vom Königshof ausgehend, auch im Volk auszubreiten drohten. Das machtvolle Auftreten des Elias gab den jahwetreuen Israeliten in rel., staatsrechtlicher u. politischer Hinsicht starken Halt,

konnte aber den heidnischen Kult am Königshof selbst nicht verhindern, trug aber zum späteren Sturz des Königshauses Achab wesentlich bei. „Achab tat, was dem Herrn mißfiel", indem er nämlich die heidnische Königstochter Isebel aus Tyrus in Phönizien (im Süden des heutigen Staates Libanon) heiratete u. durch sie die Götzen Phöniziens am Königshof einführte. Es waren namentlich der kanaanäische Vegetationsgott Baal u. sein weibliches Gegenstück Aschera.
Baal (der babylonische Bel) war der Gott des Gewitters u. des segenbringenden Regens. Um diese Gottheit als nichtigen Götzen zu entlarven, kündigte Elias eine lange Dürreperiode an u. verspottete im Gottesurteil auf dem Berge Karmel sogar die Baalspriester, die schreiend herumhüpften u. sich mit Messern schnitten. Jahwe allein konnte Feuer vom Himmel senden u. das Opfer auf dem Altar verzehren. Die gedemütigten Baalspriester ließ Elias töten. Zum Zeichen dafür, daß Baal ein Nichts ist, ließ Elias vor den Augen des Achab im Namen Jahwes den ersehnten Regen fallen. Der Karmel als Grenzberg zu Phönizien hatte neben einer israelitischen auch eine kanaanäische Kultstätte. Elias eroberte durch seine Tat dieses Gebiet für Jahwe zurück.
Die weibliche Gottheit war Aschera (die Astarte Kleinasiens bzw. die Ischtar Babyloniens). Sie war die Göttin der Liebe u. der weiblichen Fruchtbarkeit. Nicht nur, daß in ihr eine geschöpfliche Anlage im Menschen zum angebeteten Götzen gemacht wurde, war für Elias ein gotteslästerlicher Greuel, es war auch die damit verbundene Kult-Prostitution, die gegen Gottes Gebot verstieß. Nicht von ungefähr ist „die Hure Babylon" noch in der Geheimen Offenbarung eine sprichwörtliche Umschreibung für alle triebverhaftete Schlechtigkeit (vgl. Offb 17,5 u. ö.). Hier trifft Elias die frevelhafte Isebel vermutlich an ihrer empfindlichsten Stelle u. muß zweimal vor ihrer Rache fliehen.
Aus dem Leben des Elias werden eine Reihe wunderbarer Begebenheiten erzählt: wie er vom Raben, dann im Haus der Witwe von Sarepta (20 km nördl. von Tyrus) wunderbar gespeist wird und den toten Sohn der Witwe zum Leben erweckt, wie er ein drittes Mal von einem Engel Nahrung erhält, sodaß er in der Kraft dieser Speise 40 Tage und 40 Nächte bis zum Gottesberg Horeb (Sinai) gehen kann, wo er seine Gotteserscheinung hat. Gott zeigt sich ihm nicht in Sturm, Erdbeben oder Feuer, sondern im leisen Säuseln des Windes. So erfährt er, daß Jahwe kein Gott der Gewalt u. Vernichtung ist, sondern der Langmut u. des stillen Wirkens seiner Vorsehung – zuvor hatte Elias die Baalspriester töten lassen. Einmal befragt Achab den Götzen Baal-Sebub durch ein Orakel und wird von Elias getadelt. Elias flieht daraufhin vor dem erzürnten König und läßt zweimal die abgesandten Häscher Achabs durch Feuer vom Himmer verzehren. Jakobus und Johannes wünschen sich von Jesus ein gleiches für die unbußfertige Stadt in Samaria und berufen sich ausdrücklich auf Elias (vgl. Lk 9,54). – Am Ende steht die wunderbare Entrückung des Elias auf dem feurigen Wagen zum Himmel. Darauf gründet sich der Glaube in Israel bis zur Zeit Jesu und später, daß Elias am Ende der Tage ebenso wiederkehren werde. Jesus selbst deutet diesen Glauben auf Johannes den Täufer (Mt 11,14).
Die einzelnen Ereignisse werden schon bald nachher schriftlich festgehalten worden sein, sie sind aber sicher nur lückenhaft wiedergegeben u. gemäß der Eigenart altorientalischen Geschichtserlebnisses mit populär-legendarischen Motiven ausgeschmückt. Auch wurden bei den Königsbüchern nachweislich spätere Bearbeitungen vorgenommen, sodaß es heute nicht immer leicht ist, den historischen Kern sauber herauszuschälen.
Verehrung: Elias gehört zu den volkstümlichsten Gestalten im AT. Anknüpfungspunkte für die rabbinische Spekulation wie auch für die fromme Phantasie bilden der Bericht über seine wunderbare Entrückung u. die Malachias-Weissagung von seinem Wiederkommen vor dem Tag des Herrn (Mal 3,23 f). Nach Jesus Sirach wird er darüber hinaus die 12 Stämme Israels wiederherstellen (Sir 48,10). Aus seiner Entrükkung in den Himmel schlossen einige Rabbinen, daß er sündelos gelebt habe. Andere lehrten, er sei an einen geheimen Ort auf

der Erde entrückt worden, nämlich in das (irdische) Paradies. Nach der vorherrschenden Meinung ist er aber im Himmel unter den Engeln u. wirkt für sein Volk: er tritt als Fürsprecher bei Gott für sein Volk ein, schreibt die Taten der Menschen auf, geleitet die Seelen der Verstorbenen ins Jenseits, beschützt die Unschuldigen, Armen und Bedrängten (beim Tod Jesu sagten einige: „Er ruft den Elias!", Mk 15,35), er behütet den ehelichen Frieden u. berät die Leser der Tora (Gesetz), er wacht über die rechte Ausführung der Beschneidung (deshalb mußte bei jeder Beschneidung für ihn ein Stuhl bereitgestellt werden). Bes. wichtig ist seine Rolle in den Tagen des Messias: er nimmt den 2. Platz neben dem Messias ein oder er ist ein Hoherpriester aus dem Geschlecht Aarons (so bezeugt bei Justinus), er kommt unmittelbar vor oder gleichzeitig mit ihm in der Passah-Nacht. Deshalb bestand der Brauch, beim Passah-Mahl einen Becher für ihn bereitzustellen u. die Tür offenzuhalten.
Auch im Islam wird Elias als Prophet anerkannt. Auch hier gilt er als wundertätiger Helfer in vielerlei Not. Die Himmelfahrt Mohammeds ist wahrscheinlich durch die Himmelfahrt des Elias inspiriert. Nach mohammedanischem Glauben unternimmt er alljährlich die Wallfahrt nach Mekka.
Diese Popularität spiegelt sich auch im NT an zahlreichen Stellen wider. So spielt z. B. Jesus bei seiner Predigt in Nazareth auf Elias an, der von Gott während der Dürre u. Hungersnot nicht zu seinem Volk gesandt wurde, sondern zur Witwe von Sarepta (Lk 4,25). Sowohl Johannes der Täufer (Joh 1,21) als auch Jesus (Mk 6,15) werden für Elias gehalten. Auf dem Berg Tabor erscheinen neben dem verklärten Herrn Moses u. Elias (Mt 17,3).
Im späteren Christentum hat Elias zwar nicht die gleich hohe Bedeutung erlangt wie im Judentum, er ist aber bei den östlichen Völkern zu einer volkstümlichen Gestalt geworden als Prophet und Bekämpfer der Gottlosigkeit wie auch als Vorläufer des christlichen Mönchtums und der Askese. Der Karmeliterorden verehrt ihn zwar nicht als seinen Stifter, wohl aber als seinen „Führer u. Vater". Sein Kult ging von den bibl. Stätten seiner Wirksamkeit aus (Karmel, Sarepta, Sinai) u. drang von dort nach Arabien, Syrien u. in den Bereich der griech. Kirche vor. Ungemein zahlreich sind die Orte, Kirchen u. Kapellen in Griechenland, die seinen Namen tragen, bes. auf Anhöhen u. Bergen. Wahrscheinlich hat er hier den Kult des Sonnengottes Helios (Namensähnlichkeit!), der auf feurigem Wagen über den Himmel fährt, verdrängt. An seinem Gedächtnistag (20. Juli) werden in Griechenland auf den Bergen Feuer entzündet. Auf dem Karmel wird sein Fest (17.–19. Juli) von Christen, Juden, Mohammedanern u. Drusen gemeinsam begangen. Von Griechenland aus verbreitete sich seine Verehrung zu den slaw. Völkern. Bei den Russen hat er als der „Donnerer" den heidnischen Wettergott Perkun verdrängt. Die lat. Kirche, die den Heiligen des AT stets zurückhaltend gegenüberstand, zeigte sich auch dem Kult des Elias gegenüber reserviert. Im Martyrologium Romanum erscheint sein Fest erst 1583. Nur der Karmeliterorden besitzt ihm zu Ehren ein von Rom geduldetes Meßformular von 1551.
Darstellung: Einen z. T. erhaltenen Zyklus von Szenen aus dem Leben des Elias zeigt die Synagoge von Dura Europos (am oberen Euphrat, 3. Jh.). Im christlichen Osten gibt es viele Zyklen über alle Szenen aus seinem Leben. Im Westen: Elias steht in einem von 2 oder 4 Pferden gezogenen Wagen u. fährt zum Himmel, unter ihm nimmt Elisäus den herabgefallenen Prophetenmantel entgegen. Zyklen gibt es hier erst nach ca. 1300 (in Karmeliterklöstern). Er ruht unter einem Strauch, ein Rabe bringt ihm ein Brot oder ein Engel einen Brotwecken u. einen Krug Wasser, der erweckte Knabe ist zu seiner Seite. Häufigstes Motiv ist seine Himmelfahrt (der Himmelfahrt Christi gegenübergestellt). Die Bilder der Verklärung Christi zeigen stets Moses u. Elias.
Gedächtnis: 20. Juli
Patron: der Karmeliter. Der Luftschiffe u. Flugzeuge. Gegen Gewitter u. Feuersgefahr (deshalb auch Patron der Erzgrube St. Elias im Berggericht Lienz, Osttirol)

Lit.: G. Fohrer, Elia (Zürich 1957) – M. Noth, Geschichte Israels (Göttingen 1950[7]) 206–228 – A. Chouraqui, Die Hebräer. Geschichte u. Kultur zur Zeit der Könige u. Propheten (Paris 1971, dt.: Stuttgart 1975) – C. Kopp, Elias u. Christentum auf dem Karmel (Paderborn 1929) – P. Volz, Eschatologie der jüd. Gemeinde (Tübingen 1934[2]) 195 ff – G. Molin, Der Prophet Elijahu u. sein Weiterleben in den Hoffnungen des Judentums u. der Christenheit: Judaica 8 (Zürich 1952) 65–94 – W. Nigg, Drei große Zeichen (Olten 1972) 17–87

Elias, Patriarch **von Jerusalem,** Hl.
Er war von Geburt Araber u. lebte zuerst als Einsiedler in der Nitrischen Wüste (der nordwestl. Teil des heutigen Wadi-n-Natrun im Westen des Nildeltas). Nach der Ermordung des hl. ↗ Proterios (457) floh er nach Palästina in die Gegend von Euthyme. 473 wurde er zum Priester geweiht, 493 zum Bisch. von Jerusalem. Er bekämpfte die monophysitische Irrlehre des Eutyches, die bereits auf dem Konzil von Chalkedon (451) verworfen worden war. Deshalb wurde er im August 516 auf Anordnung des Kaisers Anastasius verhaftet u. nach Aila verbannt, wo er am 20. 7. 518 starb.
Gedächtnis: 20. Juli (bei den kath. Syrern: 18. Februar)

Elias der Jüngere, Mönch in Kalabrien, Hl.
* zu Enna auf Sizilien u. hieß ursprünglich Johannes, seine Eltern gehörten einem angesehenen Geschlecht an u. waren fromm. In seiner Jugend wurde er von arabischen Seeräubern gefangengenommen u. als Sklave verkauft, konnte sich aber befreien. Er besuchte die hl. Stätten in Jerusalem, änderte dort seinen Namen in Elias um u. führte 3 Jahre lang ein strenges Mönchsleben. Hierauf unternahm er Reisen nach Alexandria, Rom u. andere Städte, kam noch einmal in Gefangenschaft u. konnte wieder entkommen. Schließlich ließ er sich in Kalabrien nieder, wo er in Aulianae (oder Salianae) in ein Kloster eintrat. Er starb am 17. 8. 903 in Thessalonich (Saloniki) auf dem Weg zu Kaiser Leon VI. dem Philosophen. Sein Leib wurde etwas später in sein Kloster in Kalabrien übertragen. Den Beinamen „Der Jüngere" wählte er selbst aus Verehrung zu dem Propheten Elias.
Gedächtnis: 17. August
Lit.: ActaSS Aug. III (1867) 489–507

Elias OSB, Abt **in Köln** (Helias)
Er war ein Schotte u. kam nach Deutschland. Er stand als Abt den beiden Klöstern St. Pantaleon u. St. Martin in Köln vor. †1041.
Gedächtnis: 12. April

Elias, Bisch. **von Sitten,** Hl.
Er war Bisch. von Sitten (Wallis, Schweiz), legte aber aus Demut seine Würde nieder u. lebte bis zu seinem Tod als Einsiedler in der Gegend von Novara (westl. von Mailand). † im 5. Jh.
Gedächtnis: 21. März

Elias Spelaiotes, Hl. („Höhlenbewohner")
* 860/870 in Reggio di Calabria (Süditalien) von wohlhabenden Eltern. Zuerst lebte er mit einem Gefährten namens Arsenios bei Armi als Einsiedler. Später zogen die beiden nach Patras (Peloponnes), wo sie sich auf einer Turmruine einrichteten, und kehrten nach einiger Zeit wieder nach Reggio zurück. Nach dem Tod des Arsenius lernte er den Mönch Daniel vom Kloster des hl. ↗ Elias des Jüngeren kennen, der ihn bewog, in dessen Kloster einzutreten. Mit einem Mönch namens Kosmas zog er sich auf einige Jahre in eine Höhle zurück, dann trennten sich die beiden u. Elias baute bei Melicuccá eine Kirche u. ein Kloster. † 11. 9. um 960.
Gedächtnis: 11. September
Lit.: ActaSS Sept. III (1750) 843–888

Eligius, Bisch. **von Noyon,** Hl. (frz. Éloi)
Name: lat., der Auserwählte
* um 588 zu Chaptelat bei Limoges (Zentralfrankreich). Er war Goldschmied u. Münzmeister unter den fränkischen Königen Chlothar II. u. Dagobert I. u. als deren Ratgeber hochangesehen. Er war ein großer Wohltäter, kaufte viele Sklaven frei u. gründete Kirchen u. Klöster, darunter 632 das Benediktinerkloster Solignac (Diöz. Limoges). Nach dem Tod Dagoberts verließ er mit seinem Freund Audoin (↗ Aldowin) 639 den Königshof, wurde Priester u. 641 zum Bisch. von Noyon geweiht. Er bekehrte viele Germanen zum christlichen Glauben. † 1. 12. 660 in Noyon. Seine Gebeine ruhen im Dom von Noyon, sein Haupt ist in der Kirche St-André zu Chelles bei Paris.
Gedächtnis: 1. Dezember
Darstellung: als Bisch. mit Goldschmiedegeräten oder Schmiedewerkzeugen (Ham-

mer, Amboß, Blasebalg, Zange), mit Pferdefuß (weil er nach der Legende einem Pferd das gebrochene Bein heilte), ein silbernes Hufeisen schmiedend, einen abgenommenen Pferdefuß beschlagend, das Pferd steht daneben
Patron: der Bauern, Bergleute, Büchsenmacher, Goldschmiede, Münzarbeiter, Numismatiker, Schmiede, Messerschmiede, Schlosser u. aller anderen Arten von Metallarbeiten, Uhrmacher, Graveure, Wagner, Kutscher, Kutschenmacher, Lampenmacher, Sattler, Tierärzte, Pferde, Pferdehändler, Knechte, Korbmacher, Pächter, aller Geldbedürftigen
Lit.: H. Fehrle (Frankfurt/M. 1940) – Bächtold-Stäubli II 785–789 – Künstle II 194–198

Elisabeth, Mutter Johannes' d. T., Hl.
Name: hebr. elischeba', Gott hat geschworen (nach anderen: Gott ist 7, d. h. Vollkommenheit). a) im AT (Ex 6,23): LXX Elisabéth, Vulg. Elisabeth, Luther u. Locc. Eliseba; b) im NT (Lk 1): griech. Elisábet, Vulg. u. Luther Elisabeth, Locc. Elisabet. (Kf. Else, Ilse, Lia; span.-ital. Isabella, Bella; franz. Babette).
Über sie berichtet Lk 1,39 ff. Sie war die Gattin des Priesters ↗ Zacharias, eine Frau „aus den Töchtern Aarons". Sie wird als „gerecht vor Gott" genannt, das ist nach heutigem Sprachgebrauch „heiligmäßig, redlich, rechtschaffen". Wie es der Engel Gabriel verkündet hat, wird sie noch in ihrem hohen Alter Mutter. Daß Gott selbst eingreift, zeigt, daß diesem Kind ↗ Johannes im Heilsplan Gottes eine bes. Bedeutung zukommt: Er wird einmal der Vorläufer des Messias. Ihr Wohnort wird in der Bibel nicht genannt. Mindestens 8 Städte streiten sich um die Ehre, der Geburtsort des Johannes zu sein. Das „Gebirge" ist wohl das zerklüftete Bergland um Jerusalem. Seit dem Pilgerbericht des Theodosius (um 530) wird eine Stadt genannt, die „5 Meilen von Jerusalem entfernt" ist, nämlich Ain Karim (westl. von Jerusalem). Elisabeth wird eine „Base" Marias genannt. Sie war sicher nicht nur „Volksgenossin", wie Origenes meinte, sie muß aber auch nicht Cousine im heutigen Sinn gewesen sein, sondern eine Blutsverwandte Marias im allgem. Sinn (vielleicht Tante oder Großtante). Mit ihr muß deshalb auch Maria mit dem Priestergeschlecht Aarons verwandt oder verschwägert gewesen sein. Nach dem, was Lukas über die beiden berichtet, stand sie zu Maria in einem vertrauten, mütterlichen Verhältnis. Deshalb wird sie von Maria besucht, die ebenfalls durch Eingreifen Gottes ein Kind in ihrem Schoß trägt, den kommenden Messias. Sie begrüßt sie mit den Worten, die wir noch heute im Ave Maria sprechen: „Du bist gesegnet unter den Frauen, u. gesegnet ist die Frucht deines Leibes."
Gedächtnis: 5. November
Lit.: O. Bardenhewer, Mariä Verkündigung (Freiburg/B. 1905) 156ff – P. Gaechter, Maria im Erdenleben (Innsbruck 1953) 98ff

Elisabeth Anna Bayley, Hl. (verwitwete Seton)
* 28. 8. 1774 in New York als Tochter des Arztes Richard Bayley. Mit ihrer Familie gehörte sie der Episkopalkirche an, einem Zweig der anglikanischen Kirche in den USA. Mit 24 Jahren heiratete sie den Kaufmann William Seton u. wurde Mutter von fünf Kindern. Auf einer Reise nach Rom starb ihr Mann bereits 1803 in Pisa. Sie konvertierte 1805 zur kath. Kirche u. gründete 1809 die „Barmherzigen Schwestern vom hl. Joseph" (heute als „Sisters of Charity" in Amerika sehr verbreitet), deren 1. Generaloberin sie 1812–1820 war. Ihr Leben zeichnete sich durch außergewöhnliche Frömmigkeit u. tätige Hilfe für alle Bedürftigen aus. † 4. 1. 1821 im Emmitsbourg. Seliggesprochen 17. 3. 1963, heiliggesprochen 14. 9. 1975.
Gedächtnis: 4. Jänner
Lit.: H. v. Barbery, 2 Bde. (dt. 1873) – AAS 68 (1976) 689ff

Elisabeth (Isabella) **von Frankreich,** Sel.
* im März 1225. Sie war Schwester des Königs ↗ Ludwig IX. (des Heiligen) von Frankreich. Seit 1260 lebte sie nach der Regel des von ihr 1255 gegründeten Klarissenklosters Longchamp in Paris. Sie selbst führte außerhalb der Klausur ein Bußleben u. wohnte in der Nähe dieses Klosters. † 22. 2. 1270 in Longchamp. Kult 1515 bestätigt.
Gedächtnis: 22. Februar
Darstellung: als Klarissin mit Krone, Kranke betreuend
Lit.: A. Garreau, Isabelle de France (Paris 1955)

Elisabeth, Königin **von Portugal,** Hl.
* wahrscheinlich 1270 als Tochter des Königs Pedro III. von Aragón (Nordost-Spanien). In der Taufe wurde sie nach ihrer Großtante ↗ Elisabeth von Thüringen benannt. 1282 wurde sie mit König Dionysius von Portugal vermählt u. hatte von ihm zwei Kinder, Konstanze (* 1290) u. Alfons (* 1291), der seinem Vater Dionysius auf dem Thron folgte. Sie war das Vorbild einer christlichen Gattin u. Königin u. wirkte als Friedensvermittlerin zw. König Dionysius u. ihrem Sohn. Aus ihrem großen Besitz unterstützte sie Klöster u. Kirchen in Lissabon, Almoster, Alenquer u. Coimbra. In Santarém u. Leiria stiftete sie Hospitäler für Arme u. Kinder. Nach dem Tod ihres Gatten (1325) lebte sie zuerst als Witwe in dem von ihr erbauten Klarissenkloster zu Coimbra, in ihren letzten Lebensjahren wurde sie Terziarin des hl. Franz u. wohnte als solche im Palast beim Kloster Santa Clara in Coimbra. Sie starb am 4. 7. 1336 zu Estremoz (östl. von Lissabon), als sie dort in einem Streit zw. ihrem Sohn Alfons u. dem König von Kastilien vermitteln wollte. Ihr Leib ruht in der Kirche St. Clara zu Coimbra. 1516 selig-, 1625 heiliggesprochen.
Liturgie: GK g am 4. Juli
Darstellung: mit Krone, Almosen an Bettler austeilend. Rosen im Schoß, mitten im Winter (womit Gott ihrem Gemahl ihre eheliche Treue bewies). Als Franziskanerterziarin
Patronin: von Portugal, Coimbra, Estremoz u. Saragossa. Vieler Frauenvereinigungen. Helferin in Kriegsnot (als das in 2 Parteien gespaltene Heer sich schon im Kampf gegenüberstand, versöhnte sie ihren Gatten mit dem Sohn)
Lit.: G. Schreiber, Deutschland u. Spanien (Düsseldorf 1936) passim – S. A. Rodriguez, Rainha Santa (Coimbra 1958)

Elisabeth von Reute, Sel. („Gute Beth")
* 25. 11. 1386 zu Waldsee (nördl. des Bodensees) als Tochter des Leinenwebers Achler. Von ihrem 14. Lebensjahr an stand sie unter der geistlichen Leitung des Augustiner-Chorherrn u. späteren Propstes Konrad Kügelin von Waldsee, der 1421 ihre Vita verfaßte. Zuerst lebte sie als Terziarin zu Hause, dann in ihrer Klause zu Reute bei Waldsee. Sie ist eine der großen Mystikergestalten des ausgehenden Mittelalters (Braut- u. Leidensmystik). Sie hatte die Gabe der Visionen, Wundmale u. der Nahrungslosigkeit. Die sel. ↗ Ursula Haider war ihre Schülerin. † 25. 11. 1420 zu Reute. Ihr Leib ruht in der Wallfahrtskirche zu Reute. Nach ihrem Tod erfreute sie sich wachsender Verehrung. Ihre Gebeine wurden 1623 erhoben. Seliggesprochen 1766.
Liturgie: Rottenburg g am 25. November
Darstellung: als Franziskanerin mit den Wundmalen an den Händen, mit Kruzifix, Buch, Geißel, Rosenkranz, Totenkopf. Ein Engel reicht ihr über einer Patene die Eucharistie
Lit.: K. Bihlmeyer, Die schwäb. Mystikerin Elisabeth Achler von Reute u. die Überlieferung ihrer Vita: Festgabe Ph. Strauch (Halle 1932) 88–109 – H. Tüchle, Aus dem schwäb. Himmelreich (Rottenburg 1950) 123–136 – K. Füller (Hrsg.), Die Selige Gute Betha u. Reute (Reute 1957)

Elisabeth von Schönau OSB, Hl.
* wahrscheinlich 1129. Sie wurde 1147 Benediktinerin u. 1157 Meisterin des Klosters Schönau (Hessen). Sie war von Jugend auf kränklich. Seit 1152 hatte sie die Gabe der Visionen, welche sie in 3 Büchern „Visiones" u. im „Liber viarum Dei" (Buch über die Wege Gottes) niederschrieb. Beide Werke wurden von ihrem Bruder, Abt Ekbert von Schönau, redigiert, der Elisabeth in theol. u. bes. kirchenpolitischen Fragen nicht immer glücklich beeinflußte. Ihre phantasievollen „Revelationes" (Offenbarungen) über die hl. ↗ Ursula u. ihre 11.000 Gefährtinnen beeinflußten entscheidend die Ausbildung dieser Legende. Elisabeths Schriften waren im Mittelalter weit verbreitet, wurden aber kirchlich nie offiziell anerkannt. † 18. 6. 1164 in Schönau.
Liturgie: Limburg g am 19. Juni, sonst 18. Juni
Darstellung: als Benediktinerin mit Buch
Lit.: K. Köster, Nassauische Lebensbilder III, hrsg. v. K. Wolf (Wiesbaden 1948) 35–59 – Zimmermann II 327 ff, IV 62 – W. Levison, Das Werden der Ursulalegende (Köln 1928) – Stammler-Langosch I 554ff, V 199

Elisabeth, Landgräfin **von Thüringen,** Hl.
* 1207 auf der Burg Sáros Patak (südl. von Kaschau, Nordungarn). Sie ist die Tochter des Königs Andreas II. von Ungarn (der 1224 die Sachsen nach Siebenbürgen holte)

u. seiner 1. Gemahlin Gertrud von Andechs. Aus politischen Gründen wurde sie schon 1211 mit dem erst 11jährigen Ludwig (dem späteren Landgrafen ↗ Ludwig IV. von Thüringen) verlobt u. an den prachtliebenden Hof von Thüringen gebracht. Hier wurde sie von der frommen Landgräfin Sophie von Bayern erzogen. 1221 wurde sie mit Ludwig IV. von Thüringen vermählt. In kurzer, aber glücklicher Ehe auf der Wartburg schenkte sie ihrem Gatten 3 Kinder: 1222 Hermann (den späteren Landgrafen von Thüringen), 1224 Sophie (die spätere Herzogin von Brabant u. Stammutter der Landgrafen von Hessen), 1227 ↗ Gertrud, die spätere Äbtissin von Altenberg. Während des Hungerjahres 1226 übte sie von der Wartburg aus eine heroische Liebestätigkeit aus, von ihrem Gemahl hierin eifrig unterstützt. Ihr Beichtvater u. Seelenführer war Konrad von Marburg OPraem (?), der Berater ihres Gatten u. ein Inquisitor von erbarmungsloser aszetischer Härte gegen sich u. andere, der viele wegen Ketzerei dem Scheiterhaufen überantwortete (er wurde 1233 von Adeligen erschlagen). Er hielt es für angebracht, kleine menschliche Regungen der ihm anvertrauten Elisabeth mit Prügeln zu ahnden, betrieb aber später ihre Heiligsprechung. Als ihr Gatte auf dem Kreuzzug Friedrichs II. 1227 starb, wurde sie 1227/28 von den thüringischen Großen ihrer Witwengüter beraubt u. litt in Eisenach mit ihren Kindern bittere Not, bis ihre Tante Mechthild, Äbtissin von Kitzingen, u. ihr Oheim, Bisch. Ekbert von Bamberg, sich ihrer annahmen u. ihr eine größere Geldsumme u. Güter bei Marburg a. d. Lahn verschafften. Hier in Marburg erbaute sie 1228/29 das dortige Franziskus-Hospital. Sie selbst legte das Gelübde der Armut u. Weltentsagung ab u. wurde Franziskanerterziarin. In völliger Entsagung u. in selbstlosester Liebestätigkeit setzte sie ihre ganze Lebenskraft für die Armen u. Kranken ein. Sie starb erst 24jährig, in der Nacht zum 17. 11. 1231. Am 19. 11. wurde sie in der Kapelle des Franziskus-Hospitals beigesetzt. Sie wurde am 27. 5. 1235 heiliggesprochen. Um diese Zeit begann man mit dem Bau der Elisabethkirche, wohin später ihre Gebeine in einem kostbaren Schrein übertragen wurden. Landgraf Philipp von Hessen (der Großmütige) nahm die Gebeine 1539 heraus, um ihrer Verehrung ein Ende zu setzen. Er mußte sie zwar 1548 wieder herausgeben, aber seither sind sie verschollen. Ihr Haupt, das man schon früher dem Sarg entnommen hatte, ist heute in der Elisabethinen-Kirche in Wien.

Liturgie: RK G am 19. November (Berlin, Fulda, Görlitz, Meißen: F)

Darstellung: in fürstlicher (oder auch schlichter) Kleidung mit Krone, Almosen austeilend, Armen die Füße waschend. Korb mit Broten u. Weinkrug oder eine Schüssel mit Fischen in der einen Hand, in der anderen einen Löffel. Rosen in einem Korb oder in der Schürze (nach der Rosenlegende: Als sie dabei überrascht wurde, wie sie gegen den Willen ihres Gatten Speisen zu den Armen trug, verwandelten sich diese in Rosen). Hockender Bettler neben ihr. Modell der gotischen Marburger Elisabethkirche in der Hand. Als Terziarin

Patronin: der Ordensgenossenschaften von der hl. Elisabeth, der Elisabeth-Vereine, der Caritas u. der Wohltätigkeitsvereine. Der Bäcker, Bettler, Witwen u. Waisen, der unschuldig Verfolgten

Lit.: A. Stolz, Die gekreuzigte Barmherzigkeit (Freiburg/B. 1934[32]) – E. Busse-Wilson, Das Leben der hl. Elisabeth (München 1931) – L. Wolpert (Würzburg 1947) – L. Weismantel (Würzburg 1949) – J. Lüthold (Freiburg/Schweiz 1950) – A. Bäumer (München 1953) – G. Kranz (Augsburg 1957) – N. de Robeck (Bonn 1958) – W. Nigg (Düsseldorf 1963) – J. Dobraczynski (Heidelberg 1965) – W. Nigg/N. Loose (Freiburg/B. 1979)

Elisabeth von Ungarn OP, Sel.

* um 1293 als Tochter aus der 1. Ehe des Königs Andreas III. von Ungarn. Schon als Kind wurde sie dem späteren König Wenzel III. von Böhmen verlobt. Sie wurde aber 1309 Dominikanerin in Töß bei Winterthur (Kt. Zürich). Sie hatte schwere Leiden zu tragen, ihr ganzes Leben bestand in der Ergebung in Gottes Willen. † 31. 10. 1336 im Kloster Töß. Ihr Leib ruht in einem Hochgrab neben dem Hauptaltar in der Kirche zu Töß.

Gedächtnis: 31. Oktober

Lit.: W. Muschg, Die Mystik in der Schweiz (Leipzig 1935)

Elisäus, Prophet

Name: hebr. Elischa' oder vielleicht besser

Eljaschah: Gott hilft. Griech. NT (Lk 4,27) Elisaios, Vulg. Elisaeus, Locc. Elischa
Er war der Sohn des Saphat aus Abel-Mechola (heute Tell el-Hammi, ca. 25 km südl. des Sees Gennesareth) u. wirkte als Prophet ca. 850–800 v. Chr. Seine Geschichte wird erzählt in 1 Kön 19,19 – 2 Kön 13,21. Er war Jünger u. Nachfolger des Propheten ↗ Elias u. setzte dessen Kampf gegen den heidnischen Baalskult u. seine Arbeit für die Wiederherstellung der Jahwe-Religion in Israel fort. Im Gegensatz zu seinem Meister u. Vorgänger hatte er eine Jüngerschaft um sich. Durch seine machtvolle Persönlichkeit wurde er zum Retter seines Volkes vor dem Einfall der Aramäer. In politischer Hinsicht erreichte er durch die Salbung des Jehu zum König den Sturz des Hauses Achab u. das unrühmliche Ende der gottlosen Isebel. Er erreichte zwar nicht die Bedeutung u. Nachwirkung seines Meisters Elias (im NT wird er nur einmal genannt, Elias hingegen 30mal!), doch die von ihm erzählten Wunderberichte sind noch zahlreicher: er macht das Wasser zu Jericho genießbar, 2 Bären fressen die ihn verspottenden Knaben, er vermehrt das Öl einer armen Witwe, sodaß sie ihren Gläubigern zahlen kann, er erweckt das Kind der Frau aus Schunem vom Tod, macht eine ungenießbare Speise eßbar, vermehrt Brot für 100 Männer, heilt den Aramäer Naaman, läßt das Beil, das im Wasser versunken ist, wieder finden, er wird auf wunderbare Weise vor den Soldaten der Aramäer gerettet. Diese Wunderberichte, in die sicher manches Legendenhafte eingewoben ist, zeigen die große Achtung, die er bei den Königen u. beim Volk genoß. Nach der Legende sollen Reliquien von ihm nach Ravenna gekommen sein.
Gedächtnis: 14. Juni
Darstellung: einen zweiköpfigen Adler (oder Taube) auf der Schulter (bedeutet den „zweifachen Anteil des Geistes des Elias“: 2 Kön 2,9). Mit Bären, die die ihn verspottenden Knaben fressen (2 Kön 2,24). Mit Beil (oder Eisen), das auf dem Wasser schwimmt (2 Kön 6,6). Himmelfahrt des Elias auf feurigem Wagen (2 Kön 2,2 ff)

Lit.: Kommentare zu den Königsbüchern – O. Plöger, Die Prophetengeschichten der Samuel- u. Königsbücher (Diss. Greifswald 1937)

Elke, fries. F. zu ↗ Adelheid

Ella (Ellen), Eleonora ↗ Elisabeth, ↗ Helena

Ellinger OSB, Abt **von Tegernsee,** Sel.
Er wurde im Kloster Tegernsee (Oberbayern) erzogen, trat dort in den Benediktinerorden ein u. wurde 1017 Abt. Als solcher hob er die wirtschaftliche Lage u. die wissenschaftlichen u. künstlerischen Leistungen des Klosters. Die von ihm eingeleitete Reform machte aber manche Mönche unzufrieden, weshalb er 1026 zur Abdankung gezwungen wurde. Nach dem Tod seines Nachfolgers wurde er aber durch Bisch. ↗ Godehard von Hildesheim 1032 wieder als Abt eingesetzt. Er reformierte mit seinen Mönchen 1031/32 die Abtei Benediktbeuern (Oberbayern). Doch 1041 wurde er durch Bisch. Nizzo von Freising wiederum ohne eindeutige Gründe abgesetzt u. nach Niederaltaich verbannt. Ellinger trug alle Verfolgungen u. Leiden mit großer Ergebenheit u. gab sich ganz dem Gebet u. dem Herstellen kunstvoller Handschriften hin. Gegen Ende seines Lebens konnte er wieder nach Tegernsee zurückkehren, wo er (am 13. 5.) 1056 starb. Seine Gebeine wurden 1218 erhoben u. etwas später auf dem Vitusaltar der Abteikirche Tegernsee beigesetzt.
Gedächtnis: 13. Mai
Lit.: B. Schmeidler (München 1938) – Bauerreiß II 87 266 – H. Plechl, Studien zur Tegernseer Briefsammlung: DA 11 (1954/55) 422f

Elma ↗ Alma

Elmar, Bisch. u. Glaubensbote **in Lüttich,** Hl. (Elmer)
Name: ↗ Aldemar
Er wirkte im 7./8. Jh. als Bisch. u. Glaubensbote in der Gegend von Lüttich. Sein Leben ist aber durch die spätere Legende derart überwuchert, daß Einzelheiten nicht mehr sicher erkannt werden können. Er starb zu Molhain bei Lüttich am 28. 8. um 700(?). Seine Gebeine werden in der Stiftskirche zu Melhan bei Marienburg (Diöz. Lüttich) verehrt.
Gedächtnis: 28. August

Elmar ↗ Aldemar

Elmo ↗ Erasmus

Else ↗ Elisabeth

Elvira, Äbtissin **von Öhren,** Hl. oder Sel. (Erlvira)
Name: westgot. alah (heilig, Heiligtum) + wara (Hüterin): Hüterin des Heiligtums. Der Name kam aus dem Span. als Elvira ins Dt.
Sie lebte im 11./12. Jh. u. leitet als Äbtissin das Kloster Öhren (St. Irmin) zu Trier. Näheres ist nicht bekannt.
Gedächtnis: 16. Juli

Elvira, Märt. **in Périgord,** Hl. oder Sel.
In der Landschaft Périgord (Gebiet um Périgueux, Südwestfrankreich) wird diese Elvira verehrt. Sie war Nonne u. starb als Märt. Wann sie gelebt hat, ist unbekannt.
Gedächtnis: 25. August

Elzear von Sabran, Hl. (Gotthelf)
Name: hebr. el-hazar, Gott hat geholfen. LXX, griech. NT, Vulg.: Eleazar (↗ Lazarus); Luther, Locc.: Eleasar. Der Name war in der Zeit nach dem babylonischen Exil bes. häufig
* um 1285 aus dem alten Grafengeschlecht der Sabran zu Ansouis (Provence, nördl. von Marseille). Seine Mutter Lauduna war wegen ihrer Wohltätigkeit als die „gute Gräfin" bekannt. Bereits mit 10 Jahren wurde er mit der sel. ↗ Delphina von Signe, die damals 12 Jahre zählte, vermählt. Mit 23 Jahren verlor er seine Eltern u. mußte die Verwaltung der reichen Erbgüter auf sich nehmen. Nun konnte er mit noch größerem Eifer Werke der Nächstenliebe u. Caritas üben, als er es bisher schon immer getan hatte. 1312 kämpfte er auf seiten Neapels gegen Kaiser Heinrich VII., war Erzieher Herzog Karls von Kalabrien u. ging auch in dessen Dienst als Gesandter Roberts von Neapel an den Hof von Frankreich. Wahrscheinlich war er Franziskaner-Terziar. † 27. 9. 1323 in Paris. Sein Leib wurde 1324 nach Apt (Provence) überführt. Der Theologe Franz von Maironis (François de Meyronnes) OFM, der vermutlich sein Beichtvater war, hielt dabei die Leichenrede. Elzear wurde 1369 von seinem Patenkind, Papst Urban V., heiliggesprochen.
Gedächtnis: 27. September
Lit.: B. Roth, Franz von Maironis (Werl 1936) 38 42ff – Studi Francescani, 33 (Florenz 1936) 164–179

Emebert, Hl. (Imbert)
Name: Dem 1. Wortbestandteil liegt die ahd. Wurzel heim (Dorf, Flecken, Heim) zugrunde, welche heute noch in vielfacher Abwandlung in Orts- u. Personennamen weiterlebt. Der 2. Wortbestandteil ist ahd. beraht (glänzend, berühmt): der in seiner Heimat Berühmte
Er war Sohn des Grafen ↗ Witgar, des Gemahls der hl. ↗ Amalberga, u. Bruder der hl. ↗ Gudula u. der hl. ↗ Reineldis. Wahrscheinlich ist er identisch mit Bisch. ↗ Hildebert (nicht Ablebert) von Cambrai-Arras. Er bestrafte Leute, die das Grab der hl. Gudula entweiht hatten, mit dem Anathem. † 713/715. Er wurde zunächst in Ham (Brabant, Belgien) beigesetzt u. später nach Maubeuge (an der Sambre, Nordfrankreich, Grenze zu Belgien) überführt. Das Grab konnte aber im 17. Jh. nicht mehr gefunden werden.
Gedächtnis: 15. Jänner
Lit.: BnatBelg VI 571ff – Duchnese FE III 111

Emerentiana, Märt. **zu Rom,** Hl.
Name: zu lat. emerita, die Wohl-Verdiente.
Sie starb vielleicht unter Diokletian (um 304). Die legendarische Passio, eine Erweiterung der Legende der hl. ↗ Agnes, erscheint zuerst bei Pseudo-Ambrosius (Kommentar zu den Paulus-Briefen, verfaßt 366/384 zu Rom). Danach sei sie eine Milchschwester der hl. Agnes gewesen u. habe bei deren Bestattung als Katechumene selbst die Bluttaufe durch Steinigung erhalten. Ihre Gebeine ruhen in der Kirche St. Agnes an der Via Nomentana zu Rom. Unter dem Einfluß der Passio wurde in Gallien ihr Festtag am 23. Jänner begangen (Agnes: 21. Jänner).
Gedächtnis: 23. Jänner
Lit.: MartHieron 510 – ECatt V 282f

Emerita, Märt. zu Dreiburg, Hl.
Name: ↗ Emerentiana
Sie ist die Schwester des hl. Bisch. ↗ Lu-

cius von Chur, mit dem sie zuerst in Chur (Schweiz) lebte. Sie ging später nach Dreiburg (Trimmis, Kt. Graubünden, Schweiz), wo sie mit großem Eifer, aber ohne Erfolge, das Evangelium verkündete. Sie erlitt das Martyrium durch den Feuertod. † 5./6. Jh.
Gedächtnis: 26. Mai (andere: 4. Dezember)

Emil ↗ Ämilianus, ↗ Ämilius

Emilia (Aemilia) **Bicchieri** OP, Sel.
Name: ↗ Ämilianus
* 1238. Sie stiftete das Dominikanerinnenkloster zu Vercelli (zw. Mailand u. Turin) u. trat selbst als Nonne dort ein. Sie war einige Zeit dort Priorin. Sie hatte die Gabe der Wunder, der Schmerzen der Dornenkrone u. der Weissagung. † 3. 5. 1314 zu Vercelli. Ihr Kult wurde 1769 durch Clemens XIV. bestätigt.
Gedächtnis: 3. Mai
Darstellung: als Ordenspriorin, weiße Taube über ihr
Lit.: G. G. Meersseman: AFP 24 (1954) 199–239 (Lit.)

Emilie Wilhelmine **de Rodat,** Hl.
* 6. 9. 1787 auf dem Familienansitz Druelle in Saint-Martin de Limouze (Diöz. Rodez, Südfrankreich). Den größten Teil ihrer Kindheit verbrachte sie auf dem Schloß Ginals, ihre Erziehung übernahm ihre Großtante Agathe de Pomairols, eine durch die Franz. Revolution vertriebene Visitantin (Orden v. d. Heimsuchung Mariä, Salesianerin; ↗ Franz von Sales). Schon als Kind widmete sie sich sehr eifrig dem Gebet u. scheint eindeutig mystische Gnaden erhalten zu haben. Doch mit 14 Jahren machte sie eine sehr weltliche Periode durch u. ließ sich von allen möglichen, wenn auch unschuldigen Vergnügungen hinreißen. Am Fronleichnamstag 1804 fand sie aber durch eine plötzliche Umkehr zu noch größerer Innerlichkeit als zuvor. 1805 zog sie nach Villefranche u. unterstellte sich einem heiligmäßigen Priester, dem Vikar von Villefranche Abbé Marty. Von 1809 bis 1812 unternahm sie 3 vergebliche Versuche, in eine Ordensgemeinschaft aufgenommen zu werden. Endlich 1815 erkannte sie ihre wahre Berufung: Mit 3 Mädchen gründete sie in Villefranche das „Institut des hl. Joseph“, das 1822 in „Schwestern von der hl. Familie“ umbenannt wurde u. sich dem Unterricht für arme Kinder u. der Betreuung der Kranken widmete. Die Gründerin wurde aber anfangs stark kritisiert u. von der Geistlichkeit der Stadt nur wenig unterstützt. Sie leitete die Kongregation bis knapp vor ihrem Tode. Trotz schwerer körperlicher Leiden (sie hatte ein schmerzhaftes Gewächs in der Nase) u. zermürbender innerer Prüfungen (sie litt an einem tiefen Gefühl der Verlassenheit u. an Versuchungen gegen den Glauben) war sie dennoch eine umsichtige u. tatkräftige Oberin. Neue Probleme entstanden bei der Schaffung eines nicht-klausurierten Ordenszweiges, der zur Betreuung der Bergarbeiter in Decazeville notwendig geworden war. In allen Schwierigkeiten zeigte die Ordensgründerin die gleiche Selbstlosigkeit u. das gleiche Gottvertrauen. Gemäß den Bedürfnissen ihrer Zeit weitete sie den ursprünglichen Wirkungsbereich aus: häusliche Krankenpflege, Gefängnisbesuche, Betreuung von Büßerinnen. Sie starb am 19. 9. 1852 in Villefranche. Im Gehorsam gegen ihren Beichtvater diktierte sie vor ihrem Tod diesem ihre Lebensgeschichte, über die mystischen Erfahrungen äußerte sie sich aber sehr zurückhaltend. Seliggesprochen 9. 6. 1940, heiliggesprochen 23. 4. 1950.
Gedächtnis: 19. September
Lit.: P. Manns, Reformer der Kirche (Mainz 1970) 999ff – AAS 43 (1951) 644ff

Emilie de Vialar (Émilie-Anne-Marguerite-Adélaïde de Vialar), Hl.
* 12. 9. 1797 in Gaillac (nordöstl. von Toulouse, Südfrankreich) aus reicher u. angesehener Familie, in der aber ein recht konventionelles Christentum geübt wurde. 1810 bis 1812 verbrachte sie in einem Pensionat in Paris. Während dieser Zeit verlor sie ihre Mutter. Bis zu dieser Zeit scheint sie mystische Erlebnisse gehabt zu haben, die aber mit dem Erkalten ihres rel. Eifers aufhörten, anläßlich einer Mission 1816 aber wieder neu auflebten. Sie legte das Gelübde der Ehelosigkeit ab, ohne sich aber an einen Orden zu binden. Inzw. hatte sich ihr Elternhaus durch sie zu einem Sammelplatz für alle Armen u. Notleidenden der Stadt entwickelt. Als sie gar einmal ihrem Vater gegenüber die Idee von der Gründung einer

eigenen Kongregation äußerte, gab es heftige Auseinandersetzungen. Dieses Vorhaben setzte sie 1835 in die Tat um u. gründete mit 3 Gefährtinnen in Gaillac die Kongregation „St. Joseph von der Erscheinung" (zum Gedenken an die Erscheinung des Engels, der dem hl. Joseph im Traum die Menschwerdung Gottes verkündete). Der neuen Gemeinschaft erwuchs in der Hilfe an Armen u. Kranken ein außergewöhnlich reiches Arbeitsfeld u. konnte sich trotz mannigfacher innerer u. äußerer Schwierigkeiten rasch ausbreiten, so in Afrika (die 1. Tochterniederlassung in Algerien allerdings nur 1 Jahr), Wien, Griechenland, Palästina, Indien u. Australien. Nach langem Mißtrauen von seiten der Geistlichkeit u. der Bischöfe fand sie endlich ins Msgr. de ↗ Mazenod, Bisch. von Marseille, Rückhalt u. konnte dort das Mutterhaus errichten. † 24. 8. 1856 in Marseille. Seliggesprochen am 18. 6. 1939, heiliggesprochen am 24. 6. 1951.
Gedächtnis: 24. August
Lit.: AAS 45 (1953) 113ff – P. Manns, Reformer der Kirche (Mainz 1970) 1001ff

Emilie ↗ Ämiliana

Emma ↗ Hemma, ↗ Imma

Emmanuel, Bisch. **von Cremona,** Sel.
Name: hebr. immanu'el, Gott ist mit uns. In einer Messias-Prophetie verkündet Isaias dem Achaz: „Siehe, die Jungfrau wird empfangen u. einen Sohn gebären u. seinen Namen ‚Immanuel' nennen" (Is 7, 14). Matthäus nimmt auf diese Stelle Bezug, wo ein Engel den Josef im Traum über die jungfräuliche Empfängnis Jesu im Schoß Marias unterrichtet (Mt 1,23).
Er war 1190–1195 Bisch. von Cremona (südöstl. von Mailand), wurde aber aus politischen Gründen von seinem Bischofssitz vertrieben u. zog sich in die Zisterzienserabtei Adwerth (Friesland) zurück, wo er im Ruf der Heiligkeit am 1. 10. 1198 starb.
Gedächtnis: 1. Oktober
Lit.: Archivio storico di Lombardia 37 (Mailand 1910) 415–424 – Cist 26 (1914) 43ff, 27 (1915) 68 – Zimmermann I 262

Emmanuel, Märt. **in Kleinasien,** Hl.
Er wurde vermutlich unter Diokletian (284–305) zus. mit einem Gefährten namens Quadratus u. anderen Christen gemartert.
Gedächtnis: 26. März

Emmelia, Hl.
Name: zu griech. emmelēs; melodisch, klangvoll, rhythmisch; dann: maßvoll, angemessen, tauglich
Sie war die Gattin des hl. ↗ Basilius d. Ä. u. die Schwiegertochter der hl. ↗ Makrina d. Ä. Sie hätte gern den jungfräulichen Stand gewählt, sah sich aber wegen des frühen Todes ihrer Eltern genötigt, 315 in den ehelichen Stand zu treten. Sie schenkte 10 Kindern das Leben, 4 Knaben u. 6 Mädchen, von denen eines frühzeitig starb. Die ganze Familie war so fromm u. gottesfürchtig, daß sie mehrere Heilige aufzuweisen hat. Das älteste der Kinder ist die hl. ↗ Makrina d. J., die Namen der Knaben sind: der hl. ↗ Basilius d. G., Naukratios, der hl. ↗ Gregor von Nyssa u. der hl. ↗ Petrus von Sebaste (das jüngste der Kinder). Die Namen der 5 übrigen Mädchen sind nicht bekannt. Als ihr Gemahl 330 starb, ging sie mit ihrer ältesten Tochter Makrina in ein Kloster zu Neocäsarea in Kappadokien (heute Niksar am Schwarzen Meer), wo sie 372 starb. Zus. mit ihr wurden ihre Eltern u. ihre Tochter Makrina im selben Grab in diesem Kloster beigesetzt.
Gedächtnis: 30. Mai

Emmeram, Bisch. **von Regensburg,** Hl.
(Haimrham, Heimeran)
Name: ahd. heim (Heim, Dorf, Flecken; vgl. ↗ Emebert) + hraban (Rabe): Rabe der Heimat, d. i. Wotanskämpfer für die Heimat (der Rabe war wie der Wolf Wotan, dem höchsten Gott der Germanen, geweiht)
Er war ein fränkischer Missionsbisch., wahrscheinlich aus Poitiers (Nordwest-Frankreich). Er wurde Anfang des 8. Jahrhunderts vermutlich auf Geheiß eines Agilulfinger-Herzogs nach Regensburg berufen u. wirkte von hier aus in Bayern. Über sein Leben u. Wirken wissen wir trotz des gelehrten Biographen Arbeo, Bisch. von Freising (ca. 764–782) nur wenig, da dieser nur unsichere mündliche Quellen benutzte. Er wurde vom Sohn

Herzog Theodos fälschlich verklagt, er habe dessen Schwester Uta verführt. So wurde er auf einer Reise nach Rom in Kleinhelfendorf bei Aibling (westl. von Rosenheim) überfallen u. durch Verstümmelung aller Glieder grausam zu Tode gemartert. † 715. Sein Leib wurde in die Kirche St. Georg in Regensburg übertragen. Seine Gebeine wurden durch Bisch. ↗ Gaubald von Regensburg (739–760) erhoben. Über seiner Ruhestätte entstand bald die Benediktiner-Abtei St. Emmeram (Regensburg).
Liturgie: Regensburg F (Nebenpatron der Diöz.), Eichstätt, München-Fr. g am 22. September
Darstellung: als Bisch.; von hinten mit einer Lanze durchstochen, an eine Leiter gebunden u. in Stücke zerschnitten
Lit.: krit. Ausg. seiner Vita von B. Krusch: MGSS rer. Germ. (1920), neu hrsg. von B. Bischoff, Leben u. Leiden des hl. Emmeram (München 1953) bes. 100 – Zimmermann III 88f – Bächtold-Stäubli II 805f – Braun 220 – Bauerreiß I 53 – I. Staber, Der hl. Bisch. Emmeram, in: Bavaria Sacra I (Regensburg 1970)

Emmerich von Ungarn, Hl. (Emerich, Heinrich, ungar. Imre)
Name: verschiedene Deutungen: a) aus *Amal-rich:* Amaler, Amelungen (ostgot. Königsgeschlecht) + ahd. rihhi (begütert, reich, Herrscher, Herrschaft): Fürst der Amelungen. b) aus Heim-rich, Heimerich: ahd. heim (Heim, Dorf): Fürst des Heimatstammes. In lat. Quellen wird auch Henricus (↗ Heinrich) geschrieben
* 1000/1007. Er ist der einzige Sohn König ↗ Stephans I. von Ungarn, der das Mannesalter erreichte. Seine Mutter ist die sel. ↗ Gisela. Er wurde von Bisch. ↗ Gerhard von Csánad trefflich erzogen u. berechtigte zu den schönsten Hoffnungen. Mit seiner Frau, einer griech. Prinzessin, lebte er in enthaltsamer Ehe. König Stephan wollte ihn an der Regierung teilnehmen lassen, doch er starb an den Folgen eines Jagdunglückes kurz vor seiner Krönung, vermutlich am 2. 9. 1031, u. wurde zu Stuhlweißenburg bestattet. Seine Kanonisation erfolgte zus. mit der seines Vaters auf Veranlassung von König ↗ Ladislaus I. am 5. 11. 1083 durch feierliche Erhebung seiner Gebeine.
Liturgie: Eisenstadt g am 5. November
Darstellung: als junger Ritter, Herzog oder Königssohn mit Ungarn-Schild. Mit Schwert u Lilie. Maria mit dem Kind erscheint ihm
Lit.: ActaSS Nov. II/1 (1894) 477–491 – Szent István Emlékkönyv (St.-Stephan-Gedenkbuch) I (Budapest 1938) 412–418, 557–570, II 570–573 – Braun 220

Emming (Emmig), Märt., Hl.
Er war Mitarbeiter des hl. ↗ Willehad u. wirkte als Glaubensbote in Friesland. Beim Sachsenaufstand unter Widukind 782 konnte Willehad entfliehen, Emming dagegen erlitt mit anderen Gefährten am 30. 11. 782 an der unteren Weser den Martertod.
Gedächtnis: 30. November

Engelbert Poetsch OSB, Abt **von Admont,** Sel.
Name: ahd. angul (Winkel, Bucht; davon der Name des germ. Volksstammes der Angeln, die ursprünglich an der Meeresbucht von Schleswig wohnten) + beraht (glänzend, berühmt): berühmt wie die Angeln. Nach der Christianisierung der Germanen wurde Angil-bert zu Engil-bert (Engel) umgedeutet. (Nf. Engelbrecht)
* um 1250 aus adeligem Geschlecht. Er trat schon als Jugendlicher in das OSB-Stift Admont (Steiermark) ein u. studierte 1271–1288 in Prag u. Padua Naturwissenschaften u. Theologie. 1297 wurde er zum Abt gewählt. Er war ein vielseitiger Schriftsteller u. verfaßte ca. 40 Abhandlungen über dogmatische, philos., naturwissenschaftliche u. staatspolitische Themen. Seine wichtigsten Schriften sind De regimine principum (Über die Regierungsgewalt der Fürsten) und De ortu et fine Romani Imperii (Über Herkunft u. Sinn des Römischen Reiches). In diesem 2. Werk vertritt er die Einheit zwischen Reich u. Kirche u. die von Gott gestiftete Gleichrangigkeit von Papst u. Kaiser. Weil er die Kaisermacht seiner Zeit schwinden sah, verbindet er damit letztzeitliche Vorstellungen von der baldigen Wiederkunft Christi. Engelbert dankte 1327 ab u. starb 1331.
Gedächtnis: 10. April (früher 12. Mai; jeweils angenommener Todestag)
Lit.: P. J. Wichner, Gesch. von Admont III (Graz 1875) (Werke) – DSAM IV (Stichwort) – Stegmüller RB II nn. 2240–2245

Engelbert Kolland OFM, Märt., Sel. (Taufname: Michael)

* am 21. 9. 1827 in Ramsau (Zillertal, Tirol) als 5. von 6 Kindern. Seine Mutter Maria war kath., sein Vater Kajetan bekannte sich zum Protestantismus u. war sogar Wortführer u. geistiges Haupt der Zillertaler Protestanten (Inklinanten). Wegen der konfessionellen Spannungen u. der daraus folgenden öffentlichen Ruhestörung kam es am 12. 1. 1837 zum allg. Ausweisungsbefehl für alle Protestanten des Zillertales. Während sich die meisten Auswanderer in der Kolonie Zillerthal bei Erdmannsdorf (Preußisch-Schlesien; bestand bis 1946) niederließen, übersiedelte die Familie Kolland nach Rachau bei Knittelfeld (Steiermark). Später konnte die Mutter ihren Mann dazu bewegen, kath. zu werden, um wieder in die Heimat zurückkehren zu können. Inzw. nahm sich Kard. Friedrich von Schwarzenberg, Fürsterzb. von Salzburg, der jüngeren Kinder, bes. des Michael u. seines älteren Bruders Florian an. Er eröffnete in Salzburg ein Kleinseminar (seit 1847 „Borromäum") u. nahm Michael, etwas später auch Florian unter die ersten Zöglinge auf (Florian starb noch vor der Priesterweihe). Michael wurde wegen seines hitzigen u. eigensinnigen Temperamentes zweimal fortgeschickt, konnte aber das Gymnasium beenden u. trat 1847 in Salzburg dem Franziskanerorden bei, wo er bei der Einkleidung den Namen Engelbert erhielt. Sein Novizenmeister war Peter Singer OFM, ein berühmter Musiker seiner Zeit u. ein frommer, seeleneifriger Priester, unter dem Frater Engelbert in Selbstdisziplin u. Spiritualität erstaunliche Fortschritte machte. Engelbert studierte Philosophie u. Theologie in Schwaz, Hall, Kaltern u. Bozen, wo er 1850 die feierliche Profeß ablegte u. 1851 die Priesterweihe erhielt. Hatte er sich am Gymnasium mit Latein u. Griechisch eher schwer getan, so erlernte er jetzt mit erstaunlicher Leichtigkeit Arabisch, Ital., Franz., Span. u. Englisch u. übersetzte das Werk Mistica Ciudad de Dios der Maria de Agreda (Madrid 1670) ins Dt.e. Mit Erlaubnis seiner Obern ging er am 27. 3. 1855 als Missionar ins Hl. Land u. kam zunächst als Seelsorger an die Grabeskirche in Jerusalem, am 8. 6. 1855 in das Pauluskloster in Damaskus. Anfangs litt er unter Heimweh u. dem reservierten Verhalten seiner span. u. ital. Mitbrüder, konnte aber durch sein liebenswürdiges, heiteres Wesen u. seine tiefe Frömmigkeit mit der Zeit alle Herzen gewinnen. Bei den Arabern hieß er Abuna Malak (Vater Engel), bei den lat. Christen Angelo. Mit den anderen Patres betreute er mit größtem Eifer die wenigen lat. Christen u. die unierten Armenier, die damals ohne Priester waren. Direkt neben einer Moschee baute er einen Glockenturm u. beschaffte dazu eine 400 kg schwere Glocke. Bei einem allg. Aufstand der schiitischen Drusen (islam. Geheimsekte), unterstützt von türkischem Militär, wurden er u. seine Mitbrüder am 10. 7. 1860 ermordet. Seliggesprochen am 10. 10. 1926. (s. Märt. in Damaskus, S.887)
Liturgie: Salzburg G, Graz-Seckau, Innsbruck g am 10. Juli

Lit.: AAS 18 (1926) 411ff – AOFM XLV 269–272 – AureolSeraf IV (1950) 133–157– O. Altmann, Der sel. Engelbert K. (München 1960) (brosch.) – Ders., Ein dt. Glaubensheld (Altötting 1961)

Engelbert I., Erzb. **von Köln**, Hl.
* wahrscheinlich 1185 als Sohn des Grafen Engelbert von Berg. Er wurde schon von Kindheit an für den geistlichen Stand bestimmt. Er war zuerst Domizellar in Köln (canonicus domicellaris: sog. „Jungherr", ein Kanoniker ohne Stimmrecht, Chorsitz u. Pfründe), wurde 1198 Propst von St. Georg in Köln u. 1199 Dompropst. Im Thronstreit zw. Otto IV. u. Philipp von Schwaben, der 1198–1208 währte, folgte er in jugendlichem Eifer blindlings der treulosen Politik seines Vetters Adolf I., Erzb. von Köln (die unglückselige Doppelwahl 1198; Übertreten Ottos zu Philipp 1204, als dieser erfolgreich wurde). Deshalb wurde er abgesetzt u. exkommuniziert. Er unterwarf sich aber dem Papst, wurde wieder in die Dompropstei eingesetzt u. kämpfte zur Buße 1212 gegen die Albigenser. Nach der Absetzung Erzb. Adolfs wurde er 1216 vom Domkapitel einstimmig zum Erzb. von Köln gewählt u. 1217 zum Bisch. geweiht. Als solcher tilgte er energisch die Folgen der langjährigen Verheerungen u. Verwilderungen in seinem Kirchengebiet u. leistete den wirtschaftlichen u. geistigen Wiederaufbau. Er verfolgte eine weitsichtige Bündnispolitik im geistlich-kirchlichen wie im weltlichen Bereich. Er erwarb sich

im hohen Maß die Gunst Kaiser Friedrichs II., sodaß ihn dieser zum Vormund seines Sohnes Heinrich u. zum Reichsverweser ernannte. Sein Mündel Heinrich krönte er 1222 in Aachen zum König. Er trat tatkräftig für die Rechte der Armen gegen ihre Bedrücker ein u. beschützte namentlich die geistlichen Anstalten gegen die Übergriffe von seiten der Landvögte. Dadurch zog er sich den Haß des Adels zu, bes. den des Grafen von Isenburg, der namentlich das Frauenkloster in Essen dem Ruin nahebrachte. Sein eigener Vettersohn Friedrich von Isenburg, Vogt von Essen, ließ ihn im Lindengraben bei Gevelsberg (nordöstl. von Köln) meuchlings überfallen u. auf gräßliche Weise ermorden. † 7. 11. 1225. Seine Gebeine ruhen im Kölner Dom (barocker Engelbert-Schrein von 1633) u. im Altenberger Dom.
Liturgie: Essen, Köln g am 7. November
Darstellung: als Erzb. mit Pallium u. Buch
Lit.: H. Foerster (Elberfeld 1925) – Th. Rensing, Die Ermordung Engelberts des Heiligen: Westfalen 33 (Münster 1955) 125–143 – A. Stelzmann: Jahrb. des Kölnischen Gesch.-Ver. 33 (1958) 179–199

Engelbert ↗ Angilbert

Engelbrecht ↗ Engelbert, ↗ Angilbert

Engelhard OFM, Hl.
Name: ahd. angilo (vom Volksstamm der Angeln) + harti (hart, kühn): kühn wie die Angeln
Er war einer der ersten Gefährten des hl. ↗ Franz von Assisi u. wurde 1219 von diesem mit anderen Ordensbrüdern zur Glaubenspredigt nach England gesandt. Er starb um 1230 in Oxford im Ruf der Heiligkeit.
Gedächtnis: 12. März

Engelmar, Märt., Sel.
Name: ahd. angilo (zum Stamm der Angeln gehörig) + mar, zu maren (erzählen, rühmen): berühmt wie ein Angel (vgl. ↗ Engelbert)
Er stammte aus der Gegend von Passau u. baute sich im Bayrischen Wald eine Hütte, wo er als Einsiedler lebte. Er war in der ganzen Gegend hoch geachtet, was den Neid seines Gefährten erregte, der ihn erschlug. † 1110. Seine Gebeine kamen 1125 nach Windberg bei Passau u. 1130 nach Engelmar. Die Kirche über seinem Grab ist ein vielbesuchter Wallfahrtsort.
Gedächtnis: 14. Jänner
Patron: der Bauern, um gute Ernte

Engelmund OSB, Abt **in England,** Glaubensbote, Hl.
Name: ahd. angilo (vom Stamm der Angeln; vgl. ↗ Engelbert) + mund (Schutz, Schützer; vgl. „Vormund"): Schützer der Angeln
* in England aus friesischem Geschlecht. Er trat frühzeitig dem Benediktinerorden bei u. wurde Abt. Er zog 690 mit dem hl. ↗ Willibrord nach Friesland u. predigte in Kennemar (Niederlande) das Evangelium. † 1. Hälfte d. 8. Jh.s in Velsen (Niederlande). Die Reliquien wurden später nach Utrecht gebracht, wo sie 1566 von den calvinistischen Geusen zerstreut, später wieder gesammelt u. nach Haarlem gebracht wurden. Sie sollen sich noch heute dort befinden.
Gedächtnis: 21. Juni

Engelram OSB, Bisch. **von Metz,** Sel.
Name: ahd. angilo (vom Stamm der Angeln; vgl. ↗ Engelbert) + hraban (Rabe, heiliges Tier Wotans): anglischer Wotanskämpfer
Er war zuerst Primicerius des Domkapitels in Metz u. hatte als solcher die Aufsicht über die Diakone u. den niederen Klerus. Er wurde Benediktinermönch im Kloster Gorze (Lothringen) u. später Bisch. von Metz. Er war auch Erzkaplan Karls d. G.
Gedächtnis: 9. September

Enneco OSB, Abt **von Oña,** Hl. (Enecon, Ynigo)
Name: wohl aus dem Westgotischen stammend, zu ahd. encho (Knecht). Span. Iñigo (so hieß ↗ Ignatius von Loyola)
Er lebte zuerst viele Jahre als frommer, weithin bekannter Einsiedler in den Pyrenäen. Nach dem Tod des Abtes Garcia des OSB-Klosters San Salvador in Oña (nordwestl. von Burgos, Nordspanien) konnten die dortigen Mönche den Eremiten erst nach langem Bitten dazu bewegen, ihnen als neuer Abt vorzustehen. Er verwaltete sein Amt so vorzüglich und war allseits so beliebt, daß bei seinem Tod sogar Juden u.

Sarazenen geweint haben sollen. † am 1. 6. 1057. Kult approbiert 1163.
Gedächtnis: 1. Juni

Enrica (ital.) ↗ Henrike

Enrico (ital.) ↗ Heinrich

Enswida OSB, Äbtissin, Hl. (Eanswida)
Name: angels. eans- zu ahd. ans-, as- (Gott, Ase) + witan (wissen): die wie die Asen (alles) Wissende
Sie stammte aus königlichem Geschlecht in England. Ihr Vater war Eadbald, ein Sohn des hl. ↗ Ethelbert von Kent. Nach seiner Bekehrung gestattete er seiner Tochter, den Schleier zu nehmen. In der Nähe von Folkestone bei Dover (England) erbaute sie ein Kloster mit einer Kirche u. wurde dort Äbtissin. † um 640.
Gedächtnis: 31. August (12. September)

Eoban, Bisch. **von Utrecht,** Hl. (Eaba, Eobo)
Er war ein Priester aus England (der Name deutet auf kelt. Abstammung) u. ging mit dem hl. ↗ Bonifatius nach Deutschland, von dem er 735 als Briefbote nach England geschickt wurde. Später wurde er Chorbisch., 753 Diözesanbisch. von Utrecht. Er wurde mit Bonifatius am 5. 6. 754 bei Dokkum (Friesland) ermordet. Seine Gebeine gelangten über Utrecht nach Fulda u. von dort nach Erfurt.
Liturgie: Fulda g am 7. Juni, sonst 5. Juni

Ephräm der Syrer, Diakon, Kirchenlehrer, Hl.
Name: hebr. efrajim, ursprünglich wahrscheinlich ein Orts- oder Landschaftsname. Ephraim war mit seinem älteren Bruder Manasse ein Sohn des ägyptischen Joseph u. wird von Jakob bei dessen Segen dem älteren Bruder vorgezogen (Gen 48,8–22). Der Stamm Ephraim wurde in Mittel-Palästina sehr stark (sein Gebiet war zw. den heutigen Städten Ramallah u. Nablus u. zw. Tel Aviv u. dem Jordan) u. drängte bald den Bruderstamm Manasse nach Norden.
* um 306 in Nisibis oder dessen Umgebung (heute Nusaybin, südöstl. Türkei, an der Grenze zu Syrien) aus einer christlichen Familie. In seiner Jugend stand er unter starkem Einfluß der Asketen u. der Bischöfe von Nisibis, bes. Vologeses, unter dem er ein berühmter Lehrer an der Schule von Nisibis war. Dem Bisch. Abraham, dem Nachfolger des Vologeses, war er ein älterer Freund u. Berater. Als Nisibis 363 an die Perser ausgeliefert wurde, übersiedelte er nach Edessa (heute Urfa, südöstl. Türkei) u. nahm Bisch. Barses von Edessa gegenüber eine ähnliche Stellung ein. Sehr wahrscheinlich war er auch an der Schule von Edessa als Lehrer der syrischen Sprache tätig. Von ihm sind viele Werke erhalten, die allerdings nicht alle mit der gleichen Sicherheit ihm zuzuschreiben sind, nämlich Sermones (Ansprachen), z. T. sogar in dichterischem Versmaß, vor allem aber eine sehr große Zahl von Hymnen über die verschiedensten Themen des Glaubens. Am bekanntesten unter diesen sind die Hymnen auf die Gottesmutter Maria. Ephräm starb am 9. 6. 373. Er wurde 1920 zum Kirchenlehrer ernannt.
Liturgie: GK g am 9. Juni
Darstellung: als Kirchenlehrer, schreibend. Buch oder Buchrolle in der Hand. Eine feurige Säule erscheint ihm am Himmel (die Legende erzählt, ihm sei auf diese Weise seine spätere Bekanntschaft mit Basilius d. G. geweissagt worden)
Lit.: Bardenhewer IV 342–373 – G. Ricciotti, S. Efraimo Siro (Turin 1925) – Altaner 308–311 (Lit.) – Über seine Werke: s. LThK III 929 (Lit.)

Epiphanius, Bisch. **von Pavia,** Hl.
Name: griech. epipháneia, das Erscheinen, im christl. Sprachgebrauch: Erscheinung des Herrn (das Sichtbar-Werden Gottes in der Menschwerdung).
* 438 zu Pavia (südl. von Mailand). Schon mit 8 Jahren wurde er Lektor in der Kirche von Pavia u. 466 Bisch. von Ticinum-Pavia. Als solcher war er politisch sehr tätig: 471 ging er im Auftrag des Flavius Ricimer (Rikimer) nach Rom, um ihn mit dessen Schwiegervater, dem Kaiser Anthemios, zu versöhnen. 475 war er Mitglied der Gesandtschaft des Kaisers Julius Nepos beim Westgotenkönig Eurich in Toulouse. Auf der Rückreise besuchte er das Kloster Lérins (Insel gegenüber Cannes, Südfrankreich), eines der wichtigsten geistigen Zentren der damaligen Welt. Als Pavia 476 von Odoaker erobert u. geplündert wurde, er-

langte er einen 5jährigen Steuernachlaß. Wie bei Odoaker, stand er auch später bei Theoderich in hohen Ehren. Dieser sandte ihn 494 nach Lyon zu König Gundobad, um 6000 Gefangene freizubitten, die dieser 491 in der Po-Ebene gemacht hatte. Er ist einer der bedeutendsten Bischöfe zur Zeit der Völkerwanderung u. erhielt später den Ehrentitel „Decus Italiae, episcoporum lux et papa" (Zierde Italiens, Licht u. Vater der Bischöfe) u. „Pacificator Italiae" (Friedensengel Italiens). † 21. 1. 496 zu Pavia. Seine Gebeine kamen 962 in den Dom zu Hildesheim.
Gedächtnis: 21. Jänner
Darstellung: als Bisch. Almosen austeilend. Mit Hacke, Ölzweig, zerbrochener Kette
Lit.: BHL 2570–2573 – H. Grisar, Geschichte Roms u. der Päpste im Mittelalter I (Freiburg/Br. 1901) 751 – A. Bertram, Geschichte des Bistums Hildesheim I (Hildesheim 1899) 255, 262f

Eppo, Märt. **zu Lentzen,** Hl. (Ebbo, Ibbo, Hippo)
Name: Kf. zu angelsächs. ebur (Eber). Der Eber war den Germanen Urbild von Kampfesgeist u. Mut. Eppo war ein Priester u. wurde zus. mit ↗ Gottschalk am Altar stehend von einer heidnischen Rotte überfallen, auf den Altar hingestreckt u. mit Dolchen erstochen. † 1066 in Lentzen (Mark Brandenburg).
Gedächtnis: 7. Juni

Erasmus, Märt., Hl. (Herasmus, Rasimus)
Name: griech. erásmios, liebenswürdig, begehrenswert. Der Name wurde bes. bekannt durch den dt. Humanisten Desiderius Erasmus von Rotterdam, der eigentlich Geert Geerts hieß. Er übersetzte seinen Vornamen ins Lat., seinen Familiennamen ins Griech. (Kf. Rasmus, Ermo, Elmo)
Die reiche Legende um den Heiligen ist vorsichtig aufzunehmen. Danach stammte er aus Kleinasien u. war Bisch. von Antiochia in Syrien (heute Antakije, am Mittelmeer gegenüber Zypern). Er sei dort unter Diokletian u. später als Missionar in Sirmium in Illyrien (heute Mitrovicza an der Save, Jugoslawien) unter Maximian gefoltert worden u. nicht lange nachher in Formia (bei Gaeta, nordwestl. von Neapel) um 305 gestorben.
Volkskundliches: Erasmus ist einer der ↗ 14 Nothelfer (seit dem 13./14. Jh.) In den Küstengebieten Italiens, Spaniens, Portugals u. Frankreichs wurde er schon früh als St. Elmo von den Seeleuten als ihr Patron verehrt. Sein Attribut (Schiffswinde mit aufgewickeltem Ankertau) wurde in den Binnenländern als sein Marterwerkzeug mißverstanden, als habe man ihm mit der Winde die Eingeweide aus dem Leib gerissen. Daraufhin wurde er der Patron der Drechsler sowie der himmlische Helfer gegen Unterleibskrankheiten, Krämpfe u. Koliken. – Das Elmsfeuer, eine elektrische Entladungserscheinung an Schiffsmasten, Speerspitzen usw. war schon im Altertum bekannt u. wurde als günstiges oder auch ungünstiges Vorzeichen gedeutet. Christliche Seefahrer sahen in den Flämmchen neben St. Elmo auch St. Nikolaus, Maria mit dem Kind oder Klara. Bretonische Seeleute sehen in ihnen die Seelen Ertrunkener. Derartige Vorstellungen sind im Volk noch heute lebendig (hierin wird er oft mit ↗ Petrus Gonzáles verwechselt).
Gedächtnis: 2. Juni
Darstellung: als Bisch. mit Schiffswinde u. Ankertauen. Mit Weberschiffchen. Mit dreibeinigem Kessel, worin er in Pech gesotten worden sei, ein Engel erscheint ihm dabei. Mit Pfriemen oder Nägeln, die ihm unter die Fingernägel getrieben worden seien. Raben ernähren ihn als Einsiedler
Patron: der Drechsler, Schiffer, Seeleute, Weber
Lit.: O. Engels: HJ 76 (1957) 125–130 – Künstle II 210–213 – Braun 224–230 – G. Schreiber: ZSavRGkan 39 (1953) 373f

Erbin, König **in England,** Hl. (Erwin, Erwän)
Name: aus ahd. Herwin: heri (Heer) + wini (Freund): Freund des Heeres
Das Martyrologium Germaniae führt einen Heiligen dieses Namens, der im Jahr 480 als König von Cornwall (Südwestengland) starb.
Gedächtnis: 29. Mai

Erembert OSB, Bisch. **von Toulouse** (Irmenbert, Ermbert)
Name: von den Herminonen (Irminonen), einem westgerm. (swebischen) Volksstamm, aus ahd. irmin (groß, allumfassend)

+ beraht (glänzend, berühmt): berühmt wie ein Herminone
* um 600. Er wurde um 649 Benediktinermönch zu Fontenelle bei Caudebec-en-Caux an der Seine (östl. von Le Havre, Nordfrankreich) u. wurde Bisch. von Toulouse (Südfrankreich). Wegen körperlicher Gebrechlichkeit zog er sich aber wieder nach Fontenelle zurück. † 14. 5. 671 (672?). Die Reliquien sind vernichtet.
Gedächtnis: 14. Mai

Erenfrid, Sel. (Ezzo)
Name: ahd. arn, arin (Adler) + fridu (Schutz vor Waffengewalt, Friede): schützender Adler
* um 955. Er war Pfalzgraf von Lothringen u. vermählt mit Mathilde, einer Tochter Kaiser Ottos II. Er stiftete mit seiner Gemahlin 1024 die Benediktiner-Abtei Brauweiler bei Köln. † 21. 5. 1035 zu Saalfeld (Thüringen). Er wurde mit Mathilde in Brauweiler beigesetzt.
Gedächtnis: 21. Mai

Erentrudis OSB, Äbtissin **vom Nonnberg,** Hl. (Arindrud)
Name: ahd. arn, arin (Adler) + trud (Kraft, Stärke), oder auch trude von kelt. druid (Zauberin, Priesterin, Wahrsagerin): die Adler-Starke, bzw. die adlergleiche Seherin. (Nf. Ehrentrud, Ehrentraud)
Sie war eine Nichte des hl. ↗ Rupert. Mit ihm kam sie um 696 als gottgeweihte Jungfrau von Worms nach Salzburg u. wurde 1. Äbtissin des Benediktinerinnen-Klosters auf dem Nonnberg in Salzburg, welches Rupert um 700 gegründet hatte. † 30. 6. um 718. Sie wurde in der Krypta der Klosterkirche beigesetzt, wo noch heute der leere Sarkophag steht. Der größte Teil ihrer Reliquien befindet sich heute in einem Büstenreliquiar von 1318 u. in einem silbernen Schrein von 1624.
Liturgie: Salzburg G, Graz-Seckau g am 30. Juni
Darstellung: als Äbtissin mit Kirchenmodell, mit flammendem Herz u. Kreuz
Lit.: P. Karner, Die Heiligen u. Seligen Salzburgs: Austria sancta. Stud. u. Mitt. aus dem kirchengesch. Seminar Wien 12 (Wien 1913) 46ff – Künstle II 214 – E. Zöllner, Woher stammt der hl. Rupert?: MIÖG 57 (1949) 11f u. ö. – I. Zibermayr, Noricum, Baiern u. Österr. (Horn 1956²) 135 141 146f

Erhard, Bisch. **von Regensburg,** Hl.
Name: ahd. era (Ehre, Ansehen, Berühmtheit) + harti, herti (hart, mutig): der durch Ehren Starke
Er stammte vermutlich aus Narbonne (Südfrankreich u. war der Vorgänger des hl. ↗ Emmeram auf dem Bischofsstuhl von Regensburg, also um 700. Er entfaltete eine umfangreiche Missionstätigkeit in den Vogesen u. gründete dort 7 Klöster. Er taufte die hl. ↗ Odilia. Erhard genoß schon früh eine große Verehrung, wie etwa die Eintragung in das Totenbuch von St. Peter in Salzburg beweist. Seine Gebeine wurden am 8. 10. 1052 durch Leo IX. erhoben. Der Kult wurde aber durch den des hl. Emmeram fast verdrängt. Sein Leib ruht in Niedermünster (am Fuß des Odilienberges, Elsaß), aber nicht in der Erhardi-Krypta. Ein ihm zugeschriebener Stab stammt aus späterer Zeit.
Liturgie: Regensburg F am 8. Jänner (Nebenpatron der Diöz.)
Darstellung: als Bisch. mit 2 Augen auf einem Buch (er soll die blindgeborene Odilia durch die Taufe geheilt haben). Die hl. Odilia taufend. Mit Axt (weil er den Baum des Heidentums fällte)
Patron: der Schuhmacher; des Viehs
Lit.: Zimmermann I 58 60 – J. M. B. Clauss, Die Heiligen des Elsaß (Düsseldorf 1935) 153–157 – Braun 230 – Die Kunstdenkmäler im Königr. Bayern. Reg. Bez. Oberpfalz, 4. Regensburg II (München 1910) Heft 21 – Bauerreiß I² 52

Erich Plovpenning, König **von Dänemark,** Märt., Hl.
Name: in Deutschland im 19. Jh. als schwedischer Königsname Erik bekanntgeworden: anord. eir (Schonung, Friede), ahd. era (Gnade, Gabe, Ehre) + anord. riki, ahd. rihhi (mächtig, reich, Herrschaft, Reich): Friedensherrscher (vgl. ↗ Ehrenreich)
* 1216. Er war papsttreu u. rel. gesinnt (Franziskanerterziar). 1239 wurde er als päpstlicher Kandidat für den dt. Kaiserthron aufgestellt. Als König regierte er 1241–1250. Für einen Kreuzzug gegen Estland schrieb er für jeden Pflug (Plov) eine Steuer von 1 Penning (Pfennig) aus, weshalb ihm dieser Beiname gegeben wurde. Dieser Plan scheiterte aber an innerpolitischen Kämpfen u. an den Thronstreitigkeiten mit seinen 2 Brüdern. Bei einem Besuch

bei seinem Bruder Abel in Schleswig wurde er am 10. 8. 1250 treulos gefangen u. ermordet. Deshalb wird er als Märt. verehrt. Sein Grab ist in Ringsted (südwestl. von Kopenhagen).
Gedächtnis: 10. August
Lit.: M. C. Gertz, Vitae Sanctorum Danorum (Kopenhagen 1908–1912) 417–445 – Erichsen-Krarup I nn. 1056–1062

Erich IX. Jedvardson, König **von Schweden,** Märt., Hl.
Er regierte ca. 1150–1160. Er führte ein sittenreines, gegen sich selbst strenges Leben u. war ein Anwalt der Unterdrückten u. Schirmer der Kirche. Er unternahm 1154 u. 1156/57 Kreuzzüge gegen die räuberischen Finnen u. förderte deren Christianisierung. Den dänischen Königssohn Magnus gelüstete aber nach der Königskrone Schwedens u. er zettelte eine Verschwörung an. So wurde Erich angeblich während des Gottesdienstes in Gamla Uppsala am 18. 5. 1160 meuchlings überfallen u. ermordet. Seine Gebeine wurden 1273 nach Uppsala übertragen u. ruhen heute in einem goldenen Schrein hinter dem Hochaltar des Domes. Er ist Nationalheiliger Schwedens.
Liturgie: RK g am 10. Juli (mit Knud u. Olaf)
Darstellung: als bartloser jugendlicher König mit Schwert u. Banner oder Reichsapfel. Bei einem Altar
Patron: Schwedens
Lit.: B. Thordeman (Hrsg.), Erik den helige (Stockholm 1954) – J. Gallén: Credo 36-37 (Stockholm 1955–56)

Erik (norddt. u. skand.) ↗ Erich

Erika, weibl. F. zu ↗ Erich

Erkenbert CanAug, Sel.
Name: ahd. erkan (ausgezeichnet, edel, echt, wahr) + beraht (berühmt): der durch Echtheit Berühmte. (Eckenbert)
* um 1080 als Sohn des bischöflichen Kämmerers Reginmar zu Worms am Rhein. Er stiftete 1119 auf seinem Landgut Frankenthal (südl. von Worms) ein Augustiner-Chorherrenstift, wo er Propst wurde. Seine Gemahlin Richlindis stiftete ein Augustiner-Chorfrauenstift im nahegelegenen Ormsheim. † 24. 12. 1132 in Frankenthal.
Gedächtnis: 24. Dezember

Erkonwald OSB, Bisch. **von London,** Hl. (Erkenald)
Name: zu ahd. erkan (ausgezeichnet, edel, echt, wahr) + walt, von waltan (walten, herrschen): edler Herrscher
Er entstammte der Königsfamilie der Ostangeln, wurde Benediktiner u. gründete das Kloster Chertsey an der Themse (westl. von London), wo er Abt wurde. Er gründete auch das Frauenkloster Barkin (östl. von London, dem seine Schwester ↗ Ethelburga als Äbtissin vorstand. 675 wurde Erkonwald Bisch. von London. † 30. 4. 693. Sein Grab ist in der St.-Pauls-Kathedrale zu London.
Gedächtnis: 30. April
Darstellung: mit einem Wägelchen

Ermelinde ↗ Hermelindis

Ermenburga OSB, Hl. (Ermenburgis, Eremburga), Äbtissin **von Minster** (Domna Aebba, Domneva)
Name: zu ahd. irmin (groß, allumfassend; dazu der swebische Stammesname der Herminonen oder Irminonen) + burga (Schutz, Zuflucht; von bergan = bergen): große Schützerin, oder Schützerin der Herminonen
Sie war die Tochter des Fürsten Ermenred aus dem königlichen Geschlecht von Kent (Grafsch. in Südostengland). Sie stiftete auf der Insel Thanet (Nordost-Kent) das Kloster Minster (Minstrey). Nach dem Tod ihres Gatten trat sie dort als Nonne ein u. wurde dessen 1. Äbtissin. Sie hatte 3 Töchter, ↗ Milburga, ↗ Mildwida u. ↗ Mildreda. 695 übergab sie die Leitung des Klosters ihrer Tochter Mildreda. † nach 696.
Gedächtnis: 19. November (21. Jänner)
Lit.: Zimmermann III 329ff

Ermenfrid OSB, Abt **von Cusance,** Hl. (Irmfrid)
Name: ahd. irmin (↗ Ermenburga) + fridu (Schutz, Friede): großer Schützer
Er war Benediktinermönch von Luxeuil (nordwestl. von Belfort, Nordostfrankreich). Abt ↗ Eustasius von Luxeuil beauftragte ihn vor 636 mit der Gründung des Klosters Cusance in Burgund (zw. Besançon u. Belfort), wo er 1. Abt wurde. † 25. 9. um 670.

Gedächtnis: 25. September
Lit.: H. Zinzius, Untersuchungen über Heiligenleben der Diöz. Besançon: ZKG 46 (1927) 380–395 – Zimmermann III 101 103

Ermenhild OSB, Äbtissin **von Sheppey u. Ely,** Hl.
Name: zu ahd. irmin (↗ Ermenburga) + hilta, hiltja (Kampf): große Kämpferin
* 630/640 als Tochter des Königs Erkonbert von Kent (Südostengland) u. der hl. ↗ Sexburga. Sie war die Gattin des Wulfher von Mercia u. Mutter der hl. ↗ Werburga. Als ihr Gatte 675 starb, trat sie in das Benediktinerinnenkloster auf der Insel Sheppy (an der Themsemündung) ein, wo sie Äbtissin wurde. Später wurde sie Äbtissin des Klosters Ely (nördl. von Cambridge, Ostengland), wo sie um 700 starb.
Gedächtnis: 13. Februar
Lit.: Zimmermann I 207ff

Ermentrud ↗ Irmtrud

Ermin OSB, Abt u. Bisch. **von Lobbes,** Hl. (Erminon, Irmin, Hermin)
Name: ahd. irmin (↗ Ermenburga)
Er entstammte einer fränkischen Familie zu Herly. Er wurde von Bisch. Madelgar von Laon zum Priester geweiht u. wurde dessen Kaplan u. Beichtvater. Er war befreundet mit dem hl. ↗ Ursmar, in dessen Kloster er später auch eintrat. Nach der Resignation Ursmars 711/712 wurde er Abt u. Bisch. von Lobbes (an der Sambre, Südbelgien). † 25. 4. 737. Seine Gebeine wurden 1409 in das nahegelegene St-Ursmer übertragen.
Gedächtnis: 25. April
Lit.: Zimmermann II 69 71f

Erminold OSB, Abt **von Prüfening,** Sel.
Name: ahd. irmin (↗ Ermenburga) + walt zu waltan (herrschen): großer Herrscher
Er war Benediktinermönch in Hirsau bei Calw (Schwarzwald). Er wurde 1114 von Bisch. ↗ Otto von Bamberg als 1. Abt des neugegründeten Klosters Prüfening bei Regensburg (heute im Stadtgebiet) berufen als Vertreter der strengen klösterlichen Zucht nach der Regel ↗ Wilhelms von Hirsau u. 1117 ordiniert. Kaiser Heinrich V., dessen Vater Heinrich IV. den Investiturstreit heraufbeschworen hatte u. 1112 selbst von einer Synode in Vienne exkommuniziert worden war, kam einmal mit großem Gefolge, um das Kloster zu besuchen. Abt Erminold ließ aber die Klosterpforte schließen u. erklärte dem Kaiser bescheiden, aber bestimmt, daß er ihm, solange er im Bann sei, den Eintritt verweigern müsse. Einem Klosterbruder gefiel diese Strenge nicht u. er schlug den Abt derart, daß dieser anderntags, den 6. 1. 1121, starb. Seine Gebeine wurden 1283 erhoben u. ruhen heute in einem Hochgrab aus dem 14. Jh. in der Kirche zu Prüfening. An seinem Grab ließen sich Kranke wägen u. opferten ihrem Gewicht entsprechend Wachs.
Gedächtnis: 6. Jänner
Darstellung: Brote verteilend (anläßlich einer Hungersnot)
Lit.: Kunstdenkmäler in Bayern II Heft 20 (München 1914) 222f – Zimmermann I 49ff

Erna, Kf. zu ↗ Ernestine

Ernestine, weibl. F. zu ↗ Ernst (Kf. Stine, Tine)

Ernesto (ital.) ↗ Ernst

Ernst von Hohenstein OSB, Hl. oder Sel.
Name: ahd. ernust, Ernst, Entschlossenheit, Beharrlichkeit, Kampfesmut
Er entstammte dem Grafengeschlecht von Hohenstein u. führte anfänglich ein recht weltliches Leben. Er bekehrte sich u. trat später in das Benediktinerkloster Zwiefalten a. d. Donau (nödl. des Bodensees) ein, wo er auch starb. Die Zeit seines Todes ist unbekannt. Nach anderen habe er an einem Kreuzzug teilgenommen, sei bis Persien u. Arabien gekommen u. habe dort das Evangelium gepredigt. 1148 sei er in Mekka grausam gemartert worden (vgl. ↗ Ernst von Neresheim u. ↗ Ernst von Zwiefalten).
Gedächtnis: 27. März (7. November)

Ernst OSB, Abt **von Neresheim,** Märt., Hl.
Er war Benediktinermönch im Kloster Zwiefalten a. d. Donau (nördl. des Bodensees) u. kam 1119 mit 12 Mönchen nach Neresheim (60 km nordwestl. von Augsburg), um dieses neue Kloster, das 1106 von Benediktinern aus Petershausen bei Konstanz gegründet worden war, zu besiedeln u. wurde dort 1. Abt. Später pilgerte er mit

Kreuzfahrern ins Hl. Land u. fiel den Sarazenen in die Hände, die ihn am 7. 10. 1148 zu Mekka grausam zu Tode marterten (vgl. auch ↗ Ernst von Hohenstein u. ↗ Ernst von Zwiefalten).
Gedächtnis: 7. Oktober
Darstellung: mit Haspel u. Winde (man riß ihm angeblich mit solchen Geräten die Eingeweide aus dem Leib)

Ernst (Arnošt), Erzb. **von Prag** (Ernst von Pardubitz), Sel.
* um 1300 aus einem ostböhmischen Rittergeschlecht. Er studierte 14 Jahre in Bologna u. Padua u. erwarb sich gründliche kanonistische u. theol. Kenntnisse. Dort lernte er auch den jungen Karl, den späteren Kaiser Karl IV., kennen, mit dem ihn eine lebenslange Freundschaft verband. 1338 wurde er Domdekan, 1343 Bisch. von Prag u. 1344 Erzb. in der neu errichteten Metropole. Er reformierte die Verwaltung u. Rechtsprechung, bemühte sich um Bildung u. Lebensführung des Klerus u. gründete mehrere Klöster. 1344 legte er den Grundstein zum Prager Veitsdom u. war an der Gründung der Prager Universität 1348 maßgeblich beteiligt. Überhaupt wirkte er führend mit am künstlerischen u. geistigen Aufschwung der Ära Karls IV. Er war auch, bes. seit 1348, als Diplomat u. theol. Ratgeber des Kaisers tätig. † 30. 6. 1364 zu Raudnitz u. wurde in der Kirche des von ihm gegründeten Chorherrenstiftes zu Glatz (heute Stadtpfarrkirche) beigesetzt.
Gedächtnis: 30. Juni
Darstellung: als Bisch.
Lit.: Vita v. Wilh. v. Lestkow, hrsg. v. C. v. Höffler: Fontes rerum Bohemicarum I (Prag 1873) 287–400 – Jan K. Vyskočil, Arnost z Pardubic a jeho doba (E. v. Pardubitz und seine Zeit) (Prag 1947)

Ernst, Märt. **zu Rom,** Hl. (Ernestus)
Dieser Heilige ist nur dem Namen nach bekannt. Seine Reliquien wurden 1694 dem Salzburger Erzb. Ernst von Thun u. Hohenstein geschenkt, der sie der Kirche des Priesterseminars (Dreifaltigkeitskirche, erbaut 1694–1702) übergab.
Gedächtnis: 12. Jänner

Ernst OSB, Abt **von Zwiefalten,** Hl.
Er soll ein Edler von Steußlingen gewesen sein. Er wurde 1141 Abt des Benediktinerklosters Zwiefalten a. d. Donau (nördl. des Bodensees). Er legte aber 1146 sein Amt nieder u. nahm 1147 im Gefolge des Bisch. ↗ Otto von Freising am 2. Kreuzzug teil u. starb dabei 1148. Die Passio vom Ende des 12. Jh.s sagt, er sei zu Mekka, wo er das Evangelium gepredigt habe, grausam gemartert worden. – Vgl. auch: ↗ Ernst von Hohenstein u. ↗ Ernst von Neresheim: Hier kehrt dreimal das Motiv seines Martyriums in Mekka wieder. Es könnte sich hier tatsächlich um 3 verschiedene Personen handeln; die Überlieferung hat hier manches miteinander vermischt.
Gedächtnis: 7. November
Darstellung: mit Haspel u. Winde
Lit.: K. Brehm, Abt Ernst von Zwiefalten: Schwäbisches Archiv 29 (Ravensburg 1911) 97–100 113–119 129–135 – Tüchle I 245

Erwin ↗ Erbin

Eskil, Erzb. **von Lund,** Sel.
* um 1100. Nach seinen Studien in Hildesheim wurde er Priester, 1134 Bisch. von Roskilde (Seeland, Dänemark) u. 1138 Erzb. von Lund (Südschweden, gegenüber Seeland). Er setzte sich erfolgreich für die Gregorianische Reform (↗ Gregor VII.) u. die kirchliche Freiheit ein u. verstand es, Staat u. Kirche des Landes zu harmonischer Zusammenarbeit zu führen u. die kirchliche Kultur zu einer Hochblüte zu bringen. Er war mit ↗ Bernhard von Clairvaux befreundet u. rief die Zisterzienser u. Prämonstratenser nach Dänemark. Durch seine Bemühungen wurde die Kirche Schwedens selbständig gegenüber der Kirchenprovinz Bremen-Hamburg. 1156 wurde er als Primas von Schweden u. Päpstlicher Legat für den Norden anerkannt. Im Streit zw. Kaiser Friedrich I. Barbarossa mit Hadrian IV. u. Alexander III. hielt er immer zu den Päpsten u. wurde deshalb 1156 in Burgund gefangengenommen u. mußte 1161–1167 nach Frankreich ins Exil gehen. 1169 beteiligte er sich am Kreuzzug König Waldemars I. d. G. von Dänemark gegen die heidnischen Wenden. 1170 erhob er die Gebeine des hl. Königs ↗ Knut Lavard von Dänemark, des Vaters König Waldemars, u. krönte zugleich dessen 7jährigen Enkel Knud zum Thronerben. Er resignierte 1177 aus Altersgründen u. zog sich nach Clair-

vaux zurück, wo er am 6. (7.?) 9. 1181 starb.
Gedächtnis: 6. September

Eskil, Märt. **in Södermanland,** Hl.
Er stammte vermutlich aus England u. ging als Glaubensbote nach Södermanland (südwestl. von Stockholm). Er dürfte identisch sein mit jenem Eskil, dem 1. Bisch. von Strängnäs (westl. von Stockholm), der nach 1050 nach Schweden kam. Seine Wirksamkeit fällt in die Zeit der letzten heidnischen Aufstände gegen das Christentum Ende des 11. Jh.s. Nach der Überlieferung wurde er zu Strängnäs um 1080 gesteinigt. Etwa 100 Jahre später übertrug man seine Gebeine in eine ihm geweihte Kirche, wo die heutige, nach ihm benannte Stadt Eskilstuna entstand.
Gedächtnis: 12. Juni
Darstellung: als Bisch. mit 3 Steinen

Esso OSB, Gründerabt **von Beinwil,** Hl. oder Sel. (Hesso, Ezzo, Ezzelin, Etzel, Attila)
Name: got. attila, Väterchen
Er war vorher Mönch u. Ökonom des Benediktinerklosters Hirsau. Dessen Abt schickte ihn um 1100 mit 8 Mönchen zur Gründung des Klosters zum hl. Vinzenz in Beinwil bei Basel (Schweiz). Unter ihm als 1. Abt wuchs das Kloster zu hoher Blüte empor. † 27. 12. 1133. – In der Folgezeit erlebte das Vinzenz-Kloster in Beinwil jedoch eine sehr wechselvolle Geschichte: Seit dem Konzil von Basel (1439) wurde es zu einem berühmten Wallfahrtsort, verwaiste aber 1555. 1633 wurde es wieder erneuert, trat 1647 der Schweizer Benediktiner-Kongregation bei u. wurde nach Mariastein bei Basel verlegt. Zur Zeit der Franz. Revolution (1798–1804) wurde es säkularisiert, anschließend wieder restauriert, im Kulturkampf 1875 erneut säkularisiert u. mußte ins Exil (1875 nach Delle, Frankreich, 50 km westl. von Basel; 1901 nach Dürrnberg bei Salzburg). 1906 wurde es nach Altdorf im Kanton Uri (Kantonsschule mit Internat) u. Bregenz (Gallusstift) verlegt. Von Bregenz wurden die Mönche 1941 durch die Nationalsozialisten vertrieben. Seit 1961 ist das Kloster wieder in Mariastein u. ist ein vielbesuchter Wallfahrtsort.
Gedächtnis: 27. Dezember
Darstellung: als Abt mit Schlüssel (als Kellermeister)
Lit.: R. Massini, Das Bistum Basel zur Zeit des Investiturstreites (Basel 1946) 213–222 – W. Beerli, Mariastein. Seine Geschichte... (Mariastein 1948[2]) – G. Loertscher, Die Kunstdenkmäler des Kantons Solothurn III (Basel 1957) 148–177 345–424 – Publ.: Glocken von Mariastein (Mariastein 1923–1953), Mariastein (Mariastein 1954ff)

Esther
Name: das hebr. estēr ist wohl das pers. stara (griech. astér = Stern; nicht die babylonische Göttin Ischtar). Der eigentliche hebr. Name der Frau des AT war hadassa (Myrthe). LXX Esthér, Vulg. Esther, Luther Esther, Loccum Ester. Als Personenname im angelsächs. Raum gebräuchlich, in neuerer Zeit vereinzelt auch im dt. Sprachgebiet
Ihre Geschichte erzählt das gleichnamige Buch des AT: Sie war die Base u. Pflegetochter des Juden Mordekaj, der in der persischen Diaspora lebte, u. wurde zur Gemahlin des Perserkönigs Achaschwerosch (Xerxes I., 485–465 v. Chr.) erhoben. Zu dieser Zeit amtierte der königliche Minister Haman, der den Juden feindlich gesinnt war u. beabsichtigte, sie in einem Pogrom auszurotten. Der Tag der Vernichtung wurde durch das Werfen von Losen (hebr. purim) bestimmt. Esther gelang es durch ihre hohe Stellung u. ihren persönlichen Einfluß, die Gefahr von ihrem Volk abzuwenden u. Haman der Hinrichtung zuzuführen. Mordekaj, der inzwischen von Achaschwerosch zum Vizekönig ernannt worden war, bestimmte, daß diese Befreiung künftig am 14. u. 15. Adar (Vollmond des letzten Monats im jüdischen Jahr, Febr./März) in Jubel u. Freude vor Gott gefeiert werden solle (Esth 9,19 10,13). Daraus entstand das jüdische Purimfest, eine Art Karneval mit fröhlichen Gelagen und gegenseitigem Beschenken.
Gedächtnis: 24. Mai

Ethelbert, König **von Kent,** Hl. (Edilbert)
Name: zu ahd. ↗Adalbert
Er regierte in Kent (Südostengland) 560–616. Durch seine Gemahlin Bertha, einer Enkelin des Frankenkönigs Chlodwig, kam er mit dem Christentum in Berührung, aber seine Taufe erfolgte erst später (601

wird Bertha von Papst Gregor in einem Brief getadelt, daß sie seine Taufe noch nicht bewerkstelligt habe). Dafür nahm er 596 die Missionare unter ↗ Augustinus von Canterbury, die von Papst Gregor nach England gesandt wurden, mit größter Freundlichkeit auf u. förderte nach Kräften die Missionierung Englands. Papst Gregor vergleicht ihn in einem späteren Schreiben mit Kaiser Konstantin u. rühmt seine Verdienste um die Ausbreitung des Glaubens. † 616.
Gedächtnis: 24. Februar
Lit.: H. Howorth, The Birth of the Engl. Church (London 1913) – S. Brechter, Die Quellen zur Angelsachsenmission Gregors d. G. (Münster 1941)

Ethelburga OSB, Äbtissin **von Barking,** Hl. (Ethelberga, Aedilberga)
Name: zu ahd. Adalburgis: adal (edel) + burg (Burg, Schutz): edle Schützerin
Sie ist die Schwester des hl. ↗ Erkonwald u. erbaute mit dessen Hilfe das Benediktinerinnenkloster Barking (östl. von London) u. war dort 1. Äbtissin. Sie brachte das Kloster zu hoher Blüte. † 664.
Gedächtnis: 11. Oktober
Lit.: Zimmermann III 165ff – Baudot-Chaussin X 360f – M. D. Knowles u. R. N. Hadcock, Medieval Religious Houses in England and Wales (London 1953) 210

Ethelburga OSB, Äbtissin **in Faremoutier,** Hl. (Edilburgis)
Sie ist die Tochter des Königs Anna der Ostangeln. Sie wurde Benediktinerin im Kloster Faremoutier (östl. von Paris) u. nach dem Tod der Äbissin Fara deren Nachfolgerin. † 645.
Gedächtnis: 7. Juli
Darstellung: als Äbtissin mit Stab. Leidenswerkzeuge Christi

Etheldreda OSB, Äbtissin **von Ely,** Hl. (Ediltrudis, Aetheldrith)
Name: zu ahd. Adeltrud: adal (edel) + trud (Kraft, Stärke) oder truda von kelt. druid- (Wahrsagerin, Priesterin): edle Kraft bzw. edle Priesterin. (Nf. Edeltrud)
Sie ist die Tochter des Königs Anna von Mercia (Gebiet nordwestl. von London) u. Schwester der hl. ↗ Sexburga. Sie heiratete den schottischen Fürsten Tonbert, lebte aber mit ihm in enthaltsamer Ehe zus. u. zog sich nach seinem Tod auf die Insel Ely (nördl. von Cambridge) zurück, mußte aber den jungen König Egfrid von Northumberland (Nordengland) heiraten. Auch mit ihm lebte sie 12 Jahre in ständiger Enthaltsamkeit, verließ dann mit seiner Einwilligung den Königshof, empfing aus der Hand des hl. ↗ Wilfrith, Bisch. von York, den Schleier u. wurde Nonne im Benediktinerinnenkloster Coldingham (Schottland). 673 gründete sie das Kloster Ely in Essex u. wurde durch Bisch. Wilfrith zu dessen 1. Äbtissin bestimmt. Sie starb an der Pest am 23. 6. 679. Ihr Leib, 695 unversehrt aufgefunden, wurde in einem Steinsarkophag beigesetzt und ruht in der Klosterkirche zu Ely. Die Heilige wird in England sehr verehrt.
Gedächtnis: 23. Juni
Darstellung: als Äbtissin, mit einer Lilie
Lit.: Zimmermann II 351ff, IV 201 – Baudot-Chaussin VI 379f

Etheldreda ↗ Elfriede

Ethelwold OSB, Bisch. **von Winchester,** Hl. (Aethelwold, Adelwold)
Name: zu ahd. Adalwald: adal (edel) + walt zu waltan (walten, herrschen): edler Herrscher
* um 908. Er war Benediktinermönch zu Glastonbury (Somerset, Südwestengland) u. wurde 954 Abt von Abingdon (südl. von Oxford), 963 Bisch. von Winchester (Südengland). Zus. mit Abt ↗ Dunstan von Glastonbury u. Bisch. ↗ Oswald von York war er der große Erneuerer des monastischen Lebens in England. Er restaurierte Kirchen u. Klöster. † 1. 8. 984.
Gedächtnis: 1. August
Lit.: J.-A. Robinson, Life and Times of St. Dunstan (London 1923) – D. Knowles, The Monastic Order in England (Cambridge 1950) – Hallinger II 959ff

Etienne (franz.) ↗ Stephan

Etto, Bisch. u. Glaubensbote **in Belgien,** Hl.
Er kam aus Irland. Ausgangspunkt seines apostolischen Wirkens war das kleine Petrus-Kloster in Fesseau (damals unter der Abtei Liessies im Hennegau). † um 670. Die Reliquien sind zum Großteil verschollen, einige Reliquien sind in Dompierre (östl. von Amiens, Nordfrankreich).

Gedächtnis: 10. Juli
Darstellung: mit Vieh (da er einen stummen Hirten heilte)
Lit.: A. Dellobelle (Bar-le-Duc 1910[5])

Eucharius, Bisch. **von Maastricht,** Hl.
Name: griech. éucharis, anmutig, liebenswürdig
Er wird als der 19. Bisch. von Maastricht u. Tongern genannt. Näheres ist nicht bekannt. † 538.
Gedächtnis: 27. Februar
Darstellung: offenes Grab

Eucharius, Bisch. **von Trier,** Hl.
Er war der 1. Bisch. von Trier u. lebte im 3. Jh. Er stand mit dem Rhonegebiet in Verbindung. In der Nähe der heutigen St.-Matthias-Kirche zu Trier erbaute er ein Oratorium (das spätere Eucharius-Oratorium). Über seinem Grab wurde eine Kapelle erbaut, die ihm u. seinem Nachfolger ↗ Valerius geweiht war u. die von Bisch. Cyrillus von Trier im 5. Jh. renoviert wurde. ↗ Gregor von Tours (6. Jh.) nennt ihn den Beschützer der Stadt Trier vor der Pest. Die spätere Legende macht ihn zum Schüler des Apostels Petrus.
Liturgie: Trier F am 9. Dezember (Limburg: g am 11. September mit Valerius u. Maternus)
Darstellung: als Bisch. mit Pallium, oder in Wanderkleidung mit Stab. Mit Drachen, (Höllen-) Hund, Teufel oder Venus. Mit Modell des Trierer Domes
Lit.: E. Winheller, Die Lebensbeschreibungen der vorkarolingischen Bischöfe von Trier: Rhein. Arch. 27 (Bonn 1935) 28–45 – E. Ewig, Trier im Merowingerreich (Trier 1954) 29 32 50

Eucherius, Bisch. **von Lyon,** Hl.
Name: griech. eucherēs, geschickt, flink, behende
Er stammte aus senatorischem Geschlecht u. ist der Vater des ↗ Salonius, des Bisch. von Genf, u. des ↗ Veranus, des Bisch. von Vence. Er zog sich aus angesehener Stellung nach Lérins (Insel vor Cannes, Südfrankreich) u. später auf die Nachbarinsel Lero in die Einsamkeit zurück. Er wurde um 434 Bisch. von Lyon u. unterzeichnete als solcher 441 die 1. Synode von Orange. Er war hochgebildet u. verfaßte zahlreiche Schriften, von denen 2 für die Geschichte des lat. Bibeltextes wichtig sind. † um 450.
Gedächtnis: 16. November
Lit.: Schanz IV/2 518–521 u. ö. – Festgabe A. Ehrhard (Bonn-Leipzig 1922) 486 f – ThGl (1927) 149–152 – J. Fischer, Die Völkerwanderung ... (Heidelberg 1948) 114f 205 – Altaner[5] 419

Eucherius OSB, Bisch. **von Orléans,** Hl.
Er war Mönch in Jumièges (an d. unteren Seine, Nordfrankreich) u. wurde 717 Bisch. von Orléans. Er verteidigte gegen Karl Martell die Kirchengüter u. wurde nach Köln, später nach St-Trond (Sint Truiden, westl. von Brüssel) verbannt. † 738.
Gedächtnis: 20. Februar
Lit.: Zimmermann I 334 ff – Baudot-Chaussin II 428–431

Eudes ↗ Johannes (Jean) Eudes

Eudokia, Märt., Hl. (Eudocia, Eudoxia)
Name: griech. eudokía, Wohlwollen, Wohlgefallen (bzw. eudoxía, guter Ruf, Ruhm)
Sie stammt aus Heliopolis (Phönikien, heute Baalbek im Libanon) u. war von körperlicher Schönheit u. heiterem Gemüt u. häufte sich durch ein Lasterleben große Reichtümer auf. Sie wurde von einem Mönch namens Germanus bekehrt, schenkte daraufhin ihr Vermögen dem Bisch. u. den Armen u. zog sich in die Einsamkeit (vermutlich in ein Kloster) zu einem strengen Bußleben zurück. Von einem früheren Liebhaber angezeigt, wurde sie unter Trajan um 114 enthauptet.
Gedächtnis: 1. März
Lit.: BHG[3] 604–605e

Eugenia, Äbtissin **von Hohenburg,** Hl.
Name: weibl. F. zu ↗ Eugenius. (Nf. Eugenie)
Sie ist Nichte u. Nachfolgerin der hl. ↗ Odilia, der Gründerin des Klosters Hohenburg (Elsaß), dem späteren Odilienberg. Sie wird 722 in einer Urkunde des Klosters Honau (damals Schottenstift auf einer Rheininsel unterhalb von Straßburg) erwähnt. † um 735. Seit einem Schwedeneinfall 1632 sind nur noch wenige Reliquien erhalten.
Gedächtnis: 16. September
Darstellung: als Äbtissin mit Brot u. Was-

serkrug (Sinnbild ihres einfachen Lebens)
Lit.: J. Clauss, Die Heiligen des Elsaß (Düsseldorf 1935) 61f 201 – M. Barth, Die hl. Odilia, 2 Bde. (Straßburg 1938) passim

Eugenia von Le Mans, Hl.
Sie ist berühmt als eine heiligmäßige Jungfrau zu Le Mans (Nordwestfrankreich). Sie soll Taubstumme geheilt haben, daher auch ihr franz. Name Ste-Ouyne oder Andouyne (von ouie, das Gehör). Die Zeit ihres Lebens ist unbekannt.
Gedächtnis: 7. Juni

Eugenia Maria von Jesus (bürgerl. Anna Eugenia Milleret de Brou), Sel.
* 26. 8. 1817 in Metz. Ihre Eltern waren reich u. einflußreich, kümmerten sich aber kaum um ein rel. Leben. Mit 12 Jahren ging sie traditionsgemäß zur Erstkommunion u. erhielt dabei die innere Anregung, sich Gott u. der Kirche ganz hinzugeben. Doch die Eheschwierigkeiten der Eltern, der plötzliche Tod zweier Brüder u. dann der Mutter u. schließlich die Trennung des Vaters von seinen Kindern, der anderen Interessen nachging, ließen sie alles Religiöse bald wieder vergessen. Mit 22 Jahren hatte sie unter dem Einfluß einiger Priester, bes. des Predigers Dominique Lacordaire OP u. des Théodore Combalot, die entscheidende Wende ihres Lebens. Sie gründete 1839 in Paris-Auteuil unter der Leitung von Abbé Combalot die „Schwestern von der Himmelfahrt" (Assumptionistinnen) zum Unterricht u. zum beschaulichen Leben (Anbetung des hl. Sakramentes). Trotz mancher Schwierigkeiten breitete sich ihr Werk rasch aus (Häuser in Europa, Amerika, auf den Philippinen) † 9. 3. 1898. Seliggesprochen am 9. 2. 1975.
Gedächtnis: 9. März
Lit.: AAS 67 (1975) 244ff

Eugenia, Märt. **zu Rom,** Hl.
In den röm. liturgischen Werken hat diese Heilige nur wenig Spuren hinterlassen. Mittelpunkte ihres Kultes sind die Klöster in der Umgebung von Luxeuil (Haute-Saône, Westfrankreich) u. in Spanien. Dafür ist ihre romanhafte Passio weit verbreitet u. liegt sogar in griech., syrischen, äthiopischen, armenischen u. georgischen Fassungen vor. Sie erlitt unter Valerian (253–260) das Martyrium. Ihre Gebeine ruhen im Cömeterium Aproniani an der Via Latina zu Rom. † um 258.
Gedächtnis: 25. Dezember
Darstellung: mit Schwert. Als Nonne in Männerkleidung (nach der Legende trat sie nach ihrer Bekehrung, als Mann verkleidet, als „Mönch" mit den Eunuchen Protas u. Hyakinthos in ein Männerkloster ein u. wurde „Abt". Angeklagt, eine vornehme Dame zu verführen, gab sie sich erst vor dem Richter zu erkennen)
Lit.: Valentini-Zucchetti II 65 85 112 148 – Baudot-Chaussin XII 665–674 – AnBoll 75 (1957) 38ff 44f

Eugenia Smet ↗ Maria von der Vorsehung

Eugenius, Bisch. **von Karthago,** Hl.
Name: zu griech. eugéneia, edle Abkunft, Adel, Edelmut
Nach dem Tod des Bisch. ↗ Deogratias von Karthago verhinderten die Arianer durch 24 Jahre die Wahl eines neuen Bisch. Erst Hunnerich, der Sohn u. Nachfolger des Vandalenkönigs Geiserich, gab die Wahl frei, die 481 auf Eugenius fiel. Er bekehrte viele Vandalen u. gewährte ihnen Zutritt zum kath. Gottesdienst. Von den arianischen Bischöfen hatte er deswegen viel zu erdulden. Hunnerich berief 484 die kath. u. arianischen Bischöfe in Karthago zu einer Disputation ein. Eugenius konnte die auswärtigen kath. Bischöfe dazu nicht einladen. So überreichte er ein Glaubensbekenntnis, mußte aber mit den übrigen Bischöfen in die Verbannung gehen. 487 wurde er vom Vandalenkönig Gunthamund zurückgerufen, wurde aber 498 von Thrasamund noch einmal verbannt u. floh nach Gallien. † 13. 7. 505.
Gedächtnis: 13. Juli
Darstellung: als Bisch. mit Keule
Lit.: L. Duchnese, Hist. anc. de l'Église III (Paris 1911[4]) 635–644 – Catholicisme IV 672

Eugenius (Eugenios) u. **Makarius** (Makarios), Priester in Antiochia, Hll.
Name: griech. makários, der Selige (vgl. die Seligpreisungen Mt 5,1–12)
Sie wurden unter Julian Apostata (361–363) in Antiochia in Syrien (heute Antakije) grausam gefoltert u. dann nach Mauretanien verbannt, wo sie bis zu ihrem Tod das Evangelium verkündeten. Nach anderen

Quellen wurden sie nach Arabien verbannt u. dort enthauptet.
Gedächtnis: 20. Dezember
Lit.: F. Halkin (griech. Passio): An Boll 78 (1960) 41–52

Eugenius I., Papst, Hl.
Er regierte 654–657. Nachdem Papst ↗ Martin I. am 17. 6. 653 durch den Exarchen Theodoros Kalliopas gewaltsam aus der Lateranbasilika entfernt u. nach Konstantinopel verbannt worden war, wählte der röm. Klerus Eugenius zum neuen Papst. Martin I. fand sich mit dieser Wahl ab. Eugenius hatte in den Wirren um den Monotheletenstreit auszugleichen. Der oströmische Kaiser Konstans II. mischte sich in die Auseinandersetzungen, indem er jede weitere Diskussion in dieser Frage verbot. Papst Eugen wagte es nicht, in offene Opposition gegen den Kaiser zu treten, wohl aber schickte er Gesandte nach Konstantinopel, um den kirchlichen Frieden wieder herzustellen, aber ohne Erfolg. Hätte nicht die Araber-Gefahr bestanden u. hätte er länger gelebt, so wäre ihm wohl ein gleiches Schicksal wie Papst Martin beschieden gewesen. † 2. 6. 657.
Gedächtnis: 2. Juni
Lit.: Caspar II 574–580 – Haller I² 327f – Seppelt II² 67f

Eugenius III., Papst, Sel.
Er hieß früher Bernhard Pignatelli u. war Zisterziensermönch in Pisa (vermutlich ist er identisch mit dem Kamaldulensermönch Bernhard von S. Zeno in Pisa). Er war in Clairvaux Schüler des hl. ↗ Bernhard (dieser schrieb für ihn später auch den „Papstspiegel", De Consideratione), dann wurde er Abt von S. Anastasio vor Rom. Mitten in den Wirren des röm. Aufstandes gegen die Herrschaft der Hohenstaufer wurde er 1145 zum Papst gewählt u. mußte zeitweise die Stadt verlassen. 1146 schrieb er den 2. Kreuzzug aus, Anfang 1147 ging er nach Frankreich zu Ludwig VII., im Winter 1147/48 nach Trier. Er hielt Synoden in Paris, Trier, Reims u. Cremona ab u. wirkte für die Kirchen- u. Klosterreform. Erst nach langwierigen Ausgleichsverhandlungen mit Konrad III. u. Friedrich Barbarossa konnte er 1152 nach Rom zurückkehren u. im Vertrag von Konstanz 1153 die beiderseitige Wiederherstellung des Rechts- u. Besitzstandes vereinbaren. † 8. 7. 1153 in Tivoli. Kult anerkannt 1872.
Gedächtnis: 8. Juli
Darstellung: als Papst, mit 2 Vögeln
Lit.: Haller II 68–104 – Seppelt III 189–212

Eugenius, Märt. **in Paris,** Hl.
Er ist ein Märt. der Frühzeit u. wurde vermutlich zu Diogilum (Deuil) im Stadtgebiet des heutigen Paris gemartert. Das Jahr seines Todes ist unbekannt. Seine Gebeine ruhten zuerst in St-Denis u. wurden 914/918 nach Brogne (ehemalige OSB-Abtei in Belgien) überführt, wo sein Kult rasch aufblühte. In Spanien wurde seine Verehrung erst durch Erzb. Raymund von Toledo († 1152) eingeführt, der Reliquien des Heiligen aus St-Denis erhalten haben will. Auch Philipp II. von Spanien ließ sich 1565 Reliquien nach Toledo bringen.
Gedächtnis: 15. November
Darstellung: mit dem Meer im Hintergrund (es ist jedoch fraglich, ob dieses Attribut ihm oder einem anderen Eugenius zukommt)
Lit.: AnBoll 3 (1884) 29–64, 5 (1886) 385–395 – P. Gams, Kirchengeschichte von Spanien III/1 (Neudr. Graz 1956) 35ff – M. Buchner: HJ 57 (1937) 51–55

Eugenius II., Erzb. **von Toledo,** Hl.
Er stammte aus einem gotischen Königsgeschlecht u. war zuerst Kleriker an der Hofkirche zu Toledo (Spanien). Er wurde Mönch in Saragossa (Nordwestspanien) u. dort auch Archidiakon. König Chindaswinth ernannte ihn 646 zum Erzb. von Toledo. Er lehrte Lit. u. verfaßte auch selbst verschiedene Schriften u. Gedichte. Er verbesserte den Kirchengesang, dichtete Hymnen u. ordnete die Feier der kirchlichen Offizien (als solcher gilt er als der „Gregor d. G. der mozarabischen Liturgie"). Auf den Synoden von Toledo (647, 653, 655, 656) spielte er eine maßgebliche Rolle. † Herbst 657.
Gedächtnis: 13. November
Darstellung: mit erzbischöflichem Pallium u. Stab
Patron: der Müller
Lit.: P. B. Gams, Kirchengeschichte von Spanien II/2 (Neudr. Graz 1956) 132ff

Eugenius (Eugenios), Patriarch **von Trapezus,** u. Gef., Märt., Hll.

Er stammte aus Trapezus im Pontus (heute Trapezunt am Schwarzen Meer) u. wurde von Statthalter Lysias unter Diokletian um 305 zus. mit **Valerianus** u. **Kanidios** hingerichtet, weil er eine Mithrasstatue zertrümmert hatte. Ein gewisser **Akylas** hatte sie verraten, er bekehrte sich aber u. wurde mit ihnen zus. hingerichtet. Eugenios zu Ehren errichtete man ein Kloster mit einer Kirche. Noch die byzantinische Dynastie der Komnenen (1081–1185) ließ das Bild der Märt. auf Münzen schlagen.
Gedächtnis: 21. Jänner
Lit.: G. Millet u. D. T. Rice, Byzanthine Painting at Trebizond (London 1936) passim – Weitere Lit. (griech.): LThK 3 1178

Eulalia, Märt. **in Barcelona,** Hl.
Name: von griech. eu (gut) u. lalein (reden): die Redegewandte
Ihre Verehrung ist seit dem 7. Jh. bezeugt, wahrscheinlich ist sie aber identisch mit ↗ Eulalia von Mérida, da die Quellen vom 4. bis 6. Jh. nur diese kennen u. weil ihre legendarische Passio der der Eulalia von Mérida deutlich nachgebildet ist. Einzelne Forscher halten sie dagegen für 2 verschiedene Personen. Als 14jähriges Mädchen soll sie um 305 unter Diokletian zu Barcelona gekreuzigt worden sein. Schon früh dürfte in Barcelona eine Kirche zur hl. Eulalia bestanden haben, in deren Altarstein Reliquien von ihr eingegossen waren. Die spätere Legende machte sie zur Lokalheiligen von Barcelona. Reliquien gibt es auch im Kreuzaltar des Domes zu Breslau.
Gedächtnis: 12. Februar
Patronin: der Reisenden, Schwangeren

Eulalia, Märt. **in Mérida,** Hl.
Sie ist die volkstümlichste Märt. Spaniens. Nach der Passio des Prudentius (um 400) ging sie als 12jähriges Mädchen heimlich vom Landgut ihrer Eltern nach Mérida (Nordspanien, an der Grenze zu Portugal), stellte sich freiwillig dem Richter, wurde grausam gefoltert u. durch Feuer hingerichtet. † 10. 12. 304.
Gedächtnis: 10. Dezember
Darstellung: durch spitze eiserne Haken der Brüste beraubt. Auch gekreuzigt. Auf brennendem Scheiterhaufen stehend, während ihre Seele in Gestalt einer Taube zum Himmel aufsteigt. Mit Märtyrerkrone u. kleinem Ofen (Feuertod)
Lit.: J. Múnera (Barcelona 1928) – Garcia-Villada I/1–2 passim – A. Fabrega, S. Eulalia da Barcelona (Rom 1958)

Eunomia, Märt. **zu Augsburg,** Hl.
Name: griech. eunomía, die gute Beobachtung der Gesetze, der Redlichkeit
Sie war die Dienerin der hl. ↗ Hilaria u. ihrer Tochter, der hl. ↗ Afra, die 304 zu Augsburg den Martertod erlitten.
Gedächtnis: 12. August
Patronin: von Augsburg

Euphemia, Äbtissin **von Altomünster,** Sel.
Name: griech. euphemía, Worte guter Vorbedeutung, guter Ruf.
Sie war die Tochter Graf Bertholds II. von Andechs u. Schwester der sel. ↗ Mechthilde von Dießen. Sie war Nonne im Kloster Altomünster (nordwestl. von München), das aber damals noch nicht nach der Benediktinerregel lebte; u. wurde dort Äbtissin. † 18. 6. um 1180. Ihre Gebeine ruhen in Dießen am Ammersee.
Gedächtnis: 18. Juni
Lit.: E. v. Öfele, Geschichte der Grafen von Andechs (Innsbruck 1877) 25 – Zimmermann II 326 – Bauerreiß III 121

Euphemia, Märt. **in Chalkedon,** Hl.
Sie wurde am 16. 9. 303 zu Chalkedon (heute Kadiköi, gegenüber Konstantinopel) nach verschiedenen Folterqualen durch Feuer hingerichtet. Nach anderen Quellen wurde sie den wilden Tieren vorgeworfen. Ihr Kult breitete sich im ganzen Morgen- und Abendland rasch aus. Ende des 4. Jh.s wurde über ihrem Grab eine prachtvolle Basilika erbaut, in der das 4. Allg. Konzil (451) stattfand. Anfang des 7. Jh.s wurden ihre Gebeine nach Konstantinopel überführt u. in einer Basilika beigesetzt, in welcher 1942 ein Bilderzyklus über das Martyrium der Heiligen entdeckt wurde.
Gedächtnis: 16. September (bei den Griechen auch: 11. Juli, der Gedenktag des Wunders, das den rechtgläubigen Bischöfen während des Konzils zuteil wurde)
Darstellung: mit wilden Tieren (Löwe oder Bär), auch mit Schlangen (die sie verschonten). Von einem Schwert durchstochen. Mit Lilie u. Palme in der Hand

Lit.: A. M. Schneider, Grabung im Bereich des Euphemia-Martyrions zu Konstantinopel: Arch. Anzeiger 58 (Berlin 1943) 256–290 – Ders., Das Martyrion der hl. Euphemia beim Hippodrom zu Konstantinopel: ByZ 42 (1943–49) 178–185 (Fresken) – Ders., S. Euphemia u. das Konzil von Chalkedon: Chalkedon I 291–302

Euphrasia (Eupraxia), Jungfrau **zu Konstantinopel,** Hl.
Name: zu griech. eu (gut) + phrásis (Wort, Ausdrucksweise); bzw. eu + práxis: glückliche Unternehmung, Glück
* um 380 in Konstantinopel. Sie kam nach dem Tod ihres Vaters, des Senators Antigonos, mit ihrer Schwester nach Ägypten u. trat dort, erst 7 Jahre alt, in ein Kloster in der Thebais (Oberägypten) ein. † nach 410.
Gedächtnis: 13. März (bei den Griechen 24. u. 25. Juli)

Euphrosyne von Alexandria, Hl
Name: griech. euphrosýne, Freude, Frohsinn. In der griech. Mythologie waren die 3 Charíten (die Holden) die Göttinnen des Frühlings u. des heiteren Lebens in Gesang, Tanz, Spiel u. Mahl u. waren im Geleit der Aphrodite, des Apollo u. des Hermes. Hesiod (um 700 v. Chr.) nennt sie Agláia (Glanz), Euphrosýne (Frohsinn) u. Thaleía (Thalía, Jugend). Sie sind Töchter des Zeus u. der Eurýnome
Nach der legendarischen Vita war sie die Tochter eines reichen Mannes aus Alexandria (Unterägypten). Sie soll sich, als Mann verkleidet, in einem Männerkloster verborgen haben, um ihre Jungfräulichkeit zu bewahren. Dort soll sie 38 Jahre als „Mönch" gelebt und um 470 gestorben sein.
Gedächtnis: 1. Jänner (bei den Griechen 25. September)

Euphrosyne von Basel, Hl.
Sie ist die Tante der hl. ↗ Ursula u. lebte im 5. (?) Jh. Ihre Gebeine wurden 1448 in das Kloster Klingental bei Basel u. von dort in das Kloster Muri (Kt. Aargau, südwestl. von Zürich) überführt, wo sie noch heute ruhen.
Gedächtnis: 21. Oktober

Euprepia (Eutropia), Märt. **zu Augsburg,** Hl.
Name: zu griech. euprepēs, wohlanständig. „Euprepia" ist eine Lesart im Mart. Rom. zu „Eutropia"; die gute Wende
Sie war eine der Dienerinnen der hl. ↗ Hilaria von Augsburg u. ihrer Tochter ↗ Afra. Sie erlitt den Martertod am 7. 8. 304 zu Augsburg.
Gedächtnis: 12. August (mit Hilaria und Afra)

Eurosia, Jungfrau u. Märt., Hl.
Sie soll eine böhmische Königstochter gewesen sein. Wahrscheinlich stammte sie aus Spanien u. erlitt im 8. Jh. den Martertod. Kult bestätigt am 1. 5. 1902.
Gedächtnis: 25. Juni
Lit.: ASS 34 (1902) 684

Eusebia OSB, Äbtissin **von Hamay,** Hl.
Name: griech. eusébeia, Gottesfurcht, Frömmigkeit
Nach dem Tod ihres Vaters, des hl. ↗ Adalbald, ging sie mit ihrer Mutter ↗ Richtrudis in das Kloster Marchiennes (franz. Flandern), welches ihre Mutter gestiftet hatte, u. kam von dort ins Kloster Hamay, wo sie mit 12 (oder 23) Jahren Äbtissin wurde (bzw. 23 Jahre hindurch dieses Amt ausübte). † 16. 3. 680 (oder 689).
Gedächtnis: 16. März
Lit.: Zimmermann I 333 ff – Essen 260–268

Eusebius von Cremona, Hl.
Name: ↗ Eusebia
* Mitte des 4. Jh.s zu Cremona am Po (Norditalien). Er freundete sich in Rom 420 mit dem hl. ↗ Hieronymus an u. wurde dessen Schüler. 385 reiste er mit ihm in den Orient u. lebte mit ihm in dessen Kloster zu Bethlehem. Während dieser Zeit wurde er zum Priester geweiht, kehrte 398 nach Rom zurück u. traf mit dem hl. ↗ Pammachius u. den Freunden des Hieronymus zus. u. stand dem Hieronymus in seinen Auseinandersetzungen im Streit mit den Anhängern des Origenes zur Seite. Eusebius hatte allerdings ein schwieriges u. streitsüchtiges Temperament u. machte auch seinem Freund Hieronymus manche Schwierigkeiten. † nach 420. Seine Reliquien sind in Florenz.
Gedächtnis: 5. März
Lit.: ActaSS Mart. I (1668) 369–386 – A. Penna, S. Gerolamo (Turin-Rom 1949) 213 221 236 251 260 325 356 360

Eusebius, Bisch. **von Mailand,** Hl.
Er regierte um 449–462 u. war ein Zeitgenosse des Papstes ↗ Leo d. G., von dem er 451 auch einen Brief erhielt. Daraufhin hielt er in Mailand eine Synode ab, die der Verurteilung des Eutyches durch Leo d. G. zustimmte (Eutyches leugnete, daß Christus eine wahre menschliche Natur besessen habe. Eutyches war ein wirrer Denker, u. nach Leos Aussage war es schwer, seinen Irrtum exakt zu präzisieren). Eusebius sandte ein von den Synodenteilnehmern unterschriebenes Dokument an Leo d. G. In der Schreckenszeit der Hunneneinfälle war er ein eifriger Seelenhirte u. bekämpfte Mißbräuche bei Klerus u. Volk.
Gedächtnis: 12. August
Lit.: Savio L 169–174 – Lanzoni 1020

Eusebius, Papst, Märt., Hl.
Er regierte vom 18. 4. bis 17. 8. 308 (309? 310?). Schon unter Papst ↗ Marcellus I. war der Streit um die Wiederaufnahme der in der Verfolgung Diokletians Abgefallenen (Lapsi) ausgebrochen, der unter Eusebius seine größte Heftigkeit erreichte. Das Haupt der gewalttätigen Opposition war Heraklius: Die Abgefallenen sollten ohne weiteres wieder aufgenommen werden. Eusebius wollte aber – wie vor ihm Marcellus –, daß die Abgefallenen erst nach einer auferlegten Bußzeit losgesprochen würden. Eusebius wurde (wie auch Heraklius) von Kaiser Maxentius nach Sizilien verbannt, wo er bald starb. Er ist in der Calixtus-Katakombe beigesetzt.
Gedächtnis: 17. August
Lit.: Seppelt I² 67 – E. H. Röttges, Marcellinus-Marcellus: ZKTh 78 (1956) 385–420

Eusebius, Priester **in Rom,** Hl.
Er war ein eifriger Bekämpfer des Arianismus u. war unter Kaiser Konstantius II. 7 Monate unter Hausarrest gestellt. Er ist der Stifter des „Dominicum Eusebii" (Titelkirche zum hl. Eusebius) in Rom u. ist dort auch begraben. Eine spätere Legende läßt ihn in der Verfolgung durch den arianischen Konstantius II. zu Rom um 350 als Märt. sterben.
Gedächtnis: 14. August

Eusebius, Bisch. **von Samosata,** Hl.
Er war seit etwa 361 Bisch. von Samosata in Syrien (Ruinen beim heutigen Sampsat am Euphrat, nördl. von Urfa, Osttürkei). Er war ein mutiger Verfechter der Orthodoxie in den Auseinandersetzungen mit dem arianischen Kaiser Valens u. setzte sich 361 tatkräftig für die Wahl des rechtgläubigen ↗ Meletios auf den Bischofsstuhl von Antiochia ein. Mit ↗ Basilius d. G. u. ↗ Gregor von Nazianz stand er im Briefwechsel u. kämpfte an ihrer Seite für die Erhaltung des rechten Glaubens. 374 wurde er von Kaiser Valens nach Thrakien (östl. Balkan bis zur Donau) verbannt. Von dort bereiste er, als Soldat verkleidet, Syrien, Palästina u. Phönizien u. bemühte sich bes. nach dem Tod des Kaisers 378 um die Reorganisation der syrischen Kirche. † 380. Es wird erzählt, daß eine arianische Frauensperson ihm in Doliche (?) einen Ziegelstein an den Kopf warf u. er wenige Tage nachher an der erlittenen Wunde starb, weswegen er auch als Märt. bezeichnet wird.
Gedächtnis: 21. Juni
Darstellung: als Bisch., einen Dachziegel in der Hand
Lit.: Fliche-Martin III 261–283 – BHG² 2133ff

Eusebius, Bisch. **von Vercelli,** Märt., Hl.
* um 283 auf Sardinien. Er war zuerst Lektor in Rom u. wurde zum 1. Bisch. von Vercelli (zw. Mailand u. Turin) berufen. Als erster abendländischer Bisch. führte er für seinen Klerus ein gemeinsames Leben (vita communis) ein. Als Gesandter des Papstes ↗ Liberius erwirkte er 355 die Einberufung der Synode von Mailand. Diese Synode verurteilte aber ↗ Athanasius, weswegen Eusebius nach Skythopolis in Palästina, später nach Kappadokien (östl. Kleinasien) u. schließlich nach der Thebais (Oberägypten) verbannt wurde. Julian Apostata ließ 362 alle verbannten Bischöfe heimkehren. So ging Eusebius zunächst zu einer Synode nach Alexandria (Unterägypten) u. in deren Auftrag nach Antiochia in Syrien, um dort für den Glauben von Nicäa zu wirken. Er konnte aber das Schisma nicht verhindern. Seit 363 wirkte er wieder in seiner Diöz. u. arbeitete zus. mit ↗ Hilarius von Poitiers energisch gegen den Arianismus. † 1. 8. 371. Wegen seiner Leiden, die er von seiten der Arianer zu erdulden hatte, wird er als Märt. verehrt. Nach der

späteren Legende sei er von den Arianern gesteinigt worden.
Liturgie: GK g am 2. August
Darstellung: als Bisch. Mit Evangelienbuch in der Hand
Lit.: Pauly-Wissowa VI/1 1441ff – Bardenhewer III 486f

Eusebius OSB, Einsiedler **auf dem Viktorsberg,** Sel.
* in Irland zu Beginn des 9. Jh.s. Er kam als Mönch nach St. Gallen (Schweiz) u. lebte dort mehrere Jahre im Kloster. Mit Erlaubnis seines Abtes ließ er sich durch etwa 30 Jahre hindurch auf dem Viktorsberg bei Rankweil (Vorarlberg) als Einsiedler nieder u. führte ein strenges Leben der Abtötung u. Betrachtung. Allen Bewohnern der Gegend u. allen durchreisenden Pilgern ließ er geistliche u. leibliche Hilfe angedeihen u. stand deshalb überall in hohem Ansehen. † 31. 1. 884. Seine Gebeine wurden 1786 nach St. Gallen überführt.
Liturgie: Feldkirch g am 31. Jänner (St. Gallen G am 30. Jänner)

Eustachius, Hl.
Name: zu griech. eu (gut) + stáchys (Ähre, Garbe, Frucht): der Fruchtbare
Nach den liturgiegeschichtlichen Forschungen von Kard. Schuster von Mailand (1932) ist der Heilige identisch mit dem hl. Eustathios, Patr. von Antiochia. Eustachius ist einer der ↗ 14 Nothelfer. Nach der Legende war er ein röm. Heerführer mit dem ursprünglichen Namen Placidus (Placidas). Auf einer Jagd habe er an einem Karfreitag die Vision eines Kreuzes zw. dem Geweih eines verfolgten Hirsches gehabt. Daraufhin habe er sich mit seiner Frau Theopista u. seinen Söhnen Agapius u. Theopistus bekehrt u. dabei seinen Namen in Eustachius geändert. Er sei später in tragischer Weise von seiner Familie getrennt worden (Anklänge an Job!), habe aber seine Angehörigen auf wunderbare Weise wiedergefunden. Später sei er mit seiner Familie unter Hadrian gemartert worden. – Dieses Legendenmotiv stammt aus dem indisch-buddhistischen Raum u. gelangte über Mesopotamien, Griechenland u. Italien nach Westeuropa u. ist in zahllosen Handschriften erhalten. Durch das Motiv des Hirschgeweihs wurde er seit dem 11. Jh. mit dem hl. ↗ Hubert verwechselt u. seit dem späten Mittelalter nördlich der Alpen von diesem sogar verdrängt. Sein Fest wurde u. a. auch am 2. oder 3. November gefeiert, an welchem Tag auch St. Hubertus im Heiligenkalender steht.
Gedächtnis: 20. September
Darstellung: mit einem Hirsch, ein leuchtendes Kreuz in dessen Geweih. Als Ritter oder Jäger zu Pferd, ein Jagdhorn blasend. Mit einem glühenden Ofen (Martyrium). Er wird mit seiner Familie in den Ofen geworfen (der Ofen hat manchmal die Form eines Stieres). Im Amphitheater mit seiner Familie den wilden Tieren vorgeworfen, der Kaiser sitzt auf dem Thron
Patron: der Jäger, Klempner, Förster, Krämer, Strumpfwirker, Tuchhändler
Lit.: O. Engels: HJ 76 (1957) 119–125 – Künstle II 220f

Eustasius, Abt **von Luxeuil,** Glaubensbote, Hl.
Name: zu griech eu (gut) + stásis (das Stehen, Bestehen): der Standhafte
Er stammte aus Burgund u. trat in das Kloster Luxeuil (Diöz. Besançon, Ostfrankreich) als Mönch ein. Dieses Kloster war von ↗ Kolumban nach der irischen Mönchsregel gegründet worden (die mildere Benediktinerregel wurde etwas später eingeführt). Eustasius wurde so der Schüler Kolumbans, dem er auch nach Bregenz folgte u. dessen Nachfolger als Abt in Luxeuil er 615 wurde. Von dort aus missionierte er bei den arianischen Waraskern am Doubs (bei Besançon) u. bei den Bajuwaren. Nach Luxeuil zurückgekehrt, hatte er mit unzufriedenen Mönchen Schwierigkeiten, bes. mit Agrestius, der die strenge Regel des Kolumban angriff. Er hielt im wesentlichen an dieser Regel fest, führte aber gegenüber der irischen Praxis die Osterfestregel der fränkischen (bzw. der röm. Kirche) ein. † 2. 4. 629 (?). Er wurde zuerst in Luxeuil beigesetzt, seine Gebeine kamen 1670 nach Vergaville (Lothringen).
Gedächtnis: 2. April
Lit.: Kerler 33 – Bauerreiß I² 44f – Baudot-Chaussin III 624ff

Eustathios, Patr. **von Antiochia,** Hl.
Name: zu griech. eu (gut) + stásis (Stand, Bestehen): der Standhafte

Er ist wahrscheinlich die historische Persönlichkeit hinter dem legendenumwobenen ↗ Eustachius. * in Side in Pamphylien (Küstenlandsch. im südl. Kleinasien). Er war zuerst Bisch. von Beroia (Nordgriechenland) u. wurde 323/324 Patriarch von Antiochia in Syrien. Er kämpfte gegen die arianische Irrlehre u. war auch auf dem Konzil von Nicäa einer der Hauptverteidiger der Gottheit Christi. Als die Arianer die Gunst Kaiser Konstantins wieder erlangten, wurde Eustathios auf einer Synode von Antiochia (326/331) abgesetzt u. nach Thrakien (östl. Balkan bis zur Donau) verbannt. † vor 337 (nach 340?). Von ihm sind zahlreiche Schriften erhalten, hauptsächlich Predigten zu Themen aus der Hl. Schrift.
Gedächtnis: 16. Juli
Lit.: Bardenhewer III 230–237 – E. Klostermann, Origenes, Eustathius u. Gregor von Nyssa über die Hexe von Endor (Bonn 1912) – Altaner[5] 276f

Eustochia von Padua OSB, Sel. (Eustochium)
Name: zu griech. eu (gut) + stochos (aufgestelltes Ziel): die Zielstrebige
* 1444 zu Padua. Sie wurde im Kloster S. Prodocimo zu Padua erzogen. Nach dessen Reform 1461 wurde sie dort Nonne. Sie war fast immer krank u. zeigte daneben auch Formen echter Besessenheit, sodaß sie beinahe als Hexe verbrannt worden wäre. Aber durch ihr großes Gottvertrauen, ihre Geduld u. durch einen hervorragenden Seelenführer wurde sie zur Heiligen. † 13. 2. 1469 zu Padua. Ihr Leib blieb unverwest. Ihr Kult wurde 1760 bestätigt.
Gedächtnis: 13. Februar
Lit.: G. Salio (Venedig 1734) – Zimmermann I 207ff

Eustochium ↗ Julia Eustochium

Euthymios d. G., Einsiedler u. Klostergründer, Hl.
Name: zu griech. eu (gut) + thymós (Gemüt): der Gutherzige
* 377 in Melitene am Euphrat (heute Eski Malatya, Türkei). Mit 19 Jahren wurde er Priester u. Visitator der Klöster um Melitene. 406 pilgerte er ins Hl. Land, besuchte einige Anachoreten (Einsiedler) u. ließ sich bei der Einsiedlerkolonie von Pharan (Wüste südwestl. des Toten Meeres) nieder. Hier schloß sich ihm 411 ↗ Theoktistos an u. die beiden lebten gemeinsam in einer Höhle im Tal Dabor. Es entstand dort bald eine Mönchskolonie, Euthymios überließ aber deren Leitung dem Theoktistos (das spätere Theoktistos-Kloster). Euthymios zog nach einigen Jahren nach Marda am Toten Meer, wo ↗ Sabas sein Schüler wurde u. später sein berühmtes Kloster erbaute. Um 420 bekehrte Euthymios die Nomaden der Gegend u. erreichte 425 von Bisch. Juvenalis von Jerusalem, daß für diese Neubekehrten das Bistum Parembolai errichtet wurde, wobei deren Scheich Aspebeth, auf den Namen Petrus getauft, ihr Bisch. wurde. Um 423 ging er in die Wüste Ziph, von wo ihn die Bewohner des Dorfes Aristobulias als ihren geistlichen Führer zu sich holten. Schließlich ließ er sich in der Nähe des Theoktistos-Klosters nieder u. sammelte 428/429 eine Schar von 15 Anachoreten um sich u. leitete die Gemeinschaft bis zu seinem Tode. Um 456 konnte er die monophysitische Kaiserin Eudokia Athenais bewegen, den Glauben des Konzils von Chalkedon (451) anzunehmen. † 20. 1. 473.
Gedächtnis: 20. Jänner
Lit.: E. Honigman, Juvenal of Jerusalem: DOP 5 (1950) 209–279 – E. Schwartz: ebd. 358–364

Eutropia ↗ Kümmernis

Eva, bibl. Stammutter (↗ Adam)
„Adam nannte seine Frau chawwāh" (Gen 3,20). Für diese Bezeichnung gibt es etwa 10 verschiedene sprachwissenschaftliche Deutungen. Die Bibel selbst bringt eine volkstümliche Erklärung: „denn sie wurde zur Mutter aller Lebendigen". Danach hinge das Wort mit chajjāh (lebendig) bzw. mit chijjāh (ins Leben rufen) zusammen. Entsprechend gibt die griech. Übersetzung des AT (die Septuaginta) den Namen chawwāh mit „zoé" (Leben) wieder. Das griech. NT nennt die Frau Adams „Heya" (gesprochen „Hewa"), die Vulgata „Heva".
Genau wie im übrigen Schöpfungsbericht liegen auch in der Erzählung von der Erschaffung der Frau 2 verschiedene Überlieferungsstränge vor. Der jüngere (priesterschriftliche) Bericht ist knapp u. sachlich, man hört geradezu den Trauungssegen des Priesters über das Brautpaar heraus: „Und

Gott sprach: Lasset uns den Menschen machen nach unserem Bild u. Gleichnis . . . So schuf Gott den Menschen nach seinem Bild, nach Gottes Abbild schuf er ihn, als Mann u. Frau erschuf er sie. Gott segnete sie u. sprach: Seid fruchtbar u. mehret euch, füllet die Erde u. macht sie euch untertan..." (Gen 1,26ff).

Der ältere (jahwistische) Bericht (Gen 2,18–25) erzählt in anschaulich-volkstümlicher Weise: „Es ist nicht gut für den Menschen, daß er allein sei. Ich will ihm eine Hilfe machen als sein Gegenstück." Gott führt nun dem Adam alle Tiere vor, „um zu sehen, wie er sie benennen würde". Adam nannte alle Tiere beim Namen (eine volkstümliche, aber tiefe Aussage über sein geistmenschliches Wesen!), aber es fand sich unter ihnen kein ihm ebenbürtiges Gegenstück. Es wird weiter erzählt, wie Gott einen tiefen Schlaf über Adam kommen läßt, wie er ihm eine Rippe entnimmt und daraus die Eva bildet u. diese ihm zuführt. Adam ruft erfreut aus: „Das ist nun endlich Bein von meinem Bein u. Fleisch von meinem Fleisch!"

Für die Erschaffung der Frau aus der Rippe des Mannes findet sich nirgends eine außerbibl. Parallele. Es ist demnach eine originale Schöpfung des bibl. Erzählers. In volkstümlicher u. bildhafter Sprache wird hier eine konzentrierte Symbolhaftigkeit geboten, sodaß sich der unmittelbare Eindruck aufdrängt, der bibl. Erzähler will hier gar nicht „Geschichte" schreiben, sondern er will, der Fassungskraft einfacher Menschen gemäß, eine gleichnishafte Aussage über das Wesen der Frau aus der Blickrichtung Gottes machen. Die Rippe aus der Seite des Mannes besagt, daß die Frau dem Mann ebenbürtig ist u. damit die ihr gemäße menschliche Würde besitzt. Die altorientalischen Völker pflegten die Frau als untermenschliches Lebewesen, als Sklavin u. Spielzeug des Mannes anzusehen. Wie bei der Erschaffung Adams, so ist Gott auch bei der Erschaffung der Eva selbst am Werk: Diese Würde der Frau ist gottgeschenkt, nicht etwa vom Mann ihr zugebilligt oder etwa gar in einer Art „Emanzipation" von ihr erkämpft.

Eine zentrale Aussage ist auch die von der Feindschaft zw. dem „Weib" u. der Schlange (Gen 3,15). Diese Feindschaft weist über die Einzelperson Eva hinaus und setzt sich durch die ganze Geschichte der Menschheit fort, ebenso auch die Rolle, die das „Weib" darin spielt: Strafe u. Beschämung für die Schlange soll es ja sein, daß vom „Weibe", das ihrer Verführung erlegen ist, auch der kommen soll, der ihr den Kopf zertreten wird. Die Christenheit hat hier schon immer eine Prophetie auf Maria gesehen. Insbes. werden die beiden Frauen Eva u. Maria einander gegenübergestellt: Eva hat uns den Tod gebracht, Maria das Leben (so bereits bei Justinus u. Irenäus). Im Anschluß an die Kirche als der „Braut Christi" bei Paulus (Eph 5,23–32) wird schon bei Ambrosius u. Augustinus, wie auch in Theologie u. Kunst des Mittelalters die Gegenüberstellung gemacht: Adam – Christus u. Eva – Kirche.

Gedächtnis: 24. Dezember

Lit.: A. Bea, Maria SS. nel Protoevangelo: Mar 15 (1953) 1–21 – Eva-Maria-Parallele: B. Mariani, L'Immacolata nel Protoevangelo: Virgo Immaculata III (Rom 1955) 28–99 – A. Läpple, Bibl. Verkündigung in der Zeitenwende (München 1964[3]) 1, 67ff

Eva von Lüttich, Hl.

* Ende des 12. Jh.s. Sie lebte als Reklusin an der Kirche St. Martin zu Lüttich (Belgien) u. war mit der hl. ↗ Juliana von Lüttich befreundet u. führte deren Werk der Einführung u. Verbreitung des Fronleichnamsfestes fort. Ihre Verdienste darum würdigte 1264 Papst Urban IV. in dem an sie gerichteten Breve „Scimus, o Filia". † um 1265. Beigesetzt in St. Martin zu Lüttich. Ihre Reliquien wurden 1542 und 1622 erhoben. Kult bestätigt am 1. 5. 1902.

Gedächtnis: 5. April (in Lüttich: 14. 3., andere: 25. 6., 4. 6., 26. 5.)

Lit.: ECatt V 876 – Catholicisme IV 777f – A. Ernst (Freiburg i. Br. 1926)

Evangelisten

Name: Als Evangelisten bezeichnet man die Verfasser der 4 Evangelien: ↗ Matthäus, ↗ Markus, ↗ Lukas u. ↗ Johannes. Im Altertum verstand man unter „euangelion" (Frohbotschaft) jeden Götterspruch, z. B. auch ein Orakel. Als der röm. Kaiser als göttliches Wesen galt, war alles, was mit ihm in Beziehung stand, „Frohbotschaft", wie seine Geburt, seine Thronbesteigung oder seine Erlässe. Die Christen übernahmen das Wort als Bezeichnung für die Offenbarung Gottes durch Jesus Christus und die Verkündigung seiner Heilstat. Jesus selbst nimmt das Amt des „Evangelisten" für sich in Anspruch: „Armen wird die Frohe Botschaft verkündet" (Mt 11,5 u. a.). Weitaus am häufigsten kommt das Wort euangelion bei Paulus vor.

„Evangelium" bedeutete ursprünglich die gesprochene Verkündigung Christi ganz allgemein. Konsequenterweise spricht man noch von *dem* Evangelium. Im 2. Jh. wird „Evangelium" die Bezeichnung aller Schriften zusammen, die diese Verkündigung enthalten. Auch jetzt noch wird das Wort nur in der Einzahl gebraucht. Der Ausdruck „Evangelist" dagegen ist in den ersten christlichen Jh.en sehr selten. Man verstand darunter Männer, die „das Evangelium" verkündeten, aber nicht unmittelbar von Jesus Christus dazu beauftragt (wie die Apostel) waren, sondern von den Aposteln. Die Apostel als die unmittelbaren Augenzeugen u. die eigentlichen von Christus eingesetzten Säulen der Kirche genießen einen überragenden Vorrang gegenüber allen anderen Wandermissionaren. So werden bei Paulus die „Evangelisten" neben den Aposteln, Propheten, Hirten u. Lehrern in einer Reihe genannt (Eph 4,11). Ein fester Titel war diese Bezeichnung aber noch nicht. Erst als „Evangelium" zu einer Buchbezeichnung wurde, erhielt auch der Verfasser eines solchen den Titel „Evangelist".

Darstellung: Seit dem 2. Jh., als die heutigen 4 Evangelien kanonisch festgelegt wurden, gibt es 2 Gestaltungsweisen der Evangelisten: eine menschlich figürliche u. eine symbolhafte. Dazw. gibt es mannigfache Verbindungen u. Überschneidungen.

a) Die menschlich-figürliche Darstellungsweise: z. B. als Sitzfiguren neben dem gesetzgebenden Christus (Nischen-Sarkophag in Arles), als Ruderer des von Christus gesteuerten Schiffes der Kirche (Sarkophag-Fragment in Spoleto), als stehende Figuren oder Büsten (Maximinians-Kathedra in Ravenna), auf Miniaturen (Amiantinus-Codex der Florentiner Schule), als umkränzte Büsten (Elfenbein-Diptychon des Mailänder Domschatzes, Titelblatt des Codex Rossanensis), als Sitzfiguren in Ideallandschaften (S. Vitale, Ravenna) oder Architekturrahmen (in Codices). Die karolingische u. ottonische Malerei bringt sie als Diktierende oder Horchende (Trierer u. Echternacher Schule, um 1000) oder als ekstatisch Schauende u. Verzückte (Reichenauer Schule). Humanismus u. Barock bringen sehr häufig ausdrucksstarke Charakterfiguren. Die byzantinische Kunst bevorzugt ebenfalls das menschliche Antlitz vor dem Symbol.

b) Symbolhafte Darstellung: Diese gründet auf theol. Spekulationen seit Irenäus im Zusammenhang mit den Visionen des Ezechiel (Ez 1,4ff) u. der Geheimen Offenbarung (Offb 4,6ff). Dabei haben die eingesichtigen Wesen der Offb den Vorzug gegenüber den viergesichtigen bei Ezechiel. Die 4 Wesen bezeichnen zunächst in ihrer Gesamtheit die Wirkweise Jesu Christi. So deutet Gregor d. G.: Christus wird in seiner Geburt Mensch, im Tod Opferstier, in der Auferstehung Löwe u. in der Himmelfahrt Adler. Die Beziehung der Symbole auf die einzelnen Evangelisten setzt später ein u. ist zunächst noch schwankend. Erst durch die Autorität des Hieronymus wird sie in der heutigen Weise festgelegt. Hieronymus sieht die Symbole in den jeweiligen Evangelien-Anfängen ausgedrückt: Matthäus = Engel/Mensch (Geschlechterregister), Markus = Löwe (Stimme des Rufers in der Wüste), Lukas = Rind/Stier (Opfer des Zacharias), Johannes = Adler (Gedankenflug des Prologs). Entsprechend der visionärapokalyptischen Herkunft sind diese Evangelisten-Symbole engstens mit der Majestas-Ikonographie verbunden.

Lit.: L. Klein (Hrsg.), Diskussion über die Bibel (Mainz 1964) – A. Läpple, Bibl. Verkündigung in der Zeitenwende, Bd. 3: Jesus Christus, Messias u. Kyrios (München 1964) – A. Vögtle, Das NT u. die neuere kath. Exegese (Freiburg/B. 1966ff), Bd. I: Grundlegende Fragen zur Entstehung u. Eigenart des NT, Bd. II: Gattung u. liter. Formen der Evangelien, Bd. III: Literarische Gattungen u. Einzelformen der außerevangelischen Schriften – H. A. Mertens, Kleines Handbuch der Bibelkunde (Düsseldorf 1969) – G. Kroll, Auf den Spuren Jesu (Leipzig 1973, Innsbruck 1978) – Zu dem sehr umfangreichen Fragenkomplex vgl. LThK, bes. die Artikel: Apokryphen, Bibel, Bibelausgaben, Bibelhandschriften, Bibelkommentare, Bibelkritik, Bibellexika, Bibeltext, Bibelübersetzungen, Bibl. Archäologie, Bibl. Chronologie, Bibl. Hermeneutik, Evangelist, Evangelisten in der bild. Kunst, Evangelien (apokryphe), Evangelienharmonie, Evangelium (kanon.), Exegese, Formgeschichtl. Methode, Genus literarium, Inspiration, Johannes, Kanon (bibl.), Lukas, Markus, Matthäus, Neues Testament, Mythentheorie, Offenbarung, Offenbarungsgeschichte, Offenbarungsquellen (Depositum Fidei, Hl. Schrift, Tradition), Synoptiker, Zweiquellentheorie, Wort Gottes. (Dort weitere Verweise und Literaturangaben)

Evaristus, Papst, Hl. (Euaristos, Aristos)
Name: griech. eu (gut) + áristos (der Beste): der Allerbeste
Er regierte 99–107 (seine Regierungsjahre werden verschieden angegeben). Er war der Sohn eines hellenistischen Juden aus Betlehem u. Nachfolger von Papst ↗ Clemens I. Sein Martyrium unter Trajan ist historisch nicht begründet. Der Liber Pontificalis sagt, er habe den röm. Presbytern die Titelkirchen Roms zugewiesen. Diese Nachricht scheint aber aus späterer Zeit zu stammen u. willkürlich zu sein.
Gedächtnis: 26. Oktober
Darstellung: mit einem Schwert
Lit.: Caspar I 8 13 53 – Seppelt I² 18 – Baudot-Chaussin X 886f

Eveline (franz.) ↗ Eva

Evelyn (engl.) ↗Eva

Eventius u. Gef., Märt. **zu Rom,** Hll.
Er erlitt mit **Alexander** u. ↗ **Theodulos** unter Kaiser Hadrian um 130 (?) zu Rom das Martyrium durch Enthauptung. Dieser Alexander wurde offenbar mit Papst ↗ Alexander verwechselt, da dieser denselben Gedächtnistag hat.
Gedächtnis: 3. Mai
Darstellung: Eventius u. Theodul: auf brennendem Scheiterhaufen stehend

Evergisil, Bisch. **von Köln,** Hl. (Evergislus)
Name: ahd. ebur (Eber; wegen seiner Angriffslust Vorbild für Tapferkeit) + gisel (Geisel, Pfand; Adeliger, weil solche zu Geiseln genommen wurden): edler Kämpfer
Er soll aus Tongern (Prov. Limburg, Belgien) stammen u. wurde als Nachfolger des ↗ Severinus der 1. Bisch. von Köln mit fränkischem Namen. Bei ↗ Gregor von Tours wird er mehrfach erwähnt. Im Auftrag König Childeberts II. von Austrasien schlichtete er Streitigkeiten im Nonnenkloster zu Poitiers, in Birten bei Xanten erbaute er eine Kirche zu Ehren des hl. Mallosus. Zu seiner Zeit bestand bereits zu Köln die Kirche zu den „Goldenen Heiligen“ (St. Gereon). † vor 594. Erzb. ↗ Bruno von Köln ließ seine Gebeine von Tongern nach St. Cäcilia in Köln übertragen. Heute ruhen sie in St. Peter zu Köln.
Liturgie: Köln g am 24. Oktober
Darstellung: im bischöflichen Ornat mit Palme (er wurde fälschlich als Märt. bezeichnet)
Patron: der Glaser
Lit.: W. Levison, Aus rhein. u. fränk. Frühzeit (Düsseldorf 1948) 57–75 – Die Regesten der Erzb. von Köln I, hrsg. v. F. W. Oediger (Bonn 1954) nn. 17–20 408 – Braun 244

Evermar, Märt. **zu Maastricht,** Hl.
Name: ahd. ebur (Eber; wegen seiner Angriffslust Vorbild der Tapferkeit) + mar (von maren, erzählen, rühmen): berühmter Kämpfer
Er stammte aus Friesland. Er befand sich auf einer Wallfahrt zum Grab des hl. ↗ Servatius in Tongern (bei Maastricht, Belgien) u. anderer Heiliger u. wurde zu Rutten bei Maastricht mit 7 Gefährten vom Räuber Hacco um 700 ermordet. Seine Gebeine wurden 919 erhoben. Im 11. Jh. wurde zu Tongern ihm zu Ehren eine Kirche erbaut.
Gedächtnis: 1. Mai
Darstellung: als Pilger mit Palme u. Krone

Evermod OPraem, Bisch. **von Ratzeburg,** Hl.
Name: ahd. ebur (Eber) + muot (Sinn, Gemüt): mutig wie ein Eber
Er stammte aus Belgien u. schloß sich 1120 zu Cambrai (Nordfrankreich) dem hl. ↗ Norbert von Xanten an, durch dessen Predigt er gewonnen wurde. Er war auch dessen vertrautester Freund u. Schüler. Mit seinen Ordensbrüdern bekämpfte er zu Antwerpen (Nordbelgien) mit Erfolg die Irrlehre des Tanchelm (Tanchelin), der die kirchliche Ordnung u. die Sakramente (bes. das Altarsakrament) verwarf. Er wurde 1134 Propst des Stiftes Gottesgnaden bei Kalbe an der Saale (südl. von Magdeburg), 1138 Propst des Stiftes St. Marien in Magdeburg u. 1154 1. Bisch. von Ratzeburg (südl. von Lübeck, Holstein). Er wirkte als Glaubensbote beim Wendenstamm der Po-

laben (in der Gegend von Ratzeburg u. Lauenburg) u. wird deshalb „Apostel der Wenden" genannt. † 17. 2. 1178. Seine Reliquien sind verschollen.
Gedächtnis: 17. Februar
Darstellung: als Bisch., die Heiden lehrend
Lit.: F. Winter, Die Prämonstratenser des 12. Jh.s (Berlin 1865) 59ff – Baudot-Chaussin II 383f

Eving, Märt. in Sachsen ↗ Willehad

Evita (span.) ↗ Eva

Evodius (Euodios), Bisch. **von Antiochia,** Hl.
Name: griech. eu (gut) + hodós (Weg, Reise): er habe Glück auf allen Wegen
Er war nach dem hl. ↗ Petrus der 1. Bisch. von Antiochia in Syrien. Eusebius berichtet, er habe sein Amt im Jahr 43 angetreten u. sein Nachfolger ↗ Ignatius sei um 68 zum Bisch. geweiht worden. Möglicherweise starb er als Märt.
Gedächtnis: 6. Mai (Griechen 30. Juni, 28. April, 7. September)

Ewald, 2 Glaubensboten u. Märt., Hll.
Name: ahd. ewa, e- (Gesetz, Ordnung, Recht) + walt (zu waltan, walten, herrschen): der für Recht Sorgende
So hießen 2 angelsächs. Priestermissionare, die Ende des 7. Jh.s von Irland auf das Festland zu den Sachsen kamen. Nach ihrer Haarfarbe werden sie der „schwarze" u. der „weiße Ewald" genannt. Verschiedentlich werden sie „Brüder" genannt, was wohl richtig „Mitbrüder" heißen sollte. Sie wurden im Gebiet zwischen Rhein, Ruhr und Lippe bei einem Missionsversuch am 3. Oktober 695 (?) ermordet. Der Ort ihres Martyriums ist unsicher. König Pippin der Mittlere übertrug ihre Reliquien nach St. Kunibert zu Köln. Hier wurden sie durch Erzb. ↗ Anno von Köln am 3. 10. 1074 feierlich erhoben. Wahrscheinlich seit dieser Zeit gibt es auch Partikel ihrer Häupter im Dom zu Münster.
Liturgie: Essen, Köln, Münster, Paderborn g am 3. Oktober
Darstellung: als Priester im Meßgewand, der eine mit dunklem, der andere mit hellem Haar, mit Schwert u. Keule. Mit Palme. Ein heller Lichtschein über ihnen am Himmel (durch den ihre Leiber gefunden worden sein sollen)
Lit.: P. Mertens (Köln 1879) – Zimmermann III 127 – A. Schütte, Handb. der dt. Heiligen (Köln 1941) 120 – Braun 246 – G. Schreiber: Westfalia sacra II (Münster 1950) 51

Ewald ↗ Ubald von Gubbio

Eymard ↗ Petrus Julianus Eymard

Ezechiel, Prophet im AT
Name: hebr. j'chesk'ēl: Gott macht stark, Gott mache stark (LXX Iezekiēl, Vulg. Ezechiel, Luther Hesekiel, Locc. Ezechiel)
Er war der Sohn des Priesters Buzi u. vielleicht selber Priester. 597 v. Chr. kam er mit den Deportierten seines Volkes nach Babylonien („1. Wegführung nach Babylon") u. wohnte in Tel Abib am Euphratkanal Chobar (heute Schatt-en-Nil, südl. von Bagdad). Wahrscheinlich wirkte er bis 571 v. Chr. Über seine persönlichen Verhältnisse wissen wir wenig. Er war verheiratet, seine Frau starb aber kurz vor der Zerstörung Jerusalems 587 v. Chr. durch Nebukadnezar (Ez 24,15–18). Nebukadnezar beschränkte sich bei dieser 1. Deportation nur auf die Vornehmen des Volkes, auf die wehrtüchtigen Männer u. Metallarbeiter (Waffenschmiede), der größere Teil des Volkes blieb also noch in der Heimat (vgl. 2 Kön 24,14–16). Es ist fraglich, ob Ezechiel zu den Verbannten dieser ersten Deportationswelle gehört hat. Es fällt nämlich auf, daß er seine Berufung zum Propheten in Babylonien erhielt, seine Drohworte aber an die Bewohner Jerusalems richtet. Wahrscheinlich ging er bald nach seiner Berufung nach Jerusalem zurück u. predigte dort das nahende Strafgericht über die Stadt. Der Tod seiner Frau wäre dann während der 2. Belagerung Jerusalems durch Nebukadnezar erfolgt, und danach hätte Ezechiel die Stadt wieder verlassen. Jedenfalls war er bei der Zerstörung Jerusalems 587 v. Chr. wieder in Babylonien (vgl. Ez 33,21).
Das Buch Ezechiel besteht aus mehreren deutlich voneinander abgegrenzten Teilen. Kap. 1–3 enthalten seine breit angelegte Berufungsgeschichte, beginnend mit der gewaltigen Vision Gottes und der 4 geheimnisvollen Wesen (diese 4 Wesen werden in

altchristlicher Zeit, bes. seit Hieronymus mit den 4 ↗ Evangelisten in Verbindung gebracht). Der 1. Teil (Kap. 4–24) ist eine Sammlung von Drohreden gegen Juda u. Jerusalem, sinnbildlichen Handlungen u. Gleichnissen, die alle auf den Untergang Jerusalems abgestimmt sind. Er scheut auch vor derben Vergleichen nicht zurück (Kap. 16 u. 23), um dem Volk sein götzendienerisches Tun vor Augen zu halten. Dieser Teil wird das „Jerusalembuch" genannt.
Nach dem Fall Jerusalems ändert sich die Art seiner Verkündigung. Der 2. Teil (Kap. 25–39) beginnt mit den Drohreden gegen die Völker, die sich gegen Jahwe aufgelehnt haben, indem sie zum Fall Israels beigetragen u. sich am schließlichen Untergang Jerusalems gefreut haben. Jahwe wird auch sie bestrafen, so wie er Jerusalem bestraft hat. Dagegen richtet sich der Prophet mit trostvollen Worten an die Gemeinde der Verbannten. Bes. bedeutsam ist hier die Verheißung des wahren Hirten aus dem Haus Davids (Kap. 34) u. das Gesicht von der Wiederbelebung der Totengebeine (Kap. 37). Den Abschluß dieses Teiles bildet die Weissagung vom geheimnisvollen Volk Gog aus dem Lande Magog im Norden (Kap. 38–39). Wohl nicht zu Unrecht kann man hier das Reich Alexanders d. G. vermuten (Eroberung Palästinas 332 v. Chr.). Gog u. Magog sind in der Geheimen Offenbarung zu 2 selbständigen Gestalten geworden (Offb. 20,8). Auch dieses Reich wird wie die übrigen Völker untergehen.
Im letzten Teil (Kap. 40–48) entwirft Ezechiel das Zukunftsbild des neuen Tempels, der neuen Kultordnung, Sozialordnung u. Wohnordnung des Volkes. Offenbar dachte hier der Prophet an den kommenden Wiederaufbau der Stadt u. des Tempels u. wollte schon jetzt richtungweisende Normen geben. Darüber hinaus ist es eine verhüllte Weissagung auf die messianische Endzeit überhaupt.
Gedächtnis: 10. April
Darstellung: Das Buch Ezechiel bietet der darstellenden Kunst reichen Stoff. Die Zyklenmalerei beginnt in der Synagoge von Dura Europos (245 n. Chr.) und tritt erst in der Gotik etwas in den Hintergrund. Zu den Zyklen gehören regelmäßig: die Vision Gottes u. der 4 Wesen (Ez 1), das Essen der Schriftrolle (Ez 2,8–9), das Tragen der Schuld Israels (Ez 4,4–8), das Abschneiden u. Vernichten des Haupthaares (Ez 5,1–4) u. das verschlossene Tor (Ez 44,1–4).
Später treten Einzelmotive in den Vordergrund: Als einer der 4 großen Propheten wird er oft mit diesen zus. abgebildet u. dabei den 4 lat. Kirchenvätern oder den 4 Evangelisten gegenübergestellt. Oft erscheint er auch an der Spitze der 12 kleinen Propheten in mächtiger, bärtiger Gestalt mit bewegtem Prophetenmantel. Die 4 Wesen mit den 4 Gesichtern (Stier, Mensch, Löwe, Adler), den geflügelten Feuerrädern u. den Cherubim (Kap. 1 u. 10) sind ein beliebtes Motiv u. werden den Evangelisten sowie den 4 Wesen der Geheimen Offenbarung gegenübergestellt (sog. Tetramorph, „Viergestalt") (Offb 4 u. 5). Das verschlossene Tor des Tempels (Ez 44,1–3) wird schon seit Gregor d. G. symbolisch gedeutet u. ist vom 12. Jh. an eines der am meisten zitierten u. dargestellten Motive der Mariensymbolik. Die Weissagung über die Zerstörung Jerusalems u. der künftige Wiederaufbau des Tempels u. der Stadt (Ez 40 ff) werden gerne mit dem himmlischen Jerusalem der Geheimen Offenbarung zusammen gesehen (Offb 21).

Lit.: L. Dürr, Ezechiels Vision von der Erscheinung Gottes im Lichte der vorderasiat. Altertumskunde (Münster 1917) – Ders., Die Stellung des Propheten Ezechiel in der israelitisch-jüdischen Apokalyptik (Münster 1923) – G. Hölscher, Hesekiel, der Dichter u. das Buch (Gießen 1924) – G. v. Rad, Theologie des AT (München 1968[5]) 72ff 100ff 229ff 271ff u. ö. – W. Neuß, Das Buch Ezechiel in Theologie u. Kunst bis zum Ende des 12. Jh.s (Münster 1912) – P. Clemen, Die roman. Monumentalmalerei in den Rheinlanden (Düsseldorf 1916) 279–293 329–343 – W. Neuß, Die katalan. Bibelillustration (Bonn-Leipzig 1922) 87ff – C. H. Kraeling, The Synagogue. The Excavations at Dura-Europos, Final Report VIII/M 1 (Oxford 1956) – A. Pigler, Barockthemen I (Budapest 1956) 210f

Ezechiel (Ezequiel) **Moreno y Dias**
OESA, Bisch. von Pasto, Sel.
* 10. 4. 1848 in Alfaro (Navarra, Nordspanien). Er trat 1864 in Alfaro in den Orden der Augustiner-Eremiten ein u. ging 1870 als Missionar auf die Philippinen, wo er 1871 zum Priester geweiht wurde. 1885 übernahm er das Amt des Rektors im Kolleg zu Monteagudo (Navarra), 1888 ging er als Provinzial nach Kolumbien (Südamerika), wurde dort 1889 Apostolischer Vikar

der von ihm gegründeten Mission von Casanare (wo die Jesuiten im 17. Jh. blühende Indianer-Reduktionen geleitet hatten) u. 1894 Weihbisch. Auch während der Unruhen u. Bürgerkriege dieser Jahre führte er seine Arbeiten unerschrocken weiter. 1895 wurde er Bisch. von Pasto (Südkolumbien). Als solcher bekämpfte er den Liberalismus u. trug wesentlich zur Beendigung des Bürgerkrieges bei. Charakteristisch für ihn ist seine Verehrung des Herzens Jesu. Er verfaßte zahlreiche rel. Schriften. † 19. 8. 1906 in Monteagudo. Seliggesprochen am 1.11. 1975.
Gedächtnis: 19. August
Lit.: T. Minguella y Arnedo, Biografia del ilustrisimo Ezequiel Moreno y Dias (Barcelona 1909) – AAS 68 (1976) 486ff

Ezzo, ital. Kf. zu Adolfo (↗ Adolf)

F

Faber ↗ Petrus Faber

Fabianus, Papst, Märt., Hl.
Name: zu Fabius, Name eines altröm. Patriziergeschlechtes: aus dem Geschlecht des Fabius (vielleicht von lat. faba, Bohne: Bohnen-Anbauer)
Er regierte von 236–250 u. war eine hochangesehene Persönlichkeit. Nach den vorhergegangenen Wirren um ↗ Hippolytus von Rom gelang es ihm in der Friedenszeit bis zur Verfolgung des Decius, die Kirche von Rom zu festigen u. organisatorisch auszubauen. Er teilte Rom in 7 Seelsorgsbezirke (regiones), die 7 Diakonen anvertraut wurden. Auch der Pflege der Begräbnisstätten wandte er seine Aufmerksamkeit zu. Er starb als eines der ersten Opfer der Verfolgung des Decius am 20. 1. 250 u. wurde in der Calixtus-Katakombe beigesetzt. Sein Sarkophag wurde 1915 aufgefunden.
Liturgie: GK g am 20. Jänner
Darstellung: als Papst, mit Schwert (Martyrium) u. Taube (bei seiner Papstwahl soll sich eine Taube auf seinem Haupte niedergelassen haben zum Zeichen der Erwählung durch den Hl. Geist)
Patron: der Töpfer, Zinngießer
Lit.: F. Grossi-Gondi, S. Fabiano (Rom 1916) – U. Stutz, Die röm. Titelkirchen u. die Verfassung der stadtröm. Kirche unter Papst Fabian: Zeitschr. d. Savigny-Stiftg. f. Rechtsgesch., kanonist. Abt. (Weimar 1911ff) 9 (1919) 288–312 – Caspar I 43ff 49ff 60ff – Haller I² 34 492 497 – Seppelt I² 43–47

Fabiola, Hl.
Name: die kleine Fabierin (↗ Fabianus)
Sie war eine adelige Römerin aus dem Geschlecht der Fabier. Sie heiratete einen lasterhaften Mann, von dem sie sich aber bald trennte, um mit einem anderen zusammenzuleben. Diese Wiederverheiratung war zwar staatsgesetzlich, nicht aber kirchlich legalisiert. Als ihr 2. Mann gestorben war, leistete sie im Bußkleid vor der Lateranbasilika öffentlich Buße u. wurde daraufhin wieder in die Kirchengemeinschaft aufgenommen. Nun verwendete sie ihr großes Vermögen für wohltätige Zwecke. Sie erbaute ein Hospiz für die Armen u. unterstützte den Klerus, die Mönche u. die gottgeweihten Jungfrauen. 394 reiste sie in das Hl. Land, wo sie längere Zeit im Kloster der hl. ↗ Paula lebte u. auch mit ↗ Hieronymus Kontakt pflegte. Dort beschäftigte sie sich viel mit der Hl. Schrift. Beim Hunnen-Einfall 395 kehrte sie wieder nach Rom zurück u. widmete sich weiterhin ihrem karitativen Leben. So errichtete sie zus. mit dem Senator ↗ Pammachius ein Pilger-Hospiz in Portus. † Ende 399 zu Rom. Hieronymus verfaßte bei ihrem Tod eine Lobrede auf sie.
Gedächtnis: 27. Dezember
Lit.: A. Penna, S. Gerolamo (Turin–Rom 1949) 205–209

Falco, Abt **zu Cava,** Sel.
Name: ahd. falco, falcho: Falke oder (West-)fale
Er wurde 1141 der 6. Abt im Kloster zur Hl. Dreifaltigkeit in Cava (südöstl. von Neapel) u. starb dortselbst 1146. Seine Ge-

beine ruhen in der dortigen Klosterkirche. Kult anerkannt am 16. 5. 1928.
Gedächtnis: 6. Juni
Lit.: AAS 20 (1928) 304

Famianus OCist, Hl. (Wardo, Gerhard, Quardus)
Name: zu lat. fama (Gerücht, Ruf, Leumund): der mit (gutem) Ruf
* zu Köln um 1090 als Sohn des Godschalk u. seiner Gemahlin Giumera. Er hieß ursprünglich Wardo (latinisiert Quardus). Mit 22 Jahren pilgerte er nach Rom u. zu den übrigen Heiligtümern Italiens u. kam auch nach Santiago de Compostela (Spanien) u. ließ sich am Fluß Minho (Nordspanien) nieder, wo er 25 Jahre als Einsiedler lebte. Dann schloß er sich in Osera (Spanien) dem neuentstandenen Zisterzienser-Orden an. Nach 2 Jahren pilgerte er an die hl. Stätten in Jerusalem. Auf der Rückreise kam er über Rom nach Gallese am Tiber u. schloß sich dort einem frommen Mann namens Ascarus an. Nach 15 Tagen erkrankte er u. starb am 8. 8. 1150. Sein Grab dortselbst wurde alsbald viel besucht; wegen der zahlreichen Wunder wurde er „Famianus" genannt. Hadrian IV. sprach ihn als 1. Zisterzienser unter diesem Namen 1154 heilig. Sein Leib ist noch heute unverwest.
Gedächtnis: 8. August
Lit.: St. Steffen, Der hl. Famianus in Geschichte u. Legende: SM 29 (1908) 163ff – Ders., Cist 23 (1911) 13–16 – Lenssen I 77ff – Zimmermann II 547f

Fanni, Kf. zu ↗ Franziska, ↗ Stephanie

Fanti ↗ Bartholomäus Fanti

Fara, Äbtissin **von Faremoutiers,** Hl. (Burgundofara, Phara)
Name: wahrscheinlich zu ahd. faran (fahren, reisen): die Reisende, Pilgerin
* 595. Sie stammte wohl aus einem burgundischen Geschlecht u. war angeblich Schwester der hll. ↗ Chagnoald u. ↗ Faro. Bei ihrem Vater Agnerich, einem vornehmen Hofbeamten des Königs Theodebert II., fand der hl. ↗ Kolumban 610 freundliche Aufnahme u. segnete bei dieser Gelegenheit die junge Fara. Ihr Vater wollte sie verheiraten, aber es gelang ihr nur mit Mühe, ihn von diesem Entschluß abzubringen u. den jungfräulichen Stand zu wählen. Sie empfing 614 den Schleier aus den Händen des Bisch. Gondoald von Meaux. 2 Jahre später erbaute ihr Vater für sie auf seinem Gut Evoriacum ein Kloster u. bedachte es reichlich mit Besitzungen. Es hieß zuerst Brige, später Evory, nach dem Tod der Heiligen Faremoutiers (Dep. Seine-et-Marne, östl. von Paris). Dort wurde sie die 1. Äbtissin. Das Kloster lebte zuerst nach der Regel des hl. Kolumban, nahm aber später die Benediktinerregel an u. wurde in der Franz. Revolution zerstört. Fara starb 657. 1622 wurde eine blinde Nonne durch Berühren ihrer Reliquien geheilt. Die Heilung wurde am 9. 12. 1622 durch den Bisch. von Meaux als Wunder kirchlich anerkannt.
Gedächtnis: 7. Dezember (3. April: Todestag?)
Darstellung: als Äbtissin mit Kornähre
Lit.: M.-H. Delsart (Paris 1911) – Baudot-Chaussin IV 69 – Catholicisme IV 1094f

Farhild, Hl. (Faraildis, Pharaildis, vom Volk auch Vareldis, Veierle, Veerle oder Sinte genannt)
Name: zu ahd. faran (fahren, reisen) + hilta, hiltja (Kampf): reisende Kriegerin
Sie soll die Tochter der hl. ↗ Amalberga u. des Grafen Witger, Herzogs von Lothringen gewesen sein u. damit die Schwester des hl. ↗ Emebert, Bisch. von Cambrai, der hl. ↗ Reinhild u. der hl. ↗ Gudula. Mit Einwilligung ihres Gatten lebte sie mit diesem in jungfräulicher Ehe. Man erzählt sich aber, daß sie wegen ihrer nächtlichen Kirchenbesuche von ihrem Mann öfters Schläge erhielt. Nach dessen Tod führte sie ein Leben der Frömmigkeit u. Buße u. starb hochbetagt nach 750. Ihre Gebeine ruhen zum größten Teil im Dom zu St. Bavo in Gent (Belgien).
Gedächtnis: 4. Jänner
Darstellung: mit einer Wildgans

Faro OSB, Bisch. **von Meaux,** Hl.
Name: zu ahd. faran (reisen, fahren): der Reisende, Wanderer
Er war zuerst Hofbeamter unter dem fränkischen König Chlothar II. u. Kanzler des Königs Dagobert I., wurde Benediktiner u. nach 627 Bisch. von Meaux (östl. von Paris). Er stiftete das Kloster zum Hl. Kreuz bei Meaux, das später nach ihm St-Faron

genannt u. in der Franz. Revolution zerstört wurde. † um 672. Seine Gebeine ruhen im Dom zu Meaux.
Gedächtnis: 28. Oktober (28. Dezember)
Lit.: Baudot-Chaussin X 941–945 – Catholicisme IV 1104f

Fasani ↗ Franz Fasani

Fausta, Märt. **zu Kyzikos,** Hl.
Name: lat., die Glückliche
Sie war ein 13jähriges Mädchen u. wurde vor den heidnischen Richter Evilasius geschleppt. Durch ihre Standhaftigkeit bekehrte sich dieser u. wurde mit ihr zus. grausam gemartert. Die griech. Passio gibt ihr einen gewissen Maximinos als Leidensgefährten bei. Sie starb zu Kyzikos am Hellespont (heute Dardanellen) beim heutigen Banduram.
Gedächtnis: 20. September (Griechen: 6. Februar)
Darstellung: in einem über dem Feuer hängenden Kessel; mit Säge u. Holznagel (Marterwerkzeuge)

Faustina u. **Liberata** OSB, Hll.
Name: Weiterb. zu ↗ Fausta. – Lat. liberata: die Befreite, die Gerettete
Sie stammten aus einer adeligen Familie. Ihr Vater Johannes war Herr von Rocca d'Alges (Arx Genesina) in der Nähe von Piacenza (Norditalien). Das untröstliche Weinen einer Frau über den Tod ihres Mannes bewog die beiden Schwestern, den jungfräulichen Stand zu wählen, u. sie zogen heimlich von zuhause fort nach Como, wo sie vor dem Bisch. Agrippinus die Ordensgelübde ablegten. Der Vater war anfangs erzürnt, willigte aber bald ein u. gab ihnen ein ansehnliches Vermögen, mit dem sie ein kleines Oratorium bauten. Daraus entwickelte sich ein Kloster, das aber bald zu klein wurde u. deshalb vergrößert werden mußte (das spätere Kloster St. Margaretha). Die jüngere Faustina starb am 15., die ältere Liberata am 18. Jänner um 580. Um 1096 wurden ihre Gebeine unter Bisch. Guido von St. Margaretha in den Dom von Como übertragen u. am 13. 5. 1317 neuerlich erhoben u. im Hochaltar feierlich eingeschlossen.
Gedächtnis: 18. Jänner

Faustinus u. **Jovita,** Märt., Hll.
Name: Weiterb. zu Faustus (↗ Fausta). – Jovita: die dem Jupiter Geweihte
Die Passio entstand um 800 (wahrscheinlich in der Umgebung von Mailand) u. ist legendarisch. Sie bezeichnet die beiden Märt. als Brüder, Faustinus als Priester, Jovita als Diakon. Sie sollen unter Kaiser Hadrian (117–138) in Brescia (östl. von Mailand) das Martyrium erlitten haben. Eine Kirche in Brescia zu Ehren des hl. Faustinus wird schon von Gregor d. G. erwähnt.
Gedächtnis: 15. Februar
Darstellung: als Priester u. Diakon, wie sie zur Nachtzeit die Kommunion austeilen oder Brescia gegen Feinde beschützen
Patrone: der Diöz. Brescia
Lit.: F. Savio: Brixia Sacra 5 (Brescia 1914) 16–24 – P. Guerrini: Brixia Sacra 14 (1923) 5ff 28ff – Lanzoni 957f

Faustinus ↗ Simplicius, Faustinus u. Beatrix

Febronia, Märt. **zu Nisibis,** Hl.
Sie war eine Jungfrau zu Nisibis (heute Nusaybin, östl. Türkei, an der Grenze zu Syrien). Sie wollte sich dem Stadtpräfekten Lysimachus wie auch dem Richter Selenus nicht preisgeben. So wurde sie grausam zerfleischt u. schließlich enthauptet. Sie starb 304 unter Diokletian.
Gedächtnis: 25. Juni

Felicianus ↗ Primus u. Felicianus

Felicianus, Bisch. **von Foligno,** Märt., Hl.
Name: zu lat. felix, der Glückliche (Felizian)
Er war vielleicht der 1. Bisch. von Foligno (Umbrien, nördl. von Rom). Es sind keine sicheren Nachrichten über ihn erhalten. Nach einer legendären Passio aus dem 6./7. Jh. kam er unter Papst Victor (189–199) nach Rom, wurde hier zum Bisch. geweiht u. predigte in verschiedenen Städten in Picenum u. Umbrien (Mittelitalien), bes. in Foligno. Er starb als Märt. unter Decius (249–251). Seine Gebeine wurden 965 nach Minden (Westfalen) u. 969 nach Metz übertragen. Seit 1673 sind sie teilweise wieder in Foligno.
Gedächtnis: 24. Jänner

Felicissimus u. **Agapitus,** Märt. **zu Rom,** Hll.
Name: zu lat. felix (glücklich): der Glücklichste, Selige – Griech. agapetós: der Geliebte
Sie waren Diakone des Märtyrerpapstes ↗ Sixtus II. u. wurden am 6. 8. 258 in Rom gemartert. Ihre Leichname wurden in der Katakombe des Prätextatus an der Via Appia beigesetzt. Das von Papst ↗ Damasus I. angebrachte Epigramm wurde 1927 aufgefunden. Papst Gregor IV. (827–844) schenkte die Reliquien dem Abt Gozbald von Niederaltaich, der sie in der Kirche in Isarhofen (zw. Straubing u. Passau, Bayern) beisetzte.
Liturgie: GK g am 7. August (mit Sixtus II.)
Lit.: J. P. Kirsch, Der stadtröm. christl. Festkalender im Altertum (Münster 1924) 26f – Baudot-Chaussin VIII 105–110

Felicitas, Märt. **zu Karthago** ↗ Perpetua u. Felicitas

Felicitas u. ihre 7 Söhne, Märt. **zu Rom,** Hll.
Name: lat., Glück, Glückseligkeit
Sie wurde unter Kaiser Mark Aurel (162?) enthauptet u. im Cömeterium des Maximus beigesetzt. In der röm. Depositio Martyrum wird sie unter dem 10. Juli zus. mit 7 Brüdern, die ebenfalls als Märt. starben, erwähnt. Es sind dies: **Felix, Philippus, Martialis, Vitalis, Alexander, Silanus** u. **Januarius,** die aber in 4 verschiedenen Katakomben beigesetzt wurden. Felicitas ruhte neben Silanus, woraus die Legende entstand, Felicitas sei die Mutter dieser 7 Brüder gewesen u. habe mit ihnen zus. den Martertod erlitten (offenbar in Anlehnung an das Martyrium der 7 Makkabäischen Brüder; 2 Makk 7). ↗ Petrus Chrysologus († 450) jedenfalls kennt diese Passio in der gleichen Form wie wir. In den Titusthermen in Rom wurde ein Fresko der Felicitas u. ihrer 7 Söhne aufgefunden. Felicitas war ursprünglich im röm. Meßkanon enthalten u. wurde vielleicht unter Papst ↗ Gelasius I. (492–496) durch ↗ Perpetua u. Felicitas verdrängt.
Gedächtnis: 23. November (zus. mit ihren 7 Söhnen: 10. Juli)
Darstellung: von ihren 7 Söhnen begleitet, bzw. deren 7 Häupter tragend. Mit Schwert u. Palme
Patronin: der Frauen u. Mütter
Lit.: V. L. Kennedy, The Saints of the Canon of the Mass (Rom 1938) 161–168 – Kerler 117 256 – Künstle II 223f

Felix von Cantalice OFMCap, Hl.
Name: lat., der Glückliche
* 1515 zu Cantalice bei Rieti (Umbrien, nordöstl. von Rom). Er trat 1543 in Anticoli als Laienbruder in den Kapuzinerorden ein u. wurde zuerst in das Kloster in Monte S. Giovanni versetzt u. verbrachte schließlich über 40 Jahre in Rom als klösterlicher Almosensammler. Wegen seines ständigen Dankeswortes wurde er „Bruder Deogratias" („Gott sei Dank") genannt u. war bei der Bevölkerung ungemein populär. Mit ↗ Karl Borromäus u. ↗ Philipp Neri verband ihn eine tiefe Freundschaft. Er hatte nie eine höhere Bildung genossen, dafür zeichnete er sich durch kontemplatives Gebet, persönliche Lebensstrenge u. liebenswürdige Heiterkeit aus. Man erzählt sich, daß er eine Vision der Gottesmutter gehabt habe, bei der ihm Maria das Jesuskind gereicht habe. Durch sein einfaches, von tiefer Religiosität getragenes Wesen wirkte er nachhaltig auf die rel. Erneuerung Roms ein. † 18. 5. 1587 in Rom. Seine Zelle übertrug man nach seinem Tod in das Kloster an der Piazza Barberini in Rom, wo jetzt seine Gebeine ruhen. Seliggesprochen 1625, heiliggesprochen am 22. 5. 1712.
Gedächtnis: 18. Mai
Darstellung: als Kapuziner mit einem Bettelsack, auf dem die Worte stehen „Deogratias". Das Jesukind tragend
Patron: der Kapuziner-Laienbrüder, der Felicianerinnen in Polen, der Mütter u. Kinder
Lit.: Berardin v. Colpetazzo: Mon. Hist. OFMCap III (Assisi 1938) 483–509 – S. Maschek, Nachahmer Gottes II (Innsbruck 1952[4]) 143f

Felix, Bisch. **von Como,** Hl.
Er war der 1. Bisch. von Como (Oberitalien). Seine Bischofsweihe erhielt er aus der Hand des hl. ↗ Ambrosius. Er führte viele Arianer zum kath. Glauben zurück. † 391.
Gedächtnis: 14. Juli

Felix, Bisch. **von Dunwich,** Hl.
Er war ein Priester aus Burgund u. wurde

631 von Erzb. ↗ Honorius von Canterbury mit der Missionierung der Ostangeln betraut. Durch ihn wurde er auch zum Bisch. von Dunwich geweiht, wo er nach dem Vorbild von Canterbury eine Schule, vielleicht auch ein Kathedralkloster errichtete. Er wird von einigen für einen Benediktinermönch gehalten, doch ist dies fraglich, da ihn die Ordensmartyrologien nicht erwähnen. † um 647. Sein Leib wurde von Dunwich nach Seham u. von dort 1027 nach Ramsey übertragen.
Gedächtnis: 8. März
Lit. Zimmermann I 307

Felix von Gerona, Märt., Hl.
Er war Diakon des hl. ↗ Narcissus, Bisch. von Gerona (nordöstl. von Barcelona, Ostspanien). Zur Zeit der Verfolgung unter Diokletian verließ er mit seinem Bisch. seine Heimat u. kam bis Augsburg, wo er im Haus der hl. ↗ Afra Aufnahme fand. Nach einem Jahr kehrte er nach Gerona zurück, wo er das Martyrium erlitt. † um 307.
Gedächtnis: 18. März
Lit.: A. Bigelmair, Archiv für die Gesch. des Hochstiftes Augsburg I (Dillingen 1909–11) 145 162 204 – Ders., Lebensbilder aus dem bayrischen Schwaben I (München 1952) 9f u. ö. – Künstle II 456

Felix, Märt. **zu Mailand** ↗ Nabor u. Felix

Felix von Nicosia OFMCap, Sel. (bürgerl. Giacomo Antonio Amuruso)
* am 5. 11. 1715 zu Nicosia (Sizilien) u. war zuerst Schuhmacher. 1743 trat er in Nicosia als Kapuziner-Laienbruder ein u. wirkte hier 43 Jahre als Sammelbruder. Er führte ein Leben der heroischen Buße u. hatte die Gabe der Wunder. † 31. 5. 1787 in Nicosia. Seliggesprochen am 12. 2. 1888.
Gedächtnis: 31. Mai
Lit.: Gesualdo di Bronte (dt. Mainz 1888) – I. Felici (Pisa 1940)

Felix von Nola, Hl.
* in Nola (östl. von Neapel) als Sohn eines eingewanderten Syrers. Er wurde Priester u. Vertrauensmann seines Bisch. Maximus. Anläßlich einer nicht näher bezeichneten Verfolgung wurde er in den Kerker geworfen u. daraus wieder befreit. Einer 2. Verfolgung konnte er sich durch die Flucht entziehen. Er starb im Frieden um 260 (?). Im christlichen Altertum war er im ganzen Abendland hoch geehrt, bes. von ↗ Augustinus u. ↗ Paulinus von Nola, der auch seine Vita schrieb. Paulinus erwählte ihn auch zu seinem bes. Patron. ↗ Gregor von Tours nennt ihn einen Märt., wohl wegen der erlittenen Verfolgung, das Martyrologium Hieronymianum bezeichnet ihn fälschlich als Bisch. Zur Zeit des Paulinus befand sich über dem Grab des hl. Felix bereits eine Kirche. Bisch. Paulinus errichtete daneben eine neue Basilika, die durch ihre szenischen Darstellungen aus der Bibel berühmt wurde. Im 5. Jh. waren das Grab und die Kirche Wallfahrtszentrum.
Gedächtnis: 14. Jänner
Darstellung: als Diakon in einem Kerker mit Scherben, mit einem zerbrochenen Topf, die Füße im Fußblock. In einer Höhle, vor deren Eingang ein Spinnengewebe, das ihn vor seinen Verfolgern schützte. Eine Weintraube in der Hand, mit der er seinen erschöpften Bisch. wieder zum Leben brachte.
Lit.: R. C. Goldschmidt, Paulinus' Churches at Nola (Amsterdam 1940) – B. Kötting, Peregrinatio religiosa (Münster 1950) 245–254

Felix I., Papst, Hl.
Er regierte von 268 (269?) bis 273 (274?). Unter ihm wurde der Irrlehrer Bisch. Paulus von Samosata endgültig abgesetzt u. Felix trat in Kirchengemeinschaft mit dessen Nachfolger Domnos von Antiochia. Dies tat er, um Domnos in den Besitz der ihm rechtens zustehenden Bischofswohnung zu versetzen, die Paulus nicht räumen wollte. Kaiser Aurelian hatte entschieden, „daß der die Bischofswohnung erhalten sollte, der mit den Bischöfen Italiens u. Roms in Verbindung stehe". Sonst ist über ihn nichts Sicheres bekannt. Er ruht in der Calixtuskatakombe.
Gedächtnis: 30. Dezember (seit dem 13. Jh. wird irrtümlich der 29. Mai angegeben; der Fehler beruht auf einer Verwechslung mit einem hl. Felix von Ostia)
Darstellung: mit Schwert (Verwechslung mit einem Märt. dieses Namens)
Lit.: G. P. Kirsch, Le memorie dei martiri nelle vie Aurelia e Cornelia: SteT 38 (1924) 63–100 – Caspar I 43 84 468 – Seppelt I^2 64f

Felix II., Papst, Hl.
Er regierte 483–492. Er wurde früher fälschlich Felix III. genannt wegen des Ge-

genpapstes, der sich Felix II. nannte (355–358). Er war der Sohn des Presbyters Felix aus röm. Adel u. war selbst vorher verheiratet. Einer seiner Nachkommen ist ↗ Gregor d. G. Unter ihm hatte die Kirche wirre Zeiten zu bestehen. Der Westen wurde von den Stürmen der Völkerwanderung heimgesucht, der Ostgotenkönig Theoderich d. G. eroberte 489–493 ganz Italien u. in Nordafrika entfesselten die arianischen Vandalen, die bereits 428 in Nordafrika eingedrungen waren, eine Katholikenverfolgung. Im Osten waren die Wirren nach dem Konzil von Chalkedon (451), welches die arianische Lehre u. andere christologische Irrtümer verurteilte, noch nicht abgeebbt. Dazu bereitete ihm Akakios, Patriarch von Konstantinopel, Schwierigkeiten. Akakios versuchte, aus dem Konzil kirchenpolitische Vorteile für seinen Patriarchenstuhl herauszuschlagen. U. a. anerkannte er wieder den monophysitischen Patriarchen Petros von Alexandria u. wurde nach erfolglosen Mahnungen von Papst Felix abgesetzt. Akakios gehorchte nicht u. entfesselte dadurch ein Schisma, das noch über seinen Tod (489) hinaus fortdauerte u. erst 519 beigelegt werden konnte. – Für die in der Vandalenverfolgung Abgefallenen erließ Felix auf der röm. Synode (487) neue Bestimmungen in der Kirchenbuße. Papst Felix war eine kraftvolle, selbstbewußte Persönlichkeit, er nahm sich tatkräftig der verfolgten Christen in Nordafrika an u. setzte sich gegen die drückende Bevormundung der Kirche durch den Kaiser zur Wehr. † 1. 3. 492.

Gedächtnis: 1. März

Lit.: Caspar II 24–44 – Haller I^2 222–229 532ff – Seppelt I^2 217–223

Felix in Pincis, Märt., Hl.

Er war Priester u. Lehrer in Rom. Er wurde von Knaben, die er gezüchtigt hatte, in der Gegend des Monte Pincio mit spitzen Griffeln getötet. Die Zeit seines Todes ist nicht bekannt.

Gedächtnis: 14. Jänner

Darstellung: mit Schulkindern, die ihn mit ihren Tafeln schlagen

Felix u. Adauctus, Märt. **zu Rom,** Hll.

Sie starben wahrscheinlich in der Verfolgung des Diokletian um 305. Ihre Grabstätte im Cömeterium der Commodilla (bei St. Paul an der Straße nach Ostia) wurde 1905 entdeckt. Man fand auch Bruchstücke einer Grabplatte, in die Papst ↗ Damasus I. ein Lobgedicht auf die beiden Märt. hatte einmeißeln lassen. Nach der Legende aus dem 6. Jh. schloß sich dem Felix auf seinem Gang zur Richtstätte ein Unbekannter an, der ebenfalls hingerichtet wurde (adauctus, der Hinzugekommene).

Gedächtnis: 30. August

Lit.: J. P. Kirsch, Der stadtröm. christl. Festkalender im Altertum (Münster 1924) 76 – Baudot-Chaussin VIII 591f

Felix, Bisch. **von Trier,** Hl.

Seine Regierungszeit (386–398) war überschattet von den Wirren, die die Hinrichtung des Priscillianus in Trier (385) auslöste. Priscillianus, ein vornehmer u. gebildeter spanischer Laie und späterer Bisch. von Avila, war der Wortführer einer asketischen Bewegung in Spanien u. Südfrankreich (der sog. Priscillianer). Seine Gegner warfen ihm vor, er begünstige gnostische Lehren u. habe durch seinen Einfluß bes. auf Frauen, durch den Anschein von Heiligkeit u. durch Gebrauch rechtgläubiger Wendungen großen Anhang gewonnen. Eine Synode von Saragossa (380) verurteilte verschiedene Praktiken, z. B. daß die Asketen an Feiertagen dem Gottesdienst fernblieben, um in der Einsamkeit Bußübungen zu verrichten. Selbst seine Zeitgenossen waren sich nicht einig darüber, ob Priscillianus nur ein rel. Schwärmer oder ein Häretiker sei. Diese Frage ist bis heute historisch nicht entschieden. Seine Gegner betrieben seine Absetzung u. Verbannung u. seine schließliche Hinrichtung, die im Jänner 385 in Trier vollstreckt wurde (die 1. Ketzerhinrichtung der Geschichte). Die führenden Vertreter der Großkirche (↗ Martin von Tours, ↗ Ambrosius von Mailand u. Papst ↗ Siricius) verurteilten zwar die Hinrichtung, hüteten sich aber gleichzeitig, Priscillianus zu rechtfertigen. Dadurch kam es zu einer Spaltung im gallischen u. span. Episkopat. Bisch. Felix, der sich gegen Priscillianus gestellt hatte, sah sich wachsenden Schwierigkeiten gegenüber u. dankte 398 ab, wodurch er den Weg zu einer Beilegung des Schismas ebnete. Er

zog sich in die Einsamkeit zurück u. starb am 26. 3. um 400.
Gedächtnis: 26. März
Darstellung: mit einer goldenen Taube, in deren Gestalt seine Seele entschwebte
Lit.: E. Winheller, Die Lebensbeschreibungen der vorkarolingischen Bischöfe von Trier (Diss. Bonn 1935) 73–84 – Fliche-Martin III 466–471

Felix, Achilleus u. Fortunatus, Märt. **zu Valence,** Hll.
Nach der Passio aus dem 6. Jh. wurde der Presbyter Felix mit den beiden Diakonen Achilleus u. Fortunatus von Bisch. ↗ Irenäus von Lyon nach Valence (südl. von Lyon, Südost-Frankreich) gesandt u. sie erlitten dort in der Verfolgung des Aurelian (270–275) das Martyrium.
Gedächtnis: 23. April
Lit.: Duchesne FE I^2 51–59 215f. – Quentin 168f u. ö.

Felix von Valois, Hl.
* 1127 in Valois (Landschaft nordöstl. von Paris). Zus. mit ↗ Johannes von Matha gilt er als Stifter des Trinitarierordens. † 1212 in Paris. Einige Forscher halten seine Zusammenarbeit mit Johannes von Matha für unhistorisch oder bezweifeln sogar seine Existenz. Er wird in der Kirche allg. als Heiliger verehrt, obwohl sein Kult nicht approbiert wurde.
Gedächtnis: 20. November
Darstellung: als Trinitarier (weißer Habit, Skapulier u. Mantel) mit rotem u. blauem Kreuz. Ein Hirsch neben ihm, der zw. seinem Geweih ein rotes u. blaues Kreuz trägt (der Hirsch ist eine Anspielung auf das Hauptkloster der Trinitarier mit Namen Cerfroid [Cervus frigidus] oder „Hirschbrunnen", weil dieses Kloster dort erbaut wurde, wo ein Hirsch erschien). Mit zerbrochenen Ketten (der Trinitarierorden widmete sich u. a. dem Loskauf von Gefangenen u. Sklaven)
Lit.: Baudot-Chaussin XI 669 ff – Catholicisme IV 1156f

Felix u. Regula, Märt. **in Zürich,** Hll.
Nach der Legende aus dem 9. Jh. waren sie Geschwister u. gehörten zur Gesellschaft der Thebäer (↗ Mauritius). Als die Thebäische Legion niedergemetzelt wurde, entflohen sie über Glarus nach Zürich u. erlitten dort in der Verfolgung des Maximian den Martertod. Dabei hätten sie selbst ihre abgeschlagenen Häupter bis zur Grabstätte getragen. Über ihrem Grab stand ursprünglich wohl eine Kapelle, im 9. Jh. entstand hier das Großmünster von Zürich. Ludwig der Deutsche gründete 853 dort ein Frauenkloster, die Frauenmünsterabtei (später auf die andere Seite der Limmat verlegt), Karl III. errichtete dort um 870 ein Kanonikerstift. Reliquien der beiden Märt. kamen in der Reformation nach Andermatt (Kanton Uri).
Liturgie: Chur, Kl. Einsiedeln g am 11. September
Darstellung: mit ihren Häuptern in Händen
Patrone: von Zürich
Lit.: Miscellanea Liturgica in honorem L. Cuniberti Mohlberg (Rom 1948) I 432–442 – P. Kläusi: Schweizer Zeitschr. f. Gesch. 2 (Zürich 1952) 396–405

Felicia (Felizia), weibl. F. zu ↗ Felix

Ferdinand III. (der Heilige), König **von León u. Kastilien,** Hl.
Name: got. frithu (Friede, Schutz) + nanth (kühn): kühner Schützer. Der Name kam mit den Westgoten nach Spanien u. wurde dort als Fernando sehr beliebt (jüngere Nebenform: Hernando). Als Spanien im 16. Jh. mit Österreich durch Heirat verbunden wurde, übernahmen die Habsburger diesen Namen. Dadurch wurde er in Österreich u. Bayern volkstümlich u. breitete sich von hier in ganz Deutschland aus.
* 1199 als Sohn des Königs Alphons IX. von León u. der Berengaria von Kastilien. Er vermählte sich 1219 mit Beatrix, der Tochter Philipps von Schwaben, mit der er in glücklicher Ehe zusammenlebte u. die ihm als Landesmutter würdig zur Seite stand. Er erbte 1217 Kastilien (Zentralspanien) u. 1230 León (Nordwest-Spanien) u. vereinigte beide Reiche für immer in Personalunion. Er entriß den Mauren die südspan. Städte Cordoba (1236), Murcia (1243), Jaén (1246) u. Sevilla (1248). Lediglich die Städte Granada u. Alicante blieben in der Hand der Mauren, wurden aber zu Vasallen Ferdinands. Er gründete 1221 die berühmte Kathedrale von Burgos (Nordspanien) u. 1243 die Universität in Salamanca (Westspanien). Schon sein Vater Alphons IX. hatte die alte Domschule in Sala-

manca in eine allg. Lehranstalt umgewandelt, die bis 1240 ihren Betrieb aufrechterhielt. Ferdinand erließ auch ein Zivilgesetzbuch. † 30. 5. 1252 in Sevilla. Er ruht neben seiner Gemahlin in der Kathedrale zu Sevilla. Heiliggesprochen am 4. 2. 1671.
Gedächtnis: 30. Mai
Darstellung: als König mit Kreuz auf der Brust (er trug ein großes härenes Kreuz mit Stacheln), eine Statue der Muttergottes im Arm. Auf einem Schimmel reitend mit dem Schwert gegen die Mauren kämpfend, den Teufel zu seinen Füßen. Mit Schlüssel u. Kreuzfahne in der Hand (als Eroberer von Cordoba u. Kreuzritter gegen die Mauren)
Lit.: F. Maccono (Mailand 1924) – L. F. de Retana, S. Fernando III y su épocha (Madrid 1941) – D. Mansilla, Iglesia castellano-leonesa y curia romana en España en los tiempos de la hist. española I (Madrid 1952³) 195–204 – Catholicisme IV 1186f

Ferdinand der Standhafte, Sel.
* 29. 9. 1402 zu Santarem am Tajo (nördl. von Lissabon) als jüngster Sohn König Johanns I. von Portugal. Mit seinem Bruder, Heinrich dem Seefahrer, unternahm er von Lissabon aus einen Kreuzzug gegen die Mauren in Nordafrika u. griff am 13. September Tanger an. Die Kreuzfahrer wurden aber eingeschlossen u. überwältigt; Portugal mußte sich verpflichten, die 1415 eroberte Stadt Ceuta wieder herauszugeben. Ferdinand wurde als Geisel zurückgehalten. Er wurde mit 7 Gefährten zuerst nach Arzila (südwestl. von Tanger), dann nach Fez gebracht, wo er zur Zwangsarbeit verurteilt wurde. Die portugiesische Regierung willigte zwar in die Übergabe von Ceuta ein, um Ferdinand freizubekommen, die Mauren jedoch forderten eine unerschwinglich hohe Ablösungssumme. Ferdinand starb nach schrecklichen Martern am 5. 6. 1443. Einer seiner Gefährten, F. J. Alvarez, überlebte ihn u. schrieb später seine Lebensgeschichte. Beim portugiesischen Volk wird er als der „hl. Prinz" verehrt. Der span. Dramatiker Pedro Calderón de la Barca setzte ihm in seinem rel. Drama „El principe constante" („Der standhafte Prinz") ein Denkmal. Ferdinands Leichnam ruht in der Königsgruft Batalha bei Leiria (nördl. von Lissabon). Seliggesprochen 1470.
Gedächtnis: 5. Juni
Lit.: F. J. Alvarez, Chronica do Infante Santo (Coimbra 1911) – M. Gloning (1916) – Baudot-Chaussin VI 96f – Catholicisme IV 1187

Ferdinande, weibl. F. zu ↗ Ferdinand

Fergeolus, Bisch. **von Grenoble,** Märt., Hl.
Er war der 13. Bisch. von Grenoble (Südost-Frankreich). Zu seiner Zeit regierte in Neustrien, dem romanischen Teil des Frankenreiches, der herrschsüchtige u. eigenwillige Hausmeier Ebroin. Weil Fergeolus die Souveränität der Kirche gegenüber seinen Übergriffen verteidigte, wurde er in die Verbannung geschickt. Während er beim Gottesdienst predigte, drangen gedungene Häscher in die Kirche u. ermordeten ihn auf der Kanzel. Kurz darauf wurde auch Ebroin ermordet, wodurch die Macht im Reich an die Karolinger kam (Pippin d. M.). † am 16. 1. 681. Kult bestätigt am 9. 12. 1903.
Gedächtnis: 16. Jänner

Fernando (span., ital.) ↗ Ferdinand

Ferreolus (Fargeau) u. Gef., Märt. **zu Besançon,** Hll.
Name: lat., der kleine Eiserne
Er war Priester u. wurde zufolge der legendarischen Passio aus dem 6. Jh. von Bischof ↗ Irenäus von Lyon mit dem Diakon **Ferrutius** (Fergeon, Ferjeux) nach Besançon (Ostfrankreich) gesandt, wo die beiden lange Zeit wirkten. Sie starben um 200 den Martertod. Am 5. 9. 370 wurden ihre Gebeine aufgefunden. Schon zur Zeit Bisch. ↗ Gregors von Tours († 594) stand in Besançon eine ihnen geweihte berühmte Basilika.
Gedächtnis: 5. September
Hauptpatrone: der Stadt Besançon, Zweit-Patrone der Erzdiöz. Besançon
Lit.: Baudot-Chaussin VI 258ff – Quentin 74f – Duchesne FE I² 51–59

Ferreolus, Märt. **zu Vienne,** Hl.
Er war Militärtribun u. wurde wegen seines christlichen Glaubens unter Decius (249–251) oder Diokletian (um 305?) zu Vienne (südl. von Lyon, Südostfrankreich) nach verschiedenen Martern enthauptet.

Dort wurde er schon früh verehrt. Bisch. ↗ Mamertus von Vienne erhob 473 seine Gebeine u. überführte sie in eine vor der Stadt neuerbaute Basilika. 725 wurden sie aber vor den Sarazenen wieder in die Stadt zurückgebracht.
Gedächtnis: 18. September
Darstellung: als röm. Soldat, ein Galgen neben ihm (er bat einen Delinquenten von der Hinrichtung los u. wollte an seiner Stelle gehängt werden). Geißel u. Nadel (Marterwerkzeuge). Zerrissene Ketten in der Hand (wunderbare Befreiung im Kerker)
Lit.: Baudot-Chaussin IX 380ff – É. Griffe, La Gaule chrétienne à l'époque romaine (Paris 1947) 95–111

Ferrer ↗ Vinzenz Ferrer

Ferrini ↗ Contardo Ferrini

Ferrutius (Ferrucius), Märt. **zu Mainz,** Hl.
Einer aufgefundenen Grabinschrift aus dem 4. (?) Jh. zufolge setzt die Überlieferung in Mainz in die Zeit Diokletians an. Er war ein röm. Soldat, der wegen seines christlichen Glaubens getötet wurde. Seine Reliquien wurden vom Priester Eugenius u. von einem Christen namens Berengar erhoben u. 778 von Erzb. ↗ Lullus von Mainz von Kastel (gegenüber Mainz) in das von ihm gegründete Benediktinerkloster zu Bleidenstadt bei Wiesbaden übertragen. Erzb. Richold weihte 812 diese Kirche dem hl. Ferrutius. In den Wirren des Dreißigjährigen Krieges wurden die Reliquien 1631 nach Mainz überführt u. sind seit der Franz. Revolution verschollen.
Liturgie: Limburg, Mainz g am 29. Oktober
Lit.: J. Como: Festgabe G. Lenhart (Mainz 1939) 11–24 – Baudot-Chaussin X 927

Fiacrius, Hl.
* um 610 in Irland. Bisch. ↗ Faro von Meaux (östl. von Paris) veranlaßte mehrere irische Mönche, sich in seiner Diöz. niederzulassen. Unter ihnen war Fiacrius, der in Breuil als Einsiedler lebte. † 670. In Irland wird er mit einem hl. Fiachra identifiziert. Nach ihm heißen die Lohnkutscher Fiaker, weil sie ihn als Aushängeschild benützten (nach dem Schild eines Hauses in der Straße St. Antoine in Paris, wo um 1650 die ersten Lohnkutschen gehalten wurden).
Gedächtnis: 30. August
Darstellung: als Einsiedler in langem Gewand mit Kapuze, Pilgerhut, Stab u. Spaten (womit er seinen Garten umgrub)
Patron: der Blumenhändler, Gärtner, Gittermacher, Kistenmacher, Kupferschmiede, Messingschläger, Nadler, Packer, Strumpfwirker, Töpfer, Ziegelbrenner, Zinngießer
Lit.: L. Gougaud, Les saints irlandais (Löwen 1939) 86–92 – Catholicisme IV 1244f

Fidelis von Sigmaringen (bürgerl. Markus Roy) OFMCap., Märt., Hl.
Name: lat. der Treue, der Ehrliche, im christlichen Sprachgebrauch auch: der Gläubige. (ital. Fidelio)
* September/Oktober 1578 als Sohn des Bürgermeisters Roy von Sigmaringen a. d. Donau (nördl. des Bodensees). Mit 20 Jahren begann er in Freiburg/Br. seine Universitätsstudien u. erlangte 1603 den Doktorgrad aus Philosophie u. 1611 den beider Rechte. Schon 1604–10 bereiste er als Hofmeister junger Adeliger Frankreich, Spanien u. Italien. 1611–12 war er als Gerichtsrat bei der vorderösterr. Regierung in Ensisheim (nördl. von Mülhausen, Elsaß) tätig, wo er sich beim Volk den Ehrentitel „Advokat der Armen" erwarb. 1612 wurde er Priester u. trat im Oktober desselben Jahres in Freiburg dem Kapuzinerorden bei. Nach theol. Studien wirkte er 1617 als Prediger in Altdorf am Vierwaldstättersee (Schweiz) u. war Guardian in Rheinfelden bei Basel (1618–1619), Feldkirch in Vorarlberg (1619–1620 u. wieder 1621–1622) u. in Freiburg in der Schweiz (1620–1621). Er war ein ungemein erfolgreicher u. geschätzter Prediger u. Seelsorger. Beim Versuch der Rekatholisierung Graubündens (östl. Schweiz) wurde er am 24. 4. 1622 in Seewies im Prättigau (nördl. von Chur) von calvinistischen Bauern ermordet. Sein Haupt ruht in der Kapuzinerkirche in Feldkirch, die übrigen Gebeine sind in der Krypta des Domes zu Chur u. in der Fideliskirche in Stuttgart. Er ist der Erstlingsmärt. des Kapuzinerordens. Seliggesprochen 1729, heiliggesprochen am 29. 6. 1746.
Liturgie: Feldkirch F am 24. April, Freiburg/B.: in Hohenzollern F, in Baden g
Patron: Landespatron v. Hohenzollern, 2. Patr. d. Diöz. Feldkirch; der Juristen

Lit.: F. della Scala (Mainz 1896) (Lit.) – B. Gossens (München 1933) – Festschr. ...200jähr. Jubiläum d. Heiligspr. (Luzern 1946) (Werke) – CollFr 18 (1948) 273–285, 22 (1952) 319–338

Fides, Spes u. Charitas, Märt., Hll.
Namen: lat., Gaube, Hoffnung, Liebe
Unter diesen Namen werden 3 Jungfrauen u. Schwestern verehrt, die in Rom in der Calixtus-Katakombe ruhen, zus. mit ihrer Mutter Sapientia (Weisheit; wohl in Anlehnung an die „Ewige Weisheit", das „Wort Gottes" in der 2. Person). Nach anderen Pilgerberichten ruhen sie unter griech. Namen an der Via Aurelia. Diese lauten entsprechend: Pistis, Elpís u. Sophía. Ihre Passio wurde in viele Sprachen übertragen. Man zweifelt heute an der Existenz dieser Heiligen. Möglicherweise hat die fromme Phantasie des Volkes nur Inschriften zur Grundlage dafür benutzt.
Gedächtnis: 1. August
Darstellung: Sie halten Schwert, Kelch, Anker u. Flamme in Händen
Lit.: F. Savio: Rivista di scienze storiche 3/2 (Pavia 1906) 90–95 – G. de Tervarent, Contribution à l'iconographie de S. Sophie et de ses trois filles: AnBoll 68 (1950) 419–423

Filibert ↗ Philibert

Filippini ↗ Lucia Filippini

Filomena ↗ Philomena

Fina (Seraphina), Hl.
* 1238 in San Gimignano (südwestl. von Florenz, Toskana). Trotz der Armut in ihrem Elternhaus sparte sie sich die Speisen vom Mund ab u. gab sie den Armen. Sie führte zu Hause ein klösterliches Leben u. war ein Beispiel der Bescheidenheit, Frömmigkeit u. der Arbeitsamkeit. Ihre Krankheiten u. Leiden trug sie mit heroischer Geduld. Sie starb mit 15 Jahren am 12. 3. 1253 in San Gimignano. Ihr Leib ruht in der Kirche von Gimignano.
Gedächtnis: 12. März
Lit.: BHL 2978 – Baudot-Chaussin III 279f – ECatt V 1369

Findan von Rheinau OSB, Hl.
* um 800 in Südleinster (Irland). Er hatte seine Schwester aus der Gefangenschaft der Wikinger befreit. Er wurde selbst von den Wikingern gefangen u. nach den Orkney-Inseln (nördl. von Schottland) verschleppt, konnte aber entkommen. Er machte eine Pilgerfahrt nach Rom u. wurde in Farfa (in den Sabinerbergen, nördl. von Rom) Benediktiner u. blieb im Benediktinerkloster Rheinau (südl. von Schaffhausen, Schweiz), wo er 878 starb. In der dortigen Klosterkirche bezeichnet ein im 18. Jh. errichtetes „Grab" die Stätte, wo er 22 Jahre lang nach irischer Sitte gelebt hatte.
Gedächtnis: 15. November
Lit.: L. Gougaud, Les saints irlandais (Löwen 1936) (Kult im Mittelalter) – J. Hennig: Iris Hibernia III (Fribourg 1957) 30 f (heutiger Kult)

Firminus d. Ä., Bisch. von Amiens, Märt., Hl.
Name: zu lat. firmus, der Starke, Standhafte
Die legendarische Vita aus dem 9. Jh. macht ihn zum Apostelschüler. Er soll aus Pamplona (Nordspanien) stammen u. hier zuerst gepredigt haben, dann sei er als Missionar nach Südfrankreich u. schließlich nach Amiens (nördl. von Paris) gegangen, wo er als Bisch. den Martertod erlitten habe. † 290/300.
Gedächtnis: 25. September
Darstellung: als Bisch. mit Schwert u. Palme, das abgeschlagene Haupt in Händen, Einhorn zu seinen Füßen
Patron: der Böttcher, der Kinder
Lit.: Quentin 21 24 33 – Baudot-Chaussin IX 514ff

Firminus d. J., Bisch. von Amiens, Hl.
Dieser soll der Sohn eines Senators gewesen sein, den ↗ Firminus d. Ä. bekehrt habe. Möglicherweise ist er identisch mit Firminus d. Ä. Seine Vita ist sehr unzuverlässig.
Gedächtnis: 1. September
Lit.: Firminus d. Ä.

Firmus u. Rusticus, Märt., Hll.
Name: lat. firmus, der Starke; rusticus, der Landbewohner
Sie stammen wahrscheinlich aus Afrika. Sie sollen unter Maximian (286–305) in Verona getötet worden sein. Ihre Gebeine wurden angeblich nach Afrika überführt, von wo sie nach Istrien (Triest) u. zuletzt unter Bisch. Anno (750–760) nach Verona zurückkamen. Historisch sicher sind nur ihre Namen.
Gedächtnis: 9. August

Lit.: Lanzoni 919–924 – M. Mazzotti, Il velo di Classe: Nova Historia VII fasc. 2–3 (Verona 1955) 5–14 (der sog. Schleier von Classe, Verona 9. Jh., in dem ihre Bildnisse eingestickt sind)

Fisher ↗ Johannes (John) Fisher

Flavia Domitilla ↗ Domitilla

Flavia, Märt. **in Messina,** Hl.
Name: lat., die Blonde
Nach der Legende wurde sie mit ihren Brüdern ↗ Placidus (Schüler des hl. Benedikt), Eutychius u. Victorinus bei Messina (Sizilien) im Jahre 541 ermordet. Die Geschichte mit den Seeräubern taucht aber erstmals im späten 11. Jh. auf u. dürfte unhistorisch sein, sodaß wir von ihr nicht mehr als ihren Namen kennen.
Gedächtnis: 5. Oktober

Flavianus, Märt. **zu Karthago,** Hl.
Name: zu lat. flavus, der Blonde
Er war Schüler des hl. ↗ Cyprian u. Diakon an der Kirche von Karthago. Er starb mit Lucianus u. anderen Gefährten in Tunis im Jahr 259 unter Kaiser Valerian den Martertod.
Gedächtnis: 24. Februar

Flavianus (Flabianos), Patr. **von Konstantinopel,** Märt., Hl.
Er war zuerst Presbyter u. wurde 446 Nachfolger des hl. ↗ Proklos auf dem Patriarchenstuhl von Konstantinopel. Auf der Synode von Konstantinopel 448 trat er gegen die monophysitischen Irrlehren des Eutyches auf. Eutyches erreichte jedoch beim Kaiser Theodosius II. die Einberufung einer Synode, die 449 in Ephesus (westl. Kleinasien) tagte u. als „Räubersynode“ in die Geschichte einging (so genannt wegen des Tumultes u. der bewaffneten Gewaltanwendung, die die Eutyches-Partei zur Durchsetzung ihrer Ansichten inszenierte). Auf dieser Synode wurde Flavianus abgesetzt, exkommuniziert u. in die Verbannung geschickt. Dabei wurde er von den Ketzern grausam mißhandelt u. starb noch auf dem Weg zu seinem Bestimmungsort, wahrscheinlich noch im August 449. Das spätere Konzil von Chalkedon (451) rehabilitierte ihn. Kaiserin ↗ Pulcheria erhob seinen Leichnam u. bestattete ihn in der Apostelkirche zu Konstantinopel. Das Glaubensbekenntnis, das Flavianus an Kaiser Theodosius geschickt hatte, bereitete die christologischen Glaubensformeln des Konzils von Chalkedon vor.
Gedächtnis: 18. Februar
Lit.: Fliche-Martin IV 209 215–223 – P. Galtier: Chalkedon I 350–353 – A. Grillmeier: Chalkedon I 195–198 – H. Chadwick: JThS Neue Serie 6 (1955) 17–34 (Verbannung u. Tod des Flavianus)

Flavianus, Märt. **zu Rom,** Hl.
Er war der Gemahl der hl. ↗ Dafrosa u. der Vater der hl. ↗ Bibiana u. der hl. ↗ Demetria, der mit seiner Familie in Rom unter Julian Apostata gemartert wurde.
Gedächtnis: 22. Dezember

Flavius Clemens ↗ Titus Flavius Clemens

Flora, Märt. **zu Rom** ↗ Lucilla, Flora u. Gef.

Florentia (Florentina), Hl.
Name: lat., die Blühende. (Kf. Flora)
Sie war die Tochter des Severianus von Cartagena (Südspanien) u. Schwester der hll. ↗ Leander, Erzb. von Sevilla, ↗ Fulgentius, Bisch. von Ecija, u. ↗ Isidor, Erzb. von Sevilla. Als der byzantinische Kaiser Justinian I. seine Kriegszüge gegen die Vandalen in Nordafrika u. Spanien unternahm, flüchtete Florentia vor seinen Truppen 543 nach Sevilla u. trat (vermutlich) in ein Kloster in der Nähe der Stadt ein. † nach 600. Ihr Leib ruht im Dom von Sevilla. Reliquien von ihr sind auch in Berzacano (Diöz. Plasencia, Westspanien).
Gedächtnis: 20. Juni

Florentinus, Bisch. **von Trier,** Märt., Hl.
Name: zu lat. florens, der Blühende
Er war um die Mitte des 3. Jh.s Bisch. von Trier u. Tongern. Das Proprium von Trier nennt ihn einen Märt.
Gedächtnis: 16. Oktober

Florentius, Märt. **in Bonn** ↗ Cassius u. Florentius

Florentius, Bisch. **von Straßburg,** Hl.
Er war Bisch. wahrscheinlich im letzten Drittel des 6. Jh.s als Nachfolger des hl. ↗ Arbogast u. setzte sich für die Christiani-

sierung des Landes ein. Er gilt auch als Gründer des Stiftes St. Thomas zu Straßburg u. des Klosters Niederhaslach (westl. von Straßburg) (beides heute röm. Ruinen). Seine Gebeine ruhen seit 810 in der Klosterkirche zu Niederhaslach.
Gedächtnis: 7. November
Darstellung: mit einem Sonnenstrahl, an den er seinen Mantel aufgehängt hat. Die Tiere des Waldes helfen ihm beim Ackerbau, ein Bär hütet ihm die Schafe (er soll vorher Einsiedler gewesen sein). Macht eine Königstochter sehend
Lit.: M. Barth, Der hl. Florentius, Bisch. von Straßburg. Sein Weiterleben in Volk u. Kirche: AElsKG 20 (1951–52)

Florianus u. Gef., Märt. **in Lorch,** Hll.
Name: ↗ Florentinus
Er soll kelt. oder illyrischer Abstammung gewesen u. im heutigen Zeiselmauer bei Wien geboren sein. Der Ort seines Wirkens u. Sterbens war Lauriacum (heute Lorch bei Enns, Oberösterreich). Lauriacum war unter Kaiser Marcus Aurelius (161–180) als röm. Kastell gegen die Markomannen (im heutigen Böhmen) errichtet worden u. entwickelte sich in der Folgezeit auch zu einer bürgerlichen Stadt. Diokletian (284–305) erhob Lauriacum zum Sitz des kaiserlichen Statthalters u. damit zur Hauptstadt der Provinz Ufer-Norikum (das Gebiet zw. Inn u. Raab). Zugleich war Lauriacum der kirchliche Mittelpunkt der Provinz (Ausgrabungen der alten Bischofskirche). Florian war zuerst Offizier im röm. Heer u. dann Vorstand der Kanzlei des Statthalters Aquilinus. Bei Ausbruch der Christenverfolgung durch Diokletian 303/304 wurden 40 Christen aufgespürt u. eingekerkert, darunter viele Soldaten. Florian wollte ihnen beistehen u. wurde dabei selbst ergriffen. Der Statthalter wollte ihn zum vorgeschriebenen Götteropfer gemäß dem kaiserlichen Edikt vom Frühjahr 304 überreden. Weil Florian dies ablehnte, wurde er gefoltert u. schließlich, mit einem Stein beschwert, in die Enns gestürzt. Sein Leichnam wurde später aufgefunden u. von einer Matrone namens Valeria auf ihrem Landgut bestattet. Über seinem Grab wurde eine Kapelle errichtet, heute steht an dieser Stelle das berühmte Chorherrenstift St. Florian. Die Gebeine der übrigen Märt. von Lorch wurden in neuerer Zeit aufgefunden u. im neuen Hochaltar der Basilika zu Lorch beigesetzt. Reliquien des hl. Florian werden auch in Krakau aufbewahrt.
Florian ist einer der volkstümlichsten Heiligen des süddt. Raumes. Dies spiegelt sich auch in der Legende wider, die sich um ihn rankt: Danach wollte sich bei seiner Hinrichtung zunächst niemand an dem hochverdienten Offizier u. Beamten vergreifen. Schließlich stieß ihn doch einer der umstehenden Soldaten von der Brücke in den Fluß. Als dieser sich den Erfolg seiner Henkerstat ansehen wollte, verlor er plötzlich das Augenlicht. Der Leichnam sei mitsamt dem schweren Stein aus dem Fluß aufgetaucht u. ein Adler habe ihn gegen Verunehrung durch die Heiden bewacht. Des Nachts sei der Matrone Valeria der Märt. erschienen mit der Aufforderung, ihn zu bestatten, was sie auch bereitwillig tat. Doch die beiden Ochsen, die das Gefährt mit seinem Leichnam zogen, seien vor Durst ganz ermattet. Auf das Gebet der Valeria hin sei auf wunderbare Weise eine Quelle entsprungen („Floriansbrunnen“). – Als „Wasserheiliger“ ist Florian zum Patron bei Wasser- u. Feuersgefahr geworden. Die spätere Legende, die den Ursprung seines Feuerpatronates nicht mehr verstand, sagt erklärend, er habe schon als Kind ein brennendes Haus mit einem Schaff Wasser gelöscht. Auch habe einmal ein Bösewicht die Kapelle über seinem Grab angezündet.
Liturgie: RK g am 4. Mai. Linz H (Diözesanpatron, 2. Landespatron von Oberösterreich), St. Pölten
Darstellung: als röm. Soldat mit Harnisch u. Helm, Banner oder Lanze in der Hand, Kreuz auf der Brust oder auf dem Schild, mit Mühlstein. Aus einem Schaff Wasser auf ein brennendes Haus gießend. Seltener: Ein Adler bewacht seine Leiche am Flußufer; entkleidet, die Hände gebunden, einen Mühlstein am Hals, von einem Soldaten von der Brücke gestoßen (so in St. Bonifatius, München)
Patron: von Oberösterreich, Stift u. Markt St. Florian, Krakau, Bologna. Gegen Feuers- und Wassergefahr, bei Dürre u. Unfruchtbarkeit der Felder; der Bierbrauer, Böttcher, Hafner, Kaminkehrer, Schmiede u. Seifensieder, der Feuerwehr

Lit.: Braun 261f – Künstle II 232–236 – Bächtold-Stäubli II 1635f, VII 528, VIII 965, IX 263 – M. Heuwieser, Geschichte des Bistums Passau (Passau 1939) 13 u. ö. Lorch: Pauly-Wissowa XII/1 1017–1023 – Tomek I passim – J. Zibermayr, Noricum, Baiern u. Österr. (München-Bonn 1944, Horn 1956²) – Forschungen in Lauriacum (Linz 1951ff) – J. Wodka, Bavaria Sancta I (Regensburg 1970) 38–50 – F. Trenner, Der hl. Florian (Regensburg 1980) – F. Tschochner, Hl. Sankt Florian (München 1981)

Floribert OSB, Abt **in Gent,** Hl. (Florebert, Florbert)
Name: 2. Bestandteil: ahd. beraht (glänzend, berühmt vgl. engl. bright). 1. Bestandteil: Unklar, ob zu ahd. vluor (Flur, Boden) oder zu lat. florus (blühend). In diesem 2. Fall wäre das gleichlautende lat. Wort in das Germ. entlehnt worden: der durch Boden(-besitz) Berühmte
Er war Schüler des hl. ↗ Amandus von Belgien u. wurde Mönch in dem von Amandus gegründeten Benediktinerkloster St. Peter auf dem Blandinienberg bei Gent (Belgien). Er wurde dort Abt u. stand auch dem Kloster St. Bavo in Gent als Abt vor. † um 661.
Gedächtnis: 1. November

Floribert, Bisch. **von Lüttich,** Hl. (Florebert)
Er war der Sohn des hl. ↗ Hubert u. wurde dessen Nachfolger auf dem Bischofsstuhl von Lüttich (Belgien). Sein Vater Hubert, vor seiner Priesterweihe verheiratet, wurde 703/705 Bisch. von Tongern-Maastricht u. verlegte seinen Sitz 717/718 nach Lüttich. Floribert starb 746.
Gedächtnis: 25. April

Florinus, Pfarrer **in Remüs,** Hl.
Name: zu lat. florus, der Blühende
Er lebte wahrscheinlich im 7. Jh. u. wurde angeblich zu Matsch im Vinschgau (Südtirol) geboren. Sein Vater soll ein Engländer u. seine Mutter eine getaufte Jüdin gewesen sein, die in Rom anläßlich einer Pilgerfahrt geheiratet u. auf der Rückreise sich in Matsch niedergelassen hätten. Florinus wurde Priester u. wirkte als Pfarrer an der Kirche St. Peter in Remüs im Engadin (Westschweiz), wo er auch um 856 starb u. beigesetzt wurde. Er wurde in der Gegend bald sehr verehrt, seine Gebeine wurden erhoben u. in die Pfarrkirche übertragen. Die Bischöfe von Chur u. die Herzöge von Schwaben förderten seine Verehrung. So kamen Reliquien des Heiligen nach Chur, Regensburg, Koblenz (Stiftskirche St. Florin) u. in das Doppelkloster Schönau (Bist. Limburg, westl. von Koblenz).
Liturgie: Chur G, Bozen-Brixen g am 17. November
Darstellung: in Priesterkleidung mit Kelch. Mit einer Kanne Wein, Kranke labend (die Legende erzählt von ihm ein Weinwunder: noch als Hilfspriester in Remüs brachte er Wein, den er hätte zu seinem Pfarrer tragen sollen, den Kranken. Vor den Augen des Pfarrers füllte er den leeren Krug mit Wasser, das sich auf den Segen durch den Pfarrer zu Wein verwandelte)
Patron: des Vinschgaues u. des Unterengadins, 2. Patron der Diöz. Chur
Lit.: O. Scheiwiller: Bündner Monatsblatt (Chur 1940) 161–174 (1941) 311–319 – I. Müller: 1. Jahresber. der Historisch-antiquarischen Ges. von Graubünden 88 (Chur 1958) 1–58

Florus, Laurus u. Gef., Märt. **zu Illyricum,** Hll.
Name: lat. florus, der Blühende; lat. laurus Lorbeer
Florus war ein Steinmetz aus Konstantinopel, der zus. mit seinen Gefährten in Illyricum (im heutigen Bosnien) wegen seines Glaubens zuerst gefoltert u. dann in einen Brunnen gestürzt wurde. Die Zeit seines Todes ist unbekannt.
Gedächtnis: 18. August

Foillan OSB, Glaubensbote u. Märt. **im Hennegau,** Hl.
Er war Ire u. Bruder der hll. ↗ Fursa u. Ultan. Sein Vater Fyltan war König von Mounster in Irland. Die 3 Brüder wurden Benediktinermönche. Fursa ging nach England u. gründete das Kloster Knobbersbury (Cnobyeresbury) in Suffolk, dessen Leitung er dem Foillan übertrug. Fursa ging als Glaubensbote nach Frankreich, wo er um 650 zu Péronne in der Picardie (nordwestl. von St.-Quentin, Nordfrankreich) starb. Nach dessen Tod kamen auch Ultan u. Foillan nach Frankreich. Auf einer Romreise wurde Foillan zum Regionarbisch. geweiht u. ging anschließend mit Ultan nach Nivelles in Brabant (südl. von Brüssel, Belgien), wo ihnen die hl. ↗ Gertrud ein Grund-

stück zw. Meuse u. Sambre (westl. von Namur) schenkte. Dort erbauten sie das Benediktinerkloster Fosses (Saint-Maur-Les-Fosses), dem Ultan als Abt vorstand. Foillan blieb auf Bitten der Äbtissin Gertrud in Nivelles, um die Mönche u. Nonnen im Glauben zu unterweisen. Als Foillan mit 3 Gefährten seinen Bruder Ultan besuchen wollte, wurde er am 30. 10. 655 im Wald von Sonec (jetzt Charbonnière) im Hennegau meuchlings ermordet. Die älteste Vita über ihn wurde kurz nach seinem Tod in Nivelles geschrieben u. ergab im 11. u. 12. Jh. den Stoff zu einem der interessantesten hagiographischen Romane des Mittelalters.
Gedächtnis: 30. Oktober
Patron: der Stadtkirche von Aachen, im Mittelalter auch der Stadtgarde
Lit.: L. Gougaud, Les saints irlandais (Löwen 1936) – J. Henning: The Irish ecclesiastical record (Dublin) 78 (1952) 24–27 – P. Grosjean: AnBoll 75 (1957) 373–420 (Chronologie u. Verehrung)

Folkard, Glaubensbote u. Märt., Hl. (Fulcard, Fulkard)
Name: ahd. folc (Haufe, Kriegsschar, Volk) + harti, herti (hart, mutig). Der 2. Bestandteil hängt wohl nicht mit ahd. wart (Hüter, Schützer) zusammen. (Nf. Volkhard, Volkert)
Er war einer der Gehilfen des hl. ↗ Willehad bei der Missionsarbeit in Dithmarschen (nördl. der Elbemündung) u. im Sachsenland (im heutigen Holstein). Er erlitt beim Sachsenaufstand 782 mit 5 anderen Gefährten (↗ Willehad) den Martertod.
Gedächtnis: 30. November

Folkmar ↗ Volkmar

Folkwart, Märt., Hl. (Folcwart, Folcuvartus)
Name: ahd. folc (Haufe, Kriegsschar, Volk) + wart (Hüter, Schützer): Schützer des Volkes
Er war ein sächs. Graf, der mit einer größeren Anzahl anderer Christen im Jahr 880 im Kampf gegen die Normannen bei Ebsdorf (Ebbekestorpe, südl. von Lüneburg) fiel (↗ Ebsdorfer Märtyrer)
Gedächtnis: 2. Februar

Folkwin, Bisch. **von Thérouanne,** Hl. (Folcwin)
Name: ahd. folc (Haufe, Kriegsschar, Volk) + wini (Freund): Freund des Volkes
Er war Neffe König Pippins d. J., legte aber, um am Seelenheil der Menschen arbeiten zu können, eine glänzende Hofstelle nieder u. trat in den geistlichen Stand. 816/817 wurde er Bisch. von Thérouanne (südl. von St-Omer, nördlichstes Frankreich). Als solcher hatte er den wirtschaftlichen, sozialen u. rel.-sittlichen Wiederaufbau des durch die Normanneneinfälle schwer mitgenommenen Landes zu bewältigen u. hielt zu diesem Zweck mehrere Synoden in seiner Diöz. ab. Er nahm auch an mehreren Synoden in Frankreich teil (Paris 846, Quiercy 849 u. Soissons 853). 843 erhob er die Gebeine des Bisch. ↗ Audomar von Thérouanne u. setzte sie in der OSB-Abtei St-Bertin bei. Aus Furcht vor weiteren Normanneneinfällen verbarg er 846 die Gebeine des hl. ↗ Bertin unter dem Martinsaltar. † am 14. 12. 855, auf einer Visitationsreise. Sein Leib wurde in St-Bertin neben Bisch. Audomar beigesetzt. 928 u. 1181 erfolgten Erhebungen u. Translationen seiner Gebeine.
Gedächtnis: 14. Dezember
Lit.: Duchesne FE III² 235 – Baudot-Chaussin XII 450

Fortunata, Carponius, Evaristus u. Priscianus, Märt. **zu Cäsarea** in Palästina, Hll.
Sie waren Geschwister, die in der Verfolgung des Diokletian (um 304) hingerichtet wurden. Sie hatten vornehme Eltern u. stammten aus Cäsarea in Palästina (heute Sdot Yam, südl. von Haifa). Fortunata wurde gegen den Willen ihrer Mutter Christin. Sie wurde auf der Folter gepeinigt, mit Feuer gequält u. schließlich den wilden Tieren vorgeworfen, unter deren Zähnen sie ihr Martyrium vollendete. Ihre Gebeine kamen später nach Neapel. Ihre Brüder wurden mit dem Schwert getötet.
Gedächtnis: 14. Oktober

Fortunatus ↗ Felix, Achilleus u. Fortunatus, ↗ Hermagoras u. Fortunatus, ↗ Venantius Fortunatus

Fourier ↗ Petrus (Pierre) Fourier

Fournet ↗ Andreas Hubert (André-Hubert) Fournet

Frambald, Hl.
Name: ahd. fram (voranstehend, tapfer, tüchtig; davon unser „fromm") + baldas (kühn, kräftig, trotzig): der Tapfere und Kühne
In seiner Jugend lebte er am Hof der Könige von Frankreich, zog sich aber in das Dorf Ivry bei Paris zurück, wo er als Einsiedler lebte. Später wurde er Mönch in der Abtei Micy (St-Mesmin) bei Orléans (südl. von Paris) u. zog sich in den letzten Lebensjahren in die Landschaft Maine (um Le Mans) zurück. Er kann kaum als Benediktiner angesprochen werden, denn das Kloster Micy erhielt erst um 814 durch Bisch. Theodulf von Orléans die Regel des hl. Benedikt. Einige nennen ihn einen Abt. † 542.
Gedächtnis: 16. August

Framehild, Hl. oder Sel. (Framehildis, Framechildis, Franchildis)
Name: ahd. fram (voranstehend, tapfer, tüchtig) + hilta, hiltja (Kampf): die allen voran Kämpfende
Sie war die Gemahlin des Pfalzgrafen Badefrid u. die Mutter der hl. ↗ Austreberta. Sie lebte nach dem Tod ihres Gatten im Kloster Port-le-Grand bei Abbeville (nordwestl. von Amiens, Nordfrankreich) u. erbaute die Kirche zu Marconne (Dep. Pas-de-Calais). † um 685. Sie wurde in der Kirche zu Marconne begraben u. später nach Montreuil-sur-Mer (nördl. von Abbeville) übertragen.
Gedächtnis: 17. Mai
Lit.: J. Corblet, Hagiographie du Dioc. d'Amiens II (Paris 1870) 217 – R. Lechat: AnBoll 38 (1920) 155–166

Franca OCist, Äbtissin, Hl. (Francha)
Name: ↗ Frank, ↗ Franz
* um 1173 zu Piacenza (Oberitalien) aus dem Grafengeschlecht der Vitalda. Mit etwa 14 Jahren trat sie in Piacenza in das Zisterzienserinnenkloster S. Siro (Syrus) ein u. wurde dort um 1198 Äbtissin. Sie vermittelte 1206 den Frieden zw. Piacenza u. Innozenz III. 1216 leitete sie zudem das neugegründete Kloster Montelana, das dann nach Vallera, schließlich nach Plectoli verlegt wurde. Bei all ihrer äußeren Tätigkeit führte sie ein Leben unablässigen Gebetes u. großer Abtötung. † am 25. 4. 1218 in Plectoli. Kult 1273 approbiert. Ihr Grab ist in S. Michele in Piacenza.
Gedächtnis: 25. April
Lit.: ActaSS Apr. III (1675) 392–398 – A. Tononi (Piacenza 1892) – Lenssen I 135ff – Zimmermann II 105ff

Franchi ↗ Andreas Franchi

Frank (älter auch: Franko)
Name: zu ahd. franc, franco (frei, frech, mutig), davon der germ. Stammesname franchur (Franken). Der Name Frank wurde, wohl von England herkommend, in Deutschland erst im 19. Jh. gebräuchlich (vgl. auch ↗ Franz von Assisi)

Franz von Assisi, Hl. (bürgerl. Giovanni Bernardone)
Name: Der Vater des Heiligen nannte seinen Sohn gerne mit dem Kosenamen Francesco („der kleine Franzose"; von ital. Francese, „Franzose"), weil er von seiner franz. Mutter her sehr gut franz. sprach. Der Name Francesco wurde in der Folge zu Franciscus latinisiert.
Ahd. franco, frei, kühn. Nf.: Frank; ital., span. Franco; engl. Francis; franz. François; poln. Franciszek (Koseform Franek)
* 1181/82 zu Assisi bei Perugia (130 km nördl. von Rom) am Monte Subiaso. Sein Vater Pietro Bernardone, ein reicher Tuchhändler, stammte aus Assisi, seine Mutter Johanna (?) Pica aus vornehmer Familie in der Provence (Landsch. um Marseille). Der Heilige erwarb sich die mittlere Bildung seiner Zeit. Er war eine sensible, asthenische Natur von überdurchschnittlicher Intelligenz, intuitiv u. musisch begabt, offen u. großherzig u. lebte in seiner Jugend verschwenderisch in den Tag hinein. Er dachte daran, sich in Apulien zum Ritter schlagen zu lassen. Eine einjährige Gefangenschaft nach dem Städtekrieg Assisi-Perugia (1202) bewirkte eine innere Krise. Er pilgerte nach Rom u. kehrte als „poverello" („kleiner Armer") zurück. Seine eigentliche Bekehrung vollzog sich in den Jahren 1205–09. Zunächst war es das Erlebnis der Größe u. Majestät des Vatergottes, die ihn faszinierte. Franz zog sich zurück u. baute Kapellen. Der erzürnte Vater enterbte ihn (1206/07); da zog er in aller Öffentlichkeit seine vornehmen Kleider aus u. warf sie dem Vater vor die Füße. Nun mischte er sich unter die Armen u. Aussätzigen. Er lebte jetzt

ganz aus dem Gedanken an die Erniederung Gottes in der Menschwerdung. Am 24. 2. 1209 hörte er bei der Messe das Evangelium von der Aussendung der Jünger lesen. Bes. das Wort „nehmt weder Beutel noch Tasche mit und keine Schuhe . . .“ (Lk 10,4) zeigte ihm mit einem Schlag seine künftige Lebensform.

Bald scharten sich um ihn die ersten 12 Gefährten, die es ihm gleichtun wollten. Franz verfaßte die 1. (heute verlorene) Ordensregel, die Innozenz III. 1210 mündlich bestätigte. Sie nannten sich Minores (Minderbrüder). Von den Benediktinern auf dem Monte Subiaso (das Kloster S. Benedetto ist heute verfallen) erbaten sie sich das kleine Kirchlein Santa Maria degli Angeli (St. Maria von den Engeln) mit einem Stückchen Land. Franz nannte es Portiuncula („kleines Teilchen“, „Erbteilchen“). Er restaurierte das Kirchlein u. erbaute daneben ein Haus, welches zum Stammkloster des Ordens wurde. 1212 kam ↗ Clara von Assisi zu ihm, mit deren Hilfe er den weiblichen Zweig (2. Orden) der Klarissen gründete. Franz schickte seine Brüder in alle Welt zur Predigt aus, er selbst kam bis nach Dalmatien (1212) u. Spanien (1213–15). Eine Krankheit hinderte ihn aber, von dort weiter bis Nordafrika zu gehen u. unter den Mohammedanern zu predigen. Anläßlich des 5. Kreuzzuges (1217–21) versuchte er 1219, den Sultan zu bekehren. Inzw. wuchs der Orden schnell, u. es wurde eine Aufteilung in Provinzen notwendig (1217). Es kamen auch verheiratete Laien hinzu, denen er 1221 eine „Lebensform“ gab (3. Orden). 1221 promulgierte er vor nunmehr 3000 Brüdern die 2., noch von Innozenz III. bestätigte Regel, 1223 die mehr juristisch gefaßte u. von Honorius III. bestätigte Regel. Kardinal Ugolino Graf von Segni, der spätere Gregor IX., hatte daran u. an der Organisation des Ordens überhaupt wesentlichen Anteil. Franz selbst erhielt wohl die Tonsur u. die Diakonatsweihe, strebte aber aus Demut nie die Priesterweihe an.

Unter den steigenden Anforderungen übergab Franz die Leitung des Ordens in die Hand des Elias von Cortona u. zog sich in die Einsamkeit zurück. 2 Jahre vor seinem Tod, um den 14. 9. 1224, empfing er nach einer ekstatischen Schau eines gekreuzigten ↗ Seraph auf dem Monte Alverna die Wundmale des Herrn (dies war die erste historisch sicher bezeugte Stigmatisation). Der hl. ↗ Bonaventura war Augenzeuge u. gab später eine ausführliche Schilderung davon. Von daher u. wegen seiner glühenden Liebe zu Gott nennt man den hl. Franz auch den „seraphischen Heiligen“. Franz erblindete immer mehr u. hatte qualvolle Gliederschmerzen. Aber alle Krankheiten nannte er nur „seine lieben Schwestern“ u. den Tod „seinen Bruder“. Auf seinen Wunsch starb er auf nacktem Boden u. entkleidet wie bei seiner Enterbung am 3. 10. 1226 in Portiunkula, während die Leidensgeschichte Jesu gelesen wurde.

Franz von Assisi übte auf seine u. die folgenden Zeiten nachhaltigen Einfluß aus: als Papst u. Kaiser miteinander haderten, als Bürger gegen Adelige aufstanden, die Ghibellinen gegen die Welfen, u. überall Gewinnsucht, Unrecht u. Gewalt regierten, da predigte er die Armut des Herzens um Christi willen u. löste so eine gewaltige rel. Erneuerungsbewegung aus. Wenn er in eine Stadt kam, um zu predigen, dann läuteten die Glocken u. die Kinder rissen Zweige ab u. liefen ihm entgegen. – Die Kreuzzüge u. die Berührung mit den hl. Stätten bewirkten, daß in der Frömmigkeit seiner Zeit nicht mehr so sehr die Majestät Gottes im Vordergrund stand, sondern das menschliche Leben des Gottessohnes. Dies drückte auch der Wesensart des hl. Franz seinen Stempel auf. Der Brauch der Weihnachtskrippe u. der Krippenspiele (Kindleinwiegen u. a.) geht zwar nicht ursprünglich auf ihn zurück, sondern vermutlich auf S. Maria Maggiore in Rom, wo die (unechten) Krippenreliquien Jesu (5 schmale Holzbrettchen) aufbewahrt werden. Wohl aber hat diesem Brauch die Weihnachtsfeier des Bruders Franz im Wald von Greccio (1223) mächtigen Aufschwung verliehen u. er wurde später durch die Jesuiten, dann durch die Kapuziner, Franziskaner u. Augustiner-Eremiten in Deutschland verbreitet. – Der historische Wert seiner rel. Persönlichkeit ist die Neuentdeckung des Evangeliums, das in seinem innersten Wesen Nachfolge Christi ist u. das er in der evangelischen Armut zu verwirklichen suchte. Er förderte eine betont optimistische Weltbetrachtung.

So erlaubte er seinen Brüdern, jedwede Speise zu nehmen gemäß dem Wort Jesu „eßt u. trinkt, was man dort hat" (Lk 10,7). Er hatte eine große Liebe zur Natur u. sah in allen Geschöpfen seine „Brüder" u. „Schwestern", wie dies in seinem Sonnengesang in einzigartiger Weise zum Ausdruck kommt. Er sprach es als erster aus, daß die Arbeit zur Würde der menschlichen Person gehört u. daß sie ihren Wert in sich selbst trägt u. nicht durch die Höhe des Lohnes gemessen werden kann. – Franz hinterließ außer seinen Ordensregeln noch verschiedene Schriften: Gebete, Briefe, Mahnworte, ein Passionsoffizium u. das „Testament". Sein Sonnengesang gilt als die erste Äußerung der ital. Lit.

Gregor IX. legte am 14. 7. 1228 den Grundstein zur Grabeskirche in Assisi u. beauftragte Thomas von Celano OFM mit der Biographie des Heiligen. Am 15. 7. 1228 nahm er ihn in die Schar der Heiligen auf. 1230 war die Unterkirche zur feierlichen Translation fertig, doch das Grab war geheimgehalten worden. Nach 3 vergeblichen Versuchen (1570, 1607 u. 1806) konnten die Gebeine des Heiligen erst am 12. 12. 1818 aufgefunden u. a. 25. 5. 1819 in der Grabeskirche beigesetzt werden. Die monumentale Doppelkirche S. Maria degli Angeli umschließt unter ihrer Kuppel das ursprüngliche Kirchlein Portiunkula u. die Sterbezelle des Heiligen. Sie wurde 1569–1678 erbaut, der Glockenturm wurde 1684 vollendet. 1832 stürzten durch ein Erdbeben die Gewölbe u. der Chor ein. Gregor XVI. ließ die Kirche 1836–40 wieder instandsetzen. Pius X. erhob sie zur Patriarchalbasilika u. päpstlichen Kapelle.

Liturgie: GK G am 4. Oktober

Darstellung: im dunkelbraunen Franziskaner-Habit. Mit den Wundmalen; der Gekreuzigte, den er zunächst für einen Seraph hält, erscheint ihm, die Strahlen aus seinen Wunden treffen die des Heiligen. Die Erdkugel (oder Reichsapfel) zu seinen Füßen oder er tritt darauf (Weltverachtung). Er hält ein einstürzendes Haus (Anspielung auf den Traum Papst Innozenz' III. vom einstürzenden Lateran als Sinnbild der Kirche). Er predigt den Fischen u. Vögeln. In einsamer Betrachtung versunken, mit den Leidenswerkzeugen, Rosenkranz u. Totenkopf (oft auf einem Buch). Mit einem Wolf oder einem Lamm. Mit einem Lilienstab

Patron: seiner Orden; Hauptpatron Italiens (Pius XII. 1939), des Bistums Basel, von Assisi u. vieler anderer ital. Städte; der Armen; der Flachshändler, Tuchhändler, Kaufleute, Schneider, Weber (Beruf seines Vaters); der Sozialarbeit, des Umweltschutzes.

Lit.: W. Nigg, Große Heilige (Zürich 1947) 33–95 – J. Jörgensen/H. Holstein (München 1952) – P. Cutbert/J. Widlöcher (Schwyz 1953) – L. Matt/W. Hauser (Zürich 1953) – A. Fortini, 4 Bde. (Assisi 1959) – T. v. Celano (Werl/Westfalen 1964²) – S. Clasen (Mönchen-Gladbach 1959) – K. Eßer/L. Hardick, Die Schriften des hl. Franz (Werl 1963) – J. Bernhart, Franz von Assisi (Türkheim 1976) – M. von Galli, Gelebte Zukunft. Franz von Assisi (Luzern 1977) – L. Renggli, Franz von Assisi (Freiburg/Schw. 1978) – N. G. van Doornik, Franz von Assisi. Prophet u. Bruder unserer Zeit (Freiburg/B. 1979) – W. Nigg/T. Schneiders, Der Mann aus Assisi (Freiburg/B. 1979) – C. Pohlmann, Franziskus – ein Weg (Mainz 1980) – Sabatier/Renner, Leben des hl. F. v. A. (St. Ottilien 1980) – W. Egger, F. v. A. Das Evangelium als Alternative (Innsbruck 1981)

Franz Xaver (Francesco Saverio) **Bianchi** CRSP, Hl.

* am 2. 12. 1743 in Arpino (zw. Rom u. Neapel). 1762 trat er dem Barnabitenorden bei u. wurde Professor in Neapel u. Mitglied der Akademie in Neapel. Vor allem aber war er jahrzehntelang in der Seelsorge tätig u. wurde als der „Apostel Neapels" angesprochen. Am Pfingstfest 1800 erhielt er seine Berufung zum mystischen Leben. Er besaß die Gabe der Prophetie u. der Wunder. U. a. war er der Berater des Königshauses von Savoyen u. Seelenführer der hl. ↗ Maria von den 5 Wunden. † am 31. 1. 1815 in Neapel. Seine Gebeine ruhen in S. Giuseppe a Pontecorvo in Neapel. Seliggesprochen 1893, heiliggesprochen am 21. 10. 1951.

Gedächtnis: 31. Jänner

Lit.: F. Sala, L'Apostolo di Napoli (Rom 1951) – AAS 45 (1953) 433

Franz (Francisco) **de Borja y Aragon** SJ, Hl.

* am 28. 10. 1510 zu Gandía (südl. von Valencia, Ostspanien) aus dem katalonischen Adelsgeschlecht der Borja. Er war in väterlicher Linie Urenkel Alexanders VI. u. mütterlicherseits König Ferdinands des Ka-

tholischen. Er war der älteste von 3 Söhnen des Juan u. der Johanna von Aragonien. Die Großmutter u. die Tante des Heiligen gingen nach der Ermordung des Großvaters, des Herzogs Juan von Aragonien, in ein Klarissenkloster. Diese hatten entscheidenden Einfluß auf das spätere Leben des Heiligen. Mit 10 Jahren verlor er die Mutter, bald danach mußte die Familie bei einem Bauernaufstand flüchten. Er kam zur Ausbildung zu seinem Onkel, dem Erzb. von Saragossa. 1523–25 war er Page am Hof Johannas, der Mutter Kaiser Karls V., in Tordesillas bei Valladolid. Ende 1527 trat er in den Hofdienst Karls V. u. seiner Gattin Isabella. In dieser Zeit vermählte er sich mit Eleonora de Castro, einer Hofdame Isabellas. Der frühe Tod Isabellas 1539 wurde zum Wendepunkt in seinem Leben. Der Anblick ihrer Leiche ließ in ihm den Entschluß reifen, sich ganz dem rel. Leben hinzugeben. Er wurde jedoch noch 1539 zum Vizekönig von Katalonien ernannt. Er löste diese Aufgabe zur vollen Zufriedenheit des Kaisers. Nach dem Tod seines Vaters (1543) u. anderen Enttäuschungen zog er sich in seine Heimat zurück. Er machte bei ↗ Ignatius von Loyola Exerzitien u. wurde von ihm am 9. 10. 1546 in die Gesellschaft Jesu aufgenommen. Doch sollte seine Aufnahme vorerst solange geheim bleiben, bis er seine 8 Kinder versorgt u. die Familien- u. Regierungsangelegenheiten geregelt hätte. So lebte er 1543–51 äußerlich als Herzog von Gandía, während er insgeheim allen weltlichen Würden entsagt hatte u. Ordensmann war. In dieser Doppeleigenschaft erwirkte er die päpstliche Genehmigung für das Exerzitienbüchlein des Ignatius (1548) u. eine Gnadenbewilligung des Ordens (1549). Der Papst gab ihm die Erlaubnis, die Profeßgelübde schon am 1. 2. 1548 abzulegen, da Karl V. ihn weiter in das Hofleben drängte. 1550 endlich lüftete er sein Geheimnis, 1551 wurde er zum Priester geweiht. Ignatius machte ihn 1554 zum Generalkommissar für Spanien u. Portugal. So trug er wesentlich zur inneren u. äußeren Festigung des Ordens auf der iberischen Halbinsel sowie zur Begründung u. Organisation der span. Jesuitenmissionen bei (Florida, Neu-Spanien, Peru). Es trafen ihn aber auch Enttäuschungen: manche seiner Mitbrüder stellten sich ihm entgegen, da er zu milde u. zu unternehmungsfreudig, aber auch zu wenig rücksichtsvoll sei. Auf Betreiben Mißgünstiger am Hof Philipps II. wurde er von der span. Inquisition verfolgt: ein Buchverleger hatte zu einer seiner Schriften auch das Werk eines von der Inquisition beanstandeten Autors, ohne ihn zu fragen, mitgedruckt. Dem Heiligen gelang es nicht, seine Unschuld glaubhaft zu machen u. er zog sich nach Portugal zurück. 1561 wurde er Generalvikar für den Jesuitengeneral Diego Lainez SJ (dieser weilte auf dem Konzil von Trient), 1564 Assistent für die span. Ordensprovinzen u. schließlich 1565 3. General der Gesellschaft Jesu. Als solcher widmete er sich der weiteren Organisation u. inneren Festigung des Ordens u. betrieb u. a. auch die Errichtung von Noviziatshäusern in den Provinzen (er nahm u. a. den hl. ↗ Stanislaus in das Noviziat S. Andrea in Rom auf). Pius V. sandte ihn mit seinem Neffen Kard. Bonelli nach Spanien, Frankreich u. Portugal, um die Hilfe dieser Mächte gegen die Türkengefahr zu mobilisieren. Der Sieg von Lepanto (1571) fällt in diese Zeit. Der Heilige starb am 1. 10. 1572 zu Rom. Sein Leib ruht in der Jesuitenkirche in Madrid. Seliggesprochen 1624, heiliggesprochen am 12. 4. 1671.

Gedächtnis: 1. Oktober

Lit.: O. Karrer (Freiburg/Schw. 1921) – Sommervogel I 1808–1817, VIII 1875f, XII 373f 967f – G. Schreiber, Deutschland u. Spanien (Düsseldorf 1936) 232–244 u. ö.

Franz (Francesco) Maria **von Camporosso** OFMCap, Hl. (bürgerl. Giovanni Croese) * am 27. 12. 1804 in Camporosso (bei Ventimiglia, am Ligurischen Meer an der franz. Grenze). Er trat 1824 dem Kapuzinerorden bei u. wirkte 40 Jahre hindurch in Genua als Küchen-, Kranken- u. Sammelbruder u. war allen ein Vorbild heroischer christlicher Liebe. Das Volk nannte ihn „Padre Santo". Er starb am 17. 9. 1866 in Genua. Seliggesprochen am 30. 6. 1929, heiliggesprochen am 9. 12. 1962.

Gedächtnis: 17. September

Lit.: B. Gossens (Wiesbaden 1929) – Teodosio da Voltri (Genua 1957)

Franz (Francisco) Fernández **de Capillas** OP, Märt., Hl.

* am 14.8. 1607 in Baquerin de Campos (Diöz. Valladolid, Nordspanien). 1623 trat er dem Dominikanerorden bei u. absolvierte seine Studien in Valladolid. 1632 ging er als Missionar zuerst nach den Philippinen, u. zwar auf die Insel Babuyan (nördl. der Hauptinsel Luzón). Seit 1642 war er in der jungen Dominikanermission in Fukien (China) tätig u. hatte dort trotz der Tatareneinfälle u. trotz Verfolgung großen Erfolg. Am 12. 11. 1647 wurde er mit anderen Mitbrüdern gefangengenommen u. nach vielen Martern am 15. 1. 1648 enthauptet. Er ist der 1. Märt. Chinas. Er verfaßte einen Bericht über die Mission in China u. viele Briefe. Seliggesprochen am 11. 4. 1909 (s. Märt. in China, S. 882).
Gedächtnis: 15. Jänner
Lit.: P. Recorder (Ávila 1909) – A. M. Bianconi (Rom 1909) – A. Huonder, Bannerträger des Kreuzes I (Freiburg/B. 1913) 19–50 – B. Biermann: Anfänge (Münster 1927) 70ff – Streit V 787 951

Franz (Francesco) **de Carácciolo** MIC, Hl. (Taufname: Ascanius)
* am 13. 10. 1563 in Santa Maria (Abruzzen) aus der neapolitanischen Adelsfamilie Caracciolo. Zusammen mit G. A. Adorno u. Fabricio Carácciolo gründete er den Orden der Minderen Regularkleriker („Caracciolini" oder „Marianer"), der bereits 1588 durch Sixtus V. u. wieder 1605 durch Paul V. bestätigt wurde. Er selbst wurde 1587 Priester u. widmete sich in Neapel bes. den Armen, Gefangenen, Galeerensträflingen u. den zum Tod Verurteilten. Bes. erfolgreich war er in der Bekehrung der Sünder u. in der Vorbereitung der Sterbenden zum Tode. Als Nachfolger Adornos wurde er selbst 2. Superior des Ordens. Obwohl Ordensgeneral, verrichtete er doch die niedrigsten Hausarbeiten. Er förderte bes. die Andacht zum Altarsakrament u. führte in seinem Orden die Ewige Anbetung ein. † am 4. 6. 1608 in Agnona (nördl. von Neapel). Heiliggesprochen am 24. 5. 1807.
Gedächtnis: 4. Juni
Patron: von Neapel
Darstellung: mit Monstranz (Einführung der Ewigen Anbetung)
Lit.: A. Ferrante, Vita F. C. (Monza 1871) – G. Rossi, Il precursore dell' adorazione perpetua: S. Francesco Caracciolo (Rom 1926) – Heimbucher[3] II 119f

Franz (Francisco) **Coll** OP, Sel.
* am 18. 5. 1812 in Gombreny, einem kleinen Dorf in den katalanischen Pyrenäen (Nordspanien) als jüngstes von 10 Kindern eines armen Wollkämmers. Mit 10 Jahren wurde er Zögling bei den Dominikanerinnen in Vich (Katalonien) u. trat mit 22 Jahren bei den Dominikanern in Gerona (Katalonien) ein. Er erhielt 1836 die Priesterweihe u. wirkte ab 1846 als Volksmissionar. 1856 gründete er in Vich ein Schwesterninstitut nach der Regel des 3. Ordens des hl. Dominikus zur Erziehung u. zum Unterricht an armen Landkindern. Ein Schlaganfall 1869 ließ ihn völlig erblinden. † am 2. 4. 1875. Seliggesprochen am 29. 4. 1979.
Gedächtnis: 2. April
Lit.: AAS 71 (1979) 1505ff

Franz (Francesco) **da Fabriano** OFM, Sel. (Familienname: Venimbeni)
* am 2. 9. 1251 in Fabriano (zw. Ancona u. Perugia, Mittelitalien) als Sohn eines Arztes. 1267 trat er dem Franziskanerorden bei u. kam 1268 nach Assisi, wo er von Bruder Leo, Sekretär, Beichtvater u. engster Vertrauter des hl. ↗ Franz von Assisi, vom Portiunkula-Ablaß hörte. Er erbaute in Fabriano die Kirche S. Francesco (1866 abgetragen) u. richtete als 1. Franziskaner eine systematische Bibliothek ein. Um 1277 schrieb er u. a. die Abhandlung De veritate et excellentia indulgentiae S. Mariae de Portiuncula, eine Verteidigungsschrift des Portiunkula-Ablasses. † am 22. 4. 1322 in Fabriano. Seine Gebeine ruhen in S. Caterina in Fabriano.
Gedächtnis: 22. April
Darstellung: mit einem Skorpion (er soll beim Trinken des hl. Blutes einen Skorpion verschluckt haben, der dann aus seinen Adern lebend wieder zum Vorschein kam)
Lit.: L. Tassi, Vita del beato Francesco (Fabriano 1893) – AnBoll 13 (1894) 191f – C. (Ortolani) da Pesaro (Fabriano 1914)

Franz Anton (Francesco Antonio) **Fasani** OFMConv, Hl.
* am 6. 8. 1681 in Lucera (Apulien, Unteritalien). Er trat dem Orden der Franziskaner-Konventualen bei u. wurde Professor der Philosophie. Er wirkte auch als eifriger Prediger. Er restaurierte die Ordenskirche in Lucera. 1720–23 war er Provinzial von

Apulien. Er verstand es, ein ernstes Reformstreben mit persönlicher Liebenswürdigkeit zu vereinen. † am 29. 11. 1742 in Lucera. Seliggesprochen am 15. 4. 1951. Heiliggesprochen am 12. 10. 1986.
Gedächtnis: 29. November
Lit.: L. M. Berardini, Il beato Francesco A. Fasani (Rom 1951) – AAS 43 (1951) 270–274

Franz (Francesco) **de Hieronymo** SJ, Hl. (de Geronimo, Girolamo)
* am 17. 12. 1642 in Grottaglie (nordöstl. von Tarent, Unteritalien). Er wurde 1666 Priester, trat 1670 der Gesellschaft Jesu bei u. wirkte als Volksmissionar u. einer der bedeutendsten Redner seiner Zeit, hauptsächlich in Otranto, Neapel u. Umgebung. Von ihm sind ca. 10.000 Seiten Predigt-Manuskripte erhalten. Charakteristisch für seine Seelsorgemethode sind die Straßenmissionen, die Einführung der monatlichen Standeskommunion, der organisierte Einsatz von Laienhelfern u. der Aufbau von sozialen Hilfswerken. So errichtete er Heime für gefallene u. gefährdete Mädchen u. gründete einen Arbeiterverein mit Kranken- u. Sterbekasse (Oratorio della Missione). Bes. nahm er sich auch der Galeerensträflinge an. Man nannte ihn Apostel, Prophet, Vater der Armen. † am 11. 5. 1716 in Neapel. Sein Leib ruht in Grottaglie. Seliggesprochen 1806, heiliggesprochen 1839.
Gedächtnis: 11. Mai
Lit.: Sommervogel III 1358

Franz (François) **de Montmorency-Laval,** Bisch. von Quebec, Sel.
* am 30. 4. 1623 in Montigny-sur-Avre (Diöz. Chartres). Er wurde 1647 Priester u. 1649 Archidiakon von Évreux. Als solcher freundete er sich mit François Pallu an u. beteiligte sich an dessen Gründung des Pariser Missionsseminars. 1658 wurde er zum Missionsbisch. u. Apostol. Vikar von „Neu-Frankreich" (Franz.-Nordamerika) u. 1674 zum 1. Bisch. von Quebec (Kanada) ernannt. Mit bewundernswertem Eifer nahm er sich der weißen Kolonisten an u. konnte viele Indianer für den christlichen Glauben gewinnen. Er gründete für sie überall im Land eine große Zahl von Pfarreien. 1663 errichtete er das Seminar von Quebec als Zusammenschluß des Weltklerus. Dieses Seminar wurde 2 Jahre später dem Pariser Missionsseminar angegliedert, 1852 ging daraus die Laval-Universität hervor (seit 1876 Päpstl. Universität). Ebenfalls 1663 gründete er in Quebec das 1. Priesterseminar Nordamerikas, 1668 ein Kleinseminar u. 1678 die École des arts et métiers. Einen großen Teil seines bischöflichen Wirkens verbrachte er auf Visitationsreisen in seiner unermeßlichen Diöz., die von Kanada bis zum Golf von Mexiko reichte u. deren Grenzen damals nicht einmal den weißen Forschungsreisenden genau bekannt waren. Er trug wesentlich zum wirtschaftlichen Fortschritt der Kolonie bei u. widersetzte sich unerschrocken den gallikanischen Ansprüchen der königlichen Statthalter u. dem Verkauf von Alkohol an Indianer. 1684 resignierte er u. sprach zu diesem Zweck persönlich bei Ludwig XIV. vor. Nach seiner Rückkehr 1688 zog er sich in Quebec zu einem Leben der Beschaulichkeit u. des Gebetes zurück. Er starb dort am 6. 5. 1708 u. wurde in der Kathedrale beigesetzt. 1878 wurden seine Gebeine in die Kapelle des Seminars zu Quebec übertragen. Seliggesprochen am 22. 6. 1980.
Gedächtnis: 6. Mai
Lit.: A. Gosselin, Vie de Msgr. de Laval, 2 Bde. (Quebec 1890, 1901² in 1 Bd.) – Ders., Msgr. de Laval (Quebec 1944)

Franz von Paula (Francesco de Paola) OMinim, Hl.
* 1436 (1416?) zu Paola (in Kalabrien, Unteritalien). Mit 13 Jahren übergaben ihn seine Eltern den Franziskanern in San Marco (Kalabrien) zur Ausbildung, mit 15 Jahren zog er sich in die Einsamkeit zurück, wo er als Eremit ein strengstes aszetisches Leben führte. Bald sammelten sich Gleichgesinnte um ihn. Als sich deren Zahl immer mehr vergrößerte, baute er 1454 in Cosenza ein Kloster mit einer Kirche. Der Orden nannte sich Eremiten vom hl. Franz von Assisi. Er ist heute bekannt als „Mindeste Brüder" (Minimiten, Minimen) oder „Paulaner". Dessen Regel wurde 1474 von Sixtus IV. gebilligt. Franz v. Paula hatte die Gabe der Wunder u. der Prophetie. Im Gehorsam gegen den Papst begab er sich 1482 zum schwerkranken König Ludwig XI. von Frankreich, den er auf den Tod vorbereitete u. dessen Sohn er beistand. Von da an lebte er in Frankreich. † am 2. 4. 1507 in Plessis-

lès-Tours. Der Orden breitete sich trotz der strengen Lebensweise (zeitlebens nur Fastenspeisen) rasch in Italien, Frankreich, Spanien u. Deutschland aus. Heiliggesprochen 1519.
Liturgie: GK g am 2. April
Darstellung: Im schwarzen Ordenshabit, mit halblangem, unten abgerundeten Skapulier u. langem Bart; das Wort „Caritas" (Liebe) in Gloriole an seiner Brust, über ihm oder an seinem Stab. Als Aszet mit Geißel, Buch u. Totenkopf. Auf seinem ausgebreiteten Mantel auf dem Meer stehend (in Ermangelung eines Schiffes sei er auf seinem Mantel nach Sizilien gefahren). (Das vom Hofmaler Ludwigs XI. gemalte Porträt wurde anläßlich seiner Heiligsprechung dem Papst übersandt.)
Patron: der ital. Seeleute
Lit.: G. M. Roberti (Rom 1915) – S. Cultera (Neapel 1930[2]) – E. Pontieri, Per la storia del regno di Ferrante I d'Aragona (Neapel 1947) 278ff – P. Manns, Die Heiligen (Mainz 1975) 434–436

Franz Régis ↗ Johannes Franz (Jean-François) Régis

Franz von Sales, Bisch. von Genf, Kirchenlehrer, Hl.
* am 21. 8. 1567 auf Schloß Sales bei Thorens (Savoyen, südl. von Genf). Er studierte zunächst 1582–1588 in Paris Jus u. Theologie. In dieser Zeit machte er eine schwere rel. Krise durch: Obgleich selbst immer kath., war er nicht unbeeinflußt von der Prädestinationslehre Calvins († 1564) u. wähnte sich in quälenden Gewissensängsten zur ewigen Verdammnis vorherbestimmt. Nach jahrelangem Gebet fand er plötzlich vor einer Muttergottesstatue das Vertrauen auf die Liebe Gottes wieder. 1589–1591 setzte er seine Studien in Padua fort u. erwarb sich den Doktorgrad beider Rechte. Gegen den Willen seines Vaters wurde er 1594 Priester u. meldete sich als Missionar in das vom Calvinismus beherrschte u. für kath. Priester gefährliche Chablais (Landsch. südl. des Genfer Sees). Unter unsäglichen Widerständen u. nach langer vergeblicher Mühe gelang ihm die Rekatholisierung dieser Gegend. 1599 wurde er Koadjutor des Bisch. von Genf (der damals in Annecy, südl. von Genf, residierte). In seelsorglicher Mission reiste er nach Paris. Hier lernte er u. a. ↗ Maria von der Menschwerdung u. ↗ Vinzenz von Paul kennen. 1602 wurde er selbst Bisch. von Genf. Als solcher führte er konsequent die Beschlüsse des Konzils von Trient durch. Mit seiner ganzen Diöz. war er durch seine ständigen Visitationsreisen in engem Kontakt. So lernte er 1604 ↗ Johanna Franziska von Chantal kennen u. wurde ihr Seelenführer. Mit ihr verband ihn eine dauernde geistliche Freundschaft. Er gründete mit ihr 1610 den Orden von der Heimsuchung Mariens (Salesianerinnen), dessen geistliche Leitung er bis zu seinem Tod innehatte. Unter riesigem Zulauf des Volkes hielt er in Chambéry, Dijon, Grenoble u. ein 2. Mal in Paris (1618) Fastenpredigten. 1622 wurde er an den Hof von Avignon berufen, um dort unter den Hugenotten (Calvinisten Frankreichs) zu wirken. Von Avignon aus mußte er dem Hof nach Lyon folgen. Während er dort vor der Barfüßerkirche am 24. 12. 1622 anläßlich einer Kreuzeinweihung predigte, erlitt er einen Schlaganfall u. starb 4 Tage später, am 28. 12. 1622. Sein Leib ruht seit 1623 in der Kirche zur Heimsuchung zu Annecy. Seliggesprochen 1661, heiliggesprochen 1665, zum Kirchenlehrer ernannt 1877.

Franz von Sales ist bekannt durch seine Geduld, Sanftmut u. Toleranz gegenüber Andersdenkenden, was umso bedeutsamer ist, als diese Tugenden an u. für sich nicht seinem Temperament entsprachen. Er hinterließ eine große Anzahl von Schriften, die insgesamt 14 Bände füllen. Die größte Verbreitung unter ihnen erlangten seine beiden Schriften „Theotimus" (Über die Liebe Gottes) u. „Philothea" (Anleitung zum gottseligen Leben). Bes. dieses 2. Werk erlebte neben der „Nachfolge Christi" des ↗ Thomas von Kempen eine weltweite Verbreitung u. wurde zur Grundlage für viele geistliche Werke über das christliche Seelenleben. Eine große Anzahl von Orden u. christlichen Vereinen tragen seinen Namen. Seine bes. Bedeutung liegt in der geistigen Auseinandersetzung mit dem Calvinismus. Der franz. Reformator Calvin (eig. Jean Cauvin, * 1509 in Noyon, † 1564 in Genf) griff mit Entschiedenheit das schon seit ↗ Augustinus ungelöste theol. Problem auf, wie der freie Wille des Menschen einerseits

mit dem ewigen Vorherwissen u. Vorherbestimmen von seiten Gottes andererseits in Einklang zu bringen sei. Calvin stellte in seiner Prädestinationslehre die These auf, daß Gottes alles überragende Wissen und alles umspannende Vorsehung den Menschen derart „vorherbestimmt", daß dieser nicht anders kann als nur tugendhaft zu leben, bzw. zu sündigen, je nachdem wie Gott es seit Ewigkeit will, daß also der Mensch zu seinem ewigen Heil oder Unheil im Grunde nichts selber tun kann. Ihm gegenüber stellte der span. Jesuitentheologe Lius de Molina († 1600) die These auf, daß der Mensch wirklich frei das Gute oder das Böse tun kann, daß er also sein eigenes Seelenheil tatsächlich selbst wirkt. Franz von Sales, der die Gewissensängste selbst verkosten mußte, die diese Vorherbestimmungslehre notwendig verursachte, machte sich die Gedanken Molinas selbst zu eigen u. setzte sie mit Erfolg als geistige Waffe gegen den Calvinismus ein.
Liturgie: GK G am 24. Jänner; Lausanne–Genève–Fribourg H/F (2. Patr. d. Diöz., Patr. der Stadt u. des Kantons Genf)
Darstellung: als Bisch., schreibend, oder sein Buch Philothea in der Hand. Über ihm in einer Glorie ein durchbohrtes Herz mit Dornenkrone u. Kreuz (Symbol seiner Liebe zu Jesus). Oft mit Johanna Franziska von Chantal unter einem Kreuz
Patron: der nach ihm benannten Ordensgenossenschaften u. Vereine, der Schriftsteller, der kath. Presse
Lit.: W. Nigg, Große Heilige (Zürich 1947) 318–364 – O. Karrer (München 1953) – H. Waach (Eichstätt 1955) – A. Hämel-Stier (Würzburg 1956²) – Werke des Franz v. S., 12 Bde. (dt. Eichstätt-Wien 1957ff) – J. Danemarie – A. Rodewyk (Donauwörth 1961) – E. J. Lajennie, Franz von Sales (Würzburg 1976)

Franz (Francisco) **Solano** OFM, Hl.
* am 10. 3. 1549 in Montilla (südl. von Córdoba, Südspanien). Er trat 1569 dem Franziskanerorden bei u. wurde Priester. Unter dem Wahlspruch „Glorificetur Deus!" („Gott werde verherrlicht!") wirkte er zuerst als Missionar in der Heimat. Er nahm sich bes. der Pestkranken an. Er hatte auch die Ämter eines Oberen u. Novizenmeisters inne. 1590 ging er in die Missionen nach Südamerika u. arbeitete als Apostel der Indianer u. Seelsorger der Kolonisten, zunächst in Tucumán (Nordargentinien) (1595 wurde er Kustos der dortigen Klöster), seit 1596 in Perú (Oberer in Truchillo u. Lima). Er war mit übernatürlicher Kraft begabt (man nannte ihn den „Wundertäter der Neuen Welt") u. hatte große Macht über die Herzen. Als Mann tiefen Gebetes, heroischer Nächstenliebe u. Selbstverleugnung, aber auch franziskanischen Frohsinns hatte er große Erfolge. † am 14. 7. 1610 in Lima. Seliggesprochen 1675, heiliggesprochen am 27. 12. 1726.
Gedächtnis: 14. Juli
Darstellung: als Franziskaner, Indianer neben ihm lehrend, auch in der erhobenen Linken ein Kruzifix haltend. Violine spielend (die Franziskaner u. später auch die Jesuiten pflegten die Indianer aus den Urwäldern mit der Violine anzulocken, um sie in sog. Reduktionen, d. s. wirtschaftlich autonome Indianer-Kolonien unter geistlicher Leitung, seßhaft zu machen)
Patron: von Lima, Panamá, Chile u. mehrerer amerik. Städte, der franziskanischen Missionen u. Missionsvereinigungen (Solanus-Schwestern)
Lit.: O. Maas, Der hl. Franz Solano (Leutesdorf 1938) – F. Royer, St. Francis Solano, Apostle to America (Paterson [N. Y.] 1955)

Franz Xaver SJ (Francisco de Jassu y Javier), Hl.
* am 7. 4. 1506 auf Schloß Javier bei Sangüesa in Navarra (südöstl. von Pamplona, Nordost-Spanien) als Sohn des Vorsitzenden des Königlichen Rates von Navarra. Seine ursprünglich sehr vermögende Familie verarmte gänzlich in den kriegerischen Auseinandersetzungen, in denen Frankreich u. Spanien um die Vorherrschaft kämpften. Dies geschah um dieselbe Zeit, als das nahe Pamplona unter dem Ansturm der Franzosen 1521 fiel u. ↗ Ignatius von Loyola seine lebensentscheidende Verwundung erhielt. 1525 ging Franz nach Paris zum Studium der Theologie u. schloß sich hier 1533 Ignatius an, empfing 1537 in Venedig die Priesterweihe u. half 1539 in Rom bei der Abfassung der ersten Ordenssatzungen. Am 7. 4. 1541 fuhr er im Auftrag des Königs als päpstlicher Legat von Lissabon nach Indien, wo er am 6. 5. 1542 in Goa landete. Hier wirkte er 2 Jahre lang rastlos u. bis zur Selbstaufopferung als der

„heilige Pater" unter Portugiesen, Neubekehrten u. Heiden, von denen er ca. 30.000 taufte. Anschließend arbeitete er unter den Parava-Perlfischern an der Südostspitze Indiens. In Travancore (Landsch. an der Südostspitze Indiens) taufte er 10.000 Makua-Fischer. 1545 fuhr er von Mailapur (Vorstadt von Madras) nach Malakka (südwestl. Halbinsel von Hinterindien), im Jänner 1546 nach den Molukken (Inseln östl. von Celebes) u. nahm sich dort der verlassenen Neubekehrten auf den Inseln Amboina, Halmahera, Morotai u. Rau an. Von Ternate (Insel westl. vor Halmahera) aus entfaltete er ringsum eine rege Missionstätigkeit, vielfach unter Todesgefahren, aber mit größtem Erfolg. Im Mai 1547 reiste er wieder nach Malakka zurück. Hier erhielt er die erste Nachricht von dem neuentdeckten Japan. Zunächst wandte er sich nach Kotschin (südl. Vietnam), wo er im Jänner 1548 landete. Seinen Plan, in Japan zu missionieren, mußte er vorerst zurückstellen, da ihn organisatorische Aufgaben in Indien beanspruchten. Erst am 15. 4. 1549 segelte er mit 2 Mitbrüdern u. 3 christlichen Japanern von Goa ab u. landete am 15. 8. im Hafen von Kagoshima (im Süden der Insel Kyushu, im Süden Japans). Hier lernte er die Sprache u. bildete eine Gemeinde von ca. 100 Christen. Nach einem Jahr versuchte er den Kaiser von Japan zu besuchen. Unter unsäglichen Strapazen war er zu Fuß in die Hauptstadt Miako (Kyoto) gekommen, wurde aber nicht zum Kaiser vorgelassen. Er kehrte enttäuscht zurück, doch hatte er so die politischen u. rel. Verhältnisse des Landes besser kennengelernt. Auch sah er jetzt ein, daß er sein armes Auftreten nunmehr ändern müsse. In Yamaguchi (Südwestspitze von Hondo) blühte nach langen Diskussionen mit Bonzen u. Gelehrten eine Christengemeinde auf. Mitte November trat er die Rückreise nach Indien an. Hier erwartete ihn das Ernennungsschreiben zum 1. Provinzial der neuerrichteten indischen Ordensprovinz. Der letzte Teil seiner Mission galt der Erschließung Chinas. Er hatte in Japan erkannt, daß die Gewinnung Chinas die beste Voraussetzung für die Christianisierung Japans u. Hinterindiens war. Am 14. 4. 1552 nahm er in Goa von seinen Freunden Abschied u. kam Ende August nach Sancian (San Tschao). Diese Insel vor Kanton war ein Treffpunkt für portugiesische u. chinesische Kaufleute. Die Bucht von Kanton war ein internationaler Freihafen, aber der Zutritt nach China war den Ausländern verboten. Eine Anzahl von Portugiesen, die es doch versuchten, schmachteten im Gefängnis von Kanton. Franz Xaver wurde auf Sancian von seinen Freunden zwar herzlich empfangen, aber es wagte niemand, ihn ans Festland hinüberzufahren. Ein Laienbruder verlor den Mut u. verließ ihn, auch seinen Dolmetscher verlor er. Ein Chinese, mit dem er für den 19. November die Überfahrt verabredet hatte, erschien nicht. Nur 2 Diener hielten bei ihm aus. Von Kummer u. Enttäuschung verzehrt, starb er am 3. 12. 1552. Sein Leichnam wurde nach Malakka gebracht u. von dort 1553 nach Goa überführt. Den rechten Arm ließ der Ordensgeneral Claudius Acquaviva 1615 nach Rom bringen, wo er auf dem Franz-Xaver-Altar in der Jesuitenkirche Al Gesù noch heute verehrt wird.

Franz Xaver vereinigt in sich das feurigheitere Naturell des Navarresen, die geschliffenen Umgangsformen des Adeligen, die theol. Gelehrsamkeit des Pariser Magisters, den kühnen Wagemut u. die Zähigkeit des Basken, den weitschauenden Blick des großen Organisators u. die charismatische Anziehungskraft des Heiligen. Er ist der Begründer der Jesuitenmissionen u. der Bahnbrecher der neueren Mission überhaupt, indem er das Missionsfeld planmäßig erforschte u. in den Großstädten Christengemeinden aufbaute, die ihrerseits als Kernzellen des Glaubens das Evangelium in ihre Umgebung weiter ausstrahlen sollten. Er führte konsequent die Anpassung des Missionars an das fremde Volk durch, indem er dessen Sprache u. Religion, dessen Eigenart u. Volkstum studierte (im später ausbrechenden Ritenstreit in Indien u. China wurde allerdings diese Anpassung in äußeren Dingen als Preisgabe der Glaubenssubstanz mißverstanden u. verboten, wodurch der Mission in ganz Ostasien bis in die Gegenwart schwerster Schaden zugefügt wurde). Er baute eine straffe Organisation auf durch Schulen, Briefverkehr u. Heranziehung einheimischer Helfer. Gro-

ßen Wert legte er auf die Missionsberichterstattung. Seine Briefe, die 1545 gedruckt wurden, fanden in Europa ein begeistertes Echo u. bewogen Tausende zur Nachfolge. Franz Xaver wurde 1619 seliggesprochen, am 12. 3. 1622 heiliggesprochen. Benedikt XIV. ernannte ihn 1748 zum Schutzpatron Indiens, Pius X. 1904 zum Patron des Vereines zur Verbreitung des Glaubens, Pius XI. 1927 zum Patron aller Missionen.
Liturgie: GK G am 3. Dezember
Darstellung: im schwarzen Talar eines Jesuiten, predigend. Mit einem Kreuz in der Hand auf einem Schiff stehend. Inder taufend, Kranke heilend, Tote erweckend. Häufig mit einem Herzen an der Brust, aus dem Flammen schlagen. Als einsam Sterbender am Meeresstrand
Patron: der kath. Missionen, der Seereisenden

Lit.: G. Schurhammer, Der hl. Franz Xaver (Freiburg/B. 1925; 2 Bde., 1955) – J. Brodrick, Abenteurer Gottes (Stuttgart 1954) (aus dem Engl.: London 1952) – G. Rendl, Der Eroberer Franz Xaver (Freiburg/B. 1956)

Franziska (Françoise) **d'Amboise** OCarm, Sel.
Name: ↗ Franz
* am 9. 5. 1427 zu Rieux (Dep. Morbihan, Bretagne) als Tochter Ludwigs von Amboise, Vicompte (Vizegrafen) von Thouars. 1442 wurde sie mit Herzog Peter II. von der Bretagne vermählt. Sie litt aber in der Ehe schwer unter der Eifersucht ihres Mannes, bis es ihrer Geduld gelang, ihn für sich zu gewinnen. Nach seinem Tod 1457 wollte Ludwig XI. von Frankreich sie für eine neue Ehe gewinnen, sie aber hatte sich für den geistlichen Stand entschlossen. 1463 gründete sie in Vannes (Bretagne) das erste Karmelitinnenkloster Frankreichs, wo sie selbst 1467 als Nonne eintrat u. vom Ordensgeneral ↗ Johannes Soreth den Schleier empfing. Sie wurde Priorin des Klosters Notre-Dame-des-Couets bei Nantes, wohin das Kloster verlegt worden war. Sie hatte ein sehr geselliges u. fröhliches Wesen, das ihr alle Herzen öffnete. † am 4. 11. 1485 in Couets. Kult bestätigt am 15. 7. 1863.
Gedächtnis: 4. November

Lit.: A. Daix, La merveilleuse odyssée de Françoise d'Amboise (Paris 1930) – Baudot-Chaussin XI 153f – Catholicisme IV 1558f

Franziska Xaveria (Francesca Saveria) **Cabrini,** Hl. (bürgerl. Maria Francisca)
* am 15. 7. 1850 zu Sant'Angelo Lodigiano (südwestl. von Mailand) als 13. Kind einfacher Bauersleute. 1874 übernahm sie in Codogno (südöstl. von Mailand) die Leitung eines Institutes u. gründete dort 1880 die „Missionarinnen vom Hl. Herzen" (die Kongregation wurde 1881 bestätigt). 1888 ging sie nach New York u. gründete von dort aus in den größten Städten der Vereinigten Staaten u. darüber hinaus bis nach Südamerika Spitäler, Schulen u. Heime aller Art u. nahm sich aller Auswanderer an, bes. derer aus Italien. In Chicago errichtete sie ihr Mutterhaus u. leitete von dort aus ihre Ordensgemeinschaft. Ihre unerhörte Arbeitslast war getragen von der Liebe zum hl. Herzen Jesu, sodaß sie kein Nebeneinander von Gebet u. Arbeit kannte. Zu Ehren des hl. ↗ Franz Xaver fügte sie ihrem Taufnamen „Xaveria" bei. † 22. 12. 1917 in Chicago. Seliggesprochen am 13. 11. 1938, heiliggesprochen am 7. 7. 1946 als 1. Heilige der USA.
Gedächtnis: 22. Dezember
Patronin: der Auswanderer (Pius XII. am 8. 9. 1950)

Lit.: A. Martignoni, Madre Cabrini, la Santa delle Americhe (New York 1945) – C. Caminada, Una italiana per le vie del mondo (Turin 1946) – T. Maynard (Olten 1946)

Franziska von Chantal ↗ Johanna Franziska (Jeanne-Françoise) Frémyot de Chantal

Franziska von Rom (Francesca Romana), Hl. (vom Volk auch ‚Ceccolella' genannt)
* 1384 zu Rom aus dem Adelsgeschlecht der Busci (Bussi), verwandt mit den einflußreichen Familien der Orsini, Savelli, Mellini u. a. Mit 11 Jahren entschloß sie sich, in ein Kloster einzutreten, doch ihre Eltern willigten nicht ein. So heiratete sie 1396 Lorenzo de Ponziani, einen reichen röm. Adeligen, dem sie 40 Jahre hindurch eine liebevolle u. treubesorgte Gattin war. 4 Kindern schenkte sie das Leben, von denen allerdings 2 frühzeitig starben. Selbst von einer schweren Krankheit genesen, sorgte sie für die Kranken in den Spitälern u. half den Hilfesuchenden in leiblicher u. geistiger Not, die sie in ihrem Haus in wachsen-

der Anzahl aufsuchten. Zeitweise wurde sie von ihrem Gatten getrennt, da Ladislaus, der König von Neapel, in Rom einmarschierte u. Lorenzo als Geisel gefangennahm, da er die Autorität des Papstes verteidigte (die Päpste residierten damals in Avignon, Südfrankreich). In den letzten 12 Jahren lebte sie mit ihrem Mann in enthaltsamer Ehe u. widmete sich noch mehr als bisher dem Streben nach Heiligkeit u. den Werken der Nächstenliebe. In dieser Zeit (1425) gründete sie an der Kirche Santa Maria Nuova in Rom den weiblichen Zweig des Olivetanerordens (einem Zweig des Benediktinerordens) u. nannte ihn „Compagnia delle Oblate del Monastero Olivetano di S. Maria Nuova". Deren Mitglieder schlossen sich 1433 in der „Torre de' Specchi" (Turm der Spiegel) zum gemeinsamen Leben zus. u. nannten sich von da an „Nobili Oblati di Tor de' Specchi". Nach dem Tod ihres Gatten (1436) trat sie 1437 selbst als Nonne dort ein u. wurde nach wenigen Tagen zur neuen Oberin gewählt. † 9. 3. 1440. Ihr Seelenführer, der Olivetanerpriester Don Giovanni Mattiotti, schrieb ihre Biographie. Sie hatte die Gabe mystischer Beschauung u. stand in vertrautem Verkehr mit ihrem Schutzengel. Bei der Betrachtung des Leidens Christi fühlte sie die Wunden an Händen, Füßen u. an der Seite. Sie wurde 1608 heiliggesprochen. Ihr Leichnam ruht in S. Maria Nuova.
Liturgie: GK g am 9. März
Darstellung: als Nonne im schwarzen Benediktinerhabit mit Gürtel u. weißem Schleier. Ihr Schutzengel als Diakon oder im weißen Chorrock neben ihr. Vor der Monstranz kniend, deren Strahlen ihr Herz treffen (wegen ihrer Verehrung des hl. Altarsakramentes). Mit einem Brotkorb oder Bündel Holz (für die Armen)
Patronin: der Autofahrer (seit 1925) (neben ↗ Christophorus u. ↗ Elias), der Frauen
Lit.: Berthem-Bontoux, Sainte Françoise Romaine et son temps (1384–1440) (Paris 1931) – AnBoll 50 (1932) 214ff – P. Lugano – C. Albergotti, La Nobile Casa delle Oblate di S. Francesca Romana in Tor de' Specchi . . . (Città del Vaticano 1933)

Franziska Schervier, Sel.
* am 3. 1. 1819 zu Aachen. Von Kindheit an bemühte sie sich um Gleichförmigkeit mit dem Willen Gottes u. vollbrachte viele Werke der Nächstenliebe an Armen u. Bedrängten. 1845 gründete sie die Genossenschaft der „Armen Schwestern vom hl. Franziskus". Mit ihren Schwestern diente sie in Frauenzuchthäusern u. betreute Büßerinnen. Überhaupt nahm sie jedes Opfer auf sich, den Menschen in leiblicher u. seelischer Not zu helfen. In den Kriegen 1866 (Dt. Krieg unter Bismarck zw. Preußen u. Italien gegen Österreich u. die meisten anderen dt. Staaten) u. 1870/71 (Dt.-Franz. Krieg) pflegte sie die Verwundeten. † am 14. 12. 1876 in Aachen. Der Orden erhielt 1908 die päpstliche Bestätigung u. ist heute in Deutschland u. den USA verbreitet u. hauptsächlich in der Krankenpflege tätig. Seliggesprochen am 28. 4. 1974
Gedächtnis: 14. Dezember
Darstellung: im Ordenskleid mit Kreuz
Lit.: I. Jeiler (dt. Freiburg/B. 1927[4]) – W. Meyer, Im Rufe der Heiligkeit (Werl 1925) – B. Gossens (Kevelaer 1951) – J. Brosch (Aachen 1953)

Fred ↗ Alfred, ↗ Manfred, ↗ Friedrich (Frederick)

Fredegand, Abt **von Kerkelodor,** Hl.
Name: 1. Bestandteil: zu ahd. fridu (Schutz vor Waffengewalt, Friede); 2. Bestandteil: vielleicht zu altnord. gandi (Zauber; Werwolf: nach germ. Volksglauben war ein Werwolf ein Mann, ein „Wehrfähiger", der sich zeitweise in einen Wolf verwandelte u. als solcher lebte): der durch Zauber Schutz Bringende
Er stammte vermutlich aus Belgien. Er war Abt des Klosters Kerkelodor in der Stadt Turninum (heute das Dorf Deuren bei Antwerpen), wo man wahrscheinlich nach der Regel des hl. Benedikt lebte. † um 730.
Gedächtnis: 17. Juli

Frederi(c)k (norddt.) ↗ Friedrich

Freinademetz ↗ Josef Freinademetz

Fridolin von Säckingen, Hl.
Name: kleiner ↗ Friedrich
Er entstammte einer vornehmen Familie in Irland. Zunächst wirkte er in seiner Heimat als Missionar, später in Poitiers (Nordost-Frankreich). Dort erhob er die Gebeine des hl. ↗ Hilarius, Bisch. von Poitiers, u. baute für sie eine Kirche. Von dort zog er über

Straßburg u. Konstanz weiter u. kam bis Chur (Schweiz) u. gründete überall auf seinem Weg Hilarius-Kirchen. Schließlich kam er zur Rheininsel Säckingen (östl. von Basel) u. erbaute dort die Kirche u. das Doppelkloster. Diese Insel sei ihm vom hl. Hilarius, den er zeitlebens sehr verehrte, im Traum gezeigt worden. Daß er ein Ire war, wird neuerdings angezweifelt. Seine Vita stammt von Balther, einem Hörigen aus Säckingen (um 1000), dieser habe seine Lebensbeschreibung in dem von Fridolin gegründeten Kloster Helera (Eller an der Mosel?) eingesehen. Der Bericht zeigt aber die für diese Zeit typische Tendenz, festländischen Patronen eine Herkunft von der „Insel der Heiligen“ (Irland) zuzuschreiben sowie die deutliche Absicht, Säckingen eine alte Tradition zu sichern. Tatsächlich ist aber die Verehrung des hl. Fridolin sehr alt u. weitverbreitet. † 7. Jh. in Säckingen.
Liturgie: RK G am 6. März (Translation)
Darstellung: als Benediktinermönch (obwohl er keiner war) oder als Abt, manchmal ein Skelett führend (die Legende erzählt, ein Bauer namens Ursus habe ihm ein großes Stück Land geschenkt, sei aber bald darauf gestorben. Dessen Bruder habe dem hl. Fridolin die Schenkung streitig gemacht, worauf der Heilige den Bauern Ursus zum Leben erweckte, damit er vor dem Richter die Schenkung bezeugen könne). Einen Toten erweckend
Patron: des Kantons Glarus, von Säckingen, der Schneider des Viehs
Lit.: L. Gougaud, Les saints irlandais (Löwen 1936) – A. Amann (Höchst, Vorarlberg 1950) – M. Koch, St. Fridolin u. sein Biograph Balther (Zürich 1959)

Frideswida, Äbtissin **in Oxford,** Hl. (Fridiswida, Fritheswitha, Fredeswytha, Fredeswinda)
Name: zu ahd. fridu (Schutz vor Waffengewalt, Friede) + witu (Wald): die im Wald in Frieden Wohnende. (Kf. Frieda)
* Ende des 7. Jh.s als Tochter des Fürsten Didan von Mercia (Landsch. nördl. von London) u. seiner Gemahlin Safrida. Sie war schon in ihrer Jugend entschlossen, in ein Kloster zu gehen, u. mußte deshalb vor dem Fürsten Algar von Mercia, der sie mit Gewalt zur Heirat zwingen wollte, fliehen. In Oxford gründete sie ein Frauenkloster u. stand diesem als Äbtissin vor. † um 735. Die Kirche, in der sie begraben wurde, erhielt später ihren Namen. Tatsächlich gab es schon vor 1066 in Oxford ein Stift von Säkularkanonikern unter ihrem Patronat, das im 12. Jh. als Augustiner-Chorherrenstift erneuert wurde. 1525 wurde es durch Kard. Thomas Wolsey im Sinn des anglikanischen Staatskirchentums unter Heinrich VIII. aufgehoben u. dessen Besitz zur Gründung seines „Cardinal's College“ (heute „Christ Church“) benutzt. Die Klosterkirche wurde 1546 Kathedrale der neu errichteten anglikanischen Diöz. Oxford. Der Reliquienschrein der Heiligen in dieser Kirche war im Mittelalter ein vielbesuchter Wallfahrtsort.
Gedächtnis: 19. Oktober
Darstellung: als Äbtissin mit einer Krone, ein Ochs neben ihr
Patronin: der Stadt u. Universität Oxford
Lit.: E. F. Jacob, St. Frideswida the Patron Saint of Oxford (Oxford 1953) – Zimmermann III 197ff

Frieda ↗ Elfriede, ↗ Friederike u. a.

Friedel, Kf. zu ↗ Fridolin, Friedrich

Friederike, weibl. F. zu ↗ Friedrich

Friedlinde (Friedelinde)
Name: ahd. fridu (Schutz vor Waffengewalt, Friede) + linta (Schild aus Lindenholz): Schützerin u. Schirmerin

Friedrich OSB, Abt **von Hirsau,** Sel.
Name: ahd. fridu (Schutz vor Waffengewalt, Friede) + ahd. rihhi (reich, mächtig, Herrschaft): schützender Herrscher
Er entstammte einem schwäbischen Adelsgeschlecht u. wurde Benediktinermönch im Kloster Meinradzelle (heute Maria Einsiedeln, Schweiz). Papst ↗ Leo IX. besuchte auf einer seiner zahlreichen Reisen 1049 seinen Neffen, den Grafen Adalbert II. von Calw, u. verlangte von ihm die Wiederherstellung des schon längst verfallenen Klosters Hirsau bei Calw im Schwarzwald. Allerdings wurde die Grundsteinlegung erst 1059 auf Betreiben seiner frommen Gemahlin Wiltrudis vollzogen. 1065 wurde Friedrich mit 12 Mönchen dorthin gesandt u. zum 1. Abt bestellt. Als solcher brachte er das Kloster zu hoher Blüte u. weitreichen-

der Bedeutung. Er lebte der Beschaulichkeit u. der Mildtätigkeit gegen die Armen u. legte bei allen Arbeiten auch selbst Hand an. Er wurde aber von einigen mißgünstigen Mönchen bei Graf Adalbert wegen Untätigkeit verleumdet u., als dies nichts fruchtete, der heimlichen Unzucht bezichtigt. Daraufhin setzte ihn Adalbert 1069 ab. Abt Ulrich von Lorsch (Hessen) kam ihm zu Hilfe u. brachte ihn in das Kloster St. Michael auf dem Ebersberg bei Heidelberg, wo der Heilige am 8. 5. 1071 starb. Sein Nachfolger, Abt ↗ Wilhelm von Hirsau, erreichte 1075 von ↗ Gregor VII. einen Schutzbrief, der die Unabhängigkeit des Klosters von der weltlichen Macht garantiert, u. schloß 1075 das Kloster der Reform von ↗ Cluny an.
Gedächtnis: 8. Mai
Lit.: Stadler II 313

Friedrich, Bisch. **von Lüttich,** Sel.
Es war der Sohn des Grafen Albert von Namur u. wurde Dompropst zu St. Lambert in Lüttich (Belgien). Seine Bestellung zum Bisch. von Lüttich stand ganz unter dem Zeichen des Investiturstreites. Seit Heinrich IV. u. ↗ Gregor VII. schwelte der Kampf um die Vorherrschaft in der Kirche u. entzündete sich konkret an der Frage, ob der Kaiser das Recht habe, die höheren geistlichen Ämter (Bischöfe, Äbte) zu besetzen. Heinrich V. u. seine Adelspartei konnten bei Calixtus II. in ihren Kandidaten, den Archidiakon Alexander, nicht durchsetzen, u. Friedrich wurde 1119 von Calixtus II. in Reims zum Bisch. geweiht. Er starb schon 2 Jahre später, im Jahre 1121, vermutlich an Vergiftung, u. wurde in St. Lambert beigesetzt.
Gedächtnis: 27. Mai

Friedrich OPraem, Abt **von Mariengaarde,** Sel.
Er stammte aus Hallum (Friesland). Seinen Vater Dodo verlor er frühzeitig, seine Mutter Suitberga schickte ihn zur Ausbildung nach Münster. In die Heimat zurückgekehrt, wirkte er zuerst als Hilfspriester, dann als Pfarrer in Hallum. Nach einigen Jahren trat er in das Prämonstratenserkloster Marienwerdt bei Utrecht (Niederlande) ein. 1163 baute er bei Hallum eine Kirche u. wenig später ein Kloster, das von Marienwerdt aus besiedelt u. dessen 1. Abt Friedrich wurde. Das Kloster erhielt den Namen Mariengaarde (Mariengarten). † am 3. 3. 1175. 1616 kamen seine Gebeine in die Prämonstratenserabtei Bonne Espérance bei Mons (Belgien), seit 1938 ruhen sie in der Abtei Leffe bei Dinant (Südbelgien).
Gedächtnis: 3. März
Darstellung: als Prämonstratenserabt im weißen Habit mit Stab, Blumen in der Hand
Lit.: G. v. d. Elsen (Oosterhout 1893) – Baudot-Chaussin III 64f

Friedrich von Regensburg OESA, Sel.
Er war Laienbruder im Kloster der Augustiner-Eremiten zu Regensburg. Er ist bes. bekannt durch seine Liebe zu den Armen. † am 29. 11. 1329. Seine Gebeine wurden 1913 in die Cäcilienkirche in Regensburg übertragen. Kult approbiert am 4. 5. 1909.
Liturgie: Regensburg g am 29. November
Darstellung: Ein Gemälde von 1481 an seinem Grab bietet Szenen u. Wunder aus seinem Leben: Nach der Legende verwandelten sich Holzstücke, die er Armen schenkte, in Brot; beim Holzfällen empfing er auf wunderbare Weise die Eucharistie
Lit.: Nachrichten über die St. Salvatorkapelle u. den Laienbruder Friedrich . . . (Regensburg 1855) – Hieronymus Streitel, Zwei Legenden über Friedrich (1519), hrsg. von A. Podlaha (Prag 1905) – V. Nolte, Der selige Friedrich von Regensburg (Würzburg 1933[3])

Friedrich, Bisch. **von Utrecht,** Märt., Hl. (niederl. Frederik)
Er stammte aus vornehmer Familie in Friesland. Seine Ausbildung erhielt er zuerst bei Mönchen, dann bei seinem Vorgänger Bisch. Ricfrid u. wurde um 820 selbst Bisch. Er war mit ↗ Hrabanus Maurus eng befreundet. Auf Bitten Kaiser Ludwigs des Frommen ging er mit ↗ Odulph nach Friesland. Mit Strenge ging er auch gegen das Konkubinats-Unwesen seiner Zeit vor. Die Passio von 1025 berichtet, daß er auch der Kaiserin Judith, der ehrgeizigen u. herrschsüchtigen 2. Gemahlin Ludwigs des Frommen, ihr ungeordnetes Privatleben vorhielt, weshalb sie ihn durch 2 gedungene Mörder erdolchen ließ. Daß ihre Ehe mit Ludwig dem Frommen ungültig gewesen sei, wird heute als unhistorisch zurückgewiesen. Eher dürfte richtig sein, daß sie mit

ihrem Blutsverwandten, dem Grafen Bernhard von Barcelona, unerlaubte Beziehungen unterhielt. † 838 (wahrscheinlich früher). Sein Leib ruht in der Erlöserkirche zu Utrecht.
Gedächtnis: 18. Juli
Darstellung: als Bisch. am Altar, von 2 Schwertern oder Dolchen durchbohrt
Lit.: R. R. Post, Kerkgeschiedenis van Nederland in de Middeleeuwen I (Utrecht 1957) 53 56, 93, II 241 338 – Baudot-Chaussin VII 419f – Catholicisme IV 1577

Frigidian CanAug, Bisch. **von Lucca,** Hl. (Frigdian, ital. Frediano)
Name: wahrscheinlich zu ahd. vric (kühn, „frech") + danc (Geist, Gedanke): kühnen Geistes
Er soll der Sohn des Königs von Ulster in Irland gewesen sein. Er reiste nach Italien, wo er Priester u. dann der 1. Bisch. von Lucca (Toscana) wurde. † 588 (?). Über seinem Grab erhebt sich die Kirche seines Namens. Seine Existenz ist durch die Erwähnung seiner Wunder bei Gregor d. G. bezeugt. Er ist aber einer der vielen Heiligen des Festlandes, denen im 12. Jh. eine Abstammung von Irland, der „Insel der Heiligen" zugeschrieben wurde. Seine Verehrung wurde durch die Augustiner-Chorherren, die 1061 von Lucca nach Rom kamen u. denen auch Frigidian angehört haben soll, verbreitet.
Gedächtnis: 18. März
Lit.: J. Hennig: MS 13 (1951) 234–242 – P. Puccinelli (Lucca 1952)

Fritz, Kf. zu ↗ Friedrich

Frodobert OSB, Abt **von Moutier-la-Celle,** Hl.
Name: ahd. frot, frout (verständig, klug, weise) + beraht (glänzend, berühmt): der berühmte Weise. (Frobert)
Er stammte aus Troyes (Frankreich) u. wurde schon früh unter die Kleriker an der Domkirche aufgenommen. Er ging nach Luxeuil (nördl. von Besançon) u. trat unter Abt ↗ Waldebert in den Benediktinerorden ein. Auf Bitten des Bisch. Ragnegisil von Troyes, sich in seiner Diöz. niederzulassen, ging er in seine Heimat u. gründete um 655 bei Troyes das Kloster Moutier-la-Celle (Münsterzell), dessen 1. Abt er wurde. Er starb in der Nacht auf den 1. 1. um 673. Seine Gebeine wurden von Bisch. Otulph am 8. 1. 872 erhoben. Reliquien des Heiligen kamen 1791 in die dortige Pfarrkirche.
Gedächtnis: 1. Jänner
Lit.: Zimmermann I 58ff – Catholicisme IV 1649f

Frowin OSB, Abt **von Engelberg,** Sel. (Frodowin)
Name: ahd. frot, frout (klug, weise, verständig) + wini (Freund): kluger Freund.
Er war Benediktinermönch in St. Blasien (Schwarzwald) u. wurde 1147 als Abt nach Engelberg in der Schweiz (Kt. Obwalden, südl. des Vierwaldstättersees) berufen. Unter ihm erhielt das 1120 gegründete Kloster (↗ Adelhelm) seine wirtschaftliche Festigung. Er begründete die Engelberger Schreib- und Malschule mit selbständiger Entfaltung süddeutscher Art. Unter ihm entstand auch ein Frauenkonvent. Er war ein beachtenswerter Vertreter der monastischen Theologie u. schrieb großangelegte theol. Lesebücher, von denen 2 erhalten sind: De Oratione Dominica (Über das Gebet des Herrn), eine auf den Vaterunser-Bitten aufgebaute theol. Synthese, u. De laude liberi arbitrii libri septem (7 Bücher über das Lob des freien Willens), eine anthropologisch-theolog. Sentenzensumme von außerordentlicher Reichhaltigkeit u. persönlicher Gestaltungskraft. Beide Werke dienten der geistlichen Lesung der Mönche u. sind wertvolle Zeugen einer betenden Theologie. † am 27. 3. 1178.
Gedächtnis: 27. März
Lit.: Der selige Frowin von Engelberg, ein Reformabt des 12. Jh.s (Engelberg 1943) – O. Bauer, Frowin von Engelberg. De laude liberi arbitrii libri septem: RThAM 5 (1948) 27–75 269–303

Frumentius, Bisch. **in Äthiopien** (griech. Frumentios, äthiop. Feremenatos)
Name: zu lat. frumentum (Getreide): Getreidehändler, oder auch der Fruchtbare
Er stammte aus Tyrus in Phönizien (heute Es Sur, Libanon). In seiner Jugend unternahm er eine Seereise in das äthiopische Indien. Bei der Landung in einem Hafen am Roten Meer wurde die ganze Reisegesellschaft gefangengenommen u. niedergemacht, nur Frumentius u. sein Bruder Aidesios wurden als Sklaven an den Hof des Königs von Aksum in Äthiopien verkauft. Die beiden gewannen bald das Vertrauen

des Königs, Frumentius wurde Sekretär, Aidesius Mundschenk des Königs. Vor seinem Tod schenkte er beiden die Freiheit. Auf Bitten der Witwe des Königs wurde Frumentius Erzieher der beiden Prinzen Aizan u. Sazan. Er benutzte seine Stellung dazu, in den verschiedenen röm. u. griech. Händlerkolonien des Landes kleine Christengemeinden aufzubauen. Als der Prinz Aizan die Regentschaft übernahm, kehrte Aidesios in die Heimat zurück u. wurde dort Priester, Frumentius dagegen ging zu ↗ Athanasius nach Alexandrien, berichtete ihm über die Anfänge des Christentums in Äthiopien u. bat um einen Bisch. Er empfing aus der Hand des Athanasius selbst Weihe u. Sendung zum Bisch. u. Glaubensboten in Äthiopien. Der arianische Kaiser Konstantius II. (ein Sohn Kaiser Konstantins d. G.) versuchte zwar (nach 357) die arianische Irrlehre in Äthiopien einzuführen u. Frumentius abzusetzen, scheiterte aber am Widerstand des jungen Königs Aizan. Frumentius war es auch, der das Band zw. den Patriarchaten Antiochia in Syrien (seiner Heimat) u. Alexandrien knüpfte, welches bis heute andauert. † nach 357.
Gedächtnis: 27. Oktober
Lit.: A. Walz (Wien 1950) – ECatt V 1786f – Catholicisme IV 1656f

Fulbert, Bisch. **von Chartres,** Hl. oder Sel.
Name: Nf. zu Volkbert: ahd. folc (Haufe, Schar, Kriegsvolk) + beraht (glänzend, berühmt): im Volk berühmt
* um 960 in Italien, wahrscheinlich in der Nähe Roms, aus armer Familie. In Reims (Nordfrankreich) war er Schüler Gerberts, des späteren Papstes Silvester II. 1004 wurde er Kanzler der Kirche von Chartres (südwestl. von Paris). Als solcher begründete er die im Mittelalter hochberühmte Schule von Chartres, die großen Zulauf aus aller Herren Länder hatte. Es wurden hier u. a. Grammatik, Rhetorik, Dialektik u. das Studium der Hl. Schrift u. der Väter gepflegt. Er selbst war ein scharfsinniger, neuplatonisch ausgerichteter Philosoph. In seinem theol. Denken war er durchdrungen von der Begrenztheit der menschlichen Vernunft in der Ergründung der Offenbarungswahrheiten. Deshalb suchte er gegenüber einer übertriebenen Dialektik positiv den gemeinten Sinn der Hl. Schrift festzustellen u. am gewohnten Weg der Auslegung durch die Väter festzuhalten. 1006 wurde er auf Betreiben seines ehemaligen Mitschülers, des Königs Robert II. („des Frommen") von Frankreich, Bisch. von Chartres. Als solcher fuhr er in seinen wissenschaftlichen Bestrebungen fort. Er stand in Verbindung mit König Robert II. von Frankreich, ↗ Stephan von Ungarn u. ↗ Knut von Dänemark. Herzog Wilhelm von Aquitanien machte ihn zum Schatzbewahrer des hl. Hilarius in Poitiers. Er arbeitete energisch gegen den Mißbrauch, Benefizien u. Kirchengüter an Laien zu vergeben, u. hatte deswegen mit seinem Metropoliten, Erzb. Francon von Paris, Auseinandersetzungen. Dessenungeachtet war er überall geachtet u. wurde von den Großen seiner Zeit um Rat angegangen. Die berühmte Kathedrale von Chartres, die 1020 abbrannte, stellte er wieder her. Hervorstechend an ihm ist seine Verehrung der Gottesmutter Maria. Er führte das Fest Mariä Geburt in seiner Diöz. ein. Er starb am 10. 4. 1028 u. wurde im Kloster St.-Pierre-en-Valée, wo er oft geistliche Einkehr gehalten hatte, begraben.
Gedächtnis: 10. April
Lit.: Catholicisme VI 964–967

Fulgentius, Bisch. **von Ruspe,** Hl. (eig. Claudius Gordianus Fulgentius)
Name: zu lat. fulgere (leuchten, strahlen): der Leuchtende, Strahlende
* 467 zu Telepte (heute Feriana, südwestl. von Tunis, Nordafrika). Er war hoch gebildet u. beherrschte das Griechische. Zuerst war er Prokurator (Obersteuereinnehmer) in seiner Vaterstadt, aber es zog ihn bald in die Einsamkeit u. er ging in ein Kloster in Byzakene. Die Mönche dieses Klosters flohen vor dem Einfall der Numidier und gerieten in die Hände von Arianern, die sie grausam mißhandelten. Fulgentius entkam nach Sizilien. 507 wurde er Bisch. der kleinen Seestadt Ruspe in der Afrikanischen Prov. Byzakena (südl. von Tunis, etwas nördl. von Sfax). Bereits 508 wurde er mit über 60 anderen afrikanischen Bischöfen vom Vandalenkönig Thrasamund nach Sardinien verbannt. Als geistiger Führer der Bischöfe 515 zurückgerufen, verhandelte er mit dem König, mußte aber 517–523 wieder

im Exil leben. Fulgentius starb am 1. 1. 532 in Ruspe. Sein bes. Verdienst bestand in der geistigen Auseinandersetzung mit dem Arianismus u. bes. dem Semipelagianismus in Wort u. Schrift. Ein Teil seiner Schriften ist noch heute erhalten.
Gedächtnis: 1. Jänner
Lit.: G. Lapeyre (Paris 1929, dt. München 1934)

Fulko von Neuilly, Sel.
Name: fries. Kf. von Namen, die mit Volk- gebildet sind, wie Volkmar, Volker, Volkhard; zu ahd. folc (Haufe, Schar, Kriegsvolk)
Er wurde 1191 Pfarrer in Neuilly-sur-Marne bei Paris u. wirkte als mitreißender Prediger. Im Auftrag des Papstes Innozenz III. warb er 1199 für den 4. Kreuzzug, der 1202–04 zwar stattfand, aber der Führung des Papstes gänzlich entglitt. Fulko gründete für bekehrte Frauen 1198 das Kloster St-Antoine-des-Champs bei Paris, das 1208 den Zisterzienserinnen übergeben u. in der Franz. Revolution 1791 aufgehoben wurde. Fulko starb am 2. 3. 1201.
Gedächtnis: 2. März
Lit.: A. Charasson (Paris 1905^2) – W. Neuß, Die Kirche des Mittelalters (Bonn 1950^2) 222 – St. Runciman, A History of the Crusades III (Cambridge 1954) 107 109

Fulrad OSB, Abt **von St-Denis**, Hl.
Name: ‚Volkrad' aus ahd. folc (Haufe, Schar, Kriegsvolk) + rat (Rat, Ratgeber): Ratgeber des Volkes
Er stammte aus Andaldoville (St. Pilt bei Schlettbach, Elsaß) und besaß reiche Familiengüter, die er später für seine zahlreichen Klosterstiftungen verwendete. Er wurde Benediktiner in St-Denis (Dionysius) bei Paris und 749 Abt. Er hatte eine bedeutende kirchenpolitische Stellung inne: Er wurde Hofkaplan u. Ratgeber König Pippins d. J., Erzpriester der Königreiche Austrasien, Neustrien u. Burgund u. Erzkaplan (Großalmosenier) von Frankreich. 749 reiste er mit Bisch. ↗ Burkhard von Würzburg nach Rom, um mit Papst ↗ Zacharias Besprechungen wegen des Dynastiewechsels im Frankenreich zu führen. Daraufhin wurde 751 der letzte Merowingerkönig Childerich III. abgesetzt und Pippin durch den päpstlichen Legaten ↗ Bonifatius zum neuen König gesalbt. Fulrad empfing 754 Papst Stephan II. in St-Denis, der hier die Königssalbung an Pippin am 28. 7. 754 feierlich wiederholte. 755 unterstützte er den Papst gegen den Langobardenkönig Aistulph u. überbrachte die Schenkungsurkunde Pippins über eine Reihe von Gebieten in Italien, dem späteren Kirchenstaat (Pippinsche Schenkung). Fulrad gewann durch Pippin viele dem Kloster entzogene Güter zurück u. gründete (vor 774) eine Reihe von neuen Klöstern, die St-Denis unterstellt wurden: Leberau im Elsaß, St. Pilt (Hippolytus) im Elsaß, St-Privat in Salome bei Château-Salins (südöstl. von Metz, Lothringen), St. Veranus in Herbrechtingen (nördl. von Ulm), St. Vitalis in Eßlingen am Neckar (bei Stuttgart), wahrscheinlich Hoppetenzell bei Stockach im Hegau (am Westende des Bodensees), vielleicht auch die Klöster Adelung im Hegau, Schwäbisch Gmünd (westl. von Stuttgart) u. Buch bei Schaffhausen. Fulrad starb am 16. 7. 784 u. wurde in St-Denis bestattet. Seine Gebeine wurden später an einem 17. Februar nach Leberau übertragen.
Gedächtnis: 16. Juli
Darstellung: als Benediktinerabt mit einem Schlüssel (als Almosenier)
Lit.: J. Fleckenstein: Stud. u. Vorarbeiten z. Gesch. des großfränk. u. frühdt. Adels, hrsg. v. G. Tellenbach (Freiburg/B. 1957) 9–39

Fürchtegott
In der Zeit des Pietismus (17./18. Jh.) gebildeter Vorname als Eindeutschung des griech. ↗ Timotheus

Fursa OSB, Hl. (Furseus)
Er stammte aus Irland, sein Vater Fyltan (Fintan) war König von Mounster (Südirland). Er wurde Benediktiner u. stand mehrere Jahre einem Kloster in seiner Heimat als Abt vor. Er ging mit seinen Brüdern ↗ Foillan u. ↗ Ultan nach England u. gründete mit Unterstützung des Königs Sigebert das Kloster Knobbersbury (Grafsch. Suffolk). Die Leitung des Klosters übertrug er bald seinem Bruder Foillan u. ging zu seinem anderen Bruder Ultan in die Einsamkeit. Wegen der Einfälle des Mercierkönigs Penda begab er sich nach Frankreich u. gründete durch Vermittlung des Königs Chlodwig II. das Kloster Lagny an der Marne (östl. von Paris). Der Bisch. von Paris machte ihn zu seinem Generalvikar. Er

starb 649. Sein Leib ruht in Lagny. Der Bericht ↗ Bedas des Ehrwürdigen über die Visionen des Heiligen beeinflußte stark die Visionen-Lit. in Irland u. auf dem Festland des Mittelalters u. war die Hauptursache für die weite Verehrung des Heiligen.
Gedächtnis: 16. Jänner

Lit.: L. Gougaud, Les saints irlandais (Löwen 1936) – Catholicisme IV 1682f

G

Gabriel, Erzengel
Name: hebr., gabri'el, starker Gott, Gott hat sich stark gezeigt
In der Bibel erscheint er als Verkünder der Ratschlüsse Gottes: Er deutet dem Daniel das Gesicht vom Widder u. dem Ziegenbock (Dan 8,16–26) u. erklärt ihm die Offenbarung Gottes über die 7 Jahreswochen (Dan 9,21–27) (zu den 7 Jahreswochen: vgl. Jer 25,11 u. 29,10). Dem Priester Zacharias verkündet er die Geburt des Johannes, des späteren Täufers (Lk 1,11–20), er erscheint Maria u. verheißt ihr die Geburt Jesu, des kommenden Messias (Lk 1,26–38). Als Überbringer der Ratschlüsse Gottes spielt er auch in außerchristlichen Religionen eine Rolle, so im Manichäismus, bei den Mandäern u. im Islam. Die Gründer dieser Religionen wollen von Gabriel als dem höchsten Engel (was er nach syrisch-christlicher Anschauung noch heute ist) ihre Offenbarungen erhalten haben. Das Fest des Erzengels Gabriel, bis 1969 am 24. März, dem Vortag der Verkündigung Mariens, wurde von Benedikt XV. 1921 auf die ganze Kirche ausgedehnt. ↗ Michael, ↗ Raphael, ↗ Schutzengel.
Liturgie: GK F am 29. September (mit Michael, Raphael, seit 1969)
Darstellung: meist als Verkündigungsengel mit Lilie. In mittelalterlichen Skulpturen steht er auch mit Michael zur Seite Mariens oder hütet mit ihm den Eingang der Kirche. In der Ostkirche trägt er auch Weltkugel u. Zepter
Patron: des Fernmelde- u. Nachrichtendienstes (1951), der Boten, Postbeamten, Briefmarkensammler
Lit.: O. Bardenhewer, Mariä Verkündigung (Freiburg/B. 1905) 48–59 – Billerbeck II 89–98, III 805ff – J. Michl, Die Engelvorstellungen in der Apokalypse des hl. Johannes I (München 1937) 138–146 – J. Barbel, Christos Angelos (Brüssel 1941) 235–269 – Künstle I 246f 251 – Bächtold-Stäubli III 252f.

Gabriel v. der Schmerzhaften Gottesmutter (Gabriele dell'Addolorata) CP (bürgerl. Francesco Possenti), Hl.
Name: ital. Addolorata aus lat. Mater Dolorosa, Schmerzhafte Mutter
* am 1. 3. 1838 in Assisi (Umbrien). Er war zuerst Schüler in Spoleto bei den Schulbrüdern, dann im dortigen Jesuitenkolleg u. führte ein sehr leichtfertiges Leben. Seine Bekehrung erfolgte plötzlich beim Anblick eines Marienbildes, worauf er 1856 zu Morrovalle in den Passionistenorden eintrat. Während seiner Studienzeit in Preveterino u. Isola zeichnete er sich durch größte Regeltreue, durch Bußgeist u. Gebetseifer u. eine tiefe Verehrung zur Schmerzhaften Gottesmutter aus. Seine letzte Krankheit trug er mit heroischer Geduld. † am 27. 2. 1862 in Isola del Gran Sasso. Seliggesprochen am 3. 5. 1908, heiliggesprochen am 13. 5. 1920. Sein Grab ist in der Passionistenkirche in Isola u. wird von zahlreichen Wallfahrern besucht.
Gedächtnis: 27. Februar
Lit.: AAS 12 (1920) 474–486 – Germano di S. Stanislao, Leben u. Briefe des hl. Gabriele Possenti . . . (dt. Regensburg 1923) – P. Gorla, S. Gabriele dell'Addolorata (Mailand 1932²) – S. Battistello (Rom 1944)

Gabriela (Gabriele), weibl. F. zu ↗ Gabriel

Gabriela Maria ↗ Johanna von Valois

Gaius (Papst) ↗ Caius

Galgani ↗ Gemma Galgani

Galla von Rom, Hl.
Name: lat., die Gallierin (↗ Gallus)
Sie war die Tochter des Patriziers u. Senators Quintus Aurelius Memmius Symmachus. Schon nach einjähriger Ehe verlor sie ihren Gatten u. zog sich in ein Kloster in der Nähe von St. Peter am Vatikan zurück, wo sie der Frömmigkeit, Buße u. Nächstenliebe lebte. Das Kloster wurde später Männerkloster u. hieß im 8. u. 9. Jh. „cata Galla patricia" (heute S. Stefano). † im 6. Jh.
Gedächtnis: 5. Oktober
Darstellung: mit langem Bart (der ihre Schönheit mindern u. sie vor Nachstellungen schützen sollte)
Patronin: der Witwen
Lit.: L. Duchesne: MAH 34 (1914) 307–356 – ActaSS Oct. III (1770) 147–163

Gallus, Mönch u. Glaubensbote **am Bodensee,** Hl.
Name: lat., der Gallier. Gallier nannten die Römer diejenigen Kelten, die im heutigen Frankreich u. Südbelgien („Gallia transalpina" = „Gallien jenseits der Alpen") u. in einem Teil Oberitaliens, etwa bis zur Poebene (G. cisalpina = „diesseits der Alpen") wohnten. Da der Heilige aus Irland stammt, müßte sein Name richtig wohl „der Gäle" heißen. Die Gälen, ebenfalls ein kelt. Volk, wohnten auf den britischen Inseln u. in der Bretagne. Die gälische Sprache wird noch heute in Irland, Schottland u. auf der Insel Man gesprochen. „Gallus" (bzw. „Gäle") ist demnach nicht als Personenname, sondern als Herkunftsbezeichnung aufzufassen. Die irische Namensform „Callech" dürfte eine Rück-Übernahme aus der lat. sein.
* um 550 in Irland. Er war Mönch im Kloster Bangor in Ulster (nordöstl. von Belfast, Nordirland) (↗ Comgall). Um 590 ging er mit dem hl. ↗ Kolumban auf Missionsreise ins Frankenreich, wo Kolumban das Kloster Luxeuil (Dep. Haute-Saône, Nordost-Frankreich) gründete. Von dort zogen die beiden nach Metz (Lothringen) u. Zürich (Schweiz). In Tuggen (am Ostende des Zürichsees) ließen sie sich zunächst nieder. Da die Einwohner Gallus töten u. Kolumban auspeitschen u. verjagen wollten, flohen sie nordostwärts, machten Rast beim Priester Willemar in Arbon am Bodensee u. gingen nach Bregenz weiter. Dort missionierten sie unter den Bewohnern, die zum Teil wieder ins Heidentum zurückgefallen waren, bis sie nach 3 Jahren wieder vertrieben wurden. Weitere 3 Jahre lang predigten sie an verschiedenen Orten am Bodensee. Kolumban zog hierauf weiter nach Italien, der erkrankte Gallus erholte sich beim Priester Willemar u. ging dann mit dem Diakon Hiltibold südl. in die Wildnis, wo er sich am Mühletobel eine Einsiedelei erbaute (heute St. Gallen). Durch den Tod des Bisch. von Konstanz u. die Krankheit der Herzogstochter Frideburga kam er in die Kreise des führenden Adels u. des höheren Klerus. 614/615 trug man ihm die Bischofswürde von Konstanz an, 625 wählten ihn die Mönche von Luxeuil zu ihrem Abt. Beides lehnte er ab u. kehrte mit 12 Gefährten in seine Klause zurück. Hier sammelte er eine große Zahl von Schülern um sich, die er nach der Regel des hl. Kolumban leitete. Sonst weiß man aus diesen beiden letzten Jahrzehnten seines Lebens nur, daß er einmal den Priester Willemar in Arbon aufsuchte. Er starb in Arbon am 16. 10. um 645 im Alter von 95 Jahren u. wurde in seiner Klause begraben. Die Mönchszelle entwickelte sich in der Folge zu dem bedeutenden Kloster St. Gallen. Hier wurde um 720 durch Abt ↗ Otmar die Regel des hl. Kolumban durch die Benediktiner-Regel abgelöst.
Liturgie: RK g am 16. Oktober; St. Gallen H (Hauptpatron des Bistums), Chur, Feldkirch, Sitten: G
Darstellung: Mit Pilgerstab u. Brot. Mit einem Bären, der ihm Brennholz bringt (nach der Legende befahl er einem Bären, der seine Mahlzeit fressen wollte, ihm Brennholz zu bringen, was dieser willig tat). Als Einsiedler mit einfachem Kreuz
Patron: der Diöz., des Kantons u. der Stadt St. Gallen; der Gänse u. Hühner (wegen der Wortgleichheit: lat. gallus – Hahn, gallina – Henne)
Lit.: F. Blanke, Columban u. Gallus. Urgeschichte des schweiz. Christentums (Zürich 1940) – L. Kilger, Die Quellen zum Leben der hll. Kolumban u. Gallus: ZSKG 36 (1942) 107–129 – Ders.: NZM (1950) 241–245 (Kolumban in Tuggen) – J. Duft (hrsg.), St.-Gallus-Gedenkbuch (St. Gallen 1951)

Gamelbert, Pfarrer **in Michaelsbuch,** Sel.
Name: ahd. gaman, mhd. gamen, gamel (Fröhlichkeit, Spiel, Lust, Spaß) + ahd. beraht (glänzend, berühmt): als Spielmann, Spaßmacher berühmt
Er entstammte einem vornehmen Geschlecht in Michaelsbuch bei Plattling (Niederbayern, an der Mündung der Isar in die Donau) u. war Onkel u. Taufpriester des sel. ↗ Utto. Nach dem Tod seines Vaters übernahm er die Verwaltung der Familiengüter, er wollte aber seiner Heimatgemeinde nicht nur in weltlichen, sondern auch in geistlichen Belangen Vater sein u. wurde Priester u. Pfarrer in Michaelsbuch. Um ein Gelübde zu erfüllen, pilgerte er nach Rom, anschließend nahm er den jugendlichen Utto zu sich zur Erziehung u. bereitete ihn auf das Priestertum vor.
In Metten bei Deggendorf (an der Donau) gründete er von seinem Besitz 766 das dortige Benediktinerkloster, besiedelte es mit 12 Mönchen vom Kloster Reichenau (Bodensee) u. setzte Utto als 1. Abt ein. † an einem 17. 1. in der 1. Hälfte des 8. Jh.s. Sein Grab ist in Michaelsbuch. Kult bestätigt am 25. 8. 1909.
Gedächtnis: 17. Jänner
Darstellung: als Weltpriester oder Pilger mit Vögeln u. Schafen.
Lit.: AAS 1 (1909) 752

Gandolf von Binasco OFM, Sel.
Name: zu germ. gandi-, altnord. gandr (Werwolf) oder gandy (Zauber) (der Werwolf war nach germ. Volksglauben ein Mann, der sich zeitweise in einen Wolf verwandelte) + ahd. wolf (Wolf); zaubernder, bezaubernder Wolf
* um 1200 in Binasco (südl. von Mailand). Er wurde Franziskanermönch u. lebte als Einsiedler u. war ein ungemein erfolgreicher Volksprediger, bes. auf Sizilien. † am 3. 4. 1260 zu Polizzi-Generosa (südl. von Cefalù, Sizilien). Jakob von Narni, Bisch. von Cefalù, schrieb 1320 seine Vita. Kult bestätigt 1881.
Gedächtnis: 3. April
Darstellung: mit Schwalben, die ihm andächtig zuhören
Lit.: BHL 3261–3264 – AOFM 69 (1950) 131.

Gaubald, Bisch. **von Regensburg,** Hl. (Garibald, Gaibald)
Name: ahd. ger (Speer) + walt (zu waltan, walten, herrschen): der mit dem Speer Herrschende. (Nf. Gerald)
Er war ein Schüler des hl. ↗ Bonifatius, der ihn auch 739 zum Bisch. weihte. In seine Amtszeit fällt die feierliche Übertragung der Gebeine des hl. ↗ Emmeram nach Regensburg. † 761.
Gedächtnis: 8. Jänner

Gangolf, Märt., Hl. (Gengulf, Gangulph, Gengolf, Gandulph)
Name: ahd. ganc (Gang, im Sinn von Waffengang, Streit) + wolf (Wolf): kämpfender Wolf (Umkehrung von ↗ Wolfgang)
Er ist wohl identisch mit dem Gangvulfus, der 716/731 als Besitzer eines Eigenklosters zu Varennes-sur-Amance bei Langres, (Ostfrankreich) erwähnt wird. Die (unhistorische) Legende erzählt von ihm, daß seine Gemahlin sich in sündhafter Weise mit einem Kleriker vergangen habe u. dieser den Gangolf ermordete, weshalb er meist als Märt. verehrt wird. Seine Verehrung ist bereits im 9. Jh. nachweisbar u. wurde im franz.-dt. Sprachraum bes. durch die Benediktiner u. die Ritter gefördert u. erreichte im 10./12. Jh. ihren Höhepunkt. † um 760.
Liturgie: Bamberg g am 11. Mai
Darstellung: als Ritter mit Lanze, Schwert u. Schild (mit einem Kreuz darauf), eine Quelle unter seinem Schwert (die Legende berichtet von einem Gottesurteil: Er ließ seine Gemahlin die Hand ins Wasser tauchen; zum Beweis ihrer Untreue löste sich die Haut von den Fingern). Mit einem Wurfspieß (Ermordung)
Patron: der Gerber und Schuhmacher (wegen des Gottesurteils)
Lit.: F. Mayer, Der hl. Gangolf, seine Verehrung in Geschichte u. Brauchtum: Freiburger Diözesan-Archiv 67 (Freiburg/B. 1940) 90–139 – Bächtold-Stäubli III 289f

Garicoits ↗ Michael Garicoits

Gaston (franz.) ↗ Vedastus

Gatianus, Bisch. **von Tours,** ↗ Gratianus

Gaudentius, Märt. **in Graubünden,** Hl.
Name: zu lat. gaudere (sich freuen): der Fröhliche
Er wirkte als Glaubensbote im Bergell (unter dem Maloja-Paß, Schweiz) u. erlitt dort den Martertod. † 4. Jh. Die Kirche mit seinem Grab in Casaccia (am Fuß des Septimer) wurde erstmals um 830 erwähnt u. war vielbesuchter Wallfahrtsort. Sie wurde in der Reformation 1551 verwüstet, ihre Ruinen stehen noch heute.
Gedächtnis: 22. Jänner
Lit.: J. G. Mayer, Gesch. des Bistums Chur I (Stans 1907) 35–39 – O. Farner, Die Kirchenpatrozinien des Kantons Graubünden (München 1925) 50ff – E. Poeschel, Kunstdenkmäler des Kantons Graubünden V (Basel 1943) 412ff

Gaudentius OSB, Erzb. **von Gnesen,** Hl.
* 960/970 aus dem Fürstengeschlecht der Slavnikiden. Er war der jüngere Halbbruder des hl. ↗ Adalbert von Prag u. trat mit ihm zus. in das Benediktinerkloster St. Bonifatius u. Alexius in Rom ein. 992/995 begleitete er ihn auf der Missionsreise nach Böhmen u. 996/997 nach Preußen. 999 wurde er zum Bisch. geweiht. Kaiser Otto III. u. Papst Silvester II. bestimmten ihn zum 1. Erzb. von Gnesen (Polen), von dem er im März 1000 Besitz ergriff. † 1006/11 in Gnesen. Herzog Bretislav von Böhmen entführte 1039 seine Gebeine nach Prag.
Gedächtnis: 25. August
Lit.: B. Stasiewski, Die Anfänge der Regierung Boleslaw Chrobrys: Zeitschr. für osteurop. Gesch. 9 (Königsberg-Berlin 1935) 572–604 – F. Dvornik, The Making of Central and Eastern Europe (London 1949) bes. 101–105, 143f, 229 – Z. Szostkiewicz: Sacrum Poloniae Millennium I (Rom 1954) 450

Gauderich von Languedoc, Hl. (Gaudry, Galdry)
Name: zu germ. gandi, gandy (Zauber, Werwolf) + rik (Reich, Herrschaft): der durch Zauber Herrschende
Er lebte vor dem 10. Jh. in Languedoc (Landsch. an der Mittelmeerküste Frankreichs). Sein Grab ist in der Kathedrale von Mirepoi (südöstl. von Toulouse). Der Heilige ist durch viele Wunder berühmt.
Gedächtnis: 16. Oktober
Lit.: Potthast B II 1328 – Acta SS Oct. VII (1854) 1106ff – Baudot-Chaussin X 488f – Catholicisme IV 1773f

Gaufried ↗ Gottfried

Gaugerich, Bisch. **von Cambrai,** Hl. (franz. Géry)
Name: (?) ahd. gauh (Kuckuck, als Glücksvogel) + rihhi (reich): der an Glück Reiche.
Er stammte aus Yvoy (Luxemburg) u. erhielt aus der Hand des Bisch. ↗ Mangerich von Trier die Diakonatsweihe. Er wurde um 580 Bisch. von Arras u. Cambrai (Nordfrankreich). Als solcher nahm er 614 am Pariser Konzil teil. † um 625. Sein Grab ist in der Basilika St -Médard bei Cambrai.
Gedächtnis: 11. August
Lit.: B. Krusch: NA 16 (1891) 227–234 – Essen 206–211 – Moreau B I 59–61

Gautier (franz.) ↗ Walter

Gebhard II., Bisch. **von Konstanz,** Hl.
Name: ahd. geba (Gabe) + harti, herti (hart, kühn)
* 949 als Sohn des Grafen Ulrich von Bregenz. An der Stelle des ehemaligen Geburtsschlosses auf dem Gebhardsberg bei Bregenz steht heute eine Wallfahrtskirche. Er wurde unter Bisch. ↗ Konrad an der Domschule von Konstanz erzogen u. 979 durch Kaiser Otto II. selbst auf den Bischofsstuhl von Konstanz (Bodensee) erhoben. Er gründete 983 die Benediktinerabtei Petershausen bei Konstanz, wofür er z. T. seine Erbgüter einsetzte. † am 27. 8. 995, beigesetzt in der Klosterkirche Petershausen. Seine Gebeine wurden 1134 u. 1259 feierlich erhoben.
Liturgie: Feldkirch H am 27. August (Hauptpatron der Diözese), Freiburg g
Darstellung: als Bisch. mit Stab (den er einem Lahmen reichte, worauf dieser sofort gehen konnte). Mit Kirchenmodell, Totenkopf u. Tiara (Haupt des Papstes Gregor d. G., das er von Rom nach Konstanz brachte)
Lit.: Th. Schnid, Der hl. Bisch. Gebhard von Konstanz u. die Gebhardskirche bei Bregenz (Bregenz 1895) – Zimmermann II 630 – Baudot-Chaussin VIII 518 – Tüchle I 156f – A. Benzer, Bewahrer u. Bewährer. Festschr. zur Tausendjahrfeier (Bregenz 1949) – Wattenbach-Holtzmann 249f – J. A. Amann (Höchst 1949)

Gebhard, Erzb. **von Salzburg,** Sel.
Er stammte aus dem schwäbischen Grafengeschlecht von Helfenstein. Er studierte in Paris, wo er sich mit ↗ Altmann, dem späteren Bisch. von Passau, u. ↗ Adalbero, dem späteren Bisch. von Würzburg, be-

freundete. Er war zuerst Hofkaplan Kaiser Heinrichs III. u. wurde 1058 königlicher Kanzler u. Gesandter am griech. Hof. 1060 wurde er zum Erzb. von Salzburg gewählt. 1070 setzte er in Gurk (Kärnten) einen von Salzburg abhängigen Bischofsvikar ein, 1072 erhob er Kärnten zu einem regionalen Bistum. 1074 gründete er die Benediktinerabtei Admont im Ennstal (Steiermark), hob den Slawenzehnten auf u. organisierte das Pfarrsystem. Im Investiturstreit zw. Kaiser Heinrich IV. u. ↗ Gregor VII. stellte er sich mutig auf die Seite des Papstes u. war dessen stärkste Stütze im dt. Raum. 1074 nahm er an der 1. Fastensynode in Rom teil, 1076 am Fürstentag zu Tribur u. 1077 an der Wahl des Gegenkönigs Rudolf von Schwaben. Wegen seines Eintretens für die kirchlichen Reformbestrebungen des Papstes mußte er 9 Jahre in der Verbannung in Schwaben u. Sachsen zubringen u. konnte erst 1086 unter Herzog Welf I. von Bayern, der sich auf die Seite des Papstes stellte, in sein Bistum zurückkehren. † am 15. 6. 1088 in Werfen an der Salzach (südlich von Salzburg), sein Grab ist in der Stiftskirche zu Admont (unter dem Hochaltar).
Gedächtnis: 15. Juni
Darstellung: als Bisch. mit griech. Kreuz u. Einhorn
Lit.: H. Widmann, Gesch. Salzburgs I (Gotha 1907) 206–218 – P. Karner, Austria Sancta. Die Heiligen u. Seligen Salzburgs (Wien 1913) 94–124 – Tomek I 138f 143–149 – Wattenbach-Holtzmann 559–562 – D. Assmann, Hl. Florian, bitte für uns (Innsbruck 1977) 85–87

Gebizo von Köln OSB, Hl.
Er stammte aus Köln u. war Mönch in Montecassino unter Abt Desiderius, dem späteren Papst ↗ Victor III. Er ist aber nicht identisch mit Bisch. Gebizo von Cesena (um 1075–83), der von Gregor VII. im Jahr 1076 zur Krönung Zwoinimirs nach Kroatien gesandt wurde. † am 21. 10. 1078/87.
Gedächtnis: 21. Oktober
Lit.: Zimmermann III 205ff – Baudot-Chaussin X 672f

Gelasius I., Papst, Hl.
Name: griech. Gelásios, der Lachende
Er stammte vielleicht aus Afrika u. regierte 492–496. Schon unter seinem Vorgänger ↗ Felix II. hatte er kirchenpolitisch großen Einfluß, bes. bei der Abfassung der Papstbriefe. Nach ↗ Leo I. war er der bedeutendste Papst des 5. Jh.s, den er an theol. Bildung sogar noch übertraf. In der Auseinandersetzung mit Ostrom war er ein energischer u. grundsatzfester Verteidiger des päpstlichen Primates. Gegenüber Kaiser Anastasius legte er mit bis dahin unbekannter Klarheit das Verhältnis von Priesteramt u. Kaisertum dar u. wurde so zum Schöpfer der sog. Zweischwerter-Theorie, die bes. im Mittelalter weiter ausgebaut wurde u. deren Wirkungen sogar bis in die Neuzeit hereinreichten. Ebenso entschieden kämpfte er gegen den wiederauflebenden Pelagianismus u. Manichäismus, verbot heidnisches Brauchtum u. förderte die Kirchenzucht. Viele seiner kirchendisziplinären Verordnungen gingen später in kanonistische (kirchenrechtliche) Sammlungen über. Allerdings ist das sog. Decretum Gelasianum de libris recipiendis et non recipiendis nicht von ihm selbst, sondern stammt aus der Hand eines privaten Redaktors zu Anfang des 6. Jh.s. Ebenso entstand das sog. Sacramentarium Gelasianum (ein liturgisches Buch über die Feier der Eucharistie u. der übrigen Sakramente) erst in späterer Zeit. Doch geht eine Anzahl liturgischer Texte auf Gelasius zurück. Von ihm sind außerdem etwa 60 Briefe u. 6 theol. Traktate erhalten. † am 21. 11. 496.
Gedächtnis: 21. November
Lit.: N. Ertl: AUF 15 (1937) 56–112 (G. unter Felix III.) – U. Gmelin, Geistl. Grundlagen röm. Kirchenpolitik (Stuttgart 1937) 135–149 – A. Michel: Chalkedon II 527–531 557–562 – W. Enßlin: HJ 74 (1955) 661–668 – F. Hofmann: Chalkedon II 52–66 – Seppelt I^2 223–231 – Altaner 426f

Gellert ↗ Gerhard von Csanád

Geminianus, Bisch. **von Modena,** Hl.
Name: zu lat. geminus, Zwilling
Er regierte als vermutlich 2. Bischof von Modena (Oberitalien) ca. 342/344–396. Wahrscheinlich ist er jener Geminianus, der 390 an der Synode von Mailand teilnahm, auf der die Irrtümer des Jovinianus in der Gnadenlehre verurteilt wurden. Geminianus wurde in Nord- u. Mittelitalien sehr verehrt, bes. im 10./11. Jh. Um seine Person bildeten sich zahlreiche Legenden. 1106

wurde sein Leichnam in die Kathedrale von Modena übertragen. † 396.
Gedächtnis: 31. Jänner
Lit.: P. Bortolotti, Antiche vite di S. Geminiano (Modena 1886) – Muratori VI 1 – Lanzoni 791ff – ECatt V 1990ff

Gemma Galgani, Hl.
Name: lat. gemma, Edelstein (urspr. Knospe)
* am 12. 3. 1878 in Camigliano bei Lucca (nördlich von Pisa, Mittelitalien). Sie empfing 1899 die Wundmale, 1900 die Dornenkrönung, 1901 die Geißelung. Sie wurde als Stigmatisierte aller Grade des mystischen Lebens teilhaftig u. läuterte sich in außergewöhnlichen körperlichen Leiden u. Anfechtungen als „Tochter der Passion" u. bot sich Gott dar als freiwilliges Sühneopfer für gefährdete Seelen. † am Karsamstag, den 11. 4. 1903 zu Lucca. Ihr Grab ist in der dortigen Kirche der Passionistinnen. Seliggesprochen am 14. 5. 1933, heiliggesprochen am 2. 5. 1940
Gedächtnis: 11. April
Darstellung: als Jungfrau mit Kreuz-Herz-Symbol auf der Brust
Lit.: AAS 33 (1941) 97ff – ECatt V 1994ff – Catholicisme IV 1810f – M. A. Ignis (Freiburg/B. 1931) – F. v. Lama (Karlsruhe 1934) – M. V. Rubatscher (Erzabtei St. Ottilien 1955) – Mystisches Tagebuch der hl. Gemma Galgani (dt. v. E. v. Petersdorff, Klagenfurt 1958)

Genovefa von Paris, Hl. (franz. Geneviève)
Name: (?) zu germ. gandi (Werwolf) oder gandy (Zauber) + ahd. wib (Weib): Zauberweib
* um 422 in Nanterre bei Paris. Nach der Legende wurde sie auf Anregung des hl. ↗ Germanus von Auxerre schon sehr jung Nonne u. führte ein Leben des Gebetes u. der Buße. Beim Hunneneinfall 451 soll sie durch ihre Fürbitte Paris vor der Zerstörung bewahrt haben. Sie gilt als die Stifterin der Kirche St-Denis (Dionysius) in Paris. † am 3. 1. um 502 in Paris. Über ihrem Grab erbaute Chlodwig I. eine Kirche, die im 12. Jh. durch Stephan von Tournai erneuert u. erweitert wurde. Genovefa war im Mittelalter in ganz Frankreich eine der volkstümlichsten Heiligengestalten. 1759 begannen die Genovefaner (Zweiggenossenschaft der Augustiner-Chorherren) mit dem Neubau einer Kirche neben der alten. Dieser war 1790 vollendet, wurde aber schon am 4. 4. 1791 in ein „Pantheon" zu Ehren aller Götter u. zum Begräbnis berühmter Männer der französischen Nation umgewandelt. Die Reliquien der hl. Genovefa wurden am 21. 11. 1793 öffentlich verbrannt, der silberne Schrein eingeschmolzen. Das Pantheon wurde 1806–30 u. wieder ab 1852 dem kath. Gottesdienst zugänglich gemacht, aber 1885 endgültig zum Profangebäude erklärt. Die berühmten Wandgemälde von Puvis de Chavannes aus dem Leben der hl. Genovefa sind erhalten. Die alte Genovefa-Kirche wurde 1803 abgerissen. Mittelpunkt der Genovefa-Verehrung ist heute die Kirche St-Étienne-du-mont in Paris.
Gedächtnis: 3. Jänner
Darstellung: als Schäferin mit Hirtenstab u. Tasche. Mit dem Teufel, der einen Blasebalg hält. Mit einem brennenden Licht in der Hand (sie steckte ohne Feuer die Lichter wieder an, die der Teufel in den Vigilien ausblies). Mit 2 Schlüsseln (der Stadt Paris)
Patronin: von Paris, der nach ihr benannten Orden u. Vereine, der Frauen, Hirten, Hutmacher, Wachszieher, Weingärtner
Lit.: A.-D. Sertillanges (Paris 1917) – Ch. Bauvais (Marseille 1930) – Künstle II 261ff – Braun 280–283 – Baudot-Chaussin I 53–68 – Catholicisme IV 1829ff

Geoffrey (franz.) ↗ Gottfried

Georg, Bisch. **von Amastris,** Hl.
Name: griech. georgós, Landbearbeiter, Bauer (Kf. Jörg, Jürgen, Gorch; franz. Georges; engl. George; russ. Juri, Jiri; ungar. György; schwed. Göran, Jöran)
Er war zuerst Mönch u. Einsiedler, dann Bisch. von Amastris (heute Amasra am Schwarzen Meer, östl. von Konstantinopel). Er war wegen seiner Wundertätigkeit hoch berühmt. Man erzählt sich, daß er durch sein Gebet den Abzug der Sarazenen erreichte, die seine Diöz. verwüsteten. † 802/807.
Gedächtnis: 21. Februar

Georg von Kappadozien, Märt., Hl.
Die Gestalt des Heiligen ist durch die Legende gänzlich überwachsen. Lediglich seine schon früh einsetzende kultische Verehrung garantiert sein Martyrium. Die ursprüngliche Passio, die auf das 5. Jh. zu-

rückgeht, wurde angeblich von einem Augenzeugen namens Pasikrates geschrieben. Sie ist in zahllosen Rezensionen erhalten u. dabei jedesmal willkürlich verändert worden. Danach stammte er aus Kappadozien (östl. Türkei), war hoher Offizier im röm. Heer u. wurde unter Diokletian um 305 enthauptet. Der Kult des hl. Georg begann in Lydda-Diospolis (heute Lod, 20 km südöstl. von Jaffa, Israel). Der Archidiakon Theodosios erwähnt in seinem Pilgerbuch (um 530) das Martyrium u. das Grab des Heiligen dortselbst. Schon früh stand über dem Grab eine byzantinische Kirche, die 1010 zerstört wurde. Die Kreuzfahrer bauten neben den Ruinen der alten Kirche eine neue. Saladin, der Sultan von Syrien u. Ägypten, äscherte 1191 die Stadt mitsamt der Kirche ein. Auf den Trümmern der byzantinischen Kirche steht heute eine Moschee, auf denen der Kreuzfahrerkirche seit 1873 eine Kirche der orthodoxen Griechen, in deren Krypta das Georgsgrab gezeigt wird. Ihm zu Ehren wurden sehr viele Kirchen errichtet, sowohl im Morgen- wie im Abendland. In Zypern etwa waren es über 60. In Syrien gehören die Georgskirchen zu den ältesten, die einem Heiligen überhaupt geweiht wurden. In der griech. Kirche zählt er neben Demetrios, Prokopios u. Theodoros zu den großen Soldatenheiligen, die oft als „Megalomartyroi" („Großmärtyrer") dargestellt werden. Georg war dabei der Bannerträger. In Gallien wurden im 6. Jh. Reliquien des hl. Georg verehrt, die Merowinger wollten ihren Stammbaum auf ihn zurückführen.

Gleichwohl erlebte seine Verehrung im Abendland erst im Mittelalter ihre Hochblüte. Noch vor dem 12. Jh. wurden ihm viele Kirchen geweiht, wie in Prag, Limburg u. Bamberg. Georg wurde der Schirmherr der Ritter u. bes. der Kreuzfahrer u. der Dt. Ordensritter. Eine Zeitlang hießen die Dardanellen „Meerenge des hl. Georg". Die Schwertmission im Norden Rußlands erwählte ihn zu ihrem Patron, in Nowgorod wurden die Kirchenspiele nach ihm benannt, sein Bild wurde Staatswappen u. in Moskau auf Münzen geprägt. Das Land zw. Großem und Kleinem Kaukasus wurde nach ihm Georgien benannt. In Italien stellte die Republik Genua die Bank unter seinen Schutz. Richard Löwenherz erwählte ihn zu seinem persönlichen Schutzherrn. In England erwählte ihn die Synode von Oxford (1222) zum Patron des engl. Königreiches, ihm wurden 160 Kirchen des Landes geweiht, sein Festtag wurde einer der höchsten im Land u. rangierte sogar vor dem des hl. ↗ Eduard. Georg wurde unter die ↗ Vierzehn Nothelfer aufgenommen, in den Drachenstich-Mysterienspielen hatte er einen festen Platz. Mit dem Ende der Ritterturniere nahm seine Verehrung beim Adel, nicht aber bei der Landbevölkerung ab. Wegen seines Namens wählten ihn die Bauern zu ihrem Patron, bes. empfahl man ihm die Pferde, schließlich das gesamte Vieh. Sein Fest wurde mit reichem Brauchtum umgeben (Georgi-Ritte, Pferdesegnungen), viele Frühlingsbräuche aus vorchristlicher Zeit wurden durch sein Patronat verchristlicht.

Legende: Die fromme Phantasie bemächtigte sich schon sehr früh des Heiligen. Aus der Unzahl von Varianten lassen sich im wesentlichen 2 Hauptrichtungen herausschälen. Nach der einen stirbt Georg dreimal u. wird jedesmal wieder zum Leben erweckt. Aus Diokletian wird der Perserkönig Dadianos. Georg muß gräßliche Martern erdulden. Christus erscheint ihm im Kerker u. sagt ihm ein siebenjähriges Leiden voraus, dreimal werde er sterben u. dreimal auferstehen. So wurde er auf das Rad geflochten, 60 Nägel ihm in den Kopf getrieben, mit Pferden gevierteilt. Der andere Legendenkreis läßt Georg nur einmal sterben. Die Martern werden phantasievoll erhöht u. vermehrt: Nägel oder Eisenkrallen werden glühend gemacht, er wird in einen Kessel flüssigen Bleis gesteckt usw. In dieser Form findet die Georgslegende im Abendland weite Verbreitung. Auch bei den Slawen wurde der Stoff frei gestaltet. Das frühere Leben des Heiligen wurde einbezogen, zahlreiche Lobreden u. Wunderberichte eingefügt. Im Decretum Gelasianum jedoch (Anf. 6. Jh., ↗ Gelasius I.) werden die Georgsakten als apokryph verurteilt. Paul III. (1534–49) ersetzte die Passio der 2. Nokturn durch eine allg. Lesung.

Relativ spät (vereinzelt vor dem 11./12. Jh.) kommt das Motiv des Drachenkampfes hinzu. Die bis heute verbreitetste Version bringt die Legenda Aurea des ↗ Jacobus a Voragine (vor 1264 geschrieben): In einem See vor der Stadt Silena in Libya haust ein Drache u. verpestet die Luft mit seinem Gifthauch. Täglich müssen ihm 2 Schafe geopfert werden u., nachdem die Schafe zu Ende gegangen sind, jeden Tag ein Mensch. Eines Tages fällt das Los auf die Tochter des Königs. Nach einem herzzerreißenden Abschied von den Eltern geht sie an den See hinaus. Da erscheint Georg u. bohrt dem Untier die Lanze in die Seite. Er läßt hierauf die Königstochter die halbtote Bestie mit ihrem Gürtel in die Stadt führen, die Einwohner lassen sich mitsamt ihrem König taufen u. Georg tötet den Drachen endgültig. Der Kadaver wird mit 5 Ochsen aus der Stadt geschleift u. im See versenkt. – Das Vorbild hierfür ist offenbar der Kampf ↗ Michaels mit dem Drachen in der Geheimen Offenbarung: Der Drache will das Kind der Frau verschlingen, wird aber von Michael auf die Erde gestürzt (Offb 12), auf 1000 Jahre gefesselt u. schließlich in den Abgrund, in den See von Feuer u. Schwefel gestürzt (20,1–10). Statt des Gifthauches kommen hier unreine Geister aus dem Maul des Drachen (16,13).

Die Vorstellung vom Drachen als flugsaurier-ähnliches Untier stammt aus südl. Breiten, etwa von Griechenland ostwärts bis China. Ihr liegt wohl das Krokodil zugrunde. Hauptsächlich in nördl. Breiten, wie bei den Germanen, ist es der „Wurm" (Schlange), die in Sage u. Märchen noch heute als Lindwurm oder Tatzelwurm (in den Alpenländern) fortlebt. Immer aber sind es die kalte, schuppige Haut, das schreckliche Gebiß u. der starre Blick des Reptils, welche dem Menschen Angst einjagen (das griech. drákōn heißt ursprünglich „der scharf Blickende"). Daß hier jedoch eine Menschheitserinnerung an voreiszeitliche Flugechsen vorliege, wird heute eher bezweifelt. Obwohl das Motiv der Drachentötung beim hl. Georg so spät aufscheint, muß man dabei doch einen archetypischen Untergrund im Menschen selbst annehmen. Der Drache ist in vielen Mythen die Verkörperung aller gott- u. menschenfeindlichen Mächte des Chaos u. der Finsternis, u. das Motiv der Drachentötung als Befreiung zu Leben, Licht u. Weltordnung kehrt häufig wieder: Nach dem babylonischen Schöpfungsepos besiegt Marduk die Tjamat u. erwirbt so die Herrschaft über die Götter. Nach einem kanaanäischen Mythos zerschlägt Baal das Haupt seines von Meeresdrachen umgebenen Feindes Jam (Meer). Nach altägyptischer Sage bedroht der Drache Apophis jeweils morgens u. abends die Barke des Sonnengottes Ra, unterliegt aber jedesmal (der Lauf der Sonne, d. h. die Weltordnung, bleibt erhalten). Nach indischer Überlieferung besiegt der Gott Indra den Wolkendrachen Vritra, worauf der befruchtende Regen niederfällt. Im hethitischen Mythos wird der Drache Illujanka vom Wettergott erschlagen. Im griech. Sagenkreis tötet Apollo den Drachen Python; als Drachentöter erscheinen ferner Kadmos, Jason u. Perseus. Im japanischen Shintoismus tötet der Sturmgott Susa-no-o einen mädchenfressenden Drachen. In China allerdings gilt der Drache als wohlwollender Regen- u. Fruchtbarkeitsspender u. als Sinnbild des männlichen Prinzips. Sein übelwollendes u. gefräßiges Gegenstück ist hier der im Dickicht lauernde Tiger. Auch das AT kennt drachengestaltige Dämonen des Meeres (Ps 74,13) u. nennt sie „Rahab" (Ps 89,11) u. „Leviathan" (Job 40,25). Daniel tötet den Drachen von Babylon ohne Schwert und Keule u. beweist so die Nichtigkeit der tierischen Götzen (Dan 14,23–28). Im Paradies ist es die heimtückische Schlange, die Adam u. Eva betört (Gen 3). In der germ. Mythologie tritt der Drache als „Wurm" auf. So bekämpft der Gewittergott Thor die Midgardschlange u. besiegt sie. Das Weltuntergangsepos der Edda bringt am Schluß die Schlange Nidhögg. Der Siegfried des Nibelungenliedes (entstanden um 1200) hingegen tritt erst im 16. Jh. im „Lied vom hürnen (hörnernen) Seyfried" als Drachentöter auf (die Vorlage hiezu dürfte aus dem 13. Jh. stammen). Darin werden die Abenteuer des jungen Siegfried erzählt, sein Drachenkampf, seine Unverwundbarkeit durch das Bad im Drachenblut, die Befreiung Kriemhilds. U. a. dichtete Hans Sachs 1557 daraus seine „Tragedi des hürnen Sewfried". Woher der Drachenkampf des Siegfried entlehnt ist, ist heute zwar umstritten, eine Abhängigkeit von der Legenda Aurea wird

aber schwer von der Hand zu weisen sein. Der Schauspieler J. J. Laroche am Theater in der Leopoldstadt in Wien schuf 1781 anstelle des bis dahin üblichen Hanswurst die Figur des Kasperl (↗ Kaspar, ↗ Drei Könige) u. gab ihm als boshaften, aber unterlegenen Gegenspieler einen krokodilartigen Drachen zur Seite, im Puppentheater, der noch heute die Kinder in Spannung hält.
Liturgie: GK g am 23. April; Limburg H (Patron der Diöz. u. der Domkirche), Bamberg F/G (2. Patron der Domkirche)
Darstellung: Gesicherte Darstellungen sind im Altertum selten. Ein Fresko in Bawit (altkoptisches Kloster, Mittelägypten, 6. Jh.) zeigt ihn inschriftlich bezeichnet als Krieger zu Fuß. Dieser ikonographische Typus erhält sich durch Jh.e in der byzantinischen Kunst. Im Abendland erscheinen seit dem 12. Jh. die Martern des Vierteilens, Räderns u. des Bleikessels. Die Drachenkampfszenen sind bis zum 11./12. Jh. selten, gewinnen aber dann durch die Legenda Aurea u. die Kreuzritter dominierende Bedeutung bis ins 19. Jh.: zu Pferd, mit Fahne (darauf oft ein rotes Kreuz) u. Schild, mit der Lanze den Drachen bekämpfend. Als Besieger des Bösen wird er auch mit Michael zus. dargestellt. Georgs-Zyklen gibt es im Osten wie im Westen seit dem 14. Jh.
Patron: Er ist einer der ↗ Vierzehn Nothelfer; der zahlreichen Orden, bes. auch der Ritterorden, die sich unter seinem Namen gebildet haben, der Pfadfinder. Der Artisten, Bauern (wegen des Namens) u. ihres Besitzes, der Bergleute, Böttcher, Büchsenmacher, Gefangenen, Harnischmacher, Kavalleristen, Landsknechte, Reiter, Ritter, Sattler, Schmiede, Schützen, Soldaten, Waffenschmiede, Wanderer; der Spitäler; der Pferde, des Viehs
Lit.: K. Krumbacher, Der hl. Georg in der griech. Überlieferung (München 1911) – J. B. Aufhauser, Das Drachenwunder des hl. Georg (München 1911) – E. A. Wallis Budge, George of Lydda (London 1930) – Bächtold-Stäubli III 647–657 – C. Erdmann, Die Entstehung des Kreuzzugsgedankens (Stuttgart 1935) 254–260 – O. Loorits, Der hl. Georg in der russ. Volksüberlieferung Estlands (Berlin 1955) – Veit-Lenhart 157 f – Ikonographie: O. v. Taube, Die Darstellung des hl. Georg in der italien. Kunst (Halle 1910) – W. F. Volbach, Der hl. Georg (Straßburg 1917) – Künstle II 263–279

Georg von Pfronten-Kreuzegg OFMCap, Sel. (bürgerl. Andreas Erhart)
* am 15. 11. 1696 in Kreuzegg (Pfarre Pfronten, Diöz. Augsburg). Mit 19 Jahren wurde er Bäckerlehrling in Immenstadt im Allgäu (südl. von Kempten), 1718 ging er als Bäckergeselle nach Rom u. trat dort 1724 in den Kapuzinerorden ein. Bei großem Eifer in Gebet u. strenger Buße hatte er immer ein fröhliches Herz u. war immer u. überall zu geben u. zu helfen bereit. Er ist bekannt als „Bruder Georg" oder „Bruder Jörg". † am 7. 10. 1762 zu Frascati (südöstl. von Rom). Seine Gebeine wurden 1922 in die Kapuzinerkirche von Kempten übertragen. Kult 1852 bestätigt.
Gedächtnis: 7. Oktober
Lit.: I. Magnussen (Altötting 1926) – J. Köberle (Illertissen 1938²)

Georgia von Clermont, Hl.
Name: ↗ Georg
Der hl. ↗ Gregor von Tours berichtet von ihr, daß sie eine fromme Jungfrau war, die in der Auvergne (Zentralfrankreich) gefeiert wurde. Sie lebte in großer Zurückgezogenheit bei Fasten u. Gebet. † um 600. Man erzählt sich, daß bei ihrem Leichenbegängnis Tauben ihren Sarg begleiteten u. während der Beerdigung auf dem Kirchendach saßen. Die spätere Legende machte daraus Engel, die die „himmlische Leichenfeier vollendeten".
Gedächtnis: 15. Februar

Gerald, Graf **von Aurillac,** Hl. (franz. Géraud, ital. Giraldo)
Name: ahd. ger (Speer) + walt (zu waltan, walten, herrschen): der mit dem Speer Waltende. (Nf. Gerold)
* um 855 in Aurillac (Dep. Cantal, Zentralfrankreich). Er blieb zeitlebens unverheiratet u. regierte sein Land mit Milde, Gerechtigkeit u. Gottesfurcht. Von seinem Besitz gründete er caritative Werke u. stiftete die Benediktinerabtei Aurillac. Die letzten 7 Jahre war er blind. Der hl. ↗ Odo von Cluny beschrieb sein Leben nach einer um 925 verfaßten Vita. † am 13. 10. 909 in Cezeinac-en-Guercy. Sein Grab ist im Kloster von Aurillac.
Gedächtnis: 13. Oktober
Darstellung: mit einem Kirchenmodell
Lit.: F. L. Ganshof, Note sur un passage de la vie de St. Géraud: Mélanges Jorga (Paris 1933) – Baudot-Chaussin X 413-426

Gerald OSB, Erzb. **von Braga,** Hl.
Er war zuerst Benediktinermönch im Cluniazenserkloster Moissac (südl. von Toulouse). Auf Einladung des Erzb. Bernhard von Toledo ging er nach Spanien u. wurde 1096 Erzb. von Braga (Nordportugal). Unter größten Schwierigkeiten reformierte er sein Bistum im galizischen Bergland im Sinn der Klosterreform von Cluny. 1103 erhielt er in Rom von Papst Pascalis II. das Pallium u. den Rang eines Metropoliten. † am 5. 12. 1108 in Bornes (südl. von Sevilla, Südspanien). Sein Grab ist in der Kirche St. Nikolaus zu Braga.
Gedächtnis: 5. Dezember
Lit.: C. Erdmann, Papst-Urkunden in Portugal (Berlin 1927) nn. 3–8 – Ders., Das Papsttum in Portugal: AAB 158 (1928)

Gerald OSB, Abt **von Mayo,** Hl.
Er stammte aus England u. wurde unter Abt ↗Koloman Benediktinermönch im Kloster auf Lindisfarne („Holy Island", an der Ostküste Englands, an der Grenze zu Schottland). Er begleitete diesen 664 mit anderen Mönchen zur Synode von Whitby in Irland. Weil zw. Iren u. Angelsachsen Streitigkeiten ausgebrochen waren, gründete er in der Grafschaft Mag nEo (Mayo, Ost-Irland) ein eigenes Kloster für die Angelsachsen, wo er später Abt wurde. Deshalb wird er auch „Abt (pontifex) der Sachsen von Mayo" genannt. † 732.
Gedächtnis: 13. (12.) März
Darstellung: als Abt. Bannt einen Zauberer samt seinem Pferd
Patron: gegen Pest. Die legendäre, aber kulturgeschichtlich wertvolle Vita bringt ihn mit der Pestseuche 664/665 in Verbindung: Es soll eine große Hungersnot geherrscht haben, doch das Volk wollte lieber die Pest erdulden u. der Heilige sollte darum Gott bitten. Er selbst weigerte sich, diese gottlose Bitte an Gott zu richten. Da betete das Volk selbst darum. So schickte Gott die Pest, die 2 Drittel der Bevölkerung dahinraffte. Die Überlebenden suchten unter seinem Mantel, der plötzlich zu ungeheurer Größe anwuchs, Schutz.
Lit.: Plummer I LXXIff, II 107–115 – Holweck 425

Geralde (Geraldine), w. F. zu ↗ Gerald

Gerbert, Märt. **in Brabant,** Hl. (Gerenbert, Gernbert)
Name: ahd. ger (Speer) + beraht (glänzend, berühmt): der durch den Speer(kampf) Berühmte
Er war Ire von Geburt u. Priester. Er begleitete die hl. ↗ Dympna auf ihrer Flucht vor ihrem Vater, der sich seiner Tochter in unzüchtiger Weise nähern wollte, nach Brabant (Mittelbelgien), wo er mit ihr zus. zu Gheel vom erzürnten Vater ermordet wurde. † 7. Jh.
Gedächtnis: 15. Mai

Gerburg OSB, Äbtissin **von Gandersheim,** Hl. (Gerburgis)
Name: ahd. ger (Speer) + burg (Burg): die mit dem Speer Schützende
Sie war die 2. Äbtissin des Benediktinerinnenklosters Gandersheim (zw. Hildesheim u. Göttingen). Das Kloster war 892 in dem Fuldaer OSB-Missionskloster Brunshausen als Reichsstift für adelige Kanonissen von Herzog Liudolf von Sachsen gegründet u. 856 nach Gandersheim verlegt worden. † 896.
Gedächtnis: 24. Juli

Gerd ↗ Gerhard

Gerda
Der Name kam in der 2. Hälfte des 19. Jh.s in unsere Breiten u. wurde nach 1900 in Deutschland volkstümlich. Im Alt-Isländischen bedeutet er wahrscheinlich „Schützerin" (vgl. dazu ahd. gard wie in Hildegard u. a.). Der Name wird auch als Kf. von ↗ Gertrud gebraucht oder als weibl. Form zu ↗ Gerhard.

Gereon u. Gef., Märt. **in Köln,** Hll.
Die von Trier ausgehende Überlieferung nennt Gereon als einen Offizier der ↗ Thebäischen Legion, der auf einem Feld bei Köln (St. Mechtern = ad sanctos martyres) mit anderen ungenannten Gefährten den Martertod erlitt. † 2. Hälfte des 4. Jh.s.
Die Kirche St. Gereon war ursprünglich ein zehneckiger Gedächtnisbau ohne Märtyrergrab aus dem letzten Drittel des 4. Jh.s. Um 580 hieß die Kirche wegen ihrer Gold-Mosaiken „Ad sanctos aureos". ↗ Gregor von Tours berichtet zu dieser Zeit, daß

darin 50 Blutzeugen der Thebäischen Legion ruhen sollten. Der Liber historiae Francorum (727) nennt für das Jahr 612 die Basilica S. Gereonis. Seit dem 9. Jh. bestand bei der Kirche ein Kanonikerstift, welches 1802 aufgehoben wurde.
Liturgie: Köln G am 10. Oktober (zus. mit ↗ Cassius u. Florentius)
Darstellung: als röm. Soldat, mit Kreuz auf der Brust, Kreuzfahne u. Schwert, in Begleitung röm. Soldaten
Lit.: G. Kentenich: Rhein. Vierteljahrs-Blatt 1 (Bonn 1931) 339–357 – A. v. Gerkan: Rhein. Kirchen im Wiederaufbau, hrsg. v. W. Neuß (Mönchen-Gladbach 1951) 59 – W. Neuß, Die Anfänge des Christentums im Rheinlande (Bonn 1933 [2]) 29 78 – Baudot-Chaussin X 311–316 – J. Torsy: Kölner Domblatt 8–9 (1954) 17f – Braun 289

Gerfried OSB, Mönch **in St-Maur,** Hl. (franz. Gerfroy, Geofroi)
Name: ahd. ger (Speer) + fridu (Schutz vor Waffengewalt, Friede): der mit dem Speer Schützende
Er war Benediktinermönch im Kloster St-Maur-sur-Loire (Diöz. Angers). Aus Verlangen nach größerer Einsamkeit ging er als Einsiedler in den Wald von Nouée u. baute sich dort eine Einsiedelei. Später ging er in das Kloster Redon (Diöz. Rennes) u. unterrichtete dort die jungen Mönche in der Regel des hl. Benedictus im Geist von St-Maur. Später kehrte er wieder nach St-Maur zurück. † im 9. Jh.
Gedächtnis: 28. April

Gerfried, Bisch. **von Münster,** Hl.
Er entstammte dem Geschlecht der Grafen von Nottich u. war Neffe und Schüler des Bisch. ↗ Liudger von Münster. Nach dessen Tod 809 wurde er selbst Bisch. von Münster in Westfalen. Als solcher führte er den Ausbau der Organisation seines Bistums weiter. † am 12. 9. 839. Er ist begraben in der Abtei Werden an der Ruhr (Essen–Werden), die sein Vorgänger gegründet hatte.
Gedächtnis: 12. September

Gerhard OSB, Abt **von Brogne,** Hl. (franz. Gérard)
Name: ahd. ger (Speer) + harti, herti (hart, kühn): der mit dem Speer Kühne
Er stammte aus einem führenden fränkischen Adelsgeschlecht. Seine Ausbildung genoß er am Hof des Grafen Berengar von Namur (Südbelgien). Als junger Mann trat er zunächst in den Militärdienst, fühlte sich aber mehr u. mehr zum geistlichen Stand hingezogen, wohl unter dem Einfluß seines Onkels, des Bisch. Stephan von Tongern. 918 errichtete er auf seinem Erbbesitz Allod Brogne eine Kirche mit einem Stift, das er regulierten Chorherren übergab (heute St-Gérard, südwestl. von Namur, Belgien). Als Gesandter des Grafen Berengar reiste er zum Grafen Robert von Paris, dem Laienabt von St-Denis, u. wurde dort vom Chorgesang der Mönche so ergriffen, daß er selbst 921 dem Benediktinerorden beitrat, u. erhielt 926 die Priesterweihe. 931 kehrte er nach Brogne zurück u. wurde bald darauf Abt von St-Ghislain bei Mons (Hennegau, Belgien). 953 übernahm er auch die von ihm gegründete Abtei in Brogne u. führte dort die Benediktinerregel ein. Darüber hinaus wurde er zum Initiator u. Träger einer von Gorze unabhängigen Klosterreform, die bindend für ca. 18 Klöster in Belgien wurde (u. a. St-Ghislain, St-Bavo, Blandienberg in Gent, St-Bertin, Mouzon, St-Amand, St-Vaast). Hierin wurde er von Kommendataräbten wie Herzog Giselbert von Lothringen u. Graf Arnulf von Flandern unterstützt. Er starb am 3. 10. 959. Sein Leib ruht in der Abteikirche St-Gérard.
Gedächtnis: 3. Oktober
Lit.: Zimmermann III 132, 134 – Schmitz GB I 148 f u. ö. – Moreau B II 142–154 – Wattenbach-Holtzmann I 112, 133 ff – Hauck III[8] 346–350 – Baudot-Chaussin X 58–62

Gerhard OCist, Abt **von Clairvaux,** Märt., Sel.
Er war vorher Zisterzienser in Fossanuova bei Priverno (zw. Rom u. Neapel; benannt nach den Abzugsgräben, die die Zisterzienser gegen das Sumpffieber aushoben) u. wurde 6. Abt von Clairvaux (nordwestl. von Genf). Er war sehr streng u. fiel deshalb der Rache eines erbitterten Mönches zum Opfer, der ihn im Zisterzienser-Kloster Igny (heute Igny-le-Jard, Dep. Marne, Nordfrankreich) im Jahr 1177 ermordete. Sein Kult wurde 1702 anerkannt. Er ist der 1. Märt. des Ordens.
Gedächtnis: 8. März
Lit.: Zimmermann I 301 f – Lenssen I 111f

Gerhard von Clairvaux OCist, Sel.
Er war ein Sohn des burgundischen Edelmannes Tezelin u. dessen Gemahlin Alix u. der zweitälteste Bruder des hl. ↗ Bernhard von Clairvaux. In seinen jungen Jahren tat er sich als Haudegen hervor, war aber geistlichen Dingen, trotz der Mahnungen seines jüngeren Bruders, wenig zugetan. Als er jedoch bei einem Kampf schwer verwundet u. gefangen, sodann wunderbar befreit wurde, ging er in sich u. wurde 1112 bei seinem Bruder in Citeaux bei Dijon (Ostfrankreich) Mönch u. führte ein strenges Bußleben. U. a. gründete er 1115 mit seinem Bruder das berühmte Kloster Clairvaux, wo er geschäftsgewandt u. tugendhaft das Amt des Cellerarius (Ökonom) verwaltete. Er begleitete seinen Bruder 1137 nach Rom, erkrankte aber bereits in Viterbo. Er starb am 13. 6. 1138 in Clairvaux. Sein Bruder Bernhard widmete ihm in der 26. Ansprache einen tiefempfundenen Nachruf.
Gedächtnis: 13. Juni
Lit.: ActaSS Jun. III (1867) 192f – Zimmermann I 144f – Lenssen I 64–67

Gerhard OSB, Bisch. **von Csanád,** Märt., Hl. (Gellert)
Er stammte aus der venezianischen Familie der Sagredo u. wurde Benediktinermönch u. später Abt in S. Giorgio zu Venedig. Auf einer Pilgerfahrt ins Hl. Land kam er um 1015 nach Ungarn, wo er von König ↗ Stephan I. zum Erzieher seines Sohnes ↗ Emmerich bestellt wurde. 1023 zog er sich in das Benediktinerstift Bakony-Beel (im Bakony-Wald, nördl. des Plattensees) zurück. König Stephan, der die Christianisierung des Landes u. dessen kirchliche Organisation eifrig vorantrieb, berief 1030 Gerhard als 1. Bischof der neu errichteten Diöz. Csanád (Landschaft östl. der Theiß, Südost-Ungarn). Dieser organisierte mit Hilfe von Benediktinern die Diöz. Im Heidenaufstand wurde er durch Steinwürfe u. Lanzenstiche am 24. 9. 1046 in Ofen (Budapest) ermordet. Nach örtlicher Tradition wurde er in ein Faß gesteckt u. in die Donau gerollt. Der Ort seines Martyriums wird noch heute Gerhardsberg genannt. Heiliggesprochen 1083.
Gedächtnis: 24. September
Darstellung: im bischöflichen Ornat, vor einem Bild der Muttergottes mit dem Kind kniend, dieses mit dem Rauchfaß inszensierend. Von einer Lanze durchbohrt
Patron: der Erzieher
Lit.: J. Karácsony (Budapest 1925[2]) – K. Juhász, Die Stifte der Tschanader Diöz. im Mittelalter (Münster 1927) 28–39 – Ders.: SM 47 (1929) 129–145, 48 (1930) 1–35 – Ders., Das Tschanad-Temesvarer Bistum 1030–1307 (Münster 1930) – G. Sebestyen, Der Sturz vom Felsen: Die Furche 36 (Wien 1980) Nr. 41, 14

Gerhard Majella CSSR, Hl.
* am 23. 4. 1726 in Muro Lucano (östl. von Neapel) u. war zuerst Schneider. 1749 wurde er Laienbruder im Redemptoristenkloster u. wirkte in Iliceto als Pförtner u. Sakristan. Gegen sich selbst war er sehr streng, gegen andere hatte er immer ein mitleidendes u. mitteilendes Herz. Er begleitete die Patres auf ihren Missionen u. unterstützte sie durch seine manuellen Dienste u. sein Gebet. Er hatte die Gabe des Wunders u. der Weissagung. † am 16. 10. 1755 im Kloster zu Caposele (bei Neapel), wo er auch begraben wurde. Heiliggesprochen am 11. 12. 1904.
Gedächtnis: 16. Oktober
Lit.: Dilgskron-Rudisch (Dülmen/W. 1923) – ASS 39 (1904) 513

Gerhard OSB, Abt **von Sauve-Majeure,** Hl. (Gérard, Giraud)
* um 1025 in Corbie (Picardie, östl. von Amiens, Nordfrankreich). Er wurde Benediktinermönch in der Abtei seiner Heimatstadt, wo er eine Vita des hl. ↗ Adalhard von Corbie verfassen ließ. 1050 begleitete er seinen Abt Fulko nach Montecassino u. Rom, wo er von ↗ Leo IX. zum Priester geweiht wurde. Nach einer überstandenen schweren Krankheit unternahm er 1073 eine Wallfahrt ins Hl. Land u. wurde anschließend zum Abt des Klosters St-Vincent in Laon ernannt. Nach vergeblichen Reformversuchen legte er dieses Amt nieder u. zog sich in das Kloster St-Médard in Soisson zurück. Auch hier wurde er zum Abt gewählt, mußte schließlich aber einem Usurpator weichen. 1079 gründete er, von Wilhelm VIII. von Aquitanien unterstützt, das Kloster Sauve-Majeure (Grande-Sauve; östl. von Bordeaux, Südostfrankreich), dem er eigene Konstitutionen gab. † am 5. 4. 1095. Heiliggesprochen 1197.

Gedächtnis: 5. April
Lit.: Baudot-Chaussin IV 106–109 – ECatt VI 90 – Catholicisme IV 1869f

Gerhard, Bischof **von Toul,** Hl.
* 935 in Köln. Seine Ausbildung erhielt er an der Domschule zu Köln. Auf Vorschlag des Erzb. ↗ Bruno I. von Köln wurde er von Kaiser Otto I. zum Bisch. von Toul (Lothringen) ernannt u. erhielt am 3. 3. 963 in Trier die Bischofsweihe. Er zeichnete sich durch großen apostolischen Eifer aus, übte christliche Nächstenliebe u. war ein Freund u. Förderer der Wissenschaften. Er besorgte den Neubau der Stephanskathedrale in Toul u. übertrug dahin die Reliquien der hll. ↗ Aper u. ↗Apronia. Er gründete das Kloster St-Gengoul (Lothringen). † am 23. 4. 994 in Toul. Heiliggesprochen 1050.
Liturgie: Köln g am 23. April
Lit.: Hauck[8]III 1062 – Wattenbach-Holtzmann 189f – Baudot-Chaussin IV 596–599 – A. Michel, Die Akten des Gerhard von Toul als Werk Humberts (München 1957)

Gerhard von Villamagna, Sel.
* um 1174 in Florenz von armen Eltern. Er nahm als Ritterknappe an den Kreuzzügen 1220 bis 1228 teil, geriet mit seinem Ritter in sarazenische Gefangenschaft u. pilgerte nach seiner Freilassung nach Jerusalem. In die Heimat zurückgekehrt, trat er dem 3. Orden des hl. ↗ Franziskus bei u. lebte als Einsiedler in Villamagna bei Florenz. Er ist wahrscheinlich identisch mit dem Johanniter-Laienbruder zu Jerusalem mit dem Beinamen „Micaty" (Mercatti). † am 13. 5. 1245. Kult bestätigt 1833.
Gedächtnis: 13. Mai
Lit.: Wadding A V[2] 19 – Baudot-Chaussin V 264f

Gerhard ↗ Famianus

Gerhildis (Gerhilth, Gerhild)
Name: ahd. ger (Speer) + (Kampf): Speerkämpferin
In St. Gallen (Schweiz) lebte eine fromme Klausnerin dieses Namens mit ihrer Gefährtin Kothelindis, die am 2. 5. 1014 in hohem Alter starb. Es ist ungewiß, ob die beiden Jungfrauen oder Witwen waren. Von einer öffentlichen Verehrung der beiden ist nichts bekannt.

Gerhoh CanAug, Propst **von Reichersberg,** Sel. (Gerhoch)
Name: ahd. ger (Speer) + hoh (hoch, stolz): stolzer Speerkämpfer
* 1093/94 zu Polling bei Weilheim (Oberbayern). Er erhielt seine Ausbildung in Polling, Freising u. Hildesheim u. wurde 1118/19 Scholaster u. Domherr in Augsburg. Er geriet aber bald in Streit mit dem simonistischen Bisch. Hermann u. dessen Klerus, weil er sich weigerte, im Investiturstreit Partei für Heinrich V. gegen den Papst zu ergreifen. Er suchte 1121 Zuflucht im Augustiner-Chorherrenstift Rottenbuch bei Schongau (Oberbayern), kehrte nach 2 Jahren wieder nach Augsburg zurück u. versöhnte sich mit seinem Bisch. Er begleitete ihn 1123 zum 1. Laterankonzil nach Rom, wo er dessen Lösung vom Kirchenbann vermittelte. Er hegte den Plan, beim Klerus in Augsburg die vita communis einzuführen. Da ihm dies nicht gelang, trat er 1124 mit seinem Vater u. seinen beiden Stiefbrüdern in Rottenbuch ein u. begann seine Reformtätigkeit mit der Revision der Ordensregel (er erhielt die Bestätigung dafür von Honorius II.) u. mit der Einführung des gemeinsamen Lebens im Domstift Salzburg. Er erhielt 1126 die Priesterweihe u. wurde Pfarrer in Cham (Bayern), zog sich aber, von der Partei der Hohenstaufer verfolgt, 1128 nach Regensburg zurück, wo er seine literarische Tätigkeit zur Reform der Kirchendisziplin (Liber de aedificio Dei u. Adversus duas haereses) begann. Wegen seiner darin geäußerten extremen Ansichten zog er sich heftige Angriffe u. 1130 sogar eine kanonische Untersuchung zu. 1132 übertrug ihm Erzb. ↗ Konrad I. von Salzburg die Propstei Reichersberg am Inn (Oberösterreich), die er zu großer wirtschaftlicher u. geistiger Höhe führte. Erzb. Konrad betraute ihn öfters mit Sendungen nach Rom, wo er bezüglich seiner kirchlichen Reformpläne auch mit ↗ Bernhard von Clairvaux in Verbindung trat. In der Heimat jedoch erwuchsen ihm stets neue Gegner. Dessenungeachtet äußerte er sich in scharfen Worten zu allen Fragen seiner Zeit, so etwa in seinen Abhandlungen über die Simonie, in seinen christologischen Streitschriften gegen Abälard u. Gilbert de la Porrée oder in seinen Disputationen über

die Konstantinische Schenkung. Nach der Doppelwahl von 1159 bekannte er sich nach langem Zögern zu Alexander III. (gegen Viktor IV.), was ihm die Feindschaft Kaiser Friedrichs I. Barbarossa eintrug. Unter diesem Eindruck schrieb er sein Hauptwerk in 3 Teilen Ad Cardinales de schismate sowie De investigatione Antichristi. Wegen bewaffneter Überfälle mußte er 1167 Reichersberg verlassen u. konnte erst kurz vor seinem Tod zurückkehren. Gerhoh starb am 27. 6. 1169 u. wurde in der Klosterkirche zu Reichersberg beigesetzt.
Gedächtnis: 27. Juni
Lit.: Z. Größlhuber (Ried 1930) – F. Zoepfl, Das Bist. Augsburg u. seine Bischöfe im Mittelalter (Augsburg 1956) passim

Gerlach, Einsiedler **zu Houthem,** Hl.
Name: ahd. ger (Speer) + germ. laik, ahd. leih (Lied, Spiel, Tanz; vgl. noch in Luthers Bibel: wider den Stachel löcken, d. i. ausschlagen): Speertänzer
* um 1100 aus dem Geschlecht der Grafen von Valkenburg (Niederlande). Er wurde zuerst im Kriegsdienst erzogen u. überließ sich einem ausgelassenen Leben. Sein militärischer Mut artete in Roheit aus, sodaß er sogar seine Mutter mißhandelte. Bei einem Turnier in Jülich(?) wurde ihm der plötzliche Tod seiner Frau berichtet. Da ging er in sich u. pilgerte nach Rom, wo er sich vom Hl. Stuhl ein öffentliches Bußwerk erbat. Es wurde ihm aufgetragen, 7 Jahre im neu gegründeten Kloster der Hospitaliter (Ritter vom hl. Lazarus, Lazariten) in Jerusalem jeden ihm anbefohlenen Dienst zu tun. So diente er 7 Jahre lang den Kranken in Jerusalem. Heimgekehrt, lebte er 14 Jahre lang zu Houthem bei Valkenburg in einer hohlen Eiche in strenger Buße. Jede Nacht stand er auf u. ging zu Fuß 10 km nach Maastricht, um in der Kirche zum hl. Servatius die Frühmesse zu besuchen. Samstags pilgerte er die 20 km lange Strecke bis Aachen, wo er in der Domkirche vor einem Muttergottesbild betete. † am 5. 1. 1172 (?). Über seinem Grab wurde ein Norbertinerinnenkloster gebaut. Er war nicht Prämonstratenser, obwohl er das Ordenskleid trug.
Gedächtnis: 5. Jänner
Darstellung: als Einsiedler, neben ihm ein hohler Baum. Oder neben einer Klause. Mit einem Dorn im Fuß (er trat sich in Jerusalem einen Dorn ein, was er als Buße dafür litt, daß er seine Mutter tätlich angegriffen hatte). Mit einem Esel (auf dem er zur Buße vom Turnier wegritt)
Lit.: F. Wesselmann, Der hl. Gerlach von Houthem (Steyl 1897) – Baudot-Chaussin I 103f – A. Welters, Kluizenaars in Limburg (Heerlen 1950) – Moreau B III (Brüssel 1945²) 560 564

Gerlindis, Sel.
Name: ahd. ger (Speer) + linta (Schild aus Lindenholz): die mit dem Speer schützt (Gerlinde)
Sie lebte als Reklusin in einer Zelle neben dem OSB-Kloster Sponheim bei Bad Kreuznach, wo sie die sel. ↗ Mechthild zur geistlichen Lehrmeisterin hatte. † Ende des 12. Jh.s.
Gedächtnis: 26. Februar

Germana, Märt. **zu Bar-sur-Aube,** Hl.
Name: weibl. F. zu ↗ Germanus
Nach der Überlieferung war sie Dienerin der Priester an der Basilika St. Stephan in Bar-sur-Aube (nordöstl. von Troyes, Nordfrankreich). Beim Einfall der Wandalen unter Godegisel 406 (oder beim Einfall der Hunnen unter Attila 452) wurde sie mit ihrer Verwandten Honorata enthauptet, weil sie dem Begehren der Söldner widerstand. Man erzählt sich, daß sie ihr abgeschlagenes Haupt noch bis auf die Straße trug. Die Stephanskirche wurde seither Kirche zur hl. Germana genannt u. war ein vielbesuchter Wallfahrtsort.
Gedächtnis: 1. Oktober
Lit.: BHL 3451 – DHGE VI 549f

Germana (Germaine) **Cousin,** Hl.
* um 1579 zu Pibrac bei Toulouse (Südfrankreich). Ihr Vater Laurent war ein armer Bauer, ihre Mutter Marie (Laroche) verlor sie sehr früh. Von ihrer Stiefmutter hatte sie viel Bitteres zu erdulden u. wurde von ihr daheim in einen Stall verwiesen u. sogar den Späßen von Wüstlingen ausgesetzt. Dazu war sie von Kindheit an drüsenkrank. Trotzdem führte sie als Hirtenmädchen ein aszetisches Leben u. war dabei voll Geduld u. Heiterkeit. Sie starb mit ca. 22

Jahren ganz verlassen auf ihrem Strohlager im Viehstall am 15. 6. 1601. 1644 fand man ihren Leib unverwest. Seliggesprochen 1854, heiliggesprochen am 29. 6. 1867.
Gedächtnis: 15. Juni
Darstellung: Schafe hütend. Blumen fallen aus ihrem Schoß (diese fielen im Winter zur Erde, um sie vom Verdacht zu befreien, sie hätte Brot für die Armen gestohlen)
Patronin: der Hirtinnen
Lit.: A.Stolz (Freiburg/B. 1904²) – Baudot-Chaussin VI 253–256

Germanus, Bisch. **von Auxerre,** Hl. (franz. Germain)
Name: lat. der Germane. Als Germanen wurde urspr. von den Galliern ein Volksstamm bezeichnet, der über den Rhein kommend sich im Gebiet des heutigen Südbelgien niederließ (die späteren Tungrer). Deren Hauptstadt war Aduaca oder Civitas Tungrorum (das heutige Tongern). Als solche sind sie erstmals bezeugt bei Poseidonios von Apamea (135–51 v. Chr.). Bei den Galliern wurde der Name eine Sammelbezeichnung für ihre nicht-gallischen Nachbarn im Norden u. Osten (vgl. franz. Allemands = ‚Deutsche' aus urspr. „Alemannen") u. wurde durch Cäsar (De bello Gallico) u. Tacitus in die Literatur eingeführt. Die Herleitung des Namens ist heute umstritten. Einige Forscher nehmen kelt. Ursprung an. Andere sehen in lat. germanus (echt, aufrichtig; Stammesbruder) die Übersetzung des germ. sweboz (Kult-, Thing-Bruder). Wieder andere deuten ihn aus germ. ermana (ahd. irmin-) oder germana = die Großen, Hochgewachsenen (vgl. auch die Göttin Garmangabis, oder angelsächs. geormenleaf Malve) oder aus „Ger-Mannen" (Sperr-Männer).
* um 378 in Auxerre (südöstl. von Paris) aus vornehmer Familie. Er studierte in Autun die freien Künste, in Rom Rechtswissenschaften u. wurde vom weström. Kaiser Honorius zum Präfekten mit Sitz in Auxerre berufen. Er konvertierte zum christlichen Glauben, wurde Priester u. Lehrer des hl. ↗ Patrick, des Apostels von Irland. 418 wurde er zum Nachfolger des Amatus als Bisch. von Auxerre bestimmt. Er trennte sich von seiner Gattin Eustachia u. gründete von seinem Vermögen Kirchen u. Klöster. Neben ↗ Martin von Tours begründete er in Gallien das Koinobitentum (eine Art von Mönchsgemeinschaft nach dem Vorbild des ↗ Pachomius d. Ä.). Er hatte engen Kontakt zu Hilarius, Erzb. von Arles, den er – allerdings ohne Erfolg – unterstützte. Hilarius hatte in unklugem Eifer Bisch. Chelidonius von Besançon abgesetzt, worauf ihm Leo I. den Rang eines Metropoliten entzog. Germanus ging 429 u. wiederum 445 (444?) nach England, um dort gegen den Pelagianismus zu wirken. Später ging er als Friedensvermittler nach Ravenna zu Kaiser Valentinian III., um für die aufständischen Armoriker in der Bretagne um Gnade zu bitten. Er starb während dieser Mission in Ravenna am 31. 7. 448.
An seinem Grab in Auxerre baute die hl. ↗ Chlothilde eine Kirche, die zur bedeutendsten Reliquienstätte u. Wallfahrtskirche Frankreichs wurde. Viele Fürsten u. Bischöfe ließen sich in der Nähe seines Grabes beisetzen. Germanus wurde Patron vieler Kirchen u. Abteien. Er ist eine der großen Gestalten der frühen gallo-fränkischen Kirche u. Miterbauer der abendländischen Religions- u. Kulturgemeinschaft. ↗ Martin von Tours nannte ihn den meistverehrten franz. Heiligen, ↗ Franz von Sales den „Wundertäter der Gallier".
Gedächtnis: 31. Juli
Darstellung: als Jäger (da er vor seiner Berufung begeisterter Jäger war), erlegte Tiere neben ihm. Als Bisch. einen Drachen mit 7 Köpfen fütternd
Lit.: W. Levison, Bisch. Germanus von Auxerre u. die Quellen zu seiner Gesch.: NA 29/1 (1904) 95–175 – Festschr. aus Anlaß seines 1500. Todestages: S. Germain d'Auxerre et son temps (Auxerre 1950) – L. Prune (Paris 1929) – St. German in Stadt u. Bist. Speyer (Festschr.) hrsg. v. A. Kloos (Speyer 1957) – Catholicisme IV 1882 ff

Germanus, Bisch. **von Besançon,** Märt., Hl.
Er starb um das Jahr 407. Nach später, legendärer Tradition wurde er von den Arianern in Grandfontaine durch Pfeile getötet. Seine Gebeine wurden um 600 in die Abteikirche von Baume-les-Dames gebracht, sind aber seit 1790 verschollen.
Gedächtnis: 11. Oktober
Lit.: Duchesne FE III 208 – Cottineau I 282f – Catholicisme IV 1894

Germanus OSB, Gründerabt **von Münster-Granfelden,** Märt., Hl.
* um 610 in Trier als Sohn einflußreicher u. vermögender Eltern. Dort war er Schüler des Bisch. ↗ Modoald von Trier. Mit 17 Jahren wurde er Benediktinermönch in Remiremont (Vogesen), später trat er in das Kloster Luxeuil (bei Besançon) über, dem Abt ↗ Walbert vorstand. Hier wurde er auch zum Priester geweiht. Der Abt gründete um 640 das Kloster Münster-Granfelden (Moutier-Granval, Kt. Bern, Schweiz) u. sandte Germanus als 1. Abt dorthin. War Herzog Gondon von Elsaß der große Stifter u. Gönner des Klosters, so war sein Nachfolger Bonifatius (Cathicus?) gewillt, sich am Gut von Kirchen u. Klöstern zu bereichern. Germanus machte ihm deswegen Vorhaltungen, worauf ihn Bonifatius (Cathicus) durch seine Söldner am 21. 2. 675 ermorden ließ. Mit ihm zusammen starb auch der hl. ↗ Randoald. Die Reliquien des Heiligen ruhen in der Pfarrkirche zu Helsberg. Dort wird auch der Abtstab des Heiligen (entstanden 640/675) aufbewahrt, einer der ältesten erhaltenen Stäbe überhaupt.
Liturgie: Basel g am 21. Februar (mit Randoald)
Darstellung: als Abt mit Lanze. Armer Mann zu seinen Füßen
Lit.: Stückelberg 54ff – A. Reis, Moutier-Granval (Biel 1940) – G. Haseloff, Der Abtstab des hl. Germanus: Germania 33 (Berlin 1955) 210–235 – R. Moosbrugger, Ur-Schweiz 20 (Basel 1956) 54–60

Germanus, Bisch. **von Paris,** Hl.
* um 496 im Gebiet von Autun (südwestl. von Dijon, Ostfrankreich). Schon in seiner Jugend lebte er als Einsiedler unter der Anleitung eines frommen Priesters aus seiner Verwandtschaft u. wurde 530 zum Priester geweiht. Bald darauf wurde er Administrator u. 540 Abt des Stiftes St-Symphorian zu Autun u. um 555 Bisch. von Paris u. Erzkaplan des Merowingerkönigs Childebert I., den er zu christlichem Lebenswandel bekehrte. Auch Chlothar I., Bruder und (seit 558) Nachfolger Childeberts, hegte große Hochachtung gegen Germanus. Schwierig dagegen gestaltete sich das Verhältnis zu Charibert I. (seit 561), da dieser durch schrankenlose Wollust, Blutschande, Ehebruch u. Sakrilegien großes Ärgernis gab. Germanus bemühte sich umsonst, ihn zu einem besseren Lebenswandel anzuhalten. Nach dem Tod Chariberts 568 vermittelte Germanus zw. dessen Brüdern Sigbert I. u. Chilperich I., die in schwerem Kampf miteinander lagen. Allerdings wurde Sigbert im Verlauf dieses Streites auf Anstiften seiner Schwägerin Fredegundis 576 ermordet. Bisch. Germanus ragte hervor durch seine Gelehrsamkeit wie durch seine Freigebigkeit gegen die Armen. Er war ein unermüdlicher Prediger u. Reformer der Liturgie (die 2 Briefe über die frühe gallikanische Liturgie sind jedoch nicht von ihm, sondern wurden 100 oder 150 Jahre später geschrieben. Germanus gründete auch das Benediktinerkloster St-Germain-des-Près in Paris.
† am 28. 5. 576, begraben in St-Germain-des-Près. Bisch. ↗ Eligius von Noyon ließ ihm das kunstvolle Grabmal errichten. Die Reliquien wurden 1793 verstreut.
Gedächtnis: 28. Mai
Darstellung: als Bisch., in Ketten u. Schlüssel in der Hand (weil er für die Befreiung der Gefangenen wirkte). Krank im Bett liegend (als er krank war, brach eine große Feuersbrunst aus. Auf sein Gebet blieb seine Herberge verschont). Mit einem brennenden Haus
Patron: der Gefangenen
Lit.: Baudot-Chaussin V 546–550 – ECatt VI 180f – Catholicisme IV 1885f

Germar OSB, Abt **von Flay,** Hl. (Geremar, franz. Germer)
Name: ahd. ger (Speer) + mar (zu maren, erzählen, rühmen; berühmt): der durch den Speer(kampf) Berühmte
* um 610 in Wardes an der Epte (nordwestl. von Paris). Er war zuerst Staatsmann am Hof der fränkischen Könige Dagobert I. u. Chlodwig II. Von seiner Gemahlin Domana hatte er einen Sohn, der schon in der Jugend starb, u. 2 Töchter, von denen die eine ins Kloster ging. Auf Anraten des Bisch. ↗ Aldowin von Rouen gründete Germar in Wardes das Kloster Isle (heute St-Pierre-aux-Bois). 647 (?) verließ er Frau u. Tochter, wurde Mönch im Kloster Pentale (heute St-Samson-sur-Risle, westl. von Paris) u. Abt. Später zog er sich als Einsiedler zurück. 655 stiftete er das Kloster Flay (heute St-Germer-de-Flay, Dep. Oise, nördl. von Paris) u. wurde dessen 1. Abt. † am 30. (?)

12. um 660. Die Reliquien sind zerstört.
Gedächtnis: 30. Dezember
Lit.: Zimmermann III 86 98 – Baudot-Chaussin IX 496ff – Catholicisme IV 1891f

Gernot
Alter dt. Name; ahd. ger (Speer) + not (Bedrängnis im Kampf, Gefahr): der (die Feinde) mit dem Speer bedrängt (vgl. ↗ Notker). Der Name ist bekannt vor allem durch den Gernot des Nibelungenliedes, den Bruder König Gunthers u. Kriemhilds.

Gero, Erzb. **von Köln,** Hl.
Name: Kf. von Namen, die mit Ger- gebildet sind, bes. ↗ Gerhard
Er war der Sohn des ostthüringischen Markgrafen Christian u. Neffe des Markgrafen Gero, des Bezwingers der Wenden. Er war Kaplan Kaiser Ottos I. u. wurde 969 gegen dessen Willen zum Erzb. von Köln gewählt u. daher erst später bestätigt. 971 holte er aus Konstantinopel die byzantinische Prinzessin Theophanu als Braut für den jungen Otto II. u. brachte auch Reliquien des hl. ↗ Pantaleon für die Benediktinerabtei in Köln mit. Er gründete 970 die Abtei Dammersfeld am Harz u. 974 die Abtei Gladbach. Er ließ auch das monumentale Kreuz anfertigen, welches noch heute in der Stephanskapelle des Kölner Domes steht. † am 28. 6. 976.
Gedächtnis: 28. Juni
Lit.: L. Berg (Freiburg/B. 1913) – P. Clemen, Der Dom zu Köln (Düsseldorf 1938^2) 241–244 251 f – F. W. Oediger (Bonn 1954) nn. 496–522 – E. Wisplinghoff: Mönchen-Gladbach. Aus Gesch. u. Kultur einer rheinischen Stadt I (M.-Gladbach 1955) 14–20 – H.-U. Haedeke: Kölner Domblatt 14/15 (1958) 42–60

Gerold, Einsiedler **im Großen Walsertal,** Hl.
Name: ahd. ger (Speer) + walt (zu waltan, walten, herrschen): der mit dem Speer Herrschende (der Name ist Nf. zu ↗ Gerald)
Er ist vermutlich identisch mit einem rätischen Edlen namens Adam. Er nahm 941 an der Verschwörung gegen Kaiser Otto I. teil u. lebte daraufhin in einem Versteck im Großen Walsertal (Vorarlberg). Auf Bitten von Abt ↗ Eberhard von Einsiedeln wurde er 949 begnadigt. Kurz vor 972 schenkte er seine Güter im Walgau (zw. Bludenz u. Feldkirch) dem Kloster Einsiedeln. So entstand an seinem Wohnsitz Frisen (Frisun) im Walgau eine Propstei (seit 1340 St. Gerold genannt), an der bis heute eine St.-Gerolds-Bruderschaft besteht. Zwei seiner Söhne (↗ Kuno, ↗ Ulrich) traten als Mönche im Kloster Einsiedeln ein, er selbst starb am 10. 4. um 978 u. wurde in der Pfarrkirche zu Frisen begraben. 1663 wurde das Hochgrab geöffnet u. die Reliquien nach Einsiedeln gebracht. Das Haupt wurde am 19. 4. 1663 nach Frisen zurückgebracht.
Liturgie: Einsiedeln G, Feldkirch g am 19. April, sonst 10. April
Darstellung: als Ritter oder Einsiedler, Esel neben ihm, bei einem ausgehöhlten Baum betend
Lit.: O. Ringholz: Gesch. des fürstlichen OSB-Stiftes Einsiedeln (Einsiedeln 1904) 39f 661–667 (Legenden) – F. Segmüller (Einsiedeln 1906) – Baudot-Chaussin IV 473f

Gerold von Köln, Hl. (Gerwald)
* 1201 in Köln von adeligen, aber verarmten Eltern. Er wollte sein Leben mit Gebet und Buße zubringen und machte Wallfahrten zu den großen Wallfahrtsorten der Christenheit. Rom und Santiago de Compostela (Spanien) hatte er bereits besucht. Als er im Begriffe war, ins Hl. Land zu pilgern, wurde er beim Dorf Mamica am Po (bei Cremona) von Räubern am 7. 10. 1241 ermordet. Seine Gebeine ruhen in der Kirche St. Magdalena zu Cremona. 1651 wurde ein Teil der Gebeine in die Jesuitenkirche zu Köln übertragen. Er wird als Märt. verehrt.
Gedächtnis: 7. Oktober
Darstellung: als Pilger mit Palme

Gerolf
Alter dt. Name; ahd. ger (Speer) + wolf (Wolf; wegen seiner Angriffslust bei den Germanen Symbol der Tapferkeit)

Gerosa ↗ Vincentia Gerosa

Gerrit (Gerit) (fries.), Kf. für ↗ Gerhard bzw. die weibl. F. Gerharde

Gert (Gert), Kf. von ↗ Gerhard

Gerta, Kf. zu ↗ Gertrud

Gertraud ↗ Gertrud

Gertrud OPraem, Meisterin **in Altenberg,** Sel.
Name: ahd. ger (Speer) + trud (Kraft, Stärke): die Speer-Starke
* am 29. 9. 1227 als jüngste Tochter der hl. ↗ Elisabeth von Thüringen u. des Landgrafen Ludwig IV. von Thüringen. Schon im Alter von 2 Jahren wurde sie den Prämonstratenserinnen im Stift Altenberg bei Wetzlar (nördl. von Frankfurt/M.) zur Erziehung übergeben. Später trat sie dem Orden bei u. wurde 1248 Meisterin des Stiftes. Mit ihrem ererbten Besitz baute sie die dortige frühgotische Stiftskirche sowie ein Armen- u. Krankenhaus. 1270 führte sie in Altenberg die Feier des Fronleichnamsfestes ein. Sie führte ein Leben strenger Buße u. eifrigen Gebetes, bes. verehrte sie Christus in der Eucharistie. Sie besaß die Gabe der Wunder u. der Weissagung. † am 13. 8. 1297, begraben in der Stiftskirche zu Altenberg. Kult anerkannt 1311. Bis zur Auflösung des Klosters 1802 wurden ihre Reliquien u. Andenken dort aufbewahrt, danach im Schloß Braunfels zus. mit dem Altenberger Kirchenschatz.
Liturgie: Limburg, Trier g am 13. August
Darstellung: als Prämonstratenserin mit einem Löwen
Lit.: A. Zak, Die sel. Gertrud von Altenberg (Saarlouis 1921) – P. Lefèvre: APraem 27 (1951) 162ff – Backmund I 148f

Gertrud, Märt. **in Brabant,** Hl.
Sie soll die Tochter eines heidnischen Königs in Brabant (Belgien) gewesen sein. Ohne Wissen ihres Vaters habe sie den christlichen Glauben angenommen u. schlug deshalb auch den heidnischen Bräutigam, der ihr zugedacht war, aus. Sie floh daraufhin vor ihrem Vater. Ihre heidnischen Brüder setzten ihr nach u. töteten sie mit Pfeilen. † um 500.
Gedächtnis: 15. Mai (in Frankreich am Tag nach Christi Himmelfahrt)

Gertrud OCist (OSB?) die Große **von Helfta,** Hl.
* am 6. 1. 1256 in Thüringen (?). Im Alter von 5 Jahren kam sie zur Erziehung in das Kloster Helfta bei Eisleben (Sachsen) u. genoß unter der Äbtissin Gertrud von Hackeborn eine solide humanistische u. theol. Ausbildung. Ihre 1. Vision Christi hatte sie am 27. 1. 1281 u. lebte von da an bis zu ihrem Tod in inniger Verbundenheit mit Christus. Ihre mystischen Erlebnisse begann sie 1289 aufzuschreiben u. zu künden. Sie trug entscheidend zur Verehrung des Herzens Jesu im Mittelalter bei, fast alle Anrufungen der Herz-Jesu-Litanei kommen bei ihr bereits vor. Trotz ihrer mystischen Nähe zu Christus zog sie jederzeit auch den kleinsten Dienst der Nächstenliebe dem bräutlichen Verkehr mit Christus vor. Sie war die größte dt. Mystikerin, die Nachwelt gab ihr den Beinamen „die Große". † am 13. 11. 1302. Ihre Gebeine ruhen in Helfta.
Liturgie: RK g am 17. November
Darstellung: als Nonne, ihr Herz vom Herzen Jesu feurig entfacht, mit Buch u. Feder, oder mit Kruzifix. 7 Ringe an der rechten Hand
Lit.: Zimmermann III 319–323 – J. Weißbrodt, Magna Sancta (Freiburg/B. 1932) – A. Vollmer (Kevelaer 1937) – MS 9 (1947) 108–130 – C. Vagaggini: Cor Jesu II (Rom 1959) 29–48

Gertrud, Äbtissin **von Nivelles,** Hl.
* 626 als Tochter Pippins d. Ä., des Stammvaters der Karolinger. Sie lehnte eine glänzende Verheiratung ab u. wurde Nonne im Kloster, welches ihre Mutter ↗ Iduberga zu Nivelles (südl. von Brüssel, Belgien) um 640 gestiftet hatte. Nach dem Tod ihrer Mutter 652 wurde sie dort 1. Äbtissin. Sie ragte hervor durch große Kenntnis der Hl. Schrift, Tugendeifer u. tätige Nächstenliebe. Aus Rom ließ sie (wahrscheinlich liturgische) Bücher kommen u. erbat für ihr Kloster Mönche aus Irland zur Erklärung der Hl. Schrift. Sie starb am 17. 3. 653 (oder 659) u. wurde zu Nivelles bestattet. Der kostbare silberne Reliquienschrein von 1272 wurde 1940 vernichtet. Im Maingebiet wird sie auch Gertrud von Karlburg genannt.
Liturgie: RK g am 17. März
Darstellung: als Äbtissin mit Stab, auf den Mäuse klettern. Mäuse um sie, die sie vertreibt (die Maus wurde früher als unreines Tier betrachtet u. galt wie das Schwein als Symbol des Teufels). Mit Spinnrocken oder Katze. Mit fürstlichen Abzeichen, einen Edelmann zurückweisend, das Kreuz umklammernd

Patronin: der Gärtner, Gemüsezüchter, Reisenden
Lit.: P. Wenzel, Drei Frauenstifte der Diöz. Lüttich (Bonn 1909) – Bächtold-Stäubli III 699–712

Gertrud (Geertruida) **van Oosten,** Sel.
Sie wurde so benannt nach dem ihr zugeschriebenen Lied „Het daghet in den oosten". * um 1300 in Voorburg (Niederlande). Von irdischer Liebe enttäuscht, lebte sie in Delft (südl. von Den Haag) als Begine. Ihr tiefes Gebetsleben war von der Liturgie her geprägt. Sie hatte die Gabe der Wundmale u. der Prophezeiung. † am 6. 1. 1358 zu Delft.
Gedächtnis: 6. Jänner
Darstellung: als Nonne mit den Wundmalen an den Händen
Lit.: Baudot-Chaussin I 128 ff – Catholicisme IV 1895 – ECatt VI 195 f

Gerulf, Märt., Hl. (franz. Gérou)
Name: ahd. ger (Speer) + wolf (Wolf). Der Wolf als angriffslustiges Tier galt als Sinnbild des Kampfes
Er war der Sohn des Schloßherrn von Merendree bei Gent (Belgien) u. noch ein Knabe. Er wurde in Gent von Bisch. Eliseus von Noyon-Tournai gefirmt, auf dem Heimweg aber von seinem Firmpaten aus unbekanntem Motiv ermordet u. dort begraben. 915 wurden seine Gebeine in die Marienkirche zu Droughem übertragen. † um 750.
Gedächtnis: in Droughem 21. September, in Gent 25. September
Lit.: Baudot-Chaussin IX 436f – J. Leclerq, Saints de Belgique (Tournai 1953)

Gervasius u. Protasius, Märt. **in Mailand,** Hll.
Historische Nachrichten über ihre Persönlichkeiten u. ihr Martyrium fehlen. Ihre Gebeine wurden durch Bisch. ↗ Ambrosius in der Basilika der hll. ↗ Nabor u. Felix am 17. 6. 386 aufgefunden u. in der Ambrosius-Basilika unter dem Altar beigesetzt. Als Erweis der Echtheit dieser Gebeine galten die dunkle Erinnerung zweier alter Männer, die Größe der gefundenen Leiber, eine Ampulle (mit Blut?), die man bei ihnen fand u. die Heilung eines Blinden während der Überprüfung. Es ist dies das erste bekannte Beispiel einer „inventio" von Martyrerleibern. Daraufhin verbreitete sich ihre Verehrung rasch im Abendland. Eine um 450 erdichtete Legende macht sie zu Söhnen der hll. ↗ Vitalis u. ↗ Valeria u. verlegt ihren Tod in die Zeit des Markomannenkrieges um 270. Die Reliquien sind heute unter dem Hochaltar in S. Ambrogio im Mailand sichtbar. Einige Reliquien sollen durch Rainald von Dassel, Reichskanzler u. Erzb. von Köln († 1167), nach Breisach (am Rhein, westl. von Freiburg/B.) gekommen sein, wo sie im Münster in einem silbernen Reliquienschrein aufbewahrt werden.
Gedächtnis: 19. Juni
Darstellung: Gervasius mit bleierner Geißel oder Keule, Protasius mit Schwert
Patrone: von Mailand; von Breisach; der Heuarbeiter, Kinder
Lit.: E. Lucius-G. Anrich, Die Anfänge des Heiligenkultes (Tübingen 1904) 153 ff – Künstle II 282 – AnBoll 49 (1931) 30–35

Gerwald, Märt., Hl. (Gerwal)
Name: ahd. ger (Speer) + walt (zu walten, herrschen, walten): der mit dem Speer Herrschende
Er war Angelsachse u. ein Gefährte des hl. ↗ Willehad u. verkündigte mit ihm das Evangelium bei den Sachsen u. in Dithmarschen (im westl. Holstein, zw. Elbe u. Eider). Er erlitt mit diesem u. anderen Gefährten 782 den Martertod durch die Sachsen.
Gedächtnis: 30. November

Gerwald ↗ Gerold

Gerwich OCist, Sel.
Name: ahd. ger (Speer) + wig (zu wigan, kämpfen): Speerkämpfer
Er stammte aus edlem Geschlecht in Volmudstein (Westfalen). Bei einem Turnier verwundete er seinen Freund. Zur Buße wurde er Mönch in Siegberg bei Köln u. zog mit Bisch. Kuno von Köln 1126 nach Regensburg. Später wurde er Mönch im Kloster Waldsassen (Oberpfalz). † am 5. 10. 1133.
Gedächtnis: 5. Oktober

Gerwin OSB, Abt **von Aldenburg,** Hl.
Name: ahd. ger (Speer) + wini (Freund): Speerfreund
Er wurde von der asketisch-anachoreti-

schen Bewegung seiner Zeit ergriffen u. pilgerte nach Rom u. Jerusalem. Anschließend wurde er Benediktinermönch in Berghues-St-Winnoc, verließ aber nach einiger Zeit das Kloster wieder, um als Einsiedler, eine Zeitlang auch als Rekluse zu leben. Als solcher kam er an verschiedene Orte wie Corbie (bei Amiens, Nordfrankreich) u. in die Nähe des Benediktinerklosters Aldenburg (Oudenburg, bei Ostende, Belgien). Dessen Mönche wählten ihn 1095 zu ihrem Abt. 1105 legte er dieses Amt nieder u. zog sich wieder als Einsiedler in die Einsamkeit zurück. Er starb im Wald von Kosfort am 17. 4. 1107.
Gedächtnis: 17. April
Lit.: Zimmermann II 61f – Baudot-Chaussin IV 418

Gerwin OSB, Abt **von St-Riquier,** Hl.
Er stammte aus Laon (Nordfrankreich). Er war zuerst Kanoniker in Reims u. wurde dann Benediktinermönch zu St-Vannes in Verdun. 1025 pilgerte er mit seinem Abt ↗ Richard ins Hl. Land. Später wurde er zum Abt des Klosters St-Riquier (Diöz. Amiens) ernannt. Dort betrieb er eifrig die Reform von ↗ Cluny u. nahm 1049 am Konzil von Reims teil. † am 3. 3. 1075.
Gedächtnis: 3. März
Lit.: PL 174, 1322–1360 – Zimmermann I 277f – Hallinger I 307

Gezelin von Altenberg OCist, Sel. (Gozelin, Jesselines)
Name: zu germ. gaisas (Lanzenspitze); -lin ist Verkleinerungssilbe
Er war Zisterzienser-Laienbruder im Stift Altenberg bei Köln. † um 1137. Bestattet in Leverkusen-Schlebuschrath (nördl. von Köln). Seit 1814 sind die Reliquien in der dortigen Pfarrkirche zum hl. Andreas.
Gedächtnis: 6. August
Lit.: P. Opladen, Heimatbuch Leverkusen-Schlebusch II (Leverkusen 1952) 79–88

Gezzelin von Luxemburg ↗ Schetzelo

Ghebre Michael (Gabra Mika'el), Märt., Sel.
* 1788 in Mertule Mariam (Äthiopien). Er war zuerst koptischer Mönch u. kam mit ↗ Justinus de Jacobis in Berührung, der ihn 1844 zum Übertritt in die kath. Kirche gewann u. mit dem er nach Rom reiste. 1851 wurde er zum Priester geweiht. Er verfaßte in Ge'ez, der äthiopischen Sprache, eine Grammatik, ein Wörterbuch u. einen Katechismus u. bildete im Seminar zu Alitiena einen einheimischen Klerus heran. Auf Betreiben der koptischen Mönche, mit denen er früher zusammenlebte, wurde er verhaftet u. starb schließlich an den monatelangen Quälereien am 28. 8. 1855. Seliggesprochen am 3. 10. 1926.
Gedächtnis: 28. August
Lit.: AAS 18 (1926) 407 – J.-B. Coulbeaux (Paris 1926², dt. Graz 1927) 8 – KathMiss 54 (1926) 321–327

Gianelli ↗ Antonius Maria Gianelli

Giacomo (ital.) ↗ Jakob

Gilbert von Lothringen, Hl.
Name: ↗ Giselbert
Er stammte aus Lothringen u. diente dem Kaiser als Soldat. Unter vielen Verfolgungen von seiten seiner Verwandten ging er ins Kloster. Leider ist sonst von ihm nichts bekannt. Kaiser Otto I. (936–973) brachte seine Gebeine nach Rom, wo sie in der Kirche S. Bartolomeo in Isola beigesetzt wurden.
Gedächtnis: 25. Mai

Gilbert, Bisch. **von Meaux,** Hl. (Giselbert)
* zu Ham an der Somme (Nordfrankreich). Er kam um 950 als Knabe in die Schule der Kanoniker von St-Quentin (Dep. Aisne, Nordfrankreich) u. wurde später auch ihr Mitglied. Er wurde dann zum Archidiakon u. schließlich um 985 zum Bisch. von Meaux (östl. von Paris) gewählt. Er bemühte sich um die Administration in der Diöz. u. im Domkapitel u. machte viele fromme Stiftungen. † um 1004 (um 1009?).
Gedächtnis: 13. Februar

Gilbert von Neuffontaines OPraem, Hl.
Er entstammte einer adeligen Familie in der Auvergne (Landsch. um Clermont, Zentralfrankreich). Mit seiner Gattin Petronilla führte er eine glückliche Ehe. Er machte unter König Ludwig VII. von Frankreich den 2. Kreuzzug (1147–49) mit. Nach seiner Heimkehr renovierte er nach 1150 das Prämonstratenser-Frauenkloster Aubeterre (bei Troyes), dessen erste Vorsteherinnen seine Frau Petronilla u. seine Tochter Pontia wurden. Ferner stiftete er das Prämon-

stratenserstift für Herren in Neuffontaines (Dep. Nièvre, Zentralfrankreich), dem er bis zu seinem Tod als Prior vorstand. Neben dem Kloster errichtete er ein Spital. † am 6. 6. 1152. Sein Kult setzte schon früh ein u. wurde 1725 anerkannt. Die Gebeine wurden am 3. 10. 1612 erhoben. Die Reliquien gingen in der Franz. Revolution verloren.
Gedächtnis: 6. Juni
Darstellung: ein Stück Land auf seiner ausgestreckten Hand haltend
Lit.: ActaSS Ian. I (1965) 762–766 – L. Cote, Un chevalier qui se fit moine: St-Gilbert, abbé de Neuffontaines (Moulins 1952) – Catholicisme V 9

Gilbert von Sempringham, Hl.
* 1083/89 zu Sempringham (Grafsch. Lincoln, England). Er studierte in Paris u. wurde um 1123 Priester. Als solcher wirkte er als Pfarrer auf seinem väterlichen Besitz zu Sempringham u. gründete dort um 1131 ein Nonnenkloster nach der Benediktinerregel mit strenger Klausur u. daneben ein Männerkloster nach der Chorherrenregel, aber mit bes. Statuten, die dem Zisterzienserorden entlehnt waren. Dieser so entstandene Doppelorden der Gilbertiner wurde 1148 von Eugen III. bestätigt u. unterhielt Spitäler und Armenhäuser. Als rein engl. Orden erfreute er sich großer Beliebtheit beim Volk u. der Gunst der engl. Krone, fiel aber der gewaltsamen Klosteraufhebung unter Heinrich VIII. in den Jahren 1535–40 zum Opfer. † am 4. 2. 1189. Heiliggesprochen 1202.
Gedächtnis: 4. Februar
Lit.: Baudot-Chaussin II 99ff – Catholicisme V 9f 13f – D. Knowles, The Monastic Order in England (Cambridge 1950) 752

Gildas der Weise, Hl.
Name: wahrsch. zu ahd. gelt, angelsächs. geld, gield (Vergeltung, Vergütung, Einkommen, Wert); dazu gehört auch „Gilde" (aus ahd. gelt: Opfer, Zahlung, Steuer; Bruderschaft, wegen der gemeinsamen Opfergelage der Heidenzeit)
* um 500 wohl aus ‚Arecluta' (Strathclyde in Schottland). Die Viten aus dem 11./12. Jh. ergeben jedoch ein recht verworrenes Lebensbild u. sind deshalb vorsichtig aufzunehmen. Das folgende dürfte aber feststehen: Er war Schüler des hl. Abtes Iltut (Illtud, Ildut, Ulltyd) im Kloster Caerworgan in Wales (westl. von Cardiff), wurde Priester u. besuchte um 565 Irland. Er wirkte als Glaubensbote in Wales. Er ist der älteste Geschichtsschreiber der Briten. † 570.
Gedächtnis: 29. Jänner
Lit.: P. Grosjean: ALMA 25 (1955) 155–187 – Ders.: AnBoll 75 (1957) 158–226

Gilduin, Hl.
Name: ahd. gelt (Opfer, Zahlung, Vergütung, Einkommen, Wert) + wini (Freund): wertvoller Freund
* um 1053 aus altem Adel in der Bretagne. Er wandte sich dem geistlichen Stand zu u. wurde Domherr zu Dole in der Bretagne. Nach der Absetzung des unwürdigen Bisch. Johundus faßte man ihn als Bischofskandidaten ins Auge. Aber Gilduin pilgerte nach Rom u. bat Papst ↗ Gregor VII., diese Wahl mit Rücksicht auf seine Jugend (er war noch nicht 24 Jahre alt) nicht zu bestätigen. Der Papst willigte in die Bitte ein. Gilduin besuchte auf der Rückreise noch die Verwandten seiner Mutter in Orléans u. Umgebung u. pilgerte, bereits krank, zur Kathedrale Notre-Dame zu Chartres u. starb am 27. 1. 1077 zu Pierre-en-Vallée (Dep. Eure, westl. von Paris). Dort werden seine Reliquien verehrt.
Gedächtnis: 27. Jänner

Gilg ↗ Ägidius

Gilles (franz.) ↗ Ägidius

Giorgio (ital.) ↗ Georg

Giovanni (ital.) ↗ Johannes

Gisbert OSB, Bisch. **von Lindisfarne,** Hl. (Cuthbert)
Name: gis- wohl zu germ. gaisaz (Speer, urspr. Sonnenstrahl (vgl. „Geißel") + ahd. beraht (glänzend, berühmt). Die kelt. Namensform cuth- (germ. chud) gehört möglicherweise zu germ. gaido, angelsächs. gadu (Lanzenspitze)
Er war Angelsachse aus Northumberland (Nordengland) u. wurde 651 Benediktinermönch, 662 Prior im Kloster Melrose (Südschottland). 664 übersiedelte er in das Kloster Lindisfarne auf Holy (Insel an der Ostküste Nordenglands), wo er als Volkspredi-

ger wirkte. Er zog sich auch mehrere Jahre als Einsiedler auf die benachbarte Insel Farn zurück. 684–686 war er Bisch. von Lindisfarne. † am 20. 3. 687. Sein Grab ist im Dom zu Durham (Nordengland). Er wird „Wundertäter von Britannien" genannt u. ist Nationalheiliger der angelsächs. u. kelt. Kirche.
Gedächtnis: 20. März
Darstellung: als Abt, ein Engel bringt ihm Brot. Als Bisch., das gekrönte Haupt des hl. Oswald tragend. Über ihm glühende Säule. Mit Fischotter u. Schwänen
Patron: der Hirten, Seefahrer
Lit.: E. Consitt (London (1887)

Gisela, Königin **von Ungarn,** Sel.
Name: weibl. F. zu ahd. gisal, Bürgschaft, Pfand, Geisel. In germ. Zeit wurden zur Bekräftigung von Verträgen die Kinder der vornehmsten Familien oder Fürsten ausgetauscht. Sie erhielten am Fürstenhof des Partners eine standesgemäße Erziehung. So kam auch der spätere Ostgotenkönig Theoderich (Dietrich von Bern) 461 als Zehnjähriger für 10 Jahre an den byzantinischen Kaiserhof. Es galt als Vorzug u. Zeichen edler Abstammung, als Geisel dienen zu können. Daher erhielt gisal auch die Bedeutung „Edler", „Vornehmer".
* um 985 auf Schloß Abbach (?) als Tochter Herzog Heinrichs II. von Bayern u. seiner Gattin Gisela von Burgund. Sie war die Schwester Kaiser ↗ Heinrichs II. Mit 10 Jahren wurden sie mit König ↗ Stephan I. von Ungarn vermählt u. schenkte ihm den Sohn ↗ Emmerich. Sie hatte entscheidenden Einfluß auf die Christianisierung Ungarns, baute Kirchen u. Klöster, darunter angeblich den Dom von Veszprém u. dotierte sie reichlich. (Das Gisela-Kreuz wird jetzt in München gezeigt; die Prunkkasel von Stuhlweißenburg wurde später ungarischer Krönungsmantel). Als sie 1038 ihren Gatten verlor, mußte sie von seiten der heidnischen Nationalpartei schwere Verfolgungen, Anfeindungen u. Mißhandlungen erleiden. 1045 wurde sie durch König Heinrich III. befreit u. nach Passau gebracht, wo sie in das dortige Benediktinerinnenstift Niedernburg als Nonne eintrat u. Äbtissin wurde. † am 7. 5. um 1060 zu Passau. Über dem Originalgrabstein aus dem 11. Jh. erhebt sich heute das spätgotische Hochgrab aus dem Anfang des 15. Jh.s
Gedächtnis: 7. Mai
Darstellung: als Königin mit Kirchenmodell u. Rosenkranz
Lit.: W. M. Schmid, Das Grab der Königin Gisela von Ungarn (München 1912) – B. Hóman, Gesch. des ungarischen Mittelalters I (Berlin 1940) 166f 196 237 u. ö. – Bauerreiß II 20 115 149f – Alte Klöster in Passau u. Umgebung, hrsg. v. J. Oswald (Passau 1954²) 28f

Giselbert von Zumarshausen, Hl.
Name: ahd. gisal (Geisel; Edler, vgl. ↗ Gisela) + beraht (glänzend, berühmt): berühmter Adeliger
Nach der Legende war er ein schottischer Königssohn u. lebte als Hirt in Zumarshausen im bayrischen Schwaben. † im 12. Jh.
Gedächtnis: 1. Oktober
Darstellung: in Hirtenkleidung, mit abgelegter Krone, ins Gebet versunken. Ein Engel hütet ihm währenddessen die Schafe

Gislar ↗ Chuniald u. Gislar

Gislenus, Abt **in Zell,** Hl. (Ghislain, Gislan, Gislein, franz. Ghislain)
* um 650, wahrscheinlich von fränkischen Eltern. Er war Einsiedler u. gründete die Zelle zu Ursidungen St. Peter u. Paul (später St. Ghislain genannt) im Hennegau (Belgien) nach einer eigenen Regel. Um 930 wurde dort die Regel des hl. Benedikt eingeführt. Er war der Berater der hll. ↗ Adelgundis u. ↗ Waltraud im Kloster zu Bergen (Mons), von wo aus Adelgundis die Abtei Maubeuge (Nordfrankreich, a. d. Grenze zu Belgien) gründete. Die Legende machte Gislenus zum Griechen, der in Athen studierte u. Basilianermönch geworden sei. † am 9. 10. nach 680. 629 wurden seine Gebeine erhoben u. nach Cateaucambréis, 1647 nach St-Ghislain übertragen.
Gedächtnis: 9. Oktober
Darstellung: mit Adler u. Bär, die ihm den Weg zeigen, wo er sich niederlassen solle
Lit.: AnBoll 5 (1886) 212–298, 6 (1887) 210 291–300, 12 (1893) 415–422 – Baudot-Chaussin X 289f – Catholicisme IV 1910

Gislinde
Name: ahd. gisel (Geisel, Edle, vgl. ↗ Gisela) + linta (Schild aus Lindenholz): edle Beschützerin

Giuseppe (ital.) ↗ Joseph

Giustiniani ↗ Laurentius (Lorenzo) G., ↗ Nikolaus (Niccoló) G.

Glodesind, Äbtissin **in Metz,** Hl. (Chlodsinda, franz. Glossine)
Name: ahd. hlut (laut; berühmt) + sind (Weg, Richtung, Ziel); davon ahd. gisindi (Reisegefolge, Kriegsgefolgschaft; vgl. „Gesinde", „Sintflut"), ferner ahd. senten, sendan (eine Richtung geben, „senden") und „Sinn". Der Name bedeutet etwa: berühmte Weggefährtin
Sie war vermutlich die Tochter des austrasischen Herzogs Wintrio von der Champagne u. Äbtissin eines Klosters in Metz, welches später nach ihr benannt wurde. † wahrscheinlich Anf. des 7. Jh.s. Ihre Verehrung ist in Metz sehr alt u. war im Mittelalter auch im Erzbistum Trier sehr verbreitet.
Gedächtnis: Metz 27. Juli (Trier 25. Juli)
Darstellung: am Altare kniend, ein Engel reicht ihr den Jungfrauenschleier
Lit.: Zimmermann II 496 – Th. Zimmer, Das Kloster St. Irminen-Oeren in Trier (Trier 1956) 47f

Goar, Priester u. Einsiedler, Hl.
Name: wohl gallischen Ursprungs, Bedeutung unklar
Er stammte aus Aquitanien (Südwestfrankreich). Um 500 unternahm er eine Missionsreise an den Rhein u. gründete mit Genehmigung des Bisch. von Trier oberhalb von Koblenz (bei Oberwesel am Rhein) eine Zelle, die später nach ihm benannt wurde u. aus der sich die heutige Stadt St. Goar entwickelte. Pippin d. J. übergab 765 die Zelle des hl. Goar an Abt Asuarius von Prüm als Beneficium.
Liturgie: Limburg, Trier g am 6. Juli
Darstellung: als Einsiedler, die Kutte oder Mütze an einem Sonnenstrahl aufhängend. (Dieses Wunder wirkte er, um damit die Gottgefälligkeit seines Wirkens, bes. die Bewirtung der anlegenden Rheinschiffer, gegen verleumderische Anklagen zu bekräftigen). Einen Topf in der Hand u. drei Hirschkühe neben ihm (mit deren Milch er Verdurstende tränkte). Den Teufel auf den Schultern (weil er fälschlich der Zauberei angeklagt wurde)
Patron: der Gastwirte, Weingärtner (da er selbst Wein anbaute, der Schiffer (weil er sie vor dem gefährlichen Loreley-Felsen beschützte), der Töpfer u. Ziegelarbeiter (wohl wegen des Milchtopfes als Attribut)
Lit.: E. Munding, Die Kalendarien von St. Gallen (Beuron 1951) 76 – Ebner 270 – E. Ewig, Trier im Merowingerreich (Trier 1954) 88 ff

Gobert OCist, Graf **von Aspre-Mont,** Sel. (Godbert, Gotbert)
Name: ahd. got (Gott) oder guot (passend, trefflich, gut) + beraht (glänzend, berühmt): der in Gott Berühmte, bzw. der durch Trefflichkeit Berühmte
* um 1080 aus dem Grafengeschlecht von Aspre-Mont (Dep. Hautes-Alpes, Südostfrankreich). Bereits in seiner Jugend zeichnete er sich durch große Tapferkeit aus u. nahm am 1. Kreuzzug (1096–99) teil. 1139 wurde er Zisterziensermönch in der neugegründeten Abtei Villers in Brabant (Diöz. Lüttich, Belgien), wo er durch tiefe Demut, Versöhnlichkeit u. Gehorsam hervorragte. † 1163.
Gedächtnis: 20. August

Godeberta, Äbtissin **in Noyon,** Hl.
Name: weibl. F. zu ↗ Gobert
Sie gründete in Noyon an der Oise (nordöstl. von Paris) ein Kolumbankloster u. wurde von Bisch. ↗ Eligius von Noyon zur 1. Äbtissin geweiht. † um 690. Ihre Gebeine wurden 1186 in die Kathedrale von Noyon übertragen.
Gedächtnis: 11. April
Darstellung: als Äbtissin, neben ihr ein Diener, der feurige Kohlen im Gewand trägt (diese verwandelten sich auf ihren Befehl in Rosen). Mit einem Ring (Vermählung mit Christus)
Lit.: ActaSS Apr. II (1675) 31ff – Baudot-Chaussin IV 269 – Catholicisme V 78f

Godehard OSB, Bisch. **von Hildesheim,** Hl. (Gotthard)
Name: ahd. guot (passend, trefflich, gut) + harti, herti (hart, kühn): der Kühne u. Treffliche
* 960 zu Reichersdorf bei Niederaltaich (Diözese Passau, Niederbayern). Er erhielt seine humanistische u. theol. Ausbildung in der Klosterschule von Niederaltaich, wurde dort 990 Benediktinermönch u. 993 Priester. 996 wurde er zum Abt gewählt. 1005

wurde er dazu auch Abt des Klosters Hersfeld (südl. von Kassel), später auch in Tegernsee (südl. von München). Die Klöster reformierte er als energischer Vorkämpfer der Refom von Cluny. 1013 kehrte er nach Niederaltaich zurück. Am 30. 11. 1022 wurde er auf Wunsch Kaiser ↗ Heinrichs II. zum 14. Bisch. von Hildesheim gewählt u. erhielt am 2. 12. 1022 die Bischofsweihe. Als solcher setzte er das Werk seines Vorgängers ↗ Bernward in der Pflege kirchlischer Kunst u. der Förderung des Kirchenbaues fort. Er baute etwa 30 neue Kirchen u. erneuerte den Dom, er förderte das Schulwesen u. errichtete eine Schule für Schreib- u. Malkunst. In seiner mönchaszetischen u. tatkräftigen Art, die sich mit einem humorvollen u. leutseligen Wesen verband, konnte er den Streit um das Kanonissenstift Gandersheim (Diöz. Hildesheim) beenden. Wegen dessen reicher Ausstattung mit Hildesheimer Zehntgut zu privatem Besitz des Bisch. ↗ Altfrid von Hildesheim erhoben die Hildesheimer Bischöfe gegen die Ottonen Ansprüche als Eigenkirchenherren, während diese mit Unterstützung des Erzb. ↗ Willigis von Mainz den Bischöfen von Hildesheim jede Jurisdiktion absprachen. 1028 wurde der Streit zugunsten Hildesheims entschieden. Godehard starb am 5. 5. 1038 im Moritzstift bei Hildesheim u. wurde im Dom zu Hildesheim begraben. Heiliggesprochen (als 1. Bayer) 1131. Sein Kult breitete sich schnell bis Schweden und Finnland, Südslawien, in die Schweiz (der St.-Gotthard-Paß wurde nach ihm benannt) u. Norditalien aus.
Liturgie: RK g am 5. Mai (Hildesheim F, Passau G)
Darstellung: als Bisch., Drachen unter seinen Füßen, Kirchenmodell in der Hand. Tote erweckend (damit sie noch beichten können; manche Forscher vermuten dahinter die reformierten Klöster), Teufel austreibend. Trägt glühende Kohlen im Chorrock
Patron: von Hildesheim; in ganz Europa ist er Patron vieler Kirchen u. Wallfahrtsorte

Lit.: J. Machens: Zeitschr. d. Vereins für Heimatkunde im Bist. Hildesheim (Hildesheim 1931) 91–132 – G. Schreiber, Mittelalterliche Alpenpässe u. ihre Hospitalkultur: Miscellanea G. Galbiati III (Mailand 1951) 348 f – Bauerreiß II 36 ff – Wattenbach-Holtzmann 62–65 287f u. ö. – O. J. Blecher (Hildesheim 1957[2])

Godeleva, Märt. **zu Brügge,** Hl. (Godeliéve)
Name: ahd. got (Gott) + ahd. liob, altniederl. lief, liev (lieb): die Gott-Liebende
Sie stammte aus der Gegend von Boulogne (südl. von Calais, Nordfrankreich) aus adeligem Geschlecht. Sie heiratete den flämischen Edelmann Berthold von Ghistelles, der sie aber zus. mit der Schwiegermutter mißhandelte u. schließlich am 6. (30.?) 7. 1070 (?) erdrosseln ließ. Berthold von Ghistelles wurde später Mönch im Kloster Bergues-St-Winoc (Flandern). Godelevas Gebeine wurden 1084 feierlich erhoben u. in der Folgezeit wiederholt rekognosziert (1380, 1392, 1604, 1714 u. 1907). Sie wird bes. in Flandern als Märt. verehrt.
Gedächtnis: 6. Juli
Darstellung: Strick um den Hals oder in der Hand

Lit.: Vita v. Drogo v. Bergen (vor 1084): AnBoll 44 (1926) 102–138 – Baudot-Chaussin VII 139 f – Catholicisme V 85

Godo OSB, Abt **von Oye,** Hl. (Godo von Fontanelle; franz. Gond)
Name: Kf. zu ↗ Godehard, Godefrid (↗Gottfried) u. a.
Er war Neffe des hl. ↗ Wandregisil u. war auch an der Gründung der Benediktiner-Abtei Fontanelle (St-Wandrille, bei Caudebec-en-Caux, Diöz. Rouen, Nordfrankreich) beteiligt u. trat selber dem Benediktinerorden bei. Um 661 gründete er in Oye (westl. von Dünkirchen, Nordfrankreich) ein Kloster u. wurde dessen Abt. † am 26. 5. um 690.
Gedächtnis: 26. Mai
Patron: der Handschuhmacher (wegen der Wortähnlichkeit: franz. ganteurs), der Gerber

Lit.: P.-A. Pidoux, Saintes de Franche-Comté (Lons-le-Saumier 1855) 281–285 – Zimmermann II 493f

Gomer ↗ Gummar

Gomidas Keumurgian (Queomürdjentz), Märt. in Istanbul, Sel. (auch Cosma da Carboniano genannt)
* 1656 in Istanbul (Türkei). Er war vorher Priester der orthodoxen Kirche in Istanbul u. trat 1694 zur kath. Kirche im uniert-armenischen Ritus über u. wirkte als eifriger Prediger. Auf Betreiben seiner eigenen

schismatischen Landsleute wurde er am 5. 11. 1707 von den Türken enthauptet. Seliggesprochen am 23. 6. 1929.
Gedächtnis: 5. November
Lit.: J. Khantzian, Notice biographique du serviteur de Dieu Der Gomidas Keumurdjian (Rom 1921) – F. L. Agagianian, Un martire dell'unitá santa della chiesa di Dio (Rom 1929)

Gondulph, Bisch. **von Maastricht,** Hl. (Gondulf, Gundulf, franz. Gondon)
Name: ahd. gunt (Kampf) + wolf (Wolf): kämpfender Wolf
Er stammte wahrscheinlich aus Lothringen u. wuchs in Maastricht (Niederlande) auf. Er wurde Priester u. um 600 Bisch. von Maastricht. Er war von seelsorglichem Eifer erfüllt u. baute mehrere Kirchen. † 607/608 (oder 617).
Gedächtnis: 16. Juli (6. Februar)

Gondulph, Bisch. **von Metz,** Hl. (Gondulf)
Er war Bisch. von Metz (Lothringen). † 823. Seine Gebeine ruhen im Benediktinerstift Gorze bei Metz.
Gedächtnis: 6. September

Gondulph, Märt. **zu Zauchte,** Hl.
Er war der Diener der hl. ↗ Reineldis u. wurde mit ihr u. dem Subdiakon ↗ Grimoald im Jahr 680 durch heidnische Sachsen in der Kirche von Zauchte (Belgien) (oder vielleicht auch in der Nähe von Sognies im Hennegau) ermordet.
Gedächtnis: 16. Juli (mit Reineldis und Grimoald)

Gonzalez de Santa Cruz ↗ Rochus Gonzalez de Santa Cruz

Gorch (niederdt.) ↗ Georg

Gordianus u. Epimachus, Märt. **in Rom,** Hll.
Namen: a) griech. der von der Stadt Gordion Stammende. Gordion war die alte Hauptstadt Phrygiens (südwestl. von Ankara, Zentral-Kleinasien), benannt nach dem Ahnherrn Gordios (Gordias), einem phrygischen Landmann, der nach seiner Wahl zum König Joch u. Deichsel seines Ochsenwagens mit einem kunstvollen Knoten umschlang u. ihn Zeus weihte. Wer ihn auflöse, gewinne die Herrschaft über Asien. Alexander d. G. hieb ihn 334 v. Chr. mit dem Schwert entzwei. – b) griech. Epimachos von epimachía, Waffenbeistand, Schutzbündnis
Sie sind die Namengeber eines frühchristlichen Cömeteriums an der Via Latina in Rom. Die unhistorische Legende berichtet, Gordianus sei ein hoher kaiserlicher Beamter gewesen, der unter Julian Apostata nach schrecklichen Foltern gestorben u. in der Gruft des Epimachus, der schon einige Zeit vorher in Alexandria das Martyrium erlitten habe, beigesetzt worden. Tatsächlich wissen wir von Gordianus, daß er ein kleiner Knabe war. Dies berichtet eine Inschrift, die der Presbyter Vincentius vermutlich nach der Belagerung Roms durch die Goten (537–538) anbringen ließ. Von Epimachus wissen wir lediglich, daß es in diesem Cömeterium eine ihm geweihte Kirche gab. Im 7. Jh. verehrten die Pilger das Grab des hl. Gordianus unter dem Hochaltar der Kirche des hl. Epimachus. Die Kirche wurde durch Hadrian I. (772–795) restauriert. Die Übertragung der Reliquien der Heiligen nach Kempten (Allgäu, Bayern) ist legendär.
Gedächtnis: 10. Mai
Darstellung: Gordianus in voller Plattenrüstung mit Schwert u. Palme; Epimachus in engen Beinkleidern, Wams u. Mantel mit offenem Buch u. Kruzifix bzw. Nagel (Leidenswerkzeug) in der Hand
Patron: von Kempten
Lit.: W. Hotzelt: SM 53 (1935) 311–316 – Ders.: RQ 46 (1938) 1–17 – Valentini-Zucchetti II 84 111 147 199 – B. de Gaiffier: AnBoll 74 (1956) 40

Gordius (Gordios), Märt. **zu Cäsarea** in Kappadozien, Hl.
Name: vgl. ↗ Gordianus (u. Epimachus)
Eine Predigt des hl. ↗ Basilius d. G. schildert ihn als röm. Centurio (Hauptmann), der den Soldatendienst aufgab u. Einsiedler wurde. Bei einem großen Rennen zu Ehren des Gottes Mars im Zirkus von Cäsarea bekannte er sich öffentlich als Christ u. wurde auf der Stelle hingerichtet. † Anf. 4. Jh.
Gedächtnis: 3. Jänner
Lit.: H. Günter, Legendenstudien (Köln 1906) 13 – F. Halkin, Un nouveau ménologue grec de janvier . . .: AnBoll 75 (1957) 68 f – C. Gianelli, Tetrastichi di Teodoro Prodromo . . . : ebd. 322

Goretti ↗ Maria Goretti

Gorgonia, Hl.
Name: ↗ Gorgonius
Sie war die Tochter des hl. Gregor d. Ä. von Nazianz u. seiner Gemahlin ↗ Nonna. u. die (wahrscheinlich jüngste) Schwester der hll. ↗ Gregor d. J. von Nazianz u. ↗ Cäsarius von Nazianz. Sie war mit Vitalianus verheiratet u. schenkte ihm 6 Kinder. Sie führte ein beispielhaftes Leben als Christin, Hausfrau u. Mutter. An ihrem Sterbebett stand ihr ↗ Basilius d. G., ihr geistlicher Vater, bei. † nach 369.
Gedächtnis: 9. Dezember (Griechen: 23. Februar)

Gorgonius, Märt. **in Nikomedien,** Hl.
Name: zu griech. Gorgó, die Starr-Blickende. Die Gorgonen waren in der griech. Mythologie weibl. geflügelte Schreckgestalten, deren Anblick versteinerte. Bei Hesiod waren es 3 Schwestern: die Unsterblichen Sthenno und Euryale u. die Sterbliche Medusa. Der Name bedeutet etwa: der Gorgo geweiht, furchterregend wie eine Gorgo.
Er war ein hoher Beamter im kaiserlichen Palast in Nikomedien (heute Izmid, östl. von Istanbul, Türkei) u. erlitt 303 unter Diokletian den Martertod.
Gedächtnis: 11. März

Gorgonius, Märt. **in Rom,** Hl.
Er war ein Opfer der Verfolgung Diokletians (um 305) u. wurde in einer noch nicht wiedergefundenen Gruft des frühchristlichen Cömeteriums an der Via Labicana beigesetzt. Die Reliquien kamen 764/765 in die Benediktinerabtei Gorze (bei Metz, Lothringen), die dann Monasterium S. Gorgonii genannt wurde.
Gedächtnis: 9. September
Lit.: Quentin 613f – G. Wilpert, Le pitture delle Catacombe (Rom 1903) 455ff, Tafel 252 – Valentini-Zucchetti II 25f 83 113 146, 313 – A. Ferrua, Epigrammata Damasiana (Città del Vaticano 1942) 165f

Gosbert, Bisch. **von Osnabrück,** Hl. (Gozbert, mit dem Zunamen Simon)
Name: germ. gōz (der Gote) + ahd. beraht, got. baírhts (glänzend, berühmt; vgl. engl. bright): berühmter Gote
Er war ein gebürtiger Schwede u. wurde um 832 von Bisch. Ebbo von Reims u. Bisch. Ansgar von Hamburg zum Bisch. für die schwedische Mission geweiht. 845 mußte er von dort fliehen u. wurde Bisch. von Osnabrück (Norddeutschland). † am 13. 2. 874.
Liturgie: Osnabrück g am 13. Februar

Goswin OSB, Abt **von Anchin,** Hl. (Gossen, Gossoinus, Goduin)
Name: zu germ. gōz (Gote) oder ahd. god (Gott) oder guot (passend, trefflich, gut) + wini (Freund): Gottesfreund bzw. Gotenfreund bzw. trefflicher Freund
* Ende des 11. Jh.s in Douai (Nordfrankreich, an der belgischen Grenze). Er studierte in Paris Theologie u. wurde Priester. Dort war er auch ein schlagfertiger Gegner Peter Abaelards, dessen philos. u. theol. Einseitigkeiten den Widerstand der meisten seiner Fachkollegen hervorriefen. Später wirkte er als Lehrer u. Kanoniker in Douai. 1112/14 wurde er Benediktinermönch in Anchin (auf einer Insel im Fluß Scarpe bei Douai). Hier sowie in St-Crépin, St-Remi u. St-Médard, wo er auch als Prior tätig war, arbeitete er eifrig im Sinn der Reform von ↗ Cluny. 130/31 wurde er Abt von Anchin. † am 9. 10. 1165.
Gedächtnis: 9. Oktober
Lit.: Zimmermann III 149ff – Cottineau I 91f – Baudot-Chaussin X 294ff

Gottfried OSB, Bisch. **von Amiens,** Hl. (Godefrid, Gothofred, Gaufred, Geoffrey)
Name: ahd. got (Gott) + fridu (Schutz, Friede): Gottesfriede, Gottesschutz
* 1065/66 im Gebiet von Soissons (nordöstl. von Paris). Mit 5 Jahren kam er zur Erziehung in das Kloster Mont-St-Quentin bei Péronne (östl. von Amiens). Er trat dem Orden bei, erhielt mit 25 Jahren die Priesterweihe u. wurde 1091 Abt im Kloster Nogent-sous-Coucy in der Champagne, wo er klösterliche Zucht u. Ordnung wiederherstellte. 1104 wurde er auf der Synode von Troyes zum Bisch. von Amiens gewählt, er mußte aber förmlich genötigt werden, diese Würde anzunehmen. Im Büßergewand u. mit bloßen Füßen betrat er seine Bischofsstadt. Auch als Bisch. behielt er das Gewand u. die Lebensweise seines Ordens bei. Täglich hatte er 13 Arme zu Tisch (die 12 Apostel u. Jesus Christus vor-

stellend). Man sagt auch, daß er sich die Feindschaft verschiedener Kleriker zuzog, die er wegen ihres unreinen Lebenswandels aus der kirchlichen Gemeinschaft ausschloß u. die ihn deswegen zu vergiften suchten. Er war ein Mann des Volkes u. stand auf seiten der Bürger in ihrem Kampf um die städtische Freiheit gegen den königlichen Vogt. Er mußte aber im November 1114 in die Grande-Chartreuse (die Große Kartause, nordöstl. von Grenoble) fliehen. Nach 3 Monaten befahl ihm die Synode von Beauvais wieder zurückzukehren, er litt aber unter dem Undank, mit dem man seine Liebe vergalt. Er starb am 8. 11. 1115 im Kloster St-Crépin in Soissons (St. Crispin u. Crispinian) u. wurde im Chor der dortigen Abteikirche beigesetzt. Am 4. 4. 1138 wurden seine Gebeine erhoben u. in einem Schrein vor dem Hochaltar beigesetzt.
Gedächtnis: 8. November
Darstellung: als Bisch. mit einem toten Hund (der an der Vergiftung starb, die seinem Herrn zugedacht war)
Lit.: Vita vom Mönch Nikolaus von Soissons: ActaSS Nov III (1910) 905–944 – Dazu aus Guibert von Nogent, De vita sua II 2, III 14: ebd. 902ff – Zimmermann III 277f 280 – Baudot-Chaussin XI 274–278

Gottfried von Hirsau OSB, Sel. oder Hl.
Er entstammte einem Grafengeschlecht in der Pfalz u. wurde Mönch im Benediktinerkloster Hirsau bei Calw im Schwarzwald. Er starb im Ruf ungewöhnlicher Heiligkeit im Jahr 1186.
Gedächtnis: 6. Februar

Gottfried OPraem, Graf **von Cappenberg,** Hl.
* 1097 auf dem Schloß der Grafen von Cappenberg (Westfalen). So wie sein Bruder ↗ Otto von Cappenberg wurde er durch die Predigt des hl. ↗ Norbert so beeindruckt, daß er, 1112, allerdings gegen den äußersten Widerstand seines Schwiegervaters, des Grafen Friedrich von Arnsberg, im Einvernehmen mit seinem Bruder Otto die reich begüterte Burg Cappenberg 1122 an Norbert übereignete u. sie in eine Prämonstratenser-Propstei umwandelte. Ebenso schuf er Propsteien aus den Schlössern Varlar bei Coesfeld (westl. von Münster in Westfalen) u. Ilbenstadt in der Wetterau (nördl. von Frankfurt a. M.). Beim Kloster Cappenberg gründete er ein Chorfrauenstift, in welches seine Frau Jutta von Arnsfeld u. seine beiden Schwestern Beatrix u. Gerberga eintraten (die Propstei wurde 1200 nach Oberndorf bei Wesel verlegt). Nach dem Tod Friedrichs von Arnsberg 1124 trat auch Gottfried selbst dem Prämonstratenserorden bei. Er tat sich hervor durch seine Liebe zu den Armen u. Notleidenden. Neben der Propstei errichtete er ein Spital. † am 13. 1. 1127 in Ilbenstadt. Seine Gebeine sind in Ilbenstadt u. Cappenberg.
Liturgie: Mainz, Münster g am 13. Jänner
Darstellung: als Prämonstratenser im weißen Habit, trägt eine Schüssel mit Broten (Wohltätigkeit), oder 3 Kirchenmodelle tragend (die 3 gestifteten Klöster). Das Jesuskind setzt ihm eine Krone auf
Lit.: St. Schnieder, Cappenberg (Münster 1949) 24–33 – H. Grundmann: Westfalen 37 (1959) 160–173 – Ders.: Westfälische Lebensbilder VIII (Münster 1959) 1–16

Gottfried von Villers OCist, Sel.
Er war zuerst Mönch in der Benediktinerabtei St. Pantaleon in Köln u. trat später in das Zisterzienserkloster Villers-en-Brabant (Diöz. Namur, Belgien). Er hatte die Gabe des Wunders u. der Herzensschau. Er wirkte viele Jahre als geistlicher Schriftsteller u. Sakristan. † 1170.
Gedächtnis: 2. Oktober

Gotthard ↗ Godehard

Gotthelf ↗ Elzear von Sabran
Der Name ist die Übersetzung des hebr. Eleazar (Gott hat geholfen) u. wurde in der Zeit des Pietismus (17./18. Jh.) beliebt.

Gottlieb ↗ Amadeus, ↗ Deochar
Der Name wurde bes. in der Zeit des Pietismus (17./18. Jh.) beliebt

Gottschalk, Fürst der Wenden, Märt., Hl.
Name: ahd. got (Gott) + scalc (Knecht, Diener): Gottesknecht
Er wurde im Michaelskloster zu Lüneburg (südöstl. von Hamburg) erzogen. 1030 führte er einen Aufstand an, um die Ermordung seines Vaters Uto zu rächen, wurde aber nach England verbannt. Als Ratibor, Fürst der Obotriten (ein Volksstamm der slaw. Wenden in Mecklenburg u. Ost-Holstein), u. dessen Söhne im Kampf gegen die

Dänen gefallen waren, trat er das Erbe seines Vaters an u. wurde Obotritenfürst. 1043 begann er, die Obotriten, Wagrier (östl. der Linie Kiel–Lübeck) u. Polaben (im Gebiet östl. von Hamburg) zum Reich der Wenden zu vereinen. Er setzte sich für die Christianisierung des Landes ein u. half bei der Missionierung als Dolmetscher. Mit Erzb. Adalbert I. von Bremen-Hamburg gründete er die Bistümer Mecklenburg u. Ratzeburg. Adalbert war aber kirchenpolitisch mit Kaiser Heinrich IV. (↗ Gregor VII.) verbunden u. wurde 1066 von seinen politischen Gegnern ausgeschaltet. Dies löste einen Aufstand von seiten der heidnischen Wenden aus, dem auch Gottschalk zum Opfer fiel. Er wurde am 14. 6. 1066 zu Lenzen an der Elbe (nordwestl. von Wittenberge) ermordet.
Gedächtnis: 14. Juni
Lit.: E. Kreusch, Kirchengesch. der Wendenlande (Paderborn 1902) 28–31 – H. v. Schubert, Kirchengesch. Schleswig-Holsteins I (Kiel 1907) 83ff 96 98 – K. Jordan, Die Bistumsgründungen Heinrichs d. Löwen (Stuttgart 1952) 71–73 – Hauck III[8] 654–657 735

Gottwald
Name: zu ahd. got (Gott) + waltan (walten, herrschen). Bedeutungsgleich zu Aswald, Ans-walt, ↗ Oswald (der durch die Asen Herrschende)

Götz ↗ Gottfried

Grata von Bergamo, Hl.
Name: lat., die Willkommene, Anmutige, Beliebte
Eine Heilige dieses Namens wurde in Bergamo verehrt. Sie soll zur Zeit Kaiser Konstantins gelebt u. den Leichnam des Märt. Alexander aus der Thebäischen Legion bestattet haben. Die Überlieferungen über sie sind aber sehr dunkel u. widerspruchsvoll. Wahrscheinlich gab es mehrere Frauen dieses Namens. Reliquien einer hl. Grata wurden am 1. 5. 1027 nach dem noch heute bestehenden Konvent S. Grata (früher S. Maria Vecchia) übertragen.
Gedächtnis: 1. Mai (4. September)
Lit.: ActaSS Sept. II (1868) 231–251 – Baudot-Chaussin V 6

Gratianus, Bisch. **von Tours,** Hl. (Gatianus)
Name: zu lat. gratia (Gunst, Gnade, Liebe, Dank): der Geliebte
Er wurde von Papst ↗ Fabianus (um 250) als Glaubensbote nach Gallien gesandt u. wurde 1. Bisch. von Tours. Der Christenverfolgung unter Decius (249–251) wußte er im Interesse seiner Diöz. immer klugerweise auszuweichen. † um 300. Nach seinem Tod blieb der Bischofsstuhl 37 Jahre unbesetzt. ↗ Martin von Tours pilgerte oft zum Grab des Hl. Er erhob seine Gebeine u. setzte sie in der Basilika seines Vorgängers Lidorius (Litorius 337–371) bei, wo sie Ziel vieler Wallfahrer, bes. der Compostela-Pilger, wurden. 1175 begann man mit dem Bau der Kathedrale St-Gatien. Diese wurde im 14. Jh. eingeweiht, 1547 vollendet, aber bereits 1562 von den Hugenotten ausgeraubt und in der Franz. Revolution verwüstet.
Gedächtnis: 18. Dezember (6. Juni, 19. Oktober)

Gratus, Bisch. **von Aosta,** Hl.
Name: lat., der Anmutige, Liebliche
Noch als Priester unterzeichnete er die Akten der Synode von Mailand (451) in Vertretung seines Bisch. Eustasius, der wohl wegen seines hohen Alters abwesend war. In Agaunum (St-Maurice, Wallis) nahm er Ende des 5. Jh.s an der Überführung des hl. Märt. Innozenz aus der Thebäischen Legion teil. Seine Grabinschrift ist noch vorhanden. Seine Gebeine ruhen in der Kathedrale von Aosta.
Gedächtnis: 7. September
Lit.: Savio P 72–76 – ECatt VI 1007f – A. P. Frutez, Le fonti per la storia della Valle d'Aosta . . . (Turin 1959) 6f

Gregor (Gregorio) **Barbarigo,** Bisch. von Bergamo u. Padua, Kardinal, Hl.
Name: griech. gregórios, der Wachsame
* am 16. 9. 1625 in Venedig als Sohn des Gian Francesco Barbarigo. Er studierte in Padua Rechtswissenschaften u. begleitete 1648 den venezianischen Gesandten Alvise Contarini nach Münster zum Abschluß der Verhandlungen zum Westfälischen Frieden. Dort lernte er Fabio Chigi, den Nuntius von Köln, kennen, der ihn als der spätere Alexander VII. 1656 nach Rom berief. 1655 war er in Venedig zum Priester geweiht worden. 1657 wurde er zum Bisch.

von Bergamo, 1660 zum Kard. u. 1664 zum Bisch. von Padua ernannt. Er führte in seinen Diöz. zahlreiche Reformen im Sinne des Trienter Konzils durch. Bes. verdient machte er sich um die Seminarien in Bergamo u. Padua. Er förderte das Studium der orientalischen Sprachen, der Geschichte u. Philosophie. Seine „Regulae studiorum" (1690) (Studien-Regeln) lehnen sich an die „Ratio studiorum" (Studienordnung) der Jesuiten an. Er bemühte sich sehr um die Wiedervereinigung mit den Orientalen. Bei den Konklaven 1676–91 zählte er zu den aussichtsreichsten Papst-Kandidaten. † 18. 6. 1697 in Padua. Seliggesprochen 1761, heiliggesprochen am 26. 5. 1960

Gedächtnis: 18. Juni

Lit.: ECatt II 817f – S. Serana, Il beato Gregorio Barbarigo e Cosimo III de' Medici (Padua 1932) – Ders., Il cardinale Gr. B. e le scienze matematiche (Padua 1935) – Ders., 42 lettere del beato Gr. B. a G. Patrizio (Padua 1938) – Ders., Il cardinale Gr. B. e l'oriente (Padua 1938) – Ders., Lettere del cardinale Gr. B. al rettore del suo seminario S. de Grandis (1674–97) (Padua 1940)

Gregor OSB, Abt **von Cerchiara u. Burtscheid,** Hl.

Er entstammte einer vornehmen Familie Kalabriens (Unteritalien) u. wurde Benediktinermönch im Kloster Cerchiara in seiner Heimat u. Abt dortselbst. Er wurde mit Kaiser Otto III. bekannt, der ihn 996 als 1. Abt des Klosters Burtscheid (heute innerhalb des Stadtgebietes von Aachen) einsetzte u. wo er 999 starb. Das Kloster wurde von Kaiser Otto III. gegründet, durch die folgenden Kaiser, bes. ↗ Heinrich II., mit reichem Besitz ausgestattet u. 1220 an das Zisterzienserinnenkloster auf dem Salvatorberg in Aachen angeschlossen. Es wurde 1797 säkularisiert, die Kirche ist seit 1806 Pfarrkirche.

Gedächtnis: 4. November

Lit.: AnBoll 17 (1898) 254 – Zimmermann III 258f – Baudot-Chaussin XI 145f

Gregor OSB, Abt **von Einsiedeln,** Sel.

Er war von Geburt ein Angelsachse u. trat 949 in das Kloster Einsiedeln (Schweiz) als Mönch ein. Er wurde 964 Abt des Klosters u. konnte durch seine engen Beziehungen zu den Ottonen den Besitz des Klosters vergrößern. Er nahm den späteren Bisch. ↗ Wolfgang als Novizen auf. Über Ansuchen des Bisch. ↗ Gebhard von Konstanz besiedelte er 983 das Kloster Petershausen am Bodensee von Einsiedeln aus u. vergrößerte 987 die Klosterkirche. Er reformierte das Kloster im Sinn der Erneuerungsbewegung von ↗ Cluny, die Schule von Einsiedeln gehörte unter ihm zu den berühmtesten jener Zeit. † 996.

Gedächtnis: 8. November

Lit.: O. Ringholz, Geschichte des fürstl. OSB-Stiftes Einsiedeln (Einsiedeln 1904) 44–53 – R. Henggeler, Profeßbuch der fürstl. OSB-Abtei Einsiedeln (Einsiedeln 1933) 62ff – Zimmermann III 281ff – Hallinger I 272f

Gregor, Bisch. **von Elvira,** Hl.

Er war Bisch. von Elvira bei Granada (Südspanien) u. als solcher ein erbitterter Vorkämpfer für das Glaubensbekenntnis von Nicäa (325; Gottheit Jesu Christi, 1. Verurteilung des Arianismus). Von ihm sind eine Reihe von theol. Werken in Form von Traktaten u. Homilien erhalten. † nach 392.

Gedächtnis: 24. April

Lit.: H. Koch: ZKG 51 (1932) 238–272 – Altaner[5] 333

Gregor (Gregorios) d. Ä., Bisch. **von Nazianz,** Hl.

* um 280. Er war der Vater des Bisch. ↗ Gregor d. J. von Nazianz, des ↗ Cäsarius von Nazianz u. der hl. ↗ Gorgonia u. Gemahl der hl. ↗ Nonna. Bis zu seiner Bekehrung hatte er höhere Staatsämter inne. Er gehörte ursprünglich der judaisierenden Sekte der Hypsistarier an. Diese Sekte verehrte als „höchsten Gott" („hýpsistos Theós") eine Mischung von Jahwe u. Zeus, zugleich auch das Feuer u. das Licht, sie beobachteten den Sabbat u. die Speisegesetze der Juden, lehnten aber Opfer u. Beschneidung ab. Gregor wurde von seiner Frau für das Christentum gewonnen, doch verlor er dadurch Familiengemeinschaft u. Vermögen. 325 erhielt er die Taufe von Leontius von Cäsarea in Kappadozien, der gerade auf der Reise zum Konzil von Nicäa war. 329 wurde er Bisch. von Nazianz in Kappadozien (heute Nenizi bei Varvale, Zentral-Türkei). Er konnte die von Julian Apostata verfügte Enteignung seiner Kirche verhindern u. unterstützte gegen den Willen des Julian die Wahl des Eusebius zum Bisch. von Cäsarea. Durch die Anerkennung der arianisierenden Formel der Synode von Rimini (359) verfeindete er sich aber mit den Mönchen von Nazianz. Sein Sohn Gregor

konnte aber durch sein Ansehen u. seine Rednergabe in diesem Streit vermitteln. Gregor d. Ä. errichtete aus eigenen Mitteln eine bedeutende Kirche (mit achteckigem Grundriß). † 374.
Gedächtnis: 1. Jänner
Lit.: P. Gallay, La vie de St-Grégoire de Nazianze (Paris 1943) 20ff u. ö.

Gregor (Gregorios) d. J., Bisch. **von Nazianz,** Kirchenlehrer, Hl.
Er ist mit ↗ Basilius d. G. u. ↗ Gregor von Nyssa einer der „3 Kappadozier". * 330 auf dem Landgut Arianz bei Nazianz im westl. Kappadozien (heute Nenizi bei Karvale, Zentral-Türkei), als Sohn des ↗ Gregor d. Ä. von Nazianz u. dessen Gemahlin ↗ Nonna. Er war Bruder des ↗ Cäsarius von Nazianz u. der ↗ Gorgonia. Er studierte in Cäsarea in Kappadozien (heute Ruinenstätte Eskischär bei Kaysari), Cäsarea in Palästina (heute Sdod Yam, südl. von Haifa), Alexandria (Unterägypten) u. schließlich fast 10 Jahre in Athen, wo er seinen Lebensfreund Basilius kennenlernte. Um 358 kehrte er nach Hause zurück u. war für kurze Zeit Rhetor. Vermutlich jetzt erhielt er die Taufe u. zog sich auf ein Landgut zurück u. später, von Basilius eingeladen, in den Pontus (nördl. von Kappadozien, am Schwarzen Meer), wo er mit diesem die Hl. Schrift studierte. Wieder in Nazianz, ließ er sich zu Weihnachten 361 von seinem Vater zur Priesterweihe bewegen, floh aber zunächst vor deren Aufgaben zurück in die Einsamkeit. Zu Ostern 362 kehrte er wieder zurück. Basilius, seit 370 selbst Erzbisch. von Cäsarea u. Metropolit von Kappadozien, weihte ihn 372 zum Bisch. von Sasima (südöstl. von Nazianz), er trat aber sein Amt in diesem „Fuhrmannsdorf" nie an. Nach dem Tod seines Vaters (374) verwaltete er für einige Zeit das Bischofsamt in seiner Heimatstadt u. zog sich 375 nach Seleukia in Isaurien (heute Süveydiye am Orontes, vor Antiochia) zurück. 379 übernahm er die Leitung der kleinen nicänischen Gemeinde in Konstantinopel. Im Mai 381, nach der Eröffnung des dortigen Konzils, wurde er von der versammelten Synode als Bisch. von Konstantinopel inthronisiert, er resignierte aber bald vor den Schwierigkeiten: Seine Wahl wurde angefochten u. das Schisma, das durch die unversöhnliche Haltung des Bisch. Meletios von Antiochia heraufbeschworen worden war, wirkte sich gerade in Konstantinopel stark aus. Krank geworden, nahm er Abschied u. kehrte nach Nazianz zurück, wo er den noch immer verwaisten Bischofssitz verwaltete, bis er 383 in Eulalios einen Nachfolger fand. Er ging wieder auf das einsame Landgut Arianz u. schrieb hier die meisten seiner Gedichte u. Briefe. † 390 in Arianz.
Gregor von Nazianz war der erste große Vertreter eines christlichen Humanismus, geistig ungemein lebendig, aufgeschlossen für alle Fragen seiner Zeit, begeisterungsfähig u. andere begeisternd, er ließ sich aber leicht entmutigen, was seinem Leben den Stempel des Unbeständigen u. Unentschlossenen aufprägte. Mit seinem selbstbewußten Wesen verband er tiefe Frömmigkeit u. Demut. Er entwickelte kein eigenes theol. System, er suchte vielmehr die überkommene Lehre zu bewahren. Die Lehre von der Dreifaltigkeit u. die Christologie standen in seinem Denken im Vordergrund. Seine Wirkung auf die Nachwelt, bes. im christlichen Osten ist groß u. nachhaltig. Die meisten seiner 44 Reden, Meisterwerke der damaligen Rhetorik, sind erhalten. Seine 244 Briefe waren meist zur Veröffentlichung bestimmt u. sind stilistische Musterstücke. Er schrieb ferner etwa 400 Gedichte mit insgesamt etwa 16.000 Versen. Bes. einige Hymnen, Elegien u. Epigramme sind dichterisch wertvoll.
Liturgie: GK G am 2. Jänner
Darstellung: als Bisch., schreibend, Taube auf seiner Schulter, Weisheit u. Keuschheit erscheinen ihm in menschlicher Gestalt
Patron: der Dichter
Lit.: Bardenhewer III^2 162–188 (Lit.) – Christ II/2 1413–1420 – B. Wyss: Museum Helveticum 6 (Basel 1949) 177–210 (Dichtung) – Altaner^5 266–270 – F. Lefherz, Studien zu Gregor von Nazianz. Mythologie, Überlieferung, Scholiasten (Diss. Bonn 1958) (Lit.) – P. Gallay, La vie de s. Gr. (Paris 1943, dt. Stuttgart 1965)

Gregor (Gregorios), Bisch. **von Nyssa,** Kirchenvater, Hl.
Er ist mit seinem älteren Bruder ↗ Basilius d. G. u. ↗ Gregor von Nazianz einer der „3 Kappadozier". * um 334 als der jüngere Bruder des Basilius. Seine Eltern waren ↗

Basilius u. Emmelia. Er wollte zuerst Priester werden, schlug aber dann die Rhetorenlaufbahn ein. Wahrscheinlich war er verheiratet. Sein älterer Bruder Basilius u. sein Freund Gregor von Nazianz bewogen ihn, sich in das Kloster im Pontus (am Schwarzen Meer), welches Basilius gegründet hatte, zurückzuziehen u. sich dem Studium der Hl. Schrift u. der Askese hinzugeben. 371 wurde er von Basilius zum Bisch. von Nyssa am Halys (70 km nordwestl. vom heutigen Newschehir, Zentral-Kleinasien) geweiht. Er besaß aber kein Organisationstalent, weshalb die Finanzen seiner Diöz. in Unordnung gerieten. Deswegen wurde er von einer arianisch gesinnten Synode in Nyssa wegen Verschleuderung des Kirchengutes 376 abgesetzt u. ins Exil geschickt. Nach dem Tod des arianischen Kaisers Valens (378) konnte er wieder zurückkehren. 380 wurde er zum Metropoliten von Sebaste in Armenien (heute Sivas, östl. Kleinasien) ernannt. Er blieb einige Monate im Amt. Auf dem 2. Allg. Konzil zu Konstantinopel (381) war er einer der Hauptverteidiger der Lehre von der Gottheit Christi u. unerbittlicher Gegner des Arianismus. Dazu verfaßte er eine große Zahl theol. Werke zur Verteidigung des kath. Glaubens. Als sein Hauptwerk gilt die Schrift „Oratio catechetica magna" (Großes katechetisches Gebet), eine Unterrichtsanleitung über die christliche Lehre von der Dreifaltigkeit, Menschwerdung, Erlösung u. die Sakramente der Taufe u. Eucharistie. Auch in der mystischen Theologie leistete er Bedeutendes, bes. in seinen Abhandlungen „De virginitate" (Über die Jungfräulichkeit), „De vita Moysis" (Leben des Moses), „In psalmorum inscriptiones" (Über die Titel der Psalmen) u. vor allem in seinen „Homiliae in Cantica Canticorum" (Predigten zum Hohenlied). † 394.

Gedächtnis: 9. März

Darstellung: mit Buch u. Feder

Lit.: H. F. Cherniß (Berkeley 1930) – W. Völker, G. v. N. als Mystiker (Wiesbaden 1955) – Altaner[5] 271–275 (Lit.) RGG[3] II 1844f – Zur Theologie bei G. v. N.: LKThK 4 1213 (Lit.)

Gregor (Gregorius) **I. d. G., Papst,** Kirchenlehrer

Schon seit 800 wird er mit ↗ Augustinus, ↗ Ambrosius u. ↗ Hieronymus zus. genannt, Bonifatius VIII. zählte ihn als 4. Lateiner zu den „egregii doctores ecclesiae" („den auserlesenen Kirchenlehrern"). – * um 540 in Rom aus senatorischem Adel. Er war 572–573 Stadtpräfekt von Rom. Nach dem Tod seines Vaters Gordianus wandelte er den elterlichen Palast am Clivus Scauri in Rom in ein Benediktinerkloster (Andreaskloster) um, in welches er sich um 575 mit 12 Gefährten zurückzog. Desgleichen stiftete er auch in Sizilien, wo er reichen Erbbesitz hatte, 6 Klöster. Die Schwestern seines Vaters, ↗ Tarsilla, ↗ Ämiliana u. Gordiana, lebten zeitweise in einem dieser Klöster. Gregor wurde von Benedikt I. (oder Pelagius II.) zum Regionardiakon (Vorsteher der 7 Stadtregionen Roms; Vorläufer der späteren Kardinaldiakone) geweiht. Pelagius II. sandte ihn 579 als Apikrisiar (entspricht etwa unserem Nuntius) an den Kaiserhof nach Konstantinopel, wo er unter sehr schwierigen Bedingungen die Sache des Papstes vertrat. Dabei erwarb er sich jene überlegene diplomatische Gewandtheit, die ihn später auch als Papst auszeichnete. 585/586 kehrte er nach Rom zurück u. wurde Ratgeber des Papstes. Nach dessen Tod wurde er 590 zum neuen Papst gewählt u. erhielt am 3. 9. 590 die Bischofsweihe.

Gregor I. ist wohl der genialste u. einflußreichste Papst des 1. Jahrtausends. Durch seine Beziehungen zum fränkischen König Childebert von Paris u. dessen Tochter Bertha, der Gemahlin König ↗ Ethelberts von Kent, gelang ihm die Christianisierung der Angelsachsen, u. er sandte zu diesem Zweck ca. 40 Mönche des Andreasklosters unter der Führung des ↗ Augustinus (von Canterbury) nach England. – Spanien war politisch u. rel. uneins (die kath. Romanen, die arianischen Westgoten, dazu die rel.-asketische Schwarmgeistbewegung der Priszillianer). Der neue westgotische König Rekkared (seit 586) suchte aus politischen Gründen wie aus persönlicher Überzeugung eine rel. Neuorientierung des Landes mit Ausrichtung auf Rom. Gregor I. verstand es, den König vom Arianismus abzubringen u. mit ihm die Westgoten. – Mit den Langobarden, die 592 u. 593 Rom belagerten, gelang ihm ein friedliches Übereinkommen. Darüber hinaus knüpfte er mit der kath. Theodelinde, Tochter des Bayernherzogs Garibald u. Königin der Langobarden, Beziehungen an, wodurch sich ihr Sohn Adaloald taufen ließ u. schließlich der ganze Stamm der Langobarden den kath. Glauben annahm. – Schließlich konnte er das mailändische Schisma beenden, das seit dem sog. „Dreikapitel-Streit", der rel. Spätwirkung der Auseinandersetzung um die Anerkennung des Konzils von Chalkedon (451), noch immer schwelte. – Durch diese kirchenpolitischen Großtaten konnte Gregor I. die päpstliche Vormachtstellung gewaltig steigern. Bemerkenswert für ihn ist seine maßvolle Weisheit u. kluge Weitherzigkeit in der Bewertung der nationalen Eigenarten u. heidnischen Vorstellungen der Völker.

Auch in seelsorglicher u. sozialer Hinsicht leistete er Großes: Gegen Hunger u. Seuchen reorganisierte er die Bewirtschaftung des kirchlichen Grundbesitzes, er schützte die Landpächter vor Ausbeutung u. baute die soziale Fürsorge u. Armenpflege in einer Weise aus, die seiner Zeit weit vorauseilte. Er setzte sich auch für die Rechte der Juden ein. Die diesbezüglichen Regelungen wurden richtungweisend für die Päpste der kommenden Jh.e. Er war auch um priesterliche Zucht u. Heiligkeit bemüht. Als weitblickender Seelsorger regelte er die röm. Liturgie u. legte insbes. den röm. Meßkanon fest. Auch der liturgische Gesang („Gregorianischer Choral") fand durch ihn 595 seine erste festgefügte Form. Seine erste Tat als neuer Papst – so wird erzählt – war eine große Bittprozession durch die Stadt um Abwendung der Pest (590). Da hatte er (bzw. auch das ganze Volk) die Vision des Erzengels Michael, der vom Himmel auf das Grabmal des Kaisers Hadrian (u. seiner Nachfolger) herabstieg u. sein blutiges Schwert in die Scheide steckte. Von da an hörte die Pest auf. Seither wurde dieses Bauwerk „Engelsburg" (Castel Sant'Angelo) genannt. – Obwohl er die unbedingte Unterwerfung aller Bischöfe u. Patriarchen unter den Primat des Papstes herausstellte u. auch den Titel „Oikumenikós" („Allgemein"), den die Synode von Konstantinopel (588) ihrem Patriarchen zuerkannte, ablehnte, so wollte er auch für sich nicht den Titel „Universalis Papa" („Universeller Papst") beanspruchen, sondern legte sich erstmals die Bezeichnung „Servus servorum Dei" („Diener der Diener Gottes") bei.

Dem ganzen Mittelalter galt Gregor I. in der Moraltheologie, Aszese u. Mystik als Autorität. Er beeinflußte seit ↗ Beda Venerabilis u. ↗ Alkuin die Theologie bis ↗ Bonaventura, ↗ Albertus Magnus, ↗ Thomas von Aquin u. andere die dt. u. span. Mystik. Er verfaßte eine Reihe theol. u. pastoraler Schriften: 35 Bücher „Moralia" (ein Kommentar zum Buch Job in allegorisch-moralisch-mystischer Form; diese Schriften dienten im Mittelalter als Handbuch der Moral), den „Liber Regulae Pastoralis" (4 Teile; eine Programmschrift über die Aufgaben des Seelsorgers; im Mittelalter als unentbehrliches Rüstzeug für die Priester angesehen), 62 Homilien (sie dienen z. T. noch heute als Lesungen im Brevier), „Dialoge" (4 Bücher; eine Art mirakulöser Heiligen-Legende, im Mittelalter sehr verbreitet). – † am 12. 3. 604.

Liturgie: GK G am 3. September (Bischofsweihe; bis 1969: 12. März)

Darstellung: als Papst mit Buch u. Federkiel, eine Taube auf seiner Schulter. Arme an seinem Tisch speisend u. bedienend (12 sind eingeladen, ein 13., nämlich Christus, kam mit). Im Hochmittelalter ist die „Gregorius-Messe" sehr verbreitet: Während der Feier der hl. Messe erscheint ihm Christus als der Schmerzensmann (bes. durch die Legenda Aurea des ↗ Jacobus a Voragine populär geworden). Später wurde die Szene stärker belebt: Kardinäle, Bischöfe, Presbyter, Diakone, Chorknaben, die Leidenswerkzeuge im Hintergrund, arme Seelen, die aus dem Fegefeuer erlöst werden.

Patron: der Gelehrten, Lehrer, Schüler, Studenten, Schulen, der Chor- u. Choralsänger, der Maurer (wegen der vielen Krankenhäuser, die er bauen ließ).

Schon seit sehr alter Zeit besteht der Brauch der sog. „Gregorianischen Messen" (nicht zu verwechseln mit der „Gregoriusmesse" s. o.): Die Gläubigen lassen 30 Messen an 30 aufeinanderfolgenden Tagen für einen Verstorbenen feiern. Diese sind benannt nach Gregor I., der als Abt des Andreasklosters in Rom für einen verstorbenen Mönch Justus an 30 Tagen die Messe zelebrieren ließ. Er folgte hier der noch älteren Praxis der 30tägigen Trauerzeit (sog. Tricenarius). Nach Ablauf der 30 Tage meldete der Verstorbene seine Erlösung aus dem Fegefeuer. Daneben gab es schon vor Gregor I. auch die Praxis der 7 Messen an 7 aufeinanderfolgenden Tagen (im Anschluß an die 7tägige Trauerzeit), die bis ins Mittelalter hinein ebenfalls sehr populär war. Diese Gregorianischen Messen wurden ursprünglich nur am sog. „Gregorianischen Altar" gefeiert, nämlich jenem, an dem Gregor die 30 Messen feiern ließ. Daraus leitet sich das Vertrauen des Volkes her, daß eine dort gefeierte Messe durch die Fürbitte des hl. Gregor I. den armen Seelen bes. wirksame Hilfe zusichere. Dieses Vertrauen wurde von der Kirche zuletzt am 15. 3. 1884 gutgeheißen. Die Privilegien dieses Altares (u. a. ein vollkommener Ablaß) wurden seit dem 16. Jh. auch anderen Altären in Rom u. Umgebung gewährt, was aber vom Hl. Offizium 1912 für die Zukunft untersagt wurde. Eine ausdrückliche kirchliche Gutheißung der Gregorianischen Messen ganz allg. (ähnlich der bezügl. der Altäre mit dem Gregorianischen Privileg) scheint indessen nicht vorzuliegen.

Lit.: DThC VI 1776–1781, XVI 1919–1922 – DACL VI 1753ff – Bardenhewer V 284–301 – ECatt VI 1112–1124 – Viller-Rahner 265–277 – Seppelt II^2 9–42 427f – Altaner[5] 430–440 (Lit.) – Spezielle theol.-geschichtl. Fragen: LThK 4 1179f (Lit.)

Gregor (Gregorius) **II., Papst,** Hl.

* 669 in Rom. Unter Papst ↗ Sergius I. wurde er Subdiakon, Bibliothekar u. Sacellarius („Säckelmeister", Ökonom). 709–711 (er war inzw. Diakon) begleitete er Papst Konstantin I. nach Konstantinopel zu den Verhandlungen über die Anerkennung der Synode von Konstantinopel von 691 (Trullanische Synode). 715 wurde er Nachfolger Konstantins I. als Papst. Er gehörte zu den weitschauendsten Päpsten des 8. Jh.s, in seiner Art ↗ Gregor I. geistig verwandt. Er restaurierte in Rom Basiliken u. Klöster und reformierte die röm. Liturgie. Er empfing 716 den Bayern-Herzog Theodo als ersten seines Stammes, er erteilte 719 ↗ Bonifatius den Auftrag zur Mission in Germanien u. weihte ihn 722 zum Missionsbischof. Der Langobardenkönig Liutprand gab auf Gregors Veranlassung das besetzte Sutri (nordwestl. von Rom) heraus u. schenkte seine Waffenrüstung St. Peter in Rom. Unter ihm vereinigten sich Langobarden u. Römer u. verteidigten die Immunität des Papstes gegen den byzantinischen Kaiser u. seinen Exarchen (bevollmächtigter Vertreter) in Ravenna. Er unterstützte anfangs den byzantinischen Kaiser Leon III. (fälschlich „der Isaurier" genannt), bis dieser mit seinen Edikten von 726 u. 730 gegen die Bilderverehrung den byzantinischen Bilderstreit entfesselte. Gregor II. verteidigte ihm gegenüber energisch die Erlaubtheit der Bilderverehrung. Er hatte auch Auseinandersetzungen mit ihm wegen der drückenden Steuerbelastung in Sizilien. † am 11. 2. 731.

Liturgie: Fulda g am 12. Februar (wegen seiner Sendung des hl. Bonifatius nach Deutschland); sonst: 11. Februar

Lit.: Haller I^2 351–358 – Th. Schieffer, Winfrid-Bonifatius (Freiburg/B. 1954) passim – Seppelt II^2 85–98

Gregor (Gregorius) **III., Papst,** Hl.

Er stammte aus Syrien u. regierte von 731–741. Schon unter seinem Vorgänger ↗ Gregor II. hatte der byzantinische Kaiser Leon III. durch sein Edikt von 730 den unseligen Bilderstreit entfesselt. Gregor III. verurteilte 731 in feierlicher Form die Bilderfeinde. Leon III. verzichtete auf die Durchführung seiner Dekrete in Rom, dafür belegte er die südital. Besitzungen der röm. Kirche mit konfiskatorischen Steuern u. entzog Süditalien, Illyrien (etwa das heutige Jugoslawien) u. Griechenland der kirchlichen Jurisdiktion Roms u. stellte diese Gebiete unter die Oberhoheit des Patriarchen von Konstantinopel. Daneben konnte er sich nur mühsam der expansiven Politik der Langobarden unter König Liutprand (712–744) erwehren, der sich das alte Ziel seines Stammes, die Eroberung ganz Italiens, erneut gesteckt hatte. Gregor III. wandte sich 739 u. 740 an Karl Martell um Hilfe, doch ohne Erfolg, weil dieser mit den Langobarden verbündet war. Erfolgreicher waren seine Initiativen in den Missionen der nördlichen Länder. Um 732 empfing er ↗ Bonifatius auf dessen 3. Romreise u. überreichte ihm das erzbischöfliche Pallium als Legatus Germanicus. † am 28. 11. 741.

Gedächtnis: 28. November
Lit.: Hartmann II/2 111 u. ö – Caspar II 664–667 u. ö. – O. Bertolini, Roma di fronte ai Langobardi e a Bisanzio (Bologna 1941) 453–477 – Haller I² 358ff – Seppelt II² 102–108.

Gregor (Gregorius) **VII., Papst,** Hl. (1073–1085)
* um 1020/25 in Soana (?) in der Toskana. Sein früherer Name war Hildebrand. Er kam schon früh an den Lateran (päpstliche Residenz 311–1309) u. wurde im Marienkloster auf dem Aventin in Rom Benediktinermönch (nach anderen Quellen erst 1048 in ↗ Cluny). („Mönch Hildebrand".) Er begleitete 1047 Gregor VI. in die Verbannung nach Köln, wohin ihn Kaiser Heinrich III. verwiesen hatte. Nach dessen Tod (November?) 1047 zog er sich in das Kloster Cluny zurück, wo er noch die letzten Lebenstage des großen Abtes ↗ Odilo erlebte. ↗ Leo IX., Ende 1048 durch Kaiser Heinrich III. im Worms auf den Stuhl Petri erhoben, holte ihn Anfang 1049 nach Rom u. berief ihn in den Kreis seiner engsten Mitarbeiter. Mönch Hildebrand stellte sich voll hinter die Reformpläne Leos IX., die Kirche von den Hauptübeln der Zeit zu befreien: der Simonie (Käuflichkeit kirchlicher Ämter), dem Konkubinats-Unwesen unter den Priestern u. der Abhängigkeit der Kirche von der weltlichen Macht, die sich bes. in der Laien-Investitur (Einsetzung von Bischöfen u. Äbten durch den Kaiser) manifestierte. Zunächst wurde ihm die Leitung des St.-Paulus-Klosters in Rom übertragen. 1054 u. 1056 wurde er als Legat nach Frankreich zur Bekämpfung derartiger Mißstände gesandt. 1058 erwirkte er die Zustimmung der Kaiserinwitwe Agnes zur Wahl Stephans IX. Bei der Wahl Nikolaus' II. am 6. 12. 1058 hatte er entscheidenden Anteil. Eine reformfeindliche röm. Adelsgruppe hatte nämlich bereits ihren Kandidaten Johann von Velletri zum Papst erhoben, der sich Benedikt X. nannte, der aber von den Kardinälen nicht anerkannt wurde. Ebenso hatte er großen Anteil an der Abfassung des Papstwahl-Dekrets Nikolaus' II. (1059) (Papstwahl nur durch die Kardinäle). Im selben Jahr wurde er zum Archidiakon von Rom ernannt. Er stellte ferner Verbindung her mit der sog. Pataria in der Lombardei, einer rel. Volksbewegung, die ganz ähnliche Ziele verfolgte wie Cluny u. die Päpste seit Leo IX. (↗ Arialdus). Er verstand es auch, mit den Normannen, die sich seit 1016 in Süditalien u. Sizilien festgesetzt hatten, ein Bündnis abzuschließen. Ein weiteres Papstschisma konnte er 1061/62 durch seinen Einfluß beilegen, als reformfeindliche Bischöfe in der Lombardei zus. mit dem röm. Stadtadel den Cadalus von Parma als Honorius II. als Gegenpapst gegen Alexander II. aufstellten. – So kann man verstehen, daß noch während der Beisetzungsfeierlichkeiten für Alexander II. am 22. 4. 1073 das ganze Volk spontan den Mönch Hildebrand zum neuen Papst ausrief. Sein Widerstreben nützte nichts, und die Kardinäle bestätigten ihn nachher – im kürzesten Konklave der Geschichte – als den neuen Papst, der sich nach seinem großen Vorbild ↗ Gregor d. G. ebenfalls diesen Namen beilegte.
War die Reformbewegung von Cluny bis jetzt nur eine Erneuerungsbewegung der Klöster gewesen, so wurde sie unter ihm als Papst zu einem Programm für die ganze Kirche. Gregor VII. ist bekannt als der unbeugsame Kämpfer im sog. Investiturstreit. 1075 formulierte er die Forderungen von Cluny in 27 Leitsätzen im sog. „Dictatus Papae" u. setzte damit ein jahrhundertealtes Gewohnheitsrecht außer Kraft: Kein Laie, auch der Kaiser nicht, durfte künftig irgendein kirchliches Amt besetzen. Der junge König Heinrich IV. reagierte darauf 1076 mit einem sehr scharfen Brief u. erklärte den Papst für abgesetzt. Gregor VII. sprach über Heinrich IV. den Kirchenbann aus u. löste alle Untertanen vom Gehorsam gegen ihn. Die dt. Fürsten traten 1076 in Tribur in der Kaiserpfalz (heute Trebur, Hessen) am 17. 10. 1076 zus. u. sagten sich von ihm los für den Fall, daß er nicht bis zum 2. 2. 1077 sich vom Bann gelöst habe. Heinrich IV. ging nach Italien u. traf den Papst in der Burg Canossa (südl. von Parma, Oberitalien) an; dieser war gerade auf der Reise nach Augsburg zur Wahl eines neuen Königs. 3 Tage, vom 25. bis 27. 1. 1077 stand er im Büßergewand vor dem Burgtor, bis ihn der Papst schließlich – 5 Tage vor Ablauf des Ultimatums der dt. Fürsten – vom Bann löste (der sprichwörtliche „Gang nach Canossa"). Doch kaum

vom Bann befreit, begann er wieder gegen den Papst aufzutreten. Im März 1077 wählten die dt. Fürsten in Forchheim Rudolf von Schwaben zum Gegenkönig. Gregor VII. bestätigte diesen auf der Fastensynode in Rom 1080 als neuen König u. erneuerte den Bann über Heinrich IV. Dieser ernannte daraufhin auf der Brixener Synode Wibert von Ravenna zum Gegenpapst, der sich Clemens III. nannte. Er eroberte 1083/84 Rom u. ließ sich von seinem Gegenpapst am 31. 3. 1084 zum Kaiser krönen. Gregor VII. floh in die Engelsburg u. wurde Ende Mai von den Normannen unter Herzog Guiscard befreit, doch diese plünderten zugleich die Stadt u. Gregor VII. mußte nach Salerno (südl. von Neapel) fliehen, wo er am 25. 5. 1085 starb u. begraben wurde. – Der Investiturstreit setzte sich noch unter Heinrich V. fort, bis endlich zw. diesem u. Calixtus II. im Wormser Konkordat 1122 eine einvernehmliche Lösung gefunden werden konnte: der Kaiser verzichtete auf die Laien-Investitur, durfte aber bei der Wahl von Bischöfen u. Äbten anwesend sein u. dem Gewählten die politischen Hoheitsrechte übertragen. Heiliggesprochen 1606.

Liturgie: GK g am 25. Mai

Darstellung: als Papst in Kasel u. einfacher Tiara, die Hände gefaltet, die Augen zum Himmel erhoben, oder auf den Knien vor einem Marienbild, das Engel tragen, mit der Inschrift „Ich habe die Gerechtigkeit geliebt u. das Unrecht gehaßt, deswegen starb ich in der Verbannung" (seine letzten Worte, nach Ps 45,8)

Lit.: W. Martens, 2 Bde. (London 1894) – Hauck III 597–600 672–722 753–838 – Haller II^2 365–430 599–612 u. ö. – Seppelt III^2 65–144 600ff (Lit.) – Einzelfragen: LThK 4, 1185 (Lit.)

Gregor X., Papst, Sel. (1271–1276)

* 1210 in Piacenza, sein bürgerlicher Name ist Tedaldo Visconti. Er war vorher Archidiakon von Lüttich. Er war zum Zeitpunkt seiner Wahl weder Kardinal noch Priester u. befand sich gerade in Erfüllung eines Kreuzzugsgelübdes in Palästina. Nach dreijähriger Sedisvakanz wurde er am 1. 9. 1271 in Viterbo zum Nachfolger Clemens' IV. als Kompromißkandidat gewählt. Er kam erst im Februar 1272 nach Rom, erhielt die Bischofsweihe u. wurde am 27. 3. 1272 gekrönt. Sein Pontifikat war beherrscht vom Kreuzzugsgedanken u. der Befreiung des Hl. Landes sowie der Vereinigung mit der seit 1054 getrennten Ostkirche (↗ Leo IX.). Unter ihm tagte 1274 das 2. Konzil zu Lyon. Dessen Hauptaufgaben waren Hilfe für Jerusalem, die Union mit den Griechen u. die Kirchenrefom, bes. die Einrichtung des Konklaves, um längere Sedisvakanzen zu vermeiden. Ein Kreuzzug kam aber durch den vorzeitigen Tod des Papstes nicht zustande. Hoffnungsvoll hingegen schienen die Dinge bezüglich der Union mit den Griechen zu laufen: Die Gesandten des byzantinischen Kaisers Michael VIII. Palaiologos erklärten auf dem Konzil im Namen des Kaisers den Gehorsam gegen den Papst, unterschrieben das bisher abgelehnte „Filioque" (daß der Hl. Geist vom Vater und vom Sohn ausgeht), die Lehre vom Fegefeuer u. die Siebenzahl der Sakramente. Am 6. 7. 1274 legten sie das Glaubensbekenntnis ab. Die Union mit den Griechen war aber nur von kurzer Dauer, weil das Einlenken der Griechen vorwiegend aus politischen Rücksichten von seiten des byzantinischen Kaisers geschehen war. Dieser suchte die Eroberungspläne Karls I. von Anjou zu durchkreuzen u. ein lat. Kaisertum im Osten zu verhindern. – Gregor X. erkannte die Wahl Rudolfs I. von Habsburg zum König an, da auch er einen Rückhalt gegen die Eroberungssucht Karls I. von Anjou suchte. Sein vorzeitiger Tod verhinderte aber die Kaiserkrönung Rudolfs von Habsburg. Gregor X. starb am 10. 1. 1276 in Arezzo (südöstl. von Florenz, Mittelitalien), wo er auch begraben wurde.

Liturgie: Lausanne–Genève–Fribourg g am 10. Jänner

Lit.: W. Hotzelt, Gregor X., der letzte Kreuzzugspapst: Das Hl. Land in Vergangenheit u. Gegenwart III (Köln 1941) 92–110 – St. Kuttner: Miscellanea P. Paschini II (Rom 1949) 39–81 – Haller V^3 20–42 317–327 – Seppelt III^2 519–540 619f

Gregor von Pfalzel ↗ Gregor von Utrecht

Gregor, Bisch. **von Tours,** Hl.

* am 30. 11. (?) 538 in Clermont-Ferrand (Zentralfrankreich) aus einem galloröm. Senatorengeschlecht. Er wurde 573 Bisch. von Tours, dem damaligen rel. Mittelpunkt von Gallien. Unter den Merowingerköni-

gen Chilperich I. u. Childebert II. war er politisch u. rel. der einflußreichste Mann im Frankenreich. Über dem Grab des hl. ↗ Martin erbaute er eine neue Basilika. Er hinterließ eine Reihe von Werken, die heute wichtige Dokumente für Geschichte, Sprachgeschichte, Politik u. Frömmigkeit des 6. Jh.s sind: „Historiarum libri decem" („10 Bücher der Geschichte", über das Frankenreich), die 8 Bücher der Wundererzählungen (ebenfalls eine unerschöpfliche Quelle für die Geschichte der Frömmigkeit, Liturgie u. des Volksbrauchs im Merowingerreich), „De cursu stellarum" (eine Anweisung für die Bestimmung der Offiziumsstunden aus dem Lauf der Sterne) u. ein Kommentar zu den Psalmen (nur noch in Resten vorhanden). † am 17. 11. 594.

Gedächtnis: 17. November

Darstellung: als Bisch., mit Buchrolle u. Feder. Neben ihm ein Fisch (mit dessen Leber er seinen Vater wunderbar geheilt haben soll). Bestraft einen sich tot stellenden Juden, indem er über diesen seinen Mantel wirft, unter dem der Jude dann wirklich stirbt

Lit.: Bardenhewer V 357–367 – Altaner[5] 440ff – Wattenbach-Levison I 99–106 – Hauck I 186–195 (Theologie) – W. Levison, Aus rhein. u. fränk. Frühzeit (Düsseldorf 1948) (polit. Jenseitsvisionen) 229–246 – P. Sträter, I (Passau 1952[2]) 176 180

Gregor OSB, Abt u. Administrator **in Utrecht,** Hl.

* um 707 aus vornehmer fränkischer Familie. Im Kloster Pfalzel bei Trier, welches seine Großmutter ↗ Adela als Äbtissin leitete, lernte er 722 ↗ Bonifatius kennen, der ihn auf seine Reisen in die Mission 738–739 mit nach Rom nahm. Später wurde er Abt des Benediktinerstiftes St. Martin in Utrecht (Niederlande) sowie Administrator des Bistums Utrecht (ohne Bischofsweihe). Hier leitete er auch eine Schule u. ein Missionsseminar. † am 25. 8. 776 (?). Sein Haupt ruht im Kirchenschatz von Susteren (Provinz Limburg).

Liturgie: Trier g am 26. August (sonst 25. August)

Darstellung: Arme beschenkend

Lit.: Baudot-Chaussin VIII 479f – Hauck II[8] 356–359 u. ö. – Catholicisme V 265f

Gregor der Wundertäter (Gregorios Thaumaturgos), Hl.

* um 213 in Neocäsarea im Pontus (heute Niksar am Schwarzen Meer) aus vornehmer heidnischer Familie. Mit 14 Jahren wurde er Christ u. studierte mit seinem Bruder Athenodoros Latein, Rhetorik u. Rechtswissenschaften. Auf der Reise nach Beirut trafen sie um 233 in Cäsarea den großen Lehrer Origenes u. studierten bei ihm 5 Jahre Naturwissenschaften, Philosophie u. Hl. Schrift. Nach ihrer Heimkehr wurde Gregor zum Bisch. seiner noch fast heidnischen Heimatstadt geweiht. Er konnte diese Stadt im Laufe der Jahre ganz christlich machen. Als Gegengewicht gegen die heidnischen Feiern richtete er Martyrerfeste ein. Er nahm an der Synode von Antiochia (264) teil, die Bisch. Paulus von Samosata wegen christologischer Irrtümer verurteilte. U. a. bekehrte er ↗ Makrina, die Großmutter des ↗ Basilius d. G. u. des ↗ Gregor von Nyssa. Er war ein Mann der Praxis u. auf die Bewahrung des christlichen Glaubensgutes bedacht. Von seinem Wirken ist eine Reihe wertvoller Schriften erhalten, darunter auch die erste christliche Selbstbiographie. † 270/275

Gedächtnis: 17. November

Darstellung: Teufel aus Götzenbildern austreibend. Mit einem Stab (da er mit einem Stab dem Fluß Lykos, jetzt Cordük-Cai bei Akhissai, nordöstl. von Smyrna, seine Grenzen anwies)

Lit.: V. Ryssel, Gregorius Thaumaturgus (Leipzig 1880) – W. Telfer: JThS 31 (1929–30) 142–155 354–362 (lat. Vita) – Bardenhewer II 315–332 – Quasten P II 123–128 – Altaner[5] 187f

Grignion de Montfort ↗ Ludwig Maria Grignion de Montfort

Grimbald OSB, Abt **von Newminster,** Hl. (franz. Grimbaud)

Name: germ. grima (Maske, Helm; vgl. grimmig) + ahd. walt, zu waltan (walten, herrschen): der mit dem Helm Waltende. (Nf. ↗ Grimoald, Grimwald)

* um 830 zu Therouanne bei St-Omer (Flandern). Mit 7 Jahren kam er in die dortige Benediktinerabtei St-Bertin zur Erziehung, trat später dortselbst dem Orden bei u. empfing die Priesterweihe. Man dachte schon daran, ihn zum Bisch. zu erheben.

Doch König ↗ Alfred von England berief ihn 893 nach Oxford (nach der wenig wahrscheinlichen engl. Überlieferung bereits 885), wo er das durch die Däneneinfälle fast ganz darniederliegende Mönchtum wieder neu beleben sollte. Er war bes. bewandert in Philosophie, Bibelwissenschaften u. Musik u. führte vor allem ein heiligmäßiges Leben. König Alfred hatte ihn 885 bei einem Besuch in St-Bertin persönlich kennengelernt. Er wirkte in Oxford als großer Prediger u. rel. Erneuerer des Landes. Im hohen Alter zog er sich in das wiederhergestellte Kloster Newminster (Winchester, später Hyde Abbey) zurück u. wurde dort 901 der 1. Abt. † am 8. 7. 903. Die feierliche Erhebung seiner Gebeine erfolgte nach 984 durch Bisch. Elphegus.
Gedächtnis: 8. Juli
Lit.: C. Plummer, Life and Times of Alfred the Great (Oxford 1902) – Zimmermann II 418 420f – EHR 55 (1940) 529–651

Grimo OPraem, Propst **von Ursberg,** Sel.
Name: Kf. zu ↗ Grimbald (Grimwald)
Er war der 2. Propst des Prämonstratenserstiftes Ursberg (Diöz. Augsburg). Er stand in hohem Ansehen bei den Päpsten wie auch beim Kaiser Friedrich I. Barbarossa. Er war ein bes. Verehrer des Leidens Christi. † 1173.
Gedächtnis: 2. März
Darstellung: mit einem Becher (in dem er dreimal am Karfreitag Wasser in Wein verwandelt haben soll)

Grimoald, Märt. **in Zauchte,** Hl.
Name: ↗ Grimbald
Er war Subdiakon u. wurde mit der hl. ↗ Reineldis u. deren Diener ↗ Gondulph durch heidnische Sachsen in der Kirche von Zauchte (Belgien) (vielleicht auch in der Nähe von Soignies im Hennegau) im Jahr 680 ermordet. Seine Gebeine ruhen im Kloster Gorze (Lothringen).
Gedächtnis: 16. Juli (mit Reineldis u. Gondulph)

Grisold, Märt. **in Sachsen,** Hl.
Name: gris- wohl zu germ. gradas, ahd. gratag (begierig) + ahd. walt (der Waltende, Herrschende)
Er war Mitarbeiter des hl. ↗ Willehad bei der Missionierung der Sachsen an der unteren Weser. Bei einem Aufstand der heidnischen Sachsen unter Herzog Widukind wurde er mit seinen Gefährten am 30. 11. 782 ermordet.
Gedächtnis: 30. November

Gualbertus ↗ Johannes Gualbertus

Guarinus OSB, Bisch. **von Sitten,** Hl. (Warin, franz. Guérin)
Name: entw. zu ahd. biwaron, mhd. warn (beachten, wahrnehmen): der Wachsame – oder zu ahd. wari, weri (Verteidigung, Wehr): der Verteidiger
* um 1065 in Pont-à-Mousson (südl. von Metz, Lothringen). Er wurde Benediktinermönch zu Molesme (südöstl. von Troyes, Zentralfrankreich). Um 1090 war er an der Gründung des Klosters Aulps in Savoyen (Diöz. Genf) beteiligt u. wurde 1113 dortselbst Abt. Der ganze Konvent löste sich aber 1120 von Molesme u. trat 1136 zum Zisterzienserorden über. Wann Guarinus Bisch. von Sitten wurde, läßt sich aus den Quellen nicht mehr eindeutig angeben. † am 30. 8. 1150 in Aulps. Seine Gebeine ruhen seit 1886 in der neuen Wallfahrtskirche von Plan-d'Avant bei Saint-Jean-d'Aulps.
Liturgie: Sitten G am 30. August
Lit.: G. Müller: Cist 22 (1910) 161–165 193–200, 228–232 – Baudot-Chaussin I 125–128 – Lenssen II 80f – Catholicisme V 327f

Guarinus ↗ Warin

Gudmund Areson, Bisch. **von Hólar,** Hl.
Name: ahd. guot, altnord. godhr (trefflich, gut) + ahd., anord. munt, mund (Hand, Schutz, Sicherheit, Vormundschaft, Königsfriede): trefflicher Schützer
* 1161 in Nordisland u. wurde Bisch. von Hólar (Nordisland). † 1237. Er wird seither vom Volk als Heiliger verehrt.
Gedächtnis: 1. November

Gudrun
Name: altnord. gudhr (ahd. gund, Kampf) + run (Geheimnis, Weissagung, Schrift; vgl. Runen, raunen): die für den Kampf weissagt. In der altnord. Sage ist Gudrun die Gemahlin Sigurds. Der Name wurde zur Zeit der Romantik durch das Gudrunlied auch in Deutschland bekannt.

Gudula, Hl. (Gudila, Guodila, franz. Goule, Engoule, flandr. Goëlen)
Name: zu ahd. guot (trefflich, passend, gut): die Treffliche
Sie stammte aus einem Grafengeschlecht in Brabant (Belgien) u. war mit Pippin d. Ä. nahe verwandt. Der Wohnort ihrer Eltern wird Martinae genannt, was wohl dem heutigen Merchtem (Südbrabant) entspricht. ↗ Gertrud von Nivelles hob sie aus der Taufe u. übernahm auch ihre Erziehung. Nach deren Tod 653/659 kehrte sie zu ihren Eltern zurück u. legte das Gelübde der Jungfräulichkeit ab. Sie wollte sich aber ganz dem Dienste Gottes u. dem Gebet hingeben u. baute sich im Dorfe Moorsel bei der Kirche St. Salvator eine Zelle, wo sie ein sehr strenges Bußleben führte. † 712. Ihre Gebeine ruhen seit 1047 in der Michaelskirche in Brüssel (die Kirche heißt heute Ste-Gudule).
Gedächtnis: 8. Jänner
Darstellung: ihre Handschuhe an einem Sonnenstrahl aufhängend. Ein Engel zündet ihre Lampe an, die ihr der Teufel auf ihrem Kirchgang ausgeblasen hatte
Patronin: von Brüssel
Lit.: Künstle II 288 – Moreau B I 198ff – Catholicisme V 321 (Lit.)

Guerra ↗ Helena (Elena) Guerra

Guibert ↗ Wigbert

Guido von Anderlecht, Hl. (fläm. Wyden, Wye)
Name: romanisierte Form zu ↗ Wido (Kf. zu Widukind, Widold); ahd. witu (Wald): Waldbewohner
Er war Küster zu Laeken bei Brüssel, nachher Kaufmann. Dann wandte er sich ganz dem Leben der Frömmigkeit zu u. wallfahrtete nach Rom u. Jerusalem. Er starb, von der Welt nicht beachtet, am 12. 9. 1012 zu Anderlecht bei Brüssel. Sein Grab wurde fast vergessen, doch wunderbare Heilungen förderten seine Verehrung. Seine Gebeine ruhen in der Stiftskirche zu Anderlecht.
Gedächtnis: 12. September
Darstellung: in belgischem Bauerngewand (als Sohn armer Bauersleute). Als bäuerlicher Pilger mit einem Ochsen
Patron: von Anderlecht; der Bauern, Glöckner, Kaufleute, Knechte, Küster, Pilger; des Viehs
Lit.: J. Lavallaye, Notes sur le culte de S. Guido à Anderlecht: Annales de la Soc. royale d'archéol. de Bruxelles 37 (Brüssel 1934) 221–248 – Baudot-Chaussin IX 262ff – J. Leclercq, Saints de Belgique (Tournai 1953)

Guido OSB, Abt **von Pomposa,** Hl. (Wido)
* um 1010 in Casamar bei Ravenna. Sein Vater wollte ihn zur Heirat drängen, doch Guido reiste nach Rom u. wurde unter die Kleriker aufgenommen. Nach einiger Zeit kehrte er nach Ravenna zurück u. stellte sich unter die Leitung eines heiligmäßigen Einsiedlers namens Martinus, der ihn nach 3 Jahren in das nahegelegene Kloster Pomposa unter Abt Wilhelm schickte. Nachdem Abt Wilhelm in die Einsamkeit gegangen war u. sein Nachfolger Johannes Angelus gestorben war, wurde er selbst Abt u. leitete das Kloster durch 48 Jahre u. brachte es zu großer Blüte. Sein Vater Albert u. sein Bruder Gerhard stellten sich unter seine Leitung. Die Zahl der Mönche vermehrte sich unter ihm auf das Doppelte, sodaß er ein neues Kloster bauen mußte. Der hl. ↗ Petrus Damiani hielt den Mönchen 2 Jahre lang geistliche Vorträge. Gegen Ende seines Lebens wollte sich Guido in die Einsamkeit zurückziehen, doch Kaiser Heinrich III. rief ihn zu sich nach Piacenza. Er trennte sich nur ungern von seinen Brüdern u. hatte Vorahnungen eines Abschieds für immer. Er kam über Parma nach Borgo San Donnino, wo er am 2. Tag nach seiner Ankunft krank wurde u. am 31. 3. 1046 starb. Sein Leib wurde zunächst nach Parma gebracht, Kaiser Heinrich III. überführte ihn am 4. 5. 1047 nach Speyer. Seine Gebeine ruhen heute in der St.-Guido-Kirche und im Magdalenenkloster in Speyer.
Liturgie: Speyer g am 4. Mai, sonst 31. März
Darstellung: als betender Einsiedler. Mit einem Schiff, das ihm wunderbar erschien
Lit.: J. Weber, Das St.-Guido-Stift in Speyer (Speyer 1930) – Zimmermann I 394ff

Guido Vagnotelli OFM, Sel.
* um 1190 zu Cortona (Toskana, Mittelitalien). Er schloß sich 1211 dem hl. ↗ Franz von Assisi an, wurde Priester u. vom hl.

Franz zum Prediger bestimmt. Er wurde vom Volk schon zu Lebzeiten als Wundertäter u. Heiliger verehrt. † wahrscheinlich am 12. 6. 1250 in Celle bei Cortona. Seine Gebeine ruhen in einem kostbaren antiken Marmorsarkophag zu Cortona. Kult 1583 anerkannt.
Gedächtnis: 12. Juni
Lit.: N. Bruni, Le Reliquie del B. Guido . . . al lume della Leggenda e della scienza (Cortona 1947) – AureolaSeraf III 409–418

Gumbert OSB, Abt-Bisch. **in Franken,** Hl. (Guntbert, Guntpert, Gumbrecht)
Name: ahd. gund (Kampf) + beraht (glänzend, berühmt): berühmter Kämpfer
* Anf. des 8. Jh.s. Er war von edel freier Abkunft u. lebte zu Ansbach in Franken (westl. von Nürnberg). Er lebte mitten im Reichtum arm u. bescheiden, wie es ihn Bisch. ↗ Burkhard von Würzburg gelehrt hatte. Er gab von seinem Reichtum an bedürftige Kirchen ab, so u. a. der Kathedrale von Würzburg. Vor 748 gründete er zu Ansbach ein Benediktinerkloster, welches er als Abt leitete. Nach der Legende war er Schirmvogt der Domkirche zu Würzburg u. Bisch. dieser Stadt. Die Legende sagt auch, Volk und Klerus von Würzburg hätten ihn zum Bisch. begehrt, er aber habe abgelehnt u. sei über der Wahl gestorben. † um 790.
Liturgie: Bamberg g am 15. Juli
Lit.: A. Bayer, St. Gumberts Kloster u. Stift in Ansbach (Würzburg 1948) – Braun 312 – Hemmerle 20 – G. Zimmermann: Würzburger Diöz.-Geschichts-Blätter 20 (Würzburg 1958) 78f 94f

Gumbert von Senones OSB, Bisch. u. Abt, Hl. (Gondelbert)
Er war Bisch. von Sens (südöstl. von Paris), er verließ aber seinen Bischofsstuhl u. zog sich mit seinen Schülern als Einsiedler in die Vogesen zurück, wo er, von König Childerich II. von Austrasien unterstützt, um 661 die Benediktinerabtei Senones (Diözese St-Dié) gründete. † 675.
Gedächtnis: 21. Februar
Lit.: BHL 3693 – Baudot-Chaussin II 435 442f

Gummar von Nivesdonck, Hl. (Gommar, Gomer)
Name: ahd. gund (Kampf) + mar (zu maren, erzählen, rühmen): berühmter Kämpfer
Er stammte aus Emblehem (Belgien) u. war Ritter. Er hatte angeblich eine böse Frau namens Grimmara oder Marie Gwin, die ihm arg zusetzte u. in seiner Abwesenheit ihre Untergebenen mißhandelte. Er verließ sie und gründete mit dem hl. ↗ Rumold zu Lier (südöstl. von Antwerpen) ein Kloster. Er selbst zog sich als Einsiedler nach Nivesdonck (später Ledo genannt) zurück, wo er eine Kirche zum hl. Petrus erbaute. † um 774, beigesetzt in seiner Peterskirche. Um 815 wurden seine Gebeine nach Lier übertragen, wo man 1445–1557 eine Kirche zu seinen Ehren errichtete.
Gedächtnis: 11. Oktober
Patron: von Lier; der Holzhauer, Drechsler, Tischler, überhaupt aller holzbearbeitenden Berufe (die Legende erzählt, er habe einen Baum gefällt u. wollte auf ihm ruhen. Da sei der Besitzer gekommen u. wollte ihn verklagen. Gummar betete die ganze Nacht, da sei der Baum andernmorgens wieder an seinem Platz gestanden); der Handschuhmacher
Lit.: T. Paaps, Het leven van den H. G. (Antwerpen 1940) – Baudot-Chaussin X 363ff – Catholicisme V 93f

Gunda (Gunde, Gundel), Kf. von Namen, die mit -gund gebildet sind wie ↗ Adelgund, ↗ Hildegund, ↗ Kunigunde

Gundekar, Bisch. **von Eichstätt,** Sel. (Gunzo, Gundechar)
Name: ahd. gund (Kampf) + hari, heri (Heer) oder ger (Speer): der im Heer (bzw. mit dem Speer) Kämpfende
* am 10. 8. 1019. Er erhielt in der Domschule zu Eichstätt seine Erziehung, wurde dort Priester u. um 1045 Kanoniker. Die Kaiserinwitwe Agnes berief ihn zu sich als ihren Hofkaplan. 1057 wurde er Bisch. von Eichstätt. Er hielt sich von der Reichspolitik fern u. widmete sich ganz der kirchlichen Ordnung seiner Diöz. Er erbaute den Ostchor des Domes (1060 vollendet) sowie in der ganzen Diöz. über 100 neue Kirchen. Berühmt ist das nach ihm benannte Gundecarianum (geschrieben 1171/72), ein Pontificale u. Rituale. Es ist höchst wertvoll durch seine historischen Einträge, Biographien u. Porträts der Bischöfe von Eichstätt u. bildet die 1. Quelle für die ältere Liturgie in Eichstätt. † am 2. 8. 1075. Seine Gebeine wurden 1309 erhoben.

Gedächtnis: 2. August
Lit.: J. Sax u. J. Bleicher, Gesch. des Hochstifts u. der Stadt Eichstätt (Eichstätt 1927²) 60–66 – F. Heidingsfelder, Regesten der Bischöfe von Eichstätt H. 1 (München 1915) 76–86, H. 6 (Würzburg 1927) 455 – Bauerreiß I 144ff, II 217f – J. Schlecht, Eichstätts Kunst (München 1901) (Miniaturen)

Gundelindis, Äbtissin **von Niedermünster,** Hl.
Name: ahd. gund (Kampf) + linta (Schild aus Lindenholz): Schildkämpferin
Sie entstammte einem Herzogengeschlecht im Elsaß u. war Schwester der hl. ↗ Eugenia u. der hl. ↗ Attala u. Nichte der hl. ↗ Odilia. Sie gründete um 722 das weltliche Damenstift Niedermünster im Elsaß u. wurde dessen 1. Äbtissin. Ihre Gebeine befanden sich bis 1542 in Niedermünster und sind heute in Einsiedeln (Schweiz) u. in Molsheim (Elsaß).
Gedächtnis: 28. März

Gundula, Weiterbildg. von ↗ Gunda

Gunta, Kf. von ↗ Adelgund, ↗ Hildegund, ↗ Kunigunde, ↗ Radegunde

Gunthard, Bisch. **von Nantes,** Märt., Hl. (Gohard)
Name: ahd. gund (Kampf) + harti, herti (hart, kühn): kühner Kämpfer
Er befand sich gerade mit seinem Klerus in seiner Kathedrale bei der Feier der Messe, als die Normannen die Stadt überfielen, in die Kirche eindrangen u. ihn und alle Kirchenbesucher niedermachten. † 843.
Gedächtnis: 25. Juni

Gunthard ↗ Contardo Ferrini

Gunther von Niederaltaich OSB, Hl.
Name: ahd. gund (Kampf) + heri (Heer): der im Heer Kämpfende. (Nf. Günther)
* um 955 wahrscheinlich in Schwarzburg im Thüringer Wald. Er entstammte einem thüringischen Grafengeschlecht u. war ein Vetter Kaiser ↗ Heinrichs II. u. Schwager König ↗ Stephans von Ungarn. In seiner Jugend führte er ein recht weltliches Leben, ging aber durch den Einfluß des Abtes ↗ Godehard von Niederaltaich in sich. Er bat Godehard um Aufnahme als Konverse im Benediktinerorden (Konversen oder „Laienbrüder" nannte man im Mittelalter rel. bewegte Menschen, die in einem Kloster ein mönchisches Leben führten, ohne aber die Gelübde abgelegt zu haben). Godehard legte ihm eine Bußwallfahrt nach Rom auf u. nahm ihn danach (1005) in Hersfeld in Hessen (nördl. von Fulda), wo er nun ebenfalls Abt geworden war, auf. Gunther erbat sich die Leitung des Klosters Göllingen (Thüringen), welchem er den Großteil seiner Güter zugeschrieben hatte, hatte aber Mißerfolg u. kehrte nach Niederaltaich a. d. Donau (zw. Passau u. Straubing) zurück. 1008 zog er sich in eine Einsiedelei auf den Berg Ranzing bei Niederaltaich zurück, später ging er mit einigen Mönchen von Niederaltaich weiter in den Nordwald u. schuf bei Rinchnach (bei Zwiesel, Bayrischer Wald) ein Zentrum zur Erschließung des Rachelgebirges. Er legte eine Straße an u. errichtete eine Kirche, die von Bisch. Berengar von Passau 1019 eingeweiht wurde. Heinrich II. überließ ihm einen Landstrich, den er urbar machte. So entstand das Kloster Rinchnach. Gunther genoß bald weitum hohes Ansehen u. erlangte sogar politischen Einfluß. So vermittelte er 1040 mehrmals in den Kämpfen zw. Heinrich II. u. Herzog Bretislaw von Böhmen. Er besuchte auch mehrmals König Stephan u. veranlaßte mehrere Klostergründungen in Ungarn. Er starb am 9. 10. 1045 in der Nähe von Hartmanitz im Böhmerwald u. wurde in der Benediktinerabtei Brevnov in Prag bestattet. Sein Grab wurde 1240 durch die Hussiten zerstört. Bonifaz IX (1398–1404) bestätigte seinen Kult.
Liturgie: Passau G; Berlin, Fulda: g am 9. Oktober
Darstellung: im Mönchshabit oder Einsiedlerkleid. Ein Engel reicht ihm die hl. Kommunion
Lit.: Zimmermann III 155 – G. Lang, Gunther, der Eremit in Gesch., Sage u. Kult: SM 59 (1941–42) 1–83 – E. Heufelder, 1000 Jahre St. Gunther, Festschr. (Köln 1955)

Gunthildis OSB, Äbtissin **zu Biblisheim,** Hl. (Guntildis)
Name: ahd. gund (Kampf) + hilta, hiltja (Kampf): Schlachtenkämpferin
Ihr Vater, Graf Dietrich I. von Mömpelgard-Bar, stiftete zu Biblisheim (Bibelsen, Elsaß) ein Benediktinerinnenkloster, wel-

ches sie als 1. Äbtissin leitete. Sie starb im Ruf der Heiligkeit am 21. 2. 1131 bei Hagenau (Elsaß) u. wurde in der Kirche ihrer Abtei beigesetzt.
Gedächtnis: 21. Februar
Lit.: Zu dieser und den beiden folgenden Heiligen (es ist nicht ganz unbestritten, daß es sich tatsächlich um 3 verschiedene Persönlichkeiten handelt): ActaSS Sept. VI (1757) 530–533 – Zimmermann III 406f – W. Kraft: ZBKG 5 (1930) 1–16 – Baudot-Chaussin IX 448f – Bauerreiß I 54

Gunthildis OSB, Äbtissin **in Ohrdruf,** Hl. (Cunthildis, Chunigild, Chunighilt, Cynehild)
Sie stammte aus England u. war die Tante des hl. ↗ Lullus. Zus. mit ihrer Tochter Bergit wurde sie Benediktinerin im Kloster Wimborne (Wimborne Minster, Gfsch. Dorset, Südengland). Auf Einladung des hl. ↗ Bonifatius ging sie unter der Leitung der hl. ↗ Lioba, mit ihrer Tochter Bergit, der hl. ↗ Walburg u. anderen Nonnen im Jahr 748 nach Thüringen u. wurde im Kloster Ohrdruf bei Gotha (Thüringen), welches Bonifatius gegründet hatte, 1. Äbtissin. Im Pontificale des Bisch. ↗ Gundekar von Eichstätt (1057–75) wird sie unter dem 28. September unter den 12 Gründungsheiligen der Diöz. Eichstätt erwähnt u. als Diözesanpatronin verehrt.
Gedächtnis: 8. Dezember (28. September)
Lit.: s. o.

Gunthildis von Suffersheim, Hl.
Sie diente als Viehmagd bei einem Gutsherrn in Suffersheim bei Treuchtlingen (nordwestl. von Eichstätt). Sie führte ein vorbildliches christliches Leben u. übte große Liebe zu den Armen und Kranken. † vor 1050.
Gedächtnis: 22. September
Patronin: der Dienstboten, des Viehs
Lit.: s. o.

Guntmar ↗ Gummar

Guntram, König der Franken, Hl.
Name: ahd. gund (Kampf) + hraban (Rabe; heiliger Vogel Wotans): kämpfender Rabe (Wotans)
* um 525 als Sohn Chlothars I. Bei der Reichsteilung 561 erhielt er Burgund, Arles u. Marseille, später auch Teile Aquitaniens. Er residierte zuerst in Orléans, dann in Chalon-sur-Saône. Im Streit zw. Austrien u. Neustrien wechselte er mehrmals die Partei, verständigte sich aber schließlich mit Austrien im Vertrag von Andelot (587). Gegen die aufständische Aristokratie mußte er seinen Königsthron verteidigen. Er war gegen Arme sehr freigebig, unterstützte die Kirche in ihrem Kampf gegen die Simonie (Käuflichkeit kirchlicher Ämter) u. die Sonntagsarbeit. Zur Herstellung der kirchlichen Ordnung berief er für seinen Reichsteil mehrere Synoden ein. Er war beim Volk sehr beliebt, hatte aber einen schwankenden Charakter u. konnte auch gewalttätig werden. † am 28. 3. 592, beigesetzt in Chalon-sur-Saône.
Gedächtnis: 28. März
Lit.: W. Berger (Diss. Leipzig 1933) – Hauck I[8] 146f 165f – Catholicisme V 101f – R. Folz, Zur Frage der hl. Könige: DA 14 (1958) 317–344

Gustav, Einsiedler in Schweden, Hl.
Name: anord. gudhr, gunnr (Kampf, Krieg) + staf (Stab): Stütze im Kampf
Er nahm auf die Predigt des Bisch. ↗ Ansgar den christlichen Glauben an u. lebte als Einsiedler in Nordschweden. † am 10. 3. 890.
Gedächtnis: 10. März

Gutmann von Cremona, Hl. (Homobonus)
* um 1150 zu Cremona am Po (Norditalien). Er war Kaufmann u. führte ein vorbildliches Familienleben. Er zeichnete sich aus durch Werke der Frömmigkeit u. Wohltätigkeit u. hatte die Gabe der Wunder. † am 13. 11. 1197. Sein Leib ruht in der Krypta des Domes zu Cremona. Heiliggesprochen 1199.
Gedächtnis: 13. November
Darstellung: im bürgerlichen Gewand, mit Elle u. Schere, Almosen austeilend
Patron: der Bürger, Kaufleute, Schmiede, Schneider, Schuhmacher
Lit.: G. Varischi (Cremona 1922)

Gutmann von Stenning, Hl. (Cuthman)
Er stammte aus Devonshire (Südwest-England) u. hütete die Herden seines Vaters. Nach dessen Tod zog er mit seiner Mutter nach Stenning in der Normandie (der Ort kann heute nicht mehr identifiziert werden). Er baute dort für sich u. seine Mutter

eine kleine Hütte u. sorgte für sie bis zu ihrem Tod durch seiner Hände Arbeit. Mit Hilfe der Bewohner baute er auch eine kleine Kirche, wo er viele Nächte im Gebet zubrachte. † um 800 (?).

Gedächtnis: 8. Februar
Patron: der Schneider

Guy (franz.) ↗ Vitus

György (ungar.) ↗ Georg

H

Habakuk, Prophet
Name: hebr. habakkūk, abzuleiten von akkad. hambakūku: Duftpflanze. Nach der arabischen Entsprechung ist hier an das Basilienkraut oder die Wasserminze zu denken. Im AT werden nicht selten gewisse Pflanzen als Personennamen verwendet. LXX Ambakūm; Vulg., Luther: Habacuc; Locc. Habakuk
Er ist der Verfasser des gleichnamigen Buches im AT, einer der sog. „12 Kleinen Propheten". Einzelheiten über sein Leben sind nicht überliefert. Der Zusatz am Ende des Buches „Dem Chorleiter, mit Saitenspiel" (3,19) läßt auf einen Tempelsänger oder auch einen Kultpropheten schließen.
Das Buch Habakuk gliedert sich in 3 Teile. Den 1. Teil bilden 2 Klagelieder, denen jeweils eine Antwort Jahwes folgt. – Der 2. Teil (2,6–20) ist eine Gerichtsandrohung in dem fünffachen „Wehe" über alle Schlechtigkeit, Habsucht u. Gewalttätigkeit in Israel. – Der 3. Teil (3,1–19) ist ein hymnischer Gesang auf die Epiphanie Jahwes, die gegen den Feind gerichtet ist.
Die Entstehungszeit des Buches Habakuk läßt sich aus der Thematik der beiden ersten Klagelieder ungefähr erschließen. Sie ist teils vor dem 1. Einfall der Babylonier unter Nebukadnezar (605 v. Chr.) anzusetzen, als die Vornehmen Israels, darunter auch ↗ Daniel, ins Exil geschleppt wurden, während der Großteil des Volkes in der Heimat noch seiner Arbeit nachgehen konnte (vgl. 2 Kön 24,1; Dan 1,1ff), teils nach dem 2. Einfall (598/597 v. Chr.) (vgl. Jer 52,28), aber noch vor dem 3. Einfall der Zerstörung Jerusalems u. der Wegführung des ganzen Volkes (587 v. Chr.) (2 Kön 25). Habakuk ist somit auch Zeitgenosse des ↗ Jeremias. In diese Situation fügt sich zeitlich auch die Erzählung von Daniel in der Löwengrube, dem der Engel den Propheten Habakuk mit dem Essen bringt (Dan 14,31–39). Gleichwohl wollen hier manche moderne Erklärer 2 verschiedene Personen desselben Namens erkennen.
Gedächtnis: 15. Jänner
Darstellung: mit Brot u. Wasserkrug, vom Engel an den Haaren nach Babylon zu Daniel in der Löwengrube gebracht. Gott Vater erscheint ihm, vor ihm Schnecke u. Wurm. Mit einem Horn (Bild der Kraft)
Lit.: Kommentare zu den Dodekapropheten, bes. F. Nötscher: EB III (1958) 781–791 – K. Elliger (Göttingen 1950) – zur Deutung: Eißfeld 813–816 (Lit.) – J. Danielou, dt. v. O. Schilling, Qumran u. der Ursprung des Christentums (Mainz 1958) – K. Schubert, Die Gemeinde vom Toten Meer (München 1958)

Habakuk ↗ Marius u. Martha

Hadelin OSB, Abt **von Celles,** Hl. (Adelin, Hadelinus)
Er stammte aus Aquitanien (Südwestfrankreich). Er verließ mit dem hl. ↗ Remaclus seine Heimat u. lebte dann als Mönch in Stablo (Belgien), welches Remaclus um 650 gegründet hatte. Von ihm wurde er auch ins Lessetal gesandt, wo er die Benediktinerabtei Celles bei Dinant (Südbelgien) gründete. Pippin d. M. von Heristal stattete das Kloster mit Ländereien aus. † um 690. Das Kloster wurde nach seinem Tod in ein Kollegiatsstift umgewandelt (die romanische Kirche aus dem 11. Jh. ist noch erhalten) u. 1338 nach Visé (nordöstl. von Lüttich) verlegt, wo sich ein kostbares Reliquiar aus dem 12. Jh. befindet. Das Stift wurde 1797 aufgehoben.
Gedächtnis: 3. Februar

Darstellung: in langem, schwarzem Mantel, mit einem Stabkreuz, darauf eine Taube sitzend. Im Meßgewand, mit Buch u. Stab
Lit.: Essen 120ff – AnBoll 42 (1924) 121–125 – H. Demaret (Lüttich 1928) – J. de Borchgrave: Revue belge d'archéologie et d'histoire de l'art 20 (Brüssel 1951) 15–27

Hadeloga OSB, Äbtissin **von Kitzingen,** Hl. (Adeloga, Hadelauga)
Name: vielleicht Nf. zu ↗ Adelheid
Nach der legendären Vita aus dem 12. Jh. war sie die Tochter Karl Martells. Sie gelobte Jungfräulichkeit u. schlug deshalb eine vorteilhafte Ehe beharrlich aus. Von ihrem Vater verstoßen, gründete sie in Kitzingen (südöstl. von Würzburg) ein Doppelkloster mit lockerer benediktinischer Regel. Später söhnte sich ihr Vater wieder mit ihr aus u. beschenkte das Kloster reichlich mit Ländereien. † um 750.
Gedächtnis: 2. Februar (20. März)
Lit.: J. B. Stamminger, Franconia sancta (Würzburg 1889) 360–378 – Zimmermann I 156, IV 17 – Die Kunstdenkmäler des Königr. Bayern III/2 (München1911) 38–42 – H. Petzold: Jahrb. für fränk. Landesforschung 15 (Kallmünz 1955) 69–83, 16 (1956) 7–27, 17 (1957) 87–126

Hademunda, Hl.
Name: ahd. hadu (Kampf) + munt (Hand, Schutz; vgl. Vormund): Schützerin im Kampf
Sie war die Tochter des Grafen Adalbero I. von Ebersberg (östl. von München) u. Gemahlin des Markgrafen Marquard von Kärnten. Nach dessen Tod verteilte sie alle ihre Güter an die Armen u. pilgerte nach Jerusalem, wo sie 1029 starb.
Gedächtnis: 11. November

Hadrianus OSB, Abt **von Canterbury,** Hl. (Adrianus)
Name: lat., der aus Adria (Hadria) Stammende (Stadt an der Mündung des Po)
Er stammte aus Nordafrika u. wurde Mönch in einem Kloster in der Nähe von Neapel. Papst Vitalianus (657–672) wollte ihn als Erzb. nach Canterbury (Südost-England) senden. Hadrian lehnte jedoch ab u. bat den Papst um einen anderen Bisch. So bestimmte der Papst den syrischen Mönch Theodor von Tharsus (↗ Theodor v. Canterbury) als Erzb. von Canterbury, u. Hadrianus begleitete diesen 669 nach England, wo er in der Abtei St. Peter u. Paul zu Canterbury Abt wurde. Bis zum Tode seines Erzb. (690) war er dessen treuer Helfer. Er selbst organisierte das Schulwesen u. vermittelte vor allem lat. u. griech. Bildung u. den röm. Choralgesang. † am 9. 1. 709.
Gedächtnis: 9. Jänner
Lit.: ActaSSIan. I (1643) 695ff – CathEnc I 160 – Zimmermann I 63f

Hadrianus u. Gef., Märt. **in Nikomedien,** Hll.
Sichere historische Nachrichten fehlen. Nach der legendären Passio war Hadrianus röm. Offizier u. nahm, vom standhaften Martertod von 23 Christen bewogen, selbst den christlichen Glauben an u. wurde unter Kaiser Maximian (286–305, Mitkaiser Diokletians) in Nikomedien in Bithynien (heute Ismid, östl. von Konstantinopel) hingerichtet. An seinem Grab zu Konstantinopel habe sich seine Gattin ↗ Natalia niedergelassen. Unter dem 26. August wird von einem Hadrianus berichtet, der unter Kaiser Licinius (307–323) hingerichtet wurde. Ob es sich um denselben Märt. handelt, weiß man nicht. Papst Honorius I. (625–638) wandelte den Sitzungssaal des Senates am Forum Romanum in eine Kirche um u. weihte sie dem hl. Hadrianus. Dieses Fest wird am 8. September begangen.
Gedächtnis: 8. September
Darstellung: als Ritter mit Amboß (auf dem ihm die Glieder abgehauen wurden). Mit Beil u. abgehauener Hand
Patron: der Schmiede (Legende seines Martyriums)
Lit.: BHL 3744f – BHG^3 327ff – Quentin 486ff – Synaxarium CP 923ff – Catholicisme V 478f – Baudot-Chaussin VIII 496f, IX 165f

Hadrianus III., Papst, Hl. (Adrianus)
Er war ein gebürtiger Römer u. wurde am 17. 5. 884 zum Papst gewählt. Seine Regierungszeit fällt in den Beginn des „saeculum obscurum" („das dunkle Jahrhundert"), die Zeit zw. dem Ende des karolingischen Zeitalters (880) u. dem Beginn der Gregorianischen Reform unter Clemens II. (1046; benannt nach deren bedeutendstem Vertreter ↗ Gregor VII.): von außen wurde die staatliche Ordnung vielfach durch die andrängenden Sarazenen, Ungarn u. Nor-

mannen (Wikinger) zerstört, im Innern herrschte weithin Verfall. Zwar wurde in Deutschland seit 930 (Heinrich I.) die staatliche u. kirchliche Ordnung erneuert, aber namentlich in Frankreich u. Italien blieben Schauplätze wilder Kämpfe. In Rom u. im Kirchenstaat herrschten röm. Patrizierfamilien u. setzten nach Belieben Päpste ein u. ab (meist Familienangehörige). Die Ermordung Johannes' VIII. am 16. 12. 882 bildet wohl den markanten Beginn dieser dunklen Zeit. – Drakonische Strafmaßnahmen Hadrians III. lassen auf eine Hungersnot in Italien u. auf Unruhen um seinen Vorgänger Marinus I. (882–884) schließen. In seine Regierungszeit fallen auch die Wirren um Photios, den ehrgeizigen Patriarchen von Konstantinopel, der durch seine starre Haltung die Entfremdung zw. Ost- und Westkirche beschleunigte u. damit zu einem Haupturheber des morgenländischen Schismas wurde u. den Hadrian vergeblich zu einem Einlenken zu bewegen versuchte. Hadrian III. wurde von Kaiser Karl III. d. Dicken auf den Reichstag zu Worms eingeladen, um die Nachfolge einiger unwürdiger Bischöfe zu regeln. Er starb auf dem Weg dorthin bereits im Spilamberto bei Modena (Oberitalien) Mitte September 885. Sein Grab in der Abtei Nonantola bei Modena wurde viel besucht. Kult bestätigt am 2. 6. 1891.
Gedächtnis: 8. Juli (dieser Gedächtnistag beruht vielleicht auf einer früheren Annahme seines Todestages)
Lit.: Duchesne LP II 225, III 127 – AnBoll 13 (1894) 60f – Haller II[2] 179 189 543ff – Seppelt II[2] 332f 434 – Catholicisme V 474

Hadwig OSB, Äbtissin **von Herford,** Hl.
Name: ältere F. ↗ von Hedwig
Sie war die Tochter des Sachsenherzogs Egbert und seiner Gemahlin ↗ Ida von Herzfeld. Durch ihren Vater war sie eine Großnichte Widukinds u. durch ihre Mutter mit den Karolingern verwandt. Nach dem Tod ihres Gemahls, des Grafen Amelung, wurde sie Benediktinerin im Kloster Herford bei Bielefeld (Westfalen) u. später die 4. Äbtissin als Nachfolgerin ihrer Schwester Adela. Dieses Kloster, das älteste Damenstift in Altsachsen, wurde um 790 von ↗ Waltger in Müdehorst gegründet u. 819 nach Herford verlegt. ↗ Adalhard von Corbie u. ↗ Wala organisierten es nach dem Vorbild der Synode von Soissons (744), die Reformen im Geiste des hl. ↗ Bonifatius beschloß. † um 870.
Gedächtnis: 4. September

Hadwig von Cappenberg OPraem, Hl.
Sie war die 1. Priorin des Prämonstratenserinnenklosters Cappenberg (Diöz. Münster/W.) unter ↗ Gottfried von Cappenberg. Näheres über sie ist nicht bekannt. † um 1160.
Gedächtnis: 30. September

Hadwig von Mehre OPraem, Hl.
Sie war die Tochter der sel. ↗ Hildegund von Mehre. Diese gründete nach dem Tod ihres Gatten, des Grafen Lothar von Ahr, im Jahr 1165 das Prämonstratenserinnenkloster Mehre (Meer) bei Düsseldorf, in welches auch ihre Tochter Hadwig eintrat u. nach dem Tod ihrer Mutter die Leitung des Klosters als Meisterin übernahm. † 1200.
Gedächtnis: 14. April

Hadwig ↗ Hedwig

Hadwin, Bisch. **von Le Mans,** Hl. (Hadoin, Audoin, Hadewin)
Name: ahd. hadu (Kampf) + wini (Freund): Freund des Kampfes, Freund im Kampf (Kf. ↗ Hatto, Hado)
Er wurde um 623 der 12. Bisch. von Le Mans (Nordostfrankreich). Er nahm 630 am Konzil von Reims teil, auf dem Konzil von Chalons (650) mußte er sich aus Altersgründen durch Abt Hagnoald vertreten lassen. Er errichtete oder renovierte viele Gotteshäuser u. Klöster seiner Diöz., in seinem Testament setzte er die Kirche von Le Mans als Haupterbin ein. Er starb im Ruf großer Heiligkeit am 20. 1. (20. 8.?) 653.
Gedächtnis: 20. Jänner (20. August)

Haimito (Heimito), Weiterbildg. von ↗ Haimo

Haimo OSB, Bisch. **von Halberstadt,** Sel. (Haymo, Heimo, Aimo, Hemmo)
Name: Kf. von ↗ Heimerad, Heimeran (↗ Emmeram), Heimerich (↗ Heinrich)

* 778. Er war von Geburt ein Angelsachse u. Verwandter des hl. ↗ Beda Venerabilis. Er war zuerst Schüler ↗ Alkuins in Tours u. wurde Benediktinermönch in Fulda (Hessen), wo er ↗ Hrabanus Maurus zum Mitschüler hatte. Später wirkte er als Lehrer im Kloster Fulda u. seit 839 im Kloster Hersfeld (nördl. von Fulda). Kaiser Ludwig I. d. Fromme erhob ihn 840 auf den Bischofsstuhl von Halberstadt (Sachsen-Anhalt). Haimo setzte den Bau des Domes, der unter Bisch. ↗ Hildegrim begonnen wurde, fort u. legte beim Dom eine Bibliothek an, die jedoch 1179 abbrannte. 841 gründete er an der Bode ein Benediktinerkloster, welches er mit Mönchen von Hersfeld besiedelte. Er nahm an den Synoden in Mainz 847 u. 852 teil. † am 27./28 3. 853.
Gedächtnis: 27. März
Lit.: J. R. Geiselmann: ThQ 106 (1925) 24–52 – P. Browe: Scholastik 2 (1927) 268 – Wattenbach-Levison 339 – Potthast B 571f

Haimo von Landecop OCist, Sel. (Aymo, Aimon, Hamo)
Er stammte aus dem Dorf Landecop (Londacot) in der Bretagne u. wurde Zisterziensermönch in der Abtei Savigny (Savigny-le-Vieux) in der Normandie, wo er ein heiligmäßiges Leben führte. Er war ein hervorragender Seelenkenner u. Freund u. Beichtvater König Heinrichs II. von England. Er stand auch in Beziehungen zu König Ludwig VII. von Frankreich. † am 30. 4. 1173 in Savigny.
Gedächtnis: 30. April
Lit.: AnBoll 2 (1883) 500–560 – K. Klopfer, Der selige Haimo: Cist 50 (1938) 102ff – Zimmermann I 56, II 33ff – Lenssen I 244ff

Haimo ↗ Heimo, ↗ Haimito

Hajo (Hejo, Hayo) (fries.) ↗ Heinrich

Halvard Vebjörnsson, Märt., Hl. (Hallvard)
Name: anord. halr (Mann, „Held") + vardhi (Hüter, „Wart"): schützender Held
Er war der Sohn eines angesehenen Großbauern in Husaby bei Drammen (südwestl. von Oslo, Norwegen) u. Vetter oder Neffe des Königs ↗ Olaf II. Er kämpfte für christliche Gerechtigkeit u. Nächstenliebe. Er nahm sich einer Frau an, die unschuldigerweise des Diebstahls verdächtigt wurde. Er gab sie den Verfolgern nicht preis, sondern forderte eine Untersuchung des Falles. Da wurde er mitsamt der Frau ermordet. † um 1043.
Gedächtnis: 15. Mai
Patron: des Bistums Oslo (im Mittelalter)
Lit.: ActaSS Maii III (1680) 401 – BHL 3750f – S. Undset, Norske Helgener (Oslo 1937) 151–158

Hanna ↗ Johanna, ↗ Anna

Hanneliese ↗ Johanna + ↗ Elisabeth

Hannelore ↗ Johanna + ↗ Eleonore

Hannes ↗ Johannes

Hanno ↗ Anno

Hans ↗ Johannes

Hansjörg ↗ Johannes + ↗ Georg

Harald, Märt. **bei Brescia,** Hl. (Arialdus)
Name: ahd. heri (Heer) + walt (zu waltan, herrschen, walten): der im Heer Waltende, Heerführer. Die ahd. F. Herwalt ist Wortumkehrung zu Walther (↗ Walter); (niederdt. Harold, dän., norw., schwed. Harald; in dieser Form wurde der Name seit der Romantik in Deutschland allg. bekannt)
Nach der Ermordung des Langobardenkönigs Klef teilten sich mehrere Herzöge das Langobardenreich auf. Das Gebiet von Brescia wurde vom heidnischen Fürsten Alachis regiert, welcher alsbald die Christen seines Gebietes verfolgte. Bisch. ↗ Honorius mußte mit seinen Gläubigen in die nahen Wälder fliehen. In dieser Verfolgung wurde der hl. Harald mit seinen beiden Söhnen Carillus u. Oderich aufgegriffen u. ermordet. † 574
Gedächtnis: 1. September

Harry (engl.) Kf. zu Henry (↗ Heinrich)

Hartmann CRSA, Bisch. **von Brixen,** Sel.
Name: ahd. harti, herti (hart, kühn) + man (Mann): kühner Mann
* um 1090 in Polling bei Passau (Bayern). In seiner Jugend wurde er von seinen Eltern den Augustiner-Chorherren im Stift St. Nikola in Passau zur Erziehung überge-

ben u. trat dort dem Orden bei. 1122 berief ihn Erzb. ↗ Konrad I. als Domdekan nach Salzburg, wo er beim dortigen Domkapitel das klösterliche Leben nach der Augustiner-Regel einführen sollte. 1128 wurde er 1. Propst des neu hergestellten Stiftes Herrenchiemsee (Oberbayern). Markgraf Leopold III. von Österreich hatte die ganzen Jahre bisher das alte Kollegiatsstift in seiner Residenz Klosterneuburg bei Wien ausgebaut (Grundsteinlegung zur mächtigen Stiftskirche 1114). Es wurde 1133 zu einem Augustiner-Chorherrenstift umgewandelt u. Hartmann als 1. Propst dorthin berufen. Das Stift erlebte unter ihm schnell eine hohe Blüte. 1140 wurde er auf Betreiben Erzb. Konrads I. auf den Bischofsstuhl von Brixen (Südtirol) erhoben. Hier wie überall bisher arbeitete er erfolgreich im Sinn der gregorianischen Reform u. erneuerte das rel. Leben in seiner Diöz. 1142 gründete er das Augustiner-Chorherrenstift Neustift bei Brixen. Zu Kaiser Friedrich I. Barbarossa stand er immer in gutem Verhältnis, trotzdem hielt er in der Auseinandersetzung um den Gegenpapst Viktor IV., der von Friedrich Barbarossa sehr begünstigt wurde, stets zum rechtmäßigen Papst Alexander III. Mit Erzb. ↗ Eberhard von Salzburg verbanden ihn eine tiefe Freundschaft u. die gleichen Ideale. In ganz Deutschland stand er wegen seines heiligmäßigen Lebenswandels in hohem Ansehen. Er starb am 23. 12. 1164, sein Grab in Neustift entwickelte sich zu einem vielbesuchten Wallfahrtsort. Sein Kult wurde am 11. 2. 1784 bestätigt.
Liturgie: Bozen-Brixen, Graz-Seckau, Passau, Wien: g am 12. Dezember, sonst 23. Dezember
Darstellung: als junger Augustiner-Chorherr. Im bischöflichen Ornat mit Kelch, über dem das Jesuskind schwebt, oder mit dem Lamm Gottes
Lit.: Austria Sancta. Die Heiligen u. Seligen Tirols II (Wien 1910) 5–21 – Vita Beati Hartmanni (verf. um 1200), hrsg. v. A. Sparber (Innsbruck 1940) – A. Sparber, Leben u. Wirken des sel. Hartmann (Klosterneuburg 1957) – K. Wildenauer (Geburtsort Hartmanns): Ostbairische Grenzmarken 1 (Passau 1957) 101–108

Hartmann von Hausen, Sel.
Er lebte als Einsiedler zu Hausen bei Rothenburg ob der Tauber (Franken). Seine Lebenszeit ist nicht bekannt. An seinem Grab befindet sich das Kloster Hartmannszell.
Gedächtnis: 1. November

Hartmut
Name: ahd. harti, herti (hart, kühn) + muot (Gemüt, Sinn): (Mann) kühnen Sinnes

Hardward, Bisch. **von Minden,** Sel.
Name: ahd. harti, herti (hart, kühn) + wart (Wächter, Hüter): kühner Wächter
Er war der 2. Bisch. von Minden in Westfalen u. regierte 813–853.
Gedächtnis: 13. April

Hartwig, Erzb. **von Salzburg,** Sel. (Hartwich)
Name: ahd. harti, herti (hart, kühn) + wig (Kampf, Krieg): harter Kämpfer
Er entstammte dem damals mächtigen Grafengeschlecht der Aribonen-Sponheim u. wurde 991 Erzb. von Salzburg. Er renovierte 993 die baufällige Domkirche, bei der Pestepidemie u. der Hungersnot im Jahr 994 ließ er den leidenden Menschen jede nur erdenkliche Hilfe angedeihen. Von Otto III. erhielt er 996 das Markt- u. Münzrecht, von ↗ Heinrich II. Güterschenkungen. Er reformierte die Domschule u. das Benediktinerstift St. Peter. † am 14. 6. (5. 12.?) 1023. Sein Grab ist seit dem Brand des Salzburger Domes 1598 verschollen.
Gedächtnis: 14. Juni
Lit.: Austria Sancta. Die Heiligen u. Seligen Salzburgs (Wien 1913) 85–94 (Lit.) – J. Wodka, Kirche in Österreich (Wien 1959) 95 418

Harthumar, Bisch. **von Paderborn,** Sel. (Hademar, Hadmar)
Name: ahd. hadu (Kampf) + mar (berühmt; von maren, erzählen, rühmen): der Kampf-Berühmte
Er stammte aus einer sächs. Adelsfamilie u. wurde in Würzburg erzogen. Er war vermutlich einer der 12 Geiseln, die Karl d. G. nach der Eroberung der Eresburg u. der Zerstörung der Irinsul (Irminsäule) von den heidnischen Sachsen erhalten hatte. Auf Geheiß Karls d. G. wurde er der 1. Bisch. mit sächsischer Abstammung in einem sächsischen Bistum. Von seinem Leben u. Wirken ist kaum etwas bekannt. Auf der Reichsversammlung in Paderborn 815 gab

er die Zustimmung zur Gründung des 1. sächsischen Klosters in Hethi im Solling (nördl. von Kassel). Das Kloster wurde 822 durch ↗ Adalhard u. ↗ Wala nach Korvey bei Höxter a. d. Weser verlegt. † 815.
Gedächtnis: 9. August
Lit.: F. Tenckhoff, Die Paderborner Bischöfe: Gymnasialprogramm (Paderborn 1900) – A. Höynck: Der kath. Seelsorger 14 (Paderborn 1902) 406–413 – E. Müller, Die Entstehungsgeschichte der sächs. Bistümer unter Karl d. G. (Hildesheim 1938) 51–59 – K. Schoppe: Die Warte 13 (Paderborn 1952) 118f 142f – Ders., Aus der Frühzeit des Bistums Paderborn: Die Warte 17 (1956) 68f 83f

Hathumoda OSB, Äbtissin **von Gandersheim,** Hl. oder Sel.
Name: ahd. hadu (Kampf) + muot (Sinn, Gemüt): die kämpferisch Gesinnte
* um 840 als Tochter des Herzogs Liudolf von Sachsen u. seiner Gemahlin Oda. Ihre Eltern stifteten 852 das OSB-Stift Brunshausen bei Gandersheim (nördl. von Göttingen) für adelige Kanonissen, wo Hathumoda 1. Äbtissin wurde. 856 wurde das Kloster nach Gandersheim verlegt. Hathumoda war eine regeltreue Ordensfrau u. mütterlich besorgte Oberin. Sie starb an einer Infektion, die sie sich bei der Krankenpflege zugezogen hatte, am 28. 11. 874.
Gedächtnis: 28. November
Lit.: L. Zoepf, Lioba, Hathumoda, Wiborada (München 1915) 37–61 – Zimmermann III 369f (Lit.)

Hatto OSB, Sel. (Atto)
Name: Kf. zu Hadubrand, Hadewin, ↗ Hathumar. Zu ahd. hadu (Kampf): Kämpfer
Er war ein schwäbischer Adeliger. Er schenkte seine Güter in Bennigen dem Kloster Ottobeuren (bei Memmingen) u. wurde selbst Benediktinermönch. Durch Bisch. ↗ Ulrich von Augsburg, mit dem er befreundet war, ließ er sich als Rekluse einsegnen, er wurde aber wieder ins Kloster zurückgerufen, weil er liebgewonnene Gegenstände wie sein Eigentum gebrauchte. Er starb nach einem Büßerleben am 4. 7. 985 (?).
Gedächtnis: 4. Juli
Lit.: Zimmermann II 400, III 474 – O. Doerr, Das Institut der Inclusen in Süddeutschland (Münster 1934) 70 78f

Haziga von Sichem, Sel. (Hazega)
* 1225. Sie lebte als Reklusin in der Nähe des Klosters Sittichenbach (Sichem, südl. von Eisleben, Thüringen). † 1261.
Gedächtnis: 26. Jänner

Haziga, Gräfin **von Scheyern,** Sel.
Sie war in 1. Ehe mit Graf Hermann von Kastel u. dann mit Otto von Wittelsbach (Otto II. von Scheyern) verheiratet u. ist damit die Ahnfrau des bayrischen Königshauses. Sie veranlaßte die Übernahme des Klosters Bayrischzell (am Wendelstein, Oberbayern) durch Mönche aus dem Reformkloster Hirsau bei Calw (Schwarzwald). Das Kloster wurde 1087 nach Fischbachau (westl. von Rosenheim), vor 1104 nach Petersberg bei Dachau u. schließlich 1119 in die Burg Scheyern (zw. München u. Ingolstadt) verlegt, welche von den Nachkommen Hazigas den Mönchen geschenkt worden war. † 1103.
Gedächtnis: 1. August

Hedda, Kf. von ↗ Hedwig. Der Name kam im 19. Jh. aus dem Nordischen nach Deutschland.

Hedwig, Königin **von Polen,** Sel. (Hedwig von Anjou, poln. Jadwiga)
Name: ahd. hadu (Kampf) + wig (Kampf, Krieg): Schlachtenkämpferin (Nf. Hadwig, Kf. Hedda, Wigge)
* 1374 in Ungarn als jüngste Tochter Ludwigs von Anjou, Königs von Ungarn, Polen und Kroatien. Ihre Mutter Elisabeth war die Tochter Herzog Stephans II. von Bosnien. Nach damaligem Brauch wurde sie im Alter von 4 Jahren mit Wilhelm von Habsburg, einem Sohn Leopolds III. von Österreich, verlobt. Nach dem Tod ihres Vaters und nach Auflösung der Verlobung wurde sie 1384 zur Königin von Polen gekrönt. 1385 stimmte sie der Eheschließung mit dem litauischen Großfürsten Jagiello zu unter der Bedingung, daß er sich taufen ließ und sein Volk dem christlichen Glauben zuführe. Für Hedwig war diese Eheschließung ein schweres persönliches Opfer, das sie im Interesse Polens und der Ausbreitung des Christentums bewußt auf sich nahm. Jagiello ließ sich taufen und nahm den Namen Wladislaw an. Er kam seiner Aufgabe, das Land zu christianisieren, so überstürzt nach, daß es Schwierig-

keiten gab. 1388 gründeten beide zusammen das litauische Bistum Wilna. Hedwig stiftete an der Universität Prag das Litauische Kolleg zur Heranbildung eines einheimischen litauischen Klerus. Sie baute zahlreiche Kirchen und besetzte sie mit fähigen Seelsorgern und beschaffte liturgische Bücher und Altargeräte. Sie bemühte sich auch um die Förderung der Volkssprache in der Liturgie und gründete zu diesem Zweck in Krakau ein Benediktinerkloster, in dem das Polnische als liturgische Sprache benutzt wurde. 1397 errichtete sie an der Universität Krakau eine theologische Fakultät und berief dazu Lehrer „aus den fernsten Ländern". Bei all dem hatte sie ein warmes Herz für Witwen, Waisen und Bedrängte aller Art, weshalb sie beim Volk in höchsten Ehren stand. Sie starb am 17. 7. 1399 in Krakau, ihr Grab ist im Dom zu Krakau. Papst Johannes Paul II. erklärte noch als Erzbischof von Krakau am 22. 2. 1974 ihre öffentliche Verehrung für legitim im Sinn der Bulle Urbans VIII. (1634), wonach der öffentliche Kult aller Heiligen und Seligen erlaubt wird, der sich von 1534 nachweisen läßt. Als Papst brachte er auf seiner Polenreise (2. bis 10. 6. 1979) als Geschenk das Dekret der Ritenkongregation mit, wonach diese Selige im liturgischen Kalender der Diözese Krakau als gebotener Gedenktag (G) aufgenommen wird.

Gedächtnis: 17. Juli

Lit.: L'Osservatore Romano (dt. Ausg.) 9 (1979) Nr. 38, 10 – O. Halecki, The Cambridge History of Poland I (Cambridge 1950) 188–209 – J. Radlica: Sacrum Poloniae Millennium IV (Rom 1957) 69–116

Hedwig, Herzogin **von Schlesien,** Hl. (in Bayern: Hedwig von Andechs)

* 1174 auf Schloß Andechs (am Ammersee, Oberbayern) als Tochter des Grafen Berthold VI. von Andechs. Sie ist Tante der hl. ↗ Elisabeth von Thüringen. Mit 13 Jahren wurde sie mit Herzog Heinrich I. von Schlesien vermählt u. schenkte ihm 7 Kinder. Sie wirkte als vorbildliche Mutter u. Gattin im Kreis ihrer Familie. Sie war mit Klugheit, Weitblick, Organisationstalent u. Festigkeit begabt u. unterstützte ihren Gatten bei der Vertiefung des christlichen Lebens u. der kulturellen Förderung ihres Landes. Sie berief mehrere Orden nach Schlesien und gründete u. a. das Zisterzienserinnenkloster Trebnitz (nördl. von Breslau), wohin sie sich nach dem Tod ihres Gatten zurückzog. Bes. gerühmt werden ihre Werke der Frömmigkeit u. Nächstenliebe. † am 15. 10. 1243. Ihr Grab ist in Trebnitz. Heiliggesprochen am 26. 3. 1267. Einige Reliquien von ihr werden auch in Andechs verehrt, die Wallfahrten dorthin nehmen bes. seit 1945 noch immer zu (17 Gemeinden pilgern alljährlich nach Andechs).

Liturgie: RK g am 16. Oktober; Görlitz H (Landespatronin), Berlin, Meißen F, München-Fr. G. (Die Diöz. Görlitz feiert auch die Translation 1267: g am 25. 8.)

Darstellung: als Herzogin mit Kirchenmodell (Stifterin von Trebnitz). Als Zisterzienserin mit Herzogskrone u. Herzogsmantel. Vor einem Kruzifix betend, wobei Christus die eine Hand vom Kreuz löst, um sie zu segnen. Dient Armen u. Kranken. Trägt ein Bild oder eine Statue Mariens mit dem Jesuskind. Auch barfuß, die Schuhe aus Demut in der Hand tragend

Patronin: von Berlin, Schlesien, Polen, Krakau, Trebnitz. Der Brautleute (sie half Mädchen in den Ehestand u. schenkte ihnen eine genügende Aussteuer)

Lit.: E. Promnitz (Breslau 1926) – Künstle II 289–292 – Zimmermann III 192–195 – Stammler-Langosch II 233–240 – J. Klapper, Die Heiligenlegende im dt. Osten: Volk u. Volkstum, hrsg. v. G. Schreiber, 2 (München 1937) 214–219 – Braun 314ff – J. Gottschalk, Die neuere Hedwigs-Literatur: Schlesien 3 (Würzburg 1958) 177–180 – H. Hofmann (Meitingen 1947) – W. Hünermann (Freiburg/B. 1953) – G. Rossmann, Die Heilige der Schlesier (Berlin 1960) – J. Gottschalk, St. Hedwig, Herzogin von Schlesien (Graz 1964) – Bavaria Sancta II (Regensburg 1971) 113–129 – G. Kranz, Herausgefordert von ihrer Zeit (Regensburg 1976) 36–58

Hedwig ↗ Hadwig

Heide ↗ Adelheid

Heidegund ↗ Adelheid + ↗ Hildegund

Heidelinde ↗ Adelheid + ↗ Herlinde

Heidemarie ↗ Adelheid + ↗ Maria

Heidi (süddt.), Kf. von ↗ Adelheid, in neuerer Zeit auch von ↗ Heidemarie und ↗ Heidrun. Zur Verbreitung des Namens trug das vielgelesene Mädchenbuch „Heidi" von Johanna Spyri (1881) bei.

Heidrun, der Name entstand erst in neuerer Zeit nach dem Muster von ↗ Gudrun oder ↗ Sigrun: ↗ Heide + ahd. runa (Geheimnis, Weissagung, Schrift)

Heike (fries.), Henrike (weibl. zu ↗ Heinrich)

Heiko (fries.) ↗ Ekkehard, ↗ Heinrich

Heilika von Köln, Sel.
Name: Weiterbildg. von ahd. heil (gesund, unversehrt, heil). (Nf. Helga, Heilka, russ. Olga)
Sie war eine Reklusin bei der Andreaskirche zu Köln u. lebte im 12./13. Jh. Angeblich sei dies nicht ihr eigentlicher Name; sie habe ein derart verborgenes u. frommes Leben geführt, daß sie im Volk nur „die Heilige" hieß.
Gedächtnis: 14. Jänner

Heimerad, Einsiedler **in Hasungen,** Hl. (Heimrad, Heimo)
Name: ahd. heim (Heim, Haus) + rat (Rat, Ratgeber): Ratgeber des Hauses
Er wurde in Meßkirch (Baden) als Unfreier geboren. Priester geworden, pilgerte er durch Deutschland u. Italien u. kam auch ins Hl. Land. Danach bat er im Kloster Memleben a. d. Unstrut (Thüringen) um Aufnahme. Abt Arnold von Hersfeld (dem auch Memleben unterstellt war) schickte ihn nach Hersfeld (Hessen), wo er ihn einkleiden wollte. Heimerad ließ dies aber nicht zu, lebte aber im Kloster in großer Strenge. Eines Tages bat er um die Entlassung, worüber der Abt böse wurde u. ihn einen Vagabunden schimpfte. Er ließ ihn sogar mit Ruten züchtigen, weil er sich über die unfreundliche Art seiner Entlassung beschwert hatte. Der fromme Heimerad betete während der Schläge den Psalm Miserere, dann wurde er fortgejagt. Er wandte sich nun nach Detmold (nördl. von Paderborn). Dort wies ihm der Vikar des Ortes eine Kirche an, wo er für die Gläubigen die Messe lesen sollte. Eines Tages wies er eine Gabe des Vikars, die er durch seine Haushälterin überbringen ließ, unter Hinweis auf deren wenig tugendhaften Lebenswandel zurück. Der Vikar fühlte sich in seiner Ehre gekränkt u. jagte Heimerad mit Hunden aus dem Dorf. Nicht besser erging es ihm bei Bisch. ↗ Meinwerk in Paderborn. Dieser war über sein ungepflegtes Äußeres derart entsetzt, daß er ihn des Bundes mit dem Teufel bezichtigte u. ihm Stockhiebe verabreichen ließ. Auch die gerade anwesende Kaiserin ↗ Kunigunde war gegen ihn sehr aufgebracht. Endlich zog er sich auf den Hasunger Berg bei Kassel zurück, wo er bis zu seinem Tod als Einsiedler lebte. Im Kirchlein neben seiner Zelle predigte er bes. gerne von der Nächstenliebe. Er selbst teilte mit den Armen den letzten Bissen Brot. Die Leute nannten in „den heiligen Narren". Bisch. Meinwerk suchte ihn einmal auf u. bat ihn fußfällig um Verzeihung für die ihm angetane Unbill. Heimerad starb am 28. 6. 1019. Erzb. Aribo von Mainz, der den Heiligen sehr schätzte, errichtete 1021 über seinem Grab eine Kirche, die 1074 in ein Kanoniker-Stift u. 1081 in ein Benediktinerkloster umgewandelt wurde. Die Kirche wurde 1617 abgebrochen.
Liturgie: Freiburg/B., Fulda g am 27. Juni, sonst 28. Juni
Lit.: Zimmermann II 377f – Dersch 69ff – Westfalia sacra II (Münster 1950) 206

Heimeran ↗ Emmeram

Heimo ↗ Haimo, ↗ Heimerad, ↗ Emmeram

Heinke (niederdt.) ↗ Heinrike

Heinrich von Baumburg, Sel.
Name: von Haganrich oder Heimerich: ahd. hag (eingezäunter Platz, Gehege, eigener Grund u. Boden) bzw. ahd. heim (Heim, Heimat) + rihhi (reich, mächtig, Herrschaft): der auf seinem Besitztum (bzw. in seiner Heimat) mächtig ist
Er lebte als Inkluse zu Baumburg bei Traunstein (Oberbayern). Seine Lebensregel ist noch erhalten. † 12. Jh.
Gedächtnis: 2. April

Heinrich von Bonn, Sel.
* um 1100 in Bonn aus einem Kölner Rittergeschlecht. Er nahm 1147 an einem Kreuzzug gegen die Mauren in Spanien teil u. fiel im selben Jahr bei der Belagerung Lissabons. An seinem Grab neben der Kir-

che St. Vinzenz zu Lissabon geschahen viele Wunder, wodurch sich seine Verehrung sehr ausbreitete.
Gedächtnis: 18. Oktober (25. Oktober)
Lit.: ActaSS Oct. VIII (1869) 281 – J. Torsy, Lex. der dt. Heiligen (Köln 1959) 218 (Lit.)

Heinrich von Bozen, Sel.
* um 1250. Er war ein Taglöhner u. lebte zuerst in Bozen, später in Treviso (nördl. von Venedig). Er führte ein bescheidenes, von großer Frömmigkeit u. heroischer Selbstverleugnung erfülltes Leben. † am 10. 6. 1315 in Treviso. Bei seinem Begräbnis im Dom zu Treviso u. hernach geschahen zahlreiche Wunder. Einige Reliquien wurden 1759 nach Bozen übertragen, wo man 1870 ihm zu Ehren eine Kirche baute. Kult anerkannt durch Benedikt XIV. (für die Diöz. Treviso) u. Pius VII. (für die Diöz. Trient).
Liturgie: Bozen-Brixen g am 10. Juni
Patron: der Holzfäller
Lit.: ActaSS Iun. II (1698) 368–392 (zeitgenöss. Vita) – Austria Sancta II (Wien 1910) 41 – Baudot-Chaussin VI 186f (Lit.)

Heinrich von Grünenwörth, Sel.
Er nannte sich einen „ungelehrten Menschen", der nach einem weltlichen, ausgelassenen Leben sich zu Einsiedeln (Schweiz) bekehrte u. bei den Johannitern zu Grünenwörth bei Straßburg (Elsaß) als Bruder oder Pfründner Gott diente. Er war mystisch hoch begnadet u. lebte 16 Jahre lang nur von der hl. Kommunion. † am 12. 4. 1396. Sein Grab ist in Grünenwörth.
Gedächtnis: 12. April
Lit.: H. v. Rynstette: Festschr. S. Merkle (Düsseldorf 1922) 38–58 – L. Pfleger, Kirchengesch. der Stadt Straßburg im Mittelalter (Colmar 1941) 144

Heinrich I. OCist, Abt **von Heisterbach,** Sel.
* um 1180 aus einem adeligen Geschlecht. Er war zuerst Stiftsherr von St. Cassius zu Bonn, studierte in Paris u. wurde um 1200 Zisterziensermönch im Kloster Heisterbach (südöstl. von Köln). Dort wurde er bald Prior u. 1208 Abt. Er erbaute die mächtige Kirche von Heisterbach, das Kloster erlebte unter ihm seine Blütezeit. Unter ihm erfolgte die Tochtergründung des Klosters Marienstatt bei Hachenburg (Westerwald). Er war ein kluger, tatkräftiger Mann mit mystisch-visionären Gnadengaben. † am 11. 11. 1242.
Gedächtnis: 11. November

Heinrich II., Kaiser (der Heilige), Hl.
* am 6. 5. 973 in Hildesheim (?). Seine Erziehung erhielt er von Bisch. ↗ Wolfgang von Regensburg u. Abt ↗ Ramwold von Regensburg. Nach dem Tod seines Vaters Heinrich II. von Bayern (des Zänkers) wurde er 995 Herzog von Bayern. 1002 wurde er zum dt. König gewählt u. gekrönt. Sein Vorgänger Otto III., ein hochstrebender u. fein gebildeter, aber politisch unerfahrener junger Mann, hatte ihm ein schwieriges Erbe hinterlassen. Heinrichs Ziel war die Wiederherstellung des Frankenreiches. Es gelang ihm, sich innerhalb von 8 Monaten im ganzen Reich durchzusetzen. Bald nach Antritt seiner Regierung mußte er das Reich gegen König Boleslaw I. Chrobry von Polen verteidigen. Mit den heidnischen Liutizen (Slawenstamm in Mecklenburg, Pommern u. der Mark) schloß er ein Bündnis, was man ihm wiederholt, auch kirchlicherseits, zum Vorwurf machte. Er sicherte sich durch Verhandlungen u. Erbverträge die Anwartschaft auf das Königreich Burgund. In Italien stellte er die Autorität des Reiches wieder her u. empfing 1004 in Rom die ital. Königskrone. Auf einem 2. Romzug 1014 wurde er mit seiner Gemahlin ↗ Kunigunde von Benedikt VIII. zum Kaiser gekrönt. Konsequenter als seine Vorgänger baute er das System der Reichskirche aus. Der von den Klöstern Gorze u. St. Maximin in Trier ausgehenden Klosterreform stand er sehr aufgeschlossen gegenüber. Er war auch bestrebt, die oft sehr ungleichen Besitzverhältnisse von Kirchen u. Klöstern auszugleichen. 1004 stellte er das Bistum Merseburg (Sachsen) wieder her, 1007 gründete er das Bistum Bamberg (Bayern). Er zeichnete sich aus durch Unternehmungslust, Zähigkeit, diplomatische Gewandtheit u. kluge Menschenbehandlung. Die Ehe mit Kunigunde von Luxemburg blieb kinderlos. † am 13. 7. 1024 zu Grona bei Göttingen. Er ist beigesetzt im Hochgrab im Dom zu Bamberg. Heiliggesprochen 1146.
Liturgie: RK G am 13. Juli (mit Kunigunde). (Bamberg H Patron des Bistums, Ba-

sel: 2. Patron des Bistums; GK g)
Darstellung: mit Kaiserkrone u. Zepter, Harnisch u. Schwert, Kirchenmodell (Bamberg) u. Reichsapfel tragend. Zus. mit seiner Gemahlin Kunigunde
Lit.: W. v. d. Steinen, Kaiser Heinrich II. der Heilige (Bamberg 1924) – H. Günter, Heinrich II. u. Bamberg: HJ 59 (1939) 273–290 – H. L. Mikoletzky, Kaiser Heinrich II. u. die Kirche (Wien 1949) – R. Holtzmann, Gesch. der sächs. Kaiserzeit (München 1955³) 381–487 – Kult, Biographien, Legenden usw.: R. Klausner, Die Heinrich- u. Kunigunden-Verehrung im mittelalterl. Bistum Bamberg (Bamberg 1957) (Lit.) – R. Reinhardt, Bavaria Sancta I (Regensburg 1970) 233–248

Heinrich von Köln OP, Sel. (Heinrich von Marsberg)
* um 1200 in Mühlhausen bei Marsberg (Sauerland) aus adeliger Familie. Zusammen mit ↗ Jordan von Sachsen u. auf dessen Anregung hin trat er 1220 in Paris dem Dominikanerorden bei. Er gründete 1222 in Köln das dortige Dominikanerkloster u. wurde dessen 1. Prior. Er zeichnete sich aus als gewissenhafter Oberer u. als eifriger, erfolgreicher Prediger u. war vielen ein ausgezeichneter Seelenführer. † am 23. 10. 1229 in Köln im Beisein Jordans von Sachsen.
Gedächtnis: 23. Oktober
Lit.: G. Löhr, Beitr. z. Gesch. des Kölner Dominikanerklosters I (Leipzig 1920) 1f, II (1922) 70ff – H. C. Scheeben, Der hl. Dominikus (Freiburg/B. 1927) 271 341 349 363 – Ders., Beitr. z. Gesch. Jordans von Sachsen (Vechta-Leipzig 1938) 47ff 69f 157ff – AFP 1 (1931) 173–177

Heinrich von Marcy OCist, Kard.-Bisch. von Albano, Sel.
* auf Schloß Marcy (Burgund). Er trat 1155 dem Zisterzienserorden in Hautecombe (am See von Bourget, Savoyen, Diöz. Chambéry) bei u. wurde dort 1160 Abt. 1176 wurde er zum Abt des Klosters Clairvaux (Ostfrankreich, nordwestl. von Genf) berufen u. 1179 zum Kard.-Bisch. von Albano (südöstl. von Rom). Bei schwierigen Aufträgen der Päpste erwies er sich als geschickter Diplomat. So verhandelte er 1162 mit Erzb. Heinrich von Reims, söhnte 1178 König Heinrich II. von England mit der Kirche von Canterbury aus, 1186 war er päpstlicher Legat zur Bekämpfung der Albigenser in Frankreich, 1188 gewann er als feuriger Kreuzzugsprediger die Könige Heinrich II. von England u. Philipp II. von Frankreich sowie nach langen Verhandlungen auch Kaiser Friedrich I. Barbarossa zu einem Kreuzzug ins Hl. Land. † am 1. 1. 1189, beigesetzt in Clairvaux.
Gedächtnis: 1. Jänner
Lit.: S. Steffen: Cist 21 (1909) 225–236 267–280 300–306 334–343 – Y. Congar, Henri de Marcy . . .: Analecta Monastica V (Rom 1958) 1–90

Heinrich Michael Buche, Hl. (Puche, Buch)
Er war Schuhmacher u. gründete in Arlon (Südbelgien, Grenze zu Luxemburg), später auch in Paris die Confrérie de Saint-Crépin et Crépinien (frères cordonniers, Bruderschaft vom hl. Krispin u. Krispinian; Schuhmacher-Bruderschaft). Später bildete sich nach ihrem Vorbild auch eine Genossenschaft der Schneider (frères tailleurs). † 1666 zu Paris.
Gedächtnis: 9. Juni

Heinrich (Enrique) **de Ossó y Cervelló,** Sel.
* am 16. 10. 1840 zu Vinebre (Tarragona, Nordostspanien). Nach seinem Theologiestudium an der diözesanen Hochschule in Tortosa wurde er 1867 Priester u. wirkte zunächst an dieser Anstalt als Dozent für Mathematik u. Physik. Bald jedoch trat er als Katechet auf u. wurde bekannt durch sein einschlägiges Werk „Guía practica del catequista" (Leitfaden für den Katecheten). Außerdem redigierte er verschiedene Zeitschriften. 1876 gründete er die „Gesellschaft der hl. Theresia" als Schwesternkongregation zur Erziehung der Jugend sowie mehrere andere apostolische Gruppen nach dem Muster der Erzbruderschaften. In einer Zeit innerpolitischer Wirren u. einer Epoche laizistischer, antiklerikaler Strömungen wirkte er als Apostel des Friedens u. der christlichen Liebe. † am 27. 1. 1896 zu Gielt (Valencia, Ostspanien). Seliggesprochen am 14. 10. 1979.
Gedächtnis: 27. Jänner
Lit.: AAS 71 (1979) 1390ff (Homilie des Papstes zur Seligsprechung) – L'Osservatore Romano, dt. Ausg. 9 (1979) Nr. 43, 16

Heinrich von Riedenburg, Sel.
* auf Schloß Riedenburg (Oberpfalz) als Sohn des Grafen Heinrich von Riedenburg. Er lebte 40 Jahre als Pilger u. verbrachte den Rest seines Lebens als Einsiedler zu

Ebranzhausen bei Mainburg (Niederbayern). Sein Grab war bes. im Mittelalter ein vielbesuchter Wallfahrtsort. † um 1150.
Gedächtnis: 15. Mai

Heinrich Seuse OP, Sel. (Henricus Amandus Suso)
* am 21. 3. 1295 in Konstanz oder Überlingen (am Bodensee). Väterlicherseits stammte er aus dem Geschlecht der Ritter von Berg, mütterlicherseits aus dem Geschlecht der Säusen. Mit 13 Jahren trat er in Konstanz dem Dominikanerorden bei. Nach 5 Jahren erlebte er dort seine „Bekehrung", ein inneres Gnadenerlebnis von größter Tiefe u. nachhaltigster Wirkung, durch das er zum „Diener der Ewigen Weisheit" (der 2. Person Gottes) wurde. Er studierte in Konstanz, vielleicht auch in Straßburg, u. wurde 1322 an das Studium Generale seines Ordens nach Köln geschickt. Dort lehrte der berühmte Meister Eckehard OP, dessen begeisterter Schüler Heinrich Seuse wurde. 1326 kehrte er nach Konstanz zurück u. wirkte einige Jahre als Lektor. Seine Freundschaft mit Meister Eckehard brachte ihm aber viele Feindschaft u. falsche Anklagen ein. Eckehard mußte nämlich wegen verschiedener Äußerungen in seinen Schriften u. Predigten einen Prozeß vor der Inquisitionsbehörde u. der päpstlichen Kurie in Avignon über sich ergehen lassen. Obgleich er sich von vornherein der Autorität der Kirche unterwarf, falls sich irgendwelche häretischen Gedanken in seinen Schriften fänden, wurden dennoch aus einer langen Liste beanstandeter Sätze 15 als häretisch u. 11 als häresieverdächtig gebrandmarkt. Heinrich Seuse schrieb nun in seiner Konstanzer Zeit das „Büchlein der Wahrheit", worin er die Mystik Eckehards gegen seine Gegner verteidigte. Deshalb mußte er sich 1330 auf einem Generalkapitel des Ordens in Maastricht (oder Utrecht) gegen den Vorwurf der Verbreitung ketzerischer Lehren verteidigen. Er ging nun nicht mehr nach Paris, um wie vorgesehen die Magisterwürde zu erlangen, sondern wandte sich der Seelsorge zu u. wirkte als großer Prediger bes. in der Schweiz u. am Oberrhein. Hier stand er in Verbindung mit der rel.-mystischen Bewegung der „Gottesfreunde" mit Johannes Tauler u. Heinrich von Nördlingen im Mittelpunkt. Während des Kampfes Kaiser Ludwigs IV. des Bayern mit Johannes XXII. mußten die papsttreuen Dominikaner 1339–47 nach Dießenhofen (Kt. Thurgau, östl. von Schaffhausen, Schweiz) ins Exil gehen. Heinrich Seuse war dort Prior. Gerade hier hatte er unter den Verleumdungen schwer zu leiden. Als diese nicht enden wollten, wurde er schließlich 1348 nach Ulm versetzt. † am 25. 1. 1366 in Ulm.
Heinrich Seuse führte ein rel. Leben von größter Innerlichkeit u. Tiefe. Zu seinen seelischen Leiden durch die jahrelangen Verleumdungen gesellte sich durch fast ein Jahrzehnt das quälende Gefühl der Verlassenheit von Gott, ehe der innere Friede wieder einkehrte. Schließlich wurde ihm die Gabe der mystischen Beschauung u. der Wunder zuteil. Heinrich Seuse ist wohl der liebenswürdigste u. gemütstiefste dt. Mystiker. Seine Schriften fanden eine weite Verbreitung; bes. das „Büchlein von der Ewigen Weisheit" (Horologium Sapientiae) wurde ein viel gelesenes Andachts- u. Betrachtungsbuch.
Liturgie: RK g am 23. Jänner
Darstellung: hinter ihm ein Baum, von dem das Jesuskind Blütenzweige auf ihn herabwirft, er selbst kniet vor einer Frau (die Ewige Weisheit oder Maria darstellend). Ein Kranz von Rosen oder ein Glorienschein um sein Haupt, neben ihm ein Hund mit einem roten Tuch im Maul. Teufel als Mohr, neben ihm Pfeil u. Bogen, der Name Jesu auf seiner Brust
Lit.: Stammler-Langosch IV 164–180, V 1047 – Tüchle II 126–136 u. ö. – B. Welser (Ulm 1948) – A. Bopp, Der Kaufmannssohn von Konstanz (Rottenburg 1960) – W. Nigg (Düsseldorf 1965) – W. Nigg, Vom beispielhaften Leben (Olten 1976) 49–95 – s. auch LThK V 202 (Lit.)

Heinrich, Einsiedler **am Starnberger See,** Sel.
Er lebte als Einsiedler am Starnberger See (Oberbayern) u. starb 1324. Über seinem Grab wurde eine Kapelle erbaut.
Gedächtnis: 3. Mai

Heinrich von Ungarn ↗ Emmerich

Heinrich, Bisch. **von Uppsala,** Märt., Hl.
Er war Engländer von Geburt. Er kam wahrscheinlich mit dem Kard.-Legaten Ni-

kolaus von Albano, dem späteren Papst Hadrian IV., im Jahr 1153 nach Schweden u. wurde Bisch. von Uppsala. Als solcher war er ein treuer Berater König ↗ Erichs IX. Mit diesem ging er auch um 1157 auf einen Kreuzzug nach Finnland u. predigte dort den christlichen Glauben. Er wurde auf dem zugefrorenen Köyliö-See durch einen heidnischen Bauern um 1160 erschlagen. Sein Grab ist in Nousis, Reliquien befinden sich auch im Dom von Åbo. Er wird in Norwegen, Schweden, Finnland u. Dänemark, seit dem 17. Jh. auch in Polen verehrt.
Gedächtnis: 19. Jänner (in Finnland 20. Jänner)
Patron: von Finnland
Lit.: J. Rinne (Helsinki 1932) – A. Maliniemi (Helsinki 1942) – Catholicisme V 620f

Heinrich OCist, Abt **von Vitsköl,** Sel.
Er war zuerst Zisterziensermönch in Clairvaux (Ostfrankreich) unter Abt ↗ Bernhard. 1143 wurde er mit anderen Mönchen nach Alvastra (Diöz. Linköping, Südschweden) geschickt, wo er in dem von König Sverker gestifteten Kloster der 1. Abt wurde. 1150 gründete er auch das Kloster Varnhem, das er aber wegen äußerer Bedrängnisse wieder verließ. Schließlich übernahm er 1158 als 1. Abt die Leitung des Klosters Vitsöl (am Limfjord, Nordjütland), welches König Waldemar I. von Dänemark gegründet u. mit Mönchen aus Varnhem besiedelt hatte. † an einem 11. Februar.
Gedächtnis: 11. Februar
Lit.: Zimmermann I 203, IV 21 – Lenssen II 10f

Heinrich Zdik OPraem, Bisch. von Olmütz, Sel.
Er war seit 1126 Bisch. von Olmütz (Mähren). Auf einer Pilgerfahrt ins Hl. Land lernte er 1137 den Prämonstratenserorden kennen u. trat ihm bei. Er führte den Orden auch in Böhmen ein, indem er 1140 die Abtei Strahov in Prag gründete u. die Benediktinerabtei Leitomischl (Böhmen) 1145 dem Prämonstratenserorden übergab. Er hatte auch entscheidenden Einfluß auf die Gründung des Klosters Windberg bei Straubing (Bayern, 1140/42). Im Jahr 1147 nahm er am Kreuzzug gegen die heidnischen Wenden teil. † am 25. 6. 1150.
Gedächtnis: 25. Juni
Lit.: Goovaerts II 430 – A. Zak: APraem 4 (1928) 309f – Backmund 296 310f

Heinrich von Zwiefalten OSB, Sel.
* um 1200 auf Burg Zwiefalten (südl. von Stuttgart) aus altem Adelsgeschlecht. Nach einer bewegten Jugendzeit wurde er Benediktiner in der Abtei Ochsenhausen (südöstl. von Ulm) u. 1238 Prior. Er vermehrte die Klosterbibliothek u. sorgte für reichen Bilderschmuck in der Kirche u. im Kloster. Er hatte die Gabe der Gebetserhörung. † am 4. 11. 1262.
Gedächtnis: 4. November
Lit.: Zimmermann III 259ff – Baudot-Chaussin XI 152f

Heinz ↗ Heinrich

Hejo (Haio, Hayo), fries. Kf. von Namen, die mit Hein- gebildet sind, z. B. ↗ Heinrich

Hektor ↗ Johannes Hector de Britto

Helena (Elena) **Duglioli,** Sel. (Helena ab Olio)
Name: griech. (-minoisch?) heláne, heléne (Fackel): die Leuchtende. Helene war ursprünglich wohl eine minoische weibl. Vegetationsgottheit. Bei Homer wird die schöne Helene durch den kleinasiatischen Königssohn Paris geraubt, ihre Heimholung durch die Griechen löst den Krieg um Troja aus. (engl. Helen, Ellen; ungar. Ilona; Kf. Hella, Nelly, Lena)
* 1472 in Bologna (Oberitalien). Mit 17 Jahren heiratete sie auf Wunsch ihrer Eltern den fast 40jährigen Benedetto dall'Oglio, mit dem sie 30 Jahre in glücklicher Ehe lebte. Nach seinem Tod widmete sie sich mit noch größerem Eifer den Übungen der Frömmigkeit u. Selbstverleugnung. † am 23. 9. 1520. Ihr Grab ist in der Kirche des hl. Johannes auf dem Berge. Ihr Kult, der gleich nach ihrem Tod einsetzte, wurde 1828 bestätigt.
Gedächtnis: 23. September
Lit.: ActaSS Sept. VI (1867) 655–659 – Baudot-Chaussin IX 476

Helena (Elena) **Guerra,** Sel.
* am 23. 6. 1835 in Lucca (Toskana, Mittel-

italien) aus wohlhabender Familie. Die Eltern überließen ihre Tochter nicht dem Müßiggang auf der Straße, sondern stellten für sie einen Hauslehrer ein, bei dem sie in ihren Studien große Fortschritte machte. Helena widmete sich in ihrer freien Zeit dem Apostolat u. förderte bes. die Verehrung des Hl. Geistes. 1882 gründete sie zu diesem Zweck u. für die Erziehung der Jugend die „Oblatinnen des Hl. Geistes" (auch „Schwestern der hl. Zita" genannt). Mit heldenhafter Geduld ertrug sie die Demütigungen der letzten Jahre. † 11. 4. 1914 in Lucca. Seliggesprochen am 26. 5. 1959.
Gedächtnis: 11. April
Lit.: AAS 51 (1959) 337ff – P. Scavizzi, Elena Guerra, apostola dello Spirito Santo (Lucca 1939) – ECatt VI 1239 – DE II 289

Helena, röm. **Kaiserin,** Hl. (Flavia Julia Helena)
* um 255 vermutlich in Drepanon in Bithynien (nordwestl. Kleinasien; 327 durch Konstantin d. G. in Helenopolis umbenannt). Sie war die Tochter eines Schankwirtes u. wurde die Konkubine des Konstantius, des späteren Kaisers Konstantius I. Chlorus († 306). Aus dieser Verbindung ging um 285 ein Sohn hervor, der spätere Kaiser Konstantin d. G. 289 wurde Helena unter dem Druck Diokletians verstoßen u. der kleine Konstantin an den Hof Diokletians gebracht. 306 wurde dieser auf seinem Britannien-Feldzug vom Heer zum Kaiser ausgerufen u. nahm seine Mutter Helena zu sich. Nach der Bekehrung ihres Sohnes wurde sie 312 selbst Christin. Konstantin d. G. erhob seine Mutter 327 zur Augusta (Kaiserin) u. ließ ihr Bild auf die Münzen prägen. Helena entfaltete eine rege caritative Tätigkeit. Sie hatte auch entscheidenden Anteil am Bau vieler Kirchen (Kreuzeskirche in Jerusalem, Geburtskirche in Bethlehem, Eleonakirche auf dem Ölberg, Santa Croce in Gerusalemme in Rom, Apostelkirche in Konstantinopel). Nach der späteren Legende habe sie auch die Thebäerkirche in Köln u. die Kirchen in Xanten u. Bonn erbaut sowie die Reliquien des hl. Matthias u. den hl. Rock nach Trier gebracht. Helena ist vor allem bekannt durch ihre Wallfahrt ins Hl. Land (um 324) u. die damit in Zusammenhang gebrachte Überlieferung von der Auffindung des Kreuzes Christi. Danach habe Helena in einer Zisterne in Jerusalem 3 Kreuze gefunden u. unter diesen das wahre Kreuz Jesu durch die Heilung einer kranken Frau erkannt. Diese zuerst bei Ambrosius erwähnte u. in der Folge reich ausgeschmückte Legende geht auf Eusebius von Cäsarea († 339) in seinen Lobschriften auf Kaiser Konstantin zurück, deren historischer Wert aber mit großem Vorbehalt aufgenommen werden muß. Nach dem Chronicon Paschale (Konstantinopel?) wurde das Kreuz Christi am 14. 9. 320 aufgefunden. – Helena starb 330 in Nikomedien (jetzt Izmid, östl. von Konstantinopel). Angebliche Reliquien von ihr sind in der Kirche S. Maria in Aracoeli in Rom, in Hautvillers bei Epernay (südl. von Reims) u. in Trier.
Liturgie: Limburg, Trier g am 18. August
Darstellung: in der byzantinischen Ikonographie zus. mit ihrem Sohn, die beiden halten in ihrer Mitte einen Kranz. Im Abendland bes. seit dem 15. Jh.: Mit Kaiserkrone, Kirchenmodell (Jerusalem oder St. Gereon in Köln), Kreuz u. Nägeln (wegen der ihr zugeschriebenen Auffindung des Kreuzes)
Patronin: der Bistümer Trier, Bamberg u. Basel; der Nadler, Nagelschmiede, Färber; der Bergwerke
Lit.: J. Straubinger, Kreuzauffindungslegende (Paderborn 1913) – J. Vogt, Konstantin d. G. u. sein Jh. (München 1949) – B. Kötting, Peregrinatio religiosa (Münster 1950) – Bihlmeyer-Tüchle I 364 – G. Schreiber, St. Helena als Inhaberin von Erzgruben: Zschr. für Volkskunde 53 (Stuttgart 1956–57) 65–76 – Braun 322ff

Helena (Elin) **von Skövde,** Märt., Hl.
Sie entstammte einem Rittergeschlecht in Skövde (Västergötland, Südschweden). Sie war verheiratet u. hatte viele Kinder. Witwe geworden, stellte sie ihr Leben ganz in den Dienst Gottes u. half den Armen mit ihrem Vermögen, wo sie konnte. Sie stiftete auch eine Kirche in Skövde. Nach einer Pilgerfahrt ins Hl. Land wurde sie von ihren noch heidnischen Verwandten auf ihrem ehemaligen Schloß in Skövde erschlagen. Sie wurde falsch verdächtigt, den Mord ihres Schwiegersohnes angestiftet zu haben. † um 1160. Nach ihrem Tod geschahen viele Wunder. Südl. von Skövde fließt eine Quelle, die ihren Namen trägt. Daneben stand bis 1754 eine Helena-Kapelle.

Gedächtnis: 31. Juli
Lit.: T. Lundén: Credo 25 (Stockholm 1944) 166–182 – T. Schmid: Svenskt Biografiskt Lexikon XIII (Stockholm 1950) 339ff

Helena von Ungarn OP, Sel.
* Anfang des 13. Jh.s. Sie war Dominikanerin im Kloster Veszprém (Ungarn) u. Priorin. 7 Jahre war sie Erzieherin der hl. ↗ Margarete von Ungarn. Sie hatte die Gabe der Wundmale u. der mystischen Beschauung, dabei zeigte sie praktischen Sinn für die täglichen Angelegenheiten. † wahrscheinlich am 15. 11. 1270. 1297 wurde ihr Leib in ein prächtiges Grabmal in der Klosterkirche übertragen.
Gedächtnis: 15. November
Lit.: MAH 34 (1913) 3–23 – H. Wilms, Margit Arpad (Düsseldorf 1947) 42f

Helena de Valentinis, Sel.
* 1396. Sie entstammte einer vornehmen Familie aus Udine (Oberitalien). Ihr Vater war aus der adeligen Familie der Valentini, ihre Mutter hieß Elisabeth de Maniago. Mit 15 Jahren heiratete sie in Udine Antonio dei Cavalcanti, dem sie in 25jähriger Ehe viele Kinder schenkte. Nach dessen Tod trat sie dem 3. Orden der Beschuhten Augustiner-Eremiten bei u. widmete ihr ganzes Leben nur noch dem Gebet u. den Werken der Barmherzigkeit. Zu ihren freiwilligen Bußwerken hatte sie noch schwere Versuchungen u. Bedrängnisse durch den Teufel zu erdulden, doch hatte sie sehr oft auch den Trost, den Heiland in der Vision schauen zu dürfen, bes. während der hl. Kommunion. Bei ihrer Wegzehrung sah sie den Himmel offen u. unzählige Heilige, die sie erwarteten. † 23. 4. 1458 in Udine. Ihr Tod wurde durch zahlreiche Wunder verherrlicht. Ihr Leichnam ruht zu St. Lucia in Udine. Kult bestätigt am 23. 9. 1848.
Gedächtnis: 23. April
Lit.: L. Fabri (Udine 1849) – Thurston-Attwater IV 275f

Helena ↗ Jolenta

Helfried, neuere Nf. von ↗ Helmfried

Helga ↗ Heilika, ↗ Ilga, ↗ Olga

Helge
Name: a) als männl. Vorname zu schwed. helig (heilig): der Geweihte, Heilige – b) als weibl. Vorname (in Deutschland selten): Nf. zu ↗ Helga

Helinand OCist, Sel.
Name: ahd. hilta, hiltja (Kampf) + nand, nant (wagemutig): der Kampfeskühne
* um 1160 in Pronleroy a. d. Oise (Nordfrankreich). Er war vorher Troubadour am Hof König Philipps II. August u. trat um 1185 in Froidmont (Diöz. Beauvais, nordwestl. von Paris) in den Zisterzienserorden ein. Er verfaßte eine Weltchronik in 49 Büchern, umfassend die Jahre 634 bis 1204, eine Kompilation, aber mit Quellenhinweisen. Seine übrigen Werke sind mehr erbauend als belehrend, z. B. seine Ansprachen (28 sermones), De cognitione sui (Über die Selbsterkenntnis), eine Sammlung altfranz. Gedichte u. bes. De reparatione lapsi ad Gualterum (Selbstbekenntnisse). Er zeigt darin gute Kenntnis der klassischen röm. Dichter u. würzt sie mit feinem Humor. † nach 1229.
Gedächtnis: 3. Februar
Lit.: Zimmermann I 152ff, II 3 125, IV 71 – Ghellinck E I 221f – Lenssen I 192f

Heliodorus, Bisch. **von Altino,** Hl.
Name: griech. hélios (Sonne, Sonnengott) + dōron (Gabe): Geschenk des Helios
* um 330/340 in Altino bei Venedig. Er war zuerst Offizier u. trat dann einer von Bisch. Chromatius in Aquileja (am Golf von Triest) gegründeten mönchischen Gemeinschaft bei. 375 zog er nach Jerusalem u. Antiochia u. traf dort mit ↗ Hieronymus zusammen. Dieser bat ihn, mit ihm gemeinsam in der Wüste ein Einsiedlerleben zu führen. Heliodorus kehrte aber wieder in die Heimat zurück u. wurde dort zum (1.?) Bisch. von Altino gewählt. Als solcher nahm er auch an der Synode von Aquileja (381) teil. Mit Hieronymus blieb er weiterhin in enger Freundschaft verbunden. Dieser übernahm auch brieflich die geistliche Leitung seines Neffen Nepotianus u. schrieb bei dessen frühen Tod einen Trostbrief. Heliodorus starb am 3. 7. um 407.
Gedächtnis: 3. Juli
Lit.: Lanzoni 909f – A. Penna, S. Gerolamo (Turin 1949) nn. 20 30f 35 39 251 253 280 381

Hella, Kf. von ↗ Helena, ↗ Helga

Helma ↗ Wilhelmine, ↗ Helmtrud

Helmar ↗ Hildemar

Helmfried
Name: ahd. helm (Helm, Schutz) + fridu (Schutz vor Waffengewalt, Friede)

Helmo ↗ Helmstan

Helmstan, Bisch. **von Winchester,** Hl.
Name: angels. helm (Helm) + stan, standan (stehen): standhafter Schützer
Er wurde 837 Bisch. von Winchester (Südengland). Diese Stadt war um 676 anstelle von Dorchester zum Bischofssitz erhoben worden u. entwickelte sich in der Folge zu einem bedeutenden Mittelpunkt des kirchlichen Lebens in England. † um 850.
Gedächtnis: 29. März

Helmtrudis von Neuenheerse, Hl. (Hiltrud)
Name: ahd. helm (Helm) + trud (Kraft, Stärke): kräftige Beschützerin
Sie stammte aus Neuenheerse bei Paderborn (früher Heerse) u. wurde im dortigen Kanonissenstift erzogen. Später nahm sie dort selbst den Schleier u. lebte als Reklusin in stiller Beschaulichkeit. Einige Jahre vor ihrem Tod lebte sie auch im Benediktinerkloster Iburg bei Osnabrück. † um 950. Ihre Reliquien befanden sich bis zum Dreißigjährigen Krieg in Neuenheerse, ihr Andenken kam aber nach den Verwüstungen unter Christian von Braunschweig (1620) in Vergessenheit. Nach der 1., um 975 verfaßten Passio, erschien ihr einmal die hl. Cordula u. gab sich ihr als Gefährtin der hl. Ursula zu erkennen.
Gedächtnis: 31. Mai
Lit.: Stadler II 627f

Helmut
Name: Nf. zu Heilmut oder Hildemut: zu ahd. heil (unversehrt, heil) bzw. hilta, hiltja (Kampf) + muot (Sinn, Gemüt): heilen Sinnes, kämpferischen Sinnes. Die Geschichte des Namens läßt sich erst seit Beginn der Neuzeit verfolgen. Bis zum 19. Jh. war er wenig gebräuchlich, im wesentlichen nur in Mecklenburg. Er wurde bekannt u. gebräuchlich durch den preußischen Generalfeldmarschall Helmuth von Moltke (1800–1891). Namenstag: ↗ Helmstan

Hemma von Gurk, Hl. (Emma)
Name: Nf. zu ↗ Helma, von ahd. helm (Schutz, Helm): Schützerin
* um 980 als Gräfin von Friesach-Zeltschach (Kärnten). Mütterlicherseits war sie verwandt mit Kaiser ↗ Heinrich II., an dessen Hof sie auch ihre Erziehung erhielt. Sie war mit Graf Wilhelm von der Sann in glücklicher Ehe verheiratet, sie verlor ihren Gatten noch vor 1016. Nach der Ermordung ihres Sohnes (1036) verwendete sie alle ihre Besitzungen in Kärnten, Steiermark u. Krain für verschiedene geistliche Stiftungen, so bes. das OSB-Stift Admont (Steiermark) u. das OSB-Nonnenstift Gurk (Kärnten, 1043). Sie war auch sehr mildtätig gegen die Armen. Sie starb am 29. 6. 1045, ihr Leib ruht seit 1174 in der Krypta des Gurker Domes. Sie wurde schon bald nach ihrem Tod vom Volk als Selige verehrt, ihr Kult wurde 1287 kirchlich gutgeheißen. Der Heiligsprechungsprozeß wurde 1466 begonnen u. am 4. 1. 1938 durch Bestätigung des Kultes abgeschlossen.
Das von ihr gestiftete Kloster wurde 1072 Residenz der Bischöfe von Karantanien (Kärnten). Dieses Kirchengebiet war zunächst einem Bischofsvikar unterstellt u. somit noch von Salzburg abhängig, wurde aber in der Folge selbständige Diöz. Bisch. Roman I. begann 1160 mit dem Bau des romanischen Domes. Kaiser Josef II. verlegte die Residenz der Bischöfe 1786 nach Klagenfurt. Das Domstift wechselte mehrmals den Besitzer u. ist heute Salvatorianerkolleg. Hemma von Gurk galt früher – unzutreffenderweise – als die Gründerin der Diöz. Gurk.
Liturgie: RK g am 27. Juni (Gurk-Klagenfurt: H, Diözesanpatronin)
Darstellung: als Matrone Almosen austeilend, mit Kirchenmodell
Lit.: ActaSS Jun. VII (1867) 472–485 – F. Steiner (Diss. masch., Innsbruck 1935) – J. Löw (Klagenfurt 1931) – A. Krause (Klagenfurt 1960) (Lit.) – D. Vieser (München 1965)

Hemma, dt. **Königin,** Sel. (Emma)
* um 808. Sie war die Gemahlin des Bayernkönigs Ludwig des Dt., dem sie 7 Kinder schenkte, darunter ↗ Irmgard von

Chiemsee. Sie war eine große Wohltäterin der Armen u. Gönnerin des Kanonissenstiftes Obermünster in Regensburg. 874 erlitt sie einen Schlaganfall, der sie lähmte u. ans Bett fesselte. † am 31. 1. 876 in Regensburg. Ihr Grab ist in St. Emmeram in Regensburg. Ihr zu Ehren wurde jährlich an ihrem Todestag bis zur Zeit der Säkularisation (1803) eine Spende an die Armen verteilt.
Gedächtnis: 31. Jänner
Lit.: G. Leidinger: SAM (1933) 1–72 – Ders.: FF 9 (1933) 265f – E. Mühlbacher, Dt. Gesch. unter den Karolingern (Darmstadt 1959²)

Hemma von Paderborn, Sel. (Emma)
Sie war die Gemahlin des Grafen Ludger u. Schwester des hl. Bisch. ↗ Meinwerk von Paderborn. Nach dem Tod ihres Gatten verteilte sie ihr ganzes Vermögen unter die Armen. † 1040. Ihr Grab ist in Bremen.
Gedächtnis: 19. April

Hemming, Bisch. **von Åbo,** Sel.
* in Bälinge (Schweden). Er studierte in Paris, wurde dann Kanoniker in Åbo (Südfinnland) u. 1338 Bisch. Er war ein eifriger Seelsorger in seiner großen, nur dünn besiedelten Diöz. Er war mit der hl. ↗ Birgitta befreundet u. legte 1346/47 dem Papst ihre Offenbarungen vor. † am 21. 5. 1366. Sein Kult wurde vom Birgittenorden gefördert.
Gedächtnis: 21. Mai
Lit.: P. Juusten, Chron. episc. Finlandensium, ed. H. G. Porthan (Åbo 1784–1800), Neudruck: H. G. Porthan, Opera selecta (Helsinki 1859)

Hendrik (niederdt., niederl.) ↗ Heinrich

Henriette (franz.) ↗ Henrike

Henrik (niederdt., schwed.) ↗ Heinrich

Henrike, weibl. F. zu ↗ Heinrich

Heraklas, Bisch. **von Alexandria,** Hl.
Name: griech. héros (Tapferer, Held) + kléos (Kunde, Ruhm): durch Tapferkeit berühmt
Er war zuerst Schüler des Ammonios Sakkas in Alexandria, des Begründers des Neuplatonismus. Unter dem Einfluß des Origenes, dessen berühmte Schule er besuchte, wurde er Christ. Dieser übertrug ihm 215 den Unterricht an den Katechumenen, um sich selbst ganz seinem Didaskaleion (Alexandrinische Schule des Origenes) widmen zu können. Nach der Verbannung des Origenes (231) wurde er Leiter von dessen Schule u. ein Jahr später Bisch. von Alexandria. Als solcher bestätigte er auf einer Synode die Verbannung des Origenes. Sein ganzes Leben lang pflegte er Gelehrsamkeit u. Philosophie. † 248
Gedächtnis: 14. Juli
Lit.: I. Döllinger, Hippolytus u. Kallistus (Regensburg 1853) 261–267 – Harnack Lit II/2 24f – Bardenhewer II 195f – Altaner⁵ 176 186

Heraklides, Bisch., u. **Myron,** Märt. auf Zypern, Hll.
Namen: a) Nf. zu ↗ Heraklas, b) griech. mýron, Salböl, Balsam
Heraklides war Bisch. von Zypern u. scheint den Primat über die ganze Insel ausgeübt zu haben. Er soll vom hl. ↗ Barnabas selbst geweiht worden sein. Er starb mit einem nicht näher bezeichneten Gefährten namens Myron angeblich den Feuertod. † 1. oder 2. Jh.
Gedächtnis: 17. September

Heraklius, Priester zu Capua, mit **Priscus** und Gef., Hll.
Namen: a) Nf. zu ↗ Heraklas, b) zu lat. primus, der Erste, d. i. der Erstgeborene
Er wurde mit seinen Gefährten von den Vandalen gefangengenommen, auf ein altes Schiff gesetzt u. dem Meer preisgegeben. Sie kamen aber glücklich von Tunis (Nordafrika) bis in die Gegend von Neapel u. verkündeten dort, bes. in Capua (nördl. von Neapel) das Evangelium. † 5. Jh.
Gedächtnis: 1. September

Herbert ↗ Heribert

Herburg ↗ Heriburg

Herculanus (Erculano) **von Piegaro** OFM, Sel.
Name: lat. dem Gott Hercules geweiht. Der Name wurde vom griech. Heraklés (↗ Heraklas), dem Göttersohn des Zeus u. der Alkmene, übernommen
Er stammte aus Piegaro in Umbrien (bei Orvieto, Mittelitalien) u. wurde Franziskanermönch. Er wirkte als ernster Bußpredi-

ger, der die Herzen der Zuhörer zu rühren verstand, bes. wenn er über das Leiden Christi sprach. Er selbst übte strengste Aszese bei Nachtwachen, Fasten u. anderen Bußwerken. Er hatte Einfluß auch in politischen Belangen, bes. in Lucca (Toskana). † 1451 in Castelnuovo di Carfagnana.
Gedächtnis: 28. Mai

Hereswitha OSB, Königin in England, Hl. (Heresuid, Hereswyda, Herswida)
Name: angelsächs. here (Heer) + witan (wissen): weise (Beraterin) des Heeres
Sie war die Tochter des Königs Hereric von Northumberland u. Enkelin des hl. ↗ Edwin. Ihre Schwester war die hl. ↗ Hilda. Nach dem Tod ihres ersten Gemahls Ethelher (Aedilheri), des Königs der Ostangeln, wurde sie mit Anna, dem König der Westangeln vermählt, dem sie 6 Kinder schenkte, nämlich ↗ Sexburga, ↗ Etheldreda, ↗ Ethelburga, Witburga, Jurmin u. Adulph. Nach der Ermordung ihres Gemahls ging sie nach Frankreich u. trat in das Benediktinerinnenkloster Chelles (Diöz. Paris) ein (wahrsch. 647), wo sie ihr Leben in großer Heiligkeit beschloß. † Ende des 7. Jh.s.
Gedächtnis: 3. September (20. September, 1. Dezember)
Lit.: CathEnc VII 256 – Zimmermann III 381

Herfrid ↗ Herifrid

Heribald OSB, Bisch. **von Auxerre,** Hl. (Heribold, Heribaud)
Name: ahd. heri (Heer) + walt (zu waltan, herrschen, walten): Heerführer
Er war vorher Abt im Kloster St-Germain in Paris u. wurde zum Bisch. von Auxerre (Zentralfrankreich) ernannt. Er restaurierte die Stephanskirche u. schmückte sie mit Glasmalereien u. anderen Kunstwerken. Von einer Romreise brachte er die Reliquien der hl. Märt. Alexander u. Chrysanthus mit u. setzte sie in einem prächtigen Grabmal bei. Um 841 erhob er den hl. ↗ Germanus u. andere Heilige u. setzte sie in würdigen Gräbern bei. 849 wohnte er dem Provinzialkonzil in Tours bei. Nachdem er 33 Jahre das bischöfliche Amt verwaltet hatte, starb er gegen 875.
Gedächtnis: 25. April

Heribert von Bois-Villers, Sel. oder Hl. (Herebert)
Name: ahd. heri (Heer) + beraht (glänzend, berühmt): der im Heer Berühmte
Er lebte als Einsiedler im Dorf Bois-Villers bei Namur (Belgien) u. war berühmt durch die Strenge u. Heiligkeit seines Lebens. † um 1210. Er wurde in der Muttergotteskapelle des Ortes hinter dem Altar beigesetzt.
Gedächtnis: 16. März

Heribert, Erzb. **von Conza,** Hl. (Herebert Hoscam)
Er war gebürtiger Engländer aus dem Königreich Mercia u. wurde um 1170 Erzb. von Conza (80 km östl. von Neapel). † um 1185. Sein Leib ruht in Conza in einem prächtigen Sarkophag.
Gedächtnis: 20. August

Heribert von Cumberland, Hl.
Er war Schüler des hl. ↗ Cuthbert, der ihn auch zum Priester weihte. Er lebte dann als Einsiedler in der engl. Grafschaft Cumberland. Als er einmal seinen verehrten Bisch. in Carlisle aufsuchte, fand er diesen sterbenskrank. In seinem Schmerz über die bevorstehende Trennung bat er inständig Gott, mit Cuthbert zus. sterben zu dürfen. Sein Gebet wurde erhört. So starb er mit diesem am 20. 3. 687.
Gedächtnis: 20. März

Heribert, Erzb. **von Köln,** Hl. (Herbart)
* um 970 als Sohn des Grafen Hugo von Worms. Er wurde an der Domschule zu Worms u. im Kloster Gorze (Lothringen) erzogen. Noch sehr jung wurde er Dompropst in Worms, 994 Kanzler Ottos III. für Italien, 998 auch für Deutschland. 995 erhielt er die Priesterweihe. Als Freund u. Berater Ottos III. war er maßgeblich an der inneren Erneuerung des Imperium Romanum beteiligt. Während er 999 in Italien weilte, wurde seine Wahl zum Erzb. von Köln durch Papst u. Kaiser bestätigt. Heribert war bei der Eröffnung des Grabes Karls d. G. durch Otto III. um 1000 in Aachen zugegen, ebenso beim Tod Ottos III. in Paterno am 23. 1. 1002 (südwestl. von Rom). Er brachte unter schweren Kämpfen seinen Leichnam u. die Reichsin-

signien nach Aachen, wurde hier aber von Herzog Heinrich von Bayern gefangen gehalten, bis er sich bereit erklärte, die an Pfalzgraf Ezzo gesandte hl. Lanze auszuliefern. Diese „hl. Lanze", wohl eine fränkische oder langobardische Flügellanze aus dem 8. Jh., war im Mittelalter Bestandteil der Reichsinsignien. Sie kam 1350 von Nürnberg nach Prag, 1424 wieder zurück nach Nürnberg u. ist seit 1800 in Wien. Nach der Beisetzung Ottos III. in Aachen legte Heribert das Kanzleramt nieder. Sein Verhältnis zu dessen Nachfolger Heinrich II. blieb zeitlebens kühl, er begleitete ihn aber 1004 auf dessen Zug nach Rom u. förderte 1007 die Stiftung des Bistums Bamberg durch den Kaiser. 1002 gründete Heribert in Ausführung einer Vereinbarung mit dem inzw. verstorbenen Otto III. die Benediktinerabtei Deutz (gegenüber Köln, rechts des Rheins) sowie das Kanonikerstift zu den hll. Aposteln in Köln. Kennzeichnend für ihn sind vor allem seine tiefe Frömmigkeit u. Freigebigkeit. † am 16. 3. 1021 in Deutz u. dort bestattet. Seine Gebeine wurden später im Heribert-Schrein auf dem Hochaltar der Heribertkirche in Deutz beigesetzt.
Liturgie: Köln G am 30. August (Übertragung), sonst: 16. März
Darstellung: als Erzb., durch sein Gebet Regen herabflehend
Patron: von Deutz
Lit.: J. Kleinermann, Die Heiligen auf dem bischöfl. . . . Stuhl von Köln II (Köln 1898) – Wattenbach-Holtzmann I 650f – Hauck III^{8} 1064 – Die Regesten der Erzb. v. Köln, hrsg. v. F. W. Oediger, I (Bonn 1954) nn. 561–682, 6 (Lit.) – E. Schramm, Kaiser, Rom u. Renovatio I (Darmstadt 1957^{2}) 322 – Braun 325

Heriburg OSB, Äbtissin **von Nottuln,** Hl. (Herburg)
Name: ahd. heri (Heer) + burg, burc (Burg, Schutz): Schützerin des Heeres
Sie war die Schwester des hl. ↗ Liudger u. wurde die 1. Äbtissin des Frauenklosters Nottuln (westl. von Münster i. W.), welches Liudger 803 gegründet hatte. Heriburg starb nach 834.
Gedächtnis: 16. Oktober

Herifrid, Bisch. **von Auxerre,** Sel. (Herfrid)
Name: ahd. heri (Heer) + fridu (Schutz vor Waffengewalt, Sicherheit, Friede): der dem Heer Sicherheit gibt
Er wurde im Jahr 887 von Erzb. Gualterius I. von Sens zum 40. Bisch. von Auxerre (südöstl. von Paris) geweiht. † am 15. 10. 909.
Gedächtnis: 15. Oktober

Herkumbert, Bisch. **von Minden,** Hl. (Ercumbert, Herumbert)
Name: wohl ahd. heri (Heer) + kunni (Geschlecht, Sippe) oder heim (Heim) + beraht (glänzend, berühmt): der in der Sippe (im Heim) u. im Heer Berühmte
Er war einer der Glaubensboten, die Karl d. G. zur Bekehrung der Sachsen aussandte. Vermutlich war er Benediktinermönch in Fulda u. Leiter der Fuldaer Mission als Nachfolger des hl. ↗ Sturmius (?). Er wurde der 1. Bisch. von Minden in Westfalen (vor 796). † am 7. 6. wohl nach 805.
Gedächtnis: 7. Juni
Lit.: Mindener Gesch.quellen I (Münster 1917) – A. Höynck: Kath. Seelsorger 14 (Paderborn 1902) 354f – E. Müller, Entstehungsgeschichte der sächs. Bistümer unter Karl d. G. (Hildesheim 1938) 46–51

Herlinde OSB, Äbtissin **von Alden-Eyck,** Hl. (Herlindis, Harlindis)
Name: ahd. heri (Heer) + linta (Schild aus Lindenholz): Schützerin des Heeres
* vor 700 im Gebiet der Stadt Maeseyck (Nordostecke von Belgien). Mit ihrer Schwester, der hl. ↗ Relindis, wurde sie im Benediktinerinnenkloster zu Valenciennes (Nordfrankreich) erzogen u. trat dort als Nonne ein. Ihr Vater Adalhard stiftete zw. 720 u. 730 das Kloster Alden-Eyck (links an der Maas, Belgien), wo sie die 1. Äbtissin wurde. † am 12. 10. 745 (?). Ihre Reliquien ruhen in der Katharinenkirche zu Maeseyck.
Gedächtnis: 12. Oktober

Herluin OSB, Abt **von Bec,** Sel. (Hellouin)
Name: wahrsch. zu ahd. heri (Heer) + (?) liut (Leute) oder liup, liob (lieb) + wini (Freund): der im Heer u. bei den Leuten Beliebte; oder auch: heri + lewo, louwo (Löwe; Lehnwort?): Löwe des Heeres; -in ist wohl Verkl.-Silbe
* um 995 aus adeliger normannischer Familie. Er wurde am Hof des Grafen Gislebert

von Brionne erzogen. Mit 37 Jahren wandte er sich dem aszetischen Leben zu u. gründete auf seinen Gütern bei Bonneville (Frankreich, südl. des Genfer Sees) ein Benediktinerkloster. Vor dem Bisch. von Lisieux legte er die Profeß ab u. wurde von ihm zum Abt geweiht. 1039 verlegte er sein Kloster nach Bec (Le Bec Hellouin, Normandie), wo Erzb. ↗ Lanfranc von Canterbury 1077 dessen Marienkirche weihte. † am 26. 8. 1078. Seine Gebeine wurden aus der Klosterkirche in die Pfarrkirche von Le Bec-Hellouin übertragen.
Gedächtnis: 26. August
Lit.: Vita v. Gilbertus Crispinus: J. A. Robinson, Gilbert Crispin (Cambridge 1911) 87–110 – Zimmermann II 623f 626 – Spicilegium Beccense I (Paris 1959) 599–632

Herluka von Bernried, Sel.
* um 1060 im Gebiet des Grafen Manegold von Veringen (südl. von Stuttgart). Sie lebte zuerst in Donstetten bei Wiesensteig (südöstl. von Stuttgart), wo Abt ↗ Wilhelm von Hirsau ihr Seelenführer war. Unter vielen inneren u. äußeren Leiden führte sie hier ein Leben der Betrachtung u. der Nächstenliebe. 1086 übersiedelte sie nach Epfach am Lech (südl. von Augsburg) u. setzte sich sehr für die Verehrung des hl. Bisch. ↗ Wigbert von Augsburg sowie für die Gregorianische Reform (↗ Gregor VII.) ein. Wegen ungerechter Anfeindungen zog sie sich 1122 nach Bernried am Starnberger See zurück, wo sie im Augustinerinnenstift ihre letzten Lebensjahre als Klausnerin verbrachte. † 1127.
Gedächtnis: 18. April
Darstellung: als Nonne, ihr erscheint der leidende Heiland. Der Teufel versucht, ihre Lampe auszulöschen. Mit Wikterp von Augsburg
Lit.: L. Rosenberger, Bavaria sancta (München 1948) 181 – Bauerreiß III 46 161

Hermagoras, Märt., Hl.
Name: eig. Hermogenes: der von Hermes Abstammende. Hermes war der griech. Gott des Handels, der Wege u. des Verkehrs, Götterbote, Schlaf- u. Traumspender, Schutzherr der Diebe, Fundbringer (Herr der Wünschelrute), Geleiter der Seelen u. Patron der Redner
Er war Lektor der Kirche zu Singidunum (Belgrad) u. wurde um 305 unter Diokletian zus. mit dem Diakon ↗ Fortunatus gemartert. Um 400 kamen seine Gebeine nach Aquileja (westl. von Triest), wo er von da an sehr verehrt wurde. Die Legende (wohl nach 450) machte ihn zum Apostelschüler, Gründerheiligen u. 1. Bisch. von Aquileja, der um 70 den Martertod erlitten haben soll. Seine Gebeine sind jetzt in Grado (südl. von Aquileja).
Liturgie: Gurk, Klagenfurt G am 12. Juli
Darstellung: zus. mit Fortunatus: Hermagoras in Pontifikalkleidern, Fortunatus als Diakon, beide mit Palmen
Patron: von Aquileja
Lit.: R. Egger (Klagenfurt 1948) – H. Schmidinger, Patriarch u. Landesherr (Graz-Köln 1954) 2ff (Lit.) – E. Marcon (Görz 1958)

Hermann OSB, Markgraf **von Baden,** Sel.
Name: ahd. heri (Heer) + man (Mann): Heermann, Krieger. Der Name war bis ins Mittelalter sehr verbreitet u. wurde im 18. u. 19. Jh. durch Verwechslung mit dem Cheruskerfürsten Armin neu belebt. (ital. Ermanno, franz. Armand)
* um 1040 als Sohn des Grafen Berthold I. von Zähringen. 1073 wurde er Benediktinermönch in Cluny (Burgund). Mit seinem Bruder, Graf Berthold II., u. Bisch. Gebhard III. von Konstanz arbeitete er im südwestdt. Raum im Investiturstreit für die Sache des Papstes (↗ Gregor VII.). Er ist der Stammvater der badischen Markgrafen. 1073 trat er in Cluny als Laienbruder ein. † 25. (26. ?) 4. 1074.
Gedächtnis: 25. April
Lit.: E. Heyck, Gesch. der Herzöge von Zähringen (Freiburg/B. 1891) 97–106 – J. Mayer: Freiburger Diözesanarchiv 26 (1898) 241–266

Hermann von Cappenberg OPraem, Sel. (H. von Scheda, Hermannus Iudaeus, H. Coloniensis)
* um 1110 in Köln als Jude. Nach langem Schwanken wurde er am 23. 12. 1131 (?) im Dom zu Köln getauft u. trat bald danach in das Prämonstratenserstift Cappenberg (Diöz. Münster) ein u. wurde später Propst im Kloster Scheda bei Fröndenberg (Ruhr). Er bemühte sich sehr um die Bekehrung seiner jüdischen Volksangehörigen. † 6. 8. 1173 (?). Seine Gebeine wurden 1628 erhoben.
Gedächtnis: 6. August

Lit.: R. Seeberg (Leipzig 1891) – WZ 76 (1918) 73ff, 78 (1920) 69–81 – Manitius III 592f – J. Bauermann: Sachsen u. Anhalt 7 (Magdeburg 1931) 185–252 – Backmund I 190

Hermann der Deutsche OP, Sel. (Hermannus Beatus)
Er wurde zus. mit ↗ Ceslaus u. ↗ Hyacinthus von Polen vom hl. ↗ Dominikus in den Orden aufgenommen. Er war Mitbegründer des 1. Dominikanerklosters auf dt. Boden in Friesach (Kärnten) (1219) u. wirkte später in Schlesien. Seitdem fehlen sichere Nachrichten.
Gedächtnis: 17. April
Lit.: B. Altaner, Die Dominikanermissionen des 13. Jh.s (Habelschwerdt 1924) 205ff – J. Meyer, Liber de Viris Illustr. OP, hrsg. v. P. v. Loe (Leipzig 1918) 30f – AFP 9 (1939) 209 213, 19 (1949) 83, 27 (1957) 27f

Hermann Joseph OPraem, Hl. (schles. Menzel)
* 2. Hälfte des 12. Jh.s in Köln. Mit 12 Jahren trat er in das Prämonstratenserkloster Steinfeld (Eifel) ein u. studierte im Kloster Mariengarten (Friesland). Als Priester war er ein großer Prediger u. begnadeter Seelenführer, bes. in Frauenklöstern im Rheinland. Von frühester Jugend an verehrte er die Gottesmutter mit solcher Innigkeit, daß ihm wegen seiner mystischen Vermählung mit Maria der Beiname Joseph gegeben wurde. Er war einer der großen Mystiker u. Aszeten des Mittelalters. Sein inneres Leben spiegelt sich in seinen innig-zarten Hymnen auf die Gottesmutter wider. Der Herz-Jesu-Hymnus Summi Regis Cor aveto stammt vermutlich ebenfalls von ihm. † am 7. 4. (?) 1241 (1252?) im Zisterzienserinnenkloster Hoven bei Zülpich (westl. von Bonn). Seine Gebeine ruhen in der Abteikirche Steinfeld (Kreis Schleiden in der Eifel). Kult anerkannt am 11. 8. 1958.
Liturgie: RK g am 21. Mai
Darstellung: als Schüler mit Schreibzeug u. Buch. Als junger Prämonstratenser mit den Sakristeischlüsseln an seinem Gürtel (als Sakristan), mit Kelch u. Rosen (aus dem Kelch sprießen Rosen, weil er beim Meßopfer öfter einen himmlischen Geruch verbreitete). Das Jesuskind tragend, mit einem Rosenzweig (3 Rosen), zumeist der Gottesmutter einen Apfel darreichend
Lit.: K. Koch u. E. Hegel, Die Vita des Prämonstratensers Hermann Joseph (Köln 1958) – Kirchl. Anzeiger für die Diöz. Aachen 30 (1960) 49f – J. Brosch (Steinfeld/Eifel 1952) – W. Hünermann (Freiburg/B. 1940) – Zum Herz-Jesu-Hymnus: G. Schreiber: ThQ 122 (1941) 33–40 – Ders., AKG 31 (1942) 1ff – AAS 51 (1959) 830ff

Hermann der Lahme OSB, Sel. (Hermannus Contractus)
* 18. 7. 1013 in Saulgau (nördl. des Bodensees) als Sohn des Grafen Wolfrad II. von Altshausen. Er war von Kindheit an gelähmt. Mit 7 Jahren wurde er Schüler im Kloster Reichenau (Bodensee), dessen Schule damals in höchster Blüte stand, u. trat 1043 dem Benediktinerorden in diesem Kloster bei. Er war ein universeller Gelehrter u. Schriftsteller. So betätigte er sich als Astronom u. verfaßte verschiedene Abhandlungen (über die Herstellung eines Astrolabiums, Tabellen für die Osterfestberechnung, über die Finsternisse u. a.), er schrieb auch mehrere Lehrgedichte u. verfaßte u. vertonte eine Reihe von Heiligenoffizien u. mehrere Sequenzen (so die Kreuz-Sequenz Grates honos hierarchia u. die Ostersequenz Rex regum Dei agne). Es werden ihm auch einige Antiphonen zugeschrieben, z. B. Alma Redemptoris Mater u. das Salve Regina. Er war auch als Musiktheoretiker bedeutend. So verfaßte er ein Lehrbuch zur Unterweisung der Reichenauer Mönche im Choralgesang. Die linienlose Neumenschrift verbesserte er durch seine Buchstaben-Notation. Als sein bedeutendstes Werk gilt sein Chronicon, eine von Christi Geburt bis 1054 reichende Weltgeschichte, das 1. Werk dieser Art in der Kaiserzeit. Diese wurde von seinem Schüler u. Biographen Berthold von Reichenau bis 1080 fortgesetzt. † 24. 9. 1054.
Gedächtnis: 24. September
Lit.: H. Hansjakob (Mainz 1875) – Die Kultur der Abtei Reichenau, 2 Bde. (München 1925) passim – Stammler-Langosch V 374–377 – MGG VI 228–232 (Lit.)

Hermann von Niederaltaich OSB, Sel.
Er stammte aus Heidelberg u. wurde von seinen Eltern fromm erzogen. Mit seinem Bruder ↗ Otto verließ er sein Vaterhaus, reiste nach Köln u. kam auf seiner Wanderung nach Niederaltaich (Niederbayern), wo er 1320 als Laienbruder eintrat. 1322 baute er sich im Wald nördl. von Niederaltaich (im Bayrischen Wald) in der Nähe

von Regen eine Einsiedlerzelle, ging aber bald noch weiter u. kam nach Frauenau (bei Zwiesel u. Rinchnach), wo er sich wieder eine Zelle baute u. ein strenges Leben der Buße u. des Gebetes verbrachte. Er starb, vom ganzen Volk dieser Gegend hochgeachtet, 1326 oder 1327 u. wurde auf seinen Wunsch vor der Kirchentür zu Rinchnach begraben. An dieser Stelle stand früher eine kleine Kapelle zu seiner Ehre. Sein Leib ruht heute in der Kirche von Rinchnach.
Gedächtnis: 3. September

Hermeland OSB, Abt **von Aindre,** Hl. (Ermenland, Ermelandus, Herband, Herbland, Erblain, Erblon, Arbland)
Name: 1. Wortbestandteil: germ. Irmin, der Stammesgott der Herminonen (eig. der Große, Erhabene; bei Mela, Plinius u. Tacitus Bezeichnung der swebischen Gruppe der Westgermanen); der 2. Wortbestandteil ist vermutlich eine volkstümliche Anlehnung an ahd. lant (Land) (ähnlich wie ↗ Roland aus Hrodnand): ahd. nand, nant (wagemutig, kühn): kühner Herminone
Er war zuerst Mundschenk am Hof des fränkischen Königs Chlothar III. u. wurde Benediktinermönch zu Fontenelle (westl. von Rouen). Dort erhielt er 673 den Auftrag, das Kloster Aindre (Diöz. Nantes, Westfrankreich) zu gründen, u. wurde dort der 1. Abt. † 25. 3. um 720. Seine Gebeine ruhen zu Loches (südl. von Tours).
Gedächtnis: 25. März

Hermelindis, Hl. (Hermelinde, Ermelinde, Irmlind)
Name: Irmin (↗ Hermeland) + ahd. linta (Schild aus Lindenholz): die von Irmin Beschützte
Sie stammte aus einer reichen Familie in Brabant (Zentralbelgien). Der Legende zufolge entzog sie sich den Heiratsplänen ihrer Eltern durch Flucht an einen einsamen Ort zu Meldric (heute Meldaert, östl. von Brüssel), wo sie dem Gebet u. der Buße lebte. † 29. 10. vor 600. An ihrem Grab erbaute Pippin d. Ä. ein Nonnenkloster. Ihre Gebeine ruhen zu Meldaert.
Gedächtnis: 29. Oktober
Darstellung: mit geöffnetem Buch, zu ihren Füßen 2 vornehm gekleidete Männer

Hermenegild, Hl. (Ermingild, Irmingild)
Name: Irmin (↗ Hermeland) + ahd. gelt (Vergeltung, Vergütung, Einkommen, Wert, Opfer): Irmins-Opfer
Er stammte aus der 1. Ehe des Westgotenkönigs Leovigild u. der Theodosia. Um 579 vermählte er sich mit Ingundis, der Tochter König Sigiberts I. von Austrasien. Sie war Katholikin u. weigerte sich, den von Goesintha, der 2. Gemahlin Leovigilds, geforderten Übertritt zum Arianismus zu vollziehen. Trotzdem übertrug Leovigild dem Hermenegild die Herrschaft über einen Teil der Provinz Baetica mit der Hauptstadt Sevilla (Spanien). Unter dem Einfluß seiner Gemahlin wurde er kath. u. ließ sich durch Bisch. ↗ Leander von Sevilla mit seinem Bruder Rekared in die kath. Kirche aufnehmen. Goesintha aber, eine geschworene Arianerin, ruhte nicht, durch Intrigen u. tätliche Angriffe Unfrieden in das Familienleben Hermenegilds zu säen u. den Vater vom Sohn zu entzweien. Es kam zu einem Kampf, Leovigild rückte mit einem Heer gegen Sevilla vor, nahm die Bischöfe u. Priester gefangen u. ließ Hermenegild enthaupten. † 13. 4. 585 zu Tarragona (Ostspanien). Er wurde in Sevilla beigesetzt.
Gedächtnis: 13. April
Darstellung: mit königlichen Abzeichen u. Beil
Lit.: A. Linsenmayer: Theol.-prakt. Monatsschr. 15 (Passau 1905) 726–733 – AnBoll 51 (1933) 411ff

Hermes, Märt. **in Rom,** Hl.
Name: der griech. Gott Hermēs (vgl. ↗ Hermagoras). Der Name war auch als Personenname gebräuchlich
Er wurde wahrscheinlich in einer Verfolgung des 3. Jh.s gemartert. Die legendarische Passio macht ihn zum Stadtpräfekten von Rom, der unter Hadrian (117–138) den Tod erlitten habe, doch ist er im Verzeichnis der Stadtpräfekten Roms nicht enthalten. Er wurde im Basilla-Cömeterium an der alten Via Salaria in Rom beigesetzt; Papst ↗ Damasus I. schmückte sein Grab mit Inschriften. Angebliche Reliquien von ihm sollen auch in Salzburg sein.
Gedächtnis: 28. August
Darstellung: in pelzverbrämtem Kleid u. Mantel, mit Märtyrerkrone. Auf dem Fresko in der Apsis der Kirche über seinem

Grab aus dem 8. Jh. (1940 freigelegt) ist Hermes in Soldatenkleidung dargestellt
Lit.: P. Styger, Röm. Märtyrergrüfte I (Berlin 1935) 231ff – A. Ferrua, Epigrammata Damasiana (Città del Vaticano 1942) 195ff – Valentini-Zucchetti II 25 43 75 117 143

Hermin ↗ Ermin

Hermine ↗ Irmina
Name: der vom (griech.) Gott Hermes Abstammende (vgl. ↗ Hermagoras)

Hermogenes u. Gef., Märt. zu Alexandria, Hll.
Name: vgl. ↗ Hermagoras
Er war ein kaiserlicher Beamter in Alexandria (Nordägypten) u. ein angesehener u. gelehrter Mann. Er wurde mit **Mennas** u. anderen Christen unter Diokletian um 305 enthauptet.
Gedächtnis: 10. Dezember

Hernando (span.) ↗ Ferdinand

Heron, Märt. zu Alexandria, Hl. (Hero)
Name: zu griech. Hērōs, Kraft, Stärke, der Tapfere, Held
Er war noch ein Knabe u. erlitt mit noch 3 anderen Gefährten um 250 unter Kaiser Decius den Feuertod.
Gedächtnis: 14. Dezember

Herta (Hertha)
Name: Kf. zu Heriberta (↗ Heribert) u. Hertwiga (↗ Hartwig). Nach anderen Autoren ist es ein weibl. Vorname, der auf einer falschen Lesart des Namens Nerthus (einer germ. Göttin) beruht (vgl. Tacitus, Germania 40)

Herulf OSB, Bisch. **von Langres,** Sel. (Hariolf)
Name: ahd. heri (Heer) + Wolf (Wolf). Der Wolf galt bei den Germanen als kämpferisches u. daher heiliges Tier
Er war ein Sohn des Grafen von Ellwangen u. stiftete mit seinem Bruder Erlof wahrscheinlich um 750 zu Ellwangen (östl. von Stuttgart) die dortige Benediktinerabtei, wo er der 1. Abt wurde. Um 760 wurde er Bisch. von Langres (Ostfrankreich). Er nahm unter Papst Stephan III. 769 an der Synode im Lateran teil, auf der der Modus der Papstwahl erörtert u. die Bilderstürmerei verworfen wurde. Kaiser Ludwig der Fromme nannte ihn 814 in einem dem Stift Ellwangen erteilten Privileg „Abt u. Bisch.", sodaß man vermuten darf, daß er neben seinem Bischofsamt auch das des Abtes zugleich ausübte. Er starb nach 814 zu Ellwangen u. wurde dort begraben.
Gedächtnis: 13. Dezember
Lit.: Stadler II 600f

Herward (Herwart)
Name: ahd. heri (Heer) + wart (Hüter, Schützer): Schützer des Heeres

Herwig ↗ Hartwig

Herwin
Name: ahd. heri (Heer) + winni (Freund): Freund des Heeres

Hesychius, Bisch. **von Vienne,** Hl.
Name: griech. hesýchios, der Bedachtsame, Ruhige, Schweigende
Er war Senator in Vienne (südl. von Lyon, Südostfrankreich) u. wurde später Bisch. Der eine seiner Söhne, Apollinaris, wurde Bisch. in Valence (an der Rhone, südl. von Vienne), der andere Sohn Avitus wurde sein Nachfolger als Bisch. von Vienne. Die Zeit ist nicht bekannt. Sein Kult wurde am 9. 12. 1903 anerkannt.
Gedächtnis: 12. November

Hidulf von Lobbes OSB, Hl. (Hildulf)
Name: ahd. hilta (Kampf) + wolf (Wolf): kämpfender Wolf
Er war Franke aus einem adeligen Geschlecht im Hennegau (Belgien) u. war mit dem Majordomus Pippin d. M. befreundet. Er war ein großer Förderer des Mönchtums u. pflegte enge Beziehungen zu den Äbten ↗ Landelin u. ↗ Ursmar. Seine Gemahlin war die hl. ↗ Aya. Gegen Ende seines Lebens zog er sich als Benediktinermönch in das Kloster Lobbes bei Thuin (Hennegau) zurück. † 23. 6. um 707.
Gedächtnis: 23. Juni
Lit.: Zimmermann II 68 70 – Mabillon AS[3] III 255ff

Hieron, Märt. **in Friesland,** Hl. (Jeron)
Name: kelt. Ursprungs, wurde aber volksetymologisch an griech. hierós (den Göttern geweiht) angeglichen

Er kam vermutlich von den Britannischen Inseln u. missionierte in den Niederlanden u. Friesland u. wurde bei einem Normanneneinfall 856 (?) in Noordwijk (südwestl. von Amsterdam) enthauptet. Seine Gebeine wurden 955 in die OSB-Abtei Egmond (nordwestl. von Amsterdam) übertragen, kamen aber 1892 wieder nach Noordwijk zurück. Das Haupt, das stets dort verblieb, ging in der Reformation verloren. Andere Reliquien sind in Blandinienberg.
Gedächtnis: 17. August
Darstellung: mit einem Falken u. einem Schwert in Händen (wohl wegen der Wortähnlichkeit zu griech. hieráx, Falke)
Patron: zur Wiedererlangung verlorener Gegenstände
Lit.: Künstle II 299 – Vita, hrsg. v. O. Oppermann: Fontes Egmundenses (Utrecht 1933) 181–307 – Zimmermann II 591

Hieronymus (Sophronius Eusebius), Kirchenlehrer, Hl.
Name: griech. hierós (geheiligt, den Göttern geweiht) + ónoma, ónyma (Name, Ruf): der Heilig-Genannte
Er ist einer der 4 großen ↗ Kirchenväter. * um 347 im dalmatinisch-pannonischen Grenzort Stridon aus wohlhabender christlicher Familie. Sein Geburtsort ist nach Stadler (II 696) die Ortschaft Strido (Strigau, Stridova, Strigova, Sdrin usw.) zw. Mur u. Drau, nahe deren Zusammenfluß (nördl. Jugoslawien). Neuere Autoren denken aber auch etwa an Laibach u. a. Hieronymus kam 354 zum Studium der Grammatik, Rhetorik u. Philosophie nach Rom u. empfing dort die Taufe. Auf einer Reise nach Gallien lernte er in Trier das Mönchsleben kennen. Er schloß sich 373 in Aquileia (westl. von Triest) mit seinen Freunden Rufinus, Bonosus, Chromatius u. anderen einer Klerikergemeinschaft an. Ein „plötzlicher Sturm" zwang ihn aber zur Abreise, u. er begab sich in den Orient. Nach verschiedenen beschwerlichen Pilgerfahrten ließ er sich in einem Kloster in der Wüste von Chalkis unweit Aleppo (Nordsyrien) nieder. Dort lebte er in strengster Aszese u. betrieb exegetische u. literarische Studien.
Die folgenden Jahre erweisen sein brennendes Interesse an der Theologie, wobei er sich freilich durch manche Irrungen u. Zweifel hindurch ganz auf sich gestellt zur Klarheit durchringen mußte: Schon im Kloster in Syrien hatte es zw. ihm u. den anderen Mönchen heftige Dispute über die Trinitätslehre u. das antiochenische Schisma gegeben. Als es durch die daraus entstehenden Zänkereien für ihn immer unerträglicher wurde, ging er 375 nach Antiochia u. wurde dort Schüler des Apollinaris von Laodicea. Dieser Theologe hielt zwar gegen den Arianismus treu zum Konzil von Nicäa u. zu ↗ Athanasius, wurde aber selbst zum Urheber einer neuen Irrlehre, die man längere Zeit nicht als solche erkannte. Er lehrte, daß Christus keine menschliche Seele gehabt habe, sondern daß deren Stelle die 2. Person Gottes vertreten habe (Apollinarismus). Um 379 wurde er von Paulinos, Bisch. von Antiochia, zum Priester geweiht. Paulinos wurde von ↗ Basilius d. G. der Irrlehre des Sabellianismus bezichtigt, aber von Papst ↗ Damasus I., Athanasius u. a. verteidigt. Der Sabellianismus (Patripassianismus, Modalismus) lehrte, daß es in Gott nicht wirklich 3 verschiedene Personen gebe, sondern daß diese nur verschiedene Erscheinungsweisen „für uns" des einen u. ein-persönlichen Gottes seien. Der Grund für diese Anschuldigungen des Basilius liegt in der oft unklaren u. zweideutigen, nicht selten sogar bewußt auf Ausgleich bedachten Ausdrucksweise des Paulinos. 380–381 war Hieronymus in Konstantinopel als Schüler des ↗ Gregor von Nazianz. Wohl in dieser Zeit lernte er den berühmten Origenes kennen u. war zuerst sein enthusiastischer Bewunderer, wurde aber später, nach 394, sein leidenschaftlicher Gegner. Origenes, der auf allen Gebieten der Theologie Großes leistete, trug in seinem Kampf gegen die Irrlehren seiner Zeit auch seinerseits manche irrigen, überspitzten oder zweideutigen Lehren vor. 382 reiste Hieronymus mit Bisch. Paulinos u. Epiphanius von Salamis zu der von ↗ Damasus I. in Rom gegen verschiedene Häresien einberufenen Synode. Epiphanius war ein Gegner der Bilderverehrung. So riß er 393 in einer Kirche in Palästina den Bildervorhang herab.
Von nun an stand Hieronymus in engster Verbindung mit Papst Damasus I. u. war bis zu dessen Tod (11. 12. 384) sein Sekretär. In dieser Zeit übte er auch einen großen

Einfluß auf die weiblichen aszetischen Kreise in Rom aus, bes. auf die Witwen ↗ Marcella u. ↗ Paula sowie deren Töchter ↗ Blesilla u. ↗ Eustochium. Nach dem Tod des Papstes glaubte er schon, ihm im Amt folgen zu können. Aber es erhob sich gegen ihn eine heftige Opposition wegen seiner aszetischen Ansichten u. seiner Angriffe auf den verweltlichten Klerus. Deshalb mußte er im August 385 Rom verlassen. Mit Paula u. Eustochium reiste er nach Palästina u. Ägypten u. ließ sich 386 endgültig in Bethlehem nieder. Dort gründete er ein Männer- u. 3 Frauenklöster, deren Leitung er selbst übernahm. Von nun an widmete er sich ganz seinen theol. und bibelwissenschaftlichen Arbeiten. Er litt aber schwer unter den Wirren, die um Origenes ausbrachen, die frühere Freundschaft mit Rufinus war zerbrochen, mit Bisch. Johannes II. von Jerusalem lag er im Konflikt, da er ihn des Origenismus beschuldigte. Überdies hatte das Land unter den Barbareneinfällen zu leiden, u. schließlich betrauerte er den schmerzlichen Verlust seiner inzw. verstorbenen Freunde Paula, Marcella, Eustochium u. Pammachius. † am 30. 9. 420.

Hieronymus ist wohl eine der faszinierendsten Gestalten des christlichen Altertums. Er besaß ein liebendes u. leidenschaftliches Herz, er hatte eine große Liebe zu Christus u. zur kath. Wahrheit u. stellte sein Leben u. seine ganze Kraft in den Dienst der Kirche. Er vereinigte in sich den Aszeten u. Gelehrten. Er war auch sehr sensibel, ja fast krankhaft empfindsam, er konnte auch eifersüchtig, argwöhnisch, erregbar u. sogar rachsüchtig werden. Neben Augustinus ist er der gelehrteste der lat. Kirchenväter. Für seine Zeit besaß er einmalige Sprachkenntnisse (Latein, Griechisch, Hebräisch) sowie ein umfassendes geographisches, archäologisches u. literarisches Wissen. Er hat als erster den Wert des Urtextes erkannt, seine Leistungen als Übersetzer der verschiedensten Werke sind außerordentlich. Allerdings arbeitete er, wie er auch selber eingesteht, zu schnell u. oft ohne Sorgfalt. Seine Stärke in den Bibelwissenschaften liegt in der Philologie u. der Textkritik. Seine bibl. Theologie erreicht nicht die Tiefe des ↗ Augustinus. Von ihm sind 117 Briefe erhalten. Mit literarischer Sorgfalt geschrieben, sind sie ein Spiegel seiner Seele u. seines Lebens, seiner Freundschaften u. Streitigkeiten. Die Korrespondenz mit Augustinus allein umfaßt 19 Briefe. Er übersetzte auch eine große Zahl theol. Werke der verschiedensten Autoren, er verfaßte mehrere kleinere exegetische Schriften u. einen fortlaufenden Kommentar über einen großen Teil des AT und NT.

Am bekanntesten ist Hieronymus aber durch seine Bibelübersetzung der „editio vulgata" („allg. gebräuchliche Ausgabe"), die er im Auftrag des Papstes Damasus I. in Angriff nahm. Er begann seine Arbeit 383 in Rom mit der Revision der Evangelien. Er benutzte dazu eine altlat. Vorlage u. reinigte sie aufgrund eines guten griech. Textes von sog. „westlichen" Lesarten u. Übersetzungsfehlern, schonte aber weitgehend das sprachliche Kleid der lat. Vorlage. Fraglich ist, ob u. wie viele andere Bücher des NT er noch revidierte. Bald nach seiner Übersiedlung nach Bethlehem begann er mit der Überarbeitung des altlat. Textes des AT. Er benutzte dazu die Septuaginta (griech. Übersetzung des AT, Alexandria, 3. u. 2. Jh. v. Chr.) u. die Hexaplā des Origenes (entstanden 228–245), ein großangelegtes bibelkritisches Werk, das in 6 Kolumnen die hauptsächlichen griech. Lesarten des AT dem hebr. Text gegenüberstellt. Wie Hieronymus selbst zutreffend sagt, gab es schon zu seiner Zeit ebenso viele Lesarten in der Hl. Schrift wie Handschriften. Eine möglichst getreue Rückführung u. Angleichung an den Urtext war somit dringend geboten. Der Ausdruck „editio vulgata" stammt von Hieronymus selbst u. ist die Wiedergabe der „koinē diálektos" (allg. Sprechweise), jener nachklassischen, alexandrinisch-hellenistischen Form des Griechischen, wie es etwa von 300 v. Chr. bis 500 n. Chr. im gesamten griech. Kulturraum gesprochen wurde u. in dem auch die Septuaginta u. das NT abgefaßt sind. Seit dem Ausgang des Mittelalters erhielt das ganze Übersetzungswerk des Hieronymus den Namen „Vulgata". Die früher gebräuchliche Bezeichnung „Itala" (interpretatio itala, italische Übersetzung) für die alten lat. Bibelversionen geht auf eine einzige Stelle bei Augustinus zurück (De doctr. christ. 2,15). Er bezeichnete damit eine von

den vielen lat. Übersetzungen, die zu seiner Zeit wenigstens in einem Teil Italiens verbreitet waren. Der mißverständliche Ausdruck „Itala" wird heute zweckmäßiger durch „Versio vetus latina" („alte lat. Übersetzung") als Sammelbezeichnung ersetzt.
Die für seine Zeit beachtenswerte Leistung des Hieronymus stieß zunächst auf Widerstand u. konnte sich bis zum 8. Jh. nur langsam durchsetzen. Es wurden sogar bis ins 13. Jh. noch altlat. Texte abgeschrieben, ja es drangen sogar altlat. Lesarten in die Vulgatahandschriften ein. Schon vom 6. Jh. an bemühten sich verschiedene Gelehrte um die Herstellung eines einwandfreien Vulgata-Textes, jedoch noch ohne Erfolg. ↗ Alkuin unternahm 799–801 auf Wunsch Karls d. G. eine Revision der Vulgata, die zahlreiche Versionen aus der Vetus Latina beseitigte u. die ab dem 13. Jh. bes. an der Pariser Universität als die authentische lat. Bibelübersetzung galt. Das Konzil von Trient erklärte durch Dekret vom 8. 4. 1546 die Vulgata des hl. Hieronymus „wegen ihres jahrhundertealten Gebrauches" als „authentischen", d. h. für den allg.-kirchlichen Gebrauch maßgeblichen Text. Das Konzil war sich aber dessen durchaus bewußt, daß auch die Vulgata noch zahlreiche Mängel aufwies. In den letzten 100 Jahren gingen die Bestrebungen dahin, nicht sosehr eine getreue lat. Bibelübersetzung zu schaffen, sondern vielmehr, durch kritischen Vergleich von unzähligen aufgefundenen Textvarianten den griech. bzw. hebr. Urtext selber zu rekonstruieren, der seinerseits die Grundlage für alle modernen Übersetzungen bildet. Diese Arbeit darf heute im wesentlichen als abgeschlossen gelten.
Liturgie: GK G am 30. September (Bamberg: 3. Oktober; Basel: 1. Oktober)
Darstellung: mit Kardinalshut (seit dem 13. Jh.) (obwohl er kein Kard. war; dies offenbar wegen seiner Sekretärstätigkeit bei Damasus I.). Als Gelehrter am Pult, mit Bibliothek, Bücher schreibend. Als abgemagerter, kaum bekleideter Einsiedler, Büßer u. Aszet, vor einer Höhle kniend, mit Kruzifix u. Totenkopf, seine Brust mit einem Stein schlagend. Einem Löwen einen Dorn aus dem Fuß ziehend (Anspielung auf sein Mönchsleben in der Wüste; auch symbolisch: er nahm dem Irrtum den Stachel)
Patron: von Dalmatien, Lyon; der Aszeten, Gelehrten, Lehrer, Schüler, Studenten, Theologen, Übersetzer; der Hochschulen, theol. Fakultäten, der Ordensgenossenschaften vom hl. Hieronymus u. der Bibelgesellschaften
Lit.: Pauly-Wissowa VIII 1565–1581 – Bardenhewer III 605–654 – G. Grützmacher, 3 Bde. (Leipzig 1901–08) – P. Optat (Feldkirch 1934/40) – J. Steinmann (Paris 1958, dt. Köln 1961)

Hieronymus Aemiliani, Hl. (Girolamo Miani)
* 1486 zu Venedig aus vornehmer Familie. Schon von frühester Jugend an lebte er ganz weltlich im Waffendienst. 1508 wurde er aus einer Gefangenschaft wunderbar befreit u. führte dann, seit 1528 unter der geistlichen Leitung von Giampietro Caraffa (dem späteren Papst Paul IV.), ein Leben heroischer Buße u. Nächstenliebe, pflegte Kranke u. Verwahrloste u. errichtete Waisenhäuser in Venedig, Brescia, Bergamo, Verona, Como u. Mailand. 1528 gründete er, obwohl selbst immer Laie, für seine caritativen Anstalten eine Genossenschaft von Regularklerikern, die er „Compagnia dei servi dei poveri" nannte, die aber später nach dem Mutterhaus in Somasca (Lombardei) „Somasker" genannt wurde. † 8. 2. 1537 in Somasca. Er wurde 1747 selig- und 1767 heiliggesprochen. Pius XI. erklärte ihn 1928 zum Patron der Waisen und der verlassenen Jugend.
Liturgie: GK g am 8. Februar
Darstellung: mit Kette in der Hand, Kugeln neben ihm (mit Bezug auf seine Militärlaufbahn u. seine Gefangenschaft)
Patron: von Treviso, Venedig; der verlassenen u. verwaisten Jugend, der Gründer von Schulen, Waisenhäusern u. Besserungsanstalten für gefallene Mädchen
Lit.: W. E. Hubert (1895) – E. Caterini, S. Gir. Em. discorsi . . . (Foligno 1912) – ders., Bibliogr. di S. Gir. Miani (Genua 1917) – G. Landini (Rom 1947) – S. Raviolo (Mailand 1947)

Hilaria, Märt. **zu Augsburg,** Hl.
Name: weibl. F. zu ↗ Hilarius
Sie soll die Mutter der hl. ↗ Afra gewesen, von Bisch. Narcissus getauft u. bei der Grabstätte ihrer Tochter mit ihren 3 Mäg-

den verbrannt worden sein (s. auch ↗ Quiricus).
Gedächtnis: 12. August
Lit.: A. Schröder, Eine Basler Handschrift: Archiv für die Gesch. des Hochstifts Augsburg 6 (Dillingen 1929) 776–787 – Ders., Kalender bayr. u. schwäb. Kunst 28 (München 1932) 4–7 – A. Biglmair, Afra: Lebensbilder aus dem bayr. Schwaben I (München 1952) 1–29 u. ö.

Hilarion von Gaza, Hl.
Name: griech.-lat., der Fröhliche
* 291 in Tabatha bei Gaza. Wie der hl. ↗ Hieronymus berichtet, wurde er im Jugendalter getauft u. im christlichen Glauben unterrichtet. Anschließend war er einige Jahre Schüler des Mönchsvaters ↗ Antonius. Er kehrte dann in seine Heimat zurück, verteilte seinen Besitz unter die Armen u. lebte als Einsiedler in der Wüste bei Majuma. Er wurde damit der Begründer des Mönchtums in Palästina. Er hatte die Gabe der Wunder, weshalb ihn viele Notleidende aufsuchten. Als ihrer immer mehr wurden, entfloh er ihnen im Alter von 63 Jahren zunächst nach Ägypten, dann nach Sizilien u. Dalmatien. Die letzten Jahre seines Lebens verbrachte er als Anachoret (Einsiedler) in der Einöde bei Paphos (jetzt Baffo) auf Zypern, wo er im Jahr 371 starb. Sein Schüler Hesychius soll seine Gebeine heimlich nach Gaza gebracht haben. Um 570 zeigte man in der Nähe von Gaza sein Grab. Er wurde auf Zypern sehr verehrt, ebenso in Venedig, Pisa und Frankreich (angeblich wurden seine Gebeine nach Duravel übertragen).
Gedächtnis: 21. Oktober
Lit.: G. Grützmacher, Hieronymus II (Berlin 1906) 87-91 – Bardenhewer III 638f – Schiwietz II 95–126 – Catholicisme V 736

Hilarius, Bisch. **von Aquileia,** Märt., Hl.
Name: ↗ Hilarion
Er war der 2. Bisch. von Aquileia (westl. von Triest) u. erlitt zus. mit Tatianus unter Kaiser Numerianus den Martertod.
Gedächtnis: 16. März
Lit.: Lanzoni 883f – Catholicisme V 729

Hilarius, Erzb. **von Arles,** Hl.
* 401. Er lebte zuerst als Mönch im Kloster Lérins (Insel vor Cannes, Südfrankreich), welches sein Onkel u. Vorgänger, Bisch. ↗ Honoratus von Arles, gegründet hatte. Als Erzb. von Arles (am Rhone-Delta, Südfrankreich) vereinigte er seinen Klerus zu einem gemeinsamen Leben. Er war ein sehr eifriger u. frommer Seelenhirte, verfuhr aber in seinem Eifer mit seinen ihm untergebenen Priestern u. Bischöfen zu streng. So setzte er in seinem unklugen Eifer Bisch. Chelidonius von Vesontium ab, worauf ihm ↗ Leo I. die Metropolitangewalt entzog. Hilarius pilgerte daraufhin zu Fuß nach Rom, um sich mit dem Papst auszusöhnen. † 5. 5. 449.
Gedächtnis: 5. Mai
Lit.: Schanz IV/2 528f – Bardenhewer IV 571f – B. Kolon, Die Vita S. H. Arelatensis (Paderborn 1925) – Altaner[5] 419 (Lit.)

Hilarius, Bisch. **von Mainz,** Märt., Hl.
Er wurde um das Jahr 150 Bisch. von Mainz u. führte seine Kirche in der schweren Zeit der Verfolgung, bis er unter Kaiser Antoninus Pius (138–161) den Martertod erlitt. An der Stelle seines Wohnhauses wurde schon früh eine Kirche erbaut, in der ein Wandgemälde die Geschichte seines Martyriums erzählte. Die erste Kathedralkirche von Mainz war ihm geweiht.
Gedächtnis: 26. Februar

Hilarius, Bisch. **von Poitiers,** Kirchenlehrer, Hl.
* um 315 wohl in Poitiers (Westfrankreich). Er stammte aus einer vermögenden u. einflußreichen heidnischen Familie u. erhielt eine gediegene Ausbildung auf der Grundlage der neuplatonischen Philosophie. Er war verheiratet u. hatte eine Tochter. Sehr wahrscheinlich war er im höheren Verwaltungsdienst tätig. Ihn beschäftigte die Frage nach dem Tod, der Bestimmung des Menschen u. dem Sinn seiner Existenz. Er las die Bibel u. fand die Antwort auf seine Fragen. So ließ er sich um 345 mit seiner Frau u. seiner Tochter in der Osternacht taufen. Er wurde Priester u. um 350 vom Volk zum Bisch. von Poitiers ausgerufen. Mit dem Sinn für das Wesentliche widmete er sich zunächst einmal vor allem der Verkündigung. Er erklärte den Gläubigen das Matthäusevangelium, das er soeben selbst gelesen hatte, u. schrieb einen Kommentar dazu. In diese Zeit fällt auch seine erste Begegnung mit ↗ Martin, dem späteren Bisch. von Tours.
Bald geriet er mitten in die Auseinanderset-

zung mit dem Arianismus, der sich überall im Reich ausbreitete. Es begann in Gallien damit, als der Bisch. von Trier den verbannten ↗ Athanasius aufnahm u. im Jahr 353 in Arles (Südfrankreich) eine vom arianischen Kaiser Constantius II. veranlaßte arianische Synode abgehalten wurde. Hauptgegner u. erbittertster Feind des Hilarius war Bisch. Saturninus von Arles. Obwohl Hilarius mehr gefühlsmäßig als durch Studium den kath. Glauben kannte, den Arianismus kaum richtig kannte u. die Glaubensformel des Konzils von Nicäa (325) überhaupt erst 355 kennenlernte, wurde er von der Synode als „Antiarianer" verurteilt. Nun stellte er sich an die Spitze des gallischen Widerstandes gegen Saturninus. Er organisierte eine Synode gallischer Bischöfe u. erreichte es, daß die Beschlüsse von Arles revidiert wurden, die rechtgläubigen Bischöfe sich von den arianischen distanzierten u. Athanasius wieder anerkannt wurde. Saturninus intervenierte beim Kaiser, und dieser veranlaßte die Synode von Béziers (Südfrankreich; 356), die Hilarius nach Phrygien (mittl. Kleinasien) in die Verbannung schickte. Hilarius benutzte sein Exil dazu, den Orient kennenzulernen, die kirchliche Lage, die theol. Problematik u. das östliche Denken zu studieren. Angesichts der Verwirrung in der Lehre über Jesus Christus u. die Dreifaltigkeit schrieb er ein großangelegtes Werk De Trinitate (Über die Dreifaltigkeit) in 12 Büchern (die Bücher 1–3 hatte er schon in Poitiers fertiggestellt). Darin bemühte er sich, aus der Hl. Schrift den Arianismus zu widerlegen u. die wahre Lehre über die Gottheit Jesu Christi darzulegen. Daneben unternahm er im Orient ein großes Versöhnungswerk u. suchte eine Annäherung der arianischen u. kath. Bischöfe herbeizuführen. Er versuchte, auch in arianischen Glaubensformeln womöglich einen rechtgläubigen Sinn herauszulesen. Vor allem suchte er das Gespräch mit der Gegenseite. Damit machte er sich aber in kath. Kreisen verdächtig, die seine Bemühungen nicht verstanden u. ihn der Nachgiebigkeit in grundsätzlichen Dingen zeihten. Er war zu Gast auf der Synode zu Seleukia in Isaurien (heute Selefke am Kalykadnus, Süd-Kleinasien; 359), wo jedoch keine Einigung erzielt werden konnte. Er begleitete deren Abgesandte nach Byzanz u. versuchte, vor dem Kaiser mit Saturninus, der ebenfalls gerade in Byzanz weilte, ein Glaubensgespräch zu führen. Er wurde aber nicht vorgelassen. Schließlich wurde er von seinen eigenen Landsleuten verraten, deren Rechtgläubigkeit er auf der Synode so sehr gerühmt hatte. Diese Demütigung trug er sehr schwer. Die Arianer arbeiteten gegen ihn beim Kaiser u. erreichten es, daß er als „Unruhestifter im Osten" 360 (361?) nach Poitiers zurückgeschickt wurde. In seiner Heimat wurde er vom Volk mit stürmischem Jubel begrüßt.

Nun galt seine Hauptarbeit der Wiederherstellung des rechten Glaubens im Westen. Auf der Synode zu Paris (361) erreichte er die Absetzung u. Exkommunikation der beiden Hauptakteure des gallischen Arianismus, der Bischöfe Saturninus von Arles und Paternus von Périgueux (Südwestfrankreich). Gegenüber den anderen arianischen Bischöfen war er aber – sehr zum Unwillen der kath. – tolerant u. nachsichtig. Schon bei seiner Ankunft in Poitiers war er wieder mit Martin zusammengetroffen, der ihm von der arianischen Synode in Mailand (355) u. dem Niedergang der Rechtgläubigkeit in Oberitalien berichtete. Beim Regierungsantritt des neuen Kaisers Valentinian (364) organisierte er in Mailand eine neue Synode der ital. Bischöfe. Es gelang zwar nicht, den neuen arianischen Bisch. Auxentius von Mailand des Amtes zu entheben, aber zumindest wagte es dieser nicht mehr, den Arianismus öffentlich zu verteidigen.

Die letzten Jahre seines Lebens verbrachte Hilarius im Frieden. Er faßte seinen Klerus zu einer Gemeinschaft zus., woraus sich dann durch Martin von Tours die ersten mönchischen Gemeinschaften Galliens entwickelten. Er vereinigte in sich den Ordnungssinn u. das Verantwortungsbewußtsein des röm. Verwaltungsbeamten mit dem Eifer des rechtgläubigen Seelenhirten. Er suchte Klarheit mit Gläubigkeit, Versöhnlichkeit und gegenseitiges Verständnis mit kirchlicher Einheit zu verbinden. Das veranlaßte ihn vor allem zu schreiben. In seinem Hauptwerk De Trinitate bringt er die 1. Gesamtdarstellung der Lehre der Hl. Schrift über Gott u. den Gottessohn, in ständiger Auseinandersetzung mit dem Irrglauben. Er verbindet darin östliche u. westliche Theologie. Er ist von der Übereinstimmung von Glaube u. Verstand überzeugt u. macht deutlich, wie sehr zum wahren Theologen nicht nur ein klares Denken, sondern vor allem ein gläubiges Herz gehört. Daneben verfaßte er mehrere apologetische Schriften u. Kommentare zu den Psalmen u. den Propheten sowie mehrere Hymnen. Sein Opus historicum (Geschichtswerk) ist nur noch in Fragmenten erhalten, ein Traktat zum Buch Job ist verschollen.

† um 367. Seine Reliquien verblieben teils in Poitiers, teils kamen sie nach St-Denis in Paris u. nach Arras. Die Reliquien in Poitiers waren seit der Verwüstung der Stadt durch die Goten im Jahr 409 unter den Ruinen begraben. ↗ Fridolin von Säckingen fand das Grab u. stellte die Kirche wieder her. Durch ihn kamen Reliquien auch in verschiedene Städte am Oberrhein, wo sich die Verehrung des Heiligen rasch ausbreitete. Pius IX. erhob den hl. Hilarius am 10. 1. 1851 zum Kirchenlehrer.

Liturgie: GK g am 13. Jänner

Darstellung: Schlangen niedertretend oder einen Drachen mit seinem Bischofsstab durchbohrend (als Bekämpfer des Arianismus). Erweckt ein totgeborenes Kind zum Leben. Im Gespräch mit seinem Schüler Martin von Tours. Mit einem Buch

Patron: von La Rochelle, Luçon, Poitiers

Lit.: J. H. Reinkens (Schaffhausen 1864) – B. Kolon (Paderborn) – A. Hamman: Manns 180 – Theolog. Einzelstudien: LThK 5/337 (Lit.)

Hilarus, Papst, Hl.

Name: lat., der Heitere

Er stammte aus Sardinien u. war unter ↗ Leo I. röm. Archidiakon. 449 wurde er vom Papst als Legat zur sog. Räubersynode nach Ephesus geschickt. Diese wurde von Kaiser Theodosius II. einberufen. Dort wurde unter Gewaltanwendung der Monophysit (leugnet die 2 Naturen in Christus) Eutyches für rechtgläubig erklärt u. der Patriarch Flabianos von Konstantinopel mit einigen anderen abgesetzt u. gebannt. Hilarus mußte fliehen. Am 19. 11. 461 wurde er zum Papst gewählt. Als solcher verfolgte er maßvoll, aber zielstrebig die Linie seines Vorgängers. Er betonte den Primat des röm. Bisch., griff ordnend in die Jurisdiktionsstreitigkeiten der gallischen u. span. Bischöfe ein u. ermahnte sie, ihrer Verpflichtung der jährlichen Provinzialsynoden u. der Residenzpflicht nachzukommen. Der Pontifikat des Hilarus war friedlich, wenngleich er energisch gegen den Pneumatomachen (leugnet die Gottheit des Hl. Geistes) Philotheos u. gegen die Arianer kämpfen mußte. Nach der Plünderung Roms durch die Vandalen unter Geiserich (455) stiftete er aus seinen Gütern reiche Schenkungen an Kirchen u. Klöster. Er starb am 29. 2. 468. Sein Grab ist in S. Lorenzo fuori le mura.

Gedächtnis: 28./29. Februar

Lit.: Hefele-Leclercq II 900–905 u. ö. – H. Grisar, Roma alla fine del mondo antico I (Rom 1930) 380–384 – Caspar I 483–495, II 10–14 746 u. ö. – Haller I² 173–176 209 215ff – Seppelt I² 191ff 211f

Hilda von Schwarzenberg, Sel. (Hilta, Hilga, Ilga, Heilke)

Name: selbständig gewordene Kf. zu ↗ Hildegard, ↗ Mathilde u. a.

Sie war die Schwester des sel. ↗ Marbod u. entstammte dem Geschlecht der Grafen von Bregenz. Sie lebte als Einsiedlerin zu Schwarzenberg bei Alberschwende im Bregenzer Wald. † 12. Jh.

Gedächtnis: 11. September

Hilda OSB, Äbtissin **von Streaneshalch,** Hl. (Hild)

* 614 als Tochter Hererics, eines Neffen König ↗ Edwins von Northumbrien (England). In der Osternacht 627 wurde sie zus. mit dem ganzen northumbrischen Königshaus von Bisch. ↗ Paulinus von York getauft. Mit 33 Jahren wollte sie nach dem Beispiel ihrer Schwester ↗ Hereswitha in Gallien in ein Kloster eintreten. Bisch. ↗ Aidan von Lindisfarne riet ihr aber ein Kloster in der Heimat am Fluß Wire. 649 wurde sie Äbtissin des Klosters Hartlepool (Ostküste). 657 gründete sie das Doppelkloster Streaneshalch (heute Whitby, Yorkshire) u. war bis zu ihrem Tod dessen 1. Äbtissin. Dieses Kloster folgte ursprünglich den kelt. Gebräuchen, es wurde aber zu ihrer Zeit die Frage der Annahme des röm. Ritus für Taufe, Osterfestrechnung, Weihen u. für die röm. Gebräuche überhaupt

aktuell. Hilda wollte zunächst noch an den kelt. Gebräuchen festhalten, nach den Beschlüssen der Synode von Whitby (664) befürwortete sie aber die Einführung der röm. Liturgie u. ebnete so den Weg für die rel.-liturgische Einheit Nordenglands. Sie führte im Anschluß daran für ihr Kloster die röm. Observanz des Ordens ein. In der Auseinandersetzung um die Reform der engl. Kirche stellte sie sich auf die Seite des maßvolleren ↗ Theodor, Erzb. von Canterbury, setzte sich dadurch aber in Gegensatz zu Bisch. ↗ Wilfrith von York. Hilda starb 680 nach qualvoller Krankheit.
Gedächtnis: 17. November
Darstellung: als Äbtissin, aus einem Buch lesend. Wilde Vögel neben ihr (welche sie von der Verwüstung eines Kornfeldes abhält). Verwandelt eine Schlange in einen Stein
Lit.: St. Hilpisch, Die Doppelklöster (Münster 1928) 45–50 – G. Meißner, The Celtic Church in England (London 1929) Reg. – Zimmermann III 318–321, IV 214 (Reg.)

Hilda ↗ Hulda

Hildebert, Bisch. **von Köln,** Märt., Hl. oder Sel. (Hildegar, Hildiger)
Name: ahd. hilta, hiltja (Kampf) + beraht (glänzend, berühmt): berühmter Kämpfer
Er war der 21. Bisch. von Köln. Pippin d. J. sandte ihn mit einer Mission über einen Friedensschluß zu den Sachsen, er wurde aber bei Iburg an der Weser 753 ermordet. Sein Leib wurde zu St. Gereon in Köln beigesetzt.
Gedächtnis: 8. August

Hildebert OSB, Erzb. **von Mainz,** Hl.
Er war ein Franke u. wurde in Fulda Benediktinermönch. Er war Bisch. von Mainz von 927 bis 936 u. Kaplan König Ottos I. † 937 oder 938.
Gedächtnis: 3. Mai

Hildebert ↗ Emebert

Hildebold, Erzb. **von Köln,** Hl. (Hildebald, Hiltibald)
Name: ahd. hilta, hiltja (Kampf) + bald, pald (kühn, kräftig, trotzig): kühner Krieger
Er wurde vor 787 Bisch. von Köln (seit 794/795 „Erzb." genannt) u. 791 Hofkaplan u. Vorsteher der Geistlichkeit am Hof Karls d. G. Er geleitete in dessen Auftrag ↗ Leo III., der bei Karl d. G. Schutz u. Rückhalt gesucht hatte, von Paderborn nach Rom zurück. 804 weihte er ↗ Liutger zum Bisch. von Münster, 813 salbte er Ludwig den Frommen zum König, 814 reichte er dem sterbenden Karl d. G. die Wegzehrung. Unter ihm wuchs die Bedeutung Kölns als erzbischöflicher Sitz gewaltig, sodaß Karl d. G. in seinem Testament 811 Köln als an der Spitze der fränkischen Metropolitankirchen stehend nannte. Hildebold behielt seine Stellung auch unter Ludwig dem Frommen. 816 holte er feierlich den neugewählten Papst Stephan IV. in Reims ein. Hildebold schmückte den Petrusaltar des Kölner Domes aus, er soll auch den Neubau des Domes begonnen haben (870 vollendet). Er gründete die Domschule u. stiftete 798 die Dombibliothek. 801 wird er in Urkunden „Custos" u. „Abbas" des Cassiusstiftes zu Bonn genannt, seit etwa 802 auch des Klosters Mondsee (Oberösterreich). † am 3. 9. 818. Sein Grab ist in St. Gereon in Köln.
Gedächtnis: 3. September
Darstellung: reicht Karl d. G. die Sterbesakramente
Lit.: F. W. Oediger, Die Regesten der Erzb. von Köln im Mittelalter I (1. Lieferg.) (Bonn 1954) 35–47

Hildebrand OSB („Mönch Hildebrand") ↗ Gregor VII., Papst

Hildeburg, Sel.
Name: ahd. hilta, hiltja (Kampf) + burga (Schutz, Zuflucht): Schützerin im Kampf
Sie war von vornehmer Abkunft. Ihr Vater war Herväus, Edler von Gallardon bei Chartres, ihre Mutter hieß Beatrix. Ihrem Gatten, Robert von Ivry, schenkte sie 3 Söhne. Nach dessen Tod zog sie sich als Reklusin in eine Zelle neben dem OSB-Kloster in Pontoise zurück, wo sie sich ganz dem Gebet u. einer strengen Aszese widmete. Ihr ganzes Vermögen verteilte sie an Arme u. Bedürftige. † am 3. 6. 1115.
Gedächtnis: 3. Juni

Hildefons ↗ Ildefons

Hildegard von Bingen OSB, Äbtissin, Hl.
Name: ahd. hilta, hiltja (Kampf) + garta, gerta (Rute, Gerte, Stachel): Kampfesstab (Unsicher ist, ob „Stab" hier als „Stütze", „Hilfe" gemeint ist oder als „Stachel", „Ansporn")
* 1098 wahrscheinlich in Bermersheim bei Alzey (südöstl. von Bingen am Rhein) als Tochter des Edlen Hildebert von Bermersheim, der dort einen großen Herrenhof besaß. Sie kam zur Erziehung in das Kloster auf dem Disibodenberg (an der Mündung des Glan in die Nahe) u. war dort Schülerin der sel. ↗ Jutta. Nach deren Tod (1136) leitete sie die Gemeinschaft frommer Frauen, die Jutta um sich gesammelt hatte. 1147/50 gründete sie auf dem Rupertsberg bei Bingen ein Kloster u. 1165 ein Tochterkloster in Eibingen bei Rüdesheim. Trotz ihrer Kränklichkeit unternahm sie viele Reisen, so nach Köln, Trier u. nach Süddeutschland, wo sie Volk u. Klerus Buße predigte. Wie ihre ausgedehnte Korrespondenz bezeugt, wurde sie von Königen, Fürsten, Bischöfen, Ordensleuten u. Laien um Rat u. Hilfe gefragt. Wegen ihrer mangelhaften Lateinkenntnisse hatte sie dazu aber einen Mitarbeiter, dem sie ihre Briefe diktierte (über 300, u. a. an Friedrich Barbarossa u. 7 an Päpste).
Hildegard ist vor allem als Mystikerin bekannt (schon als Kind hatte sie Visionen) u. legte ihre Erfahrungen in ihren mystischen Schriften nieder. Ihre spekulativen u. prophetischen Werke bilden die Erstlinge der dt. Mystik. Ihrer ungewöhnlichen dichterischen Begabung entstammen viele geistliche Dichtungen, die sie auch selbst komponierte. Sie ist die erste schriftstellerische Ärztin u. die Begründerin der wissenschaftlichen Naturgeschichte in Deutschland. Sie starb am 17. 9. 1179 als Meisterin der Benediktinerinnen auf dem Rupertsberg u. wurde dort begraben. Reliquien befinden sich auch in Eibingen.
Liturgie: RK g am 17. September (Berlin, Limburg G)
Darstellung: als Äbtissin mit Stab, Buch u. Feder, übergibt einem Boten einen Brief an den Papst. Der hl. Bernhard neben ihr, ihre Schriften prüfend. 3 strahlende Türme neben ihr (in bezug auf ihre Visionen oder ihre 3 Klöster). Almosen austeilend
Patronin: der Sprachforscher u. Esperantisten
Lit.: J. May, Die hl. Hildegard von Bingen (Köln-München 1929²) – I. Herwegen, Die hl. Hildegard von Bingen u. Guibert von Gembloux (Düsseldorf 1920) 199–212 – H. Fischer, Die hl. Hildegard von Bingen, die erste dt. Naturforscherin u. Ärztin (München 1927) – H. Liebeschütz, Das allegorische Weltbild der hl. Hildegard von Bingen (Leipzig-Berlin 1930) – H. Schulz, Der Äbtissin Hildegard von Bingen Ursachen u. Behandlungen der Krankheiten (München 1933, Ulm 1955²) – Stammler-Langosch II 443–452, V 416f – H. Wirtz (Kevelaer 1934) – W. Hünermann, Das lebendige Licht (Bonn 1961⁸) – M. zu Eltz (Freiburg/B. 1963) – G. Kranz, Herausgefordert von ihrer Zeit (Regensburg 1976) 9–36 – A. Fuhrkötter (Salzburg 1979²) – A. Bungert, Hildegard von Bingen (Würzburg 1979)

Hildegard, Kaiserin, Sel.
* um 758 aus altem schwäbischem Herzogsgeschlecht (aus dem Haus der sog. Udalriche). Sie wurde 771 die 2. Gemahlin Karls d. G. u. Mutter Kaiser Ludwigs d. Frommen. Sie war mit der hl. ↗ Lioba eng befreundet. Sie machte vielen Kirchen reiche Schenkungen u. förderte mit ihrem Bruder, dem Markgrafen Gerold, vor allem das Kloster Reichenau (Bodensee). Sie soll auch die Abtei Kempten (Südwestbayern) gestiftet haben. † 30. 4. 783 zu Diedenhofen (nördl. von Metz). Ihr Grab ist in St. Arnulf zu Metz.
Gedächtnis: 30. April
Darstellung: mit königlichen Abzeichen
Patronin: der Abtei Kempten; der Kranken
Lit.: E. Nübling: Schwäb. Geschichts-Blätter 1–2 (Ulm 1926–27) 1–31 – A. Dilger-Fischer: Ulm und Oberschwaben 34 (Ulm 1955) 167–170 – J. Fleckenstein: Forschungen zur oberrheinischen Landesgesch. 4 (Freiburg/B. 1957) 118f

Hildegrim, Bisch. **von Châlon-sur-Marne,** Hl. (Hildigrim)
Name: ahd. hilta, hiltja (Kampf) + grimm (grimmig; dazu anord. u. angelsächs. grima, Maske, Helm): grimmiger Kämpfer
Er war der jüngere Bruder u. Schüler des hl. ↗ Liudger. 802 wurde er Bisch. von Châlon-sur-Marne (Nordostfrankreich). Er begleitete seinen Bruder nach Rom u. Montecassino. Nach dessen Tod (809) erbte er die OSB-Abtei Werden an der Ruhr (Essen-Werden), welche Liudger gegründet hatte. Von 815 an missionierte er bei den Ostsachsen, besonders im Raum von Halberstadt. † 827. Sein Grab ist in Werden.
Gedächtnis: 19. Juni
Lit.: Duchesne FE III 97 – Hauck II (Register) – Bau-

dot-Chaussin VI 311 – Sankt Liudger (Essen 1959) 30 u. ö. – ↗Liudger

Hildegundis von Meer OPraem, Sel. (Hildegunde)
Name: ahd. hilta, hiltja (Kampf) + gund (Kampf): Schlachten-Kämpferin
Sie war die Tochter Hermanns u. Hedwigs u. entstammte dem Grafengeschlecht von Lidtberg. Ihrem Gemahl, dem Grafen Lothar von Ahr, gebar sie 2 Söhne u. eine Tochter. Der eine Sohn wurde Prämonstratenser im Kloster Cappenberg (Diöz. Münster), ihre Mutter u. ihre jüngste Schwester Gertrud zogen sich in das Prämonstratenserinnenkloster Dünwald zurück. Nach dem Tod ihres Gatten machte sie eine Wallfahrt nach Rom u. wurde ebenfalls Nonne im Kloster Dünwald. 1165 gründete sie das Kloster Meer (Mehre) bei Neuß am Rhein (gegenüber Düsseldorf), in das auch ihre Tochter ↗ Hadwig eintrat. Dort wirkte sie als Priorin bis zu ihrem Tod am 6. 2. 1183. Sie wurde im Kloster Meer begraben.
Gedächtnis: 6. Februar
Darstellung: als Nonne mit Grafenkrone u. Rosenkranz, neben ihr ein Kloster
Lit.: J. van Spilbeek (Brüssel 1892) – Backmund I 182 511 (Lit.)

Hildegundis von Münchaurach, Hl. (Hildegunde)
Sie war die Tochter des Grafen Goswin von Höchstadt a. d. Aisch (südl. von Bamberg) u. Schwester des Pfalzgrafen Hermann von Stahleck. Sie hatte ewige Jungfräulichkeit gelobt u. wurde von ihrem Vater zur Heirat gezwungen. Noch an ihrem Hochzeitstag starb sie. An ihrem Sterbelager beschloß ihr Vater, das OSB-Kloster Münchaurach (nordwestl. von Nürnberg) zu stiften, in das er mit seiner Gemahlin eintrat. † um 1129.
Gedächtnis: 14. Oktober

Hildegundis von Schönau OCist, Hl.
Sie war die Tochter eines Bürgers von Neuß bei Düsseldorf. Mit 12 Jahren machte sie mit ihrem Vater um 1183 eine Wallfahrt ins Hl. Land. Dieser ließ sie vor seinem Tod Männerkleidung anlegen u. den Namen Joseph annehmen, offenbar zum Zweck einer unbehelligten Heimreise. Nach Hause zurückgekehrt, wurde sie Zisterzienserin im Kloster Schönau bei Heidelberg, wo sie 1188 noch während des Noviziates mit 18 Jahren starb. Nach der Legende erkannte man erst nach ihrem Tod ihr wahres Geschlecht u. erfuhr durch Nachforschungen ihren wirklichen Namen u. ihre Herkunft.
Gedächtnis: 20. April
Darstellung: neben ihr ein Engel zu Pferde, sie trägt Männerkleidung (die Legende erzählt, sie sei bei ihrer Rückkehr aus dem Hl. Land von Räubern gehängt, aber von einem Engel gerettet u. nach Deutschland gebracht worden)
Lit.: H. Derwein, Das Zisterzienserkloster Schönau (Heidelberg 1931) 29–35 – Zimmermann II 37 39 – E. Pfeiffer: Cist 47 (1935) 198ff – Lenssen I 258

Hildelide OSB, Äbtissin **von Barking,** Hl. (Hildelitta, Hildelitha)
Name: ahd. hilta, hiltja (Kampf) + liut (Volk; angelsächs. leod; in Zusammensetzungen bedeutet das Wort oft „viel", „sehr"): große Kämpferin
* um 650 aus einem vornehmen angelsächs. Geschlecht in England. Sie wurde Benediktinerin im Kloster Chelles bei Paris. Bisch. ↗ Erkonwald rief sie in das von ihm gegründete Kloster Barking bei London, wo sie die Äbtissin ↗ Ethelburg in der Leitung des Klosters unterstützte. Nach deren Tod (644) wurde sie selber Äbtissin. † um 717 in Barking.
Gedächtnis: 24. März
Lit.: Mabillon AS III/1 299 – R. Stanton, Menology of England and Wales (London 1892) 131 – Baudot-Chaussin III 524f

Hildemar CSA, Sel. (Heldemar)
Name: ahd. hilta, hiltja (Kampf) + mar (berühmt; maren, erzählen (Kf. Hilmar)
* in Tournai (Südbelgien). Er war zuerst Hofkaplan bei Wilhelm I. von England (des Eroberers) u. gründete um 1090 das Augustiner-Chorherrenstift Aroasia (heute Arrouaise, Diöz. Arras, Nordfrankreich). † am 13. 1. 1097/98.
Gedächtnis: 13. Jänner
Lit.: DHGE IV 728–731 – Catholicisme I 865ff

Hildulf von Lobbes ↗ Hidulf

Hildulf, Erzb. **von Trier,** Hl. (Hidulf, Hidolf, Idolf, Idou)
Name: ahd. hilta, hiltja (Kampf) + wolf (Wolf): kämpfender Wolf

Er war bayrischer Abstammung. In Trier lernte er Bisch. ↗ Deodatus von Nevers kennen, wurde Augustiner-Chorherr in St-Dié in Lothringen u. nach dem Tod des Deogratias Abt. 666 wurde er Bisch. von Trier. Er erhob die Gebeine des hl. Bisch. ↗ Maximinus von Trier u. erbaute die dortige Johanneskirche. Er resignierte aber bereits 671 u. zog sich in das Kloster St. Maximin zu Trier zurück. Da er aber dort die ersehnte Ruhe nicht fand, gründete er das Kloster Mittelmünster (Moyenmoutier) in den Vogesen, dem er bis zu seinem Tod als Abt vorstand. † 707 (?)
Gedächtnis: 11. Juli
Lit.: Stadler II 743f

Hilmar ↗ Hildemar

Hiltrud von Liessies, Hl. (Hildetrud, Helmtrud)
Name: ahd. hilta, hiltja (Kampf) oder helm (Helm, Schutz) + trud (Kraft, Stärke): starke Kämpferin bzw. Schützerin
Sie war die Tochter des Grafen Wibert u. dessen Gattin Ada u. die Schwester Guntards, des Gründerabtes von Liessies (Hennegau, Nordfrankreich). Sie schlug die Hand des Burgunderfürsten Hugo aus, nahm den Schleier u. lebte als Reklusin 17 Jahre in einer Zelle zu Liessies (südl. von Maubeuge, Nordfrankreich) in der Nähe des von ihren Eltern gestifteten Klosters. † um 790. Ihre Reliquien sind in Liessies.
Gedächtnis: 27. September
Darstellung: mit Kranz auf dem Haupt, Öllämpchen u. Buch in der Hand
Lit.: A. Delobelle (Bar-le-Duc 1901) – J. Peter (Lille 1923)

Himelin, Hl. (Hymelin)
Er war ein Priester aus Schottland u. ein naher Verwandter des hl. ↗ Rumold. Er machte eine Pilgerfahrt nach Rom u. wirkte dann als Priester in Vissenaeken (Diöz. Lüttich, Belgien). † 8. Jh. in Tirlemont.
Gedächtnis: 10. März

Himerius, Glaubensbote in der Schweiz, Hl. (Hymerius, Himer, Immer, Imier)
Name: griech. Himérios, der Schmeichler
* 7. Jh. in Lugnez bei Damphreux (nördl. Ajoie, Schweizer Jura). Er machte eine Pilgerfahrt ins Hl. Land u. ließ sich dann mit seinem Diener Albert im Tal der Schüß (Suze, westl. von Biel, Kant. Bern) nieder u. brachte den Bewohnern christlichen Glauben u. Kultur. Das Tal wird nach ihm St.-Immer-Tal genannt. Über seinem Grab entstand wahrscheinlich im 8. Jh. die cella Himerii (heute St-Imier). Die Kapelle u. die dörfliche Siedlung wurden 884 dem Kloster Granfelden (Moutier-Grandval) übertragen. Um 1130 wurde die Zelle durch den Basler Bisch. Berthold von Neuenburg als Chorherrenstift neu gegründet, ging aber 1530 in der Reformation unter. Erhalten ist die romanische Stiftskirche aus dem 12. Jh. Die Reliquien des Heiligen kamen in verschiedene Klöster der Schweiz.
Liturgie: Basel g am 13. November
Darstellung: als Priester mit einem Greif oder mit Greifenklauen in den Händen (nach der Legende befreite er eine Insel von diesem Untier)
Lit.: A. Lütolf, Glaubensboten der Schweiz (Luzern 1871) 301–304 – M.-P. Mamie, St.Imier, ermite et premier apôtre de la vallée de Suze (St-Imier 1882) – Stükkelberg 64f – E. A. Stückelberg (über Reliquien): Bull. de la Soc. nationale des Antiquaires de France (Paris 1905) 341–346 – C. A. Müller, Das Buch vom Berner Jura (Derendingen 1953) 40 171 242f

Hinkmar ↗ Ingomar

Hiob ↗ Job

Hippolytus von Rom, Märt., Hl.
Name: griech. Hippólytos („der die Pferde losläßt") war gebräuchlicher Vorname im griech. Kulturraum. So hieß in der griech. Mythologie der Sohn des Theseus. Da er seine Stiefmutter Phaidra verschmähte, verleumdete diese den Hippolytos bei Theseus, der daraufhin durch Poseidon einen gewaltigen Stier kommen ließ. Dadurch wurden die Pferde des Hippolytos scheu u. schleiften ihn zu Tode. Eine Version des Mythos läßt ihn durch Asklepios wieder zum Leben erweckt werden.
Hippolytus stammte wahrscheinlich aus Kleinasien. Er war Schüler des ↗ Irenäus von Lyon, wurde Priester und später (nicht anerkannter) Bisch. von Rom. Er hatte unter Papst ↗ Victor I. (189–199) im Klerus von Rom eine einflußreiche Stellung inne. Dessen Nachfolger ↗ Zephyrinus wählte sich als Mitarbeiter einen gewissen Calixtus, einen ehemaligen Sklaven, mit dem

Hippolytus schnell in scharfen persönlichen Gegensatz geriet. Als ↗ Calixtus zum Papst gewählt wurde (217), beschuldigte er den Hippolytus u. seine Anhänger des „Ditheismus" (2-Götter-Lehre), Hippolytus seinerseits trennte sich vom „Häretiker" Calixtus u. ließ sich von einer Minderheit zum 1. Gegenpapst der Kirchengeschichte ausrufen. Calixtus erlaubte die Ehe zw. Sklaven u. Freien (was nach staatlichem Gesetz verboten war), Hippolytus legte dies als Duldung des Konkubinats aus u. sah darin eine billige Massenwerbung für die Kirche u. den Ruin der kirchlichen Zucht. Das Schisma des Hippolytus dauerte noch unter den folgenden Päpsten ↗ Urban I. (222–230) u. ↗ Pontianus (230–235) an. Kaiser Maximinus Thrax verbannte Pontianus u. Hippolytus zus. nach Sardinien, wo beide 235 auf ihr Amt verzichteten u. so das Schisma beendeten. Sie erlagen den Strapazen in den Bergwerken u. wurden deshalb seit alters als Märt. verehrt. Hippolytus starb mit der kath. Kirche ausgesöhnt. Sie wurden am 13. 8. 235/236 in Rom bestattet, Pontianus in der Papstgruft der Calixtus-Katakombe, Hippolytus in dem nach ihm benannten Cömeterium an der Via Tiburtina.

Hippolytus war ein ungemein fruchtbarer u. einflußreicher Schriftsteller, wurde aber infolge der zunehmenden Entfremdung zw. Ost- u. Westkirche nicht immer verstanden u. zeitweise sogar als Häretiker angesehen. Unter seinen exegetischen Werken sind zu nennen der Kommentar zur Susanna-Erzählung bei Daniel, eine allegorische Ausdeutung des Verhältnisses Christus–Kirche, u. ein Kommentar zum Hohenlied. Unter seinen apologetischen u. dogmatischen Werken ist sein wichtigstes „Philosophumena" (10 Bücher). Darin führt er alle Häresien auf heidnische Philosophien u. Mysterien zurück. Im 10. Buch gibt er eine Zusammenfassung der christlichen Lehre. Seine Weltchronik (von Adam bis 234 n. Chr.) ist aufschlußreich über die damaligen geographischen Vorstellungen sowie über die Kenntnisse seiner Zeit über die Segelkunst. Er verfaßte auch Homilien über Ostern u. über die Psalmen. Sehr wahrscheinlich ist er der Verfasser des Muratorischen Fragmentes (ältestes Verzeichnis der Bücher des NT; so benannt nach einer Handschrift aus dem 8. Jh., die von Ludovico Antonio Muratori in Mailand entdeckt und 1740 veröffentlicht wurde). Viele seiner Schriften sind heute verschollen, werden aber als benützte Quellen in den Werken anderer altkirchlicher Autoren wiedererkannt. Die Ägyptische Kirchenordnung (1891 in einer koptischen Handschrift aufgefunden) geht auf ihn zurück. U. a. benutzen ↗ Ambrosius, ↗ Gregor von Elvira u. ↗ Hieronymus seine Werke.

Die spätere Legende machte aus Hippolytus einen Schüler u. Anhänger des Novatianus, des Gegenspieler des Papstes ↗ Cornelius u. Urhebers jener rigoristischen Sekte, die die Wiederaufnahme der in der Verfolgung des Decius Abgefallenen (Lapsi) ablehnte. Eine andere Version der Legende sieht in ihm einen Märt. aus Antiochia, der eine Zeitlang dem Schisma des Novatian anhing, bzw. einen der 25 Erzpriester Roms, der dem novatianischen Schisma anhing u. zu Porto bei Rom mit Pferden zu Tode geschleift worden sei. Wiederum soll er Bisch. von Porto gewesen u. in einer Wassergrube ertränkt worden sein (dieser Hippolytus wird seit dem 8. Jh. im Röm. Martyrologium am 22. August vermerkt). Schließlich soll er Soldat u. Gefängniswärter des hl. ↗ Laurentius gewesen sein. Er habe sich bekehrt u. sei daraufhin mit Pferden zu Tode geschleift worden. Seine Amme Concordia sei zu Tode gegeißelt u. seine übrigen 19 Hausgenossen seien enthauptet worden. – Das wiederkehrende Motiv des Geschleiftwerdens durch Pferde geht auf den christlichen Dichter Aurelius Clemens Prudentius († nach 405 in Spanien) zurück, der Hippolytus – in offenkundiger Anlehnung an den alten Theseus-Mythos – in einem Heldenepos feierte. Die Beziehung zu Novatianus ist eine legendäre Vermengung zeitlich auseinanderliegender Ereignisse. 1932 fand man im Cömeterium an der Via Tiburtina ein besser ausgestattetes Märtyrergrab des Namens Novatianus, in dem manche den Gegenspieler des Papstes Cornelius vermuten. Dieses Schisma begann aber erst 16 Jahre nach dem Tod des Hippolytus.

Liturgie: GK g am 13. August (Bestattung) (St. Pölten H)

Patron: der Stadt und Diöz. St. Pölten (die Städte St. Pölten, Niederösterreich, St. Pilt, Elsaß, haben von ihm ihren Namen); der Gefängniswärter, der Pferde
Darstellung: als röm. Soldat mit Fahne oder mit Lanze u. Schild. Als Marterwerkzeuge Knüttel, Hechel u. ein an den Enden mit einem Strick versehener Gurt. Pferde schleifen ihn zu Tode. Die historisch richtige Darstellung zeigt ihn auf einem Stuhl sitzend, an dessen Seiten der Osterzyklus u. ein Verzeichnis seiner Schriften vermerkt sind
Lit.: I. Döllinger (Regensburg 1853) – K. J. Neumann (1902) – R. Reutterer (Klagenfurt 1947) – Bardenhewer II 550–610 – Altaner⁵ 144–150

Hjalmar
Name: altnord. hjalmr, ahd. helm (Helm) + altnord. herr, ahd. heri (Heer): Schützer des Heeres. Der Name kam in neuerer Zeit vom Norden in den dt. Sprachraum.

Hofbauer ↗ Clemens Maria Hofbauer

Hoger OSB, Erzb. **von Bremen-Hamburg,** Hl.
Name: a) zu ahd. hagan (Dornbusch), davon hag, hac (Einhegung, umhegter Platz): Mann aus dem Hag; b) zu mhd. hover, hovereht, hocker, hoger (buckelig, Höcker)
Er war zuerst Benediktinermönch in Korvey bei Höxter (östl. von Paderborn), wurde Koadjutor u. 909 Erzb. von Hamburg-Bremen als Nachfolger des hl. ↗ Adalgar. Er wachte mit großer Strenge über die Kirchenzucht. Während der letzten Jahre seines Lebens hatte das Land unter den Däneneinfällen sehr zu leiden. † 20. 12. 916.
Gedächtnis: 20. Dezember
Lit.: G. Dehio, Geschichte des Erzb. Hamburg-Bremen I (Berlin 1877) 100f – O. H. May, Regesten der Erzb. von Bremen I (Hannover 1937) 24f

Holger
Name: Aus dem Nord. übernommener männl. Vorname, der seit etwa 1900 auch in Deutschland üblich wurde. Aus altisländ. Holmgeirr: holmi, holmr (Insel) + geirr (Speer): Insel-Kampf, Zweikampf zw. 2 Heeren. – Eine Heldengestalt des franz. Heldenepos „Ogier (Audegar) der Däne" wurde in dänischen Volksballaden des 15. Jh.s als „Holger Danske" zum dänischen Nationalhelden u. dann zu einem beliebten skandinavischen Vornamen.

Homobonus ↗ Gutmann

Honesta u. Gef., Märt., Hll.
Name: lat., die Ehrbare, Angesehene
Sie war Jungfrau u. stammte aus Artois (nördlichstes Frankreich). Sie erlitt mit **Justus** u. **Artemius** zu Mouchel (Diöz. Amiens) den Martertod. † 3./4. Jh.
Gedächtnis: 18. Oktober

Honoratus, Bisch. **von Amiens,** Hl.
Name: lat., der Geehrte
Nach der unzuverlässigen Vita um 1100 war er Zeitgenosse des Papstes Pelagius II. (579–590), des Königs Childebert II. von Austrasien (575–596) u. des Kaisers Mauritius (582–602). In Amiens feierte man im Mittelalter sein Fest mit Oktav. Seine Gebeine ruhen zu St. Firminius in Amiens, wohin sie wegen der Normanneneinfälle gerettet wurden. Eine feierliche Erhebung der Gebeine fand 1060 statt. 1204 wurde ihm zu Ehren in Paris eine Kirche gebaut, eine Vorstadt von Paris u. eine Straße tragen seinen Namen St-Honoré.
Gedächtnis: 16. Mai
Patron: der Bäcker
Lit.: ActaSS Maii III (1866) 609–613 – Duchesne FE III 125ff 147f – Catholicisme V 919

Honoratus, Bisch. **von Arles,** Hl.
* 2. Hälfte des 4. Jh.s im belgischen Gallien, vielleicht auch in Trier, aus einer Konsulsfamilie. Er unternahm um 410 mit seinem Bruder Venantius eine Pilgerreise nach Griechenland. Sein Bruder starb aber auf dieser Reise, u. Honoratus ließ sich zunächst in einer Gebirgsgrotte des Estérel in der Provence (Südostfrankreich) nieder, später ging er auf eine einsame Insel der Iles de Lérins (vor Cannes), wo er das berühmte Kloster gründete, welches sich in der Folgezeit zu einem bedeutenden geistigen Mittelpunkt entwickelte. Die Benediktinerregel wurde aber erst um 660 durch Abt ↗ Aigulf eingeführt. Honoratus wurde zum Priester geweiht u. 427 zum Bisch. von Arles (an der Rhone-Mündung) bestellt. Er starb am 16. 1. 429/430. Sein Nachfolger ↗ Hilarius hielt die (noch erhaltene) Grab-

rede. Seine Gebeine wurden 1391 in Lérins beigesetzt u. sind seit 1788 in der Kathedrale von Grasse (nördl. von Cannes). Die Volksfrömmigkeit verehrt sie unter dem Namen „hl. Transitus“.
Gedächtnis: 16. Jänner
Lit.: ActaSS Ian. II (1643) 379–390 – PL 50, 1250–1271 – F. Bonnard, S. Honorat de Lérins (Tours 1914) – Catholicisme V 918f

Honorius, Bisch. **von Brescia,** Hl.
Name: zu lat. honor (Ehre): der Ehrbare, Geehrte
Er ist möglicherweise ein Nachkomme des Kaisers Konstantin I. d. G. Er erhielt in Rom die Priesterweihe u. ging nach Norditalien, wo er einige Jahre in den Bergen bei Brescia an einem Ort namens Concha in stiller Zurückgezogenheit ein heiligmäßiges Leben führte. Die Christen von Brescia holten ihn in ihre Stadt. Nach dem Tod des Bisch. Herculanus um 570 wurde er zum neuen Bisch. gewählt. Er taufte u. a. auch Orielda, die kranke Tochter des Langobardenherzogs Alachis. Möglicherweise löste dies die Verfolgung aus, die Alachis unter den Christen in der Gegend von Brescia entfachte. Bisch. Honorius mußte mit seinen Gläubigen 574 in die Berge fliehen, wo eine größere Zahl aufgegriffen u. ermordet wurde, unter ihnen auch der hl. ↗ Harald. Honorius starb am 21. 4. 586 u. wurde in Brescia in der Kirche des hl. Faustinus beigesetzt.
Gedächtnis: 21. April

Honorius OSB, Erzb. **von Canterbury,** Hl.
Er war geborener Römer u. Schüler des Papstes ↗ Gregor I. d. G. Er wurde Mönch in einem der Klöster, welches Gregor gegründet hatte. Unter Bisch. ↗ Augustinus von Canterbury wurde er in die angelsächs. Mission gesandt. Bisch. ↗ Paulinus von York weihte ihn 627 zum Bisch. von Canterbury (Südostengland), 634 erhielt er von Papst Honorius I. das erzbischöfliche Pallium zugesandt. 631 weihte er ↗ Felix zum Bisch. von Dunwich, 647 u. 652 zwei weitere Bischöfe u. 644 ↗ Ithamar zum Bisch. von Rochester. † 30. 9. 653.
Gedächtnis: 30. September
Lit.: ActaSS Sept. VIII (1762) 698–711 – Zimmermann III 118 120 – Baudot-Chaussin IX 640ff – Catholicisme V 928f

Honulph, Bisch. **von Sens,** Hl.
Name: ahd. hun (groß; vgl. ↗ Humbald) + wolf (Wolf): riesiger Wolf
Er folgte seinem Sohn Honobert um 755 als Bisch. von Sens (südöstl. von Paris) im Amt. † um 743. Er wird bes. in Artois (Nordfrankreich) verehrt.
Gedächtnis: 19. Dezember

Hormisdas, Papst, Hl.
Er stammte aus Frosinone (Kampanien). Unter Papst ↗ Symmachus wurde er Diakon der röm. Kirche u. am 20. 7. 514 zu dessen Nachfolger gewählt. Sein Pontifikat war von einer Reihe kirchenpolitischer Erfolge ausgezeichnet: Zunächst konnte er die Nachwirkungen, die seit der Wahl des Gegenpapstes Laurentius (498–506) durch die byzantinische Minderheit noch fortdauerten, beseitigen. Dann gelang ihm in Zusammenarbeit mit Kaiser Justinos I. die Beseitigung des Schismas des Patriarchen Akakios von Konstantinopel († 489), der den monophysitischen Patriarchen Petros Mongos von Alexandria anerkannt hatte. Ein Streitpunkt mit dem Osten war auch die volle Anerkennung des Konzils von Chalkedon (451). 519 traten Patriarch Johannes von Konstantinopel u. mit ihm nach u. nach etwa 250 Bischöfe des Ostens der Union mit Rom bei durch Unterzeichnung der sog. Formula Hormisdae, worin das Konzil u. die dogmatischen Briefe ↗ Leos d. G. anerkannt, Akakios verurteilt u. die Autorität des Apostolischen Stuhles in Glaubensfragen betont werden. Andererseits anerkannte Hormisdas durch die Bestellung des Patriarchen Euphemios zum päpstlichen Vikar für den ganzen Osten den Patriarchat von Konstantinopel u. seine Vorrangstellung im Osten endgültig, womit der Streit um den berühmten Kanon 28 des Konzils beendet war. Mit dem Ostgotenkönig Theoderich d. G. (471–526; in der Sage als Dietrich von Bern weiterlebend) unterhielt er beste Beziehungen. In seinem Auftrag verfaßte der Mönch Dionysius Exiguus die 2. Ausgabe seiner Konzilien- u. Dekretalensammlung in griech. u. lat. Sprache (Dionysia od. Corpus canonum). Kurz vor dem Tod des Hormisdas hörte auch die schwere Verfolgung der Kirche Nordafrikas durch den Vandalenkönig Trasamund

auf. † am 6. 8. 523. 1930 wurde ihm in seiner Heimatstadt ein Denkmal errichtet.
Gedächtnis: 6. August
Lit.: Caspar II 129–192 – Haller I 244–254 – Chalkedon II 73–94 144f – Seppelt I² 244–252

Horst
Name: Das ursprünglich westgerm. Wort war bes. im norddt. Raum gebräuchlich: ahd. hurst (Gesträuch, Hecke, niederes Gestrüpp). Im Raum von Magdeburg hat Horst die Bedeutung „Erhöhung im Sumpfgebiet". In Niedersachsen tragen Wasserburgen Namen auf -horst. Horst als Personenname wurde erstmals 1769 in Klopstocks „Hermanns Schlacht" gebraucht in der Bedeutung: „der aus dem Gehölz"

Hortulana ↗ Ortolana

Hosanna ↗ Osanna

Höß ↗ Crescentia Höß

Hrabanus Maurus OSB, Erzb. von Mainz, Hl. (Rhabanus M., in neuerer Zeit auch: Rabanus M.)
Name: ahd. hraban, hrabo, hram; Rabe (der heilige Vogel Wotans). Der Beiname „Maurus" wurde ihm von ↗ Alkuin zugelegt, dessen Lieblingsschüler er war. ↗ Maurus von Subiaco war der Lieblingsschüler des hl. ↗ Benedikt von Nursia. Er wurde auch „Hrabanus Magnentius" genannt, was meist als „der Mainzer" gedeutet wird. Hier war vermutlich eine Anspielung auf lat. magnus (der Große) beabsichtigt.
* 780 in Mainz. Mit 10 Jahren kam er zur Ausbildung an die Klosterschule in Fulda. Er wurde dort später Benediktiner u. ging dann zu den Studien nach Tours zu ↗ Alkuin. Nach seiner Heimkehr wurde er Leiter der Fuldaer Klosterschule, die er zu der damals führenden Schule Deutschlands machte. 814 erhielt er die Priesterweihe u. wurde 822 Abt von Fulda. Unter ihm erlebte das Kloster in geistlicher, wissenschaftlicher, künstlerischer u. wirtschaftlicher Hinsicht einen gewaltigen Aufschwung. In den Aufständen Ludwigs des Deutschen gegen seinen Vater Ludwig den Frommen (830 u. 833) u. in seinem Erbfolgestreit gegen seinen ältesten Bruder Lothar I. (840–842) ergriff Hrabanus Partei für Lothar u. resignierte 842 (wohl unter politischem Druck) von seiner Abtwürde. Nach seiner Aussöhnung mit Ludwig dem Deutschen wurde er 847 Erzb. von Mainz. Als solcher hielt er 3 wichtige Synoden ab. † am 4. 2. 856 zu Mainz. Seine Gebeine wurden 1515 nach Halle gebracht.
Hrabanus Maurus war der damals gefeiertste Lehrer Deutschlands u. wurde deshalb später „Primus praeceptor Germaniae" genannt. Gemäß der geistigen Eigenart seiner Zeit war er kein origineller spekulativer Denker, vielmehr trug er den gesamten Wissensstoff aus den antiken Schriftstellern, den Kirchenvätern u. den Werken des frühen Mittelalters zus. u. schuf damit die Grundlage für den Unterricht in den Kloster- u. Domschulen. Vor allem war er mit seinen Schriften auf lange Zeit bestimmend für die Ausbildung des Klerus u. erzielte eine ungeheure Breitenwirkung der theol. Neublüte unter Karl d. G. Er verfaßte viele Lehr- u. Schulbücher, kanonistische, dogmatische u. homiletische Schriften, 2 Bußbücher, 1 Martyrologium, umfangreiche Bibelkommentare u. das Lehrbuch „De institutione clericorum" (Über die Unterweisung der Kleriker) in 2 Bearbeitungen. Sein größtes Werk ist „De rerum naturis" (Über die Natur der Dinge) in 22 Bänden, eine theol. ausgerichtete Realenzyklopädie des gesamten Wissens seiner Zeit. Er verfaßte auch Gedichte u. Hymnen, darunter das „Veni Creator Spiritus" (Komm, Schöpfer Geist). Sein „Liber sanctae crucis" (Buch über das hl. Kreuz) mit 28 Figurengeschichten sandte er an die höchsten Würdenträger. Er zeigte auch Interesse für die Sprache u. die Bräuche seines Volkes, für germ. Heldenlieder u. Runen. Durch ihn veranlaßt oder zumindest in seinem Einflußbereich entstanden ist der „Krist" des Otfried von Weißenburg, die dt.-lat. Evangelienharmonie als Übersetzung des Diatessaron des Tatian (um 170) u. vielleicht auch die Übersetzung des altsächs. „Heliand" in seine altfränkische Mundart.
Liturgie: RK g am 4. Februar (Fulda F)
Darstellung: als Abt oder Bisch. mit einem Schriftband „Veni Creator Spiritus"

Lit.: Manitius I 288–302 407, III 1062f – Stammler-Langosch II 494–506, V 423f – Kosch II 1069 – Wattenbach-Levison Beiheft 70 – Mainzer Zeitschr. 51 (Mainz 1956) 124f – A. Ruppel: Jahrb. für das Bist. Mainz 3 (Mainz 1948) 117–137 – P. Lehmann: SAM (1950) n. 9 (Lit.) – Ders.: St. Bonifatius (Fulda 1954²) 473–487 – K. Lübeck, Die Fuldaer Äbte u. Fürstäbte des Mittelalters (Fulda 1952) 35–43 – St. Hilpisch (Fulda 1955) – St. Hilpisch/E. v. Severus: Fuldaer Geschichtsbl. 33 (1957) 72–89 – Th. Schieffer: AMrhKG 8 (1956) 9–20

Hroznata OPraem, Märt., Sel. (Groznata)
Name: Nach Stadler (II 773) leitet sich dieser ab vom Geburtsort des Seligen, Hrosnietin (Lichtenstadt) bei Tepl (Westböhmen). Tschech. hrozen, Trauben. Der Name bedeutet soviel wie „reich an Trauben". Der Taufname des Seligen ist nicht überliefert.
* um 1170 aus tschechischem Altadel. Sein Vater hieß Zezyman (Sezyman), seine Mutter Dobroslawa. Er hatte 4 Schwestern, die sel. ↗ Woyslawa, Beatrix, Bohuslawa u. Judith. Hroznata kam scheintot zur Welt, genas aber auf das inständige Gebet seiner Eltern. In seiner Jugend kam er als Page an den böhmischen Königshof der Přemysliden. Er heiratete, aber der Sohn, den ihm seine Gemahlin schenkte, starb bald. Nicht lange darauf verlor er auch seine Gattin. Aus Schmerz über diesen doppelten Verlust gründete er aus seinen Gütern 1193 das Prämonstratenserstift Tepl (Westböhmen) u. gelobte 1197 die Teilnahme an einem Kreuzzug in das Hl. Land. Er ließ sich aber in Rom von seinem Gelübde wieder entbinden, kehrte in die Heimat zurück u. gründete bald nach 1202 das Prämonstratenserinnenstift zu Chotieschau (Chotešov) bei Mies (Westböhmen), in welches seine Schwestern eintraten. Die älteste Schwester Woyslawa wurde dort Magistra. Er selbst trat als Laienbruder im Kloster Tepl ein und wurde von Johannes, dem 1. Abt, mit der Verwaltung der Güter betraut. Der Abt war ihm jedoch im Lauf der Zeit nicht mehr gewogen, ja es kam sogar zu Verunglimpfungen, sodaß Hroznata für einige Zeit außerhalb des Klosters lebte. Wieder zurückgekehrt, hatte er in Ausübung seines alten Amtes eine Reise nach Hrosnietin zu unternehmen, wurde dabei von Raubrittern gefangengenommen u. gegen Lösegeld in der Burg Kinsberg (?) bei Eger in den Kerker geworfen, wo er am 14. 7. 1217 des Hungertodes starb. Sein Kult als Märt. wurde am 16. 9. 1897 bestätigt.
Gedächtnis: 14. Juli
Patron: von Böhmen
Lit.: B. Graßl: Zum 700jähr. Todestag des sel. Hroznata (Marienbad 1917) 13–63 – J. R. Langhammer, Über den Gründer u. die Gründung des Stiftes Tepl: Mitteilgn. d. Ver. für Gesch. der Deutschen in Böhmen 59 (Prag 1921) 4–15 – Baudot-Chaussin VII 316f

Hubert, Bisch. **von Maastricht und Lüttich,** Hl. (Hucbert, Hubertus)
Name: ahd. hugu (denkender Geist) + beraht (glänzend, berühmt): berühmter Denker
* wahrscheinlich um 655 aus vornehmer fränkischer Familie. Angeblich war er der Sohn des Herzogs von Aquitanien (Südwestfrankreich) u. mit den Merowingern verwandt. Sicherer ist seine Verwandtschaft mit Pippin d. M., dem Hausmeier von Austrasien (Teil des Frankenreiches mit der Hauptstadt Metz). In seiner Jugend kam er an den Hof Theoderichs III. in Paris, wo er zum Pfalzgrafen ernannt wurde, sich im übrigen aber allem weltlichen Getriebe hingab. Er mußte aber vor Ebroin, dem allmächtigen Hausmeier Neustriens, zu Pippin nach Metz fliehen, der ihm das Amt des Oberhofmeisters anvertraute. Seiner Ehe mit Floribana, einer Tochter des Grafen von Löwen, entsproß sein Sohn ↗ Floribert, der spätere Bisch. von Lüttich. Am Hof Pippins lernte er Bisch. ↗ Lambert von Maastricht kennen, der auf ihn immer größeren Einfluß gewann. 695, nach dem Tod seines Vaters und seiner Frau, zog er sich auf 7 Jahre in die Waldeinsamkeit der Ardennen (Südbelgien) zurück zum Gebet u. Studium der Hl. Schrift. 702–703 machte er eine Pilgerfahrt nach Rom. Die spätere Legende sagt, der Papst habe in einer Vision den Martertod Lamberts gesehen u. habe mit einer Stola, die von Engeln wunderbar gebracht worden sei, Hubert zum Bisch. geweiht. Diese Stola spielt in der späteren Hubertus-Legende eine Rolle. Wann Hubert Bisch. von Maastricht wurde, weiß man nicht, jedenfalls vor 708. Er verlegte 717/718 den Bischofssitz von Maastricht nach Lüttich u. erbaute an der Stelle des Martyriums seines geliebten Lehrers Lambert die Kathedrale. Dorthin brachte er auch dessen Gebeine wieder zu-

rück. Er arbeitete mit großem Eifer an der endgültigen Ausrottung des Heidentums in den Ardennen, machte mehrere Missionsreisen dorthin u. erbaute viele Kirchen. Deshalb trägt er den Beinamen „Apostel der Ardennen". Er starb am 30. 5. 727 in Tervueren bei Brüssel. Seine Gebeine wurden am 30. 9. 825 in das Kloster Andagium (Andage, heute St-Hubert in den Ardennen) übertragen, sie sind aber seit der Reformation verschollen. Seine Verehrung breitete sich von Belgien nach Holland, Luxemburg, Nordfrankreich, in das Rheinland u. in den süddt. Raum aus.
Der hl. Hubert ist bekannt als Patron der Jäger, weil er selbst der Jagdleidenschaft gefrönt habe. Er habe an einem Karfreitag auf der Jagd einen Hirsch gesehen, der zw. den Enden seines Geweihs ein lichtglänzendes Kreuz getragen habe. Dies habe ihn zur Umkehr seines Lebens bewogen. Die ältesten Lebensbeschreibungen wissen aber nichts davon, daß er Jäger gewesen sei. Dies berichtet erstmals eine Chronik aus dem 12. Jh. Tatsache aber ist, daß im Kloster Andage ab 950 zahlreiche Wallfahrer Heilung von der Tollwut suchten, die damals Mensch u. Tier heimsuchte. Dem Befallenen wurde ein Kreuz auf die Stirn gebrannt u. dann ein Faden aus der wunderbaren Stola auf die Wunde gelegt. – Daß er zum Patron der Jäger wurde, scheint auf seinen Kampf gegen die heidnischen Bräuche in den Ardennen zurückzugehen. Er verbot nämlich auf seinen Missionsreisen den dortigen Jägern, die Erstlingsbeute ihrer Jagd der Göttin Diana zu weihen. Nach seinem Tod wurde das Jagdopfer dann ihm, dem volkstümlichen Heiligen, dargebracht. – Die Legende vom Jäger, der am Karfreitag jagt und dem Christus in Gestalt des Hirsches erscheint, findet sich bereits im 2. Jh. beim hl. ↗ Eustachius u. wird im 15. Jh. auf Hubert übertragen. Da Eustachius am 3. November gefeiert wird u. ebenso die Übertragung der Gebeine des hl. Hubert, ist die Verbindung beider einleuchtend, ebenso, daß der einheimische Hubert im Lauf der Zeit in den Vordergrund des Bewußtseins rückte und den hl. Eustachius verdrängte.
Liturgie: RK g am 3. November (Übertragung)
Darstellung: als Jäger, sieht im Wald den Hirsch mit dem Kreuz. Als Bisch., mit einem Buch, auf dem ein Hirschkopf zu sehen ist, ein Engel bringt ihm eine Stola
Patron: des Bistums Lüttich, von Augsburg, der Ardennen; der Jäger, Förster, Schützengilden; der Drechsler, Gießer, Kürschner, Fabrikanten mathematischer Geräte, Mathematiker, Metallarbeiter, Metzger, Optiker, Schellenmacher
Lit.: J. Coenen (Lüttich 1927) – ActaSS Nov. I (1887) 759–930 – Braun 338 – H. Carton de Wiart (Paris 1942) – Franz B I 215f, II 685 (Reg.) – W. Hay, Volkstüml. Heiligentage (Trier 1932)

Hugbert von Bretigny OSB, Hl. (Hubert)
Name: ↗ Hubert
Er kam mit 12 Jahren an die Klosterschule von Bretigny (südöstl. von Chartres) u. wurde dort Benediktinermönch. Mit 20 Jahren wurde er zum Priester geweiht u. führte ein sehr heiligmäßiges Leben. Er sparte sich Speise u. Trank vom Mund ab u. gab es den Armen. Er hatte auch schwere Versuchungen u. innere Kämpfe zu bestehen. Er starb 712 (735?).
Gedächtnis: 30. Mai

Hugo OCist, Abt **von Bonnevaux,** Hl.
Name: Kf. zu ↗ Hubert (Hugbert)
* um 1120 in Châteauneuf (Dep. Drôme, Südfrankreich) aus adeligem Geschlecht. Er war ein Neffe des hl. ↗ Hugo von Grenoble. 1138 wurde er Zisterziensermönch im Kloster Mézières bei Beaune (Ostfrankreich) u. hatte in den ersten Jahren schwere Versuchungen zu überwinden, wieder in die Welt zurückzukehren. Um 1162 wurde er Abt von Léoncel, 1166 von Bonnevaux (Diöz. Vienne, Südostfrankreich). Er vermittelte im Streit zw. Kaiser Friedrich Barbarossa u. Alexander III. bei den Vorverhandlungen zum Frieden von Venedig (1177). Er hatte die Gabe der Herzensschau. † 1194. Kult bestätigt am 9. 12. 1903.
Gedächtnis: 1. April
Lit.: ActaSS Apr. I (1675) 47ff – G. Müller: Cist 11 (1899) 65–74, 27 (1915) 46 – Zimmermann II 1–4

Hugo OSB, Abt **von Cluny,** Hl.
* 1024 als Sohn des burgundischen Grafen Dalmatius von Semur (westl. von Dijon). Er trat 1039 in das Kloster ↗ Cluny (nord-

westl. von Mâcon-sur-Saône, Ostfrankreich) unter Abt ↗ Odilo ein. Er wurde 1044 Priester u. bald darauf Großprior, 1049 der 6. Abt von Cluny als Nachfolger des Odilo. Er war geistig überragend, diskret, streng gegen sich u. milde gegen die anderen. In seiner langen Regierungszeit brachte er das Kloster auf die Höhe seines monastischen Ideals. 1068 ließ er durch Abt Bernhard von St-Victor zum erstenmal die cluniazensischen Consuetudines (Gewohnheitsrecht) aufzeichnen. Er organisierte auch den Verband der vielen von Cluny abhängigen Klöster. Zu diesem Zweck reiste er durch Deutschland, Ungarn, Spanien u. Italien u. berief Generalkapitel ein. Unter ihm faßte die cluniazensische Reform auch in England u. Flandern Fuß. Den 9 Päpsten seiner Zeit, bes. ↗ Gregor VII., diente er als Legat u. vertrauter Berater. In gleicher Weise war er mit den dt. Königen Heinrich III. u. Heinrich IV. freundschaftlich verbunden u. konnte bes. 1077 in Canossa (Investiturstreit) vermitteln. Abt Hugo erbaute die gewaltige 5schiffige romanische Basilika mit 2 Querschiffen u. 5 Glockentürmen, die damals längste Kirche der Welt (555 Fuß, ca. 180 m). Die Basilika wurde in der Franz. Revolution zerstört. † 28. 4. 1109. Die Reliquien wurden in den Hugenottenkriegen verstreut, nur in Marcigny ist noch ein Arm erhalten.
Gedächtnis: 28. April
Lit.: R. Lehmann (Göttingen 1869) – R. Neumann (Frankfurt 1879) – Wattenbach-Holtzmann I 794ff – Neue Forsch. über Cluny u. die Cluniacenser, hrsg. v. G. Tellenbach (Freiburg/B. 1959) 435

Hugo von Fosses OPraem, Sel.
* wahrscheinlich 1093 zu Fosses bei Namur (Belgien) aus adeligem Geschlecht. Er wurde Priester u. Kaplan des Bisch. Burchard von Cambrai. 1119 lernte er in Valencienne den hl. ↗ Norbert kennen, schloß sich ihm als 1. Schüler an u. wurde bald dessen rechte Hand u. Stellvertreter in der Leitung des Klosters Prémontré (Dep. Aisne, Nordfrankreich). Er leitete den Bau des Klosters u. der Kirche u. entsendete Brüder in die neu gegründeten Abteien. Nach der Wahl des hl. Norbert zum Erzb. von Magdeburg (1126) wurde er Abt von Prémontré u. nach dem Tod Norberts (1128) einstimmig zum Generalabt gewählt. 1137 hielt er im Stammkloster das 1. Generalkapitel ab, unter ihm wuchs der Orden auf 120 Klöster. Hugo hatte bei der raschen Ausbreitung u. inneren Festigung des Ordens wesentlichen Anteil. Er veranlaßte die Herausgabe der Statuten u. des Zeremonialbuches des Ordens sowie die Biographie des hl. Norbert. † am 10. 2. 1164 (1161?), beigesetzt in der Abteikirche zu Prémontré.
Bei der Aufhebung des Klosters (1790) kamen die Reliquien in die Pfarrkirche von Bassoles bei Prémontré, 1896 nach Laon, heute sind sie in der Abteikirche von Bois-Seigneur-Isaac in Belgien. Kult bestätigt am 18. 7. 1927.
Gedächtnis: 10. Februar
Lit.: AAS 19 (1927) 316 – A. Zák (Wien 1928) – Backmund II 527 – Catholicisme V 1025f

Hugo, Bisch. **von Grenoble,** Hl.
* 1053 zu Châteauneuf-d'Isère bei Valence (Südostfrankreich). Er war zuerst Kanoniker von Valence u. wurde von ↗ Gregor VII. 1080 zum Bisch. von Grenoble (Südostfrankreich) geweiht. Als solcher war er ein energischer Verfechter der Reformideen Gregors VII. gegen Simonie u. Priesterehe. 1082 allerdings floh er vor den Schwierigkeiten seines Amtes in das Benediktinerkloster Chaise-Dieu (Diöz. Le Puy), wo er ein Jahr lang als Novize lebte. Der Papst mußte ihm befehlen, wieder zu seiner Herde zurückzukehren. 1084 wies er dem hl. ↗ Bruno jenen Ort an, wo die Grande Chartreuse (die Große Kartause, nordöstl. von Grenoble) entstand u. deren Gönner er bis zu seinem Tode blieb. † am 1. 4. 1132, beigesetzt im Dom zu Grenoble, heiliggesprochen 1134.
Gedächtnis: 1. April
Darstellung: als Bisch. mit einem Schwan (Sinnbild der Liebe zur Einsamkeit) oder einer Laterne. Mit weißer Kartäuserkutte, es erscheinen ihm 7 Sterne im Traum (Stiftung der Kartäuser durch Bruno u. seine 6 Gefährten). Begleitet die 6 Ordensbrüder in die Kartause u. gibt ihnen das Ordenskleid. Als Einsiedler. Ein Engel schützt ihn vor einem Blitz
Patron: von Grenoble
Lit.: Vita von Guigo v. Kastell: PL 153, 760–784, neu hrsg. v. C. Bellet (Montreuil 1889) – Chapuis (Grenoble 1898)

Hugo von Avalon OCarth, Bisch. **von Lincoln,** Hl.
* 1140 als Sohn des Seigneur de Avalon (Burgund). Er erhielt seine Erziehung im Augustiner-Chorherrenstift Villard-Benoît, trat dort in den Orden ein u. wurde Diakon. Nach einem Besuch der Grande Chartreuse (die Große Kartause, nordöstl. von Grenoble) trat er zum Kartäuserorden über. 1165 wurde er dort Priester u. bald darauf Prokurator. Auf Bitten König Heinrichs II. von England wurde er zur Gründung der Kartause in Witham (Somerset) nach England gesandt. Am 21. 9. 1186 wurde er von Erzb. Balduin von Canterbury zum Bisch. von Lincoln geweiht. Mit Heinrich II. u. seinem Nachfolger Richard I. hatte er stets ein gutes Verhältnis u. im Reich großen Einfluß. Nachdem sein Bischofsstuhl 18 Jahre verwaist war, wurde er zum großen Erneuerer seiner Diöz. Er begann den Bau der Kathedrale von Lincoln. † am 16. 11. 1200 in London. Sein Grab in der Kathedrale von Lincoln war einer der am meisten besuchten Wallfahrtsorte Englands. Heiliggesprochen 1220.
Gedächtnis: 16. November
Darstellung: als Bisch., mit einem Schwan oder einer Gans (man erzählt sich, ein sonst sehr scheuer Schwan sei nur zu ihm zutraulich gewesen, habe ihn immer begleitet u. habe seine Ankunft schon tagelang vorher angekündigt). (Das Schwanmotiv dürfte von der Überlieferung mit ↗ Hugo von Grenoble vermengt worden sein.)
Lit.: R. M. Woolley (London 1927) – J. Clayton (London 1931) – D. Knowles, The Monastic Order in England (Canterbury 1950) 381–391 672f u.ö.

Hugo der Malteser, Hl.
Er war Priester u. Mitglied des Johanniterordens (nach der 1530 von Karl V. zugewiesenen Insel Malta als Hauptniederlassung „Malteser-Orden" genannt). Er war in seinem Ordenshaus in Genua als Krankenhausseelsorger tätig. Er zeichnete sich aus durch große Strenge gegen sich selbst, aufopfernde Liebe für die Kranken u. heiligmäßigen Lebenswandel. † am 8. 10. um 1230, beigesetzt in der Ordenskirche in Genua.
Gedächtnis: 8. Oktober
Darstellung: als großer, hagerer Priester in wallendem Gewand, auf dem Mantel das 8-eckige Malteserkreuz, mit einem Rosenkranz, im Hintergrund ein gerettetes Schiff, zur Seite Wasser, das aus einem Felsen sprudelt (legendäre Wunder)

Hugo von Poitiers OSB, Hl.
* in Poitiers von wohlhabenden Eltern. Mit 7 Jahren kam er an die Schule des Klosters St-Savin in Poitiers, wurde dort Mönch u. erhielt die Priesterweihe. Er begleitete Abt Arnulf zur Reform des Klosters St-Martin in Autun. Ebenso begleitete er ↗ Berno zur Erneuerung des Klosters Baume (Diöz. Besançon). Beide lebten dann im Kloster ↗ Cluny, wo Berno Abt wurde. Hugo wurde später Prior im Kloster Anci-le-Duc. Dort errichtete er ein Spital u. verschiedene Werkstätten u. war mit Rat u. Tat überall zur Stelle, wo man ihn brauchte. Die letzten 3 Jahre seines Lebens verbrachte er in Stille u. Einsamkeit in seiner Zelle. † am 20. 4. um 930. Seine Gebeine wurden am 13. 12. 1001 erhoben.
Gedächtnis: 20. April

Hugo OSB, Erzb. **von Rouen,** Hl.
* um 680 als Sohn des Herzogs Drogo von Burgund. Er war ein Enkel Pippins d. M. u. Neffe Karl Martells. Er wurde Priester u. Primicerius beim Domkapitel zu Metz. Sein ganzes Einkommen verwendete er für kirchliche Zwecke u. fromme Stiftungen. Er wurde 718 Benediktiner u. 722 Erzb. von Rouen (westl. von Paris), 723 zugleich auch Abt von Fontenelle u. 724 auch von Jumièges (beide Abteien liegen an der unteren Seine in der Diöz. Rouen). Außerdem wurde er Administrator von Paris u. Bayeux (westl. von Le Havre). † am 9. 4. 730 in Jumièges, beigesetzt in der Kirche Notre-Dame zu Jumièges.
Gedächtnis: 9. April
Darstellung: als Bisch., mit der Monstranz Teufel austreibend

Hugolina von Novara, Sel. (Ugolina)
Name: ital. (weibl.) Verkleinerungsform von ↗ Hugo
* 1239 aus dem Geschlecht der Cazzani in Novara (westl. von Mailand). Sie war von außergewöhnlicher äußerer Schönheit u. hatte deshalb unter mancherlei Nachstel-

lungen junger Männer zu leiden, ja sogar von ihrem eigenen Vater. Sie begab sich deshalb in den 3. Orden des hl. Franziskus u. lebte 47 Jahre in einer Höhle bei Vercelli als Einsiedlerin. Um nicht erkannt zu werden, trug sie Männerkleidung u. nannte sich Hugo. Sie hatte ebenso unter vielen Versuchungen des Teufels zu leiden. † um 1300. Ihre Gebeine ruhen in Vercelli in der Minoritenkirche Maria von Bethlehem in einer ihr geweihten Kapelle. Diese Kapelle wurde in unmittelbarer Nähe ihrer Einsiedelei erbaut, ihre Gebeine wurden 1453 dorthin übertragen.
Gedächtnis: 8. August (16. 8., 22. 9.)

Hugolinus (Ugolino) **von Gualdo Cattaneo,** Sel.
Name: ↗ Hugolina
Angeblich gründete er 1258 in Gualdo Cattaneo (Umbrien, Mittelitalien) ein Augustiner-Chorherrenkloster. Er ist aber wahrscheinlich identisch mit Hugolin Michaelis von Bevagna. Dieser lebte seit 1320 als Einsiedler bei der Kirche St. Johannes de Lonterio, errichtete dort 1340 ein Kloster u. legte 1348 die Profeß auf die Regel des hl. Benedikt ab. Das Kloster ist bis 1393 bezeugt. Es wurde 1425 dem Olivetanerkloster S. Nicola in Foligno einverleibt u. mit diesem 1437 den Augustiner-Eremiten geschenkt. † angeblich am 1. 1. 1260. Kult bestätigt am 12. 3. 1919.
Gedächtnis: 1. Jänner
Darstellung: als Augustiner-Eremit (so jedenfalls seit ca. 1482, da wenigstens 1363 in Gualdo ein Kloster der Augustiner-Eremiten bestand)
Lit.: R. Scalambrini, Compendio della Vita e Morte di Ugolino . . . (Todi 1852) – BollStA 2 (1926) 50–54 (Lit.)

Hulda, Hl. (Hilda, Hoyldis, Othildis)
Name: ahd. hold: gnädig, treu ergeben, hold
Sie lebte um 450 zu Troyes (Frankreich) u. empfing durch den Bisch. Alpinus von Châlons den Nonnenschleier.
Gedächtnis: 30. April
Patronin: gegen Dürre u. Überschwemmung (bei einer Dürre in Troyes trug man ihre Reliquien in Prozession durch die Stadt, worauf ein so starker Platzregen niederging, daß man eine Überschwemmung befürchtete)

Humbald, Bisch. **von Auxerre,** Sel.
Name: ahd. hun, mhd. hiune (groß, riesig) + walt (der im Heer Waltende, Heerführer). Später verschmolz das Wort hun in seiner Bedeutung mit „Hunnen", die in der Sage noch lange als „Hünen" weiterlebten. Die Hunnen waren ein Verband von Steppenvölkern (chines. Hiung-nu) in der heutigen Mongolei, die bis zum Bau der Chines. Mauer das Chines. Reich bedrohten und im 4. und 5. Jh. die Völkerwanderung auslösten.
Er wurde von Papst Urban II. 1095 zum Bisch. von Auxerre (südöstl. von Paris) geweiht u. war als solcher ein tatkräftiger Kämpfer für die Rechte der Kirche gegen die staatlichen Übergriffe sowie für die Kirchen- u. Klosterzucht. Er unternahm eine Wallfahrt ins Hl. Land, erlitt aber auf der Heimreise Schiffbruch u. kam dabei ums Leben. † am 20. 10. 1115.
Gedächtnis: 20. Oktober

Humbelina OSB, Sel.
Name: romanisierende Nebenform zu Humberga: ahd. hun (groß; ↗ Humbald) + burg (Burg, Schutz; dies hängt zus. mit ahd. berg, Berg, weil man auf Anhöhen die Schutzburgen errichtete): starke Schützerin.
Sie war die Schwester des hl. ↗ Bernhard von Clairvaux. Sie besuchte einmal ihren Bruder in Clairvaux, u. dieser bewog sie, auf das Weltleben zu verzichten. 2 Jahre später willigte ihr Gemahl, ein burgundischer Edelmann, dazu ein. Sie wurde Nonne im Benediktinerinnenkloster Jully-sur-Sarce u. noch vor 1130 dortselbst Priorin. † vor 1136. Ihre Gebeine ruhen noch heute im Kloster Jully. Kult 1703 bestätigt.
Gedächtnis: 12. Februar
Lit.: J. Laurent, Cartulaire de Molesme I (Paris 1907) 253–262 – Zimmermann I 203 205

Humbert OSB, Abt **von Maroilles,** Hl.
Name: ahd. hun (groß; ↗ Humbald) + beraht (glänzend, berühmt): der große Berühmte
Er war Benediktinerabt von Maroilles (südwestl. von Maubeuge, Dep. Nord, Nordfrankreich). Die spätere Legende macht ihn auch zum Bisch. Das historisch einzig sichere Datum ist 675, als er die Villa Macerias (Mazières-sur-Oise) als Geschenk an

sein Kloster erhielt. † am 25. 3. um 680.
Gedächtnis: 25. März
Darstellung: als Priester u. Abt. Ein Bär trägt ihm das Reisebündel. Während seines Gebetes drückt ihm ein Engel ein Kreuz (oder einen Stern) auf die Stirn (nach der legendären Vita aus dem 11. Jh.)
Lit.: Essen 291–295 – Zimmermann I 370f

Humbert, Bisch. u. Märt. **in England,** Hl.
Er soll 855 ↗ Edmund, den König der Ostangeln, gekrönt haben. Er wurde bei einem Däneneinfall im Jahr 870 getötet.
Gedächtnis: 20. November

Humilis OFM, Sel.
Name: lat., der Demütige
* am 26. 8. 1582 zu Bisignano (Kalabrien, Süditalien). Er verbrachte eine sehr heiligmäßige Jugendzeit u. trat 1609 in seiner Heimatstadt dem Franziskanerorden als Laienbruder bei. Er übte strengste Selbstverleugnung u. aufopfernde Liebe zu den Armen. Er hatte großen Gebetseifer u. übte alle klösterlichen Tugenden, bes. den Gehorsam, mit größter Selbstverleugnung. Eine bes. Verehrung hatte er zum hl. Altarsakrament. Er hatte die Gabe der mystischen Beschauung u. der Weissagung. Er wurde von Gregor XV. nach Rom berufen, da dieser ihn hochschätzte, ebenso wie auch Urban VIII. † am 26. 11. 1637 in Bisignano. Seliggesprochen am 29. 1. 1882.
Gedächtnis: 26. November
Lit.: A. M. Liguori, Il Beato Umile da Bisignano (Turin 1933) – P. Valugani: Frate Francesco 14 (Assisi-Rom 1941) 27–34 – Aureola Seraf VI 173–182

Humilitas OSB, Äbtissin, Hl. (bürgerl. Rosanese)
Name: lat., Bescheidenheit, Demut
* 1226 in Faenza (Oberitalien). Sie war 9 Jahre lang verheiratet u. trat 1250 mit Einwilligung ihres Gatten bei den Chorfrauen von S. Perpetua ein. 1252 zog sie sich als Reklusin bei den Vallombrosanern von S. Apollinare zurück. 1267 übernahm sie auf Drängen des Generalabtes Plebano die Leitung des neugegründeten Klosters S. Maria alla Malta bei Faenza. 1282 gründete sie das Kloster S. Giovanni Ev. bei Florenz. † am 22. 5. 1310 in Florenz. Ihre Gebeine wurden 1584 in das Hauptkloster S. Salvi übertragen, seit Anfang des 19. Jh.s ruhen sie in S. Spirito di Varlunga.
Gedächtnis: 22. Mai
Lit.: Zimmermann II 209ff (Lit.) – P. Zama, Il monastero ed educandato di S. Umilità . . . (Faenza 1938) – Ders. (Florenz 1943) – ECatt XII 759 (Lit.)

Hunegundis OSB, Hl.
Name: ahd. hun (groß; ↗ Humbald) + gund (Kampf): große Kämpferin
Sie war Benediktinerin im Kloster zu Homblières (Dep. Aisne, nordöstl. von Paris) u. starb Ende des 7. Jh.s. Ihre Verehrung war schon im 9. Jh. im Westfränkischen Reich verbreitet. Ihre 1. Translation fand 946 statt, die zuletzt erwähnte 1679.
Gedächtnis: 25. August
Lit.: Manitius II 417ff – Zimmermann II 618 620f

Hunfried OSB, Bisch. **von Thérouanne,** Hl. (Humfridus, Huntfridus)
Name: ahd. hun (groß; ↗ Humbald) + fridu (Schutz vor Waffengewalt, Friede): großer Schützer
Schon in jungen Jahren wurde er Benediktiner im Kloster Prüm (Eifel) u. später Abt. Vor 853 wurde er zum Bisch. von Thérouanne (Dep. Pas-de-Calais, Nordfrankreich) bestellt, 862–864 zugleich auch Abt von St-Bertin (St-Omer, Flandern). Als Bisch. hatte er große Schwierigkeiten zu überwinden: die kirchliche u. klösterliche Zucht lag darnieder, Sitten u. rel. Leben in der Bevölkerung waren verwildert, dazu brachen 861 die Normannen ein u. verwüsteten das ganze Land. Er selbst wurde von seinem Bischofssitz vertrieben. Er wollte bereits resignieren, wurde daran aber von Papst Nikolaus I. gehindert. † am 8. 3. 870 in Thérouanne. Seine Gebeine wurden am 5. 4. 1108 erhoben u. 1553 nach der Eroberung u. Zerstörung der Stadt durch Karl V. nach Ypern übertragen, wo sie 1563 von den Geusen verbrannt wurden. Das Haupt ist in St-Omer.
Gedächtnis: 8. März
Lit.: AnBoll 47 (1929) 301 – Zimmermann I 300 302 – Baudot-Chaussin III 175f – Catholicisme V 1097

Hungerus Frisus OSB, Bisch. **von Utrecht,** Sel. (Hongerus, Hunger der Friese)
Name: ahd. hun (groß; vgl. ↗ Humbald) + ger (Speer): großer Speerkämpfer
Er war der 11. Bisch. von Utrecht (Nieder-

lande). Bei einem Normanneneinfall 850 wurde er von seinem Bischofssitz vertrieben u. ging in die Benediktinerabtei Prüm (Eifel), wo er als Mönch 866 starb.
Gedächtnis: 22. Dezember

Hunna, Hl. (Huna)
Name: ahd. hun (groß): die Große
Sie war die Gemahlin des reichen Edelmannes Huno u. lebte in Hunaweier (Oberelsaß). Hunoer schenkte seine Besitzungen den Klöstern Eberheimsmünster u. St-Dié, ihr Sohn Deodatus wurde Mönch in Eberheimsmünster (er hatte seinen Namen von Bisch. ↗ Deodatus von Nevers, der ihn getauft hatte). Die hl. Hunna übte große Nächstenliebe, vor allem ist sie bekannt als die „heilige Wäscherin", indem sie Kranken u. Notleidenden unentgeltlich die Wäsche wusch. † um 687 (679?). Ihr Grab in Hunaweier u. eine mit ihr in Verbindung gebrachte Heilquelle zogen im Mittelalter viele Pilger an. Ihre Gebeine wurden 1520 feierlich erhoben, wurden aber 1549 in den Wirren der Reformation verstreut.
Gedächtnis: im Bistum Straßburg am 15. April (im Bistum Dié am 3. Juni)
Darstellung: ein Stück Leinwand in der Hand (unentgeltlich für die Armen waschend). Kranke waschend
Patronin: der Wäscherinnen
Lit.: A. M. Burg: AElsKG 17 (1946) 27–74 – J. Rott: AElsKG 18 (1947–48) 309ff

Hyacintha, Hl. (bürgerl. Clarissa Mariscotti)
Name: weibl. F. zu ↗ Hyacinthus
* 1585 als Tochter des Grafen Marco Antonio Mariscotti u. seiner Gemahlin Ottavia Orsini. Sie hatte einen unwiderstehlichen Hang zu Eitelkeit u. zu weltlichen Dingen. Nur ihrem Vater zuliebe ging sie um 1605 ins Kloster der regulierten Terziarinnen vom hl. Bernhardin von Siena zu Viterbo (nördl. von Rom). Dort lebte sie 10 Jahre lang ohne jede geistliche Gesinnung, nur ihrer Eitelkeit verfallen u. auf ihre hohe Abkunft pochend. Eine schwere Krankheit u. das strenge Wort eines Franziskaners änderten ihren Sinn. Nun wurde sie überaus streng aszetisch gegen sich u. wohltätig gegen die anderen. Während einer Epidemie in Viterbo gründete sie 2 wohltätige Vereine, den einen zur Sammlung von Almosen für Wiedergenesende, verschämte Arme u. Gefangene, den anderen zur Unterbringung alter u. kranker Leute in einem Spital. Die Vereine erhielten den Namen „Oblaten Mariä" (Sacconi). † am 30. 1. 1640 zu Viterbo. Heiliggesprochen 1807.
Gedächtnis: 30. Jänner

Hyacinthus von Polen OP, Hl.
Name: griech. hyákinthos, Hyazinthe (Blume). So hieß in der griech. Mythologie der Liebling Apolls, den dieser durch einen unglücklichen Diskuswurf tötete. Aus seinem Blut entsprang die Blume hyákinthos. Im Spätgriech. (so Offb 21,20) ist hyákithos ein Edelstein.
* vor 1200 aus der altadeligen Familie der Odrovaz auf Schloß Groß-Stein (Herzogtum Oppeln, Schlesien). Er studierte in Krakau, Prag u. Bologna, wo er den theol. Doktorgrad erwarb. Anschließend wurde er Kanoniker in Krakau. Auf einer Romreise 1218 lernte er den hl. ↗ Dominikus kennen u. trat dort zus. mit ↗ Ceslaus in dessen Orden ein. Er wurde 1219 von Dominikus in die Heimat gesandt. Er gründete eine Reihe von Niederlassungen des Dominikanerordens: Friesach (Kärnten, 1221), Krakau (1222), Kiew (1223), Danzig (1227). Er schuf die polnische Ordensprovinz (Provincia Polonia), die Polen, Rußland, Böhmen, Mähren, Schlesien, Brandenburg, Pommern u. Preußen umfaßte. Er predigte vor allem in Südrußland u. Preußen. † am 15. 8. 1257 in Krakau, sein Grab ist in der dortigen Dominikanerkirche. 1594 heiliggesprochen.
Liturgie: Görlitz G; Berlin, Gurk-Klagenfurt g am 17. August, sonst 15. August
Darstellung: als Dominikaner, Monstranz, Kelch u. Marienstatue tragend (weil er diese Gegenstände bei der Zerstörung Kiews rettete). Auf dem Wasser gehend oder auf seinem ausgebreiteten Mantel über den Dnjepr fahrend. Errettet einen ertrinkenden Knaben
Patron: von Polen, Litauen, Kiew, Pommern, Preußen, Rußland; der Dominikaner, für leichte Entbindung
Lit.: B. Altaner, Die Dominikanermissionen des 13. Jh.s (Habelschwerdt 1924) 196–214 – J. Gottschalk (Aschaffenburg 1948) – Ders.: ArSKG (1958) 60–98

Hyacinthus, Märt. **zu Rom** ↗ Protus u. Hyacinthus

Hyginus, Papst, Hl.
Name: griech. hygieinós, der Gesunde
Er stammte aus Athen u. war Philosoph. 138 wurde er zum Papst gewählt. Zu seiner Zeit kamen die Gnostiker Kerdon u. Valentinos nach Rom. † 142.
Gedächtnis: 11. Jänner
Lit.: Caspar I 8 – Seppelt I² 18

Hymnemodus, Abt **von St-Maurice,** Hl. (Hymnemundus, Hymnemondus, frz. Hynnemond)
Name: griech. hýmnos (lat. hymnus, Lied, Lobgesang) + lat. modus (Art u. Weise, Maß, Takt, Melodie): der Hymnensänger
Hymnemodus stammte wahrscheinlich aus Burgund u. trat als Mönch in das Kloster Grave in Vienne (südl. von Lyon, Frankreich) ein. Im hohen Alter wurde er 515 durch König ↗ Sigismund von Burgund zum 1. Abt des Klosters St-Maurice (Kt. Wallis, Schweiz) bestellt. Hier, am Grab des hl. ↗ Mauritius, bestand bis dahin eine Klerikergemeinschaft. König Sigismund wandelte diese in eine Abtei mit eigener Regel um u. stattete sie reichlich mit Landbesitz aus. Hymnemodus stand aber nur 7 Monate dem Kloster vor u. starb am 3. 1. 516. Das Kloster wurde um 830 in ein weltliches Chorherrenstift umgewandelt, 940 von den Sarazenen verwüstet u. hernach wiederaufgebaut. Seit 1128 ist es ein Augustiner-Chorherrenstift. Seine Lage an der Straße über den Großen St. Bernhard machte es zu einem vielbesuchten Wallfahrtsort.
Gedächtnis: 3. Jänner

Hypatius (Hypatios), Abt, Hl.
Name: zu griech. hýpatos, der Höchste, der Erhabenste: der dem höchsten (Gott) Geweihte
* um 366 in Phrygien (Kleinasien). Sein Vater war ein gelehrter Mann, der ihn in allen Wissenschaften unterwies. Er behandelte aber seinen Sohn sehr streng. Deshalb lief Hypatius mit 18 Jahren von zuhause fort u. ging zunächst nach Thrakien (etwa das heutige Bulgarien) u. wurde Schafhirte. Dann ging er zu einem Priester u. später zu einem Einsiedler namens Jonas, wo er mehrere Jahre blieb. Hier suchte ihn auch sein Vater auf u. söhnte sich mit ihm aus. Nun ging er mit 2 Gefährten nach Chalkedon (heute Kadiköy am Bosporus) u. bezog dort das verlassene Kloster Ruphinianai (so benannt nach seinem Begründer Ruphinos). Er sammelte Gefährten um sich u. wurde 406 Abt des Klosters. † 442/452.
Gedächtnis: 17. Juni
Lit.: H.-G. Beck, Kirche u. theol. Lit. im Byzantinischen Reich (München 1959) 207, 404 – Catholicisme V 1141f

I

Ida von Boulogne (Ide d'Ardenne), Sel.
Name: Kf. zu ↗ Iduberga
* um 1040 in Bouillon (Ardennen, Südbelgien) als Tochter des Herzogs Gottfried des Bärtigen von Lothringen. Sie vermählte sich um 1057 mit dem Grafen Eustach II. von Boulogne (bei Paris). Ihre Söhne waren Gottfried von Bouillon u. Balduin, die im 1. Kreuzzug ins Hl. Land zogen u. dort 1099 bzw. 1100 zu Königen von Jerusalem gekrönt wurden. Als Ida um 1070 ihren Mann verlor, verschenkte sie ihre Güter an Kirchen u. Klöster, bes. an die Benediktinerabtei St-Vaast in Arras (nördlichstes Frankreich). † 13. 4. 1113. Ihr Grab ist in Arras, Reliquien befinden sich auch in Bayeux (Nordwest-Frankreich).
Gedächtnis: 13. April
Lit.: F. Ducatel, Vie de sainte Ide de Lorraine, comtesse de Boulogne (Brüssel 1900) – F. Dieckmann, Die Lothring. Ahnen Gottfrieds v. Bouillon (Gymnasialprogr. Osnabrück 1904) – Zimmermann II 52, IV 37

Ida von Herzfeld, Hl.
Sie war die Schwester der Äbte ↗ Adalhard u. ↗ Wala, die Gemahlin des Sachsenherzogs Ekbert u. die Mutter der Äbtissin ↗

Hadwig von Herford u. des Abtes ↗ Warin von Corvey (bei Höxter). Mit ihrem Gatten gründete sie in Herzfeld (Bistum Münster in W.) eine Kirche. Nach dem Tod ihres Mannes führte sie hier ein Leben der Frömmigkeit, Buße u. Nächstenliebe. Sie starb am 4. 9. 825 (813?) u. wurde dortselbst begraben. Ihr Gebeine wurden 980 durch Bisch. Dodo von Münster feierlich erhoben. Ihr Grab war eine vielbesuchte Wallfahrtsstätte.
Liturgie: Münster, Paderborn g am 4. September
Darstellung: als adelige Frau, in der Waldeinsamkeit aus einem Buch betrachtend, oder mit einer Hirschkuh zu Füßen
Patronin: der schwangeren Frauen (Ida-Gürtel)
Lit.: R. Wilmans, Kaiser-Urkunden der Prov. Westfalen I (Münster 1867) 470–488 (Vita) – A. Hüsing (Münster 1880) – I. Hellinghaus (Kaldenkirchen 1925) – J. Herold, St.-Ida-Buch (Dülmen 1925) – Ders., Auf roter Erde 10 (Münster 1934) 9 ff – Braun 357 – J. Schackmann, Paulus und Liudger (Münster 1948) 71–79

Ida von Leeuw OCist, Sel.
Nicht identisch mit der folgenden ↗ Ida von Löwen
* Anfang des 13. Jh.s zu Gors-Opleeuw (Léau, Prov. Limburg, Ostbelgien). Mit 13 Jahren trat sie in das Zisterzienserinnenkloster Rameye bei Mechelen (Belgien) ein. Sie war eine große Verehrerin der Eucharistie u. mystisch-visionär begnadet. Sie zeigte auch eine bes. Vorliebe für Studium u. Geisteswissenschaften; auf ihre Anregung wurde im Kloster eine Schreibschule eingerichtet. † 1260.
Gedächtnis: 29. Oktober
Darstellung: mit Hühnern u. Fischen (die sehr zutraulich zu ihr waren)
Lit.: Zimmermann III 235f – Lenssen I 316f – L. Reypens: Ons Geestelijk Erf 26 (Antwerpen 1952) 329–334 – H. van de Weerd: Limburg 32 (Maaseik 1953) 25–30

Ida von Löwen OCist, Sel.
* um 1211 zu Leuven (Löwen, Louvain). Schon vor ihrem Eintritt in das Kloster war sie mystisch begnadet u. hatte die Wundmale, die auf ihr Gebet hin wieder verschwanden. Um 1233 fand sie Aufnahme im Zisterzienserinnenkloster Rosendaal bei Mechelen (Belgien), wo sie sich bes. in die Anbetung der hl. Eucharistie vertiefte. † um 1290.
Gedächtnis: 13. April
Darstellung: Sie empfängt während der hl. Messe die Wundmale
Lit.: Vita nach den Aufzeichnungen ihres Beichtvaters Hugo OCist: ActaSS April II (1866) 156–189 – BHL 4145 – Zimmermann II 49ff – Lenssen I 167ff

Ida, Stifterin **von Nivelles** ↗ Iduberga

Ida von Nivelles OCist, Sel.
* um 1190 zu Nivelles (südl. von Brüssel, Belgien). Mit 16 Jahren trat sie in das Zisterzienserinnenkloster Kerkhem bei Löwen ein u. übersiedelte mit dem ganzen Konvent 1215 nach Ramée. Sie besaß die Gabe der Herzensschau u. der Wunder zum Wohl ihrer Mitmenschen. † 1231/32.
Gedächtnis: 12. Dezember
Darstellung: auf dem Krankenlager, Maria legt ihr das Jesuskind auf die Arme
Patronin: der Armen Seelen im Fegefeuer (da sie durch ihre eigenen inneren Leiden viele arme Seelen aus dem Fegefeuer erlöste)
Lit.: Zeitgenöss. Vita: Ch. Henriquez, Quinque prudentes virgines (Antwerpen 1630) 199–297 – BHL 4146f – Zimmermann III 421f – Lenssen I 299ff

Ida von Rheinfelden OP, Sel.
Sie stammte aus Rheinfelden (östl. von Basel, Schweiz) u. lebte als Dominikanerin im Konvent zu Basel. † 1313.
Gedächtnis: 5. Februar

Ida von Toggenburg, Hl. (Idda, Itha, Itta, Ytta)
Sie war angeblich die Tochter des Grafen Hartmann II. von Kirchberg in Toggenburg (westl. von St. Gallen, Schweiz) u. Gemahlin eines (historisch nicht nachweisbaren) Grafen Heinrich von Toggenburg. Sie lebte wahrscheinlich als Konverse im Benediktinerinnen-Kloster Fischingen (westl. von Kirchberg) oder als Reklusin bei diesem Kloster. Sie starb 1226 (?) zu Fischingen u. wurde dortselbst begraben. Ihr Kult wurde 1724 bestätigt. Die 1481 von Albrecht von Bonstetten verfaßte Vita erzählt – in offenbarer Nachbildung der Genovefa-Legende –, sie sei von ihrem Gemahl wegen angeblicher ehelicher Untreue zum Fenster des Schlosses Toggenburg 400 Ellen tief hinabgestürzt, aber wunderbar gerettet worden u. habe ihr Leben als Ein-

siedlerin auch dann nicht aufgegeben, als ihre Unschuld erwiesen war.
Liturgie: Basel, St. Gallen g am 3. November
Darstellung: als Nonne mit Stab u. Buch, einem Hirschen mit leuchtendem Geweih u. einem Raben mit einem Ring im Schnabel (nach der Legende stahl ihr ein Rabe den Brautring, den dann ein Knappe ansteckte; dadurch ihre Beschuldigung der Untreue u. ihre Verstoßung)
Patronin: für das Wiederfinden verlaufenen Viehs
Lit.: Stückelberg 61ff – Künstle I 326f – L. M. Kern: Thurgauer Beiträge zur vaterländ. Gesch. Hefte 64–65 (Frauenfeld 1928) – AnBoll 47 (1929) 444ff – Zimmermann III 255f

Ida ↗ Ita

Idesbald OCist, Abt **von Dünen,** Sel.
Name: 1. Bestandt.: germ. idis (Wirksamkeit), ahd. ides (weibl. Wesen); 2. Bestandt.: ahd. walt (zu waltan, walten, herrschen): erfolgreicher Herrscher
Er war der Sohn des Edlen Eggeward aus Steenkerke bei Veurne (südwestl. von Brügge, Westflandern). Er stand zuerst im Dienst der Grafen von Flandern, wurde dann Kanoniker an der Walpurgis-Kirche zu Veurne u. trat im hohen Alter in das Zisterzienserkloster Dünen in Kosijde (nördl. von Veurne) als Mönch ein. Er wurde der 3. Abt von Dünen u. förderte bes. den Kirchengesang. † nach dem 22. 7. 1167. Entgegen dem Ordensbrauch wurde er wegen seiner hohen Tugenden in einem Bleisarg in der Kirche seines Klosters beigesetzt. Seine Reliquien ruhen seit 1831 in Notre-Dame-de-la-Potterie in Brügge. Kult 1894 bestätigt.
Gedächtnis: 18. April
Darstellung: im Chorkleid der Zisterzienser mit dem Abtstab, ein Schiffchen in Händen. Am Ufer des Meeres die Schiffe segnend
Patron: der Schiffer u. Seefahrer
Lit.: ASS 27 (1895) 312ff – Zimmermann II 69 72 – Lenssen I 109ff – J. de Cuyper, Idesbald van der Gracht (Brügge 1946) – J. de Vincennes, L'abbaye des Dunes, St. I. (Charleroi 1956)

Iduberga von Nivelles, Hl. (Ida, Itta)
Name: 1. Bestandtt.: germ. idis (Wirksamkeit), nord. id (Erneuerung, Verjüngung; vgl. die Göttin Iduna), ahd. itis (weibliches Wesen); 2. Bestandtt.: ahd. berg (Berg, Anhöhe). Das Wort ist sprachverwandt mit ahd. burg, burc, buruc (Burg, Stadt: im Sinn von „befestigter Anhöhe"). Dazu gehört ahd. bergan (verbergen, in Sicherheit bringen). Bedeutung des Namens: „schützende Frau" (die germ. Frauen begleiteten die Männer in den Kampf u. unterstützten sie durch Aufmunterung u. Hilfe jeder Art).
Sie war die Tochter eines Herzogs aus Aquitanien (Südfrankreich) u. die Gemahlin des Hausmeiers Pippin d. Ä. Sie stiftete das Kloster Nivelles (südl. von Brüssel, Belgien), in dem ihre Tochter ↗ Gertrud Äbtissin wurde. Nach dem Tod ihres Gatten lebte sie seit 640 ebendort als Nonne. † am 8. 5. 652 zu Nivelles.
Gedächtnis: 8. Mai
Lit.: ActaSS Maii II (1866) 304f – B. Delanne: Annales de la société archéologique de Nivelles 14 (1944) 157–225 – J. Hoebanx, L'abbaye de Nivelles des origines au 14e siècle (Brüssel 1952) 22–55

Ignatius (Ignatios), Bisch. **von Antiochia,** Märt., Hl.
Name: Nf. zu lat. Egnatius: Mann aus Egnatia (die heutige Hafenstadt Egnazia in Apulien, Süditalien) (Kf. Ignaz, Naz)
Nach Origenes u. Eusebius steht er in der Bischofsliste von Antiochia am Orontes als Nachfolger des ↗ Evodius u. damit als „zweiter nach Petrus". Er führte den Beinamen u. nannte sich auch selbst „Theóphoros" (Gottesträger, der Gott in seinem Herzen trägt). Die spätere Legende machte ihn deshalb zu jenem Kind, welches Jesus in seine Arme schloß (falsch aufgefaßt: der von Christus Getragene; vgl. Mk 9, 36). Er soll Schüler des Apostels ↗ Johannes gewesen sein. Unter Kaiser Trajan (98–117) wurde er mit mehreren Gefährten gefesselt nach Rom gebracht, wo er den Tod durch wilde Tiere erwartete. Auf seiner Todesfahrt über Kleinasien u. Makedonien suchten ihn Abgeordnete der christlichen Gemeinden auf, durch die er seine berühmten 7 Briefe an verschiedene Gemeinden übermitteln ließ: In Smyrna schrieb er an die Epheser, Magnesier, Trallianer u. Römer, in Troas an die Philadelphier, Smyrnäer u. an deren Bisch. ↗ Polykarp. Dieser sammelte später seine Briefe zu einem Corpus.

Darin kommen in erschütternder Weise seine Liebe zu Christus u. seine Sehnsucht nach dem Martyrium zum Ausdruck. Das Todesjahr des Ignatius ist umstritten, er starb aber spätestens 117, wohl im Amphitheater des Flavius (Kolosseum) in Rom. Seine Reliquien werden in der Kirche S. Clemente zu Rom aufbewahrt. Ignatius ist ↗ Kanon-Heiliger.
Durch seine Briefe ist er auch einer der frühesten u. wichtigsten Zeugen des christlichen Glaubens der alten Kirche: er vertritt die von Christus gestiftete monarchische Verfassung der Kirche, der Bischof ist der von Gott über Christus mit Vollmacht ausgestattete authentische Verkünder der Lehre, Verwalter der Sakramente u. Leiter der Gemeinde. Ihm zur Seite steht untergeordnet das Kollegium der Presbyter (Priester) u. Diakone. Die Gemeinde von Rom hat einen Vorrang im Glauben u. in der Liebe. Die Gesamtheit aller Gemeinden nennt er erstmals „kath. (allumfassende) Kirche". In Abwehr des Doketismus (Christus habe nur einen Scheinleib gehabt) betont er die wahre Menschwerdung des ewigen göttlichen Logos, seine jungfräuliche Geburt aus Maria, die Erlösung durch seinen Kreuzestod u. die Auferstehung des Fleisches. Auch die sog. Idiomenkommunikation ist ihm geläufig: daß in Jesus Christus die göttliche u. die menschliche Natur in der einen Person Jesu Christi unterschieden u. unvermischt u. zugleich derart vereint sind, daß der ewige Gott-Logos menschliche Eigentümlichkeiten u. der Mensch Jesus Christus göttliche Eigentümlichkeiten besitzt. Aus dieser Christologie folgt auch sein Glaube an die reale Gegenwart Jesu Christi u. seines Kreuzesopfers in der Eucharistie.

Liturgie: GK G am 17. Oktober (früher 1. Februar)

Darstellung: als Bischof, meist mit Löwen neben ihm, auch mit „JHS" oder „Jesus" (im Anschluß an seinen Beinamen Theophoros berichtet die Legende, Heiden hätten das Herz aus seiner Leiche geschnitten u. darauf mit goldenen Buchstaben diese Worte geschrieben gefunden)

Lit.: Bardenhewer I 131–159 – Altaner[5] 85ff (Lit.) – J. W. Walter (Leipzig 1929) – J. L. Vial (Paris 1956)

Ignatius von Azevedo, s. Märt. von Las Palmas (S. 921ff)

Ignatius Delgado, s. Märt. in Annam (S. 873ff)

Ignatius Falzon, Sel.
* zu Valetta auf der Insel Malta am 1. 7. 1813. Schon als Kind betete er täglich den Rosenkranz u. hatte eine große Andacht zur Gottesmutter u. zum hl. Joseph. Später verrichtete er auch das kirchliche Stundengebet. Er besuchte das Gymnasium u. betrieb höhere Studien, er erhielt auch die Tonsur u. die Niederen Weihen, fühlte sich aber zum Empfang der Priesterweihe zu unwürdig. Sein ganzes Leben stellte er in den apostolischen Dienst an den Menschen. So führte er Kinder u. Jugendliche u. auch englische Soldaten zu den Sakramenten u. zu einem christlichen Leben. Über 600 anglikanische Soldaten u. 6 Juden führte er zur kath. Kirche. Er kümmerte sich auch weiterhin um die Konvertiten. Dazu gründete er eine Kongregation an der Kirche zum Namen Jesu. Allabendlich wurde der „Catechismus a perseverantia" (Katechismus des Durchhaltens) gehalten mit Beichte u. Anbetungsstunden. Ignatius starb am 1. 7. 1875. Sein Kult wurde am 22. 11. 1905 bestätigt.
Gedächtnis: 1. Juli
Lit.: ASS 36 (1904) 626ff, 39 (1907) 166

Ignatius (Ignatios), Patriarch **von Konstantinopel,** Hl. (eig. Niketas)
* um 798 als Sohn des durch Leon V. abgesetzten Kaisers Michael I. Rhangabe. Er ging mit seinem Vater u. seinem Bruder 813 in die Verbannung, wurde Mönch u. gründete 3 Klöster, in denen er Abt wurde. Kaiserin Theodora berief ihn am 4. 7. 847 zum Patriarchen von Konstantinopel, berief dazu aber keine Wahlsynode ein, da sie Schwierigkeiten mit den Ikonoklasten (Bilderstürmern) befürchtete. Ignatius setzte sich mit großem Eifer für die Verehrung der Bilder ein. 853 setzte er einige Bischöfe wegen kanonischer Vergehen ab u. diese intervenierten bei Papst Leo IV. Unterdessen hatte sich Bardas, der Bruder der Kaiserin, zum neuen Regenten aufgeschwungen u. geriet in Konflikt mit Ignatius. Ignatius

entschied sich 858 auf den Rat der Bischöfe hin abzudanken u. wurde auf die Insel Terebinthos verbannt. Sein Nachfolger wurde Photios. Doch nach etwa 2 Monaten, Jänner/Februar 859, verlangten radikale Anhänger des Ignatius, daß dieser wieder als Patriarch eingesetzt werden solle. Papst Nikolaus I. schickte Legaten nach Konstantinopel, u. diese erklärten die Einsetzung des Ignatius zum Patriarchen für ungültig, weil diese ohne kanonische Wahl erfolgt sei. Ignatius selbst scheint dieses Urteil angenommen zu haben, doch seine radikalen Anhänger gingen erneut nach Rom u. appellierten in seinem Namen. Nikolaus I. bemühte sich lange vergeblich, den Streit beizulegen, erst der byzantinische Kaiser Basilius I. Makedon setzte Photios am 23. 1. 867 ab und Ignatius wieder ein. Das 4. Konzil von Konstantinopel (869/870) u. Hadrian II. bestätigten Ignatius als Patriarchen. Doch hatte dieser in seiner 2. Amtsperiode große Schwierigkeiten zu überwinden, weil die Mehrzahl des Klerus Photios treu geblieben war. Auch mit Papst Johannes VIII. hatte er Schwierigkeiten: Bulgarien hatte sich von Rom losgesagt, u. Ignatius machte seine Rechte als Patriarch über diese Kirchenprovinz geltend. Er wurde deshalb vom Papst mit dem Bann bedroht. Ignatius u. Photios söhnten sich aus. Ignatius suchte sogar in Rom um Einberufung eines neuen Konzils an, welches die Befriedung der griech. Kirche bestätigen sollte. Doch starb Ignatius noch vor der Eröffnung desselben am 23. 10. 877. Er wurde von Photios selbst heiliggesprochen.

Gedächtnis: 23. Oktober

Lit.: J. Hergenröther, Photios I-II (Regensburg 1867) – Hefele IV² 228ff 360ff 384ff – F. Dvornik, Der Patriarch Photius im Lichte neuerer Forschungen: Una Sancta 13 (Meitingen 1958) 274–280

Ignatius von Láconi OFMCap, Hl. (Ignazio Vincenzo Peis)

* am 17. 12. 1701 in Láconi (Sardinien) aus bäuerlichen Verhältnissen. Schon in seiner Jugend zeigte er eine außergewöhnliche Liebe zu allen rel. Übungen. Er half seinem Vater u. seinem Onkel Pietro Sanna in der Landwirtschaft aus, bes. beim Hüten des Viehs. In seinem 18. Lebensjahr fiel er in eine schwere Krankheit u. machte das Gelübde, im Fall seiner Gesundung in den Kapuzinerorden einzutreten. Doch kaum genesen, vergaß er sein Gelübde. Da ritt er eines Tages aufs Land, sein Pferd scheute plötzlich u. warf ihn in einem steinigen, zerklüfteten Gelände ab. Da gedachte er wieder seines Gelübdes u. trat am 3. 11. 1721 in Cágliari dem Kapuzinerorden bei. Nach dem Noviziat wurde er nach Iglesias u. andere Orte geschickt, wo er als Schneider tätig war. Von 1736 an bis zu seinem Tod wirkte er wieder in Cágliari als Sammelbruder. 60 Jahre lang war er der demütige Kapuzinerbruder, freundlich zu jedermann u. immer von einer Kinderschar umgeben. Halbe Nächte verbrachte er vor dem Tabernakel im Gebet. Er besaß die Gabe der Herzensschau, der Prophetie u. der wunderbaren Krankenheilung. Selbst Totenerweckungen werden von ihm erzählt. † am 11. 5. 1781 in Cágliari. Seliggesprochen am 16. 6. 1940, heiliggesprochen am 21. 10. 1952.

Gedächtnis: 11. Mai

Lit.: ASS 45 (1953) 136 – Giorgio da Riano, Vita . . . (Cágliari 1929) – Ders., Compendio della vita . . . (Rom 1951) – Samuele da Chiaramonte, Il Beato Ignazio da Láconi (Rom 1940) – U. Cabras Loddo, S. Ign. da Láconi (Oristano 1951) – LexCap 800f (Lit.)

Ignatius von Loyola SJ, Hl. (eig. Iñigo López de Loyola)

* 1491 auf Schloß Loyola bei Azpéitia (Prov. Guipzucoa, südwestl. von San Sebastian, Nordspanien) aus dem baskischen Stamm der Onãz y Loyola, als letztes von 13 Kindern (8 Söhne u. 5 Töchter). In der Taufe erhielt er den Namen Iñigo (nach dem hl. Abt ↗ Enneco). Später, jedenfalls seit seiner Pariser Zeit, nannte er sich Ignatius, in Verehrung des hl. ↗ Ignatius von Antiochia. 1506–1517 genoß er eine höfische Erziehung im Haus des Großschatzmeisters der Königin Isabella von Kastilien, Don Juan Velasques de Cuellar, meist in Arevalo in Altkastilien, aber auch in Valladolid. 1518–21 war er Offizier des span. Vizekönigs von Navarra. Als junger Militarist führte er, wie seine Vertrauten später berichten, ein flottes weltliches Leben „bei mutwilligen Spielen, Raufhändeln, Frauengeschichten u. tollkühnen Waffentaten. Er war versucht u. besiegt vom Laster des Fleisches." Über seine Berufswahl machte er sich keine Sorgen. 1515 mußte er sich mit

seinem Bruder Don Pero vor der Polizei zu Guipzucoa wegen nächtlichen Unfugs verantworten.
Die Wende seines Lebens begann bei der Verteidigung der Festung Pamplona (Navarra, Nordspanien) gegen die anstürmenden Franzosen. Am 20. 5. 1521 wurde er durch eine Kanonenkugel am Bein schwer verwundet. Auf seinem Krankenlager las er in Ermangelung der gewünschten Ritterromane aus reiner Langeweile die „Vita Christi" des Kartäusers Ludolf von Sachsen, das meistgelesene Buch des späten Mittelalters, u. die „Legenda sanctorum" (Legenda aurea) des ↗ Jacobus a Voragine. Durch diese Lektüre ging er in sich u. wandte sich rel. Dingen zu. Nach seiner Genesung dachte er zunächst an die Einsamkeit einer Kartause, dann pilgerte er zu den Heiligtümern Unserer Lieben Frau von Aránzazu u. vom Montserrat (OSB-Abtei nordöstl. von Barcelona) u. ließ sich dann in dessen Nähe in der Einsamkeit von Manresa fast ein Jahr lang nieder. Dies war für ihn eine Zeit der inneren Tröstungen u. Seelenqualen, zugleich aber auch der mystischen Wandlung. Hier am Fluß Cardonér hatte er die höchste Begnadung seines Lebens, die ihn fortan nicht mehr losließ. Er sah die Hl. Dreifaltigkeit in einer für Menschenworte unaussprechbaren Weise, u. in ihrem Licht empfing er mit überirdischer Klarheit die Erkenntnis u. das Verständnis über das menschliche Leben u. dessen Sinn und Ziel, über Glauben u. Theologie. Aus dieser Erkenntnis heraus schrieb er seine „Exercitia spiritualia" (Geistliche Übungen). Vom Juni 1523 bis Jänner 1524 ging er als Bettler über Rom u. Venedig ins Hl. Land u. wollte dort den Ungläubigen das Evangelium verkünden. Doch bald erkannte er, daß er zuvor studieren müsse. 1524–26 setzte er sich in Barcelona zus. mit den Kindern auf die Schulbank, um die lat. Sprache zu erlernen. Weniger Glück hatte er 1526–27 in Alcalá u. Salamanca, wo er als Alumbrado (häresieverdächtiger rel. Schwärmer) mehrmals vor die Inquisition zitiert u. zweimal inhaftiert wurde. 1528–35 studierte er in Paris u. erwarb sich den Grad eines Magisters Artium.
Hier in Paris gelang es ihm, die ersten 6 Gefährten zu einer dauernden Gemeinschaft zusammenzuführen: ↗ Franz Xaver aus Navarra, ↗ Petrus Faber aus Savoyen, Diego Lainez u. Alonso Salmeron aus Altkastilien, Simon Rodriguez aus Portugal u. Nicolás Bobadilla aus Katalonien. Am 15. 8. 1534 legten sie in der Marienkapelle des Montmartre (damals außerhalb von Paris) das Gelübde ab, in Armut u. Jungfräulichkeit Gott zu dienen u. den Seelen zu helfen u. als Missionare ins Hl. Land zu ziehen. Sollte dieses letzte aber innerhalb eines Jahres undurchführbar sein, dann wollten sie sich dem Papst zu jeder beliebigen Verwendung zur Verfügung stellen. 1536 vollendete Ignatius in Venedig seine theol. Studien u. empfing 1537 mit 5 seiner Gefährten die Priesterweihe. Bis dahin hatten sie schon über ein Jahr lang auf eine Gelegenheit gewartet, ins Hl. Land zu ziehen, was aber wegen der andauernden Türkengefahr undurchführbar war. So zogen sie in Erfüllung ihres Gelübdes nach Rom u. ließen sich dort im Dezember 1537 dauernd nieder. Bei der letzten Rast im halbverfallenen Kirchlein La Storta hatte Ignatius die Vision des Ewigen Vaters, der zu ihm sagte: „Ich will euch in Rom gnädig sein." Dann sah er den kreuztragenden Christus, zu dem der Ewige Vater sagte: „Ich will, daß du diesen zu deinem Knecht annimmst." Von da an faßte Ignatius eine große Verehrung zum hl. Namen Jesu u. wollte, daß die neue Gemeinschaft „Gesellschaft Jesu" heißen solle. In Rom wurde die kleine Gemeinschaft von Papst Paul III. sehr wohlwollend aufgenommen, sie wurde zu einem Orden umgestaltet u. erhielt am 27. 9. 1540 die päpstliche Bestätigung. Ignatius wurde am 8. 4. 1541 von seinen Gefährten einstimmig zum 1. Generaloberen gewählt, er nahm aber erst nach langem Zögern die Wahl an. Am 22. 4. 1541 legten die Gefährten als die ersten Professen ihre Ordensgelübde in seine Hände ab.
Neben vielen seelsorglichen Tätigkeiten in Rom war es für Ignatius die Hauptaufgabe, die Ordensverfassung aufzustellen. Das Grundstatut entwarf er bereits 1539. Von 1544 bis 1548/50 schrieb er seine „Konstitutionen" (Ordenssatzungen) nieder. Jeden einzelnen Punkt derselben legte er Gott im Meßopfer vor, jede Seite wurde von Gebet u. Tränen begleitet. Der neue Orden (Jesui-

tenorden, Gesellschaft Jesu) breitete sich schnell über ganz Europa u. weit darüber hinaus aus. Es wurden die ersten Kollegien zur Erziehung der vernachlässigten Jugend gegründet. Darunter nahmen das Röm. Kolleg und das Dt. Kolleg (Germanicum) in Rom zur Heranbildung des Priesternachwuchses eine Vorrangstellung ein.
In der Ordensverfassung schlug Ignatius für die damalige Zeit völlig neue u. ungewohnte Wege ein. So sollte der neue Orden nicht nach dem Gründer, sondern nach Jesus Christus benannt werden (Societas Jesu). Ein Wesensbestandteil ist neben den herkömmlichen 3 Gelübden der Armut, Keuschheit u. des Gehorsams das sog. 4. Gelübde, der bedingungslose Gehorsam dem Papst gegenüber, wenn er einen einzelnen Jesuiten oder auch den Orden als solchen zu irgendwelchem apostolischen Dienst senden will. Jeder Jesuit erhält seine grundlegende spirituelle Formung in den Geistlichen Übungen des hl. Ignatius (30tägige Exerzitien), die er unter der Leitung eines erfahrenen Exerzitienmeisters in möglichster Zurückgezogenheit u. unter Sammlung aller Kräfte durchleben muß. Die Spiritualität des Ordens ist christozentrisch u. zugleich auf die apostolische Arbeit hingerichtet: Selbstheiligung u. Apostolat bilden für den Jesuiten eine untrennbare Einheit. Kennzeichnend für ihn ist das „contemplativus in actione" (besinnlich betend in der Arbeit), d. h. sein dauerndes Versenktsein in das Heilswerk Christi u. in die ewige Bestimmung des Menschen ist ihm Fundament, Richtung u. Kraft für sein Arbeiten. Ignatius wollte die Tätigkeit seines Ordens nicht auf bestimmte Arbeiten eingeschränkt wissen, sondern der einzelne, bzw. der ganze Orden sollte grundsätzlich überall dort gegenwärtig sein, wo es für das Reich Gottes u. das Heil der Seelen bes. vordringlich erscheint. Um diesen apostolischen Dienst ungeteilter verrichten zu können, verzichtete Ignatius auf ihm so liebgewonnene typische Ordenseinrichtungen, wie gemeinsames Chorgebet, eigene Ordenstracht, festen Wohnsitz u. a. Deshalb auch findet man den Jesuitenorden in der Seelsorge an alle Alters-, Berufs- u. Sozialgruppen, in der Heimat u. in den neuentdeckten Kontinenten, in der Pflege aller Wissenschaften, bes. natürlich der Theologie u. Philosophie. Wichtiges Mittel des Apostolates sind die geistlichen Übungen (Exerzitien), die in meist verkürzter Form an einzelne oder Gruppen von rel. suchenden Menschen herangetragen werden. Die aus alldem resultierende Dynamik ist der eigentliche Grund für die schweren Anfeindungen, die der Orden in der Folgezeit erdulden mußte. Die Ordensidee des hl. Ignatius wurde vorbildlich für viele nach ihm gegründeten Orden u. Kongregationen.
Ignatius starb am 31. 7. 1556 in Rom, sein Grab ist in der Kirche Al Gesù in Rom. Seliggesprochen am 3. 12. 1609, heiliggesprochen am 12. 3. 1622.
Liturgie: GK G am 31. Juli
Darstellung: als Priester im Ordens- oder Meßgewand, das Christusmonogramm JHS mit Herz, von 3 Nägeln durchbohrt, auf seiner Brust, über ihm oder auf einem Buch in seiner Hand. Das Kreuz in der Sonne schauend (Vision in Manresa). Teufel austreibend, Besessene heilend. Ein Drache neben ihm (Bekämpfung der Irrlehre; so bes. im 17. u. 18. Jh.). Im Bett liegend, von 3 Teufeln mit Knütteln geschlagen. Manchmal mit Hut in der Hand und Pilgerstab
Patron: der Jesuiten; der geistlichen Übungen u. Exerzitienhäuser (seit 1922). Sehr alt ist der Gebrauch des sog. Ignatius-Wassers. Es ist ein durch ein bestimmtes Gebet unter Anrufung des hl. Ignatius u. Eintauchen einer geweihten Medaille oder Reliquie des Heiligen gesegnetes Wasser. Das Volk, auch in den Missionen, gebrauchte es gerne in Zeiten der Krankheit, bes. der Pest. Diese fromme Sitte wurde durch Pius IX. 1866 ausdrücklich anerkannt.

Lit.: Sommervogel IX 608–612, X 1643–1650, XI 1484–1529 – MHSI Fontes narrativi de S. Ignatio I–III (Rom 1943–60) – Die sog. Autobiographie: ebd. I 364–507 (krit. Text) – Der Bericht des Pilgers, dt. v. B. Schneider (Freiburg/B. 1956) – Die Exerzitien. Übertr. v. H. U. v. Balthasar (Einsiedeln 1954^{2}) – Exercitia spiritualia, dt. v. E. Raitz v. Frentz (Freiburg/B. 1957) – Biographien: H. Böhmer (Bonn 1914, Stuttgart 1951^{2}) – P. de Leturia (Basel 1949) – V. Kolb-F. Hatheyer (Freiburg/B. 1931) – A. Huonder (Köln 1932) – L. v. Matt-H.Rahner (Zürich 1955) – G. Schurhammer, Franz Xaver I (Freiburg/B. 1955) 126–133 174–212 455–473 – J. Brodrick (London 1956) – Spiritualität: H. Rahner, Ignatius u. d. geschichtl. Werden seiner Frömmigkeit (Graz 1949^{2}) – A. Haas: GuL 26 (1953) 123–135 – E. Przywara, Ignatianisch (Freiburg/B. 1956) – Ignatius v. L., seine Gestalt

u. sein Vermächtnis, hrsg. v. F. Wulf (Würzburg 1956) – K. Rahner, Die ignatianische Mystik der Weltfreudigkeit: Schriften zur Theologie III (Einsiedeln 1967[7]) 329–348 – H. Rahner: GuL 31 (1958) 117–131 – ders.: Ignatius der Theologe: Festschr. Przywara (Nürnberg 1959) 216–237 – K. Rahner, Das Dynamische in der Kirche (Freiburg/B. 1960[2]) 74–148 – K. Rahner-P. Imhof (Freiburg/B. 1978)

Ignatius von Santhià OFMCap, Sel. (bürgerl. Lorenzo Maurizio Belvisotti)
* am 5. 6. 1681 in Santhià (nordöstl. von Turin). Mit 8 Jahren verlor er den Vater. Ein Priester nahm sich des Knaben an. Er wurde Ministrant in der Domkirche zu Vercelli, studierte dort Theologie u. erhielt 1710 die Priesterweihe. 1716 trat er in Chieri (bei Turin) dem Kapuzinerorden bei. Er wirkte nun jahrelang in Turin als Beichtvater. 1731 wurde er Novizenmeister in Reggio Emilia. Aus dieser seiner 15jährigen Tätigkeit erzählt man sich auch folgende Begebenheit: Einer seiner ehemaligen Novizen, der im Kongo als Missionar wirkte, erblindete u. erbat sich das Gebet des Ignatius. Dieser bat vor dem Allerheiligsten Gott, dieses Leiden möge ihn selber, „den völlig unnützen Menschen" befallen, was auch eintrat. Der junge Missionar hingegen wurde geheilt. Ignatius erhielt in Turin durch ärztliche Kunst langsam wieder das Augenlicht. – Im Österreichischen Erbfolgekrieg (1740–48), der sich auf Piemont erstreckte, leitete er die Militärseelsorge. Von da an war er bis zu seinem Tod in Turin als Seelsorger tätig. Er besaß die Gabe der Prophetie u. der Herzensschau, öfters sah man ihn in Verzückung. Stundenlang kniete er vor dem Tabernakel. Den Tag seines Todes sagte er voraus. † am 22. 9. 1770. Seliggesprochen am 17. 4. 1966.
Gedächtnis: 22. September
Lit.: AAS 58 (1966) 351ff – Venanzio da Loano (Turin 1913) – LexCap 802f (Lit.).

Igor, Großfürst **in Kiew,** Märt. (als Hl. verehrt)
Name: Der ursprüngl. anord. Name Invarr oder Yngvarr kam mit den schwed. Warägern nach Rußland. Aus altisländ. Yngvi (Name eines Gottes) + herr (Heer)
Er wurde 1147 Großfürst von Kiew (Rußland), wurde aber bei einem Aufstand zur Abdankung gezwungen u. ging als Mönch in ein Kloster. Eine aufgehetzte Volksmenge drang in das Kloster ein u. ermordete ihn am 19. 9. 1147, während er in der Kirche betete.
Gedächtnis: 19. September

Ildefons, Erzb. **von Toledo,** Hl.
Name: Hildefons aus ahd. hilta, hiltja (Kampf) + funs (eifrig, bereit, willig): der zum Kampf Bereite
Er wurde gegen den Willen seiner Eltern Mönch u. später Abt des Klosters S. Cosma y Damián in Agalia bei Toledo. Wahrscheinlich war er Schüler des hl. ↗ Isidor von Sevilla. November/Dezember 657 wurde er Erzb. von Toledo (Zentralspanien). Er zählt zu den bedeutendsten Vertretern der spät-röm. Literatur im westgotischen Spanien. Im Mittelpunkt seines beschaulichen Denkens steht eine außergewöhnliche Marienverehrung. Er hatte auch einen erheblichen Anteil an der Ausbildung der gotisch-mozarabischen Liturgie in Spanien. † am 23. 1. 667.
Gedächtnis: 23. Jänner
Darstellung: als Bisch., dem die Gottesmutter ein weißes Meßkleid überreicht (weil er die Lehre von der Jungfräulichkeit der Gottesmutter verteidigte)
Lit.: A. Braegelmann, The Life and Writings of Saint Ildefons of Toledo (Washington 1942) (Lit.) – E. Vilamo-Pentti, Gautier de Coinci. De saint Léocade au tans que sainz Hyldefons stoit arcesvesques de Tholete cui Nostre Dame donna l'aube de prelaz (Helsinki 1950) – J. Madoz: EE 26 (1952) 467–505 – J. M. Cascante, Doctrina Mariana de S. Ildefonso (Barcelona 1958)

Ilg, Kf. zu ↗ Ägidius

Ilga von Schwarzenberg, Sel. (Hilga, Helga)
Name: aus dem Nordischen übernommen: anord. héilagr aus germ. haila (eigen), davon germ. hailaga (zugeeignet, einem Gott geweiht, heilig)
Sie lebte in Schwarzenberg (Bregenzer Wald, Vorarlberg) als Klausnerin. Nach der Legende war sie die Schwester der sell. ↗ Merbot u. ↗ Diedo. † um 1115 in Schwarzenberg. Augenkranke suchen Heilung an der Ilgaquelle dortselbst.
Gedächtnis: 8. Juni
Lit.: L. Rapp, Topographisch-histor. Beschreibung des Generalvikariates Vorarlberg V (Feldkirch 1924) 284–289 – F. M. Willan, Diedo und Ilga, die Einsiedler: Bewahren und Bewähren. Festschr. zur St.-Gebhard-Tausendjahrfeier (Bregenz 1949) 97–100

Ilona (ungar.) ↗ Helena

Ilonka (ungar.), Kf. zu ↗ Ilona (↗ Helena)

Ilse, Kf. zu ↗ Elisabeth

Iltut, Hl. (Illtut, Illtud, Ulltyd)
* um 450 in der Bretagne von adeligen Eltern. Diese waren dorthin von Britannien geflohen. Um 470 kam er nach Wales (England) u. wurde dort Mönch. Dort gründete er das Kloster Caerworgan (westl. von Cardiff; später nach ihm Llantilltyd oder Llantwit Major genannt). † 530/535.
Gedächtnis: 6. November
Lit.: G. H. Doble (Cardiff 1944) – E. G. Bowen: Antiquity 19 (Gloucester 1945) 175–186 – Baudot-Chaussin XI 188f.

Imbert ↗ Emebert

Imelda Lambertini OP, Sel.
Name: ↗ Irmhilde
* um 1321 zu Bologna (Oberitalien) aus der Grafenfamilie der Lambertini. Sie trat schon sehr früh in das Dominikanerinnenkloster Valdipietra bei Bologna ein u. starb dort am 12. 5. 1333 unmittelbar nach ihrer wunderbaren ersten hl. Kommunion. Ihre Gebeine ruhen in der Kirche St. Sigismund zu Bologna. Kult bestätigt. 1826.
Gedächtnis: 12. Mai
Darstellung: über ihr erscheint eine Hostie
Patronin: der Erstkommunikanten
Lit.: ActaSS Maii III (1680) 183f, VII (1680) 705f – H. Wilms (M.-Gladbach 1925)

Imma, Äbtissin **zu Karlsburg,** Sel. (Imina, Emma)
Name: ↗ Hemma oder – weniger wahrsch. – Kf. zu ↗ Irmina, ↗ Irmgard, ↗ Irmtrud
Sie war die Tochter des Herzogs Hedan II. von Thüringen. Sie übergab Bisch. ↗ Burkhard von Würzburg ihre Burg Marienberg bei Würzburg zum Geschenk, wurde Nonne im Kloster Karlsburg bei Würzburg und Äbtissin. † um 750. Ihre Gebeine wurden am 27. 9. 1236 in den Dom von Würzburg übertragen.
Gedächtnis: 25. November (10. Dezember)
Lit.: Zimmermann III 354f – Baudot-Chaussin IX 850f (Lit.)

Immer ↗ Himerius

Ina, Kf. zu ↗ Karoline, ↗ Katharina, ↗ Regina

Ines (span.) ↗ Agnes

Inge, Kf. zu ↗ Ingeborg

Ingebert, Hl. (Ingobert, Ingbert)
Name: germ. ing, ingwio (Name einer germ. Stammesgottheit; nach diesem Gott wurde der westgerm. Stamm der Ingwäonen benannt, die im 1. Jh. n. Chr. etwa zw. Groningen, Holland, u. Hamburg lebten) + ahd. beraht (glänzend, berühmt): berühmter Ingwäone
Er lebte als Mönch oder Einsiedler in einer Zelle im Saargebiet. † um 650 (?). An der Stelle seiner Klause entstand später die Stadt St. Ingbert.
Gedächtnis: 22. Oktober

Ingeborg, Hl.
Name: nord. Herkunft: nordwestgerm. ing, ingo, inguio, altisländ. yngoi (Name eines germ. Gottes; ↗ Ingebert) + anord. bjorg (Schutz, Hilfe; vgl. unser „Burg", „bergen"): die vom Gott Ingo Beschützte.
Sie war eine Prinzessin aus Dänemark u. wurde 1193 mit König Philipp August von Frankreich verheiratet. Gleich nach der Eheschließung wurde sie aber von ihrem Gatten verstoßen u. dieser verband sich 1196 mit Agnes von Meran. Ingeborg wurde zeitweise sogar in strenger Haft gehalten. Erst das Interdikt, das Papst Innozenz III. im Jahr 1198 über ganz Frankreich verhängte, verhalf der heldenmütigen Dulderin zu ihrem Recht. † am 30. Juli 1237.
Gedächtnis: 30. Juli

Ingenuin, Bisch. **von Säben,** Hl. (Ingwin)
Name: latinisierte Form von Ingwin: ing, ingo, ingwio (Name einer germ. Stammesgottheit; ↗ Ingebert) + ahd. wini (Freund): Freund des Gottes Ingo
Er war Bisch. von Säben (bei Klausen im Eisacktal, Südtirol). Das Bistum unterstand damals dem Patriarchat Aquileia (am Golf von Triest) u. kam 798 zur Metropole Salzburg. Die Schenkung des großen Meierhofes Prichsna (Brixen) im Jahr 901 durch den

König Ludwig d. Kind veranlaßte die Verlegung des Bischofssitzes nach Brixen, die unter Bisch. ↗Albuin († 1005/06) endgültig vollzogen wurde. Bisch. Ingenuin nahm an der Synode von Marano 588/590 teil u. wurde dadurch in den Dreikapitelstreit (Auseinandersetzung u. Spaltung im Zusammenhang mit dem Irrlehrer Nestorius) hineingezogen. Während seiner Regierungszeit hatte das Land viel unter den Einfällen der arianischen Langobarden, heidnischen Bajuwaren u. Slawen zu leiden, weshalb Ingenuin auch als Märtyrer verehrt wurde. † um 605. Seine Gebeine ruhen im Dom zu Brixen.
Liturgie: Bozen-Brixen, Feldkirch, Innsbruck g am 5. Februar (mit Albuin)
Patron: der Diöz. Bozen-Brixen; der Bergwerke
Lit.: Austria Sancta. Die Heiligen u. Seligen Tirols I (Wien 1910) 67–78 – R. Heuberger: Festschr. A. Brackmann (Weimar 1931) 17–39 – Ders., Rätien im Altertum u. Frühmittelalter I (Innsbruck 1932) 172–175 – A. Sparber, Das Bistum Sabiona u. seine geschichtl. Entwicklung (Brixen 1942) 40–71

Ingfrieda
Name: germ. ing, ingo, ingwio (germ. Stammesgottheit) + ahd. fridu (Schutz, Sicherheit, „Friede"): die vom Gott Ingo Beschützte

Ingo, Kf. zu ↗ Ingebert

Ingobert ↗ Ingebert

Ingomar (Hinkmar)
Name: germ. ing, ingo, ingwio (germ. Stammesgottheit: ↗ Ingebert) + mar (berühmt, vom ahd. maren = erzählen, rühmen): der durch den Gott Ingo Berühmte. Hinkmar hieß ein Abt von St. Remigius in Reims, † 967.

Ingrid Elovsdotter OP (als Hl. verehrt)
Name: aus dem Nordischen, zu altisländ. Yngvi (Name eines Gottes) + germ. frid (schön). Der Name kam erst im 20. Jh. nach Deutschland
Nach dem Tod ihres Gatten half sie mit ihren Geschwistern dem Petrus von Dacien, das Dominikanerinnenkloster zu Skenninge (östl. vom Vättersee, Südschweden) zu gründen. Nach einer Pilgerfahrt nach Rom u. Jerusalem trat sie als Nonne dort ein u. wurde 1281 Priorin. Sie starb am 2. (?) 9. 1282 u. wurde bis ins 16. Jh. sehr verehrt. Auf dem Konzil von Konstanz wurde 1418 der Informationsprozeß zu ihrer Heiligsprechung beantragt.
Gedächtnis: 2. September
Darstellung: als Dominikanerin mit Kreuz
Lit.: J. Gallén: AFP 7 (1937) 5–40 – Ders., La prov. de Dacie de L'Ordre des FF. Prêcheurs (Helsinki 1946) 117f 124–129 163 – Walz 208, 667

Ingwar
Name: aus dem Nord. übernommener männl. Vorname: schwed., dän.: Ingvar, altisländ. Ingvarr, Yngvarr, zu altisländ. Yngvi (Name einer Gottheit) + herr (Heer). Der Name kam in der Mitte des 9. Jh.s mit den schwed. Warägern unter Rurik als ↗ Igor nach Ladoga u. Nowgorod.

Iñigo (span.) ↗ Enneco

Innozenz (Innocenzo) **von Berzo** OFMCap, Sel. (bürgerl. Giovanni Scalvioni)
Name: Innocentius, zu lat. innocentia (Unschuld, Unbescholtenheit, Rechtschaffenheit): Mann der Rechtschaffenheit
* am 19. 3. 1844 in Niardo (Val Camonica, nördl. von Brescia) als Kind einfacher Bauern. Schon als kleines Kind verlor er den Vater. Die Mutter zog nach Berzo (Prov. Udine), der Heimatstadt ihres verstorbenen Gatten, u. übergab ihren Sohn dem Juvenat der Kapuziner in Lurano (Prov. Bergamo). Dieser studierte in Brescia Theologie u. erhielt 1867 die Priesterweihe. Er wirkte zunächst als Kaplan in Cevo (Val Camonica), wurde 1867 Vizerektor im Seminar von Brescia u. 1870 Kaplan in Berzo. 1874 trat er in Borno (Val Camonica) dem Kapuzinerorden bei. Im gesamten Val Camonica wirkte er als überaus eifriger Volksmissionar u. Seelsorgepriester. 1889 wurde er zum Exerzitienleiter für seine Ordensbrüder in Mailand u. Albino (bei Bergamo) bestimmt. † am 3. 3. 1890 in Bergamo. Auf Drängen des Volkes wurde sein Leichnam nach Berzo übertragen. Seliggesprochen am 12. 11. 1961.
Gedächtnis: 3. März
Lit.: AAS 53 (1961) 803ff – G. da Nadro, L'Ombra sua torna (Mailand 1950^2) – LexCap 820 (Lit.)

Innozenz I., Papst, Hl.
Er wurde im Jahr 402 zum Papst gewählt, wahrscheinlich als Sohn seines Vorgängers ↗ Anastasius I. Sein Pontifikat fiel in die Zeit des raschen Niedergangs des Weström. Reiches. Er verhandelte mit dem Westgotenkönig Alarich I. , konnte aber dessen Plünderung Roms 410 nicht verhindern. Mit ↗ Siricius, ↗ Leo I. u. ↗ Gelasius I. zählt er zu den markantesten Päpsten des 4. und 5. Jh.s. Er arbeitete zielbewußt am Ausbau des röm. Primats in der Gesamtkirche. In seinen Briefen an die Bisch. Victricius von Rouen, Exuperius von Toulouse, Decentius von Gubbio u. a. verlangte er, die abendländische Kirchendisziplin nach röm. Vorbild auszurichten u. die wichtigeren Angelegenheiten vor den Apostolischen Stuhl zu bringen. Bereits seine Vorgänger hatten den Metropoliten von Thessalonike kirchliche Rechte eingeräumt. Innozenz erweiterte diese Rechte u. wurde so der eigentliche Begründer des päpstlichen Vikariats von Thessalonike u. konnte dadurch Illyrien (etwa das heutige Jugoslawien) enger an Rom binden u. dem wachsenden Einfluß Konstantinopels begegnen. Innozenz bekämpfte wiederholt die Häretiker u. beanspruchte mit Entschiedenheit die oberste Lehrentscheidung des Röm. Bischofs. Keinen Erfolg hatte er jedoch im Osten, als er für den abgesetzten ↗ Johannes Chrysostomus eintrat, worüber es zu einem zeitweiligen Bruch mit den östlichen Patriarchen kam. † 12. 3. 417.
Gedächtnis: 12. März
Darstellung: ein Engel bringt ihm eine Krone als Zeichen seiner Tugendhaftigkeit
Lit.: Caspar I 296–343 602–607 u. ö. – Haller I² 100–123 134ff 511–521 – Seppelt I² 135–145 303f

Innozenz V., Papst, OP, Sel. (bürgerl. Petrus v. Tarantaise)
* in Champigny (Savoyen). Er trat schon in jungen Jahren dem Dominikanerorden bei u. wurde in Paris Magister der Theologie. 1265 wurde er Provinzial für Frankreich. Mit ↗ Albertus Magnus u. ↗ Thomas v. Aquin verfaßte er die Studienordnung des Dominikanerordens. 1272 wurde er zum Erzb. von Lyon ernannt, 1273 zum Kardinal-Bisch. von Ostia. In Arezzo wurde er am 21. 1. 1276 zum Papst gewählt (am 1. Konklavetag als 1. Dominikaner-Papst). Er war mehr ein Mann sittenstrenger Frömmigkeit u. Gelehrsamkeit, weniger ein eigenständiger Politiker. Durch seine Bindung an Karl v. Anjou, König von Sizilien, wurden sein Verhältnis zu Rudolf I. v. Habsburg u. die Unionsverhandlungen mit Byzanz belastet. Er konnte aber erfolgreich im Streit unter den oberitalienischen Städten vermitteln. Mit seinem Vorgänger ↗ Gregor X. u. mit ↗ Bonaventura war er stets eng befreundet. † 22. 6. 1276. Kult 1898 bestätigt.
Gedächtnis: 22. Juni
Lit.: O. Herding, Das Röm.-Dt. Reich in dt. und ital. Beurteilung v. Rudolf v. Habsburg zu Heinrich VII. (Diss. Erlangen 1937) – ECatt VII 14ff – Seppelt III 534-537, 620 (Lit.)

Innozenz XI., Papst, Sel. (bürgerl. Benedetto Odescalchi)
* am 19. 5. 1611 in Como (nördl. von Mailand) aus der reichen Kaufmannsfamilie der Odescalchi. Nach dem Studium der Theologie u. beider Rechte in Rom u. Neapel wurde er Apostolischer Pronotar u. Präsident der Apostolischen Kammer. 1645 wurde er Kardinal u. war von 1646 bis 1650 Legat in Ferrara (südl. von Venedig), wo er zur Zeit der Hungersnot segensreich wirkte. 1650 bis 1654 war er Bisch. von Novara (westl. von Mailand), seit 1654 weilte er wieder in Rom. Als „Karl Borromäus des Kardinalskollegiums", wie man ihn nannte, wurde er am 21. 9. 1676 zum Papst gewählt. Er war makellos in seiner Lebensführung, tief rel. u. apostolisch gesinnt, streng u. sparsam gegen sich selbst, aber immer freigebig gegen die Armen. Energisch u. selbständig in der Regierung, verteidigte er unerschütterlich die christlichen Grundsätze u. die päpstliche Autorität. Er brachte Verwaltung u. Finanzen des Kirchenstaates sofort in Ordnung, reformierte mehrere Kurialbehörden u. Klöster Roms. Er bekämpfte den Nepotismus, eine entsprechende Bulle wurde aber wegen des heftigen Widerstandes der Kardinäle nicht publiziert. Er schritt auch energisch gegen den sog. Laxismus in der Moraltheologie ein (bereits eine geringe Wahrscheinlichkeit für das Nichtvorhandensein einer Verpflichtung sei hinreichend für die Freiheit gegenüber dem Gesetz). Deshalb verurteilte er 1679 65

laxistische Sätze aus Schriften mehrer Jesuiten. Die Jesuiten dieser Zeit neigten in der Moraltheologie mehrheitlich dem sog. Probabilismus zu: bei unlösbarem Zweifel über die Erlaubtheit oder Nicht-Erlaubtheit einer Handlung ist der Mensch im Gewissen dann frei, wenn für die Erlaubtheit ernste u. triftige Gründe sprechen, ohne Rücksicht darauf, ob für die gegenteilige Meinung gleich gute oder sogar noch wichtigere Gründe sprechen. Mit anderen Worten, das Sittengesetz verpflichtet den Menschen erst dann, wenn seine Verpflichtung mit Sicherheit erkannt werden kann. Der Probabilismus war durch die erwähnte Maßnahme des Papstes zwar nicht direkt verworfen, aber doch mißbilligt. Deshalb unterstützte Innozenz 1687 die Wahl des Tirso González de Santalla SJ zum General der Gesellschaft Jesu, der sich von seiner Tätigkeit als Volksmissionar her scharf gegen den Probabilismus wandte u. scharfe Auseinandersetzungen innerhalb des Ordens auslöste. Andererseits wandte sich Papst Innozenz scharf gegen den extremen Quietismus. Nach dieser Theorie müsse der Mensch in totaler Tatlosigkeit u. Passivität verharren, daß Gott in seiner Seele wirken könne. Jede Anstrengung des Menschen sei unnütz oder sogar schädlich. So verurteilte er 1687 die Werke des Miguel de Molinos u. des Kardinals Pier Matteo Petrucci. Papst Innozenz hatte auch schwerste Kämpfe mit dem rücksichtslosen Absolutismus König Ludwigs XIV. von Frankreich u. dem Gallikanismus (autonomistisches Staatskirchentum in Frankreich) zu bestehen. Auch in der internationalen Politik hatte Papst Innozenz im franz. König stets einen erbitterten Gegenspieler, was bes. bei der Verteidigung des Abendlandes gegen die Türken zu einer tödlichen Gefahr wurde. Er brachte es dennoch fertig, gegen die Türkengefahr trotz aller franz. Intrigen in unermüdlicher Arbeit eine Einigung der europäischen Mächte herbeizuführen. Insbes. gelang ihm das Bündnis des Königs Johann Sobieski von Polen mit Kaiser Leopold I. von Österreich, dessen Frucht die Entsetzung Wiens u. der Sieg am Kahlenberg am 12. 9. 1683 war, was die endgültige Bannung der Türkengefahr bedeutete. Er hatte für diese Entscheidungsschlacht zu einem Gebetssturm der Christenheit aufgerufen. Zum Dank für den erfochtenen Sieg schrieb er noch im gleichen Jahr das Fest Mariä Namen für die ganze Kirche vor u. setzte es auf den Sonntag in der Oktav von Mariä Geburt fest. Pius X. verlegte das Fest auf den 12. September. – Papst Innozenz XI. starb am 12. 8. 1689. Sein Kanonisationsprozeß wurde unter Clemens XI. (1700–1721) eingeleitet, ruhte aber wegen des heftigen Einspruches von seiten Frankreichs seit Benedikt XIV. (1740–1758). Er wurde am 7. 10. 1956 seliggesprochen. Sein Leib ruht im Sebastians-Altar zu St. Peter in Rom.

Gedächtnis: 12. August

Darstellung: im Papstornat vor dem Bild der Immaculata kniend

Lit.: M. Immich (Bonn 1900) – Pastor XIV 669–1043 – W. Sturminger, Bibliographie u. Ikonographie der Türkenbelagerungen Wiens 1529 und 1683 (Graz-Köln 1955) – W. de Vries, Der sel. Innozenz XI. u. die Christen des nahen Ostens: OrChrP 23 (1957) 33–57 – Seppelt V² 346–371 534–537 (Lit.)

Irenäus, Bisch. **von Lyon,** Märt., Kirchenlehrer, Hl.

Name: griech. Eirenáios, zu eiréne (Friede): der Friedfertige

* um 130 in Kleinasien. Er war Schüler des hl. ↗ Polykarp, durch den er sich eng an die Tradition der Apostel u. des Evangelisten Johannes anschloß. Unter Kaiser Marcus Aurelius (161–180) wurde er Priester der Kirche von Lyon (Ostfrankreich) u. wurde als solcher wegen des Montanismus mit einem Brief an Papst ↗ Eleutherus nach Rom gesandt (Montanismus: Sektenbewegung des Montanus aus Kleinasien, die die Wiederkunft Christi als nahe bevorstehend predigte u. in ethischen Belangen einen schroffen Rigorismus forderte). 177/178 wurde er Bisch. von Lyon als Nachfolger des Pothinus von Lyon. Wahrscheinlich geht auf ihn die Missionierung großer Teile Ostgalliens zurück. Im Osterfeststreit um 190 bewog er als Friedensvermittler Papst ↗ Victor I. zum Einlenken gegenüber den Kleinasiaten, die wegen der Nichtannahme des röm. Ostertermins exkommuniziert bleiben sollten. Vor allem trat er in seinem fünfbändigen Hauptwerk „Adversus haereses“ der gnostischen Irrlehre entgegen. Er verfaßte noch eine apologetische Schrift so-

wie verschiedene andere Werke, die heute aber fast nur noch dem Titel nach bekannt sind. † um 202.
Liturgie: GK G am 28. Juni
Darstellung: als Bisch. mit Schwert (Bekämpfung der Irrlehren) oder mit Buch („Adversus haereses")
Lit.: F. Loofs (Leipzig 1930) – Bardenhewer I 399–430 – J. Danielou (Theologie d. Gesch.): RSR 34 (1947) 227–231 – Chalkedon I 33–38 u. ö. (Lit.) – Quasten I 329–360 – Altaner[5] 118–125 (Lit.)

Irenäus, Bisch. **von Sirmium,** Märt., Hl.
Er war verheiratet u. Vater mehrerer Kinder. Er wurde dann Bisch. von Sirmium (jetzt Mitrovica, nordwestl. von Belgrad), wurde unter Kaiser Diokletian im Kerker lange Zeit gefoltert und schließlich am 6. 4. 304 enthauptet. Seinen Leichnam warf man in den Fluß Boweth. Sein Verhör vor dem Präfekten Probus, die ihm angetanen Folterqualen u. sein ruhmvoller Tod sind in den „Acta Irenaei" verzeichnet, die ein Dokument von anerkanntem historischen Wert sind.
Gedächtnis: 6. April (durch einen historischen Irrtum im 9. Jh. bisher am 25. 3.)
Lit.: R. Knopf u. G. Krüger, Ausgewählte Martyrerakten (Tübingen 1929[3]) 103ff – BHG[2] 948–951b

Irene, Märt. **zu Konstantinopel,** Hl.
Name: griech. eiréne, Friede
Sie litt in Thessalonike (Griechenland) unter Kaiser Licinius (308–314, Gegner Konstantins d. G.). Sie wurde bes. in Konstantinopel sehr verehrt, wo sich 5 vermutlich ihr geweihte Kirchen befanden. Ihre Gebeine kamen im 13. Jh. nach Lecce (Apulien, Unteritalien). Die spätere Legende schmückte ihr Leben reich aus: Ihr Vater habe sie in einen Turm gesperrt, wo sie von einem Engel im Glauben unterrichtet u. vom hl. ↗ Timotheus getauft worden sei. Sie habe dann die Götzenbilder des Vaters mit Füßen getreten. Dieser war so erzürnt, daß er sie an ein wildes Pferd binden ließ, um sie zu töten. Schließlich sei sie vom Statthalter gemartert u. enthauptet worden.
Gedächtnis: 5. Mai
Darstellung: an ein Pferd gebunden, das sie zum Tode schleift; mit einem Schwert
Patronin: der Dienstmägde (weil sie mit solchen im Turm eingesperrt gewesen sei), der Mädchen im allgemeinen
Lit.: ActaSS Maii II (1680) 4f – A. Wirth, Danae in christlichen Legenden (Prag 1892) 115–148 – Janin G 107–114 – BHG[3] 952y–954c

Irene (Iria) **von Portugal,** Märt., Hl.
Sie ist sehr wahrscheinlich identisch mit ↗ Irene, Märt. in Thessalonike. Sie wurde in Scalabis (heute Santarém, Portugal), wo ihr eine Basilika erbaut wurde, allmählich als Lokalmartyrin betrachtet. Nach einer in portugiesischen Brevieren überlieferten Legende war ein Mönch von sündhafter Leidenschaft gegen sie entbrannt u. ermordete sie im Jahr 653. Nach einer anderen in Portugal u. Spanien weitverbreiteten Legende war ein vornehmer junger Mann aus Liebe zu ihr entbrannt. Er wurde aber von ihr zurechtgewiesen, weshalb er sie ermorden ließ.
Gedächtnis: 20. Oktober
Darstellung: mit Martyrerpalme
Lit.: P. David, Études hist. sur la Galice et le Portugal (Lissabon-Paris 1947) 207f – J. P. Vidal: Revista de Dialectologia 4 (Madrid 1948) 518–569 – ActaSS Oct. VIII (1853) 909–912

Irene, Jungfrau **zu Rom,** Hl.
Sie war die Schwester des hl. Papstes ↗ Damasus I. Sie hatte das Gelübde der Jungfräulichkeit abgelegt u. starb 379 (?). Papst Damasus widmete ihr ein Epigramm auf der Grabplatte, von dem noch Bruchstücke erhalten sind. Die danach von Tamajo de Salazar 1651 verfaßte Vita ist als Fälschung historisch wertlos.
Gedächtnis: 21. Februar
Lit.: ActaSS Febr. III (1658) 244ff – A. Ferrua, Epigrammata Damasiana (Città del Vaticano 1942) 107–111

Irene, Witwe **zu Rom,** Hl.
Sie war die Gattin des Märtyrers ↗ Castulus. Als der hl. ↗ Sebastian von Pfeilen durchbohrt auf dem Richtplatz niedersank, kam sie in der Nacht herbei, um ihn zu bestatten. Sie fand aber noch Lebenszeichen in ihm, nahm ihn in ihr Haus u. pflegte ihn gesund. † um 288.
Gedächtnis: 22. Jänner

Irene u. Gef., Märt. **zu Thessalonike,** Hll.
Auf Befehl des Präfekten Dulcitius starb sie mit ihren Schwestern **Agape** u. **Chionoia** am 1. 4. 304 zu Thessalonike (Saloniki, Griechenland) auf dem Scheiterhaufen. Vom Prozeß gegen die 3 Schwestern sind noch 3 Protokollakten in einer späteren

Passio erhalten. In Thessalonike stand eine Basilika zu Ehren der 3 Heiligen.
Gedächtnis: 1. April
Darstellung: mit einem Pfeil (nach der griech. Legende wurden sie vorher mit Pfeilen erschossen, man schnitt ihnen die Zungen heraus u. schlug die Zähne ein)
Lit.: P. Franchi de' Cavalieri, Nuove note agiografiche: SteT 9 (1902) 3–19 – Delehaye PM 141–143

Iris
Name: weibl. Vorname griech. Ursprungs: Regenbogen
In der griech. Mythologie benutzte die Götterbotin Iris den Regenbogen als Pfad, um vom Himmel auf die Erde zu gelangen. Nach der Legende hieß die Tochter des Apostels Philippus ebenfalls Iris. Sie sei bald nach dem Jahr 100 gestorben u. zu Gerapolis in Kleinasien begraben worden (4. September). Heute denkt man bei dem Namen meist an die gleichnamige Blume.

Irma, Kf. zu ↗ Irmgard

Irmgard OSB, Äbtissin **von Buchau u. Frauenchiemsee,** Sel. (Irmengard)
Name: a) Irmin war der Stammesgott der binnengermanischen (swebischen) Herminonen, zu germ. erman- (zusammengefügt, verbündet, dann: groß, gewaltig); b) germ. gardan, gardi (eingefriedeter Raum, Hof, Familie; vgl. Garten): die in Haus und Familie groß ist (im Sinn von „gute Hausfrau")
Irmgard war eines der 6 Kinder Kaiser Ludwigs d. Dt. u. der sel. ↗ Hemma. Sie wurde Benediktinerin im Kloster Buchau am Federsee (Oberschwaben) u. ist dort 857 als Leiterin (wohl als Äbtissin) bezeugt. Nach 857 wurde sie Äbtissin in der königlichen Abtei Frauenchiemsee (Südbayern), wo sie am 16. 7. um 866 im Ruf der Heiligkeit starb. Bereits bei der ersten Erhebung ihrer Gebeine durch Abt Gerhard von Seeon wurde sie als Selige verehrt, wie eine in ihr Grab beigegebene Bleiplatte ausweist. Kult am 19. 12. 1928 bestätigt.
Liturgie: München-Freising G am 16. Juli (Rottenburg, Salzburg g)
Darstellung: als Äbtissin mit Krone, flammendem Herzen in der Hand u. Glocke auf dem Äbtissinnenstab
Lit.: J. Schlecht: HPBI 168 (1921) 216 – W. Baumann (München 1926) – Zimmermann II 460 – Bauerreiß I² 136 – H. Decker-Hauff, Die Ottonen u. Schwaben: Zeitschr. f. württembergische Landesgesch. 14 (Stuttgart 1955) 366 – J. M. Schuster, Die selige Irmengard v. Chiemsee (Frauenwörth 1966) – P. v. Bomhard, Bavaria Sancta II (Regensburg 1973) 67–90

Irmgard, Dt. **Kaiserin,** Hl.
Sie war die Tochter des Grafen Hugo von Tours (Westfrankreich) u. eine Nachfahrin des Herzogs Attich vom Elsaß. 821 wurde sie mit Kaiser Lothar I. vermählt. 849 gründete sie die Frauenabtei Erstein im Elsaß (südl. von Straßburg), wo ihre Tochter Rotrud 1. Äbtissin wurde. † 851 in Erstein u. in der Abtei in einem Hochgrab beigesetzt. Das Grab wurde in der Franz. Revolution zerstört.
Gedächtnis: 20. März
Darstellung: mit Kaiserkrone u. Zepter, Kirchen- oder Klostermodell in der Hand
Lit.: J. M. B. Clauß, Die Heiligen des Elsaß (Düsseldorf 1935) 80 200f – A. M. Burg, Le duché d'Alsace (Wörth 1959) 45

Irmgard von Köln, Hl.
Ihre Gestalt ist derart von Legenden umrankt, sodaß ihre Lebensgeschichte bis heute nicht restlos geklärt ist. * nach 1000 als Gräfin von Zütphen auf der Burg Aspel bei Rees am Niederrhein (nordwestl. von Wesel). Viele ihrer Besitzungen in Süchteln (westl. von Krefeld) schenkte sie dem Stift Mariengaarde (bei Hallum in Friesland) u. dem Kloster St. Pantaleon in Köln, dessen Abt ihr Bruder Hermann war. Sie war auch ungemein freigebig gegen Arme u. Kranke. Sie übersiedelte später nach Köln. Dreimal pilgerte sie nach Rom, von wo sie zahlreiche Reliquien von Heiligen mitbrachte. † am 4. 9. 1082/89, ihre Gebeine ruhen in der Agneskapelle im Dom zu Köln.
Gedächtnis: 4. September
Darstellung: als Pilgerin mit Stab, vor einem Kreuz betend. Mit blutbeflecktem Handschuh
Lit.: F. W. Oediger, Die ältesten Urkunden des Stiftes Rees u. d. Gräfin Irmgardis: AHVNrh 148 (1949) 5–31 (Lit.) – Die Regesten der Erzb. von Köln, hrsg. v. F. W. Oediger, I (Köln 1954) nn. 1047 1188

Irmhilde, Äbtissin **von Ely,** Hl. (Ermenhild)
Name: germ. erman- (groß, gewaltig; ↗

Irmgard) + ahd. hilta, hiltja (Kampf): große Kämpferin
Sie war die Tochter des Königs Erkonbert von Kent (Südostengland) u. der hl. ↗ Sexburga. Sie wurde mit König Wulfher von Mercien (Mittelengland) vermählt u. wurde die Mutter der hl. ↗ Werburg. Nach dem Tod ihres Gatten ging sie 675 ins Kloster Sheppey (Insel östl. von London), dem ihre Mutter vorstand, u. wurde dort Äbtissin. Später wurde sie Äbtissin des Klosters Ely (nördl. von Cambridge), wo sie um 700 starb. Ihre Reliquien wurden 1541 vernichtet.
Gedächtnis: 13. Februar

Irmin ↗ Ermin

Irmina OSB, Äbtissin **von Oeren,** Hl. (Irmina von Trier)
Name: weibl. F. zu ↗ Hermann oder ↗ Ermin (Hermine)
Sie stammte aus dem fränkischen Großgrundherrengeschlecht der Theodarde u. war die Gemahlin des Pfalzgrafen Hugobert unter dem fränkischen König Chlodwig III. Wahrscheinlich ist sie die Mutter der hl. ↗ Adela. 698 stiftete sie die Benediktinerabtei des hl. ↗ Willibrord in Echternach (Luxemburg) u. wirkte zuletzt als Nonne in Oeren in Trier, wo sie am 24. 12. vor 710 starb. Sie ist in Weißenburg im Elsaß (an der pfälzischen Landesgrenze) beigesetzt.
Liturgie: Luxemburg, Trier g am 3. Jänner, sonst 24. Dezember
Darstellung: Almosen austeilend, über ihrem Haupt das Jesuskind mit zwei Engeln. Als Nonne, auf das Kruzifix weisend, mit Urkundenrolle, Kirchenmodell
Lit.: Potthast B 1405 – C. Wampach, Geschichte der Grundherrschaft Echternach I/1 (Luxemburg 1929) 113–135 – Ders.: Trierer Zeitschr. 3 (Trier 1928) 144–154 – Zimmermann III 450ff

Irmtrud, Märt. **zu Köln,** Hl.
Name: germ. irmin (↗ Irmgard) + trud (Kraft): starke Kämpferin
Sie war eine der Gefährtinnen der hl. ↗ Ursula u. starb in Köln am 21. 10. 451 (?).
Gedächtnis: 21. Oktober

Irmund von Jülich, Hl. (Irmonz)
Name: germ. irmin (↗ Irmgard) + ahd. munt (Hand, Schutz, Beschützer, Vormund): großer Beschützer
Er lebte als Viehhirt u. Einsiedler in Mündt bei Jülich (nordöstl. von Aachen), wann er lebte, ist unbekannt. Am Ort seiner Einsiedelei entsprang eine Quelle, die in alten Akten „St. Irmuntz-Pfütz" genannt wurde u. durch deren Wasser viele Pilger Heilung von Krankheiten bei Mensch u. Tier suchten. 1602 wurde die Kirche, in der der Heilige lag, von den holländischen Geusen (calvinische Abenteurer u. Piraten) geplündert u. niedergebrannt, die Gebeine fand man jedoch nachher unversehrt.
Gedächtnis: 28. Jänner
Darstellung: im Eremitenkleid mit leuchtendem Antlitz, Hirtenstab u. Rosenkranz in der Hand, ein Hund neben ihm, um ihn Pferde, Kühe, Schweine, Esel usw.
Patron: des Viehs

Isaak, Patriarch des AT
Name: hebr. jiz-chak oder jis-chak (er hat gelacht, er hat gelächelt). Der Name lautete ursprünglich jis-chak'el (Gott möge lächeln, gnädig sein, bzw. Gott hat gelächelt). In dieser Form ist der Name in Ugarit (phönizische Hafenstadt, heute Ras Schamra, Syrien) bezeugt. Die verkürzte Form in der Bibel wird als volkstümliche Etymologie mit dem Lachen Abrahams (Gen 17,17), Sarahs (18,12–19; 21,6) u. der Leute (21,6) gedeutet, als Ausdruck der Freude über die Geburt des Kindes.
Isaak ist der feierlich verheißene u. lang ersehnte Sohn ↗ Abrahams u. seiner Frau Sarah (Gen 15–21). Er nahm sich seine Frau aus der Sippe seines Vaters Abraham. Dazu wurde eigens ein Knecht Abrahams nach Osten in die alte Heimat Abrahams gesandt, der Rebekka, die Tochter des Aramäers Bethuel, nach Kanaan heimbrachte (Gen 24). Er ist auch nicht der große Nomade wie sein Vater Abraham, denn als seine Aufenthaltsorte werden nur Hebron, Beerscheba, der Brunnen von Lahai Roi u. Gerar genannt, alles Orte im Süden Kanaans, u. zwar im Randgebiet der Völker Edom u. Israel, die beide Isaak als gemeinsamen Stammvater verehrten. Die bekannteste von allen Isaaks-Erzählungen der Bibel ist zweifellos seine Opferung auf dem Berg Moria, die sein Vater Abraham auf

Befehl Gottes an ihm zu vollziehen hatte, die aber Gott durch seinen Engel im letzten Augenblick verhinderte (Gen 22,1–14). Die christliche Tradition sah hierin stets eine vorbildhafte Vorwegnahme des Opfers Christi auf Golgotha, das er zur Erlösung der Menschheit in freier Entscheidung auf sich genommen hat. Welches dieser Berg Moria war, läßt sich aus den Angaben der Bibel nicht bestimmen. Die jüdische Tradition dachte sich als die Stelle der Opferung Isaaks den Tempel zu Jerusalem.
Ikonographie: Die Hauptszene, die Opferung Isaaks durch Abraham, ist erstmals in der Synagoge zu Dura Europos am oberen Euphrat (245 n. Chr.) u. in der Priscilla-Katakombe (Anfang 4. Jh.) nachweisbar. Sie wird in der altchristlichen Kunst sehr gern in ihrer typologischen Beziehung zum Kreuzesopfer Christi u. zum Meßopfer gesehen, so in S. Vitale (Ravenna, 6. Jh.), im Dagobert-Sakramentar (9. Jh.), im Göttinger Sakramentar (10. Jh.), im Bamberger Sakramentar (11. Jh.). Man findet sie auf Kreuzen, Tragaltären, Rauchfässern, Kelchen u. Patenen. Dazu kommen im Mittelalter weitere Szenen: der Befehl Gottes an Abraham zur Opferung seines Sohnes, die Wanderung Abrahams u. Isaaks zum Berg Moria, wobei Isaak das Feuerholz trägt (typologisch für die Kreuztragung Christi), das Eingreifen des Engels, der Dank Abrahams an Gott u. sein Widderopfer. Der Klosterneuburger Altar (1181) bringt auch die Geburt u. die Beschneidung Isaaks (typologischer Bezug auf die entsprechenden Lebensstationen Jesu).
Gedächtnis: 25. März
Lit.: Kommentare zu Gen – ThW III 191f – J. Danielou, La typologie d'Isaac dans le christianisme primitif: Bibl 28 (1947) 363–393 – J. J. Stamm, Der Name Isaak: Festschr. H. Schädelin (Bern 1950) 33–38 – D. Lerch, Isaaks Opferung, christlich gedeutet (Tübingen 1950) – Ikonographisch: Künstle I 282f – RDK I 84–88 – O. Demus, The Mosaics of Norman Sicily (London 1949) – RAC I 25ff

Isaak, Abt **in Konstantinopel,** Hl.
Er stammte aus Syrien u. führte schon von Jugend an in der Einsamkeit ein asketisches Leben. Mit großem Freimut ging er zum arianischen Kaiser Valens u. ermahnte ihn, die von den rechtgläubigen Christen beschlagnahmten Kirchen wieder herauszugeben. Dafür wurde er ins Gefängnis geworfen. Unter Kaiser Theodosius gründete er 381/382 das 1. Kloster in Konstantinopel, das nach Dalmatus, seinem Schüler u. Nachfolger als Abt, Moné tu Dalmátu genannt wurde. Es wurde im 12. Jh. in ein Frauenkloster umgewandelt. Isaak † 396.
Gedächtnis: 27. März (30. Mai, 3. August)
Lit.: BHG³ 955–956e – H.-G. Beck, Kirche u. theolog. Literatur im byzantin. Reich (München 1959) 213 504

Isaak, Abt auf dem **Monte Luco,** Hl.
Er stammte aus Syrien u. floh vor den Monophysiten nach Italien. Auf dem Monte Luco bei Spoleto (Mittelitalien) ließ er sich als Einsiedler nieder. Später gründete er nach dem Vorbild der Lauren (Kolonie von Einsiedlerzellen u. -grotten unter Führung eines gemeinsamen Abtes, bes. in Palästina üblich) eine Gemeinschaft. Er wurde durch seine Wundergabe bekannt. † 550/560. Seine Gebeine ruhen in S. Ansano zu Spoleto.
Gedächtnis: 11. April (in der Diözese Spoleto 15. April)
Lit.: ActaSS Apr. II (1865) 27–30 – BHL 4475 – Zimmermann II 45 – ECatt VII 232

Isaak von Polen, Märt. ↗ Benedikt, Johannes u. Gef.

Isabella von Frankreich ↗ Elisabeth von Frankreich

Isai, Vater Davids
Name: hebr. jischai, Kf. zu isch-jahweh (Mann Jahwehs) LXX Iessaí, Vulgata Jesse, Luther, Loccum Isai
Er war der Vater Davids u. damit einer der Ahnen Jesu. Als Saul, der 1. König Israels, in seine Schwermut verfiel, wurde Samuel von Gott zu Isai nach Bethlehem gesandt, daß er den jüngsten von dessen 7 Söhnen zum neuen König salbe (1 Sam 16,1–13). Die anderen Söhne hießen Eliab, Aminadab, Samma (Sima) (1 Sam 17,12–14), Nethanel, Raddai u. Osem (1 Chr 2,13–16). Außerdem hatte er noch 2 Töchter: Seruja u. Abigail. Als David sich gegen Saul auflehnte, brachte Isai seine Eltern bei den Moabitern in Sicherheit (1 Sam 22,3f), da er ein Enkel des Boaz u. der moabitischen Ruth war (Rt 4,22).
Der Messias wird bei ↗ Isaias als „Reis" u. „Sprößling" aus der Wurzel Jesse angekündigt (Is 11,1). Daher wird Maria in der

christlichen Tradition als „Reis" u. Jesus Christus als „Blüte aus der Wurzel Jesse" bezeichnet. So findet man es erstmals bei Tertullian († um 220). Seit dem 11. Jh. gibt es Darstellungen in der Kunst, die Isai am Boden liegend zeigen. Aus seinem Körper wächst ein Baum hervor, dessen oberster Zweig Maria u. Jesus trägt, vielfach überragt oder umgeben von den Symbolen der 7 Gaben des Hl. Geistes (nach Is 11,2f). Sehr gern wird seit dem frühen Mittelalter der „Zweig" (virga) mit der „Jungfrau" (Virgo) in Beziehung gesetzt. Spätere Darstellungen schmücken die typologische Szene aus durch Hinzufügen weiterer Vorfahren u. einzelner Propheten, die auf den Messias hinweisen. Dem Weihnachtslied „Es ist ein Reis entsprungen" (Mainz 1587/88) ist ebenfalls diese christliche Typologie zugrundegelegt (die heute durch das Gotteslob verbreitete Lesart „Es ist ein ‚Ros' entsprungen" ist mißverständlich).
Gedächtnis: 29. Dezember
Lit.: Künstle I 296f – A. Watson, The Early Iconography of the Tree of Jesse (London 1934) – Haag BL 749

Isaias, Prophet des AT
Name: hebr. j^eschah^{e}jahu (Jahwe ist Heil). LXX Hesaïas, griech. NT Esaïas, Vulgata Isaias, Luther Jesaia, Loccum Jesaja
Über seine Person ist nur wenig bekannt. Er war der Sohn des Amos (nicht des Propheten Amos) u. ist einer der 4 Großen Propheten des AT. Er dürfte um 770 v. Chr. geboren sein, denn als er 735 vor den König Achaz trat, führte er einen Sohn an der Hand (Is 7,3). Er war verheiratet u. hatte 2 Kinder, die symbolische Namen trugen: Sch^{e}arjaschub („ein Rest bekehrt sich") u. Maher-schalal-hasch-baz („Bald Beute – bald Raub"). Seine Frau wird eine Prophetin genannt (8,3). Er wohnte in Jerusalem u. wurde dort 738 in einer Vision Gottes zum Propheten berufen (Is 6). Seine Haupttätigkeit fällt unmittelbar in die Zeit nach Amos u. Osee. Er war ein Zeitgenosse des Michäas, mit dem ihn manche rel. u. ethischen Anliegen verbinden. Er hatte offenbar nähere Beziehung zum königlichen Hof u. dürfte aus einer aristokratischen Familie in Jerusalem stammen. Doch läßt sich dies wohl nur aus seiner gepflegten Sprache u. Ausdrucksweise erschließen. Seine Bilder bezieht er ausschließlich aus dem Stadtleben. Die Beschreibung der Kleider (1,18), des Schmuckes (3,16–23) u. des Gesanges (5,1) lassen städtisches Milieu vermuten. In seiner Jugendzeit herrschte Friede u. Wohlstand: Edom war unterworfen (2 Kön 14,7), u. über den Hafen von Elath im Süden kamen reiche Handelswaren aus dem Osten (Is 2,7+16). Der Prophet kündigt jedoch für die nähere Zukunft eine Wende zum Schlechteren an (6,11f u. ö.). Über seinen Tod weiß man nichts Gewisses. Nach jüdischer Tradition soll er unter König Manasses (693–639 v. Chr.) das Martyrium erlitten haben. Dies läßt sich auch aus 2 Kön 21,6 u. Jer 2,30 vermuten. Die noch viel spätere christliche Überlieferung sagt, er sei der Länge nach zersägt worden (so bei Tertullian, Justinus, bei den Apokryphen u. vielleicht bei Hebr 11,37).
Das Buch Isaias ist deutlich in zwei Teile unterschieden. Teil 1 (Kap. 1–35) und Teil 2 (40–66) sind durch geschichtliche Berichte über den König Hiskia unterbrochen. Bedeutsam sind im 2. Teil die eingestreuten Lieder vom Knecht Gottes (Ebed Jahwe).
Gedächtnis: 6. Juli
Darstellung: der Prophet Isaias auf Maria mit dem Kind hinweisend (so in der Priscilla-Katakombe, 2. Jh.). Isaias dem ↗ Jeremias gegenübergestellt (San Vitale, Ravenna). Der Prophet sieht die Herrlichkeit Gottes (öfters in mittelalterlichen Handschriften). Mit einer Schriftrolle u. einer Säge (Martyrium). Berühmte Isaias-Bilder schufen Michelangelo (Sixtinische Kapelle) u. Raffael (S. Agostino, Rom)
Lit.: Bibelwissenschaftlich: vgl. LThK 5, 782 (Lit.) – Kunstgeschichtlich: W. Neuss. Die katalanische Bibelillustration . . . (Bonn 1922) 84ff – DACL VII 1577–1582 – Künstle I 303–307 – R. Bernheimer: The Art Bulletin 34 (New York 1952) 19–34 – Réau II/1 365–369

Isaias Boner OESA, Sel. (Isaias von Krakau jun.)
Man unterscheidet ihn von Isaias Lechius, auch Isaias von Krakau sen. genannt (1380–1443). Isaias Boner wurde um 1400 in Krakau aus vornehmer Familie geboren u. trat in Kasimir bei Krakau dem Orden der Augustiner-Eremiten bei. 1419–22 weilte er als Student u. Kurier in Padua, 1438 wurde er Lektor u. Visitator der bayrischen Ordensprovinz, 1452 Präsident des Provin-

zialkapitels, vor 1460 Professor der Theologie an der Universität Krakau. Er zeichnete sich aus durch große Bußstrenge u. apostolischen Eifer. Er besaß auch die Gabe der Wunder (man erzählt von einer Totenerweckung). † am 18. 2. 1471 in Krakau, begraben in St. Katharina in Krakau.
Gedächtnis: 18. Februar
Lit.: A. L. Sutor (Krakau 1885) – G. Uth (Krakau 1930) passim – Baudot-Chaussin II 194

Isaias u. Gef., Märt. **zu Caesarea,** Hll.
Er stammte aus Ägypten u. schlich sich mit ↗ Elias u. anderen Gefährten zu den Christen, die zu Caesarea in Kilikien (im Süden Kleinasiens) zur Zwangsarbeit in den staatlichen Bergwerken verurteilt waren, um ihnen Liebesdienste zu erweisen. Als er von dort zurückkehrte, wurde er mit seinen Gefährten ergriffen, grausam gefoltert u. schließlich enthauptet. † 4. Jh.
Gedächtnis: 16. Februar

Isfried OPraem, Bisch. **von Ratzeburg,** Hl.
Name: ahd. isan (Eisen) + fridu (Schutz vor Waffengewalt, Friede): der mit dem Eisen (Schwert) Frieden schafft
Er war zuerst Propst im Prämonstratenserstift Jerichow bei Tangermünde (Altenmark, westl. von Berlin). 1180 wurde er Bisch. von Ratzeburg (südl. von Lübeck) als Nachfolger des hl. ↗ Evermod. Er war Beichtvater Heinrichs des Löwen u. stand ihm auch in seinem Sterben bei. Er wirkte bahnbrechend für die Organisation seiner Diözese (bes. durch Gründung von Pfarreien) u. die dt. Kolonisation im Wendenland. Er erbaute den Dom von Ratzeburg. Auch im Orden entfaltete er eine rege Tätigkeit. † am 15. 6. 1204. Kult anerkannt 1/25.
Gedächtnis: 15. Juni
Lit.: Le Paige 527ff (Vita) – Winter P 73ff 90 (Vita) – ActaSS Iun. II (1698) 1089f – Mecklenburger Urkundenbuch I (Schwerin 1863) 119 u. ö.

Isfriede, weibl. F. zu ↗ Isfried

Isidor von Alexandria, Hl. oder Sel.
Name: griech. Isidoros, zu Isis (ägyptische Göttin) + doron (Geschenk): Geschenk der Isis
Er war Mönch u. Priester in Alexandria (Unterägypten) u. leitete das Armen- u. Pilgerhospiz in Alexandria. Er war Schüler des ↗ Antonius u. mit ↗ Makarius u. ↗ Athanasius befreundet. Er hatte viel von dem diplomatisch gewandten u. selbstherrlichen Patriarchen Theophilus von Alexandria zu leiden. Theophilus setzte u. a. auf der sog. Eichensynode (im Kloster des ↗ Hypatios bei der „großen Eiche" südöstl. von Chalkedon) in skrupellosem Intrigenspiel die Amtsenthebung u. Verbannung des ↗ Johannes Chrysostomus durch. Isidor floh vor ihm in die Einsamkeit im Nitrischen Gebirge (im Westen des Nildeltas) u. suchte Schutz bei den dortigen Mönchen. Er wurde aber auch hier von Theophilus verfolgt u. ging nach Aelia in Palästina u., als er ihm auch da noch nachstellte, als 80jähriger nach Konstantinopel, wo er den Schutz des Johannes Chrysostomus suchte. † 404 mit ca. 88 Jahren.
Gedächtnis: 15. Jänner
Lit.: Schiewietz I 334ff – Ch. Baur, Der hl. Johannes Chrysostomus u. seine Zeit II (München 1930) 10ff 21 167ff 221

Isidor, Märt. **auf Chios,** Hl.
Er starb auf der Insel Chios (Ägäisches Meer) wahrscheinlich unter Diokletian um 305. Im 6. Jh. war ihm eine Grabbasilika geweiht, u. er genoß hohe Verehrung. Nach der legendarischen Passio sei er als Soldat mit der Flotte aus Alexandria nach Chios gekommen u. dort unter Decius enthauptet worden. Seine Gebeine ruhen seit dem 12. Jh. im Markusdom zu Venedig. Seine Verehrung kam auch nach Rußland.
Gedächtnis: 15. Mai (Russen: 14. Mai, Spanien: 4. u. 5. Februar)
Lit.: BHG[3] 960–961f

Isidor, Bauersmann **bei Madrid,** Hl.
Er war mit der sel. ↗ Maria Toribia verheiratet u. führte ein Leben der Arbeit, des Gebetes u. der Nächstenliebe. † am 15. 5. 1130 in hohem Alter. 1170 wurden seine Gebeine in die Andreaskirche zu Madrid übertragen. Heiliggesprochen 1622.
Gedächtnis: 15. Mai
Darstellung: in Bauernkleidung mit Garbe (Fruchtbündel) u. Hacke, ein Engel bearbeitet mit weißen Pferden oder Stieren das Feld, während er liest oder betet
Patron: um Regen (weil er für seinen durstigen Dienstherrn eine Quelle hervorspru-

deln ließ), daher auch der Bauern, der Geometer (die den Bauern die Felder vermessen)
Lit.: G. Schreiber, Deutschland u. Spanien (Düsseldorf 1936) 178 – Braun 388f – ECatt VII 252

Isidor von Pelusion, Hl. (Isidoros)
* um 360. Er war Priester u. Mönch in der Nähe von Pelusion (bei Tineh in der Nähe von Port Said, Ägypten), wahrscheinlich aber nicht Klosterabt. Er war Schüler des ↗ Johannes Chrysostomus. Er schrieb fast 3000 Briefe, von denen etwa 2000 erhalten sind. Sie sind in einem gepflegten Stil geschrieben u. zeigen die klassische Bildung Isidors. Darin nimmt er Stellung zu zahlreichen rel. Zeitproblemen, bes. zur asketischen Lebensführung des Klerus u. der Mönche u. gibt Weisungen an hoch u. niedrig gestellte Persönlichkeiten in moralisch-asketischen Fragen. In vielen Briefen erörtert er exegetische Einzelfragen, an theol.-spekulativen Fragen zeigt er sich jedoch weniger interessiert. Er lehnt aber den Arianismus entschieden ab, ebenso manichäische u. apollinaristische Tendenzen. Durch seinen Einfluß wurden die rel. Parteien, die sich auf dem Konzil von Ephesus (431) schroff gegenüberstanden, wieder versöhnt. † nach 431 (sicher vor 451).
Gedächtnis: 4. Februar
Darstellung: mit einem Buch in der Hand
Lit.: Altaner[5] 238

Isidor, Erzb. **von Sevilla,** Kirchenlehrer, Hl.
* um 560 zu Cartagena (Südostspanien) aus vornehmer Familie. Er war der jüngste Bruder u. Nachfolger des hl. ↗ Leander, Erzb. von Sevilla. Seine Schwester ↗ Florentina wurde Nonne. Ein anderer Bruder, Fulgentius, wurde Bisch. von Astigi. Die Familie wurde von den byzantinischen Behörden aus Cartagena ausgewiesen u. siedelte sich im westgotischen Sevilla (Südspanien) an. Isidor verlor früh seine Eltern, seine Erziehung wurde von Leander geleitet. Er wurde Kleriker in Sevilla u. kurz vor 600 Erzbischof. Als solcher arbeitete er mit Nachdruck u. Weitblick für das Wohl der aufblühenden gotisch-kath. Kirche Spaniens. Diesem Ziel diente letztlich auch sein reiches schriftstellerisches Schaffen. Bes. lag ihm die wissenschaftliche u. asketische Ausbildung des Klerus am Herzen. Er förderte die Wissenschaften, auch die profanen, u. gründete Schulen, vor allem in Sevilla, aber auch in Saragossa u. Toledo u. an verschiedenen Klöstern u. stattete sie mit reichen Bibliotheken aus.
Er hinterließ eine große Zahl bedeutender Werke. Mit seinen Schriften erreichte er eine tiefgreifende Wirkung für die folgenden Jahrhunderte u. wurde der „letzte abendländische Kirchenvater" genannt.
Isidor starb am 4. 4. 636 zu Sevilla. Sein Grab ist in der Isidorkirche zu León (Nordspanien). Heiliggesprochen 1598, zum Kirchenlehrer ernannt 1722.
Liturgie: GK g am 4. April
Darstellung: als Bisch. in weißem Gewand, mit Buch und Federkiel
Lit.: Bardenhewer V 401–416 – Altaner[5] 219f 223f 460f – H. Beeson (München 1913) – P. Séjourné (Paris 1929) – J. Mullins (Washington 1940) – J. Pérez de Urbel (Madrid 1945, dt.: H. Pohl, Köln 1962)

Ismid, Bisch. **von Die,** Hl.
Name: zu ahd. isarn, isan (Eisen, Waffe) + muot (Sinn, Gemüt, Mut): der Kampfesmutige
Er war zuerst Kanoniker zu St. Stephan in Lyon u. wurde Bisch. von Die (Dep. Drôme in der Dauphiné, Südostfrankreich). Er zeichnete sich durch große Frömmigkeit u. Gelehrsamkeit aus. † am 30. 9. um 1115. Kult bestätigt am 9. 12. 1903.
Gedächtnis: 30. September
Lit.: ASS 36 (1903) 423ff

Isnard von Chiampo OP, Sel.
Name: ahd. isarn, isan (Eisen, Waffe) + harti, herti (hart, mutig): der Waffen-Kühne
* Ende des 12. Jh.s in Chiampo bei Vicenza (daher auch Isnard von Vicenza genannt). Er befreundete sich mit dem hl. ↗ Dominikus u. trat in dessen Orden ein. Er gründete in Pavia das Kloster S. Maria di Nazareth und war bis zu seinem Tod dessen 1. Prior. Er war ein weitum gesuchter Seelenführer u. großer Prediger. Viele Häretiker führte er in den Schoß der Kirche zurück. † am 19. 3. 1244 in Pavia. Sein Kult wurde am 11. 12. 1912 bestätigt, das Dekret hierüber jedoch erst am 12. 3. 1919 veröffentlicht.
Gedächtnis: 19. März

Lit.: AAS 11 (1919) 184–186 – P. Maiocchi (Foligno 1920) – Walz 259 – Baudot-Chaussin XIII 31f

Isolde
Name: kelt., „die antreibt". Der Name entstammt der keltischen Liebestrankdichtung um Tristan u. Isolde. Die Sage wurde um 1110 durch einen Normannen spielmannhaft ausgestaltet zum sog. Ur-Tristan, auf den alle späteren Fassungen zurückgehen. Das Motiv wurde 1160/70 durch den Anglonormannen Thomas aufgegriffen, 1170/80 durch Eilhard von Oberge, um 1180 durch den Normannen Berol u. 1200/10 durch Gottfried von Straßburg. Die Schriftstellerin Isolde Kurz (1853–1944) erhielt ihren Namen von ihrem Vater, dem Schriftsteller Hermann Kurz (1813–1873), der 1844 den „Tristan" des Gottfried von Straßburg ins Deutsche übertrug. Dies regte Richard Wagner 1859 zu seinem bekannten Musikdrama „Tristan u. Isolde" an. Seither ist der Name in Deutschland als Vorname gebräuchlich.

István (ungar.) ↗ Stephan

Ita, Äbtissin **von Clúaincredal,** Hl. (Itta, ir. Íte od. Deirdre)
Sie war die Gründerin u. 1. Äbtissin des Klosters Clúaincredal (Clúaincreadhail) (später Cell-Íte, in Killeedy, Irland). Sie wird „Mutter" verschiedener heiliger Jungfrauen genannt. Durch ihr Gebet soll sie in der Schlacht von Cuilen (552) die Niederlage Munsters bewirkt haben. Die Urform ihrer Legende ist in die Mitte des 7. Jh.s anzusetzen. ↗ Alkuin erwähnt sie in seinem 16. Carmen. † 570 oder 577.
Gedächtnis: 15. Jänner
Lit.: ActaSS Ian. I (1643) 1062–1068 – Kenney 389f

Ithamar OSB (?), Bisch. **von Rochester,** Hl.
Name: hebr. Itamar (Bedeutung ungeklärt). So hieß der 4. u. jüngste Sohn Aarons (Ex 6,23). Möglicherweise liegt hier eine lautliche Angleichung aus dem altengl. Namen Edmar vor: ags. ead (Besitz) + asächs. mari (berühmt; vgl. Mär): der durch Besitz Berühmte
Er wurde 644 durch ↗ Honorius von Canterbury zum Bisch. von Rochester (Grafsch. Kent, England) geweiht, als Nachfolger des hl. ↗ Paulinus von York. Er zeichnete sich aus durch Wissenschaft u. Tugend. † am 10. Juni 655 (?).
Gedächtnis: 10. Juni
Lit.: Zimmermann II 297ff – Baudot-Chaussin VI 177

Ivetta OCist, Sel. (Jutta, Jutha, Juveta, Jueta)
Name: weibl. F. zu ↗ Ivo. (Die Formen Jutta usw. sind lautliche Angleichungen an ↗ Judith)
* 1158 zu Huy (bei Lüttich, Belgien). Ihr Vater war Verwalter der Güter des Bisch. Radulph von Lüttich u. sehr reich. Mit 13 Jahren trat sie in den Ehestand u. schenkte 3 Söhnen das Leben, von denen aber einer schon früh starb. Nach 5 Jahren verlor sie ihren Mann u. widmete sich ganz der Frömmigkeit u. der Nächstenliebe in einem Aussätzigenspital in Huy. Ihre beiden Söhne traten dem Zisterzienserorden bei. Mit etwa 28 Jahren wurde sie selber Zisterzienser-Reklusin in einer Zelle neben der Kirche. Sie hatte die Gabe der Beschauung u. der Herzenskenntnis. † am 13. 1. 1228 zu Huy.
Gedächtnis: 13. Jänner
Darstellung: einen glühenden Dreifuß in der Hand, ohne sich dabei zu verletzen
Lit.: BHL 4620 – Zimmermann I 69ff (Lit.)

Ivo, Bisch. **von Chartres,** Hl.
Name: a) ahd. iwa, angels. iw = Eibe (Bogen aus Eibenholz): Bogenschütze. Franz. F.: Yves, Yvon. – b) westslaw. Nf. zu ↗ Iwan (Johann)
* um 1040 bei Beauvais (nördl. von Paris) aus adeliger Familie. Er studierte in Paris u. Le Bec Theologie u. kanonisches Recht (in Le Bec war er Schüler von ↗ Lanfranc u. Mitschüler ↗ Anselms von Canterbury), wurde Kanoniker in Nesle (Picardie) u. 1078 Propst des regulierten Chorherrenstiftes zu St-Quentin in Beauvais. 1090 wurde er zum Bisch. von Chartres (südwestl. von Paris) gewählt u. trotz der heftigen Opposition seines Metropoliten, des Erzb. Richer von Sens, durch König Philipp I. investiert u. erhielt in Capua von ↗ Urban II. die Bischofsweihe. Wegen seines scharfen Tadels des ehebrecherischen Verhältnisses König Philipps I. mit Bertrade von Anjou wurde

er 1092 eingekerkert u. 1094 wegen angeblichen Hochverrates angeklagt, erhielt aber die Freiheit. Im Investiturstreit (↗ Gregor VII.) stellte er sich entschieden auf die Seite des Papstes, suchte dabei aber eine Versöhnung zw. dem König u. dem Papst herbeizuführen. Auch in seinem Kampf um die strikte Einhaltung des kirchlichen Eherechts suchte er zw. Philipp I. u. der Kirche zu vermitteln. Er rügte offen die Geldgier röm. Legaten u. die Simonie mehrerer päpstlicher Hofbediensteter. Als Kanonist wurde er zu einer höchst angesehenen u. vielbefragten Autorität. Vermutlich 1094/96 entstanden seine Kanones-Sammlungen, das umfassende u. praktisch-kirchliche Rechtshandbuch der Gregorianischen Reform. Von ihm ist auch eine bedeutende u. vielseitige Korrespondenz erhalten, die nicht nur zu seiner Zeit zu theol. u. kirchenrechtlichen Fragen Stellung bezieht, sondern die auch heute noch eine wertvolle historische Quelle für die Zeit um 1100 darstellt. Er starb am 23. 12. 1116 u. wurde gleich nach seinem Tod als Heiliger verehrt.
Gedächtnis: 23. Dezember
Lit.: RE IX 664–667 – Kurtscheid F 162–165 – DThC XV 3625–3640 – H. Hoffmann: DA 15 (1959) 393–440

Ivo, Glaubensbote **in England,** Hl.
Nach der völlig legendarischen Vita des Goscelinus OSB (11. Jh.), die auf eine Vorlage des Abtes Andreas Withman von Ramsey zurückgeht, soll er aus Persien über Rom nach England gekommen sein u. mit 3 Gefährten in Huntingdonshire (nördl. von London) das Evangelium verkündet haben. † 7. (?) Jh. Am 24. 4. 1001 fand man im Dom zu St. Ives in Huntingdon Gebeine, die man für die Reliquien des hl. Ivo hielt. Sie gehören aber wahrscheinlich einem anderen, unbekannten Bischof. Sie wurden am 10. 6. 1001 nach Ramsey übertragen.
Gedächtnis: 24. April (10. Juni)
Lit.: ActaSS Iun. II (1689) 287–292 – BHL 4621–4624 – DE II 506

Ivo (Yves) **Hélory,** Hl.
* am 17. 10. 1253 zu Minihy-Tréguier (im Burgbesitz von Kermartin, Bretagne). Er studierte in Paris Theologie u. in Orléans kanonisches Recht u. wirkte zuerst als Laie zu Rennes u. Tréguier als Advokat u. kirchlicher Offizial. Ca. 1284 erhielt er die Priesterweihe u. wurde Pfarrer von Trédrez u. 1292 von Louannec. Er resignierte aber 1297/98 u. zog sich auf den väterlichen Landsitz Kermartin zurück. Er übte große Strenge gegen sich u. tätige Liebe zu den Armen. Vor weltlichen u. geistlichen Gerichten trat er als Anwalt der Hilflosen u. Unterdrückten auf. † am 19. 5. 1303, seine Reliquien ruhen in Tréguier. Heiliggesprochen 1347. In Frankreich, Belgien, Italien u. Brasilien bestehen Ivo-Bruderschaften als Standesorganisationen für den Rechtsschutz der Armen.
Gedächtnis: 19. Mai
Darstellung: mit Armen, die ihm ihre Nöte klagen. Mit Papierrollen, worauf ihm die Armen ihre Klagen übermitteln. Strick oder Geißel in der Hand
Patron: 2. Landespatron der Bretagne, der Universität Nantes, der juridischen Fakultäten des ausgehenden Mittelalters; der Armen, Drechsler, Gerichtsdiener, Juristen, Ministerialbeamten, Notare, Pfarrer, Priester, Rechtsanwälte, Richter, Waisen
Lit.: BHL 4625–4637 – Braun 397f – Baudot-Chaussin V 380–388 – A. Masseron (Paris 1952) – Thurston-Attwater II 351f

Iwan von Böhmen, Hl.
Name: russ. ↗ Johannes
Er war der Sohn des dalmatinischen Fürsten Gestimulus. Er schlug die Krone, die seiner harrte, aus, ergriff die Flucht u. lebte 14 Jahre lang in mehreren Höhlen in der Gegend zw. Prag u. Karlstein. † am 24. 6. 904. Über seinem Grab wurde eine Kapelle errichtet, später entstand an dieser Stelle ein Benediktinerkloster.
Gedächtnis: 24. Juni
Darstellung: als Einsiedler mit einem Reh. Von Dämonen umgeben, die ihn bedrängen, u. zu Gott betend, er möge ihn befreien

J

Jack (engl.) ↗ Jakob

de Jacobis ↗ Justinus de Jacobis

Jacobus d. Ä., Apostel, Hl. (Jakobus)
Name: ↗ Jakob
Er ist der Sohn des Fischers Zebedäus von Bethsaida am See Genesareth u. der ↗ Salome u. der ältere Bruder des Apostels ↗ Johannes, mit dem zus. er von Jesus berufen wurde (Mt 4,21). Jesus nannte die beiden Brüder wegen ihres stürmischen Eifers „Donnersöhne" (Mk 3,17). Mit Petrus u. Johannes gehörte er zu den bevorzugten Jüngern, die Jesus bei seiner Verklärung auf dem Tabor (Mk 9,2) wie auch bei seiner Todesangst im Ölgarten (Mk 14,33) bei sich hatte. Jakobus erlitt um Ostern (1. April?) 44 als 1. der 12 Apostel durch Herodes Agrippa I. den Martertod durch das Schwert (Apg 12,2). Klemens von Alexandria berichtet, es habe sich dabei einer der Henker bekehrt u. sei mit ihm zus. gemartert worden. An der mutmaßlichen Stelle seines Martyriums wurde später die Jakobuskirche in Jerusalem erbaut.
Im 7. Jh. tauchte die Legende auf, Jakobus habe in Spanien gepredigt u. sei dort gestorben u. begraben worden (so bei ↗ Isidor von Sevilla). Nach heutiger Kenntnis ist diese Tradition als unhaltbar abzulehnen. Die altspan., altgallischen u. röm. Quellen, ja noch ↗ Julian von Toledo († 668) wissen nichts von einer Reise des Jakobus nach Spanien. Julian von Toledo kennt das Breviarium Apostolorum u. erzählt von den Schicksalen des Jakobus, schweigt aber gänzlich über diese angebliche Missionsreise nach Spanien. Ein so wichtiges Ereignis hätte die Erinnerung unbedingt bewahrt. Außerdem stellt ↗ Innozenz I. (402–417) überhaupt in Abrede, daß irgendein Apostel in Spanien jemals eine Gemeinde gegründet habe. Nach einer anderen Überlieferung wurden die Gebeine des Apostels um 70 n. Chr. von Jerusalem zum Sinai gebracht, wo man ihnen ein Kloster (Jakobus-Kloster) erbaute, im 8. Jh. seien sie vor den Sarazenen nach Spanien gerettet worden. Das Kloster am Sinai wurde nunmehr der hl. ↗ Katharina geweiht (Katharinenkloster). Tatsächlich konnten in den vergangenen Jahren unter den Katharinafresken teilweise gut erhaltene Jakobusfresken freigelegt werden. In Spanien erbaute man eine Jakobuskirche, in der die Gebeine am 25. 7. 816 feierlich beigesetzt wurden. Daraus entwickelte sich der berühmte Wallfahrtsort Santiago de Compostela (Nordwestspanien; Santiago = St. Jakob, Compostela von lat. campus stellae: nach der Legende seien die Gebeine in Vergessenheit geraten, bis sie Bischof Theodemir von Iria Flavia durch ein wunderbares „Licht auf dem Feld" wieder aufgefunden habe). Urban II. verlegte 1095 den Bischofssitz von Iria Flavia nach Santiago de Compostela u. machte ihn vom Metropolitansitz Braga unabhängig. Die heutige Kathedrale wurde 1075 begonnen u. im 12. Jh. durch den berühmten Pórtico de Gloria abgeschlossen. Im 18. Jh. kamen die barocke Westfassade (Obradoiro) u. die Türme hinzu.
Die Frage nach der Echtheit der Reliquien unter dem Hochaltar der Kathedrale ist bis heute nicht verstummt. Im 12. Jh. suchte man die Glaubwürdigkeit der Jakobustradition durch fingierte Papstschreiben zu unterstützen (so u. a. durch eine vorgebliche Bulle Alexanders III. vom 25. 6. 1179, in der der Kathedrale verschiedene Privilegien zuerkannt werden). Durch Urban VIII. fand die Jakobustradition Eingang in das Röm. Brevier. 1878–79 wurde das Grab archäologisch untersucht. Nach Prüfung der Ergebnisse durch die Ritenkongregation anerkannte Leo XIII. am 1. 11. 1884 die span. Jakobustradition u. bestätigte die in der Praxis bestehenden Privilegien der Kathedrale. 1951 fand man unter dem Sarkophag römische Fundamente, Heizanlagen, Mosaikfußböden u. a.
Nichtsdestoweniger genoß der Heilige stets eine große Verehrung, die Wallfahrt nach Santiago de Compostela wurde besonders vom 10. bis 15. Jh. weltberühmt. An allen Straßen dorthin u. überhaupt an den großen Heeresstraßen wurden zahlreiche Kirchen, Kapellen, Klöster u. Hospize ihm zu Ehren errichtet, Orden u. Bruderschaften

seines Namens entstanden in Menge, eine üppige Legende umrankte den Heiligen. Zeitweise war er der volkstümlichste Apostel überhaupt. In Spanien wurde er neben ↗ Michael der Schutzheilige im Kampf gegen den Islam. In unseren Breiten gilt der „Jakobi-Tag" als Lostag für die Witterung u. als Glückstag für die Ernte, in den Alpen als Ziehtag für das Gesinde u. Festtag der Hirten.

Liturgie: GK F am 25. Juli

Darstellung: mit Buch oder Schriftrolle als Apostelattribut. Seit dem 12. Jh. als (Santiago-)Pilger mit der Pilgermuschel am Hut oder auf der Brust, mit langem Pilgerstab, Reisetasche u. Wasserflasche. Mit einem Schwert (Enthauptung). Auf einem weißen Pferd reitend (weil er so dem span. Heer gegen die Sarazenen zu Hilfe gekommen sei)

Patron: Spaniens, der nach ihm benannten Orden; der Pilger; Apotheker, Arbeiter, Drogisten, Hutmacher, Kettenschmiede, Krieger, Lastträger, Ritter, Strumpfwirker, Wachszieher

Lit.: Biblisch: ActaSS Iul. VI (1729) 69–114 – DACL VII 2089–2109 – Vorgebl. Aufenthalt in Spanien: R. A. Lipsius, Die apokryphen Apostelgesch. u. Apostellegenden II/2 (Braunschweig 1884) 201–228 – Volkskundlich: Bächtold-Stäubli IV 620–629 – G. Schreiber, Deutschland u. Spanien (Düsseldorf 1936) 72–129 u. ö. – V. u. H. Hell, Die große Wallfahrt (Tübingen 1964) – H. J. Hüffer, Sant'Jago (München 1957) – Ikonographisch: Künstle II 316–324 – Braun 346–349

Jacobus d. J., Apostel, Hl. (Jakobus)
Er war der Sohn des Alphäus (Mt 10,3; Mk 3,18; Apg 1,13). Außer in den Apostellisten wird er in der Bibel sonst nirgends erwähnt. Den Beinamen „der Jüngere" (griech. ho mikrós = der Kleine, Geringe) deuteten manche von seiner möglicherweise kleinen Körpergestalt. Eher trifft wohl zu, daß damit eine unter den Jüngern Jesu aufgekommene Rangordnung gemeint ist, indem ↗ Jakobus „der Ältere" (der im Rang Höherstehende) von Jesus früher berufen wurde. Die Jünger Jesu trugen untereinander Rangstreitigkeiten aus (Mk 9,33ff par). Die beiden Zebedäussöhne Jakobus (d. Ä.) u. Johannes erregten auch die Eifersucht der übrigen Jünger, als sie mit ihrer Mutter Salome bei Jesus um bes. Ehrenplätze in seinem Reich anfragten (Mk 10,33ff par). Petrus, Jakobus (d. Ä.) u. Johannes waren auch die 3 bes. Vertrauten Jesu, die er bei bes. Gelegenheiten mit sich nahm (Totenerweckung Mk 5,37, Verklärung Mt 17,1, Todesangst Mk 14,33), was von den Jüngern vermutlich ebenfalls im Sinn einer Rangordnung mißverstanden wurde.
Angebliche Reliquien des Apostels sind in Santiago de Compostela (zus. mit den angeblichen Reliquien von Jakobus d. Ä.), auf der Insel Camargue (Rhonedelta, Südfrankreich), in Forlì (südl. von Ravenna), in Ancona, in der OSB-Abtei Gemblour bei Namur (Belgien), in der Apostelbasilika zu Rom, in Toulouse, Langres u. Antwerpen (Jesuitenkirche).

Liturgie: GK F am 3. Mai (Einsiedeln 4. Mai). Griechen: 9. Oktober; er ist ↗ Kanon-Heiliger

Darstellung: mit Keule oder Tuchwalkerstange (nach der Legende wurde er von der Zinne des Tempels gestürzt u. mit einer Keule oder Tuchwalkerstange erschlagen)

Patron: der Hutmacher, Krämer, Walker

Lit.: ↗ Jacobus, Bruder des Herrn

Jacobus, Bruder des Herrn, Hl. (Jakobus)
Er wurde seit ↗ Hieronymus mit dem Apostel ↗ Jakobus d. J. gleichgesetzt. In neuerer Zeit neigt man zunehmend zur Annahme, daß es sich hier um 2 verschiedene Personen handelt. Er war der Sohn des Klopas u. der Maria (Mk 15,40 u. Joh 19,25) u. wird zus. mit Joses (Joseph), Judas u. Simon als „Bruder" (naher Verwandter) Jesu bezeichnet (Mk 6,3; Mt 13,55). Wie die ganze Verwandtschaft stand auch er Jesu Wirken lange Zeit verständnislos gegenüber. So mußte Jesus seine Verwandten abweisen, als er gerade in einem Haus predigte (Mk 3,31–35), bei seinem Auftreten in der Synagoge seiner Heimatstadt Nazareth erntete er Widerspruch (Mk 6,4), ja Johannes sagt offen, daß „auch seine Brüder nicht an ihn glaubten" (Joh 7,5). Vielleicht war Jakobus bis zur Auferstehung Jesu das Haupt u. die Seele der Opposition der Verwandten gegen Jesus, bis er durch die Erscheinung des Auferstandenen bekehrt wurde (1Kor 15,7). Von nun an scheint er in der Christengemeinde zu Jerusalem eine überragende Rolle gespielt zu haben. So ging Paulus nach seiner eigenen Bekehrung u. nach seinem dreijährigen Aufenthalt in der Einsam-

keit der arabischen Wüste zunächst nach Jerusalem, um mit den Aposteln Fühlung aufzunehmen. Von den Aposteln traf er aber „nur den Kephas (Petrus) sowie auch Jakobus, den Bruder des Herrn" (Gal 1,19). Nach seiner 3. Missionsreise begab sich Paulus „zu Jakobus, u. auch alle Presbyter fanden sich ein" (Apg 21,18). Petrus, aus dem Gefängnis wunderbar befreit, sagte zu den überraschten Freunden: „Berichtet das dem Jakob u. den Brüdern!" (Apg 12,17). Nach der Flucht des Petrus wurde Jakobus das Haupt der Gemeinde von Jerusalem u. hatte als solcher ein großes Ansehen in der ganzen Stadt, auch bei den noch nicht bekehrten Juden. Auf dem Apostelkonzil in Jerusalem (Apg 15) spielte er eine führende Rolle. Er erwartete von den Judenchristen treue Beobachtung des mosaischen Gesetzes, wollte aber die Heidenchristen nicht mit dem jüdischen Beschneidungsgesetz belasten (Apg 15,19–21). Nach Klemens von Alexandria (Kirchenschriftsteller, † um 210), Hegesippos (Kirchenschriftsteller, 2. Jh.) und Josephus Flavius (jüd. Geschichtsschreiber, † nach 100) erhielt er wegen seiner Treue zum mosaischen Gesetz den ehrenden Beinamen „der Gerechte". Hegesippos nennt ihn „Oblias" (Bollwerk des Volkes) u. berichtet, daß nur er das Heiligtum des Tempels betreten durfte, was auf priesterliche Abstammung hinweist. Dies trifft sich mit der Tatsache, daß auch ↗ Elisabeth, die Base Mariens, mit Zaracharias verheiratet war, der ebenfalls Priester am Tempel zu Jerusalem war (Lk 1,5). Jakobus gelang es durch seinen Einfluß, eine große Zahl von Juden, auch aus den Reihen der Pharisäer, für den Glauben an Jesus Christus zu gewinnen. Es scheint sogar, daß er – von seiner Frau begleitet – kleinere Missionsreisen in die nähere oder weitere Umgebung von Jerusalem unternahm (vgl. 1 Kor 9,5). – Der Hohepriester Ananos nützte zu Ostern 62 eine der vielen Vakanzen des Prokuratorensitzes zu Jerusalem, den beim Volk so beliebten Zeugen für Christus steinigen zu lassen. Nach Hegesippus u. a. wurde er von der Tempelzinne gestürzt u. von einem Tuchwalker mit einer Keule erschlagen (vgl. auch ↗ Jakobus d. J.) Er ist aber nicht jener Jakobus, den Herodes Agrippa I. im Jahr 42 durch das Schwert hinrichten ließ (Apg 12,2), denn dieser wird ausdrücklich „Bruder des Johannes" (= Jakobus d. Ä.) genannt. Sein Haupt wird in Ancona verehrt. Er wird allg. als Verfasser des Jakobusbriefes angesehen.

Gedächtnis: 11. Mai (Griechen: 23. Oktober)

Darstellung: mit Walkerkeule

Lit.: M. Meinertz, Der Jakobusbrief u. sein Verfasser (Freiburg/B. 1905) – E. Nestle: ZNW 14 (1913) 265f – G. Kittel: ZNW 30 (1931) 145–156 – K. Aland, Der Herrenbruder Jakobus u. der Jakobusbrief: ThLZ 69 (1944) 97–103 – E. Stauffer, Zum Kalifat des Jakobus: ZRGG 4 (1952) 193–214 – Ders., Petrus u. Jakobus in Jerusalem: Begegnung der Christen (Festschr. O. Karrer) Stuttgart–Frankfurt 1959) 361–372 – P. Gaechter, Jakobus von Jerusalem: ZKTh 76 (1954) 129–169 – Ikonographie: Künstle II 324f

Jacobus de Marchia OFM, Hl. (Jakob von der Mark, Jacobus Picenus)

* 1394 zu Monteprandone (Marc Ancona, Mittelitalien). Er trat 1416 dem Franziskanerorden bei u. wurde Schüler des hl. ↗ Bernhardin von Siena. Von 1426 an trat er als einer der großen franziskanischen Volksprediger gegen die Häresien in Italien auf u. gründete mehrere „Montes pietatis" (Darlehenskassen gegen den Wucher, von ↗ Bernhardin von Feltre gegründet). 1437 wurde er Inquisitor u. Ordenskommissar in Ungarn u. Bosnien. 1455 unternahm er im Auftrag Calixtus' III. den Versuch, die Einheit des Ordens, der sich in Konventualen u. Observanten gespalten hatte, wiederherzustellen, was jedoch keinen Bestand hatte. Er war überhaupt als Reformator seines Ordens eifrig tätig u. genoß die Hochschätzung von Papst u. Kaiser. † am 28. 11. 1476 zu Neapel, sein unverwester Leichnam ruht dortselbst in S. Maria la Nuova. Heiliggesprochen 1726.

Gedächtnis: 28. November

Darstellung: als Franziskaner, mit Becher u. Schlange (mehrfach beigebrachtes Gift schadete ihm nicht)

Lit.: G. Caselli, 2 Bde. (Ascoli 1926) – G. Fabriani: Studi Francescani 44 (Florenz 1948) 30–49 – G. Pagnani: AFrH 45 (1952) 171–192, 48 (1955) 131–146

Jacobus (Jakobos), Bisch. **von Nisibis,** Hl. Er war Bisch. von Nisibis (heute Nusaybin, Osttürkei, an der Grenze zu Syrien). Er war der Lehrer des hl. ↗ Ephräm des Syrers u. nahm am Konzil von Nicäa gegen

den Arianismus teil. Er lebte in großer aszetischer Strenge. † 338 zu Nisibis während der Belagerung der Stadt durch die Perser. Sein Grab zu Nisibis galt als Schutz für die Stadt.
Gedächtnis: 15. Juli (Griechen, Kopten, Maroniten: 13. Jänner; Armenier: 15. Dezember)
Lit.: BHO[2] 405–411 – BHG[3] 769 – P. Peeters, La légende de St. Jacques de Nisibe: AnBoll 38 (1920) 283–373

Jacobus Salomonius OP, Sel. (Jacobus von Venedig)
* 1231 in Venedig. Er trat 1248 dem Dominikanerorden bei. Den größten Teil seines Lebens war er in Forlì (südl. von Ravenna) in der Erziehung seiner jungen Mitbrüder tätig, die er für das Ordensideal zu begeistern wußte. † am 31. 5. 1314 in Forlì. Sein Grab ist in der dortigen Ordenskirche. Kult 1525 bestätigt.
Gedächtnis: 31. Mai
Lit.: ActaSS Maii VII (1867) 450–466 – AFP 10 (1940) 109 – Walz 203 – ADomin Mai (1891) 815–824

Jacobus Strepa (Strzemie) OFM, Erzb. von Lemberg, Sel.
Er war Franziskanermissionar in Galizien, Podolien u. Wolhynien, zeitweise auch Guardian in Lemberg (Lwów). 1391 wurde er Erzb. der Diöz. Halicz (Slowakei). Er hatte als solcher großen apostolischen Eifer u. gründete viele neue Pfarreien. Er residierte in Lemberg, wohin der Sitz des Erzb. 1414 verlegt wurde. † 1409. Seine Gebeine ruhen in der Kathedrale von Lemberg. Kult 1790 bestätigt.
Gedächtnis: 21. Oktober
Lit.: O. Stanovský, Die Heiligen u. Seligen des Königr. Galizien . . . (Wien 1914)

Jacobus a Voragine (Varagine) OP, Erzb. von Genua, Sel.
* 1228/30 in Voragine (heute Varazze bei Genua). Er wurde 1244 Dominikaner. 1252–60 wirkte er als Professor der Theologie, anschließend als Prediger in Genua u. anderen Städten Italiens, 1267–78 u. 1281–86 als Provinzial der Lombardei. 1286 wurde er zum Erzb. von Genua gewählt, er nahm dieses Amt aber erst 1292 auf Befehl des Papstes an. Er bemühte sich um die Erhaltung des Friedens zw. den Guelfen u. Ghibellinen (Adelsparteien in der Lombardei). Er hinterließ eine Reihe von Werken: Sermones super Evangelia (Predigten für alle Sonn- u. Festtage des Jahres), Mariale aureum (Goldenes Marienbuch) u. das Chronicon Januense (Geschichte der Stadt Genua bis 1297). Sein berühmtestes Werk ist die Legenda sanctorum (Heiligen-Legende), die als Legenda aurea (Goldene Legende) bald größte Verbreitung fand. Sie übte einen großen Einfluß auf die dt. Legenden des ausgehenden Mittelalters wie auch auf die rel. poetische Literatur in Europa aus. In volkstümlich-erbauender Weise werden darin die Heiligen des Kirchenjahres behandelt. Sie wurde in alle Sprachen des Abendlandes übersetzt u. dabei inhaltlich jedesmal erweitert. Vermutlich verfaßte Jacobus auch Hymnen. † am 14. 7. 1298 in Genua.
Gedächtnis: 14. Juli
Lit.: Ausg. der Legenda aurea: lat. v. Th. Graesse (Regensburg 1891[3]), dt. v. R. Benz, 2 Bde (Jena 1917–21, 1955[2]) – DThC VIII 309–313 – ECatt VI 332f – Baudot-Chaussin VII 300–304 – P. Lorenzin, Mariologia J. a. V. (Rom 1951) – DE II 509f

Jacobus ↗ Jakob

Jacqueline (franz.) ↗ Jakobine

Jacques (franz.) ↗ Jakob

Jakob, Patriarch im AT
Name: hebr. jahakōb. In Gen 25,24–26 wird der Name volksetymologisch gedeutet von hakēb (Ferse: „dessen Hand hielt die Ferse des Esau"), in Gen 27,36 von hakāb (betrügen: „schon zweimal hat er mich überlistet"). Die tatsächliche Herleitung des Namens ist umstritten: Manche Forscher finden eine Entsprechung im Südarabischen: „(Gott) möge schützen", andere sehen darin den arabischen Vogelnamen jahakūb (Steinhuhn; Tiernamen werden nicht selten als Personennamen verwendet, z. B. Rachel = „Schaf" oder Lea aus hebr. le'ah = „Wildkuh" oder „Schlange"). In Ägypten finden sich in der Zeit Thutmosis' III., Ramses' II. u. der Hyksos der Personenname jah-kubél, der Ortsname jahakobel u. die unsichere Bezeichnung jahakob-hr.
Die Geschichte Jakobs findet sich in Gen 25–49: Er ist der Sohn des ↗ Isaak u. der ↗

Rebekka. Schon bei seiner Geburt ringt er mit seinem Zwillingsbruder Esau, indem er als Nachgeborener dessen Ferse hält (25,26), um ein Linsengericht kauft er ihm dessen Erstgeburtsrecht ab (25,29–34), zus. mit seiner Mutter Rebekka täuscht er den alten Vater u. erschleicht von ihm den Erstgeburtssegen u. muß nun vor dem erzürnten Esau fliehen (Gen 27). Er geht aber gleichzeitig im Auftrag des Vaters nach Haran (am oberen Euphrat), um sich dort aus der Sippe des Vaters eine Frau zu suchen. Auf dem Weg dorthin ermutigt ihn Gott durch den Traum von der Himmelsleiter (28,10–19). In Haran trifft er die schöne Rachel, muß sich aber bei seinem Verwandten Laban 7 Jahre um sie verdingen. Bei der Hochzeit wird er von Laban betrogen, indem dieser ihm seine andere Tochter Lea zuführt. Jakob muß weitere 7 Jahre bei Laban dienen, um auch Rachel zu erlangen (Gen 29). So hat er nun 2 Frauen. Lea schenkt ihm die Söhne Ruben, Simeon, Levi, Juda, Issakar, Zabulon u. die Tochter Dina sowie mit Hilfe ihrer Sklavin Zipla die Söhne Gad und Aser. Rachel schenkt ihm die Söhne Joseph u. später Benjamin sowie mit Hilfe ihrer Sklavin Bilha die Söhne Dan und Naphthali (Gen 30,1–24). Nun endlich will Jakob heimkehren, wird aber durch Laban neuerlich betrogen durch Vorenthalten seines Dienstlohnes. Durch eine List versteht er es aber, sich reichen Besitz an Schafen u. Ziegen zu machen (30,25–43). Jakob hat nun Angst, mit seinem Bruder Esau zusammenzutreffen, u. schickt ihm reiche Versöhnungsgeschenke voraus. In der Nacht vor der Begegnung ringt er mit einer geheimnisvollen Erscheinung bis zur Morgenröte, er erlangt deren Segen u. erhält den bedeutungsvollen Namen „Israel“ (nach biblischer Deutung „Gottesstreiter“) (Gen 32).

Bei der „Leiter“ im Traum Jakobs zu Betel darf man nicht an eine Sprossenleiter denken. Das entsprechende hebräische Wort sūllām leitet sich ab von salāl (aufschütten) u. ist daher besser mit Stufenrampe zu übersetzen. Man wird hier deutlich an die babylonischen Stufentürme (Zikkurat, Turm zu Babel: Gen 11,1–9) erinnert. Man kennt heute die Überreste von über 30 solcher Stufentürme in Mesopotamien. Sie waren ursprünglich (im 4. Jt. v. Chr.) nur wenige Meter hoch u. trugen auf ihrer obersten Plattform ein Tempelheiligtum, das vor Überschwemmungen geschützt werden sollte. Bald jedoch (seit dem 3. Jt. v. Chr.) wurden diese Zikkurats zu immer imposanterer Höhe aufgeführt. Der Zikkurat von Babylon (der bibl. Turm von Babel) etwa maß im Grundriß 91 × 91 m und war ebenso hoch. Abraham hat selbst solche Stufentürme gesehen.

Es ist bemerkenswert, wie sehr die Patriarchen um die Reinerhaltung ihres Blutes besorgt sind. So will Abraham keine verwandtschaftlichen Beziehungen mit den Kanaanitern eingehen, sondern läßt für seinen Sohn Isaak eine Braut aus seiner Verwandtschaft in Haran holen (Gen 24,3). Ebenso schickt Isaak seinen Sohn Jakob ebendorthin, um sich aus seiner Sippe eine Frau zu suchen (28,1–2). Daß Esau sich eine Hethiterin zur Frau nimmt, bereitet Isaak u. Rebekka großen Kummer (26,34–35).

Der Bericht der Bibel, wonach Jakob sich bei Laban je 7 Jahre für Lea u. Rachel verdingen muß, um damit den Brautpreis zu erlegen, ist durch die Familienverträge der sog. Nuzu-Tafeln belegt, die 1925/31 in Jorgan Tepe (dem alten Nuzu, 13 km südwestl. von Kerkuk, Irak) aufgefunden wurden.

War die Geschichte Abrahams u. Isaaks noch von geistiger Tiefe u. rel. Heroismus getragen, so führt die Geschichte Jakobs zurück in alle Niederungen menschlicher Unzulänglichkeiten. Durch all dieses Menschlich-Allzumenschliche aber bricht die dreimalige Erscheinung Gottes durch: im nächtlichen Traum zu Betel wiederholt Gott seine Verheißung mit fast denselben Worten wie einst seinem Großvater Abraham (Gen 12,7; 13,14–17 u. a.); in der Gotteserscheinung des nächtlichen Ringkampfes erhält er den Segen (32,23–33); in der 3. Gotteserscheinung erhält er die Bekräftigung des ersten Verheißungssegens (35,9–12).

Das zentrale Ereignis im Leben Jakobs ist sein nächtlicher Ringkampf. Wir wissen nicht, was dies genau war. In jedem Fall ist mit dieser Gotteserscheinung u. seinem Standhalten gegenüber der Macht Gottes

sein neuer Name Israel verbunden: „Du sollst hinfort nicht mehr Jakob heißen, sondern Israel, denn du hast mit Gott u. mit Menschen gerungen u. dabei den Sieg erfochten“ (32,29). In diesem Penuel (Antlitz Gottes), wie er diesen Ort nannte, wird zugleich eine neue Stufe der Gottesauffassung erreicht. Das Gottesbild Jakobs ist jetzt höher u. vergeistigter geworden als das seiner Verwandten in Haran.
Von bes. Interesse ist auch der Segen Jakobs, den er vor seinem Sterben über seine Söhne spricht (49,1–27). In Israel erhielt der Erstgeborene einen doppelten Anteil vom Erbe des Vaters, er besaß Autorität über seine Geschwister u. folgte seinem Vater als Sippenoberhaupt.
Gedächtnis: 6. Oktober (mit Abraham u. Isaak): Überführung der angeblichen Gebeine in Hebron in Juda im Jahr 1120; 2. Jänner: Translation der angeblichen Reliquien durch Karl IV. (1346–78) nach Prag; 5. Februar (mit Abraham u. Isaak, Sara, Lot, Melchisedech, Rachel, den 12 Söhnen Jakobs u. d. 2 Söhnen Josephs): Martyrologium des Richard Whitford von Salisbury; 19. Dezember (mit Isaak, Sara, Melchisedech, Rachel, Lea, den 12 Söhnen Jakobs u. d. 2 Söhnen Josephs): bei den Griechen
Darstellung: unter der Himmelsleiter schlafend. Mit Gott (bzw. einem Engel) ringend
Lit.: Kommentare zu Gen – Haag BL 771–774

Jakob (Jacques) **Berthieu** SJ, Märt., Sel.
* am 26. 11. 1838 in Polimhac (Auvergne, Zentralfrankreich). Er wurde 1864 zum Priester geweiht u. trat 1873 dem Jesuitenorden bei. 1875 wurde er als Missionar nach Madagaskar geschickt, wo er auf verschiedenen Missionsstationen wirkte. Im Gefolge des Krieges zw. Frankreich u. Madagaskar (1883) schwelte unter den Eingeborenen ein jahrelanger Haß gegen die Weißen, der sich in einem Aufstand (1895–96) entlud. Jakob wurde am 8. 6. 1896 aus Haß gegen den christlichen Glauben zu Ambiatibe ermordet. Seliggesprochen am 17. 10. 1965.
Gedächtnis: 8. Juni
Lit.: AAS 32 (1940) 519, 57 (1965) 817ff – A. Boudou, Le P. Jacques Berthieu (Paris 1935)

Jakob (Giacomo) **Capoccio** OESA, Erzb. von Neapel, Sel. (Jakob von Viterbo)
* zu Viterbo (nördl. von Rom) aus vornehmer Familie. Als Kind besuchte er die Schule der Augustiner-Eremiten am Monte Cimini (südl. von Viterbo) u. trat später selbst dem Orden bei. Nach Vollendung der Philosophiestudien wurde er nach Paris geschickt, wo er Theologie studierte u. zum Priester geweiht wurde. Anschließend wirkte er in der Heimat als Lektor der Theologie sowie 1283–85 Visitator u. Definitor (Mittelsmann zw. dem Generaloberen u. den Provinzobern) für Italien. 1288 erwarb er sich in Paris den Titel des Baccalaureus, 1293 den des Magisters u. war bis 1299 Magister regens in Paris, 1300–02 Primus Lector der Theologie in Neapel. 1302 wurde er für 3 Monate zum Erzb. von Benevent u. noch im selben Jahr zum Erzb. von Neapel ernannt. Er leistete Bedeutendes in der Trinitäts-Spekulation u. in der Lehre über die Kirche. In seinem Traktat De regimine christiano legte er eine systematische Zusammenschau über die Kirche vor, die in ihrer Art für seine Zeit einzigartig ist. † am 14. 3. 1308. Kult bestätigt am 14. 6. 1911.
Gedächtnis: 14. März
Lit.: AAS 3 (1911) 319f – Stegmüller RB III nn. 3876–3879 – Stegmüller RS I nn. 390ff – M. Grabmann (Episkopat u. Primat bei J.): Episcopus. Festschr. M. Kard. Faulhaber (Regensburg 1949) 185–206

Jakob (Diego) **Carvalho** SJ, s. Märt. in Japan (S. 912f)

Jakob der Einsiedler, Hl.
Er lebte 15 Jahre lang in einer Höhle auf dem Berge Karmel. Als eines Tages eine tiefgesunkene Frauensperson kam, um ihn zur Unzucht zu verleiten, blieb er standhaft u. bekehrte sie zum christlichen Glauben. Er bezog dann eine andere Höhle u. wohnte dort 30 Jahre lang, von wo aus er eine rege Missionstätigkeit entfaltete. Zuletzt aber fiel er doch noch in schwere Sünden, worüber er fast in Verzweiflung geriet. Zur Buße lebte er noch 10 Jahre lang in einem Grab u. beweinte seine Schuld. † im 6. Jh.
Gedächtnis: 28. Jänner

Jakob Griesinger OP (Jakob von Ulm, Jacobus Alemannus), Sel.
* 1407 in Ulm als Sohn eines reichen Kaufmannes. Er erlernte die Glasmalerei. Mit 25

Jahren machte er eine Wallfahrt nach Rom u. führte dann ein unstetes Leben als Gutsverwalter eines Adeligen zu Capua u. anschließend als Söldner in Neapel u. Bologna. 1441 trat er als Laienbruder dem Dominikanerorden bei, wo er bes. als Glasmaler tätig war. So schuf er das kunstvolle Fenster der Cappella dei Notai in der Kirche S. Petronio zu Bologna, welches er 1466 vollendete. † am 11. 10. 1491 zu Bologna. Seine Gebeine ruhen in S. Domenico zu Bologna. Seliggesprochen 1825.
Liturgie: Rottenburg g am 11. Oktober
Darstellung: als Dominikaner, Glasmaler, mit Pilgermuschel, Panzerhemd unter dem Ordenskleid
Patron: der Glasmaler, Glaser
Lit.: H. Wilms (Dülmen 1922) – J. L. Fischer, Handbuch der Glasmalerei (Leipzig 1937²) 203f

Jakob (Jacques-Désiré) **Laval** CSSp, Sel.
* am 18. 9. 1803 in Croth (Dep. Eure, Nordfrankreich). Er studierte Medizin u. wirkte ab 1830 5 Jahre als Arzt. Anschließend trat er in das Seminar St-Sulpice in Paris ein, wurde 1838 Priester u. arbeitete 2 Jahre als Pfarrer in Pinterville. Während dieser Zeit stand er in enger Verbindung mit François-Paul Libermann, dem Sohn eines Rabbiners. Dieser wurde nach seiner Konversion (1826) im Jahr 1841 Priester u. gründete im selben Jahr die Kongregation vom Hl. Herzen Mariens zur Missionsarbeit in Afrika. Laval schloß sich ihm an u. ging im September 1841 auf die Insel Mauritius (östl. von Madagaskar), wo das rel. Leben völlig darniederlag. Hier arbeitete er mit so großem Eifer u. Erfolg, u. vor allem nahm er sich derart der rechtlosen u. ausgebeuteten einheimischen Bevölkerung an, daß er damit den Widerstand der Weißen erregte. Er konnte sich aber mit seiner grenzenlosen Geduld u. Selbstlosigkeit allmählich durchsetzen. 1848 wurde die Kongregation vom Hl. Herzen Mariens mit der Kongregation vom Hl. Geist (Spiritaner; gegr. 1703 in Paris von Claude-François Poullart-des-Places) zusammengelegt. Laval starb am 9. 12. 1864 und wurde in der Hl.-Kreuz-Kirche zu Port Louis (Mauritius) beigesetzt. Er wird als der Apostel von Mauritius verehrt. Seliggesprochen am 29. 4. 1979.
Gedächtnis: 9. Dezember
Lit.: L'Osservatore Romano (dt. Ausg.) 9 (1979) Nr. 17, 3 – J. Th. Rath, Der Sklaven Knecht (Donauwörth 1949)

Jakob Lacops OPraem, s. Märt. in Gorkum (S. 906)

Jakob von Padua OFM ↗ Thomas von Tolentino

Jakob (Jacques) **Salès** SJ u. **Wilhelm** (Guillaume) **Saultemouche** SJ, Märt., Sll.
* am 21. 3. 1556 zu Lesoux (Auvergne, östl. von Clermont). Er besuchte 1569–73 das Gymnasium am Jesuitenkolleg zu Billom (südöstl. von Clermont), wo ihn P. Leunis SJ, der Gründer der Marianischen Kongregation, in die dortige Sodalität aufnahm. 1573 trat er in Verdun (Nordfrankreich) dem Jesuitenorden bei. Die höheren Studien absolvierte er in Pont-à-Mousson (südöstl. von Metz) u. wurde Lehrer für Theologie. Er mußte aber wegen seiner angegriffenen Gesundheit unterbrechen u. konnte nur wenige, aber sehr erfolgreiche Volksmissionen halten. Als großer Verehrer der Eucharistie tat er viel, um die alten Gebräuche zur Verehrung des Altarsakramentes wieder zu beleben. Ende 1590 wurde er Professor der Theologie in Tournon (an der unteren Rhone), wo sogar Hugenottensöhne seine Vorlesungen besuchten. Im November 1592 wurde er nach Aubenas (Dep. Ardèche, 60 km südwestl. von Tournon) geschickt, das 5 Jahre zuvor wieder in die Hände der Katholiken gefallen war. Dort sollte er durch Predigt u. persönlichen Verkehr die Calviner wieder für den kath. Glauben gewinnen. Am 6. 2. 1593 überfielen calvinische Hugenotten ungeachtet des zugesicherten Waffenstillstandes die Stadt. Jakob Salès wurde mit seinem Begleiter, dem Laienbruder ↗ Wilhelm Saultemouche SJ, gefangengenommen u. 2 Tage lang ohne Nahrung in Haft gehalten. Die Hugenotten führten mit ihm lange Disputationen über theol. Fragen, bes. über die Gegenwart Christi in der Eucharistie. Weil sie jedoch unterlagen, wurde der Tod der beiden Jesuiten beschlossen. Nach einem neuen Versuch, die beiden zum Abschwören ihres Glaubens an die Eucharistie zu bewegen, wurden sie von Soldaten u. einem aufge-

brachten Pöbel am 7. 2. 1593 grausam ermordet. Der Eucharistische Kongreß zu Rom 1905 beantragte die Seligsprechung der beiden, die am 6. 6. 1926 erfolgte.
Gedächtnis: 7. Februar
Lit.: C. Kempf, Heiligkeit der Gesellsch. Jesu I (Einsiedeln 1922) 268–272 – A. Kleiser, Zwei Jesuitenmärtyrer der hl. Eucharistie (Freiburg/B. 1930^2)

Jakob der Zerschnittene, Märt., Hl.
Er stammte aus einem vornehmen Geschlecht in der Königsstadt Beth Lapat (Ruinen bei Sahabad, Persien) u. war Hofbeamter beim König Jezdegerd I. (399–420). Dieser König war im Gegensatz zu Schapur II. (309–379) den Christen wohlwollend gesinnt. Als aber in seinem letzten Regierungsjahr einige Christen gewaltsam gegen die persische Feuerreligion vorgingen, änderte er seine Gesinnung u. leitete eine neue Verfolgung ein. Jakob wurde unter dem Druck schwach u. fiel vom Glauben ab. Durch den Einfluß seiner Mutter u. seiner Gattin bekannte er aber wieder seinen christlichen Glauben u. wurde unter Bahram V. am 27. 11. 420 (?) zu Tode gemartert, indem man ihm stückweise die Glieder abschnitt. Sein Haupt soll 1103 in das Kloster Cormarey (Diöz. Tours) u. von dort um 1440 in den Vatikan gekommen sein. Seine Passio deckt sich teilweise mit der des hl. ↗ Peroz.
Gedächtnis: 27. November
Lit.: P. Devos: AnBoll 71 (1953) 153–210, 72 (1954) 213–256 – Baudot-Chaussin XI 934ff

Jakob ↗ Jacobus

Jakobine, weibl. F. zu ↗ Jakob

James (engl.) ↗ Jakob

Jan (niederdt., fries., niederl., tschech., poln.) ↗ Johannes

Jane (engl.) ↗ Johanna

Janko (slaw.), Kf. zu ↗ Jan (↗ Johannes)

János (ungar.) ↗ Johannes

Janssen ↗ Arnold Janssen

Januarius, Bisch. **von Neapel,** u. 6 Gef., Märt., Hll. (ital. Gennaro)
Name: lat., der dem Gott Janus Geweihte. Janus war die altitalische Gottheit des Sonnen- u. Jahreslaufes. Ihm war der Tages- u. Jahresbeginn u. jeder Hauseingang heilig (lat. ianua, Tür). Er wurde doppelgesichtig dargestellt (wohl symbolisch für den Wechsel von Tag u. Nacht)
Nach der legendarischen Passio aus dem 6./7. Jh. wäre er Bisch. von Benevent (nordöstl. von Neapel gewesen, die älteste Quelle (um 432) dagegen bezeichnet ihn als Bisch. von Neapel. Der Anspruch Benevents auf ihn als Bisch. ist vermutlich darauf zurückzuführen, daß das Geschlecht der Januarier in beiden Städten ansässig war. Januarius wurde 305 in der Verfolgung des Diokletian unter dem Statthalter Timotheus von Kampanien „ad Sulphuratoriam" (bei den Schwefelquellen) in der Nähe von Pozzuoli bei Neapel zus. mit 6 Gefährten enthauptet. Diese waren: sein Diakon **Festus** u. sein Lektor **Desiderius, Sosimus,** Diakon in der Kirche zu Misenum (Miseno bei Neapel), u. 3 Christen aus Pozzuoli, der Diakon **Proculus** u. die Bürger **Eutyches** u. **Acutius.** Befreit man die Passio der 7 Leidensgefährten von ihrem üppigen legendären Rankenwerk, dürfte folgendes als historischer Kern übrigbleiben: Sosimus, ca. 30 Jahre alt, sollte dem Jupiter opfern. Da er sich weigerte, wurde er zuerst grausam geschlagen u. im benachbarten Pozzuoli eingekerkert. Proculus, Eutyches u. Acutius, die ihn dort besuchen wollten, wurden ebenfalls festgenommen, unmenschlich geschlagen u. in dasselbe Gefängnis geworfen. Bisch. Januarius hörte davon u. wollte die Gefangenen aufsuchen, wurde aber unterwegs verhaftet u. in Nola grausam mißhandelt u. eingekerkert. Festus u. Desiderius wollten ihren Bisch. im Gefängnis besuchen. Sie wurden ebenfalls festgenommen u. zus. mit Januarius in Ketten nach Pozzuoli abgeführt, wo alle zus. am folgenden Tag enthauptet wurden. Sie wurden dortselbst ehrenvoll bestattet.
Die Gebeine der hll. Proculus, Eutyches u. Acutius wurden später nach Pozzuoli überführt, die des Sosimus nach Misenum u. die der hll. Festus u. Desiderius nach Benevent. Die Gebeine des hl. Januarius wurden mehrfach übertragen. Die 1. Übertragung geschah an einem 19. September, wahr-

scheinlich unter Bisch. Severus († 412), in eine Vorstadt von Neapel. Am 23. 10. 817 (825 ?) kam der größte Teil nach Benevent, das Haupt u. das aufbewahrte Blut des Heiligen verblieben in Neapel. Während der Sarazenenkriege kam ein Teil 871 nach Reichenau (Bodensee), von dort später wieder ein Teil nach Rheinau (Schweiz) u. wieder später nach Prag. Nach 1130 wurden die Gebeine des Heiligen in Benevent in Kriegsgefahr heimlich in das Kloster auf dem Monte Vergine gebracht, wo sie vergessen u. 1480 bei einer Kirchenrestaurierung wieder aufgefunden wurden. Sie wurden am 13. 1. 1197 nach Neapel zurückgebracht.
Alljährlich, gewöhnlich zu den Hauptfesten des Heiligen, am 13. Jänner, 1. und 2. Mai, 19. September u. 16. Dezember, ereignet sich das sog. Blutwunder des hl. Januarius: das sonst eingetrocknete Blut des Heiligen in den beiden Ampullen wird flüssig. Dieses Blutwunder ist erstmals 1389 sicher bezeugt, es muß aber viel weiter in die Vergangenheit zurückreichen. Nach dem Urteil auch moderner kritischer Augenzeugen gibt es dafür keine natürliche Erklärung.
Liturgie: GK g am 19. September
Darstellung: als Bisch. von wilden Tieren umgeben (die ihn verschonten). In Flammen stehend (die ihn nicht versehrten). In einem glühenden Ofen in Stiergestalt (worin er unversehrt blieb). Ein Fläschchen mit seinem Blut über dem Evangelienbuch in der linken, den Bischofsstab in der rechten Hand. Mit dem ausbrechenden Vesuv. Erweckt einen toten Knaben
Patron: von Neapel, Benevent; der Goldschmiede (weil er in einen glühenden Ofen geworfen worden sein soll), gegen die Eruptionen des Vesuv (die Stadt wurde wiederholt auf seine Fürbitte hin verschont)
Lit.: H. Delehaye: AnBoll 59 (1941) 1–13 – F. Halkin: ebd. 66 (1948) 324f – G. B. Alfano – A. Amitrano, Il miracolo di S. Gennaro in Napoli (Neapel 1950) (Bibl.)

Januarius, Märt. **in Rom** ↗ Felicitas u. 7 Söhne

Jaromir
Name: russ. járyi (zornig, heftig, mutig, eifrig, geschwind) + mir (Friede)

Jaroslaw
Name: russ. járyi (zornig, heftig, mutig, eifrig, schnell) + sláwa (Ruhm, Ehre)

Jasmine
Name: weibl. Vorname, von Jasmin, dem Zierstrauch mit den stark duftenden Blüten. Der Name kam erst in neuester Zeit unter engl. und franz. Einfluß auf.

Jason, Apostelschüler, Hl.
Name: zu griech. iāsthai (heilen), iatrós (Arzt): der Heilende. Der Name wurde in spätjüdischer Zeit in lautlicher Angleichung gräzisiert aus hebr. jeschua' (↗ Jesus Christus)
Jason war ein Bürger aus Thessalonike, der ↗ Paulus u. ↗ Silas in seinem Haus aufnahm. Deswegen wurde er in einem Aufruhr mit einigen anderen Christen vom Straßenpöbel vor die Stadtobersten geschleppt u. erst nach Hinterlegung einer Bürgschaftssumme wieder freigelassen (Apg 17,1–9). Vermutlich ist er identisch mit jenem Jason in Korinth, der in der Grußadresse des Römerbriefes mitunterzeichnet (Röm 16,21). Er soll auf Zypern gestorben sein.
Gedächtnis: 12. Juli

Jason, Märt. **in Rom,** Hl.
Er war der Bruder des ↗ Maurus u. Sohn des ↗ Claudius u. dessen Gattin Hilaria u. wurde um 282/285 (?) mit 70 Soldaten enthauptet.
Gedächtnis: 3. Dezember

Javouhey ↗ Anna Maria Javouhey

Jean (franz.) ↗ Johannes

Jeanne (franz.) ↗ Johanna

Jeanette (franz.), Verkl.f. zu ↗ Johanna

Jens (dän.) ↗ Johannes

Jeremias, Prophet im AT
Name: hebr. jirm^{e}jahu (Jahwe richtet auf, Jahwe gründet, Jahwe erhöht) (LXX, Vulgata: Jeremias; Luther, Loccum: Jeremia)
Jeremias wurde um 650 v. Chr. zu Anatot, einem Dorf im Land Benjamin (etwa 2

Stunden nördl. von Jerusalem) aus vornehmem priesterlichem Geschlecht geboren. Sein Vater hieß Hilkia. In 1 Kön 2,26–27 wird erzählt, daß Salomo den Ebjatar von seinem Priesteramt absetzte u. nach Anatot ins Exil schickte. Jeremias konnte somit aus diesem Geschlecht stammen. Er erhielt seine Berufung zum Prophetenamt im 13. Regierungsjahr des Königs Josia (626 v. Chr.) (Jer 1,1–10). Seine Wirksamkeit erstreckte sich über einen Zeitraum von mehr als 40 Jahren. Seine Reden wurden von späteren Herausgebern, bes. von Baruch, zus. mit historischen Abschnitten gesammelt u. recht willkürlich nebeneinandergestellt. Es finden sich zahlreiche Wiederholungen, die chronologische Ordnung ist oft empfindlich gestört. Als Hauptredaktor kommt Baruch in Frage, der Vertraute u. Sekretär des Jeremias (vgl. Jer 32,12–13; 36,4ff; 45,1).

Die Predigttätigkeit des Jeremias ist nur vor dem Hintergrund seiner Zeitgeschichte zu verstehen (vgl. 1 Kön 18–25): 722 v. Chr. war das Nordreich Samaria erobert u. die Bevölkerung in die assyrische Gefangenschaft abgeführt worden. Das Südreich Juda war seit König Manasse (693–639) ebenfalls Assyrien unterworfen. Doch dessen Macht war bereits im Sinken begriffen, u. es gab in Juda starke politische Kräfte, sich von Assyrien zu befreien. Zugleich mit dem assyrischen Joch waren heidnische Kultbräuche ins Land gekommen, bes. die Verehrung der phönizischen Gottheiten Baal u. Aschera. Überall auf den Anhöhen wurden heidnische Opferstätten errichtet, an denen Baalspriester ihres Amtes walteten. Im Tempel zu Jerusalem standen Götzenbilder u. sonstige heidnische Kultgegenstände, die Tempel-Prostitution florierte, die heiligen Schriften lagen irgendwo unbenützt in einem Depot, das Passah-Fest wurde schon lange nicht mehr begangen. In diese Zeit fallen die ersten Reden des Propheten: Er tadelt das Volk wegen seines Abfalls von der Verehrung Jahwes u. der Einführung des Baalskultes. Werde das Volk weiter verstockt bleiben, dann werde der Feind aus dem Norden das Land vernichten u. das Volk in die Gefangenschaft führen (tatsächlich kam später Nebukadnezar in 3 großen Angriffen aus dem Osten) (Jer 1–6).

Im Jahr 638 v. Chr. wurde Josia mit 8 Jahren König in Juda. In seinem 18. Regierungsjahr ließ er den Tempel restaurieren. Bei dieser Gelegenheit fand man die „Gesetzesrolle" (wohl das Buch Deuteronomium). Josia ließ sie öffentlich verlesen u. begann darauf eine gründliche Säuberung des Tempels von allen heidnischen Kultgegenständen. Die Baalspriester wurden aus dem Land gejagt oder getötet, die Heiligtümer auf den Anhöhen zerstört, die Götzenbilder aus dem Tempel geschafft u. verbrannt. Tatsächlich gelang es Josia, den Jahwekult – zumindest rein äußerlich – wiederherzustellen. Jeremias unterstützte diese Reformbestrebungen durch seine Predigten: die wahre Reform erschöpfe sich nicht in einem rein äußerlich vollzogenen Ritual, sondern müsse von innen kommen (Kap. 7–10).

Josia konnte aber sein Reformwerk nicht mehr vollenden. Im Jahr 609 v. Chr. fiel der Pharao Necho ins Land ein, Josia stellte sich ihm entgegen u. fiel in der Schlacht von Megiddo (heute tel el-mutesellim, am Südostende des Karmel). Nun war Juda ein Vasall Ägyptens. Der Pharao setzte 608 v. Chr. Joachas, den Sohn des Josia, zum neuen König ein, doch bereits 3 Monate später dessen Bruder Jojakim (608–597 v. Chr.). Jojakim unterdrückte erbarmungslos jede Opposition. Die Folge war eine schwelende Krise, die das Volk entzweite u. unzufrieden machte u. die Wirtschaft lähmte. Dies war der Anlaß für die Anklage des Jeremias, der König unterdrücke die Armen u. beuge das Recht, während er selbst sich einen großartigen Palast erbaue (Kap. 22). Die rel. Reform des Josia war schnell vergessen. Jeremias hielt deshalb erneut ernste Strafpredigten und erneuerte seine Unheilsprophezeiungen über ein kommendes großes Strafgericht (bes. Kap. 11–17).

Die angekündigte Strafe trat ein. 605 v. Chr. erschien Nebukadnezar, der neue König von Babylonien, u. eroberte das Reich Juda u. alle Gebiete am Mittelmeer. Er lähmte die Widerstandskraft des Volkes, indem er alle Vornehmen und alle Metallhandwerker ins Exil nach Babylonien führte (1. Wegführung ins Babylonische Exil). Jojakim wurde ein Vasall des Babylonierkönigs, fiel aber nach 3 Jahren wieder von

ihm ab. Er starb kurz bevor Nebukadnezar ein zweites Mal (598/597) heranrückte, Jerusalem erneut eroberte u. brandschatzte u. den jungen König Jojachin mit 4600 Juden nach Babylonien deportierte (2. Wegführung). Jeremias schrieb an die Exulanten einen Brief u. ermahnte sie, ihre Träume auf baldige Heimkehr aufzugeben u. sich auf ein langes Exil vorzubereiten (Kap. 29).
Die Babylonier machten Zedekia (Sidkia), den sie sich willfährig dünkten, zum neuen König (597–587). Zedekia schätzte den Jeremias, schlug aber alle seine Warnungen in den Wind u. schloß sich einer starken proägyptischen Partei im Land an, die mit Ägypten u. Tyrus eine Verschwörung gegen Babylon anzettelte (Kap. 27). Jeremias stemmte sich leidenschaftlich dagegen, doch umsonst. Man beschuldigte ihn des Verrates, er wurde geschlagen, eingekerkert u. eine Nacht in den Block gelegt (37, 11–16), ja man plante sogar einen Mordanschlag gegen ihn (18,18–23).
Nun rückte Nebukadnezar 587 v. Chr. ein drittes Mal heran u. belagerte Jerusalem eineinhalb Jahre lang (Kap. 39). Jeremias drängte weiter zur Kapitulation u. wandte sich auch an einzelne Bürger, sie hätten nur noch die Wahl zwischen Leben u. Tod. Da wurde er der Wehrkraftzersetzung angeklagt. Die Armeegenerale erhoben sich u. warfen ihn in eine mit Schlamm gefüllte Zisterne, wo er umkommen sollte. Nur das persönliche Eingreifen des Zedekia rettete ihn vor dem Tod (38,4–16). Jerusalem fiel endlich 586 v. Chr. u. wurde dem Erdboden gleichgemacht, der Rest seiner Bevölkerung kam in die Babylonische Gefangenschaft (3. Wegführung). Jeremias kam sein unermüdliches Eintreten für eine Friedenspolitik gegenüber Babylon sehr zustatten. Babylonische Beamte traten für ihn ein u. schützten ihn (39 u. 40,1–6). Er aber verriet sein Volk nicht u. trat nicht zu den Babyloniern über, sondern blieb im verwüsteten Jerusalem. Nach dem Mord an Gadalja, dem von den Babyloniern ernannten Gouverneur des Landes, zwangen einige Judäer den Propheten, mit ihnen nach Ägypten zu fliehen (43,5–7), wo er seine letzten Lebenstage verbrachte. Mit ihm zog auch Baruch, der seine letzten Worte aufschrieb. Möglicherweise von Ägypten aus schrieb Jeremias Trostworte an die Exulanten in Babylonien, wo er ihnen die künftige Heimkehr vor Augen stellte u. ihnen versicherte, daß Jahwe seinen Bund mit dem Volk nicht vergessen habe (Kap. 31).
Im Anschluß an das Buch Jeremias stehen die Klagelieder. Sie werden seit der Septuaginta oft dem Jeremias zugeschrieben, es findet sich darin aber keinerlei Hinweis auf einen Verfasser. Die Klagelieder haben schon in alter Zeit Eingang in die Liturgie des Karfreitags gefunden (Lamentationen).
Gedächtnis: 1. Mai
Darstellung: mit einer Rute in der Rechten (wohl in bezug auf den Mandelbaum: Jer 1,11) u. einem Riemen mit einem eisernen Ring in der Linken (Jeremias legt sich gleichnishaft das Joch auf den Nacken: Jer 27,1–11). Eine weibliche Gestalt, mit Krone, Weihrauch opfernd (Götzendienst der Juden). Im Kerker gefesselt liegend, ein Engel offenbart ihm die Zukunft, ein anderer schreibt sie nieder. Sitzend mit einem Gebetszettel. Wird aus einer Grube (Zisterne), in die man ihn geworfen hat, herausgezogen. In der Wüste sitzend, einen Löwen zu seinen Füßen (Babylon?). Buch u. Feder in Händen haltend. Auf den Trümmern Jerusalems sitzend. Mit einem schwebenden Kessel (vgl. Jer 1,13)

Lit.: W. Lauck (Freiburg/B. 1938) (pastoral) – F. Nötscher (Bonn 1934) – Ders. (Würzburg 1958) – P. Rießler (Münster 1914)

Jerôme (franz.) ↗ Hieronymus

Jesaja ↗ Isaias

Jesse ↗ Isai

Jesus Christus
Name: a) hebr. jᵉhōschūa' (Jahwe ist Heil) wird verkürzt zu jōschūa' (↗ Josue) oder jᵉschūa'; im NT durchwegs zu Iesūs gräzisiert; – b) aram. mᵉschīchā', hebr. hammaschīach (mit Artikel; der Gesalbte) wird im NT zu Messias gräzisiert bzw. mit „ho Christós" übersetzt (Mt 1,17 u. ö.).
So wurden zunächst allgemein die jüdischen Könige genannt, die durch Salbung ihre Würde erhielten, z. B. Saul (1 Sam 10,1) oder David (1 Sam 16,13). Auch dem Hohenpriester gebührte dieser Titel (Lev 8,12 u. ö.). In spätjüdischer Zeit, jedenfalls

seit dem 1. Jh. v. Chr., wurde diese Bezeichnung nur noch für den verheißenen Erlöser, „den König der Juden" (Joh 19,19) gebraucht. Bereits in apostolischer Zeit wurde „Christus" durch Weglassen des Artikels zu einem Beinamen Jesu (Mt 1,18 u. ö.).
Zum Geheimnis der Person Jesu Christi: s. Herrenfeste (S. 60ff).

Jim (engl.), volkstüml. Nf. zu ↗ James (Jakob)

Jiri (russ.) ↗ Georg

Joachim, Vater der Gottesmutter Maria, Hl.
Name: hebr. j^e^hojakim, Jahwe wird aufrichten. In verkürzter Form begegnet der Name im AT als Jojakim
Joachim als Gemahl der hl. ↗ Anna u. Vater der Gottesmutter ↗ Maria findet sich erstmals im apokryphen Jakobus-Evangelium (um 150) u. im Anschluß daran im Pseudo-Matthäusevangelium (Liber de ortu beatae Mariae Virginis, ca. 5. Jh.) u. im Evangelium de nativitate Mariae (Evangelium über die Geburt Mariä, ca. 6. Jh.). Nach dieser Legende stammte er aus Sephoris in Galiläa (hebr. Zippori, arab. saffurie, 5 km nördl. von Nazareth) u. lebte später mit Anna in Jerusalem, nach ↗ Johannes von Damaskus am Schaftor. Die Priester wiesen ihn wegen Kinderlosigkeit vom Opfer im Tempel zurück. Er ging in die Einöde u. führte ein Leben der Frömmigkeit u. Wohltätigkeit. Nach 20jähriger Ehe wurde ihm durch einen Engel ein Kind versprochen (so Ps.-Matthäus) u. in Nazareth geboren (so Ev. de nat. Mariae). Demgegenüber hält die Marienkirche in Jerusalem eine alte Überlieferung fest, daß Maria an der Stelle der Kirche geboren sei u. gewohnt habe u. dort auch gestorben sei. Diese Legende des Jakobus-Evangeliums war im Abendland sehr verbreitet, fand aber Widerspruch u. a. bei ↗ Augustinus u. ↗ Innozenz I. ↗ Jacobus a Voragine nahm den Stoff in seine Legenda aurea auf.
Sein Fest wurde u. wird an sehr verschiedenen Tagen begangen: Die Griechen feiern ihn seit dem 7. Jh. am 9. 9., die Kopten am 2. 4., die Syrer am 25. 7. (angeblicher Todestag), die Maroniten am 9. 9. u. 20. 11. Im Abendland feierte man ihn seit dem 15./16. Jh. am 16. 9., 9. 12. oder 20. 3. Um 1572 wurde das Fest gestrichen, 1622 aber durch Gregor XV. wieder aufgenommen u. auf den Sonntag nach dem 15. 8. verlegt, 1913 auf den 16. 8. verschoben.
Liturgie: GK G am 26. Juli (zus. mit Anna)
Darstellung: sein Kind Maria auf dem Arm tragend, einen Korb mit 2 Tauben zum Opfer bringend. Als Greis (zus. mit Anna auf Marienaltären)
Patron: der Eheleute, Schreiner, Leinenhändler
Lit.: W. Bauer, Das Leben Jesu im Zeitalter der ntl. Apokryphen (Tübingen 1909) 9ff – Künstle I 322–341, 647f – B. Kleinschmidt, Die hl. Anna. Ihre Verehrung in Gesch., Kunst u. Volkstum (Düsseldorf 1931) – M. Lindgren-Tridell, Der Stammbaum Mariä aus Anna u. Joachim: Marburger Jahrb. für Kunstwiss. 11–12 (1938–39) (Marburg 1941) 289–308 – Altaner^4 56f

Joachim OCist, Abt **von Fiore,** Sel.
* um 1130 in Celico bei Cosenza (Kalabrien, Unteritalien). Er wurde Zisterzienser in Corazzo u. um 1177 Abt dortselbst. Um 1190 gründete er das Kloster S. Giovanni in Fiore (Kalabrien), das sich zum Orden der Floriazenser, einem Reformzweig der Zisterzienser, entwickelte. Er erarbeitete eine apokalyptische Geschichtstheologie u. eine Trinitätslehre, die aber vom 4. Laterankonzil (1215) wegen tritheistischer Tendenzen (Dreigötter-Glaube) zurückgewiesen wurde. † 1202 in Fiore.
Gedächtnis: 29. Mai (Translation)
Lit.: H. Grundmann (Leipzig 1927) – A. Dempf (Darmstadt 1954^2) – J. Ratzinger, Die Geschichtstheologie des hl. Bonaventura (München 1959) – B. Hirsch-Reich: RThAM 26 (1959) 128–137

Joachim von Piccolomini OSM, Sel.
Er entstammte dem altröm., nach Siena (Toskana) eingewanderten Adelsgeschlecht der Piccolomini. Er trat mit 14 Jahren in das Servitenkloster zu Siena ein u. empfing das Ordenskleid aus der Hand des hl. ↗ Philippus Benitius. Er wirkte u. a. in Arezzo. † 1305.
Gedächtnis: 16. April
Darstellung: heilt einen vom Veitstanz Befallenen

Joachima Vedruna (verwitw. de Mas), Hl.
* am 16. 4. 1783 in Barcelona (Spanien).

Nach dem Tod ihres Mannes u. der Sicherung ihrer Kinder widmete sie sich ganz der Selbstheiligung u. den Werken der Nächstenliebe. 1826 gründete sie für arme Mädchen u. verlassene Kranke die Kongregation der „Karmelitinnen der Liebe“, die sich bis heute zur größten, dem Karmeliterorden als 3. Orden angeschlossenen Kongregation entfaltet hat. † am 28. 8. 1853 zu Vich (50 km nördl. von Barcelona). Seliggesprochen am 19. 5. 1940, heiliggesprochen am 12. 4. 1959.
Gedächtnis: 28. August
Lit.: AAS 51 (1959) 750ff – Compendio ilustrado de la historia de RR. Carmelitas de la Caridas (Vich 1926) – E. Federici (Rom 1940) – ECatt XII 1158

Job, Gestalt des AT
Name: hebr. ijjob. Der Name ist westsemitischen, jedoch nichtisraelitischen Ursprungs u. findet sich in Ägypten (20. u. 18. Jh. v. Chr.), in alt-südarabischen Zeugnissen, in Alalach, Ugarit und Mari. Die Marnabriefe (Ägypten 15./14. Jh. v. Chr.) erwähnen einen gewissen ajab (a-ha-ab), König von Pella (Ostjordanland). Der Name bedeutet vielleicht: „Wo ist mein Vater?“ (LXX, Vulg.: Job, Luther: Hiob, Locc.: Ijob)
Job ist die Hauptgestalt des gleichnamigen biblischen Buches. Trotz des lehrhaften Charakters des Buches ist Job als geschichtliche Persönlichkeit anzunehmen. Ezechiel nennt ihn zus. mit ↗ Noe u. ↗ Daniel als einen vorbildlichen Mann (Ez 14,14+20). Dies zeigt, daß er schon sehr früh, etwa zur Zeit der ↗ Patriarchen (19./18. Jh. v. Chr.) bei den Israeliten bekannt u. als Vorbild geschätzt war. Zu späterer Zeit wäre die Anerkennung eines Nicht-Israeliten kaum denkbar gewesen. Die soziologischen Verhältnisse, wie sie in Kap. 1-2 geschildert werden, passen sehr gut in das Bild eines patriarchalisch regierenden Sippenoberhauptes, wie wir es etwa von ↗ Abraham her kennen. Als Heimat des Job wird Us (Hus, Uz) genannt (1,1), welches „im Osten“ lag (1,3). Meist wird hier auf eine Gegend östl. des Toten Meeres gewiesen. Da werden die „Sabäer“ genannt (1,15). Das Königreich Saba wird in der Bibel mehrfach erwähnt. Ihre Urheimat war wohl Nordwestarabien, sie breiteten sich im 2. Jahrtausend v. Chr. bes. in den Süden Arabiens aus. Die Sabäer waren ein Volk mit starker kolonialer Ausstrahlung u. trieben einen regen Handel mit Gold, Edelsteinen, Zedernholz, Weihrauch u. Spezereien. Der „mächtige Wind von jenseits der Wüste“ (1,19) läßt an die arabische Wüste denken. „Die Chaldäer“, die die Hirten u. die Herden Jobs überfielen (1,17), waren wohl nicht die seßhaften Bewohner Mesopotamiens, sondern die zw. den Städten umherziehenden semitischen Stämme, die im 2. Jahrtausend v. Chr. nach dem Westen auswanderten (↗ Abraham). In der Wahl der Mittel, ihren Lebensunterhalt zu bestreiten, werden diese Nomaden nicht immer gerade zimperlich gewesen sein. Alles in allem war die Geschichte Jobs altes Traditionsgut bei den Israeliten. Der Verfasser des Buches Job setzte sie als bekannt voraus u. verwendete sie als Rahmenerzählung für seine theol. Betrachtungen über das menschliche Leid. Als Entstehungszeit des Buches wird das 4./3. Jh. v. Chr. angenommen.
Das Thema des Buches Job ist nicht die (theoretische) Rechtfertigung der Güte u. Gerechtigkeit Gottes angesichts menschlichen Leides. Es ist vielmehr die existentielle Frage, wie das als sinnwidrig empfundene Leid als sinntragendes Element in das menschliche Leben hineingenommen werden kann. Mit unvergleichlichem dichterischem Schwung u. menschlicher Tiefe wird hier die uralte Frage nach dem Sinn des Leides u. seiner rel. Bewältigung aufgeworfen.
Gedächtnis: 10. Mai
Darstellung: auf dem Misthaufen sitzend, neben ihm seine Frau, Scherben (mit denen er seine Geschwüre schabt), Teufel neben ihm; in der einen Hand hat er einen Pfeil, den er gegen den Dulder kehrt, mit der anderen streut er dunkle Kügelchen auf dessen Rücken (Aussatzgeschwüre). – Bilderzyklen gibt es in der Synagoge von Dura Europos (244/245 n. Chr., Syrien), auf frühchristlichen Sarkophagen in Rom u. in mittelalterlichen Buchmalereien.
Lit.: N. Peters (Münster 1928) – H. Bückers (Freiburg/B. 1939) – H. Junker (Würzburg 1951) – F. Stier (München 1954) – A. Weiser (Göttingen 1956²) – F. Baumgärtel, Der Hiobdialog (Stuttgart 1933) – H. Junker, Jobs Leid, Streit u. Sieg (Freiburg/B. 1948)

Jobst, aus der Verbindung von ↗ Job u. ↗ Jost (Jodok) entstanden

Jochen, Kf. zu ↗ Joachim

Jodok, Hl. (Jodocus)
Name: kelt., Krieger
Er war der Sohn des Königs Juthaël von der Bretagne (Westfrankreich). Er entzog sich um 640 der Nachfolge auf dem bretonischen Fürstenthron u. wurde Priester im Dienst des Grafen Heimo von Ponthieu (Ldsch. nordwestl. von Amiens, Nordfrankreich). Um 644 zog er sich als Einsiedler nach Brahic zurück, wirkte ab 652 als Priester an der Kapelle St-Martin in Runiac u. gründete 665 bei Montreuil (südl. von Boulogne, Nordfrankreich) eine Einsiedelei, aus der sich später die OSB-Abtei St-Josse-sur-Mer entwickelte. Nach einer Pilgerfahrt nach Rom lebte er wieder als Einsiedler in Runiac u. an einem anderen nicht genannten Ort. † 669? Seine Reliquien kamen Anfang des 9. Jh.s in die Abtei Hyde bei Winchester (England). Dort wurden sie 1 Jahrhundert später angeblich aufgefunden u. am 25. 7. 977 nach St-Josse übertragen. Eine Reliquie soll auch in die St.-Jodok-Kirche in Landshut (Niederbayern) gekommen sein. Seit dem 9. Jh. wird er in Deutschland sehr verehrt.
Gedächtnis: 13. Dezember
Darstellung: als Einsiedler oder Priester, eine Krone zu Füßen, die er mit dem Stab in die Erde stößt, woraus eine Quelle entspringt. Im Pilgergewand mit Stab (neben Jakobus d. Ä. ist er Patron der Pilger)
Patron: der Pilger, Schiffer
Lit.: J. Trier (Breslau 1924) bes. 19–33 – Dazu: AnBoll 43 (1925) 193f (kritisch) – Künstle II 330f – Zimmermann III 430f – F. Marbach: Innerschweizerisches Jahrbuch für Heimatkunde 11–12 (Luzern 1947–48) 137–184 – J. Gava (Kolmar 1952)

Joe (engl.), Kf. zu ↗ Joseph

Johanna Antida (Jeanne-Antide) **Thouret,** Hl.
Name: weibl. F. zu ↗ Johannes
* am 27. 11. 1765 in Sancey-le-Long (50 km östl. von Besançon, Ostfrankreich). Sie trat 1788 bei den Vinzentinerinnen in Paris ein. In der Franz. Revolution wurde sie wegen Verweigerung des Eides auf die Zivilkonstitution verfolgt u. floh 1795 in die Schweiz. Sie versuchte in Deutschland ein Kloster zu gründen u. stiftete statt dessen 1799 in Besançon die „Soeurs de la Charité de Ste-Jeanne Antide" (Töchter der Liebe von Besançon, auch Graue Nonnen genannt) für karitative Tätigkeit u. zur Erziehung der weiblichen Jugend. 1810 gründete sie eine Niederlassung in Neapel u. erhielt 1819 die päpstliche Bestätigung. Der Orden ist heute in Frankreich, Belgien, der Schweiz, Italien, England, Ägypten u. im Libanon verbreitet. Sie starb am 24. 8. 1826 in Neapel. Seliggesprochen am 23. 5. 1926, heiliggesprochen am 14. 1. 1934.
Liturgie: Lausanne-Genève-Fribourg/Kt. Neuchâtel G/g am 4. September, sonst: 24. August
Lit.: AAS 26 (1934) 417ff – P. Bernard (Besançon 1926) – M. Heimbucher, Die Orden u. Kongregationen der kath. Kirche (Paderborn 1932³) 3, 538

Johanna Elisabeth (Jeanne-Elisabeth) **Bichier des Ages,** Hl.
* am 5. 7. 1773 zu Des Ages (bei Le Blanc, Dep. Berry, Zentralfrankreich). Unter Mitwirkung des hl. ↗ André-Hubert Fournet gründete sie die Kongregation der „Kreuztöchter von hl. Andreas" (auch „Andreas-Schwestern" genannt), die sich dem Unterricht, der Armen- u. Krankenpflege widmet. Die Kongregation wurde 1867 durch Pius IX. approbiert u. ist in Frankreich, Italien, Spanien u. Kanada verbreitet. † am 26. 8. 1838 in La Puye (Zentralfrankreich). Seliggesprochen am 13. 5. 1934, heiliggesprochen am 6. 7. 1947.
Gedächtnis: 26. August
Lit.: AAS 41 (1949) 625ff, 637ff – P. Rigaud (Mailand 1934) – J. Saubat (Paris 1942) – ECatt VI 490 – DE I 960

Johanna von Frankreich ↗ Johanna von Valois

Johanna Franziska (Jeanne-Françoise) **Frémyot de Chantal**
* am 28. 1. 1572 zu Dijon (Ostfrankreich) als Tochter des burgundischen Parlamentspräsidenten Frémyot. 1592 vermählte sie sich mit dem Baron Christoph de Chantal, dem sie in glücklicher Ehe auf Schloß Bourbilly 4 Kinder schenkte. Nach dessen plötzlichem Tod bei einer Jagd 1601 rang sie sich dazu durch, Gott ungeteilt anzugehören. Sie lebte fortan ganz dem Gebet, den Werken der Nächstenliebe u. der Erziehung ihrer Kinder. Sie hatte große innere Leiden u.

Versuchungen gegen den Glauben durchzustehen u. stellte sich 1604 unter die Leitung des hl. ↗ Franz von Sales als ihren Seelenführer. 1610 gründete sie unter seiner Anleitung den Orden von der Heimsuchung Mariä (Salesianerinnen). Das Mutterhaus erstand in Annecy (südl. von Genf), welches sie mit Umsicht leitete u. von dem aus bis zu ihrem Tod in Frankreich noch weitere 81 Klöster gegründet wurden. Bei großen mystischen Gnaden führte sie ein Leben voll rastloser Tätigkeit. Ihre inneren Leiden wuchsen in ihren letzten Lebensjahren zu einem wahren Martyrium an, doch ihr Briefwechsel mit Franz von Sales offenbart ihre Ergebung in den Willen Gottes u. ihren tiefen Glauben. † am 13. 12. 1641 im Kloster von der Heimsuchung zu Moulins, ihr Grab ist in Annecy. Seliggesprochen 1751, heiliggesprochen 1767.
Liturgie: GK g am 12. Dezember
Darstellung: als Nonne, Herz mit dem Namen Jesus in der Rechten, ein Buch in der Linken
Patronin: der Salesianerinnen
Lit.: E. Bougaud, Histoire de J.-F. de Chantal (Paris 1870, dt. 1924) – M. Müller, Die Freundschaft des hl. Franz v. Sales mit der hl. J. F. de Ch. (Regensburg 1924) – A. Hämel-Stier (Eichstätt 1954) – H. Waach, J. F. v. Ch. (Eichstätt 1957) – G. Kranz, Herausgefordert von ihrer Zeit (Regensburg 1976) 94–120. – Dt. Ausg. ihrer Briefe an den hl. Franz v. Sales, hrsg. v. E. Heine (München 1929)

Johanna Franziska von der Heimsuchung Mariä (bürgerl. Anna Michelotti), Sel.
* am 29. 8. 1843 zu Annecy (südl. von Genf). Schon seit ihrem 12. Lebensjahr pflegte sie unter Anleitung ihrer Mutter die Kranken. Seit 1871 lebte sie in Turin u. gründete dort 1875 die Kongregation der „Piccole Serve del Sacro Cuore di Gesù" („Die Kleinen Dienerinnen des hl. Herzens Jesu"). Sie war unermüdlich für die innere Stärkung u. Ausbreitung ihrer Kongregation tätig u. hatte dabei mannigfache Schwierigkeiten u. Prüfungen zu bestehen. † am 1. 2. 1888 in Turin. Seliggesprochen am 1. 11. 1975
Gedächtnis: 1. Februar
Lit.: AAS 68 (1976) 253ff – ECatt VIII 961

Johanna vom Kreuz, Hl. (Jeanne Delanoue)
* am 18. 6. 1666 zu Saumur (Dep. Anjou, Ostfrankreich). Auf Anregung des hl. ↗ Ludwig Maria Grignion de Montfort u. unter seiner Mithilfe gründete sie das Institut der „Schwestern der hl. Anna von der Vorsehung", welches sie bis zu ihrem Tode leitete. † am 17. 8. 1736 zu Saumur. Seliggesprochen am 9. 11. 1947. Heiliggesprochen am 31. 10. 1982.
Gedächtnis: 17. August
Lit.: AAS 40 (1948) 314ff. – Catholicisme V: „Jeanne Delanoue"

Johanna (Jeanne) **de Lestonnac,** Hl.
* 1556 zu Bordeaux (Südwestfrankreich) aus alter Adelsfamilie. Sie war die Nichte des Philosophen u. humanistischen Schriftstellers Michel Eyquem de Montaigne († 1592). Sie heiratete 1573 den Baron Gaston de Montferrand u. wurde Mutter von 7 Kindern. 1597 starb ihr Mann, 1603 trat sie bei den Feuillantinnen ein (eine OCist-Reformkongregation, genannt nach der Abtei Feuillant in der Diöz. Rieux), blieb aber nur 10 Monate. 1606 gründete sie mit Unterstützung zweier Jesuiten den „Orden der Töchter U. L. Frau" („Gesellschaft Mariens"), dem sie die Benediktinerregel gab. Er wurde 1607 päpstlich approbiert. Die Haupttätigkeit des Ordens ist die Erziehung von Mädchen. Johanna erfuhr in ihren letzten Lebensjahren eine überaus ungerechte Behandlung. † am 2. 2. 1640 in Bordeaux. Seliggesprochen am 23. 9. 1900, heiliggesprochen am 15. 5. 1949
Gedächtnis: 2. Februar
Lit.: AAS 42 (1950) 521ff – G. L. Duprat (Paris 1907) – C. Testore (Rom 1949)

Johanna Maria (Jeanne-Marie) **de Maillé,** Sel.
* 1332 zu Roche-St-Quentin (Diöz. Tours) aus altfranz. Adelsfamilie. Sie war mit Robert von Silly verheiratet. Nach dem Tod ihres Gatten 1362 zog sie sich nach Tours zurück u. wurde 1377 Klausnerin beim dortigen OFM-Kloster. In ihrer Zelle neben der Martins-Basilika führte sie ein Leben des Gebetes, der Abtötung u. der Nächstenliebe. † Ende März 1414. Ihr Grab in der Martinskirche zu Tours wurde 1562 zerstört. Kult bestätigt 1871
Gedächtnis: 28. März
Lit.: M. de Crisenoy (Paris 1948)

Johanna (Jeanne) **von Orléans,** Hl. (Jeanne d'Arc)
Sie selbst nannte sich Jeanne la Pucelle („Jungfrau Johanna"). * am 6. 1. um 1412 zu Domremy an der Maas (südwestl. von Nancy, Nordfrankreich) als Tochter des Bauern u. Dorfbürgermeisters Jacques Tarc u. seiner Frau Isabelle. Zu dieser Zeit wütete in Frankreich der Hundertjährige Krieg (1339–1453), durch den die Engländer ihren Anspruch auf den franz. Königsthron geltend machten. Von ihrem 13. Lebensjahr an hatte sie wiederholt die Erscheinung des Erzengels Michael (sie nannte es „Stimmen"), der sie aufforderte, dem bedrängten Frankreich zu Hilfe zu kommen, Orléans zu befreien u. dem Dauphin (Kronprinzen) Karl VII. zur Krönung zu verhelfen. Der schwachsinnig gewordene Karl VI. († 1422) hatte nämlich unter dem Einfluß seiner Gemahlin Isabeau von Bayern seinen Sohn Karl VII. wegen angeblich unehelicher Geburt enterbt. Johanna wehrte sich 5 Jahre lang gegen diese Aufforderung, bis sie endlich im Jänner 1429 heimlich ihr Vaterhaus verließ u. zunächst nach Vaucouleurs (Dep. Meuse, Nordfrankreich) u. von dort im Februar 1429 nach Chinon (südwestl. von Tours) ging, wo sich damals Karl VII. aufhielt. In Männerkleidung u. zu Pferd war es ihr gelungen, in Begleitung mehrerer wehrhafter Männer mitten durch das von den Engländern besetzte Gebiet bis zum Dauphin vorzudringen, um ihm ihren himmlichen Auftrag bekanntzugeben u. ihre Dienste anzubieten. Sie beeindruckte ihn durch die Bekanntgabe eines Geheimnisses, das nur er allein wissen konnte. Trotzdem ließ er sie durch Theologen mehrere Wochen hindurch einer strengen Prüfung unterziehen u. schenkte ihr erst dann sein Vertrauen. Sie wurde in einem Feldzug Mai/Juni 1429 einem kleinen Heer zugeteilt. Ihre bloße Erscheinung hob den Kampfesmut der Soldaten derart, daß die Engländer aus dem besetzten Orléans u. aus dem Loire-Gebiet vertrieben werden konnten. Am 17. 7. 1429 führte sie Karl VII. zur Krönung nach Reims. Ein Angriff auf Paris endete aber erfolglos, da der untätige Karl VII. sie kaum mehr unterstützte u. die Politiker in ihrer Eifersucht intrigierten. Johanna verlor den Mut u. floh zurück an die Loire. Im April 1430 eilte sie dem belagerten Compiègne zu Hilfe. Dabei wurde sie verraten, am 23. 5. 1430 von den Burgundern gefangengenommen u. später an die Engländer verkauft. Peter Cauchon, der Bisch. von Beauvais, wurde beauftragt, im Namen der Inquisition den Prozeß gegen sie einzuleiten. Cauchon hielt zu den Engländern, u. das ganze Gericht war überzeugt, Johanna sei eine Ketzerin, Hure u. Zauberin, die mit dem Teufel in Beziehung stehe. Die Verhöre dauerten 3 Monate u. wurden einseitig u. feindselig geführt. Wie die erhaltenen Prozeßakten zeigen, antwortete Johanna den ihr theol. weit überlegenen Gerichtsbeisitzern in erstaunlicher Weise. Durch die lange u. qualvolle Kerkerhaft erschöpft, legte sie kurz vor der endgültigen Urteilsverkündigung ein „Geständnis" ab. Daraufhin wurde sie zu lebenslänglicher Kerkerhaft bei Wasser u. Brot verurteilt. Sie widerrief aber kurz darauf. Deshalb wurde sie exkommuniziert u. dem weltlichen Gericht ausgeliefert, welches sie zum Feuertod verurteilte. Johanna starb am 30. 5. 1431 zu Rouen auf dem Scheiterhaufen. Ihre Asche wurde in den Fluß geworfen. Erst 1449 ergriff der bis dahin tatenlose Karl VII. die Initiative u. ordnete eine Revision des Strafprozesses an. 1452 wurde in Rouen eine kanonische Untersuchung eingeleitet, aber noch kein Urteil gefällt. Die Angehörigen Johannas intervenierten bei Papst Calixtus III. Dieser bestimmte den Erzb. von Reims u. die Bischöfe von Paris u. Coutances zur Wiederaufnahme des Prozesses. Am 7. 7. 1456 wurde in Rouen das frühere Urteil aufgehoben u. Johanna aller angeklagten Verbrechen für unschuldig erklärt. Darüber hinaus wurde ihr heroischer Tugendgrad festgestellt.
Johanna wurde am 11. 4. 1909 seliggesprochen, am 16. 5. 1920 heiliggesprochen. Sie wird seit alters als franz. Nationalheilige verehrt.
Gedächtnis: 30. Mai
Darstellung: in Rüstung zu Pferd, mit einem Schwert
Patronin: von Frankreich
Lit.: A. France – F. Zweig (Nürnberg 1946) – B. Hilliger (Freiburg/B. 1949[4]) – E. v. Jan, Das Bild der Jeanne d'Arc in den letzten 25 Jahren: Roman. Jahrb. 5 (Hamburg 1954) 101–137 – S. Stolpe, Das Mädchen von Orléans (Frankfurt 1954) – R. Hanhart, Das Bild der Jeanne

d'Arc in der franz. Historiographie vom Spätmittelalter bis zur Aufklärung (Basel 1955) – M. Lavater-Sloman (Zürich 1963) – W. Nigg, Große Heilige (Zürich 1962[7]) – R. Pernoud (Freiburg/B. 1965)

Johanna von Portugal OP, Sel.
* am 6. 2. 1452 zu Lissabon als Tochter des Königs Alfons V. von Portugal. Sie war die gesetzliche Thronerbin, zog sich aber 1471 in das Kloster Odivelas bei Lissabon zurück u. wurde später Dominikanerin im Jesuskloster zu Aveiro. Sie empfing zwar das Ordenskleid, legte aber keine Profeß ab. † am 12. 5. 1490 in Aveiro. Ihr Grab ist in der dortigen Klosterkirche (heute in ein Museum umgewandelt). Kult 1693 bestätigt, Heiligsprechungsprozeß 1959 wiederaufgenommen.
Gedächtnis: 12. Mai
Lit.: ActaSS Maii VII (1688) 719–762 – A. G. R. Madahil (Aveiro 1939)

Johanna von Valois, Hl. (Johanna von Frankreich)
* am 23. 4. 1464 zu Paris als Tochter des Königs Ludwig XI. von Frankreich. Sie war körperlich verwachsen u. häßlich, aber sehr fromm. Von ihrem Vater wurde sie 1476 aus politischen Gründen mit ihrem Vetter Ludwig von Orléans vermählt. Als dieser 1498 als Ludwig XII. König von Frankreich geworden war, beantragte er die Nichtigkeitserklärung seiner Ehe, weil sie unter Zwang geschlossen sei u. Johanna unfruchtbar sei. Papst Alexander VI. bestimmte eine Kommission, die die Ehe für ungültig erklärte. Johanna erhielt in Bourges (Zentralfrankreich) ein Schloß zugewiesen u. gründete dort 1500 mit Unterstützung des hl. ↗ Franz von Paula den Orden der Franz. Annunziatinnen („Von der Verkündigung Mariä"), einen beschaulichen Büßerinnen-Orden. Sie selbst legte 1503 als „Schwester Gabriele Maria" die Profeß ab u. unterwarf sich schweren Kasteiungen. † am 4. 2. 1505 in Bourges. 1742 als Selige bestätigt, heiliggesprochen am 28. 5. 1950.
Gedächtnis: 4. Februar
Darstellung: das Jesuskind steckt ihr einen Ring an den Finger. Mit Weinbecher u. Brotkorb (wegen ihrer Wohltätigkeit)
Lit.: AAS 42 (1950) 465–469 481–484; 43 (1951) 241ff – G. Chastel (Paris 1950)

Johannes, Patr. **von Alexandria,** Hl. (Joh. der Almosengeber)
Name: hebr. jochānān oder j^e^hochanan: Jahwe ist gnädig (griech., NT, Vulg.: Joánnes)
Nach dem Tod seiner Gattin u. seiner Kinder wollte er sich gänzlich der Welt entziehen, wurde aber von der Gemeinde zu Alexandria zu ihrem Oberhaupt gewählt. Er entfaltete ein umfassendes karitatives Wirken, was ihm die Verehrung des Volkes u. das hohe Ansehen in der byzantinischen Nachwelt einbrachte. Er nannte die Armen „seine Herren". Er starb um 620 in seiner Heimat Zypern.
Gedächtnis: 23. Jänner (Griechen: 12. November)
Darstellung: mit einem Beutel oder einer kostbaren Decke in der Hand, Almosen austeilend
Lit.: AnBoll 45 (1927) 5–74 – BHG[3] 886–889 – H.-G. Beck, Kirche u. theol. Lit. im byzant. Reich (München 1959) 435 459f 507 573

Johannes, Apostel u. Evangelist, Hl.
Er ist der Bruder des ↗ Jakobus d. Ä. u. Sohn des Zebedäus (Mk 1,19f u. ö.) u. der Salome (Mk 15,40 und Mt 27,56). Vor seiner Berufung war er Fischer am See Genezareth u. Berufsgenosse von Simon (↗ Petrus) und ↗ Andreas (Lk 5,10). Er kam aus dem Jüngerkreis um ↗ Johannes d. T. Von den „2 Jüngern", die auf das Wort des Täufers hin Jesus folgen (Joh 1,35–40), wird nur der eine, Andreas, genannt. Es entspricht der Eigenheit des Johannes, daß er sich selbst im ganzen Evangelium nirgends mit Namen nennt. Man darf daher annehmen, daß der andere ungenannte Jünger des Täufers eben der Apostel Johannes selbst war. Die beiläufige Bemerkung, es sei „um die zehnte Stunde" gewesen, weist auf den Augenzeugen hin, für den auch nebensächliche Begleitumstände einer bedeutsamen Begegnung dauernd im Gedächtnis haften blieben.
Mit Petrus u. Jakobus d. Ä. gehörte er zu den Vorzugsjüngern Jesu. Bei gewissen Gelegenheiten nahm Jesus nur diese 3 mit sich, so bei der Auferweckung der Tochter des Jairus (Mk 5,37), bei der Verklärung auf dem Tabor (Mk 9,2 par.) u. bei seiner Todesangst in Gethsemani (Mk 14,33 par.).

Paulus nennt diese 3 die „Säulen der Kirche" (Gal 2,9).
Johannes scheint mit Petrus eine bes. Freundschaft u. innere Verwandtschaft verbunden zu haben. Man sieht die beiden öfters beisammen: Jesus schickt Petrus u. Johannes aus, um das Osterlamm zu bereiten (Lk 22,8), beide laufen sie am Ostermorgen zum leeren Grab. Johannes hat die flinkeren Beine, er läßt aber in unausgesprochener Scheu dem draufgängerischen Petrus den Vortritt (Joh 20,1–10), nach der Himmelfahrt Jesu gehen die beiden zus. in den Tempel u. heilen den Gelähmten (Apg 3,1–11) u. müssen sich vor dem Hohen Rat verantworten (Apg 4). Beide werden nach Antiochia gesandt, wo sich ein erster Jüngerkreis gebildet hat (Apg 8,14–25).
Es muß die starke Hingabefähigkeit des Johannes gewesen sein, weswegen er auch zum Lieblingsjünger Jesu wurde (vgl. Joh 13,23 u. ö.). Als einziger von allen Aposteln folgte er Jesus bis unter das Kreuz (Joh 19,26). Er lag beim Abendmahl an der Brust Jesu (Joh 13,23ff) u. war ganz allg. „der Jünger, den Jesus liebte" (Joh 13,23 u. ö.). Man wird ihm aber nicht gerecht, wollte man ihn als romantisierenden Jüngling mit langem, blondem Haar u. mädchenhaften Zügen sehen, wie ihn die Maler der Nazarenerschule darstellten. Jesus nannte ihn u. seinen Bruder Jakobus die „Donnersöhne" (Mk 3,17), offenbar wegen ihres ungestümen Temperamentes, das immer u. überall aufs Ganze ging. Als Jesus einmal mit den Jüngern in einem Dorf Samarias keine Aufnahme fand, wünschten die beiden Feuer vom Himmel als göttliches Strafgericht (Lk 9,54). Daß sich die beiden bes. Ehrenplätze im Himmelreich sichern wollten, zeugt von unerleuchtetem Ehrgeiz u. einem Konkurrenzdenken gegenüber den anderen (Mk 10,35–40). Und daß Johannes eifersüchtig war auf einen, der Jesus nicht nachfolgte, aber in Jesu Namen Dämonen austrieb (Mk 9,38), ist ein Zeichen von Intoleranz u. Gruppenegoismus.
Nach altkirchlicher Tradition kam Johannes nach Ephesus (wohl nach dem jüdisch-röm. Krieg 69/70) u. leitete die dortige Kirche. Unter Kaiser Domitian (81–96) wurde er auf die Insel Patmos (südwestl. von Ephesus im Ägäischen Meer) verbannt, wo er die Apokalypse schrieb. Nach dem Tod des Kaisers kehrte er nach Ephesus zurück u. verfaßte sein Evangelium. Er starb wohl um 100/101 in sehr hohem Alter.
Die altkirchliche Tradition nennt als Verfasser des 4. Evangeliums fast ausnahmslos den Apostel Johannes. Diese Überlieferung geht im wesentlichen auf ↗ Irenäus von Lyon († um 202) zurück, der als junger Mann noch ↗ Polykarp von Smyrna († um 155) kennengelernt hatte, der seinerseits ein Schüler des Apostels Johannes war. Diese Johannes-Überlieferung fand aber in der rationalistischen Bibelkritik seit 1820 heftigen Widerstand. Man ist aber auch auf kath. Seite der Ansicht, daß das heute vorliegende 4. Evangelium nicht unmittelbar von Johannes selbst geschrieben wurde, sondern von einem oder mehreren seiner Schüler nach der mündlichen Predigt des Apostels niedergeschrieben u. zusammengestellt wurde.
Verehrung: Johannes ist nach der Überlieferung im Mausoleum der Johannesbasilika auf dem Burghügel zu Ephesus (heute Ruine) beigesetzt. Diese Basilika wurde durch den byzantinischen Kaiser Justinianos I. (527–565) an der Stelle einer kleineren Grabeskapelle errichtet. Justinianos ist bekannt u. a. durch seine vielen Kirchenbauten, davon in Konstantinopel allein 25. An der Wende vom Altertum zum Mittelalter drang die Verehrung des hl. Johannes auch in den Westen vor. Man findet Johanneskirchen zunächst in Rom u. Ravenna, später in Verona u. Pistoia. Im dt. Sprachgebiet bürgerte sie sich aber nur zögernd ein, vermutlich weil er kein Martyrium erlitt. Die Chorherren hatten hier aber einen bedeutenden Anteil an der Verbreitung seines Kultes.
Im Osten wurde der Glanz des Weihnachtsfestes dadurch erhöht, daß man große Heilige in der Weihnachtsoktav feierte. Bereits Gregor von Nyssa († 394) erwähnt die Feste der hll. Stephanus, Petrus, Jakobus, Johannes u. Paulus in der Woche nach Weihnachten. Ein griech. Martyrologium (Ende des 4. Jh.s) feierte am 27. 12. die Apostel Jakobus u. Johannes (möglicherweise als Jahrestag einer Kirchweihe in Konstantinopel). Im 6. Jh. wurden diese beiden Apostel in Armenien am 28. 12. ge-

feiert, in Syrien, Karthago u. Palästina am 29. 12. Vom 8. Jh. an begann man, Jakobus von Johannes liturgisch zu trennen.
Die Verehrung des Apostels spiegelt sich auch in den Legenden wider. Die bekannteste ist die seines Martyriums: Vor seiner Verbannung nach Patmos, sagt die Legende, wurde er von kaiserlichen Beamten nach Rom gebracht u. dort zum Tod verurteilt. An einem öffentlichen Platz vor der Lat. Pforte in Rom (Porta Latina) warf man ihn in einen Kessel mit siedendem Öl, aus dem er jedoch wunderbarerweise unversehrt hervorging. Dieses Gedächtnis wurde in Rom am 6. 5. begangen (ursprünglich das Kirchweihfest „Johannes vor der Lat. Pforte"). Eine andere Legende ist die vom Giftbecher: Als Johannes einmal in Kleinasien predigte, trat der heidnische Priester Aristodemus heran u. versprach, an den Christengott zu glauben, wenn er, Johannes, bereit sei, einen Giftbecher leerzutrinken. Zwei verurteilte Mörder ließ er zur Probe davon trinken, sie starben auf der Stelle. Johannes segnete den Becher mit dem Kreuzzeichen u. trank ihn leer, blieb aber völlig gesund. Der heidnische Priester glaubte aber erst, als Johannes die beiden Toten wieder zum Leben erweckte. Der Brauch, am 27. 12. den Johannes-Wein zu segnen (Johannes-Minne, Minnetrinken) dürfte mit dieser Legende in Zusammenhang stehen. Es wird auch erzählt, daß er im hohen Alter nur noch predigte: „Kindlein, liebet einander!" Auf die Frage, warum er denn immer das gleiche predige, sagte er: „Es genügt, es ist des Herrn Gebot." Polykarp v. Smyrna berichtet auch von dem gespannten Verhältnis zwischen ihm u. dem Gnostiker Kerinthos, der damals in Ephesus agitierte u. ihm große Schwierigkeiten bereitete: „Als Johannes einmal in Ephesus das öffentliche Bad besuchte und dort auch Kerinthos bemerkte, eilte er sofort hinaus mit den Worten: Laßt uns fliehen! Die Badestube möchte einstürzen, weil Kerinthos, der Feind der Wahrheit, darin ist!"
Liturgie: GK F am 27. Dezember
Darstellung: mit einem Adler oder er selbst in der Symbolgestalt des Adlers (↗ Evangelisten). Als Greis, mit dem Federkiel schreibend u. die himmlischen Visionen schauend (Apokalypse). Mit einem Becher, aus der sich eine Schlange herauswindet (Giftbecher). Mit einem Kessel voll siedenden Öls. Einzeldarstellungen des Johannes sind selten, meist mit anderen bibl. Personen (Abendmahlszene, unter dem Kreuz, Grablegung, oder auch als Kind, wie er mit dem gleichaltrigen Johannes d. T. vor der Gottesmutter spielt). In der byzantinischen Kunst wird er gerne als bärtiger Greis dargestellt, im Westen schon früh als bartloser junger Mann.
Patron: der Beamten, Bildhauer, Buchbinder, Buchdrucker, Buchhändler, Glaser, Graveure, Kerzenzieher, Korbmacher, Lithographen, Maler, Metzger, Notare, Papiererzeuger, Sattler, Schreiber, Schriftsteller, Spiegelmacher, Weingärtner
Lit.: Zur reichen, fast durchwegs fachtheologisch orientierten Lit.: LThK 1, 690–696 5,999–1005, 1099–1105 (Lit.) – Haag 853–859 860–873 (Lit.)

Johannes von Ávila, Hl.
* 1499 (oder 1500) zu Almodóvar-del-Campo (Neukastilien, Zentralspanien). Sein Vater war jüdischer Konvertit u. sehr wohlhabend. Die Universität von Salamanca, wo er Jura studieren wollte, mußte er wieder verlassen, wahrscheinlich wegen seiner halbjüdischen Abstammung. Der Anblick eines Stierkampfes entsetzte ihn derart, daß er beschloß, die Welt zu verlassen. Er studierte Theologie u. wollte Missionar im neuentdeckten Amerika werden. Doch seiner Abstammung wegen mußte er diesen Plan aufgeben. Der Bisch. von Sevilla übertrug ihm die Aufgabe eines Predigers u. Volksmissionars. 9 Jahre lang predigte er mit größtem Erfolg in ganz Andalusien. Unter seinen „Bekehrten" waren u. a. ↗ Franz de Borja (der spätere Jesuitengeneral), ↗ Johannes von Gott u. ↗ Ludwig von Granada (der später seine Biographie schrieb). Er scheute sich nicht, Mißstände bei den Reichen u. Mächtigen öffentlich anzuprangern u. machte sich dadurch viele Feinde. 1532 mußte er sich vor der Inquisition rechtfertigen. Neben seinem ausgedehnten geistlichen Briefwechsel erfand er ein neuartiges Bewässerungssystem, gründete 15 höhere Schulen (etwa unseren Gymnasien gleich) u. nahm sich seiner jüdischen Schicksalsgenossen an. 1545 kam er mit ↗Ignatius von Loyola u. der neugegründeten Gesellschaft Jesu zusammen.

Ignatius wollte ihn in seinen Orden aufnehmen, der Provinzial von Andalusien war jedoch dagegen (wohl wegen seiner jüdischen Abstammung). Auf der Synode von Toledo 1565, wo es um die praktische Verwirklichung der Beschlüsse des Konzils von Trient ging, spielte er eine wichtige Rolle. † am 10. 5. 1569 in Montilla bei Cordoba. Sein Grab ist in der dortigen Jesuitenkirche. Seliggesprochen 1894, heiliggesprochen am 31. 5. 1970.
Gedächtnis: 10. Mai
Darstellung: vor dem hl. Sakrament betend
Lit.: Audi filia (sein Hauptwerk, franz. Paris 1954) – J. M. de Buck (Löwen 1927) – H. Jedin: ZAM 11 (1936) 124–138 (Kirchenreform) – C. M. Abad: MCom 6 (1946) 95–167 (Inquisitionsprozeß) – ECatt II 550f – Baudot-Chaussin XIII 37–45

Johannes Benincasa OSM, Sel.
* 1376 zu Florenz. Er trat in Montepulciano dem Servitenorden bei u. lebte seit 1401 auf dem Berg Montagnata bei Siena u. später in einer Höhle bei Monticelli. † am 9. 5. 1426 in Monticelli. Seine Gebeine ruhen in der dortigen Servitenkirche. Kult 1829 bestätigt.
Gedächtnis: 9. Mai
Lit.: L. Raffaelli (Rom 1927)

Johannes Berchmans SJ, Hl.
* am 13. 3. 1599 zu Diest (östl. von Brüssel, Belgien). Er besuchte die Lateinschule in Diest (1608–12) u. Mecheln (1612–15) am dortigen Jesuitenkolleg u. trat 1616 in die flämische Provinz des Jesuitenordens ein. Nach seinem Noviziat wurde er 1618 zu den philos. Studien nach Rom gesandt, wo er bald nach dem Schlußexamen erkrankte u. am 13. 8. 1621 starb. Seine persönlichen Aufzeichnungen u. das Zeugnis seiner Ordensbrüder erweisen ihn als jungen Ordensmann von tiefer, männlicher Frömmigkeit, gewissenhafter Erfüllung der Ordensregel u. großer Liebenswürdigkeit im Gemeinschaftsleben. Er war ein großer Verehrer der Unbefleckten Empfängnis Mariä. Seine Zeitgenossen sahen in ihm einen 2. ↗ Aloisius. Sein Leib ruht in S. Ignazio in Rom, sein Herz wird in der Kirche des Jesuitenkollegs in Löwen aufbewahrt. Seliggesprochen 1865, heiliggesprochen und zum Patron der studierenden Jugend ernannt 1888.
Gedächtnis: 13. August
Darstellung: als Jesuitenkleriker mit Kreuz, Totenkopf, Rosenkranz u. Regelbuch
Patron: der studierenden Jugend, der Jugend (mit Aloisius u. Stanislaus Kostka)
Lit.: K. Schoeters (Alken 1940[2], franz. Brüssel 1949) – Ders.: ZAM 13 (1938) 239–265 (mystische Begnadung) – W. Hünermann (Luzern 1964)

Johannes von Beverley OSB, Bisch. von York, Hl.
* zu Harpham (Grafsch. York, England) aus adeliger Familie. Er war Schüler des Erzb. ↗ Theodor von Canterbury u. wurde Mönch im Benediktinerkloster Streaneshalch (Yorkshire, später in Whitby umbenannt). Um 686 wurde er Bisch. von Hexham u. weihte als solcher den hl. ↗ Beda zum Diakon u. Priester. 705 wurde er Bisch. von York, wo er sehr segensreich wirkte. In Beverley (nördl. von Kingston Hull, am Kanal) gründete er eine Benediktinerabtei (928 in ein Kollegiatstift umgewandelt), wohin er sich 718 zurückzog. † am 7. 5. 721 u. in der dortigen Kirche bestattet. Heiliggesprochen 1037.
Gedächtnis: 7. Mai
Lit.: ActaSS Maii II (1680) 166–194 – Zimmermann II 155ff 183 – Baudot-Chaussin V 138f

Johannes Bonus von Mantua, Sel. (Janibonus, Jambonus)
* 1168 zu Mantua (Oberitalien.) Sein Vater hieß Johannes, seine Mutter Bona, weshalb er nach beiden Johannes Bonus (Joh. der Gute) genannt wurde. Mit 20 Jahren ging er von zu Hause fort u. trieb sich auf Fürstenschlössern u. Ritterburgen als Possenreißer u. Hofnarr herum. In einer schweren Krankheit 1208 ging er in sich u. tat das Gelübde, Gott zu dienen. Er legte beim Bisch. von Mantua eine reumütige Beichte ab u. ließ sich in Budriolo bei Cesena (westl. von Rimini) als Einsiedler nieder. Später sammelte er Gefährten um sich, die zunächst wie er verstreut als Eremiten lebten, die er aber bald zu einem gemeinsamen rel. Leben anhielt. So entstanden noch zu seinen Lebzeiten bes. in der Romagna u. der Lombardei mindestens 24 Klöster nach der Regel des hl. ↗ Augustinus. Alexander IV. schloß diese 1256 mit anderen Eremitenkongregationen zum Orden der Augustiner-Eremiten (Jamboniten) zusammen. Jo-

hannes Bonus war Analphabet u. wollte aus Demut nicht lesen u. schreiben lernen u. Priester werden. † am 23. 10. 1249. Seliggesprochen 1483.
Gedächtnis: 23. Oktober
Lit.: ActaSS Oct. IX (1858) 693–885 – F. Roth: Cor Unum 7 (Würzburg 1949) 43–51 69–76 – Ders.: Augustiniana 2 (1952) 123–132, 3 (1953) 302–308 (z. Orden)

Johannes (Giovanni) **Bosco,** Hl. (Don Bosco)
* am 16. 8. 1815 in Becchi bei Turin als Sohn armer Bauersleute. Mit 2 Jahren verlor er den Vater. Schon früh wollte er Priester werden, doch sein älterer Stiefbruder, der die Stelle des Vaters vertrat, wollte ihn zunächst nicht studieren lassen. Erst mit 16 Jahren konnte er die Lateinschule besuchen, mußte sich aber seinen Unterhalt durch Arbeit selbst verdienen. Nach vielen äußeren Schwierigkeiten empfing er 1841 die Priesterweihe u. nahm sich hierauf der verwahrlosten Jugend an, der er ein rel. u. mitmenschlicher Vater wurde. In der ersten Zeit versammelte er die Knaben in einer Kirche in Turin, feierte mit ihnen die Messe u. unterrichtete sie im Katechismus. Untertags tummelten sie sich unter seiner Aufsicht im Freien. Unter größten Widerständen von seiten der Bevölkerung u. der Behörden erwuchs daraus 1846 sein „Oratorium vom hl. Franz von Sales". Er gründete eine Elementar- u. eine Lateinschule sowie Landwirtschafts- u. Berufsschulen u. richtete verschiedene Lehrwerkstätten ein. Aus seinem Werk für Spätberufene gingen viele Priester hervor. 1861 gründete er die Kongregation der „Salesianer Don Boscos", die zunächst für seine Schützlinge bestimmt war, sich aber in der Folge zu einem weltumspannenden Werk ausbreitete. 1874 rief er zus. mit ↗ Maria Domenica Mazzarello die Genossenschaft der Mariahilfschwestern zur Erziehung der Mädchen ins Leben.
In seiner priesterlichen Persönlichkeit wurde er geformt durch seine fromme Mutter Margaretha, seinen Lehrer u. Beichtvater ↗ Joseph Cafasso, seine großen Vorbilder waren ↗ Alfons Maria von Liguori, ↗ Philipp Neri u. ↗ Franz von Sales. Er besaß eine bezwingende Macht über die Herzen der Jugendlichen u. setzte dafür auch alle seine natürlichen Fähigkeiten ein: ungeheure Körperkraft, sportliche u. artistische Geschicklichkeit (er konnte seiltanzen u. Zaubertricks vorführen), Musik u. Gesang, Mutterwitz u. vor allem ein äußerst gewinnendes Wesen. Seine Pädagogik gründete auf seiner charismatischen Begabung, seiner optimistischen Einfühlungskraft in die Welt der Jugend u. in seiner tiefen Religiosität. Durch seine Erziehungsgrundsätze wurde er bahnbrechend für die spätere Zeit: Vernunft u. Liebe, Freiheit von Zwang u. Gewinnung des Jugendlichen zur eigenen freudigen Mitarbeit. Aus seinem Leben sind zahlreiche übernatürliche Gnadenerweise verbürgt: Wunder, Visionen, Prophezeiungen u. die Gabe der Herzensschau. † am 31. 1. 1888 in Turin, beigesetzt in der dortigen Salesianerkirche. Seliggesprochen am 2. 6. 1929, heiliggesprochen am 1. 4. 1934.
Liturgie: GK G am 31. Jänner
Darstellung: im Priestergewand, oft Knaben um sich
Lit.: G. B. Lemoyne, 2 Bde. (Turin 1935²) – E. Ceria (Turin 1938) – Ders., (Turin 1941) – Ders., (Asti 1947²) – F. Dilger, Giovanni Bosco, Motiv einer neuen Erziehung (Olten 1946) – C. Burg, Don Bosco und seine Pädagogik (Münster 1849²) – C. Salotti–E. F. Fritz, Der hl. Johannes Bosco (München 1955) – L. v. Matt (Würzburg 1965) – W. Nigg, Don Bosco (München 1978) – W. Hünermann, Don Bosco und seine Strolche (Innsbruck 1979) – L. v. Matt/H. Bosco, Don Bosco (Zürich 1979)

Johannes (Jean) **de Brebeuf** SJ u. Gef., s. Märt. in Kanada (S. 915f)

Johannes von Bridlington CanAug, Hl.
* um 1320 in Thwing (Yorkshire, England). Er wurde um 1340 Augustiner-Chorherr in Bridlington (Yorkshire) u. wirkte im dortigen Priorat als Novizenmeister. 1362 wurde er Prior. Von ihm sind u. a. Homilien u. Psalmenkommentare erhalten. † am 10. 10. 1379 in Bridlington. Kult bestätigt 1401.
Gedächtnis: 10. Oktober
Lit.: ActaSS Oct. V (1876) 135–144 – DNB XXIX 450f – J. S. Purvis (London 1924) – P. Grosjean: AnBoll 53 (1935) 101–129 – Baudot-Chaussin X 327f (Lit.)

Johannes de Britto ↗ Johannes Hector de Britto

Johannes Cantius ↗ Johannes von Krakau

Johannes von Capestrano OFM, Hl. (J. Capistranus, J. Kapistran)
* am 24. 6. 1386 in Capestrano in den Abruzzen (zw. L'Aquila u. Chieti) als Sohn eines „nordischen (dt.?) Barons". Er studierte in Perugia röm. u. kanonisches Recht u. wurde um 1412 als Vertrauensmann König Ladislaus' von Neapel Richter in Perugia. Als 1415 die berüchtigte Söldnersippe der Malatesta in Perugia einbrach, wurde er gefangengenommen. In der Kerkerhaft brach er unter dem Eindruck von Visionen völlig mit der Welt, löste die kurz zuvor geschlossene, aber nicht vollzogene Ehe u. trat bei den Franziskaner-Observanten in Perugia ein. 1417 begann er seine fast 40jährige rastlose apostolische Tätigkeit. Neben seinem Freund, dem hl. ↗ Bernhardin von Siena, war er der größte franziskanische Wanderprediger des 15. Jh.s in großen Teilen Europas. Damals ging soeben das Abendländische Schisma (1378–1417) zu Ende, da gleichzeitig 2 bzw. 3 Päpste die oberste Gewalt in der Kirche beanspruchten u. dadurch eine unheilvolle Verwirrung stifteten. Das Konzil von Konstanz (1414–18) konnte das Papstschisma wohl beseitigen, aber der Glaube des Volkes u. sein Vertrauen in die Kirche waren auf einen Nullpunkt gesunken. In dieser großen geistlichen Not begann Johannes von Capestrano sein großes Reformwerk. Er vermittelte als Vertrauter der Päpste mehrmals den Frieden (Thronstreit in Neapel, Streit Mailands gegen Basel, in Sizilien), er organisierte karitative Werke (Bau von Spitälern). Vor allem trat er als machtvoller Volksprediger auf. Er predigte täglich mindestens einmal u. das jedesmal mehrere Stunden lang u. hatte einen riesigen Beichtzulauf. Seine Predigten behandelten immer dieselben Themen: Christus, Gnade, Glauben, Maria, Friede, Liebe u. Gerechtigkeit, Wucher u. Zins (damals höchst aktuell, man verlangte bis zu 60 Prozent Zinsen!), die Lebensstände, Weltüberwindung, Einheit der Christen, Ende der Welt u. Antichrist. Meist gab er seine Predigten auch als Schriften heraus. Bis 1451 war er fast nur in Italien tätig, 1451 ging er nach Österreich (Wien u. Wiener Neustadt) u. predigte anschließend in den böhmischen Randgebieten (Krumau, Eger u. Brüx; in Prag durfte er nicht auftreten). Dort führte er unter reger Anteilnahme der Bevölkerung literarische Kontroversen mit den Calixtinern (eine gemäßigte Richtung der Hussiten, die bei der Kommunionspendung den Laienkelch forderten). Bei den Hussiten konnte er mehrere tausend Konversionen erwirken, darunter auch viele Adelige. Von Böhmen ging er auch nach Bayern, Thüringen, Sachsen, Schleswig u. Polen (u. a. Olmütz, Passau, Augsburg, Würzburg, Nürnberg, Erfurt, Jena, Magdeburg, Leipzig, Breslau, Krakau). Von 1454 an wirkte er hauptsächlich als Kreuzzugsprediger gegen die Türken u. wirkte auf den Reichstagen in Regensburg, Frankfurt, Wiener Neustadt u. Budapest. Die Rettung Belgrads von den Türken am 22. 7. 1456 ist sein Werk. Das Volk verehrte ihn schon zu Lebzeiten wegen seiner wunderbaren Krankenheilungen. Über 2000 sind notariell beglaubigt.
Als Führer u. Organisator der Observanten war sein erster Plan die Reform des ganzen Ordens unter Wahrung der Einheit, was aber von den Konventualen vereitelt wurde. Darauf erkämpfte er den Observanten völlige Unabhängigkeit von den Konventualen (1446) unter Wahrung der formellen Ordenseinheit. Er setzte auch die Heiligsprechung des ↗ Bernhardin von Siena (1450) durch. Als Inquisitor erneuerte er den Kampf gegen die Fratizellen, eine sektiererische Schwarmgeisterbewegung, u. bereitete ihren völligen Niedergang vor. Wenig Erfolg hatte er in seinen Bemühungen bei den Päpsten, Fürsten u. Städten um die restlose Durchführung der Judengesetze. Er starb am 23. 10. 1456 in Ilok a. d. Donau (nordwestl. von Belgrad). Sein Leib ist verschollen. Heiliggesprochen 1690.
Liturgie: RK g am 23. Oktober
Darstellung: als Franziskaner, Kreuzfahne u. Buch in der Hand, oder ein rotes Kreuz auf der Brust. Mit sechseckigem Stern über dem Kopf u. einem Türken unter den Füßen

Lit.: E. Jakob, 2 Teile (Breslau 1903–1911) – HJ 51 (1931) 163–212 („Sieger v. Belgrad") – FStud 19 (1932) 224–255 (Hussitenmission) – J. Hofer (Innsbruck-Wien-München 1937) – F. Babinger: SAM 3 (1957) Heft 6, 1–69 – Ders., Mehmed der Eroberer (München 1959²) 148–154 – J. Wehner, Der Kondottiere Gottes (Heidelberg 1956) – W. Hünermann, Ein Mönch unter den Wölfen (Innsbruck 1965)

Johannes Cassianus, Abt, Hl.
* um 360 wahrscheinlich in der röm. Prov. Scythia minor (im Mündungsgebiet der Donau, Rumänien), wohl nicht in Südgallien. Er lebte zuerst längere Zeit in einem Kloster in Bethlehem u. ging dann nach Ägypten, wo er mit den Mönchen in der Sketischen u. Nitrischen Wüste ein aszetisches Leben führte. Während der ersten Streitigkeiten um Origenes (bedeutender, umstrittener Kirchenschriftsteller, † um 254) ging er nach Konstantinopel, wo er von ↗ Johannes Chrysostomus zum Diakon geweiht wurde. Er reiste anschließend nach Rom, um dessen theol. System zu verteidigen. Zum Priester geweiht, gründete er in Massilia (Marseille) das dortige Männerkloster St-Victor sowie ein Frauenkloster. Er hinterließ ein reiches u. bedeutendes Schrifttum über das Leben u. die Spiritualität des Mönchtums. † 430/435.
Gedächtnis: 23. Juli
Lit.: E. Schwartz: ZNW 38 (1939) 1–11 – Viller-Rahner 184–192 (Lit.) – Altaner[5] 416f – Zu theol. u. aszetisch-mönchischen Teilfragen: LThK 5,1017 (Lit.)

Johannes de Cellis OSB, Sel. (Giovanni dalle Celle)
* um 1310 in Florenz aus dem Adelsgeschlecht di Catignano. Er wurde Benediktinermönch im Kloster S. Trinità in Florenz u. 1349 dessen Abt. Wegen eines früheren Vergehens wurde er vor Gericht gestellt u. zu einem Jahr Gefängnis verurteilt. Er resignierte u. lebte als Einsiedler beim Kloster Vallumbrosa (Vallombrosa, Prov. Florenz) ganz dem Gebet u. der Buße. Er war schriftstellerisch tätig u. stand in Briefverkehr mit ↗ Katharina von Siena. † 1394/1400.
Gedächtnis: 10. März
Lit.: ActaSS Mart. II (1668) 50f – P. Cividali (Rom 1907) – Zimmermann I 312–315

Johannes Chrysostomus, Patr. von Konstantinopel, Kirchenlehrer, Hl.
* 344/354 in Antiochia in Syrien aus einer angesehenen Offiziersfamilie. Schon als Kind verlor er den Vater. Seine hellenistische Bildung erhielt er in der Schule des Rhetors Libanios. Unter dem Einfluß des Bisch. ↗ Meletios u. des Theologen Diodoros (des späteren Bisch. von Tarsus) wandte er sich dem christlichen Glauben zu u. empfing 369 die Taufe. 375 wurde er durch die Lektorenweihe in den Stand der Kleriker aufgenommen. Er wurde Mönch in einem Kloster in der Nähe von Antiochia, zog sich aber nach 4 Jahren zu einem strengen Einsiedlerleben zurück. Durch seine aszetische Strenge gesundheitlich geschwächt, kehrte er nach Antiochia zurück, wurde 381 Diakon des Bisch. Meletios u. erhielt 386 durch dessen Nachfolger Flabianos die Priesterweihe. An der Bischofskirche glänzte er 12 Jahre lang durch seine rhetorisch ausgefeilten u. rel. mitreißenden Predigten, weshalb er schon bald nach seinem Tod den Ehrennamen „Chysostomus" („Goldmund") erhielt. Seine berühmtesten waren die 21 „Säulenhomilien": Wegen der drückenden Steuerlast geriet das Volk von Antiochia in Aufruhr u. zertrümmerte die Bildsäulen des Kaisers Theodosius I. u. seiner Familie. Bisch. Flabianos konnte an der Spitze einer Gesandtschaft den Kaiser, Johannes Chrysostomus das Volk durch seine Homilien „Über die Bildsäulen" in der Fastenzeit 387 beruhigen. Nach dem Tod des Patriarchen ↗ Nektarios von Konstantinopel wurde er 398 zum neuen Patriarchen der Reichshauptstadt berufen, nahm diese Würde aber nur widerwillig an. Hier entfaltete er eine reiche seelsorgliche Tätigkeit. Den zahlreichen Goten in der Hauptstadt gab er ein eigenes Gotteshaus u. einen Klerus, der in ihrer Sprache predigen konnte. Für die Kranken u. Armen baute er Spitäler u. Hospize, er kümmerte sich um die auswärtigen Missionen in Thrakien, Phönizien, Palästina, Persien u. anderswo. Als diplomatisch ungewandter Mann kam er jedoch bald in schwere Konflikte mit dem intrigenreichen Hof u. manchem Amtskollegen. Als er die luxuriös lebenden Vornehmen an ihre sozialen Pflichten erinnerte, schlug das anfängliche Wohlwollen dieser Schicht in Haß um. Die Kaiserin Eudoxia stellte sich an die Spitze einer Hetzkampagne des Hofes gegen Bisch. Johannes, der sich auch einige Bischöfe anschlossen, allen voran der skrupellose Theophilus von Alexandria. Auf der sog. Eichensynode 403 (im Kloster Rufinianai bei Chalkedon, bei einer großen Eiche) erhob man gegen Bisch. Johannes völlig haltlose Anklagen bezüglich seiner Rechtgläubig-

keit u. seiner Lebensführung, er wurde abgesetzt u. durch den Kaiser nach Bithynien (Nordwest-Kleinasien) in die Verbannung geschickt. Veranlaßt durch einen Unglücksfall im Kaiserhof u. durch ein Erdbeben, wurde er zurückberufen u. vom Volk stürmisch gefeiert. Aber nach 2 Monaten setzten erneute Intrigen ein, u. er wurde 404 ein zweitesmal verbannt, diesmal nach Kukusus an der armenischen Grenze (nordöstl. vom heutigen Adana, Südost-Kleinasien). Papst ↗ Innozenz I. u. das ganze Abendland waren vergeblich für ihn eingetreten. Hier lebte er 3 Jahre u. bestärkte seine ihm treu gebliebene Gemeinde durch seine Briefe. Daraufhin setzten es seine Feinde beim Kaiser durch, daß er in strengeren Gewahrsam genommen wurde. Man verschleppte ihn nach Pithyus (am östl. Ufer des Schwarzen Meeres). Auf dem Weg dorthin starb er in Komana (heute Tekat, Nordost-Kleinasien) am 14. 9. 407 an den erlittenen Strapazen u. Quälereien durch seine Bewacher. Sein Leib wurde am 27. 1. 438 in der Apostelkirche zu Konstantinopel beigesetzt u. später nach St. Peter in Rom überführt. Im Röm. Martyrologium steht seit dem 11. Jh. sein Fest am 27. Jänner.

Johannes Chrysostomus ist der größte Prediger der morgenländischen Kirche. Er erntete einerseits stürmischen Beifall, andererseits auch nörgelnde Kritik wegen zu großer Strenge u. Schärfe der Sprache. Bes. die eitlen Hofdamen verübelten ihm seine Offenheit. Von ihm ist eine große Zahl von Homilien erhalten. Die eingestreuten Bemerkungen über guten oder schwachen Besuch des Volkes, über Beifall oder mangelhafte Aufmerksamkeit der Zuhörer usw. zeigen, daß diese Homilien nicht von ihm selbst geschrieben wurden, sondern stenographische Mitschriften seiner Predigten darstellen. Er schrieb auch eine Anzahl von Büchern u. Abhandlungen über das Mönchsleben, über die Buße, über das Jungfräulichkeitsideal u. über rel.-pädagogische Fragen. Berühmt ist seine Schrift über die Würde des Priestertums. Er ist der klassische Zeuge der altchristlichen Eucharistielehre u. hat daher den Beinamen „Doctor eucharistiae" erhalten. Die in der Ostkirche weitverbreitete „Chrysostomus-Liturgie" geht aber nicht auf ihn zurück. Deren Ordinarium bestand schon vor Johannes Chrysostomus, ihre Rubriken stammen aus dem späten 14. Jh. Es ist aber durchaus möglich u. wahrscheinlich, daß diese Liturgie durch die Autorität des Heiligen in weiten Teilen der Ostkirche bekannt u. verbreitet wurde.

Liturgie: GK G am 13. September (Passau g, Innsbruck G am 11. September)

Darstellung: als griech. Bisch. mit Evangelienbuch. Mit Bienenkorb (Symbol des Fleißes in bezug auf seine Gelehrsamkeit u. Beredsamkeit). Mit einem Engel. Mit einer Taube (Symbol des Hl. Geistes)

Patron: der Prediger

Lit.: Pauly-Wissowa IX/2 1811–1828 – Ch. Baur, Der hl. Chr. u. seine Zeit, 2 Bde. (München 1929–30) – Altaner[5] 287–297 – C. V. Gheorgiu (Köln 1960) – St. Verosta, Joh. Chr., Staatsphilosoph u. Geschichtstheologe (Wien 1960) – E. Hausack, Die Vita des Joh. Chrysostomus (Mon. l. Slavicae 10) (Würzburg 1975)

Johannes Colombini CASH, Sel.

* um 1300 in Siena (Toskana, Mittelitalien). Er war Patrizier u. ein reicher Kaufmann in Siena u. hatte Frau u. Kinder. Er las eines Tages das Leben der hl. Büßerin ↗ Maria von Ägypten u. schenkte unter dem Eindruck der Lektüre den größten Teil seines Vermögens 2 Klöstern u. einem Hospital. Er selber widmete sich nur noch der Bußpredigt u. den Werken der Nächstenliebe. Um 1360 gründete er in Siena den Laienorden der Jesuaten (Apostolische Kleriker vom hl. Hieronymus), eine Art Barmherziger Brüder zur Mitarbeit am Heil der Seelen durch Gebet u. Buße u. Werke der Nächstenliebe, bes. der Krankenpflege. Auf seine Veranlassung stiftete seine Cousine Katharina Colombini 1367 den beschaulichen Zweig der Jesuatinnen (Schwestern von der Heimsuchung Marä). † am 31. 7. 1367 in Aquapendente. Kult bestätigt durch Gregor XIII.

Gedächtnis: 31. Juli

Darstellung: in der Tracht seines Ordens: weißer Talar, lederner Gürtel, brauner Mantel, Tuch auf dem Kopf (statt einer Kapuze), Sandalen, Glorienschein mit dem Namen „Jesus"

Lit.: ActaSS Iul. VII (1868) 344–420 – Vita von F. Belcari (1449), hrsg. von R. Chiarini (Arezzo 1904) – Baudot-Chaussin VII 746–752 (Lit.) – ECatt III 2006f

Johannes von Damaskus, Kirchenlehrer, Hl. (Joh. Damascenus)
* um 650 zu Damaskus (Syrien) aus einer vornehmen christlich-arabischen Familie. Sein Vater Sargun ibn Manschur war Finanzminister am Hof der Kalifen. Er wirkte zuerst vermutlich als Mitarbeiter seines Vaters u. scheint daneben auch schriftstellerisch u. dichterisch tätig gewesen zu sein. Als unter Abd el Malek (685–705) ein christenfeindlicher Kurs einsetzte, wurde er mit seinem Vater aus dem Staatsdienst gedrängt. Um 700 zog er sich mit seinem Adoptivbruder Kosmas von Majuma in das Kloster Mar Saba bei Jerusalem zurück. Patriarch Johannes V. von Jerusalem weihte ihn zum Priester und betraute ihn wiederholt mit wichtigen Aufgaben, bes. im beginnenden Bilderstreit. Auch andere Bischöfe verlangten seine Dienste, u. ein großer Teil seiner Werke verdankt ihr Entstehen ihren Wünschen. Schon bei seinen Zeitgenossen wie auch bei der Nachwelt galt er als anerkannte theol. Autorität. ↗ Theophanes nannte in „Chrysorrhoas" („der Gold-Fließende"). Er starb um 750, angeblich im Alter von 104 Jahren. Noch im 12. Jh. zeigte man sein Grab in Mar Saba. Dann dürften seine Gebeine nach Byzanz übertragen worden sein. Im Osten wurde er von jeher als Kirchenvater betrachtet, in der röm. Kirche wurde er am 18. 9. 1890 zum Kirchenlehrer ernannt u. dem Orientalischen Kolleg in Rom u. deren Studierenden zum Patron gegeben.
Seine schriftstellerische Tätigkeit umfaßt den gesamten Bereich der Theologie seiner Zeit. Er war auch ein berühmter Prediger u. wurde oft vom Patriarchen nach Jerusalem gerufen. Als großer Dichter gilt er in der Ostkirche noch heute als Reformator der kirchlichen Dichtung u. Musik. Was aber an überlieferten Dichtungen ihm zuzuschreiben ist, bedarf noch der historischen Klärung.
Liturgie: GK g am 4. Dezember
Darstellung: seine abgehauene Hand haltend (im Bilderstreit soll ihm die Hand abgehauen, von der Gottesmutter wieder wunderbar angeheilt worden sein). Mit einem Marienbild (wegen seiner großen Marienverehrung). Zuweilen auch Körbe tragend
Lit.: Bardenhewer V 51–65 – Altaner[5] 488–493 – D. Ainslee (London 1903)

Johannes Discalceatus OFM, Sel. (Joh. der Barfüßer)
* um 1280 in Saint-Vogay (Bretagne). Er widmete sich zuerst in freiwilliger Armut ganz den Werken der Nächstenliebe u. wurde 1303 Priester in der Diöz. Rennes (Ostfrankreich). Er ging aus gelebter Armut immer barfuß (daher sein Beiname). 1316 trat er dem Franziskanerorden bei, wo er seinen Eifer bei Gebet, Buße u. Liebestätigkeit nur noch steigerte. Beim Dienst an den Pestkranken starb er in Quimper (Bretagne) am 15. 12. 1349.
Gedächtnis: 15. Dezember
Lit.: W. Lampen: CollFr 26 (1956) 421–424

Johannes Dominici OP, Kardinal, Erzb. von Ragusa, Sel.
* 1357 in Florenz. Er wurde 1374 Dominikaner u. wirkte zuerst als Prediger in Venedig (1387–99) u. Florenz (1399–1406). 1406 gründete er den Konvent zu Fiesole u. wurde dessen Prior. 1406–1415 war er Ratgeber u. Vertrauter des Papstes Gregor XII. 1408 wurde er zum Erzb. von Ragusa (Dubrovnik, Dalmatien) u. zum Kardinal ernannt. Er war auch wesentlich an der Beseitigung des großen Papstschismas (Abendländisches Schisma, 1378–1417 bzw. 1449) beteiligt, indem er 1415 Gregor XII. zu Abdankung bewog u. dies auf dem Konzil von Konstanz (1413–17) bekanntgab.
1417–1419 war er Legat des neuen Papstes Martin V. in Böhmen u. Ungarn zur Beilegung der hussitischen Wirren (in Böhmen hatte er allerdings wenig Erfolg). Er war ein großer Volksprediger u. Reformator seines Ordens (bes. unter ↗ Raimund von Capua). 1395 gründete er das Nonnenkloster Corpus Christi in Venedig. Er starb auf einer Gesandtschaftsreise in Buda (Ungarn) am 10. 6. 1419.
Gedächtnis: 10. Juni
Darstellung: im Dominikanerhabit mit Kardinalshut, in der Linken ein Buch haltend
Lit.: A. Rösler (Freiburg/B. 1893) – H. V. Sauerland: ZKG 9 (1886) 240–292, 10 (1887) 345–398, 15 (1895) 387–418 – Walz 713 (Reg.)

Johannes von Dukla OFM, Sel.
* 1414 in Dukla (Südpolen). Er trat den Franziskaner-Konventualen bei u. wurde Guardian in Krosno u. Lemberg, später Kustos. Nachdem sich in Polen die Franziskaner-Observanten niedergelassen hatten, trat er zu diesen über u. wirkte als eifriger Volksprediger, obwohl er viele Jahre, bis zu seinem Tode blind war. Er war ein gesuchter Beichtvater u. ein großer Marienverehrer. † am 29. 9. 1484 in Lemberg. Unmittelbar nach seinem Tod setzte seine Verehrung ein.
Gedächtnis: 29. September
Patron: von Polen
Lit.: K. Kantak: AFrH 22 (1929) 433–437 – Baudot-Chaussin VII 457 (Lit.) – ECatt VI 556

Johannes Bapt. **von der Empfängnis** OST, Hl. (Johannes Garcia Jijón)
* am 10. 7. 1561 in Almodóvar del Campo (Diöz. Toledo, Spanien) als 5. von 8 Söhnen. Er ist blutsverwandt mit dem hl. ↗ Johannes von Ávila. Er erhielt seine Ausbildung bei den Karmeliten seiner Vaterstadt u. trat 1580 in Toledo dem Trinitarierorden bei. Nach seinen Studien in Almodóvar u. Baeza erhielt er die Priesterweihe. Wegen seiner schwachen Gesundheit wurde er zunächst in die Heimat geschickt. Ab 1594 wirkte er als gesuchter Kanzelredner in Sevilla mit großem Erfolg. In einer Pestepidemie stand er den Kranken in Los Arcos u. Molares bei u. predigte daneben in Ronda, Xaen u. anderen Städten. 1594 wurde er Mitbegründer eines Reformzweiges seines Ordens, er selbst trat 1596 in Valderróbres in seine Neugründung über. 1598 unternahm er eine Reise nach Rom, um vom Papst dessen Bestätigung zu erhalten. Er war von Zweifeln erfüllt u. wandte sich an die Jesuitenpatres in Rom sowie an ↗ Franz von Sales, der gerade zur Bischofsweihe in Rom weilte. Er wagte es aber noch nicht zum Papst zu gehen. Erst bei seiner 2. Romreise 1599 erhielt er von Clemens VIII. die Erlaubnis, den Orden der „Unbeschuhten Trinitarier" mit eigenem Statut ins Leben zu rufen. Die Neugründung entwickelte sich rasch, trotz der Schwierigkeiten bes. von seiten der Mitbrüder aus seinem bisherigen alten Orden. 1605 wurde er der 1. Provinzial. 1612 gründete er in Granada einen weiblichen Zweig. Er lebte in größter Strenge gegen sich, er legte sich hartes Fasten u. Nachtwachen auf u. schlief auf bloßem Boden. Gegen alle Mitmenschen, bes. gegen Hilfsbedürftige u. Kranke, war er stets liebevoll. Er starb in Cordoba am 14. 2. 1613. Seliggesprochen 1819, heiliggesprochen am 25. 5. 1975.
Gedächtnis: 14. Februar
Lit.: AAS 68 (1976) 97ff

Johannes (Jean) **Eudes**, Hl.
* 14. 11. 1601 in Ri bei Argentan (Normandie). Er wurde 1623 in Paris Oratorianer (Weltpriestervereinigung ohne Gelübde, gegründet durch ↗ Philipp Neri), erhielt 1625 die Priesterweihe u. wurde 1639 Superior des Oratoriums in Caen (Normandie). Von Helfern begleitet, hielt er von 1632 an bis zu seinem Tod über 110 Volksmissionen, die einen gewaltigen Zustrom hatten. 1644 gründete er die Frauengenossenschaft „Religieuses de Notre Dame de Charité du Refuge" („Schwestern Unserer Lieben Frau von der Liebe u. Zuflucht") zur Betreuung von Büßerinnen u. verwahrlosten Mädchen. 1643 trat er aus dem Oratorium aus u. gründete sein Hauptwerk, die „Congrégation de Jésus et Marie" („Kongregation von Jesus u. Maria", „Eudisten"), eine Vereinigung von Weltpriestern, die sich die Einrichtung u. Leitung von tridentinischen Priesterseminarien u. die Volksmission zum Ziel setzte. Er stand dieser Kongregation bis zu seinem Tode vor u. sicherte deren Bestand gegen viele Schwierigkeiten u. heftige Anfeindungen, bes. von seiten der Jansenisten. Er errichtete Priesterseminarien u. begründete – noch vor ↗ Margareta Maria Alacocque – die öffentliche Verehrung des Herzens Jesu u. Mariä. Pius X. nannte ihn deshalb in seinem Seligsprechungsdekret „auctor, doctor et apostolus cultus liturgici Sacratissimi Cordis Jesu" („Begründer, Lehrer u. Apostel des öffentlichen Kultes des Herzens Jesu"). In seinen Predigten u. vor allem in seinen zahlreichen Schriften setzte er sich mit der Herz-Jesu-Verehrung auch theol. auseinander. Er ist einer der großen Erneuerer des rel. Lebens im Frankreich des 17. Jh.s. † am 19. 8. 1680 in Caen. Seliggesprochen am 11. 4. 1909, heiliggesprochen am 31. 5. 1925.

Liturgie: GK g am 19. August
Darstellung: als Priester mit dem Herzen Jesu
Lit.: E. Georges (Paris 1925) – H. Joly (Paris 1926^2) – A. Pioger (Paris 1940) – O. Schneider, Der Prophet des Herzens Jesu (Wien 1947)

Johannes (John) **Fisher,** Kardinal, Bisch. von Rochester, Märt., Hl.
* um 1469 in Beverley (Yorkshire, England). Er erhielt an der Universität Cambridge 1491 den Titel eines Magister Artium, wurde dort 1501 Vizekanzler, 1503 Theologieprofessor u. 1504 Kanzler. Noch vor 1495 erhielt er die Priesterweihe u. wurde um 1500 Beichtvater der Mutter König Heinrichs VII. von England. 1504 wurde er Bisch. von Rochester (östl. von London). Hier wirkte er in einzigartiger Weise als Prediger, Seelsorger u. Freund der Armen. In der Theologie suchte er die Verbindung zw. der Scholastik u. dem Studium der Bibel u. der Väter einerseits u. dem neu aufkommenden Humanismus andererseits. In diesem Geist reformierte er auch die Universität von Cambridge (nördl. von London). Er war mit den Humanisten Johannes Reuchlin u. Erasmus von Rotterdam befreundet. Er verfaßte mehrere Schriften, darunter auch gegen Martin Luther u. Johann Ökolampadius, den Baseler Reformatoren. Diese Schriften überragen die gesamte vortridentinische Kontroverstheologie an Gehalt u. Ton bei weitem u. wurden auch auf dem Konzil von Trient ausgiebig benutzt. Er zog sich aber den Haß König Heinrichs VIII. von England zu, als er dessen Ehescheidung von Katharina von Aragón öffentlich anprangerte. Im Prozeß gegen die Nonne E. Barton wurde er am 21. 3. 1534 der Begünstigung des Hochverrates für schuldig erklärt. Weil er die Eidesleistung auf das Sukzessionsgesetz verweigerte, wurde er am 17. 4. 1534 eingekerkert. Im Gefängnis erreichte ihn seine Ernennung zum Kardinal (20. 5. 1535). Am 22. 6. 1535 wurde er wegen Hochverrates, d. h. wegen Äußerungen gegen die Kirchensuprematie des englischen Königs (englisches Staatskirchentum nach der Ehescheidungs-Affäre Heinrichs VIII.) in London enthauptet. Seliggesprochen 1886, heiliggesprochen am 19. 5. 1935 (s. Märt. von England, S. 890)
Liturgie: GK g am 22. Juni
Lit.: J. Grisar, Der hl. Mart. John Fisher: StdZ 129 (1935) 217–230 – AAS 28 (1936) 185ff – P. Janelle (Paris 1935) – V. McNabb (London 1935) – Ph. Hughes, The Reformation in England I (London 1952) passim – E. E. Reynolds (London 1955)

Johannes Franz (Jean-François) **Régis** SJ, Hl. (gewöhnlich Franz Régis genannt)
* am 31. 1. 1597 in Fontcouverts (Dep. Aude, Languedoc). Er trat 1616 der Gesellschaft Jesu bei, wurde 1631 Priester u. wirkte ab 1632 als Volksmissionar. Bes. in den Jahren 1634–40 arbeitete er in den Cevennen, in Montpellier u. Le Puy (Südfrankreich), wo die Bevölkerung durch die Hugenotten- u. die Bürgerkriege verarmt u. sittlich verwahrlost war. Er wird deshalb „Apostel von Velay u. Viverais" (Landschaften westl. u. östl. von Le Puy) genannt. Bes. nahm er sich der Armen u. der gefallenen Frauen an. † am 31. 12. 1640 in La Louvesc (bei Le Puy). Sein Grab dortselbst wurde zum Wallfahrtsort, es geschahen dort zahlreiche Wunder. Seliggesprochen 1726, heiliggesprochen 1737.
Gedächtnis: 31. Dezember
Darstellung: mit Lederkappe u. Kreuzstab
Patron: der Schwestern vom hl. Franz Régis (1838) u. anderer nach ihm benannter Vereine
Lit.: S. Nachbaur (Freiburg/B. 1924) – L. Pize (Paris 1924) – J. Vianney (Paris 1929^7) – G. Gitton (Paris 1937) – A. Joley (Milwaukee 1941)

Johannes Gabriel Taurin Dufresse, s. Märt. in China (S. 881)

Johannes (Giovanni) **Garbella** OP, Sel. (Joh. von Vercelli)
* wahrscheinlich zu Anfang des 13. Jh.s in Mosso S. Maria bei Biella (nordöstl. von Turin). Er war zuerst Weltpriester u. Lehrer für kanonisches Recht in Paris u. Vercelli (zw. Mailand u. Turin). Unter dem Einfluß des sel. ↗ Jordan von Sachsen OP wurde er 1232 Dominikaner. Er war Vikar des Ordensgenerals in Ungarn, wurde 1254 Prior des Konvents S. Nicola in Bologna, 1256 Provinzial der Lombardei u. war von 1264 bis zu seinem Tod Generalmagister. Er wies die Angriffe auf ↗ Thomas von Aquin in Schrift u. Wort zurück. Papst Nikolaus III. ernannte ihn 1278 zum Patriarchen von Jerusalem, er wies aber diese

Würde ab. † am 30. 11. 1283 in Montpellier (westl. des Rhonedeltas, Südfrankreich). Kult bestätigt am 7. 9. 1903.
Gedächtnis: 30. November
Lit.: P. Mothon (ital. Vercelli 1903) – Positio per la conferma del culto (Rom 1903) – L. Borello (Biella 1927) – Walz (Reg.)

Johannes González a S. Facundo OESA, Hl.
* 1430 in S. Facundo (heute Sahagún, nördl. von Valladolid, Nordspanien). Er studierte in Sahagún u. Burgos Theologie u. Philosophie, ab 1457 kanonisches Recht in Salamanca, wo er Baccalaureus wurde u. sich mehrere Jahre lang als erfolgreicher Kanzelredner betätigte. 1463 wurde er, in Erfüllung eines in einer schweren Krankheit abgelegten Gelübdes, Augustiner-Eremit. 1471–73 u. 1477–79 war er Prior in Salamanca. Er verstand es, blutige Feindschaften beizulegen. Er war mystisch begnadet u. hatte die Gabe der Wunder. Es werden sogar mehrere Totenerweckungen berichtet. † am 11. 6. 1479 in Salamanca; dort ist auch sein Grab. Seliggesprochen 1601, heiliggesprochen 1690.
Gedächtnis: 11. Juni
Darstellung: als Augustiner-Eremit, auf dem Meer wandelnd, mit Kruzifix, einen Kelch in der Rechten, ein Buch in der Linken haltend
Patron: der Stadt u. der Diöz. Salamanca; der Augustiner
Lit.: T. Camara y Castro (Salamanca 1891, Escorial 1925, dt. Würzburg 1892) – Vela VII 7–24 – Braun 376 – Baudot-Chaussin VI 216ff

Johannes OSB, Abt **von Gorze,** Sel. (Joh. von Vandières)
* zu Vandières bei Pont-à-Mousson (südwestl. von Metz, Lothringen). Nach dem Tod seines Vaters mußte er die Verwaltung des heimatlichen Anwesens übernehmen u. dadurch auf einige Jahre seine Studien in Metz u. St-Mihiel a. d. Mosel unterbrechen. Später zog er sich mit dem frommen Klausner Humbert in die Einöde zurück u. machte eine Wallfahrt nach Rom. Nach seiner Rückkehr ließ er sich 933 mit dem Erzdiakon Einold (Ainold, Eginold) von Toul u. 5 weiteren Gefährten auf Geheiß des Bisch. Adalbero I. von Metz im Kloster Gorze nieder. Das Kloster Gorze in Lothringen, 749 durch Bisch. ↗ Chrodegang von Metz gegründet, hatte nach einer 1. Blüte im 9. Jh. einen fast vollständigen geistlichen u. materiellen Niedergang erlitten. Die neuen Mönche brachten einen neuen Geist mit u. begründeten so die 2. große Blüte des Klosters, welches unabhängig von ↗ Cluny zum Zentrum der lothringischen Klosterreform wurde. Einold wurde Abt, Johannes Prokurator. 953–956 unternahm Johannes im Auftrag Kaiser Ottos I. d. G. eine Gesandtschaftsreise an den Hof des Kalifen Abderraham III. in Cordoba (Spanien), die er erfolgreich erledigte. Nach dem Tod Einolds wurde Johannes (wohl 967) Abt u. erwarb sich große Verdienste um die Ausbreitung der Gorzer Reform. † am 7. 3. 976.
Gedächtnis: 7. März
Lit.: Vita v. seinem Freund Johannes v. St. Arnulf: MGSS IV 337–377 – L. Zöpf, Das Heiligenleben im 10. Jh. (Leipzig 1908) 94–103 – St. Hilpisch, Gesch. des benedikt. Mönchtums (Freiburg/B. 1929) 144–148 – Zimmermann I 258–261 – Schmitz GB I 149f – Hallinger 51ff

Johannes von Gott, Hl.
* am 8. 3. 1495 zu Monté-mor o Novo bei Evora (östl. von Lissabon, Portugal) als einziger Sohn des Handwerkers Andreas Cuidad. Mit 8 Jahren wurde er entführt. Die Mutter starb 3 Wochen später aus Gram, der Vater wurde Franziskaner. Johannes wurde Hirte eines Grundbesitzers in Oropesa (an der Küste Ostspaniens). In Unkenntnis seines Familiennamens nannte ihn dieser „Johannes von Gott". Mit 27 Jahren ließ er sich als Soldat anwerben u. zog mit der span. Armee an die Nordgrenze, wo die Franzosen eingefallen waren. Hier vergaß er seinen früheren Glauben u. seine Tugenden völlig. Nach einem gefährlichen Sturz vom Pferd u. einer Verurteilung zum Strang wegen eines vermeintlichen Diebstahls, der er nur knapp entrinnen konnte, ging er nach Oropesa zurück u. verdingte sich als Handlanger in Afrika, dann als wandernder Buchhändler in Gibraltar u. Granada. Beim Einfall der Türken in Ungarn ließ er sich in das Heer Kaiser Karls V. von Österreich anwerben. Nach seiner Rückkehr pilgerte er nach Santiago de Compostela (Nordostspanien). 1539 brachte ihn eine Predigt des hl. ↗ Jo-

hannes von Ávila endgültig auf bessere Gedanken. Er widmete sich von nun an ganz der Krankenpflege u. gründete 1540 in Granada ein Krankenhaus, die Keimzelle des von ihm gestifteten Laienordens der Barmherzigen Brüder. In der Krankenpflege wirkte er weit über seine Zeit hinaus bahnbrechend. So führte er die psychoanalytische Behandlung ein, er legte großen Wert auf gütige Aussprache mit dem Patienten u. Erfassung des ganzen Menschen nach Seele u. Leib. Johannes war auch ein Reformator in der Irrenbehandlung u. einer der größten sozialen Heiligen überhaupt. † am 8. 3. 1550 in Granada. Sein Leib ruht in der dortigen Ordenskirche. Seliggesprochen 1630, heiliggesprochen 1690. Leo XIII. ernannte ihn zum Patron der Krankenhäuser, der Krankenpfleger und Kranken.
Liturgie: GK g am 8. März
Darstellung: Körbe auf dem Rücken tragend, Quersack vorhängend, 2 Töpfe um den Hals gebunden (so sammelte er für seine Kranken „um Gottes Willen"). Mit Kruzifix und Rosenkranz in der Hand. Das Jesuskind tragend, das einen offenen Granatapfel (darin auch ein Kreuz) hält (der Granatapfel bedeutet Granada, wo ihm Jesus seinen Tod vorhersagte)
Patron: der Kranken u. Krankenpfleger, der Krankenhäuser, Buchdrucker, Buchhändler, Papiermüller
Lit.: L. Ruland, Gespräche um Joh. v. G. (Würzburg 1947) – Ders., Ein armseliger Mensch, ein Heiliger (Frankfurt/M. 1949²) – W. Hünermann, Der Bettler von Granada (Wien 1953) – B. Schelle, Vom Abenteurer zum Heiligen (1953) – J. Cruset (Basel 1958, ital. Bari 1960)

Johannes Grande OSJdD, Sel.
Er selbst nannte sich Johannes Peccator (Sünder). * 1546 zu Carmona (Andalusien, Südspanien). Mit 22 Jahren verschenkte er sein ganzes Vermögen u. wurde Einsiedler. Bald darauf trat er dem Orden der Barmherzigen Brüder bei u. stellte sein Leben in den Dienst der Armen und Kranken. † 1600. Seliggesprochen 1852.
Gedächtnis: 3. Juni
Lit.: P. Guérin, Petits Bollandistes VI (Paris 1888) 434–438 – Baudot-Chaussin VI 61f

Johannes Gualbertus OSB, Hl.
* um 1000 (995?) bei Florenz aus adeliger Familie. Er wurde um 1013 Benediktinermönch in San Miniato bei Florenz, verließ aber das Kloster wieder wegen der dort praktizierten Simonie (Käuflichkeit kirchlicher Ämter). Zunächst ging er auf einige Zeit nach Camaldoli (nördl. von Arezzo), dem Stammkloster der Kamaldulenser (↗ Romuald) u. erbaute um 1030 auf einem Grundstück zu Acquabella am Nordwesthang des Prato Magno (östl. von Florenz) eine Einsiedelei. Die Gegend wurde später „Vallombrosa" („Schattiges Tal") genannt. Um 1039 entstand daraus ein Kloster, dem er als Abt vorstand u. welches zum Stammkloster des Ordens der Vallombrosaner wurde. Der Konvent lebte nach der Benediktinerregel u. nach eigenen Statuten. So führte Johannes erstmals eine strenge Scheidung nach Chormönchen u. Laienbrüdern ein; die Chormönche hatten nur dem Chorgebet u. der geistigen Arbeit zu obliegen, die Laienbrüder hatten die äußeren Besorgungen zu verrichten. Durch Gründung u. Anschluß entstand daraus eine Kongregation ähnlich der von ↗ Cluny. Johannes führte einen scharfen Kampf um die Reinheit der Kirche, bes. gegen Simonie u. Konkubinat der Geistlichkeit. † am 12. 7. 1073 im Kloster S. Michele Arcangelo in Passignano bei Florenz. Heiliggesprochen 1193.
Gedächtnis: 12. Juli
Darstellung: Bild Christi in der Hand (weil er an einem Karfreitag aus Liebe zum Gekreuzigten dem Mörder seines Bruders vergeben hatte). Mit Kreuzstab u. Buch
Lit.: A. Salvini (Rom 1950) – E. Lucchesi (Florenz 1959)

Johannes Hector de Britto SJ, Märt., Hl.
* am 1. 3. 1647 zu Lissabon als Sohn des Statthalters von Brasilien, Dom Salvador de Britto. Mit 9 Jahren wurde er Edelknabe am königlichen Hof zu Lissabon. Nach Überwindung vieler Schwierigkeiten, die ihm seine Angehörigen u. seine schwächliche Gesundheit bereiteten, trat er 1662 der Gesellschaft Jesu bei. Nach seiner Priesterweihe wurde er 1673 in die Indien-Mission gesandt, wo er in Goa zunächst seine theol. Studien vollendete. Ab 1674 wirkte er unter schwierigen Bedingungen, aber sehr erfolgreich in Malabar und Madura (Südindien). 1685 wurde er zum Missionsoberen er-

nannt. Auf einer seiner Visitationsreisen wurde er einmal in Vadakenkulam einige Tage eingekerkert. Im Mai 1686 drang er von Tanjore aus in das Ramnad-Gebiet (Morava) vor, wurde dort verhaftet, gefoltert u. zum Tod verurteilt, schließlich aber unter Androhung der Todesstrafe des Landes verwiesen. Er zog sich nach Malabar zurück, erhielt dort aber den Auftrag, in Europa für die Mission zu werben. 1690 war er wieder in Indien u. nahm die Missionsarbeit im gefährlichen Ramnad wieder auf. Er hatte großen Erfolg, 1692 konnte er 4000 Hindus taufen, darunter einen Fürsten, der von seinen 5 Frauen 4 entließ. Unter den Entlassenen war eine Nichte des Radscha (Königs) von Ramnad. Sie fühlte sich gekränkt u. stachelte ihren Onkel u. die Brahmanen gegen den Missionar auf. Dieser wurde ergriffen, 4 Wochen lang grausam gequält u. schließlich am 4. 2. 1693 durch gliedweises Zerstückeln in Oriur (Südostindien) hingerichtet. Seliggesprochen 1852, heiliggesprochen am 22. 6. 1947.
Gedächtnis: 4. Februar
Lit.: H. Döring, Vom Edelknaben zum Märt. (Freiburg/B. 1920) – B. Haupert (Trichinopoly 1924) – A. Saulière (Madura 1947)

Johannes Heinrich Karl Steeb, Sel.
* am 18. 12. 1773 in Tübingen von evangelischen Eltern. Er konvertierte 1792 zur kath. Kirche u. wurde 1796 Priester. Er wirkte als Professor der Theologie am Priesterseminar zu Verona (Oberitalien) u. betätigte sich daneben als unermüdlicher Seelsorger für die Armen, Kranken u. Gefangenen. Vielen Menschen war er ein kluger Seelenführer. In den Kriegswirren jener Zeit fanden bei ihm auch franz. u. dt. Soldaten eine offene Tür. 1840 gründete er zus. mit Maria Vincenza Poloni die „Schwestern der Barmherzigkeit", die seine karitativen Arbeiten weiterführen u. vervielfachen sollten. Sein größter Schmerz war der plötzliche Tod der Mitbegründerin 1855. Er selbst verschied 1 Jahr darauf, am 15. 12. 1856 im Ruf der Heiligkeit. Seliggesprochen am 6. 7. 1975.
Gedächtnis: 15. Dezember
Lit.: AAS 67 (1975) 465ff

Johannes Juvenal Ancina, Bisch. von Saluzzo, Sel.
* am 19. 10. 1545 (?) zu Fossano (südl. von Turin). Er war zuerst praktischer Arzt, dann Universitätsprofessor in Turin. 1578 trat er den Oratorianern des hl. ↗ Philipp Neri bei u. wurde 1582 zum Priester geweiht. Ab 1586 wirkte er als Seelsorger in Neapel, wo er ein Oratorium gründete, u. von 1596 an in Rom. 1603 wurde er zum Bischof von Saluzzo (südl. von Turin) ernannt. Als solcher reformierte er in seiner Diöz. den Klerus, die Klöster u. die Seelsorge. Er verfaßte auch volkstümliche geistliche Schriften u. gab eine Sammlung von Marienliedern heraus. † am 31. 8. 1604 in Saluzzo an einer Vergiftung. Seliggesprochen 1890.
Gedächtnis: 31. August
Lit.: A. Richard (Mainz 1891) – A. Pazzini (Rom 1937)

Johannes Klimakos, Abt auf dem Sinai, Hl.
Mit 16 Jahren wurde er Mönch auf dem Sinai, war dort 40 Jahre Eremit u. wurde dann zum Abt gewählt. Er verfaßte zahlreiche aszetische Schriften. Sein Hauptwerk trägt den Titel „Klimax tu paradeísu" („Treppe zum Paradies", nach Jakobs Traumgesicht, Gen 28,10–19) u. gibt in 30 Stufen (entsprechend den verborgenen Lebensjahren Jesu) Anweisungen für Mönche zum Kampf gegen die Laster u. zum Erwerb der Tugenden. Angeschlossen ist ein Handbuch für einen Ordensoberen. Er verwertet darin die griech. Väter, persönliche Erfahrungen u. Volksweisheit. Das Werk wurde im Osten wie im Westen sehr oft abgeschrieben, kommentiert und übersetzt. † um 649 (?).
Gedächtnis: 30. März
Lit.: Bardenhewer V 79–82 – Viller-Rahner 155–164 – Graf I 409f – Altaner[5] 482 – H.-G. Beck, Kirche u. theol. Lit. im Byzantinischen Reich (München 1959) 451f

Johannes von Krakau, Hl. (Joh. Cantius)
* am 23. 6. 1390 zu Kęty (westl. von Krakau, Polen; daher seine Beiname Cantius). Er war Professor für Theologie u. Prälat am Kollegiatsstift St. Florian in Krakau. Er soll viermal zu Fuß nach Rom u. einmal nach Jerusalem gepilgert sein. Er ging ganz auf in seiner Freigebigkeit gegen die Armen u. der Sorge für seine Schüler. † am 24. 12. 1473 in

Krakau, sein Grab ist in der Universitätskirche St. Anna. Seliggesprochen 1690, heiliggesprochen 1767.
Liturgie: GK g am 23. Dezember
Darstellung: als Priester mit Kreuz, Monstranz, Maria erscheint ihm. Mit einem Studenten, mit Kreuz und Rosenkranz
Lit.: ActaSS Oct. VIII (1866) 1042–1106 – ECatt VI 531 – M. Rechowicz (Lublin 1958) (poln.) – J. Nowacki (Posen 1959) (poln.)

Johannes vom Kreuz OCarm, Kirchenlehrer, Hl. (bürgerl. Juan de S. Matía de Yepes)
* am 24. 6. 1542 zu Fontivera (östl. von Salamanca, Westspanien) aus dem verarmten Adelsgeschlecht der Yepes. Johannes sollte ein Handwerk erlernen, hatte aber kein Geschick dazu u. wurde deshalb Krankenwärter im Hospital zu Medina del Campo (zw. Salamanca u. Valladolid). 1563 trat er in das dortige Karmeliterkloster ein, studierte in Salamanca Philosophie u. Theologie u. wurde 1568 Priester. Nach der Priesterweihe wollte er zu den Kartäusern übertreten, wurde aber durch ↗ Theresia von Ávila von seinem Entschluß abgebracht. Mit ihr zus. mühte er sich um die Reform des Karmeliterordens. Unter dem Namen Juan de la Cruz (Joh. vom Kreuz) begann er 1568 in Durvelo mit der Reform. 1570 eröffnete er in Alcalá de Henares ein Ordenskolleg, 1572–77 war er Spiritual am Kloster zur Menschwerdung in Ávila, in dem Theresia Priorin war. Inzw. entfesselten die nichtreformierten Karmeliter einen heftigen Sturm gegen die Reform der hl. Theresia. Mit kirchlichen Strafen versuchten sie ihre Wiederwahl zu verhindern. Johannes hielt treu zu ihr, weshalb er 1577 fliehen mußte. 9 Monate wurde er im Kloster zu Toledo in strenge u. entbehrungsreiche Haft gesetzt. Hier verfaßte er seine ersten mystischen Gedichte. 1578 entfloh er zum Kloster Calvario. Nach der vollzogenen Trennung zw. reformierten u. nichtreformierten Karmelitern war er 1579–81 Rektor des Kollegs in Baëza (bei Linares, Südspanien), war anschließend in Granada Definitor (Verwalter) u. wurde 1588 Prior in Segovia (nördl. von Madrid). Schwerkrank u. in seinen Absichten von den Oberen verkannt u. in die Meinungsverschiedenheiten über die künftige Richtung des Ordens verwickelt, ging er nach Ubeda (bei Linares), wo er unter unwürdiger Behandlung in heroischer Geduld am 14. 12. 1591 starb. Sein unverwester Leib ruht in Segovia. Seliggesprochen 1675, heiliggesprochen 1726, zum Kirchenlehrer ernannt am 24. 8. 1926.
Seine Hauptwerke bilden ein innerlich zusammenhängendes System: Der „Aufstieg zum Berge Karmel" handelt über die aktive Läuterung der Seele, die „Dunkle Nacht der Seele" die passive. Die höchste Vereinigung mit Gott behandelt er in den Schriften „Geistlicher Gesang" u. „Lebendige Liebesflamme". Nach seiner Lehre ist es die sittlich-rel. Aufgabe des Christen, die Seele aus der erbsündigen Verhaftung ins Körperlich-Sinnliche durch die „Nacht der Sinne" u. aus der Ich-Verkrampfung durch die „Nacht des Geistes" zu lösen (Reinigungsweg), um zur geistigen Vereinigung mit Gott fortzuschreiten (Erleuchtungsweg) u. zur „geistlichen Vermählung" zu gelangen (Einigungsweg). Leben u. Lehre des Johannes vom Kreuz bilden eine Einheit. Selbst mystisch hoch begnadet, reifte er in schweren Leiden zum geläuterten Heiligen heran. Seine gründliche philos.-theol. Bildung wußte er zur spirituell-praktischen Erfassung der tiefsten mystischen Erfahrungen anzuwenden. So wurde er zum Klassiker der span. Mystik u. Lit. u. zum bedeutendsten theol. Systematiker der Mystik der Neuzeit.
Liturgie: GK G am 14. Dezember
Darstellung: als Karmelit in braunem Habit, Skapulier, Kapuze u. weißem Mantel, mit Federkiel u. Buch. Auch mit einem Adler zu Füßen (Feder im Schnabel). Christus mit dem Kreuz erscheint ihm. Ein Marienbild haltend

Lit.: Stanislaus a S. Theresia (München 1928) – Theodor v. hl. Josef (Innsbruck 1937) – W. Nigg, Große Heilige (Zürich 1947) 272–317 – H. Waach (Wien 1954) – E. Stein, Kreuzeswissenschaft (Freiburg/B. 1954^2) – E. Specker (Stans 1957) – W. Schamoni, Gebet u. Hingabe (Paderborn 1953) – I. Behn, Span. Mystik (Düsseldorf 1957) – E. A. Peers (Zürich 1956) – G. Thibon, Nietzsche u. Joh. v. Kreuz (Paderborn 1957) – I. Behn, Gotteslohe (Einsiedeln 1959) – E. Schering, Mystik u. Tat (München 1960) – C. de Jesús–O. Schneider, Doctor mysticus (Paderborn 1961) – M.-D. Poinsenet (Aschaffenburg 1963)
Neueste dt. Übersetzung seiner Werke: Aloysius ab Immac. Conc., 5 Bde. (München 1924–29)

Johannes Lantura von Triora OFM, s. Märt. in China c (S. 881)

Johannes Bapt. **de La Salle,** Hl.
* am 30. 4. 1651 in Reims (östl. von Paris) aus einer adeligen Juristenfamilie. Er wurde 1678 Priester u. Kanoniker in Reims. Schon früh hatte er die leibliche u. geistige Not der unteren Volksschichten kennengelernt. Durch seinen Seelenführer Abbé Roland ermutigt, gründete er 1679 in Reims eine Freischule für Knaben u. nahm dazu einige Armenschullehrer auf. 1683 verzichtete er auf seine Domherrenstelle u. seine Pfründe u. schloß sich mit einigen Freunden zur Genossenschaft der „Brüder der christlichen Freischulen" (Schulbrüder) zusammen. Er eröffnete Sonntagsschulen für berufstätige Jugendliche, die erste Realschule, eine Erziehungsanstalt für verwahrloste Jugendliche u. je 1 Lehrerseminar in Paris u. Reims. Seine Methoden im Erziehungs- u. Unterrichtswesen waren bahnbrechend u. richtungsweisend für die Zukunft. So setzte er an die Stelle des Einzelunterrichts den Klassenunterricht, den ersten Leseunterricht gab er nicht mehr in der lat., sondern in der Muttersprache u. wurde so der Begründer der franz. Volksschule. Seine pädagogischen Neuerungen beruhen auf dem Präventivsystem der Vorbeugung, nicht der Bestrafung, u. führten zur Umgestaltung des gesamten Unterrichtswesens in Frankreich. Er legte Wert auf situationsnahen, auf die Bedürfnisse des erwerbstätigen Lebens ausgerichteten Lehrstoff, rel. Erziehung unter Vermeidung jeder Überfütterung. Er beschritt neue Wege in der Lehrerbildung, setzte den Grundstein zu einer Heilerziehung u. schuf den Gedanken einer Berufs- u. Fortbildungsschule. † am 7. 4. 1719 in Rouen, bestattet im Mutterhaus zu Lembecq-les-Hal bei Brüssel (Belgien). Seliggesprochen 1888, heiliggesprochen am 24. 5. 1900.
Liturgie: GK G am 7. April
Darstellung: in seiner Ordenstracht (schwarzer Talar mit Mantel, Halskragen, Kalotte u. weißem Beffchen), mit Kindern
Patron: der Schulbrüder, des christlichen Unterrichtes, der Lehrer u. Erzieher (seit 1950)
Lit.: F. Brug, Der hl. Joh. u. seine pädagogische Stiftung (Regensburg 1919) – Baudot-Chaussin V 308–324 – W. J. Battersby (London 1957)

Johannes Leonardi SP, Hl.
* 1541 zu Diecimo bei Lucca (westl. von Florenz). Er war zuerst Apothekergehilfe u. wurde 1573 Priester. 1574 gründete er die „Gesellschaft von der christlichen Lehre" zur Erziehung der Jugend u. 1574 in Lucca die „Kongregation reformierter Priester" (später umbenannt in „Regularkleriker der Gottesmutter") als rel. Genossenschaft für Selbstheiligung, Seelsorge u. Armenschulunterricht (1593 approbiert). Bald verlegte er die Leitung nach Rom, wo er das Spital- u. Schulwesen förderte u. im Auftrag Clemens' VII. 1596 die Einsiedler-Kongregation von Monte Vergine (↗ Wilhelm von Vercelli) u. 1601 die Vallombrosaner (↗ Johannes Gualbertus) reformierte. 1603 gründete er zus. mit Juan Batista Vives in Rom ein Missionskolleg. † am 9. 10. 1609 in Rom, begraben in S. Maria in Campitelli in Rom. Seliggesprochen 1861, heiliggesprochen am 17. 4. 1938.
Liturgie: GK g am 9. Oktober
Lit.: AAS 30 (1938) 369ff – A. Bianchini (Rom 1861) – F. Ferraironi (Rom 1938) – ECatt VI 630f

Johannes u. Gef., Märt. **in Litauen,** Hll.
Er war wie sein Bruder **Antonius** u. seinem Gefährten **Eustachius** vornehmer Kämmerer am Hof des Großfürsten Olgerd von Litauen. Sie wurden Christen u. ließen sich von einem Priester Nestorius taufen. Darüber kam es sehr bald zu heftigen Auseinandersetzungen mit den anderen, noch heidnischen Edelleuten, bes. weil sie sich weigerten, am althergebrachten Feuerkult teilzunehmen. Der eigentliche Anlaß zu ihrer Ermordung war, wie es heißt, ihre Weigerung, am Freitag Fleisch zu essen. So wurden sie nach qualvollen Martern am 14. 4. 1342 gehängt. Ihr Grab ist in der Dreifaltigkeitskirche zu Wilna.
Gedächtnis: 14. April

Johannes Lobedau OFM, Sel. (Joh. Prutenus, bürgerl. Ignatius Hubenus)
Er war Gründungsmitglied des Franziskanerkonvents in Thorn a. d. Weichsel (nördl. Polen, damals im Staat des Dt. Ordens), später lebte er in Kulmsee (Chelmza, nördl.

von Thorn). Er war Beichtvater der sel. ↗ Jutta von Sangerhausen, die im Wald in der Nähe des Kulmsees als Einsiedlerin lebte. Er zeichnete sich aus durch Frömmigkeit, Gelehrsamkeit u. Seeleneifer. † am 9. 10. 1264 in Kulm (Westpreußen). Kult 1637 approbiert.
Gedächtnis: 9. Oktober
Darstellung: mit Buch u. brennender Fackel
Patron: der Fischer u. Schiffer
Lit.: ActaSS Oct. IV (1780) 1094–1097 – SS rer. Pruss. II 391–396 – Ch. Krollmann, Altpreuß. Biographie I (Königsberg 1941) 305 – Ph. Funk: Ztschr. für die Gesch. u. Altertumskunde Ermlands 89 (Osnabrück 1959) 12

Johannes von Lodi, Bisch. von Gubbio, Hl.
* 1026 in Lodi (südöstl. von Mailand). Er lebte zuerst als Einsiedler im Eremitenkloster in Fonte Avellana (Diöz. Faenza, Oberitalien), wo er Schüler u. Begleiter des hl. ↗ Petrus Damiani u. später Prior wurde. 1104 wurde er Bisch. von Gubbio (Prov. Perugia, Mittelitalien). Er verfaßte die Biographie des Petrus Damiani. † am 7. 9. 1105.
Gedächtnis: 7. September
Lit.: ActaSS Sept. III (1868) 146–174 – Zimmermann III 25 u. 27 (Lit.) – ECatt VI 568

Johannes von Lykopolis, Hl.
* Anfang des 4. Jh.s zu Lykopolis (heute Assiut am Nil, Mittelägypten). Er lebte 40 Jahre als Einsiedler in einer Höhle des Berges Lykos in der Nähe seiner Heimatstadt. Er besaß die Gabe der Wunder u. der Weissagung. So prophezeite er Kaiser Theodosius I. seine Siege über Maximus u. Eugenius (388 und 394). † 394 im Alter von ungefähr 90 Jahren.
Gedächtnis: 27. März
Lit.: P. Peeters: AnBoll 54 (1936) 359–381 – BHG³ 2189f

Johannes Baptista **von Mantua** OCarm, Sel. (Baptista Mantuanus; Familienname: Spagnoli)
* am 17. 4. 1448 zu Mantua (Oberitalien). Er trat um 1464 dem Karmeliterorden bei u. absolvierte in Padua seine Studien. Er war in den Jahren 1483–1513 sechsmal Generalvikar der reformierten Kongregation von Mantua u. wurde 1513 Ordensgeneral, dankte aber wegen Scheiterns der Reform bald wieder ab. Als Humanist war er befreundet mit Erasmus von Rotterdam u. Pico della Mirandola u. ist der Begründer der geläuterten christlichen Literatur des romanischen Humanismus. Er verfaßte viele lat. Dichtungen (gegen 55.000 Verse) u. wurde von seinen Zeitgenossen als neuer Vergil bewundert. † am 20. 3. 1516 in Mantua. Seliggesprochen 1885.
Gedächtnis: 20. März
Lit.: V. Turri-U. Renda, Dizionario storico-critico della letteratura italiana (Turin 1941) 1014 (Bibliogr.)

Johannes Martin (Jean-Martin) **Moyë** MEP, Sel.
* am 27. 1. 1730 in Cutting bei Metz (Lothringen). Er empfing 1754 die Priesterweihe u. gründete 1762 in Metz die Kongregation der „Schwestern von der Vorsehung" (Soeurs de la Providence) zur Leitung ländlicher Schulen. 1769 trat er dem Pariser Missionsseminar bei u. wirkte 1773–1783 als Missionar in Su-tchuen (heute Set-choang am Blauen Fluß) u. gründete dort 1782 das „Institut der chinesischen Jungfrauen", das bis zum Ausbruch der jetzigen Verfolgung 9000 Mitglieder zählte. † am 4. 5. 1793 in Trier. Seliggesprochen am 21. 11. 1954.
Gedächtnis: 4. Mai
Lit.: AAS 47 (1955) 33ff – R. Plus (Paris 1947) – F. Baumann, Pius XII. erhob sie auf die Altäre (Würzburg 1960) 333–338

Johannes Massias OP, Hl.
* am 2. 3. 1585 zu Ribera del Fresno (Estremadura, Südspanien). Er verlor früh seine Eltern, wurde von seinem Onkel aufgenommen u. hütete dessen kleine Herde. 1613 ging er nach Jerez de la Frontera u. dann nach Sevilla (Südspanien), von wo er 1619 mit einem Kaufmann nach Kolumbien auswanderte. Dort verdingte er sich 2 Jahre bei einem Fleischhauer, trat 1622 in Lima (Peru) dem Dominikanerorden als Laienbruder bei u. diente über 23 Jahre als Klosterpförtner im St.-Magdalena-Kloster zu Lima. Sein Wesen war gekennzeichnet durch Gehorsam, Armut, Liebe zu den Armen u. Kranken u. vor allem seine tiefe Frömmigkeit u. Ergebung in den Willen Gottes. Seit seiner Jugend hatte er außergewöhnliche Gebetsgnaden u. kannte schon im voraus seine Todesstunde. † am 16. 9.

1645. Seliggesprochen 1837, heiliggesprochen am 28. 9. 1975.
Gedächtnis: 16. September
Lit.: AAS 68 (1976) 443ff – J. Cipolletti (Arequipa 1899) – ADomin Oct. I (1902) 71–90

Johannes von Matha, Hl.
* am 23. 6. 1160 zu Faucon (südl. von Gap, Provence, Südfrankreich). Er studierte in Paris Theologie u. wurde Priester. Angeregt durch eine Vision bei seiner Primiz stiftete er in Paris den Orden von der Allerheiligsten Dreifaltigkeit (Trinitarier) zum Loskauf von Christensklaven, den er bes. in Italien u. Spanien verbreitete. Der Orden erhielt 1198 von Innozenz III. die päpstliche Approbation. Er gründete die Hauptklöster zu Cerfroid (Dep. Aisne, nordöstl. von Paris) u. Rom. Er selbst brachte viele Losgekaufte aus Afrika zurück. † am 17. 12. 1213 in Rom. Sein Leib kam 1655 nach Madrid. Kult bestätigt 1655 bzw. 1694.
Gedächtnis: 17. Dezember
Darstellung: Die Hl. Dreifaltigkeit erscheint ihm u. reicht ihm ein weißes Skapulier mit rot-blauem Kreuz. Als Trinitarier in weißer Ordenstracht mit rot-blauem Kreuz. Zerbrochene Ketten in der Hand. Gefesselte Sklaven neben ihm. Mit Hirsch, Kreuz im Geweih.
Patron: der Trinitarier
Lit.: N. Schumacher (Klosterneuburg 1936)

Johannes, Bisch. **von Mecklenburg,** Märt., Hl.
Er war angelsächs. Herkunft u. stand schon in höherem Alter, als er um 1055 von Bisch. Adalbert I. von Bremen-Hamburg zum Bisch. von Mecklenburg geweiht wurde. Beim Slawenaufstand 1066 wurde er grausam ermordet. Die Slawen verschleppten seinen Leichnam am 10. 11. 1066 nach ihrer Metropole Rethra (zw. Berlin u. Stralsund).
Gedächtnis: 10. November
Lit.: Adam v. Bremen, Gesta Hammaburgens.: MGSS rer. Germ. (1917^3) 164 193f – ActaSS Nov. IV (1925) 564ff – L. Fischer: ZKTh 24 (1900) 756ff – K. Schmaltz, Kirchengesch. Mecklenburgs I (Schwerin 1935) 29f

Johannes, Märt. **zu Meseritz** ↗ Benedikt, Johannes u. Gef.

Johannes OSB, Bisch. **von Monte Marano,** Hl.
Er war vermutlich Mönch in Montecassino u. wurde von ↗ Gregor VII. 1074 (1084?) zum Bisch. von Monte Marano (bei Neapel) geweiht. Nach einer anderen, weniger wahrscheinlichen Tradition war er vorher Mönch in Monte Vergine (bei Avellino, Süditalien) u. dort Schüler u. Biograph des hl. ↗ Wilhelm von Vercelli u. wurde 1184/85 Bisch. von Monte Marano. † 17. 8. 1094 (?). Sein Grab ist in der Kathedrale von Monte Marano. Kult approbiert am 2. 3. 1906.
Gedächtnis: 17. August
Lit.: ASS 40 (1907) 357ff – Zimmermann II 585f – Baudot-Chaussin VIII 302

Johannes von Montfort, Sel.
Er stammte aus dem Adelsgeschlecht der Grafen von Montfort bei Feldkirch (Vorarlberg). Er zog als Tempelritter ins Hl. Land u. starb um 1200 in Famagusta (Zypern) an einer Verwundung, die er im Kampf gegen die Sarazenen erhalten hatte. Sein unverwester Leib wurde nach Nikosia übertragen u. dort bis zur Besetzung durch die Türken (1571) verehrt. Sein Andenken wurde durch die Grafen von Montfort bis ins 18. Jh. wachgehalten.
Gedächtnis: 24. Mai
Lit.: ActaSS Maii V (1685) 270f – H. Eggart: Alemania 8 (Bregenz 1934) 1–24 – Zimmermann II 220f (Lit.) – Braun 380

Johannes Nepomuk, Märt., Hl. (eigentl. Joh. de Pomuk)
* um 1350 zu Pomuk (südl. von Pilsen, Böhmen) als Sohn eines Welflin (Amtmannes). Er wurde 1370 Kleriker u. öffentlicher Notar der erzbischöflichen Gerichtskanzlei in Prag, 1380 Priester u. Altarist (Meßpriester ohne sonstige feste Seelsorgsaufgabe) im Prager Veitsdom u. noch im selben Jahr Pfarrer von St. Gallus in der Prager Neustadt, wo er bes. die dort wohnenden dt. Kaufleute seelsorglich betreute. Er studierte anschließend Rechtswissenschaft in Prag u. Padua. In Prag erhielt er 1381 das Baccalaureat, in Padua wurde er 1386 Rektor der „Ultramontanen“ („jenseits der Alpen“; der Ausdruck wurde erst im 18. Jh. Schimpf- u. Spottbezeichnung für „papsttreu“, „kurial“ usw.), 1367 erhielt er dort den Doktortitel. Anschließend wurde er Kanonikus von St. Ägyd in Prag, 1389 Kanonikus am Prager Dom, 1390 Archidiakon

von Saaz. Seit 1389 war er auch Generalvikar des Erzb. Johannes von Jenzenstein. Am 20. 3. 1393 wurde er mit seinem Amtskollegen N. Puchnik u. dem erzbischöflichen Rat W. Knobloch von König Wenzel IV. gefangengenommen, grausam gefoltert u. noch am späten Abend desselben Tages von der Karlsbrücke in Prag in die Moldau gestürzt. Die beiden Mitverhafteten wurden gegen eidliche Zusicherung ewigen Stillschweigens wieder entlassen. 40 Jahre später tauchte in der „Kaiserchronik" des Th. Ebendorfer und in der „Správovna" des Prager Domdechanten P. Židek erstmals die legendäre Begründung auf, der sittenlose König Wenzel habe der ehelichen Treue seiner Gattin, der Königin Johanna, mißtraut, weil sie so oft zur Beichte ging. Er habe von Johannes die Preisgabe des ihm anvertrauten Beichtgeheimnisses seiner Gattin verlangt, was dieser aber beharrlich verweigerte. Jedenfalls war Johannes nicht amtlich bestellter Beichtvater der Königin. Es gilt heute als erwiesen, daß er sich den Zorn des Königs deswegen zuzog, weil er sich dessen gewaltsamer Einmischung in kirchliche Angelegenheiten widersetzte. Seine Verehrung setzte spontan nach seinem Tod ein, sein Grab im Prager Dom überdauerte die Wirren der Hussitenkriege u. der Reformationszeit. Bei der Eröffnung des Grabes 1719 fand man seine Zunge unverwest. Sein Leib ruht heute im Prager Dom in einem silbernen Reliquienschrein im Chorumgang rechts des Hochaltars, seine Zunge ist eingetrocknet u. unverwest. Kult bestätigt 1721, heiliggesprochen 1729.
Liturgie: RK g am 26. Mai (Görlitz, Meißen, Regensburg, Salzburg 2. Diözesanpatron: G)
Darstellung: Die unzähligen Nachbildungen seines 1693 auf der Prager Karlsbrücke errichteten Standbildes machen ihn zum bekanntesten Brückenheiligen. Als Priester mit Rochett, Stola u. Birett, Kreuz u. Palme in der Hand, den Finger an den Mund haltend (Beichtgeheimnis). Kranz von 6 Sternen um das Haupt (weil sich über der Moldau Lichter zeigten, wo sich sein Leichnam befand; nach anderer Deutung nach der Anzahl der Buchstaben in lat. „tacuit", er schwieg). Manchmal im Beichtstuhl, die Beichte der Königin Johanna hörend. Sein Sturz in die Moldau, mit Brücke u. Fluß. Er wird von König Wenzel mit der Fackel gebrannt
Patron: der Beichtväter, Priester; der Flößer, Schiffer, Müller; der Brücken. Im östlichen Europa wird er heute als Symbolgestalt des Widerstandes gegen religiöse Unterdrückung u. Einmischung der Staatsgewalt in kirchliche Belange verehrt.
Lit.: A. L. Frind (Prag 1879), NA mit krit. Anhang v. W. A. Frind (Warnsdorf 1929) – F. Stejskal, 2 Bde. (Prag 1921–22) – J. Weißkopf (Wien 1931) – Ders. (München 1948) (neuere Streitliteratur) – L. Schmidt: Jahrb. des österr. Volksliedwerkes 9 (Wien 1960) 20–39 – Bavaria Sancta III (Regensburg 1973) 281–292 – J. Neuhardt, Joh. v. Nepomuk (Graz 1979)

Johannes Nepomuk **Neumann** CSSR, Bisch. von Philadelphia, Hl.
* am 28. 3. 1811 in Prachatitz (westl. von Budweis, Südböhmen). Er studierte in Budweis u. Prag, wanderte aber wegen Überschusses an Priestern nach Amerika aus. Er erhielt 1836 in New York die Priesterweihe u. wirkte 4 Jahre als Missionar unter den Deutschen in der Gegend der Niagarafälle (bei Buffalo, im Nordwesten der USA). Er trat 1840 dem Redemptoristenorden bei, wurde 1848 Vizeprovinzial für Amerika u. 1852 Bisch. von Philadelphia (südwestl. von New York). Als solcher baute er seine Diöz. organisatorisch vorbildlich aus: Er gründete etwa 100 kath. Schulen u. 80 Kirchen sowie die Kathedrale u. das Priesterseminar in Philadelphia. Persönlich lebte er überaus anspruchslos. Er starb an völliger Überarbeitung am 5. 1. 1860. Sein Grab ist in der Krypta der Redemptoristenkirche St. Peter in Philadelphia. Seliggesprochen am 13. 10. 1963, heiliggesprochen am 19. 6. 1977.
Gedächtnis: 5. Jänner
Lit.: J. N. Berger (dt. New York 1883) – M. J. Curley (Washington 1952) – A. Reimann (Königstein 1960[2])

Johannes (John) **Ogilvie** SJ, Märt., Hl.
* 1579 zu Drum (Banffshire, Schottland) als Sohn eines calvinischen Hofbeamten bei Königin Maria Stuart. Er besuchte mit 12 Jahren die protestantische Universität (humanist. Gymnasium) in Helmstedt (östl. von Braunschweig), konvertierte mit 17 Jahren zum Katholizismus, wurde Zögling des schottischen Kollegs in Löwen u. dann

des Päpstlichen Seminars in Olmütz u. trat 1599 in Brünn in die Gesellschaft Jesu ein. Nach seiner Ausbildung in Brünn, Olmütz, Graz (wo er 1601 in Gegenwart des späteren Kaisers Ferdinand II. die Gelübde ablegte) u. Wien erhielt er 1610 in Paris die Priesterweihe. 1613 gelang es ihm, unerkannt nach Schottland einzureisen u. dort in den Wirren des anglikanischen Schismas etwa 1 Jahr unter den Katholiken zu wirken. Er wurde im Oktober 1614 verraten, eingekerkert u. gefoltert u. am 10. 3. 1615 wegen Verweigerung des Suprematseides in Glasgow öffentlich gehängt. Am 22. 12. 1929 selig-, am 17. 10. 1976 heiliggesprochen; s. Märtyrer in England (S. 894)
Gedächtnis: 10. März
Lit.: W. E. Brown (London 1925) – A. Lamprecht (Wien 1930)

Johannes (Jón) **Ögmundsson,** Bisch. von Hólar, Hl.
* um 1052 in Breidhabólsstadhur (100 km südöstl. von Reykjavík, Island). Er wurde 1106 1. Bisch. von Hólar (40 km südl. von Akureyri, Nordisland). Er gründete die dortige Domkirche u. die Schule u. stiftete Thingeyri, das älteste u. bedeutendste Kloster des Landes (am Dýrafjördhur, nordwestl. Halbinsel Islands). † am 23. 4. 1121. Seine Gebeine wurden am 3. 3. 1198 nach Hólar übertragen. Seit dieser Zeit wird er vom Volk als Heiliger verehrt.
Gedächtnis: 23. April
Lit.: J. Helgason, Islands Kirke (Kopenhagen 1925) 67–77

Johannes Paläolaurites, Hl.
Der griech. Beiname heißt: der von der alten Laura. Gemeint ist die 1. Laura (Einsiedlerkolonie unter einem gemeinsamen Abt), die der hl. ↗ Chariton 328/335 zu Pharan (Ain Fara, 10 km nordöstl. von Jerusalem) gegründet hatte. Johannes lebte dort als Priester u. Einsiedler. † Anfang des 9. Jh.s.
Gedächtnis: 19. April
Lit.: ActaSS Apr. II (1675) 625f – H. G. Beck, Kirche u. theol. Lit. im Byzantinischen Reich (München 1959) 516 – L'Osservatore Romano v. 15. 10. u. 29. 10. 1976

Johannes I., Papst, Hl.
Er stammte aus Tuszien (Toskana, Mittelitalien) u. wurde 523 zum Papst gewählt. Auf Empfehlung des gelehrten Mönches Dionysius Exiguus führte er 525 die Ostertafel des ↗ Kyrillos von Alexandria in der röm. Kirche ein, die sich dann im Westen durchsetzte. Auf Befehl des arianischen Ostgotenkönigs Theoderich d. G. reiste er 525 nach Konstantinopel zu Kaiser Justinos I. Er wollte dort zugunsten der arianischen Goten vermitteln, die durch Kirchenkonfiskation u. Zwangsbekehrungen bedrückt wurden. Er war der 1. Papst, der nach Byzanz kam. Er wurde glänzend empfangen, erreichte aber höchstens die Rückgabe der Kirchen. Theoderich war mißtrauisch u. hart geworden u. warf Johannes bei seiner Rückkehr in Ravenna ins Gefängnis, wo dieser nach wenigen Tagen am 18. 5. 526 starb. Er wird wegen der erlittenen Demütigung als Märt. verehrt.
Liturgie: GK g am 18. Mai
Lit.: B. Krusch: Papsttum u. Kaisertum. (Festschr. P. Kehr) (München 1926) 48–58 – Caspar II 183–192 766f – Haller I² 255f 537, – H. Löwe: HJ 72 (1953) 83–100

Johannes u. Paulus, Märt. zu Rom, Hll.
Ihre Verehrung in Rom ist seit dem 6. Jh. nachweisbar. Trotzdem ist über die Zeit u. die Art ihres Martyriums nichts historisch Sicheres bekannt. Im 6. Jh. wurde ihnen auf dem Mons Caelius in Rom eine Basilika geweiht. An dieser Stelle stand eine vorher als „Titulus Pammachii" (vielleicht „Titulus Byzantis") bekannte Basilika aus dem 4. Jh. (↗ Pammachius). Ursprünglich standen hier 3 röm. Wohnhäuser, deren Besitzer im Erdgeschoß eine christliche Kultstätte einrichteten. Man fand darin Spuren eines Totenkultes aus dem 4. Jh. Diesen Kultraum ließ man beim Bau der Basilika als unabhängigen Betraum bestehen u. errichtete darüber einen Altar, der erst 1575 bei der Erhebung der Gebeine zerstört wurde. Man fand 2 Gräber, die offenkundig geheimgehalten wurden. Die Legende aus dem 5. Jh. macht die beiden Heiligen zu Brüdern u. hohen Hofbeamten Kaiser Konstantins, die unter Julian Apostata in ihrem Haus auf dem Mons Caelius heimlich enthauptet u. hier begraben wurden. Ihre Namen stehen im röm. Meßkanon.
Gedächtnis: 26. Juni
Darstellung: als 2 röm. Ritter, Johannes mit Palme u. Schwert, Paulus mit Lanze u. Blitz. Wegen des zeitlichen Zusammentref-

fens ihres Gedächtnistages mit der Sommersonnenwende werden sie als „Wetterheilige" („Wetterherren") verehrt. Deshalb auch mit einer Garbe

Lit.: F. Lanzoni: RivA/C 2 (1925) 208ff – S. Ortolani (Rom 1925) – A. Prandi (Città del Vaticano 1953) – Ders. (Rom 1958)

Johannes Pelingotto, Hl.

* 1240 in Urbino (südl. von Rimini, Mittelitalien). Auf Wunsch seines Vaters war er zuerst im elterlichen Geschäft tätig. Er wurde aber bereits mit 15 Jahren Franziskaner-Terziar u. zog sich bald darauf als Einsiedler zurück. Er lebte ganz dem Gebet, der Abtötung u. der Wohltätigkeit. Im Jubiläumsjahr 1300 machte er eine Romwallfahrt, bei der sich ein Wunder ereignete. Zahlreiche andere Wunder nach seinem Tod sind bezeugt. † 1304 in Urbino. Kult bestätigt am 12. 11. 1918: „Selig oder heilig".

Gedächtnis: 2. Juni

Lit.: AAS 10 (1918) 513ff – ActaSS Iun. I (1695) 148–155 – AureolaSeraf III 377–383

Johannes von Prado OFM, Märt., Sel.

* 1563 in Morgovejo im Königreich León aus einer angesehenen span. Adelsfamilie. Er trat 1584 dem Franziskanerorden bei (Barfüßerorden von der strengen Observanz) u. wurde später Provinzial von Andalusien. 1630 ging er mit 2 Ordensbrüdern nach Marokko u. predigte das Evangelium. Er wurde festgenommen u. nach grausamer Kerkerhaft am 24. 5. 1631 vom Sultan eigenhändig enthauptet. Da seine Begleiter die Verfolgung überlebten u. neue Missionare nachrückten, gilt er als der Begründer der franziskanischen Mission in Marokko. Seliggesprochen 1728.

Gedächtnis: 24. Mai

Johannes Prandota, Bisch. von Krakau, Sel.

* in Bialaczów (Bezirk Sandomir, Polen) aus dem Adelsgeschlecht der Odrowąz, demselben, dem auch ↗ Hyazinth von Polen entstammte. Er wurde Priester u. Archidiakon in Krakau u. 1242 Bisch. Während seiner Amtszeit usurpierte Herzog Konrad von Masowien die Macht u. errichtete eine Willkürherrschaft. Er vertrieb den rechtmäßigen Herrscher, Herzog Boleslaw Wstydliwy, raubte der Kirche von Krakau viele Güter u. bereitete dem Bisch. selbst große Schwierigkeiten. Bisch. Johannes exkommunizierte Herzog Konrad u. verhalf nach dessen Tod 1247 Herzog Boleslaw wieder auf seinen Thron. Er reichte der sel. ↗ Salomea, der Schwester Boleslaws, den Klarissenschleier u. nahm von Boleslaw u. dessen Gattin ↗ Kinga das Gelübde ewiger Jungfräulichkeit entgegen. Bisch. Johannes konnte auch die Sekte der Flagellanten (Geißler), die in großen Teilen Europas Anstoß u. Ärgernis erregten, aus seiner Diöz. verbannen. Er betrieb auch unter Mithilfe Boleslaws u. dessen Gattin die Kanonisation des hl. ↗ Stanislaus von Krakau. Bisch. Johannes verkörperte durch seine Frömmigkeit u. politische Energie das Bischofsideal seiner Zeit. † am 21. 9. 1266. Seine Gebeine wurden 1444 erhoben.

Gedächtnis: 21. September

Lit.: ActaSS Sept. VI (1757) 279–288 – BHL 4421 – Potthast B II 1402

Johannes (Juan) **de Ribera** (Rivera), Erzb. von Valencia, Hl.

* wahrscheinlich am 20. 3. 1533 in Sevilla als Sohn des Vizekönigs von Neapel, Pedro Afan de Ribera. Er studierte 1544–57 in Salamanca u. war anschließend dort Professor der Theologie. 1562 wurde er Bisch. von Badajoz (Südwestspanien), 1568 Patriarch von Antiochia u. Erzb. von Valencia (Ostspanien). Später wurde er von König Philipp III. auch zum Vizekönig von Valencia ernannt. Hier hielt er 1578–99 6 Synoden ab, bes. zur Durchführung der Beschlüsse des Konzils von Trient. Mit Eifer bekämpfte er die letzten Reste des Islams (Moriscos) in Spanien. Er gründete das Corpus-Christi-Kolleg für Weltpriester in Valencia u. weihte 1605 dessen Kirche ein. Er verfaßte eine größere Zahl pastoraler u. katechetischer Schriften sowie Kommentare zu verschiedenen Apostelbriefen. † am 6. 1. 1611 in Valencia. Seliggesprochen 1796, heiliggesprochen am 12. 6. 1960.

Gedächtnis: 6. Jänner

Lit.: AAS 53 (1961) 129ff – R. Robres Lluch (Barcelona 1960)

Johannes Baptista **Righi** OFM, Sel. (Joh. B. von Fabriano)

* 1469 in Fabriano (zw. Perugia u. Ancona,

Mittelitalien) aus einem Adelsgeschlecht. Er wurde Priester u. trat 1484 in Forano dem Franziskanerorden bei. Später lebte er als Einsiedler bei Cupramontana (bei Ancona) u. übte ein verborgenes Apostolat. Er nahm sich besonders der Kranken in leiblichen u. seelischen Nöten an. † am 11. 3. 1539. Nach seinem Tod geschahen viele Wunder. Kult bestätigt am 7. 9. 1903.
Gedächtnis: 11. März
Lit.: ASS 36 (1903) 119ff – Ciro da Pesaro (Rom 1940) – Aureola-Seraf II 123–131

Johannes Baptista (Giovanni Battista) **de Rossi,** Hl.
* am 22. 2. 1698 in Voltaggio (Prov. Alessandria, Oberitalien). Mit 13 Jahren wurde er von priesterlichen Verwandten nach Rom gerufen u. studierte dort am Röm. Kolleg u. bei den Dominikanern. Durch zu große Bußstrenge brachen bei ihm epileptische Anfälle aus, an denen er dann zeitlebens litt. 1721 wurde er Priester u. widmete sich bes. den Armen u. Kranken, hauptsächlich an den Hospizen S. Galla u. S. Trinità dei Pellegrini in Rom, er besuchte die Sträflinge in den Gefängnissen u. gründete ein Hospiz für obdachlose Frauen. 1737 wurde er Kanoniker an der Kirche S. Maria in Cosmedin. Er verteilte alle seine Einkünfte u. lebte in völliger Armut. Er war ein unermüdlicher Beichtvater u. Volksmissionar u. legte eine grenzenlose Güte gegen jedermann an den Tag. † am 23. 5. 1764 in Rom. Sein Grab ist in S. Trinità dei Pellegrini. Seliggesprochen 1860, heiliggesprochen 1881.
Gedächtnis: 23. Mai
Lit.: B. Leitner, Leben des hl. Joh. B. de Rossi (Regensburg 1899) – M. De Camillis (Rom 1938) – Baudot-Chaussin V 457–460

Johannes (Jan) **van Ruysbroek** CanReg, Sel. (auch „der Wunderbare")
* 1293 zu Ruysbroek bei Brüssel (Belgien). Er besuchte 1304–08 die Kapitelschule in Brüssel, wurde 1317 Priester, Chorvikar u. später Kaplan an der Domkirche in Brüssel. 1343 zog er sich mit einigen Freunden in die Einsamkeit des Sonienwaldes bei Waterloo (südl. von Brüssel) zurück. Dort gründete er das Kloster regulierter Kanoniker vom hl. Augustinus (Propstei Groenendael) u. wurde dort 1. Prior. Wegen seiner Liebenswürdigkeit hieß er „der gute Prior", wegen seiner Gelehrsamkeit „doctor divinus" u. „ein zweiter Dionysius". Johannes von Ruysbroek war der größte flämische Mystiker. Schon in Brüssel nahm er das Wertvollste der mystischen Tradition aus Brabant u. den Rheinlanden auf. Um 1330 schrieb er seine ersten Werke, darunter sein Hauptwerk „Zierde der geistlichen Hochzeit", das schönste geistliche Werk des Mittelalters. Darin stellt er den im Volk verbreiteten quietistischen u. freigeistigen Ansichten die wahre mystische Lehre entgegen. † am 2. 12. 1381 in Groenendael. Kult approbiert am 9. 12. 1908.
Gedächtnis: 2. Dezember
Lit.: Gesamtausg. seiner Werke, hrsg. v. der Ruysbroec-Genootschap, 4 Bde. (Tielt 1944–48²), franz. 6 Bde. (Brüssel 1919–38), dt. (Teilausg.) v. W. Verkade (Mainz 1922–35) u. v. J. Kuckhoff (München 1938) – AAS 1 (1909) 164ff – Vita v. Pomerius: AnBoll 4 (1885) 273–308 – B. Fraling, Der Mensch u. das Mysterium nach der Lehre des J. van R. (Diss. Innsbruck 1962)

Johannes Sarkander, Märt., Sel. (gräzisiert aus „Fleischmann")
* am 20. 12. 1576 zu Skotschau bei Teschen (östl. von Mährisch-Ostrau). Er studierte bei den Jesuiten in Olmütz u. Prag, wo er 1603 zum Doktor der Philosophie promoviert wurde. Er ging anschließend nach Graz zum Studium der Theologie, brach das Studium aber 1606 ab u. heiratete. Nach dem mutmaßlichen Tod seiner Frau wandte er sich jedoch bereits 1607 endgültig dem geistlichen Beruf zu u. erhielt 1609 die Priesterweihe. Nun predigte er in Mähren im Sinn der Gegenreformation. 1616 wurde er Pfarrer zu Holleschau (östl. von Kremsier, Mähren), wo er mutig u. erfolgreich gegen alte Mißbräuche kämpfte. Zu Beginn des Dreißigjährigen Krieges, während der Revolution der protestantischen Stände gegen Ferdinand II., wurde er vor ein Gericht der Aufständischen gestellt, das ihn verbotener politischer Aktivitäten beschuldigte. Im Kerker wurde er gefoltert u. mit Fackeln gebrannt, woran er am 17. 3. 1620 im Kerker zu Olmütz als Opfer des Beichtgeheimnisses starb. Seine Gebeine ruhen im Dom zu Olmütz. Seliggesprochen 1860.
Liturgie: Görlitz g am 17. März
Lit.: F. Liverani, dt. v. G. v. Belrupt-Tissac (Olmütz 1860) – H. Hoffmann, Helden u. Heilige des dt. Ostens (Lippstadt 1952) 48ff – Manns R 770ff

Johannes der Schweiger, Bisch. von Kolonia, Hl. (Joh. Hesychastes, Joh. Silentarius)
* 454 zu Nikopolis in Klein-Armenien. Mit 18 Jahren gründete er in seiner Heimatstadt ein Kloster u. wurde mit 28 Jahren Bisch. von Kolonia (später Tanara, Taxara) in Armenien. Im Anschluß an eine Reise nach Konstantinopel ging er 492 heimlich nach Palästina u. fand dort Aufnahme in der Laura (Einsiedlerkolonie unter einem gemeinsamen Abt) Mar Saba bei Jerusalem, wo er Schüler des Gründers, des hl. ↗ Sabas, wurde. Später lebte er als Einsiedler in der Wüste Ruba, wurde aber von Sabas nach 6 Jahren wieder zurückgeholt. Er verriet seine bischöfliche Würde erst, als man ihn zum Priester weihen wollte, u. lebte dann weiter in beständigem Schweigen. † am 8. 1. 559.
Gedächtnis: 8. Jänner
Darstellung: als Bisch., den Finger am Mund
Lit.: ActaSS Maii III (1866) 230–236 (lat.) – DACL VI 2362–2365 – DSAM II 2687–2690

Johannes Scotus, Bisch. von Ratzeburg, Märt., Hl.
Er stammte aus Schottland (daher sein Beiname) u. ging nach seiner Priesterweihe in die Mission nach Deutschland. Eben hatte er bei den Wenden u. Sachsen zu predigen begonnen, als ihn Erzb. Adalbert I. von Bremen-Hamburg, der große Förderer der Missionen im Norden, zum Bisch. von Ratzeburg (Mecklenburg) weihte. Er setzte seine apostolische Predigt mit unermüdlichem Eifer fort, was den Zorn der Heiden reizte. Sie überfielen ihn, schlugen ihn mit Prügeln halbtot u. hieben ihm Hände u. Füße u. schließlich das Haupt ab. Das Haupt steckten sie auf eine Lanze u. weihten es ihrem Gott Radegast. † 1066.
Gedächtnis: 10. November (3., 8. November)

Johannes Soreth OCarm, Sel.
* 1394 in Caen (Normandie). Er trat dem Karmeliterorden bei, studierte in Paris Theologie u. wurde 1438 Magister regens, 1440 Provinzial von Frankreich, 1450 Generalvikar u. 1451 Generalprior. Als solcher arbeitete er für die Reform des Ordens u. bereiste ganz Europa. 1452 erlangte er von Papst Nikolaus V. die Bulle Cum nulla, die dem von ihm dem Orden angeschlossenen weiblichen Zweig die kirchenrechtliche Grundlage gab. 1455 gründete er in Löwen das Studium generale. † am 25. 7. 1471. Kult bestätigt 1866.
Gedächtnis: 25. Juli
Lit.: Baudot-Chaussin VII 620ff – M. Arts (Karmelitinnen): Carmel 3 (Tilburg 1950–51) 83–94 – G. Mesters: Sword 16 (Chicago 1953) 323–335 – Ders., Karmel (Köln 1959) 55–68

Johannes von Spanien OCarth, Sel.
* um 1123 wahrscheinlich in Almazán bei Soria (Nordspanien). Mit 13 Jahren ging er nach Frankreich, studierte in Arles u. trat in das Kartäuserkloster des hl. Basilius in der Diöz. Arles ein. Nach 2 Jahren ging er in die Kartause von Montrieux bei Toulon u. wurde dort Prior. Hier verfaßte er für die Kartäuserinnen die Consuetudines (schriftlich fixierte mönchische „Gewohnheiten" als Ergänzung, Präzisierung oder örtliche Anpassung der Regeln). Später lebte er in der Grande-Chartreuse (die „Große Kartause" bei Grenoble; ↗ Bruno) u. gründete von dort aus 1151 die Kartause von Reposoir (Dep. Haute-Savoie), wo er Prior wurde. † am 25. 6. 1160. Kult approbiert 1864.
Gedächtnis: 25. Juni
Lit.: ActaSS Iun. V (1709) 143–149 – J. Falconnet (Annecy 1894^2) – Baudot-Chaussin VI 429f

Johannes der Täufer, Prophet, Hl.
Er war der Sohn des jüdischen Priesters ↗ Zacharias u. der ↗ Elisabeth u. wurde dem ungläubigen Zacharias während des Opfers im Tempel durch den Engel ↗ Gabriel angekündigt (Lk 1,5–25). Zur Verwunderung der Verwandten wird dem Kind bei der Beschneidung der vom Engel genannte Name Johannes gegeben (Lk 1,57–80). Die Heimat des Johannes ist nach der seit dem 6. Jh. bezeugten Überlieferung Ain Karim, ein Städtchen im Bergland von Judäa (ca. 7,5 km westl. von Jerusalem). Er wurde ein halbes Jahr vor Jesus geboren (Lk 1,26+36). Von Kindheit oder Jugend an hielt er sich „in der Wüste" auf (Lk 1,80). Hier ist wohl an die Wüste von Engedí am Westufer des Toten Meeres zu denken, wo seit etwa 150 v. Chr. ein Kloster der Essener bestand. Die Essener (aram. hasēn, hebr. chasidim, „die Frommen") waren ei-

ne Protestbewegung gegen die verweltlichte u. unmoralische Priesterschaft am Tempel in Jerusalem sowie gegen den damals geltenden Tempelkult. Bes. das Priestergeschlecht des Abias, dem Zacharias entstammte, galt als unzüchtig. Nicht von ungefähr wird hervorgehoben, daß „beide (Zacharias u. Elisabeth) gerecht vor Gott waren u. untadelig in allen Geboten u. Satzungen des Herrn wandelten" (Lk 1,6). Der Protest galt vor allem dem von den Hasmonäern usurpierten Hohepriestertum, die nicht Nachkommen des Sadok waren (vgl. 2 Sam 8,17) u. ihr Amt zudem unwürdig verwalteten. Die Mönche dieses Klosters waren ehelos, standen unter dem Gehorsam eines Oberen, hatten alles in Gütergemeinschaft u. lebten von der Handarbeit. Es herrschte ein streng nach der Thora (mosaisches Gesetz) ausgerichteter Geist. Eine ähnliche Mönchsgemeinde bestand in Qumran am Nordwestende des Toten Meeres, wo man 1946–52 bedeutende Handschriftenfunde machte. Ob u. wieweit diese Klöster untereinander in Verbindung standen, läßt sich heute noch nicht mit Bestimmtheit sagen. In diesen Klöstern wurden auch Kinder aufgenommen, wo sie eine streng mosaische Erziehung erhielten. Man darf annehmen, daß auch Johannes in einem dieser Essenerklöster aufwuchs. Er hatte in seiner Lebensart u. seinen rel. Anschauungen eine gewisse Ähnlichkeit mit den Essenern.

Johannes trat „im 15. Jahr des Tiberius", also 28/29 n. Chr. in der Öffentlichkeit auf (Lk 3,1–20, Mt 3, Mk 1, Joh 1,19ff u. 3,22ff). Als Orte seines Auftretens nennt die Bibel „die Wüste (Mt 3,1 Mk 1,4), die Gegend am Jordan (Mt 3,6, Mk 1,5, Lk 3,3), Bethanien jenseits (östl.) des Jordans (Joh 1,28) u. Ainon bei Salim" (etwa 10 km südl. von Beit Schean) (Joh 3,23). Nach Art der Propheten sammelte er Jünger um sich (Mk 2,18 par.), lehrte sie beten (Lk 11,1) u. fasten wie die Pharisäer (Mk 2,18). Er predigte die Buße als Bereitung auf den nahe bevorstehenden Messias u. spendete die Taufe, der sich die Leute in großer Zahl unterzogen. Taufen (Untertauchen) wurde im Orient allg. geübt: ein Freier wurde zum Sklaven getauft, ein Sklave zum Freien u. a. Johannes taufte zum Stand der Büßer. Nach dem Auftauchen bekannte der Täufling seine Sünden. Als Jesus selbst am Jordan erschien u. sich von ihm taufen ließ, wies Johannes auf ihn als „das Lamm Gottes, das die Sünde der Welt hinwegnimmt". Statt eines Sündenbekenntnisses Jesu öffnete sich der Himmel u. beglaubigte Jesus öffentlich als den von Gott gesandten Messias (Mt 3,13ff).

Johannes mußte auch eine offizielle Prüfung von seiten des Hohen Rates über seine Person u. seine Tätigkeit über sich ergehen lassen (Joh 1,19–27). Die Beauftragten nannten Namen, die nach damaliger Anschauung mit dem Anbruch der Messiasherrschaft in direkter Beziehung standen. Offenbar befürchtete man durch die Täuferpredigt messianische Unruhen. Johannes bekannte über sich, daß er weder der Messias noch Elias, noch „der Prophet" (vgl. Dtn 18,15) sei, wies aber auf den, der größer war als er, der mitten unter den Fragestellern stand, den sie aber nicht kannten und dem die Schuhriemen zu lösen er nicht würdig sei. Dieses Selbstzeugnis des Täufers gerade am Beginn des Johannesevangeliums bedeutet zugleich eine Absage an die Sekte der Täuferbewegung in Kleinasien, mit der sich der Evangelist Johannes in Ephesus im späten 1. Jh. auseinanderzusetzen hatte (↗ Johannes Ap. u. Ev.). Die Leute hielten Johannes für einen Propheten. Das wagten auch die Hohenpriester u. Ältesten des Volkes aus Angst vor dem Volk nicht zu bestreiten (Mk 11,27ff). Jesus urteilte über ihn, er sei „mehr als ein Prophet", er sei der Bote, der vor der Ankunft Gottes erwartet werde (Mt 11,9 par.; vgl. Mal 3,1), er sei gleichsam der wiedergekommene Elias (Mk 9,13 par.; vgl. Mal 3,23).

König Herodes Antipas ließ Johannes verhaften. Der knappe Bericht der Evangelien (Mt 14,3–12, Mk 6,17–29) wird durch den zeitgenössischen jüdischen Geschichtsschreiber Josephus Flavius († nach 100) hinreichend ergänzt: Für Herodes Antipas war das Auftreten des Täufers eine hochpolitische Affäre, trug sie doch ein ausgesprochen messianisches Gepräge. Die Messiaserwartungen des Volkes waren damals von sehr irdisch-politischer Art. Da mußte Herodes eine Revolte befürchten, bei der sein

Thron zu stürzen drohte, noch dazu, wo Johannes seine ehebrecherische u. blutschänderische Verbindung mit Herodias öffentlich geißelte u. so sein Ansehen beim Volk empfindlich schmälerte. Deshalb ließ er ihn auf der Festung Machairus östl. des Toten Meeres (ca. 40 km südöstl. von Jerusalem, 1120 m über dem Seespiegel) in Gewahrsam nehmen. Andererseits wagte er nicht, Johannes hinzurichten, da gerade dies einen offenen Ausbruch der Revolution befürchten ließ. Schließlich betrieb die gekränkte Herodias die Hinrichtung des Täufers. Auf einem Geburtstagsbankett zu Ehren des Herodes ließ sie ihre Tochter Salome als Lohn für ihren Tanz vor den Gästen das Haupt des Johannes auf einer Schale erbitten. Diese Schale läßt eine makabre Fortsetzung vermuten: Sie erinnert an den altpersischen Brauch, die Festtafel mit dem abgeschlagenen Haupt eines besiegten Rebellen zu schmücken. Nachher, im nüchternen Zustand, beunruhigte sich Herodes Antipas, den Johannes getötet zu haben (Mk 6,16).

Johannes im Gefängnis schickt Botschaft an Jesus: „Bist du es, der da kommen soll, oder sollen wir einen anderen erwarten?" (Lk 7,18–28). Die Frage klingt durchaus echt. Er selbst war streng nach der Thora erzogen worden. Nun mußte er mitansehen, wie sich Jesus über die jüdisch-pharisäischen Vorschriften hinwegsetzte. Dies mußte zu einem inneren Konflikt u. zu einer qualvollen Glaubensdunkelheit führen, noch dazu in der trostlosen Einsamkeit des Kerkers, im Angesicht des Todes. Jesus gibt keine direkte Antwort, sondern weist auf seine messianischen Taten hin: „Blinde sehen, Lahme gehen . . ." und fügt bezeichnenderweise hinzu: „Selig, wer an mir keinen Anstoß nimmt."

Verehrung: Nach dem Zeugnis der Bibel u. des Josephus Flavius genoß Johannes d. T. schon bald nach seinem Tod eine weite Verehrung, die auf dem Wort Jesu gründet: „Unter den von der Frau Geborenen ist kein Größerer aufgestanden als Johannes der Täufer" (Mt 11,11). Nach sehr alter Tradition wurde er von seinen Jüngern in Sebaste in Samaria begraben (dem heutigen Sebastije). Die große Entfernung des Grabes von der Hinrichtungsstätte erklärt sich leicht: der Leichnam sollte möglichst aus dem Machtbereich des Prophetenmörders gebracht werden. Die ältesten Zeugen für sein Grab in Samaria sind ↗ Hieronymus († 420) u. Rufinus von Aquileia († 410/411). Hieronymus berichtet, Johannes sei in der Krypta der dortigen Grabeskirche zus. mit den Propheten ↗ Elisäus u. Obadja (Abdias) beigesetzt. Rufinus erzählt zudem, zur Zeit des Julian Apostata (361–363) wollten christliche Mönche das Grab des Johannes verehren, mußten aber dessen schändliche Entweihung durch Heiden mitansehen. Es hat nicht an Stimmen gefehlt, die diese Samaria-Tradition ins Reich der Legende verweisen wollten. Man muß aber die feste Verwurzelung dieser Tradition in Samaria beachten. Sie hatte nie einen anderen Konkurrenten, obwohl mehrere Städte sich darum stritten, das Haupt des Täufers zu besitzen: Konstantinopel (vor 394), Emesa (heute Homs am Orontes, Syrien; 443) u. Damaskus. Von der Grabeskirche des 4. Jh.s wurden 1931 einige Steinschichten freigelegt. Die Kreuzfahrer fanden die Kirche als Ruine vor u. bauten in der 2. Hälfte des 12. Jh.s eine neue. Auch diese ist heute nur noch in Resten erhalten. Der alte Chor ist überdeckt u. dient als Moschee. Eine Treppe führt in die Krypta hinunter, in der man die Gräber der 3 Propheten zeigt.

Bereits ↗ Augustinus († 430) kannte ein Fest der *Empfängnis* (Verkündigung) des Johannes. Die Lateiner feierten es am 24., die Griechen am 23. 9.

Das Fest der *Geburt Johannes' d. T.* wurde im Orient in zeitlicher Nähe zur Epiphanie gefeiert (Ägypten, 4. Jh.: 5. 1.; Byzanz: 7. 1.; Nestorianer: 1. freier Freitag nach Epiphanie; Armenier: 1. Freitag nach der Epiphanieoktav; Syrien, 5. Jh.: an einem Sonntag vor Weihnachten). In der lat. Kirche wurde das Fest schon vor Augustinus am 24. 6. begangen, also ein halbes Jahr vor Christi Geburt (vgl. Lk 1,36). Die Differenz von einem Tag erklärt sich aus der altröm. Kalenderrechnung: Der 24. 6. hieß octavo ante calendas julii" („8. Tag vor dem 1. 7."), der 25. 12. „octavo ante calendas januarii" (8. Tag vor dem 1. 1."). Augustinus bringt auch als symbolische Deutung das Zeugnis des Johannes: „Er muß wachsen, ich aber abnehmen" (Joh 3,30). Beide Feste liegen nämlich sehr nahe bei der Sommer- bzw. Wintersonnenwende. Das Mittelalter machte aus dem Johannesfest ein „Sommer-Weihnachten" mit einer zusätzlichen Messe zu Mitternacht u. am frühen Morgen u. einer Vorbereitungszeit ähnlich dem Advent. Seit dem 6. Jh. wurde dem Fest eine Vigilfeier beigefügt, die erst 1955 aufgehoben wurde.

Das Fest der *Enthauptung Johannes' d. T.* (29. 8.) wurde im Osten, in Afrika, Gallien u. Spanien bereits im 5. Jh. gefeiert, in Rom etwas später. Es war ursprünglich das Gedächtnis der Weihe der Grabeskirche in Samaria. In Rom wurde es durch mehrere Jh.e wegen der sehr volkstümlichen Märt. ↗ Sabina einen Tag später, am 30. 8., begangen.

Johannes d. T. spielte seit jeher in *Volksleben u. Brauchtum* eine bedeutende Rolle. Er ist Patron vieler Ortschaften, Kirchen (darunter die Lateranbasilika in Rom) u. Taufkapellen sowie zahlreicher Berufsstände. Mancherorts besteht der Brauch, an Johannes-Wallfahrtsorten sog. Johannes-Schüsseln als Votivgaben zu opfern. Es sind dies flache Holzteller, in die das abgeschlagene Haupt des Johannes gemalt oder geschnitzt ist. Vom Berühren am Kopf oder Tragen um den Altar u. a. verspricht man sich Hilfe bei Kopfweh oder Unfruchtbarkeit. Andere Gebräuche gehen auf vorchristlich-magische Riten im Zusammenhang mit der Sommersonnenwende zurück u. wurden erst nachträglich mit dem Johannesfest in Verbindung gebracht. Hier ist das Entzünden des Johannesfeuers (Sonnwendfeuers) zu nennen; dabei werden Lieder gesungen, man springt durch die Flammen u. ä. In manchen Gegenden lebt der Glaube fort, daß die Johannisnacht einen Blick in die Zukunft gewähre, der Traum der Johannisnacht sich erfülle, daß allerlei Speise u. Getränk für Mensch u. Tier bes. förderlich sei, verschiedene Kräuter (Johanniskraut) bes. Heilung brächten. Einige Tier- u. Pflanzennamen haben ihren Namen auf Grund ihres jahreszeitlichen Lebensrhythmus erhalten: Johannisbeere, Johanniskraut, Johanniskäfer, Johanniswürmchen.

Liturgie: Geburt Johannes' d. T.: GK H am 24. Juni (Görlitz: Patron der Kathedrale, Gurk-Klagenfurt: Diözesanpatron) Enthauptung Johannes' d. T.: GK G am 29. August

Darstellung: im Jordan Jesus taufend (so meist über den Taufbrunnen), mit der Theophanie. Als Aszet in Fellkleidung, mit Kreuzstab, daran ein Spruchband „Ecce Agnus Dei" (auf griech. Ikonen: „Ich bin die Stimme des Rufenden in der Wüste"). Mit 2 Jüngern, auf Jesus weisend. Als kleiner Knabe, mit dem gleichaltrigen Jesuskind spielend oder ein Lamm (Jesus) liebkosend. Die Szene seiner Enthauptung. Sein Haupt auf der Schüssel. Auf Weltgerichtsbildern des Mittelalters: zur Linken des Weltenrichters, mit Maria fürbittend

Patron: der nach ihm benannten Genossenschaften, der Malteser (Johanniterorden); der Abstinenten, Architekten, Bauern, Böttcher, Färber, Gastwirte, Gerber, Hirten, Kaminfeger, Kürschner, Maurer, Musiker, Restaurateure, Sänger, Sattler, Schmiede, Schneider, Steinmetze, Weber, Weinberge, Winzer, Zimmerleute; der Trinkerfürsorge

Lit.: Kommentare zu den Evangelien – D. Baldi, Enchiridion locorum santorum (Jerusalem 1935) 52–99 (Ain Karim); 211–236 (Taufstätte am Jordan); 268–272 (Ainon); 287–306 (Machairus und Sebaste) – C. Kopp, Ain Karim, die Heimat Joh. d. T.?: ThGl 40 (1950) 422–443 – E. Käsemann, Die Joh.-Jünger in Ephesus: ZThK 49 (1952) 144–154 – A. Schlatter (Basel 1956) (hrsg. v. W. Michaelis) – E. Stauffer: ThLZ 81 (1956) 143ff – R. Schnackenburg, Das 4. Ev. u. die Joh.-Jünger: HJ 77 (1958) 21–38 – O. Betz, Die Proselytentaufe der Qumransekte u. d. Taufe im NT: Revue de Qumran 1 (Paris 1958) 213–234 – J. Danielou, Qumran u. d. Urspr. d. Christentums (Mainz 1958) 16–28 – C. Kopp, Die hl. Stätten der Ev. (Regensburg 1959) 130–183 – K. Rudolf, Die Mandäer (Göttingen 1960) – J. Bergeaud, Der letzte Prophet (Heidelberg 1963) – *Verehrung Volkskunde:* J. A. Jungmann, Gewordene Liturgie (Innsbruck 1941) – Künstle I 331 633, II 332–340 – O. Thulin, Joh. im geistlichen Schauspiel (Leipzig 1930) – R. Andree, Votive u. Weihegaben des kath. Volkes in Süddeutschland (Braunschweig 1904) 146 – Bächtold-Stäubli IV 704–727f – A. Spamer: Handb. dt. Volkskunde II (Potsdam 1935) 97–102.

Johannes Bisch. **von Thèrouanne,** Sel. (Johannes von Warneton)

Er stammte aus Warneton (Flandern). Er war Schüler des hl. ↗ Ivo von Chartres, wurde Kanoniker in Lille, später regulierter Chorherr in Mont-St-Éloi bei Arras (Nordfrankreich), 1094 Archidiakon der Diöz. Arras u. 1099 Bisch. von Thèrouanne (Dep. Pas-de-Calais, Nordfrank-

reich). Er nahm an mehreren Synoden teil u. arbeitete an der Reform des Klerus u. der Klöster. † am 27. 1. 1130.
Gedächtnis: 27. Jänner
Lit.: ActaSS Ian. II (1643) 794–802 – Baudot-Chaussin I 560ff

Johannes von Urtica, Hl.
Er war Priester u. lebte als Einsiedler in Urtica (Kastilien, Spanien). Er machte eine Pilgerreise ins Hl. Land, erlitt aber auf der Rückreise Schiffbruch. Da gelobte er, zu Urtica ein Hospiz u. eine Kapelle für Pilger u. Reisende zu bauen. Auch anderwärts errichtete er Fremdenhäuser u. legte Straßen u. Brücken an. † 1163 zu Urtica.
Gedächtnis: 2. Juni
Darstellung: als Einsiedler mit Brennesseln (Urtica = Brennessel)

Johannes OCist, Bisch. **von Valence,** Hl.
Er stammte aus der Diöz. Lyon (Ostfrankreich) u. trat als Mönch im Kloster Cîteaux (bei Dijon, Ostfrankreich) ein. Er wurde 1118 1. Abt des neugegründeten Klosters Bonnevaus (bei Besançon) u. 1141 Bisch. von Valence (südl. von Lyon). Als solcher machte er sich durch sein soziales Wirken verdient. † am 21. 3. 1145. Seine Gebeine ruhten bis 1562 in der Kathedrale von Valence, wurden aber dann von den Hugenotten verstreut. Kult approbiert am 9. 12. 1903.
Gedächtnis: 21. März
Lit.: ASS 36 (1903) 423 – Zimmermann I 364ff (Lit.) – Lenssen I 69ff

Johannes Baptista Maria (Jean-Baptiste-Marie) **Vianney,** Hl. (Pfarrer von Ars)
* am 8. 5. 1786 zu Dardilly (westl. von Lyon, Ostfrankreich) als 4. Kind einer streng kath. Bauernfamilie. Bis zu seinem 19. Lebensjahr arbeitete er auf dem elterlichen Anwesen. Seine Kindheit fiel in die Franz. Revolution. In dieser blutigen Verfolgung der romtreuen Christen ging er in aller Heimlichkeit zur Erstbeichte u. Erstkommunion u. erhielt Katechismusunterricht. 1805 konnte er endlich bei seinem Gönner, dem Pfarrer Balley in Écully, Lateinunterricht nehmen. 1809 wurde er zum Militärdienst unter Napoleon eingezogen, desertierte u. wurde später amnestiert. Wegen seines schwachen Talentes wurde er 1812 nur mit knapper Not in das Seminar zu Verrières, später in das zu Lyon aufgenommen. Mehrmals stand er vor der Entlassung, bis er 1815 von Bisch. Simon von Grenoble die Priesterweihe erhielt; die Erlaubnis zum Beichthören wurde ihm zunächst noch vorenthalten. 1815–18 wurde er als Vikar in Écully angestellt, anschließend als Pfarrer in Ars (Ars-sur-Formans bei Villefranche, nördl. von Lyon). In wenigen Jahren machte er aus dieser lauen u. rel. völlig verwahrlosten Gemeinde eine Musterpfarre. Sein reiches Gebetsleben, sein bis zur Erschöpfung arbeitender Seeleneifer im Beichtstuhl u. auf der Kanzel, äußerste Bedürfnislosigkeit u. übernatürliche Gnadengaben brachten ihm überaus große Erfolge in der Bekehrung der Sünder u. in der Leitung ratsuchender Seelen, die in immer größer werdenden Scharen zum „Pfarrer von Ars" pilgerten. Er gründete Pfarrvereine für Männer u. Frauen, eine Volksschule für Mädchen u. ein Waisenhaus, das von Spenden lebte.
Bei alldem leistete er geradezu Übermenschliches: Täglich saß er viele Stunden im engen Beichtstuhl u. hatte dabei Zeit u. Kraft für lange Gebetsübungen, Selbstkasteiungen u. Fasten, nachts schlief er oft nur 4 Stunden. Bei aller Verehrung des Volkes hatte er auch übelste Verleumdungen an seiner Ehre zu erdulden, der Klerus ringsum neidete ihm seine seelsorglichen Erfolge u. seine menschliche Anziehungskraft u. ließ ihm das entsprechend fühlen. Nur in Bisch. Devie von Bellay fand er einen Fürsprecher. Zu alldem kam eine qualvolle Ungewißheit über seine eigene priesterliche Berufung. Infolge dieser seelischen u. physischen Belastungen hatte er Versuchungen zu bestehen, die sich zu dämonischen Kämpfen steigerten. Seine Gewissensqualen u. sein Dauerzustand der Erschöpfung machen es verständlich, daß er sich viermal heimlich aus seiner Pfarrei zu stehlen versuchte, um sich in ein kontemplatives Leben zurückzuziehen, was aber seine Gemeinde jedesmal verhinderte.
1850 wurde er Ehrendomherr, 1855 Ritter der Ehrenlegion. Er starb an völliger Erschöpfung am 4. 8. 1859. Sein unverwester Leichnam ruht in der Basilika von Ars. Seliggesprochen am 8. 9. 1904, heiliggespro-

chen am 31. 5. 1925, 1929 zum Patron der Pfarrer ernannt.
Liturgie: GK G am 4. August
Darstellung: als Pfarrer mit Rochett u. Stola
Patron: der Pfarrer
Lit.: F. Trochu–J. Widlöcher (Stuttgart 1959) – F. Wimmer, Die große Ernte (Wels 1952) – H. Panneel-Pfiffner (Fribourg 1959) – R. Fourrey (dt. v. H. M. Reinhard, Heidelberg 1959) – W. Nigg, Große Heilige (Zürich-Stuttgart 1962[7]) 445–484 536 – W. Hünermann, Der Heilige u. sein Dämon (Heidelberg 1974[8]) – L. Christiani, Der hl. Pfarrer v. Ars (Lertersdorf a. Rhein 1978) – M. de Saint-Pierre, Der Pfarrer v. Ars (Freiburg/B. 1978[3])

Johannes Vincentius OSB, Hl.
Er war Benediktinermönch u. Bisch. in der weiteren Umgebung von Ravenna u. zog sich dann als Einsiedler auf den Monte Pirchiriano (Piemont) zurück, wo er nach dem Beispiel des hl. ↗ Romuald eine Eremitenkolonie um sich sammelte (S. Maria delle Celle). 987 errichtete er dort eine Kapelle zu Ehren des hl. Michael, aus der sich um 1000 die Abtei S. Michele di Chiusa entwickelte. Er war auch an der Gründung des Klosters S. Solutore in Turin um 1006 beteiligt. † wahrscheinlich am 21. 12. 1012. Seine Gebeine wurden 1154 in die Pfarrkirche S. Ambrogio übertragen.
Gedächtnis: 21. Dezember
Lit.: F. Savio (Turin 1900) – Zimmermann III 466ff

John (engl.) ↗ Johannes

Jolanda von Marienthal OP, Hl.
Sie war die Tochter des Grafen Heinrich u. der Gräfin Margarethe von Vianden (Luxemburg). Nach vielen Schwierigkeiten von seiten ihrer Eltern erhielt sie die Erlaubnis, in ein Kloster einzutreten, u. wurde 1248 Dominikanerin im Kloster Marienthal bei Mersch (Luxemburg). Dort wurde sie 1258 Priorin und brachte das Kloster zu hoher Blüte. Sie erweiterte das Kloster, richtete eine Bibliothek ein und erwarb kostbare Reliquien. † am 17. 12. 1283. Ihr Grab ist in der dortigen Klosterkirche.
Gedächtnis: 17. Dezember

Jolenta OSCl, Sel. (bei den Polen „Helena")
* 1235 als Tochter König Bélas IV. von Ungarn. Sie war die Schwester der sel. ↗ Kinga u. der hl. ↗ Margaretha von Ungarn. Sie vermählte sich mit Herzog Boleslaw VI. Pobožny von Kalisch (Polen) u. schenkte ihm 3 Töchter: Hedwig (später Äbtissin zu Alt-Sandez), Elisabeth u. Anna. Nach dem Tod ihres Gatten trat sie 1279 in das Klarissenkloster zu Alt-Sandez (Galizien, südöstl. von Krakau) ein. Sie wurde 1292 Priorin in dem Klarissenkloster in Gnesen, welches ihr Gatte gegründet hatte. † am 11. 6. 1298 in Gnesen.
Gedächtnis: 11. Juni
Darstellung: Erscheinung des dornengekrönten Heilandes mit den 5 Wunden
Lit.: Wadding AV 69f, Suppl. Meliss. nn. 4f – Aureola-Seraf III (1950) 405ff – Thurston-Attwater II 550

Jonas, Prophet im AT
Name: hebr. jōnāh, Taube. (LXX: Ionās; Vulg.: Jonas; Luther, Locc.: Jona)
Er lebte unter König Jeroboam II. (784–744 v. Chr.), dem er die Ausbreitung der Grenzen seines Reiches ankündigte (2 Kg 14,25). Er war der Sohn des Amittai u. stammte aus Gath-Chefer im Land Zabulon (Jos 19,13) (heute el-Meschhed, 4 km nordöstl. von Nazareth). Dort wird noch heute das Jonas-Grab verehrt. Er ist der 5. der zwölf „Kleinen Propheten".

Jonas ist die Hauptgestalt des gleichnamigen atl. Buches. Es wird erzählt, wie er von Gott den Auftrag erhält, nach Ninive, der sündigen Stadt, zu gehen u. dort Buße zu predigen. Jonas gehorcht nicht, sondern flieht nach Tarsis im Westen. Das Schiff, auf dem er reist, gerät in Seenot. Die Schiffsleute werfen das Los, um zu erfahren, durch wen dieses Unwetter gekommen sei. Jonas wird entlarvt u. auf eigenen Wunsch ins Meer geworfen. Darauf beruhigt sich sogleich der Sturm. Jonas wird von einem großen Fisch verschlungen u. nach 3 Tagen unversehrt wieder an Land gespien. Wiederum ergeht an ihn die Aufforderung Gottes, in Ninive Buße zu predigen. Nun gehorcht er endlich. Er geht in die Stadt „eine Tagereise weit hinein" u. verkündet Untergang und Vernichtung. Die Einwohner glauben Gott, rufen ein großes Fasten aus u. tun Buße in Sack u. Asche, angefangen vom König bis zum letzten Bürger, ja bis zu den Rindern u. Schafen. Deshalb verschont Gott die Stadt.

Jonas ist darüber so verärgert, daß er sich vor der Stadt hinsetzt u. in seinem Unmut den Tod herbeiwünscht. Durch eine Rizinusstaude, die plötzlich aus dem Boden wächst, ihm einen Tag lang Schatten spendet u. dann verdorrt, gibt ihm Gott zu verstehen, wie ungern er die reuige Stadt vernichten will.
Hauptthema des Buches ist der allg. Heilswille Gottes, der sich über alle Völker der Erde erstreckt, nicht nur über Israel. Es ist somit eine Absage an den jüdischen Partikularismus, verkörpert in der Gestalt des Jonas. Dieser will dem ihm ungelegenen Auftrag Gottes entfliehen, doch Gott erwartet ihn gerade am Ziel seiner Flucht. Er ist empört, daß die Stadt nicht untergeht. Doch Gottes Wesen ist Barmherzigkeit.
Die Erzählung kann kaum als historisches Geschehen aufgefaßt werden. Es ist vielmehr eine Art Parabel, die – wohl aus einem Legendenkranz um diesen offenbar populären Propheten schöpfend – in allegorischer Weise die theol. Lehre von der alles umspannenden Barmherzigkeit Gottes verkünden will. Gleichwohl verstanden die Juden zur Zeit Jesu die Erzählung im historischen Sinn. Jesus paßt sich in seiner verhüllten Ankündigung seiner dreitägigen Grabesruhe den Anschauungen seiner Zeitgenossen an (Mt 12,39ff). Wegen dieser fortgeschrittenen Theologie wie auch wegen der zahlreichen aramäischen Wendungen muß das Buch nach dem babylonischen Exil (605–538 v. Chr.) verfaßt worden sein.
Schauplatz der Handlung ist Ninive (eig. Nineveh am oberen Tigris, gegenüber dem heutigen Mosul, Nordirak). Es ist eine uralte Siedlung, Gen 10,11 nennt Nimrod als deren Erbauer. Mit ihrem berühmten Ischtar-Heiligtum gehörte sie um 1700 v. Chr. unter Hammurapi dem Babylonischen Reich an. In der Mitte des 14. Jh.s kam die Stadt an Assyrien u. wurde bald eine der Residenzen der assyrischen Könige. Senacherib (704–681 v. Chr.) erhob Ninive endgültig zur assyrischen Reichshauptstadt u. stattete es mit prächtigen Bauten u. großen Befestigungsanlagen aus. Jonas lebte also zur Zeit der letzten Blüte dieser Stadt. Seit 1847 erfolgten mehrere archäologische Ausgrabungen an dieser Stelle. Man fand u. a. Reste der königlichen Prachtbauten u. die Tontafel-Bibliothek Assurpanipals. Noch heute wähnen die einheimischen Moslems unter dem einen Ruinenhügel Nebi-Junus das Grab des Jonas.
Gedächtnis: 21. September
Darstellung: wird von den Schiffsleuten ins Meer geworfen, vom Fisch verschlungen bzw. von diesem an Land gespieen. Manchmal auch im Bauch des Fisches sitzend. Kahlköpfig (bisweilen auch nackt) in der Sonnenglut unter der Rizinus-(Ginster-) staude sitzend (nach mittelalterlicher Deutung verlor er im Bauch des Fisches seine Haare). Auf altchristlichen Darstellungen hat der Fisch die Gestalt eines Drachen (des bibl. Leviathan; vgl. Is 27,1; Ps 74,14 u. 104,26). Typologische Bilderzyklen (seit ca. 1200) stellen die Jonaserzählung der Grablegung u. der Auferstehung Christi gegenüber.
Lit.: Kommentare: J. Lippl: HSAT (1937) – F. Nötscher: EB (1948) – M. Schumpp (Freiburg/B. 1950) – E. Sellin: KAT (1929²) – Th. Robinson – F. Horst: HAT (1954²) – A. Weiser: ATD (1956²) – J. Fichtner (Stuttgart 1957) – Ikonographie, Volkskunde: O. Mitius, Jonas auf den Denkmälern des christl. Altertums (Freiburg/B.-Tübingen 1897) – Künstle I 303ff – F. Gerke, Die christl. Sarkophage der vorkonstant. Zeit (Berlin 1940) 38–51 151–182 – E. Stommel: Jahrb. f. Antike u. Christentum 1 (Münster 1958) 112–115 – Franz B II 687 – Bächtold-Stäubli IV 765, V 1341

Jonas, Mönch **in Ägypten,** Hl.
Er lebte als Gärtner im Kloster Muchonse (Oberägypten?), das sich mit anderen Klöstern dem hl. ↗ Pachomius angeschlossen hatte. Er starb im 4. Jh. im Alter von 85 Jahren.
Gedächtnis: 11. Februar

Jonas u. Barachisus, Märt. in Persien, Hll.
Sie waren Mönche in Persien, die im Jahr 326 unter König Schapur II. in grausamster Weise gemartert wurden.
Gedächtnis: 29. März

Jonas, Märt. **zu Castres,** Hl.
Er stammte angeblich aus Athen u. war ein Priester, der zus. mit ↗ Dionysius, dem Apostel von Paris, nach Frankreich gesandt wurde. Er ging dann nach Chartres u. predigte dort das Evangelium. Er wurde um 287 zu Castres (Dep. Tarn, Südfrankreich) enthauptet.
Gedächtnis: 22. September

Jonas, Mönch **in Mar Saba,** Hl. (Jonas Sabaïta)
Er war Mönch und Priester im Kloster des hl. ↗ Sabas (Mar Saba) in der Kidronschlucht bei Jerusalem u. war durch Tugenden und Wunder berühmt. † wahrscheinlich Anfang des 9. Jh.s.
Gedächtnis: 21. September
Darstellung: als Mönch vor dem Kloster auf den Knien betend, eine göttliche Hand am Himmel segnet ihn

Jonatus OSB, Abt **von Marchiennes,** Hl. (Jonas)
Er war Schüler des hl. ↗ Amandus, des Apostels der Belgier, u. stand als Abt den Mönchen des Doppelklosters Marchiennes bei Douai vor. Die Nonnen dieses Klosters leitete die hl. Äbtissin ↗ Richtrudis. Später übernahm er die Leitung auch dieses Klosters. † um 691.
Gedächtnis: 1. August
Lit.: ActaSS Aug. I (1733) 70–75 – Zimmermann II 523 525

Jonny (engl.), Kf. zu engl. John (↗ Johannes)

Jordanus Forzaté OSBCam, Sel.
Name: vom Jordan, dem Hauptfluß Palästinas. Der Name kommt auch als jüdischer Personenname vor u. wird bes. seit den Kreuzzügen auch im europäisch-christlichen Raum heimisch. Sprachforscher vermuten einen gemeinsamen indogermanisch-semitischen Urstamm „fließen".
* um 1158 in Padua (Oberitalien). Er studierte zuerst Rechtswissenschaften u. trat 1174 dem Kamaldulenserorden bei. Er wurde Prior im Kloster S. Benedetto Novello in Padua u. begann 1195 dessen Neubau. 1231 wurde er zum Examinator im Kanonisationsprozeß des hl. ↗ Antonius ernannt. Als Doctor Decretalium wurde er in den Senatsrat der Stadt berufen u. hatte so am politischen Geschehen großen Einfluß. Im Februar 1237 zog der Ghibellinenführer Ezzelino III. als neuer Fürst von Kaiser Friedrichs II. Gnaden in Padua ein. Ezzelino, durch seine Grausamkeiten berüchtigt, ließ Jordanus einkerkern. Nach 2 Jahren wurde dieser dem Patriarchen von Aquileia in Gewahrsam gegeben. Seine letzten Jahre verbrachte Jordanus im Kloster della Celestia in Venedig. † am 7. 8. 1248 (?) in Venedig. Seine Gebeine wurden 1810 im Dom zu Padua beigesetzt.
Gedächtnis: 7. August
Lit.: ActaSS Aug. II (1735) 200–214 – C. Bernardi (Treviso 1930) – I. Rosa (Padua 1932) – Zimmermann II 568 570f

Jordanus von Pisa OP, Sel.
* um 1260 in Rialto bei Pisa (nach anderen in Pisa selbst). Er wirkte als Professor der Theologie in Pisa u. Florenz, wo er das Ordensstudium zu höchster Blüte brachte. Sehr bedeutend sind seine Predigten, die er in der Volkssprache hielt (was damals eine seltene Ausnahme war). † am 19. 8. 1331 in Piacenza. Kult 1833 approbiert.
Gedächtnis: 19. August
Lit.: ADomin Mart. I (1886) 155–167 – L. Orlandini (Pisa 1900)

Jordan von Sachsen OP, Sel.
* vor 1200 zu Borgberge bei Paderborn. Er studierte in Paris u. wurde 1218 Magister artium, 1220 Baccalaureus theologiae u. Diakon u. trat in Paris dem Dominikanerorden bei. 1221 wurde er Provinzial der lombardischen Provinz, 1222 der 2. Ordensgeneral als Nachfolger des hl. ↗ Dominikus. Durch seine überragenden Talente des Verstandes u. des Herzens konnte er die Gründung des hl. Dominikus vollenden u. die Basis für die große Entfaltung des Ordens schaffen. Er besaß Organisationstalent, Rednergabe, Liebenswürdigkeit, Energie, tiefdringende Menschenkenntnis, Großzügigkeit u. suggestive Kraft. Durch seine Predigten unter den Professoren u. Studenten in Paris, Oxford, Bologna, Padua (hier lernte er 1223 ↗ Albertus Magnus kennen), Vercelli u. Montpellier konnte er viele Berufe für den Orden gewinnen. Seine zahlreichen Reisen führten ihn durch Italien, Frankreich, England u. Deutschland. Später wurde er an die päpstliche Kurie berufen. Auf der Rückfahrt von einer Visitationsreise nach Palästina erlitt er an der syrischen Küste Schiffbruch u. ertrank am 13. 2. 1237. Sein Grab ist in der Dominikanerkirche zu Akkon (nördl. des Berges Karmel).
Gedächtnis: 13. Februar
Darstellung: mit einer Lilie

Lit.: H. Ch. Scheeben (Vechta 1937) – Ders., Beiträge zur Gesch. des Jordanus von Sachsen (Vechta 1938) – Stammler-Langosch V 480–485

Jörg, Kf. zu ↗ Georg

Jornet y Ibars ↗ Theresia von Jesus

Josaphat, Königssohn **in Indien,** Hl. (Joasaph)
Name: hebr. joschafat, Jahwe hat gerichtet. So hieß u. a. der 4. König von Juda (868–847 v. Chr.). Joel 4,2 + 12 erwähnt das „Tal Josaphat“ (hebr. hemek sollte richtig mit „Ebene“ übersetzt werden) als symbolischen Namen der Ebene des allg. Gottesgerichtes u. der eschatologischen Völkerschlacht (Joel 4,9–14). Wahrscheinlich hat die Erinnerung an den siegreichen König Josaphat (2 Chr 20,1–30) diese Namensbildung angeregt. Mindestens seit dem 4. Jh. gilt das Kidrontal als „Tal Josaphat“ u. als Ort des Jüngsten Gerichtes u. ist daher bevorzugte Begräbnisstätte bei Juden, Christen u. Moslems.
Josaphat soll ein indischer Königssohn gewesen sein u. wird mit dem hl. ↗ Barlaam in Indien sehr verehrt. Die Legende erzählt vom Mönch u. Einsiedler Barlaam, daß er den hl. Josaphat gegen den Widerstand des Vaters zum Christentum bekehrte und ihn zum Mönchsleben bewog. Diese Legende wurde in der griech. Fassung zu einem Mönchsroman erweitert u. fand in dieser Form seit dem 11. Jh. im ganzen Abendland weiteste Verbreitung. Diese griech. Fassung soll auf ↗ Johannes von Damaskus zurückgehen, der die Buddhalegende u. (wahrscheinlich bereits verchristlichte) indische Fabeln mit verschiedenen christlichen theol. u. asketischen Schriften zu einer geschlossenen Einführung in das Mönchsleben verarbeitete. Verschiedene Hagiologen verweisen beide in das Reich der Legende, andere halten sie für historische, von der Legende umrankte Persönlichkeiten.
Gedächtnis: 27. November (mit Barlaam)
Darstellung: in Betrachtung versunken, während ein Löwe auf ihn zukommt. Die Krone niederlegend, ein Mönchskleid anziehend
Lit.: F. Dölger, Der griech. Barlaam-Roman (Ettal 1953) – Dazu: P. Devos: AnBoll 75 (1957) 83–104 – G. Garitte: Atti Convegno Volta 1956 (Rom 1957) 431–437 – F. Dölger: ebd. 442–444

Josaphat Kunzewitsch OBas, Erzb. von Polozk, Märt., Hl. (russ. Iossafat K., poln. J. Kuncewicz)
* 1580 zu Wlodzimierz in Wolhynien (Polen, heute Rußland) von orthodoxen Eltern. Sein Taufname war Johannes. Er wurde in Wilna (Litauen) kaufmännischer Angestellter. In dieser Zeit schloß er sich der Unionsbewegung an u. trat zur ruthenisch-unierten Kirche über. 1604 wurde er im Dreifaltigkeitskloster zu Wilna Basilianermönch, wo er den Namen Josaphat annahm. 1609 erhielt er die Priesterweihe. Bis dahin hatte er nur in privaten Gesprächen mehrere Freunde zur Union mit Rom bewegen können, nun aber wirkte er offen u. erfolgreich von der Kanzel u. im Beichtstuhl für die Einheit mit dem Papst, was ihm den Schimpfnamen „Duszochuat“ („Seelenräuber“) einbrachte. Auf Betreiben seines Archimandriten (Abtes) Samuel Sienczyl mußte er außerhalb der Klostermauern leben, hatte aber umsomehr Zeit, sich für die Union mit Rom einzusetzen. 1613 wurde er Pfarrer an der Wallfahrtskirche in Zyrowice u. Hegumenos (Klostervorsteher) in Byten, 1614 Archimandrit im Kloster zu Wilna, 1617 Koadjutur des Erzb. von Polozk u. 1618 dessen Nachfolger. Auch als solcher wirkte er nach Kräften für die Vereinigung mit Rom, bis er auf einer Visitationsreise am 12. 11. 1623 in Witebsk von aufgebrachten Unionsgegnern grausam erschlagen wurde. Seliggesprochen 1643, heiliggesprochen 1867. Seine Gebeine wurden 1916 nach Wien, 1949 nach Rom übertragen.
Liturgie: GK G am 12. November
Darstellung: als Bisch., Hackmesser (Beil) am oder im Kopf
Lit.: Hurter III 755f – G. Hoffmann: OrChrA 1 (1923) 297–320, 3 (1924–25) 173–239 – T. Boresky (New York 1955) – E. Unger-Dreiling (Wien 1960)

Joseph von Ägypten
Name: hebr. jôsēf, (Gott) möge hinzufügen. So sprach Rachel, die Lieblingsfrau ↗ Jakobs, bei der Geburt ihres ersten Sohnes nach langer Unfruchtbarkeit (Gen 30,24). Hier wird der Name volksetymologisch auch mit hebr. āsaf (hinwegnehmen) in Beziehung gesetzt: „Gott hat die Schmach von mir genommen“ (Gen 30,23). In alt-

ägyptischen Inschriften findet sich der Name als ja-schu-pi-i-ra.
Im dt. Sprachraum kommt Joseph (Josef) als Personenname erst seit dem 18. Jh. häufiger vor. In Österreich (u. von hier aus im ganzen süddt. Raum) wurde er seit den Kaisern Joseph I. u. Joseph II. ungemein beliebt. Der Namenspatron ist hier aber nicht der ägyptische Joseph, sondern ↗ Joseph, der Bräutigam der Gottesmutter. (Kf. Sepp, Peppi [aus der ital. Kf. Beppo oder Peppo], ital. Giuseppe, span. José, franz., engl. Joseph, russ. Ossip, arab.-türk. Jussuf, Yussuf).
Die Geschichte des ägyptischen Joseph wird in Gen 37 u. 39–50 erzählt: Er ist der (bis dahin) jüngste Sohn Jakobs u. der 1. Sohn Rachels, der Lieblingsfrau Jakobs, u. wird deshalb von seinem Vater bevorzugt. Joseph nützt diese Stellung aus, um sich bei seinem Vater noch mehr ins rechte Licht zu rücken, indem er ihm alle schlechten Gerüchte über seine Brüder zuträgt. Die Brüder werden darüber eifersüchtig u. „können mit ihm kein gutes Wort mehr reden". Vollends seine Träume über die Garben u. die Gestirne, die sich vor ihm verneigen, machen sie gegen ihn in höchstem Maß aufgebracht. Die Brüder warten deshalb auf eine günstige Gelegenheit u. wollen ihn schon umbringen, verkaufen ihn dann aber als Sklaven nach Ägypten. Dort kommt Joseph in das Haus des Potiphar, des „Obersten der Palastwache", also eines hohen königlichen Beamten. Offenbar hat er jetzt von seinen Fehlern gelernt, denn jetzt weiß er die Menschen für sich zu gewinnen. Durch treue Dienste u. sicher auch taktvolles u. einfühlendes Benehmen erwirbt er die Gunst seines Herrn u. bringt es unter ihm zu einer hohen Stellung, wird aber wegen der unlauteren Annäherungsversuche der Frau Potiphars unschuldig ins Gefängnis geworfen. Auch hier versteht er es, den Kerkermeister für sich einzunehmen, u. erhält eine Führungsrolle über seine Mitgefangenen. Er deutet dem Mundschenk u. dem Oberbäcker des Pharao ihre Träume, später die des Pharao u. wird von diesem zum Großwesir des Reiches eingesetzt. Als solcher sorgt er im ganzen Land für die von ihm vorausgesagte siebenjährige Hungersnot vor. Während derselben kommen auch die Brüder Josephs um Getreide, er gibt sich ihnen aber erst nach harten Prüfungen zu erkennen. Reich beschenkt läßt er sie zu ihrem Vater ziehen, holt die ganze Familie nach Ägypten u. siedelt sie in Gosen (im östl. Nildelta) an. Joseph stirbt im Alter von 110 Jahren (eine ägyptische Symbolzahl der Vollkommenheit: 10 × 10 + 10) u. wird nach ägyptischer Weise in einem Mumiensarg bestattet. Seinem letzten Wunsch entsprechend nehmen die Israeliten seinen Leichnam mit nach Kanaan u. setzen ihn in Sichem bei (Ex 13,19; Jos 24,32).
Die Josephsgeschichte – so wie sie heute in der Bibel vorliegt – erfuhr nachweislich mehrere spätere literarische Bearbeitungen. So tritt z. B. die Bezeichnung „Pharao" (hebr. par'o aus ägypt. per'a) erstmals für Amenhotep IV. Echnaton (1372–1352) auf, also 300 Jahre nach Joseph. Die Stadt Ramses als Siedlungsgebiet der Brüder Josephs (Gen 47,11) wurde erst um 1300 v. Chr. als Regierungssitz Ramses' II. erbaut. Gleichwohl verrät die ganze Erzählung soviel ägyptisches Lokalkolorit, daß an ihrem historischen Ursprung in Ägypten nicht gezweifelt werden kann.
Es gibt wichtige Gründe anzunehmen, daß Joseph unter der Dynastie der Hyksos nach Ägypten kam. Die Bezeichnung „Hyksos" (eig. Hykussōs) stammt vom ägyptisch-hellenistischen Priester u. Geschichtsschreiber Manetho (um 280 v. Chr.) u. ist die gräzisierende Wiedergabe eines ägyptischen Ausdrucks, der „Herrscher aus den Fremdländern" bedeutet. Die Herkunft der Hyksos ist ungewiß. Sie waren ein loser Verband verschiedener semitischer u. nichtsemitischer Kriegerstämme, die um 1700 v. Chr. vom Norden her nach Ägypten eindrangen u. in einer ersten Phase das Gebiet von Palästina bis Nubien beherrschten (15. u. 16. Dynastie). Sie führten das Pferd, den Streitwagen u. das Sichelschwert ein u. erreichten dadurch militärische Überlegenheit. In Kult u. Sitte paßten sie sich den Ägyptern an. So haben auch die Träume des Pharao über die 7 Kühe u. die 7 Ähren (Gen 41,1–7) ihren Sitz in den rel. Vorstellungen der Ägypter: Stier u. Kuh waren ihnen heilige Tiere, u. das Abzeichen des Fruchtbarkeitsgottes Osiris waren 7 Ähren. In sozialer Hinsicht jedoch brach-

ten die Hyksos eine Revolution: sie verstaatlichten allen Landbesitz, d. h., sie machten ihn zum königlichen Eigentum, wodurch sie eine größtmögliche Zentralisierung erreichten. Die drastischen Maßnahmen Josephs (Gen 47,13–26) passen durchaus in dieses Verstaatlichungskonzept. Ein wesentliches Regierungsorgan wurde der königliche Aufsichtsbeamte. Als Fremdherrscher hatten sie allen Grund, einflußreiche Posten mit nichtägyptischen Männern zu besetzen. Dies könnte sehr gut der Grund für die steile Karriere Josephs gewesen sein.
Von etwa 1600 v. Chr. an begannen die Befreiungskriege. Die Hyksos wurden bald nach Nordägypten zurückgedrängt u. 1580 v. Chr. ganz aus dem Land getrieben. Da die Äypter die Hyksoszeit als für sie demütigend ansahen, vernichteten die späteren Könige alles Aktenmaterial u. alle Inschriften, die sich auf sie bezogen. Deshalb sind unsere historischen Kenntnisse über sie sehr gering. Auch Zeugnisse über Joseph u. die Israeliten allgemein in Ägypten sind demzufolge nur sehr spärlich vorhanden. Ex 12,38 sagt: „Auch viel Mischvolk zog mit ihnen . . .“ – nämlich mit den Israeliten unter der Führung des ↗ Moses aus Ägypten. Es ist durchaus möglich, daß mit den Israeliten auch die letzten Nachkommen der 300 Jahre zuvor entmachteten Hyksos aus Ägypten nach Kanaan zogen.
Gedächtnis: 11. Dezember
Darstellung: gemäß den Situationen seines Lebens: wird von den Brüdern verkauft; legt seinen Mitgefangenen die Träume aus; steht vor dem Pharao; gibt sich seinen Brüdern zu erkennen; als Herrscher Ägyptens im Prunkwagen
Lit.: G. von Rad, Die Josephsgeschichte (Neukirchen 1954) – Mertens 546–562 – L. Ruppert, Die Josephserzählung der Genesis (München 1965)

Joseph (José) **de Anchieta** SJ, Sel.
* am 19. 3. 1534 zu San Cristobal de la Laguna auf Teneriffa (Kanar. Inseln). Er studierte in Coimbra u. trat dort unter dem Eindruck der Briefe des hl. ↗ Franz Xaver aus der Ostasien-Mission in die Gesellschaft Jesu ein. 1553 wurde er nach Brasilien gesandt, wo die Jesuiten seit 1549 wirkten. Dort war er zuerst Lehrer in San Salvador (Bahia) u. gründete 1554 zus. mit seinem Provinzial Manoel Nobrega SJ in Piratininga die Mission u. das Kolleg zum hl. Paulus, dem er als 1. Rektor u. Seele des Hauses vorstand. Die Gründung blühte derart auf, daß sie sich in der Folge zur heutigen Millionenstadt São Paolo entwickelte. Er begleitete auch öfters die Missionare auf ihren beschwerlichen Reisen zu den Eingeborenen, wobei er zweimal in höchste Gefahr kam, ein Opfer der dortigen Menschenfresser zu werden. Nur durch seine gewinnende Persönlichkeit u. seine seltene sprachliche Gewandtheit gelang es ihm, die Wilden für sich einzunehmen. 1563 brach ein großer Aufstand der Eingeborenen gegen die Portugiesen aus. Anchieta konnte zus. mit Nobrega den Frieden vermitteln u. schwebte dabei als Geisel bei den Tamoyos in Iperoya monatelang in unmittelbarer Lebensgefahr. Nach seiner Priesterweihe 1566 wirkte er unter den Tapuas in São Vicente (südöstl. v. São Paolo). Der portugiesische General Estacio de Sal hatte es sich 1560 zur Aufgabe gemacht, die französischen Hugenotten, die sich seit 1555 in der Bucht des heutigen Rio de Janeiro festgesetzt hatten, zu vertreiben, was ihm 1567 endlich gelang. Dort entstand 1565 die 1. portugiesische Siedlung (das heutige Rio de Janeiro), wo Anchieta eine Missionsstation gründete. 1578–86 war Anchieta Provinzial in Brasilien. Als solcher sandte er die ersten Jesuitenmissionare nach Paraguay. Er war bereits ein schwerkranker Mann, konnte aber auch nach seiner Amtsniederlegung im heutigen Staat Espirito Santo bis zu seinem Tod segensreich wirken. Er starb im Dorf Reritiba am 9. 6. 1591. Sein Leichnam wurde nach S. Vitoria gebracht. Johannes Paul II. sprach ihn am 22. 6. 1980 selig, 1 Woche vor seiner Reise nach Brasilien (30. 6. bis 13. 7.). Am 3. 7. 1980 feierte der Papst in São Paolo die Messe zu Ehren des neuen Seligen.
José de Anchieta gilt bis heute als Nationalheiliger Brasiliens. Als 1. Schulmann des Landes, als Dichter u. Schriftsteller, Sprachgelehrter u. vor allem als Missionspionier steht er an der Spitze der Kultur- u. Missionsgeschichte Brasiliens. Er machte die bekehrten Indianer seßhaft u. gründete Dörfer für sie, wo sie vor den weißen Kolonialherren geschützt waren u. neue Ackerbaumethoden u. verschiedene Handwerke lernen konnten. Diese Idee wurde später in den sog. Reduktionen in Paraguay,

Uruguay u. am Rio Paranà im großen Stil fortgeführt. Er verfaßte lat. Dramen u. Dialoge, die durch Zwischenspiele in indianischer Sprache den Eingeborenen verständlich gemacht wurden. Er trat auch als Dichter hervor. Sein bedeutendstes Werk ist ein Gesang an Maria in über 2000 Doppelversen (Distichen) (Em lovor da Virgem), den er während seiner Gefangenschaft 1563 entwarf, in den Sand des Meeres schrieb, auswendig lernte u. 1572 zu Papier brachte. Seine Gebete, Lieder u. Katechismen nahmen die von ihm ausgesandten Missionare nach Paraguay mit u. übersetzten sie in die Guarani-Sprache. Seine farbigen Missionsberichte u. Briefe sind geschichtlich wertvolle Dokumente. Auch für die Sprachforschung leistete er Bahnbrechendes. Mit wunderbarer Leichtigkeit beherrschte er die Sprache der Tupi im Süden des Landes u. verfaßte deren erste Grammatik u. ein Wörterbuch. Nach jahrelangem Gebrauch u. mehrfachen Verbesserungen wurden diese 1595 in Coimbra gedruckt. So gilt er als der eigentliche Begründer der brasilianischen Literatur. Reritiba, sein Sterbeort, wurde später ihm zu Ehren in „Anchieta" umbenannt (südwestl. v. S. Vitoria). Bes. bei den Indianern wurde er zu einer legendenumwobenen Gestalt. Unzählige Wundertaten u. Krankenheilungen werden ihm zugeschrieben, er habe mit Tigern, Pumas u. Giftschlangen freundschaftlich gespielt, auf einer Kanufahrt habe ein Schwarm großer Vögel auf sein Geheiß mit ihren Schwingen ihm u. seinen Gefährten Schatten gespendet, einen schmutzigen u. halbversiegten Brunnen in São Paolo (der noch heute besteht) habe er durch seinen Segen brauchbar gemacht usw.

Gedächtnis: 9. Juni

Lit.: Sommervogel I 310–312 – K. Kempf, Die Heiligkeit der Gesellschaft Jesu II (1925) 125–140 – S. López Herrera, El Padre José de Anchieta (Madrid 1954)

Joseph von Arimathäa, Hl.

„Arimathaia" ist die Bezeichnung im griech. NT für hebr. Armathajim im nördl. Juda (heute Rentis, 10 km nordöstl. von Lydda). Es ist sehr wahrscheinlich identisch mit Ramathajim, dem Geburtsort Samuels (1 Sam 1,1). Joseph wird in allen 4 Evangelien erwähnt (Mt 27,57–60, Mk 15,42–46, Lk 23,50–53, Joh 19,38–42): Er war ein reicher, angesehener Ratsherr, „ein guter u. gerechter Mann, der bei ihrem Todesbeschluß nicht mitgestimmt hatte" (Lk). Er erbat sich von Pilatus den Leichnam Jesu, hüllte ihn in eine Leinwand, die er zu diesem Zweck gekauft hatte (zum Grabtuch: ↗ Veronika) u. bestattete ihn in seinem neuen Grab, das er für sich in einen Felsen nahe der Stadt hatte aushauen lassen. ↗ Nikodemus brachte eine Mischung von Aloe u. Myrrhe mit, „etwa 100 Pfund" (1 „litra", die röm. libra, = 327 g) (Joh). Einfache Leute begruben ihre Toten unter der Erde, die Reichen konnten sich ein Felsengrab leisten: Durch eine kleine Vorkammer gelangte man durch eine niedrige Tür in die eigentliche Grabkammer, ein Raum von etwa 2 m im Geviert. An der einen Seite war aus dem weichen Gestein ein Trog zur Aufnahme der Leiche ausgehauen, auf der anderen Seite war etwas Platz für Trauerbesucher. Das Ganze wurde durch einen großen runden Stein vor dem Eingang verschlossen, den man bei Bedarf wegrollen konnte. Die Juden behandelten ihre Toten mit Aloe und Myrrhe, um die Verwesung hinauszuzögern, da sie den Verstorbenen noch einige Tage im Grab besuchen wollten. „Dorthinein legten sie Jesus wegen des Rüsttages der Juden, weil das Grab in der Nähe war" (Joh). Bei den Juden begann der neue Tag mit dem ersten Aufleuchten der Sterne am Abend (dies lebt in der Kirche noch heute in der Feier der Vesper fort). Es rückte also der große Ostersabbat heran. Da durfte man keinerlei Arbeit mehr verrichten, ein Toter mußte bis dahin beerdigt sein. Es war somit große Eile geboten. In der Frühe des ersten Wochentages (Ostersonntag) wollten die Frauen den Leichnam Jesu waschen u. salben u. so das Begräbnis vollenden. Sie fanden ihn aber nicht mehr vor, Jesus war von den Toten auferstanden.

Um Joseph von Arimathäa bildete sich schon früh ein reicher Kranz von Legenden, die sich in verschiedenen apokryphen Schriften niederschlugen: Er sei eingekerkert, von Jesus aber wunderbar befreit worden (Nikodemusevangelium od. Pilatusakten, wohl um 400); Joseph u. Nikodemus hätten den toten rechten Schächer in die Grabtücher Jesu gehüllt u. ihn so zum Leben erweckt (Gamalielevangelium, wohl nach dem 5. Jh.); er sei von Herodes gegeißelt, durch Gabriel aber aus dem Kerker befreit worden (Martyrium Pilati). Eine spätere apokryphe Schrift aus Georgien berichtet, Joseph habe die Kirche in Lydda gegründet. Eine noch spätere Legende erzählt, der Leichnam Josephs sei unter Karl d. G. von Jerusalem in die OSB-Abtei Moyenmoutier (Dep. Vosges, Nordost-Frankreich) übertragen worden, bzw. Joseph habe in Gallien u. Britannien missioniert. Der englische Geschichtsschreiber Matthaeus Parisiensis OSB († um 1257) berichtet, Joseph habe in einer Schale das Blut Jesu am Kreuz aufgefangen, u. diese sei 1247 nach Britannien gekommen. Diese Schale sei dieselbe gewesen, deren sich Jesus beim Abendmahl bediente (hl. Gral, Gralsage des Mittelalters). Ein angeblicher Arm des Joseph wurde in St. Peter zu Rom gezeigt.

Gedächtnis: 17. März

Darstellung: den Leichnam Jesu vom Kreuz abnehmend oder im Felsengrab bestattend

Patron: der Leichenbesorger, Totengräber

Lit.: E. v. Dobschütz: ZKG 23 (1902) 1–17 – Blinzler[3] 288–296

Joseph, Bräutigam der Gottesmutter Maria, Hl. (Joseph, Nährvater Jesu)

Er stammte aus dem Geschlecht Davids (Mt 1,1–16, Lk 3,23–31). Nach Matthäus (1,16) war er der Sohn eines Jakob, nach Lukas (3,23) eines Heli. Eine befriedigende Erklärung für diesen Unterschied gibt es nicht. Überhaupt unterscheiden sich die Stammbäume Jesu (u. damit auch Josephs) bei Matthäus u. Lukas erheblich. Die aufgezählten Namen stimmen nur von Abraham bis David überein, ebenso sind die Namen Sealtiel u. Zerubbabel gleich. Offenbar ist beide Male wenig Wert auf chronologisch exakte Vollständigkeit im modernen archivalischen Sinn gelegt als vielmehr auf den Nachweis, daß Joseph, der gesetzliche Vater Jesu, ein direkter Nachkomme Davids war.

Er lebte in Nazareth als Zimmermann (Mt 13,55). Dort verlobte er sich mit ↗ Maria, doch vor der Heimführung (Hochzeit) vollzog sich an seiner Braut das Geheimnis der wunderbaren Empfängnis durch die Kraft des Hl. Geistes (Mt 1,18–25, Lk 1,26ff). Als ihr Zustand offenkundig wurde, muß er sehr ratlos gewesen sein, ja sogar die eheliche Untreue Marias erwogen haben. Deshalb wollte er sich „im stillen" von ihr trennen, d. h. ohne öffentliche Anzeige bei Gericht, sondern durch einen einfachen Scheidungsbrief, der von 2 Zeugen mitunterschrieben wurde (vgl. Dtn 24,1). Der Engel klärte ihn auf, daß das in ihr Gezeugte vom Hl. Geist sei. So führte er sie heim, lebte aber fortan in jungfräulicher Ehe mit ihr („Josephs-Ehe") (Mt 1,8–25).

Zur Aufschreibung, die der Kaiser Augustus für den „ganzen Erdkreis", d. h. für das ganze Röm. Reich, angeordnet hatte, begab er sich mit Maria nach Bethlehem, der Stadt seiner Väter, wo er offenbar einen Grundbesitz oder wenigstens einen Anteil an einem Landgut hatte. Dort mußten die beiden in Ermangelung einer besseren Unterkunft vorläufig mit einer Stallhöhle vorliebnehmen, wo Maria ihr Kind zur Welt brachte (Lk 2,1–7). Nach mosaischem Gesetz brachte er im Tempel das vorgeschriebene Opfer für den Erstgeborenen dar (vgl. Ex 13,2), wegen seiner Armut durfte er sich aber statt eines Lammes mit einem Paar Turteltauben begnügen (vgl. Lev 12,8). Nach dem Besuch der Magier (↗ Drei Könige, ↗ Unschuldige Kinder) floh er auf Geheiß des Engels mit Maria u. dem Kind nach Ägypten u. ließ sich einige Jahre später, als Herodes d. G. gestorben war, in seiner Heimatstadt Nazareth nieder (Mt 2). Als der Knabe 12 Jahre alt war, nahm ihn Joseph erstmals auf die Osterwallfahrt nach Jerusalem mit u. fand ihn nach dreitägigem Suchen im Tempel unter den Schriftgelehrten sitzend u. sie befragend (Lk 2,41–51). Von da an tritt Joseph in den Evangelien nicht mehr auf. Es wird allg. angenommen, daß er noch vor dem öffentlichen Auftreten Jesu gestorben ist. Es ist auch in den Evangelien kein einziges von ihm gesprochenes Wort überliefert. Man mag daraus schließen, daß er in seinem ganzen Wesen ein sehr bescheidener u. zurückhaltender Mann gewesen ist, der, ohne ein Wort zu verlieren, jedem Wink des Himmels u. seines Gewissens gehorchte.

Die Verehrung des hl. Joseph läßt sich im Orient früher nachweisen als im Abendland. Hier ist die früheste Erwähnung seines Festes am 19. März im Martyrologium von Reichenau um 850. Möglicherweise reicht sie aber viel weiter zurück. Denn die alten Römer feierten das Hauptfest der Minerva, der altitalischen Göttin der Handwerker u. der gewerblichen Kunstfertigkeit u. (mit Jupiter u. Juno) die stadt- und staatsbeschützende Gottheit, ebenfalls am 19. März. Im Zug der fortschreitenden Christianisierung wäre dann Minerva bewußt durch den hl. Joseph verdrängt worden. Vermutlich war auch das nachfolgende Fest Mariä Verkündigung (25. März) mitbestimmend auf die Fixierung des Josephsfestes.

Die liturgische u. volkstümliche Verehrung des hl. Joseph wurde bes. durch die Franziskaner gefördert sowie durch die hll. ↗ Bernhard von Clairvaux, ↗ Theresia von Ávila, ↗ Franz von Sales, ↗ Vinzenz Ferrer u. ↗ Bernhardin von Siena. Sixtus IV. (vorher selbst Franziskaner) führte 1479 sein Fest in die Gesamtkirche ein, Gregor XV. erklärte es 1621 zum gebotenen Feiertag, Benedikt XIII. nahm Joseph in die Allerheiligenlitanei auf, Pius IX. führte 1847 das Fest des hl. Joseph als Patron der ganzen Kirche ein (St.-Joseph-Schutzfest). Es wurde mit Festoktav am 3. Sonntag nach Ostern, seit 1914 am 3. Mittwoch nach Ostern gefeiert. Die Josephs-Präfation gibt es seit 1919. Anstelle des St.-Josephs-Schutzfestes, das 1955 zum letztenmal begangen wurde, führte Pius XII. anläßlich der Kundgebung der christlichen Arbeiterverbände Italiens, die am 1. 5. 1955 in Rom tagte, das Fest des hl. Joseph des Werkmannes am 1. Mai für die ganze Kirche ein, auf daß „der 1. Mai sozusagen die christliche Weihe empfange u. er nicht mehr Ursache von Zwietracht, Haß u. Gewalttätigkeit sei, sondern zu einer stets wiederkehrenden Einladung an die moderne Gesellschaft werde, das zu vollbringen, was dem sozialen Frieden noch fehlt". Bekanntlich ist der 1. Mai der Weltfeiertag der Arbeiter u. wird nach Beschluß des 1. Internationalen Arbeiterkongresses, der am 14. 7. 1889 (100. Jahrestag der Erstürmung der Bastille) in Paris tagte, alljährlich als Kundgebung der Arbeiterschaft für ihre Klassenforderungen u. den Weltfrieden begangen. Der 1. Mai ist heute allg. Ruhe- und Festtag.

Die noch heute am 1. Mai geübten Volksbräuche (Maibaum, Maiumzug mit Kränzen u. grünen Zweigen, die laubbekränzte u. blumengeschmückte Maikönigin, Maigräfin oder Maibraut, Mairitt, Maifeuer u. a.) sind heidnischen Ursprungs u. gehen zurück auf die Anfang Mai abgehaltene Feier des Frühlingsbeginns der alten Germanen.

Liturgie: Joseph, Bräutigam der Gottesmutter Maria, GK H am 19. März (Hauptpatron des Bistums Osnabrück, 2. Patron des Erzbistums Köln, Landespatron von Tirol, Steiermark u. Kärnten). Joseph der Arbeiter GK g am 1. Mai

Darstellung: mit Zimmermannswerkzeug (Axt, Säge, Beil, Winkelmaß u. ä.). Das Jesuskind tragend, einen Stab mit Lilienblüte in der Hand (Jungfräulichkeit bzw. Keuschheit). Bei der Geburt Jesu im Stall (in Deutschland oft mit Laterne, in Italien manchmal schlafend). Auf der Flucht nach Ägypten, den Wanderstab in der Hand, den Esel führend, auf dem Maria mit dem Kind sitzt. In den Armen Jesu u. Mariens sterbend

Patron: Schutzpatron der ganzen Kirche (seit 1870); der nach ihm benannten Ordensgenossenschaften, Bruderschaften u. Vereine; der Eheleute u. der christlichen Familien, der Kinder, Jugendlichen, Jungfrauen, Waisen, Erzieher, Reisenden, Verbannten, Sterbenden; der Arbeiter u. Handwerker, Holzhauer, Ingenieure, Pioniere, Tischler, Totengräber, Wagner, Zimmerleute; in Wohnungsnöten, Versuchungen, verzweifelten Situationen (in denen er sich selbst öfters befand), der Keuschheit

Lit.: Kommentare zu Mt u. Lk – J. Perk (Dülmen 1948) – F. Jantsch (Graz 1952) – H. Rondet (dt. Freiburg/B. 1956) – J. Patsch (Limburg/L. 1957) – M. Gasnier (Luzern 1961) – J. Galot (Fribourg 1965) – Exegetische Einzelfragen: LThK 5, 1130 (Lit.)

Joseph (Giuseppe) **Cafasso,** Hl.

* am 15. 1. 1811 in Castelnuovo d'Asti (östl. von Turin) aus einer Bauernfamilie. Er wurde 1833 Priester u. 1848 Regens des Priesterseminars in Turin. Als Professor der Theologie, Seelenführer, Exerzitienleiter u. Gefängnisseelsorger trug er viel zur geistigen u. sittlichen Erneuerung des Klerus bei. Unter den vielen, die er beriet u. leitete, war auch der hl. ↗ Johannes Bosco, sein hervorragendster Schüler, dem er bei

dessen Stiftung der Salesianer beistand u. der sein 1. Biograph wurde. Mit diesem u. mit seinem Freund, dem hl. ↗ Joseph Cottolengo, bildet er das Turiner Dreigestirn. † am 23. 6. 1860 in Turin. Sein Grab ist in der Consolatakirche zu Turin. Seliggesprochen am 3. 5. 1925, heiliggesprochen am 22. 6. 1947.
Gedächtnis: 23. Juni
Patron: der Gefängnisseelsorger (1948)
Lit.: AAS 40 (1948) 217ff – L. Nicolis di Robilant, 2 Bde. (Turin 1912) – B. C. Salotti (Turin 1925) – D. W. Mut, Der sel. Josef Cafasso, Beichtvater u. Seelenführer des ehrw. Don Bosco (Leipzig 1925) – B. C. Salotti (Turin 1947)

Joseph von Calasanza SP, Hl. (J. Calasanctius, J. Kalasankt)
* um 1556/57 zu Peralta de la Sal (nordwestl. von Lérida, Nordspanien), wo sein Vater, Don Pedro de Calasanza, Statthalter war. Er studierte Philosophie u. Theologie in Lérida, Valencia u. Alcalá u. wurde in Barcelona Doktor der Theologie. Nach seiner Priesterweihe 1583 wurde er bald bischöflicher Visitator in Urgel (nördl. von Lérida), übersiedelte 1592 nach Rom u. wurde dort zunächst Theologe von Kard. Marcantonio IV. Colonna u. entfaltete eine reiche apostolische Tätigkeit. Bes. widmete er sich dem Unterricht u. der Erziehung armer Kinder, indem er 1597 die 1. öffentliche unentgeltliche Volksschule Europas im Pfarrhaus von S. Dorotea in Trastevere eröffnete. Er schloß seine Mitarbeiter zu einer „Genossenschaft regulierter Kleriker der frommen Schulen" (Piaristen) zusammen, die 1617 von Paul V. als Kongregation mit einfachen Gelübden errichtet, 1621 von Gregor XV. zum Orden mit feierlichen Gelübden erhoben wurde. Joseph wurde ihr General unter dem Namen „Joseph von der Mutter Gottes". Der Orden breitete sich innerhalb weniger Jahre über ganz Italien, in Böhmen, Mähren u. Polen aus. Trotzdem führten Mißverständnisse u. innere Uneinigkeit zu einer schweren Krise, u. Joseph mußte schwere Bitternisse u. Anfeindungen ertragen. 1642 wurde er auf Grund unverständlicher Anklagen vom Sanctum Officium in Rom als General abgesetzt u. der Orden zur einfachen Genossenschaft gemacht. Innozenz X. setzte ihn 1646 wieder als General ein. Kurz vor seinem Tod sagte er die Wiedererrichtung seiner Genossenschaft als Kongregation voraus (1656 wurde sie als Kongregation mit einfachen Gelübden, 1669 als Orden mit feierlichen Gelübden wiedererrichtet). Joseph starb am 25. 8. 1648 in Rom u. wurde im Hochaltar zu S. Pantaleo in Rom beigesetzt. Seliggesprochen 1748, heiliggesprochen 1767.
Liturgie: GK g am 25. August
Darstellung: als Priester mit Kindern
Patron: der christlichen Volksschulen (1948), der Piaristen u. der nach ihm benannten Ordensgenossenschaften, darunter der Kalasantiner („Fromme Arbeiter vom hl. Joseph von Calasanza"); der Kinder
Lit.: Qu. Santoloci (dt. von R. Edelmann, Wien 1956)

Joseph von Copertino OFMConv., Hl. (Familienname: Desa)
* am 17. 6. 1603 zu Copertino bei Nardò (südl. von Brindisi, Süditalien). Er wurde zuerst Kapuziner-Laienbruder u. trat 1621 im Kloster La Grotella zu den Franziskaner-Konventualen über. Wegen seiner geringen Begabung wurde er aber nur mit Hindernissen zum Orden u. 1628 zur Priesterweihe zugelassen. Er war in einzigartiger Weise mystisch begnadet (Weissagungen, stundenlange Ekstasen, Levitationen, Krankenheilungen u. andere Wunder). Seine übernatürlichen Charismen wurden derart häufig u. auffallend, daß die kirchliche Inquisition ihn den Blicken des Volkes möglichst entziehen wollte u. 1639 seine Versetzung nach Assisi, 1653 in abgelegene Klöster in der Mark Ancona verlangte. Joseph fügte sich in fröhlichem Gehorsam. Eine Begegnung mit Herzog Johann Friedrich von Braunschweig-Lüneburg war für diesen der 1. Anstoß zur Konversion. Joseph starb am 18. 9. 1663 zu Osimo (bei Ancona, Mittelitalien) u. wurde dort begraben. Seliggesprochen 1753, heiliggesprochen 1767.
Gedächtnis: 18. September
Darstellung: als Franziskaner in Verzükkung (mit Flügeln)
Patron: der Abstinenten, Prüfungskandidaten, für die Bekehrung verstockter Sünder; der Schuhmacher, Weltraumfahrer (1963)
Lit.: ActaSS Sept. V (1866) 992–1060 – B. Popolizio (Bari 1955) – W. Nigg, Große Heilige (Zürich 1962[7]) 364–395

Joseph Benedikt (Giuseppe Benedetto) **Cottolengo,** Hl.
* am 3. 5. 1786 zu Brà (südl. von Turin). Er wurde 1811 Priester, dann Doktor der Theologie u. 1818 Kanoniker an der Kollegiatskirche Corpus Domini in Turin. Dort gründete er 1828 die Piccola Casa della divina Providenza (Kleines Haus der göttlichen Vorsehung) für Arme, Kranke u. Hilflose (heute „il Cottolengo" genannt). Es ist heute ein Krankenhaus mit 2000 Betten, verschiedenen medizinischen Forschungsinstituten u. einer Ausbildungsstätte für Krankenschwestern. Joseph Cottolengo gründete 14 rel. u. karitative Genossenschaften, darunter die Vinzenzbrüder u. -schwestern. Er ist der große Caritasapostel des 19. Jh.s. † am 30. 4. 1842 in Chieri (bei Turin). Seliggesprochen am 8. 4. 1917, heiliggesprochen am 19. 3. 1934.
Gedächtnis: 30. April
Lit.: AAS 27 (1935) 209ff – A. Scheiwiller, Josef Benedikt Cottolengo (Fribourg 1937) – B. Lejonne, Das Wunder von Turin (Luzern 1960)

Joseph Freinademetz SVD, Sel.
* am 15. 4. 1852 in Abtei (Badia, Südtirol) als Bauernsohn (der ladinische Hofname Freinademétz oder Frenademétz heißt eigentlich „zwischen den Lawinenstrichen"; also etwa „Mitterlahner"). Er wurde 1875 Priester u. trat 1878 der neugegründeten Missionskongregation der Steyler Missionare (↗ Arnold Janssen) bei. 1879 ging er mit Johann Bapt. Anzer SVD, dem späteren Apost. Vikar u. Bisch. von Süd-Schantung, nach China u. begründete mit ihm die dortige Mission. Unter großen Leiden u. Verfolgungen arbeitete er fast 30 Jahre unermüdlich an der Verkündigung des Evangeliums. Ein bes. Herzensanliegen war ihm die Heranbildung eines einheimischen Klerus. Unter seinen Schülern war auch der spätere Kardinal Tien. † am 28. 1. 1908 in Tätja bei Tsining. Seliggesprochen am 19. 10. 1975.
Gedächtnis: 28. Jänner
Lit.: J. M. Aulitzky, Fu-Schenfu (Mödling 1932) – H. Fischer, P. Joseph Freinademetz (Steyl 1936) – L. M. Berg, Fu-Glück (Steyl 1950²) – J. Baur, P. Josef Freinademetz SVD, ein heiligmäßiger Chinamissionar (Steyl 1956⁴) – Ders., Freinademetz in der Schule Mariens (Bozen 1958²) – F. Bornemann, P. Josef Freinademetz (Bozen 1977) – Erinnerungen an P. Josef Freinademetz (Mödling 1978)

Joseph, Bisch. **von Freising,** Sel.
Er war der 3. Bisch. von Freising bei München. Er gründete das Kloster Isen (Oberbayern) als Freisinger Wirtschaftskloster. † um 770.
Gedächtnis: 17. Jänner

Joseph der Hymnograph OBas, Hl. („Hymnenschreiber")
* um 816 in Syrakus (Sizilien). Er flüchtete um 827 mit seinen Eltern vor den Sarazenen zum Peloponnes, wurde 831 Basilianermönch u. später Priester in Thessalonich. Er befreundete sich mit Gregorios Dekapolita u. stand mit ihm im Kampf gegen den byzantinischen Kaiser Leon V. den Armenier, der den Bildersturm neu entfesselt hatte. 841 unternahm er von Konstantinopel aus eine Reise nach Rom, wo er über den Bilderstreit berichten sollte, wurde aber von (sarazenischen?) Piraten nach Kreta verschleppt. Nach seinem Loskauf ging er wieder nach Konstantinopel u. gründete dort um 850 ein Kloster. Als Freund des abgesetzten Patriarchen ↗ Ignatios von Konstantinopel lebte er von 858 bis etwa 867 im Exil auf der Krim. Nach seiner Rückkehr wurde er Skeuophylax (Verwalter) der Hagia Sophia in Konstantinopel unter den Patriarchen Ignatios u. Photios. Er verfaßte mehrere Hymnen, die zum Teil in die griech. Liturgie aufgenommen wurden. † am 3. 4. 886 in Konstantinopel.
Gedächtnis: 3. April
Lit.: AnBoll 38 (1920) 148–154 – H.-G. Beck, Kirche u. theol. Lit. im Byzantinischen Reich (München 1959) 601 f – BHG³ 232 232b

Joseph von Leonessa OFMCap, Hl. (bürgerl. Eufranio Desideri)
* am 8. 1. 1556 in Leonessa (östl. von Terni, Mittelitalien). Er trat 1572 dem Kapuzinerorden bei, wirkte nach seiner Priesterweihe 1581 als Volksprediger u. ging 1587 als Missionar nach Konstantinopel. In Pera, einer Vorstadt Konstantinopels, wurde er von den Mohammedanern zu einem grausamen Tod verurteilt: Man trieb durch seine rechte Hand u. seinen rechten Fuß je einen eisernen Haken u. hing ihn daran an einem Galgen auf. Nach 3 Tagen wurde er wieder befreit. 1589 ging er wieder nach Italien u.

wirkte als Prediger u. Sozialapostel bes. unter dem Landvolk in Umbrien u. den Abruzzen. Er zeichnete sich durch ungewöhnliche aszetische Lebensweise, durch die Gabe der Weissagung u. der Wunder aus. † am 4. 2. 1612 in Amatrice. Seine Gebeine ruhen in Leonessa. Seliggesprochen 1737, heiliggesprochen 1746.
Gedächtnis: 4. Februar
Lit.: Bonaventura da Mehr: CollFr 18 (1948) 259–272 – LexCap 865ff (Lit.) – Maurizio da Cartosio (Diss. Gregoriana, Rom 1958)

Joseph (Giuseppe) **Moscati,** Sel.
* am 25. 7. 1880 in Benevent (nordöstl. von Neapel). Mit 17 Jahren gelobte er ewige Keuschheit. 1903 wurde er zum Dr. med. promoviert, 1911 wurde er leitender Arzt am Ospedale degli Incurabili (Krankenhaus der Unheilbaren) in Neapel. 1919 erhielt er die Professur für klinische Chemie in Neapel u. machte sich mit 32 wissenschaftlichen Veröffentlichungen einen bedeutenden Namen. Beim Ausbruch des Vesuv 1906 war er ein unermüdlicher Helfer in Torre del Greco, ebenso bei der Cholera-Epidemie in Neapel 1911. Er ging ganz in der Sorge um das leibliche u. seelische Wohl seiner Patienten auf u. war ein großer Wohltäter der Armen u. Kranken. † am 12. 4. 1927 in Neapel. Seliggesprochen am 16. 11. 1975.
Gedächtnis: 12. April
Lit.: AAS 68 (1976) 259ff – E. Marini (Neapel 1930) – C. Testore (Neapel 1934) – A. de Marsico (Neapel 1939) – G. Papasogli (Rom 1958) – F. Bea (Turin 1961)

Joseph (José) **Oriol,** Hl.
* am 23. 11. 1650 in Barcelona (Spanien). Nach seinen philos. u. theol. Studien in Barcelona wurde er 1675 Priester u. machte 1686 eine Pilgerfahrt nach Rom. 1687 wurde er Stiftsvikar an der Kirche S. Maria del Pino in Barcelona. Für sich lebte er in strengster Aszese, gegen Arme u. Kranke opferte er sich auf u. hatte großen Seelsorgseifer. Er war charismatisch begnadet, u. a. durch die Gabe der Wunder. † am 22. 3. 1702 in Barcelona. Seliggesprochen 1806, heiliggesprochen am 20. 5. 1909.
Gedächtnis: 22. März
Lit.: AAS 1 (1909) 605–620 – J. Ballester de Claramunt (Barcelona 1909)

Joseph (Giuseppe) Maria **Pignatelli** SJ, Hl.
* am 27. 12. 1737 in Saragossa (Spanien) aus dem span. Zweig des neapolitanischen Fürstengeschlechtes der Pignatelli. Nach dem Tod seines Vaters 1744 kam er nach Neapel zu seiner Schwester, Gräfin Acerra. Mit 12 Jahren kehrte er nach Saragossa zurück, wurde Schüler am dortigen Jesuitengymnasium u. trat 1753 selbst der Gesellschaft Jesu bei. Nach seinen Studien in Calatayud u. Saragossa erhielt er 1762 die Priesterweihe u. wurde 1764 Lehrer am Jesuitenkolleg in Saragossa. In dieser Zeit wurde der Jesuitenorden von verschiedenen Regierungen in Europa bereits heftig verfolgt. So wurde Joseph 1767 mit 600 span. Ordensbrüdern über Civitavecchia u. Korsika nach Ferrara (Oberitalien) deportiert, wo sie noch einige Ruhe u. Unterkunft fanden. Als Clemens XIV. unter dem Druck der Aufklärung u. der Jansenisten bes. von seiten Portugals u. Frankreichs 1773 die Gesellschaft Jesu aufhob, widmete sich Joseph mit seinem Bruder in Bologna durch 23 Jahre als Weltpriester der Seelsorge. In Preußen u. Weißrußland hatte indessen der Orden unter mündlicher Billigung der Päpste inoffiziell weiterbestanden, da König Friedrich II. bzw. Zarin Katharina II. das Aufhebungsbreve Clemens' XIV. nicht promulgieren ließen. Herzog Ferdinand von Parma gründete nun 1793 mit Hilfe russischer Jesuiten in seinem Staat eine neue Niederlassung von Jesuiten u. lud auch Joseph Pignatelli dorthin ein. Dieser folgte dem Ruf mit Ermutigung Pius' VI., erneuerte 1797 seine Gelübde als Jesuit u. wurde 1799 Novizenmeister im neu errichteten Noviziat in Colorno, wo sich nach u. nach eine Reihe anderer früherer Jesuiten einfanden. Er wurde 1803 Provinzial Italiens u. arbeitete als solcher für die Wiedererrichtung des Ordens. 1804 konnte die Gesellschaft Jesu das frühere Kolleg in Neapel wieder beziehen, die Patres wurden aber 1806 durch Napoleon wieder vertrieben. Joseph Pignatelli wandte sich nach Rom u. wurde von Pius VII. freundlich aufgenommen. Mit seiner Hilfe errichtete er in Rom, Orvieto u. Tivoli neue Kollegien. Er erwirkte 1807 auch die Zulassung der Jesuiten in Sardinien. – Joseph Pignatelli war allseits beliebt u. wurde schon zu Lebzeiten wie ein Heiliger verehrt. Er hatte großen Einfluß bei hochgestellten Persön-

lichkeiten, besaß ein großes Geschick, allen zu helfen, u. entfaltete eine unbegreiflich umfangreiche karitative Tätigkeit. Dabei war er von größter Demut u. Liebenswürdigkeit. Die offizielle Wiedererrichtung des Ordens durch Pius VII. am 7. 8. 1814 erlebte er nicht mehr. Er starb am 15. 11. 1811 in Rom. Seliggesprochen am 21. 5. 1933, heiliggesprochen am 12. 6. 1954.
Gedächtnis: 15. November
Lit.: J. M. March, El restaurador de la Compañia de Jesús, beato J. P., y su tiempo, 2 Bde. (Barcelona 1933–36) (Lit.) – M. Batllori: RF 149 (1954) 512–530 – F. Hillig: StdZ 155 (1954) 818-88 – C. Testore (Rom 1954) – J. Cardoso (Mexico 1961)

Joseph von Skythopolis, Hl. (Josephus Comes)
Joseph war 355 zu Gast bei Bisch. ↗ Eusebius von Vercelli, der damals in Skythopolis in der Verbannung weilte (Skythopolis ist der griech. Name für das bibl. Beth-San, 25 km südl. des Sees Genezareth; vgl. Jos 17,11 u. a.). Dort hielt sich mit anderen Priestern auch Bisch. Epiphanius von Salamis auf, dem Joseph seine Lebensgeschichte erzählte. Daher kommt seine nicht zutreffende Bezeichnung „von Skythopolis". Danach wurde er um 286 in Tiberias (am Westufer des Sees Genezareth) als Jude geboren. Wegen seines Eifers für die mosaische Religion wurde er Assistent des Synagogenvorstehers („Patriarchen") Hillel bzw. dessen Sohnes u. Nachfolgers Judas. Als „Apostel" wurde er mit verschiedenen Missionen betraut, wodurch er immer wieder auch mit Christen in Berührung kam. Er wehrte sich aber jahrelang hartnäckig gegen den Gedanken, Christ zu werden, bis die Gnade ihn schließlich besiegte u. er sich 326 taufen ließ. Kaiser Konstantin d. G. ernannte ihn 329 zum Comes (Statthalter). In den arianischen Wirren war er ein eifriger Verfechter des Nizänischen Glaubensbekenntnisses. In Tiberias u. anderen Städten errichtete er christliche Kirchen. † nach 356.
Gedächtnis: 22. Juli
Lit.: ActaSS Iul. V (1727) 238–253 – Lietzmann III 136f

Joseph (Josippos), Erzb. **von Thessalonike,** Hl.
* 762. Mit seinem älteren Bruder, dem hl. ↗ Theodoros Studites, wurde er um 780 Mönch u. lebte von 798 an im Studiukloster in Konstantinopel. 807 wurde er zum Erzb. gewählt, konnte aber nur wenige Jahre wirken. Im moichianischen Streit (griech. moicheía, Ehebruch) wurde er mit seinem Bruder 809–811 auf die Prinzeninseln (Gruppe von 9 kleinen Inseln südöstl. von Konstantinopel) verbannt. Der moichianische Streit entstand dadurch, daß Kaiser Konstantin VI. seine Gemahlin Maria 785 verstieß u. die Hofdame Theodote heiratete. Dadurch geriet er in schärfsten Konflikt vor allem mit der Mönchspartei, deren Wortführer Platon, Abt des Sakkudionklosters, u. Theodoros Studites waren. Joseph konnte nachher sein Bischofsamt wieder ausüben, wurde aber 815 von den Bilderstürmern verfolgt u. starb in der Verbannung am 15. 7. 832. Seine Gebeine wurden mit denen seines Bruders 844 im Studiukloster beigesetzt. Joseph ist bedeutend als Dichter liturgischer Hymnen.
Gedächtnis: 15. Juli
Lit.: H.-G. Beck, Kirche u. theol. Lit. im Byzantinischen Reich (München 1959) 505f u. ö. (Lit.)

Josepha Maria v. der hl. Agnes OESA, Sel. (Ines de Beniganim)
* am 9. 2. 1625 in Beniganim bei Valencia (Spanien) als Tochter einfacher Bauern. Sie trat 1643 als Laienschwester in das Kloster der Unbeschuhten Augustinerinnen zu Beniganim ein u. wurde 1663 Chorschwester. Sie zeichnete sich aus durch ihren Bußeifer u. die Tiefe ihres Gebetslebens u. war mystisch begnadet, bes. durch Herzenskunde, Prophetie u. die Gabe der Heilung. † am 21. 1. 1696. Seliggesprochen 1888.
Gedächtnis: 21. Jänner
Lit.: Vita von ihrem Seelenführer P. Benavent, ed. J. B. Martinez y Tormo (Valencia 1882, 1913[2]) – S. R. Fullerad (Rom 1888) – M. Cerezal, Agustinos Devotos de la Pasión (Escorial 1929) 150–153

Josepha Rossello ↗ Maria Josepha Rossello

Jost, Kf. zu ↗ Jodok

Josue, Führer Israels (Josua)
Name: hebr. j^{e}hoschua' (Jahwe ist Heil, Jahwe hilft) bzw. verkürzt j^{e}schua'. LXX Iesūs, Vulgata Josue, Luther Josua, Locc. Josua
Er war der Sohn des Nun aus dem Stamm Ephraim (Nm 13,8) u. trug ursprünglich

den verkürzten Namen Hosea (hebr. hoschua'). Moses nannte ihn aber bei seinem vollen Namen j^ehoschua', fügte also ausdrücklich den Gottesnamen Jahwe wieder hinzu (Nm 13,16). Durch diese Namensänderung brachte er zum Ausdruck, daß er diesen jungen u. fähigen Mann in seinen Dienst stellte. So wurde Josue zum Anführer im Kampf gegen die Amalekiter bestellt (Ex 17,9–14) u. begleitete Moses auf seinem Gang auf den Sinai (Ex 24,13). Er war auch einer der 12 Männer, die zur Erkundung Kanaans ausgesandt wurden (Nm 13). Bei dem Aufstand, der durch den pessimistischen Bericht der Kundschafter ausgelöst wurde, war er mit Kaleb der einzige, der beschwichtigend auf das Volk einwirkte (Nm 14,6) u. deshalb auch mit diesem in das Gelobte Land einziehen sollte (Nm 14,30 u. ö.). Moses weihte ihn vor seinem Tod im Auftrag Gottes durch feierliche Handauflegung zu seinem Nachfolger als Führer Israels (Dt 34). Das Buch Josue erzählt, wie das Land Kanaan unter seiner Führung erobert u. unter die 12 Stämme Israels aufgeteilt wird. Josue starb im Alter von 110 Jahren in Timnat-Serach (vielleicht Kafr Charis, 15 km südwestl. von Nablus) im Land Ephraim u. wurde dort auf seinem Landgut begraben.
Gedächtnis: 1. September
Lit.: H. Schmidt: ZAW 54 (1936) 48–60 – K. Schubert: Judaica 12 (Zürich 1956) 24–27 – W. Eichrodt: ThZ 13 (1957) 509–522 – Kommentare zu Jos

Jovianus, Märt. **zu Trier,** Hl. (Jovinianus, Jovinus)
Name: lat. Weiterbildung zu ↗ Jovinus: der dem Jupiter Geweihte
Sein Leib befand sich früher in der Pauluskirche zu Trier, welche von Bisch. ↗ Felix von Trier ursprünglich zu Ehren der Gottesmutter Maria u. der ↗ Thebäischen Legion erbaut worden war. Seine Gebeine wurden am 4. 10. 1071 oder 1072 aufgefunden. Er erlitt mit ↗ Palmatius u. anderen Gefährten unter dem Statthalter Rictiovarus zur Zeit Diokletians oder Maximians in Trier den Martertod.
Gedächtnis: 4. Oktober

Jovinus, Bisch. **von Trient,** Hl.
Name: lat., der dem Jupiter Geweihte
Er war der 1. Bisch. von Trient. Die Legende bringt ihn mit ↗ Hermagoras in Verbindung, der Patriarch von Aquileia gewesen sei u. Jovinus zum Bisch. ernannt habe (tatsächlich kamen nur die Gebeine des Märt. Hermagoras im 4. Jh. nach Aquileia). Im bischöflichen Palais zu Trient ist er, wie überhaupt die ersten 15 Bischöfe, nur mit dem Stab, aber ohne Infel dargestellt. Cyriacus, der 16. Bisch., trug erstmals die Infel. Jovinus lebte im 4. Jh.
Gedächtnis: 12. Juli

Jovita ↗ Faustinus und Jovita

Juan (span.) ↗ Johannes

Juda, Sohn Jakobs im AT
Name: hebr. j^ehûdāh. In akkadischen Quellen ja-u-du, ja-a-chu-du, ja-ku-du. Die Bedeutung des Namens ist unbekannt. In Gen 29,35 (Geburt) wird er volksetymologisch mit hebr. hûd (preisen) in Verbindung gebracht. Juda (im NT ↗ Judas) ist Name mehrerer bibl. Personen.
Er war der Sohn ↗ Jakobs u. der Lea (Gen 29,35; 35,23). Seine Söhne waren Her, Onan u. Schela. Gen 38 erzählt die für ihn wenig schmeichelhafte Verbindung mit seiner Schwiegertochter Tamar: Sein Erstgeborener Her war mit Tamar verheiratet, starb aber kinderlos. Nach dem Gewohnheitsrecht der Schwagerehe sollte sein Bruder Onan seinem Bruder Nachkommenschaft zeugen (diese Schwagerehe oder „Leviratsehe" wurde später zur Pflicht gemacht: Dt 25,5–10; vgl. Mt 22,24). „Onan wußte, daß die Nachkommenschaft nicht ihm gehören werde. Sooft er also zur Witwe seines Bruders ging, ließ er den Samen zur Erde fallen, um nicht seinem Bruder Nachkommenschaft zu schenken. Sein Tun mißfiel dem Herrn, und er ließ auch ihn sterben" (Gen 38,9f). Juda verweigerte der Tamar seinen 3. Sohn Schela aus Angst, auch dieser könnte sterben. Da verkleidete sich Tamar als Dirne, lauerte dem Juda auf u. empfing von ihm die Zwillinge Perez u. Serach. – Er überredete seine Brüder, das Leben ↗ Josephs zu schonen (Gen 37,26f), u. verbürgte sich für den jüngsten Bruder Benjamin (Gen 43,9f; 44,32f). Vom sterbenden Vater erhielt er den Erstgeburtssegen, der ihm und seinen Nachkommen die

Vorherrschaft über die Brüder u. das messianische Königtum verhieß (Gen 49, 8–12). Damit ist er einer der Ahnen Jesu.
Der Stamm Juda gehörte schon zur Zeit der Einwanderung unter ↗ Moses zu den zahlenmäßig stärksten in Israel u. erhielt sein Siedlungsgebiet im Süden des Landes. Seine eigentliche Bedeutung erlangte er durch ↗ David, der das Gebiet der Jebusiter (Jerusalem) eroberte u. die Stämme Israels zu einem Königreich vereinte. Nach dem Tod seines Sohnes ↗ Salomo (932 v. Chr.) fielen die Nordstämme von der davidischen Dynastie ab, u. der Stammesname Juda ging auf das Südreich als solches über. „Juden" nannten sich die Israeliten erst nach der Rückkehr aus der Babylonischen Gefangenschaft (605–538 v. Chr.), da die meisten Heimkehrer aus dem ehemaligen Königreich Juda stammten. „Judäa" (hebr. jehud) ist die hellenistische Bezeichnung für den von den „Juden" bewohnten Teil Palästinas (eig. griech. Judaía chóra; das jüdische Land).
Gedächtnis: 19. Dezember (wegen der Nähe zum Geburtsfest Jesu Christi)
Lit.: Kommentare zum AT – Alt I 89–175 193–202, II 1–65 276–315 (Gesch. des Stammes Juda) – A. Chouraqui, Die Hebräer, Gesch. u. Kultur zur Zeit der Könige u. Propheten (dt. Stuttgart 1975)

Judas, Bruder Jesu, Hl.
Name: griech.-lat. Form des hebr. Namens ↗ Juda
Mt 13,55 u. Mk 6,3 zählen die ↗ Brüder (Vettern) Jesu auf: ↗ Jakobus, ↗ Joseph (Joses), ↗ Simon u. Judas. Andererseits erwähnt Lukas in der Aufzählung der 12 Apostel „Judas, des Jakobus" (Lk 6,16; Apg 1,13). Tertullian († nach 220) u. Origenes († um 254) deuteten dies als „Judas, *Bruder* des Jakobus". Damit begründeten sie die lange Tradition, daß die Apostel Judas u. Jakobus Verwandte Jesu gewesen seien. Die Stelle ist aber als „Judas, *Sohn* des Jakobus" zu verstehen. Man nimmt heute mit Entschiedenheit an, daß es sich hier um verschiedene Personen handeln muß (↗ Brüder Jesu). Judas war sehr wahrscheinlich ein Sohn des ↗ Klopas, des Bruders des hl. ↗ Joseph, des Nährvaters Jesu, u. war verheiratet (vgl. 1 Kor 9,5). Hegesippus († um 200) berichtet, daß 2 Enkel des Judas gegen Ende der Regierung Kaiser Domitians († 96 n. Chr.) als Verwandte Jesu angeklagt u. nach Rom zitiert, als ungefährlich aber bald wieder entlassen worden seien.
Judas ist der Verfasser des Judas-Briefes, des letzten der 7 Kath. Briefe. Er stellt sich vor als „Judas, Knecht Jesu Christi u. Bruder des Jakobus" (Jud 1), zählt sich aber nicht zu den Aposteln (vgl. Jud 17). Mit diesem Jakobus kann nur der erwähnte Bruder Jesu gemeint sein. Der Judas-Brief muß noch vor der Zerstörung Jerusalems (70 n. Chr.) geschrieben worden sein, da er in der Aufzählung der Gottesgerichte keinen Bezug darauf nimmt, obwohl dies sehr gut in sein Konzept gepaßt hätte. Er richtet sich gegen Verführer, die sich Christen nennen u. sogar an den christlichen Agapen teilnehmen (Jud 12), die sich aber in Lästerungen, Spöttereien u. überheblichen Reden, bes. aber in sinnlichen Ausschweifungen ergehen u. allg. Ärgernis erregen.
Gedächtnis: 19. Juni
Lit.: Kommentare: P. Ketter (Freiburg/B. 1950) – J. Reuß (Würzburg 1952) – J. Michl (Regensburg 1953) – F. Hauck (Göttingen 1949[5]) – H. Windisch (Tübingen 1951[3])

Judas Cyriacus, Märt., Hl.
Historisch sichere Nachrichten über ihn fehlen. Die legendarischen Akten setzen ihn mit jenem Cyriacus gleich, der der Kaiserin ↗ Helena das wahre Kreuz Jesu gezeigt habe. Er sei ein Jude gewesen u. habe sich nachher taufen lassen. Er soll unter Julian Apostata (361–363) gemartert worden sein. Irrig sind ältere Berichte, daß er Bisch. von Ancona bzw. von Jerusalem gewesen sei.
Gedächtnis: 4. Mai (im Erzb. Ancona 1. Mai: 1. Patron des Erzb. und der Kathedrale)
Lit.: ActaSS Maii I (1866) 443–456 – N. Pigoulewsky (Cyriacus von Jerusalem): ROC 26 (1927–28) 305–356

Judas Thaddäus, Apostel, Hl.
Die Bibel berichtet über ihn sehr wenig. In den Apostellisten des Lukas wird er „Judas (Sohn) des Jakobus" genannt (Lk 6,16; Apg 1,13), in denen des Matthäus u. Markus „Thaddaios" (hebr. taddai, der Mutige) (einige abendländische Matthäus-Handschriften haben „Lebbaios", ein offenkundiger Hörfehler beim Diktat einer Handschrift) (Mt 10,3; Mk 3,18). Schon Orige-

nes († um 254) verbindet beide Namen zu „Judas Thaddäus“. Im NT ist nur ein einziges Wort von ihm überliefert, das er im Abendmahlsaal an Jesus richtete: „Herr, wie kommt es, daß du dich uns offenbaren willst u. nicht der Welt?“ (Joh 14,22)
Die Tradition über sein Wirken ist recht verworren, offenbar weil er häufig mit anderen Personen verwechselt wurde: mit Judas dem Verräter, mit Simon dem Zeloten (mit dem zus. er in Persien gemartert wurde) u. mit einem anderen Thaddäus (Addai) aus der Schar der 72 Jünger Jesu. Er soll in Syrien (bes. in Edessa, heute Urfu in der südöstl. Türkei), Mesopotamien, Phönizien, Armenien u. Persien gepredigt haben. Judas wird mit der alten Edessa-Legende (Abgar-Legende) in Beziehung gebracht: In Edessa residierte König Abgar V. Ukkama (= der Schwarze) von Osroëne. Er regierte 4 v. Chr.–7 n. Chr. u. wieder 13–50 n. Chr. Die Legende erzählt, Abgar sei mit Jesus im Briefwechsel gestanden. Nach der Himmelfahrt Jesu habe der Apostel Thomas den Jünger Addai (Thaddäus) nach Edessa zur Verkündigung des Evangeliums gesandt. Dieser Bericht findet sich um 400 erweitert in der Thaddäus-Legende: Statt des Briefes Jesu übermittelt der Apostel Thaddäus mündlich die Antwort. Diese (angeblichen) Worte Jesu gebrauchte man in Syrien u. Ägypten noch lange als unheilabwehrendes Schutzmittel. Der Überlieferung nach ging Judas Thaddäus später mit ↗ Simon dem Zeloten nach Persien, wo er mit diesem zus. durch aufgebrachte Mithraspriester gemartert wurde: Simon wurde lebendig zersägt, Judas mit einer Keule erschlagen.
Judas Thaddäus ist ein lange vergessener Apostel. Beredtes Zeichen dafür ist, daß es kaum eine ihm geweihte Kirche gibt. Der Grund ist wohl die Gleichheit seines Namens mit dem des Verräters. Erst seit dem 18. Jh. erinnert sich das gläubige Volk seiner u. verehrt ihn in steigendem Maß als Helfer in verzweifelten Situationen. Seine Gebeine ruhen in St. Peter zu Rom.
Liturgie: GK F am 28. Oktober (mit Simon)
Darstellung: mit Buch (Apostelsymbol) u. Keule (auch mit Hellebarde u. Steinen)
Patron: in schweren Anliegen u. aussichtslosen Lagen

Lit.: Kommentare zu Mk 3,18 par. – R. A. Lipsius, Die apokryphen Apostelgeschichten u. Apostellegenden II/2 (Braunschweig 1887) 154–158 u. ö. – F. Haase, Apostel u. Evangelisten in den orientalischen Überlieferungen (Münster 1922) 273ff u. ö. – F. Jantsch (Graz 1951) – J. A. Amann (Höchst 1952) – P. Appel (Leutesdorf/Rhl. 1952) – Ikonographie: Künstle II 359f

Judith, Heldin im AT
Name: hebr. j^ehūdīt, die Judäerin, Jüdin (j^ehūdī = Jude)
(LXX, Vulg., Luther: Judith; Locc.: Judit)
Kf. Jutta
Sie war eine fromme Witwe aus Bethylua, die durch ihre Heldentat ihr Volk aus Feindesnot errettete. Ihre Geschichte wird im gleichnamigen Buch des AT erzählt: Nabuchodonosor (Nebukadnezar), der König von Assyrien, führte Krieg gegen Arphaxad, den König von Medien, u. rief die Völker des Westens zu Hilfe. Diese verweigerten aber ihre Unterstützung u. wurden nach dem Sieg des Assyrers unterjocht. Einzig die Juden wagten es, sich zu widersetzen. Da rückte Holophernes, der Feldherr der Assyrer, heran u. belagerte die Festung Bethylua. Die eingeschlossenen Juden verzagten u. dachten schon an die Kapitulation, da ihre Lebensmittel knapp wurden u. vor allem, weil ihnen die Assyrer die Wasserzufuhr abgesperrt hatten. Da ging die fromme Judith mit ihrer Magd ins feindliche Lager, berückte Holophernes mit ihrer Schönheit u. täuschte ihn mit einer erfundenen Geschichte über die Kampfmoral der Juden u. über ihre eigenen angeblichen Fluchtabsichten. In der Nacht schlug sie ihm, der nach einem großen Zechgelage schlafend dalag, mit seinem eigenen Schwert das Haupt ab. Die Assyrer gerieten über den Tod ihres Feldherrn in Panik u. flohen.
Die Geschichte spielt zur Zeit unmittelbar nach der Rückkehr der Juden aus dem babylonischen Exil (538 v. Chr.) (Jdt 4,3; 5,18f). Es ergeben sich aber manche historischen Schwierigkeiten: Nebukadnezar war nicht König von Assyrien u. war außerdem schon seit 24 Jahren tot. Am ehesten paßt die Tat Judiths in die Zeit des Perserkönigs Artaxerxes III. (358–338 v. Chr.), in dessen Heer ein Holophernes (Orophernes) aus Kappadokien um 350 v. Chr. gegen Ägypten kämpfte. Man weiß auch nicht,

welches die Festung Bethylua war. Es könnte Bethul (Bethuel) im Land Simeon (südl. an Judäa grenzend) gewesen sein. Judith stammte ebenfalls aus Simeon. Manche Forscher vermuten hinter dem Namen das hebr. bet'el (Bethel) oder betulah (Jungfrau) als symbolische Bezeichnung für Jerusalem. Die Erzählung spielt jedoch im Norden Samarias in der Nähe von Dothan, gegenüber der Jizreel-Ebene. Daher schlagen manche Forscher den Ruinenhügel Schech esch-schibel, 8 km westl. von Dschenin, vor. Andere denken an Jericho, damals ein Bollwerk der Juden. Diese Stadt wurde zwar durch Holophernes erobert u. zerstört, doch ist ein Anfangserfolg der Juden durchaus möglich.
Die Tat Judiths ist von den moralischen Anschauungen des AT u. der Antike allg. zu beurteilen. Lügnerische Täuschung u. hinterhältige Tötung eines schlafenden Feindes galt als erlaubte Kriegslist. Unter dem Gesichtspunkt ihrer Keuschheit u. ihres Starkmutes wird Judith seit jeher als Vorbild Mariens betrachtet.
Gedächtnis: 7. September
Darstellung: Schwert in der Hand, in der anderen das abgeschlagene Haupt des Holophernes
Lit.: F. Steinmetzer, Neue Untersuchungen über die Geschichtlichkeit der Judith-Erzählung (Leipzig 1907) – A. Miller (Bonn 1940) – G. Brunner, Der Nabuchodonosor des Buches Judith (Berlin 1940) – F. Stummer, Geographie des Buches Judith (Stuttgart 1947) – F. Stummer (Würzburg 1950)

Judith (Jutta?) **von Niederaltaich,** Sel.
Sie unternahm eine Wallfahrt ins Hl. Land. Auf ihrer Rückreise kam sie zum Kloster Niederaltaich a. d. Donau (westl. von Passau) u. wurde dort von Abt Walker (1069–98) als Reklusin aufgenommen. Dort lebte bereits ihre vom Aussatz befallene Nichte ↗ Salome, die sie bis zu deren Tod durch mehrere Jahre pflegte. Ihre Gebeine waren Ende des 18. Jh.s verschollen u. ruhen heute in Niederaltaich zusammen mit denen Salomes.
Gedächtnis: 29. Juni
Darstellung: Judith in bürgerlicher Kleidung mit Geldbeutel, Salome in bürgerlicher Kleidung mit Lilie oder als Klosterfrau im Gebet, mit abgelegter Krone
Lit.: L. Bühler: ZBKG 5 (1930) 19f – Zimmermann II 374 376f – Bauerreiß II 113

Judith ↗ Jutta

Julia Billiart ↗ Maria Rosa Julia Billiart

Julia Eustochium, Hl.
Name: a) weibl. F. zu ↗ Julius (Kf. Jule, Jula, Julie, Julchen, Lia; franz. Juliette, ungar. Julischka); b) zu griech. eustochía = Geschicklichkeit (bes. im Werfen, Erraten u. dgl.)
Sie war die Tochter der hl. ↗ Paula von Rom und wurde von ihrer Mutter und deren Freundin, der Witwe ↗ Marcella, zum geistlichen Leben angehalten. Sie gehörte dem Kreis jener frommen Frauen an, die ↗ Hieronymus in Rom um sich scharte, und folgte ihm auch 385 in den Orient. Mit ihm pilgerte sie ins Hl. Land, nach Ägypten und in die Nitrische Wüste und nahm unter seiner geistlichen Leitung schließlich dauernden Aufenthalt in einem der Klöster in Bethlehem, die Hieronymus gegründet hatte. Die Nonnenklöster leitete zuerst Paula, nach deren Tod Julia Eustochium. † am 28. 9. 420 in Bethlehem.
Gedächtnis: 28. September
Lit.: G. Grützmacher, Hieronymus I (Leipzig 1901) 250ff, II (Berlin 1906) passim – BKV^2 XV (1914) IX–LXXVI – Baudot-Chaussin IX 571–576

Julia, Märt. **in Korsika,** Hl.
Das Martyrologium Hieronymianum verlegt ihr Martyrium ohne nähere Ortsbezeichnung nach Korsika. Es könnte sich aber auch um eine Julia handeln, die unter Decius (294–251) mit einer Gruppe von Gläubigen in Karthago getötet wurde u. deren Reliquien während des Vandaleneinfalls im 5. Jh. nach Korsika gebracht wurden. Ihre Gebeine wurden später von Mönchen der Insel Gorgona (südwestl. von Livorno, Mittelitalien) in ihr Kloster gebracht. Später betrieb Desiderius, der letzte Langobardenkönig (757–774), ihre Übertragung nach Brescia. Der Bericht ihrer Passio, wonach sie nach der Eroberung von Karthago Sklavin eines Heiden namens Eusebius gewesen u. auf der Fahrt nach Gallien von heidnischen Korsen gekreuzigt worden sei, ist legendär.
Gedächtnis: 22. Mai
Darstellung: als Jungfrau mit Palme u. Kreuzstab. Manchmal auch gekreuzigt
Patronin: von Korsika
Lit.: Tillemont XVI 505 789ff – Lanzoni 683–686

Julia, Märt. **in Troyes,** Hl. (Jule, Julie) Nach der legendären Passio erlitt sie in Troyes (östl. von Paris) unter Kaiser Aurelian (270–275) nach ihrer Heimkehr aus Kriegsgefangenschaft das Martyrium. Ihre Gebeine sollen im 13. Jh. in die Abtei von Jouarre bei Meaux übertragen worden sein.
Gedächtnis: 21. Juli
Lit.: L. Morin, Les monuments du culte de Ste. Jule à St-Martin-ès-Vignes, près Troyes (Troyes 1935)

Juliana von Falconieri, Hl.
Name: weibl. F. zu ↗ Julianus (Juliane; franz. Julienne, engl. Gillian)
* um 1290 in Florenz aus dem Adelsgeschlecht der Falconieri. Sie war die Nichte des hl. Alexius, eines der ↗ 7 Stifter des Servitenordens. Sie gründete um 1304 in Florenz die Ordensgemeinschaft der Serviten-Terziarschwestern (Servitinnen, Mantellaten, Dienerinnen Mariä), der sie als Oberin vorstand. Sie widmete sich mit großem Eifer der Erziehung der Jugend u. dem Krankendienst u. zeichnete sich aus durch großen Gebets- u. Bußgeist u. heldenhafte Nächstenliebe. Bekannt ist ihre wunderbare hl. Kommunion auf dem Sterbebett, als sie wegen Erbrechens die Hostie nicht mehr mit dem Mund empfangen konnte. † am 19. 6. 1341 in Florenz, ihr Grab ist in der Kirche Mariä Verkündigung in Florenz. Heiliggesprochen 1737.
Gedächtnis: 19. Juni
Darstellung: in schwarzem Ordenskleid, eine Hostie auf der linken Brustseite
Lit.: A. M. Wimmer (1932) – ActaSS Iun. IV (Paris 1867) 766–774 – M. Courayville (Florenz 1938)

Juliana von Lüttich CSA, Hl. (Juliana von Cornillon)
* um 1192 zu Rétinne bei Lüttich (Belgien). Mit 5 Jahren kam sie zur Erziehung in das Kloster Kornelienberg (Mont Cornillon) in Lüttich u. wurde dort 1207 Augustiner-Chorfrau. 1222 wurde sie Priorin, wegen ihrer strengen Disziplin hatte sie aber große Quälereien zu erdulden u. wurde zweimal vertrieben, zuletzt 1248. Sie hatte stets eine große Liebe zum betrachtenden Gebet u. zum Altarsakrament. 1209 sah sie in einer Vision den Mond mit einem schwarzen Streifen, der ihr in weiteren Visionen als das Fehlen eines eucharistischen Festes gedeutet wurde. Mit ihrer Freundin, der hl. Reklusin ↗ Eva, wirkte sie seit 1230 für die Einführung des Fronleichnamsfestes, bis es der Lütticher Erzdiakon Jakob von Troyes als nachmaliger Papst Urban IV. 1264 für die ganze Kirche anordnete. Juliana starb in der Verbannung am 5. 4. 1258 zu Fosse bei Namur. Ihr Grab ist in der ehemaligen Zisterzienserabtei Villers-en-Brabant (beim heutigen Dorf Villers-la-Ville, zw. Brüssel u. Namur).
Gedächtnis: 5. April
Darstellung: als Nonne in Anbetung vor der Monstranz, neben ihr der Vollmond, dem ein Stück fehlt
Lit.: A. Ernst (Freiburg/B. 1926) – E. Denis (Doornik 1935) – J. Coenen (Brüssel 1946) – G. Simenon (Lüttich 1946)

Juliana, Märt. **in Nikomedien,** Hl.
Sie erlitt unter Maximinus Daja (Kaiser des Ostens, 305–313) in Nikomedien (heute Ismid, östl. von Konstantinopel) das Martyrium. Der legendarischen Passio zufolge wurde sie auf Anzeige ihres Vaters u. ihres Bräutigams in Nikomedien gemartert. Ihre Gebeine wurden nach Cumae (Ruinen westl. von Neapel), 1207 nach Neapel übertragen.
Gedächtnis: 16. Februar
Darstellung: mit einem geflügelten Teufel, der sie zum Abfall verlocken wollte, an der Kette, weil sie ihn bezwang. An den Haaren aufgehängt, in einem Kessel über dem Feuer. Mit Märtyrerkrone, Palme, Schwert u. Gefäßen
Lit.: Tillemont V 155f – Quentin 77 u. ö. – H. Delehaye: AnBoll 59 (1941) 28f

Julianus (Julianos) **von Anazarbos,** Märt., Hl.
Name: Weiterb. zu lat. ↗ Julius
Er stammte aus Anazarbos in Kilikien (südl. Kleinasien) u. wurde in der Verfolgung des Diokletian um 305 in verschiedenen Städten Kilikiens gefoltert u. zuletzt im Meer ertränkt. In Antiochia stand im 4. Jh. eine Basilika mit dem Grab des Heiligen.
Gedächtnis: 16. März
Lit.: ActaSS Mart. II (1668) 421–424 – Ch. Baur, Der hl. Johannes Chrysostomus u. seine Zeit I (München 1930) 165 – Baudot-Chaussin III 348f – BHG^3 965–967e

Julianus (Julianos), Märt. **in Antinoë,** Hl.
Er litt unter Diokletian um 305 in Antinoë

(damals Hauptstadt der Thebais, jetzt Scheich Abâdeh bei Mellawi am Nil, Oberägypten). Nach der legendarischen Passio war er der Gemahl der hl. ↗ Basilissa, mit der er ein jungfräulich-aszetisches Leben führte.
Gedächtnis: 9. Jänner
Darstellung: mit Schwert
Lit.: ActaSS Ian. I (1643) 575–587 – BHL 4529–4536 – BHG³ 970–971b

Julianus, Märt. **in Brioude,** Hl.
Er stammte aus Vienne (südl. von Lyon) u. war ein Freund des hl. ↗ Ferreolus. In einer nicht näher bekannten Verfolgung zog er sich zurück, wurde aufgespürt u. in Brioude (Auvergne, Zentralfrankreich) enthauptet u. bestattet. Sein Haupt kam angeblich nach Vienne, wo es unter Bisch. ↗ Mamertus († um 477) aufgefunden wurde. In Brioude gab es 2 Kultstätten: den Ort der Hinrichtung u. das Grab, über dem im 5. Jh. eine Kirche errichtet wurde. Diese entwickelte sich in den folgenden Jahrhunderten zum bedeutendsten Wallfahrtsort der Auvergne. Die Bauern spendeten bes. lebendes Vieh als Votivgabe an die Kirche.
Gedächtnis: 28. August
Darstellung: als Jäger (wurde aber oft mit ↗ Julianus Hospitator verwechselt)
Lit.: ActaSS Aug. VI (1743) 169–188 – B. Kötting, Peregrinatio religiosa (Münster 1950) 275–279

Julianus (Giugliano) **Cesarelli** OFM, Hl.
Er lebte als Franziskanerpriester in Valle bei Pula (Istrien) u. starb im Ruf der Heiligkeit am 4. 11. 1349. Sein Kult wurde am 23. 2. 1910 approbiert (sanctus vel beatus), sein Gedächtnis wird in Istrien alljährlich begangen.
Gedächtnis: 4. November
Lit.: AAS 2 (1910) 159f

Julianus, Bisch. **von Cuenca,** Hl.
Er lebte zuerst als Einsiedler beim St.-Augustinus-Kloster in Burgos (Nordspanien) u. wurde dann Archidiakon von Toledo (südl. von Madrid). 1196 wurde er zum 2. Bisch. von Cuenca (östl. von Madrid) ernannt. Er hatte großen Seelsorgseifer, Sorge für die Armen u. besaß die Gabe der Wunder.
Gedächtnis: 28. Jänner
Lit.: ActaSS Ian. III (1863) 509–512 – T. de Izarra, San Julián (Festschr.) (Burgos 1945)

Julianus (Julianos), Märt. **in Emesa,** Hl.
Er lebte in Emesa (heute Homs am Orontes, Syrien) u. wirkte als Arzt. Er erlitt unter Numerianus (283–284) das Martyrium.
Gedächtnis: 6. Februar
Lit.: P. Peeters: AnBoll 47 (1929) 44–76 – A. Erhard: ByZ 29 (1929) 418f – BHG³ 2210f

Julianus, Bisch. **von Le Mans,** Hl.
Nach den Bischofslisten war er der 1. Bisch. von Le Mans (Nordwestfrankreich). Seine Amtszeit ist nicht bekannt. 616 wird eine Kirche über seinem Grab erwähnt. 835 wurden seine Gebeine in die Kathedrale von Le Mans übertragen, seit 1158 ist er deren Patron. Seine Verehrung breitete sich in ganz Westfrankreich u. von da bis nach Rußland hinein aus, ebenso wird er im Zisterzienserorden verehrt. Seit 1205 wird sein Fest auch in Paderborn gefeiert, 1243 wurde ein Teil der Reliquien dorthin übertragen.
Liturgie: Paderborn g am 27. Jänner
Lit.: ActaSS Ian. II (1643) 761–767 – J. Brinktrine: St. Liborius (Paderborn 1936) 89–94 – E. Stakemeier: Liborius (Paderborn 1952) 48f

Julianus Hospitator, Hl.
Er war ein Büßer, Zeit u. Ort seines Lebens sind nicht bekannt. Seine Lebensgeschichte bringt die Legenda aurea des ↗ Jacobus a Voragine. Darin sind Elemente aus der Ödipussage u. aus der Legende um ↗ Eustachius u. ↗ Christophorus enthalten. Danach tötete er unwissentlich seine Eltern, machte eine Wallfahrt nach Rom u. ließ sich dann an einem Fluß (Gard in der Provence oder Potenza bei Macerata) nieder. Dort errichtete er ein Hospital für die Reisenden (daher sein Beiname „der Gastgeber") u. setzte sie über den Fluß. In Rom ist ihm die belgisch-flämische Nationalkirche St-Julien-des-Flamands geweiht.
Gedächtnis: 29. Jänner
Patron: der Reisenden, Pilger, Gastwirte, Spielleute
Lit.: ActaSS Ian. II (1643) 974 – DE II 190 – Réau III/2 766ff

Julianus (Julien) **Maunoir** SJ, Sel.
* am 1. 10. 1606 zu St-Georges-de-Reintembault (Diöz. Rennes). Er besuchte das Gymnasium am Jesuitenkolleg zu Rennes u. trat 1625 in Paris dem Orden bei. Nach

seinem Philosophiestudium war er 1630–33 Lehrer am Jesuitenkolleg zu Quimper. In dieser Zeit lernte er den berühmten u. heiligmäßigen Volksmissionar Michel Le Nobletz kennen u. ließ sich durch ihn für die Mission unter der bretonischen Landbevölkerung begeistern. Er erlernte die bretonische Sprache u. widmete sich trotz seiner angegriffenen Gesundheit von 1640 an durch 43 Jahre der Volksmission in der Bretagne. Hier beschritt er z. T. ganz neue Wege. Seine Predigt u. Katechese, meist 4 Wochen lang fortgesetzt, unterstützte er durch rel. Gesänge, Kleinschriften u. große Wandbilder. Dazw. hörte er Beichten u. feierte die Eucharistie. Den Schluß jeder Volksmission krönten festliche Umzüge u. Schauspiele über die Glaubensgeheimnisse. Im Lauf der Zeit verband er damit Exerzitienkurse für kleinere Gruppen, aus denen die Apostel für das Volk hervorgingen. Die größte Sorge wandte er der Schulung des Klerus zu, den er durch seine Exerzitienkurse umwandelte u. zur Mitarbeit gewann. Schließlich hatte er 1000 Priester um sich, von denen ihn bei seinen Missionen jeweils an die 40 unterstützten. In Quimper gründete er ein Exerzitienhaus, wo jährlich etwa 1000 Priester u. Laien die geistlichen Übungen des hl. ↗ Ignatius machten. Seine Schriften enthalten rel. Volkslieder in bretonischer Sprache, katechetische Schriften, Anleitungen zum Beten u. zum Sakramentenempfang u. Anweisungen für die Missionare. Er schrieb auch kleinere Biographien, z. B. über seinen ersten Mitarbeiter, P. Bernhard. Er ist der Begründer des sprichwörtlichen bretonischen Glaubens. Er starb auf einer Missionsreise zu Plévin am 28. 1. 1683. Seliggesprochen am 20. 5. 1951.

Gedächtnis: 28. Jänner

Lit.: AAS 43 (1951) 428ff 437ff – J. Kleutgen, Leben frommer Diener u. Dienerinnen Gottes (Münster 1869^2) – H. Pinard de la Boullaye: RAM 27 (1951) 260–267 – L. De Coninck: ebd. 1060–1070 – P. Delooz: NRTh 82 (1960) 855f (Lit.) – F. Baumann, Pius XII. erhob sie auf die Altäre (Würzburg 1960) 298–304

Julianus (Julianos) **Sabas,** Hl. (Julianos von Edessa)

Er war ein Einsiedler am oberen Euphrat im Gebiet von Osrhoëne (Königreich mit Hauptstadt Edessa, heute Urfa in der südöstl. Türkei). Zeitweise lebte er auf dem Sinai, wo er eine Kirche erbaute. In der arianischen Verfolgung (364–378) stärkte er die Katholiken in Antiochia durch seine Anwesenheit u. seinen Glaubenseifer. † um 380.

Gedächtnis: 17. Jänner (Griechen: 18. Oktober)

Lit.: Schiwietz III (Reg.) – Baudot-Chaussin I 352f, X 154 – ECatt VI 748

Julianus, Märt. **zu Tivoli** ↗ Symphorosa

Julianus, Erzb. **von Toledo,** Hl.

* um 652. Er besuchte die Kathedralschule von Toledo u. war Schüler des Erzb. ↗ Eugenius von Toledo. Er wurde Ende 679 oder am 29. 1. 680 selbst Erzbisch. Als solcher führte er auf 4 Nationalsynoden in Toledo den Vorsitz (681, 683, 684 und 688). Er erreichte 681 für Toledo die Primatie über alle Bistümer Spaniens, 683 auch über die Bistümer Südgalliens u. erhielt damit das Ernennungsrecht aller Bischöfe für Notfälle. 680 salbte er König Erwig. Er war eine überragende Herrscher- u. Gelehrtennatur u. hinterließ auch eine Reihe theol. Werke. † am 8. 3. 690.

Gedächtnis: 8. März

Lit.: J. F. Rivera (Barcelona 1944) – F. X. Murphy: Speculum 27 (1952) 1-27

Julien (franz.) ↗ Julianus

Juliska (Julischka) (ungar.) ↗ Julia

Julitta, Märt. **in Cäsarea,** Hl.

Sie war eine Witwe in Cäsarea in Kappadokien. ↗ Basilius d. G. verfaßte eine Homilie über sie. Danach wurde sie in der Verfolgung des Diokletian von einem angesehenen Bürger dieser Stadt um ihr Vermögen gebracht, als Christin angezeigt u. verbrannt. † 303.

Gedächtnis: 30. Juli

Lit.: ActaSS Iul. VII (1721) 141–145 – Allard IV 336ff – Baudot-Chaussin VII 720ff

Julitta u. Kyriakos (Kerikos, Cyricus), Hll.

Nach der legendarischen Passio wohnte Julitta in Ikonium (heute Konya, Zentraltürkei). In der Verfolgung des Diokletian floh sie mit ihrem 3jährigen Kind Kyriakos nach Tarsus. Dort wurde sie ergriffen u. enthauptet, ihr Kind auf dem Straßenpfla-

ster zerschmettert. † um 305. Ihr Kult breitete sich im Orient, aber auch in Italien, Gallien u. Spanien stark aus.
Gedächtnis: 16. Juni (im Orient: 15. Juli)
Lit.: ActaSS Iun. III (1743) 15–37 – AnBoll 1 (1882) 192–207 – J. Wilpert, Röm. Mosaiken u. Malereien (zu den Malereien in S. Maria Antiqua in Rom) (Freiburg/B. 1924) II 685–694, IV Tafeln 166 179–184 186f

Julius, Märt. **in Durostorum,** Hl.
Name: lat., der aus dem Geschlecht der Julier. Der bekannteste Vertreter dieses Geschlechtes ist Gaius Julius Caesar.
Er erlitt wahrscheinlich in Durostorum (heute Silistra an der Donau, Bulgarien) in der Verfolgung des Diokletian um 305 das Martyrium. Er war Soldat u. hatte 27 Jahre straffrei im Heer gedient. Als Veteran weigerte er sich, den Göttern zu opfern, u. wurde zus. mit Valentio u. Hesychius hingerichtet.
Gedächtnis: 27. Mai
Lit.: AnBoll 10 (1891) 50ff – R. Knopf–G. Krüger, Ausgew. Mart.-Akten (Tübingen 1929^3) 105f – Baudot-Chaussin V 525–528

Julius u. Julianus, Hll.
Angeblich waren sie Griechen, Julius Priester u. sein Bruder Julianus Diakon. Kaiser Theodosius I. (379–395) sandte sie als Glaubensboten in die Gegend des Lago Maggiore u. des Orta-Sees. Julianus starb an einem 7. 1. u. wurde in der Kirche von Gozzano bestattet, Julius starb an einem 31. 1. u. wurde in der von ihm erbauten Kirche auf der kleinen Insel im Orta-See beigesetzt. Es ist unsicher, ob es sich in Wirklichkeit um einen, in der Überlieferung verdoppelten Heiligen handelt oder nicht. Julius wird besonders im Bistum Mailand verehrt.
Gedächtnis: 31. Jänner
Lit.: Savio P 248 – Savio L I 922 932f – Lanzoni 1032 – F. Cognasso–C. Baroni: Novara e il suo territorio (Novara 1952) 40 52 554f u. ö.

Julius I., Papst, Hl.
Er regierte 337–352. Er war gütig u. milde, dabei ein zielbewußter Kämpfer gegen die Arianer u. setzte sich energisch für ↗ Athanasius ein, dessen Absetzung die Eusebianer forderten. Er nahm Athanasius 339 in Rom auf. Gegen den Willen der Eusebianer trat 340/341 eine röm. Synode mit mehr als 50 Bischöfen zusammen, die Athanasius anerkannte u. seine Absetzung für ungerecht erklärte. Auf den scharfen Protest der Arianer hin erklärte sich Julius zu einer nochmaligen Untersuchung bereit, auf der Synode von Sardika (242 od. 243) kam es aber zu keiner Einigung. Seine letzten Jahre verliefen ruhig. Als Athanasius 346 aus dem Exil zurückkehrte, empfing er ihn u. gab ihm ein Begleitschreiben nach Alexandria mit. † am 12. 4. 352. Er wurde bald als Heiliger verehrt u. schon 354 in den röm. Kalender aufgenommen. Die Legende macht ihn fälschlich zum Senator und Märt.
Gedächtnis: 12. April
Lit.: Caspar I 142–170 – Haller I 65–71 – Bihlmeyer-Tüchle I 257f – Seppelt I^2 86–95

Julius, Märt. **in Rom,** Hl.
Er ist ein sog. Katakombenheiliger, ein Knabe von etwa 10 Jahren, der in der ersten Zeit der Christenverfolgungen das Martyrium erlitt. Seine Reliquien kamen zus. mit einer Lampe u. den Blutampullen als Gelegenheitsgeschenk des Papstes zu Beginn des 18. Jh.s an den Kaiserhof in Wien, gelangten zunächst in die „Kapelle der Welschen Nation" u. wurden am 26. 12. 1746 in der Kirche Am Hof beigesetzt. Das Fest des Heiligen wurde am 28. 12. begangen. Am 19. 6. 1771 wurden die Reliquien in die Hofpfarrkirche zu St. Michael in Wien übertragen, wo sie sich noch heute befinden.
Gedächtnis: 28. Dezember
Lit.: Doyé I 646

Jungfrauen ↗ Drei hll. Jungfrauen

Jungfrauen ↗ Ursula (Elftausend Jungfrauen)

Jürgen ↗ Georg

Juri (russ.) ↗ Georg

Just, Kf. zu ↗ Jodok, ↗ Justus

Justa u. Rufina, Märt., Hll.
Namen: lat. justa, die Gerechte; Rufina: Weiterb. von lat. rufa, die Rothaarige (Rufus war häufiger röm. Personenname)
Bei einer heidnischen Prozession in Sevilla (Südspanien) bekannten sie öffentlich Christus als den wahren Gott u. zertrümmerten das Bild der Göttin Salambo. Daraufhin wurden sie vor den Statthalter Diogenianus

geschleppt u. gefoltert. Justa starb im Gefängnis, Rufina wurde erwürgt. Ihr Fest wurde in der mozarabischen Liturgie gefeiert. König ↗ Ferdinand III. der Heilige errichtete über der mutmaßlichen Stätte ihres Martyriums eine Kirche u. ein Augustinerinnenkloster.
Gedächtnis: 19. Juli
Darstellung: mit Palmzweigen u. irdenen Gefäßen (weil sie Töchter eines Töpfers waren)
Patrone: von Sevilla u. anderen span. Städten; der Töpfer
Lit.: ActaSS Iul. IV (1868) 583–586 – BHL 4566–4569 – Garcia-Villada I 268–271 – Baudot-Chaussin VII 440ff

Justina Francucci Bezzoli OSB, Sel.
Name: Weiterb. von ↗ Justa
Sie trat in das Benediktinerinnenkloster S. Maria del Ponte in Arezzo (Toskana, Mittelitalien) ein. Nach ihrer Profeß zog sie sich auf mehrere Jahre als Einsiedlerin bei Civitella (Abruzzen) zurück. Nach ihrer Erblindung kehrte sie ins Kloster zurück u. ertrug ihr Leiden mit größter Geduld bis zu ihrem Tod. † am 12. 3. 1319. Ihre Gebeine ruhen in S. Spirito in Arezzo. Kult bestätigt 1890.
Gedächtnis: 12. März
Lit.: ActaSS Mart. II (1668) 243ff – Zimmermann I 318 322

Justina, Märt. **zu Mainz,** Hl.
Sie war die Schwester des hl. ↗ Aureus, Bisch. von Mainz. ↗ Hrabanus Maurus, u. mit ihm die spätere Tradition, brachte ihr Martyrium mit einem Hunneneinfall im 5. Jh. in Verbindung. Es dürfte sich aber um einen Germaneneinfall um 406 gehandelt haben. Sie soll mit ihrem Bruder u. vielen anderen Christen während der Feier der hl. Messe von den hereinbrechenden Horden grausam niedergemacht worden sein.
Gedächtnis: 16. Juni

Justina, Märt. **in Nikomedien,** Hl.
Sie wurde unter Diokletian um 304 in Nikomedien (jetzt Izmid, östl. von Konstantinopel) zus. mit ↗ Kyprianos von Antiochia enthauptet.
Gedächtnis: 26. September
Darstellung: mit Einhorn im Schoß (Symbol jungfräulicher Reinheit. Der Legende zufolge habe sie den Verführungskünsten des Zauberers Kyprianos widerstanden u. diesen bekehrt). Zu ihren Füßen eine hokkende Teufelsfigur (Versucher)

Justina, Märt. **zu Padua,** Hl.
Sie litt unter Kaiser Maximian (Mitregent unter Diokletian, 286–305) u. wurde in der Vorstadt zu Padua bestattet. Im 6. Jh. wurde über ihrem Grab eine Basilika errichtet. Neben der Basilika entstand im 8./9. Jh. ein Kloster, das später von den Hunnen zerstört u. bei seinem Wiederaufbau dem Benediktinerorden übergeben wurde. Von diesem Kloster ging 1419 auf Initiative des Abtes Ludovico Barbo die Benediktiner-Kongregation von S. Giustina (seit 1505 „Cassinensische Kongregation") aus, die die treibende Kraft der benediktinischen Reform in Italien wurde. 1606 wurde der noch heute bestehende große Erweiterungsbau mit 8 Kuppeln eingeweiht. Das zugleich vergrößerte Kloster wurde 1810 von Napoleon aufgehoben, dann für militärische Zwecke verwendet, 1919 mit Mönchen aus Praglia wieder neu besiedelt.
Gedächtnis: 7. Oktober
Lit.: Schmitz III 157–174 u. ö. – La badia di S. Giustina (Padua 1943)

Justiniani (Giustiniani) ↗ Laurentius Giustiniani, ↗ Nikolaus Giustiniani

Justinianus der Eremit, Märt., Hl.
Name: Weiterb. von lat. justus, der Gerechte
Er stammte vermutlich aus der Bretagne und war von adeliger Abkunft. Nach 500 kam er nach Wales (Westengland) u. lebte dort als Einsiedler auf der Insel Ramsey am St.-Georgs-Kanal (wohl nicht, wie früher angenommen, in Ramsey auf Isle-of-Man in der Irischen See). Nach der Überlieferung wurde er von seinen 3 Knechten (Piraten?) um 530/540 erschlagen.
Gedächtnis: 23. August
Lit.: Legendar. Vita v. Johann Tynemouth: Nova Legenda Angliae, ed. C. Horstmann (Oxford 1901) 93ff – BHL 4576 – Baudot-Chaussin VIII 431f

Justinus de Jacobis CM, Hl.
* am 9. 10. 1800 in San Fele („Felix") (östl. von Neapel). Mit 18 Jahren trat er in die Kongregation der Lazaristen ein, wurde 1824 Priester u. später Oberer im Ordens-

haus in Neapel. 1839 reiste er als Apostolischer Präfekt nach Abessinien, um die dortige Mission nach den Fehlschlägen der Jesuiten u. Kapuziner wieder neu zu beleben. Hier mußte er sich mit verschiedenen Irrlehren auseinandersetzen, vor allem mit den Mikaeliten (prinzipielle Unerkennbarkeit Gottes, häretische Auffassungen über die Dreifaltigkeit) u. mit dem Islam. Er erlernte die abessinische Sprache erstaunlich rasch u. paßte sich in der ganzen Lebensweise den Landessitten völlig an, wodurch er das Vertrauen der Bevölkerung errang. In rastloser Arbeit u. unter härtesten Strapazen konnte er die kath. Kirche in Abessinien begründen u. ausbauen. 1845 errichtete er ein Kleinseminar zur Heranbildung einheimischer Priester. Noch im selben Jahr zettelte der koptische Abuna (Oberhaupt der mit Rom nicht unierten Kirche) Salama eine Verfolgung der Katholiken an. 1849 wurde Justinus heimlich zum Bisch. geweiht. Die Lage verschlimmerte sich, als der Emporkömmling Kassa von Salama zum Kaiser gekrönt wurde. Justinus wurde zweimal in Haft gesetzt u. schließlich des Landes verwiesen. Er starb an Erschöpfung in der Wüste am 31. 7. 1860 in Aligadé (Abessinien). Sein Grab ist in Hebo. Seliggesprochen am 25. 6. 1939, heiliggesprochen am 26. 10. 1975.

Gedächtnis: 31. Juli

Lit.: AAS 31 (1939) 296–301, 69 (1977) 23ff – G. Larigaldie (Paris 1911) – Manns, Reformer der Kirche (Mainz 1970) 1081–1083. – DHGE I 227–235 – Streit XVII 909 (Reg.)

Justinus (Justinos), **Philosoph u. Märt.,** u. 6 Gef., Hll.

Diesen Beinamen führt er seit Tertullian († nach 220). Er stammte aus Flavia Neapolis in Palästina (heute Nablus) aus röm. Aristokratenfamilie. Diese Stadt war vom Feldherrn Titus nach dem jüdischen Krieg an der Stelle des zerstörten Sichem 72 n. Chr. neu gegründet u. mit röm. Kolonisten besiedelt worden. Schon als junger Mann war Justinos auf der Suche nach der Wahrheit u. nach Gott u. wandte sich an verschiedene Philosophen seiner Vaterstadt. Von einem Stoiker wandte er sich enttäuscht ab, ein Peripatetiker (Schule des Aristoteles) wollte gleich zu Beginn die Höhe des Schulgeldes festsetzen, was ihn sehr abstieß, ein Pythagoräer verlangte, er solle sich zuvor Kenntnisse über Musik, Astronomie u. Geometrie aneignen, was er ablehnte. Schließlich ging er bei einem Platoniker in die Schule. In dieser Zeit traf er einen ihm unbekannten Greis, der ihn von der alleinigen Richtigkeit der christlichen Religion überzeugte. Er studierte die Bibel, ließ sich taufen (er war vermutlich ca. 30 Jahre alt) u. verkündete nun, in seinen griech. Prophetenmantel gehüllt, in allen größeren Städten das Evangelium. In Ephesus disputierte er 2 Tage lang mit einem gelehrten Juden über Jesus als den verheißenen Messias. 20 Jahre später schrieb er darüber seinen „Dialog mit dem Juden Tryphon“ über die Gottheit Jesu u. die Berufung der Heiden. Nach langer Wanderschaft kam er nach Rom und gründete dort eine Philosophenschule. Einer seiner Schüler war der christliche Apologet Tatian aus Syrien. Hier verfaßte er philos. Schriften, die aber heute nur noch dem Titel u. dem Inhalt nach bekannt sind. Er stellte darin als 1. christlicher Theologe der heidnischen Philosophie den christlichen Glauben gegenüber. Direkt an Kaiser Antoninus Pius (138–161) richtete er seine 2 Apologien, in denen er mit größtem Freimut die falschen Gerüchte gegen die Christen über das angeblich gottlose u. unsittliche Treiben der Christen zurückwies u. objektive Beweise bezüglich der Verbrechen verlangte, deren man sie anklagte. Justinos hatte in Rom heftige Gegner. Der erbittertste unter ihnen war der Kyniker Crescentius, auf dessen Anzeige hin er selbst u. 6 seiner Schüler verhaftet u. vom Stadtpräfekten Rusticus zur Geißelung u. Enthauptung verurteilt wurden. Seine Leidensgefährten waren: **Chariton,** eine Frau oder Jungfrau **Charitana** (oder Charito), **Euelpistos** aus Kappadokien, **Hierax** aus Ikonium, **Paion** und **Liberianus** (oder Valerianus). Sie starben um 165.

Im Mittelpunkt seiner Theologie steht die griech. Lehre vom Logos, der in Jesus Christus in seiner ganzen Fülle erschienen ist. Als ewiges geistiges Weltgesetz entfaltet er seine Macht in der ganzen Schöpfung u. bes. in den Gotteserscheinungen im AT, in der Jungfrauengeburt Jesu aus Maria u. in der Parusie. „Keime“ dieses Logos (sper-

mata, logoi spermatikoí) besitzt jeder Mensch in seiner Vernunft, manche in bes. Maß, wie etwa die Philosophen Sokrates oder Heraklit (diese sind nach ihm „schon Christen vor Christus"). Justinus ist ein wichtiger frühchristlicher Zeuge für die altkirchliche Liturgie, den Glauben an die reale Gegenwart Christi in der Eucharistie u. die Eucharistie als Opferfeier. Sein Begriff der „geistigen Opfergabe" (der fleischgewordene Logos, der sich dem Vater darbringt) hat als Gebet in den röm. Meßkanon (heute 1. Meßkanon) Eingang gefunden: „. . . Mache sie (nämlich Brot u. Wein) uns zum wahren Opfer im Geiste, das dir wohlgefällt . . ." (Gebet unmittelbar vor dem Einsetzungsbericht). In der Mariologie zieht er erstmals eine Parallele zw. Eva u. Maria.
Liturgie: GK G am 1. Juni (in Anlehnung an die Griechen; im Röm. Martyrologium bisher 14. April)
Darstellung: mit Philosophenmantel u. Buch
Patron: der Philosophen
Lit.: Pfättisch (Münster 1933) – Quasten P I 196–219 – H. v. Campenhausen, Griech. Kirchenväter (Stuttgart 1956[2]) 14–23 – Altaner[5] 96–101 – Abhandlungen: LThK 5 1225f (Lit.)

Justinus, Bisch. **von Straßburg,** Hl. (Justus)
Von ihm ist nur bekannt, daß er der 2. Bisch. von Straßburg war. Seine Verehrung dauerte von der Mitte des 10. Jh.s bis zur Franz. Revolution. † gegen Ende des 4. Jh.s.
Gedächtnis: 6. Februar

Justus u. Pastor, Märt. **zu Alcalá,** Hll.
Sie waren 2 Brüder im Knabenalter. Sie wurden um 305 zu Alcalá de Henares (östl. von Madrid) als Schulknaben mit Knütteln geschlagen u. dann enthauptet.
Gedächtnis: 6. August
Darstellung: 2 Knaben mit Schwert, Geißel u. Stein

Justus, Märt. **zu Beauvais,** Hl.
Er war ein 9jähriger Knabe u. wurde 287 zu Beauvais (Dep. Oise, nördl. von Paris) enthauptet.
Gedächtnis: 18. Oktober
Darstellung: Knabe mit seinem Kopf in den Händen

Justus OSB, Erzb. **von Canterbury,** Hl.
Er wurde 601 zus. mit ↗ Mellitus u. ↗ Augustinus von Canterbury von Papst ↗ Gregor d. G. zur Mission nach England gesandt. 604 wurde er von Augustinus zum 1. Bisch. von Rochester geweiht. Durch einen Überfall heidnischer Einwohner wurde er 616 aus Kent u. Essex vertrieben u. flüchtete auf das Festland. 617 konnte er wieder zurückkehren, 624 folgte er dem hl. Mellitus als 4. Erzb. von Canterbury nach. † am 10. 11. 627.
Gedächtnis: 10. November
Lit.: ActaSS Nov. IV (1925) 532–537 – Zimmermann III 284 – Baudot-Chaussin XI 320ff

Justus von Condat OSB, Hl.
Er war Benediktinermönch im Kloster zu Condat (Burgund) u. starb nach einem heiligmäßigen Leben im 6. Jh. Das Kloster wurde 510 nach dessen 5. Abt Eugendus in St-Oyand, im 12. Jh. nach dem 12. Abt Claudius in St-Claude umbenannt. Kult approbiert am 9. 12. 1903.
Gedächtnis: 7. Juni
Lit.: ASS 36 (1903) 423f

Justus, Bisch. **von Lyon,** Hl.
Er stammte aus der Landschaft Vivarais (Dep. Ardèche, westl. der Rhone). Er war zuerst Diakon in Vienne u. wurde 350 der 13. Bisch. von Lyon. Er wohnte 374 dem Konzil von Valence, 381 dem von Aquileia bei. Er ist vor allem berühmt durch sein energisches Auftreten gegen die ersten im Abendland auftretenden Arianer. Bisch. ↗ Ambrosius von Mailand richtete 2 Briefe an ihn. Bald nach 381 lief ein Rasender durch die Stadt u. verwundete auf offener Straße mehrere Personen. Er flüchtete sich vor der aufgebrachten Menge in die Kirche zu Bisch. Justus. Die empörten Leute drohten, sie würden die Kirche in Brand stecken, falls er ihnen den Verbrecher nicht ausliefere. Erst auf ihr Versprechen, man werde den Mörder nicht töten, sondern in sicheren Gewahrsam bringen, schickte ihn Bisch. Justus hinaus. Doch die gereizte Menge hielt nicht Wort, sondern tötete den Irren auf der Stelle. Bisch. Justus machte sich darüber große Vorwürfe, als sei er am

Tod des Mannes mitschuldig geworden. Er resignierte, bestieg in Marseille ein Schiff und fuhr nach Ägypten, wo er in der Thebais (Oberägypten) unter anderen Mönchen ein Büßerleben führte. Nur durch Zufall wurde er als Bisch. erkannt. Er starb am 14. 10. um 390. Wahrscheinlich noch vor 500 wurden seine Gebeine nach Lyon gebracht (diese Translation feierte man in Lyon am 4. August). An einem 2. September wurden sie in der Kirche der 7 Makkabäischen Brüder feierlich deponiert, die Kirche wurde später ihm geweiht. 1287 wurde der Reliquienschrein geöffnet u. untersucht. Die Kirche wurde 1562 von Calvinern zerstört. Einige wenige Reliquien wurden gerettet.
Gedächtnis: 14. Oktober

Jutta von Disibodenberg, Sel.
Name: Kf. von ↗ Judith (Nf. Otta)
* um 1090 als Gräfin von Spanheim. Um 1106 gründete sie eine Klause auf dem Disibodenberg bei Kreuznach (westl. von Mainz). Daraus entwickelte sich bald ein Nonnenkonvent, den sie als Vorsteherin leitete. Unter ihren Schülerinnen war ↗ Hildegard von Bingen, die ihre Nachfolgerin wurde. Hildegard verfaßte um 1180 ihre 1. Vita u. berichtet von Wundern an ihrem Grab. † am 22. 12. 1136.
Gedächtnis: 22. Dezember
Lit.: ActaSS Sept. V (1866) 679ff (Vita S. Hildegardis) – J. May, Die hl. Hildegard von Bingen (Köln-München 1911) 14–31

Jutta von Fuchsstadt OCist, Sel. (Julitta)
Sie wurde 1234 die 1. Äbtissin des Zisterzienserinnenklosters Heiligenthal (Unterfranken). † 1250. Ihr Grab ist in der dortigen Klosterkirche.
Gedächtnis: 29. November
Lit.: Zimmermann III 372f (Lit.) – Lenssen I 313 – Krausen 48

Jutta von Huy ↗ Ivetta

Jutta (Judith) **von Sangerhausen,** Sel.
Sie stammte aus Sangerhausen (Sachsen) u. war mit dem Freiherrn Johannes Konopacki von Bielczna verheiratet u. war eine vorbildliche Gattin u. Mutter. Nach dem Tod ihres Mannes wählten alle ihre Kinder das Ordensleben, sie selbst wanderte umher, pflegte überall die Kranken, bes. die Aussätzigen, u. führte ein Leben in evangelischer Armut. Schließlich lebte sie 4 Jahre als Einsiedlerin bei Kulmsee (Chelmza, nördl. von Thorn, Polen, damals Preußen). Ihr Beichtvater war ↗ Johannes Lobedau, sie stand mit ↗ Mechtild von Magdeburg in Verbindung. Kennzeichnend für sie ist ihre große Herz-Jesu-Verehrung. † am 5. 5. 1260.
Gedächtnis: 5. Mai
Darstellung: als Einsiedlerin, ins Gebet versunken
Lit.: ActaSS Maii VII (1688) 602–613 – SS rer. Pruss. 374–391 – H. Westpfahl (Meitingen 1938) – Ders.: Zeitschr. f. Gesch. u. Altertumskunde Ermlands 27 (Braunsberg 1938) 515–596

K

Kadlubek ↗ Vinzenz Kadlubek

Kai (Kay; nord. Kai)
a) als männl. Vorname: entweder Kf. von ↗ Kajetan oder (im Norddt. u. Skandinavischen gebräuchlich) aus germ. kei (Lanzenspitze) – b) als weibl. Vorname aus dem Nordischen übernommen, wahrscheinlich Kf. von ↗ Katharina

Kajetan von T(h)iene OTheat, Hl. (Cajetan; Gaëtano da Tiene)
Name: lat.-ital. Cajetanus, Gaëtano: aus Gaëta stammend. Im Mittelalter gab es das Adelsgeschlecht der Gaëtani.
* im Oktober 1480 zu Vicenza (Oberitalien) als Sohn des Gasparo, Herrn von Tiene. Nach seinen juristischen Studien in Padua (1505 Dr. jur.) wurde er Geheimsekretär Julius' II. u. Päpstlicher Protonotar. 1516 erhielt er die Priesterweihe. In Rom wurde er Mitglied der Bruderschaft (Oratorium) der göttlichen Liebe u. war unermüdlich für die Reform des Klerus tätig. 1519

kehrte er nach Vicenza zurück u. trat dort in die von ↗ Bernhardin von Feltre gegründete Bruderschaft des hl. Hieronymus ein, die sich bes. der Armen u. Kranken annahm. Zus. mit Gianpietro Caraffa (dem späteren Paul IV.) u. 2 anderen Priestern gründete er in Rom die Kongregation der Theatiner (Kongregation der regulierten Kleriker) zur rel., geistigen u. pastoralen Bildung des Klerus u. zur rel. Betreuung des Volkes. 1527 wurde er aus Rom vertrieben u. hielt sich abwechselnd in Venedig u. Neapel auf. Er war selbstlos für das Heil der Seelen tätig u. besaß die Gabe der Wunder. † am 7. 8. 1547 in Neapel. Seine Gebeine ruhen in der Kirche S. Paolo Maggiore zu Neapel. Seliggesprochen 1629, heiliggesprochen 1671.
Liturgie: GK g am 7. August
Darstellung: als regulierter Kleriker (schwarzer Talar, weiße Strümpfe), das Jesuskind auf den Händen. Mit Lilie u. Buch, ein geflügeltes Herz tragend. Mit Rosenkranz u. Totenkopf
Patron: des Hauses Kurbayern u. seiner Lande (1672), der Theatiner
Lit.: W. Lüben (Regensburg 1833) – P. Chiminelli (Vicenza 1948) – Jedin I 116ff 334f – P. A. Kunkel, The Theatines in the history of Catholic Reform before the Establishment of Lutheranism (Washington 1941) – A. Veny Ballester (Barcelona 1950) – ECatt V 1844–1846

Kajus, Papst ↗ Caius, Papst

Kallistus I., Papst ↗ Calixtus I.

Kamillus von Lellis ↗ Camillus von Lellis

Kanon-Heilige
Das Wort Kanon kommt ursprünglich aus dem hebr. kaneh (Schilfrohr), welches zur Herstellung von Körben, Meßruten u. dgl. verwendet wurde. Im Griech. ist kanōn Ausdruck für Geradheit, Exaktheit, Richtschnur, Grenzlinie, Regel, Norm, Tabelle. So ist der bibl. Kanon die vom Lehramt der Kirche aufgestellte „Liste" der als inspiriert u. für den Glauben normgebend zu geltenden Bücher. Der Meßkanon ist in der röm. u. ambrosianischen (Mailändischen) Liturgie die Bezeichnung für das unveränderliche Hochgebet. Er beginnt mit dem Lob- u. Dankgebet der Präfation, enthält als zentralen Höhepunkt den Einsetzungsbericht (Wandlung) u. endet mit der Doxologie (Lobpreisung) „Per ipsum et cum ipso et in ipso..." („Durch ihn u. mit ihm u. in ihm..."). Der Ausdruck „Kanon" in diesem Sinn begegnet erstmals bei ↗ Gregor I. d. G. († 604). Seit der Liturgiereform 1969 wurden dem bisherigen röm. Kanon (ab nun „1. Kanon") noch 3 weitere Kanones beigefügt. Von einzelnen Bischofskonferenzen (Schweiz, Holland u. a.) wurden inzw. noch weitere Kanonformen approbiert.
Seit den ältesten Zeiten wurden im Meßkanon die hervorragendsten Heiligen namentlich genannt. Mit ihnen stehen wir „in heiliger Gemeinschaft" (das „Communicantes et memoriam venerantes" wird im offiziellen dt. Text frei übersetzt: „In Gemeinschaft mit der ganzen Kirche gedenken wir deiner Heiligen..."), ganz bes. im Opfer der Eucharistie. Die endgültige Auswahl u. Anordnung der Kanon-Heiligen, wie sie im röm. Missale (jetzt im „1. Kanon") vorliegt, stammt wohl von Gregor d. G.
Die Kanon-Heiligen im „Communicantes" (vor der Wandlung) werden von Maria, der Königin aller Heiligen, geführt. Sie sind in zweifacher Zwölfzahl (12 Apostel u. 12 Märt.) angeordnet:
Die 12 Apostel: **Petrus** u. **Paulus, Andreas, Jakobus d. Ä., Johannes, Thomas, Jakobus d. J., Philippus, Bartholomäus, Matthäus, Simon** u. **Judas Thaddäus.** Den Platz des Judas Iskarioth nimmt hier nicht der nach der Himmelfahrt Jesu gewählte Matthias ein, sondern Paulus. Matthias wird nach der Wandlung genannt.
Die 12 Märt. (in hierarchischer Ordnung gereiht): Zuerst 5 Päpste: **Linus** (64–79?), **Kletus** ((79–90?), **Clemens I.** (92–101), **Sixtus** (Xystus) **II.** (257–258), **Cornelius** (251–253). Dem Papst Cornelius folgt unmittelbar sein Zeitgenosse Bisch. **Cyprianus** von Karthago, der am gleichen Tag 5 Jahre später gemartert wurde, weshalb das Fest beider gemeinsam am 16. September gefeiert wird. Es folgt der Diakon **Laurentius** (Erzdiakon des Papstes Sixtus II.), der im selben Jahr wie Cyprianus, am 10. 8. 258, das Martyrium erlitt. Den Abschluß bilden 5 Laien-Märt.: **Chrysogonus** (Märt. in Aquileia 304), **Johannes** u. **Paulus** (3./4. Jh. in Rom), **Kosmas** u. **Damianus** (Ärzte im Orient, Märt. 304).

Eine Parallele zu den 2mal 12 Märt. des „Communicantes“ vor der Wandlung bildet die Doppelreihe von je 7 Märt. (7 ist wie 12 eine bibl. Symbolzahl). Sie werden im „Nobis quoque peccatoribus“ („Auch uns, deinen sündigen Dienern“) in der Bitte „um Anteil u. Gemeinschaft mit den Heiligen“ nach der Wandlung genannt:
Johannes der Täufer führt die Reihe der 2mal 7 an: Es sind zunächst 7 Männer, wiederum in hierarchischer Ordnung gereiht: der Erzmärt. **Stephanus** an der Spitze, dann die Neuapostel **Matthias** u. **Barnabas,** der Märtyrerbisch. **Ignatius von Antiochia** († in Rom 110/118), der röm. Märt. **Alexander** († um 130?), das Märtyrerpaar **Marcellinus** u. **Petrus** († 303) (die Legende macht Marcellinus zum Priester, Petrus zum Diakon, so wie sie den zuvor genannten Alexander zum Priester oder Bisch. macht).
Die 7 Frauen sind: **Felicitas** u. **Perpetua** (Märtyrinnen in Karthago 202/203), **Agatha** u. **Lucia** (Märtyrinnen in Sizilien), die beiden Römerinnen **Agnes** u. **Caecilia** u. die im Orient hochverehrte **Anastasia von Sirmium.**
Alle diese im röm. Meß-Kanon genannten Heiligen wurden damals, als ihre Reihe endgültig fixiert wurde, in Rom bes. verehrt. Aus den verschiedenen Ständen, Berufen, Völkern u. Geschlechtern genommen, sollten die Kanon-Heiligen den universellen, weltweiten, kath. Charakter der Kirche Jesu Christi unterstreichen. Papst Johannes XXIII. fügte am 13. 11. 1962 **Joseph,** den Bräutigam der Gottesmutter, als neuen Kanon-Heiligen ein. (↗ die einzelnen Hll.)
Lit.: J. A. Jungmann, Missarum Sollemnia, 2 Bde. (Wien 1962[5]) – AAS 54 (1962) 873 (Joseph)

Kanut ↗ Knut

Kappadokier (Drei Kappadokier)
So nennt man seit 1850 das große Dreigestirn aus Kappadokien (im Osten Kleinasiens) ↗ **Basilius d. G.,** seinen Bruder ↗ **Gregor von Nyssa** u. dessen Freund ↗ **Gregor von Nazianz**

Karin, skand. Kf. von ↗ Katharina (von Schweden)

Karina, Weiterb. von ↗ Karin

Karl von Blois, Sel.
Name: ahd. karal, karl = Mann, Ehemann, auch: freier Mann (im Gegensatz zum Edeling). Das mhd. „Kerl“ nahm die Bedeutung des Groben u. Ungeschlachten an. Der Name wurde seit dem fränkischen Hausmeier Karl Martell (Hammer) (714–741) u. bes. seit ↗ Karl d. G. in Herrscherhäusern, seit ↗ Karl Borromäus allg. gebräuchlich. Nf. Carl; ital. Carlo, Carolo; span. Carlos; franz. Charles; engl. Charles; niederl. Karel; schwed., poln. Karol; tschech. Karel; ungar. Károly. (↗ Carol, Carola, Caroline, ↗ Charlotte)
* 1319 als Sohn des Herzogs Guy de Châtillon u. dessen Gemahlin Margarete von Valois (das Stammschloß der Herzöge von Burgund liegt im heutigen Châtillon-sur-Seine an der oberen Seine, Dep. Côte-d'Or). Er vermählte sich 1338 mit Jeanne de Penthièvre, der Erbin der Bretagne, deren Thronrechte er, wenn auch mit geringem Erfolg, gegen den Grafen von Montfort verteidigen mußte. Er war sehr gerechtigkeitsliebend u. mildtätig gegen die Armen, vor allem unterstützte er die Franziskaner. Er fiel in der Schlacht von Auray am 29. 9. 1364 u. wurde im Franziskanerkloster Guigamp bestattet. Später übertrug man seine Gebeine nach Grâces. Kult bestätigt am 14. 12. 1904.
Gedächtnis: 29. September
Lit.: A. de Sérent, Monuments originaux du procès de Canonisation... (St-Brieuc 1921) – DHGE IX 223–228 – Baudot-Chaussin IX 615–619

Karl Borromäus, Kard., Erzb. von Mailand, Hl. (Carlo Borromeo)
* am 2. 10. 1538 auf der Burg Arona am Lago Maggiore (Oberitalien) aus vermögender adeliger Familie. Er war mit den vornehmsten u. einflußreichsten Familien Italiens verwandt oder verschwägert u. benutzte später als Erzb. diese Beziehungen, um der rel. Erneuerung gegen alle Widerstände zum Durchbruch zu verhelfen. Schon als Kind verlor er die Mutter. Mit 12 Jahren erhielt er die Tonsur u. den Talar. Noch im selben Jahr wurde er Kommendatarabt des Benediktinerkonvents in Arona, d. h. er erhielt die damit verbundenen Pfründeneinkünfte, ohne das Kirchenamt selbst zu verwalten. Diesen Brauch aus der Karolingerzeit bekämpfte er später auf das

heftigste als Mißbrauch. Mit 16 Jahren ging er an die Universität zu Pavia u. wurde 1559 Doktor beider Rechte. Seit einigen Jahren war er auch Verwalter der ausgedehnten Familiengüter. Durch seinen Onkel, Kard. Gian Angelo Medici, erhielt er 2 weitere Abteien als Kommenden.
Wenige Wochen nach seiner Promotion wurde sein Onkel als Pius IV. Papst u. erhob den Neffen Karl Borromäus zu seinem Geheimsekretär, 1560 zum Kardinaldiakon u. Administrator für Mailand. Karl Borromäus war immer fromm u. äußerst pflichtgetreu, wandte sich aber, durch den plötzlichen Tod seines Bruders Federigo (1562) erschüttert, einer streng asketischen Lebensweise zu. Am 17. 7. 1563 empfing er die Priesterweihe, am 7. 12. 1563 die Bischofsweihe mit dem Titel eines Erzbisch. von Mailand. 6 Jahre lang bereitete er sich in Rom auf dieses Amt vor, daneben führte er als Geheimsekretär die Korrespondenz mit den Legaten des Konzils von Trient (1545–63) u. führte von Rom aus die Agenden eines Administrators für Mailand. Den Papst wußte er im Willen zur Reform der Kirche im Sinn des Konzils zu bestärken.
Sein erzbischöfliches Amt in Mailand trat er im September 1565 an. Er hielt eine Provinzialsynode (die 1. von 9 Synoden) ab zur Durchführung der Reformbeschlüsse des Konzils. Er unterhielt einen riesigen Briefwechsel (seine Korrespondenz umfaßt in der Bibliothek in Mailand 100 Bände). Dabei wog er jede Anfrage sorgfältig ab u. konsultierte Sachverständige, verfolgte aber die einmal getroffene Entscheidung mit Zähigkeit u. Energie. Er hatte auch große Widerstände: von seiten des Welt- u. Ordensklerus, bes. von Kanonikern aus hochgestellten Familien, zu überwinden. Mit dem span. Staatskirchentum, verkörpert in König Philipp II., lag er in dauerndem Kampf. Seine bes. Sorge galt der Priesterausbildung. In Mailand gründete er 2 Priesterseminarien u. später noch weitere Seminarien auf dem Land. Er errichtete auch ein eigenes helvetisches Seminar für Priester, die in die protestantische Schweiz geschickt werden sollten (sein Bistum umfaßte auch 3 fast ganz protestantische Talschaften im Kanton Graubünden). Er förderte die 1535 vom Priester Castellino da Castello gegründeten „Glaubensschulen" für das Volk u. die „Bruderschaften vom hlst. Altarsakrament" (gegen die Calviner in der Schweiz, die die reale Gegenwart Christi in der Eucharistie leugneten). In Mailand errichtete er das „Collegio dei Nobili" für adelige Schüler u. stiftete das dortige Jesuitenkolleg, in Pavia eröffnete er das „Borromäum" für mittellose Universitätsstudenten. Bes. Wert legte er auf systematisch durchgeführte Pastoralvisiten. Durch den persönlichen Kontakt mit Klerus u. Volk konnte er am wirkungsvollsten die kirchliche Disziplin u. Moral heben u. Mißbräuche beheben wie rel. Unwissenheit im Volk, Konkubinat der Priester, abergläubische Praktiken u. a. Als im Sommer 1576 in Mailand die Pest ausbrach u. alle, auch die Mitglieder der Stadtverwaltung, flohen, organisierte er persönlich die Hilfsmaßnahmen. Er besorgte aus eigenen Mitteln u. mit Spenden reicher Leute Kleider, Lebensmittel, Medikamente, Unterkünfte, Pflege u. seelsorgliche Betreuung der Kranken. Den Passionssonntag seines letzten Lebensjahres verbrachte er auf dem Monte di Varallo bei Novara in Gebet u. Einkehr u. legte eine Generalbeichte über sein ganzes Leben ab. Er starb am 3. 11. 1584 in Mailand u. wurde in der Krypta des Mailänder Domes beigesetzt. Heiliggesprochen 1610.
Liturgie: GK G am 4. November (Basel: Patron der Diöz. Lugano)
Darstellung: im Kardinalspurpur mit Kreuz in der Hand. Pestkranken die hl. Kommunion reichend, oder Pestkranke um sich, hat einen Strick um den Hals (Zeichen der Buße u. Sühne)
Patron: der Seelsorger, der Seminare, der Salzburger Universität, des Borromäusvereines (kath. Haus- u. Volksbücherei-Organisation), der Borromäerinnen (Kongregation für Krankenpflege u. Werke der Nächstenliebe), der Diöz. Lugano
Lit.: E. Wymann, Carl Borromäus u. die Schweizer Eidgenossen (Stans 1903) – Nuntiaturberichte aus der Schweiz I/1 (Solothurn 1906) – L. Célier (Paris 1923[6], dt. Trier 1929) – C. Orsenigo, 2 Bde. (Mailand 1929[3], dt. Freiburg/B. 1939[2]) – P. Paschini (Rom 1935) – A. Galbiati (Mailand 1941)

Karl I. der Gute, Graf **von Flandern,** Sel.
* 1082/86 als Sohn des hl. Königs ↗ Knut IV. von Dänemark u. der Adele, der Toch-

ter des Grafen Robert I. von Flandern. Nach der Ermordung seines Vaters 1086 kam er zur Erziehung an den flandrischen Hof. Er machte eine Pilgerfahrt ins Hl. Land u. wurde 1111 der wichtigste Ratgeber Graf Balduins VIII., 1119 dessen Nachfolger. Als solcher schützte er die Klöster, die Kaufleute u. Armen gegen Tyrannei u. Ungerechtigkeit. Dazu setzte er sich energisch für die Durchführung der Pax Dei (Gottesfriede) ein. Die Pax Dei wurde im 11. Jh. im Hl. Röm. Reich eingeführt u. bedeutete den Waffenstillstand in sakralen Bezirken wie Kirchen u. Klöstern u. auf deren Grundbesitz u. Schutz für bestimmte Personengruppen wie Geistliche, Pilger, Witwen u. Waisen. Der Bruch der Pax Dei bes. durch die 4 Gewaltverbrechen Brandstiftung, Raub, Mord u. Notzucht wurde mit kirchlichen u. weltlichen Strafen geahndet. Trotzdem konnten die vielen Fehden zw. den Adelsfamilien nur unwesentlich eingedämmt werden. Karl der Gute wurde am 2. 3. 1127 während der Messe in St. Donatian zu Brügge von einem seiner Ministerialen, den er wegen Brechung der Pax Dei bestraft hatte, ermordet. Er wurde bald als Märt. verehrt. Seine Gebeine ruhen seit 1827 in St. Salvator zu Brügge. Kult bestätigt 1882.
Gedächtnis: 2. März
Darstellung: im gräflichen Gewand mit Grafenkette, mit Richtschwert, Geldbeutel oder Münze
Lit.: F. L. Ganshof, Étude sur les ministériales en Flandre et en Lotharingie (Brüssel 1926) 343–351 – Ders., La Flandre sous ses premiers comtes (Brüssel 1943) – Baudot-Chaussin III 36–42 – Moreau B III (1945) 9–17

Karl der Große, fränk. König, Röm.-Deutscher Kaiser (768–814)
* wohl 742 als Sohn des Frankenkönigs Pippin d. J. Nach dem Tod seines Vaters wurde er 768 neben seinem Bruder Karlmann König über den größeren Teil des Frankenreiches u. regierte nach dem Tod Karlmanns 771 allein. 769 eroberte er Aquitanien (Südwestfrankreich). Auf den Hilferuf Hadrians I. zog er 771 nach Italien, eroberte Pavia, setzte den Langobardenkönig Desiderius ab u. machte sich selbst zum König der Langobarden. Gleichzeitig erneuerte er das Bündnis mit der röm. Kirche u. die Schenkung seines Vaters (Pippinsche Schenkung, Anfang des Kirchenstaates) u. übernahm deren Schutzherrschaft. Seinen 4jährigen Sohn Pippin ließ er vom Papst zum König von Italien, seinen jüngsten Sohn Ludwig zum König von Aquitanien salben. Ein Zug gegen die Mauren in Spanien (778) verlief ergebnislos. Den längsten u. härtesten Krieg führte er 772–804 im Anschluß an alte Grenzkämpfe im Norden gegen die Sachsen. Sein größter u. erbittertster Gegner war hier der Edeling Widukind. Sachsen wurde auf dem Reichstag von Lippspringe (782) dem Fränkischen Reich eingegliedert. Für den sächsischen Überfall am Süntel noch im selben Jahr nahm er im „Blutbad von Verden" grausame Rache. 785 unterwarf sich Widukind u. ließ sich taufen. Die Widerstandskraft des Volkes wurde seit 795 durch Massenumsiedlungen geschwächt. Die Kämpfe endeten 804 mit der endgültigen Unterwerfung u. zwangsweisen Christianisierung Sachsens, wozu er 6 Bistümer gründete.
Im Innern bestärkte er die Macht des nationalen Königtums, beseitigte aber gleichzeitig die dt. Herzogtümer, zuletzt in Bayern durch die Absetzung des Herzogs Tassilo (788). Er hielt die Verwaltung u. Rechtspflege durch Königsboten unter Aufsicht u. entfaltete eine reiche Tätigkeit als Gesetzgeber. Zugleich hat er auch einen entscheidenden Anteil an der Bildung der geistigen Welt des Mittelalters. Er war zutiefst vom Wert der Bildung überzeugt u. hatte selbst vielseitige Interessen, bes. an Theologie u. Astronomie. Er gründete an seinem Hof eine Schule, an die er die angesehensten Gelehrten aus aller Welt berief (Alkuin, Theodulph von Orléans, Paulus Diaconus, Einhard u. a.). Diese sammelten in seinem Auftrag das überlieferte Bildungserbe u. leiteten eine neue Epoche der Theologie u. der weltlichen Wissenschaften ein (Karolingische Renaissance). Er ließ die germ. Heldenlieder sammeln, unter ihm blühte die Geschichtsschreibung auf (Reichsannalen), an den Schreibschulen wurde ein neuer Schrifttyp (karolingische Minuskel) entwickelt, am antiken Vorbild erwuchs an seinem Hof die karolingische Kunst.
Er brachte auch die kirchliche Reform des hl. ↗ Bonifatius zum Abschluß, indem er

allen Klöstern die Regel des hl. ↗ Benedikt vorschrieb, die Stiftsgeistlichen zu gemeinsamem Leben verpflichtete, eine einheitliche Metropolitanverfassung durchsetzte u. die schon 754 begonnene Übernahme der stadtröm. Liturgie (anstelle der bisherigen altfränkischen u. altgallischen) im ganzen Reich vollendete (Karolingische Reform). Allerdings mischte er sich in seinem Glaubenseifer auch in innerkirchliche Angelegenheiten ein u. nahm auch Glaubensautorität für sich in Anspruch. So veranlaßte er aus den mißverstandenen Beschlüssen des 2. Konzils von Nicäa über die Verehrung der Bilder (787) die fränkischen Theologen 792 zu einer Kritik an Hadrian I. (Karolingische Bücher). Auf der Synode von Frankfurt (794) ließ er den Adoptianismus vertreten (Christus sei nur ein von Gott begnadeter Mensch; eine Spielart des Arianismus). Karl der Große begründete in seinem Fränkischen Reich neben Byzanz u. dem Kalifat von Bagdad die führende Großmacht in Europa. Man feierte ihn als Pater Europae. Diese europäische Führerstellung fand ihren sichtbaren Ausdruck in der Kaiserkrönung durch Leo III. in Rom am 25. 12. 800. Ihm schwebte das Idealbild der „Civitas Dei" („Gottesstaat") des hl. ↗ Augustinus vor Augen. Damit ist er neben ↗ Bonifatius der entscheidende Mitbegründer des christlichen Abendlandes. Er ist ein geborener Herrscher von ungewöhnlicher Vielseitigkeit, für das ganze Mittelalter war er das Vorbild eines christlichen, weisen, hochgesinnten u. gerechten Herrschers, für die ganze Nachwelt das sagenumwobene Ideal christlicher Kaiserherrlichkeit überhaupt. Andererseits entdeckt man in seinem Charakterbild auch schwere Fehler: die gewaltsame Niederwerfung u. Christianisierung der Sachsen; er hatte mehrere Nebenfrauen. Er starb am 28. 1. 814 zu Aachen u. wurde in der Pfalzkapelle in Aachen beigesetzt. Kaiser Friedrich I. Barbarossa ließ ihn durch Rainald von Dassel, Erzb. von Köln u. Erster Ratgeber Friedrichs I., 1165 heiligsprechen. Diese Heiligsprechung wurde vom Gegenpapst Paschalis III. gutgeheißen, von Alexander III. aber nicht gebilligt. Die Verehrung Karls d. G. (28. Jänner) wurde aber später Aachen u. Osnabrück als „beatus" zugestanden. Der Karlsschrein mit den Gebeinen zählt zu den großen Kostbarkeiten der Goldschmiedekunst der Stauferzeit.

Karl Lwanga u. Gef., Märt., Hll. (s. Märt. in Uganda, S. 928)

Lit.: W. v. den Steinen (Breslau 1928) – W. Ohnsorge, Das Zweikaiserproblem im frühen Mittelalter (Hildesheim 1947) – H. Fichtenau, Das karolingische Imperium (Wien 1949) – P. E. Schramm, Die Anerkennung Karls d. G. als Kaiser: HZ 172 (1951) 449–515 – F. Dölger, Byzanz u. die europ. Staatenwelt (Ettal 1953) 282–369 – J. Fleckenstein, Die Bildungsreform Karls d. G. (Freiburg/B. 1953) – K. Hampe, Herrschergestalten des dt. Mittelalters (Leipzig 1955^{6})

Karl Joseph Eugenius (Charles-Joseph-Eugène) **de Mazenod** OMI, Bisch. von Marseille, Sel.
* am 1. 8. 1782 in Aix (Provence, Südfrankreich). Er lebte 1790–1802 mit seiner Familie als Flüchtling in Italien. 1811 empfing er die Priesterweihe u. wirkte als Volksmissionar der Armen. 1816 gründete er in Aix die Kongregation der Oblaten der Unbefleckten Jungfrau Maria u. wurde deren 1. Generaloberer. 1821 regte er die Wiedererrichtung der Diöz. Marseille an (diese wurde 1801 als Suffraganbistum von Arles aufgegeben) und wurde dort 1823 Generalvikar, 1832 Weihbisch. und 1837 Diözesanbisch. Er erbaute die Kathedrale, das Priesterseminar u. die Wallfahrtskirche Notre-Dame-de-la-Garde, gründete in Marseille 20 neue Pfarreien sowie zahlreiche karitative Anstalten u. Werke. Er berief verschiedene Ordensgenossenschaften in seine Diöz. 1856 wurde er, ohne sich vorher politisch hervorgetan zu haben, Senator des franz. Kaiserreiches u. verfocht als solcher eifrig die Rechte der Kirche u. des Hl. Stuhles. Als Generaloberer gründete er auch die blühenden Oblatenmissionen in Kanada, den USA, in Ceylon u. Südafrika. † am 21. 5. 1861 in Marseille. Seliggesprochen am 19. 10. 1975.
Gedächtnis: 21. Mai
Lit.: R. Boudens, Ritter Christi (Würzburg 1954) – Ders.: ZMR 45 (1961) 82–94

Karl von Sayn OCist, Abt von Villers, Sel. (Charles de Seyne)
Aus einem angesehenen Geschlecht in Köln, diente er zuerst unter Kaiser Friedrich I. als Ritter u. trat um 1184/85 in das

Zisterzienserkloster Himmerod bei Trier ein. Er war Mitbegründer der Klöster Stromberg (1188) u. Heisterbach am Rhein (1191), wo er Prior wurde. Er wurde 1197 Abt des Klosters Villers (Brabant), das unter ihm seine große Blütezeit erlebte. Er dankte 1209 ab u. zog sich nach Himmerod zurück, wurde aber bald zur Neugründung des Klosters Hocht geholt, wo er um 1215 starb.
Gedächtnis: 29. Jänner
Lit.: E. de Moreau, L'abbaye de Villers-en-Brabant (Brüssel 1909) 40–50 – SM 30 (1909) 327–345 520–541 – Zimmermann I 141ff – Lenssen II 65f

Karl von Sezze OFM, Hl. (bürgerl. Carlo Melchiori)
* am 19. 10 1613 in Sezze (südöstl. von Rom). Er trat 1635 als Franziskaner-Laienbruder der röm. Ordensprovinz bei. Er war mystisch hoch begnadet, weshalb ihm sein Seelenführer die Abfassung geistlicher Schriften auftrug. † am 6. 1. 1670. Seliggesprochen 1882, heiliggesprochen am 12. 4. 1959.
Gedächtnis: 6. Jänner
Lit.: AAS 51 (1959) 737–749 – DSAM II 701ff – V. Venditti (Rom 1959)

Karl Steeb ↗ Johannes Heinrich Karl Steeb

Karlheinz ↗ Karl + ↗ Heinrich

Karlmann OSB, Fränkischer Hausmeier
Name: Der Name ist eigentlich eine Begriffsverdoppelung: ahd. charal, karl (der gereifte Mann; vgl. ↗ Karl) + man (Mensch, Mann)
* vor 714 als ältester Sohn Karl Martells. Bei der Reichsteilung 741 wurde er Hausmeier in Austrasien mit Thüringen u. Alemannien. Gemeinsam mit seinem Bruder Pippin d. J. bekämpfte er die Erbansprüche seines Halbbruders Grifo, besiegte die aufständischen Aquitanier u. Sachsen, unterwarf den Bayernherzog Odilo u. beseitigte das alemannische Herzogtum (Strafgericht von Cannstatt 746). Historisch bedeutsam ist, daß er gemeinsam mit ↗ Bonifatius den Weg zu einer durchgreifenden kanonischen Reform der fränkischen Kirche ebnete: Er gründete die Bistümer Würzburg, Buraburg, Erfurt u. Eichstätt, hielt Reformsynoden ab u. entwarf den Plan einer Metropolitanordnung. Er war im Reformwillen entschiedener als Pippin, mußte sich aber angesichts des Widerstandes im Adel auf Kompromisse einlassen. 747 entsagte er der Herrschaft u. ließ sich von Papst Zacharias in den Mönchsstand aufnehmen. Er erbaute das Kloster St. Silvester auf dem Sorakte (Monte Soratte, nördl. von Rom), zog sich dann aber, um den vielen fränkischen Rompilgern auszuweichen, auf den Montecassino zurück. Papst Stephan II. hatte große Schwierigkeiten mit dem Langobardenkönig Aistulph u. bat Pippin um Hilfe. Aistulph sandte Karlmann aber zu Pippin, um ihn von diesem Italienzug abzubringen. Karlmann wurde in ein Kloster zu Vienne verwiesen, wo er am 17. 8. 754 starb. Seine Söhne wurden von der Thronfolge ausgeschlossen u. ebenfalls in ein Kloster verwiesen. Karlmann wurde auf dem Montecassino unter dem Hochaltar der Kirche bestattet. Er wird allg. „ehrwürdig" genannt. Einige alte Ordensschriftsteller nennen ihn „selig" oder gar „heilig".
Lit.: Gebhardt-Grundmann I 39 (Lit.) – Th. Schieffer, Winfrid-Bonifatius (Freiburg/B. 1954) 191ff u. ö.

Karolin, aus ital. Carolino (kleiner ↗ Karl)

Karoline (Carolina), weibl. F. zu ↗ Karl

Kasandra (Kassandra)
Name: a) von ital. Casimira (↗ Kasimir) + Alessandra (↗ Alexander); b) zu Kassandreía, einer antiken Stadt auf Chalkidike (Griechenland); zu griech. kaínymai (besiegen, übertreffen) + anēr (Mann)
Kassandra war in der griech. Mythologie die Tochter des Priamos, die von Apoll die Sehergabe erhielt. So warnte sie die Trojaner vergeblich vor dem hölzernen Pferd der Griechen (Kassandrarufe = vergebliche Warnungen).

Kasimir, Königssohn **in Polen**, Hl.
Name: aus dem Slaw.: der Friedensstifter
* am 5. 10. 1458 als 3. Kind des Königs Kasimir IV. von Polen u. seiner Gattin, einer Habsburgerin. Er wurde 1471 von ungarischen Magnaten zum König gewählt, konnte sich aber gegen seinen Gegenspieler Mathias Corvinus nicht durchsetzen. Er re-

gierte nur kurze Zeit in Polen, als sein Vater in Litauen weilte. Er zeichnete sich aus durch Frömmigkeit, Sittenreinheit u. Marienverehrung. Der Marienhymnus „Omni die dic Mariae" wird ihm aber zu Unrecht zugeschrieben. † am 4. 3. 1484 zu Wilna. Seine Gebeine ruhen im Dom zu Wilna. Heiliggesprochen wahrscheinlich 1521.
Liturgie: GK g am 4. März
Darstellung: in polnischer Tracht mit Zepter u. Königskrone. Mit Lilie
Patron: von Polen u. Litauen, gegen Religions- u. Vaterlandsfeinde, der Jugend
Lit.: ActaSS Mart. I (1668) 334–335 – U. A. Floridi: CivCatt 110 (1959) I 467–477

Kaspar ↗ Drei Könige
Name: pers. kansbar, Schatzmeister (Caspar, ital. Gaspare)

Kaspar (Gaspare) **Bertoni,** Sel.
* am 9. 10. 1777 in Verona (Oberitalien). Er war Priester u. führte als erster 1802 in den Pfarreien die Marianischen Kongregationen ein. Er wurde Leiter des neugegründeten Instituts der Canossianer, eine ital. Priesterkongregation für Erziehung u. Unterricht („Figli della Carità", „Söhne der Liebe") u. verfaßte ihre Konstitutionen. 1816 gründete er in Verona die Genossenschaft der Priester von den hl. Wunden, nach ihm „Bertonianer" oder auch „Padri Stimmatini" (Stigmata = Wunden) genannt. Sie erhielt 1925 die päpstliche Bestätigung. Er war ein eifriger u. erfolgreicher Volksmissionar u. Apostel des Klerus. † am 12. 6. 1853 in Verona. Seliggesprochen am 1. 11. 1975.
Gedächtnis: 12. Juni
Lit.: G. Giacobbe (Venedig 1858) – G. Fiorio (Venedig 1922) – G. Stofella (Tübingen 1952)

Kaspar (Gaspare) **del Bufalo,** Hl. (Taufname: Kaspar Melchior Balthasar)
* am 6. 1. 1786 in Rom als einziger Sohn des nicht begüterten Marchese Antonio del Bufalo. In seiner Jugendzeit nannte man ihn einen „kleinen Aloisius". 1807 wurde er Kanoniker an San Marco, 1808 Priester. 1810–14 wurde er von Napoleon nach Korsika verbannt u. eingekerkert. 1815 gründete er als „Apostel des Kostbaren Blutes" die Kongregation der Missionare vom Kostbaren Blut, die er unter den Schutz der Gottesmutter als der „Führerin der Missionen, Eroberin der Herzen u. Siegerin" stellte. Er erneuerte das rel. Leben in Mittelitalien durch seine eindrucksmächtigen Volksmissionen, seine feurigen Predigten u. seine an ↗ Antonius Claret erinnernden Wundertaten. Sein Freund ↗ Vinzenz Strambi nannte ihn deswegen ein „geistiges Erdbeben". 1834 stiftete er mit der sel. ↗ Maria de Mattia die Kongregation der Anbeterinnen des Kostbaren Blutes. Er starb in Rom als „Opfer der Nächstenliebe" im Beisein des hl. ↗ Vinzenz Palotti am 28. 12. 1837. Seine Gebeine ruhen in der Kirche S. Maria in Trivio zu Rom. Seliggesprochen am 19. 8. 1905, heiliggesprochen am 12. 6. 1954.
Gedächtnis: 28. Dezember
Lit.: ASS 37 (1904/05) 111ff – AAS 47 (1955) 175ff – V. Sardi (Rom 1904, dt. Feldkirch 1908) – H. Hümmeler, Gaspare del Bufalo (Meitingen 1951) – G. de Libero (Rom 1954, dt. Mindelheim 1957)

Kasper ↗ Maria Katharina Kasper

Kassian ↗ Cassianus

Katharina, Jungf. u. Märt. **in Alexandria,** Hl.
Name: verkürzt aus griech. Aikatheríne: attisch aeí, äolisch ái (immer) + katharós (rein): die allzeit Reine. Auf lat. Inschriften: Aecatherina, Catherina. Kf. Käthe, Katherl, Trine, Kathi, Käthchen, Kati u. a.
Ihre historische Persönlichkeit ist nicht faßbar. Ihr Kult kam aus dem Osten durch Christen, die vor dem Bilderstreit (seit dem frühen 8. Jh.) ins Abendland flohen u. bes. in Rom aufgenommen wurden. Das bisher früheste Anzeichen ihres Kultes im Abendland entdeckte man 1948 in Rom im Oratorium nördl. der Basilika S. Lorenzo al Verano mit einem Fresko „S. Ecaterina" aus der Mitte des 8. Jh.s (Katharina steht neben dem Thron Marias).
Ihre legendär-romanhafte griech. verfaßte Passio entstand im 6./7. Jh. im Orient u. wurde seit dem 8. Jh. ins Lat., dann auch in verschiedene orientalische u. europäische Volkssprachen übersetzt. Danach war sie eine hochgebildete u. kluge Jungfrau von 18 Jahren u. besiegte die 50 von Kaiser Maximinus berufenen heidnischen Philosophen in der Disputation über die Wahrheit

des Christentums. Darauf sollte sie den Götzen opfern, was sie standhaft verweigerte. Da ließ sie der Kaiser mit Ruten schlagen u. in einen finsteren Kerker werfen, wo sie aber von Engeln wunderbar genährt u. gepflegt wurde. Nach 12 Tagen wurde sie von der Kaiserin befreit, doch der erzürnte Kaiser verurteilte sie zum Tode durch Rädern. Als man sie zur Marter führte, zerschlug ein Engel das Marterrad mit den scharfen Eisenspitzen. Die Kaiserin hatte dies vom Fenster aus mitangesehen u. bekannte sich als Christin. Auch Porphyrus, der Gefängniswärter Katharinas, u. viele andere Soldaten legten Zeugnis für Christus ab. Da wurden sie alle gemartert u. enthauptet. Aus dem Leib Katharinas floß Milch statt Blut. Engel trugen ihren Leichnam zum Berg Sinai, wo man ihn bestattete. Über ihrem Grab entstand ein Kloster, das Katharinenkloster. – Die lat. Fassung der Katharinen-Legende fügt noch einen Bericht über ihre Kindheit u. Bekehrung hinzu: Danach war sie die Tochter des Königs Costus. Nach dem Tod ihrer Eltern lebte sie ganz allein in Überfluß u. Reichtum mit einer zahlreichen Dienerschaft. Sie war in allen Wissenschaften u. Künsten hochgebildet, überaus schön u. anziehend, zugleich aber unsagbar stolz. Darum wies sie alle Freier ab, da ihr keiner gut genug für sie schien. Da wies sie ein Einsiedler auf Jesus Christus als den wahren Bräutigam hin, sie ging in sich u. änderte ihren Sinn.
Ein Grund für die weite Verbreitung ihrer Verehrung ist wohl in dem Gebet in ihrer Passio zu suchen, in welchem sie bei Gott für alle Fürsprache einlegt, die künftig ihren Namen anrufen, u. das Gott sichtbar erhörte. Im Mittelalter galt sie als Fürsprecherin der Feldfrüchte, gegen Krankheiten, für Beharrlichkeit im Guten bis zum seligen Tod u. vieles andere. Daher zählte man sie zu den ↗ Vierzehn Nothelfern. In Spitälern des Mittelalters war die Kapelle oft ihr geweiht. Die Modistinnen u. Schneiderinnen der Pariser Modehäuser (die „Catherinettes") tragen ihren Namen.
Liturgie: RK g am 25. November (Sitten G: 2. Patronin des Wallis)
Darstellung: mit zerbrochenem Rad, das mit Eisenzacken versehen ist. Mit Buch (Gelehrsamkeit), Schwert, Palme oder Krone. Brautring (nach der Legende: in der Nacht ihrer Bekehrung steckt ihr Christus einen geheimnisvollen Ring an den Finger). Als eine der ↗ Drei Jungfrauen (↗ Barbara, ↗ Margareta)
Patronin: der Buchdrucker, Ehefrauen, Friseure, Gelehrten, Gerber, Jungfrauen, Juristen, Lehrer, Mädchen, Müller, Näherinnen, Notare, Philosophen, Rechtsgelehrten, Redner, Schuhmacher, Schüler, Seiler, Spinnerinnen, Studenten, Theologen, Tuchhändler, Wagner; der Bibliotheken, der Universität Paris
Lit.: W. Stüwer, K.-Kult u. K.-Brauchtum in Westfalen: Westfalen 20 (Münster 1935) 62–100 – H. Achelis, Katakomben von Neapel (Leipzig 1936) 72 Tafel 47 – E. Weigand: Pisciculi (Festschr. F. J. Dölger) (Münster 1939) 279–290 – E. Munding, Die Kalendarien v. St. Gallen: Texte u. Arbeiten 36 (Beuron 1948) 86, 37 (1951) 20 136 158 – G. Gugitz, Das Jahr u. seine Feste im Volksbrauch Österreichs (Wien 1950) 201–207 – G. Schreiber, Die 14 Nothelfer (Innsbruck 1959) 126f u. ö. – Künstle II 369–374 – Braun 413–418 – S. Sudhof, Die Legenden der hl. Katharina v. Al. im Cod. A_4 der Altstädter Kirchenbibl. zu Bielefeld (Berlin 1959)

Katharina OSCl, Äbtissin **in Bologna,** Hl. (Familienname: Vigri)
* am 8. 9. 1413 in Bologna (Oberitalien). Mit 12 Jahren wurde sie Hofdame bei Prinzessin Margareta von Este in Ferrara u. erhielt als solche eine umfassende humanistische Bildung. 1432 trat sie in das neugestiftete Klarissenkloster zu Bologna ein u. wurde 1456 dessen 1. Äbtissin. Sie war mystisch begnadet, u. aus dieser Erfahrung schrieb sie 1438 das Werk „Le sette Armi spirituali" („Die 7 geistlichen Waffen"). Sie betätigte sich auch als Malerin (bes. Miniaturen) u. Dichterin lat. u. ital. Hymnen. † 9. 3. 1463. Ihr unverwester Leib ruht in der Kapelle des Klarissenklosters zu Bologna. Heiliggesprochen 1712.
Gedächtnis: 9. März
Lit.: ActaSS Mart. II (1865) 36–89 – F. van Ortroy: AnBoll 41 (1923) 386–416 – A. Curzola (Mailand 1941) – J. Stiénon du Pré (Brügge 1949)

Katharina von Genua, Hl. (Katharina Fieschi-Adorno)
* 1447 in Genua aus dem Adelsgeschlecht der Fieschi. Trotz ihrer Sehnsucht nach dem Ordensleben wurde sie 1463 mit dem leichtsinnigen Patrizier Giuliano Adorno aus Genua vermählt, unter dem sie viel zu leiden hatte u. den sie lange vergeblich zu

bekehren versuchte. Nach viel Gebet u. täglicher hl. Kommunion erfuhr sie 1474 in einer mystischen Gotteserfahrung einen plötzlichen Umschwung. Ihr Mann verlor sein Vermögen u. wurde ernst und religiös. Katharina wurde 1479 Krankenpflegerin im Spital Pammatone in Genua und war 1491–97 dessen Vorsteherin. Hier opferte sie sich für ihre Kranken auf, bes. während zweier Pestepidemien. Sie hatte auch Einfluß auf einen Jüngerkreis. Verschiedene mystisch-aszetische Schriften unter ihrem Namen, aber von verschiedenen Verfassern, wirkten in Italien u. Frankreich lange nach. † 14. (od. 15.) 9. 1510 in Genua. Heiliggesprochen 1737.
Gedächtnis: 15. September
Darstellung: betend, ein brennendes Herz auf der Brust
Lit.: L. Sertorius (München 1939) – W. Nigg, Große Heilige (Zürich 1947) 186–221 – P. Debongnie (Brügge 1960) – F. Holböck (Stein a. Rhein 1980)

Katharina Kasper ↗ Maria Katharina Kasper

Katharina (Catherine) **Labouré** FdC, Hl. (Taufname: Zoe)
* am 2. 5. 1806 in Fain-les-Moûtiers in der Bourgogne (Saône-Gebiet, Ostfrankreich) als 9. von 17 Kindern einfacher Landleute. Sie war zuerst Dienstmagd u. wurde 1830 Barmherzige Schwester des hl. ↗ Vinzenz von Paul. Während ihres Noviziates hatte sie in der Hauskapelle des Mutterhauses in Paris mehrere Erscheinungen der Gottesmutter, die Anlaß zur Prägung u. Verbreitung der sog. „Wundertätigen Medaille" wurden. Als Vinzentinerin widmete sie sich von 1831 an in großer Selbstaufopferung u. Regeltreue der Greisenpflege im Pariser Hôpital d'Enghien bis zu ihrem Tod am 31. 12. 1876. Ihr unverwester Leib ruht in der Kirche der Vinzentinerinnen in Paris (Rue de Bac). Seliggesprochen am 28. 5. 1933, heiliggesprochen am 27. 7. 1947.
Gedächtnis: 31. Dezember
Lit.: AAS 25 (1933) 367–371, 39 (1947) 377–380, 41 (1949) 385ff – W. Durrer, Siegeszug der Wundertätigen Medaille (Fribourg 1947) – A. Richomme (Paris 1951)

Katharina de' Ricci OP, Hl. (Taufname: Alessandra)
* am 23. 4. 1522 in Florenz aus angesehener Familie. Sie verlor schon früh ihre Mutter u. wurde zuerst von einer frommen Matrone, später im Kloster Monticelli in Florenz erzogen, wo ihre Cousine als Nonne lebte. Mit 14 Jahren trat sie in Prato (Toskana), wo ihr Onkel Beichtvater war, in das Dominikanerinnenkloster ein. Noch sehr jung wurde sie dort Novizenmeisterin u. war 1560–90 Priorin. Sie war eine große Verehrerin des Ordensreformators, Buß- u. Sittenpredigers Girolamo Savonarola OP (Savonarola erhielt wegen seiner Ordensreform Kritik aus den eigenen Reihen. Wider Willen wurde er in die politische Laufbahn gedrängt u. kam in Gegensatz zu seinen politischen Gegnern u. zu Alexander VI. Er wurde 1498 in Florenz hingerichtet). Katharina de' Ricci stand mit berühmten Persönlichkeiten in Briefwechsel, so mit ↗ Philipp Neri, ↗ Maria Magdalena de' Pazzi u. a., u. nahm regen Anteil an den Ereignissen in Deutschland zur Zeit der Reformation. Sie hatte die Stigmen, die Gabe der Wunder u. der mystischen Beschauung. † am 1. 2. 1590. Heiliggesprochen 1746.
Gedächtnis: 1. Februar
Lit.: H. Bayonne, 2 Bde. (Paris 1873, dt. Kevelaer 1911) – G. Scalia, G. Savonarola e S. Cat. de' Ricci (Florenz 1924) – G. Bertini (Florenz 1935)

Katharina (Karin) **von Schweden,** Hl.
* 1331/32 als Tochter der hl. ↗ Birgitta von Schweden. Mit 14 Jahren wurde sie mit dem Edelmann Eggard von Kyren vermählt, mit dem sie in jungfräulicher Ehe lebte. 1350 reiste sie zu ihrer Mutter nach Rom u. war, da ihr Mann bald darauf in der Heimat starb (1351), durch 23 Jahre die treueste Jüngerin u. Begleiterin ihrer Mutter. 1372–73 pilgerte sie mit ihr nach Jerusalem. Am 23. 7. 1373 starb ihre Mutter in Rom. Sie brachte 1374 deren Gebeine in das Kloster Vadstena am Vättersee (Südschweden), wo sie 1375 dessen 1. Vorsteherin wurde. 1378 erhielt sie die Bestätigung ihres Klosters u. der Regel des Birgittenordens. 1375–80 betrieb sie in Rom die Heiligsprechung Birgittas. † am 24. 3. 1381 zu Vadstena, wo sie auch begraben wurde. Kult bestätigt 1484.
Gedächtnis: 24. März
Darstellung: mit Hirschkuh (die ihr gegen die Angriffe zuchtloser Jünglinge beistand).

Als Pilgerin mit Reliquienkästchen. In Ordenstracht, in der Rechten eine Laterne, in der Linken ein Buch
Lit.: H. Lebon (Tours 1893)

Katharina (Caterina) **von Siena,** Hl. (Familienname: Benincasa)
* um 1347 in Siena (südl. von Florenz) als das 25. Kind des Wollfärbers Benincasa. Mit 12 Jahren sollte sie auf Wunsch ihrer Eltern eine Ehe eingehen. Dem widersetzte sie sich u. trat 1365 dem 3. Orden des hl. ↗ Dominikus (Bußschwestern vom hl. Dominikus, Mantellate) bei. 1374 pflegte sie in Pisa die Pestkranken u. wurde dabei selbst angesteckt. Sie wurde zur Ratgeberin von Fürsten, die sich in öffentlichen u. privaten Angelegenheiten an sie wandten. 1376 bewog sie Papst Gregor XI. zur Rückkehr aus Avignon. Bei Ausbruch des Abendländischen Schismas, als die größtenteils franz. Kardinäle Urban VI. ablehnten u. 1378 einen Gegenpapst (Clemens VII.) wählten, stellte sich Katharina entschieden auf die Seite des rechtmäßigen Papstes u. beschwor in Briefen u. persönlichen Besuchen weltliche u. geistliche Würdenträger zur Gesinnungsänderung. Auf Wunsch Urbans VI. übersiedelte sie 1378 von Siena nach Rom, wo sie unter viel Gebet, Leiden u. Sorgen um die Einheit der Kirche sich verzehrte. Sie war mystisch begnadet u. hatte die Gabe der Wunder u. der Visionen. Nach dem Bericht ihres Seelenführers ↗ Raimund von Capua empfing sie am 1. 4. 1375 die Wundmale, die bis zu ihrem Tod unsichtbar blieben. Sie hatte viele Verleumdungen zu erdulden, bereits zu Pfingsten 1374 mußte sie sich vor dem Generalkapitel der Dominikaner in Florenz wegen ihres rel. Verhaltens verantworten. Sie hinterließ 381 Briefe, die eine historische Quelle ersten Ranges zur Zeitgeschichte darstellen. Den ältesten Briefsammlungen sind ihre „Gebete" beigegeben. Ihr „Libro della divina providenza" („Buch über die göttliche Vorsehung", meist „Dialogo" genannt, verfaßt 1377–78) handelt über die Erkenntnis Gottes, das Gebet, die Vorsehung Gottes u. über den Gehorsam. Es ist in klassischer Sprache abgefaßt u. steht im literarischen Rang durchaus neben Dante u. Petrarca. † am 29. 4. 1380 in Rom. Ihr Grab ist in S. Maria sopra Minerva in Rom, ihr Haupt ist in S. Domenico in Siena. Heiliggesprochen 1461.
Liturgie: GK G am 29. April
Darstellung: als Dominikanerterziarin, mit Dornenkrone, die Wundmale Christi an den Händen, mit Buch u. Kruzifix. In der Hand ein Herz, aus dem ein Kreuz herauswächst. Mit Ring (mystische Verlobung mit Christus unter Hinterlassung eines Ringes). Arme tränkend
Patronin: der Dominikanerterziarinnen, 2. Patronin Roms (1866), Hauptpatronin Italiens; für Sterbende u. Erlangung der Sterbesakramente in der Todesstunde (wegen ihrer Gabe, die größten Sünder zu bekehren); der Wäscherinnen
Lit.: E. Franceschini (Mailand 1942) – M. Gillet (Paris 1946) – Baudot-Chaussin IV. 759–771 – A. Levasti (Turin 1947, dt. Regensburg 1952) – L. de Wohl, Ein Mädchen aus Siena (Olten 1980) – Caterina v. Siena, Meditative Gebete, hrsg. v. H. M. Barth (Einsiedeln 1980) – W. Nigg – H. N. Loose (Freiburg/B. 1980) – N. G. v. Doornik (Freiburg/B. 1980)

Katharina (Katerí) **Tekakwitha,** Sel.
* Anfang April 1656 in Ossernenon (heute Auriesville, US-Staat New York). Der Ort war ein mit Palisaden befestigtes Dorf der Mohawks, des wildesten u. rohesten der 5 Irokesenstämme (Mohawks, Oneidas, Onondagas, Cayugas u. Senecas, etwa zw. Albany und Buffalo). Tekakwithas Vater Tsaníton-gówa (Tsonitowa; Großer Biber) war Ortshäuptling. Ihre Mutter Maria Kahontáke (Kahonta; Wiese) war eine christliche Algonkin vom St.-Lorenz-Strom. Früh verwaist kam sie in die Obhut einer französischen Familie, wurde aber mit 12 Jahren von den Mohawks geraubt u. mußte jahrelang als Sklavin dienen. Ihren christlichen Glauben übte sie insgeheim, so gut sie konnte, aus. Sie fand aber eine kräftige Stütze in ihrer älteren Freundin, der christlichen Witwe Anastasia Tegonhadschongo aus Ossernenon. Durch ihre Heirat mit Tsonitowa wurde sie in den Stamm der Mohawks aufgenommen. Das dieser Ehe entsprossene Mädchen erhielt als vorläufigen Kosenamen „Jorágode" (Sonnenscheinchen), weil sie bei Sonnenaufgang geboren wurde.
Von allen Irokesenstämmen waren die Mohawks die erbittertsten Hasser der Franzosen u. damit auch der Missionare. Simone

Le Moyne SJ konnte einige Wochen bei den Onondagas (im Nordwesten des Irokesengebietes) unter den dortigen Huronensklaven wirken. Auch gelang es, daß dieser Stamm mit den Franzosen endlich Frieden schloß. Diese bauten am Onondaga-See einen Handelsposten in Form einer kleinen Palisadenfestung, die Jesuiten errichteten daneben eine 1. Missionsstation. Die Anwesenheit der Franzosen steigerte aber die Wut der Mohawks, u. nur durch eine List gelang den Franzosen u. Missionaren 1658 die heimliche Flucht vor einem vernichtenden Überfall.

Mit 4 Jahren verlor Joragode in einer Pokken-Epidemie beide Eltern u. ihr um 2 Jahre jüngeres Brüderchen. Sie selbst überstand unter der Pflege Anastasias die Krankheit, trug aber zeitlebens Narben im Gesicht. Ihre Sehkraft war stark eingeschränkt u. ihre Augen konnten das normale Tageslicht nicht ertragen, weshalb sie stets ein Tüchlein vor dem Gesicht trug. Sie wurde von ihrer Tante Karítha (Köchin) u. deren Mann Jowanero (Kalter Wind) adoptiert. Jowanero wurde neuer Ortshäuptling u. zog mit seiner Frau u. seiner verwitweten Schwester Aróson (Eichhörnchen) in die Hütte des verstorbenen Häuptlings. Gleichzeitig wurde auch die 12jährige Onída (Mond) adoptiert. Jowanero betrank sich nie wie so viele seiner Stammesgenossen, doch bei den entsetzlichen Folterungen an Gefangenen ging er als Häuptling allen voran. Noch tiefer als die anderen Mohawks haßte er die Franzosen u. die Missionare. Nach dem Erlöschen der Seuche baute sich die Gemeinde 1660 in abergläubischer Dämonenfurcht auf einem Hügel in der Nähe ein neues befestigtes Dorf namens Ganawáge (Am Wildwasser) u. zündete das alte an. Im neuen Wigwam fühlte sich die halbblinde Joragode hilflos u. unsicher u. tastete sich stets mit den Händen voran, weshalb sie zunächst scherzhaft „Te ka kwitha (sie schiebt etwas mit den Händen vor sich her)" genannt wurde (bei den Mohawks zugleich die ehrenvolle Bezeichnung einer tüchtigen, umsichtigen Hausfrau). Mit 7 Jahren erhielt sie diesen Ausdruck als endgültigen Namen. Wegen ihrer schwachen Sehkraft u. ihrer Pockennarben entwickelte sie sich zu einem zurückgezogenen, ja schüchternen Wesen, sie war aber freundlich zu jedermann, arbeitsam, dienstbereit, gehorsam u. ungemein geschickt in aller Art weiblicher Handarbeit.

Im Juni 1666 schlossen Gesandte der Irokesen im Namen aller 5 Stämme Frieden mit den Franzosen, dem sich aber die Mohawks nicht anschlossen. Sie setzten ihre Kriegszüge fort u. quälten die Gefangenen langsam zu Tode. Anfang Oktober rückten die Franzosen unter Graf De Tracy mit 1200 Mann zu einer Strafexpedition gegen die Mohawks aus. Sie töteten keinen einzigen Indianer, verwüsteten aber ihre Felder, beschlagnahmten sämtliche Erntevorräte u. zündeten alle Dörfer an. Die Mohawks, unter ihnen auch die 10jährige Tekakwitha, flohen in panischer Angst in die Wälder u. waren erst jetzt zum Frieden bereit. Im August 1667 kamen die Jesuiten Bruyas, Fremin u. Pierron als Friedensvermittler. Der Dorfhäuptling Jowanero sah sich gezwungen, die Patres mit größter äußerer Höflichkeit, aber innerem Haß zu begrüßen u. 3 Tage lang in seinem Haus zu beherbergen. Tekakwitha mußte sie bewirten. Es war ihr aber streng untersagt, mit den Missionaren zu sprechen, u. die Tanten bewachten argwöhnisch jeden ihrer Schritte. Trotzdem gelang es ihr, mit ihnen einige wenige, für sie aber bedeutungsvolle Worte zu wechseln. Am 4. Tag wanderten die Jesuiten weiter zum Hauptort Tionnontóge. Man hatte sie absichtlich so lange in Ganawage zurückgehalten, weil im Hauptort schon die ganze Woche ein „Fest" tobte, welches den Patres zu zeigen sich selbst die Heiden schämten. Während Bruyas und Fremon anschließend weiter nach Westen zogen, blieb Pierron bei den Mohawks u. konnte in jahrelanger, mühevoller Arbeit eine kleine Zahl bekehren. Während dieser Zeit, im Sommer 1669, machten die Mohikaner, ihre östlichen Nachbarn, mit über 500 Kriegern einen Überfall auf Ganawage, konnten aber zurückgeschlagen u. weit in die Wälder verfolgt werden. 10 Gefangene, 6 Männer u. 4 Frauen, wurden in einer tagelangen Festorgie grausam zu Tode gepeinigt. Pierron konnte die entsetzlichen Folterungen nicht verhindern, doch durfte er den Todgeweihten auf ihre Bitten hin ungehindert nach kurzem Glaubensunterricht

die Taufe spenden. Während alle, jung und alt, sich an der Todesqual der Opfer weideten, saß Tekakwitha, wie immer bei solchen Gelegenheiten, im Wigwam, weinend vor Abscheu u. Ekel über solches Treiben.
In den folgenden Jahren wollten die beiden Tanten Tekakwitha zu einer Heirat drängen, doch diese lehnte beharrlich ab. Es war nicht nur wegen ihrer Schüchternheit. In ihrer Sehnsucht, Christin zu werden, fühlte sie in sich eine Kraft, die sie daran hinderte, sich an einen irdischen Mann zu binden. Sie wußte nicht, daß es den jungfräulichen Stand auch für Frauen gab. Die Jesuiten hatten den Indianern nichts davon gesagt; hatten sie doch alle Mühe, sie zu einem geregelten Eheleben überhaupt zu erziehen. Das Drängen der Tanten steigerte sich schließlich zu jahrelangen Quälereien, bis endlich Jowanero Einhalt gebot. Doch durfte sie noch immer nicht mit den Jesuiten Boniface (seit 1670) u. Jacques de Lamberville (seit Frühjahr 1675), ja nicht einmal mit Anastasia sprechen, bis sie endlich in einem unbewachten Augenblick – sie lag gerade mit einem verletzten Bein zuhause – den zufällig vorbeigehenden Lamberville auf sich aufmerksam machen konnte. 3 Wochen später war sie genesen u. erklärte Jowanero offen, sie wolle den Katechismusunterricht besuchen u. Christin werden. Die Tanten schrien u. polterten vor Entsetzen, Jowanero saß stumm vor Schreck u. Zorn, ließ sie aber dennoch gewähren. Er sah offenbar ein, daß die sonst so gehorsame Tekakwitha hier um keinen Preis nachgeben würde. Am Ostersonntag, den 5. 4. 1676, empfing sie die Taufe u. wählte den Namen Katharina. Nun hatte sie aber ein wahres Martyrium durchzustehen, nicht nur von seiten der Tanten, sondern auch aller übrigen heidnischen Dorfgenossen. Im Oktober 1677 konnte sie unter dem Schutz dreier christlicher Indianer heimlich nach La-Prairie-de-la-Madeleine („Dorf des Gebetes"; Caughnawaga, südl. v. Montreal) entfliehen. Der Anführer der kleinen Gruppe war der Oneida-Häuptling Garonjáge (Himmel), der sich seinerzeit an der grausamen Ermordung des Jean (↗ Johannes) de Brébeuf SJ beteiligt hatte. In La Prairie hatten die Jesuiten ein christliches Dorf gegründet, wohin schon früher viele christliche Mohawks, darunter auch Anastasia, geflüchtet waren. Tekakwitha wohnte dort in Anastasias Hütte bei emsiger Arbeit u. ständigem Gebet. Zu Weihnachten 1677 empfing sie die erste hl. Kommunion, viel früher, als die Missionare die getauften Indianer sonst zuließen. Gelegentlich eines Besuches in Ville-Marie (heute Montreal) sah sie zum erstenmal ein von Ordensfrauen geführtes Spital u. hatte Sehnsucht, selbst Nonne zu werden. Am 25. 3. 1679 legte sie mit Erlaubnis der Patres das Gelübde der Jungfräulichkeit ab. Möglichst heimlich übte sie Bußwerke strengster Art, die sie für ihre heidnischen Landsleute aufopferte. Sie starb am 17. 4. 1680 u. wurde am folgenden Tag, einem Gründonnerstag, beigesetzt. Gleich nach ihrem Tod geschah etwas Seltsames: Nach dem Zeugnis der Patres u. aller Anwesenden u. vieler hundert anderer, die sie gekannt hatten, Franzosen wie Indianer, veränderten sich ihre Züge. Ihr vom vielen Fasten u. von der Krankheit eingefallenes Gesicht wurde innerhalb von 10 Minuten frisch u. anmutig, sogar die Pockennarben waren verschwunden, u. ein fröhliches Lächeln lag auf ihrem Antlitz. Anastasia kam etwas später, sah die veränderte Tote u. stieß einen durchdringenden Schrei aus. Dann sank sie in die Knie u. flüsterte unter Tränen: „Jorágode (Sonnenscheinchen)!"
Bei der Verlegung des Dorfes einige Kilometer stromaufwärts 1685 wurden ihre Gebeine mitgenommen u. ruhen jetzt sichtbar in der Kirche zum hl. Franz Xaver der Mohawk-Reservation in Caughnawaga, wo sie bis heute Ziel riesiger Pilgerscharen sind. Unzählige Gebetserhörungen u. wunderbare Heilungen an dieser Stätte sind bezeugt. Bisch. Walworth errichtete ihr 1880 ein Monument aus Marmor. Die Stelle des ursprünglichen Grabes zeigt ein hohes Holzkreuz an. Im ehemaligen Ossernenon (Auriesville) steht eine große Wallfahrtskirche zu Ehren der hll. Jesuitenmärt. René Goupil (1642), Isaac Jogues (1646) u. Jean de la Lande (1646), die hier einen grausamen Tod fanden (s. Märtyrer in Kanada, S. 916f). Eine Inschrift am Altar erinnert daran, daß ebenfalls hier Katharina Tekakwitha das Licht der Welt erblickte. Tekakwithas Lebenswandel erregte Staunen bei den Weißen wie

bei den Eingeborenen. Die Indianer nannten sie die „Lilie der Mohawks", die Franzosen die „Genovefa von Neu-Frankreich". Der Informativ-Prozeß über sie wurde auf dem 3. Konzil von Baltimore u. dem 1. von Quebec (1851) angeregt u. 1931–32 in Albany geführt. Pius XII. erklärte am 3. 1. 1943 ihren heroischen Tugendgrad, Johannes Paul II. sprach sie unmittelbar vor seiner Reise nach Brasilien (30. 6.–13. 7. 1980) am 22. 6. 1980 selig. Sie ist die 1. Vertreterin der roten Rasse, die zur Ehre der Altäre gelangte.
Gedächtnis: 17. April
Lit.: E. H. Walworth, Kateri Tekakwitha (Buffalo 1893) – F. X. Weiser, Das Mädchen der Mohawks (Regensburg 1970) – Ders., Kateri Tekakwitha (Montreal 1972; engl.)

Katharina (Catalina) **Thomás** CSA, Hl.
* am 1. 5. 1531 (1533?) in Valdemuzza auf Mallorca. Sie trat 1552 in Palma de Mallorca bei den regulierten Chorfrauen vom hl. Augustinus ein u. legte noch im selben Jahr die Profeß ab. Sie war mystisch begnadet u. führte im Kloster ein Leben heroischer Tugend, bes. im Kampf gegen teuflische Versuchungen. † am 5. 4. 1574 in Palma de Mallorca. Seliggesprochen 1792, heiliggesprochen am 22. 6. 1930.
Gedächtnis: 5. April
Lit.: AAS 22 (1930) 371–379 – A. M. Alcover (Valencia 1930)

Katja (russ.), Kf. zu Jekaterina (↗ Katharina)

Katrin, Kf. zu ↗ Katharina

Kersten (Karsten, Carsten); norddt. F. zu ↗ Christian

Kerstin (schwed.), Nf. zu ↗ Christine

Kilian, Bisch. **von Würzburg,** u. Gefährten, Märt., Hll. (Killena, Kyllena)
Name: kelt., der Kirchliche, Zellenmann, Kirchenmann
Er stammte aus Irland u. kam als Wanderbisch. nach Würzburg, wo er mit seinen Gefährten, dem Priester **Kolonat** u. dem Diakon **Totnan** einige Jahre wirkte. Kilian geriet mit der dort ansässigen thüringischen Herzogsfamilie in Gegensatz. Er verlangte von Herzog Gozbert, er solle seine Frau, die die Gattin seines Bruders gewesen sei, entlassen. Diese Frau ließ daraufhin Kilian u. seine Gefährten um 689 ermorden. Unhistorisch in der Passio ist die Nachricht, Herzog Gozbert habe sich mit seinem Stamm von Kilian taufen lassen. Er muß bereits christlich gewesen sein. Unhistorisch ist auch, daß Kilian nach Rom gereist sei, vom Papst den Missionsauftrag für die Franken erhalten u. zum Bisch. geweiht worden sei. Dieser Bericht der Passio (verfaßt wohl um 840) wird als Rückprojektion der treuen Romverbundenheit der fränkischen Kirche seit ↗ Bonifatius gewertet. Bisch. ↗ Burkhard von Würzburg erhob die Gebeine der 3 Märt. am 8. 7. 752 u. ließ sie in die Kirche auf dem Marienberg bringen, von wo sie Bisch. Berowelf 788 in Gegenwart Karls d. G. in den inzw. erbauten Salvator-Dom (an der Stelle des heutigen Neumünsters) überführte. Der Kult des hl. Kilian wurde von den Karolingern gefördert u. breitete sich bes. nach Paderborn, Bamberg u. Lambach aus. Noch heute finden an seinem Fest große Volkswallfahrten statt.
Liturgie: RK g am 8. Juli (Würzburg H: Hauptpatron der Diöz.)
Darstellung: als Bisch. mit Palme u. Schwert (Dolch)
Lit.: Künstle II 379f – Bächtold-Stäubli IV 1308ff – Braun 423 – A. Bigelmair: Herbipolis jubilans (Würzburg 1952) 1–25 – F. Merzbacher: ebd. 27–56 – Heiliges Franken. Festchronik zum Jahr der Franken-Apostel, hrsg. v. Th. Kramer (Würzburg 1952) – J. Dienemann, Der Kult des hl. K. im 8. u. 9. Jh. (Würzburg 1955) – G. Zimmermann (Patrozinien): Würzburger Diözesangesch.-Blätter 20 (Würzburg 1958) 24–126, 21 (1959) 5–124

Kinga (Kunigunde) **von Polen** OSCl, Sel.
* um 1224. Sie war die Tochter des Königs ↗ Bela IV. von Ungarn u. die Schwester der sel. ↗ Jolenta u. der hl. ↗ Margareta von Ungarn. 1239 wurde sie mit Herzog Boleslaw V. von Polen vermählt, lebte aber mit ihm in enthaltsamer Ehe. Sie war sehr mildtätig gegen die Armen, suchte die Kranken in den Spitälern auf u. pflegte sie. Sie stiftete das Klarissenkloster in Alt-Sandecz. Als ihr Gatte 1279 starb, trat sie ein Jahr darauf selbst in das von ihr gestiftete Kloster ein u. wurde dort Oberin. Sie betrieb die Heiligsprechung des Bisch. ↗ Sta-

nislaus von Krakau. † 1292 in Alt-Sandecz. Ihre Gebeine wurden 1591 erhoben. Seliggesprochen 1690. 1715 zur Patronin Polens u. Litauens ernannt.
Gedächtnis: 24. Juli
Patronin: von Polen u. Litauen
Lit.: K. Völker, Kirchengesch. Polens (Berlin-Leipzig 1930) 50 74 – BHL 4666ff

Kirchenlehrer
Der Begriff „Kirchenlehrer" entwickelte sich seit dem 16. Jh. aus der Weiterführung u. Überhöhung des Begriffes „Kirchenvater" (↗ Kirchenväter). Als Zeugen der Tradition u. Rechtgläubigkeit werden nun nicht mehr nur solche hervorragenden Meister der Theologie gezählt, die dem christlichen Altertum angehören, sondern – da ja die Kirche u. damit auch ihre Lehre immer eine u. dieselbe ist – auch solche, die einer späteren Zeit angehören. Unter „Theologen" werden solche verstanden, die auf dem Gebiet der Dogmatik, Moral, Aszese oder Mystik für die Nachwelt Bedeutsames u. Richtungweisendes geleistet haben. Die Festlegung dieses Begriffes geschah durch den scharfsinnigen Kanonisten Benedikt XIV. (1740–58). Ähnlich wie bei den „Kirchenvätern" gehören danach auch zum „Kirchenlehrer" 4 wesentliche Merkmale: 1) Rechtgläubigkeit der Lehre, 2) Heiligkeit des Lebens, 3) hervorragende wissenschaftlich-theol. Leistung, 4) ausdrückliche Anerkennung durch die Kirche (im Mittelalter durch den Papst, in neuerer Zeit auch durch die Ritenkongregation). Die 1. Ernennung eines Theologen zum Kirchenlehrer geschah 1567 durch Pius V. (Thomas von Aquin), die 1. Ernennung zweier Frauen zu Kirchenlehrern 1970 durch Paul VI. (Theresia von Avila u. Katharina von Siena).
In der röm. Kirche verehrt man heute 32 Kirchenlehrer: 4 lat. Kirchenväter: **Ambrosius, Hieronymus, Augustinus, Gregor d. G.** (durch Bonifatius VIII. endgültig fixiert am 20. 9. 1295). – 3 griech. Kirchenväter: **Athanasius, Basilius, Gregor von Nazianz. – Thomas von Aquin** (Pius V., 11. 4. 1567). – **Johannes Chrysostomus** (Pius V., Neues Brevier 1568), **Bonaventura** (Sixtus V., 14. 3. 1588), **Anselm von Canterbury** (Clemens XI., 3. 2. 1720), **Isidor von Sevilla** (Innozenz XIII., 25. 4. 1722), **Petrus Chrysologus** (Benedikt XIII., 10. 2. 1729), **Leo d. G.** (Benedikt XIV., 15. 10. 1754), **Petrus Damiani** (Ritenkongr. unter Leo XII., 27. 9. 1828), **Bernhard von Clairvaux** (Pius VIII., 20. 8. 1830), **Hilarius von Poitiers** (Pius IX., 13. 5. 1851), **Alfons von Liguori** (Pius IX., 7. 7. 1871), **Franz von Sales** (Pius IX., 16. 11. 1877), **Kyrillos von Alexandrien** u. **Kyrillos von Jerusalem** (Ritenkongr. 28. 7. 1882), **Johannes von Damaskus** (Leo XIII., 19. 8. 1890), **Beda Venerabilis** (Leo XIII., 13. 11. 1899), **Ephräm der Syrer** (Benedikt XV., 5. 10. 1920), **Petrus Canisius** (Pius XI., 21. 5. 1925), **Johannes vom Kreuz** (Pius XI., 24. 8. 1926), **Robert Bellarmin** (Pius XI., 17. 9. 1931); **Albertus Magnus** (Pius XI., 16. 12. 1931), **Antonius von Padua** (Pius XII., 16. 1. 1946), **Laurentius von Brindisi** (Johannes XXIII., 19. 3. 1959), **Theresia von Ávila** (Paul VI., 27. 9. 1970), **Katharina von Siena** (Paul VI., 4. 10. 1970).

Kirchenväter
Nach bibl. u. altkirchlichem Sprachgebrauch waren die Lehrer die „Väter" ihrer Schüler. So muß Jesus seine Jünger ermahnen, sie sollten sich nicht „Meister" oder „Väter" nennen lassen (Mt 23,8f). Das Wort „Abt" kommt aus dem hebr. abba („mein Vater!"). Den Ehrentitel „Vater" führten hauptsächlich die Bischöfe als Häupter ihrer Gemeinden. In den Auseinandersetzungen des 4. Jh.s um die kirchliche Lehre dehnte man die Bezeichnung auf die kirchlichen Schriftsteller als solche aus, die als die rechtgläubigen Repräsentanten der kirchlichen Überlieferung in Ansehen standen. Deshalb zählt Augustinus auch den Presbyter Hieronymus unter die Kirchenväter. Den Kirchenvätern wurde auch das Prädikat „heilig" beigelegt, u. man förderte für sie eine Anerkennung durch die Kirche. Diese Anerkennung mußte nicht ausdrücklich sein, sie konnte auch im allg. u. stillschweigenden Einvernehmen innerhalb der Gesamtkirche gegeben sein. Spätere Jh.e schränkten den Begriff „Kirchenvater" auf das kirchliche Altertum ein. Im Westen rechnete man dieses bis Isidor von Sevilla († 636) oder Beda Venerabilis († 735), im Osten bis Johannes von Damaskus († um 749). Die Kirchenväter als Lehrauto-

ritäten sollten ja dem Glauben der apostolischen Zeit möglichst nahestehen. Aus Geschichte u. Wesen heben sich somit 4 Merkmale für den Begriff eines Kirchenvaters heraus: 1) die Rechtgläubigkeit, d. h. das Festhalten an der rechtgläubigen Lehrgemeinschaft (was nicht unbedingt persönliche Irrtumslosigkeit bedeuten mußte, da die Väter nicht nur Traditionszeugen sind, sondern auch Theologen mit eigenen Meinungen und Lehren), 2) die Heiligkeit ihres Lebens (im Sinn des altchristlichen Heiligkeitsbegriffes), 3) die Anerkennung durch die Gesamtkirche, 4) die Zugehörigkeit zum christlichen Altertum. Die Grenze zwischen den Begriffen „Kirchenvater" u. ↗ „Kirchenlehrer" ist somit fließend.
Im Westen zählt man seit dem 8. Jh. die „4 lat. Kirchenväter": ↗ **Ambrosius,** ↗ **Hieronymus,** ↗ **Augustinus** u. ↗ **Gregor d. G.** Diese Vierzahl ist in offenkundiger Parallele zu den 4 Evangelisten gewählt. Die Anerkennung dieser 4 lat. Kirchenväter wurde rechtlich u. liturgisch 1295 durch Bonifatius VIII. abgeschlossen.
Im Osten feiert man seit dem 9. Jh. nur die „drei Hierarchen u. Ökumenischen Lehrer" (die „3 griech. Kirchenväter"): ↗ **Basilius,** ↗ **Gregor von Nazianz** u. ↗ **Johannes Chrysostomus** (gemeinsames Fest bei den Griechen am 30. Jänner). Im Abendland rechnet man als 4. auch ↗ **Athanasius** dazu.
Eine neue Entwicklung setzte mit dem christlichen Humanismus des 16. Jh.s ein. Durch die Festigung der theol. Schulrichtungen u. die neue Kenntnis der griech. Väter kam es jetzt zu einer von den Päpsten zentral gelenkten Ernennung von Vätern u. Theologen zu „Kirchenlehrern", beginnend mit Thomas von Aquin (1567). Die treibenden Motive hierzu waren die Postulate der christlichen Nationen, der Wettstreit der Orden u. der theol. Schulen. Zunehmend aber rückte die geschichtliche Repräsentanz der theol. Entwicklung in Dogmatik, Moral, Aszese u. Mystik in den Vordergrund des Blickfeldes.

Kirsten (nordd.), Kf. zu ↗ Christian

Klara ↗ Clara

Klaudia ↗ Claudia

Klaus, Kf. zu ↗ Nikolaus

Klemens ↗ Clemens

Klementine ↗ Clementine

Kleophas (Kleopas), Hl.
Name: verkürzt aus griech. Kleópatros, von kléos (Ruf, Ruhm) + patēr (Vater, Ahnherr). Griech. NT: Kleopās, Vulgata, Luther: Cleophas, Locc.: Kleopas
Er war einer der beiden Emmausjünger (Lk 24,18). Der griech. Name deutet auf einen Judenchristen aus der griech. Diaspora. Die beiden zeigten sich enttäuscht u. traurig über den Tod Jesu, während der Auferstandene unerkannt mit ihnen ging u. ihnen aus der Schrift das Sterben des Messias erschloß. Er entschwand ihren Blicken in dem Augenblick, als sie ihn am Brotbrechen erkannten. Das NT erwähnt noch einen anderen Klopas (griech. NT Klopās, wohl ein aram. Name klopa'), den Bruder ↗ Josephs u. Vater des ↗ Simon u. ↗ Judas, dessen Frau Maria unter dem Kreuz Jesu stand (Joh 19,25). Diese beiden haben aber schwerlich miteinander etwas zu tun: Die Verwandten Jesu standen seinem Wirken mindestens bis zu seiner Himmelfahrt verständnislos u. ablehnend gegenüber.
Gedächtnis: 25. September

Kletus ↗ Anakletus

Klothilde ↗ Chlothilde

Knud, König **von Dänemark,** Märt., Hl. (Knut)
Name: Der ursprünglich aus dem Dt. stammende Name gelangte ins Nordische: ahd. knuz (waghalsig, verwegen, keck). (Schwed., norw. Knut)
* um 1040. Er war der Vater ↗ Karls d. Guten von Flandern. Er war ein fähiger Herrscher u. eifriger Christ, er hob Ansehen u. Einfluß der Geistlichkeit, unterstützte den Bau von Kirchen u. setzte sich für die Beobachtung der Kirchengesetze u. die Entrichtung des Kirchenzehnten ein. Wegen seiner Strenge in der Durchführung kirchlicher Reformen u. wegen seines Bestrebens, die eigene Königsmacht zu stärken, zettelten die Großen des Landes einen

Aufstand gegen ihn an u. ermordeten ihn am 10. 7. 1086 in der St.-Albans-Kirche zu Odense auf Fünen. Er wird vom Volk als Märt. verehrt. Heiliggesprochen 1100.
Liturgie: RK g am 10. Juli (mit ↗ Erich v. Schweden u. ↗ Olaf v. Norwegen)
Darstellung: mit königlichen Insignien, Pfeil u. Lanze
Lit.: ActaSS Iul. III (1723) 114–141 – H. Koch – B. Kornerup, Den danske Kirkes Historie I (Kopenhagen 1950) 115–122

Knud Lavard, Hl. (Knut)
* 1096 in Roskilde (westl. von Kopenhagen) als Sohn des Königs Erik Ejegod von Dänemark. Er wurde am Hof des späteren Kaisers Lothar III. erzogen. 1115 wurde er Lavard (‚Herzog') von Südjütland, 1129 zugleich Knés (‚König') der wagrischen Wenden (Wagrien: Landsch. etwa zw. Kiel u. Lübeck; Wenden: slaw. Volksgruppen in den Ostsee-Gebieten Deutschlands). Er war ein ritterlicher u. hochangesehener Mann u. ein Bahnbrecher europäischer Kultur im Norden Deutschlands. Er wurde von seinem Neffen Magnus am 7. 1. 1131 ermordet. Heiliggesprochen 1169.
Gedächtnis: 7. Jänner
Darstellung: mit königlichen Insignien, Keule oder Streitaxt. Neben ihm eine Quelle
Lit.: ActaSS Ian. I (1643) 390–401 – BHL 1554ff – H. Koch – B. Kornerup, Den danske Kirkes Historie I (Kopenhagen 1950) 136f 174f

Kolbe ↗ Maximilian Kolbe

Koletta ↗ Coletta

Kolland ↗ Engelbert Kolland

Koloman OSB, Abtbisch. **von Lindisfarne,** Hl.
Name: kelt., der Einsiedler
Er war Mönch im Kloster Hy (oder Iona: auf einer kleinen Insel südwestl. von Schottland) u. wurde 661 Abtbisch. von Lindisfarne auf Holy Island (Insel vor der Ostküste Nordenglands). Gegen Bisch. ↗ Wilfrith von York, der in England die röm. Liturgie einzuführen beabsichtigte, führte er auf der Synode von Whitby (664) einen erfolglosen Kampf um die Beibehaltung kelt. Gebräuche in der Liturgie (Tonsur, Osterdatum) u. kehrte nach Hy zurück. Später ging er nach Irland u. ließ sich 668 auf Inishbofin (Insel vor Connaught, Westküste Irlands) nieder u. gründete dort die Abtei Mayo, wo er 676 starb.
Gedächtnis: 18. Februar
Lit.: L. Gougaud, Christianity in Celtic Lands (London 1932) 195ff

Koloman, Märt. **in Stockerau,** Hl.
Er stammte aus Irland u. befand sich auf einer Pilgerfahrt ins Hl. Land. Nach dem Bericht des Abtes Erchenfried von Melk (Niederösterreich; † 1163) fiel er wegen seiner fremden Kleidung auf, wurde als Spion verdächtigt u. an einem Baum erhängt. † am 17. 7. (?) 1012 in Stockerau bei Wien. Sein Leib wurde am 13. 10. 1014 in das Stift Melk überführt.
Liturgie: St. Pölten, Wien G, Eisenstadt g am 13. Oktober
Darstellung: als Pilger mit einem Strick in der Hand. Mit Rute u. Zange (Marterwerkzeuge)
Verehrung: Sein Kult verbreitete sich von Melk aus in den süddt. Raum, sodaß er bes. im Bauerntum zum Volksheiligen wurde. Er war früher Landespatron von Österreich u. wurde erst 1663 durch den hl. ↗ Leopold ersetzt. Eine Anzahl von Kultstätten oder Orten tragen seinen Namen: so der Colomani-Stein im Stephansdom in Wien (mit Darstellung seines Martyriums), die Koloman-Statue in der Pfarrkirche von Stockerau, die Pfarrkirche zum hl. Koloman in Eichenbrunn bei Mistelbach (Niederösterreich), St. Koloman i. d. Taugl (Salzburg) u. a. Auch in Bayern u. Schwaben finden sich Kolomans-Kapellen. Vom Wasser der ihm geweihten Quellen erhoffte man sich heilende Kraft, an seinem Tag finden Umritte u. anderes Brauchtum statt, in Aigen am Inn übte man den Volksbrauch des Gewichthebens mit den schweren eisernen „Komanndl". Verbreitet waren auch das Colomanni-Büchlein u. der Colomanni-Segen.
Patron: des Viehs; der zum Strang Verurteilten
Lit.: ActaSS Oct. VI (1794) 342–362 – H. Pez, Acta S. Colomanni (Krems 1913) – Künstle II 383f – L. Gougaud, Les Saints irlandais (Löwen 1936) 47–50

Kolumban von Hy, Hl.
Name: Sein irischer Name Columcille oder Columquille („Einsiedler an der Zelle oder Kirche") wurde zu Columbanus (‚der Taubenartige') latinisiert (lat. columbus, Taubenmännchen)
Er entstammte der irischen Königsfamilie der O'Neill u. war ein Barde (kelt. Dichter u. Wandersänger) u. Mönch. Er gründete mehrere irische Klöster, u. a. Derry, Durrow u. Kells. 563 ging er „für Christus ins Exil" auf die Insel Iona (südwestl. vor Schottland) u. gründete dort das Kloster Hy, welches sich in der Folgezeit zu einem bedeutenden Zentrum der Glaubensverkündigung u. Kultur entwickelte. Kolumban selbst begann von hier aus die Missionierung der Pikten (vorindogerm. Volksstamm in Schottland). Zur Verwaltung seiner Klostergründungen in der Heimat mußte er häufig auch nach Irland reisen. † am 9. 6. 597.
Gedächtnis: 9. Juni
Verehrung: Seine Volkstümlichkeit in Irland drückt sich u. a. in verschiedenen Segensgebeten aus. Aus dem 15. Jh. stammt ein kirchlich nicht anerkannter Wettersegen: „+ Heiliger Kolumban, wende die Unwetter ab + so wie du es über die Erde erfleht hast während deiner Erdenpilgerzeit + u. die Stimme Michaels es dir gewährte". Dieser Segen wurde auf 4 Zettel geschrieben u. nach den 4 Himmelsrichtungen hin vergraben. Kolumban selbst verfaßte ein Gebet (Hymnus) gegen Gewitter u. weihte Wasser, Brot u. Salz zu Heilzwecken. Unter seinem Namen geht ferner ein Segen gegen Feuersgefahr, gegen Ratten u. Mäuse.
Darstellung: als Benediktinerabt (obwohl er nicht Benediktiner war), ein Korb mit Brot neben ihm. Stirbt am Altar
Lit.: Monumenta Germ. Hist. Bd. 37 (Hannover 1905) – G. Schreiber, Irland u. Deutschland im abendländischen Sakralraum (Köln-Opladen 1956) 37–47

Kolumban, Abt **von Luxeuil u. Bobbio,** Hl.
* um 543 in der Provinz Leinster (Mittelirland). Er wurde um 560 Mönch in dem vom Abt ↗ Comgall eben gegründeten Kloster Bangor (östl. von Belfast, Nordirland) u. wirkte 30 Jahre als Lehrer. 591 zog er mit 12 Gefährten (unter ihnen auch der hl. ↗ Gallus) nach England u. in das austrasisch-burgundische Reich. Überall, wo er wirkte, gründete er Klöster, darunter das für die Entwicklung des abendländischen Mönchtums überaus bedeutsame Kloster Luxeuil (westl. von Belfort, Ostfrankreich). Seine Ordensgemeinschaft umfaßte über 200 Mönche, für die er seine Regula Monachorum, Regula Coenobalis u. 2 Bußbücher verfaßte. Seine strenge, vom Geist des irischen Mönchtums inspirierte Regel wurde richtungweisend u. vorbildhaft für viele spätere Klostergründungen, mußte aber später der milderen Regel des hl. ↗ Benedikt weichen. Bezüglich des Ostertermins wollte er am bisherigen (gallischen) Gebrauch festhalten u. kam deshalb in Konflikt mit den einheimischen Bischöfen. Er wandte sich um 600 direkt an den Papst. Als Kolumban den König Theuderich wegen seines Konkubinates zur Rede stellte, wurde er 610 aus Burgund ausgewiesen. Er zog rheinaufwärts, blieb 2 Jahre in Bregenz (Oberstadt) u. in der Gegend am Bodensee u. zog dann mit seinen Gefährten weiter nach Oberitalien (den erkrankten Gallus ließ er am Bodensee zurück), wo er 612 die Abtei Bobbio (südwestl. von Piacenza, Oberitalien) gründete. † am 23. 11. 615 in Bobbio. Sein Grab ist in der Krypta der Kolumbanskirche in Bobbio.
Liturgie: RG g am 23. November (Feldkirch, St. Gallen, Chur G am 27. Nov.)
Darstellung: mit einem Bären (weil er in einer Bärenhöhle wohnte). Die strahlende Sonne über ihm (seine Mutter träumte, sie bringe eine Sonne zur Welt)
Lit.: J. J. Laux (Freiburg/B. 1919) – F. Blanke, Columban u. Gallus (Zürich 1940)

Konon, Märt. **zu Ikonion,** Hl.
Name: griech., der schnelle Läufer (eig.: der durch sein Laufen „Staub aufwirbelt")
Er erlitt zu Ikonion (heute Konya, mittl. Kleinasien) zus. mit seinem gleichnamigen 12jährigen Sohn unter Kaiser Aurelian (270–275) das Martyrium.
Gedächtnis: 29. Mai (Griechen: 5. oder 6. März)
Lit.: ActaSS Maii VII (1688) 4–10 – C. Caporale (Neapel 1885) – BHL 1912f

Konrad von Piacenza, Hl. (Familienname: Confalonieri)

Name: ahd. kuoni (kühn, tapfer) + rat (Ratgeber): kühner Ratgeber
* 1290 in Ascoli Piceno (Mittelitalien) aus vornehmer Familie. Er vermählte sich mit einer Frau namens Euphrosina. Er war ein leidenschaftlicher Jäger. Einmal hatte sich ein Wild im Gebüsch versteckt. Da ließ er das Gesträuch anzünden, um es herauszutreiben. Darüber geriet der ganze Wald in Brand. Ein armer Mann wurde unschuldig der Brandstiftung verdächtigt u. zum Tod verurteilt, da stellte sich Konrad selbst dem Gericht. Nach Verbüßung seiner Strafe trennte er sich von seiner Gemahlin, ging zunächst nach Rom, wo er den Habit des 3. Ordens des hl. Franziskus erhielt, dann ging er weiter nach Noto (südwestl. von Syrakus, Sizilien), zog sich dann als Einsiedler auf einen Berg zurück u. führte ein strenges Bußleben. Seine Gattin war mit der Trennung einverstanden u. trat in Piacenza in den Klarissenorden ein. Konrad starb 1351. Sein Leib wurde 1485 unverwest aufgefunden. Bei seiner Translation 1485 geschahen viele Wunder, sodaß Leo X. (1513–21) seinen Kult für Noto gestattete. Paul III. (1534–49) dehnte ihn auf den ganzen Franziskanerorden aus.
Gedächtnis: 19. Februar
Darstellung: im Franziskanerhabit, mit kleinen Vögeln, die ihn in der Einsamkeit verehren
Patron: der Jäger
Lit.: Stadler III 657

Konrad von Ascoli Piceno OFM, Sel. (Familienname: Miliani)
* um 1234 in Ascoli Piceno von adeligen Eltern. Er war ein Jugendfreund von Hieronymus Masci, dem späteren Papst Nikolaus IV. Beide traten dem Franziskanerorden bei u. erhielten in Perugia den theol. Doktorgrad, lehrten in Rom viele Jahre hindurch Theologie u. traten als Prediger auf. Konrad wurde später nach Paris berufen u. wirkte 1274–78 in Libyen als Missionar. Anschließend – Hieronymus Masci war eben Ordensgeneral geworden – begleitete er diesen im Auftrag des Papstes Nikolaus III. nach Frankreich, um den Frieden zw. den Königen von Frankreich u. Aragón (Spanien) zu vermitteln. Nach erfolgreicher Mission ging er nach Rom u. dann wieder nach Paris. Hieronymus Masci wurde zum Kardinal ernannt. 1288 Papst geworden, rief er Konrad nach Rom, um ihn in die Kardinalswürde zu erheben. Dieser kam aber nur bis Ascoli Piceno, wo er erkrankte u. am 19. 4. 1289 starb. An seinem Grab in Ascoli geschahen bald zahlreiche Wunder. 1371 wurden seine Gebeine in die neue Franziskanerkirche übertragen. Kult 1783 bestätigt.
Gedächtnis: 19. April
Lit.: ActaSS Apr. II (1738) 741f – Felice da Porretta, Vita del Beato Corrado d'Ascoli (Rom 1934)

Konrad von Bayern OCist, Sel.
* um 1105 als Sohn Herzog Heinrichs des Schwarzen von Bayern. Nach seinen Studien in Köln trat er (vor 1125) in Morimond (Diöz. Langres, Nordostfrankreich) dem Zisterzienserorden bei. Später wurde er vom hl. ↗ Bernhard nach Clairvaux berufen u. erhielt von ihm 1143 die Erlaubnis, eine Wallfahrt ins Hl. Land zu machen u. sich dort als Einsiedler niederzulassen. Er kehrte später zurück u. starb auf der Heimreise in einer Klause bei Modugno (bei Bari, Unteritalien) am 17. 3. 1154/55. Seine Gebeine ruhen in der Kathedrale zu Molfetta (nordwestl. von Bari). Kult bestätigt 1832.
Gedächtnis: 17. März
Patron: von Molfetta
Lit.: Historia Welforum, ed. E. König (Stuttgart-Berlin 1938) 26ff – Zimmermann I 211 213f – Lenssen I 88ff – L. Grill, Der hl. Bernhard v. Clairvaux u. Morimond: Festschr. zum 800-Jahres-Gedächtnis des Todes Bernhards v. Clairvaux (Wien-München 1953) 71ff

Konrad von Heisterbach OCist, Sel.
Er war bis zu seinem 50. Lebensjahr Soldat u. wurde dann Zisterziensermönch im Kloster Heisterbach am Rhein, wo er im hohen Alter um 1200 starb.
Gedächtnis: 25. November

Konrad von Hildesheim OFM, Sel.
Er war der 1. Franziskaner in Hildesheim u. wohnte unter einer Brücke, bis ein Kloster gebaut war. 1244 wurde er Provinzial der Straßburger Ordensprovinz. Wegen seines heiligmäßigen Lebens u. seiner Wundergabe wurde er gewöhnlich „der heilige Pater" oder „der Pater von der Himmelspforte" genannt. † um 1250. Er wird als Brückenheiliger verehrt.
Gedächtnis: 6. Oktober

Konrad, Bisch. **von Konstanz,** Hl.
* um 900 als Sohn des Welfengrafen Heinrich von Altdorf (nordwestl. von Konstanz am Bodensee). Nach seinem Studium im Kloster St. Gallen u. in der Domschule in Konstanz wurde er Dompropst in Konstanz u. 973 im Beisein seines Freundes ↗ Ulrich von Augsburg zum Bisch. geweiht. Von seinem väterlichen Erbe u. aus seinen Einkünften machte er reiche Schenkungen zum Bau u. zur Ausstattung von Kirchen u. Spitälern. Er pilgerte dreimal ins Hl. Land. 948 konsekrierte er die 1. Kirche von Einsiedeln. Mit Kaiser Otto I. verband ihn eine tiefe Freundschaft, er begleitete ihn 962 auf dessen Fahrt nach Rom. Er selbst war von tiefer Frömmigkeit u. erhob unermüdlich seine Stimme für Verinnerlichung u. Heiligung des Klerus u. des Volkes u. für die Verbesserung der Kirchendisziplin. † am 26. 11. 975.
Er wurde auf dem 1. Laterankonzil 1123 heiliggesprochen. Seine Gebeine waren ursprünglich in St. Mauritius in Konstanz beigesetzt, wurden wahrscheinlich 1089 in das Konstanzer Münster übertragen u. am 26. 11. 1123 feierlich erhoben. In den Wirren der Reformation wurden sie 1526 in den Bodensee geworfen. Nur das Haupt konnte gerettet werden u. kam später in den Münsterschatz.
Liturgie: RK g am 26. November (mit ↗ Gebhard) (Freiburg, Einsiedeln, St. Gallen G)
Darstellung: als Bisch., den Kelch in der Hand, mit einer Spinne (weil er nach der Legende eine in den Kelch gefallene, damals für giftig gehaltene Spinne ruhig verschluckte). Auf dem Wasser wandelnd
Patron: 2. Patron der Erzdiöz. Freiburg
Lit.: H. Hoffmann (Meitingen 1940) – J. Clauß (Freiburg/B. 1947) – O. Weitzmann (Freiburg/B. 1957)

Konrad II. Bosinlother OSB, Abt **von Mondsee,** Sel.
Er stammte aus der Gegend von Trier u. trat im Kloster Siegburg bei Trier dem Benediktinerorden bei. 1127 wurde er von Bisch. Konrad I. von Regensburg als Abt in das Kloster Mondsee (Oberösterreich) berufen. Er erwirkte 1142 für das Kloster die Exemtion u. die freie Abtwahl. Er forderte den Klosterbesitz zurück und wurde deshalb von seinen Bauern am 15. 1. 1145 in Oberwang bei Mondsee ermordet. Seine Gebeine wurden 1679 u. 1732 erhoben.
Gedächtnis: 15. Jänner
Lit.: Zimmermann I 87 89f

Konrad von Offida OFM, Sel.
* 1237 in Offida bei Ascoli Piceno (Mittelitalien) u. wurde mit 15 Jahren Franziskaner. Auf dem Berg Alverno führte er mit anderen frommen Ordensmännern ein Leben der Einsamkeit u. des Gebetes. Dann diente er als Laienbruder in der Küche u. als Almosensammler u. wurde später Priester u. ein eifriger Prediger. Als „zweiter Franziskus" übte er die strengste franziskanische Armut. † am 12. 12. 1306 in Bastia bei Assisi. Sein Grab ist im Dom zu Perugia. Kult bestätigt 1817.
Gedächtnis: 12. Dezember

Konrad OSB, Abt **von Ottobeuren,** Sel.
Er wurde 1191 Abt des Benediktinerklosters Ottobeuren bei Memmingen (Allgäu). Er baute das Kloster nach zeitweiligem Verfall wieder auf sowie ein zweitesmal nach dem Brand 1217. † am 27. 7. 1227. Seine Gebeine ruhen zus. mit denen des Abtes ↗ Rupert in Ottobeuren.
Gedächtnis: 27. Juli
Lit.: M. Feyerabend, Des ehemaligen Reichsstifts Ottobeuren . . . sämtliche Jahrbücher II (Ottobeuren 1814) 232–356 – Zimmermann II 503f

Konrad von Parzham OFMCap, Hl. (bürgerl.: Johann Ev. Birndorfer)
* am 22. 12. 1818 in Parzham (Bezirk Griesbach, südwestl. von Passau) aus einer Bauernfamilie. Er arbeitete zunächst mit seinen Geschwistern auf dem väterlichen Anwesen u. wurde mit 31 Jahren Kapuziner-Laienbruder im Kloster St. Anna in Altötting. Seine Profeß legte er 1852 im Kloster Laufen a. d. Salzach (nördl. von Salzburg) ab. Darauf war er durch 41 Jahre Pfortenbruder im Kloster Altötting. Er war ein Mann tiefsten Gebetslebens u. zugleich von unermüdlicher u. aufopfernder Hilfsbereitschaft gegen Wallfahrer, Arme, Kinder u. durchziehende Handwerksburschen. Bes. verehrte er die hl. Eucharistie u. die Gottesmutter. † am 21. 4. 1894 in Altötting. Sein Grab ist in der dortigen Kapuzi-

nerkirche. Seliggesprochen am 15. 6. 1930, heiliggesprochen am 20. 5. 1934.
Liturgie: RK g am 21. April (Passau F, Regensburg G)
Darstellung: im braunen Bruderhabit, mit weißem Bart u. Kreuz
Patron: Mit-Patron der bayrischen u. ungarischen Ordensprovinz der Kapuziner, der kath. Burschenvereine, des Seraphischen Liebeswerkes, der kath. Landjugend der Diöz. Würzburg; Helfer in jeder Not
Lit.: L. Rosenberger, Bavaria Sancta (München 1948) 301–306 – J. A. Amann (Höchst 1947) – F. Meingast, Der hl. Pförtner (München 1957) – G. Bergmann, Bruder Konrad v. P. (Altötting 1965) – W. Nigg, Der verborgene Glanz (Olten 1972) 147–180

Konrad I., Erzb. **von Salzburg,** Sel.
* um 1075 aus dem Grafengeschlecht von Scheyern u. Abensberg. Er war zuerst Domherr in Hildesheim u. wurde von Kaiser Heinrich V. 1105 zum Erzb. von Salzburg ernannt u. von Paschalis II. in Guastalla geweiht. 1112 zog er mit Heinrich V. nach Rom, entzweite sich aber mit ihm wegen der Frage der Laieninvestitur (Investiturstreit). Er war überhaupt einer der wenigen Bischöfe, die es wagten, im Investiturstreit für den Papst u. gegen den Kaiser Stellung zu beziehen. Deshalb wurde er verfolgt, von einem Adeligen sogar mit dem Dolch bedroht. Er floh nach Ferrara, Admont u. zu Erzb. Adalgoz nach Magdeburg. Nach neunjähriger Verbannung kehrte er nach Salzburg zurück u. arbeitete eifrig mit ↗ Gerhoh von Reichersberg an der Reform von Klerus u. Klöstern durch Einführung der Augustiner-Chorherren-Regel am Domstift zu Salzburg, in St. Zeno (Reichenhall), Gurk, Högelwörth, Herrenwörth (Chiemsee), Au, Gars, Baumburg, Berchtesgaden u. Suben. Den kaiserlich gesinnten Bischöfen von Brixen u. Freising trat er scharf entgegen. Das Wormser Konkordat (Beilegung des Investiturstreites 1122) erkannte er als einen zu kompromißhaften Modus vivendi nicht an. Im Papst-Schisma, als 22 Kardinäle Petrus Pierleone zum Gegenpapst (Anaklet II.) wählten, stand Erzb. Konrad auf der Seite Innozenz' II. † am 9. 4. 1147 im Lungau (Land Salzburg), begraben im Dom zu Salzburg.
Gedächtnis: 9. April
Darstellung: mit Modell der Kirche St. Peter in Salzburg (wegen seiner Reformen wurde er „2. Gründer der Salzburger Kirche" genannt)
Lit.: Hauck[8] III 889–893, IV 145 u. ö. – Tomek I 151–154 – J. Mois, Das Stift Rottenbuch in der Kirchenreform des 11.–12. Jh.s (München 1953) 144–151 u. ö.

Konrad Scheuber, Sel.
* um 1481 in Altfellen (Pfarrei Wolfenschießen, Kt. Nidwalden, Schweiz) als Sohn frommer u. rechtschaffener Bauersleute. Seine Mutter Dorothea war die älteste Tochter des hl. ↗ Nikolaus von der Flüe. Er wurde als Soldat eingezogen u. nahm an den Religionskriegen der Reformationszeit teil. U. a. kämpfte er in der 2. Schlacht bei Kappel, in der der Schweizer Reformer Huldrych Zwingli als Feldprediger am 11. 10. 1531 ums Leben kam. Er wurde dann in seinem Heimatort zum Gemeinderat u. 1543 zum Landammann des Kantons gewählt. Er sehnte sich aber nach der Einsamkeit. Sobald es ihm gestattet war, entsagte er seinen öffentlichen Ämtern, nahm mit Einwilligung seiner Frau von ihr u. seinen beiden Töchtern Abschied u. begab sich in den Ranft (im Flüeli bei Sachseln, Kt. Obwalden) in die Hütte seines Großvaters, wo er 3 Jahre in Gebet u. Fasten zubrachte. Durch die ständigen Besucher gestört, ließ er sich auf seinem eigenen Grund u. Boden in Bettelruti ob Wolfenschießen nieder u. baute sich hier eine Hütte u. eine Kapelle. Auch hier kamen viele ratsuchende Menschen zu ihm, sogar die Seelen Abgeschiedener besuchten ihn u. baten um sein Gebet. † am 5. 3. 1559. Wegen der vielen Gebetserhörungen an seinem Grab wurden seine Gebeine am 12. 7. 1602 erhoben u. in der Kirche beigesetzt.
Gedächtnis: 5. März
Darstellung: in aschgrauer Kutte, mit Barett u. Stock
Lit.: Stadler I 660f

Konrad, Freiherr **von Seldenbüren** OSB, Sel.
Er entstammte dem Geschlecht derer von Seldenbüren (heute Sellenbüren, am Westfuß des Uetliberges, Kt. Zürich), einer der bedeutendsten Adelsfamilien des 10.–12. Jh.s. Anfang des 12. Jh.s stiftete er auf seinem Familienbesitz das Benediktinerkloster Engelberg (Kt. Obwalden), stattete es

reich aus u. erwarb 1124 päpstliche u. kaiserliche Privilegien für seine Gründung. Er selbst trat später als Laienbruder in dieses Kloster ein. Wahrscheinlich starben die Seldenbüren mit ihm aus. Während der Beilegung von Streitigkeiten wegen der Güter, die er dem Kloster geschenkt hatte, wurde er von einem Verwandten oder dessen Bediensteten am 2. 5. 1126 ermordet. Schon bald nach seinem Tod wurde er als Seliger verehrt.
Gedächtnis: 2. Mai
Darstellung: mit einer Keule
Lit.: A. Brackmann: AAB (1928) 10–18 28–32 – T. Schieß, Die ältesten Urkunden des Klosters Engelberg: ZSKG 35 (1941) 81–97 234–269 – F. Güterbock, Engelbergs Gründung u. erste Blüte (Zürich 1948) – P. Kläui, Die Freiherren von Sellenbüren: Zeitschr. f. Schweizer. Archäologie und Kunstgesch. 14 (Basel 1953) 68–82 83ff

Konrad (Kuno) I., Erzb. **von Trier,** Hl.
* um 1016 aus dem schwäbischen Adelsgeschlecht von Pfullingen (Württemberg). Er war Neffe des Erzb. ↗ Anno von Köln. Er war zuerst Dompropst in Köln u. wurde von Heinrich IV. zum Erzb. von Trier ernannt. Gegen seine Ernennung hatte sich jedoch in Trier eine Opposition formiert. Auf dem Weg zu seiner Inthronisation wurde er in Bitburg (in der Eifel) vom Grafen Theoderich, dem Schirmvogt von Trier, gefangengenommen u. nach Ürzig an der Mosel in ein Felsverlies gebracht. Dort wurde er am 1. 6. 1066 einen Felsen hinabgestürzt u. grausam ermordet. Bisch. Theoderich von Verdun, der in dieser Gegend Grundbesitz hatte, überführte seinen Leichnam am 23. Juli in die OSB-Abtei Tholey an der Saar.
Gedächtnis: 1. Juni
Lit.: G. Meyer von Knonau, Jahrbücher des Dt. Reiches unter Heinrich IV. u. Heinrich V., I (Leipzig 1890) 498–512 – N. Gladel, Die Trierer Erzbischöfe in der Zeit des Investiturstreites (Diss. Köln 1932) 1ff – H. Schlechte, Erbz. Bruno von Trier (Diss. Leipzig 1934) 67ff

Konrad Nantovin, Märt. **in Wolfratshausen,** Hl. (Conradus Nantuinus)
Er war ein Pilger unbekannter Herkunft. Der Burgvogt Ganther von Wolfratshausen b. München, ein berüchtigter Raubritter, wurde seiner ansichtig u. wollte seine Barschaft an sich bringen. Daher beschuldigte er den Fremden eines ungeheuerlichen Verbrechens u. ließ ihn auf dem Scheiterhaufen 1286 verbrennen. Über seinem Grab wurde eine Kapelle errichtet (jetzt Ortschaft St. Nantowin).
Gedächtnis: 7. August

Konrad (Kuno) **von Zähringen** OCist, Kard.-Bisch. von Porto u. S. Rufina, Sel. (Konrad von Urach)
* 1177/80 als Sohn des Grafen Egino IV. von Urach (südöstl. von Stuttgart) u. der Agnes, der Schwester des Grafen Berthold V. von Zähringen (Breisgau). Er erhielt seine Ausbildung in Lüttich (Belgien), wo sein Großonkel Bisch. war. Er selber wurde dort Domherr. 1199 trat er in Villers-en-Brabant dem Zisterzienserorden bei u. wurde 1209 Abt. Er u. sein Vorgänger, der Gründerabt Charles de Seyne (1197–1209), leiteten die Glanzzeit des Klosters ein. 1214 wurde er Abt von Clairvaux, 1217 von Cîteaux. Honorius III. zog ihn zu wichtigen kirchlichen Aufgaben heran. Als er 1219 in Angelegenheiten des Ordens in Rom weilte, wurde er zum Kard.-Bisch. von Porto u. S. Rufina ernannt u. erhielt 2 wichtige Missionen: die Bekehrung der Albigenser (wofür er 1220–23 wirkte) u. die Förderung des Kreuzzugsgedankens in Deutschland (1224–26). Allerdings hatte er hier wenig Erfolg. Sehr eifrig u. erfolgreich arbeitete er für die Hebung der Kirchen- u. Klosterzucht. 1226 kehrte er nach Rom zurück u. starb dort am 29. 9. 1227. Sein Leichnam wurde auf seinen Wunsch hin nach Clairvaux gebracht.
Gedächtnis: 29. September
Darstellung: mit leuchtenden Fingerspitzen
Lit.: S. Riezler, Geschichte des Hauses Fürstenberg (Tübingen 1883) 69–95 – M. Gloning (Augsburg 1901) – E. de Moreau, L'Abbaye Villers-en-Brabant (Brüssel 1908) 51–54 – Lenssen I 293ff – DHGE XIII 504ff (Lit.)

Konradin (Corradino) **von Brescia** OP, Sel.
Name: Weiterbildg. zu ital. Corrado (↗ Konrad)
* gegen Ende des 14. Jh.s in Bornato (Diöz. Brescia, Oberitalien). Er studierte in Padua u. trat dort 1419 dem Dominikanerorden bei. Er wurde Prior in verschiedenen Klöstern, zuletzt in Bologna, wo er den Aufständlern gegen die päpstliche Regierung energisch entgegentrat (Bologna gehörte

zum Kirchenstaat). Er wurde gefangengenommen u. zum Tod durch Verhungern verurteilt. Nach der Wiederherstellung des Friedens wollte ihn der Papst mit dem Kardinalspurpur belohnen, was er aber ablehnte. † am 1. 11. 1529.
Gedächtnis: 1. November

Konstantin I. d. G. (Gaius Flavius Valerius Constantinus), röm. Kaiser
Name: zu lat. constans, der Beständige
* um 285 in Naissus in Mösien (heute Nĭs, Serbien) als Sohn des Constantius Chlorus (293–306) u. der ↗ Helene. Seine Jugend verbrachte er am Hof Diokletians in Nikomedien (heute Izmid, östl. von Konstantinopel) u. heiratete 307 die Kaisertochter Fausta. Bei der Thronfolgeordnung 305 wurde er übergangen, jedoch nach dem Tod seines Vaters im britannischen Eboracum (heute York, England) von den röm. Truppen zum Augustus (Oberkaiser) ausgerufen. Nach dem Tod des Augustus Galerius († 311) u. in Kämpfen mit den Mitkaisern Maximian († 310), Maxentius († 312) u. Licinius († 324) machte er sich zum Alleinherrscher. Die für die Christenheit entscheidungsvollste Schlacht war die an der Milvischen Brücke (heute Ponte Milvio, Tiberbrücke im Norden Roms) am 28. 10. 312, in der er Maxentius vernichtend schlug. Der christliche Geschichtsschreiber Eusebius von Caesarea in Palästina († 339) berichtet, Konstantin selbst habe ihm erzählt, es sei ihm vor der Schlacht am Himmel über der Sonne ein Kreuz aus Licht erschienen mit der (griech.) Aufschrift „tuto nika" (lat. „in hoc vince" = „in diesem [Zeichen] siege"). Am Tag nach dieser Vision habe er eine Fahne (Feldzeichen, labarum) mit dem Christusmonogramm ☧ herstellen lassen. Der Kirchenschriftsteller Lactantius († nach 317) berichtet, Konstantin habe auf Grund einer Mahnung im Traum das himmlische Zeichen (Kreuz) an den Schilden der Soldaten anbringen lassen. Als Kaiser setzte Konstantin die christenfreundliche Politik seines Vaters fort. Das Toleranzedikt des Oberkaisers Galerius in Sardika (April 311) trägt auch seine Unterschrift. Seit Ende 312 machte er der Kirche reiche Schenkungen u. gewährte ihr Privilegien. Im Februar 313 einigte er sich mit Licinius in Mailand auf weitere Zugeständnisse (kein Edikt). Im Donatistenstreit in Afrika trat er für die kath. Kirche ein, zuerst durch Weisungen an die Beamten, dann durch Einberufung einer Synode nach Arles (314), schließlich mit Waffengewalt. Licinius, sein Mitkaiser im Osten, ging seit 320 hart gegen die Christen vor. Schon 316 war es zum Kampf zw. ihm u. Konstantin gekommen. Konstantin gewann durch seinen Sieg bei Chrysopolis (324) die Herrschaft auch über den Osten. Dieser Krieg hatte bereits den Charakter eines Religionskrieges. Im Streit um Arius berief er 325 ein allgem. Konzil nach Nikaia (Nicäa) ein. Auch im weiteren Verlauf der arianischen Streitigkeiten betätigte er sich als Friedensvermittler. Er griff aber stark in die Besetzung der Bischofsstühle u. in die Arbeit der Synoden ein. So verfügte er auch 335 die Verbannung des Bisch. ↗ Athanasius nach Trier. Er selbst bezeichnete sich als „Epískopos tōn ektós" (griech., „Aufseher, Bischof der äußeren Angelegenheiten") u. nahm damit im gesamten staatlichen Bereich eine Führungsaufgabe für sich in Anspruch, die den geistlichen Aufgaben der Bischöfe gleichrangig gegenüberstand. Damit führte er die alte heidnische Idee vom Kaiser als Pontifex Maximus („Oberster Priester") im christlichen Sinn weiter u. begründete so das Staatskirchentum im abendländischen Kaisertum, im Byzantinischen Reich u. im russischen Zarentum. Unter Schonung der bestehenden Staatsordnung nahm er die Christianisierung des öffentlichen Lebens in Angriff, setzte Christen in hohe Ämter ein u. gab seiner neuen Residenz Konstantinopel den christlichen Kult als Lebenselement. Das Christentum wurde Staatsreligion, doch wurde das alte Heidentum nicht verboten.
Konstantin war persönlich zweifellos von großem Machthunger erfüllt. Bis zum Kampf an der Milvischen Brücke hing er dem Sonnengott an, war aber dann von der christlichen Religion stark ergriffen. Davon zeugen alle seine Erlässe u. Briefe sowie die zahlreichen Kirchenbauten in Trier, Rom (Lateranbasilika, Petersbasilika), Jerusalem (Grabeskirche), Konstantinopel (Apostelkirche) u. a. In Verbindung mit der Apostelkirche bereitete er sich im Mausoleum

seine Grabstätte vor. Er starb am 21. 5. 337 in Achyron bei Nikomedien u. wurde in seinem Mausoleum inmitten der Gedenktafeln der 12 Apostel beigesetzt. Noch auf dem Sterbebett empfing er die Taufe. Er wird bei den Griechen als Heiliger verehrt.
Gedächtnis: 21. Mai
Darstellung: als röm. Kaiser mit Schwert u. Feldzeichen (labarum), Erscheinung des Kreuzes mit der Inschrift: In hoc signo vinces
Lit.: E. Schwartz, Kaiser Constantin u. die christl. Kirche (Leipzig-Berlin 1936²) – A. Kaniuth, Die Beisetzung Konstantins d. G. (Breslau 1941) – H. Dörries, Das Selbstzeugnis Kaiser Konstantins: AAG 34 (1954) – E. Ewig, Das Bild Konstantins d. G. in den ersten Jh.en des abendländischen Mittelalters: HJ 75 (1956) 1–46 – J. Vogt: RAC III 306–379 (Lit.) – L. Voelkl, Der Kaiser Konstantin (München 1957) – W. Kaegi, Vom Nachleben Constantins: Schweizer. Zeitschr. für Geschichte 8 (Zürich 1958) 289–326 – AnBoll 77 (1959) 63–107, 78 (1960) 5–17 – J. Vogt, Constantin d. G. und sein Jh. (München 1960²)

Konstantin ↗ Constantinus

Konstanze ↗ Constantia

Korbinian, Bisch. **von Freising,** Hl.
Name: wahrscheinlich aus dem Kelt., Bedeutung unklar
* um 680 in einem „vicus in regione Militonense", wahrscheinlich Arpajon (früher Châtres bei Melun, südl. von Paris). Seine Mutter Corbiniana war Keltin (Irin), sein Vater Waltekis ein Franke. Der Heilige erhielt in der Taufe den Namen seines Vaters, wurde aber später nach seiner Mutter stets Korbinian genannt. In seiner Jugend baute er sich in der Nähe seines Heimatortes bei einer Kapelle zum hl. Germanus eine Zelle u. lebte dort 14 Jahre als Einsiedler. Um 709/710 machte er eine Wallfahrt nach Rom. Unterwegs gründete er in Kains (Kuens) bei Mais (Meran, Südtirol) ein kleines Kloster mit eigener Regel. In Rom angekommen, wurde er vom Papst bewogen, sein Einsiedlerleben aufzugeben u. das Evangelium zu verkünden. Der Papst weihte ihn zum Bisch. u. sandte ihn als Glaubensboten ins Frankenreich zurück. Korbinian schlug auf Bitten des Herzogs Grimoald seinen Sitz in Freising bei München auf u. wurde so zum 1. Bischof von Freising. Von hier aus entfaltete er eine eifrige apostolische Wirksamkeit. Er hielt auch dem Herzog seine unrechte Verbindung mit Pilitrud (Plektrudis) vor. Dadurch zog er sich den Haß Pilitruds zu u. floh auf einige Jahre nach Kains, bis er von Grimoalds Nachfolger, Herzog Hugibert, wieder zurückgerufen wurde. † am 8. 9. 720/730. Seinem Wunsch gemäß wurde er in Mais begraben, seine Gebeine wurden jedoch am 20. 11. 769 nach Freising übertragen.
Liturgie: München-Freising H am 20. November (Hauptpatron der Diöz.), Bozen-Brixen g am 9. September; sonst: 8. September
Darstellung: als Bisch. mit Buch, Stab u. Kirche. Mit einem bepackten Bären (nach der Legende zerriß ein Bär das Maultier des Heiligen u. mußte dafür selbst das Gepäck des Heiligen nach Rom tragen)
Lit.: Monumenta Germ. Hist. Bd. 13 (Hannover 1920) – Wiss. Festgabe zum 1200jährigen Jubiläum des hl. Korbinian, hrsg. von J. Schlecht (München 1924) – Stammler-Langosch I 100–103, V 52 – H. Frank (Freising 1934) – Zimmermann III 32–36 – Bauerreiß I² 41ff u. ö. – B. Arnold (Freising 1951) – P. Stockmeier, Bavaria Sancta I (Regensburg 1970) 121–135

Kordula ↗ Cordula

Korinna (Corinna)
Name: a) zu griech. kóre (Jungfrau, Mädchen); so hieß jene griechische Lyrikerin des 5. Jh.s v. Chr., die im musischen Wettstreit den Dichter Pindar besiegt haben soll. – b) zu franz. Corinne, Weiterbildg. aus Cora (↗ Cordula)

Korona ↗ Corona

Körösy (Markus Stephan Crisinus) ↗ Märt. in Kaschau (S. 918)

Kosmas und Damianus (Danianos), Märt., Hll.
Namen: griech. Kosmãs: der Geschmückte; griech. Damianós: der Bezwinger
Sichere historische Nachrichten über ihr Leben u. Sterben fehlen. Die Überlieferung macht sie zu Zwillingsbrüdern u. Ärzten, die die Armen unentgeltlich behandelten (daher ihr Beiname Anárgyroi = „ohne Geld"). Sie hätten viele zum Christentum bekehrt. In der Verfolgung des Diokletian (um 305) seien sie unter dem Präfekten Lysias gefoltert, aus dem Kerker wunderbar

befreit u. schließlich enthauptet worden. Als Ort ihres Martyriums nennt der Archidiakon Theodosius (Palästinapilger um 530) Kyros in Syrien (heute Killiz), eine andere Überlieferung, die in zahlreichen griech., lat. u. syrischen Fassungen vorliegt, Aigai in Kilikien (heute Ajas, Südostkleinasien zw. Tarsus u. Antiochia). Ihre Verehrung war bereits um 500 weit verbreitet, ein Beweis für den historischen Kern ihrer Legende. Es wurden ihnen Kirchen erbaut, u. a. in Konstantinopel, Kyros u. in Pamphylien (Küstenlandschaft in Südwestkleinasien). In Rom weihte ihnen Papst Symmachus (498–514) in S. Maria Maggiore ein Oratorium, Papst Felix II. (526–530) baute 2 heidnische Tempel in eine Basilika „Cosma e Damiano" um. Die beiden Heiligen wurden auch in den Kanon der röm. Messe aufgenommen (↗ Kanonheilige). Im Mittelalter erfuhr ihr Kult wieder großen Aufschwung, bes. in den verkehrsreichen Hansestädten, wo immer wieder Epidemien ausbrachen u. man deshalb zu den heiligen Ärzten seine Zuflucht nahm. Um 850 brachte Bisch. ↗ Altfrid von Hildesheim Reliquien beider Märt. nach Deutschland, u. zwar in den Dom von Hildesheim und in das Kanonissenstift in Essen. Einige Reliquien kamen 965 nach Bremen u. von dort um 1400 nach München in die Residenz, von wo sie 1649 nach St. Michael übertragen wurden. ↗ Ärzte, hll.

Liturgie: GK g am 26. September (Essen: Patrone der Stadt H)

Darstellung: als jugendliche bartlose Ärzte in langer Robe mit Pelzbesatz u. Mütze, mit medizinischen Gläsern, Arzneibüchse, Salbenspatel, Instrumenten oder Schlangenstab, bzw. mit Mörser u. Stößel (als Apothekerpatrone)

Patrone: der Ammen, Ärzte, Apotheker, Chirurgen, der Kranken, der medizinischen Fakultäten, Drogisten; der Friseure, Krämer, Physiker, Zahnärzte, Zuckerbäcker

Lit.: L. Deubner (Leipzig 1907) – Dagegen: K. Lübeck: Katholik 88 (1908) 321–357 – P. Maas: ByZ 17 (1908) 604–609 – W. Weyh, Die syrische Kosmas-u.-Damian-Legende (Schweinfurt 1910) – Künstle II 390f – Bächtold-Stäubli II 107ff – H. Schnell, Der bayr. Barock (München 1936) 170 – Braun 439–442 – G. Schreiber: MThZ 9 (1958) 257–266

Kosmas ↗ Gomidas Keumurgian

Kostka ↗ Stanislaus Kostka

Kriemhilde (Kriemhild)
Name: aus ahd. grim (häßlich; Maske, Helm: um den Feind im Kampf zu erschrecken; vgl. dazu das über das Westgotische aus dem Span. rückentlehnte „Grimasse") + ahd. hilta, hiltja (Kampf): die Maskenkämpferin. Der Name ist bekannt durch die Gestalt aus der Nibelungensage.

Kümmernis (Kummernus, Ontcommer, Wilgefortis, Hülpe, Liberata, Eutropia, Caritas)
Sie ist eine mythologische Volksheilige, historische Nachrichten fehlen ganz. In Norddeutschland heißt sie „Sankt Hülpe" (heilige Hilfe), in den Niederlanden „Sankt Ontcommer" (die von Kummer Befreiende), im röm. Martyrologium seit 1506 „Wilgefortis". Sie wird als bärtige, mit einem langen Gewand bekleidete u. gekrönte Jungfrau am Kreuz abgebildet. Man weiß heute, daß dies auf umgedeutete u. mißverstandene Nachbildungen byzantinischer Kruzifixe zurückgeht, auf denen Christus als lang u. kostbar bekleideter, gekrönter Himmelskönig (Pantokrator) mit Bart erscheint. Das berühmteste von ihnen ist das große Schnitzbild des „Volto Santo" im Dom von Lucca (Toskana, Mittelitalien). Ihre Legende reicht in ihren Wurzeln bis in die Frühzeit der Christianisierung zurück u. war bes. im Hochmittelalter lebendig. Sie erinnert dabei deutlich an die Braut des Königs ↗ Oswald von Northumbrien in den zeitgenössischen Spielmannsepen. Die Legende u. der damit verbundene Kult ist zw. 1350 u. 1848 in ca. 1000 schriftlichen u. bildlichen Zeugnissen belegt, bes. in Holland, Norddeutschland, Rheinland, Franken, Böhmen, Bayern, Tirol, in der Schweiz u. in Südosteuropa. Danach war Kümmernis die Tochter eines heidnischen portugiesischen Königs, die alle heidnischen Prinzen, die um ihre Hand warben, zurückwies, weil sie sich Christus verlobt hatte. Da ließ sie der erzürnte Vater in den Kerker werfen (oder: in eine Wildnis verstoßen). Dort kam ihr Christus auf ihr Gebet hin zu Hilfe u. entstellte ihr Gesicht durch einen Bart. Darauf ließ sie der erzürnte Vater ans Kreuz schlagen, damit sie

so ihrem gekreuzigten Christus auch hierin ähnlich sei. Ihre Verehrung (20. Juli) wurde im 18. Jh. eingeschränkt u. ist heute erloschen.

Lit.: K. v. Spies: Marksteine der Volkskunde 2 (Berlin 1942) 191–242 – Ders., Zwei neuaufgedeckte Volto-santo-Kümmernis-Fresken . . .: Österr. Zeitschr. für Volkskunde 54 (Wien 1951) 9ff 124–142 – L. Kretzenbacher, St. Kümmernis in Innerösterreich: Zeitschr. des hist. Vereins für Steiermark 44 (Graz 1953) 128–159 – A. Dörrer, St. Kümmernis als bräutliches Seitenstück zum hl. König Oswald der Spielmannsepik (Innsbruck 1962)

Kunera, Märt. in Rhenen, Hl. (Kennera)
Ihr Name findet sich erstmals im 12. Jh. Nach der Legende war sie eine der Begleiterinnen der hl. ↗ Ursula. Sie sei von einem „König von Rhenen" gerettet worden. Dessen Frau habe sie später, angeblich im Jahr 451, in Rhenen bei Utrecht aus Eifersucht erdrosselt. Bisch. ↗ Willibrord von Utrecht († 739) soll ihre Gebeine erhoben haben.
Gedächtnis: 12. Juni
Lit.: ActaSS Iun. II (1698) 557–572 – E. Lagerwey (Assen 1955)

Kuniald ↗ Chuniald

Kunibert, Bisch. **von Köln,** Hl.
Name: ahd. kunni, chunni (Sippe, Geschlecht) + beraht (glänzend, berühmt): der im Geschlecht Berühmte
* 590/600 aus vornehmer fränkischer Familie in der Moselgegend. Er wurde Archidiakon in Trier und wahrscheinlich 623 Bisch. von Köln. Er war der vertraute Ratgeber der fränkischen Könige Dagobert I., des Hausmeiers Pippin d. Ä. u. Erzieher des unmündigen ↗ Sigibert III. Er reorganisierte die Diöz. u. war überaus wohltätig u. gründete caritative Einrichtungen. Kirchen u. Klöstern machte er reiche Stiftungen. † am 12. 11. um 663. Er wurde in der von ihm (?) erbauten Kirche St. Clemens (später St. Kunibert) in Köln beigesetzt.
Liturgie: Köln G, Trier g am 12. November
Darstellung: als Bisch. mit Kirchenmodell, über ihm eine Taube
Lit.: M. Coens: AnBoll 47 (1929) 338–367, 56 (1938) 370–382 – Braun 446 – E. Ewig, Trier im Merowingerreich (Trier 1954) 323

Kunigunde von Andechs, Sel. (Kunissa)
Name: ahd. kunni (Sippe, Geschlecht) + gund (Kampf): die für die Sippe Kämpfende
Sie war die Witwe des Grafen Friedrich von Andechs (beim Ammersee, Oberbayern). Sie baute das nach den Ungarneinfällen zerstörte Augustiner-Chorherrenstift Dießen am Ammersee im Jahr 1013 neu auf. † 1020. Ihre Gebeine wurden 1466 u. 1739 erhoben.
Gedächtnis: 7. März

Kunigunde, Kaiserin, Hl.
Sie war die Tochter des Grafen Siegfried von Lützelburg (Luxemburg) u. wurde 998/1000 Gemahlin des späteren Kaisers ↗ Heinrich II. des Heiligen. Mit ihm wurde sie 1002 von Erzb. ↗ Willigis von Mainz in Paderborn zur Königin u. 1014 von Papst Benedikt VIII. in Rom zur Kaiserin gekrönt. Sie nahm an den Regierungsgeschäften Heinrichs regen Anteil u. war wiederholt seine Statthalterin während seiner oftmaligen Abwesenheit. Mit ihm gründete sie 1007 das Bistum Bamberg u. erbaute den Dom, 1017 stiftete sie das Benediktinerinnenkloster Kaufungen (heute Oberkaufungen bei Kassel, Hessen), wo sie nach dem Tod ihres Mannes nach einjähriger Witwenschaft 1025 als Nonne eintrat. † am 3. 3. 1033 in Kaufungen. Heiliggesprochen am 29. 3. 1200. Ihre Gebeine wurden am 9. 9. 1201 in den Bamberger Dom übertragen. Vor 1199 entstand von einem unbekannten Autor ihre überwiegend legendarische Vita. Vor allem wurde die kinderlose Ehe des Herrscherpaares als eine vollständige Josephsehe gedeutet. Ein anderes Legendenmotiv ist die von dem angeblichen Gottesurteil, bei dem Kunigunde zum Beweis ihrer unversehrten Jungfräulichkeit über 12 glühende Pflugscharen gehen mußte.
Liturgie: RK g am 13. Juli (mit Heinrich II). Bamberg: Patronin der Diöz. H am 3. März
Darstellung: mit Kaiserkrone u. Kirchenmodell. Pflugschar neben ihr (Gottesurteil). Als Nonne mit Buch
Lit.: S. Hirsch, Jahrbücher des dt. Reiches unter Heinrich II., 3 Bde. (Berlin 1862–75) – J. P. Toussaint, Geschichte der hl. Kunigunde von Luxemburg (Passau 1901) – G. Ulrich (Saarbrücken 1954) – R. Klauser, Der Heinrichs- u. Kunigundenkult im mittelalterlichen Bistum Bamberg (Bamberg 1957) (Lit.)

Kunigunde von Polen ↗ Kinga

Kunigunde, Jungfr. **in Rapperswil,** Hl.
Sie war eine Jungfrau aus unbekannter Zeit. Nach der mittelalterlichen Legende gehörte sie zu den Gefährtinnen der hl. ↗ Ursula. Zus. mit Mechtundis, Wigbrandis u. ↗ Chrischona soll sie eine Wallfahrt nach Rom gemacht u. auf dem Rückweg in Augst bei Basel (Schweiz) erkrankt sein. Sie sei nach Rapperswil am Zürichsee gegangen u. dort gestorben. Kard. Raimondo Peraudi erhob am 16. 6. 1504 ihre Gebeine in Rapperswil u. die der Hll. Mechtundis u. Wigbrandis in Eichsel bei Rheinfelden. Noch heute werden Wallfahrten u. Reliquienprozessionen zu ihrem Grab abgehalten.
Gedächtnis: 16. Juni
Lit.: ActaSS Iun. III (1701) 114–142

Kunihild OSB, Äbtissin **in Ordruf,** Hl. (Gunthilde)
Name: ahd. kunni (Geschlecht, Sippe) + hilta, hiltja (Kampf): die für die Sippe Kämpfende
Nach dem Tod ihres Gatten wurde sie Benediktinerin im Kloster Wimborne (Grafsch. Dorset, Südengland) u. begleitete 748 die hl. ↗ Lioba nach Thüringen. Dort wurde sie Äbtissin im Kloster Ordruf bei Gotha. † um 760.
Gedächtnis: 8. Dezember

Kuno OSB, Mönch **in Einsiedeln,** Hl.
Name: Kf. von ↗ Konrad u. anderen Namen, die mit Kuni- gebildet sind
Er war der Sohn des hl. ↗ Gerold u. wurde Benediktiner im Kloster Einsiedeln (Schweiz). † Ende des 10. oder Anfang des 11. Jh.s.
Gedächtnis: 19. April

Kuno ↗ Konrad I., Erzb. von Trier

Kunoald ↗ Chuniald

Kunz, Kf. zu ↗ Konrad

Kunzewitsch ↗ Josaphat Kunzewitsch

Kurt, Kf. zu ↗ Konrad

Kuthbert OSB, Bisch. **von Lindisfarne,** Hl. (Cuthbert)
Name: der 1. Bestandteil Chud- ist unbekannter Bedeutung, vielleicht zu germ. godaz (gut, trefflich); -bert von ahd. beraht (glänzend, berühmt)
Er war Benediktinermönch u. Priester im Kloster Melrose (Schottland) u. wurde dann Prior im Kloster Lindisfarne auf Holy Island (Insel an der Ostküste Nordenglands), wo er rastlos das Evangelium verkündete u. den alten Volksaberglauben auszurotten trachtete. Er zog sich nach einigen Jahren in die Einöde auf dem benachbarten Farne Island zurück, wurde aber auf den Bischofsstuhl von Hexam (Nordengland) u. später von Lindisfarne berufen. 2 Jahre vor seinem Tod kehrte er wieder auf die Insel Farne zurück. † 687.
Gedächtnis: 20. März
Darstellung: mit einem wilden Schwan oder mit Fischottern, die ihn bedienen, über ihm eine Feuersäule
Patron: der Hirten (weil er als Knabe die Schafe hütete), der Seeleute (er soll in der Einsamkeit auf Farne das Meer beruhigt haben)

Kyrill ↗ Cyrillus

Kyros u. Johannes, Hll.
Name: altpers. kurusch (Hirte), hebr. koresch, griech. Kyros (hier: Macht, Gewalt), lat. Cyrus. Der Name ist bekannt vor allem durch Kyros II. d. G. (559–529 v. Chr.), den Begründer des altpers. Weltreiches, der 538 die Juden aus der Babylonischen Gefangenschaft heimziehen ließ.
Über die beiden ist nichts bekannt. Bisch. Kyrillos (↗ Cyrillus) von Alexandria übertrug ihre Gebeine aus der Markus-Basilika in Alexandria nach Menuthis (heute Abukir) in eine eigene Kirche, um den dortigen Kult der Isis Medica (die heilende Isis) zu verdrängen. Dies dürfte dazu geführt haben, daß diese Heiligen sehr bald unter die hll. ↗ Ärzte gezählt wurden u. als sog. Anárgyroi (die die Kranken „ohne Geld" behandelten) hohes Ansehen genossen. Nach der Legende war Kyros (Abbakyros, Vater Kyros) zuerst Arzt, dann Mönch u. wurde zus. mit dem Soldaten Johannes unter Diokletian in Alexandria enthauptet. Patr. ↗ Sophronios von Jerusalem berichtet, er selbst sei in Menuthis von einem Augenleiden geheilt worden u. fügte zu den 3 kur-

zen Reden, die Kyrillos bei der Übertragung der Reliquien gehalten hatte, einen Bericht über 70 Wunderheilungen am Grab der beiden bei. Reliquien kamen später nach S. Passera an der Via Portuensis in Rom; die Kirche in Menuthis verfiel nach der arabischen Eroberung.
Gedächtnis: 31. Jänner (Translation: 28. Juni)
Lit.: R. Herzog, Der Kampf um den Kult von Menuthis: Pisciculi (Festschr. F. J. Dölger) (München 1939) 117–124 (Quellen)

L

Labouré ↗ Katharina Labouré

Labre ↗ Benedikt Joseph Labre

Ladislaus (Wladislaw) **von Gielnów** OMin, Sel.
Name: latinisierte F., zu poln. wladza (Macht, Herrschaft)
* 1440 in Gielnów (35 km südöstl. von Tomaszów, Polen). Er trat 1462 der polnischen Bernhardinerprovinz der Franziskaner-Konventualen (Minoriten) bei (die Franziskaner von der regulierten Observanz nannten sich nach dem hl. ↗ Bernhardin von Siena „Bernhardiner"; bes. in Polen verbreitet) u. wirkte als Volksprediger. 1487 wurde er Provinzial u. gründete als solcher neue Observantenklöster, u. a. das Kloster in Polock (Weißrußland, 100 km vor der litauischen Grenze), das zum Mittelpunkt der Mission in Litauen wurde. Er trat auch als Dichter hervor u. förderte dadurch die Verehrung des Leidens Christi u. der Gottesmutter. † am 4. 5. 1505 in Warschau. Seliggesprochen 1750.
Gedächtnis: 4. Mai
Patron: von Polen, Litauen, Warschau (Benedikt XIV. 1753)
Lit.: ActaSS Maii I (1680) 550–616 – ECatt VII 798

Ladislaus (László) I., König **von Ungarn,** Hl.
* um 1040 als Sohn des Königs Béla I. von Ungarn. Nach dem Tod seines Bruders Géza I. wurde er 1077 zum König ausgerufen, ließ sich aber nicht krönen. Schon vorher hatte er schwere Kämpfe nach innen u. außen zu bestehen: Mehrere aufständische Herzöge strebten nach der Macht, bes. der abgesetzte König Salomo, den er bekriegte u. mit dem er sich 1063 zeitweilig aussöhnte. Salomo erhob sich erneut 1070 u. wiederum 1074/75. Diesmal hatte er sich mit Heinrich IV. verbündet, um mit dessen Hilfe an die Macht zu kommen. Erst 1077 verzichtete er auf Drängen ↗ Gregors VII. zugunsten von Ladislaus auf den Thron. Ladislaus kämpfte auch die heidnischen Kumanen (Turkvolk nördl. des Schwarzen Meeres) nieder, die 1071/72 das Land verwüsteten. Als König konnte er das schwer gefährdete Werk König Stephans I. wieder festigen u. vollenden. Durch strenge Gesetze stellte er die christliche Staatsordnung u. die öffentliche Sicherheit wieder her. Die Gregorianische Reform (↗ Gregor VII.) setzte sich in seinem Reich noch nicht durch, doch unterstützte er im Investiturstreit den Papst u. Rudolf von Schwaben (statt des abgesetzten Heinrich IV. in Forchheim gewählt u. 1080 von Gregor VII. anerkannt). Ladislaus gründete 1090 das Bistum Agram (Kroatien). 1091 schlug er die Petschenegen (den Kumanen verwandtes Volk nördl. des Kaspischen Meeres) u. verlegte 1092 den verwüsteten Bischofssitz Bihar (von Stephan I. gegründet) nach Großwardein (Rumänien). Er erwirkte 1083 die Heiligsprechung ↗ Stephans I., ↗ Emmerichs u. ↗ Gerhards von Csanád. † am 29. 7. 1095 bei Neutra (Slowakei), heiliggesprochen 1192. Sein Grab in der von ihm erbauten Kathedrale von Großwardein wurde zum Zentrum seines Kultes im Mittelalter.
Gedächtnis: 29. Juli
Darstellung: als König in Rüstung, meist mit Streitaxt
Lit.: RA 26 (1920) 315–327 – P. Váczy, Die erste Epoche des ungar. Königtums (Pécs 1935) – B. Hóman, Geschichte des ungar. Mittelalters I (Berlin 1940)

Laetus, Märt. **zu Provins,** Hl. (St-Lié)
Name: lat., der Fröhliche
Er war ein 14jähriger Knabe, der von Verwandten gotteslästerliche Reden u. unzüchtige Anträge zu erdulden hatte. Als er ihnen dies mit großem Freimut verwies, wurde er von ihnen in der Landschaft Brie Champenoise (Nordfrankreich) zw. Provins u. Sigy ermordet. † am 2. 7. 1169. Seine Gebeine wurden 1200 feierlich erhoben.
Gedächtnis: 2. Juli
Patron: der Weber (da seine Eltern Weber waren)

Lambert (Lantbert) OSB, Bisch. **von Lyon,** Hl.
Name: ahd. lant (Land) + beraht (glänzend, berühmt): der im Land Berühmte
Er stammte aus der Gegend von Thérouanne (Dep. Pas-de-Calais, Nordfrankreich) aus austrasischem Hochadel u. war zuerst ein Dienstmann Chlothars III. Er wurde Benediktinermönch in Fontenelle bei Caudebec-en-Caux (westl. von Rouen, Nordfrankreich) u. wurde dort 668 (vielleicht auch früher) Abt als Nachfolger des hl. ↗ Wandregisel. 678 wurde er zum Bisch. von Lyon ernannt. † 688 in Lyon.
Gedächtnis: 14. April
Lit.: ActaSS Apr. II (1675) 215–220 – AnBoll 17 (1898) 280ff

Lambert, Bisch. **von Maastricht,** Märt., Hl.
* nach 625 in Maastricht (Niederlande) als Sohn reicher Eltern. Er war Schüler des Bisch. ↗ Theodard von Maastricht u. wurde nach dessen Ermordung um 672 zu seinem Nachfolger gewählt u. von König Childerich II. bestätigt. Nach der Ermordung Childerichs 675 wurde er vom Hausmeier Ebroin abgesetzt u. in das Kloster Stablo (Stavelot, südöstl. von Lüttich) verbannt, wo er 7 Jahre lebte. Nach dem Sturz Ebroins durch Pippin d. M. konnte er wieder auf seinen Bischofsstuhl zurückkehren. Nun ordnete er die verworrenen kirchlichen Verhältnisse in seiner Diözese u. organisierte die Mission in Nordbrabant. In seiner Verteidigung der Immunitätsrechte der Kirche gegenüber der Staatsgewalt geriet er in Streit mit dem Grafen Dodo. Als einmal 2 Dienstmannen Dodos ohne Wissen Lamberts in Lüttich ermordet wurden, ließ Dodo den Bischof durch gedungene Meuchelmörder in dessen Wohnung zu Lüttich am 17. 8. 705/706 erdolchen. Da Lambert sich nicht verteidigte, sondern betend den Todesstreich empfing, wurde er vom Volk bald als Martyrer verehrt. Über dem Ort seines Todes wurde bald mit dem Bau einer Kirche begonnen. Sein Leichnam wurde nach Maastricht übertragen, später aber vom hl. ↗ Hubert anläßlich der Verlegung des Bischofssitzes wieder nach Lüttich zurückgebracht. Eine Kopfreliquie ist seit Ende des 12. Jh.s im Münster zu Freiburg i. Br. Die Reliquien in Lüttich wurden mitsamt dem prunkvollen Mausoleum in der Franz. Revolution 1794 vernichtet. Er wurde im ganzen Frankenreich u. wird heute noch bes. in Westfalen u. Holland verehrt.
Liturgie: RK g am 18. September
Darstellung: als Bischof, kniend, von Lanze oder Wurfspieß durchbohrt. Feurige Kohlen im Rochett zum Altar tragend
Patron: der Bandagisten, Bauern, Chirurgen, Zahnärzte
Lit.: Essen 20–53 – Künstle II 394f – DACL IX 623ff, X 955–963 – Manitius III Reg. – Bächtold-Stäubli V 889f – Zimmermann III 71–74 – AnBoll 74 (1956) 514ff – M. Zender, Räume u. Schichten mittelalterl. Heiligenverehrung . . . (Düsseldorf 1959) 27–40

Lambert OESA, Propst **von Neuwerk,** Sel.
Er wurde 1. Propst des Augustiner-Eremitenstiftes Neuwerk bei Halle/Saale, welches 1114/16 durch Erzb. Adalgoz von Magdeburg gegründet u. mit Chorherren aus Reichersberg (Oberösterreich) besetzt worden war. Lambert war mit Erzb. ↗ Konrad I. von Salzburg befreundet. † 1123.
Gedächtnis: 9. Februar
Lit.: H. Bresslau, Lambert von Neuwerk: NA 41 (1919) 579–594 – E. Rundnagel, Die Chronik des Petersberges bei Halle (Halle 1929) – H.-J. Mrusek, Halle (Leipzig 1961)

Landelin OSB, Abt **von Lobbes u. St-Crespin,** Hl. (Landolin)
Name: Weiterbildung von Lando. Dies wiederum ist eine Abkürzung von Namen, die mit ahd. „lant" (Land) gebildet sind wie ↗ Lambert, Landfried, Landoald u. a.
Er stammte aus adeliger fränkischer Familie. Nach den späteren legendären Viten wurde er von einem Altersgenossen zu ju-

gendlichem Leichtsinn verführt u. lebte als Raubritter. Durch Bisch. ↗ Autbertus von Cambrai bekehrt, machte er 3 Wallfahrten nach Rom u. wurde dann Priester, später Benediktinermönch. Er gründete die Klöster Lobbes bei Thuin (im belgischen Hennegau) u. St-Crespin, wahrscheinlich auch Aulne (Diöz. Tournai) u. Wallers-en-Fagne, die er als Abt leitete. † 686 (707?).
Gedächtnis: 15. Juni
Darstellung: er sieht die Seele eines Räubergenossen in die Hölle fahren
Lit.: Essen 126–133 – J. Warichez, L'abbaye de Lobbes (Löwen 1909) 5ff – K. Strecker: NA 50 (1935) 135–158 – Zimmermann II 313ff

Landelin, Einsiedler **in der Ortenau** Märt., Hl. (Landolin)
Er lebte als Einsiedler bei Ettenheimmünster in der Ortenau (nördl. von Freiburg/B.) zu Anfang des 7. Jh.s u. war vielleicht einer der ersten Mönche dieses Klosters. Die sehr späte Legende berichtet von seiner Ermordung durch einen heidnischen Jäger, weshalb er als Märtyrer verehrt wird. Sein Grab ist im benachbarten Münchweier.
Liturgie: Freiburg/B. g am 22. September
Darstellung: mit Krone u. Fürstenmantel
Lit.: ActasSS Sept. VI (1757) 182f – Zimmermann III 91 – Braun 451f – J. van der Straeten: AnBoll 73 (1955) 66–118

Landfried OSB, Abt **von Benediktbeuern,** Sel.
Name: ahd. lant (Land) + fridu (Schutz vor Waffengewalt): Schützer des Landes
Bei der Bistumsorganisation des hl. ↗ Bonifatius wurde das Kloster Benediktbeuern als bischöfliches Eigenkloster von Staffelsee u. Augsburg 739/740 gegründet. Landfried wurde dort 1. Abt. Mit seinen Brüdern Waldram u. Eliland (Elland) gründete er auch die Klöster Schlehdorf, Staffelsee u. Sandau, mit seiner Schwester Hailwindis (Gailwindis) das Frauenkloster Kochelsee. † 808. Seine Brüder folgten ihm als Äbte nach.
Gedächtnis: 10. Juni

Landoald, Erzpriester **in Gent,** Hl.
Name: ahd. lant (Land) + walt (zu waltan = walten, herrschen): der im Land Herrschende
Nach der historisch nicht zuverlässigen Vita des Heriger von Lobbes († 1007) stammte er aus einer lombardischen Familie, war röm. Presbyter u. wurde von Papst Honorius I. vor 638 mit ↗ Amandus, dem Apostel der Belgier, in das Grenzgebiet Franken-Friesland gesandt. Landoald wirkte bes. im Hasbengau (Landsch. nordwestl. der Maas, bei Namur-Lüttich). † 668 in Wintershoven bei Maastricht. Seine Gebeine wurden 980 nach St-Bavo in Gent (oder Blandinienberg) übertragen.
Gedächtnis: 19. März
Lit.: ActaSS Mart. III (1668) 34–47 – O. Holder-Egger: Hist. Aufsätze, dem Andenken an G. Waitz gewidmet (Hannover 1886) 622–665

Landrada, Äbtissin **von Münster-Bilsen,** Hl.
Name: ahd. lant (Land) + rat (Rat, Berater): Beraterin des Landes
Sie lebte zuerst als Einsiedlerin u. erbaute dann die Kirche u. das Kloster Münster-Bilsen (Belgisch-Limburg); sie wurde dort die 1. Äbtissin. Nach der legendären Vita aus dem 12. Jh. wird sie fälschlicherweise als Enkelin Pippins d. Ä. bezeichnet. † um 690. Ihre Gebeine wurden bald nach ihrem Tod nach Wintershoven, 980 nach St-Bavo in Gent übertragen. Sie wird in den Diöz. Gent u. Lüttich noch heute verehrt.
Gedächtnis: 8. Juli
Darstellung: in Hirtenkleidung
Lit.: ActaSS Iul. II (1721) 619–629 – AnBoll 4 (1885) 192ff – A. O. Stracke: OGE 7 (1933) 423–434 – Zimmermann II 418ff

Landrich (Landry), Abt **von Soignies u. Hautmont,** Hl. (Landerich)
Name: ahd. lant (Land) + rihhi (Herrscher, Fürst): Landesfürst
Er war der Sohn des hl. Grafen ↗ Vinzenz Madelgar u. der hl. ↗ Waldetrud. Seine Geschwister waren ↗ Dentelin, ↗ Adeltrud u. ↗ Madelberta. Er leistete zuerst Kriegsdienst u. wurde später Kleriker u. Bisch. von Metz. Er entsagte seinem Amt u. wurde Mönch, dann Abt in den Klöstern Soignies (flämisch Zinnik, Belgisch-Hennegau) u. Hautmont (Franz.-Hennegau), die sein Vater gegründet hatte. Er ging später nach Meltburch (heute Melsbroeck) bei Brüssel u. wirkte als Missionsbischof in der Gegend von Brüssel. † am 17. 4. um 730 (?). Seine Gebeine ruhen in der Kollegiatskirche von Soignies.

Gedächtnis: 17. April
Darstellung: als Bisch. mit Rasiermesser auf einem Buch (bezogen auf seine Tonsur)
Lit.: Essen 288–291 – Zimmermann II 64 66 – Baudot-Chaussin IV 413 f

Landulf, Bisch. **von Évreux,** Hl. (franz. Laud)
Name: ahd. lant (Land) + wolf (Wolf; dieses Tier war den Germanen heilig u. galt wegen seiner Angriffslust als Symbol des kämpferischen Mutes)
Er erhob die Gebeine seines Vorgängers ↗ Taurinus u. erbaute zu seiner Ehre eine Kirche, wo bald die Benediktinerabtei St-Taurin in Evreux (Normandie) entstand. † vor 614.
Gedächtnis: 13. August
Lit.: ActaSS Aug. III (1737) 96 – J.-B. Mesnel, Les saints du diocèse d'Évreux (Évreux 1914/15) Faszikel 1 u. 3

Lanfranc OSB, Erzb. **von Canterbury,** Sel. (Landofrank, Landofrancus)
Name: ahd. lant (Land) + franc (kühn, frei; davon der Stammesname der Franken): der Kühne im Land
* um 1005 in Pavia (Lombardei) als Sohn des Stadtsenators Hambald. Er studierte in Pavia u. Bologna u. war zunächst in Pavia ein gefeierter Lehrer der Rechtswissenschaften. Um 1035 verließ er (vermutlich aus politischen Gründen) die Heimat u. eröffnete in Avranches (Normandie) eine Schule. 1042 geriet er in einem Wald bei Rouen durch Räuber in Lebensgefahr u. machte das Gelübde, Mönch zu werden. So schloß er sich dem hl. ↗ Herluin an, der in Bec bei Rouen eben erst sein Kloster gegründet hatte. Er wurde dort 1045 Prior u. Leiter der neugegründeten Schule, die er bald zu höchstem Ansehen führte. Seine Haupttätigkeit lag jetzt auf dem Gebiet der Theologie u. des kanonischen Rechtes. Seine bedeutendsten Schüler waren ↗ Anselm von Canterbury, ↗ Ivo von Chartres u. Anselm I. von Lucca, der später als Papst Alexander II. die Gregorianische Kirchenreform (↗ Gregor VII.) einleitete. Im Abendmahlstreit trat er gegen Berengar von Tours auf u. nahm auch an den Synoden von Rom u. Vercelli (1050) teil, die Berengar verurteilten. In diesen Jahren hatte er auch Beziehungen zu den Reformkreisen um Mönch Hildebrand von Cluny, dem späteren Papst Gregor VII. Mit Wilhelm I. von England (dem Eroberer, Herzog der Normandie) verband ihn dauernde Freundschaft, seit er 1053 die päpstliche Dispens für dessen Ehe mit Mathilde von Flandern (einer nahen Verwandten) erreichte. Lanfranc wurde 1063 Abt im Kloster St. Stephan in Caen, das Wilhelm I. zur Buße gegründet hatte. 1070 wurde er Erzb. von Canterbury. Als solcher reformierte er das kirchliche u. klösterliche Leben seiner Diözese. Die Reformabsichten Gregors VII. konnten sich aber wegen der kirchenpolitischen Haltung Wilhelms I. in England kaum durchsetzen. Lanfranc verstand es aber, die Kirche Englands aus ihrer Isolierung herauszuführen, insbes. sie mit dem franz.-normannischen Kirchen- u. Geistesleben zu verschmelzen. Nach dem Tod Wilhelms I. (1087) hatte er zunehmend Schwierigkeiten mit dessen Nachfolger Wilhelm II. Rufus, die unter Lanfrancs Nachfolger ↗ Anselm von Canterbury in einen offenen Konflikt ausbrachen. Lanfranc starb am 28. 5. 1089 in Canterbury.
Gedächtnis: 28. Mai
Darstellung: als Bischof mit Monstranz und Teufel
Lit.: Grabmann SM I 225–230 – Manitius III 79–86 – Zimmermann II 394 ff – H. Wolter, Ordericus Vitalis (Wiesbaden 1955) 247 (Reg.) – N. F. Cantor, Church, Kingship and Lay Investiture in England 1089–1135 (Princeton 1958)

Lantbert, Bisch. **von Freising,** Hl. (Landpert)
Name: ahd. lant (Land) + beraht (glänzend, berühmt): der im Land Berühmte (vgl. ↗ Lambert)
Er entstammte dem Grafengeschlecht von Ebersberg (östl. von München) u. wurde 937 Bisch. von Freising bei München. Seine Regierung fällt in die schwierige Zeit der Ungarneinfälle u. der innerdeutschen Erhebungen gegen Otto I. d. G., mit dem er befreundet war. Der Überlieferung zufolge rettete er 955 durch sein Gebet den Freisinger Dom vor der Einäscherung durch die Magyaren. † 957. Seine Gebeine ruhen in der Lantbertkrypta des Freisinger Domes.
Liturgie: München-Freising G am 18. September
Darstellung: betend vor der Domkirche
Lit.: J. A. Fischer (München 1959) (Lit., Quellen)

Largus, Märt. **zu Rom,** Hl.
Name: lat., der Freigebige, Willige
Er starb wohl in der Verfolgung des Diokletian um 305 als einer der Gefährten des hl. ↗ Cyriacus.
Gedächtnis: 8. August

Lars, nord. F. von ↗ Laurentius

La Salle ↗ Johann Bapt. de La Salle

László (ungar.) ↗ Ladislaus I., König von Ungarn

Laudomar, Abt **von Corbion,** Hl.
Name: ahd. hlūt (laut) + mar (berühmt): der weithin Berühmte
* bei Chartres (südwestl. von Paris). Er war zuerst Hirte u. wurde Priester u. Einsiedler. Um 570 gründete er das Kloster Corbion bei Chartres u. war dort Abt bis zu seinem Tod. † um 590 in Chartres. Seine Gebeine kamen 595 nach Corbion u. wurden im 9. Jh. nach Le Mans, 874 nach Blois (Dep. Loire-et-Cher) übertragen. Dort wurde 924 das Kloster St-Laumer errichtet.
Gedächtnis: 19. Jänner
Lit.: AnBoll 24 (1905) 90 – GallChrist VIII 1350–1353 – Zimmermann I 104

Laura, Äbtissin, Märt. **zu Cordoba,** Hl.
Name: weibl. Kf. zu ↗ Laurentius (Kf. Lore)
Nach dem Tod ihres Mannes u. ihrer 2 Töchter trat sie in das Kloster St. Maria de Cuteclara in Cordoba (Spanien) ein, wo sie 855 Äbtissin wurde. Sie wurde am 19. 10. 864 von den Mauren um ihres Glaubens willen enthauptet.
Gedächtnis: 19. Oktober

Laurentius von Brindisi OFMCap, Kirchenlehrer, Hl. (bürgerl. Giulio Cesare Russo)
Name: lat., Mann aus Laurentum (alte Stadt der Latiner südl. von Rom in der Nähe der Küste, heute Castel Porciano. Der Sage nach landete Äneas bei Laurentum, als er von Troja nach Italien fuhr). Der Name Laurentius wurde schon in alter Zeit in volkstümlicher Anlehnung an lat. laurus (Lorbeer) zu „der Lorbeer-Gekränzte" umgedeutet. (Kf. Lorenz, Lenz)
* am 22. 7. 1559 in Brindisi (Süditalien). Er war zuerst Schüler u. Oblate der Franziskaner-Konventualen u. trat 1575 der venetianischen Provinz des Kapuzinerordens bei. Er studierte in Padua u. wurde dann Lektor der Theologie in Venedig. Daneben wirkte er als überaus erfolgreicher Prediger, wobei er sich bes. auch für die Juden einsetzte. Hervorstechend an ihm waren sein vorbildliches Leben, sein Seeleneifer, aber auch seine gründliche Bildung, Rednergabe u. sein Sprachentalent. Bald rückte er in höhere Ordensämter auf: Er war Provinzial in der Toskana (1590–92), in Venedig (1594–96), in der Schweiz (1598) u. in Genua (1613–16). Das Amt des Generaldefinitors (Visitator, Vertreter des Generalobern) bekleidete er in den Jahren 1596, 1599, 1613 u. 1618. Er war Generaloberer von 1602–1605. Er führte in Österreich u. Deutschland den Kapuzinerorden ein u. weilte dazu in Böhmen (1599–1602), Tirol u. Bayern (1611–12), in Wien gründete er 1600 das dortige Kapuzinerkloster.
Seine Bedeutung reichte aber weit über seinen Orden hinaus. Wesentlichen Anteil hatte er am Sieg von Stuhlweißenburg gegen die Türken am 11. 10. 1601: Er hatte den Auftrag, die dt. Fürsten zum Kampf gegen die Türken aufzurufen. Man brachte wirklich ein Heer zusammen, dem sich Laurentius anschloß u. als Feldgeistlicher zu Pferd die Soldaten aufmunterte. Er half auch Maximilian I. von Bayern bei der Durchsetzung kirchlicher Rechte in Kaufbeuren (1604) u. Donauwörth (1607) sowie bei der Aufstellung der Liga der kath. Fürsten Deutschlands zur Erhaltung des Reichslandfriedens, des Reichsreligionsrechtes u. zum Schutz der kath. Religion. 1609 reiste er in dieser Angelegenheit an den spanischen Hof. Auch in Italien wirkte er in wichtigen diplomatischen Missionen. Während deren letzter starb er in Lissabon am 22. 7. 1619 u. wurde in Villafranca del Bierzo (Diöz. Astorga, Nordwest-Spanien) begraben. Seliggesprochen 1783, heiliggesprochen 1881, zum Kirchenlehrer ernannt am 19. 3. 1959.
Seine Werke (15 Bände) sind zum größten Teil Predigten, die sich durch Reichtum u. Gediegenheit der kath. Lehre in engstem Anschluß an die Hl. Schrift auszeichnen.

Bes. seine Marienpredigten bieten eine vollständige Mariologie, die sich vom Grundprinzip der Gottesmutterschaft her aufbaut.
Liturgie: RK g am 21. Juli
Darstellung: als Kapuziner, das Jesuskind erscheint ihm während der Messe
Patron: der Kapuziner
Lit.: A. Eisler, Apostel, Diplomat u. Feldherr (Linz 1927) – Arturo M. (Basso) da Carmignano (krit. Biogr.): Miscellanea Laurentiana (Padua 1960–61, dt. Paderborn 1960)

Laurentius OSB, Erzb. **von Canterbury,** Hl.
Er kam mit dem hl. ↗ Augustinus nach England u. brachte 601 weitere Mönche aus dem Andreaskloster in Rom in die englische Mission u. überbrachte gleichzeitig das erzbischöfliche Pallium aus der Hand Gregors I. d. G. an Augustinus. 605 folgte er ihm als Erzb. von Canterbury. Er hatte aber große Schwierigkeiten mit den keltischen Bischöfen (Streit um das Osterdatum) u. dem zum Heidentum zurückgefallenen König Edward. † am 2. 2. 619.
Gedächtnis: 2. Februar
Lit.: Zimmermann I 155 ff – S. Brechter, Die Quellen zur Angelsachsenmission Gregors d. G. (Münster 1941) (Reg.)

Laurentius, Erzb. **von Dublin,** Hl. (irisch Lorcan Ua Tuathail, engl. Lawrence O'Toole)
* 1128 in der heutigen Grafschaft Kildare (südwestl. von Dublin) aus der fürstlichen Familie der O'Tuathail. Mit 10 Jahren kam er als Geisel zu König Dermod von Leinster, da sich sein Vater mit diesem aussöhnen wollte, doch wurde er hier sehr hart behandelt. Mit 12 Jahren besuchte er die Schule des Klosters Glendalough bei Wicklow (Irland), er trat dort als Mönch ein u. wurde 1154 Abt. 1161 wurde er zum Erzb. von Dublin gewählt. Als solcher förderte er die Reform der irischen Kirche nach festländischem Vorbild. Auf dem 3. Laterankonzil (1179) wurde er zum päpstlichen Legaten in Irland ernannt. Gegen Ende seines Lebens ging er in die Normandie, wo Heinrich II. von England Familienzwistigkeiten auszufechten hatte, um zw. ihm u. Roderic, dem letzten König von Irland, den Frieden zu vermitteln. Er starb im Chorherrenstift Eu (Normandie) am 14. 11. 1180, heiliggesprochen 1225.
Gedächtnis: 14. November
Lit.: J. F. O'Doherty, Laurentius von Dublin u. das irische Normannentum (Diss. München 1933) – A. Gwynn (London 1950)

Laurentius (Lorenzo) **Giustiniani** CRSA, Patr. von Venedig, Hl. (lat. Justiniani)
* am 1. 7. 1381 in Venedig aus dem berühmten Adelsgeschlecht der Giustiniani. Er wurde 1400 Augustiner-Chorherr in Venedig, 1406 Prior und 1413 1. Generaloberer der neugegründeten Chorherren-Kongregation vom hl. Georg in Alga (Venedig), deren Konstitutionen er verfaßte. 1433 wurde er (letzter) Bisch. der Insel Castello, 1451 Bisch. von Venedig. Gleichzeitig wurde der Patriarchensitz von Grado (Inselstädtchen bei Triest) nach Venedig übertragen, wodurch Laurentius 1. Patriarch von Venedig wurde. Er lebte in großer Frömmigkeit u. strenger Aszese, hatte großen seelsorglichen Eifer u. war ein großer Wohltäter der Armen. Er verfaßte mehrere aszetische Abhandlungen. Wie der hl. ↗ Antonius von Florenz war er ein Vorarbeiter der großen Kirchenreform im 15. Jh. † am 8. 1. 1455 in Venedig. Sein Grab ist in S. Giorgio. Seliggesprochen 1524, heiliggesprochen 1690.
Gedächtnis: 8. Jänner
Darstellung: mit Buch. Almosen austeilend
Lit.: Vita v. seinem Neffen Bernardo Giustiniani: ActaSS Ian. I (1643) 551–563 – P. La Fantaine, Il primo patriarca di Venezia, 2 Bde. (Venedig 1928) – ECatt VII 1553ff

Laurentius Loricatus OSB, Sel.
* in Fanello bei Foggia (Apulien, Unteritalien). Er hatte als Soldat unabsichtlich einen Menschen erschlagen u. machte eine Bußwallfahrt nach Santiago de Compostela (Nordwest-Spanien), wurde dann Benediktiner im Kloster Subiaco (östl. von Rom) u. lebte von 1210 an in einer Höhle bei Subiaco als Einsiedler unter härtesten Bußübungen bis zu seinem Tod. Den Beinamen Loricatus erhielt er von seinem eisernen Bü-ßerhemd (lat. lorica = Panzerhemd, Kettenhemd). † am 16. 8. 1243 in Subiaco. Seine Gebeine ruhen in Sacro Speco. Kult bestätigt 1778.
Gedächtnis: 16. August

Lit.: ActaSS Aug. III (1737) 302–309 – W. Gnandt, Vita S. Cleridonae virginis, B. Laurentii anachoretae ... (Innsbruck 1902) 55–133 – Baudot-Chaussin VIII 292ff

Laurentius de Maschi OFM, Sel. (Laurentius von Villamagna)
* am 15. 5. 1476 in Villamagna bei Chieti (Abruzzen, Mittelitalien) aus adeliger Familie. Mit 16 oder 17 Jahren wurde er Franziskaner im Kloster S. Maria delle Grazie in Ortona u. wurde ein berühmter Kanzelredner. Er war ein Mann tiefen Gebetslebens u. großer Bußstrenge. Er besaß die Gabe der Prophetie (er sagte den Türkenüberfall u. den eigenen Tod voraus). † am 6. 6. 1535 in Ortona. Sein Grab ist in der dortigen Klosterkirche. Kult bestätigt am 28. 2. 1923.
Gedächtnis: 6. Juni
Lit.: AAS 15 (1923) 170–173 – G. D'Agostino (Lanciano 1923)

Laurentius, Diakon, Märt. **in Rom,** Hl.
↗ Cyprian von Karthago († 14. 9. 258) erwähnt in seinem 80. Brief das Martyrium des Papstes ↗ Sixtus II., der mit 4 Diakonen unter Kaiser Valerian am 6. 8. 258 während des Gottesdienstes im Cömeterium des Calixtus enthauptet wurde. Von Laurentius ist hier noch nicht die Rede. Erstmals Ende des 4. Jh.s wird Laurentius Archidiakon des Papstes Sixtus II. genannt, der einige Tage nach dem Papst hingerichtet worden sei. Die Laurentius-Überlieferung, die in der Folgezeit immer weiter ausgestaltet wurde, geht in ihrer Wurzel bis auf Prudentius (christl. Dichter in Spanien, † nach 405), ↗ Damasus I. († 384) u. bes. auf ↗ Ambrosius († 397) zurück u. ist mindestens teilweise unhistorisch. Danach führte Sixtus II. auf seinem Gang zur Richtstätte ein Abschiedsgespräch mit seinem Archidiakon Laurentius u. ermahnte ihn, sein nahe bevorstehendes Martyrium standhaft auf sich zu nehmen. Kaiser Valerian, der die Schätze der Kirche an sich bringen wollte, habe Laurentius 3 Tage Zeit gewährt, sie herbeizuschaffen. Laurentius verteilte daraufhin das ganze Geld der Kirche an die Notleidenden u. führte am 3. Tag alle Armen, Blinden und Lahmen als die wahren „Schätze" der Kirche vor den Kaiser. Dieser fühlte sich verhöhnt u. ließ Laurentius auf einem glühenden Rost zu Tode brennen. In den Flammen soll Laurentius zum Henker gesagt haben: „Der Braten ist schon fertig, dreh ihn um und iß!"
Aus dieser Legende schöpft der Liber Pontificalis (eine Papstgeschichte in Biographien, 1. Redaktion wohl 530/532): Danach habe Laurentius einige Tage nach Sixtus II., am 10. August 258, mit weiteren 4 Klerikern das Martyrium erlitten. Die spätere Legende fügt noch weitere Einzelheiten hinzu, z. B. daß er spanischer Herkunft gewesen sei. Papst Sixtus II. habe ihn auf dem Weg zu einem Konzil in Toledo (das 1. fand erst 589 statt!) kennengelernt u. ihn nach Rom mitgenommen. – Wegen der relativ spät einsetzenden Überlieferung dürfte Laurentius nicht unter Valerian, sondern vielleicht erst unter Diokletian (um 305) gestorben sein (so Hertling-Kirschbaum). Dann hätte die spätere Überlieferung Sixtus II. u. Laurentius zeitlich zusammengelegt. Tatsache aber ist, daß Laurentius schon zu Anfang des 4. Jh.s zu den berühmtesten und meistverehrten röm. Märtyrern zählte. Sein Fest am 10. August wurde bereits vor 354 gefeiert u. war nach Peter u. Paul das höchste der altröm. Liturgie. Es bildete sogar den Mittelpunkt eines eigenen Festkreises (3 Sonntage vor u. 5 Sonntage nach Laurentius), es hatte seit dem 4. Jh. eine Vigil u. seit ca. 600 eine Oktav. Seit dem 4. Jh. steht sein Name im Meßkanon (↗ Kanonheilige). Sein Grab im Cömeterium an der Via Tiburtina war eine der meistbesuchten Wallfahrtsstätten Roms. Die dortige Basilika S. Lorenzo fuori le mura, von Kaiser Konstantin d. G. errichtet u. seither mehrmals umgebaut, ist noch heute eine der 7 Hauptkirchen Roms. Daneben gibt es noch ca. 30 andere Laurentius-Kirchen. Von Rom aus verbreitete sich sein Kult über das ganze Abendland, es gibt auch eine griech. Übersetzung seiner Passio. Ungeachtet der historischen Ungenauigkeit ist dies ein Beweis für die reale Existenz dieses Heiligen. Neuen Aufschwung erhielt sein Kult nach dem Sieg Ottos I. über die Ungarn in der Schlacht auf dem Lechfeld bei Augsburg am 10. 8. 955 (an einem Laurentiustag), da man diesen Sieg diesem Heiligen zuschrieb. Später erfocht Philipp II. von Spanien am 10. 8. 1557 einen Sieg über die Franzosen u. gab in Erinnerung daran dem von ihm er-

bauten Königsschloß, dem Escorial, einen rostförmigen Umriß. In Verbindung mit der legendären spanischen Abstammung verstärkte sich die Verehrung des hl. Laurentius auch in Spanien. Die Volkstümlichkeit des Heiligen drückt sich auch in manch anderer Legende aus, etwa daß er jeden Freitag aus dem Paradies ins Fegfeuer herabsteige u. eine Seele befreie. Der Volksmund nennt die Sternschnuppen um den 11. August („Perseiden“: scheinbarer Ausstrahlungspunkt im Sternbild Perseus) „Tränen des hl. Laurentius“.
Liturgie: GF F am 10. August
Darstellung: als Diakon mit Rost, Evangelienbuch u. Kreuz, Almosen austeilend (Geldbeutel); Märtyrerpalme
Patron: der Armen Seelen im Fegfeuer, der Schüler, Studenten, der Armen, Verwalter, Bibliothekare (weil er als Diakon die Kirchenbücher in Verwaltung hatte) u. aller Berufe, die in irgendeiner Weise mit Feuer zu tun haben: der Bierbrauer, der Feuerwehr, der Glaser, Köche, Kuchenbäcker, Wäscherinnen, Wirte; der Weinberge
Lit.: ActaSS Aug. II (1751) 485–532 (Legende) – Künstle II 396ff – Bächtold-Stäubli V 942–1033 – Krautheimer: RivAC 11 (1934) 285–334 (Gesch. der Basilika) – W. Frankl – E. Josi – R. Krautheimer: RivAC 26 (1950) 9–48 (Gesch. der Basilika) – L. Bruhns, Die Kunst der Stadt Rom (Wien 1951) 172ff

Lauretta, ital. Verkl.-F. zu ↗ Laura (franz. Laurette)

Laurids (dän.) ↗ Laurentius (eingedeutscht Lauritz)

Laval ↗ Jakob Laval

Lawrence (engl.) ↗ Laurentius

Lazarus der Arme
Name: hebr. el-hazar (Gott hat geholfen), daraus griech. Eleazár (so hieß z. B. der Schriftgelehrte, der sich in vorgerücktem Alter unter Antiochus Epiphanes weigerte, Schweinefleisch zu essen u. dafür gemartert wurde: 2 Makk 6, 18–31). Die hebr. Kf. lazar wurde zu griech. Lázaros.
Er ist die Gestalt im Gleichnis Jesu vom reichen Prasser u. dem armen Lazarus (Lk 16,19–31), der nach seinem armseligen Tod vor der Tür des Reichen von Engeln in den Schoß Abrahams getragen wird. Obwohl es sich hier offenkundig um eine von Jesus selbst erfundene Person handelt, wurde dieser Lazarus im Mittelalter als Patron der Bettler u. Armen, bes. auch der Aussätzigen verehrt. Von ihm leitet sich unser „Lazarett“ ab.

Lazarus von Bethanien, Hl.
Einzig das Johannesevangelium erwähnt ihn mehrmals. Er stammte aus Bethanien, einem Dorf am östl. Abhang des Ölberges bei Jerusalem, u. war der Bruder der ↗ Maria u. der ↗ Martha (Joh 11,1–2). Jesus war mit dieser Familie befreundet u. kehrte öfters bei ihr ein (Mk 11,11 u. ö.). In der ungemein eindrucksvollen Schilderung seiner Auferweckung, die Jesus selbst bis ins Innerste erschütterte, will der Evangelist die Macht Jesu über den Tod, gerade auch über den eigenen, aufzeigen (Joh 11,1–44). Dieses Wunder bewirkte eine Scheidung der Geister: Die einen glaubten an Jesus, die anderen meldeten es den Pharisäern, die nun Jesu Tod beschlossen (Joh 11,45–57), ja sogar auch Lazarus töten wollten (Joh 12,10–11).
Über sein weiteres Leben ist keine glaubwürdige Nachricht erhalten. Eine Legende aus dem 11./12. Jh. läßt Lazarus mit seinen Schwestern in die Provence (Südfrankreich) kommen, wo er Bisch. von Marseille geworden sei. Dort habe man im 9. Jh. seine Reliquien gefunden. Auch das ehemalige Benediktinerinnenstift Andlau (Unterelsaß) will seit dem 11. Jh. Reliquien von ihm besitzen. Diese Überlieferung beruht jedoch auf einer Verwechslung mit dem gleichnamigen Bisch. von Aix aus dem 5. Jh.
In Erinnerung an ihn hieß Bethanien (hebr. bet-hani = Haus des Ananja) schon im 4. Jh. Lazarium, woraus sich der heutige arabische Name el-Hazarije entwickelte. Das angebliche Grab des Lazarus ist zus. mit einer Kirche ebenfalls seit dem 4. Jh. bezeugt. Es entspricht einer jüdischen Grabanlage (Felsengrab), könnte also authentisch sein. Seit dem 4. Jh. wird am Samstag vor dem Palmsonntag eine Prozession von Jerusalem nach Bethanien abgehalten. Die Ostkirche feiert noch heute an diesem Tag sein Gedächtnis. In Mailand u. Spanien beging man sein Fest am 5. Fastensonntag, in Gal-

lien am Palmsonntag. Später (Martyrologium Romanum) verlegte man es auf den 17. Dezember.
Gedächtnis: 17. Dezember
Darstellung: Auferweckungsszene: Lazarus, in Tücher gehüllt, aus der Grabhöhle kommend. Auch als Bischof (von Marseille)
Patron: der Totengräber; der Leprosenhäuser
Lit.: D. Baldi, Enchiridion locorum sanctorum (Jerusalem 1935) 451–480 – W. Wilkens, Die Erweckung des Lazarus: ThZ 15 (1959) 22–39

Lazarus (Lazaros) **von Konstantinopel,** Hl.
Er war Mönch u. Priester in Konstantinopel u. ein begehrter Ikonenmaler. Im byzantinischen Bilderstreit wurde er unter Kaiser Theophilos (829–842) eingekerkert u. gefoltert, jedoch nach Fürsprache von dessen Gemahlin Theodora wieder freigelassen. † um 870.
Gedächtnis: 23. Februar (Griechen: 17. November)

Lazarus (Lazaros) **der Stylit,** Hl.
Er war zuerst Mönch in einem Kloster in Attaleia (heute Antalya, an der Südwestküste Kleinasiens). Er pilgerte ins Hl. Land, trat als Mönch in das Sabaskloster bei Jerusalem ein u. wurde dort zum Priester geweiht. Nach seiner Rückkehr bestieg er bei Ephesus (Westküste Kleinasiens) eine Säule u. zog sich 7 Jahre später in das Galesiongebirge bei Magnesia zurück, wo er weitere 41 Jahre als Stylit lebte. Kaiser Konstantinos IX. Monachos richtete einige Briefe an ihn. Lazaros gründete 3 Klöster mit eigener Regel, von denen das Theotokoskloster („Kloster zur Gottesmutter") bis ins 16. Jh. bestand. † 1054
Gedächtnis: 7. November
Lit.: ActaSS Nov. III (1910) 502–608 – Dölger Reg 855 920 922 – BHG^3 979–980e

Lea, Witwe **in Rom,** Hl.
Name: hebr. le'ah, Wildkuh oder Schlange. So hieß die von ihrem Vater Laban zuerst unterschobene Frau Jakobs (Gen 29,16ff)
Sie war eine vornehme junge Witwe, entsagte aber dem gesellschaftlichen Leben u. gehörte dem Kreis frommer, gebildeter Frauen um ↗ Hieronymus an, der sich im Patrizierhaus der Marcella auf dem Aventin sammelte u. den sie als „mater virginum" („Mutter der Jungfrauen") leitete. † 384.
Gedächtnis: 22. März
Patronin: der Witwen
Lit.: A. Penna, S. Gerolamo (Turin 1949) 77f 82 90

Leander OSB, Erzb. **von Sevilla,** Hl.
Name: griech. laós (Volk) + anēr (Mann): Mann aus dem Volk
* um 540 in Cartagena (an der Küste Südostspaniens) als Sohn des röm. Militärpräfekten Severianus. Er flüchtete mit seinen Eltern u. seinen Geschwistern ↗ Florentina, Fulgentius u. ↗ Isidor (von Sevilla) vor den byzantinischen Behörden in das westgotische Sevilla (Südwestspanien), wurde dort Benediktinermönch u. 577/578 Erzbischof. Auf der Nationalsynode von Toledo (589) konnte er den arianischen Westgotenkönig Rekkared mit seinen Adeligen u. seinem Klerus in die kath. Kirche aufnehmen. Überhaupt machte er sich bes. verdient um die Bekehrung der arianischen Westgoten. Er schrieb 2 kleinere Schriften „Gegen die Arianer" (heute verloren) sowie „De laudibus et triumpho Ecclesiae" („Lobpreisung und Triumph der Kirche") u. „De institutione virginum et contemptu mundi" (eine Schrift über die Frauenorden). † am 13. 3. 600 in Sevilla.
Gedächtnis: 13. März
Darstellung: mit Buch u. Feder, bzw. mit seinen 3 Geschwistern
Lit.: Bardenhewer V 391–394 – Madoz 103–108

Lebuin, Hl. (Liafwin, Liebwin, Livinus)
Name: ahd. liob (lieb) + wini (Freund)
Er war gebürtiger Angelsachse u. kam um 770 zu Bisch. ↗ Gregor von Utrecht, der ihn zur Missionierung der Friesen sandte. So predigte er im Ijssel-Gebiet (Niederlande) u. versuchte auch zu den Sachsen zu gelangen. In Deventer erbaute er die 1. Kirche. Er starb um 780 zu Deventer u. wurde vom hl. ↗ Liudger bestattet. In St-Bavo (Gent) wird er als hl. Livinus verehrt.
Gedächtnis: 12. November
Darstellung: als Priester im Meßkleid, mit Buch, Stab oder Kreuzfahne
Lit.: AnBoll 34–35 (1915–16) 306–330 – A. Hofmeister: Geschichtl. Studien (Festschr. A. Hauck) (Leipzig 1916) 85–107 – AnBoll 70 (1952) 285–305 – Zimmermann III 286–289

Le Clerc ↗ Maria Theresia von Jesus

Ledochowska ↗ Maria Theresia Ledochowska

Leif
Name: zu norw. leiv (Erbschaft): Erbe, Sohn. Der Name ist bekannt durch den norw. Seefahrer Leif Eriksson, der sich um 1000 auf einer Fahrt nach Grönland an die Küste Nordamerikas verirrte („Vinland", wahrsch. Neuschottland).

Lellis ↗ Camillus von Lellis

Lena, Kf. zu ↗ Helene, ↗ Magdalena

Lennart (schwed.) ↗ Leonhard

Lenz, Kf. zu ↗ Laurentius

Leo I. OSB, Abt **von La Cava,** Hl.
Name: lat., Löwe
Er stammte aus Lucca (Toskana, Mittelitalien). Er trat unter dem Gründerabt Alferius im Kloster zu La Cava bei Salerno (Unteritalien) als Benediktiner ein u. wurde 1050 dessen Nachfolger. Er brachte das Kloster zu hoher Blüte u. entfaltete eine reiche karitative Tätigkeit. Mit Herzog Gisulf II. von Salerno stand er in guten Beziehungen. Im hohen Alter sträubte er sich gegen die Einführung der Consuetudines von ↗ Cluny u. legte seine Abtwürde zurück. † 12. 7. 1079. Kult 1893 bestätigt.
Gedächtnis: 12. Juli
Lit.: P. Lugano, L'Italia benedittina (Rom 1929) 160–164 – La badia della ss. Trinità di Cava (La Cava 1942) 11–15 – C. de Stefano, Liceo-Ginnasio pareggiato della badia di Cava, Cronaca 1951–52 (La Cava 1952) 3–25

Leo II. OSB, Abt **von La Cava,** Sel.
Er wurde 1268 Abt in La Cava (↗ Leo I. OSB). Seinem Kloster sicherte er eine ruhige Entwicklung u. großen künstlerischen u. wissenschaftlichen Aufschwung. Er stand in enger Beziehung zu Gregor IX. u. Honorius IV. u. nahm am Konzil von Lyon (1274) teil. † 19. 8. 1295. Kult bestätigt am 16. 5. 1928.
Gedächtnis: 19. August
Lit.: P. Lugano, L'Italia benedittina (Rom 1929) 186ff – I santi padri Cavensi (La Cava 1932) 48–51 – Zimmermann II 592f 595

Leo Ignatius Mangin SJ (s. Märt. in China S. 877ff)

Leo I. d. G., Papst, Kirchenlehrer, Hl.
Er stammte aus der Toskana (Mittelitalien) u. war Archidiakon unter ↗ Cölestin I. Als solcher veranlaßte er ↗ Johannes Cassianus zu seiner Schrift „De incarnatione Domini" (über die Menschwerdung des Herrn") gegen Nestorius. Als er gerade auf einer Gesandtschaftsreise in Gallien weilte, wurde er zum Papst gewählt u. am 29. 4. 440 in Rom zum Priester u. Bischof geweiht. Als Papst war er ein entschiedener Hüter der Rechtgläubigkeit gegen die Pelagianer u. Manichäer in Italien, die Priscillianisten in Spanien u. die Monophysiten u. Eutychianer im Osten. Gegen diese verteidigte er in seinem berühmten dogmatischen Schreiben an den Patriarchen Flabianos von Konstantinopel (449) die 2 Naturen (die göttliche u. die menschliche) in Christus. Auf dem Konzil von Chalkedon (451) ließ er sich durch Legaten vertreten. Er verwarf dort den Kanon 28 des Konzils, der den Rang des Patriarchen von Konstantinopel erhöhen sollte. Er mühte sich um die Wahrung der kirchlichen Disziplin u. war durchdrungen von der Primitialgewalt des röm. Bischofs als des Nachfolgers des hl. Petrus. In diesem Sinn griff er auch ordnend in die hierarchischen Verhältnisse in Nordafrika, Gallien u. Illyrien ein. Allerdings gab er im Interesse des Friedens u. der Einheit der Kirche im Osterfeststreit gegenüber den Patriarchen ↗ Kyrillos u. Proterios von Alexandria nach. In Konstantinopel setzte er einen ständigen Gesandten u. Geschäftsträger (Apokrisiar) ein, um einen Vertreter am dortigen Kaiserhof u. einen Verbindungsmann der dortigen Kirche zu haben. Vom weströmischen Kaiser Valentinian III. erlangte er 445 die uneingeschränkte Anerkennung des Jurisdiktionsprimates des röm. Bisch. von seiten des Staates.
Den gegen Italien anstürmenden Barbaren trat Leo I. mutig u. erfolgreich entgegen: Er reiste 452 dem Hunnenkönig Attila bis Mantua entgegen u. konnte ihn von der Verwüstung Italiens abhalten. Er trat auch dem Vandalenkönig Geiserich entgegen. Wenngleich er eine 14tägige Plünderung

Roms durch die Vandalen dulden mußte, so erreichte er doch wenigstens die Schonung der Stadt vor Mord u. Brand.
Die von ihm erhaltenen Briefe u. fast 100 Predigten zeichnen sich aus durch Klarheit der Gedanken u. Prägnanz des Ausdrucks u. weisen ihn als kraftvollen geistlichen Redner aus. Das sog. Sacramentarium Leonianum, das älteste erhaltene röm. Meßbuch, wurde früher fälschlich Leo I. zugeschrieben. Es entstand um 550 außerhalb Roms als Sammlung liturgischer Texte. Der Autor arbeitete auch nicht für Rom, verwendete aber weitgehend röm. liturgische Texte, von denen mehrere von Leo I. stammen.
Leo I. starb am 10. 11. 461. Er wurde 1754 zum ↗ Kirchenlehrer ernannt.
Liturgie: GK G am 10. November
Darstellung: mit Papstkreuz, Tiara u. Evangelienbuch. Auch mit einem Drachen (als Retter Roms vor Attila)
Patron: der Musiker, Sänger
Lit.: Pauly-Wissowa XII 1962–1973 – Caspar I 462–564 – Seppelt I² 175–210 – Altaner⁶ 320–324

Leo II., Papst, Hl.
Er stammte aus Sizilien. Gewählt wurde er wohl noch vor Dezember 681, wurde aber erst am 17. 8. 682 geweiht, nachdem der oströmische Kaiser Konstantinos IV. Pogonatos seine Wahl gebilligt hatte. Er bestätigte die Beschlüsse des 3. Konzils von Konstantinopel (681–682). Dieses Konzil, auf Initiative Konstantinos' IV. zustande gekommen, verurteilte die Lehre der Monotheleten (in Christus gibt es nur einen göttlichen, keinen menschlichen Willen) u. auch Honorius I. (625–638), der die ganze Frage nach einem oder zwei Willen in Christus als „Wortgezänk" beiseite geschoben hatte. Leo II. verurteilte Honorius I. nicht als Häretiker, sondern räumte ihm ein, daß er es nur verabsäumt habe, die Lehre der Kirche rein u. unversehrt zu erhalten (Honorius-Frage). Leo II. übersetzte die Konzilsakten ins Lateinische u. übersandte sie mit einem Begleitschreiben an die spanischen Bischöfe. Er war hoch gebildet, umsichtig u. sehr auf den innerkirchlichen Frieden u. auf einen gedeihlichen Ausgleich mit dem kaiserlichen Reichskirchenregiment bedacht. Er restaurierte die Kirche S. Sabina u. baute für die Griechen in Rom die Kirche S. Giorgio. † am 3. 7. 683.
Gedächtnis: 3. Juli
Lit.: Caspar II 610–619 624f – Haller I² 338–342 545ff – Seppelt II² 75ff 428f

Leo III., Papst, Hl.
Man weiß kaum etwas über seine Herkunft, Erziehung u. Laufbahn, nur daß er seit früher Jugend im engeren Dienst der röm. Kirche stand. Man kennt auch nicht die näheren Umstände u. Motive zu seiner Wahl als Nachfolger Hadrians I. Jedenfalls wurde er am Begräbnistag seines Vorgängers am 26. 12. 795 einstimmig gewählt. Er zeigte seine Wahl sofort dem Frankenkönig Karl d. Gr. an u. übersandte ihm als symbolische Geschenke die Schlüssel zum Grab des hl. Petrus u. ein Banner der Stadt Rom. Diese Wahlanzeige u. die Geschenke hatten ihren Grund in seiner unsicheren Stellung als Papst in Rom. Die Anhänger seines Vorgängers erhoben schwere (aber haltlose) Anschuldigungen moralischer Art gegen ihn, ja er wurde sogar bei einer öffentlichen Prozession 799 überfallen u. mißhandelt. Daher suchte Leo III. Karl d. G. noch im selben Jahr in Paderborn auf u. bat um seine Hilfe. Karl d. G. entließ den Papst mit einem sicheren Geleit nach Rom u. kam selbst 800 dorthin, um die Ruhe u. Ordnung wiederherzustellen. Kurz vor Weihnachten 800 hielt er Gericht über die Verschwörer. Die für die Zukunft folgenreichste Tat Leos III. ist die Krönung Karls d. G. zum röm. Kaiser am 25. 12. 800. † am 12. 6. 816.
Liturgie: Paderborn g am 12. Juni
Lit.: Schubert KG 340–368 – P. E. Schramm, Die Anerkennung Karls d. G. als Kaiser (München 1952) 30–67 – J. Deér: Schweizer Beitr. zur allg. Gesch. 50 (Bern 1957) 5–63 – H. Beumann: Festschr. E. E. Stengel (Münster-Köln 1952) 157–180 – Seppelt II² 184–199 – W. Ohnsorge, Abendland u. Byzanz (Darmstadt 1958) passim – W. Ullmann, Die Machtstellung des Papsttums im Mittelalter (dt. Graz-Wien-Köln 1960) 134–178

Leo IV., Papst, OSB, Hl.
Er war der Sohn des Römers Raduald u. wurde Benediktinermönch. Gregor IV. spendete ihm die Subdiakonatsweihe, Sergius II. weihte ihn zum Priester u. ernannte ihn zum Kardinal-Priester. Mit Rücksicht auf die akute Sarazenengefahr wurde er ohne vorherige Zustimmung Kaiser Lothars I.

gewählt u. am 10. 4. 847 zum Bisch. von Rom geweiht. Er war ein tüchtiger u. energischer Papst u. schützte nach dem verheerenden Sarazeneneinfall von 846 mit Lothars I. Hilfe die Stadt Rom u. die Küsten mit militärischen Befestigungen u. verbesserte die Stadtmauern. Die zerstörte Hafenstadt Centumcellae (Civitavecchia) ließ er als „Leopolis" wieder aufbauen. Stets war er um die Abwehr der Araber bemüht. Der große Seesieg über die Sarazenen vor Ostia 849 wurde seinem Gebet zugeschrieben. Den ausgeraubten Basiliken gab er neuen Schmuck. Mit Kaiser Lothar I. u. dessen Sohn Ludwig II., die ihre Vorrechte im Kirchenstaat wahren wollten, gab es allerdings manche Zwistigkeiten. † am 17. 7. 855.

Gedächtnis: 17. Juli

Lit.: Haller II² 31ff 41 51–54 62–66 524–529 – Seppelt II² 223–230

Leo IX., Papst, Hl.

* am 21. 6. 1002 in Egisheim bei Kolmar (Elsaß) als Bruno Graf von Egisheim u. Dagsburg. Er war Kleriker am Hof Kaiser Konrads II. und wurde 1026 Bisch. von Toul (Nordost-Frankreich). Als solcher wirkte er in zahlreichen Klöstern als eifriger Wegbereiter für die Reform von ↗ Cluny u. hielt viele Synoden ab. Von seinem Vetter Kaiser Heinrich III. als Papst gewünscht, zog er mit Mönch Hildebrand, dem späteren Papst ↗ Gregor VII., nach Rom u. wurde dort durch Akklamation von Klerus u. Volk am 12. 2. 1049 zum Papst gewählt. Im Sinn der Reform von Cluny führte er einen energischen Kampf gegen Simonie, Laieninvestitur u. Priesterehe u. zog große Männer an die Kurie in Rom, u. a. Humbert von Silva Candida, Hugo von Reviremont u. Friedrich von Lüttich (den späteren Stephan IX.) u. gab damit dem Kardinalskollegium erstmals einen universellen Charakter. Er hielt 12 Synoden ab, u. a. im Lateran, in Pavia, Reims, Mainz, Salerno, Siponto u. Mantua. Auf der Ostersynode zu Vercelli (1050) verurteilte er im Abendmahlsstreit erstmals die Eucharistielehre des Berengar von Tours (symbolisch-spiritualistische Auffassung von der Eucharistie: leugnete u. a. die Wesensverwandlung der Gestalten u. die reale Gegenwart Christi). Leo IX. reorganisierte die päpstliche Verwaltung nach dem Muster der kaiserlichen Kanzlei u. unterstellte zahlreiche Klöster dem päpstlichen Schutz gegenüber der staatlichen Gewalt, ohne indes dem dt. Königtum damit vor den Kopf zu stoßen. Vor den einfallenden Normannen suchte er bei Heinrich III. Schutz, das versprochene Reichsheer wurde aber durch den Einspruch des Kanzlers Gebhard von Eichstätt zurückgehalten u. Leo IX. von den Normannen am 18. 6. 1053 gefangengenommen, aber ehrenvoll behandelt. Er kehrte am 12. 3. 1054 todkrank zurück u. starb am 19. 4. 1054.

Der Pontifikat Leos IX. ist überschattet durch die seit Jahrhunderten schwelende Spannung zw. Ost- u. Westkirche, die zum unseligen Bruch am 16. 7. 1054 führte, als Kard. Humbert von Silva Candida die Bannbulle auf den Altar der Hagia Sophia in Konstantinopel legte. Patriarch Michael Kerullarios seinerseits exkommunizierte die röm. Legaten. Zwar wurde weder der (inzwischen verstorbene) Papst oder seine Kirche verurteilt, noch war die Bannbulle Humberts in der Vollmacht des Papstes, sondern in seinem eigenen Namen verfaßt, sodaß man schwerlich von einer formellen Vollendung des Schismas sprechen kann. Faktisch aber war die Trennung vollzogen. Beide Seiten warfen einander Untreue, Verleumdung u. Ketzerei vor. So kam es 1182 zum Blutbad unter den Lateinern in Konstantinopel u. zur Eroberung u. Plünderung Konstantinopels 1204 im 4. Kreuzzug durch die Lateiner. 1453 spaltete sich von der griech.-orthodoxen Kirche die russisch-orthodoxe Kirche ab. Trotz wiederholter Annäherungsversuche blieb die Trennung bis heute aufrecht. Neue Hoffnung entstand durch die leisen, aber unüberhörbaren ökumenischen Impulse des Papstes Johannes XXIII., die auch dem Ökumenismus-Dekret des 2. Vat. Konzils die Richtung wiesen. Die Welt horchte auf, als sich Papst Paul VI. in einer Rede am 29. 9. 1963 an die nichtkath. Christenheit wandte: „Wenn uns eine Schuld an dieser Trennung zuzuschreiben ist, so bitten wir demütig Gott um Verzeihung u. bitten auch die Brüder um Vergebung, wenn sie sich von uns verletzt fühlen. Was uns betrifft, sind

wir bereit, der Kirche zugefügtes Unrecht zu verzeihen u. den großen Schmerz ob der langen Zwietracht u. Trennung zu vergessen." Am 6. 1. 1964 trafen sich in einer denkwürdigen Begegnung Papst Paul VI. u. Patriarch Athenagoras von Konstantinopel in Jerusalem u. erklärten die gegenseitigen Bannbullen von 1054 für nichtig.
Liturgie: RK g am 19. April (Basel G)
Lit.: A. Michel: StudGreg III (1948) 299–319 – S. Sittler – P. Stintzi (Colmar 1950) – Haller II² 286–296 – H. Tritz: StudGreg IV (1952) 191–364 – Gebhard-Grundmann I 238–241 – Seppelt III 12–31 597 ff

Leobard (Liébard) OSB, Abt **von Maursmünster,** Hl. (Liuberat, Liebhard)
Name: ahd. liob (lieb) + harti (hart, kühn, stark): der liebenswerte Tapfere
Er war wohl ein Schüler des Abtes ↗ Waldebert in Luxeuil (Erzdiöz. Besançon) u. gründete um 656/662 die Abtei Maursmünster (Marmoutier) bei Zabern im Elsaß, dem er als 1. Abt vorstand. Er brachte die Regel von Luxeuil mit, eine Verbindung der Regel des hl. ↗ Kolumban mit der Benediktinerregel. Das Kloster wurde ursprünglich „Leobardi Cella" (Lewartzell, Leuwartzell) genannt und hieß seit Abt Maurus, der es 728 erneuerte u. zu großer Blüte brachte, Maursmünster. Er wirkte sehr segensreich in der Verkündigung des Evangeliums.
Gedächtnis: 31. Dezember (25. Februar)
Lit.: J. Clauß, Die Heiligen des Elsaß (Düsseldorf 1935) 88f 213 (Lit.) – A. M. Burg: AElsKG 23 (1956) 30f

Leobin OSB, Bisch. **von Chartres,** Hl. (franz. Lubin)
Name: ahd. liob (lieb) + wini (Freund): lieber Freund (Liebwin)
Er stammte aus Poitiers u. hütete in seiner Jugend die Rinderherde der Eltern. Ein Mönch aus dem Kloster Noailles bei Poitiers lehrte ihn lesen. Er wurde Mönch in einem Kloster seiner Heimat, wahrscheinlich in Noailles. Er führte dann durch mehrere Jahre ein Einsiedlerleben an verschiedenen Orten unter der Leitung von Mönchen. Bischof Aetherius von Chartres weihte ihn zum Priester u. setzte ihn nach 552 als Abt über das Kloster Brou (südwestl. von Chartres) ein. Um 544 wurde er vom Frankenkönig Childebert zum Bisch. von Chartres ernannt. Er führte ein heiligmäßiges Leben u. war von apostolischem Eifer erfüllt. Er nahm an der 5. Synode zu Orléans (549) u. an der 2. Synode zu Paris (551) teil. Nach siebenjähriger Krankheit starb er am 14. 3. 557 u. wurde in der Kathedrale von Chartres begraben. Seine Reliquien wurden 1668 durch die Calvinisten vernichtet, nur das Haupt ist noch erhalten.
Gedächtnis: 14. März
Lit.: AnBoll 24 (1905) 25–31 – Y. Delaporte – E. Houvet, Les vitraux de la cathédrale de Chartres I (Chartres 1926) 405–408 – Baudot-Chaussin IX 303ff

Leodegar, Bisch. **von Autun,** Hl. (Lutgar, franz. Léger)
Name: ahd. liuti (Volk, ‚Leute' als wehr- u. thingfähige Männer) + ger (Speer): Speerkämpfer im Volk (vgl. ↗ Liutger)
* um 616 aus adeliger fränkischer Familie. Er wurde 636 Diakon, später Archidiakon bei seinem Onkel Dido, Bisch. von Poitiers, 653–659 Abt des Klosters St-Maixent (St. Maxentius) u. anschließend Mitglied des Regentschaftsrates der Königin ↗ Bathildis. 663 wurde er zum Bisch. von Autun (südwestl. von Dijon, Ostfrankreich) ernannt. Er restaurierte die Kathedrale von Autun u. hielt dort 670 eine Synode ab. Er war ein energischer kirchlicher Reformator u. hatte deshalb viel zu erleiden: Zu Ostern 675 wurde er von König Childerich II. nach Luxeuil bei Besançon verbannt, konnte aber nach der Ermordung des Königs wieder nach Autun zurückkehren. Im Mai 676 wurde er vom berüchtigten neustrischen Hausmeier Ebroin in Autun belagert u. gefangengenommen, geblendet u. der Zunge beraubt u. in das Kloster Fécamp verbannt. Schließlich wurde er auf Befehl Ebroins abgesetzt u. (vermutlich) bei Sarcing (Diöz. Arras) am 2./3. 10. 679/680 enthauptet. 681 wurden seine Gebeine nach St-Maixent übertragen. Ein Teil der Reliquien befindet sich in St-Léger zu Ebreuil (nördl. von Clermont-Ferrand).
Liturgie: Basel g am 2. Oktober (Patron des Kantons Luzern)
Darstellung: als Bischof mit Augen, Bohrer oder Stachel (womit ihm die Augen ausgestochen wurden), bzw. mit Kreuz u. Krone in Händen
Patron: von Autun, des Kantons Luzern, der Klöster Murbach u. Wessobrunn; der Müller

Lit.: ActaSS Oct. I (1768) 355–463 – O. P. Camerlinck, St. Léger (Paris 1910) – R. Moulin-Eckart (Breslau 1890) – Zimmermann III 125–129

Leodegar von Lechsgemünd, Sel.
Er war ein Graf von Lechsgemünd. Er war reich u. mächtig, entsagte aber mit etwa 40 Jahren allen irdischen Ehren, wurde Priester u. war 1060–75 Domherr in Eichstätt. Er stiftete das Kloster St. Walberg. Die letzten 5 Jahre seines Lebens war er blind u. litt unter einer Krankheit, die sein Fleisch verfaulen ließ (Lepra?), doch trug er sein Kreuz mit bewundernswürdiger Geduld u. Heiterkeit. Er starb zu Gempfing bei Ingolstadt u. wurde in St. Walberg begraben. Seine Gebeine wurden 1631 erhoben.
Gedächtnis: 21. Februar

Leodegar ↗ Liudger

Leon Thaumaturgos (der Wundertäter), Bisch. von Catania, Hl.
Name: griech., Löwe
Er stammte aus Ravenna (Oberitalien) u. wurde später Bisch. von Catania (Sizilien). Er war wegen seiner Heiligkeit u. seiner Wundergabe berühmt. Die Kaiser Leon IV. u. Konstantinos VI. ließen ihn nach Konstantinopel kommen u. baten um sein Gebet. † um 785.
Gedächtnis: 20. Februar
Lit.: ActaSS Febr. III (1865) 226–229 – Ehrhard (Reg.) – BHG³ 981–981e

Leonardi ↗ Johannes Leonardi

Leone, weibl. Kf. zu ↗ Leo

Leonhard OSB, Abt **von La Cava,** Sel.
Name: ahd. lewo, luowo („Löwe"; aus dem lat. ↗ Leo entlehnt) + harti (hart, kühn, stark): der Löwen-Starke (Nf. Lienhard)
Er war der 11. Abt des Benediktinerklosters La Cava (südöstl. von Neapel) u. starb am 18. 8. 1252. Kult approbiert am 16. 5. 1928.
Gedächtnis: 18. August
Lit.: AAS 20 (1928) 304ff

Leonhard, Einsiedler **in Limoges,** Hl. (franz. Léonard, Lienard)
Er lebte (angeblich) in Nobiliacum (heute St-Léonard-de-Noblat bei Limoges, Zentralfrankreich), wo er eine Zelle gründete. Er lebte wahrscheinlich im 6. Jh., doch fehlen über ihn sichere Nachrichten. Aus der 1. Hälfte des 11. Jh.s stammt seine stark legendäre Vita. Danach soll er aus einem fränkischen Adelsgeschlecht stammen, Schüler des Bisch. ↗ Remigius von Reims gewesen sein u. das Kloster St-Léonard-de-Noblat gegründet haben, dem er als Abt vorgestanden sei. Neben vielen Wundern schreibt ihm die Legende die bes. Fürsorge für die Gefangenen zu. Seine Gebeine wurden erstmals im 11. Jh. erhoben, dann 1226 u. 1738. Seither gibt es an vielen Orten kleine Partikel.
Daß der hl. Leonhard zum Patron der Gefangenen wurde, dürfte auf einer Verwechslung mit bzw. einer volks-etymologischen Auslegung von franz. lien (Bande, Fessel) beruhen. Der Heilige wurde so zum Löser feindlicher Ketten. Daher sind ihm geweihte Kirchen häufig außen mit großen Ketten umspannt (Kettenkirchen), oder im Innern sind Ketten als Votivgaben ehemaliger Gefangener (bes. aus türkischer Gefangenschaft) aufgehängt. Doch dürfte dieser Brauch auf vorchristliche Ursprünge zurückgehen, da schon germanische Opferstätten zum Schutz gegen dämonische Einflüsse mit einer Kette oder Schnur umspannt wurden.
Bis gegen Ende des 11. Jh.s genoß der hl. Leonhard nur einen lokalen Kult in Frankreich. Von da an verbreitete sich seine Verehrung auch nach Deutschland u. wurde bes. in Österreich, Bayern u. Schwaben zu einem der beliebtesten Volksheiligen. War er ursprünglich Patron der Gefangenen (bes. im mittelalterlichen Rittertum u. bei den Kreuzfahrern), so riefen ihn bald auch die Wöchnerinnen u. Kranken an, schließlich wurde der Heilige zum Schutzherrn aller Bauernanliegen wie des Viehs (bes. der Pferde) u. des Wetters. An seinem Fest übt man noch heute verschiedene Volksbräuche wie Leonardi-Fahrten u. Leonardi-Ritte (mit Pferdesegnung), Darbringen von eisernen Tierfiguren als Votivgaben, Heben von „Leonardi-Klötzen" oder „-Nägeln" als Kraftprobe („Liendl-Schutzen") u. a. Mancherorts wird er den ↗ Vierzehn Nothelfern beigezählt.

Liturgie: RK g am 6. November
Darstellung: in schwarzer Mönchskutte mit Kette u. Abtstab. Befreit Gefangene aus dem Fußblock oder hält sie an der Kette. Ochsen und Pferde neben ihm
Patron: der Bauern, Bergleute, Böttcher, Butterhändler, Fuhrleute, Hammer- u. Kupferschmiede, Kohlenträger, Lastträger, Obsthändler, Schlosser, Schmiede, Stallknechte, Wöchnerinnen; der Gefangenen; der Pferde, des Viehs
Lit.: F. Arbellot, Vie de St. Léonard . . . (Paris 1863) – BHL 4862–4879 – R. Andree, Votive u. Weihegaben . . . (Braunschweig 1904) 39–65 70–76 100–106 – ActaSS Nov. III (1910) 139–209 – G. Schierghofer, Altbayerns Umritte u. Leonardifahrten (München 1913) – J. A. Aich (Wien 1928) – W. Hay, Volkstümliche Heiligentage (Trier 1932) 264–269 – R. Hindringer, Weiheroß u. Roßweihe (München 1932) 142–156 u. ö. – Bächtold-Stäubli V 1215–1219 – Zimmermann III 268f – G. Bossert (Leonhardskult in Württemberg): Zeitschr. f. württembergische Landesgesch. 3 (Stuttgart 1939) 74–101 – Braun 459–462 – J. Dünninger (Viehpatron): MThZ 1 (1950) 51–54 – G. Schreiber (hrsg.), Die Vierzehn Nothelfer in Volksfrömmigkeit u. Sakralkultur (Innsbruck 1959) 25 27 114 u. ö.

Leonhard (Leonardo) **Murialdo,** Hl.
* am 26. 10. 1828 in Turin. Er wurde 1851 Priester u. war dann Mitarbeiter Don Boscos (↗ Johannes Bosco). Von 1866 an leitete er ein Kolleg für Lehrlinge in Turin, 1873 gründete er für seine pädagogischen u. seelsorglichen Ziele die „Pia società torinese di S. Giuseppe" („Turiner Genossenschaft vom hl. Joseph"). Bes. seit 1871 bemühte er sich um die Gründung u. Wiederbelebung einer christlichen Arbeiterbewegung. † am 30. 5. 1900 in Turin. Seliggesprochen am 3. 11. 1963, heiliggesprochen am 3. 5. 1970.
Gedächtnis: 30. Mai
Lit.: AAS 14 (1922) 19–22, 53 (1961) 381–385, 55 (1963) 1002–1008, 63 (1971) 177–182 – E. Reffo (Turin 1938⁴) – G. Vercellone (Bergamo 1941)

Leonhard von Porto Maurizio OFM, Hl. (bürgerl. Paolo Girolamo Casanova)
* am 20. 12. 1676 in Porto Maurizio bei Genua. Er studierte in Rom Philosophie, Theologie u. Medizin, trat 1697 der Riformella bei, einem Reformzweig des Franziskanerordens, u. wurde 1702 Priester. Er war über 40 Jahre lang ein unermüdlicher u. erfolgreicher Volksmissionar u. hielt 326 Volksmissionen in Nord- u. Mittelitalien, Rom u. Korsika, weshalb er schon zu Lebzeiten „Apostel Italiens" genannt wurde. Seine Predigten waren volkstümlich u. von der barocken Vorstellungswelt beseelt. Er förderte bes. die Kreuzwegandacht (er errichtete 576 Kreuzwege), die Madonnen- u. Bußprozessionen, die Namen-Jesu-, Herz-Jesu-, Sakraments- u. Passionsandacht u. das Bruderschaftswesen. Vor allem war ihm die Verehrung Mariens ein Anliegen u. er arbeitete auf die Dogmatisierung der Unbefleckten Empfängnis hin. Er verfaßte auch rel. u. aszetische Schriften. † am 26. 11. 1751 in Rom. Seliggesprochen 1796, heiliggesprochen 1867, 1923 zum Patron der Volksmissionare ernannt.
Gedächtnis: 26. November
Darstellung: mit Kruzifix und Totenkopf
Patron: der Volksmissionare
Lit.: A. Volmer (Werl 1934) – I. Schmidt: AFrH 40 (1947) 208–275 – B. Bagatti (Leonhards Kunst der Seelenführung): StudFr 3. Serie 20 (1948) 93–111 – StudFr 3. Serie 24 (1952) (Sondernummer z. 200. Todestag) bes. 228–248 – C. Pohlmann, Kanzel u. Ritiro (Werl 1955)

Leonianus, Abt **in Vienne,** Hl.
Name: lat. Weiterb. von ↗ Leo: der Löwenartige
Er stammte aus Sabaria in Pannonien (Szombathely, Steinamanger; Ungarn). Er wurde von räuberischen Horden gefangengenommen u. bis nach Autun (Burgund, Ostfrankreich) verschleppt. Er wandte sich dann südwärts, wurde Mönch in Vienne (südl. von Lyon) u. leitete über 40 Jahre das dortige Männer- u. Frauenkloster. † am 13. 11. zu Anfang des 6. Jh.s. Kult bestätigt am 9. 12. 1903.
Gedächtnis: 13. November
Lit.: ASS 36 (1903) 423ff

Leonides u. Gef., Märt. **zu Alexandria,** Hll.
Name: zu griech. léon (Löwe): der Löwengleiche. Leoneídas hieß der König von Sparta, der 480 v. Chr. bei der Verteidigung der Thermopylen gegen die Perser fiel.
Er war der Vater des Kirchenschriftstellers Origenes u. wurde in Alexandria (Unterägypten) unter Kaiser Septimius Severus im Jahr 202 enthauptet. ↗ Hieronymus berichtet, Origenes sei mit 17 Jahren mit seiner verwitweten Mutter u. 6 Brüdern arm zurückgelassen worden. Mit Leonides starben die hll. **Arator, Quiriacus** u. **Basilia.**
Gedächtnis: 22. April

Leontia u. Gef., Märt. **zu Rom,** Hll.
Sie war eine Jungfrau, die zu Rom das Martyrium erlitt. Ihre Gebeine wurden zus. mit denen der hll. ↗ **Venerius, Castus** u. **Livonius** im Jahr 1618 im Cömeterium der Priscilla an der Salarischen Straße in Rom erhoben u. 1622 von Bisch. Johann Christoph von Westerstetten (1612–1637) in die Jesuitenkirche zu Eichstätt übertragen.
Gedächtnis: 1. März

Leontius, Bisch. **von Trier,** Hl. (Legontius)
Name: zu lat. leo (Löwe): der Löwengleiche
Er war der 34. Bisch. von Trier. Er stammte aus einem alten adeligen Geschlecht u. stand mit einem heiligmäßigen Leben seiner Gemeinde vor. † am 19. 2. 409.
Gedächtnis: 19. Februar

Leopold von Castelnuovo OFMCap, Hl. (bürgerl. Bogdan Mandić; „Pater Leopold")
Name: aus ahd. Liutbald: liuti (Volk, wehrhafte Leute) + bald (kühn): der Kühne im Volk (männl. u. weibl. Kf. Poldi)
* am 12. 5. 1866 in Castelnuovo (jetzt Hercegnovi, Süd-Dalmatien, an der Grenze zu Albanien). Sein Taufname Bogdan ist Adeodatus (der Gott-Geschenkte). Er studierte in Udine Humaniora u. trat mit 18 Jahren in den Kapuzinerorden ein. In Padua u. Venedig studierte er Philosophie u. Theologie u. wurde dort 1887 zum Priester geweiht. Schon in seiner Jugend hatte er die Spaltung der Christenheit erlebt u. wünschte nun als Priester für die Einheit der Christen in seiner Heimat zu wirken. Doch auf Wunsch seiner Oberen wurde er Beichtvater in verschiedenen Orten Venetiens u. schließlich von 1909 bis zu seinem Tod an der Hl.-Kreuz-Kirche in Padua. Aus vielen Ländern, sogar aus Übersee, strömten die Menschen zus., um bei ihm zu beichten. Er besaß die Gabe der Herzensschau u. trug die Wundmale. Er litt bis zu seinem Ende unter der Spaltung der Christenheit u. bot für die Einheit der Christenheit in Ost u. West sein ganzes Leben Gott zum Opfer dar. Er starb zu Padua am 30. 7. 1942. Seliggesprochen am 2. 5. 1976. Heiliggesprochen am 16. 10. 1983.
Gedächtnis: 30. Juli
Lit.: AAS 68 (1976) 548ff – Bibliogr. franciscana X (Rom 1959) nn. 2948–2958 – Pietro da Valdiporro, Il servo di Dio Padre Leopoldo da Castelnuovo (Padua 1960[5], dt. Solothurn 1953[6])

Leopold von Gaiche OFM, Sel.
* am 30. 10. 1732 in Gaiche bei Perugia (Umbrien, Mittelitalien)). Er wurde mit 19 Jahren Franziskaner. Er wirkte zunächst als Lektor der Philosophie u. Theologie u. war 1781–84 Provinzial. Als solcher erklärte er das Kloster Monteluco bei Spoleto zum Ritiro (Kloster mit bes. strenger Lebensweise). Dort lebte u. wirkte er bis zu seinem Tod in Nachahmung des hl. ↗ Leonhard von Porto Maurizio als Volksmissionar u. Exerzitienleiter. † am 2. 4. 1815. Seliggesprochen 1893.
Gedächtnis: 2. April
Lit.: ECatt VII 1178 – L. Canonici, Il faro sul monte (Assisi 1957)

Leopold III., Markgraf **von Österreich,** Hl. (Liutpold)
* um 1075 in Gars am Kamp (Niederösterreich) als Sohn des Babenbergers Leopold II. Er war Schüler des Bisch. ↗ Altmann von Passau. Im Investiturstreit stand er auf der Seite des Papstes, unterhielt aber trotzdem mit Kaiser Heinrich V. Beziehungen. 1106 erhielt er dessen Tochter Agnes zur Frau, die ihm 18 Kinder gebar, darunter den späteren Bisch. ↗ Otto von Freising u. den späteren Bisch. Konrad II. von Salzburg († 1168 in Admont). Wegen seiner kirchlichen Gesinnung im öffentlichen u. privaten Leben erhielt er vom Papst den Beinamen „filius sancti Petri" (Sohn des hl. Petrus). Er unterstellte 1110 das Stift Melk dem Papst. Wohl um 1113 gelangte er in den Besitz des Stiftes Klosterneuburg bei Wien. Er dotierte es reich u. baute es zus. mit seiner Burg aus u. legte 1114 den Grundstein zur mächtigen Stiftskirche. 1133 ersetzte er die weltlichen Kanoniker durch Augustiner-Chorherren, 1. Regularpropst war ↗ Hartmann, der spätere Bisch. von Brixen. Leopold gründete weiters die Zisterzienserabtei Heiligenkreuz (1135) u. die Benediktinerabtei Klein-Mariazell (1136) im Wienerwald. Er war der eigentliche Begründer der Größe Österreichs, er war aber auch der erste Vertreter eines Lan-

deskirchentums. 1125 verzichtete er auf die ihm angebotene dt. Kaiserkrone. Er starb am 15. 11. 1136 auf der Jagd. Sein Grab ist in der Krypta der Stiftskirche Klosterneuburg. Heiliggesprochen 1485, von Kaiser Leopold I. 1663 zum Landespatron von Österreich erklärt.
Liturgie: RK g am 15. November (Linz: Landespatron von Oberösterreich H; Wien: Landespatron H; St. Pölten F; Gurk-Klagenfurt G)
Darstellung: als Markgraf im Harnisch mit Fahne u. Kirchenmodell (Klosterneuburg). Mit zwei Brotkörben für die Armen
Patron: Landespatron von Österreich
Lit.: B. Černik (Klosterneuburg 1925) – V. O. Ludwig (Wien 1936) – St.-Leopold-Festschrift (Klosterneuburg 1936) 7–168 – V. O. Ludwig: Jahrbuch des Stiftes Klosterneuburg 9 (Wien 1919) (Kanonisationsprozeß) – K. Lechner, Die Babenberger in Österreich (Wien 1947)

Leopoldine, weibl. F. zu ↗ Leopold

Leuchthildis ↗ Lüfthildis

Leutfred OSB, Abt, Hl. (Leufroy, Leoffredo)
Name: ahd. liuti (Volk, wehrhafte Leute) + fridu (Schutz vor Waffengewalt, Friede): Schützer des Volkes
Er gründete gegen Ende des 7. Jh.s bei Évreux in der Normandie (Nordfrankreich) ein Benediktinerkloster, das später nach ihm La-Croix-St-Leufroy genannt wurde. Er war dort der 1. Abt bis zu seinem Tod. Seine Reliquien wurden 851 nach St-Germain-des-Prés übertragen, ein Teil davon später wieder zurückgebracht. Sie sind heute verloren. Er wurde seit dem 9. Jh. im westfränkischen Reich sehr verehrt, die Normannen brachten seinen Kult auch nach England und Unteritalien.
Gedächtnis: 21. Juni
Darstellung: als Abt, Kinder unterrichtend
Lit.: ActaSS Iun. IV (1707) 104–115 – MGSS rer. Mer. VII 1–18 – BHL 4899ff – J.-B. Mesnel, Les saints du diocèse d'Évreux Fasc. 6 (Évreux 1918) – Zimmermann II 342f

Lewis (engl.) ↗ Ludwig

Lia, Kf. zu ↗ Elisabeth, ↗ Julia

Liane (Liana), Kf. von ↗ Juliana

Liberatus u. Gef., Märt. **in Karthago,** Hll.
Name: lat., der Befreite
Er war Abt in einem Kloster bei Capsa (heute Gafsa, südwestl. von Tunis). In der Verfolgung unter dem Vandalenkönig Hunerich wurde er mit 6 Mönchen, **Bonifatius** (Diakon), **Servus** u. **Rusticus** (Subdiakone), **Rogatus, Septimus** u. **Maximus** gefangengenommen u. nach Karthago gebracht. Nach dem vergeblichen Versuch, sie auf einem Schiff zu verbrennen, wurden sie in Karthago mit Rudern erschlagen. Ihre Leichname wurden in einem Kloster in Karthago beigesetzt. † (17. 8. ?) 483.
Gedächtnis: 17. August
Lit.: CSEL 7, 108–114 – ActaSS Aug. III (1737) 454–457 – BHL 4906

Liborius, Bisch. **von Le Mans,** Hl. (Liberius)
Name: zu lat. liber, der Freie
Er war ein Freund des hl. ↗ Martin von Tours, der Liborius auch am Sterbebett besuchte u. ihn bestattete. † am 9. 6. 397 (?). Bisch. ↗ Aldrich von Le Mans übergab 836 die Reliquien des hl. Liborius an Bisch. Baduard von Paderborn, dem Erbauer des Domes von Paderborn, u. schloß damit eine „ewige Verbrüderung" beider Kirchen, die bis heute besteht. Liborius wurde bald Patron des Domes u. Bistums Paderborn. Die Reliquien wurden im Dreißigjährigen Krieg 1622 durch Christian von Braunschweig geraubt, kamen aber 1627 wieder nach Paderborn zurück.
Liturgie: Patron des Erzbistums Paderborn H am 23. Juli; Rückführung der Reliquien g am 25. Oktober („Klein-Libori"). Essen g am 23. Juli; sonst 9. Juni
Darstellung: als Bisch. mit Buch, auf dem einige Steinchen liegen (als Patron der Steinleidenden). Mit einem Pfau (der anläßlich der Übertragung seiner Reliquien von Le Mans nach Paderborn als Wegweiser vorangeflogen sein soll)
Lit.: AnBoll 12 (1903) 146–172 – E. Stakemeier, Liborius, Geschichte u. Legende (Paderborn 1951) – Ders., Liborius u. die Bekennerbischöfe von Le Mans (Paderborn 1959)

Liborius Wagner, Märt., Sel.
* im Dezember 1593 in Mühlhausen (Thüringen). Er studierte am Jesuitenkolleg in Würzburg u. trat 1623 zum kath. Glauben

über. 1625 erhielt er die Priesterweihe, 1626 wurde er Pfarrer in Altenmünster-Sulzdorf (Diöz. Würzburg). Im Dreißigjährigen Krieg wurde er 1631 von den Schweden überfallen u. beraubt u. dann 5 Tage lang auf Schloß Mainberg in unmenschlicher Weise gefoltert, weil er nicht wieder protestantisch werden wollte. Bei allen Torturen wiederholte er nur: „Ich lebe, leide u. sterbe päpstlich-katholisch!" Schließlich wurde er in Schonungen (östl. von Schweinfurt) am 9. 12. 1631 erstochen, die Leiche warf man in den Main. Sie wurde 5 Monate später auf den Mainwiesen bestattet, 1636 in die Schloßkapelle zu Mainberg übertragen u. im folgenden Jahr in der Kirche des Augustiner-Chorherrenstiftes Heidenfeld beigesetzt. Die Kirche wurde säkularisiert u. 1804 abgebrochen, die Reliquien von Liborius Wagner wurden in der Pfarrkirche zu Heidenfeld beigesetzt. Seliggesprochen am 24. 3. 1974.

Gedächtnis: 9. Dezember

Lit.: AAS 66 (1974) 373ff – J. Schuck, Der Blutzeuge von Altenmünster (Würzburg 1938²) – V. Brander, Liborius Wagner. Der Martyrerpfarrer von Altenmünster (Würzburg 1961³)

Libya u. Gef., Märt. **zu Palmyra,** Hll.
Sie starb in der Verfolgung des Diokletian um 303 in Palmyra in Syrien, zus. mit ihrer Schwester **Leonis** u. **Eutropia,** einem zwölfjährigen Mädchen.

Gedächtnis: 15. Juni

Licinius, Bisch. **von Angers,** Hl. (Lucinius, franz. Lézin)
* um 540 als Graf von Angers aus einem fränkischen Adelsgeschlecht. Er wurde am Hof Chlothars II. erzogen. Nach 590 wurde er Bisch. von Angers (Anjou, Westfrankreich). Als solcher erbaute er außerhalb der Stadt das Kloster „S. Johannes Baptista", wohin er sich immer wieder zurückzog. Er wollte von seinem Amt resignieren, doch willigten weder der König noch die Bischöfe ein. † vor 610. Sein Leichnam wurde in der Kirche seines Klosters beigesetzt. Die erste Erhebung seiner Gebeine geschah unter seinem 2. Nachfolger, Bisch. Maimbeuf.

Gedächtnis: 13. Februar

Patron: der Schieferdecker

Lit.: ActaSS Febr. II (1658) 675–682 – BHL 4917f – J. Levron, Les saints du pays angevin (Grenoble-Paris, ohne Jahresang.) 73–84 – Baudot-Chaussin XI 56ff

Lidwina, Hl. (Ludwina, Lidwigis, Lidia)
Name: zu ahd. hlut (laut, berühmt) oder eher liuti (Volk, wehrhafte Männer) + wini (Freund): berühmte Freundin, bzw. Freundin des Volkes
* am 18. 3. 1380 zu Schiedam bei Rotterdam (Niederlande). Sie stammte aus einer armen Familie, wurde aber wegen ihrer Schönheit viel bewundert u. umschwärmt. Sie bat Gott, ihr die Schönheit zu nehmen. Da brach sie 1395 bei einem Sturz auf dem Eis eine Rippe u. zog sich dadurch ein äußerst schmerzhaftes Leiden zu, das sie bis zu ihrem Tod mit heroischer Geduld trug. Sie war mit Visionen u. Ekstasen begnadet u. lebte fast nur von der Eucharistie. † am 14. 4. 1433 in Schiedam. Ihre Gebeine wurden 1616 von Schiedam nach Mons u. Brüssel übertragen. Die Reliquien im Karmelitinnenkloster zu Brüssel sind noch erhalten, ein Teil von ihnen wurde 1871 nach Schiedam zurückgebracht. Kult bestätigt 1890.

Gedächtnis: 14. April

Darstellung: als rosenbekränzte Jungfrau mit Rosenstrauch u. Kruzifix in der Hand, an einer Stickerei arbeitend

Patronin: der Kranken, des Krankenapostolates, vieler Schulen, Kirchen u. Altersheime

Lit.: H. Meuffels (Paris 1925) – Hist. Tijdschrift 5 (Tiburg 1926) 225–239 – J.B.W.M. Möller (Den Haag 1942) – J. Brugman: ActaSS Apr. II (1675) 267–368, niederländ. v. G. A. Meyer (Schiedam 1933³) – Thomas a Kempis, Opera, ed. M. J. Pohl. VI (Freiburg/B. 1905) 317–453

Liebhard ↗ Leobard

Liebwin ↗ Lebuin, ↗ Leobin

Lienhard ↗ Leonhard

Liese, Kf. zu ↗ Elisabeth

Lieselotte ↗ Elisabeth + ↗ Charlotte

Lietbert, Bisch. **von Cambrai-Arras,** Hl. (Libert, franz. Liébert)
Name: ahd. liuti (Volk, wehrhafte Männer)

+ beraht (glänzend, berühmt): im Volk berühmt
Er wurde 1051 Bisch. von Cambrai-Arras (Nordfrankreich) u. war um Frieden u. Wohlstand bemüht. Er mußte seinen räuberischen Sachwalter Hugo maßregeln. 1054 machte er mit 3000 Pilgern eine Wallfahrt ins Hl. Land, gründete in Cambrai die Abtei zum Hl. Grab u. reformierte die Abtei St-Aubert. † 1076. Kult bestätigt 1211. Seine Reliquien ruhen in der Kathedrale von Cambrai.
Gedächtnis: 23. Juni
Lit.: ActaSS Iun. IV (1707) 586–605 – PL 146, 1449–1484 – BHL 4928f – H. Lancelin, Histoire du diocèse de Cambrai (Valenciennes 1946) 95–98

Lifard, Abt, Hl. (Lifhard)
Name: ↗ Leobard
Er gründete zusammen mit dem hl. Urbicius das Kloster von Meung-sur-Loire bei Orléans (südl. von Paris) u. wurde nach diesem der 2. Abt des Klosters. † um 550. Seine Reliquien sind in der Pfarrkirche von Meung.
Gedächtnis: 3. Juni

Lilli (Lilly, Lili, Lill, Lil), Kf. zu ↗ Elisabeth

Lina, Kf. zu Namen, die auf -lina enden, bes. ↗ Karolina, ↗ Paulina

Linda (Linde), Kf. zu ↗ Ermelinde, ↗ Herlinde, ↗ Gerlinde, ↗ Siglinde

Linthildis (Linthilde)
Name: aus ahd. linta (Schild aus Lindenholz) + hilta, hiltja (Kampf): die Schild-Kämpferin

Linus, Papst, Hl.
Name: griech. linos, Klagelied. In der thebanischen Sage war Linos, Sohn des Apoll, Lehrer des Herkules in der Musik. Weil er seinen Schüler wegen seines schlechten Spieles schalt, wurde er von diesem mit der Zither erschlagen.
Er war der war der 1. Nachfolger des hl. ↗ Petrus als Bisch. von Rom. ↗ Irenäus von Lyon († 202) identifiziert ihn mit jenem Linus, den Paulus in seinem Gruß an Timotheus erwähnt (2 Tim 4,21). Die Zeit seiner Regierung wird verschieden angegeben: Die alten Quellen nennen 11 bis 15 Jahre für die Zeit von 64 bis 79, der Liberianische Papstkatalog u. im Anschluß daran der Liber Pontificalis die Jahre 56 – 23. 9. 67. An diesem Tag habe er das Martyrium erlitten, doch fehlen hierüber historische Nachrichten. Nach dieser (späten) Quelle stammte er aus Tuszien (Toskana) u. war Vikar des hl. Petrus. Nach dem Liber Pontificalis wurde Linus neben Petrus begraben. Er wird im Kanon der Messe unmittelbar nach den Aposteln genannt (↗ Kanon-Heilige).
Gedächtnis: 23. September
Lit.: Tillemont II 149–154 549–555 – Caspar I 8ff 13 25

Lioba OSB, Äbtissin **von Tauberbischofsheim,** Hl. (Leoba, Leobgytha, Truthgeba)
Name: ahd. liob: lieb, freundlich. Es ist eigentlich ein Kosename; der richtige Name der Hl. ist nicht überliefert
Sie stammte aus vornehmer angelsächsischer Familie. Sie erhielt vermutlich im Kloster Thanet (Kent) ihre Erziehung u. wurde dann Benediktinerin im Kloster Wimborne (bei Boornemouth, Südengland). Sie war in Kunst und Wissenschaft hochgebildet. Von ihrem Verwandten, dem hl. ↗ Bonifatius, wurde sie als Mitarbeiterin an der Christianisierung Deutschlands berufen. Dort wurde sie um 735 die 1. Äbtissin im Kloster Tauberbischofsheim in Nordbaden (südwestl. von Würzburg) u. leitete auch mehrere andere neugegründete Mainklöster. Wegen ihres geistvollen u. sonnigen Wesens war sie als Lehrerin u. Erzieherin sehr beliebt u. auch am Hof ↗ Karls d. G. gern gesehen. Vor allem mit ↗ Hildegard, der Gemahlin Karls d. G., war sie befreundet. † Am 28. 9. um 782 zu Schornsheim bei Mainz. Ihr Grab ist seit 838 in der Krypta der Kirche auf dem Petersberg bei Fulda.
Liturgie: RK g am 28. September (Fulda F)
Darstellung: als Äbtissin mit Buch, auf dem eine Glocke liegt (ihre Mutter träumte, sie trage eine Glocke in ihrem Schoß, die einen lauten Schall von sich geben werde). Blitze über ihr (die sie abwehrte)
Lit.: H. Riefenstahl (Steyl 1928) – K. Lübek, Fuldaer Heilige (Fulda 1948) 107–139 – Hauck I[8] 456–460 – Th. Schieffer, Winfrid-Bonifatius u. die christl. Grundlegung Europas (Freiburg/B. 1954) 162–166 – S. Kasbauer (Steyl 1958) – G. Stotzingen (Freiburg/B. 1963)

Liudger, Bisch. **von Münster,** Hl. (Luitger, Luitgar, Ludger)
Name: ahd. liuti (Volk, wehrhafte Männer) + ger (Speer): Speerkämpfer des Volkes
* um 742 in Friesland, wahrscheinlich in Zuylen an der Vecht (nördl. Niederlande). Er war Mitarbeiter des hl. ↗ Gregor von Utrecht u. verfaßte später auch dessen Biographie. Er verbrachte sodann einige Jahre bei ↗ Alkuin in York, predigte in Deventer, wurde 777 zum Priester geweiht u. ging dann in die Friesenmission nach Dokkum, floh aber, durch einen Sachseneinfall vertrieben, 784 (?) nach Rom u. Montecassino. ↗ Karl d. G. rief ihn zurück u. übertrug ihm 792 die Leitung der Friesen- u. Sachsenmission sowie zu seinem eigenen Unterhalt die Abtei Lotusa (Zele bei Termonde). Liudger gründete 794 in Mimigernaford (Mimigardeford) ein „monasterium" (Stift), in dem er mit seinen Mitarbeitern ein rel. Gemeinschaftsleben nach der Regel ↗ Chrodegangs einführte (Chorherrenregel). Nach diesem Monasterium wurde die Siedlung seit dem 11. Jh. „Münster" genannt. 804/805 erhielt Liudger die Bischofsweihe, wodurch der Seelsorgssprengel zum Bistum wurde. Liudger schuf eine vorbildliche Pfarr- u. Diözesanorganisation (ca. 40 Pfarreien), gründete den Dom u. die Domschule, baute viele Kirchen sowie das Frauenkloster Nottuln (westl. von Münster) u. die Benediktinerabteien Helmstedt (östl. von Braunschweig) u. Werden (bei Essen). † am 26. 3. 809 zu Billerbeck (westl. von Münster). Sein Grab ist in Werden. Sein Fest wird in den rheinisch-westfälischen Diözesen, bes. in Münster, noch heute feierlich begangen.
Liturgie: RK g am 26. März (Münster: Patron des Bistums H; Essen: 2. Patron der Diözese F)
Darstellung: als Bisch. mit Kirchenmodell, im Brevier betend. Mit 2 Gänsen (weil er sein Missionsgebiet von Wildgänsen wunderbar befreit habe)
Lit.: BHL 4937–4949 – F. Böser, Am Grabe des hl. Liudger (Festschr., Münster 1906) – A. Mutke, Der hl. Liudger u. die St. Ludgerikirche in Helmstedt (Helmstedt 1909) – H. Abels, Die Christianisierung des Emslandes u. der hl. Ludger (Osnabrück 1924) – K. Löffler: Westfäl. Lebensbilder I (Münster 1930) 1–17 – H. Wiedemann, Die Sachsenbekehrung (Hiltrup 1932) 61–64 u. ö. – Zimmermann I 374–377 – Westfalia sacra I–II (Münster 1948–50) – St. Liudger (Festschr. zum 1150. Todestag) (Essen-Werden 1959) – H. Schrade, Die Vita des hl. L. und ihre Bilder (Münster 1960)

Liudhard, Bisch. **von Paderborn,** Sel. (Luthard)
Name: ahd. liuti (Leute, Kriegsvolk) + harti, herti (hart, kühn, beherzt): der Kühne im Volk
Er entstammte einer westfälischen Adelsfamilie u. wurde um 860 der 3. Bisch. von Paderborn. 868 gründete er zus. mit seiner Schwester Walburg das Frauenstift Neuenheerse (früher Heerse) bei Paderborn. † am 2. 5. 886/887.
Gedächtnis: 2. Mai

Liutbirg, Reklusin, Hl. (Luitbirg, Ludbirg, Leutbirg)
Name: ahd. Liuti (Volk, wehrhafte Leute) + berga (Schutz, Zuflucht): Schützerin des Volkes
Sie stammte aus Solazburg im Sulzgau bei der Altmühl u. war die Tochter des Ostphalenfürsten Hessi. Ihr Vater war 804 Mönch in Fulda geworden u. hatte vorher sein ganzes Vermögen unter seine Töchter Gisla u. Liutbirg aufgeteilt. Liutbirg wohnte im Schloß der Gisla, die verheiratet war. Sie bat Bisch. ↗ Thiatgrim von Halberstadt, der einmal auf Besuch war, ihr den Schleier zu geben, u. ließ sich dann bei der Roßtrappe im heutigen Thale an der Bode (südwestl. von Magdeburg) beim Kloster Wendhausen als Reklusin einschließen. Sie unterrichtete Mädchen in Kirchengesang u. Handfertigkeiten. Bisch. ↗ Haimo von Halberstadt suchte sie oft auf. † am 3. 4. 876/882. Sie wurde in Wendhausen bestattet.
Gedächtnis: 3. April
Lit.: O. Menzel (Hrsg.), Das Leben der hl. Liutbirg (Leipzig 1937) – O. Menzel: Sachsen u. Anhalt 13 (Magdeburg 1937) 78–89 – Ders., DA 2 (1938) 189–192 – W. Grosse: Sachsen u. Anhalt 16 (1940) 45–76

Liutrud, Hl. (Luitrudis, Lutrudis)
Name: ahd. liuti (Volk, wehrhafte Leute) + trud (Kraft, Stärke): Stärke des Volkes
Sie empfing den Schleier u. lebte als Reklusin in der Einsamkeit von Perthe (Diöz. Châlon-sur-Marne, Nordost-Frankreich). Historisch sicher ist aber nur die Übertragung ihrer Gebeine in die OSB-Abtei Korvey bei Höxter an der Weser im Jahr 863/

864 u. von dort z. T. nach Essen. † im 6. (?) Jh.
Gedächtnis: 22. September
Lit.: ActaSS Sept. VI (1757) 448–453 – BHL 4952ff

Liutwin, Bisch. **von Trier,** Hl. (Lutwin, Leodewinus)
Name: ahd. liuti (Volk, wehrhafte Leute) + wini (Freund): Freund des Volkes
Er entstammte dem fränkischen Reichsadel, u. zwar aus der Sippe der Widonen. Unter den karolingischen Hausmeiern bekleidete er hohe Verwaltungsämter. Um 690 gründete er im Waldgebiet an der unteren Saar die OSB-Abtei Mettlach u. wurde nach dem Tod seines Oheims ↗ Basinus 705 Bisch. von Trier. Er erhielt auch die Bistümer Reims u. Laon. † am 29. 9. 717/722 in Reims. Er wurde im Kloster Mettlach begraben.
Liturgie: Trier g am 23. September (mit Basin); sonst 29. September
Lit.: BHL 4955–4959 – E. Ewig, Milo et eiusmodi similes: St. Bonifatius. Gedenkgabe zum 1200. Todestag (Fulda 1954) 412–444

Livarius, Märt. **zu Marsal,** Hl. (franz. Livier)
Nach der Legende aus dem 12. Jh. soll er ein Ritter gewesen sein, den die Hunnen 451 bei Marsal (südl. von Metz) wegen seines Glaubens töteten. Wahrscheinlich handelt es sich um die Ungarneinfälle des 9./10. Jh.s. Erzb. ↗ Theodorich von Metz übertrug seine Reliquien nach St-Vincent in Metz, im 12. Jh. wurden sie in die Kirche St. Polyeucte in Metz (seit dem 12. Jh. „St-Livier“) gebracht.
Gedächtnis: 25. November
Lit.: F. A. Weyland, Saints du diocèse de Metz IV (Giningen 1910) 123–196 – Annuaire de la Soc. d'histoire et d'archéol. de la Lorraine 38 (Metz 1929) 44–47 – DACL XI 810–817

Livia Pietrantoni ↗ Augustina Pietrantoni

Lois, Kf. zu ↗ Aloisius

Lola (span.) ↗ Dolores, oder Carlota (↗ Charlotte)

Lolita (span.), Verkl.-F. zu ↗ Lola

Loni (Lony, Lonny), Kf. zu ↗ Apollonia

Lopez de Rivas ↗ Maria von Jesus

López y Vincuña ↗ Vincentia Maria López y Vincuña

Lore, Kf. zu ↗ Eleonore

Lorenz ↗ Laurentius

Lothar, Märt., Hl. (Liuthar)
Name: ahd. hlut (laut, berühmt) + heri (Heer): der im Heer Berühmte
Er war ein Graf u. fiel 880 im Glaubenskampf gegen die Normannen in der Schlacht bei Ebbekesdorf. ↗ Ebsdorfer Märt.
Gedächtnis: 2. Februar

Lothar, Bisch. **von Séez,** Hl. (franz. Lothaire, Loyer)
Er war ein Kriegsmann im Moselgau (Westdeutschland). Nach dem Tod seiner Frau gründete er im Wald von Argentan (nordwestl. von Sées) in der Normandie ein kleines Kloster, welches später nach ihm St-Loyer-des-Champs genannt wurde. 725 wurde er Bisch. von Séez (heute Sées zw. Le Havre u. Le Mans, Normandie). Kurz vor seinem Tod resignierte er u. starb am 15. 6. 756 in seinem Kloster. Seine Reliquien sind im Dom zu Sées u. in der Kirche St-Loyer.
Gedächtnis: 15. Juni

Lotte, Kf. zu ↗ Charlotte

Louis (franz.) ↗ Ludwig

Louise de Marillac, Hl. (verwitw. Le Gras)
Name: weibl. F. zu ↗ Louis (Ludovica)
* am 12. 8. 1591 in Paris. Sie heiratete, verlor aber bald ihren Mann u. widmete sich nunmehr ganz einem karitativen Leben. Zeitweise stand sie unter der geistlichen Leitung des ↗ Franz von Sales u. dessen Schüler u. Freund Jean-Pierre Camus, Bisch. von Belley. Durch ihn kam sie auch mit ↗ Vinzenz von Paul in Verbindung. Sie wurde dessen Mitarbeiterin u. gründete mit ihm zus. die „Filles de la Charité“ (Vinzentinerinnen; heute die größte rel. Frauengenossenschaft). Bis zu ihrem Tod stand sie dem Haus in Paris als Oberin vor u. opferte

sich im Dienst an den Kranken auf. † am 15. 3. 1660 in Paris. Am 9. 5. 1920 selig-, am 11. 3. 1934 heiliggesprochen.
Gedächtnis: 15. März
Patronin: aller in der Sozialarbeit Tätigen (1960)
Lit.: AAS 12 (1920) 230ff, 26 (1934) 609ff – L. Gebsattel: Car 61 (1960) 158ff 200f (Bibliogr.) – J. Calvet (Luzern 1962)

Louise von Savoyen OSCl, Sel.
* am 28. 12. 1462 als Tochter König Amadeus' IX. von Savoyen. Sie heiratete 1479 Hugo von Châlon u. führte mit ihm in Nozeroy (Dep. Jura, Ostfrankreich) ein Leben des Gebetes u. der Liebestätigkeit. Sie verlor 1490 ihren Mann u. wurde Terziarin, trat aber bald in das von der hl. ↗ Coletta Boillet reformierte Klarissenkloster in Orbe (Kt. Waadt, Schweiz) ein, wo sie sich durch ein heiligmäßiges Leben auszeichnete. † am 24. 7. 1503 in Orbe. Ihre Gebeine wurden 1531 nach Nozeroy, 1842 nach Turin übertragen. Kult 1839 approbiert.
Liturgie: Lausanne-Genève-Fribourg g (Kt. Waadt G) am 24. Juli
Lit.: E. Fedelini, Les binheureux de la Maison de Savoie (Chambéry 1925) – A. Butler, The Lives of the Saints (ed. H. Thurston) VII (London 1932) 344ff – Baudot-Chaussin II 601–606

Lubentius, Hl.
Name: zu lat. libens od. lubens (willig, gern): der Bereitwillige
Er war zuerst Schüler des hl. ↗ Martin von Tours, dann wirkte er als Priester unter Bisch. ↗ Maximinus von Trier in Kobern an der Mosel. † im 4. Jh. Seine Gebeine wurden nach Dietkirchen an der Lahn (Diöz. Limburg) übertragen.
Liturgie: Limburg, Trier g am 13. Oktober (Translatio)
Darstellung: als Priester im Meßkleid mit Buch u. Kelch
Lit.: ActaSS Oct. VI (1853) 200–204, Maii VII (1688) 21 23f – E. Schmaus: Annalen des Vereines für nassauische Altertumskunde u. Gesch.-forschung 37 (Wiesbaden 1907) 59–71 162–179 – G. Kleinfeld-H. Weirich, Die mittelalterl. Kirchenorganisation im oberhessisch-nassauischen Raum (Marburg-Leipzig 1937) 97–113 141–151 – Braun 466

Lucanus, Bisch. **von Säben,** Hl.
Name: lat., „Mann aus Luca" (heute Lucca, Toskana)
Er wird gelegentlich als Bisch. von Säben (damals Sabiona genannt, bei Klausen, Südtirol) bezeichnet. Er galt als eine umstrittene Person, da er sich beim Papst zu verantworten hatte, daß er in einer Hungersnot dem armen Volk erlaubt hatte, in der Fastenzeit Milchspeisen zu essen. Er wurde von seinem Bischofssitz vertrieben u. begab sich nach Agordia (Diöz. Belluno). † im 5. Jh. In Belluno beigesetzt.
Gedächtnis: 20. Juli
Darstellung: er hängt vor dem Papst seinen Mantel an einem Sonnenstrahl auf

Lucia vom Berg, Hl.
Name: weibl. F. zu ↗ Lucius
Sie war die Tochter eines schottischen Königs. Sie verließ ihr Elternhaus, um in der Einsamkeit Gott zu dienen, u. kam bis Lothringen. Da die Maas gerade Hochwasser führte, blieb sie an deren westlichem Ufer u. fand freundliche Aufnahme bei einem frommen Bauern namens Theobald, der dort auf einer Anhöhe seinen Besitz hatte. Lucia hütete untertags dessen Vieh, nachts machte sie sich durch Spinnen u. Nähen nützlich u. oblag dem Gebet. Als der Bauer mit Frau u. Kindern starb, setzte er Lucia als Erbin ein. Sie erbaute neben ihrem Haus eine Kirche, wohin sie sich immer zum Gebet zurückzog, u. führte ein Leben der Frömmigkeit u. der Nächstenliebe. † am 19. 9. 1090. Ihr Leichnam wurde während des Winters in der Pfarrkirche von Sampigny (Dep. Meuse), während des Sommers in der Kirche des St.-Lucia-Berges aufgebahrt, wo er von vielen Pilgern besucht wurde. Lucia wurde bald nach ihrem Tod von Heinrich von Blois, Bisch. von Verdun, heiliggesprochen.
Gedächtnis: 19. September
Darstellung: Spinnrocken in der Hand, Schafe neben ihr
Patronin: der unfruchtbaren Frauen (Anna von Österreich, die Gemahlin König Ludwigs XIII. von Frankreich, machte 1637 eine Wallfahrt zu ihrem Grab u. wurde im folgenden Jahr nach langer Unfruchtbarkeit Mutter Ludwigs XIV.)
Lit.: Stadler III 882

Lucia Filippini, Hl.
* am 13. 1. 1672 in Corneto (heute Tarqui-

nia, nordwestl. von Rom). Unter der Anleitung von Kard. Marc'Antonio Barbarigo, Bisch. von Montefiascone, u. mit Unterstützung der sel. ↗ Rosa Venerini gründete sie 1692 die Genossenschaft der „Maestre Pie Filippine" zur Erziehung der weiblichen Jugend u. zum Apostolat an den Frauen. Sie wurde 1704 Generaloberin. Sie errichtete mehrere Niederlassungen u. Schulen u. organisierte Exerzitien für Bräute u. Ehefrauen. Sie war eine apostolische, von sozialem Geist u. Weitblick erfüllte Frau, wurde aber fälschlich des Quietismus bezichtigt. Ihr Institut wurde 1760 päpstlich approbiert u. führt mit heute über 1000 Schwestern zahlreiche Privatschulen in Italien u. den USA. † am 25. 3. 1732 in Montefiascone (100 km nördl. von Rom). Sie ist in der dortigen Kathedrale begraben. Seliggesprochen am 13. 6. 1926, heiliggesprochen am 22. 6. 1930.
Gedächtnis: 25. März
Lit.: AAS 18 (1926) 275ff, 22 (1930) 433ff – C. Salotti, La s. Lucia Filippini (Rom 1930³), dt. v. L. Schlegel (Hildesheim 1929)

Lucia u. Geminianus, Märt. **zu Rom,** Hll. Ihre legendären Märtyrerakte sind mit Skepsis aufzunehmen. Ihr Kult ist alt u. seit dem 8. Jh. allgem. verbreitet. Da im christlichen Altertum nur die hl. ↗ Lucia von Syrakus bekannt war, ist diese Lucia vom 16. September wohl mit jener vom 13. Dezember identisch. Vielleicht ist der 16. September der Jahrtag der Weihe einer der hl. Lucia von Syrakus geweihten Kirchen in Rom, zumal auch andere Märtyrer mehrere Festfeiern im Jahr hatten.
Gedächtnis: 16. September

Lucia, Jungfrau u. Märt. **in Syrakus,** Hl. Sie wurde wahrscheinlich in der Verfolgung des Diokletian um 303 hingerichtet. Sichere Nachrichten über ihr Leben u. Sterben fehlen. Nach der erst im 5./6. Jh. verfaßten legendarischen Passio stammte sie aus einer vornehmen Familie in Syrakus (Sizilien). Nach einer Vision der hl. ↗ Agatha habe sie ewige Jungfräulichkeit gelobt. Deshalb sei sie von ihrem Bräutigam als Christin angeklagt u. nach verschiedenen Martern durch das Schwert enthauptet worden. Die historische Existenz der Heiligen ist aber durch die wiederentdeckte Luciakatakombe mit ihrer Grabhöhle gesichert. Über ihrem Grab errichtete man schon in byzantinischer Zeit eine oktogonale Kirche u. eine große Basilika.
Über den Verbleib ihrer Reliquien gibt es 2 divergierende Überlieferungen: Nach Leo Marsicanus OSB, Kardinalbischof von Ostia († 1115/1117), wurden sie 1038 von Syrakus nach Konstantinopel gebracht. Von dort sollen sie 1204 (4. Kreuzzug) nach Venedig gebracht worden sein (zuerst nach S. Giorgio Maggiore, 1860 von dort nach S. Geremia). Dagegen berichtet Sigebert OSB von Gembloux († 1112), sie seien im 8. Jh. nach Corfinum (heute Pèntima, Prov. L'Aquila, Abruzzen) u. von dort 970 in das Vinzenzkloster zu Metz übertragen worden.
Verehrung, Volkskunde: Lucia gehörte bereits im Altertum zu den beliebtesten Heiligen. Sie wurde in den Meßkanon (↗ Kanonheilige) aufgenommen, in Rom u. Syrakus sind um 600 je ein Luciakloster bezeugt. Lucia erscheint auch im Zyklus der Jungfrauen auf dem Mosaik in S. Apollinare Nuovo in Ravenna (6. Jh.), Honorius I. (625–638) erbaute ihr in Rom die Kirche S. Lucia in Selce. Bes. in Italien befruchtete die Legende der hl. Lucia Volkslied u. Volksdichtung, sogar Dante wurde von ihr beeinflußt.
Im Mittelalter erlebte die Verehrung der hl. Lucia eine neue Blüte. Der Luciatag (13. Dezember) war im Mittelalter bis zur Gregorianischen Kalenderreform (1582) (s. S. 29f) Mittwintertag. Daher galt er als Quartalbeginn im Verwaltungswesen, als Termin für Verträge u. als Jahresabschluß im Schulwesen. Das Fest zog dementsprechend viele Glaubensvorstellungen der Wintersonnenwende u. des Jahreswechsels an sich: An diesem Tag durfte man keine Arbeiten mit spitzen Gegenständen verrichten (in Anspielung auf das Schwert als dem Marterinstrument der Heiligen), man beschenkte die Kinder, legte den „Luzienweizen" aus (d. h. man legte in der Wohnung auf einem feucht gehaltenen Teller Weizenkörner zum Keimen aus), ließ Personen auf dem „Luzienstuhl" sitzen (zum Erkennen der Hexen oder des zukünftigen Gatten), stellte Wetterorakel an oder ging mit dem Weihrauchfaß segnend durch die Wohnräume.

Es gab nächtliche Umzüge der Schulmeister mit ihren Schulkindern oder der Sängergilden. Dabei warf man bisweilen Feuerbrände in fließendes Wasser oder trug Lichtersymbole umher (in Anspielung auf den Namen „Lucia" = „die Lichtvolle"). Im südöstl. Mitteleuropa (Ostbayern, Böhmen, Mähren, Slowakei, Ungarn, Kroatien, Slowenien) erfuhr dieser Tag eine Personifizierung, zumeist als häßliche Nachtgestalt: Man stellte sich die „Luz" (Lutscherl, Lutschka, Lucija) als hexenartiges Wesen mit einem langen Messer vor. Andererseits dachte man sie sich auch als freundliche, dem Christkind ähnliche Frau, die in der Nacht die ausgelegten Strümpfe heimlich mit Gaben füllte. Noch heute tritt in Schweden die „Lussibrud" (Lucienbraut) auf, ein weißgekleidetes Mädchen, das je einen Kranz mit brennenden Kerzen auf dem Kopf u. in Händen trägt. Dieser Brauch (erstmals 1780 belegt) wird auch im Zusammenhang mit der Verleihung des Nobelpreises am Jahrestag des Todes des Stifters (Alfred Nobel † 10. 12. 1896) geübt.
Liturgie: GK G, RK g am 13. Dezember
Darstellung: ein durch ihren Hals gestoßenes Schwert, zwei Augen auf einer Schüssel tragend (was auf ihren Namen „die Lichtvolle" zurückgeführt wird). Eine Öllampe haltend. In einem Kessel über dem Feuer. Mit Palme
Patronin: der Bauern, Blinden, reuigen Dirnen, Glaser, Kutscher, Näherinnen, Notare, Pedelle, Sattler, Schneider, Schreiber, Türhüter, Weber
Lit.: Künstle II 408ff – DACL IX 2616ff, XV 1843–1850 – V. L. Kennedy, The saints of the canon of the Mass (Rom 1938) 169–173 – Braun 467–470 – R. Masseron (Dante): AnBoll 68 (1950) 372ff – P. Toschi, Fenomenologia del canto popolare (Rom 1950) 226–232 – S. L. Agnello (Lucia-Katakombe): RivAC 30 (1954) 7–60 – O. Garana (Syrakus 1958)

Lucilla, Flora u. Gef., Märt., Hll.
Namen: lat. lucilla, Lichtlein, Funke; lat. Flora, die Blühende
Nach der legendarischen Passio aus dem 9. Jh. waren sie Sklavinnen eines Barbarenkönigs Eugegius, der nach Rom kam u. mit den beiden u. anderen Gefährten unter Kaiser Gallienus den Martertod starb. Bisch. Johannes von Arezzo soll 861 ihre Reliquien von Ostia nach Arezzo in das St.-Benedikt-Kloster übertragen haben (das Kloster wurde später nach Lucilla u. Flora benannt). Angebliche Reliquien sind auch in mehreren span. u. franz. Kirchen.
Gedächtnis: 29. Juli
Lit.: BHL 5017–5021 – Lanzoni 105ff

Lucina d. Ä., Hl.
Name: zu lat. lux (Licht): die Leuchtende
Es gibt eine Reihe frommer Frauen dieses Namens (Jungfrauen, Matronen, Märtyrinnen), die die spätere Legende derart miteinander vermengt hat, daß sie sich geschichtlich kaum mehr voneinander trennen lassen. Wahrscheinlich sind viele von ihnen oder die meisten überhaupt ein u. dieselbe Person. Eine der röm. Titelkirchen wurde um 360 „In Lucinis" genannt, dann „Titulus Lucinae", später „S. Lorenzo in Lucina". Eine Frau dieses Namens darf als Stifterin dieser Kirche gelten.
Diese Lucina soll eine röm. Matrone u. Schülerin der Apostel Petrus u. Paulus gewesen sein. Sie habe aus ihren reichen Mitteln den Bedürfnissen der Gläubigen abgeholfen, die Gefangenen besucht u. die Märt. begraben.
Eine Lucina soll auch die hll. ↗ Processus u. Martinianus bestattet haben (nach deren Passio aus dem 6. Jh.).
Gedächtnis: 3. Juli
Lit.: Tillemont IV 554–561 758f – Rossi I 306–351 (Geschichtlichkeit, Lucinagruft), II 176 282 361 – Kirsch 80–84 – H. Lietzmann, Petrus u. Paulus in Rom (Berlin 1927) 179–189 – A. Ferrua: RPAA 20 (1943–44) 109–115, 27 (1952–54) 247–254

Lucina d. J., Hl.
Nach dem Liber Pontificalis erhob eine Lucina um die Mitte des 3. Jh.s die Gebeine des Apostels Paulus im Cömeterium Ad Catacumbas u. setzte sie an der Via Ostiensis bei. Papst ↗ Cornelius (251–253) bestattete sie auf einem ihrer Grundstücke an der Via Appia (nämlich in der sog. Lucinagruft in der Calixtus-Katakombe) („cymeterium sanctae Lucinae").
Gedächtnis: 11. Mai
Lit.: s. Lit. zu Lucina d. Ä.

Lucina Anicia, Märt. **zu Rom**, Hl.
Sie soll die Gattin des Faltonius Pinianus, Prokonsuls der Provinz Asia, gewesen sein u. habe viele Märt. bestattet, so ↗ Seba-

stian, die hll. ↗ Simplicius, Faustinus u. Beatrix, die hll. ↗ Cyriacus, Largus u. Smaragdus u. Papst ↗ Marcellus. Sie wurde unter Diokletian um 304 im Alter von 95 Jahren hingerichtet.
Gedächtnis: 11. Mai
Lit.: s. Lit. zu Lucina d. Ä.

Lucius, Bisch. **von Chur,** Märt., Hl.
Name: zu lat. lux (Licht): der Leuchtende
Er stammte aus dem Stamm der Pritanni im nördl. Teil von Churrätien (Ostschweiz). Bereits die in der Karolingerzeit entstandene Vita verwechselt ihn mit König Lucius Abgar IX. von Osroene (am oberen Euphrat). Dessen Residenz Britio Eddessenorum wurde fälschlich mit Britannien gleichgesetzt, weshalb dieser irrtümlich als Engländer bezeichnet wurde. Lucius missionierte im 5./6. Jh. in der noch halbheidnischen Gegend von Chur. Er wurde 1. Bisch. von Chur und erlitt das Martyrium durch Steinigung. Seine Gebeine wurden in karolingischer Zeit in die ihm zu Ehren gebaute Ringkrypta von St. Luzi in Chur übertragen.
Liturgie: RK g am 2. Dezember. Chur: Hauptpatron des Bistums H
Darstellung: in Harnisch, Reichsapfel, Krone u. Zepter zu seinen Füßen. Mit 3 mit Kreuzen bekrönten Zeptern, Pilgerstab oder Schwert. Mit Bär u. Ochsen pflügend
Patron: Hauptpatron der Diöz. Chur
Lit.: Vita: MGSS rer. Mer. III 1–7, Jahresber. der hist.-antiquar. Ges. von Graubünden 85 (Chur 1955) 1–51 – V. Berther: ZSKG 32 (1938) 20–38, 103–124 – I. Müller: ZSKG 48 (1954) 96–126 – Ders., Schweizer Beitr. z. allg. Gesch. 14 (Aarau 1956) 5–28

Lucius I., Papst, Hl.
Gleich nach seiner Wahl am 25. 6. (?) 253 wurde er von Kaiser Gallus verbannt, konnte aber unter dessen Nachfolger Valerianus wieder zurückkehren. In seine Regierung fällt das Problem der lapsi, d. h. der in der Verfolgung des Decius (249–251) abgefallenen Christen, die sich nun wieder mit der Kirche aussöhnen wollten. Lucius I. vertrat wie sein Vorgänger ↗ Cornelius in der Bußpraxis die mildere Richtung gegenüber den rigorosen Novatianern. † am 5. 3. 254. Die spätere Legende behauptet fälschlich seinen Martertod. Er ist in der Calixtuskatakombe beigesetzt.
Gedächtnis: 5. März
Lit.: Duchesne LP I 66ff, III (Reg.) – P. Franchi de' Cavalieri, La persecuzione di Gallo a Roma: SteT 33 (1920) 181–210

Lucretia, Jungfrau u. Märt., Hl.
Name: altröm. Geschlechtername; zu lat. lucrum, Gewinn, Reichtum
Sie konvertierte vom Islam zum Christentum u. wurde bald nach dem Martertod des hl. Eulogius, der sie hatte beschützen wollen, bei der Christenverfolgung durch die Mauren am 15. 3. 859 zu Córdoba (Südspanien) enthauptet.
Gedächtnis: 15. März

Ludanus, Hl.
Die Vita des 14. Jh.s nennt ihn einen schottischen Herzogssohn, der eine Pilgerfahrt nach Rom unternahm u. auf der Rückreise bei Hipsheim (Elsaß) am 12. 2. 1202 starb. Er wurde in der Scheerkirche bei Hipsheim beigesetzt. Sein Grab wurde im Dreißigjährigen Krieg geschändet. Es wird noch heute von Pilgern besucht.
Gedächtnis: 12. Februar

Ludbirga ↗ Liutbirg

Ludger ↗ Liudger, ↗ Leodegar

Ludmilla von Böhmen, Hl. (Lidmila)
Name: aus dem Slawischen. Vgl. russ. ljud (Volk) + milyj (lieb, angenehm): die beim Volk beliebt ist (Kf. Mila)
* um 860. Sie war die Gemahlin des 1. christlichen Přemysl-Herzogs Bořiwoj von Böhmen; mit ihm zus. wurde sie von ↗ Methodius getauft. Sie übte großen Einfluß auf ihren Enkel, den hl. ↗ Wenzeslaus, aus. Sie wurde deshalb von dessen Mutter Drahomira gehaßt u. auf deren Anstiften auf ihrem Witwensitz Tetin bei Beraun (südwestl. von Prag) am 15. 9. 921 erdrosselt. Ihr Grab ist in der Ludmilla-Kapelle der St.-Georgs-Kirche auf der Prager Burg.
Gedächtnis: 15. September
Darstellung: mit Büchse, meist mit Tuch oder Strick um den Hals
Lit.: MGSS XV/1 572ff – BHL 5026–5031 – Braun 474f – R. Urbánek, 2 Bde. (Prag 1947–48)

Ludolf OSB, Abt **von Korvey,** Hl.
Name: urspr. Liudolf: ahd. liuti (Volk,

wehrhafte Leute) + wolf (Wolf; dieses Tier galt wegen seiner Angriffslust den Germanen als Sinnbild des Kampfesmutes): Kämpfer im Volk
Er wurde 965 Abt der Benediktinerabtei Korvey bei Höxter an der Weser u. brachte diese u. die Klosterschule zu hoher Blüte. Er lebte in großer Frömmigkeit u. war visionär begnadet. † am 13. 8. 983. Seine Gebeine wurden mit denen des Abtes ↗ Druthmar 1100 erhoben u. 1662 in einem vergoldeten Schrein in die Gruftkapelle zu Korvey übertragen.
Gedächtnis: 13. August
Lit.: ActaSS Aug. III (1737) 139–142 – Zimmermann II 567f 570 – Baudot-Chaussin VIII 217f

Ludolf OPraem, Bisch. **von Ratzeburg,** Hl.
Zus. mit Fürst Johann von Mecklenburg gründete er das Prämonstratenserinnenkloster Rehna bei Ratzeburg (südl. von Lübeck) u. wurde 1236 Bisch. von Ratzeburg. Er verteidigte die Rechte u. Güter der Kirche gegen die Ansprüche Herzog Albrechts von Sachsen-Lauenburg. Deshalb wurde er eingekerkert u. mißhandelt, dann aber wieder freigelassen. Er starb an den Folgen der Mißhandlungen am 29. 3. (?) 1250 zu Wismar. Deshalb wird er auch als Märtyrer verehrt.
Gedächtnis: 29. März
Lit.: H. Stoppel: Mecklenburg-Strelitzer Gesch.-Bl. 3 (Neustrelitz 1927) 109–176 – K. Schmaltz, Kirchengesch. Mecklenburgs I (Schwerin 1935) 130f

Ludovica degli Albertoni, Sel.
Name: weibl. F. zu ↗ Ludwig
* 1474 aus dem röm. Patriziergeschlecht der Albertoni. Mit 20 Jahren vermählte sie sich mit Giacomo della Cettera. Nach dessen Tod 1506 trat sie dem 3. Orden des hl. Franziskus bei u. widmete sich ganz dem Gebet u. den Werken der Nächstenliebe. Sie hatte die Gabe der Beschauung, der Wunder u. der Prophetie. † am 31. 1. 1533. Ihr Grabmal in S. Francesco a Ripa in Rom schuf Giovanni Lorenzo Bernini. Kult 1671 bestätigt.
Gedächtnis: 31. Jänner
Lit.: L. U. Boncompagni (Albano 1927) – Aureola-Seraf I 277–282

Ludovica ↗ Louise

Ludwig III., Graf **von Arnstein,** OPraem, Sel.
Name: altfränk. F. Chlodwig: ahd. hlut (laut, berühmt) + wig (Kampf): berühmter Kämpfer
Er war der letzte Graf von Arnstein (bei Lahnstein, südl. von Koblenz). Er wandelte sein Stammschloß 1139 in ein Prämonstratenserkloster um, in das er selbst als Konverse eintrat. Seine Gemahlin Guda ließ sich als Reklusin beim Kloster nieder. Ludwig stiftete auch einige Frauenklöster. † am 25. 10. 1185.
Gedächtnis: 25. Oktober

Ludwig Beltrán OP, Hl. (Bertrán, Bertránd, Bertrandus)
* am 1. 1. 1526 in Valencia (Ostspanien). Er wurde 1544 Dominikaner u. wirkte 1562 – 1569 als Missionar in Kolumbien (Südamerika), zuerst in Neugranada (Westkolumbien), dann im Norden des Landes. Ganz allein, barfuß, nur mit Bibel u. Brevier ausgerüstet, bekehrte er zehntausende Indianer. Die größten Schwierigkeiten bereiteten ihm dabei die Ausschreitungen der habgierigen Weißen. Zum Schluß wurde er zum Prior von Bogotá ernannt, der Ordensgeneral rief ihn aber 1569 zurück. In der Heimat wirkte er als ausgezeichneter Novizenmeister u. Prediger. 1571 wurde er Prior in S. Onufrio bei Valencia, 1575 Prior in Valencia. † am 9. 10. 1581 in Valencia. Sein Leib ruht in der Stephanskirche zu Valencia. Seliggesprochen 1608, heiliggesprochen 1671.
Gedächtnis: 9. Oktober
Darstellung: Kruzifix in der Hand. Eine Schale, aus der eine Schlange hervorkriecht, ein Indianer neben ihm
Lit.: J. A. Fauré (Béziers 1671, dt. Dülmen 1881) – B. W. Wilberforce (London 1882, dt. Graz 1888) – A. Mesanza (Almagro 1911) – G. Carrasco, Los quince primeros (Tucumán 1940) 457–495

Ludwig IX. von Frankreich, Hl. („der Heilige“)
* am 25. 4. 1219 zu Poissy (westl. von Paris). Er war der Bruder der sel. ↗ Elisabeth von Frankreich. Mit 11 Jahren wurde er zum König von Frankreich gekrönt u. stand zunächst unter der Vormundschaft seiner tatkräftigen Mutter ↗ Blanca. 1234 vermählte er sich mit Margareta von der Provence, die ihm 11 Kinder schenkte.

Ludwig war ein tüchtiger Herrscher von unbeugsamer Gerechtigkeit, willensstark u. persönlich bedürfnislos. Er galt als die Idealgestalt eines christlichen Herrschers. Er reorganisierte die Verwaltung, schuf das Pariser Parlament als Berufungsinstanz u. unabhängige Gerichtsbehörde, verbot den gerichtlichen Zweikampf u. ersetzte ihn durch den Zeugenbeweis. Ein Verbot der Fehde blieb unwirksam. Er ordnete das Münz- u. Gewerbewesen (Münzreform 1263) u. machte damit Frankreich zum mächtigsten Staat Europas. Er war ein weiser Gesetzgeber u. förderte die Städte u. die Bettelorden u. gründete Spitäler. Durch seine Schenkung des Alumnates (1257) war er an der Gründung der Sorbonne wesentlich beteiligt. Er unterstützte die Kirche bei der Durchführung ihrer synodalen Beschlüsse, trat aber auch gegen kirchliche Mißbräuche auf u. wußte die königlichen Rechte gegenüber den Bischöfen zu wahren. Er unternahm 1248–1254 den 7. Kreuzzug, eroberte Damiette (Nordägypten), wurde aber 1250 gefangen u. mußte sich gegen ein hohes Lösegeld loskaufen. 1250–1254 war er in Palästina, wo er die bedrängte Lage der Kreuzfahrerstaaten durch Verhandlungen zu verbessern suchte. Nach seiner Rückkehr wirkte er als „ungekrönter Kaiser des Abendlandes" als Schiedsrichter in vielen Streitigkeiten zwischen den Staaten Europas. 1267 rückte er erneut zum Kreuzzug aus, konnte noch die Burg von Karthago erobern, erlag aber vor Tunis der in seinem Heer ausgebrochenen Seuche am 25. 8. 1270. Seine Gebeine wurden nach Paris übertragen, sein Herz nach Monreale in Sizilien. Heiliggesprochen 1297.

Liturgie: GK a am 25. August

Darstellung: mit Fürstenmantel, Krone u. Zepter. Dornenkrone in der Hand. Kreuzstab oder Kreuz auf dem Ärmel (Kreuzzugszeichen). Auch mit den drei Nägeln des Kreuzes Christi

Patron: der Ordensgenossenschaften seines Namens, des 3. Ordens des hl. Franz von Assisi, der Wissenschaft; der Blinden; der Bäcker, Bauarbeiter, Buchbinder, Buchdrucker, Bürstenbinder, Fischer, Friseure, Gipser, Hufschmiede, Kaufleute, Pilger, Steinhauer, Tapezierer, Weber

Lit.: J. Joinville (Mainz 1932) – W. Kienast, Der franz. Staat im 13. Jh.: HZ 148 (1933) 457–519 – P. E. Schramm, Der König von Frankreich (Weimar 1939) – W. Kienast, Deutschland u. Frankreich in der Kaiserzeit (Leipzig 1943) – L. Buisson, König Ludwig IX. der Hl. u. das Recht (Freiburg 1954)

Ludwig Maria **Grignion de Montfort,** Hl.

* am 31. 1. 1673 zu Montfort in der Bretagne (Diöz. Rennes, Dep. Maine-et-Loire) aus einer Advokatenfamilie mit 18 Kindern. Er wurde 1700 Priester u. war 1701–1703 Spitalseelsorger in Poitiers. Hier stiftete er 1703 die „Töchter der Weisheit" zur Pflege der Kranken. 1703–1704 weilte er in Paris u. lernte dort die „Gemeinschaft vom Hl. Geist" des Abbé Poulard-Desplaces kennen, aus der Grignions Priesterkongregation „Gesellschaft Mariens" (Grignioniten, Montfortaner) erwuchs. Bes. von 1706 an entfaltete er eine ausgedehnte Tätigkeit in der Volksmission. Dabei hatte er unter der dauernden Verfolgung durch die Jansenisten zu leiden. Kennzeichen seines heiligmäßigen Lebens waren innige Marienverehrung, aufopfernde Liebe zu den Armen u. Kindern u. vollständige Selbstentäußerung. Er ist auch der Begründer u. Verbreiter der sog. Grignionschen Andacht. Diese ist im Kern eine fortwährende Erneuerung der Taufgelübde u. besteht in der vollkommenen Hingabe (Weihe) an Maria u. durch Maria zu Jesus. Er verfaßte verschiedene apostolische Schriften. Die tiefste u. verbreitetste ist sein „Traité de la vraie dévotion à la Ste. Vierge" (Traktat über die wahre Verehrung der heiligen Jungfrau). † am 28. 4. 1716 zu St-Laurent-sur-Sévre (bei Cholet, östl. von Nantes). Seliggesprochen 1888, heiliggesprochen am 20. 7. 1947.

Gedächtnis: 28. April

Lit.: J.-M. Querard, 4 Bde. (Rennes 1887, dt. Auszug Fribourg 1890) – E. v. Kleist, Das goldene Buch der wahren Andacht zu Maria (Fribourg 1920[5]) – E. Jac (Paris 1924[5], dt. Fribourg 1929) – Grignionsche Andacht: Traité de la vraie dévotion à la Ste. Vierge, dt. von L. Gommenginger, 4 Bde. (Konstanz 1925–1930) – Beringer II 231f – ZAM 7 (1932) 193–205

Ludwig IV., Landgraf **von Thüringen**

* am 28. 10. 1200 als Sohn des einflußreichen Landesfürsten Hermann I. v. Thüringen. Seit 1221 war er mit ↗ Elisabeth verheiratet und war ihr in treuer und harmonischer Ehe verbunden.

Gegenüber den heftigen Widerständen der höfischen Umgebung wegen Elisabeths sozialem Wirken und ihrer ungewöhnlichen Lebensweise in der radikalen Nachfolge Christi stand Ludwig verständnisvoll und unbeirrbar zu ihr. Er starb am 11. 9. 1227 auf einem Kreuzzug im südital. Otranto an einer Seuche. Seine Gebeine wurden in Reinhardsbrunn beigesetzt. Wegen seines untadeligen Lebens wurde er schon zu seiner Zeit als Hl. verehrt.
Gedächtnis: 11. September
Lit.: J. Ancelet-Hustache, Ste-Élisabeth de Hongrie (Paris 1947) 435 (Reg.) – Baudot-Chaussin IX 247ff – Thurston-Attwater III 541f

Ludwig OFM, Erzb. **von Toulouse,** Hl.
* 1274 wahrscheinlich zu Nocera dei Pagani bei Salerno (südöstl. von Neapel) als Sohn Karls II. von Anjou, Königs von Neapel. Er war der Großneffe ↗ Ludwigs IX. des Heiligen. Er weilte 1288–95 in Spanien als Geisel für seinen Vater, entsagte im Jänner 1296 dem Anrecht auf die Krone Neapels u. wurde am 19. 5. 1296 zum Priester geweiht. Noch in seiner Gefangenschaft war er 1294 von ↗ Cölestin V. zum Erzbisch. von Lyon ernannt worden. Er trat aber sein Amt nicht an. Bonifatius VIII. hob die Ernennung auf u. weihte ihn am 29. 12. 1296 zum Erzb. von Toulouse (Südfrankreich). 5 Tage zuvor war er dem Franziskanerorden beigetreten. Er entfaltete als Erzbischof eine kurze, aber segensreiche Wirksamkeit, bes. in karitativer Hinsicht. Von ihm sind verschiedene Predigten sowie ein Traktat über mehrstimmige Musik erhalten. † am 19. 8. 1297 zu Brignoles (Provence), beigesetzt in der Franziskanerkirche zu Marseille. Seine Gebeine wurden 1318 erhoben u. 1433 von Alphons von Aragón in die Kathedrale von Valencia (Ostspanien) übertragen. Heiliggesprochen 1317.
Gedächtnis: 19. August
Darstellung: als junger Bisch. im Franziskanerhabit, neben ihm eine oder 3 Kronen.
Lit.: C. Vielle (Vanves 1930) – L. Chancerel (Paris 1943) – A. Heysse AFrH 40 (1947) 118–142 – Baudot-Chaussin VIII 345–351 – M.-H. Laurent (Rom 1954) – E. Pásztor (Rom 1955)

Lüfthildis, Hl. (Luchteld, Leuchteldis, Luthild, Linthildis)
Name: 2. Wortbestandteil zu ahd. hilta, hiltja (Kampf): Kämpferin. Der 1. Wortbestandteil ist nicht eindeutig herzuleiten: entweder zu ahd. liuti (Leute, Volk), oder liuhta, lioht (leicht, hell, Licht): Kämpferin im Volk, leuchtende Kämpferin
Sie war eine Jungfrau u. lebte wohl im 9. Jh. in Berge, welches später nach ihr Lüftelberg genannt wurde (Erzbist. Köln). Dort ist sie auch begraben. Die Erhebung ihrer Gebeine 1623 hatte eine weitere Verbreitung ihres Kultes zur Folge. 1902 wurden die Reliquien in einem neuen Marmorsarkophag beigesetzt.
Gedächtnis: 23. Jänner
Darstellung: mit Kirchenmodell, Spindel u. Ginsterrute
Lit.: M. Frank, Die Volksheilige Lüfthildis von Lüftelberg u. ihre Attribute in Legende, Kult u. Brauch (Düsseldorf 1959)

Luitfried OSB, Abt **von Muri,** Sel.
Name: ahd. liuti (Volk, wehrhafte Leute) + fridu (Schutz, Friede): Schützer des Volkes
Er war Benediktinermönch in St. Blasien (Schwarzwald) u. wurde 1085 Abt im Kloster Muri (südwestl. von Zürich, Kanton Aargau). St. Blasien hatte um 1072 die Reformregeln des Klosters Fruttuaria bei Volpiano (Piemont) (zur Familie der Reformklöster um ↗ Cluny gehörend) angenommen. Abt Luitfried bemühte sich, diese Klosterreform auch in Muri einzuführen u. zu festigen. Er starb nach einem heiligmäßigen Leben am 31. 12. 1096.
Gedächtnis: 31. Dezember

Luitgar ↗ Leodegar

Luitgard von Tongern OCist, Hl. (Liutgard, Lutgart)
Name: ahd. liuti (Volk, wehrhafte Leute) + gart (umfriedeter Hof, Heim, Familie): Heimat des Volkes
* 1182 in Tongern bei Lüttich (Belgien). Um 1194 wurde sie Klosterschülerin bei den Benediktinerinnen von St. Katharina bei Trond (westl. von Tongern), trat später in dieses Kloster ein u. legte um 1200 die Profeß ab. 1205 wurde sie Priorin. 1207 trat sie in das Zisterzienserinnenkloster Aywières (Aquiria) bei Brüssel über. Sie führte ein Leben strenger Buße u. Abtötung. Dabei vermochte sie anderen den Seelenfrieden zu

geben, verstockte Sünder zu bekehren u. sogar Kranke zu heilen. Sie war mystisch hochbegnadet u. eine der ersten Herz-Jesu-Verehrerinnen. † am 16. 6. 1246 in Aywières. Ihre Reliquien ruhen in der Pfarrkirche zu Bas-Ittre (Brabant).
Gedächtnis: 16. Juni
Darstellung: als Zisterzienserin, Kranke heilend, das Kreuz umfassend. Christus am Kreuz umarmt sie mit einem losgelösten Arm
Lit.: Zimmermann II 318ff – Lenssen I 147–150 – Th. Merton, Auserwählt zu Leid u. Wonne (dt. Luzern 1953)

Luitgard von Wittichen, Sel.
* 1291 bei Schenkenzell (Schwarzwald). Mit 12 Jahren wurde sie Begine zu Oberwolfach (nordöstl. von Freiburg/B.) u. trat mit den „Gottesfreunden" des Mystikers Rulman Merswin von Straßburg († 1382) in Verbindung. 1323/24 gründete sie in Wittichen bei Wolfach ein Kloster des 3. Ordens des hl. ↗ Franziskus, dessen Vorsteherin sie wurde (das Kloster wurde 1402 in ein Klarissenkloster umgewandelt). Sie war von einer großen Verehrung des Lebens u. Leidens Christi erfüllt, das sie in einer dem Rosenkranz ähnlichen Weise betrachtete. † am 16. 10. 1348 zu Wittichen.
Gedächtnis: 16. Oktober
Darstellung: mit Buch u. Rosenkranz
Lit.: G. Reichenlechner, Das Luitgardenbuch . . . (Passau 1889^2) (Gebetsweise) – L. Heizmann, Das Frauenklösterlein Wittichen (Bühl 1925) – H. Volk: Bruder Franz 2 (Fulda 1949) 156f – H. Tüchle, Aus dem schwäb. Himmelreich (Rottenburg 1950) 105–118

Luitpold, Einsiedler **am Ammersee,** Sel.
Name: ↗ Leopold
Er stammte aus dem Geschlecht der Grafen von Wolfratshausen-Dießen. Er zog sich aus der Welt zurück u. baute sich eine Klause zu Lautbrunn am Ammersee, wo er ein heiligmäßiges Leben führte. † um 1250.
Gedächtnis: 1. November

Luitprand (Hl.)
Name: ahd. liuti (Volk, wehrhafte Leute) + brand (Schwert, weil es „brennenden" Schmerz verursacht): Schwert des Volkes
Er war ein Priester zu Mailand. Da er dem simonistischen Erzb. Grossulanus von Mailand entgegentrat, mußte er grausame Quälereien erdulden. Später brachte Luitprand seine Anklage auch vor Papst Paschalis II. Daraufhin wurde Grossulanus abgesetzt u. an seiner Stelle Jordanus zum neuen Erzbischof ernannt. Luitprand starb am 27. 7. 1133. Er wird bei einigen Hagiologen als Heiliger bezeichnet.
Gedächtnis: 27. Juli

Lukardis OCist, Sel.
Name: aus ↗ Luitgard
* um 1274 wahrscheinlich zu Erfurt. Sie war Nonne im Zisterzienserinnenkloster Oberweimar. Fast ihr ganzes Leben lang litt sie an unerklärlichen Leiden, die sie aus Liebe zum leidenden Jesus in heroischer Geduld ertrug. Sie war mystisch begnadet u. trug die Wundmale. † am 22. 3. 1309.
Gedächtnis: 22. März
Lit.: Zimmermann I 365f – Lenssen I 340ff – J. M. Höcht, Träger der Wundmale Christi I (Wiesbaden 1951) 38ff

Lukas Belludi OFM, Sel. (Lukas von Padua)
Name: verkürzt aus lat. ↗ Lucanus
* um 1200 in Padua aus dem vornehmen Geschlecht der Belludi. Schon in jungen Jahren schloß er sich den Minderbrüdern des hl. ↗ Franziskus an u. wurde Schüler u. Gefährte des hl. ↗ Antonius von Padua. Er war einer der größten Prediger der ersten Franziskanerzeit. Als Provinzial ließ er die Basilika des hl. Antonius künstlerisch reich ausgestalten. Er rügte ohne Menschenfurcht die Grausamkeiten des berüchtigten Ezzelino III. da Roma, des Führers der Ghibellinen in Italien, u. hatte deshalb von ihm viel zu leiden. † nach dem 9. 6. 1285 in Padua. Er ist beigesetzt in der Lukaskapelle der Antoniusbasilika zu Padua. Kult bestätigt am 18. 5. 1927.
Gedächtnis: 17. Februar
Lit.: AAS 19 (1927) 213–216 – B. Marinangeli (Padua 1929) – L. Guildaldi: Il Santo 3 (Padua 1930) 59–69 – Baudot-Chaussin XIII 32ff – P. Sambin: Il Santo (Neue Serie) 1 (Padua 1961) 150ff

Lukas, Evangelist, Hl.
Er ist bekannt als der Verfasser des 3. Evangeliums u. der Apostelgeschichte. Diese beiden Werke sind als ein zusammenhängender Bericht in 2 Teilen an einen sonst unbekannten Christen namens Theophilus gerichtet. Er war geborener Heide u. Arzt

von Beruf (Kol 4,11.14) u. ein literarisch hochgebildeter Mann. Mit seinem Arztberuf hängt es wohl zusammen, daß er von allen 4 ↗ Evangelisten vielleicht am stärksten menschliche Not (seelische wie leibliche) in ihrer Begegnung mit Jesus sowie menschliche Charakterzüge allg. in psychologisch tief empfundener Weise zeichnet. Seit Anfang des 4. Jh.s ist die Ansicht verbreitet, daß er aus Antiochia in Syrien stamme. Jedenfalls kennt er die dortige Christengemeinde genau (Apg 11,19–30; 13,1–3) u. erwähnt sie auch sonst mehrmals (Apg 14,26f; 18,22). Über Jerusalem u. Palästina scheint er weniger gut unterrichtet zu sein. Schon seit ↗ Irenäus von Lyon († um 202) sucht man bes. aus den sog. „Wir-Berichten" der Apostelgeschichte Näheres über ihn zu erfahren. Danach ergibt sich etwa folgendes Bild: Er muß schon früh in die Christengemeinde von Antiochia aufgenommen worden sein. Um 51 n. Chr. schloß er sich in Troas (40 km südl. des alten Troja, Kleinasien) ↗ Paulus auf dessen 2. Missionsreise an u. begleitete ihn nach Philippi (östl. Mazedonien, Griechenland), wo er nach der Abreise des Paulus zurückblieb (Apg 16,10ff u. 20,5ff) u. 7 Jahre später mit Paulus nach Jerusalem zurückreiste (Apg 21,1–18). Als Paulus um 60/61 in Jerusalem verhaftet wurde u. an den Kaiser appellierte, ging Lukas mit ihm nach Rom (Apg 25f; 27,1–18). In Rom war er wieder bei Paulus, als dieser ein zweitesmal gefangen war u. dem Tod entgegensah (2 Tim 4,11). Die Überlieferung berichtet, Lukas habe nach dem Tod des Paulus in Achaia (nördl. Peloponnes, Griechenland) gewirkt, dort sein Doppelwerk verfaßt u. sei unverheiratet in Böotien (Landsch. nördl. von Korinth) mit 84 Jahren eines natürlichen Todes gestorben. Konstantius II. ließ am 3. 3. 357 seine Gebeine von Theben in Böotien nach Konstantinopel übertragen u. sie in der bald darauf erbauten Apostelkirche beisetzen. Unhaltbar sind spätere Überlieferungen wie: Er sei einer der 72 Jünger Jesu (Lk 10,1–19) oder der ungenannte Emmausjünger (Lk 24,13–33) gewesen. Unglaubwürdig sind spätere Legenden über seinen angeblichen Aufenthalt u. Martertod in Ägypten (Griechen) oder Bithynien (Nordwestküste Kleinasiens; wohl durch Verwechslung mit griech. Boiotía, Böotien). Am 18. 10. 1177 sollen seine Gebeine von Konstantinopel gebracht worden sein. Diese Angabe beruht aber wahrscheinlich auf einer späteren Konjektur (Textinterpretation beim Abschreiben einer schwer lesbaren Handschrift). Eher handelt es sich um die Auffindung von Reliquien.

Verehrung, Volkskunde: Im 6. Jh. tauchte die Legende auf, Lukas sei Maler gewesen u. habe Bilder der Gottesmutter mit Kind angefertigt. Die ihm zugeschriebenen Werke sind aber alle byzantinischen Ursprungs. Der Hintergrund dieser Legende ist wohl die Tatsache, daß Lukas von allen 4 Evangelisten das vielleicht vollständigste u. liebevollste literarische Bild Marias gezeichnet hat. So wurde er im Mittelalter Patron der Maler. – Da er von den cherubinischen Tiergestalten (Ez 1,10) als Evangelistensymbol den Stier zugewiesen erhielt, verehrten ihn auch die Metzger als ihren Schutzheiligen. – Im Mittelalter verwendete man seinen Namen gern für verschiedene Besprechungsgebete. So wurden sog. Lukas-Zettel gebraucht, d. h. kleine Zettel, die mit einem lat. Segensgebet beschrieben waren u. am Lukastag gesegnet wurden. Man gab sie dem Vieh ein; auch sollten sie gegen Hexen u. bei anderen abergläubischen Praktiken wirksam sein. – Seit alter Zeit gibt es auch heute sog. Sankt-Lukas-Gilden in vielen Ländern der Erde. Es sind kath. (auch evangelische) Ärztevereinigungen auf nationaler u. internationaler Ebene, die auf Kongressen christlich-ethische Fragen aus der Sicht des Arztes diskutieren.

Liturgie: GK F am 18. Oktober

Darstellung: mit einem Stier (Evangelistensymbol) u. Buchrolle, bzw. sein Evangelium schreibend; als Maler von Marienbildern

Patron: der Ärzte (seit dem 7. Jh.) u. St.-Lukas-Gilden, Bildhauer, Buchbinder, Chirurgen, Glasmaler, Goldschmiede, Künstler, Maler, Metzger, Notare, Sticker; des Viehs

Lit.: A. Harnack (Leipzig 1906) – Pölzl 171–203 – J. Schmid, Matthäus u. Lukas (1930) – W. Nigg, Botschafter des Glaubens. Der Evangelisten Leben u. Werk (Olten 1977[4]) 123–158

Lukas Stylites, Hl. („Säulensteher")
* 879 zu Attia in Phrygien (Zentralklein-

asien). Er war Soldat u. nahm an den Bulgarenkriegen teil. Nach der Niederlage der Byzantiner gegen die Bulgaren bei Bulgarophygon entsagte er der Welt, wurde mit 24 Jahren Priester u. dann Feldgeistlicher. 924 wurde er Mönch im Zachariaskloster auf dem Olympos in Bithynien (nordwestl. Kleinasien). Nach Verlauf von 8 Jahren baute er sich in seiner Heimat eine Säule, die er 3 Jahre lang bewohnte. Am 16. 12. 935, dem Fest des hl. ↗ Daniel Stylites, bestieg er eine andere Säule bei Chalkedon, (heute Kadiköy) gegenüber Konstantinopel, auf der er bis zu seinem Tod ausharrte. † 979.
Gedächtnis: 11. Dezember
Lit.: H. Delehaye, Les saints stylites (Brüssel-Paris 1928) LXXXVI-CV 195–237

Lukas Thaumaturgos von Steiris, Hl. („Wundertäter"; L. Steiriotes; „der Jüngere")
Er ist einer der gefeiertsten Heiligen Griechenlands. * um 890 in Kastorion auf der Insel Ägina (südwestl. von Athen). Er war 7 Jahre Mönch auf dem Berg Joannitza bei Korinth, flüchtete aber wegen der Bulgaren- u. Sarazeneneinfälle an verschiedene Orte u. erbaute sich zuletzt eine Zelle bei Steiris in der Landschaft Phokis (nördl. am Golf von Korinth). † 953. Kaiser Romanos II. (959–963) u. seine Gemahlin Theophano erbauten über seinem Grab 2 Kirchen u. das Kloster Hosios Lukas.
Gedächtnis: 7. Februar (8. Februar)
Lit.: ActaSS Febr. II (1658) 83–100 – ECatt VII 1600 – BHG³ 994f

Lullus OSB, Erzb. **von Mainz,** Hl. (Lul)
Name: Kf. zu Namen, die mit Lud- (ahd. hlut, laut, berühmt) beginnen wie Ludger, Ludwig
* um 710 in Wessex (England). Er wurde im Kloster Malmesbury (östl. von Bristol, Südengland) erzogen. Auf einer Pilgerfahrt nach Rom lernte er ↗ Bonifatius kennen, der ihn 738 mit nach Deutschland nahm. Er wurde Benediktinermönch in Fritzlar (südwestl. von Kassel) u. Archidiakon des Bonifatius, er war der Lieblingsschüler u. der engste Mitarbeiter des Bonifatius. Er wurde von ihm 746/747 u. 751 (diesmal als Priester) nach Rom geschickt u. 752 zum Chorbischof geweiht. Um 753 wurde er zum Bisch. von Mainz ernannt. Er baute dieses Bistum zu einem Großsprengel aus, indem er die vakant gewordenen Bistümer Buraburg u. Erfurt mit Mainz vereinigte. Unter ihm wurden die von Abt ↗ Sturmius gegründeten Klöster Fulda (765) u. Hersfeld (775) Reichsabteien. Lullus war 769 auf der Lateransynode u. konnte dann allmählich das von Bonifatius angestrebte Metropolitansystem verwirklichen: 780/782 erhielt er von Hadrian I. das erzbischöfliche Pallium u. wurde damit 1. regulärer Erzb. von Mainz. † am 16. 10. 786 vermutlich in Hersfeld. Sein Grab ist in Hersfeld.
Liturgie: Fulda, Mainz g am 16. Oktober
Lit.: Th. Schieffer, Angelsachsen u. Franken: AAMz (1950) n. 2, 45–107

Lupicinus ↗ Romanus v. Condat

Lupus, Bisch. **von Troyes,** Hl. (Loup Leu)
Name: lat., der Wolf
* um 383 in Toul (Nordost-Frankreich) aus adeliger Familie. Er vermählte sich mit Pimeniola, der Schwester des Erzb. ↗ Hilarius von Arles. Nach siebenjähriger Ehe trat er im Einverständnis mit seiner Gattin in das eben erst gegründete Kloster in Lerins (Inselgruppe an der Südostküste Frankreichs) ein u. wurde dort Schüler des Gründerabtes ↗ Honoratus, des späteren Erzb. von Arles. Nach Verlauf eines Jahres reiste er nach Macon in Burgund, wo er noch Güter besaß u. die er veräußern wollte. Auf der Rückreise wurde er um 426 in Troyes gegen sein Sträuben zum Nachfolger des eben verstorbenen Bisch. Ursus gewählt. Auch als Bischof behielt er seine monastische Lebensweise bei. 429 reiste er mit ↗ Germanus von Auxerre nach England zur Bekämpfung des Pelagianismus. Beim Einfall der Hunnen 451 stellte er sich dem König Attila als Geisel zur Verfügung u. konnte so die Zerstörung der Stadt verhindern. Nach der Niederlage Attilas in der Schlacht auf den Katalaunischen Feldern bei Troyes (451) konnte Lupus wieder zurückkehren. † um 478.
Gedächtnis: 29. Juli
Lit.: ActaSS Iul. VII (1731) 51–82 – L. Duchesne: Bull. critique 2. Sér. 3 (Paris 1897) 418ff – BHL 5087–5090 – Baudot-Chaussin VII 703ff

Lutz, Kf. zu ↗ Ludwig

Lwanga ↗ Karl Lwanga

Lydia, Hl.
Name: griech., die Lydierin. Der Name ist nicht nur Bezeichnung der Volkszugehörigkeit, sondern ist auch als Personenname bezeugt.
Sie war die „gottesfürchtige Frau" aus Thyatira in Lydien (Westküste Kleinasiens; heute Ak-Hissar), eine Purpurhändlerin, die Paulus in Philippi mit ihrer ganzen Familie taufte (Apg 16,13ff + 40) (Philippi ist die heutige Ruinenstätte Felibedschik bei Drama, östl. von Seres, Nordgriechenland).
Gedächtnis: 3. August
Patronin: der Färber
Lit.: Pölzl 204–208

M

Macarius Scottus OSB, Abt in Würzburg, Sel.
Name: griech. makários, der Selige
Er wurde 1139 1. Abt des von Bischof Embricho von Würzburg gestifteten Schottenklosters St. Jakob in Würzburg. Schon zu Lebzeiten galt er als heiligmäßig. † 1153. Seine Gebeine wurden 1615 erhoben u. in den Chor von St. Jakob übertragen. Dabei sollen sich zahlreiche Wunderheilungen ereignet haben. 1818 kamen die Reliquien in die Marienkapelle in Würzburg.
Darstellung: Kranke heilend, im Gespräch mit dem Papst
Gedächtnis: 23. Jänner
Lit.: S. Kuhn, Verehrung des hl. Macarius (Würzburg 1853) – Zimmermann I 122ff – H. Dünninger, Processio peregrinationis I: Würzburger Diözesangeschichtsblätter 23 (Würzburg 1961) 104ff

MacCarthy ↗ Thaddäus MacCarthy

Macias ↗ Johannes Macias

Maclovius, Hl. (Machutes, Machutus, Maclou, Maclo)
Man weiß über ihn nur wenig Sicheres, die beiden im 9. Jh. entstandenen Viten sind legendarisch. Er stammte aus der Landschaft Gwent in Wales (England) u. wurde Mönch im keltischen Kloster Llancarvan in Glamorganshire (Wales). Er ging dann in die Bretagne u. gründete bei Alet (bei St-Malo) ein Kloster, wo er als Missionar wirkte. Die (ehemalige) Diözese St-Malo hat von ihm ihren Namen. Der Bischofssitz wurde unter Bischof Johannes a Craticula (1144–1163) von Alet nach St-Malo verlegt. Maclovius war aber nicht, wie alte Quellen berichten, 1. Bischof von Alet. Nach der Überlieferung zog sich Maclovius gegen Ende seines Lebens wegen der Feindseligkeit des bretonischen Fürsten Haëloc u. eines Teiles der Bevölkerung als Einsiedler in die Gegend von Saintes zurück, wo er um 640 starb.
Gedächtnis: 15. November
Lit.: Deux vies inédites de St-Maclou, ed. F. Plaine – A. de la Borderie (Rennes 1884) – BHL 5116–5124 – DACL X 1293–1318 – Zimmermann III 310f

Macra, Jungfrau u. Märt., Hl. (Magra)
Name: altröm. Familienname der Aemilii und Licinii, eig. die Magere (männl. Macer)
Sie lebte in der Gegend von Reims u. erlitt in der Verfolgung des Diokletian um 305 nach verschiedenen Martern den Tod. In Fismes bei Reims fand man im 8./9. Jh. ihre Gebeine u. erbaute ihr dort eine Kirche.
Gedächtnis: 19. Jänner
Lit.: BHL 5126ff – Leroquais S I 235 284 294 337 – Leroquais P I 132 213, II 166 174 u. ö. – AnBoll 59 (1940) 61

Madelberta OSB, Äbtissin von Maubeuge, Hl. (Madalberta, Maldeberta)
Name: germ. mathla (ahd. mahal) (Versammlung, Rede, Rechtssache, Vertrag) + ahd. beraht (glänzend, berühmt): die in der Versammlung (im Reden) Glänzende
Sie war die Tochter des hl. ↗ Vinzenz Madelgar u. der hl. ↗ Waldetrud u. die Schwester der hl. ↗ Adeltrud. Sie wurde Benediktinerin im Kloster Maubeuge (Dep. Nord, Nordfrankreich) u. um 696 die

Nachfolgerin ihrer Schwester Adeltrud als Äbtissin.
Gedächtnis: 7. September

Madeleine (franz.) ↗ Magdalena

Madelgar ↗ Vinzenz Madelgar

Mafalda OCist, Sel.
* um 1180 als Tochter des Königs Sancho I. von Portugal u. Schwester der sll. ↗ Theresia von Portugal u. ↗ Sancha. Nach der Sitte der Zeit wurde sie schon im Kindesalter mit Heinrich I. von Kastilien vermählt, doch starb dieser schon bald als Minderjähriger nach unvollzogener Ehe. Mafalda reformierte um 1223 das OSB-Frauenkloster in Arouca im Sinn der Zisterzienserregel u. trat später selbst dort als Nonne ein. † 1256. Kult 1792 approbiert.
Gedächtnis: 20. Juni (mit Theresia von Portugal und Sancha)

Magda, Kf. von ↗ Magdalena

Magdalena (Maddalena) **Albrici** OESA, Äbtissin, Sel.
Name: ↗ Maria Magdalena
* Ende des 14. Jh.s aus dem adeligen Geschlecht der Albrici in Como (Oberitalien). Nach dem Tod ihrer Eltern trat sie in das Augustinerinnenkloster zum hl. Andreas in Brunate bei Como ein. Als Oberin unterstellte sie das Kloster mit Hilfe der Herzogin Blanca von Mailand der lombardischen Reformkongregation der Augustiner-Eremiten u. erhielt 1448 die Bestätigung durch Nikolaus IV. Sie war ausgezeichnet durch Demut, Nächstenliebe u. großes Gottvertrauen in allen Notlagen u. hatte die Gabe der Wunder. Sie starb als Äbtissin am 13. 5. 1465. Kult bestätigt am 10. 12. 1907.
Gedächtnis: 13. Mai
Lit.: G. B. Melloni (Bologna 1764) – A. M. Confalioneri (Como 1938) – Baudot-Chaussin V 265ff

Magdalena Sophia (Madeleine-Sophie) **Barat,** Hl.
* am 13. 12. 1779 in Joigny (an der Yonne, nördlich von Auxerre, Zentralfrankreich) als Tochter eines Winzers. Von ihrem geistlichen Bruder Louis erhielt sie in Paris eine ausgezeichnete Bildung. Auf den Rat des P. Varin SJ weihte sie 1800 mit 2 Gleichgesinnten ihr ganzes Leben der Verherrlichung des Herzens Jesu. Diesem Ziel wollte sie durch persönliches Heiligkeitsstreben u. apostolisches Wirken, bes. in der Erziehung der weiblichen Jugend, dienen. 1802 gründete sie, wieder unter Anregung u. Mithilfe des P. Varin SJ, die „Gesellschaft der Ordensfrauen vom Hl. Herzen Jesu" (Dames du Sacré-Coeur), deren Satzungen sie nach denen des Jesuitenordens ausrichtete. Von 1806 bis zu ihrem Tod leitete sie ihre Genossenschaft als Generaloberin. Ihr Orden erhielt von Leo XIII. die Bestätigung u. er breitete sich trotz mancher Schwierigkeiten rasch aus. Die Heilige kennzeichnen unverwüstliche Tatkraft u. Leidensfähigkeit. † am 24. 5. 1865 in Paris. Sie wurde in Jette-St-Pierre bei Brüssel beigesetzt. Seliggesprochen am 24. 5. 1908, heiliggesprochen am 24. 5. 1925.
Liturgie: Lausanne-Genève-Fribourg g am 24. Mai
Darstellung: in ihrer schwarzen Ordenstracht mit ovaler weißer Rüschenhaube, langem, schwarzen Schleier u. silbernem Brustkreuz
Lit.: L.-P. Baunard, Vie de la Vénérable Mère Barat, 2 Bde. (Paris 1925⁸, dt. Innsbruck 1925)

Magdalena, Gräfin **von** (Maddalena Marchesa di) **Canossa,** Sel.
* am 2. 3. 1774 in Verona (Oberitalien). Schon als Kind verlor sie ihre Eltern. Sie lebte für kurze Zeit als Karmelitin u. widmete sich dann der Sorge um die Straßenkinder. 1808 eröffnete sie ein Haus u. eine Schule für verwahrloste Kinder im Stadtviertel S. Zeno in Verona u. wurde so zur Gründerin der „Töchter von der Liebe" (Canossianerinnen). Kaiser Franz I. schenkte ihr 1815 in Verona u. Venedig einige alte Klöster. † am 10. 4. 1835 in Verona. Seliggesprochen am 7. 12. 1941.
Gedächtnis: 10. April
Lit.: AAS 33 (1941) 483–490 – I. Zanolini (Rom 1941) – ECatt III 610f

Magdalena ↗ Maria Magdalena

Magnerich, Bisch. **von Trier,** Hl. (Meinrich)
Name: ahd. magan, megin (Kraft, Vermö-

gen) + rihhi (reich, mächtig, Herrschaft): mächtiger Herrscher
Er stammte wahrscheinlich aus einer romanisierten Familie im Moselland. Er wurde 561/565 Bischof von Trier u. war als solcher hochangesehen. Er stand in enger Verbindung zum Königshof u. war Taufpate Theudeberts II. Er setzte die unter seinem Vorgänger ↗ Nicetius begonnene Erneuerung seines Bistums fort. Er errichtete aufs neue das Kloster St. Martin in Trier u. erbaute die Kirche von Karden. Er war sehr mildtätig gegenüber den Armen. † nach 578. Sein Grab ist in St. Martin zu Trier.
Liturgie: Trier g am 27. Juli
Lit.: ActaSS Iul. VI (1729) 168–191 – BHL 5149f – E. Ewig, Trier im Merowingerreich (Trier 1954) 107–111

Magnus OSB, Glaubensbote **im Allgäu,** Hl. („St. Mang")
Name: lat., der Große
* um 699. Er war vermutlich nicht Ire, sondern Rätoromane u. lebte zunächst als Benediktinermönch in St. Gallen (Schweiz). Von 746 an missionierte er mit seinem Gefährten Theodor zuerst im östlichen Allgäu, dann wurde er von Bischof Wikterp von Augsburg an den oberen Lech gesandt. Er baute in Füssen eine Zelle u. sammelte Jünger um sich. Diese Zelle entwickelte sich in der Folge, bes. infolge der reichen Schenkungen durch Pippin d. J., zum dortigen (ehemaligen) Benediktinerkloster. Magnus starb am 6. 9. wahrscheinlich 772 u. wurde wahrscheinlich in seinem Bethaus bestattet. Seine Gebeine wurden unter Bischof Lanto von Augsburg 838/847 (?) erhoben u. in die Krypta der neuerrichteten Kapelle übertragen, sind aber seit dem 11. Jh. verschollen. Magnus wurde bes. in Schwaben, Bayern, Tirol u. in der Schweiz hochverehrt, viele Kirchen wurden ihm geweiht.
Liturgie: Augsburg G, Feldkirch, Innsbruck, München-Fr., Rottenburg, St. Gallen g am 6. September
Darstellung: mit Abtstab, einem Drachen das Kreuz entgegenhaltend oder eine Fakkel in seinen Rachen werfend. Von wilden Tieren u. Schlangen umgeben (Sinnbilder des Heidentums, das er ausrottete). Einen Bären unter einem Apfelbaum scheltend
Patron: des Viehs
Lit.: Steichele IV 338–369 – F. L. Baumann, Gesch. des Allgäus I (Köln 1883) 93–99 u. ö. – BHL 5162ff – Zimmermann III 20–23 – Bächtold-Stäubli V 1481ff – Festschr. zum 1200jährigen Jubiläum des hl. Magnus (Füssen 1950) 13–40 – A. Bigelmair: Lebensbilder aus dem bayrischen Schwaben, hrsg. v. G. v. Pölnitz, II (München 1953) 1–46 – F. Zoepfl, Das Bistum Augsburg u. seine Bischöfe im Mittelalter (München-Augsburg 1955) 23–26 – Bavaria Sancta II (Regensburg 1971) 52–65

Magnus von Schottland, Hl. (Mans, Mang)
Er war der Sohn Erlins, des Grafen der Orkney-Inseln (Nordschottland). In seiner Jugend kam er in schlechte Gesellschaft u. wurde ein Räuber. Eines Tages erfaßte ihn aber die Gnade Gottes u. er bekehrte sich. Als sein Vater starb, kam es zu einem Erbschaftsstreit mit seinem Vetter Hako. Magnus bot ihm einen Vergleich an. Da wurde er mit Hinterlist auf die Insel Eglis gelockt, dort aus der Kirche geschleppt u. erstochen. † um 1105. Ein Teil seiner Reliquien soll nach Aachen gekommen sein. Karl IV. nahm von hier ein Schulterstück nach Prag mit, wo es im Veitsdom aufbewahrt wird.
Gedächtnis: 16. April
Patron: der Fischhändler (die Bewohner der Orkney-Inseln, die fast nur vom Fischfang leben, haben ihn zu ihrem Patron erwählt)

Maia (Maja), Kf. zu ↗ Maria

Maike, Kf. zu ↗ Maria

Majolus OSB, Abt **von Cluny,** Hl. (Mayeul)
Name: Weiterbildung zu lat. major, der Größere
* 906/915 zu Avignon (Südfrankreich) (vielleicht in Valensolle). Er war Archidiakon von Mâcon (Zentralfrankreich) u. wurde Benediktiner in ↗ Cluny (Burgund), wo er 954 Koadjutor des erblindeten Abtes ↗ Aymard u. 965 dessen Nachfolger als 4. Abt des Klosters u. des Klosterverbandes von Cluny wurde. Er war beschaulich u. weltweit zugleich, ein Freund der Studien u. der Organisation, wodurch er es meisterhaft verstand, die Position Clunys zu stärken u. dessen Reformgeist vielen anderen Klöstern in Frankreich, Deutschland u. Italien mitzuteilen. Er stand in hohem Anse-

hen bei den Kaisern Otto I. und Otto II. sowie bei der Kaiserin ↗ Adelheid. Otto II. hätte ihn bei der Papstwahl 974 gerne als Papst gesehen. † am 11. 5. 994 zu Souvigny (westlich bei Moulins, Zentralfrankreich). Seine Reliquien wurden in der Franz. Revolution 1793 vernichtet.
Gedächtnis: 11. Mai
Lit.: A. Gulrat (Souvigny 1924) – BHL 5177–5178 – Zimmermann II 171ff

Majoricus, Märt. **in Tunis,** Hl.
Name: zu lat. maior, der Größere
Er war der kleine Sohn der hl. ↗ Dionysia, der noch im zarten Alter unter dem Vandalenkönig Hunerich unter grausamen Folterqualen starb. Das Kind fürchtete sich vor der Marter. Von seiner Mutter wurde es durch Wort u. Blick ermuntert, den Tod tapfer auf sich zu nehmen. † 484.
Gedächtnis: 6. Dezember

Makarios d. Ä. der Ägypter, Hl. (der Große)
Name: griech., der Selige (Makarius, Macarius)
* um 300 in Oberägypten. Er wurde Mönch in der Sketischen Wüste im heutigen Wadi el Natrun (nordwestl. v. Kairo). Er war zuerst Schüler des hl. ↗ Antonius u. gründete dann eine eigene Mönchskolonie. Schon in seiner Jugend wurde er der „Knabengreis" genannt wegen seiner reifen, männlichen Gesinnung. In der arianischen Verfolgung wurde er unter Kaiser Valens auf eine Nilinsel verbannt. † vor 390.
Gedächtnis: 15. Jänner
Darstellung: als Einsiedler auf einem Betschemel in einer Felshöhle kniend, in der Linken ein Buch, in der Rechten ein Kreuz haltend, Dämonen umgeben ihn. Mit dem Krückstab der Einsiedler (gerader Griff am langen Stab). Mit Totenkopf. Ein Grab, das Löwen für ihn gegraben haben
Lit.: ActaSS Ian. I (1643) 1005–1015 – DThC IX 1452-1455 – J. Stoffels, Die myst. Theologie Makarios' des Ägypters (Bonn 1908) – Baudot-Chaussin I 294–299 – Viller-Rahner 96f 216ff 227f – Quasten P III 161–168 – W. Nigg, Buch der Büßer (Olten 1972) 57–80

Makarios d. J. der Alexandriner, Hl. (auch politikós, „der Städter", genannt)
Er zog sich mit 40 Jahren in die Sketische Wüste zurück (Natrontal; nordwestl. von Kairo) u. lebte als Einsiedler u. Mönchsvater in härtester Askese u. ständigem Gebet. Er war mit der Macht über Krankheiten u. Dämonen begnadet. Wie ↗ Makarios d. Ä. wurde auch er in der arianischen Verfolgung auf eine Nilinsel verbannt. Beide verband eine tiefe menschliche u. geistige Freundschaft. † um 394.
Gedächtnis: 2. Jänner (bei den Griechen 19. Jänner)
Darstellung: als Einsiedler inmitten wilder Tiere, von großer Gestalt u. mit mächtigem Vollbart (tatsächlich soll er klein von Gestalt gewesen sein, mit schütterem Haupt- u. Barthaar), mit einer Laterne; mit einer Traube (die als Geschenk von einem Mönch zum anderen wanderte u. schließlich zum Geber zurückkam)
Lit.: ActaSS Ian. I (1643) 84–89 – Bardenhewer III 87–93 – Graf I 395 – BHG^3 999 u-y – Quasten P III 168f

Makarios I., Bisch. **von Jerusalem,** Hl.
Er wurde um 313 Bisch. Er war ein entschiedener Gegner des Arianismus u. trat auch in diesem Sinn auf dem Konzil von Nicäa (325) auf. Er entdeckte das Grab Jesu in Jerusalem u. erhielt von ↗ Konstantin d. G. den Auftrag, die Grabeskirche zu erbauen. Eine spätere Überlieferung (um 400) schreibt ihm auch eine Rolle bei der Identifizierung des Kreuzes Jesu zu. † 334.
Gedächtnis: 10. März
Lit.: A. Heisenberg, Grabeskirche u. Apostelkirche I (Leipzig 1908) – H. Vincent – F. M. Abel, Jérusalem nouvelle (Paris 1914–26) 201ff 206ff 539 903f

Makhluf ↗ Scharbel Makhluf

Makkabäische Brüder, Märt., Hll.
Name: griech. Makkabaíos aus hebr. makkab oder makkabaj: der Hämmerer. Diesen Beinamen hatte Judas, der 3. Sohn des Mattathias aus dem Priestergeschlecht der Hasmonäer (1 Mak 2,4).
Die 2 Bücher der Makkabäer schildern den Befreiungskampf der Juden gegen den Unterdrücker Antiochus IV. Epiphanes (175–164 v. Chr.). König Antiochus wollte das Seleukidenreich nach innen u. außen festigen. Innenpolitisch suchte er die orientalisierten Hellenen u. die hellenisierten Orientalen zu einer einzigen Weltanschauung, einer synkretisierten Religion zu eini-

gen. Dabei spielte der Kult des Königs eine bes. Rolle. Antiochus IV. ließ sich schon zu Lebzeiten zum „Epiphanes", zum „sichtbar gewordenen Gott", konsekrieren. Die oberen Kreise der Bevölkerung kamen solchen Bestrebungen entgegen, das breite Volk jedoch leistete erbitterten Widerstand. So entwickelte sich im Judenvolk der Kampf der „Makkabäer" gegen die rel. Unterdrückung, der schließlich zur Selbständigkeit gegenüber Syrien führte. Führer dieses Befreiungskampfes war der Priester Matthatias u. nach dessen Tod sein 3. Sohn Judas mit dem Beinamen Makkabäus. Der Name „Makkabäer" als Sammelbezeichnung kommt übrigens in der gesamten rabbinischen Literatur nicht vor, auch Josephus Flavius nennt Matthatias u. seine Nachkommen stets „Hasmonäer". Es waren christliche Autoren des 2. Jh.s, die den Beinamen des Judas auf seine 4 Brüder übertrugen u. dann auf alle Juden dieser Zeit, die sich an dem Aufstand beteiligten. In die Anfangszeit dieser Erhebung (um 168 v. Chr.) fällt das Martyrium jener namentlich nicht genannten 7 Brüder u. ihrer Mutter (die „sieben makkabäischen Brüder"), die sich dem Befehl des Königs widersetzten, Schweinefleisch zu essen u. sich dadurch gegen das Gebot Gottes zu versündigen. So wurden sie „nach skythischer Art" auf grausamste Weise, einer nach dem anderen, durch gliedweises Zerstückeln gemartert (2 Mak 2,7). Diese Märtyrer sind also nicht zu verwechseln mit dem oben erwähnten Judas Makkabäus u. seinen 4 Brüdern. Sie sind vorchristliche Märtyrer für den Glauben an den einen Gott Jahwe u. sein Gebot. In ergreifender Weise kommt in ihrem Bekenntnis vor dem Henker ihre Hoffnung auf die Auferstehung zum ewigen Leben zum Ausdruck. Die Kirchenväter, bes. ↗ Johannes Chrysostomus und ↗ Augustinus, rühmen sie als Vorbilder der streitenden Kirche u. der christlichen Märtyrer.

Bereits im 5. Jh. stand in Antiochia, dem Zentrum ihres Kultes, über ihrem überlieferten Grab eine Basilika, ihr Fest am 1. August wurde mit großer Feierlichkeit begangen. Ihre Reliquien sollen nach dem großen Erdbeben 543/561 nach Konstantinopel u. später zum Teil nach Rom in die Kirche S. Pietro in Vincoli auf dem Esquilin übertragen worden sein. Als Weihetag dieser Kirche wählte man den 1. August, das Fest der Makkabäischen Brüder. Von Rom aus breitete sich ihr Kult auch in Frankreich und Deutschland aus, bes. im Rhein- u. Rhonetal. Ein Teil der Reliquien befindet sich in der Makkabäerkirche in Köln.

Gedächtnis: 1. August

Lit.: M. Rampolla, Del luogo del martirio e del sepolcro dei Maccabei (Rom 1897) – M. Maes, Die Makkabäer als christl. Heilige: MGWJ 44 (1900) 145–156 – Künstle I 103 – J. Jeremias, Heiligengräber in Jesu Umwelt (Göttingen 1958) 18–23 – Th. Klauser, Christl. Märtyrerkult, heidnischer Heroenkult u. spätjüd. Heiligenverehrung (Köln-Opladen 1960) 43–53

Makrina d. Ä., Hl.

Name: von lat. Macrina, ↗ Macra

Sie war die Großmutter der hll. ↗ Basilius d. G., ↗ Gregorios von Nyssa u. ↗ Makrina d. J. Sie lebte in Neu-Cäsarea im Pontus (nordöstl. Kleinasien) u. wurde von ↗ Gregor dem Wundertäter bekehrt u. beeinflußte die rel. Erziehung ihrer Enkel entscheidend. Während der Verfolgung unter Diokletian u. Galerius weilte sie längere Zeit im Exil. † um 340.

Gedächtnis: 14. Jänner

Lit.: Basileios d. G.: PG 32, 752f 825 – ActaSS Ian. II (1643) 234ff – ECatt VII 1781f

Makrina d. J., Hl.

* um 327 in Cäsarea in Kappadokien (östl. Kleinasien). Sie war die ältere Schwester der hll. ↗ Basilius d. G. u. ↗ Gregors von Nyssa. Nach dem Tod ihres Verlobten zog sie sich mit ihrer Mutter ↗ Emmelia u. einigen früheren Dienerinnen auf ein Familiengut am Fluß Iris bei Annesis zurück u. führte dort ein Leben der Beschauung, des Gebetes u. der Buße. Gregor von Nyssa rühmt sie als eine theol. gebildete Frau. † 379/380.

Gedächtnis: 19. Juli

Lit.: ActaSS Iul. IV (1725) 589–604 – F. J. Dölger, Das Anhängekreuzchen der hl. Makrina u. ihr Ring mit der Kreuzpartikel: AuC III 81–116 – L. Mariès, L'irruption des saints dans l'illustration du psautier byz.: AnBoll 68 (1950) 161 – BHG[3] 1012

Malachias, Prophet im AT

Name: Sehr wahrscheinlich ist dies nicht sein eigentlicher Name, sondern ein Titel, der später zu einem Eigennamen umgedeutet wurde. Noch die Septuaginta (2./1. Jh.

v. Chr.) übersetzt mal'akījjāh „in der Hand seines (nämlich: des Herrn) Boten" (Mal 1,1). Diese Bezeichnung kehrt auch in Mal 3,1 wieder: „Siehe, ich sende meinen Boten vor mir her". (Vulg.: Malachias; Luther, Locc.: Maleachi).
Er ist der letzte der sog. Kleinen Propheten. Das Buch Malachias enthält 6 Dialoge zw. Jahwe bzw. seinem Propheten u. einem Angesprochenen aus dem Volk über: a) die Liebe Jahwes zu seinem Volk – b) Tadel an die Priester, die ihren Dienst am Tempel saumselig verrichten – c) das Übel der Mischehen – d) Jahwe wird seinen Boten vor sich hersenden u. die Welt richten – e) das Volk wird durch Plagen heimgesucht (Heuschrecken, Dürre, Mißwuchs), weil es die vorgeschriebene Tempelsteuer nicht entrichtet – f) Jahwe wird gerecht urteilen, sodaß die wahren Gerechten u. die wahren Sünder offenbar werden. Malachias ist aber bei aller Betonung der rel.-kultischen Forderungen nicht ein Wegbereiter einer judaistischen Gesetzes- u. Leistungsreligion. Er begründet seine Forderungen mit der Ehrfurcht vor der Größe u. Herrlichkeit Gottes.
Aus diesen geschilderten Zuständen läßt sich die Zeit des Propheten ungefähr bestimmen: Der Tempelkult ist seit dem babylonischen Exil wieder aufgenommen (es ist also nach 515 v. Chr.), u. es werden die gleichen Anliegen vorgebracht wie bei Esdras u. Nehemias (5./4. Jh. v. Chr.): Mißbräuche im Kult, Zauberei, Mischehen, Ehescheidungen u. wirtschaftliche Not. Andererseits kennt Malachias die rel. Reform durch Esdras u. Nehemias noch nicht. Hieronymus u. einige seiner jüdischen Zeitgenossen identifizieren ihn überhaupt mit Esdras.
Gedächtnis: 14. Jänner
Lit.: Kommentare zum AT – H. Junker (Bonn 1938) – F. Nötscher (Würzburg 1948) – M. Schumpp (Freiburg/B. 1950) – (Th. H. Robinson) u. F. Horst (Tübingen 1954²) – K. Elliger (Göttingen 1956³)

Malachias O Morgair, Erzb. **von Armagh,** Hl. (altirisch Maol m'Aedog)
* 1094/95 zu Armagh (südwestl. von Belfast, Nordirland) als Sohn des Mughron UA Morgair, Lektors an der Klosterschule von Armagh. Er wurde Mönch im dortigen Kloster u. Schüler des Mönches Imar, erhielt 1119 die Priesterweihe u. war 1123–27 Bisch. von Connor (nordwestl. von Belfast). Er ging anschließend nach Lismore, dann nach Kerry, wo er ein Kloster gründete. 1129 wurde er von Erzb. ↗ Cellach von Armagh zu dessen Nachfolger bestimmt. Cellach war das führende Haupt der Reform gegen den geistlichen Nepotismus in Irland. So erhob sich gegen Malachias eine scharfe Opposition, der er schließlich 1136 nachgab u. resignierte. 1137 wurde er Bisch. von Down (südl. von Belfast). Anläßlich seiner ersten Romreise wurde er 1139 von Papst Innozenz II. zum Legaten in Irland ernannt mit dem Auftrag, die eingeleitete Reform fortzusetzen. Auf dieser Reise befreundete er sich bei einem Besuch in Clairvaux mit dem hl. ↗ Bernhard. 1140 schickte er einige Mönche nach Clairvaux, diese kamen 1142 zurück u. gründeten in Mellifont das erste Zisterzienserkloster in Irland. Malachias besuchte auch das Augustiner-Chorherrenstift Aroasia (heute Arrouaise, Diöz. Arras, Nordfrankreich) u. gründete nach dessen Regel in den folgenden Jahren viele klösterliche Gemeinschaften in Irland. Es entstanden auch weitere 5 Zisterzienserklöster. Malachias ist auch bedeutend durch die Einführung der röm. Liturgie in Irland. Auf seiner 2. Romreise starb er in Clairvaux am 1./2. 11. 1148 u. wurde in Clairvaux beigesetzt. Seine Reliquien wurden in den Wirren der Franz. Revolution 1793 in der Kirche von Ville-sous-la-Ferté-sur-Aube (südl. von Clairvaux) mit denen des hl. Bernhard vermengt, sein Haupt ist im Dom von Troyes. Heiliggesprochen 1190.
Bernhard von Clairvaux berichtet in seiner Vita über Malachias, daß er die Sehergabe besessen habe. Deshalb wurde ihm später fälschlich die sog. Weissagung des Malachias zugeschrieben. Sie besteht aus 112 kurzen Sinnsprüchen zur Charakteristik der Päpste, angefangen von Cölestin II. (1143–44) bis „Petrus II.", nach dem das Weltende kommen soll. Sie entstand wohl während oder nach der 12tägigen Regierung Urbans VII. (15.–27. 9. 1590) u. sollte die Wahl des Kardinals Simoncelli zum Papst unterstützen. Tatsächlich wurde am 5. 12. 1590 Kard. Niccolò Sfondrati zum neuen Papst (Gregor XIV.) gewählt. Die

„Weissagung des Malachias" wurde von Arnold Wion OSB in seinem „Lignum Vitae" (Venedig 1595) veröffentlicht. Sie ist ein Phantasieprodukt u. hat mit Malachias von Armagh nachweislich nichts zu tun.
Gedächtnis: 3. November
Darstellung: reicht dem König einen Apfel u. heilt ihn damit
Lit.: Leben u. Werk: Bernhard v. Clairvaux: PL 182, 1073–1118 (Vita, engl. v. H. J. Lawlor, London 1920) – BHL 5188f – P. J. Dunning, The Arroasian Order in Medieval Ireland: Irish Historical Studies 4 (Dublin 1945) 297–315 – A. Gwynn: IER 73 (1948) 961–978, 74 (1949) 134–148; 317–331 – Baudot-Chaussin XI 112–117 – Malachias-Weissagung: J. Schmidlin: Festgabe f. H. Finke (Münster 1904) 1–40 – Pastor X[7] 529f – H. Grundmann, Die Papstprophetien des Mittelalters: AKG 21 (1928) 77–138 – W. Nigg, Prophetische Denker (Zürich 1957) 99 – Seppelt V[2] 208ff

Malchos der Einsiedler, Hl. (Malchus)
Name: lat.-griech. Form des nichtjüdischen Namens maliku: König. Häufiger Name auf Inschriften in Palmyra (heute Tadmur, Syrien), ebenso bei den Nabatäern (Volk am Südostrand Palästinas). So hieß der Knecht des Hohenpriesters, dem Petrus das rechte Ohr abhieb (Joh 18,10).
Er stammte aus Nisibis (heute Nusaybun, Südosttürkei). Um einer von den Eltern geplanten Ehe zu entgehen, entfloh er um 337 in die Einöde von Chalkidike (Griechenland) u. lebte dort als Einsiedler. Bei einem Sarazeneneinfall wurde er gefangengenommen u. zur Ehe mit einer christlichen Mitsklavin gezwungen. Beide gingen die Heirat nur zum Schein ein u. flohen bei nächster Gelegenheit. Sie wurde Nonne, Malchos kehrte nach Chalkidike in seine Einsiedelei zurück. Er war mit ↗ Hieronymus persönlich bekannt, der auch um 390 seine Vita schrieb.
Gedächtnis: 21. Oktober
Lit.: Schiwietz III 214–220 – Baudot-Chaussin X 689–692

Malchos ↗ Priskos, Malchos u. Alexandros

Malvine
Name: zu lat. malva (Malve). Eine Neubildung in den elegischen Dichtungen, die der Schotte James Macpherson 1760 dem kelt. Barden Ossian untergeschoben hatte. Durch Klopstock, Herder, Goethe u. a., die für die Ossian-Dichtung schwärmten, wurde der Name im 18. Jh. auch in Deutschland bekannt. (Kf. Male, Malchen, Nf. Malvida)

Mali, Kf. zu ↗ Amalia

Mammas (Mamas), Märt., Hl.
Name: griech. (mámme) Kinderwort für Mutter: der nach der Mutterbrust verlangt
Nach ↗ Basilius d. G. u. ↗ Gregor von Nazianz d. J. stammte er aus Gangra (nordöstl. von Ankara, Kleinasien). Er war Hirte u. erlitt mit 15 Jahren unter Kaiser Aurelian (270–275) in Cäsarea in Kappadokien den Martertod. Er wird bes. in der griech. Kirche als Viehpatron hoch verehrt. Die Kathedrale von Langres erhielt um 1075 einen Arm des Heiligen, 1209 auch das Haupt.
Gedächtnis: 17. August (bei den Griechen 2. September, 12. bzw. 13. Juli)
Darstellung: Löwe, Hirsch, mit einem Hirtenstab
Lit.: BHL 5192–5199 – AnBoll 58 (1940) 126–141 – BHG[3] 1017z–1022

Mamertus, Bisch. **von Vienne,** Hl.
Name: lat., der dem Mamers Geweihte. Mamers ist die oskische Form von Mars, dem röm. Kriegsgott.
Er war der Bruder des Priesters u. Philosophen Claudianus Mamertus in Vienne († um 474) u. wurde um 461 Bisch. von Vienne (an der Rhone, Südostfrankreich). Unter Mißachtung der Rechte des Metropoliten von Arles setzte er 463 den Marcellus zum Bisch. von Die ein u. wurde deshalb von Papst ↗ Hilarius getadelt. Nach Erdbeben u. Feuersbrünsten, die Vienne verwüsteten, führte er um 470 die 3 Bittgänge vor dem Fest Christi Himmelfahrt ein, wobei er die schon vorher üblichen Litaneien mit einbaute. Dieser Brauch wurde bald auch von anderen Kirchen übernommen. Mamertus soll auch die Reliquien des hl. ↗ Ferreolus in eine neue Basilika übertragen haben. † um 477. In Norddeutschland u. den Niederlanden wird er zu den ↗ Eisheiligen gezählt.
Gedächtnis: 11. Mai
Darstellung: mit einem brennenden Licht
Patron: der Ammen (wegen der Namensähnlichkeit zu lat. mamma = Brust)
Lit.: ActaSS Maii II (1866) 629ff – Baudot-Chaussin V 212ff

Mandić ↗ Leopold von Castelnuovo

Manfred, Einsiedler, Sel.
Name: ahd. man (Mann) + fridu (Schutz vor Waffengewalt, Friede): den Frieden schützender Mann
Er stammte aus Mailand u. empfing die Priesterweihe. Er zog sich dann als Einsiedler bei Riva am Comosee zurück u. nährte sich nur von Kräutern u. den Almosen guter Menschen. Die Angabe, er sei 1430 gestorben, scheint nicht richtig zu sein. Er muß viel früher gelebt haben. Seine Gebeine werden in der Kirche St. Vitalis in Riva verehrt.
Gedächtnis: 28. Jänner
Darstellung: als Einsiedler, oft mit Kreuz, Buch oder Rosenkranz

Mangin (Léon-Ignace Mangin), s. Märt. in China g (S. 877ff)

Mangold OSB, Abt **von Isny,** Hl. (Manegold)
Name: ahd. manag (manch, viel) + walt (Herrscher)
Die 1. Kirche des (ehemaligen) Benediktinerstiftes Isny (Diöz. Konstanz) wurde 1042 durch Graf Wolfrad erbaut, die Abtei 1096 durch Graf Manegold gegründet u. mit Mönchen aus dem Kloster Hirsau bei Calw (Schwarzwald) besiedelt. Mangold war der 1. Abt des Klosters. † 1150.
Gedächtnis: 17. Februar

Mansuetus, Bisch. **von Toul,** Hl.
Name: lat., der Sanftmütige, Milde
Er war der 1. Bisch. von Toul (südl. von Metz, Lothringen) u. lebte im 4. Jh. Historische Einzelheiten fehlen. Die legendarische Vita aus dem 10. Jh. macht ihn zu einem „Schotten", den der hl. Petrus nach Toul gesandt habe. Seine Reliquien wurden von Bischof ↗ Gerhard von Toul in die von ihm gegründete Abtei St-Mansuy in Toul übertragen. Heute sind sie in der Kathedrale u. in St-Gengoult in Toul.
Gedächtnis: 3. September
Darstellung: predigend, Tote erweckend
Lit.: ActaSS Sept. I (1746) 615–658 – BHL 5209–5218 – Duchesne FE III 58–62 – E. Martin, Histoire des diocèses de Toul, de Nancy et de St-Dié I (Nancy 1900) 17–30 41–44

Manuel, Kf. von ↗ Emmanuel

Manuela, w. F. zu ↗ Emmanuel

Marbod von Bregenz OSB, Märt., Sel. ↗ Merbod von Bregenz

Marbod, Bisch. **von Rennes,** Hl.
Name: ahd. marah (Stute; vgl. Mähre) + boto (Bote): berittener Bote
* um 1035 zu Angers (Westfrankreich). Er war Lehrer an der dortigen Domschule u. wurde 1081 Archidiakon. 1096 wurde er zum Bisch. von Rennes (Bretagne) ernannt u. von Papst Urban II. in Tours konsekriert. Als solcher wohnte er mehreren Synoden bei. Im Alter erblindete er, resignierte u. zog sich als Mönch in das Kloster St-Aubin (St. Albinus) in Angers zurück. Er war einer der fruchtbarsten Schriftsteller aus der Zeit um 1100. Theol. bes. interessant sind seine erhaltenen 6 Briefe. † am 11. 9. 1123.
Gedächtnis: 11. September
Lit.: L. Ernault (Rennes 1890) – Manitius III 719–730

Marc (franz.) ↗ Markus

Marcel (franz.) ↗ Marcellus

Marcella, Hl.
Name: weibl. F. zu ↗ Marcellus
* 325/335 aus der röm. Adelsfamilie der Marcelli. Sie verlor schon früh ihren Vater. Nach siebenmonatiger Ehe wurde sie Witwe, lehnte aber eine neue Heirat ab. Als ↗ Athanasius d. G. 340–343 in Rom weilte, wurde sie durch ihn für das im Osten in hohem Ansehen stehende Mönchsideal interessiert, ebenso durch ↗ Petrus II. von Alexandria, der 373–379 in Rom war. Marcella sammelte in ihrem Palast auf dem Aventin in Rom einen Kreis frommer Frauen, darunter die hll. ↗ Paula, ↗ Lea u. ↗ Fabiola, die die Hl. Schrift studierten, ein intensives christliches und kulturelles Leben pflegten u. Werke der Nächstenliebe übten. Marcella ließ sich von ↗ Hieronymus während seines Aufenthaltes in Rom (382–385) in philologischen, exegetischen u. katechetischen Fragen unterweisen u. stand auch weiterhin in Briefwechsel mit ihm. Sie war eine feingebildete, hochgeistige, gesell-

schaftsfähige u. dabei aszetische Frau, die am geistigen u. rel. Leben ihrer Zeit regen Anteil nahm. Während der Plünderung Roms durch die Goten unter Alarich am 24. 8. 410 wurde sie schwer mißhandelt. Sie konnte sich noch mit ihrer Adoptivtochter Principia in die St.-Paulus-Basilika retten, starb aber bald danach. Das genaue Datum ihres Todes ist unbekannt. Hieronymus schrieb in seinem Brief an Principia eine glänzende Lobrede auf sie.
Gedächtnis: 31. Jänner
Darstellung: als vornehme Römerin, Mädchen oder Frauen unterrichtend. Mit Kruzifix, die Hl. Schrift betrachtend
Lit.: A. Forestier (Poitiers 1895) – Moricca II/2 1253–1257 u. ö. – A. Penna, S. Gerolamo (Turin 1949) 75–84 322f u. ö. – G. D. Gordini: Gr 37 (1956) 225–229

Marcellianus ↗ Marcus u. Marcellianus

Marcellinus von Deventer, Hl. (Marchelm, franz. Marceau)
Name: Weiterbildung zu ↗ Marcellus (↗ Marcus), oder latinisiert aus ahd. marcha (Grenze) + helm (Helm, Schutz): Schützer der Grenzen
Er war Priester u. wurde vom hl. ↗ Willibrord aus England nach Utrecht (Niederlande) geholt. Karl Martell übertrug ihm die Abtei St. Peter in Brabant. Marcellinus missionierte in der Gegend der alten Yssel. † 762 zu Oldanzell.
Gedächtnis: 14. Juli

Marcellinus Joseph Benedikt (Marcellin-Joseph-Benoit) **Champagnat** FMS, Sel.
* am 20. 5. 1789 in Marlhes (Dep. Loire, Zentralfrankreich). Er wurde 1816 Priester u. gründete 1817 als Zweig der Maristen in Lavalle bei Lyon die Maristen-Schulbrüder, eine Laienkongregation für Unterricht u. Erziehung der männlichen Jugend. Er selbst legte 1836 die Profeß ab. Die Kongregation wurde 1853 selbständig u. erhielt 1863 die päpstliche Approbation. Marcellinus war ein hervorragender Pädagoge u. großer Marienverehrer. † am 6. 6. 1840 in Hermitage bei St-Chamond (Dep. Loire). Seliggesprochen am 29. 5. 1955.
Gedächtnis: 6. Juni
Lit.: AAS 47 (1955) 439–444 – Frère Ignace, Le bienheureux M. Ch. (Genval/Belg. 1956) – J. B. Furet, M. Ch. (Landshut 1958)

Marcellinus, Papst, Hl.
Er regierte 296–304. Es ist aber noch heute umstritten, ob er mit ↗ Marcellus I., der in den Papstlisten als sein Nachfolger aufscheint, identisch ist. Er starb nach Beginn der Verfolgung des Diokletian am 16. 1. 304, aber nicht als Märtyrer, wie man später behauptete, und wurde im Cömeterium der Priscilla bestattet. Sein Grab ist noch nicht aufgefunden. Seit etwa 380 wurden Marcellinus u. andere kath. Bischöfe von den Donatisten beschuldigt, dem Jupiter Weihrauch geopfert u. die heiligen Bücher ausgeliefert zu haben. Es sollte nämlich ursprünglich der spätere Papst ↗ Miltiades (310–314), der die Donatisten verurteilt hatte, diffamiert werden. Als dies mißlang, bes. weil ↗ Augustinus dem scharf entgegentrat, griffen die Donatisten auf Marcellinus als den 1. Papst der Verfolgung zurück. Diese Anschuldigungen wurden auch auf kath. Seite gutgläubig weitertradiert. So läßt der Liber Pontificalis Marcellinus abfallen, sein Vergehen aber durch das Martyrium sühnen.
Gedächtnis: 16. Jänner
Lit.: DACL X 1762–1773 – Caspar I 97ff – Seppelt I[2] 65f – E. H. Röttges: ZKTh 78 (1956) 385–420

Marcellinus u. Petrus, Märt. **in Rom,** Hll.
Nach röm. Überlieferung war Marcellinus Priester, Petrus Exorzist, die unter Diokletian um 305 enthauptet wurden. Sie wurden im Cömeterium „ad duas Lauros" an der Via Labicana bestattet. Dort errichtete ↗ Konstantin d. G. eine Basilika mit dem Mausoleum der hl. ↗ Helena (1956 freigelegt). ↗ Einhard, der Leiter der Gelehrtenschule ↗ Karls d. G., brachte die Reliquien der beiden Heiligen im Jahr 827 in seine neugegründete OSB-Abtei Seligenstadt (Hessen). Die historische Gruft der Märtyrer wurde 1896 wiederentdeckt. Ihre Namen stehen im röm. Meßkanon (↗ Kanonheilige).
Liturgie: GK g am 2. Juni
Lit.: BHL 5230–5233 – Wilpert (Tafelband) 252–255 – Kirsch T 54–58 – A. Schuchert: RivAC 15 (1938) 141–146 – Ders., Gruftanlage der Martyrer M. u. P. zu Seligenstadt (Mainz 1938) – F. W. Deichmann-A. Tschira: JdI 72 (1957) 44–110 – F. Halkin: AnBoll 77 (1959) 472f

Marcellus I., Papst, Hl.
Name: Weiterbildung von ↗ Marcus

Die Nachrichten über ihn sind dürftig u. die Quellen widersprechen einander, sodaß über seine Person u. seine Regierungszeit keine Sicherheit zu erlangen ist. Einige alte Quellen berichten, der röm. Bischofsstuhl sei zw. ↗ Marcellinus (296–304) u. ↗ Eusebius (308 bzw. 309?, 310?) vakant gewesen, wobei die Namen Marcellus u. Marcellinus durcheinandergeraten. Andere Quellen nennen vor Eusebius den Papst Marcellus I., der knapp 1 Jahr regiert habe u. am 16. 1. 308 in der Verbannung gestorben sei. Tatsache ist, daß die röm. Christengemeinde nach dem Tod des Papstes Marcellinus in der Verfolgung des Diokletian einige Jahre führerlos u. durch Parteiungen zerrüttet war. Der Streit ging zw. der laxen u. der rigorosen Richtung bezüglich der Wiederaufnahme der in der Verfolgung Gefallenen (Lapsi). Nach dem Liber Pontificalis (begonnen wohl um 530) habe Marcellus I. die Kirchenordnung u. die Seelsorge in Rom reorganisiert (25 Titelkirchen u. Bezirke, Sorge für die Cömeterien), später sei er von Kaiser Maxentius – offenbar wegen der Streitigkeiten in der Christengemeinde – in die Verbannung geschickt worden, wo er gestorben sei. Er sei im Cömeterium der Priscilla in Rom beigesetzt worden.
Gedächtnis: 16. Jänner
Darstellung: als Papst, neben ihm Esel u. Krippe in einer zu einem Stall profanierten Kirche (er sei mit Prügeln heftig geschlagen u. aus der Stadt gewiesen, später zur Bewachung der öffentlichen Ställe verurteilt worden).
Patron: der Stallknechte
Lit.: E. Caspar: ZKG 46 (1927) 321–333 – Caspar I 54, 97–101 – Haller I^2 64f 500f – Seppelt I^2 66f – E. H. Röttges, Marcellinus-Marcellus: ZKTh 78 (1956) 385–420

Marcellus u. Apuleius, Märt., Hll.
Marcellus wurde vermutlich in Capua bei Neapel im 4. (?) Jh. enthauptet. Apuleius, den erst eine mittelalterliche Legende zum Diener und Leidensgefährten des Marcellus macht, dürfte kaum eine historische Persönlichkeit sein.
Gedächtnis: 7. Oktober

Marco (ital.) ↗ Marcus ↗ Markus

Marcus (Marcos) **Criado** OSTDisc, Sel.
Name: altröm. Vorname, verkürzt aus lat. Marticus: dem (Kriegsgott) Mars geweiht
* am 25. 4. 1522 in Andújar (nordwestl. von Jaén, Südspanien). 1536 trat er dem Orden der Unbeschuhten Trinitarier bei. Er missionierte im Gebiet der Mauren im Königreich Granada, wo er zus. mit anderen Gefährten durch die Araber ermordet wurde. † am 27. 9. 1569. Kult 1899 bestätigt.
Gedächtnis: 27. September
Lit.: Hélyot II 310–339 – Baudot-Chaussin IX 511

Marcus (Marco) **Fantuzzi** OFM, Sel. (Markus von Bologna)
* wahrscheinlich 1406 in Bologna aus einem Adelsgeschlecht. Er trat mit etwa 27 Jahren in seiner Vaterstadt dem Franziskanerorden bei u. war dreimal, nämlich 1452–55, 1464–67 u. 1469–72, Generalvikar der ital. Observanten. Er ragte als eifriger u. erfolgreicher Volksprediger hervor. † am 10. 4. 1479 in Piacenza. Kult 1868 approbiert.
Gedächtnis: 10. April
Lit.: AFrH 48 (1955) 298–323

Marcus de Marconibus OESH, Sel.
* 1480 zu Mantua (oder Borgoforte bei Mantua, Oberitalien). Er trat mit 16 Jahren in das Kloster der Eremiten des hl. Hieronymus (Hieronymiten) bei der Kirche S. Matteo in Migliarino (heute Migliareto) ein u. wurde wahrscheinlich später zum Priester geweiht. Er führte ein heiligmäßiges Leben u. hatte die Gabe der Wunder u. der Prophetie. † am 24. 2. 1510. Seine Gebeine wurden 1840 in die Kathedrale von Mantua überführt. Kult bestätigt am 2. 3. 1906.
Gedächtnis: 24. Februar
Lit.: ASS 40 (1907) 168ff – E. Jallonghi (Rom 1909)

Marcus von Modena OP, Sel.
Er stammte aus Modena (Oberitalien). Er trat in das dortige Dominikanerkloster ein u. wirkte später als Volksprediger in Ober- u. Mittelitalien mit großem Erfolg. Als Prior in Modena reformierte er das Kloster. † am 21. 9. 1498 in Pesaro (Mittelitalien). Kult 1857 bestätigt.
Gedächtnis: 21. September
Darstellung: als Dominikaner, in der einen Hand eine eiserne Kette (wegen seiner Bußstrenge), in der anderen ein Kruzifix
Lit.: ActaSS Sept. VI (1757) 288f – ADomin Jul. I (1885) 49ff

Marcus von Montegallo OFM, Sel.
* zu Montegallo (Diöz. Ascoli, Mittelitalien). Er war zuerst Arzt u. verheiratet. Nach einigen Jahren trennten sich die beiden einvernehmlich. Seine Frau wurde Klarissin in Ascoli, Marcus ging in das Kloster der Observanten-Eremiten außerhalb von Fabriano u. wurde ein unermüdlicher Prediger in fast ganz Italien. In mehreren Städten gründete er sog. Montes Pietatis (Leihanstalten mit niedrigem Zins). † am 19. 3. 1496 zu Vicenza. Kult 1839 bestätigt.
Gedächtnis: 19. März
Lit.: H. Holzapfel, Die Anfänge der Montes Pietatis (München 1903) – Memorie Francescane Fanesi (Fano 1928) 131–140

Marcus, Papst, Hl.
Er war gebürtiger Römer u. wurde am 18. 1. 336 gewählt. Vermutlich nahm er schon seit Papst ↗ Miltiades in der Gemeinde Roms eine führende Stellung ein. Er verlieh dem Bischof von Ostia das erzbischöfliche Pallium u. bestimmte ihn zum Konsekrator der röm. Bischöfe. Er erbaute die beiden Basiliken Titulus Marci u. S. Balbina an der Via Ardeatina. † am 7. 10. 336, er wurde in S. Balbina bestattet.
Gedächtnis: 7. Oktober
Lit.: Caspar I 131 142 – A. Ferrua, La basilica di papa Marco: CivCatt 99 (1948) III 503–513 – Haller I^2 64f 500ff

Marcus u. Marcellianus, Märt. **in Rom,** Hll.
Sie starben in der Verfolgung des Diokletian um 305 den Martertod u. werden in der Passio des hl. ↗ Sebastian erwähnt. Sie waren 2 Brüder u. Diakone, die Cromatius, der Statthalter von Rom, an einen Pfahl binden u. mit Pfeilen durchbohren ließ. Das Martyrologium Hieronymianum (324) nennt als Begräbnisort das Cömeterium der ↗ Balbina (zw. der Via Appia u. der Via Ardeatina), Pilgerberichte des 7. Jh.s das in der Nähe gelegene Cömeterium des Basilaeus.
Gedächtnis: 18. Juni

Marcus ↗ Markus

Mareike, eingedeutscht aus niederl. Marijke (Verkleinerungs- oder Koseform von ↗ Maria; vgl. auch ↗ Marieke)

Marga ↗ Margareta

Margareta, Jungfrau u. Märt. **in Antiochia,** Hl.
Name: zu griech. margarítēs, Perle (vgl. die gleichnamige Blume) (bei den Griechen „Marina")
Sie war eine Märt. zu Antiochia in Pisidien (heute Ruinen bei Jalowadj, nördl. von Anatyla u. westl. von Konya, Südkleinasien). Sichere historische Nachrichten über sie fehlen. Nach ihrer völlig legendarischen Passio war sie die Tochter eines heidnischen Priesters in Antiochia, von dem sie verstoßen wurde. Sie habe in der Verfolgung des Diokletian um 305 alle Martern wunderbar überstanden u. den Teufel in erbittertem Kampf überwunden. Schließlich sei sie wegen ihrer Treue zum christlichen Glauben u. zur Jungfräulichkeit enthauptet worden. Im Osten wie im Westen wurde sie schon früh hoch verehrt u. in Predigten immer wieder gefeiert. Sie zählt zu den ↗ Vierzehn Nothelfern. Ihre Reliquien zeigt man in Montefiascone bei Bolsena (nordwestl. von Rom).
Liturgie: RK g am 20. Juli
Darstellung: mit einem Drachen („Wurm"; Kampf mit dem Teufel), einem Kreuzstab (bisweilen mit einer Taube darauf) oder Kruzifix (sie soll den Teufel mit dem Kreuzzeichen besiegt haben). Mit einer Krone oder einem Perlenkranz (wegen ihres Namens), Fackel u. Kamm (Marterwerkzeuge) u. Palme. Zus. mit den hll. ↗ Barbara u. ↗ Katharina (↗ Drei heilige Jungfrauen)
Patronin: der Ammen, Bauern (nach altdt. Recht wurde an ihrem Festtag der bäuerliche Pachtzins gezahlt), Jungfrauen, unfruchtbaren Frauen, Ehefrauen, Gebärenden, Mädchen; der Fruchtbarkeit (vor den christlichen Rodungen u. Kulturen weichen die Walddrachen zurück)
Lit.: BHL 5303–5313 – Künstle II 421–425 – W. Hay, Volkstümliche Heiligentage (Trier 1932) 152–156 – Bächtold-Stäubli V 1634–1638 – BHG^3 1165–1169d – Die Vierzehn Nothelfer in Volksfrömmigkeit u. Sakralkultur, hrsg. v. G. Schreiber (Innsbruck 1959) 26 40 50f u. ö.

Margareta von Bayern, Sel.
* 1372 als Tochter des späteren dt. Königs Ruprecht von der Pfalz. Mit 20 Jahren wur-

de sie mit dem tapferen, aber sittenlosen Herzog Karl II. von Lothringen vermählt, unter dem sie manches zu leiden hatte. Durch ihre Töchter Isabella u. Katharina wurde sie die Großmutter der hl. ↗ Margareta von Lothringen u. des hl. ↗ Bernhard von Baden. Sie war sehr freigebig u. wohltätig gegen die Armen u. suchte oft die Kranken in den Spitälern auf. Nach dem Tod ihres Mannes 1431 stiftete sie die Spitäler zu Sierk u. Einwille. Mit ihrem geistlichen Führer, dem Kartäuser Adolf von Essen, förderte sie das Rosenkranzgebet. Sie stand auch der hl. ↗ Coletta nahe. † 1434 zu Sierk, ihr Grab ist in der Kollegiatskirche St. Georg zu Nancy.
Gedächtnis: 27. August
Lit.: E. Martin (Nancy 1929) – ECatt VIII 66 (Lit.) – Bauerreiß V 203

Margareta (Margarete) **Bourgeoys,** Hl.
* am 17. 4. 1620 zu Troyes (Frankreich). Sie ging 1653 nach Montreal (Kanada) u. wirkte dort unter vielen Mühen u. Entbehrungen als Erzieherin der Jugend. Sie gründete Schulen u. Missionsstationen u. stiftete die „Schwesternkongregation Unserer Lieben Frau von Montreal", die sich bald über ganz Kanada verbreitete. † am 12. 1. 1700 in Montreal. Seliggesprochen am 12. 11. 1950. Heiliggesprochen am 31. 10. 1982.
Gedächtnis: 12. Jänner
Lit.: M.-M. Droummond (Montreal 1910) – DHGE X 176f – ECatt II 1986 – AAS 42 (1950) 879ff

Margareta (Margherita) **Colonna,** Sel.
Sie entstammte dem altröm. Adelsgeschlecht der Colonna. Sie war die Schwester des Kardinals Giacomo Colonna u. des Senators von Rom, Giovanni Colonna. Sie lebte sehr zurückgezogen u. gründete in Castel S. Pietro bei Palestrina (östl. von Rom) ein Kloster nach der Regel der hl. ↗ Clara. † 1280. Ihr Leib ruht im Kloster S. Silvestro in Capite zu Rom.
Gedächtnis: 30. Dezember
Lit.: L. Oliger, B. Margherita Colonna, Le due vite scritte del fratello Giovanni . . .: Lateranum nov. series I/2 (Rom 1935)

Margareta von Cortona, Hl.
* 1247 zu Laviano (östl. von Salerno, Süditalien). Sie lebte 9 Jahre lang mit ihrem Liebhaber in einem sündhaften Verhältnis, bis dieser plötzlich starb. Beim Anblick des entstellten Leichnams ihres Liebhabers bekehrte sie sich u. lebte in Cortona (zw. Florenz u. Rom) als streng aszetische Büßerin. Sie wurde dort Franziskaner-Terziarin u. gründete ein Spital u. eine Genossenschaft von Schwestern des 3. Ordens. Sie wurde bald auch durch reiche mystische Gnaden ausgezeichnet. † am 22. 2. 1297 in Cortona. Ihr Leib ruht in Cortona. Heiliggesprochen 1728.
Gedächtnis: 22. Februar
Darstellung: als Franziskaner-Terziarin, Kreuz u. Marterwerkzeuge Christi in der Hand. Rosenkranz am Gürtel, mit Buch, Totenkopf und Geißel. Engel zeigen ins himmlische Licht. Mit einem Hund
Patronin: der Büßer u. Büßerinnen
Lit.: F. Cuthbert, A tuscan penitent (London–Chicago 1910) – J. Jörgensen, In excelsis (München 1910) 131–241 – A. M. Hiral (St. Bonaventure, N. Y. 1952) – V. Garzi (Rom 1954) – M. V. Rubatscher (Freiburg/B. 1938) – F. Mauriac (Fribourg 1958) – W. Nigg, Buch der Büßer (Olten 1972) 81–103

Margarete Ebner OP, Sel.
* um 1291 in Donauwörth (nördl. von Augsburg). Sie trat mit 15 Jahren ins Dominikanerinnenkloster Maria-Medingen (bei Dillingen) ein. Ihre körperlichen Krankheiten u. Leiden trug sie mit heroischer Geduld. Ihr Seelenführer war der Priester Heinrich von Nördlingen. Auch mit Johannes Tauler u. Ludwig d. Bayern stand sie in Verbindung. Sie war mystisch begnadet und trug die Wundmale. † am 20. 6. 1351 in Maria-Medingen. Ihr Leib ruht in der dortigen Margareten-Kapelle. Kult approbiert am 24. 2. 1979.
Gedächtnis: 20. Juni
Lit.: L. Zoepf, Die Mystikerin Margareta Ebner (Leipzig 1914) – Stammler-Langosch I 482ff, IV 378f, V161 – F. Zoepfl (Meitingen 1950) – A. Walz: HJ 72 (1952) 253–265 – AAS 71 (1979) 629ff

Margareta Eleonora ↗ Eleonora de Justamont

Margareta von Faenza, Hl.
Sie stammte aus Faenza (westl. von Ravenna) u. war Vallombrosaner-Äbtissin (↗ Johannes Gualbertus) im Kloster S. Giovanni bei Florenz. † 26. 8. um 1330.
Gedächtnis: 26. August

Margareta von Lothringen OSCl, Sel.
* 1463 auf Schloß Vaudémont als Tochter des Herzogs Friedrich von Lothringen. Mit 12 Jahren kam sie zur Erziehung nach Aix an den Hof ihres Großvaters, des Königs René von Anjou, u. heiratete 1488 Herzog René d'Alençon, den sie aber schon nach 4 Jahren verlor. Ihre 3 Kinder Karl, Franziska u. Anna erzog sie in christlichem Geist. Über 20 Jahre führte sie mit Klugheit u. Gerechtigkeit die Regentschaft für ihren verstorbenen Gatten. Dabei führte sie unter der Leitung des hl. ↗ Franz von Paola schon während dieser Zeit ein streng aszetisches Leben. Um 1513 wurde sie Franziskaner-Terziarin in Mortagne u. gründete aus ihrem Vermögen das Klarissenkloster in Argentan. Sie trat selbst in dieses Kloster ein, legte 1520 die Profeß ab u. führte bis zu ihrem Tod ein vorbildliches Leben der Frömmigkeit u. Regeltreue. † am 2. 11. 1521 in Argentan. Ihre Gebeine sind seit der Franz. Revolution verschollen, ihr Herz wird in der Kirche von Argentan aufbewahrt. Ihr Seligsprechungsprozeß wurde unter Urban VIII. (1623–44) begonnen, geriet aber aus politischen Gründen ins Stokken. Ihr Kult wurde am 20. 3. 1921 bestätigt.
Gedächtnis: 2. November
Lit.: ActaSS Nov. I (1887) 418f – AAS 13 (1921) 231ff – R. Guérin (Paris 1921) – AureolaSeraf VI 21–34 – Thurston-Attwater IV 281f

Margareta von Löwen, Jungfrau u. Märt., Sel. (fläm. de fiere Margriet, franz. Marguerite la Fière)
* um 1207 zu Löwen (Belgien). Nach dem Bericht des Caesarius von Heisterbach OCist († 1240) war sie Magd in einer Pilgerherberge. Sie hatte den Wunsch, in das Zisterzienserinnenkloster in Villers einzutreten. Doch bevor sie ihren Wunsch verwirklichen konnte, wurde sie von Räubern gefangengenommen. Da sie ihre Jungfräulichkeit nicht preisgeben wollte, wurde sie am 2. 9. 1227 ermordet, ihre Leiche warf man in die Deyle. Später wurde sie bei der Kirche St-Pierre in Löwen bestattet, über ihrem Grab erbaute man eine Kapelle.
Gedächtnis: 2. September
Lit.: ActaSS Sept. I (1746) 582–595 – E. van Even (Löwen 1896) – BHL 5320f – Zimmermann III 8 – J. Leclercq, Saints de Belgique (Tournai 1953) 75–87 168f

Margareta Maria (Marguerite-Marie) **Alacocque** OVM, Hl.
* am 22. 7. 1647 zu Lauthecour bei Vérosvres (Burgund, Ostfrankreich) als Tochter des Claude Alacocque, eines angesehenen königlichen Richters u. Notars. Mit 8 Jahren verlor sie ihren Vater u. wurde auf kurze Zeit in das Pensionat der Klarissen in Charolles geschickt. Mit 10 Jahren erkrankte sie an einer schweren Kinderlähmung, von der sie jedoch mit 14 Jahren plötzlich auf ungeklärte Weise geheilt wurde. In der Zwischenzeit wurde der Bruder ihrer Mutter Gouverneur in Lauthecour. Er behandelte die ganze Familie sehr hart u. demütigend, worunter auch Margareta sehr litt. Um 1665 wollte die Mutter ihre Tochter verheiraten, doch in Margareta vertiefte sich das innere Leben, ja es begann einen deutlich mystischen Charakter anzunehmen. 1667 entschloß sie sich im Anschluß an eine Privatoffenbarung zum Ordensleben, stieß aber auf heftigen Widerstand von seiten ihrer Familie. 1669 legte sie sich anläßlich ihrer Firmung den Namen Maria bei. 1671 durfte sie endlich in das Kloster der Visitantinnen (Salesianerinnen; gegr. von ↗ Franz von Sales u. ↗ Johanna Franziska Frémyot de Chantal) in Paray-le-Monial eintreten. Auch im Orden hielten ihre Visionen u. ekstatischen Zustände an. Deshalb hielten es ihre Obern u. Mitschwestern für ihre Pflicht, sie jahrelang harten Prüfungen u. Demütigungen auszusetzen. Doch ihre Geduld war unerschöpflich. In ihre ersten Ordensjahre fallen ihre großen Herz-Jesu-Visionen. Deren größte u. wichtigste fand in der Oktav des Fronleichnamsfestes am 16. 6. 1675 statt, in der sie den Auftrag erhielt, für die Einführung des Herz-Jesu-Festes zu wirken. Die Oberin, Mutter de Saumaise, ließ sie durch eine Kommission von Theologen prüfen. Deren Urteil fiel sehr zuungunsten Margareta Marias aus. Diese unterstellte sich in dieser Zeit der geistlichen Leitung von P. ↗ Claudius de la Colombière, dem Oberen der dortigen Jesuitenniederlassung. Mit seiner Hilfe hatte sie relative Ruhe. Doch nach einem Jahr ging Colombière nach England. Da verstärkte sich die gespannte Beziehung zu ihren Mitschwestern erheblich. Es kam zu einem regelrechten Tumult gegen sie, als sie

am 20. 11. 1677 auf eine innere Eingebung hin ihrer Klostergemeinschaft verschiedene Vorwürfe machte. Es wurden aber schließlich doch mehrere eingeschlichene Mißstände im Klosterleben abgestellt. Die neue Oberin, Mutter Péronne-Rosalie Greyfié (seit 1678), erkannte zwar bald die Heiligkeit ihrer Schwester, hielt es aber dennoch für angemessen, sie hart zu demütigen. Margareta Maria fiel in eine schwere Krankheit, deren Unterbrechung sie auf Anordnung ihrer Oberin zweimal von Gott erbat u. auch erhielt. 1679 kam P. Colombière aus England zurück, starb aber bereits 1682. Zwei Jahre später erschien sein Buch „Retraite spirituelle" (Geistliche Einkehr), worin er die Offenbarungen Margareta Marias bekanntgab. Dieses Buch trug viel zur Verbreitung der Herz-Jesu-Verehrung bei. Im Kloster von Paray-le-Monial wurde es bei Tisch als geistliche Lektüre vorgelesen. 1684 erhielt sie wieder eine neue Oberin, Mutter Melin. Diese zog Margareta Maria als ihre Assistentin heran, zwischendurch bestimmte sie sie auf 2 Jahre zur Novizenmeisterin. So konnte Margareta Maria die Herz-Jesu-Andacht besser in ihrem Orden verbreiten. 1689 lernte sie P. Jean Croiset SJ kennen, der seinerseits die neue Andacht verbreiten half. Die Heilige starb am 16. 10. 1690. Ihr Leib ruht in der Klosterkirche zu Paray-le-Monial. Sie hinterließ eine kostbare Autobiographie aus dem Jahr 1685. – Seliggesprochen am 24. 4. 1864, heiliggesprochen am 13. 5. 1920.

Liturgie: GK g am 16. Oktober

Darstellung: Christus erscheint ihr, sein offenes Herz zeigend

Lit.: F.-L. Gauthey, Vie et Œuvres, 3 Bde. (Paris 1920^{5}, dt. Freiburg/B.-Innsbruck 1923, 1926, 1928) – M. Trouncer, Dich hab ich erwählt (Luzern 1955) – H. Waach (Wien 1962)

Margareta (Margaret) **Pole,** Gräfin von Salisbury, Märt., Sel.

* am 14. 8. 1473 in Farley Castle bei Bath (England) als Tochter des Herzogs Georg von Clarence, eines Bruders König Eduards IV. Durch ihren Mann Richard Pole war sie mit dem Königshaus der Tudor verschwägert. Ihr jüngerer Sohn war Kard. Reginald Pole, Erzb. von Canterbury, der im anglikanischen Schisma unter Heinrich VIII. eine wichtige kirchenpolitische Rolle spielte. Margareta wurde unter Maria von Aragón, der 1. Frau Heinrichs VIII., Erzieherin Marias der Katholischen. Nach der Verstoßung Marias von Aragón 1533 ging auch sie vom Hof, kehrte aber nach der Hinrichtung der 2. Frau, Anna Boleyn, 1536 wieder zurück. Sie fiel bei Heinrich VIII. erneut in Ungnade, seit ihr Sohn, Erzb. Reginald Pole, gegen die Kirchenpolitik des Königs opponierte. Heinrich VIII. ließ 1538 ihren älteren Sohn, Henry Montague, auf Grund falscher Beschuldigungen hinrichten, sie selbst wurde verhaftet, 1539 ohne Schuldnachweis vom Parlament verurteilt und am 27. 5. 1541 in East Smithfield hingerichtet. Seliggesprochen 1886. (Vgl. auch: Märtyrer in England S. 890f)

Gedächtnis: 27. Mai

Lit.: Camm I 502ff – J. D. Mackie, The Early Tudors (Oxford 1957^{2}) 396 414 418

Margareta von Roskilde, Hl.

Sie wurde von ihrem Mann Herlogh am 25. 10. 1176 in Ölishöue bei Köge (Insel Seeland, Dänemark) unter Vortäuschung eines Selbstmordes erhängt u. deshalb in ungeweihter Erde verscharrt. An ihrem Grab ereigneten sich mehrere Wunder. Deshalb wurde sie von ihrem Verwandten Erzb. Absalom von Lund 1177 in der Liebfrauenkirche zu Roskilde (westl. von Kopenhagen) beigesetzt. Sie gehört zu den meistverehrten Heiligen Seelands.

Gedächtnis: 25. Oktober

Lit.: ActaSS Oct. XI (1864) 713–720 – BHL 5324 – Vitae sanctorum Danorum, ed. M. C. Gertz (Kopenhagen 1908–12) 387–390 – Bullarium Danicum 1198–1316, ed. A. Krarup (Kopenhagen 1932) nn. 539 542 1042f – Baudot-Chaussin X 875ff

Margareta von Savoyen OP, Sel.

* 1390 (1382?) in Pinerolo (südwestl. von Turin) als Tochter des Herzogs Amadeus II. von Savoyen. Nach dem Tod ihres Gatten, des Markgrafen Theodor II. von Montferrat (1418), lehnte sie den Heiratsantrag des Herzogs Filippo Maria Visconti von Mailand ab u. wurde von ihm deshalb verfolgt. Sie wurde Mitglied des 3. Ordens des hl. Dominikus. Später wandelte sie ihr Schloß in Alba (südöstl. von Turin) in ein Dominikanerinnenkloster um, trat dort 1448 selbst als Nonne ein u. wurde Äbtissin. † am 23. 11. 1464 in Alba. Kult 1669 bestätigt.

Gedächtnis: 23. November
Lit.: F. C. Allaria, 2 Bde. (Alba 1877) – B. Artusio (Paris 1905) – Walz 429 – M.-C. de Ganay, Les bienheureuses Dominicaines (Paris 1924²) 251–277 u. ö.

Margareta, Königin **von Schottland,** Hl.
* um 1046 in Reska bei Nádasd (Ungarn) als Tochter des Königs Eduard Atheling von England u. der Prinzessin Agathe von Ungarn (König Eduard Atheling war aus England verbannt). Mit 11 Jahren kam sie nach England an den Hof ihres Großonkels König ↗ Eduards des Bekenners. Nach der Schlacht von Hastings (1066) floh sie nach Schottland u. heiratete dort um 1070 König Malcolm III. von Schottland. Mit seiner u. des Erzb. ↗ Lanfranc von Canterbury Hilfe reformierte sie das kirchliche Leben, indem sie unrechtmäßige keltische Gebräuche beseitigte. Sie gründete die Abtei zur Hl. Dreifaltigkeit in Dumferline, förderte Kultur u. Erziehung u. war eine große Wohltäterin gegen die Armen. Sie selbst zeigte großen Buß- und Gebetseifer. † am 16. 11. 1093 in Edinburgh. Heiliggesprochen 1249.
Liturgie: GK g am 16. November
Lit.: ActaSS Iun. II (1688) 320–340 – A. C. Lawrie, Early Scottish Charters (Glasgow 1905) 7ff 234–239 – J. R. Barnett (London 1926) – G. W. S. Barrow: Transactions of the Royal Historical Soc. 5. Ser. 3 (London 1953) 77–100 – Ders.: Innes Rev. 11 (Glasgow 1960) 22–38

Margareta (Margarita) **von Sponheim** OSB, Sel.
Sie war eine geborene Gräfin von Sponheim (Hunsrück, südl. der Mosel) u. wirkte als Priorin im Benediktinerinnenkloster auf dem Rupertsberg bei Bingen unter der Leitung der hl. ↗ Hildegard von Bingen. † 1190.
Gedächtnis: 29. Oktober

Margareta von Ungarn OP, Hl.
* 1242 in Klissa als Tochter des Königs Béla IV. von Ungarn, dem letzten aus dem Haus Arpád, u. der byzantinischen Prinzessin Maria Laskaris. Ihre Schwestern waren ↗ Jolenta u. ↗ Kinga, ihre Tante ↗ Elisabeth von Thüringen. In den Schrecknissen der Mongoleneinfälle weihten die Eltern 1241 ihr noch ungeborenes Kind Gott. Tatsächlich starb der Groß-Khan der Mongolen in Innerasien, u. der Mongolenführer Batu zog mit seinen Reiterhorden nach Osten ab, um bei der Erbteilung nicht zu spät zu kommen. In Erfüllung ihres Gelübdes übergaben sie das dreijährige Mädchen den Dominikanerinnen von Veszprém zur Erziehung. Inzwischen baute der Vater auf der Haseninsel (heute Margareteninsel) bei Budapest ein Dominikanerinnenkloster, wo Margareta mit 10 Jahren als Nonne eintrat u. mit 12 Jahren die Profeß ablegte. Verschiedene ihrer Aussprüche bezeugen, daß sie genau wußte, was sie tat. Die vornehmsten Freier wies sie entschlossen ab: König Boleslaw VI. Pobozny von Polen, Ottokar II. von Böhmen u. Karl von Anjou. 1261 nahm sie aus der Hand des Erzbischofs von Gran öffentlich den Schleier. Dem Vater, der ihr die Heiratsanträge übermittelt hatte, soll sie eine temperamentvolle Strafpredigt gehalten haben. Bis zu ihrem frühen Tod führte sie ein Leben des Gebetes u. der strengen Buße u. pflegte auch die ekelerregendsten Kranken bis zur heroischen Selbsthingabe. † am 18. 1. 1270. Sie wurde vom Volk schon bald nach ihrem Tod als Heilige verehrt. Ihr Seligsprechungsprozeß wurde 1276 eingeleitet, der Kult wurde 1789 den ungarischen Diöz. gestattet, 1804 dem Dominikanerorden, für die ganze Kirche anerkannt am 19. 11. 1943.
Gedächtnis: 18. Jänner
Darstellung: als Königstochter mit dreiblütigem Lilienstab
Lit.: AAS 36 (1944) 33–40 – ActaSS Ian. II (1643) 897–909 – BHL 5330–5333 – K. Böle (Budapest 1923) (ungar.) – G. Baros (Budapest 1927) (ungar.) – M. Fehéz (Budapest 1943) (ungar.) – Braun 494f – ECatt VIII 72f – Manns 682–684

Margarete von Ypern, Sel.
* 1216 in Ypern (Belgien). Mit 13 Jahren trat sie dem 3. Orden des hl. Dominikus bei u. führte unter der Leitung des Siger von Lille OP ein Leben strengster Buße u. Armut. Sie war eine große Verehrerin der Eucharistie u. der Passion Christi u. war mystisch begnadet. † am 20. 7. 1237 in Ypern.
Gedächtnis: 20. Juli
Lit.: Preger I 62ff – BnatBelg XIII 672 – AFP 1 (1931) 166, 19 (1949) 160 – ECatt VIII 72f

Margit (auch schwed.), Kf. zu ↗ Margareta

Margot, Kf. zu franz. Marguerita (↗ Margareta)

Margrit (Margret), Nf. zu ↗ Margareta

Marguerite (franz.) ↗ Margareta

Marhold OESA, Sel. (Marold)
Name: ahd. marah (Pferd) + walt (Beherrscher)
Er war Laienbruder im Kloster der Augustiner-Eremiten zu Indersdorf bei Dachau (Bayern) u. wurde als Sammelbruder zu den umliegenden Bauernhöfen geschickt. Das tägliche Gehen u. Tragen fiel ihm schwer, er tat es aber aus Liebe zum kreuztragenden Heiland u. betete an einem Feldkreuz in der Nähe seines Klosters, sooft er daran vorbeikam. Eines Tages fand man ihn tot vor diesem Kreuzbild liegen. † wahrscheinlich 1172.
Gedächtnis: 22. Februar

Maria, Jungfrau u. Gottesmutter, Hl.
Name: hebr. mirjām oder marjām. Die Herleitung des Namens ist umstritten, wahrscheinlich ist er ägyptischen Ursprungs: Der 1. Bestandteil ist meri- oder mari- (die Geliebte), der 2. eine Abkürzung des Gottesnamens Jahwe. Im ganzen AT gibt es nur 2 Träger dieses Namens: Mirjam, die Schwester des ↗ Moses (Num 26,59) (der Name Moses ist ebenfalls ägyptischen Ursprungs), u. eine Mirjam, die Tochter des Jeter u. einer ägyptischen Frau (1 Chr 4,17 + 18). Das griech. NT nennt sie María oder Mariám.
s. Marienfeste (S. 73ff)

Maria von Ägypten, Hl.
Sie stammte aus Alexandria (Ägypten). Sie führte 17 Jahre hindurch ein sittenloses u. ausschweifendes Leben. Anläßlich einer Wallfahrt zum hl. Kreuz in Jerusalem bekehrte sie sich u. lebte hierauf 47 Jahre als Einsiedlerin in höchster Enthaltsamkeit in der Wüste östlich des Jordans. † im 4. Jh. Ihr Grab wurde im 6. Jh. von zahlreichen Pilgern besucht. Die spätere Legende dichtete manches phantasievoll hinzu: Sie habe sich nur mit ihren Haaren bekleidet, ein Löwe habe sie begraben, Engel hätten ihre Seele in den Himmel geleitet u. a.
Gedächtnis: 2. April (Griechen 1. April)
Darstellung: als ältere Büßerin (oder Mohrin), nackt, aber von ihrem langen weißen Haupthaar umhüllt, mit drei Broten in der Hand (weil sie sich von drei vorher gekauften Broten ernährte). Der hl. Mönch ↗ Zosimus reicht ihr die Wegzehrung
Patronin: der Büßerinnen
Lit.: ActaSS Apr. I (1675) 67–90 – BHL 5415–5421 – BHO 683–687 – DACL X 2128–2136 – Delehaye S 226ff – BHG[3] 1041z–1044e

Maria Anna von Jesus, Hl. (Mariana de Paredes y Flores)
* am 31. 10. 1618 in Quito (Ecuador). Schon mit 6 Jahren hatte sie beide Eltern verloren, mit 7 Jahren legte sie anläßlich ihrer Erstkommunion das Gelübde der Jungfräulichkeit ab. Mit etwa 12 Jahren wurde sie Franziskaner-Terziarin u. lebte im Haus ihrer älteren Schwester wie eine Einsiedlerin dem Gebet, der strengen Buße u. Werken der Nächstenliebe (darum „die Lilie von Quito" genannt). Sie war charismatisch u. mystisch reich begnadet. Zur Zeit der Pest bot sie Gott ihr Leben dar zur Errettung der Stadt. † am 26. 5. 1645 in Quito. Ihr Leib ruht in der Jesuitenkirche zum hl. Ludwig in Quito. Seliggesprochen 1853, heiliggesprochen am 9. 7. 1950.
Gedächtnis: 26. Mai
Lit.: AAS 43 (1951) 413–426 – J. Jouanen, Vida de la B. Mariana . . . (Quito 1941) – C. Papasogli (Rom 1949) – AureolaSeraf III 247–266 – Baudot-Chaussin XIII 53–56

Maria von den Aposteln SDS, Sel. (bürgerl. Therese von Wüllenweber)
* am 19. 3. 1833 auf Schloß Myllendonk bei Mönchengladbach. Sie wollte in der Mission arbeiten u. versuchte deshalb bei verschiedenen Ordensgemeinschaften einzutreten. Schließlich gründete sie 1888 mit P. Franz Jordan SDS, dem Gründer der Salvatorianer, in Tivoli bei Rom die „Schwestern vom Göttlichen Heiland" (Salvatorianerinnen) u. wurde deren 1. Generaloberin. Trotz großer Schwierigkeiten erlebte sie die weite Verbreitung ihrer Gründung in Mitteleuropa, England, USA, Südamerika u. Asien. Der Orden wirkt durch Kindergärten, Volks- u. höhere Schulen, in Erziehungs- u. Waisenanstalten, Altersheimen u. Krankenhäusern u. in Pfarrstationen.

Schwester Maria starb am 25. 12. 1907 in Rom. Seliggesprochen am 13. 10. 1968.
Liturgie: Aachen g am 5. September, sonst 25. Dezember
Lit.: AAS 60 (1968) 673ff – Heimbucher II 516ff – M. Avellina, Ich suchte u. suchte . . . (Kevelaer 1952)

Maria Assunta Pallotta, Sel.
Name: ital. Assunta, die (in den Himmel) Aufgenommene (Mariä Himmelfahrt)
* am 20. 8. 1878 zu Force (nördl. bei Ascoli, Mittelitalien) als Tochter armer Bauern. Schon von frühester Jugend an mußte sie am Lebensunterhalt der Familie mitarbeiten. 1898 trat sie in Rom als Laienschwester den „Suore Francescane Missionarie di Maria" (Franziskaner-Missionarinnen Mariens) bei. Sie tat verschiedene Klosterdienste in Rom u. Florenz u. ging 1904 in die Mission nach China. Sie wirkte im Waisenhaus ihrer Kongregation zu Tung-eul-keu in Nord-Shansi (Landsch. westl. von Peking), wo sie am 7. 4. 1905 dem Typhus erlag. Sie war ausgezeichnet durch Pflichtbewußtsein u. Regeltreue in Demut u. Gehorsam, Frömmigkeit u. Nächstenliebe. Nach ihrem Tod geschahen eine Reihe von Wundern. Seliggesprochen am 7. 11. 1954.
Gedächtnis: 7. April
Lit.: AAS 47 (1955) 28–33 – E. Federici (Rom 1954) – L. Schlegel (Wiesbaden 1931) – F. Baumann, Pius XII. hob sie auf die Altäre (Würzburg 1960) 330–333

Maria Bernarda (Marie-Bernard), Hl. (bürgerl. Bernadette Soubirous)
* am 17. 2. 1844 in Lourdes (Dep. Hautes-Pyrénées, Südfrankreich). Sie wuchs in größter Armut auf u. war stets kränklich. In der Grotte Massabielle bei Lourdes hatte sie vom 11. 2. bis 16. 7. 1858 18 Erscheinungen der Gottesmutter Maria. Die „Dame" gab sich in einer dieser Visionen als die „Unbefleckte Empfängnis" zu erkennen u. verlangte den Bau einer Kirche, Gebet u. Buße zur Bekehrung der Sünder. Am 25. 2. 1858 entsprang an dieser Stelle eine wundertätige Quelle. Seither ist Lourdes einer der bedeutendsten Wallfahrtsorte der Welt. Nachdem Bernadette trotz vieler Schwierigkeiten, Anfeindungen u. Verleumdungen ihre Aufgabe als vollendet sah, trat sie 1866 in Nevers-sur-Loire (Zentralfrankreich) bei den „Soeurs de la Charité et de l'Instruction Chrétienne" („Dames de Nevers", Caritas- u. Schulschwestern von St-Gildard) ein. Sie litt auch dort sehr durch das Unverständnis ihrer Mitschwestern u. weil es, wie sie sagte, „ihre Aufgabe war, krank zu sein". Sie starb mit den Worten „Heilige Maria, Mutter Gottes, bitte für mich arme Sünderin!" am 16. 4. 1879 in Nevers. Ihr unverwester Leichnam ruht in der dortigen Klosterkirche. Seliggesprochen am 14. 6. 1925, heiliggesprochen am 8. 12. 1933.
Gedächtnis: 16. April
Darstellung: in der Lourdesgrotte vor der Immaculata
Lit.: L. v. Matt / F. Trochu (Wien 1956) – F. Werfel, Das Lied der Bernadette (Frankfurt/M. 1956) – J. B. Estrade (Trier 1957) – A. Holgersen (Wien 1958) – M. Auclair (Freiburg/B. 1962) – A. Ravier/H. N. Loose, Bernadette Soubirous (Freiburg/B. 1979)

Maria Bertilla Boscardin, Hl. (bürgerl. Anna Francisca)
* am 6. 10. 1888 zu Brendola (südwestl. bei Vicenza, Norditalien) als Tochter des armen Landarbeiters u. Kleinhäuslers Angelo Boscardin, eines rauhen u. harten Mannes. Sie genoß nur eine unvollständige Schulbildung. 1905 wurde sie Dorotheenschwester in Vicenza u. verzehrte sich schließlich, selbst schwer leidend u. verkannt, als Krankenpflegerin in Spitälern u. Lazaretten des 1. Weltkrieges. Alles tat sie aus Liebe zu Jesus, dessen heiligstem Herzen sie sich ganz überließ. † am 20. 10. 1922 in Treviso, beigesetzt in ihrer Klosterkirche zu Vicenza. Infolge vieler Gebetserhörungen wurde 1935 ihr Seligsprechungsprozeß eingeleitet. Seliggesprochen am 8. 6. 1952, heiliggesprochen am 11. 5. 1961.
Gedächtnis: 20. Oktober
Lit.: AAS 53 (1961) 705ff – E. Federici (Vicenza 1952) – F. Rossi (Vicenza o. J.)

Maria von Bethanien, Hl.
Sie wohnte in Bethanien, einem Dörfchen etwa 15 Stadien (= 2,8 km) östl. von Jerusalem entfernt. Sie war die Schwester der ↗ Martha u. des ↗ Lazarus u. mit Jesus befreundet. Als Jesus einmal in ihrem Haus weilte, saß sie zu seinen Füßen u. lauschte seinen Worten. Die hausfrauliche Bedienung überließ sie der geschäftigen Martha (Lk 10,38–42). Sie muß also eine sehr stille u. in sich gekehrte, damit auch eine sehr empfindsame Natur gewesen sein. Sie er-

hielt von Jesus das Lob, daß sie „den besseren Teil erwählt", d. h. den heilbringenden Sinn des Kommens Jesu tiefer erfaßt habe. Nach Johannes ist sie auch die Frau, die Jesus die Füße (bzw. das Haupt) salbte. Von dieser Salbung berichten alle 4 Evangelien (Mt 26,6–13; Mk 14,3–9; Lk 7,36–50; Jo 12,1–8). Schon seit dem 2. Jh. sah man in diesen salbenden Frauen – trotz bemerkenswerter Unterschiede in den äußeren Umständen – ein u. dieselbe Person (so seit Gregor d. G. u. Tertullian). Im Abendland identifiziert man sie seit Gregor d. G. auch mit ↗ Maria Magdalena, weil diese bei Lukas unmittelbar nach der Salbung erwähnt wird (Lk 8,2). In neuerer Zeit suchte man mit Rücksicht auf die erwähnten Unterschiede drei verschiedene Frauen nachzuweisen. Bei Maria Magdalena dürfte dies tatsächlich zutreffen. Es sollte aber auch die salbende Frau bei Lukas eine andere sein als die bei Mt/Mk u. Joh. Es scheint aber die alte Überlieferung doch die richtige Deutung zu geben. Den Salbungsberichten liegt offenkundig eine einzige Tradition zugrunde, die sich schon in der mündlichen Überlieferung (also noch vor ihrer schriftlichen Fixierung in den Evangelien) verschieden entfaltet hat.
Bei Lukas wird sie vom Gastgeber Simon eine „Sünderin" geheißen. Man muß hier durchaus nicht an eine Straßendirne denken. Es genügte damals ein einziger Fehltritt, der schon Jahre zurückliegen mochte, oder auch nur der bloße Verdacht dazu, daß sie nun ein für allemal als „öffentliche Sünderin" gebrandmarkt war u. von den Dorfgenossen in liebloser u. selbstgerechter Weise geächtet wurde. Ihr in sich gekehrtes Wesen würde sich auch schlecht mit einem derartigen „Beruf" vertragen. So wundert es nicht, daß sie die Menschen mied u. zur Auferweckung des Lazarus erst gerufen werden mußte (Joh 11,28). Das ständige Gefühl, von den Menschen gedrückt zu werden, ergibt auch das einleuchtendste Motiv für ihre äußere Antriebslosigkeit, die sie in Gegensatz zu ihrer lebhaft-tätigen Schwester Martha setzt. Man kann wohl vermuten, daß es getäuschte u. enttäuschte Sehnsucht nach Liebe u. Verständnis war, die ihr ein leichtfertiger junger Mann nicht erfüllte. Jesus durchschaut sie bis ins Innerste u. nimmt sie doch an. Deshalb kann sie ihre Hoffnungslosigkeit zu seinen Füßen ausweinen.
Gedächtnis: 22. Juli (wegen der Gleichsetzung mit Maria Magdalena)
Lit.: D. Baldi, Enchiridion locorum sanctorum (Jerusalem 1935) 451–480 – J. Jeremias (zu Mk 14,3–9): ZNW 35 (1936) 75–82 – R. Schnackenburg (zu Joh 12,1–8): MThZ 1 (1950) 1, 48–52 – J. N. Sanders (zu Jo 11,5): NTS 1 (1954–55) 29–41 – D. Daube, The NT and Rabbinic Judaism (London 1956) 312–324 – E. Laland (zu Lk 10,38–42): StTh 13 (1959) 70–85

Maria die Büßerin, Hl.
Sie war die Nichte des hl. ↗ Abraham von Kiduna. Sie war von ↗ Ephräm dem Syrer erzogen worden, vergaß aber bald alle guten Lehren, indem sie sich zu Asso in Troas (Landschaft im Westen Kleinasiens, Gebiet des alten Troja) in einem öffentlichen Haus dem Laster hingab. 3 Jahre lang bemühte sich ihr Onkel Abraham, sie wieder auf den rechten Weg zurückzuführen. Sie bekehrte sich u. führte noch 15 Jahre lang ein bußfertiges Leben. † um 360.
Gedächtnis: 16. März (mit Abraham von Kiduna)

Maria Cleophae, Hl.
Sie war eine der Frauen, die Jesus bis ans Kreuz gefolgt waren (Joh 19,25). Sie war die Frau des Klopas (nicht des Kleopas oder ↗ Kleophas: Lk 24,18). Klopas war nach Hegesippos († um 200) ein Bruder des hl. ↗ Joseph, des Nährvaters Jesu, dessen Sohn ↗ Simon nach dem Tod des ↗ Jakobus um 62/63 n. Chr. zum Bischof von Jerusalem gewählt wurde (↗ Brüder Jesu).
Gedächtnis: 9. April

Maria Crucifixa di Rosa, Hl. (Taufname: Paola)
* am 6. 11. 1803 zu Brescia (Oberitalien) aus einer adeligen Familie. Mit 17 Jahren legte sie das Gelübde der Jungfräulichkeit ab. In der Choleraepidemie 1836 half sie in der Krankenpflege. Dadurch angeregt, gründete sie 1840 eine rel. Genossenschaft für Frauen, die „Ancelle della Carità" (Mägde der Liebe), die sich hauptsächlich der Krankenpflege in den Spitälern widmen. Die Genossenschaft zählte bei ihrem Tod bereits 24 Häuser. † am 15. 12. 1855 in Brescia. Seliggesprochen am 26. 5. 1940, heiliggesprochen am 12. 6. 1954.

Gedächtnis: 15. Dezember
Lit.: AAS 47 (1955) 236–245 – V. Bartocetti (Brescia 1940²) – G. Papasogli (Brescia 1954) – F. Baumann, Pius XII. erhob sie auf die Altäre (Würzburg 1960) 174–178

Maria Dolorosa, Märt., Sel. („Ellendige Marie")
Ihr Beiname „Dolorosa" („die Schmerzhafte") ist eine Anspielung auf die Schmerzhafte Gottesmutter. Sie stammte aus Woluwe bei Brüssel (Belgien). Nach der Legende war sie eine Einsiedlerin. Ein junger Mann stellte ihr nach, wurde von ihr aber zurückgewiesen. Da klagte er sie fälschlich des Diebstahls an, sie wurde zum Tode verurteilt, lebendig begraben u. schließlich mit einem Pfahl durchbohrt. † am 18. 6. 1290 (?). Wunder an ihrem Grab erwiesen ihre Unschuld, Maria wurde bald als Märtyrin verehrt. Ihre Gebeine ruhen in Woluwe.
Gedächtnis: 18. Juni
Lit.: ActaSS Iun. III (1701) 643–650 – BHL 5437f – J. Leclercq, Saints de Belgique (Toulouse 1953) 74f 141

Maria Dominica (Domenica) **Mazzarello,** Hl.
* am 9. 5. 1837 in Mornese (Piemont) als Kind armer Bauersleute. Schon von Kindheit an war sie eine große Marienverehrerin. Mit 21 Jahren trat sie der „Pia Unione delle Figlie di Maria Immaculata" („Vereinigung der Töchter der Unbefleckten Maria") bei, die auf Anregung ihres Ortspfarrers in ihrer Heimat gegründet worden war. Etwa 1861 begann sie mit einer Gefährtin, junge Mädchen im Katechismus u. in fraulichen Handfertigkeiten zu unterweisen. 1864 wurde sie mit Don Bosco (↗ Johannes Bosco) bekannt u. gründete mit ihm zus. 1872 die Kongregation der Don-Bosco-Schwestern („Töchter Mariä, Hilfe der Christen"), deren 1. Generaloberin sie wurde. In rastloser Sorge u. vollkommener Selbstentsagung arbeitete sie ganz für ihre Gemeinschaft. † am 14. 5. 1881 in Nizza Monferrato (zw. Turin u. Genua). Seliggesprochen am 20. 11. 1938, heiliggesprochen am 24. 6. 1951.
Gedächtnis: 14. Mai
Lit.: AAS 44 (1952) 553–565 – J. B. C. Comer (Innsbruck 1950) – G. Söll (Innsbruck 1950) – F. Baumann, Pius XII. erhob sie auf die Altäre (Würzburg 1960) 114–119

Maria Enrica (Enrichetta) **Dominici,** Sel. (bürgerl.: Anna Caterina Maria)
* am 10. 10. 1829 in Borgo Salsasio (Ortsteil von Carmagnola, Prov. Turin). Ihre Erziehung erhielt sie bei ihrem geistlichen Onkel. 1850 trat sie in die Ordensgemeinschaft der „Annaschwestern von der Göttlichen Vorsehung" in Turin ein (gegründet 1834) u. wurde von der Gründerin Marchesa Falletti di Barolo selbst aufgenommen. Bei großer Tiefe ihres Gebetslebens war sie eine unermüdliche Arbeiterin in der Erziehung der Jugend u. Helferin in allen Notlagen. 1854 wurde sie nach Castelfidardo (Marken, Mittelitalien) gesandt, wo sie als Lehrerin u. während der Choleraepidemie 1835 zusätzlich als Krankenpflegerin wirkte. 1855 wurde sie dort Vikarin u. Novizenmeisterin. 1858 kehrte sie nach Turin zurück, wo sie durch ihren klugen Rat in den Meinungsverschiedenheiten zw. der Generaloberin u. der Gründerin des Ordens zu vermitteln wußte. 1861 wurde sie, erst 32 Jahre alt, selbst zur Generaloberin gewählt. Unter ihrer Leitung wuchs der Orden von 12 auf 33 Niederlassungen bzw. von 79 auf 290 Schwestern. Vor allem gelang es ihr, auch die Mission in das Ordensziel einzubeziehen. Von 1870 an schickte sie Schwestern nach Indien. Sie stand auch mit Don ↗ Bosco in Verbindung. † am 21. 2. 1894. Seliggesprochen am 7. 5. 1978.
Gedächtnis: 21. Februar
Lit.: AAS 70 (1978) 325ff – L'Osservatore Romano (dt. Ausg.) 8 (1978) Nr. 20, S. 4 5f

Maria v. d. hl. Euphrasia, Hl. (bürgerl.: Rose-Virginie Pelletier)
* am 31. 7. 1796 in Noirmoutier (Vendée, Westfrankreich). Sie trat 1814 den von ↗ Johannes Eudes gegründeten „Religieuses de Notre dame de Charité du Refuge" (Barmherzige Schwestern U. L. F. von der Zuflucht) in Tours bei u. wurde 1825 deren Oberin. 1831 wurde sie Oberin im „Kloster vom Guten Hirten" in Angers u. machte es zum Mutterhaus einer neuen Kongregation, den „Sœurs de Notre-Dame de Charité du Bon-Pasteur" (Schwestern U. L. F. v. d. Liebe des Guten Hirten), die 1835 unter diesem Namen approbiert wurde. Sie war fünfmal Generaloberin u. führte den Orden zu großer innerer u. äußerer Blüte. † am 24.

4. 1868 in Angers. Seliggesprochen am 20. 4. 1933, heiliggesprochen am 2. 5. 1940.
Gedächtnis: 24. April
Lit.: AAS 33 (1941) 137ff – H. Pasquier, La vie de ... Marie de Ste-Euphrasie, 2 Bde. (Paris 1894) – C. Portais, 2 Bde. (Paris 1898) – M. L. Handley (Rom 1940) – ECatt VIII 126f

Maria Fortunata OSB, Sel. (bürgerl.: Anna Felice Viti)
* am 10. 2. 1827 in Veroli (Prov. Frosinone, Unteritalien). Nach dem Tod ihrer Mutter nahm sie sich ihrer 7 Geschwister an. 1851 trat sie in das Benediktinerinnenkloster S. Maria de' Franconi in Veroli ein, wo sie in großer Heiligkeit u. Regeltreue lebte u. ihrer Gemeinschaft in demütiger Weise alle erdenklichen Dienste leistete. Schon zu Lebzeiten wurde sie wegen ihrer Tugenden hoch verehrt. † am 20. 11. 1922 in Veroli. Nach ihrem Tod geschahen auffallende Gebetserhörungen. 1935 übertrug man ihre Gebeine in die dortige Klosterkirche. Seliggesprochen am 8. 10. 1967.
Gedächtnis: 20. November
Lit.: AAS 59 (1967) 955ff – G. Locher (Veroli 1940^3)

Maria Franziska (Francesca) **von den 5 Wunden,** Hl. (bürgerl.: Anna Maria Rosa Nicoletta Gallo)
* am 25. 3. 1715 in Neapel. Ihre Eltern wollten sie zur Heirat zwingen, was sie aber beharrlich ablehnte, da sie den jungfräulichen Stand anstrebte. Deshalb hatte sie von ihrem heftigen Vater viel zu leiden. 1731 wurde sie Franziskaner-Terziarin. Auch einige ihrer geistlichen Betreuer u. Beichtväter hielten sie für eine Betschwester u. Heuchlerin, u. sie mußte manchen Hohn u. Spott ihrer Umgebung einstecken. Als Terziarin wohnte sie zu Hause bei ihren Eltern. Nach dem Tod ihrer Mutter nahmen die Quälereien von seiten des Vaters immer mehr zu, bis sie auf Anraten ihres Beichtvaters in eine andere Wohnung umzog. Sie zeigte große Liebe zu den Armen u. Kranken. Schon von Kindheit an verehrte sie bes. die Passion Christi u. legte sich deshalb bei ihrer Einkleidung den Beinamen „von den 5 Wunden" zu. Sie hatte die Gabe der Stigmata u. der Prophetie. ↗ Franz X. Bianchi CRSP, der sie in den letzten Jahren geistlich betreute, nannte die Begegnung mit ihr eine der größten Gnaden seines Lebens. † am 6. 10. 1791 in Neapel. Seliggesprochen 1843, heiliggesprochen 1867.
Gedächtnis: 6. Oktober
Lit.: B. Laviosa (Pisa 1805) – A. Rayol (Mantua 1870) – AureolaSeraf IV 18–31 – AOFM 35 (1916) 110–116

Maria Goretti, Märt., Hl.
* am 16. 10. 1890 zu Corinaldo (westl. von Ancona, Mittelitalien) als ältestes von 5 Kindern. Ihre Eltern waren arme, aber rechtschaffene Bauersleute. Da ihr kleines Landgut in Corinaldo nicht ausreichte, übersiedelte die ganze Familie 1899 in das Dorf Ferriere di Conca bei Nettuno (südl. von Rom), wo sie von dem trunksüchtigen Witwer Serenelli ein Stück Land zur Pacht nahmen. Schon ein Jahr später starb der Vater an Malaria. Die Familie wohnte mit dem Pachtherrn u. dessen 16jährigem Sohn Alessandro in einem Haus zus. Der Bursche stellte ihr immer häufiger u. heftiger nach u. drohte ihr sogar mit dem Umbringen, falls sie etwas von seinen Attacken verrate. Maria wollte der Mutter keinen Kummer bereiten u. schwieg, litt aber gerade in ihren letzten Wochen unaussprechlich. Am Samstag, 5. 7. 1902, wollte Alessandro sie sich mit Gewalt gefügig machen, Maria wehrte sich mit aller Kraft, doch der Bursche stach mit einem Messer blindwütig 14mal auf sie ein. Maria starb am Sonntag, 6. 7. 1902 im Krankenhaus zu Nettuno 5 Wochen nach ihrer Erstkommunion. Sterbend verzieh sie ihrem Mörder. Alessandro wurde zu 30 Jahren Zwangsarbeit verurteilt. In den ersten Jahren zeigte er keine Reue. Eines Nachts erschien ihm im Traum (in einer Vision?) Maria Goretti, die Blumen pflückte u. sie ihm anbot. Da ging er in sich u. bekehrte sich. Weihnachten 1928 wurde er vorzeitig entlassen u. trat zur Sühne seiner Tat als Laienbruder in den Kapuzinerorden ein. Maria Goretti wurde am 27. 4. 1947 seliggesprochen. Ihre Heiligsprechung erfolgte am 24. 6. 1950 auf dem Petersplatz vor 500.000 Gläubigen in Gegenwart der alten Mutter Goretti. Ihr Leib ruht in S. Maria delle Grazie e S. Maria Goretti am Hafen zu Nettuno.
Liturgie: GK g am 6. Juli
Lit.: AAS 43 (1951) 817–827 – Aurelio della Passione, La s. Agnese del sec. XX (Rom 1950) – E. Schmidt-Pau-

li, Die Heilige u. ihr Mörder (Kevelaer 1953³) – W. Hünermann, Um Mädchenehre (Fribourg 1955) – A. Volpert (Kaldenkirchen 1957)

Maria vom Göttlichen Herzen, Sel. (bürgerl.: Maria Droste zu Vischering)
* am 8. 9. 1863 in Münster/W. Ihr Vater war Clemens Graf Droste zu Vischering, ihre Mutter Helene Gräfin von Galen. Ihre Kindheit verbrachte sie auf Schloß Darfeld im Münsterland. Mit 11 Jahren empfing sie die Erstkommunion u. die Firmung. Die höhere Schule besuchte sie im Münsterland. Mit 19 Jahren war sie zum geistlichen Stand entschlossen, doch wollten dies ihre Eltern wegen ihrer schwachen Gesundheit noch hinausschieben. Da legte sie in der Zwischenzeit das Gelübde der Jungfräulichkeit ab u. führte zuhause eine Art Ordensleben. Mit 25 Jahren trat sie in Münster in den Orden vom Guten Hirten ein. Nach dem Noviziat wirkte sie 3 Jahre als Jugenderzieherin, dann wurde sie als Assistentin der dortigen Provinzialoberin nach Lissabon berufen u. 1894 zur Oberin in Porto (Portugal) ernannt. Sie hob die geistliche Zucht u. förderte in der Ordensgemeinschaft wie in der Schule u. darüber hinaus in der ganzen Diöz. die Herz-Jesu-Verehrung. In den letzten Jahren war sie durch ein Rückenmarkleiden gelähmt. In diesem Zustand bewog sie 1898 u. 1899, von mystischen Gnaden veranlaßt, Leo XIII. zur Weihe der Welt an das hl. Herz Jesu. Der Papst nahm diese am 11. 6. 1899 vor. 3 Tage zuvor, am 8. 6. 1899, verließ sie diese Erde. 1936 wurde ihr Leib nach Paranho übertragen. Seliggesprochen am 1. 11. 1975.
Gedächtnis: 8. Juni
Lit.: L. Chasle (Paris 1928³; dt. v. L. Sattler, Freiburg/B. 1929³) – M. Gonzaga, Gedanken u. Aussprüche der Schw. Maria v. Göttl. Herzen (München 1920⁴) – Mutter Maria v. Göttl. Herzen Droste zu Vischering (Münster 1957)

Maria von Jesus OCD, Sel. (M. Lopez de Rivas)
* am 18. 8. 1560 in Tartanedo bei Guadalajara (Mexiko). Sie trat 1578 in den Orden der Unbeschuhten Karmelitinnen von Toledo ein u. war dort 1586–95 Priorin sowie 21 Jahre Novizenmeisterin. Sie hatte die Gabe der mystischen Schau u. der Prophetie u. wurde allseits als gesuchte Ratgeberin, u. a. von König Philipp III., geschätzt. Sie war auch mit ↗ Theresia von Ávila befreundet. † am 13. 9. 1640 in Toledo. Seliggesprochen am 14. 11. 1976.
Gedächtnis: 13. September
Lit.: Joaquin de la Sagrada Familia (Toledo 1919) – Epistolario de la . . . Sor. M. de J. . . ., ed. Joaquin de la Sagrada Familia (Toledo 1919) – Evaristo de la Virgen del Carmen (Toledo 1926) – AAS 69 (1977) 252ff

Maria Josepha Rossello, Hl. (Taufname: Benedetta)
* am 27. 5. 1811 in Albisola Marina bei Savona (an der ital. Riviera). Sie war das 4. von 9 Kindern eines Töpfers. Mit 16 Jahren wurde sie Franziskaner-Terziarin. Auf Wunsch ihres Bisch. sammelte sie einige Gefährtinnen u. eröffnete mit ihnen in Savona 2 Schulen. Daraus entwickelte sich das Institut der „Töchter U. L. F. von der Barmherzigkeit vom 3. Orden des hl. Franz", das sie 40 Jahre hindurch als 1. Generaloberin mit Klugheit u. Tatkraft leitete u. ausweitete. Sie war eine große Verehrerin der Heiligen, bes. der Gottesmutter u. des hl. Joseph. Sie bemühte sich auch sehr um den Loskauf afrikanischer Sklavenkinder. † am 7. 12. 1880 in Savona. Seliggesprochen am 6. 11. 1938, heiliggesprochen am 12. 6. 1949.
Gedächtnis: 7. Dezember
Lit.: S. P. Delfino (Turin 1938) – A. Oddone (Rom 1949²) – AAS 42 (1950) 222ff

Maria, Herzogin **von Kärnten,** Sel.
Sie war die Gemahlin des sel. ↗ Domitian, Herzogs von Kärnten, u. die Tochter des Grafen von Meran. Ende des 8. oder Anfang des 9. Jh.s stiftete sie ein Kloster. Ihr Leib wurde mit dem ihres Gemahls u. dem eines ungenannten sel. Knaben im 11., 12., 13. u. 14. Jh. übertragen.
Gedächtnis: 5. Februar (mit Domitian)

Maria Katharina Kasper, Sel. (Taufname: Katharina, im Orden „Mutter Maria")
* am 26. 5. 1820 in Dernbach im Westerwald. Sie gründete 1845 einen „Frommen Verein", der sich nach mancherlei Schwierigkeiten zu einer Kongregation entwickelte. Im August 1851 nahm der Bischof von Limburg die Gelübde der ersten 5 Schwestern entgegen. Die Gemeinschaft nannte sich „Genossenschaft der Armen Dienstmägde Jesu Christi". Maria Katharina hatte

Mitleid mit jeder menschlichen Not, tiefe Demut, unbedingte Hingabe an den Willen Gottes u. ein tiefes Gebetsleben. Sie leitete die Genossenschaft als 1. Generaloberin bis zu ihrem Tod. † am 2. 2. 1898 in Dernbach. Seliggesprochen am 16. 4. 1978.
Gedächtnis: 2. Februar
Lit.: W. Meyer, Hl. Magdtum vor Gott. Mutter Maria Kasper (Wiesbaden 1937) – Mutter Maria Kasper, ein Leben dienender Liebe (Limburg 1951) – L'Osservatore Romano (dt. Ausg.) 8 (1978) Nr. 15

Maria Magdalena, Hl.
Sie stammte aus Magdala, einem Ort am Westufer des Sees Genezareth. Es ist vermutlich identisch mit jenem Magadan, wohin Jesus nach der Speisung der Viertausend im Boot fuhr (Mt 15,39) (die Parallelstelle Mk 8,10 nennt diesen Ort Dalmanutha). Sie war eine der Frauen, die Jesus von bösen Geistern u. Krankheiten befreit hatte, die ihm nun nachfolgten u. ihn mit ihrem Vermögen u. ihren Dienstleistungen unterstützten (Lk 8,2). Aus ihr hatte Jesus 7 Dämonen ausgetrieben (Mk 16,9). Sie war beim Tod (Mk 15,40 par.), beim Begräbnis Jesu (Mk 15,47 par.) u. beim leeren Grab am Ostermorgen anwesend, wo ihr der Auferstandene erschien u. sie dies den 11 Jüngern berichtete (Mk 16,1–8 par.). Unter den Frauen im Gefolge Jesu scheint sie eine bes. Rolle gespielt zu haben. Weitere Nachrichten über sie fehlen. Die ältere griech. Tradition sucht ihr Grab zu Ephesus (Westküste Kleinasiens). Von dort habe Kaiser Leon VI. im Jahr 899 ihre Gebeine nach Konstantinopel gebracht. In der Überlieferung des Abendlandes seit ↗ Gregor d. G. wird sie (im Gegensatz zur orientalischen Tradition) mit ↗ Maria von Bethanien u. der Sünderin (Lk 7,36ff) gleichgesetzt, wobei die 7 Dämonen, die Jesus von ihr austrieb, mit ihrem Lasterleben als Sünderin in Beziehung gesetzt wurden. Diese Gleichsetzung findet sich weithin in der Liturgie, Literatur u. Kunst der lat. Kirche. Erstmals bestritt Faber Stapulensis (Jacques Lefèvre d'Étaples, † 1536), ein mit den Mystikern befreundeter Philosoph u. Theologe, diese Ansicht. Maria Magdalena kann auch kaum mit Maria von Bethanien gleichgesetzt werden, dazu werden diese beiden Frauen in den Evangelien zu deutlich voneinander unterschieden. Die Legende des 11.–13. Jh.s behauptet sogar, Maria Magdalena sei mit ↗ Lazarus u. ↗ Martha als Missionarin in Marseille gelandet, habe in der Einöde von Baume viele Jahre als Büßerin gelebt u. sei in Aix-en-Provence oder in St-Maximin (40 km östl. von Aix) begraben worden. Seit der Mitte des 11. Jh.s behaupteten auch die Mönche des OSB-Klosters Vézelay (Diöz. Sens), ihre Gebeine zu besitzen, Girard de Roussillon habe sie im 9. Jh. dorthin gebracht. Es setzte eine bedeutende Wallfahrt dorthin ein, bis im 13. Jh. der Streit um die Echtheit dieser Reliquien einsetzte.
Liturgie: GK G am 22. Juli
Darstellung: (wegen ihrer Gleichsetzung mit Maria von Bethanien u. der Sünderin:) als Büßerin in einer Höhle, mit Fell bekleidet, mit langem offenem Haar, neben ihr Totenkopf, Geißel, Salbgefäß, zerrissener Schmuck, vor einem primitiven Holzkreuz in der Bibel lesend. Mit den anderen Frauen beim Kreuz Jesu, den Kreuzesstamm umklammernd. Beim Begräbnis Jesu. Beim leeren Grab, der Auferstandene erscheint ihr.
Patronin: der nach ihr benannten Ordensgemeinschaften; der reuigen Sünderinnen, Verführten, der Frauen; der Friseure und Kammacher (wegen ihres langen Haares), der Gärtner (weil sie den Auferstandenen für einen solchen hielt), der Kinder, die schwer gehen lernen (solchen wurde in der Magdalenenquelle zu Parsac geholfen), der Parfüm- u. Puderhersteller (weil sie Jesus salbte), gegen die Pest (Marseille blieb zur Zeit Ludwigs XV. auf ihre Fürbitte davor verschont). Ohne ersichtlichen Grund: der Bleigießer, Böttcher, Handschuhmacher, Schüler u. Studenten, Weißgerber, Weingärtner u. Weinhändler. Viele Bergwerksstollen tragen ihren Namen

Lit.: U. Holzmeister, Die Magdalenenfrage in der kirchl. Überlieferung: ZKTh 46 (1922) 402–422 556–584 – Ders.: VD 16 (1936) 193–199 – J. Sickenberger, Ist die Magdalenenfrage wirklich unlösbar?: BZ 17 (1926) 63–74 – P. Ketter, Die Magdalenenfrage (Trier 1929) – D. Baldi, Enchiridion locorum sanctorum (Jerusalem 1935) 327–332 462–480 u. ö. – H. Hansel, Die Maria-Magdalena-Legende I (Greifswald 1937) – M. Meinertz: Das Hl. Land 87 (Köln 1955) 1–10 – G. Schreiber (Volksheilige u. Bergwerksinhaberin): Festschr. K. Eder, hrsg. v. H. J. Mezler-Andelberg (Innsbruck 1959) 250–275 – Künstle II 426–433 – Braun 495–499

Maria Magdalena (Maddalena) **Martinengo di Barco** OSClCap, Sel. (Taufname: Margherita)
* am 5. 10. 1687 in Brescia (Oberitalien) aus einem Grafengeschlecht. Sie trat 1705 in das Kloster der (Klarissen-)Kapuzinerinnen in ihrer Heimatstadt ein, wo sie 1723–32 Novizenmeisterin sowie 1732–34 u. 1736–37 Äbtissin war. Sie lebte in großer Frömmigkeit u. Selbstentsagung, sie hatte die Gabe der mystischen Schau u. der Wunder. Sie soll auch die Wundmale Christi getragen haben. Pio da Venezia veröffentlichte aus ihren geistlichen Schriften das Werk „Raccolta di documenti ovvero Avvertimenti spirituali“ (Sammlung der Dokumente oder Geistliche Mitteilungen). † am 27. 7. 1737 in Brescia. Seliggesprochen am 18. 4. 1900.
Gedächtnis: 27. Juli
Lit.: Vita della venerabile Maria Maddalena Martinengo di Barco (1803²; anonym) – F. v. Scala (Innsbruck 1901³) – LexCap 1050f

Maria Magdalena (Maddalena) **de' Pazzi** OCarm, Hl. (Taufname: Caterina)
* am 2. 4. 1566 in Florenz aus dem Adelsgeschlecht der Pazzi. Sie trat 1582 in das Kloster der Karmelitinnen S. Maria degli Angeli zu Florenz ein u. legte ein Jahr später auf dem Krankenbett ihre Ordensgelübde ab. Von 1585 an litt sie unter schwersten inneren Versuchungen u. qualvollen Leiden, wobei sie auch des fühlbaren Beistandes Gottes beraubt war. In 5 Jahren wurde ihre mit Sehnsucht nach Leiden erfüllte Seele zur höchsten mystischen Vereinigung mit Gott geläutert. Ihr Grundsatz war „pati non mori“ (leiden, nicht sterben). Ihre Äußerungen während u. nach den Visionen wurden von Mitschwestern aufgeschrieben. Sie beziehen sich auf viele Themen des spirituellen Lebens, das Geheimnis der Dreifaltigkeit u. der Menschwerdung. Sie zählt zu den bedeutendsten Mystikerinnen der kath. Kirche. Sie hatte die Gabe der Prophetie u. der Wunder. Durch viele Jahre war sie Novizenmeisterin, dann Subpriorin. † am 25. 5. 1607. Ihr unverwester Leib ruht im nahen Carecci. Seliggesprochen 1626, heiliggesprochen 1669.
Liturgie: GK g am 25. Mai
Darstellung: als Karmelitin mit brennendem Herzen oder Dornenkrone in der Hand (weil sie in der Ekstase das ganze Leiden Christi ertrug), mit Speer u. Schwamm (Leidenswerkzeuge Christi); mit den Wundmalen
Lit.: V. Cepari–G. Fozi (Rom 1669), dt. v. J. A. Krebs (Regensburg 1857) – M. Vaussard (Paris 1925) – S. Thor-Salviat, La dottrina spir. di S. Maria M. de' Pazzi (Florenz 1939) – S. M. M. de' Pazzi. Una Carmelitana (Florenz 1942) – E. E. Larkin: Carmelus 1 (1954) 29–71 – Manoscritti originali di M. M. de' P.: ECarm 7 (1956) 323–400 – Ermanno del SS. Sacramento: Carmelus 4 (1957) 253–272 – F. van der Kley (Chicago 1957)

Maria Magdalena (Marie-Madeleine) **Postel,** Hl. (Taufname: Julie)
* am 28. 11. 1756 zu Barfleur (östl. von Cherbourg, Normandie). Mit 18 Jahren wurde sie Lehrerin u. wirkte in vorbildlicher Weise vor allem unter der verwahrlosten Jugend (man nannte sie deshalb die „priesterliche Jungfrau“). 1798 wurde sie Franziskaner-Terziarin u. half während der Franz. Revolution vielen verfolgten Priestern. 1807 gründete sie in Cherbourg die Genossenschaft der „Sœurs des Écoles Chrétiennes de la Miséricorde“ (Christliche Schulschwestern von der Barmherzigkeit). Als starke u. mutige Frau brachte sie unter größten Schwierigkeiten ihre Stiftung in die Höhe u. erwarb schließlich 1832 die verfallene OSB-Abtei St-Sauveur-le-Vicomte (südl. von Cherbourg) u. machte diese zum Mutterhaus. † am 16. 7. 1846 zu St-Sauveur-le-Vicomte. Seliggesprochen am 22. 1. 1908, heiliggesprochen am 24. 5. 1925.
Gedächtnis: 16. Juli
Lit.: AAS 17 (1925) 401ff – J. Dröder (Einsiedeln 1909) – G. Grente (Paris 1925⁶, dt. Kirnach-Villingen 1926) – A. M. Windolph (Heiligenstadt 1927) – H. G. Wink (Dülmen 1938) – D. Voß (Werl 1959) – W. Hünermann, Die Seilerstochter von Barfleur (Freiburg/B. 1962³)

Maria Markus, Hl.
Apg 12,12 berichtet, daß Petrus nach seiner wunderbaren Errettung aus dem Gefängnis „zum Haus der Maria, der Mutter des Johannes mit dem Beinamen Markus, ging, wo viele versammelt waren u. beteten“. Wahrscheinlich war in diesem Haus jenes „Obergemach“, in dem Jesus das Abendmahl hielt (vgl. Mk 14,15 par.) u. in dem sich die Jünger nach der Himmelfahrt Jesu aufhielten (Apg 1,13). Sie stellte somit ihr Haus den ersten Christen als Versammlungs- u. Zufluchtsstätte zur Verfügung.
Gedächtnis: 29. Juni

Maria Margareta (Marie-Marguerite) **Dufrost de Lajemmerais,** Sel. (Taufname: Marguerite, verwitw. d'Youville)
* am 15. 10. 1701 in Varennes (nordöstl. von Montreal, Kanada). Ihren Vater, einen wohlhabenden Offizier im franz. Heer in Kanada, verlor sie mit 7 Jahren. Dadurch geriet die Familie in große Armut. Nach einigen Jahren heiratete die Mutter ein 2. Mal. Da litt das Mädchen sehr unter den Eigenheiten u. dem Starrsinn ihres Stiefvaters. Mit 18 Jahren heiratete sie François d'Youville, dem sie 6 Kinder schenkte. Dieser Mann verschleuderte aber in kurzer Zeit all sein mitgebrachtes Vermögen u. mißhandelte dazu noch seine Frau. Als er starb, stand Maria Margareta mit 2 Söhnen völlig mittellos da (die anderen Kinder waren vorher gestorben). Trotz ihrer eigenen Armut half sie anderen Bedürftigen, wo sie konnte. Als ihre beiden Söhne Priester geworden waren, verwendete sie ihre ganze Zeit u. Kraft nur noch für Arme u. Bedürftige jeder Art u. richtete 1738 in ihrem Haus für sie ein Hospiz ein. Daraus entwickelte sich die Kongregation der „Grauen Schwestern der Liebe". „Die Grauen" (les grises) war ursprünglich ein Spitzname der verständnislosen Bevölkerung u. entspricht im Deutschen etwa dem „blau (angetrunken) sein". Das war eine Anspielung auf die Spöttereien gegen die Apostel am Pfingsttag zu Jerusalem: „Sie sind voll süßen Weines" (Apg 2,13). Neben dem Hospiz in Montreal als Mutterhaus gründete sie weitere Mutterhäuser in Ottawa, Quebec u. St. Hyacinth sowie Tochterhäuser in den USA. Bes. im Siebenjährigen Krieg (French and Indian War, 1756–63) fanden Verwundete, Flüchtlinge, Obdachlose u. Waisenkinder in ihren Hospizen liebevolle Aufnahme. Unter ihr als 1. Generaloberin erstarkte die Gemeinschaft nach innen u. wuchs nach außen. Krankheit, Krieg, Verleumdungen u. andere Schicksalsschläge konnten sie nicht beirren. Als das Haus in Montreal abbrannte, stimmte sie in ihrem Gottvertrauen das Tedeum an. Sie war charismatisch begnadet, bes. durch die Gabe der Prophetie. † am 23. 12. 1771 in Montreal. Seliggesprochen am 3. 5. 1959.
Gedächtnis: 23. Dezember
Lit.: AAS 51 (1959) 343–348

Maria de Mattias, Sel.
* am 4. 2. 1805 in Vallecorsa (Diöz. Veroli, östl. von Rom). Entscheidend für ihr Leben wurde die Missionspredigt des hl. Gaspare del Bufalo (↗ Kaspar von Bufalo) im Jahr 1822. Von ihm u. dem Priester Giovanni Merlini aus der Kongregation der Missionare vom Kostbaren Blut (Seligsprechungsprozeß 1927 eingeleitet) erhielt sie die Anleitung zur Gründung der Kongregation der „Anbeterinnen des Kostbaren Blutes", die sich vor allem der Erziehung der weiblichen Jugend widmet. Die Schwestern von Steinerberg bei Chur (Schweiz) schlossen sich der Kongregation ebenfalls an. † am 20. 8. 1866 in Rom. Seliggesprochen am 1. 10. 1950.
Gedächtnis: 20. August
Lit.: AAS 42 (1950) 719ff – M. E. Pietromarchi (Isola del Liri 1947) – Ders. (Rom 1950) – F. Baumann, Pius XII. erhob sie auf die Altäre (Würzburg 1960) 256–263

Maria von der Menschwerdung OCarm, Sel. (bürgerl.: Barbe Acarie)
* am 26. 2. 1566 in Paris. Sie heiratete 1582 Pierre Acarie u. wurde Mutter von 6 Kindern. In ihrer Wohnung in Paris trafen sich führende Persönlichkeiten der franz. Spiritualität: Kard. Pierre de Bérulle, ↗ Franz von Sales u. a. Mit Kard. Bérulle führte sie den Orden der Unbeschuhten Karmelitinnen in Frankreich ein (z. B. ↗ Anna v. hl. Bartholomäus u. a.). Sie war das Vorbild einer christlichen Mutter u. Ehegattin u. hatte dabei mystische Gebetserfahrungen. Nach dem Tod ihres Gatten 1614 trat sie in Pontoise (nordwestl. von Paris) in den Orden der Unbeschuhten Karmelitinnen ein. † am 18. 4. 1618. Seliggesprochen 1791.
Gedächtnis: 18. April
Lit.: M. Paulus, Barbe Acarie. Eine Dame der Pariser Gesellsch. des 16. Jh.s (München 1949)

Maria Michaela (Miguela) **Desmaisières** vom hlst. Sakrament, Hl.
* am 1. 1. 1809 in Madrid aus adeliger Familie. Sie wurde zur Gräfin Jorbalán erhoben. Schon als Kind war sie eifrig in Werken der Frömmigkeit u. der Nächstenliebe. 1845 gründete sie in Madrid ein Haus für gefallene u. gefährdete Mädchen u. stiftete dort 1859 die Kongregation der „Dienerinnen des hlst. Sakramentes u. der Liebe" zur Anbetung der Eucharistie u. zu Werken der

Nächstenliebe. Man nannte sie daher „Madre Sacramento". Viel verleumdet starb sie am 24. 8. 1865 in Valencia (Ostspanien) in heroischer Selbstaufopferung an der Cholera. Ihr Grab ist in der dortigen Ordenskirche. Seliggesprochen am 7. 6. 1925, heiliggesprochen am 4. 3. 1934.
Gedächtnis: 24. August
Lit.: AAS 26 (1934) 529ff – Th. J. Camara, 2 Bde. (Madrid 1908²) – A. Romano di S. Teresa (Rom 1934²)

Maria von Oignies, Sel.
* 1177 in Nivelles (Brabant). Sie wurde mit 14 Jahren verheiratet, lebte aber mit ihrem Gatten enthaltsam. Mit ihm zusammen pflegte sie die Aussätzigen im Leprosenheim zu Willenbroeck (südl. von Antwerpen). Sie war eine große Verehrerin der Passion Christi u. der Eucharistie u. lebte in großer aszetischer Strenge. Sie zog sich später mit Einverständnis ihres Gatten in das Augustiner-Chorherrenstift in Oignies (Südbelgien) zurück, wo sie mit einigen gleichgesinnten Frauen ein zurückgezogenes Leben als Begine führte. † am 23. 6. 1213 in Oignies. Sie ist eine der markantesten Gestalten aus den Anfängen des Beginentums.
Gedächtnis: 23. Juni
Lit.: ActaSS Iun. IV (1867) 630–684 (Vita von ihrem Seelenführer Jakob von Vitry) – BHL 5516f – Baudot-Chaussin VI 384ff – ECatt VIII 124f

Maria Rosa Julia (Marie-Rose-Julie) **Billiart,** Hl.
* am 12. 7. 1751 in Cuvilly (Picardie, Nordfrankreich). Von ihrem 23. Lebensjahr an war sie gelähmt, dabei führte sie ein mystisch begnadetes Gebetsleben. In der Franz. Revolution flüchtete sie nach Compiègne, später nach Amiens u. Béthancourt. 1804 gründete sie in Amiens die Kongregation der „Schwestern U. L. F." für den Unterricht u. die Erziehung der weiblichen Jugend. Bald nach dieser Gründung wurde sie unerwartet geheilt u. konnte so umso besser für die Ausbreitung ihrer Gründung wirken. 1809 wurde die Gemeinschaft in Frankreich verboten, deshalb verlegte sie das Mutterhaus nach Namur (Belgien), weshalb die Gemeinschaft die Bezeichnung „Schwestern U. L. F. von Namur" erhielt. † am 8. 4. 1816 in Namur. Seliggesprochen am 19. 3. 1906, heiliggesprochen am 22. 6. 1969.
Gedächtnis: 8. April
Lit.: AAS 62 (1970) 145ff – Th. Réjalot (Namur 1922²) – P. Renault (Brüssel 1938)

Maria Soledad, Hl. (bürgerl.: Manuela Bibiana Torres Acosta)
Name: span., Maria von der Einsamkeit
* am 2. 12. 1826 in Madrid. Sie gründete 1851 in Madrid die Frauenkongregation „Siervas de Maria, Ministras de enfermos" (Mägde Mariens, Dienerinnen der Kranken), der sie als Generaloberin vorstand. Die Kongregation zählt heute über 2000 Schwestern in 102 Häusern u. ist in Spanien, in den USA, in Kuba u. anderen Ländern verbreitet. † am 11. 10. 1887 in Madrid. Seliggesprochen am 5. 2. 1950, heiliggesprochen am 25. 1. 1970.
Gedächtnis: 11. Oktober
Lit.: AAS 62 (1970) 737ff – J. A. Zugasti, 2 Bde. (Madrid 1916) – F. Baumann, Pius XII. erhob sie auf die Altäre (Würzburg 1960) 240–244 – E. Federici (Rom 1950) – ECatt XII 332 f

Maria Theresia von Jesus, Sel. (bürgerl.: Alix Le Clerc)
* am 2. 2. 1576 in Remiremont (Vogesen, Westfrankreich). Zu Weihnachten 1597 begann sie zus. mit Pierre Fourier (↗ Petrus Fourier) u. unter seiner Leitung mit der Gründung der „Chorfrauen U. L. F.". Fourier verfaßte 1589 die erste Regel, die er nach der Augustinerregel ausrichtete. Maria Theresia gründete in Nancy das Mutterhaus, das sie bis 1621 leitete. Der Orden erhielt 1617 die päpstliche Bestätigung. † am 9. 1. 1622 in Nancy. Seliggesprochen am 4. 5. 1947.
Gedächtnis: 9. Jänner
Lit.: AAS 40 (1948) 228ff – E. Renard (Paris 1935) – Baudot-Chaussin XIII 45–53

Maria Theresia Gräfin **von Ledóchowska,** Sel.
* am 29. 4. 1863 in Loosdorf (Niederösterreich) aus wolhynischem Uradel. Sie war die Nichte des Kard. Mieczyslaw Halka Grafen von Ledóchowski, Erb. von Gnesen († 1902), u. die Schwester des Wladimir Ledóchowski SJ, Generals der Gesellschaft Jesu († 1942), u. der Maria Ursula Ledóchowska, Gründerin der „Ursulinen vom hlst. Herzen Jesu". Sie war 1885–91 Hofdame der Großherzogin von Toscana. An-

geregt von Kard. Charles-Martial-Allemand Lavigerie, Erzb. von Algier, begann sie 1888 Vereine gegen die Sklaverei zu gründen, die 1894 in die „Petrus-Claver-Sodalität für die afrikanischen Missionen" als rel. Genossenschaft mit Gelübden u. angeschlossenem Missionsverein umgewandelt wurde. Sie gründete Druckereien u. vertrieb damit rel. Lit. in Afrika. Sie förderte den Missionsgedanken durch Vorträge u. Abhandlungen. † am 6. 7. 1922 in Rom. Seliggesprochen am 19. 10. 1975.
Gedächtnis: 6. Juli
Lit.: AAS 68 (1976) 250ff – St. Kozlowski (Rom 1929) – M. u. G. Magnocavallo (Rom 1940) – G. Papasogli (Rom 1951)

Maria Theresia (Marie-Thérèse) **de Soubiran,** Sel. (Taufname: Sophie-Thérèse-Augustine-Marie)
* am 16. 5. 1834 in Castelnaudary (Dep. Aude, Languedoc). Mit 14 Jahren gelobte sie die Jungfräulichkeit u. führte von da an ein Leben in Gebet u. Buße. Sie gründete 1855 in Castelnaudary eine Gemeinschaft von Beginen (fromme Frauen, die ein klosterähnliches Gemeinschaftsleben führen). Daraus entwickelte sich unter der Leitung von P. Paul Ginhac SJ, eines mit reichen Gebetsgaben begnadeten Priesters und gesuchten Seelenführers, die „Société de Marie-Auxiliatrice" (Gemeinschaft Mariens von der immerwährenden Hilfe). Diese Ordensgemeinschaft hatte die Regel des hl. ↗ Ignatius u. widmete sich der ewigen Anbetung sowie der Fürsorge für großstädtische Arbeiterinnen u. Angestellte. Die Ordensgemeinschaft erhielt 1868 die päpstliche Approbation, Maria Theresia war die 1. Oberin. Durch verleumderische Machenschaften, die erst ein Jahr nach ihrem Tod aufgedeckt werden konnten, wurde sie 1873 zum Rücktritt als Oberin u. zum Verlassen der Kongregation gedrängt. 1874 trat sie zu den „Sœurs de Notre-Dame de la Charité" (Barmherzige Schwestern U. L. F.) in Paris über. Sie trug ihre Prüfung bis zu ihrem Tod mit Ergebenheit u. Gottesvertrauen.
† am 7. 6. 1889. Seliggesprochen am 20. 10. 1946.
Gedächtnis: 7. Juni
Lit.: AAS 39 (1947) 17–25 – A. Lanz (Rom 1946) – Baudot-Chaussin VI 140–143 – F. Baumann, Pius XII. erhob sie auf die Altäre (Würzburg 1960) 202–206

Maria Theresia von Wüllenweber ↗ Maria von den Aposteln

Maria Toribia (Maria von Torrejon), Sel. Sie stammte vermutlich aus Torrejon am Jamara (bei Madrid) u. wurde die Gattin des hl. ↗ Isidor von Madrid, dem sie einen Sohn schenkte. Nach dem Tod ihres Gatten zog sie sich nach Caraquiz zurück, wo sie am 8. 9. 1140 (1175?) gestorben sein soll. Am 8. 9. 1615 übertrug man ihre Gebeine in die dortige Franziskanerkirche. Dann geriet ihre Verehrung bald wieder in Vergessenheit. Erst als man 1596 ihre Gebeine wieder fand, lebte ihr Kult wieder auf. Er wurde 1697 von Innozenz XII. approbiert.
Gedächtnis: 8. September

Maria Victoria Theresia (Marie-Victoire-Thérèse) **Couderc,** Hl.
* am 1. 2. 1805 in Le Mas (Dep. Ardèche, Südfrankreich). Sie war zuerst Lehrerin in Les Vans u. trat 1826 in Aps bei den „Schwestern der Opferung Mariä" ein. 1827 gründete sie die „Schwestern vom Cönaculum" (Abendmahlsaal), deren 1. Generaloberin sie wurde. Unter dem Zeichen des Abendmahlsaales als Symbol des beschaulich-aktiven Lebens widmet sich dieser Orden dem Chorgebet, der Anbetung des Altarsakramentes, der Errichtung von Exerzitienhäusern u. Förderung der Exerzitien sowie der rel. Bildungsarbeit für Frauen. † am 26. 9. 1885 in Lyon. Seliggesprochen am 4. 11. 1951, heiliggesprochen am 10. 5. 1970.
Gedächtnis: 26. September
Lit.: AAS 62 (1970) 394ff – A. Bessières (Namur 1924) – M. Santolini (Rom 1939) – ECatt IV 785

Maria von der Vorsehung, Sel. (bürgerl.: Eugènie Smet)
* am 25. 3. 1825 in Lille (Franz. Flandern). Schon in der Klosterschule der Herz-Jesu-Schwestern in Lille zeigte sie großes Vertrauen in die Vorsehung Gottes u. große Liebe zu den Verstorbenen im Fegefeuer. Bestärkt durch den hl. ↗ Johannes Vianney gründete sie unter Anleitung der Jesuitenpatres Hippolyte Basuiau u. Pierre Olivaint in Paris die „Helferinnen der Armen Seelen". Trotz schwerer Krankheit wirkte sie als Generaloberin unermüdlich für ihre

Gründung. † am 7. 2. 1871 in Paris. Seliggesprochen am 21. 4. 1957
Gedächtnis: 7. Februar
Lit.: AAS 49 (1957) 339–344 – F. Darcy (Rom 1956) – Baudot-Chaussin XIII 176–182 – F. Baumann, Pius XII. erhob sie auf die Altäre (Würzburg 1960) 362–366

Maria Wilhelma Ämilia (Emilie) **de Rodat,** Hl.
* am 6. 9. 1787 auf dem Familienansitz Druelle in St-Martin-de-Limouze (Diöz. Rodez, Südfrankreich). Den größten Teil ihrer Kindheit verbrachte sie bei ihrer Großmutter, Madame de Pomairols, auf Schloß Ginals. Schon als Kind scheint sie mystische Erfahrungen gehabt zu haben. Von ihrem 14. Lebensjahr an allerdings machte sie eine ausgesprochen weltliche Phase durch mit vielen Zerstreuungen u. Vergnügungen. Das änderte sich plötzlich am Fronleichnamstag 1804 in einer spontanen Umkehr zu noch größerer Innerlichkeit als zuvor. 1809 versuchte sie vergeblich in einen Orden einzutreten, zuerst bei den Schwestern von Nevers in Figeac (50 km nordwestl. von Rodez), dann bei den Picpus-Schwestern von der Ewigen Anbetung in Cahors (90 km westl. von Rodez), schließlich 1812 bei den neugegründeten Barmherzigen Schwestern in Moissac. 1815 endlich fand sie ihre Berufung u. gründete in St-Cyr bei Villefranche mit 3 befreundeten Mädchen das Institut von der Hl. Familie zum Unterricht für arme Kinder, häusliche Krankenpflege, Gefängnisbesuche, Hilfe für gefallene Mädchen u. a. Sie stand der Gemeinschaft als 1. Oberin vor. Sie hatte viele äußere u. innere Prüfungen zu bestehen, erlebte aber noch die Ausbreitung ihrer Gründung. Vor ihrem Tod schrieb sie auf Verlangen ihres Beichtvaters ihre Lebensgeschichte, ein rel. Dokument ersten Ranges, obwohl sie von ihrem mystischen Erfahrungen nur wenig berichtet. † am 19. 9. 1852 in Villefranche. Seliggesprochen am 9. 6. 1940, heiliggesprochen am 23. 4. 1950.
Gedächtnis: 19. September
Lit.: AAS 43 (1951) 644ff – Manns 999–1001

Marianne ↗ Maria + ↗ Anna

Marianus, Märt. **zu Bardewik,** Hl.
Name: Weiterbildung zu ↗ Marius
Er soll Schüler des hl. ↗ Willibrord gewesen sein u. predigte als Diakon das Evangelium zu Ilmenau (Hannover). Er wurde 782 in der Nähe von Verden an der Aller von Heiden erschlagen.
Gedächtnis: 3. November

Marianus von Mainz, Sel. (Marianus Scotus; eigentlich kelt. Moel-Brigte: Knecht d. Brigita)
* 1028 in Irland. Er kam nach Deutschland u. wurde 1056 Mönch in St. Martin in Köln, ging dann nach Paderborn u. Fulda u. erhielt 1059 in Würzburg die Priesterweihe. Von 1069 an lebte er als Inkluse am Dom zu Mainz. Er verfaßte eine Weltchronik, die für die Zeit ↗ Gregors VII. und Heinrichs IV. von großem historischen Wert ist. Er stellte auch Berechnungen über den christlichen Kalender an, setzte allerdings die Geburt Christi 22 Jahre später als Dionysius Exiguus an. † am 22. 12. 1082/83.
Gedächtnis: 22. Dezember
Lit.: B. Güterbock: Ztschr. für vergl. Sprachforschung . . . Neue Folge 13 (Gütersloh 1895) 89–100 – Potthast B^2 I 766f – Manitius II 388–394, III 1129 (Reg.) – Wattenbach-Holtzmann I 446–449

Marianus von Regensburg, Sel. (Marianus Scotus; eig. Muiredach)
Er kam um 1067 mit seinen Gefährten Johannes u. Candidus aus Irland nach Deutschland. Die drei lebten zuerst auf dem Michaelsberg bei Bamberg u. ließen sich 1072/73 beim Kloster Obermünster zu Regensburg als Reklusen nieder. Marianus erhielt 1075 von der Äbtissin Willa von Obermünster das Kirchlein Weih-St. Peter vor der Stadtmauer von Regensburg. Er sammelte Schüler um sich, woraus sich eine klösterliche Gemeinschaft entwickelte. Seinen Unterhalt verdiente er sich durch Abschreiben von Büchern, bes. im Auftrag der Äbtissin Hemma von Niedermünster. Nebenbei unterrichtete er Knaben in Lesen u. Schreiben u. in der Auslegung der Hl. Schrift. † am 24. 4. 1083 oder 1086.
Gedächtnis: 24. April
Darstellung: im Pilgerkleid mit Reisestab
Lit.: H. v. Walderdorff: Verhandlungen d. histor. Vereins v. Oberpfalz u. Regensburg 34 (Regensburg 1879) 187–232 – Zimmermann I 221 ff – O. Dörr, Das Institut der Inclusen in Süddeutschland (Münster 1934) 127ff

Marianus, Märt. **zu Rom,** Hl.
Seine Reliquien wurden unter Innozenz X. (1644–55) zus. mit denen der hll. Cyrillus, Eleutherius u. Dorothea in das OSB-Kloster St. Lambrecht (Steiermark) übertragen.
Gedächtnis: 11. Mai

Marieke, norddt. Kf. zu ↗ Maria

Mariella (ital.), Kf. von ↗ Maria

Marieluise
Name: aus franz. ↗ Marie (↗ Maria) + ↗ Louise. Der Name wurde vor allem bekannt durch Marie Louise, die Tochter Kaiser Franz' II. u. Gemahlin Napoleons I. († 1847 in Wien).

Marietta (ital.), Kf. von ↗ Maria

Marilies (Marlies) ↗ Maria + ↗ Elisabeth

Marillac ↗ Louise de Marillac

Marilyn (engl.), Verkl.-F. v. Mary (↗ Maria)

Marina (Maria), Hl.
Name: weibl. F. zu ↗ Marinus
Ihre legendarische Vita ist in teilweise voneinander abweichenden Fassungen in griech., lat., syr., arabischer, koptischer u. anderen Sprachen überliefert. Danach sei sie die Tochter eines gewissen Eugenios aus Bithynien (Landsch. in Nordwest-Kleinasien, am Schwarzen Meer) gewesen. Zus. mit ihrem Vater sei sie, als Knabe verkleidet, unter dem Namen Marinos in das Kloster Kenobin bei Antiochia in Syrien (bzw. in Tripolis in Syrien) eingetreten. Später habe man sie verleumdet, Vater eines unehelichen Kindes zu sein. Sie nahm die zeitweise Verstoßung aus dem Kloster u. die ihr auferlegte harte Buße auf sich. Erst nach ihrem Tod entdeckte man ihr wahres Geschlecht u. damit ihre Unschuld. Dieses Motiv einer als Mann verkleideten Nonne findet sich in mehreren anderen Legenden (↗ Eugenia von Rom, ↗ Euphrosyne von Alexandria, ↗ Pelagia von Jerusalem, ↗ Hildegund von Schönau). † im 5. Jh. (?) Die in Venedig verehrten Reliquien stammen von einer anderen Marina.
Gedächtnis: 17. Juli (im Orient: 8. Februar)
Darstellung: im Mönchshabit vor der Klosterpforte mit einem Kind. Holz in einem Wagen zum Kloster fahrend
Lit.: ActaSS Iul. IV (1725) 278–288 – PG 115, 347–356 – BHL 5528ff – BHO 690–697 – BHG^3 614–615d 1163–1163e – G. Rossi Taibbi, Martirio di S. Lucia. Vita di S. Marina (Palermo 1959)

Marina ↗ Margareta von Antiochia

Marinus, Bisch. u. Glaubensbote **in Bayern,** Märt., Hl.
Name: zu lat. mare (Meer): der am Meer Wohnende
Er stammte aus Irland oder Westfranken u. kam im 7./8. Jh. mit dem Diakon ↗ Anianus nach Süddeutschland. Die beiden flüchteten vor den Alpenslawen in die Einöden von Wilparting u. Alb (Oberbayern) u. verkündeten dort das Evangelium, wo sie den Martertod erlitten. Sonst ist aus ihrem Leben nichts Sicheres bekannt. Etwa seit dem 12. Jh. stritten sich die Klöster Wilparting u. Rott am Inn um den Besitz der Reliquien. Der Streit wurde durch die Erhebungen 1723 u. 1776 zugunsten Wilpartings entschieden.
Liturgie: München-Freising G am 15. November (mit Anianus)
Darstellung: Marinus als Bischof mit Buch u. Stab, Anianus als Diakon mit Buch u. Palme
Lit.: Vita, hrsg. v. B. Sepp (Regensburg 1892) – R. Bauerreiß: SM 51 (1933) 37f (Lit.) – G. Baesecke: BGDSL 68 (1945) – M. Maier, Vita S.S. Marini et Anniani, in: Beitr. zur altbayr. Kirchengesch. 23 (1963) 87–100 – Bavaria Sancta III (Regensburg 1973) 21–32

Marinus von Griesstetten ↗ Elende Heilige

Marinus OSB, Abt **von La Cava,** Sel.
Er war 1147–70 (oder 1146–71) der 7. Abt des Benediktinerklosters La Cava bei Neapel, wo er im Ruf großer Heiligkeit starb. Kult bestätigt am 16. 5. 1928.
Gedächtnis: 15. Dezember
Lit.: AAS 20 (1928) 304ff

Marinus von Regensburg, Hl.
Nach der „Regensburger Schottenlegende" aus dem 15. Jh. war er mit dem hl. ↗ Declanus (Teklan) Gefährte des hl. ↗ Virgilius, der wohl um 742 aus Irland in die Gegend von Salzburg u. Kärnten kam. Die

Gebeine der hll. Marinus u. Declanus kamen später in das OPraem-Kloster Neustift bei Freising, doch ist das Grab seit dem Dreißigjährigen Krieg verschollen. Trotz historischer Unzuverlässigkeit der erwähnten Legende ist die Geschichtlichkeit der beiden durch den alten Grabkult erwiesen.
Gedächtnis: 1. Dezember
Lit.: R. Bauerreiß: SM 51 (1933) 37 – M. Schlamp: 19 Sammelblätter des Histor. Vereines Freising (Freising 1935) 46f – Otto v. Freising, hrsg. v. J. A. Fischer (Freising 1958) 49f – H. J. Busley, Die Traditionen, Urkunden u. Urbare des Klosters Neustift . . . (München 1961) 70

Marinus von Rimini, Hl.
Nach der legendarischen Vita aus dem 9./10. Jh. kam er mit dem hl. ↗ Leo (Leus) aus Dalmatien nach Rimini. In der Verfolgung des Diokletian (um 305) wurden die beiden zur Zwangsarbeit bei der Wiedererrichtung der Stadtmauer von Rimini herangezogen. Dort verkündeten sie den christlichen Glauben durch Wort u. Beispiel u. zogen sich dann in die Einsamkeit zurück. Leo ließ sich auf dem benachbarten Montefeltro nieder, Marinus erbaute auf dem Monte Titano bei Rimini eine Zelle mit Kirche u. lebte hier als Einsiedler. An dieser Stelle entstand später die Stadt, die nach ihm „San Marino" genannt wurde. Marinus soll 359 von Bisch. Gaudentius von Rimini zum Diakon, Leo zum Presbyter geweiht worden sein. Marinus wird noch heute als „Gründer" u. Patron von San Marino gefeiert. Seine Gebeine fand man 1586 in der dortigen Basilika.
Gedächtnis: 4. September
Lit.: Ughelli II 412–418 841–844 854f – ActaSS Sept. II (1868) 208–220 – BHL 4830–4833, Suppl. S. 191 – A. Garoci: RSIt 71 (1959) 21–47

Mario (ital.) ↗ Marius

Marion, in neuerer Zeit entstandene Weiterbildung aus franz. Marie (↗ Maria)

Marius, Bisch. **von Avenches-Lausanne,** Hl.
Name: altröm. Geschlechtername: aus dem Geschlecht der Marier
* 530/531 in der Diözese Autun (Burgund, Ostfrankreich). Er wurde 574 3. Bischof von Avenches (nordwestl. von Fribourg, Schweiz) u. verlegte 590 den Bischofssitz nach Lausanne. Er war durchdrungen von der lat. Kultur u. sah im Kaisertum die universale Monarchie für alle Zeiten. Er betätigte sich auch als Goldschmied u. verfertigte Kirchengeräte. † am 31. 12. 594 in Lausanne. Er wurde in Lausanne beigesetzt, wo die ursprünglich dem hl. Thyrsius geweihte Kirche später nach ihm benannt wurde. Kult 1605 bestätigt.
Liturgie: Lausanne-Genève-Fribourg G am 4. Jänner, sonst 31. Dezember
Darstellung: als Bisch. mit Ackergeräten oder Goldschmiedewerkzeugen
Lit.: W. Arndt (Leipzig 1875) – O. Holder-Egger: NA 1 (1876) 254–259 – DACL X 2167–2177 – Wattenbach-Levison I 107f

Marius u. Martha, Märt. zu Rom, Hll.
Sie sind wahrscheinlich Märtyrer aus der Verfolgung des Diokletian (um 305). Nach der legendarischen Passio aus dem 5./6. Jh. sollen sie aus Persien stammen. Sie seien mit ihren Söhnen Audifax u. Abacuc (Abachum) nach Rom zu den Apostelgräbern gepilgert. Dort habe man sie unter Kaiser Claudius Goticus (268–270) ergriffen u. am 13. Meilenstein der Via Cornelia gemartert, wo sie von Christen begraben wurden. Daß die 4 Märtyrer eine Familie waren, weiß das Martyrologium Hieronymianum (Mitte des 5. Jh.s, Oberitalien) noch nicht. Pilger des 7. Jh.s besuchten die ihnen geweihte Kirche, die noch 1158 bestand u. von der einige Ruinen auf dem Landgut Boccea noch heute zu sehen sind.
Gedächtnis: 19. Jänner
Darstellung: Audifax u. Abachum an einen Pfahl gebunden u. mit Haken gemartert
Lit.: J. P. Kirsch: SteT 38 (1924) 96–99 – Lanzoni 511f – Tillemont IV 344 675ff

Mark, Kf. zu ↗ Markus, bzw. zu ↗ Markhelm, ↗ Markulf, ↗Markward

Markhelm ↗ Marcellinus von Deventer

Markianos u. Martyrios, Märt., Hll.
Namen: a) von lat. Marcianus, Weiterbildung aus ↗ Marcus; b) zu griech. mártys oder mártyros, Zeuge
Sie waren Kleriker („die heiligen Notare") im Dienst des Patriarchen ↗ Paulus I. von Konstantinopel. Sie gingen mit ihm 351 in die Verbannung u. kehrten nach dessen

Tod wieder nach Konstantinopel zurück, wurden aber von den Arianern ergriffen u. 358 ermordet. Über ihrem Grab erbaute ↗ Johannes Chrysostomus eine Kirche.
Gedächtnis: 25. Oktober
Patrone: der Verwalter, Waffenschmiede
Lit.: PG 115, 1289–1293 – ActaSS Oct. XI (1864) 569–577 – P. Franchi de' Cavalieri: AnBoll 64 (1946) 132-175 – BHG³ 1028y–1029c

Markulf, Abt **von Nanteuil,** Hl. (franz. Marcou, Marcoul, Marcoulphe)
Name: ahd. marcha (Grenze) + wolf (Wolf; dieses Tier war wegen seiner Angriffslust den Germanen Sinnbild kämpferischen Mutes): der die Grenzen wie ein Wolf verteidigt
* 490 in Bayeux (Normandie). Er erhielt von König Childebert I. in der Valois (Landsch. nordöstl. von Paris) ein Stück Land, auf dem er das Kloster Nauteuil gründete u. diesem als Abt vorstand. † am 1. 5. 558. Über seinem Grab entstand später eine vielbesuchte Wallfahrtskirche. Seine Gebeine wurden 898 nach Corbény (nordwestl. von Reims) übertragen. Der von König ↗ Ludwig IX. gestiftete Reliquienschrein wurde 1793 in der Franz. Revolution zerstört.
Gedächtnis: 1. Mai
Darstellung: treibt auf den Knien liegend einen Teufel aus
Lit.: ActaSS Maii I (1680) 71ff – A. Benoît, Saint Marcoul, Abbé de Nanteuil (Chartres 1875) – BHL 5266f – Baudot-Chaussin V 23f – Réau III 875ff

Markus (Markos) **von Antiochia,** Hl.
Er lebte als Schafhirt zu Antiochia in Syrien u. wurde unter Diokletian um 304 gemartert. Das Martyrologium Romanum erwähnt noch 30 Soldaten, die mit ihm starben, die griech. Menäen (liturg. Bücher der orthodoxen Kirche) führen statt der Soldaten „viele Knaben u. Mädchen" an.
Gedächtnis: 28. September

Markus, Evangelist, Märt., Hl.
Name: ↗ Marcus
Er ist bekannt als der Verfasser des 2. (zeitlich ersten) Evangeliums. Eigentlich hieß er Johannes, Markus war sein Beiname (Apg 12,12). Manchmal wird er nur Johannes genannt (Apg 13,5 u. a.) oder nur Markus (Apg 15,39). Er war der Sohn der ↗ Maria (Markus), in deren Haus in Jerusalem sich die Urgemeinde zu versammeln pflegte (Apg 12,12). Vermutlich ist es das Haus, in dem Jesus das letzte Abendmahl hielt. Möglich, aber nicht erwiesen ist es, daß Markus jener Wasserträger war, der die Jünger in das Obergemach für das Abendmahl führte (Mk 14,13) oder jener Jüngling, der bei der Gefangennahme Jesu nackt davonlief (Mk 14,51)f). Er war ein Neffe des ↗ Barnabas (Kol 4,10). Weil dieser ein Levit war, dürfte auch Markus aus priesterlichem Geschlecht stammen. Vielleicht hängt damit die öfters geäußerte Vermutung zusammen, daß er der „andere Jünger" war, der mit dem Hohenpriester bekannt war u. Petrus in den Hof des Hohenpriesters führte (Joh 18,15).
Um 44 begleitete er ↗ Paulus u. Barnabas nach Antiochia (Apg 12,25) u. war auch deren Gehilfe auf der 1. Missionsreise von Antiochia über Zypern nach Kleinasien. Doch schon in Perge (heute Murtuna, Südküste Kleinasiens) trennte sich Markus von ihnen u. kehrte aus nicht genannten Gründen zurück (Apg 13,13). Paulus weigerte sich entschieden gegen die Vorstellung des Barnabas, Markus auf seiner 2. Missionsreise (um 51–53) mitzunehmen. Darüber kam es zw. Paulus u. Barnabas zu einer Verstimmung, sodaß sich die beiden trennten u. Markus nunmehr mit Barnabas ging (Apg 15,37ff). Später söhnte sich Paulus mit Markus wieder aus, denn im Brief an Philemon (während der 1. Gefangenschaft des Paulus in Rom, 61–63) steht auch die Unterschrift des Markus. In dieser Zeit wurde Markus auch nach Kolossä gesandt, offenbar als Überbringer des Briefes an diese Gemeinde (Kol 4,10). In seiner 2. Gefangenschaft vor seinem Tod (um 64) bat Paulus den ↗ Timotheus in Ephesus, mit Markus, der sich gerade bei ihm aufhielt, zu ihm zu kommen (2 Tim 4,11).
Mehr noch als an Paulus schloß sich Markus in Rom dem ↗ Petrus an. Zw. beiden muß ein sehr herzliches Verhältnis bestanden haben, denn Petrus nennt ihn seinen „Sohn" (1 Petr 5,13). Diese Zuneigung geht offenbar auf die Zeit zurück, als er nach seiner wunderbaren Befreiung aus dem Kerker an der Tür des Markus-Hauses anklopfte, wo die anderen Christen zum Gebet für ihn beisammen waren (Apg

12,12). Nach Papias von Hierapolis († nach 120/130) war Markus der Dolmetscher des Petrus u. verarbeitete dessen Predigt in seinem Evangelium (wohl bald nach dessen Hinrichtung, also um 65). Eusebius von Cäsarea († 339) berichtet von der verbreiteten Überlieferung, Markus habe anschließend die Kirche von Alexandria gegründet und sei ihr 1. Bisch. gewesen, wo er nach 66/67 als Märt. starb. Völlig legendär ist sein angebliches Wirken in Aquileia und Lorch a. d. Enns (wurde erst im 2. Jh. gegründet).

Sonstige Überlieferungen, Volkskunde: Nach ↗ Hippolytus von Rom sei Markus „stummelfingring" gewesen (wohl ein Naturgebrechen). Die spätere Legende will deshalb wissen, Markus habe sich selber verstümmelt, um zum Levitendienst im Tempel untauglich zu sein. Auch sei Markus einer der 72 Jünger gewesen, während Papias – jedenfalls glaubwürdiger – berichtet, Markus habe den Herrn nicht gehört. Die Legenda Aurea des ↗ Jacobus a Voragine schildert seinen Martertod: Der Pöbel habe ihn mit einem Strick um den Hals zu Tode geschleift. Ein Unwetter habe aber die Mörder daran gehindert, seinen Leichnam zu verbrennen, sodaß die Christen ihn ehrenvoll bestatten konnten.

828 fanden 2 venezianische Kaufleute die Gebeine in Alexandria, entwendeten sie u. versteckten sie vor den Muselmanen in einem Korb unter Schweinefleisch (das den Mohammedanern als unrein galt) u. gelangten mit ihrer Beute in abenteuerlicher u. gefahrvoller Seereise nach Venedig, wo der Doge Giustiniano Partecipazio eine Kirche, die Vorgängerin des heutigen Markusdomes, errichten ließ. Die Einweihung der Kirche, fand 832 statt. Tintoretto hielt die Geschichte dieser Entführung der Gebeine in einem berühmten Gemälde in der Brera in Mailand fest. – 830 übergab Bisch. Ratold von Verona feierlich eine Markus-Reliquie Abt Erlebald von der Reichenau. Andere Reliquien sollen sich auch in Aquileia, Ägypten, Albanien, Korfu, Zante u. Valencia befinden.

Als ↗ Evangelisten-Symbol erhielt Markus den Löwen zugewiesen. So wurde der Löwe (Markus-Löwe) Wappen der Stadt u. ehemaligen Republik Venedig. Es ist ein geflügelter, goldener Löwe; in den Pranken hält er ein aufgeschlagenes Buch mit den Buchstaben P(ax) T(ibi) M(arce) Evangelista) M(eus), (der Friede sei mit dir, Markus, mein Evangelist; mit diesen Worten soll ihn ein Engel in seinen Marterqualen gestärkt haben).

Am 25. 4. ist seit altkirchlicher Zeit die Bittprozession auf die Felder üblich (Markusprozession wegen der Allerheiligenlitanei auch Litaniae, wegen der großen Feierlichkeit auch Litaniae majores genannt). Diese Bittprozession hat aber ursprünglich mit Markus nichs zu tun, sondern geht auf ein heidnisch-röm. Fest mit Flurumgang am 25. April, den sog. Robigalia, zurück. Man wollte dabei Schutz gegen Robigo, den Dämon des Getreiderostes, erflehen. Die Festfeier wurde schon vor ↗ Gregor d. G. in das christliche Brauchtum übernommen, selbst den Prozessionsweg behielt man bei, nur endete er nunmehr bei St. Peter. Von daher wurde Markus zum „Wetterherrn", der Markustag zum Lostag für das Wetter.

Liturgie: GK F am 25. April

Darstellung: mit geflügeltem Löwen (Evangelistensymbol), Buch, Feder, Tintenfaß u. Federköcher. Meist zus. mit den 3 anderen Evangelisten; diese häufig über den 4 Paradiesesströmen, die aus dem Baum des Lebens entspringen, u. zwar Markus über dem Gichon (Gen 2,13). Bisweilen neben ihm ein Gerichtsengel mit Posaune (vgl. Mk 13,27). – Szene seines Martyriums: Er wird am Hals zu Tode geschleift, ein Unwetter hindert die Mörder, den Leichnam zu verbrennen; Überführung seines Leichnams nach Venedig

Patron: der Bauarbeiter, Maurer (ein Maurer fiel beim Bau der Markuskirche in Venedig vom Gerüst, rief den Heiligen an und blieb unverletzt), Glaser, Glasmaler (wohl wegen des Kirchenbaues), Notare, Schreiber, Korbmacher (Überführung seiner Gebeine in einem Korb). Wird angerufen um gutes Wetter u. gute Ernte

Lit.: Pölzl 56–91 – E. Barnikol, Personenprobleme der Apg: Johannes Markus, Silas u. Titus (Kiel 1931) – W. Nigg, Botschafter des Glaubens, Der Evangelisten Leben u. Werk (Olten 1977[4]) 45–84

Markus Stephan Crisinus, s. Märt. in Kaschau (S. 917f)

Markus ↗ Marcus

Markward OSB, Bisch. **von Hildesheim,** Märt., Hl.
Name: ahd. marcha (Grenze) + wart (Hüter, Schützer)
Er war zuerst Abt von Seligenstadt u. Asnede u. wurde 876 Bisch. von Hildesheim. Er baute die Kirche zu Gandersheim. Er wurde als einer der ↗ Märtyrer von Ebsdorf 880 von den Normannen getötet.
Gedächtnis: 2. Februar

Markward OSB, Abt **von Prüm,** Sel.
Er war Benediktinermönch in Ferrières (Dep. Seine-et-Marne, Nordfrankreich) u. wurde 829 Abt von St-Hubert (Diöz. Namur, Belgien) u. Prüm bei Trier. Er verzichtete aber 836 auf die Abtwürde in St-Hubert. Er war Berater König Ludwigs des Frommen u. der späteren Karolinger. Im Auftrag Kaiser Lothars reiste er 844 nach Rom u. brachte von dort die Reliquien der hll. ↗ Chrysanthus u. Daria mit, die er nach Münstereifel überführte. Diese Zelle war einige Jahre vorher von Prüm aus gegründet worden. Er förderte in seinem Kloster das spirituelle Leben u. alle Künste u. Wissenschaften. † am 27. 2. 853. Sein Grab ist in Prüm.
Gedächtnis: 27. Februar

Markward Weißmaler OFM, Sel.
Er stammte wahrscheinlich aus München u. lebte als Franziskaner-Laienbruder u. führte ein sehr heiligmäßiges Leben. Er zeigte großen Fleiß in der Verrichtung aller Hausdienste, bes. in der Krankenpflege, später übte er große Geduld u. Ergebenheit bei beständigen körperlichen Leiden. † 1227. Seine Gebeine wurden am 29. 5. 1505 erhoben.
Gedächtnis: 29. Mai

Markward OPraem, Abt **von Wilten,** Sel.
Er stammte aus Porrentruy (Kt. Bern, Schweiz) u. wurde Prämonstratenser in Rot a. d. Rot (bei Biberach, Württemberg). Als Bisch. Reginbert von Brixen das weltliche Chorherrenstift Wilten (Innsbruck) dem Prämonstratenserorden übergab, wurde Markward 1138 als 1. Abt dort eingesetzt. † am 6. 5. 1142. Seine Gebeine wurden 1639 erhoben u. in der Sakristei beigesetzt.
Gedächtnis: 6. Mai

Marlene ↗ Maria + ↗ Magdalena

Marlies ↗ Maria + ↗ Elisabeth

Marold ↗ Marhold

Maron, Hl.
Er war Mönch bei der Stadt Kyrrhos in Syrien u. sammelte zahlreiche syr. u. griech. Schüler um sich. † vor 423. Das bei seinem Grab entstandene Maronskloster war lange Zeit ein Bollwerk der Rechtgläubigkeit gegen die Monophysiten. Das Kloster wurde Anfang des 10. Jh.s durch die Araber zerstört. Von Maron leiten sich die Maroniten ab, eine christliche Völkerschaft syr. Ursprungs, die hauptsächlich im Libanon, aber auch in Syrien, Palästina, auf Zypern u. in Ägypten wohnt. Die Maroniten bildeten seit dem 8. Jh. eine eigene Kirche unter ihrem Patriarchen, dem Bisch. von Dschebail-Betrum. 1181 vollzog ihr Patriarch mitsamt seinen Bischöfen u. dem Volk auf Grund der guten Beziehungen zu den Kreuzfahrern die formelle Union mit Rom. Der Kult des hl. Maron wurde 1753 approbiert.
Gedächtnis: 14. Februar (im Osten 9. Februar)

Marschälle, ↗ Vier hll. Marschälle

Marsus, Hl.
Name: die „Marsi" waren ein sabellisches Volk um den (ehemaligen) Fucino-See (Abruzzen). Tacitus nennt einen germ. Volksstamm zw. Ruhr u. Lippe ebenfalls „Marsi": der Marser
Er war Priester u. missionierte im 3./4. Jh. in der Gegend von Auxerre. Er war von ↗ Sixtus II. nach Gallien gesandt worden. Seine Gebeine wurden von Bisch. ↗ Altfrid von Hildesheim vor 870 in das von ihm gegründete Kanonissenstift Essen übertragen.
Gedächtnis: 4. Oktober
Lit.: BHL 6623f – F. Arens, Der Liber Ordinarius der Essener Stiftskirche (Paderborn 1908) 207f – K. Honselmann, Eine Essener Predigt zum Feste des hl. Marsus aus dem 9. Jh.: WZ 110 (1960) 199–221

Martha von Bethanien, Hl.
Name: aram. martā, Herrin (griech. NT, Vulg., Luther: Martha; Locc.: Marta)
Sie war die Schwester der ↗ Maria u. des ↗ Lazarus von Bethanien (Joh 11,1–2). Jesus war mit diesen Geschwistern befreundet (Joh 11,5). Im Gegensatz zu Maria war sie die geschäftige Hausfrau, die sich um die Bewirtung Jesu sorgte (Lk 10,38–42). Sie war wohl die älteste der 3 Geschwister u. damit für den Haushalt an erster Stelle verantwortlich, denn „sie nahm ihn in ihr Haus auf" (Lk 10,38). Sie geht mit Jesus zum Grab des Lazarus u. bekennt ihren Glauben an ihn als den Messias u. Sohn Gottes.
Nach der mittelalterlichen Legende sei Martha zus. mit Maria u. Lazarus bei Marseille gelandet u. in Tarascon (zw. Arles u. Avignon) begraben worden.
Liturgie: GK G am 29. Juli
Darstellung: als geschäftige Hausfrau mit Schlüsselbund am Gurt oder Kochlöffel. Mit Weihwasserkessel, womit sie einen Drachen bändigt
Patronin: der nach ihr benannten Ordensgenossenschaften; der Arbeiterinnen, Hausfrauen, Dienstmägde, Köchinnen, Wäscherinnen, Bildhauer, Maler, Gastwirte; der Sterbenden; der Häuslichkeit; bei Blutfluß
Lit.: Evangelienkommentare – DB IV 825f – D. Baldi, Enchiridion locorum sanctorum (Jerusalem 1935) 451–480 – V. Saxer, Le culte de Marie Madeleine en occident (Paris 1959) Reg. unter „Marthe". – G. Maillet (Paris 1932)

Martha, Märt. **zu Rom** ↗ Marius u. Martha

Martialis, Bisch. **von Limoges,** Hl.
Name: lat., der dem (Kriegsgott) Mars Geweihte
Er war einer der 7 Bischöfe, die zur Zeit des Kaisers Decius (249–251) nach Gallien zur Glaubenspredigt gesandt wurden. Er konnte viele Heiden bekehren u. gilt als der Begründer des Bistums Limoges (Zentralfrankreich). ↗ Gregor von Tours beschreibt die ihm geweihte Basilika u. gedenkt der zahlreichen Wunder an seinem Grab. Dort entstand 848 die OSB-Abtei St-Martial.
Gedächtnis: 30. Juni
Lit.: AnBoll 16 (1897) 501–506 – Baudot-Chaussin VI 518–523 (Lit.)

Martialis, Märt. **zu Rom** ↗ Felicitas u. 7 Söhne

Martin von (Martinico de) **Porres** OP, Hl.
Name: ↗ Martinus
* am 9. 12. 1569 in Lima (Peru). Er war der uneheliche Sohn des Juan de Porres, eines span. Ritters aus Burgos, u. einer Schwarzen, der jungen Anna Velázquez. Es folgte bald ein weiteres Kind namens Johanna. Juan de Porres ging nach Panama u. kümmerte sich jahrelang nicht mehr um seine Kinder. Erst nach 5 Jahren, als er vom span. Vizekönig als Gouverneur nach Guayaquil (Ecuador) gesandt wurde, erschien er wieder in Lima, um seine Kinder zu sich zu nehmen u. ihnen eine angemessene Erziehung zu geben. Als er sie aber dem Hauptmann Diego de Miranda vorstellte, machte dieser die taktlose Bemerkung: „Warum schleppst du denn diese beiden Mulatten mit dir herum?" Der kleine Martin hörte dieses Schimpfwort zum ersten Mal, er mußte es aber noch oft in seinem Leben hinnehmen, u. er litt zeitlebens unter der sozialen Zurücksetzung wegen seiner dunklen Hautfarbe. Juan de Porres schämte sich seiner Kinder u. schickte sie auf Nimmerwiedersehen nach Lima zurück. Martin erlernte mit 12 Jahren die Kunst des Baders. 3 Jahre lang kamen die Kranken zu ihm, u. alle pflegte er in beispiellos liebender Fürsorge. So konnte er zum Unterhalt der Familie beitragen, u. doch blieb ihm Zeit, jeden Morgen in der ersten Messe zu sein. Mit 15 Jahren trat er in Lima dem Dominikanerorden bei. Er wußte, daß ihm als Mulatten der Weg zum Priestertum nach damaligem Ordensstatut versperrt war. Auch darunter litt er, aber er trug es mit Demut. Unter ihm als Krankenbruder verwandelte sich das Dominikanerkloster in Lima bald zu einem Spital, in dem unzählige Kranke und Bedürftige Hilfe fanden. In Lima gab es noch 10 andere Spitäler, doch in jedem wurde für die sozialen Stände je ein eigener Trakt reserviert: für Weiße, Indios, Schwarze u. – an letzter Stelle – für die Mulatten. Im Spital Martins wurde kein

Unterschied gemacht. Als das Kloster zu klein wurde, wandelte er mit Hilfe seiner Schwester deren Haus in ein Spital um u. gründete in der Stadt noch eine Reihe anderer karitativer Werke. Sein Wirkungsbereich wurde immer größer, es kamen Geringe u. Vornehme, selbst der Vizekönig von Peru war sein häufiger Gast, mit dessen Hilfe er den Allerärmsten in der Stadt helfen konnte. Es wurden ihm zahlreiche Wunder zugeschrieben. Er lebte in ständigem Gebet u. strenger Aszese (er schlief nachts nur wenige Stunden), seine Liebe war grenzenlos gegen jedermann ohne Ansehen der Person, den Schmerz über seine soziale Zurücksetzung bewältigte er aus dem Glauben heraus u. in größter Demut. Er starb am Typhus am 3. 11. 1639. Seliggesprochen 1837, heiliggesprochen am 6. 5. 1962.
Liturgie: GK g am 3. November
Lit.: AAS 55 (1963) 193ff – ActaSS Nov. III (1910) 108–125 – D. Iriarte (Lima 1926) – St. Fumet (Paris 1933) – M. F. Windeatt, Lad of Lima (New York 1942) – N. Georges (New York 1950) – E. Budnowski (Fribourg 1951)

Martin ↗ Theresia vom Kinde Jesu

Martina, Märt. **zu Rom,** Hl.
Name: weibl. F. zu ↗ Martinus
Sichere historische Nachrichten über sie fehlen. Nach der legendären Passio aus dem 7. Jh. war sie die Tochter eines ehemaligen Konsuls u. Diakonisse u. wurde unter Alexander Severus (222–235) um des Glaubens willen gemartert. Im 7. Jh. ist ein ihr geweihtes Oratorium bezeugt. Honorius I. (625–638) erbaute ihr eine Kirche, die Sixtus V. 1588 der Accademia di S. Luca übergab. Sie wurde 1653 durch einen Neubau ersetzt. Die angeblichen Reliquien der hl. Martina wurde unter Urban VIII. am 25. 8. 1634 aufgefunden.
Gedächtnis: 30. Jänner
Darstellung: mit Palme u. offenem Buch. Ein Blitz zerstört auf ihr Gebet hin den Tempel der Diana, wo sie opfern sollte. Mit Zange u. Haken bzw. Löwen
Lit.: P. D'Archiardi: Atti e Memorie della R. Accad. di S. Luca 4 (Rom 1933) 9–14 – M. Armellini, Le Chiese di Roma dalle loro origini sino al secolo XVI., ed. C. Cecchelli (Rom 1942) 203ff

Martinengo di Barco ↗ Maria Magdalena Martinengo di Barco

Martinianus, Märt. zu Rom ↗ Processus u. Martinianus

Martinus, Erzb. **von Braga,** Hl.
Name: lat., der dem (Kriegsgott) Mars Geweihte
* um 515 in Pannonien (etwa das westl. Ungarn mit einem Teil Kroatiens). Er machte eine Pilgerfahrt nach Palästina u. erwarb sich gründliche Kenntnisse der griech. Sprache u. der Theologie. Von etwa 550 an missionierte er bei den arianischen Sueben im nordwestlichen Spanien. In Dumium in der Nähe von Braga (Nordportugal) gründete er ein Kloster. 556 (557?) wurde er 1. Bisch. von Dumium, später Erzb. von Braga. Seine Lebensaufgabe war die Bekehrung der Sueben zum kath. Glauben. † 580 (579?). Sein Grab ist in der Martha-Kapelle der Basilika von Braga.
Gedächtnis: 20. März
Lit.: DThC X 203–207 – Bardenhewer V 379–388 – Schubert KG 183f – Altaner[6] 456ff

Martinus I., Papst, Märt., Hl.
Er stammte aus Todi (Umbrien, nördl. von Rom). Er war zuerst Apokrisiar in Konstantinopel (entspr. etwa dem heutigen Päpstlichen Nuntius). Er wurde im Juli 649 gewählt u. geweiht, seine Wahl wurde aber vom Kaiser Konstans II. nicht bestätigt. Auf der Lateransynode (Oktober 649) verurteilte er die monotheletische Irrlehre u. geriet damit in Gegensatz zum Kaiser, der ein Jahr zuvor den sog. Typos promulgierte, ein Gesetz, das jede weitere Diskussion in dieser Frage verbot. Im Auftrag des erzürnten Kaisers sollte Olympios als Exarch (bevollmächtigter Vertreter des Kaisers) Martinus verhaften. Olympios machte sich aber selbständig u. betätigte sich 3 Jahre als Usurpator in Italien, währenddessen Martinus unbehelligt im Amt bleiben konnte. Erst der Exarch Theodoros Kalliopas führte den Befehl des Kaisers aus u. ließ den kranken Papst am 17. 6. 653 in der Lateranbasilika gefangennehmen u. nach Konstantinopel bringen (die Überfahrt dauerte wohl 3 Monate). Martinus wurde in streng-

ster Haft gehalten, wegen angeblicher Teilnahme am „Aufstand" des Olympios zum Tod verurteilt, auf Bitten des Patriarchen Paulos II. von Konstantinopel zur Verbannung begnadigt u. im Frühjahr 654 nach Sewastopol auf dem Chersones (Krim) verschleppt. Überall wurde er mit unmenschlichen Grausamkeiten bedacht. Der Klerus von Rom erhob noch zu seinen Lebzeiten (654) ↗ Eugen I. zu seinem Nachfolger. Martinus I. fand sich damit ab, starb aber unter den erlittenen körperlichen u. seelischen Leiden am 16. 9. 655. Er wird deshalb als Märtyrer verehrt. Seine Briefe aus dem Exil spiegeln in erschütternder Weise seine Enttäuschung über seine früheren Freunde u. Untergebenen wider.

Die Griechen feiern ihn am 13. April, das Martyrologium Romanum setzte ihn seit dem 7. Jh. auf den 12. November, u. zwar infolge einer Verwechslung mit dem hl. ↗ Martinus von Tours (11. Nov.). Da in Rom am 11. Nov. der hl. ↗ Menas gefeiert wurde, bildete sich eine Unsicherheit hinsichtlich der Festfeier des hl. Martin von Tours (in einigen röm. Kalendern am 11., in anderen am 12. Nov. angesetzt). Schließlich behielt man beide Martinsfeste bei, indem man am 11. November Martin von Tours, am 12. November Papst Martin I. verehrte.

Liturgie: GK g am 13. April (in Angleichung an die Griechen; früher: 12. November)

Lit.: W. M. Peitz, Martin I. u. Maximus Confessor: HJ 38 (1917) 213–236 429–458 – E. Caspar, Die Lateransynode von 649: ZKG 51 (1932) 75–135 – Caspar II 553–578 778ff – Haller I² 320–327 544 – Seppelt II² 61–67

Martinus, Bisch. **von Tours,** Hl. („Wundertäter von Tours")

* 316/317 zu Sabaria in Pannonien (heute Szombathely, Steinamanger, Ungarn) als Sohn eines röm. Tribunen aus Pavia (Oberitalien). Er wurde in Pavia erzogen und trat mit 15 Jahren in die röm. Armee ein, wo er in Gallien in der Garde unter Kaiser Constantius II. (324–361) diente. In diesen Jahren spielte die berühmte Szene seiner Wohltätigkeit, als er am Stadttor von Amiens (nördl. von Paris) seinen Soldatenmantel mit einem frierenden Bettler teilte. Er ließ sich mit 18 Jahren taufen u. verließ ein Jahr später die Armee. Er wurde Schüler des Bisch. ↗ Hilarius von Poitiers u. ging dann in seine Heimat, um seine Eltern zu bekehren, vielleicht auch im Auftrag des Bisch. Hilarius in Illyrien zu missionieren. Die Arianer leisteten aber großen Widerstand. Daher zog er sich als Einsiedler auf die Insel Gallinaria bei Genua zurück. Um 360 ging er wieder nach Poitiers u. traf dort Hilarius, der eben aus dem Exil zurückgekehrt war. 361 gründete er in Ligugé (7 km südl. von Poitiers) eine Zelle, die sich bald zum ersten Cönobitenkloster des Abendlandes entwickelte. 371 wurde er vom Volk zum Bischof von Tours (Westfrankreich) ausgerufen. In der Nähe von Tours gründete er um 375 das Kloster Marmoutier, das er zu einem Zentrum kulturellen Schaffens u. zu einer Schule von künftigen Missionaren u. Bischöfen machte u. wohin er sich selbst gern immer wieder zurückzog. Er widmete sich der Missionierung der noch weitgehend heidnischen ländlichen Gebiete Galliens. Auf seinen Missionsreisen kam er vor allem in das Gebiet der mittleren Loire (Chartres, Amboise, Levrous), zu den Senonen (im Gebiet des heutigen Sens) und Häduern (gallischer Stamm zw. Loire u. Saône). Er predigte auch in Paris, wo er einen Leprakranken wunderbar heilte, u. in Vienne, wo er mit ↗ Victricius u. ↗ Paulinus von Nola zusammentraf. Er reiste zweimal nach Trier, wo er sich sehr für Priscillianus einsetzte. Priscillianus, ein span. Laie, war Begründer u. Wortführer einer schwärmerischen rel.-aszetischen Bewegung, die überall heftigste Emotionen für u. gegen ihn wachrief. Bisch. Martin konnte seine Hinrichtung in Trier 385 nicht verhindern. Vielmehr zog er sich durch seine Berühmtheit als Wundertäter, seine aszetische Strenge u. seinen unerbittlichen Gerechtigkeitssinn gegenüber Priscillianus u. seine Anhänger wachsende Feindschaft zu, sogar unter seinem eigenen Klerus. Er starb auf einer Seelsorgsreise zu Candes (westl. von Tours) am 8. 11. 397. Zu seinem Begräbnis in Tours strömte eine riesige Menschenmenge zusammen.

Die Verehrung des hl. Martin breitete sich in Liturgie u. Volksfrömmigkeit schnell aus. Er ist einer der ersten Nicht-Märtyrer (Confessor, „Bekenner"), die in die röm. Liturgie aufgenommen wurden. Über sei-

nem Grab in Tours erhob sich im 5. Jh. eine Kapelle, die später durch eine prächtige Basilika mit einer klösterlichen Zelle (die spätere Abtei St-Martin) ersetzt wurde. Das Grab war bis ins späte Mittelalter hinein fränkisches Nationalheiligtum u. ist auch heute noch Zentrum bedeutender Wallfahrten. Chlodwig machte Martin zum Schutzherrn der fränkischen Könige, man führte seinen Mantel in der Schlacht mit. In Frankreich allein sind viele Klöster (bes. des Benediktinerordens) u. sehr viele Kirchen (angeblich 3667) ihm geweiht, Städte u. Burgen tragen seinen Namen.
Der Martinstag war bes. im Mittelalter im Bewußtsein des Volkes lebendig: Er war Abschluß des Wirtschaftsjahres (Termin für Arbeitsverträge, Pachtverträge, Steuern) u. Markttag. Er galt als Beginn des Winters u. des Advents; die Martinsgans war der letzte Festbraten vor dem Adventfasten (bzw. dem Weihnachts-Quatember). Dazu konsumierte man neuen Wein u. allerlei Martinsgebäck. Man veranstaltete Fackel- u. Laternenumzüge, die Kinder u. Jugendlichen sangen vor den Häusern Martinslieder u. wurden mit Gaben belohnt. Deshalb erscheint Martin in der späteren Legende (bes. im Rheinland) als gabenbringender Bischof oder Krieger (in teilweiser Vermengung mit dem hl. ↗ Nikolaus). In den Alpenländern traten vermummte Burschen mit Lärmen u. Schreien auf, was auf Gebräuche zum Jahreswechsel hinweist. In protestantischen Gegenden wurde der Martinstag auf Martin Luther (* 10. 11. 1483) umgedeutet.
Liturgie: GK G am 11. November. Eisenstadt, Mainz, Rottenburg: H (Patron der Diözesen); Hildesheim H/G: (Hauptpatron des Eichsfeldes); Einsiedeln H: (Hauptpatron des Kantons Schwyz)
Darstellung: als röm. Soldat zu Pferd, seinen Mantel mit dem Schwert für einen Bettler zu seinen Füßen teilend. Als Bischof mit Schwert, Krüppel neben ihm; eine Gans zu seiner Seite (Martinsgans) (man erzählt auch, der hl. Martin habe sich in einer Höhle versteckt, um der Bischofswürde zu entgehen, durch das Geschnatter einer Gans sei er aber entdeckt worden). Auch: die Messe lesend, Kranke heilend, Tote erwekkend. Das Traumgesicht, wie ihm Christus erscheint in dem Mantel, den er dem Bettler geschenkt hatte.
Patron: der Soldaten, Kavalleristen, Reiter, Hufschmiede, Waffenschmiede, der Pferde (weil er berittener Soldat war); der Weber, Schneider (wegen seines Mantels); der Abstinenzler (weil er vom Wein, den der Kaiser ihm reichte, nur nippte); der Gänse, Haustiere. Der Ausrufer, Bettler, Böttcher, Bürstenbinder, Gefangenen, Gerber, Gürtelmacher, Handschuhmacher, Hirten, Hoteliers, Hutmacher, Müller, Reisenden (wegen seiner Missionsreisen), Schaflederhändler, Tuchhändler
Lit.: J. Fontaine: SA 46 (1961) 189–236 – E. Griffe (Chronologie der Jugendzeit): BLE 62 (1961) 189–236 – J. Leclercq (Rom 1961) – W. Nigg/H. N. Loose (Freiburg/B. 1977) – Kult: F. J. Himly (Martinskult im Elsaß): AElsKG Neue Folge 7 (1956) 37–65 – J. van den Bosch (Utrecht-Nimwegen 1959)
Volkskunde: Bächtold-Stäubli V 1708–1715 – Atlas der dt. Volkskunde, hrsg. v. M. Zender, 3. Lieferung (Leipzig 1938) Karten 39–42; Neue Folge 1. Lieferung (Erläuterungsband) (Marburg 1959) 204f (Lit.) – G. Schreiber, Nationale u. internationale Volkskunde (Düsseldorf 1930) 61 – F. Merzbacher, Martinsrecht u. Martinsbrauch im Erzstift Mainz u. Hochstift Würzburg . . .: ZSavRGkan 71 (1954) 131–158 – Veit-Lenhart 166ff – Merker-Stammler II² 291f

Märt. von Ebsdorf ↗ Ebsdorfer Märt.

Märt. des Grazer Jesuitenkollegs
Die Diöz. Graz-Seckau begeht am 7. September das gemeinsame Gedächtnis (g) von 5 Heiligen u. Seligen, die Alumnen des Jesuitenkollegs in Graz waren u. die zw. 1615 u. 1620 an verschiedenen Orten den Tod erlitten: ↗ Johannes Ogilvie, Markus Stephan Crisinus, Stephan Pongracz u. Melchior Grodecz (s. Märtyrer in Kaschau, S. 917f), ↗ Johannes Sarkander.

Märt. in Jerusalem ↗ Nikolaus Tavelić u. Gef.

Märt. von Köln ↗ Ursula u. 11.000 Gef.

Märt. von Lorch ↗ Florianus u. Gef.

Märt. von Lyon u. Vienne ↗ Pothinus u. Gef.

Märt. von Marokko ↗ Otho u. Gef., ↗ Daniel von Belvedere u. Gef.

Märt. vom Nonstal ↗ Sisinnius, Martyrius u. Alexander

Die ersten **Märt. von Rom,** Hll.
Seit der Liturgiereform 1969 wird im Anschluß an das Hochfest Petrus u. Paulus (29. Juni) derjenigen Christen gedacht, die in der Verfolgung unter Kaiser Nero den Martertod erlitten. Ihre Namen sind uns nicht überliefert; gleichwohl stehen sie aber als Heilige vor uns, die ihre Liebe u. Treue zu Christus dem Herrn mit dem Tod besiegelten. Sie sind die Erstlingsopfer einer Verfolgung von fast 250 Jahren.
Der Grund dieser Verfolgung lag im rel. Anders-Sein der Christen gegenüber ihrer heidnischen Umgebung. Die Kaiser, die die Christen martern ließen, taten im Grund nichts anderes als das, was das heidnische Volk dachte u. wünschte. Die Christen lehnten es ab, ihren Gott neben andere staatlich anerkannte Gottheiten zu stellen u. in das Pantheon aufnehmen zu lassen. Da sie zudem für ihren Gott keinen Unterschiedsnamen gegen die heidnischen Götter hatten, also einen namenlosen Gott anbeteten, galten sie als Atheisten. Da sie die Vergottung des Staates u. des Kaisers nicht mitmachten, sah man sie als Attentäter gegen die ideelle Grundlage des Staates an. Weil sie die Gleichheit aller Menschen vor Gott predigten, brandmarkte man sie als die Saboteure der wirtschaftlichen Grundlage des Reiches: der Ausbeutung unterjochter Völker u. der Sklaverei. Da sie zum Kreuz beteten, diesem schändlichen Strafmal, das nur für Verbrecher, Sklaven u. Rebellen bestimmt war, mußten sie doch selbst eine verbrecherische Gesinnung hegen. Bestenfalls hielt man sie für verrückte Narren, eine Zielscheibe täglichen Hohngelächters. Das bekannte Spottkruzifix auf dem Palatin, das ein kaiserlicher Edelknabe seinem christlichen Kollegen an die Zimmerwand kritzelte, ist ein beredter Ausdruck dafür. Inmitten einer Zeit hemmungsloser Unsittlichkeit und Verrohung befolgten die Christen eine strenge Moral der Lebensführung, was der heidnischen Bevölkerung unbegreiflich war. Die Christen hielten ihre heiligsten Geheimnisse, bes. die Eucharistie, vor Außenstehenden geheim (Arkandisziplin). Als Folge davon kursierten in der Öffentlichkeit die abenteuerlichsten Gerüchte: sie gäben sich in ihren heimlichen Versammlungen Zaubereien u. wüsten Exzessen hin, ja sie schlachteten sogar Kinder, um sie zur Ehre ihres Gottes zu verzehren (Ritualmordbeschuldigung). Das war der emotionelle Boden, auf dem die von Nero eingeleitete Verfolgung von fast 250 Jahren gedeihen konnte.
Bei dem verheerenden Brand am 18./19. 7. 64, der einen Großteil der Stadt Rom vernichtete, kursierte unter der erregten Bevölkerung das Gerücht, der tyrannische, wahnsinnige Kaiser selbst habe ihn gelegt, um die Stadt schöner aufbauen u. vor allem um seinen Prachtpalast, die Domus aurea, errichten zu können. Nero verstand es, die Schuld auf die Christen abzuschieben, die beim Volk ohnehin in schlechtem Ruf standen. Eine große Anzahl von ihnen wurde verhaftet u. unter verschiedenen ausgesuchten Martern zur Belustigung des Volkes hingerichtet. Die einen wurden gekreuzigt, andere in Häute wilder Tiere eingenäht u. dann von hungrigen Bestien zerrissen, wieder andere dienten als lebende Fackeln zur Beleuchtung der Lustbarkeiten in den kaiserlichen Gärten. – Diese 1. Verfolgung war nur auf Rom beschränkt, bildete aber einen Präzedenzfall für alle späteren. Sehr wahrscheinlich waren auch ↗ Petrus u. ↗ Paulus unter diesen Opfern.
Liturgie: GK g am 30. Juni
Lit.: A. Eberhard, Die Kirche der Märt. (München 1932) – J. Vogt: RAC II 1159–1206 – H. Last: ebd. 1208–1228 – C. Becker, Tertullians Apologeticum (Mainz 1954) 356–364 – J. Moreau, Die Christenverfolgung im Röm. Reich (Berlin 1961)

Märt. von Sebaste ↗ Vierzig Märt. von Sebaste

Märt. der Thebäischen Legion ↗ Mauritius u. Gef.

Märt. von Trier ↗ Palmatius u. Gef.

Märt. von Utica ↗ Massa Candida

Märtyrer, s. Märtyrergruppen der Neuzeit (S. 873ff)

Mary (engl.) ↗ Maria

Massa Candida
Name: lat., eine weiße formbare (teigähnliche) Masse, gebrannter (bzw. gelöschter) Kalk
Dies ist die Bezeichnung für eine Gruppe hll. Märt. in Utica bei Karthago, die vermutlich in der Verfolgung des Kaisers Valerian (253–260) den Martertod fanden. Ihr Bisch. ↗ Quadratus wurde einige Tage nach ihnen (21. Aug.) getötet. Nach dem altchristlichen Dichter Prudentius († nach 405 in Spanien) waren es 300 Christen, die den Götzen nicht opfern wollten u. deshalb in eine Grube mit gebranntem Kalk gestürzt wurden. Das Kalendarium von Karthago u. a. nennt als Tag ihres Martyriums den 18. August, das Martyrologium Romanum u. a. offenbar irrtümlich den 24. August. In Utica gab es eine „Basilica Massae Candidae", in der ↗ Augustinus predigte.
Gedächtnis: 18. August (Mart. Rom.: 24. August)
Lit.: Quentin 268ff 437 456 483 – P. Franchi de' Cavalieri, Nuove note agiografiche: SteT 9 (1902) 38–51 – G. Morin: RPAA 3 (1925) 289–312 – DACL X 2649–2653 – C. Lambot (Predigten des Augustinus): AnBoll 67 (1949) 255f 258 261

Maternus, Bisch. **von Köln,** Hl.
Name: zu lat. mater (Mutter): der Mütterliche
Er wird in den dortigen Bischofslisten als 1. Bisch. genannt. Er war auf den Synoden zu Rom (313) u. Arles (314). Seine Berufung durch den Kaiser, die Unterzeichnung der röm. Synode u. die reiche Legendenbildung um ihn lassen schließen, daß er ein hohes Ansehen genoß. † 14. 9. nach 314.
Die Trierer Eucharius-Legende des 9. Jh.s macht ihn zum Sohn der Witwe von Naim, den Jesus vom Tod erweckte (Lk 7,12ff). Er sei mit ↗ Eucharius u. ↗ Valerius einer der 72 Jünger gewesen (Lk 10,1–20) u. sei mit diesen beiden vom hl. Petrus in die Gegend am Rhein gesandt worden. Die Legende will auch von einer wunderbaren Totenerweckung an Maternus mit Hilfe des Bischofsstabes des hl. Petrus wissen. Noch heute zeigt man in Köln den angeblichen Stab des hl. Petrus, in Trier die Hülle des Stabes. Dies sei – so die Legende – der Grund, weshalb der Papst keinen Bischofsstab führe. Maternus soll nacheinander 1. Bisch. von Trier, Köln u. Tongern gewesen sein. Wahrscheinlich hängt diese Legende mit alten Primatsansprüchen Triers über Köln u. Tongern zusammen. Immerhin fällt auf, daß Köln sein Grab nicht besaß, daß hingegen seine Reliquien um 760 in Trier bezeugt sind. Es ist dunkel, ob verschiedene Personen gleichen Namens in Trier, Köln u. Tongern anzunehmen sind, die die Legende miteinander vermengte, oder ob Maternus nicht in Köln, sondern in Trier gestorben u. aufgrund seiner Verehrung in die dortigen Bischofslisten eingegangen ist, oder schließlich, ob nur Reliquien von ihm in Trier verehrt wurden, die seine Aufnahme in die Trierer Bischofslisten bewirkt haben. Maternus wird in der Trierer Tradition erst später genannt, in Köln erst seit dem 12. Jh. Es ist möglich, daß er von Köln aus das Bistum Tongern als Metropole der Germania II gründete.
Liturgie: Köln (F), Aachen, Essen, Trier (g) am 11. September, Limburg g (mit Eucharius u. Valerius); sonst 14. September
Darstellung: mit 3 Infeln oder mit dreitürmiger Kirche (wegen der angeblichen Bischofssitze in Trier, Köln u. Tongern)
Patron: für das Gedeihen des Weines
Lit.: W. Levison, Die Anfänge rheinischer Bistümer in der Legende: AHVNrh 116 (1930) 25f – W. Neuß, Die Anfänge des Christentums im Rheinlande (Bonn 1933[2]) 10–14 – Die Regesten der Erzb. von Köln im Mittelalter I/1, hrsg. v. F. W. Oediger (Bonn 1954) 1–10 – J. Torsy, Studien zur Frühgeschichte der Kölner Kirche: Kölner Domblatt 8–9 (Köln 1954) 12ff – H. Baillien, St. Maternus in Tongern: Kölner Domblatt 16–17 (1959) 189f

Maternus, Bisch. **von Mailand,** Hl.
Er wurde nach 314 (wahrscheinlich 316) 7. Bisch. von Mailand. Er fand die Gebeine der hll. ↗ Nabor u. Felix u. übertrug sie in eine ihnen zu Ehren erbaute Kirche. † um 328.
Gedächtnis: 18. Juli

Mathilde, Dt. **Königin,** Hl. (Mechthild)
Name: ahd. maht, macht (Macht, Kraft) + hilta, hiltja (Kampf): machtvolle Kämpferin (Kf. Thilde, Tilde)
* um 895 in Engern (Sachsen). Sie war die Tochter des sächsischen Grafen Dietrich, eines Urenkels Herzog ↗ Widukinds, u. der Reinhild, einer dänisch-friesischen Adeligen. Sie wurde im Damenstift Her-

ford in Altsachsen, wo ihre Großmutter Mathilde Äbtissin war, erzogen. 909 vermählte sie sich mit Herzog Heinrich (dem späteren König Heinrich I.) u. schenkte ihm 5 Kinder: Otto (der spätere Otto I. d. G.), Gerberga, Hadwig, Heinrich u. Bruno (der spätere Erzb. ↗ Bruno I. von Köln). In der Frage der Thronfolge nach dem Tod ihres Gatten (936) war sie anfangs sehr schwankend. Zuerst begünstigte sie ihren Sohn Heinrich, 938 gegen ihren Sohn Otto Herzog Giselbert von Lothringen, der 928 ihre Tochter Gerberga geheiratet hatte, von 947 an aber stets Otto. Sie war durch Anmut, Klugheit u. Wohltätigkeit ausgezeichnet. Sie stiftete die Klöster St. Servatius u. St. Wicbert in Quedlinburg, ferner die Klöster in Pöhlde, Enger u. Nordhausen (alle im Harzgebiet gelegen). † am 14. 3. 968 in Quedlinburg. Sie ist im dortigen Dom begraben.

Liturgie: RK g am 14. März

Darstellung: als Königin mit Geißel, Kirchenmodell, Almosen austeilend

Lit.: M. Kirchner, Die dt. Kaiserinnen (Berlin 1910) 6–10 – M. Lintzel: Westfälische Lebensbilder V (Münster 1937) 161–175 – L. Esau (Leipzig 1936) – C. Erdmann: DA 4 (1940) 76–97 – K. Hauck, Geblütsheiligkeit: Liber Floridus (Festschr. P. Lehmann) (St. Ottilien 1950) 190f – M. Lintzel: AKG 38 (1956) 152–166 – Ders., Ausgew. Schriften II (Berlin 1961) 276–290 407–418

Mathilde ↗ Mechtild

Matthäus OFM, Bisch. **von Agrigento,** Sel.

Name: griech., NT Mathaíos, aus hebr. mattaj, einer Kf. von mattenaj (Esra 10,33) bzw. mattanja (1 Chr 9,15): Geschenk Gottes. Vulg. Matthaeus, Luther Mattheus, Locc. Mattäus

Er war ein sehr erfolgreicher u. eifriger Franziskanerprediger in Italien u. Katalonien (Spanien) u. förderte die Namen-Jesu-Verehrung. Er leitete die Reform des Ordens in Sizilien u. gründete hier u. in Spanien mehrere Konvente. 1442 wurde er Bisch. von Agrigento (Sizilien), resignierte aber 1445. † vor dem 19. 11. 1450. Sein Kult wurde 1767 bestätigt.

Gedächtnis: 21. Oktober

Lit.: DE II 896f – A. Amore: AFrH 49 (1956) 255–335, 52 (1959) 12–42

Matthäus, Apostel u. Evangelist, Hl.

Er wird in allen Apostellisten des NT genannt (Mt 10,3; Mk 3,18; Lk 6,12; Apg 1,13). In Mt 10,3 heißt er „Matthäus der Zöllner (Steuereinnehmer)". Bei Mk 2,14 hingegen wird er „Levi, der (Sohn) des Alphäus" genannt, den Jesus von seiner Zollstätte weg berief u. der anschließend ein Gastmahl veranstaltete, zu dem auch „viele Zöllner u. Sünder" kamen (vgl. die Parallelstelle Mt 9,9ff). Er trug also den Doppelnamen Mattaj-Levi, was für die damalige Zeit ungewöhnlich, aber nicht ausgeschlossen ist. Sonst wird im ganzen NT nichts über ihn berichtet, sodaß sein weiteres Lebensschicksal ungewiß bleibt. Ebenso spärlich sind die Nachrichten aus der späteren Tradition, z. T. sogar offenkundig einander widersprechend: Er habe im 12. Jahr nach der Himmelfahrt des Herrn (um 42) Palästina verlassen u. fortan als Glaubensbote in anderen Ländern gewirkt (Klemens von Alexandria, † vor 217). Rufinus († um 410) u. Sokrates († um 450) nennen Äthiopien u. Parthien (im Nordosten des heutigen Iran), Ambrosius († 397) Persien als Wirkungsstätte. Klemens von Alexandria teilt die Behauptung des Gnostikers Herakleon (Mitte des 2. Jh.s) mit, Matthäus habe als Vegetarier gelebt u. sei, wie auch andere Apostel, nicht als Märt. gestorben. Andere apokryphe Matthäusakten dagegen sagen, er habe den Tod durch Verbrennen oder Steinigung erlitten. In der griech. wie lat. Kirche wird er seit jeher als Märt. verehrt. Öfters wird er auch mit dem Apostel ↗ Matthias verwechselt. Seine Gebeine sollen zuerst nach Paestum (griech. Poseidonia, an der Westküste Lukaniens, Unteritalien), im 10. Jh. von hier nach Salerno gebracht worden sein, wo sie Ziel großer Pilgerzüge waren. Schon die älteste Überlieferung nennt ihn den Verfasser des 1. Evangeliums. So bezeugt Papias von Hierapolis um 130: „Matthäus hat in hebräischer Sprache die Logia (Jesu Reden, Aussprüche) zusammengeordnet, übersetzt hat sie ein jeder, so gut er konnte." Auf Grund seiner literarischen Eigenart ist aber gerade dieses Evangelium bezüglich der Verfasserfrage noch heute ein vieldiskutiertes Problem. Die Forscher sind sich heute einig, daß dieses Evangelium so, wie es heute vorliegt, nicht

vom Apostel Matthäus selber stammen kann. Man nimmt an, daß der Apostel als Augen- u. Ohrenzeuge die Worte u. Reden Jesu als Spruchsammlung in hebr. (aramäischer) Sprache zusammengestellt hat, daß aber ein späterer Seelsorger (wohl um 80/90) daraus, nach Vorlage des Markusevangeliums u. anderer überlieferter Erzählstücke das heutige 1. Evangelium in griech. Sprache verfaßte.
Volkskunde: Mit dem 21. September verbanden sich schon früh Gebräuche aus germ. Zeit. Dieser Tag galt im Norden Europas lange Zeit als Winteranfang (wegen der dort einsetzenden Herbststürme). Noch heute wird er mancherorts, so in den Niederlanden, in Flandern u. Brabant, „Wintertag" genannt. In bäuerlichen Kreisen ist der Matthäustag Lostag für die Witterung. Die in der Matthäusnacht Geborenen sollen geistersichtig werden. In der Gegend von Hannover suchten am Vorabend von Matthäus die Mädchen ihre künftige Heirat zu erforschen, indem sie Papierschnitzel, Kränzchen oder Weizenkörner auf dem Wasser schwimmen ließen.
Seit etwa 1600 gibt es Redensarten wie „Mit ihm ist Matthäi am letzten" (er wird bald sterben) oder „Bei ihm ist Matthäi am letzten" (er ist pleite, sein Geld ist alle). Sie beziehen sich auf das letzte Wort des Matthäusevangeliums „bis ans Ende der Welt" bzw. auch darauf, daß Matthäus ein Zolleinnehmer war. In dieser Bedeutung gebraucht sie erstmals Friedrich Seidel in „Türkischer Gefängnuß" (1626), ebenso später Abraham a Santa Clara († 1709). Zur Volkstümlichkeit der Redensart trug auch die Ballade von Gottfried August Bürger „Die Weiber von Weinsberg" (1777) bei, wo es heißt:
Doch wann's Matthä' am letzten ist
Trotz Raten, Tun und Beten,
So rettet oft noch Weiberlist
Aus Ängsten u. aus Nöten.
Aus „Matthäus" (wie auch „Matthias") wurde „Mattes" u. daraus der heutige Gattungsname „Matz" (ein ungelehriger Bursche, der nichts Gescheites fertigbringt). Das Wort ist auch in Zusammensetzungen wie „Hosenmatz", „Hemdenmatz", „Dreckmatz" bekannt. Seit dem 17. Jh. ist die Redensart geläufig: „Da will ich Matz heißen! (ich will mich einen Dummkopf schelten lassen, wenn es nicht stimmt, was ich sage!)". Im süddeutschen Raum heißt es statt dessen: „Da will ich Veit heißen!" (↗ Vitus). „Mätzchen machen" bedeutet: unsinnige, überflüssige Dinge treiben, sich sträuben u. dabei fadenscheinige Ausflüchte gebrauchen, also sich wie ein kleiner Matz, nämlich dumm, einfältig, possenhaft benehmen. Hier liegt eine ähnliche Wertminderung in der Bedeutung vor wie etwa bei ↗ Michael. ↗ Evangelisten.
Liturgie: GK F am 21. September
Darstellung: mit einem Menschen oder Engel als Evangelistensymbol. Mit Buch, Schwert oder Hellebarde (oder Lanze). Mit Beutel oder rundem Zahlbrett (Zöllner)
Patron der Finanz-, Steuer- und Zollbeamten, Wechsler, Buchhalter (seit 1955)
Lit.: J. Huby (Paris 1921) – W. Hay, Volkstümliche Heiligentage (Trier 1932) 218–221 – Bächtold-Stäubli V 1867 (Lit.) – G. Schreiber, Apostel u. Evangelisten als Bergwerksinhaber: Rhein. Jahrb. für Volkskunde 3 (Bonn 1952) 145–168 – E. Goodspeed (Philadelphia 1959) – W. Nigg, Botschafter des Glaubens, Der Evangelisten Leben u. Werk (Olten 1977[4]) 85–122 – Kommentare zum Matthäusevangelium: LThK 7, 179 (Lit.)

Matthäus von Polen ↗ Benedikt, Johannes u. Gef.

Matthew (engl.) ↗ Matthias

Matthias, Apostel, Hl.
Name: Kurzf. zu Matathias (vgl. 1 Mak 2), hebr. mattitjahu: Geschenk Jahwes (griech., Vulg., Luther: Matthias; Locc.: Mattias) (Kf. Mathes, Mattheis, Hias)
Er wurde durch das Los bestimmt, die Stelle des Judas Iskarioth als Apostel einzunehmen (Apg 1,15–26) (↗ Apostel). Sein Gegenkandidat war Joseph Barsabbas mit dem Beinamen Justus (der Gerechte). Aus seinem Leben ist nur wenig bekannt. Nach der Überlieferung predigte er zuerst in Judäa, dann in Äthiopien mit großem Erfolg u. wurde um 63 von Heiden halbtot gesteinigt u. schließlich mit dem Beil erschlagen. Nach den apokryphen Acta Andreae soll er durch den Apostel ↗ Andreas aus der Gewalt der „Menschenfresser" (Skythen?) wunderbar befreit worden sein. Seine Gebeine wurden im Auftrag der Kaiserin ↗ Helena durch Bisch. ↗ Agritius nach Trier gebracht, wo sie in der Basilika der OSB-

Abtei St. Matthias bis heute verehrt werden. Diese Kirche birgt das einzige Apostelgrab auf dt. Boden.
Seine Verehrung ist schon seit alter Zeit sehr lebendig. Er ist der Schutzheilige des Trierer Landes. In Goslar prägte man aus Harzsilber eine Matthiasmünze (Matthiarius). Der Matthiastag (24. Februar) als Vorbote des nahen Frühlings gilt noch heute in alten Bauernsprüchen als Lostag für die Witterung („Sankt Mattheis bricht 's Eis; hat er keins, dann macht er eins"). In der Matthiasnacht übte man allerlei Orakelbräuche (Todes- u. Liebesorakel, Graben nach Schätzen), in Böhmen schüttelte man die Obstbäume, um die kommende Ernte günstig zu beeinflussen.
Liturgie: RK F am 24. Februar (GK seit 1969: 14. Mai), Trier H (Patron des Bistums)
Darstellung: mit Buch, Beil, Hellebarde, Steinen oder Schwert
Patron: des Bistums Trier; der Bauhandwerker, Bautischler, Metzger, Schmiede, Schneider, Tischler, Zimmerleute, Zuckerbäcker
Lit.: Kommentare zur Apg – W. Mundle, Das Apostelbild der Apg: ZNW (1928) 1–10 – P. Gaechter, Die Wahl des Matthias: ZKTh 71 (1949) 318–346 – Lambertus de Legia, De Vita . . . sancti Matthiae Ap., hrsg. v. R. M. Kloos (Trier 1958) (Lit.) – E. Ewig, Kaiserliche u. apostol. Tradition im mittelalterlichen Trier: Aus der Schatzkammer des antiken Trier (Trier 1959²) 110–146 Volkskunde: W. Hay, Volkstümliche Heiligentage (Trier 1932) 50–57 – Bächtold-Stäubli V 1867–1872 – G. Schreiber, Apostel u. Evangelisten als Bergwerksinhaber: Rheinisches Jahrb. für Volkskunde 3 (Bonn 1952) 145–168 – Lambertus de Legia s. o. – R. Laufner, Matthias-Verehrung im Mittelalter: TThZ 70 (1961) 355–360

Matthieu (franz.) ↗ Matthias

Mattias ↗ Maria de Mattias

Maunoir ↗ Julianus Maunoir

Maura, Jungfrau **zu Troyes,** Hl.
Name: weibl. F. zu ↗ Maurus
Sie stammte aus einer Adelsfamilie u. war die Schwester des Propstes Eutropius von Troyes. Sie wurde von Leo, dem Abt des Klosters der hll. Gervasius u. Protasius, getauft u. erzogen u. führte ein Leben des Gebetes u. der Buße. Sie verfertigte liturgische Gewänder u. war durch Wunder u. Visionen ausgezeichnet. † um 850.
Gedächtnis: 21. September
Patronin: der Ammen, Kindermädchen, Wäscherinnen
Lit.: ActaSS Sept. VI (1867) 271–278 (Lobrede des Prudentius von Troyes) – BHL 5725 – Baudot-Chaussin IX 437f – Réau III/2 934

Maurice (franz.) ↗ Mauritius

Maurilius, Bisch. **von Angers,** Hl.
Name: lat.: der kleine Maure (↗ Maurus)
* um 364 in Mailand aus adeliger Familie. Er erhielt seine Ausbildung beim hl. ↗ Ambrosius. Als junger Mann zog er nach Gallien u. schloß sich dem hl. ↗ Martin von Tours an, der ihn zum Priester weihte. Hierauf war er fast 40 Jahre als Priester, Mönch u. Missionar in Chalonnes (südwestl. von Angers, Westfrankreich) tätig. Er wurde anschließend zum 4. Bisch. von Angers ernannt (wahrscheinlich durch ↗ Brictius von Tours geweiht). Als solcher war er bes. in der Bekehrung der Heiden tätig u. erbaute viele Kirchen. Es werden ihm zahlreiche Wunder zugeschrieben. † am 13. 9. 453. Er wurde in der Krypta der Kirche Notre-Dame zu Angers bestattet (die Kirche wurde später nach ihm benannt). Bei der Zerstörung der Kirche in der Franz. Revolution (1791) wurden die Reliquien z. T. in die dortige Kathedrale gerettet.
Gedächtnis: 13. September
Darstellung: als Bischof. Mit Spaten, Fisch mit einem Kirchenschlüssel im Maul (er verlor bei einer Seefahrt den Schlüssel, ein Fisch brachte ihn wieder). Taube auf seinem Haupt
Patron: der Fischer u. Gärtner; gegen Überschwemmung u. Wassergefahr
Lit.: MG Auct. ant. IV/2 82–101 (Vita von Magnobod), XXIXff – BHL 5730–5733 – J. Levron, Les saints du paysangevin (Grenoble–Paris) 53–64 – Baudot-Chaussin IX 277–280 – Réau III 939f

Maurinus von Köln, Hl.
Name: zu lat. ↗ Maurus (der Maure)
Beim Neubau der Kirche St. Pantaleon in Köln fand man am 13. 10. 966 seine Gebeine in einem Sakophag. Die Inschrift auf dem Deckel nannte ihn Abt u. Märtyrer, der an einem 10. Juni in der Vorhalle einer Kirche in Köln den Tod gefunden habe. Diese Angaben sind jedoch mit großer Vor-

sicht aufzunehmen, sodaß man über seine Person u. sein Leben nichts aussagen kann. Seit 1180 ruhen seine Gebeine in einem kostbaren Schrein in St. Pantaleon.
Gedächtnis: 10. Juni
Lit.: Kunstdenkmäler der Stadt Köln, hrsg. v. P. Clemen, II/1 (Düsseldorf 1911) 328–333 (Lit.) – F. Mühlberg: Kölner Domblatt 18–19 (Köln 1960) 43 45 51 (Lit.)

Mauritius u. Gef., Märt. **der Thebäischen Legion,** Hll.
Name: zu lat. ↗ Maurus, der Maure (Moritz, franz. Maurice)
Der älteste Bericht über diese Märt. stammt von Bisch. ↗ Eucherius von Lyon († 449) Danach war Mauritius ein Primicerius (Stabsoffizier? Hauptmann?) in der sog. Thebäischen Legion u. erlitt 302 mit seinen Gefährten **Exsuperius, Candidus, Victor, Innocentius** u. **Vitalis** sowie einer großen Zahl anderer christlicher Soldaten bei Agaunum (heute St-Maurice, westl. Wallis, Schweiz) das Martyrium. Die Soldaten dieser Truppe sollen alle Christen aus der Thebais (Oberägypten) gewesen sein, wo sich das Christentum schon frühzeitig ausgebreitet hatte. Nach Eucherius sollte die Legion auf Befehl des Kaisers Maximianus Herculeus gezwungen werden, gegen Glaubensgenossen vorzugehen. Die christlichen Soldaten verweigerten die Ausführung des Befehles. Um sie zum Gehorsam zu zwingen, ließ Maximian jeden 10. niederhauen. Als dies nichts fruchtete, ließ er die Dezimierung wiederholen u. schließlich die ganze Legion töten.
Das Martyrium der Thebäischen Legion galt lange Zeit als legendär. Für die Richtigkeit des Eucheriusberichtes spricht jedoch die sehr frühe u. weit verbreitete Verehrung dieser Märt. (s. u.). Außerdem fügt er sich zwanglos in die zeitgeschichtliche Situation: Diokletian (285–305, † 316) führte im ganzen Reich energische Reformmaßnahmen durch. Wegen der militärischen Aufgaben ernannte er 286 Maximianus Herculeus zum Mitkaiser u. übertrug ihm den ganzen Westen des Reiches, während er selbst in Nikomedien residierte u. damit den Osten beherrschte. 293 ernannte er zusätzlich 2 Unterkaiser, Galerius für den Osten u. Constantius Chlorus für den Westen. In dieser Tetrarchie behielt sich Diokletian den Oberbefehl vor. Constantius Chlorus, der Gatte der hl. ↗ Helene u. Vater ↗ Konstantins d. G., erhielt Gallien u. Britannien als Herrschaftsbereich zugewiesen. Anfangs war Diokletian der christlichen Religion gegenüber auffallend tolerant. Seine Frau Prisca u. seine Tochter Valeria standen dem Christentum nahe, selbst unter den höheren Beamten u. am kaiserlichen Hof gab es Christen. Die Maßnahmen gegen die Christen begannen 295 nach der Absicherung der Reichsgrenzen u. waren ein Teil seines Reformprogramms: Durch die Restauration der alten Jupiterreligion sollte das Reich auch nach innen gefestigt werden. Die eigentliche Verfolgung, die schwerste von allen, begann 302 mit einer großangelegten Säuberung des Heeres. Mauritius mit seinen Gefährten wurde somit Opfer dieser Säuberungsaktion. Während im ganzen übrigen Reich die christenfeindlichen Befehle Diokletians mit mehr oder weniger lückenloser Härte ausgeführt wurden, übte Constantius Chlorus den Christen seines Einflußbereiches gegenüber, also auch in Agaunum, große Toleranz, vor allem hatten die christlichen Soldaten unter ihm nichts zu leiden. Es fällt nun auf, daß in der Passio der Thebäischen Legion Constantius Chlorus nirgends genannt wird, daß es vielmehr Maximian gewesen sei, der das Blutbad von Agaunum veranlaßt habe. Constantius Chlorus war nachweislich jahrelang von Gallien abwesend, da er viel bei den Franken u. Alemannen u. in Britannien beschäftigt war. Maximian hingegen stand in seinem Haß gegen die Christen seinem Vorgesetzten Diokletian in nichts nach. Er war es, der hinter dem Rücken des für dieses Gebiet unmittelbar zuständigen Constantius Chlorus die Thebäische Legion ausrottete.
Bis heute ungelöst ist die Frage, wieso es eine „thebäische" Legion gewesen sein konnte. Zu Beginn der Regierung Diokletians (285) gab es zwar in Alexandria (Unterägypten) 1 Legion, die aber nie „thebäisch" genannt wurde. 296 stellte Diokletian tatsächlich 2 „thebäische Legionen" zur Verteidigung Oberägyptens auf, doch erscheint es höchst unwahrscheinlich, daß eine von ihnen vor Ende der Verfolgung (305) nach dem Westen abgezogen werden konnte.

Nach dem Bericht des Eucherius wurden die Gebeine der Märt. von Agaunum um 380 aufgefunden. Bisch. ↗ Theodor von Octodurum (Martinach) erbaute darüber eine erste Kirche, die bald zu einem berühmten Wallfahrtsort wurde u. aus der sich das spätere Chorherrenstift St-Maurice entwickelte. Ausgrabungen bestätigten die Existenz einer Kapelle aus dem 4. Jh., die mit der Beschreibung des Eucherius übereinstimmt. Agaunum, der Schauplatz des Martyriums, war ein fester Etappenort an der Straße über den Großen St. Bernhard, wodurch die Ausbreitung des Kultes nördlich u. südl. der Alpen, bes. in den Rheinlanden u. in Oberitalien, sehr begünstigt wurde. Mehrere Städte rühmen sich, Ort des Martyriums einzelner Thebäer zu sein: In *Solothurn* (Schweiz) werden ↗ Ursus u. Victor als Soldaten-Märtyrer der Thebäischen Legion verehrt. Eucherius berichtet, diese seien mit einer Anzahl Gefährten dem Blutbad von Agaunum entkommen, in Salodurum (Solothurn) durch die Häscher Maximians aufgespürt u. unter dem Präfekten Hirtacius gemartert u. enthauptet worden.

In *Zürich* werden die Geschwister ↗ Felix u. Regula verehrt. Sie dürften nicht der Thebäischen Legion angehört haben, scheinen aber auf Veranlassung des Mauritius in die innere Schweiz gegangen zu sein, um dort das Evangelium zu verkünden. So kamen sie in die Einöde von Clarona (Glarus) u. an den Zürcher See, wo sie durch Soldaten Maximians aufgespürt u. nach vielen Martern hingerichtet wurden. Über ihrem Grab erhebt sich das heutige Großmünster.

In *Zurzach* (Schweiz) wird die fromme Jungfrau ↗ Verena verehrt, die eine Verwandte des Mauritius gewesen sein soll. Als sie in Mailand vom Ende der Thebäischen Legion hörte, sei sie über die Alpen herbeigeeilt u. habe in einer Höhle bei Solothurn gelebt, wo man sie entdeckte u. gefangen nahm. Sie sei später wieder freigelassen worden u. starb in Zurzach.

Nach *Trier* soll eine Abteilung der Thebäischen Legion unter ↗ Thyrsus gekommen u. unter dem Präfekten Rictiovarus am 4. 10. 302 erschlagen worden sein. Am 5. 10. wurden zahlreiche hochgestellte Christen der Stadt ermordet. Unter diesen wird vor allem ↗ Palmatius genannt. Am 6. 10. wurde eine zahllose Menge hingeschlachtet, sodaß ihr Blut durch die Gassen geflossen sei u. die Mosel gerötet habe.

In *Köln* werden ↗ Gereon mit seinen 318 Gefährten verehrt, in *Xanten* ↗ Viktor mit 330 Gefährten.

In *Turin* feiert man die hll. Märtyrer Adventor, Solutor, Octavius, Constantius, Sebastianus, Magius. Sie starben in den Cottischen Alpen (franz.-ital. Grenzkamm südwestl. von Turin). Ferner nennt man die hll. Eventius, Constantius, Gingulf, Juvenalis, Lucianus, Stephanus, Macarius, Marchio, Martinianus, Julianus, Besutius, Menas, Mombus (Mombotus) u. a.

In *anderen Städten Oberitaliens* verehrt man Abundinus, Longinus, Asterius, Cäsarius, Maurus, Demetrius, Albanus, Jovius (Jovianus), Gilius (Lilius), Alexander, Tiburtinus, Maximus u. a.

Der Kult all dieser Märt. reicht weit zurück, ihre Zugehörigkeit zur Thebäischen Legion wird aber zumeist in wesentlich späterer Zeit behauptet. Man darf daher annehmen, daß sie gleichzeitig mit Mauritius in Agaunum an verschiedenen Orten des Röm. Reiches der großen Säuberung des Heeres im Jahr 302 zum Opfer fielen. Wegen der Berühmtheit des hl. Mauritius u. seiner Gefährten zählte die spätere Legende auch die übrigen Soldaten-Märt. der Thebäischen Legion bei.

Liturgie: RK g 22. September. Einsiedeln (Titel der Kirche), Sitten (Patrone des Wallis): H; Chur: G

Darstellung: Mauritius als Ritter (zu Fuß oder zu Pferd) in Rüstung, mit einer Fahne (darauf 7 Sterne). Als gewappneter Mohr (wegen seines Namens bzw. seiner ägyptischen Herkunft)

Patron: der Färber, Glasmaler, Hutmacher, Kaufleute, Messerschmiede, Soldaten, Tuchweber, Waffenschmiede, Wäscher; der Weinstöcke, der Pferde

Lit.: MGSS rer. Mer III 20–41 (Passio v. Eucherius v. L.) – BHL 5737–5764 – DACL X 2699–2729 – Baudot-Chaussin IX 451–458 – M. Besson, Monasterium Acaunense (Fribourg 1913) – G. Kentenich, Der Kult der Thebäer am Niederrhein: Rhein. Vierteljahresblatt 1 (Bonn 1931) 339–350 – R. Hindringer, Weiheroß u. Roßweihe (München 1932) 137 – L. Blondel, Les basiliques d'Agaune: Vallesia 3 (Sitten 1948) 9–57 – D. van Berchem, Le martyre de la Légion Thébaine (Basel

1956) – L. Dupraz, Les passions de S. Maurice d'Agaune (Fribourg 1961)

Maurus OSB, Bisch. **von Fünfkirchen,** Hl.
Name: lat., der Maure (vgl. „Mohr")
Er wurde schon in früher Jugend Benediktinermönch im Kloster Martinsberg (Györszentmárton, südöstl. von Raab, Ungarn) u. um 1030 Abt. Um 1036 wurde er zum Bisch. von Fünfkirchen (Pécs, Südwestungarn) ernannt. Er erbaute die 1. Domkirche u. verfaßte die Vita der hll. ↗ Zoerardus u. Benedikt. Er war mit ↗ Emmerich u. König ↗ Stephan von Ungarn befreundet, die ihn wegen seiner Heiligkeit sehr schätzten. † um 1070. Kult bestätigt 1848 für die Diözese Pécs, 1892 für Martinsberg.
Gedächtnis: 4. Dezember
Lit.: Pannonhalmi I 112–115 411–417 – D. Vargha (Pécs 1936) – Zimmermann III 389–391

Maurus, Märt. **in Rom,** Hl.
Er erlitt wahrscheinlich im 3. Jh. das Martyrium u. wurde in der Katakombe des Thraso an der Via Salaria bestattet. Papst ↗ Damasus I. verfaßte für sein Grab ein Epigramm, worin er Maurus als Knaben bezeichnet, sonst aber keine Angaben über die Zeit oder andere Einzelheiten seines Todes macht. Nach der (wohl aus dem 7. Jh. stammenden) legendarischen „Passio SS. Chrysanthi et Dariae" war er der Bruder des ↗ Jason u. Sohn des Militärtribunen ↗ Claudius u. seiner Frau Hilaria. Die Familie wurde von ↗ Chrysanthus u. Daria bekehrt u. erlitt unter Kaiser Numerian (283–284) das Martyrium. Claudius wurde im Tiber ertränkt, die beiden Söhne Maurus u. Jason wurden mit 70 Soldaten enthauptet. Die Mutter Hilaria hatte gerade ihre beiden Söhne bestattet u. kniete betend vor ihrem Grab, als auch sie ergriffen u. getötet wurde. Papst Paschalis I. (817–824) übertrug die Gebeine von Maurus, Jason zus. mit denen vieler anderer Märt. in die Kirche S. Prassede zu Rom.
Gedächtnis: 3. Dezember
Lit.: ActaSS Oct. XI (1864) 469–484 487 – BHL 1787f – DACL III 1560–1568 – Baudot-Chaussin XII 87f 308f

Maurus von Subiaco OSB, Hl.
Er war der Sohn des röm. Senators Equitius. Schon in seiner Jugend wurde er dem hl. ↗ Benedikt von Nursia zur Erziehung übergeben u. war bald dessen Lieblingsschüler u. bevorzugter Gehilfe. Wahrscheinlich wurde er auch Benedikts Nachfolger als Abt von Subiaco (in den Sabinerbergen, östl. von Rom). ↗ Gregor d. G. rühmt seine Frömmigkeit u. bes. seinen Gehorsam gegenüber Benedikt. † im 6. Jh. Im 9. Jh. tauchte die Legende auf, Maurus sei von Benedikt nach Frankreich gesandt worden u. habe dort das Kloster Glanfeuil (heute St-Maur-sur-Loire, südl. von Tours) gegründet. Die Legende beruht auf einer Fälschung des Abtes Odo von Glanfeuil, die er als „Vita s. Mauri" unter dem Namen des Faustus von Montecassino verfaßte. Odo identifizierte die Gebeine eines Mönches Maurus, die sein Vorgänger erhoben hatte, mit denen des Schülers Benedikts. Diese Gebeine wurden 868 nach Fosses, 1750 nach St-Germain-des-Prés übertragen u. wurden 1793 vernichtet.
Gedächtnis: 15. Jänner
Darstellung: als Mönch bzw. Abt, manchmal neben ihm der Teufel
Patron: der Köhler, Kupferschmiede, Lastträger; gegen Krankheiten aller Art (da er selbst viele Kranke geheilt haben soll). Noch heute wird mancherorts der Maurus-Segen an Kranke gespendet (ein Krankensegen mit einer Kreuzpartikel unter Anrufung des Heiligen)
Lit.: DACL VI 1283–1319 (Lit.) – Künstle II 449f – Zimmermann I 85–89

Max, Kf. zu ↗ Maximilian

Maxentia, Witwe, Hl.
Sie war die Mutter des Bisch. ↗ Vigilius von Trient. Sie kam um 381 mit ihren beiden Söhnen Vigilius u. Martyrius in die Gegend von Trient. Ihr Mann Theodosius scheint zu diesem Zeitpunkt bereits gestorben zu sein. Nach dem Martertod des Vigilius um 405 lebte sie in großer Zurückgezogenheit im Dorf Majana in der Nähe des Toblinosees. Bisch. Altmann von Trient übertrug um 1130 ihre Reliquien in die Krypta des restaurierten Domes von Trient.
Gedächtnis: 30. April

Maximianus, Erzb. **von Ravenna,** Hl.
Name: Weiterbildung zu lat. Maximus: der Größte, der ganz Große
Er stammte aus Pola (heute Pula, Südspitze von Istrien). Er wurde Diakon u. kam nach Konstantinopel, wo er die Gunst Kaiser Justinianos' I. gewann. Dieser bestimmte ihn 546 zum Bischof im byzantinischen Exarchat Ravenna u. ließ ihn durch Papst Vigilius weihen. Als Anhänger der Kirchenpolitik Justinianos' wurde er von Klerus u. Volk zunächst mit Reserve aufgenommen. Er verstand es aber, die Herzen des Volkes durch großzügige Förderung des Kirchenbaues für sich zu gewinnen. Er erbaute die Basilika S. Stefano, unter ihm wurden S. Apollinare in Classe u. S. Vitale vollendet. Auch die berühmte Elfenbein-Kathedra im erzbischöflichen Palais von Ravenna ist mit seinem Namen verknüpft. Als Bischof gewann er rasch Ansehen u. Einfluß, der sich bis Aquileia u. Mailand erstreckte. In einer Inschrift (vor 554) wird er „Erzbischof von Ravenna und Emilia" genannt. † am 21. 2. 556.
Gedächtnis: 21. Februar
Darstellung: als Erzbischof mit dem Pallium, vor einem Kreuz kniend
Lit.: Agnellus, Liber Pontif. eccl. Ravenn. 69–83 – MGSS rer. Lang. 325–333 – Lanzoni 758–761, 847ff – A. Testi-Rasponi: Felix Ravenna 33 (Ravenna 1929) 24–49 – C. Cecchelli, La cattedra di Massimiano (Rom 1936) – W. G. Morath, Die Maximianskathedra in Ravenna (Freiburg/B. 1940)

Maximianus ↗ Siebenschläfer

Maximilianus u. Gef., Märt. zu **Antiochia,** Hll.
Name: aus lat. Maximinianus (durch Dissimilation von n zu l). Dieser leitet sich vom altröm. Geschlechternamen Maximinus her. Diese u. alle ähnlichen Namensformen haben als Grundbedeutung lat. maximus: der Größte, der überaus Große
Er war ein Kriegsoberst der sog. Herkulanischen Kohorte, die nach Maximianus Herculeus, dem Mitkaiser Diokletians, genannt wurde. Er hatte auf seinem Feldzeichen (labarum) das Kreuz u. den Namen Jesu angebracht u. weigerte sich, diese zu entfernen u. ein heidnisches anzubringen, wie es Kaiser Julianus Apostata befohlen hatte. Deshalb wurde er mit seinem Kameraden **Bonosus** u. mehreren anderen Christen grausam gemartert u. schließlich zu Antiochia in Syrien (heute Antakia) enthauptet. † 363.
Gedächtnis: 21. August

Maximilian Kolbe OFMConv, Märt., Hl. (Taufname: Rajmund)
* am 7. 1. 1894 in Zduńska-Wola (40 km südwestl. von Lódz, Polen) als 2. von 5 Kindern (2 jüngere Geschwister starben bereits im Kindesalter). Sein Vater übersiedelte wegen finanzieller Schwierigkeiten bald nach Lódz u. 1897 nach Pabjanice (südwestl. von Lódz). Rajmund studierte am Kleinseminar der Franziskaner in Lwów (Lemberg) u. trat dort mit seinem älteren Bruder Franz am 4. 9. 1911 dem Franziskanerorden bei, der jüngere Bruder Joseph folgte einige Jahre später. Im Noviziat erhielt er den Namen Maximilian. Seine Studien absolvierte er 1912–19 in Rom u. erwarb dort den Doktorgrad der christlichen Philosophie u. Theologie. Anläßlich seiner feierlichen Profeß am 1. 11. 1914 wählte er den Namen Maria als 2. Ordensnamen. Die Priesterweihe erhielt er 1918. 1919 lehrte er für kurze Zeit Philosophie u. Kirchengeschichte am Priesterseminar der Franziskaner in Krakau, mußte aber diese Tätigkeit wegen seiner Lungenschwindsucht bald aufgeben. 18 Monate später, 1922, fand er seine eigentliche Lebensaufgabe: Bereits 1917 hatte er in Rom die „Militia Immaculatae", eine Gebetsgemeinschaft zur Bekehrung der Sünder u. Ungläubigen, ins Leben gerufen. Nun gründete er als Organ für diese Vereinigung die Monatsschrift „Ritter der Unbefleckten Jungfrau" (Rycerz Niepokalanej). Da sich das Werk schnell vergrößerte, übersiedelte er in das Franziskanerkloster in Grodno, im Herbst 1927 nach Teresin (40 km westl. von Warschau), wo er das Kloster Niepokalanów baute u. dessen 1. Guardian wurde. Die Redaktionsleitung des „Ritters" überließ er bald seinem jüngeren Bruder P. Alfons Kolbe. Er selbst ging 1930 auf Wunsch Pius' XI. nach Japan, wo er mit 4 anderen Ordensbrüdern bei Nagasaki eine Missionsstation gründete. Auch hier gab er den „Ritter" heraus (japanisch: Seibo no Kishi). Nach 4 Jahren konnte er bereits 70.000

Exemplare vertreiben. 1936 eröffnete er ein Kleinseminar für Japaner u. kehrte noch im selben Jahr nach Polen zurück. 1936–39 war er Guardian in Niepokalanów. Von dort schickte er Ordensbrüder nach Belgien zur Ausbreitung seines Werkes, er selbst fuhr nach Lettland, um sich über die Möglichkeit der Verbreitung des „Ritters" zu informieren. Nach Ausbruch des 2. Weltkrieges 1939 wurde er mit 40 Ordensbrüdern von den Nationalsozialisten verhaftet, aber am 8. 12. 1939 wieder freigelassen. Er half nach Kräften Flüchtlingen u. sonstigen Kriegsopfern, Deutschen, Polen u. vor allem Juden. Deshalb wurde er am 17. 2. 1941 mit 4 anderen Ordensbrüdern ein zweites Mal verhaftet u. zunächst in das Gefängnis Pawiak in Warschau, dann endgültig in das berüchtigte Konzentrationslager Auschwitz (Oświecim, 50 km westl. von Krakau) deportiert. Ende Juli 1941 flüchtete ein Gefangener des Blocks, in dem auch P. Kolbe war. Als Vergeltung verurteilte der Lagerführer Karl Fritsch 10 Häftlinge dieses Blocks zum Hungertod im sog. „Bunker". Unter den Verurteilten war ein Mann namens Franz Gajowniczek, der darüber klagte, daß er seine Frau u. seine beiden Kinder hilflos zurücklassen müsse. Da bot sich P. Kolbe an, seine Stelle als Geisel einzunehmen. Der Lagerführer stimmte zu. So wurden die 10 Verurteilten in den gefürchteten Hungerbunker abgeführt, wo sie einer nach dem anderen starben. Tagelang hörte man aus dem Bunker Gebete und geistliche Lieder. Am 14. 8. 1941 war P. Kolbe als einziger noch am Leben. Da wurde er mit einer Phenolspritze getötet. Seine Leiche wurde wie die der anderen im Krematorium verbrannt. Seliggesprochen am 17. 10. 1971. Heiliggesprochen am 10. 10. 1982.
Liturgie: RK g am 14. August (Fulda: 17. August)
Lit.: M. Winowska, Pater Maximilian Kolbe (Fribourg 1952) – G. M. Dománski: MF 58 (1958) 195–224 – L. Di Fonzo: MF 60 (1960) 3–46 – A. Riccardi (Rom 1960) – AAS 64 (1972) 401ff – W. Nigg, Vom beispielhaften Leben (Olten 1974) 207–243 – B. Albrecht, Brüder im Geist. M. Kolbe u. J. Keutenich (Kevelaer 1979)

Maximilian, Bisch. **im Pongau,** Hl. (Maximilian von Celeia)
Historisch sicher über ihn ist nur die Errichtung einer Kapelle über seinem Grab in Bischofshofen im Pongau (südl. von Salzburg) zu Anfang des 8. Jh.s u. die Übertragung seiner Gebeine durch den hl. ↗ Rupert († um 718). Seine Reliquien kamen 878 nach Altötting, vor 985 nach Passau, wurden aber 1662 nicht mehr vorgefunden. Historisch nicht zu erweisen ist, daß er aus Celeia (heute Celje, Jugoslawien) stammte, Bisch. von Lorch (heute Stadtteil von Enns, Oberösterreich) gewesen u. 284 unter Kaiser Numerian als Märtyrer gestorben sei. Seine Vita ist eine Erfindung des 13. Jh.s. In einem Salzburger Missale des 11. Jh.s wird er erstmals „Bischof" genannt.
Liturgie: Passau F am 12. Oktober (2. Patron der Diözese), Linz G, München-Freising, Graz-Seckau, Salzburg: g
Darstellung: als Missionsbischof im Pluviale, mit Kreuz in der Hand, predigend; mit Schwert
Lit.: ActaSS Oct. VI (1814) 23–58 (mit Vita) – F. Poxrucker (Landshut 1925) – Künstle II 450f – M. Heuwieser, Geschichte des Bistums Passau I (Passau 1939) 15–36 – I. Zibermayr, Noricum, Baiern u. Österreich (Horn 1956²) 133 378–402 – Bavaria Sancta I (Regensburg 1970) 59–65

Maximilian, Märt. **in Theveste,** Hl.
Er war ein junger Christ u. weigerte sich bei der Rekrutierung, Kriegsdienste zu leisten. Das genaue Motiv seiner Handlungsweise ist nicht bekannt. Entweder wollte er als Christ grundsätzlich keinen Menschen töten oder er wollte nicht in heidnischer Umgebung bzw. unter einem heidnischen Feldherrn Dienst tun. So wurde er unter Kaiser Diokletian am 12. 3. 295 in Theveste (heute Tebessa, südwestl. von Tunis, Nordafrika) mit 21 Jahren enthauptet.
Gedächtnis: 12. März

Maximinus, Bisch. **von Trier,** Hl.
Name: altröm. Geschlechtername, leitet sich ab von lat. maximus: der Größte, der ganz Große
Er stammte aus Silly (heute Mouterre-Silly bei Loudun, nordwestl. von Poitiers, Westfrankreich) u. wurde um 330 Bisch. von Trier als Nachfolger des hl. ↗ Agritius. Er war ein energischer Kämpfer gegen die Irrlehre des Arianismus u. gewährte ↗ Athanasius von Alexandria in seinem Exil 336–338 Gastfreundschaft. Er konnte bei Kaiser Konstantin II. seine Rückkehr nach

Alexandria erreichen. Er setzte sich auch bei Kaiser Constans I. für den aus Konstantinopel vertriebenen Patriarchen ↗ Paulus I. ein. In Verbindung mit Papst ↗ Julius I. u. Bischof Ossius von Cordoba veranlaßte er die Synode von Sardika (342). Es ging dabei um die Beilegung der arianischen Streitigkeiten, speziell um die Aufhebung des Verbannungsurteils gegen Athanasius. Es kam aber gleich zu Beginn zu einer Spaltung: Die westl. Bischöfe lehnten die Forderung der östlichen ab, Athanasius u. seine Freunde als Verurteilte von der Synode fernzuhalten. Die östlichen Bischöfe zogen nach Philippopolis aus u. bannten die führenden Häupter der westlichen Partei, Julius I., Ossius u. Maximinus. Die westlichen Bischöfe tagten allein weiter u. bannten ihrerseits die östlichen arianischen Bischöfe. Maximinus unternahm 352 eine Reise nach Konstantinopel, um dort mit Kaiser Constantius II. über den Frieden zu verhandeln. Auf der Rückreise starb er zu Silly am 12. 9. 352. Sein Nachfolger, Bisch. ↗ Paulinus, übertrug seine Gebeine in die Johanneskirche (die spätere Maximinkirche) zu Trier. Hier entstand die spätere OSB-Abtei St. Maximin. Sein Haupt ist in der Kirche zu Pfalzel bei Trier.
Liturgie: Trier g am 29. Mai (Translation), sonst 12. September
Darstellung: als Bischof mit Buch, ein Bär trägt ihm das Gepäck (der Bär hatte dem Heiligen das Lasttier zerrissen; vgl. ↗ Humbert, ↗ Korbinian, ↗ Romedius)
Lit.: E. Winheller, Die Lebensbeschreibungen der vorkarolingischen Bischöfe von Trier: Rhein. Archiv 27 (Bonn 1935) 10–27 – J. Hau (Saarbrücken 1935) – E. Ewig, Trier im Merowingerreich (Trier 1954) 33–37 u. ö. – M. Zender, Räume u. Schichten mittelalterlicher Heiligenverehrung (Düsseldorf 1959) 208–213

Maximus (Maximos) **Confessor, Hl.**
Name: lat., der Größte, der ganz Große
* 580 wahrscheinlich zu Konstantinopel aus vornehmer Familie. Er erhielt eine vorzügliche Ausbildung. Er schlug die politische Laufbahn ein u. wurde Sekretär des Kaisers Heraklius. 613/614 zog er sich als Mönch in das Kloster Chrysopolis (Üskudar, Skutari; gegenüber Konstantinopel) zurück u. von dort nach Kyzikos (Erdek; am Marmarameer, südwestl. von Konstantinopel). Er floh vor den vordringenden Persern zuerst nach Kreta u. Zypern, um 628/630 nach Nordafrika. Dort beteiligte er sich aktiv am Kampf gegen die Monotheleten (leugnen die 2 Willen in Christus u. damit seine wahre Menschheit). 645 hielt er in Karthago eine glänzende Disputation mit dem Expatriarchen Pyrrhos I. von Konstantinopel. Bald darauf ging er nach Rom u. nahm an der von Papst ↗ Martin I. einberufenen Lateransynode (653) teil, auf der der Monotheletismus verurteilt wurde. Kaiser Konstans II. ließ daraufhin Maximus zus. mit Papst Martin I. einkerkern u. des Hochverrates anklagen. Konstans II. hatte 648 in einem Gesetz, dem sog. Typos, um des kirchlichen u. nationalen Friedens willen jede weitere Diskussion in dieser Frage verboten. Maximus wurde 655 vor Gericht gestellt u. nach Bizye in Thrakien (heute Bulgarien) verbannt. 662 lehnte er es noch einmal ab, dem kaiserlichen Edikt zuzustimmen. Da wurde er zum Abschneiden der Zunge u. zum Abhauen der rechten Hand verurteilt, mit seinen Schülern, dem Apokrisiar (etwa: Apostolischer Nuntius in Konstantinopel) Anastasios u. dem Mönch Anastasios, gegeißelt u. schließlich nach Lazika in Georgien (südl. des Kaukasus) verbannt, wo er im Kastell Schemarion am Schwarzen Meer am 13. 8. 662 starb.
Er war der scharfsinnigste griechische Theologe des 7. Jh.s u. der eigentliche wissenschaftliche Überwinder des Monotheletismus. Er hinterließ ca. 90 Schriften. Im Zentrum seines Denkens steht die Lehre von Jesus Christus, dessen beide Naturen, die göttliche u. die menschliche, unterschieden u. unvermischt, die eine Person Jesu Christi ausmachen. In der Behandlung schwieriger Probleme zeigt er eine seltene Ausgeglichenheit. Er ist genuin byzantinisch durch die kühne u. subtile Spekulation u. zugleich röm. durch die stete Verbindung seines Denkens mit der Wirklichkeit u. den wachen Sinn für die Kirche.
Gedächtnis: 13. August
Lit.: Altaner[6] 484ff – H. U. v. Balthasar, Kosmische Liturgie. Das Weltbild Maximus' des Bekenners (Freiburg/B. 1941, Einsiedeln 1962[2])

Maximus (Maximos), Bisch. **von Jerusalem,** Hl.
Wegen seines Glaubens an Christus wurde

er an einem Auge geblendet u. am linken Fuß gelähmt. 325 begleitete er seinen Bisch. ↗ Makarios zum Konzil von Nicäa u. wurde 335 dessen Nachfolger. Seine Stellung zu ↗ Athanasius, dem großen Prediger und Vorkämpfer gegen den Arianismus, war zunächst schwankend. 335 scheint er dessen Verurteilung mitunterzeichnet zu haben, 348 stellte er sich aber in einem Synodalschreiben ganz auf seine Seite. Daraufhin wurde er vom arianischen Metropoliten Akakios von Cäsarea abgesetzt. An seiner Stelle wurde Kyrillos (↗ Cyrillus von Jerusalem), den Akakios für einen Gesinnungsgenossen hielt, eingesetzt.
Gedächtnis: 5. Mai
Lit.: ActaSS Maii III (1866) 8f, III XVIIf – Quien III 156f – ECatt VIII 309

Maximus, Märt. **zu Karthago** ↗ Liberatus, Abt, Märt. zu Karthago

Maximus, Bisch. **von Mainz,** Hl.
Er stammte wohl aus Mainz u. lebte wahrscheinlich in der 1. Hälfte des 5. Jh.s. Er leuchtete durch große Gelehrsamkeit u. Frömmigkeit. Da er überallhin den wahren Glauben verkündete, wurde er von den Arianern heftig verfolgt, siebenmal blutig geschlagen u. mehrmals vertrieben, kehrte aber immer wieder auf seinen Bischofssitz zurück. Wenn es ihm nicht möglich war, öffentlich zu predigen, tat er es in Privathäusern, öfters auch in Wäldern u. Bergklüften. Als seine Mitarbeiter werden Sidonius, Achatius u. Clemens genannt. Seine Gebeine wurden nach Halle übertragen.
Liturgie: Mainz g am 27. Juni

Maximus, Märt. **zu Rom** ↗ Tiburtius

Maximus u. Gef., Märt. **in Salzburg,** Hll.
Er lebte in der 2. Hälfte des 5. Jh.s u. stand einer Kirche in Salzburg als Presbyter vor. Bei einem Einfall der Heruler, einem germanischen Volksstamm aus Südschweden, wurde er mit etwa 50 anderen Christen ermordet. Spätere Überlieferungen nennen ihn Bischof bzw. einen Anachoreten: Er selbst sei erhängt worden, seine Gefährten habe man von den Felsen, wo sie als Einsiedler lebten, hinabgestürzt.
Gedächtnis: 8. Jänner

Mazenod ↗ Karl Joseph Eugen de Mazenod

Mazzarello ↗ Maria Dominica Mazzarello

Mechtild von Dießen CSA, Äbtissin von Edelstetten, Sel. (Mathilde)
Name: ahd. maht, macht (Macht, Stärke) + hilta, hiltja (Kampf): machtvolle Kämpferin
Sie war die Tochter des Grafen Berthold II. von Andechs (am Ammersee, Oberbayern) u. Schwester der hl. ↗ Euphemia von Altomünster. Schon in früher Jugend wurde sie Augustiner-Chorfrau im Kanonissenstift St. Stephan bei Dießen am Ammersee u. wurde dort Meisterin. Auf Veranlassung Papst Anastasius' IV. ging sie 1153/54 als Äbtissin in das Kloster Edelstetten bei Krumbach (Schwaben), um dort eine Klosterreform durchzuführen. Gegen Ende ihres Lebens kehrte sie nach Dießen zurück, wo sie am 31. 5. 1160 starb. Sie wurde in der Stiftskirche zu Dießen begraben; 1468 wurden ihre Gebeine erhoben u. 1488 in die dortige Sebastianus-Kapelle übertragen.
Gedächtnis: 31. Mai
Darstellung: als Äbtissin mit Kelch u. Hostien
Lit.: Steichele V 147–150 – P. Bayerschmidt (München 1936) – F. Hilble: Histor. Ortsnamenbuch von Bayern II (München 1956) 19f

Mechtild von Hackeborn OCist, Hl. (Mechtild von Helfta)
* 1241 aus dem Geschlecht der Edlen von Hackeborn. Mit 7 Jahren kam sie in die Klosterschule zu Rodersdorf (Bistum Halberstadt, Sachsen), wo ihre Schwester Gertrud von Hackeborn (* 1232) bereits Nonne war, u. wurde dann dortselbst ebenfalls Zisterzienserin. 1258 übersiedelte sie mit dem ganzen Konvent nach Helfta (bei Eisleben, westl. von Halle). Inzwischen war ihre Schwester Äbtissin geworden, u. unter ihr erhielt sie eine sorgfältige Ausbildung. Sie wurde Leiterin der Klosterschule u. Vorsängerin im Chor, wobei ihr ihre künstlerische Veranlagung u. ihre reichen Geistes- und Herzensgaben sehr zustatten kamen. Sie war auch mystisch begnadet. Was sie von ihren Schauungen erzählte, schrieben die hl. ↗ Gertrud von Helfta u.

eine andere Nonne auf Weisung der Äbtissin Sophie von Querfurt ohne ihr Wissen auf. Sie gab aber nachträglich ihre Zustimmung. Die Schrift fand als „Liber specialis gratiae" (Buch der bes. Gnade) weite Verbreitung. Damit u. durch ihre zahlreichen Herz-Jesu-Gebete wirkte sie nachhaltig für die Verbreitung u. Vertiefung der Herz-Jesu-Verehrung. † am 19. 11. 1299.
Gedächtnis: 19. November
Darstellung: als Zisterzienserin, ein Buch haltend, auf dem eine Taube sitzt. Eine blinde Nonne heilend
Lit.: J. Müller, Leben u. Offenbarungen der hl. Mechtild von Hackeborn (dt. Übers. von: Revelationes Gertrudianae et Mechtildianae II, Poitiers 1877, S. 1–442) (Regensburg 1880) – H. U. v. Balthasar, Mechtild von Hackeborn. Das Buch vom strömenden Lob (Einsiedeln 1955) (mit Einführg. u. Lit.) – Stammler-Langosch III 321ff

Mechtild von Magdeburg
* um 1208/1210 in der Gegend von Magdeburg. Sie hatte wohlhabende, wahrscheinlich adelige Eltern. Mit etwa 12 Jahren erhielt sie ihre erste mystische Begnadung. Mit etwa 20 Jahren zog sie nach Magdeburg u. lebte dort 30 Jahre als Begine nach der Regel des hl. ↗ Dominikus. Durch ihre Mitteilungen über ihr Innenleben, aber auch durch ihre Kritik am Ordens- u. Weltklerus, gerade auch des Dominikanerordens, den sie sonst sehr verehrte, schaffte sie sich viele Feinde u. mußte manche Ungerechtigkeiten u. Verleumdungen ertragen. Um 1250 begann sie ihre mystischen Erfahrungen in Versen u. Hymnen zu schildern. Ihre Aufzeichnungen sind die ersten dt. Schriften der dt. Mystik u. wurden von Heinrich von Halle OP in seinem Werk „Fließendes Licht der Gottheit" (6 Bücher) gesammelt. Gegen Ende ihres Lebens ging sie in das Kloster Helfta bei Eisleben (westl. von Halle), wo sie in der Äbtissin Gertrud von Hackeborn u. den Nonnen ↗ Mechtild von Hackeborn u. ↗ Gertrud von Helfta Menschen fand, mit denen sie sich aussprechen konnte. Sie lebte hier noch 12 Jahre u. fügte zu ihren 6 Büchern noch ein 7. hinzu. † 1282 oder 1294 in Helfta.
Gedächtnis: 15. August
Darstellung: als Nonne, an einem Buch schreibend, während ein Gnadenstrahl ihr Herz trifft
Lit.: Werke: G. Morel (Regensburg 1869) – Revelationes Gertrudianae et Mechtildianae II (Poitiers 1877) 423–707 – W. Schleußner (Mainz 1929) – M. Schmidt (Einsiedeln 1955) – O. Karrer, Pilgers Sehnsucht (München 1958) (Auszüge)
Leben: Stammler-Langosch III 323–326, V 673f – M. S. C. Molenaar, Die Frau vom anderen Ufer (Heidelberg 1946) – K. Ruh, Altdeutsche Mystik: Wirkendes Wort 7 (Düsseldorf 1957) 135–146

Mechtild von Sponheim, Sel.
Sie stammte aus Sponheim bei Bad Kreuznach u. legte mit 13 Jahren das Gelübde der Jungfräulichkeit ab. Ihr Bruder Bernhelm, Abt des Benediktinerklosters zu Sponheim, ließ ihr neben dem Kloster eine Zelle bauen, wo sie als Reklusin lebte. † 1154. Ihr Grab ist in der ehemaligen Klosterkirche zu Sponheim.
Gedächtnis: 26. Februar

Mechtild ↗ Mathilde

Mechtundis ↗ Chrischona u. Gef.

Medardus, Bisch. **von Noyon,** Hl. (franz. Médard)
Name: germ. matha (ahd. mahal) (Versammlung, Rede, Rechtssache, Vertrag) + ahd. harti, herti (hart, kühn): der Redegewaltige
* zu Anfang des 6. Jh.s zu Salency bei Valencienne (nördlichstes Frankreich) aus gallofränkischem Adel. Er wurde um 545 zum Bisch. von Noyon (nordöstl. von Paris) ernannt u. von Bisch. ↗ Remigius von Reims konsekriert. Er baute seine Diözese aus u. beseitigte die Reste des Heidentums. 555 erteilte er der Frankenkönigin ↗ Radegundis die Nonnen-(Diakonissen-)Weihe. † um 560. Nach seinem Tod baute König Chlothar I., der Gatte der hl. Radegundis, in Soisson (südwestl. von Noyon) eine Abtei (die spätere OSB-Abtei St-Médard) u. übertrug dorthin seine Gebeine.
Liturgie: Trier g am 8. Juni
Darstellung: als Bisch. im Meßkleid mit Stab, Almosen austeilend. Ein Adler hält seine Flügel ausgebreitet u. schützt ihn so vor Regen. Drückt seine Fußstapfen in einen Stein (womit er einen Grenzstreit schlichtete). 3 weiße Tauben über ihm (bei seinem Begräbnis kamen 2 weiße Tauben von Himmel, eine 3. aus dem Sarg). Hält in der Linken ein Herz (Sinnbild seiner freige-

bigen Nächstenliebe). Oft mit lachendem Mund dargestellt, weshalb er früher – in irrtümlicher Auslegung – auch bei Zahnschmerzen angerufen wurde
Patron: der Bauern, Winzer, Bierbrauer, für Regen, gute Heuernte, Fruchtbarkeit der Felder und Weinstöcke (sein Fest war Lostag für das Wetter); der Gefangenen
Lit.: PL 150, 1499–1518 (Vita von Bisch. Radbot II. von Noyon-Tournai, 11. Jh.) – ActaSS Iun. II (1867) 72–105 – BHL 5863–5874 – DACL XI 102–108, XII 1769–1772 – J. Lecomte, St. Médard, son tombeau, ses reliques (Chauny/Aisne o. J.)

Megingoz, Graf **von Mühlgau,** Sel. (Meingoz, Megingoz, Megaudius)
Name: ahd. magan, megin (Vermögen, Kraft, Macht, Tüchtigkeit) + germ. gutan, guto (der Gote): der mächtige Gote
Er war Graf des Mühlgaues in Geldern (Niederlande) u. der Vater der hl. ↗ Adelheid von Vilich. Es gründete um 987 das Kanonissenstift Vilich bei Bonn, wo seine Tochter Adelheid 1. Äbtissin wurde.
Gedächtnis: 19. Dezember

Meingold, Märt. **zu Huy,** Hl. (Mengold, Meingaud, Megingaud)
Name: aus dem altdt. ↗ Megingoz zu franz. Meingaud, von dort wieder ins Dt. rückentlehnt
Nach der späten legendarischen Vita (12. Jh.?) war er ein fränkischer Graf u. Neffe des ostfränkischen Königs u. letzten karolingischen Kaisers Arnulf. Er focht eine Fehde aus, pilgerte dafür zur Buße ins Hl. Land u. wurde nach seiner Rückkehr von seinen Feinden in Huy (südwestl. von Lüttich, Belgien) ermordet. Vielleicht ist er mit Graf Megingaud von Wormsfeld u. Maifeld identisch, der am 28. 8. 892 in Rethel (nordöstl. von Reims, Nordfrankreich) getötet wurde. Bald nach seinem Tod wurden seine Gebeine in die Marienkirche zu Huy übertragen. Dort wird er als Märtyrer verehrt.
Gedächtnis: 28. August (8. Februar)
Lit.: E. Dümmler, Geschichte des ostfränk. Reichs II (München 1887^2) 409, III (1888^2) 358f – BnatBelg XIV 362f – ActaSS Febr. II (1864) 186–197 – Moreau B I^2 317f

Meingold, Bisch. **von Würzburg,** Hl. (Megingaud, Megingoz, Meingut)
Er stammte wahrscheinlich aus einem fränkischen Adelsgeschlecht, jedenfalls wird er gewöhnlich als Graf von Tottenburg ob der Tauber bezeichnet. Er war Schüler des hl. ↗ Bonifatius u. wurde von diesem zur Ausbildung in das OSB-Kloster in Fritzlar (südwestl. von Kassel) geschickt, wo er auch die Priesterweihe erhielt. Bisch. ↗ Burkhard von Würzburg übertrug ihm die Leitung des Kilianstiftes in Würzburg. Nach dessen Tod 754 wurde er sein Nachfolger. Als solcher nahm er an den Synoden von Compiegne (757) u. Attigny (765) teil. 762 unterschrieb er die Urkunde, durch die Pippin d. J. dem OSB-Kloster Prüm in der Eifel Immunität u. königlichen Schutz gewährte u. der König Einfluß auf die Abtwahl in diesem Kloster gewann. Mit Bisch. ↗ Lullus von Mainz verband ihn tiefe Freundschaft u. er befragte ihn in schwierigen Fällen. Er stand auch bei ↗ Karl d. G. in hohem Ansehen u. schickte ihm Missionare aus dem Kilianstift in Würzburg für das eroberte Sachsen. Er übertrug die Gebeine seines Vorgängers Burkhard u. bestattete sie zu St. Kilian. Noch vor 785 legte er seine bischöfliche Würde nieder u. zog sich in das Kloster Rorlach zurück. Dorthin zogen ihm 50 Stiftsherren von St. Kilian nach, weshalb er mit Unterstützung Karls d. G. ein neues Kloster, „Neustadt" genannt, baute. Er starb 794/795 und wurde in der Andreaskirche (später St. Burkhard genannt) beigesetzt.
Gedächtnis: 26. September
Lit.: Stadler IV 391f

Meinhard OSB, Abt **von Hersfeld,** Sel. (Meginhard, Meginher)
Name: ahd. magan, megin (Macht, Vermögen, Kraft) + harti, herti (hart, kühn): der Mächtige u. Kühne
Er war Benediktinermönch in Hersfeld (nördl. von Fulda). Nach dem Tod des Bisch. ↗ Meinwerk von Paderborn (1036) wurde Abt Rudolf dessen Nachfolger u. Meinhard Abt von Hersfeld. 1037 wurde das ganze Kloster durch eine Feuersbrunst eingeäschert, Abt Meinhard baute es wieder auf. In die ebenfalls neuerbaute Kirche übertrug er die Reliquien der hll. ↗ Wigbert u. ↗ Lullus. Er war bekannt durch strenge Ordenszucht u. großen Eifer für die Wissenschaften. Seine Regierung war überschattet durch einen langwierigen Zehent-

streit mit Bisch. Burkhard von Halberstadt u. dessen Berater, dem Erzpriester Utho. Papst Nikolaus II. entschied zwar zugunsten Meinhards, doch konnte Burkhard auch so nicht zum Einlenken bewogen werden. † am 26. 9. 1059.
Gedächtnis: 26. September

Meinhard CanAug, Bisch. **von Livland,** Hl. (Meynardus)
Er war Augustiner-Chorherr im Stift Segeberg (Holstein). In bereits vorgerücktem Alter fuhr er als Schiffskaplan an die Mündung der Düna u. gründete in Üxküll (südöstl. von Riga, Lettland) eine Missionsstation. 1186 wurde er von Erzbisch. Hartwig II. von Bremen zum Bisch. der Liven geweiht. Anfänglich hatte die Mission rasche Erfolge, doch bald stellten sich Rückschläge ein, sodaß Meinhard seinen Mitarbeiter Theoderich OCist nach Rom um Hilfe sandte. † am 14. 8. (oder 11. 10.) 1196. Seine Gebeine wurden um 1380 in den Dom von Riga übertragen.
Gedächtnis: 14. August
Lit.: H. v. Bruiningk: Sitzungsbericht der Gesellsch. für Gesch. u. Altertumskunde der Ostsee-Provinzen Rußlands (Riga 1902) 3–36 (Verehrung) – A. M. Ammann: OrChrA (1936) 102–106 – P. Johansen, Nordische Mission. Revals Gründung u. die Schwedensiedlung in Estland (Stockholm 1951) 88–105 – Hauck IV[8] 654ff

Meinhilde (Meinhild)
Name: ahd. magan, megin (Kraft, Tüchtigkeit, Vermögen, Macht) + hilta, hiltja (Kampf): mächtige Kämpferin

Meinhold (Meinold, Meinald)
Name: ahd. magan, megin (Kraft, Tüchtigkeit, Vermögen, Macht) + walt (der Waltende, Herrschende): tüchtiger Herrscher

Meinrad von Reichenau OSB, Märt., Hl. (Meginrat)
Name: ahd. magan, megin (Macht, Vermögen, Stärke) + rat (Rat, Ratgeber): mächtiger Ratgeber
* zu Ende des 8. Jh.s im Sülichgau (Württemberg). Er wurde im Kloster Reichenau (Bodensee) erzogen u. dort zum Priester geweiht. Bald darauf wurde er Benediktinermönch im Kloster Reichenau. Er war zuerst Vorsteher der Schule in Babinchowa (heute Benken am oberen Zürcher See, Schweiz) u. zog sich um 828 als Einsiedler zurück. Er lebte etwa 7 Jahre am Etzel (Bergstock südl. des Zürcher Sees), wo er eine Kapelle erbaute, dann bis zu seinem Tod im „Finsteren Wald" am Sihlsee. An der Stelle seiner Klause erhebt sich heute das Benediktinerkloster Einsiedeln. Er war sehr freigebig gegen jedermann, bes. durchziehende Wanderer nahm er in seine Hütte auf u. teilte mit ihnen den letzten Bissen Brot. Einst nahm er zwei Wanderer auf, die sich aber als Raubmörder entpuppten u. ihn am 21. 1. 861 erschlugen. Er wurde in Reichenau bestattet, seine Gebeine kamen 1039 nach Einsiedeln.
Liturgie: RK g am 21. Jänner; Einsiedeln: H (Hauptpatron des Bezirkes), Translation g am 6. Oktober
Darstellung: als Benetiktinermönch mit Martyrerpalme, Becher u. Brot (Bewirtung der Wanderer). Erschlagen am Boden liegend, oft mit Kopfwunde, 2 Raben verfolgen die Mörder u. verraten sie dadurch
Lit.: R. Henggeler, Profeßbuch der Fürstlichen OSB-Abtei . . . Einsiedeln (Einsiedeln 1933) 11ff 33ff – Zimmermann I 109f 112 – Braun 536f – St. Meinrad. Zum 11. Zentennarium seines Todes (Einsiedeln 1961) – J. Amann (Höchst 1952)

Meinolf von Paderborn, Hl. (Meinulf)
Name: ahd. magan, megin (Macht, Stärke) + wolf (Wolf): starker Wolf
Er entstammte einem westfälischen Adelsgeschlecht u. soll Patenkind ↗ Karls d. G. gewesen sein. Unter Bisch. Badurat besuchte er die Domschule zu Paderborn u. wurde 836 Archidiakon des Bistums. Anläßlich der Translation der Reliquien des hl. ↗ Liborius gründete er im selben Jahr das Kanonissenstift Böddeken (südl. von Paderborn). Er starb 847 (?) u. wurde in Böddeken begraben. Bisch. Biso († 909) erhob seine Gebeine, seit 1803 ruhen sie in der Busdorf-Kirche zu Paderborn.
Liturgie: Paderborn g am 5. Oktober
Darstellung: als Diakon mit Kirchenmodell, neben ihm ein kniender Hirsch, ein Kreuz im Geweih (Gründungslegende von Böddeken)
Lit.: ActaSS Oct. III (1770) 171–225 – MGSS XV 411–417 – BHL 588ff – Die Bau- u. Kunstdenkmäler von Westfalen XL (Münster 1926) 258f (Reliquienschrein des 13. Jh.s) – W. Stüwer: Westfalen 19 (Münster 1934) 227–239 (Verehrung)

Meinrich ↗ Magnerich von Trier ↗ Menrich von Lübeck

Meinwerk, Bisch. **von Paderborn,** Hl. oder Sel. (Mainwerc, Maginwercus)
Name: ahd. magan, megin (Macht, Vermögen, Stärke) + werc, werah, werahh (Werk, Arbeit, hier bes. im Sinn von „Befestigungswerk"): mächtiges Bollwerk
Er war der bedeutendste Bisch. von Paderborn im Mittelalter. * um 970 aus dem begüterten sächsischen Geschlecht der Immedinger. Sein Vater Immeth, Graf von Teisterbant u. Radichen, u. seine Mutter Adala (Athela) bestimmten ihn schon als Kind zum geistlichen Stand u. vollzogen in der Stephanskirche zu Halberstadt das Gelübde. Sein Bruder Thiederich sollte das väterliche Erbe antreten. Meinwerk kam zuerst an die Domschule in Halberstadt, dann an die in Hildesheim. Hier war unter seinen Mitschülern sein Verwandter, der spätere Kaiser ↗ Heinrich II., mit dem ihn enge Freundschaft verband. Nach seinen Studien erhielt er in Halberstadt ein Kanonikat, Otto III. berief ihn als Pfalzkaplan u. Kanonikus an den königlichen Hof in Aachen, Heinrich II. ernannte ihn nach dem Tod Rethars zum 10. Bisch. von Paderborn. Die Bischofsweihe erhielt er in Goslar durch Erzb. ↗ Willigis von Mainz am 13. 3. 1009. Meinwerk ließ den im Jahr 1000 abgebrannten Dom zu Paderborn abreißen u. durch einen größeren u. kunstvolleren ersetzen. 1015 berief er aus ↗ Cluny 13 Benediktinermönche u. baute ihnen 1017–31 das Kloster Abdinghof zu Paderborn. 1017 holte er griech. Bauleute (vermutlich aus Unteritalien) zur Errichtung der Bartholomäuskapelle. Im Osten der Stadt gründete er das Kanonikerstift Busdorf u. erbaute die Stiftskirche nach den Maßen der Grabeskirche in Jerusalem. 1036 konsekrierte er die Kirche im Beisein Kaiser Konrads II. Er umgab die Stadt mit Mauern u. Festungswerken. Er war ein treuer Ratgeber u. Vertrauter Heinrichs II. u. seines Nachfolgers Konrad II. u. verstand es, sie, aber auch Adel u. Volk zu reichen Stiftungen für seine Bauten zu bewegen, wobei er auch aus seinem eigenen Vermögen reichlich beisteuerte. Meinwerk förderte nach Kräften die Künste u. Wissenschaften u. berief berühmte Lehrer für Mathematik, Astronomie u. Physik an seine Domschule. Er förderte die Dichter, Musiker, Maler, Bildhauer, Kunsthandwerker, Kopisten von Büchern u. a. Auch die rel. u. sittliche Hebung seines Bistums ließ er sich angelegen sein. Er visitierte nicht nur die Pfarreien, sondern auch die bischöflichen Güter u. forderte von deren Verwaltern strenge Rechenschaft. Häufig reiste er als Kaufmann verkleidet, um das Volk aus nächster Nähe besser kennenzulernen. Er erhielt die Reichsabteien Helmarshausen u. Schildesche zum Geschenk u. sorgte dort für strenge rel. Disziplin. Er wollte auch das Kloster Corvey visitieren, dessen Zucht darniederlag. Er wurde aber von den Mönchen mit Schimpf abgewiesen. Meinwerk starb am 5. 6. 1036, 4 Tage nach der Konsekration der Busdorfkirche, u. wurde in Abdinghof bestattet. Seine Gebeine wurden 1376 erhoben u. ruhen jetzt im Dom.
Gedächtnis: 5. Juni
Lit.: Vita, um 1165 von einem Abdinghofer Mönch verf.: MGSS 11 (1853) 106–161, neu hrsg. v. F. Tenckhoff: MGSS rer. Germ. (1921) – G. Humann, Die Baukunst unter Meinwerk von Paderborn (Aachen 1918) – J. Bauermann, Westfälische Lebensbilder I (Münster 1930) 18–31 – Manitius III 611ff u. ö. – M. Oldenbürger (Paderborn 1936) – H. B. von Bazan-R. Müller, Dt. Geschichte in Ahnentafeln I (Berlin 1939) 29ff – H. Rothert: Jahrb. des Vereines für westfäl. Kirchengesch. 48 (Bethel 1955) 7–24

Melania d. J. u. Pinianus, Hll.
Name: a) zu griech. Mélaina, die Schwarze. Dies war auch der Beiname der Göttin Démeter in Phigalia (*Melanie, Melanie,* Kf. Mela); – b) zu lat. pinus, Fichte, Föhre, Pinie
Sie war die Enkelin der Melania d. Ä., der Cousine des hl. ↗ Paulinus von Nola († 409). * 383 in Rom als Tochter des Senators Valerius Publicola. Mit 13 Jahren wurde sie gezwungen, ihren Vetter Valerius Severus Pinianus zu heiraten. Nach dem frühen Tod ihrer beiden Kinder bewog sie ihren Gatten, fortan in voller Enthaltsamkeit u. ganz der Askese zu leben. Den von ihrem Vater 404 geerbten, über das ganze Römerreich zerstreuten Riesenbesitz veräußerte sie allmählich für die Armen, Kirchen u. Klöster, sodaß sie in den letzten Lebensjahren verarmt war. Die beiden reisten 406 zum hl. Paulinus von Nola, flohen aber vor

den eindringenden Goten nach Messina (Sizilien) u. lebten dort bei Rufinus von Aquileia, dem Freund u. zeitweisen Gegner des hl. ↗ Hieronymus. Nach dessen Tod 410 besuchten sie zuerst ↗ Augustinus in Hippo (Nordafrika) u. dessen Freund ↗ Alypius in Tagaste, wanderten weiter ostwärts zu ↗ Cyrillus von Alexandria u. zu den berühmten Klostersiedlungen in Ägypten u. schlugen 417 endgültig ihren Wohnsitz in Jerusalem auf. Dort gründeten sie auf dem Ölberg ein Schwesternkloster u. führten ein strenges Gebets- u. Bußleben. Pinianus starb 431. Melania reiste 436 nach Konstantinopel, um ihren Onkel Volusianus für den christlichen Glauben zu gewinnen. Dort traf sie auch mit der Kaiserin Eudokia Athenais zusammen, die sie später in ihrem Kloster in Jerusalem besuchte. Melania starb am 31. 12. 439 in Jerusalem.
Gedächtnis: 31. Dezember
Darstellung: betend in oder vor einer Höhle, neben ihr Kohl u. anderes Gemüse, Krug u. Totenkopf
Lit.: S. Beissel: StdZ 71 (1906) 477–490 – DACL XI 204–230 – Baudot-Chaussin XII 845–852 (Lit.)

Melchiades ↗ Miltiades, Papst

Melchior, hebr., König des Lichtes ↗ Drei Könige

Melchior Grodecz, s. Märt. von Kaschau (S. 917f)

Melitta, Märt. **zu Markianopolis**, Hl.
Name: griech., die Biene (Kf. Mela, Mella)
Sie starb als Märtyrin unter Kaiser Antoninus Pius (138–161) zu Markianópolis in Thrakien (westl. von Varna am Schwarzen Meer, Bulgarien). Wegen Verbreitung der christlichen Lehre wurde sie vom Präfekten Antiochus verhaftet, gefoltert, zerfleischt u. schließlich enthauptet. Ihre Reliquien werden in Lemnos verehrt.
Gedächtnis: 15. September
Darstellung: mit Schwert, neben ihr ein umgestürztes Götzenbild (nach der Legende sollte sie unter der Folter den Götzen opfern. Da entstand ein großes Erdbeben, wodurch die Götzenbilder einstürzten)

Mellitus OSB, Erzb. **von Canterbury**, Hl.
Name: zu lat. mel, Honig: der Liebenswerte, Angenehme
Er war Mönch, dann Abt des Andreasklosters in Rom u. wurde 601 von Papst ↗ Gregor d. G. nach England gesandt. ↗ Augustinus von Canterbury weihte ihn 604 zum Bisch. der Ostsachsen (mit Sitz in London). Er hatte große Schwierigkeiten mit heidnischen Gegnern u. dem König von Essex u. mußte 617–618 nach Gallien ins Exil gehen. Nach seiner Rückkehr 619 wurde er zum Erzb. von Canterbury ernannt. † 24. 4. 624 u. wurde in der Kirche St. Peter u. Paul (später Augustine's Abbey) beigesetzt. Im Hochmittelalter kamen Reliquien von ihm auch nach St. Paul in London. Sein Grab in Canterbury wurde 1916 entdeckt.
Gedächtnis: 24. April
Darstellung: löscht durch sein Gebet die Flammen einer brennenden Stadt
Lit.: ActaSS Apr. III (1675) 280–283 – BHL 5896ff – Zimmermann II 101f – F. M. Stenton, Anglo-Saxon England (Oxford 1947[2]) 109–112

Menas, Märt. **in Ägypten**, Hl. (Mennas)
Name: griech. Menás. Der urspr. Träger dieses Namens wurde wohl an einem Montag, dem der ägypt.-griech. Mondgöttin Méne geweihten Tag, oder zur Zeit des Neumondes geboren (vgl. ‚Meniskus')
Er stammte wahrscheinlich aus Ägypten u. wurde 295 unter Diokletian in seiner Heimat gemartert u. in der Mareotis (Mariut bei Alexandria) bestattet. Der Name wie auch die Ausbreitung u. Wanderung seines Kultes weisen auf Ägypten. Beim Fehlen aller geschichtlichen Nachrichten über seine näheren Lebensumstände zeitigte sein Kult einen üppigen Legendenkranz. Danach sei er ein ägyptischer Soldat gewesen, der sich zur Zeit Diokletians als Einsiedler nach Phrygien (Zentral-Kleinasien) zurückgezogen habe u. dort in Kuaion (einem späteren Kultzentrum!) im Zirkus gefoltert u. enthauptet worden sei. Seine Gebeine habe man nach Ägypten gebracht u. dort bestattet, wo das Tragkamel haltmachte. Spätere Berichte lokalisieren ihn völlig außerhalb Ägyptens (Konstantinopel, Armenien u. a., 9. Jh.) u. sind Anpassungen der Legende an bestehende Lokalkulte. Menas ist der volkstümlichste Nationalheilige

Ägyptens u. wird seit dem späten 4. Jh. fast in der ganzen damaligen christlichen Welt verehrt. Sein Kult verdrängte im 7. Jh. in Rom sogar den des hl. ↗ Martin, der am darauffolgenden Tag gefeiert wurde. Infolge der vielen Wunder an seinem Grab (beim heutigen Karm Abū Girg, 15 km südl. von Alexandria) entstand dort eine ganze Stadt (Menas-Stadt) mit Kirchen, Klöstern u. Pilgerhospizen. Wegen ihrer Bedeutung wurde sie das „altchristliche Lourdes" genannt. Die 1905–08 unter C. M. Kaufmann begonnenen Ausgrabungen werden z. Z. vom Dt. Archäologischen Institut in Kairo fortgesetzt.
Gedächtnis: 11. November
Darstellung: meist als Orans in Tunika mit Chlamys (mantelart. Überwurf) über der Schulter, beiderseits je ein kauerndes Kamel. Kamelköpfige Meeresungeheuer bedrohen das Schiff mit den Gebeinen des hl. Menas. In der koptischen Kunst als Reiter in Kriegsrüstung
Patron: der Kaufleute, zur Wiedererlangung verlorener Gegenstände, Helfer in schwerer Not (als solcher ist er der Urtypus des hl. „Expeditus": der Schlagfertige, allzeit Bereite. Es ist ein legendärer Heiliger, der seit dem 17. Jh. wegen seines Namens in dringenden, verzweifelten Fällen angerufen wird)
Lit.: J. Drescher: Bull. de la Soc. d'Arch. Copte 7 (Kairo 1941) 19–32 – Ders.: Annales du Service des Antiquités de l'Égypte 12 (Kairo 1942) – Ders., Apa Mena (Kairo 1946) – P. Devos: AnBoll 78 (1960) 154–160 275–308

Menehildis, Hl. (Menechildis, Manechildis, Menehould)
Name: Nf. zu ↗ Meinhilde
Sie war die Schwester der hll. ↗ Pusinna u. Liutrud u. war nach der Legende die Tochter des Grafen Sigmar von Perthes. Sie lebte als Einsiedlerin in Bienville bei Joinville (Diöz. Chalon-sur-Marne, Nordfrankreich) u. starb im 6. Jh. Bisch. Erchenrad übertrug einen Teil ihrer Reliquien in das Kloster St-Urbain bei Joinville, das Haupt nach dem castrum Conthense (seit dem 12. Jh. St-Menehould genannt).
Gedächtnis: 14. Oktober
Lit.: ActaSS Oct. VI (1814) 526–531 (Vita, wahrsch. 14. Jh.) – Baudot-Chaussin X 433

Mengold ↗ Meingold

Menrich von Lübeck, Sel. (Meinrich)
Name: ahd. magan, megin (Macht, Vermögen, Stärke) + rihhi (Herrschaft, Reich, vermögend): mächtiger Herrscher
Er war Säkular-Kanoniker zu Lübeck. Sein Bruder ↗ Berthold, ein Prämonstratenser des Stiftes Scheda bei Frödenberg a. d. Ruhr, hatte sich auf dem nahen Berg Haslei als Einsiedler niedergelassen, um dort durch sein Wort u. Beispiel dem ausgelassenen, unsittlichen Treiben der jungen Leute entgegenzutreten. Er baute dort eine Klause u. eine Kapelle zu Ehren der Gottesmutter. Seine Schwester schenkte ihm dazu ein Marienbild, das ihr Vater aus dem Hl. Land mitgebracht hatte. Nach dem Tod Bertholds legte Menrich sein Kanonikat nieder u. zog selbst in die verwaiste Klause seines Bruders ein. Aus der ganzen Gegend, bes. aus Soest, sammelte er Schüler um sich, die er zu einem heiligmäßigen Lebenswandel anwies. Mit Unterstützung des Erzb. von Köln, des Grafen Heinrich von Molenark (1225–37) u. der Grafen Gottfried von Arensberg u. Otto von Altena gründete er in Fröndenberg das dortige Zisterzienserinnenstift. Er starb am 20. 6. nach 1262 u. wurde in Fröndenberg beigesetzt.
Gedächtnis: 20. Juni

Menzel (schles.) ↗ Hermann

Merbod von Bregenz OSB, Sel. (Marbod, Merbot)
Name: ahd. marah (Stute, vgl. „Mähre") + boto (Bote): berittener Bote
Er soll dem Geschlecht der Grafen von Bregenz entstammen u. der Bruder des sel. ↗ Diedo von Andelsbuch u. der sel. ↗ Ilga von Schwarzenberg gewesen sein. Er wurde Benediktinermönch im Kloster Mehrerau bei Bregenz (seit 1854 Zisterzienser-Abtei), zog sich aber später mit Erlaubnis des Abtes ins Gebirge zurück u. lebte in Alberschwende (Bregenzerwald) als Einsiedler u. Seelsorger. Eines Tages fand man ihn ermordet in seiner Zelle. † am 23. 3. 1120. Sein Grab ist in der dortigen Merbod-Kapelle u. ist noch heute Wallfahrtsort.
Gedächtnis: 23. März (in Alberschwende begeht man sein Fest am 1. Donnerstag in der Fastenzeit)

Darstellung: in schwarzer Kukulle (Umhang mit Kapuze), mit Keule u. Wunden am Kopf
Lit.: ActaSS Sept. III (1868) 888ff – L. Rapp, Topographisch-historische Beschreibung des General-Vikariates Vorarlberg III (Brixen 1898) 578ff, IV (1902) 516ff, V (Dornbirn 1924) 82 131 – Zimmermann I 346–349

Mercedes
Name: im Span. gebräuchlicher Frauenname, gekürzt aus der Bezeichnung des Festes „Maria de las mercedes" (Maria de mercede captivorum = Maria vom Loskauf der Gefangenen). Es war ursprünglich Eigenfest der Mercedarier (↗ Petrus Nolascus u. ↗ Raimund von Peñafort), wurde 1696 durch Innozenz XII. auf die ganze Kirche ausgedehnt und ist seit 1969 wieder Eigenfest der Mercedarier u. Mercedarierinnen.
Gedächtnis: 24. September

Mercherdach (Muiredach) **von Regensburg** ↗ Marianus von Regensburg

Methodius (Methodios) **I.** der Bekenner, Patr. **von Konstantinopel,** Hl.
Name: zu griech. méthodos (Weg, etwas zu erreichen, Gang der Untersuchung, „Methode"): der Listenreiche, Einfallsreiche
* 788/800 zu Syrakus (Sizilien) von griech. Eltern. Als Knabe trat er in das Kloster Chenolakkos in Konstantinopel ein. Während der Verfolgung in der Zeit des Bildersturmes unter dem byzantinischen Kaiser Leon V. (813–820) floh er um 815 nach Rom u. wirkte dort als eifriger Anwalt der Bilderverehrung. 821 kehrte er nach Konstantinopel zurück, wurde aber durch den neuen Kaiser Michael II. mehrere Jahre auf der Insel St. Andreas in einem Grabmal eingesperrt. Kaiser Theophilos holte ihn in seinen Palast u. hielt ihn dort unter Gewahrsam, um sich jederzeit seinen Rat einholen zu können. Nach dessen Tod (824) kehrte Methodius in sein Kloster zurück. Kaiserin Theodora II. ernannte ihn 843 zum Patriarchen von Konstantinopel. Unter ihrer maßvollen Haltung in der Frage des Bilderkultes konnte er die Verehrung der Bilder wieder einführen u. maßregelte die bilderfeindlichen Bischöfe u. Priester. † am 14. 6. 847 in Konstantinopel.
Gedächtnis: 14. Juni
Lit.: Ostrogorsky 483 – J. Gouillard (von Methodios verf. Vita des Euthymius von Sardes): ByZ (1960) 36–46 – V. Grumel (Byzanz und Rom unter Leon V): RÉB 18 (1960) 19–44

Methodius, Slawenapostel, Hl. ↗ Cyrillus u. Methodius

Michael, Erzengel, Hl.
Name: hebr. mika'el, wer ist wie Gott? So hießen auch mehrere Männer im AT (Num 13,13; 1 Chr 5,13; 2 Chr 21,2; Esr 8,8. (Kf. Michel, Much; ital. Michele, span.-port. Miguel, franz. Michel, engl. Kf. Mike, schwed. Mikael, Mickel, russ. Michail, ungar. Mihály)
a) Bibel, rel. Überlieferung. Der Name dieses Engels kommt im AT nur bei Daniel vor. Dort wird er „einer der ersten Fürsten", „Engelsfürst", „der große Fürst" genannt (Dan 10,13.21; 12,1). In der außerbiblischen jüdischen Literatur (Rabbiner, Qumran) gilt er als „Erzengel" (Archángelos = „erster Engel") u. Oberfeldherr (archistrategós) der Engel. Er ist einer der 4 höchsten Engel, die vor dem Thron Gottes stehen (↗ Raphael, ↗ Gabriel, ↗ Uriel) (manchmal sind es auch deren 6 oder 7). Er ist der Vertraute Gottes, der die Schlüssel zum Himmel verwahrt. Er trägt die Gebete u. Opfer der Frommen vor den Thron Gottes u. überbringt die Offenbarungen u. Weisungen Gottes an die Menschen. Er ist der Engel der Gerechtigkeit u. des Gerichtes, aber auch der Gnade u. Barmherzigkeit. Gemäß der jüdischen Vorstellung, daß jedes Volk seinen bes. Engel habe, ist er der Fürsprecher Israels bei Gott, der Engel des auserwählten Volkes schlechthin. In der äthiopischen Übersetzung der Susannageschichte (Dan 13) tritt er statt Daniel als Anwalt der unschuldigen Susanna auf.
Im NT wird Michael im Judasbrief erwähnt, wie er mit dem Teufel um den Leichnam des Moses kämpft (Jud 9). Dies ist eine offenkundige Entlehnung aus der jüdischen Legende (apokryphe Himmelfahrt des Moses) u. eine Redeweise, die an die jüdische Vorstellungswelt anknüpft. Die Geheime Offenbarung schildert den Kampf Michaels u. seiner Engel mit dem Drachen (Satan) u. seinem Anhang (Offb 12,7ff).
In der frühchristlichen Zeit werden alle die-

se Bilder u. Vorstellungen von Michael als dem „Erzengel" übernommen. Er ist Fürsprecher der Menschen bei Gott u. speziell der Engel des christlichen Volkes (Beschützer der Kirche Christi).
Als Hüter des Paradieses steht er den Sterbenden bei u. geleitet ihre Seelen in den Himmel. So hieß es u. a. im Offertorium der Messe für Verstorbene (bis zur Liturgiereform 1969): „Der heilige Bannerträger Michael führe sie (die Seelen der Abgeschiedenen) in das heilige Licht". Damit hängt auch sein Patronat über die Friedhöfe und Friedhofskapellen zusammen. Vom 12. Jh. an bis in die Zeit der Aufklärung wurde er auf Darstellungen des Jüngsten Gerichtes mit der Seelenwaage abgebildet.
Bekannt ist auch die Vorstellung vom himmlischen Kampf in der Urzeit zw. Michael u. Luzifer: Luzifer, der ehemals höchste aller Engel, hatte sich gegen Gott empört u. wurde mitsamt seinem Anhang von Michael u. seinen Engeln in die Hölle gestürzt. Einen solchen Kampf in der Urzeit der Schöpfung kennt aber weder die Bibel noch die christliche Frühzeit. Er taucht erstmals im 6. Jh. auf (so bei Cassiodorus u. a.) u. ist eine freie Auslegung des Kampfes Michaels mit dem Drachen in der Geheimen Offenbarung (Offb 12,7ff): Hier ist es der Kampf zw. Gut u. Böse, der innerhalb der Menschheitsgeschichte selbst stattfindet, nicht vor der Erschaffung der Welt. Das Bild vom Höllensturz Luzifers hat sich bes. seit der Zeit der Gegenreformation verfestigt.
Nicht ganz geklärt ist die Beziehung bzw. Abgrenzung des hl. Michael zum sog. Engel Jahwes. Nach alt-jüdischer Vorstellung ist dies ein überirdisches Geistwesen, das bald wie Jahwe selbst auftritt, bald als sein Bevollmächtigter zum Menschen spricht.
b) Verehrung, Volkskundliches. Die Verehrung des hl. Michael begann im Orient u. hatte zu Chronis in Phrygien (mittleres Kleinasien) sein Zentrum, wo am 6. September eine Erscheinung des Erzengels Michael gefeiert wurde. Der Ort war jahrhundertelang ein berühmter Wallfahrtsort. Angeblich bestand dort schon zur Zeit der Apostel eine ihm geweihte Kirche. Vom Orient breitete sich der Kult allmählich auch auf das Abendland aus. Überall auf den Anhöhen entstanden Kirchen u. Kapellen zu Ehren des hl. Michael. Einen bes. Anstoß gab die Erscheinung des hl. Michael auf dem Monte Gargano (Monte Sant'Angelo) bei Manfredonia (an der Adria, Süditalien) am 8. 5. 495. Dieses Gedächtnis wurde in der röm. Liturgie bis 1960 als „Fest der Erscheinung des Erzengels Michael" begangen. Das noch heute bestehende Fest am 29. September ist das Gedächtnis der Kirchweihe von San Michele an der Via Salaria in Rom unter Papst ↗ Leo d. G. (440–461). Seit 1969 ist dieser Tag der gemeinsame Festtag der 3 biblischen Erzengel Michael, ↗ Gabriel u. ↗ Raphael.
Weiteren Auftrieb erhielt der Kult durch die Erscheinung des hl. Michael 590: ↗ Gregor I. hielt zur Abwendung der Pest in Rom eine große Prozession ab u. sah über dem Grabmal Kaiser Hadrians einen Engel, der sein Schwert in die Scheide steckte u. so das Ende der Epidemie anzeigte. Vom Volk wurde dieser Engel als der Erzengel Michael angesprochen. ↗ Bonifatius IV. (608–615) errichtete auf der oberen Plattform des Bauwerkes eine Michaelskapelle (in der heutigen Gestalt seit 1403 durch Bonifatius IX.), weshalb es bis heute Engelsburg (Castel Sant'Angelo) genannt wird. Peter Anton von Verschaffelt schuf 1753 die auf der Spitze thronende Bronzestatue des Erzengels anstelle einer früheren aus Marmor von Giulio della Porta (1527).
Der im Mittelalter wohl berühmteste Michaels-Wallfahrtsort war die OSB-Abtei Mont-Saint-Michel (Mons sancti Michaelis in periculo maris) in der Normandie. Diese wurde 709 durch Bisch. ↗ Autbert von Avranches aufgrund einer Vision des hl. Michael auf einem Felsen an der Atlantikküste gegründet. Die Kirche wurde der vom Monte Gargano nachgebildet. Dieses Kloster war bekannt vor allem durch die großen Kinderwallfahrten, bes. in den Jahren 1456–58. In riesigen Scharen strömten die Kinder aus allen Teilen Deutschlands dorthin.
Michael als Heerführer der Engel im Kampf gegen den Satan wurde zum Beschützer des Hl. Röm. Reiches u. der Kirche. Er galt als die Personifizierung des christlichen Ritter-Ideals. Ihm oblag der Kampf gegen die Feinde des Reiches u. der

Kirche. Deshalb wurde die Fahne des hl. Michael schon in der Schlacht auf dem Lechfeld (955) gegen die heidnischen Ungarn wie auch in den Kreuzzügen den kämpfenden Rittern im Namen Gottes vorangetragen. Nach ihrem Glauben kämpften ja Engel u. Heilige an ihrer Seite für die Ausbreitung des Reiches Gottes auf Erden. Bes. in Deutschland wurde der hl. Michael ungemein volkstümlich, im Gegensatz zu Gabriel u. Raphael. Zunächst wirkte hier sein Name günstig, der an das altdeutsche „michel" (groß) anklang. Sodann erinnerte der Engelfürst u. Wächter des Paradieses die christlich gewordenen Germanen an ihren ehemaligen Gott Wotan (ahd. Wuotan). Wotan war ursprünglich ein Sturm-Dämon, Geleiter der Toten u. Führer der Wilden Jagd („Wode"; vgl. „Wut", „wüten"), wurde dann zum Sturm- u. Wettergott u. schließlich zum obersten Gott. Wie Wotan die Seelen der gefallenen Helden in die Walhalla führt, so nimmt nach christlicher Vorstellung Michael die Seelen der abgeschiedenen Christen auf u. geleitet sie ins Paradies. Auf vielen Anhöhen entstanden Kapellen u. Kirchen zu seiner Ehre. Es ist aber umstritten, ob bzw. in welchem Maß dadurch alte Wotan-Heiligtümer auf den Bergen verdrängt wurden, da Michael bereits im Orient häufig auf Anhöhen verehrt wurde. Es versteht sich von selbst, daß der hl. Michael zum Schutzpatron Deutschlands wurde. Sein Name wurde als Taufname sehr gebräuchlich, was durch Namen berühmter Männer – auch weit über Deutschland hinaus – sehr gefördert wurde wie: Michael Pacher, der Breisacher Meister Michael (um 1520), Michelangelo Buonarroti (der gemeinhin nur unter seinem Taufnamen bekannt ist!) oder durch literarische Titelfiguren wie Heinrich von Kleists „Michael Kohlhaas".

c) „Michael" in dt. Redewendungen: Da „Michael" als Taufname so beliebt war, wurde „Michel" die Bezeichnung des gemeinen Mannes aus dem (niederen) Volk überhaupt, erhielt aber zugleich einen abwertenden Sinn. Seit dem 16. Jh. ist der „dt. Michel" der Typ des gutmütigen, tolpatschigen u. schwerfälligen Menschen. Der früheste Beleg hiezu findet sich in der Sprichwörtersammlung des Sebastian Franck (1541): Im 1. Band sagt er von den Frauen sehr wenig schmeichelhaft, sie seien „so torecht Tier", daß man zweifeln könne, ob die Weiber überhaupt vernünftige Menschen seien. In Ränken u. Listen seien sie „ja eitel geschwind Doctores, aber in nötigen Sachen können sie weniger denn der teutsch Michel". Im 2. Band bringt er Beispiele für grobe u. einfältige Menschen: „Ein grober Algewer Bauer, ein blinder Schwab, ein rechter dummer Jahn, der teutsch Michel, ein teutscher Baccalaureus (damals der niedrigste akademische Grad)". Kaspar Stieler umschreibt in seinem „Teutschen Sprachschatz" (Nürnberg 1691) einen „deutschen Michel" mit „idiota, indoctus", meint also einen einfältigen, ungelehrten Menschen, der kein Latein verstehe. Es war somit nicht nationale Selbstironie, mit der sich der Deutsche ganz allg. einen „deutschen Michel" genannt hätte. Vielmehr trugen in der Zeit des Humanismus u. des beginnenden Rationalismus die „Gebildeten" ihren Kopf recht hoch gegenüber den „Ungebildeten" u. zierten sich mit ihren Kenntnissen der lat. und griech. Dichter wie auch der als bes. vornehm geltenden franz. Sprache (das Deutsche galt damals als „bäurisch", ungehobelt u. banal).

Andererseits wird der „dt. Michel" gerade durch seine Einfalt u. Ungelehrsamkeit zum Anwalt der Reinerhaltung der dt. Sprache vor den damals zahllosen modischen Fremdwörtern. Johann Michael Moscherosch bringt 1638 u. wiederum 1642 ein Flugblatt mit einem Spottbild auf die Modetorheiten seiner Zeit u. einem langen Gedicht: „Ein schön new Lied genannt Der Teutsche Michel / etc. Wider alle Sprachverderber / Cortisanen / Concipisten vnd Concellisten / welche die alte teütsche Muttersprach mit allerley frembden / Lateinischen / Welschen / Spannischen vnd Frantzösischen Wörtern so vielfältig vermischen / verkehren und zerstehren / daß Sie ihr selber nicht mehr gleich sihet / vnd kaum halber kan erkant werden." Das Gedicht ist eine satirische Aufzählung gängiger Mode-Fremdwörter, es beginnt u. endet mit dem Reim: „ICH teutscher Michel / versteh schier nichel / in meinem Vatterland / es ist ein schand." Zum Zweck des besseren Einprägens ist es sangbar gehalten: „Im Thon:

Wo kompt es häre / daß zeitlich Ehre / etc.“
Um die Mitte des 18. Jh.s war „Michel“ oder „Vetter Michel“ ein Bauernknecht oder ein junger Bauer, nicht sehr gescheit, ein bißchen verträumt, aber arbeitsam, bieder u. gemütlich. Noch heute leben Redensarten fort wie: „Michel, wach auf!“, „Michel, gib dich nicht (auf)!“ In Ostpreußen sagt man: „Möchel, merkst nuscht?“, in Schwaben „hält man einen fürs Michele“ (d. h. man neckt ihn), u. Schweizer Kinder werden durch einen freundlich-belehrenden Vers zur Reinlichkeit erzogen: „Micheli, Mächeli, mach ins Kächeli!“ Zur politischen Witzfigur mit der Zipfelmütze wurde der „deutsche Michel“ in der Zeit zw. den Befreiungskriegen gegen Napoleon (1813–15) u. dem Revolutionsjahr 1848. Als volkstümliche Gestalt sollte er den biederen Bürger auf heiteren Flugblättern zum aktiven Eingreifen in das politische Tagesgeschehen wachrütteln.
Liturgie: GK F am 29. September (zus. mit Gabriel und Raphael)
Darstellung: seit dem 6. Jh.: (allein oder mit Gabriel) in langem, weißem Gewand (bes. als Begleiter oder Thronassistent Christi: auf Elfenbeinplastiken, Triumphbögen, in Apsiden; oder als Wächterengel: z. B. an Kirchentüren).
Seit der karolingisch-ottonischen Zeit: als geflügelter Engel in Rüstung, mit Lanze u. feurigem Schwert den höllischen Drachen bekämpfend; als Seelenführer u. Paradieseswächter; mit der Seelenwaage (es ist umstritten, ob auf allen mittelalterlichen Weltgerichts-Darstellungen der dort auftretende Engel mit der Waage stets als St. Michael anzusprechen ist. Gesichert ist dies für das ausgehende Mittelalter u. den Barock).
Seit der Gegenreformation: Michael als Anführer des Engelheeres im Kampf mit Luzifer u. seinen Teufeln
Patron: der kath. Kirche, des dt. Volkes, der Armen Seelen, der Sterbenden, für einen guten Tod; der nach ihm benannten Orden; der Apotheker, Eicher, Gewichtemacher, Kaufleute (wegen der Waage), Bäcker, Bankangestellten (Pius XII. 1958), Drechsler, Glaser, Maler, Radiofachleute (Pius XII.), Ritter, Schneider, Soldaten, Vergolder, Blei- und Zinngießer; gegen Blitz und Ungewitter (weil sein Attribut das flammende Schwert ist), der Kirchhöfe

Lit.: a) Schrift u. Überlieferg.: Felten II 113ff 124f – J. Michl, Die Engelvorstellungen in der Apokalypse des hl. Joh. I (München 1937) 138–146 – U. Holzmeister, Michael Archangelus et archangeli alii: VD 23 (1943) 176–186 – C. D. G. Müller, Die Engellehre der koptischen Kirche (Wiesbaden 1956) 8–35 – Pauly-Wissowa XXIII 1457f (Michael als Seelenwäger) – RAC V 243–251
b) Verehrung: ActaSS Sept. VIII (1762) 4–123 – BHG 1282–1294c – BHL 5947–5956
c) Ikonographie: Künstle I 247–250 – G. Schreiber, St. Michael u. d. Madonna: ZAM 17 (1942) 17–32 – RDK V 654ff – A. Pigler, Barockthemen I (Budapest-Berlin 1956) 397–402
d) rel. Volkskunde: M. Höfler, Das St.-Michaels-Brot: ZVK 11 (1901) 193 – A. Hauffen, Geschichte des dt. Michel (Prag 1918) – A. Renner, St. Michael in Geschichte u. Kunstgeschichte (Saarbrücken 1927) – C. Rademacher, Wodan – St. Michael – Der deutsche Michel (Köln 1934) – J. Bernhart, Der Engel des dt. Volkes (München 1934) – A. Krefting, St. Michael u. St. Georg in ihren geistesgeschichtl. Beziehungen (Jena 1937) – A. Rosenberg, Michael u. d. Drache (Olten 1956) – A. Dörrer, Tiroler Umgangsspiele (Innsbruck 1957) 555 (Reg.) – Ders., Mit Erzengel Michael im Bunde: Der Schlern 31 (Bozen 1957) 134–142 (Lit.)

Michael (Miguel) **Carvalho** SJ, s. Märt. in Japan (S. 906ff)

Michael (Miguel) **Febres Cordero** FSC, Hl. (Taufname: Francisco)
* am 7. 11 1854 in Concha (Ecuador). Bis zu seinem 5. Lebensjahr hatte er ein Gelenksleiden u. konnte kaum gehen. Gegen den Widerstand seines Vaters trat er 1868 in Quito in den Orden der Christlichen Schulbrüder ein u. war von 1869 bis 1897 als Lehrer, Katechet, Erzieher u. geistlicher Volksschriftsteller tätig. Er verstand es meisterhaft, sich in der Jugendarbeit jeder Altersstufe anzupassen. Besonders die Erstkommunikanten wußte er mit rel. Eifer zu erfüllen. Gleichzeitig war er Hausoberer in Quito. Man rühmte an ihm seinen Gebetseifer, seine Selbstbeherrschung, Klugheit, praktische Intelligenz, Menschenkenntnis, Geduld, seinen Seeleneifer u. seine persönliche Selbstaufopferung. Anläßlich der Seligsprechung seines Ordensstifters ↗ Johannes Bapt. de La Salle (1888) ging er mit einigen seiner Ordensbrüder nach Rom. Nach dem Verbot des Ordens in Frankreich (1904) wurde er nach Belgien geschickt u. unterstützte von dort aus seine bedrängten Ordensbrüder als Redakteur

der Ordenszeitschrift. Dort befiel ihn ein schweres Fieber. Des milderen Klimas wegen erhoffte man für ihn Besserung in Premia de Mar bei Barcelona (Spanien). Dort starb er aber nach wenigen Monaten am 9. 2. 1910. Seliggesprochen am 30. 10. 1977. Heiliggesprochen am 21. 10. 1984.
Gedächtnis: 9. Februar
Lit.: AAS 70 (1978) 777–780 – Th. Rave, Künder der Frohbotschaft (Illertissen 1972) (als Manuskr. gedr.) – Ders., Zeichen u. Zeugnis Gottes, Br. Mutian M. v. Malonne/Br. Michael v. Ecuador (Illertissen 1977) 39ff

Michael (Michel) **Garicoïts,** Hl.
* am 15. 4. 1797 in Ibarre (Diöz. Bayonne, Südwest-Frankreich). In den Wirren der Franz. Revolution konnte er erst nach einem halben Jahr die Taufe empfangen. Wegen der Armut der Eltern verdingte er sich mit 10 Jahren als Schafhirte. Mit Unterstützung des Ortspfarrers konnte er das Kleinseminar, dann das Priesterseminar in Aire besuchen u. empfing 1823 die Priesterweihe. Er wurde 1824 Kaplan in der Pfarre Cambo, 1825 Professor der Theologie u. (1831–33) Leiter des Priesterseminars in Bétharram. Er bekämpfte in Wort u. Schrift die herrschenden Strömungen des Gallikanismus u. Jansenismus u. trat Hugo-Félicité-Robert de La Mennais (Lamennais) entgegen, der mit seinen liberal-demokratischen, später revolutionär-sozialistischen Ideen in immer schärferen Gegensatz zur Kirche geriet. Michael Garicoïts gründete 1834–35 in Bétharram die Kongregation der „Priester des Hl. Herzens Jesu“, die er bis zu seinem Tod leitete. Deren Ordenssatzungen verfaßte er in Anlehnung an die Konstitutionen der Gesellschaft Jesu. † am 14. 5. 1863 in Bétharram. Seliggesprochen am 10. 5. 1923, heiliggesprochen am 6. 7. 1947.
Gedächtnis: 14. Mai
Lit.: AAS 39 (1947) 281ff – B. Bourdenne (Paris 1917) – A. Bordacher (Paris 1923) – Baudot-Chaussin V 291ff

Michael Ghebre ↗ Ghebre Michael

Michael (Michele) **Rua** SDB, Sel.
* am 9. 6. 1837 in Turin. Mit 10 Jahren kam er an das Oratorium des hl. ↗ Johannes Bosco (Don Bosco) u. mit 15 Jahren an das zugehörige Kolleg. 1855 schloß er sich ganz Don Bosco an. Er erhielt 1859 die Priesterweihe u. wurde zum „1. Salesianer“ u. zur „rechten Hand“ des Gründers, dessen Nachfolge in der Leitung des neuen Ordens er 1888 antrat. Sein Wesen waren Bescheidenheit, Demut u. Selbstentsagung. Unter ihm breitete sich der Orden der Salesianer Don Boscos in u. außerhalb Europas aus, die Zahl der Niederlassungen stieg von 64 auf 341. † am 6. 4. 1910 in Turin. Seliggesprochen am 29. 10. 1972.
Gedächtnis: 6. April
Lit.: AAS 66 (1972) 529ff – A. Amadei, Il servo di Dio Michele Rua, 3 Bde. (Turin 1931–34) – A. Auffray (Lyon 1932)

Michael de Sanctis OSTDisc, Hl.
* am 29. 9. 1591 in Vich (nördl. von Barcelona, Nordost-Spanien). Mit 12 Jahren trat er in Barcelona dem Trinitarierorden bei u. legte dort 1607 die Profeß ab. 1608 trat er in Pamplona (Navarra, Nordspanien) zu den Unbeschuhten Trinitariern über. Er wirkte mit großem Eifer als Seelsorger in Madrid, Sevilla u. bes. in Baëza und Valladolid. Er hatte großen Gebets- u. Bußeifer u. hatte die Gabe der Beschauung. Wegen seiner häufigen Ekstasen wurde er „El Extático“ genannt. † am 10. 4. 1625 in Valladolid. Seliggesprochen 1779, heiliggesprochen 1862.
Gedächtnis: 10. April
Lit.: Diego de la Madre de Dios, La crónica de los Descalzos de la S. Trinidad (Madrid 1652, Buenos Aires 1944^2) – José de Jesús Maria (Salamanca 1688) – Angelo Romano di S. Teresa (Isola del Liri 1925) – J. Gros i Raguer (Barcelona 1936) – L. Callejo: Año cristiano III (Madrid 1959) 39–45

Michaela ↗ Maria Michaela Desmaisières

Michèle (franz.) ↗ Michaela

Michelina Metelli, Sel. (Michelina von Pesaro)
Name: ital. Weiterbildung zu Micaela (↗ Michaela)
* 1300/16 in Pesaro (südöstl. von Rimini, Mittelitalien) aus einer angesehenen u. wohlhabenden, aber keineswegs christlich lebenden Familie. Mit 12 Jahren wurde sie mit einem reichen Mann verheiratet (spätere Biographien identifizieren ihn mit den Malatesta) u. führte mit ihm ein standesgemäßes, aber wenig tugendhaftes Leben. Mit 20 Jahren Witwe geworden, nahm sie 1335 eine fromme Franziskaner-Terziarin in ihr Haus auf. Dadurch änderte sie selbst all-

mählich ihren Sinn u. trat, nachdem auch ihr einziger Sohn gestorben war, selbst dem 3. Orden des hl. Franz von Assisi bei. Sie entsagte allem Besitz u. lebte in größter Armut und Zurückgezogenheit u. widmete sich ganz den Werken der Nächstenliebe, weshalb sie von ihren Verwandten als Närrin gescholten wurde. Ja man sperrte sie wegen vermeintlicher Geistesgestörtheit in einen Turm u. legte sie in Ketten. Schließlich ließ man sie aus Mitleid wieder frei. Sie pilgerte ins Hl. Land u. pflegte in Jerusalem die Aussätzigen. Auf dem Kalvarienberg hatte sie die Gnade einer Vision. † am 19. 6. 1356 in Pesaro. Kult 1737 bestätigt.
Gedächtnis: 19. Juni
Darstellung: mit Pilgerhut u. Stab, über den Wolken schwebend
Lit.: A. M. Bonucci (Rom 1721^3) – ActaSS Iun. III (1743) 925–937 – A. Oliveri, Della patria della beata Michelina (Pesaro 1772) – Wadding A^3 VIII 140–143 – Baudot-Chaussin VI 317f

Michelotti ↗ Johanna Franziska von der Heimsuchung Mariä

Miguel (span.) ↗ Michael

Mike (engl.) ↗ Michael

Miklós (ungar.) ↗ Nikolaus

Mikula (russ.) Nikolai (↗ Nikolaus) + Michail (↗ Michael)

Mila (slaw.) ↗ Ludmilla

Milburga OSB, Äbtissin **zu Wenlock,** Hl. (Mildburg)
Name: zu ahd. milti (mild, gütig, freigebig) + burg (Burg, Schutz): freigebige Beschützerin
Sie war die Tochter des Königs Merowald von Mercien (Gebiet zw. Trent u. Themse, England) u. der hl. ↗ Ermenburga u. Schwester der hll. ↗ Mildreda u. ↗ Mildwida. Sie gründete um 680 das Nonnenkloster Wenlock (Shropshire, Mittelengland) u. trat selbst dort ein. Sie stellte sich unter die geistliche Leitung des Bisch. ↗ Theodor von Canterbury, von dem sie auch zur Äbtissin geweiht wurde. † um 722. Das Kloster wurde um 1011 durch die Dänen zerstört, 1078 von ↗ Cluny aus wieder aufgebaut. Dabei wurde ihr Grab wiederentdeckt. Ihre Gebeine wurden am 26. 5. 1101 in die ihr zu Ehren erbaute Kirche übertragen.
Gedächtnis: 23. Februar
Lit.: ActaSS Febr. III (1658) 388–391 – DNB 37, 372 – BHL 5959 – Zimmermann I 242 244 – F. M. Stenton, Anglo-Saxon England (Oxford 1947^2) 46 162. – Nova Legenda Angliae, ed. C. Horstmann, II (Oxford 1901) 188–192

Mildreda OSB, Äbtissin **zu Minster,** Hl. (Mildritha)
Name: angels. milde (freundlich, mild) + raed (Vorteil, Hilfe, Rat): freundliche Beraterin
Sie war die Schwester der hll. ↗ Milburga u. ↗ Mildwida. Sie kam zur Ausbildung in das Benediktinerinnenkloster Chelles bei Paris u. wurde nach ihrer Rückkehr nach England Benediktinerin im Kloster Minster auf der Insel Thanet (Kent), das ihre Mutter gegründet hatte. Nach dem Tod ihrer Mutter, die dort 1. Äbtissin war, wurde sie deren Nachfolgerin. † am 13. 7. um 734. Nach der Zerstörung des Klosters durch die Dänen (1011) wurden ihre Gebeine nach Canterbury übertragen u. in der dortigen Kirche St. Augustin beigesetzt. Mildreda wird auch in der Diözese Utrecht u. im flämischen Ort Millam verehrt.
Gedächtnis: 13. Juli
Lit.: Nova Legenda Angliae, ed. C. Horstmann, II (Oxford 1901) 193–197 – ActaSS Iul. III (1723) 512–523 – BHL 5960–5964 – Zimmermann II 445ff

Mildwida OSB, Hl. (Mildgytha, Mildgyda, Milwyda)
Name: angelsächs. milde (freigebig, gütig, mild) + wath (Jagd; Nahrungserwerb; ahd. weida, vgl. Weide, Weidmann, Weih): freigebige Ernährerin
Sie war die Schwester der hll. ↗ Milburga u. ↗ Mildreda. Sie lebte als Nonne im Kloster Canterbury. † im 8. Jh.
Gedächtnis: 17. Jänner

Milena (slaw.), Weiterbildung zu ↗ Mila

Milleret de Brou ↗ Eugenia Maria von Jesus

Milo von Selincourt OPraem, Bisch. von Thérouanne, Sel.

Name: wahrscheinlich Kf. zu ahd. milti (freigebig, freundlich, mild)
Er war Schüler des hl. ↗ Norbert u. Prämonstratenser im Kloster Selincourt bei Hornoy (Diöz. Amiens, Nordfrankreich). Er wurde 1131 Bisch. von Thérouanne (südl. von St-Omer, Nordfrankreich) u. unterstellte das Augustiner-Chorherrenstift Dommartin in St-Josse-au-Bois (gegründet 1122/23) dem Prämonstratenserorden (nach anderen Quellen wäre er 1. Abt dieses Klosters gewesen). Er war mit ↗ Bernhard von Clairvaux befreundet, jedoch ein scharfer Gegner des Bisch. Gilbert von Poitiers (G. Porreta, G. de la Porrée). Dieser mußte sich wegen seiner Lehräußerungen über die Hl. Dreifaltigkeit auf der Diözesansynode zu Poitiers (1146) u. auf einem Konsistorium zu Paris (Ostern 1147) in Gegenwart ↗ Eugens III. verantworten. (Als seine Gegner traten bes. hervor: ↗ Gottfried von Clairvaux, ↗ Gerhoh von Reichersbach, Clarenbaldus von Arras, Walter von St-Victor u. a. Theologen). Milo starb am 16. 7. 1159.
Gedächtnis: 16. Juli

Miltiades, Papst, Hl. (in einer handschriftl. Variante „Melchiades")
Name: zu griech. míltos (rote Erde, rotfärbender Stoff, Rötel, Mennige): der Rote (so hieß auch der griech. Staatsmann u. Feldherr, der 490 v. Chr. die Perser in der Schlacht bei Marathon besiegte).
Er wurde 310 gewählt. Trotz der Angabe des Liber Pontificalis war er wohl nicht afrikanischer Herkunft, sondern Römer. Während seiner Regierung siegte ↗ Konstantin d. G. am 28. 10. 312 an der Milvischen Brücke im Norden Roms über seinen Gegner Maxentius. Miltiades ist der erste Papst, der nach 2½ Jh.en Verfolgung den staatlich garantierten Frieden erlebte. Im Jahr 313 entschied er auf der Synode im Lateran gegen die Donatisten. Die Donatisten übten die Praxis der Wiedertaufe (die Sakramente seien nur gültig gespendet, wenn der Spender ein heiligmäßiges Leben führt), lehnten die konstantinische Staatskirche ab („die wahre Kirche ist jene, die verfolgt wird, nicht die verfolgt") u. propagierten einen Märtyrerfanatismus bis zur Auslösung einer Selbstmordwelle. Miltiades starb 314. Sein Fest ist im Kalendarium des Philokalos (354) am 10. Jänner. Als es erst gegen Ende des 13. Jh.s in das röm. Martyrologium kam, haben es die röm. Liturgiker irrtümlich um einen Monat zu früh, am 10. Dezember, angesetzt.
Gedächtnis: 10. Dezember
Lit.: W. Ensslin: Pauly-Wissowa XV 1706f – H. Kraft, Kaiser Konstantins religiöse Entwicklung (Tübingen 1955) 33–37 – H. U. Instinsky, Bischofsstuhl u. Kaiserthron (München 1955) 59–82 – Ders.: RQ 55 (1960) 203–206

Mimi (Mimmi), Koseform (eigentlich Lallform aus der Kindersprache) zu ↗ Maria

Mina (Mine), Kf. zu ↗ Hermine, ↗ Wilhelmine

Minka (poln.), Kf. zu ↗ Hermine, ↗ Wilhelmine

Minias, Märt. **in Florenz,** Hl. (Miniatus)
Er war röm. Soldat u. sollte gemäß dem Edikt des Kaisers Decius (249–251) seinem Glauben abschwören. Vor dem heidnischen Richter bekannte er sich aber mutig als Christ u. ertrug standhaft alle Folterqualen, bis man ihn schließlich enthauptete. Der Ort seines Martyriums soll an der Stelle der Kirche S. Candida in Florenz gewesen sein. Die Legende erzählt, der Heilige habe sein abgeschlagenes Haupt an den Arno getragen, sei damit hinübergeschwommen u. habe es an einem Hügel im Osten der Stadt (heute Monte Fiorentino, Monte santo) niedergelegt. Wohl im 4. Jh. entstand hier eine einfache Kapelle, die Erzb. Hildebrand (Ildebrando) 1018 zu einer großen Kirche umbauen ließ. Im 15. Jh. kam die prächtige Innenausstattung, im 19. Jh. die monumentale Außenfassade in weißem Marmor hinzu. Die Kirche S. Miniato al Monte, in schöner Aussichtslage über der Stadt gelegen, zieht alljährlich unzählige Besucher an. Einige Reliquien des Heiligen sollen durch Bisch. Theodorich I. (964–984) nach Metz übertragen worden sein.
Gedächtnis: 25. Oktober
Darstellung: als Ritter mit Palme u. Krone (man hielt ihn fälschlich für einen armenischen Prinzen)

Minna
Name: im 18. Jh. aufgekommene Kf. von ↗ Wilhelmine. Der Name wurde bes. bekannt durch das Lustspiel „Minna von Barnhelm" von Gotthold Ephraim Lessing (1767). Im 19. Jh. wurde er so häufig, daß er als Namenstypus für Dienstmädchen abgewertet wurde.

Mira, Kf. zu ↗ Mirabella

Mirabella, Weiterbildung zu ital. mirabile (wunderbar)

Mirella (ital.), Kf. von ↗ Mirabella

Mirjam ↗ Maria, Jungfrau u. Gottesmutter

Mirl, oberdt. Kurz- oder Kosef. zu ↗ Maria

Mitzi (Mizzi), oberdt. Kurz- oder Kosef. zu ↗ Maria

Modesta OSB, Äbtissin **in Trier,** Hl.
Name: weibl. F. zu ↗ Modestus
Sie war die Jugendfreundin der hl. ↗ Gertrud von Nivelles (südl. Brabant, Belgien). Wahrscheinlich erhielt sie in diesem Kloster unter dessen Stifterin ↗ Iduberga ihre Erziehung. Sie wurde 1. (?) Äbtissin des Klosters Öhren (oder Oeren-St.-Irminen) in Trier (urkundlich genannt Ad Horreum = beim Getreidespeicher, nach ihrer Nachfolgerin auch St. Irminen genannt). † am 4. 11. nach 659. Ihre Gebeine ruhten in diesem Kloster bis 1770, danach sollen Reliquien nach St. Matthias in Trier übertragen worden sein. Ihre Verehrung ist in Trier seit dem 10. Jh. bezeugt.
Liturgie: Trier g am 6. November, sonst am 4. November
Darstellung: als Äbtissin
Lit.: ActaSS Nov. II/1 (1894) 299–310 – Zimmermann III 262f – Baudot-Chaussin XI 127f

Modestus, Märt., Hl.
Name: lat., der Bescheidene
Er war der angebliche Erzieher des hl. ↗ Vitus u. wurde der Überlieferung nach mit diesem Knaben u. seiner Amme ↗ Crescentia wohl unter Diokletian um 304 gemartert.
Gedächtnis: 15. Juni (mit Vitus u. Crescentia)

Modestus (Modestos), Patr. **von Jerusalem,** Hl.
Er war zuerst Abt des Theodosius-Klosters bei Jerusalem. Nach dem Einfall u. der Eroberung der Stadt durch die Perser unter Chosrau Abharwez 614 geriet Patriarch ↗ Zacharias mit zahlreichen Gläubigen in Gefangenschaft, aus der er nicht mehr zurückkehrte. Modestus übernahm seine Stelle als Verweser, nach dem Tod des Zacharias 630 wurde er inthronisierter Patriarch. Er suchte die große Not unter der Bevölkerung zu lindern u. die zerstörten Heiligtümer wieder aufzubauen. † am 17. 12. 630 oder 634, er wurde in der Apostelkirche auf dem Ölberg beigesetzt.
Gedächtnis: 17. Dezember
Lit.: DACL VII 2346–2350 (Quellen) – CSCO 202–203 (1960) – Baudot-Chaussin XII 532–536 Muséon 73 (1960) 127–133

Modestus, Bisch., Glaubensbote **in Kärnten,** Hl.
Er dürfte irischer Abstammung sein u. wurde als Salzburger Chorbischof schon vor 767 auf Bitten des Bayernherzogs Cheitumar von Bisch. ↗ Virgil von Salzburg mit 4 Priestern zu den Karantaner Slawen gesandt. Dort errichtete er um 751/752 an der Stelle des ehemaligen röm. Bistums Virunum die Kirche Maria Saal (Sancta Maria in Solio = Hl. Maria auf dem Thron) und an der Stelle des alten Römerbistums Teurnia die Kirche St. Peter im Holz (westl. von Spittal a. d. Drau). Maria Saal war von da an bis 945 Sitz der Salzburger Chorbischöfe. † am 3. 12. 772 (?). Sein Hochgrab, ein vermauerter vorromanischer Tischaltar in Maria Saal, ist Zentrum eines lebendigen Kultes.
Liturgie: Gurk-Klagenfurt G am 24. November (mit Vigil), sonst 3. Dezember
Darstellung: im bischöflichen Ornat, mit Kirchenmodell
Lit.: MGSS XI 7f – K. Ginhart, Das Modestus-Grab: Festschr. J. Strzygowski (Klagenfurt 1932) 61–66 – Tomek I 75f – A. Maier, Kirchengeschichte von Kärnten II (Klagenfurt 1953) 4ff – I. Zibermayr, Noricum, Baiern und Österreich (Horn 1956^2) 228–237

Modestus, Bisch. **von Trier,** Hl.
Er war der 20. (19.) Bisch. von Trier. Er re-

gierte in der bedrängten Zeit der Hunneneinfälle unter Attila († 453). Er selbst litt unter einer schmerzhaften Krankheit u. hatte zudem mit dem sittenlosen Lebenswandel seiner Diözesanen zu kämpfen. † um 486. Er wurde in der Kapelle des hl. ↗ Eucharius, des 1. Bisch. von Trier, bestattet (heute St. Matthias).
Gedächtnis: 25. Februar
Lit.: ActaSS Febr. III (1658) 463ff – DACL XV 2727ff – Baudot-Chaussin II 496

Modoald, Bisch. **von Trier,** Hl. (Modualld, Modowandus)
Name: ahd. muot (Mut) + walt (der Waltende, Herrscher): tapferer Herrscher
Er wurde 614/615 Bisch. von Trier. Er war ein Verwandter, vielleicht ein Bruder der hl. ↗ Iduberga. Durch seine Mildherzigkeit u. seelsorgliche Aufopferung erwarb er sich bei den Bürgern der Stadt den Ehrennamen eines „Vaters u. Beschützers der Elenden." Er war Erzieher des hl. ↗ Germanus von Münster-Granfelden u. zeitweise auch Berater des Frankenkönigs Dagobert I. Er gründete das Frauenkloster St. Symphorian in Trier, wahrscheinlich auch St. Maria ad Horrea (Oeren-St.-Irminen), St. Martin im Münstermaifeld u. St. Marien in Andernach. Er starb 647/649. Seine Gebeine wurden durch Abt Stephan von Lüttich († 1107) in das Kloster Helmarshausen (Diözese Paderborn) übertragen.
Liturgie: Trier g am 12. Mai
Darstellung: als Bischof im Gebet
Lit.: ActaSS Maii III (1680) 51–62 – MGSS VIII 223–226 – E. Ewig, Trier im Merowingerreich (Trier 1954) 117–129

Molas y Vallvé ↗ Rosa Maria Francisca Molas y Vallvé

Monaldus von Ancona OFM u. Gef., Märt., Hll.
Name: germ. muni (Gedanke, Sinn) + walt (der Waltende, Herrscher, Herzog): kluger Herrscher
Zus. mit seinen Mitbrüdern **Antonius von Mailand** u. **Franciscus von Petriolo** ging er nach Armenien, um dort unter den Moslems das Evangelium zu verkünden. Alle 3 wurden am 15. 3. 1314 enthauptet u. zerstückelt. Ein armenischer Priester bestattete ihre Leichname. Die 3 Märt. werden bei den Griechen u. Armeniern liturgisch verehrt.
Gedächtnis: 15. März
Lit.: ActaSS Mart. II (1735) 412ff – AFranc III 413ff 597 – M. Bihl: AFrH 16 (1923) 94f 104f – Wadding A VI[3] 252–255.

Monegundis, Hl.
Name: germ. muni (Gedanke, kluger Sinn) + gunth (Kampf): kluge Kämpferin
Sie stammte aus Chartres (südwestl. von Paris). Nach dem Tod ihrer beiden Töchter wurde sie Reklusin, zuerst in Chartres, dann in Tours, u. leitete dort später ein Nonnenkloster. † am 2. 7. um 570. ↗ Gregor von Tours beschrieb ihr Leben u. die Wunder vor u. nach ihrem Tod. Ihre Gebeine waren im Kloster St-Pierre-le-Puellier zu Tours bestattet, wurden aber 1562 von den Hugenotten z. T. vernichtet.
Gedächtnis: 2. Juli
Lit.: ActaSS Iul. I (1719) 309–318 – BHL 5995–5998 – MartHieron 347f – Baudot-Chaussin VII 46f – Delehaye S 94f

Monika (Monnika), Hl.
Name: punisch, die Göttin (Kf. Moni; ital.-lat. Monica, franz. Monique)
* um 332 zu Tagaste in Numidien (heute Souk-Arrhas, südl. von Bône, Algerien). Von ihren christlichen Eltern wurde sie fromm erzogen. Sie vermählte sich in jungen Jahren mit dem heidnischen Beamten Patritius (371 als Christ gestorben), dem sie 3 Kinder schenkte: Navigius, eine Tochter (wahrscheinlich mit dem Namen Perpetua) u. ↗ Augustinus. Sie verfolgte mit Freude u. Stolz den Studiengang ihres Sohnes Augustinus, war aber zugleich über seine rel. Irrwege von großer Sorge erfüllt. Durch ihre Gebete u. Tränen rettete sie ihren Sohn aus dem Manichäismus u. einem ausschweifenden, weil ziellosen Lebenswandel u. trug wesentlich dazu bei, daß aus ihm der berühmte Bisch. von Hippo wurde. Um seine Bekehrung zu erreichen, folgte sie ihm nach Rom u. Mailand zu Bisch. ↗ Ambrosius, wo er sich bekehrte u. zu Ostern 387 die Taufe empfing. Auf der gemeinsamen Rückreise nach Afrika starb sie in Ostia bei Rom im Oktober 387. Ihre Gebeine wurden 1162 in das Augustinerkloster Arrouaise bei Arras (Nordfrankreich) übertragen, von wo sich ihre Verehrung über die ganze

Kirche ausbreitete. Andere Reliquien kamen 1430 von Ostia in die Kirche Sant' Agostino zu Rom. Augustinus hat ihr in seinen Confessiones ein unvergängliches Denkmal gesetzt.
Liturgie: GK G am 27. August (früher: 4. Mai, weil die Bekehrung Augustinus' am 5. Mai gefeiert wurde)
Darstellung: als Matrone mit Schleier, weinend u. betend, oder in einem Buch lesend, oder auf dem Sterbelager im Beisein ihres Sohnes. Im Gespräch mit ihrem Sohn. Mit Rosenkranz
Patronin: der Frauen u. Mütter, der christlichen Müttervereine
Lit.: ActaSS Maii I (1737) 473–492 – BHL 5999–6004 – DACL XI 2232–2256 – Pauly-Wissowa Suppl. VI 520–529 – A. Casamassa: RPAA 27 (1952–54) 271ff (Sarkophag-Fragment in Ostia) – M. A. Goldmann (Regensburg 1949)

Monon, Märt., Hl.
Er stammte aus Irland u. lebte als Mönch u. Einsiedler im Wald von Fridier bei Nassogne in den Ardennen (Belgien). Er baute dort ein Kirchlein u. eine Zelle, von wo aus er segensreich wirkte. Er tadelte einige Leute aus der Gegend wegen ihres Lebenswandels. Da wurde er von ihnen überfallen u. ermordet. † um 645. Über seinem Grab wurde eine Kirche errichtet, Pippin d. J. erbaute daneben ein Kanonikerkapitel.
Gedächtnis: 18. Oktober
Darstellung: mit einer Glocke, die von Schweinen aus der Erde gewühlt wurde
Lit.: AnBoll 5 (1886) 196–206 – Essen 144–149

Montanus, Erzb. **von Toledo,** Hl.
Name: zu lat. mons (Berg): Bergbewohner
Er wurde 523 der 18. (20.) Erzb. von Toledo (Spanien). Er berief u. leitete die 2. Synode von Toledo (um 527). In einem Brief an die Gläubigen von Palencia u. einem an den Mönch Turibius wendet er sich gegen kirchliche Mißstände u. die rel. Schwarmgeistbewegung der Priscillianer (Priscillianus, der Urheber u. Wortführer dieser Bewegung, war ein vornehmer u. gebildeter spanischer Laie, wurde gegen den Protest der führenden Häupter der Kirche, Papst ↗ Siricius, ↗ Martin von Tours, ↗ Ambrosius von Mailand u. a. im Jänner 385 in Trier hingerichtet). Montanus starb 531.
Gedächtnis: 23. Februar
Lit.: Flórez V 247 409–421 – E. Cuevas–U. Dominguez, Patrologia española (Madrid 1956) 60

Monulf, Bisch. **von Maastricht,** Hl. (Munolf, Monulph)
Name: germ. muni (Gedanke, kluger Sinn) + ahd. wolf (Wolf: wegen seiner Angriffslust bei den Germanen Symbol des kämpferischen Mutes): kluger Kämpfer
Er war der Sohn des Grafen Dionantius von Dinantium (heute Dinant, südl. von Namur, Südbelgien) u. wurde wahrscheinlich 560 Bisch. von Maastricht (Niederlande) als Nachfolger des hl. ↗ Domitian. Er war ein glänzender Prediger u. Reformator seiner Diözese. Über dem Grab des hl. ↗ Servatius von Tongern erbaute er eine Kirche, in Lüttich eine Kapelle zu Ehren der hll. ↗ Kosmas u. Damian, wahrscheinlich auch das Spital St-Gilles in Maastricht u. die Johanneskapelle in Embourg. † am 16. 7. 599. Sein Grab ist in der Krypta der Servatiuskirche in Maastricht. Seine Gebeine wurden in Gegenwart Kaiser Heinrichs III. 1039 erhoben, der Sarkophag ist noch heute erhalten.
Gedächtnis: 16. Juli
Lit.: ActaSS Iul. IV (1725) 157ff – MGSS XXV 27f – BHL 6012–6018 – Moreau B I 36ff

Morandus OSB, Glaubensbote **im Elsaß,** Hl. (Morand)
Name: ahd. marah (Streitroß; vgl. „Mähre") + aneto, anto (Atem, Schnauben; wohl auch: zorniger Mut): mutiges Schlachtroß
Er stammte aus der Gegend von Worms, wurde an der bischöflichen Schule in Worms erzogen u. wurde Priester. Er machte eine Wallfahrt nach Santiago de Compostela u. trat auf dem Rückweg in das Benediktinerkloster ↗ Cluny ein (bei Châlon-sur-Saône, Ostfrankreich). Abt ↗ Hugo von Cluny schickte ihn zuerst als Prior in ein Kloster in der Auvergne (Landschaft um Clermont, Zentralfrankreich), um 1106 nach Altkirch (südl. von Mülhausen, Elsaß), wo eine neue Niederlassung gegründet worden war. Hier entfaltete er eine ausgedehnte seelsorgliche Tätigkeit, weshalb er auch „Apostel des Sundgaues" (Südelsaß) genannt wurde. † am 3. 6. um 1115. Seine Gebeine ruhen in Altkirch (die Hochgrabtumba ist noch erhalten) u. sind noch heute Mittelpunkt von Wallfahrten. Ein Teil sei-

nes Hauptes kam unter Herzog Rudolf IV. von Habsburg (1358–65) in den Stephansdom zu Wien.
Gedächtnis: 3. Juni
Darstellung: als Mönch oder (Santiago-) Pilger, später auch mit Traube und Rebmesser
Patron: der Winzer; im Mittelalter Hauspatron der Habsburger
Lit.: ActaSS Iun. I (1695) 339–359 – A. Deny (Rixheim 1901) – E. Stückelberg: Schweizer. Archiv für Volkskunde 8 (Basel 1905) 220–223 – J. Levy, Die Wallfahrten der Heiligen im Elsaß (Schlettstadt 1926) 203–210 – L. Pfleger: Volk u. Volkstum, hrsg. v. G. Schreiber, II (München 1937) 234f – M. Barth: AElsKG Neue Folge 6 (1955) 256ff (Kulturgeschichte)

More ↗ Thomas More

Moreno y Diaz ↗ Ezechiel Moreno y Diaz

Moritz ↗ Mauritius

Morris (engl.) Moritz (↗ Mauritius)

Moscati ↗ Joseph Moscati

Moses, Prophet u. Führer Israels
Name: das hebr. moscheh ist ägypt. Ursprungs u. bedeutet „geboren aus ...", „Sohn des ...". Normalerweise ist damit ein ägypt. Gottesname verbunden wie Char-mosis, Amen-mosis, Thut-mosis, Ramses (eig. Ra-mosis). Zur Zeit des Philo von Alexandria († gegen 50 n. Chr.) u. Josephus Flavius († nach 100 n. Chr.) leitete man ihn aus dem Koptischen ab: mō (Wasser) + uscheh (retten) entsprechend der volksetymologischen Deutung der Bibel: „Denn ich habe ihn aus dem Wasser gezogen" (Ex 2,10). Heute zweifelt man an dieser Deutung. Der Name Moses wird als Verkürzung eines oben erwähnten längeren Namens aufgefaßt, indem im AT gemäß dem Jahwe-Eingottglauben der heidnische Göttername getilgt wurde. Die LXX las in üblicher griech. Aussprache Mosēs, häufiger u. wohl ursprünglich nach oberägypt. Aussprache Mōÿsēs, die Vulgata Moyses, die dt. Übersetzungen durchwegs Moses; Luther Mose; Loccum Mose
Leben u. Wirken des Moses werden vornehmlich im Buch Exodus beschrieben. Die Bücher Leviticus, Numeri u. Deuteronomium enthalten hauptsächlich die rel. u. kultischen Vorschriften, die er im Auftrag Gottes an sein Volk erließ. Er war der Sohn des Amram aus dem Stamm Levi u. der Jokebed u. der Bruder Aarons u. Mirjams. Seine Geburt fiel in die Zeit der Unterdrükkung Israels durch die ägypt. Pharaonen. Gemäß der Bibel schien dem Pharao das schnell wachsende Volk gefährlich zu werden. Deshalb suchte er es niederzuhalten durch den Mordbefehl an allen neugeborenen israelitischen Knäblein u. durch Sklavenarbeit am Bau der Städte Pitom u. Ramses (Ex 1). Die hier geschilderten Ereignisse und Zustände passen sehr gut in die Regierungszeit Ramses' II. (1290–1223 v. Chr.). Dieser Herrscher begann tatsächlich mit dem Bau großer Kornspeicher in Pitom u. erbaute sich dann die prachtvolle Residenzstadt Ramses (Per-Ramses) im östl. Nildelta, also in dem Gebiet, das seinerzeit ↗ Joseph seinen Brüdern als Wohnsitz zugewiesen hatte. Ägypt., also außerbiblische Nachrichten über Joseph sind so gut wie nicht erhalten; offenbar hat eine spätere Zeit alle Erinnerung an diese verhaßten Hyksos („Fremdherrscher") systematisch getilgt. Jetzt aber tauchen Berichte auf, wonach Ramses II. für seine umfangreichen Bauten an den Städten Pitom u. Ramses die „Chaperu" (Hebräer) Steine herbeischleppen u. Ziegel brennen ließ, also zum Frondienst anhielt. Ramses II. scheint also der Pharao der Unterdrückung gewesen zu sein, von dem die Bibel sagt: „Ein neuer König, der von Joseph nichts mehr wußte, trat die Herrschaft über Ägypten an" (Ex 1,8). Der Pharao des Auszugs dürfte sein Sohn u. Nachfolger Merenptah (1223–1184) gewesen sein. Unter diesem Pharao scheint es auch Revolten der Israeliten gegeben zu haben. Aus dieser Zeit ist eine Siegessäule erhalten, auf der erstmals der Name „Israel" (als besiegtes Volk) aufscheint. Die Bibel erzählt, wie die Mutter Jokebed ihr Neugeborenes in einem Binsenkörbchen am Nilufer aussetzte, wo es die Pharaonentochter fand u. unter dem Namen Moses adoptierte. So genoß es eine hervorragende Erziehung und Ausbildung, was für seine spätere Aufgabe von größter Bedeutung werden sollte. Herangewachsen, suchte Moses seinen Volksgenossen Recht zu verschaffen u. Streit unter ihnen zu

schlichten. Da dies mißlang, floh er nach Midian (Landschaft östl. des Golfes von Akaba) zum Priester Jethro, dessen Tochter Sippora er heiratete. Dort offenbarte sich ihm Gott im brennenden Dornbusch u. gab ihm seinen Namen „Jahweh" (Ich bin) kund. Gleichzeitig sandte er ihn zum Pharao, daß er das Volk ziehen lasse. Der Pharao aber wollte diese billigen Arbeitskräfte nicht verlieren; so wurden er u. sein Volk durch 10 Plagen heimgesucht. Erst nach der letzten Plage, dem Tod aller Erstgeburt der Ägypter, durfte das Volk aus Ägypten ziehen. In der Passah-Nacht (ursprünglich ein Frühlingsfest der Nomaden) führte Moses sein Volk in großer Eile von Ramses über Sukkoth zum „Schilfmeer" (wohl im Bereich der heutigen Bitterseen), das sie trockenen Fußes durchschritten, während das nachsetzende ägypt. Heer darin umkam. Die Bibel berichtet weiter, wie er das Bitterwasser von Mara trinkbar machte, nach dem Wachtel- u. Manna-Wunder bei Meriba Wasser aus dem Felsen schlug u. durch seine zum Gebet erhobenen Hände die Amalekiter besiegen half. Auf den Rat seines Schwiegervaters Jethro setzte er Richter u. Unterführer über das Volk ein. Das wichtigste Ereignis für ihn u. das ganze Volk ist die Gotteserscheinung auf dem Horeb (Sinai), wo er von Gott den Bund, die Gesetzestafeln u. verschiedene, bes. kultische Vorschriften erhielt. Danach ließ er die Bundeslade, das Bundeszelt (Ersatz für einen festgebauten Tempel), den siebenarmigen Leuchter u. andere kultische Geräte anfertigen u. setzte Aaron u. seine Söhne zu Priestern ein. Während seiner 40tägigen Abwesenheit auf dem heiligen Berg fiel das Volk in den heidnischen Götzendienst zurück u. tanzte um das Goldene Kalb, das sie sich verfertigt hatten (wohl ein mit Gold überzogenes Schnitzbild in Anlehnung an den ägypt. Stierkult). In seinem Zorn zertrümmerte Moses die von Gott erhaltenen Gesetzestafeln u. vernichtete das Goldene Kalb. Er erhielt von Gott neue Gesetzestafeln u. einen neuen Bund mit Gott. Immer wieder hatte Moses gegen den Widerstand des Volkes anzukämpfen, bes. nach dem pessimistischen Bericht der 12 Kundschafter u. vor allem in der Revolte unter Korach, Datan u. Abiram, die zur Strafe vor allem Volk von der Erde verschlungen wurden. Keiner der Empörer durfte das Gelobte Land betreten, weshalb das Volk 40 Jahre lang in der Wüste umhergeführt wurde. Moses selbst stieg noch auf den Berg Nebo (östl. der Jordanmündung) u. durfte aus der Ferne das Land der Verheißung schauen. Dann starb er u. wurde dortselbst bestattet, doch „niemand kennt sein Grab bis heute" (Dt 34,6).

Nach ↗ Abraham ist Moses die bedeutendste Gestalt des AT. Im Auftrag u. in der Macht Gottes ist er der Einiger u. damit Begründer des Volkes Israel, Führer, Gesetzgeber, Wundertäter, Charismatiker, Prophet u. Künder des Wortes Gottes, Ordner des Kultes u. des Priestertums, Religionsstifter, Mittler des Bundes Gottes mit seinem auserwählten Volk, Bekämpfer des Götzendienstes u. amtlicher Hüter der Bundesinstitutionen. Sein persönliches Verdienst ist es, daß er sich ganz als das von Gott erwählte Werkzeug fühlte, den Heilswillen Jahwes an seinem Volk auszuführen, trotz aller Widerstände, die ihm gerade von diesem Volk entgegenwuchsen. Auf ihn als den Gesetzgeber schlechthin greifen später alle Rabbiner u. die mündliche Tora zurück. In typologischer Redeweise wird in spätjüdischer Zeit bisweilen der kommende Messias als 2. Moses aufgefaßt. In der Sekte von Qumran am Toten Meer trägt der große „Lehrer der Gerechtigkeit" auffallende Züge des Moses in seinem Erscheinungs- und Charakterbild. Ähnlich wie bei ↗ Elias beschäftigt sich auch die Legende mit seinem Tod und seiner Wiederkunft am Ende der Tage. Seinem Tod wird Sühnekraft für das ganze Volk zugeschrieben. Auch im Islam wird Moses als großer Prophet anerkannt. Hier ist er neben Abraham die am meisten genannte biblische Gestalt. Freilich wurde er in spätjüdisch-hellenistischer Zeit auch ins Geniale idealisiert: als Heerführer und Erfinder des Schiffsbaues und der Buchstabenschrift. Er soll Lehrer des Orpheus (sagenumwobener Dichter aus der griech. Mythologie) gewesen sein, von dem auch Homer u. Hesiod abhängen u. die großen griech. Philosophen ihre Weisheit empfangen haben sollen. Philo von Alexandria († gegen 50 n. Chr.) macht ihn zum schlechthin größten u. vollkommen-

sten aller Menschen, zum wissenschaftlich Höchstgebildeten u. zum prophetischen Ekstatiker.
Auch das NT sieht in Moses eine Autorität ersten Ranges, einen Propheten, der auf den Messias hinweist (Lk 24,27 u. ö.). Auf dem Berg der Verklärung legt er mit Elias Zeugnis für Jesus als den Messias ab (Mk 9,2–10, par.), er ist der Gesetzgeber, durch den Gott gesprochen hat (Apg 7,33 u. ö.) u. damit Begründer der atl. Heilsordnung. In typologischer Weise stellt ihn der Johannesprolog Jesus gegenüber (Joh 1,17). Auch Jesus selbst anerkennt ihn als Autorität, steht ihm aber auch kritisch gegenüber, z. B. in seiner Stellung zum Sabbat oder zur Ehescheidung (Mk 10,2–9 u. a.). In der Bergpredigt stellt Jesus als der neue Gesetzgeber der noch unvollkommenen sittlichen Forderung des Moses die neue christliche gegenüber (Mt 5; Mk 7).
Gedächtnis: 4. September
Darstellung: in der altchristl. Kunst bes. das Quellenwunder, die Gesetzgebung auf dem Sinai, der Durchzug durch das Rote Meer; z. T. auch in umfangreichen Zyklen (z. B. S. Sabina in Rom, S. Maria Maggiore in Rom, Lipsanothek in Brescia). – Im Mittelalter kommen neue Szenen u. ein typologischer Bezug auf das Heilswerk Christi hinzu: bes. als Gesetzgeber u. Retter durch Aufrichtung der Ehernen Schlange (z. B. Bibel Karls d. Kahlen, Alkuinbibel, Sixtinische Kapelle). Im Hochmittelalter wird er oft neben anderen Propheten dargestellt, vor allem an Kathedralportalen (Chartres, Reims u. a.). – Einen Höhepunkt in der Renaissance stellt der Moses von Michelangelo am Grabmal Julius' II. dar. – Im Barock sind bes. beliebt: der brennende Dornbusch, die Verwandlung von Aarons Stab in eine Schlange, die Aufrichtung der Ehernen Schlange

Lit.: Kommentare zum AT: LThK 7, 648ff (Lit.) – X. Léon-Dufour, Wörterb. z. bibl. Botschaft (Paris 1962, dt. Freiburg/B. 1964) bes. 475f – G. Cornfeld–G. J. Botterweck, Die Bibel und ihre Welt, 6 Bde. (Tel Aviv 1964, dt. München 1972) passim, bes. 4, 1003–1011 – J. Scharbert, Das Sachbuch zur Bibel (Aschaffenburg 1965) passim – A. Weiser, Einleitung in das AT (Göttingen 1966[6]) 69–131 (Entsthg. d. Pentateuch) – Dt. Übersetzung des AT, 4 Bde., von M. Buber u. F. Rosenzweig (Köln 1968[3]) – A. Grabner-Haider (Hrsg.), Praktisches Bibellexikon (Freiburg/B. 1969) 775f (Verweise) – M. Noth, Geschichte Israels (Göttingen 1969[7]) 9–53 105–130 – A. Negev (Hrsg.), Archäolog. Lexikon zur Bibel (Jerusalem 1972, dt. Wels 1972) passim (Städte und Stätten)

Moses der Äthiopier, Hl. (Moses der Räuber)
* um 320. Er war zuerst Sklave eines Staatsbeamten, wurde aber wegen seiner Raublust u. verschiedener anderer Delikte aus dem Dienst gejagt u. stellte sich an die Spitze einer Räuberbande. Er bekehrte sich plötzlich u. wurde Mönch u. Priester in der Sketischen Wüste (nordwestl. Teil des heutigen Wadi-n-Natrun, Unterägypten), wo er um 395 im Alter von 75 Jahren bei einem Überfall von Berbern ermordet wurde. Von ihm stammen die 18 Apophtegmata (Sinnsprüche) des „Abba Mose".
Gedächtnis: 28. August (Kopten: 1. Juli)
Darstellung: als Mohr, mit einem Messer erstochen
Lit.: ActaSS Aug. VI (1868) 199–212 – BHL 6021f – De Lacy O'Leary, The Saints of Egypt (London 1937) 206f

Moses, Bisch., Apostel **der Sarazenen,** Hl.
Er war selbst ein Sarazene u. lebte als hochgeehrter Einsiedler im ägyptisch-syrischen Grenzland bei Rinocolura. Beim Einbruch der Sarazenen in die Provinzen Palästina u. Arabien verpflichtete sich deren Königin Mavia gegenüber Kaiser Valens zum Frieden u. zur Annahme des Christentums, wenn Moses zum Bischof bestellt würde. Moses wollte die Bischofsweihe aber nicht aus der Hand des Arianers Lukios annehmen. Dieser war nämlich als Gegenbischof gegen den Patriarchen ↗ Petrus II. von Alexandria aufgestellt worden. Er ließ sich durch verbannte kath. Bischöfe weihen. Wo er seinen Bischofssitz hatte, ist nicht bekannt. Er war sehr erfolgreich in der Glaubensverkündigung bei den Sarazenen.
† um 390.
Gedächtnis: 7. Februar
Lit. PG 67, 556f 1408–1412; 82, 1181 – ActaSS Febr. II (1658) 43–46

Moyë ↗ Johannes Martin Moyë

Murialdo ↗ Leonhard Murialdo

Murillo (span.) ↗ Mauritius

Mutian (Mutien-Marie) **Wiaux** FSC, Sel. (Taufname: Louis-Joseph)

Name: lat. Mutianus, vom altröm. Geschlechternamen Mucius. Der Ahnherr dieses Geschlechtes scheint stumm (mutus) oder verstümmelt (mutilus) gewesen zu sein

* am 20. 3. 1841 in Mellet (nördl. von Charleroi, Südbelgien). Er trat mit 15 Jahren dem Orden der Christlichen Schulbrüder bei. Schon vor seinem Ordenseintritt nannte man ihn einen „zweiten Aloisius". Er war 58 Jahre lang im Kolleg St-Berthuin in Malonne bei Namur als Lehrer in Musik u. Zeichnen tätig. Durch seine Bescheidenheit, verbunden mit großer Gottverbundenheit, weckte er viele geistliche Berufe. Seiner Anwesenheit schrieb man auch den Schutz des Kollegs unter der Besetzung während des 1. Weltkrieges zu. † am 30. 1. 1917 in Malonne. Seliggesprochen am 30. 10. 1977.

Gedächtnis: 30. Jänner

Lit.: AAS 69 (1977) 704ff – F. Melage (Namur 1927²), dt.: Ein Freund der Leidenden (Luxemburg 1933) – Th. Rave, Zeichen u. Zeugnis Gottes. Die sll. Br. Mutian M. v. Malonne u. Br. Michael v. Ecuador (Illertissen 1977) 5–38

N

Nabor u. Felix, Märt., Hll.

Namen: Nabor (punisch): der überquellende bzw. prophetische Sprecher; Felix (lat.): der Glückliche

Nach der Passio (wahrscheinlich um 450 verfaßt) waren sie Soldaten aus Afrika, die 300 oder 304 den Dienst verweigerten. Sie wurden in Mailand verurteilt u. bei Lodi (südöstlich von Mailand) enthauptet. Ihre Leichname wurden von der hl. ↗ Sabina in Lodi beigesetzt. Bisch. ↗ Maternus übertrug ihre Gebeine (vermutlich erst nach 313) nach Mailand, wo ihnen bald eine Basilika errichtet wurde. Zus. mit dem hl. ↗ Victor waren sie zunächst die einzigen Märt., die in Mailand verehrt wurden. Bischof ↗ Ambrosius fand 386 die Gebeine von ↗ Gervasius u. Protasius sowie 395/397 die von ↗ Nazarius u. Celsus, wodurch die Märtyrerverehrung in Mailand weiteren Auftrieb erhielt. Bischof ↗ Chrodegang († 766) brachte Reliquien der hll. Nabor u. Felix nach Metz in die Kirche St-Avold, andere Reliquien befinden sich im Dreikönigsschrein in Köln. Die Häupter der beiden Märt. wurden 1959 in Namur wiedergefunden u. nach Mailand zurückgebracht.

Gedächtnis: 12. Juli

Darstellung: als Senatoren, später als Soldaten

Lit.: ActaSS Iul. III (1867) 267–281 – BHL 6028f – F. Rütten, Die Viktorverehrung im christlichen Altertum (Paderborn 1936) 46 68ff 120ff – W. Hotzelt: AElsKG 13 (1938) 20 33ff (Translatio) – A. Paredi: Ambrosius 36 (Mailand 1960) Suppl. 6, 81–96 (Passio)

Nadja, Kf. des russ. Namens Nadeschda (= Hoffnung)

Namatius (Namasius), Bisch. **von Vienne,** Hl.

† am 17. 11. 559. Er hatte öffentliche Ämter bekleidet. Kult anerkannt am 9. 12. 1903.

Gedächtnis: 17. November

Lit.: ASS 36 (1903) 423ff

Napoleon, Märt. **in Alexandria,** Hl.

Name: griech. Neápolis: (Neustadt, Name verschiedener Städte, z. B. Neapel in Kampanien. Ein Stadtteil von Syrakus hieß im Altertum Néa Pólis. Neápolis oder Neópolis ist auch als Personenname belegt (wohl verkürzt aus Neapolítes, Neustädter) (ital. Napoleone, franz. Napoléon)

Er starb als Märt. zu Alexandria (Nordägypten) unter Diokletian (285–305).

Gedächtnis: 15. August

Narcissus, Bisch. **von Gerona,** Märt., Hl.

Name: griech. nárkissos, Narzisse

Er war Anfang des 4. Jh.s Bisch. von Gerona in Katalonien (Nordostspanien). Nach der historisch wenig glaubwürdigen „Conversio sanctae Afrae" kam er mit seinem Diakon ↗ Felix während der Verfolgung

des Diokletian um 304 nach Augsburg u. fand dort Unterkunft bei der Sünderin ↗ Afra, bekehrte u. taufte sie u. ihr ganzes Haus u. weihte ihren Onkel ↗ Dionysius zum 1. Bisch. von Augsburg. Nach 9 Monaten sei er nach Gerona zurückgekehrt u. dort am 18. 3. 307 (?) mit Felix als Märtyrer gestorben.
Gedächtnis: 18. März
Darstellung: mit Bischofsstab u. Schwert. Stechmücken verteidigen sein Grab, während die Franzosen die Stadt Gerona einnehmen
Lit.: ActaSS Mart. II (1668) 621–625 – BHL 603 1ff – A. Bigelmair: Archiv für die Gesch. des Hochstifts Augsburg I (Dillingen 1909–11) 145 162 204 – Ders., Lebensbilder aus dem bayrischen Schwaben I (München 1952) 9f u. ö. – Künstle II 456 – Braun 142f

Narcissus (Narkissos), Bisch. **von Jerusalem,** Hl.
180–192 Bisch. von Jerusalem. Er leitete die Synode von Palästina (195), die im Osterfeststreit die röm. Praxis vertrat. Später zog er sich in die Einsamkeit zurück, nahm aber nach einigen Jahren sein bischöfliches Amt wieder auf. Er starb im hohen Alter (nach Eusebius über 116 Jahre alt) nach 212.
Gedächtnis: 29. Oktober
Darstellung: neben ihm Wasserkrüge (er verwandelte Wasser in Lampenöl für die Kirche). Engel tragen seine Seele in den Himmel
Lit.: ActaSS Oct. XII (1867) 782–790 – BHL 6034ff – K. Heussi, Der Ursprung des Mönchtums (Tübingen 1936) 74f

Natalia, Märt. **zu Cordoba,** Hl. (auch Sabigothon genannt)
Name: lat., die am dies natalis (Christi) (Geburtstag Christi, Weihnachten) Geborene (Natalie)
Sie erlitt zu Cordoba (Spanien) in der maurischen Christenverfolgung 852/855 den Martertod. Ihr Haupt wurde im Jahr 858 nach Paris übertragen.
Gedächtnis: 27. Juli

Natalia von Nikomedien, Hl.
Sie war die Gattin des hl. ↗ Hadrian von Nikomedien. Sie diente mit großem Heroismus den zum Tod verurteilten 23 Christen, die zus. mit ihrem Gatten im Kerker von Nikomedien auf ihren Tod warteten (heute Izmid, östl. von Istanbul). Nach deren Tod um 303 ließ sie sich in Konstantinopel nieder, wohin man die Gebeine der Märtyrer gebracht hatte, u. beschloß dort im Frieden ihr Leben.
Gedächtnis: 1. Dezember (Griechen: 26. August)
Darstellung: neben ihrem Mann (als röm. Offizier mit einem Amboß, auf dem man seine Hände abhieb). Ein Löwe neben ihr (der sie verschonte)

Natalis, Erzb. **von Mailand,** Hl.
Name: vgl. ↗ Natalia (franz. Noël)
Er starb um 751 nach einer Regierung von nur 14 Monaten. Mit seiner großen Gelehrsamkeit bekämpfte er die letzten Überreste des Arianismus in seiner Diöz.
Gedächtnis: 13. Mai

Natalis (Noël) **Pinot,** Märt. in Angers, Sel.
* am 19. 12. 1747 in Angers (Westfrankreich). Er wurde 1771 zum Priester geweiht u. wirkte ab 1788 als Pfarrer in Louroux-Béconnais. Er verweigerte den Eid auf die Zivilkonstitution der Franz. Revolution u. nahm in einer Predigt gegen den Bisch. Stellung, der den Eid geleistet hatte. Darauf wurde er seines Amtes enthoben u. ins Exil geschickt, wo er im geheimen weiter Seelsorge betrieb. Nach 3 Jahren kehrte er in seine Pfarre zurück. Bei einer nächtlichen Feier der Messe auf einem Gutshof wurde er am 9. 2. 1794 ergriffen, im Meßkleid nach Angers geschleppt u. dort am 21. 2. 1794 öffentlich enthauptet. Seliggesprochen am 31. 10. 1926 (s. Märt. in Frankreich, S. 894ff).
Gedächtnis: 21. Februar
Lit.: AAS 18 (1926) 425ff – A. Crosnier (Paris 1926^2) – Baudot-Chaussin II 445–448 – ECatt IX 1487f – F. Trochu (Angers 1955)

Natascha (russ.), Kf. von ↗ Natalia

Nathanael ↗ Bartholomäus

Nazarius und Celsus, Märt. in Mailand, Hll.
Namen: a) zu hebr. en nāsira, griech. Nazará, Nazaréth; davon Nazaräer, Nazoräer (bei Mt, Joh u. in Apg Nazoraîos, bei Mk

Nazarenós; Lk hat beide Formen): (Jesus) von Nazareth. Die Christen werden in Apg 24,5 die „Sekte der Nazoräer" genannt (so auch schon sehr früh in der rabbinischen Literatur). Als Selbstbezeichnung der Christen taucht es in der syrischen Kirche auf (nāsrājā) und von ihr bei den Persern, Armeniern, Äthiopiern u. Arabern (an-nasara). In der griech. Welt setzte sich dagegen „Christianoí" (Christianer, Christen) durch. – b) lat. celsus, hochragend, groß, großmütig
Sie dürften zu Beginn der Verfolgung des Diokletian (um 304) den Martertod erlitten haben. Bisch. ↗ Ambrosius von Mailand fand 395/397 in einem Garten vor der Stadt, einem früheren Begräbnisplatz, den Leichnam des Nazarius. Nach dem Bericht des Paulinus, seines Klerikers u. Sekretärs, des späteren Bisch. von Mailand, fand er den Leichnam noch unversehrt u. mit frischem Blut bedeckt, das abgeschlagene Haupt noch mit Haaren u. Bart, u. daneben die Gebeine des Knaben Celsus. Ambrosius übertrug den Leichnam des Nazarius in die Basilica Apostolorum vor der Porta Romana (seither S. Nazario genannt), die Gebeine des Celsus beließ er an ihrem Ort u. baute darüber eine Basilika. Nach der legendären Passio (um 450) sei Nazarius vor der Verfolgung des Nero geflohen u. habe in Oberitalien, Gallien u. in der Gegend von Trier den christlichen Glauben verkündet. Dabei habe sich ihm der Knabe Celsus angeschlossen. Zuletzt seien beide in Mailand enthauptet worden.
Gedächtnis: 28. Juli
Darstellung: mit Palmen, häufig als vornehme Soldaten
Patrone: der Kinder
Lit.: F. Savio: Ambrosiana 7 (Mailand 1897) – BHL 6039–6050 – Lanzoni 1001–1004 – DACL XI 1057–1060 – BHG[3] 1323–1324

Neidhard ↗ Nithard

Nektarios, Patr. **von Konstantinopel,** Hl.
Name: zu griech. néktar (Göttertrank, Honig): der Göttliche
Er stammte aus Tarsus (südl. Kleinasien) u. war vorher Senator u. Prätor. Auf dem Konzil von Konstantinopel (381) wurde er wegen seiner großen Milde u. Versöhnlichkeit noch vor seiner Taufe als Nachfolger des abgesetzten Maximos gewählt. Das Symbolum (Glaubensbekenntnis), das er bei seiner Taufe sprach, wurde von den Konzilsakten festgehalten u. auf dem Konzil von Chalkedon 451 als für die ganze Kirche verbindlich anerkannt. Allem Anschein nach wurde dieses Symbolum von ↗ Epiphanios von Salamis formuliert. Die Bestätigung der Wahl des Nektarios holte der Kaiser selbst in Rom ein. Das Konzil von Konstantinopel brachte in seinem 3. Kanon eine gewaltige Steigerung des Ansehens von Konstantinopel, indem seinem Patriarchen der Ehrenvorrang nach dem des Bisch. von Rom zuerkannt wurde. Anläßlich eines ärgerniserregenden öffentlichen Sündenbekenntnisses 391 änderte Nektarios die Bußdisziplin u. schaffte das Amt des Bußpriesters (bes. seit 313 wegen der Zunahme der Büßenden zur Unterstützung des Bischofs eingeführt) ab. 394 hielt er eine große Synode ab, auf der bestimmt wurde, daß ein Bischof nur durch eine Synode abgesetzt werden könne. † am 27. 9. 397. Sein Nachfolger wurde ↗ Johannes Chrysostomus.
Gedächtnis: 27. September
Lit.: Hefele-Leclercq II 10ff – C. Baur, Der hl. Johannes Chrysostomus, 2 Bde. (München 1929–30) passim – Grumel Reg XVff u. nn. 1–12

Nelda, Kf. von ↗ Thusnelda

Nelly (engl.), Koseform (Lallform aus der Kindersprache) von Helen (↗ Helene) oder Elinor (↗ Eleonore)

Nepomuk ↗ Johannes Nepomuk

Nereus u. Achilleus, Märt. **in Rom,** Hll.
Namen: a) vom griech. Meeresgott Nereús (zu griech. nerós, naß); – b) griech. Achilleús, lat. Achilles, Held vor Troja
Sie waren röm. Märt., möglicherweise aus der Verfolgung Diokletians (304/305). Ihr Kult ist für das 5. Jh. durch das Martyrologium Hieronymianum bezeugt. Itinerarien des 7. Jh.s erwähnen ihr Grab an der Via Ardeatina in der Domitilla-Katakombe neben dem der hl. ↗ Petronilla. Papst ↗ Damasus I. (366–384) verfaßte ein Epigramm zu ihrer Grabstätte, das noch in Fragmenten erhalten ist. Darin werden sie als zum Christentum bekehrte Soldaten geschildert, die das „gottlose Lager" des Tyrannen ver-

ließen u. deshalb als Märt. starben. 1874 wurde über ihrem Grab eine dreischiffige Basilika innerhalb der Domitilla-Katakombe entdeckt (später Titulus Fasciolae genannt). Die romanhafte, legendäre Passio aus dem 5./6. Jh. macht die beiden zu Brüdern, die vom Apostel Petrus getauft, als Eunuchen der Domitilla mit ihr auf die Insel Pontia verbannt, in Terracina hingerichtet u. beim Grab der Domitilla beigesetzt worden seien. Ihre Gebeine ruhen seit dem 4. Jh. unter dem Hochaltar der Kirche SS. Nereo ed Achilleo bei den Caracalla-Thermen in Rom.
Liturgie: GK g am 12. Mai
Darstellung: als Enthauptete, Palme oder Schwert in der Hand
Lit.: BHL 6058–6067b – DACL XII 1111–1123 – P. Styger, Röm. Märtyrergrüfte I (Berlin 1935) 163–170, II (1935) Tafel 73ff – A. Guerrieri, La Chiesa dei SS. Nereo ed Achilleo (Rom 1951) – B. de Gaiffier: AnBoll 75 (1957) 42f (Legenden)

Neri ↗ Philipp Neri

Nicasius, Erzb. **von Reims,** u. Gef., Hll. (Nikasius, franz. Nicaise)
Name: griech. Nikásios: von der Insel Nikasía (bei Naxos im Ägäischen Meer)
Er wurde nach 400 Erzb. von Reims (Nordfrankreich) u. erbaute die dortige Marienkirche (die heutige Kathedrale). Zus. mit seiner Schwester **Eutropia,** dem Diakon **Florentius,** mit **Jucundus** u. anderen Laien wurde er nach dem Domkleriker u. Geschichtsschreiber Flodoard von Reims († 966) im Jahr 407 von den Vandalen enthauptet (wohl eher von den Hunnen 451). Sein Martyrium ist am Nordportal der Kathedrale von Reims dargestellt.
Gedächtnis: 14. Dezember
Darstellung: als Bisch. mit Schwert, trägt den halben Kopf (Oberkopf) mit der Infel in der Hand (nach der Legende soll er, nachdem sein Haupt abgeschlagen war, lobsingend weitergeschritten sein)
Lit.: Flodoard: MGSS XIII 417–420 – BHL 6075–6080 – Baudot-Chaussin XII 439–445 (Lit.) – H. Jadart (Reims 1911)

Nicetius, Bisch. **von Trier,** Hl.
Name: zu níke (Sieg): der Siegreiche
Er stammte wahrscheinlich aus Limoges (Zentralfrankreich) u. wurde um 525/526 vom Frankenkönig Theuderich zum Bischof von Trier berufen. Er ist eine der großen Bischofsgestalten von Trier. Er reorganisierte sein Bistum von Grund auf durch tatkräftige Reform u. Bildung des Klerus u. Förderung des Mönchtums. Er baute verfallene Kirchen wieder auf, bes. den Dom, wofür er ital. Handwerker bestellte. Er nahm an mehreren merowingischen Synoden teil u. stand im Briefwechsel mit der Langobardenkönigin Chlodiswind u. dem oström. Kaiser Justinianos I. Unerschrokken u. unbeugsam verteidigte er die Rechte des einfachen Volkes gegen die Übergriffe des Adels. Als er das sittenlose Treiben am Hof der Könige Theudebert I. u. Chlothar I. tadelte, wurde er 560 in die Verbannung geschickt. Er starb nach 561 u. wurde in der Abtei St. Maximin in Trier begraben.
Liturgie: Trier g am 3. Oktober
Darstellung: als Bisch. mit Kirchenmodell
Lit.: E. Winheller, Die Lebensbeschreibungen der vorkarolingischen Bischöfe von Trier (Bonn 1935) 3–9 – E. Ewig, Trier im Merowingerreich (Trier 1954) 97–106

Nicol (franz.) ↗ Nikolaus

Nicole (franz.), weibl. F. von ↗ Nicol

Nidgar OSB, Bisch. **von Augsburg,** Hl. oder Sel. (Nitgar, Nithgar, Nidker, Neodegar)
Name: ahd. nid (Zorn des Kriegers; vgl. Neid) + ger, ker (Speer): kampfeszorniger Speer
Er wurde um 815 der 13. (14.) Bisch. von Augsburg. Nach älterer Annahme war er vorher Abt im Benediktinerkloster Ottobeuren bei Memmingen (Allgäu). Er hatte einen Rechtsstreit mit Bisch. Hitto von Freising wegen des Besitzes einer Kirche zu Kienberg bei Traunstein (Oberbayern), der 822 zu seinen Ungunsten entschieden wurde. Er nahm 828 an der Synode zu Mainz teil u. legte den Grundstein zur Magnuskirche in Füssen, die aber erst unter seinen Nachfolgern vollendet wurde. Der fromme u. gelehrte Bisch. stand schon zu Lebzeiten im Ruf der Heiligkeit. Er starb um 830/832 am 15. 4. oder 27. 9. u. wurde zu St. Afra in Augsburg beigesetzt. Seine Gebeine wurden erstmals 1064 von Bischof Embrico erhoben. Noch 1698 standen sie aufrecht ne-

ben denen anderer Augsburger Heiligen auf dem Altar der Allerheiligen-Kapelle in der Sakristei der Kirche St. Ulrich.
Gedächtnis: 15. April
Darstellung: als Mönch, dem die bischöfliche Infel überreicht wird
Lit.: ActaSS Oct. IV 1046–1056 (mit ↗ Adalbero)

Nikanor, Diakon, Märt., Hl.
Name: zu griech. níke (Sieg) bzw. nikān (siegen): der Siegreiche
Er war einer der ersten 7 Diakone (↗ Stephanus), die die Apostel zum Sozialdienst an den griech. sprechenden Christen in Jerusalem einsetzten, um selbst für die Verkündigung frei zu sein. Nach der Überlieferung predigte er später auf Zypern, wo er nach verschiedenen Foltern um 76 gemartert wurde.
Gedächtnis: 10. Jänner (Griechen: 6. Mai, 28. Juli, 28. Dezember)

Nikephoros I., Patr. **von Konstantinopel,** Hl.
Name: griech. níke (Sieg) + phorós (tragend, bringend, einträglich): Siegbringer
* 750/758. Er war, wie sein Vater, 775–797 kaiserlicher Geheimsekretär u. nahm am 2. Konzil von Nicäa (787) teil, wo es um den Sinn und die Erlaubtheit der Bilderverehrung ging. Er zog sich dann als Einsiedler zurück u. wurde 802 Verwalter eines großen Hospitals in Konstantinopel. 806 wurde er, noch ein Laie, gegen den Willen führender kirchlicher Kreise zum Patriarchen von Konstantinopel eingesetzt. Anfangs stand er ganz unter dem Einfluß des Kaisers, im Bilderstreit jedoch trat er zusammen mit ↗ Theodor Studites, den er früher als Gegner gehabt hatte, mutig Kaiser Leon V. entgegen. Deshalb wurde er 815 abgesetzt u. in die Verbannung geschickt, wo er in dem von ihm erbauten Kloster zum hl. ↗ Theodor dem Märt. lebte (bei Chalkedon, heute Kadiköy, gegenüber Istanbul). Hier war er durch seine Schriften für die Bilderverehrung tätig. 780 bis 787 verfaßte er ein Geschichtswerk für die Zeit von 602 bis 769. † am 5.4.828. Seine Gebeine wurden in die Apostelkirche zu Konstantinopel übertragen.
Gedächtnis: 5. April
Lit.: Grumel Reg nn. 374–407 – P. Blake: Byz(B) 14 (1939) 1–15 – BHG³ 1335–1337f – P. J. Alexander (Oxford 1958) (Lit.) – V. Grumel: RÉB 17 (1959) 127–135

Niketas, Megalomartyr **in Konstantinopel,** Hl.
Name: zu griech. nike (Sieg): der Siegreiche
Seine Geburt fällt in die Regierungszeit ↗ Konstantins d. G. Seine Eltern waren heidnische Goten, er selbst wurde in seiner Jugend Christ. Zus. mit anderen Landsleuten wurde er das Opfer der Verfolgung unter dem heidnischen Westgotenfürsten Athanarich. Wahrscheinlich war er von adeliger Abkunft u. bekleidete einen hohen Rang. † 370/372. Seine Gebeine wurden um 375 nach Mopsuestia (heute Misis, südöstl. Türkei) übertragen, über denen man eine Basilika errichtete. Sie sollen im 14. Jh. nach S. Raffaele in Venedig gebracht worden sein. Im 12. Jh. behauptete eine Kirche in Konstantinopel, seine Reliquien zu besitzen.
Gedächtnis: 15. September
Darstellung: in den Flammen betend (er soll den Feuertod gestorben sein)
Lit.: H. Delehaye: AnBoll 31 (1912) 209–215 281–286 – G. Gabrieli, S. Brizio e S. Nicheta (Grottaferrata 1912) – Baudot-Chaussin IX 295f – BHG³ 1339ff

Niko (Nico) ↗ Nikolaus

Nikodemus, Jünger des Herrn, Hl.
Name: griech. níke (Sieg) + dēmos (Volk, Öffentlichkeit): Sieger im Volk
Trotz seines hellenistischen Namens, der damals in jüdischen Kreisen nicht ungewöhnlich war, gehörte er der Partei der Pharisäer an, war Schriftgelehrter (Rabbiner, Sabbatprediger in der Synagoge) u. Mitglied des Hohen Rates in Jerusalem. Johannes schildert sein nächtliches Gespräch mit Jesus über die Wiedergeburt des Menschen „aus Wasser u. Geist" (die Taufgnade) als notwendige Bedingung für den Eintritt des Menschen in das Reich Gottes (Joh 3,1–21). Nikodemus trat auch seinen pharisäischen Parteigenossen entgegen u. nahm Jesus öffentlich in Schutz (Joh 7,50). Nach der Kreuzigung beteiligte er sich am Begräbnis Jesu u. „brachte eine Mischung von Myrrhe und Aloe, etwa 100 Pfund" (ca. 33 bis 35 kg). Wenngleich er im nächtlichen Gespräch noch theol. Schwierigkeiten hat-

te, so lassen die 3 Stellen im Johannesevangelium seine innere Zuwendung zu Jesus erkennen u. zwingen zur Annahme, daß er zumindest nach der Himmelfahrt Jesu Christ wurde.
Die spätere Legende berichtet, er sei von den Juden abgesetzt u. aus der Synagoge ausgeschlossen worden, u. wäre nicht Gamaliel für ihn eingetreten (Apg 5,34–39), so wäre er ebenso gesteinigt worden wie ↗ Stephanus (Apg 7). Gamaliel habe später seinen Leichnam neben dem des Stephanus beigesetzt.
Nikodemus wird auch als Urheber einer apokryphen Schrift, des sog. Nikodemus-Evangeliums, ausgegeben. Darin erzählt ein Christ namens Ananias, er habe von Nikodemus hebr. abgefaßte Protokolle über den Prozeß Jesu aufgefunden u. im Jahr 425 ins Griech. übersetzt. Er berichtet über das Verhör vor Pilatus, die Kreuzigung u. das Begräbnis Jesu u. die Verhandlungen im Synedrium, die die Tatsächlichkeit der Auferstehung Jesu ergeben hätten. Er bringt Aussagen von 2 Auferweckten, Leukios u. Charinos, die von der Höllenfahrt Jesu u. seinen Taten in der Unterwelt berichteten. Die Schuld am Tod Jesu wird ganz den Juden zugeschrieben, Pilatus wird davon entlastet. Das Fehlen hebr. Redewendungen (wie sie in den Schriften des NT sonst überall vorkommen) zeigt, daß die ganze Schrift von Anfang an griech. abgefaßt war u. somit dem Legendenkreis des griech. sprechenden Raumes angehört.
Gedächtnis: 3. August
Lit.: Billerbeck II 412–419 – J. Graf: ThQ 132 (1952) 62–86 – M. Meinertz: ThQ 133 (1953) 400–407 – Kommentare zu Joh

Nikolaus (Niels) **von Aarhus,** als Hl. verehrt (hellige Niels)
Name: griech. níke (Sieg) + laós (Volk): Sieger im Volk
* um 1150 als unehelicher Sohn des dänischen Königs Knud Magnussen († 1157). Er führte auf seinem Hof Skiby bei Aarhus (Südjütland) ein Leben des Gebetes, der Askese u. der Buße. Er war streng gegen sich selbst u. mildtätig gegen die anderen. † um 1180. Man berichtet von Wundern, die bald nach seinem Tod an seinem Grab geschahen. Sein Leib ruht in der Clemens-Kathedrale zu Aarhus (damals noch eine Holzkirche). Der 1254 eingeleitete Kanonisationsprozeß wurde aus unbekannten Gründen nicht weitergeführt.
Gedächtnis: 1. November
Lit.: BHL 6099 – M. C. Gertz, Vitae Sanctorum Danorum (Kopenhagen 1908–12) 392–408

Nikolaus (Niklaus) **von der Flüe,** Hl. (auch „Bruder Klaus" genannt)
* 1417 auf dem Flüeli bei Sachseln (Kt. Obwalden, Schweiz). Schon als Kind zeigte er starke Neigung zu Einsamkeit, Gebet u. Fasten. Mit 16 Jahren hatte er im Ranft, dem Ort seiner späteren Einsiedelei, die Vision eines Turmes, dessen Spitze sich in den Wolken verlor. Um diese Zeit wurde er zum Heer eingezogen, zunächst für die Kriege gegen Zürich (1440–44) u. für den Thurgauer Feldzug (1460). Auf diesem Feldzug rettete er das Dominikanerkloster Katharinental bei Diessenhofen vor der Zerstörung durch die Schweizer, weil sich eine österr. Truppe hineingeflüchtet hatte. Wahrscheinlich nach dem Zürcher Krieg heiratete er Dorothea Wyss aus Oberwilen, die ihm 5 Söhne und 5 Töchter schenkte. Neben seiner Arbeit auf dem eigenen Bauernhof war er als Landrat u. Richter tätig, das Amt eines Landammanns schlug er hartnäckig aus. Am 16. 10. 1467 verließ er Frau u. Kinder u. zog sich, einem inneren Ruf folgend, als Einsiedler zurück. Zuerst wollte er ein wandernder Pilger werden, kehrte aber in Liestal bei Basel wieder zurück. Dann zog er auf die Klisterli-Alp im Melchtal, wo er aber durch neugierige Nachbarn bald entdeckt wurde. Schließlich ließ er sich endgültig im Ranft in der Nähe seines eigenen Anwesens nieder. Dort lebte er 19 Jahre ohne Speis u. Trank, seine einzige Nahrung war die tägliche Eucharistie. Neben mystischen Erfahrungen hatte er schwerste Anfechtungen, ja sogar Kämpfe mit dem Teufel zu bestehen. Er lebte aber nicht für sich allein. Von weither kamen die Leute u. suchten seinen Rat. Für jeden hatte er ein gutes Wort, war aber hochmütigen Besuchern, gerade auch stolzen Prälaten gegenüber, sehr abweisend. Von seiner Einsiedelei aus hatte er auch großen politischen Einfluß auf die Geschicke des Landes, so vor allem auf der Tagsatzung zu Stans (am

Vierwaldstättersee) am 22. 12. 1481, die durch seine Bemühung zustande kam u. auf der er durch seinen Rat die Eidgenossenschaft vor dauernder Spaltung bewahrte. Er ist einer der letzten Mystiker des Spätmittelalters. Seine geistlichen Führer waren Pfarrer Haimo am Grund in Kriens u. Pfarrer Oswald Isner in Kerns. Wahrscheinlich stand er auch unter dem Einfluß des Mystikerkreises im Kloster Engelberg (Kt. Obwalden) u. durch ihn der Gottesfreunde in Straßburg. † am 21. 3. 1487. Seine Gebeine ruhen in der Pfarrkirche zu Sachseln. In der Schweiz u. darüber hinaus wird er seit je als Wundertäter hoch verehrt. Kult approbiert 1669. heiliggesprochen am 15. 5. 1947
Liturgie: RK g am 25. September; Schweizer Diözesen H (1. Patron der Schweiz)
Darstellung: als Einsiedler, kniend mit gefalteten Händen, mit Rosenkranz u. Krückstock. Mit Holzbecher am Bach stehend. Mit Dornbusch (in den ihn der Teufel geworfen hat)
Lit.: AAS 40 (1948) 49ff – ActaSS Mart. III (1668) 398–439 – R. Durrer, 2 Bde. (Sarnen 1917–21) – A. Andrey, Le „Saint vivant" (Genf 1939, dt. Luzern 1942) – W. Durrer, 2 Bde. (Luzern 1941–42) – Ders., Dokumente über Bruder Klaus (Luzern 1947) – A. Mojonnier – P. Hilber – A. Schmid, 2 Bde. (Zürich 1942–43) – F. Blanke (Zürich 1948) (innere Geschichte) – G. T. Hegglin, Das Visionsbild des hl. Bruder Klaus (Luzern 1951) – M.-L. von Franz, Die Visionen des Niklaus von Flüe (Zürich 1959) – A. Deuster (Bonn 1950) – P. Dörfler (München 1962²) – W. Nigg (Düsseldorf 1962) – Ders., Niklaus von Flüe (Olten 1980)

Nikolaus (Niccolò) **Giustiniani** OSB, Sel.
Er war Benediktinermönch in Venedig. Nachdem alle seine männlichen Verwandten auf einem Kriegszug gefallen waren u. dadurch die Sippe vom Aussterben bedroht war, wurde er von den Ordensgelübden dispensiert, heiratete, hatte 6 Söhne u. 3 Töchter u. kehrte 1160 in sein Kloster zurück. Auch seine Frau wurde Nonne. † nach 1179. Beide werden in Venedig als Selige verehrt.
Gedächtnis: 21. November
Lit.: Zimmermann III 343 – EnEc 156 – Baudot-Chaussin XI 703

Nikolaus Hermanni (Nils Hermansson), Bisch. von Linköping, Hl.
* 1331 in Skäninge (Südschweden). Er war Erzieher der hl. ↗ Birgitta u. studierte dann in Paris u. Orléans, wo er Baccalaureus in Rechtswissenschaften wurde. 1350 wurde er Kanoniker in Uppsala, um 1360 Archidiakon in Linköping (östlich des Vättersees, Südschweden) u. 1374 Bisch. Nachdem die hl. Birgitta in Vadstena am Vättersee ihr Kloster gebaut u. eingeweiht u. den Birgittenorden gegründet hatte, schrieb er für diesen die Konstitutionen. Er war ein strenger Aszet u. arbeitete hart an der Hebung der Kirchenzucht in seiner Diözese. Unerschrocken verteidigte er die Rechte der Kirche gegen die Könige Magnus, Håkon u. Albert. Er ist auch der bedeutendste schwedische Hymnendichter des Mittelalters. Er verfaßte u. a. das Offizium der hl. Birgitta mit dem Hymnus Rosa rorans bonitatem. † am 2. 5. 1391 in Linköping. Seine Gebeine wurden am 4. 2. 1515 erhoben.
Gedächtnis: 2. Mai
Lit.: H. Schück: Antiquarisk Tidskrift 5 (Stockholm 1895) 313–400 413f 444–462 – BHL 6101ff – G. Armfelt (Norrköping 1931) – Baudot-Chaussin VII 595f

Nikolaus, Bisch. **von Myra,** Hl.
Er war Bisch. von Myra in Lykien (heute Ruinen bei Dembre am Mittelländischen Meer, 70 km südwestl. von Antalya, südl. Kleinasien). Historisch belegbare bzw. glaubhafte Nachrichten über ihn sind die folgenden: Sein Vater Euphemius war ein reicher, dabei sehr frommer u. wohltätiger Mann, seine Mutter hieß Anna. Sein Onkel Nikolaus (d. Ä.), Bisch. von Myra, weihte ihn zum Priester. Um diese Zeit verlor er seine Eltern in einer Pestepidemie u. verteilte daraufhin sein ganzes ererbtes Vermögen unter die Armen. Der geistliche Onkel baute ein Kloster u. setzte Nikolaus zum Abt desselben ein. Nach dem Tod seines Onkels pilgerte Nikolaus ins Hl. Land. Nach seiner Rückkehr wurde er vom Volk als neuer Bisch. ausgerufen. In der letzten Verfolgung unter Kaiser Galerius (um 310) wurde er eingekerkert u. mußte viel leiden, weshalb er den Beinamen „Bekenner" erhielt. Auf dem Konzil von Nicäa (325) verteidigte er mit vielen anderen Bischöfen die Wesensgleichheit der 3 göttlichen Personen. Nach dem Zeugnis der alten Quellen war er auf diesem Konzil einer jener Bischöfe, die die Spuren der Mißhandlungen in den Kerkern der Christenverfolger an ihrem Leib trugen. Er starb im Alter von 65

Jahren an einem Freitag, den 6. 12. 343/350, nach anderen 345/52 (die Jahre, in denen der 6. Dezember auf einen Freitag fiel, waren 345 und 351, sodaß diese beiden Jahre für seinen Tod in Frage kommen).
Sein Kult ist in Myra u. Konstantinopel seit dem 6. Jh. nachzuweisen. Von dort verbreitete er sich in der ganzen griech. Kirche, später auch in die slaw. Länder. Bes. in Rußland wurde er ungemein beliebt. Neben anderen Berufen erkoren sich ihn die Bauern, Bierbrauer u. die Hersteller von Schnäpsen zu ihrem Patron. Das russische Wort für „sich betrinken" heißt noch heute „nikolitjsja". Nikolaus ist seit alter Zeit Patron des russ. Volkes. Im 9. Jh. drang seine Verehrung auch nach Unteritalien u. Rom. Im 10. Jh. förderte die aus Byzanz stammende dt. Kaiserin Theophanu († 991), die Gemahlin Ottos II. († 983), seine Verehrung in Deutschland. Seit dem 11. Jh. wird Nikolaus auch in Frankreich u. England verehrt, vor allem durch die Normannen. Seit der Translation seiner Gebeine von Myra nach Bari (Unteritalien) am 9. 5. 1087 breitete sich sein Kult im ganzen Abendland aus u. erreichte im Spätmittelalter eine Hochblüte. Seit dieser Zeit zählt er zu den ↗ Vierzehn Nothelfern u. wurde Patron unzähliger Kirchen, Bruderschaften, Berufe u. Stände. Von Bari kamen u. a. Reliquien in die Kathedrale St-Nicolas in Fribourg (Schweiz) (gotischer Umbau der Kathedrale im 14./15. Jh.). Ein Fingerglied wurde nach St-Nicolas-de-Port bei Nancy (Lothringen) übertragen, wo bes. im 15./17. Jh. die dortige Wallfahrt berühmt war.
Um den hl. Nikolaus rankt sich ein ungemein reicher Kranz von *Legenden.* Diese gehen auf einen griech. Kern zurück u. statten den Heiligen mit Zügen aus, die nachweislich z. T. anderen (auch gleichnamigen) Persönlichkeiten des 6. Jh.s entlehnt sind. Sosehr derartige phantastische Wundergeschichten alles andere denn ein „richtiges" Bild im Sinn moderner Geschichtsschreibung bieten, so sind sie dennoch reizvoll u. lassen die Größe dieses Mannes erahnen, die dieser kontinentweiten Verehrung zugrundeliegt. Zudem ist ihre Kenntnis für die Deutung der Darstellungen des Heiligen sowie der zahlreichen Patronate von Nutzen:
In Konstantinopel, so sagt eine dieser Legenden, wurden einmal 3 Offiziere bei Kaiser Konstantin unschuldig des Hochverrates angeklagt. Sie wurden in einen Turm gesperrt u. warteten dort auf ihren Henker. Da riefen sie zu Gott, er möge ihnen den hl. Nikolaus zu Hilfe senden. Dieser erschien dem Kaiser im Traum u. drohte ihm mit der Rache Gottes, sollte er das Urteil vollstrekken lassen. Daraufhin ließ der Kaiser die 3 Unschuldigen frei. Deshalb wurde Nikolaus zum Helfer gegen irrige Urteile u. zum Patron der Richter, Advokaten u. Notare. – Diese Geschichte erfuhr später im Abendland (vielleicht in Nordfrankreich) eine makabre Veränderung: Drei Schüler kehrten einst bei einem Wirt ein. Dieser war aber ein verbrecherischer Mann. Er schlachtete seine Gäste u. pökelte sie ein, als wären sie Schweinefleisch. Da erschien St. Nikolaus, erteilte dem Wirt eine gehörige Lektion u. erweckte die 3 Schüler zum Leben. Offenbar wurde der Kerkerturm auf den alten Abbildungen als Pökelfaß mißverstanden. So sieht man seit dem Mittelalter St. Nikolaus häufig mit einem Faß dargestellt, in dem 3 Knaben sitzen. Die Geschichte mit den geschlachteten Schülern wurde im Mittelalter auch in dramatisch ausgeweiteten Spielen szenisch dargestellt. In einem franz. Kinderlied sind aus den 3 Schülern 3 kleine Knaben geworden. So wurde Nikolaus Patron der Schüler, Kinder, Chorknaben (Ministranten), Pilger u. Reisenden, der Wirte, Metzger u. Faßbinder.
Eine andere Legende rühmt die Wohltätigkeit dieses Heiligen: Ein verarmter Edelmann wollte seine 3 Töchter verheiraten, hatte aber kein Geld für ihre Mitgift. Da schickte er sie in ein öffentliches Haus, damit sie dort mit ihrem Dirnenlohn die nötige Aussteuer verdienten. Nikolaus hörte davon u. warf in 3 Nächten je einen Beutel mit Goldstücken durch das Fenster der Jungfrauen. Dadurch war die Not behoben u. die Töchter konnten ehrbar verehelicht werden. So wurde Nikolaus zum Patron für günstige Heirat bzw. der Mädchen, die einen Bräutigam suchen. Wegen der Brautaussteuer wurde er auch Patron der Tuchhändler, Bandmacher, Knopfmacher, Leinenweber, Spitzenhändler u. Tuchscherer. – Aus dieser Geschichte wie auch der von

den geschlachteten Schülern entstand an den kirchlichen Schulen des 13. Jh.s der Nikolaus-Brauch: Ein bärtiger „Nikolaus" kehrt am Vorabend des 6. Dezember bei den Kindern ein, hält mit ihnen eine gehörige Gewissenserforschung u. beschenkt sie mit nahrhaften Dingen. Später verbanden sich mit dem Brauch germanische Natur-Mythen (Krampus, Ganggerl, Knecht Ruprecht) u. szenische Spiele, die im Lauf der Zeit zu allerlei Volks- u. Burschenbrauch ausarteten (Lärmumzüge, Erschrecken von Kindern u. ä.). In der Mitte des 19. Jh.s trat erstmals in Norddeutschland an die Stelle des Nikolaus der sog. Weihnachtsmann, ein weißbärtiger Mann mit pelzbesetztem rotem Mantel u. roter Pelzmütze, der mit seinem Gabensack die Kinder besucht. In den angelsächsischen Ländern entspricht ihm der Santa Claus oder Father Christmas, in Frankreich der Père Noël, in Schweden der Juletomte, in den slaw. Ländern Väterchen Frost (russ. ded moroz). Der Weihnachtsmann ist ein typisches Beispiel der Sinnentleerung alter rel. Bräuche in einem säkularisierten Zeitalter.

Eine andere Legende, ebenfalls griech. Ursprungs, rühmt seine Wundermacht in größter Not: Einmal geriet ein Schiff in Seenot. Da riefen die Schiffsleute den hl. Nikolaus an. Er erschien u. half ihnen an den Segeln u. Tauen. Sogleich hörte der Sturm auf u. das Meer beruhigte sich. Die Geschichte ist eine deutliche Anspielung auf die Stillung des Seesturmes in den Evangelien (Mk 4,35–41 par.). Es wundert nicht, daß sich die normannischen Seefahrer des 11. Jh.s dadurch bes. angesprochen fühlten. So wurde Nikolaus Patron der Seeleute, Fährleute, Flößer, Fischhändler, der Pilger u. Reisenden.

Auch sein Kampf mit dem Teufel des Unglaubens (Arianismus) u. Heidentums fand seinen legendenhaften Ausdruck: Die Göttin Diana war verärgert, weil ein ihr geweihter Baum gefällt worden war. Da erschien sie Reisenden, die auf der Fahrt zu Bischof Nikolaus waren, in Gestalt einer Nonne u. übergab ihnen als Geschenk für ihn ein gefährliches Öl. Nikolaus durchschaute sofort die List u. warf das Gefäß mit dem Öl ins Meer, worauf das Öl u. selbst die Wogen lichterloh zu brennen anfingen. Seitdem ist Nikolaus Patron der Spezereikaufleute, Parfümeriehändler u. Apotheker; auch aus dem Grund, daß aus der Reliquienkapsel in Bari ein wohlriechendes und wundertätiges Öl geflossen sein soll.

Noch andere Wundergeschichten erzählt man sich über den hl. Nikolaus: Ein Jude stellte einmal ein Bild des hl. Nikolaus vor seine Geldkammer, um sie gegen Diebstahl abzusichern. Das Geld wurde dennoch gestohlen. Da schlug der Jude aus Zorn das Bild in Stücke. Der Heilige erschien noch in derselben Nacht den Dieben u. zwang sie, dem Juden sein Geld zurückzugeben. So wurde Nikolaus Patron zum Wiedererlangen gestohlener Dinge u. Schützer des Eigentums. – Einmal kam ein Kind in die Gefangenschaft eines heidnischen Königs. Als dieser den hl. Nikolaus lästerte, erschien dieser, packte das Kind an den Haaren u. brachte es durch die Lüfte seinen Eltern zurück. Deshalb wird Nikolaus als Patron für die Befreiung Gefangener verehrt. – Die Stadt Myra rettete er vor Hungersnot. Daher rufen ihn die Bäcker, Müller, Samenhändler, Kornhändler, die Kaufleute u. Krämer als Patron an. – Während seiner ersten Messe als neugeweihter Bisch. habe sich das Kind einer Frau am häuslichen Herd zu Tode gebrannt, Nikolaus habe es wieder lebendig gemacht. Seither verehren ihn die Feuerwehrleute als ihren Patron. – Bereits am Tag seiner Geburt sei er aufrecht in der Badewanne gestanden, als Säugling habe er in der Fastenzeit nur zweimal täglich an der Mutterbrust getrunken, als Kind habe er in Ermangelung einer Geldspende eine gelähmte Frau geheilt, während der Messe habe sein Gesicht in himmlischer Andacht gestrahlt u. a.

Liturgie: g am 6. Dezember; Lausanne-Genève-Fribourg: Übertragung der Gebeine in die Kathedrale zu Fribourg: g 9. Mai

Patron: a) (die schon oben genannten Patronate:) der Advokaten, Apotheker, Bandmacher, Bauern, Bierbrauer, Chorknaben (Ministranten), Fährleute, Faßbinder, Feuerwehrleute, Fischer, Fischhändler, Flößer, Gefangenen, Jungfrauen, Kinder, Knopfmacher, Leinenweber, Metzger, Notare, Parfümeriehändler, Pilger, Reisenden, Richter, Schnapsbrenner, Schüler, davon der

Rechen- u. Schreiblehrer; der Schiffer, Seeleute, Spezereikaufleute, Spitzenhändler, Tuchhändler, Tuchscherer, Weber, Wirte u. Weinhändler
b) (ohne ersichtlichen Grund:) der Kerzenzieher, Steinbrucharbeiter, Steinmetze
Darstellung: als hagerer Bisch. mit weißem Bart, trägt das Evangelienbuch, darauf 3 goldene Kugeln (Jungfrauenlegende bzw. weil er auf dem Konzil von Nicäa die Wesensgleichheit der 3 göttlichen Personen verteidigte) bzw. 3 Brote oder Steine (Rettung der Stadt Myra vor der Hungersnot). Mit 3 aus einem Bottich steigenden Knaben (Schülerlegende). Mit Anker und Schiff (Rettung der Seeleute)
Lit.: BHL 6104–6221, Suppl. 235ff – G. Anrich, Hagios Nikolaos, 2 Bde. (Leipzig 1913–17) – Künstle II 459–464 – K. Meisen, Nikolaus-Kult u. Nikolaus-Brauch im Abendlande (Düsseldorf 1931) (Lit.) – A. Dörrer: Arch. f. d. Studium der neueren Sprachen 164 (Braunschweig 1934) 85–89 – I. Greinz, Nikolaus-Volksschauspiele in Österreich (Diss. masch. Innsbruck 1934) – ZGObrh 87 (1934) 287f – AElsKG 9 (1934) 391f – ZSKG 28 (1934) 74–77 – O. Schumann, Die Urfassung des Nikolaus-Spieles von den 3 Jungfrauen: Zschr. f. roman. Philologie 62 (Halle 1942) 386–390 – O. Lauffer: Geistige Arbeit 2 (Berlin 1935) n. 23 (Weihnachtsbräuche) – Braun 545–551

Nikolaus Palea OP, Sel. (Nicola Paglia)
* 1197 zu Giovinazzo bei Bari (Unteritalien). Mit 20 Jahren schloß er sich dem hl. ↗ Dominikus an u. trat seinem Orden bei. Er wurde ein hervorragender Prediger u. gewann viele für seinen Orden. 1233–35 und 1255 war er Provinzial der röm. Ordensprovinz. 1224 gründete er den Konvent zu Trani, 1233 den zu Perugia. † am 11. 2. 1255 in Perugia. Kult appr. 1828
Gedächtnis: 11. Februar
Lit.: B. Andriani (Molfetta 1959)

Nikolaus I., Papst, Hl.
Er war ein Römer vornehmer Abkunft. Unter den Päpsten Sergius II. (844–847), ↗ Leo IV. (847–855) u. Benedikt III. (855–858) gewann er am päpstlichen Hof am Lateran steigenden Einfluß. Auf Betreiben Kaiser Ludwigs II. u. unter seiner Anwesenheit wurde er am 24. 4. 858 gewählt und als 1. Papst der Kirchengeschichte mit der Tiara gekrönt. Er war eine Herrschernatur von unbeugsamer Willensstärke, scharfem Blick u. kühnem Geist, von unantastbarer Reinheit des Charakters u. des Lebens. Er war tief erfüllt vom Bewußtsein seiner Stellung als Nachfolger des hl. Petrus u. verteidigte unerschrocken die Freiheit u. Selbständigkeit der Kirche gegen jede Beeinflussung durch die weltliche Macht u. die Rechte des Papstes gegenüber Fürsten u. Metropoliten. Namentlich zwang er 861 den von Ludwig II. unterstützten Erzb. Johann von Ravenna zur Unterwerfung. Dieser bedrückte Klerus und Volk, strebte Unabhängigkeit von Rom an u. suchte einen eigenen Kirchenstaat Ravenna zu gründen. Papst Nikolaus I. setzte in einem prinzipiellen Ringen gegen Erzb. Hinkmar von Reims den Jurisdiktionsvorrang des Papstes vor Synodal- u. Metropolitangewalten durch. Gegen König Lothar II. verteidigte er das kirchliche Eherecht. König Lothar wollte ab 862 seine kinderlose Ehe mit Theutberga lösen u. seine illegitime Verbindung mit Waldrada, von der er einen Sohn hatte, legitimieren lassen. Dabei arbeitete er mit gehässigen Beschuldigungen u. erpreßten Geständnissen, wobei ihm die Erzbischöfe Theudgaud von Trier u. Gunthar von Köln zu Willen waren. Auch die von Lothar II. veranlaßte Belagerung des Papstes in St. Peter durch seinen Bruder Ludwig II. (864) konnte Papst Nikolaus I. nicht einschüchtern. Mit gleicher Schärfe kämpfte der Papst für die Vorrechte des Papsttums gegenüber der Kirche des Ostens. Den unkanonisch zum Patriarchen erhobenen Photios setzte er auf einer röm. Synode 863 ab. Dieser Konflikt mit der Ostkirche verschärfte sich noch dadurch, daß der eben getaufte Bulgarenfürst ↗ Boris 866 in Rom zur Entsendung von Glaubensboten ansuchte. Nikolaus I. hoffte auf die Gewinnung der Kirche Bulgariens für die lat. Kirche. Photios aber rief die Ostkirche zur Abwehr kirchlicher Bräuche auf (z. B. gegen die Einfügung des Filioque in das Glaubensbekenntnis) u. erwirkte 867 ein Absetzungsurteil gegen den Papst, wurde aber noch im gleichen Jahr selber gestürzt. Diese Streitigkeiten bereiteten den Boden für das große morgenländische Schisma des Jahres 1054, rieben aber auch Nikolaus I. auf. † am 13. 11. 867.

Gedächtnis: 13. November
Lit.: Schubert KG 417–428 – Hauck II 549–572 – Seppelt II² 241–288

Nikolaus von Preußen OSB, Sel.
Er war ein Preuße von Geburt u. wurde Benediktinermönch im Kloster S. Giustina in Padua, wo ihm das Amt des Sakristans übertragen wurde. Er kam später in das Kloster S. Giorgio in Venedig, dann in das Kloster S. Benedetto di Polirone bei Mantua u. schließlich wurde er um 1427 Prior u. Novizenmeister im Kloster S. Nicola del Boschetto bei Genua. Sein ganzes Leben spiegelt sich in den Worten, die er oft seinen Mitbrüdern sagte: „Ein andächtiger u. berufseifriger Mönch trägt alles mit Gleichmut.“ † 1456.
Gedächtnis: 23. Februar

Nikolaus (Nikolaos) **Studites,** Hl.
* 793 zu Kydonia (Kreta). Mit 10 Jahren kam er zur Erziehung nach Konstantinopel in das Studitenkloster u. wurde dort später von Abt ↗ Theodor als Mönch aufgenommen. In den Wirren des Bilderstreites war er ein treuer Anhänger seines Abtes. Er begleitete ihn auch unter dem Bilderstürmer Leo V. in das Exil nach Smyrna u. half ihm dort in dessen ausgedehnter Korrespondenz für die Treue zum Bilderkult. Nach dem Tod des Abtes Naukratios, des Nachfolgers Theodors, wurde er 846 selbst Abt des Klosters Studiu. In der Auseinandersetzung des eigenwilligen u. streitbaren Photios, Patriarch von Konstantinopel, und des abgesetzten Patriarchen ↗ Ignatios spielte Abt Nikolaus eine führende Rolle in der Wahrung kirchlicher Gesinnung. Photios bemühte sich vergeblich um seine Gunst. Nikolaus wurde zweimal abgesetzt u. verbannt bzw. eingekerkert, vom byzantinischen Kaiser Basilius I. Makedon aber rehabilitiert. † am 4. 2. 868 in Konstantinopel.
Gedächtnis: 4. Februar
Lit.: G. da Costa-Louillet: Byz (B) 25–27 (1955–57) 794–812

Nikolaus Tavelić OFM u. Gef., Märt. in Jerusalem, Hll.
Er stammte aus Šibenik (Dalmatien). Er wirkte als Franziskaner-Missionar 12 (?) Jahre in Bosnien u. dann mehrere Jahre im Konvent zu Jerusalem. Am 11. 11. 1391 wollte er mit seinen Mitbrüdern **Deodatus** von Roussillon (Südfrankreich), **Petrus** von Narbonne (Südfrankreich) u. **Stephan** von Cuneo (südl. von Turin) in der Omar-Moschee zu Jerusalem predigen, weil an diesem Tag das mohammedanische Fest „Qurban Bayram“ gefeiert wurde. Mit mehreren einsichtigen Männern berieten sie vorher ihre Schritte. So gingen sie zum Kadi, der auch rel. Oberhaupt war, um ihn von ihrem Vorhaben in Kenntnis zu setzen u. ihn um die Erlaubnis dazu zu bitten. Der Kadi jagte sie unter Androhung der Todesstrafe fort. Draußen war bereits ein Tumult entstanden, man stieß u. trat sie mit Füßen u. zerraufte ihr Haar. Dann wurden sie eingekerkert, 3 Tage lang ohne Nahrung gelassen u. heftig geschlagen. Ihr Bekenntnis zum christlichen Glauben verstärkte nur den Haß der Peiniger. Am 14. 11. 1391 wurden sie mit dem Schwert hingerichtet, ihre Leichname verbrannt u. die Asche zerstreut. Kult bestätigt 1889, heiliggesprochen am 21. 6. 1970.
Gedächtnis: 14. November
Lit.: AAS 63 (1971) 346ff – D. Mandić, Documenta martyrii beati N. Tavelić (Rom 1958) – A. Crnica, Historico-iuridica dilucidatio vitae, martyrii et gloriae beati N. Tavelić (Rom 1958)

Nikolaus von Tolentino OESA, Hl.
* 1245 zu Sant'Angelo in Pontano (Mark Ancona, Mittelitalien). Er wurde 1255/56 Augustinereremit im dortigen Kloster u. wirkte erfolgreich als Prediger, Beichtvater u. Krankenseelsorger an verschiedenen Orten der Mark Ancona sowie als Novizenmeister in S. Elpidio. Schließlich wirkte er 30 Jahre in Tolentino (südl. von Ancona). Er hatte eine bes. Liebe zu den Armen Seelen u. war ausgezeichnet durch strenge Askese, Nächstenliebe u. viele Wunder (1305–25 wurden 301 Wunder amtlich festgestellt). † am 10. 9. 1305 in Tolentino. Über seinem Grab wurde bald eine Basilika errichtet. An seinen 1345 (?) vom Leib getrennten Armen ereigneten sich häufig (zuletzt 1939) Blutwunder, die mit kirchengeschichtlichen Ereignissen in Zusammenhang gebracht wurden. Die übrigen bis dahin verschollenen Gebeine wurden 1926 bei Grabungen in der Basilika von Tolentino entdeckt. Heiliggesprochen 1446.
Gedächtnis: 10. September
Darstellung: im schwarzen Ordenshabit, ein Buch in der einen, ein mit Lilien um-

wundenes Kruzifix in der anderen Hand. Ein Stern auf der Brust oder hinter ihm (der Stern erschien ihm über dem Altar, an dem er die Messe feierte, u. leuchtete auch noch nach seinem Tod). Eine Schüssel mit wegfliegenden gebratenen Tauben oder Hühnern tragend (die zu essen er sich in seiner Krankheit weigerte). Mit Pfeilen in der Hand
Patron: einer Armen-Seelen-Bruderschaft, von Venedig, Genua, Mitpatron von Bayern u. a.
Lit.: BHL 6230–6236 – Braun 552f – Pius XII. (Breve zur 500-Jahr-Feier der Heiligsprechung im Orden): Cor Unum 5 (Würzburg 1947) 9ff – E. Eberhard, Stern über Tolentino (Würzburg 1952) – F. Giorgi, 3 Bde. (Tolentino 1887, dt. v. P. Keller 1894)

Nikomedes, Märt. **in Rom,** Hl.
Name: griech. níke (Sieg) + médomai (ich sinne nach, trachte): der auf Sieg Bedachte
Er war ein Märt. der Frühzeit in Rom, über den historische Nachrichten fehlen. Die legendarische Passio der hll. ↗ Nereus u. Achilleus bestätigt nur ihr Grab vor der Porta Nomentana in Rom. Der Liber Pontificalis bezeugt eine Cömeterialkirche über seinem Grab, die im 7. u. 8. Jh. renoviert wurde. Diese ist zu unterscheiden von der Kirche Titulus Nicomedis innerhalb der Stadtmauer (später Pietro e Marcellino genannt).
Gedächtnis: 15. September
Darstellung: mit Stachelkeule
Lit.: ActaSS Sept. V (1755) 5–12 – BHL 6237f – DACL XII 1232–1236 (Lit.)

Nikon, Hl.
Name: griech., der Siegende
* um 930 im Pontus (Küstenlandschaft des östl. Kleinasien zum Schwarzen Meer). Er war 12 Jahre Mönch im Kloster Chrysopetra u. anschließend 3 Jahre Einsiedler. Dann wirkte er als Wanderprediger zuerst in Kleinasien, dann auf Kreta, das eben zuvor von Nikephoros Phokas den Arabern wieder entrissen worden war, zuletzt auf der Peloponnes (Griechenland). Dort gründete er bei Sparta ein Kloster, wo er um 998 starb. Seine Lebensbeschreibung ist eine wichtige Quelle für die Geschichte Griechenlands im 10. Jh.
Gedächtnis: 26. November
Lit.: M. Galanopulos (Athen 1933) (griech.) – D. Daphnu (Athen 1953) (griech.) – BHG[3] 1366ff

Nils (Niels) (norddt., nordisch) ↗ Nikolaus

Nina, Kf. von weibl. Vornamen, die auf -ina enden wie ↗ Annina, ↗ Bettina, ↗ Christina u. a.

Nino (ital.), Kf. von Giovanni (↗ Johannes)

Nithard, Märt., Hl.
Name: germ. nitha (Kampfeszorn; vgl. Neid) + hardhus (hart, stark, mutig): kampfeszorniger Krieger
Er war der Neffe des hl. ↗ Gosbert u. wirkte als Missionar in Schweden. Bei einem Volksaufstand wurde er mit Keulen erschlagen. † um 845.
Gedächtnis: 3. Februar

Nivard von Clairvaux OCist, Sel.
Name: ahd. nīd (Kampfeszorn; vgl. Neid) + wart (Hüter, Wächter): kämpferischer Wächter
Er war der jüngste Bruder des hl. ↗ Bernhard von Clairvaux u. trat, seinen 4 älteren Brüdern folgend, in jungen Jahren in das Zisterzienserkloster Clairvaux (Diöz. Troyes) ein. Er genoß dort das bes. Vertrauen Bernhards u. war an der Gründung einiger Abteien beteiligt: 1132 in Vaucelles (Prov. Namur, Belgien), wo er Novizenmeister, 1135 in Buzay, wo er Prior wurde, in Val-Richer u. wahrscheinlich auch in Espina (Spanien). Nach 1150 hört man nichts mehr von ihm.
Gedächtnis: 7. Februar
Lit.: J. Jobin, St. Bernard et sa famille (Paris 1891) 110–128 – M. Chaume: St. Bernard et son temps (Kongreß Dijon 1927) I (Dijon 1928) 75–112 – Lenssen I 188f

Nivard, Erzb. **von Reims,** Hl. (Nivo)
Er stammte aus fränkischem Hochadel u. wurde am Hof König Chlodwigs II. erzogen. Wohl vor 657 wurde er Erzb. von Reims (Nordfrankreich). Er war sehr freigebig u. gründete aus seinem Besitz das Kloster Hautvillers (bei Epernay, südl. von Reims) u. förderte andere Klostergründungen. † 1. 9. 673, in Hautvillers bestattet.
Gedächtnis: 1. September
Lit.: ActaSS Sept. I (1746) 267–284 – MGSS rer. Mer. V 157–171 – Duchesne FE III 84ff – Zimmermann III 189f – Baudot-Chaussin IX 25ff

Noe, Patriarch
Name: seine Herkunft ist umstritten. Die Bibel erklärt ihn volksetymologisch mit „Trost" (eig. „Ruhe"): „Er (Lamech) nannte ihn Noe, indem er sprach: Dieser wird uns trösten bei der mühevollen Arbeit unserer Hände an dem Ackerboden, den der Herr verflucht hat" (Gen 5,29). Hebr. noach, LXX u. Vulgata Noe, Luther Noah, Locc. Noach
Bezeichnungen: a) Das Wort „Sintflut" heißt mhd. sinvluot, seit Notker († 912) auch sintfluot, seit dem 13. Jh. in sündenfluot (sündfluot) umgedeutet. Luther behält Sindflut bei, Joh. Eck († 1543) schwankt zwischen Sindfluß u. Sündfluß. Das Wort enthält ahd. sind (Weg, Richtung; vgl. senden, Sinn); davon ahd. gisindi (Reisegefolgschaft, Kriegsgefolge, Leute; vgl. Gesinde, seit ca. 1600 abwertend auch „Gesindlein", daraus das heutige „Gesindel"). Das germ. sin- heißt in Zusammensetzungen immer „allgemein", „umfassend". Die ahd. sinvluot ist also eine „allgemeine Flut" u. hat ursprünglich nichts mit „Sünde" zu tun.
b) „Arche" wurde schon in vorchristlicher Zeit aus lat. arca (Kasten, Kiste, Verschluß) in alle germ. Sprachen entlehnt: ahd. arahha. Luther übersetzt es mit „Kasten".
Noe ist bekannt als der Held der biblischen Sintfluterzählung (Gen 6–9). Es wird erzählt, wie Gott die Menschen wegen der großen Sittenverderbnis durch eine große Flut vernichten will. Nur Noe findet wegen seiner Gerechtigkeit Gnade in Gottes Augen. In seinem Auftrag baut er eine Arche, in der er mit seiner Familie u. mit Tieren aus allen Arten gerettet wird, während die übrige Menschheit umkommt. Nach der Flut baut Noe einen Altar u. bringt ein Dankopfer dar. Gott segnet ihn u. schließt mit ihm u. seinen Nachkommen einen Bund. Beim Anblick des Regenbogens als Bundeszeichen will Gott für immer dieses Bundes gedenken.
Der breit angelegte Sintflutbericht zeigt zahlreiche u. einander widersprechende Wiederholungen: Das eine Mal dauert die Flut 40 + 2mal 7 Tage, das andere Mal 1 Jahr, nämlich vom 17. Tag des 2. Monats bis zum 27. Tag des 2. Monats im folgenden Jahr. Da die Juden den Monat stets von einem Neumond bis zum nächsten rechneten (ca. $29^1/_2$ Tage), sind dies 354 + 11 Tage. – Das eine Mal nimmt Noe von jeder Tiergattung je 1 Paar mit in die Arche, das andere Mal von den unreinen je 1 Paar, von den reinen je 7 Paare. – Das eine Mal schickt er einen Raben aus, das andere Mal dreimal eine Taube. – Es gilt heute als sicher, daß hier zwei getrennte Flutberichte von einem späteren Redaktor zu einem einzigen verbunden wurden. Diesem Bearbeiter war offenbar die wortgetreue Wiedergabe der vorliegenden Texte wichtiger als literarische Glätte. Die eine (ältere) Quelle wird dem sog. Jahwisten zugeschrieben, einem anonymen Verfasser des 9./8. Jh.s v. Chr. Die jüngere Quelle ist der ebenfalls unbekannte Verfasser der sog. Priesterschrift (Priesterkodex) wohl aus dem 6./5. Jh. v. Chr.
Über die Konstruktion der Arche werden sehr exakte Angaben gemacht (Gen 6,14–16). Ihre Ausmaße – 300 mal 50 mal 30 Ellen – sind riesig. Nimmt man eine Elle zu etwa 0,5 Meter, so ergibt das vergleichsweise den Rauminhalt des Kölner Domes. Der Form der Arche liegen offenbar Erfahrungswerte für ein Gefährt zugrunde, das zwar schwer manövrierbar ist, dafür aber bei stabiler Gleichgewichtslage große Lasten aufnehmen kann. Derartige Angaben sind als Interpolationen des Endredaktors aufzufassen. – Daß die Arche auf dem Ararat (5198 m) gelandet sein soll (Gen 8,5), ist ein späteres Mißverständnis. Das keilinschriftliche Uruatri (Urartu) ist eigentlich ein Landstrich, etwa zw. dem Araxes-Fluß u. dem Van- u. Urmiasee, das spätere Armenien. Die Septuaginta, Vulgata, wie auch Josephus Flavius u. Eusebius sehen hier noch richtig ein Land („ließ sich die Arche auf einem der Berge Armeniens nieder"). Die Türken nennen den Ararat Argi-Dah (Berg der Arche), die Perser Koh-i-Nuh (Berg des Noe). In der türkischen Grenzstadt Cizre am oberen Tigris wird ein 5 m langer Totenschrein gezeigt, in dem Noe ruhen soll. Dem biblischen Sintflutbericht sehr nahe verwandt ist der Flutbericht im babylonischen Gilgamesch-Epos. Es ist ein Heldengedicht auf 12 Keilschrifttafeln in 12 Gesängen zu je etwa 300 Verszeilen, das ein genialer Dichter gegen Ende des 17. Jh.s v. Chr. nach älteren Vorlagen zu diesem kunstvollen Epos verarbeitete. Dessen Hel-

den sind der sagenumwobene Gilgamesch (Gischgimmasch), um 2000 v. Chr. Stadtfürst von Kullaba bei Uruk (heute Ruinenfeld Warka links des Euphrat, südöstl. von Babylon), u. sein Freund Enkidu (Engidu). Das Thema dieser Gesänge ist Freundschaft, Heldenruhm, gegenseitige Ergänzung von Natur und Stadtkultur, sittliche Läuterung, das Problem von Leben und Tod und das vergebliche Streben, den Tod zu überwinden. Von Interesse ist hier der Flutbericht auf der 11. Tafel dieses Epos: Ziusudra (babylon. Utnapischtim), der nach der sumerischen Königsliste letzte König „vor der Flut", wird vom gütigen Gott Enki gewarnt, daß die Götter eine große Flut planen, um alle Menschen zu vernichten. Utnapischtim rettet sich mit seiner Familie u. mit Paaren aller Tiere in einem großen Kasten vor der siebentägigen Regenflut, die so hoch steigt, daß sogar die Götter in den obersten Himmel flüchten. Nach dem Niedergang der Wasser strandet die Arche am Berg Nisir, u. Utnapischtim sendet, um sich zu vergewissern, nacheinander eine Taube, eine Schwalbe u. einen Raben aus. Auf dem wieder trockenen Land veranstaltet er ein Opfer, das die Götter „wie die Fliegen" umschwärmen. Der Streit unter den Göttern über das Entkommen des Utnapischtim läßt erkennen, daß die Flut wegen des Ungehorsams der Menschen geschah.

Eine Abhängigkeit des biblischen Flutberichtes vom sumerisch-babylonischen Sagenstoff ist unverkennbar – sei es direkt oder indirekt, etwa über ein nicht bekanntes kanaanäisches Vorbild. Doch ist der biblische Bericht von allen mythologischen und polytheistischen Elementen gereinigt. Der biblische Erzähler stellt seinen Flutbericht in den Rahmen seiner geschichtstheol. Gesamtschau: Die Sünde ist mit Adam in die Welt gekommen, der Mensch ist immerfort zum Bösen geneigt (Gen 6,5); auch nach der Flut würde sie ihn immer wieder Gottes Gerechtigkeit überantworten (Gen 8,21). Doch verrät zugleich die „Reue" und „Betrübnis" Gottes (Gen 6,6) eine tiefe innere Anteilnahme des Schöpfers an seinem Geschöpf. Er will die Menschheit nicht gänzlich dahinraffen, sondern mit Noe einen neuen Anfang setzen, um so eine erneuerte Menschheit an seinem gnädigen Heil Anteil nehmen zu lassen. Der biblische Erzähler legt Wert auf die Tatsache, daß Gott den Noe und seine Nachkommen segnete (Gen 9,1), wie einst Adam u. Eva im Paradies (Gen 1,28) und daß er diesen Segen mit einem feierlichen „Bund" bekräftigte (Gen 9,9). Dieser Bund Gottes mit Noe steht in auffallender Parallele zum Bund, den Gott mit ↗ Abraham, später mit ↗ Moses u. dem Volk Israel geschlossen hat u. der nur im Neuen Bund in Jesus Christus überhöht wird.

Der biblische Flutbericht erfordert nicht eine Überschwemmung der gesamten Erdoberfläche – das wäre physikalisch auch nicht möglich. Doch hat die Existenz von Flutsagen bei fast allen Völkern der Erde schon lange die Aufmerksamkeit erregt. Derartige Überlieferungen finden sich in Vorderasien, Persien, Tibet, Vorder- u. Hinterindien, vereinzelt auf dem ostasiatischen Archipel, auf Kamtschatka u. in Afrika, dann von Australien über Neu-Guinea durch Melanesien, Mikronesien u. Polynesien bis zu den Sandwich-Inseln, in ganz Amerika, ferner in Griechenland, im Norden (Edda), Britannien, Litauen, Finnland, nicht aber in Ägypten u. Japan. Man zählt heute 68 solcher Katastrophen-Sagen. Einzelne dieser Überlieferungen sind wohl in christlicher Zeit durch die Bibel veranlaßt oder zumindest beeinflußt. In den Flutsagen ältester Völker (amerik. Urstämme, Andamanesen) hat das Höchste Wesen (Gott) die Flut wegen der Schlechtigkeit der Menschen herbeigeführt. In der (späteren) Mond-mythologischen Einkleidung wird die Flut durch das Dunkelwerden des Mondes verursacht; der Stammvater rettet sich mit einigen Personen in einem Fahrzeug (= abnehmende Mondsichel). Nach der jüngeren Sonnen-mythologischen Auffassung wird die Erde durch eine Feuerflut (Sintbrand) vernichtet. Nordasiatische Sagen kennen das „Feuerwasser", amerik. die „Schneeflut" (Vereisung) als zerstörende Kraft.

Neues Interesse am biblischen Sintflutbericht erregte 1929 die als Weltsensation empfundene Entdeckung einer riesigen Überschwemmung in Mesopotamien durch Sir Charles Leonard Woolley, 1922–1934

Leiter der Ausgrabungen von Ur. Er fand eine Lehmschicht von 600 km Länge u. 150 km Breite mit einer Dicke bis zu 3 Meter, die eine jüngere Kulturschicht von einer älteren, darunterliegenden trennte. Woolley war überzeugt, damit die biblische Sintflut entdeckt zu haben. Die bald einsetzende Kritik wies jedoch darauf hin, daß diese Überflutung viel zu jung sei (ca. 3500 v. Chr.), als daß praktisch die gesamte Menschheit eine Erinnerung daran bewahrt haben könnte. Bei den vielen Flutsagen der Menschheit sei vielmehr an eine Katastrophe in sehr früher Zeit, etwa den Ausbruch eines Schmelzwassersees in einer der Zwischeneiszeiten zu denken, der eine damals zahlenmäßig u. räumlich beschränkte Menschheit traf. Es muß indes offenbleiben, ob diese mesopotamische Überschwemmung den tatsächlichen Stoff für die babylonische u. damit auch die biblische Fluterzählung lieferte oder eine schon vorhandene, sehr viel ältere Erinnerung mit neuem Anschauungsmaterial bereicherte.

Lit.: Kommentare zu Gen – R. Andree, Die Flutsagen ethnographisch betrachtet (1891) – M. Winternitz, Die Flutsagen des Altertums u. der Naturvölker (1901) – J. Riem, Die Sintflut in Sage u. Wissenschaft (1925²) – H. Fischer, Weltwenden. Die großen Fluten in Sage u. Wirklichkeit (1928⁴) – Ch. L. Woolley, Ur u. die Sintflut (1931⁵) – A. Schott-W. v. Soden, Das Gilgamesch-Epos (Stuttgart 1962³) – H. Schmökel, Das Gilgamesch-Epos (1966)

Noël (franz.) ↗ Natalis

Nonna OBas, Hl.
Name: spätlat. (eig. aus der Lallsprache der Kinder); ehrwürdige Mutter. Seit dem 4. Jh. auch im griech. sprechenden Osten für „Klosterfrau". Es könnte also nicht ihr eigentlicher Name gewesen sein, sondern der Kosename von seiten ihrer Kinder oder ihre Standesbezeichnung als „Nonne".
Sie war die Gattin des hl. ↗ Gregor von Nazianz d. Ä., den sie zum Christentum bekehrte. Ihre Kinder waren ↗ Gorgonia, ↗ Cäsarius von Nazianz u. ↗ Gregor von Nazianz d. J. Sie beschloß ihr Leben 374 als Nonne des Basilianerordens im Alter von über 90 Jahren.
Gedächtnis: 5. August
Lit.: R. Hermann, Verborgene Heilige des griech. Ostens (Kevelaer 1931) 5–33 – AuC V 44–75

Nonnosus OSB, Abt **auf dem Soracte,** Hl.
Name: zu spätlat. nonnus, Bezeichnung für ehrwürdige Personen (dem Alter oder dem gottgeweihten Leben nach). Bes. in der Regel des hl. ↗ Benedikt steht es für „älterer Pater", „Klostervorsteher" (vgl. ↗ Nonna)
Er war Mönch, später Abt im Benediktinerkloster auf dem Soracte (Monte Seratto, 40 km nördl. von Rom). Er wurde gerühmt wegen seiner Geduld u. Demut gegenüber einem harten u. herrschsüchtigen Abt. † um 560. Ein großer Teil seiner Reliquien kam unter Bischof Nitker (1039–52) nach Freising, 1661 u. 1679 wurden sie z. T. wieder auf den Soracte zurückgebracht. Sein Hochgrab in der Krypta des Freisinger Domes war ehedem viel besucht. Die Pilger krochen dabei unter dem Hochgrab hindurch u. entnahmen Öl aus der Lampe beim Grab.
Liturgie: München-Freising g am 2. September
Darstellung: mit einem Berg, vor ihm ein Felsen, mit Ölzweig und Lampe
Patron: des Bistums Nepi-Sutri, Mitpatron von Freising
Lit.: ActaSS Sept. I (1746) 409–439 – Zimmermann III 46f IV85 – A. Mayer-Pfannholz, Der Brauch am Nonnosus-Grab in der Freisinger Domkrypta: Veröff. d. hist. Vereines v. Freising 3 (Freising 1937) – Baudot-Chaussin IX 46ff

Nonstaler Märt. ↗ Sisinnius u. Gef.

Nora, Kf. zu ↗ Eleonora

Norbert von Xanten OPraem, Bisch. von Magdeburg, Hl.
Name: ahd. nord (Norden) + beraht (glänzend, berühmt): der Berühmte aus dem Norden
* wahrscheinlich 1082 zu Xanten (Unterrhein) aus der Familie der Edlen von Gennep. Er wurde Subdiakon u. Stiftsherr zu St. Viktor in Xanten, führte aber ein flottes Weltleben am Hof des Kölner Erzb. Friedrich I. u. Kaiser Heinrichs V. Ein Blitzschlag auf dem Ritt nach Verden 1115 wühlte ihn innerlich auf, er ging in sich u.

suchte seinen Seelenfrieden als Büßer im OSB-Kloster Siegburg (südöstl. von Köln). Führer zu einem neuen Leben wurden ihm der dortige Abt Kuno, der Einsiedler Liutolf u. Abt Richter von Rolduc. Noch im selben Jahr wurde er vom Kölner Erzb. zum Diakon u. Priester geweiht. Im Gewand eines Wanderpredigers zog er nun umher u. rüttelte das Volk auf. Ein Versuch, das laue rel. Leben im Kanonikerstift zu Xanten zu reformieren, trug ihm aber nur Feindschaft und Demütigung ein. 1118 veräußerte er seinen ganzen Besitz u. pilgerte in das Kloster St-Gilles (an der unteren Rhone, Südfrankreich), wo sich gerade Papst Gelasius II. im Exil befand, u. ließ sich von ihm die Vollmacht zum Predigen geben. Durch seine mitreißenden Ansprachen u. seinen Ruf als Wundertäter schlossen sich ihm Schüler an, bes. in Nordfrankreich. Auf Drängen des Bisch. Bartholomäus de Joux von Laon u. auf Anraten Papst Calixtus' II. ließ er sich in der Diöz. Laon nieder. Nach einem fehlgeschlagenen Versuch, das Kollegiatstift St-Martin in Laon zu reformieren, siedelte er sich 1120 mit seinen Schülern im Tal von Prémontré bei Laon an. Daraus entstand der Orden der Prämonstratenser (Norbertiner) nach der Regel des hl. ↗ Augustinus, ein Reformorden der Augustiner-Chorherren. Ein weiteres Kloster gründete er 1121 in Floreffe bei Namur (Belgien). 1124 wurde er von Bisch. Burchard von Cambrai nach Antwerpen gerufen, wo er gegen Tanchelm auftrat. Tanchelm, ein rel. Schwärmer u. Sektierer, leugnete die kirchliche Hierarchie u. die Sakramente, bes. das Altarsakrament, u. hatte bereits eine große Anhängerschaft gewonnen. 1126 erhielt Norbert auf einer Reise nach Rom von Papst Honorius II. die kirchliche Bestätigung für seinen Orden. Nach seiner Rückkehr wurde er Erzb. von Magdeburg. Als solcher reformierte er seine Diöz. u. versuchte, seinen Orden auch nach Ostdeutschland zu verpflanzen, was ihm aber große Schwierigkeiten u. Feindschaften eintrug. Kaiser Lothar III. jedoch setzte großes Vertrauen in ihn u. machte ihn zum Kanzler für Italien. 1128 übergab Norbert die Leitung des Ordens seinem Schüler ↗ Hugo von Fosses. Er starb am 6. 6. 1134 in Magdeburg u. wurde in der Ordenskirche Unserer Lieben Frau in Magdeburg beigesetzt. Seine Gebeine wurden 1627 in die Ordenskirche Strahov in Prag übertragen. Heiliggesprochen 1582.

Liturgie: RK g am 6. Juni

Darstellung: als Bisch. oder im weißen Prämonstratenserhabit, hält einen Kelch oder Monstranz mit dem hl. Altarsakrament in der Hand (wegen seines Kampfes gegen Tanchelm), darüber eine Spinne (weil sie ihm beim Meßopfer nicht schadete). Mit Friedenspalme (weil er viele Streitigkeiten schlichtete). Ein gefesselter Teufel neben ihm

Patron: der Prämonstratenser u. der Schwestern vom 3. Orden des hl. Norbert

Lit.: A. Zák (Wien 1930) – Hauck IV[8] 369–375 – APraem 34 (1958) 198–218, 35 (1959) 5–14 (Bibliogr.), 36 (1960) 235–246 – D. Ulmer-Stichel (Bonn 1940) – P. E. Valvekens (Brüssel 1943)

Norma

Name: Herkunft u. Bedeutung sind unklar. Vielleicht hängt er mit dem nordgerm. Volksstamm der Normannen (Wikinger) zusammen, die im 8.–11. Jh. als Krieger, Abenteurer, Seeräuber u. Kaufleute die Küstenländer ganz Europas heimsuchten. Durch die Oper „Norma" von Vincenzo Bellini (1831) kam der Name vereinzelt auch in Deutschland auf.

Norman (Normann)

Name: Alter dt. männlicher Vorname: ahd. nord (Norden) + man (Mann): Mann aus dem Norden (Normanne) (vgl. Norma). Der Name kommt in Deutschland selten vor, ist aber in den angelsächs. Ländern beliebt.

Notburga von Eben, Hl.

Name: ahd. not (Bedrängnis, bes. im Kampf; Gefahr) + burga (Schutz, Zuflucht): Schützerin in Gefahr (Kf. Burg, Burgel)

* um 1265 zu Rattenberg am Inn (Nordtirol). Sie war zuerst Dienstmagd auf dem Schloß der Grafen von Rottenburg (Ruinen über Rotholz, Unterinntal). Was von den Mahlzeiten übrigblieb u. was sie sich vom Mund absparte, trug sie zu den Armen. Nach dem Tod ihrer gütigen Herrin wurde deren geizige Schwiegertochter ihre neue Vorgesetzte, die Notburga wegen ihres

Wohltuns aus dem Dienst entließ. Notburga wurde für einige Zeit Magd bei einem Bauern in Eben (über Jenbach, Unterinntal), kehrte aber nach dem Tod der geizigen Gräfin auf Bitten des jungen Grafen Heinrich wieder auf Schloß Rottenburg zurück. Sie starb am 14. 9. 1313 und wurde in der Rupertikapelle in Eben bestattet. Ihre Gebeine wurden am 19. 10. 1735 erhoben u. im September 1738 in der neuerbauten Kirche in Eben im Glasschrein auf dem Hochaltar beigesetzt. Ihr Kult wurde 1862 approbiert. Sie gehört zu den am meisten gefeierten Heiligen Tirols, ihr Grab ist bis heute ein vielbesuchter Wallfahrtsort, ihr Leben wurde in zahlreichen Volksschauspielen, Liedern u. Erzählungen dargestellt. Sie wird als Vorbild der Arbeitsamkeit, Treue, opferbereiter Nächstenliebe u. tiefer Frömmigkeit verehrt.

Liturgie: Innsbruck, Salzburg G am 13. September (Bozen-Brixen, Feldkirch, Graz-Seckau, Linz, München–Freising, Passau: g)

Darstellung: als Dienstmagd mit Milchkrug und Brot in der Schürze (sie brachte den Armen Speise u. Trank). Mit einer Getreidegarbe und freischwebender Sichel (nach der Legende verlangte der dienstgebende Bauer nach dem Aveläuten am Samstag die Fortsetzung der Erntearbeit. Da hob sie die Sichel in die Höhe u. rief sie zur Richterin an. Da blieb die Sichel in der Luft hängen.)

Patronin: der Dienstmägde, Bauern; der Arbeitsruhe, des Feierabends; für eine glückliche Geburt; bei Viehkrankheiten u. allen Nöten der Landwirtschaft

Lit.: ActaSS Sept. IV (1753) 709–768 – Austria Sancta. Die Heiligen u. Seligen Tirols (Wien 1910) 30–40 – L. Schmidt, Gestaltheiligkeit im bäuerlichen Arbeitsmythos (Wien 1952) 143–156 – L. Franz: Jenbacher Buch (Innsbruck 1953) 173–178 – A. Sparber, Kirchengeschichte Tirols (Bozen 1957) 36f – H. Bachmann, Die histor. Grundlagen der Notburga-Legende: Tiroler Heimat 24 (Innsbruck 1960) 5–49 (Notburga ein Mitglied des Rottenburger Grafengeschlechtes) – M. Kramer, Eben am Achensee (Salzburg 1960) – W. v. Pfaundler (Wien 1962)

Notburga von Hochhausen, Hl. (Nothburga)

Nach der 1517 schriftlich fixierten Sage war sie die Tochter des Frankenkönigs Dagobert I. († 639) u. lebte als Einsiedlerin in einer Höhle bei Hochhausen am Neckar (Baden) u. soll dort von einer Hirschkuh mit Nahrung versorgt worden sein. Ihr Grab in der Kirche zu Hochhausen (heute protestantisch) war bis zur Reformation ein vielbesuchter Wallfahrtsort.

Gedächtnis: 15. September

Darstellung: in langem Einsiedlergewand, ohne linken Arm (den ihr der erboste Vater ausriß), eine Schlange bringt ihr Heilkräuter

Lit.: W. Glock (Karlsruhe 1883) – Die Kunstdenkmäler des Großherzogtums Baden IV/3 (Freiburg/B. 1901) 33–43 – Badische Heimat 38 (Freiburg/B. 1958) 159–170

Notburga vom Klettgau, Hl.

Nach der spät faßbaren Legende stammte sie aus dem schottischen Königshaus u. floh nach der Ermordung ihres Gemahls, eines schottischen Königs, nach Bühl im Klettgau (Landsch. westl. Schaffhausen) u. gebar dort 9 Kinder auf einmal. Ihr Kult ist seit dem 15. Jh. nachweisbar, ist aber vermutlich älter. Sie lebte wahrscheinlich im 9. Jh.

Gedächtnis: 26. Jänner

Darstellung: als Matrone mit 9 Kindern, von denen eines tot auf ihrem Schoß oder zu ihren Füßen liegt

Lit.: Künstle II 468f – Die Kunstdenkmäler des Kantons Zug I (Basel 1934) 237f – Freiburger Diözesan-Archiv 68 (Freiburg/B. 1938) 233–252 – Die Kunstdenkmäler des Kantons Schaffhausen III (Basel 1960) 127f

Notburga (Noitburgis) **von Köln,** Hl.

Sie war die Nichte der hl. ↗ Plektrudis, der Gemahlin Pippins d. M. Ihre Tante gründete auf dem Kapitol zu Köln das Kanonissenstift St. Maria, in das auch Notburga als Nonne eintrat. Notburga starb um 700 u. wurde in der nahen Kirche St. Peter u. Paul beigesetzt (später nach ihr St. Noitburgis genannt). Ihre Reliquien kamen gegen 1500 in die Kartause zu Koblenz u. sind heute verschollen.

Gedächtnis: 31. Oktober

Darstellung: als vornehm gekleidete Frau oder als Nonne mit 2 brennenden Kerzen vor einer Bahre, auf der ein Toter zum Leben erweckt wird

Lit.: ActaSS Oct. XIII (1883) 836–841 – BHL 6244ff – Die Kunstdenkmäler der Stadt Köln, hrsg. v. P. Clemen, II/3 Erg.-Bd. (Düsseldorf 1937) 348ff (Lit.)

Nothelfer ↗ Vierzehn Nothelfer

Notker Labeo („mit der großen Lippe") OSB, Sel.
Name: ahd. not (Bedrängnis im Kampf, Gefahr) + ger (Speer): der (die Feinde) bedrängende Speer(kämpfer) (vgl. dazu ↗ Gernot)
* aus einem Thurgauer Adelsgeschlecht. Er war ein Neffe des lat. Hymnendichters Ekkehard I. OSB von St. Gallen († 973). Als Knabe kam er an die Klosterschule von St. Gallen u. wurde dort Benediktinermönch u. Leiter der Klosterschule. Er war ein überragender Gelehrter u. gefeierter Lehrmeister u. war in allen Wissenschaften seiner Zeit gleichermaßen bewandert, in Theologie, Hl. Schrift, Philosophie, Dichtkunst, Musik, Mathematik, Astronomie u. in den lat. u. griech. Klassikern. Sein größtes Verdienst war die Übersetzung der Hl. Schrift, der Klassiker, Philosophen u. Theologen ins Deutsche, u. er machte „als erster die barbarische Sprache schmackhaft". Er gilt als Meister u. weitgehend als Schöpfer der althochdeutschen wissenschaftlichen Prosa, indem er biblische u. theol.-philos. Begriffe eindeutschte u. deren Gehalt in dt. Sprachgut u. Denken überführte. † am 29. 6. 1022 in St. Gallen
Gedächtnis: 29. Juni
Lit.: Manitius II 694–699 – G. Ehrismann, Geschichte der dt. Literatur I (München 1932^2) 416–458 – Stammler-Langosch V 775–790 (Lit.)

Notker OSB, Bisch. **von Lüttich,** Sel.
Er stammte aus schwäbischem Adel u. war Neffe Kaiser Ottos I. Vielleicht wurde er in St. Gallen erzogen, war dort aber wohl nicht Propst. Er wirkte als Lehrer an der Klosterschule in Stablo (Stavelot, südöstl. von Lüttich, Belgien) u. wurde 972 Bisch. von Lüttich. Als solcher bemühte er sich um die Hebung der kirchlichen Disziplin, baute mehrere Kirchen u. gründete um 979 das Kollegiatsstift Hl.-Kreuz. Die Domschule von Lüttich machte er zu einer der besten des Abendlandes. Als Vertreter des Papstes nahm er an vielen Reichssynoden teil u. stand in enger Beziehung zu den ottonischen Kaisern, in deren Auftrag er mehrmals in Italien weilte. † am 10. 4. 1008 in Lüttich. Er wurde zu St-Jean in Lüttich begraben, doch sind die in der Sakristei dieser Kirche gezeigten Reliquien nicht echt.
Gedächtnis: 10. April
Lit.: G. Kurth, 2 Bde. (Paris 1905) – Manitius II 211f 219–223, III 104f 340ff 542 u. ö. – E. Voosen: Rev. diocés. de Namur 14 (Namur 1960) 505–514

Notker der Stammler OSB, Sel. (Notgerus Balbulus, so genannt wegen seines Sprachfehlers)
* um 840 wahrscheinlich in Jonschwil (Kt. St. Gallen, Schweiz) aus hochadeligem Geschlecht. Er wurde Benediktiner im Kloster St. Gallen u. Leiter der dortigen Klosterschule. Zus. mit dem Dichter u. Geschichtsschreiber Ratpert OSB († nach 884) u. dem Bildschnitzer u. Musiker Tutilo OSB († um 913) verkörperte er die erste Blütezeit des Klosters. Notker gab der mittelalterlichen Musik u. Poesie neue Impulse durch seine Sequenzen u. Hymnen u. übte damit auf die dt. Dichtung größten Einfluß aus. † am 6. 4. 912 in St. Gallen. Kanonisiert 1513 im päpstlichen Auftrag durch Bisch. Hugo von Konstanz, Kult bestätigt 1624.
Liturgie: St. Gallen G am 7. Mai, sonst 6. April
Darstellung: als Mönch mit Buch u. Mühlrad. Prügelt einen Teufel u. zerbricht dabei den Stock
Lit.: Stückelberg 89f – Zimmermann II 22–25 – W. von den Steinen, Notker der Dichter, 2 Bde. (Bern 1948) (mit Ausg.) – Stammler-Langosch V 735–775 – Th. Siegrist, Herrscherbild u. Weltsicht bei Notkerus Balbulus (Zürich 1962)

Nuño Álvares Pereira OCarm, Hl. (im Orden: Nuno de S. Maria)
Name: latinisiert Nonius, zu lat. nonus (der neunte) oder nonnus (↗ Nonna, ↗ Nonnosus)
* am 24. 6. 1360 wahrscheinlich in Flor de Rosa (Portugal) aus adeliger Familie. Mit 13 Jahren wurde er Knappe am Hof der Königin von Portugal u. schlug dann die militärische Laufbahn ein. 1383 verteidigte er nach dem Tod des Königs Fernando als Oberfeldherr das Nachfolgerecht Johanns, des Großmeisters des Aviz-Ordens (Ritterorden mit Zisterzienserregel, 1145 von König Alfons I. von Portugal gegründet), gegen den auswärtigen Konkurrenten, König Johann I. von Kastilien, und schlug ihn entscheidend 1385 bei Aljubarrota. Bis 1422 bekleidete er das Amt des Oberbe-

fehlshabers der portugiesischen Armee. Er war von tiefer Frömmigkeit u. vorbildlichem Lebenswandel u. ein großer Verehrer der Gottesmutter. Im Juli 1422 trat er in Lissabon in das von ihm erbaute Karmeliterkloster ein, wollte aber aus Demut nicht die Priesterweihe empfangen, sondern als Laienbruder niedrige Dienste tun. Er starb dort am 1. 4. 1431 (AAS: 1. 11. 1431). Kult bestätigt am 15. 1. 1917 („sanctus vel beatus").

Gedächtnis: 1. April

Lit.: AAS 10 (1918) 102ff – V. A. Cordeiro (Lissabon 1919) – E. M. Cardoso (Bibliogr.): Lusitania Sacra 2 (Lissabon 1957) 221–265 – M. M. Wermers: Lusitania Sacra 5 (1960–61) 7–99

Nunzio Sulprizio, Sel.

Name: ital. nunzio, Bote. Die Eltern wählten diesen Namen aus Verehrung zum Erzengel ↗ Gabriel bzw. zum Fest Mariä Verkündigung.

Der Vater Domenico Sulprizio war Schneider, seine Mutter hieß Domenica Rosa. Nunzio wurde am 13. 4. 1817 im Abruzzendorf Pesculo geboren. Er verlor sehr früh seinen Vater. Die Mutter heiratete ein zweitesmal, aber der Stiefvater war ihm nicht gewogen. Mit 8 Jahren verlor er auch die Mutter. So blieb ihm nur noch die Großmutter, der er sich anvertrauen konnte. Aber auch diese starb bald. So wurde er ein drittes Mal Waise. 1826 nahm ihn sein Onkel, ein Schmied, bei sich auf, ein jähzorniger, grausamer Mensch. Der Neunjährige mußte hart arbeiten u. durfte den begonnenen Schulunterricht nicht fortsetzen. Er mußte hungern, wurde täglich mit Schelten überhäuft u. erhielt viele Schläge. Sommer u. Winter mußte er, mit Eisenwaren voll beladen, über schlechte Wege die Kunden seines Onkels aufsuchen. Das alles ertrug er ohne Klage, ja sogar mit heiterem Gemüt. Von seiner Mutter u. seiner Großmutter hatte er das Gottvertrauen in allen Lebenslagen gelernt. Die schwere Arbeit zehrte an seinen Kräften u. ein Knochenfraß zwang ihn, auf Stöcken zu gehen. Einmal zog er sich in der Werkstatt schwere Brandwunden an den bloßen Füßen zu. Der rohe Hausherr gestattete ihm keine Erleichterung. Krank, wie er war, mußte er weiterhin schwere Schmiedearbeiten schleppen. Einmal wollte er sich seine Wunde am Fuß an einem Bach kühlen. Da wurde er von Frauen, die ihre Wäsche schwemmten, mit Steinen fortgejagt. Als sich sein Zustand immer mehr verschlimmerte, wurde er in ein öffentliches Krankenhaus gebracht. Die Ärzte erklärten ihn für unheilbar u. schickten ihn zu seinem Onkel zurück. Endlich im Jahre 1832, er war jetzt 15 Jahre alt, wurde sein anderer Onkel Francesco Sulprizio, der in Neapel wohnte, auf ihn aufmerksam. Unter Mithilfe eines Offiziers namens Felix Wochinger brachte er Nunzio nach Neapel in das Marienspital („Krankenhaus der Unheilbaren"). Hier plagte er sich mit Lateinbüchern herum, da er Priester werden wollte. Doch sein Zustand verschlimmerte sich immer mehr, eine Bäderkur auf der Insel Ischia war erfolglos. Eine Beinamputation leitete schließlich seinen Tod ein. Seine letzten Worte waren: „Die selige Jungfrau Maria! Seht, wie schön sie ist!" So starb er am 5. 5. 1836. Seliggesprochen am 1. 12. 1963.

Gedächtnis: 5. Mai

Lit.: AAS 56 (1964) 17–22

Nympha, Jungfrau u. Märt. **auf Sizilien,** Hl.

Name: griech. nýmphē, Braut, junge Frau. In der griech. Mythologie waren die Nymphen jugendliche weibliche Gottheiten, die das Leben in der Natur repräsentierten.

Sie wird in Palermo (Sizilien) als Märt. verehrt. Historische Nachrichten über sie fehlen. Nach der Legende sei sie in der Verfolgung des Diokletian um 304 zus. mit anderen gemartert worden.

Gedächtnis: 10. November

O

Oberon (franz.) ↗ Alberich

Obitius, Hl.
Er war ursprünglich ein Ritter. In einer Schlacht verwundet u. durch eine Vision der ewigen Verdammnis erschüttert, gab er sein bisheriges Leben auf u. stellte sich 1191 in den Dienst des Benediktinerinnen-Klosters S. Giuglia zu Brescia (Oberitalien), wo er als OSB-Konverse in Buße und Frömmigkeit lebte. † am 6. 12. 1204. Seine Gebeine wurden 1422 in den Hochaltar der Klosterkirche, 1798 in die Pfarrkirche zu Nardò (südl. von Brindisi, Unteritalien) übertragen. Kult approbiert am 23. 7. 1900 („beatus vel sanctus").
Gedächtnis: 6. Dezember
Lit.: ActaSS Febr. I (1658) 573f – G. Onofri, Vita s. Obitii . . . (Brescia 1869) bes. 31–44 (Quellen) – Zimmermann I 167 169

Octavianus OSB, Bisch. **von Savona,** Sel. (Taufname: Otto)
Name: lat. zu octavus (der achte)
Er war der Sohn des Grafen Wilhelm aus Dôle (südwestl. von Besançon, Ostfrankreich) der Freigrafschaft. Er wurde Benediktinermönch in Ciel d'Oro u. 1129 Bisch. von Savona (an der ital. Riviera). † Ende Jänner oder Anfang Februar 1132. Seine Reliquien sind im dortigen Dom.
Gedächtnis: 6. August
Lit.: C. Queirolo (Savona 1855)

Oda von Amay, Hl. (Ute, Utta)
Sie war eine große Wohltäterin der Armen u. stiftete mehrere Kirchen, u. a. St-Georges zu Amay a. d. Maas (westlich von Lüttich, Belgien). Sie starb vor 634 zu Amay u. wurde dortselbst bestattet. Ihre Reliquien in Amay wurden 1634 zerstreut.
Gedächtnis: 23. Oktober
Lit.: ActaSS Oct. X (186) 128–142 – Balau 245f – Essen 189ff – W. Levison (Testament ihres Neffen Adalgisel): Trierer Zeitschr. 7 (Trier 1932) 69–85 – M. Coens: AnBoll 65 (196–244)

Oda OPraem, Priorin **in Rivreulle,** Sel.
Name: Kf. zu Namen, die mit Ot- beginnen wie ↗ Odilia, Otberta (↗ Otbert), Uodalrika (↗ Ulrike); zu ahd. ōt (reicher Erbbesitz, Erbgut). (Nf. ↗ Ute, ↗ Utta)
* 1131/37 auf Schloß Aluet (Brabant, Belgien). Ihre Eltern Wibert u. Theskalina wollten sie verehelichen, sie rang ihnen aber ihre Einwilligung ab, in das Prämonstratenserinnenkloster Rivreulle einzutreten, wo sie später Priorin wurde. Sie war ausgezeichnet durch Bußstrenge u. Liebe zu den Armen, große Demut u. Geduld in der Krankheit. † am 20. 4. 1158. Ihr Grab ist in der ehemaligen OPraem-Abtei Bonne-Espérance (Diöz. Tournai, Belgien).
Gedächtnis: 20. April
Lit.: ActaSS Apr. II (1675) 772–780 – Berlière I 427f – BHL 6262 – BnatBelg XVI 67f – Baudot-Chaussin IV 505–508

Oda von Sint Oden-Roey, Hl.
Sie stammte aus Irland u. soll in Sint-Oedenrode (südöstl. von 's Hertogenbosch, Niederlande) als Einsiedlerin gelebt haben. † um 726 (?). Ihre Vita wurde erst im 12. Jh. vom Priester Guetzelo von Rodulc verfaßt. Sie übernimmt streckenweise lokale Überlieferungen, entlehnt aber auch willkürlich aus anderen Heiligenviten.
Gedächtnis: 27. November
Darstellung: als Jungfrau mit Krone, betend, auf ihrer rechten Hand eine Taube
Lit.: BHL 6263–6268 – Essen 192–197 – OGE 8 (1934) 290–309 – J. van der Straeten: AnBoll 76 (1958) 65–117

Odalrich ↗ Ulrich

Odbert ↗ Autbert

Oderich von Pordenone OFMConv, Sel. (Odorich, Odericus)
Name: ahd. ōt (reicher Erbbesitz) + rihhi (Herrschaft, mächtig, begütert): begüterter Herrscher, Herr auf seinem Besitz
* um 1286 in Pordenone (Friaul, Oberitalien). In jungen Jahren trat er den Franziskaner-Konventualen bei. Mit Erlaubnis seiner Obern lebte er zunächst einige Jahre in der Einsamkeit in strenger Askese. Um 1413 brach er von Padua aus zu seiner berühmten Missionsfahrt in den Fernen Osten auf. Er gelangte über Trapezunt (Nordost-Türkei) und Armenien nach Persien, wo er ca. 8 Jahre blieb. In dieser Zeit besuchte er auch Mesopotamien, das Hl.

Land u. Ägypten. Dann wandte er sich nach Indien. In Thana bei Bombay fand er die Reliquien der wenig zuvor gemarterten Franziskaner ↗ Thomas von Tolentino u. seiner Gefährten. Er querte dann den indischen Subkontinent u. kam über Kranganur bei Madras nach Ceylon, Java u. Borneo. Auf den Inseln der Südsee versuchte er, die Menschenfresserei abzuschaffen. Nun setzte er nach China über, besuchte Kanton u. andere chinesische Küstenstädte u. blieb für 3 Jahre in Kambalek (Peking). Die Rückreise unternahm er über die Provinzen Shansi u. Shensi, den Norden Tibets, durch Persien u. Armenien, über das Schwarze Meer u. das Mittelmeer. Nach 17 Jahren mühevoller u. gefahrenreicher Wanderung kam er 1330 wieder in Italien an. In Udine diktierte er seinem Mitbruder Wilhelm von Solagno seinen Reisebericht. Von dort wollte er nach Avignon (Südfrankreich) zu Papst Johannes XXII., um ihn über seine Missionstätigkeit zu informieren u. von ihm neue Mitarbeiter zu erbitten. Doch in Pisa erkrankte er u. kehrte in das Kloster in Udine zurück, wo er am 14. 1. 1331 starb. Sein Reisebericht, früher für wissenschaftlich wertlos gehalten, gilt heute als eine der wichtigsten Quellen für die Missionsgeschichte des Fernen Ostens im Mittelalter. Seliggesprochen 1755.
Gedächtnis: 14. Jänner
Lit.: ActaSS Ian. II (1643) 268–274 – AFranc 3 (1897) 499–504 – Streit IV 68f u. ö. – A. Van Den Wyngaert: SF I 381–495 – A. Giordani (Turin 1930) – D. Schilling: AFrH 35 (1942) 153–176 – Bibliographia Franciscana X (Rom 1955–58) 13 635 766ff

Odilia CanR, Äbtissin **von Odilienberg,** Hl. (Ottilia, Otilia)
Name: Verkleinerungs- u. Kf. zu ↗ Oda (Kf. Ota, Tilly)
* um 660 als Tochter des elsässischen Herzogs Attich. Zus. mit ihrem Vater gründete sie um 690 auf der Hohenburg bei Barr (südwestl. von Straßburg) das später nach ihr genannte (Augustiner-)Chorfrauenstift Odilienberg, dessen 1. Äbtissin sie wurde. Nach 700 gründete sie am Fuß des Odilienberges die Frauenabtei Niedermünster. Sie starb um 720 u. wurde in Odilienberg begraben. Ihre Verehrung verbreitete sich seit dem 9. Jh. vom Elsaß aus in die Schweiz, nach Süddeutschland u. schließlich in weite Teile Europas. Ihr Grab wurde zu einem vielbesuchten Wallfahrtsort. Man errichtete ihr Kapellen auf Bergen u. bes. an Quellen, deren Wasser man, ähnlich wie die Odilienquelle auf der Hohenburg, für heilkräftig hielt.
Liturgie: RK g am 13. Dezember
Darstellung: im weißen Ordenskleid, mit Äbtissinnenstab u. Buch, darauf zwei Augen (sie soll blind geboren sein u. bei der Taufe das Augenlicht erhalten haben). Durch ihr Gebet die Seele ihres Vaters aus dem Fegfeuer erlösend (der sie verstieß, weil sie blind war). Arme tränkend. Mit Hahn u. Kelch
Patronin: des Elsaß (seit 1807)
Lit.: BHL 6271–6274 – MGSS rer. Mer. VI 24–50 (Vita) – Sancta Odilia, hrsg. v. J. M. B. Clauß (Karlsruhe 1922) – Künstle II 475–478 – Bächtold-Stäubli VI 1184ff – J. M. B. Clauß, Die Heiligen des Elsaß (Düsseldorf 1935) 100–106 213f – M. Barth, 2 Bde. (Straßburg 1938) (Lit.) – Braun 576–580

Odilo OSB, Abt **von Cluny,** Hl.
Name: Verkl.F. von ↗ Odo
* um 962 in der Auvergne (Zentralfrankreich) aus dem hochadeligen Geschlecht von Mercœur. Er war zuerst Kanoniker zu St-Julien in Brioude (südl. von Clermont-Ferrand) u. trat 991 als Benediktinermönch in das Kloster ↗ Cluny ein (nordwestlich von Mâcon-sur-Saône, Ostfrankreich). Bereits 993/994 designierte ihn Abt ↗ Majolus zu seinem Nachfolger, nach dessen Tod er 994 der 5. Abt von Cluny wurde. Als solcher führte er die Reform von Cluny weiter. Freundlich u. tatkräftig zugleich, geschäftsgewandt u. organisatorisch veranlagt und dabei von tiefem Gebetsgeist erfüllt, trug er Sorge für die Erstarkung des monastischen Geistes u. für die Pflege der Liturgie. Durch seine weiten Reisen u. seine engen Beziehungen zu Päpsten, Bischöfen, Kaiser u. Fürsten steigerte er in ganz Europa Ansehen, Einfluß u. Wachstum der cluniazensischen Reformidee, die für die spätere Reform der Kirche von größtem Einfluß werden sollte. Der Ausbau des cluniazensischen Klosterverbandes ist eigentlich sein Werk. Unter ihm stieg die Zahl der unter Cluny stehenden Klöster von 37 auf 65. Ihm verdanken wir die Einführung des Allerseelentages am 2. November (wohl 1028/1030 für Cluny eingeführt). † am 31.

12. 1048 zu Souvigny bei Moulins. Seine Reliquien wurden 1793 in der Franz. Revolution vernichtet.
Liturgie: Lausanne-Genève-Fribourg G am 3. Jänner, sonst 31. Dezember
Darstellung: als Abt mit dem Stab. Neben ihm das Fegfeuer, aus dem Engel Arme Seelen erlösen
Patron: der Armen Seelen
Lit.: O. Ringholz (Regensburg 1885) – Sackur I 300–314, II passim – Manitius II 138–145 – C. Erdmann, Die Entstehung des Kreuzzugsgedankens (Stuttgart 1935, Darmstadt 1955²) 62ff 338–347 – Ders., Das ottonische Reich als Imperium Romanum: DA 6 (1943) 433–440 – Hallinger passim – Neue Forschungen über Cluny u. d. Cluniacenser, hrsg. v. G. Tellenbach (Freiburg/B. 1959) passim – RGG³ IV 1562f – R. Oursel, Les saints abbés de Cluny (Namur 1960)

Odilo OSB, Abt **von Stablo,** Hl.
Er war Benediktinermönch im Kloster Gorze (Lothringen) u. wurde 937 Abt der Klöster Stablo (Stavelot) u. Malmedy (südöstl. von Lüttich, Belgien) in Personalunion. Besonders Stablo hatte unter Laienäbten (843–938) u. unter dem Einfall der Normannen (881) gelitten. Abt Odilo hob die Klosterzucht, förderte die Klosterschule u. das Studium, baute Kirche u. Kloster neu u. erlangte von Otto I. freie Abtwahl. † am 3. 10. 954.
Gedächtnis: 3. Oktober

Odino OPraem, Gründerabt **in Mönchsrot,** Hl. oder Sel. (Otteno)
Name: romanisierende Weiterb. von ↗ Odo
Er soll ein Sohn des Truchseß (Seneschall; Leiter des Hofstaates, der Verpflegung u. der Krongüter des Königs) Konrad von Waldburg gewesen sein. Er war der 1. Abt des neugegründeten Prämonstratenserstiftes in Mönchsrot (Münchroden) im vormaligen Fürstentum Öttingen im Ries (Schwaben). Er war ein heiligmäßiger Ordensmann, unter ihm nahm das Ordensleben einen großen Aufschwung. Er gründete auch die Ordenskirche in Steingaden (Diöz. Augsburg). † 1182.
Gedächtnis: 2. Jänner

Odo OSB, Bisch. **von Cambrai,** Sel. (Odardus)
Name: Kf. von Namen, die mit Ot- beginnen wie ↗ Otbert, ↗ Otfrid, ↗ Otger, ↗ Otmar. Zu ahd. ōt (reicher Erbbesitz). (Nf. Otto, Otho, Udo; vgl. auch ↗ Ute, ↗ Utta, ↗ Oda)
* um 1050 in Orléans. Er war ein angesehener Lehrer in Toul u. Tournai. Im Jahr 1092 gründete er bei der Kirche St-Martin in Tournai eine Kanonikergemeinschaft nach der Augustinusregel, die dann aber die Consuetudines des Benediktinerklosters ↗ Cluny annahm, u. wurde 1095 Abt dortselbst. Im Jahr 1105 wurde er Bisch. von Cambrai (Hennegau, Nordfrankreich). Sein simonistischer Vorgänger bereitete ihm aber zunehmend Schwierigkeiten, weshalb er 1110 abdanken mußte. † am 19. 6. 1113 in der Abtei Anchin u. dort begraben.
Gedächtnis: 19. Juni
Lit.: Manitius III 243 – C. Dereine: RMA 4 (1948) 137–154 – Stegmüller RB IV n. 6052 – DThC XI 932–935 – T. Gregory, Platonismo medievale (Rom 1958) 31–51

Odo der Gute OSB, Erzb. **von Canterbury,** Hl. (Oda)
* um 875 in Dänemark als Sohn heidnischer Eltern. Er wurde am Hof König ↗ Alfreds d. G. von England christlich erzogen, getauft u. zum Priesterstand herangebildet. Um 925 wurde er Bisch. von Ramsbury (Grafsch. Wilts, Südengland) u. 942 Erzb. von Canterbury (Grafsch. Kent). Den anfänglichen Widerstand des OSB-Domkapitels von Canterbury gegen ihn überwand er, indem er im OSB-Kloster Fleury (Diöz. Orléans) die Ordensprofeß ablegte. Er war sehr um die kirchliche Disziplin u. die Reinheit der Sitten besorgt, wie einige seiner Reformbeschlüsse zeigen, zugleich war er allg. beliebt wegen seiner Güte u. Hilfsbereitschaft. † am 2. 6. 959.
Gedächtnis: 2. Juni
Lit.: BHL 6289ff – Zimmermann II 400f 403f – Baudot-Chaussin VII 97f – F. M. Stenton, Anglo-Saxon England (London 1947²) 733 – DNB XIV (1960) 866ff

Odo OSB, Abt **von Cluny,** Hl. (franz. Odon)
* 878/879 in Aquitanien (Südwestfrankreich) als Sohn des Ritters Abbo. Er wurde in seiner Jugend Knappe am Hof Herzog Wilhelms von Aquitanien, mit 19 Jahren Kanoniker im Chorherrenstift St-Martin in Tours u. trat um 909 in das Benediktinerkloster Baume-les-Messieurs (Dep. Jura)

unter dem Stifterabt ↗ Berno ein, wo er Priester wurde. Abt Berno designierte ihn 924 als Nachfolger in Baume u. Cluny. Odo konnte allerdings 927 nur die Leitung des endgültig von Baume getrennten Cluny übernehmen. Er war ausgezeichnet durch aszetische Strenge, aber auch durch Güte und Freigebigkeit. Er ist der eigentliche Begründer der Reform von ↗ Cluny, die in der Folge das ganze Abendland erfaßte. Trotz starken Widerstandes der Klöster, aber mit Hilfe vieler Adeliger u. im Einvernehmen mit dem Hl. Stuhl erreichte er es, daß sich bereits 937 siebzehn Klöster in Burgund, Aquitanien, Nordfrankreich u. Italien seiner Reformidee unterstellten. In seinen Schriften nahm er Stellung gegen die Sünden seiner Zeit u. wirkte mit ihnen auch über den klösterlichen Bereich hinaus weiter. Er betätigte sich auch als Epiker, Choralkomponist u. Musiktheoretiker. Er starb am 18. 11. 942 in Tours u. wurde zu St-Julien in Tours begraben. 1407 fand unter Erzbischof Johannes die feierliche Erhebung seiner Gebeine statt. Der größte Teil seiner Reliquien kam nach Isle-Jourdain (südl. von Tours).
Gedächtnis: 18. November
Darstellung: als Abt mit Buch, Arme bedienend
Patron: der Musiker
Lit.: Sackur I 36–120 359–364 – A. Hessel, Odo von Cluny u. d. franz. Kulturproblem: HZ 128 (1923) 1–25 – Manitius II 20–27 130–136 – C. Erdmann, Die Entstehung d. Kreuzzugsgedankens (Stuttgart 1935, Darmstadt 1955²) 78ff – Hallinger passim – K. Hallinger, Zur geistigen Welt der Anfänge Clunys: DA 10 (1954) 422–445 – Neue Forschungen über Cluny u. d. Cluniacenser, hrsg. v. G. Tellenbach (Freiburg/B. 1959) passim – H. Löwe: DA 17 (1961) 26f

Odo der Kartäuser, Sel.
* 1140 in Novara (westl. von Mailand). Er lebte größtenteils zu Tagliacozzo (Abruzzen), wo er bei der Klosterkirche St. Kosmas eine besondere Zelle hatte; dort starb er um 1230. Kult 1240 anerkannt.
Gedächtnis: 14. Jänner

Odo, Bisch. **von Urgel,** Hl.
Er entstammte dem Geschlecht der Grafen von Barcelona (Spanien). Nach kurzem Kriegsdienst wurde er Priester u. Bisch. von Urgel (Nordost-Spanien). Als solcher wirkte er bes. für die innere Reform des Klerus. † 1122.
Gedächtnis: 7. Juli

Odo ↗ Otto

Odrada, Jungfr. **in Brabant,** Hl.
Name: ahd. ōt (reicher Erbbesitz) + ahd. altndl. rat (Rat, Hilfe; auch: vorhandene Mittel, Vorrat): reiche Besitzerin
Sie stammte aus Scheps bei Baelen (Provinz Antwerpen, Belgien). Historische Nachrichten über sie fehlen. Sie dürfte im 11./12. Jh. gelebt haben. Ihre von einem Benediktinermönch um 1304 verfaßte Vita ist völlig legendarisch. Ihr Grab war zu Alem (Nordbrabant). Ihre Gebeine wurden im 17. Jh. in die Kartause zu Antwerpen übertragen u. an verschiedene Kirchen verteilt.
Gedächtnis: 3. November
Lit.: ActaSS Nov. II/1 (1894) 57–69 – A. Geboers-F. van Olmen (Mecheln 1891) – OGE 2 (1928) 77–99

Odulf OSB, Hl.
Name: ahd. ōt (reicher Erbbesitz) + wolf (Wolf; bei den Germanen Symbol des kämpferischen Mutes): der seinen Besitz wie ein Wolf verteidigt
Er war ein vornehmer Franke aus Oorschot (Nordbrabant, Niederlande). Er war zuerst Priester an der dortigen Eigenkirche seiner Familie u. wurde Mönch im Kathedralkloster St. Martin zu Utrecht. Bischof ↗ Friedrich von Utrecht sandte ihn zu seelsorglichen Aufgaben nach Friesland, wo er an der neu errichteten Kirche zu Stavoren wirkte. † nach 854.
Gedächtnis: 12. Juni
Darstellung: als Priester, Taufschale in der Hand
Lit.: ActaSS Iul. II (1698) 591–595 – MGSS XV 356ff – BHL 6318–6321 – Zimmermann II 301ff

Ogilvie ↗ Johannes (John) Ogilvie SJ

Olaf II. Haraldssón, König von Norwegen, Hl.
Name: anord. āli, aus anilo (Ahn) + leifr (Hinterlassenschaft; in Personennamen ‚Nachkomme'; vgl. Leben, Leib, bleiben): Nachkomme des (hochberühmten) Ahnen (norw. Olav, altisländ. Olafr, dän. Oluf, schwed. Olof)
* 995. Mit 12 Jahren zog er auf Wikinger-

fahrt, bekehrte sich in England u. empfing in Rouen (Nordfrankreich) 1014 die Taufe. 1015 kehrte er nach Norwegen zurück, brach die Vormacht der Dänen, unterwarf die Stammeshäupter des Landes u. schuf so ein einheitliches Reich. Mit Unterstützung der Wanderbischöfe Grimkell, Rodulv u. Berward brachte er das von Olaf I. Tryggvason (995–1000) begonnene Missionswerk zum Abschluß. Er suchte Verbindung mit dem Erzb. von Bremen, baute für jeden Bezirk Kirchen u. schuf das erste norwegische „Christenrecht". Weil er mit Taufverweigerern u. Gesetzesbrechern streng ins Gericht ging, holten die ihm feindlichen Stammesfürsten 1028 den Dänenkönig Knud d. G. u. vertrieben König Olaf, der zu seinem Schwager, dem Großfürsten Jaroslaw in Gardarike in Gotland, flüchtete. Er versuchte, sein Reich zurückzuerobern, fiel aber in der Schlacht bei Stilestad (nordöstlich von Trondheim) am 29. 7. 1030. Sein Grab in Drontheim war bes. im Mittelalter ein vielbesuchter Wallfahrtsort.
Liturgie: RK g am 10. Juli (mit Knut u. Erich)
Darstellung: mit Reichsapfel, Zepter, Hellebarde oder Streitaxt (Tod im Kampf). Unter seinen Füßen ein Drache mit Menschenkopf u. Krone (als Besieger des Heidentums). Mit Humpen
Patron: Norwegens
Lit.: ActaSS Iul. VII (1749) 98–130 – AnBoll 20 (1901) 369f – BHL 6322–6326, Suppl. 240 – A. Bonus (Stuttgart 1936)

Ole (norddt.), Kf. zu Namen, die mit Ul- beginnen (z. B. ↗ Ulrich)

Olf, Kf. zu Namen, die auf -olf (Wolf) endigen (z. B. ↗ Adolf)

Olga, russ. Großfürstin, Hl.
Name: der nord. Name ↗ Helga gelangte im 9. Jh. mit den Warägern (schwedische Wikinger) nach Rußland. In Deutschland wurde er durch die Heirat Karls von Württemberg mit Olga von Rußland bekannt u. vorübergehend volkstümlich
* um 890. Sie war die Gemahlin Igors I., des Großfürsten von Moskovien. Sie empfing um 955 in Konstantinopel die Taufe u. änderte dabei ihren Namen in Helena um. Nun begann sie, in Rußland den christlichen Glauben zu verbreiten, hatte aber keinen nachhaltigen Erfolg. † um 970 zu Kiew.
Gedächtnis: 11. Juli
Darstellung: als Großfürstin mit Kreuz u. Kirchenmodell

Oliva, Jungfr. u. Märt., Hl.
Name: lat., Ölbaum, Ölzweig, Olive (Olivenzweige dienten bei den Römern als Friedenssymbol u. Siegespreis)
Der Legende zufolge wurde sie von Palermo (Sizilien) nach Tunis (Nordafrika) verschleppt u. dort enthauptet. † im 10. Jh.
Gedächtnis: 10. Juni

Oliver Plunket, Erzb. von Armagh, Märt., Sel.
Name: geht auf altfranz. Olivier zurück. So hieß im franz. Rolandslied (1075–1100) der Waffengefährte Rolands. Der Name gelangte erst in neuester Zeit aus dem englischen in den dt. Sprachraum
* 1629 in Loughcrew (Grafsch. Meath, Ostirland) aus adeliger Familie. Er ging 1645 nach Rom u. studierte am irischen Kolleg u. an der Sapienza-Universität, erhielt 1654 die Priesterweihe u. wirkte ab 1657 als Professor der Theologie am Kolleg der Kongregation für die Glaubensverbreitung u. als Konsultor der Indexkongregation. Zuletzt war er Prokurator der irischen Bischöfe. Am 30. 11. 1669 wurde er zum Erzb. von Armagh u. Primas von Irland konsekriert u. wirkte als solcher trotz größter Schwierigkeiten u. Entbehrungen unermüdlich in der Seelsorge, bes. für die Erziehung des Klerus u. die Reform der Orden. Seit dem anglikanischen Schisma unter König Heinrich VIII. (1509–47) war die Lage der Katholiken in England äußerst schwierig. Zwar regierte damals Karl II. (1660–85), der insgeheim dem Katholizismus zuneigte, doch wurden unter dem Druck der parlamentarischen Opposition die gesetzlichen Pressionen gegen die Katholiken immer schärfer. Deshalb konnte Erzb. Plunket von 1674 an (Test-Akte 1673) nur mehr im Verborgenen wirken. 1678 erfand der anglikanische Geistliche Titus Oates die völlig haltlose Geschichte einer angeblichen Verschwörung der Jesui-

ten zur Ermordung des Königs u. der gewaltsamen Wiederherstellung des Katholizismus in England (Titus Oates hatte 1677 seine Konversion zum Katholizismus vorgetäuscht u. war in die Jesuitenkollegien in Valladolid u. St-Omer eingetreten, war aber jeweils nach kurzer Zeit wieder entlassen worden). In der nun entstehenden öffentlichen Panik wurden 35 Katholiken, unter ihnen Oliver Plunket, verhaftet u. grausam ermordet. Oliver Plunket wurde am 6. 12. 1679 in Dublin festgenommen u. in das Newgate-Gefängnis in London eingeliefert, mit Hilfe gedungener Zeugen der Kollaboration mit Frankreich u. der Vorbereitung eines Aufstandes angeklagt u. nach willkürlich geführtem Prozeß am 11. 7. 1681 als „Hochverräter" gehängt u. gevierteilt. Sein Leichnam wurde 1683 in das Kanonissenstift Lamspringe (Bistum Hildesheim), 1883 in die Benediktiner-Abtei Downside (Südengland) übertragen. Sein Haupt wurde zunächst nach Rom, 1722 nach Drogheda gebracht u. ist seit 1920 in der dortigen Plunket-Kirche. Seliggesprochen am 23. 5. 1920, heiliggesprochen am 12. 10. 1975.
Gedächtnis: 11. Juli
Lit.: AAS 12 (1920) 235ff, 69 (1977) 65ff – J. Spillmann, Geschichte der Katholikenverfolgung in England V (Freiburg/B. 1905) 333–353 – Baudot-Chaussin VII 257–261 – A. Curtayne (London 1953) – DNB XV 1328–1331 – D. Mathews (Dublin 1961)

Olivia, Weiterb. zu ↗ Oliva

Olivier (franz.) ↗ Oliver

Olympias, Witwe **in Konstantinopel,** Hl.
Name: zu griech. Ólympos, Gebirge in Griechenland (nach der griech. Sage Sitz der Götter), bzw. Olympía, Stadt in der Landsch. Elis (Peloponnes), Austragungsort der antiken olympischen Spiele: Frau aus Olympia
* 361 (od. 368) aus adeliger Familie in Konstantinopel. Sie wurde 386 mit dem früheren Stadtpräfekten Nebridios vermählt, den sie aber nach 20 Monaten wieder verlor. Sie wies das Ansinnen des Kaisers Theodosius I. d. G. zurück, einen seiner Verwandten zu heiraten, sondern stellte ihr Leben ganz in den Dienst der Nächstenliebe. Aus ihrem großen Vermögen unterstützte sie Kirchen u. Bedürftige u. ließ in Konstantinopel ein Kloster für Diakonissen u. gottgeweihte Jungfrauen bauen. Sie selbst erhielt von Patriarch ↗ Nektarios von Konstantinopel die Diakonissenweihe u. wurde die 1. Äbtissin in ihrem Kloster. Bes. nahe stand sie zu ↗ Johannes Chrysostomus. Als dieser verbannt wurde, mußte auch sie, von seinen Gegnern verfolgt, die Stadt verlassen. † 408/409, wahrscheinlich in Nikomedien (heute Izmid, gegenüber Konstantinopel).
Gedächtnis: 17. Dezember (Griechen: 24., 25. bzw. 26. Juli)
Darstellung: Almosen austeilend. Betend vor einer Hütte, neben ihr Gemüse, Totenkopf u. Rute
Lit.: AnBoll 15 (1896) 400–423 – Pauly-Wissowa XVIII/1 183f – BHG[3] 1374ff – Baudot-Chaussin XII 527–532

Onesimus (Onesimos), Schüler des Paulus, Hl.
Name: griech., der Nützliche (häufiger griech. Personenname, bes. für Sklaven gebraucht)
Er war der Sklave des ↗ Philemon, eines offenbar begüterten Neuchristen in Kolossä in Phrygien (Ruinen bei Choas, südöstl. Kleinasien) u. war Anlaß zum Brief des ↗ Paulus an Philemon. Onesimus hatte seinem Herrn etwas veruntreut oder ihn bestohlen (Phm 18) u. war aus Angst vor Bestrafung nach Rom geflüchtet u. wohl zufällig mit Paulus zusammengetroffen, der dort in Gefangenschaft war (61–63 n. Chr.). Paulus gewinnt ihn lieb u. schickt den „früheren Nichtsnutz" (Phm 11) als „lieben Bruder" (Phm 16) mit einem sehr herzlich gehaltenen Begleitschreiben, eben dem Philemon-Brief, an seinen früheren Herrn zurück u. bittet ihn um seine Freilassung. Onesimus wird auch im Brief an die Kolosser in der Grußadresse als „treuer u. geliebter Bruder" genannt. Nach der Legende war Onesimus später Missionar u. Nachfolger des ↗ Timotheus als Bisch. von Ephesus oder als Bisch. von Beröa in Mazedonien u. starb in Rom oder Puteoli den Martertod.
Gedächtnis: 16. Februar
Darstellung: Steinigung
Patron: der Knechte u. männlichen Hausangestellten
Lit.: Kommentare zu Phm – Pölzl 299–307 – J.

Schmid, Zeit u. Ort der paulinischen Gefangenschaftsbriefe (Freiburg/B. 1931) 92–95 – Th. Preiss: Mélanges M. Goguel (Neuchâtel-Paris 1950) 171–179 (zur Sozialethik in Phm) – P. R. Coleman-Norton, The Ap. Paul and the Roman Law of Slavery: Studies in Hon. of A. C. Johnson (Princeton 1951) 155–177

Onesiphorus (Onesiphoros), Schüler des Paulus, Hl.
Name: griech. ónesis (Segen, Glück, Nutzen) + férein (tragen, bringen): Segensbringer
Er stammte wohl aus Ikonium (heute Konya, 250 km südl. von Ankara, Kleinasien) Er war ein Freund des Apostels ↗ Paulus in Ephesus. Als er hörte, daß Paulus in Rom gefangen war (61–63 n. Chr.), kam er u. fand ihn nach eifrigem Suchen (2 Tim 1,16). Das Gebet des Paulus für den inzwischen Verstorbenen (2 Tim 1,18) ist ein frühes Zeugnis der christlichen Praxis, der Toten im fürbittenden Gebet zu gedenken. Paulus läßt seinen Schüler ↗ Timotheus auch Grüße ausrichten an „Prisca u. Aquila u. das Haus des Onesiphorus" (2 Tim 4,19).
Gedächtnis: 6. September (Griechen: 16. Juli u. 9. November)
Lit.: Pölzl 340–344 – Kalt II 263 – BHG[3] 2325f – Kommentare zu den Pastoralbriefen

Onuphrius (Onuphrios), Einsiedler, Hl.
Name: griech.-ägypt. Ónnofris: Sohn des ägyptischen Sonnengottes Horos (Hor), des Sohnes des Osiris u. der Isis. Der Name war in Ägypten als Personenname gebräuchlich
Er war der Sohn eines ägyptischen Stammesfürsten u. wurde im Kloster Hermopolis in der Thebais (heute al-Aschmûnen am Nil, südl. von Minjê, Oberägypten) erzogen. Er lebte dann, dem Vorbild des ↗ Elias u. ↗ Johannes d. T. folgend, 60 Jahre hindurch völlig einsam in der Wüste in strenger Askese, bis ihn der Abt ↗ Paphnutius kurz vor seinem Tod aufsuchte u. ihn auch nachher bestattete. Paphnutius verfaßte auch seine Biographie. † um 400. Er wurde in den griech. u. orientalischen Kirchen bald sehr verehrt. Sein Kult kam zur Zeit der Kreuzzüge nach Italien (Kloster S. Onofrio in Rom), Frankreich, Spanien, Deutschland u. England.
Gedächtnis: 12. Juni
Darstellung: als langhaariger Einsiedler, mit Blättern oder Fellen bekleidet bzw. ganz mit Haaren bewachsen. Auf allen vieren kriechend, von einem Jäger mit Hunden verfolgt, die ihn für ein Tier halten. Ein Engel reicht ihm die Eucharistie
Patron: der Weber, des Viehs
Lit.: ActaSS Iun. III (1867) 16–30 – BHL 6334–6338 – BHO 818–822 – Künstle II 479f – BHG[3] 1378–1382c

Opportuna OSB, Äbtissin **in Almenèches,** Hl.
Name: lat., die Gelegene, Willkommene
Sie stammte aus Argentan (Diöz. Séez, Dep. Orne, Nordfrankreich) u. war die Schwester des Bisch. ↗ Chrodegang von Séez. Sie wurde Äbtissin im Benediktinerinnenkloster in Almenèches bei Séez. † am 22. 4. um 770. Reliquien von ihr kamen später nach Argentan, Séez, Moussy, Paris, Senlis u. Cluny. Ihr Kult war im Mittelalter in Nordfrankreich sehr verbreitet.
Gedächtnis: 22. April
Lit.: BHL 6339–6343 – B. Baedorf, Untersuchungen über Heiligenleben der westlichen Normandie (Diss. Bonn 1913) 124–130 – Zimmermann II 91ff

Optatus, Bisch. **von Mileve,** Hl.
Name: lat., der Erwünschte
Er war Bisch. von Mileve in Numidien (heute Mila, nordwestl. von Constantine, Algerien) u. schrieb um 365 gegen die literarischen Angriffe des donatistischen Bisch. Parmenianus von Karthago ein Werk in 6 Büchern „Contra Parmenianum Donatistam" (der ursprüngliche Titel des Werkes ist unbekannt). Im Donatistenstreit ging es um die Frage, ob die Gültigkeit der Sakramente, bes. auch der Taufe, an die Heiligkeit des Spenders gebunden sei. Die Donatisten verlangten die absolute Heiligkeit der Kirche. Außerdem lehnten sie die konstantinische Staatskirche (seit 313) ab u. verlangten eine „Märtyrerkirche". Den „Traditores", d. h. den Klerikern, die in der letzten Verfolgung die heiligen Bücher oder Geräte ausgeliefert hatten, verweigerten sie die Wiederaufnahme in die Kirche. Bisch. Optatus bemühte sich in seinem Werk, durch eine verständliche Darstellung der Geschichte des Schismas u. der aktuellen Streitfragen den Donatisten die Rückkehr zur kath. Kirche zu erleichtern. Das Werk ist eine eingehende Auseinandersetzung mit

den Grundsatzfragen des Donatismus. † vor 400.
Gedächtnis: 4. Juni
Lit.: O. R. Vassall-Phillips, The Work of St. Optatus against the Donatists (London 1917) – DThC XI 1077–1084 – Pauly-Wissowa XVIII/1 765–771

Oranna, Hl. (Oranda, franz. Orande)
Sie war angeblich die Tochter eines Schottenkönigs u. seiner Gemahlin Ivelina, einer Schwester des hl. ↗ Wendelin, u. wirkte im Gefolge des hl. ↗ Fridolin im Gebiet zw. Saar u. Mosel für den christlichen Glauben. Sie wurde zus. mit einer ungenannten Gefährtin (später Cyrilla genannt) in Eschweiler bei Saargemünd begraben. † wohl im 6. Jh. Die Prämonstratenser der (ehemaligen) Abtei Wadgassen bei Saarlouis förderten ihre Verehrung in dieser Gegend. Ihre Gebeine wurden 1488 erhoben u. 1719 nach Berus bei Saarlouis übertragen, wo sie noch heute am „Orannentag" verehrt werden.
Gedächtnis: 15. September
Lit.: ActaSS Sept. V (1755) 115ff – H. H. Becker, Von einer Heiligen u. ihrem Dorf (Saarbrücken 1928)

Oriol ↗ Joseph (José) Oriol

Orlando (ital.) ↗ Roland

Ortlieb
Name: ahd. ort (Spitze einer Waffe) + liob (lieb): geliebtes Schwert, liebenswerter Schwertkämpfer

Ortolana (Hortulana), Sel.
Name: ital.-lat., die Gärtnerin
Sie entstammte einem Rittergeschlecht u. war die Mutter der hll. ↗ Clara u. ↗ Agnes von Assisi. Als Verheiratete pilgerte sie einmal ins Hl. Land, mehrmals zum Monte Gargano in Apulien (↗ Michael, Erzengel) u. nach Rom. Nach dem Tod ihres Gatten wurde sie Nonne im Kloster S. Damiano bei Assisi. Ihr Wesen war Frömmigkeit u. Wohltätigkeit. † wohl vor 1238.
Gedächtnis: 2. Jänner
Lit.: Ciro da Pesaro (Rom 1904) – A. Fortini: AFrH 46 (1953) 19

Ortrud (Ortraud)
Name: ahd. ort (Spitze einer Waffe) + trud (Kraft, Stärke): die Schwert-Starke. Der Name wurde bekannt durch Ortrud, der Frau Friedrichs von Telramund, in der Oper „Lohengrin" von Richard Wagner.

Ortulf
Name: ahd. ort (Spitze einer Waffe) + wolf (Wolf): wie ein Wolf kämpfender Schwertkrieger

Ortwin
Name: ahd. ort (Spitze einer Waffe) + wini (Freund): Freund des Schwert(kampfes)

Osanna von Cattaro (Ozana v. Kotor), Hl. (bürgerl.: Katarina Dujović)
Name: hebr. hoschihah-na', hilf doch! Als Bittruf meist an Gott gerichtet (z. B. Ps 118,25), aber auch an den König (z. B. 2 Sam 14,4). Noch zur Zeit des Tempelkultes (bis 600 v. Chr.) auch als Jubel- oder Huldigungsruf gebraucht, etwa in der Bedeutung „Heil dir!". Mit diesem Ruf huldigte die Menge Jesus als dem Messias (Mt 21,9.15 par.). ↗ Hieronymus tadelt es als Unsitte, das Hosanna einem Bischof zuzurufen. (In der LXX kommt der Ausdruck nie vor; griech. NT: hosanná)
* am 25. 11. 1493 in Relezi (Montenegro) von griech.-orthodoxen Eltern. 1515 konvertierte sie zur kath. Kirche u. trat dem 3. Orden des hl. ↗ Dominikus bei. Von ihrem 20. Lebensjahr an lebte sie als Reklusin beim Pauluskloster zu Kotor u. gründete dort eine Gemeinschaft von Jungfrauen. Sie war charismatisch begnadet. Sie starb am 27. 4. 1565 u. wurde in der Kollegiatskirche St. Maria in Kotor begraben. Kult bestätigt am 21. 12. 1927 („beata vel sancta").
Gedächtnis: 27. April
Darstellung: mit dem Jesuskind
Lit.: AAS 20 (1928) 39–42 – I. Taurisano (Rom 1929) – R. Andrić (Subotica 1956)

Osanna von Mantua, Sel.
* am 17. 1. 1449 in Mantua (Oberitalien) als Tochter des Patriziers Nicolò Andreasi u. seiner Gemahlin Agnese Mazzoni. Mit 15 Jahren trat sie dem 3. Orden des hl. ↗ Dominikus bei u. widmete sich den Übungen der Frömmigkeit u. der Sorge für ihre Geschwister. 1501 legte sie die Profeß ab. Sie war charismatisch reich begnadet u. war Ratgeberin des Herrscherhauses der Gonzaga. Sie starb am 18. 6. 1505 u. wurde in

der Kirche S. Domenico in Mantua beigesetzt. Ihre Gebeine kamen 1814 in die Kathedrale von Mantua. Kult 1515 zugelassen, 1694 approbiert, 1695 dem ganzen Dominikanerorden u. der Diözese Mantua erlaubt.
Gedächtnis: 18. Juni
Lit.: ActaSS Iun. III (1701) 667–800 – G. Bagolini-L. Ferretti (Florenz 1905) – J. M. Höcht, Träger der Wundmale Christi I (Wiesbaden 951) 118–125

Osbert, wahrsch. altsächs. Nf. zu ↗ Ansbert. Der Name kann auch altenglischen Ursprungs (Osberht, Osbeorht) u. mit den angelsächs. Missionaren auf das Festland gekommen sein.

Osfrid (Osfried), Nf. zu ↗ Ansfrid (vgl. ↗ Osbert)

Osfriede, weibl. Form zu ↗ Osfrid

Oskar (Oscar)
Name: wahrsch. kelt. Ursprungs (altirisch Oscur), aus der Ossian-Dichtung von James Macpherson übernommen. Ihm entsprechen altisländisch Āsgeirr, altenglisch Ōsgār, ahd. Ansgēr (↗ Ansgar). In Deutschland wurde der Name volkstümlich im 19. Jh. durch den schwed. Königsnamen Oskar: Jean-Baptiste Bernadotte, Heerführer unter Napoleon, wurde als Karl XIV. Johann König von Schweden (1818–44). Sein Pate Napoleon hatte ihm diesen Namen aus Begeisterung für die Ossian-Dichtung gegeben.

Osmund, Bisch. **von Salisbury,** Hl. (Osmer)
Name: angelsächs. Form zu ahd. Ansmund: ōs, ās (Gott) + mund (Hand, Schutz, Sicherheit, ‚Vormundschaft'): der von Gott Beschützte
Er stammte aus der Familie der Grafen von Séez (Normandie). Er begleitete 1066 König Wilhelm I. den Eroberer auf seinem Zug nach England u. erhielt von ihm die Grafschaft Dorset (Südengland). Er war 1071–77 dessen Kanzler u. Mitarbeiter am Domesday Book, einer großangelegten Bestandsaufnahme Englands einschließlich seiner kirchlichen Einrichtungen. Er wandte sich dem geistlichen Stand zu u. wurde 1072 Bischof von Exeter (Südwest-England) u. 1078 Bisch. von Sarum (heute Salisbury, nordwestlich von Portsmouth, Südengland). Er erbaute dort die 1. Kathedrale u. errichtete eine große Bibliothek. Er regte auch die Abfassung der „Bücher von Sarum" an (Regelung u. Vereinheitlichung des Gottesdienstes), welche sich in den folgenden Jh.en auf der ganzen Insel verbreiteten u. zur Grundlage der Liturgie des „Book of Common Prayer" wurden. † am 3./4. 12. 1099. 1457 fand seine Heiligsprechung u. die Übertragung seiner Gebeine in die neue (gotische) Kathedrale statt.
Gedächtnis: 4. Dezember
Lit.: DNB 42, 313ff – The Canonization of St. Osmer . . . ed. A. R. Malden (Salisbury 1901) – BHL 6358ff, Suppl 240 – W. T. Torrance (London 1921) – H. C. Darby, The Domesday Geography . . . (London 1952) – Baudot-Chaussin III 147–150

Ossi, Kf. von Namen, die mit Os- beginnen, z. B. ↗ Oswald (seltener ↗ Oskar)

Oswald, König **von Northumbrien,** Hl.
Name: altsächs. Nf. zu ahd. Answald (altengl. Ōswald, Ōsweald): ahd. ans (Gott) + walt (bzw. wald) (Herrscher, der Gewalt ausübt): der (durch die Kraft) Gottes Herrschende (Nf. Ossi, Wald, Waldl)
* um 604 als Sohn des Königs Ethelfrid von Northumbrien (Gebiet um Newcastle, Nordengland). Bei einem Aufstand der alteingesessenen Briten fiel sein Vater im Kampf, er selbst floh in das von ↗ Kolumban gegründete Kloster auf der Insel Hy (oder Iona; südwestlich von Schottland) u. empfing dort die Taufe. 634 besiegte er den Britenkönig Caedwalla u. eroberte sein Land zurück. Er berief aus dem Kloster Hy den Mönchsbischof ↗ Aidan u. betrieb mit ihm zusammen die Christianisierung des Landes. 635 gründeten beide zusammen das OSB-Kloster Lindisfarne auf der Insel Holy Island (an der Ostküste von Nordengland), das der Mittelpunkt ihrer Missionstätigkeit wurde. Er fiel in der Schlacht auf dem Maserfelth (wohl das heutige Oswestry in Shropshire, Westengland) gegen Penda, den heidnischen König von Mercia (Gebiet etwa zw. den Flüssen Trent u. Themse) am 5. 8. 642.
Sein Kult wurde durch die Schottenmönche auch nach Deutschland, Flandern, Frank-

reich, Oberitalien u. Skandinavien getragen. Bes. in den deutschsprachigen Alpenländern fand er als einer der ↗ Vierzehn Nothelfer große Verehrung. In England u. Deutschland wurden durch ihn Hagiographie u. Volksdichtung angeregt. ↗ Beda Venerabilis berichtet von Wundern bei seinen Reliquien im Kloster Bardney. Im Anschluß daran tauchen seit etwa 1000 zahlreiche legendarische Viten in lat. u. englischer Sprache auf. Um 1170 entstand am Rhein das Spielmannsepos „Sant Oswalt uz Engellant". Es ist in der Münchener u. Wiener Fassung in Versform u. in einer Prosafassung überliefert.
Liturgie: Graz-Seckau g am 5. August (Basel g: Patron des Kantons Zug)
Darstellung: als König mit Zepter, Prunkgefäß oder Rabe auf der Hand, der einen Ring oder Brief im Schnabel hält, über ihm eine Taube, Sonne auf der Brust. Mit einem goldenen Hirsch. Rabe mit Ölgefäß (das er zur Krönung aus Rom mitbringt). Kreuz, das er vor der Schlacht aufpflanzt
Patron: der Stadt u. des Kantons Zug; der Kreuzfahrer, Schnitter; des Viehs
Lit.: J. Pölzl, Der hl. König u. Martyrer Oswald in der Geschichte, Sage u. Verehrung (Traunstein 1899) – BHL 6361–6373 – DNB² 14, 1215ff – Künstle II 480ff – Bächtold-Stäubli IX 54f – Braun 571–575 – Bauerreiß III 117f – J. Dünninger, St. Oswald u. Regensburg: Gedächtnisschr. f. A. Hämel (Würzburg 1953) 17–26

Oswald OSB, Erzb. **von York,** Hl.
Er entstammte einem dänischen Adelsgeschlecht u. war Neffe des hl. ↗ Odo von Canterbury. Er war schon in jungen Jahren Kanoniker, dann Dekan des Kathedralkapitels von Winchester (Hampshire, Südengland) u. wurde dann Benediktinermönch in Fleury (jetzt St-Benoît-sur-Loire, östl. von Orléans, Frankreich). 961 wurde er Bisch. von Worcester (südl. von Birmingham), 972 zugleich auch Erzb. von York (Nordengland). Er erneuerte das monastische Leben im Geist von Fleury u. gründete das Kathedral-Kloster St. Maria in Worcester, das Kloster Ramsey u. a. u. reformierte auch den Klerus. † am 29. 2. 992. Sein Grab ist in St. Maria in Worcester.
Gedächtnis: 28. (29.) Februar
Darstellung: Teufel mit einem Stein vertreibend
Lit.: DNB 42, 323ff – J. A. Robinson (London 1919) – Zimmermann I 266ff – M. D. Knowles, The Monastic Order in England (Cambridge 1950) 40–56

Oswin, König **in England,** Hl.
Name: angelsächs. ōs (Gott) + wine (Freund): Gottesfreund
Er war König von Deira (Kleinreich im mittl. u. östl. Yorkshire, Nordengland), mußte aber 7 Jahre bei den Westsachsen in der Verbannung leben, bis er 644 einen Teil des Königreiches, das er von seinem Vater geerbt hatte, wieder an sich bringen konnte. Er förderte die Christianisierung des Landes u. war wohltätig u. gütig gegen jedermann. Er war mit Bisch. ↗ Aidan von Lindisfarne befreundet. Oswin, der Bruder und Nachfolger des Königs ↗ Oswald von Northumbrien, drang mit Gewalt in Deira ein. Oswin geriet in Gefangenschaft u. wurde zus. mit seinem Diener am 20. 8. 651 zu Gilling (Yorkshire) ermordet. Eansleda, die Gemahlin Oswins, stiftete am Ort der Ermordung Oswins ein Kloster.
Gedächtnis: 20. August
Darstellung: mit königlichen Insignien in Ritterrüstung

Ota ↗ Oda

Otbert ↗ Autbert

Otfried (Otfrid)
Name: ahd. ōt (reicher Erbbesitz) + fridu (Schutz vor Waffengewalt, Friede): Schützer des Besitzes

Otger ↗ Edgar

Otho OFM u. Gef., Märt. **in Marokko,** Hll.
Name: Nf. zu ↗ Odo, ↗ Otto (franz. Othon, ital. Ottone)
Er war Franziskanerpriester u. wurde im Jahr 1219 vom hl. ↗ Franz v. Assisi mit den Priestern **Berardus** (Beraldus) aus Carbio (Umbrien) u. **Petrus** von S. Geminiano sowie den Laienbrüdern **Adjutus** (Adjutor) u. **Accursius** nach Marokko gesandt, um unter den Mohammedanern das Evangelium zu verkünden. Sie predigten zuerst bei den Mauren in Sevilla (Südspanien), dann in Marokko. Sie wurden von dort vertrieben, kehrten aber wieder zurück. Da wurden sie

festgenommen u. nach Marrakesch gebracht. Dort wurden sie grausam gegeißelt u. zerfleischt, man goß heißes Öl u. Essig auf ihre Wunden u. wälzte sie auf scharfen Scherben. Endlich hieb ihnen der Sultan eigenhändig ihr Haupt ab. Ihre Leiber wurden in Stücke gehauen u. auf das Feld geworfen. Christen kamen heimlich u. bestatteten sie ehrenvoll. † am 16. 1. 1220. Sie sind die Erstlingsmärtyrer des Franziskanerordens. Ihre Gebeine wurden später nach Coimbra (Portugal) gebracht. Kult approbiert 1481.
Gedächtnis: 16. Jänner

Otho ↗ Otto, ↗ Odo

Otmar (Othmar) OSB, Gründerabt **von St. Gallen,** Hl.
Name: ahd. ōt (reicher Erbbesitz) + mar (berühmt): der durch seinen Besitz Berühmte (schweiz. Kf. Otli, franz. Audemar)
Er war Alemanne u. wurde um 689 geboren. Am Hof des Präses Victor in Chur erhielt er seine Ausbildung zum Priester u. wurde Seelsorger an einer Kirche zum hl. ↗ Florinus (wohl in Chur oder Remüs). Auf Bitten des Tribuns Waltram von Arbon wurde er 719 Vorsteher der Mönchszelle, die sich am Grab des hl. ↗ Gallus angesiedelt hatte. Auf Befehl Pippins d. J. führte er dort anstelle der harten Regel des hl. ↗ Kolumban die leichtere des hl. ↗ Benedikt ein u. baute sie zu einem Kloster aus. Dort errichtete er auch das 1. Leprosenheim der Schweiz. Während Karlmann u. sein Bruder Pippin d. J. das Kloster reich beschenkten, beraubten es die Grafen Warin u. Ruodhard im Argengau (Aargau) u. fanden dabei im Bisch. von Konstanz einen Gehilfen. Otmar wurde gefangengenommen, fälschlich des Ehebruchs bezichtigt u. verurteilt, in der Burg Bodman (westl. am Bodensee) eingesperrt u. dann auf die Rheininsel Werd bei Stein (Westende des Bodensees) verbannt, wo er am 16. 11. 759 starb. Seine Gebeine wurden 769 nach St. Gallen übertragen, 864 feierlich erhoben u. 867 in der dortigen Otmarkirche beigesetzt.
Liturgie: St. Gallen F am 16. November (Chur, Einsiedeln G, Basel, Freiburg g)
Darstellung: als Abt, neben ihm Weintrauben, bzw. ein Weinfäßchen tragend (nach der Legende wurde es nie leer, obwohl er daraus viele Pilger u. Arme labte)
Lit.: BHL 6386–6389 – F. Vetter: Jahrb. für schweizer. Geschichte 43 (Zürich 1918) 93–193 – O. Scheiwiller: ZSKG 13 (1919) 1–32 – R. Henggeler, Profeßbuch der ...OSB-Abtei ...St. Gallen (Einsiedeln 1931) 21 76f – O. Scheiwiller: Bündner Monatsblatt (Chur 1941) 311–319 – J. Amann (Höchst 1948) – J. Duft (Zürich 1959)

Otmar, Bisch. **von Thérouanne** ↗ Audomar

Otmund ↗ Edmund

Ottilia ↗ Odilia

Otto von Ariano, Hl.
Name: Kf. von Namen, die mit Ot- gebildet sind, z. B. ↗ Otfrid, ↗ Otmar. Zu ahd. ōt (germ. audha), reicher Erbbesitz. (Vgl. ↗ Odo, ↗ Otho, ↗ Udo, ↗ Uta, ↗ Ute, ↗ Utta) (franz. Otton, ital. Ottone, span. Otón)
Er stammte aus dem röm. Adelsgeschlecht der Frangipani u. leistete zuerst Kriegsdienste. Er geriet in Gefangenschaft, wurde aber wunderbar befreit u. weihte sich daraufhin ganz Gott. Er lebte zu Ariano di Puglia (östl. von Neapel) als Fremdenbeherberger u. Schuhflicker. Zuletzt baute er sich eine kleine Zelle u. lebte darin ganz für sich allein. † am 23. 3. 1120.
Gedächtnis: 23. März
Darstellung: als Einsiedler in einer Hütte, auf der ein Falke sitzt (der Jäger, dem er gehörte, konnte ihn nicht wiedererlangen, bis der Heilige seine Erlaubnis dazu gegeben hatte)
Lit.: A. d'Agostino (Ariano 1892)

Otto, Bisch. **von Bamberg,** Hl.
* 1060/62 aus schwäbischem Adel. Seine Ausbildung erhielt er vielleicht in Wilzburg bei Eichstätt. 1088 wurde er Hofkaplan bei Herzog Wladislaw von Polen u. trat wenig später in den Dienst Heinrichs IV., der ihn 1090 mit der Aufsicht über den Dombau in Speyer beauftragte. 1101 wurde er kaiserlicher Kaplan u. Kanzler, am 25. 12. 1102 zum Bisch. von Bamberg ernannt, von Heinrich IV. investiert u. am 2. 2. 1103 in Bamberg eingeführt. Im Streit Heinrichs IV. mit seinem Sohn Heinrich V. verhielt er

sich anfangs neutral, stellte sich aber 1105/06 auf die Seite Heinrichs V. Die Bischofsweihe erhielt er am 13. 5. 1106 in Agnani von Paschalis II. Im Investiturstreit, der seit Heinrich IV. u. ↗ Gregor VII. noch immer schwelte, suchte er stets zw. Papst u. Kaiser zu vermitteln. 1110 begleitete er zu diesem Zweck Heinrich V. auf seiner Reise nach Rom zu Paschalis II. Nach der Bannung Heinrichs V. durch eine Synode zu Vienne (1112) harrte er trotzdem an der Seite Heinrichs V. aus. Von 1121 an arbeitete er unermüdlich für das Zustandekommen einer Einigung zw. Kaiser u. Papst; die letzten vorbereitenden Beschlüsse für das Wormser Konkordat (1122), das den Investiturstreit beendigte, wurden in Bamberg gefaßt. Als Bisch. führte er ein streng apostolisches Leben u. widmete sich ganz dem Wohl seiner Diöz. Er forderte weggenommene Kirchengüter zurück, vollendete den Dom zu Bamberg, brachte die Domschule zu neuer Blüte u. baute Kirchen u. Burgen. Vor allem war er auf die Reform seiner Diöz. von innen her bedacht. Diese suchte er durch großzügige Förderung des Ordenslebens im Geist von Hirsau (vgl. auch ↗ Cluny) zu erreichen. Für seine Vermittlertätigkeit im Dienst der dt. Kaiser erhielt er reiche Schenkungen. Aus diesen wie auch aus dem reichen Vermögen der Bamberger Diözese konnte er sich an der Gründung bzw. Dotierung u. Erneuerung von mehr als 20 Klöstern u. Stiften in verschiedenen Diöz. entscheidend beteiligen: in Bamberg die Stifte *St. Getreu* u. *St. Jakob* u. *Michelsberg* (OSB, 1112 reform.), in der übrigen Diöz. Bamberg die Klöster *Michelfeld* (OSB, 1119), *Langheim* (OCist, 1133); in der Diöz. Würzburg *Herrenaurach* (Aura a. d. Saale, OSB, 1108), *Tückelhausen* (OPraem), *Münchaurach* (OSB, 1128 eingeweiht), *Roth* (OSB), *Vessra* (OPraem, 1131), *Banz* (OSB, 1114 reform.); in der Diöz. Regensburg *Prüfening* (OSB, 1109), *Mallersdorf* (OSB, 1107), *Ensdorf* (OSB, 1121), *Biburg* (OSB, 1125), *Münchsmünster* (OSB, wiedergegr. 1133), *Windberg* (OPraem, 1125); in der Diöz. Passau *Aldersbach* (CanAug 1139 gefördert), *Asbach* (OSB, 1127), *Gleink* bei Steyr, Oberösterreich (OSB, 1125), *Osterhofen* (OPraem, wiedergegr. 1138); in der Diöz. Eichstätt *Heilbronn* bei Ansbach (OCist, 1132); in der Diöz. Halberstadt *Reinsdorf* (OSB, 1122); in der Diöz. Aquileia, jetzt Gurk-Klagenfurt *Arnoldstein* im Gailtal, Kärnten (OSB, 1107).

Große Verdienste erwarb er sich auch durch seine Mission in Pommern. Als der Herzog von Pommern sich 1120 nach seiner Niederlage gegenüber Polen verpflichtete, sein Land zu christianisieren, wurde Otto von Bamberg beauftragt, die Kirche in Pommern zu gründen u. zu organisieren. Unter dem Schutz Heinrichs V. ging er mit einer großen Zahl von Priestern 1124–25 zum erstenmal nach Pommern, wo er mit großem Erfolg wirkte. Er soll mehr als 22.000 Menschen getauft haben. Die eigentliche rel. Unterweisung überließ er den zurückbleibenden Priestern. Auch nach seiner Rückkehr sorgte er für die weitere Organisation der dortigen Kirche. Allerdings erzwangen eine zu geringe Zahl an Priestern u. ein heidnischer Aufstand nach der Befreiung von der polnischen Herrschaft 1128 eine 2. Reise nach Pommern. Die christliche Religion konnte damit in Pommern endgültig gesichert werden.

Bisch. Otto von Bamberg starb am 30. 6. 1139 in Bamberg u. wurde im Kloster Michelsberg beigesetzt. Er wurde 1189 von Papst Clemens III. heiliggesprochen.

Liturgie: RK g am 30. Juni; Berlin F (Mitpatron des Bistums), Görlitz G; Bamberg: F am 30. September

Darstellung: als Bisch., von der Kathedra aus predigend, Löwe zu seinen Füßen, mit Kirchenmodell. Nägel aus Pfeilen schmiedend (für das Dach der Kirche auf dem Michelsberg), daher auch Pfeile in der Hand

Lit.: G. Juritsch (Gotha 1889) – Hauck IV 593–605 – A. Hofmeister (Greifswald 1924) – M. Wehrmann (Greifswald 1924) – P. Großkopf (Berlin 1932) – E. v. Guttenberg: Germania Sacra II/1, 1 (Berlin-Leipzig 1937) 115–138 (Lit.) – D. Andernacht, Die Biographen Ottos von Bamberg (Diss. Freiburg/B. 1950) – W. Berges, Reform der Ostmission im 12. Jh.: Wichmann-Jahrbuch 9–10 (Berlin 1955–56) 31–44

Otto von Cappenberg OPraem, Sel. (Odo)

Er stammte aus karolingisch-wittekindschem Geschlecht u. war der Bruder des hl. ↗ Gottfried von Cappenberg. Zus. mit seinem Bruder schloß er sich dem hl. ↗ Norbert an u. übereignete diesem gegen den Widerstand seines Schwiegervaters, des Grafen Friedrich von Arnsberg, 1122 die reichbegüterte Burg Cappenberg (nördlich von Dortmund, Westfalen) u. wandelte sie in eine Prämonstratenser-Propstei um. Gottfried von Cappenberg gründete 1123 auf dem elterlichen Schloß zu Varlar (westlich von Münster) eine weitere Abtei, wo Otto erster Propst wurde. Er übertrug 1148 einen Teil der Reliquien seines 1127 verstorbenen Bruders Gottfried aus Ilbenstadt (Oberhessen) nach Cappenberg. 1156 wurde er 4. Propst von Cappenberg. † am 23. 2. 1171. Sein Grab in Cappenberg wurde 1634 von den Hessen zerstört, später aber wieder hergestellt.

Gedächtnis: 23. Februar

Lit.: St. Schnider, Cappenberg (Münster 1949) (Lit.) – Backmund I 101f 158f – H. Grundmann, Der Cappenberger Barbarossakopf u. die Anfänge des Stiftes Cappenberg (Köln 1959)

Otto OCist (der Große), Bisch. **von Freising,** Sel.

* um 1112 als Sohn des Markgrafen ↗ Leopold III. von Österreich u. der Kaisertochter Agnes, wohl in Klosterneuburg, der Residenz seines Vaters. Bereits 1126 wurde er Propst des Chorherrenstiftes Klosterneuburg. Mit etwa 16 Jahren studierte er in Paris, anschließend vielleicht auch in Chartres. 1132 trat er mit 15 Studiengenossen in die Zisterzienserabtei Morimond (Diöz. Langres, Nordost-Frankreich) ein. Im Jänner 1138 wurde er zum Abt gewählt u. noch im selben Jahr zum Bisch. von Freising ernannt. Auch als Bischof legte er den Mönchshabit nicht ab. Er hob das rel.-sittliche Leben der Diöz., reorganisierte die Klerikerausbildung, machte die Domschule zum geistigen Mittelpunkt des Landes u. reformierte den Welt- u. Ordensklerus. Selbst durchdrungen vom mönchischen Ideal, erneuerte er die Vita Canonica in den Stiften bes. dadurch, daß er ihnen eine neue Regel gab: die OSB-Abtei Schäftlarn (Oberbayern) wandelte er 1140 in eine OPraem-Abtei um, das OSB-Kloster Schlehdorf (Oberbayern) 1140 in ein CanAug-Stift und das OSB-Kloster Innichen (Südtirol) 1141 in ein Kollegiatsstift. Bisch. Otto gründete weiters 1141 das CanAug-Stift Schliersee (Oberbayern) und 1142 die OPraem-Abtei Neustift bei Freising. Als geistlicher Reichsfürst kämpfte er um die Befreiung seiner Kirche von der bedrükkenden Vogtei der Wittelsbacher u. arbeitete für ein gesundes Verhältnis zw. Diözese, Herzogtum u. Reich. In den Streitigkeiten zw. den Staufern, Babenbergern u. Welfen wußte er erfolgreich zu vermitteln. 1146–47 nahm er am 2. Kreuzzug teil. Er entfaltete auch eine reiche schriftstellerische Tätigkeit. Seine eigentliche Leistung lag in der Geschichtsschreibung, die er zum Höhepunkt mittelalterlicher Universal-Chronistik führte. 1143–46 schrieb er sein Chronicon in 8 Büchern: Auf der Suche nach letzten, den Wandel aller Dinge überdauernden Sinnzusammenhängen findet er den Schlüssel zum Verständnis der Geschichte in der Deutung des ↗ Augustinus von den 2 Staaten (duae civitates), dem irdischen u. dem göttlichen. Doch im Gegensatz zu Augustinus, dessen Geschichtstheologie ganz auf das Jenseits gerichtet ist, wurzelt Ottos Konzeption in der Überzeugung, daß diese civitas Dei im Imperium Christianum in der Geschichte realisierbar ist (Reichsmetaphysik, Zwei-Schwerter-Theorie). Diesen Glauben konnte sogar die Tragödie des Investiturstreites (↗ Gregor VII.), als die gesamte Reichs- u. Weltordnung auf den Kopf gestellt war, nicht erschüttern. In seinem geschichtstheol. Optimismus glaubte er an die endliche Verwirklichung des Gottesreiches auf Erden durch die Mönche. Otto starb am 22. 9. 1158 in Morimond während des dortigen Generalkapitels u. wurde ebendort beigesetzt.

Liturgie: München-Freising, Wien g am 7. September, sonst 22. September

Darstellung: als Bisch. oder im Zisterzienserhabit, mit Buch u. Feder

Lit.: J. Hashagen, Otto v. Freising als Geschichtsphilosoph u. Kirchenpolitiker (Leipzig 1900) – J. Schmidlin, Die geschichtsphilos. u. kirchenpolit. Weltanschauung Ottos v. Freising (Freiburg/B. 1906) – A. Hofmeister: NA 37 (1912) 99–161 633–768 – K. Haid: Cist 44 (1932) passim, 45 (1933) passim – J. Spörl, Grundformen hochmittelalterlicher Geschichtsanschauung (München 1935) 31–510 – W. Kaegi, Chronica Mundi (Einsiedeln 1954) 7–29 – A. D. von Brincken (Düsseldorf 1957) – J. A. Fischer (Hrsg.), Otto v. Freising, Gedenkgabe zu seinem 800. Todesjahr (Freising 1958) – AnOCist 14 (1953) – W. Lammers (Hrsg.), Geschichtsdenken u. Geschichtsbild im Mittelalter (Darmstadt 1961)

Otto von Niederaltaich OSB, Sel.
Er stammte aus Heidelberg u. verließ mit seinen Brüdern ↗ Hermann u. ↗ Degenhard die Heimat u. kam zuerst nach Köln, von dort in das OSB-Kloster Niederaltaich (Bayern), wo er als Mönch eintrat u. Priester wurde. Später ging er wie sein Bruder Hermann in die Einöde des Bayrischen Waldes. Nach Hermanns Tod ließ er sich in dessen Zelle zu Frauenau bei Zwiesel nieder, ging aber dann mit Degenhard auf den Frauenberg bei Niederaltaich, wo er 1344 starb. Er wurde im Kloster Niederaltaich begraben.
Gedächtnis: 3. September (28. Dezember)

Otto (Otho) **von Riedenburg** OCist, Sel.
Er war der letzte Graf von Riedenburg (westl. von Regensburg). Er vermachte seine Güter dem Kloster Walderbach (nordöstl. von Regensburg) u. trat selbst als Mönch dort ein. Nach Ortstradition wurde dieses Kloster von Graf Otto selbst gegründet, u. zwar zunächst als Augustiner-Chorherrenstift, u. wurde 1143 mit Zisterziensern aus der OCist-Abtei Waldsassen (Oberpfalz) besiedelt. † um 1150. Seine Gebeine wurden um 1300 erhoben.
Gedächtnis: 30. Juni
Lit. (zu Walderbach): Janauschek 78–81 – Die Kunstdenkmale des Königreiches Bayern II/1 (München 1905) 174–208 – Krausen 97ff (Lit.) – E. Krausen: AnOCist 12 (1956) 122f

Ottokar von Tegernsee OSB, Sel. (Otgar)
Name: der altdt. Name Odoaker: ahd. ōt (reicher Erbbesitz) + wakar (wachsam, munter, wacker): der über seinen Besitz Wachsame
Er war ein Graf aus dem Stamm der Huosi. Zus. mit seinem Bruder Adalbert gründete er 746/756 die OSB-Abtei Tegernsee (Oberbayern). Adalbert wurde 1. Abt des Klosters, Ottokar lebte dort als Laienbruder. Die beiden veranlaßten ihren Neffen Eio (Uto), die Reliquien des hl. ↗ Quirinus (von Tegernsee) von Rom in das Kloster Tegernsee zu übertragen. † 771.
Gedächtnis: 26. Februar

Otwin ↗ Edwin

Ozana von Kotor ↗ Osanna von Cattaro

P

Pablo (span.) ↗ Paulus

Pacheco ↗ Alfons Pacheco (s. Märt. von Salsette S. 924)

Pachomius d. Ä., Mönchsvater, Hl.
Name: gräzisierte Form aus dem Ägyptischen: Falke, bzw. aus dem Koptischen: Adler
* um 287 zu Snē (Oberägypten) als Sohn eines heidnischen Bauern. Er wurde zunächst Soldat u. empfing nach seiner Entlassung die Taufe. Um 308 wurde er Schüler des Anachoreten ↗ Palämon in der Thebais (Oberägypten). 320–325 erbaute er in Tabennísi (gegenüber Dendara am Nilknie bei Keneh) ein von großen Mauern umgebenes Kloster, das Mönche erstmals zu gemeinsamem Leben zusammenschloß (bisher siedelten sie nur einzeln als Anachoreten). Damit wurde er zum Begründer des koinobitischen Mönchtums (griech. koinós = „gemeinsam", bíos = „Leben"). Er selbst wurde Abt in diesem Kloster. Bei seinem Tod hatte sich das Kloster zu einem Verband von 9 großen Männerklöstern mit 9000 Mönchen u. 2 Frauenklöstern entwikkelt. Die Mönche beteten, arbeiteten, aßen gemeinsam u. mußten lesen u. schreiben lernen, um die Hl. Schrift lesen zu können. Der Gehorsam dem Abt gegenüber galt als die vornehmste Mönchstugend u. schuf Ordnung u. Zusammenarbeit. In wirtschaftlicher Hinsicht waren diese Klöster Musterbetriebe. Die Ordensregel ist in ihrer ursprünglichen Gestalt nicht mehr vorhanden, sie unterscheidet sich sehr von den bisherigen allg. Mönchsregeln. Ihre wesent-

lichen Punkte sind Diskretion, Disziplin, Einheitlichkeit u. Gemeinsamkeit im Gebet, in der Arbeit, bei Tisch u. in der Kleidung. Pachomius starb zu Pbau am 14. 5. 347.
Gedächtnis: 14. Mai
Darstellung: als Einsiedler, mit Fellkleid ohne Ärmel. Mit Gesetzestafeln, die ihm ein Engel überreicht (Mönchsregel)
Lit.: P. Ladeuze (Löwen 1898) – W. Bousset, Apophthegmata (Tübingen 1923) 209–280 – W. Nigg, Vom Geheimnis der Mönche (Zürich–Stuttgart 1953) 64–85

Pachomius d. J. (auch Pasthumius oder Posthumius genannt)
Er ist der legendäre Held einer lat. überlieferten, historisch wertlosen Mönchsvita, die weitgehend der von ↗ Pachomius d. Ä. nachgebildet ist.

Pacificus von Ceredano OFMObs, Sel. (P. von Novara)
Name: lat., der Friedensstifter
* 1420 in Ceredano (Lombardei). Er trat 1445 in Novara dem Orden der Franziskaner-Observanten bei u. wirkte nach seiner Priesterweihe 1452 als gefeierter Prediger in den meisten ital. Provinzen. Er verkündigte bes. in Sardinien den von Sixtus IV. ausgerufenen Kreuzzug gegen die Türken. Gleichzeitig wurde er dort 1481 vom Generalkapitel der Observanten zu Ferrara zum Ordensvisitator bestellt. 1473 verfaßte er eine kasuistische Moral für Beichtväter (Mailand 1479) (bekannt als Summa Pacifica), die viele Auflagen erlebte u. dem Konzil von Trient gemäß überarbeitet wurde (Venedig 1579). † am 4. 6. 1482 zu Sassari (Sardinien) u. wurde in Ceredano begraben. Sein Kult wurde 1745 bestätigt.
Gedächtnis: 4. Juni
Lit.: ActaSS Iun. I (1695) 414f 802f – M. Cazzola (Novara 1882) – MF 7 (1898) 19–22 – MartFr 206f

Pacificus von der Mark OMin, Sel.
* bei Ascoli Piceno (Mittelitalien). Er war zuerst ein gefeierter Troubadour, u. a. auch am Hof König Friedrichs II. in Sizilien. 1212 wurde er vom hl. ↗ Franz von Assisi bekehrt u. für seinen Orden gewonnen. Von ihm erhielt er den Namen Pacificus. 1217 wurde er nach Frankreich gesandt, begründete dort die franz. Ordensprovinz u. wurde deren 1. Provinzial. 1226–1228 war er Visitator der Klarissen in Italien. † um 1230. Sein Sterbeort ist umstritten: entweder in Lens (Dep. Pas-de-Calais, Nordfrankreich), Venedig oder in Riva di Garda.
Gedächtnis: 10. Juli
Lit.: MartFr 256f – AFrH 10 (1917) 290–294, 15 (1922) 80 98, 19 (1926) 530–534, 26 (1933) 28 – Wadding A I^3 149ff – U. Cosmo, Con madonna Povertà (Bari 1940) 59–81

Pacificus von San Severino OFM (P. Divini), Hl.
* am 1. 3. 1653 zu San Severino (Mark Ancona). Er erhielt von seinem geistlichen Onkel seine Erziehung, verlebte aber unter ihm eine harte Jugend. Er trat zu Forano dem Franziskanerorden bei, wurde 1678 Priester u. wirkte 1680–83 als Lektor der Philosophie u. anschließend mehrere Jahre als Prediger und Volksmissionar. Eine offene Wunde am Fuß u. seine Schwerhörigkeit zwangen ihn immer mehr in die klösterliche Einsamkeit. Er war mystisch reich begnadet, vor allem mit der Gabe der Beschauung. † am 24. 9. 1721 in San Severino. Seliggesprochen 1786, heiliggesprochen 1839.
Gedächtnis: 24. September
Lit.: AOFM 31 (1912) 135–138 – C. Ortolani (Pesaro 1929) – Baudot-Chaussin IX 504f – ECatt IX 506f

Palämon (Palamon), Hl.
Er lebte als Anachoret in der Thebais (Oberägypten) u. war Lehrmeister des hl. ↗ Pachomius d. Ä. Er unterstützte diesen beim Bau des Klosters Tabennísi (am Nilknie bei Keneh) u. wurde von ihm auch begraben. † 330.
Gedächtnis: 11. Jänner

Palladius, Bisch. **in Irland,** Hl.
Name: griech. palládios: der der Pallas (Athene) Geweihte. Pallás war der Beiname der Göttin Athene (zu pállax = „Jüngling" oder „Mädchen")
Er war Diakon der Kirche in Rom u. wurde 431 von ↗ Cölestin I. nach ↗ Prosper Tiro von Aquitanien († nach 455) „ad Scottos in Christum credentes" (zu den an Christus glaubenden Schotten) als 1. Bisch. gesandt. Nach allgem. Ansicht kam er nach Irland u. organisierte dort die kirchliche Hierarchie unter den verstreuten Christen u. trat dem eindringenden Pelagianismus entgegen. Da-

gegen scheint er kaum in Schottland gewesen zu sein. Im Spätmittelalter glaubte die angeblich von Palladius gegründete Kirche zu Fordoun (Schottland) seine Reliquien zu besitzen.
Gedächtnis: 6. Juli
Lit.: L. Gougaud, Christianity in Celtic Lands (London 1932) 29ff – P. Grosjean: AnBoll 63 (1945) 73–93 112–119 – L. Bieler: Tr 6 (1948) 1–32

Pallotta ↗ Maria Assunta Pallotta

Pallotti ↗ Vinzenz Pallotti

Palmatius u. Gef., Märt. **zu Trier,** Hll.
Name: zu lat. palmatus: der mit dem Palmzweig (palma) (als Sieger) Bekränzte
Er erlitt zus. mit **Maxentius, Constantius, Crescentius, Justinus, Leander, Alexander, Soter, Osmisdas, Papirius, Constans** u. **Jovianus** zu Trier unter Kaiser Diokletian (284–305) bzw. dessen Mitkaiser im Westen, Maximianus Herculeus (286–305), um 287 den Martertod. Karl IV. brachte 1356 einen Teil der Reliquien des hl. Palmatius in die Metropolitankirche in Prag, später andere Gebeine des Heiligen auf sein Schloß Karlstein. Andere Reliquien kamen 1588 von Trier nach Coimbra (Portugal).
Liturgie: Trier g am 5. Oktober

Pamela
Name: ist wahrscheinlich eine Neuschöpfung des englischen Dichters Philip Sidney in seinem Roman „Arcadia" (1590) u. ist wohl dem griech. männl. Namen Pammélas (pān = ganz, mélas = schwarz) nachgebildet. Der englische Dichter Samuel Richardson übernahm ihn für die Titelheldin seines Romans „Pamela" (1740) als Geschichte eines einfachen Landmädchens. Durch die dt. Übersetzung dieses Romans (1772) wurde der Name auch in Deutschland bekannt.

Pammachius, Hl.
Name: griech. Pammáchios: pān (jedes, alles, ganz) + máchesthai (kämpfen): der überall (siegreich) Kämpfende
* um 340 aus dem altröm. Geschlecht der Furii. Er war Jugend- u. Studienfreund des hl. ↗ Hieronymus, mit dem er auch später in Verbindung blieb. Er wurde röm. Senator. Nach dem Tod seiner Gattin Paula (397), einer Tochter der hl. ↗ Paula von Rom, begann er ein aszetisches Leben. Aus seinem Vermögen gründete er in Porto bei Rom ein Pilgerhospiz u. auf dem Mons Caelius in Rom auf den Grundmauern dreier Häuser eine Basilika, die nach ihm „Titulus Pammachii" genannt wurde (im 6. Jh. wurde sie den hll. ↗ Johannes u. Paulus geweiht). † 409 in Rom während des Gotenangriffs.
Gedächtnis: 30. August
Lit.: Kirsch 26–33 – Pauly-Wissowa XVIII/3 296ff

Pankratius, Märt. **zu Rom,** Hl.
Name: griech. Pankrátios: pān (alles, ganz) + krátos (Kraft, Macht, Herrschaft): der alles Beherrschende
Er wurde schon früh als Märt. verehrt u. erlitt wahrscheinlich unter Diokletian um 305 den Martertod. Papst ↗ Symmachus (498–514) erbaute über seinem Grab an der Via Aurelia eine Kirche, die von Honorius I. (625–638) renoviert u. geschmückt u. von vielen Pilgern besucht wurde. Seit 1517 ist sie die Titelkirche S. Pancrazio fuori le mura. Nach der legendären Passio (vielleicht im 6. Jh. in Rom entstanden) sei er der Sohn eines reichen Phrygiers gewesen (Phrygien ist das Zentralland des westlichen Kleinasien). Nach dem Tod seines Vaters sei er mit seinem Onkel Dionysios nach Rom gekommen, habe hier die Taufe erhalten u. sei unter Diokletian (304) oder Valerian (257) im Alter von 14 Jahren enthauptet worden. Seit dem späten Mittelalter wird er zu den ↗ Vierzehn Nothelfern gezählt. Er ist auch der erste der 3 ↗ Eisheiligen. Sein Kult fand durch seine Reliquien wie auch durch zahlreiche Berührungsreliquien weite Verbreitung.
Liturgie: GK g am 12. Mai
Darstellung: als Jugendlicher mit Schwert und Palme
Patron: der Erstkommunikanten, der Ritter (in Deutschland), der Kinder (in Frankreich), der jungen Saat u. der Blüten (Eisheiliger)
Lit.: BHL 6420–6428, Suppl. 6423b–6427b – P. Franchi de' Cavalieri: SteT 19 (1908) 77–112 (Pankratius-Legende) – DACL XIII 1001–1014 – A. Z. Huisman, Die Verehrung des hl. Pankratius in West- und Mitteleuropa (Haarlem 1939) – AnBoll 60 (1942) 258–261 – A. Nestori: RivAC 36 (1960) 213–248 (Pankratius-Basilika)

Pantainos, Hl.
Name: griech. pān, pant- (alles, ganz) +

aínos (rühmendes Gedenken): der über alles Gerühmte
Er stammte vielleicht aus Sizilien oder Athen u. gehörte anfangs der philos. Richtung der Stoiker an. Später soll er als Glaubensbote bis zu den „Indern" (nach Südarabien oder Äthiopien?) gekommen sein u. habe dort das vom Apostel ↗ Bartholomäus hinterlassene hebr. Matthäus-Evangelium aufgefunden. Er war um 180 Leiter einer privaten philos.-theol. Schule in Alexandria u. genoß als solcher ein hohes Ansehen (Alexandrinische Schule). Sein bedeutendster Schüler war der Kirchenschriftsteller Klemens von Alexandria († nach 216/217).
Gedächtnis (bei den Kopten): 7. Juli
Lit.: Harnack Lit I 291–296 – Bardenhewer II 37–40 – M. Hornschuh: ZKG 71 (1960) 1ff 19f 22–25

Pantaleon u. Hermolaos, Märt. **zu Nikomedien,** Hll. (bei den Griechen: Panteleimon)
Name: griech. pān, pant- (alles, ganz) + eleēmon (mitleidig, barmherzig)
Er starb unter Diokletian um 305, sichere historische Nachrichten über ihn fehlen. Nach der legendarischen Passio aus dem 5./6. Jh. sei er der Sohn eines Heiden u. einer Christin in Nikomedien (heute Izmid, östl. von Istanbul) u. Leibarzt des Kaisers Maximianus Herculeus gewesen. Der Priester Hermolaos habe ihn bekehrt u. getauft. Von einem Kollegen sei er angezeigt u. nach vielen Martern an einen Ölbaum gebunden worden. So habe er für seine Henker Gottes Barmherzigkeit herabgefleht. Die Stimme Christi habe ihn daraufhin Panteleémon (All-Erbarmer) genannt u. ihm dabei versprochen, daß durch ihn viele Erbarmen finden werden. Dann sei er enthauptet worden. Statt Blut sei Milch aus seinem Körper geflossen. Im Orient verehrte man ihn als Megalomartyr (Großmärtyrer) u. Wundertäter u. zählte ihn zu den ↗ Anárgyroi, d. h. zu jenen heiligen ↗ Ärzten, die unentgeltlich Hilfe spendeten. Der byzantinische Kaiser Justinianos I. (527–565) erbaute in Konstantinopel ihm zu Ehren eine Kirche u. restaurierte ein Pantaleon-Kloster in der Jordanwüste. Im Abendland und in Nordafrika war sein Kult schon um die Mitte des 5. Jh.s verbreitet (allein in Rom gibt es 4 Pantaleon-Kirchen). Seit dem Mittelalter wird er unter die ↗ Vierzehn Nothelfer gezählt. An verschiedenen Orten, so in Konstantinopel, Bari, Neapel, Ravello (südl. von Neapel), Rom, Venedig u. a. werden Ampullen mit dem angeblichen Blut bzw. der Milch des Märt. gezeigt.
Gedächtnis: 27. Juli
Darstellung: in langem Mantel, an einen Ölbaum gebunden, die Hände auf das Haupt genagelt (ein Nagel durch beide Hände in den Kopf getrieben), Arzneifläschchen in der Hand
Patron: der Ärzte, Hebammen
Lit.: BHL 6429–6448 – BHO 835ff – Künstle II 485 – G. Schreiber, Die 14 Nothelfer . . . (Innsbruck 1959) 33f u. ö.

Pantalus, Bisch. **von Basel,** Hl.
Er war angeblich der 1. Bisch. von Basel u. soll die hl. ↗ Ursula nach Rom u. zurück nach Köln begleitet u. dort das Martyrium erlitten haben. Vor der Mitte des 12. Jh.s gibt es aber keinerlei Zeugnisse über ihn u. seinen Kult. Seine Legende entstand im Anschluß an die Gräberfunde in Köln (1156–63) u. an die „Revelationes" (Offenbarungen) der hl. ↗ Elisabeth von Schönau († 1164). Das angebliche Haupt des Pantalus, das man damals fand, wurde 1272 in einem romanischen Reliquiar nach Basel übertragen u. befindet sich seit 1833 in der OSB-Abtei Mariastein bei Basel, das Reliquiar im Historischen Museum in Basel.
Gedächtnis: 12. Oktober
Lit.: A. Lütolf, Glaubensboten der Schweiz . . . (Luzern 1871) 234–247 – BHL 6449 – R. F. Burckhardt, Kunstdenkmäler des Kantons Basel-Stadt II (Basel 1933) 87ff – W. Levison: Bonner Jahrbücher des Vereines von Altertumsfreunden im Rheinlande . . . 139 (Bonn 1934) 227f – J. M. B. Clauß, Die Heiligen des Elsaß . . . (Düsseldorf 1935) 166ff 244 (Lit.)

Paolo (ital.) ↗ Paulus

Paphnutius, Märt. **in Ägypten,** Hl.
Name: zu griech. Páphne (Reif): der Weißhaarige (als ehrenvolle Bezeichnung des hohen Alters). Der Name war im 4. u. 5. Jh. in Ägypten häufig. So hießen auch mehrere Anachoreten, die sich aber kaum identifizieren bzw. gegeneinander abgrenzen lassen.
Er lebte viele Jahre als Anachoret in der

Einöde. Als er hörte, daß viele Christen wegen ihres Glaubens Marter u. Tod zu leiden hätten, stellte er sich freiwillig dem Präfekten Arianus. Er wurde grausam gefoltert u. schließlich an eine Palme genagelt, wo er seinen Geist aufgab. † unter Diokletian um 305. Am selben Tag sollen noch 547 andere Christen enthauptet worden sein.
Gedächtnis: 24. September
Darstellung: an eine Palme genagelt oder in der Wüste betend

Paphnutius, Abt **in der Thebais,** Hl.
Er gründete eine Laura (Mönchskolonie) bei Herakleia (nördl. von el Bahnasa, Mittelägypten) u. leitete sie als Abt. Nach der Überlieferung bewog er die Buhlerin ↗ Thais zur Aufgabe ihres sündigen Lebenswandels. † um 380
Gedächtnis: 29. November
Lit.: PL 21, 435–439; 73, 661f – Schiwietz I 115f – K. Heussi, Der Ursprung des Mönchtums (Tübingen 1936) 156 u. ö. – Pauly-Wissowa XVIII/3 937 n. 7

Paphnutius, Bisch. **in der Thebais,** Hl. (P. der Große)
Unter Maximinus Daja, einem der verschlagensten u. grausamsten Christenverfolger, wurde ihm 308 das rechte Auge ausgestochen u. die linke Kniekehle durchschnitten, worauf man ihn zur Zwangsarbeit in den Bergwerken verurteilte. Später (um 311) wurde er auf einige Jahre Mönch unter ↗ Antonius d. G. Anschließend wurde er zum Bisch. in der Thebais (Oberägypten) gewählt. Als solcher kämpfte er unermüdlich gegen die Irrlehre des Arianismus, bes. auch auf dem Konzil von Nicäa (325). Nicht zuletzt wegen seiner erlittenen Verstümmelung stand er allseits in höchstem Ansehen. Er war ein strenger Eiferer für die Wahrung der Kirchenzucht u. trat gegen den Gesetzesvorschlag auf, verheiratete Priester vor ihrer Weihe von ihren Frauen zu trennen. Nur bereits geweihte Priester sollten nicht heiraten dürfen. Deshalb wurde er zu Unrecht als Gegner des Zölibats hingestellt. † um 360.
Gedächtnis: 11. September (bei den Kopten 9. Februar u. 1. Mai)
Darstellung: als Bisch. mit der Hl. Schrift in Händen, neben ihm ein Engel, in einem Steinbruch arbeitend

Patron: der Bergleute
Lit.: ActaSS Sept. III (1868) 778–787 – H. Delehaye: AnBoll 40 (1922) 328–343 – K. Heussi, Der Ursprung des Mönchtums (Tübingen 1936) 65f – Pauly-Wissowa XVIII/3 935f n. 3 – Baudot-Chaussin IX 243f

Papias, Bisch. **von Hierapolis,** Hl.
* wahrscheinlich 60/70 zu Hierapolis in Phrygien (Ruinen nördl. von Denizli, westl. Kleinasien). Über sein Leben wissen wir sehr wenig. Der aus Kleinasien stammende ↗ Irenäus von Lyon († 202) rühmt ihn als „Hörer des Apostels ↗ Johannes, Zeitgenossen des ↗ Polykarp, des Schülers des Johannes (der seinerseits Irenäus zum Schüler hatte) u. einen Mann der alten Zeit". Der Kirchenschriftsteller Eusebius hingegen tadelt ihn wegen seines Chiliasmus (Naherwartung eines tausendjährigen Reiches Christi gemäß Offb 20,1–6) u. nennt ihn einen „Mann, schwach an Geist" wegen angeblich unglaubwürdiger Fabeln, die er bringe. Papias starb nach 120/130, einer späten Legende zufolge als Märt.
Um 110/130 schrieb er sein „Logíōn kyriakōn exégesis" in 5 Büchern (Erklärung der Worte des Herrn). Er wollte damit nicht sosehr einen Kommentar über die Evangelien bieten, sondern eine eigene Sammlung u. erklärende Mitteilung über die Taten u. Worte Jesu u. seiner Jünger. Er beruft sich dabei auf „Aristion u. den Presbýteros Johannes, die Jünger des Herrn."
Gedächtnis: 22. Februar
Lit.: zu den fachwissenschaftlichen Fragen bezügl. des Papias-Zeugnisses: s. LThK 8, 34f (Lit.)

Paredes y Flores ↗ Maria Anna von Jesus

Parmenas, Diakon, Märt., Hl.
Name: zu griech. paraménein, ausharren, die Treue halten (griech. Parmenās)
Er war mit ↗ Stephanus einer der 7 Diakone, die die Apostel für den Armentisch der Witwen einsetzten (Apg 6,1–6). Später ging er zur Glaubensverkündigung nach Mazedonien (Griechenland) u. wurde dort zu Philippi unter Kaiser Trajan (89–117), vielleicht schon im Jahr 77 unter Vespasian gemartert.
Gedächtnis: 23. Jänner (Ostkirchen: 2. März, 6. u. 12. Mai, 28. Juli)

Paschalis Baylon OFM, Hl.
Name: hebr. pesach, aram. pascha, davon griech. u. lat. pascha (gesprochen pas-cha): Bezeichnung für das jüdische bzw. christliche Osterfest. Lat. Paschalis: der Österliche. Der Heilige erhielt seinen Namen offenbar deswegen, weil er an einem Pfingstsonntag (Pascua de Pentecosta) geboren wurde (franz. Pascal)
* am 16. 5. 1540 (Pfingstsonntag) zu Torrehermosa (zw. Madrid u. Saragossa, Spanien). Er war zuerst Hirte u. trat 1564 als Laienbruder in das Franziskanerkloster zu Monforte bei Alicante (Südostspanien) ein. Er diente in verschiedenen Klöstern seines Ordens in selbstloser Demut u. Hilfsbereitschaft im Refektorium u. in anderen Dienstleistungen, zumeist aber als Pförtner. Er war ausgezeichnet durch große Bußstrenge, Liebe zu Gott u. den Mitmenschen u. eine bes. innige Andacht zum hl. Altarssakrament. Er besaß auch charismatische Gaben. † am 17. 5. 1592 (Pfingstsonntag) im Kloster Villareal bei Valencia. Sein Grab ist in der dortigen Klosterkirche, es wurde im span. Bürgerkrieg 1936 verwüstet, die Reliquien verbrannt. Seliggesprochen 1618, heiliggesprochen 1690.
Gedächtnis: 17. Mai
Darstellung: als Franziskaner mit Bußketten um den Leib. Speisekelch oder Monstranz als Erscheinung vor ihm
Patron: der eucharistischen Vereine und Sakramentsbruderschaften (Leo XIII. 1897); der Hirten, Köche
Lit.: L. A. de Porrentruy (Paris 1899, dt. Regensburg 1902) – A. Groeteken (Einsiedeln 1929^3, 1948^4) (Lit.)

Paschalis I., Papst, Hl.
Er stammte aus Rom. Er war vorher Abt des Benediktinerklosters St. Stephan bei St. Peter in Rom. Noch am Todestag Stephans IV. (24. 1. 817) wurde er zum Papst gewählt u. erhielt tags darauf die Bischofsweihe. Der Frankenkönig Ludwig I. der Fromme war mit seiner Wahl einverstanden. Auf Bitten des neuen Papstes erneuerte er den Freundschaftsbund mit der röm. Kirche u. stellte das Pactum Ludovicianum aus, in dem er den von Pippin d. J. geschenkten Kirchenstaat bestätigte, Unabhängigkeit gegenüber dem Königreich Italien (bes. freie Papstwahl) und volle Selbstregierung unter kaiserlichem Schutz zusagte. Paschalis I. krönte 823 in Rom Ludwigs Sohn Lothar I. ein zweitesmal zum Kaiser (vermutlich wollte er dadurch den päpstlichen Krönungsanspruch festigen). Als bald darauf zwei hohe päpstliche Beamte, Angehörige der fränkischen Partei, ermordet wurden, reinigte er sich vor den nach Rom gekommenen kaiserlichen Gesandten durch einen Eid von der ihm vorgeworfenen Mitschuld. Erzb. Ebbo von Reims bestellte er 823 als Missionar u. päpstlichen Legaten in Dänemark u. nahm sich der von Kaiser Leon V. im östl. Bilderstreit Verfolgten an. Er förderte auch den Bau und die Restaurierung röm. Kirchen. † am 11. 2. 824.
Gedächtnis: 11. Februar
Lit.: H. Thomas: ZSavRGkan 11 (1921) 124–174 – E. Stengel: HZ 134 (1926) 216–241 – Haller II^2 25ff 523f – Seppelt II^2 203–208 433 – W. Ullmann, Die Machtstellung des Papsttums im Mittelalter (Graz-Wien-Köln 1960) 233–237

Paschasius Radbert(us) OSB, Abt **von Corbie,** Hl.
Namen: a) griech. paschásios: der Österliche, der zu Ostern Geborene (vgl. ↗ Paschalis); b) ahd. rat (Rat, Ratgeber, Beratung) + beraht (glänzend, berühmt): berühmter Ratgeber
* um 790 im Gebiet von Soissons (Nordfrankreich). Im Frauenkloster von Soissons erhielt er seine Erziehung. Er wurde Benediktinermönch im Kloster Corbie (östl. von Amiens, Nordfrankreich), wo er den berühmten Abt ↗ Adalhard zum Lehrer hatte u. dem er bald selbst als gefeierter Magister der Theologie nachfolgte. 822 war er mit Adalhard u. dessen Bruder ↗ Wala an der Gründung des OSB-Klosters Korvey bei Höxter an der Weser beteiligt. In der Auseinandersetzung zw. Lothar I. u. seinem Vater Ludwig dem Frommen (830–833) unterstützte Paschasius Radbertus seinen Abt Wala (seit 826), der wegen seiner Parteinahme für Lothar in die Verbannung gehen mußte. Um 844 wurde er selbst Abt von Corbie, legte aber sein Amt nach einigen Jahren nieder, um sich im OSB-Kloster St-Riquier (Diöz. Amiens) seinen Studien widmen zu können. Er hinterließ eine große Zahl von Schriften. Sein umfangreichstes Werk ist ein Matthäus-Kommentar, an dem er viele Jahre arbeite-

te. Um 831 verfaßte er auf Bitten des Abtes ↗ Warin von Korvey für dessen Mönche die Schrift „De corpore et sanguine Domini" (Über den Leib u. das Blut des Herrn). Dieses Werk erregte den Widerspruch großer Theologen wie ↗ Hrabanus Maurus, Gottschalk von Corbie oder – aus seinem eigenen Konvent – Rathramnus u. stand so im Mittelpunkt des großen Abendmahlstreites im 9. Jh. Er betonte darin die Identität des historischen u. des eucharistischen Christus so sehr, daß er den Zeichencharakter der sakramentalen Gestalten bzw. die Leidensunfähigkeit des (auferstandenen) eucharistischen Christus unterdrückte. Paschasius Radbertus starb um 859 in Corbie. Seine Gebeine wurden 1058 erhoben.
Gedächtnis: 26. April
Lit.: zu seinen theol. Werken: LThK 8, 130f (Lit.)

Paternus OSB, Inkluse **in Abdinghof,** Sel.
Name: zu lat. pater (Vater): der Väterliche
Er war ein iro-schottischer Mönch u. lebte zuerst im Kloster Cluny (Burgund), dann in einer Zelle bei dem vom hl. ↗ Meinwerk erbauten OSB-Kloster Abdinghof in Paderborn. Er prophezeite den großen Brand von Paderborn, der 30 Tage später, am 13. 4. 1058, einen Teil der Stadt verwüstete. Auf Grund eines Gelübdes weigerte er sich, seine Zelle zu verlassen, u. kam so um.
Gedächtnis: 13. April
Lit.: J. B. Greve, Wanderungen durch Paderborn (Paderborn 1900) 45–48 – Zimmermann II 37f

Paternus, Bisch. **von Avranches,** Hl. (franz. Pair)
* um 480 in Poitiers (Westfrankreich) aus vornehmer Familie. Schon in seiner Jugend lebte er als Mönch im Monasterium Ansionense (das spätere St-Jouin-de-Marnes, nordwestl. von Poitiers). Er zog sich dann in die Einsamkeit zurück u. gründete mit seinem Gef. Scubilo das Kloster Sesciacus (Scicy bei Granville, später St-Pair genannt; Dep. Manche, Nordwestfrankreich). Um 550 wurde er Bisch. von Avranches (Dep. Manche). Als solcher wirkte er auch als Missionar in dieser Gegend. Vor seinem Tod ging er noch einmal in die Einöde, wo er um 565 starb. Seine Gebeine ruhen in der Pfarrkirche zu St-Pair-sur-Mer.
Gedächtnis: 16. April
Darstellung: als Bisch., neben ihm eine Schlange, deren Biß ihm nicht schadet (er heilte einen gebissenen Knaben)
Lit.: L. Chrochet (Orléans 1885) – B. Baedorf, Untersuchungen über Heiligenleben der westl. Normandie (Diss. Bonn 1913) 7–12 – P. Grosjean: AnBoll 67 (1949) 384–400

Patriarchen
a) *Im biblischen Sinn:* Die LXX übersetzt das hebr. ra'ᵉschej ha'abot (Stammesfürsten, Sippenhäupter) mit „Patriarchen" (griech. patēr = Vater, árchōn = Herrscher, Fürst) (1 Chr 24,31 u. ö.). Auch die Vulgata gebraucht diesen Ausdruck (1 Chr 8,28). Apg zählt auch die 12 Söhne Jakobs (Apg 7,8) u. sogar David (Apg 2,29) zu den Patriarchen. Im weiteren Sinn versteht der biblisch-jüdische Sprachgebrauch unter „Patriarchen" die 10 Urväter von Adam bis Noe (Gen 5) u. die 10 Stammväter von Noe bis Abraham (Gen 11,10–26). Erstmals im apokryphen 4. Makkabäerbuch (entstanden wohl um 40 n. Chr.) werden nur die 3 Stammväter ↗ Abraham, ↗ Isaak u. ↗ Jakob „Patriarchen" genannt. In diesem engeren Sinn wird der Begriff auch heute verwendet.
b) *Jüdischer Patriarchat:* Im Jahr 70 n. Chr., nach der Zerstörung Jerusalems, gründete u. leitete Rabbi Jochanan ben Zakkai in Jabne (20 km südl. von Jaffa) ein Kollegium von Rabbinen, das die Fortsetzung des Synedriums in Jerusalem sein sollte. Er erhob damit den Anspruch, daß dieses neue Synedrium nunmehr die höchste Behörde des palästinensischen Judentums sei. Sein Sohn u. Nachfolger Gamaliel II. erhielt vom röm. Statthalter in Syrien die innere Verwaltung Palästinas übertragen. Dessen Sohn Simon legte sich den Titel naschi (Fürst) bei. Die Römer anerkannten diesen Titel u. nannten ihn „Ethnarch" (Volksfürst), seit dem 4. Jh. „Patriarch". Der jüdische Patriarch war der rel. Führer u. der dem kaiserlichen Rom gegenüber Verantwortliche der jüdischen Gemeinschaft als einer politischen Körperschaft. Er war oberster Richter der Juden u. konnte sogar die Todesstrafe verhängen u. vollstrecken. Er überwachte auch die jüdischen Diasporagemeinden im Röm. Reich u. durfte von ihnen Steuern einheben. Er regelte

den jüdischen Kalender u. war in rel. Fragen zuständig. Nach dem 2. jüdischen Krieg (130–135) wurde der Patriarchensitz nach Sépphoris (Galiläa), um 200 nach Tiberias am See Genezareth verlegt. Im Jahr 415, als die Stellung der Juden Palästinas durch die christlichen Pilgerfahrten immer schwieriger geworden war, kam es zum Konflikt zw. dem Patriarchen Gamaliel VI. u. den röm. Behörden. Als Gamaliel um 425 kinderlos starb, erklärte Kaiser Theodosius II. den Patriarchat für aufgehoben. Die Führerschaft ging nun auf die jüdische Gemeinschaft in Mesopotamien über (babylonischer Exilarchat), wo sich seit dem babylonischen Exil (605–538 v. Chr.) eine starke Judengemeinde erhalten hatte. Der babylonische Exilarchat bestand bis 1050. Für das gesamte damalige Judentum erfüllte der Patriarch die überaus wirksame Funktion der Einigung in Lehre, Kult u. Nationalbewußtsein zw. Palästina u. den zahlreichen Diasporagemeinden.

c) *Kirchlich-hierarchischer Patriarchat:* Als gegen Ende der apostolischen Zeit das Bischofsamt ortsgebunden wurde, bildete sich durch Gewohnheitsrecht eine Rangordnung der einzelnen Bischofssitze aus. Diese beruhte auf dem Ansehen, das ein Bischofssitz infolge seiner Gründung durch einen Apostel oder Apostelschüler hatte, u. auf dem politischen Rang dieser Stadt u. ihrer missionarischen Strahlungskraft. Der Bisch. einer solchen Stadt führte anfangs den Titel „Erzbischof" (Archiepiskopos) bzw. Exarch, seit dem 5./6. Jh. „Patriarch". Seit dem Religionsfrieden Konstantins (313) entstanden daneben – hauptsächlich im Osten – Kirchenprovinzen nach dem Muster der staatlichen Provinzeinteilung mit einem Metropoliten an der Spitze. Auf dem 1. Konzil von Nicäa (325) wurden den alten Erzbischöfen u. Exarchen ihre bisherigen Jurisdiktionsrechte zugestanden. Ausdrücklich genannt wurden hier die Bisch. von *Rom* (der Papst als Patriarch des Abendlandes), *Alexandria* u. *Antiochia*. Seit der Erhebung von Byzanz zur 2. kaiserlichen Residenz (nunmehr „*Konstantinopel*", auch „Neu-Rom" genannt; 330) bemühten sich die dortigen Bisch. um den höchsten Rang unmittelbar nach Rom. Dies wurde ihnen auf dem 1. Konzil von Konstantinopel (381) zugestanden, jedoch von den Päpsten seit ↗ Leo I. – allerdings ohne Erfolg – abgelehnt. Seit dem 6. Jh. beanspruchten sie den Titel „Ökumenischer Patriarch", was von Rom wiederum – ebenfalls ohne Erfolg – zurückgewiesen wurde. Auf dem Konzil von Chalkedon (451) wurde dem Bisch. von Konstantinopel das Recht übertragen, Metropoliten einzusetzen u. zu weihen, womit dieser faktisch die Würde eines Patriarchen erhielt. Gleichzeitig mit Konstantinopel wurde auf diesem Konzil der Bisch. von *Jerusalem* zum Patriarchen über die 3 palästinensischen Provinzen erhoben. Bereits das 1. Konzil von Nicäa hatte ihm seine hergebrachte Ehrenstellung bestätigt. Diese 5 alten Patriarchate besaßen eine ausgedehnte ordentliche Amtsgewalt, wie sie von den nicht-unierten Patriarchen noch heute ausgeübt wird. Im Lauf der Neuzeit entstanden zahlreiche nicht-unierte Patriarchate: *Moskau* (seit 1589 als „3. Rom" nach dem Fall Konstantinopels 1453), *Georgien, Belgrad, Bukarest* u. a.

Zur Zeit der Kreuzzüge wurden die alten, inzw. durch Häresie u. Schisma getrennten Patriarchate als *lat. Patriarchate* neu errichtet.

Auf dem 4. Laterankonzil (1215) wurde Konstantinopel päpstlicherseits in seiner unmittelbaren Stellung nach Rom anerkannt. Die lat. Patriarchen konnten sich aber nach dem Verlust des Hl. Landes nicht mehr halten. Erst 1847 wurde der lat. Patriarchat in Jerusalem wiederhergestellt. Die übrigen 3 lat. Patriarchen von Alexandria, Antiochia u. Konstantinopel weilten seither als Titular-Patriarchen an der Kurie in Rom. Diese Sitze sind aber seit einiger Zeit nicht mehr belegt, vermutlich werden sie in Zukunft aufgelassen.

Anläßlich der Union verschiedener orthodoxer Kirchen entstanden neben den 5 alten Patriarchaten neue. So gibt es 3 Patriarchen von Antiochia: einen *griech.-melchitischen* in Damaskus, einen *maronitischen* in Bkerke u. einen *syrischen* in Beirut. Ferner gibt es einen *armenischen* Patriarchen von Kilikien in Bzommar bei Beirut, einen *chaldäischen* von Babylonien in Mossul u. einen *koptischen* von Alexandria in Kairo. Anläßlich der Union in Indien erhielt der Bisch.

von Goa 1886 den Titel eines Patriarchen von Ostindien.
Sog. „Kleine Patriarchen" (Titular-Patriarchen) sind der Bisch. von *Venedig* (1451 von Grado hierher übertragen), von *Lissabon* (seit 1716), der Armeebischof des span. Heeres als Patriarch von *Westindien* (seit 1540; diesen Titel trug bis 1920 der Erzb. von Toledo). Der alte Patriarchentitel von *Aquileja* (erstmals bezeugt 558/560) spaltete sich, als Patriarch Paulinus I. im Dreikapitelstreit 568 vor den Langobarden nach Grado floh, in das unierte byzantinische Grado *(„Aquileja Nova")* u. das schismatische langobardische Aquileja („Alt-Aquileja") mit Sitz in Cormons bei Görz (Oberitalien), später in Cividale. Als sich Alt-Aquileja kurz vor 700 mit Rom vereinigte, blieben die beiden Patriarchate weiter bestehen. Der Streit um die rechtmäßige Nachfolge währte bis 1180. 1751 wurde der Patriarchentitel von Aquileja aufgehoben.
In der lat. Kirche ist Patriarch ein bloßer Ehrentitel. Ausgenommen sind die Patriarchen von Jerusalem u. Ostindien, die eine gewisse, durch das Kirchenrecht umrissene Jurisdiktionsgewalt innehaben. In den unierten Ostkirchen nimmt der Patriarch in bevorzugter Weise an der höchsten kirchlichen Gewalt teil, die dem Papst u. den ökumenischen Konzilien zukommt. Er ist damit eine echte Mittlerinstanz zw. dem Papst u. den Bischöfen seines Gebietes.

Patricia, Jungfr. **zu Neapel,** Hl.
Name: weibl. F. zu ↗ Patricius (↗ Patrick)
Nach der legendären Vita lebte sie als Verwandte des Kaisers Constans II. (641–668) an dessen Hof in Konstantinopel. Um einer ihr aufgenötigten Heirat zu entgehen, floh sie nach Rom u. erhielt dort die Jungfrauenweihe. Sie kehrte später zurück, verschenkte ihren Besitz an die Armen u. trat eine Wallfahrt ins Hl. Land an. Das Schiff brachte sie jedoch nach Neapel, wo sie am 25. 8. 660/670 starb. Sie wurde im Basilianerkloster SS. Nicandro e Marciano (dem späteren Benediktinerinnenkloster S. Patrizia) beigesetzt. Ihre Gebeine wurden 1549 aufgefunden u. übertragen. An ihren Reliquien ereigneten sich später Blutwunder.
Gedächtnis: 25. August
Patronin: von Neapel (seit 1625)

Lit.: ActaSS Aug. V (1868) 199–223 (2 legendarische Viten) – BHL 6483–6491 – H. Thurston: RAp 48 (1929) 527ff (Blutwunder) – D. Mallardo, Ordo ad unguendum infirmum . . . (Neapel 1938) 47–53 – AnBoll 59 (1941) 13 31f

Patrick, Glaubensbote **in Irland,** Hl. (Patricius)
Name: altirisch Patricc, aus lat. Patricius: dem röm. Geburtsadel Angehöriger, Adeliger. Das lat. pater (Vater) war auch Ehrentitel, z. B. pater familias (Hausherr, Hausvater), pater Senatus (Haupt des Senates: Beiname des Kaisers), Jupiter (der höchste röm. Gott; aus Djeu pater, das dem griech. Vater Zeus entspricht)
* um 385 zu „Bannauem Taberniae (Taburniae)" im röm. Britannien (vielleicht das heutige Ravenglass, Grafsch. Cumberland) als Sohn des Decurio (Unteroffizier) u. späteren Diakons Calpornius (od. Calpornus). Er war Christ, führte aber ein sehr weltliches Leben. Bei einem großen Plünderungszug der Iren im Jahr 401 wurde er mit etwa 16 Jahren nach Irland verschleppt, dort als Sklave verkauft u. mußte als Hirt dienen. In diesen Jahren vollzog sich seine innere Läuterung. 407 gelang ihm die Flucht in die Heimat. Im Traum u. durch mystische Erfahrungen erhielt er die Gewißheit, daß er als Missionar nach Irland zurückkehren müsse. Er begab sich zum geistlichen Studium auf den Kontinent u. lebte einige Jahre als Mönch wahrscheinlich in Lérins bei Nizza u. als Kleriker in Auxerre (südöstl. von Paris), wo damals der hl. ↗ Germanus Bisch. war. Er besuchte auch Italien u. die Mönchskolonien im Tyrrhenischen Meer. Seine kirchlichen Vorgesetzten wollten ihn zunächst nicht als Missionar ziehen lassen, hauptsächlich wegen seiner mangelhaften Ausbildung. 432 (?) konnte er doch nach Irland gehen u. wurde zum Nachfolger des hl. ↗ Palladius, des 1. Bisch. der Iren, bestellt. Er missionierte vor allem im Norden u. Westen der Insel, wohin noch nie ein christlicher Missionar gedrungen war. Er stand dabei unter dem Schutz des Hochkönigs Loegaire u. vieler Stammeskönige. Obwohl es vor ihm bereits eine christliche Minderheit in Irland gab, ist es doch sein Verdienst, die ganze Insel christianisiert u. kirchlich organisiert u. zur „Insel der Heiligen" gemacht zu haben. Er

gründete 444 (457?) den Bischofssitz Armagh u. in der Folge zahlreiche andere Bischofssitze. Seinen eigenen Sitz dürfte er in Armagh aufgeschlagen haben. Den Klerus holte er zunächst aus Gallien u. Britannien, vielleicht auch aus Italien, konnte aber zunehmend einheimische Priester heranziehen.
Patrick hatte auch Gegner. Bes. die Druiden (kelt. Priester, Lehrer, Zauberer, Richter u. Ärzte) trachteten ihm öfters nach dem Leben. Man warf ihm auch Gewinnsucht u. Machtstreben vor, bes. als er die Exkommunikation des Briten Coroticus verlangte, der bei einer Expedition gegen Irland mordete u. Sklaverei betrieb. Deshalb schrieb er gegen Ende seines Lebens seine Confessio (Bekenntnis), worin er nach dem Vorbild des 2. Korintherbriefes (10–13) seinen rel. Werdegang schildert u. sich auf den Taufbefehl Christi beruft. Patrick starb wohl 461 (457/464 bzw. 491/493).
Sein Kult war im Mittelalter in Europa weit verbreitet, in Rouen u. Lérins besteht er noch heute. Mit den irischen Katholiken kam er auch nach Amerika u. Australien. In Irland wird sein Name mit vielen Quellen u. Steinen in Verbindung gebracht. Nationale Wallfahrtsorte in Irland sind Lough Derg (Grafsch. Donegal) mit dem „St.-Patricks-Fegefeuer" (das aber mit dem hl. Patrick nichts zu tun haben dürfte) u. Croagh Patrick (Grafsch. Mayo). Ein häufiger gälischer Gruß lautet „Gott, Maria u. Patrick seien mit dir." Am Patricks-Tag tragen die Iren Kleeblätter am Gewand. Der hl. Patrick pflegte nämlich das Trinitätsgeheimnis mit dem dreiblättrigen Klee zu veranschaulichen. Seither ist das Kleeblatt (shamrock) Nationalabzeichen Irlands. 1808 wurde die Schulbrüdergenossenschaft „Brothers of St. Patrick" (Mutterhaus in Tullow) u. 1932 die Missionsgesellschaft „Society of St. Patrick for Foreign Missions" (Mutterhaus in Kiltegan) gegründet.
Liturgie: GK g am 17. März
Darstellung: Seit dem 14. Jh. als bartloser Bisch. im Ornat, die Hand zum Segen erhoben, seit dem 17. Jh. meist bärtig, eine Schlange zu seinen Füßen (nach der Legende vertrieb er mit einem von Christus erhaltenen Stab die Schlangen aus Irland: wohl symbolisch für die Vertreibung des Heidentums), oft ein Kleeblatt haltend. Neben ihm bricht Feuer aus der Erde (um seine Besucher zu Reue u. Buße zu bewegen, stieß er mit seinem Stab ein Loch in die Erde, aus dem höllische Flammen schlugen u. aus dem man Klagelaute hörte)
Patron: der Bergleute, Böttcher, Friseure, Schmiede; des Viehes
Lit.: K. Müller, Der hl. Patrick (Göttingen 1931) – E. MacNeill (London 1934) – L. Bieler (Dublin 1949) – G. Schreiber, Irland im dt. und abendländ. Sakralraum (Köln-Opladen 1956) 18–26 – P. Gallico, Glocke über Irland (Hamburg 1962)

Patroclus, Einsiedler, Hl.
Name: (griech. Pátroklos) patēr (Vater) + kleitós (berühmt): der durch seinen Vater (durch seine Abstammung) Berühmte. In der griech. Sage (Homer) war Patroklus Freund u. Waffengefährte des Achilleus
* um 500. In jungen Jahren lebte er am Hof König Childeberts I. 536/549 erhielt er von Bisch. Arcadius von Bourges die Diakonatsweihe, später wurde er Priester. Er erbaute in Néris (Dep. Allier, Zentralfrankreich) eine Kapelle zu Ehren des hl. ↗ Martin von Tours u. lebte in deren Nähe als Rekluse bis zu seinem Tod. Der Ort wurde später „La Celle" genannt. Für seine Schüler gründete er das Kloster Colombier. † um 576. Er wurde in Colombier begraben.
Gedächtnis: 19. November (Diöz. Moulins: 16. November, Diöz. Bourges: 28. November)
Lit.: Baudot-Chaussin XI 610–614 (Lit.) – Gregor v. Tours, Hist. Franc. V 10: PL 71, 325 – Ders., Vit. patr. IX: ebd. 1051–1054

Patroclus, Märt. **in Troyes,** Hl. (franz. Parre)
Er wurde in Troyes (südöstl. von Paris) wahrscheinlich 259 unter Kaiser Valerian enthauptet. ↗ Gregor von Tours bezeugt seine Verehrung u. eine Kirche über seinem Grab in Troyes. Seine Gebeine wurden 960 nach Deutschland gebracht, 964 nach Soest (nordöstl. von Köln) übertragen u. in der dortigen Patrokluskirche beigesetzt.
Gedächtnis: 21. Jänner
Darstellung: als röm. Soldat oder gepanzerter Ritter mit Reichsschild und Schwert; neben ihm ein Fisch mit Perlen im Maul
Patron: von Soest
Lit.: BHL 6520–6523 – AnBoll 27 (1908) 287f – Künstle

II 486f – J. van der Straaten: AnBoll 78 (1960) 145–153 – W.-H. Deus: Dona Westfalica (Münster 1963)

Paula Elisabeth Cerioli, Sel. (Taufname: Constanza)
* am 16. 1. 1816 in Soncino (50 km östl. von Mailand) aus gräflichem Geschlecht. Mit 21 Jahren heiratete sie den reichen Adeligen Gaetano Buzzecchi-Tassis, dem sie 3 Söhne schenkte, die aber bereits in jungen Jahren starben. Nach dem Tod ihres Gatten (1854) stellte sie sich u. ihr ganzes Vermögen in den Dienst der Erziehung von Waisen u. armen Landkindern u. gründete zu diesem Zweck die „Schwestern u. Brüder von der Hl. Familie". Paula Elisabeth wurde die 1. Generaloberin des weiblichen Zweiges. Sie starb am 24. 12. 1865 in Comonte bei Bergamo. Seliggesprochen am 19. 3. 1950.
Gedächtnis: 24. Dezember
Lit.: AAS 42 (1950) 290ff – G. Boni, Suor Paula Elisabeth, al secolo nob. C. C. ved. Busecchi-Tassis (Bergamo 1934) – F. Baumann, Im Lichterglanz (Würzburg 1950)

Paula Frasinetti, Hl.
* am 3. 3. 1809 in Genua. Nach dem Tod ihres Vaters führte sie mit 12 Jahren den väterlichen Haushalt, bis sie 1830 wegen schwacher Gesundheit zu ihrem Bruder Giuseppe kam, der damals Pfarrer von Quinto war u. ähnlich wie der hl. ↗ Johannes Vianney überaus segensreich wirkte. Nun widmete sie sich der Erziehung von Mädchen u. gründete zu diesem Zweck die Kongregation der „Schwestern von der hl. Dorothea". 1841 verlegte sie deren Hauptsitz nach Rom, von wo sich die Gemeinschaft über Italien hinaus ausbreitete. † am 11. 6. 1882 zu Rom. Ihr Leib ruht in der Mutterhauskirche S. Onufrio in Rom. Seliggesprochen am 8. 6. 1930. Heiliggesprochen am 11. 3. 1984.
Gedächtnis: 11. Juni
Darstellung: als Ordensfrau vor einem Kruzifix sitzend, mit Regelbuch, Tintenfaß u. Federkiel
Lit.: AAS 22 (1930) 310ff – G. Gremigni (Rom 1930) – J. Unfreville (New York 1939) – V. Plaisant (Gent 1948)

Paula OSCl, Äbtissin **von Montaldo,** Sel.
* 1443 zu Montaldo bei Mantua. Mit 15 Jahren trat sie in das Klarissenkloster S. Lucia in Montaldo ein u. wurde dort dreimal Äbtissin. Sie war ausgezeichnet durch tiefen Glauben u. Liebe zur Eucharistie u. zum Nächsten. Sie war mit ↗ Osanna von Mantua befreundet. † am 18. 8. 1514 zu Mantua. Ihre Gebeine wurden 1782 von S. Lucia in die Kirche von Volta übertragen. Kult 1866 bestätigt.
Gedächtnis: 18. August
Lit.: ActaSS Oct. XIII (1883) 207–225 – AureolaSeraf IV 211ff

Paula von Rom, Hl.
* am 5. 5. 347 von christlichen Eltern aus alter Patrizierfamilie. Mit 15 Jahren heiratete sie den Heiden Toxotius u. wurde Mutter von 5 Kindern, darunter der hll. ↗ Blesilla, ↗ Eustochium u. Paulina, die Gattin des hl. ↗ Pammachius. Mit 31 Jahren verlor sie ihren Mann u. schloß sich dem Kreis der hl. Witwe ↗ Marcella an, die in Rom das christliche Witwenideal verwirklichte u. unter der geistlichen Leitung des hl. ↗ Hieronymus einen Kreis vornehmer röm. Frauen betreute. Paula folgte mit ihrer Tochter Eustochium 385 dem hl. Hieronymus in den Orient u. besuchte mit ihm das Hl. Land u. die Mönche der Nitrischen Wüste in Ägypten. 386 ließ sie sich dauernd in Bethlehem nieder u. gründete hier ein Pilgerhospiz, ein Kloster für Hieronymus u. dessen Freunde u. ein Frauenkloster. Sie trat selbst in das Frauenkloster ein u. widmete sich dem Gebet u. dem Studium. † am 26. 1. 404 in Bethlehem. Hieronymus widmete ihr einen glänzenden Nachruf.
Gedächtnis: 26. Jänner
Darstellung: als Pilgerin mit Stab u. Kürbisflasche oder Geißel, mit Kopftuch, mit Federkiel in einem Buch schreibend
Lit.: ActaSS Ian. III (1863) 326–337 – G. Grützmacher, Hieronymus, 3 Bde. (Berlin 1901–08) – A. Penna, S. Gerolamo (Turin 1949) – G. del Ton, S. Paola Romana (Mailand 1950)

Paulina u. Gef., Märt. **zu Rom,** Hll.
Name: Weiterbildg. von ↗ Paula (franz. Paulette)
Das Martyrologium Hieronymianum erwähnt sie als altchristliche Jungfrau u. Märt., die mit ihren Gef. **Donata, Rusticiana, Nominanda, Serotina, Saturnina** u. **Hilaria** im Cömeterium der Iordani in Rom bestattet wurden (das Martyrologium Romanum gibt fälschlich die Priscillakatakombe an). Die Zeit ihres Martyriums ist

unbekannt. – Im Jahr 1932 entdeckte man in S. Agata alla Subura in Rom einen Reliquienschrein mit den Gebeinen von 4 Märt., die im 9. Jh. dorthin übertragen worden waren. Die Aufschrift bezeichnet sie als die der Paulina, Nominanda u. zweier weiterer „Schwestern". – Eine legendarische Passio (BHL 3970) erwähnt eine Paulina (Gedächtnis 2. Dez. bzw. 9. Nov.), die unter Kaiser Valerian in Rom mit ihrem Gatten **Hadrias,** ihren Kindern **Neon** u. **Maria,** einem **Hippolytus** u. anderen gemartert worden seien. Die Gebeine der 4 letzteren fand man 1932 ebenfalls in S. Agata alla Subura. Eine sichere Zuweisung all dieser Reliquien ist nicht möglich.

Gedächtnis: 31. Dezember

Lit.: P. Franchi de' Cavalieri: RivAC 10 (1933) 235–260 – AnBoll 52 (1934) 73–80 – H. Delehaye, Etude sur le légendier romain (Brüssel 1936) 62 143–151 – Baudot-Chaussin XII 73–78

Paulina OSB, Reklusin **in Thüringen,** Sel.
Sie war die Tochter des kaiserlichen Truchseß Moricho, der später als Konverse im Kloster Hirsau bei Calw (Schwarzwald) starb. Nach dem Tod ihres 2. Gatten Ulrich von Schraplan zog sie sich mit einigen Freundinnen in die Einsamkeit des Thüringer Waldes zurück, wo sie das Doppelkloster Cell (heute Paulinzelle in Schwarzburg-Rudolstadt, südöstl. von Erfurt) gründete u. mit Mönchen aus dem Kloster Hirsau besiedelte u. wo sie als Reklusin bis zu ihrem Tod lebte. Sie starb am 14. 3. 1107 zu Münsterschwarzach (östl. von Würzburg) auf der Reise nach Hirsau. Ihre Gebeine wurden 1122 in ein Hochgrab in der Basilika von Paulinzelle übertragen (1525 zerstört).

Liturgie: Fulda (Bezirk Erfurt) g am 13. März, sonst 14. März

Lit.: MGSS XXX/2 909–938 (Vita von Paulinas Beichtvater Sigeboto, um 1150) – Zimmermann I 326ff

Paulinus, Patr. **von Aquileja,** Hl.
Name: Weiterbildung von ↗ Paulus
* vor 750. Erstmals 776 wird er als berühmter Grammatiker erwähnt, als ↗ Karl d. G. ihm ein Landgut schenkte. Später berief ihn Karl d. G. als Lehrer der Grammatik an seine Hofschule, wo er sich mit ↗ Alkuin befreundete. Karl d. G. erhob ihn 787 zum Patr. von Aquileja (nordwestl. von Triest). Paulinus blieb stets mit dem fränkischen Hof in Kontakt u. beteiligte sich auf den Wunsch Karls d. G. zus. mit Alkuin an der Bekämpfung des span. Adoptianismus (Lehre, Christus sei bloßer, von Gott begnadeter u. an Sohnes Statt angenommener Mensch). Insbes. schrieb er im Jahr 800 drei Bücher gegen den Hauptvertreter dieser Lehre, Bisch. Felix von Urgel. 796 setzte er sich auf der Synode von Cividale für die Aufnahme des Filioque („der vom Vater u. dem Sohn ausgeht") in das Credo ein (dessen heutiger Text dürfte auf ihn zurückgehen). Zus. mit Erzb. ↗ Arno von Salzburg bemühte er sich um die Christianisierung der Avaren in Böhmen, Ungarn u. im Karpatenvorland u. der Slawen in Kärnten. † am 11. 1. 802.

Gedächtnis: 11. Jänner

Lit.: Manitius I 368ff – G. Laehr: NA 50 (1935) 106ff – H. Schmidinger, Patriarch und Landesherr (Graz-Köln 1954) 174 – DThC XII 62–67 – Wattenbach-Levison II 194f

Paulinus, Bisch. **von Nola,** Hl. (Pontius Meropius Anicius)
* 353/354 bei Bordeaux (Südfrankreich) aus wohlhabender christlicher Senatorenfamilie. 378 wurde er nachgewählter Konsul in Rom, erhielt anschließend von ↗ Ambrosius Unterweisung im christlichen Glauben u. wurde 381 (379?) Statthalter von Kampanien. 385 heiratete er Theresia, eine Christin aus Spanien, die ihm einen Sohn Celsus schenkte. Bald nach seiner Hochzeit erhielt er von ↗ Delphinus, Bisch. von Bordeaux, die Taufe. Nach dem frühen Tod seines Sohnes lebte er in ehelicher Enthaltsamkeit. Zu Weihnachten 394 wurde er auf Drängen des Volkes in Barcelona zum Priester geweiht. Dann verkaufte er einen Großteil seines Vermögens u. zog mit seiner Gemahlin nach Nola (Kampanien), wo er sich am Grab des hl. ↗ Felix niederließ u. eine Mönchsgemeinschaft nach dem Beispiel des hl. ↗ Martin von Tours gründete. Er erwählte Felix von Nola zu seinem persönlichen Patron u. führte in selbstgewählter Armut ein streng aszetisches Leben. Seinen reichen Besitz verwendete er gänzlich für wohltätige u. kirchliche Zwecke. Vor allem entfaltete er eine reiche Bautätigkeit, von der noch heute Reste zu sehen sind. Um 411, als die Westgoten unter Alarich Italien

verwüsteten, wurde er zum Bisch. von Nola geweiht. Seine hohe Tugend u. geistvolle Begabung sicherten ihm einen großen, hochgeistigen Freundeskreis. Er stand in persönlichem oder brieflichem Verkehr mit seinem früheren Lehrer, dem Dichter Ausonius, sowie mit ↗ Augustinus, Delphinus, Sulpicius Severus, Papst ↗ Anastasius I., ↗ Hieronymus, Victricius von Rouen, Prudentius u. a. Seine 49 erhaltenen Briefe sprechen immer wieder vom christlichen Armutsideal, seine 33 erhaltenen Gedichte (viele zu Ehren des hl. Felix) sind von tiefgläubiger Empfindung u. verraten eine an röm. Dichter-Autoritäten geschulte Gewandtheit u. Eleganz. Er starb am 22. 6. 431 in Nola. Sein Leichnam wurde in Nola beigesetzt u. kam in der Langobardenzeit nach Benevent, um 1000 nach Rom. Pius X. veranlaßte 1908 seine Überführung nach Nola.
Liturgie: GK g am 22. Juni
Darstellung: als Bisch., Almosen austeilend, in der Hand eine zerrissene Kette (er soll sich für den Sohn einer armen Witwe freiwillig in die Gefangenschaft der Westgoten begeben haben, wurde aber bald wieder freigelassen), neben ihm eine Schaufel (Bautätigkeit)
Patron: von Nola u. Regensburg; der Müller
Lit.: Tillemont XIV 1–146 720–737 – A. Buse (Regensburg 1856) – Schanz IV/1 259–276 – DThC XII 68–71 – Altaner[6] 370f – G. Bürke (Einsiedeln 1961) (aus seinen Briefen) – ELit 76 (1962) 345–348

Paulinus, Bisch. **von Trier,** Hl.
Er dürfte aus einem vornehmen aquitanischen Geschlecht stammen u. wurde um 346 Nachfolger des hl. ↗ Maximinus, mit dem er einst nach Trier gekommen war. Im Arianismus-Streit stand er unerschrocken auf seiten des hl. ↗ Athanasius d. G. u. weigerte sich auf der Synode von Arles (353) als einziger der anwesenden Bischöfe, Athanasius zu verurteilen. Deshalb wurde er von den anderen Bischöfen seines Amtes enthoben u. von Kaiser Konstantius II. nach Phrygien (Binnenland des westl. Kleinasien) verbannt, wo er am 31. 8. 358 nach vielen Entbehrungen starb. Nach einem Bericht von 1072 soll Bisch. ↗ Felix seine Gebeine nach Trier übertragen haben. Sie ruhen heute in der Krypta der Paulinuskirche zu Trier. Die Kirche wurde um 400 erbaut. Man fand dort 1072 einen (noch heute teilweise erhaltenen) Sarg (vermutlich aus Zedernholz) mit altchristlichen Symbolen u. Inschriften aus dem Ende des 4. Jh.s.
Liturgie: Trier g am 31. August
Lit.: Ph. Diehl, Der hl. Maximinus u. der hl. Paulinus (Trier 1875) – E. Winheller: Rhein. Archiv 27 (Bonn 1935) 55–73 (Viten) – Die kirchl. Denkmäler der Stadt Trier . . . III (Düsseldorf 1938) 325–361 (Sarkophag) – E. Ewig, Trier im Merowingerreich (Trier 1954) 37f

Paulinus OSB, Erzb. **von York** u. Bisch. von Rochester, Hl.
Er war Benediktinermönch im Kloster St. Andreas zu Rom. 601 wurde er vom Papst ↗ Gregor I. d. G. nach England gesandt. Er missionierte mit großem Erfolg zuerst in Kent, von 625 an in Northumbrien, wo er 627 König ↗ Edwin taufte u. die Diöz. York gründete. Als König Edwin in der Schlacht bei Hatfield (633) gegen den heidnischen König Penda von Mercia unterlag, mußte Paulinus fliehen u. übernahm das vakante Bistum Rochester. 634 erhielt er vom Papst das erzbisch. Pallium. Er starb am 10. 10. 644 in Rochester u. wurde in der dortigen Kirche begraben.
Gedächtnis: 10. Oktober
Lit.: ActaSS Oct. V (1786) 102–114 – DNB 44, 96ff – BHL 6553ff – English Calendars before 1100, ed. F. Wormald (London 1935) – Zimmermann III 160–163 – Baudot-Chaussin X 318ff

Paulus u. Gef., Märt. **in Afrika,** Hll.
Er erlitt zus. mit seinen Gefährten **Successus, Victorinus, Saturus, Missor, Gerontius, Lucentius, Januarius, Agapitus, Crucessius, Cufra, Florida, Theodosia** u. weiteren 8 Ungenannten den Martertod in Afrika. Näheres ist nicht bekannt.
Gedächtnis: 14. Jänner

Paulus u. Gef., Märt. **in Ägypten,** Hll.
Er predigte mit 36 Gefährten in allen Teilen Ägyptens das Evangelium. Er selbst ging mit **Pansius, Dionysius, Thonius, Horpresius, Horus,** einem anderen **Dionysius, Ammon, Bessammonius** u. **Agathus** in den Osten des Landes. Die Männer wurden ergriffen u. zum Feuertod verurteilt. Im Norden des Landes predigten **Recumbus, Bastanus, Sarmatas, Proteas, Orion, Collotus, Didymus, Plesius** u. **Aratus.** Sie wurden enthauptet. Im Süden wirkten

Theonas, Hippeas, Romanus, Saturninus, Pinutius, Serapion, Bastammonius, Papas u. **Pantherus.** Sie wurden bei schwachem Feuer zu Tode gemartert. Im Westen des Landes suchten **Papias, Dioscorus, Heron, Potamon, Pethacus, Oecomenus, Zoticus, Cyriacus** u. **Ammonius** zu predigen. Sie wurden gekreuzigt.
Gedächtnis: 18. Jänner

Paulus, Apostel, Märt., Hl.
Name: sein jüdischer Name war Saul, hebr. scha'ul (der Erbetene), sein röm. Name Paulus: verkürzt aus lat. parvulus (der Kleine, Geringe). (Dt., engl., franz. Paul – in jeweils verschiedener Aussprache; ital. Paolo; span. Pablo; finn. Paavo, ungar. Pál; russ. Pawel)
Er wurde um 10 n. Chr. oder nicht viel früher als Auslandsjude zu Tarsus in Kilikien aus dem Stamm Benjamin geboren. Vom Vater erbte er die streng pharisäische Familientradition sowie das tarsische Stadt- und das röm. Reichsbürgerrecht. Neben seinem jüdischen Namen Saul trug er also wohl schon von Kindheit an den röm. Namen Paulus. Dieser 2. Name setzte sich kurz vor oder während seiner 1. Missionsreise durch (Apg 13,9). Seine Muttersprache war Hebr. (Aramäisch), daneben erlernte er von seiner städtischen Umgebung auch das Griech., das er souverän beherrschte, wie seine Briefe zeigen. Als Beruf übte er das Handwerk des Zeltmachers aus, was ihn später auf seinen Missionsreisen wirtschaftlich unabhängig machte. Mit 18 oder 20 Jahren, jedenfalls nach dem Tod Jesu, besuchte er zur Ausbildung als Rabbiner die Tempelakademie in Jerusalem unter Gamaliel I. Ohne das Dazutun seines tolerant denkenden Lehrmeisters (vgl. Apg 5,34–39) entwickelte er sich zum Gesetzesfanatiker u. Todfeind der jungen Kirche, in der er instinktiv eine große Gefahr für die Reinerhaltung seiner Religion erblickte. Als junger Mann war er auch bei der Steinigung des ↗ Stephanus anwesend (Apg 7,58). Um 33/36, offenbar nach Abschluß seines Tora-Studiums, ließ er sich vom Synedrium in Jerusalem ein Empfehlungsschreiben ausfertigen u. zog damit nach Damaskus, um die dortige Christengemeinde auszurotten. Vor der Stadt hatte er seine Christus-Vision, die ihn zu Boden schleuderte u. sein Leben in eine völlig neue Richtung lenkte (Apg 9,1ff). In der Stadt wurde er von einem Christen namens Ananias getauft u. er fing nun an, in den dortigen Synagogen zur Verwunderung aller Jesus als den Messias zu verkünden. Dann ging er für längere Zeit nach „Arabien" (wohl in das zum Nabatäerreich gehörige Gebiet südöstl. von Damaskus), offenbar um Einkehr zu halten u. sein Leben neu zu überdenken. 3 Jahre später kehrte er nach Damaskus zurück, mußte aber wegen der aufgebrachten Juden nachts in einem Korb die Stadtmauer heruntergelassen werden. Er begab sich nun nach Jerusalem, wo ihn ↗ Barnabas in die dortige Gemeinde einführte u. vor allem dem ↗ Petrus vorstellte. Dann missionierte er in Syrien u. in seiner kilikischen Heimat. Um 44 nahm ihn Barnabas mit nach Antiochia zur Mitarbeit in der dortigen Gemeinde. Mit ihm zus. unternahm er auch 44/45 eine Kollektenreise für die in der Hungersnot leidenden Brüder in Jerusalem. Ein Jahr später begann er seine 3 großen Missionsreisen, auf denen er systematisch in allen wichtigen Städten Kleinasiens, Mazedoniens u. Griechenlands Zentren des christlichen Glaubens gründete (Apg 13–21). Seine 4. Reise führte ihn als Gefangener der röm. Staatsgewalt nach Rom (Apg 27–28). Nach dem 1. Clemens-Brief (↗ Clemens I., † 101) u. dem Muratorischen Fragment (8. Jh., Mailand) unternahm er auch seine geplante Reise nach Spanien. Im Sommer 64 brach die Verfolgung unter Nero aus. In dieser 2. Gefangenschaft, im Angesicht des nahen Todes, schrieb er den 2. Brief an Timotheus. Wann er hingerichtet wurde, ist unsicher. Vielleicht befand er sich mit ↗ Petrus unter den ersten Opfern. Andere Überlieferungen verlegen seinen Tod in die Jahre 66/67. Er wurde vor der Stadtmauer Roms enthauptet. Kaiser ↗ Konstantin errichtete über seinem Grab eine Basilika, die 386/395 durch eine größere ersetzt wurde. Ein Brand zerstörte diese 1823 fast vollständig, sie wurde im früheren Stil wiederhergestellt u. am 10. 12. 1854 eingeweiht. Sie ist als S. Paolo fuori le mura eine der meistbesuchten Kirchen Roms.
Das Charakterbild des Paulus ist geprägt von seinem leidenschaftlichen Tempera-

ment, das sich mit großer Heftigkeit entladen kann (vgl. Gal, 1+2 Kor). War er zuerst ein unerbittlicher Kämpfer für die Reinerhaltung des mosaischen Gesetzes, so trat er nach seinem Damaskus-Erlebnis ebenso unerbittlich für die Freiheit von diesem Gesetz ein. Er war von unnachgiebiger Härte überall dort, wo die Reinheit des Evangeliums auf dem Spiel stand, und konnte sogar „dem Kephas ins Angesicht widerstehen", weil dieser im Umgang mit den Heidenchristen eine zweideutige Haltung einnahm (Gal 2,11), andererseits kannte er eine verstehende Rücksichtnahme gegenüber den „Schwachen". Sein großes Selbstbewußtsein gründet auf seiner Gewißheit, von niemand anderem als von Jesus Christus selbst berufen u. gesendet zu sein. Er betont, daß er das „Evangelium nicht durch einen Menschen u. nicht durch Unterweisung empfangen habe, sondern durch Offenbarung Jesu Christi selbst" (Gal 1,11f; 2 Kor 12,1–10). Von daher hatte er auch die innere Kraft, eine Unzahl von Mühen, Sorgen, Verfolgungen u. Leiden körperlicher wie seelischer Art durchzustehen (vgl. 2 Kor 11,21–33). Damit er sich aber nicht überhebe, wurde ihm „ein Stachel ins Fleisch gegeben" (2 Kor 12,7–10), damit in seiner „Schwachheit die Kraft Gottes sichtbar werde". Worin dieser „Stachel", also wohl ein körperliches Leiden, bestand, teilt er nicht mit, doch wächst damit der Respekt vor der Größe seiner Leistung gewaltig. Er war ein feuriger, energisch-zäher Charakter, ein in der rabbinischen Dialektik geschärfter Geist, der gleichwohl eines tiefen Gefühlslebens u. der affektiven Beschauung fähig war. Er besaß eine natürliche, machtvolle Beredsamkeit u. eine Ausstrahlung auf andere Menschen, wie sie in diesem Maß nicht häufig vorkommt. Er zeigt einen psychologischen Weitblick in der Auswahl seiner Mitarbeiter u. eine große Anpassungsfähigkeit seiner Sprache an die Verfassung seiner Zuhörer: Vor den Juden geht er in seinen Reden von der Tora aus, vor den Hellenen argumentiert er in der Denkweise, die von den großen griech. Philosophen geprägt ist, wie etwa der stoische Einschlag seiner Rede auf dem Areopag zeigt (Apg 17,19ff).

Im Kampf gegen den Judaismus, der die Kirche zu einem Supplement der Synagoge zu machen drohte, trug er die Hauptlast. Sein gesetzesfreies Evangelium bedeutete zugleich die innere Überwindung der pharisäischen Leistungsreligion. Er war es aber auch, der die hellenistischen Gemeinden vor dem Verfall in einen Synkretismus mit der heidnischen Gnosis bewahrte, die das Christentum von allen Seiten in gefährlicher Weise umgab (vgl. 1 Kor 2). Bei seinem Eifer für die Freiheit vom Gesetz wollte er aber ganz bewußt die Juden nicht umgehen. Vielmehr ging er bei allen Missionsreisen stets in die Synagogen, obwohl nach ihm im Glauben und in der Rechtfertigung grundsätzlich kein Unterschied zw. Juden u. Unbeschnittenen besteht (vgl. Röm 1,16 u. ö.). Er mußte aber zu seinem Schmerz feststellen, daß ihm der größte Widerstand von seiten des Judentums erwuchs u. daß weitaus die meisten u. treuesten Anhänger der Lehre Jesu aus der Heidenwelt kamen. Schon die Urkirche sah in ihm den größten Heidenmissionar überhaupt, wie der ausführliche Bericht der Apostelgeschichte über ihn zeigt. Neben ihm missionierten noch viele andere, doch hat er in knapp 2 Jahrzehnten mehr vollbracht als andere. Er war bestrebt, nicht dort zu wirken, wo schon andere predigten, sondern wollte Neuland betreten. In genialem organisatorischem Weitblick beschränkte er sich auf die großen Städte als die Zentren des wirtschaftlichen u. kulturellen Lebens, die ihrerseits die Frohbotschaft in ihre Umgebung weiter ausstrahlen konnten. Dabei ließ er die einmal gegründeten Gemeinden dieser Städte nicht auf sich allein gestellt. Das erweisen seine Briefe, die seelsorgerliche Dokumente ersten Ranges sind, bes. die Briefe an seine schwierigste Gemeinde in Korinth.

Den nachhaltigsten u. alle Jh.e überdauernden Einfluß übte er durch seine Briefe aus. Ist die Predigt der Urapostel im wesentlichen das erzählende Zeugnis über Jesus als den Sohn Gottes u. Messias, über seine Worte u. Taten, so leistete Paulus die für diese Situation unerhörte geistige Aufgabe, das Wort Gottes an die Menschen in Jesus Christus in gedanklich-systematischer Weise zu durchdringen, weshalb er mit Recht der Vater der spekulativen Theologie ge-

nannt wird. Das in dieser Hinsicht wertvollste Dokument ist wohl der Römerbrief, eine Theologie über die Schuld des Menschen und seine Heilsbedürftigkeit, die Rechtfertigung u. Gnade aus Tod u. Auferstehung Jesu Christi.
Liturgie: GK H am 29. Juni (mit Petrus); Bekehrung des Apostels Paulus GK F am 25. Jänner; Weihe der Basilika zu Rom GK g am 18. November
Darstellung: auf alten Bildern von kleiner Gestalt, kahlhäuptig, mit langem Bart, hervortretender Stirn und gebogener Nase. Auf späteren Bildern meist als großgewachsener, kräftiger Mann. In seiner Rechten meist ein Buch, in der Linken ein Schwert. Häufig wird er mit Petrus zusammen abgebildet. Auf manchen Bildern mit 3 Quellen (nach der Legende sei bei seiner Hinrichtung sein Haupt dreimal am Boden aufgeschlagen und jedesmal sei eine Quelle entsprungen. An dieser Stelle steht seit dem 6. Jh. die Kirche Tre Fontane südl. von Rom). Bes. im Barock: Szene seiner Bekehrung (zu Pferd, von einem himmlischen Strahl getroffen)
Patron: der nach ihm benannten Orden u. rel. Genossenschaften. – Von seinem Beruf als Zeltmacher (Lederbearbeiter): der Zeltmacher, Seiler, Sattler, Ritter (wegen der Sattler bzw. weil er oft zu Pferd dargestellt wird), Teppichweber, Weber, Arbeiterinnen. – Der Theologen, der kath. Presse. – Ohne ersichtlichen Grund: der Korbmacher, Schwertfeger, Tauben
Lit.: Apg 9,1–30 (Bekehrung), Kap. 13–28 (Missionsreisen) – S. Waitz, 4 Bde. (Innsbruck 1932–35) – G. Ricciotti (Basel 1950) – Daniel-Rops (Wien 1952) – J. Holzner (Freiburg/B. 1953) – Bruin-Giegel (Zürich 1959) – J. Nicolussi, Paulus von Tarsus (Innsbruck 1959) – P. Manns, Reformer der Kirche (Mainz 1970) 83–88 – M. Grant, Paulus, Apostel der Völker (London 1976, dt. Regensburg 1978). – Zur umfangreichen Literatur über Paulus, sein Wirken u. seine Theologie: vgl. LThK 8, 216ff (Lit.), 220ff (Lit.)

Paulus Aurelianus, Hl.
Er stammte aus Wales. Nach der Überlieferung war er Schüler des hl. ↗ Iltut im Kloster Caerworgan (später Llantilltyd oder Llantwit Major genannt; westl. von Cardiff). Um 512 ging er als Missionar in die westliche Bretagne u. errichtete dort viele Kirchen u. mehrere Klöster (das Hauptkloster auf der Insel Batz). Um 530 wurde er Klosterbischof mit Sitz zu Ocsimore (heute St-Pol-de-Léon). † 572/575 im Kloster Batz. Seine Gebeine wurden um 954 in das OSB-Kloster Fleury (Diöz. Orléans) übertragen, sind aber seit den Hugenottenkriegen verschollen. Sein Kult war bis dahin im Westen u. Nordwesten Frankreichs weit verbreitet.
Gedächtnis: 12. März
Lit.: G. H. Doble, St. Paul of Léon . . . (Lampeter 1941) – G. Guénin: Bull. de la soc. académique de Brest (Brest 1906–07) 29–82

Paulus, Märt. **zu Cordoba,** Hl.
Er stammte aus Cordoba (Spanien) u. war Diakon. Schon als junger Mann half er den Christen, die in der Gefangenschaft der Sarazenen schmachteten. Da wurde er eines Tages ergriffen u., da er sich freimütig als Christ bekannte, in das Gefängnis geworfen, wo er mitten unter Verbrechern aller Art einen Priester namens Tiberinus antraf, der schon viele Jahre unschuldig in diesem Kerker zugebracht hatte. Dieser bat ihn, er möge bei Gott seiner gedenken, wenn er die Märtyrerkrone erlangt habe. Tatsächlich wurde er wenige Tage nach dem Tod des Heiligen in Freiheit gesetzt. Paulus starb am 20. 7. 851 (837?) unter dem Kalifen Abderrahman II. Sein Leichnam blieb mehrere Tage unbeerdigt, bis ihn die Gläubigen zus. mit dem des hl. ↗ Theodemir († am 25. 7. 851) bei der Kirche des hl. Zoilus heimlich bestatteten.
Gedächtnis: 20. Juli

Paulus der Einsiedler ↗ Paulus von Theben

Paulus, Märt. **in Konstantinopel,** Hl.
Er stammte aus Konstantinopel von vornehmen Eltern u. war kaiserlicher Feldherr. Kaiser Konstantinos V. Koprónymos (741–775) forderte auf der Synode von Hiereia bei Chalkedon (754) die Vernichtung sämtlicher rel. Bilder, wobei er mit der in seinen eigenen Schriften vertretenen Homusie-Theorie (Bild u. Abgebildeter sind identisch) argumentierte. Daraufhin zettelte er eine grausame Verfolgung der Bilderverehrer an. Unter seinem Schreckensregiment, das zuletzt auch den Heiligenkult u. die Verehrung der Theotokos (Gottesgebärerin; auf dem Konzil von Ephesus 431 de-

finiert) verbieten wollte, gab es viele grausame Hinrichtungen. Konstantinos V. erhielt deshalb von der späteren Geschichtsschreibung den Beinamen Koprónymos (= „namens Dreck", „Dreckskerl"). Die Opposition, bes. das Mönchstum, kämpfte verbissen um die Bilderverehrung, unter ihnen auch Paulus. Deshalb wurde er eingekerkert, man schnitt ihm die Nase ab, übergoß ihn mit geschmolzenem Schwefel u. Pech, stach ihm die Augen aus u. schleifte ihn schließlich mit gebundenen Füßen über die Straße, bis er seinen Geist am 8. 7. 766 aufgab. Seinen Leichnam ließ man auf einem öffentlichen Platz liegen, damit er von den Hunden zerfleischt werde. Fromme Christen trugen ihn heimlich fort u. begruben ihn. Er wurde 888 aufgefunden u. in das Kloster Charmona übertragen. 1222 wurden die Gebeine nach Venedig gebracht.
Gedächtnis: 8. Juli
Lit.: Stadler 4 740f

Paulus (Paulos) **I.**, Bisch. **von Konstantinopel**, Hl.
Er stammte aus Thessalonike (Griechenland). Von Bisch. Alexandros zum Priester geweiht, wurde er 337 dessen Nachfolger, während der Kandidat der Arianer unterlag. 339 wurde er jedoch seines Amtes enthoben u. nach Singara in Mesopotamien verbannt, den bischöflichen Stuhl erhielt der ehrgeizige Arianer Eusebios von Nikomedien. Nach dessen Tod (341) wurde Paulus von seinen Gläubigen wieder zurückgerufen, die Arianer wählten aber Makedonios zum Bisch. Es gab 342 eine blutige Straßenschlacht, während der der Hauptmann Hermogenes, der Paulus entfernen sollte, vom Volk getötet wurde. Kaiser Konstantius II. verbannte Bisch. Paulus u. setzte Makedonios ein. Kaiser Konstans I. holte ihn 346 wieder nach Konstantinopel. Nach dem Tod des Kaisers Konstans I. (351) wurde er wieder ins Exil geschleppt, wo er starb (möglicherweise wurde er dort von den Arianern erdrosselt). Seine Gebeine wurden unter Kaiser Theodosius (379–395) feierlich in die Eirene-Kirche in Konstantinopel übertragen.
Gedächtnis: 7. Juni (in der Ostkirche: 6. November)
Lit.: DThC IX 1468–1472 – W. Telfer: HThR 43 (1950) 28–92 – BHG[3] II 184f

Paulus vom Kreuz CP, Hl. (Paolo Francesco Danei)
* am 3. 1. 1694 zu Ovada (Piemont) aus der verarmten Adelsfamilie der Danei. Anfangs war er im väterlichen Kaufmannsgeschäft tätig. Mit 19 Jahren erlebte er seine „Bekehrung": Er meldete sich freiwillig als Soldat der Republik Venedig, um an einem Feldzug gegen die Türken teilzunehmen. 1716 entschloß er sich aber zu einem Leben der Vollkommenheit u. erhielt am 22. 11. 1720 von seinem geistlichen Vater Francesco M. Arborio di Gattinara, dem Bisch. von Alessandria (Piemont), das schwarze Büßergewand. Er zog sich 40 Tage in die Einsamkeit bei Castellazzo zurück, wo er unter Gebet u. Bußübungen seine „Regel" (die ursprüngliche Passionistenregel) verfaßte. 1725 erhielt er von Papst Benedikt XIII. die Erlaubnis zur Gründung eines Ordens. Von 1726 bis 1728 pflegte er zus. mit seinem Bruder Giovanni Battista im Krankenhaus S. Gallicano die Kranken. Beide erhielten 1727 die Priesterweihe u. zogen 1728 auf den Monte Argentario bei Orbetello (an der Küste, nordwestl. von Rom) u. gründeten dort die 1. Niederlassung der Passionisten. Die ursprüngliche, von Paulus verfaßte Regel wurde jedoch wegen ihrer zu großen Strenge in Rom abgelehnt u. die neue mildere Fassung 1741 von Benedikt XIV. approbiert. 1769 wurde er Ordensgeneral. 1773 verlegte er das Generalat in das Kloster Giovanni e Paolo in Rom. † am 18. 10. 1775 in Rom, beigesetzt in S. Giovanni e Paolo.
Er war mystisch hoch begnadet u. besaß auch die Gabe der Wunder. Sein reiches Innenleben, bes. seine Passionsmystik, die vor allem von ↗ Theresia von Ávila, ↗ Johannes vom Kreuz, ↗ Franz von Sales u. Johannes Tauler beeinflußt war, ließ ihn zu einem der erfolgreichsten Prediger seines Jahrhunderts werden. Zeugnis seines spirituellen Lebens geben sein Diario spirituale, das Exerzitientagebuch von 1720, u. über 2000 Briefe, die meist Fragen der Seelenführung behandeln. Seliggesprochen 1853, heiliggesprochen 1867.
Liturgie: GK g am 19. Oktober

Darstellung: in schwarzer Ordenstracht mit Ledergürtel u. Rosenkranz, auf dem Habit in Brusthöhe das in Herzform gefaßte Passionistenabzeichen „Jesu Chr. Passio". Mit Kreuz, Lilie, Buch u. Totenkopf
Patron: seiner Ordensgemeinschaften
Lit.: Baudot-Chaussin X 610–621 – ECatt IX 727–730 – V. Lehnerd (Innsbruck 1926). – Liphold (Dülmen 1930) – E. Zoffoli (Rom 1963)

Paulus Miki u. Gef., Märt., Hll., s. Märt. in Japan (S. 906ff)

Paulus I., Papst, Hl.
Er war ein Bruder Stephans II. u. wurde kurz nach dessen Tod am 29. 5. 757 gewählt. Schon zur Zeit ↗ Gregors II. konnte er sich als päpstlicher Beamter Erfahrungen sammeln. Unter seinem Bruder u. Vorgänger vollzog sich die bedeutungsvolle Abkehr der Päpste von den byzantinischen Kaisern hin zu den fränkischen Königen. Kaiser Konstantinos V. Kopronymos überwarf sich mit dem Papst durch seinen grausam durchgeführten Bilderstreit u. ließ ihn in der Bedrohung durch die Langobarden im Stich (Eroberung von Ravenna durch Aistulf 751). Durch Vermittlung des hl. ↗ Bonifatius kam der päpstlich-fränkische Bund zustande. Stephan II. reiste als 1. Papst über die Alpen u. erhielt von Pippin d. J. die erbetene Hilfe sowie das Schenkungsversprechen über den späteren Kirchenstaat (dies hat nichts mit der sog. Konstantinischen Schenkung zu tun, einer Fälschung wohl aus dem Jahr 752, die dem Papst weitgehende Besitzungen, Privilegien u. dgl. sichern sollte). Pippin zwang Aistulf zur Herausgabe seiner Eroberungen u. gründete durch deren Schenkung „an den hl. Petrus" 756 den Kirchenstaat. Stephan II. sicherte durch nochmalige Königssalbung die Dynastie Pippins. – Dieses Erbe übernahm Paul I. von seinem Bruder u. führte es konsequent weiter. Er baute den Bund mit dem fränkischen Herrscher weiter aus u. betrachtete ihn als defensor, patronus u. advocatus der röm. Kirche. Als 1. Papst sandte er einem weltlichen Herrscher (Pippin) ein Schwert u. zeigte seine Wahl nicht dem Kaiser, sondern dem fränkischen König an. † am 28. 6. 767.
Gedächtnis: 28. Juni
Lit.: E. Caspar: ZKG 54 (1935) 132–264 – Seppelt II² 139–147 – M. Maccarrone: Settimana Spoleto 1 (Spoleto 1960) 633–743

Paulus, Märt. **zu Rom** ↗ Johannes u. Paulus

Paulus I., Abt **von St-Maurice,** Hl.
In einer alten Handschrift wird seine Frömmigkeit u. Mildtätigkeit gegen die Armen gerühmt. Bes. der Reisenden u. Pilger nahm er sich liebevoll an. Seinen Konventualen war er ein eifriger Ausleger der Hl. Schrift. Nachdem er 8 Jahre hindurch dem Kloster als Abt vorgestanden hatte, starb er am 10. 11. 586. Das Kloster war 515 durch König ↗ Sigismund von Burgund im Kanton Wallis (Schweiz) über dem Grab des hl. ↗ Mauritius errichtet worden. Es wurde um 830 in ein weltliches Chorherrenstift umgewandelt, 940 durch die Sarazenen verwüstet, später wieder aufgebaut u. ist seit 1128 Augustiner-Chorherrenstift.
Gedächtnis: 10. November

Paulus (Paulos) **Simplex,** Hl.
Er war Eremit in der Thebais (Oberägypten) u. Schüler des Abtes ↗ Antonius. Er zeichnete sich aus durch Herzenseinfalt, Glaubensstärke u. Gehorsam. Er hatte sein Mönchsleben erst mit 60 Jahren begonnen. Er war vorher ein Tagelöhner.
Gedächtnis: 7. März (Griechen: 5. Okt., Armenier: 7. Dez.)
Lit.: PG 65, 381–385 – ActaSS Mart. I (1865) 643–647 – BHL 6594f – BHO 907f – Baudot-Chaussin III 148ff – BHG³ 1474q–1474u

Paulus (Paulos) **von Theben,** Hl. (Paulus der Einsiedler)
Die einzige Quelle über ihn ist die von ↗ Hieronymus 374/379 verfaßte Vita. Danach wurde er um 228 in der unteren Thebais als Sohn reicher Eltern geboren (die Thebais ist das Gebiet von Theben, der ehemaligen Hauptstadt Oberägyptens; jetzt el Qurna am Nilbogen). In der Verfolgung des Cedius (249–251) floh er in die Einsamkeit u. dann, da ihn sein habgieriger Schwager als Christen zu denunzieren drohte, ins Gebirge u. lebte 90 Jahre in einer Höhle als Anachoret, von keinem Menschen gesehen. Kurz vor seinem Tod fand ihn Abt ↗ Antonius, u. die beiden tauschten ihre asketischen Erfahrungen aus. Als ihn Antonius

ein zweites Mal besuchen wollte, fand er ihn tot auf u. begrub ihn. Paulus starb um 341 im Alter von 113 Jahren. Hier entstand in der Folge das berühmte Pauluskloster (koptisch: Der Amba Bolos). Es liegt in einem wilden Talkessel des Wadi Araba am Nordabhang des südl. Qalala-Plateaus, etwa östl. von Beni Suef u. 40 km westl. der Küste des Golfes von Suez. Hieronymus will in seiner Vita nicht eine genaue Lebensbeschreibung des Einsiedlers geben, sondern einen Lobpreis auf das Einsiedlerleben als solches. Er schmückt seine Vita mit Motiven aus der älteren u. der zeitgenössischen Reise- u. Legendenliteratur (auch der profanen u. heidnischen). Die angeblichen Reliquien des hl. Paulus wurden im 12. Jh. aufgefunden u. nach Konstantinopel übertragen. Von dort kamen sie 1240 nach S. Giuliano in Venedig, von hier 1381 durch ungarische Pauliner nach Buda. Paulus gilt als der 1. Einsiedler („Ureinsiedler").
Gedächtnis: 15. Jänner
Darstellung: mit einem Gewand aus Palmenblättern. Mit einem Raben (dieser brachte ihm nach der Vita täglich ein halbes Brot) oder mit 2 Löwen (die ihm das Grab aushuben). Mit einem Krückstab
Patron: der Eremiten des hl. Paulus (Pauliner); der Korb- u. Mattenmacher
Lit.: ActaSS Ian. I (1734) 602–607 – H. Weingarten, Der Ursprung des Mönchtums . . . (Gotha 1877) 1ff – G. Grützmacher, Hieronymus I (Leipzig 1901) 160ff – BHL 6596ff, Suppl. 6596a–d – Schiwietz I 49ff – H. Delehaye: AnBoll 44 (1926) 64–69 – BHG[3] 1466–1470 – Baudot-Chaussin I 288–294

Paulus, Bisch. **von Verdun,** Hl.
Er stammte aus einem vornehmen Geschlecht. Zuerst lebte er am Hof des fränkischen Königs Chlothar II. u. wurde dann vielleicht Einsiedler. 625/630 wurde er Bisch. von Verdun (westl. von Metz, Nordfrankreich). Er erneuerte das rel. Leben, die Kirchenzucht u. die Organisation in seiner Diöz. In Verdun erbaute er die Kirche St-Saturnin. 634 wurde dem Bisch. von Verdun die OSB-Abtei Tholey an der Saar unterstellt, mit der Paulus fortan in engen Beziehungen stand. † 648/649. Er wurde in St-Saturnin bestattet. Seine Reliquien sind im Dom zu Verdun.
Gedächtnis: 8. Februar
Patron: der Bäcker
Lit.: Leroquais S III 398f (Reg.) – Leroquais P V 239 (Reg.) – Zimmermann I 187f – Baudot-Chaussin II 180ff

Paulus, Märt. **auf Zypern,** Hl.
Er lebte (vermutlich als Mönch) zur Zeit des Bildersturmes auf der Insel Zypern. Der Präfekt Theophanes wollte ihn zwingen, das Bild des Gekreuzigten mit Füßen zu treten. Weil er dies beharrlich verweigerte, wurde er grausam gemartert u. schließlich zum Feuertod verurteilt. † um 760 unter Kaiser Konstantinos V. Kopronymos.
Gedächtnis: 17. März

Pawel (russ.) ↗ Paulus

Pazzi ↗ Maria Magdalena de' Pazzi

Pedro (span.) ↗ Petrus

Pelagia, Jungfr. u. Märt. **in Antiochia,** Hl.
Name: weibl. F. zu ↗ Pelagius
Sie starb unter Kaiser Numerian (283–284), vielleicht auch unter Diokletian (284–305), im Alter von 15 Jahren. Als die Häscher ihr Haus umstellten, um sie vor Gericht zu schleppen, bat sie, zuerst noch Festkleider anlegen zu dürfen. Sie stürzte sich aber währenddessen vom Dach, um ihre jungfräuliche Unschuld vor der rohen Soldateska zu schützen. ↗ Johannes Chrysostomus hielt in Antiochia (vielleicht in einer über ihrem Grab erbauten Kirche) eine Homilie auf sie.
Gedächtnis: 9. Juni (Griechen: 8. Oktober, 5. bzw. 8. Mai)
Lit.: ActaSS Iun. (1698) 154–164 – Ehrhard passim – Baudot-Chaussin X 227–230

Pelagius, Märt. **zu Aemona,** Hl.
Name: griech. Pelágios zu pélagos (Welle, Meeresflut; auch: Menge, Fülle)
Historische Nachrichten fehlen. Nach der legendarischen Passio wurde er unter Kaiser Numerian (283–284) in Aemona (heute Cittanova, Istrien) enthauptet. Bisch. Salomon III. von Konstanz brachte seine Gebeine nach Konstanz (Bodensee) (nach anderen Quellen wären dort schon um 850 Reliquien des Heiligen gewesen). Pelagius wurde zum Mitpatron der Domkirche u. der Diöz. Das Kollegiatsstift in Bischofszell

(Kanton Thurgau, Schweiz) erhielt von Bisch. Salomon III. (vielleicht von Bisch. Salomon I. im 9. Jh.) ebenfalls Reliquien u. wurde nach dem Heiligen St. Pelagius benannt. Sein Kult verbreitete sich noch im 10. Jh. im ganzen alemannischen Raum.
Liturgie: Freiburg/B. g am 1. September
Darstellung: als vornehmer Laie mit Buch, Palme u. Schwert
Lit.: ActaSS Aug. VI (1868) 151–163 – BHL 6615f – H. Tüchle, Dedicationes Constantienses (Freiburg/B. 1949) 130f

Pelagius, Märt. **in Cordoba,** Hl.
Er stammte wohl aus Galicien (Nordwestspanien). Er wurde in der Schlacht bei Valdejunquera von den Sarazenen als Geisel gefangengenommen u. nach dreijähriger Haft auf Befehl des Abd al-Rahman III. im Alter von 13 Jahren am 26. 6. 925 ermordet. Er wurde in ganz Spanien sehr verehrt. Seine Gebeine wurden 967 nach Léon, 985 nach Oviedo (Nordspanien) übertragen.
Gedächtnis: 26. Juni
Darstellung: mit glühender Zange (mit der er zerrissen wurde)
Patron: des Hornviehs, der Rinder
Lit.: ActaSS Iun. V (1709) 204–225 – Flórez 23, 105–131 230–245 – BHL 6617f – A. Fábrega Grau, Pasionario hispánico (siglos VII–XI) (Madrid 1953) 227

Pelletier ↗ Maria von der hl. Euphrasia

Percy (engl.)
Name: aus dem Altfranz. übernommene Kf. von Perceval (dt.: Parzival, Parsifal, Parsival). Die alte, ursprünglich wohl kelt. Parzival-Sage (der einfältige Mensch gewinnt ein hohes Gut) wurde von Wolfram von Eschenbach mit hohem sittlichen Gehalt erfüllt (Bild des gottsuchenden Menschen). Im 12. Jh. wurde die Parzival-Sage mit der Gral-Sage verbunden. Richard Wagners „Parzival" schließt sich im wesentlichen an Wolfram von Eschenbach an.

Peer (norw.) ↗ Petrus (dt. Peter)

Pepi (südd.), Kf. von ital. Giuseppe (↗ Joseph)

Peregrinus (Pellegrino) **Laziosi** OSM, Hl.
Name: lat. (bzw. ital.), Pilger
* 1265 (um 1320?) zu Forlì (südl. von Ravenna, Oberitalien). Angeblich wurde er von ↗ Philippus Benitius, den er bei einem Volksaufstand tätlich mißhandelt hatte, bekehrt. Er trat in Siena in den Servitenorden ein u. kam später in das Kloster zu Forlì. Er zeichnete sich aus durch großen Gebets- und Bußeifer, Geduld in der Krankheit u. durch Seeleneifer. † am 1. 5. 1345 (1402?) in Forlì. Heiliggesprochen 1726. Seine Verehrung wird bes. von den österreichischen Serviten gefördert.
Gedächtnis: 1. Mai
Darstellung: im schwarzen Ordenskleid vor einem Kruzifix (oder Kruzifix in der Hand), mit einer Beinwunde
Patron: der Gebärenden u. Wöchnerinnen, der Lohnkutscher
Lit.: O. Menghin: Jahrb. für Landeskunde von Niederösterreich, Neue Folge 11 (Wien 1912) 117–135 – A. Wimmer (Innsbruck 1930) – G. Gugitz, Fest- u. Brauchtumskalender für Österreich . . . (Wien 1935) 43f – E. Krausen: Bayr. Jahrb. für Volkskunde (München 1960) 40

Peroz, Märt. **in Persien,** Hl.
Er stammte aus Beth Lapat u. war ein reicher, angesehener Christ. In der Verfolgung unter König Bahram V. fiel er vom Glauben ab, kehrte aber, von seiner Frau u. seinen Eltern ermahnt, wieder zum Glauben zurück. Er wurde vom Obermagier Mihršabur angezeigt, bekannte sich vor dem Statthalter freimütig als Christ u. wurde am 5. 9. 421 in Sahrazur enthauptet.
Gedächtnis: 5. September
Lit.: Bedjan IV 254–262 – BKV[2] 22, 163–169

Perpetua u. Felicitas u. Gef., Märt. **in Karthago,** Hll.
Namen: a) lat., die Beständige; b) lat., Glückseligkeit
Perpetua entstammte einem vornehmen Haus. Sie war etwa 22 Jahre alt, verheiratet u. hatte ein Söhnlein. Mit ihrem Kind auf dem Arm wurde sie festgenommen. Felicitas war Sklavin u. möglicherweise mit dem mitgefangenen **Revocatus** verheiratet. 2 Tage vor ihrem Tod gebar sie ein Mädchen, das von einer ihrer Schwestern an Kindes Statt angenommen wurde. Beide erhielten die Taufe. Wahrscheinlich war dies der Grund zu ihrer Verhaftung, da Kaiser Septimius Severus den Übertritt zur christlichen Religion bei Todesstrafe verboten hat-

te. Der Vater Perpetuas versuchte alles, um seine Tochter umzustimmen u. dadurch zu retten, doch vergeblich. So wurden sie zus. mit anderen Christen namens **Satur, Vivia, Saturninus** und **Secundulus** zum Tod durch wilde Tiere verurteilt. Revocatus starb bereits vor der geplanten Hinrichtung an den erlittenen Foltern u. Entbehrungen im Kerker. Für den 7. 3. 202/203 veranstaltete Septimius Severus zum Geburtstag seines Sohnes Publius Septimius Geta (* 189) in der Arena von Karthago eine Raubtiervorstellung zur Volksbelustigung, zu der die gefangenen Christen vorgeführt wurden. Diejenigen, die durch die Bestien nicht getötet, sondern nur schwer verletzt wurden, tötete man durch Dolchstiche. Noch in der Nacht vor ihrer Hinrichtung hatte Perpetua ein Gesicht ihres kommenden Martyriums. Unter dem Eindruck der Glaubensstärke der Märt., im Gefängnis u. jetzt in der Arena, gab es zahlreiche Bekehrungen, auch der Gefängniswärter Pudens wurde Christ. Die beiden Märt. Perpetua u. Felicitas wurden weit über Karthago hinaus hoch verehrt u. wurden in den Kanon der röm. Messe aufgenommen. (↗ Kanon-Heilige).
Liturgie: GK G am 7. März
Darstellung: neben beiden eine wilde Kuh. Perpetua weist in der Arena zum Himmel; Felicitas mit Kreuz in der Hand u. Kind auf dem Schoß
Lit.: BHL 6633–6636 – BHG[3] 1482 – Stadler 4 768–774 (Passio) – C. J. M. J. Beek, Passio SS. P. et F. (Nürnberg 1956[2]); auch: FlorPatr 43 (1938) – Altaner[5] 195ff (Lit.) – Künstle II 224f – Manns 69–70

Perpetuus, Bisch. **von Maastricht,** Hl.
Name: lat., der Beständige
Er war vielleicht Nachfolger des hl. ↗ Gondulf u. starb wohl um 647 in Dinant (Südbelgien). Er wurde in der dortigen Kirche St-Vincent begraben.
Gedächtnis: 4. November
Lit.: ActaSS Nov. II/1 (1894) 292–299 – Duchesne FE[2] III 189f – Baudot-Chaussin XI 130 (Lit.)

Perpetuus, Bisch. **von Tours,** Hl.
Er wurde spätestens 461 Bisch. von Tours (Westfrankreich). Er erneuerte das rel. Leben durch Einschärfung der Vigilien u. des Fastens u. förderte die Heiligenverehrung. Er errichtete zahlreiche Kirchen u. erbaute 473 anstelle der dem hl. ↗ Martin geweihten Kapelle eine große Basilika, in der er auch beigesetzt wurde. † 491.
Gedächtnis: 8. April
Lit.: ActaSS Apr. I (1675) 748–752 – Baudot-Chaussin IV 182–188 – DACL XV 2619f

Pestpatrone
Die Pest (med. Pestis) ist eine schwere, akute, durch Bakterien (Kommabakterien, Yersinia pestis) verursachte Krankheit, die meist durch Nagetiere (bes. Ratten) u. die auf ihnen schmarotzenden Flöhe auf den Menschen übertragen wird. Man unterscheidet 2 Formen: a) die Haut- oder Lymphknotenpest (Beulenpest, Drüsenpest) (auf Darstellungen des hl. Rochus angedeutet) im Anschluß an den infizierenden Flohstich, u. b) die Lungenpest, übertragen durch die (seltene) Tröpfcheninfektion von Mensch zu Mensch (durch Sprechen, Husten). Bei unbehandelten Fällen schwankt die Sterblichkeit zw. 25 u. 75 Prozent u. erreicht auf ihrem Höhepunkt 95 Prozent. Seit dem Altertum war die Pest eine der gefürchtetsten Krankheiten. Allerdings sah man auch andere Seuchen mit hoher Sterblichkeit als „Pest" an (Pocken, Fleckfieber, Typhus). Erst seit dem 19. Jh. wurde von Indien auch die Cholera eingeschleppt. Schon 1320 v. Chr. wütete in Europa eine schwere Seuche. Die erste sicher feststehende Pestseuche war die „Pest des Kaisers Justinian" (527–565). Die schwerste Pestepidemie der Geschichte wütete in Europa 1348–1352 (ca. 25 Mill. Tote; „Schwarzer Tod" genannt). Sie wurde mit Handelsschiffen nach Venedig, Genua u. Ragusa (Dubrovnik) übertragen u. breitete sich von dort über den ganzen Kontinent aus. Von 1348 bis 1666 gab es kaum ein Jahrzehnt ohne Pestseuchen. Wenngleich die überlieferten Zahlen über Sterbefälle häufig übertrieben sind, so breitete sich die Seuche in eng gebauten Städten bei der damaligen mangelhaften Hygiene u. der Ratlosigkeit der Bevölkerung schnell aus.
Die Ursache der Pest suchte man in der Verunreinigung der Luft infolge ungünstiger Konstellation der Gestirne u. in der Brunnenvergiftung durch die Juden. Die Ansteckung geschehe durch den Blick des Kranken. Doch schon Athanasius Kircher

SJ (Mathematiker u. Naturwissenschaftler; † 1680) vermutete Kleinstlebewesen als Erreger. Man suchte sich gegen Ansteckung zu schützen durch Duftwässer (Eau de Cologne) oder Amulette. Wirksamere Maßnahmen ergriff man im 14. Jh., indem man die Kranken, die Pestverdächtigen u. die Gesunden voneinander isolierte. In Venedig sperrte man die Stadttore (1374), in Ragusa richtete man eine Quarantänestation ein (1377). Ein Tiroler Landesgesetz von 1352 untersagte das Verlassen der Gehöfte u. das Betreten fremder Ortschaften. Dafür wurden eigene Wachen (die „Sterbhueten“) aufgestellt, die öfters auch die Waffen gebrauchten. In Innsbruck richtete man ein Pestkrankenhaus ein. Die Behandlung geschah hauptsächlich durch Aderlassen u. Aufschneiden der Pestbeulen. Die Pestverdächtigen wurden in eine „Ventilierstation“ gesteckt, wo sie vorbeugend ausgeräuchert wurden.
Selbstverständlich nahm das Volk auch zum Gebet seine Zuflucht. Man veranstaltete Bitt- u. Bußgänge (die allerdings, zumindest 1348/49, das Wiederaufflammen des Flagellanten-Unwesens u. in dessen Gefolge neue Pogrome gegen die Juden als die angeblichen Brunnenvergifter begünstigten). Noch heute erinnern daran der sog. Rutenzug der Kinder in Augsburg u. Ravensburg oder der Schäfflertanz in München.
Aufgrund öffentlicher Gelübde entstanden zahlreiche Pestkirchen (Votivkirchen), Pestsäulen auf den Marktplätzen in Bayern, Österreich u. Schlesien (meist als Dreifaltigkeitssäulen ausgeführt), Pestaltäre (z. B. der bekannte Isenheimer Altar des Matthias Grünewald in Colmar), Pestkreuze auf den Fluren (das ursprünglich aus dem Osten stammende lothringische Kreuz mit 3 Querbalken, in volkstümlicher Weise in „Pest, Hunger u. Krieg“ umgedeutet), Pestbilder in Kirchen u. Kapellen. Auch Passionsspiele (z. B. in Oberammergau) verdanken solchen Gelübden ihre Entstehung. Seit alter Zeit werden vom Volk auch mehrere Heilige als Pestpatrone verehrt, bes. der hl. ↗ **Rochus,** der selbst an der Pest erkrankte u. Pestkranke pflegte, u. der hl. ↗ **Sebastian,** der mit Pfeilen erschossen wurde. An diesem Heiligen erklärt sich das Pfeil-Symbol bes. deutlich: Man dachte sich Gott Vater oder den Pestengel, der mit Pfeilen auf die Menschen schießt (vgl. auch Ps 60,6). Als Pestpatrone werden noch verehrt: ↗ **Ägidius,** ↗ **Benedikt,** ↗ **Christophorus,** ↗ **Alban von Mainz,** ↗ **Rosalia von Palermo** (man fand ihre Reliquien in Palermo im Pestjahr 1624), die ↗ **Vierzehn Nothelfer,** ↗ **Antonius der Einsiedler,** ↗ **Kosmas u. Damian,** ↗ **Anna,** die Mutter Marias, ↗ **Pirmin,** die **Drei Jungfrauen** (Einbeth).

Lit.: A. Fischer, Gesch. des Gesundheitswesens I (Berlin 1933) 236–246 – Bächtold-Stäubli VI 1197–1522 – K. Kißkalt: Archiv für Hygiene u. Bakteriologie 137 (München 1953) 26–42 – G. Rath: Ciba-Zeitschr. 73 (Wehr/Baden 1955) 2407–2432 – C. Coudenhove, Die Wiener Pestsäule (Wien 1958)

Petra, weibl. F. zu ↗ Petrus

Peter ↗ Petrus

Petronax OSB, Abt **von Montecassino,** Hl.
Name: wohl aus lat. pértinax: der Durchhaltende, Beständige
* um 670 in Brescia (Oberitalien). Auf Veranlassung ↗ Gregors II. begann er mit den in Montecassino lebenden Einsiedlern um 717 mit dem Wiederaufbau des Klosters u. der Wiederherstellung des Ordenslebens. Montecassino, das Mutterkloster des Benediktinerordens, war 529 durch ↗ Benedikt von Nursia gegründet, aber schon 577 von den Langobarden zerstört worden. Papst Pelagius II. hatte den geflohenen Mönchen ein Kloster bei der Lateranbasilika angewiesen. Unter den vielen Mönchen, die sich aus dem Kloster S. Vincenzo (Volturno) u. aus Rom dem hl. Petronax anschlossen, befanden sich auch der hl. ↗ Willibald, der spätere Bisch. von Eichstätt, ↗ Karlmann, der Bruder Pippins d. J., u. ↗ Sturmius, der Gründerabt von Fulda, der zum Studium des monastischen Lebens einige Jahre in Montecassino weilte. Papst ↗ Zacharias übergab Petronax 742 das Original der Regel des hl. Benedikt, 747 machte Herzog Gisulf II. von Benevent dem Kloster reiche Landschenkungen, die später von ↗ Karl d. G. bei seinem Besuch 787 bestätigt wurden. Petronax starb am 6. 5. 750 (?).
Gedächtnis: 6. Mai

Lit.: ActaSS Maii II (1680) 119ff – MGSS VII 915 (Reg.), XV/1 102ff 483 – Zimmermann II 152ff – L. Fabiani, La terra di S. Benedetto (Montecassino 1950) 18–25

Petronilla, Märt. **in Rom,** Hl.
Name: Weiterb. von ↗ Petra
Sie war eine Märt. der Frühzeit, historische Nachrichten fehlen. Ihr Grab war in der Domitilla-Katakombe neben dem der hll. ↗ Nereus u. Achilleus. Die dortige 390/395 erbaute Basilika trägt in Itinerarien (Reise-, Pilgerführer) des 7. Jh.s ihren Namen. Auf einem Fresko (um 356) in einer benachbarten Krypta geleitet sie eine Verstorbene in den Himmel. Pippin d. J. erwählte sie bei seinem Bündnis mit ↗ Stephan II. als Patronin (auxiliatrix). Daher ließ ↗ Paul I. im Jahr 757 ihre Gebeine in das Mausoleum an der Peterskirche übertragen. Das Mausoleum wurde später fränkische Königskapelle, Petronilla Patronin Frankreichs. Beim Neubau der Peterskirche (1506–1626) kam ihr Altar an die Abschlußmauer des rechten Seitenschiffes. Daß sie die Tochter des Apostels Petrus gewesen sei, ist spätere Legende, kombiniert aus der Namensähnlichkeit u. der Nähe ihres Grabes zu dem des hl. Petrus.
Gedächtnis: 31. März
Darstellung: sie wird von Petrus geheilt. Mit Palme u. Buch. Sie zieht auf Wolken zu Christus in die Verklärung ein
Patronin: von Rom; der Reisenden, Pilger
Lit.: ActaSS Maii VII (1864) 413ff – G. B. de Rossi: BollAC 2. Ser. 5 (1874) 5–35 122–125, 6 (1875) 5–43, 3. Ser. 3 (1878) 125–146, 4 (1879) 5–20 139–160 – U. M. Fasola, Die Domitilla-Katakombe u. d. Basilika der Mart. Nereus u. Achilleus (Rom 1960) 25–29 51

Petrus von Alcántara OFM, Hl.
Name: ↗ Petrus, Apostel
* 1499 zu Alcántara im Tejo (heute Estremadura, Spanien), aus einem alten Adelsgeschlecht. Er studierte 1513–1515 in Salamanca u. trat 1515 in Los Majaretes in den Franziskanerorden ein.
Bereits 1519 wurde er Guardian, erhielt 1524 die Priesterweihe u. war von 1525 an wieder Guardian, zuerst in Badajoz, dann in anderen Klöstern. 1532–1538 lebte er zurückgezogen in La Lapa, 1583 wurde er zum Provinzial der Provinz von St. Gabriel gewählt. Mit Zustimmung des Kapitels von Plasencia verschärfte er 1540 die Konstitutionen des Ordens. 1542 zog er sich wiederum zurück, diesmal in die Einsamkeit der Berge von Arrábida (südl. von Lissabon), wo er über einen Reformzweig seines Ordens nachsann. Auf einer Romfahrt erhielt er von Papst Julius III. die Erlaubnis dazu u. gründete 1555 im Klösterchen Pedroso die Reformkongregation der span. Discalceaten (Barfüßerorden), nach ihm auch Alcantariner genannt (Fratres strictissimae observantiae, „Brüder der strengsten Observanz"). Die Regel wurde 1562 von Pius IV. genehmigt. Die Mönche lebten in äußerster Armut in kleinen Klöstern mit winzigen Zellen, gingen barfuß u. enthielten sich von Fleisch, Fisch, Eiern u. Wein. 1562 wurden sie den Observanten lose unterstellt, bei der Vereinheitlichung des Gesamtordens 1897 den (braunen) Franziskanern eingegliedert. Petrus von Alcántara zeichnete sich aus durch ein tiefes Gebetsleben, Liebe zu Armut, Buße u. Abtötung u. besaß in hohem Maß die Gabe mystischer Beschauung. Dies u. die Überzeugungskraft seiner Predigten sicherten ihm einen gewaltigen Einfluß auf seine Mitbrüder u. die Gläubigen auf der ganzen Pyrenäen-Halbinsel, nicht zuletzt auf den Adel u. König Johann III. von Portugal. Er war der entscheidende Ratgeber der hl. ↗ Theresia von Ávila bei der Reform ihres Ordens. Sein einflußreichstes Werk ist sein „Tratado de la oración y meditación", welches über 200 Auflagen erlebte u. in viele Sprachen übersetzt wurde. † am 18. 10. 1562 zu Arenas bei Ávila (westl. von Madrid). Seliggesprochen 1622, heiliggesprochen 1669.
Gedächtnis: 18. Oktober
Darstellung: als Minorit, ein Kruzifix auf seinem Arm oder vor ihm (auf seine Abtötung hinweisend), mit Geißel u. anderen Bußgeräten u. Totenkopf. Mit einer Taube (Hl. Geist) an seinem Ohr (weil er die Gabe der Weissagung und der Sprachen hatte); über ihm ein Stern
Patron: von Brasilien, der Diöz. Coria u. Estremadura (1962); der Nachtwächter (er soll nachts nur eineinhalb Stunden, u. dabei sitzend, geschlafen haben)
Lit.: Tratado de la oración y meditación (Madrid 1916, 1933, 1956 u. ö., dt. v. Ph. Seeböck, Würzburg 1900) – ActaSS Oct. VIII (1866) 623–809 – René de Nantes, St. Pierre d'Alcantara et Ste. Thérèse: ÉFranc 10 (1903) 162–168 384–394 – DThC 1793–1800 – ECatt IX 1396ff

Petrus (Petros) **I.,** Bisch. **von Alexandria,** Märt., Hl.
Er war Leiter der Katechetenschule von Alexandria (Nordägypten) u. wurde um 300 Bisch. als Nachfolger des hl. ↗ Theonas. Seine Flucht in der Verfolgung unter Diokletian (284–305) u. seine Milde gegenüber den Lapsi (den in der Verfolgung vom Glauben Abgefallenen) waren der Anlaß zum Schisma des Bisch. Meletios von Lykopolis (Oberägypten) (Petrus nahm außerhalb seiner Diöz. im verborgenen Weihen vor). Er starb 311 in Alexandria in der Verfolgung des Maximinus Daja. Die aus späterer Zeit stammenden Akten seines Martyriums sind legendär. Seine theol. Schriften sind nur noch in Fragmenten erhalten. Eusebius rühmt ihn als Vorbild der Bischöfe u. wegen seiner tiefen Kenntnis der Hl. Schrift.
Gedächtnis: 26. November
Lit.: L. B. Radford, Three Teachers of Alexandria (Cambridge 1908) 58–86 – Bardenhewer II 239–247 – Pauly-Wissowa XIX/2 1281–1288 – W. Telfer, St. Peter of Alexandria and Arius: AnBoll 67 (1949) 117–130

Petrus OSB, Bisch. **von Anagni,** Hl.
* 1030/35 zu Salerno (Unteritalien) aus vornehmer Familie. Schon in jungen Jahren wurde er Benediktinermönch in Salerno. Er wurde vom Archidiakon Hildebrand (dem späteren ↗ Gregor VII.) an die Kurie berufen u. erledigte erfolgreich mehrere Aufträge. 1062 wurde er Bisch. von Anagni (südöstl. von Rom), 1071 Apokrisiar (päpstlicher Nuntius) bei Kaiser Michael VII. in Konstantinopel. 1074 legte er den Grundstein zu einer neuen Kathedrale in Anagni. 1097 zog er mit dem 1. Kreuzzug in das Hl. Land, starb aber kurz nach seiner Rückkehr in Anagni 1105. Heiliggesprochen 1109. 1117 wurden seine Gebeine in die Krypta der Kathedrale von Anagni übertragen.
Gedächtnis: 3. August
Lit.: B. Gigalski, Bruno, Bisch. von Segni (Münster 1898) 133–155 (Rekonstruktion der ursprüngl. Vita des Bruno von Segni) – Zimmermann II 530ff

Petrus, Apostel, Märt., Hl.
Name: Er hieß eigentlich schime'on oder schim'on (↗ Simon), Jesus gab ihm den aram. Beinamen kefa' (Fels). Im griech. NT wurde dies anstelle des weibl. he pétra (Fels) in der männlichen Form ho Pétros übersetzt (vgl. Mt 16,18). Wenn der griech. schreibende Paulus ihn gewöhnlich Kephās nennt (1 Kor 15,5 u. ö.), so ist dieser Beiname offensichtlich als Amtstitel aufgefaßt.
(dt. Peter; niederdt. Pieter, Piet; rheinländ. Pitter, Pitt; niederländ. Piet, Peet; norw. dän. Peer, Per; schwed. Pär; engl. Peter; ital. Pietro, Piero; franz. Pierre; span. Pedro, Perez)
Er war der Sohn des Jonas (oder Johannes) u. der Bruder des ↗ Andreas u. stammte aus Bethsaida (heute El-Aradsch oder Et-Tell, östl. der Jordanmündung in den See Genezareth). Später scheint er nach Kapharnaum (Ruinen von Tell Hum, 3 km westl. der Jordanmündung) übersiedelt zu sein, wo er den Beruf eines Fischers ausübte. Er muß verheiratet gewesen sein, denn es ist einmal von seiner Schwiegermutter die Rede (Mk 1,30). Seine Frau dürfte ihn später auf seinen Missionsreisen begleitet haben (1 Kor 9,5). Zuerst war er Jünger ↗ Johannes' des Täufers u. wurde von Andreas Jesus zugeführt (Joh 1,40ff). Dies war noch nicht die eigentliche Apostelwahl, sondern Jesus scharte zunächst eine Anzahl von Jüngern um sich, aus denen er später die Zwölf als bes. Gruppe aussonderte (Mk 3,13–19 par.; ↗ Apostel). Zus. mit ↗ Jakobus u. ↗ Johannes gehörte er zu den mit Jesus bes. Vertrauten. Diese 3 nahm Jesus allein mit zur Erweckung der Tochter des Jairus (Mk 5,37), zu seiner Verklärung auf dem Tabor (Mt 17,1–8 par.) u. in den Ölgarten (Mt 26,37 par.).
In seinem Charakter lag etwas Spontanes u. Impulsives, innerhalb der Zwölfergruppe tritt er immer wieder als Wortführer auf, so etwa beim wunderbaren Fischfang (Lk 5,3ff) oder in seinem Treuebekenntnis zu Jesus nach dessen eucharistischer Verheißungsrede (Joh 6,68f). Bei Jesu Verklärung ist er der einzige, dem überhaupt etwas – wenn auch Unpassendes – zu sagen einfällt (Mt 17,4 par.). Sogar die Tempeldiener treten bezüglich der Tempelsteuer Jesu an ihn heran (Mt 17,24). Er war ein praktisch veranlagter Mann, weshalb ihn Jesus mit Johannes ausschickt, den Raum für das Pasahmahl ausfindig zu machen u. alles vorzubereiten (Lk 22,8). In seinem spontanen

Wesen lag aber auch etwas Labiles u. Unbedachtes. Als er auf dem Wasser zu Jesus gehen wollte, bekam er plötzlich Angst u. sank ein (Mt 14,28ff). Einmal muß er sich von Jesus sogar einen Satan schelten lassen (Mk 8,32f). Noch auf dem Weg zum Ölgarten wollte er selbstsicher sein Leben für Jesus hingeben (Mk 14,31) u. schlug bei der Gefangennahme Jesu blindlings drauflos (Joh 18,10). Aber wenig später mußte er in seiner dreimaligen Verleugnung Jesu seine tiefste, persönlich schmerzlich empfundene Demütigung erfahren (Mt 26,29–75 par.). Sein schwankendes Temperament machte sich auch später bemerkbar, wie in Antiochia, wo Paulus mit ihm wegen seiner nachgiebigen Haltung in der Frage der Heidenchristen eine ernste Auseinandersetzung hatte (Gal 2,11ff).

Jesus kannte diese Schwächen des Petrus, wußte aber auch, daß er ihm in herzlicher, oft stürmischer Liebe zugetan war. So machte er ihn zum Oberhaupt des Apostelkollegiums. Mehrere Stellen in der Bibel sind hier von grundlegender Bedeutung:

a) Bei Cäsarea Philippi gab er ihm die Verheißung: „Und ich sage dir, du bist Petrus (Fels), und auf diesen Felsen will ich meine Kirche bauen, und die Pforten der Unterwelt werden sie nicht überwältigen. Dir will ich die Schlüssel des Himmelreiches geben. Was du auf Erden binden wirst, soll auch im Himmel gebunden sein, und was du auf Erden lösen wirst, soll auch im Himmel gelöst sein" (Mt 16,18f). Wer die Schlüssel besitzt, hat damit die oberste Gewalt über das ganze Gebäude (vgl. Is 22, 22; Offb 1,17f 3,7 9,1 20,1). Das „Binden u. Lösen" war auch bei den Rabbinen ein geläufiges Bild für die Ausübung der obersten Gewalt. Wann allerdings Jesus den Simon erstmals Kepha (Petrus, Fels) nannte, geht aus der Bibel nicht eindeutig hervor. Bei Johannes nannte er ihn so schon bei der ersten Begegnung (Joh 1,42), bei Markus anläßlich der Wahl der Zwölf (Mk 3,16), bei Matthäus vor Cäsarea Philippi, als sich sein öffentliches Leben bereits dem Ende näherte (Mt 16,18).

b) Nach seiner Auferstehung übertrug er Petrus nach dem dreimaligen Liebesbekenntnis in feierlicher Weise die oberste Hirtengewalt durch sein dreimaliges „weide meine Lämmer – weide meine Schafe" (Joh 21,15–17). Nach damaligem Rechtsbrauch bedeutete eine dreimal vor Zeugen wiederholte Erklärung die juridische Gültigkeit eines Vertrages oder Auftrages. – Es ist auffallend, daß Jesus beide Male, bei Cäsarea Philippi u. auch hier wieder, von Petrus ein persönliches Bekenntnis erwartet u. ihm erst daraufhin das Petrus-Amt verheißt bzw. offiziell überträgt. Die dreimalige Verleugnung ist ihm vergeben, doch sollte er durch sein öffentliches Liebesbekenntnis seiner eigenen persönlichen Schwäche eingedenk bleiben. Andererseits beruht das Petrusamt nicht auf einem demokratischen Willensbeschluß der Zwölf oder sonst irgendeiner kirchlichen Gemeinde, und noch weniger auf den persönlichen Qualitäten des Simon Petrus – er hat oft genug sein menschliches Versagen gezeigt –, sondern ausschließlich auf dem Willen Jesu selbst. Die Stärke dieses Amtes in allen menschlichen Irrungen u. Wirrungen kommt aus der Kraft des Hl. Geistes, der den Jüngern und der ganzen Kirche verheißen ist (Joh 16,5–15).

c) Jesus hebt die Vorrangstellung des Petrus auch bei anderen Gelegenheiten hervor: Im Abendmahlsaal sagte er zu ihm: „Simon, Simon, siehe, der Satan hat verlangt, euch sieben zu dürfen wie den Weizen. Ich aber habe für dich gebetet, daß dein Glaube nicht erlösche. Und wenn du einmal zurückgefunden hast, dann stärke deine Brüder" (Lk 22,31f). Er spricht ihn also vor allen anderen in feierlicher Weise an u. gibt ihm damit eine unübersehbare Sonderstellung. – Nach seiner Auferstehung erscheint er zuerst dem Petrus, dann erst allen Jüngern zugleich (Lk 24,34f; 1 Kor 15,5). Deshalb steht er auch in allen Apostelkatalogen des NT stets an erster Stelle, bei Matthäus wird er sogar ausdrücklich „der Erste" genannt (Mt 10,2–41 Mk 3,16–19; Lk 6,13–16; Apg 1,13).

Das spätere Wirken des Petrus ist uns nur lückenhaft bekannt. Zuerst finden wir ihn in der Gemeinde von Jerusalem (Apg 1–6). Nach der Steinigung des ↗ Stephanus u. der Beendigung dieser Verfolgung durch die Bekehrung des Saulus (↗ Paulus) begab er sich auf Missionsreise in die umliegenden Gebiete. Er predigte in Samaria (Apg

8,14ff), Lydda (heute Lod, 18 km südöstl. von Tel Aviv) u. Joppe (heute Jaffa, südl. Vorort von Tel Aviv), wo er die fromme Tabitha vom Tod erweckte (Apg 9,31–43). Hier hatte er auch das Gesicht von den reinen u. unreinen Tieren als Zeichen des Himmels, daß auch die Heiden zur Frohbotschaft berufen seien. In Cäsarea taufte er daraufhin den Heiden Cornelius mit seiner ganzen Familie (Apg 10). Um Ostern 44 ließ Herodes Agrippa ↗ Jakobus d. Ä. hinrichten u. anschließend auch Petrus festnehmen. Petrus wurde aber in der Nacht vor der geplanten Hinrichtung durch einen Engel wunderbar errettet (Apg 12) u. „ging an einen anderen Ort". Hierbei könnte es sich um Antiochia in Syrien handeln. Um diese Zeit waren nämlich auch Paulus u. Barnabas dort. Paulus schreibt später, daß er in Antiochia dem Kephas wegen dessen nachgiebiger Haltung in der Frage der Heidenchristen „ins Angesicht widerstanden" sei (Gal 2,11ff). Auch Eusebius († 339) bestätigt, daß Petrus eine Zeitlang in Antiochia Bisch. war. Um 50/51 war er wieder in Jerusalem auf dem Apostelkonzil, wo die Frage der Heidenchristen besprochen wurde (Apg 15,5–35). Wahrscheinlich war er später auf Visitationsreise in Kleinasien. Jedenfalls sind seine später in Rom geschriebenen 2 Briefe an die dortigen Gemeinden adressiert (1 Petr 1,1). Bisch. ↗ Dionysius von Korinth bezeugt um 170, daß Petrus auch in dieser Stadt gewesen sei. Dies legt auch der Tadel des Paulus über die Parteiungen in dieser Gemeinde nahe: „. . . daß der eine sagt: ich gehöre zu Paulus, der andere: ich zu Apollos – ich zu Kephas – ich zu Christus" (1 Kor 1,12; geschrieben wohl im Herbst 57).

Sein Aufenthalt in Rom ist historisch erwiesen, wann er aber dorthin übersiedelte, ist umstritten. Daß er 25 Jahre Bisch. von Rom gewesen sei, ist eine chronologische Kombination seit dem 4. Jh. Manche Erklärer meinen, er sei nur kurze Zeit in Rom gewesen. Demgegenüber läßt der Römerbrief (geschrieben um 57) möglicherweise einen längeren Aufenthalt des Petrus in Rom vermuten. Zwar enthält dieser Brief keinen direkten Hinweis auf Petrus. Wenn aber Paulus dieses sein ausgereiftestes Werk, eine ganze Theologie über Sünde u. Rechtfertigung, gerade nach Rom sendet, gewissermaßen um sich u. seine Lehre vorzustellen, dann wohl deshalb, weil diese Gemeinde in der Gesamtkirche eine Sonderstellung einnahm, eben durch die Anwesenheit des Petrus. Nach ↗ Irenäus von Lyon († 202) wurde die Kirche von Rom durch Petrus u. Paulus gegründet. – Petrus scheint sich im Lat. u. Griech. stets sehr unsicher gefühlt zu haben. Papias von Hierapolis († nach 120/130) nennt Markus mit Berufung auf einen sonst unbekannten „Presbyter" den „Hermeneús" (Erklärer, Dolmetscher) des Petrus. Petrus ließ auch seinen 1. Brief durch Silvanus (↗ Silas) redigieren (1 Petr 5,12); beim 2. Petrusbrief muß man ähnliches annehmen.

Ebenso gesichert ist sein Martyrium in Rom. Er wurde 64/67 in der Verfolgung des Nero gekreuzigt. Der erste der zahlreichen historischen Zeugen dafür ist ↗ Clemens I. (um 96). Als Ort der Hinrichtung wurde von der späteren Legende S. Pietro in Montorio auf dem Janiculus angegeben. Dies beruht jedoch auf einer mißgedeuteten älteren Ortsangabe „Mons aureus". Nach altchristlicher Gewohnheit wurden die Märt. stets unweit ihrer Hinrichtungsstätte begraben. Für den Kreuzigungsort des Petrus kommen daher am ehesten die Gärten bzw. der Zirkus des Nero auf dem Vatikan, unweit des heutigen Petersdomes, in Frage. Daß Petrus mit dem Kopf nach unten gekreuzigt worden sei, entstammt den apokryphen Acta Petri cum Simone (Simon d. Magier), einer ungemein phantasievoll ausgeschmückten Erzählung mit deutlich manichäischen u. gnostischen Tendenzen (entstanden wohl in Kleinasien um 200/210). Eine derartige Kreuzigungsmethode wäre in der gesamten röm. Justiz ein einmaliges Novum, also höchst unwahrscheinlich.

Das Petrusgrab:

Bereits um 200 ist am Vatikan ein Trópaion (Grabmonument) des hl. Petrus bezeugt. Demgegenüber berichtet der Chronograph (röm. Staatskalender, um 354), man habe am 29. 6. 258 das Gedächtnis der Apostelfürsten Petrus u. Paulus „in Catacumbas" an der Via Appia gefeiert an der Stelle, wo im 4. Jh. die Apostelbasilika (später S. Sebastiano) entstand. Eine Translation zur

Zeit der Verfolgung gilt als unwahrscheinlich. Ausgrabungen unter S. Sebastiano 1915–1923 zeigten wohl Spuren von christlichen Märtyrerfeiern sowie zahlreiche Mauer-Inschriften mit Anrufungen auf Petrus u. Paulus, jedoch keinerlei Gebeine u. vor allem keine Begräbnisstätte. Man nimmt an, daß die Christen zum Jahresgedächtnis der Apostelfürsten zeitweilig an diesen Ort auswichen, da die eigentliche Begräbnisstätte der Apostel unter Kaiser Valerian unzugänglich war.

Durch die Ausgrabungen 1940–1949 unter der Confessio des Petersdomes konnte die Frage des Petrusgrabes geklärt werden. Man fand tatsächlich das alte Tropaion, ein zweigeschossiges Monument, eingelassen an der Ostseite der sog. Roten Mauer, die einen Bestattungshof von etwa 8 x 4 m nach Westen abschloß. In den Boden des Tropaion war eine abhebbare Bodenplatte eingelassen, die durch Drehung um 11° sorgfältig an die Lage der darunter befindlichen älteren Gräber angepaßt war. Aufgrund von Ziegelstempeln konnte dieses Tropaion in die Zeit um 160 n. Chr. datiert werden. Genau unter dem Tropaion fand man einen etwa quadratischen Raum von knapp 1 m im Geviert u. darin über 1400 Münzen aus ganz Europa aus der Zeit vom 1. bis 17. Jh. (die Pilger hatten die Gewohnheit, zum Abschied eine Münze hinunterzuwerfen). Dieser kleine Raum war von 4 alten Gräbern eng umschlossen; das älteste stammt aus den Jahren vor 70 n. Chr., eines aus der Zeit Vespasians (69–79), ein anderes aus der Zeit um 120 n. Chr. Unter dieser unterirdischen Nische fand man die (unvollständigen) Knochenreste eines alten Mannes in einem kleinen Steinsarkophag, der nach allen Indizien als das Grab des hl. Petrus anzusprechen ist.

Petrus wurde demnach am Vatikanhügel in einem einfachen Erdgrab beigesetzt. Um dieses eine Grab legten sich, altchristlicher Sitte entsprechend, in der Folge zahlreiche weitere Gräber. Diese schlossen sich möglichst eng an das Petrusgrab an und waren radial auf dieses gerichtet. Um 160 planierte man einen Grabhof ein u. umfriedete ihn mit einer Mauer, wohl wegen der ringsum entstehenden heidnischen Mausoleen. Die Nordmauer wurde später wegen eines Risses durch eine quergestellte Mauer abgestützt. Aus Symmetriegründen brachte man auch an der Südseite ein Mäuerchen an. Das ganze wurde mit Marmor verkleidet u. der Fußboden mit grün-weißem Mosaik belegt. Kaiser ↗ Konstantin ließ die heidnischen Monumente ringsum niederreißen u. erbaute über dem Tropaion eine 5schiffige Basilika (Alt-St. Peter), die am 18. 11. 326 von ↗ Silvester I. geweiht u. 349 vollendet wurde. Das Tropaion selbst krönte er durch ein Ziborium auf von Weinranken umwundenen Spiralsäulen. Ende des 6. Jh.s wurde das Tropaion durch einen Altar auf einem bühnenartig erhöhten Podium überbaut. Dabei blieb die Vorderseite des Schreines frei, die Rückseite war von der Apsis der Basilika her durch einen gedeckten Ringumgang (Confessio) erreichbar. Im 8. Jh. wurden die Weinranken-Säulen auf 12 vermehrt u. standen in 2 Reihen vor der Stirnseite des Podiums. Im 9. u. 12. Jh. wurde der Altar neuerlich vergrößert. Im Lauf des Mittelalters wurde das Innere der Kirche u. der Confessio ständig durch Statuen, Reliefs u. Mosaiks bereichert. Sixtus IV. (1471–1484) errichtete ein neues Ziborium auf 4 Porphyrsäulen u. schmückte die Confessio mit neuen Statuen u. Reliefs.

Gegen Ende des Mittelalters war aber Alt-St. Peter trotz aller Restaurierungsmaßnahmen so baufällig geworden, daß sich Nikolaus V. für dessen Abtragung u. Neuerrichtung entschloß, die 1452 von Leone Battista Alberti in Angriff genommen wurde. Julius II. beauftragte jedoch Bramante mit der Erstellung eines nach grundlegend neuen Ideen konzipierten Neubaues, dessen Grundsteinlegung am 18. 4. 1506 erfolgte. Sein Entwurf eines Zentral-Kuppelbaues in Kreuzform wurde von seinen Nachfolgern Raffael u. Giuliano da Sagallo geändert. Baldassare Peruzzi nahm die Idee Bramantes wieder auf, Michelangelo (seit 1546) schlug einen nochmals leicht geänderten Zentralbau mit diagonal angeordneten Seitenkapellen vor u. entwarf vor allem die kühne Kuppel, nach dem Vorbild der Kuppel von Filippo Brunelleschi am Dom von Florenz. Seine Gedanken wurden vor allem durch Giacomo della Porta u. Domenico Fontana fortgeführt. Paul V. ließ durch Carlo Maderna (seit 1607) nach geänderten

Plänen den Bau nach Osten verlängern u. die Fassade errichten (Fertigstellung 1614). Die feierliche Einweihung der neuen Peterskirche fand durch Urban VII. am 18. 11. 1626, also genau 1300 Jahre nach der Einweihung von Alt-St. Peter, statt. Giovanni Lorenzo Bernini schuf u. a. 1624–1626 das grandiose Bronzetabernakel über der Confessio nach der Grundform des konstantinischen Ziboriums u. 1653–1663 den Petersplatz.

Petrusfeste:

a) Das Fest *Petrus u. Paulus* wurde ursprünglich im Orient am 29. Juni als Fest aller Apostel gefeiert. Die einzelnen Apostel, jedenfalls die bekannteren (Petrus, Jakobus, Paulus, Johannes) hatten ihren Gedächtnistag in der Weihnachtsoktav (27. u. 28. Dezember). Dieses allgem. Apostelfest drang schon früh auch nach Rom, wurde hier aber auf die beiden Apostelfürsten Petrus u. Paulus eingeengt. Als solches ist es erstmals 258 bezeugt. Seit Leo d. G. (440–461), vielleicht schon vor 300, beging man es mit einer Vigilfeier, die jedoch 1955 abgeschafft wurde.

b) Das Fest *Petri Stuhlfeier* am 22. Februar wurde in Rom im 4. Jh. eingeführt, wahrscheinlich um ein heidnisches Totengedächtnis zu verdrängen. Dieses bestand in einer achttägigen Feier vom 14. bis 21. Februar mit Totenmahl (Parentália), wobei für den Verstorbenen ein leerer Stuhl u. ein Speisenanteil bereitgestellt wurden. Der 22. Februar war ein Fest der Lebenden (Charistía) u. diente nach dem langen Ernst der Totenklage ausgelassenen öffentlichen Lustbarkeiten. In christlicher Umdeutung wurde aus dem Stuhl für den Toten der „Stuhl" Petri (Lehrstuhl, Amtssitz, Hirtenamt). – In Gallien feierte man seit dem 6./7. Jh. am 18. Jänner das Fest Cathedra Petri als Gedächtnis der Übertragung des Hirtenamtes. Dieses Fest drang später nach Rom, sodaß man jetzt die Cathedra Petri zweimal, am 18. Jänner u. am 22. Februar feierte. Das Fest am 22. Februar wurde auf Grund einer Mißdeutung später als Amtsantritt des hl. Petrus als Bisch. von Antiochia aufgefaßt (Petri Stuhlfeier in Antiochia). In Konsequenz dazu bestimmte Paul IV. 1558 den 18. Jänner als Gedächtnis des Amtsantrittes des hl. Petrus als Bisch. von Rom (Petri Stuhlfeier in Rom). Seit der Rubrikenreform 1960 wird nur mehr der 22. Februar als Cathedra Petri begangen. Der Inhalt dieses Festes ist die Übertragung des Hirtenamtes an Petrus.

c) Das Fest *Petri Kettenfeier* (1. August) geht auf die Kirchweihe der Basilika S. Pietro in Vincoli auf dem Esquilin zurück, wo 2 angebliche Ketten des hl. Petrus aufbewahrt werden. Von den 2 Ketten in Jerusalem soll die eine nach Konstantinopel in die dortige Petruskirche bei der Hagia Sophia gebracht worden sein, die andere kam als Geschenk an Kaiserin Eudoxia (Eudókia-Athenáis, † 460), die für diese Reliquie an der Stelle einer älteren Basilika eine neue größere erbaute. Diese ältere Basilika ist bereits im 4. Jh. bezeugt und stand möglicherweise an dem Ort, wo Petrus eingekerkert war. Die neue Basilika wurde 432 von Sixtus III. geweiht und besaß laut Inschrift schon damals eine (römische) Kette des hl. Petrus. Andere Kettenreliquien zeigt man in S. Cecilia in Rom, in Metz und Minden. Das Fest wurde 1960 abgeschafft.

d) Das *Kirchweihfest der Basiliken der hll. Petrus u. Paulus* in Rom (18. November) ist die Erinnerung an die Weihe von Alt-St. Peter am 18. 11. 326 durch Silvester I. bzw. des heutigen Petersdomes am 18. 11. 1626 durch Urban VIII. Die Paulus-Basilika wurde 386/395 anstelle einer kleineren konstantinischen über dem Grab des Apostels erbaut (S. Paolo fuori le mura) u. nach dem Brand 1823 am 10. 12. 1854 wieder geweiht. Seit dem 11. Jh. wird die Kirchweihe beider Basiliken am 18. November begangen.

Verehrung, Volkskunde:

Die Grabstätte des hl. Petrus wurde mindestens seit 200, bes. seit der Befreiung der Kirche durch Konstantin von unzähligen Pilgern besucht, wie die vielen Mauerinschriften beweisen. Bereits im Altertum verehrte man Petrus, den Himmelspförtner u. Schlüsselwalter (janitor coeli, claviger) zus. mit Paulus, dem Doctor gentium (Lehrer der Völker), so seit dem 4. Jh. in Nordafrika durch Gedenkstätten (Upenna, Henchir Megrun, Orléansville u. a.), in Rom (beim Romulustempel an der Via Sacra), Konstantinopel u. a. durch Gedenkkirchen.

Im frühen Mittelalter wurde, als Ausdruck der kirchlichen Bindung an Rom, Petrus bes. bei den Angelsachsen u. Franken verehrt. Petrus wurde so zum Patron des karolingischen Königshauses. Die Häupter der beiden Apostelfürsten werden seit dem 14. Jh. im Ziboriumsaufsatz des Papstaltares der Laterankirche aufbewahrt. Kleinere Reliquien zeigt man u. a. in S. Pressede, S. Maria in Trastevere, S. Cecilia in Trastevere, S. Maria in Campitelli, S. Gregorio al Celio, SS. Giovanni e Paolo u. S. Pietro in Vincoli. Verschiedene Gegenstände werden mit dem hl. Petrus in Verbindung gebracht: ein Altartisch in S. Pudenziana u. einer in der Laterankirche, der angebliche antiochenische Kelch in London, die Cathedra Petri im Petersdom (in barocker Umkleidung durch Bernini) u. die sog. antiochenische Cathedra in S. Pietro a Castello in Venedig. Einen angeblichen Nagel vom Kreuz des Petrus verehrt man in Chambéry, das Messer, mit dem Petrus dem Malchus das Ohr abhieb, in S. Marco zu Venedig. Der angebliche Stab des hl. Petrus soll an Bisch. ↗ Eucharius abgegeben worden sein, der damit den hl. ↗ Maternus vom Tod erweckt habe. Der Stab kam später nach Trier u. schließlich in den Dom zu Limburg. Er ist in einen kostbaren Behälter aus der Trierer Goldschmiedewerkstatt um 980 gefaßt. Der untere Teil des Stabes befindet sich im Kölner Domschatz. Auf die Weggabe dieses Stabes sei es zurückzuführen, daß der Papst keinen Krummstab trage.
Schon früh stellte man sog. Petrus-Schlüssel her, die man mit den hl. Stätten in Berührung brachte u. als Reliquien verehrte. Ungemein zahlreich sind die mit dem Petrusgrab berührten Stoffstückchen in aller Welt (Berührungsreliquien, Brandea). Im Mittelalter brachten die Pilger goldene oder silberne Schlüssel mit u. tauschten sie gegen die Türschlüssel zur Confessio am Petrusgrab ein. Oder die Päpste schickten an hochgestellte Personen goldene oder silberne Schlüssel, in die kleine Späne der angeblichen Ketten des Petrus eingearbeitet waren. Ein in St-Servais aufbewahrter, kunstvoll gearbeiteter goldener Schlüssel sei von Petrus selbst dem hl. ↗ Servatius übergeben worden. Derartige Schlüssel zeigt man auch in Südfrankreich u. Lodi Vecchio. Sie galten als heilkräftig gegen Tollwut u. Schlangenbiß.
Den Ort des Amtssitzes des hl. Petrus u. seiner Taufspendungen suchte man an verschiedenen Orten Roms, so im Haus des Pudens, der Prisca u. a., u. in verschiedenen Katakomben (Ad Nymphas, Coemeterium Ostrianum, Priscilla-Katakombe u. a.).
Daß Petrus im Mamertinischen Kerker gefangen gewesen sein soll, wird erst seit dem 14. Jh. behauptet. Seit dem 5. Jh. galt das Forum Julium als Ort des Disputes zw. Petrus u. Simon dem Magier. Dieser sei am Kapitol zu seinem mißglückten Flugversuch gestartet u. habe in einem Stein seine Abdruckspur hinterlassen (der Stein wurde später in S. Francesca al Foro gezeigt). An der Via Appia zeigt man die Stelle, wo Petrus nach der Legende aus Rom entfloh u. der Herr ihm die Rückkehr befohlen habe. Reginald Pole, Sohn der ↗ Margarete Pole, errichtete hier 1536 die Rundkapelle Domine quo vadis (oder Ubi Dominus apparuit) an der Stelle eines älteren Baues. Der alte Name der Kirche SS. Nereus et Achilleus, Titulus Fasciolae, wurde dahingehend gedeutet, der fliehende Petrus habe hier seine Fußbinde verloren.
Liturgie: GK H am 29. Juni (mit Paulus) (Berlin: Petrus, Patron des Bistums; Lausanne-Genève-Fribourg: Patron der Kathedrale zu Genf, 2. Patron v. Stadt u. Kt. Genf); Cathedra Petri GK F am 22. Februar; Weihe der Basiliken der hll. Petrus u. Paulus in Rom GK g am 18. November

Darstellung: Petrus u. Paulus werden schon sehr früh häufig zus. dargestellt, anfangs noch unterschiedslos, ab etwa 350 mit unterscheidenden Merkmalen („authentische“ Bilder): Petrus mit breitem Kopf, krausem Haar u. Rundbart, ab etwa 1300 kahlhäuptig mit Stirnlocke; Paulus mit länglichem, kahlem Kopf u. spitzem, langem Bart. Petrus hat als Marter- u. Ehrenzeichen das Kreuz (Kreuzstab) auf der Schulter oder in der Hand, ab dem 9. Jh. wird es zunehmend durch 1 oder 2 Schlüssel ersetzt. Er erscheint jetzt im päpstlichen Ornat (Pallium, Tiara). Paulus hat ab etwa 1000 das Schwert in der Hand. Als Apostel sind sie kenntlich durch die Schriftrolle, später durch das Buch in der Hand. Sehr

häufig sind sie zus. mit Christus in der Mitte dargestellt.
Szenische Darstellungen aus dem Leben des Petrus gibt es bereits ab etwa 300: Er schlägt Wasser aus dem Felsen (Legende); 2 Wächter ermuntern ihn zur Flucht, Gläubige fallen ihm zu Füßen; daraus entwickelt sich ab dem 4. Jh. die Szene der Gefangennahme u. Haft des Petrus; Verleugnungsszene (krähender Hahn, weinender Petrus; die Reue des Petrus wird im Barock gern an Beichtstühlen dargestellt). Etwa ab dem 5. Jh. kommen weitere Szenen hinzu: Fußwaschung, Schlüsselübergabe, Auferweckung der Tabitha, Bestrafung von Ananias u. Saphira, Vision zu Joppe, Befreiung aus dem Kerker, Rettung des versinkenden Petrus (das Schiff als Symbol der Kirche). Zur Zeit des Humanismus u. Barock werden bes. die szenischen Darstellungen plastisch ausgeführt. Kreuzigung des Petrus (Kopf nach unten)
Patron: der Fischer, Fischhändler, Netzmacher, Schiffer; – vom „Felsen": der Maurer, Ziegelbrenner, Steinhauer, Töpfer; – von den „Schlüsseln" (bzw. Ketten): der Schlosser, Schmiede, Eisenhändler, Uhrmacher, Metallarbeiter aller Art; – vom Titel „Pontifex Maximus": der Brückenbauer (ursprünglich Titel der röm. Oberpriester, wohl im Sinn von Brückenwalter, Wegbereiter; der Titel ging später auf die Kaiser über, Gratian legte ihn 378 ab, seit Leo I. ist er Titel der Päpste); – ohne ersichtlichen Grund: der Bleigießer, Glaser, Jungfrauen, Metzger, Papierhändler, Schreiner, Tuchweber, Walker
Lit: R. Baumann, Fels der Welt (Tübingen 1956) – P. Gaechter, Petrus u. seine Zeit (Innsbruck 1958) – E. Kirschbaum, Die Gräber der Apostelfürsten (Freiburg/B. 1959²) – R. Schnackenburg, Die Kirche im NT (Freiburg/B. 1961) 32f 54–57 – P. Bruin-Ph. Giegel, Petrus der Fels, die Anf. d. Christentums (Zürich 1964) (ill.) – P. Manns, Reformer der Kirche (Mainz 1970) 62–68 – A. Brandenburg-J. Urban (Hrsg.), Petrus u. Papst (Münster 1977). – Weitere Literatur: s. LThK 8, 318ff (Lit.) 334ff (Lit.) 340ff (Lit.) 343ff (Lit.) 345 ff (Lit.) 387ff (Lit.)

Petrus (Pedro) **Armengol** OdeM, Sel.
* 1238 (?) zu Guardia de Prats bei Tarragona (Nordostspanien) als Sohn des Grafen Arnold von Urgel. Seine Ausbildung erhielt er in Cervera. Er hatte einen hochmütigen Charakter u. prahlte stets mit seiner vornehmen Abkunft. Er geriet auf die schiefe Bahn u. wurde sogar Anführer einer Räuberbande. Um 1258 wurde er aber von einer Patrouille seines Vaters verhaftet u. ging nun endlich in sich. Bald darauf trat er zu Guardia in den Mercedarierorden ein (Orden der seligen Jungfrau Maria vom Loskauf der Gefangenen) u. tat durch 8 Jahre Buße in Gebet u. Einkehr. 1266 reiste er nach Bougie (Algerien), um dort gefangene christliche Kinder loszukaufen. Das Geld reichte nur für 18 Kinder. Da blieb er selbst als Geisel zurück, bis sein Bruder Wilhelm Florentinus die restliche Summe aus Spanien geholt hätte. In der Zwischenzeit verkündete er den christlichen Glauben u. wurde deshalb zum Tod durch den Strang verurteilt. Sein zurückgekehrter Bruder fand ihn bereits leblos am Galgen hängend, konnte ihn aber wieder ins Leben zurückrufen. Sie konnten die übrigen Gefangenen (137?) loskaufen u. kehrten in die Heimat zurück. Petrus lebte fortan ganz dem Gebet u. der Buße. Bis zu seinem Tod sprach er mit begeisterten Worten von jenen seligen Augenblicken, da er, diesem Leben bereits abgestorben, am Galgen hing. † am 27. 4. 1304 in Guardia de Prats. Kult approbiert 1686.
Gedächtnis: 27. April
Lit.: ActaSS Sept. I (1746) 317–335 – BHL 6700 – J. Gomis: Año cristiano IV (Madrid 1959) 277–283.

Petrus (Pedro) **de Betancur,** Sel.
* am 21. 3. 1626 zu Villaflora auf Teneriffa (Kanar. Inseln) als Kind armer Landleute. Sein Vorfahre Jean de Béthencourt war 1402 auf Lanzarote gelandet u. hatte so die Inselgruppe gegen die Besitzansprüche der Genuesen, Portugiesen u. Franzosen für Heinrich III. von Kastilien erobert. Pedro de Betancur führte schon als Kind ein frommes Leben u. hegte in reiferen Jahren den Wunsch, als Missionar in die Neue Welt zu gehen. Mit 23 Jahren schiffte er sich ein u. kam nach einer Seereise von 17 Monaten am 18. 2. 1651 in Guatemala, der Hauptstadt des gleichnamigen Staates, an. Da er als Priester später auch in Japan missionieren wollte, versuchte er 3 Jahre im dortigen Jesuitenkolleg zu studieren, jedoch ohne Erfolg. Anschließend diente er einige Zeit als Sakristan u. mietete sich dann

ein Haus am Stadtrand, wo er armen Kindern Katechismusunterricht erteilte u. sie im Lesen und Schreiben unterwies. Wohl in dieser Zeit freundete er sich mit den dortigen Kapuzinern an u. wurde Franziskaner-Terziar. Bald beherbergte er in seinem Haus auch mittellose Kranke u. wandelte es so in ein Spital um. Von überall her, auch vom Bisch. u. vom Gouverneur, erhielt er dazu reiche Unterstützung. So konnte er ein größeres Spital mit allen nötigen Einrichtungen bauen. Er selbst half dabei den Steinmetzen bei ihrer Arbeit. Später erwarb er noch 2 weitere Spitäler in der Stadt u. baute eine Kirche sowie eine Schule mit kostenlosem Unterricht für arme Kinder. Das ganze Werk stellte er unter den Schutz U.L.F. von Bethlehem. Es fanden sich Helfer ein, die er zum Orden der Bethlehemiten (Belemitas) zusammenführte. Die Mitglieder lebten nach der 3. Regel des hl. ↗ Franz von Assisi u. widmeten sich der Krankenpflege u. dem Schulunterricht. Der Orden erhielt von Clemens X. 1672 die päpstliche Bestätigung, Innozenz XI. erlaubte 1687 die Ablegung der feierlichen Gelübde, Clemens XI. gab ihm die Vorrechte der Bettelorden u. Regularkleriker für den Dienst an den Kranken. Der Orden breitete sich in Mexico, Peru u. auf den Kanar. Inseln aus, wurde aber 1820 durch die liberalen Volksvertretungen in Spanien u. Portugal aufgehoben. 1688 wurde ein weiblicher Zweig gegründet, der ebenfalls 1820 unterging. Pedro starb am 26. 4. 1667 u. wurde in der Kapuzinerkirche zu Guatemala beigesetzt. Seliggesprochen am 22. 6. 1980.

Gedächtnis: 26. April

Lit.: Heimbucher I² 608f – CathEnc II 534ff – DHGE VIII 1223f 1253f

Petrus Canisius (Kanijs) SJ, Kirchenlehrer, Hl.

* am 8. 5. 1521 zu Nijmegen (Nimwegen, Niederlande) als ältester Sohn des reichsfreien Bürgermeisters Jakob Kanijs. Seine erste Ausbildung erhielt er in der Heimat. 1536–1546 studierte er in Köln u. wurde 1538 Baccalaureus der freien Künste, 1540 Magister artium. In Köln kam er in enge Berührung mit führenden Vertretern der Devotio moderna u. der dt. Mystik wie Nikolaus van Essche. Er war mit Lorenz Surius von Lübeck befreundet, der 1540 in die Kartause von Köln eintrat. So entschloß er sich gegen den Wunsch des Vaters zum Studium der Theologie. Im April 1543 machte er bei ↗ Petrus Faber SJ, einem der ersten Gefährten des hl. ↗ Ignatius von Loyola, die Geistlichen Übungen (Exerzitien), die ihm die letzten Berufszweifel nahmen, u. schloß sich am 8. 5. 1543 als erster Deutscher der Gesellschaft Jesu an. In diesen Kölner Jahren begann er auch wissenschaftlich zu arbeiten. Ab 1544 hielt er Vorlesungen, 1546 gab er die Werke des ↗ Cyrillus von Alexandria u. von ↗ Leo I. in dt. Sprache heraus. Die dt. Ausgabe der Werke Johannes Taulers (1543) dürfte ebenfalls von ihm stammen. 1546 erhielt er die Priesterweihe. Im selben Jahr trat er dreimal als Sprecher der Katholiken von Köln vor Karl V. gegen den protestantisch gewordenen Hermann von Wied, Erzb. von Köln, was schließlich 1546 zu dessen Absetzung führte. Kard. Otto Truchseß von Waldburg wurde auf ihn aufmerksam u. bestellte ihn 1547 als seinen Privat-Theologen auf dem Konzil von Trient. 1562 war Canisius päpstlicher Theologe auf diesem Konzil. Ignatius sandte ihn 1548 auf ein Jahr nach Messina (Sizilien), wo er Theologie lehrte u. an der Gründung des dortigen Kollegs mitwirkte. Am 4. 9. 1549 legte er als 8. Jesuit die feierliche Profeß ab, am 4. 10. 1549 wurde er Doktor der Theologie in Bologna. Als „2. Apostel Deutschlands nach Bonifatius" (Leo XIII.) war er am Wiederaufbau der kath. Kirche Deutschlands entscheidend beteiligt, er war sogar der eigentliche Träger der Gegenreformation. 1549–1552 war er Professor der Theologie, Universitätsrektor u. Domprediger in Ingolstadt, 1552–1554 wirkte er als Professor u. Domprediger in Wien, wo er die ihm dreimal angebotene Bischofswürde ablehnte, 1555–1556 wirkte er in Prag, 1559–1569 in Augsburg, 1571–1577 in Innsbruck u. München. Zwischendurch predigte er auf den Domkanzeln in Köln, Regensburg u. Straßburg. 1556–1569 war er der 1. Provinzial der oberdt. Provinz, die damals Süddeutschland, Österreich-Ungarn u. die Schweiz umfaßte. Als solcher baute er den Orden organisatorisch aus, gründete neue

Kollegien in München, Innsbruck u. Würzburg, übernahm das von Kard. Truchseß von Waldburg in Fribourg gestiftete Kolleg mit Akademie u. baute die bereits bestehenden Niederlassungen in Wien u. Prag aus. Nach Niederlegung seines Provinzialates war er an den Kollegsgründungen in Hall in Tirol u. in Augsburg beteiligt. Diese Kollegien (Gymnasium u. Hochschule mit Internat u. Kirche bei unentgeltlichem Unterricht) waren als geistige Kristallisations- u. Ausstrahlungszentren konzipiert. Petrus Canisius gewann auch zahlreichen Ordensnachwuchs u. sicherte so den Fortbestand seines Werkes.

Einen bedeutenden Einfluß gewann Petrus Canisius auf dem Gebiet der Kirchenpolitik. Mit fast allen führenden Persönlichkeiten seiner Zeit stand er in persönlichem Kontakt u. trug so wesentlich zur Weckung eines neuen kath. Selbstbewußtseins in Deutschland bei. Er war Vertrauensmann der kath. Fürsten, bes. Erzherzog Ferdinands I., auf dessen Wunsch er 1554–1555 Administrator der Erzdiöz. Wien war. Er stand in enger Beziehung zu den Päpsten u. hatte wiederholt wichtige Missionen in Deutschland zu erfüllen, insbes. zur Durchführung der Beschlüsse des Konzils von Trient. Er wurde zu wichtigsten Verhandlungen beigezogen auf Reichstagen, bei Religionsgesprächen oder auch zur Beilegung der Konzilskrise (1552–1562). In seinen Reformgutachten kritisierte er scharf die Haltung eines Großteils des Klerus, auch der Bischöfe, u. drängte auf bessere Auswahl u. Ausbildung der Priesterkandidaten, auf die Gründung von päpstlichen Seminaren in Deutschland u. den Ausbau des Germanicums in Rom. Er forderte auch eine bessere Verbindung zw. Rom u. der Kirche in Deutschland durch Vermehrung der Nuntiaturen. Diese Reformvorschläge wurden vor allem unter Gregor XIII. mitbestimmend für die von Rom getroffenen Maßnahmen. Keinen Erfolg hatte er bezüglich der Aufhebung des Adelsprivilegs für Prälaturen.

Wohl die nachhaltigste Wirkung erzielte er durch seine schriftstellerischen Arbeiten. Von seinen 30 Werken ist sein berühmtestes der dreifache Katechismus: Summa doctrinae christianae (für Studenten, Wien 1555), Catechismus minimus (für Kinder, Ingolstadt 1556) u. Parvus catechismus catholicorum (für Mittelschüler, Köln 1558). Diese 3 Katechismen erlebten noch zu seinen Lebzeiten über 200 Auflagen. Er verfaßte außerdem Werke über Kontroverstheologie, Buße u. Rechtfertigung, Maria u. Marienverehrung, Homilien (2 Bände), Gebetbücher (u. a. die 1. gedruckte Lauretanische Litanei), Heiligenlegenden; er gab die Briefe des hl. ↗ Hieronymus, Andreas de Vega u. Hosius heraus. Bei der Arbeit an seinem Buch De verbi Dei corruptelis (Mißbrauch des Wortes Gottes, 1571) ergaben sich Differenzen zw. ihm u. seinem Amtsnachfolger als Provinzial, Paul Hoffaeus SJ. Dies führte 1580 zu seiner Versetzung nach Fribourg (Schweiz), wo er im Auftrag Gregors XIII. das dortige Hieronymus-Kolleg (heute Collège St-Michel) gründete. Man vertrat die Meinung, daß Canisius seinen Mitbrüdern, bes. P. Hoffaeus, unbequem war u. daß seine nationaldt. Gesinnung vom Ordensgeneral in Rom nicht verstanden wurde. Sicher aber ist, daß General Rudolf Aquaviva SJ Canisius nach Ausführung seines Auftrages in der Schweiz 1585 wieder zurückrufen wollte, daß ihn aber die Bevölkerung, der Magistrat u. die Geistlichkeit nicht ziehen ließen. Bis um 1590 war er regelmäßig als Prediger u. bis wenige Tage vor seinem Tod als Schriftsteller tätig. † am 21. 12. 1597 in Fribourg. Sein Leib ruht in der dortigen Michaelskirche.

Persönlich war Petrus Canisius ein sehr wortkarger Mann. In seinem Geistlichen Testament (um 1569) u. in seinen Bekenntnissen (um 1570) läßt er den Grundzug seines Wesens u. Arbeitens erkennen: Seine beständige Verbindung mit Gott, seine unverbrüchliche Treue zum Papst u. zum Orden u. das Bewußtsein seiner Sendung zur Arbeit an der Kirche Deutschlands. Wesentlich bestimmend wurden für ihn seine mystischen Gnaden, bes. die Herz-Jesu-Offenbarung am Grab des hl. Petrus in Rom am Tag seiner Profeß am 4. 9. 1549. Er besaß eine umfassende Kenntnis der Hl. Schrift u. der Väter. In der Auseinandersetzung mit den Protestanten war er, sehr im Gegensatz zur damals üblichen groben Ausdrucksweise, auffallend mild u. tolerant

u. wirkte auch auf seine Freunde mäßigend. Aufgrund seiner Verehrung im gesamten süddt. Raum wurde schon bald nach seinem Tod sein Seligsprechungsprozeß eingeleitet, der aber durch die Aufhebung des Ordens (1173–1814) längere Zeit unterbrochen war. Er wurde 1864 seliggesprochen, heiliggesprochen u. zum Kirchenlehrer ernannt am 21. 5. 1925.
Liturgie: RK g am 27. April, Innsbruck H (Diözesanpatron). Berlin, Görlitz, Köln, Lausanne-Genève-Fribourg, Mainz, Meißen: F. Aachen, Augsburg, Eichstätt, Fulda, Regensburg, Feldkirch, Wien, Sitten: G
Darstellung: mit Buch, Kruzifix und Totenkopf, in der Glorie JHS, das Wort „Caritas" von Engeln im Lichtglanz getragen, vor der Gottesmutter kniend
Patron: der kath. Schulorganisation Deutschlands (1921), der Diöz. Brixen (1925) u. Innsbruck (1964)
Lit.: O. Braunsberger (Freiburg/B. 1921) – E. Morand (Fribourg 1925) – Schottenloher I 106–111, V 44f (Lit. bis 1937) – J. Brodrick (London 1935, dt. v. K. Telch, 2 Bde. Wien 1950) – A. Rohrbasser, Herold der Kirche (Fribourg 1954) – F. Saft: ZAM 13 (1938) 215–235 (das Allg. Gebet) – G. Frhr. v. Pölnitz: ZBLG 18 (1955) 352–394 (Canisius u. d. Bistum Augsburg) – V. Burr: AHVNrh 157 (1955) 84–97 – B. Schneider: ZKTh 79 (1957) 304–330 (Canisius u. Hoffaeus) – J. Bruhin (Hrsg.) (Freiburg/Schw. 1980)

Petrus Ludwig Maria (Pierre-Louis-Marie) **Chanel**, Märt., Hl.
* am 12. 7. 1803 zu Potière (Dep. Ain, Ostfrankreich). Mit 33 Jahren schloß er sich der von Jean-Claude Colin gegründeten Priesterkongregation der Maristen an u. ging 1837 mit anderen Mitbrüdern in die neu zu gründende Mission in der Südsee. Auf Tahiti zwangen evangelische Prediger die Missionare, sich ein anderes Arbeitsfeld zu suchen. Ein zweiter Versuch auf der Insel Tonga war ebenso erfolglos. Schließlich fanden sie ihr Missionsfeld auf den Inseln Wallis u. Futuna (Fidschi-Inseln). Nach langer Beratung der Einwohner von Futuna wurde Chanel mit einem Laienbruder vom Häuptling Niuliki aufgenommen. Es begann eine schwere Zeit für ihn: Ohne Kenntnis der Sprache u. der Sitten der Inselbewohner, völlig auf sich allein gestellt, brauchte er lange Zeit, die Eingeborenen günstig für sich zu stimmen. Bald erwuchsen ihm Feinde aus dem Ältestenrat des Häuptlings, die um ihr Ansehen beim Volk bangten. Die wenigen neu gewonnenen Christen wurden beschimpft, verfolgt u. gequält u. ihre Hütten angezündet. Der Häuptling selbst wurde immer feindseliger. Als sein Sohn ebenfalls Christ wurde, ließ er durch seinen „Ersten Minister" Musumusu den Missionar u. noch 2 andere Männer ermorden. Chanel starb am Morgen des 28. 4. 1841 als 1. Märt. Ozeaniens. Wenige Jahre nach seinem Tod wurde die ganze Insel kath. u. gilt noch heute als das Ideal eines christlichen Gemeinwesens. Er wurde 1889 selig-, am 13. 6. 1954 heiliggesprochen.
Liturgie: GK g am 28. April
Lit.: AAS 47 (1955) 161–175 – Streit XXI 174–183 – KathMiss 74 (1955) 41–45 – H. Neufeld, Der Heilige u. die Kopfjäger (München 1954)

Petrus Chrysologus, Bisch. von Ravenna, Kirchenlehrer, Hl.
Name: griech. chrysós (aus hebr. harus entlehnt: Gold) + lógos (Wort, Rede): Goldredner
* um 380 zu Forum Cornelii beim heutigen Imola (Oberitalien). Er wurde von Bisch. Cornelius von Imola erzogen u. in den Klerus aufgenommen. Er wurde wohl nach 431 Bisch. von Ravenna. Unter ihm wurde Ravenna, das damals Residenzstadt des weström. Reiches war, Metropole (der Metropolit hieß seit dem 6. Jh. „Erzbischof"). Er war eng mit ↗ Leo d. G. verbunden u. kämpfte mit diesem zus. gegen die verworrene monophysitische Irrlehre des Eutyches von Konstantinopel. Seine hervorragende Kanzeltätigkeit trug ihm den Beinamen „Goldredner" ein, wohl auch deshalb, um für das Abendland ein Gegenstück zu ↗ Johannes Chrysostomus zu haben. Von seiner vielgerühmten literarischen Tätigkeit sind nur die „Sermones" (Predigten) erhalten. † am 3. 12. 450 in Forum Cornelii. Er wurde 1729 zum Kirchenlehrer ernannt.
Liturgie: GK g am 30. Juli
Lit.: G. Böhmer (Paderborn 1919) – L. Baldisserri (Imola 1920) – H. Koch: Pauly-Wissowa XIX 1361–1372

Petrus (Pedro) **Claver** SJ, Hl.
* 1580 zu Verdú bei Cervera (östl. von Lérida, Nordostspanien) aus einfacher Familie. Er trat 1602 in die Gesellschaft Jesu ein

u. verbrachte sein Noviziat 1602–1604 in Tarragona. 1604–1605 weilte er im Jesuitenkolleg in Gerona, 1605–1608 zum Philosophiestudium auf Mallorca. Hier befreundete er sich mit ↗ Alfons Rodriguez SJ, dem Klosterpförtner von Montesión, der ihn zur Negermission in Südamerika begeisterte. Nach zweijährigem Theologiestudium in Barcelona wurde er 1610 auf eigenen Wunsch nach Westindien geschickt. Da dort kein Theologieprofessor zu finden war, wirkte er in Santa Fe de Bogotá über ein Jahr als Laienbruder u. empfing 1616 in Cartagena (Nordkolumbien) die Priesterweihe. Hier im Zentrum des Sklavenhandels wirkte er bis zu seinem Tod in heldenmütiger Weise als „Apostel der Neger", denen er in heroischer Nächstenliebe geistige u. materielle Hilfe brachte. Er war Seelsorger u. Heidenmissionar, half den Aussätzigen u. sammelte Almosen. Nach eigener Angabe taufte er in den knapp 40 Jahren etwa 300.000 Neger, d. h. fast alle, die in dieser Zeit in Cartagena ausgeschifft wurden. Er wirkte auch in Cartagena selbst überaus segensreich, sodaß er genauso auch „Apostel von Cartagena" heißen könnte. † am 8. 9. 1654 in Cartagena, 1851 selig-, 1888 heiliggesprochen, 1896 von Leo XIII. zum Patron der Negermission ernannt. Die 1894 von ↗ Maria Theresia Ledóchowska gegründete Petrus-Claver-Sodalität (seit 1947 „Missionsschwestern vom hl. Petrus Claver") unterstützen die afrikanischen Missionen durch Gebet, Almosen, Druckereierzeugnisse, liturgische Geräte, Kleider, Arzneien u. a. Bis 1963 wurden etwa 5,5 Mill. Bücher in 194 afrikanischen Sprachen gedruckt.
Gedächtnis: 8. September
Darstellung: als Priester mit Negern
Patron: der Negermissionen (1896) u. der Missionsschwestern vom hl. Petrus Claver
Lit.: V. Kolb (Wien 1929) – J. Schenk, Der Apostel einer großen Stadt (Regensburg 1954)

Petrus Cölestinus ↗ Cölestin V.

Petrus, Bisch. **von Damaskus,** Märt., Hl.
Er wurde bei den Sarazenenfürsten angeklagt, daß er den christlichen Glauben lehre. Deshalb ließ ihm Kalif Walid II. die Zunge herausschneiden, Hände u. Füße abhauen u. ans Kreuz heften, wo er sein Martyrium vollendete. Die Leiche wurde enthauptet, verbrannt u. die Asche in den nahen Fluß geworfen. Dies ist die Version des Matyrologium Romanum. Der Chronograph des hl. ↗ Theophanes Confessor schreibt, Kalif Walid II. habe ihn nur der Zunge beraubt u. ihn dann nach Arabien verbannt, wo er gestorben sei. † 743.
Gedächtnis: 4. Oktober

Petrus Damiani OSB, Kard., Bisch. von Ostia, Kirchenlehrer, Hl.
* 1007 zu Ravenna. Nach harter, entbehrungsreicher Jugend ermöglichte ihm sein geistlicher Bruder Damianus sein Studium in Ravenna, später in Faenza u. Parma. Von diesem nahm er den Beinamen Damiani an. Er war kurze Zeit Lehrer in Ravenna u. erhielt wohl hier die Priesterweihe. 1035 wurde er Benediktiner im Eremitenkloster Fonte Avellana bei Gubbio (nördl. von Perugia, Mittelitalien), wo er 1043 Prior wurde. Er suchte den zahlreichen Eremitenkongregationen feste Normen für ihr strenges Buß- u. Gebetsleben zu geben u. sie an ein Kloster zu binden, damit sie einen organisatorischen Rückhalt bekämen. In seinem ungestümen Tatendrang und seinem gegen alle Halbheiten kämpfenden Reformeifer wirkte er weit über seinen Klosterverband hinaus u. kam bald auch mit den Reformkreisen an der röm. Kurie u. am dt. Kaiserhof in Berührung. Das anstehende Problem von damals waren die Abhängigkeit der Kirche vom Staat (Laieninvestitur, ottonische Reichskirche), die Unfreiheit u. Schutzlosigkeit der Klöster gegenüber geistlichen u. weltlichen Herren, kirchliches u. weltliches Feudalherrentum, rel.-sittlicher Verfall des Klerus u. Käuflichkeit geistlicher Würden (Simonie). Diese Mißstände hatten schon 908 die Neugründung des Klosters ↗ Cluny veranlaßt u. führten schließlich zum Investiturstreit (1075–1122; ↗ Gregor VII.). Petrus Damiani nahm bereits unter Gregor VI. (1045–46) mit der röm. Kurie Kontakt auf, trat aber erst mit ↗ Leo IX. (1049–54) in nähere Beziehung. In dieser Zeit verfaßte er zwei seiner wichtigsten Kampfschriften, den Liber gratissimus (gegen die Simonie) u. den Liber Gomorrhianus (gegen die sitt-

lichen Laster im damaligen Klerus). Bei seinem strengen Reformeifer trat er aber für eine enge Zusammenarbeit zw. Papst u. Kaiser ein. 1057 wurde er von Stephan IX. zum Kardinalbischof von Ostia ernannt. Als solcher war er, meist mit großem Erfolg, in verschiedenen Missionen tätig: Im Winter 1059/60 vermittelte er in Mailand zw. dem dortigen Erzb. Wido u. der rel. Reformpartei (Pataria) unter dem Diakon ↗ Arialdus u. konnte zugleich den Einfluß des Papstes in Mailand festigen; 1061–64 kämpfte er energisch gegen den Gegenpapst Honorius II. u. für die Anerkennung der Wahl Alexanders II. (des Mitbegründers der Pataria in Mailand); 1063 reiste er nach Cluny u. nahm das Kloster gegen Bisch. Mâcon in Schutz; 1066 führte er die Untersuchung über die Anklagen der Mönche von Vallombrosa gegen den simonistischen Bisch. dieser Stadt; 1069 ging er nach Mainz zu Kaiser Heinrich IV., um ihn von seiner beabsichtigten Ehescheidung abzubringen; 1071 nahm er an der Weihe des Neubaues der Klosterkirche von Montecassino teil u. 1072 reiste er nach Ravenna, um die Stadt mit Alexander II. auszusöhnen. Er starb auf der Rückreise in der Nacht vom 22. zum 23. 2. 1072 im Kloster S. Maria foris portam in Faenza u. wurde im dortigen Dom beigesetzt.
Petrus Damiani hinterließ ein umfangreiches literarisches Werk. Er war ein Meister der lat. Sprache u. besaß profunde Kenntnisse der Hl. Schrift u. der Kirchenväter sowie des kanonischen Rechtes. Zu fast allen Fragen seiner Zeit nahm er Stellung. Seine Schriften wirkten noch bei den Reformen des 14. und 15. Jh.s nachhaltig fort. Er wird seit jeher als Heiliger verehrt, obwohl er nie kirchlich heiliggesprochen wurde. Leo X. ernannte ihn 1828 zum Kirchenlehrer.
Liturgie: GK g am 21. Februar
Darstellung: im Einsiedlergewand, neben ihm Kardinalshut. Mit Büchern, Geißel, Kreuz u. Totenkopf
Lit.: F. Dressler, Petrus Damianis Leben u. Werk (Regensburg 1954) – J. Leclercq (Rom 1960)

Petrus Diaconus, Sel.
Er war der engste Freund u. Studiengenosse ↗ Gregors I. d. G. u. lebte als Mönch in dem von Gregor d. G. in Rom gestifteten Andreaskloster u. 590–592 in einem der Klöster in Sizilien. 592–593 wirkte er als Subdiakon der röm. Kirche in Kampanien (Unteritalien), als Verwalter ihrer Güter u. als persönlicher Gesandter Gregors I. Er wurde zum Kardinaldiakon geweiht u. lebte dann in der Nähe des Papstes. Auf seine Bitten hin schrieb Gregor I. 593/594 seine Dialoge (4 Bücher), eine Art mirakulöser Heiligenlegende. † um 605 in Rom. Kult approbiert 1866. Sein Grab war zunächst neben Gregor, dann in Vercelli u. ist seit 1480 in Salussola nordöstl. von Turin).
Gedächtnis: 12. März
Lit.: Mabillon AS I 497 – ActaSS Mart. II (1865) 208f – ECatt IX 1435

Petrus Faber (Favre, auch Lefèvre) SJ, Sel.
* am 13. 4. 1506 in Villaret (Savoyen). Er ging 1525 zu den Studien nach Paris, wo er sich im Frühjahr 1531 dem hl. ↗ Ignatius von Loyola als 1. Gefährte anschloß. Er erhielt 1534 die Priesterweihe u. zelebrierte als einziger Priester der kleinen Gemeinschaft am 15. 8. 1534 in der Märtyrerkapelle auf dem Montmartre die Messe, während der Ignatius u. seine 6 Gefährten durch ihr Gelübde die Grundlage zur späteren Gesellschaft Jesu legten. 1537–40 wirkte er in Italien, bes. in Rom u. Parma, als Prediger u. Exerzitienmeister. 1540 begleitete er die päpstlichen Legaten zu den Reichstagen in Deutschland u. in den Niederlanden. 1541–42 wirkte er als Seelsorger in Spanien, 1543 in Deutschland. Hier gewann er in Köln ↗ Petrus Canisius für den Orden u. gründete mit ihm zus. 1544 die 1. Niederlassung der Jesuiten in Deutschland. 1544–46 predigte er in Spanien u. Portugal. Er verzichtete bewußt auf kirchenpolitische Einflußnahme, sein Wirken war rein seelsorglich ausgerichtet. Gegenüber den Protestanten setzte er sich für Milde u. Nachsicht ein. Er erkannte die Notwendigkeit innerkirchlicher Reform u. suchte diese bes. durch Exerzitien für Priester u. einflußreiche Laien zu verwirklichen. † am 1. 8. 1546 in Rom. Kult approbiert 1872.
Liturgie: Mainz, Speyer g am 1. August
Lit.: G. Guitton (Paris 1934) – J. B. Kettenmayer: AHSI 8 (1939) 86–102 – G. Schurhammer, Franz Xaver I (Freiburg/B. 1955) – W. Read (Diss. Rom 1950) (Gebetsleben Fabers)

Petrus (Pierre) **Fourier** CanReg, Hl.
* am 30. 11. 1565 zu Mirecourt (Herzogtum Lothringen). Er studierte Philosophie u. Theologie in Pont-à-Mousson u. trat 1585 als regulierter Chorherr in die Abtei Chaumousey ein. 1589 wurde er Priester, um 1595 Prokurator der Abtei u. 1597 Pfarrer in Mattaincourt (bei Mirecourt). In 4 Jahrzehnten erneuerte er durch seine priesterlich-aszetische Opfergesinnung u. sein soziales Wirken die gänzlich heruntergekommene Gemeinde. Er gründete karitative Einrichtungen, eine Darlehenskasse, ein Schiedsgericht, eine Ortspolizei u. eine Freischule. Sein Hauptwerk ist die Gründung des Lehrordens der Chorfrauen U.L.F. (1597) u. die Wiederherstellung der vita canonica regularis in der von ihm gestifteten Augustiner-Chorherren-Kongregation von unserem Heiland (1623). Er ist eine der größten Gestalten der nachtridentinischen Kirchenreform. † am 9. 12. 1640 in Gray (Dep. Haute-Saône). 1730 selig-, 1897 heiliggesprochen. Er wird in Lothringen sehr verehrt.
Liturgie: Trier g am 10. Dezember; sonst am 9. Dezember
Lit.: G. Pletl (1914) – F. Bonnard (Paris 1935³) – W. Schamoni, Das wahre Gesicht der Heiligen (München 1950³) 216f 342 – Baudot-Chaussin XII 295–303

Petrus Galata, Hl.
* um 340 in Ankyra (Galatien, Kleinasien). Nach der Überlieferung lebte er schon vom 8. Lebensjahr an als Asket. Er machte eine Pilgerfahrt ins Hl. Land u. lebte dann als Eremit auf dem Berg Silipios bei Antiochia in Syrien in einer ehemaligen Grabkammer. † um 430. Auf seine Fürbitte geschahen viele Wunder.
Gedächtnis: 1. Februar
Lit.: ActaSS Febr. I (1863) 94ff – Schiwietz III 280–283

Petrus (Pedro) **Gonzáles** OP, Sel. (Gundisalvus; auch St. Elmo, in Spanien San Telmo genannt)
* wohl vor 1190 zu Astorgá (westl. von León, Nordwestspanien) aus einer altkastilischen Adelsfamilie. Er wurde Domherr in Palencia u. trat dann ebenda in den Dominikanerorden ein. Er war Beichtvater König Ferdinands III. von Kastilien u. predigte zum Kreuzzug gegen die Mauren. † um 1246 zu Tuy am Miño (Nordwestspanien, Grenze zu Portugal). 1254 seliggesprochen für Spanien, Kult 1741 allg. bewilligt. Sein Leib ruht in der Kathedrale von Tuy.
Gedächtnis: 14. April
Darstellung: mit einem Schiff in der Hand (als St. Elmo ist er Patron der Schiffer u. wird häufig mit dem hl. ↗ Erasmus verwechselt). Unversehrt über Feuer und glühenden Kohlen liegend
Patron: der Schiffer
Lit.: MOP I 296ff – BHL 6711 – EEAm 60, 610ff – Baudot-Chaussin IV 358–363

Petrus von Imola, Sel.
Er war Ritter des Johanniterordens von Jerusalem u. pflegte in einem Spital in Florenz die Kranken. † am 5. 10. 1320 in Florenz. Ein Teil seiner Reliquien wurde in die Ordenskirche auf der Insel Malta übertragen.
Gedächtnis: 5. Oktober

Petrus Julianus (Pierre-Julien) **Eymard,** Hl.
* am 4. 2. 1811 zu La Mure-d'Isère bei Grenoble (Ostfrankreich). Er wurde 1834 Priester u. trat 1839 der Kongregation der Maristen (Gesellschaft Mariens) bei u. wurde 1845 Provinzial von Lyon, später Superior des Kollegs La Seine-sur-mer. Er verließ aber die Kongregation wieder u. gründete 1856 in Paris die Kongregation der Eucharistiner zur Förderung der Verehrung der hl. Eucharistie. Er blieb bis zu seinem Tod Oberer dieser Kongregation. 1858 gründete er die „Dienerinnen des allerheiligsten Altarsakramentes" sowie den „Eucharistischen Verein der Priester der Anbetung" (eine Priesterbruderschaft, die Zentren in Bozen, Wien u. Rottweil besitzt) u. 1859 in Marseille die „Aggrégation du Très-Saint-Sacrament" (eine den Eucharistinern angeschlossene fromme Laienvereinigung). † am 1. 8. 1868 in La Mure-d'Isère. 1877 fand man seinen Leib unversehrt u. übertrug ihn in die Corpus-Christi-Kirche in Paris. Seliggesprochen am 12. 7. 1925, heiliggesprochen am 9. 12. 1962.
Gedächtnis: 1. August
Lit.: J.-M. Lambert (Paris 1925⁵) – A. Bettinger (Paris 1927) – A. Bettinger, 2 Bde. (Paris 1928) – P. Fossati (Mailand 1928) – F. Trochu (Lyon 1949) – AAS 55 (1963) 369ff

Petrus von Jully OSB, Sel.
Er war Engländer von vornehmer Abkunft. Auf einer Reise nach Burgund lernte er ↗ Stephan Harding kennen. Beide pilgerten zus. nach Rom u. traten in das Benediktinerkloster in Molesme (Dep. Côte-d'Or, Ostfrankreich) ein. Petrus wurde später Prior im Kloster Useldingen (Luxemburg) u. war zuletzt Beichtvater im Benediktinerinnenkloster Jully (Diöz. Langres). † am 23. 6. 1136. Kult 1884 approbiert.
Gedächtnis: 23. Juni
Lit.: N. Gengler (Clairefontaine 1922) – Zimmermann II 374f 377 – Baudot-Chaussin VI 382f

Petrus vom Kreuz OSM, Sel.
Er war höchstwahrscheinlich ein Pilger aus Deutschland, der Santiago de Compostela (Spanien) besucht hatte u. über Rom ins Hl. Land ziehen wollte. In Viterbo (nördl. von Rom) wurde er schwerkrank u. in das nahegelegene Hospiz der dortigen Serviten aufgenommen. Er blieb dem Orden zeitlebens verbunden. Bei einer Pestepidemie heilte er durch das Kreuzzeichen zahlreiche Kranke. Auf seinem Totenbett erhielt er das Ordenskleid. † am 6. 7. 1522, beigesetzt in der Servitenkirche zu Viterbo.
Gedächtnis: 6. Juli
Lit.: L. M. Raffaelli, Articuli exhibiti . . . (Rom 1928)

Petrus I. OSB, Abt **von La Cava,** Hl.
* um 1038 zu Salerno aus dem Adelsgeschlecht der Pappacarboni. Er war der Neffe des hl. ↗ Alferius. Um 1054 wurde er Benediktinermönch in La Cava (bei Salerno, Unteritalien) u. ging später auf 8 Jahre in das Kloster ↗ Cluny, um die dortige Klosterreform zu studieren. Nach seiner Rückkehr leitete er 1068–1070 das Kloster Cilento u. wurde Bischof von Policastro, kehrte aber schon nach wenigen Jahren nach La Cava zurück. 1076 wurde er Abtkoadjutor u. wenig später Nachfolger des Abtes ↗ Leo I. Als solcher führte er gegen anfänglichen Widerstand die Consuetudines von Cluny ein. † am 4. 3. 1123. Kult 1893 approbiert. Seine Gebeine ruhen unter dem Hochaltar zu La Cava.
Gedächtnis: 4. März
Lit.: P. Lugano, L'Italia benedettina (Rom 1929) 164–179 – Zimmermann I 282ff – La badia . . . dia La Cava (La Cava 1942) 15ff

Petrus II. OSB, **Abt von La Cava,** Sel.
Er war Abt des Benediktinerklosters La Cava (westl. von Salerno, Unteritalien). Er führte die unter Abt ↗ Alferius eingeführte Cluniazensische Reform (↗ Cluny) weiter u. starb im Ruf der Heiligkeit am 13. 3. 1208. Kult approbiert am 16. 5. 1928.
Gedächtnis: 13. März
Lit.: AAS 20 (1928) 304ff

Petrus von Luxemburg, Sel.
* am 20. 7. 1369 zu Ligny-en-Barrois (westl. von Namur, Belgien) als Sohn des Grafen Guido von Luxemburg. Er kam zur Ausbildung nach Paris u. erhielt dort, gemäß der Unsitte jener Zeit, bereits in seinem 10. Lebensjahr vom Gegenpapst Clemens VII. in Avignon ein Kanonikat in Paris. 1381 wurde er Archidiakon von Dreux u. Brüssel, 1382 Kanoniker in Cambrai u. 1384 im Alter von 15 Jahren zum Kardinal u. Bisch. von Metz ernannt. Aus Demut u. im Bewußtsein seiner Unwürdigkeit u. Unfähigkeit nahm er auf einem Esel reitend von seinem Bistum Besitz. Er lebte in großer Bußstrenge u. teilte seine letzte Habe mit den Armen. Schon im darauffolgenden Jahr verzichtete er auf sein Bistum u. zog sich nach Avignon zurück, wo er seine ganze Kraft dem Gebet u. der Liebe zu den Armen widmete. † am 2. 7. 1387. Er wurde auf dem Friedhof bei St-Michel in Avignon begraben. An seinem Grab ereigneten sich zahlreiche Wunder. Seine Gebeine wurden 1395 erhoben u. in der Cölestinerkirche zu Avignon beigesetzt. Zu seiner Seligsprechung kam es erst 1527, weil man an der Erhebung seiner Gebeine durch den Gegenpapst Benedikt XIII. Anstoß genommen hatte. Die Reliquien befinden sich heute in St-Didier in Avignon.
Gedächtnis: 2. Juli
Lit.: BHL 6178ff – H. François (Nancy 1927) – Baudot-Chaussin VII 51–59 – S. Gagnière, Eglises et Chapelles d'Avignon (Avignon 1953) 48ff

Petrus Martyr OP, Hl. (Petrus von Verona)
* um 1205 zu Verona (Oberitalien). Seine Eltern gehörten zur Sekte der Albigenser, schickten aber ihren Sohn gleichwohl in die kath. Schule. Petrus trat 1221/22 in Bologna dem Dominikanerorden bei, wo er möglicherweise noch den hl. ↗ Dominikus

selbst kennenlernte († 6. 8. 1221 in Bologna). Er wurde 1232 päpstlicher Gesandter in Mailand, 1240 Prior in Asti, 1241 Prior in Piacenza, 1251 päpstlicher Gesandter in Cremona u. im selben Jahr Prior in Como u. päpstlicher Inquisitor in Como u. Mailand. Er wirkte als Prediger in fast allen Städten in Ober- u. Mittelitalien u. in Rom mit großem Erfolg. Er wurde vom Volk geliebt, von den Irrlehrern (Katharern) aber tödlich gehaßt. Deshalb wurde er von diesen durch 2 gedungene Mörder zu Farga bei Mailand am 6. 4. 1252 mit Dolchstichen ermordet. Sterbend schrieb er mit seinem eigenen Blut „Credo" auf den Boden. Sein Leib wurde in S. Eustorgio beigesetzt. Heiliggesprochen 1253.
Gedächtnis: 6. April
Darstellung: als Dominikaner, den Finger am Mund (als Zeichen des Schweigegebotes). Wunde im Kopf bzw. ein Hackmesser oder Schwert in seinem Kopf steckend. Mit Palme u. Buch
Patron: der Wöchnerinnen
Lit.: MOP I 236–248 308f – BHL 6721–6726 – G. Ederle (Verona 1952)

Petrus Nolascus, Hl.
* um 1182 zu Recaudum (Mas-Saintes-Puelles od. St-Papoul, südöstl. von Toulouse, Südfrankreich). Er stammte aus einem Rittergeschlecht, nahm mit 15 Jahren am Kreuzzug gegen die Albigenser teil u. lebte dann am Hof Jakobs I. von Aragón in Barcelona (Spanien). Dort lernte er ↗ Raimund von Peñafort kennen u. gründete mit ihm zus. den „Orden der seligen Jungfrau Maria vom Loskauf der Gefangenen" (auch Mercedarier oder Nolasker genannt). Es war ein Ritterorden für Laien u. Geistliche zum Zweck des Loskaufs christlicher Gefangener von den Moslems. Raimund von Peñafort schrieb die Konstitutionen, Petrus Nolascus leitete den Orden bis zu seinem Tod, König Jakob I. unterstützte ihn u. gab ihm das Recht, das königliche Wappen zu führen. Petrus Nolascus befreite insgesamt 890 Gefangene. Von einer Reise nach Valencia u. Granada brachte er einmal 400 Losgekaufte mit, zweimal ging er nach Afrika u. kam dabei einmal in Lebensgefahr. † am 25. 12. 1249 (oder 1256) in Barcelona, heiliggesprochen 1628.
Gedächtnis: 25. Dezember
Darstellung: in weißer Ordenstracht (Talar u. Skapulier) mit dem roten Ordenskreuz auf der Brust. Mit Kette u. Fahne mit rotem Kreuz. Mit befreiten Sklaven. Mit einer großen Glocke, auf der ein Marienbild ist
Patron: der Gefangenen
Lit.: Wetzer-Welte IX 1927–1930 – P. N. Pérez (Barcelona 1915, ital. Cagliari 1935) – Künstle II 502f – Baudot-Chaussin I 635–642 – AST 31 (1958) 65–79

Petrus (Pietro) **Orseolo** OSB, Hl.
* 928 zu Venedig aus dem Adelsgeschlecht der Orseoli. 948 kämpfte er als venezianischer Flottenkommandant gegen die Seeräuber u. zog sich dann zurück. Nach dem Volksaufstand gegen den Dogen Pietro IV. Candiano u. seiner Ermordung wurde er 976 zum Dogen von Venedig gewählt. Als solcher stellte er die Verfassung wieder her, besorgte aus eigenen Mitteln den Wiederaufbau des beim Aufstand abgebrannten Markusdomes u. des Dogenpalastes, schloß mit auswärtigen Mächten günstige Verträge u. baute Spitäler u. andere caritative Einrichtungen. Am 1. 9. 978 verließ er seine Familie u. seine Stadt u. verbrachte den Rest seines Lebens mit dem hl. ↗ Romuald als Benediktinermönch im Kloster Cuxá (St. Michael in Cusan, Pyrenäen). Er zeichnete sich aus durch Demut, Selbstverleugnung u. Nächstenliebe. In den letzten Jahren lebte er als Rekluse in der Nähe des Klosters in strenger Askese. † am 10. 1. 987. Seine Gebeine wurden 1027 erhoben. Reliquien befinden sich u. a. in Venedig u. in der Pfarrkirche zu Prades. Kult 1731 approbiert.
Gedächtnis: 10. Jänner
Lit.: B. Schmid: SM 22 (1901) 71–113 251–281 – R. Cessi, Venezia ducale II (Padua 1929) 141ff 244ff – Zimmermann I 81–84 – G. v. Pölnitz, Venedig (München 1949) 78–84

Petrus (Petros) **Patricius,** Abt in Konstantinopel, Hl.
* um 788, sein Beiname weist auf hohe Abkunft. Er machte den Feldzug des Kaisers Nikephoros gegen die Bulgaren (811) mit u. geriet in Gefangenschaft; es gelang ihm zu flüchten. In der Verfolgung des bilderstürmerischen Kaisers Theophilos (829–842) ließ er sich auf dem Olymp in Bithynien (Nordwest-Kleinasien) als Einsiedler nie-

der, wo er Schüler des hl. Johannicius wurde. Im hohen Alter kehrte er nach Konstantinopel zurück u. gründete dort ein Kloster. Hier lebte er als Rekluse bis zu seinem Tod im Jahr 865.
Gedächtnis: 1. Juli

Petrus Renatus (Pierre-René) **Rogue** CM, Märt., Sel.
* am 11. 6. 1758 zu Vannes (Bretagne). 1782 wurde er Priester u. Aumônier (Anstaltsgeistlicher) bei den „Dames de la Retraite" in Vannes, 1788 Professor am Seminar zu Vannes. 1791 verweigerte er den Eid auf die Konstitution der Franz. Revolution u. protestierte gegen die antikirchlichen Gesetze. Von 1792 an konnte er nur noch heimlich seine seelsorglichen Aufgaben erfüllen. Am 24. 12. 1795 wurde er auf einem Versehgang verhaftet, vor das Revolutionsgericht gestellt u. am 3. 3. 1796 in Vannes enthauptet. Er wurde 1934 in der Kathedrale zu Vannes beigesetzt. Seliggesprochen am 10. 5. 1934 (s. Märt. von Frankreich, S. 894ff)
Gedächtnis: 3. März
Lit.: AAS 26 (1934) 292–296 304–311 – L. Brétaudeau (Paris 1934²) – L. Misermont (Paris 1937) – Baudot-Chaussin XIII 114–119

Petrus, Märt. **zu Rom** ↗ Marcellinus u. Petrus

Petrus (Petros) **II.,** Bisch. **von Sebaste,** Hl.
* vor 349. Er war der jüngste Bruder der hll. ↗ Basilius d. G. u. ↗ Gregors von Nyssa. Nach dem Tod seiner Eltern wurde er von seiner Schwester ↗ Makrina erzogen. Er wurde Mönch in der von Basilius im Pontus gegründeten klösterlichen Gemeinschaft u. später deren Leiter. 370 erhielt er aus der Hand des Basilius die Priesterweihe, 379/381 wurde er Bisch. von Sebaste in Armenien (heute Sivas, Türkei). Er nahm am 1. Konzil von Konstantinopel (381) teil. † 392.
Gedächtnis: 9. Jänner
Lit.: ActaSS Ian. I (1864) 588ff – Bardenhewer III 194f 199f – BHG³ 257f – AnBoll 79 (1961) 359f

Petrus von Siena ↗ Thomas von Tolentino

Petrus Thomas (Thomasius) OCarm, Erzb. von Kreta, Hl.
* 1305 zu Salles (Diöz. Périgueux, Südwest-Frankreich). Er trat ins Karmeliterkloster zu Bergerac (Dep. Dordogne) ein u. wurde 1345 Generalprokurator des Ordens u. 1349 Magister der Theologie an der Pariser Universität. 1354 wurde er Bisch. von Patti u. Lipari, 1359 Bisch. von Koron (Griechenland), 1363 Erzb. von Kreta u. 1364 Titularpatriarch von Konstantinopel. Unter Innozenz VI. schlichtete er als päpstlicher Legat die Streitigkeiten zw. Genua u. Venedig (1354), zw. Venedig u. Ungarn (1356 bis 1358), zw. Mailand u. dem Papst (1364) u. wurde 1359 päpstlicher Legat für den Nahen Osten. Er bemühte sich mit großem Eifer um die Wiedervereinigung der schismatischen Griechen mit Rom u. um den Kreuzzug von 1365. Auf diesem stellte er sich allen Gefahren so mutig entgegen, daß man ihm nach seinem Tod den Titel „Märtyrer" beilegte. † am 6. 1. 1366 zu Famagusta (Zypern). Kult approbiert 1609 u. 1628.
Gedächtnis: 6. Jänner
Lit.: ActaSS Febr. III (1865) 611–638 – A. Parraud (Avignon 1895) – BiblCarm II 608–612 – J. Smet (Rom 1954) – P. T. Quagliarella (Neapel 1960)

Petrus Venerabilis OSB, Abt von Cluny, Hl. (im Orden: Mauritius)
* um 1094 aus dem Geschlecht der Herren von Montboissier. Er erhielt seine Erziehung im OSB-Kloster Sauxillanges (Diöz. Clermont-Ferrand) u. trat unter Abt ↗ Hugo I. in das Benediktinerkloster Cluny (Burgund) ein. Er wurde bald Prior in den Klöstern Vézelay (Diöz. Sens) u. Domène (Dep. Isère, Ostfrankreich) u. 1122 zum 9. Abt von Cluny gewählt. 1125 mußte er sich gegen den früheren Abt, Pontius von Mergueil (1109–1122), der seine Wiedereinsetzung erzwingen wollte, zur Wehr setzen. Er ging mit großem Eifer daran, die unter diesem eingerissenen Mißstände zu beseitigen u. die wirtschaftliche Lage des Klosters wieder zu sichern. Auf den Generalkapiteln 1132 u. 1146 wurden die von ihm erlassenen Statuten beschlossen. Er kannte u. schätzte ↗ Bernhard von Clairvaux, hatte aber mit ihm eine literarische Fehde auszufechten. Er wurde in vielen Angelegenheiten als Schiedsrichter angerufen. Nach der Doppel-Papstwahl von 1130 hielt er ener-

gisch an Innozenz II. gegen Anaklet II. fest. In seiner großen Güte u. Weitherzigkeit nahm er den wegen seiner theol. Lehren umstrittenen u. auf der Synode von Sens (1141) verurteilten Abaelard in seinem Kloster auf. Er verfaßte verschiedene Briefe, apologetische Traktate, das aszetisch-erbauliche Werk De miraculis, 4 Predigten sowie einige Gedichte u. Hymnen. Er ließ den Koran ins Lat. übersetzen u. benutzte ihn in seiner Auseinandersetzung mit dem Islam. † am 25. 12. 1156 in Cluny.
Gedächtnis: 25. Dezember
Lit.: PL 189, 15–28 (Vita von seinem Schüler Rudolf) 28–42 (eine 2. Vita) – Manitius III 136–144 – Zimmermann III 476ff – Schmitz GB III 141f

Pharaïldis, Hl. (Verelde, fläm. Veerle)
Name: ahd. faran (fahren) + hiltja, hilta (Kampf): die in den Kampf Fahrende
Sichere historische Nachrichten fehlen. Es gibt über sie 3 legendarische Viten, die nach dem 11. Jh. verfaßt wurden u. genealogische Irrtümer enthalten (daß sie angeblich die Tochter der hl. ↗ Amalberga u. die Schwester der hll. ↗ Gudula u. ↗ Reineldis sei). Danach habe sie als Verheiratete in Enthaltsamkeit gelebt u. sei deshalb von ihrem argwöhnischen Gatten Guido geschlagen u. mißhandelt worden. Als Witwe habe sie sich dem Gebet, der Buße u. guten Werken gewidmet. † um 700. Ihr Kult ist schon seit dem 9. Jh. bezeugt. Abt Agilfrid soll 754 ihre Gebeine in das Kloster St-Bavo in Gent (Belgien) übertragen haben.
Gedächtnis: 4. Jänner
Darstellung: mit einer Wildgans u. brotförmigen Steinen (ein altes Propsteisiegel zeigt zu ihren Füßen einen jungen Mann, der ihr kniend eine Gans reicht)
Lit.: ActaSS Ian. I (1643) 170–173 – BHL 6791–6794 – J. Dhondt: RH 193 (1942/43) 21 (Fareldis-Kirche) – Braun 603f – L. Voet (Brüssel 1949)

Phileas, Bisch. **von Thmuis,** Märt., Hl.
Name: zu griech. phileín, lieben
Er war gebildet, angesehen u. reich begütert u. bekleidete mehrere öffentliche Ämter. Nach seiner Bekehrung wurde er Bisch. von Thmuis (wohl das heutige Tell ibn essalam, 20 km südöstl. von Mansura, Nildelta). Aus dem Gefängnis richtete er einen in Fragmenten erhaltenen Brief an seine Gemeinde über die Martern der Christen u. zus. mit anderen ägyptischen Bischöfen ein Protestschreiben an Bisch. Meletios von Lykopolis wegen dessen widerrechtlicher Weihepraxis. Er wurde am 4. 2. 306 in Alexandria enthauptet. Mit ihm zus. starb auch der hohe Staatsbeamte Philoromos, der sich durch die Standhaftigkeit des Phileas bekehrte.
Gedächtnis: 4. Februar
Lit.: ActaSS Febr. I (1735) 459–465 – H. Delehaye: AnBoll 40 (1922) 299–314 – Baudot-Chaussin II 86ff – M. Simonetti, Studi agiografici (Rom 1955) 109–132

Philemon, Hl.
Name: griech. phílos (Freund) + hēma (Wurf, Speerwurf): Freund des Speerwerfens
Der Apostel ↗ Paulus richtete einen Brief an ihn (Philemonbrief) u. nennt ihn „Freund u. Mitarbeiter". Er bittet ihn darin, seinen entlaufenen Sklaven ↗ Onesimus in Liebe wieder aufzunehmen. Aus dem Brief läßt sich schließen, daß Philemon ein begüterter Bürger der Stadt Kolossä war (Ruinen beim heutigen Khonas, 200 km östl. von Ephesus). Er wurde von Paulus zum Christentum bekehrt, zeichnete sich durch Glauben u. Liebestätigkeit aus u. stellte sein Haus für die Versammlungen der jungen Christengemeinde zur Verfügung. Nach der Legende soll er später Bisch. von Kolossä gewesen sein u. das Martyrium erlitten haben. Die im Eingangsgruß des Briefes mitgenannte „Apphia, die Schwester" (v. 2) könnte seine Frau, Archippos sein Sohn gewesen sein.
Gedächtnis: 22. November
Lit.: Kommentare: E. Lohmeyer (Göttingen 1953^9); K. Staab (Regensburg 1959^3); G. Friedrich (Göttingen 1962^9) – M. Meinertz, Der Philemonbrief u. d. Persönlichk. des Apostels Paulus (Münster 1921) – U. Wickert: ZNW 52 (1961) 230–238

Philemon, Märt. **zu Antinoë,** Hl.
Nach der legendarischen Passio war er ein heidnischer Schauspieler u. Musiker in Antinoë in der Thebais (Oberägypten). Er wurde von einem gefangenen Diakon bestochen, mit ihm die Kleider zu tauschen u. so für ihn das vorgeschriebene Jupiter-Opfer darzubringen. Als der Richter ihn erkannte, lachte er darüber. Philemon war aber inzwischen von der göttlichen Gnade ergriffen. Er weigerte sich, den Göttern zu

opfern, u. benutzte die nächste Gelegenheit, sich taufen zu lassen. Er wurde mit dem Diakon durch das Schwert enthauptet. Nach einer anderen Version, z. B. der „Hist. monach.", wurde Philemon durch die Feindesliebe des gefangenen Mönches Apollonios bekehrt u. zus. mit ihm u. dem von ihnen bekehrten Richter im Meer ertränkt. † um 304 (?).
Gedächtnis: 8. März (im Orient: 14. Dezember)
Lit.: ActaSS Mart. I (1668) 751–757 – Delehaye OC 218f 232 – Baudot-Chaussin III 171f

Philibert OSB, Abt **von Jumièges,** Hl. (Filibert)
Name: ahd. filu (viel, sehr) + beraht (glänzend, berühmt): der Hochberühmte. Der Name Filibert wurde früher in Anlehnung an „Philipp" in „Philibert" geändert.
* 616/620 wohl in der Gegend von Eauze (westl. von Toulouse, Südfrankreich) aus einer Adelsfamilie. Seine Erziehung erhielt er am Hof des fränkischen Königs Dagobert I. Mit 21 Jahren wurde er Benediktinermönch in Rebais (bei Coulommier, östl. von Paris), wo er um 650 Abt wurde. Er resignierte aber bald u. besuchte burgundische u. ital. Klöster (u. a. Luxeuil u. Bobbio), um die verschiedenen Ordensregeln zu studieren. Nach seiner Heimkehr gründete er 654 das Kloster Jumièges bei Rouen (an der unteren Seine), dessen 1. Abt er wurde, u. in der Nähe ein Frauenkloster, dem er die hl. ↗ Austreberta zur Äbtissin gab. Weil er den gewalttätigen Hausmeier Ebroin öffentlich kritisierte, wurde er 676 gefangengenommen, konnte aber in die Diöz. Poitiers entkommen u. gründete dort das Inselkloster Noirmoutier (südwestl. von Nantes), reformierte mehrere andere Klöster u. missionierte in der Vendée (Landschaft südl. von Nantes), weshalb er auch „Apostel der Vendée" genannt wurde. 683/684 kehrte er vorübergehend nach Jumièges zurück u. gründete das Nonnenkloster Montivilliers. Im politischen u. rel. Leben des Frankenreiches seiner Zeit spielte er eine wichtige Rolle. † am 20. 8. 685 in Noirmoutiers. Seine Gebeine wurden 836 von den Normannen nach Déas, 858 nach Cunault (a. d. Loire), 862 nach Messaiy (Poitou) u. 875 nach Tournus (OSB-Abtei, Dep. Saône-et-Loire) übertragen, wodurch sein Kult weite Verbreitung fand.
Gedächtnis: 20. August
Darstellung: als Abt mit einem Esel, einen Sturm stillend
Patron: der Vendée
Lit.: ActaSS Aug. IV (1867) 66–95 – MGSS rer. Mer. V 568–606 (Vita 8. Jh.) – BHL 6805–6810 – AnBoll 25 (1906) 373ff – DACL VI 1543–1565 (ehemal. Sarkophag in Déas, 1865 entdeckt) – H. Curé (Marseille 1936) – Baudot-Chaussin VIII 372–377

Philipp (Filippo) **Neri,** Hl.
Name: griech. Phílippos: phílos (Freund) + híppos (Pferd): Pferdeliebhaber
* am 21. 7. 1515 zu Florenz als Sohn eines Rechtsanwaltes u. Alchimisten. In seiner Jugend wurde er stark durch die Dominikaner von S. Marco beeinflußt, durch die er auch die Schriften von Girolamo Savonarola OP (Buß- u. Sittenprediger, wegen Kritik an Alexander VI. 1498 verbrannt) kennenlernte. Mit 18 Jahren wurde er Kaufmannsgehilfe bei seinem Onkel in S. Germano bei Montecassino, dessen Erbe er antreten sollte. Er verzichtete aber darauf, ging nach Rom u. wurde dort bis 1551 Erzieher der Kinder des Florentiners Galeotto del Caccia. 16 Jahre lang führte er in dessen Haus ein Leben des Gebetes u. der Nächstenliebe, pflegte Kranke u. führte mit ihnen rel. Gespräche, gab auf der Straße rel. Unterweisungen u. erlebte mehrmals mystische Begnadigungen. Währenddessen studierte er Theologie. 1548 gründete er in Rom mit seinem Beichtvater Persiano Rosa die Bruderschaft von der Hl. Dreifaltigkeit zur Pflege von Rompilgern u. Genesenden. 1551 ließ er sich zum Priester weihen u. schloß sich einer Priestergemeinschaft bei der Kirche S. Girolamo della Carità an, aus dem 1552 das Oratorium Philipp Neris erwuchs. Philipp Neri setzte sich die sittliche Erneuerung Roms zum Ziel. Er wandte neue Seelsorgsmethoden an, wie Kinderpredigt, rel. Lieder in der Volkssprache, Wallfahrten, Geistliche Übungen, Gebetsstunden, Gespräche. Die im 17. Jh. entstandene Musikgattung des Oratoriums (musikalisch der Oper u. der Kantate verwandt, jedoch mit vorwiegend rel. Texten) hat vom Betsaal (Oratorium) Philipp Neris in Rom seinen Namen. Dadurch, wie auch durch seine nie versiegende Heiterkeit wirkte er

als Apostel Roms u. wurde vom Volk „il Santo" genannt. Er hatte aber auch Schwierigkeiten mit den kirchlichen Behörden. Unter Paul IV. (1555–1559) erhielt er das Verbot, Beichte zu hören. Auch seine Wallfahrten wurden ihm untersagt. Doch schon unter Pius V. (1566–1572) änderte sich die Situation zu seinen Gunsten. Er wurde Berater der Päpste u. Beichtvater von Kardinälen. Die ihm angetragene Kardinalswürde lehnte er mehrmals ab. Zu seinen Freunden zählten ↗ Ignatius von Loyola, ↗ Karl Borromäus, ↗ Camillo von Lellis u. ↗ Franz von Sales. Vor seinem Tod verbrannte er alle seine Schriften. Nur seine Briefe konnten 1751 in Padua (unvollständig) herausgegeben werden. Er ist auch bedeutsam durch seine Förderung kirchengeschichtlicher Studien. So regte er Kard. Caesar Baronius, Mitglied des Oratoriums, zur Abfassung seiner „Annales" an, förderte den Archäologen Antonio Bosio in seiner Erforschung der Katakomben, erneuerte die Predigt u. die Kirchenmusik, vor allem ist er einer der großen Seelenführer der Kirche u. eine führende Gestalt der Kath. Reform. † am 26. 5. 1595 in Rom; er wurde in S. Maria in Vallicella begraben. 1615 selig-, 1622 heiliggesprochen.
Liturgie: GK G am 26. Mai
Darstellung: als Oratorianer mit Stock u. Rosenkranz, mit flammendem Herzen; mit einem Kind; im Meßgewand. Ein Engel hält ihm ein offenes Buch vor
Lit.: Pastor IX 117–142 – Brigitta zu Münster (Freiburg/B. 1953²) – P. Dörfler (München 1952) – H. Rahner, Ignatius u. Philipp Neri: Ignatius (Würzburg 1956) 55–80 – W. Nigg, Der christliche Narr (Zürich-Stuttgart 1956) – M. Jouhandeau (Paris 1957, dt.: Der hl. Narr, Köln 1960) – A. Moreau (Heidelberg 1963) – J. W. v. Goethe, Der humoristische Heilige (Zürich 1965)

Philipp von Zell, Hl.
Er war Engländer u. pilgerte nach Rom, wo er zum Priester geweiht wurde. Auf der Rückreise gründete er zus. mit Horoscolf im Pfrimmtal bei Worms um 760 (?) die Einsiedelei Zell (cella) u. erbaute eine Kirche zum hl. Michael. An seinem Grab geschahen alsbald viele Heilungen. ↗ Hrabanus Maurus ließ seine Gebeine um 850 in der in Zell erbauten Salvatorkirche beisetzen. Die zahlreichen Wallfahrten wurden durch die Reformation unterbrochen, lebten aber um 1780 wieder auf.
Gedächtnis: 3. Mai
Lit.: Katholik 67 (1887) I 330–335, 76 (1896) I 549–556, 78 (1898) I 185–437 489–495 – Zimmermann II 140ff – AMrhKG 1 (1949) 3–29

Philipp ↗ Philippus

Philippa Mareri OSCl, Äbtissin, Sel.
Name: weibl. F. zu ↗ Philippus
* um 1200 zu Petrella Salto in den Abruzzen als Tochter des Feudalherrn des Ortes. 1221 oder 1225 lernte sie ↗ Franz von Assisi kennen, der ihr ↗ Roger von Todi OFM zum Seelenführer gab. Von ihren Brüdern erhielt sie die Kirche S. Pietro de Molito geschenkt u. gründete dazu ein Klarissenkloster, dessen 1. Äbtissin sie wurde. Sie zeichnete sich aus durch Nächstenliebe u. großen Eifer in Buße u. Gebet. † am 16. 2. 1236. Der gleich nach ihrem Tod einsetzende Kult wurde 1806 approbiert.
Gedächtnis: 16. Februar
Lit.: A. Chiappini: MF 22 (1921) 65–119 – L. Ziliani, La baronessa santa (Bergamo 1935)

Philippine Duchesne SC, Sel.
Name: Weiterbildung von ↗ Philippa (Philippina)
* am 29. 8. 1769 zu Grenoble. 1787 wurde sie Salesianerin in Grenoble, doch nahm sie ihr Vater bei Beginn der Franz. Revolution noch vor ihrer Profeß aus dem Kloster. Sie schloß sich 1801 der hl. ↗ Magdalena Sophia Barat, der Gründerin der „Dames du Sacré Coeur" an. Sie sammelte verjagte Mitnonnen u. führte sie 1804 der jungen Gründung der Sacré-Coeur-Schwestern zu. Im Mutterhaus in Paris wurde sie Sekretärin der Gründerin. 1818 ging sie in die USA u. gründete in St. Charles bei St. Louis u. in anderen Städten Niederlassungen. Bis 1840 war sie Oberin in St. Charles, dann missionierte sie bei den Indianern in Sugar Creek u. kehrte nach 2 Jahren wieder nach St. Charles zurück. † am 18. 11. 1852. Seliggesprochen am 12. 5. 1940.
Gedächtnis: 18. November
Lit.: AAS 32 (1940) 348–354 – L.-P.-É. Baunard, Histoire de Mme Duchesne (Paris 1878, 1926², dt. Regensburg 1888) – E. T. Dehey, Rel. Orders of Women (Hammond 1930²) 117–124

Philippini ↗ Lucia Philippini

Philippus, Apostel, Märt., Hl.
Name: ↗ Philipp
Er stammte aus Bethsaida am Nordufer des Sees Genezareth u. war mit ↗ Andreas befreundet (es sind die einzigen Apostel mit griech. Namen). Er war vorher unter den Jüngern ↗ Johannes' des Täufers u. wurde von Jesus berufen, dem er auch den ↗ Nathanael zuführte (Joh 1,43ff). Er wird bei den Synoptikern – die Apostelkataloge ausgenommen – nicht weiter erwähnt, wohl aber bei Johannes: Vor der Brotvermehrung überlegt er: „Brote für 200 Denare reichen nicht aus" (Joh 6,7); einigen Hellenen verschaffte er Zutritt zu Jesus (Joh 12,21f); beim Abendmahl sagt er zu Jesus: „Zeige uns den Vater, und es genügt uns!" Er muß sich aber von Jesus zurechtweisen lassen: „Wer mich gesehen hat, der hat auch den Vater gesehen" (Joh 14,8f). Verschiedene bei Eusebius zitierte Überlieferungen über Philippus werden heute allgemein als Verwechslungen mit ↗ Philippus zu Jerusalem aus Apg 21,8f angesehen.
Die Reliquien des Apostels Philippus werden in der Kirche Dodici Apostoli in Rom verehrt.
Liturgie: GK F am 3. Mai (mit Jakobus) (Einsiedeln: F am 4. Mai)
Darstellung: mit einem Kreuzstab oder Kreuz; dieses als lat. Kreuz (die bei uns geläufige Form) oder als Antoniuskreuz (ägyptisches Kreuz, T-Kreuz). Mit einem vorgehaltenen Kreuz bändigt er Schlangen (Drachen) u. stürzt Götzenbilder vom Altar, wobei die Götzen Pesthauch atmen u. Kranke neben den Götzen liegen (das Kreuz weist auf sein Martyrium, der Überlieferung nach die Kreuzigung, hin)
Patron: der Hutmacher, Krämer, Walker
Lit.: Zahn VI 158–175 – P. Corssen: ZNW 2 (1901) 289–299 – Künstle II 503f – Baudot-Chaussin V 10f 19ff

Philippus Benitius (Benizi) OSM, Hl.
* am 15. 8. 1233 zu Florenz. Er studierte in Paris u. Padua Philosophie u. Medizin u. trat 1252 in den Servitenorden ein. Er wurde 1259 Priester u. 1267 der 5. Generalsuperior. Der Orden verdankt ihm seine innere Festigung, seine rasche Ausbreitung u. seine Erhaltung trotz des Verbotes durch das Konzil von Lyon (1247). Er gründete auch den weiblichen Zweig der Servitinnen. Er wird deshalb der „zweite Gründer des Servitenordens" genannt. Er machte zahlreiche Visitations- u. Missionsreisen u. zog als Prediger durch Italien, Deutschland u. Friesland. In Forlì bekehrte er den hl. ↗ Peregrinus Laziosi, der ihn bei einem Volksaufruhr tätlich angegriffen hatte. Im Konklave nach dem Tod Clemens' IV. 1268 wurde er als Papstkandidat ernstlich vorgeschlagen. Er hielt sich aber so lange verborgen, bis am 1. 9. 1271 Tedaldo Visconti als ↗ Gregor X. gewählt war. Er zeichnete sich aus durch heroische Liebe, bes. zu den Kranken u. Armen. † am 22. 8. 1285 zu Todi (Umbrien). 1516 selig-, 1671 heiliggesprochen. Sein Grab ist in der Servitenkirche zu Todi.
Gedächtnis: 22. August
Darstellung: im schwarzen Ordenskleid mit Mantel, mit Kruzifix (das er sein Buch nannte), Lilie oder Totenkopf
Patron: der Serviten
Lit.: Monumenta OSM I (Brüssel 1897) 55–106, II (1898/99) 60–83, XVI (1916) 300ff – J. P. Toussaint (Dülmen 1886) – L. Pazzaglia (Rom 1953) – A. M. Rossi, Manuale di Storia OSM (Rom 1956) 22ff

Philippus (Philippos), Diakon **zu Jerusalem,** Hl.
Er war einer der 7 Männer in Jerusalem, die zur Besorgung des Tischdienstes an den hellenischen Witwen eingesetzt wurden (Apg 6,1–6). Vermutlich war er selbst ein Hellene. Nach dem Tod des ↗ Stephanus predigte er in Samaria u. taufte Simon den Magier (Zauberer) (Apg 8,5–13). Auf dem Weg von Jerusalem nach Gaza erklärte er dem Kämmerer der äthiopischen Königin Kandake die Stelle bei ↗ Isaias u. taufte ihn, nach der ältesten Tradition in En eddirwe bei Beth-Sur (15 km südwestl. von Bethlehem); er predigte in den Städten von Asdod bis Cäsarea in Palästina (an der Küste des Mittelländischen Meeres) (Apg 8,40). In Cäsarea hatte er später sein Haus und wohnte dort mit seinen 4 prophetisch begabten Töchtern, die Jungfrauen waren (Apg 21,8f). Er wird hier ein „Evangelist" genannt, also einer, der im Auftrag der Apostel das Evangelium predigte. Hieronymus besuchte 385 das Haus des Philippus und die Cubicula (Wohnräume) seiner Töchter. Der Kirchenschriftsteller Klemens von Alexandria († vor 216/217) meint, er

sei jener Ungenannte gewesen, zu dem Jesus sagte: „Laß die Toten ihre Toten begraben. Du aber geh hin u. verkünde das Reich Gottes" (Lk 9,60). Der Kirchenschriftsteller Eusebius († 339) zitiert Berichte des Polykrates von Ephesus († um 200), Klemens von Alexandria u. den Montanisten Proklos († Anfang des 3. Jh.s). Danach sei Philippus, „einer der 12 Apostel", mit 2 seiner jungfräulichen Töchter zu Hierapolis in Phrygien gestorben, eine dritte ruhe in Ephesus, bzw. Philippus sei mit seinen 4 Töchtern, die prophetisch begabt waren, in Hierapolis begraben. Die Forschung ist sich heute einig, daß mit diesem Philippus nicht der Apostel, sondern der Diakon gemeint sein müsse, da nur von diesem sicher bezeugt ist, daß er 4 prophetisch begabte Töchter hat. Nach jüngerer griech. Überlieferung war der Diakon Philippus zuletzt Bisch. von Tralles in Lydien (an der Westküste Kleinasiens).
Gedächtnis: 6. Juni
Lit.: Kommentare zur Apg – Pölzl 311–317. – E. Bishop, Which Philip?: AThR 26 (1947) 154–159

Philippus, Märt. **in Rom** ↗ Felicitas u. 7 Söhne

Philo u. Agathopodes, Hll.
Sie waren Diakone des Bisch. ↗ Ignatius von Antiochia. Philo stammte aus Tarsus in Kilikien, Agathopodes aus Syrien. Philo dürfte immer in Begleitung des hl. Ignatius gewesen sein, Agathopodes zumindest gelegentlich. Ignatius schätzte aber beide sehr. Vermutlich begleitete Philo seinen Bisch. zum Martyrium nach Rom u. brachte seine Reliquien nach Antiochia zurück.
Gedächtnis: 25. April

Philomena, Märt., Hl. (Filomena, Philumena)
Name: griech. phílos (lieb, Freund) + emmenés (bleibend, immerwährend): die immer Geliebte
Man fand ihre Gebeine 1527 in der Klosterkirche S. Lorenzo zu Sanseverino (südwestl. von Ancona, Mittelitalien). Die kurze Beischrift erwähnt aber nur ihren Namen u. die Translation zur Zeit der Gotenherrschaft (?) nach S. Lorenzo.
Gedächtnis: 5. Juli
Lit.: ActaSS Iul. II (1729) 229f – Baudot-Chaussin VII 109f

Philomena, angebl. Märt. **zu Rom**
In der Priscilla-Katakombe zu Rom fand man 1802 das Grab einer unbekannten Christin, die Gebeine gehörten einem jungen Mädchen an. Daneben fand man ein Riech- oder Salbenfläschchen (damals irrtümlich als Blutfläschchen gedeutet). Die 3 Ziegelplatten, die das Grab verschlossen, trugen den Namen Filumena. 1805 wurden die Gebeine in die Kirche von Mugnano (Diöz. Nola, bei Neapel) übertragen, 1827 schenkte Leo XII. dieser Kirche die 3 Ziegelplatten. Aufgrund angeblicher Privatoffenbarungen einer Nonne in Neapel u. wissenschaftlich unhaltbarer Erklärungen der der Inschrift beigefügten Symbole erfand Kanonikus F. Di Lucia, der Pfarrer der Kirche von Mugnano, eine phantastische Passio jener „Märtyrin", durch die sich ihr Kult sehr rasch in Italien u. weit darüber hinaus verbreitete u. den die Ritenkongregation 1838 genehmigte. 1880 wurden erstmals ernste Zweifel am Martyrium dieser Toten laut. Die beigefügten Symbole (Anker, Baum, Blatt, Pfeile) deuteten keinesfalls auf ein Martyrium hin, sondern sind allg.-christliche Symbole. Vor allem erkannte man, daß die Ziegelplatten ursprünglich zu einem anderen Grab gehörten u. später bei diesem Grab – in falscher Reihenfolge – wiederverwendet wurden. 1961 hob die Ritenkongregation das Fest (11. Aug.) wieder auf.
Lit.: O. Marucchi: NBollAC 12 (1906) 253–300 (krit. Darstellg.) – DACL VI 1600–1606 (Lit.) – F. Trochu (Lyon-Paris 1929², dt. v. J. Widlöcher 1928) (darin auch die Förderung des Kultes durch den hl. Pfarrer von Ars)

Philotheus (Philótheos), Märt. **in Antiochia,** Hl.
Name: griech. phílos (lieb, Freund) + theós (Gott): Freund Gottes (entspricht unserem „Gottlieb")
Er war ein jugendlicher Märt. zu Antiochia in Syrien u. starb in der Verfolgung des Diokletian um 304. Er wurde in Ägypten sehr verehrt, wo ihm auch mehrere Kirchen geweiht waren.
Gedächtnis: 11. Jänner
Lit.: AnBoll 24 (1905) 395ff – OrChrP 4 (1938) 584–590 (Quellen, Lit.)

Phöbe (Phoibe), Hl.
Name: griech. zu phoíbos (hellglänzend, rein). Dies war der Beiname des Sonnengottes Apoll
Sie war die Diakonissin in der Kirche von Kenchreä bei Korinth u. machte sich um Paulus u. andere Christen verdient (Röm 16,1f). Nach alter Überlieferung überbrachte sie den Römerbrief.
Gedächtnis: 3. September
Lit.: Pölzl 336–370 – W. Michaelis: ZNW 25 (1926) 144–154 – R. Schumacher, Die letzten Kapitel des Römerbriefes (Münster 1929) 48–51

Phokas der Gärtner, Märt. **zu Sinope,** Hl.
Name: griech. Phokās: Mann aus Phókaia (Stadt in Ionien) od. Phókai (Stadt in Böotien) (Landschaften in Griechenland). Der Name wurde volksetymologisch mit griech. phoōkē (Seehund, Robbe) in Verbindung gebracht
Es gibt mehrere Heilige dieses Namens, deren Legenden vielfach miteinander verschmolzen sind. Dieser Phokas lebte als Gärtner zu Sinope (heute Sinop an der Küste des Schwarzen Meeres, Türkei). Nach der Laudatio des Asterios, Bisch. von Amaseia im Pontus (um 400), nahm er Arme u. Reisende in seinem Haus auf u. bewirtete sie. Ein Mißgünstiger zeigte ihn als Christen an, um sich die ausgesetzte Fangprämie für Christen zu verdienen. Die Häscher kamen u. fragten ihn nach dem Gesuchten. Er gab sich noch nicht zu erkennen, sondern bewirtete sie u. schaufelte des Nachts sein eigenes Grab. Am anderen Morgen nannte er seinen Namen, worauf er enthauptet wurde. † unter Diokletian (?). In Sinope stand im 4. Jh. über seinem Grab eine Kirche. Von hier aus fand sein Kult im ganzen Mittelmeerraum weite Verbreitung. Phokas-Kirchen gab es u. a. in Konstantinopel, Sidon, Sizilien u. Rom.
Gedächtnis: 22. September (22. Juli; Griechen: 22. Dezember)
Darstellung: in Gärtnerkleidung, mit Spaten oder Schwert
Patron: der Gärtner u. Seeleute. Mit seinem Kult verbanden sich schon frühzeitig mythologische Vorstellungen. Aufgrund unbewiesener Hypothesen wurde aber um 1907 versucht, seine Gestalt mit Phokas, dem mythologischen Robben- u. Delphinreiter (E. Maaß), oder mit dem thessalischen Robbengott Phokos (O. Kern) zu identifizieren. Völlig abwegig ist der Versuch, in ihm den nordischen Klabautermann (Seespukgeist) (K. Lübeck) oder die Personifizierung des Priapos (Fruchtbarkeitsgott, Natur-, Garten- u. Feldgott) (K. Jaisle) entdecken zu wollen. Zweifellos aber trug sein Name zu seinem Schiffahrtspatronat bei, zumal Sinope ein Zentrum des östlichen Seeverkehrs war (zum Patronat aufgrund des Namens: vgl. ↗ Agnes, ↗ Augustinus, ↗ Lucia u. a.).
Lit.: L. Radermacher: ARW 7 (1904) 445–452 (Schifferpatronat) – POr XII 71–89 – MartHieron 374f – BHG[5] 1538–1540b

Pia u. Gef., Märt. **zu Karthago,** Hll.
Name: weibl. F. zu ↗ Pius
Sie erlitt mit **Picaria** u. 38 ungenannten anderen Christen zu Karthago den Martertod. Zeit u. nähere Umstände sind unbekannt.
Gedächtnis: 19. Jänner

Pierre (franz.) ↗ Petrus

Piet (niederl.), Kf. zu Pieter (↗ Petrus)

Pietrantoni ↗ Augustina Pietrantoni

Pignatelli ↗ Joseph Pignatelli

Pilegrinus, Bisch. **von Passau,** Hl. oder Sel. (Pelegrinus, Peregrinus)
Name: lat. peregrinus, pelegrinus: Pilger
Er war ein geborener Graf von Pechlarn (Niederösterreich) u. längere Zeit Kanoniker in Niederaltaich (Niederbayern). Er machte sich bes. für die Bekehrung der Ungarn verdient. In seinem an Papst Benedikt VII. (974–983) gesandten Glaubensbekenntnis nannte er sich Bisch. von Lorch (heute Enns, Oberösterreich). Er erwirkte, daß der hl. ↗ Wolfgang Bisch. von Regensburg wurde. † 991. Er wird von einigen „heilig“, von anderen „selig“ genannt.
Gedächtnis: 31. Mai
Lit.: Stadler IV 923f

Pirmin OSB, Bisch., Glaubensbote, Hl. (Pirminius, ursprüngl. wohl Primenius)
Name: kelt., der Bärenmann, oder der Ruhmreiche
Seine Herkunft ist in Dunkel gehüllt. Er

soll ein Kelte gewesen sein, vielleicht aus Schottland (Ranbeck, Kuhn), andere vermuten Elsaß-Lothringen (Stadler) oder das westgotische Aquitanien oder Spanien (Engelmann) als sein Geburtsland. Er wirkte als Benediktiner-Abtbischof im westlichen Frankenreich u. kam an den Oberrhein, wo er die Klöster Reichenau (Bodensee, 724), Murbach (Südvogesen, 727) u. Hornbach bei Zweibrücken (Rheinland-Pfalz, 742) gründete. Er wirkte auch mit bei der Gründung der OSB-Klöster Gengenbach im Kinzigtal (Baden, 727/749) u. Schwarzach am Rhein. Er reformierte die Klöster Schuttern bei Lahr u. Maursmünster bei Zabern (Elsaß), indem er dort die Regel des hl. Benedikt einführte. Er war ein Zeitgenosse des hl. ↗ Bonifatius, hatte aber keine Berührung mit ihm. † am 3. 11. 753 in Hornbach. Seine Gebeine kamen nach der Auflösung des Klosters Hornbach 1558 nach Speyer, 1575 von dort nach Innsbruck u. sind heute in der dortigen Jesuitenkirche. Reliquien des Heiligen sind ferner in St. Paul (Kärnten), Weißenburg (Elsaß), Bern, Hornbach, St. Ulrich (Augsburg) u. Pirmasens (Rheinpfalz).
Liturgie: RK g am 3. November
Darstellung: als Bisch., von Schlangen, Fröschen u. anderem Kriechgetier umgeben (die er nach der Gründungslegende von der Insel Reichenau vertrieb). Mit einem Neubau (Klostergründung), Dornstrauch mit edlen Früchten, Springquell
Patron: der Insel Reichenau, von Innsbruck, der Rheinlandpfalz; gegen Schlangen u. anderes Ungeziefer (weil er diese von Reichenau vertrieb), Vergiftung beim Essen („Damit uns Speis' und Trank gedeih', Sankt Pirmins Hand sie benedei'!")

Lit.: J. M. B. Clauß, Die Heiligen des Elsaß (Düsseldorf 1935) 169ff 245f – H. Tüchle: FreibDiözArch 72 (1952) 21–32 – AMrhKG 5 (1953) (umfassender Überblick mit Beiträgen von G. Jecker, G. Schreiber, H. Christmann, H. Büttner u. a.) – Th. Mayer: ZGObrh 101 (1935) 305–352 – Ders.: St. Bonifatius (Fulda 1954) 450–464 – U. Engelmann, Der hl. Pirmin u. sein Missionsbüchlein (Konstanz 1959) – P. Lehmann, Erforschung des Mittelalters IV (Stuttgart 1961) 142–147

Pirrotti ↗ Pompilius Maria vom hl. Nikolaus

Pius I., Papst, Hl.
Von ihm ist wenig bekannt. Er ist der Bruder des Hermas, des Autors des Buches „Pastor (Hirt) des Hermas", einer in Rom verfaßten Bußapokalypse, u. der 9. Nachfolger des hl. ↗ Petrus als Bisch. von Rom. Unter ihm traten die Gnostiker Markion, Valentinus u. Kerdon auf, aber auch ↗ Justinus, der Philosoph u. Märt.
Gedächtnis: 11. Juli

Lit.: E. Caspar, Die älteste röm. Bischofsliste (Berlin 1926) – Seppelt I^2 18–22

Pius V., Papst, Hl.
* am 17. 1. 1504 zu Bosco bei Alessandria (Oberitalien) als Michele Chislieri. Er trat 1518 dem Dominikanerorden bei, wurde 1528 Priester u. in Pavia Ordenslektor, später Prediger, Prior, Provinzial der Lombardei u. Inquisitor für Como u. Bergamo. Als solcher kam er 1550 in Rom mit der Inquisition, bes. Kard. Giampietro Caraffa (dem späteren Papst Paul IV.) in Kontakt. Auf Caraffas Empfehlung wurde er 1551 von Julius III. zum Generalkommissar der röm. Inquisition ernannt. 1556 wurde er Bisch. von Sutri u. Nepi (nördl. von Rom), 1557 Kardinal u. 1558 Großinquisitor. Unter seinem Vorgänger als Papst, Pius IV., fiel er in Ungnade. Er betätigte sich von 1560 an als Protektor der Barnabiten u. wurde 1560 Bisch. von Mondovì. Nach dem Tod Pius' IV. am 9. 12. 1565 setzte sich ↗ Karl Borromäus sehr für ihn ein, sodaß er am 7. 1. 1566 zum neuen Papst gewählt wurde. Als solcher betrachtete er die Reform der Kirche gemäß dem Konzil von Trient als seine Hauptaufgabe. Er ergänzte u. erneuerte das Kardinalskollegium durch reformfreudige u. rel. hochstehende Männer, merzte den Nepotismus unerbittlich aus, bekämpfte die Simonie u. andere Mißstände in den päpstlichen Kurialbehörden, reorganisierte die päpstlichen Kongregationen u. gründete die beiden Kardinalskongregationen zur Verbreitung u. zur Erhaltung des Glaubens neu. Mit unerbittlicher Strenge führte er die sittlich-religiöse Reform des päpstlichen Hofes, des Klerus u. des Volkes von Rom durch. Er bekämpfte auf das schärfste den Konkubinat u. drang u. a. auf strikte Einhaltung des Zölibates, der Klausur in den Klöstern u. der Residenzpflicht der Bischöfe. 1566 gab er den Catechismus Romanus (Katechismus des Trienter Konzils) heraus,

1568 das neue Brevier des Trienter Konzils u. 1570 das neue Meßbuch (das im wesentlichen bis 1969 in Geltung war). 1569 setzte er eine Kommission zur Revision der Vulgata ein. Unter ihm wurden Inquisition u. Glaubenszensur scharf gehandhabt. In kirchenpolitischer Hinsicht war er nicht immer erfolgreich. Sein unerbittlicher Kampf gegen das Staatskirchentum, bes. in Spanien (Philipp II.) u. Neapel-Sizilien brachte ihm Feindschaft von seiten der kath. Mächte ein, auf die er sonst angewiesen gewesen wäre. Die Exkommunikation von Elisabeth I. von England (1570) wirkte sich für die Katholiken Englands verhängnisvoll aus (s. engl. Märt. S. 888ff). Die Verhandlungen mit Kaiser Maximilian II. waren schwierig, doch konnte er erreichen, daß die Beschlüsse des Trienter Konzils im Reich offiziell angenommen wurden. In Frankreich unterstützte er finanziell u. militärisch die Katholiken gegen die Hugenotten. Seinem unermüdlichen Bemühen ist aber der Seesieg von Lepanto über die Türken am 7. 10. 1571 zu verdanken. In Erinnerung daran führte er das Rosenkranzfest (7. Oktober) ein. Pius V. gilt mit Recht als der große Reformpapst der Neuzeit. † am 1. 5. 1572. Sein Leib ruht in S. Maria Maggiore in Rom. Heiliggesprochen 1712.

Liturgie: GK g am 30. April

Darstellung: als Papst mit der Tiara u. geöffnetem liturgischen Buch, auf das er weist; mit Rosenkranz

Lit.: Pastor VIII – F. van Ortroy: AnBoll 33 (1914) 187–215 – F. X. Seppelt: Hochland 19,1 (1921) 224–231 – P. Herre, Papsttum u. Papstwahl im Zeitalter Philipps II (1907) 103–191 – O. Braunsberger, Pius V. u. d. dt. Katholiken (1912) – A. O. Meyer, England u. d. kath. Kirche unter Elisabeth (1911) 60ff – Seppelt V^2 119–150 515–518 (Lit.)

Pius X., Papst, Hl.

* am 2. 6. 1835 zu Riese bei Castelfranco Veneto (Diöz. Treviso in Venetien, damals zu Österreich gehörig). Er war Sohn einfacher Bauersleute u. wuchs in äußerster Armut auf. 1858 wurde er Priester u. Kaplan in Tombolo, 1867 Pfarrer in Salzano bei Mestre, 1875 Cancellario (bischöfl. Kanzler) in Treviso u. Spiritual im dortigen Priesterseminar, 1884 Bisch. von Mantua, 1893 Patr. von Venedig u. Kard. Im Konklave wurde er nach dem Veto Franz Josephs I., des Kaisers von Österreich, gegen Kard. Mariano Rampolla del Tindaro am 4. 8. 1903 zum Papst gewählt.

Er vertrat den Grundsatz, der Papst könne die politischen Angelegenheiten von seinem päpstlichen Lehramt nicht ausschließen. Er empfahl die Zusammenarbeit von Kirche und Staat, lehnte aber die Bindung der Kirche an eine bestimmte Staatsform ab.

In kirchenpolitischer Hinsicht erlebte er manche Erfolge, aber auch schwere Kämpfe u. Rückschläge. In Italien konnte er 1905 das Verhältnis zw. Kirche u. Staat wesentlich entspannen u. milderte das Dekret Non expedit (1874), das seit der Wegnahme des Kirchenstaates unter Pius IX. den Katholiken Italiens verbot, sich am politischen Leben zu beteiligen (unter Benedikt XV. wurde es 1919 praktisch aufgehoben). In den Grenzstreitigkeiten zw. Brasilien, Peru u. Bolivien konnte er 1905/10 erfolgreich vermitteln. 1904 schloß er die Konvention mit Spanien über die Ordensgenossenschaften u. die Vereinbarung über die Abänderung des span. Konkordats. 1906 schloß er das Konkordat mit Kongo über die Missionen, 1907 die Konvention mit Rußland über die Seminarien in Russisch-Polen, 1914 das Konkordat mit Serbien. In Deutschland hingegen fanden sein Antimodernisteneid (s. u.) u. die sog. Borromäus-Enzyklika (1910) heftigen Widerspruch. Die Borromäus-Enzyklika wurde anläßlich der 300-Jahr-Feier der Heiligsprechung von ↗ Karl Borromäus erlassen. Wegen der Anwendung bestimmter Bibelstellen auf die Protestanten rief sie in Deutschland (auch in den Parlamenten) scharfe Proteste hervor u. es erfolgten diplomatische Schritte Preußens u. Sachsens in Rom. Von kirchlicher Seite unterblieb ihre amtliche Publikation in Deutschland. Frankreich kündigte 1905 das Konkordat von 1802 (Napoleon – Pius VII.) u. führte die Trennung von Kirche u. Staat durch, verbunden mit antikirchlicher Gesetzgebung. Es kam zum offenen Konflikt mit dem Vatikan. In Portugal erfolgte 1911 ebenfalls die Trennung von Kirche u. Staat, auch hier kam es zum offenen Konflikt. Spanien brach 1910 vorübergehend die Beziehungen zum Hl. Stuhl ab.

Eine große Gefahr für den christlichen Glauben erblickte Pius X. in verschiedenen

rein naturhaft-humanitären Zeitströmungen unter stillschweigender, aber mehr oder weniger vollständiger Preisgabe des Übernatürlichen. Er gab diesen Strömungen die Sammelbezeichnung „Modernismus". Er bezog dagegen Stellung in seinem Dekret „Lamentabili" mit einer Liste der Irrtümer des Modernismus (auch Syllabus genannt) (1907) und in seinem Rundschreiben „Pascendi" (1907). 1910 schrieb er den sog. Anti-Modernisteneid vor für alle, die eine Weihe oder ein kirchliches Amt (Theologieprofessoren u. a.) erhalten sollten.
Gemäß seinem Wahlspruch „Omnia instaurare in Christo" (alles in Christus erneuern) konzentrierte er sich auf eine grundlegende Erneuerung u. Vertiefung des rel. Lebens bei Klerus u. Volk. Seine erste Maßnahme als Papst war eine strenge Visitation seiner röm. Diözese. Aus seiner vierzigjährigen seelsorglichen Praxis heraus setzte er sich über alle bürokratische Routine hinweg u. leitete Reformen ein, die schon lange fällig waren: er sorgte für eine Verbesserung der Priesterausbildung, legte viele Zwergseminare (bes. in Italien) zusammen, schuf eine neue Prüfungsordnung für Weihkandidaten u. eine Seminarordnung für die ital. Bistümer, gab das Rundschreiben über das Studium der Hl. Schrift heraus u. gründete das Päpstliche Bibelinstitut in Rom, reformierte das Brevier u. übertrug dem Benediktinerorden die Revision der Vulgata, gab seine berühmten Kommuniondekrete heraus (über die häufige Kommunion u. die Herabsetzung des Alters für die Erstkommunikanten), ließ eucharistische Kongresse abhalten, gab seine Anweisungen über die rel. Unterweisung des Volkes heraus, führte den Catechismo della dottrina cristiana für Italien ein, reformierte die Kirchenmusik u. stellte den Gregorianischen Choral wieder her. Die Kath. Aktion Italiens wurde auf neuer Grundlage aufgebaut, mit der sozialen Frage als deren Hauptaufgabe. Er baute die Hierarchie aus durch Errichtung neuer Apostolischer Delegaturen (Mexiko, Australien) u. neuer Missionssprengel. Die orientalischen Kirchen wurden gefördert (Ruthenischer Ritus in Amerika, Armenisches Nationalkonzil in Rom u. a.). 1904 ließ er die Vereinfachung und Neufassung des Kirchenrechts (Codex Juris canonici) in Angriff nehmen (1914 im wesentlichen vollendet, Geltung ab Pfingsten 1917). Pius X. erlebte einerseits lebhafte Zustimmung, andererseits auch schroffe Ablehnung. Durch alle seine Maßnahmen war Pius X., der seinen Zeitgenossen oft sowenig „modern" erschien, in Wirklichkeit einer der ganz großen Reformpäpste der Neuzeit.
† am 20. 8. 1914. Sein unverwester Leib ruht in den Grotten des Petersdomes zu Rom. Aufgrund seiner bald nach seinem Tod einsetzenden Verehrung u. einer großen Zahl wunderbarer Zeichen an seinem Grab wurde 1923 sein Seligsprechungsprozeß eingeleitet. Er wurde durch Pius XII. am 3. 6. 1951 selig-, am 29. 5. 1954 heiliggesprochen.
Liturgie: GK G am 21. August
Darstellung: im weißen Papsttalar mit Brustkreuz
Patron: der Esperantisten, des Päpstlichen Werkes der Hl. Kindheit (1955)
Lit.: Schmidlin PG III S. IX–XV (Lit.) 1–177 – H. Hermelink, Die kath. Kirche unter den Piuspäpsten des 20. Jh.s (Zürich 1949) 3–23 u. ö. – K. Sonntag (Höchst 1928) – B. Pierami (Turin 1925, dt. Hildesheim 1935) – H. Wirtz (Leutesdorf/Rh. 1951) – E. Kaba (Berlin 1952) – H. Dal Gal (Fribourg 1954) – L. Matt-N. Vian (Zürich 1954) – W. Hünermann, Brennendes Feuer (Innsbruck 1956); Feuer auf die Erde (9. Aufl. Innsbruck 1979)

Placida, Hl. (Placidia)
Name: weibl. F. zu ↗ Placidus
Sie war eine Jungfrau, angeblich aus kaiserlichem Geblüt, u. ruht in der Kirche St. Stephan zu Verona (Oberitalien). † 460.
Gedächtnis: 11. Oktober
Darstellung: ein Diadem u. eine Blume in der Hand

Placida Viel, Sel.
* am 26. 9. 1815 zu Quettehou (Normandie). Sie trat mit 18 Jahren in die von ↗ Maria Magdalena Postel gegründete Kongregation der Sœurs des Écoles Chrétiennes de la Miséricorde (Schulschwestern) ein u. wurde 1846 deren Generaloberin. 1862 gründete sie den dt. Zweig der Kongregation, die seit 1948 den Titel „Heiligenstädter Schulschwestern" trägt. Sie starb im Mutterhaus des franz. Zweiges zu St-Sauveur-le-Vicomte (Dep. Manche, Normandie) am 4. 3. 1877. Seliggesprochen am 6. 5. 1951.

Gedächtnis: 4. März
Lit.: AAS 43 (1951) 364–369 – L. Canuet, La bonne mère P. V. (Coutances 1925) – A. Perl, Pilgerin auf endlosen Straßen (Stuttgart 1961)

Placidus, Märt. **zu Disentis,** Hl.
Name: lat., der Ruhige, Sanfte, Friedliche
Er war einer der Erstbekehrten des hl. ↗ Sigisbert u. dessen Freund u. Helfer, der in der Gegend von Disentis am Vorderrhein (Kt. Graubünden, Schweiz) eine Zelle erbaut hatte. Der Praeses (Statthalter) Viktor von Chur war auf die Selbständigkeit Churrätiens bedacht u. duldete die fremde Siedlung auf seinem Gebiet nicht. Deshalb ließ er Placidus durch gedungene Mörder töten. † Anfang des 8. Jh.s – Nach der Legende gab „Graf" Viktor durch seine Ungerechtigkeiten u. sein wüstes Leben großes Ärgernis. Placidus suchte auf Anordnung seines Abtes Sigisbert den Grafen Viktor auf bessere Wege zu bringen. Dieser aber wurde zornig u. ließ ihn auf Anstiften seiner Konkubine auf dem Heimweg ermorden. Den Tyrannen selbst ereilte nach der Legende bald die verdiente Strafe, indem er auf der Rheinbrücke mit seinen Pferden durchbrach u. ertrank. – Die Gebeine des hl. Placidus ruhen mit denen des hl. Sigisbert in einem karolingischen Sarkophag in der Krypta zu Disentis (8. Jh.). Beim Sarazeneneinfall um 940 wurden sie nach Zürich übertragen, später wieder zurückgebracht u. 1799 durch Brand fast ganz vernichtet. In der Placiduskirche zu Disentis befindet an der Mordstelle eine Art Confessio (Verbindungsgang zw. Grab u. Altar). Bei der Placidus-Prozession wurde früher auch Wein aus der Hirnschale des Heiligen ausgeteilt. Der Kult der beiden ist in ganz Graubünden verbreitet u. wurde am 6. 12. 1905 approbiert („Selige und Heilige").
Liturgie: Chur G am 11. Juli (mit Sigisbert)
Lit.: I. Müller, Disentiser Klostergeschichte I (Einsiedeln 1942) Reg. – Bündner Monatsblatt (Chur 1940) 27–30 48–55 120–128, (1955) 117–125, (1959) 264–276 – Frühmittelalterliche Kunst in den Alpenländern (Olten 1954) 133–147 (Sarkophag) – L. Hertig, Entwicklungsgeschichte der Krypta in der Schweiz (Biel 1958)

Placidus (Placido) **Riccardi** OSB, Sel. (Taufname: Tommaso)
* am 24. 6. 1844 zu Trevi (Umbrien, Mittelitalien). Er wurde 1866 Benediktinermönch in S. Paolo fuori le mura in Rom u. erhielt 1871 die Priesterweihe. 1884/85 u. 1887 bis 1894 war er Abt-Vikar u. Beichtvater des von S. Paolo abhängigen Nonnenklosters in Amelia (Umbrien), 1894 wurde er Rektor im OSB-Kloster Farfa (im Sabinergebiet). Hier, wie schon vorher in Amelia, erneuerte er das klösterliche Leben u. wirkte vor allem unermüdlich in der Seelsorge für die Wallfahrer, weshalb er „Apostel der Sabiner" genannt wurde. Die letzten 3 Jahre verbrachte er wieder in S. Paolo. Hier zeigte er eine unerschütterliche Geduld in seiner schweren Krankheit. Er war ein großer Verehrer der Passion Christi, der Mutter Gottes u. des hl. Joseph. † am 15. 3. 1915 in Rom. Seine Gebeine wurden 1925 nach Farfa übertragen. Seliggesprochen am 5. 12. 1954.
Gedächtnis: 15. März
Lit.: AAS 47 (1955) 39–45 – I. Schuster, Profilo biografico e saggio degli scritti spirituali del . . . Placido Riccardi (Rom 1922) – Ders., Profilo storico del beato Placido Riccardi (Mailand 1954) – Zimmermann I 331ff – A. Schmitt: BM 30 (1954) 477–484

Placidus OSB, Mönch **in Subiaco,** Hl.
Sein Vater, der röm. Patrizier Tertullus, übergab ihn dem Benediktinerkloster Subiaco (in den Sabinerbergen, östl. von Rom), wo er Schüler des hl. ↗ Benedikt wurde. Weitere sichere Nachrichten fehlen. Seit dem späten 11. Jh. wurde er in Montecassino mit einem altchristlichen Märt. Placidus in Sizilien in Zusammenhang gebracht. Petrus Diaconus OSB, Bibliothekar u. Archivar in Montecassino († 1153/58), läßt ihn in seiner Vita in Messina (Sizilien) von Piraten gemartert werden. Als man 1588 in S. Giovanni in Messina Gebeine entdeckte, bestätigte Sixtus V. Placidus als Märt. Im Benediktinerorden wird er aber seit 1961 wieder als Confessor (Bekenner) gefeiert.
Gedächtnis: 5. Oktober
Darstellung: sein Martyrium (Enthauptung oder Erdolchung), mit Siegespalme, auf seine ausgerissene Zunge deutend, Schwert in der Brust. Die Szene seines Ertrinkens (er habe auf Geheiß seines Abtes Maurus im nahen Teich Wasser geschöpft, sei hineingestürzt u. vom hl. Maurus gerettet worden). Mit einem Apfel
Patron: der Ertrinkenden, der Schiffer
Lit.: BHL 6859–6864 – E. Caspar, Petrus Diaconus u.

die Monte Cassineser Fälschungen (Berlin 1909) 47–72 – U. Berlière: RBén 33 (1921) 19–45 – Zimmermann III 138ff, IV 92

Platon (Plato), Märt. **zu Ankyra,** Hl.
Name: zu griech. platýs (weit, breit; auch: breitschultrig). Der altgriech. Philosoph Plato (428/427–348/347 v. Chr.) hieß ursprünglich Aristoklēs. Wegen seiner breiten Brust oder Stirn (nach Neanthes von Kyzikos wegen seiner breiten oder wohl auch reichen Sprache) erhielt er den uns heute geläufigen Namen.
Er war ein reicher u. wohltätiger Jüngling, der nach langen u. grausamen Martern um 306 (302?) zu Ankyra (heute Ankara, Türkei) enthauptet wurde.
Gedächtnis: 22. Juli (bei den Griechen: 18. November)
Lit.: ActaSS Iul. V (1727) 226–235 – PG 115, 403–427 – BHG³ 1549–1552

Platon (Plato), Abt **von Symbolai u. Sakkudion,** Hl.
* um 735 zu Konstantinopel (heute Istanbul) aus reicher, vornehmer Familie. Er war der Onkel des ↗ Joseph von Thessalonike u. des ↗ Theodor Studites. Er wurde um 763 Mönch im Symbolai-Kloster auf dem Olympos in Bithynien (beim heutigen Brussa, Nordwest-Kleinasien) u. war 770–780 dessen Abt. Er wirkte an der Gründung des Klosters Sakkudion mit (bei Studion am Olympos in Bithynien, jetzt Keschisch-Dagh) u. wurde 782 dort Abt. Auf den Synoden von Konstantinopel (786) u. Nicäa (787) verteidigte er die Bilderverehrung. Im Möchianischen Streit war er mit Theodor Studites Wortführer der Mönchspartei u. mußte mit diesem 4 Jahre in die Verbannung gehen. Zum Möchianischen Streit (griech. moicheía = Ehebruch) war es gekommen, als Kaiser Konstantinos VI. 785 seine Gemahlin Maria die Paphlagonierin verstieß u. die Hofdame Theodote heiratete. Der opportunistische Patriarch Tarasios stand auf seiten des Kaisers. Dadurch kam der Gegensatz zw. dem Mönchtum u. der Staatskirche zum vollen Ausbruch. Um zu zeigen, daß der Kaiser über den Kirchengesetzen stehe, ließ Kaiser Nikephoros I. (802–811) durch die Synode von 809 diese Ehe anerkennen. Diese Synode wurde erst 811/813 annulliert. Abt Platon resignierte 794 u. lebte als Rekluse in strengster Askese in Sakkudion, von 798 an im Studiu-Kloster (im Westen von Konstantinopel). † am 4. 4. 814 in Konstantinopel.
Gedächtnis: 4. April
Lit.: PG 99, 804–850 (Leichenrede des Theodoros Studites) – B. Hermann, Verborgene Heilige des griech. Ostens (Kevelaer 1931) 163–171 – G. da Costa-Louillet: Byz (B) 24 (1954) 230–240 – BHG³ 1553ff

Plechelm, Hl.
Name: zu ahd. blecchan (blitzen, glänzen; vgl. „die Zähne blecken" u. „blicken", nämlich den Strahl aus dem Auge leuchten lassen) + helm (Helm): blitzender Helm
Nach der legendarischen Vita stammte er aus Irland, war aber wohl eher ein Angelsachse. Er kam mit ↗ Wiro u. dem Angelsachsen Otger als Glaubensbote an den Niederrhein u. die Maas u. soll dort mit ihnen das Kloster St. Petersberg (heute Odilienberg bei Roermond, Niederländisch-Limburg) gegründet haben. † wahrscheinlich nach 700. Ein Teil seiner Reliquien wurde zunächst nach Utrecht, 954 nach Oldenzaal übertragen, andere kamen 1341 nach Roermond.
Gedächtnis: 15. Juli
Lit.: A. Wolters, De Heiligen Wiro, Blechelmus en Odgerus . . . (Roermond 1862) – Essen 105–109 – Zimmermann II 166ff

Plektrudis, Hl.
Name: a) ↗ Plechelm, b) ahd. trud (Kraft, Stärke): starker Blitz
Sie war wahrscheinlich die Tochter der hl. ↗ Irmina u. die Gemahlin Pippins d. M., auf den sie einen guten Einfluß ausübte. Allerdings konnte sie sein zeitweiliges außereheliches Verhältnis zu Alpais (Chalpaida), dem Karl Martell entsproß, nicht verhindern. Ihre beiden Söhne Drogo u. Grimoald starben früh. Zus. mit ihrem Gatten machte sie eine Reihe frommer Schenkungen an Kirchen u. Klöster, bes. an die OSB-Abtei Echternach (Luxemburg). 714 starb ihr Gatte, 717 mußte sie ihre Residenz in Köln an Karl Martell abtreten. Vermutlich zog sie sich mit ihrer Nichte Noitburg (↗ Notburga von Köln) in das von ihr gegründete Kanonissenstift St. Maria auf dem Kapitol in Köln zurück. Über ihre weiteren Lebensschicksale gibt es keine weiteren Nachrichten. † am 10. 8. 725 wahrscheinlich in Köln.

Gedächtnis: 10. August
Lit.: ActaSS Oct. XIII (1883) 836ff – Die Kunstdenkmäler der Rheinprovinz, VII/1: Köln, Stadt, hrsg. v. P. Clemen (Düsseldorf 1911) 190f 245f – A. Halbedel, Fränkische Studien (Berlin 1915) – C. Wampach, Gesch. der Grundherrschaft Echternach I/1 (Luxemburg 1929) 129ff – Künstle II 505f – Zimmermann II 557f – E. Mühlbacher, Dt. Gesch. unter den Karolingern (Stuttgart 1959^2) 34

Plunket ↗ Oliver Plunket

Poimen, Hl. (latinisiert Pastor)
Name: griech. poimēn, Hirte
Er zog sich um 335 in die Skethische Wüste (nordwestl. Teil des Wādi-n-Natrūn, nordwestl. von Kairo) zurück u. lebte dort als Einsiedler. Er war berühmt als Meister knapper, treffender Sinnsprüche. † um 450 im Alter von 110 Jahren.
Gedächtnis: 27. August
Lit.: Ausg.: PG 65, 317–368 – W. Bousset, Apophthegmata (Tübingen 1923) 55–71 u. ö. – Leben: BHG 1553z–1555g – ActaSS Iul. VI (1868) 307f, Aug. VI (1868) 25–43 – Baudot-Chaussin VIII 520–526 (Lit.)

Poldi, Kf. zu ↗ Leopold, ↗ Leopoldine

Pole ↗ Margareta Pole

Pollio, Märt., Hl.
Name: zu lat. pollens (vermögend, mächtig)
Er war oberster Lektor der Kirche zu Cibalis in Pannonien (heute Vinkovci, westl. der Donau, zw. Drau und Save). Er wurde beim Statthalter Probus als Christ angezeigt u. 1 Meile vor der Stadt durch Feuer hingerichtet. † am 27. 4. 304. In Ravenna war ihm eine Kirche geweiht.
Gedächtnis: 27. April
Lit.: ActaSS Apr. III (1866) 571ff – M. Simonetti, Studi agiografici (Rom 1955) 75–79 – AnBoll 75 (1957) 426

Polyeuktos, Patriarch **von Konstantinopel,** Hl. (Polyeuktes)
Name: griech. polýs (viel, sehr) + eúchos (Ruhm): der Vielgerühmte
Er regierte 956–970. Er war von großer Chararakterstärke u. Sittenstrenge. Dem neuen Kaiser Johannes I. Tzimiskes verweigerte er die Krönung, bis er für seine Vergehen öffentlich Sühne geleistet habe. Johannes I. war nämlich Feldherr unter seinem Vorgänger, Kaiser Nikephoros II. Phokas, den er im Einvernehmen mit dessen Gattin Theophanu ermorden ließ. Außerdem sollte er vorher Thephanu, mit der er nun zusammenlebte, verbannen u. das Gesetz seines Vorgängers Nikephoros II. gegen den Kloster- u. Kirchenbesitz widerrufen.
Polyeuktos starb am 5. 2. 970 zu Konstantinopel.
Gedächtnis: 5. Februar
Lit.: ActaSS Febr. V (1735) 706–712 – Grumel Reg. nn. 790–797 – Fliche–Martin VII 130ff – A. Michel, Die Kaisermacht in der Ostkirche (Darmstadt 1959) 11 39 151ff

Polyeuktos, Märt. **zu Melitene,** Hl. (Polyeuktes)
Er war Grieche, röm. Offizier u. Heide. Nach einer Christus-Vision bekannte er sich unter Einfluß seines christlichen Waffengefährten Nearchos vor dem Statthalter Felix standhaft zum Glauben. Seine Frau, sein Schwiegervater u. der Statthalter wollten ihn umstimmen. So wurde er am 13. 2. 249 zu Melitene (heute Eski Malatya, östl. Türkei) enthauptet. Die Legende aus dem 5. Jh. weiß von einer Zerstörung der Götzenbilder durch Polyeuktos. Über seinem Grab stand im 4. Jh. eine ihm geweihte Kirche. In Konstantinopel (6. Jh.) u. Ravenna waren ihm ebenfalls Kirchen geweiht. Auch ↗ Gregor von Tours bezeugt seinen Kult. Im Osten, aber auch bei den Merowingerkönigen, galt er als Schützer des Eides. Diese bekräftigten ihre Verträge durch Nennen seines Namens.
Gedächtnis: 13. Februar
Lit: ActaSS Febr. II (1864) 650–655 – BHL 6085ff – Baudot-Chaussin II 299–303 – BHG^3 1566–1568k

Polykarp, Bisch. **von Smyrna,** Märt., Hl.
Name: Polýkarpos, griech. polýs (viel) + karpós (Frucht): der Fruchtbare
Er war noch Schüler der Apostel, vor allem des ↗ Johannes, der ihn zum Bisch. von Smyrna (heute Izmir, West-Kleinasien) einsetzte. Hier traf er auch mit ↗ Ignatius von Antiochia auf dessen Todesreise nach Rom zusammen. Ignatius schrieb aus Troas je einen Brief an Polykarp u. an seine Gemeinde. Viel später, um 155, weilte Polykarp in Rom u. verhandelte mit Papst ↗ Aniketos als Sprecher der Kleinasiaten über den Ostertermin. Er hielt den Standpunkt der Quartodezimaner (14. Nisan) fest. Während seines Aufenthaltes in Rom bekehrte

er viele Valentinianer und Markioniten. Wohl bald nach seiner Rückkehr wurde er vom heidnischen Pöbel anläßlich großer Festspiele als Opfer gefordert. Vor dem gefüllten Theater von Smyrna bekannte sich der 86jährige offen zu Christus u. wurde zum Feuertod verurteilt. Da ihn aber das Feuer nicht verletzte, erlitt er das Martyrium durch einen Dolchstoß am 23. 2. 155 (oder den 22. 2. 156, möglicherweise aber erst 168/169). Sein Grab ist auf dem Berg Mustasia bei Smyrna, Reliquien des Heiligen sind auch in S. Ambrogio della Massima zu Rom. Die Niederschrift seines Martyriums stammt von einem gewissen Markion. Sie ist unmittelbar nach dem Tod Polykarps verfaßt u. ist eine der ältesten christlichen Märtyrerakten überhaupt. Sie enthält früheste Zeugnisse über den christlichen Märtyrer-Kult (Reliquien-Verehrung, „Geburtstags"-Gedächtnis). Von den Briefen des hl. Polykarp ist nur der an die Philipper erhalten.
Liturgie: GK G am 23. Februar
Darstellung: mit Krone u. Palme, Scheiterhaufen u. Flammen, vom Schwert durchbohrt
Lit.: H. Rahner, Die Märtyrerakten des 2. Jh.s (Freiburg/B. 1954²) 23–37 – BHL nn. 6870–6883 – BHO nn. 997 ff – Bardenhewer I 160–170, II 669 ff

Pompejus von Lüttich, Sel.
Er war Priester u. Kaplan der hl. ↗ Oda von Belgien. Er wird in der Diöz. Lüttich seit jeher verehrt. † 720.
Gedächtnis: 23. Oktober

Pompilius (Pompilio) Maria **vom hl. Nikolaus** COp, Hl. (bürgerl.: Domenico Pirrotti)
Name: altröm. Geschlechtername; wohl zu lat. pompa: Aufzug, Gepräge, Pracht
* am 29. 9. 1710 zu Montecalvo Irpino bei Avellino (östl. von Neapel). Er trat mit 17 Jahren zu Neapel in den Calasantinerorden ein. Nach seinen Studien lehrte er an einigen Ordensschulen in Süditalien, erhielt 1734 die Priesterweihe u. wirkte von 1736 an überaus segensreich als Prediger u. Volksmissionar in Süd- u. Mittelitalien. Neben seiner Sorge für Kranke u. Hilfsbedürftige aller Art verbreitete er das Rosenkranzgebet u. die Verehrung der Eucharistie (zahlreiche Bischöfe u. sogar den Papst bat er brieflich, disponierten Gläubigen täglich die Kommunion reichen zu dürfen). Er war in hohem Maß charismatisch begnadet, u. a. mit der Gabe der Herzensschau, der Heilung u. der Prophetie. Er war durch 8 Jahre Seelsorger u. Novizenmeister in Neapel. Auf Grund von Verleumdungen wurde er bestraft u. ausgewiesen, konnte aber auf die stürmischen Bitten der Bevölkerung für kurze Zeit nach Neapel zurückkehren. Dann wurde er erneut ausgewiesen u. setzte seine apostolische Arbeit u. a. in Ancona, Lugo u. Manfredonia fort. Zuletzt war er Hausoberer in Campi Salentina (südl. von Brindisi), wo er am 15. 7. 1766 starb. Seliggesprochen 1890, heiliggesprochen am 19. 3. 1934.
Gedächtnis: 15. Juli
Lit.: AAS 27 (1935) 223–234 – F. Grillo-G. Tasca, Vita di San Pompilio Maria Pirrotti (Novara 1934) – L. Picanyol, Lettere scelte di S. Pompilio (Rom 1934)

Pomposa ↗ Columba u. Pomposa

Pongracz ↗ Stephan Pongracz

Pontianus, Papst, Hl.
Name: lat., von der Insel Pontia (heute Ponza, westl. von Neapel) oder zu griech. póntos („Meer", bes. das Schwarze Meer; Pontos, Pontus hieß auch eine Landschaft im Nordosten Kleinasiens an der Küste des Schwarzen Meeres): Mann aus Pontus
Er war Sohn des Römers Calpurnius u. wurde am 21. 7. 230 Nachfolger des hl. ↗ Urban I. (222–230). Schon unter ↗ Calixtus I. (217–222) war es 217 zu einem Papstschisma gekommen. Der Gegenpapst ↗ Hippolytus beschuldigte Calixtus I. eines unlauteren Vorlebens u. des Laxismus, weil er die Unzuchtssünder wieder in die Kirche aufnahm und die Ehen zw. adeligen Frauen u. Sklaven anerkannte. Unter dem Nachfolger Urban I. dauerte das Schisma noch immer an, bis es Kaiser Maximinus Thrax durch hartes Eingreifen 235 beendet: Er verbannte beide, sowohl Pontianus wie auch seinen Gegenpapst Hippolytus nach Sizilien. Pontianus verzichtete am 28. 9. 235 auf seinen Bischofsstuhl in Rom. Noch im selben Jahr starben beide an den erlittenen Entbehrungen der Zwangsarbeit in den

Bergwerken. Sie wurden unter Papst ↗ Fabianus (236–250) an einem 13. August in Rom beigesetzt, Pontianus in der Papstgruft der Calixtus-Katakombe (die Grabschrift wurde 1909 aufgefunden), Hippolytus in dem nach ihm benannten Cömeterium an der Via Tiburtina. Beide wurden als Märt. verehrt.
Liturgie: GK g am 13. August (mit Hippolytus)
Lit.: Caspar I 43–46 – RAC II 410ff – Seppelt I² 42ff

Poppo OSB, Abt **von Stablo,** Hl.
Name: Kürzung von Namen, die mit Bod- beginnen wie ↗ Bodomar, ↗ Bodowin; zu ahd. biotan (bieten, darreichen, entbieten) und boto (Bote; vgl. „Aufgebot")
* 978 zu Deynze (südwestl. von Gent) aus adeliger flandrischer Familie. Er war zuerst Ritter u. machte um 1000 eine Wallfahrt ins Hl. Land u. 1005 nach Rom. Nach einem Bekehrungserlebnis wurde er Benediktinermönch im Kloster St-Thierry zu Reims (östl. von Paris). Von dort ging er um 1008 in das Kloster St-Vanne (Vitonus) in Verdun. Dort wurde er mit seinem nur wenig älteren Lehrer ↗ Richard von St-Vanne Hauptrepräsentant der lothringischen Klosterreform im Sinn der Klöster Gorze u. Cluny. Im Auftrag Richards wurde er um 1013 Prior in St-Vaast in Arras u. vor 1016 Prior in Beaulieu in den Argonnen. 1020 ernannte ihn ↗ Heinrich II. zum Abt der Klöster Stablo (Stavelot) u. Malmédy (Prov. Lüttich). Damit begann seine weit in das Reich ausstrahlende Reformtätigkeit. Er erhielt nach u. nach die Leitung bzw. Aufsicht über 17, meist reichsunmittelbare Abteien zum Zweck der Klosterreform, u. a. die Klöster St. Maximin in Trier (1022), Limburg a. d. Haardt (1025), Echternach (1028), St. Gislen (St-Ghislain im Hennegau) (um 1029), Hersfeld (Bad Hersfeld, Hessen) (1031), Weißenburg (Kronweißenburg, Elsaß) (1032), St. Gallen (1034). Nicht überall hatte er den gewünschten Erfolg, zumindest nicht sofort. In Malmédy, so wird erzählt, sei er von aufgebrachten, reform-unwilligen Mönchen mit der Waffe bedroht worden, in St. Maximin in Trier sei er nur knapp einem Giftmord entgangen. Poppo veranlaßte den Bau neuer Abteikirchen in Stablo, Limburg, Echternach u. Hersfeld. Wiederholt wurde er von Konrad II. auch in politischen Angelegenheiten angegangen. So sollte er 1025 die Lothringer für den neuen König Konrad II. gewinnen. 1033 wurde er zus. mit Bisch. Bruno von Toul zu Heinrich I. von Frankreich als Gesandter geschickt. Poppo starb am 25. 1. 1048 zu Marchienne (südöstl. von Lilles) u. wurde in Stablo beigesetzt.
Gedächtnis: 25. Jänner
Darstellung: als Abt; erweckt einen Hirten zum Leben, der von einem Wolf getötet wurde
Lit.: P. Ladewig (Berlin 1883) – Sackur II passim – Hauck III 499–515 – Moreau B II² 169–177 – H. Glaesener: RBén 60 (1950) 163–179 – Hallinger passim – Th. Schieffer: DA 8 (1951) 408ff

Porphyrius (Porphyrios), Märt. **zu Cäsarea,** Hl.
Name: zu griech. porphýra, Purpurschnekke, Purpurfarbe (deren Drüsensekret wurde bes. im alten Phönizien zu Färbezwekken gewonnen): der Purpurne, Rote
Er starb als Märt. unter Kaiser Aurelian (270–275) (nach dem Martyrologium Romanum unter Julian Apostata, 361–363). Nach der legendarischen Passio war er Schauspieler, der die christliche Taufe nachäffte, sich während der Schaustellung aber wirklich bekehrte u. deshalb gemartert wurde. Ein historischer Hintergrund dieser Erzählung ist nicht zu erweisen. Dieses Legendenmotiv findet sich auch bei einem Märt. in Rom namens Genesius, und geht auf die orientalische Legende von einem hl. Gelasio (Gelasianos) von Heliopolis zurück.
Gedächtnis: 15. September
Lit.: AnBoll 29 (1910) 258–275 (1. Passio) – ActaSS Nov. II (1894) 227–232 (2. Passio)

Porphyrius (Porphyrios), Bisch. **von Gaza,** Hl.
* um 347 in Thessalonike (Saloniki, Griechenland). Er war zuerst 5 Jahre Mönch in der Skethischen Wüste (im Nordwesten des heutigen Wādi-n-Natrūn, Unterägypten), dann in Palästina, bes. in Jerusalem. Er wurde um 392 Priester u. 395 Bisch. von Gaza. Als solcher wirkte er unermüdlich in der noch überwiegend heidnischen Stadt u. erreichte die Zerstörung aller heidnischen Tempel. Dazu intervenierte er u. a. bei Kai-

ser Arkadios u. Kaiserin Eudokia I. in Konstantinopel. An der Stelle des Marneion, des größten dieser Tempel, erbaute er eine prächtige Kirche, die er zu Ehren der Stifterin Eudokiana nannte. Er bekämpfte den Manichäismus u. nahm an der Synode zu Lydda über den Irrlehrer Pelagius (415) teil. † am 26. 2. 420.
Gedächtnis: 26. Februar
Lit.: Philologus 85 (1930) 209–221 – ROC 27 (1930) 422–441 – AnBoll 49 (1931) 155–160, 59 (1941) 65–216 – OrChrA 22 (1931) 170–179 – Ehrhard I/1 569 573 576 – BHG[3] 1570ff

Porres ↗ Martin de Porres

Possenti ↗ Gabriel dell'Addolorata

Possidius, Bisch. **von Calama,** Hl.
Name: zu lat. possidere (besitzen): der Besitzende
Er war Schüler des hl. ↗ Augustinus u. Mönch in dessen Kloster, das dieser um 390 in Hippo gegründet hatte. 397 wurde er Bisch. von Calama in Numidien (heute Guelma, Nordost-Algerien). In Verbindung mit seinem Freund Augustinus wirkte er gegen das Heidentum und die Irrlehren der Manichäer, Donatisten u. Pelagianer. Er war beim Tod des Augustinus im belagerten Hippo (430) zugegen u. schrieb auch eine Lebensbeschreibung über ihn. Durch den Wandalenkönig Geiserich wurde er 437 verbannt. Ort u. Zeit seines Todes sind unbekannt.
Gedächtnis: 16. Mai
Lit.: Pauly-Wissowa XXII/1 860f – H. J. Diesner, Possidius u. Augustinus: TU 81 (1962) 350–365

Postel ↗ Maria Magdalena Postel

Potentinus u. Gef., Hll.
Name: zu lat. potens, mächtig
Nach der Legende des 9. Jh.s stammte er aus einem vornehmen Geschlecht in Aquitanien (Südwestfrankreich). Mit seinen Söhnen **Felicius** u. **Simplicius** wallfahrtete er zu den hl. Stätten u. kam auch nach Trier, wo ihn sein Landsmann, Bisch. ↗ Maximinus aufnahm. Dieser sandte ihn mit seinen Söhnen zum Priester ↗ Castor in Karden an der Mosel, wo er sich niederließ. † im 4. Jh. Seine Gebeine wurden mit denen seiner Söhne in das Kloster Steinfeld in der Eifel überführt.
Gedächtnis: 18. Juni (Translation)
Lit.: ActaSS Iun. III (1701) 575–584 (Vita u. Translationsbericht) – BHL 6904–6907 – L. Korth, Die Patrozinien der Kirchen u. Kapellen im Erzbistum Köln (Düsseldorf 1904) 180f – AE 16 (1908) 390f

Pothinus (Potheinos, Pothinos) u. Gef., Bisch. **von Lyon,** Märt., Hll.
Name: griech. potheinós, der Ersehnte, Liebenswürdige
Er war Schüler des hl. ↗ Polykarp von Smyrna u. kam später nach Südgallien, wo er der 1. Bisch. von Lyon wurde. Er wurde 177/178 unter Kaiser Marcus Aurelius mit einer Anzahl anderer Christen ergriffen, verhört u. grausam mißhandelt. Er starb als Greis von über 90 Jahren u. als 1. der Märt. von Lyon u. Vienne (Südfrankreich). ↗ Gregor von Tours u. a. zählen noch folgende Märt. auf: Vettius, Egapethus, Zacharias (ein Priester?), Macarius, Asclibiades (Alcibiades), Silvius, Primus, Ulpius, Vitalis, Comminus (Comminius), October, Philomenus (Philominus), Geminus, Julia, Albina, Rogata (Grata), Aemilia, Potamia, Pompeja, Rodone (Rhodana), Biblides (Biblis), Quarta, Materna, Helpis u. Amnas. Diese wurden auf verschiedene Weise getötet. Den wilden Tieren wurden vorgeworfen: Alexander, Ponticus u. Blandina. Im Kerker starben: Aristaeus, Fotinus, Cornelius, Zosimus, Titus, Zoticus, Julius, Apollonius, Geminianus, Julia, Ausona (Ausonia). Weiters werden genannt die Märt.: Maturus, Sanctus (Diakon), Attalus, Aemilia, Gamnite, Alumna u. Mamilia. ↗ Ado, Bisch. von Vienne († 875) u. ↗ Notker der Stammler († 912) fügen noch die Namen hinzu: Jameica, Pompeja u. Domna. Es folgen weiters: Justa, Trofime (Trophima) u. Antonia. In einer anderen Quelle sind noch folgende Namen beigefügt: Justus, Severinus, Exsuperius u. Felicianus aus Vienne. Es starben, wie es heißt, noch eine große Zahl anderer ungenannter Christen den Martertod. Die Märt. hatten vorher, um ihre Verbundenheit mit Rom zu bekräftigen, einen Brief an Papst ↗ Eleutherus geschrieben u. durch ↗ Irenäus, dem Nachfolger des Pothinus auf dem Bischofsstuhl von Lyon, nach Rom gesandt. Unter der Sakristei der Kirche von Ainay in

Lyon zeigt man das Gefängnis, in dem Pothinus u. Blandina u. viele andere Christen gefangen gehalten wurden. Reste des großen Amphitheaters, in dem viele der genannten Christen starben, befinden sich auf der Anhöhe von Fourvières.
Gedächtnis: 2. Juni
Lit.: ActaSS Iun. (1695) 160–168 – BHL 6839–6844, Suppl 256 – AnBoll 79 (1961) 456, 39 (1921) 113–138 (Namen der Mart.), 67 (1949) 49–54 – Baudot-Chaussin VI 26–40 – Stadler IV 970–974

Praxedis, Jungfr., Hl.
Name: zu griech. prāgma, prāxis (Handlung): die Tätige
Sie war eine röm. Jungfrau der Frühzeit u. vielleicht die Stifterin der röm. Titelkirche S. Prassede (seit dem späten 5. Jh. bezeugt, von Papst ↗ Paschalis I. umgebaut). Die Legende aus dem 6. Jh. macht sie zur Schwester der hl. ↗ Pudentiana u. beide zu Töchtern des ↗ Pudens, des röm. Gastgebers des Apostels ↗ Petrus. Überdies wird sie in der Legende mit einer in der Priscilla-Katakombe beigesetzten gleichnamigen Christin identifiziert.
Gedächtnis: 21. Juli
Darstellung: mit Pudentiana das Blut der Märt. auffangend oder diese bestattend; daher mit Schwamm u. Gefäß. Mit einer Krone oder bringt eine Krone Jesus Christus dar
Lit.: BHL 6988–6991 – Kirsch T 52ff 149ff – Kirsch F 164 228 – DACL XIV 1691–1700 – Baudot-Chaussin VII 516ff

Primus u. Felicianus, Märt. **zu Rom,** Hll.
Namen: a) lat. primus, der erste (anstelle eines besonderen Vornamens nannten die Römer ihre Kinder manchmal entsprechend der Reihenfolge ihrer Geburt: Primus, Secundus, Tertius . . . Solche „Namen" wurden häufig auch in Kf.en umgewandelt wie Priscus, Secundinus u. a.) – b) Felicianus zu lat. felix: der Glückliche
Nach der legendarischen Passio aus dem 5./6. Jh. waren sie Brüder u. röm. Presbyter u. wurden unter Diokletian um 305 gemartert. Ihre Memoria (Gedenkstätte) befand sich beim heutigen Mentana, am 15. Meilenstein der Via Nomentana. Dort wurde ihnen im 4. Jh. eine Basilika erbaut, deren Ruinen der Archäologe Antonio Bosio († 1629) noch vorfand. Papst Theodor I. (642–649) ließ ihre Reliquien in die Kirche S. Stefano Rotondo in Rom übertragen u. dort in der Apsis ein Mosaik mit den beiden Märt. ausführen. Sie sind die ersten Märt., deren Gebeine von auswärts nach Rom übertragen wurden. Reliquien kamen später nach Maria Wörth (im Wörther See, Kärnten) u. in die Stiftskirche zu Raitenbuch (Rettenbuch) bei Freising.
Gedächtnis: 9. Juni
Darstellung: im Gefängnis liegend, ein Engel erscheint ihnen. Szene ihrer Folterung oder Enthauptung. Mit Palme, Schwert, einem Löwen
Lit.: ActaSS Iun. (1867) 148–153 – Lanzoni 139f – DACL XII 1469–1473 – Baudot-Chaussin VI 154ff

Prisca, Jungfr. u. Märt., Hl.
Name: lat., die Frühere, Ältere
In der legendarischen Überlieferung wurden offenbar verschiedene christliche Frauen miteinander verschmolzen. Eine Frau namens Prisca war die Stifterin der röm. Titelkirche S. Prisca auf dem Aventin (seit dem 4. Jh. bezeugt). Die röm. Synode 595 bezeichnet sie als Heilige. Man hielt die Kirche für ihre ehemalige Hauskirche. Grabungen unter S. Prisca legten ein röm. Haus des 2. Jh.s frei mit einem (heidnischen) Mithrasheiligtum des 3. Jh.s. Die Kirche wurde also frühestens im 3. Jh. auf den Grundmauern dieses Hauses erbaut. – Itinerarien nennen eine Märt. namens Prisca oder Priscilla, die in der Priscilla-Katakombe bestattet sein sollte. – Seit dem 8. Jh. wird diese Prisca fälschlich mit Prisca, der Gattin des ↗ Aquila, des Mitarbeiters des Apostels ↗ Paulus (Röm 16,3), gleichgesetzt. – Nach der legendarischen Passio (frühestens 8. Jh.) wurde Prisca im jugendlichen Alter an der Via Ostiensis unter Kaiser Claudius (41–54) enthauptet u. begraben, später habe man ihre Gebeine auf den Aventin übertragen (die 1. Christenverfolgung fand tatsächlich erst unter Nero, 54–68, statt).
Gedächtnis: 18. Jänner
Darstellung: mit Schwert u. Palme, einen oder zwei Löwen zur Seite (die sie laut Legende im Amphitheater verschonten). Ein Adler bewacht ihren Leib nach der Enthauptung
Lit.: Kirsch T 101–104 162f – RivAC (1925) 247–250 – O. Marucchi, Le Catacombe Romane (Rom 1933) 461-

558 (Priscilla-Katakombe) – A. Ferrua: CivCatt 91 (1940) I 298–308 – S. A. Favrier: CahArch 10 (1959) 1-26, 11 (1960) 1–4

Priscilla, Schülerin des Apostels Paulus ↗ Aquila u. Priscilla

Priskus (Priskos) u. Gef., Märt., Hll.
Sie waren jugendliche Märt. zu Cäsarea in Palästina. Priskus stellte sich mit seinen Freunden **Malchus** (Malchos) u. **Alexandros** freiwillig dem Richter. Sie bekannten sich als Christen u. wurden den wilden Tieren vorgeworfen. † um 260.
Gedächtnis: 28. März
Lit.: MartHieron 165 – MartRom 115f – Baudot-Chaussin III 592f

Processus u. Martinianus, Märt., Hll.
Namen: a) lat. Fortschritt, Erfolg; b) Weiterbildung von ↗ Martinus
Sie waren röm. Märt. der Frühzeit u. wurden in dem nach ihnen benannten Cömeterium am 2. Meilenstein der Via Aurelia begraben. Dort wurde ihnen im 4. Jh. eine Basilika erbaut (von ↗ Gregor III. u. anderen Päpsten restauriert). ↗ Gregor I. d. G. hielt dort eine Homilie. ↗ Paschalis I. ließ ihre Gebeine nach St. Peter übertragen u. unter dem Altar eines Oratoriums im südlichen Querschiff beisetzen. Die legendarische Passio des 6. Jh.s macht sie zu röm. Offizieren, die Petrus u. Paulus während ihrer Haft in Rom bewachten, von ihnen bekehrt u. von Petrus getauft worden seien. Sie seien nach 67 als Märt. gestorben.
Gedächtnis: 2. Juli
Darstellung: mit Geißeln u. Schwertern; auf der Folterbank liegend
Lit.: P. Franchi de' Cavalieri: SteT 19 (1908) 97f, 22 (1909) 35–49, 175 (1953) 24–52 (mit Passio) – J. P. Kirsch: ebd. 38 (1924) 71–74 – Baudot-Chaussin VII 44ff

Prochorus (Próchoros), Diakon **zu Jerusalem,** Hl.
Name: griech. pro (vor) + chorós (Chortanz): Vortänzer
Er war einer der 7 Diakone der Urgemeinde zu Jerusalem, die von den Aposteln zur Versorgung der hellenischen Witwen eingesetzt wurden (Apg 6,5). Nach späterer Überlieferung sei er einer der 72 Jünger gewesen, die Jesus zum Predigen aussandte (Lk 10,1ff), Sekretär des Apostels ↗ Johannes u. dann Bisch. in Antiochia gewesen. Er sei dort gemartert worden. Um die Mitte des 2. Jh.s entstand (vermutlich in Kleinasien) eine der apokryphen Apostelgeschichten, die sog. Acta Joannis, eine von gnostischen, enkratistischen u. doketischen Anschauungen erfüllte Erzählung. Die kath. Bearbeitung dieser Schrift läuft zwar unter dem Namen des Prochoros, stammt aber tatsächlich aus der 1. Hälfte des 5. Jh.s von einem unbekannten Verfasser in Palästina oder Syrien.
Gedächtnis: 9. April (Griechen u. Maroniten: 28. Juli)
Lit.: Gregory III 1407 (Reg.) – Réau III 1123 – R. A. Lipsius, Die apokryphen Apostelgeschichten u. Apostellegenden I (Braunschweig 1883) 355–408 – Bardenhewer I 578

Proculus, Märt. **in Bologna,** Hl.
Name: röm. Männername, zu lat. procul (weit entfernt): der in der Ferne Geborene
Seine Persönlichkeit, Zeit u. Art seines Martyriums sind unbekannt. Doch bezeugen ↗ Victricius von Rouen u. ↗ Paulinus von Nola die Verehrung seiner Reliquien. Das Grab des Heiligen lag vor den Mauern von Bologna. Darüber wurde eine Basilika errichtet, die Bisch. Gaudentius im 7./8. Jh. restaurierte. Eine späte Lokallegende läßt ihn zuerst Soldat, dann Bisch. von Bologna sein.
Gedächtnis: 1. Juni
Lit.: ActaSS Iun. (1867) 48ff – Tillemont V 135f – Lanzoni 778ff

Proklos, Erzb. **von Konstantinopel,** Hl.
Name: aus dem lat. ↗ Proculus ins Griech. entlehnt.
Er war zuerst Sekretär u. Lektor des ↗ Johannes Chrysostomus. Nach dessen letzter Verbannung wurde er von Attikos, dem Nachfolger und intrigenreichen Gegner des Johannes Chrysostomus, zum Priester u. 426 vom versöhnlichen Patriarchen ↗ Sisinnius zum Metropoliten von Kyzikos am Hellespont (südl. vom heutigen Erdek am Marmara-Meer) geweiht. Er konnte aber wegen des Widerstandes der Bevölkerung von seinem Bischofsstuhl nicht Besitz ergreifen u. blieb in Konstantinopel. 428 hielt er eine glänzende Rede über die Gottesgebärerin Maria vor Nestorius, Erzb. von Konstantinopel (428–431), dem Urheber

des Nestorianismus (in Jesus Christus sind die 2 Naturen, die göttliche u. die menschliche, getrennt voneinander). Proklos wurde 434 selbst Erzb. von Konstantinopel. Er war ein glänzender, von Johannes Chrysostomus inspirierter Redner. Von ihm sind 27 Reden zu Herren- u. Heiligenfesten u. 17 Briefe erhalten. Der wichtigste davon ist der Brief Ad Armenios de fide, worin er die Lehre über die eine Hypostase u. die 2 Naturen in Christus darlegt. † 446.
Gedächtnis: 24. Oktober
Lit.: E. Schwartz, Konzilsstudien (Straßburg 1914) – 18–53 – Bardenhewer IV 202–208 – M. Richard: RHE 38 (1942) 303–331 – A. Grillmeier: Chalkedon I 193ff

Prokop, Abt **von Sázava,** Hl.
Name: griech. Prokopios; pro (vorne, vorher, eher) + kópē (Griff, bes. am Schwert, Ruder u. ä.): der Schlagfertige
* um 1004 zu Chotaun bei Podiebrad (Poděbrady, östl. von Prag). Er war verheiratet u. ging später in ein Kloster des Reiches Kiew. Von dort brachte er liturgische Bücher in kyrillischer Schrift mit u. verbreitete in Böhmen die slawische Kirchensprache. Dadurch geriet er aber in Gegensatz zum Benediktinerkloster Břevnov in Prag (993 durch Bisch. ↗ Adalbert gegründet). Er ging um 1030 in das Sázava-Tal (nordwestl. von Olmütz, Mähren) u. lebte dort als Einsiedler u. gründete ein Kloster mit Liturgie in slawischer Sprache. Er stand auch in Beziehungen zu den böhmischen Herzögen Udalrich u. Břetislav. † am 25. 3. 1053. Seine Gebeine wurden 1588 von Sázava in die Allerheiligenkirche zu Prag übertragen. Seither ist er einer der Landespatrone von Böhmen. Weil das Sázava-Tal im späteren Mittelalter Bergbaugebiet wurde, erkoren ihn auch die böhmischen Bergleute zu ihrem Patron. In Böhmen gibt es mehrere Wallfahrtsorte, die seinen Namen tragen.
Gedächtnis: 25. März
Darstellung: als Einsiedler, ein Hirsch hat sich zu ihm geflüchtet. Als Ackersmann, statt des Pferdes den Teufel vor den Pflug gespannt. Der Teufel an einer Kette zu seinen Füßen
Patron: von Böhmen; der Bergleute
Lit.: BHL 6952f – Künstle II 506f – Zimmermann II 460ff – Baudot-Chaussin VII 100ff – L. Schmidt: Archaeologia Austriaca, Beih. 3 (Wien 1958) 143–155 (P. als Bergbaupatron)

Prokopios, Märt. **in Cäsarea,** Hl.
Er stammte aus Jerusalem u. war Exorzist u. Lektor zu Skythopolis (heute Beth Schean, südl. des Sees Genezareth). Er führte ein streng aszetisches Leben. Da er sich vor dem Statthalter in Cäsarea in Palästina (zw. Haifa u. Tel Aviv) weigerte, den Göttern zu opfern, wurde er um 304 enthauptet. Er ist der 1. Märt. Palästinas in der Verfolgung des Diokletian u. wird als Megalomartyr (Groß-Märt.) verehrt. Er war schon früh einer der volkstümlichsten Heiligen, weshalb auch seine Passio zu einer reich ausgeschmückten Legende entfaltet wurde.
Gedächtnis: 8. Juli
Darstellung: die Folterknechte wollen ihn zwingen, Weihrauch zu opfern; mit einer Lanze (nach der Legende sei er Soldat gewesen)
Lit.: ActaSS Iul. II (1867) 551–576 – BHL 6949ff – BHO 1002f – H. Delehaye, Les légendes grecques des saints militaires (Paris 1909) 77–89 214–233 – MartRom 276f – Baudot-Chaussin VII 179f – BHG^3 1193 1576–1582c – F. Halkin: AnBoll 80 (1962) 174–193 (Panegyrikus des Niketas v. Paphlagonien)

Prosper Tiro von Aquitanien, Hl.
Name: lat. prosper: erwünscht, günstig; lat. tiro: Rekrut, Neuling, Lehrling (als Personenname selten). Marcus Tullius Tiro, der Freigelassene u. Sekretär Ciceros, ist bekannt durch die Erfindung einer Kurzschrift, der Vorläuferin der modernen Stenographie.
* um 390 in Aquitanien (Südwestfrankreich). Er war verheiratet u. kam, vermutlich durch die Germaneneinfälle vertrieben, in die Gegend von Marseille, wo er sich als Laientheologe u. Laienmönch niederließ. Er besaß eine solide theol. Bildung u. war ein entschiedener Anhänger des hl. ↗ Augustinus u. seiner Gnaden- u. Prädestinationslehre, die er in formvollendeter Weise verteidigte. Gleichzeitig bekämpfte er in seinen Schriften unermüdlich den Semipelagianismus. In einem Brief an Augustinus berichtete er diesem von dem Widerstand, den dessen Gnadenlehre bei den Mönchen von Marseille fand. Er reiste 431 mit seinem Freund Hilarius aus Afrika zu Papst ↗ Cölestin I., um ihn zu einer Entscheidung zugunsten Augustinus' zu veranlassen. Allmählich rückte er aber von dessen strenger Prädestinationslehre (Vorherbestimmung

des Menschen) ab u. verfocht den universellen Heilswillen Gottes. Nach 440 ging er für dauernd nach Rom u. dürfte Sekretär des Papstes ↗ Leo I. gewesen sein. Prosper hinterließ eine große Zahl an Gedichten u. Prosaschriften. Bes. zu erwähnen sind sein Psalmenkommentar u. die Epitoma Chronicorum, ein Abriß der Kirchengeschichte bis 455. Prosper starb am 25. 6. nach 455.
Gedächtnis: 25. Juni
Patron: der Dichter
Lit.: Schanz IV/2 491–501 – Bardenhewer IV 533–541 – R. Helm: Pauly-Wissowa XXIII 880–897 – Altaner[6] 414f – R. Lorenz, Der Augustinismus Prospers: ZKG 73 (1962) 217–252

Protasius, Bisch. **von Lausanne,** Hl.
Er regierte wahrscheinlich in der 1. Hälfte des 7. Jh.s u. starb bei Bière, als er eben Holz für den Neubau der Kathedrale zu Lausanne beschaffen wollte. Sein Leichnam wurde nach Basuges (am Genfer See) überführt u. in der dortigen Marienkapelle beigesetzt. 886 errichtete man dort ihm zu Ehren eine Kirche. Der Ort wurde später nach ihm St-Prex genannt. Seine Gebeine wurden 1400 erhoben.
Liturgie: Lausanne-Genève-Fribourg g am 6. November

Protasius ↗ Gervasius u. Protasius

Protus u. Hyacinthus, Märt. **in Rom,** Hll.
Namen: griech. prótos: der Erste; griech. hyákinthos: Hyazinthe (Blume), in Offb 21,20 der orangegelbe bis rote „Hyazinth" (Edelstein)
Sie starben in Rom als Märt., wahrscheinlich unter Kaiser Gallienus (260–268). Das Grab des Hyacinthus wurde 1848 in der Hermes-Katakombe an der alten Via Salaria in Rom unversehrt entdeckt. Er wurde dort an einem 11. September beigesetzt. Brandspuren an den Gebeinen u. Asche lassen auf Feuertod oder Verbrennung der Leiche schließen. Diese Gebeine sind seit 1934 in der Kapelle des Kollegs der Kongregation für die Glaubensverbreitung auf dem Gianicolo in Rom. Die Reliquien des hl. Protus ruhen seit dem 16. Jh. in S. Giovanni dei Fiorentini zu Rom.
Die späte legendarische Passio der ↗ Eugenia von Rom macht die beiden zu Brüdern u. läßt sie als Lehrer u. Gefährten der hl. Eugenia unter Valerian (253–259) in Rom enthauptet werden.
Gedächtnis: 11. September
Lit.: BHL 2666–2670 6975ff, Suppl. 261 – BHO 281–284 – DACL I 2862, VI 2322–2331, XIV 1929 – L. Hertling-E. Kirschbaum, Die röm. Katakomben u. ihre Märt. (Wien 1955²) 79f – AnBoll 75 (1957) 38ff 44 – BHG³ 607w–608b

Prudentia, Märt. **zu Rom,** Hl.
Name: lat., die Klugheit; oder zu prudens, die Kluge
Ihre Gebeine fand man 1672 im Prätextatus-Cömeterium an der Via Appia Pignatelli zu Rom (auf der Grabplatte war neben ihrem Namen eine Palme, das Zeichen des Martyriums). Pius IX. schenkte sie 1878 Bisch. Johann Bernhard von Münster, seit 1881 ruhen sie in der Kirche St. Stephan in Beckum (Westfalen) in einem kostbaren Reliquienschrein, dem bedeutendsten Westfalens aus dem Mittelalter (ursprünglich anscheinend für Reliquien des hl. ↗ Sebastian bestimmt).
Festwoche in Beckum: 3.–4. Sonntag im Juli
Lit.: G. Landwehr: Münsterland 8 (Bocholt 1921) 24–27 – A. ten Hompel: Westfalen 16 (Münster 1931) 73–79 – H. Zink: Kunstführer des Westfäl. Heimatbundes 35 (Münster 1954) 6 – A. Henze, Westfäl. Kunstgesch. (Recklinghausen 1957) 114 – U. Gehre: Westfalenspiegel (Dortmund 1959) Heft 7, 24ff

Ptolemäus (Ptolemaíos) u. Gef., Märt. **in Rom,** Hl.
Name: zu griech. ptólis = poetisch für pólis (Stadt, Stadtgemeinde): der Städter (ital. Tolomeo)
Nach dem Bericht des hl. ↗ Justinus des Märt. bekehrte er eine röm. Dame. Deren heidnischer Gatte zeigte ihn deshalb beim Stadtpräfekten Lollius Urbicus an, der ihn festnehmen u. durch seinen befreundeten Centurio (Hauptmann) in martervoller Haft halten ließ. Er bekannte vor dem Richter seinen Glauben u. wurde mit seinem Glaubensbruder **Lucius,** der das Urteil des Urbicus tadelte, sowie einem nicht genannten weiteren Christen zur Zeit des Antoninus Pius (138–161) enthauptet.
Gedächtnis: 19. Oktober
Lit.: ActaSS Oct. VIII (1853) 386–400 – Quentin 381 606ff – R. Knopf, Ausgewählte Märtyrerakten, hrsg. v. G. Krüger (Tübingen 1929³) 14f

Publia, Äbtissin **in Antiochia,** Hl.
Sie war einige Jahre verheiratet u. hatte einen Sohn Johannes, der Erzpriester in Antiochia war, aus Demut aber den Patriarchensitz ausgeschlagen hatte. Nach dem Tod ihres Gatten widmete sie sich dem Dienst an den Armen u. Kranken u. stand einer Schar von Jungfrauen vor, die ewige Keuschheit gelobt hatten. Als Kaiser Julian Apostata auf seinem Feldzug gegen Persien im Jahr 362 in Antiochia weilte, ließ Publia ihre Nonnen, wenn Julian an ihrem Haus vorüberging, jene Psalmen anstimmen, in denen die Nichtigkeit der Götzen verspottet wird. Kaiser Julian war zwar streng arianisch erzogen worden, doch zog es den schwärmerischen Prinzen zu griech. Literatur u. Religion. Mit 20 Jahren vollzog er innerlich den Abfall ins Heidentum. Als Kaiser (361–363) suchte er das Reich auf der Grundlage des Heidentums, bes. der Sonnenreligion (Mithraskult), neu aufzubauen. Als er nun den Psalmengesang der Nonnen hörte, befahl er Publia, in Zukunft zu schweigen. Publia hielt sich nicht daran, sondern stimmte erst recht wieder solche Psalmen an. Da ließ ihr der Kaiser den Mund u. das Gesicht blutig schlagen. Wann Publia starb, ist unbekannt.
Gedächtnis: 9. Oktober

Pudens, Hl.
Name: lat., der Sittsame, Ehrbare, Bescheidene
Er ist der Gründer einer röm. Titelkirche (ecclesia Pudentiana) auf dem Vicus Patricius in Rom. Die heutige Basilika wurde 390/398 über Thermen aus dem 2. Jh. erbaut u. mit einem berühmten Apsis-Mosaik (Christus zw. den Aposteln) ausgestattet. 9 m unter dem Boden der Basilika fand man 1961–1962 die Reste eines röm. Netzwerkhauses aus dem 1. Jh. mit schönen Fußbodenmosaiken (Pavimenten). Diese Entdeckung könnte neues Licht auf die Entstehung des Kirchentitels werfen. Bedeutende Archäologen, wie Giovanni Battista de Rossi († 1894), halten den Kirchenstifter Pudens für möglicherweise identisch mit jenem Pudens, den Paulus in seinem 2. Brief an Timotheus im Schlußgruß erwähnt (2 Tim 4,21). Nach der Legende war Pudens ein röm. Senator, der mit seinen beiden Töchtern ↗ Pudentiana u. ↗ Praxedis dem Apostel Petrus Gastfreundschaft gewährt habe.
Gedächtnis: 19. Mai
Lit.: BHL 6988–6991 – Kirsch T 61–67 – Lanzoni 30–34 – A. Petrignani, La basilica di S. Pudenziana secondo gli scavi (Città del Vaticano 1934) – B. Vanmaele: Roma nobilis (Rom 1953) 352–359 – E. Josi, Il „titulus Pudentis" rinnovato: Osservatore Romano 102 (Città del Vaticano 1962) n. 139, 6

Pudentiana, Hl.
Name: Weiterbildung von ↗ Pudens
Sie war eine altchristliche Jungfrau zu Rom. Historische Nachrichten über sie fehlen. Die legendarische Vita des 5./6. Jh.s nennt sie auch Potentiana u. setzt sie daher mit einer in der Priscilla-Katakombe bestatteten Potentiana gleich. Nach dieser Legende sei sie die Schwester der hl. ↗ Praxedis u. die Tochter des ↗ Pudens gewesen. Im 6. Jh. verband man ihren Kult mit der röm. Titelkirche des Pudens (ecclesia Pudentiana).
Darstellung: Almosen austeilend. Die Leichname der Märt. bestattend. Sie trägt ein Tuch, mit dem sie das vergossene Märtyrerblut aufgetrocknet hat
Lit.: BHL 6988–6991 – Kirsch T 61–67 – A. Petrignani, La basilica di S. Pudenziana secondo gli scavi (Città del Vaticano 1934) – Th. Klauser, Das röm. Capitulare evangeliorum (Münster 1935) 196 (↗ Pudens)

Pulcheria Aelia, byzantinische Kaiserin, Hl.
Name: zu lat. pulchra, die Schöne; Aelius (Aelia) war der Name eines röm. Plebejergeschlechtes
* am 19. 1. 399 als Tochter des Kaisers Arkadios u. der Aelia Eudokia, der Tochter des fränkischen Heerführers u. Konsuls Bauto, u. Enkelin des Kaisers Theodosios I. Sie wurde 414 zur Augusta (Kaiserin) ausgerufen. Als begabte, gebildete u. energische Frau führte sie bis 416 die Vormundschaft u. Regierung für ihren minderjährigen Bruder Theodosius II. Sie vermählte ihn 421 mit Eudokia-Athenais u. beeinflußte ihn auch weiterhin. Pulcheria hatte früh Jungfräulichkeit gelobt, sie erbaute Kirchen, ließ die Gebeine der 40 Märt. von Sebaste erheben u. nahm Stellung gegen den Irrlehrer Nestorius. Durch Gegensätze zu Eudokia u. zum Minister Chrysaphios sah sie sich gezwungen, um 447 den byzantini-

schen Kaiserhof zu verlassen u. lebte einige Jahre im Palast Hebdomon in klösterlicher Abgeschiedenheit. Nach dem Tod ihres kaiserlichen Bruders Theodosios kehrte sie 450 an den Hof zurück u. heiratete den Feldherrn Markion, der noch im selben Jahr zum Kaiser gekrönt wurde. Trotz vieler Widerstände (auch von seiten des Papstes ↗ Leo I.) setzte sie die Einberufung des Konzils von Chalkedon (451) durch. Der tumultartige Verlauf der Räubersynode in Ephesus (449) hatte gebieterisch eine Lösung der anstehenden christologischen Fragen verlangt. Pulcheria starb im Juli 453.

Gedächtnis: 10. September

Darstellung: als Kaiserin mit Zepter u. Lilie

Lit.: E. Schwartz, Die Kaiserin Pulcheria auf der Synode von Chalkedon: Festgabe für A. Jülicher (Tübingen 1927) 203–212 – Caspar I 626 (Reg.), II 804 (Reg.) – Pauly-Wissowa XXIII/2 (1959) 1954–1963 – Herbeck (Steyl 1927)

Pusinna, Hl.

Sie war die Tochter des Grafen Sigmar von Perthes (Champagne) u. die Schwester der hl. ↗ Liutrud u. der hl. ↗ Menechildis. Sie nahm schon in jungen Jahren den Schleier u. lebte mit diesen u. 3 weiteren Schwestern im Elternhaus bei Arbeit u. Gebet. Später zog sie sich auf ihr Erbgut (vicus Bausionensis) bei Corbie (OSB-Abtei an der Somme, Diöz. Amiens) zurück, wo sie starb u. begraben wurde. Ihre Gebeine wurden 860 in das Damenstift Herford (Westfalen) übertragen, wo sie Patronin wurde. Seither wird sie auch in Westfalen verehrt.

Gedächtnis: 23. April

Lit.: BHL 6993ff – Der kath. Seelsorger 14 (Paderborn 1902) 306–309 – AnBoll 76 (1958) 188–223 (krit. Ausg. der Vita) – K. Honselmann: Das erste Jahrtausend, Text-Band (Düsseldorf 1962) 159–193 (Translation) – Ders.: Dona Westfalica (Festschrift G. Schreiber) (Münster 1963)

Qu

Quadratus (Kodratos), Bisch. **von Armenien u. Athen,** Hl.

Name: lat., viereckig (z. B. Marschordnung, Gebäude), davon: geordnet, passend, schicklich

Er war Apostelschüler wie ↗ Ignatius von Antiochia u. ↗ Polykarp von Smyrna, hatte aber nicht wie diese einen festen Bischofssitz. Die byzantinische Liturgie nennt ihn Bisch. von Armenien u. Athen. Er sammelte die Christen von Athen, die sich in der Verfolgung des Kaisers Hadrian (117–138) zerstreut hatten. Er unterbreitete dem Kaiser eine von ihm verfaßte Apologie (Verteidigungsschrift), worin er anführt, daß er selbst noch Leute gesehen u. gekannt habe, die Jesus geheilt oder vom Tod erweckt hätte. Der Kaiser wohnte damals (125) gerade auf Inspektionsreise in Athen u. wohnte den dortigen Eleusinischen Mysterienspielen bei, die jeden September zu Ehren der Erdgottheiten Demeter, Kore u. Jakchos abgehalten wurden. Wie es heißt, sei der Kaiser von der Apologie des Quadratus so beeindruckt gewesen, daß er die Verfolgung eingestellt oder zumindest keine neuen christenfeindlichen Gesetze erlassen habe. Quadratus dürfte in Athen als Märt. gestorben sein.

Gedächtnis: 26. Mai (Byzantiner: 27. September)

Darstellung: als Bisch. seine Apologie schreibend

Lit.: Bardenhewer I 183–187 – G. Bardy: APhilHistOS 9 (1949) 75-86 – Altaner[5] 94 – Quasten I I 216f – Quasten P I 190

Quadratus, Bisch. **von Utica,** Märt., Hl.

Er war Bisch. von Utica bei Karthago. Kaiser Valerian (253–260) ließ die Christen anfangs in relativer Ruhe, löste aber 257 eine Verfolgung aus, die der des Kaisers Decius an Schärfe u. Ausmaß nicht nachstand. Er hatte es offensichtlich auf die führenden Männer der Kirche abgesehen, denn unter den Märt. finden sich auffallend viele Bischöfe, Kleriker u. Personen höheren Standes. Auch Papst ↗ Sixtus II. zählt zu ih-

nen. Beim 1. Edikt Valerians (257) wurde Quadratus nur verbannt, nach dem 2. Edikt (258) jedoch verhaftet u. wenige Tage nach der ↗ Massa Candida am 21. 8. 259 hingerichtet. In Hippo Diarrhytus (heute Biserta) war ihm eine Kirche geweiht.
Gedächtnis: 21. August
Lit.: G. Morin: RPAA 3 (1925) 289–312 – Ders.: RBén 44 (1932) 75ff – AnBoll 45 (1927) 318ff, 67 (1949) 261 – Miscellanea Agostiniana I (Rom 1930) 90–97 646–653

Quinocus ↗ Winnoc

Quintinus, Märt. **in Amiens,** Hl. (franz. Quentin)
Name: zu lat. quintus, der fünfte (anstatt ihren Kindern einen bestimmten Rufnamen zu geben, zählten die Römer diese öfters ihrem Alter nach)
Er soll der Sohn des röm. Senators Zeno gewesen sein. Er kam um 245 nach Gallien u. missionierte bes. in Amiens u. Umgebung. Dort wurde er durch den grausamen Präfekten Rictiovarus (?) verhaftet u. im Kerker schwer gefoltert. Dann wurde er in Augusta Veromandorum enthauptet. Die Stadt wurde später nach ihm St-Quentin genannt (Picardie, Nordfrankreich). Seine Leiche warf man in die Somme. Eine ornehme Römerin namens Eugenia fand die Gebeine um 340, angeblich auf Grund einer Vision, erbaute ein kleines Oratorium u. bestattete die Reliquien. Wegen des starken Pilgerstromes wurde das Oratorium im 5. Jh. erweitert. Bisch. ↗ Eligius von Noyon erhob 645 die Gebeine u. vergrößerte die Grabkirche abermals, ↗ Fulrad, Abt von St-Denis, ersetzte die Kirche 823 durch einen Neubau. Im späten 9. Jh. waren die Reliquien wegen der Normanneneinfälle vorübergehend in Laon. Ein großer Teil der Reliquien wurde 1793 auf offenem Platz verbrannt, ein Teil konnte gerettet werden. Die heutige gotische Basilika mit 3 Längs- u. 2 Querschiffen u. einem Chor, der in 5 hufeisenförmigen Apsiden endigt, wurde von der Mitte des 13. bis zum 15. Jh. erbaut. Sie ist noch heute ein vielbesuchter Wallfahrtsort u. hat zur Entwicklung der Stadt wesentlich beigetragen.
Gedächtnis: 31. Oktober
Lit.: AnBoll 20 (1901) 5–44 – BHL 6999–7021 – J. Hachet, La Basilique de St-Quentin, 2 Bde. (St-Quentin 1909²) – DACL XIV 2023ff – A. Grabar, Martyrium I (Paris 1946) 485 (Grab) – Baudot-Chaussin X 1007ff – Réau III 1127ff

Quintinus, Märt. **zu Villeparisis,** Hl.
Er war Diener am Hof des fränkischen Königs Chlodwig I. (482–511). Seine Herrin, die Frau Guntrams, des Sohnes Chlodwigs (vielleicht auch des Generals Guntram Boson), stellte ihm mit unlauteren Anträgen nach. Da er ihr aber kein Gehör gab, ließ sie ihn in der Nähe des Flusses Indres ermorden, die Leiche warf man in den Fluß. Eine Armreliquie des Heiligen befindet sich seit 1235 in der Kathedrale St. Stephan zu Meaux.
Gedächtnis: 4. Oktober

Quiriacus u. Gef., Märt. **zu Augsburg,** Hll. (Cyriacus)
Name: griech. Kyriakós, zu Kýrios (Herr; im AT allg. für Gott, im NT fast durchwegs für Jesus Christus): der dem Herrn Geweihte, oder auch: der am Tag des Herrn (Sonntag) Geborene (vgl. ↗ Paschalis, ↗ Natalis)
Quiriacus steht an der Spitze der 25 Augsburger Märt. Diese wurden am selben Tag, an dem auch die hl. ↗ Hilaria mit ihren 3 Mägden gemartert wurde, nämlich am 12. 8. 304, u. wahrscheinlich auch an derselben Stelle, nämlich „1 röm. Meile vor der Stadt“ (1,5 km) (heute St. Ulrich u. Afra) enthauptet. Mit Quiriacus starben **Largio, Crescentianus, Eutychianus, Philadelphus, Charito, Petrus, Nimonia** (Nimmia), **Juliana, Diomeda** (Diomena), **Leonida, Agape, Emblasius, Euria** u. **Fausta** sowie 10 weitere Ungenannte. Reliquien mehrerer dieser Heiligen befinden sich in der Allerheiligenkapelle zu St. Ulrich.
Gedächtnis: 12. August
Lit.: Stadler V 11 – Doyé 2, 220

Quiriacus von Trier, Hl.
Von ihm erzählt man sich, er sei in Poitiers geboren u. mit ↗ Maximinus, dem späteren Bisch., nach Trier gekommen, um sich hier von Bisch. ↗ Agritius im Glauben unterweisen zu lassen. Er wurde Priester und besuchte sehr häufig die Kirchen zu Trier, bes. nachts, um kein Aufsehen zu erregen. Einige Kleriker beneideten ihn um die Gunst der Freundschaft zu Maximinus, der

inzw. Bisch. geworden war, u. verleumdeten ihn, daß er die Nacht nicht zum Gebet, sondern zur Unzucht verwende. Der Bisch. schenkte diesen Anklagen keinen Glauben, untersagte ihm aber die Darbringung der Messe, bis seine Unschuld erwiesen sei. Gott selbst griff ein, so heißt es, u. tat durch die Erscheinung eines Engels seine Unschuld kund. Ein altes Gedicht in lat. Sprache schreibt ihm die Gabe der Weissagung zu. Ein Großteil seiner Reliquien wurde später nach Zabern (Saverne, nordwestl. von Straßburg) gebracht. † im 4. Jh.
Liturgie: Trier g am 6. März
Lit.: Stadler V 10f – Doyé 2, 220

Quirikus, Märt., Hl. (Cirycus, Cyricus, Kerykos)
Name: zu griech. kēryx: Ausrufer, Verkünder, Herold, Bote, Lobsänger, Opferdiener (Priester); oder zu Kyrios (Herr): ↗ Quiriacus
Er war das dreijährige Kind, das mit seiner Mutter ↗ Julitta in der Verfolgung des Diokletian um 304 zu Tarsus in Kilikien gemartert wurde. Während der Präfekt Alexander seine Mutter Julitta foltern ließ, liebkoste er den kleinen Quirikus. Dieser stieß ihn aber von sich und bekannte sich als Christ. Da wurde der Präfekt zornig u. schlug das Kind zu Boden.
Gedächtnis: 16. Juni
Darstellung: vom Richter zu Boden geschmettert u. mit Füßen gestoßen
Lit.: ↗ Julitta u. Kyriakos

Quirinus von Malmédy, Märt., Hl.
Name: Quirinus war ursprünglich eine Kriegsgottheit auf dem Quirinal, dem nördlichsten der 7 Hügel Roms. Er wurde später mit Jupiter u. Mars zur altröm. Göttertrias verbunden, im 1. Jh. v. Chr. mit dem vergöttlichten Stadtgründer Romulus gleichgesetzt. Der Name wurde auch als Personenname geläufig.
Historische Nachrichten fehlen. Nach der legendarischen Passio des Nicasius aus dem 11. Jh. war er Priester u. kam mit Nicasius, dem angeblich 1. Bisch. von Rouen, nach Gallien, wo beide in der Gegend von Rouen (Nordfrankreich) missionierten u. unter Kaiser Domitian (81–96) in Gasny (Dep. Eure) enthauptet wurden. Ihre Gebeine wurden dort 872 erhoben. Die des Quirinus kamen im 9. Jh. größtenteils nach Malmédy (Südostbelgien), wo sie 1042 von Abt ↗ Poppo von Stablo erhoben wurden. Quirinus wird bes. in Huy (Diöz. Lüttich) verehrt.
Lit.: BHL 6081–6084 7040f – Balau 225–228 – Baudot-Chaussin X 340ff (Lit.)

Quirinus (Quirinus von Neuß) u. Gef., Märt. **in Rom,** Hll.
Nach der späten Legende war er röm. Tribun u. wurde mit seiner Tochter Balbina von Papst ↗ Alexander I. getauft. Unter Kaiser Hadrian sei er im Jahr 130 (?) zus. mit **Alexander** (nicht Papst Alexander I.), **Eventius, Theodulus** u. **Hermas** in Rom gemartert u. in der Praetextatus-Katakombe beigesetzt worden. Die Reliquien des hl. Quirinus wurden im Mittelalter in das OSB-Frauenstift zu Neuß am Rhein (südwestl. von Düsseldorf) übertragen. Über die Zeit dieser Translation herrscht keine sichere Übereinstimmung. Wahrscheinlich geschah sie kurz nach der Gründung des Stiftes, als dort um 1000 (vielleicht unter einer Äbtissin Gepa) der Bau der 1. Kirche begonnen wurde. Nach alter Überlieferung schenkte Papst ↗ Leo IX. im Jahr 1050 die Gebeine seiner (angeblichen) Schwester Gepa, Äbtissin zu Neuß. Andererseits bestand dort ein Quirinus-Kult bereits seit etwa 960/970. Möglicherweise liegt hier aber eine Verwechslung mit ↗ Quirinus von Siscia vor. Von Neuß breitete sich der Kult rasch aus, bes. im Kirchengebiet von Köln. Seit Ende des 15. Jh.s wird er zu den Vier ↗ Marschällen gezählt.
Liturgie: Köln g am 30. April (Translation), sonst 30. März (Todestag)
Darstellung: als Ritter (Tribun) mit Lanze u. Schild, darin 9 Kugeln (der lat. Name Novesia für Neuß wurde auf novem = neun bezogen). Mit Schwert u. Palme. Mit Habicht oder Hunden, davor seine abgeschnittene Zunge (die die Tiere nicht berührten)
Patron: von Neuß; des Viehs (bes. der Pferde)
Lit.: W. Felten (Nimwegen 1900) – Ders.: AHVNrh 104 (1920) 120–149 – BHL 266–271 7026ff – R. Hindringer, Weiheroß u. Roßweihe (München 1932) 137 – Braun 617ff – M. Zender: Neuß. Festschrift . . . (Köln 1950) 31ff – Ders.: Räume u. Schichten mittelal-

terl. Heiligenverehrung (Düsseldorf 1959) 153ff – R. Kottje, Das Stift St. Quirin zu Neuß (Düsseldorf 1952) 21–25 – J. Torsy: AHVNrh 153–154 (1953) 7–48 – K. Köster: Neußer Jahrb. f. Kunst, Kulturgeschichte u. Heimatkunde 1 (Nimwegen 1956) 15

Quirinus, Bisch. **von Siscia,** Märt., Hl.
Er war Bisch. von Siscia (Sissek an der Save, südöstl. von Agram, Jugoslawien). In der Verfolgung des Diokletian, die unter dem Ostkaiser Galerius noch fortdauerte, wurde er auf der Flucht ergriffen u. Maximus (Maximinus), dem Statthalter Unter-Panoniens, vorgeführt. Da er sich weigerte, den Göttern Weihrauch zu opfern, wurde er grausam geschlagen u. nach 3 Tagen an Amantius, den Statthalter Ober-Pannoniens überstellt. In Sabaria (Steinamanger, Westungarn) wurde er verhört, gefoltert u. schließlich mit einem Mühlstein am Hals im Fluß Sibaris (Güns) am 4. 6. 308/309 ertränkt. Sein Leichnam wurde aufgefunden u. in der Basilika zu Sabaria bestattet. In den Wirren der Völkerwanderung brachte man die Gebeine im 5./6. Jh. nach Rom u. setzte sie dort im Mausoleum, genannt „Platonia", an der Via Appia bei S. Sebastiano bei. Eine späte Legende behauptet, er sei ein Sohn des Kaisers Philippus Arabs (244–249) gewesen.
Gedächtnis: 4. Juni
Darstellung: als Bisch. mit einem Mühlstein am Hals, in den Fluß gestürzt. Kniet auf dem im Fluß schwimmenden Mühlstein, auf der Brücke Amantius u. andere Zuschauer
Lit.: ActaSS Iun. I (1867) 372–375 – BHL II 7035–7039 – A. de Waal, Die Apostelgruft ad Catacumbas (Rom 1894) – Delehaye OC 257f – ECatt X 432f (Lit.) – R. Noll, Frühes Christentum in Österreich (Wien 1954) 36 116

Quirinus von Tegernsee, Märt. in Rom, Hl.
Er soll unter Kaiser Claudius II. Gothicus (268–270) in Rom wegen seines christlichen Glaubens enthauptet worden sein. Seinen Leichnam warf man in den Tiber, wo er auf der Insel Lykaonia (S. Bartolomeo) angeschwemmt u. an einem 25. März von persischen Pilgern in der Katakombe des Papstes Pontianus bestattet wurde. Die spätere Legende macht ihn zu einem Sohn des Kaisers Philippus Arabs (244–249).
Die Grafen Adalbert (1. Abt) u. Otgar, die Stifter des Klosters Tegernsee (Oberbayern), veranlaßten ihren Neffen Eio (Uto), die Reliquien des hl. Quirinus aus Rom herbeizubringen. Eine Urkunde Kaiser Ottos II. von 979 verlegt die Überführung in die Zeit Pippins d. J. (741–768) u. des Papstes Zacharias (741–752). Eher dürfte aber die Zeit Pauls I. (757–767) in Frage kommen, da man von ihm weiß, daß er einen hl. Quirinus aus den Katakomben in die Silvesterkirche übertragen ließ. Am 16. 6. 804 erfolgte eine weitere Übertragung aus der Salvatorkirche (?) in die neuerbaute Kirche St. Peter u. Paul in Tegernsee. In Tegernsee genoß der Heilige höchste Verehrung. Auch entlang des Translationsweges entstanden Quirinus-Heiligtümer. Ein Stadtteil von Bozen-Gries heißt Quirains, wo auch eine (nicht mehr benützte) Quirinus-Kapelle steht. Am Ostufer des Tegernsees entsprang nach der Legende an der Stelle, wo der Sarg zum letztenmal „rastete", eine heilkräftige Quelle. Über ihr erbaute man eine hölzerne Kapelle, die 1450 zu einer steinernen Kirche vergrößert wurde. Ein St. Quirin gibt es auch am Westufer des Sees (heute Bad Wiessee). 1430 entdeckte man dort eine Erdölquelle, der man bis ins späte 18. Jh. das heilsame „Quirinus-Öl" entnahm.
Liturgie: München-Freising (im Bereich des alten Klosters Tegernsee): g am 16. Juni
Darstellung: als Königssohn im Fürstenornat, mit Krone, Zepter u. Reichsapfel; mit Schwert u. Palme
Lit.: P. Peters, Die Quirinalien (Diss. Greifswald 1913) – Künstle II 507f – V. Redlich, Tegernsee u. die dt. Geistesgesch. im 15. Jh. (München 1931) passim – B. Schmeidler, Studien z. Geschichtsschr. d. Klosters Tegernsee v. Mittelalter bis zum 16. Jh. (München 1935) 77–85 u. ö. – Braun 619ff – Bauerreiß I^2 147f – R. Kriss, Die Volkskunde der altbayrischen Gnadenstätten I (München 1953) 181f, II (1955) 252f

R

Rabanus Maurus ↗ Hrabanus Maurus

Rabulas (Rabbulas), Abt, Hl.
* um 450 zu Samósata (in Syrien, am rechten Euphratufer). Er wurde Mönch unter der Leitung eines syr. Mönches namens Barypsabas u. ging dann mit einem Gefährten nach Phönikien (heute Libanon). In der Gegend von Beirut (Libanon) gründete er mit Unterstützung des Kaisers Zenon (474–491) u. des Statthalters Johannes von Beirut ein Kloster. Kaiser Anastasios I. (491–518) förderte ihn bei der Gründung eines anderen Klosters in Konstantinopel. Er missionierte unter den Heiden u. gewann viele für das Christentum. Er selbst war sehr bescheiden, gütig, hilfsbereit u. half den Armen u. Bedürftigen. Er starb um 530 zu Konstantinopel mit über 80 Jahren.
Gedächtnis: 19. Februar
Lit.: ActaSS Febr. III (1658) 134 – Baudot-Chaussin II 404f

Rachel, Frau des Jakob
Name: hebr., Schaf, Mutterschaf
Sie war die jüngere Tochter des Laban, des Bruders der ↗ Rebekka. Durch ihre Schönheit gewann sie die Liebe des ↗ Jakob, der von seinem Vater ↗ Isaak nach Charan (beim heutigen Haran am oberen Euphrat) geschickt wurde, um dort in der Verwandtschaft des ↗ Abraham eine Braut zu suchen. Laban ließ Jakob 7 Jahre um Rachel in seinem Haus dienen, gab ihm aber listigerweise zuerst die ältere und schwachäugige Lea zur Frau. Jakob mußte sich auf weitere 7 Jahre verdingen, um auch Rachel zu gewinnen (Gen 29). Rachel war viele Jahre kinderlos. So wurde sie durch ihre Lieblingsmagd Bilha „Mutter" der beiden Jakobssöhne Dan u. Naphtali (Gen 30,1–8). Endlich brachte sie ihren Sohn Joseph (↗ Joseph von Ägypten) zur Welt. Bei der Geburt ihres 2. Sohnes Benjamin starb sie (Gen 35,16–20). Bei der Rückkehr Jakobs aus Charan nahm sie heimlich die Teraphim (Hausgötter) ihres Vaters mit. Dies waren kleine Götzenbilder aus Ton, wie man sie auch von Ausgrabungen in Mesopotamien her kennt, u. dienten wohl zu Orakelzwecken. Wahrscheinlich war mit ihrem Besitz auch das Eigentums- u. Erbrecht in der Familie verbunden. Jedenfalls muß Jakob seinen listig erworbenen Besitz vor dem geizigen Laban in Sicherheit bringen u. heimlich fortschaffen (Gen 31). Nach der Rückkehr ließ Jakob alle Götzenbilder entfernen u. die Leute sich reinigen (Gen 35,2). Rachel war von ihrer Familie her noch ganz im Heidentum befangen.
In der Bibel besteht eine Unklarheit bezüglich des Ortes, wo Benjamin geboren u. Rachel begraben wurde. Sie starb „ein Stück weit bis Ephrat, ... das ist Bethlehem" (Gen 35,16+19). Unter diesem „ein Stück weit" ist wohl ein heute unbekanntes Wegmaß gemeint. Ephrat (oder Ephrata) hieß eine Landschaft südl. von Jerusalem, benannt nach Ephrat, der Frau des Kaleb (1 Chr 2,19+50). Darin lag auch nach der Messiasprophezeiung bei Michäas Bethlehem „im Land Ephrata" (Mich 5,1; vgl. Rut 4,11). Hingegen lag nach 1 Sam 10,2 das Grab Rachels an der Grenze zw. Benjamin u. Ephraim, nicht weit von Rama entfernt (Jer 31,15), u. damit nördl. von Jerusalem. Viele Erklärer vermuten deshalb das Grab Rachels in der Nähe von Ophra oder Bethel (20 km nördl. von Jerusalem) (vgl. Jos 18,23). Dies hätte man später vergessen u. Ephrat in der Randglosse „das ist Bethlehem" südl. von Jerusalem lokalisiert. Anläßlich des Kindermordes durch Herodes wird Jeremias zitiert: „Eine Stimme wurde gehört zu Rama... Rachel beweint ihre Kinder u. will sich nicht mehr trösten lassen, weil sie nicht mehr sind" (Mt 2,18 = Jer 31,15). Seit der Zeit des Matthäus bis heute zeigt man daher das Grab Rachels bei Bethlehem.
Gedächtnis: 11. Juli
Darstellung: beim Kindermord zu Bethlehem, weinend an eine Säule gelehnt
Lit.: Kommentare zu Gen – DB V 925ff – Haag BL 1397

Rachildis (Hl. oder Sel.)
Name: ahd. rohon: schnauben, brüllen, lärmen (Schlachtruf; vgl. „röcheln") + hilta (hiltja): Schlacht, Kampf
Sie war verwandt mit Ekkehard I. OSB,

Abt in St. Gallen († 973). Vom 8. 9. 920 (oder 921) an lebte sie als Inkluse beim Kloster St. Gallen neben der Zelle der hl. ↗ Wiborosa u. unter deren geistlicher Führung. Selbst beim Ungarneinfall 926, da alle Mönche von St. Gallen flohen, verließ sie ihre Zelle nicht. Bis zu ihrem Tod trug sie eine krebsartige Krankheit mit heroischer Geduld. † am 23. 11. 946. Bei einigen wird sie „heilig" oder „selig" genannt, ein eigentlicher liturgischer Kult ist aber nicht nachweisbar.
Gedächtnis: 23. November
Lit.: E. Schlumpf: ZSKG 22 (1928) 69–72 284–300 – Ders., Quellen zur Gesch. der Inklusen in der Stadt St. Gallen (St. Gallen 1953) – HBLexSch V 511f – O. Doerr, Das Institut der Inclusen in Süddeutschland (Münster 1934) 91ff – Zimmermann III 347ff

Radbert ↗ Paschasius Radbertus

Radbot OSB, Bisch. **von Utrecht,** Hl.
Name: ahd. rat (Rat, Ratgeber, Beratung) + boto (Bote): Berater und Bote
* um 850 in der Gegend zw. Maas u. Sambre (bei Charleroi, Südbelgien) aus einem vornehmen fränkischen Geschlecht. Seine Ausbildung erhielt er an der Domschule zu Köln u. an der Hofschule Karls II. des Kahlen. Er wurde 899 Bisch. von Utrecht (Niederlande), mußte aber schon 900 vor den Normannen nach Deventer (östl. Niederlande) fliehen, wo er bis zu seinem Tod residierte. Er war ein hervorragender Vertreter der Karolingischen Renaissance in den Niederlanden (↗ Karl d. G.). Er verfaßte lat. Gedichte u. Homilien über Heilige. † am 29. 11. 917 zu Ootmarsum.
Gedächtnis: 29. November
Lit.: AnBoll (1887) 5–15 – Zimmermann III 379ff – Baudot-Chaussin XI 994ff – R. Post, Kerkgeschiedenis van Nederland in de Middeleeuwen I (Utrecht-Antwerpen 1957) Reg

Radegundis von Thüringen, Königin, Hl.
Name: ahd. rat (Rat, Ratgeber, Beratung) + gund (Kampf): Beraterin im Kampf
* 518 als Tochter des Königs Berthachar von Thüringen. Nach der Vernichtung des Thüringerreiches wurde sie 531 von König Chlothar I. als Geisel ins Frankenreich gebracht. Ob sie erst hier christlich erzogen wurde oder schon in ihrer Heimat, ist umstritten. 536 wurde sie gezwungen, Chlothar I. zu heiraten, floh aber um 555 von ihrem rohen Gemahl, der die Ermordung ihres Bruders Chlothachar befahl, zu Bisch. ↗ Medard von Noyon (nordöstl. von Paris) u. ließ sich von ihm zur Nonne weihen. Dann zog sie sich auf ihr Gut Saix zw. Tours u. Poitiers zurück, mußte aber vor den Nachstellungen Chlothars nach Poitiers fliehen. Dort gründete sie ein Frauenkloster (später Ste-Croix genannt), wo sie selbst ihre letzten 30 Lebensjahre in Gebet, Studium, Buße u. in Werken der Nächstenliebe verbrachte. Als sie 569 vom oström. Kaiser Justinos II. für ihr Kloster eine große Kreuzesreliquie erhielt, dichtete ↗ Venantius Fortunatus, damals Seelsorger der dortigen Klostergemeinde, die Kreuzeshymnen „Pange lingua gloriosi proelium certaminis" u. „Vexilla regis prodeunt". † am 13. 8. 587. Ihr Grab in Ste-Radegonde zu Poitiers ist ein beliebter Wallfahrtsort.
Liturgie: Fulda g am 12. August, sonst 13. August
Darstellung: als Äbtissin, Krone zu ihren Füßen, mit 2 Wölfen (die wilden Tiere gehorchten ihr), Teufel austreibend
Patronin: der Töpfer, Weber
Lit.: R. Aigrin, Ste. Radegonde (Poitiers 1952²) – L. Schmidt, St. Radegund in Groß-Höflein. Zur frühmittelalterl. Verehrung... im Burgenland u. in Niederösterreich (Eisenstadt 1956) – AnBoll 75 (1957) 433ff – M. L. Portmann, Die Darstellung der Frau in der Geschichtsschreibung des frühen Mittelalters (Basel-Stuttgart 1958) 25–44

Radegundis, Magd **in Wellenburg,** Hl.
Sie war Magd auf Schloß Wellenburg bei Augsburg. Nach Beendigung ihrer Tagesarbeit pflegte sie zu den Armen u. Kranken, bes. auch in das Leprosenheim in der Nähe des Schlosses zu gehen, um dort Dienste zu tun u. von den Speisen, die sie sich vom Mund absparte, auszuteilen. Einmal wurde sie auf ihrem Gang der Barmherzigkeit von Wölfen angefallen u. tödlich verletzt. † um 1290. An der Stätte ihres Todes wurde eine Kapelle errichtet, die von zahlreichen Wallfahrern besucht wurde. Ihre Reliquien wurden 1812 in die Kirche zu Waldberg (Kr. Augsburg) übertragen.
Gedächtnis: 13. August
Lit.: A. Vetter, Christl. Wanderbüchlein für den frommen Pilger (Augsburg 1908) 12–15 – Steichele IX 437–440 – L. Dorn, Die Wallfahrten des Bistums Augsburg (Augsburg 1961²) 165f

Radolf, Nf. zu ↗ Radulf

Radulf, Erzb. **von Bourges,** Hl. (Rudolf, franz. Rodolphe, Raoul)
Name: ahd. rat (Rat, Ratgeber, Beratung) + wolf (Wolf: wegen seiner Angriffslust bei den Germanen als Sinnbild des Mutes angesehen): tapferer Kriegsberater
Er war Sohn des Grafen Rudolf von Cahors (nördl. von Toulouse, Südfrankreich). Er wurde 823 Abt im OSB-Kloster St-Médard zu Soissons (Nordfrankreich), nach anderer Version Kleriker in Solignac (bei Limoges), u. 840/841 Erzb. von Bourges (Zentralfrankreich). Er nahm an zahlreichen Synoden teil u. gründete 3 Mönchs- u. ein Frauenkloster. † am 21. 6. 866.
Gedächtnis: 21. Juni
Lit.: L. Chavanet (Valence 1905) – A. Gandilhon, Catal. des actes des archevêques de Bourges . . . (Paris 1927) 7–13 – Zimmermann II 345f – Baudot-Chaussin VI 341ff

Ragenfredis, Äbtissin, Hl. (franz. Ragenfrède, Rainfroye)
Name: germ. ragina (Rat, Beschluß) + fridu (Schutz vor Waffengewalt, Friede): Schützerin u. Beraterin
Sie gründete 780/805 auf ihrem Erbgut das Kanonissenstift Denain bei Cambrai (franz. Hennegau), das sie bis zu ihrem Tod leitete. Die Legende aus dem 11. Jh. macht sie zur Tochter des Grafen Adalbert von Ostrevant u. der hl. ↗ Regina, einer Nichte Pippins d. J. † um 805. Ihre Reliquien u. die ihrer (angeblichen) Eltern waren bis 1793 in der Stiftskirche zu Denain.
Gedächtnis: 8. Oktober
Lit.: MGSS XXX 149–154 – AnBoll 51 (1933) 99–116 (Vita Adalberti) – A. Jurenil, Histoire de Denain... I (Denain 1936) 64–73 – Zimmermann III 151–154 – Baudot-Chaussin X 234ff

Ragna, in neuerer Zeit aus dem Nord. übernommener weibl. Vorname: Kf. zu Raginhild (↗ Reinhild)

Ragnar, nord. Form von ↗ Rainer

Ragnebert, Märt., Hl. (franz. Rambert)
Name: germ. ragina (Rat, Beschluß) + ahd. beraht (glänzend, berühmt): berühmter Ratgeber
Er stammte aus adeligem Geschlecht u. hatte großen Einfluß am Hof des fränkischen Königs Theuderich III. (673–737). Wegen seiner Liebe zu Recht u. Gerechtigkeit zog er sich den Haß des berüchtigten Hausmeiers Ebroin zu. Er wurde nach Burgund verbannt u. dort um 675 bei Bébron ermordet. Sein Leichnam wurde in dem später nach ihm benannten Kloster St-Rambert-de-Joux (Diöz. Belley) bestattet. Andere Reliquien kamen im 11. Jh. nach St-Rambert-sur-Loire bei Montbrison.
Gedächtnis: 13. Juni
Lit.: MGSS rer. Mer. V 207–211 (Passio, 9. Jh.) – BHL 7057ff – Baudot-Chaussin VI 221f

Ragnulf, Hl. (Ranulph, Rainulph, franz. Renon)
Name: germ. ragina (Rat, Beschluß) + ahd. wolf (Wolf; als kämpferisches Tier bei den Germanen Sinnbild des Mutes): kämpferischer Ratgeber
Er war der Vater des hl. ↗ Hadulf, Bisch. von Arras. Er wurde zu Thelus in der Grafschaft Artois (Dep. Pas-de-Calais, Nordfrankreich) wohl um 700 von unbekannter Hand ermordet u. wird deshalb auch als Märt. verehrt. Sein Leib ruhte anfangs in der Kirche zu Thelus u. wurde später in das Kloster St-Vaast bei Arras übertragen.
Gedächtnis: 9. November

Raimund von Capua OP, Sel.
Name: ahd. raginmunt aus germ. ragina (Rat, Beschluß) + ahd. munt (Schutz, Rechtsschutz; vgl. „Vormund"): Berater u. Schützer
* um 1330 aus Capua (nördl. von Neapel) aus dem altadeligen Geschlecht de Vineis (delle Vigne). Er trat 1347/48 dem Dominikanerorden bei u. wirkte 1358–1362 als Lektor in Rom u. Bologna u. war 1367 und 1378 Prior in Rom (S. Maria sopra Minerva), 1374 Studienregens in Siena (Toskana, Mittelitalien) u. Seelenführer der hl. ↗ Katharina von Siena. 1378 wurde er von Papst Urban VI. als Legat zu Karl V. von Frankreich gesandt; 1379 war er Provinzial der Lombardei, 1380–1399 Ordensmeister der röm. Obedienz. Im Abendländischen Schisma trat er, durch Katharina von Siena bestärkt, für Urban VI. gegen den Gegenpapst Clemens VII. in Avignon ein. Er bemühte sich um die Wiederherstellung der ursprünglichen Ordenszucht u. bereiste zu

diesem Zweck Oberitalien, Böhmen u. mehrmals auch Deutschland. Im Auftrag des Papstes regelte er zugleich die Studienordnung des Studium generale in Prag. † am 5. 10. 1399 zu Nürnberg. Kult 1899 approbiert.

Gedächtnis: 5. Oktober

Lit.: MOP XIX – R. Fawtier, S. Catherine de Sienne, 2 Bde.(Paris 1921–1930) passim, bes. I 118–214 – Rivista storica dei Servi di Maria (1934) 22–51 – AFP 6 (1936) 111–138, 12 (1942) 225ff, 19 (1949) 170–206, 22 (1952) 346–353, 23 (1953) passim, 27 (1957) 181–189, 30 (1960) 206–226, 31 (1961) 214–222 – G. Laub, The Life of St. Catherine of Siena by blesses Raymond of Capua (London 1960)

Raimund(us) Lullus, Sel. (span. Ramón Lul, neukatalon. Llull)

* 1232/33 zu Palma de Mallorca aus einer adeligen Familie aus Barcelona. Mit etwa 14 Jahren wurde er Page am Hof König Jakobs I. von Aragón (Nordostspanien) u. wurde Zuchtmeister u. „senescallus mensae" (Chef von Küche u. Tafel) des jüngeren Erbprinzen Jakob u. späteren Königs von Mallorca. Er heiratete 1256 u. wurde wohl um 1259 Franziskaner-Terziar. 1263 entschloß er sich endgültig, sein bisheriges weltliches Leben aufzugeben u. für die Bekehrung der Moslems u. Juden zu wirken. 1264 begann er, von ↗ Raimund von Peñafort ermuntert, Artes, lat. u. arabische Philosophie, christliche Glaubens- u. Sittenlehre, Medizin u. die arabische Sprache zu studieren. 1273 entwickelte er seine „Ars generalis (ars magna)", eine Art allg. philos. Ordnungslehre auf christlicher Basis. Als Ziel schwebte ihm vor Augen: die Gründung von Missionskollegien in ganz Europa (vor allem für Sprachstudien) u. eine einheitliche Leitung der gesamten Missionstätigkeit durch einen Kardinal (wodurch er zum Inspirator der späteren Sacra Congregatio de Propaganda Fide wurde), ferner die Vereinigung aller Ritterorden, der Zusammenschluß der Christen zu einem Kreuzzug (die Heeressprache sollte Latein sein) u. die Einführung eines allg. Zehenten hierfür sowie die rel. Erneuerung von Klerus u. Volk. 1276 gründete er in Miramar (Mallorca) das 1. Missionsseminar. Es folgten nun ausgedehnte Missionsreisen nach Nordafrika (1281–82), 1292, 1307, 1314–16), zu den Arabern u. Juden in Neapel (1293–94), auf Mallorca (1300-01), Zypern (1301–02) u. Sizilien (1313–1314). Zwischendurch lehrte er an den Universitäten zu Montpellier u. Paris u. besuchte wiederholt den Papst u. die Kurie (das Konzil von Vienne, 1311–1312, ist sein persönlicher Erfolg). In 45 Jahren literarischer Tätigkeit schuf er über 300 philos. und theolog. Werke, von denen heute über 250 bekannt sind. Auf seiner letzten Missionsreise in Tunis stand er anfangs unter dem wirksamen Schutz König Jakobs II. von Aragón, er wurde aber von den Moslems gesteinigt u. starb bei der Rückfahrt nach Mallorca zw. Dezember 1315 u. 25. 3. 1316. Sein Leichnam ruht in S. Francisco zu Palma di Mallorca. Er war einer der bedeutendsten Mohammedanermissionare des Mittelalters, ein tiefsinniger Mystiker u. bedeutender Vertreter der altkatalanischen Literatur. In seinem philos.-theolog. Denken war er ein entschiedener Anti-Averroist (nach dem arabischen Universal-Denker Averroeš, eig. Ibn Roschd, † 1198 zu Córdoba; Rationalist u. Panpsychist).

Gedächtnis: 3. Juli

Darstellung: als Franziskaner-Terziar mit Büchern u. Globus, mit Orientalen disputierend. Von Sarazenen gesteinigt

Lit.: Ars magna, Die große Kunst des Raimund Lullus (St. Gabriel b. Mödling 1961) – E. W. Platzeck, Raimund Lull, 2 Bde. (Düsseldorf 1962/63)

Raimund(us) Nonnatus OdeM, Hl. („der Ungeborene")

* um 1204 zu Portello in Katalonien (Nordostspanien). Seinen Beinamen „der Ungeborene" erhielt er, weil er nach der Überlieferung aus dem Schoß seiner verstorbenen Mutter herausgeschnitten wurde. Er trat zu Barcelona dem Mercedarierorden bei, der 1218 von ↗ Petrus Nolascus zum Loskauf christlicher Gefangener aus der Hand der Moslems gegründet worden war. Er wurde beispielgebend für seinen Eifer für die Befreiung christlicher Gefangener in Afrika. Seine Ernennung zum Kardinal ist historisch nicht belegt. Er starb auf der Reise nach Rom am 31. 8. 1240 zu Cardona (nordwestl. von Manresa, Nordostspanien). Kult approbiert 1681.

Gedächtnis: 31. August

Darstellung: im weißen Ordenshabit, ein

Schloß durch seine Lippen (als Strafe für seine Bekehrungspredigten). Mit freigekauften christlichen Sklaven

Lit.: B. de Gaiffier: AnBoll 58 (1940) 88 – ActaSS Aug. VI (1743) 729–776 – G. Vázquez Núñez, Manual de la Historia de la Orden de N. S. de la Merced 1 (Toledo 1931) – Baudot-Chaussin VIII 614f

Raimund Palmario (Raimondo Zanfogni), Hl.

* um 1140 zu Piacenza (Venetien, Oberitalien). Mit 12 Jahren ging er zu einem Schuhmacher in die Lehre. Nach dem Tod seines Vaters pilgerte er 14jährig mit seiner Mutter ins Hl. Land u. verlor nach seiner Heimkehr auch die Mutter. Er heiratete später u. hatte 6 Kinder. Nach dem Tod seiner Gattin u. 5 seiner Kinder pilgerte er nach Santiago de Compostela (Spanien) u. Rom u. widmete sich fortan den Werken der Nächstenliebe in Piacenza. Er gründete 1178 ein Spital u. half Armen, Witwen, Waisen u. Gefangenen u. sammelte für sie Almosen. Er wirkte auch als Friedensstifter unter seinen Mitbürgern wie auch zw. den Städten Piacenza u. Cremona. Dabei mußte er auch Kerkerhaft u. Mißhandlung erdulden. † am 28. 7. 1200 zu Piacenza. Schon bald nach seinem Tod geschahen an seinem Grab wunderbare Zeichen.

Gedächtnis: 28. Juli

Lit.: BHL 7068 – I. Bianchedi, Il pellegrino della Croce . . . (Piacenza 1936) – Baudot-Chaussin VII 691ff

Raimund von Peñafort OP, Hl.

* 1175/80 auf Schloß Peñafort zu Villafranca del Panadés bei Barcelona (Ostspanien). Er studierte in Barcelona u. Bologna, wo er Doctor decretorum u. Professor für Kirchenrecht wurde u. seine Summa juris (Rechtssammlung; 1877 wiederentdeckt) schrieb. 1220 kehrte er in die Heimat zurück u. wurde dort Kanoniker. 1222 verfaßte er die Konstitutionen für den Mercedarier-Orden des ↗ Petrus Nolascus. Noch im selben Jahr trat er dem Dominikanerorden bei. 1223–1229 wirkte er als Lehrer an der Ordenshochschule. 1230 wurde er von Gregor IX. als Kaplan u. Pönitentiar an die Päpstliche Kurie berufen u. arbeitete im Auftrag des Papstes an seinem Hauptwerk, einer zusammenfassenden Sammlung der päpstlichen Dekretalen (päpstliche Entscheide u. Verfügungen in disziplinären Belangen). Das Werk wurde als „Decretales Gregorii IX" oder „Liber extra" 1234 durch Übersendung an die Universitäten zu Bologna u. Paris veröffentlicht. Um 1238 vollendete er seine „Summa de casibus" (oder „Summa de poenitentia et matrimonio", Beichtsumme), worin er den Beichtvätern die nötigen rechtlichen Kenntnisse leichter faßlich u. erschöpfender darlegte als seine Vorgänger. Diese Beichtsumme erlangte einen nachhaltigen Einfluß auf das damalige Bußwesen u. verdrängte die vorausgehenden Werke ganz aus dem Gebrauch. 1238–1240 war er 3. Ordensgeneral. Als solcher kodifizierte er die Konstitutionen des Dominikanerordens neu. Von Barcelona aus wirkte er auch als bedeutender Rechtsberater u. als Beichtvater König Jakobs I. von Aragón. Zus. mit ↗ Raimundus Lullus organisierte er die Mission unter den Mauren u. Juden u. gründete Studienhäuser zur Schulung der Missionare in den orientalischen Sprachen. Er regte auch seinen Ordensbruder ↗ Thomas von Aquin zur Abfassung seiner „Summa contra gentiles" an. † am 6. 1. 1275 zu Barcelona. Heiliggesprochen 1601.

Liturgie: GK g am 7. Jänner

Darstellung: als Dominikaner, wie er auf dem ausgebreiteten Mantel von Mallorca nach Barcelona fliegt. In einem Kahn auf einem Fluß, dessen Segel sein Mantel ist

Patron: der Kirchenrechtsgelehrten

Lit.: Hurter II 361–365 – F. Valls Taberner (Barcelona 1936) – Th. M. Schwertener (Milwaukee 1935) – Kurtscheid I 180f – Stickler I 241–251 (Dekretalen). Weitere Lit.: LThK 8, 977 (Lit.)

Rainald von Bar-sur-Seine OCist, Abt von Cîteaux, Sel.

Name: ahd. Raginald; germ. ragina (Rat, Beschluß) + ahd. walt (zu waltan, herrschen, walten). Nf. Reinold, Reinhold

Er war der Sohn des Grafen Milo von Bar-sur-Seine (südöstl. von Troyes, Nordostfrankreich) u. wurde Zisterzienser im Kloster Clairvaux (Dep. Jura, Ostfrankreich). Auf Vorschlag des hl. ↗ Bernhard von Clairvaux wurde er 1133/1134 Abt des Klosters Cîteaux (südl. von Dijon). Er starb auf einer Visitationsreise in der Provence am 16. 12. 1150.

Gedächtnis: 16. Dezember

Lit.: Zimmermann III 439ff – Lenssen I 220f – Cist 55 (1948) 5ff – Cîteaux en de Nederlanden 12 (Westmalle 1961) 60ff

Rainald, Bisch. **von Nocera,** Hl.
* um 1157 aus dem Geschlecht der Grafen von Partignano (bei Nocera, Umbrien). Er wurde Mönch im Eremitenkloster zu Fonte Avellana bei Gubbio (nördl. von Perugia, Mittelitalien) u. 1217 Generalprior dortselbst, 1218 erhielt er den Bischofsstuhl von Nocera (östl. von Perugia). Er war ein Mann von franziskanischer Einfachheit u. Nächstenliebe. Er führte in seinem Bistum auch den Franziskaner-Orden ein. † am 9. 2. 1222 zu Nocera, sein Grab ist im dortigen Dom.
Gedächtnis: 9. Februar
Lit.: R. Carnevali (Foligno 1877)

Rainald, Erzb. **von Ravenna,** Sel.
* nach 1250 zu Mailand aus der vornehmen Mailänder Familie Congoreggi. Er war zuerst päpstlicher Kaplan, 1296–1303 Bisch. von Vicenza (Venetien, Oberitalien), seit 1302 war er auch für die geistlichen Belange in der Romagna (umfaßt die Provinzen Bologna, Ferrara, Forlì u. Ravenna) zuständig. Nach dem Krieg zw. England u. Frankreich (1294–1298) wurde er als päpstlicher Legat zur Friedensvermittlung gesandt. 1303 wurde er Erzb. von Ravenna. Als solcher hatte er sich mit der Problematik des Inquisitionsprozesses gegen den Templerorden (die Templer) auseinanderzusetzen. Dieser Orden war 1119 von Hugo von Payns als Ritterorden zum Schutz der Christen im Hl. Land gegründet worden. Das 1. Haus lag neben dem ehemaligen Salomonischen Tempel zu Jerusalem, woher sie ihren Namen erhielten. Durch starken Nachwuchs u. reiche Schenkungen verbreitete er sich rasch auch im Abendland, bes. in Frankreich, England, Spanien u. Portugal. Der große Reichtum verursachte stellenweise ein Nachlassen der Ordenszucht, was König Philipp IV. der Schöne von Frankreich zum Anlaß nahm, den Orden vernichtend zu schlagen. Er benutzte die geheimen Denunziationen des Esquiu de Floyran u. erhob 1307 durch den franz. Generalinquisitor gegen ihn die Anklage auf Häresie, Blasphemie u. Unzucht. In Wahrheit ging es ihm aber nicht um die Rechtgläubigkeit u. moralische Lauterkeit des Ordens, sondern um dessen Güter. Außerdem reizte ihn dessen rechtliche Ausnahmestellung. Papst Clemens V. wollte anfangs die Templer aus der Hand des franz. Königs befreien, ließ sich aber bald von ihrer „Schuld" überzeugen u. befahl unter dem Druck Philipps IV. deren Gefangennahme u. Folterung. So wurden genügend viele „Geständnisse" erpreßt. Auf dem Konzil von Vienne (1311–1312) wurde dem Orden keine Gelegenheit zur Verteidigung gegeben, u. er wurde am 22. 3. 1312 aufgehoben. Seine Güter sollten an die Johanniter u. andere verwandte Ritterorden fallen, in Frankreich u. England jedoch nahmen sie die Fürsten an sich. Der letzte Großmeister, Jacobus von Molay, starb 1319 auf dem Scheiterhaufen. Im Angesicht des Todes beteuerte er feierlich die Unschuld des Ordens. – Erzb. Rainald war seit 1308 päpstlicher Kommissar im Templerprozeß in Norditalien. Auf einer Reihe von Provinzialsynoden bemühte er sich eifrig um eine Lösung des Konfliktes u. suchte den Orden zu rechtfertigen. Auch auf dem Konzil von Vienne trat er in diesem Sinn auf, jedoch ohne Erfolg. Er starb am 18. 8. 1321 zu Ravenna. Sein früh einsetzender Kult wurde 1852 durch Pius IX. approbiert.
Gedächtnis: 18. August
Lit.: D. G. Molteni, Biografia di S. R. Concorrezzo (Monza 1911) – Mansi XXV 293–296 449–476 535–550 599–628 – E. Müller, Das Konzil von Vienne (Münster 1934) 89 – H. Finke, Papsttum u. Untergang des Templerordens, 2 Bde. (Münster 1907), bes. I 321f G. A. Campbell, Die Templerritter (Stuttgart 1938)

Rainer von Osnabrück, Sel. (Reiner, Reyner)
Name: ahd. Raginhari, aus germ. ragina (Rat, Beschluß) + ahd. heri (Heer): Ratgeber des Heeres
Er ließ sich wohl um 1211 als Rekluse am Dom zu Osnabrück nieder u. lebte dort als strenger Büßer. † am 11. 4. 1233. Sofort nach seinem Tod setzte ein spontaner Kult ein. 1465 wurden seine Gebeine erhoben und in einem Schrein im Dom zu Osnabrück beigesetzt.
Gedächtnis: 11. April
Lit.: ActaSS Apr. II (1675) 61f – M. Srunck, Westphalia sancta, ed. G. E. Giefers, II (Paderborn 1852[2]) 192–195

– Die Chroniken des Mittelalters, hrsg. v. F. Philippi-H. Forst (Osnabrück 1891) 66f – F. Jostes: Westfälische Zeitschrift 70 (1912) 241–247

Rainer, Einsiedler **zu Pisa,** Hl.
Nach einem lustigen Jugendleben ging er in sich u. begann zu Pisa (Mittelitalien) ein sehr strenges Bußleben. Er machte zweimal bettelnd die Wallfahrt ins Hl. Land. † 1160 oder 1161.
Gedächtnis: 17. Juni
Darstellung: tanzt mit Mädchen, spielt die Zither. Auf seiner Pilgerfahrt ins Hl. Land versucht ihn der Teufel durch Steinregen u. 2 Leoparden oder Löwen aufzuhalten. Entlarvt einen Wirt als Weinfälscher, daher auch mit einer Wasserflasche abgebildet

Rainer (Rainerio) Rasina **von S. Sepolcro** OFM, Sel.
Er stammte aus San Sepolcro (nordöstl. von Arezzo, Mittelitalien) aus dem adeligen Geschlecht der Mariani u. trat im dortigen Franziskanerkloster als Laienbruder ein, wo er ein Leben der Buße u. Abtötung führte. † am 1. 11. 1304 (?). Sein Leichnam wurde in der Kirche S. Francesco (jetzt S. Niccolò) beigesetzt. Sein Kult setzte sofort nach seinem Tod ein (der Hochaltar der Kirche wurde ihm 1305 geweiht) u. wurde 1802 approbiert.
Gedächtnis: 1. November
Darstellung: als Franziskaner mit Rosenkranz
Lit.: L. Kern: Rev. d'histoire francisc. 7 (Paris 1930) 233–283 – MartFranc 423f

Rainer OSBCam, Erzb. **von Spalato,** Hl.
Er war zuerst Camaldulensermönch in Fonte Avellana (Diöz. Faënza) u. wurde 1154 Bisch. von Cagli (Umbrien) u. 1175 Erzb. von Spalato (Split, Jugoslawien). Er war ein tatkräftiger u. frommer Oberhirte u. nahm auch am 3. Laterankonzil (1179) teil. Er hatte viele Kämpfe um die Wahrung der kirchlichen Besitzrechte zu bestehen. Deshalb wurde er von aufgebrachten Slowenen am 4. 8. 1180 am Berg Massaron bei Split durch Steinwürfe getötet. Sein Leichnam wurde in der Kirche S. Benedetto (später nach ihm S. Ranerio genannt) zu Split beigesetzt. Kult 1690 für Split, 1819 für Cagli approbiert. Er ist 2. Stadtpatron von Split.
Gedächtnis: 4. August
Darstellung: als Bisch. mit Buch
Lit.: A. Tarducci, De'Vescovi di Cagli (Cagli 1896) 45–49 – Zimmermann II 559f – Baudot-Chaussin VIII 74f

Rainier (franz.) ↗ Rainer

Ralf (Ralph), im 19. Jh. aus dem Englischen übernommener männl. Vorname, der auf ahd. ↗ Radulf zurückgeht

Rambert
Name: ↗ Ragnebert; kann auch abgeleitet werden vom ahd. hraban (Rabe; heiliger Vogel Wotans) + beraht (glänzend, berühmt): glänzender Rabe (Namensumkehrung: ↗ Bertram)

Ramón (span.) ↗ Raimund

Ramwold OSB, Abt **von St. Emmeram,** Sel.
Name: ahd. hraban (Rabe; heiliger Vogel Wotans) + walt (zu waltan, herrschen, walten): der wie der Wotan-Rabe herrscht
Er war Benediktinermönch in St. Maximin in Trier u. Dekan oder Propst dortselbst. Mit 70 Jahren wurde er von Bisch. ↗ Wolfgang in die OSB-Abtei St. Emmeram zu Regensburg gerufen, wo er das Kloster im Sinn der Reform von Gorze zu erneuern hatte. 975 wurde er der 1. selbständige Abt dieses Klosters u. führte es in rel.-monastischer, wissenschaftlicher u. künstlerischer Hinsicht zu seiner ersten Hochblüte u. machte es zu einem geistigen u. rel. Zentrum in der Zeit der Karolinger. Bisch. Ramwold hatte gegen Wolfgangs Nachfolger, Bisch. Gebhard von Regensburg, zu kämpfen, der die Unabhängigkeit des Klosters wieder zu beschneiden suchte. Er starb im Alter von fast 100 Jahren am 17. 6. 1000 u. wurde in der von ihm erbauten Hochkrypta zu St. Emmeram begraben, wo noch heute sein Sarkophag steht.
Gedächtnis: 17. Juni
Darstellung: entsendet Mönche aus seinem Kloster
Lit.: Die Kunstdenkmäler der Stadt Regensburg I, hrsg. v. F. Mader (München 1933) 286–290 – Zimmermann II 322f 325f – Bauerreiß II 21ff

Randoald OSB, Märt., Hl.
Name: ahd. rant (Einfassung, „Rand", bes. beim Schild; dann „Schild") + walt (zu waltan, walten, herrschen): der mit seinem Schild herrscht
Er war Benediktinermönch im Kloster Münster-Granfelden (Moutier-Grandval; Kt. Bern, Schweiz). † um 675 in den Wirren der Merowingerzeit mit seinem Abt ↗ Germanus als Märt. der Gerechtigkeit.
Liturgie: Basel g am 21. Februar (mit Germanus)

Ranulf ↗ Ragnulf

Raoul (franz.) ↗ Radulf

Raphael, Erzengel
Name: hebr. r^e^fa'ēl, Gott hat geheilt
In der Bibel wird dieser Engel nur im Buch Tobias erwähnt: Auf Geheiß Gottes geleitet er den jungen Tobias auf seiner gefährlichen Reise u. heißt ihn den gefährlichen Fisch zu fangen u. ihm die Leber zu entnehmen (Tob 5+6). Mit Herz u. Leber des Fisches bannt er den bösen Dämon Asmodäus, der Sara, die Frau des Tobit, gequält hatte (Tob 8,2–3), u. heilt den alten Tobit von seiner Erblindung (Tob 11). Wie Tobit ihm den Reiselohn auszahlen will, gibt er sich als Raphael, einer von den 7 heiligen Engeln vor der Majestät Gottes, zu erkennen (Tob 12). Im außerkanonischen jüdischen Schrifttum gilt er als Erzengel, als einer der 4 höchsten Engel bzw. als einer der 6 oder 7 Engelfürsten, als Engel über die Geister der Menschen, über ihre Krankheiten u. Wunden wie auch als Engel des Gerichtes. Auch in der christlichen Zeit wird er Erzengel genannt. Er heilt die Menschen von ihren Krankheiten u. geleitet sie auf der Reise u. wurde deshalb zum Patron der Reisenden. Sein Fest wurde seit dem Mittelalter nur da u. dort an verschiedenen Tagen gefeiert und durch Benedikt XV. für die ganze Kirche angeordnet u. auf den 24. Oktober festgesetzt. Seit 1969 wird er gemeinsam mit ↗ Michael u. ↗ Gabriel am 29. September gefeiert.
Liturgie: GK F am 29. September
Darstellung: mit Kürbisflasche u. Wanderstab, in Pilgerkleidung, läßt Tobias den Fisch an Land ziehen.
Patron: der Apotheker, Auswanderer, Bergknappen, Dachdecker, Kranken, Pilger, Reisenden, Schiffsleute; des St.-Raphaels-Vereines (zum Schutz der kath. Auswanderer 1871 gegr.)
Lit.: Billerbeck II 96ff, III 805ff – Felten II 113ff 126 – Bousset Rel 325–328 – J. Michl, Die Engelvorstellungen in der Apokalypse des hl. Johannes I (München 1937) 139–146 – J. Hempel: ThLZ 82 (1957) 817f – C. D G Müller, Die Engellehre der koptischen Kirche (Wiesbaden 1959) 48–53 – RAC V 252ff.

Raphaela Maria vom hl. Herzen Jesu, Hl. (Rafaela Porres y Ayollón)
* am 1. 3. 1850 zu Pedro-Abad (Diöz. Córdoba, Spanien) als 10. von 13 Kindern des Ildefonso Porres u. seiner Gattin Rafaela Ayollón. Sie verlor schon früh ihren Vater. Mit 15 Jahren legte sie das Gelübde der Jungfräulichkeit ab. Als auch ihre Mutter starb, weihte sie ihr ganzes Leben noch mehr Gott u. übte tätige Nächstenliebe. 1877 gründete sie zus. mit ihrer älteren Schwester Maria del Pilar in Madrid das Institut der „Dienerinnen des hl. Herzens Jesu" (Esclavas del Sagrado Corazón de Jesús) zum Unterricht u. zur apostolischen Tätigkeit. „Sie gab ihrem Institut die Regel des hl. ↗ Ignatius. Die päpstliche Approbation erfolgte 1886. Noch im selben Jahr wurde Raphaela 1. Generaloberin u. behielt dieses Amt bis 1892. Dann ging sie nach Rom u. gründete dort ein Ordenshaus, wo sie bis zu ihrem Tod blieb. † am 6. 1. 1925 in Rom. Seliggesprochen am 18. 5. 1952, heiliggesprochen am 23. 1. 1977.
Gedächtnis: 6. Jänner
Lit.: AAS 69 (1977) 193–197

Rasso von Andechs, Hl. (Ratho, Ratbod, im Volksmund „der hl. Graf Rath")
Name: Kf. von Namen, die mit Rat- gebildet sind, wie ↗ Ratbold
Er war ein Graf von Dießen-Andechs aus dem altbayrischen Geschlecht der Huosi. Er gründete am Fuß seiner Burg an der Amper das Kloster Werd (später Grafrath genannt) (nördl. des Ammersees). Das Kloster wurde kurz vor seinem Tod von den Ungarn zerstört. Er legte auch den Grundstock zum „hl. Schatz", einer Reliquiensammlung bes. aus dem Hl. Land, die in der Folge auf dem „hl. Berg" (das OSB-Kloster Andechs am Ostufer des Ammersees, das

„bayerische Montecassino" genannt) eine große Zahl von Wallfahrern anzog. Die Reliquien, die Rasso von einer Wallfahrt ins Hl. Land mitbrachte, wurden nämlich beim Ungarnsturm vom Kloster Werd nach der Burg Andechs übertragen. † am 19. 6. 953 (?). Seine Gebeine wurden in Grafrath 1486 erhoben u. sind noch heute vielbesuchtes Wallfahrtsziel.
Gedächtnis: 19. Juni
Darstellung: als Ritter u. Klostergründer
Lit.: Rietzler I/2² 224 – A. Brackmann, Zur Entstehung der Andechser Wallfahrt: AAB (1929) Heft 5 – Zimmermann II 190 192 – B. Kraft, Andechser Studien I–II (München 1937–40) – B. Lins: Landsberger Geschichtsblätter 43 (Landsberg 1953) 89–95 97–102, 44 (1954) 1–5 9–13 17–23

Ratbold
Name: ahd. rat (Rat, Ratgeber) + bald (kühn): kühner Ratgeber.
Ein heiligmäßiger Bisch. Rapolt von Trier regierte 883–915.

Rathard von Andechs, Sel.
Name: ahd. rat (Rat, Ratgeber) + harti, herti (kühn, hart): kühner Ratgeber
Er war ein Priester aus dem Geschlecht der Grafen von Dießen-Andechs. Aus seinem väterlichen Erbe stiftete er um 815 bei Dießen ein Augustiner-Chorherrenstift (heute St. Georg). Das Stift wurde nach den Ungarn-Einfällen 1013 erneuert, 1132 nach Dießen verlegt. Der Neubau des Klosters u. der Wallfahrtskirche Grafrath erfolgte 1681–1688, die Stiftskirche wurde im 18. Jh. neu erbaut, das Stift 1803 säkularisiert. 1867 wurde es ein Kloster der Dominikanerinnen von Landshut u. ist seit 1923 Mutterhaus der Barmherzigen Schwestern in Augsburg. Das Grab Rathards ist in der dortigen Klosterkirche.
Gedächtnis: 8. August
Lit.: ActaSS Aug. II 61751) 354f – SM 47 (1929) 63 – Bauerreiß II 158f – Dießen: Lindner M 12-15 – A. Hugo, Chronik von Dießen (Düsseldorf 1901) – Hartig 185–196 – N. Lieb, Barockkirchen zw. Donau u. Alpen (München 1953) 61–67 149–162 – Bauerreiß II–V passim

Rathold von Aibling, Sel.
Name: ahd. rat (Rat, Ratgeber) + walt (zu waltan, herrschen, walten): Herrscher u. Berater
Er stammte aus Aibling bei Rosenheim (Oberbayern). Aus Liebe zur Einsamkeit verließ er nach 900 seine Familie u. ließ sich in einer wilden Schlucht nördl. von Schwaz (Tirol) als Einsiedler nieder. Er errichtete dort eine Kapelle, die er dem hl. ↗ Georg weihte. Er unternahm eine Wallfahrt nach Rom u. Santiago de Compostela (Nordwest-Spanien), wurde zum Priester geweiht u. kam mit einem Bild der Schmerzhaften Gottesmutter zurück, das er in seiner Kapelle aufstellte. Aus seiner Einsiedelei entwickelte sich bald eine Eremitensiedlung, die unter Bisch. Reginbert von Brixen als Benediktiner-Abtei organisiert u. von Innozenz II. 1138 bestätigt wurde. Wegen Naturkatastrophen (Brände, Lawinen) wurde das Kloster 1706–50 im Inntal neu errichtet (heute Fiecht bei Schwaz), doch ist die Heilig-Blut- u. Marien-Wallfahrt (Vesperbild von ca. 1420) auf den Georgenberg bis heute lebendig geblieben.
Gedächtnis: 2. November
Lit.: zu Georgenberg-Fiecht: Lindner S I – GP I 152f – Stammler–Langosch II 767–771 – B. Gritsch, Georgenberg-Fiecht in der roman. Epoche: Schlern-Schr. 85 (1951) 94–103 – H. Bachmann, St. Georgenberg im Mittelalter: Tiroler Heimat 16 (Innsbruck 1952) 33–101 – M. Kramer, Gnadenbild von St. Georgenberg 1941–45 (St. Georgenberg-Fiecht 1947) – Ders., Gesch. von St. Georgenberg-Fiecht (St. Georgenberg-Fiecht 1954) – Reiches handschr. Literatur-Verz. im Museum Ferdinandeum Innsbruck

Ratho ↗ Rasso

Realino ↗ Bernhardin Realino

Rebekka, Frau des Isaak
Name: hebr. ribᵉkāh,Kuh (?)
Sie ist die Tochter des Bathuel in Charan (heute Haran am oberen Euphrat) u. damit aus der Verwandtschaft ↗ Abrahams. Sie wird durch Eliezer, den Knecht Abrahams, für dessen Sohn ↗ Isaak als Braut angeworben. Der Bericht über die Brautwerbung (Gen 24) zeigt sie als anmutig-höfliche u. bescheiden-zurückhaltende Jungfrau. Nach zehnjähriger Unfruchtbarkeit bringt sie die Zwillinge Esau u. ↗ Jakob zur Welt. In listig-verschlagener Weise stiftet sie ihren Lieblingssohn Jakob zur Erschleichung des Erstgeburtsrechtes an u. verhilft ihm zur Flucht vor der Rache Esaus (Gen 27). Sie wurde in Makpela („Doppelhöhle"?) begraben (Gen 49,29ff), einem

Grundstück mit einer Höhle, das Abraham vom Hethiter Ephron gekauft hatte (Gen 23). Es war seine Familiengrabstätte, wo er, seine Frau ↗ Sara, ↗ Isaak u. Rebekka u. später Jakob u. Lea begraben wurden. Heute zeigt man das Grab unter der Moschee von Hebron (heute el Chalil, 30 km südl. von Jerusalem).
Gedächtnis: 30. August
Lit.: DB V 995ff – Haag BL 1402

Redemptus a Cruce ↗ Dionysius a Nativitate

Redi ↗ Theresia Margareta v. Hl. Herzen Jesu

Regina, Märt. **zu Alise-Ste-Reine,** Hl. (franz. Reine)
Name: germ. ragina (Rat, Beratung): Beraterin
Da die Mutter bei ihrer Geburt starb, sei sie von ihrer christlichen Amme erzogen, von ihrem heidnischen Vater aus dem Haus gejagt worden. Sie wurde auf Befehl eines Präfekten Olybrius in Alise-Ste-Reine (nordwestl. von Dijon, Ostfrankreich) unter Maximianus Herculius (286–305) enthauptet. Dort ist seit dem 7. Jh. ihr Kult nachweisbar. Es bestand dort eine Wallfahrtskirche u. ein Kloster über ihrem Grab. Ihre Gebeine wurden 864 in die OSB-Abtei Flavigny-sur-Ozerain (Diöz. Autun, Burgund) übertragen.
Gedächtnis: 7. September
Darstellung: mit Fahne, zum Himmel blikkend, oder mit Kreuz, darauf eine Taube. Mit Schwert. In Flammen stehend oder in einem siedenden Kessel
Patronin: der Zimmerleute
Lit.: Grignard (Dijon 1880) – BHL 7092–7099 – A. Collot, De quelques anciennes traditions relatives au culte de Ste -Reine en Côte-d'Or (Dijon 1949)

Regina, Äbtissin **zu Denain,** Hl.
Sie entstammte einem königlichen Geschlecht u. war die Gemahlin Adalberts, eines Grafen von Ostrevant u. Palastbeamten König Pippins d. J., dem sie 10 Töchter schenkte. Die beiden Ehegatten stifteten für ihre Töchter das Kloster zu Denain an der Schelde (Dep. Nord, Nordfrankreich). Eine ihrer Töchter, die hl. ↗ Ragenfredis, wurde 1. Äbtissin.
Gedächtnis: 1. Juli (17. März, 17. April: Translationen)
Lit.: Stadler V 52f.

Reginald von St-Gilles OP, Sel.
Name: germ. regina (Rat, Beschluß) + walt (zu waltan, herrschen, walten): der mit weisem Rat Waltende
* 1183 zu St-Gilles (westl. von Reims). Er war 1206–11 Professor des Kirchenrechts in Paris u. wurde 1212 Dekan des Kollegiatstiftes St-Aignan zu Orléans. Im Frühjahr 1218 lernte er in Rom den hl. ↗ Dominikus kennen, dem er sich als Dominikaner anschloß. Er gründete zu Bologna u. Paris die dortigen Dominikanerklöster. † am 1. 2. 1220 zu Paris. Seliggesprochen 1875.
Gedächtnis: 1. Februar
Darstellung: vor der Muttergottes kniend, die ihm das Skapulier reicht
Lit.: H. Ch. Scheeben, Der hl. Dominikus (Freiburg/B. 1927) 253–256 274–280 u. ö. – E. Filthaut, Roland von Cremona OP u. die Anfänge der Scholastik im Predigerorden (Vechta 1936) 2 11f 20 – H.-M. Vicaire, Histoire de St-Dominique II (Paris 1957) 113ff 150–161 177ff

Reginbald OSB, Bisch. **von Speyer u. Limburg,** Sel. oder Hl.
Name: germ. regina (Rat, Beschluß) + ahd. bald (kühn): kühner Ratgeber
Er entstammte einem schwäbischen Adelsgeschlecht u. erhielt seine Erziehung im Kloster St. Gallen. Er wurde Benediktiner, u. zwar vermutlich in Tegernsee, da Bisch. Bruno von Augsburg im Jahr 1012 Tegernseer Mönche nach Augsburg berief, um das dortige Kollegiatstift St. Ulrich u. Afra als OSB-Abtei neu einzurichten. Unter diesen war Reginbald, der dort 1. Abt wurde. 3 Jahre später bestellte ihn Kaiser Heinrich II. als 1. Abt in das neu eingerichtete OSB-Kloster in Ebersberg bei München (dieses war bis 1013 ein weltliches Chorherrenstift). Kaiser Konrad II. setzte ihn um 1022 als Abt des Klosters zum hl. Nazarius in Lorsch (Hessen) ein u. ernannte ihn 1032 zum Bisch. von Speyer u. Limburg. Unter ihm erlebte der Kaiserdom zu Speyer, das größte Baudenkmal romanischer Architektur, seine erste Bauphase (Bau von 1030 bis 1061). Dazu berief er aus nah u. fern eine große Zahl berühmter Bauhandwerker u. Künstler. Er schenkte dem Dom einen großartigen Kronleuchter aus vergoldetem

Kupfer für das Ewige Licht, der in der Mitte des Hauptchores aufgehängt wurde. Er konnte noch die Einweihung der Krypta unter dem Kreuzchor vornehmen. 1033 weihte er die St.-Peters-Kapelle in Weißenburg feierlich ein. Reginbald starb am 13. 10. 1039 u. wurde im noch unvollendeten Dom beigesetzt.
Gedächtnis: 13. Oktober
Darstellung: als Bischof mit bloßem Haupt, den von ihm gestifteten Kronleuchter vor dem Altar der Gottesmutter niederlegend. Sein Stab trägt die Inschrift „Collige vaga, sustenta morbida, stimula lenta“ (sammle, was zerstreut, schütze, was schwach, eifere an, was langsam ist)
Lit.: Stadler V 54f – Doyé II 236

Reginbert von Seldenbüren, Hl. (Rambert)
Name: germ. regina (Rat, Beschluß) + ahd. beraht (glänzend, berühmt): berühmter Ratgeber
Er war ein Baron von Seldenbüren u. zeichnete sich als tapferer Soldat aus. In einer Schlacht verlor er eine Hand. Möglicherweise war er auch geheimer Rat Kaiser Ottos I. d. G. Dann ging er als Einsiedler in den Schwarzwald u. gründete dort die Klause Albzell (cella alba). Wahrscheinlich war er auch Priester. Aus der Zelle entwikkelte sich eine bedeutende OSB-Abtei, später wegen ihres Besitzes von Reliquien des hl. ↗ Blasius in St. Blasien umbenannt. Das Kloster stellte sich im Investiturstreit gegen Heinrich IV. u. war im süddt. Raum ein wichtiges Reformkloster mit weiter Ausstrahlung. Es wurde 1805/07 säkularisiert, die meisten Mönche u. der Abt übersiedelten 1809 in das verlassene Kloster St. Paul in Kärnten. Seit 1934 ist es Gymnasium der Jesuiten als Abzweigung vom (inzwischen aufgelassenen) Kolleg „Stella Matutina“ in Feldkirch.
Gedächtnis: 29. Dezember
Lit.: zu St. Blasien: H. Büttner: ZSKG 44 (1950) 138–148 – J. Wollasch: DA 17 (1961) 420–466 – H. Ott, Studien zur Gesch. des Klosters St. Blasien im hohen u. späten Mittelalter (Stuttgart 1963)

Reginfri(e)d, Märt., Hl. (franz. Rainfroy)
Name: germ. regina (Rat, Beratung) + ahd. fridu (Schutz vor Waffengewalt, Friede): der durch seinen Rat Schützende
Er war Diakon u. pilgerte mit seinem Bisch. Desiderius von Rennes (Rodez?) nach Rom, kehrte über Alemannien u. die Vogesen zurück u. wurde zur Zeit des fränkischen Königs Childebert III. (695–711) oder Chilperich II. (715–720) an einem 17. September mit seinem Bisch. beim Dorf Croix von Räubern ermordet. Über dem Grab der beiden entstand später die nach Desiderius benannte Kirche mit dem Ort St-Dizier (bei Belfort, Ostfrankreich). Auch das Kloster Murbach bei Gebweiler (Oberelsaß) besitzt Reliquien beider Märt.
Gedächtnis: 17. September

Reginlinde, Sel. (Regulinde)
Name: germ. regina (Rat, Beschluß) + ahd. linta (Schild aus Lindenholz): kluge Schildträgerin
Sie war die Tochter des Grafen Eberhard I. von Zürichgau u. Gemahlin Herzog Burkard I. von Schwaben. Nach dessen Tod 926 heiratete sie seinen Nachfolger Herzog Hermann I., der 949 starb. Sie machte viele fromme Stiftungen an Kirchen u. Klöster. Vermutlich schon nach dem Tod Burkards erhielt sie als Witwensitz die Benediktinerinnenabtei Frauenmünster in Zürich. Historisch kaum zu belegen ist die Nachricht aus dem späten 14. Jh., daß sie, vom Aussatz befallen, seit 975 bei ihrem Sohn ↗ Adalrich auf der Insel Ufenau im Zürcher See (bei Rapperswil) gelebt habe (sie hatte wohl keine Söhne) u. daß sie das Kloster Einsiedeln beschenkt habe.
Gedächtnis: 8. August
Lit.: G. V. Wyß, Geschichte der Abtei Zürich (Zürich 1851–58) 31–34 – Stückelberg 101

Régis ↗ Johannes Franz Régis

Regiswindis, Märt., Hl. (Reginswindis, Reinswindis)
Name: 1. Namensteil: germ. regina (Rat, Beschluß); der 2. Namensteil gehört wohl zu germ. winid (Volksstamm der Wenden): klug wie die Wenden
Sie war die siebenjährige Tochter des Markgrafen Ernst zu Lauffen am Neckar (nördl. von Stuttgart) u. seiner Gattin Fridburga. Ein Diener des Markgrafen, ein Bruder der Kindesamme, wurde einmal wegen Nachlässigkeit im Dienst hart gezüchtigt. Die

Amme geriet darüber so in Zorn, daß sie das Kind erwürgte u. vom Schloß hinunter in den reißenden Neckar warf. Bisch. Humbert von Würzburg (833–842) erhob die Gebeine wohl bald nach der Untat. Die Eltern erbauten über dem Grab eine Kapelle. Die Reliquien kamen 1227 in die (heute evangelische) Pfarrkirche von Lauffen.
Gedächtnis: 15. Juli
Lit.: ActaSS Iul. IV (1869) 90–96 – H. Günter, Legendenstudien (Köln 1906) 74ff – Die Kunstdenkmale im Königreich Württemberg I (Eßlingen 1906²) 81–86

Regnobert, Bisch. **von Bayeux,** Hl. (Reinbert)
Name: germ. regina (Rat, Beschluß) + ahd. beraht (glänzend, berühmt): berühmter Ratgeber
Er war Bisch. von Bayeux (südwestl. von Le Havre, Nordfrankreich). Er ist vielleicht identisch mit jenem Bisch. Ragnobert (658–666), der auf mehreren Urkunden ohne Amtssitz erwähnt wird. Seine Gebeine wurden im 9. Jh. nach Varzy (Diöz. Auxerre) übertragen, später aber wieder nach Bayeux zurückgebracht.
Gedächtnis: 16. Mai
Lit.: Duchesne FE II 213–221 – BHL 7060–7066 – B. Baedorf, Untersuchungen über Heiligenleben der westl. Normandie (Diss. Bonn 1913) 62–73 – DACL IX 2554–2565 – H. Pellerin: Le Pays d'Auge 7 (Lisieux 1957) Heft 12, 4–11 (Translation)

Regula ↗ Felix u. Regula

Reinald ↗ Reginald

Reinbert ↗ Reginbert, ↗ Regnobert

Reineke (niederdt.), Reinhard (↗ Reginhard)

Reineldis, Jungfr. u. Märt., Hl. (Raineldis)
Name: germ. ragina (Rat, Beschluß) + hilta, hiltja (Kampf): die mit Klugheit Kämpfende
Nach der legendären Vita aus dem 11. Jh. wurde sie als Tochter des lothringischen (?) Herzogs Wiger (Witger) u. der hl. ↗ Amalberga zu Kontich bei Antwerpen geboren. Zus. mit ihrer Mutter u. ihrer Schwester ↗ Gudula erhielt sie von Bisch. ↗ Autbert von Cambrai den Nonnenschleier, vermachte ihr Erbgut zu Saintes (Brabant) der Abtei Lobbes u. führte ein Leben der Buße u. der Nächstenliebe. Angeblich machte sie auch eine Wallfahrt ins Hl. Land. Zus. mit dem Diakon ↗ Grimoald u. dem Diener ↗ Gondulf wurde sie in der Kirche von Saintes von Räubern (nach der Vita von „Hunnen") ermordet. † 7. Jh.
Gedächtnis: 16. Juli
Darstellung: von Schergen mit Schwertern niedergehauen
Lit.: AnBoll 22 (1903) 439–445 – Essen 299ff – BnatBelg XVIII 924ff – M. Coens: AnBoll 69 (1951) 348–387

Reiner ↗ Rainer

Reinfried ↗ Reginfried

Reingardis, Hl. oder Sel. (Raingardis, Ragengardis)
Name: germ. ragina (Rat, Beschluß) + ahd. gart (Kreis) bzw. garto (Einfriedung, Umzäunung, „Garten", Hof, Haus, Familie): kluge Hausfrau
Sie war die Mutter des hl. ↗ Petrus Venerabilis, des Abtes von Cluny. Nach dem Tod ihres Gatten, des Grafen Moritz von Montbaussier, wurde sie Klosterfrau zu Marigny in der Bourgogne (Landsch. südl. von Dijon, Ostfrankreich). Sie starb auf der Asche liegend am 24. 6. 1135.
Gedächtnis: 24. Juni
Darstellung: mit Totenkopf u. Besen (Weltverachtung u. demütige Dienstleistungen im Kloster). Im Gebet, ein Engel zu ihrer Seite

Reinhard, Bisch. **von Lüttich,** Hl. (Reginhard)
Name: germ. ragina (Rat, Beschluß) + ahd. harti, herti (hart, kühn): kühner Ratgeber
Er zeichnete sich aus durch Frömmigkeit, Hirteneifer, Wohltätigkeit und Milde gegenüber den Häretikern. † 1037.
Gedächtnis: 5. Dezember

Reinhard OSB, Abt **von Reinhausen,** Sel.
Er war Benediktiner im Kloster Helmarshausen (nördl. von Kassel) u. wirkte 1110–15 als Abt von Stablo (Belgien). Um 1130 wurde die Helmarshauser Propstei Reinhausen (südl. von Göttingen) in eine Abtei umgewandelt, wo Reinhard zum 1. Abt ernannt wurde. Er hatte mit großen

Schuldenlasten u. unzureichenden Einkünften zu kämpfen, fand aber trotzdem Zeit für das Studium der Hl. Schrift. † am 7. 3. um 1168.
Gedächtnis: 7. März

Reinhild von Alden-Eyk ↗ Relindis

Reinhild, Jungfr. u. Märt. **zu Westerkappeln,** Sel. (Reinheldis, „sünte Rendel")
Laut Inschrift auf einem Grabstein aus dem 12./13. Jh. in der Kirche zu Riesenbeck (Westfalen) wurde sie als Erbin ihres leiblichen Vaters auf Anstiften ihres Stiefvaters von ihrer eigenen Mutter erdrosselt u. in einen Brunnen geworfen. Dies geschah auf dem Knüppelhus zu Westerkappeln in Westfalen. Die Legende erzählt auch, daß, während sie werktags zur Messe ging, Engel ihre Feldarbeit verrichteten. † 1262.
Gedächtnis: 30. Mai
Lit.: A. Winkelmann, Sünte Rendel . . . (Münster 1912) – R. Knörich: Beiträge zur Geschichte Dortmunds . . . 31 (Dortmund 1924) 77–128 – H. Schauerte: Riesenbeck . . . (Riesenbeck 1962) 7–28

Reinhold von Köln, Hl. (Reinold, Reinald)
Name: germ. ragina (Rat, Beschluß) + ahd. walt (zu waltan, herrschen, walten): kluger Herrscher
Historische Nachrichten fehlen. Dafür hat sich seiner die reiche Legende bemächtigt: Danach stammte er aus einem Adelsgeschlecht, als ältester der 4 Haimonssöhne. Er entsagte der Welt u. wurde Mönch in St. Pantaleon in Köln, wo er sich am Bau des Domes eifrig beteiligte, daß er bald zum Aufseher über die Steinmetzen gestellt wurde (es kann nur der „alte Dom" vom 9. Jh. gemeint sein). Weil er sein Amt zu gewissenhaft u. streng versah, wurde er von den empörten Handwerkern erschlagen. † angeblich 960. Seine Gebeine wurden wohl um 1059 nach Dortmund übertragen. Weitere Reliquien sind auch in anderen Kölner Kirchen u. seit 1616 in Toledo.
Gedächtnis: 7. Jänner
Darstellung: als Mönch, Hammer in der Hand. Als Ritter im Harnisch mit Schwert (er sei vorher ein tapferer Ritter gewesen)
Patron: von Dortmund; der Bildhauer und Steinmetzen, der Hansekaufleute
Lit.: F. Ostendorf, Überlieferung u. Quelle der Reinhold-Legende (Münster 1912) – H. Schauerte, Reinhold, der Stadtpatron Dortmunds (Dortmund 1914) – Stammler-Langosch II 149–152 (Haimonskinder) – P. Fiebig: Beiträge zur Gesch. Dortmunds . . . 53 (Dortmund 1956) 1–200 (Kult, Liturgie, Kunst) – Ders.: Rhein.-westfäl. Zeitschrift für Volkskunde 3 (Bonn-Münster 1956) 58–67 (Patronate)

Reinhold ↗ Rainald

Reinswind ↗ Regiswindis

Relindis OSB, Äbtissin **von Alden-Eyk,** (Reneldis, Reinula)
Name: germ. ragina (Rat, Beschluß) + ahd. linta (Schild aus Lindenholz): kluge Schildkämpferin
Sie kam mit ihrer Schwester, der hl. ↗ Herlindis, zuerst in ein Frauenkloster zu Valenciennes im Hennegau zur Erziehung. Ihre Eltern erbauten für sie ein Kloster zu Alden-Eyk an der Maas (Ostbelgien). ↗ Willibrord u. ↗ Bonifatius weihten sie zu Äbtissinnen. Von ihnen oder aus ihrem Kreis stammen 2 Evangeliarien, die ältesten Denkmäler der belgischen Buchmalerei. Relindis starb um 745, nicht lang nach ihrer Schwester.
Gedächtnis: 22. März

Relindis, Klausnerin **zu Lüttich,** Hl.
Sie war die jüngste der 3 Töchter des Königs Zuentibold von Lothringen. Ihre Schwestern Benedicta u. Caecilia gingen in das Kloster Süsteren im Gebiet von Jülich, Relindis zog sich als Klausnerin in die Einöde in der Nähe von Lüttich zurück. † nach 900.
Gedächtnis: 17. August

Remaclus OSB, Abtbisch., Hl. (Rimagilus)
Name: latinisiert aus germ. Rimagil: ahd. hruom (Ruhm) + agil (dt. Weiterbildung von germ. agi, ahd. ecka, egga = Ecke, Kante, Schwertschneide, Schwert): der durch das Schwert Berühmte
* um 600 in Aquitanien (Südwest-Frankreich). Er war Schüler des hl. ↗ Sulpicius von Bourges u. wurde nach 624 Mönch im Benediktinerkloster Luxeuil (westl. von Belfort, Ostfrankreich). Zus. mit Bisch. ↗ Eligius gründete er das Kloster Solignac (bei Limoges, Zentralfrankreich) u. wurde

632 dessen 1. Abt. Um 647 ging er auf 3 Jahre nach Cugnon in den Ardennen (eher wohl als Missionar denn als Einsiedler) u. leitete von etwa 650 an die vom Frankenkönig ↗ Sigibert III. gestifteten Klöster Malmédy u. Stablo (franz. Stavelot; Ostbelgien, an der dt. Grenze). Bald erhielt er von ↗ Amandus, Bisch. von Maastricht, zu seiner Abtwürde auch die Bischofsweihe. Er wirkte von seinen Klöstern aus als Wanderbisch. u. Missionar in den noch heidnischen Ardennen. † 670/676 zu Stablo. Seine Gebeine kamen um 685 in die Klosterkirche von Stablo u. wurden dort 1042 erhoben. Seit dem 13. Jh. ruhen sie in einem kostbaren Schrein in der Pfarrkirche zu Stavelot (Stablo).
Gedächtnis: 3. September (Depositio)
Darstellung: in der Hand ein Kirchenmodell, zu seinen Füßen kauert ein Wolf. Ein bepackter Bär zu seiner Seite
Lit.: Essen 96–105 – F. Baix: RBén 60 (1950) 120–162, 61 (1951) 167–207 – Ders.: Folklore Stavelot-Malmédy 15 (Léau 1951) 5–28, 16 (1952) 1–45, 17 (1953) 5–32, 18 (1954) 11–47, 19 (1955) 5844 – Ders.: Etudes . . . dédiées à F. Courtoy I (Namur 1952) 173–184 – Künstle II 512f – Zimmermann III 9ff – Wattenbach-Levison 139f

Remedius ↗ Romedius

Remigius, Bisch. **von Reims,** Hl. (franz. Remi)
Name: zu lat. remex, Ruderer
* um 436 bei Laon (nordöstl. von Paris) aus vornehmer gallo-romanischer Familie. Dank seiner hohen Bildung wurde er bereits mit etwa 22 Jahren Bisch. von Reims. Als Apostel der Franken wirkte er unermüdlich für die Ausbreitung des kath. Glaubens unter Heiden u. Arianern. Mit dem Frankenkönig Chlodwig I. stand er seit dessen Thronbesteigung in Verbindung, sandte ihm ein Glückwunschschreiben u. forderte ihn zur Zusammenarbeit mit ihm als Bisch. auf. Das große Ereignis seines Episkopates war die Taufe Chlodwigs zu Weihnachten 498/499. Gleich darauf begann er mit der Missionierung der Franken. Er gründete die Diöz. Arras, Laon, Thérouanne u. Tournai-Cambrai u. berief 514 eine Synode ein (wahrscheinlich nach Reims), auf der er den Vorsitz führte. † am 13. 1. 533 (?) zu Reims. Seine Gebeine wurden am 1. 10. 1049 in die (ehemalige) Abtei St-Remi übertragen, später in die Kathedrale von Reims. Zahlreiche Kirchen in Frankreich u. Deutschland tragen seinen Namen, auch in Italien ist sein Kult verbreitet. Im Kölnischen hieß der 1. Oktober (Translationsfest) der „St.-Remeis-Daach" (Remismisse) u. war Frist- u. Zahltag. Der Oktober hieß Remeismonat.
Liturgie: Trier g am 1. Oktober (1. Translation), sonst: 13. Jänner
Darstellung: als Bisch., über ihm eine Taube mit Ölfläschchen (nach der Legende brachte eine Taube das Chrisam zur Taufe des Königs); Teufel austreibend
Patron: der Stadt und Diözese Reims
Lit.: B. Krusch: NA 20 (1895) 509–528 – A. Haudecoeur (Reims 1896) – Künstle II 513 – F. Baix: Miscellanea de Meyer (Löwen 1946) 211–227 – DACL XIV/2 2231–2237 – Baudot-Chaussin X 13–17 – A. Paillard-Prache: Mémoires de la Soc. d'agriculture, commerce, sciences et arts du dép. de la Marne 76 (Châlon-sur-Marne 1959) 61–87

Remigius, Bisch. **von Rouen,** Hl.
Er war der Sohn Karl Martells u. wurde 755 Bisch. von Rouen (Normandie). 760 war er in politischer Mission bei Papst ↗ Paul I. u. dem Langobardenkönig Desiderius. Von Rom brachte er Mönche mit zur Einführung des Gregorianischen Chorals in seiner Diöz. u. bewog ↗ Karl d. G. zu dessen Einführung im ganzen Reich. 765 nahm er an der Synode von Attigny teil. † um 772. Seine Gebeine kamen im 9. Jh. in die Kathedrale, 1090 nach St-Ouen zu Rouen u. wurden 1562 von den Hugenotten vernichtet.
Gedächtnis: 19. Jänner
Lit.: ActaSS Ian. II (1643) 235f – Martène T 1665–1670 (Vita, 10. Jh.) – H. Netzer, L'introduction de la messe romaine en France sous les Carolingiens (Paris 1910) – Baudot-Chaussin I 384f

Remo (ital.), lat. Remus. Mit Romulus der sagenhafte Gründer Roms (21. 4. 753 v. Chr.)

Renata von Bayern, Sel.
Name: weibl. F. zu ↗ Renatus (Renate)
* am 20. 4. (8.?) 1544 als Tochter des Herzogs Franz I. von Lothringen. 1568 wurde sie die Gemahlin Herzog Wilhelms V. des Frommen von Bayern, einer ihrer Söhne war Kurfürst Maximilian I. von Bayern. Sie war eine tiefrel. Frau u. eifrig-besorgte

Mutter ihrer 10 Kinder. Ihr ganzes Einkommen verwendete sie für wohltätige Zwecke, während sie selbst in größter Bedürfnislosigkeit lebte. Zu Ehren der hl. ↗ Elisabeth von Thüringen stiftete sie das Elisabeth-Spital in München u. unterstützte ihren Gatten bei der Gründung des Herzogs-Spitals u. des Fremdenhauses am Rochusberg. Täglich bediente sie selbst 12 arme Frauen an ihrer Tafel, jährlich versorgte sie 72 arme Frauen mit Kleidung u. Obdach u. ging auch in die elendsten Hütten, um den Armen u. Kranken Hilfe zu bringen. Um sich auf ihre Sterbestunde vorzubereiten, besuchte sie häufig ihre künftige Grabstätte in der von ihrem Gemahl erbauten Michaelskirche zu München. Am 20. 4. 1602 machte sie mit ihrem Gatten ihre letzte Wallfahrt nach Ebersberg u. Altötting, um eine gute Sterbestunde zu erbitten. Am 10. Mai kam sie, anscheinend gesund, nach München zurück, empfing voll Andacht die Sakramente u. starb am 22. 5. 1602. Ihre Grabstätte ist in der Gruft unter dem Hochaltar der Michaelskirche. Sie wird vom Volk wie eine Heilige verehrt.
Gedächtnis: 22. Mai
Lit.: A. de Crignis-Mentelberg (1912)

Renate ↗ Renata von Bayern

Renatus, Bisch. (?) **von Sorrent u. Neapel,** Hl.
Name: lat., der (in der Taufe) Wiedergeborene (franz. René)
Historische Nachrichten über ihn fehlen. Er könnte im 4./5. Jh. gelebt haben, seine Verehrung läßt sich bis ins 7. Jh. zurück nachweisen. Im 9. Jh. wird er noch nicht als Bisch. von Sorrent u. Neapel bezeichnet, wie dies später der Fall ist. Im 13. Jh. macht ihn die Legende zu einem angeblichen Bisch. von Angers, der später als Einsiedler nach Italien gekommen u. Bisch. von Sorrent geworden sei.
Gedächtnis: 6. Oktober
Lit.: BHL 7175–7181 – Lanzoni 246f – D. Mallardo, Il calendario marmoreo di Napoli (Rom 1947) 76f – Baudot-Chaussin XI 368ff

René (franz.) ↗ Renatus

Renée (franz.) ↗ Renata

Resi (süddt.), Kf. zu ↗ Theresia

Respicius ↗ Tryphon, Märt. in Phrygien

Rhabanus Maurus ↗ Hrabanus Maurus

Ria, Kf. zu ↗ Maria

Ribera ↗ Johannes de Ribera

Riccarda (ital.), weibl. F. zu ↗ Richard

Riccardi ↗ Placidus Riccardi

Riccardo (ital.) ↗ Richard

Ricci ↗ Katharina de' Ricci

Richard, Bisch. **von Chichester,** Hl.
Name: Der Name war in Deutschland im Mittelalter sehr gebräuchlich, kam dann aber aus der Übung. Er bürgerte sich in der 1. Hälfte des 19. Jh.s von England her wieder ein. Ahd. rihhi (begütert, mächtig, Herrschaft, Reich) + harti, herti (hart, kühn): kühner Herrscher
* 1197/98 zu Wych (heute Droitwich, nördl. von Worcester, England). Er studierte in Oxford u. Paris u. wurde Magister artium, in Bologna studierte er Rechtswissenschaften. 1236 wurde er Kanzler der Universität Oxford u. bald darauf Kanzler des ihm befreundeten Erzb. ↗ Edmund von Abington. Er unterstützte seinen Bisch. in seinem Kampf gegen König Heinrich III. wegen dessen Finanzpolitik (1234), begleitete ihn nach Frankreich u. stand ihm auch in seinem Sterben (auf dem Weg nach Rom 1240) bei. Nach Absolvierung seiner theol. Studien wurde er in Orléans zum Priester, 1244 zum Bisch. von Chichester (östl. von Portsmouth, Südengland) geweiht. Er bemühte sich bes. um die Hebung des geistlichen Lebens beim Klerus u. der Liturgie sowie um die Fürsorge für Arme u. Kranke. Zuletzt wirkte er als unermüdlicher Kreuzzugsprediger. † am 3. 4. 1253 zu Dover (am Ärmelkanal). Er wurde 1262 heiliggesprochen; sein Grab in der Kathedrale von Chichester wurde 1538 zerstört.
Gedächtnis: 3. April
Darstellung: zu seinen Füßen ein Kelch, Erscheinung Mariens mit dem Kind

Patron: der Fuhrleute
Lit.: BHL 7208–7211 – Baudot-Chaussin IV 76–79 – M. Powicke, The Thirteenth Century (London 1953) 1216–1307 – E. F. Jacob: JEH 7 (1956) 174–188 – DNB XVI (1960) 1088ff

Richard von England, Hl.
Er stammte aus Wessex u. war der Vater der Hll. ↗ Willibald, ↗ Wunibald u. ↗ Walpurga von Heidenheim. Von Willibald ließ er sich für die „Pilgerschaft um Christi willen" gewinnen u. brach 720 mit seinen beiden Söhnen zur Reise nach Rom auf, starb aber schon im Herbst 720 in Lucca (bei Pisa) u. wurde dort in S. Frediano beigesetzt. Um 1150 wurden seine Gebeine erhoben, 1154 (?) kamen Reliquien von ihm auch nach Eichstätt.
Der Titel „König der Angelsachsen" wird ihm seit dem 10. Jh. zu Unrecht gegeben. Daran knüpften sich im 14. Jh. weitere Legenden.
Liturgie: Eichstätt G am 7. Februar (Translation)
Darstellung: als königlicher Rompilger mit seinen beiden Söhnen; mit einem Kind
Lit.: ActaSS Febr. 11 (1658) 69–81 – W. Grothe, Der hl. Richard u. seine Kinder (Diss. Berlin 1908) – M. Coens: AnBoll 49 (1931) 353–397

Richard OSB, Abt **von St-Vanne,** Sel.
Er stammte aus der Gegend von Montfaucon (Dep. Meuse, Nordost-Frankreich). Er war zuerst Domdekan in Reims. Auf Veranlassung des hl. ↗ Odilo von Cluny wurde er 1005 Benediktiner im Kloster St-Vanne zu Verdun u. noch im selben Jahr Abt, wo er die Klosterreform von Cluny durchführte. Von hier aus wirkte er im Sinne der cluniazensischen Reform auch in etwa 20 weiteren Klöstern in Nord- u. Ostfrankreich u. Belgien. Sein Schüler war ↗ Poppo von Stablo. † am 14. 6. 1046 zu St-Vanne.
Gedächtnis: 14. Juni
Lit.: E. Sackur, Richard, Abt von St. Vannes (Diss. Breslau 1886) – Hauck III 467–481 u. ö. – Th. Schieffer: DA 1 (1937) 323ff – H. Dauphin (Löwen-Paris 1946) (Lit.)

Richardis, dt. Kaiserin, Hl.
Name: weibl. F. zu ↗ Richard
Sie war die Tochter des elsässischen Grafen Erchanger u. vermählte sich 862 mit Kaiser Karl III. d. Dicken. Mit ihm wurde sie 881 in Rom von Johannes VIII. gekrönt. Wegen ihrer Freundschaft mit dem Erzkanzler Liutward grundlos des Ehebruches bezichtigt, zog sie sich 887 vom Kaiser zurück u. ging in das von ihr schon früher gegründete Frauenkloster Andlau (nördl. von Schlettstadt, Unterelsaß), wo ihre Nichte Rotrud Äbtissin war. † dort am 18. 9. 894/896. Ihre Gebeine wurden 1049 durch ↗ Leo IX., der damals auf der Synode zu Reims anwesend war, erhoben. Ihr Hochgrab in Andlau wurde 1350 errichtet und ist noch heute Wallfahrtsort.
Gedächtnis: 18. September
Darstellung: mit einem Bären (der ihr angeblich den Ort des zu gründenden Klosters zeigte) u. Flammen (Feuerprobe)
Lit.: J. Rietsch (Schlettstadt 1932²) – J. M. B. Clauß, Die Heiligen des Elsaß . . . (Düsseldorf 1935) 111ff 222f (Lit.) – Zimmermann III 105ff – H. Büttner, Gesch. des Elsaß (Berlin 1939) 148f 157–160 – Braun 630f – M. Barth, Die hl. Kaiserin Richardis u. ihr Kult: Festschr. zur 900-Jahr-Feier der Weihe der Stiftskirche von Andlau . . . (Schlettstadt 1949) 11–100 (Lit.)

Richarius, Hl. (franz. Riquier)
Er stammte aus Centula (heute St-Riquier, Diöz. Amiens). Er wurde von Chaidocus u. Fichori, 2 irischen Priestern, bekehrt, wurde selbst Priester u. lebte als Asket u. Missionar in der Gegend von Centula. Gegen Ende seines Lebens lebte er als Einsiedler im Wald bei Crécy (an der Stelle des späteren Klosters Forêtmoutier, welches Karl d. G. 797 der Abtei Centula schenkte). Wahrscheinlich ist Richarius der Gründer von Centula (heute St-Riquier). † am 26. 4. 645 (?).
Gedächtnis: 26. April
Lit.: G. Vielhaber: AnBoll 26 (1907) 45–51 – Baudot-Chaussin IV 660–664 – DACL XIV 2430–2454 – J. Laporte, St. Riquier (St-Riquier 1958)

Richbert, Bisch. **von Säben-Brixen,** Sel. (Richprecht)
Name: ahd. rihhi (begütert, mächtig, Herrschaft, Reich) + beraht (glänzend, berühmt): berühmter Herrscher
Seine Eltern waren Bauersleute u. hatten ihn durch ein Gelübde erbeten. So widmeten sie ihn dem geistlichen Stand. Er wurde 956 Bisch. von Säben. Die Schenkung des Meierhofes Prichsna (heute Brixen) an die Bisch. von Säben (bei Klausen im Eisacktal) durch König Ludwig d. Kind (901) gab Veranlassung, den Bischofssitz dorthin zu

verlegen. Bisch. Richbert verlegte die Domschule dorthin u. baute sie zu einer förmlichen Hochschule aus. Auch seine Residenz schlug er zeitweise in Brixen auf. Die endgültige Verlegung der bischöflichen Residenz nach Brixen geschah durch Bisch. ↗ Albuin († 1005/06). Bisch. Richbert stand in enger Beziehung zu Kaiser Otto I. u. war dessen Ratgeber. † 975.
Gedächtnis: 1. August

Richeza, Königin **von Polen,** Sel. (Richiza, Richenza, Rixa)
Sie war eine der 7 Töchter des sel. ↗ Erenfrid, Pfalzgrafen am Rhein, u. der Mathilde, einer Tochter Ottos II. Sie wurde Gemahlin des Königs Mieczislaus II. von Polen u. 1037 Regentin. Da sie von ihrem Gatten hart behandelt wurde, zog sie sich von ihm zurück. † 1063 zu Saalfeld in Thüringen. Ihre Gebeine wurden später in die Kirche St. Maria zu den Stufen in Köln (nach der Säkularisation abgebrochen) übertragen.
Gedächtnis: 21. Mai

Richildis OSB, Sel. (Richilt)
Name: ahd. rihhi (begütert, mächtig, Herrschaft, Reich) + hilta, hiltja (Kampf): mächtige Kämpferin
Sie lebte als Benediktinerin u. Rekluse in Hohenwart bei Schrobenhausen (südl. von Ingoldstadt) u. starb am 23. 8. 1100 (?). Die Kapelle an ihrem Grab ist seit dem 15. Jh. ein vielbesuchter Wallfahrtsort. Sie wird seit alters vom Volk wie ein Heilige verehrt, ihr Kult wurde jedoch trotz mehrfachen Bemühens im 16. Jh. kirchlich nicht bestätigt. Man entnahm Erde von ihrem Grab, um sich vor Blitz u. Unwetter zu schützen, oder man kroch durch ein Loch bei ihrer Gruft, um sich von Steinleiden zu befreien.
Gedächtnis: 23. August
Lit.: Steichele IV 868–871 – Zimmermann II 612ff, IV 8

Richlindis CanAug, Äbtissin, Sel. (Relindis)
Name: ahd. rihhi (begütert, mächtig, Herrschaft, Reich) + linta (Schild aus Lindenholz): mächtige Schützerin
Sie war die Gemahlin des sel. ↗ Erkenbert. Während ihr Gatte auf seinem Landgut zu Frankenthal bei Worms 1119 ein Augustiner-Chorherrenstift gründete, stiftete sie ein Augustinerinnenkloster im nahegelegenen Ormsheim. Erkenbert wurde Propst, Richlindis Äbtissin. Im Chorfrauenstift zu Hohenburg (Odilienberg, Elsaß) führte sie um 1140 als Äbtissin die Augustinerregel ein. † am 26. 12. 1150.
Gedächtnis: 26. Dezember

Richtrudis, Äbtissin, Hl. (Rictrudis)
Name: ahd. rihhi (begütert, mächtig, Herrschaft, Reich) + trud (Stärke): starke Herrscherin
* um 614 in der Gascogne (Südwest-Frankreich). Nach dem Tod ihres Gatten ↗ Adalbald begab sie sich 646 (?) in das von ihr gestiftete Kloster Marchiennes-Ville (bei St-Amand, südöstl. von Lille, Nordfrankreich) u. stellte sich unter die geistliche Leitung des hl. ↗ Amandus, des Apostels der Belgier. Sie wurde dort 1. Äbtissin. Ihre Töchter Adalsind, Chlotsind u. Eusebia (später OSB-Äbtissin von Hamay) traten ebenfalls in dieses Kloster ein. Ihr Sohn Maurontus wurde später OSB-Abt von Breuil-sur-Lys. Ihre 4 Kinder werden ebenfalls als Heilige verehrt. † am 12. 5. 687/688 zu Marchiennes. Ihre Reliquien kamen später nach Paris u. wurden in der Franz. Revolution 1793 vernichtet.
Gedächtnis: 12. Mai
Lit.: BHL 7247–7252 – Essen 260–265 – É. de Moreau, St. Amand . . . (Löwen 1927) 225f – Zimmermann II 175f

Rigobert OSB, Erzb. **von Reims,** Hl. (Richbert)
Name: ahd. rihhi (begütert, mächtig, Herrschaft, Reich) + beraht (glänzend, berühmt): berühmter Herrscher
Er wurde Benediktinermönch u. Abt im Kloster Orbais (südwestl. von Epernay, östl. von Paris). Unter Pippin d. M. (687–714) wurde er Erzbisch. von Reims. Dessen Sohn Karl Martell (714–741) leistete sich kirchenräuberische Übergriffe. Da Rigobert sich ihm widersetzte, wurde er von Karl Martell 717 in die Gascogne (Südwest-Frankreich) verbannt, obwohl er sein Taufpate (vielleicht auch sein Verwandter) war. Nach seiner Rückkehr ließ er sich in Gérnicourt nieder. Sein Nachfolger Milo (zugleich Erzbisch. von Trier) erlaubte ihm Amtshandlungen in Reims, behielt sich

aber die Verwaltung der Diöz. selbst vor. Rigobert starb um 740 zu Gérnicourt. Seine Gebeine kamen 864 nach Reims u. wurden dort mehrmals übertragen, zuletzt in die Kathedrale. In der Franz. Revolution wurden sie vernichtet.
Gedächtnis: 4. Jänner
Lit.: BHL 7253ff – Zimmermann I 43ff

Rigomar OSB, Hl. (Richmir)
Name: ahd. rihhi (begütert, mächtig, Herrschaft, Reich) + mar (berühmt): berühmter Herrscher
Er stammte aus der Gegend von Tours u. wurde von Bisch. Gilbert von Le Mans zum Priester geweiht. Er gründete an der Loire eine monastische Niederlassung, verlegte sie aber später in die Gegend von Le Mans u. baute sie zu einem OSB-Kloster mit 40 Mönchen aus. † am 17. 1. um 700, sein Grab wurde später vermutlich durch die Normannen zerstört.
Gedächtnis: 17. Jänner
Lit.: ActaSS Ian. II (1643) 177ff – BHL 7248 – Zimmermann I 95f

Rike (Rika), Kf. von Namen, die auf -rike endigen, bes. ↗ Friederike, ↗ Henrike, ↗ Ulrike

Riko, Kf. von ↗ Richard

Rilke (sächs.), Kf. von ↗ Rudolf

Rimbert OSB, Erzb. **von Bremen-Hamburg,** Hl. (Rembert)
Name: ahd. Reginbert aus germ. ragina (Rat, Beschluß) + ahd. beraht (glänzend, berühmt): berühmter Ratgeber
* um 830 aus adeliger Familie, wahrscheinlich in der Nähe des Klosters Thurholt in Flandern (Westbelgien). Er erhielt seine Ausbildung im Kloster Thurholt, wo er der treueste Schüler des hl. ↗ Ansgar wurde. Auf seine Veranlassung hin wurde er Kleriker u. sein ständiger Begleiter, bes. in der Missionsarbeit. Nach dem Tod Ansgars (865) wurde er, obwohl noch Diakon, von Klerus u. Volk zu dessen Nachfolger als Erzb. von Bremen-Hamburg gewählt. Ludwig der Dt. investierte ihn, Papst ↗ Nikolaus I. übersandte ihm das erzbisch. Pallium. Einem Wunsch seines verstorbenen Lehrers Ansgar folgend, wurde er Benediktiner im Kloster Korvey bei Höxter (an der Weser) u. setzte seine Missionsreisen in Dänemark u. Schweden fort (866–876), jedoch ohne nennenswerte Erfolge. Von etwa 800 an machten Normanneneinfälle die Missionsarbeit überhaupt unmöglich. Rimbert beschränkte sich darauf, Christen aus normannischer Gefangenschaft loszukaufen. Um die finanzielle Lage des Erzbistums zu sichern, bemühte er sich um den Erhalt des Zollregals für Bremen, das er 2 Tage vor seinem Tod erhielt. † am 11. 6. 888 in Bremen.
Gedächtnis: 11. Juni
Lit.: RHE 12 (1911) 231–241 – BnatBelg XIX 16ff – O. H. May: Regesten der Erzb. von Bremen I (Hannover 1928–37) 15–19 – Baudot-Chaussin II 97ff

Rita von Cascia OESA, Hl.
Name: Kf. von ital. Margherita (↗ Margarete)
* um 1380 (1360?) zu Roccaporena bei Cascia (östl. von Spoleto, Mittelitalien). Entgegen ihrem Wunsch wurde sie von ihren Eltern einem Mann zur Frau gegeben, dessen Roheiten sie mit größter Geduld ertrug. Nach der Ermordung ihres Gatten erbat sie von Gott den Tod ihrer beiden Söhne, um diese vor der Ausübung der Blutrache abzuhalten. Als auch diese starben, trat sie mit etwa 33 Jahren zu Cascia in das Augustinerinnen-Eremitenkloster ein (nach mehrmaliger Abweisung wurde sie schließlich doch aufgenommen). Sie zeichnete sich aus durch ungewöhnlichen Gebets- u. Bußeifer und eine tiefe Verehrung des Gekreuzigten. Sie erhielt auch mystische Gebetsgnaden. 15 Jahre vor ihrem Tod empfing sie die Stigmen der Dornenkrone. † am 22. 5. 1457 (1434?) zu Cascia. Bald nach ihrem Tod ereigneten sich zahlreiche Wunder, sodaß sie als „Helferin in aussichtslosen Nöten" angerufen wird. Ihr Leib wurde 1457 in einen wertvollen Sarkophag gebettet, man fand ihn 1703 noch unversehrt. Seliggesprochen 1628, heiliggesprochen am 24. 5. 1900. An ihrem Fest werden die „Rita-Rosen" geweiht: Nach der Legende blühte in ihrem winterlichen Garten zu Roccaporena während ihrer letzten Krankheit eine Rose.
Gedächtnis: 22. Mai
Darstellung: betet vor dem Gekreuzigten,

von dessen Dornenkrone ein Dorn abspringt u. ihre Stirn verwundet. Sie reicht der Gottesmutter eine Dornenkrone, die ihr dafür eine Rosenkrone gibt
Patronin: der Rita-Schwestern u. des nach ihr benannten Caritaswerkes
Lit.: H. M. Biedermann (Würzburg 1933) – E. Eberhard (Würzburg 1957[2]) – H. Firtel (Fribourg 1965)

Robert Franz Romulus **Bellarmin** SJ, Kard., Erzb. von Capua, Kirchenlehrer, Hl.
Name: Nf. von ↗ Rupert
* am 4. 10. 1542 zu Montepulciano (südöstl. von Siena, Mittelitalien). Er war mütterlicherseits Neffe des Papstes Marcellus II. Seine Ausbildung erhielt er am Jesuitenkolleg seiner Heimatstadt u. trat 1560 der Gesellschaft Jesu bei. Nach seinen Studien in Rom, Padua u. Löwen wurde er 1570 zum Priester geweiht. 1570–76 wirkte er als Prediger u. Professor der Theologie in Löwen u. erlangte als solcher bald europäische Berühmtheit. In Löwen verfaßte er u. a. seinen Index Haereticorum (Aufzählung der Häretiker), die Conclusiones de Sacramentis (Schlußfolgerungen über die Sakramente) und De Scriptoribus ecclesiasticis (über die kirchlichen Schriftsteller).
1576 wurde er von Gregor XIII. nach Rom berufen, wo er bis 1588 am Röm. Kolleg als Kontroverstheologe tätig war. Hier schrieb er sein Hauptwerk Disputationes de controversiis christianae fidei adversus huius temporis haereticos (Disputationen über Streitfragen des christlichen Glaubens, gegen die Häretiker dieser Zeit). Trotz heftigen Widerstandes von seiten der Protestanten wurde das Werk um mehrere Kapitel vermehrt u. öfters neu aufgelegt. Diese Schrift ist noch heute wertvoll. Hier am Röm. Kolleg lernte er auch den jungen ↗ Aloisius von Gonzaga kennen, dem er ein geistlicher Vater wurde u. für dessen Seligsprechung er sich später einsetzte. 1592 wurde er Rektor des Röm. Kollegs, 1594–97 war er Provinzial von Neapel.
Clemens VIII. berief ihn 1597 wieder nach Rom u. machte ihn zum päpstlichen Theologen, Konsultor des Hl. Offiziums u. Rektor der Pönitentiare an St. Peter. 1597 veröffentlichte er seinen Kleinen Katechismus für das Volk, 1598 den größeren für die Katecheten. Der kleinere Katechismus erlebte 400 Auflagen u. wurde in 56 Sprachen u. Dialekte übersetzt u. war bes. auch in den Missionen sehr verbreitet. Am 3. 3. 1599 wurde er zum Kardinal ernannt, aber bereits 1602 wegen Differenzen im Gnadenstreit (1597–1607) als Erzb. nach Capua versetzt. Hier zeigte er sich als umsichtiger u. weitblickender Oberhirte, der sich auch in sozialen Belangen engagierte, z. B. in der Frage der Parzellierung des Landbesitzes und in der Arbeitsbeschaffung. Hier schrieb er auch einen Kommentar zum Glaubensbekenntnis für die Pfarrer.
Nach dem Tod Clemens' VIII. wurde er 1605 wieder nach Rom gerufen, wo er als Mitglied des Hl. Offiziums u. anderer päpstlicher Kongregationen tätig war. Er trat als Protektor der Cölestiner u. des Collegium Germanicum hervor. Von 1607 an war er auch Administrator für die Diöz. Montepulciano. Er griff mit verschiedenen Schriften in den Streit zw. Papst Paul V. u. Venedig wie auch in die Kontroverse des Papstes mit König Jakob I. von England über den romfeindlichen Treueeid (anglikanisches Schisma) ein. Sein Buch über die Vollmachten des Papstes in zeitlichen Dingen (1610) veranlaßte in England, Frankreich u. Deutschland eine Flut von Gegenschriften. 1626 wurde er beauftragt, Galileo Galilei die Verurteilung des kopernikanischen Weltsystems durch die Indexkongregation mitzuteilen. 1611 gab er einen Psalmenkommentar heraus. 1615–20 war er Vorsitzender der Kommission für die Revision des griech. Textes des NT. Die Arbeit wurde zwar vollendet, aber Paul V. verweigerte aus unbekannten Gründen die Erlaubnis zu deren Veröffentlichung. In diesen Jahren verfaßte er auch eine Reihe aszetischer Werke.
Als Mensch u. Kardinal lebte er in großer Armut u. Selbstentsagung. Mit ↗ Bernhardin Realino, ↗ Franz von Sales, ↗ Philipp Neri u. a. verband ihn eine tiefe Freundschaft. † in Rom am 17. 9. 1621. Seine Seligsprechung wurde bereits 1627 eingeleitet u. oft wieder aufgenommen, aber immer wieder vertagt. Sie erfolgte durch Pius XI. am 13. 5. 1923, seine Heiligsprechung am 29. 6. 1930. Pius XI. ernannte ihn 1931 zum Kirchenlehrer. Sein Leib ruhte ursprünglich in

der Kirche Al Gesù in Rom u. wurde 1923 nach S. Ignazio übertragen u. neben dem Altar des hl. Aloisius beigesetzt.
Liturgie: GK g am 17. September
Lit.: X.-M. Le Bachelet: DThC II 560–599 – P. Dudon: DHGE VII 798–824 – G. Buschbell, Selbstbezeugungen des Kard. Bellarmin (Krumbach 1924) – Pastor VIII –XII – E. Raitz von Frentz (1930). – Zu seinen theol. Werken: LThK 2, 160–162 (Lit.)

Robert von Bingen ↗ Rupert von Bingen

Robert Gruthuysen **von Brügge** OCist, Sel.
* Ende des 11. Jh.s zu Brügge (Belgien). Er war hochbegabt u. vielseitig gebildet. 1131 traf er in Lüttich mit ↗ Bernhard von Clairvaux zusammen, schloß sich ihm an u. wurde Zisterzienser in Clairvaux (Ostfrankreich). 1138 wurde er zur Neubelebung des OSB-Klosters Dünen in Koksijde (Westflandern) als 1. Abt gesandt u. richtete dort ein Zisterzienserkloster ein. 1153 wurde er Abt von Clairvaux als Nachfolger des hl. Bernhard. † am 29. 4. 1157. Sein Grab ist in Clairvaux.
Gedächtnis: 29. April
Lit.: BnatBelg XIX 416–422 – Zimmermann II 123 126f – Baudot-Chaussin IV 719f

Robert OSB, Abt **von Molesme,** Hl.
* um 1027 in der Champagne (Landschaft östl. von Paris) aus vornehmer Familie. Er wurde um 1044 Benediktiner im Kloster Moutier-la-Celle bei Troyes u. bald nach seinem Noviziat Prior. Nach 1068 wurde er Abt im Kloster St-Michel-de-Tonnere (östl. von Auxerre), wo er aber resignierte u. nach Moutier-la-Celle zurückkehrte. 1072–73 war er Prior in St-Ayoul (St. ↗ Aigulf), 1073–74 Oberer der Einsiedelei in Collan. Mit den dortigen Mönchen gründete er 1075 die OSB-Abtei Molesme (Dep. Côte-d'Or, Diöz. Langres) als eine Stätte ursprünglicher Regeltreue u. äußerster Armut. Robert drang aber mit seinen Forderungen nicht durch, zog daher 1098 mit 21 Mönchen weg u. gründete zus. mit seinem Prior ↗ Alberich am 21. 3. 1098 das Kloster Cîteaux (Cistercium, Diöz. Dijon), das zum Stammkloster des Zisterzienserordens wurde (Monachi Cistercienses), einem Reformzweig des Benediktinerordens. Auf Bitten seiner alten Mönche von Molesme und auf Befehl Urbans II., der in dieser Sache angegangen wurde, kehrte er nach 1½ Jahren wieder nach Molesme zurück und wurde dort Abt, was er bis zu seinem Tod blieb. Das Kloster Cîteaux verdankt somit seinen äußeren Aufbau dem hl. Robert, seinen inneren dem 2. Abt, ↗ Alberich von Cîteaux (1099–1109), die eigentliche innere Festigung durch den Gesetzgeber, den 3. Abt ↗ Stephan Harding, der durch seine Instituta monachorum Cisterciensium de Molismo venientium die Gründung des neuen Ordenszweiges endgültig sicherte. Robert von Molesme starb 1111 im Kloster Molesme. Seit 1963 wird er mit Alberich und Stephan Harding am Fest der Gründer von Cîteaux (26. Jänner) mitgefeiert.
Gedächtnis: 29. April
Darstellung: mit einem Ring (nach der Legende erhielt seine Mutter vor seiner Geburt von der seligsten Jungfrau einen Ring). Mit dem im Bau begriffenen Kloster Cîteaux. Mit einem Teller Erdbeeren (die er für die schwerkranke Gräfin von Bar-sur-Seine mitten im Winter unter dem Schnee hervorgrub)
Lit.: BHL 7265ff – Zimmermann II 121ff – K. Spahr: Cist 51 (1939) 197 – Ders., Das Leben des hl. Robert von Molesme (Fribourg 1944) – Lenssen I 1–6 – Ch. Dereine, La fondation de Cîteaux: Cîteaux in de Nederlanden 10 (Westmalle 1959) 125–139

Robert OCist, Abt **von Newminster,** Hl.
* nach 1100 zu Graven (heute Gargrave, Yorkshire, Nordengland). Er studierte in Paris, wurde Weltpriester u. trat um 1135 in das Benediktinerkloster Streaneshalch (später Whitby, Yorkshire) ein, wurde aber bald Zisterzienser im Kloster Fountains (Yorkshire). 1138 gründete er das Kloster Newminster (Northumberland) u. wurde dessen 1. Abt. Das Kloster blühte unter ihm rasch auf, sodaß er als Tochterklöster Pipewell (1143), Roche (1147) und Sawley (1148) gründen konnte. † am 7. 6. 1159.
Gedächtnis: 7. Juni
Darstellung: bellende Hunde (Teufel) verfolgen seine Seele, die als feurige Kugel von Engeln zum Himmel emporgetragen wird.
Lit.: BHL 7268ff – Zimmermann II 306f – P. Grosjean: AnBoll 56 (1938) 343–360 – Baudot-Chaussin VI 133f – Lenssen I 97ff

Rochus González de Santa Cruz, s. Märt. in Südamerika (S. 925)

Rochus von Montpellier, Hl.
Name: latinisiert aus ahd. roho (zu rohōn = brüllen, lärmen, schnauben; bes. im Schlachtruf; vgl. „röcheln"). Der ahd. Männername Roho ist eigentlich eine Kürzung von heute nicht mehr gebräuchlichen Namen wie Rochbert (der durch den Schlachtruf Berühmte) oder Rochold (kampfschnaubender Heerführer)
Zuverlässige Nachrichten über ihn fehlen. Er wurde angeblich um 1295 zu Montpellier (Südfrankreich) geboren, soll seine Eltern früh verloren, sein großes Vermögen an die Armen verschenkt haben u. 1317 nach Rom gepilgert sein. Unterwegs u. in Rom habe er die Pestkranken gepflegt u. sie durch ein Kreuzzeichen geheilt. Auf der Rückreise wurde er 1320 in Piacenza (Oberitalien) selbst pestkrank. In seiner Waldhütte vor der Stadt sei er von einem Engel gestärkt u. durch den Hund eines leichtlebigen Bürgers Gothard mit Brot versorgt worden. Vom Engel wunderbar geheilt, sei er heim nach Montpellier gezogen. Dort habe man ihn als Spion eingekerkert, weil er aus Demut seine vornehme Abstammung verschwieg. Er starb im Kerker nach fünfjähriger Haft am 16. 8. 1327. Gott selber habe ihn durch eine geheimnisvolle Schrift an der Wand als Helfer in allen Pestnöten geoffenbart. Seine Verehrung blühte seit dem 15. Jh. mächtig auf, bes. seit der Übertragung (oder Diebstahl?) seiner Gebeine von Montpellier nach Venedig (1485). Rochus wurde entlang der venezianischen Handelswege u. der damaligen Pestzüge einer der beliebtesten ↗ Pestpatrone. Vielfach wurde er den ↗ Vierzehn Nothelfern beigezählt. Sein Andenken wurde durch zahllose Bildwerke, Kirchen, Kapellen, Altäre, Spitäler, Prozessionen, Andachten u. Bruderschaften geehrt. Eine berühmte Wallfahrt auf dt. Boden ist z. B. die auf den St.-Rochus-Berg in Bingen, die bereits von Goethe geschildert wurde. Eifrige Förderer seines Kultes waren bes. die Franziskaner, die ihn als Franziskaner-Terziaren bezeichneten.
Liturgie: Fulda, Görlitz, Mainz g am 16. August
Darstellung: meist mit ↗ Sebastian als Pestheiliger. Als Pilger mit Stab u. Flasche, weist auf die Pestbeule an seinem entblößten Oberschenkel, Hund zur Seite mit (oder ohne) Brot im Maul. Mit einem Engel, der eine Arzneibüchse trägt. Pestkranke heilend
Patron: der Apotheker, Ärzte, Bauern, Bürstenbinder, Chirurgen, Gärtner, Gefangenen, Kunsthändler, Pflasterer, Tischler, Totengräber; der Siechenhäuser, Spitäler; bei Viehseuchen
Lit.: Künstle II 514ff – H. J. Kamp, St.-Rochus-Büchlein (Dülmen 1927²) – A. Fliche (Paris 1930) – Braun 632f – Bächtold-Stäubli VII 744–748 (Lit.) – G. Schreiber, Die 14 Nothelfer in Volksfrömmigkeit u. Sakralkultur (Innsbruck 1959) 39f u. ö.

Rodat ↗ Maria Wilhelma Ämilia de Rodat

Rodegang ↗ Chrodegang

Roderich u. Salomon, Märt. **zu Córdoba,** Hll. (Rodriguez, Rudericus)
Name: germ. hroth, ahd. hruot (Ruhm) + germ. rìk, ahd. rihhi (Reich, Herrscher, Fürst): berühmter Herrscher. Der Name kam mit den Westgoten nach Spanien u. lautet dort Rodrigo, Rodriguez. (Nf. Rüdiger; franz. Rodrigue, Roger; engl. Roderick)
Er war Priester u. wurde fälschlich angeklagt, den Namen Mohammeds geschmäht zu haben. Man warf ihn in das Gefängnis, wo bereits der Portugiese Salomon in Ketten lag. Beide wurden 857 zu Córdoba (Südspanien) enthauptet. Ihre Leichname warf man in den Guadalquivir. Der Leib Roderichs wurde in der Kirche St. Genesius beigesetzt, der des Salomon in der Kirche St. Kosmas u. Damian.
Gedächtnis: 13. März
Darstellung: im Meßkleid mit Palme. Engel bringen eine Krone von Rosen

Rodewald, Bisch., Hl. (Rodewald, Crotold)
Name: ahd. hruot (Ruhm) + walt (zu waltan, herrschen, walten): berühmter Herrscher
Er war Bisch. in u. um Worms u. am Nekkar u. starb in der Mitte des 7. Jh.s
Gedächtnis: 26. Februar

Roding OSB, Abt, Hl. (Chrauding, Craudерigus, franz. Rouin)
Name: zu ahd. hruot (Ruhm); die Endung

-ing drückt die Abstammung von einem Vater oder Ahnherrn aus, später auch die Zugehörigkeit zu dessen Leuten (vgl. Merowinger, Karolinger, Agilolfinger, Götting = Sohn des Gotto usw.)
Er war zuerst Benediktiner im Kloster Tholey (Saargebiet) u. gründete um 642 in Waslogium (heute Beaulieu-en-Argonne) ein dem hl. ↗ Mauritius geweihtes Kloster, dem er als Abt vorstand. Man erzählt sich, daß er sich an dieser Stelle zuerst als Einsiedler niedergelassen habe, aber vom Besitzer des Waldes, Austresius mit Namen, der in Autrecourt (Austresii curtis) wohnte, mit Peitschenhieben vertrieben wurde. Nach einer Pilgerfahrt nach Rom sei er wieder dorthin zurückgekehrt. Der Waldbesitzer habe ihn diesmal gnädig aufgenommen u. mit Landgütern für seine Klostergründung reich beschenkt. Im Alter zog sich Roding in eine nahe Einsiedelei zurück u. starb dort Ende des 7. Jh.s. Das Kloster wurde in der Franz. Revolution aufgehoben. An der Stelle, an der nach der Überlieferung seine Klause stand, zeigt man noch heute eine Kapelle mit der sog. Roding-Quelle. Die Gebeine des Heiligen ruhen in der Pfarrkirche zu Beaulieu.
Gedächtnis: 17. September
Lit.: ActaSS Sept. V (1755) 508–517 (mit legend. Vita von Richard von St-Vanne) – J. Didiot, St. Rouin et son pèlerinage (Verdun 1872) – A. Thiele: AMrhKG 7 (1955) 337–344

Rodrigo (span.) ↗ Roderich

Rodríguez ↗ Alfons Rodriguez

Roger OCist, Abt **von Élan,** Hl.
Name: Nf. von Rüdiger; ahd. hruot (Ruhm) + ger (Speer): berühmter Speer(kämpfer). Der Name war im Mittelalter im niederdt. Sprachgebiet verbreitet u. drang schon früh nach Frankreich, von dort durch die Normannen nach England. Während er in Frankreich u. England fortlebte, kam er in Deutschland ab. In neuerer Zeit wurde er unter franz. (vielleicht auch engl.) Einfluß in Deutschland wieder bekannt.
Er stammte aus England u. wurde Zisterzienser im Kloster Lorroy-en-Berry (Diöz. Bourges). Als Graf Withier von Rethel in der Diöz. Reims das Kloster Élan stiftete, wurde er zum 1. Abt desselben ernannt. Er zeichnete sich aus durch Regeltreue, Demut u. Nächstenliebe. Schon zu seinen Lebzeiten u. an seinem Grab ereigneten sich zahlreiche Wunder. † am 4. 1. nach 1162. Seine Gebeine in Élan wurden in der Franz. Revolution größtenteils vernichtet. Seine Reliquien sind noch heute beliebtes Wallfahrtsziel.
Gedächtnis: 4. Jänner
Lit.: ActaSS Ian. I (1643) 182–185 (legendar. Vita aus Élan, 13. Jh.) – Cist 33 (1921) 161–164

Roger le Fort, Erzb. von Bourges, Sel.
* um 1285 auf Schloß Ternes (Dep. Creuse, Zentralfrankreich). Nach seinen Rechtsstudien in Orléans wurde er 1316 Kanoniker in Rouen, 1317 Domdekan in Bourges u. dann Professor für weltliches u. kirchliches Recht in Orléans. 1321 wurde er Bisch. von Orléans, 1328 Bisch. von Limoges u. 1343 Erzb. von Bourges. Er war sehr wohltätig zu den Armen u. Kranken u. erbaute in Bourges ein Hospital. In Ternes gründete er ein Benediktiner-Priorat. Er verfaßte auch juristische Kommentare u. Predigten. † 1368. ↗ Odilo von Cluny erhob 1345 seine Gebeine.
Gedächtnis: 1. März
Lit.: A. Thomas: MAH 4 (1884) 31–34 – Baudot-Chaussin III 26

Roger von Todi OFM, Sel.
Er stammte aus Todi (Umbrien, Mittelitalien) u. schloß sich 1216 dem hl. ↗ Franz von Assisi an, der ihn mit anderen Brüdern zur Predigt nach Spanien sandte. Nach seiner Rückkehr wurde er geistlicher Leiter des Klarissenklosters in Petrella Salto (bei Rieti), dessen 1. Äbtissin ↗ Philippa Mareri war. Er zeichnete sich durch große Nächstenliebe aus. Thomas von Pavisa OMin schrieb ihm in seinem „Dialogus" (um 1245) 16 Wunder zu. † am 5. 1. 1237 zu Todi. Sein Kult wurde 1751 approbiert.
Gedächtnis: 5. Jänner
Lit.: ActaSS Mart. I (1668) 417f – MartFranc 7f – AureolaSeraf I 121ff

Rogue ↗ Petrus Renatus Rogue

Roland OCist, Abt **von Chézery,** Hl.
Name: ursprünglich Hrodnand, aus germ. hroth (Ruhm) + nanth (wagemutig): berühmt und wagemutig. Schon früh lautlich

an ahd. lant (Land) angeglichen zu Hruodland: im Land berühmt, oder Ruhm des Landes. (ital. u. span. Orlando; franz. Roland; engl. Roland oder Rowland)
Die bekannteste historische Persönlichkeit dieses Namens ist Roland (Hruodlandus), Markgraf der Bretonischen Mark (Bretagne), der beim Rückzug Karls d. G. aus Spanien bei einem Nachhutgefecht gegen die Basken im Tal von Roncesvalles (nordöstl. von Pamplona, an der Grenze zu Frankreich) am 15. 8. 778 fiel. Der Sagenkreis um Karl d. G. macht ihn zu dessen Neffen u. Paladin, das Rolandslied (Chanson de Roland, entstanden um 1075–1100 in Nordfrankreich) zum Heros im Kreuzzug gegen die Sarazenen. Sein treuester Waffengefährte, der mit ihm im Kampf fällt, ist ↗ Oliver. – Zweifellos von der Rolandsage inspiriert, stehen auf den Marktplätzen vieler Orte in Norddeutschland die sog. Rolandsäulen, oft überlebensgroße Standbilder, die einen Ritter mit Schwert in Rüstung oder Mantel darstellen. Sie waren Symbol städtischer Freiheiten u. Rechte, sei es des Königsbannes, der Gerichtsbarkeit oder des Marktrechtes. Wegen ihrer Größe wurden sie als Riesen empfunden. So spricht noch Martin Luther von „Rolanden u. Riesen", u. Friedrich Rückert dichtet: „Roland, der Ries' am Rathaus zu Bremen steht er, ein Standbild, standhaft u. wacht". – Seit dem 13. Jh. wurde in Norddeutschland (erstmals 1280 in Magdeburg bezeugt) das sog. Rolandreiten (Rolandspiel, Rolandstechen) geübt. Es war ein Wettspiel zu Pferd, bei dem der Reiter auf eine drehbare Puppe zu stechen hatte. Verfehlte der Angreifer das Ziel oder ritt er nicht schnell genug daran vorbei, erteilte ihm die Figur einen Schlag oder überschüttete ihn mit Asche. Dieses Spiel ist noch heute in Dithmarschen in Übung.
Roland war Abt im Zisterzienserkloster Chézery (Ostfrankreich, westl. von Genf) um 1170–1200. Seine Reliquien sind in der dortigen Pfarrkirche.
Gedächtnis: 15. Juli

Roland OSB, Abt **in Hasnon,** Sel. (Rolland, Rotlandus)
Er war Benediktiner im Kloster Elno oder Elnone (jetzt Ortschaft St-Amand-les-Eaux, Franz.-Flandern). Er wurde im Kloster Hasnon (Belgisch-Flandern), welches Graf Balduin IV. von Flandern gestiftet hatte, zum Abt bestellt. Unter ihm blühte das Kloster auf u. erhielt derart Nachwuchs, daß die Gebäude bald erweitert werden mußten. † 1070.
Gedächtnis: 18. Mai

Roland (Orlando) **von Medici,** Hl. oder Sel.
Er entstammte dem Florentinergeschlecht der Medici. Er lebte als Einsiedler in den Waldungen des späteren Herzogtums Parma (Oberitalien), zunächst in Bargoni, Busseto u. Tabbiano, schließlich in der Gegend des heutigen Salsomaggiore in strengster Aszese, beständigem Schweigen u. langen Meditationen. † am 15. 9. 1386 zu Bargone im Valle della Dora (westl. von Turin). Sein Grab ist in S. Bartolomeo di Busseto (Diöz. Cremona).
Gedächtnis: 15. September
Darstellung: als Einsiedler, in Tierfelle gekleidet, betend
Lit.: I. Affò, Vita del beato Orlando de' Medici . . . (Parma 1784) – BHL 7291f – Baudot-Chaussin IX 307f

Rolendis, Hl. (Rollendis, Rollandis)
Name: ahd. hruot (Ruhm) + lant (Land): die im Land Berühmte
Sie lebte um das 7. oder 8. Jh. Die kultische Verehrung dieser Heiligen knüpft sich seit alter Zeit an einen Sarkophag in der Pfarrkirche von Gerpinnes (bei Charleroi im Hennegau, Belgien), den man dort 1951 wiederentdeckte und der nach der dortigen Überlieferung ehemals die Gebeine der Heiligen barg. Der Sarkophag stammt aus dem 8. Jh. u. trägt keine Inschrift. Nach der romanhaften Vita (wohl im 13. Jh. verfaßt) war sie die Tochter eines Königs in Gallien u. entzog sich der Verheiratung an einen schottischen Fürsten durch Flucht in das Kloster St. Ursula in Köln. Unterwegs starb sie aber in Villers-Poterie bei Gerpinnes im Haus eines mitleidigen Bauern. Bisch. Otbert von Lüttich erhob 1103 ihre Gebeine. Ihre Reliquien ruhen seit 1599 in einem kostbaren Schrein, der jeweils am Pfingstmontag in feierlicher Prozession von Gerpinnes nach Villers-Poterie u. Hanzinne getragen wird.

Gedächtnis: 13. Mai
Darstellung: sie schickt einen blinden u. hinkenden Knecht zum Pfarrer um die Sterbesakramente, der Knecht kommt sehend u. mit gesunden Gliedern zurück
Lit.: Essen 197ff – M. Coens: AnBoll 78 (1960) 309–335

Rolf, Kf. zu ↗ Rudolf. Der Name kam erst (wohl unter schwedischem Einfluß) in Deutschland auf

Roman ↗ Romanus

Romana, Hl.
Name: weibl. F. zu ↗ Romanus
Nach der legendarischen Vita war sie die Tochter eines Präfekten Calpurnius u. gelobte mit 10 Jahren Jungfräulichkeit. Später floh sie aus dem Elternhaus auf den Soracte (Monte Soratte, 40 km nördl. von Rom), wo sich gerade Papst ↗ Silvester I. in der Verfolgung des Diokletian (um 305) verborgen hielt. Sie wurde von ihm getauft u. lebte in einer Höhle bei Todi (Umbrien). 1301 wurden ihre Gebeine in die Kirche S. Fortunato zu Todi übertragen.
Gedächtnis: 23. Februar
Lit.: ActaSS Febr. III (1865) 381–385

Romançon ↗ Benildus

Romanus (Romanos) **von Cäsarea,** Märt., Hl.
Name: lat., der Römer
Er war Diakon u. Exorzist bei Cäsarea in Palästina. Bei einem Besuch in Antiochia warnte er viele Christen, die zum Götzenopfer bereit waren. Er wurde verhaftet u. zum Feuertod verurteilt, dann aber vor Diokletian gebracht. Man schnitt ihm die Zunge heraus u. unterwarf ihn anderen schweren Folterungen. Schließlich wurde er am 17. 11. 303 erdrosselt.
Gedächtnis: 17. November
Lit.: H. Delehaye: AnBoll 50 (1932) 241–283 – M. Simonetti: RivAC 31 (1955) 223–233 – BHG³ 1193 1600y–1602

Romanus von Condat, Abt, **u. Lupicinus,** Hll.
* vor 400. Er war Schüler des Abtes Sabinus zu Ainay bei Lyon u. ging mit 35 Jahren in die Einsamkeit des Franz. Jura, wo er um 450 mit seinem Bruder Lupicinus die Klöster St-Claude u. Leuconne gründete u. wo die beiden Äbte wurden. Romanus erhielt 444 von Bisch. ↗ Hilarius von Arles die Priesterweihe. † 463/464. Seine Reliquien sind heute im benachbarten St-Romain-de-Roche.
Liturgie: Lausanne–Genève–Fribourg G am 28. Februar
Darstellung: Romanus als Mönch mit Handglocke u. Brotkorb an einem Strick. Bußkette um den Leib. Vom Teufel mit Steinen beworfen.
Lit.: DACL VIII 430–438 – Zimmermann I 265f – Baudot-Chaussin II 591-596

Romanus (Romanos) **von Galatien,** Märt., Hl.
* um 730 in Galatien (Kleinasien). Er trat in seiner Jugend in das Kloster Eftene Göl beim Mantineon-See ein. Auf einer Reise wurde er 771 zus. mit seinem Gefährten von den Arabern gefangengenommen u. nach Bagdad gebracht. Später zwang man ihn, in der Armee des Kalifen auf einem Kriegszug mitzuziehen. Weil er einige abgefallene griech. Gefangene zum Glauben zurückgeführt hatte, wurde er am 1. 5. 780 zu Raqqa am Euphrat (östl. von Aleppo, Syrien) enthauptet. Sein Leib ruht in der Kathedrale zu Raqqa.
Gedächtnis: 1. Mai
Lit.: P. Peeters: AnBoll 30 (1911) 393–427 (mit lat. Übers. der griech. Passio) – ByZ 21 (1912) 316f – AnBoll 68 (1950) 40f, 69 (1951) XX

Romanus (Romanos) **der Melode,** Hl.
* um 490 zu Emesa (jetzt Homs) in Syrien von jüdischer Abstammung. Er war zuerst Diakon an der Anastasis-Kirche in Berytus (heute Beirut, Libanon) u. wurde dann unter dem Patriarchen Anastasios I. (491–518) Priester an der Muttergotteskirche zu Konstantinopel. Nach der Legende befahl ihm die Muttergottes, eine Schriftrolle zu essen, wodurch ihm die Dichtergabe verliehen worden sei. Deren erste Frucht sei das Lied He parthénos sémeron („Die Jungfrau heute . . .") gewesen. Er soll 1000 Lieder gedichtet u. vertont haben, davon sind 85 bekannt. Wahrscheinlich stammt von ihm auch der berühmte Akáthistos-Hymnus („im Stehen zu singen") auf die Gottesmutter. Mehrere davon sind von klassischer Schönheit u. zählen zur Weltliteratur. Die Hymnen beziehen sich auf die verschieden-

sten liturgischen u. biblischen Themen (Weihnachten, Ostern, ägyptischer Joseph, Verrat des Judas, Verleugnung des Petrus, Maria unter dem Kreuz), auf Heilige (40 Märt. von Sebaste), das Jüngste Gericht (eine Parallele zum „Dies irae“) u. vieles andere. Seine Schaffensperiode ist von 530–555 anzusetzen. † um 560 in Konstantinopel.
Gedächtnis: 1. Oktober
Lit.: Cantica genuina, ed. P. Maas-C. A. Trypanis (Oxford 1963) – Krumbacher² 663–671 – BHG 2380ff – G. Camelli (Florenz 1930) – E. Mioni (Rom 1937) – Bardenhewer V 159–165

Romanus, Märt. **zu Rom,** Hl.
Sichere historische Nachrichten über ihn fehlen. Nach dem Martyrologium Hieronymianum (428) u. frühmittelalterlichen Itinerarien (Reise-, Pilgerführer) war sein Grab an der Via Tiburtina im Cömeterium S. Cyriacae. Die legendarische „Passio sancti Polychromii“ berichtet, er sei ein Gardesoldat unter Kaiser Valerian gewesen u. habe den Diakon ↗ Laurentius zu bewachen gehabt. Durch dessen Standhaftigkeit habe er sich bekehrt u. sei an der Porta Salaria enthauptet worden. Sein Grab sei angeblich im Ager Veranus.
Gedächtnis: 9. August
Lit.: ActaSS Aug. II (1867) 408ff – BHL 4753 – Mart Rom 331 – Baudot-Chaussin VIII 154f

Romanus, Bisch. **von Rouen,** Hl. (franz. Romain)
Er war zuerst Referendarius (Beamter) beim fränkischen König Chlothar II. u. wurde nach 628 Bisch. von Rouen (westl. von Paris). Er bekämpfte den Aberglauben u. Reste des Heidentums. † am 23. 10. 640. Sein Haupt wurde 841 nach Sens, 1090 wieder zurück nach Rouen übertragen. Bis 1789 wurde an seinem Fest jährlich ein Strafgefangener durch das Domkapitel von Rouen freigelassen („Privilège de St. Romain“).
Gedächtnis: 23. Oktober
Darstellung: als Bisch. u. Drachentöter (Kämpfer gegen Heidentum u. Aberglaube), mit Kreuz u. Skapulier (das er dem Drachen umwirft). Vor einem Fluß stehend (eine Überschwemmung abwehrend)
Patron: der Kaufleute
Lit.: BHL 7310–7320 – AnBoll 23 (1904) 337 – Duchesne FE² II 304–307 – DACL XV 121f – Baudot-Chaussin X 790f – Réau III 1164f

Romarich OSB, Abt **von Remiremont,** Hl. (franz. Romary, Remiré)
Name: ahd. hruom (Ruhm) + rihhi (begütert, mächtig, Herrschaft, Reich): berühmter Herrscher, oder berühmt durch seinen Besitz
Er war hoher Beamter unter den Königen Theudebert II. u. Chlothar II. von Austrasien u. unverheiratet. Er wurde Benediktiner im Kloster Luxeuil (Erzbistum Besançon). Später erhielt er vom König Chlothar II. die Villa Habendum u. gründete um 620 mit Abt Amatus das Doppelkloster Remiremont (Rimelsburg, Reymersberg, Rumelsberg in den Vogesen, Diöz. St-Dié), wo zuerst Amatus, nach dessen Tod Romarich Abt wurde. † am 8. 12. um 653. Seine Gebeine wurden 1051 auf Anordnung ↗ Leos IX. erhoben.
Gedächtnis: 8. Dezember
Lit.: Zimmermann III 404ff – Baudot-Chaussin XII 269–274

Romedius, Hl. (Remedius)
Name: Wahrscheinlich latinisiert aus ahd. hruom (Ruhm) + ōt (Erbbesitz): berühmt durch Besitz, geehrter Erbbauer. Die Namensform Remedius ist wohl eine spätere Angleichung an lat. remedium (Heilmittel, Arznei; im christlichen Sprachgebrauch „Erlösung“, „Heil“)
Den alten Quellen zufolge entstammte er dem Geschlecht der Edlen („Grafen“) von Thaur bei Innsbruck. Er verschenkte seine Güter an die Bischofskirchen von Trient u. Augsburg, machte eine Wallfahrt nach Rom u. ließ sich auf den Rat des Bisch. ↗ Vigilius von Trient († 400/405) mit seinen Gefährten David u. Abraham als Einsiedler in einer wilden Schlucht bei Tavon am Nonsberg (Trentino) nieder. Über seine Herkunft und seine Lebenszeit sind sich die Forscher noch nicht einig. Ein Ansatzpunkt ist gegeben, daß 760 ein Bruder König Pippins, Remedius (Bisch. v. Rouen), mit dem fränkischen dux Autcharius (mutmaßlicher Gründer von Tegernsee) nach Italien zog, um röm.-langobardische Streitigkeiten zu schlichten. Nach anderen scheint Romedius erst dem 11./12. Jh. anzugehören, u. zwar als Abkomme der Grafen von Andechs (Oberbayern), die damals auch Herren von Thaur waren. Der Reli-

quienschrein in der Krypta von S. Romedio am Nonsberg ist noch heute ein beliebtes Wallfahrtsziel. Über Thaur erhebt sich das Romedius-Kirchlein. Das Kirchlein birgt einige Reliquien des Heiligen, die 1851 vom Kloster Georgenberg-Fiecht bei Schwaz hierher übertragen wurden. Der Kult des hl. Romedius wurde am 24. 7. 1907 approbiert. Sein Bild ist an vielen Häusern in Tirol.
Liturgie: Innsbruck, Bozen-Brixen g am 15. Jänner
Darstellung: als Einsiedler im Mönchsgewand mit Pilgerstab, auf einem Bären reitend (nach der Legende war er auf der Reise zu Bisch. Vigilius, als ein Bär sein Reitpferd zerriß. Da befahl er dem Raubtier, ihm statt des Pferdes zu Diensten zu sein – die älteste Darstellung, ein Fresko in S. Romedio von ca. 1170, zeigt den Heiligen noch ohne Bären)
Lit.: BHL 7142–7145 – M. Gerola, La leggenda di S. Romedio . . . (Verona 1926) – AnBoll 47 (1927) 389ff – H. Fink, Die Kirchenpatrozinien Tirols (Passau 1928) 193ff – AnBoll 52 (1943) 461f – P. T. Asson, Vita di s. Romedio (Trient 1950) – W. v. Pfaundler (Wien 1961) – A. Sandberger, Zschr. f. bayr. Landesgesch. Bd. 36 (1973) 586–599

Romi (Romy), Kf. von ↗ Rosemarie

Romuald OSB, Abt **von Camaldoli,** Hl.
Name: ahd. hruom (Ruhm) + walt (zu waltan, walten, herrschen): berühmter Herrscher
* um 952 zu Ravenna, angeblich aus dem langobardischen Herzogsgeschlecht der Onestri. Nach einem weltlich-sündhaften Jugendleben wurde er Benediktiner in S. Apollinare in Classe bei Ravenna. Er verließ um 975 das Kloster, lebte an verschiedenen Orten als Einsiedler u. schloß sich schließlich bei Venedig dem Einsiedler Marinus an. 978 floh er mit dem gestürzten Dogen Pietro Orseolo in die Pyrenäen u. bildete im Kloster Cuxá (bei Prades, Pyrenäen), das sich unter Abt Guarin der Reform von Cluny angeschlossen hatte, eine Eremitengemeinschaft. 987/988 kehrte er nach Italien zurück. Otto III. übertrug ihm 998 die Abtwürde von S. Apollinare, die er aber im folgenden Jahr wieder niederlegte. Er gründete bzw. reformierte dort zahlreiche Klöster u. Einsiedeleien, darunter um 1012 auch Camaldoli (nördl. von Arezzo), das zum Stammkloster des Kamaldulenser-Ordens wurde, eines Reformzweiges der Benediktiner. Unter den reformfreudigen Mönchen war auch ↗ Bruno von Querfurt. Romuald starb am 19. 6. 1027 in einer Klause beim Kloster Val di Castro. Seine Gebeine wurden 1781 in das Blasiuskloster zu Fabriano (zw. Perugia u. Ancona) übertragen.
Liturgie: GK g am 19. Juni
Darstellung: im weißen Ordenshabit der Kamaldulenser mit weiten Ärmeln, seinen Mönchen die Himmelsleiter zeigend, auf der diese hinaufsteigen. Engel zeigen ihm die Himmelsleiter. Auch als ärmlicher, bärtiger Einsiedler mit Buch u. Totenkopf
Lit.: W. Franke (Berlin 1913) – G. Tabacco, Privilegium amoris: Il Saggiatore 4 (Turin 1954) 1–35 (Spiritualität) – Ders., L'Eremitismo in Occid. nei sec. XI e XII (Mailand 1964) (Ordensgründung) – J. Leclercq, S. R. et le monachisme missionaire: RBén 72 (1962) 307–323

Romulus von Fiesole, Hl.
Name: lat., kleiner Römer. Romulus war (mit Remus) der sagenhafte Gründer Roms (753 v. Chr.)
Nach einer fragmentarischen Inschrift in der Kathedrale von Fiesole (5./6. Jh.) bei Florenz war er dort Lektor u. Diakon. Seine Lebenszeit ist unbekannt. Eine historisch wertlose Passio aus dem 11. Jh. (wohl anläßlich der Translation seiner Gebeine in die Kathedrale von Fiesole im Jahr 1028 verfaßt) macht ihn zum 1. Bisch. von Fiesole u. zum Märt. unter Domitian (81–96).
Gedächtnis: 6. Juli
Lit.: BHL 7329–7334 – A. Cocchi (Florenz 1905) – Lanzoni 582f – A. Falcini, Le origini del cristianesimo nell'Etruria romana (Florenz 1952) 13f 53–57

Ronald, schottischer Männername, entspricht unserem ↗ Reinhold

Rosa von Lima, Hl. (Taufname: Isabella)
Name: lat., ital., Rose
* am 20. 4. 1586 in Lima (Peru). Ihr Vater hieß Gasparo de Florez, ihre Mutter Maria de Oliva. Schon als Kind zeigte sie einen außergewöhnlichen Gebets- u. Bußeifer u. war von einem heroischen Tugendstreben erfüllt. In jungen Jahren wurde sie Dominikaner-Terziarin. Sie lebte zuerst noch im elterlichen Haus, die letzten 3 Jahre ihres Lebens in der Familie des königlichen Beamten Gundisalvi. Ähnlich dem hl. ↗ Franz

von Assisi war sie von kindlich-heiterem Gemüt. Dabei hatte sie viel unter äußeren Verfolgungen u. Krankheiten zu leiden. Vor allem erduldete sie jahrelang geistliche Dürre u. ein qualvolles Gefühl der Verlassenheit von Gott. Diese Leiden waren begleitet von außerordentlichen mystischen Gnaden. Sie opferte alles zur Bekehrung ihres Volkes auf. † am 24. 8. 1617 in Lima. Seliggesprochen 1668, heiliggesprochen 1671. Ihre Gebeine ruhen in der Dominikanerkirche zu Lima.
Liturgie: GK g am 23. August
Darstellung: als Nonne mit dornenbewehrtem Kranz von Rosen um das Haupt, eine Rose in der Hand. 2 Hasen neben ihr. Mit Anker u. dem Jesuskind auf einer Rose
Patronin: von Amerika, Peru, Lima
Lit.: A. Walz, De veneratione Divini Cordis Jesu (Rom 1937) 94f – L. G. Alonso Getino (Madrid 1943) – S. Maynard, Rose of America (London 1945) – Budnowski (Vechta 1935) – Goldmann (Meitingen 1940)

Rosa Maria Francisca **Molas y Vallvé,** Sel.
* am 24. 3. 1815 zu Reus (Katalonien, Ostspanien). Nach dem frühen Tod ihrer Mutter führte sie den Haushalt des Vaters u. schloß sich dann einer Gemeinschaft frommer Frauen zu Reus an. Mit diesen pflegte sie die Kranken in der Stadt u. richtete 1849 in Tortosa ein Spital u. ein Kinderheim ein, dem sie als Leiterin vorstand. Als diese Gemeinschaft mit den kirchlichen Obern in Konflikt geriet, trennte sie sich von ihr u. gründete 1857 in Tortosa die Kongregation der Dienerinnen U. L. F. vom Trost, deren Leitung sie trotz Widerstrebens übernahm u. bis zu ihrem Tod innehatte. † am 11. 6. 1876 in Tortosa (Ostspanien). Seliggesprochen am 8. 5. 1977.
Gedächtnis: 11. Juni
Lit.: AAS 70 (1978) 281ff

Rosa Venerini, Sel.
* am 9. 2. 1656 zu Viterbo (Mittelitalien). Mit 17 Jahren wurde sie Ordensfrau, doch rief man sie bald zur Stütze des Familienhaushaltes zurück. 1685 richtete sie zu Viterbo eine Schule für Mädchen ein, welche zur Keimzelle des Instituts „Maestre Pie Venerini" (auch „Maestre Sante" oder „Jesuitinnen" genannt) wurde, das sich der Erziehung der weiblichen Jugend widmet. Kard. Antonio Barbarigo, Erzb. von Venedig, rief sie in das Bistum Montefiascone zur Eröffnung weiterer derartiger Schulen. Dort fand sie eine Helferin in der hl. ↗ Lucia Filippini, der sie bei ihrer Rückkehr nach Viterbo die Leitung der dortigen Gründung übergeben konnte. Von 1713 an leitete sie das Institut als Generaloberin, das bei ihrem Tod bereits 40 Häuser zählte. † am 7. 5. 1728 in Rom. Seliggesprochen am 4. 5. 1952.
Gedächtnis: 7. Mai
Lit.: AAS 44 (1952) 405ff – G. Celi, Le origini delle Maestre Pie (Rom 1925) – G. V. Gremigni (Rom 1952) – M. E. Pietromarchi (Rom 1952) – P. Chiminelli (Neapel 1953) – F. Baumann, Pius XII. erhob sie auf die Altäre (Würzburg 1960) 311–316

Rosa von Viterbo, Hl.
* um 1233 zu Viterbo (nordwestl. von Rom) von armen Eltern. Schon als Kind übte sie Caritas u. strenge Aszese u. war durch mystische Erleuchtungen ausgezeichnet. Von einer schweren Krankheit wunderbar genesen, wurde sie im Sommer 1250 Franziskaner-Terziarin. Von da an rief sie in feurigen öffentlichen Predigten ihre Mitbürger zur rel. u. sittlichen Erneuerung auf u. suchte sie im politischen Streit zw. Papst Innozenz IV. u. Kaiser Friedrich II. zur Treue gegen den Papst zurückzuführen. Deshalb wurde sie von der kaiserlichen Partei aus der Stadt verbannt, konnte aber wenige Monate später, nach dem Tod Friedrichs II. († 13. 12. 1250), wieder zurückkehren. Sie versuchte, im Klarissenkloster zu Viterbo einzutreten, wurde aber nicht aufgenommen. † vor dem 25. 11. 1252 (angeblich am 6. 3.) zu Viterbo. Ihr Leib wurde am 4. 9. 1258 in die Kirche des Klarissenklosters S. Maria de Risis zu Viterbo übertragen. Er ist bis heute unverwest. Innozenz IV. ordnete 1252 ihren Kanonisationsprozeß an, Calixtus III. nahm ihn wieder auf, er kam aber nicht zum Abschluß, doch wurde Rosa von Viterbo trotzdem in das Röm. Martyrologium aufgenommen. In Viterbo wird ihr (angeblicher) Todestag am 6. März kirchlich begangen, der Translationstag am 4. September mit großem folkloristischem Gepränge.
Gedächtnis: 6. März
Darstellung: im Franziskanerinnen-Habit, ein Körbchen mit Brot oder Rosen in der Hand (ihre Armenspende verwandelte sich

wunderbar in Rosen; vgl. ↗ Elisabeth von Thüringen)

Lit.: L. de Kerval (Vannes 1896, dt. Regensburg 1904) – BHL 7339–7348 – Wadding A³ III 319–325 – G. Abbate: MF 52 (1952) 113–278 (krit. Revision der Quellen) – ECatt X 1341ff

Rosalia von Palermo, Hl. (Rusolia)
Name: lat. Weiterb. von ↗ Rosa
Zuverlässige historische Nachrichten über sie fehlen. Sie lebte als Jungfr. u. Einsiedlerin auf dem Monte Pellegrino (nördl. von Palermo, Sizilien), wo sie um 1160 (?) starb. Wahrscheinlich war sie Basilianernonne. Sie soll die Tochter des Grafen Sinibaldi, des „Herrn von Quisquina u. Rosa" auf Sizilien, gewesen sein. Am 15. 7. 1624 entdeckte man ihre Gebeine in einer Höhle auf dem Monte Pellegrino. Nach deren Translation in den Dom zu Palermo hörte die dort wütende Pest auf. Seither ist sie weit über Sizilien hinaus eine beliebte ↗ Pestpatronin. Die Höhle auf dem Monte Pellegrino wurde im 17. u. 18. Jh. zu einer vielbesuchten Wallfahrtsstätte ausgebaut.
Gedächtnis: 15. Juli (Auffindung der Gebeine)
Darstellung: als Einsiedlerin im braunen Gewand, mit aufgelöstem Haar, auf dem Haupt einen Kranz von weißen Rosen, in den Händen Kreuz u. Totenkopf; Bußkette um den Leib
Patronin: gegen die Pest
Lit.: D. M. Sparacio, „La Santuzza cui dieder nome i fiori" ossia S. Rosalia (Palermo 1924²) – P. Toschi: Ecclesia 5 (Città del Vaticano 1946) 438ff – Baudot-Chaussin IX 108ff

Rosalinde
Name: aus germ. hroth (Ruhm) + ahd. linta (Schild aus Lindenholz): berühmte Schildkämpferin. Der Name kam in Deutschland seit dem Mittelalter außer Gebrauch, lebt aber bes. in Spanien seit der Zeit der Westgoten bis heute weiter. Von dort übernahm ihn Shakespeare in seinem Lustspiel „Wie es euch gefällt".

Rosamunde
Name: germ. hroth (Ruhm) + munt (Schutz, Rechtsschutz; vgl. „Vormund"): berühmte Schützerin

Roselina OCarth, Hl. (Rosalina)
Name: Wohl nicht Nf. zu ↗ Rosalinde, sondern eher zu ↗ Rosa
* am 27. 11. 1263 zu Château d'Arcs aus dem Adelsgeschlecht der Villeneuve. Sie trat mit 15 Jahren in die Kartause zu Bertrand (Dep. Haute-Garonne, Südfrankreich) ein u. wurde um 1300 Priorin in der Kartause zu Celle-Roubaud (Provence). Sie zeichnete sich aus durch Bußstrenge u. hatte die Gabe der Charismen u. Wunder. Man erzählt sich ein Rosenwunder ähnlich dem durch die hl. ↗ Elisabeth von Thüringen u. die hl. ↗ Rosa von Viterbo. † am 17. 1. 1329. Bei der Öffnung ihres Sarges 1334 fand man ihren Leib unversehrt.
Gedächtnis: 17. Jänner
Darstellung: mit Stola u. Manipel als Diakonisse. Mit Kerze, Lilie, Kranz u. Buch
Patronin: der Kartäuser u. Malteser
Lit.: VS 19 (1928–29) 420–433 – P. Sabatier (Parus 1929)

Rosemarie ↗ Rosa + ↗ Maria

Rosina, Weiterbildg. von ↗ Rosa

Rossello ↗ Maria Josepha Rossello

Rossi ↗ Johannes Bapt. de Rossi

Roswitha, Äbtissin, Hl. (Hrotsvith, Rosweidis)
Name: germ. hroth (Ruhm) + altsächs. swith, swithi (schnell, heftig; vgl. „geschwind")
Sie war eine Verwandte ↗ Karls d. G., angeblich sogar seine Schwester, u. wurde um 815 erste Äbtissin im neugegründeten Kloster Lisborn (Bistum Münster).
Gedächtnis: 29. April

Rotrudis (Ortrudis), Hl.
Name: ahd. Hrothrud, aus germ. hroth (Ruhm) + ahd. trud (Kraft, Stärke): die Berühmte und Starke (Nf. Rotraud)
Ihre verschleppten Gebeine wurden 1084 – der Legende nach unter wunderbaren Erscheinungen – auf freiem Feld in der Grafschaft Guines (südl. von Calais, Nordfrankreich) entdeckt u. in das OSB-Kloster Andres (Diöz. Arras) übertragen, das ihr zu Ehren erbaut worden war. Im 14. Jh. kamen sie in die OSB-Abtei St-Bertin (Flandern).
Gedächtnis: 22. Juni
Lit.: DHGE II 1748ff – BnatBelg XX 183f – Zimmermann II 350f

Rua ↗ Michael Rua

Rudi (süddt.), Kf. von ↗ Rudolf

Rüdiger ↗ Roderich, ↗ Roger

Rudolf Acquaviva, s. Märt. zu Salsette (S. 924)

Rudolf (Ruoff) **von Bern,** Märt., Sel.
Name: ahd. Hruodolf, aus germ. hroth (Ruhm) + ahd. wolf (Wolf; wegen seiner Angriffslust bei den Germanen Sinnbild kämpferischen Mutes): berühmter Wolf
Er war ein Knabe zu Bern (Schweiz). Er wurde in den Keller eines reichen Juden gelockt u. dort am 17. 4. 1294 grausam gemartert u. ermordet. Die Mörder wurden vom Stadtsenat zum Tod durch Rädern verurteilt u. die übrigen Juden wegen Mitwissenschaft aus der Stadt vertrieben. Das Kind wurde vom Volk als Märt. verehrt. Sein mit Wunden bedeckter Leichnam wurde in der Leutkirche zu Bern begraben u. 1435 im Kreuzaltar im neuen Münster beigesetzt. Im Bildersturm von 1528 legte man seine Gebeine in ein Erdgrab außerhalb der Kirche. Eine offizielle Approbation seines Kultes erfolgte nicht, trotzdem kam sein Officium 1876 in das Proprium von Basel, wurde daraus aber 1908 wieder gestrichen.
Gedächtnis: 17. April
Darstellung: liegt schwer verwundet am Boden, neben ihm ein Messer, Engel geleiten seine Seele in den Himmel
Lit.: J. Stammler: Kath. Schweizer-Bl. für Wiss. ... Neue Folge 4 (Luzern 1888) 268–302 376–390 – G. Tobler: Archiv des Hist. Vereines des Kantons Bern 11 (1889) 354–358 – ZSKG 2 (1908) 140 – L. Mojon, Das Berner Münster (Basel 1960) 11f 117f 453

Rudolf, Erzb. **von Bourges** ↗ Radulf von Bourges

Rudolf (Rodulf), Bisch. **von Gubbio,** Hl.
* um 1034 aus vornehmer Familie. Zus. mit seiner Mutter u. seinen beiden Brüdern schenkte er dem hl. ↗ Petrus Damiani seine Burg Camporeggiano für dessen Klosterreform u. trat mit seinem Bruder Petrus in das durch Petrus Damiani reformierte Eremiten-Kloster in Fonte Avellana bei Gubbio (nördl. von Perugia, Mittelitalien) ein. Um 1057/59 wurde er Bisch. von Gubbio. Als solcher ist er als Teilnehmer an der Synode von Rom (1059) bezeugt. Er bekämpfte bes. die damals weitverbreitete Simonie u. zeichnete sich durch Bußstrenge u. Gebetseifer aus. Petrus Damiani schätzte ihn sehr hoch. Es sind 3 Briefe von ihm an Bisch. Rudolf erhalten, er schrieb ihm auch einen ehrenden Nachruf. † Ende 1063/Anfang 1064.
Gedächtnis: 17. Oktober
Lit.: O. Pesci, I vescovi di Gubbio (Gubbio 1918) 35–43 – Zimmermann III 195f – Baudot-Chaussin X 560f

Rudolf (Rodulf) OSB, **der Schweiger,** Hl. oder Sel.
Er war Benediktinermönch u. Priester im Kloster Afflighem in Brabant (Belgien) u. war wegen seiner Schweigsamkeit berühmt (angeblich sprach er 16 Jahre hindurch kein Wort). Er erlebte unter Franco, dem 2. Abt des Klosters (gegründet 1075/80), die Tochtergründungen St-André bei Brügge (Belgien) u. Maria Laach (Eifel, Rheinland) sowie rege Beziehungen zu den Klöstern Niederaltaich (Niederbayern) u. Kremsmünster (Oberösterreich). † am 30. 4. 1130.
Gedächtnis: 30. April

Rudolf ↗ Radulph

Rudolfine, weibl. F. zu ↗ Rudolf

Rufina u. Secunda, Märt. **zu Rom,** Hll.
Name: weibl. F. zu ↗ Rufinus, ↗ Secundus
Nach der legendarischen Passio aus der 2. Hälfte des 5. Jh.s waren sie leibliche Schwestern u. Jungfrauen in Rom, die in der Verfolgung des Kaisers Valerian (253–259) verhaftet, vom Präfekten Iunius Donatus verhört u. gefoltert u. an der Via Cornelia auf einem Grundstück „namens Buxo" enthauptet wurden. Seit Ende des 4. Jh.s befand sich am 9. Meilenstein der Via Cornelia eine Basilika, die angeblich von Papst ↗ Julius I. erbaut u. von Papst Hadrian I. (772–795) restauriert wurde. Anastasius IV. (1153–54) wandelte die Vorhalle des Lateran-Baptisteriums in eine Kapelle um u. übertrug die Gebeine der beiden Heiligen dorthin.
Gedächtnis: 10. Juli
Lit.: Miscellanea F. Ehrle II (Rom 1924) 94ff – Lanzoni 506f – ActaSS Iul. III 1867) 27ff

Rufina, Märt. **zu Sevilla** ↗ Justa u. Rufina

Rufinus von Assisi, Märt., Hl.
Name: zu lat. rufus, der Rothaarige
Nach ↗ Petrus Damiani wurde der Leib des Märt. in der Mitte des 11. Jh.s in einer Basilika der Stadt verehrt. Man hatte ihn wohl im 9. Jh. aus einem Vorort dorthin gebracht. Die Zeit seines Martyriums ist unbekannt. Über seinem Grab erhebt sich heute der großartige romanische Dom. Möglicherweise war er der 1. Bisch. von Assisi.
Gedächtnis: 30. Juli
Lit.: BHL 7360–7370 – Lanzoni 462–477 – A. Brunacci, Legende e culto di S. Rufino in Assisi (Perugia 1948)

Rufinus von Capua, Hl. (Ruffinus, Rufus)
Das Martyrologium Romanum bezeichnet ihn als Bisch. u. Bekenner zu Capua (Unteritalien), nach Stadler war er Märt. † um 80.
Gedächtnis: 26. August
Darstellung: mit einem Kranz in der Hand oder mit Beil im Kopf

Rufinus u. Valerius, Märt. **zu Soissons,** Hll.
Sie waren Verwalter eines kaiserlichen Magazins im heutigen Bazoches (Dep. Aisne, Nordfrankreich) u. wurden unter Kaiser Maximianus Herculius (293–305) auf Befehl des Präfekten Rictiovarus in der Gegend von Soissons am Fluß Vesle enthauptet.
Gedächtnis: 14. Juni
Lit.: AnBoll 2 (1883) 307f – BHL 7373ff – C. Jullian: RÉA 25 (1923) 367–378 – MartHieron 318f – DACL XIV 2419–2422

Rufus, Bisch. **von Metz,** Hl.
Name: lat., der Rothaarige
Er war der 9. Bisch. von Metz (Lothringen) u. lebte wohl um 400. Weitere Nachrichten fehlen. Er war zus. mit seinem Nachfolger Adelphus in der Kirche St. Felix in Metz bestattet u. wurde 830/844 nach Odernheim (Rheinhessen) übertragen.
Gedächtnis: 7. November
Lit.: F. A. Weyland, Vie des Saints du diocèse de Metz VI (Guénange 1912) 115–123 – Duchesne FE III 48ff – Baudot-Chaussin XI 208f

Rufus von Rom, Hl.
Er war Schüler des Apostels ↗ Paulus u. ein hervorragendes Mitglied der röm. Gemeinde. Paulus sendet ihm u. seiner Mutter Grüße (Röm 16,13). Er könnte mit dem gleichnamigen Sohn des Simon von Kyrene identisch sein, der von den Soldaten gezwungen wurde, Jesus das Kreuz nachzutragen (Mk 15,21), denn Markus macht ihn für die röm. Leser seines Evangeliums als Vater des Alexander u. Rufus kenntlich.
Gedächtnis: 21. November
Lit.: Pölzl 412–415 – R. Schumacher, Die beiden letzten Kapitel des Römerbriefes (Münster 1929) 90ff

Rumold, Märt. **zu Mecheln,** Hl. (Rombald, fläm. Rombout, franz. Rombaut)
Name: ↗ Romuald
Sichere historische Nachrichten fehlen. Einem Bericht um 1050 zufolge sei er irischer Abstammung gewesen u. habe als Einsiedler u. Missionar bei Mecheln (nördl. von Brüssel, Belgien) gelebt u. sei dort vor 800 als Märt. gestorben. Die stärker legendarische Vita des Theoderich von St-Trond († 1107) läßt ihn eine Pilgerfahrt nach Rom machen u. dann zu Mecheln ein Kloster gründen. Eine Vita des 13./15. Jh.s macht ihn gar zum Bisch. von Dublin (Irland), der sein Amt niedergelegt habe u. als Missionar nach Belgien gegangen sei.
Gedächtnis: 1. Juli
Patron: des Erzbistums u. der Stadt Mecheln sowie der dortigen Kathedrale
Lit.: BHL 7381–7384 – BnatBelg XIX 895–899 – J. Laenen, Histoire de l'église métropol. de St-Rombaut de Malines I (Mecheln 1919) 3–137 – RHE 24 (1928) 858ff, 29 (1933) 365ff – Collectanea Mechliniensa 7 (Mecheln 1933) 19–39 – Zimmermann II 385ff

Rupert (Robert) **von Bingen,** Hl.
Name: ahd. Hruodpert, aus germ. hroth (Ruhm) + ahd. beraht (glänzend, berühmt): der Hochberühmte (Nf. Robert, Ruprecht; Kf. Rupp). Um 1600 nimmt der Vorname „Rüpel" (oder Rüppel) die Bedeutung von „Grobian" an. Gleichzeitig kommt das Zeitwort „rüpeln" auf (jemanden einen Flegel schelten)
Er entstammte wahrscheinlich dem Geschlecht der Rupertiner am Mittel- u. Oberrhein, das im 8. Jh. sehr bedeutend war u. das vermutlich auch die Reichsgüter um Bingen zum Lehen hatte. ↗ Hildegard von Bingen verfaßte seine Vita. Danach war er ein „Herzog" u. Sohn des heid-

nischen Gaugrafen Robolaus u. der christlichen Fürstentochter ↗ Bertha von Bingen. Als er 3 Jahre alt war, wurde sein Vater ermordet. Rupert wurde von seiner Mutter und dem Priester Wigbert erzogen u. pilgerte mit 15 Jahren nach Rom. Nach seiner Rückkehr übte er Werke der Nächstenliebe u. erbaute viele Gotteshäuser auf seinem Territorium. Er starb um 732 (?) mit etwa 20 Jahren an einem Fieber. Er wurde in einem Kirchlein bei Bingen neben seiner Mutter u. dem Priester Wigbert begraben. Hildegard von Bingen restaurierte das inzw. verfallene Kirchlein u. baute daneben das Benediktinerinnenkloster St. Rupertsberg. Nach dessen Zerstörung durch die Schweden (1632) übersiedelte der Konvent in das Kloster Eibingen bei Rüdesheim u. nahm dabei auch die Reliquien Ruperts mit. Seit 1814 ruhen sie auf dem Rochusberg bei Bingen.

Liturgie: Limburg, Mainz, Trier g am 15. Mai

Lit.: ActaSS Maii III (1866) 501–506 – PL 197, 1081–1094 – Pitra A VIII 358–368 489–493 (Vita) – P. Bruder, St.-Rupertus-Büchlein (Dülmen 1882) – BHL 7388f – Künstle II 521 – A. Gerlich: 1000 Jahre Binger Land (Mainz 1953) 44–64

Rupert I. OSB, Abt **von Ottobeuren,** Sel.
Er war zuerst Prior im OSB-Kloster St. Georgen im Schwarzwald (nordwestl. von Villingen) u. wurde 1102 Abt des Klosters Ottobeuren (östl. von Memmingen). Er führte in seinem Kloster die Reform von Hirsau (OSB-Abtei bei Calw im Schwarzwald) ein. † am 15. 8. 1145. Seine Gebeine wurden 1270 in die Abteikirche übertragen u. sind seit 1964 in der Rupertkapelle der Klosterkirche.

Gedächtnis: 15. August

Lit.: F. Zoepfl, Das Bistum Augsburg u. seine Bischöfe im Mittelalter (München-Augsburg 1955) 219f – Ae. Kolb, Der Kult des sel. Rupert (Ottobeuren 1961) – Ders. (Augsburg 1964) – Ottobeuren. Festschr. zur 1200-Jahr-Feier der Abtei, hrsg. v. Ae. Kolb u. H. Tüchle (Augsburg 1964) 86–95 u. ö.

Rupert, Bisch. **von Salzburg,** Hl. (Ruprecht, Hrodbert)
Er stammte aus dem rhein-fränkischen Grafengeschlecht der Robertiner, die in Worms ansässig u. mit den Karolingern verwandt waren. Er wurde in Worms zum Bisch. geweiht. Es ist aber umstritten, ob er Diözesan- oder nur Chorbisch. war, oder ob er in Worms zum Missionsbisch. geweiht wurde. Im Zusammenhang mit der Festigung des Staatswesens u. des Missionswerkes der karolingischen Hausmeier kam er „im 2. Jahr des Königs Hiltiperht“ (Childebert III., 695–711), also im Jahr 696 nach Bayern. Daß er in Regensburg längere Zeit gewirkt u. dort den Bayernherzog Theodo getauft habe, ist nicht zu erweisen. Auf dem Boden des röm. Juvavum (Salzburg) gründete er das OSB-Kloster St. Peter (das älteste Kloster Österreichs) u. das Nonnenstift auf dem Nonnberg, in dem er seine Nichte ↗ Erentrud als 1. Äbtissin einsetzte. Herzog Theodo schenkte ihm ein Drittel der Salzquelle zu Reichenhall u. den Ort Salzburg, wodurch er einen festen Stützpunkt für seine Missionstätigkeit erhielt. Von Salzburg aus zog er predigend weit ins Land hinein. Davon zeugen seine Kirchengründungen von Seekirchen am Wallersee (nordöstl. von Salzburg), der Maximilianszelle im Pongau (heute Bischofshofen, südl. von Salzburg) u. der Kirche Maxglan bei Salzburg. Er war kein Wander-, auch kein Landesbisch., sondern ein Klosterbisch. nach irischer Art, ohne fest umrissene Diöz. (Bischofsamt u. Abtwürde sind erst seit dem 10. Jh. getrennt). Es ist umstritten, ob er seine Residenz bei St. Peter oder in der Burg (in castro superiore) aufgeschlagen hat. In seiner Begleitung befanden sich ↗ Chuniald u. Gislar. Später, als sich sein Missionswerk ausweitete, holte er sich aus seiner Heimat weitere Mitarbeiter, angeblich 12 an der Zahl. Unter ihnen werden genannt Maternus, Dignulus, Isenhard, Gerhard, Ariofrid, Rather, Erchenfrid u. ↗ Vitalis, den er zu seinem Nachfolger bestimmte. Daß Rupert auf seinen Missionsreisen bis Lorch (Enns, Oberösterreich) gekommen sei, ist vielleicht legendär und könnte dem Zweck gedient haben, die Metropolitanstellung Salzburgs zu rechtfertigen. Der späteren Legende nach habe er auch das berühmte Gnadenbild in Altötting gestiftet. Diese Plastik aus Lindenholz eines unbekannten Meisters aus Südbayern oder Schwaben kann aber nicht vor 1300 entstanden sein. Rupert starb am Ostersonntag, den 27. 3. 718, nachdem er das feierli-

che Hochamt gehalten hatte. Seine Gebeine wurden am 24. 9. 774 zus. mit denen von Chuniald u. Gislar in dem von Bisch. Virgil erbauten Dom feierlich beigesetzt.
Liturgie: Rupert u. Virgil: RK g am 24. September; Graz-Seckau, Salzburg H (Diözesanpatrone); Rupert: Gurk-Klagenfurt G am 24. September (2. Diözesanpatron); Virgil: Gurk-Klagenfurt G am 24. November (mit Modestus)
Darstellung: als Bisch. mit Salzkübel in der Hand. Manchmal mit dem Muttergottesbild von Altötting auf dem Arm. Taufe des Herzogs Theodo
Patron: des Erzbistums u. Landes Salzburg; des Bergbaues, der Salzarbeiter
Lit.: Hauck I 347–352 – Bauerreiß I 48f – Wattenbach-Levison I 143f – I. Zibermayr, Noricum–Bayern–Österreich (Horn 1956²) 121–150 – F. Anthaller (Salzburg 1902)

Rusticus, Märt. **zu Paris** ↗ Dionysius von Paris

Rusticus von Trier, Hl.
Name: lat., der Landbewohner
Er lebte in der 1. Hälfte des 6. Jh.s u. wurde irrtümlich in die Trierer Bischofsliste aufgenommen. Er war Zeitgenosse des hl. ↗ Goar.
Gedächtnis: 14. Oktober
Lit.: E. Ewig, Trier im Merowingerreich (Trier 1954) 88f – F. Pauly: TThZ 70 (1961) 47–54 (Rusticus u. Goar)

Ruth, Hl. des AT
Name: hebr. rūt. Die Bedeutung des Namens ist ungeklärt, die öfters gebrachte Herleitung vom hebr. r^{e}hût (Freundin, Gefährtin) ist unbefriedigend. Der Name kommt nur im Buch Ruth und bei Mt 1,5 (Ahnenreihe Jesu Christi) vor. (LXX, NT, Vulg., Luther: Ruth; Locc. Rut)
Sie ist die Hauptgestalt des gleichnamigen Buches des AT. In einer idyllischen, novellenartigen Erzählung wird berichtet, wie der Jude Elimelek mit seiner Frau Noemi u. seinen beiden Söhnen Machlon u. Kiljon in einer Hungersnot aus Bethlehem nach Moab auswandert. Seine Söhne heirateten dort moabitische Frauen, Orpa u. Ruth. Nach dem Tod Elimeleks u. seiner beiden Söhne wandert Noemi in ihre Heimat Bethlehem zurück. Ihre Schwiegertochter Ruth will unbedingt an ihrer Seite bleiben. Beim Ährenlesen auf den Äckern Bethlehems findet Ruth Gnade in den Augen des Boaz u. hofft, bei ihm u. seinem Gott Aufnahme u. Geborgenheit zu finden. Auf Anraten der Mutter bittet Ruth auf der Tenne in einer symbolischen Geste den Boaz um die Heirat. Als naher Verwandter ihres verstorbenen Mannes ist er als „Löser" verpflichtet, ihrem verstorbenen Mann Nachkommenschaft zu zeugen. Nach einer Rechtsverhandlung am Tor, bei der ein anderer Verwandter auf Ruth verzichtet, nimmt Boaz sie zu seiner Ehefrau. Sie schenkt ihm einen Sohn, den Obed, der zum Großvater Davids wird.
Die geschichtliche Überlieferung der Ruth-Erzählung reicht wahrscheinlich in die Zeit der Könige zurück, die heutige novellistische Form ist aber später, etwa im 4. Jh. v. Chr., anzusetzen. Es ist eine Geschichte von Witwentreue u. fraulicher Rechtschaffenheit, vor allem aber eine Geschichte der Führung durch Gott. Er ist der Haupthandelnde, er lenkt die Menschen u. führt ihre Handlungen in seinen Heilsplan ein. Einer Frau aus dem bei den Juden so verhaßten Volk der Moabiter wird „voller Lohn zuteil", weil sie „sich unter Jahwes Flügel birgt" (Rt 2,12). Das Buch Ruth gehörte im Synagogengottesdienst zu den 5 Megilloth (Einzahl: Megillah = „Buchrolle"), nämlich denjenigen Büchern, die an den 5 höchsten Feiertagen des jüdischen Jahres ganz gelesen wurden. Das Buch Ruth wurde wegen der Szene bei der Gerstenernte (Rt 2) am jüdischen Pfingstfest (Laubhüttenfest) gelesen.
Gedächtnis: 1. September
Darstellung: bei der Gerstenernte, mit Ähren in der Hand
Lit.: Kommentare: A. Schulz (Bonn 1926) – J. Fischer (Würzburg 1935) – M. Haller (Tübingen 1940) – H. W. Hertzberg (Göttingen 1959²) – W. Rudolph (Gütersloh 1962) – Abhandlungen: J. Schildenberger, Das Buch Ruth als literarisches Kunstwerk u. als relig. Botschaft: Bibel u. Kirche 18 (Stuttgart 1963) 102–108 – J. B. Bauer, Das Buch Ruth in der jüdischen und christlichen Überlieferung: Bibel u. Kirche 18 (Stuttgart 1963) 116–119 – RGG³ V 1252ff

Ruthard OSB, Sel. (Rutandus, Ruthandus)
Name: ahd. hruot, germ. hrot (Ruhm) + ahd. harti, herti (hart, kühn): durch seinen Mut berühmt
Er war der 1. Propst des OSB-Stiftes Au am

Inn (Cella, quae vocatur Awe, Owe), welches um 784 durch Herzog Tassilo III. gegründet u. dem Domstift Salzburg übergeben worden war. Ruthard entstammte einem hohen Adelsgeschlecht in Bayern (er wird in den alten Urkunden bald „Herzog", bald „Fürst" genannt). Aus seinem Leben ist nichts Näheres bekannt. Seine Gebeine sind nur noch teilweise vorhanden u. befinden sich seit dem Kirchenneubau (1708–17) auf dem Joachims-Altar. Sie lassen auf eine riesige Körpergröße schließen. Sie wurden am 28. 5. 1865 feierlich erhoben. Das Kloster wurde um 907 durch die Ungarn zerstört, um 1120 unter Erzb. Konrad I. durch die Grafen von Megling als Augustiner-Chorherrenstift neu gegründet, von 1686 vollständig neu errichtet u. 1803 säkularisiert. Seit 1854 ist es ein Franziskanerinnenkloster mit einem Mädcheninstitut.
Gedächtnis: 28. Mai

Rutrud OSB, Äbtissin **von Neuburg,** Sel.
Name: ↗ Rotrud
Sie war die 1. Äbtissin des Benediktinerinnenklosters Neuburg an der Donau (bei Ingolstadt), welches ↗ Heinrich II. im Jahr 1007 gegründet hatte. Sie stand bei Bisch. Hilarius wie auch beim Kaiserpaar in hohem Ansehen. † um 1020.
Gedächtnis: 23. September

Ruysbroek ↗ Johannes Ruysbroek

Ruzo, Einsiedler, Sel. (Rugo)
Name: zu ahd. hruot (Ruhm)
Er lebte als Inkluse ganz arm u. einsam auf dem Friedhof des Klosters zu Kempten (Allgäu). Außer den Armen konnte er kein Glied seines Leibes bewegen u. litt beständig große Schmerzen. Mitleidige Menschen brachten ihm zu essen u. pflegten ihn, soweit es die äußerste Not erforderte. Bisch. ↗ Ulrich von Augusburg schätzte ihn sehr u. besuchte ihn öfters. In seinem Elend war er stets heiter u. gottergeben u. betete unablässig. † Ende des 10. Jh.s.
Gedächtnis: 2. Juli
Lit.: M. Jocham, Bavaria sancta I (München 1861) 423ff – O. Doerr, Das Institut der Inklusen in Süddeutschland (Münster 1934) 94

S

Sabas der Gote, Märt., Hl.
Name: Es gibt mehrere mögliche Ableitungen: a) zu Saba (hebr. sch^e^ba'), ein Reich im südwestl. Teil Arabiens. In der Bibel sind die Sabatäer bekannt als Volk von Händlern mit Gold, Edelsteinen, Spezereien, Gewürzen (z. B. die Königin von Saba bei Salomo, 1 Kg 10,1–10 u. a.); b) zu hebr. sch^e^bu'ah (feierliches Versprechen), z. B. Beer-Seba („Schwurbrunnen", Gen 21,33); c) hebr. sābā' (Sättigung), z. B. ebenfalls Beer-Seba (kann auch als „Brunnen der Sättigung" verstanden werden); d) säba' (sieben, als Zahl der Vollkommenheit, Fülle)
* 334. Seit seiner Jünglingszeit verbreitete er den christlichen Glauben durch Beispiel u. Predigt unter seinen gotischen Landsleuten. In der Verfolgung des ostgotischen Königs Athanarich ermahnte er die Christen, kein Götzenopferfleisch zu essen, u. wurde deshalb zweimal verhaftet u. zeitweise des Landes verwiesen. In der Osterwoche 372 wurde er von Schergen des Königssohnes Atharich aufgespürt, gemartert u. im Fluß Musaeus (heute Buzău, Walachei, Ostrumänien) am 12. 4. 372 ertränkt. Sein Leib wurde wenig später nach Cäsarea in Kappadokien übertragen.
Gedächtnis: 12. April
Lit.: AnBoll 23 (1904) 196ff, 31 (1912) 216–221 (Passio im Brief der gotischen an die kappadokische Kirche) 288–291, 33 (1914) 12–20, 80 (1962) 249–307

Sabas, Abt **von Mar Saba,** Hl.
* 439 zu Mutalaska bei Cäsarea in Kappadokien (jetzt Kaisarije, Kleinasien). Mit 8 Jahren wurde er Basilianermönch in einem Kloster nahe seiner Heimat. Mit 18 Jahren ging er nach Palästina u. wurde dort der Lieblingsschüler des berühmten Aszeten ↗

Euthymius d. G. im Theoktistos-Kloster (in der Wüste Juda, am Weg nach Jericho). Im Jahr 469 zog er sich als Einsiedler in die Einsamkeit zurück u. gründete 483 die Große Laura (Mar Saba; 3 Stunden südöstl. von Jerusalem in der Kidronschlucht), danach 6 weitere Klöster u. einige Hospize. 487 wurde er zum Priester geweiht, 494 zum Archimandriten (Abt) der Anachoretengemeinden bestellt. Er hatte aber auch Schwierigkeiten mit unbotmäßigen Mönchen. Er floh vor dieser Schwierigkeit auf einige Zeit in die Einsamkeit, gründete dann aber um 507 für sie die Neue Laura. In den arianischen Glaubenskämpfen seiner Zeit trat er für das Symbolum (Glaubensbekenntnis) des Konzils von Chalkedon (451) ein. 511 reiste er zum monophysitisch eingestellten Kaiser Anastasios I. nach Konstantinopel, hatte aber bei seinem Gespräch mit ihm keinen rechten Erfolg, ebensowenig mit seiner Protestschrift 518. † am 5. 12. 532 in Mar Saba.
Gedächtnis: 5. Dezember
Darstellung: als Einsiedler, mit 2 Löwen, einen Apfel in der Hand (er hatte ihn gepflückt, aber wieder von sich geworfen, weil die Speisestunde noch nicht geschlagen hatte)
Lit.: BHG 1608ff – DACL XV 189–211 – RGG³ V 1257f – A.-J. Festugière, Les moines d'orient III/2 (Paris 1962) – A. Ehrhard, Das griech. Kloster Mar Saba in Palästina, seine Gesch. u. seine liter. Denkmäler: RQ 7 (1893) 32–79

Sabas, Erzb. **von Serbien,** Hl. (Sabbas)
Er hieß ursprünglich Rastcus u. war Sohn des 1. christlichen Fürsten von Serbien, Simeon Stephan Nemanja. Aus Ekel an den weltlichen Vergnügungen am Hof floh er zu den Mönchen auf den Berg Athos, wohin ihm später auch sein Vater nachfolgte. Er wurde Priester u. Abt u. im Jahr 1221 Erzb. von Serbien mit Sitz in Belgrad. Gegen Ende seines Lebens zog er sich wieder auf den Athos zurück, wo er 1245/48 starb.
Gedächtnis: 14. Jänner

Sabina, Märt. **zu Caestre** ↗ Elfriede

Sabina von Rom, Hl.
Name: lat., die Sabinerin (altröm. Volksstamm zw. Tiber, Anio u. den Abruzzen)
Unter ↗ Cölestin I. erbaute der Presbyter Petrus auf dem Aventin in Rom die heutige Basilika S. Sabina, die in den Quellen des 5. Jh.s als „Titulus Sabinae“, seit dem 6. Jh. als „Titulus sanctae Sabinae“ bezeichnet wird.
Eine legendäre Passio aus dem 6. Jh. berichtet von einer Witwe Sabina, die zus. mit einer Christin aus Antiochia namens Serapia „apud oppidum Vendinensium“ (bei der Stadt der Vendinenser) lebte u. einen Monat nach ihr „ad arcum Faustini juxta aream Vindiciani“ (beim Torbogen des Faustinus neben dem Grundstück des Vindicianus) bestattet wurde. Aus diesen unklaren Ortsangaben suchte man eine inzw. verschwundene Stadt Vindena, andere Forscher deuten sie als Fehler in der Textüberlieferung. Wahrscheinlich handelt es sich bei Sabina um die Stifterin der Kirche S. Sabina, die man später mit einer uns unbekannten Märt. gleichen Namens gleichsetzte.
Gedächtnis: 29. August
Darstellung: mit Krone u. Palme, einen Krüppel beschenkend
Patronin: der Hausfrauen
Lit.: J. J. Berthier, L'Église de Ste. Sabine à Rome (Rom 1910) – Kirsch T 96–100 163–166 – Baudot-Chaussin VIII 580ff – DACL XV 218–238 – ECatt X 1516ff

Sabinus, Bisch. **von Piacenza,** Hl.
Name: lat., der Sabiner (↗ Sabina)
Er war zuerst Diakon an der Kirche zu Mailand u. nahm als solcher an der Synode in Rom (372) teil u. brachte auch die Synodalbriefe in den Orient. 376 wurde er Bisch. von Piacenza (Oberitalien). Er war auf den Synoden von Aquileja (381) u. von Mailand (393) anwesend. Er stand mit Bisch. ↗ Ambrosius von Mailand in Briefwechsel. Dieser legte ihm eigene Schriften vor ihrer Veröffentlichung zur Begutachtung vor. Er starb nach 393 u. wurde in der von ihm erbauten Apostelkirche zu Piacenza beigesetzt. Seine Gebeine wurden im 10. Jh. in eine andere Kirche in Piacenza übertragen.
Gedächtnis: 11. Dezember
Lit.: Savio L II/2 135–140 – G. f. Rossi: Miscellanea G. Belvederi (Città del Vaticano 1954–55) 529–556

Sabinus, Bisch., Märt. **zu Spoleto,** Hl.
Er war Bisch. eines unbekannten Sitzes u.

wurde unter Kaiser Maximianus Herculius (286–305) in Assisi ergriffen u. gefoltert, dann nach Spoleto gebracht u. dort nach neuen Martern getötet. Sein Leib wurde an einem 7. Dezember 2 Meilen vor der Stadt beigesetzt. Bei Spoleto stand eine Basilika zum hl. Sabinus, auf einem Mosaikbild in S. Apollinare Nuovo zu Ravenna ist er dargestellt. Im Mittelalter wurden seine Gebeine in mehrere Orte Italiens gebracht. Von da an wird er als Bisch. von Faënza oder Assisi bezeichnet oder auch als Einsiedler zu Silva Liba (heute Fusignano, Diöz. Faënza).
Gedächtnis: 30. Dezember
Lit.: F. Lanzoni: RQ 17 (1903) 1–26 – Lanzoni 438ff – A. Savioli, Studi Fusiganensi (Faënza 1959)

Sadok OP u. Gef., Märt. **in Polen,** Sel.
Er war vermutlich geborener Ungar u. wurde Schüler des hl. ↗ Dominikus. Dieser sandte ihn auf dem Generalkapitel zu Bologna (1221) nach Ungarn. Sadok gründete dort und in Polen mehrere Klöster. Dann war er Prior in Agram, später in Sandomierz (Südpolen) u. missionierte bei den Tataren. Bei einem Überfall der Tataren wurde er zus. mit 48 (94?) Ordensbrüdern am 2. 6. 1259 getötet. Pius VII. approbierte den Kult für den ganzen Orden.
Gedächtnis: 2. Juni
Lit.: ADomin Iun. I (1893) 45ff – N. Pfeiffer, Die ungar. Dominikaner-Prov. (Diss. Zürich 1913) 23f 26 – AFP 12 (1942) 288f 296 – Baudot-Chaussin VI 46f

Sadoth, Bisch., u. Gef., Märt. **in Persien,** Hll.
Name: eigentl. persisch Shadhust = Freund des Königs
Er wurde 341 Bisch. von Seleukia-Ktesiphon (nördl. von Bagdad; rechts bzw. links des Tigris) als Nachfolger des ↗ Simon bar Sabbaē. Einige Monate später wurde er auf Befehl des Perserkönigs Schapur II. zus. mit 128 anderen Christen, darunter zahlreichen Klerikern, Mönchen u. Jungfrauen, verhaftet u. 5 Monate lang im Kerker gefoltert. Seine Gefährten wurden am 18. 2. 342 zu Seleukia hingerichtet. Er selbst wurde in Ketten nach Beth Lapat, der Residenz des Königs, geschleppt u. dort enthauptet. Der Tag seines Martyriums ist unbekannt.
Gedächtnis: 20. Februar
Lit.: Bedjan II 276–281 (syr. Passio); dt.: BKV[2] 22, 93–96 – AnBoll 21 (1902) 141–147 u. POr II 445–450 (griech. Passio) – Baudot-Chaussin II 423–426

Salaberga, Äbtissin **zu Laon,** Hl. (Sadalberga)
Name: ahd. sal („Saal“: das germ. Einraumhaus) + bergan (bergen, in Sicherheit bringen): Schützerin des Heimes
Nach dem Bericht des Hagiographen Jonas von Bobbio (7. Jh.) wurde sie von ↗ Eustasius von Luxeuil von ihrer Blindheit geheilt. Sie gründete mit Unterstützung des Abtes ↗ Waldebert von Luxeuil das Kloster St-Jean bei Langres u. wurde dessen Äbtissin. Das Kloster wurde bald nach Laon (nordöstl. von Paris) übertragen, wo sich ihr auch Mönche unterstellten. Nach späteren Viten sei sie vorher zweimal verheiratet u. Mutter der hl. ↗ Anstrudis gewesen. † 665/670.
Gedächtnis: 22. September
Lit.: ActaSS Sept. VI (1867) 516–529 – BHL 7463f – MGSS rer. Mer. V 40–66 – Zimmermann III 88f

Sales ↗ Franz von Sales

Salome von Galiläa, Hl.
Name: gräzisiert aus hebr. schālōm (Glück, Wohlergehen, Friede, Heil)
Sie war die Frau des ↗ Zebedäus u. Mutter der Apostel ↗ Johannes u. ↗ Jakobus d. Ä. Bereits in Galiläa war sie mit anderen Frauen Jesus gefolgt u. hatte ihm mit ihrem Vermögen gedient (Mk 15,40; vgl. Lk 8,2). Sie trat einmal mit ihren Söhnen zu Jesus u. bat ihn für ihre Söhne um gute Posten in seinem Reich, wurde aber von ihm zurechtgewiesen (Mt 20,20ff). Sie war mit anderen Frauen unter dem Kreuz Jesu (Mt 27,55) u. suchte mit ihnen am Ostermorgen das Grab Jesu auf, um den Leichnam zu salben. Der Engel im leeren Grab verkündete den Frauen, daß Jesus von den Toten auferstanden sei (Mk 16,1–8).
Gedächtnis: 22. Oktober
Darstellung: am Ostermorgen mit den anderen Frauen, Salbgefäß in Händen
Lit.: Evangelienkommentare – Zahn VI 340f

Salome von Niederaltaich, Sel.
Sie war die Cousine der sel. ↗ Judith. Sie machte mit dieser eine Wallfahrt ins Hl. Land u. lebte dann als Reklusin im Kloster

Niederaltaich (westl. von Passau). † gegen Ende des 11. Jh.s.
Gedächtnis: 29. Juni
Darstellung: als Nonne, neben ihr eine Krone

Salomea OSCl, Äbtissin **zu Grodzisko,** Sel.
Name: ↗ Salome
* um 1210 zu Krakau als Tochter Herzog Leszkos V. von Krakau u. Sandomierz. Mit 3 Jahren wurde sie mit dem Prinzen Koloman von Ungarn verlobt u. 1238 mit ihm vermählt, lebte aber mit ihm in jungfräulicher Ehe. Koloman erhielt durch diese Heirat das Herzogtum Halicz. 1241 fiel Koloman in der Schlacht gegen die Mongolen auf der Heide von Mohi (bei Tokaj, Nordost-Ungarn). Salomea unterstützte nun die Franziskaner mit ihrem Vermögen u. wurde 1244 Klarissin in Zawichost (an der Weichsel, Südost-Polen) in dem von ihr gestifteten Kloster. 1260 wurde sie Äbtissin im Kloster zu Grodzisko (40 km südwestl. von Posen). † am 17. 11. 1268 in Grodzisko. Ihr Grab ist heute in der Minoritenkirche zu Krakau. Ihr Kult wurde 1673 approbiert.
Gedächtnis: 17. November
Lit.: MF 27 (1927) 173 181ff – MartFr 443f – AureolaSeraf VI 127–130 – Baudot-Chaussin XI 588f

Salomo(n), König von Israel
Name: hebr. sch^e^lōmō; wohl zu schālōm; Glück, Wohlergehen, Friede, Heil
Er regierte um 965–926 v. Chr. u. war nach Saul u. ↗ David der 3. König von Israel. Die Bibel berichtet über ihn in 1 Kg 1–11 und 2 Chr 1–9. Er war der Sohn Davids u. der Bath-Seba, der Frau des Hethiters Uria. Er mußte sich seinen Thron gegen seinen älteren Bruder Adonia erst erkämpfen. Dieser hatte sich – gegen den ausdrücklichen Willen Davids – die Königswürde angemaßt. Mit Hilfe seiner Mutter Bath-Seba, des Propheten Nathan, des Priesters Sadok u. des Heerführers Benaja konnte Salomo noch zu Lebzeiten Davids zum König gekrönt werden. Außenpolitisch hatte er Frieden, ja seine Beziehungen zu den benachbarten Herrschern waren ausgesprochen gut. Nach seiner Thronbesteigung heiratete er die Tochter des Pharao u. erhielt dafür die Stadt Gezer als ihr Brautgeschenk. Mit Phönizien schloß er einen Vertrag über Handelsgeschäfte u. Grenzbereinigungen. Die Königin von Saba (Südost-Arabien) kam zu ihm auf Besuch. Innenpolitisch war er auf starke Zentralisierung bedacht. Zur besseren Steuerverwaltung teilte er das ganze Reich in 12 Gaue, entsprechend den 12 Stämmen Israels. Vermutlich hatten die 12 Provinzverwalter auch für die vielen Arbeiter zu sorgen, die David für seine umfangreichen Bauten benötigte, u. zwar Israeliten wie Nicht-Israeliten. Zur Verteidigung des Landes befestigte er die Städte Gezer, Beth-Choron, Baalath, Tamar u. Jerusalem. Im Zug der Modernisierung des Heeres führte er vor allem das Pferd u. den Kampfwagen ein. In allen größeren Städten richtete er Garnisonen u. ausgedehnte Pferdeställe ein. Allerdings werden heute die riesigen Marställe in Megiddo, die berühmten „Pferdeställe Salomos", in eine spätere Zeit, etwa in die des Königs Achab (um 850 v. Chr.) datiert. Er erbaute auch den prunkvollen Königspalast mit allen dazugehörigen Gebäuden sowie einen Palast für seine ägyptische Gemahlin. Zur Zentralisierung des Kultes führte er den prunkvollen Tempel zu Jerusalem mit seiner kostbaren Innenausstattung auf. Das nötige Zedernholz bezog er aus Phönizien, auch die gesamte Bauleitung hatten phönizische Fachleute inne. Hatte schon David Edom erobert u. damit einen Zugang zum Roten Meer geschaffen, so stellte nun Salomo eine Handelsflotte auf, um seine riesigen Kosten bestreiten zu können. Er hob Zölle u. vor allem drückende Abgaben ein u. zwang die Bevölkerung zu Zehntausenden zum Frondienst. Im Jordantal blühte seine Metallindustrie. Die berühmten Kupferminen von Timna allerdings waren nur im 11. Jh. in Betrieb, können also nicht mehr mehr Salomo zugeschrieben werden. Alles in allem gelang es ihm aber doch nicht, ein wirklich einheitliches Staatsgebilde zu schaffen. Durch seine zentralistische Regierungsweise u. seine enorme steuerliche Belastung schuf er sich im Innern viele Gegner u. bereitete die große Spaltung des Reiches nach seinem Tod vor. Immerhin hatte er sich bereits mit den Rebellen Hadad aus Edom u. Aram in Damaskus auseinanderzusetzen.

Als echt orientalischer Herrscher führte er einen glänzenden Hofstaat u. suchte dadurch seinem Reich einen würdigen Glanz zu verleihen. Dazu gehörte auch die ansehnliche Zahl von „700 Frauen u. 300 Nebenfrauen". Diese Summe von 1000 Hetären ist sicher sehr stark übertrieben, aber auch mit einem kleinen Bruchteil davon verfügte er über einen Harem, wie es sich für einen orientalischen Herrscher „geziemte". Durch diese ausländischen Frauen war er auch fremden Götterkulten gegenüber aufgeschlossen. Überall im Land entstanden Opferstätten für die kanaanitischen, moabitischen, hethitischen u. edomitischen Naturgottheiten. Als Strafe für diese Gottlosigkeit wird ihm die kommende Reichsteilung angekündigt.
Salomo scheint auch literarisch tätig gewesen zu sein. Jedenfalls wird er in 1 Kg 5,9–14 als Verfasser von Liedern u. Sinnsprüchen bezeichnet, womit er ebenfalls die Idealvorstellung eines orientalischen Herrschers verkörperte. Es ist möglich, daß im Buch der Sprüche echte Worte Salomos enthalten sind. Der atl. Kanon schreibt ihm auch die Psalmen 72 u. 127 zu, ebenso die Bücher Prediger, Hoheslied und das Buch der Weisheit. Unter den Apokryphen werden die Psalmen Salomos, die Oden Salomos u. das Testament Salomos genannt. Doch diese Schriften entstanden in späterer, z. T. sogar sehr viel späterer Zeit. Sprichwörtlich ist seine Weisheit in dem berühmten „salomonischen Urteil" im Streit der beiden Frauen um das tote Kind (1 Kg 3,16–28).
Salomo wird nur in der Kirche Abessiniens am 17. Juni verehrt. In allen anderen Kirchen wird er nicht zu den Heiligen gezählt.
Darstellung: Szenen aus seiner Regierungstätigkeit: als gerechter u. weiser Richter im Streit der beiden Frauen, mit Krone, Herrscherstab u. Reichsapfel; Salomons Krönung; Besuch der Königin von Saba (Huldigung, Überreichung der Geschenke); in der Ahnenreihe Christi (so an den Portalen franz. Kathedralen); Salomos Thron als sedes sapientiae (in typologischer Beziehung zu Maria: sie nimmt ihn ein oder thront über ihm)

Lit.: Kommentare zu Kg u. Chr – Kittel GVI II 146–164 – Heinisch GAT 165–175 – Haag BL 1454–1457 – Alt II 76–115 – Noth GI 187–198 – G. E. Wright, Bibl. Archäologie (Göttingen 1958) 126–143

Salonius, Bisch. **von Genf,** Hl.
Name: lat., Mann aus Salona (heute Solin bei Split, an der dalmatinischen Küste)
* um 400 als Sohn des ↗ Eucherius von Lyon. Er erhielt seine theol. u. aszetische Ausbildung durch ↗ Hilarius von Arles u. ↗ Vinzenz von Lerins u. wurde spätestens 439 Bisch. von Genf. Er nahm an den Synoden von Orange (441), Vaison (442) u. Arles (451) teil. Er schrieb allegorische Auslegungen zu den Büchern Sprüche u. Prediger in Dialogform. † nach 451.
Gedächtnis: 28. September
Lit.: M. Besson, Recherches sur les origines des évêchés de Genève . . . (Fribourg-Paris 1906) 88–109 – Baudot-Chaussin IX 576ff

Salvator von Horta OFM, Hl.
Name: lat., Heiler, Erlöser
* im Dezember 1520 zu S. Coloma de Farnés (Diöz. Gerona bei Barcelona) als Sohn armer Leute. Er war zuerst Schafhirte, dann Schuhmachergeselle u. trat 1540 in Barcelona dem Franziskanerorden als Laienbruder bei. Er zeichnete sich aus durch größte Demut u. Selbstverleugnung u. war charismatisch hoch begnadet, insbes. besaß er die Gabe der Krankenheilung. Um der Ruhe des Klosters willen wurde er öfters versetzt, längere Zeit jedoch lebte er im Kloster Horta (Diöz. Tortosa, südwestl. von Barcelona). † am 18. 3. 1567 zu Cagliari (Sardinien). Kult approbiert 1711, heiliggesprochen am 17. 4. 1938.
Gedächtnis: 18. März
Darstellung: im Franziskanerhabit als Gärtner, ein Bäumchen in der Hand, auf glühenden Kohlen gehend
Lit.: AAS 30 (1938) 389ff – AureolaSeraf I 686–703 – S. Paoli (Rom 1938)

Sampson, Hl. (Samson)
Name: hebr. schimschōn, Sonnenkind. Der Held Israels gegen die Philister in Ri 13–16. LXX Sampsōn; Vulg. Samson; Luther, Locc. Simson
Er war Priester u. Krankenpfleger in Konstantinopel u. erbaute dort aus seinem Vermögen ein Spital, das später seinen Namen erhielt. Nach der Legende war er Arzt u.

wird deshalb bei den Griechen als einer der hll. ↗ Ärzte verehrt. † vor 500.
Gedächtnis: 27. Juni

Samuel, Prophet im AT
Name: hebr. schᵉmū'ēl: Gott hat ihn beim Namen gerufen; oder zu hebr. schēm (hören): er hat Gott gehört. Volksetymologisch wird der Name mit hebr. schela (erbitten) in Zusammenhang gebracht: „ich habe ihn vom Herrn erbeten" (1 Sam 1,20) Seine Geschichte wird im 1. Buch Samuel erzählt. Er stammte aus einem vornehmen Geschlecht aus dem Stamm Ephraim u. wurde um 1100 v. Chr. dem Elkana u. der Anna zu Rama (Ramathaim; 8 km nördl. von Jerusalem) geboren. Seine Mutter war lange unfruchtbar u. hatte ihren Sohn von Gott durch ein Nasiräer-Gelübde erbeten. So wurde er schon als Kind nach seiner Entwöhnung dem Hohenpriester Heli zur Erziehung u. zum Dienst am Heiligtum in Silo in Ephraim (30 km nördl. von Jerusalem), wo damals die Bundeslade stand, übergeben. In jungen Jahren wurde er von Gott zum Propheten bestellt, indem er des Nachts viermal von ihm angerufen wurde. Samuel steht an der Wende von der Zeit der Richter zum Königtum in Israel. Er war zugleich der letzte Richter u. der erste Prophet. Seine natürlichen Anlagen, seine Frömmigkeit u. die Auszeichnung göttlicher Offenbarungen verschafften ihm hohes Ansehen beim Volk. Deshalb wurde er in allen wichtigen Angelegenheiten um Rat u. Gebet angegangen. In der Zeit der Richter war das Volk in tiefe nationale u. rel. Not gesunken: Es fehlte die Einheit der Stämme, die Philister bedrängten schon seit Jahrhunderten das Volk (Kampf Davids gegen Goliath! 1 Sam 17), die Religion wurde mit heidnisch-kanaanitischen Anschauungen durchsetzt, u. es herrschte eine furchtbare Verwilderung der Sitten. All dies fand im zeitweiligen Verlust der Bundeslade, dem nationalen Heiligtum Israels, an die Philister seinen symbolhaften Ausdruck. Samuels Verdienst war es, das Volk aus dieser nationalen u. rel. Not herausgeführt zu haben. Dem Verlangen des Volkes nach einem König entsprach er anfangs nur unwillig. Einerseits hatte das Volk Sehnsucht nach einer ordnenden, starken Hand u. nahm dafür gern auch Frondienst u. Abgaben in Kauf. Samuel auf der anderen Seite sah durch einen irdischen König nach dem Vorbild der Nachbarvölker die Königsherrschaft Jahwes über Israel geschmälert. Doch auf Geheiß Gottes salbte er Saul zum 1. König Israels u. trat nunmehr entschieden für ihn ein, wodurch er entscheidenden Anteil am Aufbau der neuen Staatsform hatte. Er legte sein Richteramt nieder, blieb aber als Prophet weiterhin Mittler zw. Gott u. dem König bzw. dem Volk. Er trennte sich aber von Saul, als dieser von Gott wegen seines Ungehorsams verworfen wurde. Auf Befehl Gottes salbte er den jungen David aus Bethlehem zum neuen König u. gewährte ihm Schutz vor dem eifersüchtigen Saul. Nach der Salbung Davids beschränkte er sich auf die Leitung seiner Prophetenschule zu Rama. Dort starb er um das Jahr 1000 v. Chr., vom ganzen Volk betrauert, u. wurde in seinem Haus in Rama begraben.
Gedächtnis: 20. August
Darstellung: als jüdischer Priester bzw. Prophet, David salbend
Lit.: Kommentare zu 1 Sam – I. Hylander, Der liter. Samuel-Saul-Komplex (Diss. Uppsala 1932) – J. Schildenberger, Zur Einleitung in die Samuelbücher: SA 27–28 (1951) 150–168 – Haag BL 1462f – H. W. Hertzberg, Die Samuelbücher (Göttingen 1956) – A. Weiser, Samuel. Seine geschichtl. Aufgabe und relig. Bedeutung: FRLANT 81 (1962) – RGG³ V 1357f

Sancha von Portugal, Sel.
* um 1180 als Tochter des Königs Sancho I. von Portugal u. Schwester der sll. ↗ Mafalda u. ↗ Theresia von Portugal. Sie wurde Stadtherrin von Alenquer, wo sie 1219 Franziskanermissionare aufnahm, die nach Marokko reisten. Sie gründete das Zisterzienserinnenkloster Celas bei Coimbra, wo sie in ihren letzten Jahren lebte. Sie starb 1229 u. ist im Kloster Lorvão begraben.
Gedächtnis: 20. Juni

Sander, Kf. von ↗ Alexander

Sandra (ital.), Kf. von Alessandra (weibl. F. von ↗ Alexander)

Sandro (ital.), Kf. von Alessandro (↗ Alexander)

Sanna, Kf. von ↗ Susanna

Sanz ↗ Petrus Martyr Sanz (chinesischer Märt.)

Sara, Frau des Abraham
Name: hebr. saraj, sarah: Fürstin
Sie war die Halbschwester u. Frau ↗ Abrahams. Anläßlich des Bundesschlusses Gottes mit Abraham wurde auch ihr Name Saraj in Sara geändert, was im Verständnis der Bibel auf eine besondere Erwählung durch Gott hinweist. Wegen ihres hohen Alters wollte sie nicht mehr an die Verheißung eines Sohnes glauben. Daher lachte sie im Zelt in sich hinein, als die 3 fremden Männer, die zu Abraham auf Besuch kamen, die Geburt eines Sohnes ankündigten. Im Alter von 90 Jahren gebar sie nach langer Unfruchtbarkeit den lang verheißenen u. ersehnten Sohn ↗ Isaak u. wurde so die Stammutter des Volkes Israel. Sie starb mit 127 Jahren in Kirjat-Arba. Abraham kaufte als Begräbnisplatz für sie von den Hethitern ein Grundstück mit der Höhle Makpela bei Mamre, das die Bibel mit Hebron (30 km südl. von Jerusalem) gleichsetzt. Man zeigt heute in der dortigen Moschee das Grab Abrahams u. Saras. Wahrscheinlich lag aber die Stelle etwas nördl. von Hebron.
Gedächtnis: 9. Oktober (mit Abraham)

Sarkander ↗ Johannes Sarkander

Sascha (russ.), Kf. von ↗ Alexander (in Rußland auch als weibl. Vorname gebräuchlich)

Saturnina, Märt. **zu Arras,** Hl.
Name: weibl. F. zu ↗ Saturninus
Sie war eine Jungfrau u. aus Deutschland gebürtig. Sie entfloh nach Arras (Nordfrankreich), um den Zudringlichkeiten eines Freiers zu entgehen, wurde aber zw. Cambrai u. Arras eingeholt u. ermordet. † im 7. Jh.
Gedächtnis: 4. Juni
Darstellung: als Schafhirtin, weil sie sich zu einer Schafherde flüchtete u. hier zu verbergen suchte
Patronin: des Viehs

Saturnina u. Gef., Märt. **zu Rom,** Hll.
Sie starb zus. mit Valeria u. Fortunata den Martertod, angeblich in Rom. Ihre Reliquien wurden durch Bisch. Biso von Paderborn (887–909) aus Gallien in das Frauenkloster Neuenheerse bei Paderborn übertragen. Sie ist Mitpatronin des Stiftes (erstmals 1025 bezeugt).
Gedächtnis: 20. Mai
Lit.: Der Kath. Seelsorger 14 (Paderborn 1902) 309–313 – K. Honselmann, Reliquientranslationen nach S.: Das 1. Jahrtausend, hrsg. v. K. Böhner u. a. Text-Band I (Dortmund 1962) 159–193

Saturninus u. Gef., Märt. **zu Karthago,** Hll.
Name: lat., der dem Gott Saturnus Geweihte (Beiname des plebeischen Geschlechtes der Apuleier)
Er war Presbyter in Abitinae (Nordafrika) u. feierte gerade im Haus des Octavius Felix in der Verfolgung des Diokletian – entgegen dessen 1. Edikt – mit 48 Christen die Eucharistie. Sie wurden alle verhaftet u. nach Karthago vor den Prokonsul Anullinus gebracht. Dieser ließ einige foltern und alle in den Kerker werfen, wo sie vor Hunger und Entbehrung starben.
Gedächtnis: 11. Februar
Lit.: ActaSS Febr. II (1864) 513–519 – P. Franchi de' Cavalieri: SteT 65 (1935) 3–71 (krit. Ausg. der Märtyrerakten) – Baudot-Chaussin II 246–249

Saturninus, Märt. **zu Rom,** Hl.
Er stammte aus Karthago (Nordafrika) u. wurde in der Verfolgung des Decius (249–251) gefoltert u. dann verbannt. Er kehrte später nach Rom zurück u. wurde wohl unter Valerian (253–260) zu Tode gemartert. Über seinem Grab im Cömeterium des Thraso an der Via Salaria Nova wurde eine Basilika erbaut, die von Papst Felix III. (IV.) (526–530) renoviert wurde, im Mittelalter aber verfiel.
Gedächtnis: 29. November
Darstellung: mit einem Stier
Lit.: MartHieron 626f – A. Ferrua: CivCat 90 (1939) II 436–445 – Ders., Epigrammata Damasiana (Città del Vaticano 1942) 188ff – Baudot-Chaussin XI 990–993

Sauli ↗ Alexander Souli

Savio ↗ Dominikus Savio

Scharbel (Scharbil) **u. Bābai** (Barbea), Märt. **zu Edessa,** Hll. (Sarbelius)
Scharbel war zuerst heidnischer Oberprie-

ster u. wurde von Bisch. Samja von Edessa (heute Urfa, Osttürkei) für den christlichen Glauben gewonnen. Weil er sich weigerte, die heidnischen Opfer darzubringen, wurde er mit seiner Schwester Bābai vom röm. Statthalter Lysanias hingerichtet. † wohl unter Decius (249–251).
Gedächtnis: 29. Jänner (und 15. Oktober)
Lit.: ActaSS Ian. III (1863) 538f 758 – Bedjan I 95–119 – BHO 1049ff – Baumstark 28f – Bardenhewer IV 375–377

Scharbel Makhluf, Hl. (Sarbelius, franz. Charbel Maclouf) (Taufname: Joseph)
* 1828 zu Bekà Kafra (Libanon), einer der höchstgelegenen Ortschaften des Landes, als Sohn armer Kleinbauern. Seine Schwester Wardé wurde Nonne, 2 seiner Onkel Mönche im Kloster zu Kossaia. Den Schulunterricht genoß er im Freien, im Schatten eines Baumes. Er verlor früh seinen Vater, die Mutter ging eine 2. Ehe ein. In jungen Jahren hütete er die Schafe seiner Eltern in den Bergen. Mit 13 Jahren trat er in das Marien-Kloster des libanesischen (baladitischen) Antonius-Ordens zu Maifuq ein, doch war ihm das Kloster wegen seiner Lage mitten im Ort zuwenig abgelegen, u. er trat in das Kloster zum hl. Maron in Annaya über, wo er 1851 die Gelübde ablegte. Im Kloster zum hl. Cyprian studierte er Theologie, erhielt 1859 die Priesterweihe u. kehrte anschließend wieder in das Maronkloster zurück, wo er 16 Jahre verbrachte. 1875 zog er sich im Einvernehmen mit seinen Ordensobern in das Kloster St. Peter u. Paul mitten in der Bergeinsamkeit zurück. Er zeichnete sich aus durch Gebetseifer, Bußgeist, Selbstverleugnung, Nächstenliebe u. vor allem durch einen vollkommenen Gehorsam. Im Dezember 1898 erlitt er nach der Messe einen Schlaganfall u. starb eine Woche später, am 24. 12. 1898. Sein unverwester Leib ruht heute im Kloster Mar Maroun Annaya. Das Andenken an den „Abuna Scharbel", an den „heiligen Mönch vom Libanon" wird von den Christen wie den Moslems heiliggehalten. An seinem Grab ereignen sich noch heute zahlreiche u. auffallende Wunder. Seliggesprochen am 5. 12. 1965, heiliggesprochen am 9. 10. 1977.
Gedächtnis: 24. Dezember
Lit.: P. Daher (Paris 1953) – J. Eid (New York 1955) – M. Hayek, Le Chemin du désert. Le P. Charbel (Le Puy-Lyon 1963) – E. J. Görlich, Der Wundermönch vom Libanon. Das Leben des hl. Sch. M. (Stein a. Rh. 1979^3) – G. Hermes, Licht vom Libanon (München 1979)

Schervier ↗ Franziska Schervier

Schetzel, Hl. (Schetzelo, Gezzelinus, Ghislenus, Scholecinus)
Er lebte als Einsiedler im Grünenwald bei Luxemburg in einer Höhle. Man zeigt sich noch heute die Schetzelhöhle bei Weimerskirch mit dem Schetzelbrunnen (Quelle der Weißen Ernz). † am 11. 8. 1138/39. Er wurde in der Kirche der OSB-Abtei Maria-Münster (Altmünster) in Luxemburg beigesetzt. Seit der Zerstörung der Abtei 1544 sind seine Reliquien verschollen.
Liturgie: Luxemburg g am 11. August
Lit.: ActaSS Aug. II (1867) 175–180 – PL 185, 455–459 – G. Kieffer: Heimat u. Mission 3 (Clairefontaine 1929) 213–221 245–250 278–282

Scholastica OSB, Hl.
Name: griech.-lat., die zur Schule Gehörige (Studentin, Lehrerin)
* um 480 zu Nursia (heute Norcia in den Sibillinischen Bergen, nordöstl. von Rom). Sie war die Schwester des hl. ↗ Benedikt von Nursia. Schon als Kind wurde sie Gott geweiht. Sie lebte später im Kloster Roccabotte bei Subiaco (östl. von Rom), dann in einem Kloster zu Piumarola u. schließlich in der Nähe von Montecassino (südöstl. von Rom). Jährlich traf sie sich mit ihrem Bruder zum geistlichen Gespräch. Nach der Überlieferung bewirkte ihr Gebet bei der letzten Begegnung ein heftiges Unwetter, das Benedikt zum Bleiben zwang. 3 Tage darauf starb sie, u. Benedikt sah ihre Seele in Gestalt einer Taube zum Himmel steigen. Er setzte sie in dem für sich selbst bestimmten Grab bei. † um 547. Im 7. Jh. kamen ihre Gebeine zus. mit denen des hl. Benedikt in die OSB-Abtei Fleury (Diöz. Orléans), später nach Le Mans, im Jahr 874 z. T. nach Juvigny-sur-Loison (nördl. von Verdun, Nordost-Frankreich).
Liturgie: GK G am 10. Februar
Darstellung: als Äbtissin im schwarzen Ordenskleid, mit Regelbuch u. Taube. Beim letzten Zusammentreffen mit Benedikt
Patronin: der Benediktinerinnen
Lit.: BHL 7514–7526 – L. A. Bouvilliers: The Placidian

2 (Washington 1926) 65–73 – Zimmermann I 194ff – B. Heurtebize-R. Trieger (Le Mans 1923) – I. Schuster, La storia di S. Benedetto . . . (Mailand 1943) 315–327

Schorsch (volkstüml.), von franz. Georges (↗ Georg)

Schutzengel
Das AT kennt wohl Engel, die den Menschen in der Gefahr schützen. So begleitet der Erzengel Raphael den jungen Tobias auf seiner Wanderschaft (Tob 5–12), Abraham empfiehlt seinen Knecht, den er um eine Braut für Isaak aussendet, dem Schutz des Engels Gottes (Gen 24,7), auf dem Sinai spricht Gott zum Volk: „Siehe, ich sende meinen Engel vor dir her, daß er dich behüte u. dich an den Ort bringe, den ich dir bestimmt habe" (Ex 23,20). Es gibt noch andere derartige Stellen im AT. Einen Schutzengel im heutigen Sinn des Wortes, d. h. einen Engel als ständigen Begleiter u. Schützer des Menschen, kennt das AT noch nicht. Erst in der Zeit der Makkabäer (2. Jh. v. Chr.) kommt in der außerbiblischen Literatur dieser Gedanke auf. Seit damals war teilweise auch die Meinung vertreten, daß einem jeden Menschen nicht nur ein guter, sondern auch ein böser Engel (Teufel) zur Seite stehe.
Auch das NT kennt Engel als Helfer des Menschen: Ein Engel befreit die Apostel aus dem Gefängnis (Apg 5,19), errettet Petrus aus Ketten u. Kerker (Apg 12,7–10). Darüber hinaus kennt das NT Schutzengel im eigentlichen Sinn, d. h. Engel, die zum dauernden Beistand des Menschen bestimmt sind: Nach dem Hebräerbrief sind „alle Engel dienende Geister, ausgesandt zum Dienst derer, die das Heil erben sollen" (Hebr 1,14). Jesus sagt einmal: „Seht zu, daß ihr keines von diesen Kleinen gering achtet. Denn ich sage euch: Ihre Engel im Himmel schauen immerfort das Angesicht meines Vaters, der im Himmel ist" (Mt 18,10). Dieser Glaube an einen ständigen Engel zur Seite des Menschen findet sich auch in der Apostelgeschichte: Als der wunderbar befreite Petrus an der Haustür lange klopfen mußte, da die Magd drinnen vor freudigem Schrecken vergaß, ihm zu öffnen, glaubten ihr die Hausbewohner nicht. Einer sagte: „Es ist sein Engel!" (Apg 12,15).
Dieser Glaube an einen persönlichen Schutzengel ist bei sehr vielen Kirchenvätern bezeugt u. wurde bis zum Mittelalter weiter entfaltet u. bes. von ↗ Thomas von Aquin systematisch durchdacht. Das kirchliche Lehramt hat zwar auf dem 4. Laterankonzil (11.–30. Nov. 1215) in dessen Definition gegen die Albigenser u. Katharer die Existenz der Engel als solcher feierlich als Glaubenssatz ausgesprochen (das 1. Vatik. Konzil 1869–70 schloß sich dieser Definition an), speziell über die Schutzengel jedoch hat sich das Lehramt der Kirche bisher nicht geäußert. Trotzdem ist der Glaube an den persönlichen Schutzengel in der Kirche allg. u. seit jeher feststehend. Insofern die Engel als solche zu der einen geschaffenen Welt gehören, nehmen sie auch am letzten Ziel und Sinn der Schöpfung überhaupt, insbes. des Menschen, teil.
Als reine Geister, die vor Gottes Thron stehen, haben sie die Aufgabe, den Menschen auf den Weg zu seinem endzeitlichen Ziel (Gott) zu begleiten u. ihn vor der Gefahr zu schützen, dieses Ziel zu verlieren, ohne jedoch dabei die personale Freiheit des Menschen zu schmälern. Darüber hinaus ist gemäß dem allg. Glauben der Christenheit das „Amt" des Schutzengels auch individuell aufzufassen, d. h. daß jeder Mensch, auch der Ungetaufte, seinen besonderen Engel zur Seite habe. Allerdings wird man sich dabei vor allzu kindertümlichen oder naiv-vordergründigen Vorstellungen hüten müssen. Früher war gelegentlich auch die Meinung vertreten, daß einzelne Städte, Länder, Völker, Gemeinschaften aller Art jeweils ihren besonderen Schutzengel hätten.
Zeugnisse für die Verehrung des (persönlichen) Schutzengels liegen seit dem 9. Jh. vor. Im Martyrologium des Usuard OSB von St-Germain-des-Prés (um 893/896) findet sich seine Feier mit der des Erzengels ↗ Michael am 30. September verbunden. Ein eigenes Fest entstand in Spanien im 15. Jh. zum 1. März, welches 1518 von Leo X. dem Bisch. von Rodez bestätigt wurde. Später wurde es auch in Frankreich an diesem Tag gefeiert. Die liturgischen Bücher ↗ Pius' V. enthielten noch kein eigenes Schutzengelfest. Gregor XIII. gestattete 1582 der Diöz. Valencia ein Schutzengelfest mit ei-

genem Offizium. Paul V. erlaubte es 1608 allg. für den 1. festfreien Tag nach Michael. Clemens IX. verlegte es 1667 auf den 1. Sonntag im September, Clemens X. erhob es 1670 in den Rang eines Duplexfestes für die Gesamtkirche u. verlegte es gleichzeitig auf den 2. Oktober. Eine weitere Rangerhöhung (als Duplex majus) erfolgte 1883 durch Leo XIII. Seit der Neuordnung der Liturgie 1969 ist es im Generalkalender als gebotener Gedächtnistag zu begehen.
Liturgie: GK G am 2. Oktober

Scilitanische Märt., Hll.
In Scillium, einer nicht identifizierten Stadt in Numidien (Hinterland von Karthago, heute etwa Ostalgerien), wurden 6 Christen vor den Prokonsul Publius Vigellius Saturninus geschleppt, vor dem sie freimütig ihren Glauben bekannten: **Speratus, Nartzalus, Cittinus, Donata, Vestia u. Secunda.** Sie empfingen ihr Todesurteil mit den Worten „Deo gratias" u. wurden noch am selben Tag, am 17. 7. 180, enthauptet. Vielleicht stammen die Märt. **Veturius, Felix, Aquilinus, Laetantius, Januaria u. Generosa,** die am Schluß der Märtyrerakten genannt werden, ebenfalls aus Scillium u. starben zur gleichen Zeit. Diese Märtyrerakten sind historisch sehr wertvoll. Sie sind das älteste Zeugnis über die afrikanische Kirche u. der älteste überlieferte lat. christliche Text. Die scilitanischen Märt. wurden als Protomärt. Numidiens hoch verehrt. Über ihrem Grab wurde eine Basilika erbaut, in der ↗ Augustinus mehrmals predigte. Ihr Kult verbreitete sich auch im Abendland.
Gedächtnis: 17. Juli
Lit.: ActaSS Iul. IV (1868) 204–216 – RQ 17 (1903) 209–221 (Reliquien) – Quentin 508ff – F. Corsaro: Nuovo Didaskaleion 6 (Catania 1956) 5–51 – H. Karpp: VigChr 15 (1961) 165–172

Sebald, Einsiedler **bei Nürnberg,** Hl.
Name: ↗ Sigibald
Nach der legendarischen Überlieferung (14./15. Jh.) sei er im 8. Jh. als zeitweiliger Gefährte der Hll. ↗ Willibald u. ↗ Wunibald in die Gegend von Nürnberg gekommen u. habe sich dort als Einsiedler niedergelassen u. als Missionar gewirkt. Manche Kritiker meinen, er sei als Pilger erst im 10./11. Jh. in diese Gegend gekommen. Auch sein Herkunftsland ist ungeklärt. Seit dem 12. Jh. heißt es in der Eigenmesse von ihm „de Francis genitus" (von den Franken abstammend bzw. aus Frankreich), die späte Vita nennt „Dacia" (etwa Ungarn u. Rumänien bis zur Theißebene), wofür manche Erklärer „Dania" (Dänemark) lesen. Lambert von Heresfeld berichtet 1072 von Wundern an seinem Grab auf der südl. Terrasse der Nürnberger Burg, wodurch viele Wallfahrer angezogen wurden. Dort entstand im 11. Jh. ein Peterskirchlein, im 13. Jh. eine romanische Basilika u. 1300–77 die heutige Sebaldkirche. Martin V. kanonisierte ihn durch seine Bulle vom 26. 3. 1425. Der Nürnberger Erzgießer Peter Vischer d. Ä. († 1529) u. seine Söhne schufen das berühmte Sebaldgrab. Die Reliquien wurden aber 1552 geplündert.
Liturgie: Bamberg G am 19. August (Nürnberg F, Eichstätt g)
Darstellung: als Einsiedler oder Pilger, Muscheln am Hut, mit langem Stab u. Tasche, Kirchenmodell in der Hand (zweitürmige Sebaldkirche in Nürnberg)
Lit.: A. Feulner, Vischers Sebaldusgrab (München 1924) – BHL 7535f – G. Hammerbacher (Nürnberg 1925) – K. Burkert (Nürnberg 1927) – Künstle II 523f – G. Göpfert: Bayr. Bildungswesen 3 (München 1929) 545ff – W. Kraft: Nürnberger Gestalten aus 9 Jahrhunderten (Nürnberg 1950) 9–12

Sebald, Bisch. **von Trier,** Hl. (Sabandus, Sabaudus)
Er war von 596 bis um 600 der 51. Bisch. von Trier als Nachfolger Bisch. Gunderichs. Sein Nachfolger war Bisch. ↗ Severin II.
Gedächtnis: 26. November

Sebaste, 40 Märt. von S. ↗ Vierzig Märt. von Sebaste

Sebastian, Märt. **zu Rom,** Hl.
Name: lat. Sebastianus: Mann aus Sebaste (Name mehrerer Städte im Orient). Griech. sebastós = lat. Augustus (der Erhabene, Verehrungswürdige) war Beiname (Titel) des röm. Kaisers u. entspricht unserem Titel „Majestät" oder „Hoheit". Es wurden viele Städte einem Kaiser zu Ehren umbenannt, z. B. Cäsarea (Kaisareia) in Kappadokien, Augusta Vindelicorum (Augsburg) u. a.

Über ihn gibt es nur spärliche historische Nachrichten. ↗ Ambrosius weiß nur, daß er aus Mailand gebürtig war u. in Rom als Märt. starb. Die Depositio des Chronographen (354) nennt als seinen Bestattungsort das Cömeterium „ad Catacumbas" an der Via Appia in Rom. Die Art der Beisetzung läßt auf eine Verfolgung in der 2. Hälfte des 3. Jh.s schließen. Nach der legendarischen Passio des 5. Jh.s sei er Offizier in der kaiserlichen Garde gewesen u. auf Befehl Diokletians mit Pfeilen erschossen worden. Die Witwe ↗ Irene habe sich seiner angenommen u. ihn gesundgepflegt. Sebastian sei nachher mit großem Freimut wieder vor den Kaiser getreten, worauf man ihn mit Keulen erschlug. Seinen Leichnam habe die hl. ↗ Lucina d. J. aus der Cloaca Maxima in Rom geborgen u. in der Apostelbasilika beigesetzt. Sein Grab an der Via Appia war ursprünglich ein kleiner Loculus am Eingang jener Katakombe. Der Platz um sein Grab wurde zu einem rechteckigen Raum erweitert u. im 4. Jh. mit der darüber befindlichen Apostelbasilika (heute S. Sebastiano) durch eine Treppe verbunden. Unter ↗ Innozenz I. (402–417) wurde der Raum zu einer Confessio erweitert, ↗ Sixtus II. (432–440) erbaute daneben ein Kloster u. förderte die Verbreitung des Kultes in der ganzen Kirche. Gregor IV. (827–844) übertrug die Gebeine Sebastians in die Kapelle Gregors d. G. in der Vatikanbasilika, das Haupt in die Kirche S. Quattri Coronati in Rom. Um 1250 übergab Innozenz IV. einen Arm der Franziskanerkirche zu Hagenau (Unterelsaß). Die OSB-Abtei St-Médard in Soissons glaubte seit 826 die Reliquien des Heiligen zu besitzen, das OSB-Kloster Ebersberg bei München die Hirnschale. Als 680 in Rom die Pest wütete, trug man die Reliquien des Heiligen in Prozession durch die Stadt, worauf die Epidemie erlosch. Seither wird Sebastian zu den ↗ Pestpatronen gezählt.
Liturgie: GK g am 20. Jänner
Darstellung: als entblößter, an einen Baum gebundener, von Pfeilen durchbohrter junger Mann. In Ritterrüstung, Pfeile in der Hand. Meist mit Rochus als Pestpatron
Patron: gegen die Pest; der Eisenhändler, Gerber, Gärtner, Kreuzritter, Kriegsinvaliden, Schützengilden, Soldaten, Steinmetzen, Töpfer, Tuchmacher, Zinngießer; der schwachen und kränklichen Kinder, der Sterbenden; gegen Religionsfeinde
Lit.: BHL 7543–7549 – J. Reiter (Rottenburg 1916) – F. Grossi-Gondi: CivCatt 69 (1918) I 235–244 338–347 (Grab u. Altar) – Künstle II 524–528 – P. Styger, Röm. Märtyrergrüfte (Berlin 1935) 15ff 139–148 – V. Kraehling, St. Sébastien dans l'art (Paris 1938) – Bächtold-Stäubli IX 399–408 – B. Pesci: Antonianum 20 (1945) 177–200 – A. P. Louis (Köln 1935) – DACL XV 1111–1128 – L. Schmidt, Die burgenländ. Sebastiansspiele im Rahmen der . . . Volksschauspiele vom hl. Sebastian (Eisenstadt 1951) – AnBoll 77 (1959) 400-403

Sebastianus ab Apparitio OFM, Sel.
* 1502 zu Gudina in Galizien (Nordwest-Spanien) als Sohn frommer Bauersleute. Als Lohnarbeiter in Salamanca schickte er seine Ersparnisse an die Eltern, um sie in ihrem Alter zu unterstützen. Er ging dann nach Mexico u. erwarb sich als Kaufmann ein bedeutendes Vermögen. Er war zweimal verheiratet, hatte aber keine Kinder. Im Alter von 70 Jahren verteilte er sein ganzes Vermögen an die Armen u. wurde Franziskaner-Laienbruder der strengen Observanz. † am 25. 2. 1600. Seliggesprochen 1786.
Gedächtnis: 25. Februar

Sebastianus (Sebastiano) **Maggi** OP, Sel.
Er stammte aus Brescia u. trat in jungen Jahren dem Dominikanerorden bei. Nach seiner Priesterweihe wirkte er als Prediger in vielen Städten Italiens. Zugleich war er unermüdlich für die Reform seines Ordens tätig u. wurde Prior der von ihm reformierten Klöster in Mantua, Brixen, Bologna, Mailand (dort erbaute er das Kloster S. Rosa). 1480–83 u. 1495–96 war er Generalvikar der lombardischen Ordensprovinz. Als solcher erhielt er 1495 von Alexander VI. den Befehl, seinem Ordensbruder Girolamo Savonarola OP, dem Buß- u. Sittenprediger in Oberitalien, das Predigtverbot zu erteilen. † am 16. 12. 1496 in Genua. Kult 1760 approbiert.
Gedächtnis: 16. Dezember
Lit.: Mortier IV 172 175 368 548–554 – AOP I 146f – J. Schnitzer, Savonarola I (München 1924) 306–309 – AFP 26 (1956) 250–257, 32 (1962) 224–246 (passim)

Sebastianus u. Alverius, Märt. der **Thebäischen Legion,** Hll.
Sie gehörten wie der hl. ↗ Mauritius der Thebäischen Legion an u. flüchteten in der Verfolgung unter Kaiser Maximian von Sit-

ten (Wallis, Schweiz) in die Gegend von Turin, wo man sie aufgriff u. enthauptete. † um 303.
Gedächtnis: 2. Jänner

Sebert ↗ Sigibert

Secunda, Märt. **zu Rom,** Hl. ↗ Rufina u. Secunda
Name: weibl. F. von ↗ Secundus

Secundus, Märt. zu **Alexandria,** Hl.
Name: lat., der Nachfolgende; entweder mit der Bedeutung „der zweite" (die Römer gaben ihren Kindern öfters keinen eigentlichen Rufnamen) oder „der Entgegenkommende", „Gelegene"; auch „der Glückliche"
Er war Priester in Barka in der Pentapolis (Kyrenaika, Gebiet östl. der Großen Syrte, Nordafrika) u. wurde wegen seines Glaubens an die Gottheit Jesu Christi 356 von den Arianern mit anderen rechtgläubigen Christen grausam zu Tode getreten. Er wird bei den Griechen verehrt.
Gedächtnis: 21. Mai

Secundus u. Gef., Märt. **zu Rom,** Hll.
Im Martyrologium Hieronymianum (5. Jh., Oberitalien, fälschlich ↗ Hieronymus zugeschrieben) wird er mit einer großen Zahl von Christen genannt, die alle in Rom den Martertod starben.
Gedächtnis: 2. Juni

Secundus OSB, Abt **in Trient,** Sel.
Er taufte den Sohn Aigilulfs u. Theodolindes u. vermittelte im Dreikapitelstreit zw. ihnen, dem Papst u. Bisch. Agnellus von Trient. Er verfaßte auch eine Geschichte der Langobarden. † im 6. Jh.
Gedächtnis: 31. März

Sella (Sela), Kf. von ↗ Gisela

Selma
Name: Kf. von ↗ Anselma (↗ Salome?). Der Name kommt auch in der Ossian-Dichtung des Schotten James Macpherson vor u. wurde im 18. Jh. durch Klopstock, Herder, Goethe u. a. in Deutschland bekannt gemacht. In Macphersons „Songs of Selma" ist eigentlich ein Land, nämlich das Reich Fingals gemeint. Klopstock faßte dies als Frauennamen auf.

Selmar
Name: ahd. sal (Saal, das Innere des germanischen Einraumhauses) + mar (berühmt): der im Saal Berühmte

Sennen ↗ Abdon u. Sennen

Senta
Name: Kf. von ↗ Crescentia; eher aber Kf. eines Namens mit dem ahd. Bestandteil sint (Reiseziel, Reisegesellschaft, Begleitung, Kriegsvolk; vgl. Gesinde, senden, Sinn). Der Name wurde vor allem bekannt durch die Senta in der Oper „Der fliegende Holländer" von Richard Wagner.

Sepp (süddt.), Kf. von ↗ Joseph

Septimius, Bisch. **von Iesi,** Hl.
Name: zu lat. septimus, der siebte
Er wurde von röm. Eltern in Trier geboren u. schlug die Militärlaufbahn ein. Als Soldat empfing er die Taufe, worüber seine Eltern empört waren. Da zog er mit einigen Gefährten nach Italien u. wurde von Papst ↗ Marcellus I. (307–398) zum 1. Bisch. von Iesi (südwestl. von Ancona, Mittelitalien) geweiht. Er starb angeblich als Märt. am 22. 9. 308.
Gedächtnis: 22. September

Seraphim von Sarow, Hl. (Prochor Moschnin)
Name: hebr. sārāf (brennend), Mehrz. sārafim (LXX Seraphím, Vulg. Seraphim): In der Berufungsvision des Propheten ↗ Isaias (Is 6,1–13) die sechsflügeligen himmlischen Wesen, die den Thron Gottes umstehen u. das Trishagion (dreimal Heilig) singen
* am 19. 7. (7. 7.) 1759 in Kursk (450 km südl. von Moskau). Er wurde 1779 Mönch im Kloster Sarow u. erhielt 1793 die Priesterweihe. 1794 zog er sich als Einsiedler in eine Waldhütte zurück u. lebte in strengster Aszese. Von 1804 an war er in dauerndem Gebet, 1807–10 in völligem Schweigen u. dann über 15 Jahre in völliger Klausur in seiner Zelle. 1825 wurde er als Starez (russ., alter Mann; eine Art alter, erfahrener Novi-

zenmeister, Ratgeber) zum Tröster u. Helfer tausender Menschen, die ihn um Rat angingen. Er war charismatisch hochbegnadet, u. a. mit der Gabe der Visionen u. der Herzensschau. † am 14. 1. (2. 1.) 1833 zu Sarow. Er wurde schon zu Lebzeiten als Heiliger verehrt.
Gedächtnis: 14. Jänner
Lit.: Irénikon 10 (1933) 140–159 – I. Smolitsch, Leben u. Lehre der Starzen (Wien 1936) passim – Ders., Russ. Mönchtum (Würzburg 1953) 499–503 u. ö. – I. Kologrinov, Essai sur la sainteté en Russie (Brügge 1953) 418–440 – W. Nigg, Vom beispielhaften Leben (Olten 1976) 171–189

Seraphin (Serafino) **von Montegranaro** OFMCap, Hl. (bürgerl. Felice Piampiani)
Name: spätlat. Weiterbildung von ↗ Seraphim. Im Mittelalter verstand man nicht mehr die hebr. Pluralform u. bildete „Seraphinus" (ein Seraph). Zum hebr. Plural Seraphim bildete man noch einmal den lat. Plural Seraphini, -orum
* 1540 zu Montegranaro bei Fermo (südl. von Ancona, Mittelitalien). 1557/58 trat er dem Kapuzinerorden als Laienbruder bei u. wirkte in verschiedenen Klöstern der Ordensprovinz der Marken. Er zeichnete sich aus durch heroische Selbstüberwindung, Sanftmut, Feindesliebe u. Gebetseifer. Er war charismatisch begnadet, bes. durch die Gabe der Herzensschau u. der Wunder (Krankenheilungen). Obwohl er sonst ganz ungebildet war, kamen zu ihm viele weltliche u. geistliche Männer um Rat. † am 12. 10. 1604 zu Ascoli Piceno (südl. von Fermo). 1718 selig-, 1767 heiliggesprochen.
Gedächtnis: 12. Oktober
Lit.: D. Svampa, Vita di S. Serafino da Montegranaro (Bologna 1904) – Luca da Monterado: L'Italia francescana 17 (Rom 1942) 141–147, 18 (1943) 49–53, 24 (1949) 219–223 – LexCap 1583f

Seraphina OSCl, Sel. (Taufname: Sueva)
* 1434 in Urbino (südl. von Rimini, Mittelitalien) aus dem Grafengeschlecht der Montefeltro. Mit 14 Jahren wurde sie dem zügellosen Alessandro Sforza, dem Herrn von Pesaro, zur Frau gegeben. Sie wurde von ihm äußerst hart u. lieblos behandelt. Seine eigene Untreue ihr gegenüber beschönigte er dadurch, daß er sie fälschlich der Untreue zieh. Er mißhandelte u. schlug sie u. trachtete ihr einmal sogar nach dem Leben. Schließlich sperrte er sie 1457 in das Klarissenkloster zu Pesaro u. drang auf Ehescheidung. Alle diese Demütigungen gereichten ihr zur inneren Läuterung u. ließen sie in der Heiligkeit reifen. 1475 wurde sie zur Äbtissin gewählt. † am 8. 9. 1478. Kult 1754 approbiert. Ihr unverwester Leichnam ruht in der Klosterkirche zu Pesaro.
Gedächtnis: 8. September
Lit.: Wadding A XIV^3 241–245 – Baudot-Chaussin IX 197ff – G. Franceschini: Studia Picena 25 (Fano 1957) 133–157

Serapion, Märt. **zu Alexandria,** Hl.
Name: griech. Serapíōn, vom hellenistisch-ägyptischen Fruchtbarkeitsgott Sérapis oder Sárapis. Sein Kult wurde in der Zeit der Ptolemäer (323–30 v. Chr.) mit dem von Apis u. Osiris verschmolzen: der dem Sarapis Geweihte
In der Verfolgung des Decius (249–251) wurden ihm die Gelenke verrenkt, er wurde schrecklich gefoltert u. nach weiteren grausamen Martern vom Dach (oder Fenster) seines Hauses (oder einem Felsen) in die Tiefe gestürzt. † 250.
Gedächtnis: 13. Juli

Serapion OdeM, Märt. **in Algier,** Hl.
Er war Mitglied des Mercedarier-Ordens. Beim Loskauf von Christensklaven in Algier verkündete er den christlichen Glauben. Deshalb wurde er ans Kreuz geschlagen u. gliedweise verstümmelt. Er ist der 1. Märt. dieses Ordens. † 1240.
Gedächtnis: 14. November

Serapion, Bisch. **von Thmuis,** Hl.
Er war bevorzugter Schüler des hl. Abtes ↗ Antonius d. G. u. wurde selbst Vorsteher einer Mönchskolonie. Vor 339 wurde er Bisch. von Thmuis in Unterägypten. Er stand mit ↗ Athanasius im theol. Briefwechsel. Er scheint auch am Konzil von Sardika (343) teilgenommen u. Athanasius verteidigt zu haben. 356 reiste er als Führer einer Delegation zu Kaiser Konstantius II. u. widerlegte die Vorwürfe, die gegen Athanasius erhoben wurden. 359 wurde er vom Arianer Ptolemaios von seinem Bischofsstuhl vertrieben, weshalb ihn ↗ Hieronymus als Confessor (Bekenner) feiert. Wegen seiner hohen theol. Bildung erhielt er den Beinamen „Scholasticus". Neben einem Traktat gegen die Manichäer,

Psalmenkommentaren u. Briefen verfaßte er auch sein wertvolles „Euchologion", eine Sammlung von 30 Gebeten, die sich auf die Eucharistie, Taufe, Firmung, Priesterweihe, Ölweihe u. Begräbnis beziehen. † nach 362.
Gedächtnis: 21. März (Kopten: 7. März)
Lit.: H. Lietzmann, Messe u. Herrenmahl (Bonn 1926) 186–197 – Bardenhewer III 98–102 – DACL XI 606–612 – H. Dörries: Pauly-Wissowa Suppl. VIII (1956) 1260–1267 – Quasten P III 80–85

Serena von Rom, Hl.
Name: lat., die Heitere
Sie war eine röm. Matrone, die durch den Diakon Cyriacus bekehrt wurde. In der Zeit der Verfolgung ließ sie den Gläubigen vielfach Hilfe u. Trost zukommen. Ihre Lebenszeit u. die Art ihres Todes sind unbekannt. Daß sie die Gemahlin des Kaisers Diokletian gewesen sei, ist historisch nicht zu belegen.
Gedächtnis: 16. August

Serenus (Serenos), zwei Märt. **zu Alexandria,** Hll.
Name: lat., der Heitere
Sie waren zwei Schüler des Origenes gleichen Namens, die unter Kaiser Septimius Severus (193–211) zusammen mit anderen Christen aus diesem Kreis als Märt. starben. Der eine wurde lebend verbrannt, der andere nach grausamen Foltern enthauptet.
Gedächtnis: 28. Juni
Lit.: ActaSS Iun. VII (1867) 321ff – MartHieron 341 – MartRom 260

Serge (Sergej, Sergei) (russ.) ↗ Sergius

Sergia, weibl. F. zu ↗ Sergius

Sergius (Sergios), Märt. **in Cäsarea,** Hl.
Name: altröm. Geschlechtername. Sérgestos („Feldmann"; Begleiter des Äneas) war der mythologische Stammvater der Gens Sergia in Rom
Er wurde in der Verfolgung des Diokletian wegen Verweigerung des heidnischen Jupiteropfers um 304 zu Cäsarea in Palästina enthauptet. Seine Gebeine wurden später angeblich nach Úbeda (Südspanien) gebracht.
Gedächtnis: 24. Februar
Lit.: ActaSS Febr. III (1866) 466ff – Baudot-Chaussin II 506f

Sergius I., Papst, Hl.
Er entstammte einer syrischen Familie in Palermo (Sizilien) u. wurde Oktober/Dezember 687 gewählt. Trotz Gewaltandrohung von seiten des Kaisers Justinianos II. verweigerte er standhaft die Unterzeichnung der 2. Trullanischen Synode von 692 (Trullos = der gewölbte Sitzungssaal in Konstantinopel), die vom Kaiser einberufen wurde u. stark antiröm. Tendenzen aufwies. Der Kaiser befahl den Milizen in Rom, im Exarchat Ravenna u. in der Pentapolis (Nordafrika), den Papst gefangen nach dem Osten zu bringen, was diese aber verweigerten. Sergius unterhielt gute Beziehungen zu England (↗ Aldhelm) u. zum Frankenreich, er weihte ↗ Willibrord zum Bisch. der Friesen u. verlieh ihm das Pallium. In der Meßliturgie führte er das Agnus Dei ein, das Kirchenjahr bereicherte er mit dem Fest Kreuzerhöhung u. den Marienfesten Dormitio (Heimgang), Hypapante (Begegnung des Herrn mit Simon u. Anna), Geburt u. Verkündigung. † am 8. 9. 701.
Gedächtnis: 8. September
Lit.: Caspar II 623ff 634ff – Haller I^2 390f – O. Bertolini: RSTI 8 (1954) 1–22 – Seppelt II^2 80–85

Sergius von Radonesch, Hl. (russ. Sergij Radonetschkij)
* am 3. 5. 1314 bei Rostwo (am Asowschen Meer). Von 1336 an lebte er als Einsiedler im Urwald von Radonesch. Dort errichtete er ein Kloster zur Hl. Dreifaltigkeit, wurde dort Mönchspriester u. Abt u. führte 1354 das Koinobitentum ein. Das Kloster wurde zum Ausgangspunkt zahlreicher Neugründungen. 1378 weigerte er sich, seine Wahl zum Metropoliten von Moskau anzunehmen. Er wurde schon zu Lebzeiten verehrt u. gehört zu den Begründern der aszetischen Schule, die das russ. Mönchtum befruchtete. † am 25. 9. 1392 im Troize-Sergijewo-Kloster (bei Moskau).
Gedächtnis: 25. September
Lit.: Russ. Heiligenleben, hrsg. v. E. Benz (Zürich 1953) 292–362 – J. Smolitsch, Russ. Mönchtum (Würzburg 1953) Reg. – I. Kologriwow, Das andere Rußland (München 1958) 93–123 – P. Kovalewsky, St. Serge et la spiritualité russe (Paris 1958) – O. Appel, Die Vita des hl. Sergij v. Radonez (München 1971) – W. Nigg, Vom beispielhaften Leben (Olten 1976) 159–170

Sergius u. Bacchus, Märt. **in Syrien,** Hll.

Nach der legendären Passio waren sie Offiziere in kaiserlichen Grenztruppen u. am Hof hochangesehen. Sergius war auch kaiserlicher Geheimschreiber. Nach Bekanntwerden ihres Glaubens an Christus wurden ihnen alle Ehrenzeichen abgenommen u. man unterwarf sie verschiedenen Martern. Sergius wurde enthauptet, Bacchus zu Tode gepeitscht. † um 305 in der Provinz Augusta Euphratesia (der nördl. Teil Syriens, westl. des oberen Euphrat). Sie wurden, bes. Sergius, im Orient sehr verehrt u. waren einst so berühmt wie ↗ Kosmas u. Damian.
Gedächtnis: 7. Oktober
Darstellung: als röm. Soldaten (Offiziere) mit Palme u. Schwert. Sergius zum Spott in Frauenkleidern u. in Schuhen mit spitzen Nägeln (mit denen er 18 Meilen neben dem Wagen des Statthalters einherlaufen mußte), ein Engel heilt seine Wunden

Servatius, Bisch. **von Tongern,** Hl.
Name: zu lat. servatus: der Gerettete, Erlöste
Er stammte aus dem Osten u. ist vielleicht identisch mit Saratios, einem der entschiedensten Gegner des Arianismus auf der Synode von Sardika (342; heute Sofia, Bulgarien). Vor 345 wurde er Bisch. von Tongern (nordwestl. von Lüttich, Belgien). 350 war er Gesandter des gallischen Gegenkaisers Magnentius bei Konstantius II. in Edessa (heute Urfa, östl. Türkei). 359–360 war er auf der Synode von Rimini, wo er nach langem Widerstand gegen die Arianer einer Täuschung unterlag u. der Glaubensformel der Synode zustimmte. 366/384 unternahm er eine Reise nach Rom. In Tongern u. Maastricht errichtete er je ein Maria geweihtes Oratorium. † am 13. 5. 384 zu Maastricht. Er soll auch den Einfall der „Hunnen" (richtiger der Vandalen) von 406 vorausgesagt haben. Jedenfalls wurden seine Reliquien daraufhin viel begehrt, u. seine Verehrung breitete sich in ganz Westeuropa, bes. in Deutschland (Rhein u. Mosel), aus. Sein Grab in der Servatiuskirche zu Maastricht wurde ein vielbesuchtes Wallfahrtsziel. Die spätere Legende (8. Jh.) macht ihn zum Zeitgenossen des Hunnenkönigs Attila (434–453), die des 11. Jh.s sogar zu einem Verwandten Jesu, dem der hl. Petrus in Rom einen Schlüssel übergeben hätte. Er ist einer der ↗ Eisheiligen.
Liturgie: Aachen g am 13. Mai
Darstellung: als Bisch. mit Stab, Brille, Schlüssel (Legende). Als Pilger in der Sonnenhitze schlafend, wobei ihn ein Adler mit seinen Schwingen vor den Sonnenstrahlen schützt u. ihm Luft zufächelt. Mit Holzschuhen (weil er mit solchen zu Tode geworfen worden sein soll). Stößt seinen Bischofsstab in den Rachen eines Drachen
Lit.: BnatBelg XXII 290–296 – P. G. Goris ('s Hertogenbosch 1923) – G. Simenon: Revue ecclés. de Liège 19 (Lüttich 1928) 339–347 – B. H. M. Vlekke (Diss. Nimwegen 1935) – Baudot-Chaussin V 253ff – M. Zender, Räume u. Schichten mittelalt. Heiligenverehrung (Düsseldorf 1959) 61–88

Servitenorden ↗ Sieben Stifter des Servitenordens

Servulus u. Gef., Märt. **in Lystra,** Hll.
Name: lat., der kleine Sklave
Das Martyrologium Hieronymianum nennt ihn zus. mit Zoilus u. anderen Gefährten, die unter Diokletian um 305 in Lystra in Lykaonien (südwestl. von Ikonion, dem heutigen Konya, südl. Türkei) den Martertod erlitten. Infolge der irrtümlichen Lesart „Istria" in einigen Handschriften hielt man sie für Märt. in Istrien u. wählte Servulus zum Patron von Triest. Servulus wurde im Alter von 12 Jahren enthauptet. Die spätere Legende läßt ihn als Kind 19 Monate in einer Höhle leben u. später viele Wunder wirken.
Gedächtnis: 24. Mai
Patron: von Triest
Lit.: ActaSS Maii V (1866) 279–291 – AnBoll 18 (1899) 384f – Lanzoni 863f – Baudot-Chaussin V 465f

Servulus von Rom, Hl.
Er war ein von Kindheit an völlig gelähmter Armer in Rom u. fristete sein Leben durch Betteln. Er ertrug sein Leiden mit größter Ergebung u. gab selbst Almosen von den Gaben, die er täglich im Vorhof von S. Clemente erbat, an andere Arme weiter. Er selbst war Analphabet, kannte aber die Hl. Schrift, indem er sich Bibelhandschriften selbst kaufte u. sich daraus vorlesen ließ. Er starb Psalmen singend um 590.
Gedächtnis: 23. Dezember
Lit.: Quentin 624f 662 – Baudot-Chaussin XII 628f

Servus Dei, Märt., Hl.
Name: lat., Diener Gottes
Er soll aus dem Osten als Missionar gekommen sein. Er predigte in Cordoba (Spanien) gegen die Lehre Mohammeds. Deshalb wurde er unter Abderrhaman II. ergriffen; man hieb ihm Hände u. Füße u. schließlich das Haupt ab. Sein Leichnam wurde verbrannt. † 852.
Gedächtnis: 16. September

Seuse ↗ Heinrich Seuse

Severa OSB, Äbtissin **in Trier,** Hl.
Name: weibl. F. von ↗ Severus
Sie war die Schwester des Bisch. ↗ Modoald von Trier u. wurde um 650 1. Äbtissin in dem von diesem gegründeten Kloster St. Symphorian zu Trier. Angeblich war sie auch die 9. Äbtissin des Klosters Oeren zu Trier. † um 660.
Gedächtnis: 20. Juli
Lit.: Zimmermann II 479ff – E. Ewig, Trier im Merowingerreich (Trier 1954) 118ff – Th. Zimmer, Das Kloster St. Irminen-Oeren in Trier (Trier 1956) 20 Anm. 45 48f

Severin, Bisch. **von Köln,** Hl.
Name: Weiterbildung von lat. ↗ Severus
Er war ein Zeitgenosse des hl. ↗ Martin von Tours. Nach einem Bericht des ↗ Gregor von Tours habe er in einer Vision gesehen, wie Engel die Seele Martins bei dessen Tod (397) in den Himmel trugen. Einer späten Quelle zufolge stand er im Kampf gegen den Arianismus. Sonst ist über ihn historisch kaum etwas bekannt. Sein Kult, bes. in Köln, ist sehr alt. Grabungen unter der Severin-Kirche in Köln zeigen, daß der Heilige in einem christlichen Friedhof-Kirchlein zu den Hll. Cornelius (Papst) u. Cyprian von Karthago begraben war. Das Kirchlein war wohl von ihm selbst erweitert. Sein Grab war von zahlreichen anderen christlichen Gräbern umgeben, woraus man auf eine große Verehrung in merowingischer Zeit schloß. Die Kirche wurde im 6. u. 7. Jh. erweitert u. später mehrfach umgebaut. Seit Anfang des 9. Jh.s trägt sie seinen Namen. Die Reliquien befanden sich seit Ende des 11. Jh.s in einem mit Goldplatten u. Emails überzogenen Schrein. Heute ist nur noch eine Emailplatte mit dem Bild des Heiligen erhalten, das übrige wurde in der Franz. Revolution eingeschmolzen.
Liturgie: Köln G am 23. Oktober
Darstellung: als Bisch., ein Kirchenmodell (Severinkirche) haltend, den Blick zum Himmel gerichtet
Patron: der Stadt Köln
Lit.: H. H. Roth, Stift, Pfarre u. Kirche zum hl. Severin (Köln 1916) – Ders.: Kunstdenkmäler der Rheinprovinz VII/2, bearb. v. H. Rathgens u. H. H. Roth (Düsseldorf 1929) 214–329 – W. Neuß, Die Anfänge des Christentums im Rheinland (Bonn 1933[2]) – H. Rode, St. Severin in Köln (Köln 1951) – F. Fremersdorf, Die Grabungen unter der Severinskirche: Rhein. Kirchen im Wiederaufbau, herausg. v. W. Neuß (M.-Gladbach 1951) 69–72 – J. Torsy: Kölner Domblatt 8–9 (Köln 1954) 16f – M. Zender, Die Verehrg. des hl. S. von Köln: AHVNrh 155–156 (1954) 257–285 – W. Neuß: Gesch. des Erzb. Köln I, hrsg. v. W. Neuß (Köln 1964) 46ff 78ff u. ö.

Severin von Noricum, Hl.
Er war wohl Germane vornehmer Abstammung, wie seine guten Beziehungen zu König Odoaker u. anderen Fürsten zeigen. Er war zuerst Mönch im Orient u. zog nach Attilas Tod (453) nach Ufer-Norikum u. wirkte, obwohl weder Bisch. noch Priester, in Favianis (wohl Mautern an der Donau) als großer Wohltäter u. politisch-geistiger Führer der dortigen röm. Katholiken, die von den überwiegend arianischen Rugiern bedrängt wurden. Er erreichte zunächst die Trennung von Arianern u. Katholiken u. schließlich den vollständigen Religionsfrieden, sodaß die Angehörigen beider Religionen miteinander wohnten u. dieselben Kirchen benutzten. Durch ausgedehnte karitative Tätigkeit suchte er die Not der Bevölkerung zu lindern. In der Nähe von Favianis gründete er ein Kloster (wohl Göttweig, Niederösterreich), wohin er sich zurückzog, u. ein zweites in Bojotro (heute Innstadt bei Passau). Er starb in Favianis am 8. 1. 482, von Germanen u. Römern, Arianern u. Katholiken gleichermaßen hoch geschätzt. Anläßlich der Übersiedlung der Römer aus Norikum nach Italien durch Odoaker (488) kamen seine Gebeine zuerst nach Montefeltre (S. Leo bei San Marino), einige Jahre später nach Castellum Lucullanum bei Neapel, 910 in das Severin-Kloster in Neapel u. 1807 in die Kapelle der Pfarrkirche zu Frattamaggiore bei Aversa (nördl. von Neapel).
Liturgie: RK g am 8. Jänner (Linz F: 2. Diözesanpatron; Passau, St. Pölten, Wien G)
Darstellung: als Pilger (mit Buch) oder

Abtstab, Kruzifix in der Rechten, dem Volk predigend
Patron: der Leinweber, Gefangenen, Winzer, Weinstöcke
Lit.: N. Niko (Diss. Wien 1939) – E. K. Winter, Studien zum Severin-Problem (Klosterneuburg 1959) – I. F. Görres (Freiburg/B. 1945) – Eugippius, Vita Severini (dt. v. M. Schuster, Wien 1946) – P. Dörfler (Freiburg/B. – Wien 1948) – K. Kramert–E. K. Winter, 2 Bde. (Wien 1959) – A. Aign: Ostbair. Grenzmarken 3 (Passau 1959) 168–200 – F. Lotter (Stuttgart 1976) – D. Assmann, Hl. Florian bitte für uns (Innsbruck 1977) 41–46

Severin von St-Maurice, Hl.
Nach der Vita des 8. Jh.s ging er im 27. Jahr der Regierung des fränkischen Königs Chlodwig I., also 508, nach Paris u. heilte Chlodwig von seiner Krankheit. Unterwegs heilte er noch Bisch. Eulalius von Nevers u. andere. Er starb 508 in Château-Landon. Spätere Berichte nennen ihn Abt von St-Maurice (Wallis, Schweiz). Die Abtliste u. die frühen Quellen von St. Moritz kennen indes keinen Abt Severin. Vielleicht war er Abt einer Klerikergemeinschaft vor der Gründung des Klosters (515).
Gedächtnis: 11. Februar
Lit.: Längere Vita um 800: ActaSS Febr. II (1658) – 544–551 – Kürzere Vita, ed. B. Krusch: MGSS rer. Mer. III 168ff – E. Gruber, Die Stiftungsheiligen der Diöz. Sitten (Fribourg 1932) 73f

Severus, Bisch. **von Ravenna,** Hl.
Name: lat., der Ernsthafte, Strenge
Er regierte 342–344 (?). Historisch gesichert ist nur seine Teilnahme an der Synode zu Sardika (Sofia, Bulgarien) (342) über den Arianismus. Er wurde an einem 1. Februar in einer Kapelle zu Ravenna in Classe beigesetzt. Sein Kult ist u. a. bezeugt durch Apsis-Mosaiken in S. Apollinare in Classe (6. Jh.) u. eine 582 (593?) eingeweihte Severus-Basilika in Ravenna. Die Weihe wurde zu Pfingsten vollzogen. Wohl damals entstand die Legende, eine Taube, die sich auf seinem Haupt niederließ, habe die Wahl des Wollwebers Severus zum Bisch. veranlaßt. Ein gallischer Kleriker namens Felix entwendete die Gebeine des hl. Severus zus. mit denen seiner angeblichen Gattin Vincentia u. seiner Tochter Innocentia. Diese wurden 836 nach Mainz, die des Severus bald darauf nach Erfurt übertragen.
Gedächtnis: 1. Februar
Darstellung: als Bisch. Taube auf der Schulter, mit Weberschiffchen oder Wollbogen
Patron: der Weber, Tuch- u. Strumpfmacher, der Polizisten (wegen seines Namens: Severus = streng)
Lit.: F. Lanzoni: Atti e Mem. della Reale Deput. di Storia Patria per la . . . Romagna 4 Ser. 1 (Bologna 1911) 325–396, 2 (1912) 350–396 – G. Lucchesi, Note agiogr. sui primi vescovi di Ravenna (Faënza 1941) 81–95 – Braun 656ff

Sexburga OSB, Äbtissin **von Sheppey u. Ely,** Hl.
Name: a) ahd. sahs, angelsächs. seax („Messer", urspr. Steinmesser: vgl. lat. saxum); davon der Volksname der Sachsen – b) ahd. angelsächs. burg (Burg) (zu ahd. bergan = bergen, schützen): Schützerin der Sachsen
Sie war die Tochter des Königs Anna von Essex (England) u. Schwester der hll. ↗ Etheldreda, ↗ Ethelburga von Faremoutiers u. ↗ Withburga. 640 wurde sie die Gemahlin des Königs Erconbert von Kent u. Mutter der hl. ↗ Ermenhild. Nach dem Tod ihres Gatten (664) wurde sie Äbtissin in dem von ihr gegründeten Kloster Sheppey zu Minster (Insel Thanet bei Ramsgate, Grafsch. Kent). 675 wurde sie Nonne in dem von ihrer Tochter gegründeten Kloster Ely (etwa nördl. von Cambridge) u. dort 679 Äbtissin. † um 699.
Gedächtnis: 6. Juli
Lit.: BHL 7693ff – Zimmermann II 410ff

Siard OPraem, Abt **von Mariengaarde,** Hl. (Siardus, Sighard, Sieghard)
Name: ahd. sigu (Sieg) + harti, herti (hart, kühn): kühner Sieger
Er war Prämonstratenserabt im Kloster Mariengaarde bei Hallum (Nord-Niederlande) u. starb am 13. 11. 1230. Nach der Zerstörung des Klosters kamen seine Reliquien größtenteils in die OPraem-Abtei Tongerloo bei Gheel (östl. von Antwerpen, Belgien).
Gedächtnis: 13. November
Lit.: A. Erens, De Heilige Siardus en zijne reliquien ter Abdij Tongerloo 1617–1917 (Tongerloo 1917) – D. A. Wumkes, Sibrandus Leo's Abtenlevens (Bolsward 1929)

Sibylle (unkorrekt häufig: Sybille)
Name: ist unerklärt u. stammt wohl aus Kleinasien. Ursprünglich war die Sibylle bei Heraklit von Ephesus (um 500 v. Chr.)

eine Seherin in Erythrai (Kleinasien), u. zwar noch eine Einzelgestalt. Bereits Aristoteles (384–322 v. Chr.) kannte mehrere Sibyllen, der röm. Geschichtsschreiber Varro († 27 v. Chr.) setzte ihre Zahl auf 10 fest. Auf dem Kapitol in Rom bewahrte man die Orakelsprüche der Sibylle von Cumae (die griech. Kolonie Kyme in Kampanien) auf (Sibyllinische Bücher), die man bei wichtigen Anlässen zu Rate zog, bis sie der röm. Staatsmann u. Feldherr Stilicho (ein gebürtiger Wandale) um 405 verbrennen ließ. Es wurden aber schon vorher Abschriften angefertigt, die um das 6. Jh. n. Chr. zu einer Sammlung von 15 Büchern zusammengestellt wurden. Im Mittelalter war die ganze Sammlung verschollen, im 15. Jh. konnten die Bücher 1–8, im 19. Jh. die Bücher 11–14 aufgefunden werden. Von den fehlenden 3 Büchern sind 2 vielleicht nur Teile des umfangreichen 8. Buches. In der christlichen Kunst (ital. Renaissance) erscheinen die Sibyllen als weibliches Gegenstück zu den Propheten. Seither tritt Sibylle als Vorname auch in Deutschland auf. Eine Figur des Kölner Puppentheaters trägt den Namen Marizebill (= Maria + Sibylle).

Sibyllina (Sibillina) **Biscossi,** Sel.
Name: zu ↗ Sibylle
* 1287 zu Pavia (südl. von Mailand). Sie verlor schon als Kind ihre Eltern u. verdingte sich als Magd. Mit 12 Jahren verlor sie das Augenlicht u. schloß sich in Pavia dem 3. Orden des hl. Dominikus an. Von 1302 an lebte sie als Rekluse neben der dortigen Dominikanerkirche u. führte ein strenges Bußleben. Sie war charismatisch begnadet u. wurde von vielen Bürgern u. Fremden um Rat angegangen. † am 19. 3. 1367, beigesetzt in der Dominikanerkirche zu Pavia. Kult 1854 bestätigt.
Gedächtnis: 19. März
Darstellung: das Jesukind erscheint ihr
Patronin: der Dienstmägde
Lit.: M. C. de Ganay, Les bienheureuses Dominicaines (Paris 1924²) 177–191 – Baudot-Chaussin III 429–432

Sidonius Apollinaris, Bisch. von Clermont-Ferrand, Hl.
Name: a) lat., Mann aus Sidon (heute Saida, Libanon) – b) lat., der dem Gott Apollo Geweihte
* um 432 zu Lyon aus einer röm. Senatorenfamilie. Er erhielt in Lyon u. Arles eine sorgfältige Ausbildung in Grammatik u. Rhetorik. Zunächst widmete er sich der politischen Laufbahn. Um 450 heiratete er die Tochter des Praefectus Galliarum u. späteren Kaisers Avitus (455–456). Daneben betätigte er sich als gefeierter Dichter u. hinterließ 147 sprachlich u. kulturhistorisch wertvolle Briefe in 9 Bänden, die durch eingestreute Gedichte aufgelockert sind. Lobgedichte auf die Kaiser Avitus, Majorian u. Anthemius brachten ihm 456 eine Bildsäule in Rom, 461 die Ernennung zum Grafen von Auvergne u. 468 die Ernennung zum Präfekten von Rom ein. 469/470 wurde er unerwartet u. widerstrebend zum Bisch. von Clermont-Ferrand (Zentral-Frankreich) gewählt. Als solcher spielte er eine mehr politische als kirchliche Rolle. Nach der Eroberung seines Landes durch die Westgoten (474/475) wurde er zeitweilig verbannt. † um 432 in Clermont.
Gedächtnis: 23. August
Lit.: A. Engelbrecht: Wiener Studien 20 (Wien 1898) 293–308 – S. E. Stevens, Sidonius Apollinaris and his age (Oxford 1933) – A. Loyen (Paris 1942) – CIP² 986f

Sidonius, Bisch. **von Mainz,** Hl.
Er war der Nachfolger des hl. ↗ Maximus u. zus. mit König Theodebert am inneren u. äußeren Aufbau von Mainz tätig. Er lebte im 5. Jh. Seine Gebeine wurden 935 durch Bisch. Hildebert von Mainz erhoben u. in der Albanskirche beigesetzt.
Gedächtnis: 1. November

Sieben Brüder ↗ Felicitas u. ihre 7 Söhne, Märt. zu Rom

Sieben Stifter des Servitenordens OSM, Hll.
In Florenz fanden sich 7 vornehme Bürger zu einer Marienbruderschaft der Laudesi (laude: ital. geistliche Volkslieder) u. vereinigten sich 1233 zu einem gemeinsamen Leben:
Buonfiglio dei Monaldi (Bonfilius), Ordensgeneral zu Florenz († 1. 1. 1262), **Giovanni di Buonagiunta** (Bonajuncta) († 31. 8. 1257 während seiner Predigt), **Benedetto dell' Antella** (Manettus), 4. Ordensgeneral († 20. 8. 1268), **Bartolomeo degli Amidei** (Amideus) († 18. 4. 1266), **Ricoverino dei**

Lippi-Ugoccioni (Hugo) († 3. 5. 1282), **Gheradino di Sostegno** (Sosteneus) († 3. 5. 1282), **Alessio de'Falconieri** († 17. 2. 1310). Zuerst wohnten sie gemeinsam in der Stadt, von 1234 an als Einsiedler auf dem Monte Senario bei Florenz. Sie nannten sich Orden der Diener Mariens (Ordo Servorum Mariae, Serviten). Zu Ostern 1240 nahmen sie die Augustinerregel u. den schwarzen Habit an u. gewährten auch anderen Gefährten Aufnahme in ihre Gemeinschaft. Beeinflußt von ↗ Petrus Martyr von Verona OP schrieb der 1. Generalprior Bonfilius nach den Konstitutionen der Dominikaner die Ordenssatzungen, die der 5. Generalprior ↗ Philippus Benitius neu bearbeitete. Der Orden wurde erstmals durch Innozenz IV. 1249 u. 1252 bestätigt, durch Innozenz V. 1276 aufgelöst, durch Nikolaus IV. 1290 neu ins Leben gerufen u. durch Benedikt XI. 1304 feierlich bestätigt. Martin V. zählte 1424 die Serviten zu den Bettelorden.

Den 2. Orden (Servitinnen, Dienerinnen Mariä) gründete Philippus Benitius nach 1280 (daher Filippini, Philippinerinnen genannt), den 3. (weltlichen) Orden gründete ↗ Juliana von Falconieri um 1304 in Florenz. In Italien werden sie „Mantellate" genannt. Die 7 Stifter wurden 1888 heiliggesprochen.

Liturgie: GK g am 17. Februar

Lit.: A. M. Rossi, Manuale di Storia dell'Ordine dei Servi di Maria (Rom 1956)

Sieben Zufluchten

In den Notzeiten des späten 17. Jh.s bildete sich diese barocke Andachtsform heraus, in der sich der Mensch in allen Nöten der Seele u. des Leibes sichere Hilfe erwartete. Zu den 7 Zufluchten wurden gezählt: die Hl. Dreifaltigkeit, der Gekreuzigte, die hl. Eucharistie, Maria, die Erzengel, bestimmte Heilige (bes. Sterbe- u. Pestpatrone wie Joseph, Barbara, Ignatius v. A., Sebastian) u. die Armen Seelen. Man weihte ihnen Altäre, Kapellen u. Kirchen, Bilder der 7 Zufluchten in Öl oder als Fresko schmückten Kirchen und Wohnzimmer, es entstanden Gebete, Litaneien u. Gebetsverse („Wann dise Zuflucht für mich stehn / Kan es mir niemal übel gehn"; „In all euren Nötten u. leidigen Suchten / werden euch errötten dise siben Zufluchten"). Wohl das 1. Andachtsbuch heißt „Heylwürckende Andacht zu den siben Zufluchten von einem Jesuitenpater" (München 1689). Es bildeten sich eigene Bruderschaften; zu ihrer Verbreitung trugen bes. die Frauenorden bei. Je ein Tag der Woche wurde einer dieser 7 Zufluchten geweiht. Die Andacht entstand wohl in Alt-Bayern u. breitete sich schnell über den ganzen süddt. Raum aus, bes. in Salzburg u. Tirol, vereinzelt auch im Norden (Fulda 1689). In der Zeit der Aufklärung wurde sie aber bereits bespöttelt u. zurückgedrängt, konnte sich aber in Resten bis ins 19. Jh. erhalten. Noch um 1930 suchte sie ein Seelsorger in Wien neu zu beleben.

Lit.: G. Buchner: Der Inn-Isengau 5 (Watzling 1927) 66f, 6 (1928) 19–21 – K. Faustmann (Mainz 1933) – F. Zoepfl: Volk u. Volkstum 3 (München 1938) 263–277 (Lit.)

Siebenschläfer, Märt. zu **Ephesus,** Hll.

Nach der bereits im 5. Jh. bezeugten syrischen Legende waren sie christliche Jünglinge aus Ephesus, die in der Verfolgung des Decius im Jahr 250 vor dem heidnischen Götzenopfer entflohen u. sich in einer Höhle am Berg Ochlon (?) nahe bei der Stadt verbargen. Decius habe ihren Aufenthalt erfahren u. den Höhleneingang zumauern (bzw. mit Steinen zuschütten) lassen, um sie so dem Hungertod preiszugeben. Dort seien sie entschlafen, aber im Jahr 437 (bzw. 443) wieder zum Leben erwacht u. hätten Zeugnis für die Auferstehung der Toten abgelegt. Dann seien sie wieder entschlafen. Die Legende liegt in 2 Fassungen vor. Zuerst wurde sie in verschiedene orientalische Sprachen übersetzt u. fand sogar – wenngleich mit Veränderungen – Aufnahme in die 18. Sure des Koran. Die ursprüngliche (altsyr.) Fassung kannte 8 Namen, bald jedoch setzte sich die Zahl 7 durch. Daneben finden sich vereinzelt 9, 5 oder 4 Namen. U. a. werden, hauptsächlich in griech. Texten, oft genannt: Achillides, Diomedes, Eugenios, Stephanos, Probatos, Sabbatios u. Kyriakos.

Ins Lat. wurde die Legende erstmals durch ↗ Gregor von Tours († 594) übertragen u. wurde im Abendland bes. seit der Zeit der Kreuzzüge sehr beliebt. Diese lat. Fassung

hält sich mehr an das syr. Original. Hier setzten sich im Lauf der Zeit folgende Namen durch: Maximianus, Malchus, Martinianus, Dionysius, Johannes, Serapion und Constantinus. Historisch gesichert ist ein früher Lokalkult (seit dem späten 5. Jh. bezeugt) u. eine Siebenschläfer-Kirche bei Ephesus (angeblich von Kaiser Theodosius II., 408–450 erbaut), die u. a. von Theodosius Archidiaconus (Palästinapilger, um 530) erwähnt wird. Auch moderne Ausgaben scheinen eine solche Kirche zu bestätigen.
Wohl seit der Zeit des Barock erhielt das Fest der Siebenschläfer den Charakter eines Lostages für das Wetter in den nächsten 7 Tagen oder Wochen.
Gedächtnis: 27. Juli (im Osten: 22., 23. Oktober, 2. August)
Darstellung: als junge Knaben in einer Höhle. *Maximian* trägt eine vielknotige Keule; *Johannes* u. *Constantinus* eine Keule ohne Knoten; *Malchus* u. *Martinianus* tragen Beile; *Serapion* eine brennende Fackel; *Dionysius* einen großen Nagel
Lit.: BHL 2313–2319 – BHO 1012–1022 – M. Huber, Die Wanderlegende der Siebenschläfer (Leipzig 1910) – A. Allgeier: OrChr NS 4 (1914) 279–297, 5 (1915) 10–59 263–271, 6 (1916) 1–43, 7 (1918) 33–87 (syr. Überl.) – Ders.: ByzNGrJB 3 (1922) 311–331 (griech. Überl.) – P. Peeters: AnBoll 41 (1923) 369–385 – Bächtold-Stäubli VII 1702ff – A. Massignon: AnBoll 68 (1950) 245–260 (Islam) – Stammler-Langosch IV 198–201 (Lit). – J. Hofbauer: Ostbayr. Grenzmarken 2 (Passau 1958) 299ff (Hochaltar zu Rotthof) – R. Schindler: ebd. 5 (1961) 195–199 (Legende, Kult, Brauchtum)

Siegfrid (Sigurd) **von Schweden,** Bisch. u. Glaubensbote, Hl. (Sigfrid, Sigafrid)
Name: ahd. sigu (Sieg) + fridu (Schutz vor Waffengewalt, Friede): siegreicher Schützer
Er war vermutlich Mönch in Glastonbury (südl. von Bristol, Westengland) u. kam 995 mit dem Wikingerführer Olav I. Tryggvason nach Norwegen. Er missionierte dann in Schweden, wo er bei Uppsala König Olaf Skötkonung taufte. Vor dem Widerstand der Bauern wich er nach Gotland (Südschweden) aus. Dort gründete er das erste schwedische Bistum zu Sakara (nordöstl. von Göteborg). 1030 besuchte er Bremen. Er starb an einem 15. Februar (?) und wurde in Växjö (Südschweden) begraben, dessen Domkirche seinen Namen trug. Seine Gebeine wurden im 16. Jh. vernichtet. Er war einer der verehrtesten Patrone Schwedens, sein Kult ist auch in Dänemark u. Norwegen verbreitet.
Gedächtnis: 15. Februar
Darstellung: im Bischofsornat auf einem Schiff das Meer segnend, von Teufeln bedroht
Patron: von Schweden (mit Olaf)
Lit.: T. Schmid, Den helige Sigurd (Lund 1931) (Lit.) – T. Lundén: Credo 38 (Stockholm 1957) 97–143 – A. Wolf, Olav Tryggvason u. die Christianisierung des Nordens (Innsbruck 1959)

Siegfrid (Sigfrith) OSB, Abt **in Wearmouth,** Hl.
Er war Benediktinermönch u. Diakon im Kloster Wearmouth bei Newcastle (Nordengland) u. wurde um 686 Abt. † 689/690.
Gedächtnis: 22. August
Lit.: BHL 8968–8971 – Zimmermann II 609f – Baudot-Chaussin VIII 422f

Sieghard (Sighard) ↗ Siard von Mariengaarde

Sigebert, König der Ostangeln, Hl. (Sigibert, Sigeberth)
Name: ahd. sigu (Sieg) + beraht (glänzend, berühmt): berühmter Sieger
Während der Regierung seines Bruders Earpwald wurde er nach Gallien verbannt u. erhielt dort die Taufe. Um 631 wurde er König der Ostangeln (Königreich zw. Stour u. Ouse, Grafsch. Norfolk u. Suffolk, England). Zus. mit Bisch. ↗ Felix von Dunwich u. dem irischen Missionar ↗ Fursa bemühte er sich eifrig um die Christianisierung des Landes. Später dankte er ab u. wurde Mönch im Kloster Beodericsworth (später Bury St. Edmund's genannt, Suffolk). Beim Einfall des Königs Penda von Mercia wurde er um 637 getötet.
Gedächtnis: 27. September
Lit.: ActaSS Oct. XII (1867) 892–904 – Baudot-Chaussin IX 554f – F. M. Stenton, Anglo-Saxon England (Oxford 1955) 116f

Sigga, Kf. von ↗ Siglinde

Sighilde OSB, Hl.
Name: ahd. sigu (Sieg) + hilta, hiltja (Kampf): siegreiche Kämpferin
Sie war Benediktinerin im Kloster Auchy (Belgisch-Flandern) zw. 700 u. 750. Ihre Reliquien sind in St. Calais (nördl. von Tours).
Gedächtnis: 22. Juni

Sigi (Siggi), Kf. von ↗ Siegfrid, ↗ Sigmund, ↗ Sigebert

Sigibald, Bisch. **von Metz,** Hl. (Sigisbald)
Name: ahd. sigu (Sieg) + walt (der Waltende, Herrschende): siegreicher Heerführer
Er wurde um 716 Bisch. von Metz als Nachfolger des hl. ↗ Chrodegang. Er gründete das Kloster Neuweiler bei Zabern (nordwestl. von Straßburg) u. erneuerte das Kloster St-Nabor (heute St-Avold, südwestl. von Saarbrücken), wo er 740/741 starb. Von dort sollen seine Gebeine 991 nach St-Symphorien zu Metz übertragen u. 1107 erhoben worden sein.
Gedächtnis: 26. Oktober
Lit: ActaSS Oct. XI (1870) 931–943 – F. A. Weyland, Vie des saints du diocèse de Metz V (Guénange 1912) 281–304

Sigibert III., Frankenkönig, Hl.
Name: ↗ Sigebert
* 629/630 als Sohn des Königs Dagobert I. Von seinem Vater wurde er mit 3 Jahren auf den Thron von Austrasien (heute Westdeutschland mit Lothringen, Hauptstadt Metz) erhoben. Die Regierung führten für ihn Erzb. ↗ Kunibert von Köln u. Herzog Adalgisel. Sigibert gründete mehrere Abteien, darunter Stablo (Stavelot, Ostbelgien), Malmédy (Prov. Lüttich) u. St. Martin zu Metz. Papst ↗ Martin I. wandte sich an ihn in seinem Kampf gegen den Monotheletismus (christologische Irrlehre). † am 1. 2. 656, in St. Martin zu Metz beigesetzt.
Gedächtnis: 1. Februar
Lit.: G. Eiten, Das Unterkönigtum im Reiche der Merowinger . . . (Heidelberg 1907) 11–17 – NA 35 (1910) 37–42 – J. Clauß, Die Heiligen des Elsaß . . . (Düsseldorf 1935) 115 ff 224f

Sigisbert, Abt **in Disentis,** Hl.
Er war ein Franke von Geburt u. kam im Zug seiner „peregrinatio propter Deum" (Wanderschaft für Gott) bis an den Vorderrhein (Südschweiz) u. gründete dort in Disentis eine Zelle. Hier begrub er auch seinen Gefährten u. Förderer ↗ Placidus, der auf Anstiften des Präses Victor von Chur ermordet worden war, u. fand neben ihm selbst sein Grab. † Anfang des 8. Jh.s. Über ihrem Grab entstand Mitte des 8. Jh.s das OSB-Kloster Disentis. Kult approbiert am 6. 12. 1905: „Selig u. heilig".
Liturgie: Chur G am 11. Juli (mit Placidus)
Darstellung: als Abt mit Buch u. Kirchenmodell
Lit.: I. Müller: SM 65 (1953–1954) 292ff (Fest) – Ders., Die churrätische Wallfahrt im Mittelalter (Basel 1964) 29–40 88f – ↗ Placidus

Sigismund, König **von Burgund,** Hl. (Sigmund)
Name: ahd. sigu (Sieg) + munt (Schutz, Rechtsschutz; vgl. „Vormund"): siegreicher Beschützer
Unter dem Einfluß des Erzb. Avitus von Vienne trat er 496/499 vom arianischen Glauben zur kath. Kirche über. 516 folgte er seinem Vater Gundobald auf den Thron von Burgund. 522 ließ er Sigrich, den Sohn seiner 1. Frau Ostrogotha, auf Anstiften seiner 2. Frau erdrosseln. Dafür büßte er in dem von ihm wiederhergestellten u. reich beschenkten Kloster St-Maurice (Kt. Wallis, Schweiz), wo er einen ununterbrochenen Chorgesang einrichtete. 523 wurde er von den Frankenkönigen geschlagen u. flüchtete in das Kloster St-Maurice. Von dort wurde er gefangen nach Orléans gebracht, wo ihn 524 der Frankenkönig Chlodomir beim Dorf Colomna (oder Belsa) mit seiner Gattin u. seinen Söhnen in einem Brunnen ertränken ließ. Um 535/536 wurden seine Gebeine in der Johanneskirche zu St-Maurice beigesetzt. Die Gebeine seiner Söhne Gundobald u. Giscald ruhen in der dortigen Stiftskirche, Sigismunds Hirnschale kam 676 nach St. Sigismund im Elsaß u. ist heute in Matzenheim, ein Teil der Reliquien wurde 1354 in den Veitsdom in Prag überführt.
Liturgie: Einsiedeln G am 1. Mai; München-Freising, Sitten: g am 2. Mai; sonst 1. Mai
Darstellung: als König mit Krone, Zepter u. Reichsapfel, Schwert u. Palme, neben ihm ein Brunnen
Lit.: Passio, ed. B. Krusch: MGSS rer. Mer. II 329–340, VII 775f – St. Randinger: Wiss. Festgabe zum Korbinian-Jubiläum (München 1924) 351–362 – E. A. Stükkelberg (Basel 1924) – Künstle II 533ff – J. Clauß, Die Heiligen des Elsaß (Düsseldorf 1935) 117–123 226f – E. Zöllner: MIÖG 65 (1957) 1–14 – R. Folz: DA 14 (1958) 317–344

Siglinde OSB, Äbtissin **von Troclar,** Hl. (Sigolena)
Name: ahd. sigu (Sieg) + linta (Schild aus

Lindenholz): siegreiche Schildkämpferin, oder siegreiche Schützerin
Sie entstammte einem Adelsgeschlecht in Aquitanien (Südwest-Frankreich). Nach dem Tod ihres Gatten Gislef wurde sie 1. Äbtissin in dem von ihrem Vater gestifteten Kloster Troclar (bei Lagrave am Tarn, Diöz. Albi, Südfrankreich). Sie lebte wohl im 7. Jh.
Gedächtnis: 24. Juli
Patronin: der Witwen
Darstellung: als Benediktinerin, von Kranken umgeben

Sigmar
Name: ahd. sigu (Sieg) + mar (berühmt; von maren = erzählen). Bei Tacitus ist der Name als Segimerus überliefert.

Sigmund ↗ Sigismund

Sigo, Bisch. **von Clermont,** Hl. (Siggo, Sigonius)
Name: Kf. von Namen, die mit Sig- beginnen (z. B. Sigfrid u. a.)
Er wurde 861 Bisch. von Clermont (Auvergne, Zentralfrankreich). Man vertrieb ihn von seinem Bischofssitz, er wurde aber auf Befehl ↗ Nikolaus' I. wieder eingesetzt. Er baute den bei einem Normanneneinfall niedergebrannten Dom wieder auf. † 875.
Gedächtnis: 10. Februar

Sigrada, Äbtissin **zu Soissons,** Hl.
Name: ahd. sigu (Sieg) + rat (Rat) oder rado (rasch, flink)
Sie war die Mutter der hll. ↗ Leodegar, Bisch. von Autun, u. ↗ Warin. Sie erlebte noch den Martertod ihrer beiden Söhne durch den berüchtigten Hausmeier Ebroin (678). Nach dem Tod ihres Gatten sperrte sie Ebroin in das Marienkloster zu Soissons (nordöstl. von Paris). Sie nahm aber daselbst das Ordenskleid u. wurde bald Äbtissin. † am 4. 8. um 680.
Gedächtnis: 4. August

Sigrid
Name: in neuerer Zeit aus dem Nord. übernommener weibl. Vorname: germ. segu (altnord. sigr) (Sieg) + germ. ridan (altnord. ritha) (sich hin u. her bewegen, sich fortbewegen, „reiten"): siegreiche Reiterin

Sigrun
Name: altdt. weibl. Vorname: ahd. sigu (Sieg) + runa (Geheimnis; vgl. „raunen"): „die (im Orakelspruch) den Sieg verheißt"

Sigurd
Name: aus dem Nord. übernommener männlicher Vorname, entspricht unserem ↗ Sigward. (Siehe auch ↗ Siegfrid von Schweden)

Sigward (Siegward, Siegwart)
Name: ahd. sigu (Sieg) + wart (Wächter, Hüter): der auf den Sieg bedacht ist

Silas, Mitarbeiter des Paulus, Hl.
Name: (griech.) lat. Silvanus: bei Vergil Name eines Feld- u. Waldgottes (lat. silva = Wald)
Im Gegensatz zu den ↗ Aposteln wird er „Prophet" genannt (Apg 15,32). Zus. mit Judas wurde er als Begleiter von ↗ Paulus u. ↗ Barnabas nach Antiochia gesandt u. überbrachte den dortigen Christen die Beschlüsse des Apostelkonzils zu Jerusalem (Apg 15,22–34). Von Antiochia aus nahm ihn Paulus als Begleiter mit auf seine 2. Missionsreise nach Kleinasien u. Griechenland (Apg 15,40 f). Mit Paulus gründete er in Philippi (Ruinen südwestl. von Drama, östl. Mazedonien, Griechenland) die dortige Christengemeinde, wurde mit ihm in das Gefängnis geworfen, aber durch ein nächtliches Erdbeben von den Ketten befreit u. vom Statthalter aus der Stadt verwiesen (Apg 16,12 ff). Später traf er, von Mazedonien kommend, in Korinth wieder mit Paulus zusammen (Apg 18,5). Er ist identisch mit jenem Silvanus, der in den beiden Thessalonicherbriefen im Eingangsgruß erwähnt wird (1+2 Thess 1,1) u. hat wohl, nach damaliger Sitte, diese Briefe nach dem Diktat des Paulus geschrieben. Auch ist er Redaktor des 1. Petrusbriefes (1 Petr 5,12).
Gedächtnis: 13. Juli
Lit.: Pölzl 129–135 – A. Stegmann, Silas als Missionar u. „Hagiograph" (Rottenburg 1917) – L. Radermacher: ZNW 25 (1926) 287–295 – Bauer 1487 (Lit.)

Silja (fries.) ↗ Cäcilia

Silke (niederdt., fries.) ↗ Gisela

Silva Meneses ↗ Beatrix da Silva Meneses

Silvanus, Bisch. **von Gaza,** u. Gef., Märt., Hll.
Er war zuerst Soldat u. wurde Priester u. schließlich Bisch. von Gaza (Palästina). Um 300 wurde er mit vielen anderen Christen zur Zwangsarbeit in den Bergwerken (ad metalla) verurteilt. Dazu hatte man ihre Fußgelenke mit glühenden Eisen gelähmt, offenbar um ihre Flucht zu verhindern. Nach einigen Jahren durften sie wieder heimkehren u. ihre Gottesdienste aufnehmen. Im Jahr 311 verschlimmerte sich jedoch ihre Lage neuerdings. Silvanus wurde mit 39 oder 40 anderen Christen gefangengenommen, grausam gefoltert u. schließlich enthauptet.
Gedächtnis: 4. Mai

Silverius, Papst, Hl.
Name: zu lat. silva (Wald): Waldmensch
Er stammte aus Frosinone in Kampanien (Süditalien) als Sohn des Papstes ↗ Hormisdas. Er war zuerst Subdiakon in Rom. Unter dem Zwang des Ostgotenkönigs Theodahad wurde er am 1. 6. (8.?) 536 zum Papst erhoben. Der Klerus von Rom fand sich nur unter Druck nachträglich bereit, die Wahl anzuerkennen. Durch seine Verhandlungen gelang ihm die kampflose Übergabe der Stadt Rom an den byzantinischen Feldherrn Belisar im Dezember 536. Doch bald wurde Silvanus von Belisar mit gefälschten Briefen hochverräterischer Beziehungen zu den Ostgoten beschuldigt, am 11. (?) März 537 abgesetzt u. nach Patara in Lykien (südl. des heutigen Kaja gegenüber Rhodos, südwestl. Kleinasien) verbannt. An seine Stelle trat auf Befehl Belisars der röm. Diakon Vigilius. Auf den Appell des Bisch. von Patara bei Kaiser Justinianus I. brachte man Silverius zur Klärung der Schuldfrage wieder nach Rom zurück. Vigilius erhielt das Mandat, daß der Gefangene ihm ausgeliefert u. auf die Insel Ponza (westl. von Neapel) verbannt werde. Innerlich zermürbt verzichtete Silverius am 11. 11. 537 auf seine Papstwürde u. starb dort, durch die erlittenen Entbehrungen entkräftet, am 2. 12. 537. Die spätere Legende machte ihn zu einem Märt. der Glaubenstreue.
Gedächtnis: 2. Dezember
Darstellung: als Pilger mit einem Napf oder mit einem kleinen Stück Brot auf einem Teller
Lit.: Caspar II 230–233 769 – Haller I² 265f 538 – Seppelt I² 270–273 306 – B. Rubin, Das Zeitalter Justinians I (Berlin 1960) Reg.

Silvester (Silvestro) **Guzzolini,** Abt, Hl.
Name: lat. silvestris, Waldbewohner (zu lat. silva = Wald)
* um 1177 zu Osimo bei Ancona (Mittelitalien) als Sohn eines adeligen Juristen. Er studierte zuerst Rechtswissenschaften in Padua u. Bologna, wechselte aber gegen den Widerstand des Vaters auf Theologie über u. wurde Priester u. Kanoniker in Osimo. Durch den Anblick eines geöffneten Grabes erschüttert, zog er sich 1227 als Einsiedler in die Grotta Fucile (30 Meilen von Osimo entfernt) zurück u. sammelte Schüler um sich. 1231 gründete er auf dem Monte Fano bei Fabriano (zw. Perugia u. Ancona) ein Kloster mit strikter Observanz der Benediktus-Regel (mit verschärfter Armut u. strengem Fasten). Daraus erwuchs noch zu seinen Lebzeiten die Kongregation der Silvestriner (einer Benediktiner-Reformkongregation). Er lebte ganz dem Gebet, Studium, der Predigt u. dem Beichthören u. zeichnete sich aus durch großen Bußeifer, Demut u. Geduld. Bes. verehrte er die hl. Eucharistie u. die Gottesmutter. † am 26. 11. 1267. Seine Gebeine ruhen in S. Silvestro di Monte Fano. Heiliggesprochen 1598.
Gedächtnis: 26. November
Darstellung: im blauen Ordenshabit. Maria reicht ihm die hl. Kommunion (Legende). Neben ihm eine eingesargte Leiche
Lit.: BHL 7744f – A. Bolzonetti, Il Monte Fano e un grande anacoreta (Rom 1906) – Zimmermann III 358ff – Baudot-Chaussin XI 900ff

Silvester I., Papst, Hl.
Er war von Geburt ein Römer u. erhielt noch vor Ausbruch der Verfolgung des Diokletian die Priesterweihe. Er scheint auch zu den Confessores (Bekennern) dieser Verfolgung zu gehören (also derjenigen, die ihren Glauben standhaft bekannt haben), jedenfalls lebte er einige Jahre im Exil auf dem Soracte bei Rom. 314 wurde er als Nachfolger des ↗ Miltiades zum Papst gewählt. Unter ihm vollzog ↗ Konstantin d. G. die grundlegende Wende von der chri-

stenfeindlichen zur christenfreundlichen Staatspolitik. Konstantin förderte die Kirche durch reiche Schenkungen u. Neubauten (z. B. Bau der 1. Peterskirche, Alt-St. Peter über dem Petrusgrab). Die Synode von Arles (314) sandte ihm ein ehrendes Schreiben, auf dem Konzil von Nicäa (325) ließ er sich durch 2 Presbyter vertreten. Nach der Legende des 5. Jh.s habe er auf dem Soracte (Monte Soratte, nördl. von Rom) Kaiser Konstantin vom Aussatz geheilt u. getauft. Der spätere Fälscher der sog. Konstantinischen Schenkung bediente sich dieser Legende, um die Kirche aus der kaiserlichen Bevormundung durch angebliche Privilegien seit Konstantin zu befreien. Silvester starb am 31. 12. 335 u. wurde in der Priscilla-Katakombe an der Via Salaria in Rom beigesetzt. Da sein Fest auf den letzten Tag des bürgerlichen Jahres fällt, ist der Name dieses Papstes mit den an diesem Abend stattfindenden Festlichkeiten verknüpft („Silvesterabend“, Altjahrstag, Neujahrsabend, 2. Hl. Abend).
Liturgie: GK g am 31. Dezember
Darstellung: mit Papstkreuz u. Tiara, Engeln u. Buch. Mit einem Ochsen (er habe einen Stier, den ein jüdischer Magier durch seine Beschwörungen getötet hätte, wieder erweckt). Mit einem gefesselten Drachen, der mit seinem Gifthauch die Luft verpestete u. viele Menschen tötete (Sinnbild des Sieges des Christentums über den Götzendienst). Mit Olivenzweig (Symbol des Friedens)
Patron: der Haustiere (Legende mit dem Stier), für ein gutes Futterjahr (bezogen auf die Jahreswende, in Verbindung mit Neujahrs-Brauchtum)
Lit.: Caspar 115–130 – Seppelt I^2 75ff – H. U. Instinsky, Bischofsstuhl u. Kaiserthron (München 1955) 83–101 – E. Ewig: HJ 75 (1956) 10–37 (Lit.) (Entstehung u. Wirkung der Silvester-Legende)

Silvia, Hl.
Name: weibl. F. zu ↗ Silvius. Die sprachliche Zugehörigkeit zu lat. silva (Wald) gilt als nicht gesichert. In der altröm. Mythologie war die Vestalin Rhea Silvia die Mutter von Romulus u. Remus, der sagenhaften Gründer Roms. Der Name wurde im 13. Jh. wegen des vermuteten Zusammenhanges mit lat. silva (Wald) in der Natur- u. Schäferdichtung verwendet u. kam so als Vorname in Gebrauch. In dieser Zeit entstand auch die unkorrekte Schreibweise „Sylvia“.
Sie stammte aus einer senatorischen Familie u. war die Mutter ↗ Gregors d. G. Sie zog sich auf den Kleinen Aventin zurück (vielleicht in die Gegend der heutigen Kirche S. Saba), von wo sie ihrem Sohn Gemüse ins Kloster schickte. Im 9. Jh. entstand dort die Cella Nova (heute das Kloster S. Saba) mit einem Silvia-Oratorium. Gregor d. G. ließ später ein Porträt seiner Mutter Silvia mit seinem Vater Gordianus im Kloster anbringen. Silvia starb wohl um 592. Sie wird bes. in Sizilien verehrt (legendarisches Geburtsland).
Gedächtnis: 3. November
Lit.: E. Wünscher-Bechi: NBAC 6 (1900) 235–251 (Porträts) – G. Ferrari, Early Roman Monasteries (Città del Vaticano 1957) 141 143 145 283 285 – V. Moschini, S. Gregorio al Celio (Rom) 5 11f 44–47 – P. Testini, S. Saba (Rom 1961) 5 f 12 22 46

Silvinus, Missionsbischof, Hl. (Silvinius)
Name: zu lat. silva (Wald): Waldbewohner
* um 650 in Toulouse (Südfrankreich). In jungen Jahren war er Edelknabe am Hof Childerichs II. und Theuderichs III. in Toulouse. Er wurde Mönch u. machte eine Pilgerfahrt nach Rom u. ins Hl. Land. Später wirkte er mit großem apostolischem Einsatz als Regionarbisch. ohne festen Sitz in der Gegend von Thérouanne (bei St-Omer, nördlichstes Frankreich). † 17. 2. 717 zu Auchy-lès-Hesdin (nördl. von Amiens, Nordfrankreich), er wurde in der Kirche des dortigen Nonnenklosters bestattet.
Gedächtnis: 17. Februar
Darstellung: vor ihm Rücktragkorb u. Steine
Lit.: ActaSS Febr. III (1866) 24–32 (Vita) – Baudot-Chaussin II 378f

Silvius, Bisch. **von Martinach,** Hl.
Name: männl. F. von ↗ Silvia
Er lebte in der 1. Hälfte des 5. Jh.s u. war Bisch. von Martinach (Martigny) im Wallis (Schweiz). Er war mit dem Bisch. ↗ Eucherius von Lyon eng befreundet, der ihm die Geschichte der Thebäischen Legion (↗ Mauritius) widmete. Silvius sandte ihm als Gegengabe eine Art Kalender (Laterculum) von Heiligen u. heiligmäßigen Personen. Wegen einer großen Überschwemmung der

Drause verlegte er seinen Bischofssitz von Martinach nach St-Maurice. † 462.
Gedächtnis: 30. April

Simeon (Symeon) **von Emesa,** Hl. („der Narr")
Name: hebr. schim^{e}ōn, Erhörung; eig. Verkleinerungsform von sch^{e}mah'ēl, Gott hat erhört. Ein bekannter biblischer Namensträger ist Simeon, der 2. Sohn ↗ Jakobs u. ↗ Leas (Gen 29,33)
Er stammte aus Edessa (heute Urfa, Südwest-Türkei) u. wurde Mönch in Palästina. Als solcher lebte er 29 Jahre in der Wüste beim Toten Meer. Dann begann er in Emesa (heute Homs am Orontes, Syrien) das Leben eines „Narren um Christi willen". Unter dem Schutz der Narrenfreiheit fand er Zugang zu den Hochgestellten u. Reichen wie auch zu den Verlorenen u. Verstoßenen. Überall wirkte er durch Wort u. Beispiel im Sinn christlicher Aszese. † 6. Jh. Im Osten wirkte er stark auf die Nachwelt ein, im russ. Mönchtum (Jurodiwyj) hat sich diese Form bis heute erhalten.
Gedächtnis: 1. Juli (im Osten: 21. Juli)
Lit.: Kyrios 3 (Königsberg 1938) 1–55 – Baudot-Chaussin VII 17ff – BHG^3 1677ff – Bardenhewer V 137f

Simeon (Symeon), Bisch. **von Jerusalem**
↗ Simon, Bruder des Herrn

Simeon, frommer Greis **zu Jerusalem,** Hl.
Über ihn berichtet Lk 2,25–35. Er kam bei der Darstellung Jesu in den Tempel, nahm das Kind auf seine Arme u. sprach das Dankgebet „Nun läßt du, Herr, deinen Knecht nach deinem Wort im Frieden scheiden . . .", das schon bald als Abendgebet verwendet wurde u. seit dem 8. Jh. in der Komplet des röm. Breviers Aufnahme fand (Nunc dimittis). Er weissagte über dieses Kind, daß es einst vielen zum Heil u. vielen zum Zeichen des Falles u. des Widerspruches sein werde. Maria sagte er voraus, daß auch ihre „Seele ein Schwert durchdringen werde". Die Legende machte Simeon wegen seines Tempelganges zum Priester (apokryphes Jakobus-Evangelium, wohl 2. Jh.) oder zum Hohenpriester (Nikodemus-Evangelium od. Pilatusakten, 5. Jh.). Ein Priester oder Hoherpriester dieses Namens ist zu dieser Zeit jedoch unbekannt. Im 6. Jh. tauchten in Konstantinopel Reliquien des Heiligen auf, die 1243 nach Zara (Dalmatien) kamen. Reliquien sind auch in S. Simeon in Mailand (kostbares Silberreliquiar von 1380) bis in die Gegenwart herein Ziel vieler Wallfahrer.
Gedächtnis: 8. Oktober (byzantinische Kirche: 3. Februar)
Darstellung: das Jesuskind tragend, mit Lilie
Lit.: H. Sahlin, Der Messias u. das Gottesvolk (Uppsala 1945) – A. de Groot, Die schmerzhafte Mutter u. Gefährtin des göttl. Erlösers in der Weissagung Simeons (Kaldenkirchen 1956) – J. Hofbauer: ThPQ 108 (1960) 43–46 – P. Benoit: CBQ 25 (1963) 251–261

Simeon OSB, Abt **von La Cava,** Sel.
Er war der 5. Abt des Benediktinerklosters zu La Cava (nordwestl. von Salerno, Unteritalien) u. starb im Jahr 1141. Sein Kult wurde am 16. 5. 1928 approbiert.
Gedächtnis: 26. November

Simeon, Bisch. **von Metz,** Hl.
† am 16. 2. um 380 nach einer Regierungszeit von 30 Jahren. Er soll ein jüdischer Konvertit gewesen sein. Er wurde zunächst in St. Clemens zu Metz bestattet. Erzb. Angilram von Metz († 791) erhob seine Gebeine u. brachte sie an einem 25. Oktober in die Abteikirche St. Peter in Senones (Diöz. Dié, Vogesen). Die dem Kloster inkorporierten Pfarreien mußten jährlich am Translationstag Fische bringen, woraus sich wohl sein Patronat gegen Wassernot entwickelte.
Gedächtnis: 16. Februar
Lit.: F. A. Weyland, Vies des Saints du diocèse de Metz I (Guénange 1906) 329–348 – Leroquais P II 83f 231f 253, III 189, IV 321

Simeon (Symeon) **der Neue Theologe,** Hl. (S. der Theologe)
* 949 zu Galate in Paphlagonien (Landsch. in Kleinasien, an der Südküste des Schwarzen Meeres). Er war zuerst kaiserlicher Beamter in Konstantinopel u. trat 977 in das dortige Studiu-Kloster ein. Nach einigen Monaten wechselte er in das benachbarte Mamas-Kloster über, wo er um 980 Priester und ein Jahr später Abt wurde. Er wurde aber schwer angegriffen u. resignierte 1005. 1009 wurde er nach Talukiton (Kleinasien) in die Verbannung geschickt, bald aber wieder zurückgerufen. Er blieb jedoch freiwillig dort in seiner Zurückgezogenheit. Er

hinterließ ein umfangreiches Schrifttum: 34 Katechesen, 18 Ansprachen, 58 Hymnen, 225 Aphorismen. Er gilt als einer der größten Mystiker u. geistl. Schriftsteller in der byzantinischen Ära. † am 12. 3. 1022.
Gedächtnis: 12. März
Lit.: DThC XIV 2941–2959 (Lit.) – B. Krivocheine: OrChrP 20 (1954) 298–328

Simeon (Symeon) **Stylites d. Ä.** (der Säulensteher)
* um 390 (?) zu Sis in Kilikien (an der Grenze zu Syrien) als Sohn begüterter christlicher Landleute. Als Knabe hütete er die Schafe seiner Eltern, ohne eine Ausbildung zu erhalten. Um 403 wurde er Mönch im Kloster von Eusebona bei Teleda, wurde aber 412 wegen zu strenger Aszese wieder entlassen. Er wurde Eremit bei Telneshin (Der Simhan), dem einst nach ihm benannten Säulenheiligtum zw. Antiochia u. Haleb (Aleppo in Syrien), wo er sich für die Dauer der Fastenzeit einmauern ließ, im ganzen 28 mal, wobei er keine Nahrung zu sich nahm. Drei Jahre später ließ er sich an einem Felsen anschmieden. Um der Belästigung durch die Besucher zu entgehen, bezog er um 422 eine Säule (zuerst nur 3 m, zuletzt 20 m hoch) u. wurde so der Begründer des Stylitentums (griech. stȳlos = Säule). Er stand auf ihr die letzten 30 Jahre seines Lebens aufrecht, sich nur zum Gebet verneigend, u. predigte täglich zweimal zu den riesigen Volksscharen, die sich um seine Säule drängten. Dabei befaßte er sich auch mit den Nöten u. Sorgen der einzelnen u. wirkte als geistlicher Ratgeber für alle, die ihn befragten, auch kirchliche u. weltliche Große. Theodoretos, der ihn persönlich kannte, berichtet, daß Simeon gegen jedermann sehr liebevoll u. freundlich war. Er trat entschieden für das Konzil von Chalkedon (451) ein (2 Naturen in Christus: er ist wahrer Gott und Mensch). † am 25. 7. (oder 2. 9.) 459 zu Kalhat Simhan.
Gedächtnis: 25. Juli (in den Ostkirchen: 1. September)
Darstellung: auf einer Säule stehend
Patron: der Hirten
Lit.: Bedjan IV 507–644 (syr. Vita) (Lietzmann 80–180) – Griech. Vita von Antonios Monachos (Lietzmann 20–78) – P. Peeters: AnBoll 61 (1943) 29–71 – DACL XV 1697–1718

Simeon (Symeon) **Stylites d. J.**, Hl.
* 521 zu Antiochia. Mit 6 Jahren bestieg er seine 1. Säule in der Nähe seines Meisters Johannes, mit 12 Jahren eine 2. Säule von 40 Fuß Höhe. Da sich viele Besucher um ihn drängten, zog er sich weiter in die Einsamkeit zurück u. lebte 10 Jahre auf dem Felsen eines Berges, der später den Namen thaumastón óros (Wunderberg) erhielt. Schließlich lebte er 45 Jahre auf einer 3. Säule. Mit 12 Jahren erhielt er die Diakonatsweihe, mit 33 Jahren die Priesterweihe. Er sammelte Schüler um sich, die ihm dienten und die zahlreichen Pilger betreuten. Sie wohnten anfangs in einer Hütte, später regte er für sie den Bau eines Klosters u. einer Kirche an. † am 24. 5. 592.
Gedächtnis: 24. Mai
Lit.: P. van den Ven: AnBoll 67 (1949) 425–443

Simeon, Inkluse **in Trier**, Hl.
Er war der Sohn eines Griechen in Syrakus (Sizilien), wuchs aber in Konstantinopel auf u. erhielt dort seine Ausbildung. Er wirkte dann 7 Jahre als Pilgerführer in Jerusalem u. zog sich anschließend als Einsiedler u. Mönch in das Marienkloster zu Bethlehem, später in das Katharinenkloster am Sinai zurück. Von seinem Abt zum jährlichen Almosenempfang zu Herzog Richard II. von der Normandie gesandt, traf er 1026 in Antiochia die Äbte ↗ Richard von St-Vanne in Verdun u. Eberwin von St. Martin in Trier, die sich auf einer Pilgerfahrt ins Hl. Land befanden u. denen er sich auf ihrer Heimreise anschloß. Als er in Rouen eintraf, war Herzog Richard gestorben. Er ging nun nach Verdun, dann nach Trier. 1028–1030 begleitete er Erzb. Poppo von Trier auf dessen Pilgerfahrt ins Hl. Land. Dann ließ er sich in den nördl. Turm der Porta Nigra (Schwarze Pforte) in Trier einmauern, wo er am 1. 6. 1035 starb. Er wurde noch Ende 1035 von Benedikt IX. heiliggesprochen. Erzb. Poppo begann um 1041 mit der Umgestaltung der Porta Nigra mit dem Grab Simeons zu einer Doppelkirche u. gründete ein Chorherrenstift, die beide bis 1802 bestanden. Seine Gebeine befinden sich seit 1803 in der Kirche St. Gervasius zu Trier in einem spätbarocken Sarkophag. In der Schatzkammer des Domes zu Trier bewahrt man von ihm ein griech. Lektionar

(„Codex sancti Simeonis", 9. Jh.) u. eine Kopfbedeckung („Biretum sancti Simeonis") auf.
Liturgie: Trier g am 1. Juni
Lit.: ActaSS Iun. I (1867) 86–91 (zeitgenöss. Vita v. Eberwin v. St. Martin), 91 f 97 (Miracula), 98–101 (Erhebung 1400 u. 1517) – J. Marx, Gesch. d. Erzstifts Trier II/1 (Trier 1860) 254–258, II/2 (1862) 82–101 – K. Kammer, St. Simeons-Büchlein (Trier 1935) – Die kirchl. Denkmäler der Stadt Trier . . . (Düsseldorf 1938) 92 463–491 – P. Thomsen: ZDPV 62 (1939) 144–161 – N. Irsch: Rhein. Verein f. Denkmalpflege . . . (Neuß 1952) 175–178 (Bildnis) – Codex S. Simeonis . . . ed. R. M. Steininger (Trier 1856²) – N. Irsch, Der Dom zu Trier (Düsseldorf 1931) 323f (Codex u. Biretum)

Simon der Zelot, **Apostel,** Hl.
Name: ↗ Simeon
Er wird im NT nur in den Apostelkatalogen erwähnt (Mt 10,4; Mk 3,18; Lk 6,15; Apg 1,13). Bei Mt und Mk hat er den Beinamen „Kananäer". Daher wurde er bisweilen mit dem Bräutigam auf der Hochzeit zu Kana (Joh 2,1–11) oder mit Nathanael (↗ Bartholomäus) (Joh 21,2) gleichgesetzt. Das Wort geht aber zurück auf das aramäische kan^{e}'on und bedeutet (wie das griechische zelotēs) „Eiferer". Er war also vor seiner Berufung durch Jesus Angehöriger der rel. Partei der Zeloten. Als solcher wird er auch bei Lk und Apg bezeichnet. Über sein sonstiges Leben u. Wirken ist nichts überliefert. Vermutlich hat er in der jüdischen Diaspora missioniert. Die Überlieferung läßt ihn mit ↗ Judas Thaddäus 13 Jahre in Babylonien u. Persien wirken u. in Suanir in Persien (wohl Kolchis gemeint) das Martyrium erleiden. Reliquien von ihm werden in Rom, Köln, Hersfeld u. a. gezeigt.
Liturgie: GK F am 28. Oktober (mit Judas)
Darstellung: mit einem Kreuz oder einer Säge (Marterwerkzeug). In einem Buch (Hl. Schrift) blätternd
Patron: der Färber, Gerber, Holzschläger (Säge!), Lederarbeiter, Maurer, Weber
Lit.: BHL 7749–7754 – K. Lake: HThR 10 (1917) 57–63 – J. S. Hoyland (London 1930) – ThW II 879–894, IV 262–265 – P. Douny (Paris–Brüssel 1947) – Baudot-Chaussin X 932–935

Simon von Aulne, Sel.
* um 1145 aus dem Geschlecht der Grafen von Geldern. Er lebte als Zisterzienser-Konverse im Kloster Aulne an der Sambre (südwestl. von Charleroi, Belgien) u. war begnadet durch die Gabe der Visionen u. der Herzenskunde, weshalb er als Beichtvater von vielen aufgesucht wurde. 1215 war er auf dem 4. Laterankonzil in Rom (nach der Überlieferung von Innozenz II. berufen). † am 6. 12. (11.?) 1229.
Gedächtnis: 6. Dezember
Lit.: H. Nimal, Villers et Aulne (Lüttich 1896) 212–254 – G. Boulmont, Les fastes d'Aulne-la-Riche (Gent–Namur 1907) 69–75

Simon Ballachi OP, Sel.
* um 1250 zu Sant'Archangelo bei Rimini. Mit 27 Jahren wurde er Dominikaner-Laienbruder in Rimini u. lebte hier heiligmäßig in strenger Aszese u. körperlichen Anfechtungen. 12 Jahre vor seinem Tod verlor er das Augenlicht. † am 3. 11. 1319 (1329?). Kult 1817 approbiert.
Gedächtnis: 3. November
Lit.: ActaSS Nov. II (1894) 209–212

Simon (Schem'ōn) **bar Sabbā'ē,** Bisch. u. Märt., Hl.
Er war Bisch. von Seleukia-Ktesiphon (rechts bzw. links am Tigris, nördl. von Bagdad). In der großen Verfolgung des persischen Königs Schapur II. weigerte er sich, von den Christen doppeltes Kopfgeld u. Steuer einzutreiben. Er wurde verhaftet u. nach seiner Weigerung, die Sonne anzubeten, mit anderen Bischöfen, Priestern u. Laien im Jahr 344 (341?) hingerichtet.
Gedächtnis: 21. April
Lit.: Bedjan II 131ff – J. Labourt, Le christianisme dans l'empire perse sous la dynastie sassanide (Paris 1904) 53–69

Simon, Bruder des Herrn, Hl.
Er wird anläßlich der Predigt Jesu in seiner Vaterstadt Nazareth genannt, als die Leute die Brüder Jesu aufzählten (Mt 13,55, Mk 6,3), u. zwar an letzter Stelle (bei Mt an vorletzter), was ihn als den jüngsten der 4 Herrenbrüder kennzeichnen dürfte. Nach jüdischem (biblischem) Sprachgebrauch ist unter „Bruder" nicht sosehr ein leiblicher Bruder im modernen Sinn zu verstehen, sondern allgem. ein naher Verwandter. Der (antihäretische) Kirchenschriftsteller Hegesippos (2. Hälfte des 2. Jh.s) bringt über Simon (er nennt ihn Symeon) einige Nachrichten: Danach war er Sohn des Klopas, des Bruders des Nährvaters ↗ Joseph. Im

Jahr 62/63 wurde er als Nachfolger des ↗ Jakobus einmütig zum Bisch. von Jerusalem gewählt u. im Jahr 107 (?) im Alter von 120 Jahren unter dem Prokonsul Atticus vermutlich in Jerusalem gekreuzigt. Ob die Mutter Simons identisch ist mit der Maria, der Mutter der Herrenbrüder Jakobus u. ↗ Joses (vgl. ↗ Maria Cleophae), läßt sich nicht sicher entscheiden. Gegen Simons Bischofswahl konnte sich sein Konkurrent Thebuthis nicht durchsetzen. Dieser war nach Hegesippos der 1. Judenchrist, der in der Urgemeinde von Jerusalem „eitle Lehren einführen wollte". Er gehörte einer vorchristlich-jüdischen Sektierergruppe an, die über die Person Jesu häretische Ansichten verbreitete.
Gedächtnis: 18. Februar
Lit.: BHG 2408ff – Baudot-Chaussin 386f

Simon von Crépy OSB, Hl. (Simon von Valois)
* um 1048 auf Schloß Crépy (Dep. Oise, nordöstl. von Paris). Er wurde 1072 Graf von Crépy-en-Valois u. mußte als solcher seine Unabhängigkeit gegen König Philipp I. behaupten. Die unrechtmäßige Aneignung des Schlosses Mont Didier durch seinen Vater Rudolf u. der Anblick seiner zerfallenen Leiche machten einen solchen Eindruck auf ihn, daß er seiner weltlichen Ehren entsagte u. Benediktiner im Kloster St-Claude (Dep. Jura) wurde. 1080 trat er als Friedensvermittler zw. ↗ Gregor VII. u. dem Normannenherzog Graf Robert Guiscard in Rom auf. † wahrscheinlich am 30. 9. 1080 in Rom.
Gedächtnis: 30. September
Lit.: ActaSS Sept. VIII (1762) 711–751 (Vita v. einem Mitbruder aus St-Claude) – Zimmermann III 118–121 – Baudot-Chaussin IX 642ff

Simon, Sohn **des Jona** ↗ Petrus, Apostel

Simon von Lipnica OFM, Sel.
Er stammte aus Lipnica bei Krakau (Polen) u. wurde 1457 Franziskaner. Er gehörte der ersten Generation der Franziskaner-Observanten in Polen an. Er wirkte als erfolgreicher Prediger u. verbreitete bes. auch die Namen-Jesu-Verehrung. Er war einige Jahre Guardian, lebte aber sehr streng u. zurückgezogen. 1478 pilgerte er nach Rom u. ins Hl. Land. Er starb im Pestjahr 1482 im Dienst an den Kranken am 18. 7., indem er sich selbst dabei ansteckte. Kult 1685 approbiert.
Gedächtnis: 18. Juli
Lit.: K. Kantak: AFrH 22 (1929) 437–444

Simon Stock OCarm, Hl. (auch Anglus = Engländer genannt)
Er stammte aus Aylesford (Grafsch. Kent, England). Seinen Beinamen „Stock" erhielt er, weil er als Knabe in einem hohlen Baumstamm gelebt haben soll. Er war zuerst viele Jahre Einsiedler u. schloß sich 1237 den von Palästina nach England gekommenen Karmeliten an. Auf dem Generalkapitel zu Aylesford wurde er 1245 zum 6. u. berühmtesten Ordensgeneral gewählt u. behielt dieses Amt bis zu seinem Tod bei. Er paßte die aus dem Orient stammenden Ordenssatzungen (Mutterkloster auf dem Berg Karmel in Palästina) den abendländischen Verhältnissen an u. sorgte für eine große Ausbreitung des Ordens in England u. im übrigen Europa. Nach der Ordenstradition sei ihm am 16. 7. 1251 zu Cambridge die Gottesmutter erschienen u. habe ihm das als Teil des Ordensgewandes bereits gebräuchliche Skapulier zum Unterpfand des Heiles für alle gegeben, die mit ihm bekleidet sterben. Auch sollte eine solche Seele am darauffolgenden Samstag aus dem Fegfeuer befreit werden (sog. Sabbat-Ablaß). Die Geschichtlichkeit dieser Überlieferung wird aber schon seit dem Bollandisten Daniel Papebroch SJ († 1714) stark angezweifelt. Er starb auf einer Visitationsreise zu Bordeaux (Südfrankreich) am 16. 5. 1265.
Gedächtnis: 16. Mai
Darstellung: im braunen Ordenshabit (Talar, Skapulier, Kapuze) mit schwarzem Ledergürtel, ein Skapulier in der Hand. Maria erscheint ihm und überreicht ihm ein Skapulier in der Hand; neben ihm Seelen im Fegfeuer
Lit.: ActaSS Maii III (1866) 650 f – B. Zimmermann, Monumenta Hist. Carm. I (Lérins 1905–07) – A. Monbrun (Paris 1868, dt. 1905) – B. M. Xiberta, De visione S. Simonis Stock (Rom 1950)

Simon von Trient, Märt. Hl. (Simmele von Trient)
Er war ein Kind von 2½ Jahren und Sohn eines Gerbers in Trient. Das Kind verschwand am Gründonnerstag, den 23. 3.

1475, zunächst spurlos, am Ostersonntag fand man die verstümmelte Leiche des Kindes in einem Bach neben dem Haus eines prominenten Juden der Stadt. Die öffentliche Meinung richtete sich sofort gegen die Juden.
Johannes Hinderbach, Bischof von Trient und selbst Jurist, ordnete einen Prozeß an, bei dem ein Geständnis mit der Folter erzwungen und somit ein Ritualmord festgestellt wurde. 14 Juden wurden daraufhin grausam hingerichtet, die übrigen Juden aus dem gesamten Territorium verbannt, die Synagoge in Trient niedergerissen. Simon wurde unter großem Volkszulauf in der Kirche St. Peter beigesetzt, wo der Bischof eine eigene Kapelle errichten ließ. Auf Betreiben des Trienter Fürstbischofs Ludwig Madruzzo gestattete Papst Sixtus V. 1588 die Verehrung des Simon durch Messe und Brevier für die Diözese Trient. Die Juden haben aber immer ihre Unschuld beteuert.
Im Jahre 1963 wurde der Fall von W. P. Eckert erneut untersucht und die Unschuld der Juden bewiesen.
Zwei Jahre später hat Erzbischof Gottardi im Einvernehmen mit dem Heiligen Stuhl den Kult des Simon verboten.

Lit.: G. Divina, Storia del b. Simone da Trento, 2 Bde. (Trient 1902) – AnBoll 23 (1904) 122ff – G. Menestrina: Tridentum 6 (Trient 1903) 304–316 348–374 385–411 – D. Assmann, Hl. Florian bitte für uns (Innsbruck 1977) 121f – N. Caldera, Storia di San Simonino, in: Letture Trentine e altoatesine 43 (1985) 98–119

Simona, aus dem franz. Simone (weibl. F. zu ↗ Simon)

Simpert, Bisch. **von Augsburg,** Hl. (Simbert, Sintpert)
Name: ahd. sind (Weg, Richtung; vgl. senden) bzw. gisind, gisindo (Reise-, Kriegsgefolgschaft; vgl. Gesinde) + beraht (glänzend, berühmt): der auf dem Kriegszug Berühmte
Er war Abt-Bisch. im Kloster Murbach bei Gebweiler (Oberelsaß). Sehr wahrscheinlich ist er identisch mit Bisch. Simpert von Neuburg im Staffelsee bei Murnau (nördl. von Garmisch-Partenkirchen, Oberbayern; seit 792), der dann auch Bisch. von Augsburg wurde u. beide Diöz. miteinander vereinigte. † am 13. 10. um 807. Er wurde in der von ihm erbauten Ulrichskirche zu Augsburg begraben. Heiliggesprochen 1468.
Liturgie: Augsburg G am 13. Oktober
Darstellung: als Bisch. mit einem Wolf, der das Kind, das er dem Bisch. geraubt hat, unversehrt wieder zurückbringt (Legende)

Simplicianus, Bisch. **von Mailand,** Hl.
Name: zu lat. simplex: der Einfache
Er wurde 397 Nachfolger des hl. ↗ Ambrosius auf dem Bischofsstuhl zu Mailand. Er hatte wesentlichen Anteil an 3 hochbedeutsamen Konversionen des 4. Jh.s: Er war mit Caius Marius Victorinus von Rom, dem nachmaligen einflußreichen u. gefeierten christlichen Schriftsteller u. neuplatonischen Philosophen, befreundet. Diesen bewog er zur Annahme des christlichen Glaubens. 374 taufte er ↗ Ambrosius, der noch als Katechumene zum Bisch. von Mailand gewählt worden war, u. leitete seine Einübung in den bischöflichen Aufgabenbereich. Mit ihm blieb er bis zu dessen Tod (397) in enger Freundschaft verbunden. 387 erteilte er ↗ Augustinus, dem späteren Bisch. von Hippo, den Taufunterricht. Augustinus schätzte Simplicianus zeitlebens sehr hoch. Simplicianus stand mit ↗ Paulinus von Nola in freundschaftlicher Beziehung, gründete das Bistum Turin u. stand im Briefwechsel mit dem Bisch. von Trient. † 400.
Gedächtnis: 16. August

Lit.: Savio L I 145–150 – Baudot-Chaussin VIII 287ff – A. Paredi, S. Ambrogio e la sua età (Mailand 1960²) 185 515f

Simplicius, Papst, Hl.
Name: zu lat. simplex: der Einfache
Er stammte aus Tivoli bei Rom u. wurde am 3. 3. 468 zum Nachfolger des hl. ↗ Hilarus zum Papst gewählt. Unter seinem Pontifikat standen die Beziehungen zum Osten im Vordergrund. Er widersetzte sich den Versuchen des Patriarchen Akakios von Konstantinopel, Kanon 28 des Konzils von Chalkedon (451; Vorrang des Patriarchen von Konstantinopel im Osten) zu verwirklichen. Im Streit mit den Monophysiten trat er entschieden für die Lehre des Konzils von Chalkedon ein (2 Naturen in Christus: wahrer Gott u. Mensch). In diesem Sinn schrieb er mehrere Briefe an Kai-

ser Basiliskos u. dessen Nachfolger Zenon sowie dem Patriarchen Akakios, jedoch ohne Erfolg. Die Auseinandersetzung um einen kath. Nachfolger des monophysitischen Patriarchen Timotheos Ailuros (477) konnte er nicht befriedigend lösen. Er ernannte Bisch. Zeno von Sevilla zum Apostolischen Vikar für Spanien u. förderte das kirchliche Leben in Rom, bes. auch durch Neubauten u. Restaurierungen von Kirchen. † am 10. 3. 483.
Gedächtnis: 10. März
Lit.: Caspar II 14–25 746–749 – Seppelt I² 212–217

Simplicius, Faustinus u. Beatrix, Märt. **in Rom,** Hll.
Namen: a) zu lat. simplex, einfach, gerade, aufrichtig; b) lat., der Gesegnete, Heilsame, Glück Bringende; c) zu lat. beata, die Glückselige; oder eher: Viatrix = die Reisende, Pilgerin
Sie waren 3 Geschwister in Rom. In der Verfolgung des Diokletian wurden die beiden Brüder Faustinus u. Simplicius wegen ihres Glaubens grausam gefoltert, mit Prügeln geschlagen u. schließlich um 305 enthauptet. Ihre Leichname warf man in den Tiber. Ihre Schwester Beatrix begrub sie „ad sextum Philippi" (am 6. Meilenstein der Via Portuensis). Sie selbst lebte 7 Monate bei einer frommen Matrone namens Lucina, mit der sie zus. den verfolgten Christen Beistand leistete. Schließlich wurde auch sie verhaftet. Ihr Ankläger Lucretius war ein Heide aus ihrer Verwandtschaft u. wollte ihren Besitz, bes. ihren Weinberg, an sich bringen. Beatrix wurde im Gefängnis erdrosselt u. von Lucina neben ihren Brüdern beigesetzt. Über ihrem Grab wurde im 4. Jh. eine kleine Basilika erbaut, deren Gruft schmückte man im 6. Jh. mit Fresken. ↗ Leon II. (682–683) übertrug ihre Reliquien nach Rom u. setzte sie in einer heute zerstörten Pauluskirche bei S. Bibiana bei.
Liturgie: Fulda g am 29. Juli
Darstellung: Simplicius trägt eine Fahne mit 3 Lilien (sog. Simplicius-Wappen der gleichnamigen Bruderschaft in Fulda), Beatrix trägt eine Schnur (Erdrosselung)
Lit.: Rossi III 647–697 – G. Wilpert, Le pitture delle Catacombe romane (Rom 1903) 457 ff, Tafeln 263 263 a – P. Styger, Die röm. Katakomben (Berlin 1933) 303 ff – E. Josi: RivAC 16 (1939) 323–326

Sisinnius (Sisinnios) **I.,** Patr. **von Konstantinopel,** Hl.
Name: persischer Herkunft. In der orientalischen Christenheit war es der Name eines legendären Reiterheiligen, der angeblich in der Verfolgung des Diokletian in Antinoë (Antiochia, Nikomedia) mit der Lanze einen am Boden liegenden weiblichen Dämon durchbohrt. Er ist die christliche Variante eines altorientalischen Mythos von der Besiegung eines neiderfüllten, blutsaugenden weiblichen Krankheitsdämons (bes. an Neugeborenen). Das Reiten ist Ausdruck der Macht u. Schnelligkeit des Retters.
Er war Priester in Elaia, einer Vorstadt von Konstantinopel, u. wurde 426 auf Drängen des Volkes statt des Philippos von Side u. des späteren Erzb. ↗ Proklos gewählt. Er war fromm, wohltätig, glaubenstreu u. einfach in der Lebensweise. Er verurteilte in einem Synodalschreiben an die Bischöfe in Pamphylien (an der Südküste Kleinasiens) den Messalianismus (Messalianer: enthusiastisch-spiritualistische Sektenbewegung in Syrien). Dabei war er versöhnlich: Kleriker, die ihrem Irrtum abschworen, beließ er im Amt. Er erhob Proklos zum Metropoliten von Kyzikos (östl. am Hellespont, den heutigen Dardanellen), konnte sich aber gegen dessen Ablehnung durch das Volk nicht durchsetzen. † am 24. 12. 427.
Gedächtnis: 24. Dezember
Lit.: ActaSS Oct. V (1869) 627ff – Fliche-Martin IV 160ff

Sisinnius, Martyrius u. Alexander, Märt. **im Nonstal,** Hll.
Sisinnius, ein gebürtiger Kappadokier (östl. Kleinasien), war Diakon, Martyrius Lektor und Alexander Ostiarius (Türhüter). ↗ Ambrosius hatte sie Bischof ↗ Vigilius von Trient zur Verfügung gestellt. Dieser sandte sie zu den heidnischen Anauni am Nonsberg (am Fluß Noce, nördl. von Trient). Dort predigten sie das Evangelium u. erbauten eine Kirche. Als bei einem Saturnfest mit Ambarvalien (Flurumgang im Mai unter Mitführung der Opfertiere) ein Neubekehrter das heidnische Opfer verweigerte, wurden die 3 mißhandelt. Anderntags wurden sie in ihrem Haus von einer fanatischen Menge überfallen, Sisinnius

u. Martyrius ermordet. Dann zerstörten die Heiden die Kirche, schichteten aus den Balken einen Haufen auf u. verbrannten Alexander zusammen mit den Leichen der beiden anderen. † am 29. 5. 397. Der Großteil der Reliquien befindet sich im Dom zu Trient.
Gedächtnis: 29. Mai
Lit.: ActaSS Maii VII (1867) 37–49 – Savio P I 827–831 – MartHieron 281f – Baudot-Chaussin V 567f – ECatt XI 761f

Sissi (Sissy), Kf. von ↗ Elisabeth

Sixtus I., Papst, Hl.
Name: lat. Umbildung aus griech. xystós: geglättet, fein. Der Name wurde volksetymologisch mit lat. Sextus (der sechste) in Zusammenhang gebracht
Er war der Nachfolger ↗ Alexanders I. und der 6. Nachfolger des hl. ↗ Petrus. Er regierte etwa 116–125. Später wurde er als Märt. verehrt.
Gedächtnis: 6. April
Lit.: Th. Schermann, Festgabe A. Knöpfler (Freiburg/B. 1917) 284–287 – E. Caspar, Die älteste röm. Bischofsliste (Berlin 1926) – Caspar I 8–16 – L. Hertling, Namen u. Herkunft der röm. Bischöfe der ersten Jh.e: Saggi storici intorno al Papato (Rom 1959) 1–16

Sixtus II., Papst, u. Gef., Märt., Hll.
Er regierte 257–258. Er milderte das gespannte Verhältnis, das sich zw. seinem Vorgänger ↗ Stephan I. u. den Bischöfen in Nordafrika u. Kleinasien über der Diskussion um die Gültigkeit der von Häretikern gespendeten Taufe gebildet hatte. 257 löste Kaiser Valerian nach anfänglich christenfreundlicher Politik unerwartet eine Christenverfolgung aus, die an Schärfe u. Ausmaß der des Decius nicht nachstand. Sie war vor allem gegen die führenden Häupter der Kirche gerichtet (sein 2. Edikt bedrohte jeden kirchlichen Amtsträger mit dem Tod). Als Sixtus am 6. 8. 258 im Cömeterium des ↗ Calixtus I. den Gottesdienst feierte, wurde er sofort verhaftet u. mit den Diakonen Quartus, Januarius, Vincentius, Magnus u. Stephanus nach kurzem Verhör enthauptet. Am selben Tag wurden auch die Diakone Agapitus u. Felicissimus hingerichtet. ↗ Laurentius starb einige Tage später. Das Grab Sixtus' II. war ursprünglich in der Papstgruft des Calixtus-Cömeteriums. Im 6. Jh. wurde die Kirche S. Crescentiana in S. Sixtus umbenannt, wohin später (vielleicht unter ↗ Leo IV., 847–855) seine Gebeine gebracht wurden. Reliquien kamen etwa um dieselbe Zeit auch nach Deutschland, so z. B. nach Vreden (Diöz. Münster) (vielleicht durch Bisch. ↗ Liudger). Sein Name wurde in den Kanon der röm. Messe aufgenommen.
Liturgie: GK g am 7. August
Darstellung: als Papst mit Kreuzstab u. Tiara, mit einem Schwert. Manchmal mit Laurentius (spendet diesem die Diakonatsweihe oder vertraut ihm Almosen an oder wird von ihm auf seinem Todesgang begleitet)
Patron: um gutes Gedeihen der Trauben u. der Bohnen (Segnung der ersten Trauben, auch nachdem sein Fest, früher am 6. August, durch das Fest Verklärung Christi verdrängt wurde)
Lit.: Künstle II 540ff – MartRom 325f – V. L. Kennedy, The Saints of the Canon of the Mass (Rom 1938) 60f 64 117ff – Baudot-Chaussin VIII 195–210 – DACL XV 1501–1515

Sixtus III., Papst, Hl.
Als Presbyter in Rom war er noch unter Papst Zosimus (417–418) Anhänger des Irrlehrers Pelagius gewesen, bis er nach einem Briefwechsel mit ↗ Augustinus sein entschiedener Gegner wurde. Er wurde am 31. 7. 432 zum Nachfolger ↗ Cölestins I. gewählt. Als Papst verfolgte er eine harte Linie gegenüber dem Pelagianismus u. dem Nestorianismus (christologische Irrlehre). Andererseits unterstützte er die Friedensbemühungen des frommen, aber schwachen oström. Kaisers Theodosios II. in den kirchlichen Streitigkeiten zw. der Partei des Nestorianers Johannes von Antiochia u. der des ↗ Cyrillus von Alexandria. In Illyrien wahrte er gegen Patriarch ↗ Proklos von Konstantinopel die Rechte des Apostolischen Vikariates von Thessalonike. In Rom entfaltete er eine rege Bautätigkeit (S. Maria Maggiore, Baptisterium im Lateran, die Basilika S. Laurentii maior u. a.). Unter ihm übte der Diakon u. sein späterer Nachfolger als ↗ Leo I. bereits großen Einfluß aus. † am 19. 8. 440.
Gedächtnis: 19. August
Lit.: Caspar I 416–422 607 628 – Haller I² 125 150f 519 521ff – Seppelt I² 171–174

Smaragdus, Märt. **zu Rom,** Hl. ↗ Cyriacus
Name: griech. Smáragdos (hellgrüner Edelstein)

Smet (Eugenie) ↗ Maria von der Vorsehung

Sola (Sualo), Glaubensbote **in Franken,** Hl.
Er war ein angelsächs. Mönch u. Einsiedler u. kam auf Bitten des ↗ Bonifatius 741/745 in die dt. Mission. Er wurde Priester (in Fulda?) u. ließ sich gegen 750 an der Altmühl im Sualafeld (westl. von Eichstätt) beim heutigen Solnhofen nieder, wo er unter Mithilfe der hll. ↗ Willibald u. ↗ Wunibald eine Zelle (Cella Solae) errichtete. ↗ Karl d. G. schenkte ihm 793 „den Ort, den er bewohnte". Sola übergab seinen Besitz testamentarisch dem Kloster Fulda, das in Solnhofen eine Propstei errichtete. Sola starb dort am 3. 12. 794. Der Diakon Gundram erhob 838/839 seine Gebeine. Reste der 819 errichteten u. 1782 zerstörten Sola-Basilika mit der Grabtumba sind noch erhalten, die Gebeine sind seit der Reformation verschollen.
Liturgie: Eichstätt g am 5. Dezember, sonst 3. Dezember
Darstellung: mit Esel, der einen Wolf angreift u. besiegt
Lit.: A. Hirschmann (Ingolstadt 1894) – G. Heidingsfelder, Regesten der Bischöfe v. Eichstätt (München 1915) nn. 7 40 49 – Ch. Beutler, Das Grab des hl. Sola: Wallraf-Richartz-Jahrbuch 20 (Köln 1958) 55–68

Solveig
Name: In neuerer Zeit aus dem Nord. übernommener weibl. Vorname, dessen Ableitung noch nicht gesichert ist: 1. Bestandteil vielleicht aus altnord. salr (Saal, eig. das germ. Einraumhaus); 2. Bestandteil wohl zu altnord. vijka, vikva, ykva (weichen, sich zurückziehen; im Sinn von „Bucht", nämlich der zurückweichenden Küste, z. B. in Narvik, Reykjavik). In diesem Fall wäre der Name ursprünglich ein Hofname gewesen (vgl. das engl. „My home is my castle"). Er wurde in Deutschland bes. durch die Gestalt der Solvejg in Henrik Ibsens Drama „Peer Gynt" bekannt.

Sonja (russ.), Kf. von ↗ Sophia

Sophia u. ihre 3 Töchter, Märt. **zu Rom,** Hll.
Name: Das hebr. hikma („Weisheit") übersetzt die (griech.) LXX mit sophía, die (lat.) Vulgata mit sapientia. Die Theologie des AT kennt den Begriff der Göttlichen Weisheit, wie er in den sog. Weisheitsbüchern zum Ausdruck kommt. Zu diesen werden gezählt: das Buch der Sprüche, Job, Prediger, Jesus Sirach, Buch der Weisheit, die Psalmen 1 34 37 73 111 + 112 119, der Weisheitshymnus Bar 3,9–4,4 u. die väterlichen Mahnungen Tob 4,3–21. Ursprünglich bestand diese „Weisheit" im Erkennen u. Befolgen praktisch-relig. Lebensregeln, wie dies bes. im Buch der Sprüche deutlich wird. Als jedoch Israel unter dem Eindruck des Exils in Babylon über den Sinn seiner eigenen Geschichte u. Existenz nachzudenken begann, wurde die „Weisheit" als etwas Gott-Immanentes gesehen, sei es als reine göttliche Eigenschaft bzw. Erscheinungsweise in der Welt, sei es als Personifizierung dieser Eigenschaft, die wie eine 2. Person in Gott u. mit Gott spricht, ihm bei der Erschaffung der Welt als Beraterin zur Seite steht, vor ihm auf dem Erdenrund spielt, ihre Freude hat an den Menschenkindern usw. (vgl. Spr 8,22–36). Sie geht aus dem Mund des Höchsten hervor, sie durchwaltet als ewig-göttliches Prinzip die ganze Welt als deren letzter Grund, vor allem erleuchtet sie den Menschen u. macht ihn dadurch zu „Gottes Abbild" (Gen 1,27). Die praktischen Lebensregeln sind so letztlich Anteilnahme des Menschen an dieser göttlichen Weisheit. Ein „Weiser" ist somit jener, der gemäß diesem göttlichen Gesetz in ihm selbst handelt, also zugleich auch fromm, gottesfürchtig ist. Ein „Tor" nimmt keinen Anteil an der Weisheit Gottes, er ist „gottlos".
Der jüdische Religionsphilosoph Philo von Alexandria (ca. 13 v. Chr. – 45/50 n. Chr.) suchte eine Parallele herzustellen zw. dieser Weisheit gemäß der spätjüd. Theologie u. der Spekulation über den Logos („Wort", Vernunft, ewiges Weltgesetz), wie sie im hellenistischen Raum seit Heraklit (um 500 v. Chr., Ephesus) getätigt wurde.
Bedeutsam wurde dieser Gedanke im urchristlichen Raum bezüglich der Christus-

Spekulation, wie sie ihren wohl tiefsten Ausdruck im Logos-Lied bei Johannes gefunden hat (Joh 1,1–18). Christus als die Ewige Weisheit (das Wort) des Vaters hat das rel. Denken der frühen Christenheit nachhaltig geprägt. Viele Kirchen im Osten waren Christus geweiht u. trugen den Namen „Hagia Sophia" (Heilige Weisheit), z. B. in Ochrida, Thessalonike, Sofia, Kiew, Nowgorod, Jerusalem. Die bekannteste ist die Hagia Sophia zu Konstantinopel (Weihe am 27. 12. 537).

Über die hl. Sophia u. ihre 3 Töchter Pistis, Elpís u. Agápe (Glaube, Hoffnung, Liebe) fehlen sichere historische Nachrichten. Die lat. Passio trägt manche legendären Züge u. stammt von einem Presbyter in Mailand des 7. Jh.s, danach war sie eine vornehme Christin in Mailand. Nach dem Tod ihres Gatten verteilte sie ihr Vermögen an die Armen u. übersiedelte aus Sehnsucht nach dem Martyrium mit ihren Töchtern nach Rom, wo sie bei der vornehmen Thessaminia Aufnahme fanden. Sie wurden bei Kaiser Hadrian (117–138) als Christinnen angeklagt u. die Töchter nach verschiedenen Martern u. damit verknüpften Wundern hingerichtet. Die Mutter bestattete sie an einem 30. September am 18. Meilenstein an der Via Appia. Sie selbst starb 3 Tage darauf. Über ihrer Todesstätte errichtete ein vornehmer Christ namens Palladius auch für sich selbst ein Grabdenkmal. – Die wesentlichen Züge dieser Passio finden sich auch in anderen lat. sowie griech., syr. u. armenischen Fassungen. Sie entbehren wohl der historischen Glaubwürdigkeit, doch ist ein früher Kult in der Calixtus-Katakombe an der Via Appia nachzuweisen.

Nun existierte bis ins Mittelalter auch ein Epitaph unter der Kirche S. Pancrazio an der Via Aurelia, der ebenfalls einer hl. Sophia mit ihren 3 (nicht genannten) Töchtern gewidmet ist. Die Verehrung drängte nach einer Namensgebung. Hierfür war sowohl die Erinnerung an die Heiligen an der Via Appia wie auch eine Personifizierung der mit der „Sophia" (s. o.) verbundenen göttlichen Tugenden wirksam. In den Gesta regum Anglorum des Wilhelm von Malmesbury (um 1125) werden die Namen nunmehr lat. gegeben: die Mutter Sapientia mit ihren Töchtern Fides, Spes u. Caritas. Deren Fest an der Via Aurelia wurde am 1. August begangen. Trotz Übertragung der Namen u. Legendenzüge der Heiligen von der Via Appia auf die an der Via Aurelia blieb das Fest der letzteren am 1. August bestehen. Die beiden Heiligengruppen sind wohl identisch. Auch ↗ Notker der Stammler († 912) betont unter dem 1. August deren Identität. Das Martyrologium Romanum feiert die Mutter am 30. September, die Töchter am 1. August.

Im Mittelalter war der Kult der Heiligen sehr verbreitet. In Deutschland erhielt er neuen Auftrieb durch die Übertragung von Reliquien in das Frauenkloster Eschau (Elsaß) am 10. 5. 778 durch Bisch. Remigius von Straßburg. Die Nonne Hrotsvith (Roswitha) von Gandersheim († nach 1000) verarbeitete den Legendenstoff dichterisch in ihrem Drama Sapientia. Im Mittelalter wurden in Not u. Bedrängnis sog. Sophienmessen gelesen. Diese hatten ein eigenes Meßformular; dabei wurden zu Ehren der Heiligen 4 Kerzen geopfert. Sie sollen auf ↗ Leo III. zurückgehen, der eine solche am Hof ↗ Karls d. G. in Paderborn in dessen Bedrängnis gelesen habe.

Gedächtnis: 30. September (Töchter: 1. August)

Darstellung: als Mutter mit 3 Kindern, mit Schwertern (nach der Legende wurden sie enthauptet); mit Palme u. Buch

Patronin: der Witwen

Lit.: Rossi I 26 f, II 171–180 – F. Savio: AnBoll 15 (1896) 31 37ff – Savio L I 834–838 – P. Kirsch: Miscellanea F. Ehrle II (Rom 1924) 68f – G. de Tervarent: An Boll 68 (1950) 419–423 (Ikonographie)

Sophia, Märt. **zu Rom,** Hl.

In spätmittelalterlichen Martyrologien u. Kalendarien erscheint eine Jungfrau u. Märt. Sophia aus der Zeit Diokletians (um 305). Ihre Reliquien sollen unter Papst Sergius II. (844–847) in der Kirche S. Martino ai Monti zu Rom beigesetzt worden sein. Da sich ihr Fest am 15. Mai an die 3 ↗ Eisheiligen anschließt, wurde sie vielfach als „kalte Sophie" (ahd. chibig Sophie) oder „Eisfrau" (ahd. iswibli) bezeichnet u. der Sophientag mit ländlichen Kalenderregeln verknüpft.

Gedächtnis: 15. Mai

Sophie ↗ Magdalena Sophie Barat

Sophronius (Sophronios), Patr. **von Jerusalem,** Hl. (Sophronios Sophistes)
Name: zu griech. sophron (maßvoll, vernünftig, besonnen)
Er stammte aus Damaskus aus vornehmer Familie u. war vermutlich Lehrer der Rhetorik. Er wurde bald Mönch in Palästina, u. a. in der Neuen Laura, später im Theodosiuskloster bei Jerusalem. Mit seinem älteren Freund, dem Wandermönch u. Aszetiker Johannes Moschos, unternahm er weite Reisen zu den Mönchssiedlungen in Ägypten u. nach Rom. Im Monotheletismus-Streit (in Christus gäbe es nur einen Willen, nämlich den göttlichen) kämpfte er von 633 an um die Annahme der Lehre des Konzils von Chalkedon (451) (2 Naturen in Christus; wahrer Mensch u. Gott). Wegen seiner Gelehrsamkeit erhielt er den Beinamen „Sophist". Ende 633 oder Anfang 634 wurde er Patr. von Jerusalem. Neben seinem Bemühen um die Reinerhaltung des Glaubens bestätigte er sich auch als Schriftsteller u. schrieb dogmatische, homiletische u. hagiographische Werke. Viel gelesen waren auch sein 23 anakreontischen Oden (nach dem griech. Lyriker Anakreon, 6. Jh. v. Chr., Meister des kleinen Einzelliedes). Sophronius erlebte noch den Einfall der Araber u. die Eroberung Jerusalems durch den Kalifen Omar im Jahr 637. † am 11. 3. 638 zu Jerusalem.
Gedächtnis: 11. März
Lit.: Bardenhewer V 36–41 – DThC XIV/2 2379–2383

Sören (dän.) ↗ Severinus

Sotelo ↗ Ludwig Sotelo

Soter, Papst, Hl.
Name: griech. Sotér: Retter, Heiland
Er regierte 166(?)–174(?), zur Zeit des Kaisers Mark Aurel. Er sandte einen Brief nach Korinth mit einer Liebesgabe, worüber sich Bisch. ↗ Dionysius von Korinth in einem Antwortschreiben herzlich bedankte. Zu seiner Zeit kam auch die eschatologisch-rigoristische Sektiererbewegung des Montanismus aus dem Osten, der er sich widersetzte. Er starb um 174 u. wurde neben dem Petrusgrab beigesetzt u. später als Märt. verehrt.
Gedächtnis: 22. April
Lit.: ActaSS Apr. III (1675) 4ff – Caspar I 627 (Reg.) – Seppelt I² 18, 27 – Handb. der Kirchengesch., hrsg. v. H. Jedin, I (Freiburg/B. 1962) 310f

Soteris, Jungfr. u. Märt. **zu Rom,** Hl.
Name: weibl. Nf. zu ↗ Soter oder zu griech. sotería (Rettung, Heil, Wohlergehen)
Sie entstammte einer vornehmen röm. Familie, aus der auch ↗ Ambrosius von Mailand abstammte u. von dem wir auch Kenntnis über sie haben. Sie wurde in der Verfolgung des Diokletian um 305 verhaftet. Man wollte sie unter Schimpfen u. Schlägen zwingen, das heidnische Götteropfer darzubringen. Weil sie dies standhaft verweigerte, wurde sie enthauptet. Über ihrem Grab wurde eine Kirche errichtet, das Cömeterium an der Via Appia wurde später nach ihr benannt. Die Kirche wurde von Papst Stephan II. (752–757) restauriert, aber wohl bald danach zerstört. Ihre genaue Lage konnte noch nicht festgestellt werden. Die Gebeine der hl. Soteris wurden im 8. Jh. nach S. Martino ai Monti in Rom übertragen.
Gedächtnis: 10. Februar
Lit.: Rossi III 3–192 – J. Wilpert: RQ 15 (1901) 50–71 – J. Wittig: RQ 19 (1905) 50–63 105–133 – H. Delehaye: AnBoll 46 (1928) 59–67 – DACL XV 1592–1614 – ECatt XI 1000f – BHG³ 1642f

Soteris Zuwarda, Jungfr. u. Märt. zu Dordrecht, Hl. (Sura)
Sie soll zu Dordrecht (südöstl. von Rotterdam, Niederlande) die dortige Hauptkirche zur Gottesmutter erbaut haben. Nach der Legende hatte sie nur 3 Geldstücke, mit denen sie im Vertrauen auf Gott den Bau begann, die sie aber jedesmal nach ihrem Verbrauch wieder in ihrer Tasche fand. 3 Arbeiter hätten sie ermordet, um sich ihr vermeintlich großes Vermögen anzueignen, fanden aber nur die 3 Geldstücke. An der Stelle ihrer Ermordung sei eine heilkräftige Quelle entsprungen. Die Mörder habe man eingefangen u. zum Tode verurteilt, aber die Ermordete sei mit der frischen Wunde am Hals erschienen u. habe für die Reumütigen Verzeihung erfleht. Einige Hagiologen verlegen ihren Tod in das 11. Jh., Stadler hingegen vermutet, daß sie mit ↗ Soteris von Rom identisch sei.
Gedächtnis: 10. Februar

Darstellung: mit Fischer- oder Hackmesser, Wunde am Hals

Soubiran ↗ Maria Theresia de Soubiran

Soubirous (Bernadette S.) ↗ Maria Bernarda

Spinola ↗ Karl Spinola

Spinulus OSB, Hl.
Name: Verkl.f. von lat. spinus (Schlehdorn)
Er war Mönch oder Abt des Benediktinerklosters St. Blasien im Schwarzwald. Von einigen Hagiologen wird er auch als Bisch. von Trier bezeichnet. Er lebte zuerst im Kloster Moyen-Moutiers u. soll Schüler des Bisch. ↗ Hildulf von Trier gewesen sein. † im 7. Jh.
Gedächtnis: 1. August

Spyridon, Bisch. **von Trimithus,** Hl. (Spiridion)
Name: griech. spyrídion, Körbchen
Er stammte aus Askia (Zypern) u. war vorher Schafhirte. Er war verheiratet u. hatte eine Tochter Eirene. Noch als Bisch. weidete er seine Herde. Als Bisch. von Trimithus (Zypern) kämpfte er auf dem Konzil von Nicäa (325) gegen den Arianismus. Seine Gebeine wurden um 691 (?) von Trimithus nach Konstantinopel, 1456 nach Epirus, später nach Korfù auf der gleichnamigen Insel (Nordgriechenland) übertragen. In der griech. Kirche wird er als Thaumaturgos (Wundertäter) sehr verehrt. Viele Zünfte u. Vereine im griech. Raum tragen seinen Namen, an seinem Festtag wird reiches Brauchtum geübt (Prozessionen u. a.).
Gedächtnis: 14. Dezember (Griechen: 12. Dezember)
Darstellung: als Bisch. mit Hirtenmütze oder aufrecht in einem Sarg stehend. Hält einen Stachel zum Augen-Ausstechen in der Hand (man habe ihm in der Verfolgung des Diokletian ein Auge ausgestochen)
Patron: von Korfù; der Waisen
Lit.: Johann Georg zu Sachsen (Leipzig-Berlin 1913) – R. Kriss-H. Kriss-Heinrich, Peregrinatio neohellenika (Wien 1955) 83–92

Stachus, Kf. zu ↗ Eustachius

Stanislaus (Stanislaw) **Kostka** SJ, Hl.
Name: Stanislaus ist die latinisierte Form von polnisch Stanislaw: der durch Standhaftigkeit Berühmte
* am 28. 10. 1550 auf Schloß Rostkow in Masowien (Landsch. nördl. von Warschau) aus polnischem Hochadel. Seinen ersten Unterricht erhielt er zus. mit seinem älteren Bruder Paul im Elternhaus. 1564 reisten beide mit ihrem Hauslehrer Bilinski nach Wien zum Studium am dortigen Jesuitenkolleg. Sie wohnten dort ein Jahr im Konvikt der Adeligen, dann mit anderen jungen Polen im Haus des Lutheraners Kimberker. Stanislaus war ein begabter u. fleißiger Schüler u. zeichnete sich durch große Frömmigkeit u. Reinheit der Sitten aus. Sein Bruder u. die Studiengenossen waren ganz anderer Art u. ließen ihn das häufig durch harte Worte u. Mißhandlungen fühlen. Stanislaus ertrug alles mit größter Geduld, blieb aber seiner Art treu. Er wurde Mitglied der von den Jesuiten geleiteten Bruderschaft der hl. Barbara zur Pflege der Andacht zum hl. Altarsakrament. Man erzählt sich von ihm auch mystische Begnadungen, z. B. den Empfang der hl. Kommunion, die ihm von Engeln gebracht wurde, u. eine Erscheinung Mariens mit ihrem Kind. Nach 6 Monaten bat er den österreichischen Vizeprovinzial P. Maggi SJ um die Aufnahme in die Gesellschaft Jesu. Dieser fürchtete feindselige Schritte des Vaters u. der übrigen Verwandten u. wagte nicht, ihn aufzunehmen. Da entfloh Stanislaus heimlich, als Bettler verkleidet, nach Augsburg u. Dillingen zu ↗ Petrus Canisius, der ihn einen Monat später wegen der Gefahr politischer Schwierigkeiten nach Rom sandte. Dort nahm ihn der Generalobere ↗ Franz Borgia SJ am 28. 10. 1567 in das Noviziat auf. Er war durch sein frisches, liebenswürdiges u. bescheidenes Wesen u. seine ungeheuchelte Frömmigkeit, verbunden mit männlicher Entschlossenheit, der Liebling aller. Als Petrus Canisius anläßlich eines Besuches in Rom eine Ansprache gehalten u. darin gesagt hatte, man solle jeden Monat so beginnen, als sei er der letzte des Lebens, erklärte Stanislaus, obwohl ganz gesund, das habe ihm gegolten. Tatsächlich starb er, wie er es gewünscht u. vorausgesagt hatte, in der Nacht zum 15. 8. 1568. Sein Leib ruht in S. Andrea sul Quirinale zu

Rom. 1670 selig-, zus. mit ↗ Aloisius von Gonzaga heiliggesprochen.
Liturgie: Wien G am 13. November (Augsburg g). Dieses Datum wurde schon im 17. Jh. gewählt, weil sein Todestag mit Mariä Himmelfahrt zusammenfiel u. weil er so als Patron der studierenden Jugend in den Jesuitenkollegien während des Schuljahres gefeiert werden konnte
Darstellung: als Jüngling, aus dessen Herzen das Christusmonogramm JHS leuchtet. Als Jesuitennovize mit Pilgerstab, das Jesuskind tragend. Von einem Engel die hl. Kommunion empfangend
Patron: von Polen (seit 1671), der Jesuitennovizen, der studierenden Jugend
Lit.: U. Ubaldini: AnBoll 9 (1890) 360–378, 11 (1892) 416–467, 13 (1894) 122–156, 14 (1895) 295–318, 15 (1896) 285–315, 16 (1897) 253–296 – Sommervogel IV 1203, XI 1475–1483 – C. A. Kneller, Aloysius Gonzaga u. St. Kostka: ZAM 1 (1926) 103–120 – M. Gruber (Freiburg/B. 1921) – R. Müller (Wien 1950)

Stanislaus (Stanislaw), Bisch. **von Krakau,** Märt., Hl.
* um 1030 zu Szczepanów bei Krakau. Er studierte in Gnesen, vielleicht auch im Ausland (Paris?), wurde Pfarrer zu Czembocz, dann Kanoniker u. 1072 Bisch. von Krakau. Als solcher war er sehr reform- u. seelsorgseifrig. Man weiß nicht genau, warum er sich den Unwillen des jähzornigen Polenkönigs Boleslaw II. zuzog. Die Viten sprechen von einem unmoralischen Lebenswandel des Königs u. Vorenthaltung kirchlichen Besitzes. Deshalb exkommunizierte ihn Bisch. Stanislaus u. wurde von ihm während der Messe in der Michaelskirche vor dem Stadttor Krakaus am 11. 4. 1079 erschlagen. Seine Gebeine wurden 1088 in den Dom von Krakau übertragen. Innozenz IV. sprach ihn 1253 in Assisi heilig.
Liturgie: GK g am 11. April
Darstellung: als Bisch. mit Schwert oder auferwecktem Toten
Patron: von Polen, des Erzb. Krakau
Lit.: MGSS XXIX 501–517 – BHL 7832–7843 – W. Schenk, Le culte liturgique de S. St. en Silesie (Lublin 1959) – Réau III 1235f

Stanze, Kf. von ↗ Konstanze

Stase (Stasi), Kf. von ↗ Anastasia

Steeb ↗ Johannes Heinrich Karl Steeb

Steffen (niederdt.) ↗ Stephan

Stella
Name: weibl. Vorname aus dem Lat. (Ital.): Stern. Möglicherweise hat in früherer Zeit die Verehrung Marias als „Stella maris" (Meerstern) den Gebrauch des Namens gefördert (franz. Estelle, span. Estrella u. Estella)

Stenzel (schles.) ↗ Stanislaus

Stephan (Stefano) **Bellesini** OESA, Sel.
Name: griech. stéphanos, Kranz (bes. Siegeskranz). (Kf. Steffel; ital. Stefano; franz. Étienne; engl. Stephen, Steven; niederl. Steven; ungar. István)
* am 25. 11. 1774 zu Trient. Er wurde 1790 Augustiner-Eremit in Bologna u. studierte in Rom. Vor Napoleon (damals Oberbefehlshaber in Italien) floh er zunächst nach Bologna. Als in den Wirren dieser Jahre sein Heimatkloster aufgehoben wurde, ging er nach Trient u. erhielt dort die Priesterweihe. In seinem Elternhaus in Trient richtete er eine Schule ein mit dem Erfolg, daß ihn die Regierung zum Generaldirektor der Schulen des Fürstentums Trient ernannte. Nachdem die Klöster im Kirchenstaat nach dem Wiener Kongreß 1815 wiederhergestellt waren, ging er nach Rom u. wurde dort Novizenmeister. 1831 sandte man ihn nach Genazzano bei Palestrina (östl. von Rom), wo er als Pfarrer wirkte. Er starb dort während der Choleraepidemie als Opfer der Nächstenliebe am 2. 2. 1840. Seliggesprochen am 1. 11. 1904.
Gedächtnis: 2. Februar
Lit.: S. Weber (Trient 1904) – G. Lepore (Rom 1933[2]) – BollStA 11 (1935) 71–76

Stephan OCarth, Bisch. **von Die,** Hl.
* um 1155 zu Lyon aus dem Adelsgeschlecht De Châtillon. Er trat 1176 in die Kartause von Portes (Diöz. Belley, östl. von Lyon) ein, wo er um 1195 Prior wurde. Er zeichnete sich durch große Bußstrenge u. Frömmigkeit aus u. war charismatisch begnadet (bes. durch die Gabe der Visionen u. der Wunder). 1213 wurde er Bisch. von Die. Schon zu Lebzeiten wurde er als Heili-

ger betrachtet. † am 6. 9. 1213. Kult approbiert am 9. 12. 1903.
Gedächtnis: 6. September
Lit.: BHL 7899–7903 – Chevalier BB² I 1373f – ECatt XI 1305f

Stephan, Bisch. **in Hälsingland,** Märt., Hl.
Er wurde um 1060 Benediktiner im Kloster Korvey bei Höxter (an der Weser, nördl. von Kassel). Er wurde durch Erzb. Adalbert I. von Bremen-Hamburg zum Missionsbischof geweiht, wobei er seinen Namen Stenphi in Simon umwandelte, u. als Glaubensbote nach Schweden gesandt. Er missionierte bei den Skridfinnen in Hälsingland (am 62. Breitengrad) u. starb im Wald Ödmorden als Märt. nach 1072. Sein Grab ist in Norrala bei Söderhamn.
Gedächtnis: 2. Juni
Lit.: M. Strunck, Westphalia sancta, ed. W. E. Giefers, I (Paderborn 1854²) 98–102 – Baudot-Chaussin VI 44f

Stephan Harding OCist, Abt von Cîteaux, Hl.
* 1059 zu Meriet (oder Merriott, England). In jungen Jahren trat er als Benediktiner im Kloster Sherborne (Grafsch. Dorset, Südengland) ein. Seine Studien absolvierte er in Lismore (Irland), Paris u. Rom. Dort lernte er den Geist der Klöster Cluny, Camaldoli u. Vallombrosa kennen u. befreundete sich mit ↗ Petrus Damiani. Er trat nun in das OSB-Kloster Molesme (östl. von Auxerre, Zentralfrankreich) über, das ↗ Robert von Molesme 1075 als Stätte ursprünglicher Regelstrenge u. äußerster Armut gegründet hatte. Als Abt Robert mit seinen Forderungen nicht durchdrang, ging er 1098 mit 20 Mönchen nach Cîteaux (östl. von Dijon), unter ihnen auch Stephan Harding, der dort 1108–1133 dritter Abt war. Er nahm eine Revision der Vulgata vor u. reformierte die Liturgie, wobei er die Echtheit des Textes u. die Einfachheit der Formen anstrebte. Er war ein begabter Organisator, der für den jungen Zisterzienserorden die einheitliche Rechtsgrundlage schuf. Er reformierte auch die klösterliche Wirtschaftsform durch Einführung des ausschließlichen Eigenbetriebes. Von seinen Mönchen forderte er ernste Handarbeit u. einfachste Lebensweise. Unter ihm trat 1112 der hl. ↗ Bernhard mit etwa 30 anderen Edelleuten in dieses strenge Reformkloster ein. Stephan Harding starb 1134.
Gedächtnis: 16. Juli
Darstellung: mit der Gottesmutter, die ihm das schwarze Cingulum (Gürtel) überreicht
Lit.: C. Oursel, S. Étienne Harding (Dijon 1962) – A. Lang: Cist 51 (1939) 247ff – J. de la Croix Bouton, Histoire de l'Ordre de Cîteaux (Westmalle 1959) 73ff – DHGE XV 1226–1234 – DSAM IV 1489–1493

Stephan I., Papst, Hl.
Er war gebürtiger Römer u. wurde am 12. 5. 254 zum Papst gewählt. Seine Amtszeit verlief äußerlich ruhig zw. den Verfolgungen des Decius (249–251) u. des Valerian (253–260), wies aber schwere innerkirchliche Auseinandersetzungen auf. Im Ketzertaufstreit forderte er die Annahme des röm. Gebrauches u. verbot jede Wiedertaufe mit den berühmten Worten „Nihil innovetur nisi quod traditum est" (es soll nichts eingeführt werden, was nicht in der Tradition enthalten ist). Darüber kam es zu Spannungen zw. ihm u. den Kirchen in Nordafrika (↗ Cyprian von Karthago) u. Kleinasien. Er ergriff auch disziplinäre Maßnahmen gegenüber span. u. gallischen Bischöfen. In allem zeigte er ein starkes Selbstbewußtsein seiner Sonderstellung als röm. Bisch. Er starb am Beginn der Verfolgung des Valerian am 2. 8. 257, aber nicht als Märt., obwohl er später als solcher verehrt wurde (wohl durch Verwechslung mit seinem Nachfolger ↗ Sixtus II.).
Gedächtnis: 2. August
Darstellung: ein Schwert in der Brust (irrtümlich als Märt. aufgefaßt); ein Götzenbild zerschmetternd
Lit.: J. Ernst, Papst Stephan I. u. der Ketzertaufstreit (Mainz 1905) – Ders.: ThQ 93 (1911) 230–281 364–403 – Haller I² 39–42 495ff – Seppelt I² 51–58 – B. Neunheuser: HDG IV/2 44–47 – Handb. d. Kirchengesch., hrsg. v. H. Jedin, I (Freiburg/B. 1962) 247 379f 401–407

Stephan Pongracz, s. Märt. von Kaschau (S. 918)

Stephan I., König **von Ungarn,** Hl. (heidnischer Name: Vajk)
* um 969 als Sohn des Arpadenfürsten Géza. In seinem 5. Lebensjahr wurde er von einem missionierenden Priester des Bisch. ↗ Pilgrim von Passau getauft u. vermutlich von Bisch. ↗ Adalbert von Prag gefirmt. 995 vermählte er sich mit ↗ Gisela, der

Schwester Kaiser ↗ Heinrichs II. 997 folgte er seinem Vater als Fürst der Ungarn u. förderte tatkräftig die Christianisierung des Landes. Er besiegte die rivalisierenden Stammesfürsten, den Heiden Koppány u. die in Byzanz getauften Gyula u. Aijtony u. sicherte so das Vordringen der röm.-kath. Kirche in den Süden u. Südosten des Landes. Er unterstützte die Vollendung der von seinem Vater 1002 gestifteten OSB-Abtei Martinsberg (Szent Márton, heute Pannonhalma), stiftete weitere Klöster u. förderte die Basilianermönche in Südungarn. Er gründete die Erzbistümer Gran u. Kalocsa sowie die Bistümer Csanád, Eger, Bihar (Großwardein), Pecs, Raab, Siebenbürgen (Weißenburg, Gyula-Fehérvár), Veszprém u. Waizen (Vác). Er gab dem Land eine kirchliche Organisation, der sich die weltliche Verwaltung anschloß. Papst Silvester II. bestätigte ihn als christlichen Herrscher, indem er ihm (wahrscheinlich) eine Krone, ein Vortragekreuz u. ein apostolisches Privileg übersandte. Diese alte Krone wurde 1270 nach Böhmen entführt u. ist seit 1279 verschollen. Sie wurde einige Jahre später durch die heute bekannte „Stephanskrone" mit dem schiefen Kreuz ersetzt. Diese kam 1945 in die USA u. wurde im Jänner 1978 an Ungarn zurückerstattet. Die sog. Sylvesterbulle, die auf das Jahr 1000 datiert ist, wurde als Fälschung des 16. Jh.s erkannt. Stephan wurde am Weihnachtstag des Jahres 1000 in Gran zum 1. König von Ungarn gesalbt u. gekrönt. † am 15. 8. 1038; er wurde in der von ihm erbauten Basilika in Stuhlweißenburg beigesetzt. Seine Heiligsprechung erfolgte auf Betreiben ↗ Ladislaus' I. von Ungarn durch feierliche Erhebung seiner Gebeine (mit denen seines Sohnes ↗ Emmerich) im Jahr 1083. Seine heute noch unverweste rechte Hand wird als nationale Reliquie verehrt. Der Stephanstag (20. August, Begräbnistag) war bis 1948 Nationalfeiertag in Ungarn (seitdem zum „Fest der Verfassung" umbenannt).
Liturgie: GK g am 16. August
Darstellung: mit Krone u. Zepter, Marienfahne, Doppelkreuz (weil ihm aufgrund des päpstlichen Privilegs das Metropolitankreuz vorangetragen wurde)
Patron: von Ungarn, der nach ihm benannten Orden u. Genossenschaften
Lit.: B. Hóman, König St. I. der Heilige (Breslau 1941) – G. Schreiber (Paderborn 1938) – Baudot-Chaussin IX 48–52 (Lit.)

Stephana (Stefana) **Quinzani,** Sel.
* am 5. 2. 1457 zu Orcinuovi (südwestl. von Brescia, Norditalien) aus ärmerer Familie. Sie lebte zuerst als weltliche Dominikaner-Terziarin in Crema, später gründete sie im benachbarten Soncino ein beschauliches Kloster des 3. Ordens. Hier erlebte sie durch 40 Jahre jeden Freitag in der Ekstase die Passion Christi. Sie hatte die Wundmale an Händen u. Füßen u. übte strenge Sühne für die Sünden der Renaissance. † am 2. 1. 1530 zu Soncino. Seliggesprochen 1740.
Gedächtnis: 2. Jänner
Lit.: P. de Micheli (Soncino 1930) – A. Cistellini, Figure della riforma pretridentina (Brescia 1948) 36–46 175–197 (17 Briefe) – ECatt IX 429f

Stephanie, aus dem Franz.; Stephana (weibl. F. zu ↗ Stephanus)

Stephanus, Diakon u. Erzmärt., Hl.
Leben u. Martyrium: Seine Geschichte wird in Apg 6,1–8,2 berichtet: Auf Grund einer Auseinandersetzung in der Urgemeinde zu Jerusalem zw. Juden- u. Heidenchristen wurden 7 Männer ausgewählt, um die Apostel vom täglichen Tischdienst beim Liebesmahl zu entlasten: Stephanus, ↗ Philippus, ↗ Prochorus, ↗ Nikanor, ↗ Timon, ↗ Parmenas u. Nikolaus. Die durchwegs griech. Namen lassen auch für Stephanus eine hellenistische Abstammung annehmen. Die Handauflegung unter Gebet (Apg 6,6) wird nach allg. Auffassung als die 1. Diakonatsweihe angesehen, also das sakramentale Anteilgeben am Bischofsamt der Apostel. Dem Streit um den Tischanteil lag die tieferliegende Spannung zw. den streng orthodoxen Juden in Jerusalem u. den eingewanderten Juden aus der Diaspora zugrunde, die auch in die junge Christengemeinde hineingetragen wurde. Die von auswärts gekommenen Juden hatten sich zu Landsmannschaften formiert u. besaßen jede ihre eigene Synagoge. Die Apg nennt die der Libertiner (freigelassene Sklaven oder Kriegsgefangene bzw. deren Nachkommen), der Cyrenäer, Alexandriner u. die der Juden aus Kilikien u. Asia. Als Hellene wandte sich Stephanus in sei-

ner Missionspredigt an sie. Doch aus der Predigt wurde ein Streit, der schließlich damit endete, daß sie ihn wegen „frevelhafter Reden gegen Tempel u. Gesetz" vor den Hohen Rat schleppten. In seiner breit angelegten Verteidigungsrede beschuldigte er anhand der Geschichte Israels seine Gegner, daß nicht die Christen das Gesetz gebrochen hätten, sondern sie selbst, die sosehr auf das Gesetz pochten: So wie ihre Väter einst die Propheten töteten, die auf den „Gerechten" (den Messias) wiesen, so seien nun sie selbst zum Messiasmörder geworden. Der Prozeß gegen Stephanus weist auffallende Parallelen zum Prozeß gegen Jesus auf: Auch hier war es keine eigentliche juridische Urteilsfindung, sondern eine tumultartige Massenempörung, auch hier müssen „falsche Zeugen" herhalten. Ähnlich wie Jesus gibt auch Stephanus den eigentlichen Anstoß zu seiner Verurteilung selbst: „Ich sehe den Himmel offen u. den Menschensohn zur Rechten Gottes stehen!" Die Zuhörer hielten sich die Ohren zu, um diese Lästerungen nicht weiter anhören zu müssen, stießen ihn zur Stadt hinaus u. steinigten ihn dort. Dies war die Strafe für Gotteslästerung nach dem mosaischen Gesetz (Lev 24,11ff). Bei dieser Gelegenheit wird erstmals der junge Saulus (der spätere ↗ Paulus) erwähnt; er hatte die Kleider der Schergen zu bewachen. So wurde Stephanus der 1. Märt. (Protomärt., Erzmärt.) der Christenheit. Sein mutiges Bekenntnis u. Sterben wurde zum Vorbild für alle Blutzeugen der kommenden Kirchengeschichte.

Der Tod des Stephanus markiert eine Wende in der Geschichte der Urkirche. Durch die nun hereinbrechende Verfolgung wurden gerade die Heidenchristen aus der Stadt gejagt u. wirkten in der weiteren Umgebung als Missionare. Der erste Schritt von der Judenkirche zur Weltkirche war getan. Später setzte sich Paulus energisch für die nunmehrige Hinfälligkeit des mosaischen Gesetzes u. der Beschneidung ein.

Verehrung: Nach alter, seit dem 5. Jh. faßbarer Tradition lag die Stätte seines Martyriums etwa 350 m nördl. des Damaskustores zu Jerusalem. Hier erbaute Kaiserin Eudokia 455/460 eine Kirche. Diese wurde im 7. Jh. von den Persern eingeäschert u. seither nicht mehr erwähnt. Ihre Reste wurden 1882 durch M. Lecomte OP beim Bau eines Konvents der Dominikaner entdeckt. Heute steht dort die École Biblique.

Am 3. 8. 415 fand der Priester Lucianus in Kafar Gamala (15 km vor Jerusalem, 4 km südl. von Artuf) Gebeine, die er als die des hl. Stephanus bezeichnete. 1916 fanden die dortigen ital. Salesianer die Reste einer kleinen Kirche u. in dieser ein Felsengrab, das möglicherweise das von Lucianus erwähnte Grab des Stephanus war. Von Kafar Gamala kamen die Reliquien in die Kirche auf dem Sion, nach Konstantinopel u. von da 560 teilweise nach S. Lorenzo fuori le mura in Rom. Die linke Hand ist seit 1141 in Zwiefalten (südwestl. von Ulm). Das Fest der Auffindung der Gebeine des hl. Stephanus am 3. August bestand seit dem 9. Jh. bis 1960 und wurde vom Volk „St. Stephan im Schnitt" genannt.

Das Fest des hl. Stephanus am 26. Dezember ist im Osten seit Ende des 4. Jh.s bezeugt u. bestand im Westen bereits Anfang des 5. Jh.s. Es wurde zu einem Lieblingsfest des Volkes. Dazu trugen große Prediger wie ↗ Gregor von Nyssa, ↗ Johannes Chrysostomus, ↗ Augustinus u. a. wesentlich bei. Dieser Tag wurde gewählt, um das Weihnachtsfest in seinem Rang bes. hervorzuheben. Es gab in alter Zeit noch andere derartige „Krippenheilige": Petrus, Paulus, Johannes (noch heute am 27. Dez.); spätere griech. Zeugnisse fügen noch David, Joseph u. die 3 Magier hinzu. Vom 9. Jh. bis 1955 hatte das Fest eine eigene Festoktav.

Wie die frühen, dem hl. Stephanus geweihten Bischofskirchen bezeugen, strahlte sein Kult vom Orient auf den Seewegen zu den Mittelmeerhäfen aus: Ancona, Neapel, Nordafrika, an die Rhonemündung (Arles) u. von dort weiter nach Gallien hinein bis Burgund u. Konstanz. Ein 2. Vorstoß ging von der Adria aus über Norditalien bis Chur u. Passau u. von hier weiter in den Donauraum (Stephansdom in Wien, 1147). Im Hochmittelalter trugen vor allem die dt. Kaiser u. Könige seine Verehrung weiter, ihnen schlossen sich bald auch die ungarischen Könige an (↗ Stephan I. von Ungarn). Im Spätmittelalter bildete Stephanus mit ↗ Laurentius u. ↗ Vincentius die Gruppe der sog. hll. Diakone. In dieser Zu-

sammenstellung findet er sich häufig in Kathedralen, Kirchen u. Kapellen in Frankreich, Italien, Spanien, Deutschland u. Österreich dargestellt.
Volkskunde: Im Verein mit Weihnachten erhielt auch der Stephanstag speziell im fränkischen Raum ein reiches Brauchtum. Sein Name findet sich im Mittelalter im Fiebersegen, im Exorzismus über Besessene, im klösterlichen Gebet beim Einnehmen von Arzneien, in Formeln des Wettersegens, im Gebet über die Knaben bei Beginn ihres Studiums (wegen der Beredsamkeit des hl. Stephanus im Streit mit den Juden). In Frankreich las man gegen Epilepsie 3 Messen, deren erste eine Stephanusmesse war. In Aachen wurden bei der Messe der Kaiserkrönung Reliquien in der Stephansbursa ausgestellt. Am Stephanstag wechselten die Dienstboten, bes. die Pferdeknechte. Die Burschen „steffelten", d. h., sie trieben allerlei nächtlichen Unfug, verstellten Sachen u. dgl. (dies wohl in Verbindung mit den sog. Rauhnächten), jüngere Leute gingen von Haus zu Haus u. sangen Lieder, wobei sie mit Gaben bedacht wurden (vgl. das bekannte Dreikönigssingen). Die Bauern fasteten, um dadurch die Fürbitte des Heiligen um gutes Futterheu für das kommende Jahr zu erlangen. In Westfalen u. Württemberg beschenkte man Arme mit dem sog. Stephansbrot. Am Stephanstag wurde die Salz- und Wasserweihe vorgenommen. Mit dem Stephanswasser wurden Tiere, bes. Pferde, oder deren Futter besprengt. In Westböhmen trank man das „Steffelwasser". Das geweihte Salz wurde den Tieren ins Futter, bei Gewitter ins Herdfeuer gestreut, oder man preßte es zu Scheiben u. reichte es dem Vieh auf der Alm. Am Stephanstag wurde auch Rotwein gesegnet in einem Kelch, in den man einen Stein legte (in Erinnerung an die Steinigung). Von diesem Wein trank man oder goß man auf die Felder (Stephansminne, in Schweden „Staffanskanna"). Dies artete häufig zu Gelagen aus. Schon Karl d. G. mußte 798 das Trinken u. Schwören auf den hl. Stephanus verbieten. Die Stephansminne wurde später meist durch die Johannesminne am 27. Dezember verdrängt.
Stephanus wurde vor allem Patron der Pferde. Sein Bild hängt häufig an den Stalltüren im Lechrain. Der Stephanstag wurde zum großen Pferdefest: Nach der Segnung der festlich geschmückten Tiere findet mancherorts noch heute der Ritt um die Kirche statt, in Jesenwang (hier jetzt „Willibaldsritt" genannt) sogar in die Kirche. In Beilngries führte man die Pferde um den Altar. In Schweden u. anderswo entwickelte sich der Stephansritt zu reinen Reiterspielen oder Pferderennen. Meist wurde der Stephansritt durch den Leonhardiritt (↗ Leonhard) verdrängt. In Norddeutschland u. England nahm man – trotz obrigkeitlicher Verbote – bis ins 19. Jh. den Aderlaß an Pferden vor. Man erhoffte sich davon deren Gesundheit im kommenden Jahr. Im gesamten dt. Raum bis Skandinavien nahm man die Haferweihe vor (so noch im Breslauer Rituale von 1891). Den Hafer mischte man den Pferden unter das Futter oder im Frühjahr unter die Saat. In Ostdeutschland u. Polen kam dazu das Haferwerfen („Steffeln"): Der Priester wurde beim Verlassen der Kirche mit Hafer beworfen oder die Kirchenbesucher taten sich dies gegenseitig an (z. B. in Beuthen; Nachahmung der Steinigung).
Dieses reiche Brauchtum steht großteils nicht in Beziehung zum Leben u. Sterben des Erzmärt. Stephanus. Mythologen suchen hier einen Zusammenhang mit den Feiern zur Wintersonnenwende. Sie vermuten in Stephanus den Verdränger bzw. christlichen Nachfolger des germ. Gottes Freyr, des einst im gleichzeitigen Julfest gefeierten Spenders von Fruchtbarkeit u. Gedeihen in Feld u. Haus. Eher ist an den Gott Wotan zu denken, der zur Wintersonnenwende auf weißem Roß segnend durch das Land zog u. den man durch Gelage u. Opfertrank ehrte. Dabei spielten Pferd u. Opfertrank eine wesentliche Rolle.
Liturgie: GK F am 26. Dezember. Wien H (Patron der Erzdiöz. u. des Domes)
Darstellung: gewöhnlich in seinem Martyrium. Als Diakon (oft gemeinsam mit den Diakonen Laurentius u. Vincentius), Palme in der einen, 3 Steine in der anderen Hand. Die Steine liegen auch auf dem Buch, das er in der Hand hält
Patron: der Pferde (der älteste u. patroziniumsgeschichtlich hervorragendste Pferdepatron), der Kutscher, Pferdeknechte;

der Böttcher, Maurer, Schneider, Steinhauer (wegen der Steinigung), Weber, Zimmerleute

Lit.: O. Glombitza: ZNW 53 (1962) 238–244 – W. Schmithals, Paulus u. Jakobus (Göttingen 1963) 9–29 – J. Bihler, Die Stephanusgeschichte (München 1963) – R. Hindringer, Weiheroß u. Roßweihe (München 1932) – Bächtold-Stäubli VIII 428–436 – R. Wolfram, Die Julumritte im germ. Süden u. Norden: Oberdt. Zeitschr. f. Volksk. 11 (Bühl 1937) 6–28 – G. Gugitz, Österr. Gnadenstätten in Kult u. Brauch IV (Wien 1956) – Atlas der dt. Volkskunde, hrsg. v. M. Zender, Neue Folge 1. Lieferg. (Marburg 1959) 166–180, Karte 10f – Ders., Räume u. Schichten mittelalterlicher Heiligenverehrung (Düsseldorf 1959) 180ff – G. Gugitz, Das Jahr u. seine Feste II (Wien 1959) 280–289

Stephanus (Stephanos) **d. Ä.,** Abt **in Konstantinopel,** Hl.

Er war von adeliger Abkunft. In seiner Jugend besuchte er die Klöster u. Einsiedeleien in Palästina u. Ägypten, um die Lebensweise der Mönche kennenzulernen. Nach seiner Rückkehr baute er das Kloster „zum Gänsesee" in Konstantinopel, in dem er als Abt eine große Zahl von Mönchen zu einem heiligen Leben anleitete. † 716.

Gedächtnis: 14. Jänner

Stephanus (Stephanos) **d. J.,** Abt u. Märt. **in Konstantinopel,** Hl.

* um 713 in Konstantinopel. Er wurde Mönch im Auxentioskloster bei Nikomedien (heute Izmid, östl. von Istanbul) u. später dessen Abt. Unter dem bilderstürmerischen Kaiser Konstantinos V. Koprónymos (der „Dreckkerl") (741–775) wurde Stephanos als Anführer der bilderfreundlichen Opposition mit etwa 300 Mönchen ins Gefängnis geworfen, 11 Monate in Haft gehalten u. schließlich am 28. 11. 764 in Konstantinopel vom Straßenpöbel mißhandelt u. erschlagen. Seine Gebeine kamen in das Dioskloster in Konstantinopel.

Gedächtnis: 28. November

Lit.: B. Hermann, Verborgene Heilige des griech. Ostens (Kevelaer 1931) 71–105 – BHG³ 1660–1667a

Stephanus (Stephanos) **Sabaïtes,** Hl. (genannt „Thaumaturgos", „der Wundertäter")

* 725 bei Askalon (Ruinen beim heutigen Barbarit, südl. von Tel Aviv, Israel). Nach dem Tod seiner Eltern kam er mit 10 Jahren zu seinem Onkel in das Kloster Mar Saba (Sabaskloster, an der westl. Felswand der Kidronschlucht, südöstl. von Jerusalem), wurde dort Mönch u. bekleidete verschiedene Klosterämter. Mit 36 Jahren zog er sich ganz in die Einöde am Toten Meer zurück u. lebte dort als Einsiedler dem Gebet u. der Buße. † am 31. 3. 794.

Gedächtnis: 31. März

Lit.: ActaSS Iul. III (1723) 524–613 (Vita v. seinem Schüler Leontios) – AnBoll 77 (1959) 332–369 (bisher vermißter Anfang der Vita)

Steven (engl., niederl.) ↗ Stephan

Stilla von Abenberg, Sel.

Name: zu ahd. stilli (still, ruhig)

Sie entstammte dem Geschlecht der Grafen von Abenberg (südl. von Nürnberg). Sie gründete das Peterskirchlein bei Abenberg (auf dem Hügel gegenüber der väterlichen Burg) u. führte dort zus. mit 3 Gefährtinnen ein heiligmäßiges Leben. Bald nach Vollendung des Kirchleins starb sie um die Mitte des 12. Jh.s u. wurde in dem Kirchlein beigesetzt. Beim Peterskirchlein wurde 1491 das Kloster Marienburg für Augustiner-Chorfrauen gegründet, welches 1805 säkularisiert wurde u. seit 1920 die Barmherzigen Schwestern von der Schmerzhaften Mutter Gottes beherbergt. Kult approbiert am 12. 1. 1927.

Liturgie: Eichstätt g am 21. Juli

Darstellung: mit Kirchenmodell

Lit.: AAS 19 (1927) 140ff – F. Buchner-J. B. Sperber (Eichstätt 1927³) – F. X. Buchner, Das Bistum Eichstätt I (Eichstätt 1937) 5–12 – Die Kunstdenkmäler von Bayern, V/7: Stadt u. Landkreis Schwabach (München 1939) 130–147

Stine (Stina), Kf. von Namen, die auf -stine enden, z. B. ↗ Christine, ↗ Ernestine, ↗ Justina

Sturmius OSB, Abt **in Fulda,** Hl.

Name: Latinisierung des ahd. sturm (Unwetter, Unruhe, Kampf): Stürmer, Kämpfer

* um 715 in Oberösterreich (Lorch, heute Enns?). Er schloß sich 733/735 dem hl. ↗ Bonifatius an u. wurde dessen Lieblingsschüler. Er erhielt seine Ausbildung in Fritzlar (südwestl. von Kassel) unter Abt ↗ Wigbert u. erhielt dort um 740 die Priesterweihe. Er wirkte dann als Missionar in Hessen u. gründete im Auftrag des Bonifatius im Jahr 744 das Kloster Fulda, das er

als 1. Abt zum wirtschaftlich u. geistig bedeutendsten Kloster Ostfrankens machte. 747–748 weilte er in Montecassino, um die benediktinisch-monastische Lebensform zu studieren, 751 erhielt er von Papst ↗ Zacharias für sein Kloster die Exemtion (unmittelbare Unterstellung unter den Hl. Stuhl). 754 stellte er die Gebeine des ermordeten Bonifatius sicher, was große Schenkungen an sein Kloster zur Folge hatte. Er zog sich aber auch die Feindschaft des Erzb. Lullus von Mainz zu, der unter Berufung auf Bonifatius versuchte, das Kloster Fulda unter seinen Einfluß zu bringen. 763 wurde er von Pippin d. J. nach Jumièges (bei Rouen, Normandie) verbannt u. erst 765 rehabilitiert. Pippin war ihm später gewogen, auch zu Karl d. G. hatte er ein gutes Verhältnis. Schon zu Anfang der Sachsenkriege hatte er ein großes Missionsgebiet an Diemel u. Weser zugewiesen bekommen (Eresburg, Hameln, Minden). Er begleitete Karl d. G. 779 auf dem Feldzug nach Sachsen, starb aber bald nach der Heimkehr am 17. 12. 779 in Fulda. Seine Gebeine ruhen im Dom zu Fulda. Heiliggesprochen auf dem 2. Laterankonzil 1139.

Liturgie: Fulda F am 16. Dezember (München-Freising g), sonst 17. Dezember

Darstellung: mit Abtstab, Regelbuch u. Kirchengrundriß

Lit.: F. Flaskamp: Westfälische Lebensbilder II/1 (Münster 1931) 1–14 – M. Lintzel: Sachsen u. Anhalt 8 (Magdeburg 1932) 6–16 – Zimmermann III 444–448 – H. Beumann: Hessisches Jahrb. für Landesgesch. 2 (Marburg 1952) 1–15 – E. E. Stengel: DA 9 (1952) 513–534 – K. Lübeck, Die Fuldaer Äbte u. Fürstäbte des Mittelalters (Fulda 1952) 7–24 – W. Heßler: Hessisches Jahrb. für Landesgesch. 9 (1959) 1–17 – P. Engelbert, Die Vita Sturmi (Berlin 1967) – Bavaria Sancta III (Regensburg 1973) 33–47

Suitbert OSB, Bisch. u. Glaubensbote **am Niederrhein,** Hl. (Suidbercht, Swidbert)

Name: altengl. swidh (stark, mächtig; vgl. geschwind) + beraht (glänzend): der durch Kraft Glänzende

Er war Angelsachse u. einer von den Benediktinern, die 690 mit ↗ Willibrord in das von Pippin d. M. zurückeroberte Friesland gingen. Er wurde von seinen Gefährten zum Bisch. gewählt u. 692/693 in England von Bisch. ↗ Wilfrith von York zum Regionarbisch. (Wanderbisch. ohne feste Diöz.) geweiht. Er überwarf sich aber mit Pippin, vielleicht auch mit Willibrord, und ging deshalb als Missionar zu den Brukterern an Lippe u. Ruhr (Westfalen). Nach anfänglichen Erfolgen wurde das Missionswerk bei einem Einfall heidnischer Sachsen vernichtet. Er zog sich auf fränkisches Gebiet zurück u. gründete 710 auf der Rheininsel bei Düsseldorf ein Kloster (heute Kaiserswerth), wo er im März 713 starb u. begraben wurde.

Liturgie: Essen, Köln g am 4. September

Darstellung: als Bisch. mit Stab u. Stern, den er in der Hand hält oder der am Bischofsstab leuchtet; Gefangene erlösend

Lit.: F. Flaskamp, Suidbercht (Duderstadt 1930) – H. Rademacher: Westfalia Sacra II (Münster 1950) 148–153 – G. Schreiber: ebd. 65f (Verehrung)

Suitbert, Bisch. **von Verden,** Hl. (Suicbert, Swibert)

Er war der vermutlich 1. Bisch. von Verden (südöstl. von Bremen). Die Nachrichten über sein Leben sind sehr unzureichend u. unsicher. Wahrscheinlich war er angelsächs. Herkunft, möglicherweise war er Benediktinermönch im Kloster Amorbach im Odenwald. Karl d. G. soll ihn 785 als „Bischof“ in das nördl. Ostphalen gesandt haben.

Gedächtnis: 30. April (11. Mai)

Lit.: K. D. Schmidt, Die Gründung des Bistums Verden u. seine Bedeutung: Stader Jahrb. Neue Folge 33–37 (Stade 1947) 25–36 – B. Engelke, Die Grenzen u. Gaue der alten Diöz. Verden: Niedersächs. Jahrb. für Landesgesch. 21 (Hildesheim 1949) 63–92

Sulpicius I., Bisch. **von Bourges,** Hl.

Name: altröm. Geschlechtername

Er wurde im Jahr 584 der 25. Bisch. von Bourges (200 km südl. von Paris). Er leitete 585/588 eine Provinzialsynode in der Auvergne (Zentralfrankreich), auf der über einen Streit zw. den Bischöfen von Cahors u. Rodez zu entscheiden war. 585 nahm er an der 2. Synode von Mâcon teil. Er starb 591 u. wurde in der Kirche St-Julien zu Bourges beerdigt. Seine Gebeine wurden später in die Kirche St. Ursinus zu Bourges übertragen.

Gedächtnis: 29. Jänner

Lit.: Hefele-Leclercq III 208–214

Sulpicius II., Bisch. **von Bourges,** Hl. (genannt Pius) (franz. Sulpice)

Er stammte aus Vatan in der Berry (Dep.

Indre, südwestl. von Bourges) aus einem Adelsgeschlecht. In seiner Jugend kam er an den Hof König Chlothars II. zur Erziehung. Zum Waffendienst erschien er untauglich, dafür war er begabt und fromm. Erzb. Austregisil von Bourges wurde auf ihn aufmerksam u. holte ihn zu sich zur weiteren Ausbildung. Sulpicius erhielt um 613 die Priesterweihe u. wurde 615 Nachfolger Austregisils als Erzb. von Bourges. Als solcher war er „Abt" (etwa Feldpropst) im Heerlager Chlothars II. Er baute viele Kirchen, nahm 626/627 an der Synode von Clichy teil, weihte ↗ Desiderius zum Bisch. von Cahors u. empfahl seinen Schüler ↗ Remaclus als Abt von Solignac. Er war sehr mildtätig gegen die Armen, bei König Dagobert erreichte er eine Steuererleichterung für das Volk. In einer Vorstadt von Bourges gründete er zw. den Flüssen Yevre u. Auron ein Kloster, anfangs wegen seiner Lage „Schiff" (Navirium, franz. Nef), später nach ihm St-Sulpice genannt. In der Nähe der Kathedrale soll er auch ein Spital gegründet haben. Nach 17 Jahren zog er sich von seiner Amtstätigkeit zurück, um sich besser der Bekehrung der Juden u. Häretiker widmen zu können. † am 17. 1. 647; er wurde im Kloster Navarium beigesetzt. Kleine Teile seiner Reliquien sind noch in der Klosterkirche St-Sulpice in Bourges, in St-Sulpice in Paris, in Vatan u. a. Der größte Teil wurde in der Franz. Revolution vernichtet. – 1641 gründete Jean-Jacques Olier, Pfarrer von St-Sulpice in Paris, die Weltpriesterkongregation der Sulpizianer zur Erziehung von Klerikern in Seminaren. Die Kongregation ist heute in Kanada, in den USA, in Vietnam, Japan, Kolumbien, Dahome u. Obervolta vertreten.
Gedächtnis: 17. Jänner
Patron: der Sulpizianer
Lit.: BHL 7927–7932 – Hefele-Leclercq III 264f

Sulpicius, Bisch. **von Tongern,** Hl.
Er war 517–525 (?) Bisch. von Tongern-Maastricht (Belgien bzw. südl. Niederlande). Näheres ist unbekannt.
Gedächtnis: 18. Jänner

Sulprizio ↗ Nunzio Sulprizio

Sunniva, Jungfr. u. Märt. **in Norwegen,** Hl. (Summiva)
Historische Nachrichten fehlen. Nach der legendarischen Vita aus dem 12. Jh., die deutlich an die Legende der hl. ↗ Ursula anklingt, war sie eine irische Königstochter zur Zeit Ottos d. G. (936–973). Vor einem fremden Eroberer, der sie zur Frau begehrte, floh sie zus. mit ihrem Bruder Albanus u. zahlreichen anderen Jungfrauen nach Selje (an der Westküste Norwegens, am 62. Breitengrad). Dort wurden sie alle in der Zeit des Königs Jakon Jarl von den Festlandbewohnern erschlagen. König Olav I. Tryggvason (995–1000) erhob 996 ihre Gebeine (man zweifelt allerdings, ob es nicht Reste von Schiffbrüchigen oder prähistorischen Bewohnern seien) u. erbaute in Selje eine Kirche, wo er ihre Reliquien bestattete. Später entstand hier ein OSB-Kloster, 1070 wurde die Kirche Bischofssitz, der aber 1170 nach Bergen übertragen wurde. Die Reliquien sind seit 1170 in Bergen.
Gedächtnis: 8. Juli
Lit.: ActaSS Iul. II (1721) 649 – AnBoll 17 (1898) 347f, 51 (1934) 120f – J. Young: Historisk Tidskrift 29 (Oslo 1933) 402–413 – Braun 682f – Baudot-Chaussin VII 175f

Susanna („die keusche Susanna")
Name: hebr. schûschan, Lilie. (Nf. Susanne, Kf. Susi, Suse, Sanna; engl. Susan, franz. Suzanne)
Ihre Geschichte wird breit u. farbig im Buch Daniel erzählt: Sie war die fromme Gattin des Juden Jojakim in Babylon. Wegen ihrer Schönheit hatten 2 lüsterne Älteste des Volkes ihr unzüchtiges Begehren auf sie gerichtet u. stellten ihr in ihrem Garten nach, als sie gerade baden wollte. Da sie sich weigerte, ihnen zu willen zu sein, wurde sie von ihnen aus Rache fälschlich der Unzucht mit einem jungen Mann angeklagt u. im anschließenden Gerichtsverfahren zum Tod verurteilt. Da erschien der junge ↗ Daniel, nahm das Verfahren wieder auf u. überführte die beiden Männer, die nun ihrerseits hingerichtet wurden (Dan 13).
Die Erzählung findet sich noch nicht im hebr. Text des AT, sondern wurde erst in die griech. Übersetzungen eingefügt, weshalb sie zu den sog. deuterokanonischen Büchern der Bibel gezählt wird. Sie findet sich in einer kürzeren Fassung in der Septuaginta (LXX; 3.–2. Jh. v. Chr., Alexandria) u. einer längeren in der Übersetzung

(u. Revision) des Theodotion von Ephesus (wohl 130/160 n. Chr.). In altsyr. Bibeln ist sie als „Buch vom kleinen Daniel“ gern mit Judith, Ruth u. Esther zum „Buch der Frauen“ zusammengestellt. – Auch die Einordnung der Erzählung ist in den verschiedenen Handschriften unterschiedlich. In der LXX steht sie als Anhang mit eigener Überschrift hinter dem kanonischen Buch Daniel, bei Theodotion (wohl mit Rücksicht auf den „noch jungen Daniel“; Dan 13,45) in psychologisierender Form vor dem kanonischen Buch Daniel. Die Vulgata hat sie als 13. Kapitel. Streng chronologisch wäre sie aber nach dem 1. Kapitel einzufügen. Die Theodotion-Übersetzung hat sich als amtlicher Text durchgesetzt, auch Hieronymus bediente sich ihrer als Grundlage für seine Vulgata. – Trotz einiger griech. Wortspiele wird allg. angenommen, daß der Stoff auf ein hebr. oder aram. Original zurückgeht. Formgeschichtlich ist die Susannageschichte als eine erbauliche Lehr-Erzählung (Haggada) zu werten mit dem Motiv der Errettung aus ungerechter Not durch das scharfsinnige Urteil eines Kindes, das Gott zur Hilfeleistung schickt. Zeitlich spielt sie während des Exils in Babylon, doch dürfte die Gestalt des Daniel einer viel früheren Zeit angehören. Die Übertragung auf ihn war wohl durch seinen Namen („Gott ist Richter“) nahegelegt.
Gedächtnis: 19. Dezember
Darstellung: beim Baden im Garten, von den beiden Ältesten bedrängt. Vor Daniel als dem weisen Richter. Mit einem Apfel (Liebesapfel)
Patronin: der Glocken (volksetymologisch: Susanna = „die Sausende“, die Brummerin)
Lit.: Kommentare zu Dan – W. Baumgartner: ARW 24 (1926) 259–280, 27 (1929) 187f – B. Heller, Die Susanna-Erz.: ZAW 54 (1936) 281–287 – F. Zimmermann, The Story of Susan and its Original Language: JQR 48 (1957–58) 236–241

Susanna von Rom, Hl.
Ihr Kult ist nicht an ein Cömeterium (wie sonst allg. bei Märt.), sondern an eine Kirche, den titulus ad duas domos bei den Thermen des Diokletian, geknüpft. Sie ist daher nicht als Märt. anzusehen, sondern als Stifterin der Kirche. Erst die rein legendarische Passio (frühestens aus dem 6. Jh.) macht sie zur Märt.: Wegen ihrer Weigerung, den Sohn des Kaisers Diokletian zu heiraten, sei sie in ihrem Haus getötet worden. An dieser Stelle sei die spätere Kirche erbaut worden. Ihre Reliquien werden in S. Susanna auf dem Quirinal in Rom verehrt.
Gedächtnis: 11. August
Darstellung: mit Schwert u. Krone
Lit.: Kirsch T 70–74 – F. Lanzoni: RivAC 2 (1925) 228–234 – P. Franchi de' Cavalieri: SteT 49 (1928) 185–202 – Antonianum 39 (1964) 37–42

Susanna u. Gef., Märt. **in Salerno,** Hll.
Sie war eine Jungfr. u. floh mit ihren beiden Gefährtinnen Archelais u. Thecla in der Verfolgung des Diokletian (um 305) in die Romagna u. kam dann nach Nola. Sie wurden in Salerno enthauptet.
Gedächtnis: 18. Jänner

Susi (Suse), Kf. von ↗ Susanna

Sven (Swen)
Name: in neuerer Zeit aus dem Nord. übernommener männlicher Vorname (norw., dän. auch: Svend): junger Mann, junger Krieger. Dem Namen liegt ursprünglich das germ. swenthjas zugrunde, dessen Grundbedeutung im got. swinths (stark, kräftig) erhalten ist. – Das Wort erhielt einen starken Bedeutungswandel: altfries. swithe (sehr); angelsächs. swidh (kräftig, geschickt); altnord. svinnr (verständig); ahd. swinde, swint (schnell, geschwind)

Switha, Kf. von ↗ Roswitha

Swithun, Bisch. **von Winchester,** Hl. (Swithuni, Swithin)
Name: 1. Bestandteil ↗ Sven. 2. Bestandteil: aus germ. wunjo, wenjo (lieben, zufrieden sein). Daraus wird ahd. wunni, wunnja (Weide, auch: Wonne), wini (Freund), angelsächs. wunian (bleiben, wohnen, sein). (Vgl. gewinnen, gewöhnen, Wahn, Wunsch)
* um 800. Er war Kanzler König Egberts von Wessex (England) u. Erzieher seines Sohnes Ethelwulf, der ihn 582 zum Bisch. von Winchester (Hampshire, Südengland) ernannte u. ihn zu seinem vertrautesten Ratgeber machte. † am 2. 7. 863. Seine Gebeine übertrug man 971 in die neuerbaute

Kathedrale von Winchester u. wurden 1093 neuerlich erhoben. Heinrich VIII. (1509–1547) ließ sein Grab zerstören.
Gedächtnis: 2. Juli
Lit.: BHL 7943–7949 – A. Campbell (Zürich 1951) – Zimmermann II 390ff

Sylke (niederdt., fries.), Kf. von ↗ Gisela

Sylvia ↗ Silvia

Symeon ↗ Simon, ↗ Simeon

Symmachus, Papst, Hl.
Name: griech. Sýmmachos: syn (mit) + máchē (Kampf): Kampfgefährte, Bundesgenosse
Er stammte aus Sardinien u. war zuvor Diakon. Seine Wahl am 22. 11. 498 fiel mitten in die Auseinandersetzung Roms mit Byzanz, die seit dem Tod des streitbaren u. eigenwilligen Patriarchen Akakios von Konstantinopel († 489) noch immer andauerte (Akazianisches Schisma). Die röm. Partei war mit der nachgiebigen Haltung seines Vorgängers Anastasius II. unzufrieden u. stellte Symmachus als Papst auf. Die byzantinische Partei protestierte u. präsentierte den Archipresbyter Laurentius als Gegenpapst. Eine röm. Synode (501) entschied zwar zugunsten des Symmachus, dieser wurde aber von den Laurentianern tätlich angegriffen, die Laurentianer bemächtigten sich der meisten Kirchen Roms, Symmachus erhielt Asyl in St. Peter. Es gab z. T. blutige Kämpfe. Der ostgotische König Theoderich d. G. war lange Zeit schwankend. Erst durch seinen Konflikt mit dem oström. Kaiser sah er sich 506 genötigt, sich auf die Seite des Symmachus zu stellen u. ihn in alle Rechte einzusetzen. Nunmehr erwies sich Symmachus als Verteidiger des wahren Glaubens (Akakios u. seine Anhänger hatten aus kirchenpolitischen Gründen gegen das Konzil von Chalkedon den Monophysitismus begünstigt), er war auch ein großer Helfer der von den Arianern verfolgten Katholiken. In Rom entfaltete er eine rege Bautätigkeit. König ↗ Sigismund von Burgund trat 496/499 vom arianischen zum kath. Glauben über u. erschien in Rom als Pilger. Vielleicht erhielt der Frankenkönig Chlodwig erst unter Papst Symmachus in Reims die Taufe. † am 19. 7. 514.
Gedächtnis: 19. Juli
Lit.: Caspar II 87–129 758–761 – Haller I² 235–242 534f – Seppelt I² 235–244

Symphorianus, Märt. **zu Autun,** Hl.
Name: griech. Symphoreiános, zu symphorá (Begegnung, Fügung, Glück, Erfolg)
Er war der Sohn des Adeligen Faustus zu Autun (südwestl. von Dijon, Zentralfrankreich) u. genoß eine vorzügliche Bildung u. christliche Erziehung. Unter Kaiser Aurelian (Mark Aurel?) erlitt er um 180 in jugendlichem Alter das Martyrium. Wegen Verspottung heidnischen Kultes wurde er verhaftet u. weigerte sich vor dem Prokonsul Heraclius zweimal, dem christlichen Glauben abzuschwören, weshalb er vor der Stadt enthauptet wurde. Seine Mutter bestärkte ihn dabei mit den Worten „Vita non tollitur sed mutatur" (das Leben wird nicht genommen, sondern umgewandelt; vgl. die Präfation zur Totenmesse!). Bisch. Eufronius von Autun erbaute im 5. Jh. über seinem Grab eine Basilika mit Kloster für Regularkleriker, die den Kult des Heiligen sehr förderten. Die Kirche wurde 1806 niedergerissen.
Gedächtnis: 22. August
Patron: der Kinder, Schüler
Lit.: BHL 7967–7971 – Baudot-Chaussin VIII 418–422 – AnBoll 79 (1961) 117 124ff

Symphorosa u. ihre 7 Söhne, Märt. **zu Rom,** Hll.
Name: Ableitung wie bei ↗ Symphorianus
Im Martyrologium Hieronymianum wird sie als Mutter von 7 Söhnen angegeben: Crescentius, Julianus, Nemesius, Primitivus, Justinus, Stakteus, Eugenius. An der Via Tiburtina entdeckte man im 19. Jh. am 9. Meilenstein die Ruinen einer kleinen Basilika mit 3 Nischen als ursprünglichen Begräbnisort der Märt. Ihre Passio ist dem Martyrium der 7 makkabäischen Brüder (2 Makk 7,1–41) nachgebildet u. verdient wenig Glauben. Das Itinerarium de locis bringt 7 Namen, die von denen des Martyrologium Hieronymianum abweichen, u. verlegt ihr Grab in die Nähe der Basilika S. Lorenzo fuori le mura. Die Verwandtschaft der Märt. ist unbewiesen.
Gedächtnis: 18. Juli
Darstellung: mit ihren 7 Söhnen, alle mit Palmen in den Händen

Lit.: E. Stevenson, Scoperta della basilica di S. Sinforosa e dei suoi sette figli al nono miliario della via Tiburtina (Rom 1878) – DACL XV 1817–1822

Syntyche, Hl.
Name: zu griech. syntychía (glückliches Zusammentreffen, Fügung)
Sie war ein einflußreiches Mitglied der Christengemeinde von Philippi (Ruinen südwestl. von Dráma, östl. Mazedonien, Griechenland). Zus. mit Evodia machte sie sich um die Missionsarbeit des ↗ Paulus verdient, z. B. beim Aufbau der dortigen Gemeinde. Paulus muß aber die beiden zur „Eintracht im Herrn" ermahnen (Phil 4,2)
Gedächtnis: 22. Juli
Lit.: Pölzl 209–213

T

Tagino, Erzb. **von Magdeburg,** Sel.
Name: ahd. degan, junger Held (vgl. Haudegen)
Er entstammte einer edlen Familie in der Gegend von Regensburg. Er wurde im Kloster St. Emmeram zu Regensburg erzogen u. erhielt vom hl. ↗ Wolfgang die Priesterweihe. 994 wurde er zu dessen Nachfolger als Bisch. von Regensburg gewählt, aber von Kaiser Otto III. nicht bestätigt. Herzog Heinrich von Bayern, der spätere Kaiser ↗ Heinrich II., ernannte ihn zu seinem Hofkaplan, 1002 zum Propst der Alten Kapelle zu Regensburg. Am 30. 1. 1004 wurde er durch die persönlichen Bemühungen des Kaisers zum Erzb. von Magdeburg gewählt. Er unterstützte die Wiedererrichtung des Bistums Merseburg u. war ein vertrauter Berater u. Reisebegleiter Kaiser Heinrichs. † am 9. 6. 1012 in der Nähe von Rothenburg a. d. Saale.
Gedächtnis: 9. Juni
Lit.: S. Hirsch, Jahrbücher des Dt. Reiches unter Heinrich II., Bd I–II (Leipzig 1862–64) – J. Schmid, Die Gesch. des Kollegiatstiftes ULF zur Alten Kapelle in Regensburg (Regensburg 1922) 74ff – Manitius II. 265–268

Taigi ↗ Anna Maria Taigi

Tamara
Name: aus dem Russ. übernommener weibl. Vorname, nach Thamar, Königin von Georgien (12. Jh.)
Tamar (hebr., Palme) war die Schwiegertochter des Juda u. Frau des Er. Nach dessen Tod weigerte sich sein Bruder Onan, mit ihr die vorgeschriebene Schwagerehe einzugehen u. seinem Bruder Nachkommenschaft zu erwecken. Juda hinderte einen anderen Bruder namens Schela, sie zu heiraten. Tamar rächte sich, indem sie sich als Hierodule (Tempeldirne im kanaanitischen Astarte-Kult) vermummte, Juda zum Verkehr mit ihr lockte u. von ihm 2 Söhne, Peres u. Zerach, empfing (Gen 38). Weil Peres ein Ahne Davids ist, wird Tamar auch im Stammbaum Jesu erwähnt (Mt 1,3).

Tanja (russ.), Kf. von Tatjana (↗ Tatiana)

Tarbo, Jungfr. u. Märt. **in Persien,** Hl. (Tarbula, Therma, griech. Pherbūs)
Nach dem Martertod ihres Bruders, des Bisch. ↗ Simon bar Sabba'e, wurde sie von Juden beschuldigt, aus Rache die Gemahlin König Schapurs II. von Persien behext zu haben, so daß diese erkrankte. Deshalb wurde sie mit ihrer Schwester u. ihrer Magd am 5. 5. 345 lebendig entzweigesägt.
Gedächtnis: 5. Mai
Lit.: Bedjan II 254–260 – POr 2, 439–444 (griech. Version), dt: BKV^2 22, 89–92

Tarsicius, Märt. **zu Rom,** Hl. (Tharsicius)
Name: zu griech. thársos (Mut): der Mutige, Kühne
Er starb als Märt. der Eucharistie wahrscheinlich in der 2. Hälfte des 3. Jh.s. Sein Grab ist in der Calixtus-Katakombe an der Via Appia. Papst ↗ Damasus I. (366–384) widmete ihm ein Gedicht, worin er berichtet, er habe die Eucharistie bei sich getragen, um sie Kranken zu bringen. Dabei wurde er von Heiden überrascht, die wegen

seiner Haltung neugierig wurden, was er bei sich trage. Heroisch ließ er sich aber lieber vom Pöbel mit Steinen erschlagen, als die heiligen Gestalten auszuliefern. Das Gedicht schließt mit einem Vergleich des Tarsicius mit dem Erzmärt. ↗ Stephanus. Aus der Tatsache, daß er die Eucharistie trug, ist anzunehmen, daß er Diakon war, nicht ein jugendlicher Akolyth, wie die spätere Legende sagt.
Gedächtnis: 15. August
Darstellung: die Eucharistie tragend, Pöbel erschlägt ihn
Patron: der Ministranten, Arbeiter
Lit.: Rossi II 7–10 – G. Wilpert, Die Papstgräber (Freiburg/B. 1909) 96ff – A. Ferrua, Epigrammata Damasiana (Città del Vaticano 1942) 117ff – ECatt XI 1776f – Baudot-Chaussin VIII 270f

Tarsilla, Hl.
Name: lat. Weiterbildg. zu griech. thársos (Mut, Zuversicht): die Mutige
Sie war die Schwester des Gordianus, des Vaters ↗ Gregors d. G. Zus. mit ihren Schwestern ↗ Ämiliana u. Gordiana weihte sie sich als Jungfrau Gott u. lebte ganz dem Gebet u. der Einkehr. Sie selbst erfuhr in einer Vision ihr baldiges Ende. Nach ihrem Tod am Tag vor Weihnachten erschien sie ihrer Schwester Ämiliana u. kündete ihren Heimgang noch vor dem Fest Epiphanie an. † Ende des 6. Jh.s.
Gedächtnis: 24. Dezember
Lit.: MartRom 599 – ECatt XI 1777 – Baudot-Chaussin XII 643f

Tassilo III., Herzog **von Bayern,** Sel. (Thassilo)
Name: Kf. von ↗ Tasso
Er leistete unter Pippin d. J. 757 den Vasalleneid, verließ diesen aber 763 auf seinem Feldzug nach Aquitanien u. regierte politisch unabhängig. Er half beim Aufbau der kirchlichen Organisation in Bayern tatkräftig mit, eroberte 777 Kärnten von den Avaren für die christianisierten Slowenen zurück u. trieb die Mission in Kärnten u. Südtirol (Vinschgau) voran. Er stiftete oder erneuerte eine Reihe von Klöstern. Bes. dem Kloster Innichen (Südtirol) machte er 769 reiche Landschenkungen. Seine berühmteste Stiftung ist das OSB-Kloster Kremsmünster in Oberösterreich (777), wo noch heute der berühmte Tassilokelch u. der Tassiloleuchter gezeigt werden. Wegen seiner unabhängigen Regierungspolitik geriet er aber bes. von 787 an zunehmend in Schwierigkeiten mit Karl d. G. Im Jahr 788 wurde er wegen des „Verlassens des Heeres 763" zum Tod verurteilt, aber von Karl d. G. zu lebenslänglicher Klosterhaft begnadigt. 794 sollte er noch einmal Abbitte leisten, starb aber wohl bald darauf an einem 11. Dezember im Kloster Lorsch (Hessen). In den von ihm ausgestellten Urkunden spiegeln sich Ideen wie das Königtum Christi. Schon zu seinen Lebzeiten rühmten die Bischöfe seine Kenntnis der Hl. Schrift. In mehreren Klöstern wird er als Seliger verehrt.
Gedächtnis: 11. Dezember
Lit.: S. Rietzler, Gesch. Baierns I/1 (Stuttgart–Gotha 1927[2]) 204–212 298–324 335f – H. Löwe, Die karolingische Reichsgründung u. der Südosten (Berlin 1937) – F. Prinz, Herzog u. Adel im agilolfing. Bayern . . .: ZBLG 25 (1962) 283–311 (Schenkungsverzeichnis) – Ders., Die Anfänge der Benediktinerabtei Metten: ZBLG 25 (1962) 20–32 – H. Fichtenau: MIÖG 71 (1963) 1–32 (Kremsmünster) – G. Sandberger: ZBLG 26 (1963) 453–458 (Tassilokelch, -grab u. a.)

Tasso (Taso) OSB, Abt, Hl.
Name: wohl von ahd. dahs (Dachs), dem durch seine Grab- u. Baukunst bekannten Tier; oder auch aus lat. taxo (Eibe) entlehnt (ital. Tasso; im 15. Jh. wird davon dahsboum = „Dachsbaum", Eibe entlehnt). Vielleicht hängt der Name auch mit ↗ Tozzo, ↗ Totto zusammen.
Er war der 3. Abt im Benediktinerkloster am Fluß Volturno (nördl. von Neapel) u. lebte in außerordentlicher Bußstrenge. Wegen seiner strengen Disziplin soll er sich die Abneigung seiner Mitbrüder derart zugezogen haben, daß sie ihn absetzten. Papst ↗ Gregor II. (715–731) habe die ungehorsamen Mönche durch eine harte Bußauflage streng bestraft. Überdies seien die Schuldigen von einem schnellen Tod ereilt worden. Andere Autoren wissen indes nichts von seiner Absetzung. † 729 (?).
Gedächtnis: 11. Jänner

Tatiana von Griechenland, Hl.
Name: weibl. Nf. des altröm. Personennamens Tatius, dessen Herkunft u. Bedeutung unbekannt ist. Ein König der Sabiner hieß Titus Tatius. Der Name gelangte auch in den slaw. Raum; russ. Tatjana

Sie lebte als Einsiedlerin oder Klosterfrau ein strenges Büßerleben. Die griech. Menäen rühmen ihr strenges Fasten. Sonst ist über sie nichts Näheres bekannt.
Gedächtnis: 5. Jänner

Tatiana, Märt. **in Rom,** Hl.
Sie starb unter Septimius Severus (193–211) in Rom den Martertod. Man kann vermuten, daß sie wegen ihres Übertrittes zum christlichen Glauben sterben mußte, weil dieser Kaiser christliche Konvertiten streng bestrafte, ohne eine eigentliche Verfolgung anzuordnen. Tatiana wurde schon früh in der lat., griech. u. russ. Kirche verehrt.
Gedächtnis: 12. Jänner
Darstellung: als Jungfrau in langem Gewand u. Mantel, mit einem Löwen. Auch mit kahlgeschorenem Haupt

Tatjana (russ.) ↗ Tatiana

Taurinus, Bisch. **von Évreux,** Hl.
Name: zu lat. taurus, Stier
Er war der angeblich 1. Bisch. von Évreux (Normandie) u. soll im 4./5. Jh. von Rom als Glaubensbote gekommen sein. Bisch. ↗ Landulf von Évreux erhob seine Gebeine u. erbaute eine Basilika, wo in der Folge die OSB-Abtei St-Taurin entstand.
Gedächtnis: 11. August
Lit.: BHL 7981–7985 – GallChrist XI 626–632

Tekusa u. Gef., Märt., Hll.
Sie u. ihre 6 Gef. Alexandreia, Phaeine, Klaudia, Euphrasia, Matrona u. Julitta wurden 311/312 als hochbetagte Jungfrauen zu Ankyra (heute Ankara) wegen ihres christlichen Glaubens angeklagt u. in einem Teich ertränkt. Der Neffe der hl. Tekusa, der Gastwirt Theodotos, barg ihre Leichen, wurde dabei ertappt u. selbst grausam hingerichtet.
Gedächtnis: 18. Mai
Lit.: F. Halkin: AnBoll 66 (1948) 61 – H. Grégoire-P. Orgels: ByZ 44 (1951) 165–184 – G. Garitte: AnBoll 73 (1955) 35 37f – BHG[3] 1782–1783m

Telemachus (Telémachos), Märt., Hl.
Name: griech. tēle (fern) + máchē (Kampf): der in der Ferne Kämpfende
Sein richtiger Name hieß wohl Alamachius. Er war ein orientalischer Mönch u. ging nach Rom, um den Gladiatorenspielen ein Ende zu machen. Als er im Stadion öffentlich dagegen protestierte, wurde er von der empörten Menge erschlagen. Nach anderen Quellen wurde er auf Befehl des Präfekten Alypius von Gladiatoren getötet. † am 1. 1. 391. Kaiser Honorius schaffte daraufhin die Gladiatorenspiele ab.
Gedächtnis: 1. Jänner
Lit.: AnBoll 33 (1914) 421–428 – MAH 72 (1960) 273–335

Telesphorus, Papst, Hl.
Name: griech. Telesphóros von télos (Ende, Ziel) + phérein (tragen, bringen): der Vollender
Er wurde im Jahr 125 (?) der 7. Nachfolger des hl. ↗ Petrus, die chronologischen Angaben sind aber sehr unsicher. Nach ↗ Irenäus von Lyon starb er als Märt., wahrscheinlich unter Kaiser Hadrian (117–138). Nach dem Liber Pontificalis war er Grieche u. führte ein siebenwöchiges Fasten vor Ostern, die Feier der Mitternachtsmesse zu Weihnachten u. das Gloria in der Messe ein. Doch sind diese Neuerungen sicher jüngeren Datums. Bezüglich der Feier des Osterfestes hielt er an der röm. Gewohnheit fest, verurteilte aber nicht die sog. Quartodezimaner in Kleinasien u. Syrien, die – im Anschluß an das jüdische Passah – an der quarta decima, dem 14. Nisan festhielten, im Gegensatz zum röm. Brauch, die Ostern am darauffolgenden Sonntag feierten, wie es schließlich allgemein Sitte wurde. † 138 (?).
Gedächtnis: 5. Jänner
Darstellung: als Papst mit Keule u. Kelch, über dem 3 Hostien schweben
Lit.: Caspar I 8 13 21 34f 48 – MartHieron 27 – MartRom 7 – ECatt XI 1872

Teotger ↗ Deochar

Terentius von Imola, Hl.
Name: altröm. Geschlechtername; wohl von lat. teres = gedreht, rund; auch: gerundet, geschmackvoll
Er stammte aus Imola (südöstl. von Bologna, Oberitalien). Er war Diakon im Heiligkreuzspital in Faënza u. zog sich später als Einsiedler beim heutigen S. Pier Laguna zurück. Er sagte seinen Todestag voraus. Die Zeit seines Todes ist unbekannt. Seine Gebeine wurden später in die Kirche S.

Croce zu Faënza übertragen, wo er seit 1153 als Patron dieser Kirche bezeugt ist.
Gedächtnis: 30. Juli
Lit.: ActaSS Iul. VII (154–157) – Le Vite dei quattro Santi Protettori di Faenza, ed. F. Lanzoni: Rerum Italic. SS XXVIII/3 (Bologna 1921) 285–396

Thaddäus McCarthy, Bisch. von Cork u. Cloyne, Sel.
Name: hebr. taddai, der Mutige (vgl. ↗ Judas Thaddäus)
* 1455 als Sohn des Royal McCarthy, Lords von Muskerry (Irland). Er erhielt seine Ausbildung im Franziskanerkloster zu Kilcrea, wurde Priester u. 1481 von Papst Sixtus IV. in Rom zum Bisch. von Ross (Südirland) ernannt. Später wurde er Bisch. von Cork u. Cloyne (Südirland). Zahlreiche Anfeindungen ertrug er mit größter Geduld. Er machte eine Reise nach Rom u. starb auf der Rückreise zu Ivrea (nördl. von Turin) am 24. 10. 1492. Seliggesprochen 1895. Mit ↗ Oliver Plunket ist er der einzige in der Neuzeit seliggesprochene Ire.
Gedächtnis: 24. Oktober
Lit.: F. P. Carey, Blessed Thaddeus McCarthy (Dublin 1937)

Thaddäus (Thaddaios) **Studites,** Märt., Hl.
Er war gebürtiger Skythe (altgriech. Sammelname für Nomadenvölker der südruss. Steppe zw. Don u. Donau) u. Sklave im Elternhaus des ↗ Theodorus Studites. Er wurde freigelassen u. trat als Mönch im Kloster Sakkudion in Bithynien (Nordwest-Kleinasien) ein. Dieses Kloster war im Besitz der Familie des Theodoros Studites, der hier später mit seiner ganzen Familie Mönch wurde. Um 800 flüchtete ein großer Teil der Mönche, unter ihnen Theodoros u. Thaddäus, wegen der Arabereinfälle in das Studiu-Kloster (im Westen von Konstantinopel). Als der byzantinische Kaiser Leon V. der Armenier 815 den östl. Bilderstreit erneut vom Zaun brach, stellte sich ihm auch Thaddäus mutig entgegen. Deshalb wurde er verhaftet, erhielt 130 Hiebe mit einem Ochsenziemer u. starb nach 2 Tagen (wahrscheinlich) am 28. 12. 816.
Gedächtnis: 28. Dezember
Lit.: C. van den Vorst: AnBoll 31 (1912) 157–160 – BHG[3] 2414

Thaddäus ↗ Judas Thaddäus

Thais, Büßerin **in Ägypten,** Hl. (Taisis)
Name: urspr. Taisis; leitet sich ab vom Namen der ägypt. Himmelsgöttin Isis
Sie lebte im 4. Jh. Die Legende sagt, sie sei eine Kurtisane (Hofdame, auch vornehme Buhlerin) gewesen, bis sie der Mönch ↗ Paphnutius bekehrte. Da verbrannte sie alle ihre „Eitelkeiten", die sie durch ihr Sündenleben erworben hatte, auf einem öffentlichen Platz u. lebte dann 3 Jahre als Rekluse in einem Kloster, bis ihr die Gewißheit der Verzeihung wurde. Die (wohl unhistorische) erbauliche Legende stellt die Bedeutung der Buße nach einem sündigen Leben heraus u. findet sich in dieser Form auch mit anderen Heiligen verknüpft (↗ Maria von Ägypten u. a.).
Gedächtnis: 8. Oktober
Lit.: PL 73, 661–664 – BHL 8011–8019 – BHG 1695–1697e – P. Batiffol, La légende de s. Thais: Bulletin de litt. ecclés. de Toulouse (Toulouse 1903) 207–217 – R. Kühne, A Study of the Thais-Legend (Philadelphia 1922) – Baudot-Chaussin X 231ff

Thankmar (Dankmar)
Name: altdt. männl. Vorname: ahd. danc (Denken, Gedanke, Erinnerung) + mar (berühmt; zu maren = erzählen, rühmen): an den man denkt u. den man rühmt

Thea, Märt. **zu Gaza,** Hl.
Name: griech. Theá, Göttin. Im heutigen Gebrauch ist Théa Kf. von ↗ Dorothea, ↗ Theodora, ↗ Theresia
Sie lebte im 3. Jh. zu Gaza in Palästina. Wegen ihres christlichen Glaubens wurde sie schwer gefoltert u. starb nachher an ihren Folgen.
Gedächtnis: 19. Dezember

Thebäische Legion ↗ Mauritius u. Gef.

Thekla, Gef. des hl. Paulus, Märt. **zu Ikonium,** Hl.
Name: wohl weibl. Kf. des griech. männl. Personennamens Theókletos, Theoklēs, Theoklēîs von griech. Theós (Gott) + kalēîn (rufen): die von Gott Gerufene. In Ostfriesland ist Thekla Kf. von Namen, die mit Theod – gebildet sind (z. B. Theodora, Theodorica u. a.)
Über sie erzählen die sog. Acta Pauli et Theclae, die bereits Tertullian († um 200), u. ↗ Hieronymus († 420) bekannt waren

u. von ihnen als apokryph abgelehnt wurden. Die phantastisch ausgeschmückte Geschichte weiß zu berichten: Sie wird vom Apostel ↗ Paulus in ihrem Geburtsort Ikonion (heute Konya, Kleinasien) bekehrt u. sagt sich daraufhin von ihrem Bräutigam los. Paulus wird verhaftet, Thekla besucht ihn des Nachts, Paulus wird aus der Stadt vertrieben, Thekla zum Feuertod verurteilt, aber durch Regen u. Hagel wunderbar gerettet u. anschließend freigelassen. Sie trifft Paulus auf der Straße nach Daphne u. geht mit ihm nach Antiochia. Dort weist sie einen Liebhaber, den Syrer Alexander, ab. Dieser verklagt sie aus Rache beim Richter, Thekla wird zum Tierkampf verurteilt. Im Verlauf des Tierkampfes springt sie in eine Grube voll Wasser, um sich selbst zu taufen. Die Tiere tun ihr nichts, sie wird freigelassen u. folgt Paulus nach Myra u. kehrt dann nach Ikonion zurück, wo sie eines seligen Todes stirbt.
Als historische Tatsache bleibt aber der Kult der hl. Thekla seit der Mitte des 4. Jh.s bestehen. Das Zentrum der Verehrung war auf einem Hügel bei Seleukia am Tigris (nördl. von Bagdad), wo zur Zeit der Pilgerin Aetheria (Ende 4. Jh.) ein großes Heiligtum mit einer Mönchskolonie bestand. Um 500 ist dort eine große Wallfahrtskirche mit vielen Zusatzgebäuden bezeugt. Die Stätte, die noch heute die Ruinen der Kirche trägt, heißt heute Meriamlik (Marienhügel). Von dort strahlte der Kult in das ganze Morgen- und Abendland aus: Thekla-Heiligtümer gab es in Bethphage bei Jerusalem, in Libyen u. mehrere in Rom. Auf Zypern hießen 5 Orte Hagia Thekla. Eine der ältesten Kirchen Mailands ist der hl. Thekla geweiht, ebenso in Tarragona (dort 1319 eine Reliquienübertragung aus Armenien). Das Dorf Donatyre (Kant. Waadt, Schweiz) hieß noch im 14. Jh. „Domna Thekla". In Welden bei Augsburg steht eine Klosterkirche zur hl. Thekla, in mehreren Gegenden Deutschlands ist sie Patronin.
Gedächtnis: 23. September
Darstellung: als Orante mit Palme im Zirkus, Löwe (oder Stier) zu ihren Füßen. Auf dem Scheiterhaufen (die Flammen werden vom Regen verlöscht). Im Kerker, Schlangen winden sich um ihre Arme, werden aber vom Blitz getötet. Manchmal mit dem hl. Paulus als dessen Schülerin
Patronin: der Thekla-Bruderschaften; der Sterbenden
Lit.: C. Holzhey, Die Thekla-Akten (München 1905) – V. Schultze, Altchristl. Städte u. Landsch. II/2 (Gütersloh 1926) 236–247 – E. Herzfeld-S. Guyer, Meriamlik u. Korykos: MAMA II – W. Till, Koptische Heiligen- u. Martyrerlegenden (Rom 1935) – B. Kötting, Peregrinatio religiosa (Münster 1950) 140–160

Thekla OSB, Äbtissin **in Kitzingen,** Hl.
Sie stammte aus einer vornehmen angelsächs. Familie u. wurde, wie ihre Verwandte ↗ Lioba, Benediktinerin im Kloster Wimborne (nördl. von Bournemouth, Südengland). Ihr folgte sie auch, vom hl. ↗ Bonifatius gerufen, in das Missionsgebiet in Deutschland. Zuerst lebte sie im Kloster Tauberbischofsheim (Nordbaden, südwestl. von Würzburg), wo Lioba 1. Äbtissin war. Um 750 wurde sie Nachfolgerin der hl. ↗ Hadeloga als Äbtissin von Kitzingen u. Ochsenfurt (am Main), wo sie sich bes. als Lehrerin u. Helferin der Kranken verdient machte. † um 790
Liturgie: Würzburg G am 28. September (mit Lioba), sonst 15. Oktober
Lit.: J. B. Stamminger, Franconia sancta I (Würzburg 1878) 379–386 – Die Briefe des hl. Bonifatius u. Lullus, hrsg. v. M. Tangl (Berlin 1916) (Brief n. 67 v. 742/746) – Zimmermann III 182f – Baudot-Chaussin X 462ff

Theo, Kf. von Namen, die mit Theo- gebildet sind, z. B. ↗ Theodor, ↗ Theobald

Theobald von Gubbio ↗ Ubald von Gubbio

Theobald von Provins OSBCam, Hl. (Thietbald, franz. Thibaud)
Name: Latinisierung des altdt. Namens Thietbald oder Dietbald unter Anlehnung an griech. Theós (Gott): germ. Theudo-, ahd. diot (volk) + ahd. bald (kühn): der Kühne im Volk. (Kf. Theo; rhein. Thewald, alem, Tiewald, Tibo)
* 1017 (?) zu Provins (Dep. Seine-et-Marne, südöstl. von Paris) aus der Grafenfamilie von Brie und de Champagne. Er verweigerte den Kriegsdienst, verließ heimlich seine Eltern u. ging zunächst mit seinem Freund Walter nach St-Remi zu Reims. Dann ließen sich die beiden bei Pettingen (Luxemburg) nieder u. verdienten ihren Le-

bensunterhalt als Maurer u. Bauernknechte. Sie pilgerten gemeinsam nach Santiago de Compostela (Spanien) u. Rom u. wollten auch nach Jerusalem, ließen sich aber als Einsiedler beim Kamaldulenserkloster Vangadizza zu Salanigo (Diöz. Adria, Oberitalien) als Einsiedler nieder. Abt Petrus ließ Theobald zum Priester weihen u. nahm ihm 1065 die Ordensgelübde ab. Seine Mutter lebte fortan bei ihm als Eremitin. Theobald starb dort am 30. 6. 1066, sein Leichnam wurde in der Kathedrale von Vicenza, später in der Abtei Vangadizza beigesetzt. Sein Bruder Arnulf, Abt von Ste-Colombe in Sens, erhielt Reliquien für seine Abtei. 1793 kamen Reliquien in die Kathedrale von Sens, nach Adria u. Vicenza. Heiliggesprochen vor 1073. Theobald wird in Luxemburg, Belgien, Frankreich, Deutschland, Österreich u. Italien verehrt. Ein berühmtes Theobald-Heiligtum besteht zu Thann (westl. von Mülhausen, Oberelsaß), ein internationaler Wallfahrtsort des Spätmittelalters, wo eine Fingerreliquie des „großen Nothelfers" aufbewahrt wird.
Gedächtnis: 30. Juni
Darstellung: als Einsiedler oder Reiter (Ritter), auch als Priester oder Bisch. (meist sitzend) mit Buch (durch Verwechslung mit seinem Onkel Theobald von Vienne). In Baden mit einem Ackergerät (Bauernheiliger). Mit einem Falken
Patron: der Gerber, Köhler, Schuhmacher
Lit.: J. Weicherding (Luxemburg 1879) – Zimmermann II 385–388 – J. Clauß, Die Heiligen des Elsaß (Straßburg 1935) 38–61

Theobald Roggeri, Sel.
Er stammte aus Vico (nordwestl. von Turin) u. hatte vornehme u. wohlhabende Eltern. Er wählte aber das arme Leben eines Schuhflickers u. ernährte mit dem Ertrag seiner Arbeit durch mehrere Jahre einen kränklichen Schuhmacher u. dessen Familie. Dieser bot ihm vor seinem Tod seine Tochter Verida zur Frau an, doch lehnte Theobald ab, da er das Gelübde der Jungfräulichkeit gemacht hatte. Nach dem Tod des Meisters schenkte er von seinen restlichen Ersparnissen der Familie des Schuhmachers u. pilgerte nach Santiago de Compostela (Spanien). Den Rest seines Lebens verbrachte er in Alba als Lastträger. † 1150
Gedächtnis: 1. Juni
Darstellung: mit Schuhmachergeräten
Patron: der Schuhmacher u. Flickschuster

Theobald, Erzb. **von Vienne,** Hl.
* um 927 zu Tolvon (Dep. Isère, Ostfrankreich). Er wurde 957 Erzb. von Vienne an der unteren Rhone. Er veranlaßte 994 eine Synode in Anse (Diöz. Lyon), wo bes. über die Priesterehe verhandelt wurde. † am 21. 5. 1001. Sein Grab ist in der dortigen Kathedrale. Kult approbiert am 9. 12. 1903.
Gedächtnis: 21. Mai
Darstellung: im Bischofsornat auf der Kathedra mit Buch
Lit.: G. de Manteyer: MA 14 (1901) 264–268 – Hefele-Leclercq IV 871f – Baudot-Chaussin V 419f

Theodard, Erzb. **von Narbonne,** Hl.
(franz. auch Audard)
Name: ahd. diot (Volk) + harti, herti (hart, kühn): der Kühne im Volk (Diethard)
* um 850 zu Montauriol bei Villeneuve (Dep. Lot-et-Garonne, Südfrankreich). Nach seinen Studien in Toulouse wurde er Archidiakon in Narbonne (Dep. Aude, Südfrankreich), wo er sich, wie später auch als Erzb., in der Sorge um die Armen auszeichnete, bes. nach den Sarazeneneinfällen. Er wurde um 878 Priester u. 885 Erzb. von Narbonne. In der Kathedrale verschönerte er den Altar der hll. ↗ Justus u. Pastor, 891 nahm er an der Synode von Meung-sur-Loire teil. † am 1. 5. 893. Sein Grab ist in der Abtei St-Martin zu Montauriol (später nach ihm St-Théodard oder St-Audard genannt).
Gedächtnis: 1. Mai
Lit.: J. A. Gyard (Montauban 1887^2) 157–224 – E. Griffe, Histoire religieuse des anciens pays de l'Aude I (Paris 1933) 252–263 – AnBoll 53 (1935) 411f

Theodard, Bisch. **von Tongern-Maastricht,** Hl.
* 613/622 bei Speyer. Er war Schüler des hl. ↗ Remaclus, wahrscheinlich lebte er auch einige Jahre in der OSB-Abtei Stablo (od. Stavelot; Belgien). Wann er Bisch. von Tongern-Maastricht (Ostbelgien/südl. Niederlande) wurde, ist unbekannt. Da seine Diözesanen von den Großgrundbesitzern u. den königlichen Steuereinnehmern ausgeplündert wurden, wollte er sich bei König Childerich II. beschweren. Auf dem Weg dorthin wurde er in der Nähe von

Speyer nach dem 6. 9. 669/670 ermordet. Sein Schüler u. Nachfolger ↗ Lambert übertrug seinen Leichnam nach Lüttich. Seine Gebeine ruhen im Dom zu Lüttich (Belgien).
Liturgie: Speyer g am 10. September
Patron: der Viehhändler
Lit.: J. Demarteau (Lüttich 1890) – BHL 8046–8049 – Balau 144ff – Essen 135–143 – E. Bacha: Mélanges Camille de Borman (Lüttich 1919) 27–34 – BnatBelg XXIV 753f – Baudot-Chaussin IX 212f

Theodechild, Hl.
Name: germ. theudo-, ahd. diot (Volk) + hilta, hiltja (Kampf): Kämpferin im Volk (Diethilde)
Sie war die Tochter des Merowingerkönigs Theuderich I. von Austrasien (511–533) u. stiftete die Abtei St-Pierre-le-Vif zu Sens a. d. Yonne (südöstl. von Paris). † am 28. 6. 563 (?) Ihr Grab ist in St-Pierre-le-Vif.
Gedächtnis: 28. Juni
Lit.: PL 142, 801–804 – H. Bouvier, Hist. de l'abbaye St-Pierre-le-Vif (Auxerre 1891) – Baudot-Chaussin VI 471ff

Theodelinde, Königin der Langobarden, Hl. (Theodelinda, Theudelinde)
Name: latinisierte Form des altdt. Namens Dietlind: germ. theudo-, ahd. diot (Volk) + linta (Schild aus Lindenholz): Schützerin des Volkes
Sie war die Tochter des Bayernherzogs Garibald u. der Walderada, der Tochter des Langobardenkönigs Wacho (510–540). Im Mai 589 wurde sie mit dem Langobardenkönig Authari (584–590), nach dessen Tod mit Herzog Agilulf von Turin vermählt. Sie gebar 602 einen Sohn Adaloald, der von Abt ↗ Secundus von Trient zu Monza als 1. Langobardenkönig kath. getauft wurde. Dieser wurde bereits 604 zum König erhoben, doch nach dem Tod seines Vaters Agilulf 615 übernahm Theodelinde bis zu seiner Volljährigkeit die Regentschaft. Theodelinde stand mit Papst ↗ Gregor I. in guten Beziehungen. Die Zimelien (alte Handschrift, Papyri u. dgl. in einer Bibliothek oder Schatzkammer), die er ihr zur Taufe Adaloalds sandte, sind noch heute großteils im Domschatz von Monza erhalten. Theodelinde bekehrte ihren Gemahl zum Katholizismus u. veranlaßte ihn zu den friedlichen Abmachungen mit dem Papst von 598 u. 603. Sie baute in Monza die Basilika zum hl. ↗ Johannes d. T. (dieser Heilige wurde in der Folge der Schutzpatron der Langobarden). † am 22. 1. 627 (oder am 28. 1. 628).
Gedächtnis: 22. Jänner
Lit.: G. P. Bognetti, Milano longobarda: Storia di Milano II (Mailand 1951) 100–157 – G. Baraggia, La regina Theodolinda (Monza 1957) – A. Merati, Storia architettonia del duomo di Monza (Monza 1962) – Ders., Il tesoro del duomo di Monza (Monza 1963)

Theodemar
Name: germ. theudo-, ahd. diot (Volk) + mar (berühmt): berühmt im Volk. ↗ Druthmar von Lorsch, ↗ Dietmar von Neumünster, ↗ Thietmar von Minden, ↗ Thiemo von Salzburg

Theodemir, Märt. **zu Cordoba,** Hl.
Er war Mönch u starb durch die Hand der mohammedanischen Mauren zu Cordoba am 25. 7. 851. (↗ Paulus von Cordoba)
Gedächtnis: 25. Juli

Theoderich ↗ Theodorich

Theodgar ↗ Thöger von Thüringen

Theodor, Erzb. **von Canterbury,** Hl.
Name: griech. Theodōros von Theós (Gott) + dōron (Geschenk): Gottesgeschenk
* 602 zu Tarsus in Kilikien (südöstl. Kleinasien). Er erhielt in Athen eine vorzügliche literarische Ausbildung u. wurde später Mönch in Rom. Inzw. fand in England die bedeutsame Synode im OSB-Kloster Whitby (Yorkshire) statt, auf der die Annahme der liturgischen Gebräuche Roms (Messe, Taufe, Tonsur, Bischofsweihe, Osterberechnung usw.) entschieden wurde. Wortführer der Neuerung war Bisch. ↗ Wilfrith von York. Die Gegenseite führte Abt ↗ Koloman von Lindisfarne, der an den bisherigen kelt. Gebräuchen festhalten wollte. Er wurde wohl überstimmt, doch bestanden diese alten Gebräuche noch lange weiter. Da nun der erzbischöfliche Stuhl von Canterbury inzw. vakant geworden war, sandten die Könige von Northumberland u. Kent den zur Nachfolge bestimmten Wighard zur Weihe nach Rom, wo dieser jedoch starb. An seiner Stelle weihte Papst ↗ Vitalianus den Mönch Theodor von Tar-

sus zum Erzb. von Canterbury. Dieser ging, begleitet von ↗ Benedikt Biscop Baducing u. ↗ Hadrian von Canterbury, 669 nach England. Als neuer Erzb. organisierte er auf mehreren Synoden (Hertfort 672, Hatfield 680, Twyford 684) eine ganz England umfassende Kircheneinteilung, wobei die Grenzen der einzelnen Bistümer klar definiert waren u. sich den politischen Gegebenheiten anschlossen. Allerdings geriet er dabei in Konflikt mit Bisch. Wilfrith von York. Er ordnete das gesamte Kirchenwesen in Recht, Disziplin, Festkalender, Liturgie, Choral u. Studien nach röm. Prinzipien. In Canterbury gründete er eine eigene Kathedralschule. Er beseitigte die iroschottischen Irregularitäten, ließ aber den Lebensstil der Möche unangetastet. So entstand eine neuartige, einheitlich organisierte u. röm. orientierte Landeskirche Englands, die bald zu hoher Blüte gelangte. † am 19. 9. 690.

Gedächtnis: 19. September

Lit.: Schubert KG 269ff u. ö. – Fliche-Martin V 317–324 – F. M. Stenton, Anglo-Saxon England (Oxford 1947²) 130–141 – R. H. Hodgkin, A History of the Anglo Saxon England (Canterbury 1962) 127–143 u. ö.

Theodor, Bisch. **von Octodurum,** Hl. (Theodul, franz. Théodule, dt. Jodern, rätorom. Sogn Gioder)

Er ist der 1. bekannte Bisch. von Octodurum (heute Martigny, Martinach, am Rhone-Knie im Wallis, Schweiz). Er nahm 381 an der Synode von Aquileja, wahrscheinlich auch 389/390 an der Mailänder Synode teil. Nach Bisch. ↗ Eucherius von Lyon (Anfang 5. Jh.) fand Theodor die Gebeine des hl. ↗ Mauritius u. seiner Gef. aus der Thebäischen Legion u. erbaute ihnen in Acaunum (heute St-Maurice) eine Basilika. Mit der Verlegung des Bischofssitzes von Acaunum nach Sitten wurden auch die Gebeine Theodors dorthin übertragen u. vermutlich auf dem Friedhof „extra muros" (vor der Stadtmauer) beigesetzt, wo eine im Mittelalter viel besuchte Wallfahrtskirche entstand. Grabungen unter der heutigen Kirche aus dem 16. Jh. erbrachten eine Krypta aus dem 8./9. Jh. mit einem Arkosolgrab. An einem 4. September Ende 12./Anfang 13. Jh. wurden die Gebeine von hier in die Stadt gebracht, sind aber seit der Besetzung von Sitten durch die Franzosen 1798 verschollen. Der Kult des Heiligen verbreitete sich von Sitten über Engelberg (OSB-Abtei, Kt. Obwalden; 12. Jh.) in die übrige Schweiz, nach Savoyen, Oberitalien, Vorarlberg (Walserkolonien) u. nach Süddeutschland.

Liturgie: Sitten H am 16. August (Patron des Bistums); Basel, Chur, Lausanne–Genève–Fribourg, St. Gallen g

Darstellung: als Bisch., den Teufel zu Füßen, der eine große Glocke trägt (nach der Legende mußte ihn der Teufel samt einer Glocke, die er vom Papst geschenkt erhielt, von Rom über den Theodulpaß bei Zermatt nach Sitten tragen). Mit einem Schwert, bzw. er erhält von Karl d. G. ein Schwert (die Legende macht ihn zum Zeitgenossen Karls d. G., der ihm die Hoheitsrechte über das Wallis verliehen habe). Mit einer Weintraube oder ein Weinwunder wirkend (Legende). Die Reliquien der Thebäischen Legion sammelnd. Erweckt ein ertrunkenes Kind zum Leben

Patron: der Diöz. Sitten, des Wallis; der Winzer; des Viehs, der Glocken

Lit.: Künstle II 552–554 – Stückelberg 111–116 – E. Gruber, Die Stiftungsheiligen der Diözese Sitten im Mittelalter (Diss. Fribourg 1932) 153–164 – G. Hoppeler, Der Th.-Kult im Zürichseegebiet: ZSKG 18 (1924) 207–210 – C. Caminada, Die Bündner Glocken (Zürich 1915) 65–71 – R. Durrer, Die Kunstdenkmäler des Kantons Unterwalden (Zürich 1928²) – J.-M. Theurillat, L'abbaye de St-Maurice d'Agaune des origines à la réforme canoniale: Vallesia 9 (Sitten 1954) 1–128 – L. Lathion, Théodore d'Octodure et les origines chrétiennes du Valais (Lausanne 1961) – F. O. Dubuis, Sepulcrum beati Theodoli (Sitten 1962)

Theodor u. Johannes, Protomärt. **Rußlands,** Hll. (russ. Fjodor u. Joan)

Die Nestor-Chronik (Anfang 12. Jh.) berichtet zum Jahr 983, daß der noch heidnische Großfürst ↗ Wladimir von Kiew nach seiner Rückkehr von einem siegreichen Feldzug gegen die baltischen Jatwinger ein Menschenopfer gelobt habe. Er hatte in seinen Diensten auch Waräger (Normannen in Osteuropa) als Söldner. Das Los fiel auf Johannes, den Sohn des christlichen Warägers Theodor. Sie wurden beide von den heidnischen Russen erschlagen. Fürst Wladimir errichtete später, als er Christ geworden war, an der Stelle ihres Todes die Zehntkirche zur hl. Gottesmutter in Kiew.

Gedächtnis: 12. Juli

Lit.: ActaSS Oct. XI (1870) 176 – Russ. Heiligenlegenden, hrsg. v. E. Benz (Zürich 1953) 37ff

Theodor ↗ Theodoros

Theodora von Alexandria, Hl.
Name: weibl. Form von ↗ Theodor (Theodorus). (Kf. Dora, Thea)
Nach der Passio entstammte sie einer vornehmen Familie in Alexandria (Unterägypten) u. hatte Jungfräulichkeit gelobt. In der Verfolgung des Diokletian (um 305) wurde sie zu einem Dirnendasein verurteilt, aber von einem jungen Christen namens Didymus durch Kleiderwechsel daraus befreit. Die passio berichtet, daß man Didymus hingerichtet habe. Eine spätere Rezension der Passio fügt noch das Martyrium der Jungfrau hinzu. Der Bericht ist möglicherweise Legende, da öfters von der Befreiung einer Jungfrau aus einem Bordell erzählt wird.
Gedächtnis: 28. April
Lit.: P. Franchi de' Cavalieri: SteT 65 (1935) 233–278 – ActaSS Apr. III (1938) 571–575 – Baudot-Chaussin IV 690–694

Theodora von Thessalonike, Hl.
* Anfang des 9. Jh.s auf der Insel Ägina (südwestl. von Athen). Bei einem Sarazeneneinfall floh sie nach Thessalonike (Nordgriechenland). Die Tochter, die sie dort zur Welt brachte, weihte sie Gott. Nach dem Tod ihres Gatten wurde sie Nonne im dortigen Stephanos-Kloster, wo sie mehr als 50 Jahre ein heiligmäßiges Leben führte. † am 29. 8. 892
Gedächtnis: 29. August
Lit.: ActaSS Apr. I (1866) 404–409 – PG 150, 753–772 – BHG³ 1737–1741

Theodóretos, Märt. **in Antiochia,** Hl. (Theodorus, Theodoricus)
Name: griech. Theós (Gott) + doretós (geschenkt): von Gott geschenkt
Er war Priester in Antiochia in Syrien u. litt unter Kaiser Julian dem Abtrünnigen. Weil er Götzenbilder u. heidnische Altäre zertrümmerte u. sich außerdem den kaiserlichen Verordnungen widersetzte, die Kirchengüter an die Staatskasse abzuliefern, wurde er grausam gefoltert u. schließlich enthauptet. † 362.
Gedächtnis: 23. Oktober (im Orient: 2. oder 4. März)
Lit.: Ruinart 605–608 – ActaSS Oct. X (1869) 32–47 – BHL 8074ff – P. Franchi de' Cavalieri, Note agiografiche VI (Rom 1920) 57–101

Theodorich OSB, Abt **von Kremsmünster,** Sel. (Dietrich)
Name: germ. theudo-, ahd. diot (Volk) + germ. rik (Herrscher), ahd. rihhi (mächtig, begütert, reich): der Mächtige im Volk
Er war zuerst Benediktiner im Kloster Gorze (Lothringen) u. wurde von Bisch. ↗ Altmann von Passau nach Kremsmünster in Oberösterreich berufen, welches damals den Bischöfen von Passau als Eigenkloster unterstellt war. Theodorich führte dort die Klosterreform von Gorze ein. Als sich Bisch. Altmann im Investiturstreit mit Heinrich IV. überworfen hatte u. seine Residenz nicht mehr betreten durfte, fand er 1082 nach seiner Rückkehr aus Rom Zuflucht im Kloster Kremsmünster u. weihte die damals neuerbaute Stiftskirche. Theodorich starb am 9. 12. um 1085.
Gedächtnis: 9. Dezember

Theodorich I., Bisch. **von Metz,** Hl. oder Sel. (Dietrich, Deodericus)
Er stammte aus Sachsen u. war ein Schwestersohn der Königin ↗ Mathilde u. ein Vetter ↗ Brunos I. von Köln. Er war zuerst Erzdiakon in Trier u. wurde im Dezember 964 Bisch. von Metz. Er war Freund u. Ratgeber Ottos I., den er 962 zur Kaiserkrönung nach Rom begleitete. Auch auf Otto II. übte er großen Einfluß aus u. begleitete ihn 981 auf dessen Italienreise. Er reformierte die Klöster Lothringens, erbaute das OSB-Kloster St-Vincent zu Metz u. beschenkte es mit den Reliquien der hll. ↗ Vinzenz von Saragossa u. ↗ Lucia von Syrakus. Er begann den Bau der Kathedrale von Metz, konnte aber deren Vollendung nicht erleben. † am 7. 9. 984.
Gedächtnis: 7. September
Lit.: Balau 291ff – J. Ernst: Elsäss.-Lothring. Jahrb. 6 (Berlin 1927) 151–176 – R. S. Bour, Notes sur les églises de Metz (Metz 1929)

Theodorich, Bisch. **von Minden,** Hl. (Theodoricus, Dietrich)
Er wurde 853 Bisch. von Minden (Norddeutschland). Im Jahr 871 gründete er auf seinem Erbgut das Kanonissenstift Wunstorf (westl. von Hannover). Er nahm an der

Bischofsweihe des hl. ↗ Rimbert sowie an der Weihe des Domes zu Hildesheim teil. Er starb in einer Schlacht gegen die Normannen am 2. 2. 880 (↗ Ebsdorfer Märtyrer).
Gedächtnis: 2. Februar
Lit.: E. Dümmler, Gesch. des ostfränkischen Reiches, 3 Bde. (Leipzig 1887^2–88, Nachdr. Hildesheim 1960) passim – K. Löffler, Mindener Geschichtsquellen I (Münster 1917) 34f 97ff – MGDD I n. 140

Theodorich II. OSB, Bisch. **von Orléans,** Hl.
Er stammte aus Château Thierry a. d. Marne (östl. von Paris) u. wurde Benediktinermönch im St-Pierre-le-Vif. Seine Erhebung auf den Bischofsstuhl von Orléans (Zentralfrankreich) verursachte blutige Unruhen. Er kämpfte gegen die Neumanichäer, gewann aber seine Gegner durch Liebe u. Toleranz. Er war mit Bisch. ↗ Fulbert von Chartres befreundet. Gegen Ende seines Lebens stellte ihm sein Todfeind, ein Kleriker namens Odalrich, nach u. suchte ihn mit gedungenen Mördern zu töten. Theodorich verzieh ihm nicht nur, als dieser Besserung gelobte, sondern resignierte ihm zuliebe u. zog sich nach St-Pierre-le-Vif zurück. Er wollte noch eine Pilgerfahrt nach Rom machen, starb aber unterwegs in Tonnere (östl. von Auxerre) am 27. 1. 1022 u. wurde im Kloster St-Michel begraben.
Gedächtnis: 27. Jänner
Lit.: Zimmermann I 134f – Baudot-Chaussin I 558f

Theodorich OSB, Abt **von St-Hubert,** Sel.
* am 11. 11. 1007 zu Leernes (Prov. Hainaut, Belgien). Im Alter von 10 Jahren wurde er als Oblate im Kloster St. Peter in Lobbes a. d. Maas (bei Thuin, Südbelgien) aufgenommen. Er ging später nach Stablo (Stavelot) u. Mouzon, wurde Mönch u. 1056 Abt des Klosters St-Hubert (jetzt Anain in den Ardennen, Südost-Belgien). Nach dem Beispiel des Abtes ↗ Richard von St-Vannes führte er die Reform von Cluny durch, bereicherte u. vergrößerte die Abtei u. errichtete 8 Priorate. Er war Freund ↗ Gregors VII., der das Kloster zur Abbatia nullius (unabhängiges Kloster) machte. Im Investiturstreit stand er bedingungslos auf seiten des Papstes. † am 25. 8. 1087. Seine Reliquien wurden 1568 durch die Calvinisten vernichtet.
Gedächtnis: 25. August
Lit.: Balau 201–205 – Manitius II/3 566–569 – BnatBelg XXVI 901f – Baudot-Chaussin VIII 481ff

Theodorich OSB, Abt **von St-Thierry,** Hl.
Er war der 1. Abt des von ↗ Remigius gegründeten Klosters St-Thierry auf dem Mont d' Or (10 km nordwestl. von Reims). † 533.
Gedächtnis: 1. Juli
Darstellung: ein Adler zeigt ihm die Stätte für den Klosterbau

Theodoros, Bisch. **von Edessa,** Hl.
Er war zuvor Mönch u. Abt im Kloster Mar Saba im Kidrontal bei Jerusalem u. wurde Bisch. von Edessa (heute Urfa, südwestl. Türkei). Er bekehrte den König Mavi von Persien. Gegen Ende seines Lebens kehrte er in sein Kloster zurück. † 848.
Gedächtnis: 19. Juli
Lit.: J. Gouillard: DThC XV 284ff – Ders.: RÉB 5 (1947) 137–157

Theodoros, Märt. **zu Euchaïta,** Hl.
Nach dem ältesten, legendär gefärbten Bericht wurde er im Orient geboren. Er war einfacher Soldat (Rekrut) im Heer Kaiser Maximians im Pontus (nordwestl. Kleinasien, am Schwarzen Meer). Bei Ausbruch der Christenverfolgung wurde er 303 verhört. Er steckte den Tempel der Göttermutter Kybele zu Amaseia im Pontus in Brand u. wurde deshalb zu Euchaïta bei Amaseia grausam zerfleischt u. schließlich 306 lebendig verbrannt. Der älteste Bericht ist eine Homilie des ↗ Gregor von Nyssa. Die spätere Legende schmückt seine Person u. sein Sterben weiter aus, z. B. mit dem Motiv des Drachenkampfes (vgl. ↗ Georg). Im 9. Jh. erscheint im Kult von Euchaïta ein 2. Heiliger dieses Namens: Theodoros Stratelátes (Heerführer) aus Euchaïta oder Heraklea (jetzt Eregli, westl. von Konstantinopel), über dessen Grab eine großartige Wallfahrtskirche entstand. Es handelt sich aber um eine u. dieselbe Person. Theodoros von Euchaïta zählte zu den sog. Megalo-Märt. (Großmärt.) u. wurde im ganzen Orient, z. T. auch im Abendland, hoch verehrt. Eine große Zahl von Kirchen u. Ortschaften trugen seinen Namen.

Gedächtnis: 9. November (Griechen: 7. u. 9. Februar)
Darstellung: als röm. Soldat oder Offizier mit Schild u. Lanze. Als Drachentöter mit einem Schwert, den erlegten Drachen (oder ein Krokodil) zu seinen Füßen. Eine Fackel in der Hand, einen heidnischen Tempel anzündend. Dornenkrone auf dem Haupt
Patron: der Soldaten, Heere
Lit.: B. Kötting, Peregrinatio religiosa (Münster 1950) 160–166 447 (Reg.) – Janin G 155–162 – H. Herter: Mullus. Festschr. f. Th. Klauser (Münster 1964) 168–172

Theodoros Graptos, Hl.
* um 775 in den Moabiter Bergen (Syrien). Er war zuerst mit seinem Bruder ↗ Theophanes Graptos Mönch im Kloster Mar Saba (südöstl. bei Jerusalem). Die beiden Brüder kamen 813 mit ihrem Lehrmeister, dem Mönch Michael Synkellos, nach Konstantinopel. Dort kamen sie mitten in den Bilderstreit unter Kaiser Leon V. Wegen ihres Eintretens für die Verehrung der Bilder wurden sie wiederholt verhört, grausam gegeißelt u. fast immer in Verbannung gehalten. Kaiser Theophilos ließ ihnen mit einem glühenden Stift Spottverse ins Gesicht schneiden, daher der Beiname Graptos (der Gezeichnete). Theodor berichtete darüber selbst an Bisch. Johannes von Kyzikos. Noch einmal verbannt, starb er an den erlittenen Mißhandlungen zu Apamea in Bithynien (jetzt Kalat el-Mudik, südl. von Antiochia in Syrien) vor 842 (844?). Theodor verfaßte einen Kanon (in der byzantinischen Liturgie ein Hymnus oder eine 9strophige Ode) auf die Theotokos (Gottesgebärerin) u. gegen die Ikonoklasten (Bilderstürmer), sein Bruder Theophanes verfaßte auf Theodor ebenfalls einen Kanon.
Gedächtnis: 27. Dezember (Griechen: 28. Dezember)
Lit.: ROC 6 (1901) 313–332 610–642 – AnBoll 80 (1962) 11 20 – MartRom 603f

Theodoros u. Gef., Märt. **zu Konstantinopel,** Hll.
Er starb zus. mit Urbanus u. Menedemus unter Kaiser Valens (364–378) den Martertod. Sie waren Kleriker u. wurden auf ein Boot gebracht, das auf dem Meer angezündet wurde.
Gedächtnis: 5. September

Theodoros Studites, Abt, Hl.
* 759 zu Konstantinopel aus angesehener Familie. Er trat um 780 mit seinem Bruder ↗ Joseph, dem späteren Erzb. von Thessalonike, in das Sakkudionkloster in der Ebene von Prusa in Bithynien (Landsch. in Nordwest-Kleinasien) ein. Dieses Kloster war im Besitz der Familie des Theodoros Studites, sein Onkel ↗ Platon war zu dieser Zeit dort Abt. Theodoros wurde dort 787/788 Priester u. 794 Abt. Als im Jahr 785 der byzantinische Kaiser Konstantinos VI. seine Gattin Maria verstieß u. die Hofdame Theodote heiratete, stellte sich Theodor an die Spitze der mönchischen Opposition gegen den Kaiser u. den nachgiebigen, opportunistischen Patriarchen Tarasios (sog. Moichianischer Streit; von griech. moicheia = Ehebruch). Nachdem sich die Affäre schon 10 Jahre hingezogen hatte, wurde er 795 nach Thessalonike verbannt. 798 konnte er zurückkehren u. wurde Abt im Studiu-Kloster zu Konstantinopel. Unter ihm wurde dieses Kloster Mittelpunkt einer umfassenden Klosterreform. Sein Kampf gegen die laxe Haltung des neuen Patriarchen Nikephoros I. in der Eheangelegenheit des Kaisers Konstantinos VI. brachte ihm die Einkerkerung auf den Prinzeninseln (Gruppe von 9 Inseln südöstl. von Konstantinopel) ein. Nach Intervention beim Papst erhielt er wieder die Freiheit. Als der neue Kaiser Leon V. der Armenier (813–820) im Jahr 815 den Bilderstreit aufs neue entfachte, mußte er nach Smyrna (heute Izmir, Westküste von Kleinasien) in die Verbannung gehen. Dort wirkte er durch eine ausgedehnte Korrespondenz unermüdlich für die Treue zum Bilderkult. † am 11. 11. 826 auf den Prinzeninseln. Sein Leichnam wurde mit dem seines Bruders Joseph feierlich nach Konstantinopel übertragen.
Seine Bedeutung reicht weit über seine Zeit u. sein Kloster hinaus. Durch seine Rückbesinnung auf das ursprüngliche Mönchsideal, wie sie in seinen Ansprachen u. Schriften zum Ausdruck kommt, wirkte er als Ordensreformer über die Grenzen des Reiches hinaus auch in den späteren slaw. Raum. Sein Grundgedanke war die straffe Führung der Mönche durch den Abt als geistlichen Vater u. das rechte Maß zw.

körperlicher Arbeit u. Betrachtung der Hl. Schrift. Ebenfalls weit über sein Kloster hinaus wirkte er durch seine Haltung im Bilderstreit. Dieser Kampf gab ihm die Möglichkeit, die Erlaubtheit u. den rel. Wert der Bilderverehrung theol. zu durchdenken u. überdies auch die Stellung des byzantinischen Kaisers innerhalb der östlichen Kirche einer kritischen Prüfung zu unterziehen. Durch seine Interventionen beim Papst in dieser Frage betonte er dessen Autorität als letzter Instanz innerhalb der Gesamtkirche. Wohl mehr als alles andere bezeugt ihn seine reiche Korrespondenz (etwa 550 erhaltene Briefe!) als einen großen Heiligen der östlichen Kirche. Mit seinen verschiedenen dichterischen Werken trug er viel zur Hebung der Liturgie bei.
Gedächtnis: 11. November
Lit.: G. A. Schneider (Münster 1900) – A. Gardner (London 1905) – E. Martin (Paris 1906) – C. van den Vorst: AnBoll 32 (1913) 439–447 (Beziehungen zu Rom) – S. Salaville: ÉO 17 (1914) 23–42 (Beziehungen zu Rom) – I. Hausherr: OrChrA 6 (1926) 1–75 – B. Herrmann: ZAM 4 (1929) 289–312 (Aszese, mönch. Reform) – Ders., Märtyrerbriefe aus der Ostkirche (Mainz 1931) – DThC XV 287–298 – J. Leroy, La vie quotidienne du moine studite: Irénikon 27 (1954) 21–50 – Ders.: ELit 68 (1954) 5–19 (liturg. Dichtung) – Ders., La réforme studite: OrChrA 153 (1958) 181–214 – Ders.: Théologie de la vie monastique (Paris 1961) 423–436 (Idee des Mönchtums)

Theodoros, Abt **von Tabennisi,** Hl.
* um 314 zu Snê (heute Isna am Nil, Oberägypten). Mit 14 Jahren trat er als Mönch in das Kloster Tabennisi bei Dendera (Oberägypten) ein u. wurde dort der Lieblingsschüler des Abtes ↗ Pachomios d. Ä. Im Jahr 350 wurde er Abt in diesem u. den übrigen pachomianischen Klöstern. Er führte verschiedene Reformen ein u. gründete 5 weitere Klöster. † 368
Gedächtnis: 28. Dezember (Griechen: 16. Mai; Kopten 27. April)
Darstellung: mit großem Kruzifix u. eisernen Ketten an Händen u. Füßen
Lit.: Schiwietz I 160–167 – Bardenhewer III 85ff – L. Ueding: Chalkedon II 569–676 – H. Bacht: Sentire Ecclesiam, hrsg. v. J. Daniélou-H. Vorgrimler (Freiburg/B. 1961) 113–133

Theodosia, Märt. **zu Cäsarea,** Hl.
Name: weibl. F. von ↗ Theodosius
* 289/290 zu Tyrols (heute Es-Sur, Libanon) und lebte als Jungfrau zu Cäsarea in Palästina. In der großen Christenverfolgung von 307/308 suchte sie Christen auf, die ihre Aburteilung erwarteten, u. bat sie um ihr Gedenken bei Gott. Deshalb wurde sie festgenommen, an Brust u. Seite mit eisernen Krallen bis auf die Knochen zerfleischt u. ins Meer geworfen. † am 2. 4. 308 (?).
Gedächtnis: 2. April
Darstellung: mit einem Stein, mit den Füßen an einen Baum (Zypresse) genagelt
Lit.: AnBoll 16 (1897) 113–139 – BHL 8090 ff

Theodosia, Märt. **zu Konstantinopel,** Hl.
Sie ist eine Märt. des Bilderstreites unter Kaiser Leon III. dem Isaurier (717–741). Als ein Beamter des Kaisers ein Christusbild am Palasttor entfernen wollte, liefen einige empörte Frauen herbei u. stießen ihn von der Leiter. Es kam zu einem blutigen Straßenauflauf, bei dem verschiedene Personen festgenommen wurden, unter ihnen auch Theodosia. Nach grausamen, mehrmals wiederholten Schlägen wurden sie enthauptet. Die Reliquien der Heiligen kamen in die nach ihr benannte Kirche in Konstantinopel. Die Theodosiakirche bestand bis 1453, wurde dann Flottenarsenal u. ist seit 1566/74 türkische Moschee.
Gedächtnis: 29. Mai
Lit.: PG 140, 893–936 – ActaSS Propyl. Nov. (1902) 828ff – J. Pargoire, L'église Sainte-Theodosia: ÉO 9 (1906) 161–165 – Janin G 150ff

Theodosius der Koinobiarch, Hl.
Name: griech. Theodósios, von Theós (Gott) + dósis, dōs (Gabe, Geschenk): Gottesgeschenk. – Beiname: griech. Koinobiárchās, von koinós (gemeinsam) + bíos (Leben) + árchōn (Herrscher, Führer, Vorstand): Oberabt von Koinobiten (= gemeinsam lebende Einsiedlermönche)
* um 424 zu Mogariassos in Kappadokien (östl. Kleinasien). In jungen Jahren kam er nach Palästina, um Mönch zu werden. Zuerst lebte er im Kloster am Davidsturm zu Jerusalem u. ging dann in das Kathisma-Kloster (heute Bir el-kadismu, 5 km von Jerusalem an der Straße nach Bethlehem). Nach der Legende ließ hier Joseph „auf halbem Weg" Maria wegen ihrer Geburtswehen vom Esel absitzen (griech. káthisma = das Niedersitzen). 400 m nordöstl. von dieser überlieferten Marienrast entstand 451 eine Marienkirche mit einem Kloster, in das der junge Theodosius eintrat. Zur

Zeit der Kreuzfahrer waren Kirche u. Kloster bereits verfallen, ihre Reste wurden 1954 vom Staat Israel freigelegt. Theodosius zog sich um 460 auf eine Anhöhe ca. 6 km nordöstl. von Bethlehem zurück, wo er in einer der vielen Höhlen als Einsiedler lebte. Hier entwickelte sich bald das später nach ihm benannte Theodosius-Kloster (heute Dēr Dōsi). Die Höhle war angeblich Rastplatz der Magier auf ihrer Rückkehr von Bethlehem. In dem Höhlensystem erbaute Theodosius Heime für Arme, Fremde, Kranke u. Irre, das Kloster wurde zu einem Zentrum des Koinobitentums in Palästina. Um 494 wurde Theodosius von Patriarch Salustios von Jerusalem zum Archimandriten (Generalabt) über alle Koinobiten im Bereich von Jerusalem ernannt. Er war mit Abt ↗ Sabas befreundet u. arbeitete mit ihm zus. in der Leitung der ihm anvertrauten Klöster wie auch im Kampf gegen die Monophysiten, die das Land durch ihren Irrglauben u. ihre Gewalttätigkeiten hart bedrängten. Seine Biographen rühmen an ihm seine Rechtgläubigkeit, strenge Aszese, seine freigebige u. unparteiische Wohltätigkeit gegen Arme u. Fremde u. sein fast ununterbrochenes Gebet. † am 11. 1. 529. Er wurde in der Magierhöhle begraben, die zu einer Kirche umgebaut wurde.
Gedächtnis: 11. Jänner
Darstellung: als Einsiedler, Fesseln (oder Eisenring) um Hals u. Arme. Neben ihm Geldsäcke (der byzantinische Kaiser Anastasius I., 491–518, dem er tapfer widerstand, suchte mit Geld u. Gewalt seine Zustimmung für einen Nachteil für die Kirche zu gewinnen)
Patron: der Feilenhauer
Lit.: H. Usener (Leipzig 1890) – MartRom 15f – BHG³ 1776–1778b–1448k – RSR 50 (1962) 161–205 – T. Tobler, Topographie von Jerusalem u. Umgebung II (Berlin 1854) 978–983 (Theodosiuskloster) – F. M. Abel, Bethléem (Paris 1914) 28f

Theodota u. ihre Söhne, Märt. **in Nicäa**, Hll.
Name: weibl. F. von ↗ Theodotus
Sie war eine vornehme u. reiche Witwe u. hatte 3 Söhne, von denen aber nur Evodius namentlich bekannt ist. In der Verfolgung des Diokletian wurde sie mit ihren Söhnen verhaftet, im Gefängnis heftig geschlagen u. mißbraucht. Schließlich wurden sie lebendig verbrannt. † um 305.
Gedächtnis: 2. August

Theodota, Märt. **in Thrakien,** Hl.
Bis zu ihrer Bekehrung hatte sie in Philippi in Thrakien (östl. Balkan) als Dirne gelebt. Im Jahr 318 wurde sie angezeigt, daß sie an den festlichen Opfern zu Ehren des Apollo nicht teilgenommen habe. Im Verhör bekannte sie sich freimütig als Christin, die den Tod als Sühne für ihre früheren Sünden auf sich nehme. Da wurde sie 21 Tage ohne Speise u. Trank im Gefängnis gehalten, anschließend gefoltert, dann riß man ihr der Reihe nach die Zähne heraus. Schließlich wurde sie gesteinigt.
Gedächtnis: 29. September

Theodotus, Märt. **zu Ankyra,** Hl.
Name: griech. Theódotos, von Theós (Gott) + dotós (gegeben): der Gott-Geschenkte
Er war Gastwirt zu Ankyra (heue Ankara, Türkei). Zur Zeit der Christenverfolgung (unter Diokletian?) nahm er Flüchtige auf u. begrub die Märt. Weil er die Leichname der hl. ↗ Tekusa u. ihrer Gef. barg u. beerdigte, wurde er gefoltert u. enthauptet.
Gedächtnis: 18. Mai

Theodotus (Theódotos) u. Gef., Märt. **zu Cäsarea,** Hll.
Er litt in der Verfolgung des Kaisers Trajan zus. mit Theodota, Diomedes, Eulampios, Asklepiodotos u. Golinduchos. Man band sie an Pfähle, schlitzte ihnen die Haut auf u. brannte sie mit Fackeln. Zuletzt wurden sie enthauptet.
Gedächtnis: 3. Juli

Theodula, Märt., Hl.
Name: weibl. F. von ↗ Theodulus
Sie starb in der Verfolgung des Diokletian (um 305) zu Anazarbus in Kilikien (südöstl. Kleinasien). Sie wurde an einer Zypresse an ihren Haaren aufgehängt, ihre Füße durchbohrte man mit glühenden Nägeln. Schließlich erlitt sie den Martertod auf dem Scheiterhaufen.
Gedächtnis: 5. Februar

Theodulf OSB, Abt u. Bisch. **von Lobbes,** Hl.

Name: ahd. diot (Volk, Kriegsvolk) + wolf (Wolf): (kämpfender) Wolf unter dem Kriegsvolk
Er wurde um 750 Abt des Benediktinerklosters Lobbes a. d. Maas (bei Thuin, Südbelgien). Er war der letzte Abt, der die Bischofsweihe erhielt. Während seiner Amtszeit vermehrte sich der Klosterbesitz um zahlreiche Schenkungen. † am 24. 6. 776. Sein Grab ist im Kloster Lobbes.
Gedächtnis: 24. Juni
Lit.: J. Warichez, L'abbaye de Lobbes (Löwen 1909) 21–24

Theodulf von Trier, Hl.
Historisch sichere Nachrichten über ihn fehlen. Nach der Legende war er der Sohn einer Königstochter in Britannien u. wurde als Knabe mit einer engl. Prinzessin verlobt. Erwachsen geworden, wählte er aber den jungfräulichen Stand, weshalb ihn der erzürnte König in die Verbannung schickte. Auf seiner Reise kam er nach Trier, wo er Priester wurde u. als Einsiedler in einer Höhle lebte. Sein Bruder Theodorich folgte ihm nach, und beide führten ein strenges Bußleben. † im 7. Jh. Seine Gebeine wurden 1250 in einer Kapelle in den Kaiserthermen in Trier aufgefunden.
Gedächtnis: 28. April

Theodulus (Theodulos) u. Gef., Märt. **auf Kreta,** Hll.
Er u. seine Gef. Saturninus, Euporos, Gelasius, Eunikianos, Zotikos, Kleomenes, Agathopos, Basilides u. Euaristos werden die 10 Märt. von Kreta genannt. Weil sie sich weigerten, den Göttern zu opfern, wurden sie viele Tage lang in einem finsteren Kerker festgehalten u. dem rohen Spott der Wachesoldaten preisgegeben. Bei einem neuerlichen Verhör wurden sie unter Androhung grausamer Foltern noch einmal aufgefordert, den Göttern zu opfern, was sie aber standhaft verweigerten. Deshalb wurden sie auf verschiedene Weise grausam gemartert u. schließlich enthauptet. † 250. Ihre Gebeine wurden später nach Konstantinopel übertragen.
Gedächtnis: 23. Dezember

Theodulus, Bisch. **von Octodurum** ↗ Theodorus von Octodurum

Theodulus u. Gef., Märt. **zu Rom,** Hll.
Name: griech. Theodúlos, von Theós (Gott) + dúlos (Knecht): Gottesknecht
Er erlitt zus. mit Alexander, ↗ Eventius u. ↗ Quirinus von Neuß unter Kaiser Hadrian im Jahr 130 (?) in Rom das Martyrium. In der späteren Überlieferung wird in Alexander wohl auf Grund einer Verwechslung Papst ↗ Alexander I. gesehen.
Gedächtnis: 3. Mai

Theodulus (Theodulos) u. Gef., Märt. **am Sinai,** Hll.
Er war Priester u. Mönch im Kloster am Berg Sinai, der bei einem Einfall arabischer Horden mit seinen Mitmönchen Paulos, Johannes, Markos, Proklos, Hypatios, Isaak, Makarios, Benjamin, Elias u. vielen anderen getötet wurde. Das Martyrologium Romanum spricht nur allg. von 38 Mönchen. † 373 (?).
Gedächtnis: 14. Jänner

Theofred OSB, Abt **von Carméry,** Märt., Hl. (Theofrid, Dietfried)
Name: ahd. diot (Volk) + fridu (Schutz vor Waffengewalt, Friede): Schützer des Volkes
Er stammte aus Orange (nördl. von Avignon, Südfrankreich) u. wurde Mönch im Benediktinerkloster von Carméry (auch St-Chaffre genannt; bei Briançon an der Grenze zu Italien) u. später Abt. Er starb bei einem Einfall der Sarazenen infolge schwerer Mißhandlungen im Jahr 732. Seine Reliquien werden in St-Chaffre verehrt. Er ist identisch mit dem hl. Theofred, der in den Klöstern Cervara u. Cherasco (Piemont) verehrt wird. Hier ist er unter den Namen Teofredo, Tifredo, Enfredo, Ilfredo, Tefredus, Sinfredus, Zaffredus u. Eufredus bekannt.
Gedächtnis: 19. Oktober
Lit.: BHL 8102–8105 – G. Arsac, Le Monastier Saint-Chaffre (Le Puy 1907) 17–63 – Zimmermann III 197ff – AnBoll 68 (1950) 362–368

Theogenes, Bisch. **von Hippo,** u. Gef., Märt., Hll.
Name: zu griech. Theós (Gott) + gígnesthai (geboren werden): der aus Gott Geborene
Er war Bisch. von Hippo Regius (südl. des heutigen Bône, Algerien). Er starb in der

Verfolgung des Kaisers Valerian im Jahr 258 mit 36 Gef. den Martertod. Nach dem Zeugnis des hl. ↗ Augustinus wurde er schon zu Lebzeiten als Heiliger verehrt.
Gedächtnis: 26. Jänner

Theogenes u. Gef., Märt. **zu Kyzikos,** Hll. (Theognes, Diogenes)
Er u. seine Gef. Kyrinos u. Primus weigerten sich, im kaiserlichen Heer zu dienen. Deshalb wurden sie zu Kyzikos am Hellespont (auf der asiatischen Seite der Dardanellen) 40 Tage ohne Nahrung in Haft gehalten. Da sie noch am Leben waren, warf man sie ins Meer. † um 320.

Theonas, Bisch. **von Alexandria,** Hl.
Name: zu griech. Theós (Gott): der Göttliche
Er wurde 281/282 Bisch. von Alexandria (Unterägypten) u. wirkte segensreich in der Periode des Friedens, die der Verfolgung des Diokletian vorausging. Er baute die Katechetenschule zu Alexandria aus u. errichtete eine Kirche zur Gottesmutter. Er unterrichtete u. taufte auch ↗ Petrus I., der sein Nachfolger wurde. † 301.
Gedächtnis: 23. August
Lit.: DACL VIII 2773ff – A. Calderini, Dizionario dei nomi geografici e topografici dell'Egitto greco-romano I/1 (Kairo 1935) 169f – Baudot-Chaussin VII 433ff

Theonestes, Bisch. **von Mainz,** Märt., Hl. (Theonestus)
Als Bisch. kämpfte er gegen den Arianismus. Die Legende aus dem 8. Jh. berichtet über ihn, daß er vorher Bisch. von Philippi in Makedonien gewesen, aber von den Arianern von seinem Bischofssitz vertrieben worden sei. Er sei über Rom nach Mainz gekommen u. habe von den Arianern auch hier viel zu leiden gehabt. Er habe in vielen Ländern das Evangelium gepredigt. Man habe ihn mit seinen Schülern in einer durchlöcherten Weinkufe den Fluten des Rheines ausgesetzt, er sei aber wunderbar gerettet worden. Schließlich seien sie in Altino (Oberitalien) im Jahr 425 enthauptet worden. Hier liegt eine offenkundige Vermengung aus späterer Zeit mit ↗ Theonestos von Philippi vor.
Liturgie: Mainz g am 27. Juni (mit ↗ Crescens, ↗ Aureus u. ↗ Maximus).
Darstellung: als Bisch. in durchlöcherter Weinkufe auf dem Rhein schwimmend
Patron: der Stadt Mainz

Theonestos, Bisch. **von Philippi,** u. Gef., Märt., Hll.
Er war Bisch. von Philippi in Makedonien (Griechenland) u. wurde von den Arianern von seinem Bischofssitz vertrieben. Mit seinen Gefährten Tabra und Tabrata unternahm er eine Pilgerfahrt nach Rom, kam nach Mailand u. erlitt mit seinen Gefährten zu Altino (nordöstl. von Venedig) am 30. 10. 425 den Martertod. Er wird in Altino, Treviso, Vercelli u. anderen oberital. Städten verehrt. Seine Passio wurde vielleicht um 710 geschrieben u. lag um 800 dem Mönch von St. Alban in Mainz vor. Dieser identifizierte ihn mit einem Bisch. Theomastus von Mainz (6. Jh.) u. gab ihm ↗ Alban von Mainz als zusätzlichen Gef. bei, der am 16. 6. um 406 in Mainz den Martertod starb (↗ Theonestes von Mainz).
Gedächtnis: 30. Oktober
Lit.: BHL 8110–8114 – Lanzoni II 907–910 – E. Ewig: Universitas (Festschr. A. Stohr) II (Mainz 1960) 19–27

Theophanes Confessor, Hl.
Name: zu griech. Theós (Gott) + phaínein (erscheinen): in ihm erscheint Gott
* um 765 zu Konstantinopel. Er gründete ein Kloster zu Sigriane bei Kyzikos am Hellespont (asiatischer Teil der Dardanellen) u. leitete es als Abt. 787 nahm er am 2. Konzil von Nicäa teil. Als Kaiser Leon V. der Armenier (813–820) den Bilderstreit aufs neue entfachte, zitierte er 815 auch Theophanes nach Konstantinopel, hielt ihn 2 Jahre in Haft u. verbannte ihn schließlich auf die Insel Samothrake, wo dieser bald darauf starb. Theophanes setzte die Chronik seines Freundes Synkellos für die Jahre 284–813 fort. Diese Chronik war im Mittelalter sehr bekannt u. stellt mit ihren wertvollen chronologischen Angaben die einzige erzählende byzantinische Geschichtsquelle für diese Zeit dar. † am 12. 3. 817.
Gedächtnis: 12. März
Lit.: G. Ostrogorsky: Pauly-Wissowa 2. Reihe V/2 2127–2132 – BHG^{3} 1787–1792e

Theophanes Graptos, Bisch. **von Nicäa,** Hl. („der Dichter")
* 778. Er war Mönch im Kloster Mar Saba bei Jerusalem u. wurde mit seinem

Bruder ↗ Theodoros Graptos wegen der Verteidigung der Bilderverehrung unter Kaiser Leon V. (813–820) verbannt, unter Kaiser Michael II. (820–829) zurückgerufen, aber dann wieder verbannt. Unter Kaiser Theophilos (829–842) wurde er wiederholt gegeißelt. Man brannte ihm mit einem glühenden Stift Spottverse ins Gesicht (daher sein Beiname: griech. gráptos = der Gezeichnete) u. schickte ihn nach Bithynien (Landsch. am Schwarzen Meer, nordwestl. Kleinasien). Unter Kaiserin Theodora wurde er 842 Erzb. von Nicäa (heute Izmit, südöstl. von Skutari). Er verfaßte zahlreiche liturgische Dichtungen. † am 11. 10. 845.
Gedächtnis: 11. Oktober
Lit.: ROC 6 (1901) 313–332 610–642 – Baudot-Chaussin XII 731–736

Theophilus (Theophilos), Bisch. **von Antiochia,** Hl.
Name: griech. Theós (Gott) + phílos (lieb, Freund): Freund Gottes. (vgl. ↗ Gottlieb, ↗ Amadeus)
Über sein Leben weiß man nur wenig; zumindest das, was sich aus seinem erhaltenen Werk „An Autolykos" herauslesen läßt. In Mesopotamien geboren, erhielt er erst im Erwachsenenalter die Taufe. Als Bisch. betätigte er sich als bedeutender Kirchenschriftsteller, von seinen Werken ist allerdings nur wenig auf uns gekommen. In seiner dreiteiligen Schrift „An den Griechen Autolykos über den christlichen Glauben" behandelt er im 1. Teil den Glauben an den unsichtbaren Gott, die heidnische Vielgötterei u. die Bedeutung des Namens „Christ". Im 2. Teil stellt er den Fabeln heidnischer Dichter die jüdisch-christliche Lehre über die Erschaffung der Welt, den Sündenfall u. die Frühgeschichte der Menschheit gegenüber. Darin sind auch Reflexionen über die Dreifaltigkeit eingeschaltet. Im 3. Teil argumentiert er mit dem sog. Altersbeweis (daß die jüdischen Schriften älter sind als die griech.) u. weist Vorwürfe wegen angeblicher sittlicher Verfehlung der Christen zurück. Er verfaßte außerdem mehrere, heute mehr oder weniger nur noch dem Titel nach bekannte apologetische u. katechetische Werke u. Kommentare zur Hl. Schrift. Nach dem Eindringen der Gnosis ist er seit ↗ Ignatios von Antiochia die erste bedeutende kirchliche Gestalt. Sein philos.-theol. Denken will eine systematische Zusammenschau der geoffenbarten ewigen Wahrheiten mit dem spekulativen Denken des späten Griechentums herstellen. † um 186.
Gedächtnis: 13. Oktober
Lit.: Bardenhewer I 302–315 – DThC XV/1 530–536 – R. M. Grant: HThR 40 (1947) 227–256 – Quasten P I 236–242 – Theol. Einzelfragen: LThK X 88 f (Lit.)

Theophilus (Theophilos), Bisch. **von Cäsarea,** Hl.
Er war Bisch. von Cäsearea in Palästina Ende des 2. Jh.s. Zur Zeit Papst ↗ Victors I. hielt er 198 ein palästinensisches Provinzialkonzil in Jerusalem ab. Er trat dabei für den „aus apostolischer Überlieferung" stammenden Brauch ein, Ostern an einem Sonntag zu feiern, wie man es auch in Alexandria u. Rom hielt. Die Synode erließ in diesem Sinn ein Rundschreiben. † um 200.
Gedächtnis: 5. März
Lit.: B. Krusch, Studien zur christlich-mittelalterlichen Chronologie (Leipzig 1880) 303–310 – B. Lohse, Das Passahfest der Quartodezimaner (Gütersloh 1953) – M. Richard, La question pascale au IIe siècle: OrSyr 6 (1961) 179–212 – P. Nautin, Lettres et écrivains chrétiens des IIe et IIIe siècles (Paris 1961) 85–89

Theophilus von Corte OFM, Hl. (Taufname: Blasius)
* am 30. 10. 1676 zu Corte (Korsika) aus der adeligen Familie De Signori. Er trat 1693 dem Franziskanerorden bei u. wirkte von 1703 an mit dem sel. ↗ Thomas von Cori hervorragend in den sog. Ritiri (Rekollektionshäusern) zu Bellegra u. Palombara in der röm. Ordensprovinz. 1731 gründete er ein Ritiro in Zuani (Korsika), 1736 in Fucecchio (zw. Pisa u. Florenz). Im Kloster wirkte er als Professor der Moraltheologie u. kluger Oberer, nach außen als eifriger Volksmissionar u. Exerzitienmeister. Sein ausgleichender, vornehmer Charakter half ihm viele Hindernisse zu überwinden. † am 19. 5. 1740 zu Fucecchio. Seliggesprochen 1895, heiliggesprochen am 29. 6. 1930.
Gedächtnis: 19. Mai
Lit.: A. Dotzler (Würzburg 1897) – AAS 22 (1930) 465ff – A. M. Paiotti (Rom 1930) – B. Innocenti: Studi Francescani 28 (Arezzo-Florenz 1931) 145–180

Theophilus von Gnesen ↗ Bogumil

Theophylaktos, Patr. **von Konstantinopel,** Hl.
Name: griech. Theós (Gott) + phýlax (Wächter, Wache, Schutz): der von Gott Beschützte
Er kam nach Konstantinopel u. wurde dort noch vor 787 Mönch. Spätestens 806 wurde er auf den Patriarchenstuhl von Konstantinopel erhoben. Hier entfaltete er eine ausgedehnte karitative Tätigkeit. Er errichtete große Armenhäuser u. ein Krankenhaus u. führte ein namentliches Verzeichnis aller Armen. Als Kaiser Leon V. der Armenier 815 den Bildersturm aufs neue entfachte, begab er sich mit dem Patr. Nikephoros u. anderen Bischöfen zum Kaiser, um ihn zum Einlenken zu bewegen. Statt des erhofften Erfolges wurden sie alle verbannt. Theophilos wurde auf die Insel Strobilos ins Exil geschickt, wo er um 840 starb.
Gedächtnis: 7. März
Lit.: AnBoll 50 (1932) 67–82 – BHG³ 2451f

Theopista u. ihre Familie, Märt. **zu Camerino,** Hll.
Name: zu griech. Theós (Gott) + pístis (Glaube): die an Gott Glaubende
Sie war die Gattin des kaiserlichen Beamten Anastasius zu Camerino in den Marken (Mittelitalien), dem sie 4 Söhne u. 2 Töchter gebar. Sie waren noch alle Heiden, wurden aber mit 3 Dienern vom Priester Porphyrius getauft u. zum Martyrium aufgemuntert. Nachdem sie den heldenhaften Tod des Porphyrius u. anderer Blutzeugen mitangesehen hatten, nahmen auch sie im Jahr 250 das Martyrium auf sich.
Gedächtnis: 11. Mai

Theopista u. ihre Familie, Märt. **zu Rom,** Hll. (Theopistes)
Sie war die Gemahlin des Eustachius u. erlitt mit ihm u. ihren beiden Söhnen Agapius u. Theopistus in der Verfolgung des Kaisers Hadrian im Jahr 118 das Martyrium.
Gedächtnis: 20. September
Lit.: Stadler II 128f

Theotimus (Theotimos), Bisch. **von Tomi,** Hl.
Name: zu griech. Theós (Gott) + timān (schätzen, verehren): der Gottesfürchtige. (vgl. ↗ Fürchtegott)
Er war von Geburt ein Skythe (bei den Griechen Sammelname für die nomadisierenden Völker der südruss. Steppe zw. Don u. Donau). Er wurde 392 Bisch. von Tomi (heute Konstanza am Schwarzen Meer, Rumänien) u. bemühte sich um die Bekehrung der Hunnen. Er wurde von ihnen „Gott der Römer" genannt. Er stand ganz auf der Seite des ↗ Johannes Chrysostomus, 402 tadelte er öffentlich Bisch. Epiphanius von Salamis gegen Origenes. † 403.
Gedächtnis: 20. April
Patron: der Philosophen
Lit.: MartRom 146f – Baudot-Chaussin IV 501f

Theresia (Teresa) **von Ávila** OCarm, Hl. (Th. von Jesus, Th. die Große, Th. von Spanien)
Name: das dem Namen ursprünglich zugrunde liegende Wort ist griech. theríon: das (jagdbare) Tier. Nach der Sage kam Theras, Sohn des Autesion von Theben u. als großer Jäger bekannt, als Anführer einer Kolonistenschar auf die Insel Kallisto, die nach ihm Thera benannt wurde (so bei Herodot u. a.; heute Thira oder auch Santorin = Santa Irene, südlichste Kykladeninsel, Ägäisches Meer). Therasia oder Theresia heißt dann soviel wie „Bewohnerin von Thera". (Nf. Therese, Theres, Kf. Resi, Resl)
* am 28. 3. 1515 zu Ávila (zw. Salamanca u. Madrid, Zentralspanien) als Tochter des Adeligen Alonso de Cepeda u. dessen Gattin in 2. Ehe Beatrix de Ahumada als 3. von 9 Kindern. Schon als Kind war sie sehr selbständig u. selbstbewußt. Mit 7 Jahren wollte sie nach der Lektüre frommer Bücher mit ihrem Lieblingsbruder Rodrigo de Cepeda bei den Mauren den Martertod erleiden. Mit 12 Jahren verlor sie die Mutter u. weihte sich der Gottesmutter. In den folgenden Jahren allerdings machte sie unter dem Einfluß einer leichtsinnigen Freundin eine ausgesprochen weltliche u. unrel. Phase durch. 1530 kam sie zur weiteren Erziehung zu den Augustinerinnen, kehrte aber 1532 aus gesundheitlichen Rücksichten zurück. Sie schwankte zw. Ehe u. Klosterberuf, bis die Briefe des hl. ↗ Hieronymus sie schließlich bewogen, am 2. 11. 1535 in das Karmelitinnenkloster zur Menschwerdung in Ávila einzutreten. Bald nach ihrer Profeß wurde sie schwerkrank. Trotz einer

Kur in Becedas kam sie dem Tod nahe. Am 15. 8. 1539 erlitt sie ein Koma, 4 Tage lag sie scheintot, blieb nachher lange gelähmt u. konnte 3 Jahre später noch nicht gehen. In dieser Zeit lernte sie aus dem „Abecedario“ (Geistliches Abc) des Francisco de Osuna OFM das innerliche Gebet kennen. In der Folgezeit hatte sie mystische Erlebnisse, deren Höhepunkt eine „Bekehrung“ vor einem „Bild des schwer verwundeten Christus“ war. Die Lektüre der „Moralia in Job“ von ↗ Gregor d. G. verstärkte in ihr den Zug zum beschaulichen Leben, doch nach ihrer Rückkehr ins Kloster wurde dieser Hang durch viele Freundschaften u. seichte Zerstreuungen wieder unterdrückt. Erst der Tod ihres Vaters 1543, die Confessiones des hl. ↗ Augustinus, ihr neuer Beichtvater Vincente Baron u. eine Erscheinung Christi führten sie nun endgültig der Mystik zu. Im Kloster entstand eine Bewegung gegen sie. Von ihren geistlichen Freunden stellten sich einige gegen ihre mystischen Zustände, andere waren dafür, unter ihnen ↗ Franz de Borja SJ. Zu Ostern 1556 feierte sie in einer Vision ihre geistliche Verlobung mit Christus. 1557 wurden Jesuiten, bes. Balthasar Álvarez SJ ihr Seelenführer. Nach einer Vision der Hölle 1560 legte sie das Gelübde ab, immer das jeweils Vollkommenere zu tun, u. sie beschloß, die Ordensregel genauestens zu beobachten.

Dies war der Beginn ihrer Reformtätigkeit des Karmeliterordens. In Rückbesinnung auf die Tradition der Einsiedler auf dem Karmel u. in Anlehnung an die Reform des Franziskanerordens durch ihren neuen Beichtvater ↗ Petrus von Alcántara OFM beschloß sie, mit einigen Freundinnen Klöster von Einsiedlerinnen zu gründen. Als dieses Vorhaben bekannt wurde, gab es unter ihren Mitschwestern u. sogar in der Bevölkerung einen großen Aufruhr. Der Provinzial nahm seine dazu bereits gegebene Zustimmung wieder zurück u. befahl Theresia nach Toledo, wo sie ihre Autobiographie begann. Petrus von Alcántara vermittelte für sie in Rom, u. Theresia konnte 1562 nach Ávila zurückkehren u. das große Reformwerk beginnen (gemäß ihrem Grundsatz: „Für die Eltern wäre es besser, ihre Töchter zu verheiraten, als in Klöster ohne strenge Zucht eintreten zu lassen“). Am 24. 8. 1562 wurde mit Erlaubnis des Bisch. von Ávila das Kloster zum hl. Joseph gegründet. Von nun an nannte sie sich Theresia von Jesus. Im Kloster der Menschwerdung u. in der ganzen Stadt erhob sich eine heftige Protestbewegung, der Stadtrat versuchte sogar, die Gründung wieder rückgängig zu machen. Theresia fand hier einen eifrigen Fürsprecher in ihrem neuen Seelenführer Dominikus Báñez OP. Unter größten Schwierigkeiten von seiten ihrer Mitschwestern, der Ordensleitung, der kirchlichen u. weltlichen Obrigkeit u. der Bevölkerung gründete sie nun eine Reihe von weiteren Reformklöstern (u. damit den Zweigorden der Unbeschuhten Karmelitinnen): 1567–71 in Medina del Campo, Malagón, Valladolid, Toledo (auf dem Weg dorthin lernte sie ↗ Johannes vom Kreuz kennen), Pastrana, Salamanca u. Alba de Tormes. In der Zwischenzeit wurde sie 1571/72 gegen den Widerstand der Nonnen zur Oberin im Kloster der Menschwerdung ernannt. Es gelang ihr, die dortige Ordenszucht zu heben. 1574–78 gründete sie Klöster in Beas de Segura, Sevilla u. Caravaca. Diese Klostergründungen in Andalusien (Südspanien) brachten ihr viele Schwierigkeiten von seiten der Ordensleitung. Die Unbeschuhten Karmelitinnen (u. Karmeliter) wurden den Beschuhten unterstellt u. von diesen schikaniert. Erst 1580 wurde durch päpstliches Breve die Trennung beider Zweige vollzogen. 1580–82 gründete Theresia Reformklöster in Villanueva, Palencia, Soria, Burgos u. Granada.

Neben ihren organisatorischen Aufgaben fand sie noch Zeit u. geistige Kraft zu reicher schriftstellerischer Tätigkeit. Im Auftrag ihrer Seelenführer verfaßte sie eine Reihe von Werken: Relaciones espirituales (Geistliche Berichte; für ihre Seelenführer bestimmt), Libro de la vida (ihre Autobiographie; Kap. 11–29 schildern die Entwicklung ihres Gebetslebens), Camino de perfección (Weg der Vollkommenheit; für die Nonnen des Josephsklosters), Las Fundaciones (Die Klostergründungen; ein wertvoller Beitrag zur Kirchen- u. Kulturgeschichte Spaniens im 16. Jh.), Moradas (Die Seelenburg; ihr vollendetstes u. bedeutend-

stes Werk, in dem sie das ganze mystische Erleben in systematischer Zusammenfassung darlegt). Daneben verfaßte sie viele kleinere Schriften u. über 400 Briefe, die im Epistolario zusammengefaßt sind.
Theresia war eine vollendete u. harmonische Persönlichkeit, von überragender Autorität u. Organisationsgabe, bewundernswerter Intelligenz u. seltener Anpassungsfähigkeit, bes. auch in bezug auf ihren Gemeinschaftsssinn u. ihre Fähigkeit, sich Freunde zu schaffen. Durch ihre gewinnende Liebenswürdigkeit mit ihrem Zug ins Geniale u. Heroische war sie ebenso groß als Mensch wie als Heilige. Sie ist „die Meisterin der Psychologie der Mystik" (Pius X.), sie „allein hat in der Mystik dieselbe Bedeutung wie Thomas von Aquin in der Dogmatik" (Bossuet), „unter allen Mystikern erstieg sie die höchste Stufe mystischer Gottvereinigung" (Mager). Doch hat sie nicht nur in ihren Ekstasen Stunden höchster gottgeschenkter Seligkeit genossen, sie mußte – wie dies ja ein untrügliches Kennzeichen eines echten, geist-gewirkten Charismas ist – auch den Kelch des Leidens bis zur Neige kosten. Fast während der ganzen Zeit ihrer Klostergründungen, also etwa die letzten 20 Jahre ihres Lebens, hatte sie Schwerstes zu leiden unter zahllosen Verleumdungen, Verfolgungen, Feindseligkeiten u. Widerständen aller Art. Dazu kamen schwerste innere Kämpfe u. quälende Sorgen für ihr Werk. In ihrem Schrifttum ist sie nicht nur die Meisterin der mystischen Theologie, sondern auch die Klassikerin der span. Sprache. In Spanien wird sie die „seraphische Mutter" genannt u. als „Doctora mystica" mit den Abzeichen der theol. Doktorwürde dargestellt.
Im September 1582 mußte sie nach Alba de Tormes reisen u. kam dort schwerkrank an. Sie empfing am 3. 10. die Sterbesakramente u. starb am darauffolgenden Tag, dem 4. 10. 1582. Ihren Leib, obwohl tief in feuchte Erde bestattet, fand man nach 2 Jahren völlig unverwest. Er ruht heute in einem kostbaren Schrein auf dem Hochaltar der Karmelitinnenkirche zu Alba de Tormes. Ihr Herz ist in einem Kristallgefäß aufbewahrt (in Erinnerung an die mystische Durchbohrung ihres Herzens durch einen Seraph mit einem glühenden Pfeil). Sie wurde 1614 selig-, 1622 heiliggesprochen (zus. mit ↗ Ignatius von Loyola, ↗ Franz Xaver, ↗ Isidor von Madrid u. ↗ Philipp Neri). Die span. Stände erklärten sie 1617 zur Patronin Spaniens. Papst Paul VI. ernannte sie am 29. 9. 1970 zur Kirchenlehrerin.
Liturgie: GK G am 15. Oktober (da ihr Todestag, der 4. Oktober, bereits mit dem Fest des hl. ↗ Franz von Assisi belegt war, verlegte man anläßlich ihrer Heiligsprechung ihr Fest auf den darauffolgenden Tag. An diesem Tag trat aber die Gregorianische Kalenderreform in Kraft, d. h. auf Donnerstag, den 4. 10. 1582, folgte unmittelbar Freitag, der 15. 10. 1582; vgl. S. 30. Im Karmeliterorden wird sie noch heute am 5. Oktober gefeiert)
Darstellung: als Karmelitin in braunem Habit mit weißem Mantel u. schwarzem Schleier, in der Hand ein Buch bzw. ein brennendes Herz mit „JHS" u. einem Pfeil. Mit einem Engel (Seraph) mit einem Pfeil. Mit einer Taube (Hl. Geist) oder Geißel
Patronin: von Spanien, ihrer Ordensgenossenschaften; in geistlichen Nöten, für ein inneres Leben; der Bortenmacher (weil sie in ihren Klöstern Handarbeiten förderte)

Lit.: letzte dt. Übersetzung ihrer Gesamtwerke (hrsg. v. Aloysius ab Immac. Conceptione, 6 Bde.) (München 1933–41, 1960³ff) Die innere Burg (übersetzt v. F. Vogelgsang) (Zürich 1979)
E. zu Oettingen-Spielberg, 2 Bde. (Regensburg 1926) – R. Virnich (Einsiedeln 1934) – A. Back, Das myst. Erlebnis der Gottesnähe bei der hl. Theresia von Jesus (Würzburg 1930) – H. Hitzfeld, Die klass. Mystik der hl. Theresia (Münster 1938) – A. Mager, Mystik als seelische Wirklichkeit (Graz 1947). – W. Nigg, Vom Geheimnis der Mönche (Zürich-Stuttgart 1953) 324–365 – W. Herbstrith, T. v. A. Meditation – Mystik – Menschlichkeit (Bergen-Enkheim 1971³) – B. Günther, Weg und Erfahrung der Kirchenlehrerin T. v. A. (Aschaffenburg 1975²) – T. v. A., Wege zum Gebet (Zürich 1976) – G. Kranz, Sie lebten das Christentum (Regensburg 1978³) 205–221 – U. Dobhan, Gott – Mensch – Welt in der Sicht Teresas v. A., (Frankfurt/M. 1978) – Ders., T. v. A., Gotteserfahrung und Weg in die Welt (Olten 1979) – J. Sudbrack, Erfahrung einer Liebe. T. v. A.s Mystik als Begegnung mit Gott (Freiburg/B. 1979²) – A. Sagordoy, Das Gespräch mit Gott. Briefe nach Texten der hl. T. v. A. (Linz 1980) – M. Auclair, T. v. A. (Zürich 1980) – Nigg-Loose, T. v. A. (Freiburg/B. 1981) – C. Lapauw, T. v. A. Wege nach innen. Erfahrung u. Führung (Innsbruck 1981)

Theresia von Jesus OSCl, Hl. (bürgerl. Teresa Jornet y Ibars)
* am 9. 1. 1843 zu Aytona (Katalonien,

Nordost-Spanien). Sie bemühte sich zuerst lange vergeblich um die Aufnahme in den Klarissenorden bzw. unter die Karmeliten-Terziarinnen, bis sie endlich im Jahr 1872 in Barbastro (nordöstl. von Saragossa, Nordost-Spanien) in das dortige Klarissenkloster eintreten konnte. Noch im gleichen Jahr gründete sie, von dem ihr befreundeten Priester Saturnino López Novoa angeregt, das „Institut der Kleinen Schwestern für die verlassenen Greise", das sie bis zu ihrem Tod leitete. † am 26. 8. 1897. Seliggesprochen am 27. 4. 1958, heiliggesprochen am 27. 1. 1974.

Gedächtnis: 26. August

Lit.: AAS 49 (1957) 253–256, 50 (1958) 306–309, 68 (1976) 433–442 – M.E. Pietromarchi (Rom 1958) – Baudot-Chaussin XIII 196f

Theresia von Lisieux OCD, Hl. (Th. vom Kinde Jesu u. vom hl. Antlitz, „Kleine hl. Theresia")

* am 2. 1. 1873 zu Alençon (50 km nördl. von Le Mans, Normandie) als 9. Kind des Louis-Joseph-Stanislas Martin u. der Marie-Azélle Guérin. 2 Tage später wurde sie auf den Namen Marie-Françoise-Thérèse getauft. Mit 4 Jahren verlor sie ihre Mutter. Noch im selben Jahr zog sie mit ihrem Vater u. ihren 4 Schwestern (die 4 Brüder waren schon im Kindesalter gestorben) nach Lisieux (40 km südl. von Le Havre). Schon als Kind zeigte sie einen außergewöhnlichen rel. Ernst, durchstand aber auch eine Periode quälender Skrupel. Ein wichtiges Erlebnis für sie war die Erhörung ihres Gebetes um die Bekehrung eines zum Tod verurteilten verstockten Sexualmörders im Juli 1887. Mit 15 Jahren versuchte sie, trotz ihres jugendlichen Alters, in den Karmel von Lisieux einzutreten. Doch Bisch. Hugonin von Bayeux, zugleich der kirchliche Obere des Klosters, untersagte es ihr. Auf einer Pilgerfahrt nach Rom bat sie sogar Papst Leo XIII. um diese Erlaubnis, doch dieser verwies sie auf den zuständigen Bisch. Endlich, am 9. 4. 1889, wurde ihr lang gehegter Wunsch erfüllt, u. sie durfte in das Kloster eintreten, „um Seelen zu retten". 1893 wurde sie zur 2. Novizenmeisterin ernannt, im Jänner 1895 begann sie auf Befehl ihrer Oberin ihre Autobiographie „Histoire d'une âme" (Geschichte einer Seele) zu schreiben. Am 17. 10. 1895 wurde sie zur geistlichen Schwester des Seminaristen Bellière bestimmt, der später in die Missionsgesellschaft der Weißen Väter eintrat. In der Nacht zum Karfreitag 1896 begann ihre Todeskrankheit mit einem Anfall von Bluthusten. † am 30. 9. 1896.

Theresia galt bei ihren Mitschwestern als eine harmonisch-ausgeglichene, problemfreie Persönlichkeit mit einem Hang zu Überheblichkeit u. Stolz, bes. seit sie – entgegen der damaligen Sitte – die Erlaubnis erhielt, täglich zu kommunizieren. Ihre 1. Oberin, Mère Geneviève de Sainte-Thérèse, glaubte dem durch tadelnde Worte u. Demütigungen aller Art begegnen zu müssen. Niemand ahnte etwas von ihren inneren Kämpfen, seelischen Leiden u. Gewissensängsten. Bes. in ihrer Todeskrankheit litt sie unter dem quälenden Gefühl, von Gott verlassen zu sein, u. durchstand schwerste Versuchungen gegen den Glauben. Gleichzeitig brach ihr alter Hang zur Skrupulosität wieder durch: sie glaubte sich bereits zur Verdammnis bestimmt. Doch all diese inneren Leiden opferte sie großmütig auf zur Rettung der Seelen. Auch die späteren Biographen zeichneten von ihr das idyllisch-liebliche Bild einer naiv-frommen, kindlichen Seele, mit einem Zug ins Süßliche u. Kitschige. Erst heute beginnt man das zutiefst evangelisch u. theol. fundierte Anliegen ihres Heiligkeitsstrebens besser zu erfassen. In der „Geschichte einer Seele" legt sie den „kleinen Weg" zur Vollkommenheit dar, d. h. in einer „ganz gewöhnlichen Aszese", in reinem Glauben u. ohne jeden Vorbehalt sich der Liebe Jesu anheimzugeben. „Alles ist Gnade", auch die Gerechtigkeit Gottes ist „mit Liebe umkleidet" – in der vom jansenistischen Geist geprägten, angsterfüllten Frömmigkeitshaltung ihrer Zeit eine unerhörte spirituelle Erkenntnis! Unter dem Bild des „Fahrstuhles" symbolisiert sie die Allmacht der Gnade Gottes, die auch dem schwächsten Menschen vollkommene Heiligkeit schenken kann, wenn er sich ihr bedingungslos u. vorbehaltlos anheimgibt. Gleichzeitig entdeckt sie in der Liebe Gottes zu den Menschen die Verpflichtung zur radikalen Nächstenliebe, die gerade auch die Sünder umfaßt. Deshalb opfert sie sich selbst mit allen ihren seelischen Leiden für

die Sünder auf. Sie versteht von daher ihren Ordensberuf als eine durch u. durch missionarische Aufgabe. Nicht umsonst wurde sie von Pius XI. zur Hauptpatronin aller Missionen ernannt. Dies alles steht aber bei Theresia nicht im Glanz blitzartiger Offenbarungen, sondern reift durch härteste Prüfungen hindurch im vollständigen Dunkel des reinen Glaubens an die Liebe Gottes. Auf Grund der zahlreichen kirchlich anerkannten Wunder u. Gebetserhörungen wurde sie am 29. 3. 1923 selig-, am 17. 5. 1925 heiliggesprochen. Pius XI. ernannte sie am 14. 12. 1927 zur Hauptpatronin aller Missionen, Pius XII. am 3. 5. 1944 zur 2. Patronin Frankreichs.
Liturgie: GK G am 1. Oktober
Darstellung: als Karmelitin mit braunem Habit, weißem Mantel u. schwarzem Schleier, Rosen in den Armen (vor ihrem Tod versprach sie, vom Himmel Rosen auf die Erde zu streuen)
Patronin: der Karmelitinnen u. der nach ihr benannten Ordensgenossenschaften u. rel. Vereine, der Karmelitermissionen (1923), des Petruswerkes der Glaubensverbreitung (1925), der Weltmission (mit dem hl. Franz X., 1927)
Lit.: Mutter Agnès de Jésus gab die in ihrem Auftrag von Theresia verfaßten Manuskripte nach deren Tod, nach dem damaligen Zeitgeschmack retuschiert u. mit Fragmenten aus verschiedenen Briefen, Gesprächen u. Gedichten vermehrt, als „Histoire d'une âme" (Lisieux 1898) heraus. Das Buch errang einen überraschenden Massenerfolg, begründete die Verehrung Theresias u. erreichte, samt dem „Rosenregen" der Gebetserhörungen, ihre Selig- u. Heiligsprechung. – Weitere Werke: 238 Briefe, hrsg. v. A. Combes (Lisieux 1948) – 8 Erbauungsstücke in Prosa u. Versen, 58 Gedichte, 15 Gebete, versch. Schulhefte, Novissima verba, hrsg. v. Agnès de Jésus (Lisieux 1926) – Theresia vom Kinde Jesu, Selbstbiographische Schriften (authentischer Text) (Einsiedeln 1978)
I. F. Görres, Das verborgene Antlitz (Freiburg/B. 1944); 8. überarbeitete Aufl. 1957: Das Senfkorn von Lisieux; 9. Aufl. unter dem ursprüngl. Titel (1964) – W. Nigg, Große Heilige (Zürich 1947) 485–526 – H. U. v. Balthasar, Th. de Lisieux. Geschichte einer Sendung (Köln 1950) – A. Combes, Introduction à la spiritualité de Ste. Thérèse de l'Enfant-Jésus (Paris 1948, dt. Trier 1951) – Ders., L'amour de Jésus chez Ste. Th. de Lisieux (Paris 1951, dt. Freiburg/B. 1951) Ders., Ste. Th. de Lisieux et sa Mission (Paris 1954, dt. Wien 1957) – J. F. Six/H. N. Loose, Theresia von Lisieux (Freiburg/B. 1978) – J. F. Six, Theresia von Lisieux. Ihr Leben, wie es wirklich war (Freiburg/B. 1978)

Theresia Margareta v. Hl. Herzen Jesu (Teresa Margherita del Cuore di Gesù) OCD, Hl. (bürgerl. Anna Maria Redi)
* am 15. 7. 1747 in Arezzo aus vornehmer Familie. Sie trat mit 17 Jahren in das Kloster der Unbeschuhten Karmelitinnen zu Florenz ein. Sie war eine große Mystikerin u. zeichnete sich durch großen Gehorsam, durch Demut, Liebe u. Opferbereitschaft aus. † am 7. 3. 1770. Am 9. 6. 1929 selig-, am 19. 3. 1934 heiliggesprochen.
Gedächtnis: 7. März
Lit.: Stanislao di Teresa, Un angelo del Carmelo (Mailand 1934) – S. Bresard: ECarm 3 (1949) 297–304 – Gabriele di S. Maria Maddalena, La spiritualità di s. T. M. R. (Florenz 1950) – G. Papasogli (Mailand 1958) – S. Bresard: ECarm 10 (1959) 109–180 – Melchior a. S. Maria: ECarm 10 (1959) 181–260

Theresia von Portugal OCist, Sel.
* um 1178 als Tochter des Königs Sancho I. von Portugal. Sie war die Schwester der sll. ↗ Sancha u. ↗ Mafalda. 1191 wurde sie mit König Alfons IX., von León vermählt, doch wurde die Ehe 1196 durch Cölestin III. wegen zu naher Verwandtschaft für nichtig erklärt. Theresia kehrte nach Portugal zurück u. führte 1200 in das bisherige Benediktinerinnenkloster zu Lorvão bei Coimbra Zisterzienserinnen ein. 1229 wurde sie selbst dort Nonne. † am 17. 6. 1250. Seliggesprochen 1705.
Gedächtnis: 20. Juni (mit Sancha u. Mafalda)
Lit.: ActaSS Iun. III (1701) 471–531 – Cist 19 (1907) 225ff u. ö. – Zimmermann I 324f II 323f 326 – Baudot-Chaussin VI 283ff

Theresia Eustochium (Teresa Eustochio) **Verzeri**
* am 31. 7. 1801 zu Bergamo (Oberitalien). Dreimal trat sie in Bergamo in das Benediktinerkloster S. Grata ein u. wieder aus. Zuletzt litt sie in diesem Kloster an schwerer Epilepsie. 1831 gründete sie in Bergamo die Kongregation der „Töchter des hl. Herzens Jesu" (Suore Verzeri) zur Erziehung der weiblichen Jugend, die sie unter großen Schwierigkeiten ausbreiten konnte. Sie war eine Frau von hohen Geistesgaben, nie versagender Opferfreude u. Liebe zur Jugend. In allen äußeren Schwierigkeiten u. inneren Seelenleiden legte sie einen heroischen Starkmut an den Tag. † am 1. 3. 1852 zu Brescia. Seliggesprochen am 27. 10. 1946.
Gedächtnis: 1. März

Lit.: G. Archangeli (Bergamo 1896) – G. Boni (Bergamo 1927) – K. Kempf, Die Heiligkeit der Kirche im 19. Jh. (Einsiedeln 1928[8]) 351–353

Theresia von Wüllenweber ↗ Maria Theresia von Wüllenweber

Theudelinde ↗ Theodelinde

Thiatgrim, Bisch. **von Halberstadt,** Sel. oder Hl. (Thitgrim, Dietgrim, Thieatrgrim)
Name: germ. theudo, ahd. diot (Volk) + germ. grīman (Maske, Helm), ahd. grim (grimmig): grimmiger Kämpfer im Volk
Er wurde 827 der 2. Bisch. von Halberstadt (Sachsen-Anhalt) als Nachfolger des hl. ↗ Hildegrim. † am 8. 2. 840. Er wurde in der Abtei Werden a. d. Ruhr beigesetzt.
Gedächtnis: 8. Februar

Thiathildis, Äbtissin **in Fleckenhorst,** Hl. (Thiatild)
Name: ahd. diot (Volk) + hilta, hiltja (Kampf): Kämpferin im Volk
Sie kam aus Friesland u. war, wie es scheint, eine Gehilfin des hl. ↗ Bonifatius. Ihr Onkel Everword stiftete zu Fleckenhorst (Westfalen) ein Kloster, in dem sie 1. Äbtissin wurde. † im 9. Jh.
Gedächtnis: 30. Jänner

Thiemo OSB, Erzb. **von Salzburg,** Sel. (Theodemar, Dietmar)
Name: germ. theudo, ahd. diot (Volk, bes. Kriegsvolk) + mar (berühmt): der im Volk Berühmte
* um 1040 vermutlich aus dem bayrischen Adelsgeschlecht von Megling. Er war Schüler im Benediktinerkloster Niederaltaich (zw. Straubing u. Passau) u. wurde dort selbst Benediktinermönch. Er war ein hervorragender Meister in der Malerei, Bildhauerkunst u. im Erzguß. Die ihm zugeschriebenen Steinguß-Madonnen stammen jedoch aus dem 15. Jh. Auf Veranlassung Erzb. ↗ Gebharts von Salzburg wurde er 1077 Abt im dortigen Kloster St. Peter. Als Erzb. Gebhard im Investiturstreit vor Heinrich IV. fliehen mußte, zog sich Thiemo als dessen Freund 1081 in das Kloster Hirsau bei Calw (Schwarzwald) zurück. 1085 konnte er zurückkehren u. wurde 1090 zum Erzb. von Salzburg gewählt. Als solcher war er weiterhin ein strenger Verfechter der Gregorianischen Reform (insbesondere suchte er das Stift Admont, Steiermark, im Sinn von ↗ Cluny zu reformieren) u. mußte daher, schwer verfolgt, 1907 nach Schwaben flüchten. Als der Bayernherzog Welf ins Lager des Kaisers übertrat, verlor er seine bisherige Stütze an ihm u. wurde von seinem Gegenbisch. Berthold von Mossburg bei Saaldorf gefangengenommen, konnte aber wieder nach Schwaben entfliehen. Er nahm dann am 1. Kreuzzug (1096–1099) teil, fiel aber in der unglücklichen Schlacht von Reklei (Heraklea, jetzt Eregli, südl. Kleinasien) in die Hände der Seldschuken, die ihn am 28. 9. 1101/02 (?) zu Askalon (am Meer, westl. von Jerusalem) zu Tode marterten.
Gedächtnis: 28. September
Darstellung: Aufwindung seiner Gedärme an einer Winde (legendär gefärbte Passio, vermutlich nach den auf Abbildungen nicht verstandenen Schiffstauen)
Patron: der Bildhauer, Gießer, Maurer, Zimmerleute
Lit.: BHL 8132–8135 – P. Karner, Die Heiligen u. Seligen Salzburgs (Wien 1913) 125–144 – Zimmermann III 84 86f

Thiento OSB, Abt **von Wessobrunn,** Märt., Hl. oder Sel.
Er war seit 942 Abt des Benediktinerklosters Wessobrunn (südwestl. des Ammersees, Oberbayern). Kurz vor 955 wurde das Kloster durch einen Einfall der Ungarn zerstört u. Abt Thiento mit 6 seiner Ordensbrüder getötet.
Gedächtnis: 3. April

Thietmar, Bisch. **von Minden,** Hl. (Dietmar, Thiemo)
Er stammte aus Bayern u. wurde 1185/86 zum Bisch. von Minden (a. d. Weser, östl. von Osnabrück) erhoben. † am 5. 3. 1206.
Gedächtnis: 5. März

Thilde (Tilde), Kf. von ↗ Mathilde, ↗ Mechtilde, ↗ Clothilde

Thöger von Thüringen, Hl. (Theodgar, Dietger)
Name: ahd. diot (Volk, Kriegsvolk) + ger (Speer): Speer des Kriegsvolkes

* um 1000 aus adeligem Geschlecht in Thüringen. Er studierte in England Theologie, ging als Missionar nach Norwegen u. wurde dort Kaplan des Königs ↗ Olaf II. Nach dessen Tod am 29. 7. 1030 ging er als Missionar nach Verstervig in Thyland (Nordwest-Dänemark), wo er um 1065 starb. Seine Gebeine wurden um 1067 in die von ihm erbaute Kapelle, 1117 in die Klosterkirche der Augustiner-Chorherren zu Verstervig übertragen. Die Reliquien sind seit 1535 vernichtet.
Gedächtnis: 30. Oktober (Translation)
Lit.: ActaSS Oct. XIII (1883) 461ff – BHL 8086f – M. Cl. Gertz, Vitae sanctorum Danorum (Kopenhagen 1908–12) 3–26

Thomas u. Gef., Märt. **zu Alexandria,** Hll.
Name: ↗ Thomas Apostel
Er war ein Knabe von 12 Jahren. In der Verfolgung des Diokletian wurde er mit Paphnutios von Bendura, Moses von Balkim u. einigen anderen nicht genannten Gef. um 305 enthauptet.
Gedächtnis: 21. Juni

Thomas, Apostel, Hl.
Name: hebr. t^{e}'ōm, in Joh 11,16 korrekt mit griech. Dídymos = „Zwilling" wiedergegeben. Es war somit ursprünglich ein Beiname, sein eigentlicher Rufname ist in der Bibel nicht überliefert (griech. NT: Thōmās, Vulg., Luther: Thomas, Locc. Thomas; engl. Kf. Tom, Tommy; wegen der Häufigkeit dieses Namens in England wurde „Tommy" in Deutschland zum Spitznamen für den engl. Soldaten)
Thomas wird in den Apostelverzeichnissen des NT erwähnt (Mt 10,3 Mk 13,18 Lk 6,15 Apg 1,13). Bei Johannes tritt er dreimal als Wortführer für die Empfindungen der übrigen Apostel auf: Bei der Nachricht, daß ↗ Lazarus in Bethanien gestorben sei u. Jesus seinen Willen äußert hinzugehen, drückt Thomas seine Todesbereitschaft für Jesus aus: „Laßt auch uns hingehen u. mit ihm sterben!" (Joh 1,16). In seiner Abschiedsrede spricht Jesus von seinem Weggehen zum Vater, doch Thomas versteht ihn nicht: „Herr, wir wissen nicht, wohin du gehst; wie sollen wir den Weg wissen?" (Joh 14,5). Die bekannteste Szene ist die des „ungläubigen Thomas": Aus dem anfänglichen Nicht-Glauben-Können oder sogar Nicht-Fürwahrhalten-Wollen heraus wird er durch den Auferstandenen selbst in die Knie gezwungen u. muß bekennen: „Mein Herr u. mein Gott!" (Joh 20,24 – 29). Diese Szene ist für das ganze Johannesevangelium höchst bedeutungsvoll, sie bildete den ursprünglich krönenden Abschluß des ganzen Evangeliums (das 21. Kapitel wurde an das bereits fertige Evangelium nachträglich angefügt).
Eine irrtümliche Deutung des Wortes Didymos (Zwilling) führte dazu, daß Thomas in den apokryphen Thomasakten (3. Jh.) für einen Zwillingsbruder Jesu gehalten wurde. Er sei ebenfalls Zimmermann gewesen u. habe Jesus sehr ähnlich gesehen (zu dieser Unmöglichkeit: ↗ Brüder Jesu). In dem um 200 entstandenen legendären Briefwechsel Jesu mit König Abgar V. Ukkāmā von Osroene (4 v. Chr. – 7. n. Chr. u. wieder 13 – 50 n. Chr., mit Residenz in Edessa, dem heutigen Urfa in der südöstl. Türkei) u. in anderen syr. Überlieferungen wird Thomas als „Judas der Thomās (Zwilling)" bezeichnet. Er soll (neben Philippus u. Matthäus) von Jesus nach dessen Auferstehung geheime Offenbarungen erhalten haben, die er aufschreiben sollte. Er sei später nach Edessa gekommen u. habe die dortige Kirche gegründet. Irgendeine geschichtliche Glaubwürdigkeit verdienen diese legendären Berichte aber nicht.
Mehr Beachtung verdienen Berichte, daß Thomas u. a. bei den Parthern (iranisches Reitervolk) missioniert habe, so schon bei Origenes. Dann sei Thomas nach Indien gezogen, habe dort einen König Gundaphar bekehrt u. sei in Kalamina den Martertod gestorben. Die Existenz des Königs Gundaphar (1. Jh. n. Chr.) ist durch Funde alter Münzen gesichert. Der Ort „Kalamina" konnte bis heute noch nicht sicher identifiziert werden. Wahrscheinlich ist die Stätte seines Martyriums der sog. „Große Thomasberg" bei Mailapur, einer Vorstadt des heutigen Madras (Ostküste Südindiens). Auf diesem Berg wurde 1547 eine Thomaskirche erbaut. Auf deren Altar steht das 1574 entdeckte Thomaskreuz mit einer (sehr verschieden gedeuteten) Pehlewi-Inschrift (Pehlewi = Sprache der Par-

ther) aus dem 6./8. Jh. Bei den Thomas-Christen in Malabar (Kerala, Südwestküste Indiens) besteht eine uralte Tradition bezüglich der Predigt u. des Martyriums des Apostels Thomas.
Der größte Teil der Reliquien des hl. Thomas kam im 3. Jh. nach Edessa. Das dortige Thomasgrab wurde sehr verehrt, der Translationstag wurde am 3. Juli begangen. Diese Überführung bildet offenbar den historischen Kern für die legendären Berichte über die Wirksamkeit des hl. Thomas in Edessa (s. o.). ↗ Johannes Chrysostomus zählt das Thomasgrab in Edessa unter die 4 bekannten Apostelgräber. Von Edessa kamen die Reliquien 1258 nach Chios (Stadt auf der gleichnamigen Insel im Ägäischen Meer), von dort später nach Ortona (an der Adria, Mittelitalien), wo sie noch heute verehrt werden.
Das Fest des hl. Thomas war bis 1969 am 21. Dezember. Durch die zeitliche Nähe von Apostelfesten sollte der Rang des Weihnachtsfestes gebührend hervorgehoben werden.
Die Thomasnacht als die längste des Jahres zählte im Mittelalter zu den sog. Rauchnächten (Rauhnächten). Sie galt als bes. zauberkräftig u. wurde von heiratslustigen Mädchen für Orakelbefragungen genutzt. Im oberdt. Raum beschenkte man die Kinder mit Gebildbroten (Thomas-Stritzeln), in Niederbayern, Böhmen, Oberösterreich u. im Burgenland drohte man schlimmen Kindern mit einer unheimlichen Gestalt, die sie in einem großen Sack mitnehmen werde (Thomasnigl, Thomawaschl, Damersburzl, Rollathama oder das als tierähnlich gedachte Thomaszoll). Bis zum 2. Weltkrieg trat in einigen Dörfern des Bayrischen Waldes der blutige Thamerl als vermummte Gestalt auf, der an die Stubenfenster schlug u. dann ein blutiges Knie durch den Türspalt hereinstreckte.
Liturgie: GK F am 3. Juli (Translation der Gebeine nach Edessa) (das Fest wurde verschoben, weil der 21. Dezember in die unmittelbare Vorbereitungszeit auf Weihnachten fällt)
Darstellung: meist als der „ungläubige Thomas" vor dem Auferstandenen, dessen Wundmale berührend. Mit einer Lanze (Martyrium) u. Winkelmaß (nach der Legende war er Baumeister des Königs Gundaphar)
Patron: von Ostindien, Portugal; der Architekten, Bauarbeiter, Feldmesser, Maurer, Steinhauer, Zimmerleute
Lit.: A. E. Medlycott, India and the Apostle Thomas (London 1905) – F. Wilhelm, Dt. Legenden u. Legendare (Leipzig 1907) 1–59 u. ö. – J. Dahlmann, Die Thomaslegende u. d. ältest. hist. Beziehungen des Christentums zum Fernen Osten (Freiburg/B. 1912) – F. Haase, Apostel u. Evangelisten in den orientalischen Überlieferungen (Münster 1922) 264–268 – A. Väth, Der hl. Th., der Apostel Indiens. Eine Untersuchung über die Th.-Legende (Aachen 1925²) – T. Ohm, Indien u. Gott (Salzburg 1932) 104–110 – B. Spuler, Religionsgesch. des Orients in der Zeit der Weltreligionen (Leiden 1961) (Thomaschristen)

Thomas von Aquin OP, Kirchenlehrer, Hl.
* wahrscheinlich 1225 auf dem väterlichen Schloß von Roccasecca bei Montecassino in der Grafschaft Aquino als 4. Sohn des langobardischen Adeligen Landulph von Aquino. Seine Mutter Theodora war eine Adelige aus Neapel. Mit 5 Jahren kam er als Oblate in die OSB-Abtei Montecassino, mit etwa 14 Jahren studierte er in Neapel aristotelische Philosophie u. lernte dort den noch jungen Dominikanerorden kennen, wo er, gegen den Willen seiner Familie, 1243/44 die Aufnahme erbat. Die Angehörigen wollten ihn lieber als Abt eines angesehenen Stiftes sehen. Zuerst ging er nach Rom, dann wurde er vom Ordensgeneral Johannes Teutonicus OP zu weiteren Studien nach Bologna gesandt. Auf dem Weg dorthin wurde er von seinen älteren Brüdern überfallen u. wohl 2 Jahre in Arrest gehalten. Da alle Überredungskünste nichts fruchteten, ließen sie ihn im Juli 1245 wieder frei. Nun kam er zum Studium Generale nach Paris, wo er 1248–1252 Schüler des ↗ Albertus Magnus war u. dem er auch nach Köln folgte. 1252–1255 lehrte er in Paris als Baccalaureus Bibelwissenschaften, 1256–1259 als Magister der Theologie. Die Pariser Universität nahm ihn aber – zus. mit ↗ Bonaventura – erst 1257 auf eine Intervention Alexanders IV. in das Professorenkollegium auf. Nach Italien zurückberufen, wurde er 1260 zum Praedicator generalis (Hauptprediger) seines Ordens ernannt u. wirkte als Lector curiae am Hof Urbans IV. in Orvieto (1261–1264) u. Cle-

mens' IV. in Viterbo (1265–1268). 1265 übernahm er die Leitung des Ordensstudiums zu S. Sabina in Rom, hierauf war er wieder Lector curiae bei Clemens IV. 1269–1272 wirkte er als Professor der Theologie in Paris, von 1272 bis zu seinem Tod in Neapel. Gregor X. berief ihn auf das 2. Konzil zu Lyon. Er verließ Neapel im Februar 1274, wurde aber plötzlich krank u. starb in der OCist-Abtei Fossanuova bei Sonnino (nördl. von Terracina, südöstl. von Rom) am 7. 3. 1274.

Thomas von Aquin hinterließ ein äußerst umfangreiches Schrifttum. Manches wurde erst nach seinem Tod von seinen Schülern gesammelt u. unter seinem Namen herausgegeben. Seine bedeutendsten Werke sind die Summa contra gentiles und die „Summa theologica" (Summe = Gesamtschau). Die Summa contra gentiles (Summe gegen die Heiden) entstand etwa 1259–1264 auf Veranlassung des ↗ Raimund von Peñafort. Sie ist die bedeutendste mittelalterliche Auseinandersetzung mit der arabischen Philosophie, bes. mit Averroes (Ign Roschd, maurischer Universalgelehrter in Córdoba, 1126–1198; Rationalist u. Gegner einer Offenbarungsreligion). Die Summa theologica entstand 1266–1273. Thomas konnte sie nicht mehr selbst vollenden. Sie wurde von seinen Schülern, bes. Reginald von Priverno, nach dem Tod des Meisters aus dessen Briefen, Predigten, Gesprächen u. aus Vorlesungsnotizen vervollständigt. Sie ist das systematisch bedeutsamste Werk des hl. Thomas u. der Scholastik überhaupt. Wegen ihrer Architektonik wurde sie mit den gotischen Domen des Mittelalters verglichen.

Thomas von Aquin besaß ein unvergleichliches Talent für das Zusammenschauen u. Ordnen von Einzelerkenntnissen zu einer großen wissenschaftlichen Einheit. Er ist der größte Aristoteleskenner u. -interpret des ganzen Mittelalters. Es ist sein Verdienst, den christlichen Aristotelismus, der schon von Albertus Magnus begründet wurde, als selbständiger Forscher von ungeheurer Denkenergie u. einem ausgesprochenen Verständnis für zusammenhängende Quellenstudien in kritischer Auseinandersetzung mit der arabischen Philosophie ausgebaut zu haben. Sein persönliches Anliegen war das Streben nach Erkenntnis der natürlichen u. übernatürlichen Wahrheit in einem einzigen, in sich geschlossenen erkenntnismäßigen System. Daraus resultieren seine Sorgfalt in der Problemstellung, die Tiefe u. Klarheit seiner Gedanken- u. Beweisführung, die Sachlichkeit seiner Darstellung, die oft unpersönlich wirkt, tatsächlich aber seinem leidenschaftlichen Bedürfnis nach Wahrheit entspringt. Er war in erster Linie ein spekulativ-metaphysischer Genius.

Er machte auf seine Zeitgenossen den Eindruck eines ganz überragenden Gelehrten u. zugleich den eines heiligmäßigen, bescheidenen, liebenswürdigen u. abgeklärten Menschen. Wegen seiner Wortkargheit nannten ihn seine Mitstudenten in Köln den „stummen Ochsen". Sein Lehrer Albertus Magnus wußte aber, was in seinem Schüler steckte, u. sagte: „Dieser stumme Ochse wird einmal brüllen, daß die ganze Welt davon widerhallt." Thomas war auch bekannt für seine oftmalige geistige Abwesenheit. Einmal war er bei König ↗ Ludwig IX. von Frankreich zur Tafel geladen – jedermann wußte, daß der berühmte Gelehrte ein gutes Essen über alles schätzte –, wo er die ganze Zeit über völlig in sich gekehrt dasaß. Plötzlich sprang er ganz erregt auf und trommelte mit aller Wucht auf den Tisch, daß die aufgetragenen Nüsse in die Höhe sprangen, und rief mit hochrotem Gesicht: „Das wird die Häretiker erledigen!" Er hatte während des Essens das entscheidende Argument gegen den Manichäismus gefunden.

Auf der anderen Seite war er nicht nur der reine Verstandesmensch. Aus vielen seiner theol. Schriften weht ein warmer Hauch gelebter Frömmigkeit. Seine Theologie hat auch die dt. Mystik und die span. Mystik der ↗ Theresia von Ávila u. des ↗ Johannes vom Kreuz beeinflußt. Im Auftrag Urbans IV. verfaßte er das Offizium zum Fronleichnamsfest. Die bekanntesten Hymnen daraus sind das Pange lingua (Preise, Zunge, das Geheimnis; Versperhymnus) u. das Lauda Sion Salvatorem (Deinen Heiland, deinen Lehrer; Sequenz der Messe). Diese Sequenz wirkte seit dem 14. Jh. anregend auf das dt. Kirchenlied. Die Professoren von Paris betrachteten ihn schon bald als „Doctor communis“ (etwa: Lehrer der ganzen Christenheit), im 15. und 16. Jh. nannte man in „Doctor angelicus“ (engelgleicher Lehrer). Johannes XII. sprach ihn 1323 heilig u. setzte sein Fest auf den 7. März fest (seit 1969: 28. Jänner), ↗ Pius V. erhob ihn 1567 zum Kirchenlehrer, Leo XIII. verpflichtete die Seminarien, seiner Methode, seinen Prinzipien u. seiner Theologie zu folgen. Seine Gebeine ruhen im Dom St-Étienne zu Toulouse, sein Schädel ist in St-Sernin zu Toulouse, sein rechter Arm in S. Maria sopra Minerva in Rom.

Liturgie: GK G am 28. Jänner (Translation). Sein Gedächtnistag (früher 7. März, Todestag) wurde 1969 vorverlegt, weil er sonst stets in die österliche Bußzeit fiele

Darstellung: als Dominikaner in weißem Habit, einen strahlenden Stern auf der Brust (die Kirche erleuchtend), mit Buch u. Feder. Vor einem Kruzifix betend oder die hl. Eucharistie verehrend. Eine Taube fliegt aus seinem Mund oder spricht in sein Ohr (seine vom Hl. Geist inspirierte Weisheit). Von 2 Engeln gegürtet (Keuschheit). Beschwichtigt einen Sturm auf dem Meer (geistiger Sieg über den Averroismus)

Patron: der Dominikaner, der kath. Hochschulen (1880), der Theologen, der studierenden Jugend; der Bleistiftfabrikanten, Buchhändler

Lit.: A. Walz (Basel 1953) (Biographie) – P. Novarina (Löwen–Paris 1962) Biographie – M. Grabmann, Die Werke des hl. Thomas von Aquin (Münster 1949[3]) – G. K. Chesterton, Thomas von Aquin. Der Heilige mit dem gesunden Menschenverstand (dt. E. Kaufmann, Freiburg/B. 1978) – Philosoph. u. theol. Einzelfragen: s. LThK 10 (1965) 119ff (Lit.) – J. Weisheipl, Th. v. A. Sein Leben u. seine Theologie (Graz 1980)

Thomas Becket, Erzb. **von Canterbury**, Märt., Hl.

* 1118 zu London aus einer von der Normandie zugewanderten Kaufmannsfamilie. Nach seiner ersten Ausbildung bei den Regularkanonikern von Merton studierte er in Paris. Erzb. Theobald von Canterbury nahm ihn um 1141 in seinen Klerus auf u. sandte ihn zum Studium des Kirchenrechtes nach Bologna u. Auxerre, weihte ihn zum Diakon u. ernannte ihn zum Archidiakon von Canterbury. 1155 wurde er Lordkanzler u. Vertrauter König Heinrichs II. von England. Er war eine starke Stütze des jungen Königs, focht in seinen Schlachten mit u. liebte Prunk u. große Ausgaben. Er hatte Einfluß auf manche politischen Entscheidungen des Königs, z. B. bei der Besteuerung des Klerus für die Befreiung vom Kriegsdienst. Heinrich II. veranlaßte seine Erhebung auf den erzbischöflichen Stuhl von Canterbury, da er sich dadurch vermehrten Einfluß auf die Kirche erhoffte. Thomas, den heraufziehenden Konflikt ahnend, nahm nur widerstrebend an u. wurde am 3. 6. 1162 konsekriert. Sofort begann er ein aszetisches Leben, teilte Benediktinergewand u. klösterliche Lebensweise mit seinen Kathedralmönchen, verteilte seine Einkünfte an die Armen u. gab dem überraschten König das Kanzleramt zurück. Ebenso rückhaltlos wie früher für den König setzte er sich nunmehr für die Vorrechte u. Freiheiten der Kirche u. ihre Einheit mit dem Apostolischen Stuhl ein. Der Konflikt zw. ihm u. dem König brach endgültig 1164 aus anläßlich der Kompetenzabgrenzungen zw. kirchlichem u. königlichem Gericht. Thomas wurde mit Geldstrafen u. Prozessen verfolgt u. floh deshalb im Oktober 1164 nach Frankreich. Dort traf er mit Papst Alexander III. zusammen, der ihn zwar in seinem Streit mit dem König unterstützte, aber seinen angebotenen Rücktritt nicht annahm. Von Frankreich aus führte er seinen Kampf gegen den engl. König hartnäckig fort. Auf Grund eines Scheinfriedens kehrte er am 30. 11. 1170 nach England zurück. Doch bald flammte der Streit von neuem auf; am 29. 12. 1170 wurde er von 4 Edelleuten aus der Umgebung des Königs in der Kathedrale von Canterbury ermordet. Wieweit der König für diese Tat verantwortlich ist, mittelbar durch eine zornig hingeworfene Bemerkung oder durch unmittelbare Aufforderung, läßt sich heute kaum mehr entscheiden. Mönche und Volk begannen ihn alsbald als Märtyrer für die Freiheit der Kirche u. des Papsttums zu verehren. Heinrich II. söhnte sich im Konkordat von Avranches am 27. 9. 1172 mit der Kirche aus. Alexander III. sprach Thomas am 21. 2. 1173 heilig, u. König Heinrich tat am 12. 7. 1174 an seinem Grab öffentlich Buße. Die Reliquien des hl. Thomas, in einem kostbaren Schrein aufbewahrt, zogen das ganze Mittelalter hindurch zahllose Pilger an, bis

Heinrich VIII. im Jahr 1538 das Grab u. den Schrein zerstören u. alle Inschriften tilgen ließ. Es ist deshalb sehr fraglich, ob die 1888 aufgefundenen Gebeine echt sind.
Liturgie: GK g am 29. Dezember
Darstellung: als Bisch. mit Buch, ein Schwert (oder Beil) im Haupt oder in der Infel, mit Palme oder Kirchenmodell
Lit.: W. H. Hutton (Cambridge 1926) – S. Dark (London 1927) – T. Borenius, The Iconography of St. Thomas of Canterbury (Oxford 1929) – D. Kwowles: Proceedings of the Brit. Academy 35 (London 1949) 177–205 – G. W. Greenway, The Life and Death of Thomas Becket (London 1961) – B. Püschel, Thomas Becket in der Literatur (Bochum 1963)

Thomas Bellaci OFM, Sel.
* 1370 zu Florenz. Er führte zuerst in seiner Jugend ein weltliches u. ausgelassenes Leben, bis er durch die Predigt des Johannes von Stroncone OFM in sich ging und 1392 in Fiesole in den Franziskanerorden eintrat. Er setzte sich sehr für den Reformzweig der Observanten ein u. gründete um 1410 verschiedene Klöster in Apulien u. wurde deren Vikar. Im Auftrag Martins V. vertrieb er 1420–27 zus. mit Antonius von Stroncone die Fratizellen, die sich in mehreren Klöstern der Toscana festgesetzt hatten. Die Fratizellen (Fraticelli = „die kleinen Brüder“) waren eine Sektengemeinschaft mit eigenen „Päpsten“ und „Bischöfen“. Als „geistliche“ Kirche lehnten sie die „fleischliche“ Kirche Roms ab. Thomas Bellaci war 1422–30 Provinzialkommissar der von ihm besetzten Reformklöster in der Toscana. 1430–39 leitete er als Oberer das Kloster in Scarlino u. bildete zahlreiche Novizen aus. 1440 nahm er an einer bischöflichen Mission zu den Unionsverhandlungen mit der koptischen Kirche in Ägypten u. Äthiopien teil. Da er die Einreiseerlaubnis nach Ägypten nicht erhielt, setzte er seine Reise durch den Persischen Golf fort. Dabei geriet er in mohammedanische Gefangenschaft u. konnte erst 1443 nach qualvoller Haft freigekauft werden. Er kehrte nach Italien zurück u. starb zu Rieti am 31. 10. 1447. Kult approbiert 1771.
Gedächtnis: 31. Oktober
Lit.: ActaSS Oct. XIII (1883) 860–892 – S. Mencherini (Arezzo 1916) – Wadding A^3 XI 336–345

Thomas von Cori OFM, Sel.
* am 3. (14.?) 6. 1655 zu Cori (Diöz. Velletri, südöstl. von Rom). Er trat dort 1677 bei den Franziskaner-Observanten ein, wurde in Orvieto Novizenmeister, zog sich dann in das Ritiro (Rekollektionshaus) bei Civitella (Abruzzen, östl. von Rom) zurück u. missionierte 20 Jahre hindurch zus. mit ↗ Theophilus von Corte mit großem Eifer das arme Gebirgsvolk um Subiaco. † am 11. 1. 1729 zu Civitella. Seliggesprochen 1786.
Gedächtnis: 11. Jänner
Lit.: Aureola Seraf I 510–519 – U. Boncopagni-Ludovisi (Rom 1923)

Thomas Corsini OSM, Sel. (Thomas von Orvieto)
* nach 1260 zu Orvieto (Umbrien, Mittelitalien) von adeliger Abkunft. Er erhielt eine gute Ausbildung u. trat dem Servitenorden bei. Aus Demut wollte er aber als Laienbruder dienen. Er ertrug es geduldig, wenn ihm die Leute beim Almosensammeln eine schlimme Behandlung zuteil werden ließen. Jeden freien Augenblick benützte er, um in der Kirche oder in einem verborgenen Winkel des Gartens dem Gebet u. der Betrachtung zu obliegen. † am 21. 6. 1343 in Orvieto.
Gedächtnis: 21. Juni
Lit.: Annales OSM (Florenz 1618) – B. M. Spoerr, Lebensbilder aus dem Servitenorden I (1892) 540–553

Thomas, Bisch. **von Hereford,** Hl. (Th. de Cantilupe)
* um 1218 aus vornehmer normannischer Familie in England. Sein Onkel, Bisch. Walter von Worcester, ließ ihn zu Oxford u. Paris studieren, wo sich Thomas den Doktorgrad beider Rechte erwarb. Er wurde 1262 Kanzler der Universität Oxford, 1264 Kanzler von England, mußte aber, weil er sich in den politischen Kämpfen auf die Seite der Barone gegen Heinrich III. stellte, 1265–72 nach Paris entweichen. Er nahm 1274 am 2. Konzil von Lyon teil u. wurde 1275 Bisch. von Hereford (südwestl. von Birmingham). Er war ein Mann von starkem Gerechtigkeitssinn u. großem seelsorglichem Eifer. In seinen letzten Lebensjahren hatte er kirchenrechtliche Auseinandersetzungen mit Erzb. Johannes Peckham, der ihn 1282 exkommunizierte. Thomas begab sich nach Orvieto zu Papst Martin IV., starb aber auf der Rückreise noch vor der Entscheidung seiner Angelegenheit in

Montefiascone am 2. 10. 1282. Seine Gebeine wurden nach Hereford übertragen u. in einem Reliquienschrein beigesetzt, wo sie von vielen Wallfahrern verehrt wurden. Heiliggesprochen 1320.
Gedächtnis: 2. Oktober
Lit.: ActaSS Oct. I (1765) 539–704 – DNB III 900–904 – BHL 8254f – CathEnc XIV 694f – Baudot-Chaussin VIII 488–491

Thomas Hemerken **von Kempen** CanAug, Sel. (Th. Malleolus)
* 1379/80 zu Kempen am Niederrhein. Mit 12 oder 13 Jahren kam er durch Vermittlung seines älteren Bruders Johannes, der seit 1387 Augustiner-Chorherr in Windesheim bei Zwolle (Oberijssel, nördl. Niederlande) war, nach Deventer a. d. Ijssel zur Schule des Johannes Boome. Er lernte dort Florentius Radewijns kennen, der 1380 das 1. Haus der „Brüder vom gemeinsamen Leben" eröffnet hatte u. so zum Mitbegründer der Devotio moderna wurde. Thomas lebte 1398 mit etwa 20 anderen „Brüdern" in dessen Haus in Deventer u. trat 1399 in das Regularkanonikerstift St. Agnetenberg bei Zwolle (Oberijssel) ein, wo sein älterer Bruder Johannes 1. Prior war. Wegen innerer Schwierigkeiten u. Krisen legte er aber erst 1406 die Gelübde ab, 1414 erhielt er die Priesterweihe. Im Utrechter Interdikt weilte er mit dem ganzen Konvent 1429–31 in Ludingakerk a. d. Zuidersee. 1431–32 stand er seinem Bruder, der damals Prior in Arnheim war, 14 Monate bis zu dessen Tod zur Seite. Sonst lebte er auf dem St. Agnetenberg, war zweimal Prior u. wirkte als fleißiger Bücherkopist, Schriftsteller, Prediger u. Ratgeber für viele. † am 25. 7. 1471 in St. Agnetenberg. Seine Gebeine ruhen in der Michaelskirche zu Zwolle. Seine Seligsprechung wurde mehrfach angeregt, aber nicht durchgeführt. Nichtsdestoweniger wird er bei mehreren Hagiologen als Seliger bezeichnet.
Thomas von Kempen wurde durch seine aszetischen Schriften der wichtigste u. einflußreichste Vertreter der Devotio moderna, einer rel. Bewegung, die im späten 14. Jh. einsetzte u. bis ins 17. Jh. hinein nachwirkte. Als deren eigentlicher Begründer gilt der Mystiker u. Bußprediger Gerhard Groote aus Deventer († 1384). Im Gegensatz zur Wallfahrts- u. Reliquienfrömmigkeit des Spätmittelalters war die Devotio moderna eine tiefempfundene, stark introvertierte, wohl auch welt- u. gemeinschaftsflüchtige Frömmigkeitshaltung, die praktisch ganz nur die Beziehung des Einzelnen zu Gott in den Blick rückte. Thomas von Kempen gab dieser Bewegung Ausdruck und neuen Antrieb durch seine vielen kleinen Schriften: Soliloquium animae (Selbstgespräch der Seele), Hortulus rosarum (Rosengärtlein), Vallis liliorum (Tal der Lilien), De disciplina claustralium (Über die Disziplin der Mönche), Hospitale pauperum (Herberge der Armen), Libellus spiritualis exercitii (Büchlein der geistlichen Übung), Elevatio mentis ad inquirendum Deum (Erhebung des Geistes zur Gott-Suche). Zum Zweck der Erbauung (nicht im Sinn moderner Geschichtsschreibung) verfaßte er Biographien aus den Anfängen der Windesheimer Gründung über Gerhard Groote, Florentius Radewijns, Gerhard von Zutphen, Johannes Brinckerinck u. a. sowie auch über ↗ Lidwina von Rotterdam. Außerdem schrieb er Predigten, Ansprachen, Gebete, Betrachtungen, Traktate und Briefe. In seinen 110 Cantica (geistliche Lieder) erweist er sich als sprachgewandter, rhythmisch u. musikalisch empfindender Autor. Das bekannteste seiner (?) Werke ist das Büchlein „Imitatio Christi" (Nachfolge Christi). Es entstand vor 1427 u. fand nach der Bibel die weiteste Verbreitung, auch unter Protestanten u. Nichtchristen. Es sind davon über 700 Handschriften bekannt: Das Büchlein wurde in etwa 95 Sprachen übersetzt u. erlebte etwa 3000 Ausgaben. Der Verfasser ist anonym. Am Ende des „Autographen" (in Brüssel aufbewahrt) bezeichnet sich Thomas von Kempen lediglich als „Schreiber". Als mögliche Urheber wurden bis zu 35 Personen genannt, darunter ↗ Bernhard von Clairvaux, ↗ Bonaventura, Ludolf von Sachsen, Johannes Tauler, ↗ Heinrich Seuse, Dionysius der Kartäuser, Johannes Gerson, Gerhard Groote. Sprache u. Spiritualität weisen auf die Niederlande u. die Devotio moderna, in deren Reihen man heute mit großer Einhelligkeit den Autor sucht. Man ist sich auch einig darüber, daß Thomas von Kempen nicht der eigentliche Verfasser ist

(er hätte in seinen jungen Priesterjahren sein bei weitem ausgereiftestes Werk verfaßt), wohl aber, daß er die letzte Hand an das Büchlein gelegt hat.
Gedächtnis: 25. Juli
Lit.: C. Richtstätter (Hildesheim 1939) – Stammler-Langosch IV 455–464, V 1089 – H. Jedin, Thomas von Kempen als Biograph u. Chronist: Festschr. A. Stohr (Mainz 1960) – J. Sudbrack, Existentielles Christentum: GuL 37 (1964) 38–63 (Lit.)

Thomas More, Märt., Hl. (Sir Thomas More, Thomas Morus)
* am 7. 2. 1478 zu London. Er war zuerst Page im Haus des Lordkanzlers Kard. John Morton, Erzb. von Canterbury, u. besuchte mit 14 Jahren die Hochschule in Oxford, wo er sich mit Vorliebe den humanistischen Studien widmete. 1494 wandte er sich den Rechtswissenschaften zu. 4 Jahre lebte er bei den Kartäusern in London u. trug sich mit dem Gedanken, Priester zu werden. Er heiratete jedoch u. erfreute sich in seinem Landhaus in Chelsea bei London mit seinen 4 Kindern eines glücklichen Familienlebens. In seinem Heim verkehrten auch bedeutende Humanisten wie Erasmus von Rotterdam, Hans Holbein d. J. u. John Colet. Beruflich war er ein angesehener u. gesuchter Jurist. 1504 wurde er ins Parlament gewählt, wo er sich bald durch Redegewandtheit u. Freimut hervortat, dadurch aber die Ungnade König Heinrichs VII. auf sich lud. Er zog sich daraufhin aus dem öffentlichen Leben zurück u. betrieb neben seiner beruflichen Tätigkeit humanistische Studien. 1508 besuchte er die Universitäten in Löwen u. Paris. Erst nach dem Tod Heinrichs VII. (1509) nahm er wieder Anteil am öffentlichen Leben. 1510 wurde er zum Untersheriff von London ernannt u. nach einigen erfolgreichen Missionen von Heinrich VIII., der ihn vor allem wegen seiner gediegenen humanistischen Bildung schätzte, 1514 in den Adelsstand erhoben u. zum königlichen Geheimrat u. Sekretär, 1521 zum Unterschatzmeister ernannt. Er wurde immer mehr Vertrauter u. Berater Heinrichs VIII., sein Taktgefühl u. sein Respekt vor der königlichen Autorität hielten ihn aber vor offener Opposition gegen den König in dessen Ehescheidungsaffäre und romfeindlicher Haltung zurück. 1529 wurde er Lordkanzler als Nachfolger des Kard. Theodor Wolsey. Er waltete mit großer Rechtlichkeit u. Festigkeit seines Amtes, blieb aber seiner röm.- und kirchenkath. Gesinnung treu u. trat in Wort u. Schrift immer offener gegen die kirchenfeindlichen Tendenzen des Königs u. seine Ehescheidungspläne auf. Als alle seine Versuche vergeblich waren, legte er 1532 aus Protest sein Amt nieder u. zog sich wieder ins Privatleben zurück. Dabei verlor er fast sein ganzes Vermögen. Der König u. seine damalige Lebensgefährtin Anna Boleyn fühlten sich durch sein Verhalten verletzt u. sannen auf seine Vernichtung. Im Frühjahr 1534 konnte er sich noch aus der Affäre um Elisabeth Barton, die „Nonne von Kent" heraushalten (sie prophezeite dem König den baldigen Tod nach seiner Heirat mit Anna Boleyn; sie wurde am 20. 4. 1534 mit 6 „mitverschworenen" Priestern hingerichtet). Doch als er im Herbst 1534 den Suprematseid (Anerkennung des Königs als Oberhaupt der engl. Kirche) nicht leisten wollte, wurde er in den Tower geworfen u. enteignet. Nach langer, harter Kerkerhaft machte man ihm einen Schauprozeß, in dem er erst auf Grund falscher Anklagen sein bisheriges Schweigen brach (er hatte sich nie öffentlich gegen den Suprematseid geäußert). Trotz seiner glänzenden Verteidigungsrede wurde er wegen Hochverrates verurteilt und am 6. 7. 1535, 14 Tage nach Kard. ↗ John Fisher, enthauptet. Er wurde 1886 selig- u. am 19. 5. 1935 zus. mit John Fisher heiliggesprochen. (s. Märt. in England, S. 888ff)
Gedächtnis: 6. Juli
Darstellung: mit Professorenbarett, pelzbesetzter Amtskleidung u. Kanzlerkette. Mit Kelch u. Hostie u. päpstlichen Insignien
Lit.: AAS 28 (1936) 185ff – R. W. Chambers (London 1935, 1949[10], dt. München 1946, Basel 1947) – Die Briefe des hl. Thomas Morus aus dem Gefängnisse, übertr. u. eingel. v. K. Schmidthüs (Freiburg/B. 1951[4]) – G. Möbius, Politik des Heiligen (Berlin 1953) – E. Reynolds, Margaret Roper (London 1960) – Thomas Morus, Vita et obitus Thomas Mori . . . (Frankfurt/M.) – W. Nigg, Vom beispielhaften Leben (Olten 1976) 118–157 – G. Kranz, Sie lebten das Christentum (Regensburg 1978[3]) 240–256 – W. Nigg-H. N. Loose (Freiburg/B.)

Thomas von Tolentino OFM u. Gef., Märt. in Indien, Sll.
Er stammte aus Tolentino (Marken, Mittelitalien). Als Franziskaner gehörte er der

Gruppe der sog. Spiritualen der Mark Ancona an, die sich die buchstäbliche ·Befolgung der Regel u. des Testaments des hl. ↗ Franz von Assisi, höchste evangelische Armut, Primat des beschaulichen Lebens, eine wissenschaftsfeindliche Einstellung u. einen Joachimitismus (apokalyptische Geschichtsauslegung; ↗ Joachim von Fiore) zum Ziel setzten. Wegen ihrer radikalen Anschauungen wurde ihnen um 1280 von 5 den Marken benachbarten Provinziälen der Prozeß gemacht u. die Mitglieder in Haft gehalten. 1289 wurden sie vom Ordensgeneral befreit u. in den Orient gesandt. Thomas von Tolentino wirkte zuerst hauptsächlich in Armenien, dessen König Hethum II. ihn auch mit diplomatischen Aufgaben in Europa betraute. Zuletzt wurde er mit seinen Gef. u. Ordensbrüdern Jacobus von Padua, dem Kleriker Petrus von Siena u. dem Laienbruder Demetrius von Tiflis auf dem Weg nach China auf die Insel Salsette bei Bombay (Indien) verschlagen u. von den Moslems zu Thana bei Bombay am 9. 4. 1321 enthauptet. Bald darauf brachte ↗ Oderich von Friaul ihre Gebeine nach Zaitun (Tsiuen-tscheu) in China u. beschrieb das Martyrium in seinem Reisebericht. Das Haupt des Thomas von Tolentino kam nach Tolentino. Kult approbiert 1894.

Gedächtnis: 9. April

Lit.: Golubovich II 69ff 110–113 469ff, III 211fff 219–222 – AFrH 16 (1923) 95–99 105f – SF I 424–439 – O. van der Vat, Die Anfänge der Franziskanermissionen (Werl 1934) 119–124 – H. Delehaye: AnBoll 61 (1943) 5–28 – Baudot-Chaussin IV 24ff

Thomas von Villanova OESA, Erzb. von Valencia, Hl.

* um 1487 zu Fuenllana bei Villanueva de los Infantes bei Celanova (Nordwest-Spanien, nördl. der portugiesischen Grenze). Er studierte in Alcalá u. lehrte dort 1513 bis 1516 Freie Künste. 1516 wurde er in Salamanca Augustiner-Eremit, erhielt 1518 die Priesterweihe u. wurde ebendort 1519 Prior. Anschließend lebte er in Burgos u. Valladolid u. war 1527–29 Provinzial in Andalusien (Südspanien), 1534–37 in Kastilien (Zentralspanien). Er sandte die ersten Augustinermissionare nach Mexico. Karl V. verehrte ihn als einen heiligmäßigen Mann u. ernannte ihn 1542 zum Erzb. von Granada, was Thomas jedoch ablehnte. Dafür übernahm er 1544 widerstrebend den erzbischöflichen Stuhl von Valencia. Dort gründete er 1550 das Priesterseminar. Er lebte für sich selbst stets in äußerster Einfachheit u. Bedürfnislosigkeit, gegen andere war er ein großer Wohltäter u. Vater aller Notleidenden, weshalb man ihn den „Almosengeber" nannte. Seine Predigten u. andere kleinere Schriften bedeuten einen wesentlichen Beitrag zur geistlichen Literatur Spaniens. † am 8. 9. 1555 in Valencia. Sein Grab ist in der Augustinerkirche zu Valencia. Heiliggesprochen 1658.

Gedächtnis: 8. September

Darstellung: als Bisch. mit Beutel in der Hand, von Bettlern umringt. Gibt sein Bett her oder heilt Kranke

Patron: der nach ihm benannten Augustiner

Lit.: Werke: Opusculos castellanos (Valladolid 1885, dt. in Auswahl v. F. Kaulen, Freiburg/B. 1869²) – F. Pösl (Münster 1860) – Vela VIII 233–302 – P. Jobit (Paris 1961)

Thomás ↗ Katharina Thomás

Thorlak Thorhallsson, CanAug, Bisch. von Skálholt, Hl.

* 1133. Er war mit 15 Jahren schon Diakon u. studierte in Paris u. Lincoln. Wann er Augustiner-Chorherr im Stift Thykkvibaer (70 km südöstl. von Reykjavik, am Meer) wurde, ist unbekannt. Er wurde dort 1168 Prior u. 1172 Abt. 1178 wurde er Bisch. von Skálholt (60 km östl. von Reykjavik). Er wachte eifrig über die kirchliche Disziplin, bes. über die Heiligkeit der christlichen Ehe u. den Zölibat der Priester. † am 23. 12. 1193. Schon bald nach seinem Tod wurde er als Heiliger verehrt, auf Island wurden ihm etwa 50 Kirchen geweiht. Er ist der Nationalheilige Islands.

Gedächtnis: 23. Dezember

Lit.: BHL 8373f – J. Helgason, Islands Kirke I (Kopenhagen 1925) 101–114 – L. Musset, Les peuples scandinaves au Moyen Age (Paris 1951) 215 – Baudot-Chaussin X 633f

Thorsten (Torsten)

Name: in neuerer Zeit aus dem Nord. übernommener männl. Vorname. Der 1. Bestandteil ist der altnord. Donnergott Thor (Donar), der 2. Bestandteil ist (schwed., dän.,) sten (Stein) (dän., schwed., norw. Torsten; altisl. Thoirsteinn)

Thorwald (Torwald)
Name: in neuerer Zeit aus dem Nord. übernommener männl. Vorname. Der 1. Bestandteil ist der altnord. Donnergott Thor (Donar), der 2. Bestandteil entspricht dem ahd. -walt (zu waltan, herrschen, walten) (dän., norw. Torvald)

Thouret ↗ Johanna Antida Thouret

Thusnelda
Name: altdt. weibl. Vorname, zu germ. theudo, ahd. diot (Volk, Kriegsvolk) + germ. heldîs, ahd. hilta, hiltja (Kampf): Kämpferin im Volk
Eine bekannte Namensträgerin war Thusnelda, die Frau des Cheruskerfürsten Armin, der im Jahr 9 n. Chr. die 3 Legionen des röm. Feldherrn Varus im Teutoburger Wald (zw. Osnabrück u. Bielefeld) vernichtend schlug. Durch die Schuld ihres Vaters Segestes, der zu den Römern hielt, kam sie 15 n. Chr. in röm. Gefangenschaft.

Thyrsus (Thyrsos) u. Gef., Märt. **in Nikomedien,** Hll.
Name: zu griech. thýrsis, Stengel. „Thyrsos" hieß in der griech. Mythologie der in einem Fichtenzapfen auslaufende, mit Efeu und Weinlaub umwundene Stab des Weingottes Bacchus–Diónysos. Er war als Vorname bes. bei Hirten gebräuchlich.
Er war ein Märt. unbekannter Zeit. Die legendarische Vita des Symeon Metaphrastes (byzantinischer Staatsmann, Historiker u. Hagiograph, † um 1000) gibt ihm die Gef. Leukios u. Kallinikos bei u. lokalisiert deren Martyrium in Nikomedien (heute Izmit, östl. von Konstantinopel) zur Zeit des Decius (249–251). Die 2. Vita desselben Autors nennt als seine Leidensgefährten Philemon, Apollonius u. a., die unter Diokletian (um 305) zu Antinoe (Antinupolis, beim heutigen Dorf El-Schech Ibada, Mittelägypten) getötet worden seien.
Gedächtnis: 28. Jänner (Griechen: 14. Dezember)
Lit.: BHL 8277–8281 – BHG[23] 1844z–1846e

Tibor (ungar.) ↗ Tiburtius

Tiburtius u. Gef., Märt. **zu Rom,** Hll.
Name: lat., Bewohner der Stadt Tibur (Latium, heute Tivoli bei Rom)
Er ist mit Valerianus u. Maximus Märt. einer unbekannten Zeit u. wurde in der Praetextatus-Katakombe an der Via Appia in Rom beigesetzt. In der legendären Passio der hl. ↗ Cäcilia erscheint Tiburtius als Bruder des Valerianus, des angeblichen Bräutigams der hl. Cäcilia. Durch die Standhaftigkeit der beiden Brüder sei auch Maximus, der Sekretär des verurteilenden Richters, bekehrt u. mit enthauptet worden. ↗ Paschalis I. (817–824) übertrug die Reliquien dieser Märt. in die Titelkirche der hl. Cäcilia in Trastevere.
Gedächtnis: 14. April
Lit.: H. Delehaye. Étude sur le Légendier Romain (Brüssel 1936) 73–80 194–200 – MartRom 137f – ECatt XII 82f

Tiburtius, Märt. **zu Rom,** Hl.
Er ist ein röm. Märt. in unbekannter Zeit. Er wurde im Cömeterium „Ad duas lauras" an der Via Labicana bestattet. Papst ↗ Damasus I. (366–384) widmete ihm ein Epigramm. Die romanhafte Passio des hl. ↗ Sebastian macht ihn zum Sohn des Stadtpräfekten Chromatius. Wahrscheinlich wurden seine Gebeine unter Gregor IV. (827–844) in die Peterskirche übertragen. Die Nachricht einer Übertragung seiner Gebeine nach St-Médard in Soisson ist unsicher.
Gedächtnis: 11. August
Lit.: AnBoll 71 (1953) 110ff 114 124, 77 (1957) 401–405 – ECatt XII 81f

Till (norddt.)
Name: Kf. von Namen, die mit Diet- gebildet sind, bes. ↗ Dietrich. Eine bekannte Gestalt der Volksdichtung ist der Schalksnarr Till Eulenspiegel, der alle Aufträge wörtlich nimmt u. dadurch lächerlich macht. Er soll um 1300 in Kneitlingen (Braunschweig) geboren u. nach unstetem Wanderleben 1350 in Mölln bei Lübeck gestorben sein.

Tilli (Tilly), Kf. von ↗ Chlothilde, ↗ Mathilde, ↗ Ottilie

Tillmann (Tilmann)
Name: im Norddt. eine mit „-mann" gebildete Koseform (Verkleinerungsform) von ↗

Till, eigentlich „Tillchen". Ein bekannter Namensträger ist der Bildhauer Tilman Riemenschneider (* um 1460 in Osterode am Harz, † 1531 in Würzburg).

Tillo OSB, Abt **in Solignac,** Hl. (Tilman, Til; Tillon, Théau)
Name: ↗ Till, Tillmann
Er stammte aus Westfalen u. wurde in seiner Jugend als Sklave verkauft. Der hl. ↗ Eligius kaufte ihn los u. bildete ihn zum Goldschmied aus. Später wurde Tillo Mönch im Benediktinerkloster Solignac (Diöz. Limoges), welches Eligius 632 gestiftet hatte, u. wurde zum Abt gewählt. Unter ihm wurde das Kloster eine Stätte der Goldschmiedekunst. Gegen Ende seines Lebens zog er sich als Einsiedler nach Brajac zurück, wo er am 16. 1. um 702 starb. Er wird bes. in Isegem (Flandern) verehrt.
Gedächtnis: 16. Jänner
Darstellung: als Abt mit Kelch
Lit.: BHL 829ff – Zimmermann I 91 93f – S. M. Mosnier, Saints d'Auvergne I (Paris 1900) 72–84

Timon, Diakon, Märt., Hl.
Name: zu griech. timān (ehren, hochschätzen): der Gottesfürchtige
Er war einer der ersten 7 Diakone in Jerusalem, die die Apostel einsetzten, um die Witwen der Heidenchristen zu versorgen (Apg 6,1–7; ↗ Stephanus). Nach der Überlieferung verkündete er das Evangelium in Beröa u. Haleb (Aleppo) in Syrien u. ging von dort nach Zypern u. Korinth, wo er den Kreuzestod starb.
Gedächtnis: 19. April
Darstellung: in Diakongewand am Kreuz hängend, im Hintergrund ein Götzentempel

Timotheus (Timotheos), Schüler des Apostels Paulus, Bisch., Hl.
Name: zu griech. timān (hochschätzen, ehren) + Theós (Gott): der Gottesfürchtige (vgl. ↗ Fürchtegott)
Er stammte aus Lystra in Lykaonien (südwestl. von Ikonium, dem heutigen Konya, Türkei). Er war Sohn einer gläubigen Jüdin u. eines Hellenen. Er dürfte Paulus bereits auf dessen 1. Missionsreise in Lystra kennengelernt haben u. von ihm getauft worden sein. Beim 2. Aufenthalt des Paulus in Lystra schloß er sich diesem an u. wurde fortan dessen treuester Begleiter u. Mitarbeiter. Um aber allen Schwierigkeiten von seiten der Juden vorzubeugen, ließ ihn Paulus der Beschneidung unterziehen, da er als Sohn aus einer jüdisch-hellenischen Mischehe allg. bekannt war (Apg 16,1–3). Timotheus war nun immer an der Seite des Paulus oder wurde von ihm mit wichtigen Aufträgen betraut. So brachte er Paulus Nachrichten über die Lage in Thessalonich nach Korinth, was Paulus zu seinem 1. Thessalonicherbrief veranlaßte (1 Thess 3, 1ff). Auf der 3. Missionsreise des Paulus spielte er bezüglich der Gemeinde von Korinth eine Rolle (1 Kor 4,17 u. a.) u. begleitete ihn nach Jerusalem (Apg 20,4). Ebenso weilte er beim gefangenen Paulus in Rom u. war vermutlich dessen Sekretär beim Abfassen einiger Briefe (Kol 1, 1 Phm 1, Phil 1, 1). Wahrscheinlich in dieser Zeit war auch er eine Zeitlang gefangen (vgl. Hebr 13, 23). In den letzten Lebensjahren des Paulus blieb er als dessen Stellvertreter auf dem verantwortungsvollen Arbeitsfeld in Ephesus (1 Tim 1,3), wohin ihm Paulus auch 2 Briefe sandte, die im Kanon der Hl. Schrift als 1. und 2. Timotheusbrief stehen. Von allen seinen Mitarbeitern schätzte Paulus den Timotheus am meisten (Phil 2,20ff u. a.). Deshalb hatte er kurz vor seinem Tod Sehnsucht nach ihm u. bat ihn zu sich nach Rom (2 Tim 4,11). Nach altkirchlicher Tradition (so bei Eusebius) kehrte Timotheus nach dem Tod des Paulus wieder nach Ephesus zurück u. wirkte dort weiterhin als 1. Bisch. Nach den apokryphen Timotheus-Akten (4. Jh.) soll er wegen seines Auftretens gegen das schamlose Treiben auf dem heidnischen Artemisfest zu Ephesus am 22. 1. 97 erschlagen u. gesteinigt worden sein. Die neuesten Forschungen scheinen dies aber nicht zu bestätigen. Seine Gebeine wurden 356 von Ephesus in die Apostelkirche zu Konstantinopel überführt. Auch in S. Giovanni in Fonte zu Rom werden Reliquien des Heiligen verehrt.
Liturgie: GK G am 26. Jänner (mit Titus) (Griechen u. Syrer: 22. Jänner)
Darstellung: als Bisch. mit Keule u. Steinen (angebl. Martyrium)
Lit.: Pölzl 136–170 – Pauly-Wissowa 2. Reihe VI/2 1342–1354 – BHG 1847–1848n

Timotheus, Märt. **zu Rom,** Hl.
Er starb vermutlich unter Diokletian um 303 u. wurde an der Via Ostiensis in der Nähe des Paulusgrabes bestattet. Sichere Nachrichten über ihn fehlen. Nach der späteren Legende soll er aus Antiochia stammen bzw. ein Bisch. gewesen sein.
Gedächtnis: 22. August
Lit.: P. Styger, Röm. Märtyrergrüfte I (Berlin 1935) 72 – Valentini-Zucchetti II 24 108 150 – ECatt XII 110f

Tina, Kf. von ↗ Albertine, ↗ Bettina, ↗ Christine, ↗ Leopoldine, ↗ Martina u. a. Im Niederdt. u. Friesischen ist Tina auch Kf. von ↗ Katharina

Titus, Schüler des Apostels Paulus, Hl.
Name: sabinisch-röm. Vorname, dessen Herkunft u. Bedeutung unbekannt sind. Bekannte Namensträger sind Titus Flavius Vespasianus (Feldherr u. Zerstörer Jerusalems, der spätere Kaiser) u. Titus Livius (röm. Geschichtsschreiber, † 59 n. Chr.)
Er wird nur in den Paulusbriefen genannt, nicht auch in der Apostelgeschichte. Er war Heide u. wurde von Paulus bekehrt (Tit 1, 4). Wann u. wo dies geschah u. woher er stammte, ist unbekannt. Er begleitete Paulus auf dessen Reise nach Jerusalem zum Apostelkonzil (Gal 2,1). Paulus lehnte es aber entschieden ab, ihn gegen seinen Willen beschneiden zu lassen (Gal 2,3), anders als bei ↗ Timotheus. War es bei Timotheus missionarische Klugheit, so ging es Paulus im Fall des Titus um das Prinzip, daß das Evangelium allen Menschen offenstehe, nicht nur den beschnittenen Juden. Paulus schätzte ihn sehr hoch (2 Kor 8,16f u. a.) u. sandte ihn in schwieriger Mission nach Korinth. Wahrscheinlich war es Titus, der nach Korinth das ernste Mahnschreiben zw. den beiden kanonischen Korintherbriefen überbrachte (vgl. 2 Kor 7,6ff u. a.), ebenso den 2. Korintherbrief. Später ließ ihn Paulus auf Kreta zurück, wo er, ähnlich wie Timotheus in Ephesus, als Bisch. u. Glaubensbote wirken sollte (Tit 1,5).
Während seiner 2. Gefangenschaft sandte ihn Paulus mit einem Auftrag nach Dalmatien (2 Tim 4,10). Auch Eusebius nennt ihn den 1. Bisch. von Kreta, wo er in Gortyna seinen Bischofssitz gehabt habe. Er soll dort im Alter von 94 Jahren eines natürlichen Todes gestorben sein.
Liturgie: GK G am 26. Jänner (mit ↗ Timotheus) (Griechen u. Syrer: 25. August)
Darstellung: mit strahlendem Angesicht
Lit.: Pölzl 103–125 – Pauly-Wissowa 2. Reihe VI/2 1579–1586

Titus Flavius Clemens, Märt. in Rom, Hl.
Er war Senator u. Konsul des Jahres 95 u. Vetter des Kaisers Domitian. Von diesem wurde er 95/96 wegen „Atheismus u. Abirrens zu jüdischen Sitten“, d. h. wegen seines christlichen Glaubens, verurteilt u. hingerichtet, seine Gattin ↗ Domitilla wurde verbannt.
Gedächtnis: 22. Juni
Lit.: F. X. Funk, Kirchengeschichtl. Abhandlungen u. Untersuchungen I (Paderborn 1897) 308–329 – DACL III 1867–1870

Tobias, Gestalt des AT
Name: hebr. tobijjah(u), Jahwe ist gütig (LXX, Vulg., Locc.: Tobias, Luther: Tobia). Der Name kommt in der LXX bei anderen bibl. Personen auch in Form Tobít, Tobeíth, Tobía vor
Er u. sein Vater Tobit sind die Hauptgestalten des gleichnamigen Buches im AT. Es wird von dem frommen Juden Tobit im assyrischen Exil berichtet, der sich durch Gesetzestreue u. Nächstenliebe auszeichnet. Wegen der heimlichen Bestattung ermordeter Volksgenossen gerät er in Lebensgefahr u. muß sich vor den Häschern des Königs von Ninive verstecken. Dabei hat er das Unglück, durch herabfallenden Vogelkot zu erblinden. Auf sein Gebet hin sendet Gott den Engel ↗ Raphael, der den jungen Tobias nach Medien geleitet, ihm die Heirat mit Sara ermöglicht u. ihn lehrt, einen großen u. gefährlichen Fisch aus dem Tigris zu fangen u. mit dessen Galle die Augen des erblindeten Vaters zu heilen.
Das Buch ist eine kunstvolle Novelle voll spannender Momente mit feiner psychologischer Empfindung u. lebensvoller Frische. Es ist reich an lehrhaften Mahnreden, Gebeten, Hymnen u. Weisheitssprüchen u. entspricht so der Weiheitsliteratur des AT des 3./2. Jh.s nach Chr. Das Thema des Buches ist die weise Vorsehung Gottes, die den Menschen auch in seinem Leid zu führen weiß.

Das Buch Tobias verlegt die Handlung in die Zeit des assyrischen Exils (Ende des 8. Jh.s v. Chr.), doch wurde es erst um die 1. Hälfte des 2. Jh.s v. Chr. geschrieben. Die hier geschilderten rel. Zustände treffen erst ab dem 3. Jh. v. Chr. zu, andererseits fehlen alle Hinweise auf die Not u. die Verfolgung in der Makkabäerzeit. Wahrscheinlich entstand es in der östl. Diaspora. Der hebr. (oder arm.) Urtext ist nicht mehr erhalten, sondern nur durch die griech. Version auf uns gekommen, die in 3 Rezensionen vorliegt. Diese 3 Texte weichen in Einzelheiten voneinander ab, bieten aber sonst den gleichen Hauptinhalt. Man fand allerdings in der Höhle 4 von Qumran Fragmente, die in der Frage nach dem Originaltext entscheidend sein könnten.
Gedächtnis: 13. September
Lit.: M. Schumpp (Münster 1933) – A. Miller (Bonn 1940) – H. Bückers (Freiburg/B. 1953) – F. Stummer (Würzburg 1956²) – B. Heller (Tel Aviv 1956²) – F. Zimmermann (New York 1958) – R. Pautrel: RSR 39 (1951–52) 115–124 – P. Saydon: Bibl 33 (1952) 363ff – Th. E. Glasson: ZAW 71 (1959) 275–277 – Eißfeldt³ 790 (Lit.) – Schedl V 163–185

Tobias u. Gef., Märt. **zu Sebaste,** Hll.
Er erlitt zu Sebaste in Armenien (heute Sivas, mittl. Türkei) im Jahr 320 mit seinen Gef. Carterius, Styriakos, Eudokios, Agapios (Agapitos) u. anderen Ungenannten das Martyrium.
Gedächtnis: 2. November

Tolomeo (ital.) ↗ Ptolemäus

Tommasius ↗ Josef Maria Tommasius

Tom (Tommy) (engl.), Kf. von ↗ Thomas

Toni, Kf. von ↗ Anton(ius), ↗ Antonia

Tornielli ↗ Bonaventura Tornielli

Torres Acosta ↗ Maria Soledad

Totnan, Märt. **zu Würzburg,** Hl.
Er war Diakon des Bisch. ↗ Kilian u. kam mit diesem u. mit Koloman (Kolnat) als Glaubensbote nach Ostfranken. Kilian befahl dem Herzog Gozbert, sich von seiner Schwägerin Geilana, die er zur Frau genommen hatte, zu trennen. Geilana ließ aber aus Rache die 3 Missionare ermorden. † 689.
Gedächtnis: 8. Juli (mit Kilian)

Totto OSB, Abt **von Ottobeuren,** Sel. (Toto)
Name: Kf. von Namen, die mit Theod- (Diet-) beginnen, bes. ↗ Theodorich (Dietrich), (zu germ. theudo-, ahd. diot, Volk, Kriegsvolk). (Nf. ↗ Tozzo, ↗ Tutto)
Er entstammte einem schwäbischen Adelsgeschlecht. Nach alter (heute nicht unbezweifelter) Klostertradition stiftete er 764 mit seinem Vater Silach u. seinen Brüdern Gaucipert u. Tagebert auf familieneigenem Grund das Benediktinerkloster Ottobeuren bei Memmingen (Allgäu). Er besiedelte das Kloster mit 12 Mönchen aus St. Moritz (Schweiz) u. wurde dort 1. Abt. Seine späteren Biographien rühmen ihn als ein „Muster eines frommen u. rel. Lebens, einen Vater der Armen, einen klugen u. treuen Haushalter Gottes“. † am 19. 11. 815. Seine Gebeine wurden 1163 unter Abt Isengrin erhoben u. unter dem Hochaltar der Abteikirche bestattet. Zur Zeit des Bauernkrieges im 16. Jh. wurden sie herausgewühlt u. verstreut.
Gedächtnis: 19. November

Toussaints (franz.), „Alle Heiligen“, in Frankreich als Vorname gebräuchlich
Gedächtnis: 1. November

Tozzo, Bisch. **von Augsburg,** Hl. (Tosso)
Name: ↗ Totto
Er war Bisch. von Augsburg von 772 (?) bis 778 (?). Über sein Leben u. Wirken gibt es keine zuverlässigen Nachrichten. Er soll vorher Benediktinermönch im Kloster Murbach bei Gebweiler (Südvogesen) gewesen sein u. die Glaubensboten ↗ Magnus von Füssen u. Theodor von St. Gallen in das östl. Allgäu begleitet haben. An der Kapelle Waltenhofen bei Füssen, die Magnus errichtete, habe er als Seelsorger gewirkt u. sei auf Empfehlung des Magnus von Pippin d. J. zum Bisch. von Augsburg erhoben worden. Sein Grab ist nach der Überlieferung bei St. Afra in Augsburg.
Gedächtnis: 16. Jänner
Darstellung: als Bisch. mit brennender Kerze

Lit.: J. M. B. Clauß, Die Heiligen des Elsaß (Düsseldorf 1935) 135 231 (Lit.) – F. Zoepfl, Das Bistum Augsburg u. seine Bischöfe im Mittelalter (München-Augsburg 1955) 37 (Lit.) – W. Volkert-F. Zoepfl, Die Regesten der Bischöfe u. d. Domkapitels von Augsburg (Augsburg 1955) 20 n. 9 (Lit.)

Traudel (Traudl), Kf. von Namen, die auf -traud endigen, z. B. ↗ Gertraud, ↗ Waltraud

Traugott
Name: in der Zeit des Pietismus (17./18. Jh.) entstandener männl. Vorname, eig.: „traue Gott!" Ähnliche pietistische Namensbildungen sind etwa „Fürchtegott", „Gotthelf", „Gottlieb"

Trierer Märtyrer ↗ Palmatius u. Gef.

Trina (Trine) (niederdt.), Kf. von ↗ Katharina

Trix, Kf. von ↗ Beatrix

Trude, Kf. von Namen, die mit -trude gebildet sind, bes ↗ Gertrud(e)

Trudo von Haspengau, Hl.
Name: Kf. von ↗ Trudpert. (fläm. Trutjen, franz. Trond)
* um 630 im belgischen Haspengau (Hesbaye). Über sein Leben weiß man nur wenig Sicheres. Bisch. ↗ Remaclus lernte ihn kennen u. schickte ihn zur Ausbildung an die bischöfliche Schule zu ↗ Chlodulf von Metz. Er wurde Priester u. gründete 662 auf seinem Familiengut ein Kloster, das später nach ihm St-Trond (Sint-Truiden in Limburg, östl. von Brüssel) bekannt wurde. Er selbst trat in dieses Kloster ein u. wirkte in der ganzen Umgebung als Glaubensbote. Er starb um 695 u. wurde in seinem Kloster begraben. Das Kloster wurde 994 durch Bisch. Adalbert von Metz in ein OSB-Kloster umgewandelt.
Gedächtnis: 23. November
Darstellung: läßt eine Quelle entspringen. Erblindung u. Heilung einer Frau, die dem frommen Knaben Trudo sein kindliches Spiel (Kirchenbauten) mutwillig zerstört hatte. Ein von ihm in den Boden gestoßener dürrer Stab ergrünt

Lit.: Bnat Belg XXV 690ff – Zimmermann III 346ff – Bull. Société art et histoire Liège 39 (Lüttich 1955) 187–204 – An Boll 76 (1958) 118–150

Trudpert, Märt., Hl.
Name: ahd. trud (Kraft, Stärke) + beraht (glänzend, berühmt): der durch Kraft Berühmte
Nach der Vita des 10. Jh.s gehört er wohl zur iroschottischen Mission im Zusammenhang mit den Klostergründungen Luxeuil (bei Besançon) u. Remiremont (Vogesen). Er ließ sich als Glaubensbote im Münstertal (Schwarzwald, südl. von Freiburg/B.) nieder. Vom dortigen Grundherrn Otbert erhielt er ein Stück Land geschenkt, auf dem er eine Kirche erbaute. Dort wurde er 607 (643?) von mißgünstigen Arbeitern erschlagen. Über seinem Grab entstand später die OSB-Abtei St. Trudpert. 965/975 wurde das Kloster durch Brand zerstört u. mit Unterstützung Bisch. Erchembalds von Straßburg neu aufgebaut. Die Gebeine Trudperts wurden in die neu errichtete Klosterkirche übertragen, wo sie noch heute verehrt werden. Die spätere Legende macht Trudpert zum Bruder Bisch. ↗ Ruperts von Salzburg u. Otbert zum Ahnherrn der Habsburger.
Liturgie: Freiburg/B. g am 26. April
Darstellung: in Einsiedlertracht mit Rosenkranz u. Beil
Lit.: MGSS rer. Mer. IV 352–363 – Beiträge zur Gesch. von St. Trudpert, hrsg. v. Th. Mayer (Freiburg/B. 1937)

Tryphon u. Gef., Märt., Hll.
Name: griech., der Prunkvolle, im Überfluß Lebende
Er ist ein Märt. der christlichen Frühzeit u. starb wahrscheinlich in Phrygien (Binnenland im westl. Kleinasien). Historische Nachrichten über ihn fehlen weitgehend. Nach der legendarischen Passio sei er ein 17jähriger Gänsehirt gewesen, der mit seinen Gefährten Respicius u. Nympha aus einem Dorf bei Apamea in Bithynien (Nordwest-Kleinasien) nach Nicäa (heute Iznik) gebracht u. dort unter Kaiser Decius (249–251) mit diesen enthauptet worden sei. Sein Kult kam vom Orient auch nach Sizilien u. Süditalien. Papst Johannes XVIII. (1003–09) weihte ihm in Rom bei S. Agostino eine Stationskirche, die im 18. Jh. zerstört wurde.

Gedächtnis: 10. November
Darstellung: als Jüngling, der einen Basilisken überwältigt. Hängend, mit Fackeln verbrannt
Patron: der Gärtner
Lit.: SteT 19 (1908) 9–74 – ActaSS Nov. IV (1925) 318–383 – C. Huelsen, Le chiese di Roma nel Medio Evo (Florenz 1927) 494f – ECatt XII 524f – BHG[3] 1856–1858

Turibius, Bisch. **von Astorga,** Hl.
Name: zu lat. tus (Weihrauch), turibulum (Weihrauchpfanne): der (Weihrauch) opfernde Priester
Er wurde um 444 Bisch. von Astorga (westl. von León, Nordwest-Spanien). Aus seinem Briefwechsel mit Papst ↗ Leo d. G. geht ein starkes Umsichgreifen der Irrlehre des Priscillianus hervor (rel.-aszetische Schwarmgeist-Bewegung; Priscillianus wurde 385 in Trier hingerichtet). † am 16. 4. um 460.
Gedächtnis: 16. April
Lit.: Garcia Villada II/1 824ff – Zimmermann II 62f – DHGE IV 1205f

Turibius (Toribio) Alfonso Mongrovejo, Erzb. **von Lima,** Hl.
* am 16. 11. 1538 zu Villaquejida (oder Mayorga) (Diöz. Oviedo, Nordwest-Spanien). Er studierte in Valladolid, Salamanca u. Coimbra. 1575 wurde er zum Inquisitor von Granada, 1579 zum Erzb. von Lima (Peru) ernannt. Er arbeitete unermüdlich an der Reorganisation seiner ausgedehnten Diöz. u. an der rel.-sittlichen Hebung von Klerus u. Volk. Dieser Reform dienten das große Provinzialkonzil von Lima (1582–83) u. 2 weitere Konzilien (1591und 1601), 13 Diözesansynoden u. ausgedehnte Visitationsreisen. Er hatte große Schwierigkeiten wegen der Opposition des Klerus u. der Orden (Privilegienstreit) u. durch die Einmischung der Kolonialregierung zu überwinden. † am 23. 3. 1606. 1679 selig-, 1726 heiliggesprochen.
Liturgie: GK g am 23. März
Lit.: P. Leturia: El Clero y las Misiones II (Città del Vaticano 1940) 21–34 92–102 157–167 – V. Rodriguez Valencia, 2 Bde. (Madrid 1956–57) – A. Ybot León, La Iglesia y los Eclesiásticos Españoles en la empresa de Indias II (Barcelona 1963) 87–96

Tutilo (Tuotilo) OSB, Mönch **in St. Gallen,** Hl. oder Sel.
Name: Verkl.f. von ↗ Totto
* um 850 in Alemannien. Er kam an die Klosterschule von St. Gallen (Schweiz) u. wurde dort u. a. mit ↗ Notker d. Stammler ausgebildet. Er wurde selbst Mönch u. Priester u. betätigte sich als vielseitiger Meister: als Redner, Lehrer, Maler, Architekt, Schöpfer von Metall- u. Elfenbeinreliefs, Dichter u. bes. Musiker. Tutilo ist nicht der Schöpfer, wohl aber der Meister des sog. Tropus (feierliche Ausschmückung des liturgischen Textes durch Einleitungen u. Zusätze). † am 27. 4. um 913 in St. Gallen. Er wurde im Kloster St. Gallen im 13.–17. Jh. liturgisch verehrt.
Gedächtnis: 27. April
Lit.: AH 47, 15ff 50; 49, 7f 19 283 – Schweiz. Künstler-Lex. IV (Frauenfeld 1917) 432f – Zimmermann II 114ff – G. Rüsch, Die Elfenbeintafeln des Tutilo: ThZ (1949) 447–457 – Ders., Tuotilo, Mönch und Künstler (St. Gallen 1953)

Tutto OSB, Bisch. **von Regensburg,** Sel. (Tuto)
Name: ↗ Totto
Er war Benediktiner im Kloster St. Emmeram zu Regensburg u. wurde 894 Abt-Bisch. von Regensburg. Er brachte die Besitzungen, die der habsüchtige König Arnulf an sich gerissen hatte, wieder der Kirche zurück u. widersetzte sich auch den slaw. Ansprüchen auf Rechte an den Bischofssitzen in Regensburg u. Passau. Er gründete das Kloster Niedermünster in Regensburg, nahm 895 am Konzil von Tribur teil u. weihte 920 den Dom zu Prag. Gegen Ende seines Lebens zog er sich in das Kloster Mondsee (Oberösterreich) zurück. Seine Erblindung trug er mit großem Gleichmut. † 931 in Mondsee.
Gedächtnis: 6. Oktober

Tychon, Bisch. **von Amathus,** Hl.
Name: zu griech. týche (Zufall, Glück, günstiges Geschick): der vom Glück Begünstigte
Er war zuerst Diakon u. Sachwalter der Kirche von Amathus (Zypern) u. wurde vom Metropoliten Epiphanios von Salamis zum Bisch. geweiht. Er bekämpfte energisch heidnische Gebräuche, bes. den Aphroditekult auf Zypern. † im 4./5. Jh.
Gedächtnis: 16. April

Darstellung: teilt an Arme Brote aus. Ein Engel bringt ihm den Bischofsstab
Patron: der Weinbauern auf Zypern

Lit.: L. Helmling: Katholik 90 (1910) 125–129 – H. Delehaye: AnBoll 26 (1907) 229–232 244f 273f – BHG[3] 1859–1860

U

Ubald, Bisch. **von Gubbio,** Hl.
Name: ahd. Uodbald, aus uodal- (Erbgut, Heimat) + walt (zu waltan = walten, herrschen): der auf seinem Besitz Waltende
* um 1080/85 in Gubbio (Umbrien, Mittelitalien). Als Waisenknabe wurde er bei den Regularkanonikern von S. Marianus u. Jacobus in Gubbio erzogen. Er trat selbst dort ein, wurde 1114 Priester u. 1117 Prior. Er führte im Konvent verschiedene Reformen durch u. baute die abgebrannte Kathedrale neu auf. 1129 wurde er Bisch. von Gubbio u. zeichnete sich als solcher durch apostolischen Eifer, Einfachheit in der Lebensführung u. Sanftmut aus. † am 16. 5. 1160. Heiliggesprochen 1192.
Gedächtnis: 16. Mai
Darstellung: der Teufel flieht vor seinem Kreuzzeichen
Lit.: ActaSS Maii III (1680) 628–658 – P. Cenci (Gubbio 1924) – ECatt XII 658f – DE 1200f

Uda (Utta) ↗ Oda

Udo ↗ Odo

Ugo (Ugone) (ital.) ↗ Hugo

Uguzo von Cavargna, Hl. (Luguzonus, Lucius)
Name: ital. Verk.f. von Ugo (↗ Hugo)
Er war ein armer Hirte in einem Bergtal bei Cavargna am Como-See, der seine Ersparnisse an Arme u. Kirchen verschenkte. Deshalb wurde er von seinem Dienstherrn verjagt. Bei seinem neuen Arbeitgeber soll nun reicher Segen eingekehrt sein, weshalb er von seinem ersten Dienstherrn aus Haß u. Neid ermordet worden sein soll. Nach einer anderen Version habe ihn sein Dienstherr umgebracht, weil er glaubte, seine vielen Almosen seien ihm gestohlen worden. Auf der schweizerisch-ital. Paßhöhe S. Lucio wird (über seinem Grab?) eine Luciokapelle von den Bauern viel besucht. Sein Kult ist in Mailand schon 1280 bezeugt u. wurde von mehreren Päpsten anerkannt.
Gedächtnis: 12. Juli
Darstellung: als Hirte mit einem Käsemesser u. einem Stück Käse in der Hand
Patron: der Sennen u. Käser
Lit.: E. A. Stückelberg: Schweizer. Archiv für Volkskunde 14 (Basel 1910) 36–70 – ARW 13 (1910) 333–343 – ZSKG 9 (1915) 161–165 – Tessiner Blätter 1 (Basel 1917/18) 144–147. – DE III 1211

Ulbert, Märt. **zu Oosterhout,** Hl. (Ulbrecht, Olbert)
Name: zu ahd. uodal- (Erbbesitz, Heimat) + beraht (glänzend, berühmt): der durch seinen Besitz Berühmte
Er war ein armer Arbeiter zu Oosterhout bei Breda (Bist. Antwerpen, Niederlande). Er war, wie die Legende sagt, bei der Arbeit eingeschlafen, als 2 Mörder, die man ertappt hatte, ihn fanden u. ihm den blutigen Dolch in die Hand gaben. Die Verfolger töteten ihn als den vermeintlichen Mörder. Seine Lebenszeit ist unbekannt.
Gedächtnis: 22. Oktober

Ulf
Name: aus dem Nord. übernommener männl. Vorname, Kf. von Vornamen, die mit -ulf gebildet sind (↗ Theodulf, ↗ Arnulf); zu skand. ulv oder ulf (Wolf)

Ulla, Kf. von ↗ Ulrike

Ulrich, Bisch. **von Augsburg,** Hl. (Udalrich, Odalrich)
Name: ahd. uodal (Erbgut) + rihhi (Herrschaft, Reich): der an Besitz Reiche
* 890 zu Augsburg als Sohn des alemannischen Edelings Hupald, des späteren Grafen von Dillingen. Mit etwa 10 Jahren kam

er an die Klosterschule von St. Gallen u. trat 909 als Kleriker in den Dienst des Bisch. ↗ Adalbero von Augburg. 923 wurde er zum Bisch. ernannt. Er stand in unerschütterlicher Treue zu König u. Reich, mit Otto I. war er freundschaftlich verbunden. Deshalb unterstützte er ihn beim Aufstand seines Sohnes Liutolf (953–954) mit bewaffneter Macht, konnte aber schließlich erfolgreich zw. Vater u. Sohn vermitteln. Nach den wiederholten Ungarneinfällen umgab er 926 die Stadt mit einer starken Mauer. Beim Angriff der Ungarn auf Augsburg 955 leitete er persönlich die Verteidigung der Stadt u. sandte dann seine Mannschaft unter Führung seines Bruders Dietpald zur Schlacht auf dem Lechfeld (10. 8. 955), wodurch er Otto I. zu seinem Sieg über die Ungarn verhalf. Vielleicht im Anschluß daran erhielt er von Otto I. das Münzrecht. 962 zog er sich von allen weltlichen Verpflichtungen zurück, um ungeteilt seinen pastoralen Aufgaben nachgehen zu können. Er förderte die Augsburger Domschule zur Heranbildung eines guten Klerus, hob die kirchliche Disziplin durch regelmäßige Visitationen, unterstützte die Klöster, die unter den Ungarneinfällen u. der Säkularisation stark gelitten hatten (das Kloster Benediktbeuern z. B. war fast völlig zerstört worden) u. hob die klösterliche Zucht. In Augsburg gründete er 968 das Kanonissenstift St. Stephan. Er baute oder renovierte viele Kirchen u. sorgte für deren wirtschaftliche Sicherheit; beim Dom errichtete er die Taufkirche zum hl. Johannes (1809 niedergerissen). Um 940 brachte er aus St-Maurice Reliquien der Thebäischen Legion (↗ Mauritius) nach Augsburg. Er sorgte in selbstloser Weise für Kranke u. Bedürftige u. gründete in Augsburg ein Armenhospiz. Persönlich führte er ein heiligmäßiges, genügsames Leben, viermal pilgerte er nach Rom. Kurz vor seinem Tod verschenkte er seinen ganzen Besitz. 972 versuchte er auf seine bischöfliche Würde zu verzichten und sich in ein Kloster zurückzuziehen, doch die Reichssynode von Ingelheim ging nicht auf seine Absicht ein. † am 4. 7. 973. Sein Freund ↗ Wolfgang von Regensburg begrub ihn in der Gruft in St. Afra, die er sich schon lange zuvor hatte ausbauen lassen. Er wurde vom Volk schon bald sehr verehrt u. am 31. 1. 993 in der ersten förmlichen u. feierlichen Kanonisation durch Johannes XV. heiliggesprochen.

Verehrung: Bisch. Liutold (989–996) errichtete über seinem Grab eine Kapelle, die noch heute ein beliebtes Wallfahrtsziel ist. Das Kloster St. Afra in Augsburg wurde 1064–1071 neu erbaut u. von da an St. Ulrich u. Afra genannt. Die Klosterkirche brannte 1183 ab. Nach deren Wiederaufbau wurden die Gebeine 1187 feierlich erhoben u. in die neue Kirche übertragen. Noch lange nach dem Mittelalter gehörte er zu den meistverehrten Heiligen. Sehr viele Kirchen u. Klöster wurden ihm geweiht, wonach auch Ortschaften ihren Namen herleiten (z. B. im Lavanttal, Grödental). Das Volk suchte bei ihm Hilfe in mancher Not: Ein Trunk aus seinem (angeblichen) Meßkelch in St. Ulrich zu Augsburg sollte gegen Fieber helfen, Erde von seinem Grab gegen Mäuse, ein auf seinem Grab geweihter Schlüssel gegen Hundebiß. Auf seine Fürbitte sollen an vielen Orten Quellen entsprungen sein (Ulrichsbrunnen), bei denen man Heilung bei Augenkrankheiten suchte. An seinem Festtag wurde die sog. Ulrichsminne (ein auf seinen Namen geweihter Wein) gereicht.

Liturgie: RK g am 4. Juli; Augsburg H (Patron der Diöz.); Regensburg, Einsiedeln, St. Gallen G

Darstellung: im Bischofsornat zu Pferd in der Schlacht. Mit einem Fisch (laut Legende verwandelte er zur Demütigung eines Verleumders in der Fastenzeit ein Stück Fleisch in einen Fisch; bzw. als Sinnbild seiner Mäßigkeit). Ein Engel reicht ihm Krummstab u. Kelch oder Kreuz (sog. Ulrichskreuz, ähnlich dem Eisernen Kreuz, als Abwehrzeichen gegen Unheil, Krankheit und Mäusefraß). Schenkt einem Bettler ein Gewand

Patron: der Stadt u. Diöz. Augsburg; der Weber, der Sterbenden

Lit.: A. Schröder: Jahrb. d. Histor. Vereines Dillingen 36 (Dillingen 1923) 1–21 (Volksüberlieferungen) – F. Zöpfl: Christl. Kunstblätter 81 (Linz 1940) 24–31 (Fisch-Attribut) – Ders., Das Bistum Augsburg u. seine Bischöfe im Mittelalter (München-Augsburg 1955) 61–77 (Lit.) – Bächtold-Stäubli VIII 1295–1298 – J. M. Friesenegger, Ulrich-Kreuze (Augsburg 1937^2) – H. Kohl, Bisch. Ulrich (Augsburg 1963^2) (mit Bericht über die neue Krypta von 1962/63) – Bavaria Sancta I (Regensburg 1970) 199–211 – W. Nigg, Vom beispielhaften Leben (Olten 1976) 29–47

Ulrich von Einsiedeln OSB, Hl. (Udalrich)
Er war der Sohn des hl. ↗ Gerold u. wurde mit seinem Bruder ↗ Kuno Mönch im Kloster Einsiedeln. † um 1000.
Gedächtnis: 20. Mai

Ulrich, Bisch. **von Passau,** Sel.
* um 1025 aus dem Geschlecht der Grafen von Veringen. Er wurde Dompropst von Augsburg. 1092 wurde er von der romtreuen Partei zum Nachfolger des hl. ↗ Altmann als Bisch. von Passau aufgestellt. Er konnte sich aber noch nicht gegen den von Heinrich IV. im Jahr 1087 eingesetzten Gegenbischof Thiemo durchsetzen. Erst kurz vor dem Tod des Kaisers (etwa 1105) konnte er von seinem Bistum Besitz ergreifen. Er bemühte sich, die klerikale u. klösterliche Zucht, die in den Wirren des Investiturstreites starken Schaden gelitten hatte, wieder zu heben, stellte das von seinem Vorgänger Altmann gegründete Kloster St. Nikola wieder her, schenkte dem Passauer Domstift sein väterliches Erbgut Mertingen bei Passau u. errichtete 1112 aus seinem Privatvermögen das Augustiner-Chorherrenstift Herzogenburg (Niederösterreich). † am 7. 8. 1121.
Gedächtnis: 7. August
Lit: J. Mois, Das Stift Rottenbuch in der Kirchenreform des 11./12. Jh. (München 1953) 109ff 208f – M. Maier: SM 74 (1963) 323f

Ulrich von Zell OSB, Hl. (U. v. Regensburg, U. v. Cluny; Udalrich)
* 1029 in Regensburg aus angesehener Familie. Zus. mit ↗ Wilhelm von Hirsau erhielt er seine Ausbildung in der OSB-Abtei St. Emmeram in Regensburg. Um 1043 wurde er in die Königskapelle seines Taufpaten, des späteren Kaisers Heinrich III., aufgenommen, der er aber nur kurze Zeit angehörte. Anschließend wurde er Archidiakon u. Dompropst von Freising bei München u. begleitete 1046 Heinrich III. auf dessen Romfahrt. Ergriffen von der kirchlichen Reformbewegung, die vom Kloster ↗ Cluny ausging, machte er 1051–52 eine Pilgerfahrt ins Hl. Land. Nach vergeblichen Versuchen, in Regensburg ein Kloster zu gründen, wurde er 1061 Mönch im Kloster Cluny (Burgund, Ostfrankreich), wo er bald mit der Verbreitung der cluniazensischen Reformidee im dt. Raum betraut wurde. 1072 gründete er das Priorat Rüeggisberg (Kt. Bern, Schweiz) als erstes Kloster cluniazensischer Observanz auf dt. Sprachgebiet. Danach leitete er einige Zeit das cluniazensische Priorat Peterlingen (franz. Payerne, Kt. Waadt, Schweiz), mußte aber wegen schwerer Differenzen mit Bisch. Burkhard von Lausanne, einem Parteigänger Heinrichs IV., bald wieder zurücktreten. Als der begüterte Breisgauer Adelige Hesso seine Besitzung in Grüningen bei Breisach (westl. von Freiburg/B.) dem Kloster Cluny schenkte, errichtete hier Ulrich ein Priorat, verlegte es aber bald in das vom Bisch. von Basel überlassene Vilmarszell (Cella sancti Petri) an der oberen Möhlin (südl. von Freiburg/B.; später nach ihm St. Ulrich genannt). Von hier aus gründete er auch das Benediktinerinnenkloster Bollschweil (1115 nach Sölden verlegt), das er ebenfalls der Cluniazenser Reform unterstellte. Seinem Einfluß ist auch die Eingliederung des OSB-Priorates St. Alban in Basel in die Kongregation der Reformklöster unter Cluny zu verdanken. Um 1080 verfaßte er nach dem Vorbild von Cluny die Consuetudines (monastische „Gewohnheiten", Anwendung der Mönchsregel auf die örtlichen Verhältnisse) für das Kloster Hirsau bei Calw (Schwarzwald) u. prägte so das Hirsauer Mönchtum entscheidend mit. † am 14. 7. 1093. Er wurde in der Klosterkirche St. Ulrich beigesetzt.
Liturgie: Freiburg/B. g am 14. Juli
Darstellung: als Benediktiner, ein Knäblein segnend
Lit.: A. Mettler: Württemberg. Vierteljahreshefte f. Landesgesch. 40 (Stuttgart 1940) 147–164 – Wattenbach-Holtzmann I/3 387 391ff 510 550f – Th. Mayer, Fürsten u. Staat (Weimar 1950) 62–82 – K. Hallinger, Clunys Bräuche zur Zeit Hugos d. G. 1049–1109 – ZSavRGkan 46 (1959) 99–140 – P. Ladner, Das St. Albanskloster in Basel u. die burgund. Tradition in der Cluniazenserprovinz Alemannia (Basel 960) 34f

Ulrike, weibl. F. von ↗ Ulrich

Umberto (ital.) ↗ Humbert

Unni, Erzb. **von Bremen-Hamburg,** Hl. (Unno, Huno, Wimo, Wenni)
Name: ahd. hūn, hūni (der Hunne); mhd.

hiune (Riese, Hüne). Das Wort bestand aber schon vor dem Einfall der Hunnen (Attila † 453). Ob ein Zusammenhang mit ahd. hun (braun, dunkel) u. altnord. hūnn (Bärenjunges) besteht, ist nicht zu erweisen.

Er war zuerst Mönch im Kloster Corvey a. d. Höxter (Weser), dann Kaplan des Bremer Dompropstes Leidrat. Ende 918 wurde er von König Konrad I. mit dem Bischofsstab belehnt. Um 934 ging er als Glaubensbote in die nördl. Länder, zuerst nach Schleswig u. Dänemark, dann nach Gotland u. Schweden. † am 17. 9. 936 auf der Insel Birka (Björkö) im Mälarsee (westl. von Stockholm) u. wurde dort begraben. Sein Haupt kam nach Bremen.

Gedächtnis: 17. September

Lit.: G. Dehio, Gesch. des Erzbist. Hamburg-Bremen I (Berlin 1877) 116–120 – H. v. Schubert, Kirchengesch. v. Schleswig-Holstein I (Kiel 1907) 52–56 – O. H. May, Regesten der Erzbischöfe v. Bremen I (Bremen 1937) 26 f – Zimmermann III 64f 67f – Baudot-Chaussin IX 365f

Unschuldige Kinder, Märt., Hll.

„Als Herodes sah, daß er von den Magiern (↗ Drei Könige) hintergangen war, wurde er sehr zornig, sandte hin u. ließ in Bethlehem u. in seiner ganzen Umgebung alle Knäblein von 2 Jahren u. darunter ermorden, entsprechend der Zeit, die er von den Magiern genau erfragt hatte" (Mt 2,16–19). Nach Josephus Flavius war Judäa in 11 Toparchien eingeteilt. Sehr wahrscheinlich könnte man die Anzahl der ermordeten Kinder auf einige Dutzend schätzen, vermutlich waren es aber weniger, vielleicht gegen 20. In einer zeitgenössischen Schrift aus essenischen Kreisen heißt es über Herodes: „Es folgte ein frecher König, der nicht aus priesterlichem Geschlecht war, ein verwegener u. gottloser Mensch. Er tötete die Alten wie die Jungen, u. eine schreckliche Angst kam über das Land. Er wütete unter ihnen mit Blutbefehlen, wie es in Ägypten geschah" (Assumptio Mosis 6,22). Hier liegt allem Anschein nach eine vom Evangelium unabhängige Erwähnung des bethlehemitischen Kindermordes vor. Bei der Ermordung „der Jungen" könnte man zunächst an die 3 Söhne denken, die Herodes umbringen ließ. Doch dazu paßt nicht der Hinweis „wie es in Ägypten geschah". Der Pharao brachte nicht die eigenen Söhne um, sondern nur die kleinen Knäblein der Hebräer (Ex 1,15–22). Der Evangelist sieht hier noch tiefer. Die Verehrung des ↗ Rachel-Grabes bei Bethlehem erinnert ihn an das Prophetenwort: „Eine Stimme hört man in Rama, viel Weinen u. Wehklagen. Rachel weint um ihre Kinder u. will sich nicht mehr trösten lassen, weil sie nicht mehr sind" (Mt 2,17; vgl. Jer 31,15).

Im Hintergrund dieser blutigen Tragödie von Bethlehem steht die Gestalt Herodes I. (griech. Heroídes = Heldensohn). Die Geschichte gab ihm den Titel „der Große", was aber im Sinn der Antike (so bei Josephus Flavius) nur die Bedeutung „der Ältere" hat, im Gegensatz zu einigen seiner Nachkommen dieses Namens, vor allem Herodes II. Antipas, der ↗ Johannes den Täufer enthaupten ließ. Er wurde um 73 v. Chr. wahrscheinlich in Askalon geboren. Er war nicht-jüdischer Abkunft, was allein schon für die Juden eine ständige Herausforderung war. Durch geschicktes Paktieren mit den Römern erreichte er es, von Kaiser Augustus 37 v. Chr. zum König von Judäa ernannt zu werden. Staatsrechtlich hatte er die Stellung eines Königs von Kaisers Gnaden u. führte den Titel socius et amicus populi Romani (Bundesgenosse u. Freund des römischen Volkes). Er war eine Herrscherpersönlichkeit von überragender Bedeutung u. führte den jüdischen Staat zu einer politisch-militärischen Machtstellung, die von den Römern anerkannt u. von den Nachbarvölkern respektiert wurde.

Er war von glühendem Ehrgeiz, maßloser Herrschsucht u. einem Argwohn besessen, der sich in seinen letzten Lebensjahren in eine nicht mehr überbietbare krankhafte Manie steigerte. Das gesamte Leben in Jerusalem und im ganzen Land wurde nur noch durch Spionage und Denunziation, Folter, Erpressung u. ungeheuerliche Bluttaten beherrscht.

In diese Situation hinein kamen die Magier aus dem Morgenland nach Jerusalem u. fragten ahnungslos u. offenherzig nach dem neugeborenen König der Juden. Das Evangelium kommentiert die Reaktion der Bevölkerung mit kurzen, aber vielsagenden Worten: „Als dies der König Herodes hörte, erschrak er u. ganz Jerusalem mit ihm" (Mt 2,3). Herodes starb kurz vor dem

jüdischen Passah (11. April) des Jahres 4 v. Chr.
Die Unschuldigen Kinder von Bethlehem, die, ohne noch sprechen zu können, ihr Leben für den neugeborenen Messias hingaben, wurden in der Christenzeit seit jeher als die Erstlingsmärtyrer verehrt. Jedenfalls ist ihr Fest im Anschluß an Weihnachten in Ost u. West zum 28. Dezember bereits seit der 1. Hälfte des 5. Jh.s bezeugt. In Spanien u. verschiedentlich auch im Osten wurde es als Begleitfest zu Epiphanie am 8. Jänner begangen. Vom 9. Jh. bis 1955 hatte es eine eigene Oktav. Seit dem 10./11. Jh. war der Tag der Unschuldigen Kinder das Fest der Subdiakone u. Schüler, bes. der Ministranten. Diese veranstalteten an diesem Tag in feierlichem Aufzug Prozessionen mit einem Kinderbisch. an der Spitze, der u. a. die Erwachsenen examinierte u. ihnen Lohn u. Strafe austeilte. Daraus entwickelte sich das bedeutendste der mittelalterlichen Narrenfeste, das auch in Mißbräuche ausartete. Mancherorts, z. B. in den Niederlanden, schlugen die Kinder die Erwachsenen mit Ruten u. forderten ein „Lösegeld“. Solche Aufzüge mußten wiederholt mit Verboten eingeschränkt werden. Vor allem verlegte man das Subdiakonsfest auf Neujahr oder Epiphanie, das Kinderfest vereinigte man mit dem des hl. ↗ Nikolaus. In Klöstern nahmen die jungen Novizen die ersten Sitze im Chor u. im Refektorium ein, das jüngste Mitglied erhielt bei Tisch ein Kindermus serviert oder spielte einen Tag lang den Oberen. Der bethlehemitische Kindermord wurde fester Bestandteil der mittelalterlichen Weihnachtsspiele.
Liturgie: GK F am 28. Dezember
Darstellung: die Szene ihrer Ermordung
Patrone: der Schüler, Ministranten, Findelkinder, Kinder
Lit.: A. Baumstark: RAC II 86f – Bächtold-Stäubli VIII 1451–53 – Künstle I 372f – Zu Herodes: J. Sondheimer, Die Herodes-Partien im lat. liturg. Drama u. in den franz. Mysterien (Halle 1912) – H. Willrich, Das Haus des Herodes zw. Jerusalem u. Rom (Heidelberg 1929) – S. Perowne (Stuttgart 1957) – W. Foerster, Ntl. Zeitgeschichte I^3 (Hamburg 1959) 84–94 – RGG^3 III 266ff

Urbanus, Bisch. **von Langres,** Hl.
Name: lat., der Städter, der Gebildete (Urban)
Er war der 6. Bisch. von Langres (Nordost-Frankreich). Aus seiner späten Vita, die nur Wundergeschichten enthält, geht nichts Sicheres hervor. † am 23. 1. um 450; er wurde in der angeblich von ihm erbauten Kirche St-Jean zu Dijon beigesetzt. Seine Gebeine wurden 1524 in die Kirche St-Bénigne übertragen. Vielfach wird dieser hl. Urban als der ursprüngliche Winzerpatron bezeichnet; später sei er durch Papst ↗ Urban I. hierin verdrängt worden. Doch wird sein Wetter- und Winzerpatronat bereits im 11. Jh. bestritten.
Gedächtnis: 23. Jänner
Darstellung: mit Weinstock u. Weintraube (Gleichsetzung mit Papst Urban I.)
Lit.: AnBoll 78 (1960) 192f

Urbanus (Urban) **I., Papst,** Hl.
Er regierte 222–230. Unter ihm dauerte das Schisma des ↗ Hippolytus von Rom noch an. Sonst ist über ihn nichts Sicheres bekannt. Keinen Glauben verdienen die Berichte über sein angebliches Martyrium, ebenso seine angebliche Verordnung, die hl. Gefäße nur aus Silber anzufertigen. – Da der Urbanstag nach den Eisheiligen in die Zeit der beginnenden Rebenblüte fällt, wurde Urban in Deutschland zum Patron der Weinberge u. Winzer, ähnlich wie ↗ Urban, Bisch. von Langres. Sein Bild steht oft in den Weinbergen, seine Statue wurde am Urbanstag in Prozession durch die Weinberge getragen, man brannte zu seinen Ehren Kerzen ab, man veranstaltete das Urbansreiten, wobei man die Statue des Heiligen bei gutem Wetter mit Wein, bei schlechtem mit Wasser begoß. Dieser Brauch hängt offenbar mit dem Urbanstag als bäuerlichem Lostag zusammen: „Hat Urbanstag schön Sonnenschein, verspricht er viel und guten Wein.“ Bei guter Weinernte stellte man seine Statue ins Wirtshaus u. trank ihm zu. Derartige Bräuche wurden von kirchlichen u. staatlichen Stellen verboten.
Gedächtnis: 25. Mai
Darstellung: als Papst mit einer Weintraube in der Hand oder auf einem Buch; mit einem Schwert
Patron: der Weinberge, des Weines, der Winzer
Lit.: Volk u. Volkstum, hrsg. v. G. Schreiber, 2 (Düsseldorf 1937) 224–237 – F. Panzer, Bayrische Sagen u. Bräuche (Göttingen 1953) n. 53 – Veit-Lenhart 158f –

Rheinisches Jahrbuch für Volkskunde 9 (Bonn 1958) 218–277 – W. Hay, Volkstümliche Heiligentage (Trier 1960²) 160–163 – AnBoll 78 (1960) 192f

Urbanus (Urban) **II., Papst,** Sel.
* um 1035 wahrscheinlich bei Châtillon-sur-Marne (Nordost-Frankreich). Er hieß vorher Odo von Châtillon (oder v. Lagery). Er studierte in Reims bei ↗ Bruno dem Kartäuser, wurde dort Kanoniker u. Archidiakon, trat später als Mönch in das OSB-Kloster ↗ Cluny (Burgund) ein, wurde um 1080 Kardinalbisch. von Ostia u. war 1084–85 päpstlicher Legat in Deutschland. Am 12. 3. 1088 wurde er als Nachfolger des sel. ↗ Victor III. zum Papst gewählt. Während seiner Amtszeit dauerte der Investiturstreit noch in voller Schärfe an (↗ Gregor VII.). Er konnte das Schisma des Kaisers bis zu seinem Tod zwar nicht beseitigen, aber doch weitgehend mildern. Vor allem gelang es ihm, die Anerkennung des Papsttums im Abendland zu sichern bzw. wiederherzustellen. Durch seine starke Prägung durch das Cluniazensertum war seine Regierungspolitik stark auf seelsorglich-praktische Interessen ausgerichtet. Vor allem führte er die Kirchenreform im Sinn Gregors VII. konsequent weiter. Unter seinem Pontifikat entstand die röm. Kurie (1. Erwähnung 1089). Da er selbst vom Mönchtum herkam, förderte er stark die OSB-Klöster (bes. Cluny), in seine letzten Lebensjahre fällt auch die Entstehung des Zisterzienserordens. Gemäß seiner ritterlichen Abstammung u. bestimmt von der Ideenwelt seiner franz. Heimat wurde er auf seiner einjährigen Frankreich-Reise 1095 zum Initiator der Kreuzzugsbewegung, deren Epoche er mit dem 1. Kreuzzug (1095–99) eröffnete. Höchstwahrscheinlich schwebte ihm dabei die Überwindung des Morgenländischen Schismas (endgültig seit 1054) vor Augen, da er schon seit 1088 eine eifrige Unionspolitik mit Byzanz betrieb. † am 29. 7. 1099.
Gedächtnis: 29. Juli
Lit.: Seppelt III 118–134 – A. Becker, Papst Urban II., Teil 1 (Stuttgart 1964)

Urbanus (Urban) **V., Papst,** Sel.
* um 1310 zu Grisac bei Mende (westl. der Cevennen, Südfrankreich). Er hieß vorher Wilhelm Grimoard. Er wurde Benediktinermönch im Kloster zu Chirac (westl. von Grisac), wirkte dann als Professor des kanonischen Rechtes in Montpellier u. Avignon, später als Generalvikar in Clermont u. Uzes (westl. von Avignon). 1352 wurde er Abt von St-Germain-d'Auxerre, 1361 zu St-Victor in Marseille, dazw. wurde er unter Clemens VI. u. Innozenz VI. mit Legationen in der Lombardei, in Neapel u. Rom betraut. Am 28. 9. 1362 wurde er in Avignon zum Papst gewählt u. gekrönt (Avignonisches Exil von 1305 bzw. 1309 bis 1376). Er regierte sachlich u. gerecht, war persönlich sittenrein u. sehr fromm u. war der beste der Avignon-Päpste. Gegen Mißstände (bes. gegen Pfründenhäufung) ging er mit großem Reformeifer vor, er förderte tatkräftig das innerkirchliche Leben sowie auch die Wissenschaften u. Universitäten. Seine Kreuzzugsbemühungen hatten nur geringen Erfolg (kurzfristige Eroberung von Alexandria durch König Peter I. Lusignan von Zypern). – Auf Bitten Karls IV., der Bevölkerung von Rom, des humanistischen Dichters Francesco Petrarca u. der hl. ↗ Birgitta von Schweden kehrte er – gegen den Widerstand des franz. Hofes u. der franz. Kardinäle – 1367 von Avignon nach Rom zurück. Er bemühte sich, Rom aus seinem trostlosen Verfall zu heben u. wieder zum sichtbaren Mittelpunkt der christlichen Welt zu machen. Doch enttäuscht über den traurigen Zustand der Stadt, die dauernden Parteikämpfe, die Unsicherheit, die Empörung Perugias u. die Feindseligkeiten des Bernabó Visconti von Mailand, entschloß er sich 1370, wieder nach Avignon zurückzukehren, zumal er beabsichtigte, im neu ausgebrochenen Krieg zw. Frankreich u. England zu vermitteln (Hundertjähriger Krieg 1339–1453). † am 19. 12. 1370 in Avignon. Seine Gebeine ruhten seit 1372 in St-Victor zu Marseille, sind aber seit der Zerstörung des Grabmals in der Franz. Revolution verschollen. Kult approbiert 1870.
Gedächtnis: 19. Dezember
Lit.: E. de La Nouvelle (Paris 1929) – Bihlmeyer-Tüchle II¹⁷ 390–397 – W. de Vries, Die Päpste von Avignon u. der christliche Osten: OrChrP 30 (1964) 85–128 – Seppelt IV² 157–164 476–480

Uriel, Erzengel
Name: hebr. urij'el: Gott ist Licht (Feuer),

bzw. Licht (Feuer) Gottes. Im AT auch als Personenname gebraucht, z. B. 1 Chr 6,9 Dieser Engelname kommt in der Hl. Schrift nirgends vor, wird aber in der außerbiblischen jüdischen Tradition als einer der 4 höchsten Engel bzw. einer der 6 oder 7 Engelfürsten verehrt. Entsprechend seinem Namen ist er der Führer der Himmelsleuchten u. Herr über den Tartarus (Unterwelt, Ort der Abgeschiedenen). Auch ist es seine Aufgabe, Offenbarungen an die Menschen zu vermitteln. – Die außerbiblische christliche Tradition kennt ihn ebenfalls als einen der 4 Erzengel. Er öffnet beim Weltgericht die Tore der Unterwelt u. führt die Verstorbenen vor den Richterstuhl Gottes. Er wirkt als Engel der Strafe oder Buße; manchmal wird er auch mit dem Feuer des brennenden Dornbusches (Ex 3,2) in Verbindung gebracht. Seine kirchliche oder sonstwie öffentliche Verehrung wurde jedoch durch die Lateransynode von 745 u. verschiedene Verordnungen des 8. u. 9. Jh.s verhindert, wonach nur solche Engel verehrt werden dürfen, die in der Bibel genannt werden. Die Kopten nennen ihn Suriel (hebr. surij'el = mein Fels ist Gott). Er steht den Märt. bei u. führt am Jüngsten Tag die Gerechten unter Posaunenschall ins Paradies. Bei den Kopten genießt er auch liturgische Verehrung.

Lit.: DACL I/2 2086–2089 2094 2098 2156f – Billerbeck II 97, III 805ff – J. Michl, Die Engelvorstellungen in der Apokalypse des hl. Johannes I (München 1937) 138–146 – C. D. G. Müller, Die Engellehre der kopt. Kirche (Wiesbaden 1959) 54–59 – RAC V 254ff – K. Preisendanz: Pauly-Wissowa 2. Reihe IX/1 1011–1023

Urs ↗ Ursus

Ursel, Kf. von ↗ Ursula

Ursicinus, Erzb. **von Ravenna,** Hl.
Name: Weiterb. von lat. ursus = Bär. (Ursizin)
Er wurde 533 der 26. Erzb. von Ravenna. Er begann den Bau von Ravenna. Er begann den Bau von S. Apollinare in Classe (549 vollendet), in dessen Apsismosaik sich sein Bild befindet. † 536.
Gedächtnis: 5. September
Lit.: A. Testi Rasponi, Cod. Pont. Eccl. Ravennatis: Muratori II/3 (1924) 166, 174–180

Ursicinus von St. Ursitz, Hl.
Er lebte als Einsiedler gegen Ende des 6. Jh.s u. gab der Stadt St. Ursitz (St-Ursanne, Berner Jura) den Namen. Abt ↗ Wandregisel gründete um 630 an seinem Grab eine Eremitensiedlung, die im 7. Jh. in die Abtei St-Ursanne umgewandelt wurde u. die bis zur Franz. Revolution bestand.
Liturgie: Basel g am 24. Juli
Darstellung: als Einsiedler mit Buch u. Lilie
Lit.: M. Chappatte, St-Ursanne au bord du Doubs (Genf 1955) – C. Lapaire, Les constructions religieuses de St-Ursanne (Porrentruy 1960)

Ursmar OSB, Bisch. **in Lobbes,** Hl.
Name: 1. Bestandteil wohl Entlehnung von lat. ursus (Bär); 2. Bestandteil ahd. mar (berühmt)
Er stammte von fränkischen Eltern in Floyon bei Avesnes (Nordfrankreich), wurde Benediktiner u. missionierte als Chorbisch. mit Sitz in der OSB-Abtei Lobbes bei Thuin (Belgisch-Hennegau) das Gebiet von Thiérache, Flandern, das Waesland u. Brabant. Auf Bitten des ↗ Hidulf von Lobbes wurde er 697 von Pippin d. M. zum Abt der Reichsabtei Lobbes ernannt. Er resignierte 711 u. starb am 18. 4. (?) 713 zu Lobbes. Er wurde in der von ihm erbauten Kirche Notre-Dame zu Lobbes begraben (später nach ihm St-Ursmar genannt). Seine Gebeine wurden 823 erhoben u. 1408 nach Binche übertragen, wo sie in der Franz. Revolution 1794 vernichtet wurden.
Gedächtnis: 18. April
Lit.: Zimmermann II 68–71 – Baudot-Chaussin IV 470–473

Ursula u. Gef., Jungfrauen u. Märt. **in Köln,** Hll.
Name: lat., die kleine Bärin
Im Chor der Ursula-Kirche in Köln findet sich eine Inschrift auf einer Kalksteinplatte (Clematius-Inschrift), die nachweislich aus dem 4., spätestens 5. Jh. stammt, also noch aus der Zeit der Hunnenzüge u. der Völkerwanderung. Danach hat ein gewisser Clematius, durch himmlische Gesichte aus dem Orient hierhergeführt, auf Grund eines Gelübdes diese Basilika erneuert an der Stelle, wo hll. Jungfrauen für den Namen Christi ihr Blut vergossen haben. Zahl, Namen u. sonstige Einzelheiten werden nicht erwähnt. Als Zeit des Martyriums wird

man die Verfolgung unter Diokletian u. Maximian (um 304) annehmen dürfen. Die Clematius-Inschrift wird heute als das gewichtigste Zeugnis für die sehr frühe Verehrung dieser Märt.-Jungfrauen u. damit für ihre Historizität angesehen. Die ersten urkundlichen Dokumente eines Ursula-Kultes stammen aus dem 8. u. 9. Jh., weisen aber zunächst bezüglich der Namen u. bes. der Anzahl der Märt. beträchtliche Unterschiede auf. Nach dem „Sermo in natali sanctarum Coloniensium virginum" (8. Jh.) waren es bereits mehrere tausend. Es werden nur wenige Namen genannt, an erster Stelle eine hl. Pinnosa. In liturgischen Texten des 9. Jh.s (Martyrologien, Kalendarien, Litaneien) hingegen sind es bald 5, 8 oder 11. In einem dieser Texte fungierte erstmals Ursula als Anführerin der Gruppe: Ursula, Sencia, Gregoria, Pinnosa, Martha, Saula, Britula, Saturnina, Rabacia, Saturia u. Palladia. Das Martyrologium des Wandalbert (um 850) wiederum spricht von „mehreren tausend", das Martyrologium des Usuard (um 875) erwähnt nur „Martha u. Saula mit einigen anderen". Spätestens zu Beginn des 10. Jh.s wird aber die Anzahl von „11.000" allg. diskussionslos angenommen.

Die Ursula-Legende ist erstmals greifbar in der sog. 1. Passio (Fuit tempore pervetusto) von 969/976 u. war bereits mit phantastischen Details ausgeschmückt. Diese 1. Fassung spielte jedoch in der Ursula-Tradition des Mittelalters nur eine sehr untergeordnete Rolle. Etwa 1000 Jahre später entstand die sog. 2. Passio (Regnante Domino), die gegenüber der ersten noch mehr ins Romanhafte gesteigert ist u. die sich im Mittelalter größter Beliebtheit erfreute. Danach war Ursula die Tochter eines britannischen Königs. Sie hatte beständige Jungfräulichkeit gelobt, wurde aber vom mächtigen Heidenkönig Aetherius zur Frau begehrt. Im Fall ihrer Weigerung drohte er mit Krieg. Um dem vorzubeugen, ging sie nach Weisung einer Engelserscheinung scheinbar darauf ein, stellte aber den Übertritt des Prinzen zum christlichen Glauben u. eine Frist von 3 Jahren zur Bedingung. Von ihrem Vater erbat sie sich die Beigesellung von 10 vornehmen Jungfrauen mit je 1000 Begleiterinnen sowie die Bereitstellung von 11 Dreiruderern. Kurz vor der beabsichtigten Hochzeit segelte die ganze Flotte Ursulas mit 11.000 Gefährtinnen ab, geriet in einen Sturm u. wurde in die Waal-Mündung des Rheins (bei Dordrecht) verschlagen. Von dort fuhren sie rheinaufwärts bis Köln. Dort erhielten sie von einem Engel die Weisung, eine Wallfahrt nach Rom zu machen. So fuhren sie zu Schiff bis Basel u. legten die übrige Strecke zu Fuß zurück. Von Rom kehrten sie auf demselben Weg nach Köln zurück. Die Stadt wurde aber gerade von den Hunnen belagert, die, von Gallien kommend, auf ihrem Rückzug nach Osten begriffen waren. Die Jungfrauen wurden alle niedergemacht. Ursula selbst wurde wegen ihrer Schönheit vom Hunnenfürsten begehrt. Da sie sich weigerte, ihm zu Willen zu sein, wurde sie von ihm durch einen Pfeilschuß getötet. Hierauf erschienen 11.000 Engel vom Himmel u. jagten die Hunnen in die Flucht. Die so befreiten Einwohner der Stadt Köln begruben ihre Leichen u. erbauten an der Todesstätte der hl. Ursula eine Kirche. Eine der Jungfrauen namens ↗ Cordula sei auf dem Schiff geblieben u. deshalb erst anderntags gemartert worden. Sie sei nach ihrem Tod der hl. ↗ Helmtrudis erschienen u. habe diese aufgefordert, nach dem Fest der 11.000 Jungfrauen (21. Oktober) auch ihren Jahrtag begehen zu lassen. Im Zusammenhang mit der Ursula-Legende werden noch andere Jungfrauen genannt, die sich auf der Romwallfahrt von den übrigen getrennt hätten: ↗ Aurelia, ↗ Kunera, ↗ Kunigunde, ↗ Chrischona u. Gef. u. a. Der Verfasser dieser 2. Passio ist vielleicht ein Mönch Herrich von St-Bertin. Er beruft sich hierbei auf die Stiftsdamen von St. Ursula in Köln u. einen Grafen Holf, die ihrerseits ihre Kenntnisse auf Erzb. ↗ Dunstan von Canterbury zurückführten, der, am Ursulatag 957 zum Bisch. geweiht, sich für die Verehrung dieser Heiligen interessierte u. vielleicht an der Ausgestaltung der Legende beteiligt war.

Die riesige Anzahl von „11.000" Jungfrauen beruht, wie allg. angenommen wird, auf einem Lesefehler in alter Zeit. Über den genauen Hergang dieses Irrtums wurden verschiedene Hypothesen vorgeschlagen, z. B.: In dem Symbol XI sollte der Strich über dem Zahlzeichen ursprünglich die Zahl

hervorheben, wurde aber dann fälschlich als Zeichen für „1000“ gelesen; in einer Handschrift wurden die 2 Namen „Ursula et Cimillia“ als „Ursula et XI millia“ gedeutet; die Abkürzung „Ursula et XI. M. V.“ (Ursula et undecim Martyres Virgines) wurde als „Ursula et undecim mille virgines“ interpretiert.
Zweifelsfrei ist Köln der Ausgangspunkt der Ursula-Verehrung. Als bei der Erweiterung der Stadtmauer 1106 in der Nähe der Ursulakirche ein röm. Gräberfeld (Ager Ursulanus) entdeckt wurde, hielt man die dort gefundenen Gebeine für die „11.000“ Jungfrauen. Diese „Reliquien“ gingen von hier in alle Welt, wodurch sich der Ursula-Kult im Mittelalter gewaltig verstärkte u. bis nach Italien, Spanien, Dänemark u. Polen u. in andere Länder drang. Er wurde gefördert durch zahlreiche Translationen, Kirchenpatronate, Feste, Meßtexte, Reimoffizien, Lieder, Legenden-Handschriften u. eine Fülle bildlicher Darstellungen. Zugleich tauchten in der Legende immer neue Namen auf, selbst Männer geistlichen u. weltlichen Standes hätten sich in der Gesellschaft der hl. Ursula befunden. Sogar ein angeblicher Papst Cyriacus sei mit den Jungfrauen nach Köln gezogen u. dort gemartert worden. 1155/64 gelangten Gebeine auch in die OSB-Abtei Deutz bei Köln. Der dortige Küster Theoderich behauptete, in den Gräbern habe man auch Inschriften mit Namen gefunden, u. dichtete aus eigenem etwa 200 neue Namen hinzu. Eine Anzahl dieser Reliquien (sog. Deutzer Fälschungen) wurden der Nonne ↗ Elisabeth von Schönau zur Prüfung vorgelegt, u. diese spann auf Grund ihrer Gesichte die Legende noch weiter. Ein anonymer Autor von 1183/87 endlich griff diesen Stoff auf u. verarbeitete ihn in seinen 2 Büchern Revelationes (Offenbarungen) zu einem ansehnlichen Roman.
Bei der Ursulakirche in Köln entstand um 867 das Kanonikerstift Monasterium beatarum virginum. Es wurde 922 den adeligen Damen des Stiftes Gerresheim bei Düsseldorf übertragen, die hierher übersiedelten (Sinter Virgen, Sinter Villgen). Das Stift wurde 1802 abgebrochen. – Vom 13. bis 15. Jh. bestanden vielerorts sog. Ursula-Schiffchen, d. h. Bruderschaften, deren Mitglieder sich durch Gebete u. gute Werke unter dem Schutz der hll. Jungfrauen eine gute Fahrt in die Ewigkeit erflehten (so in Köln, Straßburg, Krakau u. a.). Ursula wurde Patronin von Städten u. Ländern, der Jugend, der Universitäten Wien, Paris (Sorbonne) u. Coimbra. ↗ Angela Merici stellte ihren 1535 gegründeten Orden zur Erziehung der weiblichen Jugend unter ihren Schutz (Ursulinen). – Wie sehr die hl. Ursula im Bewußtsein des mittelalterlichen Menschen verankert war, zeigen noch heute gewisse Redewendungen. In Schwaben kennt man die „Wilde Urschel“, die Böses, aber auch Gutes spendet. Sie wird – in Parallele zur „Wilden Jagd“ – mit den himmlischen Heerscharen, die nach der Legende die Hunnen in die Flucht schlugen, in Verbindung gebracht. In Österreich ist eine „dumme Urschel“ eine einfältige Frauensperson, die alles verkehrt anpackt. Der Ausdruck erklärt sich aus der im Mittelalter weiten Verbreitung dieses Namens, wodurch wohl um 1600 ein pejorativer Bedeutungswandel begünstigt wurde (vgl. ↗ Michael).
Liturgie: RK g am 21. Oktober (Köln G)
Darstellung: in der Hand Pfeil, Palme oder Kreuzfahne, mit einer Krone, einen Mantel über die Jungfrauen breitend (Schutzmantelfrau). Mit einem Schiff; umgeben von Jungfrauen an Land gehend
Patronin: der nach ihr benannten rel. Frauengenossenschaften (Ursulinen), der Jugend, der Eheleute, Lehrerinnen, Tuchhändler
Lit.: Künstle II 566–573 – O. Karpa, Kölnische Reliquienbüsten der gotischen Zeit aus dem Ursula-Kreis (Düsseldorf 1934) – Stammler-Langosch V 1105–1109 – J. Solzbacher–V. Hopmann, Die Legende der hl. Ursula (Köln 1963)

Ursula Haider OSCl, Äbtissin **in Villingen,** Sel.
* 1413 in Leutkirch (Allgäu). Mit 9 Jahren verlor sie ihre Eltern u. erhielt in der Klause der sel. ↗ Elisabeth von Reute Beicht- u. Erstkommunionunterricht. Sie trat in das Klarissenkloster zu Valduna bei Rankweil (Vorarlberg) ein u. wurde dort 1467 Äbtissin. Im Auftrag des OFM-Provinzials ging sie 1480 nach Villingen (südl. Schwarzwald) u. reformierte den dortigen Konvent im Bicken-Kloster. Dieser erhielt 1491 als er-

ster den Kreuzwegablaß. Ursula verehrte bes. die Passion u. das Herz Jesu u., inspiriert von den Schriften des ↗ Heinrich Seuse, die Ewige Weisheit. † am 20. 1. 1498 zu Villingen.
Gedächtnis: 20. Jänner
Lit.: K. Richstätter, Die Herz-Jesu-Verehrung des dt. Mittelalters (Regensburg 1924²) 190f – W. Oehl, Dt. Mystikerbriefe des Mittelalters 1100–1550 (München 1931) 650–656 832f – H. M. Rech (Villingen 1937) – Stammler-Langosch II 147

Ursulina Venerii, Sel.
Name: Weiterb. von ↗ Ursula
* am 14. 5. 1375 in Parma (Oberitalien). Schon in ihrer Jugend war sie mystisch begnadet. Zu Beginn des Abendländischen Schismas ging sie als junges Mädchen zweimal zum Gegenpapst Clemens VII. nach Avignon, um ihn vom Schisma abzubringen bzw. zum Rücktritt zu bewegen, was dieser jedoch ablehnte. Auch Bonifatius IX. suchte sie in dieser Angelegenheit in Rom dreimal auf. Nach einer Pilgerfahrt ins Hl. Land wurde sie aus ihrer Vaterstadt verbannt, ging nach Bologna, dann nach Verona, wo sie am 7. 4. 1410 starb.
Gedächtnis: 7. April
Lit.: ActaSS Martii I (1668) 719–735 – Baudot-Chaussin IV 175f

Ursus u. Victor, Märt., Hll.
Namen: a) lat., der Bär; b) lat., der Sieger
Nach der Passio Agaunensium martyrum des ↗ Eucherius von Lyon gehörten sie zur Thebäischen Legion (↗ Mauritius). Es gelang ihnen aber, von Agaunum (St-Maurice, Wallis, Schweiz) mit einer Anzahl von Gefährten zum Kastell Salodurum (Solothurn) zu entfliehen. Kaiser Maximian ließ sie aufspüren u. versuchte sie zum Abfall vom Glauben zu bewegen. Weil sie standhaft blieben, wurden sie um 303 in Solothurn hingerichtet. Ihre Leichname wurden von Christen der Umgebung in der Nähe des Kastells bestattet, wo später die Peterskapelle erbaut wurde. Prinzessin Sedeleuba von Burgund übertrug um 500 die Gebeine Victors nach Genf u. erbaute ihm zu Ehren eine Basilika. Die Gebeine des Ursus wurden in Solothurn in einer für ihn erbauten Basilika beigesetzt. Ihre Gebeine wurden 1473 u. 1519 erhoben.
Liturgie: Basel H am 30. September (Patrone des Bistums); Chur, St. Gallen, Sitten g
Darstellung: als Soldaten (Ritter) mit Fahne u. Schwert
Patrone: des Bistums Basel, von Solothurn
Lit.: F. Schwendimann, St. Ursen (Solothurn 1928) 443–449 – F. Rütten, Die Victor-Verehrung im christl. Altertum (Paderborn 1936) 161f – J. Bütler, Eucherius von Lyon . . . (Luzern 1951) 23–30 – E. Haefliger: Jahrb. für solothurn. Gesch. 29 (Solothurn 1956) 212–221 – L. Dypraz, Les Passions de S. Maurice d'Agaune: Studia Friburgensia Neue Folge 27 (Fribourg 1961) 4

Ursus von Vicenza, Hl.
Er hatte im Zorn seinen Vater, seine Frau u. sein Kind getötet. Zur Buße nahm er beschwerliche Wallfahrten auf sich u. lebte bis zu seinem Tod auf einem Berg bei Vicenza als Einsiedler. Über seinem Grab entstand die Kirche S. Orso.
Gedächtnis: 3. Mai

Ute ↗ Oda

Utta ↗ Oda

Utto OSB, Abt **von Metten,** Sel.
Name: Nf. von Otto (↗ Odo)
Wahrscheinlich war er zuerst Mönch im Kloster Reichenau (Bodensee). Er erhielt von seinem Onkel u. Taufpaten ↗ Gamelbert von Michaelbuch dessen Güter, gründete darauf 766 das Kloster Metten (Niederbayern) u. wurde dessen 1. Abt. Er machte sich verdient durch seine Rodungs- u. Siedlungsarbeit u. erhielt wegen seiner vorbildlichen Kulturarbeit von ↗ Karl d. G. weiteres Rodungsgebiet zugewiesen. † am 3. 10. 829. Kult approbiert am 25. 8. 1909.
Gedächtnis: 3. Oktober
Darstellung: mit Sonne u. Beil (hat sein Beil an einem Sonnenstrahl aufgehängt), mit Abtstab u. Buch
Patron: der Roder u. Neusiedler
Lit.: B. Ponschab, Die sel. Utto u. Gamelbert (Metten 1910) – Zimmermann III 131 133f – W. Fink: Heimatblätter (Deggendorf 1960) nn. 10 u. 11

Uwe, wahrsch. fries. Kf. von Namen, die mit Ul- gebildet sind, z. B. ↗ Ulrich

V

Valens, Bisch. **von Avignon,** Hl.
Name: lat., der Gesunde, Vermögende, Starke
Er war ein vom Volk erwählter Bisch. von Avignon (Südfrankreich) u. verheiratet, lebte aber mit seiner Frau Cazaria in jungfräulicher Ehe. Er gab sein ganzes Vermögen den Armen u. lebte selbst in äußerster Enthaltsamkeit. † 591 in der Nähe von Villeneuve (Diöz. Avignon).
Gedächtnis: 8. Dezember

Valentina (Valentine), weibl. F. von ↗ Valentinus

Valentinianus, Bisch. **von Chur,** Hl. (Valentianus)
Name: Weiterbildg. von lat. ↗ Valens (Valentinian bzw. Valentian)
† am 12. 1. 548 u. wurde in der Krypta der St.-Luzi-Kirche in Chur beigesetzt. Sein Neffe Paulinus, möglicherweise sein Nachfolger als Bisch. von Chur (Schweiz), ließ dort eine Grabtafel anbringen, von der noch ein Fragment erhalten ist. Die Inschrift rühmt seine Wohltätigkeit gegen Flüchtlinge u. Gefangene. Unter ihm soll auch die St.-Luzi-Kirche mit der Krypta erbaut worden sein. Sein Grab konnte noch nicht genau lokalisiert werden.
Gedächtnis: 12. Jänner
Lit.: J. G. Mayer, Gesch. des Bistums I (Stans 1907) 53–60 – J. Siegwart, Die Chorherren- u. Chorfrauengemeinschaften in der deutschsprachigen Schweiz vom 6. Jh. bis 1160: Studia Friburgensia Neue Folge 30 (Fribourg 1962) 32–39 – Beiträge zur Kunstgesch. und Archäologie des Frühmittelalters, hrsg. v. H. Fillitz (Graz 1962) 154–164

Valentinus, Bisch. **in Rätien,** Hl.
Name: Weiterbildung von lat. ↗ Valens (Valentin)
Über ihn ist nur wenig überliefert. † am 7. 1. um 475 u. wurde in der Kirche der Zenoburg in Meran-Mais (Südtirol) beigesetzt. Herzog Tassilo III. von Bayern ließ um 764 seine Gebeine in den Stephansdom zu Passau übertragen, wo er seither als Bistumspatron verehrt wird. Bei der Erhebung seiner Gebeine 1120 fand man in seinem Sarg eine Bleitafel mit seiner Vita, die der „Anonymus Passaviensis" abgeschrieben hat. Danach versuchte er dreimal, in Passau zu wirken, wurde aber jedesmal vertrieben u. ging schließlich in das heutige Südtirol, wo er segensreich wirkte und starb. Damals tauchte auch die Legende auf, er sei Bisch. beider Rätien gewesen. Nach heutigen Kenntnissen ist aber eine Wirksamkeit im schweizerischen Rätien (Churrätien) kaum denkbar. Ebenso ist auch seine Klostergründung bei Meran u. seine Abtwürde umstritten.
Liturgie: RK g am 7. Jänner; Passau H (Patron der Diöz.); Linz G
Darstellung: Krüppel u. Epileptiker zu seinen Füßen (wegen des Gleichklanges seines Namens mit der „hinfallenden" Krankheit wurde er zum Patron der Epileptiker. Dieses Patronat u. die damit verbundenen Darstellungen wurden seit seiner Translation nach Passau von dem sonst weniger bekannten ↗ Valentin, Bisch. v. Terni, übernommen)
Lit.: A. Seider, Die Bleitafel im Sarge des hl. Valentin: Festgabe A. Knöpfler (Freiburg/B. 1917) 254–274 – G. Morin, Das Castrum Maiense u. die Kirche des hl. Valentin in der Vita Corbiniani: Wiss. Festgabe zum 1200-jährigen Jubiläum des hl. Korbinian (München 1924) 69ff – M. Heuwieser: Volk u. Volkstum 2 (München 1937) 260f – A. Ott (Würzburg 1937) – O. Scheiwiller: ZSKG 34 (1940) 1–13 – Bauerreiß I 9ff

Valentinus, Bisch. **von Terni,** Märt., Hl.
An der Via Flaminia gab es im 4. Jh. 2 Begräbnisstätten, an denen die Gebeine je eines hl. Valentin verehrt wurden: beim 2. Meilenstein, also noch im Stadtgebiet von Rom, u. beim 63. Meilenstein in der Nähe von Terni. Über der Stätte am 2. Meilenstein errichtete Papst ↗ Julius I. eine Valentins-Basilika, die von Papst Theodor I. (642–649) vollständig renoviert wurde. Die Verehrung des Märt. Valentin bestätigen auch Pilgerberichte aus dem 7. Jh. Einige Passiones (nach dem 6. Jh.) nennen ihn einen Priester in Rom, der unter Claudius Goticus (268–270) am 14. Februar hingerichtet und an der Via Flaminia beigesetzt wurde. – Beim 63. Meilenstein bestand im 8. Jh. eine Kirche, die ebenfalls einem hl. Valentin geweiht war. Auch er wurde am 14. Februar verehrt. Eine Passio aus dem

5./6. Jh. nennt ihn Bürger u. Bisch. von Terni, der in Rom hingerichtet, aber in der Nähe seiner Vaterstadt begraben wurde. – Das Röm. Martyrologium setzt hier 2 verschiedene Märt. voraus. Es ist aber kaum anzunehmen, daß an derselben Straße am gleichen Tag 2 Märt. gleichen Namens existieren. Wahrscheinlich handelt es sich um einen einzigen Märt., nämlich den Bisch. von Terni, dessen Kult im 4. Jh. auch in Rom eingeführt wurde. Von der Basilika am 2. Meilenstein heißt es „quae appellatur Valentini". Dieser eher allg. Ausdruck ist vermutlich ein Hinweis, daß es sich hier um den Stifter dieser Kirche namens Valentinus, nicht um den Märt. handelt. Von diesem könnten allenfalls Reliquien, vielleicht auch nur Berührungsreliquien (brandea; z. B. Linnentücher, in die der Leichnam gehüllt war, u. ä.) hier aufbewahrt worden sein. Die ältesten Martyrologien kennen jedenfalls noch keinen röm. Märt. Valentinus.
In Frankreich, Belgien, England seit Ende des 14. Jh.s, u. von dort später namentlich in Amerika war der Valentinstag der Festtag der Jugend u. der Liebenden. Es bestand der (offenbar in dieser Form von den Fürstenhöfen ausgehende) Brauch, daß junge Paare durch das Los als Valentin u. Valentine füreinander bestimmt wurden u. nach einem Geschenkeaustausch für ein Jahr in einem verlobungsähnlichen Verhältnis verbunden bleiben sollten. In Deutschland konnte dieser Festbrauch keine Bedeutung erlangen. Hier bestand eine Parallele in den Mai-Lehen u. Mai-Brautschaften. Auch die in unserer Zeit von der Geschäftswelt betriebene Werbung für den Valentinstag als Tag gegenseitiger Beschenkung konnte sich bisher nicht allgemein durchsetzen. In England hielt sich der Brauch, am Valentinstag anonyme Liebesbriefe zu verschicken (Valentine Greetings).
Liturgie: Fulda, Limburg, Mainz g am 14. Februar
Darstellung: mit Schwert, Hahn, ein verkrüppeltes Kind zu seinen Füßen (vgl. Valentinus, Bisch. in Rätien)

Lit.: O. Marucchi, Il cimiterio e la basilica di S. Valentino (Rom 1890) – J. P. Kirsch, Der stadtröm. christl. Festkalender im Altertum (Münster 1924) 206f – Lanzoni I 405–413 – E. M. Fusciardi, Studio critico sul martire S. Valentino di Terni (Terni 1935) – Bächtold-Stäubli VIII 1501ff

Valentinus, Bisch. **von Trier,** Märt., Hl.
Er war Nachfolger des hl. Bisch. ↗ Maximinus von Trier, scheint aber sein Amt nur kurze Zeit verwaltet zu haben. Er hatte durch die Arianer schwere Verfolgungen zu erleiden u. wurde vermutlich von ihnen auch ermordet. † um 350.
Gedächtnis: 16. Juli

Valeria von Limoges, Märt., Hl.
Name: zu lat. valere (vermögen, stark sein) (Valerie, franz. Valérie; Kf. Walli)
Nach der Vita des hl. ↗ Martialis von Limoges u. a. war sie mit Herzog Stephan verlobt, wurde von Martialis bekehrt u. soll Jungfräulichkeit gelobt haben. Der enttäuschte Bräutigam ließ sie enthaupten. † Ende des 3. Jh.s zu Limoges (Zentralfrankreich). Ihre Gebeine wurden zuerst in der Krypta von St-Martial zu Limoges, vor 985 in Chambon-sur-Voueize (Dep. Creuse) beigesetzt.
Gedächtnis: 9. Dezember
Darstellung: mit einer Krone oder ihrem abgeschlagenen Haupt in Händen
Lit.: AnBoll 8 (1889) 278–284 – M.-M.-S. Gauthier: Bull. de la Soc. archéol. et hist. du Limousin 86 (Limoges 1955) 35–80, 89 (1962) 29–53 – Baudot-Chaussin XII 282–287

Valerianus, Bisch. **von Auxerre,** Hl.
Name: Weiterbildung von ↗ Valerius (Valerian)
Er wurde auf den Bischofsstuhl von Auxerre (südöstl. von Paris) erhoben u. nahm 342 an der Synode von Sardika (heute Sophia, Bulgarien) teil, wo über den Arianismus verhandelt wurde, die aber auch einen 1. Markierungspunkt zur Kirchenspaltung von 1054 darstellte. † am 7. 5. 366. Seine Gebeine ruhen in der Kirche St-Valerien zu Châteaudun.
Gedächtnis: 7. Mai
Lit.: AnBoll 30 (1911) 296–306

Valerianus, Märt. **zu Rom,** Hl.
Nach der legendarischen Passio war er der Bräutigam der hl. ↗ Cäcilia u. Bruder des hl. Tiburtius, mit dem zus. er enthauptet wurde.
Gedächtnis: 14. April

Darstellung: Cäcilia zeigt ihm ihren Schutzengel als Wächter ihrer Jungfräulichkeit

Valerius, Bisch. **von Trier,** Hl.
Name: zu lat. valere (stark, gesund sein, vermögen)
Er war der 2. Bisch. von Trier als Nachfolger des hl. ↗ Eucharius u. stammte vielleicht aus einer dort ansässigen Familie. † 3./4. Jh. Er wurde mit Eucharius in einer „cella" beigesetzt, die Bisch. Cyrillus von Trier (5. Jh.) erneuerte. Heute zeigt man 2 spätröm. Sarkophage in der Krypta der Eucharius-Matthias-Basilika in Trier als ihre Begräbnisstätte.
Liturgie: Trier g am 29. Jänner; Limburg g am 11. September (mit Eucharius u. ↗ Maternus)
Lit.: W. Neuß, Die Anfänge des Christentums im Rheinland (Bonn 1933^2) 10–14 – E. Winheller, Die Lebensbeschreibungen . . . (Bonn 1935) 28–45 – Die Kunstdenkmäler der Stadt Trier III (Düsseldorf 1938) 214, 240f – E. Ewig, Trier im Merowingerreich (Trier 1954) 28f – Ders., Kaiserliche u. apostolische Tradition im mittelalterl. Trier: Trierer Zeitschr. 24–26 (Trier 1958) 163

Vastrada, Hl. (Fastrada)
Name: zu ahd. festi (fest, standhaft) + rat (Rat, Ratgeber)
Sie war die Mutter des Abtes ↗ Gregor von Utrecht u. lebte im 8. Jh. Sie wird zu Süsteren im Jülicher Land verehrt.
Gedächtnis: 21. Juli

Vedastus, Bisch. **von Arras,** Hl. (fläm. Vaast, franz. Gaston)
* in der 2. Hälfte des 5. Jh.s in der Gegend von Limoges (Zentralfrankreich). Er verließ sein Elternhaus u. zog sich in die Nähe von Toul zurück, wo er zum Priester geweiht wurde. Anschließend war er in Reims als Katechet u. Armenfürsorger tätig. Im Auftrag des Bisch. ↗ Remigius von Reims bereitete er den Merowingerkönig Chlodwig auf die Taufe (Weihnachten 498/499) vor. Um 500 wurde er von Remigius zum Bisch. von Arras (Nordfrankreich) eingesetzt. Er hatte dort aber große Schwierigkeiten, da die Stadt durch die Hunneneinfälle z. T. zerstört war u. unter der Bevölkerung ein großer rel. Verfall (Aberglaube, Orgien) herrschte. Er hatte auch das Bistum Cambrai zu betreuen. † am 6. 2. 540. Bisch. ↗ Autbert von Cambrai übertrug 667 seine Gebeine in die Peterskapelle zu Arras. Gegen 700 errichtete Bisch. Vindilianus eine neue Kirche, die St-Vaast genannt wurde.
Gedächtnis: 6. Februar
Darstellung: einen Bären nach sich ziehend. Mit einem Wolf, der eine Gans im Rachen hat. Sterbend, eine Lichtsäule erscheint ihm
Lit.: E. Guilbert, Saint Vaast (Arras 1928) – Baudot-Chaussin III 135–138

Vedruna ↗ Joachima Vedruna

Vedulf, Bisch. **von Arras und Cambrai,** Hl. (Vedulph, Wigolf)
Name: ahd. witu (Wald) bzw. Anlehnung an wîg (Kampf) + wolf (Wolf; wegen seiner Angriffslust bei den Germanen Symbol der Tapferkeit): Wolf des Waldes bzw. kämpferischer Wolf
Er war der 2. Nachfolger des hl. ↗ Vedastus auf dem Bischofsstuhl von Arras (Nordfrankreich) u. regierte 545–580. Er verlegte um 555 den Bischofssitz von Arras nach Cambrai.
Gedächtnis: 27. März

Veit ↗ Vitus

Velten ↗ Valentin

Venantius von Artois, Märt., Hl.
Name: zu lat. venator, Jäger
Er lebte als Einsiedler in Artois (Landsch. in Nordfrankreich) u. wird dort als Märt. verehrt. In seiner Jugend widmete er sich dem Kriegsdienst, zog sich aber nach einer Verwundung im Turnier von der Welt zurück u. ließ sich in der Nähe der Stadt Aire-sur-Lys in einem Wald nieder. Er wurde Erzieher der Ituberga, der Tochter Pippins d. J., u. wurde um 768 ermordet. Seinen Leichnam warfen die Mörder in die Lys.
Gedächtnis: 10. Oktober

Venantius von Camerino, Märt., Hl.
In den alten Quellen ist er unbekannt. Nach einer späteren legendarischen Passio sei er als Knabe von 15 Jahren in Camerino (zw. Perugia u. Ancona, Mittelitalien) unter Decius nach qualvollen Martern um 250

enthauptet worden. Wahrscheinlich handelt es sich um einen gleichnamigen Märt. aus Salano bei Spalato (heute Split in Dalmatien), dessen Reliquien Papst Johannes IV. (640–643) zus. mit denen anderer Heiliger nach Rom übertragen u. in einer Kapelle bei der Lateranbasilika beisetzen ließ. Sein Kult breitete sich von Rom über ganz Italien aus u. gelangte so auch nach Camerino, wo man ihn später zu einem Lokalheiligen umdichtete. Ein Gedicht aus dem 14. Jh. berichtet, daß seine Gebeine geraubt, aber auf Befehl Clemens' IV. (1265–1268) wieder nach Camerino zurückgebracht wurden.
Gedächtnis: 18. Mai
Darstellung: mit Löwen, die ihn umringen. Eine Quelle bricht unter seinen Knien hervor, während er gegeißelt wird
Lit.: AnBoll 16 (1897) 490–500 – Lanzoni I 487f – C. Mezzana, Il cofano argenteo di S. Venanzio a Camerino: RivAC 20 (1943) 317–327 (Silberreliquiar) – ECatt XII 1176f

Venantius Honorius Clementianus **Fortunatus,** Bisch. von Poitiers, Hl.
* um 535 zu Valdobbiadena bei Treviso (nördl. von Venedig). Er studierte in Ravenna die lat. u. griech. Klassiker, Musik u. Poesie mit der Absicht, seine musischen Fertigkeiten in den Dienst der Glaubensverkündigung zu stellen. Durch die arianischen Langobarden vertrieben, suchte er sich ein neues Wirkungsfeld u. verließ 565 seine Vaterstadt. Auf langer Wanderung kam er über Tirol nach Mainz, Köln, Trier u. Metz, wo gerade König Sigebert von Austrasien mit Brunhilde Hochzeit hielt (566) u. dessen Gunst er gewann. Von Metz wanderte er nach Verdun, Reims, Soissons (dort besuchte er u. a. das Grab des hl. ↗ Medardus) u. Paris, wo er die Bekanntschaft mit König Childebert machte. Von Paris wandte er sich nach Tours, um am Grab des hl. ↗ Martin seinen Dank für die Gesundung seiner Augen abzustatten. Von Tours endlich ging er nach Poitiers, wo er sich endgültig niederließ. Er lernte dort Königin ↗ Radegunde, die thüringische Prinzessin, mit ihrer Adoptivtochter ↗ Agnes kennen, deren fromme Lebenshaltung ihn tief beeindruckte u. mit denen ihn eine dauernde geistliche Freundschaft verband. In Poitiers wurde er Priester u. um 600 Bisch. † am 14. 12. noch vor 610.
Venantius Fortunatus ist der bedeutendste Dichter der Merowingerzeit. Seine Gedichte sind in den 11 Büchern Carmina gesammelt (I–IX wurden auf Anregung ↗ Gregors von Tours von ihm selbst herausgegeben). Es sind meist Gelegenheitsdichtungen, die bes. in kulturhistorischer Hinsicht wertvoll sind u. die formal an der Antike (Vergil) ausgerichtet sind, geistig aber dem Mittelalter näherstehen. Von seinen rel. Dichtungen wurden mehrere in den Hymnenschatz der Liturgie aufgenommen: die beiden Kreuzeshymnen Vexilla Regis prodeunt und Pange lingua gloriosi proelium certaminis sowie der Muttergotteshymnus Quem terra, pontus, sidera.
Von seinen hagiographischen Werken sind zu nennen: die Vita des hl. ↗ Martin von Tours (ein Versepos, das mit seiner eigenen Wunderheilung schließt), der hl. Radegunde, Bisch. ↗ Albinus von Angers, ↗ Hilarius von Poitiers, Marcellus u. ↗ Germanus von Paris, ↗ Paternus von Avranches u. Severinus von Bordeaux.
Gedächtnis: 14. Dezember
Lit.: W. Meyer, Der Gelegenheitsdichter Venantius Fortunatus (Berlin 1901) – Raby Chr 86–95 – Raby Sec 127–142 – Pauly-Wissowa 2. Serie VIII/1 677–695 – Baudot-Chaussin XII 445–450 – Altaner 463ff – W. Schmid: Jachmann-Studien (Köln 1959) 253–263

Veneranda, Märt., Hl.
Name: lat., die Verehrungswürdige
Sie stammte aus Gallien u. widmete sich als Jungfrau dem Unterricht der weiblichen Katechumenen. † um 144. Eine unsichere Überlieferung läßt sie mit 39 Jahren nach Rom ziehen u. dort vom Präfekten Asclepiades (Asclepius) nach vielen Martern enthauptet werden.
Gedächtnis: 14. November

Venerini ↗ Rosa Venerini

Venerius u. Gef., Märt. **zu Rom,** Hll.
Name: lat., der der Liebesgöttin Venus Geweihte
Seine Reliquien wurden 1618 mit denen seiner Gefährten **Castus, Livonius** u. **Leontia** aus dem Cömeterium der Priscilla an der Salarischen Straße in Rom erhoben u. 4 Jahre später von Bisch. Johann von Wetter-

stätten in der Jesuitenkirche zu Eichstätt beigesetzt.
Gedächtnis: 1. März

Vera
Name: aus dem Russ. übernommener weiblicher Vorname: Glaube, Zuversicht; auch als Kf. von ↗ Verena oder ↗ Veronika

Veranus, Bisch. **von Vence,** Hl. (franz. Véran)
Name: zu lat. ver (Frühling): der im Frühling Geborene
Er war 442–451 Bisch. von Vence (Dep. Alpes-Maritimes, westl. von Nizza). Er war der 2. Sohn des ↗ Eucherius von Lyon u. Bruder des Bisch. ↗ Salonius von Genf. Er zeichnete sich aus durch Ergebenheit an den Apostolischen Stuhl u. große Glaubenstreue in den arianischen Wirren. † 474/480.
Gedächtnis: 11. November
Lit.: Baudot-Chaussin XI 346ff – AnBoll 83 (1965) 81–94

Veremundus OSB, Abt **zu Hirache,** Hl. (Warmund)
Name: ahd. wari, weri (Verteidigung) + munt (Hand, Schutz, Vormundschaft, Sicherheit): wehrhafter Schützer
* um 1020 zu Arelbano. Er wurde Benediktinermönch im Kloster zu Hirache in Navarra (Nordspanien) u. Abt dortselbst. Er war berühmt durch seine Wohltätigkeit u. Wundergabe. † 1092. Seine Gebeine ruhen in der Pfarrkirche S. Juan de Estella (südl. von S. Sebastián).
Gedächtnis: 8. März

Verena von Zurzach, Hl.
Name: Kf. von ↗ Veronika (Kf. Vreni)
† am 350 u. wurde in Zurzach am Rhein (nordwestl. von Zürich) begraben. Nach der Vita gehörte sie der Thebäischen Legion an (↗ Mauritius) u. kam nach deren Martyrium in die Gegend von Solothurn (Nordschweiz), wo sie viele Alemannen bekehrte, u. dann nach Zurzach, wo sie Arme u. Kranke pflegte u. so durch das Beispiel ihres christlichen Lebens zur Ausbreitung des Glaubens wesentlich beitrug. Über ihrem Grab entstand bald eine Kirche mit Kloster u. eine ausgedehnte Wallfahrt. Sie ist eine der meistverehrten Heiligen der Schweiz. Ihre Reliquien werden an vielen Orten verehrt, zahlreiche Altäre, Kirchen u. Kapellen sind ihr geweiht.
Liturgie: Freiburg/B., Basel g am 1. September
Darstellung: als Einsiedlerin (Nonne) mit Krug und Brot, oder einem zweireihigen Kamm oder einem Fisch
Patronin: der Fischer, Müller, Haushälterinnen
Lit.: Stückelberg 127–134 – A. Reinle, Die hl. Verena von Zurzach (Basel 1948) – J. Bütler, Die Thebäische Legion (Luzern 1951) 37–58 – R. Laur-Belart – H. R. Sennhauser, Zurzach (Aarau 1960)

Verona, Hl.
Name: Kf. zu ↗ Veronika
Sie entstammte dem Geschlecht der Karolinger u. war die Tochter König Ludwigs II. des Deutschen. Nach dem Tod ihres Vaters (876) nahm sie den Schleier. † um 900 in Mainz. Ihr Leib wurde in der Kirche zum hl. Kreuz (später Veronshofen) beigesetzt. Vor der Kirche fließt ein Brunnen, von deren Wasser Fieberkranke früher mit Vertrauen tranken.
Gedächtnis: 29. August

Veronika (Veronica) Negroni **von Binasco** OESA, Sel.
Name: ↗ Veronika von Jerusalem
* 1445 zu Binasco (südl. von Mailand) aus armen Verhältnissen u. ohne Schulbildung. Sie trat 1466 in das Kloster der Augustiner-Eremitinnen als Laienschwester ein. Sie war schwach begabt u. bemühte sich vergeblich, das Lesen u. Schreiben zu erlernen. Da wurde ihr in einer Vision von Maria die Kenntnis eines weißen, schwarzen u. roten Buchstabens gelehrt, d. h. die Übung der Herzensreinheit, der Ergebung in das Leiden u. der Betrachtung des Leidens Christi. Im Kloster tat sie einfache Hausdienste u. sammelte Almosen in der Stadt. Ihre mystische Begnadung ist gut bezeugt. † am 13. 1. 1497.
Gedächtnis: 13. Jänner
Lit.: A. Saba, Fed. Borromeo e i Mistici del suo tempo (Florenz 1933) 8–11 – D. P. Moiraghi (Pavia 1934) – Thurston-Attwater I 76f

Veronika (Veronica) **Giuliani** OSClCap, Äbtissin, Hl. (Taufname: Orsola)

* am 27. 12. 1660 zu Mercatello sul Metauro (südwestl. von Rimini, Mittelitalien). Sie wurde 1677 Kapuzinerin in Città di Castello (nördl. von Perugia), 1694 Novizenmeisterin u. 1716 zugleich auch Äbtissin. Schon in ihrer Kindheit bemerkte man an ihr eine ungewöhnliche Frömmigkeit u. Anzeichen einer mystischen Begnadung, zugleich aber auch einen starken Eigensinn, der sich bisweilen in heftigen Zornesausbrüchen entlud. Im Orden lebte sie in großer Bußstrenge u. hatte außerordentliche mystische Gnaden. Am Karfreitag 1697 empfing sie die Wundmale Christi an ihrem Körper. Wegen derselben hatte sie auf kirchlichen Befehl schwere Prüfungen zu bestehen u. später noch eine zweite u. härtere Prüfung durch den strengen Jesuitenpater Crivelli, bis die Echtheit ihrer Stigmata u. Visionen auch kirchlich anerkannt wurde. Insbes. erwiesen sich ihre Demut, ihr Gehorsam u. der Wille zur Gleichförmigkeit mit dem Gekreuzigten in wachsender Leidensbereitschaft u. innerer Ruhe und Heiterkeit. † am 9. 7. 1727 in Città di Castello. 1804 selig-, 1839 heiliggesprochen.
Gedächtnis: 9. Juli
Darstellung: als stigmatisierte Kapuzinerin mit Dornenkrone. Mit Vermählungsring. Ihr Herz vom Jesuskind verwundet. Die Leidenswerkzeuge Christi in ihrem Herzen
Lit.: Th. V. Gerster (Bozen 1926) – Baudot-Chaussin VII 206–209 – LexCap 1801ff – CollFr 31 (1961) 257–608 (463–555 Bibliogr.), 32 (1962) 353–396

Veronika, fromme Frau **in Jerusalem**
Name: ursprüngl. von Beronike (Berenike), der makedonischen Form des griech. Pherenike (phérein = bringen, níke = Sieg): Siegbringerin. Etwa seit dem 12. Jh. wird er volksetymologisch mit dem lat.-griech. „Vera íkon" (wahres Abbild) gedeutet
Seit dem 4. Jh. gibt es im Abendland die Veronika-Legende, die bis ins späte Mittelalter eine reiche Ausfaltung erlebte: Eine der klagenden Frauen (Lk 23,27f) reicht Jesus auf seinem Kreuzweg ein Schweißtuch (sudarium), daß er sich damit das Gesicht trockne. Jesus drückt sein Gesicht darauf, sodaß ein Abdruck seines Antlitzes zurückbleibt. Bald wird diese Matrone mit der blutflüssigen Frau (Mt 9,20) oder mit ↗ Martha von Bethanien identifiziert. Etwa ab dem 6. Jh. wird bes. in Oberitalien und Südfrankreich in vielen Varianten berichtet, daß der schwerkranke Kaiser Tiberius von Jesus in Palästina hört u. einen Boten schickt, um ihn kommen zu lassen. Als er aber erfährt, daß Jesus gekreuzigt worden sei, läßt er in seinem Zorn Pilatus absetzen u. gefangennehmen. Dafür ruft er die blutflüssige Frau, die Jesus zu Lebzeiten auf ein Tuch hat einprägen lassen, zu sich. Beim Anblick des Bildes wird der Kaiser geheilt u. läßt sich taufen. Später heißt es, die Frau sei in Rom geblieben u. habe bei ihrem Tod das Bild auf dem Tuch dem hl. Clemens vermacht. Wieder später heißt es, die Frau habe sich mit einem Tuch zu Jesus begeben, um ihn darauf abzumalen. Da sei ihr Jesus unterwegs begegnet u. habe seine Gesichtszüge darauf eingeprägt. Nach einer anderen Version habe ↗ Lukas dreimal vergeblich versucht, Jesus zu malen. Da habe Jesus selbst seine Gesichtszüge wunderbar darauf gedrückt, usw.
Die Veronika-Legende hat ihren Ursprung in der syr. Abgar-Legende seit dem frühen 4. Jh. Die ursprüngliche Form berichtet Eusebius um 300: König Abgar von Edessa (Abgar Ukkama, 4 v. Chr. bis 7 n. Chr. u. wieder 13 bis 50 n. Chr.; Edessa, das heutige Urfa, südöstl. Türkei) ist unheilbar krank u. schickt den Boten Hannan (Ananias) mit einem Brief zu Jesus, worin er ihn um Heilung bittet u. ihn einlädt, nach Edessa zu kommen, um so den Nachstellungen der Juden zu entgehen. Jesus schreibt zurück, er könne nicht kommen, da sich sein Geschick in Jerusalem erfüllen müsse, doch werde er nach seinem Heimgang von dieser Welt einen Jünger senden. Nach der Himmelfahrt Jesu schickt der Apostel ↗ Thomas den Addai (Thaddäus), einen der 70 Jünger, der Abgar durch Handauflegung heilt u. anschließend im ganzen Land predigt. Bald kommt ein neues Motiv zu dieser Legende hinzu: Jesus schickt zus. mit dem Antwortbrief auch sein eigenes Abbild, das er mit seinem Gesicht auf ein Tuch geprägt hat. Beim Anblick dieses Bildes wird Abgar geheilt. Ähnlich wie die Veronika-Legende erfuhr auch die Abgar-Legende in der Folge eine ungemein reiche Entwicklung mit zahllo-

sen Varianten. Etwa ab dem 6. Jh. ist es nicht mehr Abgar selbst, sondern seine (angebliche) Tochter Beronike, die das Bild für ihren Vater entgegennimmt.
Mit der Abgar-Legende steht das sog. Edessa-Bild in enger Beziehung: 544 entdeckte man in der Stadtmauer von Edessa über dem Stadttor ein Christusbild, das alsbald höchste Verehrung genoß. Es galt als sog. Acheiropoiéton (nicht von Menschenhand gemacht). Von diesem Bild wurden alsbald 2 Kopien angefertigt, die in der Folge mehrmals die Besitzer wechselten u. vermutlich im Bilderstreit (730–843) untergingen. Das Original ließ der byzantinische Kaiser Tomanos I. Lakapenos 944 nach Konstantinopel übertragen. Der Tag dieser Translation wird noch heute bei den Byzantinern am 16. August gefeiert. Die Ritter des 4. Kreuzzuges raubten es mit vielen anderen Reliquien u. nahmen es nach Europa mit. Dieses Bild zu besitzen, behaupten die Kirchen S. Silvestro in Capite in Rom, Ste-Chapelle in Paris (als Geschenk Balduins an Ludwig IX., 1247) u. Genua (als Geschenk des byzantinischen Kaisers, 14. Jh.). Das Edessa-Bild ist insofern bedeutsam, als es den Urtypus für sämtliche Christusdarstellungen des Ostens bis in die Gegenwart darstellt.
Schon sehr früh suchte man „authentische" Bilder von Jesus zu besitzen. ↗ Irenäus von Lyon berichtet vor 200, daß die Anhänger des Karpokrates (eine gnostische Sekte) ein derartiges „wahres Abbild" besäßen. Es sei nach einem Urbild geschaffen, das Pilatus von Jesus habe malen lassen. Auffallend ist, daß es auch in Italien schon seit dem 4. Jh. Christusbilder gibt, die einander im Ausdruck ähneln u. offenkundig vom byzantinischen Urtyp her beeinflußt sind, u. a. in der Katakombe der hll. Petrus u. Marcellinus in Rom (um 400), am Portal von S. Sabina in Rom (Anfang des 5. Jh.s), Mosaiken in S. Apollinare in Ravenna (um 500), ein Apsismosaik in SS. Comas und Damian in Rom (6. Jh.). Im Oratorium S. Maria ad Praesepem in Rom wurde mindestens seit dem 8. Jh. ein Christusbild verehrt. Es hieß Vultus effigeis (Abbild des Antlitzes) oder Sudarium (Schweißtuch), eine Beischrift aus dem 12. Jh. nennt es „Vera ikon" (wahres Abbild), woraus sich der volkstümliche Name Veronyca oder Veronica herleitet. Wahrscheinlich liegt hier eine lautliche Anlehnung an die oben genannte Beronike vor. Es ist ein Holztafelbild, in typisch byzantinischer Art (Serbien?) mit einer Bildmaske umrahmt, die die Draperie eines Tuches darstellt. Es ist heute unkenntlich, doch gibt es davon mehrere frühe Kopien, von denen eine im Petersdom in Rom aufbewahrt wird. „Veronica" ist bis ins 13. Jh. bald der Name des Bildes, bald der der legendären Frau. Ab dem 14. Jh. gewinnt das letztere die Oberhand. Daneben gibt es zahlreiche andere „Veronika-Bilder", die entweder als „Original" oder als Kopien ausgegeben werden. Im Lauf des Mittelalters hatte fast jede Kirche ein Bild, das Veronika mit ihrem Schweißtuch darstellte. Auch in den Mysterienspielen des Mittelalters erhielt Veronika ihren festen Platz und ist noch heute die Hauptfigur der 6. Kreuzwegstation. Schon früh haben sich die kirchlichen Stellen u. später die kritische Forschung gegen den historischen Charakter der Veronika u. ihrer Legende ausgesprochen. Nichtsdestoweniger wurde sie zu einer der populärsten Volksheiligen, die ab dem 15. Jh. am 4. Februar (nicht im Röm. Martyrologium) gefeiert wurde.
Eine überraschende Entdeckung konnte 1950 der Prager Arzt R. W. Hynek machen. Er hatte schon lange einen kausalen Zusammenhang zw. den alten Veronika-Bildern u. den byzantinischen Christus-Bildern mit dem Antlitz auf dem Grabtuch von Turin vermutet. Durch fotografisches Übereinanderkopieren des Turiner Antlitzes mit der röm. Kopie fand er eine exakte Übereinstimmung in allen Konturen u. Proportionen, einschließlich der größeren Wunden u. Blutspuren im Gesicht. Die beiden Bilder ergänzen einander sogar zu einem sehr plastischen, lebensvollen Porträt. Damit ist der Beweis erbracht, daß das Turiner Grabtuch direkt oder indirekt allen westlichen u. östlichen Christusbildern als Urtyp zugrundeliegt. Das Grabtuch von Turin gilt als dasjenige Linnen, in dem der Leichnam Jesu im Grab eingehüllt war. Durch den Abdruck dieses Leichnams zeigt es in erschütternder Realistik alle Einzelheiten seines Leidens. Es befand sich in den

ersten Jahrhunderten in Jerusalem u. an anderen Orten Palästinas, kam im 8. Jh. über Kleinasien nach Konstantinopel, von wo es die Kreuzfahrer des 4. Kreuzzuges 1204 nach Europa mitnahmen. Wenig später taucht es in Besançon auf, wo es bis 1349 verblieb. 1353 bis 1418 war es im Besitz der Stiftsherren von Lerey bei Troyes, 1418 bis 1578 der Herren von Chambéry. 1578 übertrug man es über die Alpen nach Turin, um dem greisen Kard. ↗ Karl Borromäus, der es verehren wollte, entgegenzukommen. Die wissenschaftlichen Untersuchungen im modernen Sinn über das Grabtuch von Turin setzten 1931 ein u. gelten seit 1973 als im wesentlichen abgeschlossen. Die Echtheit dieser Reliquie wird heute allg. anerkannt.

Lit.: Abgarlegende: O. Gebhardt-A. Harnack (Hrsg.), Texte u. Unters. zur Gesch. der altchristl. Lit. Neue Folge 3 (Leipzig 1899) 38f (Acheiropoieta), 102ff (Edessabild, Legende) – Veronika: E. v. Dobschütz, Christusbilder. Untersuchung zur Christl. Legende (Leipzig 1899) 197–262 250–333 – Künstle I 444f 590ff – P. Peters: AnBoll 51 (1933) 145f – Grabtuch: R. W. Hynek, Golgotha im Zeugnis des Turiner Grabtuches (Karlsruhe 1950) 49ff (Kopien) – W. Bulst, Das Grabtuch von Turin (Freiburg/B. 1955^2) – Ders., Das Grabtuch von Turin (Karlsruhe 1978)

Verzeri ↗ Theresia Eustochium Verzeri

Vialar ↗ Émilie de Vialar

Vianney ↗ Johannes Maria Vianney

Vicelinus (Wizelin), Bisch. **von Oldenburg,** Hl.

Name: Verkl.f. von ↗ Wido

* um 1090 vermutlich zu Hameln. Er erhielt seine Ausbildung im OSB-Kloster Abdinghof in Paderborn, wurde um 1120 Domscholaster in Bremen u. studierte 1123 bis 1126 in Frankreich. 1126 erhielt er in Magdeburg von ↗ Norbert von Xanten die Priesterweihe. Er kehrte nach Bremen zurück, von wo er von Erzb. Adalbero zur Mission bei den Wenden in Wagrien (Ostholstein) entsandt wurde. Da er wenig Erfolg hatte, gründete er mit Unterstützung Herzog Lothars III. von Sachsen die Augustiner-Chorherrenstifte Neumünster u. Segeberg im sächsisch-wendischen Grenzgebiet. Politische Wirren verhinderten aber auch jetzt wesentliche Erfolge, auch ein Wendenkreuzzug 1147 schlug fehl. 1149 wurde er zum Bisch. von Oldenburg erhoben, geriet aber als solcher in den Streit zw. Erzb. Hartwig I. von Bremen u. Heinrich dem Löwen, Herzog von Bayern u. Sachsen. Er wurde gezwungen, in Neumünster zu bleiben, wo er nach einem Leben voller Rückschläge u. Enttäuschungen am 12. 12. 1154 starb. Seine Gebeine wurden im 14. Jh. nach Bordesholm übertragen, zur Zeit der Reformation gingen sie aber verloren.

Liturgie: Osnabrück g am 12. Dezember

Lit: Hauck IV 622–628 638–643 – F. Hestermann, St. Vizelin (Dülmen 1926) – W. Neugebauer: Der Wagen (Lübeck 1958) 5–12, (1960) 6–24 – W. Lammers: Gesch. Schleswig-Holsteins, hrsg. v. O. Klose, IV (Neumünster 1961ff) 3. Lieferung

Vico (ital.), Kf. von Lodovico (↗ Ludwig)

Victor, Märtyrer, Hll.

Name: lat., der Sieger (Viktor)

Das röm. Martyrologium kennt eine größere Zahl von Märt. dieses Namens aus den ersten 4 Jahrhunderten.

Ein Victor-Kult ist an vielen Orten nachzuweisen, z. B. in Aachen, Barcelona, Braga (Portugal), Embrun (Südfrankreich), Feltre, Genf, Hippo, Köln, Mainz, Mailand, Maiuma b. Gaza, Marseille, Osimo, Otricoli, Piacenza, Pollenzo, Prag, Ravenna, St-Maurice, Solothurn, Volterra, Xanten. Andererseits fehlen alle Zeugnisse über diese Märt. aus der Verfolgungszeit selbst außer über den Victor, der in einem Brief des Bekenners Lucianus aus Karthago zus. mit anderen erwähnt wird (↗ Victorinus von Karthago u. Gef.). Der Victor-Kult an den meisten der genannten Orte kann durch Translation von Reliquien nur schwer erklärt werden, auch Verschreibungen u. Verdoppelungen in den verschiedenen alten Martyrologien sind hiezu nicht hinreichend. Seit dem 3. Jh. (Cyprian) nannte man die Märt. (bes. die Großmärt.) victores (Sieger), etwas später bei den Griechen entsprechend kallínikoi (die ruhmvoll Siegenden). Als ↗ Konstantin d. G. nach seiner Bekehrung, den Märt. zu Ehren u. als ihr Mitkämpfer gegen das Heidentum, sich den Titel Victor (griech. niketēs) beilegte, wurde der Victor-Kult stark begünstigt. Man führte „Victor“-Feste ein zur Verdrängung heidnischer Götterfeste wie des Jupiter

Victor, Hercules Victor, Mars invictus, Sol invictus (Mithras-Kult) u. a. Dementsprechend gab es in der gesamten alten Kirche überall „Victor“-Kultstätten. Beides geschah in Anlehnung an einen bereits bestehenden Kult eines Märt. anderen Namens, wobei dessen eigentlicher Name hinter seinen Ehrennamen Victor zurücktrat. Auffallend ist hier, daß der Name Victor fast immer innerhalb einer Gruppe von Märt. genannt wird. Auffallend ist weiters die Häufung von Victor-Kultstätten an der Sternlinie Rhein–Rhone–Po (z. B. Xanten, Köln, Trier, Solothurn, St-Maurice, Marseille, Mailand u. a.), die alle in die spätröm. Zeit zurückgehen, was auf eine planmäßige Begünstigung des Victor-Kultes schließen läßt.

Im besonderen sind zu erwähnen:

a) *Victor,* Märt. *in Karthago:* Ein Bekenner Lucianus aus Karthago erwähnt in einem Brief gefangene Christen im Bergwerk, unter denen sich ein Bisch. Victor befindet u. der auch im Antwortschreiben genannt ist (↗ Victorinus). Ein Bisch. Victor wird auch in einer Inschrift in Cirta (heute Constantine, Algerien) erwähnt.

b) *Victor,* Märt. *in Mailand:* Der Kult dieses Heiligen reicht ins 4. Jh. zurück. ↗ Ambrosius, der vermutlich sein Grab entdeckte, erwähnt ihn zus. mit ↗ Nabor u. Felix, beklagt aber zugleich, über ihn u. die Verfolgung nichts Sicheres zu wissen. Eine Passio aus dem 6. Jh. läßt ihn unter Maximian als Soldat um 303 das Martyrium erleiden. Vermutlich sollte mit dieser Legende erklärt werden, wieso es bereits im 5. Jh. in Mailand 4 Victor-Kirchen u. mehrere Gedächtnistage gab (6., 7., 8., 14. Mai, 21., 30. September). Das Röm. Martyrologium gibt als seinen Gedächtnistag den 8. Mai an, das Martyrologium Hieronymianum den 14. Mai. Dieser Tag wurde in alter Zeit wohl gewählt, um das heidnische Fest des Mars invictus zu verdrängen.

c) *Victor,* Märt. *in Marseille:* Schon im 5. Jh. wurde dieser Märt. am 21. Juli gefeiert, offenbar in Verdrängung der dortigen Neptunalia. Die Passio bezeichnet ihn als Schiffer (Steuermann) oder Soldaten, eine andere Überlieferung als Bisch. u. verbindet ihn mit verschiedenen Märtyrergruppen. Sein Kult nahm bald die Stelle der anderen Märt. ein. Die nach ihm benannte Abtei St-Victor in Marseille an seinem Grab wurde im Mittelalter ein vielbesuchtes Wallfahrtsziel. Er ist seit alters Patron der Seeleute (vgl. den Meeresgott Neptun!).

d) *Victor,* Märt. *aus Cäsarea:* Die Passio des 5. Jh.s nennt ihn einen Märt. in Afrika u. schildert seinen Tod in weitgehender Anlehnung an die Kreuzigung Christi (die 2 Schächer werden zu „officiales“, Victor antwortet ihnen mit den Worten Christi usw.). Später vermischte sich seine Gestalt mit der eines Einsiedlers Victor aus Cerezo (Spanien), der im 9./10. Jh. von den Sarazenen getötet worden sein soll u. in Burgos am 26. Juli verehrt wird.

e) *Victor,* Märt. *in Solothurn:* ↗ Ursus u. Victor

f) *Victor,* Märt. *in Xanten:* ↗ Victor u. Gef., Märt. in Xanten

g) *Victor u. Corona:* Sie wurden an mehreren Orten Italiens am 14. Mai verehrt, z. B. in Feltre, Osimo, Otricoli. Die verschiedenen Fassungen ihrer Legende verlegen ihr Martyrium meist nach Ägypten, teilweise auch nach Italien. Diese Erzählungen entstanden vermutlich anläßlich der Reliquienübertragungen aus dem Orient nach Italien. Von dort wanderten Reliquien des Paares auch nach Deutschland (Aachen, Prag).

Lit.: allg.: F. Rütten, Die Victor-Verehrung im christl. Altertum (Paderborn 1936) – AnBoll 55 (1937) 359–362 – Zu a) Delehaye OC 380 382f 391 – Zu b) BHL 8580–8583 – Savio L II/1 773–779 – F. Rütten, a. a. O. 68–73 120ff – M. Simonetti, Innologia ambrosiana (Alba 1956) 56f – Zu c) BHL 8569–8579 – Quentin 193–200 – F. Rütten, a. a. O. 66ff – Réau III 1319ff – Zu d) BHL 8565f, Suppl. 304 – AnBoll 24 (1905) 257–264 – F. Rütten, a. a. O. 122f – Zu g) F. Rütten, a. a. O. 125–134

Victor I., Papst, Hl.

Papst von 189(?) bis 198(?). Nach ↗ Hieronymus war er Lateiner, nach dem Liber Pontificalis Afrikaner. Er war ein tatkräftiger Papst u. rückte in der röm. Gemeinde das lat. Element stärker in den Vordergrund. Bes. im Osterfeststreit suchte er den röm. Führungsanspruch zur Geltung zu bringen. Darüber wäre es beinahe zur Spaltung mit den Kleinasiaten gekommen, die an der quartodezimanischen Praxis festhielten, wenn nicht ↗ Irenäus von Lyon als Vermittler aufgetreten wäre. Papst Victor setzte den gnostischen Priester Florinus ab u. schloß den Monarchianer Theodotos d.

Ä. aus der Kirchengemeinschaft aus. Ob er unter Kaiser Septimius Severus als Märt. starb, ist unsicher.
Gedächtnis: 28. Juli
Lit.: Haller I² 25ff – Seppelt I² 29–33 – Handb. d. Kirchengesch., hrsg. v. H. Jedin, I (Freiburg/B. 1962) 233f 242 311

Victor III., Papst, Sel.
Er hieß eigentlich Daufari (Dauferius). * um 1027 aus dem langobardischen Herzogshaus von Benevent. Zuerst lebte er als Eremit u. wurde 1048/49 Benediktiner in S. Sofia in Benevent, wo er den Ordensnamen Desiderius annahm. Er zog sich auf einige Zeit wieder in seine frühere Einsiedelei zurück, nahm aber auf Befehl Leos IX. sein Klosterleben wieder auf. Victor II. erlaubte ihm 1055 den Eintritt in das OSB-Kloster Montecassino, von wo aus er einige Zeit als Propst des Klosters S. Benedetto in Capua eingesetzt wurde. Am 10. 4. 1058 wurde er Abt in Montecassino. Als solcher brachte er das Kloster durch großzügigen Umbau, durch Vergrößerung seines Besitzes u. Ausbau seiner Bibliothek zu einer Hochblüte. Vor allem wurde unter ihm die Abtei zu einer Sammelstätte der päpstlichen Registerüberlieferung. Im März 1059 wurde er Kard. u. päpstlicher Vikar für die Klöster in Unteritalien. 1082 schloß er sich Kaiser Heinrich IV. auf dessen 2. Romfahrt an u. scheint daraufhin von ↗ Gregor VII. gebannt worden zu sein. Doch spätestens 2 Jahre danach kam es zur Aussöhnung, als Gregor VII. auf der Flucht vor Heinrich IV. in Montecassino Zuflucht fand. Am 24. 5. 1086 wurde er zum Papst gewählt, nahm aber die Wahl erst auf einer Synode zu Capua, die er als päpstlicher Vikar einberief, am 7. 3. 1087 endgültig an. Er zog sich aber bald wieder nach Montecassino zurück u. berief von hier aus eine Synode nach Benevent ein, auf der er Laieninvestitur und Simonie scharf verurteilte u. den Bann über den Gegenpapst Clemens III. (Wibert von Ravenna) erneuerte. Den Bann über Heinrich IV. erneuerte er dagegen nicht, da er dem Kaiser gegenüber eine versöhnlichere Haltung einnehmen wollte. † am 16. 9. 1087 in Montecassino. Kult approbiert 1887.
Gedächtnis: 16. September
Lit.: Haller II 430–433 – Seppelt III 115ff

Victor, Märt. **zu Tomils,** Hl.
Er war Priester in Tomils (Kt. Graubünden, Schweiz) u. wird im Bistum Chur verehrt. Er machte dem Grafen Johann Georg von Werdenberg Vorhaltungen wegen seines ärgerniserregenden Lebenswandels u. wurde deshalb von diesem um 887 ermordet.
Gedächtnis: 28. Mai

Victor (Viktor) **Überkomm,** Sel.
Er war Bürger von Baunach (Unterfranken) u. pilgerte mit einem Fuhrwerk nach Rom u. Santiago de Compostela, weshalb er auch der Fuhrmann genannt wird. Er verteilte sein Vermögen unter die Armen u. baute die Magdalenenkapelle, in welcher er ruht. † um 1475.
Gedächtnis: 29. März

Victor u. Gef., Märt. **in Xanten,** Hll.
Die älteste Nachricht über ihn bringt ↗ Gregor von Tours zus. mit seinem Bericht über die Auffindung der Gebeine des Märt. Mallosus. Die älteste Passio stammt aus dem 10. Jh. Sie ist ein Teil des Berichtes über das Martyrium des hl. ↗ Gereon von Köln u. seiner Gefährten. Damit wird er in Zusammenhang mit den Märt. der Thebäischen Legion (↗ Mauritius) gebracht. Ausgrabungen in Xanten (1933–35) erbrachten den Nachweis, daß sich hier tatsächlich eine frühchristliche Märtyrer-Kultstätte des 4. Jh.s befand.
Liturgie: Essen, Münster g am 10. Oktober
Darstellung: als Soldat oder Ritter in Rüstung, mit Palme
Lit.: BHL 8589f – F. Rütten, Die Victor-Verehrung im christl. Altertum (Paderborn 1936) 80–85 147–155 – A. Pompen (Roermond 1955) – AnBoll 75 (1957) 432f

Victoria, Märt. **zu Rom,** Hl.
Name: lat., der Sieg (Viktoria; Kf. Vicki, Vicky)
Nach der legendarischen Passio, die bereits im 7. Jh. existierte, soll sie unter Kaiser Decius (249–251) gestorben sein, wahrscheinlich fällt ihr Martyrium erst unter Diokletian (um 305). Sie soll von ihrem heidnischen Gatten Eugenius als Christin angeklagt u. enthauptet worden sein. Ihr Kult war schon früh in Mittelitalien verbreitet, ihr Bild findet sich in S. Apollinare Nuovo

in Ravenna (Anfang 6. Jh.). Ihre Gebeine wurden 827 nach Piceno, 931 in das OSB-Kloster Farfa (Sabinergebiet, nordöstl. von Rom) gebracht.
Gedächtnis: 23. Dezember
Darstellung: mit einem Kreuz einen Drachen überwindend; mit einem Schwert
Lit.: Lanzoni I 347–350 – Bibliotheca Sanctorum I (Rom 1961) 1074–1082 – M. G. Mara, I martiri della via Salaria (Rom 1964) 151–201

Victorinus, Bisch. **von Assisi,** Märt., Hl.
Name: Weiterb. von lat. ↗ Victor
Nach der aus dem 12. Jh. stammenden, historisch sehr unsicheren Passio soll er aus Assisi (Syrien?) stammen u. nach Rom übersiedelt sein, wo er um 250 von Papst ↗ Fabianus zum Bisch. von Assisi geweiht worden sein soll. Am Jupiterhügel, in der Nähe des Flusses Tesino, habe er den Martertod erlitten. Unsicher ist auch, ob er der 1. Bisch. von Assisi war.
Gedächtnis: 13. Juni
Lit.: ActaSS Ian. III (1867) 162–165

Victorinus u. Gef., Märt. **in Karthago,** Hll.
Ein Christ namens Lucianus erwähnt in einem Brief an einen Celerinus mehrere Christen, die in der Verfolgung des Decius (249–251) gefangengenommen wurden, weil sie das vorgeschriebene Jupiteropfer nicht darbringen wollten, und in der Sklaverei der Bergwerksarbeit an den Entbehrungen starben. Außer Victorinus werden genannt: Fortunio, Victor, Herennius, Credula, Herena, Donatus, Firmus, Venustus, Fructus, Julia, Martialis u. Aristo.
Gedächtnis: 17. Februar
Lit.: ActaSS Febr. III (1865) 264 – MartHieron 102f 107f 111 160 – Baudot-Chaussin II 434

Victorinus, Bisch. **von Pettau,** Märt., Hl.
Er war Bisch. von Pettau an der Drau (dem alten Poetovium, heute Ptuj, Jugoslawien) u. starb in der Verfolgung des Diokletian am 2. 11. um 304. Er war der 1. Bibel-Exeget der lat. Kirche. Die Bemerkung des ↗ Hieronymus, sein Griechisch sei besser als sein Latein, beweist noch nicht seine griech. Abstammung, wie man früher annahm. Jedenfalls aber entstammte er dem Grenzland der beiden Sprachen u. wurde so zum Vermittler des reichen Erbes der griech. Schriftauslegung, bes. bei Origenes. Er verfaßte Kommentare zu Gen, Ex, Lev, Is, Ez, Hab, Prd, Hld u. Offb sowie antihäretische und andere Abhandlungen.
Liturgie: Graz-Seckau g am 3. November
Lit.: Bardenhewer II 657–663 – DThC XV 2882–2887 – Pauly-Wissowa 2. Reihe VIII/2 2081ff – Altaner[6] 161f

Victricius, Bisch. **von Rouen,** Hl.
Name: Weiterb. von lat. ↗ Victor
Er war vorher röm. Legionssoldat, verließ aber gegen den Willen seiner Vorgesetzten den Militärdienst u. wurde um 386 Bisch. von Rouen (Normandie). Er baute dort die 1. Kathedrale St-Gervais u. stattete sie mit zahlreichen Reliquien aus. Er missionierte in Nordfrankreich, Flandern, Hennegau u. Brabant u. baute zahlreiche Kirchen. Kurz nach 386 reiste er mit ↗ Martin von Tours nach Vienne u. traf dort ↗ Paulinus von Nola, 396 reiste er nach Britannien, um 403 nach Rom, um seine Rechtgläubigkeit zu beweisen u. Entscheidungen in Disziplinarfragen zu erbitten. Von seinen Schriften ist nur De laude Sanctorum (eine Abhandlung über die Reliquienverehrung) erhalten. † vor 409 u. in Rouen beigesetzt. 841 wurden seine Gebeine nach Braine (Diöz. Soissons) überführt, um sie vor den Normannen zu retten. In der Franz. Revolution gingen sie z. T. verloren, einige kamen 1874 nach Rouen zurück.
Gedächtnis: 7. August
Lit.: P. Grosjean: AnBoll 63 (1945) 94–99 – Baudot-Chaussin VIII 121ff – DACL XV 117–120 – DThC XV 2954ff

Viel ↗ Placida Viel

Vier Gekrönte, Märt., Hll. (Quattuor Coronati)
Auf dem Mons Caelius in Rom werden seit dem 6. Jh. die Märt. **Castor, Symphorianus** (Sempronianus), ↗ **Claudius** u. **Nicostratus** in der ihnen geweihten Kirche verehrt. Ihr Leben u. der Ursprung ihres Kultes sind noch heute sehr umstritten. Es gibt zahlreiche, einander widersprechende literarische, archäologische u. liturgische Quellen, aus denen sehr gegensätzliche Schlußfolgerungen gezogen wurden. Entweder waren sie 4 (nach anderen Quellen 5) Märt. aus Pannonien (etwa das heutige Westungarn u. das Burgenland), deren

Reliquien im 4. Jh. auf den Mons Caelius, im 6. Jh. in das Cömeterium „Ad duas lauras" an der Via Labicana übertragen wurden, oder sie waren 4 anonyme röm. Märt., die nach Bekanntwerden der pannonischen Passio mit diesen Märt. identifiziert wurden. In diesem Fall wurde ihnen noch Simplicianus als 5. Märt. beigefügt, die Bezeichnung „Vier Gekrönte" aber beibehalten. Eine Form der Legende nennt sie pannonische Steinmetzen, die in den kaiserlichen Steinbrüchen Pannoniens arbeiteten u. wegen ihrer Weigerung, eine Statue des Asklepios u. das Bild des Sonnengottes anzufertigen, zus. mit einem 5. Christen in den dortigen Sümpfen ertränkt wurden. Einleuchtend scheint die Ansicht, daß sie 4 röm. Bürger waren, die zur Zwangsarbeit in den Steinbrüchen Pannoniens verurteilt wurden, u. deren Gebeine nach ihrem Tod man nach Rom zurückbrachte.

Gedächtnis: 8. November

Darstellung: als Steinmetzen mit Zirkel, Spitzhammer, Meißel, Reißschiene

Patrone: der Bildhauer, Steinmetzen; des Viehs

Lit.: K. Demeter, Die Legende von den 4 Gekrönten (Hamburg 1961) – A. Amore: Antonianum 40 (1965) 177–243

Vier hll. Marschälle

Als solche werden bes. in der Kirchenprovinz Köln verehrt: ↗ Antonius, Abt u. Mönchsvater, Papst ↗ Cornelius, Bisch. ↗ Hubert von Tongern-Maastricht u. ↗ Quirinus von Neuß. Man stellte sie sich – in Anlehnung an das einflußreiche Amt des Hofmarschalls – als bes. nahe bei Gottes Thron stehend u. in ihrer Fürbitte daher bes. wirksam vor. Die Zusammenstellung gerade dieser 4 Heiligen erwuchs aus dem gegenseitigen Wallfahren zu deren benachbarten Hauptkultstätten: den Antoniterklöstern in Köln u. Wesel, Kornelimünster in der Eifel, St-Hubert in den Ardennen u. St. Quirin in Neuß. Es spielte aber auch die Vorliebe des späten Mittelalters für Zahlensymbolik mit eine Rolle. Der Kult begann im 14. Jh., erreichte im 15. u. 16. Jh. eine Hochblüte u. begann im 17. Jh. wieder nachzulassen.

Lit.: W. Felten: AHVNrh 104 (1920) 121–149 – Braun 505ff – J. Torsy: AHVNrh 153–154 (1953) 7–48 – M. Zender, Räume u. Schichten mittelalterl. Heiligenverehrung . . . (Düsseldorf 1959) 154f, 175f (Lit.)

Vierzehn Nothelfer, Hll.

Bes. im Mittelalter wurden sehr viele Heilige als „Nothelfer" in allen leiblichen u. seelischen Nöten angerufen. Anlaß zur Anrufung eines bestimmten Heiligen war oft sein verwandter oder gleichartiger Beruf, seine Vita, vor allem auch die Attribute, die ihm in der Ikonographie beigegeben wurden. So ist Erasmus Patron der Seiler u. Drechsler, aber auch der Seeleute u. Bergleute, also solcher Berufe, die irgend etwas mit Seilen zu tun haben. Denn die Legende berichtet von Erasmus, man habe mit einer Winde seine Gedärme aus dem Leib gerissen. Nikolaus von Myra ist Patron der Schiffsleute, weil er nach der Legende einen Sturm zum Schweigen brachte, usw. Nach volkstümlicher Ansicht hatten bestimmte Heilige von Gott eine bes. wirksame Macht der Fürbitte in ganz bestimmten Anliegen. In den Notzeiten des 14. u. 15. Jh.s („Pest, Hunger u. Krieg") entwickelte sich bes. in den Diöz. Bamberg u. Regensburg eine spezielle Gruppe von „Nothelfern" heraus, deren Verehrung in dieser Form auf das übrige dt. Sprachgebiet u. sogar nach Italien u. Ungarn übergriff.

Die Namen dieser 14 Nothelfer sind: ↗ **Achatius** der Soldat (22. 6., dargestellt mit Dornstrauch u. Kreuzesbalken) – ↗ **Ägidius** (der einzige Nicht-Märt.; 1. 9., dargestellt als Abt mit Hirschkuh, die vom Pfeil getroffen ist) – ↗ **Barbara** (4. 12., mit Hostienkelch u. Palme) – ↗ **Blasius** (3. 2., mit 2 brennenden Kerzen) – ↗ **Christophorus** (früher 25., jetzt 24. Juli, trägt das Jesuskind auf seinen Schultern durch das Wasser) – ↗ **Cyriacus** von Rom (8. 8.; als Diakon mit gefesseltem Drachen u. Palme) – ↗ **Dionysius** von Paris (9. 10.; als Bisch. mit dem abgehauenen Haupt in der Hand) – ↗ **Erasmus** (2. 6.; als Bisch. mit aufgewickelten Ankertauen auf einer Schiffswinde) – ↗ **Eustachius** (20. 9.; als Jäger mit Hirsch, in dessen Geweih ein Kreuz ist) – ↗ **Georg** (23. 4.; als Ritter zu Pferd mit weißer Fahne, den Drachen bekämpfend) – ↗ **Katharina** von Alexandrien (25. 11.; mit zerbrochenem Zackenrad u. Schwert) – ↗ **Margaretha** von Antiochien (2. 7.; mit Drachen

u. Kreuzstab) – ↗ **Pantaleon** (27. 7.; in langem Mantel, Hände auf das Haupt genagelt) – ↗ **Vitus** (15. 6.; als Kind oder Jüngling, in einem Kessel mit siedendem Öl). Manchmal tritt an die Stelle eines der genannten 14 Heiligen durch lokale Verehrung ein anderer Heiliger oder dieser wird als 15. Nothelfer hinzugefügt, z. B. ↗ *Antonius* d. G., ↗ *Leonhard* von Limoges, ↗ *Magnus* vom Allgäu, ↗ *Nikolaus* von Myra, ↗ *Oswald* von Northumbrien, ↗ *Quirinus* von Neuß, ↗*Rochus* von Montpellier, ↗ *Wolfgang* von Regensburg.
Das bedeutendste Kulturzentrum der 14 Nothelfer wurde im 15. Jh. der Wallfahrtsort Vierzehnheiligen bei Staffelstein (Diöz. Bamberg). Darüber hinaus verehrte man sie allein im dt. Sprachraum an mehr als 830 verschiedenen Orten. Die älteste Darstellung der 14 Nothelfer findet sich auf einem Fresko in der Dominikanerkirche zu Regensburg (1. Hälfte des 14. Jh.s). Häufig werden sie mit der Gottesmutter in ihrer Mitte dargestellt.
Liturgie: Bamberg G am Samstag nach dem 4. Ostersonntag, Basilika Vierzehnheiligen H
Patrone: in allen Krankheiten u. Nöten
Lit.: H. Schauerte, Die volkstüml. Heiligenverehrung (Münster 1948) – G. Schreiber, Die Wochentage im Erlebnis der Ostkirche u. des christl. Abendlandes (Köln-Opladen 1959) – Ders., Die 14 Nothelfer . . . (Innsbruck 1959) – M. Zender, Räume u. Schichten mittelalterl. Heiligenverehrg. in ihrer Bedeutg. für die Volkskunde (Düsseldorf 1959)

Vierzig Märt. von Sebaste
Sie waren christliche Soldaten der legio fulminata (Donnerlegion; Name der 12. Legion) u. wurden wegen ihres christl. Glaubens in der Verfolgung des Kaisers Licinius (307–323) zu Sebaste in Armenien (heute Sivas, mittl. Türkei) um 320 zum Tod durch Erfrieren verurteilt. Sie mußten nackt auf einem öffentlichen Platz (oder auf einem zugefrorenen Teich) in der grausamen Kälte einer Winternacht stehen, u. zwar, wie es heißt, in der Nähe einer geheizten Badestube, um sie so besser zum Abfall verleiten zu können. Ihre Namen sind **Quirion** (Cyrius, Kyrion, Kyrinus; wohl der Kommandant der Truppe), **Candidus, Domnus, Melito** (Militon, Mellitus, Melicius), **Domitianus** (Diomecianus), **Eunoicus, Sisinius, Heraclius, Alexander, Joannes** (Julianus; bei den Griechen Bibianus gen.), **Claudius, Athanasius, Valens, Helianus, Ecditius, Acacius, Vibianus, Helias, Theodulus, Cyrillus, Flavius, Severianus, Valerius, Chudio, Sacerdon, Priscus** (Dianius), **Eutychius, Eutyches, Smaragdus, Philoctimon, Aetius, Nicolaus** (Micallius), **Lysimachus, Theophilus, Xantheas, Angias, Leontius, Hesychius, Cajus** u. **Gorgonius.** (Im Martyrologium des ↗ Hrabanus Maurus finden sich statt Domnus u. Smaragdus die Namen Juvenalis u. Basilides.) Einer von den ursprünglich 40 Verurteilten war abgefallen, an seine Stelle trat ein Wachesoldat (clavicularius, Schließer, Kerkermeister). Am anderen Morgen zerbrach man ihre Beine u. verbrannte ihre Leiber. Die Überreste der Märt. sollten ursprünglich ins Wasser geworfen werden, konnten aber durch Christen geborgen werden. Ihre Reliquien kamen „in die ganze Welt, damit jede Provinz an dem Segen derselben ihren Anteil habe“ (Gregor von Nyssa). Zu ihrem Andenken wurden bes. im Orient sehr viele Kirchen erbaut.
Gedächtnis: 10. März (Orientalen: 9. März)
Lit.: ActaSS Mart. II (1865) 12–29 – Bedjan III 355–375 (syr. Passio, dt.: ByZ 21 [1912] 76–93) – BHL 7537–7542 – Acta martyrum selecta, ed. O. v. Gebhardt (Berlin 1902) 166–170 171–181 (griech. Passio) – P. Franchi de Cavalieri: SteT 22 (1909) 64–73, 49 (1928) 155–184 – DACL XIV 2003–2006, XV 1107–1111 – BHG³ 1201–1208n

Vigilius, Bisch. **von Trient,** Hl.
Name: zu lat. vigil (Wächter): der Wachsame
Er stammte aus altröm. Familie u. studierte angeblich in Athen. Mit etwa 20 Jahren kam er mit seiner Mutter u. 2 Brüdern nach Trient, wo er kurz vor 385 zum Bisch. gewählt wurde. In diesem Jahr sandte ihm ↗ Ambrosius von Mailand einen Brief, worin er Vigilius Ratschläge zur besseren Verwaltung seiner Diöz. erteilte. Er bekehrte viele Heiden in seiner Diöz. u. im Gebiet von Verona u. Brescia u. soll 30 Kirchen erbaut haben. Im Jahr 397, während seiner Regierung, wurden 3 seiner Mitarbeiter, ↗ Sisinnius, Martyrius u. Alexander, von den Heiden getötet. Er selbst berichtete darüber in 2 Briefen an Bisch. Simplicianus von Mai-

land u. ↗ Johannes Chrysostomus. Er selbst wurde um 405 an einem unbekannten Tag im Rendena-Tal von Heiden gesteinigt. Seine Gebeine wurden in der von ihm errichteten Kathedrale von Trient beigesetzt.
Liturgie: Bozen-Brixen H am Samstag nach dem 2. Ostersonntag (mit ↗ Kassian, Diözesanpatrone), sonst 26. Juni
Darstellung: als Bisch. mit Stab u. Holzschuh (Marterwerkzeug)
Patron: der Diözesen Trient u. Bozen-Brixen
Lit.: J. Sulzer (Trient 1860; dt. v. Essenwein, Trient 1863) – ActaSS Maii VII (1867) 41–44, – Junii VII (1867) 143–148 – Lanzoni II 935–938 – ECatt XII 1417f – Baudot-Chaussin VI 436f

Vilma (ungar.) ↗ Wilhelmine

Vincentia (Vincenza) **Gerosa,** Hl.
Name: weibl. F. von Vincentius (↗ Vinzenz)
* am 29. 10. 1784 zu Lóvere (etwa nordwestl. von Brescia, Oberitalien). 1832 gründete sie zus. mit ↗ Bartholomäa Capitanio die Genossenschaft der Schwestern der Liebe von Lóvere u. wurde nach deren frühem Tod 1833 Oberin in der Kongregation. † am 28. 6. 1847 in Lóvere. Seliggesprochen am 7. 5. 1933, heiliggesprochen am 18. 5. 1950.
Gedächtnis: 28. Juni
Lit.: AAS 25 (1933) 300ff, 43 (1951) 699ff – L. J. Mazza (Modena 1910) – A. Amburini (Mailand 1933)

Vincentia (Vincenza) Maria **López y Vincũna,** Hl.
* am 22. 3. 1847 zu Cascante (Navarra, Nordspanien). Mit Unterstützung ihrer wohltätigen Tante, Gräfin Morbalán, übte sie Werke der Nächstenliebe, gründete ein Heim für arbeitsuchende Mädchen u. 1876 das Institut der Töchter der Unbefleckten Jungfrau Maria für die Hausangestellten. † am 26. 12. 1890 in Madrid. Seliggesprochen am 19. 2. 1950, heiliggesprochen am 25. 5. 1975.
Gedächtnis: 26. Dezember
Lit.: AAS 42 (1950) 207ff 237–242 264ff, 68 (1976) 107ff – C. Testore (Isola del Liri 1951) – ECatt VII 1530f

Vincentius ↗ Vinzenz

Vinzenz (Vincencio) **Ferrér** OP, Hl.
Name: zu lat. víncere (überwinden, siegen): der Siegreiche (Kf. Zenz, franz. Vincent)
* um 1350 zu Valencia (Ostspanien). Er trat mit 17 Jahren in das Dominikanerkloster seiner Heimatstadt ein, machte hier, in Lérida u. Barcelona seine Studien u. wurde Priester. Er wurde um 1375 Dozent der Philosophie, wirkte von 1377 an als Prediger, 1385 als Lehrer der Kathedralschule zu Valencia u. war in der Zwischenzeit Prior. Er war schon sehr früh mit Kard. Pedro de Luna, dem späteren Gegenpapst in Avignon Benedikt XIII., befreundet. So trat er im Abendländischen Schisma (Papst-Schisma 1378–1417 bzw. 1449) bis in die Zeit des Konzils von Konstanz (1414–18) öffentlich für Benedikt XIII. ein, da er die Wahl Urbans VI. (1378–89), mit dessen turbulenter Wahl das Schisma seinen Ausgang genommen hatte, für erzwungen u. daher für ungültig ansah. In seinen Predigten u. in seinem Traktat De moderno ecclesiae schismate (Über die heutige Kirchenspaltung, 1380) erklärte er entschieden den Glauben an die Rechtmäßigkeit des Gegenpapstes Clemens VII. in Avignon für heilsnotwendig. Die Judenverfolgungen des Jahres 1391 können ihm aber nicht zur Last gelegt werden. Er hatte auch Schwierigkeiten mit der Inquisition, bes. mit seinem Ordensbruder und Inquisitor Nicolaus Eymericus, wegen seiner Bemerkungen über das Weltende u. die Äußerung, Judas habe sich bekehrt. Benedikt XIII. ließ zwar die Prozeßakten verbrennen, doch wurden die Anschuldigungen auf den Konzilien von Pisa (1409) u. Konstanz (1415) wieder vorgebracht. Um 1392 ging er nach Avignon u. war u. a. Beichtvater Benedikts XIII. 1399–1409 wirkte er als großer Bußprediger in Katalonien, Marseille, Riviera, in der Lombardei, in Genf, Lausanne u. Fribourg. Zeitweise war er auch mit Benedikt XIII. zus.: in Oberitalien, Montpellier u. Barcelona. Er hatte bei seinen Predigten großen Erfolg, aber auch Schwierigkeiten u. Kritik, bes. von seiten der Flagellanten (Geißler-Sekte). 1409 kehrte er in die Heimat zurück. Als auf dem Konzil von Pisa gar ein 3. Papst gewählt wurde (Alexander V. 1409–10), glaubte er noch mehr als bisher an den baldigen Weltuntergang. Etwa von 1412 an vollzog sich angesichts des Ärgernisses der 3 Päpste bei ihm eine innere Wende, er kam

nun zur Überzeugung, daß Benedikt XIII. abdanken müsse, u. bot ihm gegenüber seinen ganzen Einfluß in dieser Hinsicht auf. Da er dies nicht erreichen konnte, verließ er Avignon, veranlaßte König Ferdinand I. von Aragon, sich von Benedikt XIII. loszusagen u. proklamierte öffentlich am 6. 1. 1416 in der Kathedrale zu Perpignan im Namen der span. Könige die Gehorsamsaufkündigung gegenüber Benedikt XIII. Am folgenden Tag verließ er seine Heimat. Der neue Papst Martin V. sandte ihn mit weitgehenden Vollmachten nach Frankreich. So kam er, auf einem Esel reitend u. von großen Büßerscharen begleitet, bis zur Normandie u. Bretagne. Er starb in Vannes (Bretagne) am 5. 4. 1419 u. wurde in der Kathedrale von Vannes beigesetzt. Heiliggesprochen 1458.
Liturgie: GK g am 5. April
Darstellung: als predigender Dominikaner, mit Buch, Kreuz oder brennendem Feuer auf der Hand. Sonne oder JHS-Medaillon auf der Brust. Von bekehrten Mauren oder Juden umgeben oder neben einem Taufbecken stehend
Patron: der Bleigießer, Dachdecker, Holzarbeiter, Ziegelmacher
Lit.: S. Brettle, S. Vinzenz Ferrer u. sein literar. Nachlaß (Münster 1924) – DThC XV 3033–3045. – AFP 21 (1951) 107 154 159, 30 (1960) 246 252 – Verehrung u. Ikonographie: Künstle II 578 f – G. Schreiber, Deutschland u. Spanien (Düsseldorf 1936) 289–299

Vinzenz (Vincenzo) **Grossi,** Sel.
* am 9. 3. 1845 zu Pizzighettone (etwa nordwestl. von Cremona, Oberitalien). Schon in seiner Jugend fiel er durch seinen rel. Ernst auf u. wurde ein „2. Aloisius" genannt. 1869 wurde er zum Priester geweiht u. wirkte als überaus erfolgreicher Kaplan. Bisch. Geremia Bonomelli von Cremona übertrug ihm deshalb nacheinander 2 bes. schwierige Pfarreien. Vinzenz Grossi gründete das Institut der Töchter des Oratoriums zu verschiedenen apostolischen u. caritativen Aufgaben, bes. an der Jugend. † am 7. 11. 1917 zu Vicobellignano. Seliggesprochen am 1. 11. 1975.
Gedächtnis: 27. November
Lit.: AAS 68 (1976) 168 ff

Vinzenz Kadlubek OCist, Bisch. von Krakau, Sel.
* 1160 in der Villa Karwow in der Grafschaft Sandomir (Südpolen) aus dem edlen Geschlecht de Rosis. Er studierte in Frankreich u. Italien u. erhielt aus der Hand des Bisch. Fulco von Krakau die Priesterweihe. Anschließend war er Domherr in Krakau u. Sekretär des Seniors Kazimierz II. u. wurde 1186 Propst von Sandomir. In diesen Jahren schrieb er seine bis 1206 reichende Chronica de gestis pricipum ac regum Poloniae, die bes. für das 11. u. 12. Jh. wertvoll ist. 1208 wurde er Bisch. von Krakau. Als solcher zeichnete er sich durch großen apostolischen Eifer aus, hob das rel. Wissen u. die kirchliche Disziplin des Volkes, verbesserte die Vermögensverwaltung der Diöz., baute u. renovierte Kirchen, sorgte für caritative Einrichtungen, wozu er weitgehend sein väterliches Erbe u. sein Privatvermögen heranzog, u. erwarb sich große Verdienste durch Urbarmachung u. Besiedelung der durch lange Kriege verödeten Landstriche. 1218 legte er mit päpstlicher Bewilligung sein Bischofsamt nieder u. wurde Mönch im Zisterzienserkloster Jedrzejòw (70 km nördl. von Krakau), wo er am 8. 3. 1223 starb. Seine Gebeine wurden 1633 erhoben u. nach Sandomir übertragen. Kult approbiert 1764.
Gedächtnis: 8. März
Lit.: H. Zeißberg, Die poln. Geschichtsschreibung des Mittelalters (Leipzig 1873) 48–78 – E. Jarra: Sacrum Poloniae Millennium I (Rom 1954) 264ff (poln.) – Potthast B II 1096f – Hurter II 236f

Vinzenz (Vincentius) **von Lérins,** Hl.
Nach einem bewegten Weltleben wurde er Priestermönch im Inselkloster Lérins bei Nizza (Südfrankreich). Er war ein klassisch gebildeter u. theol. versierter Kirchenschriftsteller. In seinen beiden Schriften Objectiones u. vor allem in seinem berühmten Commonitorium erarbeitete er die Kriterien, nach denen man die kath. Lehre von häretischen Neuerungen unterscheiden könne. Er fand diese Norm in seinem berühmten Grundsatz der Glaubenstradition: „es ist das zu halten, was überall, zu jeder Zeit u. von allen geglaubt wurde; nur das ist wahrhaft u. im eigentlichen Sinn kath.". Um das festzustellen, muß man die „magistri probabiles", die „beweiskräftigen Lehrer" befragen, d. h. solche, die in der Gemeinschaft der kath. Kirche stehen u. das

gleiche lehren. Analog zur Selbstentfaltung etwa einer Pflanze kennt er einen dogmatischen Fortschritt, indem das an sich unveränderliche Glaubensgut immer tiefer erfaßt u. präziser formuliert werden kann. – Die dogmengeschichtliche Bedeutung des Vinzenz von Lérins wurde erst im 16. Jh. erfaßt. † vor 450.

Gedächtnis: 24. Mai

Lit.: H. Koch (1907) – Bardenhewer IV 579–582 – DThC XV/2 3045–3055 – Altaner[6] 417f – M. Kok: IKZ 52 (1962) 75–85 – J. A. Fichtner: AER 149 (1963) 145–161 (Schrift u. Tradition im Commonitorium)

Vinzenz Madelgar, Hl. (Vincentius Madelgarius)

Er stammte aus Strépy (östl. von Mons, Belgien) u. heiratete die hl. ↗ Waltraud, die ihm 4 Kinder schenkte. Später trennten sie sich einvernehmlich, Waltraud baute in Mons ein Kloster, wohin sie sich als Nonne zurückzog, Vinzenz ging in das Kloster Haumnot, welches er gegründet hatte, u. zog sich dann nach Soignies zurück, wo er 653 ein weiteres Kloster gründete. Dort war er bis kurz vor seinem Tod Abt. Die Leitung des Klosters übertrug er dann seinem Sohn ↗ Landrich. † um 677.

Gedächtnis: 14. Juli

Lit.: AnBoll 12 (1893) 426–440 – Essen 284–291 – BnatBelg Suppl. I (1956) 842f

Vinzenz (Vincenzo) **Pallotti,** Hl.

* am 21. 4. 1795 in Rom aus der wohlhabenden u. kinderreichen Kaufmannsfamilie Pallotti. Er wurde 1818 Priester u. wirkte in Rom als Seelsorger der Jugend, der Kranken u. Gefangenen, als Exerzitienmeister u. Volksmissionar. Wegen seiner umfassenden apostolischen u. caritativen Tätigkeit nannte man ihn einen „2. ↗ Philipp Neri". 1827 wurde er Spiritual am Röm. Seminar u. später auch Beichtvater an mehreren Kollegien. Er gründete 1835 die „Gesellschaft des Kath. Apostolates zur Vertiefung, Verbreitung u. Verteidigung der Frömmigkeit u. des kath. Glaubens", deren Kerngruppe eine Priestergemeinschaft (Pallottiner) war. Zur Unterstützung seiner umfangreichen Werke gründete er 1843 auch eine Schwesterngemeinschaft (Pallottinerinnen). Schließlich rief er auch die Laien zur Mitarbeit im Apostolat auf u. wurde so zum Bahnbrecher der Kath. Aktion. † am 22. 1. 1850 in Rom. Sein Grab ist in S. Salvatore in Onda zu Rom. Seliggesprochen am 22. 1. 1950, heiliggesprochen am 20. 1. 1963.

Gedächtnis: 22. Jänner

Patron: des Priestermissionsbundes (1963)

Lit.: E. Weber, Vinzenz Pallotti, Apostel u. Mystiker (Limburg 1961[2]) – J. Frank, 2 Bde. (Friedberg 1952–63) – AAS 42 (1950) 176ff, 55 (1963) 801ff

Vinzenz von Paul, Hl.

* am 24. 4. 1581 zu Pouy (seit 1828 „St-Vincent-de-Paul" genannt, bei Dax, Dep. Landen, Südwestfrankreich) aus einer kinderreichen Bauernfamilie. Er studierte in Dax, später in Toulouse, wurde 1600 Priester u. 1604 Baccalaureus der Theologie in Toulouse. Anschließend weilte er in Rom (seine angebliche Gefangenschaft bei den Mauren in Tunis 1605–07 ist aber umstritten) u. ging 1608 nach Paris. Dort übernahm er 1612 die Pfarrei Clichy u. war 1617–26 Hausgeistlicher u. Lehrer beim General der königlichen Galeeren; 1617 war er für ein halbes Jahr auch Pfarrer von Châtillon-les-Dombes. In diesem Jahr legte er das Gelübde ab, sein Leben den Armen zu widmen. Von 1617 an missionierte er unter der armen Landbevölkerung, sammelte Weltpriester um sich u. gründete mit ihnen 1625 die Congregatio Missionis (CM), deren Sitz zuerst das Collège des Bons Enfants, später das große Priorat von St-Lazare war (daher der Name „Lazaristen"). Von hier aus wirkte die neue Genossenschaft erneuernd auf das gesamte rel. Leben in Frankreich durch Volksmissionen (bis zu seinem Tod etwa 800), Priesterexerzitien u. Priesterkonferenzen. Vinzenz von Paul gründete 1617 noch als Pfarrer von Châtillon-les-Dombes die Confrérie des Dames de la Charité, eine Vereinigung von Bürgersfrauen zur Betreuung armer u. alleinstehender Kranker in der Pfarrei. Seine Priester gründeten überall, wo sie Missionen hielten, solche Vereinigungen. Aus den Dames de la Charité in Paris entwickelte sich die Kongregation der Filles de la Charité (Puellae Caritatis, Vinzentinerinnen, auch Barmherzige Schwestern genannt). An dieser Gründung war ↗ Louise de Marillac maßgeblich beteiligt. Mit ihr zus. unterrichtete er Mädchen vom Land im geistlichen Leben u. in der Krankenpflege. Die

Mitglieder betreuten Kranke in ihrem Heim u. in den Spitälern, Galeerensträflinge, Findelkinder, Waisenkinder, Schulkinder, Alte u. Geisteskranke. Vinzenz von Paul wurde so zum Organisator für die Caritas in Frankreich überhaupt. Während der blutigen Aufstände der Fronde (Partei zur Zeit der Minderjährigkeit Ludwigs XIV. gegen das absolutistische System) richtete er in St-Lazare riesige Volksküchen ein u. rettete ganze Provinzen, die vom Krieg verwüstet waren (Lothringen, Champagne, Picardie, Ile-de-France) vor der totalen Verelendung. † am 27. 9. 1660 in Paris. 1729 selig-, 1737 heiliggesprochen.
Liturgie: GK G am 27. September
Darstellung: als Weltpriester, ein Kind auf dem Arm (seine soziale Fürsorge), neben ihm befreite Sklaven
Patron: der Lazaristen, Vinzentinerinnen u. überhaupt aller caritativen Kongregationen u. Vereine, der Gefangenen, des Klerus, der Waisen; der Krankenhäuser; für das Wiederfinden verlorener Sachen
Lit.: J.-M. Angély (dt. Einsiedeln 1908) – A. Lavedan (Paris 1928, dt. Stuttgart 1951) – F. Stetter (Paderborn 1933) – W. Leibbrand (Berlin-Leipzig o. J.) – J. Calvet (Paris 1948, dt. Luzern 1950) – H. Kühner (Einsiedeln 1951, Köln 1963) – L. v. Matt-L. Cognet (dt. Wien 1959) – J. Delarue (Paris 1959, dt. Luzern 1960) – H. Glowatzki (Salzkotten 1959) – M. Auclair (Paris 1960, dt. Freiburg/B. 1962) – H. Daniel-Rops (Heidelberg 1960) – H. Kühner (Köln 1964) – G. Kranz, Sie lebten das Christentum (Regensburg 1973) 169–188 – G. Hamburger (Graz 1979) – V. Conzemius (Fribourg 1979) – J. F. Six/H. N. Loose, V. v. P. (Freiburg/B. 1980)

Vinzenz Dominikus (Vincenzo Domenico) **Romano,** Sel.
Eigentlich hieß er Domenico Vincenzo Romano, wurde aber bei seinem 2. Taufnamen gerufen. * am 3. 6. 1751 in Torre del Greco (südl. von Neapel) aus armer Familie. Schon als Knabe war er seinen Altersgenossen geistig u. rel. weit voraus. Nach mancherlei Schwierigkeiten konnte er das Knabenseminar in Neapel besuchen u. wurde bald Präfekt u. Nachhilfelehrer für die jüngeren Kameraden. Er wurde Priester u. wirkte in Torre del Greco als Seelsorger u. kümmerte sich bes. um die Jugend. 1799 übernahm er die Stadtpfarre zum hl. Kreuz in Torre del Greco. 1805 mußte er die bei einem Vesuvausbruch zerstörte Pfarrkirche neu bauen u. half nach Kräften der heimgesuchten Bevölkerung. Der arbeitenden Bevölkerung, bes. den Korallenfischern, half er als ihr Rechtsbeistand gegen Übervorteilung u. Ausbeutung. In den politischen Wirren der franz. Herrschaft in Unteritalien unter Napoleon u. der Carbonari-Revolution 1820/21 wurde er verfolgt u. sogar fälschlich des Hochverrates angeklagt u. „in effigie“ (d. h. ein Bild von ihm) verbrannt. Nach einem jahrzehntelangen, sich selbst vergessenden Priesterleben u. nach einem jahrelangen, geduldig ertragenen körperlichen Gebrechen starb er am 20. 12. 1831. Seliggesprochen am 17. 11. 1963.
Gedächtnis: 20. Dezember
Lit.: AAS 55 (1963) 1008ff

Vinzenz von Saragossa, Märt., Hl. (Vincentius Martyr., V. Levita, Erzmärt. Spaniens)
Er entstammte einer edlen Familie in Huesca (nördl. von Saragossa, Nordostspanien) u. war Archidiakon des Bisch. Valerius von Saragossa, für den er das Amt des Predigers ausübte. In der Verfolgung des Diokletian wurde er mit seinem Bisch. nach Valencia gebracht, dort längere Zeit im Kerker gehalten u. nach redegewaltiger Verteidigung am 22. 1. um 304 zu Tode gemartert. Seine Gebeine ruhen in Valencia. Durch die später drastisch ausgemalte Passio gelangte sein Kult in reichem Ausmaß bes. nach Spanien u. Frankreich. Eine wichtige Rolle spielte dabei vermutlich auch sein Name (vgl. ↗ Victor). Reliquien gelangten schon im Frühmittelalter nach Besançon, Metz, Chartres, Paris, Le Mans, Vitry-le-François u. a. In Chartres wurde er im 13. Jh. von den Webern als Zunftpatron u. Terminheiliger verehrt, u. zwar vermutlich wegen seiner Tunica, die König Childebert I. 531 von Saragossa ins Frankenreich übertragen hatte u. die ein Gegenstück zur Capa des hl. ↗ Martin von Tours darstellt. Der hl. Vinzenz wird noch heute in Frankreich, Süddeutschland u. Österreich von den Weinbauern als Patron verehrt. Auch hier spielte wohl sein (mißgedeuteter) Name die ausschlaggebende Rolle (franz. vin, Wein). Die Wetterregel „Vinzenzi Sonnenschein bringt Frucht u. guten Wein“ gilt in vielen Sprachen. In Paris ließen die Weinhändler-Bruderschaften Münzen prägen, die neben

der Madonna u. den hll. Nikolaus u. Christophorus auch sein Bild tragen. In den bayrisch-österr. Alpenländern wurde er vielfach zum Patron der Holzknechte. In Berchtesgaden ist schon um 1673 ein Vinzenziamt (Hochamt) der Holzmeister bezeugt. In der Kirche von Hallstatt (Oberösterreich) ist der Heilige mit einer großen Holzhacke dargestellt. In Niederösterreich u. im mittleren Burgenland gibt es verschiedentlich Vinzenzimärkte u. Vinzenzi-Tanzfeste, die zuerst im Wald, dann im Wirtshaus gefeiert werden. Der Vinzenzitag wird als Termin der Wintermitte aufgefaßt, gleichzeitig als Tag der „Vogelhochzeit".
Liturgie: GK g am 22. Jänner (Görlitz G)
Darstellung: als jugendlicher Diakon in der Dalmatik, mit Palme u. Buch, Kreuz oder Traube. Rost mit eisernen Haken (legendäre Kerkermarter; vgl. ↗ Laurentius); mit Mühlstein (legendäre Passio); mit einem Raben, der seinen Leichnam gegen die wilden Tiere verteidigt
Patron: der Weinbauern u. Weinbergwächter, Holzfäller, Dachdecker, Töpfer, Ziegelmacher, Seeleute
Lit.: BHL 8627–8655 – Künstle I 579ff – G. Schreiber, Deutschland u. Spanien (Düsseldorf 1936) 8–64 u. ö. – L. Weismantel (Freiburg 1937) – E. Frieß, St. Vinzenz v. Saragossa, ein Schutzpatron der Holzfäller Niederösterreichs: Volk u. Volkstum 3 (München 1938) 355ff – R. Kriss, Sitte u. Brauch im Berchtesgadener Land (München 1947) 62 – B. de Gaiffier: AnBoll 67 (1950) 267–286 – L. Schmidt, St. Vinzenz v. Saragossa als Patron der Holzarbeiter: Österr. Zeitschr. für Volkskunde Neue Folge 12 (Wien 1958) 1–17

Vinzenz (Vincenzo) Maria **Strambi** CP, Bisch. von Macerata-Tolentino, Hl.
* am 1. 1. 1745 zu Civitavecchia (nordwestl. von Rom). Er wurde 1767 Priester u. trat 1768 dem Lazaristenorden bei. Er war in Rom Lektor, Hausoberer (1780), Provinzial (1781–84) u. Generalkonsultor (1790–1800). Dazu wirkte er sehr erfolgreich im Kirchenstaat als Volksmissionar u. war hochangesehen als Seelenführer, u. a. der sel. ↗ Anna Maria Taigi, des Gasparo (↗ Kaspar) del Bufalo u. a. Am 20. 7. 1800 wurde er trotz Widerstrebens von Pius VII. zum Bisch. von Macerata-Tolentino (südl. von Ancona, Mittelitalien) ernannt. Als solcher, „ein Karl Borromäus u. Ambrosius zugleich", war er unermüdlich um das theol. Wissen u. die Tugend seiner Geistlichen besorgt, er besorgte den Neubau u. die Neugestaltung des Priesterseminars u. sorgte um guten Priesternachwuchs. Wegen Verweigerung des Treueides wurde er 1808–14 von Napoleon nach Mailand u. Novara verbannt. Er legte 1823 sein Amt nieder, wurde aber von Leo XII. in den Quirinal (bis 1870 päpstliche Sommerresidenz) berufen. † am 1. 1. 1824 in Rom. Sein Leib ruht in SS. Giovanni e Paolo zu Rom. Seliggesprochen am 26. 4. 1925, heiliggesprochen am 11. 6. 1950.
Gedächtnis: 1. Jänner
Lit.: AAS 43 (1951) 758ff – Stanislao dell'Addolorata (Hildesheim 1929) – F. Baumann, Pius XII. erhob sie auf die Altäre (Würzburg 1960) 95–100

Vinciana, Hl.
Sie war Jungfrau u. Schwester des hl. ↗ Landoald, den sie bei seinen Missionsarbeiten unterstützte. † 653 zu Wintershofen am Fluß Herk (Belgisch-Limburg). Ihre Gebeine ruhen in St. Bavo in Gent.
Gedächtnis: 11. September

Viola, Märt., Hl.
Name: lat., Veilchen
Sie wurde unter König Sapor v. Persien ca. Mitte 4. Jh. mit Gefährten gefoltert und enthauptet. In Azzago di Grezzana (Prov. Verona) ist ihr eine Kirche geweiht.

Violaine (franz.) ↗ Viola

Violetta (ital.), Verkl.f. von ↗ Viola

Virgilius, Abt-Bisch. **von Salzburg,** Hl. (Virgil)
Name: latinisiert aus dem irischen Namen Fergal oder Fergil, in Anlehnung an lat. virga (grüner Zweig) oder den altröm. Familiennamen Vergilius (später Virgilius; vgl. den röm. Dichter Publius Vergilius Maro, † 19 v. Chr.)
Er war ein irischer Mönch, ist aber nicht identisch mit dem Abt Fergal von Achad Bó, wie man früher lange meinte. Wegen seiner mathematischen Kenntnisse wurde er in seiner Heimat „der Geometer" genannt. Im Zug der Missionierung Germaniens verließ er um 742 Irland u. wurde 743 am Hof Pippins d. J. aufgenommen, der ihn

an Herzog Odilo von Bayern weiteremp- fahl. Dieser betraute ihn um 745 mit dem vakanten Bischofsstuhl von Salzburg. Nach irischer Sitte leitete er die Diöz. als Abt des dortigen Stiftes St. Peter. Wegen seines Streites mit ↗ Bonifatius empfing er aber die Bischofsweihe noch nicht, sondern ließ sich in seinen pontifikalen Funktionen durch den irischen Weihbisch. Dub-dá-Crich (Dobdagrecus) vertreten. Bonifatius nahm mehrfachen Anstoß an Virgil: an seiner unkanonischen Bestellung zum Bisch., seiner grammatikalisch nicht korrekten Taufformel u. an seiner Lehre von der Kugelgestalt der Erde. Speziell in Virgils Ansicht, daß es Antipoden gäbe (Bewohner auf der gegenüberliegenden Seite der Erde), sah Bonifatius einen Widerspruch zur kirchlichen Lehre („Oben" u. „Unten" mit „Himmel" bzw. „Hölle" gleichgesetzt). Papst Zacharias entschied 748 auf die Anfrage des Bonifatius hin in der Frage der Taufformel für Virgil, in der Frage der Bischofsernennung jedoch gegen ihn. In der wissenschaftlichen Frage äußerte er sich sehr vorsichtig u. zurückhaltend. Nach dem Tod des Bonifatius empfing Virgil am 15. 6. 755 die Bischofsweihe. Noch vor 767 sandte er den Salzburger Chorbisch. ↗ Modestus mit 4 Priestern in das von Herzog Tassilo eroberte Kärnten zur Missionierung der dortigen Slawen u. schloß dieses Land an die Diöz. Salzburg an. Er wahrte die Besitzrechte seiner Kirche u. seine bischöfl. Rechte. Auf der Synode zu Dingolfing (769/770) regelte er verschiedene kirchendisziplinäre Angelegenheiten u. gründete die Gebetsverbrüderung mit dem Kloster Hy (oder Iona; Inselkloster südwestl. von Schottland; 563 von ↗ Kolumban gegründet) und legte ein Verbrüderungsbuch an. Er erbaute den 1. Dom von Salzburg u. übertrug dorthin am 24. 9. 774 die Reliquien des hl. ↗ Rupert u. seiner Mitarbeiter ↗ Chuniald u. Gislar. † am 27. 11. 784. Sein Leib ruht im Dom zu Salzburg. Heiliggesprochen 1233.

Liturgie: RK g am 24. September, Salzburg H (mit Rupert Diözesanpatron), Gurk-Klagenfurt G am 24. November

Darstellung: als Bisch. mit Kirchenmodell (doppeltürmiger romanischer Dom)

Lit.: BHL 8680–8686 – MGSS rer. Mer. VI (1913) 517–520 545 – H. Löwe, Ein literar. Widersacher des Bonifatius (Wiesbaden 1951) (Antipodenfrage) – P. Grosjean: AnBoll 78 (1960) 92–123 – L. Bieler, Irland. Wegbereiter des Mittelalters (Olten 1961) 108ff – D. Assmann, Hl. Florian bitte für uns (Innsbruck 1977) 71–73

Vitalianus, Papst, Hl.

Name: Weiterb. von lat. ↗ Vitalis

Er stammte aus Segni (südöstl. von Rom). Sofort nach seiner Wahl am 30. 7. 657 sandte er Legaten zu Kaiser Konstans II. nach Konstantinopel mit ordnungsgemäßer Anzeige seiner Wahl u. Bischofsweihe u. stellte dadurch die unter seinen Vorgängern ↗ Martin I. u. ↗ Eugen I. schwer gestörten Beziehungen zw. Rom u. dem kaiserlichen Konstantinopel wieder her. Die dogmatischen Differenzen des Monotheletenstreites (in Christus nur die eine göttliche Natur), die den Kaiser zu seiner starren Haltung veranlaßt hatten (Typos von 648, totales Redeverbot in dieser Frage), stellt Vitalianus in den Hintergrund. Konstans II. machte 663 dem Papst einen Besuch u. wurde ehrenvoll aufgenommen, mußte aber seine politischen Pläne im Westen wegen der Macht der Langobarden aufgeben. Die guten Beziehungen waren aber nur von kurzer Dauer. Denn schon 666 löste Konstans II. die Kirche von Ravenna aus dem röm. Patriarchat u. erklärte sie für autokephal (eigene Jurisdiktion). Nach der Synode von Whitby (664), auf der die Kirche Englands beschloß, den röm. Ritus anzunehmen, sandte Vitalianus den Mönch ↗ Theodor (von Canterbury) dorthin u. betraute ihn mit der Neuorganisation der angelsächs. Kirche. † am 27. 1. 672.

Gedächtnis: 27. Jänner

Lit.: Caspar II 580–587 687–682 – Haller I^2 328–331 383ff 544 550 – Seppelt II^2 68–71

Vitalis u. Agricola, Märt. **zu Bologna,** Hll.

Namen: a) lat., der Lebensvolle; b) lat., der Bauer

Sie sind Märt. einer unbekannten Zeit, deren Reliquien man in Bologna fand u. im Beisein des hl. ↗ Ambrosius um 380 feierlich erhob. Ihr Kult breitete sich in Italien u. in anderen Ländern schnell aus. In Rom wurde im 5. Jh. die Basilika des Titulus Vestinae (Stifterin Vestina) dem hl. Vitalis geweiht, in Ravenna entstand im 6. Jh. eine Vitaliskirche. Um diese Zeit entstanden 2

historisch wertlose Legenden. Die eine verlegt das Martyrium der beiden in die Verfolgung des Diokletian (um 305), die andere in die Verfolgung des Nero. Vitalis sei mit seiner angeblichen Gattin Valeria u. seinen angeblichen Söhnen ↗ Gervasius u. Protasius in Mailand, Agricola in Ravenna gemartert worden.
Gedächtnis: 4. November
Darstellung: Vitalis als röm. Soldat mit Schwert oder Fahne, zu Fuß oder auf weißem Pferd, mit Stachelkeule, Axt oder Steinen (legendäre Passio); Agricola an einem Kreuz mit Nägeln
Patrone: der Herren u. Diener (Dienstboten)
Lit.: BHL 8689–8696 (Vitalis u. Agr.) 8699–8704 (Vitalis u. Valeria) – Künstle II 582f – Lanzoni II 725–731 778ff – Baudot-Chaussin XI 132–139 – ECatt XII 1520f

Vitalis, Märt. **in Rom** ↗ Felicitas u. 7 Söhne

Vitalis, Abt-Bisch. **von Salzburg,** Hl.
Er war Schüler des hl. ↗ Rupert u. wurde um 718 dessen Nachfolger als Abt des Stiftes St. Peter u. Bisch. von Salzburg. Er setzte die Missionstätigkeit seines Vorgängers bes. im Pinzgau (südl. Land Salzburg) fort u. sicherte deren Erfolg durch die Errichtung von „Zellen“ (z. B. Cella in Bisontio = Zell am See). † am 20. 10. vor 730. Seine Gebeine ruhen in St. Peter zu Salzburg. Im Mittelalter übertraf seine Verehrung die der anderen Bischöfe Salzburgs, sein Grab war eine vielbesuchte Wallfahrtsstätte. Sein Kult wurde 1462 in Rom überprüft, eine förmliche Kanonisation fand aber nicht statt. Doch gestattete Leo X. 1519 dem Kloster Messe u. Offizium, was Urban VIII. 1628 auf die ganze Diöz. ausdehnte.
Liturgie: Salzburg g am 20. Oktober
Darstellung: als Bisch., eine Lilie sprießt aus seinem Herzen (als „Mann der Tugend u. der Liebe“)
Lit.: BHL 8705f – P. Karner, Die Heiligen u. Seligen Salzburgs (Wien 1913) 54–63 – Künstle I 583 – Zimmermann III 200–202 – ECatt XII 1519f

Vitalis OSB, Abt **von Savigny,** Sel. (franz. Viau, Viaud)
* zu Tierceville bei Bayeux (Normandie). Er war zuerst Weltpriester u. wurde dann Anachoret u. Wanderprediger in Frankreich u. England. Er war berühmt als „schärfster Sittenrichter der Herren u. standhaftester Sachwalter der Armen“. Er war besorgt um alle Bedrückten u. baute Häuser für Waisen, Pilger u. Aussätzige. Für die Einsiedler, die sich im Wald von Savigny bei Coutances (Normandie) um ihn scharten, gründete er 1112 das Kloster Savigny-le-Vieux, dessen 1. Abt er wurde. Er gab seinen Mönchen die Regel des hl. ↗ Benedikt, fügte aber noch eigene Gebräuche hinzu. † 16. 9. 1122 zu Dompierre bei Coutances.
Gedächtnis: 16. September
Lit.: Vita v. Stephan v. Fougères: AnBoll 1 (1882) 355–390 – J. v. Walter, Die 1. Wanderprediger Frankreichs Neue Folge (Leipzig 1906) 67–101 – Zimmermann I 52f 56 – Baudot-Chaussin I 149f

Viti ↗ Maria Fortunata

Vittorio (ital.) ↗ Victor (Viktor)

Vitus OP, Bisch. **von Litauen,** Hl.
Name: ↗ Vitus, Märt. in Sizilien
Er wurde 1252 von Heidenreich OP, Bisch. von Kulm (nördl. Polen), als 1. Bisch. des Landes eingesetzt. Er mußte aber nach 3 Jahren seinen Bischofsstuhl wieder verlassen, da der Großfürst Mendog, der (durch Vitus?) den christlichen Glauben angenommen hatte, nun wieder in das Heidentum zurückfiel u. den Bisch. vertrieb. Vitus zog sich nach Krakau in das Kloster der Hl. Dreifaltigkeit zurück. † dort am 20. 12. nach 1255. Er wird auch in Polen verehrt.
Gedächtnis: 20. Dezember

Vitus, Modestus u. Crescentia, Märt. **in Sizilien,** Hll.
Name: häufig von lat. vita (Leben) bzw. vitalis (lebensvoll) abgeleitet, was aber nicht unbestritten ist. Möglich ist auch eine Verkürzung aus lat. vitulus oder vitellus (Tierjunges, Kälbchen; auch als Kosename gebraucht): mein lieber Kleiner. Diese Ableitung ginge vom überlieferten jugendlichen Alter des Heiligen bei sonstiger Unkenntnis seines eigentlichen Namens aus. (Kf. Veit, Veitl; franz. Guy; hingegen leitet sich ↗ Guido vom ähnlich klingenden ahd. widu = Wald ab)
Das älteste Zeugnis seines Kultes findet sich

zum 15. Juni im Martyrologium Hieronymianum (um 450). Es handelt sich also zweifelsfrei um eine geschichtliche Persönlichkeit. Um 600 entstand in der röm. Provinz Lucania (heute Basilicata, Unteritalien) die ungemein farbige, mit Wunderberichten u. anderen Einzelheiten angefüllte Legende der Passio sancti Viti, die später in Oberitalien, Frankreich u. Deutschland noch manche weitere Ausgestaltung erlebte. Danach war Vitus der 7jährige Sohn heidnischer Eltern in Sizilien. Sein Vater Hylas wollte ihn mit allen Mitteln vom christlichen Glauben abbringen u. schleppte ihn schließlich vor den Präfekten Valerian. Doch als die Häscher ihn schlagen wollten, wurden ihre Arme gelähmt u. der Vater von einem überirdischen Licht mit Blindheit geschlagen. Nur durch das Gebet des Vitus wurden die so Bestraften wieder geheilt. Valerian schickte den standhaften Knaben wieder in sein Elternhaus zurück. Schließlich entfloh er mit seinem Erzieher Modestus u. seiner Amme Crescentia vor den dauernden Nachstellungen des Vaters nach Lucania, wo die drei durch einen Adler täglich Nahrung erhielten.

Als Christen erkannt, wurden sie gefangen genommen u. in Rom vor Diokletian einem peinlichen Verhör unterzogen. Vitus heilte den Sohn des Kaisers von der Besessenheit, doch Diokletian ließ die 3 trotzdem in den Kerker werfen u. in Ketten legen. Da kam ein Engel in himmlischem Licht u. löste ihre Fesseln. Darauf wurden sie in einen Kessel mit siedendem Öl gesteckt, aus dem sie unversehrt wieder herausstiegen. Die Löwen, denen sie nun vorgeworfen wurden, taten ihnen nichts zuleide. Danach wurden sie auf die Folter gespannt, doch ein gewaltiges Erdbeben ließ die ganze Stadt erzittern u. alle Götzentempel einstürzen. Schließlich entführte sie ein Engel zurück nach Lucania, wo sie eines ruhigen Todes starben. – Als historischer Kern dieser Legende läßt sich wohl nur die Abstammung des hl. Vitus aus Sizilien herauslesen (es wird allg. das heutige Mazzara del Vallo an der Südwestküste angegeben); das Martyrium könnte unter Diokletian stattgefunden haben. Dem angeblichen Aufenthalt in Lucania könnte eine spätere Reliquienübertragung zugrundeliegen.

Nach einer niederdt. Überlieferung sollen die Gebeine des hl. Vitus im Jahr 583 von Sizilien nach Unteritalien gebracht worden sein. Abt ↗ Fulrad ließ sie 756 in sein Kloster St-Denis bringen, Abt Hilduin verschenkte sie (vielleicht nur einen Teil davon) 836 an das Kloster Korvey bei Höxter a. d. Weser, das in der Folge zu einem Hauptmittelpunkt der Vitus-Verehrung wurde. Von dort erhielt Herzog ↗ Wenzeslaus von Böhmen († 929) einen Arm des Heiligen, dem zu Ehren er in Prag eine Kirche, den späteren Prager Veitsdom, erbaute. Karl IV. erwarb 1355 weitere (angebliche) Reliquien aus Pavia. Im Dreißigjährigen Krieg wurden sämtliche Reliquien in Korvey geraubt u. wahrscheinlich nach Prag gebracht. Im Zusammenhang mit solchen Reliquienübertragungen breitete sich der Kult von Korvey rheinaufwärts nach Reichenau, St. Gallen u. bis Oberitalien aus, von Württemberg gelangte er nach Bayern, Kärnten u. Friaul.

Der hl. Vitus erfreute sich bes. vom 13./14. bis ins 17./18. Jh. einer ungemein großen Verehrung. Man zählt heute etwa 150 Orte, die Reliquien von ihm zu besitzen glauben, über 1300 Orte haben ihn zum Patron von Kirchen, Kapellen u. Altären. Seit dem 14. Jh. zählt er zu den ↗ Vierzehn Nothelfern. Seine Beliebtheit spiegelt sich auch in der Anzahl seiner Patronate (rund 40!) u. in der reichen Ikonographie. Die meisten seiner Attribute u. Patronate erklären sich aus Einzelheiten seiner Legende, einige aus Reliquienübertragungen, manche aus seinem Festtag als Mittsommertag (der 15. Juni war wegen des fehlerhaften Julianischen Kalenders im 9. Jh. der längste Tag des Jahres).

Der Hahn als eines der Attribute des hl. Vitus verdient bes. Beachtung, weil er den archetypischen Gehalt der Vituslegende (wie der Heiligenlegenden überhaupt) deutlich zum Ausdruck bringt: Schon in alter Zeit galt er wegen seines Fortpflanzungstriebes, seiner Kampfeslust u. seiner (angeblichen) Lichtempfänglichkeit als symbolträchtiges Tier. Sein Fortpflanzungstrieb machte ihn zum Sinnbild des Lebens u. der Fruchtbarkeit. Im heidnischen Altertum wurde er neben dem Fisch gern als Opfertier dargebracht. Im Hahn-Opfer sprach man die

Bitte um Kindersegen, Förderung des Wachstums auf den Feldern u. reichen Erntesegen aus. Im christlichen Raum wurde der Hahn zum Symbol des Auferstandenen als des Siegers über Sünde u. Tod (ähnlich wie der Hase zum Osterhasen wurde), weshalb man sein Bild häufig auf Kirchtürmen anbrachte (Turmhahn). Die Vituslegende schildert das unvergängliche Leben des Christen aus der Kraft der Auferstehung Christi in dem unversehrten Hervorgehen des Heiligen aus allen toddrohenden Martern.
Die Kampfeslust des Hahnes ist sprichwörtlich. Schon im Altertum veranstaltet man Hahnenkämpfe, wie sie noch heute mancherorts in den Alpenländern oder in Ostindien gebräuchlich sind. In der Vituslegende ist es der siegreiche Kampf Christi gegen den Satan in der Welt, der sich in den ohnmächtigen Marterversuchen der Heiden oder in den einstürzenden Göttertempeln manifestiert. Dabei hat der christliche Märt. seine innere Kraft nicht aus sich selbst, sondern erhält sie von oben; die zahlreichen Wunderberichte wollen ja nichts anderes sagen. – Der Hahn als Attribut des hl. Vitus wird heute meist mit dem altslaw. Lichtgott Swantewit in Verbindung gebracht, dem man Hähne opferte u. der später durch Vitus verdrängt wurde. Weil der Hahn beim ersten Morgengrauen durch seinen Schrei den anbrechenden Tag ankündigt u. die Menschen zum Tagwerk ruft, galt er in alter Zeit als bes. lichtempfängliches Tier. Der Vater Hylas, der unter dem himmlischen Schein sein Augenlicht verliert, durch das Gebet seines Sohnes aber wieder sehend wird, steht für die Blindheit des Unglaubens u. des Heidentums überhaupt. Vor allem wurde der Hahn im christlichen Raum zum Symbol der Wachsamkeit gemäß der großen Enderwartungsrede Jesu (Mt 24–25).
Liturgie: RK g am 15. Juni
Darstellung: als Kind oder Knabe in einem Kessel über einem Feuer, oder mit einem kleinen Kessel in der Hand. Mit Palme, Buch, einem Raben oder Adler; Löwe oder Wolf neben ihm. In Hermelin mit Reichsapfel (Patron Böhmens). Gelegentlich mit Modestus u. Crescentia
Patron: von Sizilien, Prag, Böhmen, Sachsen, Korvey; der Kupfer- u. Kesselschmiede, Bierbrauer (Ölkessel); bei Besessenheit, Tobsucht, Fallsucht (Epilepsie), „Veitstanz" (meist bei Kindern und Jugendlichen eine Infektionskrankheit des vegetativen Nervensystems mit unkontrollierten Muskelzuckungen u. psychischer Erregung; auch eine im Mittelalter als Tanzwut auftretende Massenhysterie, z. T. mit epileptischen Zügen), Fraisen (bei Kindern auftretende Krämpfe), davon auch der Schauspieler, Gaukler, gegen Aufregung (weil Vitus den Sohn Diokletians von Besessenheit heilte); bei Bettnässen (vom Ölkessel; bzw. als Kinderkrankheit); der Krüppel, Lahmen, Tauben, Stummen, Blinden, bei Augenkrankheiten (verschiedene legendäre Wunder); für die Bewahrung der Keuschheit (der Vater Hylas habe sein Söhnchen durch lüsterne Tänze zum Glaubensabfall zu bewegen versucht); bei Blitz, Unwetter, Feuersgefahr (Erdbeben bei seiner Folter); bei Aussaat u. Ernte; vieler Quellen, der Hühner, Haustiere, Hunde; bei krankhaftem Langschlaf (vom Attribut des Hahnes, s. o.); gegen Schlangenbiß, Hundebiß (weil er den wilden Tieren vorgeworfen wurde); ferner noch der Winzer, Apotheker, Bergleute

Lit.: Stadler V 476ff (Legende) – BHL 6711–8723 – Künstle II 583–588 – Bächtold-Stäubli VIII 1540–1544 – H. Königs, Der hl. Vitus u. seine Verehrung (Münster 1939) – Braun 728–738 – G. Schreiber, Die Vierzehn Nothelfer in Volksfrömmigkeit u. Sakralkultur (Innsbruck 1959) 125f – Ders., Der Bergbau in Gesch., Ethos u. Sakralkultur (Köln-Opladen 1962) 752

Viviana (Viviane) ↗ Bibiana

Vivianus, Märt. **in Rom** ↗ Marcellus u. Gef., Märt. in Rom
Name: zu lat. vivius (lebendig) (Vivian)

Vivianus, Bisch. **von Saintes,** Hl.
Er entstammte einem vornehmen Geschlecht, sein Vater war ein Heide, seine Mutter eine Christin. Er genoß seine Ausbildung bei Bisch. Ambrosius von Saintes (Westfrankreich), wurde Priester u. nach dem Tod des Ambrosius selbst Bisch. Unter seiner Regierung fielen die Westgoten von Spanien im Land ein u. nahmen viele seiner Gläubigen als Gefangene mit. Bisch. Vivianus konnte nach langen Verhandlun-

gen deren Freilassung erreichen. † gegen 450 (um 490?).
Gedächtnis: 28. August

Vivina OSB, Äbtissin **zu Bigarden,** Hl. (Wiwina)
Name: zu lat. vivus (lebendig)
* 1109 aus dem reichen u. vornehmen Geschlecht von Oisy (Belgien). Sie hatte Jungfräulichkeit gelobt, fand aber wegen ihrer Schönheit viele Bewerber. Deshalb verließ sie mit ihrer Dienerin Enteware heimlich das Elternhaus u. lebte unerkannt im Wald von Bigarden bei Brüssel, bis sie nach 3 Jahren entdeckt wurde. Graf Gottfried von Brabant schenkte ihr den Ort ihrer Einsiedelei u. ließ dort für sie um 1145 ein Kloster errichten. Vivina sammelte noch weitere fromme Jungfrauen um sich u. nahm die Regel des hl. ↗ Benedikt an. Sie stand dem Kloster bis zu ihrem Tod als Äbtissin vor. † 1179. Ihre Gebeine ruhen in der Muttergotteskirche zu Brüssel.
Gedächtnis: 17. Dezember

Volkbert (Volbert) ↗ Fulbert

Volker, Märt. **zu Segeberg,** Hl.
Name: ahd. Volkher aus folc (Haufe, Kriegsvolk) + heri (Heer)
Er war Priester zu Segeberg in Holstein (westl. von Lübeck) u. wurde 1132 von den heidnischen Obotriten (slaw. Volksstamm in Mecklenburg u. Ostholstein) ermordet. Seine Gebeine ruhen in Neumünster (nordwestl. von Lübeck).
Gedächtnis: 7. März

Volkert ↗ Volkhard

Volkhard
Name: aus ahd. folc (Haufe, Kriegsvolk) + harti, herti (hart, kühn): der Kühne im Volk

Volkhold, Sel.
Name: ahd. folc (Haufe, Kriegsvolk) + walt (der Waltende, Herrschende): Herr des Kriegsvolkes
* um 972 als Sohn des Grafen Otwin von Lurn (Pustertal, Südtirol) u. dessen 1. Gattin Glicha, geborener Gräfin von Görz. Er war zum geistlichen Stand bestimmt, blieb aber aus Demut Diakon. In seinem Schloß Suanapurk (Sonnenburg bei Bruneck) stiftete er ein Frauenkloster, dessen 1. Äbtissin seine Nichte Wichburg wurde. Das Kloster erhielt die Regel des hl. ↗ Benedikt, aber ohne strenge Klausur. Hinter dem Kloster erbaute sich Volkhold eine Hütte, wo er ein zurückgezogenes Leben bei Gebet u. Buße führte. † um 1041. Sein Leib ruht in der Kapelle der Sonnenburg.
Gedächtnis: 12. Jänner
Darstellung: in der Dalmatik eines Diakons vor Maria kniend, die ihm das Jesuskind zeigt

Volkmar OSB, Abt **in Niederaltaich,** Sel.
Name: ahd. folc (Haufe, Kriegsvolk) + mar (berühmt): der Berühmte im Volk
Er wurde 1280 Abt des Benediktinerklosters Niederaltaich bei Deggendorf/Donau (Niederbayern). Er versuchte seinen Konvent in der Strenge der Regel zu reformieren u. seine Mönche zu besserer Ordenszucht anzuhalten, erlitt dabei aber von einigen Mönchen großen Widerstand. Als er in einem Boot über die Donau setzen wollte, erschossen ihn widerspenstige Mönche mit Pfeilen. † am 9. 5. 1282.
Gedächtnis: 9. Mai

Volkmar, Erzb. **von Reims** ↗ Fulko

Volkmar von Neuilly ↗ Fulko von Neuilly

Volkrad von St-Denis ↗ Fulrad von St-Denis

Volkward (Volkwart, Volquart)
Name: ahd. folc (Haufe, Kriegsvolk) + wart (Hüter, Schützer): Schützer des Volkes

Volkwin OCist, Abt **von Sittichenbach,** Hl. (Volcuinus, Volquinus, Wilkin)
Name: ahd. folc (Haufe, Kriegsvolk) + wini (Freund): Freund des Volkes
Zunächst war er Pfarrer in einem westfälischen Dorf. Als dieses fast vollständig abbrannte, trat er 1129 in das Zisterzienserkloster Walkenried am Südharz ein. 1141 stiftete Esiko von Bornstedt das Kloster Sittichenbach (südl. von Eisleben, Sachsen),

das von Mönchen aus Walkenried besiedelt wurde u. zu dessen 1. Abt Volkwin bestimmt wurde. Die Mönche nannten das Kloster nach der biblischen Stadt Sichem. Von Anfang an war Volkwin um Heiligkeit des Lebens u. strenge Ordenszucht bei seinen Mönchen besorgt. Er zeichnete sich aus durch Werke der Nächstenliebe an Armen, Kranken, Gefangenen, Witwen u. Waisen u. überhaupt aller, die in Not waren. Schon zu Lebzeiten wurde er als Heiliger angesehen. Er hatte auch Schwierigkeiten mit Ludwig dem Eisernen von Thüringen (1150–1172), der dem Kloster in habgieriger Weise seine Einkünfte aus dem Dorf Heilingen entzog u. diese erst nach dem Tod Volkwins zurückerstattete. † am 13. 11. 1154.
Gedächtnis: 13. November

Volmar, jüngere Nf. von ↗ Volkmar

Volrad (Volrat) ↗ Volkrad (↗ Fulrad)

Voyslawa OPraem, Sel.
Sie war die ältere Schwester u. Erzieherin der sel. ↗ Hroznata. Sie war in Krakau mit Herzog Otho (?) verheiratet. Nach dem Tod ihres Gatten gründete sie mit ihrem Bruder auf dessen Erbgrundstück Chotieschau (Chotěšov bei Mies, Westböhmen) ein Prämonstratenserinnenkloster, in das ihre 3 Schwestern Beatrix, Bohuslawa u. Judith eintraten. Sie selbst lebte dort als Konverse (eine Art Laienschwester). † dort am 22. 1. (?) 1227. Nach der Säkularisation des Klosters wurden ihre Gebeine 1793 in das Stift Tepl (Böhmen) übertragen.
Gedächtnis: 22. Jänner
Lit.: B. Grassl, Zum 700jährigen Todestage der sel. Hroznata (Marienbad 1917) 18ff

Vreni (Vreneli), volkstüml. für ↗ Verena

Vroni (Vroneli), volkstüml. für ↗ Veronika

W

Wagner ↗ Liborius Wagner

Wala OSB, Abt **von Corbie u. Bobbio,** Sel.
Name: es sind mehrere Deutungen möglich: a) ahd, wal (Schlachtfeld, Walstatt): der Held; b) ahd. walha (Ausländer; heute „die Welschen"); c) ahd. wallon (pilgern): Wanderer
* um 755 als Vetter ↗ Karls d. G. Mit seinem Bruder ↗ Adalhard, dem späteren Abt von Corbie, genoß er an der Hofschule seine Ausbildung u. wurde später einflußreicher Hofbeamter unter Karl d. G. Seine Beziehungen zu König Ludwig d. Frommen waren aber ständig sehr gespannt, was zur mehrmaligen Verbannung Walas führte. Deshalb trat er 816 in das OSB-Kloster Corbie a. d. Somme (Diöz. Amiens) ein u. wurde dort bald Abtstellvertreter für seinen verbannten Bruder Adalhard. Mit diesem zus. gründete er 822 das OSB-Kloster Korvey bei Höxter a. d. Weser u. reformierte das Damenstift Herford (südöstl. von Osnabrück) nach dem Muster von Soissons u. Orléans im Sinn einer zentralen Ausbildungsstätte für adelige Damen. 823 wurde er Berater des Kaisersohnes Lothar I., 826 Nachfolger seines verstorbenen Bruders als Abt von Corbie. Als solcher wurde er einer der führenden Vertreter der kirchlichen Reformbewegung u. des Gedankens der Reichseinheit (Unabhängigkeit von der Person des Herrschers). Dies führte zu nochmaliger Verbannung durch Ludwig d. Frommen (830–833), weshalb sich Wala auf die Seite der Söhne Ludwigs stellte, die sich gegen ihren Vater empörten. Doch wirkte er bei der Aussöhnung der Söhne mit ihrem Vater wesentlich mit. 833 wurde er Abt im OSB-Kloster Bobbio (südwestl. von Piacenza, Oberitalien). In seinen letzten Lebensjahren suchte er die andauernden Streitigkeiten im Karolingerhaus zu schlichten.

† am 31. 8. 836 in Bobbio. Angeblich wurden seine Gebeine um 1060 nach Herford übertragen.
Gedächtnis: 31. August
Lit.: Zimmermann III 4–8 – L. Weinrich, Wala, Graf, Mönch, Rebell (Halle 1963) – H. Peltier: Corbie abbaye royale (Lille 1963) 95–104

Walarich, Hl. (Walaricus, franz. Valéry, Valéri)
Name: ahd. waltan (walten, herrschen) + rihhi (Herrschaft, Reich, Herrscher): der Waltende u. Herrschende
Er lebte als Priester u. Einsiedler in Leuconaus (Picardie, Nordfrankreich), wo er am 1. 4. 619 (12. 12. 622?) starb. Über seinem Grab entstand später das Kloster St-Valéry-sur-Somme. Daß er nach der Vita des 11. Jh.s der 1. Abt dieses Klosters gewesen sei, ist historisch nicht belegbar. Er wird in Nordfrankreich, bes. in der Normandie, sehr verehrt.
Gedächtnis: 1. April (in Amiens 12. Dezember)
Patron: der Fischer
Lit.: BHL 8762ff – MGSS rer. Mer. IV 157–175 – Zimmermann II 4 – Baudot-Chaussin IV 9–14

Wald, Kf. von ↗ Ewald, ↗ Oswald

Waldebert OSB, Abt **von Luxeuil,** Hl. (Walbert, franz. Gaubert)
Name: ahd. waltan (herrschen, walten) + beraht (glänzend, berühmt): berühmter Herrscher
* Ende des 6. Jh.s aus einer edlen fränkischen Familie. Er wurde Mönch im Kloster Luxeuil (Diöz. Besançon, Ostfrankreich) u. nach dem Tod des Abtes ↗ Eustasius (um 629) dessen Nachfolger. Anstelle der strengen Regel des hl. ↗ Kolumban führte er im Kloster die des hl. ↗ Benedikt ein, beließ aber verschiedene Gewohnheiten aus der kolumbanischen Periode bei. In seiner 40jährigen Amtszeit führte er die Abtei zu höchster Blüte, u.a. erweiterte er die Bibliothek u. förderte die Schreib- u. Malschule. † am 2. 5. 670. Seine Gebeine wurden 888 vor den Normannen gerettet, in der Franz. Revolution vernichtet.
Gedächtnis: 2. Mai
Lit.: Zimmermann II 134–137 – H. Büttner, Geschichte des Elsaß (Berlin 1939) 38ff – RBén 56 (1945–46) 44ff – Schmitz GB I 58f 61 u.ö.

Waldefrid OSB, Abt **von Palazzuolo,** Hl. (Waldfrid)
Name: ahd. waltan (herrschen, walten) + fridu (Schutz vor Waffengewalt, Friede): Herrscher und Schützer
Er stammte aus Pisa u. war verheiratet. Er gründete 754 das Kloster Palazzuolo (zw. Florenz u. Faenza), wo er später selbst nach seiner Trennung von der Familie Benediktinermönch u. Abt wurde. † am 15. 2. um 765.
Gedächtnis: 15. Februar

Waldefrid u. Radfrid, Märt., Hll.
Namen: a) Waldefrid: s. d. vorigen; b) ahd. rat (Rat, Ratgeber) + fridu (Schutz vor Waffengewalt, Friede): Ratgeber und Schützer
Waldefrid lebte mit seinem Sohn Radfrid bei Groningen (nördl. Niederlande). Die beiden wurden im 9. Jh. von den heidnischen Normannen getötet. An ihrem Grab entstand später eine Kirche zu Ehren der Gottesmutter, der Apostelfürsten und des hl. Waldefrid.
Gedächtnis: 3. Dezember

Waldemar
Name: altd. männl. Vorname: ahd. waltan (walten, herrschen) + mar (berühmt): berühmter Herrscher. Im Mittelalter dänischer Königsname (niederdt. Woldemar)

Walderich OSB, Abt **von Murrhardt,** Sel.
Name: ahd. waltan (herrschen, walten) + rihhi (Reich, Herrschaft, Herrscher): Walter und Herrscher (Walterich)
Er entstammte einem edlen Geschlecht, möglicherweise dem der Karolinger. Er lebte als Priester u. Einsiedler u. gründete 817 (?) auf dem Stück Land, das er von Kaiser Ludwig d. Frommen geschenkt erhielt, das Kloster Murrhardt (nordöstl. von Stuttgart), dessen 1. Abt er war. Seine Gebeine wurden 1629/48 aufgefunden, sind aber seit Ende des 18. Jh.s verschollen. Die spätromanische Walterichskapelle (1220–30) neben der Mönchskirche war bis in die Gegenwart herein am Karfreitag Ziel von Wallfahrern beider Konfessionen.
Gedächtnis: 29. November
Lit.: K. Weller, Württemberg. Kirchengeschichte bis zum Ende der Stauferzeit (Stuttgart 1936) 77–80 – Zim-

mermann III 371f – E. Kost, Walderich-Überlieferungen in Murrhardt: Württemberg. Franken Neue Folge 26–27 (Schwäbisch Hall 1952) 170–196 – W. Strömer: ZBLG 28 (1965)

Waldetrudis OSB, Äbtissin **in Mons,** Hl. (Waltraud, franz. Waudru)
Name: ahd. waltan (herrschen) + trud (Kraft, Stärke): kraftvolle Herrscherin
Sie war die Tochter des Edlen Walbert u. Schwester der hl. ↗ Adelgundis, der Stifterin von Maubeuge im Hennegau. Sie heiratete den hl. ↗ Vinzenz Madelgar u. wurde Mutter von 4 Kindern: ↗ Adeltrud, ↗ Landrich, ↗ Dentelin u. ↗ Madelberta. Auf ihren Rat ging jedes Familienmitglied in ein Kloster. Auf den Rat des ↗ Gislenus erbaute sie in Castrilocus ein Kloster (später Ste-Waudru in Mons, Belgisch Hennegau), in dem sie vom Bisch. ↗ Autbert von Cambrai den Nonnenschleier empfing u. welches sie als Äbtissin leitete. Sie starb am 9. 4. um 688, ihre Gebeine ruhen in Ste-Waudru.
Gedächtnis: 9. April
Darstellung: ihre 4 Kinder unter ihrem Mantel bergend
Lit.: Essen 231–260 – Zimmermann II 33ff – BnatBelg XXIX 861ff

Waldrada, Äbtissin, Hl. (Valtrada, franz. Valdrée)
Name: ahd. waltan (herrschen) + rat (Rat, Ratgeber): machtvolle Beraterin
Sie entstammte einer vornehmen Familie, nahm um 505 den Schleier u. wurde 1. Äbtissin im Kloster St-Pierre-aux-Nonnains bei Metz, das ihr Verwandter, Herzog Eleutherius, gegründet hatte. Sie starb um 563. Ihr Haupt wird in der Kathedrale von Metz aufbewahrt.
Gedächtnis: 5. Mai

Walembert CanAug, Abt, Sel.
Name: 2. Bestandteil ahd. beraht (glänzend, berühmt); der 1. Bestandteil ist nicht eindeutig ableitbar: a) ahd. wal (Schlachtfeld, Walstatt): der auf dem Schlachtfeld Berühmte; b) ahd. walt (Walter, Herrscher): berühmter Herrscher
* 1084 zu Wulpen bei Furnes (Veurne, südwestl. von Ostende, Belgien). Seine Ausbildung erhielt er im Kloster St. Walburg zu Furnes u. wurde Bedienter in Cambrai u. St-Quentin. Mit Erlaubnis des Bisch. Burchard von Cambrai errichtete er zu Bony bei St-Quentin (Nordfrankreich) eine Zelle, in der er als Einsiedler lebte. Bald entwickelte sich diese zu einem Augustiner-Chorherrenkloster, das der Abtei St-Aubert zu Cambrai unterstand. Walembert empfing die Priesterweihe u. übernahm die Leitung der neuen Genossenschaft. Das Kloster übersiedelte bald nach Mont-St-Martin (Nordfrankreich, an der Grenze zu Luxemburg). Walembert starb um 1141, sein Leib ruht in Mont-St-Martin.
Gedächtnis: 31. Dezember

Walher, Märt., Hl. (Valterus, franz. Vauhir)
Name: ahd. wal (Schlachtfeld, Walstatt Held) + heri (Heer): Held des Heeres bzw. Heerführer
Er war Pfarrer von Onhaigne u. Hastiere (Diöz. Namur, Belgien). Er tadelte öfters seinen Mitbruder u. Neffen wegen seines unsittlichen Lebenswandels. Deshalb erschlug ihn dieser des Nachts bei einer Überfahrt über die Maas mit der Ruderschaufel u. warf den Leichnam ins Wasser. Die Leiche wurde geborgen u. in der Pfarrkirche von Onhaigne beigesetzt. Seine Gebeine wurden später in die Abteikirche zu Vazor übertragen.
Gedächtnis: 23. Juni

Walpurga OSB, Äbtissin **von Heidenheim,** Hl. (Waldburga, Waldburc, Walburg, Walpurgis)
Name: ahd. waltan (walten, herrschen) + burg, burc (Burg; bergen, schützen): die Herrschende u. Schützende. (Kf. Walli, Burg, Burgel)
* um 710. Sie war die Tochter ↗ Richards von England u. Schwester der hll. ↗ Willibald u. ↗ Wunibald. Ihre Ausbildung erhielt sie wahrscheinlich im Kloster Wimborn bei Bournemouth (Südengland). Von ihrem Verwandten, dem hl. ↗ Bonifatius, wurde sie zus. mit ↗ Lioba u. ↗ Thekla als Missionshelferin nach Germanien berufen. Zuerst wirkte sie unter Lioba in Tauberbischofsheim (Nordbaden), von 751/752 an in dem von ihren Brüdern gegründeten Doppelkloster Heidenheim am Hahnenkamm bei Treuchtlingen (südl. von Nürn-

berg), dem sie nach dem Tod Wunibalds (761) als Äbtissin vorstand. Unter ihrer Leitung wurde das Kloster zu einem geistigen u. rel. Mittelpunkt. † am 25. 2. 779. Bisch. Otkar übertrug am 1. 5. 870 ihre Gebeine in die nach ihr benannte Klosterkirche St. Walburg zu Eichstätt. Von dort kamen 893 Reliquien in das Frauenkloster Monheim u. nach Furnes (Veurne, Westbelgien), das zum Ausgangspunkt des Walpurga-Kultes in Flandern u. Nordfrankreich wurde. Reliquien werden noch an vielen anderen Orten verehrt: Walberberg bei Bonn (Hirnschale u. Stab), die (ehemalige) OSB-Abtei Walburg im Hl. Forst (Elsaß), Lamberg bei Cham (Bist. Regensburg), auf dem Ehrenbürg bei Forchheim (Erzb. Bamberg), Alfen u. Wormbach (Erzb. Paderborn), Sandweier (Erzb. Freiburg), Scheer a. d. Donau (Bist. Rottenburg), Walburgisberg bei Weschnitz im Odenwald (Bist. Mainz). Unzählige Kirchen u. Kapellen in Europa u. Amerika tragen ihren Namen, viele Klöster, Bruderschaften, Städte u. Dörfer wählten sie zur Patronin. Die sog. Walpurgisnacht, die Nacht auf den 1. Mai, in der nach alter Sage die Hexen u. andere Zaubermächte auf dem Blocksberg (Brocken im Harz) ihr Unwesen treiben, geht auf germ. Vorstellungen zurück u. hat zur hl. Walpurga keine Beziehung.
Liturgie: RK g am 25. Februar (Eichstätt H: Patronin der Diöz.)
Darstellung: als Äbtissin im schwarzen Ordenskleid mit Stab u. Regelbuch, darauf ein Ölfläschchen (weil sich an ihrem Reliquienschrein in Eichstätt ein flüssiger Niederschlag, das sog. Walpurgisöl, bildete u. dem man heilende Kraft zuschrieb), manchmal mit Krone oder 3 Ähren (weil sie ein Kind vom Hungertod errettete)
Patronin: der Diöz. Eichstätt; der Bauern, Landleute, für das Gedeihen der Feldfrüchte, der Haustiere; bei Hundebiß u. Tollwut, Husten
Lit.: Zimmermann I 251ff, IV 24 – 900 Jahre Abtei St. Walburg (Festschr.) (Augsburg 1934) – Zum 900jährigen Jubiläum der Abtei St. Waldburg in Eichstätt, hrsg. v. K. Ried (Paderborn 1935) – A. Bauch, Quellen zur Geschichte der Diöz. Eichstätt (Eichstätt 1962) 249–275

Walter (Walther) **von Birbech** OCist, Sel. (franz. Gauthier)
Name: ahd. walt (Walter, Herrscher) + heri (Heer) bzw. ger (Speer): der im Heer (bzw. der mit dem Speer) Waltende. Bei den folgenden Namen kann nicht immer entschieden werden, ob die Zuordnung zu Walther oder Waldger gilt.
Er entstammte einer Adelsfamilie zu Bierbeek bei Löwen (oder Bierbais bei Hévilliers, beides in Brabant, Belgien). Seit seiner Jugend war er ein großer Marienverehrer. Als junger Ritter machte er eine Fahrt ins Heilige Land (der 3. Kreuzzug 1189–91 kann dies wohl nicht mehr gewesen sein), verteilte nach seiner Rückkehr sein ganzes Vermögen unter die Armen u. die Kirchen u. wurde Zisterzienser im Kloster Himmerod bei Wittlich (Eifel), wo er u. a. als Gastmeister wirkte. Durch seine Überredungskunst bewog er mehrere verstockte Sünder zur Umkehr. † am 22. 1. 1220.
Gedächtnis: 22. Jänner
Lit.: AHVNrh 47 (1888) 32–41 – Cist 9 (1897) 170–174 – Lenssen I 289ff

Walter von Brügge OFM, Bisch. von Poitiers, Sel. (Gualterus)
* um 1225 in Zande bei Brügge (Belgien). Er wurde Franziskaner u. Schüler des hl. ↗ Bonaventura, von 1266 an lehrte er als Professor der Theologie in Paris. 1272 wurde er zum Provinzial der Prov. Francia ernannt, 1279 zum Bisch. von Poitiers (Westfrankreich), was er in seiner großen Demut nur mit Widerstreben auf sich nahm. Papst Clemens V. setzte ihn jedoch 1306 ab, weil er ihm in der Verteidigung seiner kirchlichen Rechte entgegengetreten war. Diese Absetzung schmerzte ihn tief, er trug sie aber in Gehorsam u. Demut bis zu seinem Tod. † am 23. 1. 1307.
Gedächtnis: 23. Jänner

Walter von Lodi, Hl.
* um 1185 zu Lodi (südöstl. von Mailand) von begüterten Eltern, die er aber frühzeitig verlor. Er stellte sein ganzes Leben in den Dienst der Armen u. Kranken u. erbaute in Lodi u. in anderen Städten Spitäler. † am 22. 7. 1224.
Gedächtnis: 22. Juli

Walter (Walther) OSB, Abt **von Mondsee,** Sel.
Er war Abt des Benediktinerklosters

Mondsee (Oberösterreich) u. starb im Ruf großer Heiligkeit am 17. 5. 1158. Sein Leib wurde in der Petrus-Kapelle beigesetzt.
Gedächtnis: 17. Mai

Walter (Walther) OSB, Abt **von Pontoise,** Hl. (Galterus, Gualterus, franz. Gauthier)
Er stammte aus Andainville (Dep. Somme, Nordfrankreich) u. wurde Benediktiner im Kloster Rebais (Diöz. Meaux, östl. von Paris), später 1. Abt im neugegründeten Kloster Pontoise (nordwestl. von Paris). Er sah sich bald den wachsenden Schwierigkeiten der Neugründung nicht mehr gewachsen u. bat Papst ↗ Gregor VII. vergeblich um Amtsenthebung. So zog er sich 1072 heimlich nach Cluny zurück, wurde aber vom Papst wieder zurückbefohlen. In Béaucourt (Diöz. Amiens) gründete er ein Benediktinerinnenkloster. † am 25. 3. 1095. Seine Gebeine wurden 1153 erhoben u. in der Klosterkirche von Pontoise bestattet. In der Franz. Revolution wurden sie entfernt u. auf dem Friedhof von Pontoise beigesetzt, wo sie bis heute nicht gefunden wurden.
Gedächtnis: 25. März
Darstellung: mit Ähren in der Hand, ein Weinberg zur Seite
Lit.: L. Lefèvre, Les saints de Pontoise (Versailles 1924) 1–26 – Zimmermann II 29–32 – Baudot-Chaussin IV 189–193

Walter (Waltger) **von Sachsen,** Hl.
Er war ein sächsischer Edeling u. gründete um 790 in Müdehorst ein Kanonissenstift, das älteste in Altsachsen, dem er sein ganzes ansehnliches Vermögen vermachte. Das Stift wurde 819 nach Herford bei Bielefeld verlegt u. durch Adalhard u. Wala nach dem Muster von Soissons organisiert. Walter starb am 16. 11. 825 (?).
Gedächtnis: 16. November
Lit.: A. Cohausz, Der hl. Walther von Herford: Festgabe für A. Fuchs, hrsg. v. W. Tack (Paderborn 1950) 389–420 – A. K. Hömberg: Dona Westfalica (Münster 1963) 124–127

Waltmann OPraem, Sel.
Name: ahd. walt (der Waltende, Herrscher) oder wald (Wald) + man (Mann)
Er war Schüler des hl. ↗ Norbert u. wurde von diesem 1124 als 1. Abt des Prämonstratenserklosters St. Michael in Antwerpen (Belgien) bestellt. Er war sehr gelehrt u. vollendete die Ausrottung der Irrlehre Tanchelms in Antwerpen. Tanchelm (1115 erschlagen) forderte, vom Reformprogramm ↗ Gregors VII. ausgehend, leidenschaftlich das sittenreine Leben aller Priester, das für ihn wichtiger wurde als die Priesterweihe, u. gelangte so zur Leugnung aller Hierarchie u. aller Sakramente, bes. der Eucharistie. † am 15. 4. 1138.
Gedächtnis: 15. April

Walto OSB, Abt **von Wessobrunn,** Sel. (Waltho)
Name: Kf. von Namen, die mit Walt- beginnen, bes. ↗ Walter
Er leitete als Abt das Doppelkloster Wessobrunn (Oberbayern) 1129–57 u. starb im Ruf großer Heiligkeit. Die erste Erhebung seiner Gebeine fand 1282 statt.
Gedächtnis: 27. Dezember

Waltraud ↗ Waldetrudis

Wandregisel, Abt **in Fontenelle,** Hl. (franz. Wandrille)
Name: 1. Bestandteil wahrsch. zu germ. winid- (zum slawischen Volksstamm der Wenden gehörig); 2. Bestandteil: ahd. gisal (Geisel; weil zur Bekräftigung von Verträgen häufig Kinder von Adeligen ausgetauscht wurden, nahm das Wort bald die Bedeutung „Adeliger" an)
* um 600 bei Verdun (Nordfrankreich) aus adeliger fränkischer Familie. Er war Hausmeier unter König Dagobert I. Nach kurzer Ehe zog er sich im Einverständnis mit seiner Gattin 629 als Mönch in das Kloster Montfaucon (nordwestl. von Verdun) zurück, lebte dann als Einsiedler im Jura u. weilte längere Zeit im Kloster Bobbio (südwestl. von Piacenza, Oberitalien) u. in Romainmoûtier (Romanus-Kloster im Schweizer Jura). Seinen Wunsch, nach Irland zu pilgern, konnte er nicht verwirklichen. Nach seiner Priesterweihe durch Bisch. ↗ Audomar von Thèrouanne in Rouen gründete er mit ↗ Waning 649 das Kloster Fontenelle (Diöz. Rouen; nach ihm später St-Wandrille genannt), das er als Abt im Geist des irischen Mönchtums leitete. † am 22. 7. 668.
Gedächtnis: 22. Juli
Lit.: BHL 8804–8810 – Baudot-Chaussin VI 549–552 –

Wattenbach-Levison I 138f – W. Arndt, Kleine Denkmäler aus der Merowingerzeit (Hannover 1874) 29–47 – G. Morin (Paris 1884) – J. Besse (Paris 1904)

Waning, Hl. (Wanning, Waningus)
Er war Graf von Calais unter König Chlothar III. und unterstützte ↗ Wandregisel bei der Gründung des Klosters Fontenelle u. gründete dann um 660 selbst das Frauenkloster Fécamp (nördl. von Le Havre, Normandie). † am 9. 1. um 688.
Gedächtnis: 9. Jänner
Lit.: BHL 8811–8814 – C. Labbé (Fécamp 1873) – Baudot-Chaussin I 175f

Wanja (russ.), Kf. von ↗ Iwan (↗ Johannes)

Wardo ↗ Famianus

Warin OSB, Abt **von Korvey,** Sel. (Guarinus)
Name: Kf. von Namen, die mit Wer-, Wern- beginnen, z. B. ↗ Werenfrid, ↗ Werner
Er war Sohn des Grafen Ekbert u. der hl. ↗ Ida von Herzfeld u. erhielt seine Erziehung am Hof ↗ Karls d. G. Er wurde Benediktiner im Kloster Corbie a. d. Somme (östl. von Amiens), wo er ↗ Paschasius Radbert zum Lehrer hatte. 822 wurde er in das neugegründete Kloster Korvey bei Höxter a. d. Weser entsandt u. dort nach dem Tod des hl. ↗ Adalhard 826 Abt. Abt Hilduin von St-Denis, der von Ludwig d. Frommen hierher verbannt wurde, brachte 830 Reliquien des hl. ↗ Vitus mit, die Warin 836 in die noch unfertige Kirche holte (Kirchweihe 844). Warin veranlaßte seinen ehemaligen Lehrer Paschasius Radbert zur Abfassung seines Werkes De corpore et sanguine Domini. Warin förderte tatkräftig die Missionierung des germ. Nordens; unter seiner Amtszeit erreichte das Kloster seine erste Blüte. † am 20. 9. 856.
Gedächtnis: 20. September
Lit.: A. K. Hömberg: WZ 100 (1950) 118–122 – Wattenbach-Levison 340–343 – H. Wiesenmeyer: WZ 112 (1962) 270–274, 113 (1963) 274

Warin von Poitou, Märt., Hl. (Gerinus, franz. Gérin, Guérin)
Er war ein Bruder des Bisch. ↗ Leodegar von Autun u. Statthalter von Poitou. Er wurde auf Betreiben des berüchtigten Hausmeiers Ebroin mit Leodegar wegen angeblichen Mordes an König Childerich bzw. der Mitwisserschaft getötet. † 678.
Gedächtnis: 2. Oktober

Warin ↗ Guarinus von Sitten

Warmund ↗ Veremundus

Wastl (süddt.), Kf. von ↗ Sebastian

Wendelin, Hl. (Wandelin, Wendalin, Wendel, Vendel, Wandalin, Wyndelinus)
Name: Kf. u. Verkleinerungsform von ahd. Namen, die mit Wendel- beginnen wie Wendelmar, Wendelbert. Den Namen liegt wahrscheinlich die Bezeichnung für den germ. Volksstamm der Vandalen zugrunde, möglicherweise auch germ. winid- (Bezeichnung für den slawischen Volksstamm der Wenden)
Er lebte als fränkischer Einsiedler oder Mönch zur Zeit Bisch. ↗ Magnerichs von Trier († um 570) im Waldgebirge Vosagus (Vogesen). Sein Grab in St. Wendel (Saar) ist um 1000 bezeugt u. wurde im Mittelalter zu einem bedeutenden Wallfahrtsort. Nach der Legende des 14. Jh.s sei er ein iroschottischer Königssohn gewesen u. habe sich als Einsiedler u. Hirt in dieser Gegend niedergelassen u. sei Abt des Klosters Tholey bei St. Wendel gewesen. Von den einst 1500 Patrozinien gibt es noch heute über 500 Kapellen und 160 Wallfahrtsorte seines Namens.
Liturgie: RK g am 20. Oktober
Darstellung: als Mönch, Pilger, junger Königssohn, Hirt oder Abt mit einem Stab, Lämmer, Rinder, Schweine hütend
Patron: der Bauern, Hirten, Landleute, Schäfer; für Flur u. Vieh, gegen Viehseuchen
Lit.: ActaSS Oct. IX (1858) 342–351 – A. Selzer (Mödling 1962[2]) – A. Dörrer: FF 39 (1965) 11–15

Wenzel ↗ Wenzeslaus

Wenzeslaus, Herzog **von Böhmen,** Märt., Hl.
Name: latinisiert aus alttschech. Venceslaw: mehr Ruhm (vgl. russ. vjače = mehr, sláwa = Ruhm) (Kf. Wenzel, tschech. Václav, russ. Wjatscheslaw)
* um 903/905 (935 ?) in Altbunzlau a. d. El-

be (nordöstl. von Prag) aus dem Geschlecht der Přemysliden als ältester Sohn des Herzogs Wratislaw von Böhmen u. dessen Gattin Drahomira. Unter dem Einfluß seiner Großmutter ↗ Ludmilla erhielt er eine sorgfältige christliche Erziehung. Nach dem Tod seines Vaters (921) kam er als neuer Regent unter die Vormundschaft seiner Mutter. Diese war zwar bereits Christin, aber von einem glühenden Haß gegen ihre Schwiegermutter Ludmilla erfüllt u. sah in ihr eine Rivalin in den Regierungsgeschäften, weshalb sie diese am 15. 9. 921 erdrosseln ließ. Wahrscheinlich 922 trat sie die Regierungsgeschäfte an ihren Sohn ab. Wenzeslaus führte persönlich einen lauteren Lebenswandel u. übte seine Macht mit großem Sinn für Recht u. Gerechtigkeit aus. Er verfolgte eine Politik des Friedens, suchte die Leibeigenschaft des Volkes zu mindern u. die Gerichtsbarkeit der Grundherren an feste Normen zu binden. Er mühte sich um die Christianisierung u. kulturelle Hebung des Landes, was zugleich den Anschluß an die röm. Kirche u. die politische Anlehnung an das dt. Königtum bedeutete. Dies wiederum rief die heidnische Oppositionspartei auf den Plan, die die althergebrachte Religion u. die nationale Eigenständigkeit des Landes bewahren wollte. So wurde Wenzeslaus am 28. 9. 929 in Altbunzlau von seinem Bruder Boleslaw I. u. dessen Helfershelfern ermordet. Sein Leib wurde einige Jahre später in die von ihm erbaute St.-Veits-Kirche übertragen. Wenzeslaus ist Nationalheiliger u. Landespatron von Böhmen.
Liturgie: GK g am 28. September
Darstellung: als Herzog im Harnisch mit Schild (darauf ein Adler) u. grüner Fahne (mit Adler) oder Lanze. Mit einem Schwert (Ermordung)
Patron: von Böhmen
Lit.: A. Naegle, Kirchengeschichte Böhmens I/2 (Wien-Leipzig 1918) – Ders., Der hl. Wenzel (Warnsdorf 1928) – E. Herrmann, Slaw.-germ. Beziehungen im südostdeutschen Raum (München 1965)

Werburga OSB, Äbtissin **in Ely,** Hl. (Werburgh)
Name: angelsächs. werian (wehren, verteidigen) + beorgan (ahd. bergan = bergen, in Sicherheit bringen) bzw. burg (Burg): Verteidigerin u. Schützerin
Sie war die Tochter Wulfhers von Mercia (Königreich etwa zw. Trent u. Themse, England) u. der hl. ↗ Irmhilde. Sie wurde Benediktinerin im Kloster Ely (nördl. von Cambridge) u. später Äbtissin. Sie gründete die Klöster Hanbury u. Trentham (Staffordshire) u. Weedon (Northamptonshire). Schon zu ihren Lebzeiten war sie wegen ihres heiligmäßigen Lebens berühmt. † am 3. 2. um 699. Ihre Reliquien wurden 875 vor den Dänen in die Kathedrale von Chester gerettet, wo sie unter Heinrich VIII. vernichtet wurden.
Gedächtnis: 3. Februar
Lit.: BHL 8855ff – Baudot-Chaussin II 71ff – DNB XX 1205f

Werenfrid, Hl.
Name: angelsächs. werian (wehren, verteidigen) + fridhu (Schutz vor Waffengewalt, Friede): Verteidiger u. Schützer
Er war angelsächs. Priester u. Glaubensbote in Friesland u. als solcher Mitarbeiter des hl. ↗ Willibrord. Er wird zu Elst (Gelderland, Niederlande) verehrt. Seine Reliquien wurden 1664 in die Jesuitenkirche zu Emmerich am Rhein (an der niederl. Grenze) übertragen.
Gedächtnis: 14. August
Darstellung: ein Schiff in seiner Hand (seine Leiche fuhr ohne Ruder gegen den Strom; offenbar eine spätere legendäre Ausdeutung der Translation den Rhein aufwärts)
Patron: der Gemüsegärtner
Lit.: Zimmermann II 572f – R.R. Post, Kerkgeschiedenis van Nederland (Utrecht-Antwerpen 1957) 26f

Werinhard, Märt. **in Ebsdorf,** Hl.
Name: ahd. verjan (sich zur Wehr setzen; wari od. weri = Wehr, Verteidigung) + harti, herti (hart, kühn): kühner Verteidiger
Er war ein Graf u. königlicher Beamter, der mit einer größeren Anzahl von Gefährten im Jahr 880 im Kampf mit den heidnischen Normannen fiel (↗ Ebsdorfer Märt.).
Gedächtnis: 2. Februar

Werner, Märt. **zu Oberwesel** (vom Volk als Heiliger verehrt)
Name: ahd. Warinheri, Werinher: wari, weri (Verteidigung, Gegenwehr) + heri (Heer): Verteidiger des Heeres
* um 1273 zu Womrath bei Simmern (westl.

von Bingen am Rhein) als Sohn armer Leute. Er war kurze Zeit Weinbergarbeiter in Steeg bei Bacharach, wurde aber von seinem Dienstherrn hart behandelt u. verdingte sich deshalb in Oberwesel (nordwestl. von Bingen). Zur Osterzeit 1287 wurde er auf einem Feld bei Bacharach ermordet aufgefunden. Der Mord wurde den Juden von Oberwesel angelastet u. hatte ein blutiges Pogrom unter den Juden des Ortes zur Folge. Die Gesta Treverorum (kurz nach 1300) nennen noch kein Motiv für die Bluttat. Die Altaicher Annalen (1. Hälfte des 14. Jh.s) beschuldigen die Juden des „Ritualmordes" (d. h., sie gebrauchten angeblich Christenblut bei ihrer Passahfeier), eine lateinische Vita aus der 2. Hälfte des 14. Jh.s verbindet damit das Motiv der versuchten Hostienschändung (die Mörder hätten Werner an den Füßen aufgehängt, um die empfangene Hostie zu erlangen und zu verunehren).
Werners Leichnam wurde in der Kunibert-Kapelle zu Bacharach beigesetzt u. der Ausbau der Kapelle zu einer Kirche sofort in Gang gesetzt. Der Chorabschluß war 1293 fertiggestellt und zum Gottesdienst freigegeben, der übrige Bau kam 1307 ins Stocken, die unvollendet gebliebene Kirche steht heute als vielbewunderte gotische Ruine am Rhein.
Der Kanonisationsprozeß wurde 1426 vom Kardinallegaten Giordano Orsini in Bacharach eröffnet, in Rom aber nicht zu Ende geführt. Gleichwohl trug dies wesentlich zur weiteren Belebung des Werner-Kultes im Rhein- u. Moselgebiet bei. Die Gebeine Werners wurden 1621 von span. Truppen verschleppt u. gelten heute als verschollen. Einige Reliquien gelangten bereits 1548 an das Stift St. Magdalena zu Besançon, weshalb Werner noch heute in der Franche-Comté als Patron der Winzer verehrt wird. Das Fest des hl. Werner wurde in der Diöz. Trier vom 18. Jh. bis 1922 liturgisch begangen.
Gedächtnis: 19. April
Darstellung: als Bauernknabe mit Schaufel und Wanne (Arbeitsgeräte), Palme u. Messer (Martyrium)
Patron: der Winzer

Lit.: K. Christ, Werner von Bacharach: Otto Glauning zum 60. Geburtstag. Festgabe aus Wiss. u. Bibl. II (Leipzig 1938) 1–28 – E. Iserloh, Werner von Oberwesel. Zur Tilgung seines Festes im Trierer Kalender, TThZ 72 (1963) 270–285 – F. Pauly, Zur Vita des Werner von Oberwesel: AMrhKG 16 (1964) 94–109

Werner (Wernher) von Ellersbach OSB, Abt **von Wiblingen,** Hl. oder Sel.
Er war Benediktiner im Kloster St. Blasien (Schwarzwald) u. wurde 1093 zum 1. Abt des neugegründeten Klosters Wiblingen (heute in Ulm) ernannt. † 1127.
Gedächtnis: 4. Juli

Werner (Wernher) OPraem, Abt **von Wilten,** Sel.
Nach seinen ausgedehnten Studien wurde er 1300 Abt-Koadjutor u. später Abt des Prämonstratenserstiftes Wilten (Innsbruck). Durch seinen rel., caritativen u. apostolischen Eifer wirkte er beispielgebend auf seine Mitbrüder. Unter ihm erfolgte der Umbau der mittelalterlichen Stiftskirche zum hl. ↗ Laurentius in Form einer dreischiffigen Pfeilerbasilika, die in dieser Form bis 1644 bestand (neuerlicher Umbau 1716 vollendet). Abt Werner wurde schon zu Lebzeiten als heiligmäßiger Mann betrachtet. Er starb am 1. 10. 1331 u. wird lokal als Seliger verehrt.
Gedächtnis: 1. Oktober

Wetzel ↗ Vicelinus

Wiaux ↗ Mucius Wiaux

Wibert von Darnau OSB, Hl. (Guibertus, Wigbert)
Name: ahd. wig (Kampf, Krieg) + beraht (glänzend, berühmt): berühmter Krieger
Er leistete zuerst Kriegsdienst u. zog sich dann in die Einsamkeit auf seine Landgüter bei Namur (Belgien) zurück, wo er die OSB-Abtei Gembloux gründete. Er selbst wurde Mönch im Kloster Gorze bei Metz. † 962. Seine Gebeine ruhen in der Pfarrkirche zu Gembloux. Heiliggesprochen 1110.
Gedächtnis: 23. Mai

Wiborada, Märt. **in St. Gallen,** Hl.
Name: weibl. F. zu ↗ Wibert
* wahrscheinlich auf der Burg Klingen im Aargau (westl. von Zürich). 912 ließ sie sich eine Zelle in St. Georgen bei St. Gallen (Schweiz) anweisen u. lebte von 916 an als

Inkluse bei St. Mangen (St. ↗ Magnus) in St. Gallen. Sie sammelte Schülerinnen um sich u. entfaltete eine weitreichende Tätigkeit nach Art einer Ratgeberin für Adel u. Volk. Wahrscheinlich wurde sie auch von ↗ Ulrich von Augsburg um Rat angegangen. Sie war die Erzieherin der hl. ↗ Rachildis. 926 veranlaßte sie die Verlagerung der Bibliothek u. der Kirchenschätze von St. Gallen vor den hereinbrechenden Ungarn. Sie selbst wurde von diesen überfallen u. tödlich verwundet u. starb am folgenden Tag, den 2. 5. 926. Heiliggesprochen um 1047. Ihre Zellen wurden bis ins 16. Jh. von Inklusen u. Beginen bewohnt.
Liturgie: St. Gallen G am 2. Mai
Darstellung: als Nonne mit Buch u. Streitaxt oder Hellebarde
Patronin: der Bücherfreunde
Lit.: A. Fäh, 2 Bde. (St. Gallen 1926) – E. Schlumpf: ZSKG 19 (1925) 230–234, 20 (1926) 161–167, 21 (1927) 72–75 142–151, 22 (1928) 69–72 284–300, 42 (1948) 250–253 – Ders., Quellen zur Gesch. der Inklusen in St. Gallen (St. Gallen 1953) – O. Doerr, Das Institut der Inklusen in Süddeutschland (Münster 1934) 168 – Zimmermann II 135–138 – J. Duft, Die Ungarn in St. Gallen (Zürich 1957) 26–39 53f 62–67 72ff

Wibrandis ↗ Chrischona u. Gef.

Wichmann von Arnstein OP, Sel.
Name: ahd. wig (Kampf, Krieg) + man (Mann): Kriegsmann
Er entstammte einem adeligen sächsischen Geschlecht u. kam als Knabe zur Erziehung in das Prämonstratenserkloster St. Marien in Magdeburg. Er wurde 1207 Kanoniker, 1210 Stiftspropst in Magdeburg. 1221 wurde er zum Bisch. von Brandenburg gewählt, aber nicht päpstlich bestätigt. 1224 führte er auf Befehl des Erzb. in Magdeburg den Dominikanerorden ein u. trat ihm um 1230 selbst bei. Er wurde Prior in Eisenach, Erfurt u. 1246 in dem von seinem Bruder Gebhard gestifteten Kloster Neuruppin (nordwestl. von Berlin), wo er am 2. 11. 1270 starb. Im Mittelalter wurde er als Heiliger u. Wundertäter verehrt.
Gedächtnis: 2. November
Lit.: APraem 4 (1930) 5053 – F. Bünder, Zur Mystik u. Geschichte der Mark Brandenburg (Berlin 1926) 1–35 – Stammler-Langosch IV 939ff – Wichmann-Jahrb., hrsg. v. K. H. Schäfer (Berlin 1930ff); über Wichmann bes. 2–3 (1932) 8–11

Wido ↗ Guido

Wieland
Name: Altdeutscher Name, wahrsch. zu germ. weljan, ahd. wellan, wellen (wollen, streben): der Strebende; oder auch zu altisländ. vel (List, Kunst). Der Name ist bereits in einer der ältesten germ. Heldensagen, der Edda, im „Lied von Völundr“ verewigt: Wieland (Völundr), ein kunstreicher u. mit Zauberkräften ausgerüsteter Schmied, wird vom goldgierigen König Nidhad gefangen, auf den Rat der Königin gelähmt u. zu kostbaren Schmiedearbeiten gezwungen. Wieland nimmt Rache, indem er die beiden Königssöhne erschlägt u. sich die Königstochter Bötvildr durch einen Rauschtrank gefügig macht. Dann erhebt er sich lachend mittels seiner selbstgeschmiedeten Flügel in die Luft u. entflieht. – Durch die Neuentdeckung dieser Sage kam der Name im 19. Jh. wieder auf.

Wigand von Waldsassen OCist, Sel.
Name: ahd. wigant (zu wigan = kämpfen): der Kämpfende
Er war Zisterziensermönch im Kloster Volkenrode bei Mühlhausen (Thüringen). Er gehörte mit ↗ Gerwich zu den ersten 3 Mönchen, die in das 1153 von Markgraf Diepold III. von Vohburg gegründete Kloster Waldsassen (Oberpfalz) gesandt wurden u. die dort befindlichen Einsiedler in das Ordensleben der Zisterzienser einführen sollten. Er starb nach einem heiligmäßigen Leben im Jahr 1133.
Gedächtnis: 22. Oktober

Wigbert, Bisch. **von Augsburg,** Hl. (Wikpert, Wikterp)
Name: ahd. wig (Kampf, Krieg) + beraht (glänzend, berühmt): berühmter Krieger. (Kf. Wiggo, Wicho, Wibo)
Er stammte vermutlich aus Epfach (westl. des Ammersees, Oberbayern) aus dem Geschlecht der Agilolfinger u. wurde vor 738 Bisch. von Augsburg. Er sandte seinen Priester ↗ Tozzo, seinen späteren Nachfolger als Bisch., nach St. Gallen um Missionare zur Bekehrung der letzten Heiden im Allgäu. Daraufhin kamen die Missionare Theodor u. ↗ Magnus, denen er ihren Wirkungskreis anwies, u. weihte die von Magnus erbauten Kirchen zu Waltenhofen (wo Tozzo als Seelsorger wirkte) u. dem be-

nachbarten Füssen am oberen Lech. † am 18. 4. 771. Sein Leib ruht in der Sakristei der Ulrichskirche zu Augsburg.
Gedächtnis: 18. April

Wigbert OSB, Abt **von Fritzlar,** Hl. (Wipert, Wiprecht, Wichert)
Er war von Geburt Angelsachse aus Wessex u. wahrscheinlich Mönch im Kloster Nutcelle (jetzt Nursling, Südengland). Er folgte um 730 dem Ruf des hl. ↗ Bonifatius nach Deutschland u. wurde von ihm als Schulvorsteher u. Abt des Klosters Fritzlar (südwestl. von Kassel) bestellt, wo unter seinen Schülern auch der hl. ↗ Sturmius war. Er reorganisierte auch das Kloster Ohrdruf bei Gotha u. richtete dort die erste Missionsschule für Thüringen ein. † 737/738. Er wurde zunächst in Fritzlar begraben, der größte Teil seiner Gebeine wurde am 13. 8. 780 in die OSB-Abtei Hersfeld (Hessen) übertragen. Dort verschwanden sie beim Brand der Stiftskirche 1761. Für die in Fritzlar verbliebenen Reliquien errichtete man 1340 das noch heute erhaltene Hochgrab mit Reliquienschrein in der Domkrypta. Reliquien des Heiligen sollen auch in Fulda, Kölleda (Thüringen) u. Benediktbeuern gewesen sein.
Liturgie: Fulda g am 13. August
Darstellung: mit Kirchenmodell, Buch, Kelch mit Weintraube (als er einmal keinen Meßwein hatte, preßte er den Saft einer Weintraube in den Kelch aus), Beil (Kulturarbeit), Vogel
Lit.: F. Schauerte (Paderborn 1895) – F. Flaskamp, Das Hessenbistum Buraburg (Münster 1927) 28ff – Künstle II 592f – Zimmermann II 567ff

Wigberta ↗ Wiborada

Wiho, Bisch. **von Osnabrück,** Hl.
Name: Kf. von Namen, die mit Wig- gebildet sind, z. B. ↗ Wigand, ↗ Wigbert
Er stammte aus Friesland (angeblich aus Leeuwarden, nördl. Niederlande) u. erhielt seine Ausbildung an der Schule des hl. ↗ Gregor von Utrecht. Von ↗ Karl d. G. wurde er als 1. Bisch. von Osnabrück eingesetzt u. machte sich um die Missionierung der dortigen Sachsen verdient. † wohl 804.
Liturgie: Osnabrück g am 13. Februar (mit den Bischöfen ↗ Gosbert u. ↗ Adolf)

Wilbirg von St. Florian, Hl. (Wilburg)
Name: ahd. wellan, wellen (wollen, streben) + burg (Burg; zu bergan = bergen, in Sicherheit bringen): die auf Schutz Bedachte
* um 1230 zu St. Florian (Oberösterreich) als Tochter eines klösterlichen Eigenmannes. Ihr Vater starb auf einer Pilgerreise ins Heilige Land, bald darauf verschied auch ihre Mutter, wodurch sie selbst gänzlich mittellos dastand. Obwohl sie von Natur aus stets kränklich war, unternahm sie unter unbeschreiblichen Mühen eine Wallfahrt nach Santiago de Compostela (Nordspanien). Unter schwersten Fieberanfällen erreichte sie gerade noch das Grab des Apostels ↗ Jakobus d. Ä., wurde dort aber plötzlich geheilt. Nach ihrer glücklichen Heimkehr begann sie ein Leben als Einsiedlerin u. ließ sich neben der gotischen Stiftskirche von St. Florian eine Zelle errichten, wo sie fortan ein Leben des Gebetes u. der härtesten Buße führte. Trotz ihrer schweren körperlichen u. seelischen Anfechtungen blieb sie heiter u. liebenswürdig gegen jedermann. Sie war weitum bekannt u. wurde von vielen Menschen um Rat u. Hilfe angegangen. Sie verließ ihre Zelle nur ein einziges Mal, als räuberische Kriegshorden 1276 das Kloster samt ihrer Zelle brandschatzten, u. flüchtete in das nahegelegene Enns. Sie starb am 11. 12. 1289 u. wurde unter großer Beteiligung des Volkes in der Stiftskirche beigesetzt. Der Sarg mit ihren Reliquien befindet sich jetzt in der Krypta unter dem Hochaltar der heutigen Barockkirche. Propst Einwik von St. Florian († 1313) schrieb ihr Leben u. ihre mystischen Gebetserfahrungen auf.
Gedächtnis: 11. Dezember
Darstellung: als Nonne mit Schlange (Teufel), Lilie (Reinheit) u. Taube in Lichtstrahl (Erleuchtung durch den Hl. Geist). Von Christus vom Kreuz herab umarmt. Pflückt Rosen im Winter
Lit.: J. Patsch (Diss. Wien 1916) – J. Zauner, Die sel. Klausnerin Wilbirg als Mystikerin: In unum congregati (Wien 1958) 99ff

Wilfried ↗ Wilfrith

Wilfrith OSB, Bisch. **von York,** Hl.
Name: angelsächs. willa (ahd. willio, willo = Wille) + fridhu (ahd. fridu = Schutz vor

Waffengewalt, Friede): der auf Schutz Bedachte
* 634 in Northumberland (Nordengland) aus einem angelsächs. Adelsgeschlecht. Mit 14 Jahren kam er in das iroschottische Kloster Lindisfarne (Holy Island, Insel an der Ostküste Nordenglands). Doch sagte ihm das dortige, nach kelt. Gebräuchen ausgerichtete Klosterleben u. die Liturgie immer weniger zu. Deshalb ging er 653 mit ↗ Benedikt Biscop Baducing nach Rom, um dort die „bessere" Liturgie u. das „vernünftigere" Klosterleben kennenzulernen, u. entwickelte sich dort zu einem glühenden Eiferer für das röm. Kirchensystem. Auf der Rückreise hielt er sich 3 Jahre in Lyon auf u. ließ sich dort durch Bisch. Dalfinus die röm. Tonsur geben. In die Heimat zurückgekehrt, wurde er von König Alchfrith von Deira zum Abt des Klosters Ripon (Yorkshire) ernannt, wo er sogleich die Regel des hl. ↗ Benedikt u. die röm. Liturgie einführte. Dabei ging er so rigoros vor, daß die irischen Mönche das Kloster verließen. Auf der Synode von Whitby (664) trat er als Vorkämpfer der röm. Observanz auf u. erreichte es, daß die Kirche Englands die röm. Liturgie einführte. Abt ↗ Koloman von Lindisfarne, der Wortführer der kelt. Partei, trat ihm vehement entgegen, wurde aber überstimmt u. zog sich in das Kloster Iona (Hy), später nach Irland zurück. Wilfrith wurde 664 von König Alchfrith zum Bisch. von York ernannt u. erhielt in Compiègne durch 12 fränkische Bischöfe die Weihe. Er hatte aber bei seiner Rückkehr 666 in der Ausübung seines Amtes derartige Schwierigkeiten, daß er erst 669 mit Hilfe Erzb. ↗ Theodors von Canterbury von seinem Bistum Besitz ergreifen konnte. Als Theodor nach der Synode von Herford (673) die zu große Diöz. York (Northumbrien) in 4 kleinere Diöz. aufteilte, protestierte der streitbare Wilfrith u. ging zunächst nach Friesland, wo er etwa 1 Jahr lang das Evangelium verkündete, u. dann nach Rom u. kehrte 681 mit der ihm günstigen Entscheidung des Papstes Agatho nach England zurück. Doch der König u. der Erzbischof anerkannten nicht das päpstliche Schreiben, Wilfrith wurde 9 Monate in strenger Haft gehalten u. dann des Landes verwiesen. Er wirkte nun als Missionar in Sussex u. auf der Insel Wight unter den restlichen heidnischen Sachsen, bis er sich 685 mit Erzb. Theodor aussöhnte u. das verkleinerte Bistum York u. das Klosterbistum Hexham zurückerhielt. 691 hatte er mit König Alchfrith wegen der Kirchengüter u. mit Erzb. Brithwald von Canterbury, der die Diöz. York nochmals teilen wollte, erneute Auseinandersetzungen. Er fand Zuflucht bei König Ethelred von Mercia u. trat 703 wieder die Reise nach Rom an, wo er von Papst Johannes VI. voll rehabilitiert wurde. Darauf lenkte Erzb. Brithwald sofort ein, Alchfrith versöhnte sich mit ihm erst auf dem Sterbebett (705). Wilfrith verbrachte einen ruhigen Lebensabend bei seinen Mitbrüdern im Kloster Ripon. Er starb am 24. 4. (vielleicht 12. 10.) 709/710 im Kloster Oundle (Mercia) anläßlich eines Besuches u. wurde in Ripon bestattet. 1224 kamen seine Gebeine nach York (die Wilfrith-Gebeine in der Kathedrale von Canterbury sind sehr wahrscheinlich die des Wilfrith II. von York).
Gedächtnis: 24. April (das ursprüngl. Festdatum; seit der Translation in Canterbury am 12. Oktober)
Darstellung: einen toten Mönch erweckend
Lit.: J.L.G. Meißner, The Celtic Church in England after the Synod of Whitby (London 1929) – Zimmermann III 169ff – S. Brechter, Die Quellen zur Angelsachsenmission (Münster 1941) 81ff – W. Delius, Gesch. der irischen Kirche (München-Basel 1954)

Wilgefortis ↗ Kümmernis

Wilhelm CanR, Abt **von Aebelholt,** Hl.
Name: ahd. willio, willo (Wille) + helm (Helm, Schutz): der auf Schutz Bedachte. (Kf. Willi, Willy; engl. William, franz. Guillaume, ital. Guglielmo, span. Guillermo)
* um 1127 zu Paris aus einem franz. Adelsgeschlecht. Er erhielt seine Ausbildung in der OSB-Abtei St-Germain-des-Prés in Paris unter Abt Hugo, seinem Onkel. Nach Abschluß seiner Studien wurde er Kanoniker zu Ste-Geneviève in Paris, dessen Kapitel 1148 die Augustiner-Regel annahm. Doch hatte er Differenzen mit den anderen Regularklerikern wegen deren verweltlichter Lebensweise, weshalb sie ihn aus ihrer Mitte abschoben u. ihm das Amt des Propstes von Epinay in Paris übertrugen. Bald darauf (1148) wurde dieses Kanonikat

durch Eugen III. aufgelöst u. regulierten Chorherren aus St. Victor übergeben. Die Bemühungen Wilhelms um Hebung des dortigen geistlichen Lebens waren von großem Erfolg begleitet, weshalb er von Erzb. Absalon von Roskilde, Primas von Schweden u. Dänemark, 1165 nach Seeland berufen u. zum Vorsteher des dortigen Klosters Eskilsó ernannt wurde. Auch hier bewährte er sich durch Hebung der Ordenszucht der Regularkleriker. Bis auf 2 konnte er alle durch Liebe u. Geduld gewinnen. 1175 wurde das Kloster nach Aebelholt bei Hilleröd verlegt. Wilhelm war Berater Absalons u. spielte im dänisch-franz. Kulturaustausch eine wichtige Rolle. 1193 weilte er in Frankreich zur Vermittlung der Ehe zw. König Philipp u. ↗ Ingeborg von Dänemark u. 1194 in Rom zur Verteidigung dieser Ehe. Anschließend wurde er in Frankreich wegen seines Eintretens für die Rechte u. die Unabhängigkeit seiner Kirche bis 1196 in Haft gehalten. Er starb am 6. 4. 1203 u. wurde 1224 heiliggesprochen. Die Erhebung seiner Gebeine fand 1238 durch Bisch. Nikolaus Stig von Roskilde statt. Wilhelm hinterließ 122 Briefe von hohem zeitgeschichtlichem Wert. Sein Grab ist in der neuen Steinkirche zu Aebelholt.

Gedächtnis: 6. April

Lit.: OL 209, 589–728 (Briefe 635–728) – M. C. Gertz, Vitae Sanctorum Danorum (Kopenhagen 1908–12) 285–386 – W. Norwin, Abbed Wilhelms Breve: Scandia 6 (Stockholm 1933) 153–173 – Baudot-Chaussin IV 153–157

Wilhelm von Aquitanien OSB, Hl. (Wilhelm von Gellone)

* um 750 als Sohn des Grafen Theodard u. Enkel Karl Martells. Er trat in den Dienst ↗ Karls d. Gr., der ihn zum Herzog von Aquitanien (südwestl. Frankreich) ernannte u. mit der Verteidigung der spanischen Mark gegen die Sarazenen in Spanien beauftragte. Er zeichnete sich durch große Tapferkeit u. ein ausgezeichnetes Feldherrntalent aus, bes. bei der Einnahme von Barcelona (801) u. Nîmes (804). Dann zog er sich ganz von der Welt zurück u. gründete im Dezember 804 das Kloster Gellone bei Aniane (westl. von Montpellier, Südfrankreich; heute St-Guilhem-du-Désert), welches er mit Mönchen aus dem OSB-Kloster Aniane besiedelte. Er selbst nahm am 29. 6. 806 das Ordenskleid u. diente der Gemeinschaft als Koch u. Bäcker. † am 28. 5. 812. – Er ist als Guillaume d'Orange die Hauptgestalt im altfranz. Wilhelm-Zyklus (Chanson de geste, 24 Gesänge), der seine Heldentaten gegen die Sarazenen u. sein frommes Mönchsleben verherrlicht. Nach dieser Vorlage schrieb Wolfram von Eschenbach († um 1220) sein (unvollendetes) Versepos „Willehalm".

Gedächtnis: 28. Mai

Darstellung: im Ordenskleid mit Helm. Als Einsiedler, den Herzogshut zu Füßen, auf den Teufel tretend

Patron: der Waffenschmiede

Lit.: J. E. Saumade, Guilhem d'Orange (Montpellier 1878) – W. Pücket, Aniane u. Gellone (Leipzig 1899) – Zimmermann II 240ff – Baudot-Chaussin V 553ff – Bossuat 35f 50f, Suppl. I 26, II 20

Wilhelm Arnaud (Arnaldi) OP u. Gef., Märt., Sll.

Er stammte aus Montpellier u. war seit 1234 Inquisitor für Toulouse, Albi, Carcassone u. Agen. Die Zeitgenossen schildern ihn als frommen u. milden Mann. Er fiel mit 2 anderen Dominikanern sowie 9 weiteren Gefährten in der Nacht des 29. 5. 1242 dem Haß der Albigenser zum Opfer: **Bernhard von Rochefort** OP (Priester), **Garcia de Aura** OP (Laienbruder), **Stephan von Narbonne** OMin, **Raimund** OMin, der (ungenannte) **Prior** von Avignonet, ein (ebenfalls ungenannter) **Mönch** aus La Cluse in Savoyen (südöstl. von Besançon), **Raimund,** genannt „der Schreiber", Kanoniker in Toulouse, **Petrus Arnaldi,** Inquisitions-Notar, der Kleriker **Bernhard,** dessen Sekretär, sowie 2 weitere Kleriker u. Schreiber in der Inquisitionskanzlei, **Fortanerius** u. **Ademarus.** Der Mord geschah wahrscheinlich unter der Leitung des Grafen Raimund VII. von Toulouse, u. zwar in dessen Haus zu Avignonet bei Toulouse. Dieser Mann hatte die Inquisitoren zwar öffentlich in Schutz genommen, wollte sich aber heimlich an ihnen rächen. Der Kult der Märtyrer wurde 1866 approbiert.

Gedächtnis: 29. Mai

Lit.: MOP I 231–235 – Motier I 536–538

Wilhelm, Abt **in Belmont,** Hl.

Er entstammte einer wohlhabenden Adels-

familie, zog sich aber in die Einsamkeit der Vogesen zurück u. wurde Schüler des Einsiedlers Blidulf, der in Belmont eine Zelle errichtet hatte. Daraus entwickelte sich bald eine Mönchsgemeinde, der Blidulf als Abt vorstand. Nach dessen Tod übernahm Wilhelm die Leitung der Genossenschaft. † um die Mitte des 9. Jh.s.
Gedächtnis: 3. November

Wilhelm von Donjeon OCist, Erzb. **von Bourges,** Hl.
* um 1150 auf der Burg Arthel aus dem Grafengeschlecht von Nevers. Er war Kanoniker in Soissons (Nordfrankreich) u. Paris, wurde Mönch im Kloster Grandmont (Auvergne, Zentralfrankreich; um 1076 in Muret mit eigener Regel gegründet, 1124 nach Grandmont verlegt) u. 1167 Zisterzienser in Pontigny (nordöstl. von Auxerre). 1184 wurde er Abt des Klosters Fontaine-Jean (Diöz. Sens, südöstl. von Paris), 1186 in Châlis, 1199 Erzb. von Bourges (Zentralfrankreich). Er war milde u. heiter, wußte aber die Seinen dennoch entschieden u. zielbewußt zu leiten. Er war ein tapferer Kämpfer gegen Mißbräuche u. für die kirchlichen Rechte gegen König Philipp II. August. Während der Rüstungen zum Kreuzzug gegen die Albigenser (neumanichäische Häretiker des Mittelalters, benannt nach der franz. Stadt Albi) starb er am 10. 1. 1209.
Gedächtnis: 10. Jänner
Lit.: BHL nn. 8900–8905 – Cist 19 (1907) 1–13 38–48 71–82 – Zimmermann I 66ff – Lenssen I 41–44

Wilhelm von Brabant, Sel.
* um 1174 in Brabant. Er war in seiner Jugend Bäckergeselle u. führte ein lockeres Leben in Ausschweifungen u. Unmäßigkeit. Er bekehrte sich u. trat in das Kloster Chernilles bei Vervins (Picardie, Nordfrankreich) ein, das er aber bald wieder verließ. Er ließ sich nun in der Einsamkeit von Moranwely nieder u. führte dort ein strenges Bußleben. Er kroch lange Zeit auf allen vieren, da er wie ein Tier gelebt habe u. nun nicht würdig sei, den Himmel anzuschauen. Ein frommer Priester nahm sich seiner an u. hieß ihn diese Art von Bußübung zu unterlassen. Er lernte bei ihm Latein u. erhielt von Bisch. Johann von Namur die Priesterweihe. Er führte sein Einsiedlerleben fort, rodete den Wald u. gründete die OSB-Frauenabtei Notre-Dame de l'Olive bei Marienberg (Hennegau, Belgien). † am 10. 2. 1240.
Gedächtnis: 10. Februar
Lit.: MGSS XXX 277–281 – BHL 8928f – Baudot-Chaussin II 238f – Zimmermann IV 21f

Wilhelm Eiselin OPraem (vom Volk als Heiliger verehrt)
* zu Mindelheim (südwestl. von Augsburg) von ganz armen Eltern, die er früh durch die Pest verlor. Die Chorherren vom Hl.-Geist-Kloster zu Memmingen nahmen sich seiner an u. empfahlen ihn später dem Abt Martin Ermann im benachbarten Prämonstratenserkloster Roth. In den Wissenschaften machte er nur geringe Fortschritte, führte aber ein sehr heiligmäßiges Leben. Wegen seiner schweren Erkrankung wurde er vom Seminar in Dillingen in das Kloster Roth zurückgeschickt, wo er am 28. 3. 1588 starb. Seine Mitbrüder nannten ihn den „Engel des Hauses".
Gedächtnis: 28. März

Wilhelm von Gouda OFM, Märt., Sel.
Er war Franziskaner u. wurde zus. mit dem Terziarier Johannes Vogelsang von den Geusen im Jahr 1573 zu Geertruidenberg (südöstl. von Dordrecht, Niederlande) wegen seines kath. Glaubens getötet. „Geusen" (franz. gueux = Bettler) war ursprünglich der Spottname, den die Anhänger der spanienfreundlichen Regentin Margarete von Parma den niederen Adeligen in den Niederlanden gaben. Später blieb der Name als Bezeichnung der calvinistischen Nationalisten in den Niederlanden.
Gedächtnis: 4. September

Wilhelm OSB, Abt **von Hirsau,** Sel.
Er stammte aus Bayern u. wurde von seinen Eltern dem OSB-Kloster St. Emmeram zu Regensburg als puer oblatus übergeben, wo er seine wissenschaftliche Ausbildung erhielt u. Mönch wurde. Er verfaßte in Dialogform die Schriften De astronomia u. De musica, die aber nur zum Teil erhalten sind. Eine entscheidende Wendung in seinem Leben u. in seiner Einstellung zum „weltlichen" Wissen trat 1069 mit seiner Berufung

zum Abt des Klosters Hirsau bei Calw (Schwarzwald) ein, indem er nunmehr die „mundana scientia" vom rel. und theol. Standpunkt aus betrachtete. Er trat sein Amt aber erst nach dem Tod seines von Graf Adalbert von Calw unrechtmäßig abgesetzten Vorgängers Friedrich (1071) an u. ruhte nicht, bis er von Adalbert, Kaiser Heinrich IV. u. Papst ↗ Gregor VII., den er persönlich 1075 aufsuchte, die Bestätigung der vollen Freiheit seines Klosters zugesichert erhielt. Er entfaltete sich zum großen Klosterreformator u. entwarf 1079 nach dem Vorbild von ↗ Cluny die Constitutiones Hirsaugienses. Unter ihm nahm das Kloster in wissenschaftlich-kultureller u. rel. Hinsicht einen derartigen Aufschwung, daß er es wegen der großen Zahl der Mönche (allein 150 Priester) 1083–1092 wesentlich vergrößern mußte u. überdies zahlreiche Mönchskolonien bis nach Erfurt u. Magdeburg, Steiermark u. Kärnten entsenden konnte. Er führte in seinem Kloster die Laienbrüder (Konversen, Mönche ohne Klerikerweihen) ein u. wurde durch die Aufnahme von Laien in die Gebetsgemeinschaft des Klosters ein großer Förderer des Oblatentums der benediktinischen Klöster. Seine Begegnung mit Gregor VII. und der Besuch des Legaten Bernhard von Marseille in Hirsau (1077/78) veranlaßten ihn, im ausbrechenden Investiturstreit die Sache des Papstes voll zu unterstützen u. Hirsau zu einem Stützpunkt der päpstlichen Bestrebungen zu machen. Paulus von Bernried CanAug († 1146/1150 in Regensburg) nannte ihn „eine der 4 Säulen der gregorianischen Partei in Deutschland". † am 5. 7. 1091.

Gedächtnis: 5. Juli

Darstellung: als Mönch auf einem Pferd

Lit.: Hauck III 866–870 – Manitius III 220–225 – Zimmermann II 404–408 – St. Hilpisch, Gesch. des benediktinischen Mönchtums . . . (Freiburg/B. 1929) 179ff – H. Jacobs, Die Hirsauer (Köln 1961) passim – G. Zimmermann: Lebensbilder aus Schwaben u. Franken 9 (Stuttgart 1963) 1–17

Wilhelm von Malavalle, Hl. (Wilhelm der Große)

Er zog sich 1153 als Einsiedler auf die Insel Lupovacio bei Pisa zurück u. ging 1155 in ein steiniges, ödes Tal (stabulum Rhodis, Malavalle) bei Castiglione della Pescaia (südwestl. von Siena). Er machte Bußwallfahrten nach Santiago de Compostela, Rom u. Jerusalem u. versuchte vergebens, verschiedene Eremitengruppen in der Toskana zu reformieren. † am 10. 2. 1157. Sein Leib ruht in Castiglione della Pescaia. Aus seiner Einsiedelei entstand durch seine Schüler Albert u. Renald die Eremitenkongregation der Wilhelmiten mit dem Hauptkloster Malavalle. Bereits im 13. Jh. verwechselte man den Heiligen mit ↗ Wilhelm von Aquitanien bzw. mit dem Troubadour Graf Wilhelm IX. von Poitou († 1127), den ↗ Bernhard von Clairvaux von einem weltlichen Leben bekehrte.

Gedächtnis: 10. Februar

Darstellung: als Mönch mit Buch in Harnisch u. Helm bzw. Ritterrüstung neben ihm. Als Ritter mit Schwert u. 10 Ketten über der Brust (er habe sie zur Buße um den bloßen Leib getragen). Als Pilger mit Rosenkranz (Ritter: Verwechslung mit Wilhelm von Poitou)

Patron: der Klempner, Harnischmacher

Lit.: Künstle II 593ff – Braun 749–752 – Réau III 624–627 – K. Elm, Beiträge zur Gesch. des Wilhelmitenordens (Köln–Graz 1962)

Wilhelm von Neuenburg, Hl.

* um 1150. Die Legende läßt ihn aus England stammen u. in Paris wirken, was jedoch unzutreffend ist. Ein Graf von Neuenburg (Neuchâtel, Schweiz) machte ihn zum Propst des dortigen Kapitels u. Kaplan des Schlosses u. stellte ihn zum Magister seiner Söhne an. Er starb am 29. 3. 1231 u. galt nach seinem Tod als Wundertäter. Über seinem Grab entstand eine Kapelle, die im 15. Jh. erweitert u. von den vielen Pilgern reich ausgestattet wurde. In Lausanne wird er seit 1852 liturgisch nicht mehr gefeiert.

Gedächtnis: 29. März

Lit.: A. Piaget: Zeitschr. f. Schweizer. Gesch. 13 (Zürich 1933) 483–512 – Kunstdenkmäler Neuenburgs I (Basel 1955) Reg., II (1963) 22 – A. Bruckner: Festschrift Foerster (Fribourg 1964) 147f

Wilhelm von Orange ↗ Wilhelm von Aquitanien

Wilhelm der Pilger, Sel.

Nach mannigfachen Pilgerfahrten ließ er sich in der Nähe des OPraem-Klosters

Windberg bei Straubing (Bayern) als Einsiedler nieder. Er besaß die Gabe der Weissagung u. soll durch sein Gebet den kranken Grafen Adalbert I. von Bogen geheilt haben. † kurz vor 1147 (dem Todesjahr Alberts).
Gedächtnis: 20. April

Wilhelm, Bisch. **von Roskilde,** Hl.
Er war ein engl. Priester u. war längere Zeit Kaplan des Königs Knut d. G. (1014 Führer der dän. Wikinger in England, 1016 König von England, 1018 König von Dänemark, 1028 König von Norwegen, † 1035). König Sven Estridson (1047–1076) hielt er seine blutschänderische Beziehung zu einer schwedischen Königstochter vor u. tadelte seine Willkür bei Todesurteilen, weshalb er ihm den Eintritt in die Kirche verwehrte. Schließlich fügte sich der König, u. beide blieben fortan in Freundschaft verbunden. † 1067.
Gedächtnis: 2. September

Wilhelm OSB, Abt **von St-Bénigne,** Hl.
(Wilhelm von Dijon, Wilhelm von Volpiano)
* 962 auf der Insel Giuglio bei Novara als Sohn des aus Schwaben stammenden Grafen Robert von Volpiano. Er kam zur Welt, als gerade sein Vater die Inselburg gegen die Belagerung Kaiser Ottos d. G. verteidigte. Mit 7 Jahren wurde er als Oblate dem Kloster Locedio bei Vercelli übergeben u. wurde später dort selber Mönch. Er machte seine Studien in Vercelli u. Pavia u. folgte 987 dem hl. ↗ Majolus nach Cluny, wo er sich durch seine Disziplin, Klugheit u. sein Geschick in klösterlichen Ämtern derart das Vertrauen des Abtes erwarb, daß er schon 988 mit der Erneuerung des Klosters St-Saturnin a. d. Rhône (bei Avignon) beauftragt wurde. 990 wurde er auf Bitten des Bisch. Bruno von Langres in die völlig verfallene Abtei St. Bénigne in Dijon berufen, wo er die Abtwürde u. die Priesterweihe erhielt. Er behob in kurzer Zeit die geistige u. bauliche Verwahrlosung, u. die Zahl der Mönche wuchs ungewöhnlich schnell, sodaß sich seine Reform auch in andere Klöster ausbreitete (bis zu seinem Tod etwa 40 in Frankreich, Lothringen u. Italien). Die Reform führt den Namen von der Abtei Fruttuaria bei Volpiano, die er mit Unterstützung seiner Brüder 1001/03 gründete. Von hier fand die Reform etwa von 1070 an über St. Blasien (Schwarzwald) u. Sieburg bei Köln Eingang auch in dt. u. polnische Abteien. Abt Wilhelm wurde auch vorbildlich für seine Klöster durch die monumentale Basilika des hl. Benignus, zu deren Erbauung er von überall her Anregungen gesammelt hatte. Er ließ überall Schulen einrichten, die sämtliche Wissenszweige pflegten, auch Volksschulen im heutigen Sinn. Beim Volk war er geschätzt vor allem auch wegen seiner Mildtätigkeit u. Herzensgüte. † am 1. 1. 1031 im Fécamp (nördl. von Le Havre).
Gedächtnis: 1. Jänner
Lit.: E. Sackur: NA 14 (1889) 379–418 – Sackur I 257ff, II passim – Ch. Dahlmann: NA 49 (1932) 281–331 – Zimmermann I 33ff – J. Semmler, Die Klosterreform von Siegburg (Bonn 1959)

Wilhelm OSB-OCist, Abt **von St-Thierry,** Sel.
* 1080/85 in Lüttich aus vornehmer Familie. Er studierte in Reims u. Lyon u. wurde dann Benediktiner in der Abtei St-Nicaise zu Reims u. 1119 Abt im Kloster St-Thierry bei Reims. Während dieser Zeit verfaßte er 4 Werke: De contemplando Deo (Erwägungen über Gott), De natura et dignitate amoris (Wesen u. Würde der Liebe), De sacramento altaris (Über die Eucharistie) u. Meditationes. Er war ein großer Freund des hl. ↗ Bernhard von Clairvaux u. wurde von dessen Zisterzienser-Ideal angezogen. Deshalb legte er 1135 sein Amt nieder u. trat in das neugegründete Zisterzienser-Kloster Signy (Diöz. Reims) über, wo er bis zu seinem Tod blieb. Da er bes. in seinem Alter oft krank war, wurde er von allen körperlichen Arbeiten dispensiert u. konnte sich ganz dem Gebet u. seinen mystischen Schriften widmen. Als theol. Schriftsteller nahm er an allen Kontroversen regen Anteil, die die Kirche damals bewegten u. die Orden spalteten: die Auseinandersetzung mit Peter Abaelard u. Wilhelm von Conches u. die Kontroversen zw. den Klöstern Cîteaux u. Cluny. Er war mit Abaelard persönlich bekannt u. teilte einige Zeit auch dessen Begeisterung für die antiken Schriftsteller, doch lehnte er später dessen theol. Irrtümer u. Einseitigkeiten ab: über

die Trinität, Gnade, das Bußsakrament u. vor allem Abaelards Definition vom Glauben als „estimatio" (etwa ein Abwägen, Dafürhalten). Ihm gegenüber entwickelte er seine Lehre über den Glauben u. den Glaubensakt u. die mystische Theologie der Erkenntnis, die mehr ist als rein menschliche Erkenntnis. † am 8. 9. 1148/49.
Gedächtnis: 8. September
Lit.: H. Kutter, Wilhelm von St-Thierry, ein Repräsentant der mittelalterl. Frömmigkeit (Gießen 1898) – Hefele-Leclercq V 747–790 – A. Adam (Bourg 1923) – J.-M. Déchanet (Brügge 1942) – Quellen sowie Werke über theol. Einzelfragen: LThK 10, 1150ff (Lit.)

Wilhelm von der Sann, Sel.
Er war der Gemahl der hl. ↗ Hemma von Gurk. Nach der Überlieferung machte er eine Wallfahrt ins Hl. Land u. starb auf dem Rückweg in Gräbern im Lavanttal (Kärnten) in einer Scheune.
Gedächtnis: 27. Juni (mit Hemma von Gurk)

Wilhelm Saultemouche ↗ Jakob Sales u. Wilhelm Saultemouche

Wilhelm von Vercelli, Hl. (Wilhelm von Monte Vergine)
* um 1085 zu Vercelli (Oberitalien) aus edler Familie. Er verlor schon als Kind die Eltern, verzichtete mit 14 Jahren auf den väterlichen Besitz, pilgerte nach Santiago de Compostela (Nordspanien), ins Hl. Land u. zu verschiedenen Heiligtümern Italiens u. ließ sich um 1115 auf einem Berg bei Avellino (östl. von Neapel) nieder. Hier gründete er das berühmte Marienheiligtum, weshalb der Berg seither Monte Vergine (Berg der Jungfrau) genannt wird. 1118 schlossen sich ihm die ersten Gefährten an, mit denen er die Benediktiner-Kongregation von Monte Vergine (auch Wilhelmiten genannt) gründete. In seiner Ordensregel legte er die Liebe zur Einsamkeit mit äußerster Armut, Glaubensverkündigung u. Verehrung der Gottesmutter nieder. Er baute an verschiedenen Orten Klöster, auch für Frauen. Er starb am 24. 6. 1142 im Kloster S. Salvatore di Goleto u. wurde dort begraben. Seine Gebeine sind seit 1807 in Monte Vergine. Sein Kult wurde 1728 für das Königreich Neapel, 1785 für die ganze Kirche approbiert.
Gedächtnis: 24. Juni
Darstellung: als Abt mit einem Wolf (ein Wolf hatte seinen Esel zerrissen; da zwang er ihn, das Baumaterial für die Kirche herbeizuschaffen). Als Pilger
Lit.: G. Mongelli, La spiritualità di S. Guglielmo da Vercelli . . .: Spiritualità cluniacense (Todi 1960) 286–307 – Ders., S. Guglielmo da Vercelli (Montevergine 1960) – Ders., Storia di Montevergine e della congregazione verginiana I (Avellino 1965) – Legenda S. Gulielmi, ed. G. Mongelli (Montevergine 1962)

Wilhelm von Windberg ↗ Wilhelm der Pilger

Wilhelm Fitzherbert, Erzb. **von York,** Hl.
Er stammte aus adeliger Familie u. war ein Neffe König Stephans von England. Er wurde 1130 Kanoniker u. Schatzmeister des Yorker Domkapitels u. 1141 von der Mehrheit des Kapitels zum Erzbisch. von York (Nordengland) gewählt. Die Minderheit focht aber, unterstützt von den dortigen Zisterziensern u. dem hl. ↗ Bernhard von Clairvaux, die Wahl wegen angeblicher Simonie u. unlauteren Lebenswandels in Rom an. Innozenz II. bestätigte jedoch die Wahl, worauf Wilhelm am 26. 9. 1143 in Winchester geweiht wurde. Auch von Cölestin II. u. Lucius II. wurde er anerkannt. Eugen III. aber ordnete auf Betreiben seiner Gegner eine Neuwahl an, aus der sein Gegenkandidat Henry Murdac OCist, Abt von Fountains (Yorkshire), hervorging. Wilhelm wurde suspendiert u. schließlich abgesetzt, als seine Familienangehörigen u. die Bevölkerung die Abtei Fountains, wo Henry Murdac inzw. Prior geworden war, zerstörten. Eugen III., der selbst Zisterzienser war, weihte Henry Murdac am 7. 12. 1147. Wilhelm begab sich daraufhin in das Cathedral-Priorat in Winchester (Südengland), wo er ein heiligmäßiges Leben führte. 1153 starben kurz nacheinander seine 3 Hauptgegner: Eugen III. am 8. 8., Bernhard am 20. 8. u. Erzb. Murdac am 14. 10. Wilhelm machte in Rom erneut seine Rechte auf den erzbischöflichen Stuhl in York geltend, die Anastasius IV. auch anerkannte. 1154 kehrte er als Erzb. nach York zurück, wurde aber weiterhin vom Parteienhaß verfolgt. Er scheint von seinen Feinden schließlich vergiftet worden zu sein u. starb am 8. 6. 1154. Heiliggesprochen 1226.

Gedächtnis: 8. Juni
Darstellung: neben ihm ein Wappenschild mit 8 Rauten
Lit.: DNB VII 173–176 – D. Knowles, The Case of St. William of York: The Historian and Character (Cambridge 1963) 76–97

Wilhelmine de Rodat ↗ Emilie Wilhelmine de Rodat

Wilke (Wilko), Kf. von ↗ Wilhelm

Willaik OSB, Abt **von Kaiserswerth,** Hl. (Willeich)
Name: ahd. willio, willo (Wille) + leih (Spiel, Kampfspiel, von germ. laik = Tanz, Spiel; noch Luther hat „wider den Stachel löcken" d. i. ausschlagen): Begeisterter Tänzer (Turnierspieler)
Er war zuerst Kanoniker in Utrecht (Niederlande) u. trat dann in das vom hl. ↗ Suitbert um 695 gegründete Kloster Kaiserswerth (heute Vorstadt von Düsseldorf) ein. Nach dessen Tod 713 wurde er selbst Abt. † um 725. Seine Gebeine ruhen im Suitbertschrein in Kaiserswerth, sein Haupt wurde 1403 nach St. Lambert in Düsseldorf übertragen.
Gedächtnis: 7. März
Darstellung: in bischöflichen Gewändern mit Stab, Buch, Kirchenmodell
Lit.: ActaSS Mart. I (1865) 148ff – Zimmermann I 274f – Baudot-Chaussin III 34f

Willebold, Sel. (Willibold)
Name: ahd. willio, willo (Wille) + walt (der Waltende, Herrscher)
Er war ein Pilger, der im Jahr 1230 in einer Scheune zu Berkheim im Illertal (nordwestl. von Memmingen) starb. Angeblich stammte er aus dem Geschlecht der Grafen von Calw (Schwarzwald). Sein Leichnam wurde 1273 vom späteren Propst Berthold von Marchtal in die Pfarrkirche von Berkheim übertragen. Um seine bis heute lebendige Verehrung machte sich bes. das OPraem-Kloster Rot bei Biberach verdient.
Gedächtnis: 25. Juli (bis 1780: 26. November)
Lit.: ActaSS Iul. II (1747) 453 – A. Kalbrecht (München 1930[8])

Willehad, Bisch. **von Bremen,** Hl.
Name: ahd. willio, willo (Wille) + hadu (Kampf): der Kampfesfreudige
* um 745 in Northumbrien (Nordengland). Er wurde wahrscheinlich in der Schule von York ausgebildet u. kam 765/770 nach Friesland, wo er mit unterschiedlichem Erfolg den Glauben verkündete u. dabei mehrmals in höchste Lebensgefahr geriet. Er wurde 780 von ↗ Karl d. G. zu den Sachsen an der Unterweser (Gau Wigmodi) gesandt, mußte aber beim Sachsenaufstand 782 unter Widukind fliehen u. machte eine Pilgerfahrt nach Rom. Bei diesem Aufstand erlitten seine Mitarbeiter ↗ Attroban, ↗ Benjamin, ↗ Emming, ↗ Grisold, ↗ Gerwald u. ↗ Folkard am 30. 11. den Martertod. Anschließend hielt er sich 2 Jahre im Kloster Echternach (Luxemburg) als Mönch auf. Als Widukind 785 endlich seinen Kampf aufgab u. sich wahrscheinlich zu Weihnachten in Attigny taufen ließ, konnte Willehad wieder an seinen ursprünglichen Missionssprengel zurückkehren. Er vergrößerte das Gebiet bis zur Weser- u. Emsmündung u. begann es kirchlich zu organisieren. Am 13. 7. 787 wurde er zum Missionsbischof geweiht u. konsekrierte als solcher am 1. 11. 789 den ersten (hölzernen) Dom zu Bremen. Die endgültige Errichtung der Diöz. (805) erlebte er nicht mehr. Er starb am 8. 11. 789 zu Blexen (a. d. Wesermündung). Seine Gebeine wurden 860 von Bisch. ↗ Ansgar in den neuen Dom zu Bremen übertragen, sind aber seit der Reformationszeit verschollen.
Liturgie: Hildesheim, Münster, Osnabrück g am 8. November
Darstellung: ein Götzenbild zerstörend. Tauft einen Neubekehrten. Ein Götzendiener will ihn ermorden. Kirchenmodell in der Hand
Lit.: Hauck II 362–399 passim – Zimmermann III 276–279 – Baudot-Chaussin XI 269–272 – A. Tappehorn, Das Leben des hl. Willehad (Dülmen 1901) – H. Wiedemann, Die Sachsenbekehrung (Hiltrup 1932) 61 83f – K. D. Schmidt: Zeitschr. der Ges. f. Niedersächs. Kirchengesch. 41 (Schlistedt 1936) 5–23 – O. H. May, Regesten der Erzb. von Bremen I (Hannover 1937) 1–4 – H. Schwarzwälder, Entstehung u. Anfänge der Stadt Bremen (Bremen 1955) 64f

Willerich, Bisch. **von Bremen,** Hl.
Name: ahd. willio, willo (Wille) + rihhi (Reich, Herrschaft): der zum Herrschen Gewillte
Er war der 2. Bisch. von Bremen u. Nachfolger des hl. ↗ Willehad. Gleich nach dem

Tod Willehads (789) brachen die Aufstände der Sachsen wieder los. Willerich mußte die Mission verlassen u. konnte erst 805 nach der vollständigen Unterwerfung der Sachsen wieder zurückkehren. Unter ihm wurde das Bistum Bremen endgültig errichtet. Er baute an Stelle der hölzernen Peterskirche einen Dom aus Stein u. weihte noch eine 2. Kirche u. eine Kapelle zu Ehren des hl. Willehad, dessen Gebeine er dorthin übertrug. † 837.
Gedächtnis: 4. Mai

Willi (Willy), Kf. von ↗ Wilhelm

Willibald OSB, Bisch. **von Eichstätt,** Hl.
Name: angelsächs. willa, ahd. willio (Wille) + angelsächs., ahd. bald (kühn): der Willensstarke u. Kühne
* 700 in Südengland. Von seinem 5. bis 20. Lebensjahr erhielt er seine Ausbildung im Kloster Waltham. 720 verließ er mit seinem Vater ↗ Richard (v. Engl.) u. seinem Bruder ↗ Wunibald die Heimat, um die Welt kennenzulernen. Er weilte zweieinhalb Jahre in Rom, 723–727 im Hl. Land, 727–729 in Byzanz u. 730–739 als Mönch in Montecassino. Auf der Rückreise kam er 739 nach Rom u. wurde auf Veranlassung des hl. ↗ Bonifatius von ↗ Gregor III. in die dt. Mission berufen. Er erhielt 740 in Eichstätt die Priesterweihe u. wurde am 21. 10. 741 in Sülzenbrücken bei Erfurt zum 1. Bisch. von Eichstätt geweiht. Er baute den Dom von Eichstätt (in Form eines griech. Kreuzes) u. das Kloster u. missionierte, unterstützt von einer rasch wachsenden Anzahl von Mitarbeitern, hauptsächlich im bayrischen, fränkischen u. schwäbischen Raum, etwa zw. Donau u. Frankenwald. Als Stützpunkte gründete er die Abtei Heidenheim, wo er seine Schwester ↗ Walpurga als Äbtissin einsetzte (752) u. die Zelle seines Landsmannes ↗ Sola in Solnhofen (vor 754). Er besuchte das Concilium Germanicum (das 1. Reformkonzil des hl. Bonifatius, um 743) u. die Synode von Attigny (762). 778 diktierte er der Nonne Hugeburc den Bericht über sein Pilgerleben. Er starb am 7. 7. 787 (?) u. wurde zuerst im Chor der Bischofskirche beigesetzt. 989 wurden seine Gebeine in die Krypta übertragen, 1256 wieder erhoben, 1269 auf den Hauptaltar des Westchores übertragen u. 1745 im jetzigen Altar in der Marmorurne neu beigesetzt.
Liturgie: RK g am 7. Juli, Eichstätt H (Diözesanpatron)
Darstellung: als Bisch. mit Rationale (Schulterkleid), darauf die Worte Fides, Spes, Caritas; mit offenem Buch, zwei Pfeile in der Hand
Patron: der Diöz. Eichstätt; der Gittermacher

Lit.: W. Grothe, Der hl. Richard u. seine Kinder (Berlin 1908) – B. Bischoff, Wer ist die Nonne von Heidenheim?: SM 18 (1931) 387f – Zimmermann I 415f, II 450f 453f – J. Braun (Eichstätt 1953) – A. Bigelmair, Das Jahr der Gründung des Bist. Eichstätt: Festschr. K. Schornbaum (Neustadt/Aisch 1955) 19–35

Willibrord OSB, Erzb. **von Utrecht,** Hl.
Name: angelsächs. willa (Wille) + brord (Lanzenspitze, Spieß): feuriger Speerkämpfer
* 658 in Northumbrien (Nordengland). Im Kindesalter wurde er von seinen Eltern den Schottenmönchen im Kloster Ripon bei York übergeben, welches aber bald nachher unter der Leitung des hl. ↗ Wilfrith die Regel des hl. ↗ Benedikt u. die röm. Gebräuche annahm. Hier wurde er Benediktiner. Als Wilfrith, damals bereits Bisch. von York, nach seiner Auseinandersetzung mit ↗ Theodor von Canterbury 678 nach Friesland auswich, ging Willibrord nach Irland zu Bisch. ↗ Egbert in das Kloster Ratmelsigi (sehr wahrscheinlich das heutige Mellifont bei Drogheda), wo er 12 Jahre blieb u. Priester wurde. 690 zog er mit 11 oder 12 Gefährten (darunter ↗ Suitbert u. die beiden ↗ Ewalde) in die friesische Mission. Dabei stellte er sich – im Gegensatz zu vielen anderen iroschottischen Missionaren – ganz unter den Schutz der fränkischen Staatsgewalt u. ließ sich von Pippin d. M. das südwestl. Friesland als Missionsgebiet zuweisen. Um 692 holte er sich auch bei Papst Sergius die Missionsvollmacht ein. 695 wurde er von Pippin ein 2. Mal nach Rom gesandt, wo er von Papst Sergius am 21. 11. 695 zum Erzb. der Friesen geweiht wurde u. den röm. Namen Clemens (nach Papst ↗ Clemens I.) erhielt. Doch konnte sich – anders als bei Winfrid-Bonifatius – dieser Name nicht durchsetzen. Willibrord erbaute die Kathedrale von Utrecht, eine

friesische Kirchenprovinz kam jedoch nicht zustande. Doch hatte er, vom fränkischen Hochadel unterstützt, in der Friesenmission gute Erfolge. Auf Grund der Schenkung der hl. ↗ Irmina gründete er 698 als Missionsstützpunkt das Kloster Echternach (Luxemburg). Mit dem Tod Pippins (714) brach in Friesland die Missionsarbeit vorläufig zusammen u. Willibrord suchte sich im östl. Frankenland u. in Thüringen ein neues Arbeitsfeld. Mit Unterstützung durch Karl Martell u. Bonifatius konnte die darniederliegende Mission in Friesland ab 719 wieder aufgebaut werden. Willibrord dehnte seine Missionsfahrten weiter nach Norden aus u. kam bis Helgoland u. Dänemark, wo er allerdings keine nennenswerten Erfolge erzielen konnte. Wegen seiner langen Abwesenheit bestellte er für Utrecht einen (unbekannten) Chorbischof als Vertreter. Er starb am 7. 11. 739 in Echternach und wurde dort begraben.

Liturgie: RK g am 7. November; Luxemburg F (Landesapostel)

Darstellung: als Bisch. ein Kirchenmodell oder ein Kind tragend (Missionierung der Kinder). Unter seinem Stab entspringt eine Quelle. Neben ihm ein Faß oder Wassergefäß (verwandelt Wasser in Wein)

Patron: der Diöz. Utrecht, von Luxemburg

Lit.: J. Hau (Saarbrücken 1932) – N. Goetzinger (Luxemburg 1940) – W. Levison, Aus rhein. u. fränk. Frühzeit (Düsseldorf 1948) 304–346 – C. Wampach (Luxemburg 1953) – Th. Schieffer, Winfrid-Bonifatius (Freiburg/B. 1954) 97–102 u. ö.

Willigis, Erzb. **von Mainz,** Hl.

Name: altsächs. willio (Wille) + germ. gaiza- (Stab, Speer): begeisterter Speerkämpfer

Er entstammte einer armen, aber freien niedersächsischen Bauernfamilie. Die Legende des 13. Jh.s bezeichnet ihn irrig als Sohn eines Wagners oder Fuhrmannes, weshalb sich das Rad im Mainzer Stadtwappen findet. Auf Empfehlung Bisch. Volkholds von Meißen, des Erziehers Ottos II., kam er um 970 an den Hof Ottos I. d. G., wurde 971 Kanzler u. 975 Erzb. von Mainz u. Erzkanzler. Als solcher diente er 3 Kaisern in selbstloser Treue gegen das Herrscherhaus u. war auf das allg. Wohl bedacht, weshalb er den Ehrentitel „Vater des Kaisers u. des Reiches" erhielt. Von Otto II. erhielt er 983 für das Erzstift den Rheingau u. das Gebiet um Bingen. Als Otto II. kurz darauf starb, sorgte er für die Erziehung des 3jährigen Otto III. u. sicherte ihm die Krone gegen Heinrich den Zänker von Bayern. Bis zu seiner Mündig-Erklärung (994) war er Berater der Regentinnen Theophanu (Gemahlin Ottos II.) u. ↗ Adelheid (Mutter Ottos II.). Nach dem frühen Tod Ottos III. stellte er durch sein entschiedenes Eingreifen in den entstehenden Thronstreitigkeiten die innere Festigung des Reiches wieder her u. krönte 1002 in Mainz ↗ Heinrich II. zum Dt. Kaiser u. einige Wochen später in Paderborn seine Gemahlin ↗ Kunigunde. Mit Rom unterhielt er sehr gute Beziehungen. Von Benedikt VII. wurde er 976 zum Vikar für Deutschland ernannt. 996 führte er Brun, den Urenkel Ottos I., als Gregor V. u. ersten dt. Papst in Rom ein. Allerdings kam es zw. ihm u. Silvester II. zu einer empfindlichen Trübung der Beziehungen: Bezüglich des Kanonissenstiftes Gandersheim (südl. von Hildesheim), das nach einem Brand neu errichtet worden war u. das er auf Ersuchen der Äbtissin Sophia, der Tochter Ottos II., vornahm, kam es zu einem langwierigen Besitz- u. Jurisdiktionsstreit zw. den Diöz. Mainz u. Hildesheim, der bis nach Rom getragen wurde (Gandersheimer Streit). Das Stift lag auf der Grenze beider Diöz. u. beide Bischöfe machten Rechte darauf geltend. Willigis beugte sich 1007 schließlich dem päpstlichen Spruch zugunsten von Hildesheim, doch wurde der Streit erst 1028 endgültig bereinigt. – Willigis setzte sich auch für die Bestellung guter Bischöfe in Deutschland ein: ↗ Burchard in Worms, ↗ Bernward u. ↗ Godehard in Hildesheim, ↗ Adalbert in Prag. 1007 stimmte er der Neugründung des Bistums Bamberg zu. In seinem eigenen Kirchengebiet verfolgte er alle kirchlichen Interessen: Er baute zahlreiche Kirchen, z. B. den Martinsdom zu Mainz, der allerdings am Weihetag (29. 8. 1009) abbrannte (den Wiederaufbau vollendete sein Nachfolger ↗ Bardo), St. Stephan u. St. Viktor in Mainz, das Stift Disibodenberg (südwestl. von Bad Kreuznach), das OSB-Kloster Jechaburg (Thüringen) u. viele andere. Er förderte das Kunstschaffen (z. B. die ehernen Torflügel am Mainzer Dom) u. das Schulwesen. Neben der Domschule, in der

er gelegentlich auch selbst unterrichtete, blühte die Schule von St. Alban. Auch Brückenbauten gehen auf ihn zurück. Täglich hatte er 30 Arme an seinem Tisch. Er starb am 23. 2. 1011 u. wurde in St. Stephan zu Mainz beigesetzt. Dort wird auch eine Willigis-Kasel aufbewahrt.
Liturgie: Mainz, Trier g am 23. Februar
Darstellung: als Bisch. mit einem Rad (nach der Legende Sohn eines Wagners)
Patron: der Wagner
Lit.: J. Schmidt, Der Mainzer Dom als Schauplatz u. Denkmal dt. Geschichte (Mainz 1939) 9ff – H. L. Mikoletzky, Kaiser Heinrich II. u. die Kirche (Wien 1949) – W. Klenke, Die Gebeine aus dem Reliquiar des Erzb. Willigis: Mainzer Zeitschr. 56–57 (Mainz 1961–62) 137–145 – A. Brück (Mainz 1962)

Wilma, Kf. von ↗ Wilhelmine

Wilmar (Willmar)
Alter dt. männl. Vorname aus ahd. willio, willo (Wille) + mar (berühmt): der Willensstarke und Berühmte

Wiltrud OSB, Äbtissin **von Bergen,** Sel. (Biletrud, Wiltrudis)
Name: ahd. willio, willo (Wille) + trud (Kraft, Stärke): die Willensstarke. (Nf. Wiltraud, Wiltraut, Wiltrude)
Sie war möglicherweise die Tochter Herzog Giselberts von Lothringen u. heiratete 939 Herzog Berthold von Bayern. Nach dessen Tod (947) wurden sie u. ihr Sohn bei der Erbfolge in Bayern übergangen. 954/955 war sie am Aufstand der Luitpoldinger beteiligt u. verlor dabei ihren Besitz, der ihr aber 976 durch Otto II. wieder zurückerstattet wurde. Davon gründete sie das Benediktinerinnenkloster Bergen bei Neuburg a. d. Donau (westl. von Ingolstadt), trat als Nonne dort ein u. wurde 1. Äbtissin. Sie war berühmt durch ihre Kunstfertigkeit in feinen Handarbeiten. Wegen ihrer Frömmigkeit erhielt sie den Beinamen „Pia" (die Fromme). Sie starb am 6. 1. eines unbekannten Jahres. Die Kirche ist noch heute Wallfahrtsort zum hl. Kreuz.
Gedächtnis: 6. Jänner
Lit.: R. Geiger, Hersbruck. Propstei des Klosters Bergen: Mitteilungen des Vereines f. d. Gesch. der Stadt Nürnberg 43 (Nürnberg 1952) 154–224 – K. Reindel, Die bayrischen Luitpoldinger (München 1953) 237ff

Wiltrud OSB, Äbtissin **in Hohenwart,** Sel.
Sie war die Tochter des Grafen Rapoto (Rapatho) von Thaur bei Innsbruck u. seiner Gattin Emma. Sie hatte schon in ihrer Jugend Jungfräulichkeit gelobt. Mit Erlaubnis ihrer Eltern verwandelte sie mit Unterstützung ihres Bruders Ortulph das Schloß Hohenwart bei Schrobenhausen (Oberbayern), das ebenfalls zu den Besitzungen der Familie gehörte, in ein Kloster. Sie rief Benediktinerinnen herbei u. veranlaßte noch andere adelige Mädchen einzutreten. Sie selbst wurde ebenfalls Nonne u. zur 1. Äbtissin gewählt. 1074 wurde die noch heute stehende Klosterkirche vollendet. Wiltrud starb 1081 u. wurde in der Klosterkirche beigesetzt. Ihr Bruder Ortulph, der als Ritter am 1. Kreuzzug (1096–99) unter Gottfried von Bouillon teilnahm, starb auf der Heimfahrt u. wurde an der Seite Wiltruds begraben. Das Kloster wurde 1803 säkularisiert u. ist heute Blindenanstalt.
Gedächtnis: 30. Juli
Darstellung: in vornehmer Kleidung, Kruzifix u. Kranz von Rosen in Händen

Winfrid ↗ Bonifatius
Name: ahd. wini (Freund) + fridu (Schutz vor Waffengewalt, Friede): Freund des Friedens oder schützender Freund (Nf. Winfried, engl. Winfred)

Winfrida, Äbtissin, Hl.
Sie entstammte einer adeligen Familie in Nordwales (Westengland) u. führte ein gottgeweihtes Leben in Holywell (südwestl. von Liverpool). Die Legende sagt, daß ihr der verschmähte Liebhaber das Haupt abschlug u. daß an dieser Stelle eine heilkräftige Quelle entsprungen sei. Wieder zum Leben erweckt, sei sie in das Kloster Gwytherin eingetreten, wo sie Äbtissin wurde. † am 3. 11. 660. Ihre Reliquien sind in Shrewsbury (westl. von Birmingham).
Gedächtnis: 3. November

Winthir, Sel.
Er war nach der Legende zuerst Maultiertreiber, machte eine Pilgerreise u. ließ sich zu Neuhausen bei München als Einsiedler nieder. † im 8. Jh.
Gedächtnis: 29. Dezember
Darstellung: ein Ölgemälde in der Pfarre Neuhausen zeigt ihn als Greis, barfuß, in

einer bis an die Knöchel reichenden Kleidung, ein Kruzifix in der Hand, Landleute unterweisend

Wirnto OSB, Abt **von Formbach,** Sel. (Birato, Beratho, Werato, Werint, Wirundus) Von adeliger Abkunft, wurde er als Knabe im OSB-Kloster St. Blasien (Schwarzwald) erzogen. Er wurde Benediktiner im Kloster Göttweig (Niederösterreich), bald darauf Prior im Kloster Garsten (Oberösterreich) u. 1111 Abt in Formbach am Inn (Niederbayern). Er war ein strenger Asket. 1125 erwarb er für sein Kloster die Burg Formbach, die von ihren Besitzern aufgegeben war. † am 10. 3. 1127.
Gedächtnis: 10. März
Lit.: A. Cramer, Heiliges Passau od. vollst. Gesch. aller Heiligen u. Seligen des Bist. Passau (München–Passau 1782) 144ff – Bavaria sancta. Bayr. Heiligenlegenden, hrsg. v. L. Rosenberger (München 1948) 172ff

Wiro, Hl. (Wira)
Die Vita aus dem 9. (?) Jh. schreibt ihm als Heimat Scotia (Schottland, Irland?) zu. Er wirkte zu Anfang des 8. Jh.s als Missionsbischof mit ↗ Plechelm u. dem Diakon Otger an der Maas u. am Niederrhein u. gründete auf dem später so genannten Odilienberg bei Roermond (Niederländisch Limburg) das Kloster St. Peter. 1881 entdeckte man beim Neubau der Kirche St. Wiro auf dem Odilienberg das alte Grab. Seine Reliquien sind z. T. auch in Utrecht und Roermond.
Gedächtnis: 8. Mai
Lit.: ActaSS Maii II (1866) 306–317 – Zimmer II 166ff – A. Wolters (Roermond 1862)

Witgar OSB, Hl. (Withgar, Witger)
Name: ahd. widu (Wald) + ger (Speer)
Er war Herzog von Lothringen, Gemahl der hl. ↗ Amalberga u. Vater der hll. ↗ Emebert u. ↗ Reineldis. Als seine Gemahlin Nonne im OSB-Kloster Maubeuge (Dep. Nord, Frankreich) wurde, trat er als Mönch in das OSB-Kloster St-Pierre in Lobbes bei Thuin (Belgisch Hennegau) ein. † um 690.
Gedächtnis: 10. Juli

Withburga, Hl.
Name: zu ahd. widu (Wald) + burg, burc (Schutz, Burg)
Sie war die Tochter des Königs Anna von Essex (England) u. Schwester der hll. ↗ Etheldreda, ↗ Ethelburga u. ↗ Sexburga. Nach dem Tod ihres Vaters wurde sie Nonne im Kloster zu Dereham (Norfolk), wo sie am 17. 3. 683 starb. Ihre Gebeine wurden 974 in das 973 von Etheldreda gegründete Kloster Ely (nordöstl. von Cambridge) übertragen.
Gedächtnis: 17. März
Lit.: ActaSS Mart. II (1668) 606–610 – Zimmermann I 339f – Baudot-Chaussin III 383f

Witiza ↗ Benedikt von Aniane

Witta, Bisch. **von Buraburg,** Hl. (Albinus, Albuinus)
Name: Albinus, Albuinus ist die Latinisierung eines angelsächs. Namens hwīt- (weiß) in Anlehnung an den altdt. Namen ↗ Albuin (Alf-win = Freund der Elfen) (vgl. engl. white = weiß). Obwohl diese Namensänderung offenbar zu Lebzeiten des Heiligen vorgenommen wurde, ist die Ableitung von germ. widuz-, ahd. widu- (Wald-) wegen des kurzen i-Lautes vorzuziehen. Namen mit wīt- (weiß-) sind relativ selten, solche mit wit-, witt- (Wald-) hingegen ungemein häufig, z. B. Wibald (Witbold, Wittpold), Widbod, Wittbrand, Widburg, Widukind, Widugang, Witgar, Withard, Wither, Withelm, Witmann, Widomar u. a.
Er war einer der angelsächs. Missionsgefährten des hl. ↗ Bonifatius. Er wurde als 1. Bisch. von Buraburg bei Fritzlar (Hessen) eingesetzt u. von Bonifatius wohl noch in der 1. Hälfte des Jahres 742 geweiht. Noch im selben Jahr war er Mit-Konsekrator des hl. ↗ Willibald in Sülzenbrücken bei Erfurt. 743 nahm er am Concilium Germanicum (1. dt. Reformkonzil unter Bonifatius) teil. † nach 760.
Liturgie: Fulda g am 26. Oktober
Lit.: F. Flaskamp, Das Hessen-Bistum Buraburg (Münster 1927) – Zimmermann III 222ff – A. Bigelmair, Die Gründung der mitteldt. Bistümer: St. Bonifatius (Fulda 1954^2) 247–287 – Th. Schieffer, Winfrid-Bonifatius u. d. christl. Grundlegung Europas (Freiburg/B. 1954) 326 (Reg.)

Wiwina ↗ Vivina

Wizelin ↗ Vicelinus

Wladimir d. G., Großfürst **von Kiew,** Hl. (Wladímir Swatosláwitsch, ukrain. Volodymyr I. Velykyi)
Name: ursprüngl. dem germ. Namen ↗ Waldemar nachgebildet; der 1. Bestandteil gehört zu kirchenslaw. vladj (Macht), der 2. Bestandteil ist urverwandt mit ahd. mar (berühmt), wurde aber volksetymologisch an russ. mir (Friede) angelehnt: berühmter Herrscher
Er war der Sohn des Großfürsten Swjatoslaw von Kiew (962–973) u. Enkel der hl. ↗ Olga. Noch zu Lebzeiten seines Vaters wurde er Fürst von Nowgorod (südl. von Leningrad). In den Thronwirren nach dessen Tod mußte er 977 nach Skandinavien fliehen, doch gelang es ihm, mit Hilfe eines Warägerheeres seine älteren Brüder Jaropolk u. Oleg im Kampf zu entmachten. 978 riß er die Herrschaft über Kiew (Ukraine) an sich, ebenso den Warägerstaat Polozk an der Düne (Lettland), er unterwarf sich die weißrussischen Gebiete u. bekämpfte die Chasaren (Turkvolk nördl. des Kaukasus) u. Bulgarien. Er sicherte die Machtzentren an der Handelsstraße vom Baltikum bis zum Schwarzen Meer u. erweiterte sie nach dem Westen. Dadurch errang er die Alleinherrschaft über das ganze Rús-Reich, welches sein Vater unter seine Söhne aufgeteilt hatte. Für die militärische Unterstützung gegen Bardas Phokas, die er 988 den byzantinischem Kaisern Basilius II. u. Konstantinus VIII. gewährte, verlangte er deren Schwester Anna zur Frau u. zwang sie durch einen Angriff auf den Chersones zur Erfüllung seiner Forderung. Als Bedingung hierfür ließ er sich 987/988 vermutlich in Cherson (an der Dnjepr-Mündung) nach byzantinischem Ritus taufen. Zuerst ein ungebärdiger Heide, entwickelte er sich nunmehr zu einem ebenso ungestümen Kämpfer für die Sache Christi. Er verbot das Verbleiben im Heidentum bei strenger Strafe, in Nowgorod u. an der Wolga wurde das Christentum mit Gewalt eingeführt, hier, wie auch in Kiew, warf man die Götzenbilder in den Fluß. Das Christentum wurde zur Staatsreligion erklärt, Kiew wurde der Mittelpunkt des kirchlichen Lebens. Wenn auch die christliche Lehre aus Byzanz übernommen wurde, so nahmen die Ostslawen als Kultsprache nicht das Griechische, sondern das Altslawische. Wladimir unterhielt aber auch Beziehungen zu Rom u. übernahm westliche Gebräuche. So führte er den im Westen üblichen Zehnten ein (vgl. die von ihm errichtete Zehntenkirche der Muttergottes in Kiew), er tauschte mit dem Papst Gesandtschaften aus, ↗ Bruno von Querfurt kam 1007 auf seinen Ruf zu den Petschenegen im Süden. Es bot sich hier die Möglichkeit zu einer slaw.-byzantinisch-lat. Glaubens- und Kulturgemeinschaft (schon zu Wladimirs Zeiten gab es je einen Bischofssitz in Kiew). Es kam aber nicht dazu, weil Wladimir seine kulturelle u. rel. Selbständigkeit neben Byzanz auf die Dauer nicht zu behaupten vermochte. Er starb am 15. 7. 1015.
Obwohl schon vor ihm, zumindest seit Olga, in Kiew eine christliche Gemeinde bestand (vermutlich nach lat. Ritus), verehren ihn die Ostslawen als den „Apostelgleichen", ihren eigentlichen Lehrer und Kirchenbauer, der das Heidentum überwand, die Götzentempel u. Opferstätten zerstörte u. ihnen endgültig das Christentum brachte. Die ursprünglich warägische, später russifizierte Volkspoesie sieht in ihm den überragenden Herrscher u. feierte ihn in zahlreichen Bylinen (epischen Heldengedichten) nach Art der nordischen Preisgesänge.
Gedächtnis: 15. Juli
Lit.: N. de Baumgarten, St. Vladimir et la conversion de la Russie: OrChr 27 (1932) 1–136 – A. M. Amann, Wladimir dem Apostelgleichen zum Gedächtnis (988–1938): OrChrP 5 (1939) 186–206 – M. Hellmann: Jahrbücher f. Gesch. Osteuropas 7 (München 1959) 397–412 – E. Winter, Rußland und das Papsttum I (Berlin 1960) 23–28 u. ö. – RGG[3] VI 1416f

Wolbodo, Bisch. **von Lüttich,** Sel.
Name: ahd. wolf (Wolf; bei den Germanen Sinnbild der Tapferkeit) + bodo (Bote)
Er entstammte einem vornehmen Geschlecht in Flandern. Er war zuerst Dompropst an der Kathedrale zu Utrecht u. wurde 1017 Bisch. von Lüttich. Er war durch seine Wohltätigkeit berühmt u. verschenkte an Notleidende auch seinen letzten Besitz. Er war mit Kaiser ↗ Heinrich II. befreundet u. vermittelte in einer Meinungsverschiedenheit zw. ihm u. Erzb. ↗ Heribert von Köln. Er besorgte den weiteren Ausbau des neu errichteten Jakobsklo-

sters in Lüttich u. stellte dafür auch bedeutende Geldmittel zur Verfügung. Er starb am 21. 4. 1021 u. wurde am folgenden Tag in der Lorenzkirche zu Lüttich beigesetzt. *Gedächtnis:* 21. April

Wolfgang OSB, Bisch. **von Regensburg,** Hl.
Name: ahd. wolf (Wolf, bei den Germanen Sinnbild der Tapferkeit) + gang (Gang): der (mutig) wie ein Wolf geht
* um 924 zu Pfullingen bei Reutlingen (Württemberg) als Sohn freier, aber mäßig bemittelter Eltern. Er besuchte zuerst die Klosterschule in Reichenau (Bodensee) u. ging dann mit seinem Studienfreund Heinrich nach Würzburg, wo dessen Onkel Poppo, ein Verwandter des Königs, Bisch. u. Kanzler war. Als Heinrich 956 Erzb. von Trier wurde, bestellte er Wolfgang zum Domscholaster (Lehrer), Domdekan u. Kanzler. Nach dem Tod Poppos wurde Wolfgang 965 Benediktiner im Kloster Einsiedeln (Schweiz). Nach seiner Priesterweihe durch Bisch. ↗ Ulrich von Augsburg wirkte er als Lehrer an der Klosterschule in Einsiedeln. 971 versuchte er vergebens, bei den Ungarn zu missionieren, u. ging bald nach Passau. Auf Empfehlung Bisch. ↗ Pilgrims von Passau ernannte ihn Kaiser Otto II. Ende 972 zum Bisch. von Regensburg. Als solcher gab er 973 die Zustimmung zur Erhebung Prags als Suffraganbistum von Mainz. Die innere Reform der Klöster lag ihm sehr am Herzen. Den Anstoß hiezu gab er durch die Güterteilung zw. dem Bistum u. dem Kloster St. Emmeram zu Regensburg, dem er in ↗ Ramwold einen selbständigen Abt „in geistlichen Angelegenheiten“ gab. Nach u. nach reformierte er alle Männer- u. Frauenklöster in seiner Diöz. u. hob die Ordenszucht u. das rel. Leben. In den Kanonissenstiften Ober- u. Niedermünster führte er die Regel des hl. ↗ Benedikt ein, allerdings mit Zugeständnissen an ältere Gewohnheiten, u. gründete Mittelmünster als Nonnenkloster. Für die Domgeistlichkeit stellte er die vita canonica nach der Regel des hl. ↗ Chrodegang von Metz wieder her. Er förderte das Bildungswesen u. die wissenschaftliche Tätigkeit des Klerus u. hob die Sittlichkeit u. Frömmigkeit des Volkes. Er war auch Erzieher der Kinder des Bayernherzogs Heinrich des Zänkers, ↗ Heinrichs II., Bisch. Brunos von Merseburg, ↗ Giselas von Ungarn u. der Äbtissin ↗ Brigitta von Regensburg. Gleichwohl blieb er beim Aufstand Heinrichs des Zänkers Kaiser Otto II. unverbrüchlich treu u. mußte deshalb 976–977 nach Mondsee (Oberösterreich; damals Eigenkloster von Regensburg) fliehen. Durch die Reform dieses Klosters leitete er dessen Blütezeit ein. Als Bisch. setzte er seine streng mönchische Lebensweise fort. Seine Zeit verbrachte er bei Gebet, amtlichen Verrichtungen u. Studium. Er starb auf einer Reise nach Österreich am 31. 10. 994 in Pupping bei Eferding (Oberösterreich) u. wurde in seinem Lieblingskloster St. Emmeram begraben. Seine Gebeine wurden am 7. 10. 1052 durch ↗ Leo IX. erhoben. Der Kult des hl. Wolfgang war früher ungemein lebhaft u. weit verbreitet. Bedeutende Wallfahrtsorte sind neben vielen anderen St. Wolfgang im Burgholz bei Dorfen (östl. von München) u. Pupping. Der bedeutendste ist St. Wolfgang am Abersee (später Wolfgangsee genannt). Von hier aus verbreitete sich seine Verehrung in das ganze damalige Reich u. nach Ungarn. Nach der Legende weilte hier der Heilige als Einsiedler in der Wildnis am nahegelegenen Falkenstein u. erbaute eine kleine Kirche, weshalb er auf Abbildungen mit einem Kirchenmodell erscheint. Er habe dazu den Wald gerodet, weshalb ihn die Holzarbeiter u. Zimmerleute als ihren Patron verehren. Seinem verschmachtenden Begleiter ließ er eine Quelle entspringen. Das Wasser dieser Wolfgangsquelle galt als heilkräftig u. wurde von den Pilgern mit nach Hause genommen. Auch habe er einen herabfallenden Felsblock mit seinen Händen aufgehalten. Noch heute zeigt man daran die Eindrücke seiner Hände, an anderen Orten der Gegend die Abdrücke seiner Füße im felsigen Boden („Wolfgangsrast“). Neben der Kapelle befindet sich ein enger Durchkriechstein, an dem man früher verschiedene Krankheiten „abstreifte“. Wohl im Zusammenhang mit dem Legendenmotiv des Rodungs- u. Siedlungsheiligen steht auch sein Patronat über das Vieh. In St. Wolfgang bei Deutschlandsberg (südl. Steiermark) spenden noch heute die Bauern kleine eiserne

Modelle von Pferden, Kühen oder Schweinen als Votivgaben. Man trug früher auch kleine „Wolfgangsbeile" am Rosenkranz oder Hals, brachte sein Bild an Stalltüren an oder prägte es auf Münzen (z. B. ein Regensburger Wolfgangs-Gulden von 1519).
Liturgie: RK g am 31. Oktober; Regensburg H (Hauptpatron der Diözese), Einsiedeln F, Linz G
Darstellung: mit Bischofsstab u. Zimmermannsbeil, eintürmiges Kirchenmodell in der Hand. Eine Kirche zu seiner Seite, in deren Dach ein Beil steckt. Der Teufel muß auf sein Geheiß Steine zum Kirchenbau herbeiführen. Manchmal ein Wolf neben ihm (in Anspielung an seinen Namen; nach der Legende hatte sich der Teufel für seine Mitarbeit am Kirchenbau die Seele des ersten Pilgers ausbedungen, der hierherkäme, worauf statt eines Pilgers ein Wolf erschien)
Patron: der Diöz. Regensburg; der Bildschnitzer, Hirten, Holzfäller, Köhler, Schiffer, Zimmerleute
Lit.: Künstle II 596–601 – Zimmermann III 238ff 242ff – Braun 756–760 – Wattenbach-Holtzmann I 265ff – Bauerreiß II 17–30 – Baudot-Chaussin X 1013–1021 – I. Zibermayr, St. Wolfgang u. die Johanneskirche am Abersee: MIÖG 60 (1952) 120–139 – H. Keller, Kloster Einsiedeln im ottonischen Schwaben (Freiburg/B.) 56–59 117f – Bavaria Sancta I (Regensburg 1970) 212–220 – R. Zinnhobler-P. W. Pfarrl, Der hl. Wolfgang. Leben, Legende, Kult (Linz 1975) – D. Assmann, Hl. Florian bitte für uns (Innsbruck 1977) 76–79

Wolfhard von Augsburg OSBCam, Hl.
Name: ahd. wolf (Wolf; wegen seiner Angriffslust bei den Germanen Sinnbild der Tapferkeit) + harti, herti (hart, kühn): kühn wie ein Wolf
Er war Sattlergeselle aus Augsburg. Auf seiner Wanderschaft als Handwerksbursch kam er 1096/97 nach Verona (Oberitalien), wo er kurze Zeit lebte. Er verteilte seinen Besitz an die Armen u. zog sich in den nahegelegenen Wald zu Saltuzzo a. d. Etsch zurück, wo er über 20 Jahre lebte. Um 1117 trat er in das Kamaldulenserkloster San Salvatore in Curte-Regia als Rekluse ein u. starb dort am 30. 4. 1127. Der Schrein mit seinen sterblichen Überresten befindet sich heute in einem Seitenaltar der Pfarrkirche San Fermo in Verona.
Liturgie: Augsburg g am 27. Oktober
Darstellung: als Eremit mit Steinsarg
Patron: der Sattler
Lit.: ActaSS Apr. III (1675) 827–831 – Zimmermann II 127ff

Wolfhelm OSB, Abt **in Brauweiler,** Sel. (Wolphelmus)
Name: ahd. wolf (Wolf) + (Helm, Schutz): kühner Verteidiger
Er entstammte einer vornehmen Familie u. erhielt an der Kölner Domschule eine glänzende Ausbildung. Um 1036/38 wurde er Benediktiner im Kloster St. Maximin in Trier, nach 1052 Stellvertreter des Abtes von St. Pantaleon (Köln) im Kloster Gladbach (Mönchengladbach, Niederrhein) u. 1065 Abt im Kloster Brauweiler (westl. von Köln). Im Streit um Klotten verteidigte er die Rechte des Klosters gegen die Erzbischöfe von Köln u. appellierte an Heinrich IV. u. ↗ Gregor VII. Er entfaltete auch eine rege Bautätigkeit. In die theol. Auseinandersetzungen seiner Zeit griff er literarisch ein, so in seiner Stellungnahme gegen die Abendmahlsauffassung des Berengar von Tours, der die Wesensverwandlung der Gestalten u. die reale Gegenwart Christi in der Eucharistie leugnete u. eine rein symbolisch-spiritualistische Ansicht vertrat. † am 22. 4. 1091.
Gedächtnis: 22. April
Lit.: PL 154, 405–434 – BHL nn. 8987ff (Vita des Brauweiler Mönches Konrad nach 1100) – W. Bader, Die Benediktinerabtei Brauweiler (Berlin 1937) 62 70f 109ff 246 – Baudot-Chaussin IV 583f

Wolfhold OSB, Abt **von Admont,** Sel.
Name: ahd. wolf (Wold, Sinnbild der Tapferkeit) + walt (der Waltende, Herrscher): kühner Herrscher
Er war zuerst Domherr u. Propst in Freising bei München u. wurde um 1104 Benediktiner auf dem Petersberg in Eisenhofen, siedelte aber nach einigen Jahren in das Kloster St. Georgen (Schwarzwald) über. 1115 wurde er durch Vermittlung von Erzb. ↗ Konrad I. von Salzburg, der im Investiturstreit wegen seiner Papsttreue vor Heinrich V. im Stift Admont (Steiermark) Zuflucht gefunden hatte, zum dortigen Abt berufen. Unter ihm erlebte das Kloster einen großen Aufschwung. 1121 wurde die neu erbaute Stiftskirche geweiht u. in der Nähe das Benediktinerinnenkloster Admont gegründet. Er konnte die wirtschaftliche Lage des Klosters verbessern, vor allem

sorgte er für strengere Ordenszucht u. machte das Kloster zu einem bedeutenden Zentrum der Reform von ↗ Cluny. Vom Erzb. zum Visitator über die Frauenklöster der Steiermark ernannt, mußte er von manchen seiner Mitbrüder viele falsche Verdächtigungen erleiden. Auf einer Reise nach Kärnten wurde er gefangengenommen u. mißhandelt. Bald nach seiner Freilassung starb er an den Folgen am 1. 11. 1137.
Gedächtnis: 1. November

Wolfhold von Hohenwart, Sel.
Er war Beichtvater im Frauenkloster Hohenwart (Oberbayern; gegründet um 1074 durch ↗ Wiltrud von Hohenwart). Seine Frömmigkeit u. sein Eifer im Gebet waren so sprichwörtlich, daß die Legende umging, er sei jede Nacht zum Gebet in die Kirche gegangen, wobei sich ihm die Kirchentüren durch Engelshand öffneten u. wieder schlossen. † Anfang des 12. Jh.s. Seine Gebeine wurden 1766 erhoben.
Gedächtnis: 1. Februar
Darstellung: Engel öffnen ihm die Kirchentüren

Wolfram ↗ Wulfram, Erzb. von Sens

Wolfred (Ulfrid), Märt. **in Schweden,** Hl.
Name: angelsächs. wulf (Wolf, Sinnbild der Tapferkeit) + fridhu (Schutz vor Waffengewalt, Friede): mutiger Verteidiger
Er kam um 1000 aus England als Missionar nach Schweden, als sich mit dem Regierungsantritt des „Schloßkönigs" Olaf für das Christentum günstige Aussichten eröffneten. Als er während seiner Predigt eine Statue des Gottes Thor zertrümmerte, wurde er von den Heiden getötet, sein Leichnam in Stücke gehauen u. in einen Sumpf geworfen. † am 18. 1. 1024.
Gedächtnis: 18. Jänner

Wolfsindis, Märt., Hl.
Name: ahd. wolf (Wolf) + sint (Weg, Reise, Heereszug; vgl. „Gesinde"): die Tapfere im Heereszug
Nach der Überlieferung war sie die Tochter eines Gaugrafen auf dem Schloß Warth bei Reisbach (östl. von Landshut, Bayern). Der Anführer einer Gruppe Soldaten, die im Schloß einquartiert waren, stellte an sie unlautere Anträge. Da sie ihn beharrlich abwies, band er sie in seinem Zorn an den Schweif seines Pferdes u. schleifte sie zu Tode. An der Stelle ihres Todes soll eine heilkräftige Quelle entsprungen sein. † 7./8. Jh.
Gedächtnis: 2. September
Darstellung: als Jungfrau mit einem Fläschchen Wasser (wegen der Wolfsindis-Quelle)

Wolftrud OSB, Äbtissin **von Nivelles,** Hl. (Wilfetrudis, Wolftraut)
Name: ahd. wolf (Wolf) + trud (Kraft, Stärke): die Tapfere und Starke
Sie war die Nichte der hl. ↗ Gertrud von Nivelles in Brabant u. trat in deren Kloster als Benediktinerin ein. Nach dem Tod der hl. Gertrud wurde sie 659 Äbtissin. † 669.
Gedächtnis: 23. November

Woodhouse ↗ Thomas Woodhouse

Wulf, Kf. von ↗ Wolfgang

Wulfhilda OSB, Äbtissin **von Barking,** Hl. (Wulfhildis)
Name: zu ahd. wolf (Wolf) + hilta, hiltja (Kampf): die wie ein Wolf Kämpfende
* um 940 aus einer adeligen Familie in England. Sie wurde Benediktinerin im Kloster Barking (östl. von London) u. später Äbtissin. König Edgar der Friedfertige versuchte vergeblich, sie in Wilton (nordwestl. von Salisbury) einzusetzen. Er ließ das von den Dänen zerstörte Kloster Barking wieder herstellen. Wulfhilda wurde um 976 von der Königinmutter Alftrud aus dem Kloster verjagt. † um 1000 (1003?).
Gedächtnis: 9. September
Lit.: ActaSS Sept. II (1748) 454–460 – AnBoll 32 (1913) 10–26 – Zimmermann III 33f 36f – Baudot-Chaussin IX 188f

Wulfhilda von Wessobrunn OSB, Sel.
Sie war eine Tochter des Bayernherzogs Heinrich des Schwarzen u. seiner Gemahlin Wulfhildis von Sachsen. Sie vermählte sich mit Rudolf, dem letzten Grafen von Bregenz u. Pfullendorf. Nach dessen Tod wurde sie Nonne im Doppelkloster Wessobrunn (Oberbayern) unter Abt Waltho. Sie betrachtete sich als demütige Magd ihrer

Mitschwestern u. wirkte in der Bevölkerung viel Gutes. So gelang es ihr mehrmals, jahrelange Feindschaften unter Nachbarsleuten beizulegen. † am 8. 5. 1180. Sie wurde schon an ihrem Sterbetag als Selige verehrt.
Gedächtnis: 8. Mai

Wulfia, Hl. (Ulphia, Vulfa, franz. Ulfe, Ulphe, Hulphe, Olphe, Oulfe u. a.)
Name: zu ahd. wolf: die Wölfin
Sie beschloß aus Liebe zu Jesus, Jungfrau zu bleiben, u. widerstand allen Heiratsanträgen. Mit Erlaubnis ihrer Eltern begab sie sich in die Einöde am Fluß Noye bei Amiens (Nordfrankreich) u. lebte dort als Einsiedlerin unter der geistlichen Leitung des frommen Diakons u. Einsiedlers Domitius. Auf seine Empfehlung hin empfing sie durch Bisch. Christian von Amiens den Jungfrauenschleier. † um 750.
Gedächtnis: 31. Jänner
Darstellung: auf einem Felsen betend, neben ihr ein Frosch in einem Teich

Wulflaik, Hl. (Wulflaicus, franz. Walfroy)
Name: ahd. wolf (Wolf) + germ. laikan (springen), ahd. leih (Lied, Tanz, Spiel; noch Luther sagt „wider den Stachel lökken", d. h. ausschlagen): der wie ein Wolf springt
Über ihn berichtet ↗ Gregor von Tours, der 585 bei ihm in seinem Kloster bei Yvois zu Gast war. Er stammte aus der Lombardei u. machte eine Wallfahrt zum Grab des hl. ↗ Gregor von Tours, erhielt einige Reliquien dieses Heiligen u. lebte dann als Einsiedler in den Bergen bei Yvois (jetzt Carignan, östl. von Sedan, Nordfrankreich). Dort verdrängte er den Diana-Kult u. predigte das Christentum. Er baute sich auch eine Säule, um auf ihr nach Art der östl. Styliten zu leben (im Westen der einzige bekannte Fall). Bisch. ↗ Magnerich von Trier untersagte ihm aber diese Lebensweise u. ließ die Säule zerstören. Daraufhin erbaute Wulflaik 8 Meilen von Yvois entfernt ein Kloster (heute St-Walfroy), wo er gegen 600 starb u. beigesetzt wurde. Erzb. Egbert von Trier übertrug seine Gebeine 979 in die Stadt.
Über den weiteren Verbleib der Reliquien ist nichts bekannt. Möglicherweise wurden sie 1060 nach Rue a. d. Somme übertragen, wo der Heilige unter dem Namen St. Wulphy verehrt wird.
Gedächtnis: 21. Oktober
Lit.: G. Morin: AnBoll 17 (1898) 307–313, 18 (1899) 262–267, 21 (1902) 43f – Zimmermann II 416f, III 207, IV 98 – Baudot-Chaussin X 721–725

Wulfram OSB, Erzb. **von Sens,** Hl. (Wolfram)
Name: ahd. wolf (Wolf) + hraban (Rabe). In jüngeren germ. Mythen werden Wolf u. Rabe, die Tiere des Schlachtfeldes, dem obersten Gott, dem Sturm- und Totengott Wotan (ahd. Wuotan; vgl. Wut, wüten) geweiht. Wotan (nord. Odin) ist Anführer der Wilden Jagd, der Ekstase, des Krieges. Als Gott der intellektuellen u. magischmantischen Fähigkeiten brachte er den Göttern u. Menschen den Dichtermet u. fand die Runen. Die Wölfe Geri (gierig) u. Freki (frech, kühn) sind seine Tischgenossen, seine Raben Hugin (Gedanke) u. Munin (Gedächtnis) fliegen jeden Tag über die Erde, um ihm die neuesten Ereignisse zu berichten.
Er war Benediktiner in Fontenelle (St. Wandrille bei Caudebec-en-Caux, Diöz. Rouen) u. Mitglied des merowingischen Hofklerus unter König Theoderich III. Er wurde um 690 zum Erzb. von Sens (südl. von Paris) erwählt, ging aber bald darauf für 5 Jahre zur Missionsarbeit nach Friesland. Er starb am 20. 3. 700 (?). Seine Reliquien ruhen seit 1058 in der Pfarrkirche zu Abbeville (nordöstl. von Fontenelle).
Gedächtnis: 20. März
Darstellung: neben ihm ein kleiner König (nach der Legende habe er König Radbod bekehrt u. getauft)
Lit.: ActaSS Martii III (1668) 146f (gekürzte Vita eines Mönches Jonas um 800) – dazu W. Levison: NA 25 (1900) 600ff – Zimmermann I 346ff – Baudot-Chaussin III 445–448

Wüllenweber ↗ Maria von den Aposteln

Wulmar, Abt **von Samer,** Hl. (Wilmar, Vulmarus)
Name: ↗ Volkmar
Er stammte aus der Gegend von Boulogne-sur-Mer (südwestl. von Calais, Nordfrankreich). Bald nach seiner Heirat trat er in das Kloster Hautmont bei Maubeuge (Dep.

Nord) ein, wo er zunächst als Ochsenknecht tätig war, später aber zum Studium u. Priestertum zugelassen wurde. Anschließend lebte er eine Zeitlang als Eremit in seiner Heimat Picardie u. gründete das Männerkloster Samer bei Boulogne u. das Frauenkloster Wierre-aux-bois, die er als Abt leitete. † am 20. 7. um 710. Seine Gebeine wurden nach Boulogne übertragen u. später nach Blandinienberg bei Gent gebracht u. sind seit der Franz. Revolution vernichtet.
Gedächtnis: 20. Juli
Darstellung: als Einsiedler in einem hohlen Baum, ein Bauer bringt ihm Brot
Patron: der Fuhrleute u. Kutscher
Lit. BHL 8748–8752 – F. A. Lefèbre (Boulogne-sur-Mer 1894) – Essen 412ff – Zimmermann II 478ff

Wunibald OSB, Abt **von Heidenheim,** Hl.
Name: zu ahd. wunja, wunna, wunni (Wonne, Lust, das Schönste u. Beste; davon auch: Weideplatz) + walt (der Waltende, Herrscher): der auf seinem Weideplatz herrscht
* 701 in Wessex (Südengland). Er war der Bruder der hll. ↗ Willibald u. ↗ Walpurga. Er pilgerte mit Willibald 720 nach Rom, wo er in ein Kloster eintrat u. seine theol. Ausbildung erhielt. Auf einer Reise nach England (727–730?) warb er für das Ideal der asketischen Heimatlosigkeit. Bei seiner 2. Romreise (737/738) rief ihn der mit ihm verwandte ↗ Bonifatius in die Mission nach Thüringen u. weihte ihn 739 zum Priester. Wunibald ließ sich zu Sülzenbrükken (südl. von Ichterhausen bei Erfurt) nieder u. betreute von hier aus seinen Sprengel mit 7 Kirchen. 744–747 wirkte er in Oberpfalz im Amberger Becken (östl. von Nürnberg) u. weitere 4 Jahre als Seelsorger in Mainz. 751/752 zog er zu Willibald in dessen Diöz. Eichstätt u. gründete mit ihm 752 das OSB-Kloster Heidenheim am Hahnenkamm als Missions- u. Kulturzentrum unter einer vielfach wieder ins Heidentum zurückgefallenen Bevölkerung u. wurde dort 1. Abt. Er starb am 18. 12. 761. Willibald erhob am 24. 9. 777 seinen noch unversehrten Leib.
Liturgie: Eichstätt F am 15. Dezember; Fulda g am 7. Juli (mit Willibald)
Darstellung: mit Abtstab u. Maurerkelle (als Klostererbauer)
Patron: der Bauarbeiter, Brautleute
Lit.: Vita der Nonne Hugeburc: MGSS XV 106–117, mit dt. Übers. bei A. Bauch, Quellen zur Gesch. der Diöz. Eichstätt I (Eichstätt 1962) 134–185 – W. Grothe, Der hl. Richard u. seine Kinder (Berlin 1908) – F. Heidingsfelder, Regesten der Bisch. von Eichstätt I (Erl 1938) 1f 7–13 – Zimmermann III 450f 453f – F. X. Buchner (Kallmünz 1951) – A. Bauch, a.a.O. 125–133

Wunna, Hl.
Name: zu ahd. wunja, wunna, wunni (Wonne, Freude)
Sie war nach der Überlieferung die Schwester des hl. ↗ Bonifatius u. die Mutter der hll. ↗ Willibald, ↗ Wunibald u. ↗ Walpurga. Sie gehörte einem alten berühmten Geschlecht in Wessex (Südengland) an u. starb um 700. Sonst ist nichts Sicheres über sie bekannt. Sie wurde schon im 15. u. noch im 18. Jh. in der Diöz. Eichstätt verehrt.
Gedächtnis: 7. Februar

X

Xander, Kf. von ↗ Alexander

Xaver ↗ Franz Xaver

Xaveria, weibl. F. des (Familien-)Namens Xaver (↗ Franz Xaver)

Xystus ↗ Sixtus

Y

Ynigo ↗ Enneco

Yves (franz.) ↗ Ivo

Yvette (franz.), Verkl.f. von ↗ Yvonne

Yvon (franz.) ↗ Ivo

Yvonne (franz.), weibl. F. von Yvon (↗ Ivo)

Z

Zacharias, Gemahl der hl. Elisabeth, Hl.
Name: hebr. (z^ekarjāh), Jahwe gedenkt. Etwa 30 biblische Personen tragen diesen Namen. (griech. NT, Vulg., Luther, Locc.: Zacharias; dagegen hat Locc. für den vorletzten der 12 Propheten die Schreibung Sacharja)
Über ihn berichtet Lk 1,1–25.57–80. Danach war er aus der Priesterklasse des Abia (Lk 1,5), der 8. von insgesamt 24 Dienstklassen, in die die gesamte Priesterschaft eingeteilt war u. aus denen jeweils einer zum täglichen Rauchopfer im Tempel ausgelost wurde (vgl. 1 Chr 24,7–19). Tatsächlich aber stammte er nicht von Abia ab. Nach dem babylonischen Exil waren nur 4 Priestergeschlechter zurückgekehrt, die des Abia scheint aber unter ihnen nicht auf (vgl. Esra 2,36–39). Diese 4 Priesterklassen wurden unter Berücksichtigung der ungleichen Anzahl ihrer Mitglieder wieder in 24 aufgeteilt u. zur Erinnerung an die alte Institution Davids mit den früheren Namen bezeichnet.
Der Priester Zacharias war der Gemahl der hl. ↗ Elisabeth u. der Vater ↗ Johannes' des Täufers. Er galt als fromm, doch zweifelte er, als ihm ein Engel die Geburt eines Sohnes ankündigte, wobei er auf sein u. seiner Gemahlin hohes Alter hinwies. Zur Strafe für seinen Unglauben wurde er stumm u. konnte erst wieder sprechen, nachdem das Kind geboren war u. er dessen Namen Johannes gemäß dem Auftrag des Engels auf einem Schreibtäfelchen genannt hatte. Zum Dank gegen Gottes Vorsehung stimmte er jenes Preislied an, das noch heute als Benedictus-Hymnus in den Laudes gesungen wird. – Nach der apokryphen Schrift Apokalypsis Zachariae (3./4. Jh.) sei Zacharias durch Herodes im Tempel ermordet worden. Schon in alter Zeit galt er als Heiliger.
Gedächtnis: 5. November
Darstellung: als jüdischer Priester mit Weihrauchfaß

Zacharias, Patr. **von Jerusalem,** Hl.
Er wurde 609 Patr. von Jerusalem u. geriet bei der Eroberung der Stadt durch die Perser unter Chosrau Abharwez 614 mit zahlreichen Gläubigen in die Gefangenschaft, aus der er nicht mehr zurückkehrte. Auch das hl. Kreuz wurde dabei geraubt u. nach Ktesiphon am Tigris verschleppt, konnte aber durch den byzantinischen Kaiser Herakleios wieder zurückgewonnen u. am 21. 3. 630 auf Golgotha aufgerichtet werden. Die Gemeinde von Jerusalem wurde während der Gefangenschaft des Zacharias von ↗ Modestus, dem damaligen Abt des Theodosiosklosters, verwaltet. Zacharias sandte aus seinem Exil ein Trostschreiben an seine Gemeinde.
Gedächtnis: 21. Februar
Lit.: G. Graf, Die Einnahme Jerusalems durch die Perser 614 nach dem Bericht eines Augenzeugen: Das Heilige Land 67 (Köln 1923) 19–29

Zacharias, Papst, Hl.
Er stammte aus einer griech. Familie Unteritaliens u. wurde am 3. 12. 741 gewählt, als der letzte Grieche auf dem Stuhl Petri. Er war auch der letzte Papst, der einem ost-

röm. Kaiser, Konstantinos V., seine Wahlanzeige u. einem byzantinischen Patriarchen, Anastasios, seine Synodika (Einstandsbrief: Lebensgang, Glaubensdarlegung, Bitte um Gemeinschaft u. Gebet) übersandte. Der Liber Pontificalis rühmt ihn als milden, frommen, beim röm. Klerus u. Volk beliebten Mann. In seiner bedächtigen, feingebildeten Art genoß er von Anfang an die Sympathie des griech. Ostens. Er übersetzte die Dialoge ↗ Gregors I. d. G. ins Griechische u. ließ Kirchen u. Klöster orientalischer Mönche in Rom restaurieren. Andererseits war er der letzte Papst, unter dem die Beziehungen zu Ostrom harmonisch waren. Unter seinem Nachfolger Stephan II. (752–757) kam es 754 zum Zerwürfnis mit Konstantinos V. wegen dessen neuerlicher Aufheizung des Bilderstreites u. wegen des päpstlich-fränkischen Bündnisses, das durch ↗ Bonifatius in die Wege geleitet worden war.

Gegenüber den Langobarden in Italien nahm er eine rasche, entschlossene Neuorientierung der päpstlichen Politik vor: Er gab das von seinem Vorgänger ↗ Gregor III. geschlossene Bündnis mit Herzog Trasamund auf u. erreichte in zähen Verhandlungen mit dem eroberungslustigen König Liutprand die Rückgabe von 4 Kastellen u. einer Reihe von Gebieten des Patrimonium Petri, den Austausch von Gefangenen u. einen Waffenstillstand auf 20 Jahre. Bei einer 2. Zusammenkunft erhandelte er die Räumung des gesamten Exarchates Ravenna. Unter dessen Nachfolger König Rachis (744–749) gab es einige ruhigere Jahre für Italien. Nach dessen Sturz nahm er ihn mit seiner ganzen Familie auf. Sein Nachfolger Aistulf setzte die langobardische Eroberungspolitik wieder rücksichtslos fort, er besetzte 751 das Exarchat Ravenna, zog nach Süden u. bedrohte Rom, bis er 754 u. 756 von Pippin d. J. niedergezwungen wurde u. Ravenna herausgeben mußte. Pippin schenkte dieses Gebiet Papst Zacharias u. begründete so den späteren Kirchenstaat.

Die Beziehung zu den Franken, die seine beiden Vorgänger ↗ Gregor II. u. ↗ Gregor III. begründet hatte, baute er systematisch aus u. schuf so die Voraussetzung zum dauernden Bündnis unter seinem Nachfolger Stephan II. Durch ↗ Bonifatius wurde der griech. Papst mit der Welt des Germanentums bekannt. Auf das Glückwunschschreiben des Bonifatius antwortete er in einem Brief u. sandte 743 die Gründungsurkunden der Bistümer Buraburg u. Würzburg. Noch im selben Jahr tagte unter der Leitung des Bonifatius das Concilium Germanicum (1. dt. Reformkonzil). Zacharias behandelte in einer großen Zahl von Briefen die Anliegen des Bonifatius bezüglich der Ausdehnung seines Legatenamtes auf die gesamte fränkische Kirche (744), die Abhaltung fränkischer Synoden u. Fragen der Kirchenreform (745), über kirchliche Disziplin, Liturgie u. Organisation. Auf einer röm. Synode (745) ging er erstmals fränkische Angelegenheiten energisch an. 748 bat er Herzog Odilo von Bayern um Beihilfe im Verfahren gegen Bisch. ↗ Virgil von Salzburg. 747 nahm er ↗ Karlmann nach dessen Abdankung in den Mönchsstand auf u. legitimierte 749/750 dessen Bruder, die Entthronung des letzten Merowingerkönigs Childerich III. und Pippins Erhebung zum dt. König. Papst Zacharias starb am 15. 3. 752.

Gedächtnis: 15. März

Lit.: Th. Schieffer, Winfrid-Bonifatius u. d. christl. Grundlegung Europas (Freiburg/B. 1954) – Seppelt II² 108–119

Zachäus, Hl.

Name: hebr. (zakkaj) der Reine; wohl auch Verkürzung von ↗ Zacharias

Er war ein reicher jüdischer Oberzöllner, d. h. Generalpächter der Zölle in der wichtigen Zoll- u. Grenzstadt Jericho. Wegen seiner kleinen Gestalt stieg er auf einen Maulbeerfeigenbaum, um Jesus bei seinem Vorbeiziehen in der Menge sehen zu können. Jesus sah ihn, rief ihn herunter und ließ sich von ihm zu Tische laden. Wegen seines Berufes war er beim Volk verhaßt und galt als Sünder. Jesus rechtfertigte sein Verhalten damit, daß er gerade zu den Sündern gesandt sei.

Nach den apokryphen Pseudo-Klementinen (4. Jh.) u. den Apostolischen Konstitutionen (4. Jh.) sei Zacharias später Begleiter des Apostels ↗ Petrus gewesen u. sei von ihm zum 1. Bisch. von Cäsarea in Palästina eingesetzt worden. Klemens von Alexandria († vor 216/217) u. einige andere nen-

nen ihn Matthias u. setzen ihn mit dem Apostel ↗ Matthäus gleich, der ebenfalls Zöllner war (Mt 9,9–13). Salomon, Metropolit von Basra (um 1222), sagt in seinem „Buch der Biene", Zacharias sei in Hauran ermordet worden. In Quercy (Landsch. in Südfrankreich) geht die Legende, Zachäus sei nach Gallien gekommen u. habe dort unter dem Namen Amator gepredigt. Häufig wird er dabei mit Bisch. ↗ Amator von Auxerre identifiziert.
Gedächtnis: 23. August
Lit.: ActaSS Aug. IV (1739) 16–25 – DB V 2526f – Dalman OuW 15 259f – G. Kroll, Auf den Spuren Jesu (Innsbruck u. Stuttgart 1978) 372

Zdislawa, Sel.
* um 1215 in Mähren. Ihr Vater war Přibislaw von Křižanow, Burggraf von Brünn, ihre Mutter Sibylle stammte wahrscheinlich aus Sizilien. Sie gehörte dem 3. Orden des hl. ↗ Dominikus an. Mit ca. 17 Jahren wurde sie mit Gallus von Deutsch-Gabel aus dem Geschlecht der Karkvartitz vermählt u. schenkte ihm 4 Kinder. Sie führte ein heiligmäßiges Leben u. war eine große Wohltäterin der Armen. † um 1252. Die Familie Berka von Dauba, die sie (irrtümlich) zu ihren Ahnen zählte, ließ 1699 bis 1720 über ihrem Grab in Deutsch-Gabel eine Kirche erbauen u. strebte ihre Kanonisation an. Sie ist Landespatronin Böhmens.
Gedächtnis: in Böhmen u. Mähren: 30. Mai (im OP: 3. Jänner)
Darstellung: ein mit Rosen umwundenes Kruzifix (nach der Legende lag ein solches im Bett an Stelle eines Kranken, den sie aufgenommen hatte, als ihr Gemahl nach ihr forschte)
Patronin: von Böhmen
Lit.: J. Sallmann, Festschr. zum 200jährigen Jubiläum der Dekanalkirche zum hl. Laurentius in Deutsch-Gabel (Deutsch-Gabel 1929)

Zebedäus, Hl.
Name: hebr., Geschenk Gottes (griech. NT: Zebedaios; Vulg. Zebedaeus)
Er war Fischer am See Genesareth u. Vater von ↗ Jakobus d. Ä. u. ↗ Johannes (Mk 15,40) u. Gemahl der ↗ Salome. Von seiner Seite weg wurden seine Söhne zus. mit ↗ Petrus u. ↗ Andreas von Jesus berufen, als sie gerade die Netze auswarfen (Mk 1,16–20). In der späteren Legende scheint er nirgends mehr auf.
Gedächtnis: 15. März

Zehntausend Märt. ↗ Achatius

Zella ↗ Marcella

Zeno, Bisch. **von Verona,** Hl.
Name: verkürzt aus griech. Zenódotos: von Zeus geschenkt (Nf. ↗ Zenon)
Er stammte wohl aus Afrika (Mauretanien), was seine Vorliebe für afrikanische Schriftsteller sowie seine Benützung des Bibeltextes des ↗ Cyprian von Karthago in seinen Predigten vermuten läßt. Er wurde am 8. 12. um 362 der 8. Bisch. von Verona (Oberitalien) u. starb am 12. 4. 371/372. Über seinem Grab in Verona entstand schon früh eine Kirche (S. Zeno Maggiore). Sein Kult findet sich auch in Altbayern (Isen, östl. von München; Bad Reichenhall) u. Schwaben (Ulm, Radolfzell). Der hl. ↗ Korbinian verehrte ihn sehr u. weihte die von ihm erbaute Kirche in Mais bei Meran ihm u. dem hl. ↗ Valentin von Rätien. ↗ Gregor I. d. G. erzählt von einer wunderbaren Befreiung der Zeno-Kirche in Verona aus Wassersnot, weshalb der Heilige später als Wasserpatron verehrt wurde (Darstellung mit dem Fisch). Es ist aber unhistorisch, wenn Gregor I. ihn einen Märtyrer nennt.
Liturgie: München-Freising g am 12. April
Darstellung: mit dem Bischofsstab (oder einer Angelrute), an dem ein Fisch hängt. Empfängt eine Gesandtschaft des Kaisers Gallienus
Lit.: A. Bigelmair (Münster 1904) – Bardenhewer III 477–481 – AuC VI 1–56 – G. Ederle, La peregrinatio S. Zenonis: Vita veronese 15 (Verona 1962)

Zenon von Antiochia, Hl.
Name: ↗ Zeno
Er stammte aus dem Pontus (Landsch. an der Schwarzmeerküste Kleinasiens) u. war Schüler des hl. ↗ Basilius d. G. Er trat unter Kaiser Valens in das Heer ein, nahm aber nach der Schlacht bei Adrianopel (378) den Abschied u. lebte 40 Jahre als Einsiedler in einem Grabhügel bei Antiochia in Syrien.
Gedächtnis: 10. Februar

Lit.: Theodoretos, Historia Religiosa 12: PG 82, 1396–1400 – Baudot-Chaussin II 223ff

Zenz ↗ Vinzenz (↗ Vincentius)

Zenzi ↗ Crescentia

Zephyrinus (Zephyrinos), **Papst,** Hl.
Name: zu griech. zéphyros (Westwind), in der griech. Mythologie personifiziert als Zéphyros, Sohn des Astraios u. der Eos: dem Zephyros geweiht
Er regierte von 198/99 bis 217. Unter ihm kam die Sekte der Montanisten auf, so benannt nach ihrem Gründer Montanus aus Mysien (südl. der unteren Donau, etwa das heutige Bulgarien). Sie lehrte einen ethischen Rigorismus im Blick auf das nahe bevorstehende Weltende. Nach anfänglicher Duldung schritt Zephyrinus energisch dagegen ein. – Er hatte sich auch mit der Häresie des Monarchianismus auseinanderzusetzen. Diese Sekte wollte den Glauben an den einen u. einzigen Gott bewahren u. leugnete, daß es in Gott 3 real verschiedene Personen gebe. Schon ↗ Victor I., der Vorgänger des Zephyrinus, hatte den Hauptagitator einer adoptianistischen Richtung dieser Sekte, Theódotos d. Ä. den Gerber, aus der Kirche ausgeschlossen. Dieser hatte gelehrt, Jesus sei ein bloßer Mensch gewesen, sei von Gott an Kindes Statt angenommen (adoptiert) u. bei der Taufe im Jordan mit bes. prophetischer Kraft ausgestattet worden. Zephyrinus verurteilte weitere Vertreter dieser Sekte, die eine Gemeinde zu gründen versuchten u. den Confessor Natalis als Gegenbischof von Rom aufstellten. – Gleichzeitig agitierte in Rom eine modalistische Richtung des Monarchianismus: In Gott gäbe es nur eine Person, die sich in der Heilsgeschichte jeweils als „Vater", „Sohn" oder „Hl. Geist" zeige (Patripassianer: der Vater habe am Kreuz gelitten). ↗ Hippolytus von Rom beschuldigte Papst Zephyrinus, diese Häresie begünstigt, ja vertreten zu haben. Doch Zephyrinus ist in seiner Antwort – der ersten uns im Wortlaut überlieferten dogmatischen Erklärung eines Papstes – über diesen Vorwurf erhaben: „Ich kenne nur einen Gott Jesus Christus und außer ihm keinen, der geboren wurde und gelitten hat – nicht der Vater ist es, der gestorben ist, sondern der Sohn." Ob Zephyrinus als Märt. starb, ist unbekannt, auch sein Grab ist nicht sicher nachzuweisen.
Gedächtnis: 26. August
Lit.: Caspar I 22f – Seppelt I² 34–37 – G. Kretschmer, Studien zur frühchristl. Trinitätslehre (Tübingen 1956) – K. Baus: Handbuch der Kirchengesch., hrsg. v. H. Jedin, I (Freiburg/B. 1965³) 291–296

Zilli ↗ Cäcilia

Zita Lombardo **von Monsagrati,** Hl.
Name: aus dem Ital. übernommener weibl. Vorname, dessen Bedeutung nicht geklärt ist; möglicherweise als Romanisierung einer germ. Kf. theudo-, ahd. diot- aufzufassen wie in ↗ Dietlinde, ↗ Diethilde (manchmal auch von ↗ Felicitas abgeleitet). (Ital. auch Cita)
* um 1212 zu Monsagrati bei Lucca (westl. von Florenz) von armen frommen Landleuten. Mit etwa 12 Jahren kam sie als Dienstmagd in das Haus des Pagano di Fatinelli in Lucca (das Haus wird noch heute im Stadtteil S. Frediano gezeigt) u. diente dort in großer Demut, Geduld, Dienstfertigkeit u. überwand Gegensätze durch ihre Liebenswürdigkeit. † am 17. 4. 1272. Ihr unversehrter Leib wird in S. Frediano zu Lucca verehrt. Kult 1696 approbiert.
Gedächtnis: 17. April
Darstellung: als Dienstmagd mit Schlüsselbund u. Krug, Arme bekleidend u. Pilger am Brunnen tränkend. Stern zu ihrer Seite (als sie starb, ging über ihrer Vaterstadt ein Stern auf)
Patronin: der Dienstboten, Hausangestellten (Pius XII., 1955), Haushälterinnen, der nach ihr benannten Frauengenossenschaften
Lit.: F. Ledochowski (Wien 1911) – I. Hahn-Hahn (1913²) – AnBoll 48 (1930) 229f – P. Puccinelli, S. Zita vergine lucchese (Lucca 1949)

Zoë u. Gef., Märt. **zu Attaleia,** Hll.
Name: griech. (zoē), Leben
Sie erlitt unter Kaiser Hadrian (117–138) zus. mit ihrem Gatten **Hésperos** u. ihren Söhnen **Kyriakos** u. **Theodúlos** zu Attaleia in Pamphylien (an der Südküste Kleinasiens) den Martertod. Kaiser Justinianos I. (527–565) erbaute ihr zu Ehren in Konstantinopel eine Kirche.

Gedächtnis: 2. Mai
Lit.: ActaSS Maii I (1737) 177ff 739f – SteT 49 (1928) 55–79 – BHG³ 746–746b – MartRom 168f

Zoë, angebl. Märt. **zu Rom**
Sie wird in der legendären Passio des hl. ↗ Sebastian erwähnt, ist aber eine unhistorische Persönlichkeit. Ihr Name fand auch im Röm. Martyrologium (5. Juli) Eingang.
Darstellung: ihr Martyrium, wie sie an den Haaren an einem Baum aufgehängt ist
Lit.: MartRom 270f – Baudot-Chaussin VII 108

Zoërardus OSB u. **Benedikt,** Hll.
Zoërardus (slowak. Svorad, auch unter dem Namen Andreas bekannt) wirkte zuerst als Missionar in der Gegend von Ohlau (Schlesien) u. kam 1002/03 in die Slowakei, wo er zuerst Mönch im Benediktinerkloster Zobor (Zubor) wurde. Später lebte er als Einsiedler in der Höhle von Skalka bei Trenčin (Diöz. Neutra) bei strengster Askese u. Selbstkasteiung (in seinen Leib waren Ketten eingewachsen). Er starb 1009. – Sein Schüler Benedikt (Stojislaw) wurde 1012 von Räubern erdrosselt u. in die Waag geworfen. Beide wurden unter König ↗ Ladislaus I. von Ungarn 1085 heiliggesprochen. Ihre Reliquien sind in der Kathedrale von Neutra.
Gedächtnis: 17. Juli
Lit.: ActaSS Iul. IV (1725) 336f (mit einzelnen Nachrichten v. sel. ↗ Maurus v. Fünfkirchen, der die Hll. als Knabe gekannt hatte) – R. Holinka (Breslau 1934) – P. Maurus: Scriptores Rerum Hungaricorum II (Budapest 1938) 356 (Bibl.) – K. Eistert, Zur Verehrung des hl. Seohardus (Zoerardus) in Schlesien: ArSKG 6 (1941) 52–57 – Ders.: Zeitschr. d. Vereines f. d. Gesch. Schlesiens 76 (Breslau 1942) 10–39 – M. Sprine, Sv. Andrej-Svorad (Cleveland/Ohio 1952)

Zosimus, Papst, Hl.
Name: griech. (zosimos), der Lebensstarke
Er war geborener Grieche (vielleicht jüdischer Abstammung) u. wurde am 18. 3. 417 zum Papst gewählt. Sein schroffes, übereiltes Vorgehen brachte mancherlei Schwierigkeiten u. Mißerfolge. So erlag er dem Einfluß des ehrgeizigen Bisch. Patroclus von Arles u. ernannte ihn, ohne die betroffenen Bischöfe zu fragen, zum Metropoliten über die Provinzen Vienne u. Narbonne I u. II. u. übertrug ihm die Kontrolle über den ganzen Klerus in Gallien, eine Maßnahme, die sein Nachfolger ↗ Bonifatius I. wieder zurücknehmen mußte. – Zur Auseinandersetzung mit den Bischöfen Afrikas führte die Angelegenheit des Presbyters Apiarius von Sicca (Afrika). Dieser war von seinem Bisch. wegen unwürdigen Lebenswandels abgesetzt worden u. appellierte nun in Rom. Der Papst rehabilitierte ihn mit Berufung auf Canones, die angeblich auf dem Konzil von Nicäa, tatsächlich aber auf der Synode von Sardika erlassen worden waren. Die Bischöfe erkannten zwar den Irrtum, gaben aber nach. – Im pelagianischen Streit ließ sich Zosimus anfangs von Pelagius u. Cälestius durch geschickt abgefaßte Formulierungen ihrer Lehre täuschen u. verlangte daraufhin von den afrikanischen Bischöfen die Revision ihrer Verurteilung, mußte aber dann, durch sie aufgeklärt, seine verurteilende Epistola tractoria erlassen.
Zosimus starb am 26. 12. 418. Er ist der erste Papst, der zunächst keinen kirchlichen Kult erlangte.
Gedächtnis: 26. Dezember
Lit.: Caspar I 344–360 – Seppelt I² 145–155

Zosimus, Märt. **in Pisidien,** Hl.
Nach der legendär ausgeschmückten Passio war er Soldat unter Kaiser Trajan (98–117). Er wurde als Christ angeklagt, verurteilt u. unter vielen Martern zu Konana in Pisidien (südöstl. Kleinasien) zu Tode gequält.
Gedächtnis: 19. Juni
Lit.: ActaSS Iun. IV (1867) 676–679 – BHG³ 1888–1888e

Zosimus, Bisch. **von Syrakus,** Hl.
Er wurde mit 7 Jahren von seinen Eltern dem Kloster S. Lucia in Syrakus (Sizilien) übergeben u. wurde später dort Mönch u. Abt dieses Klosters. Papst Theodor I. (642–649) ernannte ihn zum Bisch. von Syrakus. Zosimus zeichnete sich durch Liebe zu den Armen, Demut u. Gastfreundlichkeit aus. Er starb etwa 90jährig um 660.
Gedächtnis: 30. März
Lit.: ActaSS Mart. III (1863) 834–840 – Baudot-Chaussin III 641f – B. Pace, Arte e civiltà della Sicilia antica IV (Rom 1949) 338f

Zoticus (Zotikos), Hl.
Name: griech. (zotikós), der Lebenskräftige
Er war Priester zu Konstantinopel u. nahm

sich bes. der Kinder u. Waisen an, die er wie ein Vater pflegte. Er scheint der Gründer u. Leiter des ersten Waisenhauses in Konstantinopel zu sein. † um 340.
Gedächtnis: 31. Dezember

Zufluchten ↗ Sieben Zufluchten

Zwölf Brüder, Märt., Hll.
Die hll. **Donatus, Felix, Arontius, Honoratus, Fortunatus, Savinianus, Septiminus, Januarius,** ein zweiter **Felix, Sator** u. **Repositus** waren Brüder (wohl auch: nahe Verwandte) zu Adrumetum in Afrika (wohl das heutige Susa, südl. von Tunis). Sie wurden unter Kaiser Decius (249–251) nach Karthago geschafft, gefoltert u. dann nach Italien gebracht, wo sie teils in Venosa, teils in Velejanum u. teils in Sentianum den Martertod erlitten. Herzog Arichis von Benevent ließ um 760 ihre Gebeine in die Sophienkirche zu Benevent übertragen.
Gedächtnis: 1. September

IV. Teil Die Märtyrergruppen der Neuzeit

Hier werden alle jene Gruppen von Märtyrern erfaßt, die seit 1500 starben und deren öffentliche Verehrung von der Kirche ausdrücklich festgelegt wurde. Die Namen in den Gruppen sind vollzählig angeführt.

Bezüglich der ostasiatischen Namen besteht in deren Orthographie und damit ihrer korrekten Aussprache eine gewisse Unsicherheit. Der Grund dafür ist, daß diese Namen von Angehörigen verschiedener europäischer Völker überliefert wurden, hauptsächlich von Spaniern, Portugiesen, Italienern und Engländern. Die oft andersartigen asiatischen Laute mußten möglichst lautgetreu in der jeweiligen europäischen Sprache wiedergegeben werden, und hier wiederum gibt es zu einem und demselben Schriftzeichen häufig völlig divergierende Aussprachen. Eine korrekte sprachliche Überarbeitung dieser Namen wurde bis jetzt noch nicht in Angriff genommen.

Eine zahlenmäßige Übersicht ergibt folgendes Bild:

Märtyrer in:	
Annam	117
Äthiopien	2
Aubenas	2
China	119
Damaskus	11
England	201
Frankreich	275
Gorkum	19
Japan	231
Kanada	8
Kaschau	3
Korea	103
Las Palmas	40
Salsette	5
Südamerika	3
Sumatra	2
Uganda	22
insgesamt	1163 Märtyrer

Die Märtyrer in Annam

Die Bezeichnung ist eigentlich ein Sammelname der Märt., die in den 3 Teilreichen Hinterindiens, Tongking, Annam u. Cochinchina vom 17. bis 19. Jh. starben. Diese 3 Königreiche bedeckten im wesentlichen das Gebiet des heutigen Vietnam: Tongking im Norden mit der Hauptstadt Hanoi, Annam, ein schmaler Küstenstreifen in der Mitte mit der Hauptstadt Hué, u. Cochinchina im Süden mit der Hauptstadt Saigon. Vom 3. Jh. v. Chr. an stand das ganze Gebiet des heutigen Vietnam unter chinesischer Herrschaft u. Kultur, war somit eine Provinz Chinas. Militärische Befriedung seit 264 n. Chr. durch chinesische Truppen führte zur Bezeichnung Annam (beruhigter Süden). Während der chinesischen Besatzungszeit fanden Buddhismus, konfuzianische Ethik u. Taoismus Eingang. Die Provinz wurde zum Schnittpunkt von Wallfahrten u. Handel zw. China u. Indien. In der Anarchie nach dem Sturz der T'ang-Dynastie konnten 923 bis 937 n. Chr. die Chinesen vertrieben u. bald eine nationale Dynastie mit der Hauptstadt Co-loa begründet werden. 968 erhielt das Reich den Namen Dai-Viet (Groß-Viet). Seit dem 11. Jh. wurde das Land von Kaisern beherrscht, Anfang des 13. Jh.s wurde Thanlong (Hanoi) Hauptstadt. Unter den Tran im 13. u. 14. Jh. entstand die Adelsschicht mit reichem Grundbesitz. Der Niedergang der Kaiserdynastie führte 1400 zur Usurpierung der Krone durch einen ihrer Feldherrn u. zu einer kurzen chinesischen Herrschaft (1407–1428). Ein von Le-Loi geführter Guerillakrieg vertrieb wieder die Chinesen, u. es wurde die Kaiserdynastie der Le

(1428–1789) begründet. Seit etwa 1500 begann der Niedergang der Dynastie, begleitet von Revolten u. Anarchie. 1527 errichtete der Usurpator Mac Dang-Dung in Tongking die Dynastie der Mac, während die Südprovinzen den Le treu blieben. Der Feldherr Nguyen Kim u. seine Nachfolger betrieben die Restauration der Le u. vertrieben 1592 die Mac aus Tongking. Faktisch übten nun die Nguyen u. die Trinh die Macht aus, während die Le-Kaiser ein Schattendasein führten. Diese erblichen Verwaltungssysteme übten nun für 2 Jahrhunderte als rivalisierende Familien eine Art Hausmeiertum aus, wobei ihre Machtgebiete etwa denen von Annam u. Tchampa entsprachen. Im 17. Jh. setzten die Handelskontakte mit den Portugiesen, Franzosen, Engländern u. Holländern ein. Mit Hilfe der Portugiesen bauten die Nguyen ihre Flotte aus, verlegten ihre Hauptstadt nach Hué u. machten Kambodscha zum Vasallenstaat. Durch einen Aufstand wurden die Nguyen u. Trinh vertrieben, doch konnte Nguyen Anh mit französischer Hilfe 1792 Saigon, 1801 Hué und 1802 Hanoi erobern, wo er sich 1802 als Gia-Long (Kaiser) krönen ließ u. so die letzte Dynastie der Nguyen begründete. Nach seinem Tod 1820 gaben aber seine Nachfolger die franzosenfreundliche Politik wieder auf u. leiteten Christenverfolgungen ein. Dies hatte französische u. spanische Vergeltungsmaßnahmen sowie einen Aufstand der Le-Anhänger in Tongking (1861) zur Folge. Dabei konnten die Franzosen Cochinchina erobern. Annam wurde 1883, Tongking 1885 französisches Protektorat, 1887 wurden die Provinzen Annam, Tongking, Cochinchina u. Kambodscha zum Protektorat Französisch-Indochina vereinigt. Die Franzosen führten in der Folgezeit wirtschaftliche, soziale u. verwaltungstechnische Reformen durch, konnten dadurch aber nicht die immer stärker werdende Unabhängigkeitsbewegung, verbunden mit wiederholten Aufständen, verhindern. 1930 begründete Ho-Chi-Minh die kommunistische Partei Indochinas u. übernahm in der Unabhängigkeitsbewegung als deren radikalster Vertreter die Führung. Er führte die Guerillakriege gegen die Japaner (1941–1945), Franzosen (Indochinakrieg 1946–1954) u. das wachsende amerikanische Engagement (Vietnam-Krieg 1957–1973) im nicht-kommunistischen Süd-Vietnam (seit 1954). Er brach das Friedensabkommen von 1973, begann 1975 neue Kriegshandlungen u. brachte durch den Einmarsch 1976 auch Süd-Vietnam unter kommunistische Herrschaft.

Die Missionsgeschichte Vietnams beginnt mit dem Jahr 1615, als portugiesische u. italienische Jesuiten, die aus Japan vertrieben worden waren, in Cochinchina Fuß faßten. 1625 folgten französische Jesuiten u. missionierten mit großem Erfolg. 1676 kamen spanische Dominikaner von den Philippinen u. wirkten im Norden von Tongking, 1672 gründeten die Pariser Missionare in West- u. Süd-Tongking u. im übrigen Annam ihre Missionsstationen. Die Missionsarbeit erzielte schon von Anfang an sehr große Erfolge, erlebte aber auch bald den erbitterten Widerstand des einheimischen Buddhismus, sodaß die Missionsgeschichte Vietnams zugleich auch eine Geschichte einer fast ununterbrochenen Verfolgung genannt werden muß. Die fremdenfeindlichen Nguyen-Kaiser machten sich diese christenfeindliche Stimmung zu eigen u. erließen immer wieder Edikte gegen die Missionare u. die einheimischen Christen. Der innere Grund dieser Ablehnung dafür lag in dem Umstand, daß das Christentum als Fremdkörper innerhalb der heimischen Landesreligion (hauptsächlich des Buddhismus) angesehen wurde. Offenbar unter dem Eindruck des chinesischen Ritenstreites (s. Märt. in China) wurde eine weitgehende Anpassung in Kultsprache u. sonstigen kirchlichen Gebräuchen erst gar nicht versucht. Gleichwohl ist die große Zahl an Bekehrungen bemerkenswert: Bis 1700 wird die Anzahl der Katholiken auf ca. 500.000, bis zum 2. Weltkrieg auf 2,5 Mill. geschätzt. Die Verfolgung erreichte 5 Höhepunkte: 1663–1666, 1721–1723, 1795–1798, 1832–1841 u. 1847–1883, bei denen sich die Christen, Priester wie einheimische Christen, hervorragend bewährten. Die Opfer wurden dabei langen u. ausgesucht grausamen Martern unterworfen u. schließlich hingerichtet. Von den insgesamt etwa 130.000 Blutzeugen wurden 117 seliggesprochen.

a) Am 27. 5. 1900 wurden 26 tongkinesische Märt. aus der Dominikanermission in Ost-Tongking seliggesprochen:
Ignatius (Clemente Ignacio) **Delgado y Cebrian** OP, * 23. 11. 1761 in Villafeliche (Aragón). Er wurde 1780 Dominikaner u. kam 1790 nach Tongking, wurde 1794 Bischofskoadjutor u. 1799 Apostolischer Vikar von Ost-Tongking. Er starb in einem engen Käfig in Nam-Dinh an den erlittenen Entbehrungen u. Quälereien am 12. 7. 1838. – **Dominicus** (Domingo) **Henares** OP, * 19. 12. 1765 in Baena (Córdoba), wurde 1783 Dominikaner, kam 1786, auf die Philippinen u. 1790 mit Ignatius Delgado nach Tongking, wurde 1798 Provinzialvikar u. Generalvikar des Bisch., 1800 Koadjutor des Apost. Vikars Delgado. Nach segensreicher Tätigkeit wurde er verhaftet u. am 25. 6. 1838 enthauptet.
12 Priester:
Vincentius Yen OP, † 30. 8. 1838 – **Dominicus Dieu** OP, † 1. 8. 1838 – **Petrus Tu** OP, † 5. 9. 1838 – **Thomas Du** OP, † 26. 11. 1839 – **Dominicus Doan** (od. Xuyen) OP, † 26. 11. 1839 – **Joseph Hien** OP, † 9. 5. 1854 – **Dominicus Trach** (od. Doai) OP, † 18. 9. 1840 – **Joseph Fernandez** OP, aus Spanien, Vizeprovinzial, † 24. 7. 1838 – **Dominicus Tuoc** OP, † 2. 4. 1839 – **Joseph Nien** (od. Vien), Weltpriester, † 21. 8. 1838 – **Bernhard Duc,** Weltpriester, † 1. 8. 1838 – **Petrus Tuan,** Weltpriester, † 15. 7. 1838.
12 einheimische Laienchristen:
Joseph Canh, Dominikanerterziar, Arzt, Katechist, † 5. 9. 1838 – **Franciscus Chien** (od. Chieu), Katechist, † 25. 6. 1838 – **Joseph Petrus Uyen,** Dom.-Terziar, Katechist, † 3. 7. 1838 – **Thomas Toan** Dom.-Terziar, † 27. 6. 1840 – **Franciscus Xav. Mau,** Dom.-Terziar, † 19. 12. 1839 – **Dominicus Uy,** Dom.-Terziar, † 19. 12. 1839 – **Augustinus Moi,** Dom.-Terziar, Bauer, † 19. 12. 1839 – **Stephanus Vinh,** Dom.-Terziar, Bauer, † 19. 12. 1839 – **Dominicus Dat,** Soldat, † 18. 7. 1839 – **Augustinus Hui,** Soldat, † 13. 6. 1839 – **Nikolaus The,** Soldat, † 13. 6. 1839 – **Thomas De,** Dom.-Terziar, Schneider, † 19. 12. 1839.

Zugleich wurden 27 Märt. der Pariser Missionare u. ihrer Gläubigen in West-Tongking seliggesprochen:
Pierre-Rose-Ursule Dumoulin-Borie MEP, * 1808 in Beynat (Dep. Corrèze), seit 1828 im Pariser Missionsseminar, kam 1832 nach West-Tongking mitten in der schärfsten Verfolgung unter Minh-Manh. Er wurde 1838 verhaftet u. erhielt im Kerker die Ernennung zum Bisch. u. Apost. Vikar von West-Tongking. Nach grausamen Martern wurde er am 24. 11. 1838 in Donghoi hingerichtet.
15 Priester:
Jean-Charles Cornay MEP, † 20. 9. 1837 – **Jean-Eloi Bonnard** MEP aus Frankreich, † 1. 5. 1852 – **Augustin Schöffler** MEP, * 1822 in Mittelbronn (Lothringen), seit 1846 im Pariser Missionsseminar, kam 1848 nach Tongking u. wirkte hier mit heroischer Selbstaufopferung. Er wurde am 1. 5. 1851 in Son-Tay enthauptet. – **Petrus Khoa,** † 24. 11. 1838 – **Vincentius Diem,** † 24. 11. 1838 – **Petrus Tuy,** † 11. 10. 1833 – **Jacobus Nam,** † 12. 8. 1838 – **Joseph Nghi,** † 8. 11. 1840 – **Paulus Ngan,** † 8. 11. 1840 – **Martinus Thinh,** † 8. 11. 1840 – **Paulus Khoan,** † 28. 4. 1840 – **Petrus Thi,** † 21. 12. 1839 – **Johannes Dat,** † 28. 10. 1798 – **Lukas Loan,** † 5. 6. 1840 – **Petrus Tu** OP, † 5. 9. 1838.
11 einheimische Christen:
Andreas Dung-Lac, † 21. 12. 1839 – **Franciscus Xav. Can,** Katechist, † 20. 11. 1837 – **Paulus Mi,** Katechist, † 18. 12. 1838 – **Petrus Duong,** Katechist, † 18. 12. 1838 – **Petrus Truat,** Katechist, † 18. 12. 1838 – **Johannes Bapt. Thanh,** Katechist, † 28. 4. 1840 – **Petrus Hieu,** Katechist, † 28. 4. 1840 – **Antonius Dich,** Bauer, † 12. 8. 1838 – **Michael Mi,** Arzt, † 12. 8. 1838 – **Martinus Tho,** Bauer, † 8. 11. 1840 – **Johannes Bapt. Con,** Bauer, † 8. 11. 1840.

11 Märt. vom Pariser Missionsseminar u. ihrer Gläubigen starben in Cochinchina:
François-Isidore Gagelin MEP aus Frankreich, † 17. 10. 1833 – **François Jaccard** MEP aus Frankreich, † 21. 9. 1838 – **Joseph Marchand** MEP aus Frankreich, † 30. 11. 1835 – **Emmanuel Trieu,** Priester, † 17. 9. 1798 – **Philippus Minh,** Priester, † 3. 7. 1853 – **Andreas Trong,** Katechist, † 28. 11. 1835 – **Thomas Thien,** Seminarist, † 21. 9. 1838 – **Paulus Doi Buong,** Hauptmann, † 23. 10. 1833 – **Antonius Quinh Nam,** Ka-

techist, † 10. 7. 1840 – **Simon Hoa,** Arzt, † 12. 12. 1840 – **Mattäus Gam,** Kapitän, † 11. 5. 1847.

b) Am 15. 5. 1906 wurden 8 Märt. aus der Dominikanermission in Ost-Tongking seliggesprochen:
Hieronymo Hermosilla OP, * 1800 in Santo Domingo de la Calzada (Logroño, Spanien). Er wurde 1822 Dominikaner, kam 1826 nach Manila (Philippinen) u. 1829 nach Tongking. Er wurde 1836 Provinzialvikar, 1840 Bisch. u. Apost. Vikar von Ost-Tongking. Nach vielen Martern wurde er am 1. 11. 1861 enthauptet. – **Valentino Faustino Berrio-Ochoa** OP, Bisch. u. Apost. Vikar von Zentral-Tongking, * 1827 in Elorio (Spanien), wurde 1853 Dominikaner, 1858 in Tongking von Bisch. Sampedro (s. d.) zum Bisch. geweiht. Er wurde mit Bisch. Hermosilla am 1. 11. 1861 enthauptet. – **Pedro Almato** OP aus Spanien, am 1. 11. 1861 enthauptet. – **Francisco Gil de Federich** OP aus Spanien, Priester, nach 7½ Jahren Haft am 19. 1. 1745 enthauptet. – **Matthäus Alonso Leziniana** OP aus Spanien, Priester, * 1702, am 19. 1. 1745 enthauptet. – **Hyacinthus Castaneda** OP aus Spanien, Priester, † 7. 11. 1773 – **Vincentius Liem** OP aus Tongking, Priester, † 7. 11. 1773 – **Joseph Khang,** Diener des Bisch. Hieronymo Hermosilla, Katechist, † 6. 12. 1861.

c) Am 11. 4. 1909 wurden 20 annamitische Märt. (zus. mit 14 chinesischen Märt.) seliggesprochen:
1 Märt. in Cochinchina: **Étienne-Théodore Cuénot** MEP, * 1802 in Belieu (Frankreich), wurde 1825 Priester u. trat 1827 in das Pariser Missionsseminar ein. Er kam 1828 nach Macao, 1829 nach Cochinchina u. wurde dort 1835 Bischofskoadjutor, 1840 Apost. Vikar von Ost-Cochinchina. Er schrieb Erbauungsbücher in annamitischer Sprache u. war auf Heranbildung eines einheimischen Klerus bedacht. Er wurde am 24. 8. 1861 verhaftet u. starb am 14. 11. 1861 vor Eintreffen des Todesurteiles.
1 Märt. in Annam: **Pierre-François Néron** MEP, Priester, † 3. 11. 1860
18 Märt. in Tongking: **Jean-Théophane Vénard** MEP, Priester – **Paulus Loc,** Priester, † 13. 2. 1859 – **Petrus Luu,** Priester, † im April 1861 – **Johannes Hoan,** Priester, † 26. 5. 1861 – **Petrus Qui,** Priester, † 31. 7. 1859 – **Paulus Tinh Le Bao,** Priester, † 6. 4. 1857 – **Laurentius Huong,** Priester, † 27. 4. 1856 – **Petrus Khang** (Khanh), Priester, † 12. 7. 1842 – **Michael Ho-Dinh-Hy,** Großmandarin, † 22. 5. 1857 – **Franciscus Trung,** Offizier, † 6. 10. 1858 – **Petrus Van** (Vom), Katechist, † 25. 5. 1857 – **Hieronymus Lou-Tin-Mey,** Katechist, † 28. 1. 1858 – **Joseph Le-Dang-Thi,** Offizier, † 24. 10. 1860 – **Joseph Tchang-Ta-Pong,** Katechist, † 12. 3. 1815 – **Paulus Hanh,** † 28. 5. 1859 – **Andreas Nam-Thuong** (Nam-Tchuong), Katechist, 15. 7. 1855 – **Joseph Luu,** Katechist, † 2. 5. 1854 – **Agnes Thi Thanh** (Le-Thi), † 12. 7. 1841.

d) Am 29. 4. 1951 wurden 25 Märt. von Tongking seliggesprochen:
Joseph Maria Diaz Sanjurjo OP, * 1818 bei Lugo (Nordspanien), studierte dort u. in Santiago de Compostela, wurde dort Doktor der Theologie u. trat in den Dominikanerorden ein. Er ging 1844 in die Ostasien-Mission u. kam nach abenteuerlicher Fahrt auf den Philippinen an. Er wurde 1849 zum Bisch. u. Apost. Vikar von Zentral-Tongking ernannt, als die Verfolgung durch König Tu-Duc eben begann. Er wurde am 20. 7. 1857 enthauptet. – **Melchior Garcia Sampedro** OP, * 1821 in Cortes de Quirós (Asturien, Spanien), trat nach seinen Universitätsstudien in Oviedo 1845 in Ocaña in den Dominikanerorden ein, wurde 1847 Priester u. ging 1849 in die Mission in Tongking. Er wurde 1855 Weihbisch. des Joseph M. Diaz Sanjurjo und nach dessen Ermordung 1857 sein Nachfolger als Apost. Vikar von Zentral-Tongking. Nach dreijähriger Wirksamkeit wurde er am 28. 7. 1858 hingerichtet. – **Dominikus Ninh** weigerte sich, ein Kreuz mit Füßen zu treten, † 2. 6. 1862 – **Laurentius Ngon,** Familienvater, † 22. 5. 1862 – **Dominikus An-Kham,** Dominikanerterziar, **Lukas Kai-Thin,** dessen Sohn, und **Joseph Cai-Ta** stammten alle 3 aus der Provinz Nam-Dinh, waren begütert u. in leitender öffentlicher Stellung. Sie weigerten sich, ein Kreuz mit Füßen zu treten, u. starben dafür am 13. 1. 1859. – **Dominikus Mao, Vin-**

centius Tuong, Dominikus Nguyen, Andreas Tuong und **Dominikus Nhi** waren begüterte Familienväter u. erlitten am 16. 6. 1862 einen grausamen Tod. – **Petrus Da,** ein 60jähriger Greis, wurde zuerst in die Verbannung geschickt u. starb am 17. 6. 1862 den Feuertod. – **Joseph Tuan,** ein Bauer u. Familienvater. Anstatt ein Kreuz mit Füßen zu treten, fiel er auf die Knie u. verehrte es. Er wurde dafür am 7. 1. 1862 erschlagen. – **Petrus Dung** u. **Petrus Thuan** waren Familienväter u. Fischer von Beruf. Sie starben am 6. 6. 1862 den Feuertod. Mit ihnen zus. wurde **Vincentius Duong,** ein Bauer, verbrannt. Er machte eine lange, grausame Haft durch. – **Dominikus Toai** u. **Dominikus Huyen** waren Fischer u. Familienväter. Sie starben am 5. 6. 1862 den Feuertod. – **Dominikus Mau** OP, Priester, am 5. 11. 1858 enthauptet. Er schritt zum Martyrium mit gefalteten Händen wie zum Meßopfer. – **Joseph Tuan** OP, Priester, 50 Jahre alt, missionierte noch im Kerker, wurde im April 1861 enthauptet. – **Joseph Tuc,** ein kleiner Knabe, am 1. 6. 1862 enthauptet – **Dominikus Kam,** Dominikanerterziar, Priester, † 11. 3. 1859 – **Thomas Khuong,** Priester, Dominikanerterziar, am 30. 1. 1860 enthauptet – **Paulus Duong,** ein Adeliger. Weil er ein Kreuz nicht verunehren wollte, wurde er gegeißelt u. starb den Hungertod am 3. 6. 1862.

Gedächtnis: am jeweiligen Todestag der einzelnen Märt.

Lit.: ASS 32 (1899–1900) 495ff, 476ff, 40 (1907) 203ff – AAs 1 (1909) 452ff, 43 (1951) 305ff – A. Launay, Les 52 Serviteurs de Dieu (Paris 1893) – Ders., Les 35 vén. Serviteurs de Dieu (Paris 1906) – H. Walter, Leben, Wirken u. Leiden der 77 sel. Mart. von Annam u. China (Freiburg/B. 1903) – A. M. Bianconi, Vita e Martirio dei B. Domenicani (Florenz 1906) – M. Gispert, Hist. de las Misiones Dominicanas en Tungkin (Ávila 1928) – B. M. Biermann, Im Feuerofen. Die Märt. von Tongking (Köln 1951)

Die Märtyrer in Äthiopien

Am 7. 8. 1683 wurden die beiden Kapuziner ↗ **Agathangelus von Vendôme** (François Noury) u. **Cassian von Nantes** (Gonzales Vaz Lopes Neto) wegen ihres christlichen Glaubens in Addis Abeba erdrosselt. Sie wurden am 23. 10. 1904 seliggesprochen.

Die Märtyrer in Aubenas

Am 6. 2. 1593 fielen fanatische Calviner in Aubenas (Dep. Ardèche, Südfrankreich) ein und nahmen die beiden Jesuiten ↗ **Jakob (Jacques) Salès** und **Wilhelm** (Guillaume) **Saultemouche** fest. 2 Tage hindurch führten sie mit ihnen lange theolog. Disputationen, bes. über die Gegenwart Christi in der Eucharistie. Da sie aber unterlagen, gerieten sie in Zorn u. beschlossen den Tod der beiden. Nach einem neuen Versuch, sie von ihrem Glauben abzubringen, inszenierten sie mit dem Straßenpöbel einen Tumult u. ermordeten sie auf grausame Weise am 7. 2. 1593. Der Eucharistische Kongreß in Rom 1905 beantragte ihre Seligsprechung, die am 6. 6. 1926 erfolgte.

Die Märtyrer in China

I. Die Periode bis zum 19. Jh.

Erstmals im Jahr 635 kamen nestorianische Mönche aus Syrien über Persien u. Indien auf der alten Seidenstraße nach China u. brachten den christlichen Glauben mit. 781 war das Christentum im Norden u. Süden des Reiches verbreitet, doch bereits 845 brach die 1. große Verfolgung aus, u. bis 988 war die christliche Religion in China gänzlich ausgestorben. Eine neue Missionswelle begann unter den Mongolenkaisern der Yüan-Dynastie (1260–1368), die religionsfreundlich, aufgeschlossen für fremde

Kultur waren u. Handelsbeziehungen mit dem Ausland anknüpften. Auf der wieder geöffneten Seidenstraße konnte der Italiener Marco Polo 1271–1292 das Land bereisen. Vor ihm kamen die ersten Franziskaner: Johannes de Piano del Carpine (1246), der Pole Pater Benedikt u. Wilhelm Rubruck (1253). Bes. erfolgreich war Johannes von Montecorvino, der von 1294 ca. 30.000 Alanen taufte u. die Meßliturgie, das NT, den Psalter u. andere Schriften ins Mongolische übersetzte. Spätere Missionare aber erreichten wegen der schwierigen Verkehrswege, der feindseligen Stimmung der Mohammedaner u. mancher Kriegswirren selten ihr Ziel. Unter den nun folgenden Ming-Kaisern (1368–1644) wurde die Missionsarbeit immer schwieriger, die Einreise neuer Missionare immer mehr gedrosselt u. schließlich ganz unterbunden, sodaß die christlichen Gemeinden einem langsamen, aber sicheren Untergang entgegengingen. Die Jesuiten (↗ Franz Xaver 1552), Dominikaner, Augustiner u. Franziskaner versuchten zunächst vergeblich, nach China zu gelangen.

Die 3. Missionswelle begann 1583, als es den Jesuiten Michele Ruggieri u. **Matteo Ricci** gelang, in das verbotene Reich einzudringen. Ricci wurde durch sein kluges Einfühlungsvermögen u. seine taktvolle Zurückhaltung, verbunden mit seinen Kenntnissen der wissenschaftlichen u. technischen Errungenschaften Europas, zum Bahnbrecher der chinesischen Mission. Durch Marienbilder, illustrierte Bibeln, Ölgemälde, Städtebilder, Darstellungen von Kirchen, Musikinstrumente, Uhren, Karten u. a. erregte er die Neugierde der Chinesen u. bahnte so rel. Gespräche an. Das größte Staunen erregte er durch eine Weltkarte, auf der China, das vermeintliche „Reich der Mitte", gegen den Rand zu verzeichnet war. Unter vorläufiger Duldung Roms feierte er die Liturgie auf Chinesisch, erfand einen chinesisch-christlichen Wortschatz u. kleidete sich nach Mandarinenart. Den Ahnenkult, der den Chinesen heilig war, rührte er nicht an, sondern gab ihm eine christliche Deutung. Vor allem verstand er es, Mitarbeiter zu gewinnen u. heranzubilden. Ein kleiner Katechismus in Gesprächsform u. vor allem sein Büchlein „Wahre Lehre von Gott" wurden ein großer Erfolg. 1597 wurde er Oberer der chinesischen Mission. Er gelangte 1595 bis vor Peking, kehrte aber aus Gründen der Klugheit wieder um. 1598 kam er wieder u. benutzte die Zeit des Wartens dazu, durch seine wissenschaftliche Tätigkeit den Kaiser in Peking auf sich aufmerksam zu machen. 1601 konnte er schließlich in die Hauptstadt einziehen. Er erwarb sich bald die Gunst des Hofes, der Kaiser war schon begierig, ihn kennenzulernen, u. berief ihn an seinen Hof. Dort betrieb er mathematische Erdkunde, Kosmographie, Astronomie, Kartographie u. baute Pendeluhren u. Globen. Daneben verfaßte er viele rel. Schriften, die weite Verbreitung fanden. Ricci starb in Peking am 11. 5. 1610 u. erhielt ein feierliches Staatsbegräbnis.

Das Erbe Riccis trat **Johann Adam Schall von Bell** SJ (* 1591 in Köln) an. Er bereitete sich auf die Mission in China durch das Studium der Mathematik, Astronomie u. Physik vor. Er landete 1619 in Macao u. kam 1630 an den Kaiserhof in Peking. Im Auftrag des Kaisers reformierte er den chinesischen Kalender, richtete die kaiserliche Sternwarte neu ein u. stattete sie mit selbstgebauten Instrumenten aus. Er verfertigte wissenschaftliche Geräte, goß Kanonen, baute Schiffe, Klaviere, schlagende Pendeluhren u. a. Er stand bei Kaiser Schun-tschi in höchsten Ehren wie keiner vor ihm u. wurde von ihm zum Erzieher seines Söhnleins Kang-hi ernannt. Er wurde aber auch viel angefeindet, nicht zuletzt von seinen portugiesischen u. italienischen Mitbrüdern, die seine Entlassung aus dem Orden forderten. Doch konnte er alle Anklagen entkräften. Nach dem Tod des Kaisers 1662 folgte sein erst 7jähriger Sohn Kang-hi auf den Thron. Während der Regentschaft für den Minderjährigen kam der Zorn der eifersüchtigen Hofastronomen u. der christenfeindlichen Partei am Hof zum offenen Ausbruch. Schall wurde mit einigen seiner Mitbrüder zum Tod verurteilt, doch schreckten schlimme Vorzeichen (Erdbeben, Brand im Kaiserpalast, 2 helle Kometen im Winter 1664/65 u. 1665) vor der Vollstreckung ab. Einer der ersten Regierungsakte des neuen Kaisers Kang-hi 1668 war die vollständige Rehabilitierung Schalls

u. seiner Mitbrüder. Schall starb am 15. 8. 1666.
1660 rief Schall seinen Mitbruder **Ferdinand Verbiest** SJ nach Peking (* 1623 zu Pitthem bei Courtrai, Belgien). Seine Stärke waren mathematische Begabung, technisches Geschick u. vornehme Umgangsformen. Während der Regentschaft für den minderjährigen Kaiser wurde er mit Schall ins Gefängnis geworfen. 1668 kam es zu einem wissenschaftlichen Wettkampf vor dem neuen Kaiser zw. ihm u. den Mandarinen, aus dem er als triumphierender Sieger hervorging (u. a. durch die richtige Vorhersage einer Mondfinsternis). So wurde er als kaiserlicher Hofastronom angestellt. Er richtete einen ständigen Kalenderdienst ein, wurde Lehrer des Kaisers u. der 160 Studenten des mathematischen Stabes am Kaiserhof, verfaßte Bücher in chinesischer Sprache über Mathematik, Astronomie u. Geographie, stellte astronomische Tafeln auf (Planeten, Sonnen- u. Mondfinsternisse für 2000 Jahre der Zukunft), baute wissenschaftliche Geräte u. goß Kanonen, die den chinesischen weit überlegen waren. Auf seine dringenden Bitten kamen, von König Ludwig XIV. von Frankreich gesandt, weitere 6 Jesuiten nach China. Sie langten aber erst 5 Tage nach seinem Tod (28. 1. 1688) in Peking ein u. wurden so Zeugen seines großartigen Staatsbegräbnisses.
Durch die wissenschaftliche Tätigkeit der Jesuiten am Kaiserhof machte die Missionsarbeit selbst gute Fortschritte. Trotz gelegentlicher Verfolgungen stieg die Zahl der von Jesuiten Getauften von 2500 (1610) auf 248.000 (1664). Seit 1631 waren auch Dominikaner, seit 1633 Franziskaner in China. 1670 gab es über 270.000 Christen in China. Das allg. Toleranzedikt des Kaisers Kang-hi von 1692 war die Anerkennung der Verdienste der Jesuiten um Kaiserhof u. Reich.
Schon Ricci war sich im klaren darüber, daß die alte chinesische Kultur gebieterisch nach völliger Anpassung in liturgischer Sprache, Zeremonien u. allen rel. Lebensäußerungen verlangte. Der Ahnenkult u. die Verehrung des Konfutse als des großen Lehrers der chinesischen Nation konnten nicht beiseite geschoben werden, die Glaubenswahrheiten mußten auf Chinesisch wiedergegeben u. viele Ausdrücke in chinesischer Sprache erst erfunden werden, viele positive Kirchenangebote an chinesische Verhältnisse angepaßt werden. Die Diskussion über diese Fragen wurde schon zu Riccis Lebzeiten akut, doch war das Vorgehen der Jesuiten unter seiner Autorität noch einheitlich. Nach seinem Tod 1610 traten die inneren Schwierigkeiten offen zutage. Die folgende Periode ist als *chinesischer Ritenstreit* in die Geschichte eingegangen. Niccolò Longobardi SJ, der Nachfolger Riccis als Missionsoberer, warf als erster die Frage nach der Erlaubtheit der chinesischen Riten u. Ausdrücke, die bisher nur geduldet waren, auf. Es war ein schweres Ringen: bis 1665 fanden nicht weniger als 74 ordensinterne Beratungen darüber statt. Bevor die Jesuiten selbst mit dieser Frage klar wurden, kamen spanische Franziskaner u. Dominikaner u. weiteten den Konflikt aus. Juan Bautista de Morales OP legte 1634 die strittigen Fragen in Rom vor, worauf die chinesischen Riten 1645 von Rom verboten wurden. Darauf ging Martino Martini SJ 1650 nach Rom. Nach einer abenteuerlichen Fahrt über Norwegen u. Amsterdam (wo er seine Werke drucken ließ) kam er 1654 in Rom an. 1656 erhielt er von Alexander VII. die Erlaubnis für die chinesischen Riten. In beiden Fällen hielten sich die röm. Behörden genau an die vorgelegten Fragen. So standen sich nun beide Auffassungen diametral einander gegenüber. Der heftigste Gegner der Riten-Anhänger war Domingo Fernandez Navarrete OP. Er wurde 1665 wegen Unruhestiftung vom Kaiser nach Kanton verbannt, reiste 1669 nach Rom, später nach Madrid u. wurde 1677 Erzb. von Santo Domingo. Überall arbeitete er gegen die Jesuiten u. ihre Anpassung der Riten an chinesische Verhältnisse.
Inzw. kamen neue Missionare aus dem Pariser Missionsseminar. Sie hatten keine China-Erfahrung u. stifteten große Verwirrung. Charles Maigrot, Apost. Administrator für China, erließ ein Hirtenschreiben gegen die chinesischen Riten. 1700 erlangte er in Rom deren Verbot. Clemens XI. erneuerte 1704 das Verbot u. sandte seinen Legaten Maillard de Tournon nach China, der es nach längeren Verhandlungen 1707

publizierte. Maigrot wurde daraufhin vom Kaiser Kang-hi ausgewiesen. Die Riten-Anhänger rekurrierten erneut in Rom, doch Clemens XI. verbot 1715 die Riten aufs neue. Ein neuer Legat, Antonio Mezzabarba, konnte durch sein entgegenkommendes Verhalten den Riß nicht mehr schließen, sondern heizte den Streit gerade dadurch nur noch mehr an. Schließlich wies der Kaiser alle Missionare aus dem Land, nur die Jesuiten durften bleiben. Es folgten nun neue Prüfungen u. Verhandlungen in Rom. Inzw. waren auch die jansenistischen Jesuitengegner in Europa nicht müßig geblieben u. erreichten 1742 von Benedikt XIV. das endgültige Verbot der chinesischen Riten u. 1773 von Clemens XIV. die Aufhebung des Jesuitenordens. Durch all diese Streitigkeiten wurden die Missionare u. damit die christliche Religion überhaupt beim chinesischen Volk immer unglaubwürdiger. Die christenfeindlichen Kräfte im Land gewannen immer mehr die Oberhand, blutige Verfolgungen waren zunehmend an der Tagesordnung, das kirchliche Leben kam fast völlig zum Erliegen.

Erst 1939 wurden die chinesischen Riten unter Vorbehalt wieder erlaubt. Das 2. Vat. Konzil führte die Volkssprache als erlaubte eigenständige Kultsprache ein. Erstmals wurden hier die nationalen Eigenformen des rel. Ausdrucks in der Liturgie nicht mehr als unerwünschte Konkurrenz gegen die lat. Gebräuche angesehen, sondern als wertvolle Bereicherung auch für das rel.-liturgische Leben im Westen anerkannt. Freilich kamen solche Erkenntnisse 200 Jahre zu spät. In diesem Licht ist die weitschauende Feinfühligkeit der iroschottischen Mönche zu bewundern, die den germanischen Stämmen ihre althergebrachten Gewohnheiten nicht wegnahmen, sondern sie verchristlichten, sodaß diese altgermanischen Mythen als rel. Volksbräuche noch heute in großer Zahl weiterleben. Das Ergebnis ist eine überraschend schnelle Erfassung der christlichen Botschaft. Natürlich mußte ein Bonifatius auch eine Donareiche bei Fritzlar umhauen; eine klare Trennung zw. Heidentum u. christlicher Offenbarungsreligion war unumgänglich notwendig. Was aber den Iroschotten noch selbstverständlich war, wurde der abendländischen Kirche zum Problem: die christliche Botschaft im Gewand des jeweiligen Kulturraumes zu verkünden, ohne den inneren Wesensgehalt des Wortes Jesu zu verfälschen. Man darf aber keiner der beteiligten Parteien den guten Willen absprechen. Sogar die Jesuiten waren sich in dieser Frage nicht einig. Vollends die Päpste, die die chinesischen Riten verurteilten, standen vor dem Faktum starker zentrifugaler Kräfte innerhalb der europäischen Kirche, wie Reformation, Rationalismus, Aufklärung, Jansenismus, u. einem Staatskirchentum in seinen verschiedenen Ausprägungen, wie Gallikanismus, Febronianismus, Josephinismus u. Anglikanismus. Die großen Leidtragenden all dieser geschichtlichen Barrieren u. menschlichen Unzulänglichkeiten waren die Christen dieses großen u. so andersartigen Landes. Sie sind umso mehr zu bewundern, als sie in dieser ganzen Rat- u. Orientierungslosigkeit ihrem Glauben an Christus u. seine menschlich-konkrete Kirche die Treue hielten u. ihn mit ihrem Blut in einem meist qualvollen Martyrium besiegelten. Die Anzahl der getöteten Christen kann nicht annähernd abgeschätzt werden. Ein kleiner Teil von ihnen, insgesamt 119, wurden stellvertretend für die vielen Hunderttausende zur Ehre der Altäre erhoben:

a) Am 10. 11. 1889 wurde seliggesprochen: **Johann Gabriel** (Jean-Gabriel) **Perboyre** CM. * am 6. 1. 1802 in Puech (Dep. Lot, Südfrankreich). Er trat in Montauban in die Kongregation der Lazaristen ein, wurde 1825 Priester, 1828 Seminarrektor zu St-Flour, 1832 Novizenmeister in Paris u. ging 1835 auf eigenes Ansuchen in die chinesische Mission. Er wirkte unter heroischer Selbsthingabe in den Provinzen Honan u. Hu-pe. Im September 1839 wurde er gefangengenommen u. ertrug ein Jahr lang standhaft grausame Qualen in verschiedenen Kerkern. Schließlich wurde er an ein Kreuz gefesselt u. am 11. 9. 1840 langsam erdrosselt. Seine Gebeine ruhen seit 1860 im Mutterhaus in Paris.
Gedächtnis: 11. September

b) Am 18. 4. 1893 wurden 5 spanische Dominikaner seliggesprochen:

Pedro Martyr Sanz OP. * 1680 in Asco (Katalonien). Er wurde 1689 Dominikaner u. wirkte seit 1715 erfolgreich in der Provinz Fu-kien. Er wurde 1730 deren Apost. Vikar u. Titularbisch. Zus. mit seinen 4 Mitbrüdern wurde er 1746 in Fo-gan verhaftet u. als erster am 26. 5. 1747 in Fuchow (Fu-kien) enthauptet.
Bezüglich der anderen 4 Dominikaner führte der Vizekönig und staatliche Gouverneur der Provinz Fu-kien ein offenkundiges Ränkespiel gegen den Mandschu-Kaiser Ch'ien-lung auf: Er wartete nicht erst dessen Urteil ab, sondern ließ sie im Kerker auf eigene Faust am 28. 10. 1748 hinrichten u. gab dann an, sie seien an den Folgen der Kerkerhaft gestorben. Es sind dies: **Francisco Serrano** OP. Er erhielt im Kerker 2 Monate nach dem Tod des Bisch. Pedro Sanz die Ernennung zum Bischof-Koadjutor in Fu-kien; **Joaquien Royo** OP; **Juan de Alcober** OP u. **Francisco Diaz** OP.
Gedächtnis: 26. Mai

c) Am 27. 5. 1900 wurden 13 Märt. seliggesprochen:
Jean-Gabriel Taurin Dufresse. * am 8. 12. 1750 in Lezoux (Dep. Puy-de-Dôme, Frankreich). Er studierte in Paris u. trat als Diakon in das Seminar für die Auswärtigen Missionen in Paris (Pariser Missionsseminar), wurde dort 1775 Priester u. ging 1776 in die chinesische Mission, wo er im Norden der Provinz Setschuan wirkte. Ende 1784 wurde er bei einer ausbrechenden Verfolgungswelle als erster verhaftet, konnte aber wieder entkommen. Der Weihbisch. Jean-Didier de Saint-Martin forderte ihn auf, sich freiwillig zu stellen, um die Verfolgung womöglich von den übrigen Christen abzulenken. Zus. mit dem Weihbisch. u. 2 anderen französischen Missionaren wurde er 1785 eingekerkert u. aus China verbannt. 1789 gelangte er heimlich wieder nach China u. wirkte im Osten von Setschuan. 1800 wurde er Weihbisch. in Setschuan, 1801 Diözesanbisch. Trotz größter äußerer Schwierigkeiten entfaltete er eine segensreiche Tätigkeit. Er hielt mit seinen Priestern die 1. chinesische Synode ab, erarbeitete ein einheitliches Vorgehen in der Seelsorge, gründete 1818 in Pulo-Penang (Halbinsel Malakka) ein zentrales Seminar für die Pariser Missionare in Ostasien u. organisierte in der ganzen Provinz ein Netz von Stationen in den Privatwohnungen der Christen. So wuchs in seinem Sprengel die Zahl der Christen bis zu seinem Tod auf 60.000. Durch einen in Pulo-Penang entlassenen Priesteramtskandidaten wurde er schließlich verraten, am 18. 5. 1815 verhaftet u. am 14. 9. 1815 enthauptet.
Gedächtnis: 14. September

Johannes (Giovanni) **Lantura** OFM. * am 15. 3. 1760 in Molini di Triora (Ligurien). Er wurde 1777 Franziskaner, 1784 Priester u. Lektor der Theologie zu Corneto, 1795 Guardian in Velletri u. ging 1798 in die chinesische Mission. Hier wirkte er unter ständigen Gefahren segensreich in den Provinzen Hu-pe, Shan-si u. Hu-nan. Im Juli 1815 wurde er eingekerkert u. nach 7 Monaten grausamer Haft am 7. 2. 1816 an ein Kreuz gefesselt u. erdrosselt. Seine Gebeine wurden 1866 in die Kirche Aracoeli in Rom übertragen.
Gedächtnis: 7. Februar

François-Régis Clet CM. Er war ein Lazaristenpriester aus Frankreich u. wurde nach achtmonatiger unmenschlicher Haft am 18. 2. 1820 in Ou-Tschang-Fou erdrosselt.
Gedächtnis: 18. Februar

Auguste Chapdelaine. * am 6. 1. 1814 zu La Rochelle (Westfrankreich) aus einer frommen Bauernfamilie. Seine Gymnasialstudien konnte er erst mit 20 Jahren beginnen. Er wurde 1843 in Coutances Priester u. wollte Missionar werden, mußte vorerst aber 7 Jahre als Kaplan in der Pfarre Boucay wirken. 1851 konnte er in das Pariser Missionsseminar eintreten u. reiste 1852 nach China. Bereits bei der Hinreise wurde er überfallen u. ausgeplündert u. mußte zuerst nach Kanton ausweichen. Endlich in seinem Arbeitsgebiet Kwang-si angelangt, wurde er bereits nach 10 Tagen verhaftet, vom wohlwollenden Mandarin aber wieder auf freien Fuß gesetzt. Im Februar 1856 brach eine neue Verfolgungswelle herein, er blieb bei seiner jungen Gemeinde u. wurde deshalb festgenommen. Während des Verhörs erhielt er 300 Schläge auf die Fußsohlen u. 300 auf den Leib u. mußte die ganze

Nacht grausam gefesselt zubringen. Anderntags zum Tod verurteilt, starb er aber in der Nacht vor der geplanten Hinrichtung am 26./27. 2. 1856. Er wurde nachträglich enthauptet u. den Tieren vorgeworfen.
Gedächtnis: 27. Februar

Zusammen mit diesen wurden noch seliggesprochen:
Augustinus Tchao, Priester, † im Frühjahr 1815 im Alter von 70 Jahren – **Paulus Lieou,** Priester, erdrosselt am 13. 2. 1818 – **Joseph Yuen** OP (?), Priester, 6 Monate im Gefängnis mißhandelt, † Juni 1816 – **Thaddäus Lieou,** Priester, nach 2 Jahren qualvoller Haft am 30. 11. 1823 erdrosselt – **Petrus Lieou,** Katechist, † am 17. 5. 1834 – **Petrus Ou,** Katechist, † am 7. 11. 1814 – **Joachim Ho,** Katechist, † am 9. 7. (?) 1839 – **Laurentius Pe-Man** aus der Gemeinde von Auguste Chapdelaine, Taglöhner, † am 25. 2. 1856 – **Agnes Tsao-Kouy,** eine junge Witwe von 23 Jahren. Sie stammte aus der Nachbarprovinz Kwei-tschu u. war bei Auguste Chapdelaine als Katechistin tätig. Nach schweren Mißhandlungen im Kerker starb sie vor der geplanten Hinrichtung am 1. 3. 1856.

d) Am 11. 4. 1909 wurden 14 Märt. seliggesprochen:
Francisco Fernandez de Capillas OP, Protomärt. Chinas. * am 14. 8. 1607 zu Baquerin de Campos (Spanien). Nach seinen Studien in Valladolid ging er 1632 nach den Philippinen u. wirkte in Babuyan (Nordluzón). Von 1642 an arbeitete er in der jungen Dominikaner-Mission in Fogan, Moyan, Tingteu u. anderen Städten der Provinz Fukien (China) mit großem Erfolg trotz der Tatareneinfälle u. der Verfolgung. Er wurde am 12. 11. 1647 verhaftet u. nach vielen Martern am 15. 1. 1648 enthauptet. Er schrieb einen Bericht über die Mission in China u. mehrere Briefe. Sein Haupt ist in Valladolid, die übrigen Reliquien sind verschollen.
Gedächtnis: 15. Jänner

Jean-Pierre Néel. * am 18. 10. 1832 zu Ste-Catherine (Diöz. Lyon). Er trat 1855 in das Pariser Missionsseminar ein, wurde Priester u. ging 1859 in die chinesische Mission. Er wurde verhaftet u. nach langer, qualvoller Haft am 18. 2. 1862 an einem Pferd geschleift u. schließlich enthauptet.
Gedächtnis: 18. Februar

Aus seinem Missionssprengel starben noch 12 weitere einheimische Christen:
Matthäus Nguyen, Arzt, Katechist († 26. 5. 1861) – **Laurentius Ouang** († 28. 1. 1858) – **Joseph Tchang,** Seminarist († 29. 7. 1861) – **Paulus Tchen,** Seminarist († 29. 7. 1861) – **Johannes Bapt. Lo,** Seminardiener († 29. 7. 1861) – **Martin Ou** (19. 2. 1862) – **Johannes Tchang** († 19. 2. 1862) – **Johannes Tchen,** Katechist († 19. 2. 1862) – **Emmanuel Phung** (Le-Vau), Katechist († 31. 7. 1859) – **Agatha Lin,** Jungfrau († 28. 1. 1858) – **Lucia Y,** Jungfrau († 19. 2. 1862) – **Martha Ouang,** Witwe; vermittelte Briefe an die Eingekerkerten († 29. 7. 1861).

II. Die Märt. des Boxeraufstandes 1900

Damals herrschte in China die Mandschu-Dynastie (1644–1911). Die größte Ausdehnung des Reiches u. damit sein äußerer Höhepunkt war unter Kaiser Kao-tsung (1736–96), bildete aber zugleich den Beginn der inneren Auflösung. Die Bevölkerung nahm stark zu, was zur Verarmung der niederen Schichten führte. Die Zahl der Staatspensionäre wuchs beständig, das Volk mußte für sie Steuern bezahlen. So kam es Ende des 18. Jh.s zu einer Reihe von Bauernaufständen. Es agitierten verschiedene Geheimsekten, von denen die gefährlichste der „Weiße Lotos" war. Gleichzeitig bemühten sich die europäischen Mächte immer mehr, mit China Handelsbeziehungen aufzunehmen u. es zu durchdringen. Die chinesische Regierung erkannte nicht, daß es sich hier nicht nur um einzelne Kaufleute oder Seeräuber handelte, sondern um ein politisches Konzept. So traf sie auch keine Gegenmaßnahmen, wodurch China immer mehr in wirtschaftliche u. politische Abhängigkeit von den europäischen Mächten kam. England fing 1830 an, die chinesischen Waren statt mit Silber mit Opium zu bezahlen. Der Kaiser erließ 1839 ein totales Opium-Verbot unter Androhung der Todesstrafe. England reagierte mit dem

Opiumkrieg (1840–42), den China verlor. Es mußte Hongkong an England abtreten, verschiedene Häfen öffnen u. Kaufleuten u. Missionaren Privilegien gewähren.

Diese inneren u. äußeren Schwierigkeiten führten zum Aufstand der T'ai-p'ing (1851–64). Sie eroberten 1853 Nanking u. kamen 1854 bis vor Peking. Die Regierung konnte den Aufstand zwar mit Hilfe englischer u. französischer Truppen unter großen Opfern niederschlagen, doch wurde die wirtschaftliche Lage Chinas dadurch sehr prekär, wovon sich die Dynastie bis zu ihrem Ende nicht mehr erholen konnte. Zugleich erwachten chinesischer Nationalismus u. Opposition gegen die Mandschu als Fremddynastie. Bis 1877 gab es in Mittelchina, Yün-nan u. Turkestan Aufstände, die nur unter schweren Verlusten niedergerungen werden konnten. Diese Lage nutzten die europäischen Mächte aus. Nach dem Lorcha-Krieg (1856–60) mußte China weitere Häfen öffnen u. weitere Gesandtschaften in Peking zulassen, es mußte die freie Schiffahrt auf dem Jangtsekiang zugestehen. Rußland nahm sich im Norden Gebiete (1858 u. 1860), Frankreich holte sich Annam (1885), England besetzte Birma (1886), Japan die Riukiu-Inseln (1879). Das Wettrennen der Mächte nahm immer schärfere Formen an. Sie begannen, das Land in „Interessensphären" aufzuteilen, während Peking noch immer tatenlos zusah. Japan holte sich durch den Krieg 1894–95 Formosa u. die Pescadores-Inseln u. erhielt Vorrechte in dem als „unabhängig" erklärten Korea. 1898 annektierten Deutschland, Rußland, England u. Frankreich verschiedene „Pachtgebiete".
Jetzt erst, 1898, kam eine Reformpartei unter K'ang Yu-wei ins Leben, die auch den Kaiser Kuang-hsü für sich gewinnen konnte. Doch die Kaiserin-Witwe Tse-hsi, die seinerzeit für den minderjährigen Kaiser die Regentschaft geführt hatte, hielt auch jetzt noch das Heft fest in der Hand. Sie war konservativ eingestellt u. hielt nichts von Reformen. Sie sperrte den Kaiser auf Lebenszeit ein u. ließ eine Reihe von Reformern hinrichten. Viele flohen ins Ausland u. kämpften von dort für innere Reformen in China. Die ausländischen Beutezüge in China brachten eine neue Welle des Fremdenhasses, es bildeten sich Geheimbünde, die das Volk gegen die Ausländer, aber auch gegen die schwache Mandschu-Dynastie aufhetzten. Einer dieser Geheimbünde hatte sich schon um 1870 zusammengeschlossen u. unter seiner Fahne nach u. nach alle übrigen vereinigt. Er nannte sich I-hot-uan (Gesellschaft für Rechtlichkeit u. Eintracht). Durch einen Fehler wurde daraus I-ho-üan (Fäuste der Rechtlichkeit u. Eintracht). In englischer Sprache wurden diese Leute als „the boxers" wiedergegeben. Ihr Kampf richtete sich gegen alles Fremde im Land, also auch gegen die Missionare.
Die Mission in China wurde von etwa 1830 an reorganisiert. Es wurden vermehrt Missionare ins Land geschickt, neue Missionssprengel geschaffen, Missionsschwestern zur Mitarbeit herangezogen u. materielle Hilfe organisiert (Missionssammlungen). Dabei kam den Missionen die Hilfe der politischen Mächte sehr zugute: Im Frieden von Tientsin (1858) wurden die freie Religionsausübung u. das Ansiedlungsrecht für Missionare verankert, im Frieden von Peking (1860) die Rückerstattung kirchlichen Eigentums u. die Anerkennung des französischen Missionsprotektorates. Die Missionare waren durch ihren Konsul gedeckt u. erhielten dadurch eine bevorzugte Stellung. Sie hatten direkten Kontakt zu den einheimischen Behörden u. begünstigten oft die Christen in Rechtsangelegenheiten. Das brachte der Kirche zwar viele Konversionen, doch die innere Glaubensüberzeugung dieser sog. „Reis-Christen" oder „Prozeß-Christen" ließ oft sehr zu wünschen übrig. Die politischen Verträge, die China aufgezwungen wurden u. die auch die Missionen schützten, gaben der Kirche ein ausländisches Gepräge. Einzelne Missionare versuchten zwar, dem chinesischen Geist entgegenzukommen, doch kam es erst nach dem 1. Weltkrieg zu einer allg. Neuorientierung. Die christlichen Chinesen wurden als Fremde u. Auslandshörige betrachtet, das Christentum galt als politisches Werkzeug ausländischer Mächte zur Unterdrükkung Chinas. Symptomatisch dafür ist etwa das Blutbad von Tientsin (1870), wo ein kath. Waisenhaus überfallen wurde u. 18

Franzosen, davon 10 Schwestern u. ein französischer Konsul, den Tod fanden. Einzelne Überfälle gab es überall, sie erreichten aber ihren Höhepunkt im Jahr 1900. Im Frühjahr dieses Jahres besetzten die „Boxer" das Gesandtschaftsviertel in Peking. Den eigentlichen Auftakt zum Boxeraufstand bildete die Ermordung des deutschen Gesandten Klemens Freiherr von Ketteler (ein Neffe des Mainzer Bisch. Wilhelm Emmanuel von Ketteler) am 20. 6. 1900. Was nun folgte, war ein Blutbad sondergleichen im ganzen Reich. Die Schätzungen über die Zahl der ermordeten Christen, die ja mit den verhaßten Ausländern (Missionaren) kollaborierten, bewegen sich zwischen 50.000 und 100.000. Alle Kirchen, Missionshäuser, Waisenhäuser, Krankenhäuser, ja sogar die Privathäuser der Christen wurden systematisch geplündert u. zerstört, die Insassen niedergemacht. Anfangs war die Boxerbewegung auch gegen das Kaiserhaus gerichtet, das als Mandschu-Dynastie ebenfalls zu den Ausländern gerechnet wurde. Die Kaiserin-Witwe Tsehsi verstand es aber, die Aufständischen für sich zu gewinnen u. für ihre reformfeindlichen Pläne einzuspannen. Am 1. 7. 1900 gab sie ihnen den formellen Befehl zur Ermordung aller Europäer u. Christen. Im Herbst 1900 startete die „Vereinigte Armee der 8 Staaten" (England, Deutschland, Frankreich, Italien, Japan, Österreich, Rußland u. USA) eine Strafexpedition unter dem Kommando des preußischen Generals Alfred Graf von Waldensee, die Peking plünderte u. von dort aus Strafaktionen weit ins Land hinein unternahm. Im Boxerprotokoll (1901) zw. China u. den 11 Staaten (jetzt auch Belgien, Niederlande u. Spanien) mußte China harte Bedingungen hinnehmen, z. B. 450 Mill. Tael Kriegsentschädigung leisten.

e) Die Franziskaner leiteten 1926 den Prozeß von 2418 Märt. ihrer Missionen in Hunan u. Shian-si (heute Tay-yüanfu) ein, die im Boxeraufstand starben. Davon wurden 29 durch Pius XII. am 24. 11. 1946 seliggesprochen.

Aus dem Apost. Vikariat Shian-si starben am 9. 7. 1900 26 Märt.:

Gregorio Grassi OFM, Titularbisch. u. Apost. Vikar (Taufname: Pietro Antonio). * am 13. 12. 1833 zu Castellazzo Bormida (Diöz. Alessandria). Er wurde 1848 Franziskaner, 1857 Priester u. ging 1860 in die chinesische Mission. 1876 wurde er Weihbisch. u. 1891 Apost. Vikar von Nord-Shian-si – **Francesco Fogolla** OFM, Weihbischof von Gregorio Grassi, * 1839 in Montereggio (Diöz. Pontrémoli, Toskana) – **Elias Facchini** OFM, Priester, aus Reno Centese (bei Bologna) – **Theodor Balat** OFM, Priester, aus St-Martin-de-Tours (Diöz. Albi, Südfrankreich) – **Andreas Bauer** OFM, Laienbruder, aus Guebwiller (Elsaß).

7 Franziskanerinnen:

Maria Ermelliana (Maria Irma Grivot) OFM, aus Beaune (Diöz. Dijon, Frankreich), Oberin der Gemeinschaft – **Maria della Pace** (Maria Anna Giuliani) OFM, aus Bolsena – **Maria Clara** (Clelia Nanetti) OFM, aus Ponte S. Maria Maddalena (Diöz. Adria) – **Maria v. d. hl. Natalia** (Johanna Maria Kerguin) OFM, aus Belle-Isle-en-Terre (Diöz. St-Brieuc) – **Maria v. hl. Justus** (Anna Moreau), aus Rouen – **Maria Amandina** (Paula Jeuris) OFM aus Herkla-Ville (Diöz. Liège) – **Maria Adolphina** (Anna Dierk) OFM aus Ossendrecht (Diöz. Breda)

5 Alumnen des bischöflichen Seminars:

Johannes Tschiang, Franziskanerterziar, Minorit, mit 23 Jahren der älteste – **Patrick Tong** (Tun), Franziskanerterziar; er hatte den Bisch. Fogolla auf einer Europareise begleitet – **Johannes Wang** (Van), Franziskanerterziar, war ebenfalls Begleiter Fogollas nach Europa, mit 16 Jahren der jüngste – **Philippus Tschiang,** Franziskanerterziar – **Johannes Tschiang,** Franziskanerterziar.

9 Angestellte der Bischofsresidenz:

Thomas Sen, Franziskanerterziar – **Simon Tscheng,** Franziskanerterziar – **Petrus U-Ngan-Pan,** Franziskanerterziar – **Franciscus Tschiang-Yün,** Franziskanerterziar, ein verheirateter Bauer, der in seinem Alter an der Bischofsresidenz als Pförtner diente – **Matthias Fun-Te,** Franziskanerterziar, ein Neugetaufter; 3 Jahre lang hielt er aus Sicherheitsgründen in der bischöflichen Residenz Nachtwache – **Jakob Yen-Kutun – Petrus Tschang-Pan-Nieu,** Franziskanerterziar – **Jakob Tschiao-Tschuen-Sin,** ein armer, frommer Mann, der Bisch. Grassi täglich im Kerker besuchte, bis auch er verhaftet u. mit den anderen hingerichtet wurde – **Petrus Wang-Ol-Man.**

Im Apostol. Vikariat Hu-nan starben: **Antoninus Fantosati** OFM (Taufname: Antonio), Titularbischof u. Apost. Vikar; er stammte aus Trevi (Erzdiöz. Spoleto) u. hatte 33 Jahre erfolgreich in der Mission gewirkt. Bei Einbrechen der Verfolgung eilte er von einer Visitationsreise sofort zurück. Auf dem Weg wurde er überfallen u. grausam zu Tode gepeinigt. † 7. 7. 1900 bei Hengchow. – **Joseph Maria Gambaro** OFM, Priester, aus Galliate (Diöz. Novara). Er hatte 4 Jahre als Missionar gewirkt u. starb mit Bisch. Fantosati am 7. 7. 1900. – **Cäsidius Giacomantonio** OFM, Priester, aus Fossa (Diöz. L'Aquila). Er weilte gerade in der Bischofsresidenz zu Wanscha-wan u. beeilte sich, das Sanctissimum zu konsumieren, um es vor Schändung zu bewahren. Er wurde von den Verfolgern mit Steinen beworfen, dann mit Tüchern umwickelt, mit Petroleum übergossen u. angezündet. † am 4. 7. 1900.

f) Am 18. 3. 1951 wurde von Pius XII. seliggesprochen:
Alberico Crescitelli, * am 30. 6. 1863 in Altavilla Irpina (südl. von Benevent). Er trat 1878 in das Päpstliche Missionsseminar S. Pietro e Paolo in Rom ein, wurde 1887 Priester u. reiste 1888 nach Süd-Shen-si, wo er mit großem Erfolg arbeitete. An der Spitze der ihm anvertrauten Christen wurde er gefangengenommen u. am 21. 7. 1900 auf qualvolle Weise zu Tode gemartert.

g) Die Jesuiten reichten 2606 Namen von Märt. aus ihren Missionen in Ho-peh (früher Ceh-li) ein, von denen 56 durch Pius XII. am 17. 4. 1955 seliggesprochen wurden:
Léon-Ignace Mangin SJ, * am 30. 7. 1857 zu Verny bei Metz. Er ging 1882 in die chinesische Mission, wurde 1886 Priester u. 1897 Leiter des Missionsbezirkes Kingtsheu. Während eines der Boxer-Überfälle hatte er sich mit einer großen Anzahl von Christen in die Kirche von Tschu-kia-ho geflüchtet, wo er die Christen ermutigte u. die Beichte hörte. Er starb unter den Gewehrschüssen am 20. 7. 1900. Mit ihm wurden alle Christen in der Kirche niedergemacht und das Gotteshaus anschließend angezündet.
Unter den Seliggesprochenen sind noch: **Paul Denn** SJ, * 1847 in Lille. Er feierte in der Kirche von Tschu-kia-ho gerade die Messe – **Maria Tschu-U-Scheu,** sie versuchte, Léon-Ignace Mangin mit ihrem Leib zu schützen, u. wurde dabei erschlagen (ca. 40 Jahre alt).
In der Kirche von U-Y wurden am 19. 6. 1900 ermordet: **Rémi** (Remigius) **Isoré** SJ, Priester, * am 22. 1. 1852 in Bambeque (Diöz. Lille); u. sein Mitbruder **Modeste Andlauer** SJ, * am 22. 5. 1847 in Rosheim (Elsaß).
In den Julitagen des Jahres 1900 starben noch folgende einheimische Christen: **Petrus Tschu-Jeu-Sin** aus Tschu-kia-ho, Schüler Mangins. Der Anführer der Feinde versuchte vergeblich, ihn vom Glauben abzubringen. So wurde er enthauptet (19 J.) – **Johannes Bapt. Tschu-U-Joei,** Schüler Mangins. Er wurde in der Nähe von Tschukia-ho ergriffen, an allen Gliedern verstümmelt u. schließlich enthauptet (17 J.) – **Maria Fu,** Lehrerin in der kath. Schule unter Pater Mangin. Sie wollte sich verstecken, wurde aber verraten u. getötet (37 J.) – **Barbara Ts'oei-Lien-Tscheu.** Sie wurde auf der Flucht ergriffen, grausam mißhandelt u. schließlich getötet (51 J.) – **Joseph Ma-T'ien-Tschun;** aus seiner Familie waren alle vom Glauben abgefallen, nur er allein blieb standhaft (60 J.) – **Lucia Wang-Tscheng** (18 J.) – **Maria Fan-K'un** (16 J.) – **Maria Ts'i-U** (15 J.) – **Maria Tscheng-Su** (11 J.); diese 4 waren Mädchen aus dem Waisenhaus in Wang-La-Kia. Sie gingen fröhlich, einander an den Händen haltend, zu ihrer Hinrichtungsstätte. – **Maria Tu-Tschao-Tscheu,** die Mutter eines Jesuitenpaters. Sie kehrte von der Flucht zurück u. wurde enthauptet (51 J.) – **Magdalena Tu-Fong-Kiu** (19 J.) u. ihre Mutter **Maria Tu-T'ien-Tscheu** (42 J.). Die beiden hielten sich in einem Schilfdickicht versteckt, wurden aber durch Handgranaten herausgetrieben u. im Dorf Tu-Kia-T'un ermordet. Magdalena lebte noch, als man sie in die

Grube warf. – **Paulus U-Kiu-Nan,** dessen Sohn **Johannes Bapt. U-Man-T'ang** (17 J.) u. Neffe **Paulus U-Wan-Tschu** (16 J.); diese drei wurden an ihrem Tauftag ermordet. – Die beiden Christen **Raimund Li-Ts'uan-Tschen** (59 J.) u. **Petrus Li-Ts'uan-Hoei** waren Brüder. Der erste sollte im Tempel den Götzen opfern u. wurde grausam niedergemacht. Der zweite starb mit ihm auf ähnliche Weise. – Die beiden Brüder **Petrus Tschao-Ming u. Johannes Bapt. Tschao-Ming** versuchten die flüchtenden Frauen u. Kinder zu schützen. Dabei wurden sie selbst ergriffen u. ermordet. – Die beiden Schwestern **Theresia Tsch'en-Kai-Tsie** (25 J.) u. **Rosa Tsch'en-Kai-Tsie** (22 J.) leisteten standhaft Widerstand, um ihre Jungfräulichkeit zu bewahren; sie wurden mit Lanzen durchbohrt. – **Petrus Wang-Tsuo-Lung** wurde in eine Pagode gezerrt, wo er seinen Glauben verleugnen sollte. Er wurde an einem Pfahl so aufgehängt, daß ihm Haare u. Kopfhaut vom Schädel gerissen wurden u. er zu Boden stürzte. Noch sterbend bekannte er sich als Jünger Christi (58 J.) – **Maria Kuo-Li-Tscheu.** Wie eine zweite Makkabäermutter begleitete sie neun ihrer Verwandten zur Hinrichtungsstätte, bestärkte u. ermunterte sie. Sie bat die Henker deshalb, als letzte sterben zu dürfen (65 J.) – **Johannes U-Wen-Yin,** Katechist. Man wollte ihn zum Abfall bewegen (50 J.) – **Tschang-Hoai-Lu,** ein Katechumene. Seine Verwandten versuchten, ihn zum Verleugnen seines Glaubens zu bringen. Er bekannte sich aber offen zum Glauben an Christus u. wurde mit dem Schwert durchbohrt (57 J.) – **Markus Ki-T'ien-Siang.** Er war 30 Jahre lang von der Eucharistie ausgeschlossen, weil er das Opiumrauchen nicht lassen konnte. Trotzdem betete er täglich um eine gute Sterbestunde. Vor Gericht geschleppt, bekannte er seinen Glauben u. sühnte seine Schwäche durch das Martyrium (66 J.) – Die 4 Frauen **Anna Nan-Sin-Tscheu** (72 J.), **Maria Nan-Kuo-Tscheu** (64 J.), **Anna Nan-Tsiao-Tscheu** (26 J.) u. **Maria Nan-Ling-Hoa** (29 J.) stammten aus derselben Sippe im Dorf Tschai-heou-seu. Weil sie sich nicht vom Glauben abbringen ließen, wurden sie grausam ermordet – **Paulus Liu-Tsin-Tei** (79 J.) blieb allein im Dorf Lang-Tse-kiao zurück, während die anderen alle flohen. Den Rosenkranz u. das Gebetbuch in der Hand, ging er seinen Häschern entgegen u. empfing sie mit einem christlichen Gruß. Er wurde auf der Stelle getötet – Die 2 Brüder **Joseph Wang-K'oei-Tsu** (37 J.) u. **Johannes Wang-K'oei-Sin** (25 J.) hätten durch eine kleine Lüge ihr Leben retten können u. taten es nicht – **Theresia Tschang-Heue-Tscheu** (36 J.) wurde in die heidnische Pagode gezerrt u. erwies den Götzenbildern keine Ehrenbezeugung. Sie wurde zus. mit ihren beiden Söhnen mit der Lanze durchbohrt – **Lang-Yang-Tscheu** (29 J.) war eine Katechumene. Weil sie sich ohne Scheu als Christin bekannte, wurde sie mit Schlägen mißhandelt, dann zündete man ihr Haus an u. warf sie zus. mit ihrem Kind **Paulus Lang-Eul** (8–9 J.) in die Flammen – **Elisabeth Tsin** (54 J.) u. ihr Sohn **Simon Tsin** (14 J.) aus dem Dorf Pei-lao wurden bes. grausam ermordet – **Petrus Liu-Tseu-U** (57 J.), ein sehr frommer Mann. Seine Freunde versuchten ihn zum Glaubensabfall zu bewegen – Die 4 Christen **Anna Wang** (14 J.), **Joseph Wang-Ju-Mei** (68 J.), **Lucia Wang-Wang-Tscheu** (29 J.) u. deren Sohn **Andreas Wang-Tien-K'ing** (9 J.) stammten aus dem Dorf Ma-kia-tschoang u. starben zusammen. Die 14jährige Anna Wang forderte die Häscher auf, mit ihrem Todesstreich noch innezuhalten, damit sie mit ihren Leidensgefährten ein letztes Gebet sprechen könnte – **Maria Wang-Li-Tscheu** (49 J.) aus dem Dorf Tschung-ying; einige heidnische Nachbarn hatten Mitleid mit ihr u. rieten ihr zum Verleugnen ihres Glaubens. Weil sie sich offen als Christin bekannte, wurde sie auf der Stelle getötet – **K'i-Tschu-Tscheu** (18 J.), ein Katechumene. Weil seine ganze Familie heidnisch war, übte er seinen Glauben im geheimen aus. Als die Verfolgung losbrach, gab er sich offen als Christ zu erkennen u. wurde grausam niedergeschlagen – **Maria Tschao-Kuo-Tscheu** (60 J.) u. ihre beiden Töchter **Rosa** (22 J.) u. **Maria** (17 J.) wohnten im Ort Yu-Fang-tschao-kia. Vor der rasenden Meute sprangen sie in eine Zisterne, wurden aber entdeckt u. ermordet – **Joseph Yuan-Keng-Yin** (47 J.), ein Händler, u. **Paulus Keue-T'ing-Tschu** (61 J.), der Vorsteher der Christen im Dorf Si-Siao-t'un, wurden langsam zu Tode gemartert – **Rosa Wang-Hoei** (45 J.) wurde grausam geschlagen u. dann im nahen Fluß ertränkt.

Lit.: ASS 22 (1889–90) 405–411, 26 (1893–94) 79–85, 29 (1899) 567ff, 31 (1901) 746ff – AAS 1 (1909) 142–145 171–175 452ff, 35 (1943) 117–120 401f, 39 (1947) 213–221 307–311, 40 (1948) 473ff, 45 (1953) 59–62, 47 (1955) 247–250 302ff 381–388 – F. Vauris (Paris 1889, dt. Regensburg 1889) – G. Larigaldie (Paris 1926) – B. Biermann, Die Anfänge der neueren Dominikaner-Mission in China (Münster 1927) 221–223 – A. Chatelet (Paris 1943) – AFP 7 (1937) 324ff. – J. Escot (Lyon 1951) (Néel) – J. O'Callaghan, Franciscan Martyrs of the Boxer Rising: Franciscans in China (1935–36) 237–242 267–270 304–307 334–337 370–373 – A. Plangger, Chines. Priester als Martyrer und Bekenner 1784–1862: Der einheim. Priester 23 (Freiburg/B.) 52–62 – S. Krätzig: KathMiss 69 (1950) 140ff – F. Baumann, Die sel. Martyrer von Südost-Tscheli: Der Große Entschluß 10 (Wien 1955) 369–373 417–422 – J. Walchars: KathMiss 74 (1955) 105–109 – J. Toussaint, Un martyr normand (Chapdelaine) (Coutances 1955)

Die Märtyrer von Damaskus

Nach dem Krimkrieg 1853–56 der Türken u. der Westmächte gegen Rußland verlangte der Pariser Kongreß 1865 von der Türkei gewisse Reformen, speziell in bezug auf die christlichen Minderheiten im Ottomanischen Reich. 1856 unterzeichnete der Sultan ein Dekret, wodurch alle rel. Minderheiten, bes. auch die Christen, den übrigen Staatsbürgern in allem gleichgestellt wurden. Für die Mohammedaner bedeutete dies einen Schlag ins Gesicht: 1200 Jahre lang waren die Christen Bürger 2. Klasse gewesen u. standen außerhalb des Gesetzes. Alte Ressentiments brachen plötzlich auf u. griffen auf die benachbarten Staaten über. Die Moslems in Syrien u. namentlich die Drusen, eine Art schiitischer Geheimsekte im Libanon, gingen zum offenen Angriff gegen die Christen über. Einer der Initiatoren war Khursud Pascha, der Gouverneur von Beirut. Die Verfolgung begann 1860 in Bait Mari. Anlaß war ein kleiner Streit zw. einem Drusen u. einem jungen Christen, der sich schnell zu einem blutigen Drama ausweitete. Die Drusen überfielen vom 30. 5. bis 26. 6. 1860 jedes christliche Dorf im mittleren u. südlichen Libanon u. plünderten u. brandschatzten alles, was ihnen in die Hände fiel. Etwa 6000 Christen wurden niedergemacht oder kamen sonst zu Schaden. In Zahleh wurden 5 Jesuiten erdrosselt, in Dair al-Kamar wurde dem Abt des maronitischen Klosters die Haut bei lebendigem Leib abgezogen u. seine 20 Mönche mit dem Schwert ermordet. Khursud Pascha marschierte am 9. 7. 1860 mit 600 Soldaten nach Damaskus u. überfiel dort die Häuser der Christen. Der Stadtgouverneur Ahmed Pascha tat nichts dagegen, nur Abd-al-Kadar, der Emir von Algerien u. Großmeister des Islam, trotzte seinen Glaubensgenossen u. gab 1500 Christen in seinem Palast Unterschlupf. In 3 Tagen wurden unzählige Christen niedergemacht, an Männern allein 3000. Als die Horden am 10. 7. 1860 in das christliche Stadtviertel eindrangen, holte der Guardian der dortigen Franziskaner alle Schulkinder u. viele Erwachsene in sein Kloster. Sie beteten alle vor dem ausgesetzten Allerheiligsten u. empfingen die Absolution u. die Eucharistie. Das Kloster war stark gebaut u. hatte schwere Tore. Doch ein Verräter, der noch wenige Tage zuvor von den Mönchen ein Almosen erhalten hatte, wies den wilden Haufen durch eine verborgene Hintertür den Weg ins Kloster, wo diese nun die Insassen in einem entsetzlichen Blutbad niederstreckten.

Am 10. 10. 1926 wurden 11 dieser Blutzeugen seliggesprochen:

Emmanuel Ruiz OFM, Guardian. * 1804 in der Provinz Santander (Spanien). Er konsumierte noch schnell das Allerheiligste, um es vor Schändung zu bewahren. Er wurde vor dem Altar der Kirche ermordet.

Engelbert Kolland OFM, * 1827 in Ramsau (Zillertal, Tirol). Er war auf das Dach geflüchtet u. stieg von dort in ein Nachbarhaus, wo ihm die Einwohnerin einen Mantel überwarf. Er wurde trotzdem erkannt u. ermordet.

Carmelo Volta OFM, aus der Provinz Valencia (Spanien). Er erhielt einen Schlag auf den Kopf u. lag eine Stunde halbtot da, bis ihn 2 befreundete Mohammedaner fanden u. versprachen, ihn bei sich aufzunehmen, falls er seinen christlichen Glauben verleugne. Da er ablehnte, wurde er von ihnen erschlagen.

Nicanor Ascanio OFM, aus Kastilien (Spanien). Er war erst ein Jahr in Damaskus. Er wurde im oberen Stockwerk des Klosters entdeckt u. niedergemacht.

Pedro Soler OFM, * 1827 in Cuevas (Spanien) als Sohn eines Fabrikarbeiters. Er weilte gerade zum Studium des Arabischen in Damaskus. Zwei kleine Knaben hörten, wie er in gebrochenem Arabisch es ablehnte, vom christlichen Glauben abzufallen, und mußten mit ansehen, wie er mit Säbelhieben ermordet wurde. Später wurden sie Kronzeugen bei seinem Seligsprechungsprozeß.

Nicolas Alberca OFM, * 1830 in Andalusien (Spanien). Auch er machte Arabisch-Studien in Damaskus. Man entdeckte ihn auf dem Korridor des brennenden Klosters u. erschoß ihn.

Francisco Pinazo d'Arpuentes OFM, Laienbruder, aus Spanien. Er war vorher Hirte, trat von einer beabsichtigten Heirat zurück u. wurde in Cuelva Franziskaner. – **Juan Jacobo Fernandez** OFM, Laienbruder, aus Spanien. Er trat am Hebron in den Franziskanerorden ein u. lebte dann in Spanien, bis er 1857 in den Osten gesandt wurde. Die beiden Laienbrüder hatten sich im Glockenturm versteckt. Dort wurden sie entdeckt u. auf die Straße hinuntergestürzt. Bruder Francisco war sofort tot, Bruder Juan blieb halbtot bis zum Morgen liegen, bis ihn ein türkischer Soldat mit seinem Säbel tötete.

Die meisten der übrigen Christen konnten entweder flüchten oder wurden verschont. 3 alte Männer, leibliche Brüder, wurden mit den Franziskanern erschlagen: **Franciscus Masabki,** der älteste, war etwa 70 Jahre alt. Er war in der Stadt ein angesehener und einflußreicher Mann – **Abdul-Muti Masabki** war früher Kaufmann gewesen. Nach dem Tod seiner Frau lebte er bei seinem ältesten Bruder u. gab den jungen Missionaren Arabisch-Unterricht – **Raphael Masabki** war unverheiratet. Früher war er im Geschäft seines Bruders beschäftigt. Nunmehr half er mit allerlei Diensten in der Kirche u. im Kloster. Diese 3 Brüder eilten im Augenblick der Gefahr zu den Franziskanern, um ihnen zu helfen. Sie konnten noch mit den anderen beten u. kommunizieren u. wurden mit den Mönchen ermordet.

Gedächtnis: 10. Juli

Lit.: AAS 18 (1926) 411ff – P. Paoli, IIb, Emanuele Ruiz . . . (Rom 1926) – H. Lammens, La Syrie II (Beirut 1921) 180ff – ECatt M IV 1135 f – O. Altmann (Altötting 1961) (Engelbert Kolland)

Die Märtyrer von England

Die Verfolgung der Katholiken Englands spielte sich vor dem Hintergrund des anglikanischen Schismas ab, das von König *Heinrich VIII.* (1509–1547) ausgelöst wurde. Er war talentiert u. besaß eine hohe Bildung, bes. in den humanistischen Wissenschaften u. in der Theologie. Noch 1521 erhielt er wegen seiner Schriften gegen Luther von Papst Leo X. den Ehrentitel Defensor fidei (Verteidiger des Glaubens). Andererseits hatte er ein herrschsüchtiges u. zügelloses Temperament. Er hob alle Freiheiten auf u. bedrückte das Volk durch unerhörte Steuern. Die Regierungsgeschäfte überließ er zunächst seinem Lordkanzler Kard. Thomas Wolsey, der durch die Förderung des englischen Staatskirchentums den Grund für die spätere Oberhoheit der englischen Krone über die Kirche legte.

Heinrich VIII. hatte ein dynastisches Problem: Seine 1. Gemahlin Katharina von Aragón hatte ihm nur eine Tochter, aber keinen Sohn u. Thronfolger geboren. Deshalb versuchte er 1539 bei Clemens VII. die Nichtigkeitserklärung seiner Ehe zu erreichen, was der Papst jedoch ablehnte. Der Lordkanzler Kard. Thomas Wolsey fiel beim König in Ungnade, weil es ihm nicht gelungen war, die Entscheidung über die Ehe des Königs von Rom nach London zu ziehen. Heinrich VIII. setzte ihn 1532 ab u. Thomas Cranmer als Erzb. von Canterbury ein. In den folgenden Jahren betrieb er eine systematische Loslösung der Kirche Englands von Rom: 1533 ließ er sich durch Thomas Cranmer den schon bestehenden Ehevertrag mit Anna Boleyn sanktionieren. Am 3. 11. 1534 ließ er durch das Parlament die sog. Suprematsakte beschließen, durch die ihm u. seinen Nachfolgern die Vollmacht als „only supreme head in earth of the Church of England, called Ecclesia Anglicana“ zugesprochen wurde, u. begründete damit die Anglikanische Kirche. Schon im Mittelalter wurden mehrere Gesetze gegen die „päpstlichen Machtansprüche in England“ erlassen (so 1353, 1365 u. 1393). Gestützt auf diese Gesetze konnte sich Heinrich VIII. Klerus u. Volk von England gefügig machen u. verlangte von allen Untertanen eine Eidesleistung auf die Suprematsakte (Suprematseid). Wer den Eid nicht leistete, wurde als „Hochverräter“ mit dem Tode bestraft. Unter den ersten Opfern sind die bekanntesten der Lordkanzler ↗ Thomas More u. Kard. John (↗ Johannes) Fisher. 1535–40 ließ er alle Klöster aufheben u. deren Vermögen einziehen; die Exkommunikation durch Paul III. (1538) kümmerte ihn nicht.

Unter den folgenden Königen wurde die Verfolgung der Katholiken immer schwerer. *Eduard VI.* (1547–53), geistig frühreif u. von Natur aus kühl u. reserviert, war, von seinen protestantenfreundlichen Erziehern beeinflußt, in heftigen antipäpstlichen Affekten aufgewachsen. Durch ihn wandte sich die englische Kirche dem Calvinismus zu, u. er fand hierbei auch die Unterstützung Erzb. Cranmers. Die kath. Kirchen wurden systematisch geplündert, alle kath. Bistümer u. überhaupt alle kath. Einrichtungen aufgehoben u. deren Vermögen konfisziert. Eduard VI. erließ 1553 die 42 anglikanischen Artikel, die die staatsrechtliche Basis für die Anglikanische Kirche darstellten u. die sich eng an die Augsburger Konfession anschlossen.

Maria die Katholische (Maria Tudor, 1553–58) war die Tochter Heinrichs VIII. u. dessen 1. Frau Katharina von Aragón. Nach der Ehescheidung ihres Vaters wurde sie für unehelich erklärt, von ihrer Mutter getrennt, der Titel einer Prinzessin von Wales samt allen Besitzungen wurde ihr aberkannt. Von ihrem Halbbruder Eduard VI. wurde sie 1549 von der Thronfolge ausgeschlossen, 1553 jedoch von Adel u. Volk als Königin anerkannt. Sie erlaubte die kath. Meßfeier u. ließ durch das Parlament die antipäpstliche Gesetzgebung wieder aufheben. Durch ihren Vetter Kard. Richard Pole wurde die englische Nation wieder in die kath. Kirche aufgenommen. Im Februar 1555 begann eine blutige Verfolgung der Protestanten, die die Königin allseits verhaßt machte. Den Schimpfnamen „Bloody Mary“ allerdings erhielt sie zu Unrecht; persönlich war sie gütig, bescheiden u. fromm, verstand aber nicht zu regieren u. hatte keinen Kontakt mit dem Volk.

Elisabeth I. (1558–1603) stellte den Protestantismus wieder her. 1559 wurde die Suprematsakte erneuert u. die anglikanische Liturgie für verbindlich erklärt, die meisten Bischöfe wurden verhaftet u. abgeurteilt. Ein großer Teil des kath. Klerus ging zur anglikanischen Kirche über. Die Ausübung des kath. Glaubens war praktisch unmöglich, die Teilnahme am anglikanischen Gottesdienst unter Strafsanktion vorgeschrieben, Zuwiderhandelnde wurden grausam gefoltert u. hingemordet. ↗ Pius V. erklärte 1570 die Ehe Königin Elisabeths für ungültig u. entband ihre Untertanen der Treuepflicht. Die Antwort war eine unerhörte Verschärfung der Katholikenverfolgung. Zu dieser Zeit wurden kath. Auslandsseminare für Engländer in Douai (Belgien, 1578), Reims, Rom (1579), Valladolid u. Sevilla (Spanien, 1589) gegründet. Von diesen Kollegien gingen viele Priester heimlich nach England, von denen viele Hunderte verhaftet u. hingerichtet wurden. Überhaupt läßt sich die Zahl der ermordeten Katholiken nicht genau angeben, sie geht aber sicher in die Tausende. Nach der damaligen Gerichtspraxis wurden die meisten von ihnen zuerst gehängt u. dann, noch lebend, geschleift u. gevierteilt.

Unter *Jakob I.* (1603–25) ging die Verfolgung weiter, wenngleich es nicht so viele Martyrien gab wie unter Elisabeth I. Die Pulververschwörung von 1605 entfachte neuen Haß u. ließ auch Unschuldige auf grausame Weise sterben. Von den Katholiken wurde ein Untertaneneid abverlangt, der in einer für das Papsttum sehr beleidigenden Form abgefaßt war. In seinen letzten Regierungsjahren nahm Jakob I. aber wegen der spanischen Heirat seines Sohnes von blutigen Verfolgungen Abstand.

Karl I. (1625–49) setzte die Toleranz seines Vaters fort u. gestattete die Anwesenheit päpstlicher Gesandter am Königshof. Er wurde auf Betreiben von Oliver Cromwell hingerichtet.

Oliver Cromwell (1653–58) stürzte den König, riß die Regierung an sich u. herrschte als Lord Protector diktatorisch über die Republik. Er war Puritaner u. ein grausamer, zügelloser Tyrann u. machte England zu einem Polizeistaat. Beeinflußt durch seinen fanatischen Katholikenhaß unterwarf er in grausamem Wüten Irland u. besiegelte dessen völkischen u. wirtschaftlichen Ruin durch gesetzgeberische Maßnahmen u. deren rigorose Durchführung. Die Iren wurden ihres ganzen Besitzes beraubt, hunderttausende wanderten nach Amerika aus. Im Charakter Oliver Cromwells verbanden sich mystischer Berufungsglaube u. rel. Fanatismus mit nüchterner Berechnung u. soldatischer Tüchtigkeit. Unter ihm brachen wieder blutige Verfolgungen der Katholiken aus.

Karl II. (1660–85) war nach der Hinrichtung seines Vaters zwar legitimer König, konnte aber erst nach dem Tod Cromwells den Thron besteigen. Er war im geheimen Katholik u. setzte die inoffizielle Duldung seines Vaters den Katholiken gegenüber fort. Doch blieben diese weiterhin vom Staatsdienst u. Parlament ausgeschlossen. Die Feindschaft gegen die Katholiken erreichte noch einmal einen letzten Höhepunkt in der Verfolgung von 1678, die der anglikanische Geistliche Titus Oates entfesselte. Oates hatte 1677 seine Konversion zum Katholizismus vorgetäuscht u. trat in die Jesuitenkollegien in Valladolid u. St-Omer ein, wurde aber beidemale nach kurzer Zeit wieder entlassen. Nun erfand er die völlig haltlose Geschichte einer Jesuitenverschwörung (The Popish Plot), wonach der König ermordet u. der Katholizismus in England mit Gewalt wiederhergestellt werden sollte. Oates konnte zwar nicht den König, wohl aber das Parlament u. das Volk überzeugen. In der entstehenden öffentlichen Panik wurden gegen 30 Katholiken, unter ihnen ↗ Oliver Plunket, Erzb. von Armagh (Irland), grausam hingemordet. Unter Jakob II. wurde Oates des Meineides überführt u. streng bestraft, von Wilhelm III. aber wieder aus dem Gefängnis befreit u. mit einer Pension versehen.

a) Am 29. 12. 1886 wurden 54 Märt. seliggesprochen. Von diesen wurden 2 am 19. 5. 1935 u. 11 am 25. 10. 1970 heiliggesprochen (das Jahr der Heiligsprechung ist in Klammern beigefügt):

John (↗ Johannes) **Fisher,** Bisch. v. Rochester, Kard., † 22. 6. 1535 (Hl. 1935) – ↗ **Thomas More,** Lordkanzler, † 6. 7. 1535 (Hl. 1935) – **Margaret Plantagenet Pole,** Gräfin von Salisbury, Mutter von Kard. Pole, † 27. 5. 1541 – **Richard Reynolds,** Priester aus dem Brigittenorden, † 4. 5. 1535 (Hl. 1970) – **John Haile,** Weltpriester, † 4. 5. 1535.

In den Jahren 1535 u. 1537 wurden 18 Kartäuser u. 2 andere Priester wegen Verweigerung des Suprematseides hingerichtet. Die Art der Urteilsvollstreckung ist typisch für praktisch alle anderen Märt.: Im Februar 1535 wurden die 3 Kartäusermönche **John Houghton,** Prior der Kartause in London, Visitator des Ordens in England (Hl. 1970), **Robert Lawrence,** Priester (Hl. 1970), **Augustine Webster,** Prior der Kartause in Isle of Axholme (Hl. 1970), sowie **John Haile,** Weltpriester, Kaplan in Isleworth, u. **Richard Reynolds,** Priester aus dem Brigittenorden (Hl. 1970), verhaftet u. im Tower in London in Haft gesetzt. Sie wurden am 29. 4. 1535 abgeurteilt u. am 4. 5. 1535 zu Tyburn (London) hingerichtet. Auf dem Boden liegend wurden sie mit Stricken ausgespannt. Dann riß man ihnen einem nach dem anderen bei lebendigem Leib die Eingeweide heraus u. hieb ihre Leichen in Stücke. Die einzelnen Leichenteile wurden an verschiedenen Orten der Stadt öffentlich ausgestellt.

Genau am Tag der Hinrichtung wurden 3 weitere Mönche der Londoner Kartause zur Eidesleistung aufgefordert: **Humphrey Middlemore,** Priester, **William Exmew,** Priester, u. **Sebastian Newdigate,** Priester. Da sie dies verweigerten, wurden sie sofort verhaftet u. im Gefängnis von Marshalsea 14 Tage lang an Hals u. Füßen an Pfosten gekettet, wo sie weder liegen noch sitzen konnten. Sie wurden am 19. 6. 1535 in gleicher Weise wie die Vorgänger hingerichtet. Inzw. wurde ein Mönch aus Sheen, der den Suprematseid geleistet hatte, Prior der Londoner Kartause. Verschiedene Mönche, die den Eid nicht leisten wollten, wurden nach

Hull geschickt. 2 Mönche wurden auf Grund eines Briefes an den Herzog von Norfolk verhaftet, in York abgeurteilt u. am 11. 5. 1537 hingerichtet: **John Rochester,** Priester, u. **William Walworth,** Priester.

Durch den langdauernden Druck von staatlicher Seite leisteten endlich 19 Mönche am 18. 5. 1537 den Eid, 10 dagegen nicht. Diese kettete man in Marshalsea an den Füßen u. am Hals an Pfosten u. überließ sie dem Hungertod. Eine Zeitlang gelang es Margret Clement, der Adoptivtochter von ↗ Thomas More, als Milchmädchen verkleidet die Wächter zu bestechen u. den Gefangenen Nahrung u. andere Hilfe zu bringen. Als sich Heinrich VIII. wunderte, daß die Verurteilten noch immer nicht tot waren, kam die Sache auf. So starben sie einer nach dem anderen: **Thomas Johnson,** Priester; **Richard Beer,** Priester; **Thomas Green** (od. Greenwood), Priester; **John Davy,** Diakon; **Robert Salt,** Laienbruder; **William Greenwood,** Laienbruder; **Thomas Reding,** Laienbruder; **Thomas Scryven,** Laienbruder; **Walter Pierson,** Laienbruder, u. **William Horn,** Laienbruder. Dieser letzte war zum Schluß noch am Leben. Er wurde im Tower 3 Jahre in Haft gehalten u. am 4. 8. 1540 in Tyburn hingerichtet.

Unter den Seliggesprochenen finden sich noch folgende Namen, die meisten von ihnen sind Weltpriester (in der Reihenfolge gemäß dem Seligsprechungsdekret): **John Forest** OFM, Priester, † 22. 5. 1538 – **John Stone** OESA, Priester, † Dezember 1539 (Hl. 1970) – **Thomas Abel,** † 30. 7. 1540 – **Edward Powell,** † 30. 7. 1540 – **Richard Fetherstone,** † 30. 7. 1540 – **John Larke,** aus Friesland, † 7. 3. 1544 – **German Gardiner,** Laie, † 7. 3. 1544 – **Cuthbert Mayne,** † 29. 11. 1577 (Hl. 1970) – **John Nelson,** † 3. 2. 1578 – **Eberhard Hanse,** † 13. 7. 1581 – **Rudolph Sherwin,** † 1. 12. 1581 (Hl. 1970) – **John Payne,** † 2. 4. 1582 (Hl. 1970) – **Thomas Ford,** † 28. 5. 1582 – **John Shert,** † 28. 5. 1582 – **Robert Johnson,** † 28. 5. 1582 – **William Fylby,** † 30. 5. 1582 – **Luke Kirby,** † 30. 5. 1582 (Hl. 1970) – **Laurence Richardson,** † 30. 5. 1582 – **William Lacy,** † 22. 8. 1582 – **Richard Kirkman,** † 22. 8. 1582 – **Jacob Hudson** (od. Thompson), † 28. 8. 1582 – **William Hart,** † 15. 3. 1583 – **Richard Thirkeld,** † 29. 5. 1583 – **Thomas Woodhouse** SJ, Priester, † 13. 6. 1573 – **Thomas Plumtree,** † 1569 – **Edmund Campion** SJ, Priester, † 1. 12. 1581 (Hl. 1970) – **Alexander Briant** SJ, Priester, † 1. 12. 1581 (Hl. 1970) – **Thomas Cottam** SJ, Priester, † 30. 5. 1582 – **John Storey,** Laie, Doktor beider Rechte, † 1. 6. 1571 – **John Felton,** Laie, † 8. 8. 1570 – **Thomas Sherwood,** Laie, † 7. 2. 1578.

b) Am 13. 5. 1895 wurde der Kult von 9 Märt. als „Selige" approbiert:
Hugo Farington-Cook OSB, Abt von Reading, † 15. 11. 1539 – **Richard Whiting** OSB, Abt von Glastonbury, † 15. 11. 1539 – **Johannes Beche** OSB, Abt von Colchester, † 1. 12. 1539 – **Roger Wilfrid James** OSB, Mönch in Glastonbury, † 15. 11. 1539 – **John Arthur Thorn** OSB, † 15. 11. 1539 – **William Eynon** OSB, Vikar in Reading – **John Rugg** OSB, Mönch in Chichester, † 15. 11. 1539 – **Thomas Percy,** Graf von Northumbrien, Laie, † 22. 8. 1572 – **Hadrian Fortescue,** Ritter v. Hl. Grab, Laie, Neffe der Anna Boleyn, † 8. 7. 1539.

c) Am 23. 5. 1920 wurde ↗ **Oliver Plunket,** Erzb. von Armagh, selig-, am 12. 10. 1975 heiliggesprochen. Er war am 11. 7. 1681 grausam hingerichtet worden.

d) Am 15. 12. 1929 wurden 136 Märt. seliggesprochen. Davon wurden 29 am 25. 10. 1970 heiliggesprochen (das Jahr der Heiligsprechung ist in Klammern beigefügt):
Thomas Hemerford, Weltpriester, vom engl. Kolleg in Rom, † 12. 2. 1584 – **David Gunston,** Johanniter, zu Watering (Kent) gehängt am 1. 7. 1541 – **Thomas Ireland,** Kaplan bei ↗ Thomas More, † in Tyburn am 7. 3. 1544 – **John Slade,** Laie, † zu Winton am 30. 10. 1583 – **John Bodey,** Lehrer, † 2. 11. 1583 – **Jacob Fenn,** Witwer, Weltpriester, † 12. 2. 1584 – **John Nutter,** Weltpriester vom engl. Kolleg in Reims, † 12. 2. 1584 – **John Munden,** Weltpriester vom engl. Kolleg in Rom, † 12. 2. 1584 – **James Bell,** Weltpriester, † 20. 4. 1584 – **John Finch,** Lehrer, viele Jahre im Kerker, † 20. 4. 1584 – **Richard Gwynn,** Lehrer, 4 Jahre im Kerker, † 17. 10. 1584 (Hl. 1970) – **Thomas Alfield,** Weltpriester vom engl.

Kolleg in Reims, † 6. 7. 1585 – **Edward Stransham,** Weltpriester vom engl. Kolleg in Reims, † 21. 1. 1586 – **Margret Clitherow,** Adelige aus Middleton (York), beherbergte einen Priester; es wurden schwere Steine auf sie gehäuft, † 25. 3. 1586 (Hl. 1970) – Die beiden Weltpriester **Robert Anderton** u. **William Marsden** kamen vom engl. Kolleg in Reims; bei ihrer Ankunft in England wurden sie am 25. 4. 1586 ermordet – **Richard Langley,** Adeliger aus York, † 1. 12. 1586 – 6 Weltpriester u. 1 Franziskaner-Kleriker starben am 28. 8. 1588 bei Isleworth: **William Dean,** zuerst Anglikaner, nach der Konversion am engl. Kolleg in Reims; **William Gunter,** vom engl. Kolleg in Reims; **Robert Morton,** an den engl. Kollegien in Reims u. Rom; **Hugo More,** vom engl. Kolleg in Reims; **Thomas Holford,** vom engl. Kolleg in Reims; **James Claxton; Thomas Felton** OFM, Sohn des sel. John Felton (s. unter a), † 8. 8. 1570 – 5 Märt. wurden am 30. 8. 1588 in Tyburn gehängt: **Richard Leigh,** Weltpriester, vom engl. Kolleg in Reims; **Edward Sheller,** Adeliger aus Sussex; **Richard Martin,** Laie; **John Roche,** Laie, u. **Margret Ward,** Jungfr. aus Congelton (Cheshire), wollte einem Priester zur Flucht verhelfen – **William Flower,** Weltpriester vom engl. Kolleg in Reims, † 23. 9. 1588 – 6 Weltpriester u. 1 Laie wurden am 1. 10. 1588 in Suffolk hingerichtet: **Robert Wilcox,** vom engl. Kolleg in Reims; **Edward Campion,** vom engl. Kolleg in Reims; **Christopher Buxton,** vom engl. Kolleg in Rom; **Robert Widmerpool,** Laie; **Rudolph Crockett,** vom engl. Kolleg in Reims; **Edward James,** vom engl. Kolleg in Rom; **John Robinson,** vom engl. Kolleg in Reims – 2 Weltpriester u. 1. Laie wurden in London am 5. 10. 1588 gehängt: **William Hartley,** vorher Anglikaner, vom engl. Kolleg in Douai; **Robert Sutton,** Laie; **John Hewett,** vom engl. Kolleg in Reims – 2 Weltpriester vom engl. Kolleg in Reims wurden am 16. 3. 1589 in York bei lebendigem Leib zerfleischt: **John Amias** u. **Robert Dalby** – **Christopher Bales,** Weltpriester, vom engl. Kolleg in Reims, † 4. 3. 1590 – 2 Weltpriester vom engl. Kolleg in Reims starben am 30. 4. 1590: **Francis Dickenson** u. **Milo Gerard** – 2 Weltpriester vom engl. Kolleg in Reims wurden am 6. 5. 1590 an der Eingangstür ihres Hauses in London gehängt: **Edward Jones** u. **Anthony Middleton** – 2 Märt. starben am 7. 7. 1591 in Vinton: **Roger Dickenson,** Weltpriester, u. **Rudolph Milner,** Laie – 8 Märt. wurden am 10. 12. 1591 in Tyburn gehängt u. mit Messern zerfleischt: **Lawrence Humphrey,** Laie, vorher Anglikaner; **Edmund Genings,** Weltpriester vom engl. Kolleg in Reims (Hl. 1970); **Swithin Wells,** Lehrer; er hatte den Priester Edmund Genings beherbergt (Hl. 1970); **Eustatius White,** Weltpriester vom engl. Kolleg in Rom (Hl. 1970); **Polydore Plasden,** Weltpriester von den engl. Kollegien in Reims u. Rom (Hl. 1970); **Brian Lacey,** Laie; **John Mason,** Laie; **Sydney Hodgson,** Weltpriester – **William Patenson,** Weltpriester vom engl. Kolleg in Reims, am 22. 1. 1592 in Tyburn gehängt u. zerfleischt – **Edward Waterson,** Weltpriester vom engl. Kolleg in Reims, † in Newcastle am 7. 1. 1593 – **James Bird,** Adeliger aus Vinton, 19 J., † 23. 3. 1593 – **John Speed,** Laie, in Dunblane am 4. 2. 1594 gehängt – **William Harrington,** Weltpriester vom engl. Kolleg in Reims, † 18. 2. 1594 in Tyburn – 4 Märt. starben in Dorchester am 4. 7. 1594: **John Cornelius** SJ, nach seiner Konversion am engl. Kolleg in Rom u. wurde dort Jesuit; **Thomas Bosgrave,** Adeliger aus Cornwall, Laie; **John Carey** aus Dublin, Laie; **Patrick Salmon** aus Dublin, Laie – **John Boste,** Weltpriester vom engl. Kolleg in Reims, † 24. 7. 1594 in Dunblane (Hl. 1970) – **John Ingram,** Weltpriester vom engl. Kolleg in Rom, † 26. 7. 1594 in Newcastle – **George Swallowell,** Laie, † 26. 7. 1594 in Darlington – ↗ **Robert Southwell** SJ, an den engl. Kollegien in Douai und Rom, † 21. 2. 1595 in Tyburn (Hl. 1970) – **Alexander Rawlins,** Weltpriester vom engl. Kolleg in Reims, † 26. 3. 1595 – **Henry Walpole** SJ, vom engl. Kolleg in Rom, bei der Rückkehr nach England ergriffen u. im Tower grausam gefoltert, am 26. 3. 1595 in York gehängt u. zerstückelt (Hl. 1970) – **William Freeman,** Weltpriester vom engl. Kolleg in Reims, † 13. 8. 1595 in Warwick – **Philipp Howard,** Graf von Arundel, † 19. 10. 1595 im Tower (Hl. 1970) – Am 4. 7. 1597 starben 4 Märt. in York: **Henry Abbot,** Laie; **William Andle-**

by, Weltpriester vom engl. Kolleg in Douai; **Thomas Warcop,** Adeliger aus York; **Edward Fulthrop,** Laie – **John Jones** OFM, Priester, am 12. 7. 1598 bei der Thomaskirche in Southwark (London) gehängt (Hl. 1970) – **John Rigby,** Laie, wegen seiner Konversion am 21. 6. 1600 bei der Thomaskirche in Southwark (London) gehängt (Hl. 1970) – **John Pibush,** Weltpriester vom engl. Kolleg in Reims, 6 Jahre im Kerker, am 18. 2. 1601 bei der Thomaskirche in Southwark (London) gehängt u. zerstückelt – **Markus Barkworth** OSB, nach der Konversion am engl. Kolleg in Valladolid am 26. 2. 1601 in Tyburn gehängt u. gevierteilt – **Anne Line,** Witwe in Dunmow (Essex), beherbergte Priester in ihrem Haus, † 27. 2. 1601 in Tyburn (Hl. 1970) – **James Duckett,** Laie, Verleger in Gilfortrigs (Westmoreland), † 19. 4. 1602 in Tyburn – **Robert Watkonson,** Weltpriester vom engl. Kolleg in Douai, † 20. 4. 1602 in York – **Francis Page** SJ, Priester, † 20. 4. 1602 in Tyburn – **William Richardson,** Weltpriester vom engl. Kolleg in Valladolid, am 17. 2. 1603 in Tyburn gehängt u. zerstückelt – **Thomas Welburne,** Lehrer in Yorkshire, † 1. 8. 1605 in York – **William Browne,** Laie aus Yorkshire, am 5. 9. 1605 in Ripon erdrosselt – **Nicolas Owen** SJ, Laienbruder, verschaffte über ganz England hin Priestern Unterschlupf, verriet selbst unter grausamsten Foltern nicht die Verstecke, † 2. 3. 1606 im Tower (Hl. 1970) – **Edward Oldcorn** SJ, Priester vom engl. Kolleg in Rom, u. **Rudolph Ashley** SJ, Laienbruder; die beiden wurden am 7. 4. 1606 in Worchester geschleift u. in Stücke gehauen – **George Gervase** OSB, vom engl. Kolleg in Douai, † 11. 4. 1608 in Tyburn – **Thomas Garnet** SJ, vom engl. Kolleg in Valladolid, † 23. 6. 1608 in Tyburn (Hl. 1970) – **George Napier,** Weltpriester vom engl. Kolleg in Douai, † 9. 11. 1610 in Oxford – **Thomas Somers,** Weltpriester, wegen seines Seeleneifers „Pfarrer von London" genannt, † 10. 12. 1610 in Tyburn – **John Roberts** OSB, Priester, vom engl. Kolleg in Valladolid, bei der Rückkehr nach England ergriffen, † 10. 12. 1610 in Tyburn (Hl. 1970) – **William Scott** OSB, Priester, † 30. 5. 1612 – **Richard Newport,** Weltpriester vom engl. Kolleg in Rom, † 5. 12. 1612 in Tyburn – **John Almond,** Weltpriester, vom engl. Kolleg in Rom, † 5. 12. 1612 in Tyburn (Hl. 1970) – **Thomas Maxfield,** Weltpriester vom engl. Kolleg in Douai, † 1. 7. 1616 in Tyburn – **Thomas Tunstall** OSB, Priester vom engl. Kolleg in Douai, am 13. 7. 1616 in Norwich gehängt, sein Haupt wurde am Stadttor öffentlich ausgestellt – **Edmund Arrowsmith** SJ, Priester vom Kolleg in Douai, predigte den Gehorsam gegen den Papst, am 28. 8. 1628 in Lancaster gehängt u. in Stücke gehauen (Hl. 1970) – **Richard Herst,** ein Bauer, am 29. 8. 1628 an einer Gabel aufgespießt – **William Ward,** Weltpriester vom engl. Kolleg in Douai, † 26. 7. 1641 in Tyburn – **Edward Ambrosius Barlow** OSB, Priester von den engl. Kollegien in Douai u. Valladolid, † 10. 9. 1641 in Lancaster (Hl. 1970) – **Thomas Reynolds,** Weltpriester vom engl. Kolleg in Valladolid, am 21. 1. 1642 in Tyburn erdrosselt – **Bartholomäus Alban Roe** OSB, vorher Anglikaner, 17 Jahre im Kerker, † 31. 1. 1642 in Tyburn (Hl. 1970) – **John Lockwood,** Weltpriester vom engl. Kolleg in Rom, am 1. 4. 1642 in York auf eine Gabel gespießt – **Edmund Catherick,** Weltpriester vom Kolleg in Douai, † 1. 4. 1642 in York – **Hugo Green,** vorher Anglikaner, Weltpriester vom engl. Kolleg in Douai, † 19. 8. 1642 – **Thomas Holland** SJ, Priester, am 12. 12. 1642 in Tyburn gehängt, geschleift u. in Stücke gehauen – **John Duckett,** Weltpriester vom engl. Kolleg in Douai, am 7. 9. 1644 in Tyburn auf eine Gabel gespießt – **Rudolph Corby** SJ, Priester vom engl. Kolleg in Valladolid, am 7. 9. 1644 in Tyburn erdrosselt – **Henry Morse** SJ, Priester von den engl. Kollegien in Douai u. Rom, am 1. 2. 1645 in Tyburn gehängt u. in Stücke gehauen (Hl. 1970) **Philipp Powel** OSB, Priester, † 4. 8. 1646 in Tyburn – **Peter Wright** SJ, † 19. 5. 1651 in Tyburn – **John Southworth,** Priester vom engl. Kolleg in Douai, † 28. 6. 1654 in Tyburn (Hl. 1970) – **Edward Coleman,** Laie, † 3. 12. 1678 in Tyburn – **William Ireland** SJ, Priester, † 24. 1. 1679 in Tyburn – **John Henry Grove,** Laie, † 24. 1. 1679 in Tyburn – **Thomas Pickering** OSB, Laienbruder, † 9. 5. 1679 in Tyburn – Am 20. 7. 1679 starben 5 Jesuiten in Tyburn: **Thomas Whitbread** SJ, Provinzial von England;

William Harcourt SJ, Prokurator der engl. Ordensprovinz; **John Fenwick** SJ, Priester; **John Gavan** SJ, Priester, u. **Anthony Turner** SJ, vom engl. Kolleg in Rom – **Richard Langhorne,** Rechtsgelehrter, † 30. 6. 1679 in Tyburn – **William John Plessington,** Weltpriester vom engl. Kolleg in Valladolid, † 19. 7. 1679 in Chester (Hl. 1970) – **Philipp Evans** SJ, Priester, am 20. 7. 1679 in Cardiff enthauptet (Hl. 1970) – **John Lloyd,** Weltpriester, studierte in Gent u. Valladolid, am 22. 7. 1679 in Cardiff gehängt u. geschleift (Hl. 1970) – **John Wall** OFM, Priester, am 22. 8. 1679 in Worchester gehängt u. in Stücke gehauen (Hl. 1970) – **John Kemble,** Weltpriester vom engl. Kolleg in Douai, 80 J., † 22. 8. 1679 in Wigmarch (Herefordshire) (Hl. 1970) – **David Lewis** SJ, Priester, † 27. 8. 1679 bei Usk (Cambridgeshire) (Hl. 1970) – **Thomas Thwing,** Weltpriester vom engl. Kolleg in Douai, am 23. 10. 1680 in York gehängt, geschleift u. gevierteilt – **William Howard,** Graf von Stafford, Neffe von Philipp Howard, Graf von Arundel († 19. 10. 1595), am 29. 12. 1680 im Tower enthauptet.

e) Am 22. 12. 1929 wurde ↗ **Johannes** (John) **Ogilvie** SJ selig-, am 17. 10. 1976 heiliggesprochen.

Gedächtnis: am jeweiligen Todestag der einzelnen Märt.

Lit.: ASS 19 (1886–87) 347ff, 27 (1894–95) 745ff, AAS 12 (1920) 235ff, 22 (1930) 9ff, 20ff, 64 (1972) 257ef, 68 (1976) 305ff – 69 (1977) 65ff, – R. Challoner-J. H. Pollen, Memoirs of Missionary Priests, 2 Bde. (London 1924²) – C. Testore, Il primato spirituale di Pietro difeso dal sangue dei martiri inglesi (Lérins 1929) – Ph. Hughes, The Reformation in England I (London 1952) 280ff, III (1954) 328ff 338–342

Die Märtyrer von Frankreich

Die Franz. Revolution (1789–95 bzw. 1799) hatte verschiedene Ursachen. In materieller Hinsicht war es die finanzielle Zerrüttung und hohe Verschuldung des Staates u. damit verbunden eine ungerechte Verteilung der Steuerlast. Während der Adel u. die Geistlichkeit (1. u. 2. Stand) weitgehend oder ganz von Abgaben befreit waren, hatten die Bürger u. Bauern (3. Stand) praktisch das gesamte Steueraufkommen zu tragen. Die Bauern standen zudem durch grundherrliche Abgaben, Zehnten, Frondienste u. Jagdwillkür der Großgrundbesitzer häufig genug vor dem wirtschaftlichen Ruin.

Auf kirchlichem Sektor war die Lage sehr triste. Die Sittenlosigkeit u. rel. Veräußerlichung am Hof u. im Bürgertum gaben dem *Jansenismus* neue Nahrung, jener äußerst rigoristischen Auffassung von christlichem Glauben u. christlicher Moral (vom Begründer Cornelius Jansenius d. J., Bisch. v. Ypern, † 1638). Durch seine enge, Gewissensängste einflößende, moralisierende Haltung entfremdete er die Massen des Volkes von den Sakramenten u. der Kirche u. bereitete so dem Rationalismus eines Pierre Bayle († 1706) u. dem Unglauben die Wege. Den wiederholten Verurteilungen der Päpste setzte er immer neue Spitzfindigkeiten entgegen u. verbündete sich mit den Gegnern des röm. Primates, vorab dem franz. Staatskirchentum des *Gallikanismus,* wodurch er sich die entschiedene Opposition der Jesuiten zuzog. Viel Staub wirbelte auch die Affäre um Lavalette aus: Antoine Lavalette SJ, Missionsoberer auf den Kleinen Antillen, machte kirchenrechtlich nicht erlaubte riesige Handelsgeschäfte zur Finanzierung der Mission, geriet in Schulden u. versuchte trotz ernster Mahnungen seiner Ordensobern, diese durch neue Geschäfte zu tilgen. Wegen Zahlungsunfähigkeit wurde schließlich der Jesuitenorden als solcher zur Abzahlung der immensen Schulden verurteilt. Lavalette wurde 1762 seiner Ämter enthoben, suspendiert u. auf eigenes Ansuchen aus dem Orden entlassen. Der ganze Fall wurde zum Verbot der Gesellschaft Jesu in Frankreich u. zur Vertreibung der Jesuiten 1764 ausgenutzt. Durch diese Affäre kam der lange zurückgehaltene Stein ins Rollen: 1766–89 wurden 386 Klöster aufgehoben u. deren Vermögen eingezogen, mehrere alte Orden (Cölestiner, Birgittiner, Antoniter, Kreuzherren u.

a.) durch das Verbot, Novizen aufzunehmen, zum Aussterben verurteilt. Die Aufhebung des Jesuitenordens 1773 durch Clemens XIV., der den Jansenisten u. Aufklärern in Frankreich, Spanien u. Portugal widerwillig nachgab, ließ die Glaubwürdigkeit der Kirche noch mehr schwinden. Beim Ordens- wie beim Weltklerus mangelte es an Nachwuchs, was sich auf das rel. Leben beim Volk wiederum verschlechternd auswirkte. Die Einkünfte der Abteien u. Bistümer dienten der Versorgung der nachgeborenen oder unehelichen Söhne der Adeligen. Bis 1789 waren sämtliche 134 Bischöfe aus dem Adel.

Es bildete sich vielfach ein scharfer Gegensatz zw. hohem u. niederem Klerus. Der hohe Klerus (Bischöfe, Äbte, Dom- u. Stiftsherren) lebte von reichen Pfründen, während der niedere Klerus sich nur kümmerlich ernährte.

Den Auftakt zur Revolution bildete das Zusammentreten der Generalstände (Adel, Klerus u. Bürger) am 4. 5. 1789, die Ludwig XVI. wegen der prekären Finanzlage des Staates einberufen hatte. Bis zum 17. 6. konnte der Bürger- u. Bauernstand als die „einzige rechtmäßige Vertretung des Volkes" alle Macht an sich reißen. Am 14. 7. 1789 wurde die Bastille, das berüchtigte Staatsgefängnis für politisch Mißliebige, gestürmt. Am 4. 8. 1789 wurden alle Feudalrechte, der Zehnte, die Immunitäten usw. abgeschafft. Am 26. 8. 1789 folgte die Erklärung der Menschenrechte (Freiheit, Gleichheit, Brüderlichkeit). Am 2. 11. 1789 wurde das Gesetz über die Verstaatlichung aller Kirchengüter verabschiedet, aufgrund dessen die „nicht nützlichen" Klöster aufgehoben u. deren Vermögen eingezogen wurden. Die dafür zum Verkauf angebotenen Papiere (Assignaten) sanken schnell im Wert u. konnten das Staatsdefizit nicht decken. Zahlreiche Kirchen u. Klöster wurden zum Abbruch angeboten, wodurch auch viele altehrwürdige Gebäude, z. B. das Kloster Cluny, zerstört wurden.

Der eigentliche Kampf der Kirche um ihre Existenz begann mit der Einführung der *Zivilkonstitution* des Klerus am 12. 7. 1790, die die Loslösung der Kirche von Rom u. ihre totale Verstaatlichung vorsah. Von allen Geistlichen wurde ein Eid darauf abverlangt (Konstitutionseid). Von den 135 Bischöfen leisteten ihn nur 7, darunter Charles-Maurice Talleyrand-Périgord, Bisch. von Autun, u. Jean-Baptiste Gobel, Bisch. von Paris, welche beide die ersten „konstitutionellen" Bischöfe weihten. Der charakterlich äußerst zwiespältige, diplomatisch hervorragend begabte Talleyrand spielte im Kampf des Staates gegen die Kirche eine verhängnisvolle Rolle. Nun begann für die romtreuen Christen u. namentlich für die Priester u. Ordensleute eine Zeit namenlosen Schreckens. Wurden diese durch das Gesetz vom 29. 11. 1791 noch zur Auswanderung gezwungen, so spürte man sie ab 1792 überall auf u. brachte sie zu Tausenden unter die damals erfundene Guillotine. Vom 2. bis 6. 9. 1792 allein wurden etwa 1400 „Verdächtige", darunter ca. 225 Geistliche, in den Pariser Gefängnissen hingeschlachtet (Septembermorde). Ludwig XVI. starb am 21. 1. 1793 unter dem Fallbeil, seine Gemahlin Marie-Antoinette von Österreich am 16. 10. 1793. Am 10. 11. 1793 wurde das Christentum gesetzlich abgeschafft u. statt dessen der „Kult der Göttin Vernunft" eingeführt. Notre Dame in Paris erklärte man zum „Tempel der Vernunft" u. inszenierte dazu eine „Festfeier" zu Ehren der neuen „Göttin", in deren Verlauf man ein schamloses Weib auf den Tabernakel setzte u. sie kniefällig „verehrte".

Doch hatte die Revolution bereits begonnen, ihre eigenen Kinder aufzufressen. Am 13. 7. 1793 wurde Jean-Paul Marat, einer der radikalsten Revolutionsführer, von Charlotte Corday in der Badewanne erdolcht. Der charakterschwache Bisch. Gobel, der aus Ängstlichkeit alle politischen u. rel. Exzesse der Revolution gebilligt u. auch an der „Festfeier" in Notre Dame teilgenommen hatte, entsagte seines Amtes, wurde deshalb vom Revolutionstribunal wegen „Atheismus" angeklagt u. am 13. 4. 1794 mit dem Fallbeil hingerichtet; er starb aber in reumütiger Gesinnung. Georges-Jacques Danton, der durch seine zynische Beredsamkeit einst der Abgott des Pöbels gewesen war u. der seinerzeit die Septembermorde organisiert hatte, wurde von Robespierre gestürzt u. am 5. 4. 1794 enthauptet. Nun war der radikalste u. grausamste der

Revolutionsführer, Maximilien-Marie-Isidore Robespierre, unumschränkter Alleinherrscher, mußte aber bereits um seine Macht fürchten. Er schraubte den extremsten Radikalismus zurück u. proklamierte am 8. 5. 1794 den „Kult des höchsten Wesens u. der Unsterblichkeit der Seele". Dennoch wurde er auf Betreiben der gemäßigteren Kräfte am 28. 7. 1794 hingerichtet. Nun endlich begann eine kurze Zeit des Aufatmens für die romtreuen Christen. Der revolutionäre Konvent wurde durch ein gemäßigtes 6-Mann-Direktorium abgelöst, das rel. Freiheiten gewährte u. die enteigneten Kirchengüter wieder zurückerstattete. Doch am 4. 9. 1797 kamen die Terroristen durch einen Handstreich erneut an die Macht. Nun wurden alle Priester unterschiedslos verfolgt u. hingerichtet. Von 85 Bischöfen legten 24 ihr Amt nieder, 23 fielen ab, davon 9 durch Heirat. Am 9. 11. 1799 riß Napoleon Bonaparte durch einen Staatsstreich die Macht an sich u. übernahm als 1. Konsul die Regierung. Nach mühsamen Verhandlungen mit Pius VII. brachte er das Konkordat vom 15. 7. 1801 zustande, welches den rel. Frieden anbahnte.

a) Am 13. 5. 1906 wurden die *16 Karmelitinnen von Compiègne* seliggesprochen: Schon zu Beginn der Verfolgung wurden sie aus ihrem Kloster vertrieben u. lebten in kleineren Gruppen in der Stadt, um ihr klösterliches Leben nach Möglichkeit fortzusetzen u. den Gläubigen in der Verfolgung beizustehen. Am 22. 6. 1794 wurden sie verhaftet u. in Ketten gelegt. Im Kerker waren sie wieder beisammen u. verrichteten hier, so gut es ging, ihre gemeinsamen geistlichen Übungen. Angesichts der Gefahr munterten sie einander zum Martyrium auf. Am 12. 7. 1794 wurden sie plötzlich nach Paris überstellt. Auf dem Weg dorthin hatten sie viel zu leiden: Auf harte Wagen geworfen, die Hände am Rücken gebunden, wurden sie von den bewaffneten Soldaten u. der gaffenden u. höhnenden Menge pausenlos schikaniert. Im Pariser Gefängnis litten sie unter Hunger u. Durst u. unter der stickigen, verbrauchten Luft u. hatten zudem die täglichen Quälereien übelwollender Gefängniswärter auszustehen. Am 17. 7. 1794 standen sie ohne Zeugen oder Verteidiger vor dem Revolutionsgericht, das sie wegen Verweigerung des Konstitutionseides u. wegen ihrer Glaubenstreue als „Fanatikerinnen" zum Tod verurteilte. Ihre Hinrichtung erfolgte noch am selben Tag. Ihr Gang zum Schafott glich einem Triumphzug. Mit fröhlichen Gesichtern schritten sie durch die Menge, die stumm u. ergriffen dastand. Angesichts des Blutgerüstes stimmten sie das Veni Creator an, dann erneuerten sie ihr Taufgelöbnis u. ihre Ordensgelübde. So starben sie eine nach der andern:

Theresia v. hl. Augustinus (bürgerl. Madeleine-Claudia Ledoine), die Oberin des Karmels. * 1752 in Paris. Sie starb als letzte u. bestärkte ihre Mitschwestern durch ihr aufmunterndes Wort – **Maria Anna Francisca v. hl. Aloisius** (Marie-Anne Brideau), * 1752 – **Maria v. gekreuzigten Jesus** (Marie-Anne Piedcourt), sie trat mit 79 Jahren in den Karmel ein – **Maria v. d. Auferstehung** (Anne-Marie Thouret), die Krankenpflegerin des Klosters – **Euphrasia v. d. Unbefleckten Empfängnis** (Marie-Claudia Brard) , * 1736 – **Gabriela Henrica v. Jesus** (Marie-Françoise de Croissy), * 1745 in Paris, sie verfaßte viele Gedichte, in denen ihre Sehnsucht nach dem Martyrium zum Ausdruck kommt – **Theresia v. hl. Herzen Mariens** (Marie-Anne Hanisset), * 1742 in Reims – **Maria Gabriela v. hl. Ignatius** (Trezel), ihre Verwandten hatten sie vergeblich beschworen, den Orden zu verlassen, um ihr Leben zu retten – **Maria Aloisia v. Jesus** (Rosa, verh. Chrétien), * 1741. Wenige Jahre nach der Hochzeit verlor sie ihren Mann u. trat in den Karmel ein – **Maria Henrica v. d. Vorsehung** (Anne Pelsar), * 1760. Sie trat zuerst in das Institut der Vinzentinerinnen ein, wo ihre Schwester Oberin war, u. zog sich dann in den Karmel zurück – **Maria v. Hl. Geist** (Angelique Roussel), * 1768, sie trat mit 15 Jahren in den Karmel ein – **Maria v. d. hl. Martha** (Marie Dufour), * 1741 – **Stephana Johanna v. hl. Franz Xaver** (Elisabeth Verolot), eine Adelige, * 1764 – **Constantia** (Marie-Jeanne Meunier), *1766. Durch das staatliche Verbot konnte sie die Ordensgelübde nicht ablegen, kämpfte aber um ihren Verbleib im Kloster, wobei sie ihre Eltern unterstützten – **Catharina Soiron,** Laien-

schwester u. Pförtnerin – **Theresia Soiron,** jüngere leibliche Schwester der vorigen, Laienschwester. Die 16 Karmelitinnen sind auf dem Picpus-Friedhof in Paris begraben.
Gedächtnis: 17. Juli
Lit.: ASS 40 (1907) 457ff – V. Pierre, Les Seize Carmélites de Compiègne (Paris 1913), dt. v. M. Hoffmann (Aachen 1906) – Bruno de Jésus-Marie, Le Sang du Carmel (Paris 1954) – F. Hillig, Die Sechzehn am Schafott: StdZ 160 (1956–57) 241–252

b) Am 13. 6. 1920 wurden 4 Vinzentinerinnen von Arras sowie 11 Ursulinen von Valenciennes seliggesprochen:
In Arras (Nordfrankreich) stand eine Niederlassung des Ordens der Vinzentinerinnen (im Volksmund meist als „Barmherzige Schwestern" bekannt), welche von ihrem Ordensgründer ↗ Vinzenz von Paul zus. mit ↗ Louise de Marillac gegründet worden war. Bei Ausbruch der Verfolgung befahl die Oberin, Sr. Maria Magdalena Fontaine, ihren jüngeren Mitschwestern, bei ihren Verwandten Zuflucht zu nehmen oder ins Ausland zu fliehen. Sie selbst blieb mit 3 anderen Schwestern zurück. Trotz oftmaliger Aufforderung von befreundeter Seite, doch auch selbst zu fliehen, blieben sie auf ihrem Posten u. versorgten weiterhin ihre Armen. Wegen Verweigerung des Konstitutionseides wurden sie verhaftet u. in Cambrai vor das Revolutionsgericht gestellt. Weil sie auch hier standhaft blieben, wurden sie zum Tod verurteilt u. noch am selben Tag, am 26. 6. 1794, enthauptet. Auf dem Gang zum Schafott beteten sie den Rosenkranz u. die Marien-Laudes u. stimmten das „Ave maris stella" an. Die Oberin starb als letzte:
Maria Magdalena Fontaine, die Oberin der Kommunität. * 1723. Schon auf dem Blutgerüst angeschnallt, sagte sie voraus: „Dieses unser Opfer wird das letzte von Cambrai sein", was auch tatsächlich eintraf – **Marie-Françoise Lanel,** * 1745 – **Marie-Therese Fantou,** *1747 – **Jeanne Gerard,** *1752.
Gedächtnis: 26. Juni
Lit.: AAS 12 (1920) 281ff – E. Audard, Actes des Mart. et des Confesseurs de la foi pendant la Révolution I (Tours 1920) – R. Coza (Graz 1927)

In Valenciennes (Nordfrankreich) widmeten sich die dortigen Ursulinen der Erziehung der Kinder, bes. der Mädchen, bis sie durch die Revolutionäre vertrieben wurden. Nach der Einnahme der Stadt durch österreichische Truppen konnten sie für einige Monate in ihr Kloster zurückkehren. 1794 wurden sie verhaftet u. wegen Verweigerung des Konstitutionseides zum Tod verurteilt.

5 von ihnen starben am 17. 10. 1794: **Maria Natalia v. hl. Aloisius** (bürgerl. Marie-Louise-Josephine Vanot) – **Maria Laurentina v. hl. Stanislaus** (Jeanne-Regina Prin) – **Maria Ursula v. hl. Bernhardin** (Hyacinthe-Augustine-Gabrielle Bourla) – **Maria v. hl. Franz v. Assisi** (Marie-Genovefe-Josephine Ducrez) – **Maria Augustina v. hl. Herzen Jesu** (Marie-Madeleine-Josephine Dejardin). Trotz staatlicher Verbote behielt sie bis zuletzt ihr Ordenskleid an, bei der Hinrichtung lief sie ihren Mitschwestern auf das Schafott voraus.
Am 23. 10. 1794 starben 6 weitere Schwestern unter dem Fallbeil. Sie hatten sich selber die Haare zur Enthauptung abgeschnitten, damit keiner der gottlosen Henker ihre jungfräulichen Leiber berühren solle. Während ihrer Hinrichtung sangen sie das Te Deum u. die Lauretanische Litanei, bis ihre Stimmen, eine nach der andern verstummten. Die zuschauende Menge stand ergriffen da, selbst die Henker konnten sich des Eindruckes nicht entziehen:
Maria Clothilde Angela v. hl. Franz Borgia (Clothilde-Josephine Paillot), die Oberin der Kommunität, eine hervorragende Lehrerin – **Maria Scholastica v. hl. Jakob** (Marie-Marguerite-Josephine Leroux) – **Anne-Josephine Leroux,** die leibliche Schwester der vorigen. Sie war ursprünglich Klarissin u. trat nach der staatlichen Auflösung ihres Klosters zu den Ursulinen über – **Maria Francisca** (Marie-Lilvina Lacroix), sie gehörte ursprünglich dem Birgittenorden an u. trat nach der gewaltsamen Schließung ihres Klosters zu den Ursulinen über – **Anna Maria** (Marie-Augustine Erraux) – **Maria Cordula v. hl. Dominikus** (Jeannette-Eloise Barré), Laienschwester. Sie wurde beim Gefangenentransport übersehen, schloß sich aber freiwillig ihren Mitschwestern zum Martyrium an.
Gedächtnis: 23. Oktober
Lit.: AAS 12 (1920) 281ff – J. Loridan (Paris 1920^2) – Baudot-Chaussin X 574–582

c) Am 10. 5. 1925 wurden 32 Märtyrinnen von Orange seliggesprochen:
Zu den grausamsten Revolutions-Sondertribunalen zählte das von Orange (Südfrankreich), das vom 19. 6. bis 5. 8. 1794 tagte. Es wurden insgesamt 595 Personen vor Gericht geschleppt, von denen 332 wegen Verweigerung des Eides auf die Zivilverfassung zum Tod verurteilt wurden. Am 22. 4. 1794 wurden in einer Großrazzia in Bollène alle Priester u. Ordensleute verhaftet u. am 2. 5. 1794 nach Orange in das dortige Gefängnis De la Cure überstellt, wo bereits andere Ordensfrauen aus dieser Gegend ihr Urteil erwarteten. Unter den 32 Seliggesprochenen waren 16 Ursulinen, 13 Visitantinnen (Orden von der Heimsuchung Mariens, Salesianerinnen), 2 Zisterzienserinnen u. 1 Benediktinerin. Die Schwestern führten im Kerker, so gut es ging, ein gemeinsames klösterliches Leben u. ermunterten einander zum Martyrium. Die Hinrichtungen begannen am 6. 7. 1794 u. zogen sich 3 Wochen lang hin. Nach dem einstimmigen Zeugnis aller, die diesem Massaker entkommen konnten, zeigten die Ordensfrauen einen beispiellosen, von rel. Glauben getragenen Heroismus. Mit dem Gesang des Te Deum gingen sie eine nach der anderen in den Tod:
Maria Rosa (Suzanne-Agathe de Loye) OSB, aus dem Kloster zu Caderousse, * 4. 2. 1741 zu Sérignan, † 6. 7. – **Iphigenia v. hl. Matthäus** (Françoise-Marie-Suzanne de Gaillard de Lavaldène), OVM in Bollène, * 23. 9. 1761, † 7. 7. – **Melania** (Marie-Anne-Madeleine de Guilhermier), OSU in Bollène, * 29. 6. 1733, † 9. 7. – **Maria v. d. hll. Engeln** (Marie-Anne-Marguerite de Rocher), OSU in Bollène, * 20. 1. 1755, † 9. 7. – **Schw. v. d. hl. Sophia** (Marie-Gertrude de Ripert d'Alauzier), OSU in Bollène, * 15. 11. 1757, † 10. 7. – **Agnes v. hl. Ludwig** (Silvia-Agnes de Romillon), OSU in Bollène, * 15. 3. 1750, † 10. 7. – **Rosa v. d. hl. Pelagia** (Rosalie-Clothilde Bès), OVM in Bollène, * 30. 6. 1753 in Baumes-de-Transit), † 11. 7. – **Theoktista Maria** (Marie-Elisabeth Pellissier), OVM in Bollène, * 17. 1. 1742, † 11. 7. – **Schw. v. d. hl. Sophia** (Marie-Marguerite de Barbegie d'Albarède), OSU in Pont-St-Esprit, * 8. 10. 1740 in St-Laurent-de-Carnols, † 11. 7. – **Schw. v. hl. Martin,** OVM in Bollène, † 11. 7. – **Rosa v. hl. Franz Xaver** (Madeleine-Thérèse Talieu), OVM in Bollène, * 13. 9. 1746, † 12. 7. – **Martha v. Guten Engel** (Marie Cluse), OVM in Bollène, * 5. 12. 1761 in Bouvante, † 12. 7. – **Maria v. hl. Heinrich** (Marguerite-Eleonore de Justamond), OCist in Avignon, * 12. 1. 1746 in Bollène, † 12. 7. – **Schw. v. hl. Bernhard** (Jeannette-Marie de Romillon), OSU in Pont-St-Esprit, * 12. 7. 1753 in Bollène, † 12. 7. – **Magdalena v. d. Gottesmutter** (Elisabeth Verchière), OVM in Bollène, * 2. 1. 1769, † 13. 7. – **Schw. v. d. Verkündigung** (Thérèse-Henriette Faurie), OVM in Bollène, * 4. 2. 1740 in Sérignan, † 13. 7. – **Schw. v. hl. Alexius** (Anna-Andrea Minute), OVM in Bollène, * 4. 2. 1740 in Sérignan, † 13. 7. – **Schw. vom hl. Franz** (Marie-Anne Lambert), OSU in Bollène, * 17. 8. 1742 in Pierrelatte, † 13. 7. – **Schw. v. hl. Franz** (Marie-Anne Depeyre), OSU in Carpentras, * 2. 10. 1756 in Tulette (Valence), † 13. 7. – **Schw. v. hl. Gervasius** (Marie-Anastasia de Roquart) OSU, Superiorin in Bollène, * 5. 10. 1749, † 13. 7. – **Amata v. Jesus** (Marie-Rose de Gordon), OVM in Bollène, * 29. 9. 1733 in Mondragon, † 16. 7. – **Maria v. Jesus** (Marguerite-Thérèse Charansol), OVM in Bollène, 28. 2. 1758 in Richerenches, † 16. 7. – **Schw. v. hl. Joachim** (Marie-Anne Béguin-Royal), OVM in Bollène, * 1736 in Vals-Ste-Marie, † 16. 7. – **Schw. v. hl. Michael** (Marie-Anne Doux), OSU in Bollène, * 8. 4. 1739, † 16. 7. – **Schw. v. hl. Andreas** (Marie-Rose Laye), OSU in Bollène, * 26. 9. 1728, † 16. 7. – **Schw. v. hl. Herzen Mariens** (Dorothée-Madeleine-Juliette de Justamond), OSU in Pernes, * 27. 5. 1743 in Bollène, † 26. 7. – **Magdalena v. hl. Sakrament** (Madeleine-Françoise de Justamond), OCist in Avignon, * 26. 7. 1754 in Bollène, † 26. 7. – **Schw. v. hl. Augustinus** (Marguerite Bonnet), OVM in Bollène, * 18. 6. 1719 in Sérignan, † 26. 7. – **Katharina v. Jesus** (Marie-Madeleine de Justamond), OSU in Pont-St-Esprit, * Sept. 1724 in Bollène, † 26. 7. – **Schw. v. hl. Basilius** (Anne Cartier), OSU in Pont-St-Esprit, * 19. 11. 1733 in Livron (Valence), † 26. 7. – **Clara v. d. hl. Rosalia** (Marie-Claire du Bac), OSU in Bollène, * 9. 1. 1727 in Laudun (Nimes), † 26. 7. – **Schw.**

v. Herzen Jesu (Elisabeth-Thérèse Consolin) OSU, Superiorin in Sisteron, * 6. 6. 1736 in Courthézon, † 26. 7.
Die Leichname der Märt. wurden in Gabet bei Orange beigesetzt, wo sie von vielen Pilgern verehrt wurden.
Gemeinsames Gedächtnis: 9. Juli
Lit: AAS 17 (1925) 234ff – A. de Pontbriand, Histoire de la principauté d'Orange (Avignon 1892) – R. Meister, Das Fürstentum Oranien (Berlin 1930) – L. Beer, Heiligenlegende II (1928) 677–680 – Baudot-Chaussin VII 209–215

d) Am 31. 10. 1926 wurde **Noël** (↗ Natalis) **Pinot** seliggesprochen. Er war Pfarrer von Louroux-Béconnais (Westfrankreich) u. wurde bei einer nächtlichen Meßfeier auf einem Bauernhof ergriffen, im Meßkleid nach Angers gebracht u. dort am 21. 2. 1794 öffentlich enthauptet.

e) Am 17. 10. 1926 wurden 191 Pariser Märt. seliggesprochen:
Im Jahr 1792 verhafteten die Revolutionäre über ganz Frankreich alle Geistlichen, deren sie habhaft werden konnten, sowie eine große Zahl romtreuer Christen, die sich in irgendeiner Weise „verdächtig" gemacht hatten, u. konzentrierten sie in den Gefängnissen von Paris bzw. in den aufgelassenen Klöstern, die zu provisorischen Gefängnissen umgewandelt worden waren. Auf Befehl des Revolutionsführers Danton wurden sie, etwa 1400 an der Zahl, darunter ca. 225 Welt- u. Ordensgeistliche, vom 2. bis 6. 9. 1792 mit Säbeln, Gewehrkolben, Bajonetten usw. in einem beispiellosen Massaker hingeschlachtet (Pariser Septembermorde). Nur wenige entkamen dem grauenvollen Blutbad. Da man für diese Bluttat zuwenig Soldaten auftreiben konnte, setzte man auch bezahlte Berufsverbrecher ein, wobei sich auch aufgeputschtes Straßengesindel bereitwillig beteiligte. 191 dieser Opfer, meist Welt- u. Ordensgeistliche, wurden von Pius XI. seliggesprochen. Unter diesen Ordensleuten finden sich 23, die als Jesuiten bezeichnet werden. Zwar war zu dieser Zeit die Gesellschaft Jesu seit 1773 aufgehoben, doch dürfen diese Priester trotzdem als Jesuiten bezeichnet werden, da die Auflösung ihres Ordens durch höhere Gewalt geschah. Auch die Litterae Apostolicae der Seligsprechung bezeichnen sie als Jesuiten. Bei der Wiederherstellung 1815 schlossen sich fast alle Überlebenden wieder dem neuerstandenen Orden an.
Von den am 2. 9. 1792 im *Karmelitinnenkloster* zu Paris Ermordeten wurden 95 seliggesprochen:
Jean-Marie Du Lau, Erzb. v. Arles, * 1738 – **François-Joseph de la Rochefoucault,** Bisch. v. Beauvais, * 1736 – **Pierre-Louis de la Rochefoucault,** Bisch. v. La Rochelle – **Vincent Abraham,** Pfarrer v. Sept-Salux (Diöz. Reims) – **André Angar,** Kaplan an der Pfarre Saint-Sauveur, Paris – **Jean-Baptiste-Claude Aubert,** Pfarrer in Pontoise (Diöz. Versailles) – **François Balmain** SJ, * in der Diöz. Nevers, zuletzt in Paris tätig – **Jean-Pierre Bangue** aus der Diöz. Besançon, Seelsorger am Krankenhaus St-Jacques in Paris – **Ambrosius Augustinus Chevreux** OSB, Generaloberer der Benediktinerkongregation vom hl. Maurus in Paris – **Louis Barreau de la Touche** OSB – **René-Julien Massey** OSB – **Louis-François-André Barret,** Seelsorger an der Pfarrkirche St. Rochus in Paris – **Joseph Bécavin,** Priester aus der Diöz. Nantes – **Charles-Jeremias Béraud du Pérou** SJ, * in der Diöz. La Rochelle. Nach der Aufhebung des Ordens wurde er Eudistenpater – **Robert Le Bis,** Pfarrer in Brie-sous-Forges (Diöz. Coutances) – **Jacques-Julien Bonnaud** SJ, * in Santo Domingo, Generalvikar der Diöz. Lyon – **Jean-Antoine Savine,** Generaloberer der Sulpizianer – **Ludwig Alexius Matthias Boubert,** Sulpizianer, Diakon, Ökonom der Sulpizianer – **Jean-Antoine-Hyacinthe Boucharenc de Chaumeils,** * in der Diöz. Le Puy-en-Velay, Generalvikar der Diöz. Viviers – **Jean-François Bousquet,** * in der Diöz. Carcassonne, Priester in Paris – **Jean-François Burté** OFMConv, Prokurator in Paris – **Claude Cayx-Dumas** SJ aus der Diöz. Cahors, Spiritual der Ursulinen in Versailles – **Jean Charton de Millou** SJ aus Lyon, Beichtvater der Schwestern vom hl. Sakrament in Paris – **Claude Chaudet,** * in der Diöz. Aix, Seelsorger an der Pfarre St-Nicole-des-Champs in Paris – **Nicole Clairet** aus der Diöz. Coutances, Seelsorger im Krankenhaus der Unheilbaren in Paris – **Jacques Alexandre Menuret,** Salesianer, Oberer im Ordenshaus zu Issy bei Paris – **Claude**

Colin, Kaplan zu Notre Dame in Paris, Direktor des dortigen Hospizes – **Pierre Louis-Joseph Verrier** aus der Diöz. Cambrai, Salesianerpriester in Issy – **Bernard-François de Cussac,** Sulpizianer, Regens des Philos. Seminars in Paris – **François Dardan** aus der Diöz. Nancy, Beichtvater im Jugendheim St. Barbara in Paris – **Guillaume-Antoine Delfaut** SJ, Erzpriester in Daglan (Diöz. Périgueux) – **Maturin-Victor Deruelle,** Kaplan an der Pfarrkirche St-Gervais, Paris – **Gabriel Desprez de Roche** aus der Diöz. Nevers, Generalvikar von Paris – **Thomas-Nicole Dubray,** Sulpizianer, aus der Diöz. Beauvais – **Thomas-René Dubuisson** aus der Diöz. Laval, Pfarrer in Barville (Diöz. Orléans) – **François Dumas-Rambaud de Calandelle,** Sekretär des Bisch. v. Limoges – **Henri-Hippolyte Ermés** aus Paris, Kaplan an der Pfarre St-André-des-Ars – **Armande de Foucauld de Pontroiand** aus der Diöz. Périgueux, Generalvikar der Diöz. Aix – **Claude-François Gagnières-des-Granges** SJ aus der Erzdiöz. Chambéry, Seelsorger im Kloster zum hl. Franz v. Sales in Paris – **Jacques-Gabriel Galais** aus der Diöz. Angers, Sulpizianer, Oberer im Seminar der Sorbonne in Paris – **Pierre Gauguin** aus der Diöz. Tours, Sulpizianerpriester, Bibliothekar in Issy – **Louis-Laurence Gaultier** aus der Erzdiöz. Rennes, Seelsorger im Krankenhaus der Unheilbaren in Paris – **Georges Girault** aus der Erzdiöz. Rouen, Franziskanerterziar („Pater Severinus"), Beichtvater der Elisabeth-Schwestern in Paris – **Jean Goizet,** Erzpriester an der Pfarre Notre Dame zu Niort (Diöz. Poitiers) – **Pierre Landry,** Kaplan an der Pfarre Niort – **Jean-Philippe Marchand** aus der Diöz. La-Rochelle, Kaplan in Niort – **André Grasset-de-Saint-Sauveur** aus Kanada, Kanoniker an der Kathedrale zu Sens – **Charles-François Le Gué** SJ aus der Erzdiöz. Rennes, Prediger in Paris – **Pierre-Michel Guérin** aus der Diöz. La Rochelle, Sulpizianer, Regens am Seminar zu Nantes – **Jean-Antoine Guilleminet** aus der Diöz. Montpellier, Kaplan an der Pfarre St. Rochus in Paris – **François-Louis Hébert** aus der Diöz. Bayeux, Eudistenpater, Vikar des Generalobern – **Jacques-Stephan-Philipp Hourrier** aus der Diöz. Amiens, Sulpizianer, Regens am Collège-de-Laon in Paris – **Jean-Baptiste Jannin** aus der Diöz. Coutances, Seelsorger im Krankenhaus de la Salpétrière in Paris – **Jean Lacan** aus der Diöz. Rouen, Seelsorger im Krankenhaus de la Salpétrière in Paris – **Jean Lacan** aus der Diöz. Rouen, Seelsorger am Krankenhaus de la Piété in Paris – **Claude-Antoine-Raoul Laporte** SJ aus der Diöz. Quimper, Kaplan an St-Louis in Brest – **François Lefranc** aus der Diöz. Bayeux, Eudistenpater, Seminarregens u. Generalvikar von Coutances – **Guillaume-Nicole-Louis Leclerq** aus der Diöz. Arras, Christl. Schulbruder (Frater Salomon) – **Olivier Lefèbvre** aus der Diöz. Bayeux, Seelsorger am Krankenhaus A Misericordia in Paris – **Urbain Lefèbvre** aus der Erzdiöz. Tours, vom Pariser Missionsseminar, dann Seelsorger an der Eustachiuskirche in Paris – **Jacques-Joseph Lejardinier-des-Landes** aus der Diöz. Sées, Pfarrer in La Feuille (Diöz. Coutances) – **François-César Londiveau,** Kaplan in Evaillé (Diöz. Le Mans) – **Louis Longuet** aus der Diöz. Bayeux, Kanoniker an der Kathedrale von Tours – **Jacques-François de Lubersac** aus der Diöz. Périgueux, Beichtvater der Prinzessin Victoria, Tochter Ludwigs XV. von Frankreich – **Henri-Auguste Luzeau-de-la-Mulonnière** aus der Diöz. Nantes, Sulpizianer, Regens am Seminar zu Angers – **Caspar-Claude Maignien** aus der Erzdiöz. Besançon, Pfarrer in La Villeneuve-le-Roi (Diöz. Beauvais) – **Louis Mauduit,** Pfarrer in Noyers (Diöz. Orléans) – **François-Louis Méallet de Fargues** aus der Diöz. St-Flour, Generalvikar von Clermont – **Jacques-Jean Le Meunier,** Kaplan in Mortagne (Diöz. Sées) – **Johann Jakob Morel** OFMCap (Pater ↗ Apollinaris) aus der Diöz. Freiburg/B., Vikar für die dt. Bevölkerung an der Pfarre St-Sulpice in Paris – **Jean-Baptiste Nativelle** aus der Diöz. Bayeux, Kaplan in Longjumeau (Diöz. Versailles) – **René Nativelle,** Bruder des vorigen, Kaplan in Argenteuil (Diöz. Versailles) – **Nezel** (Taufname nicht genannt) aus Paris, Sulpizianer, Prof. in Issy bei Paris – **Matthias-Auguste Nogier** aus der Diöz. Le Puy-en-Velay, Spiritual der Ursulinen in Paris – **Joseph-Thomas Pazery de Thorame** aus der Diöz. Aix, Kanoniker an der Kathedrale zu Blois

– **Julien-Honoré-Cyprian Pazery de Thorame,** Bruder des vorigen, Generalvikar von Fréjus-Toulon – **Pierre-François Pazery de Thorame,** Onkel der beiden vorigen, Generalvikar von Aix – **Pierre Ploquin,** Kaplan in Druye (Erzdiöz. Tours) – **Jean-Baptiste-Michel Pontus** aus der Diöz. Coutances, Sulpizianerpriester in Paris – **René-Nicole Poret** aus der Diöz. Bayeux, Pfarrer in Boitron (Diöz. Sées) – **Julien Poulain de Launay** aus der Diöz. Bayeux, Kaplan an der Pfarre Toussaints (Erzdiöz. Rennes) – **Pierre-Nicole Psalmon** aus der Erzdiöz. Rouen, Sulpizianer, Rektor des Seminars de Laon in Paris – **Jean-Robert Quéneau,** Pfarrer in Allonnes (Diöz. Angers) – **Stephan-François-Deodatus de Ravinel** aus der Diöz. Bayeux, Diakon am Seminar zum hl. Sulpizius in Paris – **Jacques-Augustine-Robert de Lezardière** aus der Diöz. Luçon, Diakon am Seminar zum hl. Sulpizius in Paris – **Claude Rousseau** aus Paris, Sulpizianer, Präfekt am Seminar de Laon in Paris – **Vincente-Joseph le Rousseau** SJ aus der Diöz. Quimper, Beichtvater der Schwestern von der Heimsuchung in Paris – **François-Urbain Salin de Niart** aus der Diöz. Straßburg, Kanoniker in St-Lisier-de-Conseraus (Diöz. Pamiers) – **Jean-Henri-Louis Samson** aus der Diöz. Coutances, Kaplan in Caen – **Jean-Antoine-Barnabas Séguin** aus der Diöz. Avignon, Kaplan an der Pfarre St-André-des-Arcs, Paris – **Jean-Baptiste-Marie Tessier** aus der Diöz. Chartres, Sulpizianerpriester in Paris – **Thomas Loup** (Bonnette genannt) SJ, aus der Diöz. Nevers, Beichtvater der Ursulinen in Paris – **Charles-Regis-Matthaeus de la Calmotte** Graf von Valfons aus der Diöz. Nîmes, Offizier im Ruhestand, wohnhaft in Paris – **Mathurin-Nicole de la Villecrohain-le-Bous-de-Villeneuve** SJ, Oberer der Schwestern von Calvaria in Paris – **François Vareilhe-Duteil** SJ, aus der Diöz. Limoges, Seelsorger in Issy, Paris – **Jacques Friteyre-Durvé** SJ aus der Diöz. Clermont, Volksmissionar in Paris.

In der Abtei St-Germain in Paris starben am 2. 9. 1792 21 Märt.:
Daniel-Louis-André des Pommerayes aus der Erzdiöz. Rouen, Kaplan an der Pfarre St-Paul in Paris – **Louis-Remigius Benoist** aus Paris, Kaplan in der Pfarre St-Paul in Paris – **Louis-Remigius-Nicole Benoist,** Bruder des vorigen, Kaplan in der Pfarre St-Paul in Paris – **Jean-André Capeau** aus der Diöz. Avignon, Kaplan in der Pfarre St-Paul in Paris – **Antoine-Charles-Octavianus du Bouzet** aus der Diöz. Auch, Generalvikar der Erzdiöz. Reims – **Armand Chapt de Rastignac** aus der Diöz. Périgueux, Generalvikar von Aix – **Louis Le Danois** aus der Diöz. Coutances, Kaplan in der Pfarre St. Rochus in Paris – **Claude Fontaine** aus Paris, Kaplan in der Pfarre St-Jacques-de-la-Boucherie, Paris – **Pierre-Louis Gervais** aus der Erzdiöz. Rouen, Sekretär des Erzb. von Paris – **Sanctes Huré** aus der Diöz. Versailles, Priester in Paris – **Charles-Louis Hurtrel** OFM aus Paris; **Louis-Benjamin Hurtrel,** Bruder des vorigen, Diakon – **Alexandre-Anne-Charles-Marie Lanfant** SJ aus Lyon, Prediger in Paris – **Laurent** (Taufname nicht genannt), Priester u. Erzieher für taubstumme Kinder in Paris – **Thomas-Jean Monsaint** aus der Diöz. Bayeux, Kaplan in der Pfarre St. Rochus, Paris – **François-Joseph Pey** aus der Diöz. Fréjus-Toulon, Kaplan an der Kirche St-Landry in Paris – **Jean-Joseph Rateau** aus der Erzdiöz. Bordeaux, Seelsorger in Paris – **Marc-Louis Royer** aus Paris, Pfarrer von St-Jean-en-Grève, Paris – **Jean-Louis Guyard de Saint-Clair** aus der Diöz. Sées, Kanoniker von Lisieux – **Jean-Pierre Simon** aus Paris, emerit. Pfarrer, Kanoniker an Notre Dame, Paris – **Pierre-Jacques-Marie Vitalis** aus der Erzdiöz. Avignon, Kaplan an der Kirche Saint-Merry, Paris.

72 Märt. starben am 3. 9. 1792 im Lazaristen-Seminar St-Firmin in Paris:
André-Abel Alricy aus der Diöz. Grenoble, 80jähriger Priester an der Kirche St-Metard – **René-Marie Andrieux** SJ aus Rennes, Superior der Kommunität am Seminar St-Nicole du Chardonnet, Paris – **Nicole Bizé** aus Versailles, Regens am Seminar St-Nicole du Chardonnet, Paris – **Stephan-Michel Gillet** aus Paris, Lehrer am Seminar St-Nicole du Chardonnet, Paris – **Louis-Jean-Matthaeus Lanier** aus der Diöz. Laval, Präfekt am Seminar St-Nicole du Chardonnet, Paris – **Charles-Victor**

Véret aus Sées, Diakon im Seminar St-Nicole du Chardonnet, Paris – **Pierre-Paul Balzac** aus Paris, Seelsorger in der Pfarre St-Nicole du Chardonnet, Paris – **Joseph-Louis Oviéfve** aus Paris, Kaplan in der Pfarre St-Nicole du Chardonnet, Paris – **Jean-François-Marie Benoit de Vourlat** SJ aus Lyon, Spiritual der Schwestern von der Ewigen Anbetung – **Jean-Charles-Marie Bernard** CanAug aus der Diöz. Nantes, Augustiner-Chorherr an St-Victor in Paris, Bibliothekar – **Michel-André-Silvestre Binard** aus der Diöz. Coutances, Professor am Collège de Navarra, Paris – **Claude Bochot** aus der Diöz. Troyes, Doktrinarier, Hausoberer in Paris – **Eustachius Felix** aus der Diöz. Troyes, Doktrinarier in Paris, Prokurator – **Jean-François Bonnel de Pradal** CanAug aus der Diöz. Pamiers, Augustiner-Chorherr im Kloster Ste-Genovefe in Paris – **Claude Ponse** CanAug, Aug.-Chorherr im Kloster Ste-Genovefe in Paris – **Pierre Bonsé** aus Paris, Pfarrer zu St-Sulpice in Massy (Diöz. Versailles) – **Pierre Briquet** aus der Diöz. Soissons, Theologieprofessor am Collège de Navarra in Paris – **Pierre Brisse** aus der Diöz. Beauvais, Kanoniker an der Kathedrale zu Beauvais, Großpönitentiar – **Charles Carnus** aus der Diöz. Rodez, emerit. Professor am Collège Royal in Paris – **Jean-Charles Caron** aus der Diöz. Arras, Pfarrer in Collégien (Diöz. Meaux) – **Bertrand-Antoine de Chaupenne** aus der Diöz. Auch, Kaplan in Montmagny (Diöz. Versailles) – **Nicole Colin,** Pfarrer in Genevrières (Diöz. Langres) – **Sebastien Desbrielles** aus der Erzdiöz. Bourges, Lehrer im Krankenhaus La Piété in Paris – **Jean-Pierre Duval,** Lehrer im Krankenhaus La Piété in Paris – **Louis-François Rigot** aus Amiens, Hausgeistlicher im Krankenhaus La Piété in Paris – **Jacques Dufour** aus der Diöz. Coutances, Kaplan in Maison (Erzdiöz. Paris) – **Denis-Claude Duval** aus St-Etienne-du-Mont, Kaplan in der Pfarre St-Stephan, Paris – **Joseph Falcoz** aus der Diöz. St-Jean-de-Maurienne, Krankenhausseelsorger in Paris – **Gilbert-Jean Fautrel** aus der Diöz. Coutances, Seelsorger am Hospiz für Findelkinder in St-Antoine, Paris – **Philbert Fougères** aus Paris, Pfarrer in St. Laurentius (Diöz. Nevers) – **Louis-Joseph François** aus der Diöz. Cambrai, Regens am Seminar St-Firmin in Paris – **Pierre-Jean Carrigues** aus der Diöz. Rodez, Seelsorger in Paris – **Nicole Gaudreau** aus Paris, Pfarrer in Vert-le-Petit (Diöz. Versailles) – **Georges-Jerôme Giroust** aus der Diöz. Meaux, Kaplan in Genevilliers (Erzdiöz. Paris) – **Joseph-Marie Gros** aus der Diöz. Lyon, Pfarrer an St-Nicole du Chardonnet, Paris – **Jean-Henri Gruyer** aus der Diöz. St-Claude, vom Pariser Missionsseminar, Kaplan in St-Louis, Versailles – **Pierre-Michel Guérin du Rocher** SJ aus der Diöz. Sées, Oberer im Konvertitenhaus in Paris – **Robert-François Guérin du Rocher** SJ, Bruder des vorigen, Seelsorger in Paris – **Ivo-André Guillon de Keranrum** aus der Diöz. St-Brieuc, Kurator am Collège de Navarra, Vizekanzler am Athenäum in Paris – **Julien-François Hédouin** aus der Diöz. Coutances, Schwesternseelsorger in Paris – **Pierre-François Hénocq** aus der Diöz. Amiens, Prof. am Collège de Cardinal Lemoine in Paris – **Eligius Herque du Roule** SJ aus der Diöz. Lyon, Seelsorger im Krankenhaus La Piété in Paris – **Pierre-Louis Joret,** Seelsorger – **Jean-Pierre Le Laisant** aus der Diöz. Coutances, Kaplan in Dugny (Erzdiöz. Paris) – **Julien Le Laisant,** Bruder des vorigen, Kaplan in Videscoville (Erzdiöz. Paris) – **Gilbert-Louis-Symphorien Lanchon** aus der Diöz. Coutances, Spiritual der Schwestern De Port Royal in Paris – **Jacques de la Lande** aus der Diöz. Sées, Pfarrer in Illiers-l'Evêque (Diöz. Evreux) – **Jean-Joseph de Lavèze-Belay** aus der Diöz. Viviers, Seelsorger im Krankenhaus Hôtel Dieu in Paris – **Michel Leber** aus Paris, Pfarrer in La Ville-l'Evêque in Paris – **Pierre-Florence Leclerq** (od. Clerq) aus der Diöz. Amiens, Priester am Seminar St-Nicole du Chardonnet in Paris – **Jean-Charles Legrand** aus Paris, Philosophieprof. am Collège de Lisieux in Paris – **Jean Lemaitre** aus der Diöz. Bayeux, auswärt. Priester in Paris – **Jean-Thomas Leroy** aus der Diöz. Châlon, Dechant in La Ferté-Gaucher (Diöz. Meaux) – **Martin-François-Alexius Loublier,** Pfarrer in Condé-sur-Sarthe (Diöz. Sées) – **Claude-Silvain Mayneaud de Bisefranc** aus der Diöz. Autun, Prediger in Paris – **Claude-Louis Marmotant de Savigny** aus Paris, Pfarrer in Compans-la-Ville (Diöz. Meaux) – **Henri-Jean Millet** aus Paris, Kaplan an St-Hippolyte in Paris – **François-Joseph Monnier** aus Paris, Kaplan an St-Severin in Paris – **François-Marie Mouffle** aus Paris, Kaplan an St-Merry in Paris – **Jean-Michel Philippot** aus Paris, Priester am Collège de Navarra in Paris – **Pierre-Claude Pottier** aus Le Havre, Eudistenpater, Regens am Großen Seminar der Erzdiöz. Rouen – **Jacques-Leonore Rabé** aus der Diöz. Coutances, Kaplan am Waisenhaus für Findelkinder in Paris – **Pierre-Robert Régnet** aus Cherbourg, Seelsorger in der Diöz. Coutances – **Ivo-Jean-Pierre Rey du Kervisic** aus der Diöz. St-Brieuc, Kaplan in St-Jacques-du-Haut-Pas in Paris – **Nicole-Charles Roussel,** Priester am Seminar St-Nicole du Chardonnet in Paris – **Pierre Saint-James** aus Caen, Seelsorger im Krankenhaus La Piété in Paris – **Jacques-Louis Schmid** aus Paris, Pfarrer an St-Jean-Evangeliste in Paris – **Jean-Antoine Seconds** SJ aus der Diöz. Rodez, Seelsorger im Krankenhaus La Piété in Paris – **Pierre-Jacques de Turményes** aus der Erzdiöz. Rouen, Lehrer und Seelsorger am Collège de Navarra in Paris – **René-Joseph Urvoy** aus der Diöz. St-Brieuc, Spiritual am Collège de Trente-Trois in Paris – **Nicole-Marie Verron** SJ aus der Diöz. Quimper, Spiritual bei den Schwestern von der hl. Aura in Paris – **Jean-Antoine-Joseph de Villette** aus der Diöz. Cambrai, aus dem Ludwigsritterorden, Offizier in Paris.

3 Märt. starben am 4. 9. 1792 im Gefängnis La Force in Paris:
Jean-Baptiste Bottex aus der Diöz. Bayeux, Pfarrer in Neuville-sur-Ain – **Michel-François de la Gardette** aus der Diöz. Clermont, Kaplan in der Pfarre St-Gervais in Paris – **François-Hyacinthe Le Livec de Tresurin** SJ aus der Diöz. Quimper, Seelsorger bei den Töchtern von Calvaria in Paris.

Gemeinsames Gedächtnis: 2. September

Lit.: AAS 18 (1926) 415ff, 439ff – Baudot-Chaussin IX 53–71 – G. Gautherot, Sept. 1792 (Paris 1927) – H. Welschinger, Les mart. de Sept. (Paris 1927²) – P. Carron, Les massacres de Sept. (Paris 1935)

f) Am 10. 5. 1934 wurde der Lazaristenpater **Pierre-René** (↗ Petrus Renatus) **Rogue** CM seliggesprochen. Er wurde wegen Verweigerung des Eides auf die Zivilverfassung der Franz. Revolution am 3. 3. 1796 in Vannes (Bretagne) enthauptet.

g) Am 19. 6. 1955 wurden 19 Märt. von Laval seliggesprochen:
In Laval (Dep. Mayenne, Nordwestfrankreich) u. Umgebung wurden eine Anzahl Priester u. Ordensfrauen verhaftet u. im aufgelösten Klarissenkloster in Laval (vulgo „Patience") festgehalten. Im Zusammenhang mit dem Aufstand in der Vendée im Herbst 1793 wurde die Stadt durch königstreue Truppen eingenommen. Die Gefangenen erfreuten sich dadurch einer kurzen Freiheit. Nach der Rückeroberung wurden sie aufs neue ergriffen u. in Laval hingerichtet:
Am 20. 1. 1794 starben 13 Märt.:
Jean-Baptiste Turpin du Cormier, Pfarrer in Laval. Beim Besteigen des Blutgerüstes sprach er das Tedeum – **Jean-Marie Gallot,** Kaplan in Laval u. im Dorf Bazougers, Seelsorger eines Konventes von Benediktinerinnen – **Joseph Pellé.** Er war vorher kurze Zeit Kaplan in Laval u. in einigen Dörfern der Umgebung, anschließend Seelsorger bei den Klarissen im Kloster Patience. Bei seinem Todesgang rief er zur zuschauenden Menge: „Wir haben euch gelehrt, wie ihr leben sollt. Jetzt lernt von uns, wie ihr zu sterben habt!" – **René-Louis Ambroise,** Kaplan in Laval. Früher war er Jansenist, wandte sich aber von dieser Irrlehre ab. Angesichts des Blutgerüstes widerrief er seinen Irrtum noch einmal vor aller Öffentlichkeit – **Julien-François Morin de la Girardière.** Er war einige Jahre Seelsorger in Médonville (Vogesen), zog sich dann krankheitshalber nach Laval zurück, wo er im Haus seines Bruders gepflegt wurde – **François Duchesne,** ein sehr frommer Priester, der ein strenges Bußleben führte – **Jacques André.** Er war zuerst Kaplan in Rouez-en-Champagne, dann Pfarrer in Rouessé-Vassé. Er führte ein heiligmäßiges Leben u. war bekannt wegen seiner Mildtätigkeit gegen die Armen u. Notleidenden – **André Duliou,** zuerst Kaplan an verschiedenen Pfarreien, dann Pfarrer in Saint-Fort – **Louis Gastineau,** ein Jugendseelsorger u.

Seelenführer – **François Migoret-Lambeardière.** Als Pfarrer nahm er sich bes. der Jugend an. Sein öffentlicher Ankläger war früher sein Seelsorgskind – **Julien Moulé,** Pfarrer in Saulges. Er hatte den Konstitutionseid unter gewissen Vorbehalten geleistet, widerrief ihn aber, nachdem Pius VI. ihn verworfen hatte – **Augustine-Emmanuel Philippot** war 50 Jahre Pfarrer in Bazouge-des-Alleux. Auch er hatte zuerst den Eid geleistet, ihn aber später widerrufen; **Pierre Thomas,** Kaplan in der Pfarre Peûton und Krankenhausseelsorger in Château-Gontier.

Am 5. 2. 1794 starben:

Jean-Baptiste Triquerie OFMConv aus Laval. Er war Oberer im Kloster zu Olonne u. Seelsorger bei den Klarissen – **Françoise Mézières** aus der Kongregation der Schwestern Unserer Lieben Frau von der Liebe. Sie war zuerst im Pfarrkinderheim, dann in der Krankenpflege tätig. Vor ihrer Hinrichtung dankte sie den Scharfrichtern wie großen Wohltätern. Am 13. 3. 1794 starb **Françoise Tréhet** von den Schwestern Unserer Lieben Frau von der Liebe. Sie war im Dorf Dompierre in der Mädchenerziehung tätig.

Am 20. 3. 1794 wurde **Jeannette Véron** hingerichtet. Sie war ebenfalls Schwester Unserer Lieben Frau von der Liebe u. mit der vorigen im Dompierre in der Mädchenerziehung tätig. Beide wurden nach ihrer Verhaftung sofort, ohne Gerichtsverfahren, enthauptet.

Am 22. 6. 1794 starb **Marie Lhulier.** Sie war eine Waise und schloß sich den Spitalsschwestern von der Barmherzigkeit Jesu an.

Am 17. 10. 1794 wurde **Jacques Burin** enthauptet, Pfarrer in St-Martin-de-Connée bei Laval. Als er das Breve Pius' VI. der Verurteilung des Konstitutionseides verlas, wurde er aus seiner Pfarrei vertrieben. Er floh von Ort zu Ort u. wirkte im geheimen als Seelsorger weiter. Er wurde verraten u. während der Messe, als er gerade den Kelch in der Hand hielt, von Revolutionären erschossen.

Gedächtnis: am jeweiligen Todestag der Märt.

Lit.: AAS 47 (1955) 445ff

Die Märtyrer von Gorkum

Die Niederlande umfaßten damals auch das heutige Belgien u. Luxemburg. Durch Handel u. Gewerbe waren sie das reichste Land Europas. Nach dem Tod Karls des Kühnen, des Herzogs von Burgund (1467–77), kam der Besitz durch Heirat an die Habsburger. Karl V. teilte das ganze Gebiet seinem Sohn Philipp II. u. damit der spanischen Linie seines Hauses zu. Während aber Karl V. noch als Landsmann galt, war man mit der absolutistischen Politik Philipps II. u. der Verwaltung des Landes durch spanische Beamte bald unzufrieden. Die treibende Kraft beim Abfall von der spanischen Herrschaft wurde die rel. Bewegung, in der der Calvinismus bald die Oberhand gewann. Deren Führer waren verschuldete oder zurückgesetzte Adelige (Wilhelm von Oranien, Egmont, Hoorn, Marnix, Brederode). 1572 kam es zum offenen Aufstand.

Das Land wurde von den Wirren der Glaubensspaltung schon früh ergriffen. Es lösten sich der Reihe nach die Lutheraner, Wiedertäufer, Sakramentierer u. die Biblischen Humanisten vom Katholizismus ab. Um 1560 folgte der Calvinismus, der sich 1561 in der Confessio Belgica eine Bekenntnisschrift gab. Bereits Karl V., ein scharfer Gegner der Reformation, hatte seit 1521 durch Edikte u. Verbote die rel. Neuerung einzudämmen versucht. Philipp II. beantwortete den Protest gegen die Religionsedikte u. die Inquisition wie auch die Ausschreitungen gegen die Katholiken (Bildersturm 1566) mit der Abberufung seiner Schwester Margareta von Parma u. der Einsetzung des strengen Fernando Álvarez de Toledo, Herzogs von Alba, zum Generalkapitän der Niederlande (1567). Dieser begann eine rigorose Verfolgung der Protestanten u. konnte auch in einem blutigen Krieg die südlichen Provinzen für Spanien u. den Katholizismus erhalten. Die Niederländer widersetzten sich dem in einem erbitterten Unabhängigkeitskrieg. Die bürgerliche Mehrheit hatte hier rein politische Ziele vor Augen. Sie fühlten sich dem toleranten Luthertum verpflichtet u. wollten zudem ihre weitreichenden Handelsbeziehungen nicht gefährdet wissen. Eine kleine, aber sehr dynamische u. fest organisierte Minderheit jedoch verfolgte rel. Interessen. Es formierten sich ganze Banden fanatischer Calvinisten, die die Spanier aus dem Land zu vertreiben u. gleichzeitig alles Katholische, insbes. die Priester u. Ordensleute, niederzumachen suchten. Ihre Intoleranz richtete sich oft genug auch gegen die humanistisch eingestellten Lutheraner wie auch gegen die Friedensbestrebungen der liberalen Bürgerlichen.

Solche calvinistischen Horden zogen 1572 mordend u. plündernd durch das ganze Land. Sie sind bekannt als die sog. Geusen (niederl. Geuzen; von franz. gueux = Bettler). Zuerst soll der Graf von Barlaymont, Präsident des Finanzrates, gegenüber Margareta von Parma 1566 die meist verschuldeten niederen Edelleute so genannt haben. Bald wurde die Bezeichnung von diesen Adeligen selbst, die in Opposition zur spanischen Herrschaft standen, als Parteiname übernommen. Nach dem Pogrom unter den Katholiken (1566) trennten sich die Katholiken ab, u. der Name blieb als Bezeichnung der calvinistischen Feinde Spaniens. Man unterschied die Land- u. die Wasser- oder Seegeusen, je nachdem sie das Festland unsicher machten oder als Seeräuber ihr Unwesen trieben. Ihnen schlossen sich Abenteurer u. Piraten an u. solche, die unter den Spaniern in die Verbannung gehen mußten.

Im Frühjahr 1572 kam eine solche Horde von Geusen in die Gegend von Rotterdam. Am 1. April nahmen sie Brielle u. Vlissingen ein, einige Wochen später Dordrecht u. am 26. Juni Gorkum. Die kleine zurückgebliebene Besatzung konnte nicht lange standhalten. Die Geusen nahmen sofort, entgegen ihren Versprechungen, alle Priester u. Ordensleute der Stadt gefangen. Es waren dies (nicht alle Familiennamen sind bekannt bzw. gesichert; ihre Taufnamen sind unbekannt):

Nikolaus Pieck OFM, Guardian des Klosters in Gorkum.* 29. 8. 1534 in Gorkum aus einer verarmten fürstlichen Familie. Er studierte in s'Hertogenbosch, wurde dort Franziskaner-Konventuale und erhielt seine theol. Ausbildung in Löwen. Als Priester u. Prediger sah er seine Hauptaufgabe darin, die Calvinisten zur Kirche zurückzuführen – **Hieronymus von Weert** OFM, * 1522 in Weert, Vikar im Gorkumer Kloster. Er wurde von den Geusen irrtümlich für den Guardian gehalten u. deshalb bes. grausam behandelt – **Theoderich von der Eel** (Eem) OFM – **Nicasius Johnson** OFM, * um 1522 auf Schloß Heeze in Brabant – **Willehad** OFM aus Dänemark; er floh mit seinen 90 Jahren vor den Lutheranern aus seiner Heimat – **Gottfried** OFM aus Melveren, Custos des Klosters u. Kunstmaler – **Anton** OFM von Weert – **Anton** OFM von Hoornaert – **Franz van Roye** OFM – **Peter** OFM, Laienbruder, aus Assche bei Brüssel – **Cornelius** OFM von Wijk bij Duurstede, Laienbruder – **Leonhard Vechel,** Weltpriester, Pfarrer von Gorkum, aus s'Hertogenbosch – **Nikolaus Poppel** (od. Janssen), Weltpriester, Kaplan in Gorkum, von Weert – **Gottfried van Duynen,** Weltpriester – **Johann Lenaerts** CanReg, von s'Hertogenbosch, regulierter Kanoniker im Kloster zu Brielle, Leiter einer Schwesterngemeinschaft in Gorkum.

Die Gefangenen wurden in Gorkum 19 Tage lang eingekerkert, u. alle Versuche, sie zu befreien, schlugen fehl. Am 6. Juli wurden sie halbnackt in einem kleinen Schiff nach Dordrecht gebracht u. dort zunächst dem Gespött des Straßenpöbels preisgegeben. Dann wurden sie Lumey, dem Anführer der Geusen, einem fanatischen Calvinisten u. Feind der Katholiken, vorgeführt. Anschließend veranstaltete man mit ihnen einen Umzug durch die Stadt, wobei man sich alle Mühe gab, kath. rel. Gebräuche ausgiebig zu verhöhnen. Dann wurden sie in einen engen u. finsteren Turm gesperrt, der von Schmutz u. Unrat nur so starrte, bes. dessen unterstes Stockwerk. Dort wurden 4 weitere Gefangene inhaftiert, die in diesen beiden Tagen, dem 7. u. 8. Juli, abfielen: der Pfarrer von Maesdam, der trotz seines Abfalles gehängt wurde; ein Kanoniker aus Gorkum, der später im Frieden mit der Kirche starb, ein Franziskaner-Laienbruder, der einige Jahre später reumütig im Kloster starb; ein Franziskaner aus Lüttich,

der ein lasterhaftes Leben begann u. noch im selben Jahr als Dieb gehängt wurde. An die Stelle der 4 Abgefallenen traten aber 4 andere Blutzeugen:
Johannes Heer OP aus Köln, Pfarrer in Hoornaert; er war nach Gorkum geeilt, um den dort Gefangenen geistlichen Beistand zu leisten, u. wurde dabei selbst festgenommen – **Adrian Janssen** OPraem aus Hilvarenbeek in Brabant (deshalb auch Adrianus Becanus genannt), Pfarrer in Monster – **Jakob Lacops** OPraem aus Aldenaren (Flandern). Er wurde mit 16 Jahren Prämonstratenser in Middelburg, wurde aber nach einigen Jahren Lutheraner. Auf Veranlassung seines Vaters kehrte er nach einigen Monaten wieder zurück u. tat Buße. Die Oberen sandten ihn daraufhin als Kaplan nach Monster zu Pfarrer Adrian. Dort wurde er mit diesem gefangengenommen u. nach Brielle gebracht – **Andreas Wouters**, Weltpriester aus Heinort bei Dordrecht. Durch seinen unwürdigen Lebenswandel hatte er als Pfarrer jahrelang öffentliches Ärgernis gegeben. Als Gefangener ging er in sich u. sühnte seine früheren Sünden durch ein standhaftes Martyrium.
Lumey führte in diesen beiden Tagen mit den Gefangenen lange Dispute u. Verhöre, wobei er an Beschimpfungen u. grausamen Quälereien nicht sparte. Der Streitpunkt konzentrierte sich im wesentlichen auf den Primat des Papstes u. die Gegenwart Christi in der Eucharistie. Da die Gefangenen an ihrem kath. Glauben festhielten, folgten neue u. raffinierte Folterungen. Inzw. ging ein Brief von Wilhelm von Oranien ein mit der Bitte, daß die Priester geschont würden. Doch Lumey kümmerte sich nicht darum. Auch die Katholiken von Gorkum u. der ganze Stadtsenat bemühten sich vergeblich um ihre Befreiung. Lumey, der 2 Tage umsonst versucht hatte, seine Gefangenen zum Übertritt zum Calvinismus zu bewegen, beschloß, sie noch in der Nacht des 9. Juli zu ermorden. Die Exekution fand in einem Holzschuppen des ehemaligen Augustinerklosters in Brielle statt. Die Märt. wurden an 2 Holzbalken gehängt u. mit Messern u. Säbeln in blindwütiger Weise zerfleischt. Bei Tagesanbruch kamen die Schergen wieder, hieben die Leichen gänzlich in Stücke u. warfen die Überreste in einen Graben, wo sie bis 1616 liegen blieben. Sie wurden in die Franziskanerkirche in Brüssel übertragen.
Die 19 Märt. von Gorkum wurden am 24. 11. 1675 selig-, am 29. 6. 1867 heiliggesprochen.

Gedächtnis: 9. Juli

Lit.: ActaSS Iul. II (1747) 736–847 – J. Meerbergen, De H. H. Martelaren van G. (Tongerlo 1928) – Collectanea Franciscana Neerlandica (s'Hertogenbosch 1931) 447ff – D. de Lange, De Martelaren van G. (Utrecht 1957) – W. Lampen: CollFr 28 (1958) 404–411

Die Märtyrer von Japan

Die erste Nachricht von Japan kam im Mittelalter durch Marco Polo nach Europa. Entdeckt wurde das Inselreich erst 1542 durch Portugiesen, welche ein Sturm an die Küste der Insel Kyushu (die südlichste der Hauptinseln) warf. In den nächsten Jahren besuchten portugiesische Seefahrer den Hafen von Kagoshima u. brachten die erste Kunde der christlichen Religion nach Japan. Ein japanischer Edelmann namens Angeroo suchte daraufhin ↗ Franz Xaver in Malakka auf u. erhielt von ihm mit seinen beiden Dienern die erste Katechese. Franz Xaver sandte die 3 zur gründlichen Glaubensunterweisung nach Goa, wo sie zu Pfingsten 1548 als erste Japaner getauft wurden, u. fuhr mit ihnen sowie mit Cosme de Torres SJ u. dem Laienbruder Juan Fernandez SJ nach Japan, wo er am 15. 8. 1549 an der Südspitze der Insel Kyushu landete. Nach vergeblichen Versuchen, in die Hauptstadt Meako zu gelangen, konnte er in Yamaguchi u. Bungo kleine christliche Gemeinden gründen u. kehrte 1551 nach Indien zurück. Seine Begleiter setzten unter der Führung des Cosme de Torres das begonnene Werk fort. Bald kamen auf den Ruf des Franz Xaver weitere Jesuiten nach Japan, wodurch sich der christliche Glaube zunächst sehr ausbreiten u. sogar in Regierungskreise eindringen konnte. 1570, beim Tod des Franz Xaver, gab es in Japan immerhin bereits 20.000–30.000 Christen. Nach dem Tod des Cosme de Torres (1570) leitete der Portugiese Francisco Cabral SJ die japanische Mission. Unter ihm gab es seit 1574 im Ōmura-Gebiet Massenkonversionen, seit 1576 auch in Arima. 1579 wurde Alessandro Valignano SJ neuer Missionsoberer von Japan. Er begründete Seminare für den einheimischen Klerus sowie ein Noviziat u. Studienhäuser für den eigenen Ordensnachwuchs. Er setzte sich für die Anpassung der Missionare an japanische Sitten u. Gesellschaftsformen ein. Unter ihm gab es gegen 300.000 Christen in Japan, die von 54 Jesuiten betreut wurden. Der Shogun (Reichsverweser) Nobunaga war ein Feind des Bonzentums u. daher den Missionaren sehr gewogen. Unter seinem Einfluß wurden die Daimios (Fürsten) von Amakusa, Gotó, Tosa, Arima u. Bungo Christen, wodurch das Ansehen des Christentums weiter stieg. 1582 startete eine Gesandtschaft, bestehend aus hohen japanischen Würdenträgern, unter Führung Valignanos nach Europa u. wurde von Gregor XIII. überaus freundlich empfangen. Die Japaner erlebten auch die Krönungsfeierlichkeiten seines Nachfolgers Sixtus V. u. wurden auch von diesem Papst höchst ehrenvoll u. zuvorkommend aufgenommen. 1590 kehrten sie voll Begeisterung über die christliche Kultur in Europa wieder in die Heimat zurück, was sich in der Folge für die weitere Ausbreitung des Christentums sehr auswirkte. Zu dieser Zeit waren bereits 650.000–750.000 Japaner Christen geworden.

Doch hatte sich in der Zwischenzeit in Japan die Stimmung gegen die Christen schlagartig gewandelt. 1587 erließ der Shogun Toyotomi Hideyoshi, von den Christen meist Taikosama genannt, ein Dekret, wonach alle Missionare des Landes verwiesen wurden. Dies war der Auftakt zu einer blutigen u. grausamen Verfolgung, die bis 1640 andauerte. Der innere Grund dafür lag einerseits in der Ablehnung der Christen, den japanischen Kaiser als Gottmenschen zu verehren, andererseits in der Angst vor politischer Abhängigkeit Japans durch die europäischen Mächte, speziell durch die Portugiesen. Der unmittelbare Anlaß war die Weigerung der christlichen Frauen u. Jungfrauen, sich dem allgewaltigen Vertreter des Kaisers, der sich gerade auf Inspektionsreise durch die christlich gewordenen Provinzen Japans befand, hinzugeben. Die Missionare fügten sich dem Ausweisungsbefehl nur zum Schein, in der Hoffnung, daß sich der Sturm bald legen werde, u. missionierten im geheimen weiter. Auch in dieser Zeit nahm die Zahl der Taufen ständig zu. Hideyoshi wollte aber nicht mit Gewalt, sondern mit List vorgehen. Er plante einen Eroberungsfeldzug gegen Korea (1590–92) u. schickte dazu alle christlichen Fürsten. Er wollte damit die chinesische Oberhoheit über Japan abschütteln. Insgeheim erhoffte er sich dabei wohl, daß in diesem Krieg die christlichen Fürsten aufgerieben würden, doch sie kehrten mit einem glänzenden Sieg zurück.

An der weiteren Verschlechterung der Lage hatten auch spanische Kaufleute wesentlichen Anteil. Seit sich Portugal 1580 gegen Spanien das Handelsmonopol in Japan sichern konnte, versuchten die Spanier alles, dieses Monopol zu durchbrechen. Vor allem suchten sie auch die Missionare für ihre Ziele auszunützen, zuerst mit Bitten u. Versprechungen, dann mit der Drohung, sie an den Shogun auszuliefern. Da sich die Missionare nicht bereit fanden, sich für handelspolitische Dinge herzugeben, sparten die spanischen Kaufleute nicht mit Ränken u. Intrigen aller Art. Bes. ein spanischer Abenteurer namens Feranda verstand es, sowohl den Dominikaner Juan Cobos OP, der 1592 als Gesandter des spanischen Gouverneurs auf den Philippinen nach Japan kam, wie auch Hideyoshi selbst gegen die Jesuiten aufzuhetzen. 1593 kamen einige Franziskaner nach Japan, die zwar sehr eifrig missionierten, aber die bereits sehr angespannte Lage nicht richtig einschätzten u. trotz kaiserlichen Verbotes öffentlich Gottesdienste hielten. Infolge ihrer Tätigkeit kamen neue Verschärfungen der christenfeindlichen Gesetze. Feranda hetzte auch die Franziskaner mit haltlosen Verleumdungen gegen die Jesuiten auf.

Der Zorn Hideyoshis, der die ihm wohlbekannte Tätigkeit der Missionare stillschweigend geduldet hatte, kam durch einen Zwischenfall zum Ausbruch. Im Oktober 1596 strandete eine große spanische Galione an der Südküste von Sikoku. Nach japanischem Recht verfiel ihre Ladung dem japanischen Kaiser. Um sie zu retten, kehrte der Kapitän die unbezwingbare Macht Spaniens heraus u. drohte, sein Land werde Japan überfallen u. besiegen, die Sendboten des spanischen Königs, die Missionare, stünden ohnehin bereits auf japanischem Boden usw. Hideyoshi verurteilte zuerst in seiner Wut alle Christen ohne Ausnahme zum Tod. Doch als man ihm sagte, es seien etwa 1 Million, schreckte er vor einem Massenblutbad zurück u. setzte die Zahl von 200 Christen als abschreckendes Beispiel fest. Später sollten es nur noch 50 sein u. schließlich befahl er, nur die Spanier (die Missionare) mit ihren unmittelbaren Anhängern hinzurichten. So wurden am 9. 12. 1596 in Osaka 6 Franziskaner u. 15 japanische Laienchristen verhaftet u. bis zum 31. 12. in Meako eingekerkert. Auch drei Jesuiten wurden in das Gefängnis zu Meako gesperrt. Daß es sich hiebei nicht um rein politische Dinge drehte, zeigt die Tatsache, daß die japanischen Richter alle Mittel anwandten, um die Inhaftierten, bes. die japanischen Christen, zum Glaubensabfall zu bewegen. Schließlich wurden sie am 2. 1. 1597 zum Tod verurteilt. Ihre Namen sind:

Pedro Baptista OFM, Priester, aus Spanien – **Martino del Asumpcion** OFM, Priester, aus Spanien – **Francisco Blanco** OFM, Priester, aus Spanien – **Filippo de Las Casas** OFM, Laienbruder, aus Spanien – **Francisco de San Miguel** OFM, Laienbruder, aus Spanien – **Gonzalves Garcia** OFM, Laienbruder, geb. in Bassein bei Bombay (möglicherweise waren seine Eltern nicht Portugiesen, sondern Inder, die einen portugiesischen Namen annahmen) – **Paul Miki** SJ, Kleriker, Katechet u. hinreißender Prediger – **Johannes Soan** SJ, Kleriker, von der Insel Gotó – **Jakob Kisai** SJ, Laienbruder, 64 Jahre alt.
Die 15 japanischen Laienchristen gehörten alle dem 3. Orden des hl. Franziskus an:
Cosimus Takeya – **Michael Kozaki** u. dessen Sohn **Thomas Kozaki,** 14 Jahre alt, Ministrant bei den Franziskanern – **Paul Ibarki** – **Leo Karasumo,** Katechist – **Ludwig Ibarki,** 11 Jahre alt, Ministrant bei den Franziskanern – **Anton Deynan,** 13 Jahre alt, Ministrant bei den Franziskanern – **Matthias** von Meako; er stellte sich freiwillig für einen anderen Christen Matthias, der auf der Verhaftungsliste stand, aber nicht ergriffen werden konnte – **Bonaventura** von Meako – **Joachim Sakkakibara,** Arzt – **Franciscus,** Arzt – **Thomas Ozaki,** Dolmetscher – **Johannes Kinoia** – **Paul Suzuki,** Katechist – **Gabriel** von Duisko.
Um sie zu demütigen u. als zum Tod Verurteilte zu kennzeichnen, schnitt man ihnen einen Teil des linken Ohres ab u. führte sie auf Karren überall im Land herum. Doch die beabsichtigte Abschreckung wurde nicht erreicht, im Gegenteil: Überall empfingen sie die Christen in einem wahren Triumph. Bes. die 3 Knaben erregten Mitleid u. Bewunderung. Allerdings hatten sie unter der Kälte u. dem Gespött der heidnischen Zuschauer sehr zu leiden. Zwei japanische Christen, **Franz Fahelante u. Petrus Sukagiro,** blieben ständig bei ihnen u. halfen ihnen, wo sie konnten. Zuerst ließ man sie gewähren, bis man sie vor Nagasaki festnahm u. zu den 24 Verurteilten auf die Karren setzte. Am 4. Februar langte der Zug in Nagasaki an.
Am Vormittag des 5. 2. 1597 zogen die 26 Märt. mit fröhlichen Gesichtern u. Psalmen singend zum Richtplatz, wo sich bereits eine riesige Zuschauermenge eingefunden hatte. Die Heiden waren über den Anblick der Verurteilten ganz ergriffen u. standen stumm vor Staunen. Bes. die Haltung der 3 Knaben, die dem Zug vorausschritten, machte sie zutiefst ergriffen. Am Richtplatz, einem großen, oben geebneten Hügel an der Küste bei Nagasaki, lagen bereits die Kreuze am Boden. Sie wurden daran gefesselt u. mit aufgerichtet. Noch von ihren Kreuzen herab sangen sie Psalmen u. sprachen zu den Umstehenden. Bes. Paul Miki predigte so begeistert, daß die Henker ihres Amtes vergaßen. Als erster starb Philipp de Las Casas OFM. Sein Sitzpflock war zu niedrig angebracht und er hing mit seinem ganzen Gewicht an den Armen. Er litt Namenloses u. drohte zu ersticken. Da befahl der Gouverneur aus Mitleid, ihn zuerst zu töten. Der kleine Anton konnte das „Laudate pueri" nicht mehr zu Ende singen, der kleine Ludwig sang den Psalm zu Ende, dann wurde auch er getötet. Er war erst seit 10 Monaten Christ, getauft u. gefirmt durch Bisch. Martinez SJ. Der Vater

des Johannes Soan hatte die Zuschauerschranke durchbrochen. Er riß ein Stück vom Gewand seines Sohnes ab u. nahm damit von seinem Blut als Reliquie mit. Als letzter starb Petrus Baptista. Schon an das Kreuz gebunden schien er eine Verzückung zu haben, aus der er nicht mehr erwachte. Die 26 Märtyrer wurden 1627 selig-, am 8. 6. 1862 heiliggesprochen.
Gedächtnis: 5. Februar

Im Jahr 1614 begann in Japan eine neue Verfolgungswelle, ausgelöst durch den früheren Shogun Ieyasu, der aber inoffiziell immer noch der tatsächliche Herrscher war. Er gab in diesem Jahr den Befehl heraus, daß alle Missionare das Land zu verlassen hätten. Doch ließ er es bald nicht mehr bei der Verbannung bewenden. Es folgte ein Edikt auf das andere, die Maßnahmen wurden immer unbarmherziger. Wenn es auch viele rühmliche Ausnahmen gab, die Apostasien in den Familien der Daimios nahmen geradezu skandalöse Ausmaße an. Bei Strafe des Feuertodes wurde es schließlich allen Japanern verboten, irgendwelche Beziehungen zu den kath. Priestern zu unterhalten. Diese Strafe erstreckte sich auf alle Familienangehörigen, auch auf die Frauen u. Kinder, ja sogar auf die Nachbarn solcher Christen. Deren Verantwortlichkeit bestand offensichtlich darin, daß sie es unterließen, auf den Gesetzesbrecher in der vom Shogun angeordneten Weise einzuwirken. Die Durchführung dieser Edikte wurde dem jeweiligen Daimios für seine Provinz übertragen.
Die Verfolgungswelle 1614–1640 war die schwerste in Japan. Die Zahl der Märt. bis 1646 wurde auf ca. 1500 geschätzt, bis zur völligen Unterdrückung des Christentums dürften es aber mehrere Tausend gewesen sein. Die Absicht der Verfolger war dabei nicht sosehr die Ausrottung dei Christen als vielmehr die Vernichtung des Christentums selbst, wie die ständig wiederholten Versuche, mit psychischen Quälereien u. physischen Foltern aller Art Apostasien herbeizuführen, beweisen. Solche gab es tatsächlich in großer Zahl, doch ist auch die Standhaftigkeit sehr vieler anderer zu bewundern, die lieber Verbannung, Enteignung, Kerker u. Tod auf sich nahmen, als ihrem Glauben abzuschwören. 1637 erhoben sich die Christen in einem Aufstand, der zunächst soziale Wurzeln hatte, bald aber auch rel. Charakter annahm. Nach dem Fall der Festung Shimabara (1638) wurde das Christentum noch erbitterter ausgerottet u. allen Ausländern ohne Ausnahme das Betreten japanischen Bodens verboten. Einzig die Holländer, die seit 1600 den Portugiesen u. Spaniern Konkurrenz machten, durften einmal jährlich auf der künstlichen Insel Deshima vor Nagasaki ihre Waren anbieten. Doch mußten sie vorher ein Kreuz u. ein Madonnenbild mit Füßen treten (Jesumi-Probe). In der Folge landeten nur noch vereinzelt Missionare in Japan (1708 ein sizilianischer Priester, 1749 drei Jesuiten), die aber sofort verhaftet u. lebenslänglich festgehalten wurden. Von 1666 bis 1848 mußte jeder Verdächtige die Jesumi-Probe bestehen. Erst 1860 konnten sich erstmals wieder franz. Missionare zunächst als Kapläne für die franz. Staatsbürger in den offenen Häfen Yokohama, Hakodate u. ab 1863 auch in Nagasaki niederlassen. 1865 entdeckte Bernard-Thaddée Petitjean MEP in Omura (Nagasaki) eine erste Gruppe von geheimen Altchristen. Bald schlossen sich andere Gruppen in größerer Zahl der kath. Kirche an. Ab 1867 waren sie neuen Quälereien ausgesetzt, doch wurde 1873 praktisch Religionsfreiheit gewährt, die 1889 in die neue Verfassung aufgenommen wurde.
Von den zahlreichen Märt., die in der Verfolgung 1617–1640 starben, werden 205 als Selige verehrt:

Am 22. 5. 1617 wurden in Nagasaki enthauptet: **Petrus von der Empfängnis** OFM, Priester. Er stammte aus Cuerva (Spanien). Er war 1602 nach Japan gekommen u. hatte die Sprache in Rekordtempo bewältigt – **Johann Bapt. Machado** SJ. Er war auf den Azoren als Kind portugiesischer Eltern geboren. Er wurde Jesuit u. wirkte seit 1609 in Nagasaki. Dann wurde er zu den Gotó-Inseln geschickt, wo er unmittelbar nach der Landung ergriffen wurde. Er u. P. Petrus konnten im Gefängnis täglich zelebrieren. Am Tag ihrer Hinrichtung hörten sie einander die Beichte u. sangen die Allerheiligenlitanei. Mit dem Kreuz

in der Hand schritten sie, gefolgt von einer großen Menschenmenge, zum Richtplatz zw. Omura u. Nagasaki. Mit ihnen starb noch ein junger Japaner namens Lẹo, ein Gehilfe des P. Petrus.
Am 1. 6. 1617 wurden zu Omura enthauptet: **Alfons Navarrete** OP, Priester; **Ferdinand Ayalá v. hl. Joseph** OESA, Priester, aus Spanien; u. **Leo Tanaca** SJ, Priester, aus Japan. – Alfons Navarrete war Spanier u. kam 1611 von den Philippinen nach Japan. Hier arbeitete er eng mit den anderen Orden zus. Er gründete Vereinigungen zur Pflege kranker u. ausgesetzter Kinder. Er stellte sich einer Rotte heidnischer Japaner entgegen, die eine Christin gefangenhielten. In dem so entstehenden Aufruhr wurde er zus. mit Ferdinand Ayalá festgenommen.
Am 1. 10. 1617 wurden zu Nagasaki enthauptet: **Kaspar Fikochiró,** u. **Andreas Yakinda,** Japaner. Sie waren Mitglieder der Rosenkranzbruderschaft.

Am 16. 8. 1618 wurde in Meako **Johannes v. d. hl. Martha** OFM, Spanier, enthauptet.

Am 19. 5. 1619 starb **Johannes v. hl. Dominikus** OP, Spanier, unter den Folterungen im Gefängnis zu Suzuta.
Am 18. 11. 1619 starben zu Nagasaki den Feuertod: **Leonhard Kimura** SJ, Laienbruder, Japaner; **Andreas Muraiama Tokuan,** Japaner; **Cosimus Takeja** aus Korea; **Johannes Yoshida Xoum** aus Japan; u. **Dominikus Jorjes** aus Portugal. – Leonhard Kimura stammte aus einer vornehmen japanischen Familie u. hatte eine gute Erziehung genossen, wollte aber aus Demut nicht Priester werden. Er hatte als Vorfahren einen anderen Kimura, der zu den ersten Freunden des Franz Xaver zählte. Er wirkte unter seinen Landsleuten als eifriger Katechist. Er war 2½ Jahre im Gefängnis u. konnte dort noch 96 Menschen, Mitgefangene u. Besucher, taufen. Seine 4 Gefährten waren Freunde u. Helfer von Karl Spinola († 10. 9. 1622) u. anderer Priester; sie waren Mitglieder der Rosenkranzbruderschaft. Alle 5 nahmen das Urteil zum Feuertod mit allen Zeichen der Freude entgegen. Ihr Martyrium glich der Szene, als die röm. Märt. in die Arena zogen. Gegen 20.000 Menschen, darunter viele Christen, waren gekommen, ihre Hinrichtung mitanzusehen. Sie wurden an Pfähle gebunden, um jeden von ihnen errichtete man einen großen Holzstoß, der entzündet wurde. Kein Schmerzenslaut kam aus ihrem Mund. Ihre Überreste warf man ins Meer, doch konnten die Christen noch manche Gebeine bergen.

Am 27. 11. 1619 wurden zu Nagasaki 11 Japaner enthauptet: **Bartholomäus Xeki, Antonius Kimura, Johannes Iwananga, Alexius Nakamura, Leo Nakanishi, Michael Takeshitasa Kangei, Matthias Kozaka, Romanus Mazuwoka Miwota, Matthias Nakano Miwota, Johannes Motoyama u. Thomas Kotenda Kiuna.**

Am 7. 1. 1620 starb unter der Folter im Kerker zu Suzuta **Ambrosius Fernandez** SJ, Laienbruder, aus Portugal.
Am 22. 5. 1620 wurde in Nagasaki **Matthias Arima,** Japaner, grausam zu Tode gemartert. Er war Katechist bei den Jesuiten.
Am 16. 8. 1620 wurden zu Kokura 5 Japaner gekreuzigt: **Simon Bokusai Kiota,** Katechist bei den Jesuiten, u. seine Gattin **Magdalena; Thomas Gengoro,** seine Gattin **Maria** u. sein Sohn **Jakob.** (Bei der japanischen Kreuzigung wurden die Verurteilten an Kreuze gefesselt u. mit Lanzen getötet.)

Am 10. 8. 1622 wurde zu Iki der Japaner **Augustinus Ota** SJ, Kleriker u. Katechist, enthauptet.
Am 19. 8. 1622 wurden zu Nagasaki lebend verbrannt: **Ludwig Florès** OP aus Belgien, **Petrus de Zuñica** OESA aus Mexico u. **Joachim Firaiama** aus Japan. – Gleichzeitig wurden 12 Japaner enthauptet: **Leo Sukemenion, Johannes Foiamon, Michael Díaz, Markus Takenoshika Xineiemon, Thomas Koianagi, Antonius Yamanda, Jakob Mazuwo Denshi, Laurentius Rokuiemon, Paulus Sankiki, Johannes Yango, Bartholomäus Mofioie u. Johannes Matakasi Nangata.** Sie waren Mitglieder der Rosenkranzbruderschaft. Der Verbrennungstod war nur für die Missionare bestimmt.

Am 10. 9. 1622 wurden zu Nagasaki 52 Christen hingerichtet, davon 22 durch den „langsamen Feuertod“: **Franciscus Morales** OP aus Spanien, **Angelo Orsucci** OP aus Italien, **Alonso de Mena** OP aus Spanien, **Joseph v. hl. Hyacinthus** OP aus Spanien, **Hyacinthus Orfanel** OP aus Spanien, **Alexius** OP, Kleriker, aus Japan, **Thomas v. hl. Rosenkranz** OP aus Japan, **Dominikus v. hl. Rosenkranz** OP aus Japan, Kleriker, **Richard v. d. hl. Anna** OFM aus Belgien, **Petrus von Avila** OFM aus Spanien, **Vincentius v. hl. Joseph** OFM aus Spanien, Laienbruder, **Karl Spinola** SJ aus Italien, **Sebastian Kimura** SJ aus Japan, **Gonzalvo Fusai** SJ, Kleriker, aus Japan, **Anton Kiumi** SJ aus Japan, Kleriker, **Petrus Sampó** SJ aus Japan, **Michael Xumpo** SJ aus Japan, Kleriker, **Johannes Kingoku** SJ aus Japan, Kleriker, **Johannes Akafoshi** SJ aus Japan, Kleriker, **Ludwig Cavara** SJ aus Japan, Kleriker, **Leo Sazuma III.** OFM aus Japan u. **Lucia Freitas III.** OFM aus Japan. – Zum „langsamen Feuertod“ wurden die Verurteilten an Pfähle gebunden u. rings herum in einigen Metern Abstand Feuer entzündet. Die Feuer wurden absichtlich klein gehalten, um den Tod der Opfer möglichst lang hinauszuzögern. Einige starben unter der sengenden Strahlenhitze u. in dem erstickenden Rauch schon nach wenigen Stunden, unter ihnen Karl Spinola u. Sebastian Kimura. Andere kämpften mit dem Tod bis in die Nacht hinein oder sogar bis zum anderen Morgen.

Karl Spinola war nach einem ersten vergeblichen Versuch 1602 in Japan gelandet u. konnte 18 Jahre als Missionar wirken. Nach dem Vorbild der Jesuiten am Kaiserhof in China war auch er ein fähiger Astronom u. Mathematiker u. hatte 1612 eine Mondfinsternis vorherberechnet. Er wurde 1618 in Omura eingekerkert u. mit ihm Sebastian Kimura, der erste Japaner, der zum Priester geweiht wurde. Kimura war ein direkter Nachkomme eines Japaners, der von Franz Xaver getauft worden war. – Lucia Freitas war Japanerin von edler Abkunft und mit einem portugiesischen Kaufmann verheiratet. Nach dem Tod ihres Mannes wurde sie Franziskanerterziarin u. stellte ihr ganzes Leben nur noch in den Dienst der Armen u. Verfolgten. Weil sie P. Richard in ihrem Haus beherbergte, wurde sie mit diesem zus. festgenommen u. zum Feuertod verurteilt.

Gleichzeitig wurden 28 Japaner u. 2 Spanier enthauptet: **Antonius Sanga** aus Japan, Katechist bei den Jesuiten, u. seine Frau **Magdalena; Antonius** aus Japan, Katechist bei den Jesuiten, seine Frau **Maria** u. seine Söhne **Johannes** (12 J.) u. **Petrus** (3 J.); **Paulus Nagaishi** (Nangaxi), seine Frau **Thekla** u. sein Sohn **Petrus** (7 J.); **Paulus Tanaka** u. seine Frau **Maria,** Japaner; **Isabella Fernández,** u. ihr Sohn **Ignatius** (4 J.); **Apollonia Kotenda,** Frau des Märt. Kaspar Kotenda († 11. 9. 1622), Japanerin; **Dominikus Yamanda** (Xamada) u. seine Frau **Klara; Maria Tokuan,** die Frau des Märt. Andreas Tokuan († 18. 11. 1619); **Agnes Takeia,** die Frau des Märt. Cosimus Takeia († 18. 11. 1619); **Dominikus Nagata,** Sohn des Märt. Matthias Nakano († 27. 11. 1619); **Bartholomäus Xikiemon** (Kikiemon); **Damian Yamitshi Tanda** u. sein Sohn **Michael** (5 J.); **Thomas Xikiro,** ein alter Mann; **Rufus Yashimoto; Maria Xoum,** die Frau des Märt. Johannes Yoshida Xoum († 18. 11. 1619); **Clemens Vom** u. sein Sohn **Antonius; Dominika Ongata; Katharina,** eine alte Witwe; **Maria Tanaura.**

Isabella Fernandez, eine spanische Witwe, war mit Karl Spinola eng befreundet. Dieser hatte einst auch ihr Kind getauft. Als er die Frau unter den Verurteilten sah, fragte er: „Wo ist denn mein kleiner Ignatius?“ „Hier ist er“, rief die Mutter und hob den Kleinen empor. „Ich habe ihn mitgebracht, daß er für Christus sterbe, bevor er alt genug ist, um gegen ihn sündigen zu können.“ Da kniete das Kind vor dem Priester nieder, um seinen Segen zu empfangen. Der Kleine sah zu, wie man seine Mutter enthauptete. Dann machte er mit eigener Hand seinen Nacken zur Enthauptung frei. So starben die 52 Märt. Es waren ca. 30.000 Menschen von nah u. fern gekommen, um eine Sensation zu erleben. Der standhafte Glaubenstod der Christen machte sie stumm vor Ergriffenheit.

Am 11. 9. 1622 wurden zu Nagasaki 3 Japaner enthauptet: **Kaspar Kotenda** aus der königlichen Familie in Firando, Katechist

bei den Jesuiten; **Franciscus Takeia** (12 J.) Sohn des Märt. Cosimus Takeia († 18. 11. 1619) u. **Petrus Xikiemon** (Kikiemon) (7 J.), Sohn des Märt. Bartholomäus Xikiemon († 10. 9. 1622).
Am 12. 9. 1622 wurden zu Omura 6 Christen lebendig verbrannt: **Thomas Zumarraga** OP aus Spanien; **Mancio v. hl. Thomas** OP aus Japan; **Apollinaris Franco** OFM aus Spanien; **Franciscus v. hl. Bonaventura** OFM, Laienbruder, Japaner; **Petrus v. d. hl. Clara** OFM, Laienbruder, Japaner; **Dominikus** OP, Japaner. Apollinaris Franco stammte aus Aguilar in Kastilien. Er erwarb in Salamanca den Doktorgrad u. wurde Franziskaner. 1600 kam er auf die Philippinen u. von dort nach Japan. In Nagasaki hörte er, daß in der ganzen Provinz Omura kein einziger Priester mehr auf freiem Fuß sei, u. begab sich dorthin. Er wurde verhaftet u. in ein überfülltes Gefängnis geworfen, wo er 5 Jahre schmachtete. Mit ihm waren noch 8 Franziskaner, 8 Dominikaner, 6 Jesuiten u. eine größere Anzahl japanischer Laienchristen gefangen. Einige waren bereits 5 Jahre in Haft. Sie waren alle zur Hinrichtung bestimmt.
Am 15. 9. 1622 wurde zu Firando **Camillus Costanza** SJ aus Italien, Priester, lebendig verbrannt.
Am 2. 10. 1622 wurde zu Nagasaki **Ludwig Yashiki** aus Japan lebendig verbrannt; seine Frau **Lucia** u. seine Söhne **Andreas** (8 J.) u. **Franciscus** (4 J.) wurden enthauptet.
Am 1. 11. 1622 wurden zu Shimabara lebendig verbrannt: **Petrus Paulus Navarra** SJ aus Italien, **Dionysius Fugishma** SJ aus Japan, Novize, **Petrus Onizzuka Sandaju** SJ aus Japan, Novize, und **Clemens Kiujemon** aus Japan.
Das war das „große Martyrium von 1622", der Höhepunkt dieser 2. Verfolgungswelle. Überall wurden die Christen aufgespürt u. zu Tausenden hingerichtet. Der englische Kapitän Richard Cocks etwa sah in Meako 55 Christen sterben, unter ihnen kleine Kinder, kaum 5 oder 6 Jahre alt, die in den Armen ihrer Mütter verbrannten u. schrien: „Jesus, nimm meine Seele auf!" Sehr viele schmachteten schon seit Jahren in den Gefängnissen u. vegetierten unter unmenschlichen Bedingungen dahin, stündlich ihre Hinrichtung erwartend. Dabei wurden sie immer wieder körperlichen u. seelischen Torturen unterworfen, die sie zur Apostasie zwingen sollten. Doch nur wenige fielen ins Heidentum zurück.
Am 4. 12. 1623 wurden in Yedo (heute Tokio) lebendig verbrannt: **Franciscus Galvez** OFM aus Spanien, **Hieronymus De Angelis** SJ aus Sizilien u. **Simon Yempo** SJ aus Japan, Novize u. Katechist. – Franciscus Galvez stammte aus Kastilien. Während seiner Studien in Valencia trat er dem Franziskanerorden bei u. wurde zum Sprachstudium auf die Philippinen geschickt. 3 Jahre später ging er nach Japan, wo er erfolgreich wirkte u. auch mehrere Werke ins Japanische übersetzte. Er wurde dann nach Manila verbannt, konnte aber 1618 als Schwarzer verkleidet u. für seine Überfahrt arbeitend wieder zurückkehren. 5 Jahre wirkte er heimlich u. unter ständiger Lebensgefahr, bis er mit etwa 50 anderen Christen verhaftet u. auf einem Hügel nahe bei der Stadt den „langsamen Feuertod" starb. Als die Verurteilten bereits an ihre Pfähle gebunden waren, ritt ein vornehmer Japaner heran u. bekannte sich öffentlich als Christ. Sein Beispiel spornte viele andere Christen an, sie kamen herzu, fielen auf die Knie u. bekannten ebenfalls ihren Glauben. Die Henker kamen dadurch in Verwirrung u. beeilten sich, die Hinrichtung zu vollenden.

Am 22. 2. 1624 starb zu Shendai **Jakob Carvalho** SJ (portug. Diogo, span. Diego, in den lat. Quellen irrtümlich oft Didacus genannt). * 1578 in Coimbra (Portugal). Er ging 1600 in den Fernen Osten, wurde in Makao zum Priester geweiht u. arbeitete anschließend 5 Jahre bei Meako (heute Kyoto). Ende 1614 ging er über Makao nach Cochin-China, kehrte aber nach 3 Jahren wieder nach Japan zurück, wo er unter schwierigsten Bedingungen im Norden der Hauptinsel Hondo missionierte. Mindestens zweimal kam er auch nach Yezo (heute Hokkaido), wo er als erster Priester wirkte u. wo er als erster Europäer mit den Ainus, der japanischen Urbevölkerung, in Berührung kam, von denen er in seinen Briefen eine interessante Beschreibung gab. In der Verfolgung, die hier 1623–24 wütete, verbarg er sich mit 11 anderen Christen in den Bergen. Durch Fußspuren im Schnee

wurden sie entdeckt u. alle verhaftet. Am 18. 2. wurden Carvalho u. die übrigen 9 Christen zu Shendai nackt ausgezogen u. in eiskaltes Wasser gesetzt u. gezwungen, ununterbrochen aufzustehen u. wieder niederzusitzen. Nach 3 Stunden zog man sie heraus und warf sie in den Sand. 2 von ihnen starben an Entkräftung. 4 Tage hindurch versuchten die Heiden, die Überlebenden, bes. Carvalho, zum Abfall vom Glauben zu bringen. Am 22. 2. wiederholte man die Tortur den ganzen Nachmittag hindurch. Je unmenschlicher die Quälerei war, umso lauter beteten die Verurteilten, während Carvalho seinen Getreuen immer wieder Mut zusprach. Bei Sonnenuntergang war nur noch er allein am Leben; er starb kurz vor Mitternacht. Andernmorgens wurden die Leichen mit dem Schwert zerstückelt u. in den nahen Fluß geworfen. Das Haupt Carvalhos u. von 4 anderen Märt. konnte geborgen werden.
Am 25. 8. 1624 starben zu Shimabara den langsamen Feuertod: **Michael Carvalho** SJ (nicht verwandt mit Jakob Carvalho, † 22. 2. 1624) aus Portugal; **Petrus Vasquez** OP aus Spanien; **Ludwig Sotelo** OFM aus Spanien; **Ludwig Sasanda** OFM aus Japan; **Ludwig Baba** OFM aus Japan, Laienbruder. – Michael Carvalho wurde 1577 in Braga (Portugal) geboren, trat 1597 dem Jesuitenorden bei u. wurde auf eigenen Wunsch 1602 nach Indien gesandt. Im Kolleg von Goa bereitete er 15 Jahre lang als Lehrer die zukünftigen Missionare auf ihre Arbeit vor. Endlich wurde sein Wunsch erfüllt u. er konnte selbst nach Japan segeln. In Malakka erlitt er Schiffbruch. Er ging zuerst nach Makao, dann nach Manila (Philippinen). Als Soldat verkleidet gelang es ihm, nach Japan zu gelangen u. 2 Jahre trotz der Verfolgung auf der Insel Amakusa (vor Nagasaki) zu wirken, bis er durch einen Spitzel angezeigt wurde. Er lag über ein Jahr im Gefängnis in Ketten, doch konnte er Briefe hinausschmuggeln, in denen seine Sehnsucht nach dem Martyrium in ergreifender Weise zum Ausdruck kommt. – Ludwig Sotelo kam 1603 nach Japan u. wirkte 10 Jahre mit großem Erfolg. Er begleitete Hasekura Rokuyemon, der als Gesandter mit einem großen Gefolge zu Papst Paul V. u. zum spanischen König zog. Er landete 1622 wieder in Japan mitten in der großen Verfolgung. Er wurde sofort verhaftet, 2 Jahre lang gefangengehalten u. schließlich in Shimabara hingerichtet. – Diese 5 Ordensleute schmachteten bis zu ihrem qualvollen Tod jahrelang im Kerker unter menschenunwürdigen Bedingungen.
Am 15. 11. 1624 wurde zu Nagasaki **Caius** (Gaius) aus Korea lebendig verbrannt. Er war Katechist bei den Jesuiten.

Am 20. 6. 1626 wurden zu Nagasaki lebendig verbrannt: **Franciscus Pacheco** SJ aus Portugal; **Balthasar De Torres** SJ aus Spanien; **Johann B. Zola** SJ aus Italien; **Petrus Rinshei** SJ (Rinxei) aus Japan, Kleriker; **Vinzenz Kaun** SJ aus Korea, Kleriker; **Johannes Kinsako** SJ aus Japan, Kleriker (Novize?); **Paulus Xinsuki** SJ aus Japan, Kleriker; **Michael Tozó** SJ aus Japan, Kleriker; **Kaspar Sadamazu** SJ aus Japan, Laienbruder. – Franz Pacheco sprach schon als Kind mit Bestimmtheit von seinem künftigen Martyrium. Er wurde 1584 Jesuit u. als solcher auf eigenen Wunsch in die japanische Mission geschickt, aber nach kurzem Aufenthalt wieder zurückgerufen. Doch Ludwig Cerquiera SJ, der neuernannte Missionsbischof, nahm ihn als Generalvikar mit. Nach dem Tod des Bischofs 1614 u. nach dem Ausweisungsbefehl an alle Missionare ging er für einige Zeit außer Landes, kam aber als Kaufmann verkleidet wieder nach Japan zurück. Hier konnte er 11 Jahre unter ständiger Lebensgefahr arbeiten, bis er ergriffen wurde.
Am 12. 7. 1626 starben zu Nagasaki 9 japanische Christen: **Mancio Araki; Matthias Araki; Petrus Araki** u. dessen Frau **Susanna; Johannes Tanaka** u. seine Frau **Katharina; Johannes Naisen,** dessen Frau **Monika** u. deren Sohn von 7 Jahren (Name nicht angegeben). Sie erlitten verschiedene Martern.

Am 29. 7. 1627 erlitten zu Omura den Feuertod: **Ludwig Bertran** OP aus Spanien; **Mancio v. hl. Kreuz** OP aus Japan, Laienbruder; **Petrus v. d. hl. Maria** OP aus Spanien, Laienbruder.
Am 16. 8. 1627 wurden zu Nagasaki lebendig verbrannt: **Franciscus v. d. hl. Maria** OFM aus Japan; **Bartholomäus Laurel**

OFM aus Mexiko, Laienbruder; **Antonius v. hl. Franciscus** OFM aus Japan, Laienbruder; sowie die japanischen Dominikaner-Terziaren **Franciscus Kurobioye, Caius Yiyemon, Magdalena Kiota u. Francisca.**
Gleichzeitig wurden die Franziskaner-Terziaren enthauptet: **Kaspar Vaz, Thomas Wo, Franciscus Kufioye, Lukas Kiyemon, Michael Kizayemon, Ludwig Mazuo, Martin Gomez u. Maria.**
Am 7. 9. 1627 wurden zu Nagasaki lebendig verbrannt: **Thomas Zugi** SJ aus Japan; **Ludwig Maki** u. sein Sohn **Johannes.** – Thomas Zugi stammte aus vornehmer japanischer Familie. Schon als Kind wurde er Christ. Während der Verfolgung konnte er, als Träger verkleidet, weiter als Missionar wirken. Einmal allerdings verlor er die Nerven u. bat um Lösung von den Ordensgelübden, widerrief aber diesen Schritt schon am nächsten Tag. Als er gerade im Haus des Ludwig Maki die Messe feierte, wurde er durch einen Apostaten verraten, über ein Jahr im Gefängnis festgehalten, gefoltert u. schließlich zum Feuertod verurteilt. Er ließ es nicht zu, daß seine Familienangehörigen ihn durch Bestechungsgelder freikauften. Mitten in den Flammen sang er den Psalm „Laudate Dominum omnes gentes".
Am 8. 9. 1628 wurden zu Nagasaki lebendig verbrannt: **Antonius v. hl. Bonaventura** OFM aus Spanien, ein ungemein erfolgreicher Missionar; **Dominikus** OFM aus Nagasaki, Laienbruder; **Dominikus Castellet** OP aus Spanien; **Thomas v. hl. Hyacinthus** OP aus Japan, Laienbruder; **Antonius v. hl. Dominikus** OP aus Japan, Laienbruder; **Johannes Tomaki** aus Japan u. seine 4 Söhne. **Dominikus** (16 J.), **Michael** (13 J.), **Thomas** (10 J.) u. **Paulus** (7 J.); **Johannes Imamura; Paulus Ayabara.** Gleichzeitig wurden 10 Japaner enthauptet: Die 3 Brüder **Romanus, Leo u. Jakob Faiashida; Matthäus Alvarez; Michael Yamanda** und sein Sohn **Laurentius; Ludwig Nifaki** und seine 2 Kinder **Franciscus** (5 J.) u. **Dominikus** (2 J.); eine alte Frau namens **Luise.** – Die 17 Japaner waren alle aus dem 3. Orden des hl. Dominikus (möglicherweise waren einige Franziskaner-Terziaren).
Am 16. 9. 1628 wurden zu Nagasaki enthauptet: **Michael Fimonoia, Paulus Fimonoia** u. **Dominikus Xobioie.** Sie waren Japaner u. Dominikaner-Terziaren.
Am 25. 12. 1628 wurde in Nagasaki **Michael Nagashima** SJ aus Japan zu Tode gefoltert.

Am 28. 9. 1630 wurden zu Nagasaki enthauptet: **Johannes Chozamburo; Mancio Cheisaimon; Michael Taiemon Kinoshi; Laurentius Fakizo; Petrus Terai Kufioie** u. **Thomas Terai Kufioie.** Sie waren Japaner u. gehörten dem 3. Orden des hl. Augustinus an.

Am 3. 9. 1632 starben bei Nagasaki eines qualvollen Todes: **Bartholomäus Gutierez** OESA aus Mexico; **Vincentius Carvalho** OESA aus Portugal; **Franciscus v. Jesus Ortega** OESA aus Spanien; **Antonius Ixida** SJ aus Japan; **Hieronymus De Torres** aus Japan, Weltpriester u. Franziskaner-Terziar, **Gabriel v. d. hl. Magdalena Fonseca** OFM aus Spanien, Laienbruder. – Anton Ixida wurde 1569 geboren. In der Mission spielte er eine dominierende Rolle durch seine Redegewandtheit, Energie u. Kenntnis des Volkes. Er führte viele Apostaten zurück u. gewann eine große Zahl von Konvertiten. In der Verfolgung betreute er von 1617 bis Ende 1629 die Gefangenen in der Provinz Arima. Bei einem Gang zu einem Kranken in Nagasaki wurde er verhaftet, nach Omura überstellt u. dort 2 Jahre in Haft gehalten. Anschließend wurde er mit einigen anderen wieder nach Nagasaki zurückgebracht. Dort machte man vermehrte Anstrengungen, ihn und seine Gefährten zum Glaubensabfall zu bewegen. Dabei wandte man eine spezielle Folter an: Zw. Nagasaki u. Simbara entspringt eine heiße Schwefelquelle, deren Wasser die menschliche Haut zu schmerzhafter Entzündung bringt. Die Verurteilten wurden mehrere Stunden lang in das heiße Wasser getaucht, bis sie ganz mit offenen Schwären bedeckt waren. Hernach ließ man sie wieder genesen. Dann wurden sie wieder hineingetaucht u. so fort, einen ganzen Monat lang. Da die Verurteilten am Glauben festhielten, wurden sie schließlich lebendig verbrannt.

Die 205 Märt. von Japan wurden am 7. 7. 1867 seliggesprochen.
Anläßlich seiner Philippinenreise hat Johannes Paul II. am 18. 2. 1981 in Manila Lorenzo Ruiz, Domingo Ibánez de Erquicia, Jacob Kyushei Tomonaga und 13 Gefährten seliggesprochen. Es war dies die erste Seligsprechung, die außerhalb Roms stattfand.

Gedächtnis: am jeweiligen Todestag des einzelnen Märt.

Lit.: Streit IV–VI, X (Quellen, Lit.) – C. R. Boxer, The Christian Century in Japan 1549–1650 (Berkeley 1951) – J. Laures, Die kath. Kirche in Japan (Kaldenkirchen 1956) – J. F. Schütte, Valignanos Missionsgrundsätze für Japan I/1–2 (Rom 1951–58) – J. L. Van Hecken, Un siecle de vie cath. au Japon 1859–1959 (Tokio 1960)

Die Märtyrer in Kanada

Die Irokesen waren um 1600 bereits seßhafte Bauern, Jäger u. Fischer u. wohnten um den Ontario-See. Sie waren kein einheitlicher Indianerstamm, sondern gliederten sich zunächst in 2 größere Gruppen von Stämmen, die sprachlich miteinander verwandt waren: die Süd-Irokesen u. die Nord-Irokesen (Huronen). Die 5 Stämme des Irokesenbundes im Süden waren (von Ost nach West): die Mohawk, Oneida, Onondaga, Cayuga u. Seneca. Diese bewohnten im wesentlichen das Gebiet des heutigen US-Staates New York (etwa zw. Albany u. Buffalo). Nördlich des Ontario-Sees, von der Georgian Bay des Huron-Sees bis etwa Montreal, lebten die Huronen (aus franz. hure – struppiger Kopf). Sie hießen eigentlich Wendat oder Wyandat u. waren eine Konföderation von 4 Stämmen (von Ost nach West): Attignawatan, Tohontaenrat, Attigneenongnahac u. Arendahronon. Sie kamen schon um 1534 am St.-Lorenz-Strom mit Europäern in Kontakt, seit 1615 wurden sie von den Jesuiten missioniert.
Etwa ab 1648 unterjochten die Süd-Irokesen, bes. die Senecas, die benachbarten Indianerstämme, vor allem die Huronen im Norden. Die Huronen wurden z. T. von den Senecas adoptiert, z. T. anderen Konföderationen angeschlossen, wie den benachbarten Neutrals u. den Eries, nach deren Niederlage sie flüchten mußten. Die Süd-Irokesen waren durch ihren Pelzhandel mit den Europäern schon früh in den Besitz von Gewehren gekommen u. den anderen Stämmen damit überlegen. Die Jesuitenmissionare gerieten mitten in diese Stammesfehden hinein.
Bei den Märt. in Kanada unterscheidet man die sog. kanadische Gruppe: Jean de Brébeuf, Antoine Daniel, Charles Garnier, Gabriel Lallemand u. Noël Chabanel, die auf dem Gebiet des heutigen Kanada starben; u. die sog. amerikanische Gruppe: Isaac Jogues, René Goupil und Jean de la Lande, die auf dem Gebiet der heutigen USA getötet wurden.

Johann (Jean) **de Brébeuf** SJ
* am 25. 3. 1593 in Condé-sur-Vire (Normandie). Er trat 1617 dem Jesuitenorden bei. Er war von riesiger Statur u. Körperkraft, doch das Studium fiel ihm sehr schwer. Er wurde 1624 zum Priester geweiht u. fuhr 1625 nach Kanada, wo in Quebec die 1. Jesuitenmission entstand. Er zog im Winter 1625/26 zu den Algonkins, um Sprache u. Sitten der Eingeborenen kennenzulernen. Dann zog er über den oberen Lorenzstrom bis zum Huronsee u. gründete dort unter den Huronen eine Missionsstation, wo er bis Juli 1628 blieb, u. kehrte dann nach Quebec zurück. Hier wurde er am 19. 7. 1629 zus. mit seinen Mitbrüdern durch englische Piraten nach Europa entführt. Nach dem Friedensschluß zw. England u. Frankreich konnte er am 26. 3. 1633 wieder nach Kanada reisen. Mit Gabriel Lallemand suchte er unter großen Strapazen u. Gefahren wieder die Huronen auf u. konnte in kurzer Zeit einige vielversprechende Stationen gründen. Er verfaßte einen Katechismus in der Huronensprache sowie eine Grammatik und ein Wörterbuch. 1642 wurde er nach Quebec gerufen, wo er eine Indianerreduktion leiten sollte. Doch neue Feindschaft zw. Frankreich u. England entzweite auch die dortigen Indianer u. gefährdete die Huronenmission. So kehrte er bald wieder dorthin zurück. Die Irokesen brachen ein u. vernichteten in jahrelangem Blutvergießen die ganze Mission. Er wurde mit Gabriel Lallemand auf

der Station St-Ignace von den Irokesen gefangen. † am 16. 3. 1649 in der Nähe der Station St-Marie (heute Ontario) am Marterpfahl einen qualvollen Tod.
Zur Bekehrung der Irokesen ↗ Katharina Tekakwitha

Gabriel Lallemand SJ
* am 10. 10. 1610 in Paris. Er trat 1630 dem Jesuitenorden bei u. folgte seinen Onkeln Hieronymus Lallemand SJ u. Charles Lallemand SJ in die kanadische Mission. Zuerst lebte er 2 Jahre in Quebec, um die Sprache der Eingeborenen zu erlernen, dann wirkte er mit Jean de Brébeuf bei den Huronen in St-Ignace u. St-Louis. Nach der Zerstörung d. Missionsstation St-Louis durch die Irokesen ging er nach St-Ignace zurück u. wurde dort, kaum einen Monat nach seiner Ankunft, mit seinem Führer Jean de Brébeuf von den Irokesen gefangengenommen. † am 17. 3. 1649 am Marterpfahl.

Anton (Antoine) **Daniel** SJ
* am 27. 5. 1598 in Dieppe (Nordfrankreich, am Ärmelkanal). Nach seinen philos. Studien trat er 1621 in Rom der Gesellschaft Jesu bei u. ging 1633 in die kanadische Mission. Zuerst erlernte er in Quebec 2 Jahre die Sprache der Eingeborenen u. wirkte als Lehrer an einer Indianerschule. Dann lebte er ununterbrochen in der Wildnis der Huronenmission. Er weilte gerade auf der Station Ihonatiria, als am 4. 7. 1648 die heidnischen Irokesen mit ca. 1000 Mann einfielen. Die Gegenwehr war von vornherein aussichtslos, da viele Krieger des Huronenstammes nach Trois Rivières zum Verkauf von Pelzen gezogen waren. Während draußen der Kampf tobte, taufte Daniel in der Kirche u. erteilte er die Lossprechung. Als die Feinde in die Kirche drangen, trat er ihnen entgegen u. wurde von einem Pfeilhagel durchbohrt. Eine Kugel machte seinem Leben ein Ende. Sein Leichnam wurde in die Kirche geworfen u. mit dieser verbrannt.

Karl (Charles) **Garnier** SJ
* am 25. 5. 1606 in Paris. Er besuchte das Jesuitenkolleg in Clermont u. trat 1624 in die Gesellschaft Jesu ein. Nach seiner Priesterweihe ging er 1636 in die kanadische Mission u. wirkte 14 Jahre unter den Huronen, deren Sprache er in 6 Monaten meisterte. Während die Indianer Jean de Brébeuf wegen seiner großen Gestalt u. seines unternehmenden Temperamentes den „Löwen" nannten, bezeichneten sie Charles Garnier, der klein u. zart von Gestalt war u. ein einnehmendes Wesen hatte, als das „Lamm". Garnier arbeitete zuerst mit Isaac Jogues, später mit Claude Pijart beim Stamm der Tabakindianer, wo er großen Erfolg hatte. Im Vernichtungskrieg der Irokesen gegen die Huronen erlitt er 9 Monate nach Jean de Brébeuf u. Gabriel Lallemand das gleiche Schicksal. Die Irokesen überfielen am 7. 12. 1649 das Huronendorf Etharita (St-Jean) vom Osten her, während die Krieger des Dorfes nach Westen gegen die Irokesen ausgezogen waren. Die wehrlose Bevölkerung, darunter auch die Missionare, wurden niedergemacht.

Natalis (Noël) **Chabanel** SJ
* am 2. 2. 1613 in Mende (Südfrankreich). Er trat 1630 in Toulouse der Gesellschaft Jesu bei und ging nach seiner Priesterweihe 1643 in die kanadische Mission. Er wirkte zuerst bei den Algonkins u. dann als Mitarbeiter bei Charles Garnier bei den Huronen. Das Leben bei den Eingeborenen u. die Erlernung ihrer Sprache fiel ihm sehr schwer. Er verpflichtete sich aber durch ein besonderes Gelübde, die Mission nicht freiwillig zu verlassen. Er wurde am 8. 12. 1649 auf der Station St-Marie (heute Ontario) durch einen abgefallenen Huronen ermordet.

Isaac Jogues SJ
* am 10. 1. 1607 in Orléans. Er trat 1624 in Rouen dem Jesuitenorden bei mit der Absicht, in die Mission zu gehen. Nach seiner Priesterweihe lehrte er in Rouen Literatur u. konnte erst im April 1636 in die kanadische Mission gehen. Nach seinen Sprachstudien in Quebec ging er in die von Jean de Brébeuf gegründete Huronenmission am Huronsee, wo er 6 Jahre wirkte, bes. auf der Station Sault-St-Marie, zeitweise auch weiter südl. im Nordwesten des heutigen US-Staates Ohio. Auf der Rückkehr von einer Fahrt nach Quebec fiel er im August 1642 mit René Goupil u. einigen christli-

chen Huronen in die Hände der heidnischen Irokesen. 12 Monate blieb er in qualvoller Gefangenschaft, wollte aber nie die Gelegenheit zur Flucht ergreifen, um unter den Irokesen missionieren zu können. Er taufte 70 Kinder u. alte Leute u. stand seinem Gefährten René Goupil in seinem Sterben bei, den ein heidnischer Irokese mit dem Tomahawk erschlug. Endlich, als sein Tod beschlossene Sache war, floh er am 31. Juli 1643 mit Unterstützung der im nahen Fort Albany (James Bay) stationierten Holländer u. gelangte auf einer langen Fahrt auf dem Hudson River unter unglaublichen Abenteuern nach New Amsterdam (im heutigen US-Staat New York) u. von dort nach Frankreich, wo er mit großer Verehrung aufgenommen wurde. Er erhielt Auszeichnungen von Papst Urban VIII. u. dem franz. König. Er reiste aber bereits 1644 wieder nach Kanada. Im Mai 1646 ritt er auf demselben Weg, den er 4 Jahre zuvor als Gefangener zurückgelegt hatte, im Auftrag des franz. Gouverneurs zu den Irokesen (Mohawks) u. brachte wider Erwarten einen Frieden zw. den Mohawks u. den Franzosen zustande. Er wurde von den Mohawks gut aufgenommen u. konnte viele Bekehrungen erwirken. Doch eine Epidemie u. eine Mißernte ließen die Stimmung dieser abergläubischen Leute schnell umschlagen. Er wurde mit seinen Begleitern von einer Schar Krieger überfallen u. gemartert. Dann wurde er in das Mohawk-Dorf Ossernenon (heute Auriesville) geschleppt u. starb dort am Marterpfahl einen qualvollen Tod.

Renatus (René) **Goupil** SJ
* 1607 in Angers. Er wurde als Laienbruder in die Gesellschaft Jesu aufgenommen, wegen seiner schwachen Gesundheit aber wieder aus dem Noviziat entlassen. So ging er aus eigenem Antrieb nach Kanada, um sich dort den Jesuiten für die Arbeit in den Missionen zur Verfügung zu stellen. Er verstand sich auf die ärztliche Kunst und half 2 Jahre auf der Krankenstation einer Huronenmission u. wirkte auch unter den Kranken apostolisch. Zus. mit Isaac Jogues u. den übrigen Gefährten fiel er in die Hände der Irokesen. Isaac Jogues wurde zwar nicht gefangengenommen, er stellte sich aber den Irokesen freiwillig, um bei seinen Mitbrüdern sein zu können. Er u. René Goupil wurden bes. grausam behandelt. Sie wurden von einem Dorf ins andere geschleppt, überall wurden sie grausam geschlagen, mit brennenden Holzscheiten gesengt, an den Händen verstümmelt. Isaac Jogues wurde einmal eine ganze Nacht hindurch mit ausgespannten Armen aufgehängt u. der quällüstigen Willkür der Frauen u. Kinder preisgegeben. Daraufhin wurden beide in eine entbehrungsreiche Sklaverei genommen. In dieser Zeit konnten sie aber etwa 70 Irokesen die Taufe spenden. Nach einigen Wochen legte René Goupil in die Hände von Isaac Jogues die Ordensgelübde ab. Nach einigen Tagen machte er einem Irokesenkind das Kreuzzeichen auf die Stirn. Das sah ein alter Irokese u. erschlug ihn mit seinem Tomahawk. So starb er am 29. 9. 1642 in der Nähe von Auriesville (im heutigen Staat New York).

Johann (Jean) **de la Lande**
Er stammte aus Dieppe (Nordfrankreich, am Ärmelkanal). Aus seinem früheren Leben ist fast nichts bekannt. Er wurde Missionshelfer bei den Jesuitenmissionaren in Kanada. Aus Mangel an Laienbrüdern hatte der Missionsobere Hieronymus Lallemand SJ unter seinen Mitarbeitern auch fromme, glaubenseifrige junge Männer, die sich ohne Ordensgelübde lebenslang zum Dienst in der Mission verpflichteten (ein sog. donné), unter ihnen auch Jean de la Lande. Isaac Jogues muß ihn sehr geschätzt haben, da er ihn auf seiner 2. Reise zu den Irokesen mitnahm. Auf dieser fanden beide den Tod. Sie wurden am 17. 10. 1646 von Irokesen überfallen u. in das Dorf Ossernenon (heute Auriesville im US-Staat New York) geschleppt. Jean de la Lande starb 1 Tag nach Isaac Jogues, am 19. 10. 1646 am Marterpfahl.

Die 8 kanadischen Märt. wurden am 21. 6. 1925 selig-, am 29. 6. 1930 heiliggesprochen.

Liturgie: GK g am 19. Oktober

Lit.: H. Fouqueray, Martyrs du Canada (1930) – StdZ 112 (München 1926) 195–202 – Kempf, Heiligkeit der Ges. Jesu (1922–25) 2, 275ff – A. Heinen, Unter den Rothäuten Kanadas. Geschichte der Huronenmission u. ihre Blutzeugen (1930) – F. X. Talbot, Pionier Gottes unter den Huronen (Salzburg 1952) (Brébeuf)

Die Märtyrer von Kaschau
(östl. Slowakei)

Am 1. 11. 1904 wurden die Priester und Märt. Markus Stephan Crisinus, Stephan Pongracz SJ u. Melchior Grodecz SJ seliggesprochen.
Im Jahr 1619 wollte sich Fürst Gabriel Bethlen von Siebenbürgen zum König von Ungarn machen u. beauftragte seinen Heerführer, den Calviner Georg I. Rákóczi, ihm die nördlichen Gebiete zu unterwerfen. Am 5. 9. 1619 rückte Rakóczi an der Spitze eines Heeres vor Kaschau u. zwang es durch einen Handstreich zur Übergabe. Doch erlangte die Stadt von Rákóczi das Versprechen, daß er die Katholiken schonen werde. Auf das Drängen eines protestantischen Ratsherrn u. eines calvinischen Predigers hin schloß er aber nachträglich die 3 kath. Priester von dieser Zusage aus. Er ließ sie in dem Haus, wo sie sich aufhielten, zuerst bewachen, dann in der Nacht auf den 7. September von seinen Soldaten überfallen. Dem Exekutivkommando schloß sich auch Straßenpöbel an. So wurden die 3 Priester ausgeplündert, beschimpft, grausam gequält und schließlich, nach mehrmaligen vergeblichen Versuchen, sie vom kath. Glauben abzubringen, in ausgesucht grausamer Weise zu Tode gefoltert. Crisinus u. Grodecz starben noch am 7. September. Ihre Leichname warfen die Mörder in eine Kloake. Pongracz hielt am längsten durch. Er erlag seinen schweren Verletzungen einen Tag später. Seine Leiche wurde mit denen der beiden anderen Priester von Gräfin Katharina von Palffy geborgen u. ehrenvoll beigesetzt, 1636 in die Jesuitenkirche zu Tyrnau überführt.

Markus Stephan Crisinus (Körösy, eig. wahrsch. Stjepinać). * 1580 in Križevci (Körös, Kreuz; Diöz. Agram, Kroatien). Er studierte am Jesuitenkolleg Ferdinandeum in Graz und 1611–15 am Germanikum in Rom u. wurde nach seiner Priesterweihe Seelsorger in seiner Heimat Kroatien. 1616 wurde er von Kard. Peter Pázmány SJ, Erzb. von Gran, nach Tyrnau (nordöstl. von Preßburg) berufen, wo er als Prof. u. Rektor des dortigen Seminars sowie als Domherr wirkte. Von 1619 an wirkte er als Volksmissionar in dem fast ganz protestantischen Kaschau u. war gleichzeitig Administrator der OSB-Abtei Széplak bei Kaschau. Er befreundete sich bald mit den beiden Jesuiten Stephan Pongracz SJ u. Melchior Grodecz SJ, welche ebenfalls in Kaschau als Seelsorger arbeiteten, u. machte im Juli 1619 im Jesuitenkolleg zu Homonna bei Zemplin (südöstlichste Slowakei) mit Stephan Pongracz die Exerzitien des hl. ↗ Ignatius.

Stephan Pongracz SJ. * 1582 auf Schloß Alvinc (Siebenbürgen). Er trat 1602 der Gesellschaft Jesu bei, studierte an den Jesuitenkollegien in Prag u. Graz u. wirkte zwischendurch mehrmals als Lehrer in Laibach u. Klagenfurt. Seit 1615 arbeitete er als Seelsorger u. Lehrer am Kolleg in Homonna u. wurde 1618 als Prediger u. Volksmissionar nach Kaschau berufen. Im August 1619 weilte er gerade in einem Dorf bei Saros, kehrte aber bei Annäherung der Truppen Rákóczis zu seinen Freunden nach Kaschau zurück.

Melchior Grodecz (Grodziecki) SJ. * 1584 in Teschen (österr. Schlesien) aus polnischer Familie. Er trat 1603 in Brünn der Gesellschaft Jesu bei u. war Mitnovize des Stephan Pongracz. Nach seinen Studien an den Jesuitenkollegien in Neuhaus (Südböhmen), Prag u. Brünn wurde er Priester u. 1614 Direktor des Wenzelkollegs in Prag. Seit 1619 wirkte er als Volksmissionar u. Militärseelsorger in Kaschau.

Liturgie: in der Diöz. Graz-Seckau zus. mit ↗ Johannes Ogilvie SJ u. ↗ Johannes Sarkander als „Märt. des Grazer Jesuitenkollegs“: g am 7. September

Lit.: ASS 36 (1903–04) 493ff, 619ff, 39 (1906) 145ff – E. Lányi, A kassai vértanuk (Budapest 1920) – Baudot-Chaussin IX 157–162

Die Märtyrer von Korea

Um die Zeit vor Christi Geburt bildeten sich auf der Halbinsel 3 Reiche heraus, Paiktje im Südwesten, Silla im Südosten u. Kokuryo im Norden. In der 2. Hälfte des 7. Jh.s annektierte China, von Silla zu Hilfe gerufen, die beiden Reiche Paiktje u. Kokuryo, während Silla als Vasallenstaat Chinas eine gewisse Selbständigkeit bewahrte. Vom 10. bis zum 14. Jh. bestand ein geeinter Zentralstaat Koryo (davon der Name Korea), der zeitweilig von China abhängig war u. in dem die buddhistische Kultur eine Hochblüte erlebte. Es herrschten rege wirtschaftliche u. kulturelle Beziehungen mit China u. Japan, bis die Y-Dynastie (1392–1910), durch die ersten Kontakte mit Europäern mißtrauisch geworden, das Land hermetisch nach außen abschloß. Seit 1880 wurde die Öffnung durch die europäischen Mächte erzwungen.

Erstmals 1784 brachte ein Mitglied der koreanischen Gesandtschaft am Kaiserhof in Peking den christlichen Glauben nach Korea, wo sich zunächst ein Kreis von Literaten mit dem Studium der christlichen Schriften befaßte u. aus dem sich die 1. christliche Gemeinde in Korea entwickelte. 1831 wurde das Apost. Vikariat Korea errichtet u. der Pariser Missionsgesellschaft anvertraut. Die Missionierung Koreas stand, trotz bemerkenswerter Erfolge, von Anfang an unter dem Zeichen der Verfolgung. Der Grund dafür liegt im Mißtrauen gegenüber allen ausländischen Einflüssen u. in der Angst, die von alters her überkommenen Riten u. Gebräuche zu verlieren. Von 1802 bis 1866 kamen verschiedene staatliche Verordnungen gegen diese „perverse" christliche Religion heraus, die die Christen in schwere Bedrängnis brachten: Beschlagnahme des Vermögens, Verbannung, Kerker u. Tod. Wie viele Christen grausam mißhandelt u. schließlich getötet wurden, läßt sich nicht annähernd abschätzen.

a) Am 5. 7. 1925 wurden 79 Märt. von Korea seliggesprochen:

Laurent Imbert stammte aus Aix (nördl. von Marseille) u. trat nach seiner Priesterweihe in das Pariser Missionsseminar ein. 1820 ging er als Missionar in die Provinz Su-Tschuen (China), wo er mehrere Jahre arbeitete. Später wurde er nach Korea gesandt u. zum Bisch. von Kapsan (Nord-Korea) ernannt. Zus. mit den beiden Priestern aus dem Pariser Missionsseminar **Pierre Mauband** u. **Jacques Chastan** wurde er verhaftet, vor dem Gouverneur einem grausamen Verhör unterworfen u. schließlich am 22. 9. 1839 mit dem Beil hingerichtet.

In den Jahren 1839–1846 starben an verschiedenen Orten Koreas 76 einheimische Christen als Märt.:

Petrus Ni, im Kerker an den erlittenen Folterungen gestorben am 25. 11. 1838 – **Protasius Tjyeng,** ein Seiler. Er verleugnete zuerst den Glauben, stellte sich dann aber freiwillig, wurde heftig geschlagen u. starb an den Folgen am 21. 5. 1839.

Am 24. 5. 1839 wurden in Seoul enthauptet: **Agatha Kim,** Witwe – **Agatha Ni** (Ri), Witwe – **Anna Pak** – **Augustinus Ni,** Katechist – **Barbara Han,** Witwe – **Damianus Nam,** Katechist – **Lucia Pak,** aus reicher Familie, königliche Hofdame. Sie widerstand noch als Heidin den Verführungskünsten des jungen Königs, floh vom Hof u. wurde kath. – **Magdalena Kim,** Witwe – **Petrus Kouen,** Kaufmann.

Barbara Ni (Ri), Jungfrau, Cousine von Agatha Ni († 3. 9. 1839) – **Barbara Kim,** Witwe, † 27. 5. 1839 – **Joseph Tjyang,** Apotheker, starb nach einer Folter im Gefängnis.

Am 20. 7. 1839 wurden in Seoul enthauptet: **Anna Kim,** Witwe – **Johannes Bapt. Ni** – **Lucia Kim,** Jungfrau – **Magdalena Ni** (Ri), Jungfrau – **Maria Ouen** (Quen), Jungfrau – **Martha Kim,** Witwe – **Rosa Kim,** Witwe – **Theresia Ni** (Ri), Jungfrau.

Am 3. 9. 1839 wurden in Seoul enthauptet: **Agnes Kim,** Jungfrau – **Barbara Kouen** – **Barbara Ni,** Jungfrau, Cousine von Agatha Ni († 26. 5. 1839) – **Johannes Pak,** Strohschuhmacher, führte als Ehemann ein Leben strenger Buße u. Selbstverleugnung – **Maria Ni** (Ri), Ehefrau – **Maria Pak,** Jungfrau.

Am 12. 9. 1839 starb im Gefängnis **Franciscus Tschoi** (Tchoi), Katechist.

Am 22. 9. 1839 wurden in Seoul enthauptet: **Augustinus Nyou** (Ryou), Gelehrter – **Paulus Tyeng,** Katechist; er war das geistige Haupt der Gemeinde, als die Missionare vertrieben oder getötet waren.
Am 26. 9. 1839 wurden in Seoul enthauptet: **Agatha Tjyen,** Jungfrau, königliche Hofdame – **Columba Kim,** Jungfrau, Schwester von Agatha Kim († 24. 5. 1839), sie starb, weil sie ihre Jungfräulichkeit bewahren wollte – **Ignatius Kim** – **Julitta Kim** – **Karl Tjyo,** Dolmetscher – **Magdalena He** – **Magdalena Pak,** Witwe – **Perpetua Hong,** Witwe – **Sebastian Nam,** Ehemann.
Lucia „die Bucklige", 71 Jahre alt, Frau eines Heiden, von dem sie dauernd mißhandelt wurde; starb im Kerker an den Folgen der Folterungen Ende Aug./Anfang Sept. 1839 – **Katharina Ni** (Ri), starb im Gefängnis an den Martern im Sept. 1839 – **Magdalena Tjyo,** Jungfrau, Weberin u. Näherin, starb im Gefängnis von Seoul Sept./Okt. 1839 – **Petrus Nyou** (Ryou), 13 Jahre alt, in Seoul nach vielen Martern erdrosselt am 31. 10. 1839 – **Cäcilia Ryou,** Mutter von Paulus u. Elisabeth Tyeng; ihr Mann war schon 1801 für den Glauben gestorben. Sie starb im Gefängnis am 23. 11. 1839.
Am 29. 12. 1839 wurden in Seoul enthauptet: **Barbara Ko** – **Barbara Tjyo,** Witwe – **Benedicta Hyen,** Witwe, Näherin – **Elisabeth Tyeng,** Näherin – **Magdalena Han,** Witwe – **Magdalena Ni** (Ri), Jungfrau – **Petrus Tschoi** (Tchoi).
Am 9. 1. 1840 wurden in Seoul gehängt: **Agatha Ni** (Ri), Jungfrau – **Theresia Kim,** Witwe.
Andreas Tjyeng, † 23. 1. 1840 – **Stephanus Min,** Katechist, Schreiber, in Seoul gehängt am 30. 1. 1840.
Am 31. 1. 1840 wurden in Seoul enthauptet: **Agatha Kouen** (Quen) – **Agatha Ni** (Ri), Jungfrau – **Augustinus Pak** – **Magdalena Sou,** Näherin – **Maria Ni** (Ri), Jungfrau – **Petrus Hong,** Katechist.
Am 1. 2. 1840 wurden in Seoul enthauptet: **Barbara Tschoi** (Tchoi) – **Paulus Hong,** Katechist – **Paulus He,** Katechist; er verleugnete zuerst auf der Folter seinen Glauben.
Antonius Kim, † 29. 4. 1841 – **Johannes Ni** (Ri), Witwer, † 1. 2. 1846 – **Andreas Kim,** Priester, † 16. 9. 1846 – **Karl Hyen,** Katechist – **Agatha Ni** (Ri), Witwe, † 20. 9. 1846.
Am 20. 9. 1846 starben in Seoul: **Joseph Rim,** Kaufmann; er starb unter Stockschlägen – **Katharina Tjyeng,** Dienstmagd – **Laurentius Han,** Katechist – **Petrus Nam,** Soldat, Katechist – **Susanna Ou** (Qu, Ri), Witwe, Dienstmagd – **Theresia Kim,** Jungfrau, Näherin.

b) Am 6. 10. 1968 wurden 24 Märt. von Korea seliggesprochen:
Siméon-François Berneux. * 1814 in Château-du-Loire (Dep. Sarthe, Westfrankreich). Er wurde 1837 Priester u. war anschließend Professor in Le Mans. 1839 trat er in das Pariser Missionsseminar ein u. ging 1840 nach Tonkin (nördlichste Provinz Koreas). Hier wurde er verhaftet, mißhandelt u. zum Tod verurteilt, durch eine franz. Einheit aber befreit. Die folgenden 11 Jahre wirkte er in der Mandschurei. 1854 wurde er Bisch. u. Apost. Vikar von Korea. Als solcher wurde er ein zweites Mal verhaftet u. nach verschiedenen grausamen Foltern in Sai-Nam-To am 8. 3. 1866 enthauptet.
Auf ähnliche Weise wurden 3 Priester aus dem Pariser Missionsseminar nach grausamen Foltern in Syou-Yeng am 30. 3. 1866 enthauptet: **Justus Raufer** aus der Bretagne (* 1837), **Louis Beaulieu** (* 1840), **Pierre-Henri Dorié** (* 1839). Nach ihnen wurden 3 weitere Priester aus dem Pariser Missionsseminar hingerichtet: **Antoine Daveluy,** Bisch. u. Koadjutor des Apost. Vikars von Korea (* 1818), **Pierre Aumaître** (* 1837), **Martin-Lukas Huin** (* 1838).
Auch 4 einheimische Christen sind unter den Märt.:
Petrus Ryou Tjyeng-Rioul, ein Familienvater. Er stand im 50. Lebensjahr und starb im Dorf Pyeng-Yang am 17. 2. 1866 unter den Stockhieben einiger ehemaliger Glaubensbrüder, die aus Angst vor der Todesstrafe vom Glauben abgefallen waren.
3 weitere wurden im Kerker schwer mißhandelt und am 6. 3. 1866 in Nei-Ko-Ri enthauptet: **Johannes Bapt. Nam Tjong-Sam,** ein Familienvater u. kaiserlicher Beamter, 50 J. alt; **Petrus Tschoi-Tschjeng,** ein Familienvater, 57 J. alt; **Johannes Bapt.**

Tjyeng Seung-Yen, Familienvater, 55 J. alt.

Am 7. 3. 1866 erlitten das gleiche Schicksal in Tjyen-Tiyou:

Markus Tyeng, verheiratet, Katechist, 71 J. alt; **Alexius Ou Syei-Hoil,** 19 J. alt; **Lukas Hoang Tjai-Ken,** verheiratet, 52 J. alt; **Joseph Tjang-Nak-Syo,** Katechist, 64 J. alt; **Thomas Son Tja-Syen,** verheiratet, 30 J. alt, im Kerker gehängt.

Am 13. 12. 1866 wurden nach schweren Mißhandlungen im Kerker enthauptet:

Petrus Tjyo Hoa-Sye, Familienvater, 40 J. alt, dessen Sohn **Joseph,** 17 J. alt. Dieser wurde allerdings 5 Tage später hingerichtet, weil nach koreanischem Gesetz an einem Tag nur je 1 Mitglied einer Familie hingerichtet werden durfte. Joseph wurde am 18. 12. 1866 mit Keulen erschlagen. – **Petrus Ni Mieng-Sye,** Familienvater, 50 J. alt; **Bartholomäus Tjyeng Moun-Ho,** Familienvater, 65 J. alt, **Petrus Son Syen-Tji,** Familienvater und Katechist, 47. J. alt; **Joseph Han Ouen-Ye,** Katechist, 38 J. alt; **Petrus Tjieng Ouen-Tji,** ledig, 21 J. alt.

Am 20. 1. 1867 wurde im Kerker zu Tai-Kou der Familienvater u. Katechist **Johannes Ni Youn-Il** nach schweren Mißhandlungen enthauptet.

Lit.: G. H. Lautensach, Korea, Land, Volk, Schicksal (Stuttgart 1950) – J. Laurens, Koreas erste Berührung mit dem Christentum: Zeitschr. f. Missionswissensch. und Religionswissensch. 40 (Münster 1956) 177 ff

Die Märtyrer von Las Palmas
(Kanarische Inseln)

Es sind 40 Märt.: Ignatius de Azevedo u. 39 Gef., Sll.

Ignatius (Ignacio) **de Azevedo** SJ. Er wurde 1527 in Oporto (Portugal) aus einer alten Adelsfamilie geboren. Er wollte sich zuerst mit einer vornehmen Dame vermählen, machte aber auf den Rat eines älteren Freundes die Exerzitien des ↗ Ignatius von Loyola u. trat daraufhin 1548 in die Gesellschaft Jesu ein. Nach seinen Studien in Coimbra wurde er 1553 Priester u. bald danach mit erst 26 Jahren Rektor des neu errichteten Kollegs in Lissabon. Während der Abwesenheit des portugiesischen Provinzials in Rom wurde er für einige Monate zum Vizeprovinzial ernannt. Seine Studien konnte er erst 1558 beenden. 1561 gründete er in Braga ein Kolleg u. wurde dessen 1. Rektor. 1564 ging er als Prokurator für Indien u. Brasilien zur Generalkongregation nach Rom, von wo er vom neuen General Franz Borgia SJ mit 7 anderen Patres als Visitator nach Brasilien gesandt wurde, hauptsächlich um den dortigen Jesuiten die von Ignatius von Loyola verfaßten Konstitutionen des Ordens bekanntzumachen. Er beschloß seine zweijährige Visitationsreise mit der Gründung des Kollegs in Rio de Janeiro. In Europa angekommen, wurde er zum Provinzial von Brasilien ernannt. Nun warb er in ganz Spanien u. Portugal junge Jesuiten für die Mission in Brasilien u. konnte gegen 70 Mitarbeiter gewinnen. Sie versammelten sich im Dezember 1569 in Lissabon, wo sie auf ein Handelsschiff warteten, das von Oporto über Lissabon nach Brasilien segeln sollte. In der Nähe der Stadt bezogen sie das Landhaus „Val de Rosal". Doch statt einiger Wochen mußten sie fast ein halbes Jahr dort zubringen. Ignatius de Azevedo benützte die Gelegenheit, seine Gefährten auf die Mission, ihre Mühen u. Gefahren u. sogar auf das Martyrium vorzubereiten. Schon zu Beginn der Reise hatte er die Gewißheit, daß er mit seinen Mitbrüdern den Martertod erleiden werde. In allen seinen Gesprächen u. geistlichen Unterweisungen kam dies zum Ausdruck.

Ende Mai 1570 erschien das Handelsschiff „Santiago" in Lissabon. Dieses schloß sich der königlichen Flotte an, mit der der neu ernannte Statthalter von Brasilien, Ludwig Vascondellos, in die Neue Welt fahren sollte. Die Jesuiten wurden auf 3 der Schiffe verteilt. Ignatius bestieg mit 39 Mitbrüdern die „Santiago", 26 Jesuiten unter Petrus Diaz SJ das Schiff des Statthalters u. 3 ein anderes Schiff, wo sie Waisenkinder betreuten, die nach Brasilien übersiedelt wurden. Bei einer Zwischenlandung in Madeira erhielten sie die Nachricht, daß 5 franz. Seeräuberschiffe unter Jacques Sourie bei den Kanarischen Inseln kreuzten. Die Piraten waren aus La Rochelle, damals eine Hochburg des Calvinismus. Sourie, selbst fanatischer Calviner, war Vizeadmiral der Königin von Navarra, Jeanne d'Albret, u. betätigte sich nebenher als gefürchteter Seeräuber. Allem, was kath. war, und ganz bes. den Jesuiten, hatte er Tod u. Verderben geschworen. Von portugiesischen Gefangenen hatte er von der bevorstehenden Reise des neuen Statthalters von Brasilien u. der Jesuiten erfahren. Ignatius stellte nun alle seine Mitbrüder vor die Entscheidung, ob sie mitfahren u. sterben oder nach Hause gehen wollten. 4 Novizen von der „Santiago" blieben in Madeira zurück, an ihre Stelle traten 4 Jesuiten vom Schiff des Statthalters. Angesichts der Gefahr wartete die königliche Flotte im Hafen von Madeira, doch die Kaufleute auf der „Santiago" drängten zur Weiterfahrt. Dieses Schiff wurde am 15. 7. 1570 von den Piraten des Jacques Sourie überfallen, wobei viele Angehörige der Mannschaft u. alle Jesuiten bis auf einen den Tod fanden.

Die 39 Leidensgefährten des Ignatius de Azevedo sind (die persönlichen Daten sind nur lückenhaft bekannt):

Jakob (Diego) **de Andrada** SJ aus Pedrogao (Diöz. Coimbra), Priester

12 Kleriker:

Benedictus de Castro aus Chacim (Diöz. Miranda, Portugal), 27 J. alt, 9 Jahre im Orden. Ihm oblag die unmittelbare Leitung der Novizen – **Antonio Suarez** aus Pedrogao – **Francisco de Magallanez** aus Alcazar do Sal – **Johannes** (Juan) **Fernandez** aus Lissabon – **Ludwig Correa** aus Evora – **Emanuele Fernandez** aus Celorico (Diöz. Guarda) – **Emanuele Rodriguez** aus Alconchel – **Simon Lopez** aus Ourém (Portugal) – **Alvarez Mendez** aus Elvas – **Pedro Nuñez** aus Fronteira (Diöz. Elvira) – **Andreas Gonzalvez** aus Viana (Diöz. Evora) – **Johannes** (Juan) **de San Martin** aus Toledo (Spanien).

16 Laienbrüder:

Emanuele Alvarez aus Evora, ca. 30 J. alt, 15 Jahre im Orden – **Francisco Alvarez** aus Covilhao – **Domingo Fernandez** aus Vila Vicosa – **Gasparo Alvarez** aus Oporto – **Aymaro Vaz** aus der Diöz. Oporto – **Simon Acosta** aus Oporto, 15 J. alt. Man erhoffte vom Klima Brasiliens Besserung seiner schwachen Gesundheit – **Juan** (Jean) **de Mayorga** aus St-Jean-Pied-de-Port (Diöz. Bayonne, Frankreich), 38 J. alt, 3 Jahre im Orden. Er war Maler; in Portugal u. Saragossa soll es noch Werke von ihm geben – **Alfons** (Alonso) **Vaëna** aus Toledo, 33 J. alt, 3 Jahre im Orden, Goldschmied – **Antonio Fernandez** aus Montemor-o-Novo (Portugal) – **Stefano Zuraire** aus Biscaya, Schneider – **Pedro Fontura** aus Braga – **Gregorio Scrivano** aus Logrono (Kastilien) – **Juan de Zafra** aus Toledo – **Juan de Baeza,** Spanier – **Blasius Ribera** aus Braga, 24 J. alt, 7 Monate im Orden – **Juan Fernandez** aus Braga. – Ein 17. Laienbruder, Juan Sancho, wurde als einziger verschont.

10 Novizen:

Gonsalvo Henriquez aus Oporto – **Jakob** (Diego) **Perez** aus Niza (Diöz. Crato, Portugal) – **Fernando Sanchez** aus Kastilien (Spanien) – **Francisco Perez Gorday** aus Torrijos (Torrigo) (Diöz. Toledo), ein naher Verwandter der hl. ↗ Theresia von Ávila. Er studierte in Salamanca Rechtswissenschaften u. wurde in Madeira Jesuit. Seine Eitelkeit wäre ihm dabei fast zum Verhängnis geworden. Er war nämlich sehr stolz auf seinen prachtvollen Schnurrbart, den er zuerst nicht opfern wollte. Außerdem mußte Ignatius de Azevedo bezüglich seiner künftigen Priesterweihe um Dispens einreichen, da sein linkes Auge erblindet war – **Antonio Correa** aus Oporto, 15 Jahre alt – **Emanuele Pacheco** aus Zeita – **Nikolaus Dinis** aus Bragança – **Alexius Delgado** aus Elvas, knapp 14 J. alt – **Marco Caldeira** aus Terra de Feira (Diöz. Oporto) – **Juan de San Juan,** ca. 14 J. alt, Neffe des Kapitäns. Er wurde auf dem Schiff unter die Novizen aufgenommen.

Durch die vielen Augenzeugen, bes. durch den Kronzeugen Juan Sancho SJ sind wir über den genauen Hergang des Martyriums der 40 Jesuiten gut informiert: Am frühen Nachmittag des 15. 7. 1570 wurde das Schiff mit den 40 Jesuiten von Jacques Sourie u. seinen Spießgesellen überfallen. Die Mannschaft der „Santiago" kämpfte mit dem Mut der Verzweiflung, konnte aber der Übermacht nicht lange standhalten. Die Piraten hatten es vor allem auf die Jesuiten abgesehen. Als erster fiel Ignatius de Azevedo unter einem Säbelhieb u. mehreren

Lanzenstichen; er hatte während des ganzen Kampfes die eigene Mannschaft u. die Mitbrüder aufgemuntert. Man trug ihn halbtot in die Kajüte hinunter. Benedikt de Castro wurde mit Kugeln u. Dolchstichen niedergestreckt, Diego Perez von einer Lanze durchbohrt, einige jüngere Jesuiten warfen die Piraten gleich ins Meer. Emanuele Alvarez warfen sie zu Boden, zerfleischten sein Gesicht mit Säbeln u. brachen seine Arme u. Beine mit Gewehrkolben u. Fußtritten. So blieb er einige Zeit liegen, bis ihn einige Mitbrüder in die Kajüte hinuntertrugen, wo gerade der Kapitän ermordet wurde. Einer spaltete Blasius Ribera den Schädel u. warf ihn ins Meer. Pedro Fontura hieb man mit dem Säbel die ganze untere Gesichtshälfte weg. So blieb er lange Zeit in seinem Blut liegen, bis auch er ins Meer geworfen wurde. Antonio Correa erhielt einen schweren Schlag auf den Kopf u. stürzte besinnungslos zu Boden.

Nun endlich ergab sich die Schiffsmannschaft. Da wurden die Seeräuber plötzlich sehr freundlich u. zuvorkommend, nur an den Jesuiten ging das Morden weiter. In der Kajüte wurden Gregorio Scrivani u. Alvarez Mendez, die krank zu Bett lagen, niedergemacht. Während des Kampfes war Wasser in das Schiff gedrungen. Die noch lebenden Jesuiten wurden mit Stöcken u. Gewehrkolben an die Pumpen getrieben, Emanuele Alvarez mußte mit seinen gebrochenen Gliedern hingetragen werden. Als ihm die Kräfte schwanden, sprach ihm ein Mitbruder ein Gebet vor. Da schleiften ihn einige Seeräuber an den gebrochenen Beinen weg u. warfen ihn ins Meer. Nun rissen sie den noch übrigen Jesuiten ihre Ordenskleider herunter u. traten mit den Füßen darauf. Pedro Andrada hörte gerade die Beichte seines Mitbruders. Da stachen sie mit Dolchen auf ihn ein u. warfen ihn ins Meer. Domingo Fernandez u. Antonio Suarez erlitten das gleiche Schicksal. So ging das gräßliche Morden weiter. Die jüngeren Jesuiten warf man gleich ins Meer, die Priester, oder welche die Seeräuber für solche hielten, bekamen vorher den Dolch. Einer wurde vor eine Kanone gelegt u. diese dann abgefeuert. Bruder Simon Acosta wurde auf das Admiralschiff geholt. Sourie fand Gefallen an ihm u. wollte ihn überreden, aus dem Orden auszutreten u. den calvinischen Glauben anzunehmen. In diesem Fall werde er eine einflußreiche Stellung in Frankreich erhalten. Da dieser sich weigerte, wurde er am folgenden Tag erdrosselt u. ins Meer geworfen. Bruder Juan Sancho wurde als einziger verschont, da man ihn als Schiffskoch benötigte. An seine Stelle trat überraschenderweise der 14jährige Neffe des Kapitäns der „Santiago“, Juan de San Juan. Auf der ganzen Reise hatte er sich Azevedo angeschlossen u. alle Andachtsübungen der Novizen mitgemacht. Azevedo nahm ihn als Novizen auf, bezüglich des ersehnten Ordenskleides allerdings vertröstete er ihn auf die Ankunft in Bahia in Brasilien. Dieser Knabe wollte auch mit den anderen als Märt. sterben. Doch die Mörder zerrten ihn zweimal von den Jesuiten weg. Da zog er in einem unbewachten Augenblick eines der umherliegenden Ordenskleider an. So wurde auch er erdolcht u. ins Meer geworfen.

Die anderen Jesuiten unter Petrus Diaz SJ fuhren einige Monate später ab. Auf abenteuerlicher Fahrt wurden sie bis Kuba verschlagen. Die staatliche Flotte war inzw. bis auf ein einziges Schiff zusammengeschmolzen, von den anderen Schiffen hörte man nichts mehr. Mehrere junge Jesuiten hatten das Schiff des Statthalters schon auf den Azoren verlassen. So blieben bei Petrus Diaz nur noch 15 Jesuiten. Diese wurden am 13. 9. 1571 von anderen calvinistischen Piraten unter Jean Cap-de-Ville überfallen, wobei 12 von ihnen erdolcht u. ins Meer geworfen wurden. Im Kampf mit den Seeräubern fiel auch der Statthalter Vasconcellos. 2 Jesuiten konnten sich schwimmend auf eine portugiesische Schaluppe retten. Einer hatte nicht den Mut zum Martyrium. Er zog sein Ordenskleid aus u. mischte sich unter die übrigen Reisenden. Doch auch er mußte sterben: Einige Tage später befürchteten die Piraten Proviantknappheit u. warfen 30 Gefangene ins Meer, darunter auch diesen Jesuiten. Statt dieses einen wurde auch hier ein Knabe freiwilliger Märt. Er hatte sich die ganze Zeit über P. Diaz angeschlossen u. wurde mit ihm zus. erdolcht u. ins Meer geworfen.

Durch die Reisenden, die sich von Sourie loskaufen konnten, verbreitete sich die

Nachricht vom Martyrium der 40 Jesuiten vor Las Palmas wie ein Lauffeuer in aller Welt. Petrus Diaz, der damals noch auf Madeira weilte, verhörte gewissenhaft alle Zeugen, bes. Juan Sancho SJ. Diese Aussagen wurden für den späteren Seligsprechungsprozeß bedeutsam. Die Verehrung der Märt. setzte spontan u. europaweit ein. Gregor XV. gestattete ihre Verehrung u. das Aufstellen ihrer Bilder in den Jesuitenkirchen. Urban VIII. erließ jedoch 1634 sein bekanntes Dekret, wonach den Titel „Heilig“ oder „Selig“ nur der Papst nach einem förmlichen Seligsprechungsprozeß zu verleihen habe. Der Jesuitenorden gehorchte dieser Verfügung u. entfernte die Bilder der 40 Märt., suchte aber dafür um einen Seligsprechungsprozeß an, der durch die Aufhebung des Jesuitenordens (1773–1815) ins Stocken geriet, mit der Approbation ihres Kultes durch Pius IX. am 11. 5. 1854 endlich zum Abschluß kam. Auch über das Martyrium der 16 Jesuiten unter Petrus Diaz wurde ein Informationsprozeß eingeleitet, aber nicht weiter verfolgt, vermutlich wegen zu mangelhafter Zeugenaussagen.

Gedächtnis: 15. Juli

Lit.: Leben der sel. Märt. Ignatius de Azevedo u. seiner 39 Gefährten aus der Gesellschaft Jesu. Nach dem Lat. des P. Possinus SJ (Preßburg 1855) – ECatt II 575 – M. G. Costa (Braga 1946) – A. Rumeu de Armas: Missionalia Hispanica 4 (Madrid 1947) 329–381

Die Märtyrer von Salsette (Indien)

Es handelt sich hier um 5 Jesuiten, die 1583 auf der Halbinsel Salsette (südl. von Goa an der Westküste Indiens) getötet wurden:

Rudolf Acquaviva SJ wurde 1553 als Sohn des Fürsten von Atri geboren. Er war verwandt mit der Familie der Gonzaga (↗ Aloisius von Gonzaga) u. Neffe von Claudius Acquaviva SJ, dem 5. General der Gesellschaft Jesu. Er trat 1568 in Rom dem Jesuitenorden bei u. war dort Mitnovize von ↗ Stanislaus Kostka. Nach seiner Priesterweihe in Lissabon ging er 1578 mit 13 anderen Jesuiten nach Indien, darunter ↗ Karl Spinola, der später, am 19. 8. 1622 in Nagasaki als Märt. starb (s. Märtyrer von Japan), u. Matteo Ricci, der am chinesischen Kaiserhof durch seine wissenschaftlichen Fähigkeiten großen Einfluß gewann (s. Märt. in China, Einleitung). Acquaviva wirkte zuerst in Goa als Prof. der Philosophie. Inzw. hatte der Großmogul Akbar (als Herrscher nannte er sich Abu'l-Fath Galal ad-din) durch die Jesuiten Cabral u. Pereira vom Christentum gehört u. wollte mehr darüber erfahren. Deshalb holte er sich 1580 die Jesuiten Hieronymus Xaver, Emmanuel Pinheiro u. Rudolf Acquaviva an seinen Hof in Fatehpur Sikri. Diese führten dort Religionsgespräche mit den mohammedanischen Mullas, aber ohne dauernden Erfolg. Namentlich Akbar selbst, der zwar den Missionaren sehr gewogen war und ihnen alle Freiheiten u. Vergünstigungen gewährte, konnte sich nicht zur Taufe entschließen. Acquaviva wurde 1583 zum Leiter der Mission in Salsette ernannt. Er kehrte deshalb wieder zurück, während seine beiden Begleiter bis 1595 am Hof Akbars blieben.

Die Lage in Salsette war sehr angespannt. Die Portugiesen versuchten dort, die christliche Religion mit Gewalt einzuführen. So hatten sie u. a. im Jahr 1567 etwa 280 Pagoden u. kleinere Tempel der Hindus niedergebrannt, wodurch die Gegenwehr der einheimischen Hindus zu fanatischem Haß entflammt wurde. Diese erhoben sich immer wieder in großen Revolten, was mit Strafexpeditionen von seiten der Portugiesen beantwortet wurde. Eben als Acquaviva in Salsette ankam, waren die beiden Ordensbrüder **Alfons Pacheco** aus Kastilien u. **Peter Berno** aus der Schweiz zur Missionsstation zurückgekehrt. Schon zum zweitenmal hatten sie versucht, die Bevölkerung gelegentlich solcher Gewaltmaßnahmen der Portugiesen zu beruhigen.

Acquaviva beschloß nun, erst einmal sein Missionsgebiet kennenzulernen u. mit der einheimischen Bevölkerung persönlichen Kontakt aufzunehmen. Cuncolim war das Zentrum des Widerstandes, weshalb er gerade dieses Dorf aufsuchen wollte. Er meldete sich dort mit einer Friedensbotschaft an u. begab sich dann mit Alfons Pacheco, Peter Berno, **Antonio Francisco** u. dem

Laienbruder **Francisco Aranha** sowie 15 Laienchristen aus Salsette dorthin. Unter den 15 Begleitern waren u. a. Dominico u. Alonso, 2 Ministranten im Knabenalter, u. die Schüler Paolo Acosta u. Francisco Rodriguez.
Sie trafen sich am 15. 7. 1583 in Orlim u. reisten gemeinsam nach Cuncolim. Dort hatten die Hindupriester die Bevölkerung bereits gegen die Missionare aufgehetzt u. bei ihrem Nahen hielten die Häupter des Dorfes eilig Kriegsrat. Beim Betreten des Ortes am 27. 7. 1583 wurden die Missionare mit ihren 15 Begleitern überfallen u. niedergemacht. Rodriguez wollte schon auf die Angreifer schießen, doch Pacheco hinderte ihn: „Wir sind nicht zum Kämpfen da!" Die Priester starben, indem sie für ihre Mörder beteten. Aranha wurde schwer verwundet u. die Angreifer hielten ihn für tot. Als sie ihn am andern Morgen lebend vorfanden, gaben sie ihm ein Götzenbild zur Verehrung. Da er dies ablehnte, wurde er an einen Baum gebunden u. mit Pfeilen erschossen. Die Leichname der Märt. wurden zuerst in Salsette beigesetzt, doch schon 1584 in die Pauluskirche in Goa, später in die dortige Bischofskirche übertragen. Die 5 Jesuiten wurden am 6. 1. 1893 seliggesprochen. Aus unbekannten Gründen wurden die Namen der 15 Laienchristen im Informationsprozeß 1600 von Erzb. Menezes von Goa von der Liste gestrichen.
Gedächtnis: 27. Juli
Lit.: ASS 25 (1892–93) 383ff – H. Gruber, Der sel. Rudolf Acquaviva u. seine Gef. (Regensburg 1894) – E. Maclagan, The Jesuits and the Great Mogul (London 1932)

Die Märtyrer in Südamerika

Die im 16. Jh. übliche Wandermission hatte bei vielen Stämmen Südamerikas nur geringen Erfolg. Deshalb gingen die Dominikaner u. Franziskaner daran, die Indianer erst einmal seßhaft zu machen u. sie in sog. Reduktionen (span. reducciones) zu konzentrieren. Darunter versteht man geschlossene Siedlungen bekehrter Indianer unter der Oberleitung der Missionare. Die Jesuiten, die seit 1588 in Südamerika tätig waren, übernahmen 1609/10 das neue System u. bauten es in großem Umfang aus. Ihre 1. Reduktion gründeten sie in Guayará im heutigen brasilianischen Bundesstaat Paraná. Bedeutend wurden außer dem „Jesuitenstaat in Paraguay" die Reduktionen in Maynas (östl. Ecuador), Mojos (nordöstl. Bolivien), Chiquitos (südöstl. Bolivien) sowie die Franziskaner-Reduktionen im heutigen Venezuela. Die einzelnen Reduktionen hatten einige hundert bis tausend Einwohner u. unterstanden der spanischen Krone bzw. dem spanischen Vizekönig in Südamerika. Die Grundlage der Wirtschaft war der Ackerbau; der Boden u. sein Ertrag waren Gemeindeeigentum. Daneben gab es auch Privatbesitz mit Eigenerzeugung. Der Produktionsüberschuß wurde auf den spanischen Handelsplätzen verkauft, wodurch man andere lebenswichtige Güter einkaufen konnte. Die Reduktionen waren weitgehend autark u. mußten nur einen geringen Tribut an die spanische Krone zahlen. Das öffentliche u. private Leben wurde von der Religion beherrscht. Im profanen Unterricht (Handwerke aller Art, künstlerisches Schaffen, Chorgesang u. a.) wurden beachtliche Erfolge erzielt, da sich die Indianer als gelehrige Schüler erwiesen. Aufs Ganze gesehen wurden mit dieser Art der Missionierung sehr große Erfolge erzielt, wenngleich es auch da u. dort schmerzhafte Rückschläge gab. Die Hauptschwierigkeiten kamen von außen, von den ausbeuterischen weißen Kaufleuten u. den skrupellosen Sklavenjägern, die durch den entschiedenen Einsatz der Missionare ihren „Verdienst" bedroht sahen u. vor allem die Jesuiten beim spanischen König in einer systematischen Verleumdungskampagne anschwärzten. Den eigentlichen Todesstoß gegen die Reduktionen versetzte Sebatião José de Carvalho e Mello, Marquis de Pombal, ein äußerst einflußreicher hoher Politiker Portugals, der aus seiner aufklärerischen Einstellung heraus die Jesuiten tödlich haßte. Nach einem Attentatsversuch auf den König (1758) setzte er die Vertreibung der Jesuiten aus Südamerika als „Mitverschworene" u. 1773 zus. mit den Jansenisten u. Aufklärern in Spanien u. Frankreich die Aufhebung des Jesuitenordens durch Clemens XIV. durch.

Am 22. 1. 1934 wurden 3 Jesuitenmissionare Südamerikas seliggesprochen:
Rochus (Roque) **Gonzalez de Santa Cruz** SJ. * 1576 in Asuncion (Paraguay) aus vornehmer Familie, die Paraguay mehrere Statthalter gab. Mit 12 Jahren verschwand er einmal ohne Wissen seiner Eltern in die Wildnis, um dort als Einsiedler zu leben. Er wurde Priester u. ging zuerst als Missionar zu den Guaycurús in Gran Chaco, dann wirkte er als Pfarrer an der Kathedrale zu Asuncion. 1609 trat er der Gesellschaft Jesu bei. Noch im selben Jahr, nach kaum 6 Monaten Noviziat, wurde er auf Bitten der Regierung zur Befriedung der Guaycurús gesandt, was ihm dank seiner Sprachkenntnisse auch gelang u. unter denen er viele Bekehrungen machen konnte. 1612–14 arbeitete er an der 1610 am Paraná gegründeten Reduktion S. Ignacio Guassú, die er verlegte u. neu aufbaute. 1615–16 gründete er im Becken des Paraná 3 weitere Reduktionen, Itapuá, Apupe u. Jaguapuá. 1617 unternahm er Erkundungsfahrten am oberen Paraná, wo er 1619–20 am rechten Ufer die Reduktion Concepcion (Ibitacua) gründete. Hier war er auch 6 Jahre hindurch schriftstellerisch tätig. 1626 wurde er Oberer der Missionen am Uruguay u. Paraná. Am linken Ufer des Paraná, im heutigen Staat Rio Grande do Sul (Brasilien), gründete er die Reduktion St. Nikolaus, die 1. der später berühmten Sete Missões, u. in der Folge noch 5 weitere. Seine letzte Gründung war die Reduktion Allerheiligen (Caaró). Hier wurde er auf Betreiben eines abgefallenen Indianers u. des gegen ihn aufgehetzten Kaziken (Ortshäuptling) Neçum zus. mit seinem Begleiter **Alphons Rodriguez** SJ am 15. 11. 1628 erschlagen. Die Leichname der beiden wurden verstümmelt u. in die in Brand gesteckte Kapelle geworfen, widerstanden aber dem Feuer. Als die Mörder aus der Brust des Rochus Gonzalez eine mahnende Stimme zu hören glaubten, öffneten sie seine Leiche, u. einer durchbohrte sein Herz mit einem Pfeil. In einer anderen Station erschlugen sie auch den Missionar **Johannes** (Juan) **de Castillo** SJ. In der Gegenwehr der Christen wurden sie selbst getötet. Die 3 Leichname wurden in Concepcion beigesetzt, das Herz des Rochus Gonzalez wurde 1633 nach Rom übertragen; es ruht seit 1928 in der Jesuitenkirche des Kollegs S. Salvador in Buenos Aires.

Gedächtnis im Orden: 16. November

Lit.: AAS 26 (1934) 88ff, 27 (1935) 311ff – K. Teschauer, Vida e obras do ven. Roque G. de S. Cruz (Porto Alegre 1928[3]) – J. M. Blanco, Hist. document. de la vida . . . (Buenos Aires 1929) – KathMiss 62 (1934) 61ff – L. Jaeger, Os . . . Mártires do Caaró e Pirapó (Porto Alegre 1952, dt. 1955)

Die Märtyrer auf Sumatra

Am 29. 11. 1638 wurden die beiden Karmeliter ↗ **Dionysius a Nativitate Domini** u. ↗ **Redemptus a Cruce** als Erstlingsmärt. ihres Ordens gemartert. Sie wurden am 10. 6. 1900 seliggesprochen.

Die Märtyrer von Uganda

Im Jahr 1879 gingen die ersten Weißen Väter nach Uganda u. gründeten dort die Station Sancta Maria de Rubaga in der Nähe des Königshofes. Die Missionsarbeit trug reiche Früchte. Aber die Missionare mußten 1882 das Land wieder verlassen, weil arabische Kaufleute den König Mtesa gegen sie aufhetzten. Die zurückgebliebenen Christen hielten trotz der hereinbrechenden Verfolgung im Glauben standhaft durch, ja ihre Zahl vermehrte sich sogar, namentlich unter den Angehörigen des Königshofes. Nach dem Tod Mtesas 1884 wurde sein Sohn Mwanga König, der die Missionare wieder ins Land rief. Die führenden Christen am Königshof waren der Hofmeister Joseph Mukasa Balikuddembe, der Leiter des königlichen Trommelorchesters, Andreas Kaggwa, u. Matthias Kalemba Mulumba. Diese hatten eine Verschwörung gegen den König aufgedeckt, an deren Spitze der oberste Beamte, der Katikiro, stand. Aber statt der Todesstrafe, zu der er verurteilt wurde, entließ man ihn bald wieder aus dem Gefängnis. Der Katikiro erreichte es sogar, wieder in die früheren Ämter eingesetzt zu werden. Nun sann er auf Rache: Er flüsterte dem König ein, die Christen seien Staatsverbrecher u. planten eine Revolte, mit ihrem Aberglauben reizten sie den Zorn der Götter, die Missionare seien verkappte Sklavenhändler, die christliche Religion verweichliche die Krieger im Kampf u. während ihrer geheimen Zusammenkünfte geschähen die scheußlichsten Verbrechen. Der König ließ sich umstimmen u. verbot unter Todesstrafe die christliche Religion. Es brach eine blutige Christenverfolgung über das ganze Land herein. Wie viele Christen damals getötet wurden, läßt sich heute nicht mehr ermitteln. Am 31. 10. 1885 wurde auch der anglikanische Missionsbisch. Hannington mit einer Anzahl seiner Christen wegen „Spionage" ermordet.

22 Märt. wurden am 6. 6. 1920 selig- u. am 18. 10. 1964 heiliggesprochen:

Joseph Mkasa Balikuddembe, der Hofmeister, † am 17. 11. 1885. Er hatte viele junge Leute zum Glauben an Christus gebracht u. Pagen vor den unlauteren Annäherungsversuchen des Königs geschützt. Er wurde im Alter von 26 J. enthauptet.

Dionysius Ssebuggwawo, ein 16jähriger Page, gab unumwunden zu, 2 Mitglieder des Hofes im christlichen Glauben unterwiesen zu haben. Da stieß ihm der König eigenhändig die Lanze durch den Hals. Er lag die ganze Nacht in seinem Blut, bis er am anderen Morgen, den 25. 5. 1886, auf Befehl des Königs enthauptet wurde.

Andreas Kaggwa war der Leiter des königlichen Trommelorchesters u. der eigentliche Freund des Königs. Christ geworden, half er allen mit Liebesdiensten aller Art, bes. den Kranken u. Hilfsbedürftigen u. betätigte sich als eifriger Katechist. Der Katikiro hetzte den König gegen ihn auf. So wurde er am 26. 5. 1886 im Alter von 30 Jahren enthauptet.

Noe Mwaggali hatte eine geschickte Hand für künstlerische Arbeiten u. war ein gesuchter Gerber. Der hereinbrechenden Verfolgung sah er unerschrocken entgegen u. sagte zu seiner Schwester, die vor Angst weinte: „Des künftigen Lebens bin ich sicher; so habe ich keine Angst zu sterben." Er floh nicht wie seine Angehörigen, sondern stellte sich bereitwillig den Häschern. Er wurde im Alter von 32 J. an einem Baum erhängt.

Matthias Kalemba war der angesehenste u. älteste. Man nannte ihn auch Mulumba (= der Starke). Als er noch ein kleiner Knabe war, hatte ihm der sterbende Vater vorhergesagt, es würden einmal weiße Männer aus der Fremde kommen, die den wahren Glauben verkündeten. Als deshalb einmal Mohammedaner ins Land zogen, schloß er sich ihnen an. Später, von der Lektüre der Hl. Schrift angezogen, wurde er Anglikaner. Kurz vor seiner Taufe lernte er die kath. Missionare (die Weißen Väter) kennen, u. ein unnennbares inneres Gefühl sagte ihm, daß diese die wahren Boten Gottes seien. Er wurde auf Befehl des Katikiro in ausgesucht grausamer Weise getötet. Seinen Henkern, die ihn noch verhöhnten, rief er zu: „Gott wird meine Seele aufnehmen, euch bleibt nur der zerschundene Körper zurück!" † am 27. 5. 1886 im Alter v. 50 J.

Der Oberbeamte ruhte nicht, auch die letzten Christen am Königshof zu beseitigen. Im Mai 1886 holte er zu einem vernichtenden Schlag gegen die christlichen Hofleute aus. Es war ein leichtes, sie zu erkennen, da sie sich alle offen zu ihrem Glauben bekannten. Der König verurteilte sie zus. mit einer Anzahl anglikanischer Christen zum Feuertod. Als Hinrichtungsort wurde ein 60 km entfernter Platz am Fuß des Berges Namugongo bestimmt. Der Marsch dorthin dauerte 2 Tage. Unter ständigen Quälereien wurden die Verurteilten weitergetrieben.

3 von ihnen konnten nicht mehr weiter. Da wurden sie unterwegs getötet; zudem „brauchte" man ja einige Leichen, um den Todesmarsch der Verurteilten zu kennzeichnen:

Pontianus Ngondwe bekleidete beim König Mtesa und seinem Nachfolger Mwanga

höchste Ehrenstellen. Er war sehr klug u. hatte einen ausgesprochenen Sinn für Gerechtigkeit. Er wurde auf dem Marsch zur Richtstätte am 27./28. 5. 1886 durch einen Lanzenstich getötet. Er war 40 J. alt.
Athanasius Bazzekuketta, ein Page von 20 J., hatte die Waffenkammer des Königs zu verwalten. Da er nicht mehr weiterkonnte, bat er seine Henker, ihn doch lieber gleich zu töten. Da stießen sie ihm die Lanze in den Leib. † am 27./28. 5. 1886.
Gonzaga Gonza, ein Page von 20 J. Auch er starb durch die Lanze am 27./28. 5. 1886.

Endlich war der Zug am Berg Namugongo angekommen. Die Verurteilten wurden gefesselt in eine Bambushütte gesperrt u. mußten noch 6 Tage warten, bis die Scheiterhaufen aufgerichtet u. zur Hinrichtung alles vorbereitet war. Sie wurden in Schilfmatten gehüllt u. auf die Scheiterhaufen gelegt. So starben am 3. 6. 1886 13 junge Katholiken u. etwa ebenso viele Anglikaner den Feuertod:
Karl Lwanga (25 J.), der Vorsteher der Pagen, wurde zuerst hingerichtet. Der Oberhenker hatte ihm einen eigenen Scheiterhaufen vorbereitet u. wollte speziell an ihm sein Mütchen kühlen. Er hoffte auch, die anderen abschrecken zu können u. zum Abfall vom Glauben zu bringen. Statt dessen ermunterte Karl Lwanga immer noch seine Glaubensbrüder zur Standhaftigkeit: „In einer Stunde sehen wir uns im Himmel wieder!“ Der König hatte ihn einst bes. hochgeschätzt. Noch in der Nacht vor der Hinrichtung stand er den Katechumenen bei u. konnte 4 von ihnen die Taufe spenden. Der König war auf ihn bes. zornig, einmal wegen seines rel. Einflusses auf die anderen Edelknaben, dann vor allem, weil er seine jüngeren Kollegen vor den unsittlichen Zudringlichkeiten des Königs geschützt hatte. Als die Flammen schon um ihn züngelten u. der Oberhenker ihn verspottete, sagte er: „Du solltest doch auch ein Christ werden!“ Sein letztes Wort war „Mein Gott!“
Mbaga Tuzinde (17 J.) war der Sohn des Oberhenkers. Noch in der Nacht vor der Hinrichtung war er von Karl Lwanga getauft worden. Der Vater hatte schon die Tage vorher mehrmals versucht, seinen Sohn freizubekommen. Es ist nicht ganz geklärt, wieso er in letzter Minute 3 Verurteilte begnadigte, darunter auch seinen Sohn. Er wollte offenbar die anderen Verurteilten noch zum Abfall vom Glauben verlocken u. dabei auch seinen Sohn retten. Der Oberhenker hatte vor der Exekution seinen Sohn in der Bambushütte versteckt, doch dieser kam zu seinen Kameraden herbeigelaufen, um mit ihnen zu sterben. Ganz zuletzt, als Mbaga Tuzinde schon gefesselt auf dem Scheiterhaufen lag, machte ihn sein Vater plötzlich frei u. versteckte ihn wieder. Doch der kam nach einer Weile wieder herangelaufen. Da wies der Vater einen anderen an, ihn zu töten. So wurde der junge Page mit einem Holzknüppel erschlagen u. sein Leichnam zus. mit den noch lebenden Leidensgefährten verbrannt.
Bruno Serenkuma (30 J.) war ein Bruder des Königs Mwanga u. diente als Soldat in der Armee. Angesichts des Scheiterhaufens sprach er den anderen Mut zu. Vor der Verbrennung sagte er zu den Henkern: „Das Wasser hört nie auf zu rinnen. Wenn wir gestorben sind, kommen andere nach!“ Als die Henker um den schon brennenden Scheiterhaufen herumtanzten u. höhnten, rief er: „Den Leib könnt ihr töten, aber nicht die Seele!“
Jakob Buzabaliawo war ebenfalls Soldat u. hatte sich als Christ bes. eifrig hervorgetan. Er hatte versucht, König Mwanga zu bekehren, entfachte aber dafür nur dessen Zorn. Er sagte, er wolle für seinen König beten, u. seine Gefährten ermutigte er: „Mit Freude geben wir unser Leben hin, das wird nicht vergeblich sein!“
Kizito war mit seinen 14 J. der Jüngste. Er widerstand den unsittlichen Anträgen des Königs u. wurde dafür zum Feuertod verurteilt. Karl Lwanga hatte ihn in der Nacht zuvor getauft. Einem der Gefährten, der klagte u. jammerte u. der zuletzt begnadigt wurde, sagte er: „Bete ein Vaterunser und geh tapfer in den Tod!“
Ambrosius Kibuka (18 J.) war allseits beliebt u. wegen seines lauteren Lebenswandels geschätzt. Er hatte den unzüchtigen Absichten des Königs widerstanden. Seinen heiteren Sinn behielt er bis zum Tod bei.
Mugagga (16 J.) war noch Katechumene. Auch er hatte sich geweigert, dem abartigen

König zu Willen zu sein. Er erhielt von Karl Lwanga in der Nacht zuvor die Taufe, heiter u. gelassen stieg er auf den Scheiterhaufen.

Gyavira (17 J.) hatte ein gewinnendes Äußeres u. der König hatte ihn bes. gern. Wegen seines christlichen Glaubens wurde er aber wie die anderen verurteilt. Er war immer bescheiden, liebenswürdig u. trug nie etwas nach. Lächelnd ging er in den Tod.

Achilles Kiwanuka (17 J.) warf, als er Christ wurde, sofort seine heidnischen Amulette ins Feuer. Solange die Missionare noch im Land waren, schlich er nachts häufig zu ihnen, um die Eucharistie zu empfangen. Beim Verhör sagte er: „Mich könnt ihr ja töten, aber meinen Glauben werde ich nicht verleugnen!"

Adolf Mukasa Ludigo (25 J.) war von vornehmer Abstammung. Er war friedsam u. bescheiden u. zu jedermann hilfsbereit u. liebenswürdig. Christ geworden, gab er sich ganz dem Dienst an den Brüdern hin. Vor seinem Tod sagte er: „Bald werden wir Christus sehen!"

Mukasa Kiriwawanvu (25 J.) war Küchenmeister am Königshof u. bekannte sich beim Verhör vor dem König ebenfalls offen als Christ. Er starb als Katechumene.

Anatolius Kiriggwajo (20 J.) hatte das Amt eines Richters unter König Mwanga ausgeschlagen, weil er dies mit seinem Gewissen nicht vereinen konnte. Als er den Scheiterhaufen bestieg, sagte er zu den anderen: „Unsere Freunde, die man schon getötet hat, sind jetzt bei Gott. Bleiben auch wir stark, damit wir mit ihnen zus. im Himmel sein können."

Lukas Banabakintu (35 J.) gehörte zur königlichen Flotte auf dem Viktoriasee. Sein rel. Eifer war beispielgebend. Seine Angehörigen flehten ihn bis zum Schluß an, doch heimlich zu fliehen. Er aber lehnte ab: „Es ist viel besser, für den Glauben zu sterben. Ich werde euch einen Platz im Himmel vorbereiten!"

Über ein halbes Jahr später starb als letzter der 22 Märt. **Johannes Maria Jamari** (35 J.). Wegen seiner Lebensweisheit u. seines ernsten Wesens nannte man ihn auch Muzeyi (der Alte). Selbst ein Christ geworden, suchte er seinen Glauben überall zu verbreiten. Er half den Armen u. Kranken u. gab von seinem Besitz her, um damit Sklaven loszukaufen. In der Verfolgung versteckte er sich nicht, vor dem Oberbeamten bekannte er sich freimütig als Christ. Er wurde am 27. 1. 1887 enthauptet, sein Leichnam in einen Teich geworfen.

Die Heiligsprechung der 22 Blutzeugen von Uganda erfolgte während der 3. Sitzungsperiode des 2. Vat. Konzils vor den versammelten Bischöfen des kath. Erdkreises. Die Anerkennung der Kirche Afrikas u. ihre Bedeutung für die gesamte Weltkirche kamen dadurch bes. deutlich zum Ausdruck. Karl Lwanga wurde 1934 zum Patron der Kath. Aktion der Jugend Afrikas erklärt.

Liturgie: GK g am 3. Juni

Lit.: AAS 12 (1920) 272–281, 57 (1965) 693ff – M. Hallfeld, Die Neger-Märt. von Uganda (Trier 1931) – F. Rauscher, Katastrophe oder Gnade? (Haigerloch 1947) – E. Kleine, Feuer hinter Namugongo (Frankfurt 1961) – G. Hünermann, Das Lied in den Flammen (Freiburg/B. 1961)

VI. Die neuen Seligen des deutschen Sprachraumes seit 1980

Pauline von Mallinckrodt, Sel.
14. 4. 1985

Pauline von Mallinckrodt wurde als ältestes von vier Kindern am 3. Juni 1817 zu Minden geboren. Ihr Vater war Oberregierungsrat und wurde 1824 als Regierungsvizepräsident nach Aachen versetzt. Obwohl er der protestantischen Konfession angehörte, ließ er seine Kinder durch seine Frau Bernhardine im katholischen Glauben erziehen. Außer ihrer Mutter übte auf Pauline die Lehrerin Luise Hensel großen Einfluß aus. Pauline liebte es, Briefe zu schreiben und dadurch den Menschen Trost zu spenden. Von ihr sind heute noch 3540 Briefe erhalten.

Mit 17 Jahren pflegte sie ihre schwerkranke Mutter und führte den Haushalt. Dabei hatte sie immer noch Zeit für Arme und Kranke, denen sie nach Kräften half. Als 1839 ihr Vater aus dem Amte schied und sich auf sein Gut Böddeken bei Paderborn zurückzog, begleitete sie ihn. Während der Wintermonate wohnte sie in Paderborn, wo sie einen „Verein zur Pflege armer Kranker in ihren Häusern" gründete. Dem schloß sie den „Verein von Krankenpflegerinnen zu freiwilligen Nachtwachen" an. 1840 errichtete sie eine „Kleinkinder-Bewahrschule", deren Leitung sie persönlich in die Hand nahm. 1842 übernahm sie die Sorge für blinde Kinder. Nachdem ihr Vater im gleichen Jahr gestorben war, widmete sie sich ganz dieser Aufgabe. Schließlich gab ihr der Kölner Weihbischof Claessen den Rat, eine eigene Gemeinschaft zu gründen. 1849 errichtete sie in Paderborn die Kongregation der Schwestern der Christlichen Liebe, die sich rasch ausbreitete. Aufgrund des Kulturkampfes sahen sich die Schwestern gezwungen, neue Aufgaben zu suchen. 1873 schickte Pauline die ersten Mitglieder ihrer Gemeinschaft nach Nordamerika. Ein Jahr später gingen Schwestern nach Chile. 1879/80 besuchte Pauline ihre Niederlassungen in Süd- und Nordamerika. In die Heimat zurückgekehrt, starb sie am 30. April 1881 in Paderborn.

Am 14. April 1985 wurde sie durch Papst Johannes Paul II. in St. Peter in Rom seliggesprochen.

Lit.: M. E. Pietromarchi, Madre Paolina di Mallinckrodt, Rom 1951; J. Wenner, in: LThK VI 1333; J. Baur, in: BSS VIII 588 – A. Bungert, Pauline von Mallinckrodt (Würzburg 1977) – C. Frenke, Pauline von Mallinckrodt in ihrer Zeit (Paderborn 1984) – K. Sander-Wiefeld, Pauline von Mallinckrodt. Ein Lebensbild nach ihren Briefen und Aufzeichnungen (Paderborn 1985)

Peter Friedhofen, Sel.
23. 6. 1985

Peter Friedhofen ist am 25. Februar 1819 auf einem Bauernhof in Weitersburg bei Vallendar im Rheinland geboren. Mit eineinhalb Jahren verlor er seinen Vater und mit neun seine Mutter. Nach Abschluß der Volksschule ging er bei seinem älteren Bruder Jakob, der Kaminfeger war, in die Lehre. Anschließend übte er dieses Handwerk in Ahrweiler und ab 1842 in Vallendar aus. Als sein Bruder starb, nahm er sich der Witwe und ihrer elf Kinder an. Peter trug sich mit dem Gedanken, die Barmherzigen Brüder in seine Diözese Trier einzuführen. Mit Hilfe des Trierer Bischofs Wilhelm Arnoldi gelang es ihm aber, eine eigene Gemeinschaft zur Betreuung der Kranken zu gründen. 1850 wurde die neue Kongregation der Barmherzigen Brüder von Maria Hilf bestätigt. Ganz besonders nahm sich der Koblenzer Pfarrer Philipp de Lorenzi der Neugründung an. Vor ihm legte Peter 1852 auch die ewigen Gelübde ab. Auf Bitten des Bischofs kamen die ersten Brüder 1853 nach Trier. Als Peter nach mehrwöchigem Krankenlager am 21. Dezember 1860 in Koblenz starb, zählte seine Gemeinschaft 40 Mitglieder. Am 23. Juni 1985 wurde Peter von Papst Johannes Paul II. seliggesprochen.

Die „Barmherzigen Brüder von Maria Hilf" wirken in Europa, Südamerika und Asien. Die Ordensleitung hat ihren Sitz in Trier. In Rom betreut die Kongregation die Domitilla-Katakombe und das zugehörige Pilgerhospiz.

Lit.: H. von Meurers, Peter Friedhofen, Schornsteinfeger und Ordensstifter, München–Gladbach 1935; F. Amoroso, Dalle fulligini dei camini alla gloria degli altari, Rom 1985; derselbe, in: BSS, Prima Appendice 516 f

Maria Theresia von Jesus, Sel. (Karolina Gerhardinger)
17. 11. 1985

Karolina Gerhardinger wurde am 6. Juni 1797 in Regensburg-Stadtamhof geboren.

Der Vater war ein angesehener Schiffsmeister, der Schiffe und Floßzüge donauabwärts bis nach Wien führte. Karolina, die das einzige Kind war, wuchs in der Geborgenheit eines christlichen Elternhauses auf. Bei den Notre-Dame-Frauen ihrer Heimatstadt bekam sie eine ausgezeichnete Ausbildung. Als durch die Säkularisation die Bildungsarbeit der Klöster verboten wurde, machte sie der Regensburger Dompfarrer und begeisterte Pädagoge Michael Wittmann zur Hilfslehrerin. Mit 15 Jahren wurde das aufgeschlossene Mädchen Lehrerin an der königlichen Mädchenschule zu Stadtamhof.
Schon bald begann Karolina mit anderen jungen Lehrerinnen ein klosterähnliches Leben zu führen. Mit der Thronbesteigung König Ludwigs I. wurde es möglich, eine eigene Gemeinschaft zu gründen. 1833 errichtete Karolina in Neunburg vorm Wald die Kongregation der Armen Schulschwestern von Unserer Lieben Frau. Nachdem sie am 6. November 1835 ihre Gelübde abgelegt hatte, nannte sie sich Theresia von Jesus. 1843 verlegte sie das Mutterhaus nach München, und zwar in das ihr vom König zur Verfügung gestellte ehemalige Klarissenkloster am Anger. 1847 begleitete sie Schwestern nach Nordamerika, wo sie mit den Redemptoristen den Grund zum amerikanischen Pfarrschulwesen legte. Erst 1865 bekam die neue Kongregation die kirchliche Zustimmung. Schwierigkeiten bereiteten vor allem die zentrale Leitung des Ordens unter einer Generaloberin. Als Mutter Theresia am 9. Mai 1879 in München verstarb, wirkten mehr als 2500 Schwestern an 300 Niederlassungen.
Papst Johannes Paul II. hat Mutter Theresia am 17. November 1985 in Rom seliggesprochen.

Lit.: Gerhardinger Maria Th. von Jesus. Vertrauen und Wagen. Worte in den Tag (Regensburg 1985)

Theresia Benedicta a Cruce, Sel. (Edith Stein)
1. 5. 1987
Edith Stein wurde am 12. Oktober 1891 in Breslau als Kind jüdischer Eltern geboren. Sie war das letzte von 11 Kindern. Ihr Vater betätigte sich als Holzhändler. Mit ungefähr 15 Jahren verlor Edith ihren jüdischen Glauben, in dem sie erzogen wurde. Sie wurde zunächst Atheistin und dann Agnostikerin. 1911 begann sie mit den Universitätsstudien in ihrer Heimatstadt. Sie belegte Germanistik, Geschichte und Psychologie. Bei ihren psychologischen Studien stieß sie auf E. Husserl, der damals in Göttingen lehrte. Von dessen Phänomenologie angezogen, übersiedelte sie im Sommersemester 1913 dorthin und wurde Husserls Lieblingsschülerin. Neben Philosophie studierte sie Psychologie, Geschichte und Germanistik. 1915 legte sie das Staatsexamen in philosophischer Propädeutik, Geschichte und Deutsch mit der Note Eins ab. In Göttingen lernte sie Husserls Assistenten Reinach und dessen Frau kennen, mit denen sie bald eine innige Freundschaft verband. Zu Ediths Freundeskreis gehörte ebenso Husserls Schüler Conrad Martius und dessen Frau Hedwig. Von Bedeutung war auch die Begegnung Ediths mit Max Scheler, durch den sie erstmals mit katholischen Ideen in Berührung kam.
Während Edith in Göttingen studierte, brach der Erste Weltkrieg aus. Da meldete sie sich freiwillig als Rot-Kreuz-Helferin und leistete ihren Dienst in der Seuchenabteilung eines Lazarettes in Mährisch-Weißkirchen. Als im Jahre 1916 Husserl nach Freiburg i. Br. übersiedelte, begleitete ihn Edith als Assistentin. In Freiburg begegnete sie Martin Heidegger. Dort promovierte sie auch 1917 als eine der ersten Frauen in Deutschland mit einer Arbeit über „Das Problem der Einfühlung“. Inzwischen hatte das Ehepaar Reinach den protestantischen Glauben angenommen. Nachdem Herr Reinach im November 1917 in Flandern gefallen war, bat Frau Reinach Edith, seinen philosophischen Nachlaß zu ordnen. Die Begegnung mit dieser leidgeprüften, aber tief religiösen Frau traf Edith im Innersten. Sie schrieb: „Es war der Augenblick, in dem mein Unglaube zusammenbrach, das Judentum verblaßte und Christus aufstrahlte im Geheimnis des Kreuzes.“ Als Edith im August 1921 bei ihrer protestantischen Freundin Hedwig Conrad-Martius und deren Gatten in Bad Bergzabern in der Pfalz zu Gast war, durfte sie sich nach Belieben aus dem Bücherschrank ein Buch wählen. Sie selbst erzählte: „Ich griff hinein aufs Geratewohl und holte ein umfangreiches Buch hervor. Es trug den Titel: ‚Leben der heiligen Teresa von Avila‘, von ihr selbst

geschrieben. Ich begann zu lesen, war sofort gefangen und hörte nicht mehr auf bis zum Ende. Als ich das Buch schloß, sagte ich mir: ‚Das ist die Wahrheit.'"
Bereits am 1. Jänner 1922 empfing Edith in Begleitung ihrer protestantischen Freundin Conrad-Martius in der Pfarrkirche von St. Martin in Bergzabern die Taufe. Im Jahre 1923 vermittelte ihr der Speyrer Generalvikar Schwind eine Stelle am Lehrerinnenseminar, das die Dominikanerinnen in Speyer führten. Neben ihrer Arbeit hat sie in dieser Zeit ohne viel Aufhebens philosophische Werke verfaßt, Thomas von Aquin übersetzt und eine rege Vortragstätigkeit begonnen, wobei sie auch entschieden für die Chancengleichheit der Frauen in Ausbildung und Beruf eintrat. Ein Höhepunkt war ihr Vortrag über „Das Ethos der Frauenberufe" bei den Hochschulwochen 1930 in Salzburg. Der Plan, sich in Freiburg zu habilitieren, scheiterte. Als Frau blieb ihr eine akademische Laufbahn verschlossen. 1932 wurde sie aber Dozentin am Deutschen Institut für wissenschaftliche Pädagogik in Münster. Diese Arbeit wurde jedoch durch die rassistischen Maßnahmen der neuen Machthaber 1933 unterbrochen. Dafür erfüllte sich im gleichen Jahre ein schon lange gehegter Wunsch.
Am 15. Oktober trat sie in Köln-Lindenthal in den Karmel ein, wo sie den Namen Theresia Benedicta a Cruce annahm. 1933 erkannte sie die Gefahr für die Juden in Europa. Vergeblich bat sie Pius XI. um eine Enzyklika zugunsten des jüdischen Volkes. Um sich vor dem Zugriff des Nazi-Regimes zu schützen, übersiedelte sie 1938 in den Karmel zu Echt in Holland. Obschon sie das Martyrium nicht suchte, schrieb sie bereits 1939: „Schon jetzt nehme ich den Tod, den Gott mir zugedacht hat, in vollkommener Unterwerfung unter seinen heiligen Willen mit Freude entgegen. Ich bitte den Herrn, daß er mein Leben und Sterben annehmen möchte ... zur Sühne für den Unglauben des jüdischen Volkes und damit der Herr von den Seinen aufgenommen werde ..." Ein Versuch ihrer Oberin, Edith in ein Schweizer Kloster zu schicken und dort in Sicherheit zu bringen, scheiterte auch an den römischen Behörden, die die erbetene Erlaubnis hinauszögerten. Als im Sommer 1942 in Holland Massendeportationen von Juden stattfanden, legten die katholischen Bischöfe scharfen Protest ein. Daraufhin verfügte der Reichskommissar Seyss-Inquart die Abschiebung der katholischen Juden. Am 2. August 1942 wurden Edith und ihre Schwester Rosa von der SS deportiert. Als sie die Soldaten abholten, sagte sie zu ihrer Schwester: „Komm, gehen wir für unser Volk." Am 9. August 1942 verlieren sich ihre Spuren im Konzentrationslager von Auschwitz. Aller Wahrscheinlichkeit nach sind beide dort vergast worden.
Am 1. Mai 1987 hat Johannes Paul II. Edith Stein im Müngersdorfer Stadion in Köln seliggesprochen.
Gedächtnis: 9. August

Lit.: W. Herbstrith, Edith Stein. Zeichen der Versöhnung (Aschaffenburg 1979) – F. Wetter, Edith Stein (Mainz 1984) – Edith Stein. Aus meinem Leben (Freiburg/B. 1987) – Edith Stein. Ein neues Lebensbild in Zeugnissen und Selbstzeugnissen (Freiburg/B. 1987) – Edith Stein. In der Kraft des Kreuzes (Freiburg/B. 1987) – E. Endres, Edith Stein. Christliche Philosophin – Jüdische Märtyrerin (München 1987, 2. Aufl.) – C. Feldmann, Liebe, die das Leben kostet. Edith Stein (Freiburg/B. 1987, 3. Aufl.) – W. Herbstrith, Edith Stein – Suche nach Gott (Kevelaer 1987) – Dies., Das wahre Gesicht Edith Steins (Aschaffenburg 1987, 6., verb. Aufl.) – M. A. Neyers, Edith Stein. Ihr Leben in Dokumenten und Bildern (Würzburg 1987, 2. Aufl.)

Rupert Mayer, Sel.
3. 5. 1987
Rupert wurde am 23. Jänner 1876 als Sohn des Kaufmanns Rupert Mayer und der Emilie Karoline geb. Wehrle in Stuttgart geboren. Die Familie hatte sechs Kinder. Nach dem Besuch des Gymnasiums in Ravensburg nahm Rupert das Studium an der Theologischen Fakultät der Universität Freiburg in der Schweiz auf. Nach zwei Semestern wechselte er für kurze Zeit nach München über und ging dann nach Tübingen. 1898 trat er in das Priesterseminar in Rottenburg ein. Nach seiner Priesterweihe am 2. Mai 1899 wirkte er kurze Zeit als Vikar in seiner Heimatdiözese. Sein seit langem gehegter Wunsch, in den Jesuitenorden einzutreten, erfüllte sich 1900. Das Noviziat absolvierte er in Tisis bei Feldkirch. Nach ergänzenden Studien setzten ihn seine Vorgesetzten als Volksmissionar ein. 1912 betrat er den Wirkungsbereich seines Lebens. Er wurde nach München berufen, um die Zuwanderer der stets wachsenden Großstadt geistlich zu betreuen. Mit zwei weiteren Geistlichen errich-

tete er 1914 die Schwesterngemeinschaft der Heiligen Familie. Im gleichen Jahre unterbrach er seine Tätigkeit in Bayerns Hauptstadt und meldete sich freiwillig als Feldgeistlicher. Nachdem er bereits 1915 mit dem EK I ausgezeichnet worden war, wurde er ein Jahr später in Rumänien so schwer verwundet, daß ihm das linke Bein amputiert werden mußte. Wieder nach München zurückgekehrt, wurde er 1921 Präses der Münchner Männerkongregation. Vier Jahre später führte er in der Isarmetropole die regelmäßigen Bahnhofsgottesdienste ein. Sein selbstloser Einsatz für die Nöte der Menschen machten ihn zum populärsten Seelsorger Münchens.

Obschon ihn Hitler aus seiner Festungshaft in Landsberg zum 25jährigen Priesterjubiläum beglückwünschte, bezog Rupert bald gegen das gottlose NS-Regime Stellung. Im Mai 1936 erteilte ihm Staatsanwalt Ernst Grosser eine Verwarnung. Dann blieb er ein Jahr lang unbehelligt. Am 7. April 1937 verfügte aber die Berliner Gestapo Rede- und Predigtverbot. Dies veranlaßte Kardinal Faulhaber, beim Reichsministerium für die kirchlichen Angelegenheiten vorstellig zu werden und eine Aufhebung des mit dem Konkordat im Widerspruch stehenden Redeverbotes zu verlangen. Der Kardinal konnte sich jedoch nicht durchsetzen. Am 5. Juni 1937 verhaftete die Gestapo Rupert und brachte ihn im Wittelsbacher Palais in Gewahrsam. Anschließend wurde er ins Gefängnis Stadelheim eingeliefert. Da Rupert unter keinen Umständen bereit war, sich dem Redeverbot zu fügen, erstattete die Gestapo Strafanzeige wegen Kanzelmißbrauch und Vergehen gegen das Heimtückegesetz. In der „Flammenzeichen"-Predigt verteidigte Kardinal Faulhaber das Verhalten des Männerseelsorgers. Gleichzeitig versuchte er aber auch, seinen Zuhörern etwaige Demonstrationspläne auszureden. Am 22. Juli 1937 wurde Rupert vor ein Sondergericht gestellt, das ihn zu sechs Monaten Freiheitsstrafe verurteilte. Obschon er die Strafe nicht anzutreten brauchte, blieb das Redeverbot aufrecht. Da Rupert meinte, das Volk müsse an ihm irre werden, wenn er sich an das Verbot halte, nahm er bereits am zweiten Weihnachtstag 1937 mit Erlaubnis des Jesuitenprovinzials seine Predigttätigkeit wieder auf.

Am 5. Jänner 1938 wurde er von der Gestapo festgenommen, nach Stadelheim und dann nach Landsberg gebracht, wo er die Strafverbüßung antreten mußte. Am 5. Mai 1938 wurde er dank einer allgemeinen Amnestie vorzeitig entlassen. Da er bei einem Gestapo-Verhör auf das Beichtgeheimnis beharrte, wurde er am 3. November 1939 erneut verhaftet und am 23. Dezember auf Anordnung Himmlers in das Konzentrationslager Sachsenhausen-Oranienburg eingeliefert. Nach wenigen Monaten wurde sein Gesundheitszustand besorgniserregend. Da das NS-Regime aus ihm keinen Märtyrer machen wollte, wurde er mit Zustimmung der kirchlichen Obrigkeit am 8. August 1940 im Benediktinerkloster Ettal interniert. Der Kontakt mit der Außenwelt wurde ihm strengstens verboten. Als er am 11. Mai 1945 wieder nach München zurückkehrte, sagte er: „Ein alter einbeiniger Jesuit lebt, wenn es Gottes Wille ist, länger als eine tausendjährige gottlose Diktatur." Bereits am 1. November 1945 ereilte ihn der Tod, während er die Messe in der Kreuzkapelle von St. Michael in München las. Seitdem haben Tausende von Menschen seine Grabstätte in der Unterkirche des Bürgersaales in der Bayerischen Landeshauptstadt aufgesucht.

Am 3. Mai 1987 hat ihn Papst Johannes Paul II. beim Gottesdienst im Olympiastadion in München seliggesprochen.

Gedächtnis: 11. November

Lit.: F. Boesmiller, P. Rupert Mayer SJ. Dokumente, Selbstzeugnisse und Erinnerungen (München 1946) – O. Gritschneder, Pater Rupert Mayer vor dem Sondergericht. Dokumente der Verhandlungen vor dem Sondergericht München am 22. und 23. Juli 1937 (München und Salzburg 1965) – K. Morgenschweis, Strafgefangener Nr. 9469. Pater Rupert Mayer, Erinnerungen an seine Strafhaft im Strafgefängnis Landsberg/Lech (München 1968) – W. Suttner, Pater Rupert Mayer SJ: Bavaria Sancta, hrsg. v. G. Schwaiger, Bd. II, 439–455 (Regensburg 1971) – E. J. Görlich, Pater Rupert Mayer, Münchens Männerapostel (Aschaffenburg 1972) – O. Gritschneder, Die Akten des Sondergerichts über Pater Rupert Mayer SJ. Sonderdruck aus der Zeitschrift „Beiträge zur Altbayerischen Kirchengeschichte" (München 1974) – J. Mühlbauer, Und ich werde niemals schweigen. Pater Rupert Mayer – der Apostel von München (München 1975) – L. Volk, Pater Rupert Mayer vor der NS-Justiz, in: Stimmen der Zeit 1 (1976) 3–23 – W. Sandfuchs, Rupert Mayer, Leuchtfeuer der Hoffnung, In: Deutsche Glaubenszeugen, Herausgegeben von Emil Spath, S. 109–113 (Freiburg/B. 1980) – Rupert Mayer, „Mein Kreuz will ich tragen", Texte eines Predigers von St. Michael. Textauswahl: Paul Löcher (Ostfildern 1978) – W. Sandfuchs, Pater Rupert Mayer. Verteidiger der Wahrheit, Apostel der Nächstenliebe, Wegbereiter moderner Seelsorge (Würzburg 1982, 2. Aufl.) – C. Feldmann, Die Wahrheit muß gesagt werden. Rupert Mayer – Leben im Widerstand (Freiburg/B. 1987, 3. Aufl.) – A. Koebling / A. Riesterer, Pater Rupert Mayer (München 1987, überarb. u. erw. Aufl.) – A. Läpple, P. Rupert Mayer. Ein Erinnerungsbuch zur Seligsprechung (München 1987) – W. Sandfuchs, Pater Rupert Mayer. Sein Leben in Dokumenten und Bildern, seine Seligsprechung (Würzburg 1987, 2., erw. Aufl.) – J. Sudbrack, Pater Rupert Mayer. Zeugnis für Gott – Dienst am Menschen (Würzburg 1987)

Ulrika Nisch, Sel.
1. 11. 1987

Ulrika Nisch wurde am 18. September 1882 in Mittelbiberach-Oberdorf im schwäbischen Oberland (Baden-Württemberg) als uneheliches Kind geboren. Ihre Eltern haben erst ein Jahr nach ihrer Geburt geheiratet, da ihnen vorher eine Ehe wegen ihrer Armut nicht möglich war. Das Mädchen wurde auf den Namen Franziska getauft. Insgesamt hatte die Familie 13 Kinder. Der Makel unehelicher Geburt, die bittere Armut und die Trennung von ihrer Familie bedeuteten für Franziska eine schwere Belastung. Hinzu kam, daß sie auch in der Schule keineswegs hervorragte. Ende 1898 verdiente sie ihr Brot als Dienstmädchen in Sauggart. Nachdem sie einige Zeit im Haushalt in Biberach gearbeitet hatte, übernahm sie eine Stellung in Rorschach in der Schweiz. Dort erkrankte sie so schwer an einer Gesichtsrose, daß man um ihr Leben fürchtete.

Im Krankenhaus lernte sie die Kreuzschwestern aus Ingenbohl kennen und entschloß sich, bei ihnen einzutreten. 1904 begann sie im Provinzhaus Hegne am Bodensee ihr Ordensleben. Als sie am 25. April 1906 eingekleidet wurde, erhielt sie den Namen Ulrika. Ein Jahr später legte sie ihre Gelübde ab. Die weiteren Stationen ihres Lebens waren Bühl und Baden-Baden, wo sie als Hilfsküchenschwester ein unauffälliges Leben führte. Schwer krank wurde sie 1912 ins Schwesternkrankenhaus nach Hegne gebracht. Dort starb sie am 8. Mai 1913. Geduldig trug Schwester Ulrika ihr tägliches Kreuz. Schwerer als an ihren Kopfschmerzen litt sie an ihrer inneren Bedrängnis. Da sie sich lange keinem Seelenführer anvertrauen konnte, wußte sie nicht, was sie von ihren Visionen halten sollte.

Am 1. November 1987 hat sie Papst Johannes Paul II. seliggesprochen.

Lit.: B. Baur, Kein Maß kennt die Liebe (Konstanz 1965) – M. Eckardt, Im Kreuz ist Heil. Schwester Ulrika Nisch (Beuron [8]1976) – W. Bühlmann, Selige Schwester Ulrika Nisch. Er hat auf meine Niedrigkeit geschaut (Beuron 1987) – H. Wallhof, Die Heilige an den Kochtöpfen (Limburg 1987) – A.-J. Marquis, in: BSS, Prima Appendice 980ff – K. Hemmerle, Die leise Stimme. Ulrika Nisch – ihr Weg und ihre Botschaft (Freiburg/B. 1987)

Blandine Merten, Sel.
1. 11. 1987

Blandine Merten wurde am 10. Juli 1883 als neuntes Kind einer Bauernfamilie in Düppenweiler (Saarland) geboren. Das Mädchen, das auf den Namen Maria Magdalena getauft wurde, wuchs im tiefgläubigen Elternhaus auf. Nachdem sie ein Lehrerinnenseminar besucht hatte, trat sie 1903 eine Stelle an der Volksschule in Morscheid an. Gerne nahm sie persönliche Einschränkungen auf sich, um bedürftigen Kindern zu helfen. Im Jahre 1908 gab sie ihren öffentlichen Dienst auf und trat in das Kloster Calvarienberg der Ursulinen bei Ahrweiler ein.

Mit großer Hingabe widmete sie sich den vielen Aufgaben, die im Kloster auf sie warteten. Die Entbehrungen der Jahre während des Ersten Weltkrieges schwächten sie so sehr, daß sie 1916 an Lungentuberkulose erkrankte. Am 18. Mai 1918 starb sie und wurde in St. Paulin begraben. Blandine Merten reiht sich ein in die lange Kette von kleinen Gestalten, die in der Perspektive und Logik Gottes einen besonderen Platz einnehmen.

Am 1. November 1987 hat sie Papst Johannes Paul II. seliggesprochen.

Lit.: Busch G., Schwester Blandine Merten, unsere Lehrerin, Ahrweiler – Kalvarienberg 1982[3] – Schmetz H., Gelebtes Ja. Schwester Blandine Merten. Ahrweiler – Kalvarienberg 1987[7] – Amoroso F., in: BSS, Prima Appendice 916

VII. Die neuen Heiligen seit 1980

soweit sie nicht schon unter den Seligen behandelt sind

Crispin von Viterbo, Hl.
20. 6. 1982
Crispin ist am 13. November 1668 in Viterbo als Sohn armer Eltern geboren. Nachdem er das Schusterhandwerk erlernt hatte, trat er als Bruder am 22. Juli 1693 bei den Kapuzinern in Palanzana ein. Nach Ablegung der Gelübde wurde er Küchengehilfe im Kloster Tolfa. Als Berater von Prälaten und Adeligen wurde er in der ganzen Umgebung bekannt. Seine letzten Jahre verbrachte er im Kapuzinerkloster an der heutigen Via Veneto in Rom. Dort starb er am 19. Mai 1750. Pius VII. hat ihn am 26. August 1806 selig- und Johannes Paul II. am 20. Juni 1982 heiliggesprochen.

Lit.: Isidoro d'Alatri, Il prediletto di Maria: frate Crispino da Viterbo, capuccino, Civitavecchia 1933 – Mariano d'Alatri, Frate Crispino da Viterbo, Rom 1982 – B. d'Arenzano, in: BSS IV, 312–313 – N. Del Re, in: BSS, Prima Appendice 382

Andreas Kim, Hl.
6. 5. 1984
Andreas ist im August 1821 in der koreanischen Provinz von Tchyoungtchyeng geboren. Der Missionar P. Maubant schickte ihn 1836 zum Studium nach Macao. Am 17. August 1845 wurde ihm als erstem Koreaner vom Apostolischen Vikar J. Ferréol die Priesterweihe gespendet. Im gleichen Jahre gelang es Andreas, heimlich in sein Vaterland zurückzukehren. Ein Jahr später wurde er aber aufgegriffen, nach Seoul gebracht und dort am 16. September 1846 enthauptet.
Andreas wurde von Pius XI. am 5. Juli 1925 selig- und von Johannes Paul II. am 6. Mai 1984 heiliggesprochen. Mit Andreas wurde damals auch eine ganze Reihe weiterer koreanischer und französischer Märtyrer vom Papst anläßlich seiner Reise nach Südkorea kanonisiert.

Lit.: A. Launay, I LXXIX martiri coreani: mons. Lorenzo Imbert e compagni, Mailand 1925 – N. Del Re, in: BSS, Prima Appendice 67f

Joseph Maria Tomasi, Hl.
12. 10. 1986
Joseph Maria Tomasi ist am 12. September 1649 in Licata auf Sizilien als Sohn des Fürsten von Lampedusa und Herzog von Palma di Montechiaro geboren. Die Eltern erzogen ihren Erstgeborenen ganz in der christlichen Tradition des Hauses und ließen ihm eine gute Ausbildung zukommen. Die Erlernung der spanischen Sprache stand an erster Stelle, da Joseph später an den Madrider Hof geschickt werden sollte. Doch in ihm erwachte schon früh eine religiöse Berufung. 1666 trat er in Palermo in den Theatinerorden ein. Es folgte ein Philosophiestudium in Messina, Ferrara, Bologna und Modena. Dann besuchte er das Seminar in S. Andrea della Valle in Rom. In der Ewigen Stadt wurde er auch am 23. September 1673 zum Priester geweiht. Anschließend erweiterte er seine bereits fundierten Sprachkenntnisse. So lernte er Hebräisch, Syrochaldäisch, Äthiopisch sowie Arabisch. Dies ermöglichte ihm die Edition seltener liturgischer Schriften und Texte. Vor allem in den „Codices Sacramentorum", den „Responsalia et Antiphonaria", den „Antiqui Libri Missarum" und den „Institutiones Theologicae Antiqu. Patrum". Seine vielen Veröffentlichungen brachten ihm den Namen „Doctor liturgicus" ein. Er wurde Mitglied verschiedener Akademien und bekleidete wichtige Ämter an der Römischen Kurie. Am 18. Mai 1712 ernannte ihn Klemens XI. zum Kardinal. Die neue Würde änderte aber seinen Lebensstil nicht, der nach wie vor bescheiden blieb. Bereits am 1. Jänner 1713 erlag Joseph einer Lungenentzündung. In seiner Titelkirche San Martino ai Monti wurde er beigesetzt. Seit 1971 befindet sich sein Leichnam in der römischen Theatinerkirche S. Andrea della Valle.
Die Seligsprechung erfolgte am 29. September 1803. Johannes Paul II. hat Joseph am 12. Oktober 1986 heiliggesprochen.

Lit.: H. Becker, in: LThK X 248 – M. Zannini, in: BSS XII 530–533 – N. Del Re, in: BSS, Prima Appendice 589f

Laurentius Ruiz, Hl.
18. 10. 1987
Laurentius Ruiz war Sohn eines chinesischen Vaters und einer philippinischen Mutter. Er stammte aus Binondo bei Manila. Dort lebte er mit seiner Frau und seinen drei Kindern.

Als Mesner und Buchhalter bei den Dominikanern, die ein Gotteshaus betreuten, verdiente Laurentius sein Brot. Er war auch Mitglied einer Rosenkranzbruderschaft. Als er wegen einer nicht geklärten Missetat von der spanischen Polizei gesucht wurde, verließ er am 10. Juni 1636 zusammen mit einer Gruppe von Dominikanern sein Heimatland. Ohne es anfangs zu wissen, fuhr er mit seinen Reisegefährten nach Japan, wo er in der Mission tätig sein sollte. In Okinawa wurde er aber festgenommen und mit seinen Freunden ins Gefängnis geworfen. Trotz grausamster Folter war er bereit, für seinen Glauben in den Tod zu gehen. Am 29. September 1637 gab er sein Leben für Christus. Sein Leichnam wurde verbrannt und die Asche ins Meer geworfen.

Am 18. Februar 1981 wurde er in Manila von Papst Johannes Paul II. selig- und am 18. Oktober 1987 in Rom heiliggesprochen. Mit ihm hat der Papst weitere 15 Priester und Laien kanonisiert, die im 17. Jahrhundert in Japan den Märtyrertod gestorben sind. Unter ihnen befanden sich neun Japaner, vier Spanier und je ein Franzose und Italiener. Alle gehörten dem Dominikanerorden an und waren während der Christenverfolgung zwischen 1633 und 1637 in Nagasaki zusammen mit mehreren tausend Männern und Frauen ihres Glaubens wegen ins Gefängnis geworfen, gefoltert und getötet worden.

Lit.: L'Osservatore Romano v. 18. 10. 1987 S. 9: Compendium vitae et martyrii necnon actorum in causa canonizationis beatorum Laurentii Ruiz de Manila, Dominici Ibanez de Erquicia, O. P., Iacobi Kyushei Tomanaga, O. P. et 13 sociorum, martyrum in Japonia, Rom 1987

VIII. Teil. Die Heiligen und Seligen nach Ländern

Afrika

Ägypten

Alexander v. Alexandria, Ammon, Antonius d. Mönchsvater, Apollonia, Arsenius, Arthur O'Nelly, Athanasius v. Alexandria, Cyrillus v. Alexandria, Dionysius d. G., Dioskuros, Euphrosyne v. Alexandria, Herakles v. Alexandria, Hermogenes, Heron u. Gef., Hilarion, Isidor v. Alexandria, Isidor v. Pelusion, Johannes v. Alexandria, Johannes Cassianus, Johannes Klimakos, Johannes v. Lykopolis, Johannes v. Alexandria, Jonas v. Ägypten, Julianus v. Antinoe, Katharina v. Alexandria, Kyros u. Johannes, Leonides v. Alexandria u. Gef., Leonides v. Antinoe u. Gef., Makarios d. Ä., Makarios d. J., Maria v. Ägypten, Menas, Moses d. Äthiopier, Napoleon, Onuphrius, Pachomius d. Ä., Palämon, Pantainos, Paphnutius Abt in d. Thebais, Paphnutius Bisch. in d. Thebais, Paphnutius Märt. in Ägypten, Paulus Simplex, Paulus u. Gef., Paulus v. Theben, Petrus I. v. Alexandria, Phileas, Philemon v. Antinoe, Poimen, Secundus v. Alexandria, Serapion v. Alexandria, Thais, Theodora v. Alexandria, Theodorus v. Tabennisi, Theodulus v. Sinai u. Gef., Theonas v. Alexandria, Thomas v. Alexandria u. Gef.

Übriges Nordafrika

Antonia v. Numidien, Augustinus v. Hippo, Candida u. Gef., Cornelia u. Gef., Cyprian v. Karthago, Eugenius v. Karthago, Flavianus v. Karthago, Fulgentius, Johannes v. Prado, Liberatus u. Gef., Majoricus, Massa Candida, Maximilian v. Theveste, Monica, Optatus, Otho u. Gef., Paulus u. Gef., Perpetua u. Felicitas, Pia v. Karthago u. Gef., Possidus, Quadratus v. Utica, Saturninus v. Karthago u. Gef., Scilitanische Märt., Serapion v. Algier, Theogenes v. Hippo, Victorinus v. Karthago u. Gef., Zwölf Brüder

Äthiopien

Agathangelus u. Cassian, Frumentius, Ghebre Michael

Kanarische Inseln (Las Palmas)

Ignatius v. Azevedo u. Gef.

Madagaskar

Jakob Berthieu

Mauritius

Jakob Laval

Uganda

Karl Lwanga u. Gef.

Amerika

Brasilien

José de Anchieta, Rochus Gonzalez de S. Cruz u. Gef.

Ecuador

Maria Anna v. Jesus, Michael Febres Cordero

Guatemala

Pedro de Betancur

Kanada

François de Montmorency-Laval, Jean de Brébeuf u. Gef., Katharina Tekakwitha, Maria Margareta Dufrost, Marie Guyart, Margareta Bourgeoys

Kuba

Antonius Claret y Clará

Peru

Franz v. Solano, Johannes Massias, Martin v. Porres, Rosa V. Lima, Turibius Alfonso Mongrovejo

USA

Elisabeth Anna Bayley, Johannes Nep. Neumann, Philippine Duchesne

Europa

Belgien

Adalbert v. Ostrevant, Adelheid v. Scharbeke, Albert v. Lüttich, Amalberga, Amalia, Amandus, Aya, Bavo, Berlinde, Christina v. Belgien, Christiana v. Flandern, Constantinus v. Orval, Dentelin, Egerich, Eleutherius, Elmar v. Lüttich, Emebert, Ermin, Etto, Eva v. Lüttich, Floribert v. Gent, Floribert v. Lüttich, Foillan, Fredegand, Friedrich v. Lüttich, Gerbert, Gerhard v. Brogne, Gertrud v. Nivelles, Gertrud v. Brabant, Gerulf, Gerwin v. Aldenburg, Gislenus, Gobert, Godeleva, Gondulph v. Zauchte, Gottfried v. Villers, Grimoald, Gudula, Guido v. Anderlecht, Gummar v. Nivesdonck, Heinrich Michael Buche, Heribert v. Bois-Villers, Herlinde, Hermelindis, Hidulf, Himelin, Hubert v. Maastricht, Hugo v. Fosses, Ida v. Leeuw, Ida v. Löwen, Ida v. Nivelles, Idesbald, Iduberga, Ivetta, Johannes Berchmans, Johannes van Ruysbroek, Juliana v. Lüttich, Karl v. Flandern, Landelin, Landoald, Landrada, Landrich, Luitgard v. Tongern, Margareta v. Löwen, Margareta v. Ypern, Maria Dolorosa v. Brabant, Maria v. Oignies, Meingold v. Hy, Monon, Mucius Wiaux, Notker v. Lüttich, Oda v. Amay, Oda v. Rivreulle, Odilo v. Stablo, Odrada, Perpetuus v. Maastricht, Pharaïldis, Pompejus v. Lüttich, Poppo, Reineldis, Reinhard v. Lüttich, Relindis v. Alden-Eyk, Relindis v. Lüttich, Robert v. Brügge, Roland v. Hasnon, Rolendis, Rudolf d. Schweiger, Rumold, Servatius v. Tongern, Sighilde, Simon v. Aulne, Suplicius v. Tongern, Theodard v. Maastricht, Theodorich v. St. Hubert, Theodulf v. Lobbes, Trudo v. Haspengau, Ursmar, Vinciana, Vinzenz Madelgar, Vivina, Waldetrudis, Walher, Walter v. Birbech, Waltmann, Wibert, Wilhelm v. Brabant, Witgar, Wolbodo v. Lüttich, Wolftrud

Bulgarien

Boris, Clemens d. Bulgare, Julius v. Durosturum, Melitta, Theodota v. Thrakien

Dänemark

Erich Plovpenning v. Dänemark, Eskil v. Lund, Heinrich v. Vitsköl, Ingeborg, Knud v. Dänemark, Knud Lavard, Margareta v. Roskilde, Nikolaus v. Aarhus, Wilhelm v. Roskilde, Wilhelm v. Aebelholt

Deutschland

Allgemein
Adelheid Kaiserin, Bonifatius, Heinrich II. u. Kunigunde, Hildegard Kaiserin, Irmgard Kaiserin, Karl d. G., Mathilde dt. Königin, Petrus Canisius, Petrus v. Kreuz, Richardis Kaiserin

Baden-Württemberg
Adelinde, Arnold v. Hiltensweiler, Bernhard v. Baden, Bernold, Berthold v. Garsten, Eberhard v. Breisach, Eberhard v. Nellenburg, Eberhard v. Salem, Eberhard v. Wolfegg, Elisabeth von Reute, Erminold, Ernst v. Hohenstein, Ernst v. Neresheim, Ernst v. Zwiefalten, Friedrich v. Hirsau, Gebhard II. v. Konstanz, Gottfried v. Hirsau, Heinrich Seuse, Heinrich v. Zwiefalten, Herluka v. Bernried, Hermann v. Baden, Hermann d. Lahme, Herulf, Irmgard v. Buchau u. Frauenchiemsee, Jakob Griesinger, Johannes Heinrich Karl Steeb, Konrad v. Konstanz, Konrad v. Zähringen, Landelin, Lioba v. Tauberbischofsheim, Luitgard v. Wittichen, Magnus v. Allgäu, Mangold, Notburga v. Hochhausen, Notburga v. Klettgau, Odino, Pirmin, Reginbert, Regiswindis, Rupert I. v. Ottobeuren, Spinulus, Trudpert, Ursula Haider, Walderich, Werner v. Wiblingen, Wilhelm v. Hirsau, Willebold

Bayern
Adalbero v. Augsburg, Adalbert, Afra, Agnes v. Aislingen, Altmann, Alruna, Alto, Amor, Anianus, Aquilinus, Aribo v. Freising, Arno v. Würzburg, Aurelia, Batho v. Andechs, Batho v. Freising, Berengar, Berthold v. Regensburg, Burkhard v. Würzburg, Christina Ebner, Creszentia Höß, David v. Augsburg, Degenhard, Deochar, Dieburg, Diemut v. Wessobrunn, Dionysius v. Augsburg, Eberhard v. Tüntenhausen, Edigna, Egbert v. Münsterschwarzach, Egilbert v. Freising, Egino v. Augsburg, Ellinger v. Tegernsee, Emmeram v. Regensburg, Engelmar, Erhard v. Regensburg, Erminold, Eunomia v. Augsburg, Euphemia v. Altomünster, Euprepia v. Augsburg, Friedrich v. Regensburg, Gamelbert, Gaubald v. Regensburg, Georg v. Pfronten-Kreuzegg, Gerwich, Gisela, Giselbert, Grimo v. Ursberg, Gumbert, Gundekar v. Eichstätt, Gunther v. Niederaltaich, Gunthildis, Hadeloga v. Kitzingen, Hademunda, Hatto, Hartmann v. Brixen, Hartmann v. Hausen, Haziga v. Scheyern, Hedwig v. Schlesien, Heinrich v. Baumburg, Heinrich v. Riedenburg, Heinrich v. Starnberger See, Hemma Königin, Herluka v. Bernried, Hermann v. Niederaltaich, Hilaria v. Augsburg, Hildegund v. Münchaurach, Imma, Irmgard v. Buchau u. Frauenchiemsee, Joseph v. Freising, Judith v. Niederaltaich, Jutta v. Fuchsstadt, Kilian v. Würzburg, Konrad v. Bayern, Konrad v. Ottobeuren, Konrad v. Parzham, Konrad v. Wolfratshausen, Korbinian, Kunigunde v. Andechs, Landfried, Lantbert v. Freising, Leodegar v. Lechsgemünd, Liborius Wagner, Lioba v. Tauberbischofsheim, Luitpold, Magnus v. Allgäu, Makarius d. Schotte, Margareta Ebner, Margareta v. Bayern, Marhold, Marianus v. Regensburg, Marinus v. Regensburg, Markward Weißmaler, Mechthild v. Dießen, Meingold v. Würzburg, Nidgar v. Augsburg, Ottokar v. Tegernsee, Otto v. Bamberg, Otto v. Freising, Otto v. Niederaltaich, Otto v. Riedenburg, Pilegrinus v. Passau, Quiriacus v. Augsburg, Radegund v. Wellenburg, Ramwold, Rasso v. Andechs, Rathard v. Andechs, Rathold v. Aibling, Renata v. Bayern, Richildis, Ruthard, Rutrud, Ruzo, Salome v. Niederaltaich, Sebald v. Nürnberg, Simpert v. Augsburg, Sola v. Franken, Stilla v. Abenberg, Tassilo III. v. Bayern, Thekla v. Kitzingen, Thiento v. Wessobrunn, Totnan v. Würzburg, Totto v. Ottobeuren, Tozzo v. Augsburg, Tutto v. Regensburg, Ulrich v. Augsburg, Ulrich v. Passau, Ulrich v. Zell, Utto v. Metten, Viktor Überkomm, Volkmar v. Niederaltaich, Walpurga v. Heidenheim, Walto v. Wessobrunn, Wigand, Wigbert v. Augsburg, Wilhelm Eiselin, Wilhelm der Pilger, Willibald v. Eichstätt, Wiltrud v. Bergen, Wiltrud v. Hohenwart, Winthir, Wirnto, Wolfgang v. Regensburg, Wolfhard, Wolfhold v. Hohenwart, Wolfsindis, Wulfhilda v. Wessobrunn, Wunibald v. Heidenheim

Hessen
Amor, Bardo v. Hersfeld, Elisabeth v. Schönau, Eigil v. Fulda, Gertrud v. Altenberg, Haimo v. Halberstadt, Heimerad, Hildebert v. Mainz, Hrabanus Maurus, Meinhard v. Hersfeld, Reginbald, Reinhard v. Reinhausen, Sturmius v. Fulda, Wigbert, Witta v. Buraburg

Mecklenburg
Johannes v. Mecklenburg, Johannes Scotus v. Ratzeburg

Niedersachsen
Adalgar v. Bremen-Hamburg, Adolf v. Osnabrück, Answer v. Ratzeburg, Altfrid v. Hildesheim, Attroban, Benjamin v. Sachsen, Benno v. Osnabrück, Bernward v. Hildesheim, Bernhard v. Hildesheim, Ebsdorfer Märt., Emming, Eppo v. Lentzen, Folkard, Folkwart, Gerburg v. Gandersheim, Gerwald, Godehard v. Hildesheim, Gosbert v. Osnabrück, Grisold, Hathumoda, Helmtrudis, Hoger v. Hamburg-Bremen, Konrad v. Hildesheim, Liutbirg, Marianus v. Bardewik, Rainer v. Osnabrück, Rimbert v. Bremen-Hamburg, Suitbert v. Verden, Unni v. Bremen-Hamburg, Wiho v. Osnabrück, Willehad v. Bremen, Willerich v. Bremen

Nordrhein-Westfalen/Köln
Agilolf, Anno, Bruno d. Kartäuser, Bruno I. v. Köln, Christina d. Kölnische, Cordula, Elias v. Köln, Engelbert v. Köln, Erenfrid, Evergisil, Famianus, Gebizo, Gereon u. Gef., Gero, Gerold, Heilika, Heinrich v.

Köln, Heribert v. Köln, Hildebert, Hildebold, Irmgard v. Köln, Kunibert, Maternus, Maurinus, Notburga v. Köln, Reinhold, Severin v. Köln, Ursula u. Gef.

Nordrhein-Westfalen (übriges Bundesland)
Adelheid v. Vilich, Alderich, Arnold v. Arnoldweiler, Arnold Jannsen, Baduard v. Paderborn, Cassius u. Florentius, Christina v. Hamm, Druthmar, Ewald u. Ewald, Franziska Schervier, Gerfrid v. Münster, Gezelin v. Altenberg, Gottfried v. Cappenberg, Gregor v. Cerchiara u. Burtscheid, Hadwig v. Herford, Hadwig v. Cappenberg, Hadwig v. Mehre, Hardward v. Minden, Hathumar v. Paderborn, Heinrich v. Bonn, Heinrich v. Heisterbach, Helmtrudis, Hemma v. Paderborn, Heriburg, Herumbert v. Minden, Hermann Josef, Hermann v. Cappenberg, Hildegund v. Schönau, Hildegund v. Meer, Ida v. Herzfeld, Irmund, Irmtrud, Jordan v. Sachsen, Liborius v. Le Mans, Liudger v. Münster, Liudhard v. Paderborn, Ludolf v. Corvey, Lüfthildis, Maria v. Göttl. Herzen (Droste zu Vischering), Maria Theresia v. Wüllenweber, Meinolf v. Paderborn, Meinwerk v. Paderborn, Menrich v. Lübeck, Norbert v. Xanten, Otto v. Cappenberg, Paternus v. Abdinghof, Plektrudis, Reinhild v. Westerkappeln, Roswitha, Suidbert, Theodorich v. Minden, Thiathildis, Thietmar v. Minden, Thomas v. Kempen, Viktor v. Xanten u. Gef., Walter v. Sachsen, Willaik, Wolfhelm

Ostpreußen-Danzig
Dorothea v. Montau, Nikolaus v. Preußen

Rheinland-Pfalz/Trier
Agritius, Basinus, Beatus u. Banthus, Britto, Bonosus, Elvira v. Oehren, Eucharius, Felix, Florentinus, Hildulf, Irmina v. Oeren, Jovianus, Konrad I., Leontius, Luitwin, Magnerich, Maximin, Modesta v. Oeren, Modestus, Modoald, Nicetius, Palmatius u. Gef., Paulinus, Quiriacus, Rusticus, Sebald, Severa, Simeon, Theodulf, Valentin v. Trier, Valerius

Rheinland-Pfalz (übriges Bundesland)
Adula, Albanus, Amandus v. Worms, Ansbald, Aureus v. Mainz, Bardo, Bertha v. Bingen, Bilhildis, Burkhard v. Worms, Castor v. Karden, Crescens v. Mainz, David v. Himmerod, Disibod, Egbert v. Dalberg, Egil, Erkenbert, Ferrutius v. Mainz, Gerlinde, Goar, Hilarius v. Mainz, Hildegard v. Bingen, Hildebert v. Mainz, Hrabanus Maurus, Justina v. Mainz, Jutta v. Disibodenberg, Karl v. Sayn, Konrad v. Heisterbach, Lubentius v. Kobern, Ludwig III. v. Arnstein, Lullus v. Mainz, Margareta v. Sponheim, Maria Katharina Kasper, Marianus v. Mainz, Markward v. Prüm, Maximus v. Mainz, Mechthild v. Sponheim, Oranna, Philipp v. Zell, Potentinus u. Gef., Reginbald, Rodewald, Rupert v. Bingen, Sidonius v. Mainz, Theonest v. Mainz, Verona, Werner v. Oberwesel, Willigis v. Mainz

Saarland
Ingebert, Oranna, Wendelin

Sachsen
Adalbert v. Magdeburg, Benno v. Meißen, Bruno v. Querfurt, Gertrud v. Helfta, Jutta v. Sangerhausen, Lambert v. Neuwerk, Lukardis, Mechthild v. Hackeborn, Mechthild v. Magdeburg, Norbert v. Xanten, Tagino v. Magdeburg, Thiatgrim v. Halberstadt, Volkwin, Wichmann

Schlesien (heute Polen)
Ceslaus v. Breslau, Hermann d. Dt., Hedwig v. Andechs, Hyacinthus v. Polen

Schleswig-Holstein
Answer v. Ratzeburg, Dietmar v. Neumünster, Evermod, Gottschalk, Isfried v. Ratzeburg, Ludolf v. Ratzeburg, Vicelinus v. Oldenburg, Volker

Thüringen
Elisabeth v. Thüringen, Erenfrid, Gunthildis v. Ordruf, Haziga v. Sichem, Kunihild v. Ordruf, Ludwig IV. v. Thüringen, Paulina v. Thüringen, Radegundis v. Thüringen, Thöger

England, Schottland

Aelfrik, Aidan, Aldhelm, Alfred, Alkmund, Anselm v. Canterbury, Augustinus v. Canterbury, Beda Venerabilis, Benedict Biscop Baducing, Bertwald, Botulf, Brithwald, Donald, Dunstan v. Canterbury, Dympna v. Brabant, Ebba d. Ä., Ebba d. J., Edburga, Edgar, Edith v. Wilton, Edmund

Campion, Edmund König d. Ostangeln, Edmund v. Abington, Eduard König v. England, Eduard Märt., Edwin, Egfried, Egwin, Eleonora v. England, Elfriede v. England, Elgiva v. Ostanglien, Engelhard, Engelmund, Enswida, Erbin, Erkonwald, Ermenburga, Ermenhild, Ethelbert, Ethelburga v. Barking, Etheldreda, Ethelwold, Felix v. Dunwich, Frideswida, Fursa, Gilbert v. Sempringham, Gildas der Weise, Gisbert, Grimbald, Gutmann v. Stenning, Hadrian v. Canterbury, Helmstan, Hereswitha, Heribert v. Cumberland, Heribert v. Gonza, Hilda, Hildelinde, Himelin, Honorius v. Canterbury, Hugo v. Lincoln, Humbert v. England, Iltut, Irmhilde, Ithamar, Ivo v. England, Johannes (John) Fischer, Johannes (John) Ogilvie, Johannes v. Beverley, Johannes v. Bridlington, Justinianus der Eremit, Justus v. Canterbury, Koloman v. Lindisfarne, Kolumban v. Hy, Kutbert v. Lindisfarne, Lanfranc v. Canterbury, Laurentius v. Canterbury, Maclovius, Magnus v. Schottland, Margareta v. Schottland, Margareta Pole, Mellitus v. Canterbury, Milburga, Mildreda, Mildwida, Odo v. Canterbury, Osmund, Oswald v. Northumbrien, Oswald v. York, Oswin, Paulinus v. York, Richard v. Chichester, Richard v. England, Robert v. Newminster, Sexburga, Siegebert, Siegfrid v. Wearmouth, Simon Stock, Swithun, Theodor v. Canterbury, Thomas Becket, Thomas v. Hereford, Thomas More, Werburga, Wilfrith, Wilhelm v. York, Winfrieda, Withburga, Wulfhilda v. Barking, Wunna – Engl. Märt.

Frankreich (Gallien)

Allgemein
Blanca v. Frankreich, Crescens Apostelschüler, Elisabeth v. Frankreich, Guntram König d. Franken, Johanna v. Valois, Ludwig IX. v. Frankreich

Nordfrankreich
Abel v. Reims, Adalbald v. Ostrevant, Adalhard, Adelgundis, Adelmann, Adeltrud, Alberich v. Citeaux, Ämilianus v. Lagny, Angilbert, Ansbert, Arnulf v. Soissons, Austreberta, Autbert, Balderich, Baltwin, Beata, Benedicta, Benedikt Josef Labre, Bernhard v. Tiron, Bertha v. Avenay, Bertha v. Blangy, Berthild, Bertram, Blandinus, Chlodwald, Chrodegang, Coletta Boillet, Columba v. Sens, Dagobert, Drogo v. Seburg, Dympna v. Brabant, Emebert, Ebbo, Ebrulf, Edith v. Caestre, Einhard, Ekkehard v. Clairvaux, Elfriede v. Caestre, Eligius, Ebrulf, Ethelburga, Eucherius v. Orleans, Eugenia Maria v. Jesus (Milleret de Brou), Eugenius v. Paris, Eusebia, Fara, Faro, Felix v. Valois, Fiacrius, Firminus d. Ä. v. Amiens, Firminus d. J. v. Amiens, Folkwin, Frambald, Farmehild, Fulbert, Fulko, Fulrad, Fursa, Gaugerich, Genovefa, Gerfrid, Gerhard v. Sauve-Majeure, Germana, Germanus v. Auxerre, Germanus v. Paris, Germar, Gerwin, Gilbert v. Meaux, Godeberta, Godo, Goswin, Gottfried v. Amiens, Gumbert v. Senones, Helinand, Herifrid, Hildeburg, Hildemar, Hiltrud, Honesta u. Gef., Honoratus v. Amiens, Honulph, Hugbert, Hugo v. Poitiers, Hugo v. Rouen, Humbald, Humbert, Hunegundis, Hunfried, Ida v. Boulogne, Ivo v. Chartres, Jakob Laval, Jodok, Johanna v. Orléans, Johannes Bapt. de La Salle, Johannes Soreth, Johannes v. Thérouanne, Jonatus, Julia v. Troyes, Julianus Maunoir, Justus v. Beauvais, Katharina Labouré, Laetus v. Provins, Laudomar, Leobin, Leutfred, Lietbert, Lifard, Louise de Marrillac, Ludwig Maria Grignion de Montfort, Macra, Madelberta, Margareta Bourgeoys, Maria Rosa Julia Billiart, Maria v. d. Menschwerdung (Acarie), Maria v. d. Vorsehung (Smet), Markulf, Medard v. Noyon, Menehildis, Milo v. Selincourt, Monegundis, Nicasius, Nivard, Odo v. Cambrai, Opportuna, Paschasius Radbertus, Patroclus, Paulus v. Verdun, Pusinna, Quintinus v. Amiens, Quintinus v. Villeparisis, Quirinus v. Malmédy, Ragnulf, Regenfredis, Regina v. Denain, Reginald, Regnobert, Remigius v. Reims, Richarius, Richtrudis, Rigobert, Roding, Roger v. Élan, Romanus v. Rouen, Rutrudis, Rufinus u. Valerius, Salaberga, Saturnia v. Arras, Sigrada, Silvinus, Simon v. Crépy, Theodechild, Theodorich v. St-Thierry, Vedastus, Vedulf, Venantius v. Artois, Wala v. Bobbia, Walarich, Walembert, Walter v. Pontoise, Wandregisel, Waning, Warin v. Korvey, Wilhelm v. St-Thierry, Wulfia, Wulflaik, Wulf-

ram, Wulmar – 16 Märt. v. Compiègne, 15 Märt. v. Cambrai, 191 Märt. v. Paris

Nordwestfrankreich
Aldrich, Christianus l'Aumône, Ebrulf v. St-Évroult, Eugenia v. Le Mans, Franziska d'Amboise, Gratianus, Johannes Discalceatus, Johannes Eudes, Julianus Le Mans, Landulf, Liborius, Lothar v. Sées, Maria Magdalena Postel, Paternus v. Avranches, Philibert, Placida Viel, Remigius v. Rouen, Tharinus, Theresia v. Lisieux, Victorinus v. Rouen, Vitalis v. Savigny, Walter v. Brügge – 19 Märt. v. Laval

Nordostfrankreich
Anstrudis, Aper, Deicola, Ermenfrid, Ferreolus, Hadwin, Hildegrim, Liutrud, Lupus, Maria Theresia de Soubiran, Maura, Nivard, Richard v. St-Vanne, Robert v. Molesme, Urban v. Langres, Waldrada, Wilhelm v. Belmont

Westfrankreich
Ada, Albinus, Andreas Fournet, Gilduin, Gregor v. Tours, Gunthard, Haimo v. Landecop, Hermeland, Hilarius von Poitiers, Ivo Hélory, Jonanna Maria de Maillé, Licinius, Marbod v. Rennes, Maria v. d. hl. Euphrasia (Pelletier), Maria Theresia v. Jesus (Le Clerc), Martin v. Tours, Maurilius, Natalis (Noël) Pinot, Paulus Aurelianus, Perpetuus v. Tours, Petrus Renatus Rogue, Radegundis v. Thüringen, Rigomar, Vivianus v. Saintes, Warin v. Poitou, Wilhelm v. St-Bénigne

Zentralfrankreich
Benildus (Peter Romançon), Brictius, Deodatus v. Nevers, Gerald v. Aurillac, Georgia v. Clermont, Gilbert v. Neuffontaines, Heribald, Jakob Berthieu, Johanna Elisabeth Bichier des Ages, Julianus v. Brioude, Leonhard v. Limoges, Magdalena Sophie Barat, Marcellinus Joseph Benedikt Champagnat, Marsus, Martialis, Patroclus d. Einsiedler, Remaclus, Roger le Fort, Sigo, Sulpicius I. v. Bourges, Sulpicius II. von Bourges, Symphorianus, Theodorich II. v. Orléans, Tillo v. Solignac, Valeria, Valerianus v. Auxerre, Wilhelm von Bourges

Ostfrankreich
Adelphus v. Metz, Amadeus v. Savoyen, Amandus v. Straßburg, Anna Maria Javouhey, Anthelm von Chignin, Arbogast v. Straßburg, Arnulf v. Metz, Attala, Aymard, Balthild, Barnard, Baldomer, Benedikt von Aniane, Benignus, Bernhard v. Clairvaux, Berno, Blandina, Bruno d. Kartäuser, Cäsarius v. Arles, Ceratus, Chlodulf, Chlothilde, Chrodegang v. Metz, Constantinus v. Orval, Egerich v. Belmont, Einhildis, Engelram, Erenfrid, Eugenia v. Hohenburg, Eustasius, Farhild, Florentius v. Straßburg, Frodobert, Gangolf, Gerhard Abt v. Clairvaux, Gerhard v. Clairvaux, Gerhard von Toul, Germanus v. Besançon, Gilbert v. Lothringen, Glodesind, Gondulph v. Metz, Gundelindis, Gunthildis v. Biblisheim, Heinrich v. Grünenwörth, Heinrich v. Marcy, Herluin, Herulf, Hugo von Cluny, Hugo v. Grenoble, Hulda, Humbelina, Hunna, Irenäus v. Lyon, Johanna Antida Thouret, Johanna Franziska v. d. Heimsuchung Mariä (Michelotti), Johanna Franziska Frémyot de Chantal, Johanna v. Kreuz, Johannes v. Gorze, Johannes Maria Vianney, Johannes Martin Moÿe, Johannes v. Valence, Justus v. Condat, Justinus v. Straßburg, Karl v. Blois, Konrad v. Zähringen, Leobard, Leodegar v. Autun, Leonianus, Livarius, Louise v. Savoyen, Lucia v. Berg, Ludanus, Margareta v. Lothringen, Margareta Maria Alacocque, Majolus, Mansuetus, Morandus, Odilia v. Odilienberg, Odilo v. Cluny, Odo v. Cluny, Petrus Faber, Petrus Fourier, Petrus Julianus Eymard, Petrus v. Jully, Petrus Ludwig Maria Chanel, Petrus Venerabilis, Philippine Duchesne, Ragnebert, Rainald v. Bar-sur-Seine, Regina v. Alise-Ste-Reine, Reginfried, Reingard, Richlindis, Roland v. Chézery, Romanus v. Condat, Romarich, Rufus v. Metz, Stephan v. Die, Stephan Harding, Sigibald, Sigibert, Sigismund v. Burgund, Simeon v. Metz, Theobald v. Vienne, Theodorich v. Metz, Waldebert

Südfrankreich
Ado, Ägidius, Aigulf, Andreas Abellon, Arigius, Arnulf v. Gap, Berthold v. Kalabrien, Bertrand de Carriga, Bertrand v. Grandselve, Cäsar de Bus, Christophorus v. Romandiola, Clarus, Claudius de la Colombière, Delphina, Delphinus, Desiderius v. Cahors, Desiderius v. Vienne, Domini-

kus, Elvira v. Périgord, Elzear v. Sabran, Émilie de Vialar, Erembert, Eucherius v. Lyon, Felix Achilleus u. Fortunatus, Fergeolus, Ferreolus v. Vienne, Gauderich, Germana Cousin, Hadelin, Hesychius, Hilarius v. Arles, Honoratus v. Arles, Hugo v. Bonnevaux, Ismid, Jakob Salès u. Wilhelm Saultemouche, Johanna v. Lestonnac, Johannes Cassianus, Johannes Franz Régis, Johannes v. Matha, Jonas v. Castres, Julianus Hospitator, Justus v. Lyon, Karl Joseph Eugenius de Mazenod, Lambert v. Lyon, Ludwig v. Toulouse, Mamertus, Maria Bernarda (Bernadette Soubirous), Maria Viktoria Theresia Couderc, Maria Wilhelma Ämilia de Rodat, Michael Garicoïts, Namatius, Petrus v. Luxemburg, Pothinus v. Lyon u. Gef., Prosper Tiro, Radulf, Rochus v. Montpellier, Roselina, Sidonius Apollinaris, Siglinde, Theodard v. Narbonne, Theofred, Valens, Veranus, Victor v. Marseille, Vinzenz v. Lérins, Vinzenz v. Paul, Wilhelm Arnaud u. Gef., Wilhelm v. Aquitanien – 32 Märt. v. Orange

Korsika
Alexander Sauli, Devota, Julia v. Korsika, Theophilus v. Corte

Griechenland

Dionysius v. Athos, Dionysius v. Korinth, Irene v. Thessalonike, Isidor v. Chios, Jason, Leonides v. Korinth u. Gef., Lukas Thaumaturgos, Malchos, Nikolaus Studites, Nikon, Parmenas, Petrus Thomas v. Kreta, Phöbe, Quadratus v. Armenien, Silas, Syntyche, Tatiana, Theodora v. Thessalonike, Theodulus v. Kreta u. Gef., Theonestus v. Philippi u. Gef.

Irland (mit Nordirland)

Arthur O'Nelly, Brigitta v. Kildare, Comgall, Egbert v. Irland, Fursa, Gerald v. Mayo, Ita, Laurentius v. Dublin, Malachias v. Armagh, Oliver Plunket, Palladius v. Irland, Patrick, Thaddäus McCarthy

Island

Gudmund, Johannes Ögmundsson, Thorlak Thorhallsson

Italien

Rom
Abdon u. Sennen, Agatho Papst, Agnes, Alexander I. Papst, Aloisius Gonzaga, Anakletus I. Papst, Anastasius I. Papst, Anicetus Papst, Apollonius, Aquila u. Prisca, Asella, Balbina, Bibiana, Bonifatius I. Papst, Bonifatius IV. Papst, Cäcilia, Caius Papst, Calixtus I. Papst, Camillus v. Lellis, Candida u. Gef., Castulus, Chrysanthus u. Daria, Claudius, Claudius u. Gef., Clemens I. Papst, Cölestin I. Papst, Cölestin V. Papst, Concordia u. Gef., Cornelius Papst, Crispin u. Crispinian, Cyriacus, Dafrosa, Damasus I. Papst, Demetria, Die ersten Märt. v. Rom, Dionysius I. Papst, Domitilla d. J., Eleutherus Papst, Emerentiana, Ernst röm. Märt., Eugenia, Eugenius I. Papst, Eugenius III. Papst, Eusebius v. Rom, Eusebius Papst, Evaristus Papst, Eventius, Fabianus Papst, Fabiola, Felicissimus u. Agapitus, Felicitas u. 7 Söhne, Felix I. Papst, Felix II. Papst, Felix in Pincis, Felix u. Adauctus, Fides Spes u. Charitas, Flavianus v. Rom, Franziska v. Rom, Galla v. Rom, Gelasius I. Papst, Gordianus u. Epimachus, Gorgonius v. Rom, Gregor I. d. G. Papst, Gregor II. Papst, Gregor III. Papst, Gregor VII. Papst, Gregor X. Papst, Hadrian III. Papst, Hermes, Hieronymus, Hilarus Papst, Hippolytus v. Rom, Hormisdas Papst, Hyginus Papst, Innozenz I. Papst, Innozenz V. Papst, Innozenz XI. Papst, Irene Jungfr. in Rom, Irene Witwe in Rom, Jason v. Rom, Johannes de Rossi, Johannes I. Papst, Johannes u. Paulus, Josef v. Calasanza, Julia Eustochium, Julius I. Papst, Julius v. Rom, Justinus Philosoph Märt., Kajetan von Tiene, Kaspar del Bufalo, Konrad v. Zähringen, Konstantin d. G. Kaiser, Largus, Laurentius Diakon Märt., Lea v. Rom, Leo I. d. G. Papst, Leo II. Papst, Leo III. Papst, Leo IV. Papst, Leo IX. Papst, Leontia u. Gef., Linus Papst, Lucia u. Geminianus, Lucilla u. Gef., Lucina Anicia, Lucina d. Ä., Lucina d. J., Lucius I. Papst, Ludovica degli Albertoni, Marcella, Marcellinus Papst, Marcellinus u. Petrus, Marcellus I. Papst, Marcus Papst, Marcus u. Marcellianus, Margareta Colonna, Marianus v. Rom, Marius u. Martha, Martina, Martinus I. Papst, Maurus v.

Rom, Melania d. J. u. Pinianus, Miltiades Papst, Nereus u. Achilleus, Nikolaus I. Papst, Nikomedes, Pammachius, Pankratius, Paschalis I. Papst, Paul I. Papst, Paula Frassinetti, Paula v. Rom, Paulina v. Rom, Paulus Apostel, Petronilla, Petrus Apostel, Petrus Diaconus, Philipp Neri, Pius I. Papst, Pius V. Papst, Pius X. Papst, Pontianus Papst, Praxedis, Primus u. Felicianus, Prisca, Processus u. Martinianus, Protus u. Hyacinthus, Prudentia, Ptolemäus u. Gef., Pudens, Pudentiana, Quirinus v. Rom, Robert Bellarmin, Romanus v. Rom, Rufina u. Secunda, Rufus v. Rom, Sabina v. Rom, Saturnina u. Gef., Saturninus, Sebastian, Secundus u. Gef., Serena, Sergius I. Papst, Servulus, Silverius Papst, Silvester I. Papst, Silvia, Simplicius Faustinus u. Beatrix, Simplicius Papst, Sixtus I. Papst, Sixtus II. Papst u. Gef., Sixtus III. Papst, Sophia u. 3 Töchter, Sophia Märt. zu Rom, Soter Papst, Soteris, Stanislaus Kostka, Stephan I. Papst, Susanna v. Rom, Symmachus Papst, Symphrosa u. 7 Söhne, Tarsicius, Tarsilla, Tatiana v. Rom, Telemachus, Telesphorus Papst, Theodulus v. Rom u. Gef., Theopista v. Rom u. Gef., Tiburtius v. Rom, Tiburtius v. Rom u. Gef., Timotheus v. Rom, Titus Flavius Clemens, Urban I. Papst, Urban II. Papst, Urban V. Papst, Valerianus, Veneranda, Venerius u. Gef., Vier Gekrönte, Viktor I. Papst, Viktor III. Papst, Viktoria, Vinzenz Pallotti, Vitalianus Papst, Zacharias Papst, Zephyrinus, Papst, Zosimus Papst

Oberitalien

Albert v. Pontida, Aldebrand, Aloisius v. Gonzaga, Aloisius Guanella, Aloisius Palazzolo, Ambrosius v. Mailand, Angela Merici, Antonius Bonfadini, Antonius Gianelli, Antonius v. Padua, Antonius Zaccaria, Apollinaris v. Ravenna, Arialdus, Arsacius v. Mailand, Balthasar Ravaschieri, Baptista Mantuanus, Bartholomäa Capitanio, Bartholomäus Fanti, Bernhard v. Aosta, Bernhardin v. Feltre, Bertrand v. Aquileia, Bertulf, Bonaventura Tornielli, Cassianus v. Imola, Chrysogonus, Cloelia Barberini, Contardo Ferrini, Diana v. Andaló, Dionysius v. Mailand, Dominikus, Dominikus Savio, Eldrad, Emilia Bicchieri, Emmanuel v. Cremona, Epiphanius, Eusebius v. Cremona, Eusebius v. Mailand, Eusebius v. Vercelli, Eustochia v. Padua, Faustina u. Liberata, Faustinus u. Jovita, Felix v. Como, Firmus u. Rusticus, Franca, Francisca Xaveria Cabrini, Franz v. Camporosso, Geminianus, Gervasius u. Protasius, Grata, Gratus v. Aosta, Gregor Barbarigo, Guido v. Pomposa, Gutmann v. Cremona, Harald v. Brescia, Helena Duglioli, Helena Valentinis, Heliodorus, Hieronymus Ämiliani, Hilarius v. Aquileia, Honorius v. Brescia, Hugo d. Malteser, Hugolina, Humilitas, Ignatius v. Santià, Imelda Lambertini, Innozenz v. Berzo, Isnard v. Chiampo, Jacobus a Voragine, Jacobus Salomonius, Jakob v. Padua, Johanna Franziska v. d. Heimsuchung Mariä (Michelotti), Johannes Juvenal Ancina, Johannes Bonus, Johannes Bosco, Johannes Garbella, Johannes Heinrich, Karl Steeb, Johannes Bapt. v. Mantua, Johannes Bapt. de Rossi, Johannes Vincentius, Jordan v. Sachsen, Jordanus Forzaté, Josef Benedikt Cottolengo, Josef Cafasso, Julius u. Julianus, Justina v. Padua, Kaspar Bertoni, Katharina de' Ricci, Katharina v. Bologna, Katharina v. Genua, Karl Borromäus, Konradin v. Brescia, Laurentius Giustiniani, Leonhard Murialdo, Leonhard v. Porto Maurizio, Leopold v. Castelnuovo, Luitprand, Lukas Belludi, Magdalena Albrici, Magdalena v. Canossa, Manfred, Marcus de Marconibus, Marcus Fantuzzi, Marcus v. Modena, Margareta v. Faenza, Margareta v. Savoyen, Maria Bertilla Boscardin, Maria Crucifixa di Rosa, Maria Dominica Mazzarello, Maria Enrica Dominici, Maria Josefa Rossello, Maria Magdalena Martinengo di Barco, Maternus v. Mailand, Maximianus, Michael Rua, Nabor u. Felix, Natalis v. Mailand, Nazarius u. Celsus, Nikolaus Giustiniani, Nikolaus v. Preußen, Obitius, Octavianus, Oderich v. Pordenone, Odo der Kartäuser, Ossanna v. Mantua, Pacificus v. Ceredano, Paul v. Kreuz, Paula v. Montaldo, Paulinus v. Aquileja, Pelagius v. Aemona, Peregrinus Laziosi, Petrus Chrysologus, Petrus Martyr, Petrus Orseolo, Placida, Proculus, Raimund Palmario, Rainald v. Ravenna, Roland v. Medici, Romuald v. Camaldoli, Sabinus v. Piacenza, Sebastianus Maggi, Sebastianus u. Alverius, Severus v. Ravenna, Sibyllina Biscossi, Simplicianus, Stephan Bellesini, Stephana

Quinzani, Terentius v. Imola, Theobald Roggeri, Theobald v. Provins, Theodelinde, Theresia Eustochium Verzeri, Uguzo, Ursicinus v. Ravenna, Ursulina Venerii, Ursus v. Vicenza, Venantius Fortunatus, Veronica v. Binasco, Victor v. Mailand, Vincentia Gerosa, Vincenz Grossi, Viola, Vitalis u. Agricola, Wala v. Bobbio, Walter v. Lodi, Wilhelm v. Vercelli, Wolfhard v. Augsburg, Zeno v. Verona

Mittelitalien

Agapitus, Andreas Corsini, Andreas Franchi, Angela v. Foligno, Angelina, Angelus de Scarpettis, Anna Maria Taigi, Antonia v. Florenz, Antonius Baldinucci, Antonius Pucci, Antoninus v. Florenz, Atto, Augustina Pietrantoni, Balduin, Bartholomäus Bompedoni, Benedikt Ricasoli, Benedikt v. Nursia, Bernhard v. Offida, Bernhard Tolomei, Bernhardin v. Siena, Bertharius, Bona, Bonaventura, Bonaventura v. Barcelona, Bruno v. Segni, Camillus v. Lellis, Christiana v. Lucca, Christina v. Bolsena, Christina v. Spoleto, Clara v. Montefalco, Constantinus v. Montecassino, Deusdedit, Dominicus a Matre Dei, Dominicus Spadafora, Donatus v. Arezzo, Felicianus v. Foligno, Felix v. Cantalice, Fina, Franz Carácciolo, Franz v. Assisi, Franz v. Fabriano, Frigidian, Gabriel v. d. Schmerzh. Gottesmutter (Possenti), Gemma Galgani, Gebizo v. Köln, Gerhard v. Villamagna, Guido Vagnotelli, Heinrich v. Marcy, Helena Guerra, Herculanus, Hugolinus, Hyazintha Mariscotti, Isaak v. Monte Luco, Jakobus de Marchia, Joachim v. Piccolomini, Johannes Benincasa, Johannes Bapt. Righi, Johannes Colombini, Johannes de Cellis, Johannes Dominici, Johannes Gualbertus, Johannes Leonardi, Johannes v. Lodi, Johannes Pelingotto, Johannes v. Capestrano, Jordanus v. Pisa, Joseph v. Leonessa, Joseph Pignatelli, Juliana v. Falconieri, Justina Francucci Bezzoli, Katharina v. Siena, Karl v. Sezze, Klara v. Assisi, Konrad Confalionieri, Konrad Miliani, Konrad v. Offida, Laurentius de Maschi, Leopold v. Gaiche, Lucia Filippini, Marcus v. Montegallo, Maria Assunta Pallotta, Maria Goretti, Maria Magdalena de' Pazzi, Maria de Mattias, Maria Theresia v. Wüllenweber, Marinus v. Rimini, Maurus v. Subiaco, Michelina Metelli, Minias, Monaldus v. Ancona, Nikolaus v. Tolentino, Nonnosus v. Soracte, Nuncio Sulprizio, Ortolana, Otho u. Gef., Pacificus v. d. Mark, Pacificus v. San Severino, Placidus Riccardi, Placidus v. Subiaco, Petronax v. Montecassino, Petrus Damiani, Petrus v. Imola, Philippa Mareri, Philippus Benitius, Philomena v. Toskana, Rainald v. Nocera, Rainer v. Pisa, Rainer v. S. Sepolcro, Rita v. Cascia, Roger v. Todi, Romana, Romulus, Rosa Venerini, Rosa v. Viterbo, Rudolf v. Gubbio, Rufinus v. Assisi, Sabinus v. Spoleto, Scholastica, Septimius, Serafin v. Montegranaro, Seraphina, Sieben Gründer des Servitenordens, Silvester Guzzolini, Simon Ballachi, Theopista v. Camerino u. Gef., Theresia Margareta v. Hl. Herzen Jesu (Redi), Thomas Bellaci, Thomas Corsini, Thomas v. Aquin, Thomas v. Cori, Thomas v. Tolentino u. Gef., Ubald, Valentin v. Terni, Venantius v. Camerino, Veronika Giuliani, Victorinus v. Assisi, Vinzenz Maria Strambi, Waldefrid v. Palazzuolo, Wilhelm v. Malavalle, Zita v. Monsagrati

Unteritalien

Aldemar, Alfons v. Liguori, Andreas Avellino, Angelus d. Karmelit, Balsam, Barbatus, Benincasa, Bernhardin Realino, Daniel v. Belvedere, Deodatus v. Nola, Elias v. Kalabrien, Elias Spelaoites, Falco, Felix v. Nola, Franz Anton Fasani, Franz Bianchi, Franz de Hieronymo, Franz v. Paola, Gerhard Majella, Gregor v. Cerchiara u. Burtscheid, Heraklius, Heribert v. Conza, Humilis, Jakob Capoccio, Januarius v. Neapel, Joachim v. Fiore, Johannes v. Monte Marano, Joseph Moscati, Josef v. Copertino, Justinus de Jacobis, Laurentius Loricatus, Laurentius v. Brindisi, Leo I. v. La Cava, Leo II. v. La Cava, Leonhard v. La Cava, Marcellus u. Apuleius, Margareta v. Cortona, Maria Fortunata (Viti), Maria Franziska v. d. 5 Wunden, Marinus v. La Cava, Nikolaus Palea, Otto v. Ariano, Patricia, Paula Elisabeth Cerioli, Paulinus v. Nola, Petrus v. Anagni, Petrus I. v. La Cava, Petrus II. v. La Cava, Pompilius v. hl. Nikolaus, Raimund v. Capua, Renatus, Rufinus v. Capua, Simeon v. La Cava, Susanna v. Salerno u. Gef., Tasso, Vinzenz Romano

Sardinien
Ignatius v. Láconi, Eusebius v. Vercelli

Sizilien
Agatha, Albert v. Trapani, Ämiliana, Angelus d. Karmelit, Felix v. Nicosia, Flavia, Gandolf v. Binasco, Leon Thaumaturgos, Lucia v. Syrakus, Matthäus v. Agrigento, Nympha, Oliva, Rosalia, Vitus u. Gef., Zosimus v. Syrakus

Jugoslawien

Anastasia, Augustinus Kazotić, Demetrius, Erasmus, Florus Laurus u. Gef., Hermagoras u. Fortunatus, Irenäus v. Sirmium, Johannes Dominici, Julianus Cesarelli, Osanna v. Cattaro, Pollio, Quirinus v. Siscia, Rainer v. Spalato, Sabas v. Serbien, Victorinus v. Pettau

Lettland, Litauen

Johannes v. Litauen u. Gef., Meinhard v. Livland, Vitus v. Litauen

Luxemburg

Jolanda v. Marienthal, Schetzel

Malta

Adelheid Cini, Ignatius Falzon

Niederlande

Adalar, Adolf v. Utrecht, Alberich, Ansfrid, Bernulf, Dodo, Domitian v. Maastricht, Eberhard, Edgar, Eelko Liaukaman, Eoban, Eucharius v. Maastricht, Evermar, Friedrich v. Mariengaarde, Friedrich v. Utrecht, Gerlach, Gertrud von Oosten, Gondulf v. Maastricht, Gregor v. Utrecht, Hieron, Hubert v. Maastricht, Hungerus Frisus, Kunera, Lambert, Lebuin, Lidwina, Marcellinus v. Deventer, Megingoz, Monulf, Oda, Odulf, Plechelm, Radbot, Siard, Soteris Zuwarda, Ulbert, Vastrada, Waldefrid u. Radfrid, Werenfrid, Wilhelm v. Gouda, Willibrord, Wiro – Märtyrer v. Gorkum

Norwegen

Halvard Vebjörnsson, Sunniva

Österreich

Kärnten
Bruno v. Würzburg, Domitian v. Kärnten, Hademunda, Hemma v. Gurk, Hermann d. Dt., Hyazinthus v. Polen, Maria v. Kärnten, Modestus, Wilhelm v. d. Sann

Oberösterreich
Batho v. Andechs, Berthold v. Garsten, Florian u. Gef., Gerhoh v. Reichersberg, Konrad v. Mondsee, Pilegrinus v. Passau, Theodorich v. Kremsmünster, Walter v. Mondsee, Wilbirg

Niederösterreich
Bartho v. Andechs, Berthold v. Garsten, Hartmann v. Brixen, Koloman, Leopold III. v. Österreich, Maria Theresia v. Ledochowska, Pilegrinus v. Passau, Severin v. Norikum

Salzburg
Arno v. Salzburg, Chuniald u. Gislar, Eberhard v. Salzburg, Erentrudis, Gebhard v. Salzburg, Hartmann v. Brixen, Hartwig, Konrad I. v. Salzburg, Maximilian v. Pongau, Maximus u. Gef., Modestus, Thiemo, Rupert, Vitalis, Virgilius

Steiermark
Engelbert v. Admont, Wolfhold v. Admont

Tirol (mit Südtirol u. Trentino, Italien)
Adalpret, Albuin v. Säben, Andreas v. Rinn, Batho v. Freising, Engelbert Kolland, Florinus v. Remüs, Hartmann v. Brixen, Heinrich v. Bozen, Ingenuin v. Säben, Joseph Freinademetz, Jovinus v. Trient, Lucanus v. Säben, Markward v. Wilten, Maxentia, Notburga v. Eben, Rathold v. Aibling, Richbert v. Säben, Romedius v. Thaur, Secundus v. Trient, Simon v. Trient, Sisinnius u. Gef., Valentin v. Rätien, Vigilius v. Trient, Volkhold, Werner v. Wilten

Vorarlberg
Dido v. Andelsbuch, Eusebius v. Viktors-

berg, Gebhard v. Konstanz, Gerold v. Großwalsertal, Hilda v. Schwarzenberg, Ilga v. Schwarzenberg, Johannes v. Montfort, Kolumban, Konrad v. Konstanz, Merbot v. Bregenz

Wien
Clemens Maria Hofbauer, Stanislaus Kostka, Johannes v. Capestrano

Polen

Andreas Bobola, Benedikt u. Gef., Bogumil, Bronislawa, Ceslaus, Christian v. Preußen, Gaudentius v. Gnesen, Hedwig v. Polen, Hyacinthus v. Polen, Isaias Boner, Johannes Lobedau, Johannes Prandota, Johannes v. Dukla, Johannes v. Krakau, Jolenta, Jutta v. Sangerhausen, Kasimir, Kinga, Ladislaus v. Gielnów, Maria Theresia v. Ledochowska, Maximilian Kolbe, Richeza, Sadok u. Gef., Salomea, Simon v. Lipnica, Stanislaus Kostka, Stanislaus v. Krakau, Vinzenz Kadlubek

Portugal

Elisabeth v. Portugal, Ferdinand d. Standhafte, Gerald v. Braga, Irene v. Portugal, Johanna v. Portugal, Johannes Hector de Britto, Mafalda, Martinus v. Braga, Nuno Alvares Pereira, Petrus v. Alcántara, Sancha v. Portugal, Theresia v. Portugal

Rumänien

Sabas der Gote, Theotimus

Rußland

Cyrillus u. Methodius, Igor, Jakobus Strepa, Hyacinthus v. Polen, Josaphat v. Polozk, Joseph Pignatelli, Olga, Seraphim v. Sarow, Sergius v. Radonesch, Theodor u. Johannes, Wladimir d. G.

Schweden

Birgitta v. Schweden, Bodwid, Brynolf Algotsson, David v. Västmanland, Eskil v. Lund, Eskil v. Södermanland, Gosbert v. Osnabrück, Gustav, Heinrich v. Uppsala, Heinrich v. Vitsköl, Helena v. Skövde, Hemming v. Åbo, Ingrid, Katharina v. Schweden, Nikolaus Hermanni, Nithard, Siegfrid, Stephan v. Hälsingland, Wolfred

Schweiz

Adalgott v. Chur, Adalgott v. Disentis, Adelhelm, Adelrich, Amadeus v. Lausanne, Amatus v. Sitten, Ambrosius v. St. Moritz, Aper, Apollinaris Morel, Beatus, Bernhard v. Aosta, Berthold v. Engelberg, Bonifatius v. Lausanne, Burkard v. Beinwil, Chrischona u. Gef., Eberhard v. Einsiedeln, Elias v. Sitten, Emerita, Esso v. Beinwil, Euphrosyne v. Basel, Felix u. Regula, Fidelis v. Sigmaringen, Findan, Florinus v. Remüs, Franz v. Sales, Fridolin v. Säckingen, Friedrich v. Hirsau, Frowin, Gallus, Gaudentius v. Graubünden, Gebhard v. Konstanz, Germanus u. Randoald, Gerold v. Großwalsertal, Gregor v. Einsiedeln, Guarinus v. Sitten, Himerius, Hymnemodus v. St-Maurice, Ida v. Rheinfelden, Ida v. Toggenburg, Kolumban, Konrad v. Konstanz, Konrad Scheuber, Konrad v. Seldenbüren, Kunigunde v. Rapperswil, Kuno v. Einsiedeln, Louise v. Savoyen, Lucius v. Chur, Liutfrid, Magnus v. Allgäu, Mangold, Marius v. Avenches, Mauritius u. Gef., Meinrad, Niklaus v. d. Flüe, Notker Labeo, Notker d. Stammler, Otmar v. St. Gallen, Pantalus v. Basel, Paulus v. St-Maurice, Petrus Canisius, Placidus u. Sigisbert, Rachildis, Reginlinde, Rudolf v. Bern, Salonius v. Genf, Severin v. St-Maurice, Silvius v. Martinach, Theodor v. Martinach, Tutilo, Ulrich v. Einsiedeln, Ursicinus, Ursus u. Viktor, Valentinian v. Chur, Verena v. Zurzach, Victor v. Tomils, Wiborada, Wilhelm v. Neuenburg

Spanien

Alfons Rodriguez, Ämilianus Cucullatus, Anna v. hl. Bartholomäus, Antonius Claret, Attila, Beatrix da Silva Meneses, Casilda, Columba u. Pomposa, Didacus v. Alcalá, Didacus v. Azevedo, Dominikus, Dominicus de la Calzada, Dominicus v. Silos, Enneco, Eugenius v. Toledo, Eulalia v. Barcelona, Eulalia v. Mérida, Eurosia, Ezechiel Moreno y Diáz, Famianus, Felix v. Gerona, Ferdinand v. Kastilien, Florentia, Franz

Coll, Franz de Borgia, Franz Fernández de Capillas, Franz v. Solano, Franz Xaver, Gregor v. Elvira, Heinrich (Enrique) de Ossó y Cervelló, Hermenegild, Ignatius v. Loyola, Ildefons, Isidor v. Madrid, Isidor v. Sevilla, Joachim Vedruna, Johannes Bapt. v. d. Empfängnis, Johannes v. Pradó, Johannes de Ribera, Johannes González v. San Facundo, Johannes Grande, Johannes v. Avila, Johannes v. Gott, Johannes v. Kreuz, Johannes v. Prado, Johannes v. Spanien, Johannes v. Urtica, Josefa Maria v. d. hl. Agnes, Joseph Oriol, Josef Pignatelli, Julianus v. Cuenca, Julianus v. Toledo, Justa u. Rufina, Justus u. Pastor, Katharina Thomás, Laura, Leander v. Sevilla, Lucretia, Ludwig Beltrán, Marcus Criado, Maria Michaela Desmaisières, Maria Soledad, Maria Toribia, Maria v. Jesus (Maria Lopez de Rivas), Michael de Sanctis, Montanus, Narcissus v. Gerona, Natalia v. Cordoba, Odo v. Urgel, Paschalis Baylon, Paulus v. Cordoba, Pelagius v. Cordoba, Petrus Armengol, Petrus Claver, Petrus González, Petrus Nolascus, Raimundus Lullus, Raimundus Nonnatus, Raimund v. Peñafort, Raphaela Maria v. Hl. Herzen Jesu, Roderich u. Salomon, Rosa Maria Francisca Molas y Vallvé, Salvator v. Horta, Sebastianus ab Apparitio, Servus Dei, Theodemir, Theresia v. Avila, Theresia v. Jesus, Thomas v. Villanova, Turibius, Veremundus, Vicentia López y Vicuña, Vinzenz Ferrer, Vinzenz v. Saragossa

Tschechoslowakei

Adalbert v. Prag, Agnes v. Böhmen, Clemens Maria Hofbauer, Cyrillus u. Methodius, Ernst v. Prag, Eurosia, Heinrich Zdik v. Olmütz, Hroznata, Hyacinthus v. Polen, Iwan v. Böhmen, Johannes v. Nepomuk, Johannes Nep. Neumann, Johannes Sarkander, Ludmilla v. Böhmen, Markus Stephan Crisinus u. Gef., Prokop, Voyslawa, Wenzeslaus v. Böhmen, Zdislawa, Zoerardus u. Benedikt

Ungarn

Bela IV. v. Ungarn, Cyrillus u. Methodius, Elisabeth v. Ungarn, Emmerich v. Ungarn, Gerhard v. Csanád, Gisela, Helena v. Ungarn, Ladislaus v. Ungarn, Leonianus, Margareta v. Ungarn, Maurus v. Fünfkirchen, Stephan v. Ungarn

Ferner Osten

China

Johannes Martin Moÿe, Joseph Freinademetz – Märt. in China

Indien

Bartholomäus Apostel, Franz Xaver, Johannes Hector de Britto, Josaphat v. Indien, Rudolf Acquaviva u. Gef. – Thomas v. Tolentino u. Gef.

Japan

Franz Xaver, Paul Miki u. Gef. – Märt. v. Japan

Korea

Märt. v. Korea

Ozeanien (Fidschi-Inseln)

Petrus Ludwig Chanel

Sumatra

Dionysius a Nativitate u. Redemptus a Cruce

Vietnam

Märt. in Annam

Naher Osten

Irak (Babylonien)

Bartholomäus Apostel, Drei Könige, Euthymius, Simon bar Sabba'e

Israel/Palästina

Abraham, Andreas Apostel, Anna, Barnabas Apostel, Bartholomäus Apostel, Benjamin, Berthold v. Kalabrien, Cornelius v. Cäsarea, Crescens, Cyrillus v. Jerusalem, Daniel Prophet, David König v. Israel, Dismas der Schächer, Elias Prophet, Elias v. Jerusalem, Elisabeth, Elisäus Prophet, Esther, Ezechiel Prophet, Fortunata u. Gef., Habakuk, Hieronymus, Isaak, Isai, Isaias, Jacobus d. Ä. Ap., Jacobus d. J. Apostel, Jacobus Bruder d. Herrn, Jakob, Jakob der Einsiedler, Jeremias Prophet, Joachim, Job, Johannes Apostel u. Evangelist, Johannes Paläolaurites, Johannes d. T., Jonas Prophet, Jonas v. Mar Saba, Joseph Bräutigam der Gottesmutter Maria, Joseph v. Ägypten, Joseph v. Arimathäa, Joseph v. Skythopolis, Josue, Juda, Judas Bruder Jesu, Judas Cyriacus, Judas Thaddäus Apostel, Judith, Julia Eustochium, Kleophas, Lazarus v. Bethanien, Lukas Evangelist, Makarios v. Jerusalem, Makkabäische Brüder, Malachias, Maria Cleophae, Maria Magdalena, Maria Markus, Maria v. Bethanien, Markus Evangelist, Martha v. Bethanien, Matthäus Apostel u. Evangelist, Matthias Apostel, Maximus v. Jerusalem, Melania u. Pinianus, Modestus v. Jerusalem, Moses Bisch. b. d. Sarazenen, Moses Prophet, Narcissus v. Jerusalem, Nikanor, Nikodemus, Nikolaus Tavelić u. Gef., Parmenas, Paulus Apostel, Petrus Apostel, Philippus Apostel, Philippus v. Jerusalem, Porphyrius v. Gaza, Priskus u. Gef., Prochorus, Prokopios, Rachel, Rebekka, Romanus v. Cäsarea, Ruth, Sabas v. Mar Saba, Salome v. Galiläa, Salomon König in Israel, Samuel Prophet, Sara, Sergius v. Cäsarea, Silvanus u. Gef., Simeon v. Jerusalem, Simon Apostel, Simon Bruder d. Herrn, Sophronius v. Jerusalem, Stephanus erster Märt., Stephanus Sabaïtes, Susanna, Thea, Theodosia v. Cäsarea, Theodosius der Koinobiarch, Theophilus v. Cäsarea, Thomas Apostel, Timon, Tobias, Unschuldige Kinder, Zacharias, Zacharias Patr. v. Jerusalem, Zachäus, Zebedäus

Libanon

Eudokia, Scharbel Makhluf

Persien

Anastasius d. Perser, Jakob d. Zerschnittene, Jonas u. Barachisus, Peroz, Sadoth u. Gef., Tarbo u. Gef., Thomas Apostel

Syrien

Antiochia (heute Türkei)
Anastasius, Barlaam, Erasmus, Eugenius u. Makarius, Eustachius, Eustathius, Evodius, Ignatius v. A., Margareta, Markus v. A., Maximilian, Pelagia, Publia, Simeon Stylites d. J., Theodoretos, Theophilus v. A., Zenon

Syrien
Engelbert Kolland u. Gef., Johannes v. Damaskus, Julianus v. Emesa, Justinus Philosoph u. Märt., Libya u. Gef., Maron, Petrus v. Damaskus, Philotheus, Rabulas, Sergius u. Bacchus, Simeon v. Emesa, Theodorus Graptus

Türkei

Konstantinopel
Anatolius, Euphrasia, Flavianus, Gomidas Keumurgian, Irene, Isaak v. K., Johannes Chrysostomus, Joseph d. Hymnograph, Joseph v. Thessalonike, Lazarus v. K., Markianos u. Martyrios, Maximus Confessor, Methodius v. K., Nektarios, Nikephorus, Niketas, Nikolaus Studites, Olympias, Paulus Märt. in K., Paulus I. Bisch. v. K., Petrus Patricius, Platon v. Symolai, Polyeuktos v. K., Proklos, Pulcheria Aelia, Romanus d. Melode, Sampson, Sisinnius, Stephan d. Ä., Stephan d. J., Thaddäus Studites, Theodorus u. Gef., Theodosia, Theophylaktos, Zotikus

Kleinasien
Abraham v. Kiduna, Alexius, Anatolius v. Laodicea, Andreas Apostel, Barbara, Basilius d. Ä., Basilius d. G., Basilissa, Bonifatius v. Tarsus, Cäsarius v. Nazianz, Christophorus, Claudia, Cyprian v. Antiochia, Diomedes, Dorothea, Emmanuel, Emmelia, Ephräm d. Syrer, Eugenius v. Trapezus, Euphemia v. Chalkedon, Eusebius v. Samosata, Fausta, Febronia, Georg v. Amastris, Georg v. Kappadokien, Gordius, Gorgonia, Gorgonius v. Nikomedien, Gregor v. Nazianz d. Ä., Gregor v. Nazianz d. J., Gregor v. Nyssa, Gregor d. Wundertä-

ter, Hadrian v. Nikomedien u. Gef., Hypatius, Ignatius v. Konstantinopel, Isaias v. Cäsarea u. Gef., Jakobus v. Nisibis, Juliana v. Nikomedien, Julianus Anazarbos, Julianus Sabas, Julitta v. Cäsarea, Julitta u. Kyriakos, Justina v. Nikomedien, Konon, Kosmas u. Damianus, Lazarus d. Stylit, Lukas d. Stylit, Lydia, Makrina d. Ä., Makrina d. J., Mammas, Maria d. Büßerin, Marina, Natalia v. Nikomedien, Nikolaus v. Myra, Nikon, Nonna, Onesimus, Onesiphorus, Pantaleon, Papias v. Hierapolis, Petrus Galata, Petrus v. Sebaste, Philemon, Philo u. Agathopodes, Phokas, Platon v. Ankyra, Polyeuktos v. Melitene, Polykarp v. Smyrna, Porphyrius v. Cäsarea, Quirikus, Romanus v. Galatien, Scharbel u. Babai, Servulus v. Lystra u. Gef., Siebenschläfer, Simeon d. Neue Theologe, Simeon Stylites d. Ä., Tekusa u. Gef., Thekla v. Ikonium, Theodorus v. Edessa, Theodorus Euchaïta, Theodorus Studites, Theodota v. Cäsarea u. Gef., Theodotus v. Ankyra, Theodotus v. Cäsarea u. Gef., Theodula, Theogenes v. Kyzikos u. Gef., Theophanes Confessor, Theophanes Graptus, Thyrsus v. Nikomedien u. Gef., Timotheus, Tobias v. Sebaste u. Gef., Tryphon v. Persien u. Gef., 40 Märt. v. Sebaste, Zoe v. Attaleia u. Gef., Zosimus v. Pisidien

Armenien u. Georgien (heute UdSSR)
Achatius, Aurelius, Bartholomäus Apostel, Blasius v. Sebaste, Christiana v. Georgien, Johannes d. Schweiger, Quadratus v. Armenien

Zypern

Heraklides u. Myron, Johannes v. Alexandria, Nikanor, Paulus v. Zypern, Spyridon, Tychon

IX. Teil. Die Patronate der Heiligen und Seligen

Abstinenten: Johannes d. T., Joseph v. Copertino, Martin v. Tours
Advokaten: Nikolaus v. Myra, Ivo Hélory
Ammen: Concordia, Kosmas u. Damian, Mamertus, Margareta v. Antiochia, Maura v. Troyes
Apotheker: Jakobus d. Ä., Kosmas u. Damian, Nikolaus v. Myra, Raphael, Rochus, Vitus
Arbeiter: Bonaventura, Jakobus d. Ä., Joseph, Tarsicius
Arbeiterinnen: Anna, Martha v. Bethanien, Paulus Ap.
Architekten: Barbara, Johannes d. T., Thomas Ap.
Arme: Anna, Franz v. Assisi, Ivo Hélory, Laurentius
Artillerie: Barbara
Artisten: Georg
Ärzte: Blasius, Cäsarius v. Nazianz, Kosmas u. Damian, Lukas Ev., Pantaleon, Rochus
Auswanderer: Franziska Cabrini, Raphael (s. auch Reisende)
Autofahrer: Christophorus, Franziska v. Rom, Elias Prophet

Bäcker: Anton v. Padua, Autbert, Donatus v. Arezzo, Elisabeth v. Thüringen, Honoratus v. Amiens, Ludwig IX., Paulus v. Verdun
Bandagisten: Lambert v. Maastricht
Bandmacher: Nikolaus v. Myra
Bankangestellte: Michael
Bauarbeiter: Barbara, Blasius, Ludwig IX., Markus Ev., Matthias Ap., Wunibald (s. auch Maurer)
Bauern: Alban v. Mainz, Eligius, Engelmar, Georg, Guido v. Anderlecht, Isidor v. Madrid, Johannes d. T., Lambert v. Maastricht, Leonhard v. Limoges, Lucia, Margareta v. Antiochia, Medardus, Nikolaus v. Myra, Notburga v. Eben, Rochus, Walpurga v. Heidenheim, Wendelin
Bautischler: Matthias Ap. (s. auch Tischler)
Beamte: Johannes Ap. u. Ev.
Beichtväter: Alfons v. Liguori, Johannes v. Nepomuk
Bergsteiger: Bernhard v. Aosta
Bergwerke: Anna, Helena Kaiserin, Ingenuin u. Albuin, Maria Magdalena, Rupert
Bergwerksleute: Anna, Andreas Ap., Anton v. Padua, Barbara, Bartholomäus Ap., Christophorus, Daniel Prophet, David, Dorothea v. Kappadokien, Elias Prophet, Eligius, Georg, Leonhard v. Limoges, Patrick, Paphnutius, Raphael, Prokop, Vitus
Bettler: Ägidius, Alexius, Elisabeth v. Thüringen, Martin v. Tours
Bibliothekare: Laurentius, Katharina v. Alexandria
Bienenzüchter: Ambrosius v. Mailand, Bernhard v. Clairvaux, Valentin v. Rom
Bierbrauer: Arnulf v. Metz, Arnulf v. Soissons, Augustinus v. Hippo, Bonifatius, Dorothea v. Kappadokien, Florian, Laurentius, Medardus v. Noyon, Nikolaus v. Myra, Vitus
Bildhauer: Claudius v. Rom, Johannes Ap. u. Ev., Lukas Ev., Martha v. Bethanien, Reinhold v. Köln, Thiemo v. Salzburg, Vier Gekrönte, Wolfgang v. Regensburg
Bleigießer: Maria Magdalena, Petrus Ap., Vinzenz Ferrer
Bleistiftfabrikanten: Thomas v. Aquin
Blumengärtner (-händler): Dorothea v. Kappadokien, Fiacrius
Bogenschützen: Christina v. Bolsena
Bortenmacher: Theresia v. Ávila
Boten: Gabriel
Böttcher: Abdon u. Sennen, Barnabas, Firminus d. Ä. v. Amiens, Johannes d. T., Georg, Leonhard v. Limoges, Maria Magdalena, Nikolaus v. Myra, Patrick, Stephanus Märt.
Bräute: Dorothea v. Kappadokien
Brautleute: Hedwig v. Schlesien, Wunibald
Briefmarkensammler: Gabriel
Brücken: Johannes v. Nepomuk
Brückenbauer: Petrus Ap.
Bubenjungschar Österreichs: Dominikus Savio

Buchbinder: Bartholomäus, Christophorus, Cölestin V., Johannes Ap. u. Ev., Ludwig IX., Lukas Ev.
Buchdrucker: Augustinus v. Hippo, Johannes Ap. u. Ev., Johannes v. Gott, Katharina v. Alexandria, Ludwig IX.
Büchereien: Karl Borromäus
Bücherfreunde: Wiborada
Buchhalter: Matthäus Ap. u. Ev.
Buchhändler: Johannes Ap. u. Ev., Johannes v. Gott, Thomas v. Aquin
Büchsenmacher: Eligius, Georg
Bürger: Gutmann v. Cremona
Bürstenbinder: Anton Mönchsvater, Ludwig IX., Rochus
Büßerinnen: Afra, Margareta v. Cortona, Maria v. Ägypten, Maria Magdalena
Butterhändler: Leonhard v. Limoges

Caritas: Elisabeth v. Thüringen
Chirurgen: Kosmas u. Damian, Lambert v. Maastricht, Lukas Ev., Rochus
Chorknaben: s. Ministranten
Chorsänger: Cäcilia, Gregor I.

Dachdecker: Barbara, Raphael, Vinzenz Ferrer, Vinzenz v. Saragossa
Dichter: Cäcilia, David, Gregor v. Nazianz, Prosper Tiro
Diener: Anna, Gunthild, Vitalis u. Agricola, Zita
Dienstmägde: Blandina, Coletta Boillet, Irene v. Konstantinopel, Martha v. Bethanien, Notburga v. Eben, Sibyllina Biscossi, Zita
Drechsler: Anna, Bernhard v. Tiron, Erasmus, Gummar v. Nivesdonck, Hubert v. Maastricht, Ivo Hélory
Drogisten: Jakobus d. Ä., Kosmas u. Damian

Ehefrauen: Katharina v. Alexandria, Margarete v. Antiochia
Eheleute: Anton v. Padua, Joachim u. Anna, Joseph, Ursula
Eisenhändler: Petrus Ap.
Erstkommunikanten: Imelda Lambertini, Pankratius
Erzieher: Gerhard v. Csanád, Johannes Bapt. de la Salle, Joseph
Esperantisten: Hildegard v. Bingen, Pius X.
Eucharistische Vereine: Paschalis Baylon
Exerzitien: Ignatius v. Loyola

Fabrikanten mathem. Geräte: Aubert v. Maastricht
Fährleute: Nikolaus v. Myra
Familien: Joseph
Färber: Christophorus, Helena Kaiserin, Johannes d. T., Lydia, Mauritius, Simon Ap.
Feilenhauer: Theodosius d. Koinobiarch
Feldmesser: Thomas Ap.
Fernmelde- u. Nachrichtenwesen: Gabriel
Feuerwehr: Barbara, Florian, Laurentius, Mamertus, Nikolaus v. Myra
Finanzbeamte: Matthäus Ap.
Findelkinder: Unschuldige Kinder
Fischer: Andreas Ap., Benno v. Meißen, Johannes Lobedau, Ludwig IX., Magnus v. Schottland, Maurilius, Nikolaus v. Myra, Petrus Ap., Verena v. Zurzach, Walarich
Fischhändler: Andreas Ap., Magnus v. Schottland, Nikolaus v. Myra, Petrus
Flachshändler: Franz v. Assisi
Fleischer: s. Metzger
Flickschuster: Theobald Roggeri
Flößer: Christophorus, Johannes v. Nepomuk, Nikolaus v. Myra
Flugzeuge: Elias Prophet
Förster: Eustachius, Hubert v. Maastricht
Frauen: Felicitas, Franziska v. Rom, Genovefa, Maria Magdalena, Monika
Friseure: Katharina v. Alexandria, Kosmas u. Damian, Ludwig IX., Maria Magdalena, Patrick
Fuhrleute: Christophorus, Leonhard v. Limoges, Richard v. Chichester, Wulmar

Gärtner: Adam u. Eva, Agnes v. Rom, Gertrud v. Nivelles, Fiacrius, Maria Magdalena, Maurilius, Phokas, Rochus, Sebastian, Tryphon
Gastwirte: Amandus, Drei Könige, Goar, Johannes d. T., Julianus Hospitator, Laurentius, Martha v. Bethanien, Nikolaus v. Myra
Gefangene: Barbara, Bernhard v. Tiron, Dominicus v. Silos, Georg, Germanus v. Paris, Leonhard v. Limoges, Martin v. Tours, Petrus Nolascus, Rochus, Severin v. Noricum, Vinzenz v. Paul, Walter v. Pontoise
Gefängnisseelsorger: Joseph Cafasso
Gefängniswärter: Hippolytus v. Rom
Geldbedürftige: Eligius

Gelehrte: Gregor I., Hieronymus, Katharina v. Alexandria
Gemüsegärtner: Gertrud v. Nivelles, Werenfrid (s. auch Gärtner)
Geometer: Isidor v. Madrid
Gepäcksträger: Aquilinus
Gerber: Bartholomäus, Blasius v. Sebaste, Crispinus u. Crispinianus, Gangolf, Godo, Johannes d. T., Katharina v. Alexandria, Sebastian, Simon Ap., Theobald v. Provins
Gerichtsdiener: Ivo Hélory
Gesellenvereine: Clemens Maria Hofbauer
Gießer: Barbara, Hubert v. Maastricht, Michael, Thiemo v. Salzburg
Gipser: Blasius v. Sebaste, Ludwig IX.
Gittermacher: Fiacrius, Willibald
Glaser: Evergisil, Jakob Griesinger, Johannes Ap. u. Ev., Laurentius, Lucia v. Syrakus, Markus Ev., Petrus Ap.
Glasmaler: Jakob Griesinger, Lukas Ev., Markus Ev., Mauritius
Glocken: Susanna, Theodor v. Octodurum
Glockengießer: Agatha
Glöckner: Barbara, Guido v. Anderlecht
Goldschmiede: Anastasius d. Perser, Anna, Bernward v. Hildesheim, Dunstan v. Canterbury, Eligius, Januarius, Lukas Ev.
Graveure: Eligius, Johannes Ap. u. Ev.

Hafner: Florian
Hammerschmiede: Leonhard v. Limoges
Handschuhmacher: Antonius Mönchsvater, Bartholomäus, Godo, Gummar v. Nivesdonck, Maria Magdalena
Handwerker: Joseph
Hansekaufleute: Reinhold v. Köln
Harnischmacher: Georg, Wilhelm v. Malavalle
Hausangestellte: Onesimus, Zita
Hausfrauen: Anna, Martha v. Bethanien, Sabina v. Rom
Haushälterinnen: Anna, Zita
Hebammen: Pantaleon
Heuarbeiter: Gervasius u. Protasius
Hirten: Ägidius, Bartholomäus Ap., Eberhard v. Tüntenhausen, Ebrulf, Gisbert, Johannes d. T., Kuthbert v. Lindisfarne, Paschalis Baylon, Simeon Stylites d. Ä., Wendelin, Wolfgang v. Regensburg
Hirtinnen: Agatha, Germana Cousin
Hochschulen: Hieronymus, Thomas v. Aquin
Höhlenforscher: Benedikt v. Nursia
Holzarbeiter: Joseph, Vinzenz Ferrer
Holzfäller: Gummar v. Nivesdonck, Heinrich v. Bozen, Joseph, Simon Ap., Vinzenz v. Saragossa, Wolfgang v. Regensburg
Hufschmiede: Ludwig IX., Martin v. Tours
Hutmacher: Barbara, Blasius v. Sebaste, Christophorus, Clemens I., Genovefa, Jakobus d. Ä., Jakobus d. J., Martin v. Tours, Mauritius, Philippus Ap.

Ingenieure: Joseph
Instrumentenmacher: Cäcilia

Jäger: Ägidius, Eustachius, Hubert v. Maastricht, Konrad Confalionieri
Jugend: Aloisius v. Gonzaga, Bernhard v. Baden, Dominikus Savio, Donatus v. Arezzo, Johannes Berchmans, Joseph, Stanislaus Kostka, Ursula, Vitus
Jungfrauen: Agnes v. Rom, Blandina, Joseph, Katharina v. Alexandria, Margareta v. Antiochia, Nikolaus v. Myra, Petrus Ap.
Juristen: Fidelis v. Sigmaringen, Ivo Hélory, Katharina v. Alexandria

Kaminkehrer: Florian, Johannes d. T.
Kammacher: Maria Magdalena
Kath. Burschenvereine: Konrad v. Parzham
Kath. Hochschulen: Thomas v. Aquin
Kath. Landjugend d. Diöz. Würzburg: Konrad v. Parzham
Kath. Presse: Franz v. Sales, Paulus Ap.
Kath. Schulen: Petrus Canisius
Käser: Uguzo
Kaufleute: Franz v. Assisi, Guido v. Anderlecht, Gutmann v. Cremona, Ludwig IX., Martin v. Tours, Mauritius, Menas v. Ägypten, Romanus v. Rouen
Kavalleristen: Georg, Martin v. Tours
Kerzenzieher: Johannes Ap. u. Ev., Nikolaus v. Myra
Kesselschmiede: Vitus
Kettenschmiede: Jakobus d. Ä.
Kinder: Bonaventura, Brigitta v. Kildare, Christophorus, Felix v. Cantalice, Firminus d. Ä. v. Amiens, Gervasius u. Protasius, Joseph, Joseph v. Calasanza, Niko-

laus v. Myra, Pankratius, Symphorianus, Unschuldige Kinder, Vitus
Kindermädchen: Concordia, Maura v. Troyes
Kirche: Joseph, Michael
Kirchenmusiker: Cäcilia
Kirchenrechtsgelehrte: Raimund v. Peñafort
Kistenmacher: Fiacrius
Klempner: Eustachius, Wilhelm v. Malavalle
Klerus: Vinzenz v. Paul
Knechte: Eligius, Guido v. Anderlecht, Onesimus
Knopfmacher: Nikolaus v. Myra
Köche: Barbara, Laurentius, Paschalis Baylon
Köchinnen: Martha v. Bethanien
Köhler: Maurus v. Subiaco, Theobald v. Provins, Wolfgang v. Regensburg
Kohlenträger: Leonhard v. Limoges
Korbmacher: Antonius Mönchsvater, Eligius, Johannes Ap. u. Ev., Markus Ev., Paulus Ap., Paulus v. Theben
Kraftfahrer: s. Autofahrer, Reisende
Krämer: Anna, Eustachius, Jakobus d. J., Kosmas u. Damian, Philippus Ap.
Krankenhäuser: Johannes v. Gott, Vinzenz v. Paul
Krankenpfleger: Camillus v. Lellis, Johannes v. Gott
Kreuzfahrer: Demetrius, Jakobus d. Ä., Oswald v. Northumbrien, Sebastian
Kriegsinvalide: Sebastian
Kuchenbäcker: Laurentinus
Kunsthändler: Rochus
Künstler: Bernulf v. Utrecht, Lukas Ev.
Kunsttischler: Anna
Kupferschmiede: Benedikt v. Nursia, Fiacrius, Leonhard v. Limoges, Maurus v. Subiaco, Vitus
Kürschner: Drei Könige, Hubert v. Maastricht, Johannes d. T.
Küster: s. Sakristane
Kutscher: Eligius, Lucia v. Syrakus, Peregrinus Laziosi, Stephanus Märt., Wulmar
Kutschenmacher: Eligius

Lampenmacher: Eligius
Landleute: Bartholomäus Ap., Walpurga v. Heidenheim, Wendelin
Landsknechte: Georg
Lastträger: Bonaventura, Christophorus, Jakobus d. Ä., Leonhard v. Limoges, Maurus v. Subiaco
Lebzelter: Ambrosius
Lederarbeiter: Bartholomäus Ap., Simon Ap.
Lehrer: Arsenius, Benildus, Gregor d. G., Hieronymus, Johannes Bapt. de la Salle, Katharina v. Alexandria, Nikolaus v. Myra
Lehrerinnen: Ursula
Leichenbesorger: Joseph v. Arimathäa, Joachim u. Anna (s. auch Totengräber)
Leinenhändler: Joachim
Leinenweber: Nikolaus v. Myra, Severin v. Norikum
Leprosenhäuser: Lazarus v. Bethanien
Liebende: Antonius v. Padua
Lithographen: Johannes Ap. u. Ev.

Mädchen: Barbara, Irene v. Konstantinopel, Katharina v. Alexandria, Margareta v. Antiochia
Maler: Johannes Ap. u. Ev., Lukas Ev., Martha v. Bethanien
Männer: Bernhard v. Baden
Marmorarbeiter: Claudius v. Rom, Clemens I.
Mathematiker: Anatolius, Hubert v. Maastricht
Math. Geräte: s. Fabrikanten math. Geräte
Mattenmacher: Paulus v. Theben
Maurer: Barbara, Blasius v. Sebaste, Gregor d. G., Johannes d. T., Markus Ev., Petrus Ap., Simon Ap., Stephanus Märt., Thiemo v. Salzburg, Thomas Ap.
Medizin. Fakultäten: Kosmas u. Damian
Mesner: s. Sakristane
Messerschmiede: Eligius, Mauritius
Messingschläger: Fiacrius
Metallarbeiter: Eligius, Hubert v. Maastricht, Petrus Ap.
Metzger: Andreas Ap., Antonius Mönchsvater, Barbara, Bartholomäus Ap., Corona, Hubert v. Maastricht, Johannes Ap. u. Ev., Lukas Ev., Matthias Ap., Nikolaus v. Myra, Petrus Ap.
Ministerialbeamte: Ivo Hélory
Ministranten: Gregor d. G., Nikolaus v. Myra, Tarsicius, Unschuldige Kinder
Missionen: Franz Xaver, Theresia v. Kinde Jesu
Moralprofessoren: Alfons v. Liguori
Müller: Anna, Arnulf v. Metz, Arnulf v.

Soissons, Christina v. Bolsena, Eugenius v. Toledo, Johannes v. Nepomuk, Katharina v. Alexandria, Leodegar v. Autun, Paulinus v. Nola, Verena v. Zurzach
Münzarbeiter: Eligius
Musiker: Arnold v. Arnoldsweiler, Cäcilia, David, Germanus v. Paris, Johannes d. T., Leo d. G., Odo v. Cluny
Mütter: Ägidius, Anna, David v. Himmerod, Felix v. Cantalice, Monika

Nachtwächter: Petrus v. Alcántara
Nadler: Fiacrius, Helena Kaiserin
Nagelschmiede: Chlodwald, Helena Kaiserin
Näherinnen: Dominikus, Katharina v. Alexandria, Lucia v. Syrakus
Naturwissenschaftler: Albert d. G.
Netzmacher: Petrus Ap.
Neusiedler: Utto v. Metten
Neuvermählte: Dorothea v. Kappadokien
Notare: Ivo Hélory, Johannes Ap. u. Ev., Katharina v. Alexandria, Lucia v. Syrakus, Lukas Ev., Nikolaus v. Myra
Numismatiker: Eligius

Obsthändler: Christophorus, Leonhard v. Limoges
Optiker: Hubert v. Maastricht
Organisten: Arnold v. Arnoldsweiler, Cäcilia
Orgelbauer: Cäcilia

Pächter: Antonius Mönchsvater, Eligius
Packer: Fiacrius
Papiererzeuger: Johannes Ap. u. Ev., Johannes v. Gott
Papierhändler: Petrus Ap.
Parfümeriehändler: Nikolaus v. Myra
Parfümerieerzeuger: Maria Magdalena
Pedelle: Lucia v. Syrakus
Pfadfinder: Georg
Pfarrer: Ivo Hélory, Johannes Maria Vianney
Pfarrhaushälterinnen: Verena v. Zurzach
Pferde (-händler, -knechte): Eligius, Georg, Hippolytus, Leonhard v. Limoges, Martin v. Tours, Mauritius, Stephanus Märt.
Pflasterer: Rochus
Philosophen: Justinus Philos. u. Märt., Katharina v. Alexandria, Theotimus
Physiker: Kosmas u. Damian
Pilger: Alexius, Birgitta v. Schweden, Christophorus, Drei Könige, Guido v. Anderlecht, Jakobus d. Ä., Jodok, Julianus Hospitator, Ludwig IX., Nikolaus v. Myra, Petronilla, Raphael
Pilgerheime: Drei Könige
Pioniere: Joseph
Polizisten: Severus v. Ravenna
Postbeamte: Gabriel
Prediger: Johannes Chrysostomus
Priester: Ivo Hélory, Johannes v. Nepomuk, Vinzenz v. Paul
Priestermissionsbund: Vinzenz Pallotti
Puderhersteller: Maria Magdalena

Rechtsanwälte: s. Advokaten
Rechtsgelehrte: Ivo Hélory, Katharina v. Alexandria
Redner: Katharina v. Alexandria
Reisende: Antonius v. Padua, Christophorus, Drei Könige, Eulalia v. Barcelona, Gertrud v. Nivelles, Joseph, Julianus Hospitator, Martin v. Tours, Nikolaus v. Myra, Petronilla, Raphael, Valentin v. Rom
Reiter: Drei Könige, Georg, Martin v. Tours
Restaurateure: Johannes d. T.
Richter: Brictius, Chrysanthus u. Daria, Ivo Hélory, Nikolaus v. Myra
Ritter: Georg, Jakobus d. Ä., Pankratius, Paulus Ap.
Roder: Utto v. Metten

Sakristane: Guido v. Anderlecht
Sakramentsbruderschaften: Paschalis Baylon
Salzarbeiter: Rupert v. Salzburg
Sänger: Cäcilia, David, Gregor d. G., Johannes d. T., Leo d. G.
Sängerknaben: Dominikus Savio, Gregor d. G.
Sattler: Crispin u. Crispinian, Eligius, Georg, Johannes Ap., Johannes d. T., Lucia v. Syrakus, Paulus Ap., Wolfhard v. Augsburg
Schäfer: Wendelin
Schatzgräber: Corona
Schellenmacher: Hubert v. Maastricht
Schieferdecker: Licinius
Schiffer: Anna, Christophorus, Erasmus, Goar, Idesbald, Jodok, Johannes Lobedau, Johannes v. Nepomuk, Nikolaus v. Myra, Petrus Ap., Petrus González, Placidus v. Subiaco, Raphael, Verena v. Zur-

zach, Wolfgang v. Regensburg (s. auch Seeleute)
Schlosser: Baldomer, Eligius, Leonhard v. Limoges, Petrus Ap.
Schmiede: Barbara, Eligius, Florian, Georg, Johannes d. T., Gutmann v. Cremona, Hadrian v. Nikomedien, Leonhard v. Limoges, Matthias Ap., Patrick
Schnapsbrenner: Nikolaus v. Myra
Schneider: Adam u. Eva, Anna, Bartholomäus Ap., Blasius v. Sebaste, Bonifatius, Clarus, Crispin u. Crispinian, Dominikus, Franz v. Assisi, Fridolin v. Säckingen, Gutmann v. Cremona, Gutmann v. Stenning, Johannes d. T., Lucia v. Syrakus, Martin v. Tours, Matthias Ap., Michael, Nikolaus v. Myra, Stephanus Märt.
Schnitter: Oswald v. Northumbrien
Schnitzer: s. Bildhauer
Schreiber: Johannes Ap. u. Ev., Lucia v. Syrakus, Markus Ev.
Schreiner: s. Tischler
Schriftsteller: Franz v. Sales, Johannes Ap. u. Ev.
Schuhmacher: Bartholomäus, Blasius v. Sebaste, Crispin u. Crispinian, Erhard, Gangolf, Gutmann v. Cremona, Joseph v. Copertino, Katharina v. Alexandria, Theobald v. Provins, Theobald Roggeri
Schüler: Gregor d. G., Hieronymus, Katharina v. Alexandria, Laurentius, Maria Magdalena, Nikolaus v. Myra, Symphorianus, Unschuldige Kinder
Schulkinder: Benedikt v. Nursia
Schützen (-gilden): Christina v. Bolsena, Dionysius, Georg, Hubert v. Maastricht
Schweinehirten: Antonius Mönchsvater, Wendelin
Schwertfeger: Paulus Ap.
Seefahrer: Franz Xaver, Gisbert, Idesbald, Vinzenz v. Saragossa
Seeleute: Christina v. Bolsena, Clemens I., Erasmus, Franz v. Paola, Kuthbert v. Lindisfarne, Nikolaus v. Myra, Phokas, Vinzenz v. Saragossa (s. auch Schiffer)
Seidenfabrikanten: Bonaventura
Seifensieder: Blasius v. Sebaste, Florian
Seiler: Andreas Ap., Anna, Katharina v. Alexandria, Paulus Ap.
Seminare (kath.): Karl Borromäus
Senner: Uguzo
Seraph. Liebeswerk: Konrad v. Parzham
Siechenhäuser: Rochus
Soldaten: Barbara, Demetrius, Georg, Martin v. Tours, Michael, Mauritius, Sebastian, Theodor v. Euchaïta
Sozialarbeit: Antonius v. Padua, Franz v. Assisi, Elisabeth v. Thüringen, Louise de Marillac, Vinzenz v. Paul
Spezereikaufleute: Nikolaus v. Myra
Spiegelmacher: Johannes Ap. u. Ev.
Spielleute: Julianus Hospitator
Spielkartenfabrikanten: Drei Könige
Spinnerinnen: Katharina v. Alexandria
Spitäler: Camillus v. Lellis, Georg, Johannes v. Gott, Rochus, Vinzenz v. Paul
Spitzenhändler: Nikolaus v. Myra
Sprachforscher: Hildegard v. Bingen
Stallknechte: Leonhard v. Limoges, Marcellus I.
Steinbrucharbeiter: Nikolaus v. Myra
Steinmetz: Barbara, Blasius v. Sebaste, Claudius v. Rom, Clemens I., Johannes d. T., Ludwig IX., Nikolaus v. Myra, Petrus Ap., Reinhold v. Köln, Stephanus Märt., Sebastian, Thomas Ap., Vier Gekrönte
Stenographen: Cassianus v. Imola
Sterbende: Benedikt v. Nursia, Katharina v. Siena, Joseph, Martha v. Bethanien, Michael, Sebastian, Thekla, Ulrich v. Augsburg
Steuerbeamte: Matthäus Ap. u. Ev.
Stewardessen: Bona
Sticker: Clara v. Assisi, Lukas Ev.
Strumpfwirker: Anna, Blasius v. Sebaste, Eustachius, Fiacrius, Jakobus d. Ä., Severus v. Ravenna
Studenten: Gregor d. G., Hieronymus, Johannes Berchmans, Katharina v. Alexandria, Laurentius, Maria Magdalena, Stanislaus Kostka, Thomas v. Aquin

Tapezierer: Ludwig IX.
Teppichweber: Paulus Ap.
Theologen: Augustinus v. Hippo, Bonaventura, Hieronymus, Paulus Ap., Thomas v. Aquin
Tierärzte: Eligius
Tischler: Gummar v. Nivesdonck, Joachim, Joseph, Matthias Ap., Rochus, Petrus Ap. (s. auch Bautischler)
Töpfer: Fabian, Fiacrius, Goar, Justa u. Rufina, Petrus Ap., Radegundis v. Thüringen, Sebastian, Vinzenz v. Saragossa

Totengräber: Antonius Mönchsvater, Barbara, Joseph, Joseph v. Arimathäa, Lazarus v. Bethanien, Rochus
Trinkerfürsorge: Johannes d. T.
Tuchhändler: Eustachius, Franz v. Assisi, Nikolaus v. Myra, Ursula
Tuch-(Woll-)weber: Benno v. Meißen, Bernhardin v. Siena, Mauritius, Petrus Ap., Sebastian, Severus v. Ravenna
Türhüter: Lucia v. Syrakus
Türme u. Festungen: Barbara

Übersetzer: Hieronymus
Uhrmacher: Eligius, Petrus Ap.
Unterricht, christl.: Johannes Bapt. de la Salle

Vergolder: Clara v. Assisi, Michael
Verkehr: Christophorus
Verleiher: Bernhardin v. Feltre
Verlobte: Agnes, Valentin v. Rom
Verwalter: Laurentius, Markianos u. Martyrios
Vieh: Ägidius, Anton v. Padua, Blasius v. Sebaste, Deicola, Eberhard v. Tüntenhausen, Erhard, Guido v. Anderlecht, Gunthildis, Irmund, Koloman, Leonhard, Lukas Ev., Magnus v. Allgäu, Onuphrius, Oswald v. Northumbrien, Patrick, Quirinus v. Neuß, Saturnina v. Arras, Silvester I., Theodor v. Octodurum, Vitus, Vier Gekrönte, Walpurga, Wendelin
Viehhändler: Theodard
Volksmissionare: Leonhard v. Porto Maurizio
Volksschulen: Joseph v. Calasanza

Wachszieher: Ambrosius v. Mailand, Bernhard v. Clairvaux, Genovefa, Jakobus d. Ä., Nikolaus v. Myra
Waffenschmiede: Georg, Markianos u. Martyrios, Martin v. Tours, Mauritius, Wilhelm v. Aquitanien
Wagner: Eligius, Joseph, Katharina v. Alexandria, Willigis v. Mainz
Waisen: Elisabeth v. Thüringen, Hieronymus Ämiliani, Ivo Hélory, Joseph, Spyridon, Vinzenz v. Paul
Walker: Jakobus d. J., Philippus Ap.
Wanderer: Georg
Wäscher: Mauritius
Wäscherinnen: Clara v. Assisi, Hunna, Katharina v. Siena, Laurentius, Martha v., Bethanien, Maura v. Troyes
Weber: Agatha, Anna, Antonius Mönchsvater, Barnabas, Blasius v. Sebaste, Crispin u. Crispinian, Erasmus, Franz v. Assisi, Johannes d. T., Laetus v. Provins, Lucia v. Syrakus, Ludwig IX., Martin v. Tours, Nikolaus v. Myra, Onuphrius, Paulus Ap., Radegundis v. Thüringen, Severus v. Ravenna, Simon Ap., Stephanus Märt., Ulrich v. Augsburg (s. auch Leinenweber, Tuchweber)
Wechsler: Matthäus Ap. u. Ev.
Weinberge, Weinstöcke: Johannes d. T., Laurentius, Mauritius, Medardus, Severin v. Norikum, Sixtus II., Urban I.
Weinbergwächter: Vinzenz v. Saragossa
Weinhändler: Maria Magdalena, Nikolaus
Winzer: Bartholomäus Ap., Genovefa, Goar, Johannes Ap. u. Ev., Johannes d. T., Maria Magdalena, Medardus v. Noyon, Morandus, Severin v. Norikum, Theodor v. Octodurum, Tychon, Urban I., Vinzenz v. Saragossa, Vitus, Walter v. Pontoise, Werner v. Oberwesel
Wirte: s. Gastwirte
Witwen: Anna, Elisabeth v. Thüringen, Galla v. Rom, Gertrud v. Nivelles, Lea v. Rom, Siglinde, Sophia v. Rom
Wöchnerinnen: Brigitta v. Kildare, Dorothea v. Kappadokien, Ida v. Herzfeld, Leonhard v. Limoges, Margareta v. Antiochia, Peregrinus Laziosi, Petrus v. Verona
Wohltätigkeitsvereine: Elisabeth v. Thüringen

Zahnärzte: Apollonia, Kosmas u. Damian, Lambert v. Maastricht
Zeltmacher: Paulus Ap.
Ziegelbrenner: Fiacrius, Goar, Petrus Ap., Vinzenz Ferrer, Vinzenz v. Saragossa
Zimmerleute: Barbara, Christophorus, Coletta Boillet, Johannes d. T., Joseph, Matthias Ap., Regina, Stephanus Märt., Thiemo v. Salzburg, Thomas Ap., Wolfgang v. Regensburg
Zinngießer: Fabianus, Fiacrius, Michael, Sebastian
Zithermacher: Arnold v. Arnoldsweiler
Zollbeamte: Matthäus Ap. u. Ev.
Zuckerbäcker: Antonius Mönchsvater, Kosmas u. Damian, Matthias Ap.

X. Die Attribute der Heiligen und Seligen

Im Lauf der Jahrhunderte hat die kirchliche Kunst den Heiligen bestimmte Kennzeichen (Attribute) gegeben, durch die sie erkennbar sind. Die Anordnung der Attribute in alphabetischer Reihenfolge soll dem Benützer die Möglichkeit geben, Heiligenfiguren leichter zu identifizieren. Aus bloß allgemeinen Attributen, wie etwa Ordenskleid, Buch oder Schwert, ist eine Heiligenfigur kaum erkennbar, wenn nicht ein besonderes, ein individuelles Attribut hinzutritt. Ist wenigstens ein Attribut bekannt, dann schlägt man im Lexikonteil bei jenen Heiligen nach, die Träger dieses Attributes sind, um festzustellen, inwieweit die übrigen dort verzeichneten Darstellungsweisen mit der betreffenden Heiligenfigur übereinstimmen, die man zu identifizieren wünscht.

A

Abt: Ordensmann (↗ Ordenstracht) mit Krummstab und Infel

Äbtissin: Ordensfrau mit Krummstab

Ackergerät: Marius von Lausanne, Theobald von Provins; ↗ Pflug

Adler: Adalbert von Prag, Elisäus, Florianus von Lorch, Gislenus v. Zell, Johannes v. Kreuz, Medardus v. Noyon, Prisca, Servatius v. Tongern, Theoderich v. St-Thierry, Vitus

Ähre(n): Apollinaris von Ravenna, Brictius v. Tours, Fara v. Faremoutiers, Ruth, Walpurga v. Heidenheim, Walter v. Sachsen

Almosen (austeilend): Adelheid Kaiserin, Amadeus IX. v. Savoyen, Balthild, Elisabeth v. Portugal, Elisabeth v. Thüringen, Epiphanius v. Pavia, Gutman v. Cremona, Hemma v. Gurk, Hildegard v. Bingen, Irmina v. Oeren, Johannes v. Alexandrien, Laurentius Giustiniani, Laurentius v. Rom, Mathilde Königin, Medardus v. Noyon, Olympias v. Konstantinopel, Paulinus v. Nola, Pudentiana

Altar: Berta v. Blangy, Elfriede v. England, Erich IX. Jedvardson, Glodesind v. Metz, Kolumban v. Hy, Lambert v. Maastricht, Nikolaus v. Tolentino, Philippus Apostel, Reginbald v. Speyer

Amboß: Eligius v. Noyon, Hadrian v. Nikomedien, Natalis v. Nikomedien

Angelrute: Zeno v. Verona

Anker: Clemens I. Papst, Fides Spes u. Charitas, Nikolaus v. Myra, Rosa v. Lima

Apfel: Dorothea v. Kappadokien, Hermann Joseph, Malachias v. Armagh, Placidus v. Subiaco, Sabas v. Mar Saba, Susanna

Armbrust: Christina v. Bolsena

Arme (pflegend): Arnulf v. Metz, Eberhard I. v. Salzburg, Elisabeth v. Thüringen, Germanus v. Münster, Gregor I. d. Gr., Gregor v. Utrecht, Hedwig v. Schlesien, Ivo Hélory, Katharina v. Siena, Odilia v. Odilienberg, Odo v. Cluny, Zita Lombardo; ↗ Kranke

Arzneigefäße: Kosmas u. Damianus, Pantaleon v. Nikomedien, Rochus v. Montpellier

Auge(n): Erhard v. Regensburg, Leodegar v. Autun, Lucia v. Syrakus, Odilia v. Odilienberg

Axt: Anastasius d. Perser, Chrysanthus u. Daria, Erhard v. Regensburg, Vitalis u. Agricola; ↗ Streitaxt

B

Banner: Castulus v. Rom, Erich IX. Jedvardson, Florianus v. Lorch; ↗ Fahne, ↗ Kreuzfahne

Bär: Edmund v. Ostanglien, Elisäus, Euphemia v. Chalkedon, Florentinus v. Straßburg, Gallus v. Bodensee, Gislenus v. Zell, Humbert v. Maroilles, Kolumban v. Luxeuil, Korbinian v. Freising, Lucius v. Chur, Magnus v. Allgäu, Maximinus v. Trier, Remaclus, Richardis Kaiserin, Romedius, Vedastus v. Arras

Bart: bei Mönchen und Einsiedlern; Frau mit langem Bart: Galla v. Rom

Basilisk (eidechsenähnliches Kriechtier): Tryphon

Bauerngewand: Guido v. Anderlecht, Isidor v. Madrid
Baum: Afra, Angelus d. Karmelit, Barbatus, Bavo, Bonifatius, Christophorus, Donatus v. Arezzo, Edigna, Edmund v. Ostanglien, Gerlach v. Houthem, Gerold v. Groß-Walsertal, Heinrich Seuse, Sebastian v. Rom, Theodosia v. Cäsarea, Wulmar v. Samer
Baum des Lebens: Markus Evangelist
Bäumchen: Salvator v. Horta
Becher: Benedikt v. Nursia, Eduard Märt., Grimo v. Ursberg, Jacobus de Marchia, Johanna v. Valois, Johannes Evangelist, Meinrad v. Reichenau, Nikolaus v. d. Flüe
Beil: Bonifatius, Donatus v. Arezzo, Elisäus, Hadrianus v. Nikomedien, Hermengild, Josaphat Kunzewitsch, Matthias Apostel, Thomas Becket, Trudpert, Utto v. Metten, Wigbert v. Fritzlar, Wolfgang v. Regensburg
Beinwunde: Peregrinus Laziosi, Rochus v. Montpellier
Berg: Bernhardin v. Siena (mit drei Spitzen), Nonnosus v. Soracte
Besen: Reingardis
Bett: Thomas v. Villanova
Bettelsack: Felix v. Cantalice
Bettler: Alexius v. Edessa (als solcher); neben sich: Elisabeth v. Thüringen, Martin v. Tours, Thomas v. Villanova, Ulrich v. Augsburg
Beutel: ↗ Geldbeutel
Bibliothek: Hieronymus Kirchenlehrer
Bienenkorb: Ambrosius v. Mailand, Bernhard v. Clairvaux, Johannes Chrysostomus
Bischof: mit Krummstab und Infel, meist im Ornat
Blasebalg: Genovefa v. Paris
Blätter (damit bekleidet): Onuphrius
Blinde (heilend): Albinus v. Angers, Florentius v. Straßburg, Mechthild v. Hakkeborn
Blitz(e): Bernhard v. Aosta, Donatus v. Arezzo, Hugo v. Grenoble, Johannes u. Paulus, Martin v. Rom, Thekla v. Ikonium
Blumen: Dorothea v. Kappadokien, Friedrich v. Mariengarde, Germana Cousin, Hugo v. Grenoble, Placidia
Bohrer: Leodegar v. Autun
Bratrost: Blandina v. Lyon, Cyprianus v. Antiochia, Laurentius v. Rom, Vinzenz v. Saragossa
Brennessel: Johannes v. Urtica
Brief u. Bote: Hildegard v. Bingen
Brille: Servatius v. Tongern
Brot(e): Adelinde v. Buchau, Arnulf v. Soissons, Autbertus v. Cambrai, Benedikt v. Nursia, Berthold v. Garsten, Daniel, Elisabeth v. Thüringen, Erminold v. Prüfening, Franziska v. Rom, Friedrich v. Regensburg, Gallus v. Bodensee, Gisbert v. Lindisfarne, Gottfried v. Cappenberg, Habakuk, Kolumban v. Hy, Leopold v. Österreich, Maria v. Ägypten, Nikolaus v. Myra, Rochus v. Montpellier, Silverius Papst, Tychon v. Amathus, Wulmar v. Samer
Brot u. Krug: Elias, Eugenia v. Hohenburg, Meinrad v. Reichenau, Notburga v. Eben, Verena v. Zurzach
Brücke u. Fluß: Johannes Nepomuk
Brunnen: Calixtus I. Papst, Sigismund v. Burgund
Brust (abgeschnittene): Agatha, Eulalia von Mérida
Buch: Apostel und Gottesgelehrte, Ordensleute (Regelbuch); ↗ Evangelienbuch, ↗ Katechismus, ↗ Meßbuch
Buchrolle: Ephräm d. Syrer, Gregor v. Tours, Ezechiel, Irmina v. Oeren, Isaias, Jakobus d. Ä., Lukas Evangelist, Rosalia v. Palermo
Büchse: Ludmilla v. Böhmen
Büßerkette: Cölestin V. Papst, Paschalis Baylon
Bußgeräte: Petrus v. Alcántara

C

Christus
- am Kreuz: Camillus v. Lellis, Franz v. Assisi, Johannes v. Kreuz, Luitgard v. Tongern, Wilbirg v. St. Florian
- auferstandener: Maria Magdalena, Thomas Apostel
- dornengekrönter: Jolenta
- leidender: Herluka v. Bernried
- verklärter: Petronilla v. Rom

Christusbild: Johannes Gualbertus

D

Dachziegel: Eusebius v. Samosata
Diadem: Placidia
Diakon: mit Dalmatik, einem hemdähnlichen Überwurf
Dolch: Agnes v. Rom, Bibiana, Eduard Märt., Friedrich v. Utrecht
Dorn(en): Benedikt v. Nursia, Gerlach v. Houthem, Rita v. Cascia
Dornenbekränzt: Achatius, Rosa v. Lima
Dornbusch (-strauch): Achatius, Nikolaus v. d. Flüe, Moses, Pirmin
Dornenkrone: Adalhard v. Corbie, Franz v. Sales, Katharina v. Siena, Ludwig IX. v. Frankreich, Maria Magdalena de' Pazzi, Rita v. Cascia
Drache: Amandus d. Belgier, Beatus, Cyriacus v. Rom, Domitian v. Maastricht, Eucharius v. Trier, Georg v. Kappadokien, Germanus v. Auxerre, Godehard v. Hildesheim, Ignatius v. Loyola, Leo I. d. Gr., Magnus v. Allgäu, Margareta v. Antiochia, Martha v. Bethanien, Olaf II. Haraldsson, Philippus Apostel, Servatius v. Tongern, Silvester I., Victoria v. Rom
Drachenbekämpfer: Georg v. Kappadokien, Hilarius v. Poitiers, Michael, Romanus v. Rouen, Theodorus v. Euchaïta
Dreifuß: Ivetta

E

Eiche: Bonifatius
Einhorn: Agatha, Firminus v. Amiens, Gebhard v. Salzburg, Justina v. Nikomedien
Elle: Gutmann v. Cremona
Engel: Abraham, Adalhard v. Corbie, Adelgundis v. Maubeuge, Alfons v. Liguori, Angelus d. Karmelit, Augustinus v. Hippo, Balbina, Balthild, Barbara, Benno v. Meißen, Bonaventura, Camillus v. Lellis, Cyrillus Slawenapostel, Dorothea v. Kappadokien, Drei Könige, Dunstan v. Canterbury, Elias, Elisabeth v. Reute, Erasmus, Gisbert v. Lindisfarne, Giselbert v. Zumarshausen, Glodesind v. Metz, Gregor VII. Papst, Gudula, Gunther v. Niederaltaich, Habakuk, Hildegundis v. Schönau, Hubert v. Maastricht, Hugo v. Grenoble, Humbert v. Maroilles, Innozenz I., Irmina v. Oeren, Isidor v. Madrid, Jakob Patriarch, Jeremias, Johannes Chrysostomus, Margareta v. Cortona, Matthäus Evangelist, Michael, Narcissus v. Jerusalem, Odilo v. Cluny, Onuphrius, Pachomius d. Ä., Paphnutius v. d. Thebais, Petrus Canisius, Philipp Neri, Primus u. Felician, Reingardis, Rochus v. Montpellier, Roderich u. Salomon, Romuald v. Camaldoli, Rudolf v. Bern, Sergius v. Syrien, Silvester I., Stanislaus Kostka, Theresia v. Ávila, Thomas v. Aquin, Ulrich v. Augsburg, Wolfhold v. Hohenwart; ↗ Schutzengel
Ente: Brigitta v. Kildare
Enthauptung: Johannes d. Täufer, Nereus u. Achilleus, Placidus v. Subiaco, Primus u. Felician, Prisca
Erdbeeren: Robert v. Molesme
Erdkugel: Bruno d. Kartäuser, Dominikus, Franz v. Assisi, Gabriel
Erzbischof: mit Pallium, einem mit sechs Kreuzen besetzten weißwollenen Streifen, der die Schultern umschließt u. vorne herabhängt
Erzengel: Gabriel, Michael, Raphael
Esel: Antonius v. Padua, Gerlach v. Houthem, Gerold v. Groß-Walsertal, Joseph Bräutigam Mariä, Marcellus I., Philibert v. Jumièges, Sola v. Franken
Evangelienbuch: Barnabas, Eusebius v. Vercelli, Januarius v. Neapel, Johannes Chrysostomus, Laurentius v. Rom, Leo I. d. Gr., Marcella, Nikolaus v. Myra, Paphnutius v. d. Thebais

F

Fackel(n): Agatha, Chrysanthus u. Daria, Dominikus, Johannes Lobedau, Johannes Nepomuk, Magnus v. Allgäu, Margareta v. Antiochia, Theodorus v. Euchaïta, Tryphon
Fahne: Arnold v. Hiltensweiler, Georg v. Kappadokien, Hippolytus v. Rom, Mauritius, Petrus Nolascus, Regina v. Alise-St-Reine, Simplicius v. Rom, Stephan I. v. Ungarn, Ursus u. Victor, Vitalis u. Agricola, Wenzeslaus v. Böhmen
Falke: Agilolf v. Köln, Bavo, Hieron v.

Friesland, Otto v. Ariano, Theobald v. Provins
Federkiel: ↗ Schreibfeder
Fegfeuer: Gregor I. d. Gr., Odilia v. Odilienberg, Odilo v. Cluny, Simon Stock
Feldzeichen: Konstantin I. d. Gr.
Fellbekleidung: Johannes d. Täufer, Maria Magdalena, Onuphrius, Pachomius d. Ä., Roland v. Medici
Fesseln: Dominikus v. Silos, Theodosius d. Koinobiarch
Feuerflammen: Afra, Agapitus v. Praeneste, Agnes v. Rom, Basilius d. Gr., Benedikt v. Aniane, Brigitta v. Kildare, Fides Spes u. Charitas, Florianus v. Lorch, Januarius v. Neapel, Melittus v. Canterbury, Niketas v. Konstantinopel, Patrick v. Irland, Regina v. Alise-St-Reine, Richardis Kaiserin, Vinzenz Ferrér
Feuersäule: Ephräm d. Syrer, Kuthbert v. Lindisfarne
Feuersbrunst: Cäsarius v. Arles, Germanus v. Paris; ↗ Haus, brennendes
Fichtenzapfen: Afra
Finger (auf dem Mund): Johannes d. Schweiger, Petrus Martyr
Fingerspitzen (leuchtende): Konrad v. Zähringen
Fisch(e): Amalberga, Antonius v. Padua, Arnulf v. Metz, Benno v. Meißen, Berthold v. Garsten, Chrysogonus, Egwin v. Worcester, Elisabeth v. Thüringen, Franz v. Assisi, Gregor v. Tours, Ida v. Leeuw, Jonas, Maurilius v. Angers, Patroclus v. Troyes, Raphael, Ulrich v. Augsburg, Verena v. Zurzach, Zeno v. Verona
Fischotter: Gisbert v. Lindisfarne, Kuthbert v. Lindisfarne
Flammen: ↗ Feuerflammen, ↗ Scheiterhaufen, ↗ Haus, ↗ Herz
Fläschchen: Januarius v. Neapel (Blut), Walpurga v. Heidenheim (Öl), Wolfsindis (Wasser)
Flügel: Joseph v. Copertino
Fluß: Amatus v. Sitten, Christophorus
Frosch: Pirmin, Wulfia
Früchte: Dorothea v. Kappadokien
Fuchs: Bonifatius
Fuhrwerk: Edigna
Fußblock: Felix v. Nola, Leonhard v. Limoges
Fußwunde: ↗ Beinwunde

G

Gabel: Arnulf v. Soissons
Galgen: Ferreolus v. Vienne
Gans: Brigitta v. Kildare, Hugo v. Lincoln, Liudger v. Münster, Martin v. Tours, Pharaïldis, Vedastus v. Arras
Garbe: ↗ Getreidegarbe
Gebetbuch: Crescentia Höß
Gefangene (neben sich): Felix v. Valois, Johannes v. Matha, Leonhard v. Limoges, Petrus Nolascus, Raimund Nonnatus, Suitbert v. Niederrhein, Vinzenz v. Paul
Gefäß(e): Juliana v. Nikomedien, Justa u. Rufina, Oswald v. Northumbrien, Praxedis, Pudentiana; ↗ Napf, ↗ Salbengefäß, ↗ Vase
Geige: Cäcilia, Franz v. Solano
Geißel: Ambrosius v. Mailand, Ansbert v. Rouen, Concordia, Eleutherius v. Tournai, Elisabeth v. Reute, Ferreolus v. Vienne, Franz v. Paula, Gervasius, Ivo Hélory, Maria Magdalena, Mathilde Königin, Paula v. Rom, Petrus v. Alcántara, Petrus Damiani, Processus u. Martinianus, Theresia v. Ávila
Gekreuzigt: Agricola, Eulalia v. Mérida, Julia v. Korsika, Petrus Apostel
Geldbeutel: Amadeus IX. v. Savoyen, Cyrillus v. Jerusalem, Judith v. Niederaltaich, Karl I. v. Flandern, Laurentius v. Rom, Matthäus Ev., Sixtus II. Papst, Thomas v. Villanova
Geldsäcke: Theodosius d. Koinobiarch
Geldstück: Amatus v. Sitten, Corona, Cyriacus v. Rom
Gemüse: Melanie d. J., Olympias v. Konstantinopel
Gerichtsengel: Markus Evangelist
Gesetzestafeln: Moses, Pachomius d. Ä.
Getreidegarbe: Isidor v. Madrid, Johannes u. Paulus, Notburga v. Eben
Ginster: Lüfthildis
Glasmaler: Jakob Griesinger
Globus: Anatolius v. Laodicea, Edigna, Monon, Raimund Lullus
Glocke: Antonius Abt, Irmgard v. Buchau, Lioba, Petrus Nolascus, Theodorus v. Octodurum
Goldschmiedegeräte: Bernward v. Hildesheim, Eligius v. Noyon, Marius v. Lausanne
Götzenbild(er): Gregor d. Wundertäter,

Melitta v. Markianopolis, Philippus Apostel, Stephan I. Papst, Willehad v. Bremen
Grab: Eucharius v. Maastricht, Joseph v. Arimathäa, Lazarus v. Bethanien, Makarios d. Ä., Maria Magdalena, Narcissus v. Gerona
Granatapfel (mit Kreuz darüber): Johannes v. Gott
Greif: Himerius v. d. Schweiz
Grube: Chrysanthus u. Daria, Jeremias

H

Haar (als Bekleidung): Agnes v. Rom, Maria v. Ägypten, Onuphrius; daran aufgehängt: Juliana v. Nikomedien, Zoë v. Rom
Habicht: Quirinus v. Neuß
Habit: ↗ Ordenstracht
Hacke: Epiphanius v. Pavia, Isidor v. Madrid; ↗ Beil
Hackmesser: Josaphat Kunzewitsch, Petrus Martyr, Soteris Zuwarda
Haken: Audifax u. Abachum (Marius u. Martha), Eulalia v. Mérida, Martina v. Rom, Vinzenz v. Saragossa
Halm: Edigna, Odilia v. Odilienberg, Petrus Apostel, Valentinus v. Terni, Vitus
Halswunde: Agnes v. Rom, Cäcilia, Lucia v. Syrakus, Soteris Zuwarda
Hammer: Eligius v. Noyon, Reinhold v. Köln, Vier Gekrönte
Hand (abgehauene): Hadrianus v. Nikomedien, Johannes v. Damaskus; darauf ein Stück Land: Gilbert v. Neuffontaines
Hände (aufs Haupt genagelt): Pantaleon v. Nikomedien
Handschuh: Amadeus v. Lausanne, Gudula, Irmgard v. Köln
Harfe: Arnold v. Arnoldsweiler, David König
Harnisch: Arnulf v. Soissons, Florianus v. Lorch, Heinrich II., Lucius v. Chur, Reinhold v. Köln, Wenzeslaus v. Böhmen, Wilhelm v. Malavalle; ↗ Panzer
Harpune: Arnulf v. Soissons
Hasen: Rosa v. Lima
Haspel: Ernst v. Zwiefalten
Haupt (abgeschlagenes): Adalbert v. Prag, Albanus v. Mainz, Bartholomäus, Dionysius v. Paris, Felicitas v. Rom, Felix u. Regula, Firminus v. Amiens, Gisbert v. Lindisfarne, Judith, Justus v. Beauvais, Nicasius v. Reims, Valeria v. Limoges
Haus (brennendes): Florianus v. Lorch, Germanus v. Paris
Haut (abgezogene): Bartholomäus, Crispinus u. Crispinianus
Hechel: Blasius v. Sebaste, Hippolytus v. Rom
Heiden (bekehrte, neben sich): Missionare u. Missionsbischöfe
Heilkräuter: Notburga v. Hochhausen
Hellebarde: Judas Thaddäus, Matthäus Evangelist, Matthias Apostel, Olaf II. Haraldsson, Wiborada v. St. Gallen
Helm: Florianus v. Lorch, Wilhelm v. Aquitanien, Wilhelm v. Malavalle
Hermelin: Vitus
Herz (brennendes, durchbohrtes, flammende, glühendes): Augustinus v. Hippo, Birgitta v. Schweden, Erentrudis v. Nonnberg, Franziska v. Rom, Franz v. Sales, Gemma Galgani, Irmgard v. Buchau, Johanna F. Frémyot, Kajetan v. Thiene, Katharina v. Genua, Katharina v. Siena, Margareta M. Alacocque, Maria Magdalena de'Pazzi, Mechthild v. Magdeburg, Medardus v. Noyon, Philipp Neri, Theresia v. Ávila, Veronika Giuliani, Vitalis v. Salzburg
Herz Jesu: Alfons Rodriguez, Gertrud v. Helfta, Johannes Eudes, Margareta M. Alacocque
Herz Mariä: Alfons Rodriguez
Himmelfahrt: Elias, Elisäus
Himmelsleiter: Angela Merici, Balthild, Bernhard Tolomei, Jakob Patr., Romuald v. Camaldoli
Hirsch (leuchtendes Kreuz im Geweih): Eustachius, Felix v. Valois, Hubert v. Maastricht, Ida v. Toggenburg, Johannes v. Matha, Mammas, Meinolf v. Paderborn, Oswald v. Northumbrien, Prokop v. Sázawa
Hirschkuh: Ägidius, Goar, Ida v. Herzfeld, Katharina v. Schweden
Hirtenkleider: Giselbert v. Zumarschen, Landrada v. Münster-Bilsen, Uguzo v. Carvargna, Wendelin
Hirtenstab: Amandus d. Belgier, Genovefa v. Paris, Irmund v. Jülich, Mammas
Höhle: Ägidius, Beatus v. d. Schweiz, Felix

v. Nola, Hieronymus, Makarios d. Ä., Maria Magdalena, Melania d. J.
Holzbündel: Franziska v. Rom
Holznagel: Fausta v. Kysikos
Holzscheit: Afra
Holzschuh: Vigilius v. Trient, Servatius v. Tongern
Horn: Cornelius Papst, Eustachius, Habakuk
Hostie: Antonius v. Padua, Barbara, Bonaventura, Burkhard v. Würzburg, Johannes v. Ávila, Juliana v. Falconieri, Mechthild v. Dießen, Tarsicius v. Rom, Telesphorus Papst
Hostienkelch: Barbara, Thomas v. Aquin, Thomas More
Humpen: Olaf II. Haraldssón
Hufeisen: Eligius v. Noyon
Hühner: Ida v. Leeuw, Nikolaus v. Tolentino
Hund(e): Bernhard v. Clairvaux, Dominikus, Eucharius v. Trier, Gottfried v. Amiens, Heinrich Seuse, Irmund v. Jülich, Margareta v. Cortona, Onuphrius, Quirinus v. Neuß, Robert v. Newminster, Rochus v. Montpellier

I

Immaculata: Innozenz XI. Papst, Maria Bernarda; ↗ Maria
Infel: Bischöfe und Äbte
Instrumente: Kosmas u. Damianus (medizinische), Cäcilia (musikalische)

J

Jäger: Eustachius, Germanus v. Auxerre, Hubert v. Maastricht, Julianus v. Brioude, Onuphrius
Jesuskind: Alto v. Altomünster, Antonius v. Padua, Augustinus v. Hippo, Bernhard v. Clairvaux, Gottfried v. Cappenberg, Hartmann v. Brixen, Heinrich Seuse, Hermann Joseph, Ida v. Löwen, Irmina v. Oeren, Johanna v. Valois, Johannes v. Gott, Johannes d. T., Joseph Bräutigam Mariä, Kajetan v. Thiene, Laurentius v. Brindisi, Osanna v. Cattaro, Rosa v. Lima, Sibyllina Biscossi, Simeon v. Jerusalem, Stanislaus Kostka, Veronika Giuliani
JHS (Namenssymbol Jesu): Bernhardin v. Siena, Chrysogonus, Ignatius v. Antiochia, Ignatius v. Loyola, Petrus Canisius, Stanislaus Kostka, Theresia v. Ávila, Vinzenz Ferrér

K

Käfig: Claudius v. Rom
Kahn: Raimund v. Peñafort
Kaiserkrone: Adelheid, Heinrich II., Helena Kaiserin, Hildegard Kaiserin, Irmgard Kaiserin, Kunigunde, Pulcheria Aelia
Kalb: Bernhard v. Tiron
Kamele: Drei Könige, Menas
Kamm: Blasius v. Sebaste, Margareta v. Antiochia, Verena v. Zurzach
Kanzlerkette: Thomas More
Kappe: Johannes Franz Regis
Kardinalshut: Bonaventura, Hieronymus, Johannes Dominici, Karl Borromäus, Petrus Damiani
Käse: Uguzo v. Carvargna
Katechismus: Benildus, Petrus Canisius
Katze: Gertrud v. Nivelles
Kelch: Alto v. Altomünster, Ansbert v. Rouen, Barbara, Bernward v. Hildesheim, Fides Spes u. Charitas, Florinus v. Remüs, Hartmann v. Brixen, Hermann Joseph, Hyacinthus v. Polen, Johannes a S. Facundo, Konrad v. Konstanz, Lubentius, Mechthild v. Dießen, Norbert v. Xanten, Odilia v. Odilienberg, Richard Chichester, Telesphorus Papst, Tillo v. Solignac, Ulrich v. Augsburg, Wigbert v. Fritzlar
Kerze (brennende): Adelgundis v. Maubeuge, Blasius v. Sebaste, Brigitta v. Kildare, Cäsarius v. Arles, Dominikus, Notburga v. Köln, Roselina, Tozzo v. Augsburg
Kessel: Cyprianus v. Antiochia, Claudius v. Rom, Erasmus, Fausta v. Kysikos, Georg v. Kappadokien, Jeremias, Johannes Evangelist, Juliana v. Nikomedien, Lucia v. Syrakus, Regina v. Alise-St-Reine, Vitus; ↗ Becher
Kette(n): Amandus d. Belgier, Angela da Foligno, Balbina, Epimachus v. Pavia, Felix v. Valois, Ferréolus v. Vienne, Germanus v. Paris, Hieronymus Aemiliani, Johannes v. Matha, Juliana v. Nikome-

dien, Karl I. v. Flandern, Leonhard v. Limoges, Marcus v. Modena, Paulinus v. Nola, Petrus Nolascus, Prokop v. Sázawa, Theodoros v. Tabennisi, Wilhelm v. Malavalle

Keule: Adalbert v. Prag, Apollinaris v. Ravenna, Eugenius v. Karthago, Ewald, Gervasius, Jacobus Bruder d. Herrn, Jacobus d. J., Judas Thaddäus, Knud Lavard, Konrad v. Seldenbüren, Merbod v. Bregenz, Nikodemus v. Rom, Telesphorus Papst, Timotheus, Vitalis u. Agricola

Kind(er): Dorothea v. Montau, Johannes de La Salle, Joseph v. Calasanza, Leutfred, Marina, Notburga v. Klettgau, Philipp Neri, Richard v. England, Sinpert v. Augsburg, Sophia v. Rom, Valentinus v. Terni, Vinzenz v. Paul, Waltrudis v. Mons, Willibrord v. Utrecht; ↗ Knaben

Kirchengrundriß: Sturmius v. Fulda

Kirchenmodell (Attribut vieler Kirchengründer): Adelheid v. Vilich, Amor, Anno v. Köln, Ansgar v. Hamburg, Arnold v. Hiltensweiler, Attala, Barthild, Bilhildis v. Altenmünster, Bruno v. Köln, Burkhard v. Würzburg, Damasus I., Eberhard v. Nellenburg, Eleutherius v. Tournai, Elisabeth v. Thüringen, Erentrudis v. Nonnberg, Eucharius v. Trier, Gebhard II. v. Konstanz, Gerold v. Hildesheim, Gottfried v. Cappenberg, Hedwig v. Schlesien, Heinrich II., Helena Kaiserin, Hemma v. Gurk, Irmgard Kaiserin, Irmina v. Oeren, Konrad I. v. Salzburg, Korbinian v. Freising, Kunibert v. Köln, Kunigunde Kaiserin, Leopold v. Österreich, Liudger v. Münster, Lüfthildis, Maternus v. Köln, Mathilde Königin, Meinolf v. Paderborn, Modestus v. Kärnten, Nicetius v. Trier, Olga, Remaclus, Sebald v. Nürnberg, Severin v. Köln, Sigisbert v. Disentis, Stilla v. Abenberg, Thomas Becket, Virgilius v. Salzburg, Wigbert v. Fritzlar, Willaik v. Kaiserwerth, Willehad v. Bremen, Willibrord v. Utrecht, Wolfgang v. Regensburg

Kleeblatt: Patrick v. Irland

Knabe(n): Augustinus v. Hippo, Johannes Bosco, Nikolaus v. Myra, Siebenschläfer, Ulrich v. Zell

Knüttel: Hippolytus v. Rom

Kochlöffel: Martha v. Bethanien

Kohlen (glühende): Brictius v. Tours, Godeberta v. Noyon, Lambert v. Maastricht, Petrus Gonzáles, Salvator v. Horta

Kommunion

- empfangend: Bonaventura, Elisabeth v. Reute, Friedrich v. Regensburg, Godehard v. Hildesheim, Gunther v. Niederaltaich, Maria v. Ägypten, Onuphrius, Silvester Guzzolini, Stanislaus Kostka
- spendend: Faustinus u. Jovita, Karl Borromäus

Kopf: ↗ Haupt

Kopfwunde: Meinrad v. Reichenau, Merbod v. Bregenz, Petrus Martyr, Rita v. Cascia

Korb (mit Broten, Rosen, Früchten): Dorothea v. Kappadokien, Elisabeth v. Thüringen, Franziska v. Rom, Johanna v. Valois, Kolumban v. Hy, Romanus v. Condat, Silvinus

Körbe: Johannes v. Damaskus, Johannes v. Gott

Korn: Bernhard v. Aosta, Hilda v. Streaneshalch; ↗ Ähre, ↗ Getreidegarbe

Kranich: Burkhard v. Beinwil

Kranke

- heilend: Barnabas, Didacus v. Alcalá, Eduard Bekenner, Franz Xaver, Ignatius v. Loyola, Joachim v. Piccolomini, Luitgard v. Tongern, Martin v. Tours, Mechthild v. Hackeborn, Rochus v. Montpellier, Rolentis, Thomas v. Villanova, Trudo v. Haspengau
- pflegend: Camillus v. Lellis, Elisabeth v. Frankreich, Florinus v. Remüs, Hedwig v. Schlesien, Hunna, Karl Borromäus, Siglinde v. Troclar; ↗ Arme, ↗ Krüppel

Kranz: Heinrich Seuse, Helena Kaiserin, Hiltrud v. Liessies, Lidwina, Rosalia, Roselina

Kreuz: Achatius, Aloisius v. Gonzaga, Andreas Apostel, Angela Merici, Apollinaris v. Ravenna, Augustinus v. Hippo, Bernhard v. Clairvaux, Bernward v. Hildesheim, Birgitta v. Schweden, Bona, Bruno d. Kartäuser, Camillus v. Lellis, Clara v. Assisi, Cölestin V., Didacus v. Alcalá, Erentrudis v. Nonnberg, Eustachius, Felix v. Valois, Ferdinand III., Florianus v. Lorch, Franziska Schervier, Franz v. Sales, Franz Xaver, Gallus v. Bodensee, Gangolf, Gebhard v. Salzburg, Gereon v. Köln, Gertrud v. Nivelles, Hadelin v. Celles, Helena Kaiserin, Humbert v. Maroilles, Ignatius v. Loyola, Ingrid Elovsdotter, Irmgard v. Köln, Johannes v. Capestrano, Johannes v. Krakau, Karl Borromäus, Katharina v. Siena, Konrad v. Parzham, Konstantin I. d. Gr., Laurentius v. Rom, Leodegar v. Autun, Luitgard v. Tongern, Magnus v. Allgäu, Makarios d. Ä., Manfred, Margareta v. Cortona, Maria Magdalena, Maximianus v. Ravenna, Maximilian v. Pongau, Olga, Oswald v. Northumbrien, Paulus v. Kreuz, Petrus Damiani, Philippus Apostel, Pius X., Regina v. Alise-Ste-Reine, Romanus v. Rouen, Rosalia v. Palermo, Simon Ap., Stephan I. v. Ungarn, Timon, Ulrich v. Augsburg, Victoria v. Rom, Vinzenz Ferrér, Vinzenz v. Saragossa, Vitalis u. Agricola

Kreuzfahne: Bernhard v. Baden, Ferdinand III. König, Gereon v. Köln, Johannes v. Capestrano, Lebuin, Ursula v. Köln

Kreuzstab: Antonius Abt, Johannes Franz Régis, Johannes Gualbertus, Johannes d. T., Julia v. Korsika, Ludwig IX., Margareta v. Antiochia, Philippus Apostel, Sixtus II.

Krippe: Marcellus I. Papst; ↗ Esel

Krokodil: Theodor v. Euchaïta

Krone(n): Alrun v. Cham, Angelus d. Karmelit, Attala, Balthild, Cordula, Elisabeth v. Frankreich, Elisabeth v. Portugal, Elisabeth v. Thüringen, Eulalia v. Mérida, Frideswida v. Oxford, Giselbert v. Zumarshausen, Gottfried v. Cappenberg, Hedwig v. Schlesien, Hermes v. Rom, Hildegundis v. Meer, Innozenz I., Irmgard v. Buchau, Jodok, Josaphat v. Indien, Juliana v. Nikomedien, Kasimir v. Polen, Katharina v. Alexandria, Leodegar v. Autun, Lucius v. Chur, Ludwig IX. v. Frankreich, Ludwig v. Tolouse, Margareta v. Antiochia, Minias v. Florenz, Oda v. Sint, Polycarp v. Smyrna, Praxedis, Quirinus v. Tegernsee, Radegundis v. Thüringen, Sabina v. Rom, Salome v. Niederaltaich, Salomon, Sigismund v. Burgund, Stephan I. v. Ungarn, Susanna v. Rom, Ursula v. Köln, Valeria v. Limoges, Walpurga v. Heidenheim; ↗ Kaiserkrone

Kronleuchter: Reginbald v. Speyer

Krückstab: Nikolaus v. d. Flüe, Paulus v. Theben

Krug: Amatus v. Sitten, Didacus v. Alcalá, Elias, Elisabeth v. Thüringen, Eugenie v. Hohenburg, Florinus v. Remüs, Habakuk, Melania d. J., Narcissus v. Jerusalem, Notburga v. Eben, Verena v. Zurzach, Zita Lombardo

Krummstab: Äbte, Äbtissinnen und Bischöfe

Krüppel: Elisabeth v. Thüringen, Martin v. Tours, Sabina v. Rom, Valentinus v. Rätien, Valentinus v. Terni; ↗ Arme, ↗ Kranke

Kruzifix (Darstellung des gekreuzigten Christus): Albert v. Trapani, Alfons v. Liguori, Benedikt v. Nursia, Bernhard v. Clairvaux, Bonaventura, Bruno d. Kartäuser, Ceslaus, Crescentia Höß, Elisabeth v. Reute, Franz Solano, Gertrud v. Helfta, Epimachus, Hedwig v. Schlesien, Hieronymus, Irmina v. Oeren, Johannes Berchmans, Johannes a S. Facundo, Johannes v. Gott, Katharina v. Siena, Leonhard v. Porto Maurizio, Lidwina, Ludwig Beltran, Marcella, Marcus v. Modena, Margareta v. Antiochia, Nikolaus v. Tolentino, Paula Frassinati, Peregrinus Laziosi, Petrus v. Alcántara, Petrus Canisius, Philippus Benitius, Rita v. Cascia, Severin v. Noricum, Theodorus v. Tabennisi, Thomas v. Aquin, Wiltrud v. Hohenwart, Winthir, Zdislawa

Kübel: Florianus v. Lorch, Rupert v. Salzburg

Kugel(n): Benedikt v. Nursia, Ceslaus, Hieronymus Aemiliani, Nikolaus v. Myra, Robert v. Newminster

Kuh: Berlinde v. Meerbeke, Irmund v. Jülich, Perpetua u. Felicitas, Wendelin

Kürbisflasche: Birgitta v. Schweden, Raphael

L

Lamm: Agnes v. Rom, Clemens I. Papst, Coletta Boillet, Franz v. Assisi, Johannes d. T., Hartmann v. Brixen, Wendelin

Lampe: Albert v. Trapani, Anthelmus v. Chignin, Gudula, Herluka v. Bernried; ↗ Öllämpchen

Lanze (meist als Marterinstrument): Adalbert v. Prag, Bruno v. Köln, Castulus v. Rom, Chrysanthus, Cordula, Demetrius v. Sirmium, Edwin v. Northumbrien, Emmeram v. Regensburg, Florianus v. Lorch, Gangolf, Georg v. Kappadokien, Gebhard v. Csanád, Germanus v. Münster, Hippolytus v. Rom, Knud v. Dänemark, Lambert v. Maastricht, Matthäus Ev., Michael, Prokopios v. Cäsarea, Quirinus v. Neuß, Theodoros v. Euchaïta, Thomas Apostel, Wenzeslaus v. Böhmen

Laterne: Dorothea v. Montau, Hugo v. Grenoble, Katharina v. Schweden, Makarios d. J.; ↗ Lampe

Lehrstuhl: Hippolytus v. Rom

Leichnam Jesu: Joseph v. Arimathäa

Leidenswerkzeuge Christi: Bernhard v. Clairvaux, Ethelburga v. Faremoutier, Franz v. Assisi, Margareta v. Cortona, Maria Magdalena de'Pazzi, Veronika Giuliani

Leiter: Emmeram v. Regensburg; ↗ Himmelsleiter

Lendenschurz: Adam

Leopard: Rainer v. Pisa

Lerche: Coletta Boillet

Licht (brennendes): Augustin v. Hippo, Genovefa v. Paris, Mamertus v. Vienne

Lichtsäule: Vedastus v. Arras

Lichtstrahlen: Alfons Rodriguez, Paulus Apostel

Lilie (Symbol der Jungfräulichkeit u. Herzensreinheit): Albert v. Trapani, Aloisius v. Gonzaga, Angelus d. Karmelit, Antonius v. Padua, Balbina, Ceslaus, Clara v. Assisi, Diana d'Andalò, Dominikus, Emmerich v. Ungarn, Etheldreda v. Ely, Euphemia v. Chalkedon, Gabriel, Jordan v. Sachsen, Kajetan v. Thiene, Kasimir v. Polen, Nikolaus v. Tolentino, Paulus v. Kreuz, Philippus Benitius, Roselina, Simon v. Jerusalem, Simplicius v. Rom, Vitalis v. Salzburg, Wilbirg v. St. Florian

Lilienstab: Franz v. Assisi

Lineal: Beda Venerabilis

Löffel: Augustinus v. Hippo, Elisabeth v. Thüringen

Lourdesgrotte: Maria Bernarda

Löwe(n): Agapitus v. Praeneste, Daniel, Euphemia v. Chalkedon, Gertrud v. Altenberg, Hieronymus, Ignatius v. Antiochia, Jeremias, Josaphat v. Indien, Makarios d. Ä., Markus Ev., Martina v. Rom, Natalia v. Nikomedien, Otto v. Bamberg, Paulus v. Theben, Primus u. Felician, Prisca, Rainer v. Pisa, Sabas v. Mar Saba, Tatiana v. Rom, Thekla v. Ikonium, Venantius v. Camerino, Vitus

Löwengrube: Daniel, Habakuk

M

Mantel: Franz v. Paula (als Schiff), Justinus Märt. (Philosophen-), Martin v. Tours (geteilt), Raimund v. Peñafort (darauf fliegend, als Segel), Ursula v. Köln u. Waldetrudis v. Mons (als Schutz ausgebreitet)

Maria: Amadeus v. Lausanne, Anselm v. Canterbury, Cyrillus v. Alexandria, Gabriel, Heinrich Seuse, Ida v. Löwen, Ildefons v. Toledo, Joachim, Johannes v. Krakau, Johannes d. T., Maria Bernarda, Petrus Canisius, Reginald v. St-Gilles, Reginbald v. Speyer, Rita v. Cascia, Silvester Guzzolini, Simon Stock, Stephan Harding

Maria mit Jesuskind: Anna, Bernhard v. Clairvaux, Drei Könige, Edmund v. Abington, Emmerich v. Ungarn, Gerhard v. Csanád, Hedwig v. Schlesien, Isaias, Joseph Bräutigam Mariä, Richard v. Chichester, Volkhold

Marienbild: Alfons di Liguori, Gregor VII. Papst, Hedwig v. Schlesien, Johannes v. Damaskus, Johannes v. Kreuz, Lukas Ev., Rupert v. Salzburg

Marienstatue: Ferdinand III. König, Hedwig v. Schlesien, Hyazinthus v. Polen

Markgraf (in Harnisch): Leopold v. Österreich

Maurerkelle: Wunibald v. Heidenheim

Mäuse: Gertrud v. Nivelles

Meeresungeheuer: Menas v. Ägypten

Meißel: Apollonia, Vier Gekrönte

Meßbuch: Bonifatius

Meßgewand: Adalbert v. Oberaltaich, Ewald, Hadelin v. Celles, Ignatius v. Loyola, Ildefons v. Toledo, Laurentius v. Brindisi, Lebuin, Lubentius, Medardus v. Noyon, Philipp Neri, Roderich u. Salomon

Messer: Alto v. Altomünster, Andreas v. Rinn, Bartholomäus, Berlinde v. Meerbeke, Christina v. Bolsena, Moses d.

Äthiopier, Rudolf v. Bern, Uguzo v. Cavargna, Werner v. Oberwesel; ↗ Hackmesser

Missionskreuz: Alfons di Liguori

Misthaufen: Job

Mitra: ↗ Infel

Mond: Juliana v. Lüttich

Monstranz: Clara v. Assisi, Eleutherius v. Tournai, Franz v. Carácciolo, Franziska v. Rom, Hyacinthus v. Polen, Johannes v. Krakau, Juliana v. Lüttich, Lanfranc v. Canterbury, Norbert v. Xanten, Paschalis Baylon

Mörser u. Stößel: Kosmas u. Damianus

Mühlrad: Notker d. Stammler

Mühlstein: Christina v. Bolsena, Crispinus u. Crispinianus, Florianus v. Lorch, Quirinus v. Siscia, Vinzenz v. Saragossa

Muschel: ↗ Pilgermuschel

Mütze: Abdon u. Sennen, Drei Könige, Spyridon v. Trimithus

N

Nadel (Marterwerkzeug): Ferreolus v. Vienne

Nagel: Dagobert II., Epimachus, Erasmus, Helena Kaiserin, Ludwig IX. v. Frankreich, Otto v. Bamberg, Pantaleon v. Nikomedien, Theodosia v. Cäsarea; ↗ Holznagel

Napf: Silverius Papst

Netz: Blandina

O

Obst: Antonius v. Florenz

Ochs: Edigna, Frideswida v. Oxford, Guido v. Anderlecht, Leonhard v. Limoges, Lucius v. Chur, Silvester I. Papst

Ofen: Daniel, Eulalia v. Mérida, Eustachius, Januarius v. Neapel

Ölbaum: Pantaleon v. Nikomedien

Olivenzweig: Silvester I. Papst

Ölfläschchen: Remigius v. Reims, Walpurga v. Heidenheim

Öllämpchen: Hiltrud v. Liessies, Lucia v. Syrakus

Ölzweig: Epiphanius v. Pavia, Nonnosus v. Soracte

Opferaltar: Abel, Abraham

Orante (Betender mit ausgebreiteten Armen): Menas v. Ägypten, Thekla v. Ikonium

Ordenstracht:
- Augustiner-Chorherren: gewöhnliche geistliche Tracht, in Österreich mit dem Sarrozium (schmales weißes Band)
- Augustiner-Eremiten: schwarzer Habit mit rückwärts unten spitz zulaufender Kapuze u. ledernem Gürtel, dazu ein Radmantel
- Benediktiner: schwarzer Habit, Skapulier u. Stoffzingulum
- Dominikaner: weißer Habit, Skapulier u. Kapuze u. schwarzer offener Mantel
- Franziskaner: dunkelbrauner Habit mit Kapuze u. weißem Strickgürtel mit Rosenkranz
- Jesuiten: gewöhnliche geistliche Tracht
- Kamaldulenser: weißer Habit u. Skapulier
- Kapuziner: Ordenstracht wie die Franziskaner, weil franziskanischer Zweigorden, jedoch hellerer Habit
- Karmeliten: brauner Habit, Skapulier u. Kapuze, schwarzer Ledergürtel, bei feierlichen Anlässen weißer Mantel u. weiße Kapuze
- Kartäuser: weißer Habit, Skapulier u. Kapuze, weißer Ledergürtel
- Mercedarier: weißer Talar u. Skapulier
- Minoriten, Konventualen, schwarze Franziskaner: Franziskanertracht, jedoch in schwarzer Farbe
- Passionisten: schwarzer Habit mit Ledergürtel u. Rosenkranz, auf dem Habit in Brusthöhe das in Herzform gefaßte „Jesu Chr. Passio"
- Prämonstratenser: weißer Habit, Skapulier u. Zingulum
- Redemptoristen: schwarzer Talar, Stoffgürtel mit Rosenkranz u. weißer Halskragen
- Schulbrüder de La Salle: schwarzer Talar mit Mantel, Halskragen, Kalotte u. weißem Beffchen
- Serviten: schwarzer Habit mit Mantel
- Silvestriner: blaue Benediktinertracht
- Trinitarier: weißer Habit mit rot-blauem Kreuz auf dem Skapulier u. auf dem schwarzen Ordensmantel
- Zisterzienser: weißer Habit, schwarzes Skapulier u. schwarzes Tuchzingulum

Orgel: Cäcilia

P

Pallium: Erzbischöfe
Palmbaum: Bruno d. Kartäuser, Corona, Paphnutius v. Ägypten
Palmblätter: Paulus v. Theben
Palme (Siegeszeichen): alle Blutzeugen u. Märtyrer
Palmzweige: Agilolf v. Köln, Albert v. Lüttich, Amalberga, Justa u. Rufina
Panzer: ↗ Harnisch
Panzerhemd: Jakob Griesinger
Papierrollen: Ivo Hélory
Papstkreuz (drei Querbalken) *u. Tiara* (dreifache Papstkrone): Alexander I., Caius, Clemens I., Cölestin, Cornelius, Damasus I., Gregor I. u. VII., Innozenz I. u. IX., Leo I. d. Gr., Leo IX., Marcellus I., Pius I., V. u. X., Silvester I., Sixtus II., Telesphorus, Urbanus I. u. V.
Pelz: Ansgar v. Hamburg, Hermes v. Rom, Kosmas u. Damianus, Thomas More
Perlenkranz: Margareta v. Antiochia
Pestbeulen: Rochus v. Montpellier
Pfahl: Anastasia, Claudius v. Rom
Pfau: Liborius v. Le Mans
Pfeil(e): Ägidius, Augustinus v. Hippo, Christina v. Bolsena, Demetrius v. Sirmium, Dorothea v. Montau, Edmund v. Ostanglien, Heinrich Seuse, Irene v. Thessalonike, Job, Knud v. Dänemark, Nikolaus v. Tolentino, Otto v. Bamberg, Sebastian v. Rom, Theresia v. Ávila, Ursula v. Köln, Willibald v. Eichstätt
Pferd(e): Aemilianus Cucullatus, Elias, Eligius v. Noyon, Ferdinand III. König, Georg v. Kappadokien, Gerold v. Mayo, Hildegundis v. Schönau, Irene v. Konstantinopel, Irmund v. Jülich, Isidora v. Madrid, Jacobus d. Ä., Johanna v. Orléans, Leonhard v. Limoges, Martin v. Tours, Menas v. Ägypten, Paulus Apostel, Ulrich v. Augsburg, Vitalis u. Agricola, Wilhelm v. Hirsau
Pferdefuß: Eligius v. Noyon
Pflug: Isidor v. Madrid, Lucius v. Chur, Prokop v. Sázawa
Pflugschar: Kunigunde Kaiserin
Pfriemen: Erasmus
Pilger(in) (mit Pilgerhut, Stab u. Kürbisflasche): Gamelbert v. Michaelsbuch, Gerold v. Köln, Guido v. Anderlecht, Irmgard v. Köln, Jacobus d. Ä., Jodok, Katharina v. Schweden, Koloman v. Stockerau, Marianus v. Regensburg, Morandus v. Elsaß, Paula v. Rom, Richard v. England, Rochus v. Montpellier, Sebald v. Nürnberg, Servatius v. Tongern, Severin v. Noricum, Silverius Papst, Wendelin, Wilhelm v. Vercelli
Pilgerhut: Birgitta v. Schweden, Fiacrius, Franz Xaver, Koloman v. Stockerau, Michelina Metelli, Morandus v. Elsaß
Pilgermuschel: Jacob Griesinger, Jacobus d. Ä., Sebald v. Nürnberg
Pilgerstab: Alexius v. Edessa, Amor, Anianus, Benedikt Labre, Birgitta v. Schweden, Bona, Eucharius v. Trier, Jacobus d. Ä., Ignatius v. Loyola, Irmgard v. Köln, Lucius v. Chur, Marianus v. Regensburg, Michelina Metelli, Raphael, Romedius, Stanislaus Kostka
Prediger: Mansuetus v. Toul, Otto v. Bamberg, Severin v. Noricum, Vinzenz Ferrér, Winthir
Priester: alle Welt- u. Ordenspriester sind nur erkennbar an ihren besonderen Kennzeichen
Prunkgefäß (Pokal): Oswald v. Northumbrien

Q

Quelle: Bonifatius, Chlothilde, Clemens I. Papst, Gangolf, Jodok, Knud Lavard, Moses, Paulus Apostel, Trudo v. Haspengau, Venantius v. Camerino, Willibrord v. Utrecht

R

Rabe: Amatus v. Sitten, Benedikt v. Nursia, Bonifatius, Elias, Erasmus, Ida v. Toggenburg, Meinrad v. Reichenau, Oswald v. Northumbrien, Vinzenz v. Saragossa, Vitus
Rad: Donatus v. Arezzo, Katharina v. Alexandria, Willigis v. Mainz
Rasiermesser: Landrich v. Soignies
Rauchfaß: Gerhard v. Csanád
Rebhuhn: Aldebrand v. Fossombrone
Rebmesser: Morandus v. Elsaß
Regen (erflehend): Heribert v. Köln
Reh: Iwan v. Böhmen

Reichsapfel (u. Zepter): Erich IX. Jedvardson, Franz v. Assisi, Heinrich II., Lucius v. Chur, Olaf II. Haraldssón, Quirinus v. Tegernsee, Sigismund v. Burgund, Salomon, Vier Gekrönte, Vitus
Reißschiene: Vier Gekrönte
Reliquien: Ambrosius v. Mailand, Katharina v. Schweden
Ring (am Finger): Eduard Bekenner, Gertrud v. Helfta, Godeberta v. Noyon, Jeremias, Johannes v. Valois, Katharina v. Alexandria, Katharina v. Siena, Robert v. Molesme, Veronika Giuliani
Ritter: Arnold v. Hiltensweiler, Bernhard v. Baden, Emmerich v. Ungarn, Eustachius, Gangolf, Georg v. Kappadokien, Gerold v. Groß-Walsertal, Hadrianus v. Nikomedien, Johannes u. Paulus, Mauritius, Minias v. Florenz, Patroclus v. Troyes, Quirinus v. Neuß, Rasso v. Andechs, Reinhold v. Köln, Theobald v. Provins, Wilhelm v. Malavalle
Rochett u. Stola: Johannes Nepomuk, Johannes Vianney
Rose(n): Angelus d. Karmelit, Casilda, Demetrius v. Sirmium, Elisabeth v. Portugal, Elisabeth v. Thüringen, Heinrich Seuse, Hermann Joseph, Lidwina, Roderich u. Salomon, Rosa v. Lima, Rosa v. Viterbo, Rosalia v. Palermo, Theresia v. Lisieux, Wilbirg v. St. Florian, Wiltrud v. Hohenwart, Zdislawa
Rosenkranz: Alfons di Liguori, Aloisius v. Gonzaga, Angela Merici, Beatus aus d. Schweiz, Benedikt Labre, Clemens M. Hofbauer, Dominikus, Dorothea v. Montau, Elisabeth v. Reute, Franz v. Assisi, Gisela v. Ungarn, Hildegundis v. Meer, Hugo d. Malteser, Irmund v. Jülich, Johannes Berchmans, Johannes v. Gott, Johannes v. Krakau, Kajetan v. Thiene, Luitgard v. Wittichen, Manfred, Margareta v. Cortona, Monika, Nikolaus v. d. Flüe, Paulus v. Kreuz, Philipp Neri, Pius V., Reiner v. S. Sepolcro, Rita v. Cascia, Trudpert, Wilhelm v. Malavalle
Rost: ↗ Bratrost
Ruder: Adalbert v. Prag
Rüstung: Castulus v. Rom, Gordianus, Johanna v. Orléans, Ladislaus v. Ungarn, Mauritius, Menas v. Ägypten, Michael, Oswin v. England, Sebastian v. Rom, Victor v. Xanten
Rute: Jeremias, Koloman v. Stockerau, Olympias v. Konstantinopel

S

Sack: Johannes v. Gott; ↗ Bettelsack, ↗ Geldsäcke, ↗ Korb, Körbe
Säge: Fausta v. Kyzikos, Isaias, Simon Apostel
Salbengefäß: Anastasia, Maria Magdalena, Salome v. Galiläa; ↗ Vase
Salzkübel: Rupert v. Salzburg; ↗ Kübel
Sarg: Silvester Guzzolini, Spyridon v. Trimithus, Wolfhard v. Augsburg
Säule(n): Afra, Athanasius v. Alexandria, Bibiana v. Rom, Claudius v. Rom, Germana Cousin, Gisbert v. Lindisfarne, Rachel, Simon Stylites d. Ä. (Säulensteher)
Schaf: Andreas Corsini, Bernhard v. Tiron, Florentius v. Straßburg, Gamelbert v. Michaelsbuch, Genovefa v. Paris, Germana Cousin, Giselbert v. Zumarshausen, Lucia v. Berg, Saturnina v. Arras; ↗ Lamm
Schale (mit Schlange): Ludwig Beltrán
Schaufel: Autbert v. Cambrai, Paulinus v. Nola, Werner v. Oberwesel; ↗ Spaten
Scheiterhaufen: Afra, Agatha, Agnes v. Rom, Anastasia, Apollonia, Eulalia v. Mérida, Eventius v. Rom, Polycarp v. Smyrna, Regina v. Alise-Ste-Reine, Thekla v. Ikonium
Schere: Agatha, Anastasia, Gutmann v. Cremona
Scheuer: Brigitta v. Kildare
Schiff: Adelheid Kaiserin, Anselm v. Canterbury, Castor v. Karden, Christina v. Bolsena, Cordula, Drei Könige, Erasmus, Franz Xaver, Guido v. Pomposa, Hugo d. Malteser, Idesbald v. Dünen, Menas v. Ägypten, Nikolaus v. Myra, Petrus Gonzáles, Siegfrid v. Schweden, Ursula v. Köln, Werenfrid
Schiffswinde: Erasmus
Schild: Chrysogonus, Demetrius v. Sirmium, Emmerich v. Ungarn, Florianus v. Lorch, Gangolf, Georg v. Kappadokien, Hippolytus v. Rom, Patroclus v. Troyes, Quirinus v. Neuß, Theodoros v. Euchaïta, Wenzeslaus v. Böhmen
Schlange(n): Amandus d. Belgier, Benedikt

v. Nursia, Eduard Märt., Euphemia v. Chalkedon, Hilarius v. Poitiers, Hilda v. Streaneshalch, Jacobus de Marchia, Johannes Evangelist, Ludwig Beltrán, Magnus v. Allgäu, Moses, Notburga v. Hochhausen, Paternus v. Avranches, Patrick v. Irland, Philippus Apostel, Pirmin, Thekla v. Ikonium, Wilbirg v. St. Florian
Schlangenstab: Kosmas u. Damianus
Schloß (durch die Lippen): Raimund Nonnatus
Schlüssel: Attala, Benno v. Meißen, Egwin v. Worcester, Esso v. Beinwil, Ferdinand III., Fulrad v. St-Denis, Genovefa v. Paris, Germanus v. Paris, Hermann Joseph, Maurilius v. Angers, Petrus Apostel, Servatius von Tongern
Schlüsselbund: Martha v. Bethanien, Zita Lombardo
Schmerzensmutter (Dolorosa): Antonius Pucci
Schmiedewerkzeug: Bernward v. Hildesheim, Eligius v. Noyon; ↗ Amboß
Schnecke: Habakuk
Schreibfeder: Albert d. Gr., Alfons di Liguori, Beda Venerabilis, Birgitta v. Schweden, Cassianus v. Imola, Gregor v. Nazianz, Gregor v. Nyssa, Gregor I. d. Gr., Gregor v. Tours, Hildegard v. Bingen, Isidor v. Sevilla, Jeremias, Johannes Evangelist, Johannes v. Kreuz, Leander v. Sevilla, Markus Ev., Otto v. Freising, Paula Frassinetti, Paula v. Rom, Thomas v. Aquin
Schreibpult: Hieronymus
Schreibzeug: Hermann Joseph
Schriftrolle: Cölestin I. Papst
Schuhe: Hedwig v. Schlesien, Sergius v. Syrien; ↗ Holzschuh
Schuhmachergeräte: Crispinus u. Crispinianus, Theobald Roggeri
Schulgeräte: Cassianus v. Imola
Schutzengel: Franziska v. Rom, Valerian v. Rom
Schwalben: Gandolf v. Binasco
Schwamm: Praxedis, Maria Magdalena de'Pazzi (mit Speer)
Schwan: Gisbert v. Lindisfarne, Hugo v. Grenoble, Hugo v. Lincoln, Kuthbert v. Lindisfarne
Schwein: Antonius Abt, Irmund v. Jülich, Monon, Wendelin
Schweinskopf: Blasius v. Sebaste, Deicola
Schweißtuch: Veronika v. Jerusalem
Schwert: Marterwerkzeug d. Märtyrer, Herrschaftszeichen d. Könige
Schwertübergabe: Theodor v. Octodurum
Seelenwaage: Michael
Sense: Isidor v. Madrid; ↗ Ackergerät, ↗ Pflug, ↗ Sichel
Seraph: Franz v. Assisi
Sichel (schwebende): Notburga v. Eben
Sieb: Amalberga (Amalia), Crescentia Höß v. Kaufbeuren
Skapulier (Teil der Ordenstracht): Johannes v. Matha, Reginald v. St-Gilles, Romanus v. Rouen, Simon Stock
Skelett: Fridolin v. Säckingen
Skorpion: Demetrius v. Sirmium, Franz da Fabriano
Soldat (römischer): Achatius, Demetrius v. Sirmium, Ferreolus v. Vienne, Florianus v. Lorch, Gereon v. Köln, Hermes v. Rom, Hippolytus v. Rom, Martin v. Tours, Nabor u. Felix, Nazarius u. Celsus, Patroclus v. Troyes, Sergius u. Bacchus, Theodoros v. Euchaïta, Ursus u. Victor, Victor v. Xanten, Vitalis u. Agricola
Sonne: Kolumban v. Luxeuil (strahlend über sich), Oswald v. Northumbrien u. Vinzenz Ferrér (auf der Brust)
Sonnenstrahl: Florentius v. Straßburg, Goar, Gudula, Lucanus v. Säben, Otto v. Metten
Spaten: Fiacrius, Maurilius v. Angers, Phokas v. Sinope
Speisekelch: Paschalis Baylon; ↗ Kelch
Sperling: Dominikus
Spieß: Adalbert v. Prag; ↗ Wurfspieß
Spindel: Lüfthildis; ↗ Spinnrocken
Spinne: Felix v. Nola, Konrad v. Konstanz, Norbert v. Xanten
Spinnrocken: Gertrud v. Nivelles, Lucia v. Xanten; ↗ Spindel
Springquell: Pirmin
Stab: ↗ Pilger, ↗ Pilgerstab
Stachel (zum Augenausstechen): Leodegar v. Autun, Spyridon v. Trimithus
Stachelkeule: ↗ Keule
Stechmücken: Narcissus v. Gerona
Stein(e): Bavo, Calixtus I. Papst, Eskil v. Södermanland, Hieronymus, Judas Thaddäus, Liborius v. Le Mans, Matthias Ap., Medardus v. Noyon, Nikolaus v.

Johannes Berchmans, Kajetan v. Thiene, Leonhard v. Porto Maurizio, Makarios d. Ä., Maria Magdalena, Melania d. J., Olympias v. Konstantinopel, Paulus v. Kreuz, Petrus v. Alcántara, Petrus Canisius, Petrus Damiani, Philippus Benitius, Reingardis, Romuald v. Camaldoli, Rosalia v. Palermo
Treppe: Alexius v. Edessa
Tuch: Ludmilla v. Böhmen (um den Hals), Pudentiana (mit Märtyrerblut)
Turm: Barbara, Hildegard v. Bingen

V

Vase: Anastasia
Venus: Eucharius v. Trier
Vieh: Etto v. Belgien; ↗ die einzelnen Tiernamen
Vogel: Blasius v. Sebaste, Eugenius III. Papst, Franz v. Assisi, Gamelbert v. Michaelsbuch, Hilda v. Streaneshalch, Konrad v. Ascoli Piceno, Wigbert v. Fritzlar; ↗ Adler, Falke, Habicht, Hahn, Kranich, Schwalbe, Taube, Wildgänse
Vulkan (Vesuv): Januarius v. Neapel

W

Waage: Antonius v. Florenz; ↗ Seelenwaage
Wägelchen: Bavo, Erkonwald v. London
Wagen: Elias, Ezechiel
Waldeinsamkeit: Ida v. Herzfeld
Wappen: Albert v. Lüttich, Bernhard v. Baden, Chlothilde, Emmerich v. Ungarn, Wilhelm v. York
Wasser (darauf gehend): Adelgundis v. Maubeuge, Amalberga (Amalia), Crescentia Höß, Hyazinthus v. Polen, Johannes a S. Facundo, Konrad v. Konstanz, Raimund v. Peñafort; ↗ Fluß
Wasserkübel: Florianus v. Lorch
Weberschiffchen: Erasmus, Severus v. Ravenna
Weihrauchfaß: Zacharias
Weihwasserkessel: Martha v. Bethanien
Wein: Bernhard v. Aosta
Weinfäßchen: Otmar v. St. Gallen
Weinstock: Urbanus v. Langres
Weintraube: Felix v. Nola, Maternus v. Köln, Morandus v. Elsaß, Otmar v. St. Gallen, Theodor v. Octodurum, Urbanus v. Langres, Urbanus I. Papst, Vinzenz v. Saragossa, Walter v. Sachsen, Wigbert v. Fritzlar
Wickelkind: Brictius v. Tours
Wildgänse: Achahildis, Amalberga (Amalia), Farhild, Pharaïldis
Winde: Ernst v. Zwiefalten, Erasmus (Schiffswinde mit Ankertau), Thiemo v. Salzburg
Winkelmaß: Thomas Apostel
Wolf: Andreas Corsini, Arnulf v. Soissons, Austreberta, Bernhard v. Tiron, Edmund v. Ostanglien, Franz v. Assisi, Poppo v. Stablo, Radegundis v. Thüringen, Remaclus, Simpert v. Augsburg, Sola v. Franken, Vedastus v. Arras, Vitus, Wilhelm v. Vercelli, Wolfgang v. Regensburg
Wolke: Apollinaris v. Ravenna, Cyrillus, Michelina Metelli, Petronilla v. Rom
Wunde: ↗ Beinwunde, ↗ Halswunde, ↗ Kopfwunde
Wundmale Christi (Stigmata): Elisabeth v. Reute, Franz v. Assisi, Gertrud v. Oosten, Ida v. Löwen, Katharina v. Siena, Maria Magdalena de'Pazzi, Veronika Giuliani
Wurfspieß: Gangolf, Lambert v. Maastricht
Wurm: Habakuk
Wüste: Paphnutius v. Ägypten

Z

Zahlbrett: Matthäus Evangelist
Zahn (in der Zange): Apollonia
Zange (Marterinstrument): Agatha, Baldomer, Christina v. Bolsena, Dunstan v. Canterbury, Koloman v. Stockerau, Martina v. Rom, Pelagius v. Cordoba
Zepter: Fürsten, Könige, Kaiser
speziell: Eduard Bekenner, Gabriel, Heinrich II., Irmgard, Kasimir v. Polen, Lucius v. Chur, Ludwig IX., Olaf II. Haraldssón, Oswald v. Northumbrien, Quirinus v. Tegernsee, Sigismund v. Burgund, Stephan I. v. Ungarn
Ziborium: Clara v. Assisi
Zimmermannswerkzeuge: Joseph Bräutigam Mariä, Wolfgang v. Regensburg
Zirkel: Vier Gekrönte
Zither: Rainer v. Pisa
Zweig: Berlinde v. Meerbeke
Zunge (ausgerissene): Placidus v. Subiaco, Quirinus v. Neuß

Literaturverzeichnis

Sammelwerke, allgemeine Literatur

Alt Heinrich, Die Heiligenbilder oder die bildende Kunst und die theologische Wissenschaft in ihrem gegenseitigen Verhältnis historisch dargestellt. Berlin 1845

Altaner Berthold, Patrologie. Freiburg/B. [5]1966

Assmann Dieter, Heiliger Florian bitte für uns. Die Heiligen und Seligen in Österreich und Südtirol. Innsbruck 1977

Attribute der Heiligen, alphabetisch geordnet. Ein Schlüssel zur Erkennung der Heiligen nach deren Attributen. Hannover 1843

Attwater Donald, The Penguin Dictionary of Saints. Harmondsworth [3]1970

Auer Ludwig, Sie lebten für Gott. Heiligenlegenden. Donauwörth 1979

Aurenhammer Hans, Lexikon der christlichen Ikonographie. Wien 1959ff

Bach Adolf, Deutsche Namenkunde. 3 Bde. Heidelberg 1952 bis 1956

Bader Hermann, Alle Heiligen und Seligen der römisch-katholischen Kirche. München [2]1957

Bavaria Sancta, hrsg. v. Georg Schwaiger, Zeugen christlichen Glaubens in Bayern. 3 Bde. Regensburg 1970 bis 1973

Beinert W. (Hg.), Die Heiligen heute ehren. Eine theologisch-pastorale Handreichung. Freiburg/B. 1983

Bibliotheca Sanctorum. 13 Bde. Rom 1961–1970, Prima Appendice 1987

Boehm Fritz, Geburtstag und Namenstag im deutschen Volksbrauch. Berlin-Leipzig 1938

Braun Joseph, Tracht und Attribute der Heiligen in der deutschen Kunst. Stuttgart 1943

Briemle Theodosius, Unsere Heiligen. Kurze Lebensnotizen. Stuttgart 1953

Britschgi Ezechiel, Name verpflichtet. Das Buch von den christlichen Namen. Stein a. Rh., 7. Aufl. o. J.

Cappelli A., Cronologia, Cronografia e Calendario perpetuo dal principio dell' Era christiana ai giorni nostri. Milano 1952

Christliche Lebensbilder, Literaturverzeichnis, hrsg. v. Dreiländerausschuß der Vereinigungen des katholischen Buchhandels in Deutschland, Österreich und der Schweiz. Redaktion Hans-Walter Lüthi. Einsiedeln 1981

Deutscher Heiligenkalender, hrsg. v. Deutschen Generalvikariat in Nikolsburg, Warnsdorf 1939

Doyé Franz, Heilige und Selige der römisch-katholischen Kirche, deren Erkennungszeichen, Patronate und lebensgeschichtliche Bemerkungen. 2 Bde. Leipzig 1929

Dürig Walter, Geburtstag und Namenstag. Eine liturgiegeschichtliche Studie. München 1954

Egger Carolus, Lexicon nominum virorum et mulierum. Rom-Vatikan 1957

Eltz Monika, Von großen und kleinen Heiligen. München 1966

Farmer David H., The Oxford Dictionary of Saints. Oxford 1979

Fink H. (Hg.), Die Botschaft Gottes. Eine Kulturgeschichte der Heiligen. München 1983

Fleischhauer Oscar, Kalender-Compendium der christlichen Zeitrechnungsweise auf die Jahre 1 bis 2000 vor und nach Christi Geburt. Gotha 1884

Förstemann Ernst, Altdeutsches Namenbuch. 2 Bde. Nordhausen 1856 bis 1872

Fuhrmann Horst, Von Petrus zu Johannes Paul II. Das Papsttum: Gestalt und Gestalten. München 1980

Gelebte Antwort, hrsg. v. Köhler Joachim. Stuttgart 1981

Goldmann Otto/Stryczek Norbert, Gottes Freunde. Lebensbilder großer Heiliger. Innsbruck 1980

Grégoire R., Manuale di Agiologia, Fabriano 1987

Große Namenstagskalender, Der. s. Torsy Jakob

Gugitz Gustav, Das Jahr und seine Feste im Volksbrauch Österreichs. 2 Bde. Wien 1949

Gugitz Gustav, Fest- und Brauchtumskalender. Wien 1955

Günter Heinrich, Psychologie der Legende. Studien zu einer wissenschaftlichen Heiligengeschichte. Freiburg/B. 1949

Hagemeyer Oda, Sie gaben ihr Leben dahin. Frühchristliche Märtyrer. Main 1981
Harnoncourt Philipp, Die Neuordnung der Eigenkalender im deutschen Sprachgebiet. Nachkonziliare Dokumentation, Bd. 29. Trier 1975
Harnoncourt Philipp, Gesamtkirchliche und teilkirchliche Liturgie. Studien zum liturgischen Heiligenkalender. Freiburg/B. 1974
Heimerans Vornamenbuch, erw. und bearb. v. Rosenfeld Hellmut. Geschichte und Bedeutung. München [11]1968
Herders Kleines Lexikon der Heiligen (Herder-Bücherei Bd. 326). Freiburg/B. 1968
Hergemöller Bernd-Ulrich, Gebräuchliche Vornamen. Herkunft, Deutung, Namensfest. Münster [3]1972
Hertling Ludwig/Kirschbaum Engelbert, Die römischen Katakomben und ihre Märtyrer. Wien [2]1955
Hinkel Helmut, Die Heiligen im Regionalkalender des deutschsprachigen Raumes. Mainz 1986
Hochleitner Josef, Deine Schutzpatrone in Freud und Leid. Wien 1952
Hümmeler Hans, Helden und Heilige. Kempen/Niederrhein 1979

Index ac Status Causarum. Rom 1985
Institutio Historico Centroamericano (Hg.), Sie leben im Herzen des Volkes. Lateinamerikanisches Martyrologium. Düsseldorf 1984

Kerler Dietrich Heinrich, Die Patronate der Heiligen. Ulm 1905
Kleinpaul Rudolf, Die deutschen Personennamen, ihre Entstehung und Bedeutung. Berlin-Leipzig 1916
Koch Ludwig, Jesuiten-Lexikon. Paderborn 1934
Krug Viktor, Unsere Namenspatrone. Bamberg 1929
Künstle Karl, Ikonographie der christlichen Kunst. 2 Bde. Freiburg/B. 1926, 1928

Legenda aurea, hrsg. v. Jacobus de Voragine. Heidelberg [9]1979
Leidl August (Hg.), Bistumspatrone in Deutschland. München/Zürich 1984
Lexikon der christlichen Ikonographie, hrsg. v. Kirschbaum Engelbert/Braunfels Wolfgang. 8 Bde. Rom-Freiburg/B. 1968 bis 1976
Lexikon der Heiligen und Päpste. Gütersloh 1980
Lexikon für Theologie und Kirche. 10 Bde. Freiburg/B. [2]1957 bis 1965
Liefmann M., Kunst und Heilige. Ein ikonographisches Handbuch. Jena 1912
Linnartz Kaspar, Unsere Familiennamen. 2 Bde. Bonn 1958

Manns Peter (Hg.), Die Heiligen in ihrer Zeit. 2 Bde. Mainz [3]1967
Manns Peter (Hg.), Die Heiligen. Alle Biographien zum Regionalkalender für das deutsche Sprachgebiet. Mainz [4]1977
Melchers Erna u. Hans, Das große Buch der Heiligen. Geschichten und Legenden im Jahreslauf. München 1978
Minichthaler Josef, Heilige in Österreich. Innsbruck 1935
Müller-Felsenburg Alfred, Große Christen. 4 Bde. Zürich 1980 bis 1982
Müller Gerhard L., Gemeinschaft und Verehrung der Heiligen. Geschichtlich-systematische Grundlegung der Hagiologie. Freiburg/B. 1986
Müller Gerhard L. (Hg.), Heiligenverehrung. Freiburg/B. 1987

Nied Edmund, Heiligenverehrung und Namengebung. Freiburg/B. 1958
Nigg Walter, Buch der Büßer. Olten [2]1972
Nigg Walter, Der verborgene Glanz. Olten [3]1974
Nigg Walter, Große Heilige. Zürich [10]1981
Nigg Walter, Heimliche Weisheit. Mystiker des 16. bis 19. Jahrhunderts. Olten [3]1977
Nigg Walter, Vom Geheimnis der Mönche. Zürich 1966

Onasch Konrad, Altrussische Heiligenlegenden. Wien 1978

Pfleiderer Rudolf, Die Attribute der Heiligen. Ulm 1920
Pohlmann C. (Hg.), Sie verstanden den Weg. Heiligenbiographien. Mainz 1983
Popp Georg (Hg.), Die Großen des Glaubens. Regensburg 1985

Quadflieg Josef, Das Buch von den heiligen Namenspatronen. Düsseldorf [17]1979
Quadflieg Josef, Das große Buch von den heiligen Namenspatronen. Düsseldorf [10]1979

Réau L., Iconographie de l'art chrétien III. Iconographie des Saints. 3 Bde. Paris 1958 bis 1959
Reclams Lexikon der Heiligen und der biblischen Gestalten. Legende und Darstellung in der christlichen Kunst, hrsg. v. Hiltgart L. Keller. Stuttgart [2]1970
Reclams Namenbuch. Die wichtigsten deutschen und fremden Vornamen mit ihren Ableitungen und Bedeutungen, hrsg. v. Theo Herrle. Stuttgart [11]1970
Roeder Helen, Saints and their Attributes. With a Guide to Localities and Patronage. London 1955
Römisches Martyrologium, Das Heldengedenkbuch der katholischen Kirche, neu übersetzt von Mönchen der Erzabtei Beuron. Regensburg [3]1962
Ruhbach G./Sudbrack J. (Hg.), Große Mystiker. Leben und Wirken. München 1984

Schamoni Wilhelm, Das wahre Gesicht der Heiligen. Stein a. Rh. 1976
Schauber Vera/Hannes M. Schindler, Die Heiligen und Namenspatrone im Jahreslauf. München 1985
Scheele Paul W., Wegbereiter–Wegbegleiter, Exemplarische Lebensbilder von Albert dem Großen bis zu Gertrud von Le Fort. Würzburg 1984
Schnitzler Theodor, Die Heiligen im Jahr des Herrn. Freiburg/B. [3]1979
Schwaiger Georg, s. Bavaria Sancta

Senger Basilius, 2000 Vornamen. Ihre Deutung und ihre Patrone mit dem neuen Heiligenkalender. St. Augustin [5]1979
Stadler-Heim, Vollständiges Heiligen-Lexikon. 5 Bde. Augsburg 1858 bis 1882
Stadlhuber Josef, Zeugen der Kirche Österreichs. Innsbruck 1964
Stonner Anton, Heilige der deutschen Frühzeit. 2 Bde. Freiburg/B. 1934 bis 1935

Taschenbuch der Vornamen. Humboldt-Taschenbuchverlag. München 1973
Thrasolt Ernst, Das Martyrologium Germaniens. Dülmen 1939
Torsy Jakob (Hg.), Der Große Namenstagskalender. Zürich-Freiburg/B. [8]1980
Torsy Jakob, Lexikon der deutschen Heiligen, Seligen, Ehrwürdigen und Gottseligen. Köln 1959

Veraja Fabijan, La Beatificazione. Storia, problemi, prospettive. Herausgegeben von der Sacra Congregatio pro Causis Sanctorum. Rom 1983.
Vornamen in ihrer richtigen Schreibung und Bedeutung, hrsg. v. Fachverband der österreichischen Standesbeamten. Wien 1953

Walterscheid Johannes, Deutsche Heilige. Eine Geschichte des Reiches im Leben deutscher Heiliger. München 1934
Wasserzieher Ernst, Hans und Grete, 2000 Vornamen erklärt. Bonn [18]1972
Weidinger Erich (Hg.), Legenda Aurea. Aschaffenburg 1986
Welker Klaus, Heilige in Geschichte – Legende – Kult. Karlsruhe 1979
Wimmer Otto, Kennzeichen und Attribute der Heiligen. Innsbruck [5]1979
Withycombe E. G., The Oxford Dictionary of English Christian Names. Oxford 1950

Zenotty Franz, Die Schutzheiligen der österreichischen Monarchie. Wien 1887
Zimmermann Alfons, Kalendarium Benedictinum. Die Heiligen und Seligen des Benediktinerordens und seiner Zweige. 4 Bde. Metten 1933 bis 1938

Abkürzungen

1. Allgemeine Abkürzungen

ahd.	althochdeutsch
akkad.	akkadisch
allg.	allgemein
altind.	altindisch
altndl.	altniederländisch
altsächs.	altsächsisch
angelsächs.	angelsächsisch
anord.	altnordisch
arab.	arabisch
aram.	aramäisch
AT	Altes Testament
bes.	besonders
Bisch.	Bischof
Dep.	Departement (Frankreich)
ders.	derselbe
d. Gr.	der Große
d. h.	das heißt
d. i.	das ist
ebd.	ebenda
eig.	eigentlich
Erzb.	Erzbischof
F	Fest
f, ff	folgend(e)
F.	Form
franz.	französisch
germ.	germanisch
G	liturgisch gebotener Gedächtnistag
g	liturgisch nicht gebotener Gedächtnistag
GK	Römischer Generalkalender
griech.	griechisch
Hdb.	Handbuch
hebr.	hebräisch
Hl. (Hll.)	Heiliger (Heilige)
H	Hochfest
indogerm.	indogermanisch
ital.	italienisch
Jb.	Jahrbuch
Jh.	Jahrhundert
Jt.	Jahrtausend
Kt.	Kanton (Schweiz)
Kard.	Kardinal
kath.	katholisch
kelt.	keltisch
K. appr.	Kult approbiert
Kf.	Kurzform, Koseform
lat.	lateinisch
Lit.	Literatur
Locc.	Loccumer Richtlinien
LXX	Septuaginta
Märt.	Märtyrer
MEZ	Mitteleuropäische Zeit
mhd.	mittelhochdeutsch
mnd.	mittelniederdeutsch
n. Chr.	nach Christi Geburt
Nf.	Nebenform
niederdt.	niederdeutsch
niederl.	niederländisch
nord.	nordisch
norw.	norwegisch
NT	Neues Testament
par	Parallelstellen (Bibel)
Patr.	Patriarch
phil.	philosophisch
poln.	polnisch
port.	portugiesisch
rel.	religiös
RK	Regionalkalender f. d. dt. Sprachgebiet
röm.	römisch
russ.	russisch
schwed.	schwedisch
Sel. (Sll.)	Seliger (Selige)
s. S.	siehe Seite
skand.	skandinavisch
slaw.	slawisch
sog.	sogenannt
span.	spanisch
syr.	syrisch
S.	Santo (-a) (ital.)
St.	Sankt
St-	Saint-(e-) (franz.)
theol.	theologisch
u.	und
u. a.	und andere
U. L. F.	Unsere Liebe Frau (Maria)
ungar.	ungarisch
u. ö.	und öfters
Verkl.f.	Verkleinerungsform
v. Chr.	vor Christi Geburt
Vulg.	Vulgata
Weiterb.	Weiterbildung
Zschr.	Zeitschrift
z. T.	zum Teil
zus.	zusammen
zw.	zwischen

↗ siehe
* geboren

† gestorben
ā Längenzeichen (häufig auch Betonung)
á Akzent (Betonung)
ʿ Apostroph (in hebräischen Namen): Umschreibung für die hebräischen Laute Aleph und Zajin

2. Sammelwerke, Zeitschriften, Handbücher u. a.

AAB	Abhandlungen der Deutschen (bis 1944: Preußischen) Akademie der Wissenschaften zu Berlin. Phil.-hist. Klasse, Berlin 1815 ff
AAMz	Abhandlungen (der geistes- und sozialwissenschaftlichen Klasse) der Akademie der Wissenschaften und der Literatur, Mainz 1950 ff
AAS	Acta Apostolicae Sedis, Rom 1909 ff
AAug	Analecta Augustiniana, Rom 1905 ff
ActaSS	Acta Sanctorum, ed. Bollandus etc., (Antwerpen, Brüssel, Tongerloo) Paris 1643 ff, Venedig 1734 ff, Paris 1863 ff
ADomin	Année Dominicaine, 24 Bde, neue Ausg. Lyon 1883–1909
AE	Analecta ecclesiastica, presbyterorum s. Ludovici de Urbe curis edita, Rom 1893–1911
AElsKG	Archiv für elsässische Kirchengeschichte, hrsg. v. der Gesellschaft für elsässische Kirchengeschichte, red. v. J. Brauner, Rixheim im Oberelsaß 1926 ff; ab 1946 red. v. A. M. Burg, Straßburg
AFP	Archivum Fratrum Praedicatorum, Rom 1931 ff
AFranc	Analecta Franciscana sive Chronica aliaque varia Documenta ad historiam Fratrum Minorum spectantia, edita a Patribus Collegii s. Bonaventurae, Quaracchi 1885 ff
AFrH	Archivum Franciscanum Historicum, Florenz-Quaracchi 1908 ff
AH	Analecta hymnica, hrsg. v. G. Dreves u. C. Blume, 55 Bde, Leipzig 1886–1922
AHSI	Archivum historicum Societatis Iesu, Rom 1932 ff
AHVNrh	Annalen des Historischen Vereins für den Niederrhein, insbesondere das alte Erzbistum Köln, Köln 1855 ff
AKG	Archiv für Kulturgeschichte (Leipzig), Münster u. Köln 1903 ff
Allard	P. Allard, Histoire des persécutions du I/IVe Siècle, 5 Bde, Paris 1885–90, ^{4}1911 ff
ALMA	Archivum Latinitatis medii aevi, Brüssel 1924 ff
Alt	A. Alt, Kleine Schriften zur Geschichte des Volkes Israel, 2 Bde, München 1953
Altaner	B. Altaner, Patrologie. Leben, Schriften und Lehre der Kirchenväter, Freiburg i. Br. ^{4}1955
AMrhKG	Archiv für mittelrheinische Kirchengeschichte, Speyer 1949 ff
AnBoll	Analecta Bollandiana, Brüssel 1882 ff
AnOCist	Analecta Sacri Ordinis Cisterciensis, Rom 1945 ff
Antonianum	Antonianum, Rom 1926 ff
AOFM	Acta Ordinis Fratrum Minorum vel ad Ordinem quoquomodo pertinentia, I–V Rom 1882–86, VI ff Quaracchi 1887 ff
AOP	Analecta Sacri Ordinis Praedicatorum, Rom 1892 ff
PhilHistOS	Annuaire de l'Institut de Philologie et d'Histoire Orientales et Slaves, Brüssel 1932 ff
APraem	Analecta Praemonstratensia, Tongerloo 1925 ff
ArSKG	Archiv für schlesische Kirchengeschichte, hrsg. v. K. Engelbert I–VI Breslau 1936–41, VII ff Hildesheim 1949 ff
ARW	Archiv für Religionswissenschaft (Freiburg i. Br., Tübingen), Leipzig 1898 ff
ASS	Acta Sanctae Sedis, Rom 1865–1908
AST	Analecta Sacra Tarraconensia, Barcelona 1925ff
ATD	Das Alte Testament deutsch, hrsg. v. V. Herntrich u. A. Weiser, 25 Bde, Göttingen 1951 ff
AThR	The Anglican Theological Review, Evanston 1918 ff
Attwater	D. Attwater, The Christian Churches of the East, Milwaukee 1947–48
AuC	F. J. Dölger, Antike und Christentum, I–IV Münster 1929–41

AUF	Archiv für Urkundenforschung, Berlin 1908 ff
AureolaSeraf	L'aureola serafica. Vite dei Santi e Beati dei tre Ordini di S. Francesco, per il M. R. P. Leone. – Prima traduzione italiana, fatta sulla 2. ediz. francese, dal P. Marino Marcucci, Quaracchi 1897 ff; seconda edizione, corretta, migliorata, aggiornata da P. Gian-Crisostomo Guzzo, Venedig 1951–54
Bächtold-Stäubli	H. Bächtold-Stäubli, Handwörterbuch des deutschen Aberglaubens, 10 Bde, Berlin-Leipzig 1927 ff
Backmund	N. Backmund, Monasticon Praemonstratense, I–III Straubing 1949 ff
Balau	S. Balau, Études critiques des sources de l'histoire du pays de Liège au Moyen-âge, Brüssel 1902–03
Bardenhewer	O. Bardenhewer, Geschichte der altkirchlichen Literatur, 5 Bde, Freiburg i. Br. 1902 ff; I ^{2}1913, II ^{2}1914, III ^{2}1923, IV $^{1-2}$1924, V 1932
Baudot-Chaussin	Baudot et Chaussin, Vies des Saints et des Bienheureux selon l'ordre du calendrier avec l'historique des fêtes (par les RR. PP. Bénédictins de Paris), 12 Bde, Paris 1935 bis 1956
Bauer	W. Bauer, Griechisch-Deutsches Wörterbuch zu den Schriften des Neuen Testaments und der übrigen urchristlichen Literatur, Berlin ^{4}1952, ^{5}1957 ff
Bauerreiß	R. Bauerreiß, Kirchengeschichte Bayerns, I–V St. Ottilien 1949–55
Baumstark	A. Baumstark, Geschichte der syrischen Literatur mit Ausschluß der christlich-palästinensischen Texte, Bonn 1922
BÉCh	Bibliothéque de l'École des Chartres, Paris 1839 ff
Bedjan	Acta martyrum et sanctorum (syriace), ed. P. Bedjan, 7 Bde, Paris 1890–97
Beringer	F. Beringer, Die Ablässe, ihr Wesen und ihr Gebrauch, 2 Bde, Paderborn ^{15}1921f, bearb. v. P. A. Steinen (mit Anhang)
Berlière	U. Berlière, Monasticon belge, I Maredsous 1890–97, II, 1. Lieferung ebd. 1928, 2. Lieferung ebd. 1929, 3. Lieferung Brüssel 1956
Bertram	A. Bertram, Geschichte des Bistums Hildesheim, 3 Bde, Hildesheim 1899–1925
BGDSL	Beiträge zur Geschichte der deutschen Sprache und Literatur, Halle 1874 ff
BHG	Bibliotheca hagiographica graeca, ed. socii Bollandiani, Brüssel ^{2}1909
BHL	Bibliotheca hagiographica latina antiquae et mediae aetatis, ed. socii Bollandiani, 2 Bde, Brüssel 1898–1901; Suppl. editio altera, ebd. 1911
BHO	Bibliotheca hagiographica Orientalis, ed. v. P. Peeters, Brüssel 1910
Bibl	Biblica, Rom 1920 ff
BiblCarm	Bibliotheca Carmelitana, ed. Cosm. de Villiers a S. Stephano, 2 Bde, Orléans 1752; neue Aufl. mit Suppl., hrsg. v. G. Wessels, Rom 1927
Bihlmeyer-Tüchle	K. Bihlmeyer u. H. Tüchle, Kirchengeschichte, I: Das christliche Altertum, Paderborn ^{14}1955, II: Das Mittelalter, ebd. ^{14}1955, III: Die Neuzeit und die neueste Zeit, ebd. $^{13-14}$1956
Billerbeck	(H. L. Strack u.) P. Billerbeck, Kommentar zum Neuen Testament aus Talmud und Midrasch, I–IV München 1922–28 (Neudr. 1956), V Rabbinischer Index, hrsg. v. J. Jeremias u. K. Adolph, ebd. 1956
BKV	Bibliothek der Kirchenväter, hrsg. v. O. Bardenhewer, Th. Schermann (ab Bd. 35: J. Zellinger) u. C. Weyman, 83 Bde, Kempten 1911 ff
BLE	Bulletin de littérature ecclésiastique, Toulouse 1899 ff
Blinzler	J. Blinzler, Der Prozeß Jesu, Regensburg ^{2}1955
BM	Benediktinische Monatsschrift (1877–1918: St. Benediktsstimmen), Beuron 1919 ff
BnatBelg	Biographie nationale. Publiée par l'Académie de Belgique, 21 Bde, Brüssel 1866–1914
BollAC	Bollettino di archeologia cristiana, hrsg. v. G. B. de Rossi, Rom 1863–94
BollStA	Bollettino Storico Agostiniano, Florenz 1924–52
Bousset Rel	W. Bousset, Die Religion des Judentums, 3. Aufl., hrsg. v. H. Greßmann, Tübingen 1926
Braun	J. Braun, Tracht und Attribute der Heiligen in der deutschen Kunst, Stuttgart 1943
ByZ	Byzantinische Zeitschrift, Leipzig 1892 ff
Byz(B)	Byzantion, Brüssel 1924 ff
ByzNGrJb	Byzantinisch-Neugriechische Jahrbücher, Athen-Berlin 1920 ff
CahArch	Cahiers Archéologiques. Fin de l'Antiquité et Moyen-âge, Paris 1945 ff

Camm	Lives of the English Martyrs declared blessed by Leo XIII in 1886 and 1895, ed. by B. Camm OSB, 2 Bde, London 1904 f
Car	Caritas, Freiburg i. Br. 1896 ff
Carmelus	Carmelus, hrsg. v. Institutum Carmelitanum, Rom 1954 ff
Caspar	E. Caspar, Geschichte des Papsttums von den Anfängen bis zur Höhe der Weltherrschaft, I–II Tübingen 1930–33
CathEnc	The Catholic Encyclopedia, hrsg. v. Ch. Herbermann u. a., 15 Bde, New York 1907 bis 1912; dazu Index-Bd. 1914 u. Suppl.-Bd. 1922
Catholicisme	Catholicisme. Hier – Aujourd'hui – Demain, dir. par G. Jacquemet, Paris 1948 ff
CBQ	The Catholic Biblical Quarterly, Washington 1939 ff
Chalkedon	Das Konzil von Chalkedon. Geschichte und Gegenwart, hrsg. v. A. Grillmeier u. H. Bacht, I–III Würzburg 1951–54
Chevalier BB	U. Chevalier, Répertoire des sources historiques du Moyen-âge: Bio-Bibliographie, Paris 1877–86, Suppl.-Bd. 1888; ^{2}1903–07, 2 Bde
Christ	W. v. Christ, Geschichte der griechischen Literatur, 6. Aufl. unter Mitwirkung v. O. Stählin, hrsg. v. W. Schmid, München I, 1–5 1912–48, II, 1 1920, II, 2 1924 (vgl. HAW)
Cist	Cistercienser-Chronik, hrsg. v. den PP. Cisterciensern in Mehrerau, Mehrerau 1889 ff
CivCatt	La Civiltà Cattolica, Rom 1850 ff (1871–87 Florenz)
ClP	Clavis Patrum latinorum, ed. E. Dekkers, Steenbrugge 1951
CollFr	Collectanea Franciscana, Rom 1931 ff
Cottineau	L. H. Cottineau, Répertoire topo-bibliographique des abbayes et prieurés, I: A–L, Mâcon 1935, II: M–Z, ebd. 1939
CSCO	Corpus scriptorum christianorum orientalium, Paris 1903 ff
CSEL	Corpus scriptorum ecclesiasticorum latinorum, Wien 1866 ff
DA	Deutsches Archiv für Erforschung des Mittelalters (1937–43; für Geschichte das Mittelalters, Weimar) Köln - Graz 1950 ff (vgl. NA)
DACL	Dictionnaire d'archéologie chrétienne et de liturgie, hrsg. v. F. Cabrol u. H. Leclercq, Paris 1924 ff
DB	Dictionnaire de la Bible, hrsg. v. F. Vigouroux, 5 Bde, Paris 1895–1912 (vgl. DBS)
DE	Dizionario ecclesiastico, hrsg. v. A. Mercati u. A. Pelzer, Turin 1953 ff
Delehaye OC	H. Delehaye, Les origines du culte des martyrs, Brüssel ^{2}1933
Delehaye PM	H. Delehaye, Les passions des martyrs et les genres littéraires, Brüssel 1921
Delehaye S	H. Delehaye, Sanctus. Essai sur le culte des saints dans l'antiquité, Brüssel ^{2}1954
Dersch	W. Dersch, Hessisches Klosterbuch, Marburg ^{2}1940
DHGE	Dictionnaire d'histoire et de géographie ecclésiastiques, hrsg. v. A. Baudrillart u. a., Paris 1912 ff
DNB	The Dictionary of National Biography from the Earliest Times to 1900, ed.L. Stephen and S. Lee, 63 Bde, dazu 3 Suppl.-Bde u. 1 Bd. Index und Epitome, London 1885–1903; Neuaufl. in 22 Bdn 1908–09 Fortsetzungen: The D. of N. B. 1901–1911, 3 Bde, 1912; Neuaufl. 1920 in 1 Bd. – The D. of N. B. 1912–1921
Dölger Reg	Corpus der griechischen Urkunden des Mittelalters und der neueren Zeit. Reihe A: Regesten. Abt. 1: Regesten der Kaiserurkunden des oströmischen Reiches, bearb. v. F. Dölger. 1 Teil: von 565–1025, München 1924; 2. Teil: von 1025–1204, ebd. 1925; 3. Teil: von 1204–82, ebd. 1932
DOP	Dumbarton Oaks Papers, ed. Harvard University, Cambridge, Mass., 1941 ff
Doyé	F. v. S. Doyé, Heilige und Selige der Römisch-Katholischen Kirche, 2 Bde, Leipzig 1929
DSAM	Dictionnaire de Spiritualité ascétique et mystique. Doctrine et Histoire, hrsg. v. M. Viller, Paris 1932 ff
DThC	Dictionnaire de théologie catholique, hrsg. v. A. Vacant u. E. Mangenot, fortges. v. É. Amann, Paris 1930 ff
Duchesne FE	L. Duchesne, Fastes Episcopaux de l'ancienne Gaule, 3 Bde, Paris 1893, ^{2}1907–15

Duchesne LP	Liber pontificalis, ed. L. Duchesne, 2 Bde, Paris 1886–92
EB	Echter-Bibel, hrsg. v. F. Nötscher u. K. Staab, Würzburg 1947 ff
Ebner	A. Ebner, Quellen und Forschungen zur Geschichte und Kunstgeschichte des Missale Romanum im Mittelalter. Iter Italicum, Freiburg i. Br. 1896
ECarm	Ephemerides Carmeliticae, Florenz 1947 ff
ECatt	Enciclopedia Cattolica, Rom 1949 ff
EE	Estudios eclesiásticos, Madrid 1922–36, 1942 ff
EEAm	Enciclopedia Universal Ilustrada Europeo-Americana, 70 Bde, Barcelona 1908–30
EHR	English Historical Review, London 1886 ff
Ehrhard	A. Ehrhard, Überlieferung und Bestand der hagiographischen und homiletischen Literatur der griechischen Kirche von den Anfängen bis zum Ende des 16. Jh. (TU 50–52), I–III Leipzig 1937–52
ELit	Ephemerides Liturgicae, Rom 1887 ff
EnEc	Enciclopedia ecclesiastica. Dir. A. Bernareggi, Mailand 1943 ff
ÉO	Échos d'Orient, Paris 1897 ff
Eranos	Eranos-Jahrbuch, Zürich 1933 ff
Essen	L. van der Essen, Étude critique et littéraire sur les Vitae des saints mérovingiens de l'ancienne Belgique, Löwen 1906
Felten	J. Felten, Neutestamentliche Zeitgeschichte, 2 Bde, Regensburg $^{2-3}$1925
FF	Forschungen und Fortschritte, Berlin 1925 ff
Fliche-Martin	Histoire de l'Église depuis les origines jusqu'à nos jours, publiée sous la direction de A. Fliche et V. Martin, Paris 1935 ff
Flórez	H. Flórez, España Sagrada. Teatro geográfico-histórico de la Iglesia de la España, 51 Bde, Madrid 1754–1879
FlorPatr	Florilegium Patristicum, hrsg. v. J. Zellinger u. B. Geyer, Bonn 1904 ff
Franz B	A. Franz, Die kirchlichen Benediktionen im Mittelalter, 2 Bde, Freiburg i. Br. 1909
FreibDiözArch	Freiburger Diözesan-Archiv, Freiburg i. Br. 1865 ff
FRLANT	Forschungen zur Religion und Literatur des Alten und Neuen Testaments, Göttingen 1903 ff
FStud	Franziskanische Studien, (Münster) Werl 1914 ff
GallChrist	Gallia christiana (nova), I–XIII, hrsg. v. den Maurinern, Paris 1715–85; anastat. Neudruck v. Palmé u. Welter ebd.; XIV–XVI, hrsg. v. B. Hauréau, ebd. 1856–65
García-Villada	Z. García-Villada, Historia eclesiástica de España, 2 Bde, Madrid 1929
GdV	Geschichtsschreiber der deutschen Vorzeit, 1. Gesamtausg. hrsg. v. G. H. Pertz, J. Grimm, K. Lachmann, L. v. Ranke, K. Ritter, fortges. v. W. Wattenbach, 98 Bde, (Berlin) Leipzig-Berlin 1847–92; 2. Gesamtausg. hrsg. v. G. H. Pertz, J. Grimm, L. v. Ranke, K. Ritter, K. Lachmann, W. Wattenbach, O. Holder-Egger, fortges. v. M. Tangl, 98 Bde, ebd. 1884–1914; Namens- u. Sachverz. 1–90, ebd. 1911; weitere Erg.-Bde, fortges. v. K. Brandi, ebd. 1924 ff; Bd 100 Münster-Köln 1955
Gebhardt-Grundmann	B. Gebhardt, Handbuch der deutschen Geschichte, 8. Aufl., hrsg. v. H. Grundmann, Stuttgart I 1954, II 1955
Ghellinck E	J. de Ghellinck, L'essor de la littérature latine au XIIe siécle, Tl 1–2 Brüssel - Paris 1946
GKW	Gesamtkatalog der Wiegendrucke, I–VIII, 1 Leipzig 1925–40
Golubovich	G. Golubovich, Biblioteca Bio-Bibliografica della Terra Santa, I–V Quaracchi 1906–27; dazu Documenti, ebd. 1921 ff
Goovaerts	L. A. Goovaerts, Dictionnaire bio-bibliographique des écrivains, artistes et savants de l'Ordre de Prémontré, 4 Bde, Brüssel 1900–1909
Gr	Gregorianum, Rom 1920
Grabmann SM	M. Grabmann, Geschichte der scholastischen Methode, 2 Bde, Freiburg i. Br. 1909–11
Graf	G. Graf, Geschichte der christlichen arabischen Literatur, I–V (SteT 118 133 146 147 172) Rom 1944–53
Gregory	C. R. Gregory, Textkritik des Neuen Testamentes, 3 Bde, Leipzig 1900–09
Grumel Reg	V. Grumel, Les Regestes des actes du patriarcat de Constantinople, Kadiköi -

	Bukarest I, 1 1932, I, 2 1936, I, 3 1947
GuL	Geist und Leben. Zeitschrift für Aszese und Mystik (bis 1947: ZAM), Würzburg 1947 ff
Haag BL	Bibel-Lexikon, hrsg. v. H. Haag, Einsiedeln 1951 ff
Haller	J. Haller, Das Papsttum, 5 Bde, verb. u. erg. Aufl. Stuttgart 1950–53
Hallinger	K. Hallinger, Gorze–Cluny. Studien zu den monastischen Lebensformen und ihren Gegensätzen im Hochmittelalter, I–II Rom 1950–51 (Sa 22–25)
Harnack Lit	A. v. Harnack, Geschichte der altchristlichen Literatur, 3 Bde, Leipzig 1893
Hartig O	M. Hartig, Die oberbayerischen Stifte, München 1935
HAT	Handbuch zum Alten Testament, hrsg. v. O. Eißfeldt, Tübingen 1934 ff
Hauck	A. Hauck, Kirchengeschichte Deutschlands, Leipzig I–IV $^{3-4}$1906–14, V $^{2-4}$1929; Berlin - Leipzig I–V ^{8}1954
HBLexSch	Historisch-Biographisches Lexikon der Schweiz, 7 Bde, Neuenburg 1921–34
HDG	Handbuch der Dogmengeschichte, hrsg. v. M. Schmaus, J. Geiselmann, A. Grillmeier, Freiburg i. Br. 1951 ff
Hefele-Leclercq	Histoire des conciles d'après les documents originaux, par Ch. J. Hefele. Traduite par H. Leclercq. T. I–IX Paris 1907 ff
Heimbucher	M. Heimbucher, Die Orden und Kongregationen der katholischen Kirche, 3 Bde, Paderborn ^{2}1907–08; ^{3}1932–34 ebd. in 2 Bdn
Heinisch GAT	P. Heinisch, Geschichte des Alten Testaments, Bonn 1950
Hélyot	P. Hélyot, Histoire des ordres monastiques, religieux et militaires . . ., 8 Bde, Paris 1714–19; Neuaufl. u. d. T.: Dictionnaire des ordres religieux, v. J. P. Migne, 4 Bde, Paris 1847–59
Hemmerle	J. Hemmerle, Die Benediktinerklöster in Bayern, München 1951
HJ	Historisches Jahrbuch der Görres-Gesellschaft (Köln 1880 ff), München 1950 ff
HNT	Handbuch zum Neuen Testament, begr. v. H. Lietzmann (jetzt hrsg. v. G. Bornkamm), 23 Abteilungen, Tübingen 1906 ff
Hochland	Hochland, München 1903 ff
Holweck	F. G. Holweck, A Bibliographical Dictionary of the Saints, St. Louis 1924
HSAT	Die Heilige Schrift des Alten Testaments übersetzt und erklärt, hrsg. v. F. Feldmann u. H. Herkenne, Bonn 1923 ff
HThR	The Harvard Theological Review, Cambridge, Mass., 1908 ff
Hurter	H. Hurter, Nomenclator literarius theologiae catholicae, 6 Bde, Innsbruck ^{3}1903–13; I ^{4}1926, hrsg. v. F. Pangerl
HZ	Historische Zeitschrift, München 1859 ff
Jaffé	Ph. Jaffé, Regesta pontificum Romanorum ad a. p. Ch. n. MCXCVIII, Leipzig 1851; ^{2}1881–88 in 2 Bdn, besorgt v. S. Löwenfeld, F. Kaltenbrunner u. P. Ewald; photomechan. Nachdruck Graz 1956
Janauschek	D. Janauschek, Origines Cistercienses, I Wien 1877
	Löwenfeld, F. Kaltenbrunner u. P. Ewald; photomechan. Nachdruck Graz 1956
Janin G	R. Janin, La géographie ecclésiastique de l'empire byzantin, I, 3: Les églises et les monastéres, Paris 1953
JdI	Jahrbuch des Deutschen Archäologischen Instituts, Berlin 1886 ff (Beiblatt: AA)
Jedin	H. Jedin, Geschichte des Konzils von Trient, Freiburg i. Br. I ^{2}1951, II 1957
JEH	The Journal of Ecclesiastical History, London 1950 ff
JQR	The Jewish Quarterly Review, Philadelphia 1888 ff
JThS	The Journal of theological Studies, London 1899 ff
Jungmann	J. A. Jungmann, Missarum sollemnia. Eine genetische Erklärung der römischen Messe, I–II Wien ^{3}1952
Kalt	E. Kalt, Biblisches Reallexikon, 2 Bde, Paderborn ^{2}1938–39
KAT	Kommentar zum Alten Testament, hrsg. v. E. Sellin, Leipzig 1913 ff
KathMiss	Die katholischen Missionen, Freiburg i. Br. 1873 ff
Katholik	Der Katholik, Mainz 1821 ff (Generalregister für 1821–89)
Kaufmann	C. M. Kaufmann, Handbuch der altchristlichen Epigraphik, Freiburg i. Br. 1917

Kirsch F	J. P. Kirsch, Der stadtrömische christliche Festkalender im Altertum, Münster 1924
Kirsch T	J. P. Kirsch, Die römischen Titelkirchen im Altertum, Paderborn 1918
Kittel GVI	R. Kittel, Geschichte des Volkes Israel, Gotha – Stuttgart I $^{5-6}$1923, II ^{6}1925, III/I, 2 Stuttgart ^{2}1927–29
Kosch	W. Kosch, Deutsches Literaturlexikon, 4 Bde, Bern 1949 ff
Krausen	E. Krausen, Die Klöster des Zisterzienserordens in Bayern, München 1953
Krumbacher	K. Krumbacher, Geschichte der Byzantinischen Literatur, München 1890; 2. Aufl. unter Mitwirkung v. A. Ehrhard u. H. Gelzer, ebd. 1897
Künstle	K. Künstle, Ikonographie der christlichen Kunst, I: Prinzipienlehre – Hilfsmotive – Offenbarungstatsachen, Freiburg i. Br. 1928, II: Ikonographie der Heiligen, ebd. 1926
Kurtscheid F	B. Kurtscheid-F. A. Wilches, Historia Iuris Canonici, Tom. I: Historia fontium et scientiae Iuris Canonici, Rom 1943
Kurtscheid I	B. Kurtscheid, Historia Iuris Canonici – Historia Institutorum, Vol. I: Ab Ecclesiae fundatione usque ad Gratianum, Rom ^{2}1951 (Neudruck)
Lanzoni	F. Lanzoni, Le Diocesi d'Italia dalle origini al principio de secolo VII, 2 Bde, Faenza ^{2}1927 (SteT 35, 1–2)
Lenssen	S. Lenssen, Hagiologium Cisterciense, Tilburg I 1948, II 1949, III Suppl.-Bd. 1951 (hekt.)
Leroquais P	V. Leroquais, Les Pontificaux des bibliothèques publiques de France, 4 Bde, Paris 1937
Leroquais S	V. Leroquais, Les Sacramentaires et les Missels manuscrits des bibliothèques publiques de France, 4 Bde, Paris 1924
LexCap	Lexicon Capuccinum. Promptuarium Historico-Bibliographicum (1525–1950), Rom 1951
LThK	Lexikon für Theologie und Kirche, begründet v. Dr. Michael Buchberger, 2., völlig neu bearb. Aufl., hrsg. v. J. Höfer u. K. Rahner, 10 Bde, Freiburg/B. 1957–65
Lietzmann	H. Lietzmann, Geschichte der alten Kirche, Berlin I ^{2}1937 (= ^{3}1953), II–IV 1936–44 (= ^{2}1953)
Lindner M	P. Lindner, Monasticon Episcopatus Augustani antiqui, Bregenz 1913
Lindner S	P. Lindner, Monasticon Metropolis Salzburgensis antiquae, Bregenz 1907–08; Suppl. ebd. 1913
Mabillon AS	J. Mabillon, Acta sanctorum ordinis S. Benedicti, 9 Bde, Paris 1688–1701; Venedig ^{2}1733–40 in 6 Bdn
Madoz	J. Madoz, Segundo Decenio de Estudios sobre Patrística Española, Madrid 1951
MAH	Mélanges d'archéologie et d'histoire, Paris 1880 ff
MAMA	Monumenta Asiae Minoris Antiqua. Publications of the American Society for Archeological Research in Asia Minor, 7 Bde, Manchester 1928–56
Manitius	M. Manitius, Geschichte der lateinischen Literatur des Mittelalters, München I 1911, II 1923, III 1931
Mansi	J. D. Mansi, Sacrorum conciliorum nova et amplissima collectio, 31 Bde, Florenz-Venedig 1757–98; Neudruck u. Forts. hrsg. v. L. Petit u. J. B. Martin in 60 Bdn, Paris 1899–1927
Mar	Marianum, Rom 1939 ff
Martène T	E. Martène u. U. Durand, Thesaurus novus anecdotorum, 5 Bde, Paris 1717
MartFr	Martyrologium Franciscanum, a P. Arturo a monasterio Rothomagensi OFM concinnatum ac digestum . . . Paris 1653, . . . a P. P. Ignatio Beschin et Juliano Palazzolo diligenter recognitum et castigatum, . . . denuo evulgatum, Rom–Vicenza 1939
MartHieron	Martyrologium Hieronymianum, ed. H. Quentin-H. Delehaye (ActaSS Nov. II, 2), Brüssel 1931
MCom	Miscelánea Comillas, Comillas/Santander 1943 ff
Merker-Stammler	P. Merker-W. Stammler, Reallexikon der deutschen Literaturgeschichte, 3 Bde, Berlin I ^{2}1955
MF	Miscellanea francescana, Rom 1886 ff
MG	Monumenta Germaniae Historica inde ab a. C. 500 usque ad a. 1500; Indices v.

	O. Holder-Egger u. K. Zeumer, Hannover-Berlin 1826 ff
MGG	Die Musik in Geschichte und Gegenwart, hrsg. v. F. Blume, 10 Bde, Basel-Kassel 1949 ff
MGWJ	Monatsschrift für Geschichte und Wissenschaft des Judentums, Breslau 1851 ff
MHSI	Monumenta Historica Societatis Iesu, Madrid 1894 ff, Rom 1932 ff (bisher 70 Bde)
MIÖG	Mitteilungen des Instituts für österreichische Geschichtsforschung (Innsbruck), Graz-Köln 1880 ff
MOP	Monumenta ordinis Fratrum Praedicatorum historica, ed. B. M. Reichert, 14 Bde, Rom 1896–1904; Forts. Paris 1931 ff
Moreau B	E. de Moreau, Histoire de l'église en Belgique dès origines aux dèbuts du 12e siècle, Brüssel 1940
Moricca	U. Moricca, Storia della Letteratura latina cristiana, 3 vol. in 5 tom., Turin 1924–34
Mortier	A. Mortier, Histoire de maîtres généraux de l'ordre de frères prêcheurs, Paris 1903 ff
MS	Mediaeval Studies, hrsg. v. Pontifical Institute of Mediaeval Studies, Toronto 1939 ff
MThZ	Münchener Theologische Zeitschrift, München 1950 ff
Muratori	L. A. Muratori, Rerum italicarum scriptores ab anno aerae christianae 500 ad 1500, 28 Bde, Mailand 1723–51; Forts. v. Tartini 1748–70 u. N. G. Mittarelli 1771; Neuausg. v. G. Carducci u. V. Fiorini, Città di Castello 1900 ff
NA	Neues Archiv der Gesellschaft für ältere deutsche Geschichtskunde zur Beförderung einer Gesamtausgabe der Quellenschriften deutscher Geschichte des Mittelalters, Hannover 1876 ff (ab 1937: DA)
NBAC	Nuovo bolletino di archeologia cristiana, Rom 1895 ff
NBollAC	Nuovo Bolletino di archeologia cristiana, Rom 1895–1923 (Forts. des BollAC)
NDB	Neue Deutsche Biographie, Berlin 1953 ff
Noth GI	M. Noth, Geschichte Israels, Göttingen ^{2}1954
NRTh	Nouvelle Revue Théologique, Tournai-Löwen-Paris 1879 ff
NTS	New Testament Studies, Cambridge-Washington 1954 ff
NZM	Neue Zeitschrift für Missionswissenschaft, Beckenried 1945 ff
OGE	Ons Geestelijk Erf, Antwerpen-Thielt 1927 ff
OrChrA	Orientalia Christiana (Analecta), Rom (1923–34; Orientalia Christiana; 1935 ff: Orientalia Christiana (Analecta)
OrChrP	Orientalia Christiana periodica, Rom 1935 ff
OrSyr	L'Orient Syrien, Paris 1956 ff
Ostrogorsky	G. Ostrogorsky, Geschichte des byzantinischen Staates (= Byzantinisches Handbuch, Tl I, Bd II), München ^{2}1952
Pannenhalmi	A. Pannenhalmi, Szent Benedek-Rend Törtenete, I–XIV Budapest 1902–12
Pastor	L. v. Pastor, Geschichte der Päpste seit dem Ausgang des Mittelalters, 16 Bde, Freiburg i. Br. 1885 ff u. ö.
Pauly-Wissowa	Paulys Realencyklopädie der klassischen Altertumswissenschaft, neue Bearb. v. G. Wissowa u. W. Kroll (mit K. Mittelhaus), Stuttgart 1893 ff
PG	Patrologia Graeca, hrsg. v. J. P. Migne, 161 Bde, Paris 1857–66
Philologus	Philologus. Zeitschrift für das klassische Altertum (Leipzig), Wiesbaden 1846 ff
Pitra A	J. B. Pitra, Analecta sacra Spicilegio Solesmensi parata, 8 Bde, Paris 1876–91
PL	Patrologia Latina, hrsg. v. J. P. Migne, 217 Bde u. 4 Reg.-Bde, Paris 1878–90
Plummer	C. Plummer, Vitae Sanctorum Hibernicae, recognovit, prolegomenis, notis, indicibus instruxit, 2 Bde, Oxford 1910
Pölzl	F. X. Pölzl, Die Mitarbeiter des Weltapostels Paulus, Regensburg 1911
POr	Patrologia orientalis, hrsg. v. R. Graffin u. F. Nau, Paris 1903 ff
Potthast B	A. Potthast, Bibliotheca historica medii aevi. Wegweiser durch die Geschichtswerke des europäischen Mittelalters bis 1500, Berlin 1862, Suppl. 1888; ^{2}1896 in 2 Bdn; photomech. Nachdruck Graz 1954
Preger	J. W. Preger, Geschichte der deutschen Mystik im Mittelalter, 3 Bde, Leipzig 1874–93
QLP	Questions liturgiques et paroissiales, Löwen 1921 ff
Quasten I	J. Quasten, Initiation aux Pères de l'Église, I Paris 1955

Quasten P	J. Quasten, Patrology, Utrecht-Brüssel I 1950, II 1953
Quentin	H. Quentin, Les martyrologes historiques du Moyen-âge, Paris 1908
Quien	M. Le Quien, Oriens christianus, 3 Bde, Paris 1740
RAC	Reallexikon für Antike und Christentum, hrsg. v. Th. Klauser, Stuttgart 1941 (1950) ff
RAM	Revue d'ascétique et de mystique, Toulouse 1920 ff
RAp	Revue Apologétique, Paris 1905–40
RB	Revue biblique, Paris 1892 ff; neue Serie seit 1904
RBén	Revue bénédictine, Maredsous 1884 ff
RDK	Reallexikon zur deutschen Kunstgeschichte, begonnen v. O. Schmitt, hrsg. v. E. Gall u. L. H. Heydenreich, Stuttgart 1937 ff
RE	Realencyklopädie für protestantische Theologie und Kirche, begr. v. J. J. Herzog, hrsg. v. A. Hauck, 24 Bde, Leipzig ^{3}1896–1913
Réau	L. Réau, Iconographie de l'art chrétienne, I: Introduction générale, Paris 1955, II, 1: Iconographie de la Bible, Ancien Testament, ebd. 1956
RÉB	Revue de Études byzantines, Paris 1946 ff
RF	Razón y Fe, Madrid 1901 ff
RGG	Die Religion in Geschichte und Gegenwart, Tübingen 1909–13; ^{2}1927–32; ^{3}1956 ff
RH	Revue historique, Paris 1876 ff
RHE	Revue d'histoire ecclésiastique, Löwen 1900 ff
RhMus	Rheinisches Museum für Philologie, Bonn 1833 ff
RivAC	Rivista di archeologia cristiana, Rom 1924 ff
RMA	Revue du Moyen-âge latin, Straßburg 1945 ff
ROC	Revue de l'Orient chrétien, Paris 1896 ff
Rossi	G. B. de Rossi, Roma sotterranea, 3 Bde, Rom 1864–77; Nachtrag v. Jozzi, ebd. 1898
RPAA	Rendiconti della Pontificia Accademia Romana di Archeologia, Rom 1923 ff
RQ	Römische Quartalschrift für christliche Altertumskunde und für Kirchengeschichte, Freiburg i. Br. 1887 ff
RSIt	Rivista storica Italiana, Neapel 1884 ff
RSR	Recherches de science religieuse, Paris 1910 ff
RSTI	Rivista di storia della chiesa in Italia, Rom 1947 ff
RThAM	Recherches de Théologie ancienne et médiévale, Louvain 1929 ff
Ruinart	Th. Ruinart, Acta martyrum etc., Paris 1689, Regensburg ^{5}1859
SA	Studia Anselmiana, Rom 1933 ff
Sackur	E. Sackur, Die Cluniazenser bis zur Mitte des 11. Jahrhunderts, 2 Bde, Halle 1892–94
SAM	Sitzungsberichte der Bayerischen Akademie der Wissenschaften. Phil.-hist. Abt., München 1871 ff
Savio L	F. Savio, Gli antichi vescovi d'Italia dalle origini al 1300 descritti per regioni. La Lombardia, I: Milano, Florenz 1913, II, 1: Bergamo – Brescia – Como, Bergamo 1929, II, 2: Cremona – Lodi – Mantova – Pavia, ebd. 1932
Savio P	F. Savio, Gli antichi vescovi d'Italia . . . Il Piemonte, Turin 1898
Schanz	M. v. Schanz, Geschichte der römischen Literatur, 4 Bde, München 1890–1902; I ^{4}1927, II ^{3}1914, III ^{3}1922, IV, 1 ^{2}1914 u. IV, 2 1920
Schedl	C. Schedl, Geschichte des Alten Testaments, I Innsbruck 1956 ff
Schiwietz	St. Schiwietz, Das morgenländische Mönchtum, 3 Bde, Mainz I 1904, II 1913, III 1938
Schmitz	Ph. Schmitz, Histoire de l'ordre de saint Benoît, Maredsous I^{2}, II^{2}, III–VII 1948–56
Schmitz GB	Ph. Schmitz, Geschichte des Benediktinerordens, 3 Bde, Einsiedeln 1947 ff
Scholastik	Scholastik, Freiburg i. Br. 1926 ff
Schubert KG	H. v. Schubert, Geschichte der christlichen Kirche im Frühmittelalter, Tübingen 1921
Seppelt	F. X. Seppelt, Geschichte der Päpste von den Anfängen bis zur Mitte des 20. Jahrhunderts, I, II, IV, V Leipzig 1931–41; I München ^{2}1954, II ebd. ^{2}1955, III ebd. 1956, IV ebd. ^{2}1957
SF	Sinica Franciscana (red. A. van den Wyngaert), 5 Bde, Quaracchi 1929–54

SM	Studien und Mitteilungen aus dem Benediktiner- und Zisterzienserorden bzw. zur Geschichte des Benediktinerordens und seiner Zweige, München 1880 ff (seit 1911 neue Folge)
Sommervogel	C. Sommervogel, Bibliothèque de la Compagnie de Jésus, Bd. I–IX, Brüssel - Paris ²1890–1900; Bd. X (Nachträge v. E. M. Rivière), Toulouse 1911 ff; Bd. XI (Histoire par P. Bliard), Paris 1932
Speculum	Speculum. A Journal of medieval studies, Cambridge, Mass., 1926 ff
SS rer. Pruss.	Scriptores rerum Prussicarum. Die Geschichtsquellen der preußischen Vorzeit, ed. Th. Hirsch, M. Töppen, E. Strehlke, 5 Bde, Leipzig 1861–74
Stadler	J. Ev. Stadler u. F. J. Heim (Hrsg.), Vollständiges Heiligen-Lexikon oder Lebensgeschichten aller Heiligen, Seligen etc. aller Orte und aller Jahrhunderte . . ., 5 Bde, Augsburg 1858 ff, Neudruck Hildesheim-New York 1976
Stammler-Langosch	Deutsche Literatur des Mittelalters. Verfasserlexikon, 5 Bde, Bd. I–II hrsg. v. W. Stammler, Bd. III–V hrsg. v. K. Langosch, Berlin-Leipzig 1933–55
StdZ	Stimmen der Zeit (vor 1914: Stimmen aus Maria Laach), Freiburg i. Br. 1871 ff
Stegmüller RB	F. Stegmüller, Repertorium biblicum medii aevi, I–V Madrid 1940–54
Stegmüller RS	F. Stegmüller, Repertorium commentariorum in sententias Petri Lombardi, I–II Würzburg 1947
Steichele	A. Steichele, Das Bistum Augsburg, historisch u. statistisch beschrieben; fortges. (Bd. V ff) v. A. Schröder, 8 Bde, Augsburg 1864–1932; fortges. v. F. Zoepfl IX ebd. 1939, X Lfg. 1/2 ebd. 1940
SteT	Studi e Testi, Rom 1900 ff
Stickler	A. M. Stickler, Historia iuris canonici latini, I: Historia fontium, Turin 1950
Streit	Bibliotheca Missionum, begonnen v. R. Streit, fortgef. v. J. Dindinger (Münster, Aachen), Freiburg i. Br. 1916 ff (bis 1955: 21 Bde)
StTH	Studia Theologica, cura ordinum theologicorum Scandinavicorum edita, Lund 1948 ff
Stückelberg	E. Stückelberg, Die Schweizerischen Heiligen des Mittelalters, Zürich 1903
StudGreg	Studi Gregoriani, hrsg. v. G. B. Borino, I ff, Rom 1947 ff
ThGl	Theologie und Glaube, Paderborn 1909 ff
ThLZ	Theologische Literaturzeitung, Leipzig 1878 ff
ThPQ	Theologisch-praktische Quartalschrift, Linz a. d. D. 1848 ff
ThQ	Theologische Quartalschrift, Tübingen 1819 ff; Stuttgart 1946 ff
Thurston-Attwater	Butler's Lives of the Saints, edited revised and supplemented by H. Thurston and D. Attwater, 4 Bde, London 1956
ThW	Theologisches Wörterbuch zum Neuen Testament, hrsg. v. G. Kittel, fortges. v. G. Friedrich, Stuttgart 1933 ff
ThZ	Theologische Zeitschrift, Basel 1945 ff
Tillemont	L. S. Le Nain de Tillemont, Mémoires pour servir à l'histoire ecclésiastique des six premiers siècles, 16 Bde, Paris 1693–1712 u. ö.
Tomek	E. Tomek, Kirchengeschichte Österreichs, 3 Bde, Innsbruck 1935 ff
Tr	Traditio, New York 1943 ff
TThZ	Trierer Theologische Zeitschrift (bis 1944: Pastor Bonus), Trier 1888 ff
TU	Texte und Untersuchungen zur Geschichte der altchristlichen Literatur. Archiv für die griechisch-christlichen Schriftsteller der ersten drei Jahrhunderte, Leipzig-Berlin 1882 ff (in 5 Reihen bisher 62 Bde)
Tüchle	H. Tüchle, Kirchengeschichte Schwabens, I–II, Stuttgart 1950–54
Ughelli	F. Ughelli, Italia sacra s. de episcopis Italiae etc., 9 Bde, Rom 1643–62; 2. Aufl. v. N. Coleti, Venedig 1717–22 in 10 Bdn
Valentini-Zucchetti	R. Valentini-G. Zucchetti, Codice topografico della città di Roma, I–II, Rom 1940 bis 1942
VD	Verbum Domini, Rom 1921 ff
Veit-Lenhart	L. A. Veit-L. Lenhart, Kirche und Volksfrömmigkeit im Zeitalter des Barock, Freiburg i. Br. 1956
Vela	G. Santiago Vela, Biblioteca Ibero-Americana de la Orden de San Augustin, 8 Bde, Madrid 1913 ff
VigChr	Vigiliae christianae, Amsterdam 1947 ff
Viller-Rahner	M. Viller u. K. Rahner, Aszese und Mystik in der Väterzeit, Freiburg i. Br. 1939
VS	La Vie Spirituelle (Ligugé, Juvisy), Paris 1869 ff

Wadding A	L. Wadding, Annales Ordinis Minorum, 8 Bde, Lyon 1625–54; fortges. v. J. M. Fonseca u. a., 25 Bde, Rom ^{2}1731–1886; fortges. v. A. Chiappini, bisher 30 Bde, Quaracchi ^{3}1931 ff
Walz	A. Walz, Compendium historiae Ordinis Praedicatorum, Rom ^{2}1948
Wattenbach-Holtzmann	W. Wattenbach, Deutschlands Geschichtsquellen im Mittelalter. Deutsche Kaiserzeit, hrsg. v. R. Holtzmann, Bd. I, 1–4, Tübingen ^{3}1948 (photomech. Neudruck der 2. Aufl. von 1938–43)
Wattenbach-Levison	W. Wattenbach, Deutschlands Geschichtsquellen im Mittelalter. Vorzeit und Karolinger, Heft 1–3 hrsg. v. W. Levison u. H. Löwe, Weimar 1952–57; Beiheft: Die Rechtsquellen, v. R. Buchner, ebd. 1953
Wetzer-Welte	Wetzer u. Welte's Kirchenlexikon, 12 Bde u. 1 Register-Bd., Freiburg i. Br. ^{2}1882 bis 1903
Wilpert	G. Wilpert, I Sarcofagi cristiani antichi, 3 Bde, Rom 1929–36
Winter P	F. Winter, Die Prämonstratenser des 12. Jahrhunderts usw., Berlin 1865
Zahn	Th. Zahn, Forschungen zur Geschichte des neutestamentlichen Kanons und der altkirchlichen Literatur, 9 Bde, Erlangen-Leipzig 1881–1916
ZAM	Zeitschrift für Aszese und Mystik (seit 1947: GuL) (Innsbruck, München), Würzburg 1926 ff
ZAW	Zeitschrift für die alttestamentliche Wissenschaft (Gießen), Berlin 1881 ff
ZBKG	Zeitschrift für bayerische Kirchengeschichte, Gunzenhausen 1926 ff
ZBLG	Zeitschrift für bayerische Landesgeschichte, München 1928 ff
ZDPV	Zeitschrift des Deutschen Palästina-Vereins, Leipzig 1878 ff
ZGObrh	Zeitschrift für die Geschichte des Oberrheins, Karlsruhe 1851 ff
Zimmermann	A. Zimmermann, Kalendarium Benedictinum, 4 Bde, Metten 1933 ff
ZKG	Zeitschrift für Kirchengeschichte (Gotha), Stuttgart 1876 ff
ZKTh	Zeitschrift für Katholische Theologie, (Innsbruck) Wien 1877 ff
ZMR	Zeitschrift für Missionswissenschaft und Religionswissenschaft, 34 ff, Münster 1955 ff (Zeitschrift für Missionswissenschaft, 1–17 ebd. 1911–27; Zeitschrift für Missionswissenschaft und Religionswissenschaft, 18–25 ebd. 1928–35; Zeitschrift für Missionswissenschaft, 26–27 ebd. 1935–37; Zeitschrift für Missionswissenschaft und Religionswissenschaft, 28–33 ebd. 1938–41, 1947–49)
ZNW	Zeitschrift für die neutestamentliche Wissenschaft und die Kunde der älteren Kirche, Gießen 1900 ff, Berlin 1934 ff
ZRGG	Zeitschrift für Religions- und Geistesgeschichte, Marburg 1948 ff
ZSavRGkan	Zeitschrift der Savigny-Stiftung für Rechtsgeschichte, Kanonistische Abteilung, Weimar 1911 ff
ZSKG	Zeitschrift für Schweizer Kirchengeschichte, Fribourg 1907 ff
ZThK	Zeitschrift für Theologie und Kirche, Tübingen 1891 ff

3. Ordensbezeichnungen

CanA(ug)	Reg. Augustiner-Chorherren
Can. Reg. (CR)	Reg. Kanoniker, Reg. Chorherren
CASH	Jesuaten
CM	Lazaristen, Vinzentiner, Pauliner
CMF	Claretiner
COp	Calasantiner
CP	Passionisten
CRSA	Augustiner (Chorherren)
CRSP	Barnabiten
CSA	Reg. Augustiner-Chorherren (-frauen)
CSSp	Patres v. Hl. Geist
CSSR	Redemptoristen
FdC	Vinzentinerinnen
FMS	Maristen-Schulbrüder
FSC	Schulbrüder (de La Salle)
MEP	Pariser Missionsseminar
MIC	Marianer

OBas	Basilianer
OCarm	Beschuhte Karmeliten (Liebfrauen-Br.), Besch. Karmelitinnen
OCart(h)	Kartäuser(-innen)
OCist	Zisterzienser(-innen)
OCD	Unbeschuhte Karmeliten(-innen)
OdeM	Mercedarier, Nolasker
OESA	(Beschuhte) Augustiner-Eremiten
OESH	Hieronymiten
OFM	(Minderbrüder) Franziskaner
OFMCap	(Minderbrüder) Kapuziner
OFMConv	(Minderbrüder) Konventualen, Schwarze Franziskaner, Minoriten
OFMObs	(Franziskaner-) Observanten
OMin	Minderbrüder (Minoriten, Konventualen; Franziskaner)
OMinim	Mindeste Brüder, Minimen, Paulaner
OP	Dominikaner(-innen)
OPraem	Prämonstratenser, Norbertiner
OSB	Benediktiner(-innen)
OSBCam	Kamaldulenser(-innen)
OSCI	Klarissen (Klarissinnen)
OSCICap	(Klarissen-) Kapuzinerinnen
OSJdD	Barmherzige Brüder v. hl. Joh. v. Gott
OSM	Diener Mariens, Serviten, Servitinnen
OSsR	Redemptoristinnen
OST	Trinitarier(-innen), Weißspanier
OSTDisc	Unbeschuhte Trinitarier
OSU	Ursulinen
OT	Deutscher Orden, Deutschherren, Deutschritter
OTheat	Theatiner
OVM	Orden v. d. Heimsuchung, Salesianerinnen v. hl. F. v. Sales
SC	Barmherzige Schwestern
SDB	Salesianer
SDS	Salvatorianer
SJ	Gesellschaft Jesu, Jesuiten
SM	Ges. Mariens (Lyon), Maristen
SP	Piaristen
SVD	Ges. des Göttl. Wortes, Steyler Missionare

Dorothea Forstner
Die Welt der christlichen Symbole
5., verbesserte und ergänzte Auflage. 468 Seiten, 32 Kunstdruckbilder, 17 Textzeichnungen, Format 15,5 × 23,5 cm, Leinen

... Die Symbolkunst der frühen Christen, deren Aussagekraft lange Zeit verschüttet war, wirkt nachhaltig auf das Gestaltungsvermögen der im christlichen Geist schaffenden Künstler der Gegenwart. Über die Reichhaltigkeit der Symbole und die Vielzahl der Ausdrucksmittel, deren sich die menschliche Kunst zur Darstellung dieser als Abbild auf ein Urbild hinweisenden Zeichen bediente, gibt vorliegende Arbeit einen wirksamen Überblick. Aus jahrelangen Vorstudien erwuchs dieses in der Verlagsanzeige mit füglichem Recht als „Fundgrube" bezeichnete Werk. Die Verfasserin, Benediktinerchorfrau zu St. Gabriel in Bertholdstein, Schülerin und langjährige Mitarbeiterin von Pius Parsch, entfaltet, ausgehend von den Faktoren, die in ihrer Weise die christliche Symbolik mitbauen – Antike, Bibel, Patrologie, Liturgie und Kunsttradition – die großen Kategorien der Sinnbilder: Zeichen und Schrift, Zahlen und Figuren, kosmische Erscheinungen, Farben, Steine und Metalle, Pflanzen, Tiere, biblische Gestalten und Personifikationen, mythologische Gestalten und Mischgestalten, Körperteile und Körpersubstanzen, Bauwerke, Geräte, Gewandung, Speisen und Waffen. Das Sachregister verzeichnet nahezu 900 Symbole. *Theologische Revue, Münster*

... Was hier vorliegt, ist ein Lebenswerk, reich an wissenschaftlichem Material, aber prinzipiell auf den Laien als Leser ausgerichtet. Exakte Beschreibung und Deutung der Symbole vom schlichten Kreuzzeichen bis in die geheimnisvolle Welt der Zahlen und der kosmischen Erscheinungen bildet einen Teil, Auseinandersetzung mit mythologischen und Mischgestalten einen anderen; kein einziges Symbol, dem der Christ im Gottesdienst, an Bauwerken, in der religiösen Literatur oder im Alltag begegnen könnte, ist ausgelassen. *Die Presse, Wien*

... Dieser wertvolle und wissenschaftlich zuverlässige Beitrag zur Geschichte der christlichen Ikonographie und Liturgie ist umso aktueller, da die Gegenwart die Welt der Symbole wieder entdeckt hat. Die gelehrte Benediktinerin ist eine gute Deuterin der Bildsprache des christlichen Kosmos. Ihr Buch dürfte in keinem Künstleratelier, Pfarrhaus oder Schulhaus fehlen. *Heilige Kunst, Buchau*

... Die Verfasserin liebt die Symbole, man spürt, daß sie ihr etwas sagen, und darum vermag sie ihre Bedeutung so vortrefflich zu erhellen. Es ist ein in jeder Beziehung gelungenes Werk, über das man sich nur freuen kann und das man auch immer wieder zur Hand nimmt, wenn man über dieses oder jenes Symbol Belehrung sucht. *Walter Nigg, Neue Zürcher Zeitung*

Tyrolia-Verlag · Innsbruck – Wien

Josef Gelmi
Kirchengeschichte Tirols
372 Seiten, 137 Abbildungen, Vorsatzkarten, Format 18 × 23,5 cm, gebunden (Tyrolia – Athesia)
Viele Eigenheiten der allgemeinen Geschichte Tirols sind ohne Kenntnis der kirchlichen Entwicklung kaum verständlich, ja kirchliche Ereignisse haben markante Zeitabschnitte entscheidend beeinflußt. Stärker als anderswo ist die Geschichte des Tiroler Volkes geprägt von religiös-sittlicher Grundhaltung und glaubenstreuer Überzeugung.
Dieses kulturell so reiche Land, Vermittler von Germanen und Romanen, Übergang von Nord nach Süd und von West nach Ost, hat auch eine reiche, bewegte Kirchengeschichte. Der Ausdruck „das heilige Land Tirol" weist, bei aller Belastung, den er auf sich trägt, auch darauf hin, daß diese Kirchengeschichte, aufs Ganze gesehen, auch erfolgreich verlaufen ist, und dies trotz vieler Anfechtungen und Herausforderungen.
Der Autor der vorliegenden Kirchengeschichte ist Professor am Priesterseminar Brixen. Er ist durch zahlreiche Einzelstudien über die heimische Kirchen- und Kulturgeschichte bekannt geworden. Auch eine Papstgeschichte in Lebensbildern (Graz, 1983) stammt aus seiner Feder. Für seine hier vorliegende „Kirchengeschichte Tirols" kann er sich auf eine stattliche Zahl bewährter Forscher abstützen, von denen nur der verdiente Augustiner-Chorherr von Neustift/Brixen, Anselm Sparber, mit zahlreichen Studien erwähnt sein soll (speziell seine „Kirchengeschichte Tirols" 1953).
Josef Gelmis neues Werk will Sparber nicht in den Schatten stellen oder ersetzen. Seine Kirchengeschichte ist epische Erzählung und soll beim Klerus und bei den Laien Tirols und seiner Umgebung das Interesse und die Verbundenheit mit der Ortskirche wecken. Hinter dieser Erzählung steht freilich der Fachmann, der es versteht, aus einem reichen Schatz das Wesentliche auszuwählen und schmackhaft zu präsentieren. Auch ein Kenner des Landes ist da von der Fülle der Information fasziniert. Gelmi beschränkt sich auch nicht auf die schriftlichen Quellen, er nimmt, kritisch gesichert, auch Volküberlieferung und Anekdote auf.
Es entspricht der ideellen Absicht, die Verbundenheit mit der Kirche der Heimat zu fördern, daß die Zeit nach Napoleon bis heute in der Darstellung breiter und ausführlicher behandelt wird. Das drängt sich für das Tirol um so mehr auf, als die neuere Geschichte für diese Kirche Bewährungen von ungewöhnlichem Ausmaß birgt. Die Darstellung reicht im Sinne der Geschichtsschreibung bis zur Gründung des neu umschriebenen Doppelbistums Bozen–Brixen 1964. Die Ereignisse von 1964 bis heute sind nur mehr aufgelistet, aber nicht mehr kritisch gewürdigt.
Spezielle Erwähnung verdient der Bildteil. Eine Fülle sorgfältig ausgewählter Schwarzweiß-Illustrationen ist hier mehr als bloß Illustration, sie dokumentiert, aussagekräftig das Wort ergänzend. Auf diese Landeskirchengeschichte dürfen die Tiroler stolz sein; wir haben nichts derartiges zu bieten. *Leo Ettlin, Schweizerische Kirchenzeitung, Luzern*

... ein populärwissenschaftliches Werk von Rang, geschrieben mit der Genauigkeit des Historikers und mit dem Erzähltalent eines Schriftstellers. *Radio Bozen*

Tyrolia-Verlag · Innsbruck – Wien

Franz Caramelle – Richard Frischauf
Die Stifte und Klöster Tirols

Mit Vorwort von Prälat Abt Stöger, Stift Wilten, und Prälat Abt Chrysostomus Giner, Neustift bei Brixen. 280 Seiten, 338 Abbildungen, davon 299 farbig und 39 schwarzweiß, Format 21,5 × 29 cm, Leinen (Tyrolia – Athesia)

95 Stifte und Klöster Nord-, Ost- und Südtirols werden in diesem prachtvollen Text- und Bildband mit seltener Sorgfalt und Gründlichkeit beschrieben, angefangen von der ältesten Klostergründung in Innichen (Benediktinerkloster von 769) bis hin zur jüngsten in St. Petersberg bei Silz (Regularkanoniker vom Hl. Kreuz, 1979): 56 Männer- und 39 Frauenklöster. Für die Aufnahme in dieses Buch waren drei Kriterien maßgebend: gemeinsames Leben nach einer bestimmten Ordensregel sowie die Selbständigkeit der Niederlassung. Deshalb fanden auch Orden Aufnahme, die nicht mit großen Bauwerken prunken können. Sie alle werden zu Beginn in ihren Grundzügen vorgestellt, wobei auch ein kurzer Blick auf die besondere Ordenskleidung nicht fehlt.

Es geht nicht nur darum, die große religiöse, kulturelle, künstlerische und wirtschaftliche Bedeutung in der Vergangenheit zu beleuchten, sondern die oft verborgenen Leistungen der Orden in Krankenpflege, Behindertenarbeit, Seelsorge und Jugenderziehung heute zu würdigen. So gibt dieses Buch vor allem auch Zeugnis von dem Geist, der heute in den Klostermauern weht. In seinem Vorwort vergleicht der Propst von Neustift, Chrysostomus Giner, die Klöster mit Kraftwerken. Hier werde Energie gespeichert und abgegeben für die Not unserer Zeit. Dies geschieht weniger durch Bauwerke und Kunstdenkmäler – für die Orden eher zu einer Belastung geworden –, sondern eben durch die Menschen, die dort in Gebet und Arbeit ein Leben mit Gott führen. Wie die Berge Tirols sind so auch die vielen Klöster vor allem Wegweiser nach oben!

Auch wer als Nichttiroler in diesem durch Bilder, Karten, Literaturangaben und Register so ansprechend gestalteten Buch blättert, wird von diesem Geheimnis etwas mehr ahnen – und sich zudem an manche schöne Urlaubsfahrten erinnern. *Ordensnachrichten, Wien*

. . . ein grandioses Werk für den Kirchenhistoriker und für den Kunstfreund, der Tirol hier von einer seiner schönsten Seiten, nämlich jener der geistlichen Kunst, erleben darf.
Dr. K. Schmölzer, ORF, Wien

Tyrolia-Verlag · Innsbruck – Wien

Otto Wimmer – Josef Stadlhuber
Kennzeichen und Attribute der Heiligen
6., verbesserte Auflage, 23.–27. Tausend, 188 Seiten, Snolin
Nicht nur religiöse Gründe sprechen für dieses kleine Werk. Auch wer sich aus kunstgeschichtlichen Gründen das Innere von Kirchen genauer anschaut, kommt um dieses Buch nicht herum; denn es sagt ihm auf Anhieb, um welchen Heiligen es sich jeweils handelt. Beispiel: Ein Heiliger hält eine Maurerkelle in der Hand. „M" aufgeschlagen; Abt Wunibald hat als Klosterbauer eine Maurerkelle in der Hand. Sozusagen in der zweiten Abteilung bringt das Buch ein Verzeichnis der Heiligen und Seligen, deren Attribute angegeben sind.
Münchner Merkur

Josef Levit
Jakob Gapp – Zeuge seines Glaubens
112 Seiten, davon 8 Bildseiten auf Kunstdruck, Snolin
Der Marianist P. Josef Gapp aus Wattens in Tirol wurde am 13. August 1943 in Berlin-Plötzensee hingerichtet. Schon die nationalsozialistischen Behörden, die ihn zum Tod verurteilt hatten, befürchteten, daß er „als Märtyrer seines Glaubens" gelten werde. Am 26. Juni 1987 eröffnete der Erzbischof von Wien den diözesanen Seligsprechungsprozeß. Das Buch bietet ein authentisches Lebensbild, das neben bereits Bekanntem eine Fülle von neuen Erkenntnissen erstmals veröffentlicht.

Helmut Tschol
Otto Neururer – Priester und Blutzeuge
Vorwort von Bischof R. Stecher
2., verbesserte Auflage, 108 Seiten, 13 Kunstdruckbilder, 1 Farbbild, gebunden
Ein neuer Heiliger aus Tirol? Das Seligsprechungsverfahren ist bereits eingeleitet worden. Otto Neururer gilt als Märtyrer. *Fuldaer Zeitung*
Helmut Tschol hat alle Fakten sorgfältig zusammengetragen und einen objektiven Lebensbericht Pfarrer Neururers geschrieben, dessen tragisches Schicksal im Zeichen des Glaubens über die Jahre hinweg sehr berühren kann. *Kulturberichte aus Tirol*

Reinhold Iblacker
Keinen Eid auf diesen Führer
Josef Mayr-Nusser, ein Zeuge der Gewissensfreiheit in der NS-Zeit. 168 Seiten, 21 Dokumentarfotos, kart., lam.
Der Autor zeigt in seinem Buch das packende Lebensbild eines Mannes, der mit der Verweigerung des SS-Eides aus religiösen Gründen ein wirksames Zeichen des Glaubens und Widerstandes gesetzt hat und damit zum Leitbild christlicher Gewissensstärke und engagierter Zivilcourage geworden ist.
Es ist keine reine Biographie, sondern ein erschütterndes Zeitdokument, das zu keiner aktuelleren Zeit als heute hätte erscheinen können, in einer Zeit, die Freiheit nur mehr in wenigen Ländern kennt . . . Wenn wir uns nur einen kleinen Teil jener Gewissensfreiheit erhalten können, für die J. Mayr-Nusser heldenhaft sein Leben ließ, dann dürfen wir froh sein! *ORF-Studio Tirol*